國家古籍整理出版專項經費資助項目

教育部人文社會科學重點研究基地——河北大學宋史研究中心基地建設經費資助項目

河北省歷史學強勢特色學科經費及河北大學中國史『雙一流』學科建設經費資助項目

本書是全國高校古籍整理研究計劃項目（GJ2019001）和河北大學培育項目（2020HPY027）的研究成果。

《續資治通鑑長編紀事本末》點校 一

（卷第一至卷第三十）

〔宋〕楊仲良／撰
丁建軍／點校

中州古籍出版社
·鄭州·

圖書在版編目（CIP）數據

《續資治通鑑長編紀事本末》點校 /（宋）楊仲良撰；丁建軍點校 . —鄭州：中州古籍出版社，2023. 12
ISBN 978-7-5738-1257-5

Ⅰ.①續… Ⅱ.①楊…②丁… Ⅲ.①中國歷史 – 北宋 – 紀事本末體 Ⅳ.① K244.044

中國國家版本館 CIP 數據核字（2023）第 252962 號

《續資治通鑑長編紀事本末》點校

出 版 人	許紹山
項目策劃	劉　琳
特邀編輯	王小方
責任編輯	劉　琳　宗增芳　高　雅
責任校對	李接力　蘇曉園　周　靖
	岳秀霞　牛冰岩　唐志輝
美術編輯	曾晶晶
裝幀設計	張　勝
特邀審稿專家	汪聖鐸
書名題字	張力云

出 版 社	中州古籍出版社（地址：鄭州市鄭東新區祥盛街 27 號 6 層
	郵編：450016　電話：0371-65788693）
發行單位	河南省新華書店發行集團有限公司
承印單位	河南瑞之光印刷股份有限公司
開　　本	787 mm × 1092 mm　1/16
印　　張	106.75
字　　數	2100 千字
版　　次	2023 年 12 月第 1 版
印　　次	2023 年 12 月第 1 次印刷
定　　價	680.00 元

本書如有印裝質量問題，請聯繫出版社調換。

點校説明

《續資治通鑑長編紀事本末》(以下簡稱《長編紀事本末》)一書,是宋人楊仲良依據李燾(1115—1184)的編年體史學巨著《續資治通鑑長編》(以下簡稱《長編》)編纂的一部關於北宋歷史的紀事本末體史書。李燾的《長編》是仿效司馬光的《資治通鑑》編寫而成的、關於北宋九朝的編年體史書,保存了大量的北宋史料,但其體量巨大,卷帙浩繁,非專業搞宋史研究者翻閱不便,又存在編年體史書割裂歷史的不足。《資治通鑑》二百九十四卷,能通讀一遍的人已寥寥無幾,司馬光曾對人説過:"自吾爲《資治通鑑》,人多欲求觀,讀未終一紙,已欠伸思睡。能閲之終篇者,惟王勝之耳。"①李燾的《長編》原書九百八十卷,可見其比司馬光的《資治通鑑》體量還要大數倍。故南宋人多有在《長編》基礎上編寫精簡本北宋史書者,如陳均"觀國朝史録諸書及眉山李氏《續通鑑長編》,意酷嗜之,獨患篇帙之繁,未易識其本末,則欲删繁撮要爲一書,以便省閲"②,並編成了《九朝編年備要》。南宋人袁樞依據司馬光的《資治通鑑》編寫而成的《通鑑紀事本末》(四十二卷),是我國第一部紀事本末體史書,因其敘事條理清楚,篇幅適中,深受讀書人喜愛,故繼其之後,楊仲良也依據李燾的《長編》編寫出了一百五十卷的《長編紀事本末》。《長編紀事本末》以北宋政治爲主線,將北宋主要政治事件基本囊括,且對各個事件敘述相對完整,"汴京百七十年禮樂、兵刑之沿革、制度政令之舉廢,粲然具備"③。因此,對於想瞭解北宋政治基本情况的人,《長編紀事本末》比《長編》更適合閲讀。由于《長編紀事本末》流傳不廣,故有必要對本書

---

① 《宋史》卷二八六《王曙子益柔傳》。
② 〔南宋〕陳均:《九朝編年備要》原序。
③ 〔清〕阮元:《揅經室外集》卷一《皇宋通鑑長編紀事本末一百五十卷提要》。

的相關情況先加以説明。

一、關於本書的書名

本書最初是抄本,其書全名爲《皇朝通鑑長編紀事本末》。關於本書的最早記載見於《玉海》卷四七。南宋著名學者王應麟(1223—1296)所撰《玉海》卷四七《乾道續資治通鑑長編舉要》提到"楊仲良爲《長編紀事本末》一百五十卷";元朝著名學者袁桷(1266—1327)在其《清容居士集》卷四一《修遼金宋史蒐訪遺書條列事狀》所開列的書目中也有《長編紀事本末》。清朝著名學者朱彝尊(1629—1709)在其《曝書亭集》卷四五《書李氏續通鑑長編後》一文中,對李燾共九百八十卷的編年體鴻篇巨製《續資治通鑑長編》極其推崇,對其"未經鏤板遂失傳"而甚爲惋惜,並寫道:"治平以後,藉有《長編紀事本末》存,略見大旨,然見之者罕矣。"朱彝尊在其《經義考》卷二〇和卷七九中又兩次提到楊仲良的《長編紀事本末》。但上述所及《長編紀事本末》,實爲本書的簡稱。

清朝嘉慶年間,江蘇學政阮元(1764—1849)向朝廷奏進一批《四庫》未收書(參見清阮元的《四庫未收書目提要》),清嘉慶朝據《四庫》未收書編纂了一部"宛委別藏叢書",其中收録了楊仲良的《長編紀事本末》,並將其書名改爲《皇宋通鑑長編紀事本末》。清朝徐松輯《宋會要輯稿》多次引用本書,又稱之爲《九朝紀事本末》。但是,張之洞支持成立的廣雅書局於光緒十九年(1893)影印出版本書時,將書名改爲《資治通鑑長編紀事本末》;1967年,中國臺灣文海出版社影印出版的《宋史資料萃編》第二輯中收録了廣雅書局影印本《資治通鑑長編紀事本末》,《宋史資料萃編》的主編趙鐵寒先生在總序中曾提議將本書重新命名爲《續資治通鑑長編紀事本末》。2002年,上海古籍出版社出版的《續修四庫全書》收録了本書,仍稱《皇宋通鑑長編紀事本末》。2003年,北京圖書館出版社影印出版本書,書名爲《續資治通鑑長編紀事本末》,但其書目録和内文的諸卷仍爲《皇朝通鑑長編紀事本末》,即祇改了封面的書名,故導致了表裏不一的情況。

二、關於本書的作者

南宋人陳均在編撰《九朝編年備要》時曾引用本書,其引用書目中有《長編紀事本末》楊公仲良,與王應麟《玉海》卷四七所記載一致。因此,我們僅僅知道《長編紀事本末》的作者是楊仲良。關於楊仲良的生平事跡,由於史書缺載,今已無從考證。但宋人吳泳在其《鶴林集》卷三二《答鄭自辯書》中有如下記述:

> 某厭伏大名於縉紳之林舊矣,登朝十年,半交天下士,獨一面未識荆州。華緘惠賜,如垂露在手,春風拍懷,其有德之言形於筆墨,遥望之可知也……要略寵貺,博學甚多,風簷披讀,帙簡而綱宏,詞約而事盡,用功深者,其傳必遠,當於此書見之。間者,鄉里范潔齋作長編舉要,李悦齋作十朝綱要,又有眉山楊明叔者纂成長編紀事,流傳世間,本末粗爲詳備,同先世一書參錯互見,後學者何其爲幸耶!

有人據上述引文中的"又有眉山楊明叔者纂成《長編紀事》",斷言楊明叔即楊仲良,他是眉山人,"想必曾受李燾史學的熏陶,故能成此巨著"①。

三、關於本書的版本及流傳情況

《長編紀事本末》最初以抄本傳世,在南宋曾有過三個刻本,即廬陵太守"謝侯"主持刊刻的廬陵郡本、大字蜀本、以廬陵郡本爲底本,參對大字蜀本和《長編》再刊刻的廬陵郡新本——據歐陽守道爲該版本所作的《序》,廬陵郡新本刻於宋理宗寶祐五年(1257)。但本書後世流傳不廣,以至於《宋史·藝文志》《文獻通考》《直齋書録解題》等對本書均無著録。清乾隆朝編修《四庫全書》時,竟然没有將本書收入《四庫全書》。直到清嘉慶朝,浙江官員阮元向皇帝進獻了六十種《四庫》未收書(參見清阮元的《四庫未收書目提要》),其中有已經殘缺的卷首有歐陽守道序的舊抄本。清朝嘉慶年間,據《四庫》未收書編纂了一部叢書,嘉慶皇帝欽賜書名爲"宛委别藏叢書",並在各書扉頁加蓋了"嘉慶御覽之寶"的硃文方印,但這套叢書也流傳不廣。直到1924年,國家組織有關人員在清理故宫養心殿時纔發現"宛委别藏叢書",收入"宛委别藏叢書"中的《皇宋通鑑長編紀事本末》纔再次進入學人的視野。儘管扉頁上有"嘉慶御覽之寶"的方印,但該版本錯訛較多,尤其爲避清朝統治者的忌諱,清人對其諱改嚴

---

① 趙鐵寒:《續資治通鑑長編紀事本末題端》。

重。光緒十九年（1893），廣雅書局影印出版了此書，該版本是以著名藏書家王灝所藏明代手抄本爲底本，并且由廖廷相等人對照《長編》進行了校勘，因此，雖然后出，却是筆者所見到的最好的版本。

此外，本書另有八種清抄本被有關圖書館或收藏家所秘藏，其中北京國家圖書館收藏三種（即王灝本、阮校本、阮校清樣本）、北京大學圖書館收藏一種（簡稱北大本）、南京圖書館收藏一種（簡稱南圖本）、浙江省圖書館收藏一種（簡稱浙圖本）、臺北"中央圖書館"收藏一種（王鳴韶本）、日本静嘉堂文庫收藏一種（陸心源本）。但這幾個清抄本作爲珍本秘笈，被收藏於官私藏書機構，常人難得一見。

1988年，江蘇古籍出版社影印了"宛委别藏叢書"，其中收録有《皇宋通鑑長編紀事本末》。2002年，上海古籍出版社出版的《續修四庫全書》也收録了此書，但其收録的仍是嘉慶本。2003年，北京圖書館出版社影印出版了此書，也是影印的嘉慶本。2006年出版的點校本《皇宋通鑑長編紀事本末》，雖有開創之功，但其選用的底本是訛誤較多的嘉慶本，不僅對底本宛委别藏本中原有的錯、漏、顛倒失校、誤校之處衆多，而且由於該點校本排版、校對不認真，又導致了不少新的訛誤和衍字，例如將"方臘"多處誤作"方獵"，甚至出現了"政協委員"之類的新訛誤。正是閱讀了該點校本《皇宋通鑑長編紀事本末》後，筆者纔決心重新點校這部宋代史書，力爭爲學術界提供一個較好的《長編紀事本末》點校本。

四、關於本書的價值

宋人私修史書成風，傳於今日者，如熊克的《中興小紀》、李心傳的《建炎以來繫年要録》之類，大抵於南宋爲詳，其詳於北宋者，唯李燾的《續資治通鑑長編》而已。然而，世間所行《長編》率多缺失，今本乃清人從《永樂大典》中輯録而成，即今存《長編》已非全帙。尤其是《長編》有關宋神宗初期（熙寧元年至熙寧三年三月），宋徽宗、宋欽宗兩朝的内容均已經缺失，而《長編紀事本末》中則保存了熙寧元年至熙寧三年三月、宋徽宗朝、宋欽宗朝的大量内容，因此《長編紀事本末》可補《長編》之缺失，故有重要的史料價值。

再者，《長編紀事本末》是宋人楊仲良從《長編》中輯録文字而成，因此，它保留了《長編》中大量的原始文字，而現在通行的《長編》多有清人諱改，這又奠定了《長編紀事本末》在文獻學方面獨特而重要的校勘價值。後人通過將該書與清人從《永樂大典》中輯録而成的《長編》對比，可以進行文字方面的相互校勘。即對現今通行的中華書局點校本《長編》，《長編紀事本末》仍有其校勘價值。

總之，《長編紀事本末》對《長編》有補缺、糾錯之雙重價值，而且因其採用了以敘事爲主的紀事本末體，可讀性更强。故《長編紀事本末》與《長編》有並存傳世的學術價值。

五、關於本次整理點校工作

本次整理點校本欲採用本書的原始書名《皇朝通鑑長編紀事本末》，但出版社有關人士認爲在書名中出現"皇朝"之類的詞對整理本而言，似不適宜，故用《續資治通鑑長編紀事本末》爲書名，既體現其源自《長編》，又突出其紀事本末體的特點。

宋史專家徐規先生認爲《長編紀事本末》的最佳版本爲廣雅書局本①，故本次點校整理以光緒本（即廣雅書局本）爲底本，與嘉慶本（即"宛委別藏叢書"本）對校，同時充分利用河北大學宋史研究中心豐富的宋代典籍藏書，主要參考《長編》《九朝編年備要》《宋史全文》《三朝北盟會編》《宋會要輯稿》《宋史》《遼史》《金史》《宋大詔令集》《宋朝諸臣奏議》《宋宰輔編年録》《契丹國志》《大金國志》以及宋人文集、筆記等相關古籍，進行他校。除了通常的點校之外，對本書個別事件繫時不精確或錯誤者，進行了彌補或更正。對於底本不誤，而他書誤者，則不出異同校。例如卷七十《役法》："（熙寧四年）十月壬子朔，頒募役法。"《宋會要輯稿》食貨六五之一二則繫時爲"（熙寧四年）十一月"。據《長編》卷二二七注文"會要，十月一日頒募役法"，可以斷定《宋會要輯稿》食貨六五之一二的"十一月"是"十月一日"的脱漏與訛誤，故本次點校便不依據《宋會要輯稿》食貨六五之一二對底本的"十月壬子朔"出異同校。再如卷七十二《市易務》："熙寧五年三月丙午，詔曰天下商旅物貨至京……"《宋大詔令集》卷一八四《置市易務詔》的繫時却是"熙寧五年三月戊午"。《宋會要輯稿》食貨三七之一四載："（熙寧）五年三月二十六日，詔曰天下商旅物貨至京……"經考證，熙寧五年三月辛巳朔，三月二十六日正是"丙午"，而"戊午"依

---

① 參見徐規先生的《〈續資治通鑑長編紀事本末〉研究》，《文史》2001年第1輯，第192—204頁。

干支次序已入四月,可是《宋大詔令集》卷一八四《置市易務詔》繫時於"熙寧五年三月戊午"是錯的,故不依據《宋大詔令集》卷一八四《置市易務詔》對底本的"丙午"出異同校。對於底本中個別大段的半卷、整卷的闕文,則基本一仍其舊。對於底本中"己""已""巳"混用,"戊""戌""戍"不分,"間"與"閒"不分的情況,本次點校則根據文意徑直進行了校正。對於廖廷相等人所加按語,則採取了如下不同的處理方式:按語錯誤者,直接删除;其按語有價值者,則以小字形式保留之;其在《長編》原有按語中所加的按語,則以方括號的方式保留,以區別於《長編》原有按語。對於底本中因清朝人避諱所導致的空字、闕筆字或諱改,也徑直進行了補完和回改;而對於宋人的避諱則保留,并加按語説明。

"用功深者,其傳必遠",前引宋人吴泳的這句話,一直激勵着筆者要努力向學術界提供一部較好的整理點校本,從 2015 年開始着手本書的點校工作,至今已六個春秋。筆者雖用功已深,但由於學力有限,錯誤和疏漏之處恐怕在所難免,故敬請讀者批評指正,以便今後修訂完善。

丁建軍

二〇二一年九月六日

目　　錄

歐陽守道序 …………………………………………………… 一

年號 ………………………………………………………… 一

卷第一／一

   太祖皇帝 ……………………………………………… 一

     受禪 …………………………………………………… 一

     親征潞州 ……………………………………………… 三

     親征揚州 ……………………………………………… 五

     收復湖南 ……………………………………………… 七

     收復荊南 ……………………………………………… 九

卷第二／一一

   太祖皇帝 ……………………………………………… 一一

     收復西川 ……………………………………………… 一一

卷第三／二〇

   太祖皇帝 ……………………………………………… 二〇

     收復江南 ……………………………………………… 二〇

卷第四／三四

   太祖皇帝 ……………………………………………… 三四

     收復嶺南 ……………………………………………… 三四

     收復吳越　太宗朝附 ………………………………… 三九

卷第五/四五
  太祖皇帝 …… 四五
    親征河東　太宗朝附 …… 四五

卷第六(闕)/五二
  太祖皇帝 …… 五二
    聖德(闕) …… 五二
    聖學(闕) …… 五二
    親信趙普(闕) …… 五二

卷第七(闕)/五三
  太祖皇帝 …… 五三
    罷節度使權(闕) …… 五三
    優禮節度使(闕) …… 五三
    駕馭將帥(闕) …… 五三
    政迹(闕) …… 五三

卷第八/五四
  太宗皇帝 …… 五四
    受位 …… 五四
    秦王事迹 …… 五六

卷第九/六一
  太宗皇帝 …… 六一
    諸王事迹 …… 六一
    立太子　王繼恩邪謀附 …… 六五

卷第十/七〇
  太宗皇帝 …… 七〇
    趙普復相 …… 七〇
    寇準參政 …… 七三
    獎用賢臣 …… 七五
      田錫 …… 七五
      蘇易簡 …… 七八

吕蒙正 …………………………………………… 七九
　　　钱若水 …………………………………………… 七九
　贬斥邪佞 …………………………………………… 八〇
　　　卢多逊 …………………………………………… 八〇
　　　弥德超 …………………………………………… 八一
　　　王延范 …………………………………………… 八一
　　　翟马周 …………………………………………… 八二
　　　侯莫陈利用 ……………………………………… 八三
　　　陈廷山 …………………………………………… 八三
　　　王淮 ……………………………………………… 八四
　　　赵昌言 …………………………………………… 八五
　　　赵赞 ……………………………………………… 八六

卷第十一／八八

太宗皇帝 …………………………………………… 八八
　钱议 ………………………………………………… 八八
　　　蜀钱 ……………………………………………… 八八
　　　江南钱 …………………………………………… 八九
　农田 ………………………………………………… 九〇
　　　何承矩水田之利 ………………………………… 九〇
　　　陈尧叟等建水利垦田之议 ……………………… 九一
　　　陈靖垦田之议 …………………………………… 九三
　塞滑河 ……………………………………………… 九五

卷第十二／九八

太宗皇帝 …………………………………………… 九八
　陈洪进入朝　_{太祖朝附见} ………………………… 九八
　交趾内附　_{太祖附} ………………………………… 一〇〇

卷第十三／一〇七

太宗皇帝 …………………………………………… 一〇七
　李顺之变 …………………………………………… 一〇七

　　李飛雄之變 …… 一一四

卷第十四/一一六

太宗皇帝 …… 一一六

聖德 …… 一一六

聖學 …… 一一八

朝儀 …… 一二〇

　　正衙　仁宗神宗附 …… 一二〇

　　入閣 …… 一二二

曆議　太祖附 …… 一二三

釋老 …… 一二五

聽斷 …… 一二七

教閱 …… 一三二

政迹總類 …… 一三三

卷第十五/一三八

真宗皇帝 …… 一三八

親征契丹 …… 一三八

卷第十六/一五二

真宗皇帝 …… 一五二

王欽若等改定郊丘版位 …… 一五二

柴成務等看詳編敕 …… 一五四

李宗諤等修定樂器 …… 一五五

王欽若等編修冊府元龜事迹 …… 一五六

王欽若校道藏經 …… 一五七

田錫御覽 …… 一五八

胡旦兩漢春秋 …… 一五九

卷第十七/一六〇

真宗皇帝 …… 一六〇

封泰山　天書附 …… 一六〇

卷第十八/一七五
　　真宗皇帝 …………………………………………… 一七五
　　　建玉清昭應宮　宣讀天書附 ………………… 一七五

卷第十九/一八五
　　真宗皇帝 …………………………………………… 一八五
　　　謁諸陵 ……………………………………………… 一八五
　　　祀汾陰 ……………………………………………… 一八七

卷第二十/一九七
　　真宗皇帝 …………………………………………… 一九七
　　　崇奉聖祖 …………………………………………… 一九七
　　　崇奉五嶽 …………………………………………… 二〇二
　　　謁太清宮 …………………………………………… 二〇五
　　　建宮殿 ……………………………………………… 二〇八
　　　　詔西京建太祖神御殿 ……………………… 二〇八
　　　　詔諸州府軍監建天慶觀 …………………… 二〇九
　　　　建祥源觀 …………………………………… 二〇九

卷第二十一/二一一
　　真宗皇帝 …………………………………………… 二一一
　　　聖德 ………………………………………………… 二一一
　　　聖學 ………………………………………………… 二一三
　　　政迹 ………………………………………………… 二一四
　　　不強任大臣 ………………………………………… 二二〇
　　　善任藩方長吏 ……………………………………… 二二一
　　　大閱 ………………………………………………… 二二三
　　　大酺 ………………………………………………… 二二三

卷第二十二/二二五
　　真宗皇帝 …………………………………………… 二二五

种放出處 ·················· 二二五

楊億進退 ·················· 二二八

王欽若事迹 ················ 二三二

卷第二十三/二三九

真宗皇帝 ·················· 二三九

丁謂事迹 ·················· 二三九

卷第二十四/二五三

真宗皇帝 ·················· 二五三

朱能僞造天書 ·············· 二五三

周懷政謀廢立 ·············· 二五七

雷允恭擅易皇堂 ············ 二五八

卷第二十五/二六一

真宗皇帝 ·················· 二六一

劉旴之變 ·················· 二六一

王均之變 ·················· 二六一

宜州陳進之變 ·············· 二六六

瀘蠻之叛 ·················· 二六九

卷第二十六/二七二

真宗皇帝 ·················· 二七三

晏夷斜望行牌之變 ·········· 二七二

撫水蠻叛 ·················· 二七五

渭州蕃族唃厮囉叛服 ········ 二七七

卷第二十七/二八四

真宗皇帝 ·················· 二八四

莊獻垂簾　楊太后附 ········ 二八四

卷第二十八／二九五

真宗皇帝 …………………………………………………… 二九五
訓導太子 …………………………………………………… 二九五

卷第二十九／三〇三

仁宗皇帝 …………………………………………………… 三〇三
講筵 ………………………………………………………… 三〇三
轉對　上三朝附 …………………………………………… 三一一
入閤禮　神宗附 …………………………………………… 三一四
耕籍田 ……………………………………………………… 三一五
校獵 ………………………………………………………… 三一七

卷第三十／三一九

仁宗皇帝 …………………………………………………… 三一九
聖德 ………………………………………………………… 三一九
政迹 ………………………………………………………… 三二四
詳定乘輿之制 ……………………………………………… 三三一
定集議官制 ………………………………………………… 三三二

卷第三十一／三三五

仁宗皇帝 …………………………………………………… 三三五
議樂 ………………………………………………………… 三三五
景祐初議 ………………………………………………… 三三五
皇祐再定 ………………………………………………… 三四四

卷第三十二／三五三

仁宗皇帝 …………………………………………………… 三五三
修唐書 ……………………………………………………… 三五三
修國史 ……………………………………………………… 三五四
删定編敕 …………………………………………………… 三五五

修定曆法 真宗附	三五七
中書樞密分合 神宗附	三五八
禮儀院廢置	三六一
玉清昭應宮災	三六二
大內災	三六四

卷第三十三/三六七

仁宗皇帝 …… 三六七
追尊章懿太后	三六七
反章獻太后之政	三六九
章惠嗣尊號	三七二
廢皇后郭氏 范仲淹孔道輔等諫附見	三七三
美人尚氏楊氏爭寵	三七九
立皇后曹氏	三八〇

卷第三十四/三八三

仁宗皇帝 …… 三八三
宦寺專恣	三八三
外戚驕橫	三八五
貴妃張氏寵幸	三八八

卷第三十五/三九七

仁宗皇帝 …… 三九七
宗室遷官	三九七
置睦親族	三九八
荆王元儼	三九九

卷第三十六/四〇四

仁宗皇帝 …… 四〇四
| 王欽若復相 | 四〇四 |

曹利用罷樞密使 …………………………………… 四〇五
王陳韓石罷政　張士遜章得象宋庠晁宗愨登用附 …………… 四〇八
大臣補外 …………………………………………… 四一二
　陳堯咨出鎮天雄 ………………………………… 四一二
　晏殊出知宣州 …………………………………… 四一二
　錢惟演改判河南 ………………………………… 四一三
　王曙出知河南 …………………………………… 四一三
　張士遜得謝 ……………………………………… 四一三
　林瑀通判饒州 …………………………………… 四一四
　余靖分司南京 …………………………………… 四一四
　龐籍出知鄆州 …………………………………… 四一四
　吳育判延州 ……………………………………… 四一五
　宋祁出知鄭州 …………………………………… 四一五

卷第三十七／四一七

仁宗皇帝 …………………………………………… 四一七

呂夷簡事迹 ………………………………………… 四一七
　薦李柬之 ………………………………………… 四一七
　惡范諷 …………………………………………… 四一七
　罷王曾 …………………………………………… 四一九
　范余尹歐繼出 …………………………………… 四一九
　宋杜異議 ………………………………………… 四二四
　二任並副樞密 …………………………………… 四二五
　富弼出使 ………………………………………… 四二五
　孫沔蔡襄歐陽修等言 …………………………… 四二七
夏竦事迹 …………………………………………… 四三一
　不使契丹 ………………………………………… 四三一

深衙石介 ·· 四三三

卷第三十八/四三六

仁宗皇帝 ·· 四三六

　　富范條奏十事本末 ·· 四三六

　　富范等以朋黨見讒 ·· 四三八

　　王拱辰等劾蘇舜欽 ·· 四四一

　　陳執中排杜衍 ·· 四四三

　　蔡襄等言陳執中 ··· 四四四

　　韓歐石以論救范富等責罷 ·· 四四五

　　富弼范仲淹爭論殺晃仲約事 ····································· 四四九

　　吳育賈昌朝張方平爭論唐詢事 ·································· 四五〇

卷第三十九/四五一

仁宗皇帝 ·· 四五一

　　唐介劾張堯佐 ·· 四五一

　　吳中復等論梁適 ··· 四五三

　　趙抃等論陳執中　與范鎮爭辨附見 ······························ 四五五

卷第四十/四六一

仁宗皇帝 ·· 四六一

　　張昇等劾劉沆 ·· 四六一

　　唐介等劾陳旭 ·· 四六一

　　梁堅等劾滕宗諒 ··· 四六二

　　龐籍梁適言狄青拜樞密事 ·· 四六六

　　歐陽修呂景初劉敞論狄青可疑事 ······························· 四六八

卷第四十一/四六九

仁宗皇帝 ·· 四六九

　　減冗費 ·· 四六九

按察官吏 …… 四七二

卷第四十二／四七八

　仁宗皇帝 …… 四七八

　　明黜陟 …… 四七八

　　抑僥倖　李柬之等議減任子附見 …… 四八〇

　　均公田 …… 四八六

卷第四十三／四八九

　仁宗皇帝 …… 四八九

　　募兵　減兵附 …… 四八九

卷第四十四／五〇三

　仁宗皇帝 …… 五〇三

　　馬政 …… 五〇三

　　營田 …… 五〇五

　　均賦 …… 五〇七

　　建倉 …… 五一〇

　　　常平倉 …… 五一〇

　　　義倉 …… 五一一

　　　廣惠倉 …… 五一三

卷第四十五／五一四

　仁宗皇帝 …… 五一四

　　茶法 …… 五一四

　　　十三場利害 …… 五一四

　　鹽法 …… 五二〇

　　　定陝西池鹽法 …… 五二〇

　　　榷河北鹽 …… 五二五

　　　易東南鹽 …… 五二六

給虔州鹽 …… 五二八
　錢幣 …… 五三〇
　　　商州鑄大錢 …… 五三〇
　　　成都陝西交子務　神宗附 …… 五三一

卷第四十六／五三四

仁宗皇帝 …… 五三四
　塘水 …… 五三四
　修水洛城 …… 五三六

卷第四十七／五四四

仁宗皇帝 …… 五四四
　塞河 …… 五四四
　　　修滑州決河 …… 五四四
　　　修澶州決河 …… 五四六
　　　再修澶州決河 …… 五四八

卷第四十八／五五六

仁宗皇帝 …… 五五六
　外郡賊寇 …… 五五六
　西邊屬羌之亂 …… 五五九
　桂陽蠻猺之叛 …… 五六一

卷第四十九／五六六

仁宗皇帝 …… 五六六
　廣蠻區希範內寇 …… 五六六
　浥井夷叛 …… 五六七
　保州兵亂 …… 五六八
　貝卒王則之叛 …… 五七一
　親從顏秀之變 …… 五七五

卷第五十/五七七

  仁宗皇帝 …………………………………………… 五七七

  廣源蠻叛 …………………………………………… 五七七

卷第五十一/五八七

  仁宗皇帝 …………………………………………… 五八七

  英宗册立始末 ……………………………………… 五八七

卷第五十二/六〇三

  仁宗皇帝 …………………………………………… 六〇三

  李瑋尚福康公主 …………………………………… 六〇三

  文彥博叱史志聰 …………………………………… 六〇六

  英宗即位 …………………………………………… 六〇七

卷第五十三/六一〇

  英宗皇帝 …………………………………………… 六一〇

  經筵　神宗附 ……………………………………… 六一〇

  編修通鑑 …………………………………………… 六一六

  撰定曆法　神宗附 ………………………………… 六一八

卷第五十四/六二二

  英宗皇帝 …………………………………………… 六二二

  光獻垂簾 …………………………………………… 六二二

卷第五十五/六三二

  英宗皇帝 …………………………………………… 六三二

  濮議 ………………………………………………… 六三二

卷第五十六/六四四

  英宗皇帝 …………………………………………… 六四四

  教養宗室 …………………………………………… 六四四

  疑蔡襄 ……………………………………………… 六四五

刺陝西義勇 …………………………………… 六四六

　　去冗官 ………………………………………… 六五一

　　訓導皇子 ……………………………………… 六五三

卷第五十七/六五七

　神宗皇帝 ……………………………………… 六五七

　　宰相不押班 …………………………………… 六五七

　　宰相辭郊賞 …………………………………… 六六五

卷第五十八/六六八

　神宗皇帝 ……………………………………… 六六八

　　歐陽修誣謗 …………………………………… 六六八

　　司馬光彈劾 …………………………………… 六七〇

　　呂誨劾王安石 ………………………………… 六七五

卷第五十九/六八〇

　神宗皇帝 ……………………………………… 六八〇

　　王安石事迹上 ………………………………… 六八〇

卷第六十/六九六

　神宗皇帝 ……………………………………… 六九六

　　王安石事迹下 ………………………………… 六九六

卷第六十一/七一三

　神宗皇帝 ……………………………………… 七一三

　　呂惠卿姦邪 …………………………………… 七一三

　　李定姦惡 ……………………………………… 七二四

卷第六十二/七二七

　神宗皇帝 ……………………………………… 七二七

　　蘇軾詩獄 ……………………………………… 七二七

卷第六十三/七三三

  神宗皇帝 …………………………………………………… 七三三

  王安石毀去正臣 …………………………………………… 七三三

卷第六十四/七四四

  神宗皇帝 …………………………………………………… 七四四

  王安石專用小人 …………………………………………… 七四四

卷第六十五/七五二

  神宗皇帝 …………………………………………………… 七五二

  常秩擢用 …………………………………………………… 七五二

  鄭俠貶黜 …………………………………………………… 七五三

  蔡確欲陷吳充 ……………………………………………… 七五六

  何正臣誣呂公著 …………………………………………… 七五八

卷第六十六/七六〇

  神宗皇帝 …………………………………………………… 七六〇

  三司條例司廢置 …………………………………………… 七六〇

  議減兵數雜類 ……………………………………………… 七六四

卷第六十七/七七四

  神宗皇帝 …………………………………………………… 七七四

  裁定臣僚奏薦 ……………………………………………… 七七四

  裁定宗室授官 ……………………………………………… 七七七

  裁定京官　考校磨勘改官附 ……………………………… 七八〇

  裁抑宦寺 …………………………………………………… 七八三

卷第六十八/七八五

  神宗皇帝 …………………………………………………… 七八五

  青苗法上 …………………………………………………… 七八五

卷第六十九/七九七

神宗皇帝 ··· 七九七
青苗法下 ··· 七九七

卷第七十/八一一

神宗皇帝 ··· 八一一
役法 ·· 八一一

卷第七十一/八二二

神宗皇帝 ··· 八二二
保甲 ·· 八二二

卷第七十二/八三三

神宗皇帝 ··· 八三三
市易務　免行附 ··· 八三三

卷第七十三/八四三

神宗皇帝 ··· 八四三
方田 ·· 八四三
手實 ·· 八四四
義倉 ·· 八四六
農田 ·· 八四七
淤田 ··· 八四七
水利 ··· 八五二
種桑 ··· 八五三

卷第七十四/八五四

神宗皇帝 ··· 八五四
修經義 ··· 八五四
置武學 ··· 八五七
教陣法 ··· 八六〇

卷第七十五/八六六

神宗皇帝 …………………………………………………… 八六六

馬政 …………………………………………………… 八六六

軍器監 ………………………………………………… 八七三

試刑法 _{置律學等附} ……………………………… 八七六

論肉刑 ………………………………………………… 八七九

增吏祿 ………………………………………………… 八八一

卷第七十六/八八三

神宗皇帝 …………………………………………………… 八八三

薛向等措置陝西折二錢 ……………………………… 八八三

薛向等措置陝西鹽鈔 ………………………………… 八八六

蹇周輔措置江南鹽 …………………………………… 八八八

周尹措置蜀鹽 ………………………………………… 八八九

李稷等措置川茶 ……………………………………… 八九〇

周直孺等措置在京酒麴 _{京東路附} ……………… 八九三

卷第七十七/八九四

神宗皇帝 …………………………………………………… 八九四

州縣廢復 _{分路附} …………………………………… 八九四

濬汴河 _{導洛附} ……………………………………… 九〇一

塞曹村河 ……………………………………………… 九〇四

卷第七十八/九〇六

神宗皇帝 …………………………………………………… 九〇六

詳定郊廟禮文上 ……………………………………… 九〇六

卷第七十九/九一八

神宗皇帝 …………………………………………………… 九一八

詳定郊廟禮文下 _{禮部等議附見} …………………… 九一八

卷第八十/九二九

神宗皇帝 …… 九二九

定樂器 …… 九二九

定朝會儀注 …… 九三二

改官制 …… 九三三

卷第八十一/九四三

神宗皇帝 …… 九四三

修兩朝國史 …… 九四三

奉太皇太后　二王附 …… 九四五

聖德 …… 九四八

政迹 …… 九五二

卷第八十二/九五五

神宗皇帝 …… 九五五

審官西院 …… 九五五

大理寺獄 …… 九五六

孔子廟庭配饗 …… 九五七

景靈宮繪像 …… 九五八

修太宮 …… 九六〇

卷第八十三/九六二

神宗皇帝 …… 九六二

种諤城綏州 …… 九六二

韓琦築甘谷城 …… 九七二

卷第八十四/九七三

神宗皇帝 …… 九七三

韓絳經略西事 …… 九七三

卷第八十五/九七七

  神宗皇帝 …………………………………………… 九七七

  取洮河蘭會上 ……………………………………… 九七七

卷第八十六/九八六

  神宗皇帝 …………………………………………… 九八六

  取洮河蘭會下 ……………………………………… 九八六

卷第八十七/九九一

  神宗皇帝 …………………………………………… 九九一

  討交趾 ……………………………………………… 九九一

卷第八十八/一〇〇一

  神宗皇帝 …………………………………………… 一〇〇一

  討梅山蠻 …………………………………………… 一〇〇一

  平渭井蠻 …………………………………………… 一〇〇四

  討茂州蠻 …………………………………………… 一〇〇六

  討瀘州蠻 …………………………………………… 一〇〇七

卷第八十九/一〇一〇

  神宗皇帝 …………………………………………… 一〇一〇

  徐禧永樂之敗 ……………………………………… 一〇一〇

  經制安化蠻事 ……………………………………… 一〇一三

  撫遇蕃户董氊 ……………………………………… 一〇一六

  通使高麗 …………………………………………… 一〇一八

卷第九十/一〇二二

  神宗皇帝 …………………………………………… 一〇二二

  蔡確邢恕邪謀 ……………………………………… 一〇二二

卷第九十一/一〇二七

  哲宗皇帝 …………………………………………… 一〇二七

宣仁垂簾　皇太妃附 …… 一〇二七

卷第九十二／一〇三八

　　哲宗皇帝 …… 一〇三八
　　　講讀 …… 一〇三八

卷第九十三／一〇四八

　　哲宗皇帝 …… 一〇四八
　　　求直言 …… 一〇四八
　　　十科舉士 …… 一〇五二
　　　聖德 …… 一〇五四
　　　政迹 …… 一〇五六

卷第九十四／一〇六一

　　哲宗皇帝 …… 一〇六一
　　　變新法 …… 一〇六一

卷第九十五／一〇七三

　　哲宗皇帝 …… 一〇七三
　　　用舊臣上 …… 一〇七三

卷第九十六／一〇八五

　　哲宗皇帝 …… 一〇八五
　　　用舊臣下 …… 一〇八五

卷第九十七／一〇九四

　　哲宗皇帝 …… 一〇九四
　　　逐小人上 …… 一〇九四

卷第九十八／一一一〇

　　哲宗皇帝 …… 一一一〇
　　　逐小人下 …… 一一一〇
　　　汰監司 …… 一一一七

卷第九十九/一一二三

哲宗皇帝 ……一一二三

調停 ……一一二三

朋黨 劉呂罷相附 ……一一二六

卷第一百/一一三四

哲宗皇帝 ……一一三四

紹述 蘇轍罷政附 ……一一三四

卷第一百零一/一一四四

哲宗皇帝 ……一一四四

逐元祐黨人上 編類章疏附 ……一一四四

卷第一百零二/一一五九

哲宗皇帝 ……一一五九

逐元祐黨人下 詔榜訴理編類附 ……一一五九

卷第一百零三/一一七二

哲宗皇帝 ……一一七二

臺諫言蘇軾 策題詩謗附 ……一一七二

臺諫言程頤 川洛黨並賈易附 ……一一八一

卷第一百零四/一一八八

哲宗皇帝 ……一一八八

張舜民罷言職 ……一一八八

韓維解機政 呂陶附 ……一一九二

王覿罷諫議 ……一一九六

鄧溫伯再入翰苑 ……一一九八

卷第一百零五/一二〇一

哲宗皇帝 ……一二〇一

劉安世任諫職 ……一二〇一

蘇頌罷相　范百禄附 …………………………………………… 一二〇六
　　二蘇貶逐 ………………………………………………………… 一二〇八

卷第一百零六／一二一六

哲宗皇帝 …………………………………………………………… 一二一六
　　常安民罷察院 …………………………………………………… 一二一六
　　錢勰罷內翰 ……………………………………………………… 一二一八
　　常立以誣詆貶責 ………………………………………………… 一二二〇
　　王珪以誣謗追貶 ………………………………………………… 一二二三

卷第一百零七／一二二七

哲宗皇帝 …………………………………………………………… 一二二七
　　蔡確詩謗 ………………………………………………………… 一二二七
　　劉文書獄 ………………………………………………………… 一二三八

卷第一百零八／一二四一

哲宗皇帝 …………………………………………………………… 一二四一
　　差役 ……………………………………………………………… 一二四一

卷第一百零九／一二五九

哲宗皇帝 …………………………………………………………… 一二五九
　　保甲 ……………………………………………………………… 一二五九
　　保馬　監牧附 …………………………………………………… 一二六五

卷第一百一十／一二七〇

哲宗皇帝 …………………………………………………………… 一二七〇
　　常平倉 …………………………………………………………… 一二七〇
　　青苗 ……………………………………………………………… 一二七三
　　市易務　抵當附 ………………………………………………… 一二七八

卷第一百十一／一二八二

哲宗皇帝 …………………………………………………………… 一二八二

回河上 ················· 一二八二

卷第一百十二／一二九七

　哲宗皇帝 ················· 一二九七

　　回河下 ················· 一二九七

　　導洛　廣武埽附 ············· 一三〇七

卷第一百十三／一三一一

　哲宗皇帝 ················· 一三一一

　　立后　廢后附 ·············· 一三一一

　　配饗 ··················· 一三一七

卷第一百十四（闕）／一三二〇

　哲宗皇帝 ················· 一三二〇

　　修實錄 ················· 一三二〇

　　修國史 ················· 一三二〇

　　修玉牒 ················· 一三二〇

　　定新曆　徽朝附 ············· 一三二〇

　　渾天儀象 ················ 一三二〇

　　玉璽　改元附 ·············· 一三二〇

卷第一百十五（闕）／一三二一

　哲宗皇帝 ················· 一三二一

　　獲鬼章 ················· 一三二一

卷第一百十六（闕）／一三二二

　哲宗皇帝 ················· 一三二二

　　取棄湟鄯州 ··············· 一三二二

卷第一百十七（闕）／一三二三

　徽宗皇帝 ················· 一三二三

　　受位　皇太后同聽政附 ·········· 一三二三

御製 …………………………………………………………… 一三二三

　　　御筆 …………………………………………………………… 一三二三

　　　聖德 …………………………………………………………… 一三二三

　　　政迹 …………………………………………………………… 一三二三

卷第一百十八（闕）/一三二四

徽宗皇帝 …………………………………………………………… 一三二四

　　復孟后　元符后附 …………………………………………………… 一三二四

卷第一百十九（闕）/一三二五

徽宗皇帝 …………………………………………………………… 一三二五

　　用元祐舊臣 ………………………………………………………… 一三二五

卷第一百二十/一三二六

徽宗皇帝 …………………………………………………………… 一三二六

　　逐惇卞黨人　復用附見 …………………………………………… 一三二六

卷第一百二十一/一三四一

徽宗皇帝 …………………………………………………………… 一三四一

　　禁元祐黨人上 ……………………………………………………… 一三四一

卷第一百二十二/一三五三

徽宗皇帝 …………………………………………………………… 一三五三

　　禁元祐黨人下 ……………………………………………………… 一三五二

卷第一百二十三/一三六四

徽宗皇帝 …………………………………………………………… 一三六四

　　編類元符章疏 ……………………………………………………… 一三六四

卷第一百二十四/一三七一

徽宗皇帝 …………………………………………………………… 一三七一

　　追復元祐黨人 ……………………………………………………… 一三七一

卷第一百二十五／一三八四

  徽宗皇帝 ……………………………………………… 一三八四

  明堂 ……………………………………………… 一三八四

  官制 ……………………………………………… 一三八八

卷第一百二十六／一三九五

  徽宗皇帝 ……………………………………………… 一三九五

  八行取士 ………………………………………… 一三九五

  州縣學　武學附 ………………………………… 一三九七

卷第一百二十七／一四〇五

  徽宗皇帝 ……………………………………………… 一四〇五

  道學 ……………………………………………… 一四〇五

  神霄宮 …………………………………………… 一四一二

  方士 ……………………………………………… 一四一四

卷第一百二十八／一四一八

  徽宗皇帝 ……………………………………………… 一四一八

  三衛 ……………………………………………… 一四一八

  四輔 ……………………………………………… 一四一九

  玄圭 ……………………………………………… 一四二〇

  九鼎　重和九鼎附 ……………………………… 一四二一

  八寶 ……………………………………………… 一四二四

  萬歲山 …………………………………………… 一四二六

  花石綱 …………………………………………… 一四二七

卷第一百二十九／一四三〇

  徽宗皇帝 ……………………………………………… 一四三〇

  陳瓘貶逐 ………………………………………… 一四三〇

  鄒浩貶逐 ………………………………………… 一四三六

卷第一百三十/一四四〇

徽宗皇帝 ......一四四〇
尊王安石 ......一四四〇
不用吕惠卿 ......一四四二
久任曾布 ......一四四五

卷第一百三十一/一四五六

徽宗皇帝 ......一四五六
張商英事迹 ......一四五六
蔡京事迹 ......一四六二

卷第一百三十二/一四七二

徽宗皇帝 ......一四七二
講議司 ......一四七二

卷第一百三十三/一四八一

徽宗皇帝 ......一四八一
議禮局　大觀政和二禮附 ......一四八一

卷第一百三十四/一四九二

徽宗皇帝 ......一四九二
禮制局 ......一四九二

卷第一百三十五/一五〇三

徽宗皇帝 ......一五〇三
大晟樂 ......一五〇三
四學 ......一五〇七

卷第一百三十六/一五一一

徽宗皇帝 ......一五一一
當十錢 ......一五一一

卷第一百三十七/一五二二

  徽宗皇帝 …………………………………… 一五二二
  水磨茶 …………………………………… 一五二二
  解池鹽 …………………………………… 一五二四

卷第一百三十八/一五二八

  徽宗皇帝 …………………………………… 一五二八
  方田 ……………………………………… 一五二八
  馬政 ……………………………………… 一五三二

卷第一百三十九/一五三六

  徽宗皇帝 …………………………………… 一五三六
  收復湟州 ………………………………… 一五三六

卷第一百四十/一五五〇

  徽宗皇帝 …………………………………… 一五五〇
  收復鄯廓州 ……………………………… 一五五〇
  收復銀州 ………………………………… 一五五七
  收復洮州積石軍 ………………………… 一五五七

卷第一百四十一/一五六〇

  徽宗皇帝 …………………………………… 一五六〇
  討卜漏 …………………………………… 一五六〇
  討方賊 …………………………………… 一五六八

卷第一百四十二/一五七一

  徽宗皇帝 …………………………………… 一五七一
  金盟上 …………………………………… 一五七一

卷第一百四十三/一五八〇

  徽宗皇帝 …………………………………… 一五八〇
  金盟下 …………………………………… 一五八〇

目錄

二七

卷第一百四十四/一五九五

　　徽宗皇帝 ……………………………………………………… 一五九五

　　　金寇上 ……………………………………………………… 一五九五

卷第一百四十五/一六〇八

　　欽宗皇帝 ……………………………………………………… 一六〇八

　　　金寇下 ……………………………………………………… 一六〇八

卷第一百四十六/一六二一

　　欽宗皇帝 ……………………………………………………… 一六二一

　　　內禪 ………………………………………………………… 一六二一

卷第一百四十七/一六三〇

　　欽宗皇帝 ……………………………………………………… 一六三〇

　　　李綱守議 …………………………………………………… 一六三〇

卷第一百四十八/一六三八

　　欽宗皇帝 ……………………………………………………… 一六三八

　　　誅六賊 ……………………………………………………… 一六三八

卷第一百四十九/一六四五

　　欽宗皇帝 ……………………………………………………… 一六四五

　　　二聖北狩 …………………………………………………… 一六四五

卷第一百五十/一六五二

　　欽宗皇帝 ……………………………………………………… 一六五二

　　　高宗渡江 …………………………………………………… 一六五二

後記/一六五七

歐陽守道序

皇宋紀事本末，寶祐元年，直徽猷閣謝侯守廬陵，始以家藏本刊於郡齋①。侯既去，予於郡學見之，借授貢士徐君琥傳錄。徐以郡本不可復得，有意轉刊於家②。或謂卷帙繁多，宜作節本，予亟止之曰："史未易節也。前代史尚難之，況國朝節史，近於筆削。儻不知史法，而容易措手，則去留失宜，首尾不備，使讀者憮然，此與漏段闕字何異？史館遴選尚不敢苟③，而私家新學見史輒節，非予所敢知也。"徐君幸從予言而止。刊既就，以示予。覆讀，則頗疑其間多所舛訛，蓋前此郡齋所刊④，恩恩未及點對而侯已去⑤，殊爲可惜。近有得大字蜀本者⑥，予復借與數友參較⑦，乃知郡本固自多誤，蜀本誤亦不免。再質之於續通鑑長編，尋其本文初意，而後敢以爲安。所校正不啻千數百字⑧，然亦惟有誤則據本正之，儻無可據，雖一字不敢輒增損也。工告畢，爲識其所自。五年歲在丁巳十月望，廬陵歐陽守道謹書。

---

① 刊　嘉慶本作"刻"。
② 刊　嘉慶本作"刻"。
③ 不敢　底本作"不致"，據嘉慶本改。
④ 刊　嘉慶本作"刻"。
⑤ 恩恩　嘉慶本作"徑徑"。
⑥ 近有得大字蜀本者　嘉慶本無"得"一字。
⑦ 參較　嘉慶本作"參校"。
⑧ 啻　底本作"翅"，據嘉慶本改。

年　　號

太祖皇帝建隆元年正月受禪

　　建隆三　乾德五　開寶九

太宗皇帝開寶九年十月即位

　　太平興國八　雍熙四　端拱二　淳化五　至道三

真宗皇帝至道三年三月即位

　　咸平六　景德四　大中祥符九　天禧五　乾興一

仁宗皇帝乾興元年正月即位

　　天聖九　明道二　景祐四　寶元二　康定一　慶曆八　皇祐五　至和二　嘉祐八

英宗皇帝嘉祐八年三月即位

　　治平四

神宗皇帝治平四年正月即位

　　熙寧十　元豐八

哲宗皇帝元豐八年三月即位

　　元祐八　紹聖四　元符三

徽宗皇帝元符三年正月即位

　　建中靖國一　崇寧五　大觀四　政和七　重和二　宣和七

欽宗皇帝宣和七年十二月即位

　　靖康二

高宗皇帝靖康二年五月即位

　　建炎四　紹興三十二

孝宗皇帝紹興三十二年五月即位

 隆興二 乾道九① 淳熙十六

光宗皇帝淳熙十六年二月即位

 紹熙五

寧宗皇帝紹熙五年七月即位

 慶元六 嘉泰四 開禧三 嘉定十七

今上皇帝嘉定十七年九月即位

 寶慶三 紹定六 端平三 嘉熙四 淳祐十二 寶祐六 開慶元年 景定萬萬年

---

① 乾道　"道"底本作"德",誤。

卷第一

太祖皇帝

受禪

建隆元年春正月辛丑朔,鎮、定二州言契丹入寇,北漢兵自土門東下,與契丹合。周帝命太祖領宿衛諸將禦之。太祖自殿前都虞候再遷都點檢,掌軍政凡六年,士卒服其恩威,數從世宗征伐,洊立大功,人望固已歸之,於是主少國疑,中外始有推戴之議。壬寅,殿前司副都點檢①、鎮寧軍節度使太原慕容延釗將前軍先發。時都下讙言:"將以出軍之日策點檢爲天子。"士民恐怖,爭爲逃匿之計,惟内庭晏然不知。癸卯,大軍出愛景門,紀律嚴甚,衆心稍安。軍校河中苗訓者,號知天文,見日下復有一日,黑光久相磨盪,指謂太祖親吏宋城楚昭輔曰:"此天命也。"是夕,次於陳橋驛,將士相與聚謀,曰:"主上幼弱,未能親征②。今我輩出死力,爲國家破賊,誰則知之?不如先立點檢爲天子,然後北征未晚也。"都押衙上黨李處耘具以其事白太祖弟匡義,匡義時爲内殿祗候、供奉官都知,即與處耘同過歸德節度掌書記薊人趙普。語未竟,諸將突入,稱説紛紜,普及匡義各以事理逆順曉譬之,曰:"太尉忠赤,必不汝赦③。"諸將相顧,亦有稍稍引去者,已而復集,露刃大言曰:"軍中偶語則族,今已定議,太尉若不從,則我輩亦安肯退而受禍?"普察其勢不可遏,與匡義同聲叱之曰:"策立,大事也,固宜審圖,爾等何得便肆狂悖?"乃各就坐聽命。普復謂曰:"外寇壓境,將莫誰何,盍先攘卻,歸始議此。"諸將不可,曰:"方今政出多門,若俟寇退師還,則事變未可知也。但當亟入京城,策立太尉,徐引而北,破賊不難。太尉苟不受策,六軍決亦難使向前矣!"普謂匡義

---

① 殿前司副都點檢　底本脱"司副"二字,嘉慶本同,據長編四庫底本卷一、長編卷一補。
② 未能親征　嘉慶本同,長編四庫底本卷一、長編卷一、涑水記聞卷一"征"均作"政"。
③ 必不汝赦　長編四庫底本卷一、長編卷一、宋史全文卷一同,太平治迹統類卷一作"必不見從"。

曰："事既無可奈何,政須早與約束。"因語諸將："興王易姓,雖云天命,實係人心。前軍昨已過河,節度使各據方面。京師若亂,不惟外寇愈深,四方必轉生變。若能嚴飭軍士,勿令剽劫,都城人心不搖,則四方自然寧謐,諸將亦可長保富貴矣。"皆許諾,乃共部分。夜,遣衙隊軍使郭延贇馳告殿前都指揮使浚儀石守信、殿前都虞候洛陽王審琦。守信、審琦皆素歸心太祖者也。將士環列待旦,太祖醉卧,初不省。甲辰黎明,四面叫呼而起,聲震原野,普與匡乂入白太祖,諸將已擐甲執兵,直扣寢門,曰："諸將無主,願策太尉爲天子!"太祖驚起披衣,未及酬應,則相與扶出廳事,或以黄袍加太祖身,且羅拜庭下稱萬歲。太祖固拒之,衆不可,遂相與扶太祖上馬,擁逼南行。匡乂立於馬前,請以剽劫爲戒,太祖度不得免,乃攬轡誓諸將曰："汝等自貪富貴,立我爲天子,能從我命則可,不然,我不能爲若主也。"衆皆下馬曰："惟命是聽!"太祖曰："少帝及太后,我皆北面事之;公卿大臣,皆我比肩之人也,汝等無得輒加凌暴①。近世,帝王初入京城,皆縱兵大掠,擅劫府庫,汝等無得復然。事定,當厚賞汝②;不然,當族誅汝!"衆皆拜。乃整軍自仁和門入,秋毫無所犯。先遣客省使大名潘美見執政諭意,又遣楚昭輔慰安家人。殿前都點檢公署在左掖門内,時方閉關設守備,及昭輔至,石守信開關納之。宰相早朝未退,聞變,范質下殿,執王溥手曰："倉卒遣將,吾輩之罪也!"爪入溥手,幾出血,溥噤不能對。天平節度使、同平章事、侍衛馬步軍副都指揮使、在京巡檢太原韓通,自内庭惶遽奔歸,將率衆備禦③。散員都指揮使蜀人王彦昇遇通於路,躍馬逐之,至其第,第門不及掩,遂殺之并其妻、子。諸將翼太祖登明德門,太祖令軍士解甲還營,太祖亦歸公署,釋黄袍。俄而將士擁質等俱至,太祖嗚咽流涕曰："吾受世宗厚恩,爲六軍所迫,一旦至此,慙負天地,將若之何?"質等未及對,散員指揮、都虞候太原羅彦瓌挺劍而前曰："我輩無主,今日必得天子!"太祖叱之,不退。質等不知所爲④,溥降階先拜,質不得已從之,遂稱萬歲。太祖詣崇元殿,行禪代禮,召文武百官就列,至晡,班定,獨未有周帝禪位制書。翰林學士承旨新平陶穀出諸袖中,進曰："制

---

① 汝等無得輒加凌暴　"無",嘉慶本同,長編卷一作"毋";"凌"底本作"陵",據嘉慶本、長編四庫底本卷一、長編卷一改。
② 當厚賞汝　底本脱"當"字,據嘉慶本、長編四庫底本卷一、長編卷一補。
③ 將率衆備禦　"率"底本作"卒",據嘉慶本、長編四庫底本卷一、長編卷一改。
④ 質等不知所爲　"爲"底本作"謂",據嘉慶本、長編四庫底本卷一、長編卷一改。

書成矣。"遂用之。宣徽使引太祖就龍墀北面拜受。宰相扶太祖升殿，易服東序，還即位。群臣拜賀。奉周帝爲鄭王，太后爲周太后，遷居西京。

蘇轍龍川別志言：韓通以親衛戰闕下，敗死。太祖脱甲詣政事堂，范質見太祖，首陳禪代議。與國史及飛龍記、司馬光記聞、朔記等所載都不同，恐別志誤。韓通倉卒被殺，兵未嘗交鋒；而太祖實歸府第，將士即擁范質等至，質等見太祖必不在政事堂；其約束將士不得加無禮於太后、少帝，固先定於未入城時，非緣質請也。惟執溥手出血，及光所記質不肯先拜，當得其實。今參取刪修。

乙巳，詔因所領節度州名，定有天下之號曰宋。改元，大赦，内外馬步軍士等第優給。命官分告天地、社稷，遣中使乘傳齎詔諭天下。諸道節度使，又别以詔賜焉。辛亥，石守信等並加官、爵、勳、階，酬翼戴之勳也。壬子，賜文武近臣、禁軍大校襲衣、犀玉帶、鞍勒馬有差①。

三年，周鄭王出居房州。

開寳二年，有辛文悦者，上幼從其肄業，及即位，召見，授太子中允、判太府寺。周鄭王時在房州，上謂文悦長者。十二月，案：長編事在戊戌。命文悦知房州事。

六年三月乙卯朔，房州言周鄭王殂。上素服發哀，輟視朝十日，命還葬慶陵之側，曰順陵，謚曰恭帝。

親征潞州

建隆元年。初，昭義節度使兼中書令太原李筠在鎮逾八年，恃勇專恣，招集亡命，陰爲跋扈之計，周世宗每優容之。及上遣使諭以受禪，筠即欲拒命，左右爲陳曆數，乃俛僶下拜②。既延使者升階，置酒張樂，遽索周祖畫像置廳壁，涕泣不已。賓佐惶駭，告使者曰："令公被酒，失其常性，幸毋怪也。"北漢主知筠有異心，潛以蠟書誘筠。筠雖具奏，而反謀已決。筠長子守節涕泣切諫，筠不聽。上手詔慰撫，因除守節爲皇城使。筠遂遣守節入朝，且密伺朝廷動止③。上迎謂曰："太子，汝何故來？"守節瞿然，以頭擊地曰："陛下何言此？必有讒人間臣父也。"上曰："吾亦聞汝數諫，老賊不汝

---

① 鞍勒馬　"鞍"與"勒"原顛倒，據王灝本、長編四庫底本卷一、長編卷一乙正。按：嘉慶本作"鞍馬"。
② 乃俛僶下拜　底本脱"乃"一字，據長編四庫底本卷一、長編卷一、嘉慶本補。按："乃"，宋史卷四八四李筠傳作"方"。
③ 且密伺朝廷動止　嘉慶本、長編四庫底本卷一、長編卷一均無"密"一字，且長編四庫底本卷一、長編卷一"止"作"靜"。

聽,不復顧藉,故遣汝來,欲吾殺汝耳。盍歸語而父,我未爲天子時,任汝自爲之。我既爲天子,汝獨不能小讓我耶?"守節馳歸,具以告筠,筠反謀愈急。癸未,執監軍亳州防禦使周光遜、閑廄使李廷玉,遣其教練使劉繼沖及判官孫孚送於北漢,納款求援。筠又遣兵襲澤州,殺刺史張福,據其城。從事閭邱仲卿説筠曰:"公孤軍舉事,其勢甚危。雖倚河東之援,終亦不得其力。大梁甲兵精鋭,難與爭鋒,不如西下太行,直抵懷、孟,塞虎牢,據洛邑,東向而爭天下,計之上也。"筠曰:"吾周朝宿將,與世宗義同兄弟,禁衛皆吾舊人,必將倒戈來歸。況吾有儋珪槍、撥汗馬,何憂天下哉?"儋珪,筠愛將,善用槍;撥汗,筠所畜駿馬也。

　　四月丙戌①,昭義反書至。樞密吴延祚言於上曰:"潞州巖險,賊若固守,未可以歲月破。然李筠素驕易無謀,宜速引兵擊之,彼必恃勇出鬭,但離巢穴,即成擒矣。"上納其言。戊子,遣侍衛副都指揮使石守信、殿前副都點檢高懷德帥前軍進討。上敕守信等曰:"切勿縱筠下太行,急引兵扼其隘,破之必矣。"是日,大宴廣德殿。丙申,命户部侍郎壽陽高防、兵部侍郎陽曲邊光範並充前軍轉運使。

　　五月庚子,命宣徽南院使高唐昝居潤赴澶州巡檢,殿前都點檢鎮寧節度使慕容延釗、彰德軍留後太原王全斌率兵由東路,與石守信、高懷德會。辛丑②,北漢主遣使以詔書、金帛、善馬賜李筠,筠復遣劉繼沖詣晉陽,請北漢主舉兵南下,己爲前導。北漢主即日大閲,傾國自將,行至太平驛,筠身率官屬、耆老迎謁。遣宣徽使萊人盧贊監其軍,筠留長子守節守上黨,自率衆三萬南出。癸卯,石守信等言破筠衆於長平,斬首三千餘級。甲辰,詔削去李筠官爵。

　　丁巳,詔親征。以樞密使吴延祚爲東京留守,端明殿學士、知開封府吕餘慶副之,皇弟殿前都虞候光義爲大内都點檢,侍衛馬步軍都指揮使韓令坤率兵屯河陽。己未,帝發大梁。壬戌,次滎陽,召西京留守河内向拱與語。拱勸上急濟河,踰太行,乘賊未集而擊之,稽留浹旬,則其鋒益熾矣。樞密直學士趙普亦言:"賊意國家新造,未能出征。若倍道兼行,掩其不備,可一戰而克。"上納其言。甲子,次河陽。丙寅,次懷州。丁卯,前軍都部署石守信、副都部署高懷德破賊軍三萬餘衆於澤州南,獲北漢河陽節

---

① 四月丙戌　底本脱"四月"二字,據長編卷一、太平治迹統類卷一補。
② 辛丑　底本脱此二字,據長編四庫底本卷一、長編卷一補。

度使范守圖,殺盧贊。筠遁入澤州,嬰城自守。

六月己巳朔,上至澤州,督諸軍攻城。初,吐渾府都留後、汾州團練使王全德帥所部,從李筠戰澤州,全德敗①,走入潞州,與筠子守節爲拒守計。及上圍澤州,全德大懼,與親信數十人犯關來奔,龍捷指揮使王廷魯亦自潞州相繼出降,賊勢轉蹙。澤州城逾旬不下,上召控鶴左廂都指揮使薊人馬全義②,賜食御坐,問以計策。全義請并力急攻,且曰:"緩之,必生變。"上即命諸軍奮擊。全義率敢死士先登,飛矢貫臂,流血被體。全義拔鏃進戰,士氣益奮,上親率衛兵繼之。辛巳,克其城,李筠赴火死,獲北漢宰相衛融。命掩尸骸③,禁剽掠,放澤州民今年田租。乙酉,進攻潞州。丁亥,筠子守節以城降,上赦其罪,升單州爲團練,用守節爲使。是日,車駕入潞州,宴從官於行宮。辛卯,德音:降死罪囚,流以下原之;潞州三十里內勿收今年田租。澤州之未破也,筠愛妾劉氏謂筠曰:"軍州馬尚有幾何④?"筠曰:"汝何問爲?"劉氏曰:"今孤城危迫,且暮且破。若得馬數百疋,尚可以犯圍走保上黨。上黨樓堞堅固,且近河東,易於求援。與其守死,不猶愈乎?"筠然之,料見馬且千匹,將出,左右或沮之曰:"今在帳前之人,皆云與大王同心,一旦出城,劫大王降敵,其可悔乎?"筠猶豫未決。明日城陷,筠走赴火,劉氏將從之,筠以其有娠,麾之使去。守節無子,購得之,生子卒爲筠後。

親征揚州

建隆元年,案:長編事列九月。淮南節度使兼中書令滄人李重進,周太祖之甥也。始與上俱事世宗,分掌內、外兵權,而重進以上英武出己右,心常憚焉。恭帝嗣位,重進出鎮揚州,領宿衛如故。及上受禪,命韓令坤代重進爲馬步軍都指揮使。重進請入朝,上意未欲與重進相見,謂翰林學士李昉曰:"善爲我辭拒之。"昉草詔云:"君爲元首,臣作股肱。雖在遠方,還同一體。保君臣之分,方契永圖;修朝覲之儀,何須此日?"重進得詔,愈不自安,乃招集亡命,增陴浚隍,陰爲叛背之計。李筠舉兵澤、潞,重

---

① 從李筠戰澤州全德敗　長編四庫底本卷一、長編卷一、嘉慶本均作"從李筠戰澤州南,既敗"。
② 控鶴左廂都指揮使　底本脫"廂"一字,據長編四庫底本卷一、長編卷一、嘉慶本補。
③ 命掩尸骸　"骸",長編四庫底本卷一、長編卷一、嘉慶本均作"骼"。
④ 軍州馬尚有幾何　"尚"底本作"向",據長編四庫底本卷一、長編卷一、嘉慶本改。按:嘉慶本作"軍馬尚有幾何",東都事略卷二二李筠傳、宋史卷四八四李筠傳以及十國春秋卷一〇八筠注文又作"城中健馬幾何"。

進遣其親吏翟守珣間行與筠相結。守珣素識上,往還京師,潛詣樞密承旨李處耘,求見上,召問曰:"我欲賜重進鐵券,彼信我乎?"守珣曰:"重進終無歸順之心矣。"上厚賜守珣,許以爵位,且使説重進稍緩其謀,無令二凶並作,分我兵勢。守珣歸,勸重進養威持重,未可輕發。重進信之。上已平澤、潞,則將經略淮南。戊申,徙重進爲平盧節度使,重進心益疑懼。庚戌,又遣六宅使陳思誨齎鐵券往賜,以慰安之。思誨至淮南,李重進即欲治裝隨思誨入朝,左右沮之。重進猶豫不決,又自以前朝近親,恐不得全,乃拘留思誨,益治反具。遣使求援於唐,唐主不敢納。揚州都監、右屯衛將軍安友規知重進必反,踰城來奔。重進疑諸將皆不附己,乃囚軍校數十人,悉斬之。己未,重進反書聞。上命馬步軍副都指揮使、歸德軍節度使石守信爲揚州行營都部署、兼知揚州行府事,殿前都指揮使、義成節度使王審琦爲副,宣徽北院使李處耘爲都監,保信節度使宋延渥爲都排陣使,帥禁兵討之。癸亥,詔削奪李重進官爵。

冬十月庚午,安友規至,上以爲滁州刺史,令監護前軍進討。乙酉,上問樞密副使趙普以揚州事宜,普曰:"李重進守薛公之下策,昧武侯之遠圖,憑恃長淮,繕修孤壘,無諸葛誕之恩信,士卒離心;有袁本初之彊梁,計謀不用。外絶救援,内乏資糧,急攻亦取,緩攻亦取。兵法尚速,不如速取之。"上納其言。丁亥,下詔親征,以皇弟光義爲大内都部署,吳延祚權東京留守,吕餘慶副之。庚寅,上發京師,百司、六軍並乘舟東下。癸巳,次宋州。

十一月戊戌,次宿州。甲辰,次泗州。捨舟登陸,命諸將鼓行而前。丁未,至大儀驛①。石守信遣使馳奏揚州即破,請上亟臨視。是夕,次其城下,登時攻拔之。李重進盡室赴火死,陳思誨亦爲其黨所害。上購得翟守珣,補殿直,俄遷供奉官。兄深州刺史重興,初聞其叛,即自殺。弟解州刺史重贊、子尚食使延福並戮於市。己酉,賑給揚州城中民米,人一斛,十歲以下給其半。庚戌,詔重進家屬、部曲並釋罪,逃亡者聽自首。乙丑,令宣徽北院使李處耘權知揚州。

十二月己巳,上發揚州。丁亥,至京師。

---

① 大儀驛　宋王禹偁小畜集卷一七揚州建隆寺碑同,長編四庫底本卷一、長編卷一、嘉慶本均作"大義驛"。

收復湖南

建隆三年，案：長編事列九月。武安節度使兼中書令周行逢病革，召其將吏，以其子保權屬之，曰："吾起隴畝爲兵，同時十人，皆以誅死，惟衡州刺史張文表獨存，常怏怏不得行軍司馬。吾死，文表必叛，當以楊師璠討之。如不能，則嬰城勿戰，自歸朝廷可也。"行逢卒，保權領留務。

冬十月，張文表聞周保權立，怒曰："我與行逢俱起微賤，立功名，今日安能北面事小兒乎①？"會保權遣兵更戍永州，路出衡陽，文表遂驅以叛，僞縞素，若將奔喪武陵者。過潭州，時行軍司馬廖簡知留後，素輕文表，不爲之備，方宴飲，文表率衆徑入府，簡醉，與座客十餘人皆遇害。文表取其印綬，自稱權留後事，具表以聞。保權即命楊師璠悉衆禦文表，又遣使求援於荆南，且來乞師。文表亦上疏自理。

十二月丁亥，以武平節度副使、權知朗州周保權爲武平節度使。甲辰，遣内使趙璲等齎詔宣諭潭、朗，聽張文表歸闕，且命荆南發兵助保權。

乾德元年正月庚申，以山南東道節度使兼侍中慕容延釗爲湖南道行營都部署，樞密副使李處耘爲都監，遣使十一人發安、復、鄆、陳、澶、孟、宋、亳、潁、光等州兵會襄陽，以討張文表。楊師璠之討張文表也，兵稍失利。相持既久，文表出戰，師璠大敗之，遂取潭州，執文表。初，文表聞王師來伐，潛送款於趙璲。璲自以奉詔諭文表，得其歸順，甚喜，即遣使慰撫之。師璠兵既入城，縱火大掠，而璲亦繼至。明日，享將吏於延昭門。指揮使高超語其衆曰："觀中使之意，必活文表。若文表至闕，圖害朗州，我輩無遺類矣！"乃斬文表於市，盡臠食其肉。及宴罷，璲召文表，超曰："文表復謀爲亂，已斬之矣。"璲太息久之。

楊師璠以三年十月出師，四年正月張文表乃成擒，其間必有相持守處，而史及雜記、傳皆不載。五代史稱師璠至平津亭，文表出戰，即敗之。大定錄亦稱未逾月，師璠遂斬文表。而九國志則載師璠始爲文表所敗，王師將至，文表乃送款，朗兵因得入城，竟不載師璠勝負如何，並疑未得其實。五代史及大定錄則日月太迫，與事不合，而九國志所云朗兵因王師得入城，亦必差錯。恐師璠初爲文表所敗②，已而相

---

① 北面事小兒乎　"小兒"底本作"赤子"，據長編四庫底本卷一、長編卷一、宋史全文卷一、太平治迹統類卷一改。
② 亦必差錯恐師璠初爲文表所敗　長編四庫底本卷四、長編卷四同，嘉慶本作"亦必差，又恐師璠初爲文表所敗"。

持守,後乃得勝於平津亭,因破潭州。而文表蓋嘗遣使詣趙璲乞降,潭州既破,璲適至耳,非因璲至潭州始破也。

二月癸巳,王師因假道,遂收復荆南,益發兵,日夜趨朗州。周保權懼,召觀察判官李觀象謀之。觀象曰:"凡所以請援於朝者,誅張文表耳。今文表已誅,而王師不還,必將盡取湖湘之地。然我所恃者,北有荆渚,以爲唇齒。今高氏束手聽命,朗州勢不獨全。莫若幅巾歸朝,幸不失富貴。"保權將從之,指揮使張從富等不可,乃相與爲距守計。慕容延釗使丁德裕先往安撫。德裕至朗州,從富等不納,盡撤部內橋梁,沈船舫,伐木塞路。德裕不敢與戰。退軍須朝旨,延釗以聞。辛亥,上遣使諭周保權及將校曰:"爾本請師救援,故發大軍以拯爾難。今妖孽既殄,是有大造於汝也,何爲反距王師,自取塗炭,重擾生聚?"保權爲左右所制,執迷不復,遂進討之。慕容延釗遣戰棹都監武懷節等分兵趣岳州,大破賊軍於三江口,獲船三百餘艘,斬首四千餘級,遂取岳州。

三月,張從富等出軍,於澧州南與王師遇,未及交鋒,賊軍望風而潰。李處耘逐北至敖山寨,賊棄寨走,俘獲甚衆。處耘擇所俘體肥者數十人,令左右分食之,少健者悉黥其面,令先入朗州。會暮,宿寨中。遲明,慕容延釗繼至。所黥之俘得入城,悉言被擒者爲王師所啗食,賊衆大懼,縱火焚州城,驅略居民①,奔竄山谷。壬戌,王師入朗州,擒張從富於西山下,梟其首。賊將汪端劫周保權并家屬,亡匿江南岸僧舍。李處耘遣麾下將田守奇往捕之。端棄保權走,守奇獲保權以歸,於是盡復湖南舊地,凡得州十四、監一、縣六十六,户九萬七千三百八十八。

夏四月甲申,德音:減潭、朗州死罪囚,流以下釋之。丙午,以樞密直學士、户部侍郎薛居正權知朗州。

秋七月,王師既平湖湘,知溪州彭允林、前溪州刺史田洪贇列狀求內屬。乙丑,以允林爲溪州刺史,洪贇爲萬州刺史。己巳②,薛居正言賊將汪端領數萬人寇州城③,都監尹重睿擊走之。甲戌,周保權詣闕待罪,詔釋之,以爲右千牛衛上將軍。乙亥,增築朗州城,浚其濠;賜管內民今年夏租。

---

① 驅略居民 "居"與"民"原顛倒,據長編四庫底本卷四、長編卷四、嘉慶本乙正。
② 己巳 底本脱此二字,據長編四庫底本卷四、長編卷四補。
③ 薛居正 長編四庫底本卷四、長編卷四均作"權知朗州薛居正"。

九月,慕容延釗言獲汪端,磔於朗州市。

冬十月癸未,令襄州盡索湖南行營諸軍所掠生口,遣吏分送其家。己丑,以前鼎州節度掌書記李觀象爲左補闕①,嘉其始謀歸順也。

太宗雍熙二年五月,左羽林統軍周保權卒。

收復荊南

建隆元年八月,荊南節度使、守太傅兼中書令、南平正懿王高保融寢疾②,以其子繼沖幼弱③,未堪承嗣,命其弟行軍司馬保勗總判内外軍馬事。甲午,保融卒。

二年九月甲子,以荊南行軍司馬、寧江節度使高保勗爲荊南節度使。上初聞保融之喪,遣兵部尚書李濤往弔。及還,上問保勗堪其事否,濤以爲可任。而保勗貢奉數至,乃授節鉞。保勗淫恣,又好營造,軍民咸怨。記室孫光憲諫曰:"宋有天下,四方諸侯屈服面内,凡下詔書,皆合仁義,此湯、武之君也。公宜克勤克儉,勿奢勿僭,上以奉朝廷,中以嗣祖宗,下以安百姓。"保勗不從。

三年十一月,保勗寢疾,召牙内都指揮使梁延嗣,謂曰:"我疾遂不起,兄弟孰可付之後事者?"延嗣曰:"公不念正懿王乎?先王捨其子繼沖,以軍府付公。今繼沖長矣。"保勗曰:"子言是也。"即以繼沖權判内外兵馬事。甲戌,保勗卒。

乾德元年正月庚申④,以山南東道節度使兼侍中慕容延釗爲湖南道行營都部署,樞密副使李處耘爲都監,發兵討張文表。先是,盧懷忠使荊南,上謂曰:"江陵人情去就、山川向背,我盡欲知之。"懷忠使還,報曰:"高繼沖甲兵雖整,而控弦不過三萬;年穀雖登,而民困於暴斂。南通長沙,東距建康,西迫巴蜀,北奉朝廷。觀其形勢,日不暇給,取之易耳。"於是上召宰相范質等謂曰:"江陵四分五裂之國,今假道出師,因而下之,蔑不濟矣。"壬戌,李處耘辭,上遂以成算授之。庚辰,以荊南節度副使、知軍府事高繼沖爲荊南節度使。高繼沖自以年幼,未知民事,政刑賦役委節度判官孫光憲,

---

① 以前鼎州節度掌書記李觀象爲左補闕　底本脱"以"一字,據長編四庫底本卷一、長編卷四、嘉慶本補。按:"鼎州"此時應是"朗州",因爲宋真宗大中祥符五年纔下令避聖祖趙玄朗名諱,朗州纔改爲鼎州。
② 南平正懿王　嘉慶本同,長編四庫底本卷一、長編卷一"正"作"貞"。
③ 繼沖　長編四庫底本卷一、長編卷一、嘉慶本均作"繼元"。下同。
④ 庚申　底本脱此二字,據長編四庫底本卷四、長編卷四補。

軍旅調度委銜内指揮梁延嗣。

二月,李處耘至襄州。處耘先遣閤門使丁德裕諭繼沖以假道之意,請具薪水給軍。繼沖與其僚佐謀,以民庶恐懼爲辭,願供芻餼百里外。處耘又遣德裕往,光憲、延嗣請許之,兵馬副使李景威説繼沖曰:"今王師雖假道以收湖湘,然觀其事勢,恐因而襲我。景威願效犬馬之力,假兵三千,於荊門中道險隘處設伏,攻其上將,王師必自退卻。回軍收張文表,以獻朝廷,則公之功業大矣。不然,且有搖尾乞食之禍①。"繼沖曰:"吾家累歲奉朝廷,必無此事,爾無過慮。況爾又非慕容延釗之敵乎!"景威又曰:"舊傳江陵諸處有九十九洲,若滿百,則有王者興。自武信王之初,江心深浪之中忽生一洲,遂滿百數。昨此洲漂没不存,茲亦可憂也。"光憲謂繼沖曰:"景威安識成敗,且中國自周世宗時已有混一天下之志。聖宋受命,凡所措置,規模益宏遠②。今伐文表,如以山壓卵耳。湖湘既平,豈有復假道而去耶?不若早以疆土歸朝廷,去斥堠,封府庫以待,則荊楚可免禍,而公亦不失富貴。"繼沖以爲然。景威知計不行,出而歎曰:"大事去矣,何用生爲!"因扼吭而死。景威,歸州人也。繼沖遣延嗣與其叔父、掌書記保寅奉牛酒來犒師,且覘師之所爲。壬辰,師次荊門。處耘見延嗣等,待之有加,諭令翌日先還。延嗣喜,馳使報繼沖以無虞。荊門距江陵百餘里,是夕,延釗召延嗣等宴飲其帳,處耘將輕騎數千,倍道前進。繼沖初但竢保寅、延嗣之還,遽聞大軍奄至,即皇恐出迎處耘於江陵北十五里。處耘揖繼沖,令待延釗,而率親兵先入,登北門。比繼沖與延釗俱還,則王師已分據衝要,布列街巷矣。繼沖大懼,即詣延釗納牌印,遣客將王昭濟等奉表,以三州、十七縣、十四萬二千三百户來歸③。庚子,荊南表至。上復命高繼沖爲節度使,遣樞密承旨王仁贍赴荊南巡檢。辛亥,以梁延嗣爲復州防禦使,孫光憲爲黄州刺史,王昭濟爲左領軍衞將軍。上聞李景威之謀,曰:"忠臣也!"命王仁贍厚邮其家。

夏四月乙酉,命刑部郎中賈玭等通判荊南諸軍州。

十二月癸未④,以荊南節度使高繼沖爲武寧節度使。先是,繼沖表乞陪祀,許之,因舉族歸朝,乃命易鎮。

---

① 搖尾乞食之禍　"乞",長編四庫底本卷四、長編卷四、太平治迹統類卷一均作"求"。
② 規模益宏遠　"模"底本作"矩",據長編四庫底本卷四、長編卷四、嘉慶本改。
③ 三州　底本作"二州",據長編四庫底本卷四、長編卷四、宋史全文卷七、太平治迹統類卷一、嘉慶本改。
④ 癸未　底本脱此二字,據長編四庫底本卷四、長編卷四補。

卷第二

太祖皇帝

收復西川

建隆三年十二月，蜀主命官磨勘四鎮十六州逋税，自廣政十五年至二十年，別行追督。龍遊令田淳上疏諫，蜀主不能用。淳每謂所親曰："吾觀僭偽改廳堂爲宮殿，改紫綬爲黃服，改前驅爲警蹕，改僚佐爲卿相，改妻妾爲后妃①，何如常稱成都尹，乃無滅族之禍乎！"聞者皆爲之恐，淳論議自若。

乾德元年四月庚子，以華州團練使張暉爲鳳州團練使、兼西面行營巡檢壕寨使。上始謀伐蜀，乃徙暉鳳州。暉盡得其山川險易，因密疏進取之計，上覽之甚悦。

五月丁丑②，蜀宰相李昊言於蜀主曰："臣觀宋氏啓運，不類漢、周。天厭亂久矣，一統海内其在此乎？若通職貢，亦保安三蜀之長策也③。"蜀主將發使，樞密使王昭遠固止之，乃以文思使景處瑭等率兵屯峽路，又遣使往涪、瀘、戎等州閲櫂手，增置水軍。

六月辛丑，以龍捷左廂都指揮使、岳州防禦使馬仁瑀等遥領漢、彭諸州防禦使。

二年十一月。先是，蜀山南節度判官張廷偉説通奏使、知樞密院事王昭遠曰："公素無勳業，一旦位至樞近，不自建立大功，何以塞時論？莫若遣使通好并門，令其發兵南下，我即自黃花、子午谷出兵應之，使中原表裏受敵，則關右之地，可撫而有也。"昭遠然之，勸蜀主遣樞密院大程官孫遇、興州軍校趙彦韜及楊蠲等以蠟彈帛書間行遺北

---

① 改妻妾爲后妃　"后妃"底本作"妃后"，顛倒，長編四庫底本卷三、長編卷三、宋史全文卷一同，據宋張唐英蜀檮杌序乙正。
② 五月丁丑　底本脱"丁丑"二字，據長編四庫底本卷四、長編卷四、宋史全文卷一補。蜀檮杌卷下、十國春秋卷四九"五月丁丑"均作"十一月"。
③ 亦保安三蜀之長策也　底本脱"長"一字，據長編四庫底本卷四、長編卷四、宋史全文卷一、蜀檮杌卷下補。

漢主,言已於褒、漢增兵,約北漢濟河同舉。遇等至都下,彥韜潛取其書以獻。有穆昭嗣者,初以方伎事高氏,於是爲翰林醫官,上數召見,問蜀中地理,昭嗣曰:"荆南即西川、江南、廣南都會也。今已克此,則水陸皆可趨蜀。"上大悦。後數日,上得彥韜所獻書,覽之,笑曰:"吾西討有名矣!"乃并赦遇、蠲,使指陳山川形勢、戍守處所、道里遠近,畫以爲圖。甲戌,命忠武節度使王全斌爲西川行營鳳州路都部署,武信節度使、侍衛步軍都指揮使大名崔彥進副之,樞密副使王仁贍爲都監。寧江節度使、侍衛馬軍都指揮使劉光義爲歸州路副都部署,内客省使、樞密承旨曹彬爲都監。合步騎六萬,分路進討。給事中沈義倫爲隨軍轉運使,均州刺史曹翰爲西南面轉運使。上以西川將校多北人,賜詔諭令轉禍爲福,有能鄉導大軍,供餽兵食,率衆歸順,舉城來降者,當議優賞。命八作司度右掖門南,臨汴水爲蜀主治第,凡五百餘間,供帳什物皆具,以待其至。乙亥,全斌等辭①,宴於崇德殿。上出畫圖授全斌等,因謂曰:"西川可取否?"全斌等對曰:"臣等仗天威,遵廟算,剋日可定也②。"龍捷右廂都指揮使史延德前奏曰:"西川若在天上,固不可到;在地上,到即平矣!"上嘉其果敢,慰勉之。謂全斌等曰:"凡克城寨,止籍其器甲芻糧,悉以錢帛分給戰士。吾所欲得者,土地耳。"蜀主聞有北師,以王昭遠爲北面行營都統,左右衛聖馬步軍都指揮使趙崇韜爲都監,山南節度使韓保正爲招討使,洋州節度使李進爲副招討使,帥兵拒戰。蜀主謂昭遠曰:"今日之師,卿所召也,勉爲朕立功!"昭遠好讀兵書,頗以方略自任,始發成都,蜀主命宰相李昊等餞之城外。昭遠手執鐵如意指揮軍事,自比諸葛亮,酒酣,攘臂謂昊曰:"吾此行何止克敵,當領此二三萬雕面惡小兒,取中原如反掌爾!"

十二月辛酉,王全斌等攻拔乾渠渡、萬仞、燕子等寨,遂取興州,敗蜀兵七千人,獲軍糧四十餘萬石,蜀刺史藍思綰退保西縣③。全斌又攻石圌④、魚關、白水閣二十餘寨,皆拔之。辛未⑤,蜀招討使韓保正聞興州破,遂棄山南,退保西縣。馬軍都指揮使史延德以先鋒至,保正懦懼不敢出,遣兵數萬人,依山背城,結陣自固。延德擊走之,

---

① 全斌等辭　底本脱"辭"一字,據長編四庫底本卷五、長編卷五、嘉慶本補。
② 剋日可定也　"剋"底本作"刻",據長編四庫底本卷五、長編卷五改。
③ 蜀刺史藍思綰　底本脱"蜀"一字,長編四庫底本卷五、長編卷五、嘉慶本同,據宋史卷二五五王全斌傳補。按:"蜀",名臣碑傳琬琰之集下卷一王中書全斌傳、宋朝事實卷一七均作"偽"。
④ 石圌　長編四庫底本卷五、長編卷五同,嘉慶本、宋朝事實卷一七、蜀鑑卷八均作"石圖"。
⑤ 辛未　底本脱此二字,據長編四庫底本卷五、長編卷五補。

追擒保正及其副李進，獲糧三十餘萬斛。崔彥進與馬軍都監康延澤等逐北，過三泉，遂至嘉川①，殺擄甚衆②。蜀軍燒絕棧道，退保葭萌。劉光義等入峽路，連破松木、三會、巫山等寨，殺其將南光海等，死者五千餘人，生擒戰棹都指揮使袁德宏等千二百人③，奪戰艦二百餘艘，又斬獲水軍六千餘衆。初，蜀於夔州鏁江，爲浮梁，上設敵棚三重，夾江列礮具。光義等行，上出地圖，指其處，謂光義曰："泝流至此④，切勿以舟師爭勝。當先遣步騎潛擊之，竢其稍卻，乃以戰棹夾攻，可必取也。"光義等未至鏁江三十里許，捨舟前奪浮梁，復引舟而上，遂頓兵白帝廟。西蜀寧江節度使高彥儔謂副使趙崇濟⑤、監軍武守謙曰："北軍涉險遠來，利在速戰，宜堅壁待之。"守謙曰："寇據吾城下而不擊，又何待也？"戊辰，守謙獨領麾下千餘人以出。光義遣馬軍都指揮使張廷翰等引兵與守謙戰於豬頭鋪，守謙敗走，廷翰等乘勢登其城。彥儔整衆將出關，而廷翰等已入其城中矣。彥儔力戰不勝，身被十餘創，左右皆散去。彥儔奔歸府第，判官羅濟勸彥儔單騎歸蜀，彥儔曰："我昔已失秦川，今復不能守此，縱人主不殺我，我何面目見蜀人乎？"濟又勸其降，彥儔曰："老幼百口，俱在成都，以一身偷生，舉族何負？今日止有死耳！"即解符印授濟曰："君自爲計。"乃反拒其戶，整衣冠，望西北再拜，登樓，縱火自焚。王全斌以蜀人斷棧，大軍不得進，議取羅川路入蜀。康延澤潛謂崔彥進曰："羅川路險，衆難並濟，不如分兵修棧，約會大軍於深渡可也。"彥進遣白全斌⑥，全斌許之。不數日，閣道成，遂進擊金山寨，又破小漫天寨，而全斌亦以大軍由羅川至深渡，與彥進會。蜀人依江而陣，彥進遣步軍都指揮使張萬友等擊之，奪其橋。會暮夜，蜀人退保大漫天寨。明日，彥進、延澤、萬友分兵三道擊之，蜀人悉其精銳來拒，又大破之，乘勝拔其寨，擒寨主義州刺史王審超、監軍趙崇渥及三泉監軍劉延祚。都統王昭遠、都監趙崇韜引兵來戰，三戰三敗，追奔至利州北，昭遠等遁去，渡桔柏津，焚浮梁，退保劍門。壬申晦，全斌等入利州，獲軍糧八十萬斛。

---

① 嘉川　長編四庫底本卷五、長編卷五、宋會要輯稿兵七之二七同，嘉慶本作"嘉州"。
② 殺擄甚衆　"擄"底本作"虜"，長編卷五、宋史卷二五五王全斌傳同，據長編四庫底本卷五、文淵閣本長編卷五改；"甚"底本作"其"，據嘉慶本、長編四庫底本卷五、長編卷五、宋史卷二五五王全斌傳改。
③ 袁德宏　嘉慶本、長編四庫底本卷五、文淵閣本長編卷五同，長編卷五作"袁德弘"。按："宏"，或是宋人爲避趙匡胤之父趙弘殷之諱改，或是清朝人爲避愛新覺羅·弘曆之諱改。
④ 泝流至此　"流"，長編四庫底本卷五、長編卷五均作"江"。
⑤ 副使趙崇濟　底本脱"使"一字，據長編四庫底本卷五、長編卷五、嘉慶本補。
⑥ 彥進遣白全斌　底本脱"全斌"二字，據長編卷五、太平治迹統類卷一補。

是月，京師大雪。上設氈帳於講武殿，衣紫貂裘帽以視事。忽謂左右曰："我被服如此，體尚覺寒，念西征將帥衝犯霜霰，何以堪處！"即解裘帽，遣中黄門馳驛齎賜全斌，且諭旨諸將以不能徧及。全斌拜賜感泣。先鋒都指揮使、鳳翔團練使張暉督兵開大散關路，至清泥嶺，病卒，詔優卹其家。

三年正月，蜀主聞王昭遠等敗，甚懼，乃多出金帛，益募兵守劍門。命太子玄喆爲元帥，武信節度使兼侍中李廷珪及前武定節度使、同平章事張惠安副之，帶甲萬餘，旗幟悉用文繡綢，其杠以錦。將發而雨，玄喆慮其沾漬，悉令解去。俄雨止，復飾之，則皆倒懸杠上。玄喆又輦其姬妾及伶人數十以從，見者莫不竊笑。王全斌等自利州趨劍門，次益光，會議曰："劍門天險，古稱'一夫荷戈，萬夫莫當'，諸軍各宜陳進取之策①。"侍衛軍頭向韜曰："得降卒牟進言，益光江東越大山數重，有狹徑，名來蘇，蜀人於江西置栅，對江可渡②。自此出劍門南二十里，至青彊店與官道合③。若大軍行此路，則劍門之險不足恃也。"全斌等即欲卷甲赴之，康延澤曰："蜀人數戰數敗，膽氣奪矣，可急攻而下。且來蘇狹徑，主帥不可自行，但可遣一偏將往耳。若抵青彊北，與大軍夾擊劍門，昭遠等必成擒矣。"全斌等然之，命史延德分兵趨來蘇，跨江爲浮梁以濟。蜀人見之，棄寨而走，延德遂至青彊。王昭遠等引兵退駐漢源坡，留其偏將守劍門。全斌等以銳兵奮擊，破之。及漢源，趙崇韜布陣，策馬先登，昭遠據胡床不能起。崇韜戰敗，猶手斬數人，乃被執，昭遠免冑棄甲而逃。全斌等遂取劍州。昭遠投東川，匿民倉舍下，悲嗟流涕，目盡腫，惟誦羅隱詩曰："運去英雄不自由。"俄亦爲追騎所獲。太子玄喆與李廷珪等日夜嬉遊，不恤軍政，至緜州，聞劍門已破，將退保東川。翌日，棄軍西還，所過盡焚其廬舍倉廩乃去。蜀主知劍州已破，太子玄喆亦奔還，惶駭不知所爲，問左右："計將安出？"有老將石奉頵者對曰："東兵遠來，勢不能久，請聚兵堅守以弊之。"蜀主嘆曰："吾父子以豐衣美食養士四十年，一旦遇敵，不能爲吾東向放一箭。今雖欲閉壁，誰肯效死者！"司空、兼武信節度使、平章事李昊勸蜀主封府庫以請降，蜀

---

① 諸軍各宜陳進取之策 "軍"，宋史卷二五五王全斌傳作"君"；底本脱"各"一字，據長編四庫底本卷六、長編卷六、宋史卷二五五王全斌傳補；"陳"底本作"求"，嘉慶本同，據長編四庫底本卷六、長編卷六、宋史卷二五五王全斌傳改。

② 對江可渡 嘉慶本同，長編四庫底本卷六、長編卷六"江"均作"岸"。

③ 青彊店 嘉慶本同，長編四庫底本卷六、長編卷六作"青彊店"，宋會要輯稿兵七之二七作"青彊界"，宋史卷二五五王全斌傳作"清强店"。

主從之,因命昊草表。己卯,遣通奏使、宣徽北院使太原伊審徵奉降表詣軍前。初,前蜀之亡也,降表亦昊所爲,蜀人夜書其門曰"世修降表李家",當時傳以爲笑。庚辰,詔行營所經州府長吏以牛酒犒師。乙酉,王全斌等次魏城,伊審徵以蜀主降表至,全斌受之,遣先鋒都監、通事舍人田欽祚乘驛入奏,又遣康延澤領百騎趨成都見蜀主,諭以恩信,慰撫軍民,留三日乃還。初,劉光義等發夔州,萬、施、開、忠等州刺史皆迎降。及遂州,知州事、少府少監陳愈亦降,光義入城,盡以府庫錢帛給軍士。諸將所過,咸欲屠戮以逞①,獨曹彬禁之乃止,故峽路兵始終秋毫不犯。上聞之,喜曰:"吾任得其人矣!"賜彬詔褒之。辛卯,王全斌等至升仙橋,蜀主備亡國之禮,見於軍門,全斌承制釋之。蜀主復遣其弟保寧節度使、雅王仁贄奉表求哀。

九國志孟昶世家及蜀禱杌皆言全斌承制釋昶罪,昶翌日遂舉族歸朝。據國史昶傳,昶既見全斌,復遣仁贄奉表,得太祖還詔,乃出蜀。又據全斌傳,全斌等入成都後十餘日,劉光義始自峽路至,昶饋遺光義及犒其師,並如全斌等。若全斌十九日入成都,昶二十日遂行,安能饋光義且犒其師也?然所稱後十餘日,亦恐差誤。按新録,光義遂州之奏以二十一日到京師,度其克遂州時,必在中旬初。遂州距成都不遠,無緣滯留兩旬後始到也。當是全斌等於魏城得昶降表後十餘日耳。得降表後十餘日,乃二十三四間,此時昶固未出蜀,猶可以饋光義,且犒其師也。

丙申,田欽祚至自西川。孟昶降表以其先人墳廟及老母爲請,上優詔答之,并諭西川將吏、百姓等,使皆安堵如故。自全斌等發京師至昶降,才六十六日,凡得州四十六、縣二百四十、户五十三萬四百二十九②。全斌等既入成都,後數日劉光義等至,孟昶饋遺光義等及犒師之禮,並如初。已而詔書頒賞諸軍,亦無差降。兩路將士爭功,始相疾矣。先是,全斌受詔,每制置必與諸將僉議,因是各爲異同,雖小事亦不能即決。全斌及崔彦進、王仁贍等日夜飲晏,不恤軍務,縱部下掠子女,奪財貨,蜀人苦之。曹彬屢請旋師,全斌等不聽。

二月癸卯,命參知政事吕餘慶權知成都府,樞密直學士馮瓚權知梓州。餘慶至成都時,盜四起,將士猶恃功驕恣,王全斌等不能禁止。一日藥市始集,街吏馳報,有軍

① 咸欲屠戮以逞　長編四庫底本卷六、長編卷六同,太平治迹統類卷一無"欲"一字。
② 户五十三萬四百二十九　嘉慶本同,長編四庫底本卷六、長編卷六、玉海卷一四均作"户五十三萬四千二百二十九",宋史全文卷一作"户五十三萬四千二百九",太平治迹統類卷一、宋史卷二太祖紀均作"户五十三萬四千三十有九"。

校被酒持刃,奪賈人物,餘慶立命擒捕,斬之以徇,軍中畏伏,民乃寧居。瓚至梓州,視事才數日,會偽蜀軍校上官進嘯聚亡命三千餘衆,劫村民數萬,夜攻州城。瓚曰:"賊乘夜奄至,此烏合之衆,以筆梃相擊,必無固志,正可持重以鎮之,待旦自潰矣。"城中止有雲騎兵三百,分使守諸門。瓚坐城樓,密令促其更籌,未夜分,擊五鼓,賊驚遁去。因縱兵追之,擒上官進,斬於市,州遂安①。以興州馬步軍都指揮使趙彥韜爲興州刺史,酬其鄉導之功也。丙午,詔以西師所過,民有調發供億之勞,賜秦、鳳、隴、成、階、襄、荆南、房、均等州今年夏租之半,安、復、郢、鄧州,光化、漢陽軍十之二,居坊郭者勿輸半年屋税。又詔偽蜀文武官並遣赴闕,賜裝錢有差,治行清白、爲衆所知者,所在府州以名聞。庚申,孟仁贄至自成都,孟昶所上表有"自量過咎""尚切憂疑"等語,詔答之。其略曰:"既自求於多福,當盡滌於前非。朕不食言,爾無過慮。"所答詔仍不名,又呼昶母爲國母。詔自嘉、眉、忠、萬至荆南沿江分置驛船,以濟行李。令文武官任川峽職事者不得以族行。

三月,孟昶與其官屬皆挈族歸朝,由峽江而下。初,詔發蜀兵赴闕,並優給裝錢,王全斌等擅減其數,仍縱部曲侵撓之,蜀兵憤怨思亂。兩路隨軍使臣亡慮百數,全斌及王仁贍、崔彥進等共護恤之,不令部送,但分委諸州牙校。蜀兵至緜州,果劫屬縣以叛。會文州刺史全師雄挈其族趨京師,過緜州,師雄常爲蜀將,有威惠,恐叛兵脅之,乃棄其家自匿。後數日,叛兵搜得之江曲民舍,遂推以爲帥,衆十餘萬,號"興國軍"。全斌遣馬軍都監朱光緒將七百騎往招撫之②,光緒盡滅師雄之族,納其愛女及橐裝③。師雄怒,不復有歸志,引衆急攻緜州。刺史成彥饒以同、華兵百餘人守其城,橫海指揮使劉福、龍捷指揮使田紹斌各以所部兵來援④。紹斌自東山西北迎擊賊,福由山南出賊之旁夾攻之,賊衆大潰,斬首萬餘級,擁入江水溺死者亦萬計。紹斌又敗龍州賊黨千餘人。師雄去攻彭州,刺史王繼濤、都監李德榮拒之,德榮戰死,繼濤身被八創,單騎走成都。師雄入據彭州,成都十縣皆起兵應師雄。師雄自號興蜀大王,開幕府,置

---

① 州遂安　嘉慶本、長編卷六、宋史全文卷一均作"州境遂安"。
② 朱光緒　長編四庫底本卷六、長編卷六、嘉慶本同,名臣碑傳琬琰之集下卷一王中書全斌傳、宋史卷二五五王全斌傳均作"米光緒"。
③ 納其愛女　"女"底本作"妾",據長編四庫底本卷六、長編卷六、名臣碑傳琬琰之集下卷一王中書全斌傳、宋史卷二五五王全斌傳改。
④ 各以所部兵來援　"部"底本作"步",據嘉慶本、長編四庫底本卷六、長編卷六改。

僚屬,既而又置節度二十餘人,令分據灌口、導江、郫、新繁、青城等縣。彥進與步軍都指揮使張萬友、先鋒都指揮使漁陽高彥暉、通事舍人田欽祚同討之。彥暉至導江與賊遇。賊據隘路,設伏竹箐中,官軍直進,箐中賊出,官軍不利。彥暉謂欽祚曰:"賊勢頗盛,日將暮,首尾不相應。盍收兵,詰朝與戰。"欽祚將遁,慮賊躡其後,紿彥暉曰:"公食重祿,見賊逗撓,何也?"彥暉即麾兵復進,欽祚乃潛去,彥暉獨與部下十餘騎力戰,皆死之,賊衆益熾。師雄分兵縣、漢州,斷劍閣,緣江置寨,聲言欲攻成都。自是邛、蜀、眉、陵、簡、雅、嘉、東川、果、遂、渝、合、資、昌、普、戎、榮十七州並隨師雄爲亂,郵傳不通者月餘,全斌等懼。時蜀兵幾三萬人屯城南教場,全斌慮其應賊,徙置夾城中,將盡殺之。康延澤請釋其老幼疾病者七千人,餘則以兵護送,浮江而下,若賊果來劫奪,即殺之未晚也。全斌等不從。四月辛丑朔①,誘殺蜀兵二萬七千人於夾城中。

先是,上遣使以御府供帳迓孟昶於江陵,且命有司爲昶官屬治第,又遣使至江陵,分給鞍馬車乘。五月乙酉②,昶至近郊,皇弟開封尹光義勞之玉津園。丙戌,大陳諸軍於闕前,昶與弟仁贄,子玄喆、玄珏,宰相李昊等三十三人素服待罪明德門外,詔釋罪,賜昶等襲衣、冠帶。上御崇元殿,備禮見之。禮畢,御明德門,觀諸軍按部還營,遂宴昶等於大明殿,賜物有差。壬辰,復宴昶及其子弟於大明殿。

六月甲辰,以孟昶爲開府儀同三司、檢校太師兼中書令、秦國公,長子玄喆爲泰寧節度使,伊審徵爲靜難節度使③。戊申,以昶弟仁贄爲右神武統軍,仁裕右監門衛上將軍,仁操左監門衛上將軍,次子玄珏爲左千牛衛上將軍,李昊爲工部尚書,歐陽炯爲右散騎常侍。庚戌,孟昶卒,上爲輟五日朝,贈尚書令,追封楚王,謚恭孝,賻布帛千疋,葬事官給。初,昶母李氏隨昶至京師,上數命肩輿入宮,謂之曰:"國母善自愛,無戚戚懷鄉土。異日當送母歸。"李氏曰:"使妾安往?"上曰:"歸蜀耳。"李氏曰④:"妾家本太原,儻獲歸老并門,妾之願也。"時上已有北征意,聞其言,喜曰:"俟平劉鈞,即如母所願。"因厚加賚賜。及昶卒,李氏不哭,舉酒酹地曰:"汝不能死社稷,貪生至今日。吾所以忍死者,爲汝在耳。今汝既死,吾安用生!"因不食,數日亦卒。

---

① 辛丑朔　底本脫此三字,據長編卷六補。
② 五月乙酉　底本脫"五月"二字,據長編四庫底本卷六、長編卷六補。
③ 靜難節度使　長編四庫底本卷六、長編卷六、宋史卷四七九伊審徵傳同,嘉慶本"靜"作"靖"。
④ 李氏曰　底本脫"氏"一字,據長編四庫底本卷六、長編卷六補。

初,全師雄至新繁,劉光義、曹彬領軍破之,生擒萬餘人。師雄退屯於郫。王全斌、王仁贍又率兵破之。師雄走灌口寨。有陵州指揮使袁廷裕者,師雄僞署本州刺史,衆萬餘,仁贍復生擒廷裕,磔於成都市,賊鋒稍衂,徒黨散保州縣。未幾,虎捷指揮使呂翰怨其帥不禮,率部下兵叛於嘉州,橫衝指揮使吳瓌、虎捷水軍校孫進等皆應之,殺知州客省使武懷節、戰棹都監劉漢卿,遂與全師雄僞所署將劉澤合勢,衆至五萬,逐普州刺史劉楚信,殺通判劉沂。果州軍校宋德威、虎捷指揮使馮紹文并殺知州八作使王永昌①、通判劉涣、都監鄭光弼②,及遂州牙校王可僚③又劫州民爲亂。時賊所在蠭起,此但其姓名可紀者耳。均州刺史、西南面水陸轉運使曹翰率兵會王仁贍等,圍呂翰於嘉州,呂翰棄城走,遂入保之。是夕賊還,結衆圍城,約以三鼓進攻。翰諜知之④,戒掌漏者止擊二鼓,賊衆不集,至明而遁,追襲大破之,殺戮數萬人,呂翰領餘衆走保雅州。

八月己酉,詔以西川兵馬都監康延澤爲普州刺史。延澤詣王全斌,請兵護送之任,全斌纔給以百人。延澤至簡州,招集亡叛,凡得千餘人,教習戰陣,擁以去。及境,賊申離領衆五千來迎,延澤擊破之⑤,生擒七百人,斬其受賊署者百餘輩,餘皆遣釋,揭示威信,所招集又得三千人,遂破劉澤三萬餘衆,賊勢稍沮。

十一月丁卯朔,延澤入普州。先是,州城悉被焚蕩,乃依山設柵自固,且行且戰,取糧於遂州,復城普州。既而劉澤領衆來降,詔以延澤兼東川七州招安巡檢使。

乾德四年六月甲辰⑥,王全斌破賊帥全師雄於灌口寨,擒與黨二千人。師雄以衆趨金堂。

閏八月甲子,以灌口鎮爲永康軍。王全斌言破賊帥呂翰,兊雅州。

十二月,丁德裕與西川兵馬都監張延通同帥師擒賊都統康祚,磔於市。康延澤既

---

① 王永昌　底本作"王永圖",嘉慶本、長編四庫底本卷六、長編卷六同,今據名臣碑傳琬琰之集下卷一王中書全斌傳、宋史卷二五五王全斌傳改。
② 鄭光弼　底本作"鄭兀弼",據名臣碑傳琬琰之集下卷一王中書全斌傳、宋史卷二五五王全斌傳改。嘉慶本作"鄭元弼",亦誤。
③ 王可僚　嘉慶本、長編卷六同,名臣碑傳琬琰之集下卷一王中書全斌傳、宋史卷二五五王全斌傳均作"王可璙"。下同。
④ 翰諜知之　按:此"翰"係宋將曹翰,而非叛將呂翰。
⑤ 延澤擊破之　"破",長編四庫底本卷六、長編卷六均作"敗"。
⑥ 甲辰　底本脫此二字,據長編四庫底本卷七、長編卷七補。

城普州,王可僚復合數州兵來攻,延澤擊走之①,追奔至合州。全師雄病死金堂,其黨推謝行本爲主,羅七君爲佐國令公。羅七君與宋德威②、唐陶鼈等並據銅山之險爲寨,延澤旋破謝行本,拔銅山,擒羅七君。德裕及全斌等分往招緝,賊衆悉平。

　　五年正月辛丑③,詔賜西川諸州民今年夏租之半。初,吕餘慶至成都,王全斌但典軍旅,嘗謂所親曰:"我聞古稱將帥多不能保全功名,即欲稱疾東歸,庶免悔吝。"或曰:"今寇盜充斥,非有詔旨,不可輕去。"全斌乃止。既而僞蜀臣民往往詣闕,訟全斌及王仁贍、崔彦進等破蜀時豪奪子女玉帛及擅發府庫、隱没貨財諸不法事。使者每自蜀回,上問之,盡得其狀,於是與諸將同時召還。仁贍先見上,上詰之,仁贍歷詆諸將過失,冀自解免。上曰:"納李廷珪妓女,開豐德庫取金貝,此豈諸將所爲耶?"仁贍皇恐不能對。上以全斌等新有功,不欲付之獄吏,令中書門下追仁贍、彦進、全斌與訟者質證④,全斌等皆具伏。癸丑,百官集議,表言全斌等法當死,上特赦之。甲寅,置崇義軍於隨州,以忠武節度使王全斌爲崇義留後;昭化軍於金州⑤,以武信節度使崔彦進爲昭化留後;樞密副使、左衛大將軍王仁贍罷爲右衛大將軍。初,王仁贍歷詆諸將,獨曰:"清廉畏謹,不負陛下任使者,惟曹彬一人耳。"上固已知彬善於其職,於是賞彬獨優,以爲宣徽南院使,領義成節度、侍衛馬軍都指揮使。彬入辭曰:"諸將俱獲罪,臣獨受賞,何以自安?不敢奉詔。"上曰:"卿有功無過,又不自矜伐,苟負纖芥之累,仁贍豈爲卿隱耶?懲勸,國之常典,不可辭也。"案:長編事在丁巳。

---

① 延澤擊走之　底本脱"之"一字,據長編四庫底本卷七、長編卷七補。
② 宋德威　嘉慶本、宋史卷二五五王全斌傳同,長編四庫底本卷七作"宋懷威",長編卷七作"宋威懷"。
③ 辛丑　底本脱此二字,據長編四庫底本卷八、長編卷八補。
④ 令中書門下追仁贍彦進全斌　"追"底本作"逮",據宋史全文卷一改;嘉慶本作"遣"。
⑤ 金州　底本作"全州",據長編四庫底本卷八、長編卷八、宋史卷八五地理志改。

卷第三

太祖皇帝

收復江南

建隆元年正月甲辰,太祖即位。戊申,賜唐主李景詔,諭以受禪意。

三月丙辰,唐主景遣使來賀登極。丁巳,復遣使來賀長春節。

九月,淮南節度使李重進反,遣使求援於唐,唐主不敢納。

十月,上親征李重進。十一月,平之。乙卯,唐主景遣左僕射嚴續來犒師。庚申,復遣其子蔣國公從鎰、户部尚書馮延魯來買宴,上厲色謂延魯曰:"汝國主與吾叛臣交通,何也?"延魯曰:"陛下徒知其交通,不知預其反謀也①。"上詰其故,延魯曰:"重進使者館於臣家,國主令臣語之曰:'男子不得志,固有反者,但時有可、不可。陛下初立,人心未安,交兵上黨,當是時不反,今人心已定,方隅無事,乃欲以殘破揚州,數千敝卒,抗萬乘之師,借使韓、白復生,必無成理。雖有兵食,不敢相資。'重進卒以失援而敗。"上曰:"雖然,諸將皆勸吾乘勝濟江,何如?"延魯曰:"陛下神武,御六師以臨小國,蕞爾江南,安能抗天威。然國主有侍衛數萬,皆先主親兵,誓同生死。陛下能棄數萬之衆,與之血戰,則可矣。且大江風濤,苟進未克城,退乏糧道,亦大國之憂也。"上笑曰:"聊戲卿耳,豈聽卿遊説耶。"上使諸軍習戰艦於迎鑾,唐主懼甚。其小臣杜著頗有辭辨,僞作商人,由建安渡來歸。而彭澤令薛良坐事責池州文學,亦挺身來奔,且獻平南策。唐主聞之益懼。上命斬著於下蜀市,良配隸廬州牙校,唐主乃少安,終以國境蹙弱,遂決遷都之計。

---

① 反謀　底本二字顛倒,據嘉慶本、長編四庫底本卷一、長編卷一乙正。

十二月，唐清源節度使留從效遣使，奉表稱藩。

二年二月己卯，遣通事舍人王守正使江南，勞唐主之遷都也。是月，唐主始遷於南都，立吳王從嘉爲太子監國。

六月，唐主景殂於南都。

七月，以喪歸金陵。太子從嘉即位，改名煜。

八月甲辰，唐桂陽郡公徐遼奉其主景遺表來上。

九月壬戌，唐主煜遣中書侍郎馮謐來貢。謐，即延魯也。唐主手表自陳："本志沖淡，不得已而紹襲，事大國不敢有二。鄰於吳越，恐爲所讒。"上優詔以答焉。初，周世宗既取江北，貽書江南，如唐與回鶻可汗之式，但呼國主而已，上因之。於是，始改書稱詔。戊子，遣鞍轡庫使梁義如江南弔祭。

十月癸巳，唐主以皇太后山陵，遣户部侍郎韓熙載等來助葬。丙申，命樞密承旨王仁贍使江南，以唐主新立，往申慶賜也。

十二月，唐主追諡其父景爲明道崇德文宣孝皇帝，廟號元宗，陵號順陵。蓋因馮謐以請於上而爲之也。

三年三月乙亥①，遣使賜唐主生辰國信物。

七月庚申，唐主遣客省使翟如璧來貢，謝生辰之賜也。

乾德元年十二月乙巳，唐主上表乞呼名，詔不允。

二年二月甲戌②，唐主遣使修貢，助安陵改卜也。

十一月，唐昭惠后殂。壬寅，遣作坊副使魏丕如江南弔祭。

十二月甲子，唐主遣使來修貢。

三年二月，唐主遣使修貢，賀長春節。

九月，唐光穆聖尊后鍾氏殂③。江左籠山澤之利，國帑甚富。德昌宫，其外府也，簿籍淆亂，不可稽考。劉承勳掌宫事，盜用無算。后喪，衛士當給服者皆無布，但賦以

---

① 三月乙亥 "三"底本作"正"，據長編四庫底本卷三、長編卷三改。
② 二月甲戌 "二"底本作"十"，底本脱"甲戌"二字，據長編四庫底本卷五、長編卷五改補。
③ 聖尊后 "尊"底本作"章"，長編四庫底本卷六、長編卷六同，據嘉慶本、陸氏南唐書卷一六、十國春秋卷一八南唐元宗光穆皇后鍾氏傳改。

錢。其後德昌宮中屋壞,得布四十間,殆千萬端,蓋義祖相吳日所貯也。其無政事類此①。十月戊申,遣染院副使李光嗣如江南弔祭。

五年,案:長編事在三月。唐主命兩省侍郎、諫議大夫、給事中、中書舍人、集賢勤政殿學士,分夕於光政殿宿直,與之劇談,或至夜分乃罷。唐主事佛甚謹,中書舍人張洎每見輒談佛法,由是驟有寵②。初,唐主於宮苑造寺,僧尼常有百數,先代嬪嬙悉度爲尼。朝退,則僧服誦經,拜跪盡瘁,不厭。僧或犯姦,有司請論如律,唐主曰:"刑之,則縱其欲矣。但令禮佛三百拜,赦其罪。"當時大臣亦多疏食持戒以奉佛,中書舍人徐鉉獨否,然絶好鬼神之説。

開寶二年二月戊午③,上親征太原。六月,還次滑州。唐主遣其弟吉王從謙來貢,唐水部員外郎查元方掌從謙牋奏。上命知制誥盧多遜燕從謙於館,多遜奕棋次,謂元方曰:"江南竟如何?"元方斂袵對曰:"江南事大朝十餘年,極盡君臣之禮,不知其他。"多遜媿謝曰:"孰謂江南無人!"

三年冬,唐南都留守建安林仁肇密表言:"淮南諸州戍兵各不過千人。宋朝前年滅蜀,今又取嶺表,往返數千里,師旅罷敝。願假臣兵數萬,自壽春北渡淮④,徑據正陽,因思舊之民,可復江北舊境。彼縱來援,臣據淮對壘以禦之,勢不能敵。兵起之日,請以臣舉兵外叛聞於宋朝。事成,國家饗其利;敗,則族滅臣家⑤,明陛下無二心。"唐主懼無成功,徒速敗,不從。初,宜春人盧絳詣樞密使陳喬獻書,喬異之,擢爲本院承旨,遷沿邊巡檢,召募亡命習水戰,屢要吳越兵於海門,獲舟艦數百。嘗説唐主曰:"吳越,仇讎也,他日必爲北朝鄉導,掎角攻我。當先滅之。"唐主曰:"大朝附庸,安敢加兵。"絳曰:"臣請詐以宣、歙州叛,陛下聲言討伐,且乞兵於吳越,兵至拒擊,臣躡而攻之,其國必亡。"唐主亦不能用。

四年四月⑥,唐主遣其弟吉王從謙來朝貢,且買宴,珍寶器幣其數皆倍於前⑦。

---

① 其無政事類此　底本脱"事"一字,據長編四庫底本卷六、長編卷六、嘉慶本補。
② 由是驟有寵　"由"底本作"於",據長編四庫底本卷八、長編卷八、嘉慶本改。
③ 戊午　底本脱此二字,據長編四庫底本卷一〇、長編卷一〇補。
④ 自壽春北渡淮　嘉慶本同,長編四庫底本卷一一、長編卷一一無"淮"字。
⑤ 敗則族滅臣家　嘉慶本同,長編四庫底本卷一一、長編卷一一無"滅"一字。
⑥ 四月　底本脱此二字,據長編四庫底本卷一二、長編卷一二補。
⑦ 且買宴珍寶器幣其數皆倍於前　底本脱此十三字,據長編四庫底本卷一二、長編卷一二補。

十一月癸巳朔,江南國主煜遣其弟鄭王從善來朝貢,於是始去唐號,改印文爲"江南國印",賜詔乞呼名,從之。先是,國主以銀五萬兩遺宰相趙普,普告於上。上曰:"此不可不受,但以書答謝,少賂其使可也。"普叩頭辭讓,上曰:"大國之體,不可自爲削弱。當使之勿測。"及從善入覲,常賜外①,密賚白金如遺普之數。江南君臣聞之,皆震駭,服上偉度如此。

十二月,占城、闍婆、大食國皆遣使致方物於江南國主,國主不敢受,遣使來上,詔自今勿以爲獻。

五年二月,上既平廣南,漸欲經理江南,因鄭王從善入貢,遂留之,國主大懼。是月,始損制度,下令稱教,改中書門下爲左、右内史府,尚書省爲司會府,御史臺爲司憲府,翰林爲修文館,樞密院爲光政院;從善爲南楚國公,從鎰爲江國公,從謙爲鄂國公;宫殿悉除去鴟吻。

閏二月癸巳,以江南進奉使李從善爲泰寧節度使,賜第京師。時國主雖外示畏服,修藩臣之禮,而内實繕甲募兵,陰爲戰守計。上使從善致書諷國主入朝,國主不從,但增歲貢而已。南都留守兼侍中林仁肇有威名,朝廷忌之,賂其侍者,竊取仁肇畫像,懸之别室,引江南使者觀之,問何人,使者曰:"林仁肇也。"曰:"仁肇將來降,先持此爲信。"又指空館曰:"將以賜仁肇。"國主不知其間,鴆殺仁肇。

六年四月,遣盧多遜爲江南生辰國信使。多遜至江南,得其臣主歡心。及還,檥舟宣化口,使人白國主曰:"朝廷重修天下圖經,史館獨闕江東諸州,願各求一本以歸。"國主亟令繕寫,令中書舍人徐鍇等通夕讎對,送與之,多遜乃發。於是江南十九州之形勢、屯戍遠近、户口多寡,多遜盡得之矣。歸,即言江南衰弱可取狀,上嘉其謀,始有意大用。先是,江南饑,詔諭國主借船漕湖南米麥以賑之。辛亥,國主遣使修貢,謝恩賜②。江南國主以司空、判三司尚書都省湯悦知左右内史事。悦以身老國危固辭,不許。江南内史舍人潘佑與户部侍郎李平最相親善。佑好神仙事,平頗知修鍊導養之術,言多妖妄,佑特信之。佑嘗言於國主曰:"富國之本,在厚農桑。請復井田之

---

① 常賜外 "常"底本作"賞",嘉慶本同,據長編四庫底本卷一二、長編卷一二、九朝編年備要卷二、宋史全文卷二、太平治迹統類卷一改。
② 謝恩賜 長編四庫底本卷一四、長編卷一四無"賜"一字。

法,深抑兼并,有買貧者田,皆令歸之。"又依周禮造民籍,復造牛籍,使盡闢曠土以種桑。薦平判司農寺以督之,符命行下,急於星火,百姓大擾,國主遽遣罷之①。佑疑執政沮己,乃歷詆大臣與握兵者兩兩爲朋,且夕將謀竊發,且言:"國將亡,非己爲相不可救。"江南政事多在尚書省,薦平可知省事,司天監楊熙澄可任樞密,軍校侯英可典禁衛②。國主不納,佑益忿,抗疏請誅宰相湯悦等數十人。國主手書教誡之,佑遂不復朝謁,居家上表言:"陛下既不能强,又不能弱,不如以兵十萬助收河東,因率官吏朝覲,此亦保國之良策也。"國主始恨之,不復答。佑復請致仕,入山避難,國主以爲狂,悉置不問。十月壬午③,佑上第七表曰:"臣近者連貢封章,指陳姦宄,畫一其罪,將數萬言,皎若丹青,坦然明白,詞窮理當,忠邪洞分。皆陛下黨蔽姦回,曲容諂僞,受賊臣之佞媚,保賊臣如骨肉,使國家惛惛,如日將暮。不顧億兆之患,不憂宗社之覆。以古觀之,則陛下爲君,無道深矣。古有桀、紂、孫皓,破國亡家,自己而作,尚爲千古所笑。今陛下取則姦回,以敗亂國家,是陛下爲君,不及桀、紂、孫皓遠矣。臣必退之心,有死而已,終不能與姦臣雜處,而事亡國之主,使一旦爲天下笑。陛下若以臣爲罪,願賜誅戮,以謝中外。"國主大怒,推其狂詆謗訕始由李平,乃先取平下大理獄,後使收佑④。佑即自殺,平亦縊死獄中。佑嘗與張洎爲忘形之交,佑之死,洎頗有力焉。洎時爲清輝殿學士,參與機密,恩寵無二。清輝殿在後苑中,國主不欲洎遠離左右,故授以此職。洎與太子太傅臨汝郡公徐遼、太子太保文安郡公徐遊別居澄心堂,密畫中旨,多自澄心堂出,遊從子元瑀等出入宣行之⑤,中書、密院乃同散地。

　　七年。江南國主天性友愛,以弟從善被留,悲戀不已,歲時晏會皆罷,爲卻登高文以見意,於是遣常州刺史陸昭符入貢,奉手疏求從善歸國。上不許,出其疏示從善,慰撫之。六月甲申,以從善掌書記江直木爲司門員外郎、同判兗州⑥,僚佐悉推恩;又封從善母凌氏爲吳國太夫人。昭符在江南,與張洎有隙,上雅知之,因從容謂昭符曰⑦:"爾國弄

---

① 國主遽遣罷之　長編四庫底本卷一四、長編卷一四同,嘉慶本"遣"作"追"。
② 可典禁衛　長編卷一四同,嘉慶本"禁衛"作"禁軍"。
③ 壬午　底本脱此二字,據長編四庫底本卷一四、長編卷一四補。
④ 後使收佑　嘉慶本同,長編四庫底本卷一四、長編卷一四"使"均作"始"。
⑤ 元瑀　嘉慶本同,長編四庫底本卷一四、長編卷一四、九朝編年備要卷二、宋史紀事本末卷一均作"元㺱"。
⑥ 同判兗州　"同"底本作"通",據長編四庫底本卷一五、長編卷一五、宋史卷四七八南唐世家改。
⑦ 因從容謂昭符曰　"容"底本作"善",據長編四庫底本卷一五、長編卷一五、嘉慶本改。

權者結喉小兒張洎何不入使？爾歸，可諭令一來，朕欲觀之。"昭符懼，遂不敢歸。

七月，盧多遜既還，江南國主知上有南伐意，遣使願受封策。上不許，於是復遣閤門使梁迥使焉。迥從容問國主曰："朝廷今冬有柴燎之禮，國主盍來助祭。"國主唯唯不答。迥歸，上始決意伐之。

初，江南人樊若水舉進士不中第①，上書言事，不報，遂謀北歸。先釣魚采石江上，以小船載絲繩其中，維南岸，而疾棹抵北岸，以度江之廣狹。凡數十往反，而得其丈尺之數，遂詣闕，自言有策可進取江南②。上令學士院試，賜及第，授舒州團練推官。七月戊辰，召若水爲贊善大夫，且遣使詣荊湖，如若水之策，造大艦及黃黑龍船數千艘，將浮江以濟師也。先是，吳越王俶遣元帥府判官黃夷簡入貢，上謂之曰："汝歸語元帥，當訓練甲兵。江南倔強不朝，我將發師討之。元帥當助我，無惑人言。"

八月戊寅，俶遣其行軍司馬孫承祐入貢。丁亥，辭歸，上厚賜俶器幣，且密告以師期。

九月癸亥，命潁州團練使曹翰領兵先赴荊南。丙寅③，復命宣徽南院使曹彬、侍衛馬軍都虞候洛陽李漢瓊、判四方館事田欽祚同領兵繼之。上已部分諸將，而未有出師之名，欲先遣使召李煜入朝，擇群臣可遣者，以盧多遜嘗言右拾遺李穆操行端正④，臨事不以死生易節，丁卯，遂遣穆使江南。穆至諭旨，國主將從之，光政使、門下侍郎陳喬曰："臣與陛下俱受元宗顧命，今往，必見留，其若社稷何？臣雖死，無以見元宗於九泉矣！"清輝殿學士、右內史舍人張洎亦勸國主無入朝。時喬與洎俱掌機密，國主委信之，遂稱疾固辭，且言："謹事大國者，蓋望全濟之恩。今若此，有死而已。"穆曰："朝與否，國主自處之。然朝廷兵甲精銳，物力雄富，恐不易當其鋒也。宜熟計慮，無自貽後悔。"使還，具言其狀，上以爲所諭要切，江南亦謂穆言不欺己。

使還當在此月後，今并書之。

是日，又命山南東道節度使潘美、侍衛步軍都虞候劉遇、東上閤門使梁迥等，同領兵赴荊南。甲戌，以太子中允、知荊湖轉運使許仲宣兼南面隨軍轉運使。

---

① 樊若水　長編四庫底本卷一五、長編卷一五均作"樊若冰"。
② 自言有策可進取江南　長編四庫底本卷一五、長編卷一五無"進"一字。
③ 丙寅　底本作"丙辰"，據長編四庫底本卷一五、長編卷一五改。
④ 端正　嘉慶本同，長編四庫底本卷一五、長編卷一五、太平治迹統類卷一、宋史卷二六三李穆傳均作"端直"。

十月甲申,上幸迎春苑,登汴隄,發戰艦東下。丙戌,幸東水門,發戰棹東下。江南國主復遣其弟江國公從鎰、水部郎中龔慎修重幣入貢,且買宴,上皆留之,不報。曹彬與諸將入辭,上謂彬曰:"南方之事,一以委卿。切勿暴略生民。務廣威信,使自歸順,不須急擊也。"且以匣劍授彬曰:"副將而下,不用命者斬之!"潘美等皆失色,不敢仰視。壬辰,曹彬等發荆南,赴金陵。丁酉,以吳越王俶爲昇州東南面行營招撫制置使。己亥,曹彬等自蘄陽過江,破峽口寨,殺守卒八百人,生擒二百七十人,獲池州牙校王仁震、王晏、錢興等三人。甲辰,以曹彬爲昇州西南面行營馬步軍戰櫂都部署,潘美爲都監,曹翰爲先鋒都指揮使。初,王師直趨池州,緣江屯戍皆謂每歲朝廷所遣巡兵,但閉壁自守,遣使奉牛酒來犒師。尋覺異於它日,池州守將戈彥遂棄城走。

閏十月己酉,曹彬等入池州。先是,上遣八作使郝守濬率丁匠自荆南以大船載巨竹絙①,并下朗州所造黃黑龍船,於采石磯跨江爲浮梁。或謂江闊水深,古未有浮梁而濟者,乃先試於石牌口。既成,命前汝州防禦使靈邱陸萬友往守之。丁巳,曹彬等及江南兵戰於銅陵,敗之,獲戰艦二百餘艘②,生擒八百餘人。壬戌,曹彬至當塗,雄遠軍判官魏羽以城降。雄遠,即當塗也。王師先拔蕪湖,又克當塗,遂屯采石磯。丁卯,曹彬等敗江南二萬餘衆於采石,生擒一千餘人,及馬步軍副都部署楊收、兵馬都監孫震等,又獲戰馬三百餘疋,馬皆朝廷所賜者。

十一月癸未,籍泰寧節度使李從善麾下及江南水軍凡一千三百餘人爲禁旅③,號曰"歸聖"。詔移石牌鎮浮梁於采石磯繋纜,三日而成,不差尺寸,王師過之如履平地。初爲浮梁,國主聞之,以語清輝殿學士張洎,洎對曰:"載籍以來,無有此事,此必不成。"國主曰:"吾亦謂此兒戲耳!"於是遣鎮海節度使、同平章事鄭彥華督水軍萬人,天德都虞候杜真領步軍萬人同逆王師。己丑,知漢陽軍李恕敗江南鄂州水軍三千餘人,獲戰艦四十餘艘。甲午,曹彬等言敗江南兵數千人於新林寨④,獲戰艦三十艘。鄭

---

① 丁匠　底本作"丁夫",長編卷一五、太平治迹統類卷一同,據長編四庫底本卷一五、嘉慶本改。
② 獲戰艦二百餘艘　"艦"底本作"船",底本脫"二"字,據長編四庫底本卷一五、長編卷一五、太平治迹統類卷一改補。按:太平治迹統類卷一載:"乃先試於石牌口,既成,命前汝州防禦使陸萬友往守之,遇江南兵,戰於銅陵,敗之,獲戰艦二百餘艘。"即將此戰功勞繋於陸萬友名下,而非曹彬名下。
③ 籍泰寧節度使李從善麾下　"籍"底本作"選",嘉慶本同,據長編四庫底本卷一五、長編卷一五、群書考索後集卷四五改。
④ 新林寨　長編四庫底本卷一五、長編卷一五同,嘉慶本作"新寨",宋史卷三太祖本紀本作"新竹砦"。

彥華、杜真與王師遇，真以所部先戰，彥華擁兵不救，真衆大敗。

十二月，金陵始戒嚴，下令去開寶之號，公私記籍但稱甲戌歲。益募民爲兵，民以財及粟獻者官爵之。丁未，漢陽兵馬監押甯光祚敗鄂州水軍三千餘人於江北岸。吳越王俶率兵圍常州，俘其軍二百五十人、馬八十疋於常州城下。癸亥，拔利城寨，破其軍三千餘衆，生擒六百餘人。丙寅，曹彬等破江南兵於新林港口，斬首二千級，焚戰艦六十餘艘①。辛未，吳越王俶破江南兵萬餘於常州北境上。

八年正月丙子，權知池州樊若水敗江南兵四千人於州界。初，曹彬等師未出，上命韶州刺史王明爲黃州刺史，面授方略。明既視事，亟修葺城壘，訓練士卒，衆莫諭其意。及彬等出師，即以明爲池州至岳州江路巡檢戰棹都部署。辛巳，明遣兵馬都監武守謙等領兵渡江，敗江南兵萬餘人於武昌，殺七百人，拔樊山寨。是日，行營左廂戰棹都監田欽祚領兵敗江南兵萬餘人於溧水，斬其都統使李雄。甲申，王明言敗鄂州兵三百餘人於江南岸。丙戌，樊若水遣兵馬監押王侁敗江南兵四千餘衆於宣州界。庚寅，曹彬等進攻金陵，行營馬軍都指揮使李漢瓊率所部渡秦淮南②，取巨艦，實以葭葦，順風縱火，攻其水寨，拔之，斬首級千餘。初次秦淮，江南兵水陸才萬餘③，背城而陣。時舟楫未具④，潘美下令曰："美提驍果數萬人，戰必勝，攻必取，豈限此一衣帶水而不徑渡乎！"遂率所部先濟，王師隨之，江南兵大敗。江南復出兵，將泝流奪采石浮梁，美旋擊破之，擒其神衛都軍頭鄭賓等七人。癸巳，命京西轉運使李符益調荊湖軍食赴金陵城下。

二月丙午⑤，權知潭州朱洞遣兵馬鈐轄石曦領衆，敗江南兵二千餘人於袁州西界。癸丑，曹彬等敗江南兵萬餘衆於白鷺洲，斬首五千餘級，擒百餘人，獲戰艦五十艘⑥。乙卯，拔昇州關城，守陴者皆遁入其內城。殺千餘衆，溺死者又千計。

是月，江南知貢舉伍喬放進士張確等三十餘人。

---

① 焚戰艦六十餘艘　"六十"底本作"六千"，嘉慶本同，長編卷一五作"六百"，據長編四庫底本卷一五、文淵閣本長編卷一五及永樂大典卷一二三〇七改。
② 渡秦淮南　底本脫"秦"一字，據嘉慶本、長編四庫底本卷一六、長編卷一六補。
③ 江南兵水陸才萬餘　"才萬餘"，長編四庫底本卷一六、長編卷一六、嘉慶本、太平治迹統類卷一太祖平江南均作"十餘萬"。
④ 時舟楫未具　長編卷一六、太平治迹統類卷一太祖平江南同，長編四庫底本卷一六"時"作"持"。
⑤ 丙午　底本脫此二字，據長編四庫底本卷一六、長編卷一六補。
⑥ 五十艘　長編卷一六、群書考索後集卷四五同，長編四庫底本卷一六、嘉慶本均作"五千艘"。

> 王師已至城下，而貢舉猶不廢，可見李煜誠不知務者。

三月丁亥①，權知廬州邢琪領兵渡江，至宣州界，攻拔義安寨，斬首千餘級。庚寅，曹彬等敗江南兵三千餘衆於江中，擒五百人。壬寅，遣中使王繼恩領兵數千人赴江南。

四月，王明言敗江南兵於江州界，斬首二千餘級。吳越兵圍常州，刺史禹萬誠距守②，大將金成禮劫萬誠，以其城降③。壬戌，幸都亭驛，臨汴，觀飛江兵乘刀魚船習水戰④。曹彬等言敗江南兵千餘人於秦淮北。

五月甲申，吳越王儼言江陰、寧遠軍及沿江諸寨皆降。丁酉，王明言破江南兵萬餘衆於武昌，奪戰艦五百艘。初，陳喬、張洎爲江南國主謀，請所在堅壁，以老王師。王師入其境，國主弗憂也，日於後苑引僧道誦經，講易高談，不恤政事。軍書告急，非徐元瑀等，皆莫得通。師傅城下累月，國主猶不知。時宿將皆前死，神衛統軍都指揮使皇甫繼勳者，暉之子也，年尚少，國主委以兵柄。繼勳素驕貴，初無效死意，但欲國主速降而口不敢發，每與衆言，輒云北軍強勁，誰能敵之。聞兵敗，喜見顏色，曰："吾固知其不勝也。"繼勳從子紹傑以繼勳故，亦爲巡檢使，親近繼勳。嘗令紹傑密陳歸命之計，國主不從。偏裨有募敢死士，欲夜出營邀王師者，繼勳必鞭其背，拘囚之，由是衆情憤怒。又託以軍中多務，罕入朝謁，國主召之，亦不時至。是月，國主自出巡城，見王師列栅城外，旌旗滿野，知爲左右所蔽，始驚懼，乃收繼勳付獄，責以流言惑衆及不用命之狀，并紹傑殺之。繼勳既誅，凡兵機處分皆自澄心堂宣出，實洎等專之也。於是遣使召神衛軍都虞候朱令贇以上江兵入援。令贇，業之子也，擁十萬衆屯湖口。諸將請乘江漲速下，令贇曰："我今進前，敵人必反據我後。戰而捷可也，不捷，糧道且絕，其爲害益深矣。"國主累促之，令贇不從。

六月癸卯，曹彬等言敗江南兵二萬餘衆於城下，奪戰艦數千艘。初，江南捷書累

---

① 三月丁亥 "三"底本作"二"，據長編四庫底本卷一六、長編卷一六、嘉慶本改。
② 禹萬誠 "誠"底本作"成"，長編卷一六同，據長編四庫底本卷一六、文淵閣本長編卷一六、嘉慶本卷四、光緒本卷四、宋陳彭年江南別錄改。下同。
③ 吳越備史補遺載："夏四月，我師復大攻城壘，時僞知常州軍州事禹萬誠遣觀察推官鄭簡降欸於軍門，且請命焉。王從其請，禹萬誠等詣行府待罪，王賜以衣冠、器幣等，悉送於京師，以請命。又命羊酒置其家，以安慰之。"此書云禹萬誠是主動向吳越王請降的，與本書記載不同。
④ 習水戰 嘉慶本同，長編四庫底本卷一六、長編卷一六均無"水"一字。

至,邸吏督李從鎰入賀,潘慎修以爲國且亡,當待罪,何賀？自是群臣稱慶,從鎰即奉表請罪。上嘉其得體,遣中使慰撫,供帳牢餼悉從優給。

七月壬午,復命李穆送從鎰還其國,手詔促國主來降,且令諸將緩攻以待之。金陵未拔,上頗厭兵。南土卑溼,方秋暑,軍中又多疾疫。上議令曹彬等退屯廣陵,休士馬,以爲後圖,盧多遜爭不能得。會知揚州侯陟以受賕不法追赴京師,乃私遣人求哀於多遜。陟知金陵危蹙,多遜教令上急變言江南事。上召入見,即大言曰:"江南平在旦夕,陛下奈何欲罷兵？願急取之。臣若誤陛下,請夷三族。"上屛左右,召升殿問狀,遽寢前議,赦陟罪不治。

八月癸亥,丁德裕言敗江南兵五千餘人於潤州城下。時德裕與吳越兵圍潤州也。王師初起,江南以京口要害,當得良將,侍衛都虞候劉澄舊事藩邸,國主尤親任之,乃擢爲潤州留後。臨行,謂曰:"卿本未合離孤,孤亦難與卿別,但此非卿不可副孤心。"澄乃泣涕奉辭,歸家盡輦金玉以往。謂人曰:"此皆前後所賜。今國家有難,當散此以圖勳業。"國主聞之喜。及吳越兵初至,營壘未成,左右請出兵掩之。時澄已懷向背,堅曰:"兵勝則可,不勝則立爲虜矣。救至而後圖戰,未晚也。"國主尋命凌波都虞候盧絳自金陵引所部舟師八千突長圍來救。絳至京口,捨舟登岸,與吳越兵戰,吳越兵少卻。絳方入城,圍復合。固守踰月,自相猜忌。澄已通降款,慮爲絳所謀,徐謂絳曰:"間者言都城受圍日急,若都城不守,守此亦何爲？"絳亦知城終陷,乃曰:"君爲守將,不可棄城而去。宜赴難者,唯絳可耳。"澄僞爲難色,久之曰:"君言是也。"絳遂潰圍而出。絳已去,澄徧召諸將卒,告曰:"澄城守數旬,志不負國。事勢如此,須爲生計,諸君以爲何如？"將卒皆發聲大哭,澄懼有變,亦泣曰:"澄受皇恩固深於諸君,且有父母在都城,寧不知忠孝乎？但力不能抗耳。諸軍不聞楚州耶？"初,周世宗圍楚州,久不下,既克,盡屠之,故澄以此脅衆。

九月戊寅,澄帥將吏開門請降,潤州平。絳聞金陵危甚,乃趨宣州,日夕酣飲爲樂,或勸赴難,不答。初,李從鎰至江南諭上旨,國主欲出降,陳喬、張洎廣陳符命,以爲金湯之固,未易取也,北軍旦夕當自退矣。國主乃止。李穆既還,上復命諸將進兵。及潤州平,外圍愈急,始謀遣使入貢求緩兵。道士周惟簡嘗以冠褐侍講周易,累官至虞部郎中致仕。於是張洎薦惟簡有遠略,可以談笑弭兵鋒。復召爲給事中,與修文館學士承旨徐鉉同使京師。

十一月己亥朔,曹彬等遣使送鉉及惟簡赴闕。鉉居江南,以名臣自負,其來也,將以口舌馳説存其國。其日夜計謀,思慮言語應對之際詳矣。於是大臣亦先白上,言鉉博學有才辯,宜有以待之。上笑曰:"第去,非爾所知也。"既而鉉朝於廷,仰而言曰:"李煜無罪,陛下師出無名。"上徐召之升殿,使畢其説。鉉曰:"煜以小事大,如子事父,未有過失,奈何見伐?"其説累數百言①。上曰:"爾謂父子者,爲兩家,可乎?"鉉不能對。上雖不爲緩兵,然所以待鉉等皆如未舉兵時。壬寅,鉉等辭歸江南。丁巳,江南國主復遣使入貢,求緩師。戊午,改潤州鎮海軍爲鎮江軍。朱令贇自湖口以衆入援,號十五萬,縛木爲筏,長百餘丈,戰船大者容千人,順流而下,將焚采石浮梁。王明率所部兵屯獨樹口,遣其子馳騎入奏,且請增造戰船三百,以襲令贇。上曰:"此非應急之策也。令贇朝夕至,金陵之圍解矣②。"乃密遣使令明於洲浦間多立長木,若帆檣之狀。令贇望見③,疑有伏,即稍逗遛。時江水淺涸,不利大舸④,令贇獨乘大航高十餘重,上建大將旗幡,至皖口,行營步軍都指揮使劉遇聚兵急攻之,令贇勢蹙,因縱火拒鬭,會北風甚,火反及之,其衆悉潰。己未,生擒令贇及戰棹都虞候王暉等,獲兵仗數萬。金陵獨恃此援,由是孤城愈危蹙矣。

十一月,徐鉉及周惟簡還江南。未幾,國主復遣入奏。辛未,對於便殿,言李煜事大之禮甚恭,徒以被病,未任朝見,非敢拒詔也,乞緩兵以全一邦之命。其言甚切至。上與反覆數四,鉉聲氣愈厲。上怒,因按劍謂鉉曰:"不須多言,江南亦有何罪,但天下一家,卧榻之側豈容它人鼾睡乎?"鉉皇恐而退。上復詰責惟簡,惟簡益懼,乃言:"臣本居山野,非有仕進意,李煜强遣臣來耳。臣素聞終南山多靈藥,它日願得棲隱。"上憐而許之,仍各厚賜遣還。庚辰,王明言敗江南兵萬餘人於湖口,獲戰艦五百艘,兵仗稱是。先是,曹彬等列三寨攻城,潘美居其北,以圖來上。上視之,指北寨謂使者曰:"此宜深溝自固。江南人必夜出兵來寇,爾亟去,語曹彬等併力速成之,不然,將爲所

---

① 其説累數百言　嘉慶本、九朝編年備要卷二、新五代史卷六二南唐世家第二同,長編四庫底本卷一六、長編卷一六均無"言"一字。
② 金陵之圍解矣　"金"底本作"今",據嘉慶本、長編四庫底本卷一六、長編卷一六、九朝編年備要卷二改。
③ 令贇望見　"令"底本作"金",據嘉慶本、長編四庫底本卷一六、長編卷一六、九朝編年備要卷二改。
④ 不利大舸　嘉慶本同,長編四庫底本卷一六、長編卷一六均作"不利行舟"。

乘矣！"賜使者食，且召樞密使楚昭輔草詔，令徙置戰櫂，以防它變。使者食已即行。彬等承命，自督丁夫掘塹，塹成。丙戌，江南人果夜出五千襲北柵，人持一炬，鼓噪而至。彬等縱其來，乃徐擊之，皆殲焉，其將帥佩符印者凡十數人。王師圍金陵，自春徂冬，居民樵採路絕，兵又數敗，城中奪氣。曹彬終欲降之，故每緩攻，累遣人告國主曰："此月二十七日城必破矣，宜早為之所。"國主不得已，約令其子清源郡公仲寓入朝，既而久不出。前數日，彬日遣人督之，且告曰："郎君不須遠適，若到寨，即四面罷攻矣。"國主終聽左右之言，以為城堅如此，豈可剋日而破，但報云："仲寓趣裝未辦，宮中宴餞未畢，二十七日乃可出也。"彬又遣人告曰："若二十六日出，亦無及矣。"國主不聽。先是，上數遣使者諭彬以勿傷城中人，若猶困鬥，李煜一門切勿加害。於是彬忽稱疾不視事，諸將皆來問疾，彬曰："余之病非藥石所愈，須諸公共為信誓，破城日不妄殺一人，則彬之病癒矣。"諸將許諾，乃相與焚香約言，既畢，彬即稱愈。乙未，城陷，彬整軍成列，至其宮城，國主乃奉表納降，與其群臣迎拜於門。即選精卒千餘人守其門外，令曰："有欲入者，一切拒之。"始國主令積薪宮中，言若社稷失守，則盡室赴火死。及見彬，彬慰安之，且諭以歸朝俸賜有限，費用至廣，當厚自齎裝。既為有司所籍，一物不可復得矣。因復遣煜入宮，惟意所欲取。行營左廂戰櫂都監梁迥及田欽祚等皆諫曰："苟有不虞，咎將誰執？"彬但笑而不答。迥等力爭不已，彬曰："煜素無斷，今已降，必不能自引決，可亡慮也。"又遣五百人為輦，載重寶①。煜方憤嘆國亡，無意蓄財，所操持極鮮，頗以黃金分賜近臣。彬既入金陵，申嚴禁暴之令，士大夫賴彬保全，各得其所。親屬為軍士所掠者②，即時遣還之。因大蒐於軍，無得匿人妻女，倉廩府庫委轉運使許仲宣按籍檢視，彬一不問。振乏絕，恤鰥寡，仁人之心，無所不至。吳人大悅。師旋，舟中惟圖籍、衣衾而已。

十二月己亥朔，江南捷書至，凡得州十九、軍三、縣一百有八，戶六十五萬五千六十有五。群臣皆稱賀，上泣謂左右曰："宇縣分割，民受其禍，思布聲教以撫養之。攻城之際，必有橫罹鋒刃者，此實可哀也。"即詔出米十萬石賑城中饑民。辛丑，赦江南管內州縣常赦所不原者，偽署文武官吏見釐務者，並仍其舊。又詔不得侵犯李煜父、

---

① 載重寶　嘉慶本同，長編四庫底本卷一六、長編卷一六均作"載輜重"。
② 親屬為軍士所掠者　底本脫"士"一字，據嘉慶本、長編四庫底本卷一六、長編卷一六補。

祖邱壠,令太子洗馬吕龜祥詣金陵,籍李煜所藏圖書送闕下。

九年正月辛未,曹彬遣翰林副使郭守文奉露布,以江南國主李煜及其子弟、官屬等四十五人來獻。上御明德門受獻,煜等素服待罪,詔並釋之,各賜冠帶、器幣①、鞍馬有差②。有司議獻俘之禮如劉鋹,上曰:"煜嘗奉正朔,非鋹比也。"寢露布不宣。煜初以拒命,頗懷憂患,不欲生見上。守文察知之,因謂煜曰:"國家止務恢復疆土,以致太平,豈復有後至之責耶!"煜心始安。徐鉉從煜至京師,上召見鉉,責以不早勸煜歸朝,聲色甚厲。鉉對曰:"臣爲江南大臣而國滅亡,罪固當死,不當問其他!"上曰:"忠臣也,事我如事李氏。"賜坐,慰撫之。又責張洎曰:"汝教李煜不降,使至今日!"因出帛書示之,乃王師圍城,洎所草召江救兵蠟彈内書也。洎頓首請死曰:"書實臣所爲也。此其一耳,它尚多。今得死,臣之分也!"辭色不變。上初欲殺洎,及是奇之,謂曰:"卿大有膽,朕不罪卿。今事我,無替昔之忠也。"乙亥,以李煜爲右千牛衛上將軍,封違命侯,其子弟皆授諸衛大將軍。丙子,以煜司空、知左右内史事湯悅爲太子少詹事,太子太保徐遊、左内史侍郎徐鉉爲太子率更令,右内史舍人張洎、王克貞爲太子中允。

二月庚戌,以宣徽南院使、義成節度使曹彬爲樞密使、領忠武節度使,步軍都虞候劉遇領大同節度使,賀州刺史、判四方館事田欽祚領汾州防禦使,東上閤門使梁迥領汾州團練使;西頭供奉官李繼隆爲莊宅副使,賞江南之功也。彬歸自江南,詣閤門進榜子云:"奉敕差往江南句當公事回。"時人嘉其不伐。始,彬之行,上許以使相爲賞。及還,語彬曰:"今方隅尚有未服者,汝爲使相,品位極矣,肯復力戰耶? 且徐之,更爲我取太原。"因密賜錢五十萬,彬怏怏而退。至家,見有錢滿室③,乃嘆曰:"好官亦不過多得錢耳,何必使相也。"初,李煜既降,曹彬令煜作書,諭江南諸城守④,皆相繼歸順,獨江州軍校胡則與牙將宋德明殺刺史⑤,據城不降。詔都指揮使曹翰爲招安巡檢使,率兵討焉。江州城險固,翰攻之不克,自冬訖夏,死者甚衆。四月丁巳,始拔之,衆猶巷鬭,時則病甚,卧床上。翰執縛,責其拒命,對曰:"犬吠非其主,公何怪也!"翰腰

---

① 器幣　底本作"幣器",據長編四庫底本卷一七、長編卷一七、太平治迹統類卷一乙正。
② 鞍馬　長編卷一七、太平治迹統類卷一同,嘉慶本作"鞍勒馬",長編四庫底本卷一七則將"鞍勒馬"的"勒"塗黑。
③ 見有錢滿室　嘉慶本同,長編四庫底本卷一七、長編卷一七、宋史全文卷二、太平治迹統類卷二九"有"均作"布"。
④ 江南諸城守　"城守"底本作"守城",據嘉慶本、長編四庫底本卷一七、長編卷一七乙正。
⑤ 軍校胡則　長編四庫底本卷一七、長編卷一七同,夢溪筆談卷九、墨客揮麈卷一均作"大將胡則",九朝編年備要卷二作"指揮使胡則"。

斬之,并殺德明。

六月己亥,以潁州團練使曹翰爲桂州觀察使,仍判潁州,賞平江南之功也。

十月,太宗即位,煜封隴西郡公,去違命侯之號。

太平興國二年,右千牛衛上將軍李煜自言其貧。二月乙未①,詔賜錢三百萬。煜雖貧,張洎猶匃索之。煜以白金頮面器與洎,洎意歉然。時潘謹修掌煜記室②,洎疑謹修教煜,素與謹修善,自是亦稍疏焉。

二月己未③,詔李煜常俸外增以它給。

三年二月辛未④,上幸崇文院觀書,召李煜等令縱觀。上謂煜曰:"聞卿在江南好讀書,此中簡策多卿家舊物,近猶讀書否?"煜頓首謝,因賜飲中堂,盡醉而罷。

七月壬辰,贈太師、吳王李煜卒,上爲輟朝三日。初,鄭彥華之子文寶仕煜爲校書郎,歸朝不復敘故官。煜時在環衛,文寶欲一見,慮守者難之,乃披蓑荷笠爲漁者⑤,既得入,因説煜以聖主寬宥之意,宜謹節奉上,勿爲它慮。議者歎其忠。

---

① 二月乙未　底本脱此四字,據長編四庫底本卷一八、長編卷一八補。
② 潘謹修　本名潘慎修,係宋人避宋孝宗趙昚名諱改。宋史卷二九六潘慎修傳可佐證。下同。
③ 己未　"己"底本作"乙",據嘉慶本、長編四庫底本卷一八、長編卷一八改。
④ 二月辛未　底本脱此四字,據長編四庫底本卷一九、長編卷一九補。
⑤ 乃披蓑荷笠爲漁者　"乃披"底本作"仍被",據長編四庫底本卷一九、長編卷一九、説郛卷二二下改。

卷第四

太祖皇帝

收復嶺南

建隆元年，南漢宦者陳延壽言於南漢主曰："陛下所以得立，由先帝盡殺群弟故也。"南漢主以爲然。三月丁巳，殺其弟桂王璇興。

二年。初，南漢女巫樊胡子自言玉皇降其身，因宦者陳延壽以見南漢主，南漢主於内殿設幄帳，陳寶貝，胡子冠遠遊冠，衣紫，踞坐帳中宣禍福，呼南漢主爲太子皇帝，國事皆決於胡子，内太師龔澄樞、女侍中盧瓊仙等附之。胡子每爲南漢主言瓊仙、澄樞、延壽等，皆上天使來輔太子①，有罪不可問。是歲，芝菌生殿中②，野獸觸寢門，苑中羊吐珠，井旁石自起，行百餘步乃仆。胡子皆以爲符瑞，諷群臣入賀③。

三年，南漢許彦真既殺鍾允章，益恣横，惡龔澄樞等居己上，頗侵其權。澄樞怒，會有告彦真與先主麗妃私通者，澄樞發其事，彦真懼，遂謀殺澄樞④。澄樞遣西班將軍王仁遇告彦真父子謀反，下獄，族誅之。南漢主納李託二女⑤，長爲貴妃，次爲美人，皆有寵。拜託爲内太師，政事必先稟託而後行。

乾德二年九月戊子，南面兵馬都監、引進使丁德裕與潭州防禦使潘美、朗州團練使尹崇珂、衡州刺史張勳帥兵攻郴州，克之，殺其刺史陸光圖及招討使暨彦贇，餘衆退保韶州。初，南漢主愛將邵廷琄累言於南漢主曰："漢乘唐亂，居此五十餘年，幸中國

---

① 上天使來輔太子　長編四庫底本卷二、長編卷二同，嘉慶本"使"作"賜"。
② 芝菌生殿中　嘉慶本作"芝蘭生殿"；"殿"，長編四庫底本卷二、長編卷二均作"宫"。
③ 諷群臣入賀　"諷"底本作"風"，嘉慶本同，據長編四庫底本卷二、長編卷二改。
④ 遂謀殺澄樞　嘉慶本同，長編四庫底本卷三、長編卷三均作"與其子謀殺澄樞"。
⑤ 李託　長編卷三、嘉慶本同，長編四庫底本卷三作"李托"。

多故,干戈不及,而漢益驕於無事。今兵不識旗鼓,而人主不知存亡。夫天下亂久矣,亂久必治。今聞真主已出,將盡有海內,其勢非一天下不能已。請飭兵備,不然悉內府珍寶①,遣使通好也。"南漢主懵然莫以爲慮,迺以廷琄言直②,深恨之。及是,始懼,思廷琄言,乃以廷琄爲招討使,領舟師屯洸口。

三年,邵廷琄屯於洸口,以待王師。會王師退舍,廷琄招輯亡叛,訓士卒,修戰備,國人賴以少安。有投匿名書,譖廷琄將圖不軌,南漢主信之。六月,遣使賜廷琄死,士卒排軍門見使者,訴廷琄無反狀,請加攷驗,弗許。

八月甲子③,南漢宦者莫少璘等七人來降。

四年,南漢西北面招討使吳懷恩受命作龍舟,躬自臨視,多行捶撻,匠區彥希因運斤斫其首。懷恩爲將數有功,及被害,國人愈恐。南漢主命潘崇徹代其任。

開寶元年三月,潘崇徹以飛語見疑,南漢主遣內侍監郭崇岳來覘其軍,戒之曰:"崇徹果有異志,即就誅之。"至桂州,崇徹嚴兵衛以見之,崇岳不敢發。還,白南漢主曰:"崇徹日夕領伶官百餘輩,並衣錦繡,吹玉笛,爲長夜之飲,不恤軍政,非有反謀也。"南漢主怒。會崇徹單騎來歸,南漢主釋不問,但奪兵權而已。初,王師克郴州④,獲南漢內品十餘人,有余延業者,人質么麼。上見之,因問其國政事,延業具言累世奢侈殘酷之狀,上驚駭曰:"吾當救此一方之民!"於是道州刺史王繼勳言:"劉鋹肆爲昏暴,民被其毒,又數出寇邊,請王師南伐。"上猶未欲亟加以兵,乃命唐主諭意,令南漢主先以湖南舊地來獻,唐主遣使致書,南漢主不從。

二年六月癸未⑤,以右補闕王明爲荆南轉運使,將用兵於嶺南也。

三年八月,唐主復令知制誥潘佑作書數千言,諭南漢主以歸款於中國,遣給事中龔慎儀往使。南漢主得書,大怒,遂囚慎儀,驛書答唐主甚不遜。唐主以其書來上,上怒,決意伐之。

九月己亥朔,以潭州防禦使潘美爲賀州道行營兵馬都部署,朗州團練使鄆人尹崇

---

① 內府珍寶　嘉慶本同,長編卷五"珍"作"琛"。
② 迺以廷琄言直　嘉慶本同,長編四庫底本卷五、長編卷五均作"惡廷琄言直"。
③ 八月甲子　底本脱"甲子"二字,據長編四庫底本卷五、長編卷六補。
④ 郴州　底本誤作"彬州",據嘉慶本校改。
⑤ 六月癸未　底本脱此四字,據長編四庫底本卷一〇、長編卷一〇補。

珂副之,道州刺史王繼勳爲行營馬軍都監,仍遣使發諸州兵赴賀州城下。丁卯,潘美等言大敗南漢萬餘衆,克富州。先是,南漢舊將多以讒死,宗室翦滅殆盡,掌兵者惟宦者數輩,城壁濠隍俱飾爲宮館池沼,樓艦器甲輒腐敗不治。及王師次於白霞,賀州刺史陳守忠遣使告急,內外震恐。南漢主遣龔澄樞馳驛往賀州宣慰。時士卒久在邊,多貧乏,聞澄樞至,以爲必大加賞賚,皆喜。而澄樞出空詔撫諭,衆皆解體。王師拔馮乘,前鋒至芳林,澄樞惶懼,乘輕舸遁歸。是月癸丑,遂圍賀州。南漢主召大臣議,皆請以潘崇徹將兵拒王師。崇徹自罷兵柄,常怏怏,於是辭以目疾。南漢主怒曰:"何須崇徹,伍彥柔獨無方略耶?"遂使彥柔將兵來援。戊午,王師聞彥柔至,退二十里,潛以奇兵伏南鄉岸。彥柔夜泊南鄉,艤舟岸側,遲明,挾彈登岸,踞胡床指揮,而伏兵卒起,彥柔衆大亂,死者十七八。擒彥柔,斬之,梟其首以示城中。城中人猶堅守弗下,隨軍轉運使王明言於潘美曰:"當急擊之,恐援兵再至,則爲所乘,我師老矣!"諸將頗猶豫,明乃躬擐甲冑,率所部護送輜重卒百餘人、丁夫數千,畚鍤皆作,堙其塹,直抵城門。城中人大懼,遂開門以納王師。王師督戰艦,聲言順流趨廣州。南漢主憂迫,計無所出,乃加潘崇徹爲內太師、馬步軍都統,領衆三萬屯賀江。會王師徑趨昭州,崇徹但擁衆自保而已。

十月辛卯,潘美言行營馬軍都監、道州刺史王繼勳卒,詔以郴州刺史朱憲代之。王師破南漢開建寨,殺數千人,擒其將靳暉,昭州刺史田行稠棄城遁,桂州刺史李承進亦奔還①,遂取昭州、桂州。

十一月,王師克連州,南漢招討使盧牧率其衆退保清遠②。南漢主聞之,謂左右曰:"昭、桂、連、賀本屬湖南,今北師取之足矣,其不復南也。"

十二月。初,南漢取桂、連二州,皆徙其民毋得居城內。戊子,令長吏招撫,立里間③,給廬舍以處之。王師長驅至韶州,都統李承渥領兵十餘萬④,陣於蓮華峰山下⑤。南漢人教象爲陣,每象載十餘人,皆執兵仗,凡戰必置陣前,以壯軍勢。王師集勁弩射

---

① 桂州刺史李承進亦奔還 底本脱"還"一字,據長編四庫底本卷一一、長編卷一一、太平治迹統類卷一補。
② 盧牧 嘉慶本同,長編四庫底本卷一一、長編卷一一、太平治迹統類卷一、宋史卷四八一南漢世家均作"盧收"。
③ 立里間 嘉慶本同,長編四庫底本卷一一、長編卷一一"間"均作"閈"。
④ 領兵十餘萬 底本脱"兵"一字,嘉慶本同,據長編四庫底本卷一一、長編卷一一補。
⑤ 蓮華峰山 長編四庫底本卷一一、長編卷一一同,嘉慶本作"蓮花峰山",太平治迹統類卷一作"蓮葉山",宋史卷四八一南漢世家作"蓮華山"。

之,象奔蹄,乘者皆墜,反踐承渥軍,軍遂大敗,承渥以身免,遂取韶州,擒其刺史辛延渥及諫議大夫鄒文遠。延渥間道遣使勸南漢主迎降,六軍觀軍容使李託堅沮其議。國中震恐,南漢主始命塹東壕,爲距守計,顧諸將無可使者,宮嬺梁鸞真薦其養子郭崇岳可用,乃以爲招討使,與大將植廷曉統衆六萬屯馬逕,列柵以抗王師,距番禺纔百餘里。

四年正月,王師克英、雄二州,南漢都統潘崇徹來降。是月,王師次瀧頭,南漢主遣使請和,且求緩師。瀧頭山水險惡,潘美疑有伏兵,乃挾其使而速度諸險。甲子,至柵口。乙丑,至馬逕,屯雙女山,直瞰郭崇岳柵,遊騎數出挑戰。崇岳本無將材,所將多韶、英敗卒,鬬志皆盡。植廷曉欲戰,崇岳不從,但堅壁自守,晝夜禱祠鬼神而已。南漢主取船十餘艘,載金寶、妃嬪,欲入海,未及發,宦官樂範與衛兵千餘盜其船以走。南漢主懼,乃遣右僕射蕭潅、中書舍人卓惟休奉表詣軍門乞降,潘美即令部送赴闕。潅等既入不反,南漢主益懼,復令崇岳戒嚴。

二月丁卯朔,又遣其弟判六軍十二衛禎王保興率國內兵來拒。植廷曉謂崇岳曰:"北軍乘席卷之勢,其鋒不可當也。吾士旅雖衆,然皆傷痍之餘。今不驅策而前,亦坐受其弊矣。"庚午,廷曉乃領前鋒據水而陣,令崇岳殿後,禦其奔衝。既而王師濟水,廷曉力戰不勝,遂死之,崇岳奔還其柵。潘美謂王明曰:"彼編竹木爲柵,若簧火焚之,必擾亂。因乘其擾亂夾擊之,此萬全策也。"遂分遣丁夫,人持二炬,間道造其柵。會暮夜,萬炬俱發,天大風,煙埃坌起,南漢軍大敗,崇岳死於亂兵,保興逃歸。龔澄樞、李託與内侍中薛崇譽等謀曰:"北軍之來,利吾國中珍寶爾。今盡焚之,所得空城,必不能久駐,當自還也。"乃縱火焚府庫、宮殿,一夕皆盡。辛未,王師至白田,南漢主素服出降,潘美承制釋之,遂入廣州,俘其宗室、官屬九十七人,與南漢主皆縻於龍德宮。保興初匿民間,後乃獲之。有閹工百餘輩盛服請見①,美曰:"是棧人多矣,吾奉詔伐罪,正爲此等!"命悉斬之。美以露布告捷,己丑,至京師。庚寅,群臣稱賀,遂賜宴。凡得州六十、縣二百四十、户十七萬二百六十三。辛卯,赦廣南管内州縣常赦所不原

---

① 有閹工百餘輩盛服請見 "工"底本作"人",據長編四庫底本卷一二、長編卷一二、宋史全文卷二、嘉慶本改。按:太平治迹統類卷一太祖平廣南作"有閹工五百餘輩請見",宋史卷四八一南漢世家、欽定續通志卷五九八南漢載記則記載潘美攻克廣州後"斬閹工五百餘人"。

者。僞署官並仍舊。無名賦斂,咸蠲除之。除開寶三年以前逋租。亡命山林者,釋罪招誘。吏民僧道被驅率者,官給牒,聽自便。民饑者發廩振之。諸軍俘獲,悉還其主。縱遣劉鋹父、祖守墳宮人。

四月壬申,詔以南面行營都部署潘美、副部署尹崇珂同知廣州。潘美遣使部送劉鋹及其宗黨、官屬獻於京師。鋹至公安,邸吏龐師進迎謁,學士黃德昭侍鋹,鋹因問師進何人,德昭曰:"本國人也。"鋹曰:"何爲在此?"德昭曰:"高皇帝居藩日,歲貢大朝,輜重皆歷荆州,乃令師進置邸於此,造車乘以給饋運耳。"鋹嘆曰:"我在位十四年,未嘗聞此言,今日始知祖宗山河,乃大朝境土也。"因泣下久之。既至,舍於玉津園。上遣參知政事呂餘慶劾問翻覆及焚府庫之罪,鋹歸罪於龔澄樞、李託、薛崇譽。上復遣使問澄樞等:"此誰之謀?"皆俛首不對。諫議大夫王珪謂託曰:"昔在廣州,機務並爾輩所專,火又自内中起,今尚欲推過何人?"遂唾而批其頰,澄樞等乃引伏。

五月丁未朔,有司以帛係鋹及其官屬,先獻太廟、太社。上御明德門,遣攝刑部尚書盧多遜宣詔詰責鋹,鋹對曰:"臣年十六僭僞號,澄樞等皆先臣舊人,每事臣不得自由。在國時,臣卻是臣下,澄樞等卻是國主。"對訖,伏地待罪。上命攝大理卿高繼申引澄樞、託、崇譽斬於千秋門外,釋鋹罪,并其官屬、禎王保興等,各賜以冠帶、器幣、鞍馬,尋以保興爲左監門衛率府率。丁酉,以右補闕王明爲秘書少監,領韶州刺史、廣南諸州轉運使。王師南伐,明知轉運事。嶺道險絶,不通舟車,但以丁夫負荷糗糧,數萬衆仰給無闕。每下郡邑,必先收其版籍,固守倉庫,頗亦參預軍畫。上嘉其功,故擢用焉。辛丑,宴劉鋹於崇德殿①。

六月壬申,置市舶司於廣州,以知州潘美、尹崇珂並兼使,通判謝玭兼判官。丙子②,命學士院試廣南僞官,取書判稍優者授上佐、令、録、簿、尉。壬午,以劉鋹爲右千牛衛大將軍③,員外置,封恩赦侯,俸外別給錢五萬、米麥五十斛④。鋹體質豐碩,眉目俱竦,有口辯,性絶巧。嘗以真珠結鞍勒馬爲戲龍之狀,尤爲精妙。詔示尚方諸工官,

---

① 崇德殿　嘉慶本同,長編四庫底本卷一二、長編卷一二均作"崇政殿"。
② 丙子　底本脱此二字,據長編四庫底本卷一二、長編卷一二補。
③ 右千牛衛大將軍　嘉慶本、長編四庫底本卷一二、長編卷一二同;新五代史卷六五南漢世家作"左千牛衛大將軍",疑誤。
④ 五十斛　嘉慶本、宋史卷二太祖本紀均作"五千斛"。

皆駭伏。上給錢一百五十萬償其直。鋹在國時,多置酖以毒臣下。一日,上乘肩輿,從數十騎幸講武池,從官未集,鋹先至,詔賜鋹卮酒,鋹疑之,奉杯泣曰:"臣承祖父基業,拒違朝廷,勞王師致討,罪固當死。陛下不殺臣,今見太平,爲大梁布衣矣。願延旦夕之命,以全陛下生成之恩,臣未敢飲此酒。"上笑曰:"朕推赤心置人腹①,安有此事?"命取鋹酒自飲之,別酌以賜鋹。鋹大慙,頓首謝。

六年,南漢靜海節度使丁璉聞嶺南悉平,遣使朝貢。五月戊寅,以璉爲靜海節度使。

八年十二月己未,以恩赦侯劉鋹爲左監門衛上將軍,封彭城郡公,去恩赦侯之號。

九年十月,太宗即位。十一月,鋹封衛國公。

太平興國二年,詔劉鋹常俸外增以它俸。

四年春正月乙未②,遣潘美等征太原,宴於長春殿。時劉鋹及淮海王俶、武寧節度使陳洪進等皆與,鋹因言:"朝廷威靈及遠,四方僭竊之主,今日盡在坐中。旦夕平太原,劉繼元又至。臣率先來朝,願得執梃,爲諸國降王長。"上大笑,賞賜甚厚,鋹詼諧類此。

五年三月,贈太師、南越王劉鋹卒,輟三日朝。

收復吳越　太宗朝附

建隆元年二月己卯,以天下兵馬都元帥、吳越國王錢俶爲天下兵馬大元帥。

三月丁巳,吳越王俶遣使來賀登極。

八月庚午③,宴近臣於廣德殿,江南、吳越朝貢使皆預。

二年十二月癸丑④,遣殿直孫全璋使吳越,賜以羊、馬、槖駞等。

三年八月庚寅,以鎮海鎮東節度副大使錢惟濬爲建武節度使⑤。惟濬,吳越王之子也。俶請授以嶺南旄鉞,上從之。

---

① 朕推赤心置人腹　長編四庫底本卷一二、長編卷一二、宋史全文卷二、太平治迹統類卷一太祖平廣南均作"朕推心置人腹";宋大事記講義卷二、東都事略卷二三劉鋹傳均作"朕推赤心置人腹中",意優。
② 春正月乙未　底本脱此五字,據長編四庫底本卷二〇、長編卷二〇補。
③ 庚午　底本脱此二字,據長編四庫底本卷一、長編卷一補。
④ 癸丑　底本脱此二字,據長編四庫底本卷二補。
⑤ 錢惟濬　底本作"錢維濬",據嘉慶本改。

乾德元年十月丁未①,吳越王遣惟濬入貢,助南郊。

三年二月癸卯②,吳越王俶遣使修貢。

四年四月戊午③,以兩浙牙內都指揮使、台州團練使錢惟治領寧遠節度使,依前兩浙牙內都指揮使。惟治,吳越王之長子也。

開寶元年十月丙子,吳越王俶遣其子建武節度使惟濬來朝貢,命知制誥盧多遜迎勞之。

二年正月己亥④,以錢惟濬爲鎮海鎮東節度使。惟濬奉其父命來助祭,將還,特詔增秩。上待惟濬甚異,嘗召宴苑中,令黃門奏簫韶樂,與諸王同席而坐,賜白玉帶、綴珠衣、水晶鞍勒御馬,錫賚鉅萬計。辭日,又賜襲衣、玉帶、金鞍勒馬。

四年十一月丙申,吳越王俶遣其子鎮海鎮東節度使惟濬來朝貢。

七年。先是,吳越王俶遣元帥府判官黃夷簡入貢,上謂之曰:"汝歸語元帥,當訓練兵甲。江南倔強不朝,我將發師討之,元帥當助我,無惑人言云'皮之不存,毛將安傅也'。"特命有司造大第於薰風門外,連亘數坊,棟宇宏麗,儲峙什物,無不悉具。乃召進奏使錢文贄,謂之曰:"朕數年前令學士承旨陶穀草詔,比於城南建離宮,令賜名禮賢宅,以待李煜及汝主,先來朝者,賜之。"且以詔草示文贄,遂遣使賜俶羊馬,諭旨於俶。八月戊寅,俶遣其行軍司馬孫承祐入貢⑤。丁亥,辭歸,上厚賜俶器幣⑥,且密告以師期。承祐,俶妃之兄,本伶人,以妃故,貴近用事,專其國政,時謂之"孫總監",言無所不領轄也。

十月丁酉,以吳越王俶爲昇州東南面行營招撫制置使,仍賜戰馬二百疋,遣客省使丁德裕以禁兵步騎千人爲俶前鋒⑦,且監其軍。

十一月戊子,吳越王遣使修貢,謝招撫制置之命也,并上江南國王所遣書,其略

---

① 丁未 底本脫此二字,據長編四庫底本卷四、長編卷四補。
② 二月癸卯 底本脫此四字,據長編四庫底本卷六、長編卷六補。
③ 四月戊午 "四"底本作"二","底本脫"戊午"二字,據長編四庫底本卷七、長編卷七改、補。
④ 己亥 底本脫此二字,據長編卷一○補;長編四庫底本卷一○作"巳亥"。
⑤ 孫承祐 嘉慶本、長編四庫底本卷一五、長編卷一五同,文淵閣本長編卷一五、太平治迹統類卷一均作"孫承佑"。下同。
⑥ 上厚賜俶器幣 底本脫"俶"一字,嘉慶本同,據長編四庫底本卷一五、長編卷一五、太平治迹統類卷一補。
⑦ 禁兵步騎千人 "步"底本作"部",嘉慶本同,據長編四庫底本卷一五、長編卷一五、太平治迹統類卷一改。

云:"今日無我,明日豈有君?明天子一旦易地酬勳,王亦大梁一布衣耳。"

八年四月癸丑①,吳越兵圍常州,刺史禹萬誠拒守②,大將金成禮劫萬誠以降③。吳越初起兵,丞相沈虎子者諫曰:"江南,國之藩蔽,今大王自撤其藩,將何以衛社稷乎?"不聽,遂罷虎子政事,命通儒學士崔仁冀代之,總其兵要。

五月壬申朔,加吳越王守太師,以其子鎮海鎮東節度使惟濬同平章事,寧遠節度使惟治爲奉國軍節度使,行軍司馬孫承祐爲平江節度使,行營兵馬都監丁德裕權知常州。先是,詔吳越王俶歸其國,俶以兵屬大將烏程沈承禮,隨王師進討。案:長編事在七月。甲申,俶遣使入貢謝恩。

十二月,江南平。先是,上嘗召吳越進奏使任知果④,令諭旨於其主俶曰:"元帥克毗陵有大功,竢平江南,可暫來與朕相見,以慰延想之意,即當復還,不久留也。朕三執圭幣以見上帝,豈食言乎?"崔仁冀亦告俶曰:"主上英武,所向無敵。今天下事勢已可知,保族全民⑤,上策也。"俶深然之。丁卯,俶請赴長春節朝覲,詔許之。

九年二月,上聞吳越王將入朝,辛亥,遣皇子興元尹德昭至睢陽迎勞之。己未,吳越王及其子鎮海鎮東節度使惟濬等入見崇德殿,宴長春殿。先是,車駕幸禮賢宅,案視供帳之具。及至,即詔俶居之,寵賚甚厚。俶所貢奉亦增倍於前也。庚申,大宴大明殿。甲子,詔俶、惟濬宴射苑中。丁卯,幸禮賢宅。

三月庚午,命吳越王劍履上殿,詔書不名。辛未,以俶妻賢德順穆夫人孫氏爲吳越王妃。宰相謂異姓諸侯王妻無封妃之典,上曰:"行自我朝,表異恩也。"即令其子惟濬持詔賜之。先是,上數召俶與惟濬宴射苑中,惟諸王預坐。俶拜,輒令内侍掖起,俶感泣。又嘗令俶與晉王光義、京兆尹廷美敘兄弟之禮,俶伏地叩頭,固辭得止。上將西幸,俶請扈從,不許,乃留惟濬侍祠,遣俶歸國。是日,宴講武殿,謂俶曰:"南北風土異宜,漸及炎暑,卿可早發。"俶泣涕,願三歲一朝。上曰:"川途迂遠,竢有詔乃來

---

① 癸丑 底本脱此二字,據長編四庫底本卷一六、長編卷一六補。
② 禹萬誠 嘉慶本、長編四庫底本卷一六、文淵閣本長編卷一六同,長編卷一六作"禹萬成"。
③ 大將金成禮劫萬誠以降 "大將金成禮",宋馬令馬氏南唐書卷五作"軍使余成禮"。"以降",嘉慶本作"以其城降"。
④ 任知果 "任"底本作"王",據嘉慶本、長編四庫底本卷一六、長編卷一六、太平治迹統類卷二、宋史全文卷二、宋史卷四八〇吳越錢氏世家改。
⑤ 保族全民 長編四庫底本卷一六、長編卷一六同,嘉慶本"民"作"名"。

也。"先是,群臣皆有章疏,欲留俶而取其地,上不從,於是命取一黃袱以賜俶,封識甚固,戒俶曰:"途中宜密觀。"及啓之,則皆群臣乞留俶章疏也,俶益感懼。既歸,每視事功臣堂。一日,命徙坐於東偏,謂左右曰:"西北者,神京在焉,天威不違顔咫尺,俶豈敢寧居乎?"益以乘輿、服玩爲獻,製作精巧。每修貢,必列於庭①,焚香而後遣之。

六月癸卯,吴越王遣使入貢,謝朝覲蒙殊禮及放令歸國也。

十月,太宗即位。

太平興國二年正月,吴越王遣其子温州刺史惟演來修貢,賀登極。己卯,吴越國王妃孫氏薨,詔給事中程羽爲弔祭使②。

二月③癸巳,吴越王遣使來修時貢。戊戌,以鎮東軍安撫使、知越州錢儀爲慎、瑞、師等州觀察使,仍知越州;宣德軍安撫使、知湖州錢信爲新、嫣、儒等州觀察使,仍知湖州。儀、信皆吴越王之弟。己亥,吴越王以山陵有期,遣使來修賻禮。

三月甲子,吴越王復遣使來修時貢。

閏七月己酉,遣翰林學士李昉使吴越。

九月,吴越王將入朝,先遣其子鎮海鎮東節度使惟濬來貢。壬辰④,詔户部郎中侯陟至泗州迎勞之。及惟濬至,賜賚無算。

三年二月,以吴越王將至,癸酉,命四方館使梁迥往淮西迎勞之。

三月己丑,以吴越王將至,遣其子鎮海鎮東節度使惟濬至宋州迎省。癸卯,吴越王又先遣平江節度使孫承祐入朝奏事,上優禮之。乙巳,即命承祐護諸司供帳,勞俶於近郊。又命齊王廷美宴俶於迎春苑。己酉,俶見於崇德殿,寵賚甚厚。即日賜宴於長春殿,俶僚佐崔仁冀、黄夷簡等皆預坐。

四月壬戌,復宴吴越王於崇德殿。五月乙酉,初,吴越王將入朝,盡輦其府實而行,分爲五十進,犀象、錦綵、金銀、珠貝、茶、綿及服御器用之物,逾鉅萬計。俶意求反國,故厚其貢奉,以悦朝廷。宰相盧多遜勸上,遂留俶不遣。凡三十餘請⑤,不獲命。

---

① 必列於庭 "必"底本作"畢",嘉慶本同,據長編四庫底本卷一七、長編卷一七、太平治迹統類卷二改。
② 給事中程羽 底本脱"中"一字,據長編四庫底本卷一八、長編卷一八、嘉慶本補。
③ 二月 底本脱此二字,據嘉慶本、長編卷一八補。
④ 壬辰 底本脱此二字,據嘉慶本、太平治迹統類卷二補。
⑤ 凡三十餘請 嘉慶本同,長編四庫底本卷一九、長編卷一九、太平治迹統類卷二"請"均作"進"。

會陳洪進納土，俶恐懼，乃籍其國兵甲獻之。是日，復上表乞罷封吳越國，及解天下兵馬大元帥之職，寢書詔不名之制，且求歸本道。上不許。俶不知所爲，崔仁冀曰："朝廷意可知矣。大王不速納土，禍且至。"俶左右爭言不可，仁冀厲聲曰："今已在人掌握中，去國千里，惟有羽翼，乃能飛去耳。"俶獨與仁冀決策，遂上表獻所管十三州、一軍。上御乾元殿受朝，如冬正儀。俶朝退①，將吏寮屬始知之，千餘人皆慟哭曰："吾王不歸矣！"凡得縣八十六、户五十五萬六百八、兵十一萬五千三十六。丙戌，命考功郎中范旻權知兩浙諸州事。錢氏據兩浙踰八十年，外厚貢獻，内事奢僭，地狹民衆，賦斂苛暴。雞魚卵菜②，纖悉收取；斗升之逋，罪至鞭背。每笞一人，則諸案吏人各持其簿列於庭，先唱一簿，以所負多少量爲笞數。笞已，次吏復唱而笞之，盡諸簿乃止，少者猶笞數十，多者至五百餘。訖於國除，民苦其政。旻既至，悉條奏請蠲除之，詔從其請。丁亥，徙封錢俶爲淮海國王，以其子鎮海鎮東節度使惟濬爲淮南節度使，奉國節度使惟治爲鎮江節度使，平江節度使孫承祐爲泰寧節度使，威武節度使沈承禮爲安化軍節度使，浙江西道鹽鐵副使崔仁冀爲淮南節度副使。戊子，德音：赦兩浙管内諸州，給復一年。

七月中元節，張燈。詔有司於淮海王俶第前設燈山，陳聲樂，以寵之。

江休復雜誌進錢買燈，蓋此事也。休復誤以爲上元。

八月丙辰③，詔兩浙發淮海王俶緦麻以上親及所管官吏悉歸闕，凡舟千四十四艘④，所過以兵護送之。初，淮海王俶入朝，命其子鎮國節度使惟治權知吳越國事。一夕廄中火，惟治率兵臨高下視，令親信十數輩仗劍申令：敢後顧者斬，頃之火息。妻族有隸帳下者，恃親犯法，惟治命杖脊於府門，於是惟治悉奉兵民圖籍、帑廩管籥授知杭州范旻，與其弟惟演、惟灝等皆赴闕。詔遣内侍護諸司供帳勞於近郊。壬申，對於長春殿，各賜衣帶、鞍馬、器幣。

十月，杭州送錢俶伶人凡八十有一人，詔付教坊肄習，尋以三十六人還杭州，四十

---

① 朝退 底本二字顛倒，據嘉慶本、長編卷一九乙正。
② 雞魚卵菜 長編四庫底本卷一九、長編卷一九同，嘉慶本作"雖魚卵菜茹"。
③ 丙辰 底本脱此二字，據長編四庫底本卷一九、長編卷一九補。
④ 凡舟千四十四艘 "四十四"底本作"四百"，嘉慶本同，據長編四庫底本卷一九、長編卷一九、宋史卷四八〇吳越世家改。

五人賜俶。

四年,上親征太原。五月,劉繼元降。上顧謂俶曰:"卿能保全一方以歸於我,不致血刃,深可嘉也!"

五年四月初①,以禮賢宅賜錢俶,俶獻白金三百斤爲謝②。

八月戊戌,幸錢俶第視疾,賜俶銀萬兩、絹萬疋、錢百萬、金器千兩,又賜俶子惟濬、惟治銀各萬兩。

六年三月己未,以淮南節度副使崔仁冀爲衛尉卿,淮海王俶言其才可用故也。

十二月,淮海王俶等賀郊祀,貢馬皆駑,爲廄吏所發。詔釋其罪。

八年十二月丁亥③,淮海王俶三上表,乞解兵馬大元帥、國王、尚書令、太師、開府儀同三司等官。詔止罷元帥,餘不許。

雍熙元年十二月庚辰,淮海國王錢俶改封漢南國王。案:長編脫此條。

四年二月丙申,以漢南國王錢俶爲武勝節度使,改封南陽國王。俶始被病家居,有黄門趙海乘酒夜造其第求見俶,因出藥一粒與之,謂俶曰:"此藥上所賜,願王餌之。"俶因餌焉。既去,家人皆惶惑不測,俶曰:"主上待我厚,所賜必良藥也,又何疑哉?"後數日,上聞大驚,捕海繫獄,決杖流海島。於是以俶久病,詔免入辭。案:長編脫此條。壬子,俶四上表讓國王。案:長編脫此條。甲寅,改封許王。案:長編脫此條。

端拱元年二月,武勝節度使、許王錢俶封鄧王。案:長編脫此條。

八月戊寅④,武勝節度使、太師、尚書令兼中書令、鄧王錢俶卒。上爲輟視朝七日,追封秦國王,謚忠懿,命中使護喪事,葬洛陽。俶任太師、尚書令兼中書令四十年,爲元帥三十五年,窮極富貴,福履之盛,近代無比。

十一月,錢俶夫人余氏獻女樂十人,上不納,厚賜遣還。案:長編脫此條。

---

① 四月初 "四"底本作"六",嘉慶本同,據長編四庫底本卷二一、長編卷二一改。
② 俶獻白金三百斤爲謝 "獻"底本作"以",嘉慶本同,據長編四庫底本卷二一、長編卷二一改。
③ 丁亥 底本脫此二字,據長編卷二四補。
④ 八月戊寅 "八"底本作"六",嘉慶本同,據長編四庫底本卷二九、長編卷二九、太平治迹統類卷二改。

卷第五

太祖皇帝

親征河東　太宗朝附

建隆元年。先是,北漢誘代北諸部侵掠河西之地,詔諸鎮會兵以禦之。三月,定難節度使、守太尉兼中書令李彝興言遣都將李彝玉進援麟州①,北漢引衆去。北漢主知昭義節度使李筠有異志,潛以蠟書誘筠,筠執監軍亳州防禦使周光遜等送於北漢,納款求援。

五月辛丑,以洺州團練使博野郭進爲本州防禦使兼西山巡檢使,備北漢也。北漢主遣内園使李弼以詔書、金帛、善馬賜李筠,筠遣劉繼沖詣晉陽,請北漢主舉軍南下,己爲前導。北漢主即日大閲,傾國自將以出,至太平驛,筠身率官屬、耆老迎謁。筠還,遣宣徽使萊人盧贊監其軍。丁巳,上親征李筠。

六月辛巳,克澤州,李筠赴火死。獲北漢宰相衛融。北漢主聞筠敗,自太平驛遁還晉陽。

七月戊申,上至京師,因使衛融致書北漢主求周光遜等,約亦歸融太原。北漢主不報。辛亥,以融爲太府卿。

八月②,武勝節度使張永德來朝,上將有事於北漢,因密訪策略,永德曰:"太原兵少而悍,加以契丹爲援,未可倉卒取也。臣愚以爲每歲多設遊兵,擾其田事,仍發間使諜虜,先絕其援,然後可圖。"上曰:"善。"

九月壬寅,李繼勳言帥師入北漢境,燒平遥縣,虜掠甚衆。

---

① 遣都將李彝玉　嘉慶本同,長編四庫底本卷一、長編卷一、宋史卷四八五夏國上"都"均作"部"。
② 八月　底本脱此二字,據長編四庫底本卷一、長編卷一補。

十月乙酉①,晉州言兵馬鈐轄、鄭州防禦使荊罕儒戰没②。

二年十一月癸未③,晉州言敗北漢軍於汾西,獲馬、牛、驢數千計。

十二月乙未,昭義節度使李繼勳奏敗北漢軍千餘人,斬首百餘級。

三年二月甲寅④,北漢寇潞、晉二州,守將擊走之。

四月壬寅⑤,邢州言北漢民四百七十人來降。戊申,北漢寇麟州,防禦使楊重勳擊走之。

七月己卯⑥,北漢捉生指揮使路貴等十一人來降,並補内殿直。

乾德元年七月丁巳,安國節度使王全斌言與西山都巡檢使、洺州防禦使郭進等,率兵入北漢界,獲生口數千人來獻。詔釋之。

八月丁亥,王全斌言復與郭進、曹彬等攻北漢樂平縣,降其拱衛指揮王超等及所部兵一千八百人。北漢侍衛都指揮使蔚進等悉蕃漢兵來救,三戰,皆敗之,遂下樂平,即建爲樂平軍⑦。辛卯,以樂平降兵爲效順軍。丙申,北漢靜陽等十八寨首領相帥來降。

九月,北漢主誘契丹兵攻平晉軍,命洺州防禦使郭進、濮州防禦使張彦進、客省使曹彬、趙州刺史陳萬通領步騎萬餘往救之,未至一舍,北漢引兵去。

十一月初,上將有事於南郊,命沿邊諸將分道略北漢境。

十二月,遣内客省使曹彬、通事舍人王繼筠分詣晉、潞州,與節度使趙彦徽、李繼勳會兵入北漢境,攻其邊邑及遼、石州。初,北漢主嗣位,所以事契丹者多略,不如世祖時每事必稟之。劉旻廟號世祖。於是,契丹遣使持書來責。北漢主得書恐懼,遣使重幣往謝,契丹執其使,不報。北漢主再遣使修貢,契丹又執其使,不報。北漢地薄產少,又歲輸契丹,故國用日削,乃拜五臺僧繼顒爲鴻臚卿。繼顒,故燕王劉守光之子,

---

① 乙酉　底本脱此二字,據長編四庫底本卷一、長編卷一補。
② 晉州言兵馬鈐轄鄭州防禦使荊罕儒戰没　底本脱"言"一字,據長編四庫底本卷一、長編卷一補。
③ 癸未　底本脱此二字,據長編四庫底本卷二、長編卷二補。
④ 甲寅　底本脱此二字,據長編四庫底本卷三、長編卷三補。
⑤ 壬寅　底本脱此二字,據長編四庫底本卷三、長編卷三補。
⑥ 己卯　底本脱此二字,據長編四庫底本卷三、長編卷三補。
⑦ 樂平軍　長編四庫底本卷四、長編卷四同;太平治迹統類卷二太祖太宗親征北漢,宋史卷一太祖本紀、卷二五八曹彬傳、卷四八二北漢世家均作"平晉軍"。

爲人多智,善商財利,世祖頗倚賴之。繼顒能講華嚴經,四方供施,多積蓄以佐國用。五臺當契丹界上,繼顒常得其馬以獻,號"添都馬",歲率數百疋。又於柏谷置銀冶,募民鑿山取鑛烹銀。北漢主取其銀以輸契丹,歲千斤,因即其冶建寶興軍。

乾德二年正月,昭義節度使李繼勳、兵馬鈐轄康延沼等帥步騎萬餘攻遼州,北漢馬軍都指揮使郝貴超領兵來援,戰於城下,貴超大敗。刺史杜延韜危蹙,與拱衛都指揮使冀進、兵馬都監供奉官侯美籍部下兵三千人,舉城來降。北漢尋誘契丹步騎六萬人入寇,繼勳復與彰德節度使羅彥瓌、西山巡檢使郭進、內客省使曹彬等領六萬衆赴之,大破契丹及北漢軍於遼州城下。

三月乙未①,北漢耀州團練使周審玉等四人來降,各賜方物有差。以審玉爲汾州團練使,改名承瑨②。

四年十二月,北漢復取遼州③。

五年,北漢將閻章、樊暉各以砦來降。

開寶元年秋七月,北漢主鈞殂,養子繼恩立。初,世祖女適薛釗,生繼恩;再適何氏,生繼元。二子初幼孤,世祖以鈞無子,命養爲子。鈞嘗謂郭無爲曰:"繼恩巽軟,非濟世材,恐不能了我家事,將奈何?"無爲不對。至是病篤,召無爲付以後事。繼恩既嗣位,怨無爲初不助己,且患其專政,加守司空,外示優禮,內實疏之。

八月戊辰,遣李繼勳將兵伐北漢。初,帝嘗因諜者謂北漢主曰:"君家與周世讎,宜不屈。今我與爾無所間,何爲困此一方人也?若有志中國,宜下太行,以決勝負!"北漢主遣諜者報曰:"河東土地甲兵不足以當中國,然我家世非叛者,區區守此,蓋懼漢氏之不血食也。"帝哀其言,謂諜者曰:"爲我語鈞,開爾一生路。"故終鈞世不加兵。至是,聞其卒,遣李繼勳等以禁軍伐之。

北漢主初立,宋兵已入其境,乃遣劉繼業、馬峰等領軍扼團柏谷。峰至銅鍋河,李繼勳前鋒將何繼筠擊破之,斬首三千餘級,遂奪汾河橋,薄太原城下,焚延夏門。

九月,北漢主欲逐郭無爲,畏懦不能決。月餘,供奉官侯霸榮率十餘人,挺刃入

---

① 三月乙未 "三"底本作"二",據長編四庫底本卷五、長編卷五改。
② 底本脫"漢耀州團練使周審玉等四人來降"至"改名承瑨"三十三字,據長編四庫底本卷五、長編卷五補。
③ 自"四年十二月北漢復取遼州"至本卷末,底本全闕,爲儘量保持敘事完整,自本句下,今據太平治迹統類卷二太祖太宗親征北漢、宋史卷四八二北漢世家、宋史紀事本末卷一二平北漢及長編有關文字補足,以資參考。

閣,反扃其門。時繼恩獨處喪次,見之驚起,繞屏還走,霸榮以刃揕其背,殺之。無爲使人梯屋入,殺霸榮。繼恩立才六十餘日,并人疑無爲授意於霸榮,亟殺之以滅口。無爲與群臣議立繼恩之弟繼元,參議中書事張昭敏獨曰:"少主非劉氏,故嗣位不終。今宜立宗姓,以慰民望。世祖嫡孫繼文,久留契丹,歷險阻,宜迎立之,可以固宗社,結虜援。"無爲不從,以繼元易制,遂立之。

十一月,北漢主遣使告即位於契丹,且乞師。契丹主遣塔喇將諸道兵救之。帝亦遣使齎詔諭北漢主令降,約以平盧節度使授之。又別賜郭無爲詔,許以邢州節度使。無爲得詔色動,勸北漢主納款,北漢主不從。初,帝使諜者惠璘僞稱殿前散指揮使,負罪奔北漢,無爲知其謀,使爲供奉官。及王師入境,璘即來奔,至嵐谷,候吏獲之,械送太原,北漢主使無爲鞫之,無爲釋不問。有招收將李超者,頗知璘姦狀,上告,無爲怒,並超斬之以滅口。李繼勳等聞契丹兵來,皆引歸,北漢因大掠晉、絳二州。

北漢主繼元妻段氏常以小過爲孝和后郭氏所責,既而病卒。繼元疑后殺之,后方縗服哭孝和帝於柩前,繼元遣其嬖臣范超執而縊殺之。宮中嬪御遭箠逼辱,無復嫌間。世祖十子,鎬、錡、錫最有賢行,繼元聽群小之譖,幽囚之,未踰年皆死。惟銑以佯愚獲存。

二年二月,帝以李繼勳等師還無功,謀再舉,以問魏仁浦曰:"朕欲親征太原,何如?"仁浦曰:"欲速則不達,惟陛下重之。"帝不聽。乙卯,命宣徽南院使曹彬、侍衛步軍都指揮使党進等各領兵先赴太原。戊午,詔親征。己未,以皇弟開封尹光義爲東京留守,樞密副使沈義倫爲大内部署;昭義節度使李繼勳爲河東行營前軍都部署,建雄節度使趙贊爲馬步軍都虞候,先赴太原。甲子,車駕發京師。三月戊戌,至太原,築長連城圍之,立砦於城四面:繼勳軍於南,趙贊軍於西,曹彬軍於北,党進軍於東。北漢劉繼業等乘晦突門,犯東、西砦,戰敗而遁。帝又命壅汾水、晉祠水以灌城,北漢人大恐。郭無爲復勸北漢主出降,北漢主不從。一日,因宴群臣,無爲痛哭於庭曰:"奈何以空城抗百萬之師乎!"引佩刀欲自刎,冀動衆心。北漢主遽降階執其手,引升坐而止。

夏四月,契丹復救北漢。帝度其必由鎮、定救太原,二月丁卯,已使韓重贇倍道兼行赴之。又聞其分道,一自石嶺關入,召何繼筠逆擊,授以方略。繼筠遇契丹兵於陽曲,大敗之,斬首千餘級。重贇亦先陣於嘉山,契丹兵自定州西入,見旗幟,大駭欲遁,重贇急擊,大破之,擒其首領三十餘人。帝命以所獲契丹俘示於城下,城中喪氣。憲州判官史昭文、嵐州刺史趙文度各以城降。

閏五月壬子,始議班師也。時,契丹主遣韓知璠册立北漢主。知璠習知戎備,在圍城中,晝夜督察,盡心固守。帝命水軍載弩環攻,驍將石漢卿等多戰死,北漢兵亦屢敗。

太原圍急,郭無為謀出奔,因請自將兵夜擊王師,北漢主信之,選精甲千人,命劉繼業、郭守斌為之副,北漢主登延夏門自送之,且伺其返。是夕,初甚晴霽,已而風雨晦冥,無為行至北橋,因駐馬召諸將,而劉繼業以馬傷足先收所部兵入城矣,守斌迷失道,呼之不獲。無為不能獨前,乃與麾下數十人亦還。

閏五月戊申,水自延夏門甕城入穿外城兩重,注城中,城中大驚擾。上幸長堤觀焉。水口漸闊,北漢人緣城設障,為王師所射,障不得施。俄有積草自城中飄出,直抵水口而止,王師弩矢不能徹,北漢人因得施功,水口遂塞。郭無為復勸北漢主出降,北漢主不聽。閹人衞德貴極言無為反狀明白,不可赦。北漢主殺之以狗,城中稍定。北漢人俄自西長連城潛出,將焚我攻戰之具,我師擊走之,斬首萬餘級。夜半,忽傳呼壁外,云北漢主降,上令衞士擐甲,開壁門。八作使趙璲曰:"受降如受敵,詎可夜半輕諾乎?"上使伺之,果諜者詐為也。

太原城久不下,東西班都指揮使范陽李懷忠曰:"敵勢已困,若選勁兵急攻,破在旦夕。"都虞候趙廷翰請先登,帝壯之,俾率眾攻城。戰不利,懷忠中流矢幾死。時大軍頓於甘草地,會暑雨,時大軍多病,而契丹亦復遣兵來援,太常博士李光贊上書請班師。帝以問趙普,普亦以為然。己未,徙太原民萬餘家於山東、河南,給粟。庚申,分命使者十七人,發禁軍護送之,因屯於鎮、潞等州。用絳人薛化光之策也。壬戌,車駕發太原。我師陷敵百人,上遣驍雄副指揮使浚儀孔守正領騎軍往救,守正奮擊,盡奪以還。北漢主籍我所棄軍儲,得粟三十萬,茶、絹各數萬,喪敗罄竭,賴此少濟。

六月癸巳,車駕至自太原。遣使分徃京西諸州,賜太原所徙民帛人一匹;又命控鶴都虞候京兆崔翰差擇其勇悍習武藝者籍為禁軍。

是月,北漢主斬樞密副使段煦及馬軍都虞候馮超於壞水口,坐水入不救也。決城下水注之臺駘澤,水已落,而城多摧圮。契丹使者韓知璠猶在太原,歎曰:"宋師之引水浸城也,知其一,而不知其二,若知先浸而後涸,則并人無噍類矣。"時契丹遣其將南大王來援,屯於太原城下,劉繼業言於北漢主曰:"契丹貪利棄信,他日必破吾國。今救兵驕而無備,願襲取之,獲馬數萬,因籍河東之地以歸中國,使晉人免於塗炭,陛下長享貴寵,不亦可乎?"北漢主不從。南大王數日北還,贈遺甚厚。

三年春正月,契丹韓知璠自太原歸,言晉陽多梗而劉繼元無輔。政事令趙高勳亦言:"我與晉陽,父子之國,先君以一怒而盡拘其使,甚無謂也。"契丹主乃盡索北漢使者,凡十六人,厚禮而遣之。仍命劉繼文爲平章事,李弼爲樞密使,俾輔繼元。繼文等久留契丹,復受其命,歸秉國政,左右皆讒毀之。北漢主乃出繼文爲代州刺史,李弼爲憲州刺史。

是年,北漢主以僧繼顒爲太師兼中書令。繼顒本劉氏孽子,以宗姓授鴻臚卿,嘗遊華嚴,見地有寶氣,乃於團柏谷置銀場,募民鑿山,官收十之四,繼顒自督,所獲即倍於民。時北漢主多內寵,繼顒獻首飾數百副,北漢主大喜,遂有是命。

六年十二月,北漢主殺其弟劉繼欽。初,北漢主爲大内都點檢,父鈞以其幼弱,命劉繼欽副之,委以禁衛。北漢主立,親舊多所誅放,繼欽遂謝病請罷。北漢主曰:"繼欽但事先帝,豈肯爲我盡力耶!"乃黜居交城,尋遣人殺之。北漢主性殘忍,凡臣下有忤意,必族其家。自帝親征及遣將攻伐,因之殺傷不可勝計,大將張崇訓、鄭進、衛儔,故相張昭敏,樞密使高仲曦等,先後俱以讒見殺。

九年八月,太祖令党進、潘美、楊光美、牛思進、米文義率兵分五道以攻太原,又遣郭進等分攻忻、代、汾、沁、遼、石等州。諸將所向克捷。九月,党進敗北漢兵於太原城下。北漢主急求救於契丹,契丹主遣其相耶律沙救之。十月,太宗即位,召諸將還。先是,太祖嘗微行過趙普,與普謀北漢。普曰:"太原當西、北二面,太原既下,則二邊之患我獨當之。不如姑俟削平諸國,則彈丸黑子之地,將安逃乎?"帝以爲然,故雖連年攻伐,至城下,輒退師。

太平興國四年春正月庚寅,太宗議伐漢,薛居正等多以爲不可,惟曹彬力贊之,太宗意遂決。乃以潘美爲北路都招討使,帥崔彦進、李漢瓊、劉遇、曹翰、米信、田重進軍,分四面攻太原城。又以郭進爲太原石嶺關都部署,以斷燕、薊援師。

二月甲子,帝自將伐北漢。

二月丁卯,北漢求救於契丹,契丹遣耶律沙爲都統,敵烈爲監軍,帥師赴之。至白馬嶺,與都部署郭進遇。沙欲阻澗以待後軍,敵烈不從,渡澗迎戰,未成列,進薄之,契丹大敗,敵烈等皆死。會耶律斜軫兵至,進引師退,沙得免。田欽祚護石嶺屯軍,恣爲姦利,進不能禁,屢形於言,欽祚憾之。進,武人,剛烈,戰功高,欽祚數加凌侮,進不能堪,遂縊而死。欽祚以卒中風眩聞。帝悼惜良久,贈安國節度使。左右皆知而無敢言者。尋詔以牛思進代之。

三月庚辰朔,太宗次真定。

夏四月,太宗發鎮州。行營都監折御卿分兵攻岢嵐軍,下之,遂取嵐州。北漢人於隆州依險築城以拒,帝遣軍使解暉、折彥贇等先發兵圍之,繼遣尹勳往,城遂陷。

庚午,上次太原。時潘美等屢敗北漢兵,進築長連城圍太原,矢石交下如雨。北漢外援不至,餉道又絶,城中大懼。太宗至,督戰益急,城無完堞。太宗慮城陷殺傷者衆,詔諭繼元降。使者至城,守陴者不納。太宗躬擐甲胄,親督諸將士進薄城下,列陣於乘輿前①,蹲甲交射,矢集城上如蝟毛。每給矢必數百萬,頃之咸盡。捕得城中人,云繼元以十錢購一矢,凡聚百餘萬。太宗笑曰:"此爲我畜也。"

五月己卯朔②,繼元宣徽使范超來降,攻城者以超爲出戰,禽而戮之。繼元遂斬超妻、子,投其首城外。壬午,北漢馬軍都指揮使郭萬超踰城出降。繼元親信之臣多亡,城中危急。太宗又自草詔,諭繼元速降,必保終始富貴。詔雖入城,而諸將銳攻不可遏。太宗慮城陷害良民,麾兵少卻。甲申,繼元乃夜遣客省使李勳奉表乞降,詔許之。夜漏未盡,太宗幸城北,張樂宴從臣於城臺。明日,繼元率官屬縞衣、紗帽待罪臺下,詔釋之,賜襲衣、玉帶,召使升臺,繼元叩首謝罪。詔授特進、檢校太師、右衛上將軍,封彭城郡公,賜賚甚厚。命劉保勳知太原府。凡得州十、軍一、縣四十一。太宗作平晉詩,命從臣和。又授北漢相李惲以下官有差。詔毀太原舊城,改爲平晉縣,以榆次縣爲并州,遣使分部徙太原民居之,縱火焚太原廬舍,老幼趨城門不及,焚死者甚衆。

---

① 列陣於乘輿前　底本無"乘輿"二字,據長編卷二〇補。
② 己卯朔　底本作"庚辰",據長編卷二〇改。

卷第六（闕）

太祖皇帝

聖德（闕）

聖學（闕）

親信趙普（闕）

卷第七(闕)

太祖皇帝

罷節度使權(闕)

優禮節度使(闕)

駕馭將帥(闕)

政迹(闕)

卷第八

太宗皇帝

受位①

建隆二年六月甲午,皇太后崩。后每與上決大政,呼趙普爲"書記",曰:"且爲盡心,吾兒未更事也。"尤愛皇弟光義,然不假顏色,每出輒戒之曰:"必與趙書記偕行,方可。"仍刻景以待其歸,光義不敢違。寢疾,上侍藥餌不離左右。疾革,召普入,受遺命。太后問上曰:"汝自知所以得天下乎?"上嗚咽不能對。太后曰:"吾自老死,哭無益也。吾方語汝以大事,而但哭耶!"問之如初。上曰:"此皆祖考及太后餘慶也。"太后曰:"不然。正由柴氏使幼兒主天下,群心不附故爾。若周有君長,汝安得至此?汝與光義皆我所生,汝後當傳位汝弟,四海至廣,能立長君,社稷之福也。"上頓首泣曰:"敢不如太后教。"因謂普曰:"汝同記吾言,不可違也。"普即就榻前爲誓書,於紙尾署曰"臣普記"。上藏其書金匱,命謹密宫人掌之。

開寶六年,趙普既罷相,出爲河陽三城節度使,上書自愬云:"外人謂臣輕議皇弟開封尹。皇弟忠孝全德,豈有間然。矧昭憲皇太后大漸之際,臣實預聞顧命。知臣者君,願賜昭鑒。"上手封其書,藏之金匱。

開寶九年六月,上以晉王光義所居地勢高仰,水不能及,庚子,步自左掖門,至其第,遣工爲機輪②,激水注第中③,且數臨視,促成其役。王性仁孝,上雅鍾愛,尹京十

---

① 底本本卷目録注明"闕半",本門據太平治迹統類卷二太祖太宗授受之懿、長編有關記載補。
② 機輪　長編卷一七作"大輪"。
③ 激水注第中　長編卷一七作"激金水河注第中"。

五年，庶務修舉。上數幸其府，恩禮甚厚。嘗疾病，殆不知人，上亟往視問，爲灸艾①，王覺痛，上亦取艾自灸，自辰至酉，王汗洽蘇息，上乃還。疾良愈，復往視之，賜以龍鳳氈褥。又嘗宴宮中，王醉不能乘馬，上起送至殿階，親掖之。王帳下士高瓊左手執鐙以出，上顧見，因賜瓊等控鶴官衣帶及器帛，勉令盡心。間謂近臣曰："晉王龍行虎步，且生時有異，必爲太平天子，福德非吾所及也。"冬十月，初有神降於盩屋縣民張守真家，自言我天神之尊，號黑煞將軍，玉帝之輔也。守真每齋戒祈請，風肅然，聲若嬰兒，獨守真能曉其所言，遂爲道士。上不豫，驛召守真至闕下。壬子，命內侍王繼恩就建隆觀設黃籙醮②，令守真降神。神言晉王有仁心，言訖，不復降。上聞其言即夜召晉王③，屬以後事。左右皆不得聞，但遥見燭影下晉王時或離席，若有所遜避之狀。既而上引柱斧戳地，大聲謂晉王曰："好爲之。"癸丑，上崩。宋后使王繼恩出召貴州防禦使德芳④。時立晉王之志素定⑤，乃不詣德芳，徑趨府廨。左押衙程德玄先坐於府門⑥。德玄者善爲醫，對曰："我宿於信陵坊，乙夜有當關疾呼⑦，視則無人，如是者三。吾恐晉王有疾，故來。"繼恩異之，告以故，叩門，與俱入見王，且召之。王大驚，猶豫不行，曰："吾當與家人議之。"入久不出，繼恩促之，曰："事久，將爲他人有矣。"時大雪，遂與王於雪中步至宮。繼恩使王止于直廬⑧，曰："王且待於此，繼恩當先入言之。"德玄曰："便應直前，何待之有！"乃與王俱進至寢殿，后聞繼恩至，問曰："德芳來耶？"繼恩曰："晉王至矣。"后見王愕然，遽呼官家曰："吾母子之命皆託於官家。"王泣曰："共保富貴，勿憂也。"

甲寅，太宗即位。群臣謁見帝於萬歲殿之東楹，帝號慟殞絶。乙卯，大赦天下，常赦所不原者咸除之。其赦文略曰："先皇帝勤勞啓國，宵旰臨朝，萬機靡倦於躬親，四

---

① 爲灸艾　長編卷一七作"親爲灼艾"。
② 壬子命內侍王繼恩　太平治迹統類卷二作"謝恩"，據長編卷一七改、補。
③ 言訖不復降上聞其言即夜召晉王　原脱"不復降上聞其言即"八字，據長編卷一七補。
④ 德芳　原脱此二字，據長編卷一七補。
⑤ 時立晉王之志素定　長編卷一七作"繼恩以太祖傳國晉王之志素定"。
⑥ 左押衙　原脱此三字，據長編卷一七補。
⑦ 乙夜　原作"一夜"，據長編卷一七改。
⑧ 止于直廬　"于"原作"其"，據長編卷一七改。

海方成於開泰。念農民之疾苦,知戰士之辛勤,氛祲盡平①,生靈永逸。而寒暄或厲②,寢疾彌留。方臻偃革之期,遽抱遺弓之歎。猥以大寶付與沖人③,宜覃在宥之恩,俾洽維新之澤。可大赦天下,常赦所不原者咸赦除之。令緣邊禁戢戍卒,毋得侵撓外境。群臣有所論列,並許實封表疏以聞。必須面奏者,閤門使即時引對。風化之本,孝弟爲先,或不順父兄、異居別籍者,御史臺及所在糾察之。先皇帝創業垂二十年,事爲之防,曲爲之制,紀律已定,物有其常,謹當遵承,不敢逾越。咨爾臣庶,宜體朕心。"以開封府判官、著作郎陸澤程羽爲給事中、權知開封,推官、右贊善大夫賈琰爲左正諫大夫、樞密直學士。門人襄邑郭贄爲著作佐郎④。正諫,即諫議也,避上名改之。庚申,以皇弟永興軍節度使兼侍中廷美爲開封府尹兼中書令,封齊王。皇子山南西道節度使、同平章事德昭爲永興軍節度使兼侍中,封武功郡王。貴州防禦使德芳爲山南西道節度使、同平章事。帝友愛尤篤,不欲德芳異其稱呼,并詔王、石、魏氏三公主皆依舊爲皇子、皇女焉⑤。宰相薛居正加左僕射,沈倫加右僕射。倫,即義倫也。盧多遜爲中書侍郎、平章事。樞密使曹彬加同平章事,副使楚昭輔爲樞密使。十一月甲子,追册故尹氏爲淑德皇后,越國夫人符氏爲懿德皇后。尹氏,崇珂之女兄,上微時娶焉。

秦王事迹

建隆元年,授廷美嘉州防禦使。二年,遷興元尹、山南西道節度使。乾德二年,加同中書門下平章事。開寶六年,加檢校太保、侍中、京兆尹、永興軍節度使。太宗即位,加中書令、開封尹,封齊王,又加檢校太帥。從征太原,進封秦王⑥。

太平興國五年十一月丙午,以秦王廷美爲東京留守。壬子,發京師。十二月乙

---

① 氛祲盡平　宋大詔令集卷一太宗即位赦天下制作"多壘盡平"。
② 寒暄或厲　宋大詔令集卷一太宗即位赦天下制作"寒暄遘厲"。
③ 大寶　宋大詔令集卷一太宗即位赦天下制作"神器"。
④ 門人　原作"門下",據長編卷一七改。
⑤ 石　原作"后",據長編卷一七改。
⑥ 自"建隆元年"至"進封秦王"共八十六字,底本無,據宋史卷二四四魏王廷美傳補。

酉,至京師①。太子太保趙普奉朝請累年,盧多遜益毁之②,鬱鬱不得志。普子承宗娶燕國長公主女。承宗適知潭州,受詔歸闕成婚,禮未逾月,多遜白遣歸任,普由是憤怒。會如京使柴禹錫等告秦王廷美驕恣,將有陰謀竊發。上詔問普,普對曰:"臣願備樞軸以察姦變。"退,復密奏:"臣開國舊臣,爲權倖所沮。"因言昭憲顧命及先朝自愬之事。上於宮中訪得普前所上章,并發金櫃,遂大感悟,即留承宗京師,召普謂曰:"人誰無過,朕不待五十,已盡知四十九年非矣!"六年九月辛亥③,以普爲司徒兼侍中。始,太祖傳位於上,昭憲顧命也。或曰昭憲及太祖本意,蓋欲上復傳之廷美,而廷美將復傳之德昭④。故上即位,亟命廷美尹開封,德恭授貴州防禦使,實稱皇子,皆緣昭憲及太祖意也。德昭既不得其死,德芳相繼夭絕,廷美始不自安,浸有邪謀。他日,上嘗以傳國意訪之趙普,普曰:"太祖已誤,陛下豈容再誤耶?"於是普復入相,廷美遂得罪。凡廷美所以得罪,則普爲之也。

　　王禹偁遺事云:太祖孝於太后,友愛兄弟,曠古未有。萬幾之暇,召晉王、秦王。秦王,上弟也,宣祖第三子;廷美,亦杜后所生。今本傳言王是太宗乳母王氏所生⑤,非也,其有旨哉!及皇子南陽王德昭、東平王德芳,皆上子也。〔案:"秦王,上弟也"至"其有旨哉"三十七字及"皆上子也"四字,疑是注文羼入。〕及皇姪、公主等共宴太后閣中。酒酣,上白太后曰:"臣百年後傳位於晉王,令晉王百年後傳位於秦王。"后大喜,曰:"吾久有此意,而不欲言之。吾欲萬世之下,聞一婦人生三天子。不謂天生孝子,成吾之志!"令晉王、秦王起謝之。既而后謂二王曰:"陛下自布衣事周室,常以力戰圖功,萬死而遇一生,方致身爲節度使。及受天命,將逾一紀,無日不征,無月不戰,歷盡艱危,方成帝業。汝輩無勞,安坐而承丕緒,豈不知幸乎!後各不得有負陛下。吾不知秦王百年後將付何人?"秦王曰:"願立南陽王德昭。"后又喜曰:"是矣。然則陛下有此意,吾料之亦天意也。他日各不得渝,渝者罪同大逆,天必殛之。"上又令皇子德昭謝皇太后。太后又謂上曰:"可與吾呼趙普來,令以今日之約作誓書,與汝兄弟傳而收之,仍令擇日告天地、宗廟。陛下可以行之否?"上即時如太后旨,召趙普入宫,令製文,普辭以素不能爲文,遂召陶穀爲文。別日,令普告天地、宗廟,而以誓書宣付晉王收之。上崩,興國初,今上立,以書付秦王收之。後秦王謀不軌,王幽死,書後入禁中,不知所之。上子南陽王尋亦坐事,逼令自殺,傳襲之約絕矣。案:禹偁遺事既與

---

① 自"太平興國五年"至"至京師"共三十四字,底本無,據長編四庫底本卷二一、長編卷二一補。
② 太子太保趙普奉朝請累年盧多遜　底本脱此十四字,據長編四庫底本卷二二、長編卷二二補。
③ 六年九月辛亥　底本脱"六年九月"四字,據長編四庫底本卷二二、長編卷二二補。
④ 而廷美將復傳之德昭　底本脱"將"一字,據長編四庫底本卷二二、長編卷二二補。
⑤ 太宗　底本作"太祖",據長編四庫底本卷二二注文、長編卷二二注文改。

國史不同,要不可信。然廷美尹開封,德恭授貴州防禦使,頗與太祖傳位之迹略同,恐昭憲及太祖意或如此,故司馬光記聞亦云太后欲傳位二弟,蓋當時多有是説也,今兩存之。所云趙普請使陶穀草誓書,轉以相付,則必不然,今不取之。秦王既幽死,誓書收入禁中,南陽王尋亦坐事,逼令自殺,此尤誤。不知德昭自殺乃太平興國四年八月,德芳死乃六年三月,而廷美七年三月始罷開封尹也。大抵遺事言多鄙近,不似禹偁所爲,或出於怨家仇人肆口謗訕,訐名禹偁,故不可據信,然亦不可全棄也。兩存其説,則祖宗盛德自著,後世必知其誣矣①。又云廷美乃太祖、太宗母弟②,則於昭憲顧命時已辨之。江休復嘉祐雜志云太宗、涪陵各相去十數歲生,與遺事略同,足明當時多有是説也。

壬子,秦王廷美乞班趙普下,從之。

七年三月,金明池水心殿成,上將泛舟往游。或告秦王廷美與左右謀,欲以此時竊發。若不果,則詐稱病於府第,候車駕臨省,因作亂。上不忍暴其事,癸卯,罷廷美開封尹,授西京留守。壬子,賜秦王廷美襲衣、通犀帶,錢十萬緡③,絹、綵各萬疋,銀萬兩,西京甲第一區。又賜留守判官閻矩、河南府判官王遹錢一百萬④。

四月壬戌朔,詔樞密使曹彬餞秦王廷美於瓊林苑,始赴西京。甲子⑤,以如京使柴禹錫爲宣徽北院使、兼樞密副使,翰林副使楊守一爲東上閤門使,充樞密都承旨。守一,即守素也,與禹錫同告秦王廷美陰謀事,故賞之。乙丑,左衛將軍、樞密承旨陳從信罷爲左衛將軍,皇城使劉知信爲右衛將軍,弓箭庫使惠延真爲商州長史,禁軍列校皇甫繼明責爲汝州馬步軍都指揮使,范廷召責爲唐州馬步軍都指揮使,王榮責爲濮州教練使,皆坐交通秦王廷美及受其燕犒也⑥。榮未行,或又告榮常與廷美親吏狂言"我不久當得節帥⑦",遂削籍流海島。

趙普既復相,盧多遜益不自安。普屢諷多遜令引退,多遜貪權固位,不能自決。會普廉得多遜與秦王廷美交通事,遂以聞,上怒。戊辰,責授多遜兵部尚書,下御史獄。捕繫中書守當官趙白,秦府孔目官閻密,小吏王繼勳、樊德明、趙懷禄、閻懷忠等,命翰林學士承旨李昉、學士扈蒙、衛尉卿崔仁冀、膳部郎中知雜事滕中正雜治之。多

---

① 後世必知其誣矣 "必"底本作"少",據嘉慶本、長編四庫底本卷二二注文、長編卷二二注文改。
② 太祖太宗 嘉慶本作"祖宗",長編四庫底本卷二二注文、長編卷二二注文均作"太宗"。
③ 錢十萬緡 嘉慶本作"錢千萬緡",長編四庫底本卷二三、長編卷二三均作"錢十萬"。
④ 一百萬 嘉慶本同,長編四庫底本卷二三、長編卷二三均作"各百萬"。
⑤ 甲子 底本脱此二字,據長編四庫底本卷二三、長編卷二三補。
⑥ 受其燕犒也 "燕",長編四庫底本卷二三、長編卷二三均作"私"。
⑦ 我不久當得節帥 底本脱"我"一字,據長編四庫底本卷二三、長編卷二三補。

遜自言累遣趙白以中書機事密告廷美,去年九月中又令趙白言於廷美云:"願宮車早晏駕①,盡力事大王②。"廷美又遣樊德明報多遜云:"承旨言正會我意,我亦願宮車早晏駕。"私遺多遜弓箭等,多遜受之。閻密初給事廷美左右,上即位,補殿直,仍隸秦王府,恣橫不法,言多指斥。王繼勳,廷美尤親信之,嘗使求訪聲妓。繼勳怙勢取貸,贓污狼籍。樊德明素與趙白遊處,多遜因之以結廷美,廷美又累遣趙懷祿私召同母弟軍器庫副使趙廷俊與語。閻懷忠嘗爲廷美遣詣淮海王俶求犀玉帶、金酒器,懷忠受俶私遺白金百兩、金器、絹扇等。廷美又嘗遣懷忠齎銀碗、錦綵、羊酒詣其妻父御前忠佐馬軍都軍頭開封潘璘營燕軍校。至是,皆伏罪。丙子,詔文武常參官集議朝堂。太子太師王溥等七十四人奏多遜及廷美怨望呪咀,大逆不道,宜行誅滅,以正刑章。趙白等請處斬。丁丑,詔削奪多遜官爵,并家屬流崖州。廷美勒歸私第。趙白、閻密、王繼勳、樊德明、趙懷祿、閻懷忠皆斬於都門之外,籍入其家財。己卯③,詔秦王廷美男女等宜正名呼,貴州防禦使德恭等仍爲皇姪,皇姪女適韓氏去雲陽公主之號,右監門將軍韓崇業降爲右千牛衛率府率、分司西京,仍去駙馬都尉之號,並發遣往西京,就廷美安泊。中書舍人李穆與盧多遜雅相親厚,秦王廷美之爲西京留守,其朝辭笏記又穆所草也。言事者劾奏之,壬午,責授司封員外郎。著作佐郎劉錫知糧料院,擅以米數千斛借秦王廷美④。丁亥,上召錫詰之,錫頓首稱死罪,上怒,命左右批數十⑤,委頓而止。

五月癸巳,貶西京留守判官閻矩爲涪州司户參軍,前開封府推官孫嶼爲融州司户參軍,皆秦王廷美官屬,坐輔導無狀也。趙普以秦王廷美謫居西洛非便,教知開封府李符上言:"廷美不悔過,怨望,乞徙遠郡,以防他變。"丙辰,降廷美爲涪陵縣公,房州安置,命崇儀副使閻彥進知房州,監察御史袁廓通判州事,各賜白金三百兩。

八年正月壬戌,上乳母陳國夫人耿氏卒,涪陵縣公廷美之親母也⑥。

雍熙元年正月,涪陵縣公廷美至房州,頗自咎責,因憂悸成疾而卒。丁卯,房州以聞。上鳴咽流涕,謂宰相曰:"廷美自少剛愎,長益凶惡。朕以同氣至親,不忍寘之於

---

① 願宮車早晏駕　底本脱"早"一字,據長編四庫底本卷二三、長編卷二三補。
② 盡力事大王　嘉慶本同,長編四庫底本卷二三、長編卷二三"力"均作"心"。
③ 己卯　底本脱此二字,據長編四庫底本卷二三、長編卷二三補。
④ 數千斛　長編四庫底本卷二三、長編卷二三同,嘉慶本作"數十斛"。
⑤ 命左右批數十　長編四庫底本卷二三、長編卷二三均作"命左右持梃者摑錫數十"。
⑥ 廷美之親母也　底本脱"親"一字,據長編四庫底本卷二四、長編卷二四補。

法,俾居房陵,冀其思過。中心念之,未始暫忘。方欲推恩復舊,遽茲殞逝,痛傷奈何?"因悲泣,感動左右。乃詔追封廷美爲涪王,賜謚曰悼,爲發哀成服。其後從容謂宰相曰:"廷美母陳國夫人耿氏,朕乳母也。後出嫁趙氏,生軍器庫副使廷俊。朕以廷美故,令廷俊屬鞬左右,廷俊泄禁中事於廷美。日者西池竊發之謀,若命有司窮究,則廷美罪不容誅。朕止令居守西洛,而廷美不悔過,益怨望,出不遜語,始命遷房陵,以全宥之。至於廷俊,亦不加深罪,但從貶黜。朕於廷美蓋無負矣!"言訖,爲之惻然。李昉對曰:"涪陵悖逆,天下共聞。而宮禁中事,若非陛下委曲宣示,臣等何由知之。"

四月癸未,以涪悼王子德恭爲峰州刺史,德隆爲瀼州刺史,優其供贍,令勿失所。宋琪曰:"悖逆子孫,前代罕有存者。陛下睦親推慈,捨罪恤孤,足以感動天地矣!"案:長編脱此條。

二年正月①,以峰州刺史德恭爲左武衛大將軍、判濟州,封安定侯;瀼州刺史德隆爲右武衛大將軍、判沂州,封長寧侯;諸弟皆隨赴治所,令高品衛紹欽送往,常俸外歲給錢三百萬,以充公費。命起居舍人韓檢、右補闕劉蒙叟分爲二州通判,上臨遣之,曰:"德恭等始歷郡政,善裨贊之。苟有闕失而不力正,止罪爾等②!"案:長編脱此條。

至道三年三月,真宗即位。六月戊戌③,追復皇叔涪王廷美西京留守兼中書令、秦王。咸平二年閏三月④,詔擇汝、鄧間地改葬秦悼王。

---

① 二年正月　按:宋史卷五太宗本紀與此時間一致,而宋史卷二四四魏王廷美傳此事係於雍熙元年十二月。
② 止罪爾等　"止"底本作"囗",據嘉慶本、宋史卷二四四魏王廷美傳補。
③ 六月　底本作"五月",據長編四庫底本卷四一、長編卷四一改。
④ 二年　底本作"元年",據長編四庫底本卷四四、長編卷四四改。

卷第九

太宗皇帝

諸王事迹

太平興國八年三月己巳，諸王及皇子府初置諮議、翊善、侍講等官，以户部員外郎王遹、著作佐郎姚坦、國子博士邢昺等十人爲之。先是，詔丞、郎、給、諫以上官於常參官中舉年五十已上通經者備宫僚，遹等被舉。

十月戊戌，衛王德崇改名元佐，廣平郡王德明改名元佑，第三子德昌改名元休，第四子德嚴改名元雋，第五子德和改名元傑；皇姪孫德雍改名惟吉。惟吉，魏懿王子也，太祖甚愛之，視如己子，故與諸叔聯名。上即位，猶居禁中，於是出閣，始改名焉。己酉，元佐進封楚王，元佑進封陳王，元休封韓王，元雋封冀王，元傑封益王，並加同平章事。

雍熙元年七月庚午，上謂宰相曰：“近有人上章言及儲貳者。朕萬幾之暇，頗讀前書，備見歷代皇子踪跡。國家宗嗣，豈不在心，卻緣事理之間，有所未可。朕於諸子，常加訓勵，見今僚屬悉擇良善之士以輔翊之，至於輿臺皂隸之輩，並是朕親自選擇，不欲令姦憸巧佞人在左右。讀書自有常，但緣年方幼少，未有成人之性。且欲令在左右，旦夕見好人，更待三五年後，各漸成長，自然别有道理。朕於處馭，必得其宜。”宋琪奏曰：“昨日起居，見諸王已下器質沈厚，舉止安詳，進退折旋，無非得禮，況又日親善道，常近正人，此蓋陛下慈訓所及，實皇家之福也。”案：長編脱此條。

二年五月辛未，以左拾遺觀城畢士安等四人爲諸王府記室參軍①，上召謂曰：“諸子長於宫庭，未聞世務，必資良臣賢士贊導爲善，使日聞忠孝之美。卿等謹恪有行，故

---

① 觀城　底本作"觀成"，據宋史卷二八一畢士安傳改。

兹遴選，宜各勉之。"賜襲衣、銀帶、鞍馬。案：長編脱此條。

九月。初，涪王廷美既得罪，楚王元佐獨申救之，上不聽。廷美死，元佐遂感心疾，或經時不朝請。

龍川别志言：太宗將立元佐爲嗣，元佐辭，欲立太祖之子，由此遂廢。案太祖二子，德昭卒於太平興國四年八月，德芳卒於六年三月。而元佐以七年七月出閣，時太祖之子無存者矣。元佐雖封衛王，蓋未嘗有建儲之議也。九年正月，廷美死，元佐乃發狂，其發狂固不緣辭位。别志誤矣。司馬光日記載：宋敏求云廷美之貶，元佐請其罪，由是失愛。日記蓋得其實矣。

屢爲殘忍，不守法度，左右微過，必加手刃，僕吏過庭，往往彎弓射之。上誨甚厲，皆不悛。是歲夏秋，疾甚，上深以爲憂。是月，疾小愈，上喜，因降德音：死罪囚流以下釋之。庚戌，重陽，召諸王宴射苑中，而元佐以疾新起不預。至暮，陳王元佑等過之，元佐謂曰："汝等與至尊宴射，而我不預焉，是爲君父所棄也！"遂發憤，中夜閉媵妾，縱火焚宫。遲明，煙焰未止。上意火必元佐所爲也，令攝赴中書，遣御史案問，置巨校於前，元佐恐懼，具對以實。上遣入内都知王仁睿謂曰："汝爲親王，富貴極矣，何凶悖如是？國家典憲，我不敢私，父子之情，於是絶矣！"元佐無以對。陳王元佑以下暨宰相、近臣號泣營救，上涕泗謂曰："朕每讀書，見前代帝王子孫不率教者，未嘗不扼腕憤恨，豈知我家自有此事！朕爲宗社計，斷不捨之。"遂下制廢爲庶人，送均州安置。顧謂宰相曰："比者内外安寧，方思自適，而元佐縱火，實撓朕懷。"宋琪等對曰："堯、舜有丹朱、商均，此不足以累聖德。元佐苟無心疾，當不至是。惟陛下開釋。"丁巳，琪等帥百官伏閣拜表，乞留元佐京師，詔不許。表三上，乃許之。元佐行至黄山，召還，寘於南宫，使使者監護，不通外事。楚王府諮議趙齊、王遹，翊善戴玄以輔導無狀，皆請罪。上曰："朕教訓猶不從，豈汝等所能輔導耶？"並釋不問。

寇準通判鄆州，得召見，太宗謂曰："知卿有深謀遠慮，試與朕决一事，令中外不驚動。此事已與大臣議之矣。"準請示其事，太宗曰："東宫所爲不法，他日必爲桀、紂之行。欲廢之，則東宫亦自有兵甲①，恐因而招亂。"準曰："請某月日令東宫於某處攝行禮，其左右侍衛皆令從之。陛下搜其宫中，果有不法之事，俟還而示之。隔絶左右，勿令入，而廢之，一黄門力耳。"太宗以爲然。及東宫出，因搜其宫中，得淫刑之器，有剜眼、挑筋、摘舌等物。還而示之，東宫服罪，遂廢之，選立章聖爲太子，自是太宗眷注益厚。此

---

① 則東宫亦自有兵甲　底本脱"自"一字，據長編卷二六補。

張唐英所著仁宗政要寇準傳所載也。傳聞誤謬,一至於此,蓋因廢元佐事耳。淳化三年十月,罷恭孝太子元僖册禮,則緣惑嬖妾張氏,初無淫刑事也。唐英書世多有之,誤謬不獨此,不可不辨。

三年七月甲午,陳王元佑改名元僖,韓王元休改名元侃,冀王元雋改名元份。

十月甲辰,以陳王元僖爲開封尹兼侍中,戶部郎中張去華爲開封府判官,殿中侍御史陳載爲推官,並召見,謂曰:"卿等朝之端士,故茲選用,其善佐吾子。"各賜錢百萬。及去華就遷左諫議大夫,又令樞密使王顯傳旨,諭以輔成之意。

四年八月,水部員外郎、諸王府侍講邢昺獻分門禮選二十卷。上採其奏,得文王世子之篇,觀之甚悅,因問入内西頭供奉官衛紹欽曰:"昺爲諸王講説,曾及此乎?"紹欽曰:"諸王常時訪昺經義,昺每至發明君臣父子之道,必重複陳之。"上益喜,賜昺器幣。

端拱元年二月,陳王元僖進封許王;韓王元侃爲荆南湖南節度使,進封襄王;冀王元份爲威武建寧節度使,進封越王;益王元傑爲劍南東西兩川節度使。上手詔戒元僖等曰:"朕周顯德中年十六,時江淮未賓,從昭武皇帝南征,屯於揚、泰等州。朕少習弓馬,屢與賊交鋒,賊應弦而踣者甚衆。太祖駐兵六合,聞其事,拊髀大喜。年十八,從周世宗、太祖下瓦橋關,瀛、莫等州,亦在行陣。暨太祖即位,親討李筠、李重進,朕留守帝京,鎮撫都下,上下如一。其年蒙委兵權,歲餘授開封尹,歷十六七年,民間稼穡、君子小人真僞,無不更諳。即位以來,十三年矣。朕持儉素,外絶畋遊之樂,内卻聲色之娱。真實之言,故無虛飾。汝等生於富貴,長自深宮,民庶艱難,人情善惡,必恐未曉。略説其本,豈盡余懷。夫帝子親王,先須克己勵精,聽言納諫。每著一衣,必憫蠶婦;每餐一食,則念耕夫。至聽斷之間,勿先恣其喜怒。朕每親臨庶政,豈敢憚於焦勞;禮接群臣,無非求於啓沃。汝等勿鄙人短,勿恃己長,乃可永守富貴,而保終吉。先賢有言曰'逆吾者是吾師,順吾者是吾賊',此不可以不察也。"庚戌,以皇第六子元偓爲左衛上將軍,封徐國公,第七子元偁爲右衛上將軍、涇國公。案:長編脱此條。御史中丞嘗劾奏開封尹許王元僖,元僖不平,訴於上曰:"臣天子兒,以犯中丞,故被鞫。願賜寬宥。"上曰:"此朝廷儀制,孰敢違之?朕若有過,臣下尚加糾摘。汝爲開封尹,可不奉法耶?"論罰如式。案:長編事附閏五月。

淳化二年,上嘗謂近臣曰:"累有人言儲貳事。朕頗讀書,見前代治亂,豈不在心?但近世澆薄,若建立太子,則宮僚皆須稱臣,宮僚職次與上臺等,人情之間,深所不安。

蓋諸子沖幼，未有成人之性，所命僚屬，悉擇良善之士。至於臺隸輩，朕亦自揀選，不令姦巧憸佞在其左右。讀書聽書，咸有課程，待其長成，自有裁制，何言事者未諒此心耶？"於是右正言、度支判官宋沆等五人伏閤上疏，請立許王元僖爲皇太子，詞意狂率。上怒甚，將加竄殛，以懲躁妄。而沆又宰相呂蒙正之妻族，蒙正所擢用。九月己亥①，制詞責蒙正，以援引親暱、竊禄偷安罷相②。辛丑③，責宋沆爲宜州團練副使。

　　三年十一月己亥，開封尹許王元僖早朝，方坐殿廬中，覺體中不佳，遂不入謁，徑歸府。車駕遽臨視，疾已亟，上呼之，猶能應，少選，薨，年二十七。上哭之慟，左右皆不敢仰視。追贈太子，謚曰恭孝。恭孝太子元僖性仁孝，姿貌雄毅，沈静寡言。尹京五年，政事無失，上尤所鍾愛。及薨，追念不已，或悲泣達旦不寐，作思亡子詩以示近臣。未幾，人有言元僖爲嬖妾張氏所惑，嘗恣捶僕妾有至死者，而元僖不知。爲張氏於都城西佛寺招魂葬其父母，僭差踰制。又言元僖因誤食他物得病，及其宮中私事。上怒，命縊殺張氏，捕元僖左右親吏繫獄，令皇城使王繼恩驗問，悉決杖停免。掘燒張氏父母冢墓，親屬皆竄遠惡。丙辰，詔罷册禮，但以一品鹵簿葬焉。及真宗即位，始詔中外稱太子之號。

　　張唐英作寇準傳，見上。按：準，淳化三年已爲樞密副使。元僖既死，太宗愛始衰。元僖無恙時，固未嘗建東宮。不知唐英何所據？誣謗特甚，今不取。淫刑事，蓋因楚王元佐，已見雍熙二年九月。

　　開封府判官、右諫議大夫呂端，推官、職方員外郎陳載坐褘贊無狀。端，左遷衛尉少卿；載，殿中侍御史。許王府諮議、工部郎中趙令圖，侍講庫部員外郎閻象並坐輔導無狀，免所居官，仍削兩任。上始追捕許王寮吏，將窮究其事。左諫議大夫魏羽乘間言於上曰："漢戾太子竊弄父兵，當時言者以其罪笞爾。今許王之過，未甚於此也。"上嘉納之。由是被劾者皆獲輕典。案：長編脱此條。

　　十二月庚申，以右諫議大夫魏庠知開封府。案：長編脱此條。

　　五年二月己酉，以兩川盗賊，徙封益王元傑爲吳王，領淮南鎮江節度使。初，考功郎中姚坦爲益王府翊善。坦好直諫，王嘗作假山，所費甚廣，既成，召僚屬置酒共觀之，衆皆褒歎其美，坦獨俛首不視。王強使視之，坦曰："但見血山，安得假山？"王驚問

---

① 九月己亥　底本無此四字，據長編四庫底本卷三二、長編卷三二補。
② 以援引親暱竊禄偷安罷相　底本"以"上衍"首"一字，據長編卷三二删。"罷相"，長編卷三二作"罷烏吏部尚書"。
③ 辛丑　底本脱此二字，據長編卷三二補。

其故,對曰:"坦在田舍時,見州縣督稅,上下相急以剥民,里胥臨門,捕人父子兄弟,送縣鞭笞,血流滿身,愁苦不聊生。此假山皆民租賦所出,非血山而何?"時上亦爲假山,未成,有以坦言告於上者,上曰:"傷民如此,何用山爲?"命亟毁之。王每有過失,坦未嘗不盡言規正,宮中自王以下皆不喜。左右乃教王稱疾不朝。上日使醫視之,逾月不瘳①。上甚憂之,召王乳母入宮,問王疾增損狀。乳母曰:"王本無疾,徒以翊善姚坦檢束起居,曾不得自便,王不樂②,故成疾耳。"上怒曰:"吾選端士爲王僚屬者,固欲輔佐王爲善爾。今王不能用規諫,而又詐疾,欲使朕逐去正人以自便,何可得也?且王年少,未知出此,必爾輩爲之謀耳。"因命捽至後園,杖之數十。召坦,慰諭之曰:"卿居王宮,爲羣小所嫉,大爲不易。卿但能如此,無患讒言,朕必不聽也。"

石介聖政録謂聞坦語亦毁山者真宗也,蓋誤以元傑此事爲封充王時故耳。據本傳,乃元傑爲益王時。元傑二十三歲自益改封吳,真宗初,乃自吳改封充。其封益時才十二歲,故太宗得云"王年少,不知出此"也。本傳載此事殊不詳,頗譏坦訐直,蓋真宗嘗召坦,戒令婉辭,非太宗也。本傳但云上,不云真宗,疑傳亦以上爲太宗也。今並從聖政録及司馬光記聞所載,然記聞猶以益王爲充王,今改之。

九月壬申,以襄王元侃爲開封尹,改封壽王,用寇準之言也。上謂壽王曰:"夫政教之設,在乎得人心而不擾之爾。得人心,莫若示之以誠信;不擾之,無如鎮之以清净。推是而行,雖虎兕亦當馴狎,況於人乎?書云:'撫我則后,虐我則讎。'信哉斯言也,爾宜誠之。"丁丑③,詔升壽州爲大國,列於晋國之下、燕國之上。

十月丙戌,以鎮安行軍司馬楊徽之爲左諫議大夫,與右諫議大夫畢士安並爲開封府判官,兵部郎中喬維岳、壽王府記室參軍、水部郎中楊礪,諮議司封員外郎夏侯嶠並爲推官。徽之等入謝,上召升殿賜坐,諭以輔導之旨。

至道元年正月,始命司門員外郎開封孫蠙爲皇姪、皇孫教授。時中書言:"唐文宗朝,宰臣李石奏太子有侍讀,諸王亦有侍讀,無降殺之禮,請改爲奉諸王講讀。今皇姪、皇孫皆列職環衛,請以教授爲名。"從之。

立太子 王繼恩邪謀附

端拱元年二月己酉,以屯田員外郎楊礪爲庫部員外郎,充襄王府記室參軍。礪,

---

① 月　底本作"夕",據長編卷三五改。
② 王不樂　底本脱此三字,據長編卷三五補。
③ 丁丑　底本脱此二字,據長編四庫底本卷三六、長編卷三六補。

鄂人,周廣順初遊澶州,持所爲文謁世宗。嘗獨處僧舍,夢一人衣冠甚古,目礪曰:"汝能從我遊乎?"礪即隨往。頃之,覩宮衛嚴邃,若非人間,見大殿上真人服王者衣冠,秉圭南向,總三千餘衆。礪升殿禮謁,最上者前有案置籍,録人姓名。礪見己名居上①,因請示休咎,真人曰:"我非汝師。"指一人曰:"此來和天尊,異日爲汝主也。"礪問之,天尊笑曰:"此去四十年,汝功成,余名亦顯矣。"礪再拜。寤而志之。礪初名勵②,以夢覩籍中作"礪"字,遂改焉。至是受命謁見藩府,歸謂諸子曰:"吾今見襄王儀貌,即來和天尊也。"

淳化二年,案:長編事列九月乙亥。③ 上嘗謂近臣曰:"累有人言儲貳事。朕頗讀書,見前代治亂,豈不在心?但近世澆薄,若建立太子,則宮僚皆須稱臣,宮僚職次與上臺等。人情之間,深所不安。蓋諸子沖幼,未有成人之性,所命僚屬,悉擇良善之士。至於臺隸輩,朕亦自揀擇,不令姦巧憸佞在其左右。讀書聽書,咸有課程。待其長成,自有裁制。何言事者未諒此心耶?"餘見上。

五年九月乙丑④,崇儀副使王得一嘗入對禁中,或至夜分,頗敢言外事,又潛述人望,請立襄王爲皇太子。壬申,以襄王元侃爲開封尹,改封壽王,用寇準之言也。

至道元年八月壬辰,制以開封尹、壽王元侃爲皇太子,改名恒。大赦天下,文武常參官子爲父後見任官賜勳一轉。詔皇太子兼判開封府。自唐天祐以來,中國多故,不遑立儲貳。斯禮之廢,將及百年,上始舉而行之,中外胥悅。初,參知政事寇準自青州召還,入見,上足創甚,自發衣以示準,曰:"卿來何緩?"準曰:"臣非召不得至京師。"上曰:"朕諸子孰可以付神器者?"準曰:"陛下誠爲天下擇君,謀及婦人、宦官不可也,謀及近臣不可也,惟陛下擇所以副天下之望者。"上俛首久之,屏左右曰:"元侃可乎?"對曰:"非臣所知也。"上遂以元侃爲開封尹,改封壽王,於是立爲太子。京師之人見太子,喜躍曰:"真社稷之主也。"上聞之,召準謂曰:"四海心屬太子,欲置我何地?"準曰:"陛下擇所以付神器者,顧得社稷之主,乃萬世之福也。"上趨宮中語,后嬪以下六宮皆前賀。上復出,延準飲,醉而罷。以左諫議大夫楊徽之兼左庶子,右諫議

---

① 礪見己名居上　嘉慶本同,長編四庫底本卷二九、長編卷二九、太平治迹統類卷三太宗聖政"居上"均作"冠首"。
② 礪初名勵　"勵",長編卷二九作"厲"。
③ 按:長編四庫底本卷三二、長編卷三二事列九月丁丑。
④ 乙丑　底本脫此二字,據長編四庫底本卷三六、長編卷三六補。

大夫畢士安兼右庶子,並爲開封判官如舊。徙左庶子裴祚爲光禄少卿①,右庶子慎從吉爲衛尉少卿②,少詹事宋雄爲光禄少卿。先是,以東宫官爲散秩,使祚等處之③。既立太子,悉改授他職。案:長編脱此條。

癸巳,以尚書左丞李至、禮部侍郎李沆並兼太子賓客,見太子如師傅之儀:太子見,必先拜,動皆諮詢。至等上表懇讓,詔不許。至等入謝,上謂曰:"朕以太子仁孝賢明,尤所鍾愛。今立爲儲貳,以固國本,當賴正人輔之以道。卿等可盡心調護,若動皆由禮,則宜贊成;事或未當,必須力言,勿因循而順從也。至於禮、樂、詩、書之道,可以裨益太子者,皆卿等素習,不假朕多訓爾。"至等頓首謝。以兵部郎中喬維岳兼左諭德,水部郎中楊礪兼右諭德,司封員外郎、直昭文館夏侯嶠兼中舍,並爲開封府推官。案:長編脱此條。初置左春坊謁者,命左清道率府副率王繼英兼領之。然謁者本内侍之職,而太子有通事舍人,掌宣傳導引之事,不名謁者。又十率品秩頗崇,非趨走左右者所宜爲④,蓋執政之失也。丁酉,以翰林學士承旨宋白爲册皇太子禮儀使。有司既定册禮,又言:"唐制,宮臣參賀太子皆舞蹈,開元始罷之。故事,百官及東宫接見祇呼皇太子,上牋啓即稱皇太子殿下。百官自稱名,宫官自稱臣。常所行用左春坊印,宫内行令。又案唐制,凡東宫處分論事之書⑤,皇太子並畫諾,令左、右庶子以下署姓名,宣令奉行,書按畫日;其與親友、師傅書,不用此制。今請如開元之制,宫臣止稱臣,不行舞蹈之禮。伏緣皇太子兼判開封府,其所上表狀,即署皇太子位,其當申中書、樞密院狀,祇判官等署,餘斷按及處分公事,並畫諾。"詔改"諾"爲"準",餘皆從之。又言:"百官見皇太子,自兩省五品、尚書省御史臺四品、諸司三品以上皆答拜,餘悉受拜。宫臣自左、右庶子以下悉用參見之儀。其皇太子宴會,位在王公上。"奏可。有司又草具皇太子受册畢見皇后儀,詔止用宫中常禮。

九月丁卯,上御朝元殿,册皇太子,陳列如元會之儀。皇太子自東宫常服乘馬赴

---

① 徙左庶子裴祚爲光禄少卿　底本脱"徙"一字,據嘉慶本補。
② 衛尉少卿　底本脱"少卿"二字,據嘉慶本補。
③ 使祚等處之　底本"祚"下衍"侍"一字,據嘉慶本刪。
④ 非趨走左右者所宜爲　底本脱"宜"一字,嘉慶本同,據長編四庫底本卷三八、長編卷三八、九朝編年備要卷五、太平治迹統類卷二九補。
⑤ 處分論事之書　"論事",長編四庫底本卷三八、長編卷三八、宋史卷一一一禮志十四同,嘉慶本作"諭事"。

朝元門外幄次,改服遠遊冠、朱明衣,三師、三少導從入殿,受册、寶,太尉率百官奉賀。皇太子易服,乘馬還宫。百官常服詣宫參賀,自樞密使、内職、諸王、宗室、師保、賓客、宫臣等畢集,皆序班於宫門之外。庶子版奏外備,内臣褰簾,皇太子常服出次就坐,諸王、宗室參賀再拜訖,垂簾。皇太子降坐還次,中書門下文武百官、樞密使、内職、師保、賓客而下以次參賀,皆降階答拜訖,升坐,受文武百官、宫臣三品以下參賀。庚午,具鹵簿,謁太廟五室,常服乘馬出東華門,升輅。十月乙亥,皇太子讓宫僚稱臣,許之。丙子,皇太子言:"臣先與元份等同候朝於崇德門西廬中,今遷在門東宰相直廬。伏乞仍舊,庶因辨色之會,時接同氣之歡。"上覽奏,謂宰相曰:"太子孝悌之性出於自然,深可嘉者。"因降詔從所乞。案:長編脱此條。

二年二月戊寅,以越王元份爲杭州大都督兼領越州,吴王元傑爲揚州大都督兼領壽州。案:長編脱此條。己卯,以徐國公元偓爲洪州都督、鎮南節度使,涇國公元偁爲鄂州都督、武清節度使。案:長編脱此條。庚辰,以皇姪孫左羽林大將軍惟吉領閬州觀察使,凡邸第、供擬①、車服、賜予,皆與諸王相埒,自餘王子不得與偕。惟吉,魏王德昭長子也。案:長編脱此條。

三年二月辛丑②,上不豫。戊午,始詔文武百官並於崇政殿起居,自皇太子、親王及諸軍校分爲七班。皇太子、諸王、文武群臣以上不豫,各於佛寺修齋祈福。案:長編脱此條。

三月癸巳,上崩於萬歲殿。參知政事温仲舒宣遺制,真宗即位於柩前。初,太宗不豫,宣政使王繼恩忌上英明,與參知政事李昌齡、知制誥胡旦謀立楚王元佐,頗間上。宰相吕端問疾禁中,見上不在旁,疑有變,乃以笏書"大漸"字,令親密吏趣上入侍。及太宗崩,繼恩白后,至中書召端議所立。端前知其謀,即紿繼恩,使入書閣檢太宗先賜墨詔,遂鐍之,亟入宫。后謂曰:"宫車宴駕,立嗣以長,順也。今將奈何?"端曰:"先帝立太子正爲今日,豈容更有異議!"后默然。上既即位,端平立殿下不拜,請捲簾升殿審視,然後降階,率群臣拜呼萬歲。

王繼恩等謀廢立,實録、國史絶不見其事迹,蓋若有所隱諱。今據吕誨集正惠公補傳及司馬光記聞增修。補傳所載,比之記聞尤詳也。

---

① 供擬 嘉慶本同,宋史卷二四四燕王德昭傳作"供億"。
② 辛丑 底本脱此二字,據長編四一卷補。

甲午,命給事中畢士安權知開封府。案:長編脱此條。

夏四月乙未朔,尊皇后爲皇太后,大赦天下。丙申,出大行遺留物,賜宗室、近臣有差。案:長編脱此條。戊戌,始見羣臣於崇政殿西序,命越王元份爲山陵使①。案:長編脱此條。庚子,賜百官銀帛有差。案:長編脱此條。癸卯,宰相吕端加右僕射。皇弟越王元份爲永興鳳翔節度使,進封雍王。吴王元傑爲武寧泰寧節度使,進封兖王,並兼中書令。鎮南節度使、徐國公元偓進封彭城郡王,武昌節度使、涇國公元偁進封安定郡王,並同平章事。皇第八弟元儼爲左衛上將軍,封曹國公。案:長編脱此條。辛酉,兵部郎中、知制誥、史館修撰胡旦責授安遠節度行軍司馬。旦與王繼恩等邪謀既露,上新即位,未欲窮究之。而旦草行慶制詞,頗恣胸臆,多所溢美,語復訕上,故先絀之。

五月甲戌,户部侍郎、參知政事李昌齡責授忠武節度行軍司馬,宣政使、桂州觀察使王繼恩責授右監門衛將軍、均州安置,安遠節度行軍司馬胡旦削籍,流潯州。太宗之即位也,繼恩有力焉,太宗以爲忠,自是寵遇莫比。繼恩喜結黨,邀名譽,乘間或敢言事,薦外朝臣。故士大夫之輕薄好進者輒與往來,每以多寶僧舍爲期②。潘閬得官,亦繼恩所薦也。閬者,傾險士,嘗説繼恩乘間勸太宗立儲貳,爲他日計,且言:"南衙自謂當立,立之,將不德我。即議所立,宜立諸王之不當立者。"南衙,謂上也。繼恩入其説,頗惑太宗。太宗訖立上,閬尋坐狂妄黜。太宗疾革,繼恩與昌齡及旦更起邪謀,吕端覺之,謀不得逞。上既即位,加恩百官,繼恩又密託旦爲褒辭。旦已先坐黜,於是並逐三人者。詔以繼恩潛懷凶慝,與昌齡等交通請託,漏泄宫禁語言也。尋詔中外臣僚曾與繼恩交結及通書疏者,一切不問。後二年,繼恩死於貶所。

實録及國史並不明著繼恩等罪狀,但具録甲戌詔書,蓋當時有所避耳③。詔稱昌齡恣行請託,深亂朝綱。繼恩潛懷凶慝,附下罔上,結黨朋姦,亦可略見其不軌心迹。潘閬納説繼恩,此據倦遊雜録稍刪潤之。湘山野録及筆談載閬與盧多遜同謀立秦王,蓋誤以繼恩爲多遜、楚王爲秦王,傳聞不審也。

六月甲辰,以皇兄元佐爲左金吾衛上將軍,復封楚王,聽養疾不朝。上始欲幸元佐第,元佐固辭以疾,曰:"雖來,不敢見也。"由是終身不復見。

---

① 元份爲山陵使　底本脱"山"一字,據嘉慶本、文獻通考卷一二六王禮考二十一補。
② 多寶僧舍　嘉慶本作"夕寓僧舍",宋史卷四六六王繼恩傳作"多寶院僧舍"。
③ 有所避耳　長編卷四一作"有所避諱,不得不然"。

卷第十

太宗皇帝

趙普復相

太平興國二年二月壬申,河陽三城節度使趙普來朝,乞赴太祖山陵。乙亥,授太子少保,留京師。

六年九月,太子太保趙普奉朝請累年,盧多遜益毀之,鬱鬱不得志。

普遷太子太保,正史、實錄、百官表並不記。太宗所撰神道碑云:"既靖妖氛,爰覃爵賞。"普蓋從征晉陽,以功遷秩也,當在太平興國四年冬十月。行狀則云:"三年郊祀後,遷太子太保。"今從行狀。

普子承宗娶燕國長公主女。承宗適知潭州,受詔歸闕成婚,禮未踰月,多遜白遣歸任,普由是憤怒。會如京使柴禹錫等告秦王廷美驕恣,將有陰謀竊發。上召問普,對曰:"臣願備樞軸,以察姦變。"退復密奏:"臣開國舊臣,爲權倖所沮。"因言昭憲顧命及先朝自愬之事。上於宮中訪得普前所上章,并發金匱,遂大感悟,即留承宗京師。召普謂曰:"人誰無過?朕不待五十,已盡知四十九年非矣。"辛亥,以普爲司徒兼侍中。

實錄云即日復相,則恐未然。正史稱未幾復相,當得其實也。丁謂談錄則云:"上元夜召普觀燈,即命爲相。"亦與正史不合,今不取。

壬子,秦王廷美乞班趙普下,從之。

十二月己未,宰相趙普封梁國公。

七年四月,趙普既復相,盧多遜益不自安。普屢諷多遜令引退,多遜貪權固位,不能自決。會普廉得多遜與秦王廷美交通事,遂以聞,上怒。戊辰,責授多遜兵部尚書,下御史獄。丁丑,詔削奪多遜官爵,并家屬流崖州。

八年十月己酉,司徒兼侍中趙普罷爲武勝節度使兼侍中。

十一月丁卯,宴餞趙普於長春殿。上賜普詩,普捧而泣曰:"陛下賜臣詩,當刻於石,與臣朽骨同葬泉下。"上動容答之。明日,謂近臣曰:"趙普於國家有大勳力①,朕布素時與之遊從,齒髮衰矣,不欲煩以機務,擇善地,俾之臥治。因詩導意,普感極且泣,朕亦爲之墮睫②。"宋琪對曰:"普昨至中書,執御詩,涕泣謂臣曰:'此生餘年,無階上答,庶來世得效犬馬之力。'臣既聞普此言,今復聞宣諭,君臣始終之分,可謂盡善矣。"

雍熙四年二月丙申,徙趙普爲山南東道節度使,改封許國公。案:長編脫此條。

端拱元年二月庚子,山南東道節度使兼侍中趙普爲太保兼侍中。上謂普曰③:"卿勿以位高自縱,勿以權勢自驕。但能謹賞罰,舉賢能,弭愛憎,何憂軍國之不治?朕若有過,卿勿面從。古人恥其君不及堯、舜,卿其念哉!"先是,普再入相,方立班宣制,工部侍郎、同知京朝官考課雷德驤驟聞之,手不覺墜笏,遽上疏乞歸田里。又請對,具陳所以。上勉諭良久,且曰:"卿第去,朕終保全卿,勿以爲慮。"德驤固請不已。壬子,罷知京朝官考課,仍奉朝請,特賜白金三十兩,以慰其心。

三月,樞密副使趙昌言、鹽鐵副使陳象輿責罷。事見翟馬周。上待昌言厚,隨欲相之④,會普以舊相復入,惡昌言剛戾難制,因是請加誅殛,上特寬宥。昌言既責,普又請行後命,上不許,乃止。普始爲節度使,貽書臺閣,體式皆如申狀,得者必封還之,獨象輿不卻。普謂其慢己,故被重譴。案:長編事列甲戌。乙亥,請誅侯莫陳利用。事見侯莫陳利用。或云普於中書接見群官,必語次尋繹有言人短長者,既退,即命吏追錄之,事發引以爲證,由是群官悚息,無敢言者,中書事益壅蔽。

七月戊戌,上謂趙普曰:"卿耆年觸熱,固應不易。自今長春殿對罷,宜即歸私第頤養,竢稍涼,乃赴中書視事。"普頓首謝。

二年四月辛未,幸宰相趙普第視疾。案:長編脫此條。

---

① 大勳力 "力"底本作"勞",據長編四庫底本卷二四、長編卷二四、嘉慶本改。
② 墮睫 長編四庫底本卷二四、長編卷二四同,九朝編年備要卷三、嘉慶本均作"墮淚"。
③ 上謂普曰 長編四庫底本卷二九、長編卷二九同,嘉慶本"謂"作"諭"。
④ 隨欲相之 長編卷二九同,嘉慶本"隨"作"垂",長編四庫底本卷二九改"垂"作"隨"。

淳化元年正月,太保兼侍中趙普自去秋以病免朝謁,止日赴中書視事,有大政則召對。及冬,病益甚,乃請告。車駕屢幸其第省問,賜予加等。普遂稱疾篤,三上表致政①。上不得已,戊子,以普爲西京留守兼中書令。

普傳云:"普建議以趙保忠復領夏州,使圖李繼遷。保忠反與繼遷同謀爲邊患,時論歸咎於普,頗爲同列所窺,不得專決,因稱疾,遂罷相。"按:保忠卒與繼遷相結,此時未也,論者何咎普太早耶?又並言"爲同列所窺",當時吕蒙正及辛仲甫、王沔等也。按普去後,沔始專政,此時抑亦未敢,疑普直以病自求免耳。今並削傳語,更俟考之。[案:長編脱此。]

三月,趙普既除西京留守,被病不任朝謁,三上表懇辭。上手詔答曰:"開國舊勳②,惟卿一人,不同他等,無煩固辭③。竢首途有日,當就第與卿别④。"普捧⑤詔泣涕,因力疾請對,賜坐移晷,頗言及國家事,上嘉納之。案:長編脱此條。乙未,車駕幸普第,普將發故也。案:長編脱此條。

三年二月,趙普三上表乞致仕。案:長編脱此條。

三月乙未朔,以普爲太師,封魏國公,給宰相俸料,令養疾,俟愈日赴闕。仍遣其弟宗正少卿安易持詔賜之。案:長編脱此條。

四月丁丑,遣使賜太師趙普羊酒,手詔問勞之。案:長編脱此條。

七月乙巳,太師、贈尚書令、真定忠獻王趙普卒。前一歲,普生辰,上特遣其子右羽林大將軍承宗齎器幣⑥、鞍馬就賜之。承宗復命,未幾卒,普疾遂增。是歲,普已罷中書令。故事,無生辰之賜,特遣普姪塤左正言、直昭文館新安張秉賜禮物。普聞之,因追悼承宗。秉未至而普疾篤。案:"前一歲云云"至"普疾篤"以上八十七字,長編脱落。先是,普遣親吏甄潛詣上清太平宫致禱,神爲降語曰:"趙普開國忠臣,久被病,亦有冤累耳。"冤累,蓋指涪陵悼王也。潛還,普力疾冠帶出中庭,受神語,涕泗感咽,且言:"涪陵自作不靖,故抵罪,豈當咎余!但願速死,血面論於幽冥以直之。"是夕,卒。己酉,上聞訃悲悼,謂近臣曰:"普事先帝,與朕最爲故舊,能斷大事。嚮與朕嘗有不足,衆人

---

① 致政　底本作"致仕",據長編四庫底本卷三一、長編卷三一改。
② 開國舊勳　"舊",宋宰輔編年錄卷二作"元"。
③ 無煩固辭　"煩",宋宰輔編年錄卷二作"至",東都事略卷二六趙普傳作"致"。
④ 當就第與卿别　底本脱"第"字,據宋宰輔編年錄卷二、東都事略卷二六趙普傳、宋史卷二五六趙普傳補。
⑤ 捧　底本作"奉",據宋宰輔編年錄卷二、東都事略卷二六趙普傳改。
⑥ 器幣　底本作"器弊",據嘉慶本改。

所知。朕君臨以來，每待以殊禮，普亦傾竭自效，盡忠國家，真社稷臣也。聞其喪逝，悽愴之懷，不能自已。"因出涕，左右皆感動。遣右諫議大夫范杲攝鴻臚卿護喪事。葬日，設鹵簿、鼓吹如式。二女皆笄，普妻和氏言願使爲尼，上再三諭之，不能奪，皆賜以名號。又親撰神道碑，書以賜焉。

案：神道碑，普以七月十四日卒。十四日，乙巳也；己酉，十八日，上始聞訃耳。

寇準參政

淳化二年三月。先是，上召近臣問時政得失，樞密直學士寇準對曰："洪範'天人之際，其應若影響'。大旱之證，蓋刑有所不平。頃者，祖吉、王淮皆侮法受賕，贓數萬計。吉既受誅①，家且籍没，而淮以參知政事沔之母弟，止杖於私室，仍領定遠主簿。用法輕重如是，尤曠之災②，殆不虛發也。"上大悟，明日見沔，切責之。

四月辛巳，以樞密直學士寇準爲樞密副使。

九月，參知政事王沔以弟淮故，數爲寇準所詆，丁丑，罷守本官。翰林學士宋白女弟適王沔，沔既罷政，寇準欲並白去之，復言白家用金器，蓋舉子所賂，其實奉詔撰錢惟濬碑，得塗金器耳。是日，白出爲保大行軍司馬。樞密使王顯居位十年，方蕃戎寇邊，河決近郡，機務繁急，朝夕咨訪。顯無術略，不任職。及寇準、溫仲舒爲副使，皆鋭鋒氣，多慢顯。顯護短，苟有誤失，終不肯改，上面詰之。癸卯，罷爲崇信節度使，遣之任。案：長編脱此條。甲辰，以樞密副使溫仲舒、寇準同知樞密院事，張遜知樞密院事，知院之名自此始。

四年六月壬申，宣徽北院使、知樞密院事張遜責授右領軍衛將軍，左諫議大夫、同知院事寇準罷守本官。遜素與準不協，數爭事上前，上將罷之。他日，準與溫仲舒同出禁中，歸私第，道逢狂人，迎馬首呼萬歲。右羽林大將軍、判左金吾王賓故與遜俱事晋邸，遜嘗保舉賓，雅相厚善，又知遜與準有隙，因奏言："民迎準馬首呼萬歲。"既而遜等奏事，上詰之，準自辯云："實與仲舒同行，而遜令賓獨奏臣。"遜執賓奏斥準，辭意甚厲，因互發其私。上怒，故貶遜而罷準。

---

① 吉既受誅　嘉慶本同，長編四庫底本卷三二、長編卷三二"受"均作"伏"。
② 尤曠之災　嘉慶本同，長編四庫底本卷三二、長編卷三二"災"均作"咎"。

十月壬申,以左諫議大夫寇準知青州。上顧準厚,既行,念之,常不樂,語左右曰:"寇準在青州,樂否?"對曰:"準得善藩,當以爲樂也。"累數日,輒復問,左右對如初。其後,有揣帝且復召用準者,因對曰:"陛下思準不少忘,聞準日置酒縱飲,未知亦念陛下否?"上默然。

五年九月乙亥,以左諫議大夫寇準參知政事,上因謂宰相呂蒙正曰:"寇準臨事明敏,今再擢用,想益盡心。朕嘗諭之以協心同德者事君之大節也。儻事皆從長而行,則上下鮮不濟矣。"呂端爲右諫議大夫①,請居準下。丙子,命端爲左諫議大夫,立準上。

至道元年四月癸未,翰林學士張洎爲給事中、參知政事。初,寇準知吏部選事,洎掌考功,考功爲吏部官屬。準年少,新進氣銳,思欲老儒附己。洎夙夜坐曹視事,每冠帶候準出入,於省門揖而退,不交一談。準益重焉,因延與語。洎捷給,善持論,多爲準心伏,乃兄事之,極口薦洎於上。上亦欲用洎,又知其在江表日多讒毀良善,李煜殺潘佑,洎嘗預謀,心疑焉。翰林待詔尹熙古等皆江表人,洎嘗善待之。上一夕召熙古等侍書禁中,因從容問以佑得罪之故。熙古言:"李煜忿佑諫說太直耳,非洎謀也。"自是遂洗然,而準又數薦洎不已。既同執政,洎奉準愈謹,事一決於準,無所預,專修時政記,甘言善柔而已。戊子,詔自今參知政事宜與宰相分日知印,押正衙班,其位埒先異位,宜合而爲一,遇宰相、使相視事及議軍國大政,並得升都堂。先是,趙普獨相,太祖特置參知政事以佐之,其後普恩替,始均其任,既而復有釐革。呂端初與寇準同列,及先任宰相,慮準不平,乃上言:"臣兄餘慶任參政日,悉與宰相同,願復故事。"上特從其請,亦以慰準意云。

二年七月丙寅,參知政事寇準罷爲給事中。先是,郊祀行慶,中外官吏皆進秩,準遂率意輕重,其素所喜者多得臺省清秩,所惡者及不知者即敘進焉。廣州左通判、左正言馮拯轉虞部員外郎②,右通判、太常博士彭惟節乃轉屯田員外郎。拯嘗與準有隙,故準抑之。惟節自以素居拯下,章奏列銜皆如舊不易,準怒,以中書劄子升惟節於拯上。切責拯,仍特免勘罪。拯忿曰:"上日閱萬機,寧察見此細事?蓋寇準弄權耳。"因

---

① 右諫議大夫　嘉慶本同,長編四庫底本卷三六、長編卷三六均作"諫議大夫"。
② 左正言　"左"底本作"右",據長編四庫底本卷四〇、長編卷四〇、東都事略卷四一寇準傳、宋史卷二八五馮拯傳改。

上疏極言，并及嶺南官吏除拜不均凡數事，又封中書劄子以進。而嶺南東路轉運使康戩亦具奏，且言："吕端、張洎、李昌齡皆準所引，端心德之，洎曲奉準，昌齡畏懦，皆不敢與準抗，故得以任胸臆，亂經制，皆準所爲也。"上大怒。準適祀太廟攝行事，召端等責之。端曰："臣等皆陛下擢用，待罪相府，至於除拜專恣，實準所爲也。準性剛強自任，臣等忝備大臣，不欲忿争，慮傷國體。"因再拜請罪。上又曰："前代中書有堂帖指揮公事，乃是權臣假此名以威服天下。太祖朝，趙普在中書，其堂帖勢力重於敕命①，尋亦令削去。今何爲卻置劄子？劄子與堂帖乃大同小異耳！"張洎對曰："劄子蓋中書行遣小事，亦猶京百司有符帖、關刺，若廢之，别無公式文字可以指揮。"上曰："自今大事，須降敕命。合用劄子，亦當奏裁，方可施行也。"既而準入對前殿，上語及馮拯所訴事，準抗言與端等同議除拜。上曰："若廷辯是非，又深失執政之體矣。"準猶力争不已，上先已厭準，因嘆曰："雀鼠尚知人意，況人乎？"翌日，準又抱中書簿領論曲直於上前，上益不悦，遂罷之，尋出知鄧州。

十一月，參知政事張洎始因寇準得進，奉之唯謹。及議事不稱旨，恐懼，欲固權位。時上已嫉準專恣，恩寵衰替，洎慮一旦同紲免②，因奏事大言寇準退多謗言。準但色變，不敢自辯。上由是大怒，準旬日果罷政。未幾，洎被病③，家居滿百日。癸巳，力疾赴朝謁，方就列，踣於上前，左右掖起之。因上表求解職，優詔不允。<small>案：長編脱此條。</small>

三年正月丙子④，參政張洎罷爲刑部侍郎。

獎用賢臣

田錫

太平興國六年九月壬寅，以左拾遺、直史館田錫爲河北南路轉運副使，錫因入辭，直進封事，言軍國要機者一、朝廷大體者四。即賜詔書，因賜錢五十萬。或謂錫曰："今日之事鮮矣，宜少晦以遠讒忌。"錫曰："事君之誠，惟恐不竭，且天植其性，豈一賞

---

① 其堂帖勢力重於敕命　嘉慶本同，長編四庫底本卷四〇、長編卷四〇均無"力"一字。
② 洎慮一旦同紲免　底本脱"一旦"二字，據嘉慶本、宋會要輯稿職官七八之八補。
③ 洎被病　底本脱"被"一字，據嘉慶本、宋會要輯稿職官七八之八補。
④ 丙子　底本脱此二字，據長編四庫底本卷四一、長編卷四一補。

可奪耶?"至河北,復驛書言邊事。

八年十二月,權知相州,上疏言:"筦權貨財,綱利太密。躬親機務,綸旨稍頻。"

雍熙元年八月,知睦州,上疏言近日朝令夕改、捨近謀遠之事。

四年九月①,爲起居舍人,獻乾明節祝壽詩。上覽之,謂宰相曰:"錫有文行,敢言事,真可賞也②。"因和而賜之。丙子③,錫又上書請東封泰山。丁丑④,即命錫守本官、知制誥。錫好直言,上或時不能堪,錫從容奏曰:"陛下日往月來,養成聖性。"上悦,益重焉⑤。

端拱二年正月癸巳,知制誥田錫奏疏,言選將帥、辨邊事、用間諜、發兵、備糧等事。

八月癸亥,開寶寺浮屠工畢,巨麗精巧。錫嘗上疏諫,其言切直者則曰:"衆以爲金碧熒煌,臣以爲塗膏釁血。"上亦不怒。

十月壬申⑥,田錫言因旱降詔引咎責躬等事,疏奏,上不悦,宰相亦怒。錫疏有"燮調倒置"等語。尋罷知制誥,以户部郎中出知陳州。

淳化五年八月,兵部員外郎田錫奏疏言制科、鄉飲及建儲闈、正官名等事⑦。

至道三年七月丙寅,吏部郎中、直集賢院田錫應詔言捨靈武、安關輔。翌日,又言務廣大、圖幾微等事。上他日謂宰臣吕端曰:"群臣奏對,惟田錫、康戩陳詞不繁,指事尤切。"

咸平元年二月乙未⑧,先是,吏部郎中、直集賢院田錫出知泰州,未之任,會星變,上疏言:"去年靈州之役,關西之民死者十五餘萬⑨,此政化堙鬱之大者⑩。"疏奏,即日召對移晷。將行,又貢封事,復召對,謂曰:"卿第去,不半歲,召卿歸矣。事有當面論

---

① 九月　底本脱此二字,據長編四庫底本卷二八、長編卷二八、玉海卷三〇雍熙賞花賜詩補。
② 真可賞也　嘉慶本同,長編四庫底本卷二八、長編卷二八"真"均作"甚"。
③ 丙子　底本脱此二字,據長編四庫底本卷二八、長編卷二八補。
④ 丁丑　底本脱此二字,據長編四庫底本卷二八、長編卷二八補。
⑤ 益重焉　"重"底本作"從",據嘉慶本、長編四庫底本卷二八、長編卷二八改。
⑥ 壬申　底本作小字"案:長編事列癸酉",據長編四庫底本卷三〇、長編卷三〇改。
⑦ 制科鄉飲及建儲闈正官名等事　"及建儲闈正官名等"底本作"之",據嘉慶本,並參考長編四庫底本卷三六、長編卷三六改、補。
⑧ 乙未　底本脱此二字,據長編四庫底本卷四三、長編卷四三補。
⑨ 十五餘萬　底本脱"餘"一字,據長編四庫底本卷四三、長編卷四三補。
⑩ 此政化堙鬱之大者　"堙鬱",長編四庫底本卷四三、長編卷四三均作"鬱堙"。

者,聽乘傳赴闕。"再遣中使,所錫予甚厚。錫論彗星本三月七日。

三年三月,知泰州田錫奏疏,言選擇武臣、旌獎助國救民之家①、放稅賦、免徭役等事。

五年正月戊申②,田錫權幹當通進銀臺司兼門下封駁事③,後三日,錫奏請訪宰臣、樞密使以決勝千里之籌④。錫再掌銀臺,每覽天下章疏,有言民饑、盜起及詔救不便者,悉條奏其事。上對宰相稱錫得爭臣之體。丙寅,田錫言民有餓死者,乞引咎罪己,然後振廩給貸,以救其死。

十月,案:長編事列庚寅。侍御史知雜事田錫言令中書檢尋轉對,與獎諭或改官。

六年二月,案:長編事附五年末。田錫言建儲事。

三月辛卯⑤,田錫言曹、單等州點集强壯事⑥。

五月乙未,以吏部郎中兼侍御史知雜事田錫爲右諫議大夫,仍遣中使諭錫曰:"第安心著述,必無差出。欲升殿者聽先奏。"尋又命錫兼史館修撰。

十二月辛未,右諫議大夫、史館修撰田錫卒。錫耿介寡合,嚴恭好禮。居公廷,必危坐終日,未嘗有懈容。慕魏徵、李絳之爲人,及居諫署,連上八疏,皆直言時政得失。嘗曰:"吾立朝以來,封疏五十二奏,皆諫臣任職之常也。言苟獲從,吾幸大矣,豈可藏副示後,謗時賣直邪?"悉取焚之。臨終,自作遺表,猶勸上以慈儉守位,以清靜化人,居安思危,居理思亂。上覽之惻然,謂宰相李沆曰:"田錫,直臣也,天何奪之速邪!嬰疾以來,朕日遣太醫診療,卒不能起。盡心匪懈,終始如一,若此諫官,誠不易得。朝廷方有闕失,方在思慮,錫之章奏已至矣。不顧其身,惟國家是憂,孰肯如此?朕每覽其章奏,必特召與語,以獎激之。錫嘗慮奏疏不得速達,遂令每季具所上事目及月日以聞,而所修二書,竟弗克就,深可憫也。"壬申,優詔贈工部侍郎,贈賵加等⑦。以其子將作監主簿慶遠、慶餘並爲大理評事,給俸終喪。命有司錄其事,布告天下。其後

---

① 助國救民之家　"國",嘉慶本作"穀"。
② 正月戊申　底本脱此四字,據長編卷五一、宋史全文卷五、資治通鑑後編卷二二補。
③ 權幹當通進銀臺司兼門下封駁事　底本"權"下衍"管"一字,據嘉慶本、長編卷五一、宋史全文卷五刪。
④ 訪宰臣樞密使以決勝千里之籌　底本脱"使"一字,據長編卷五一補。
⑤ 辛卯　底本脱此二字,據長編卷五四補。
⑥ 點集强壯事　"集"底本作"及",據嘉慶本、長編卷五四改。
⑦ 贈賵　嘉慶本作"賵贈",長編卷五五作"賵贈"。

錫妻亡,亦詔二子不絶廩給。

蘇易簡

淳化二年十月辛巳,翰林學士承旨蘇易簡續翰林志二卷以獻,上嘉之,賜詩二章,紙尾批云:"詩意美卿居清華之地也。"易簡願以所賜詩刻石,昭示無窮,上復爲真、草、行三體書書其詩,命待詔吳文賞刻之,因徧賜群臣。又飛白書"玉堂之署"四大字,令中書召易簡付之,牓於廳額。上曰:"此永爲翰林中美事。"易簡曰:"自有翰林以來,未有如今日之榮也。"

三年正月辛丑,命翰林學士承旨蘇易簡等同知貢舉。既受詔,徑赴貢院,以避請求,後遂爲常制。

四年八月丙辰朔,上草書宋玉大言賦賜翰林學士承旨蘇易簡,易簡因擬作大言賦以獻,上覽賦嘉賞,手詔褒之。易簡直禁中,以水試欹器,屬小黄門宣事見之,密奏而不識其名。及晚朝,上曰:"卿所玩得非欹器邪?"易簡曰:"然。乃江南徐邈所作。"即取至便坐,上親較試,再三嗟賞。易簡進曰:"臣聞日中則昃,月滿則虧;器盈則覆,物盛則衰。願陛下持盈守成,謹終如始,固萬世基業,則天下幸甚!"

十月辛未①,翰林學士承旨蘇易簡爲給事中、參知政事。易簡外若坦率,中有城府。由知制誥爲學士,年未滿三十。在翰林八年,特受人主之遇,復絶倫等,或一日至三召見。李沆後入,在易簡下,及先參政,乃以易簡爲承旨,錫賚與參政等。上意欲遵舊制,遂正台席,且俟稔其名望。而易簡以親老,急於進用,因召見,頗言時政闕失。沆等罷,即命易簡代之。易簡母薛氏入禁中,上命之坐,問:"何以教子,遂成令器?"對曰:"幼則束以禮讓,長則訓以詩書。"上顧左右曰:"今之孟母也,非此母,不生此子矣!"

十一月丁卯②,參知政事蘇易簡數振舉翰林中故事,前爲承旨時,上待若賓友。及參大政,每見上,不復有款接之意,但嚴顔色責吏事而已,易簡乃悔其求進之速也。

至道元年四月癸未③,參知政事蘇易簡罷爲禮部侍郎,以張洎多攻其失也。

---

① 辛未　底本脱此二字,據長編四庫底本卷三四、長編卷三四補。
② 丁卯　底本脱此二字,據長編四庫底本卷三四、長編卷三四補。
③ 四月癸未　底本脱此四字,據長編四庫底本卷三七、長編卷三七補。

二年,禮部侍郎蘇易簡嗜酒,初入翰林,告謝日,飲已半酣,其後沈湎不已。上嘗因接見,誡約深切,易簡垂涕再拜。翌日,復具表稱謝。上親批答以申獎勵,又草書勸酒、戒酒二詩賜易簡,令對其母讀之。自是每入直,不敢飲。或休暇在第,賓客候之,則已醉矣。十二月乙巳,易簡卒。上曰:"易簡竟以酒敗,深可惜也。"

呂蒙正

淳化五年正月,上元觀燈,上御乾元門樓,賜從臣宴,語呂蒙正曰:"夫否極則泰來,物之常理。晉、漢兵亂,生靈凋喪殆盡。周祖自鄴南歸,京城士庶皆罹掠奪,下則火光,上則彗孛,觀者恐慄,當時謂無復見太平之日矣。朕躬覽庶政,萬事粗理,每念上天之貺,致此繁盛,乃知理亂在人。"蒙正避席曰:"乘輿所在,士庶走集,故繁盛如此。臣常見都城外不數里,饑寒而死者甚衆,不必盡然。願陛下視近以及遠,蒼生之幸也!"上變色不言,蒙正侃然復位,同列咸多其伉直。他日,上欲遣人使朔方,諭中書選才而可責以事者。蒙正退,以名上,上不許。他日又問,復以前所選對,上亦不許。他日又問益急,蒙正終不肯易其人,上怒,投其奏書於地,曰:"何太執耶?必爲我易之。"蒙正徐對曰:"臣非執,蓋陛下未諒耳。"因固稱:"其人可使,餘不及。臣不欲用媚道妄隨人主意,以害國事。"同府皆惕息不敢動,蒙正揞笏俯首,拾其書,徐懷之而下。上退,謂親信曰:"是翁氣量,我不如。"既而卒用蒙正所選,復命,大稱旨。上於是益重蒙正能任人,而嘉其有不可奪之志。蒙正初爲相時,金部員外郎張紳知蔡州,坐贓免。或言於上曰:"紳,洛中豪家,安肯受賕?乃蒙正未第時句索於紳,不能如意,文致其罪耳。"上即命復紳官。蒙正終不自辨,未幾罷相。會考課院得紳舊事實狀,乃黜之。於是,蒙正復爲相,上謂曰:"張紳果實犯贓。"蒙正亦不謝。案:長編事在四年十月辛未。

錢若水

至道三年六月甲辰①,工部侍郎、同知樞密院事錢若水罷爲集賢院學士、判院事。先是,太宗爲若水言:"士之學古入官,遭時得位,紆朱拖紫,躍馬食肉,前呼後擁,延賞宗族,此足以爲榮矣,豈得不竭誠報國乎?"若水對曰:"高尚之士,固不以名位爲光寵;

---

① 甲辰 底本作"乙巳",嘉慶本同,據長編四庫底本卷四一、長編卷四一、宋史卷六真宗本紀改。

忠正之士，亦不以窮達易志操。其或以爵禄、榮遇之故而效忠於上，中人以下者之所爲也。"太宗然其言。及劉昌言罷，太宗謂趙鎔等曰："見昌言否？"鎔對曰："屢見之。"上曰："涕泣否？"對曰："與臣等言，多至流涕。"太宗曰："大率如此，當進用時，不能悉心補職，一旦斥去，即汎瀾涕泗。"若水曰："昌言實未嘗涕泣，蓋鎔等迎合上意耳。"吕蒙正罷，太宗又謂若水曰："人臣當竭節以保富貴。蒙正前日布衣，朕擢爲宰相。今退在班列，想其目穿望復位矣。"若水曰："蒙正雖登顯貴，然其夙望亦不爲忝冒，僕射師長百僚，資品崇重，又非寂寞之地。且蒙正固未嘗以退罷鬱悒。當今嚴穴高士，不求榮爵者甚多，如臣等輩，但苟貪官禄，誠不足以自重。"太宗默然。若水因自念：上待輔臣如此，蓋未嘗有秉節高邁，不貪名勢，能全進退之道，以感人主故也。將俟滿歲即移疾。會春旱，太宗焦勞甚，若水不敢言。既而西邊用兵，越明年，太宗晏駕，章不果上。上即位，若水以母老請解機務，章再上，乃得請。召對便殿，命坐慰勞。入對苑中，從容數刻，上問近臣誰可大用者，若水言中書舍人王旦有德望，宜任大事。上曰："此固朕心之所屬也。"若水好汲引後進，推賢重士，胸中豁如也。

談苑載若水辭位事甚美，但頗顛倒，又誤以對吕蒙正寂寞事爲劉昌言。案：昌言罷樞密在蒙正罷相前三月，蒙正罷相時，昌言已在襄州矣。今皆改正之。又田晝記若水事云："王曾罷相，章聖語若水，若水憤而出，被道士服歸嵩山。"此尤誤，今不取。

貶斥邪佞

盧多遜

開寶六年十一月，少府監致仕盧億惡其子參知政事多遜所爲，嘗曰："趙普，元勳也，而小子毁之，禍必及我。"

太平興國七年四月①，趙普既復相②，盧多遜益不自安。普屢諷多遜令引退，多遜貪權固位，不能自决。會普廉得多遜與秦王廷美交通事，遂以聞，上怒。戊辰，責授多遜兵部尚書，下御史獄。詳見秦王陰謀。丙子，詔文武常參官集議朝堂，太子太師王溥等

---

① 四月　底本脱此二字，據長編四庫底本卷二三、長編卷二三、本書本卷前文趙普復相補。
② 趙普既復相　底本脱"既"一字，據長編四庫底本卷二三、長編卷二三補。

七十四人奏多遜及廷美顧望呪詛①，大逆不道，宜行誅滅，以正刑章。丁丑，詔削奪多遜官爵，并家屬流崖州。多遜累世墳墓在河內，未敗前一夕，震雷，焚其林木皆盡，聞者異之。及赴貶所，食於道旁逆旅，有嫗頗能言京邑舊事，多遜因與語，嫗不知其爲多遜也。多遜曰："嫗自何來，乃居此？"嫗曰："我本中原士大夫家，有子任某官。盧某作相，銜之，中以危法，盡室竄南荒，未周歲，骨肉相繼淪没，惟老身流落山谷。彼盧相者，蠹賢怙勢，恣行不法，無所避忌，終當南竄。幸未死間，或可見之爾！"多遜默然，趣駕去。

彌德超

太平興國八年正月。先是，上念征戍勞苦，月賜緣邊士卒白金，軍中謂之"月頭銀"。鎮州駐泊都監、酒坊使彌德超因乘間以急變聞於上，云："樞密使曹彬秉政歲久，能得士衆心。臣適從塞上來，戍卒皆言月頭銀皆曹公所致，微曹公，我輩當餒死矣！"又巧誣以他事，上頗疑之。參知政事郭贄極言救解，上不聽。戊寅，彬罷爲天平節度使兼侍中。己卯，以德超爲宣徽北院使兼樞密副使。初，德超譖曹彬事成，期得樞密使，及爲副使，大失望。時東上閤門使開封王顯同日爲宣徽南院使，並兼樞密副使，官與柴禹錫同，而禹錫班在上，故德超常怏怏。一日，訴王顯及禹錫曰："我言國家大事，有安社稷功，止得幾許大名位。汝輩何人，反居我上？更令我效汝輩所爲，我實恥之。"又大罵曰："汝輩當斷頭，我度上無執守，都爲汝輩所眩惑。"顯等告其事，上怒，命膳部郎中、知雜御史滕中正即訊之，德超具伏。

四月壬子，德超除名，并親屬流瓊州。右拾遺、直史館開封李韶，德超壻也，亦坐責爲殿中丞、知丹徒縣。德超既敗，上悟曹彬無他，待之愈厚。臨朝累日不懌，從容謂趙普等曰："朕以聽斷不明，幾敗大事。夙夜循省，内媿於心。"普對曰："陛下知德超才幹而任用之，察曹彬無罪而昭雪之。有勞者進，有罪者誅，物無遁情，事至立斷，此所以彰陛下聖明也。雖堯、舜何以過此？"上由是釋然。

王延範

雍熙二年十二月丙辰，宰相宋琪罷守本官，樞密使柴禹錫授左驍衛上將軍。初，

---

① 顧望呪詛　長編四庫底本卷二三、長編卷二三同，本書卷八秦王事迹"顧"作"怨"。

上令琪娶馬仁瑀寡妻高繼沖之女，厚加賜予，以助納采。而廣南轉運使王延範者，高氏之疏屬也。時知廣州鄚城徐休復密奏延範謀不軌，且言依附大臣，無敢搖動。上將遣使案鞫，會琪與禹錫入對，上問延範何如人，琪未知其端，盛稱延範彊明忠幹。禹錫素與琪相結，旁奏與同。上意琪等交通，不欲暴其狀，止以琪素好恢諧，無大臣體，禹錫不能輸誠奉公，故罷其政柄。案：長編脱此條。

三年三月，廣南轉運使、司門員外郎王延範性豪率尚氣，尤好術數。先爲梓州通判日，有妖人稱杜先生，以左道惑衆，語延範曰："汝意有所之，我當陰爲助。"延範心喜，鑄黃金爲杜象，常頂戴焉，自是所爲益恣橫。後爲江南轉運使，有劉昂者，賣卜於吉州市，謂延範曰："公當偏霸一方。"又同日，有徐肇推九宮算法，得八少一①，肇驚起曰："君侯大貴不可言，當如江南李國主。"前戎城主簿田辨自言善相，謂延範曰："君是坐天王形，仙人眼，龍耳虎頭，有大威德，猛烈富貴之相也。即日當乘四門輂。"及至嶺南，愈驕蹇自任，不守法度。又案部諸州，遇猛獸伏於路，從吏恐懼不敢進，延範獨拔戟，逐而刺殺之，益以此自負。與廣州掌務殿直趙延貴、將作監丞雷説會宿，共觀天文，延貴指西方一星曰："所謂火星入南斗，天子下殿走者。"延貴實不知星入南斗者乃太白也，説因出南斗經證之。延範久與監市舶、秘書丞陸坦計議，會坦代歸。延範寓書左拾遺韋務昇，爲隱語偵朝廷機事。懷勇小將張霸給使於轉運司，延範因事杖之。霸素知延範與知廣州徐休復不協，詣休復，告延範將謀不軌及諸不法等事，休復馳奏之。上遣高品閻承翰乘傳②，會轉運副使李琯暨休復雜治，考掠過苦，延範具伏，於是與坦等俱棄市廣州，籍入延範家財。務昇除名，配商州；延貴等皆決杖；賜張霸錢十萬。延範家富，狀貌奇偉③，喜任俠驕傲，部內官吏，常奴僕視之，復峻於刑青，其下多怨。惑日者邪説，以冀非望，故及於戮。案：長編脱此條。

翟馬周④

端拱元年三月，樞密副使、工部侍郎趙昌言與鹽鐵副使陳象輿厚善。度支副使董

---

① 得八少一　底本脱此四字，嘉慶本作"□□□"，據宋史卷二八〇王延範傳補。
② 高品閻承翰　"品"底本作"上"，據嘉慶本、宋史卷二八〇王延範傳改。
③ 狀貌奇偉　"貌"底本作"頷"，據宋史卷二八〇王延範傳改。
④ 翟馬周　嘉慶本作"馬周"。

儼、知制誥胡旦皆昌言同年生,右正言梁灝嘗在大名幕下,故四人者日夕會昌言第。京師語曰:"陳三更,董半夜。"有傭書人翟穎者,姦險誕妄,素與旦親狎。旦知穎可使,乃爲作大言狂怪之辭,使穎上之,仍爲穎改名馬周,以爲唐馬周復出也。其言多排毀時政,自薦可爲天子大臣①,及力舉十數人,皆公輔之器。昌言内爲之助。人多識其辭氣,知旦所爲也。李昉既坐黜,趙普秉政,深疾之。

先是,有翟馬周者擊登聞鼓,訟中書侍郎兼工部尚書、平章事李昉位居元宰,屬北戎入寇,不憂邊思職,但賦詩飲酒,并置女樂等事。是年二月庚子,昉罷爲右僕射。

開封府尹許王元僖使親吏儀贊廉得其事,白上,捕馬周繫獄,開封府判官張去華親窮治之,馬周具伏。上怒,詔決杖流海島。甲戌,責昌言爲崇信節度行軍司馬,象輿復州團練副使,儼海州、旦坊州、顥虢州司户參軍。

侯莫陳利用

端拱元年三月。太平興國初,侯莫陳利用賣藥京城,多變幻之術,眩惑閭里。樞密承旨陳從信得之,亟聞於上,即日召見,試其術頗驗,即授殿直,驟加恩遇,累遷至鄭州團練使。前後賜與,寵澤莫二,遂恣橫,無復畏憚,至於居處服玩,皆僭乘輿宮殿之制。依附者頗獲薦用,士君子畏其黨而不敢言。於是趙普使人廉得其專殺人及他不法事,力於上前發之。乃遣近臣就案,利用具伏。乙亥,詔除名,流商州,仍籍其家,俄詔還之。普恐其再用,有殿中丞竇諲者,儀子也,嘗監鄭州榷酤,於是與班列言:"利用每獨南向坐,以接京使,犀玉帶用紅黃羅袋。澶州黃河清,鄭州將用爲詩題試解舉人,利用判試官狀,言甚不遜。"普聞之,召至中書,詰得其實,復令上疏告之。又京西轉運使宋沇初籍利用家,獲書數紙,言皆指斥切害,悉以聞。普因勸上曰:"利用罪大責輕,未塞天下望,存之何益?"上曰:"豈有萬乘之主,不能庇一人乎?"普曰:"此巨蠹犯天下死罪十數,陛下不誅,則亂天下法。法可惜,一豎子何足惜哉!"上不得已,命賜死商州。既而悔之,遽使馳傳貸其死。使者至新安,馬旋濘而踣,掀於涬而出,換他馬,及至,磔於市矣。聞者快之。

陳廷山

端拱元年閏五月。初,右領軍衛大將軍陳廷山出護冀州屯兵,知州石熙古誣奏廷

---

① 自薦可爲天子大臣 底本脱"自"字,據嘉慶本、長編四庫底本卷二九、長編卷二九補。

山縱部下卒劉福等放火焚民家。詔誅福等,徙廷山知平戎軍。自是廷山日夕憂懼,心懷怨望,與親吏棣笥、翟賛、馬夢正等謀,爲帛書置蠟丸中,遣部曲田勣齎入虜中①,召其大將于越令入寇,廷山內爲之應。知霸州太原石曦察知之,會虜亦遣諜者以蠟書報廷山,約入寇之日,諜者至霸州,反以其事告曦,即遣戰棹都監侯廷濟捕廷山至闕下②。笥、夢正聞捕,皆自殺。廷山至,上親問得實,詔左諫議大夫李巨源,判大理寺、虞部郎中張佖雜治之。獄具,大理正李潤之齎案就中書刑房堂後官李文議廷山謀叛,未上道發覺,當絞,遣小吏就大理寺印用之。佖初不預其議,因上疏言廷山具伏,使棣、笥等四人作文字,田勣送入契丹,請發兵三五千人,於某處應接駐泊,于越陣於某縣。令輕騎自瀛州縱,以誘崔翰。既敗,引兵南來,廷山將所部同入幽州。據此,即與謀叛何異,廷山當斬。上大怒,責宰相吕蒙正等,并召佖、巨源與宰相廷議。吕蒙正固執潤之所定爲允。佖曰:"臣祇能盡心於陛下,不能苟容於宰相,以曲法也。"詔從佖議。六月丙辰,廷山伏誅,磔於市。三日,賛等皆腰斬,緣坐者免死,籍没其家。案:長編脱此條。

王淮

淳化元年三月,崇儀副使王惟德、殿中丞王淮、宦者懷志同掌香藥榷易院,爲部下所告,犯臟錢二百七十六萬。淮,參知政事沔之同母弟也。事發,自度當死,遂亡命,匿於青州別墅。有司名捕③,踰月不獲。沔方得幸,頗慚憤,因上表待罪。獄已具,惟德等皆坐棄市,上以沔故,盡貸其死。甲子,黜惟德爲殿前承旨,淮爲定遠縣主簿,懷志杖脊,配隸忠靖。後數月,淮乃自歸,沔以聞,就令沔就私第杖淮一百,遣之任。案:長編脱此條。

二年三月,上以歲旱,嘗詔近臣問時政得失。樞密直學士寇準對曰:"頃者祖吉、王淮皆侮法受賕數萬計。吉既伏誅,家且籍没,而淮以參知政事沔之弟,止杖於私室,仍領定遠主簿。用法輕重如是,亢暵之咎,殆不虛也。"上大悟,明日見沔,切責之。初,趙普出守西京,吕蒙正以寬簡自任,王沔怙恩招權,政事多決於沔。沔聰察敏辨,善敷奏,有適時材用,然性苛刻,不以至誠待人,群官謁見,必甘言以啗之,皆喜過望,

---

① 田勣　據嘉慶本、宋太宗皇帝實録卷四四改。下同。
② 侯廷濟　嘉慶本同,宋史卷二七一石曦傳作"侯延濟"。
③ 有司名捕　嘉慶本同,宋會要輯稿職官六四之七"名"作"召"。

既而進退非允,人胥怨矣。

九月丁丑,參知政事王沔罷。沔以弟淮故,數爲樞密副使寇準所訐,上亦悟沔任數好詐,非廊廟器,故罷其政事。沔奉詔見上,涕泣,不願離左右,不數日,鬚髮盡白。

趙昌言

淳化五年八月,王小波、李順之初作亂也,朝議欲遣大臣慰撫,給事中、參知政事趙昌言獨請發兵捕斬,無使滋蔓。賊連陷邛、蜀等州,始命王繼恩等分路進討。繼恩握重兵,久留成都,專以宴飲爲務,每出入,前後奏音樂。又令騎兵持博局棋枰自隨,威振郡縣。僕使輩用事恣橫,縱所部剽掠子女金帛,坐食玩寇,轉餉稍不給,軍士亦無鬭志。餘賊屏伏山谷間,郡縣有復陷者。上屢遣使督戰,意頗厭兵。會昌言攝祭太廟,宿齋中書,因召對滋福殿。上謂之曰:"西川本自一國,太祖平之,迄今三十年矣。"昌言揣知上意,遂言:"國家士馬精強,所鄉無不克。顧此草竊,不足仰煩宸慮。"即於上前指畫攻取之策,上甚喜。癸卯,命昌言爲川、峽兩路都部署,自繼恩以下並受節度。昌言懇辭,上不許,厚賜遣行,別賜手札數幅,親授方略焉。

九月。先是,有峨眉山僧茂貞者,以術得幸,嘗言於上曰:"趙昌言鼻折山根,此反相也。不宜委以蜀事。"於是昌言行既旬餘,或又奏昌言素有重名,又無嗣息①,今握兵入蜀,恐後難制。上亟幸北苑門②,召宰相謂曰:"昨遣昌言入蜀,朕徐思之,有所未便。蓋蜀賊小醜,昌言大臣,不可輕動,宜令且駐鳳翔,爲諸軍聲援。但遣內侍押班衛紹欽齎手書往指揮軍事,亦可濟矣。"昌言已至鳳州,詔追及之,因留候館。

至道元年正月,趙昌言之出使也,意氣甚盛。王旦與昌言外弟光祿寺丞石中立追餞於路,昌言一揖而去。旦與中立曰:"婦翁此行得免禍,幸矣,敢望成功邪?"既而有詔止昌言,不聽入蜀,留鳳翔百餘日。或又告昌言夜抵鳳翔,官吏迎謁不及,遂斬關而入,上不喜。癸亥,以昌言爲戶部侍郎、知鳳翔,罷知政事。始昌言在中書,與蘇易簡不協,多忿爭上前,上頗優容之。昌言既罷八十日,易簡亦罷。案:長編脫此條。

---

① 又無嗣息　嘉慶本同,司馬光涑水記聞卷二、宋太宗皇帝實錄卷三二、長編卷三六"嗣"均作"子"。
② 北苑門　嘉慶本、宋史卷二六七趙昌言傳同,長編四庫底本卷三六、長編卷三六均作"北苑"。

案：本傳所載如此，則去年謂昌言不可入蜀者，決非寇準，或易簡也，故詳錄之。傳云罷昌言踰年①，易簡亦罷，誤矣。其實八十日，通出使纔二百餘日也。

趙贊

至道元年正月。初，趙贊自京兆罷官，歸纔數月，上復令贊鉤校三司簿領。贊自選置吏十數人爲耳目，專伺察中書②、樞密院及三司事，乘間白於上，上以爲忠實無他腸，未察也。案："贊自選置吏云云"至"未察也"以上共三十九字，長編脱落。會改創三司官屬，以贊爲西京作坊副使、度支都監。有鄭昌嗣者，亦起三司走吏，稍遷侍禁。嘗奉使西川，奏在官不治者數十人，上頗嘉其直。會官市物，吏多因緣爲姦，列肆累詣開封訴之，乃特置雜買務，使昌嗣監領。昌嗣因乞著籍便殿門③，許非時入奏，與贊親比，互相表裏。累遷至西上閤門副使、鹽鐵都監。二人既得聯職，由是益恣横，所爲皆不法。上頗知之，問左右，左右畏贊等，無敢言其過惡者。時上清宫成，車駕初臨視，尚未許衆遊觀。宫中玉皇閣尤嚴邃，他人不得至。會上元張燈，贊與昌嗣率其黨數人，攜妓樂登閣飲宴，至夜分，掌舍官不能禁止④，因以其事聞。上怒，已先知其恣横，猶疑之，至是愈信。案："上頗知之"云云至"至是愈信"以上九十九字，長編脱落。丁卯，詔削奪贊官爵，并一家配隸房州；昌嗣責授唐州團練副使。既行數日，並於所在賜死，中外莫不稱快。上因謂近臣曰："君子小人，如芝蘭、荆棘，不能絕其類，在人甄别耳。苟盡君子，則何用刑罰焉？"參知政事寇準對曰："帝堯之時，四凶在庭，則三代以前，世質民淳，已有小人矣。今之衣儒服、居清列者，亦頗朋附小人，爲自安之計。如昌嗣輩，奔走賤吏，不足言也。"始贊復用，勢益盛，怨張齊賢切，欲報之，齊賢殊不屑意，及是人始稱伏焉。右諫議大夫、同知樞密院事劉昌言與贊素善厚，前在河南，曾保任之。贊被罪，昌言心不自安。上因言及近侍中亦有與贊交通者，昌言蹶然出位，頓首稱死罪。上曰："卿勿憂也。"然頗惡其爲人。戊辰，昌言罷爲給事中。案：長編脱此條。

---

① 罷昌言踰年　底本脱"罷"一字，嘉慶本"罷"作"□"，據上下文意補。
② 中書　"書"底本作"貴"，據嘉慶本、宋史卷四七〇趙贊傳改。
③ 便殿門　"便"底本作"使"，據嘉慶本、宋史卷四七〇趙贊傳改。
④ 掌舍官　宋史卷四七〇趙贊傳作"掌舍宦者"。

玉壺野史載劉昌言眷衰,上謂左右:"劉昌言奏對,皆操南音,朕一句理會不得。"遂出守。蓋不知昌言所以得罪故云爾。

卷第十一

太宗皇帝

錢議

蜀錢

太平興國七年八月。僞蜀廣政中,始鑄鐵錢,每錢一千以易銅錢四百;凡銀一兩,直錢一千七百;絹一疋,直錢一千二百,而鑄工精好,殆與銅錢相亂。既平蜀,沈倫等悉取銅錢上供,及增鑄鐵錢,易民銅錢,案:"既平蜀"至"易民銅錢"以上二十一字,長編脫落。益買金銀裝發,頗失裁制,物價滋長。尋又禁銅錢入川界,鐵錢十乃直銅錢一。太平興國四年,始開其禁,令民輸租及榷利,每鐵錢十納銅錢一。時銅錢已竭,民甚苦之,商賈爭以銅錢入川界,與民互市,每銅錢一得鐵錢十又四。其明年,轉運副使、右贊善大夫張諤言:"舊市夷人銅,斤給鐵錢二百,望增爲千錢,可以大獲。因復鑄銅錢。民租當輸錢者,許且令輸銀及絹①,俟銅錢多,即漸令輸之。"詔許市夷人銅,斤止給錢五百,然卒難得銅。而轉運副使、右補闕聶詠同轉運判官、秘書丞范祥皆言民樂輸銅錢,請每歲遞增一分,後十歲即全取銅錢。詔從其請。詠、祥因以月俸所得銅錢市與民,厚取其直,於是增及三分,民蕭然,益苦之。或剗佛像,毀器用,發古塚,纔得銅錢四五,坐罪者甚衆。知益州、工部郎中辛仲甫具言其弊,乃詔使臣吳承勳馳傳至成都審度利害。仲甫集諸縣令佐問之,或潛持兩端,莫敢正言。仲甫責之曰:"君等御前及第,天子門生,何得不爲長久計,反畏聶補闕、范秘丞乎?"乃皆言其不便。先是,諸州官榷酒酤,官物不足以充用,多賦於民,益爲煩擾,仲甫並罷之。承勳復命。己卯,詔

---

① 許且令輸銀及絹 "許"底本作"計",據嘉慶本、長編四庫底本卷二三、長編卷二三、宋史卷一八〇食貨志改。

劍南東西、峽路諸州民輸租及榷利,勿復徵銅錢,罷官酤酒,禁諸州不得擅增物價。召聶詠、范祥及東川轉運使宋覃、同轉運卜倫皆下御史獄,詠、覃杖脊,配役將作監,祥、倫免爲庶人。覃、倫亦以月俸銅錢市與民,厚取其直故也。其後西川轉運使劉度建議請官以鐵錢四百易銅錢一百①,既從之,鹽鐵使王明曰:"若此重銅錢而輕鐵錢,則物價彌貴矣。望罷之。"詔可②。

淳化二年十一月己巳,宗正少卿趙安易言:"嘗使蜀,見鐵錢輕而物價踊,每市羅一疋爲錢二萬。請如劉備時,改鑄大錢,十當百,臣願得專其事,不三二年,民得輕貨,物益賤,有大功利。"詔集三省官議。吏部尚書宋琪等咸以爲:"劉備時患錢少,因而改作;今安易之請,乃患錢多。若以多改制,必不久。"而安易論請不已,遂召見,安易極陳利害。事下中書,咸以爲便,即遣安易馳傳詣劍南,募工徒改鑄大錢。未行,鹽鐵使李惟清言曰③:"蜀土鑄錢,行之已久,公私獲濟。官吏千百餘計,未嘗有言者。安易輕恣胸臆,變易法制。若以一錢當十,貧民賣物,舊得百錢者,今但得十錢;軍人、官吏受俸舊千錢者,今但得百錢,此尤非便。"上以語宰相,宰相復召安易語之,利害鋒起,宰相不得決。度支使魏羽以爲且可於一州鑄大錢行用,以觀其效。安易復私自募匠,鑄成大錢百餘,銷煉數四,皆爛然光潔可愛。捧持求見,云:"此堅好,可行用。"因擲於殿陛下,示不可破者。上以其議堅,乃從之,御書錢式,遣安易與供奉官尹榮賫詔詣川、峽諸州冶鑄所在,並爲御書錢監,諸州舊貯小錢悉輦送,民間小錢亦許送監,計其數給以大錢。若改鑄未集,許民大小兼用。既而一歲裁成三千餘貫,衆口籍籍,以爲不便。又遣使詢蜀之官吏、居民,亦皆以不便爲辭。會安易入奏事,因留不遣,即令罷冶鑄。案:長編脫此條。

別本實錄遣趙安易、尹榮等詣川、峽鑄錢在淳化三年六月甲戌。今從本志。安易,普之弟也。

江南錢

太平興國二年。初,江南李煜舊用鐵錢,於民不便。二月壬辰朔,樊若冰請置監於昇、鄂、饒等州④,大鑄銅錢,凡山之出銅者,悉禁民採,並取以給官鑄。諸州官所貯

---

① 劉度建議請官以鐵錢四百易銅錢一百　嘉慶本同,長編四庫底本卷二三、長編卷二三均無"建議"二字。
② 望罷之詔可　底本脱此五字,意不完整,據長編四庫底本卷二三、長編卷二三補。
③ 鹽鐵使李惟清　"惟"底本作"淮",據嘉慶本、玉海卷一八〇淳化鑄錢議改。
④ 樊若冰　嘉慶本作"樊若水"。

銅錢數，盡發以市金帛、輕貨上供及博糴麥①。銅錢既不渡江，益以新錢，民間錢愈多，鐵錢自當不用，悉鑄爲農器，以給江北流民之歸附者，且除銅錢渡江之禁。詔從其請，民甚便之。

七年四月，詔："江南民私鑄鉛錫及輕小錢，頗亂禁法。自今公私所用，每千錢須及四斤，先蓄者悉送官。"

八年三月乙酉②，詔："虔州歲市鉛錫六萬斤，斤爲錢二十九，增六錢。信州市鉛，斤爲錢十五，增五錢；饒州市炭，秤爲錢十，增三錢。"從轉運使張齊賢之請也。齊賢初除轉運使，辭日，上面命曰："江左初平，民間不便事一一條奏。"齊賢曰："臣聞江南舊以鐵錢爲幣③，今改用銅錢，民間難得，而官責課，頗受鞭撻，此最不便。"上曰："漢時吳王即山鑄錢，江南多出銅，爲朕密經營之。"初，李氏歲鑄六萬貫。自克復，增冶匠，然不過七萬貫，常患銅及鉛、錫之不給。齊賢乃訪得江南承旨丁釗，歷指饒、信、虔州山谷產銅、鉛、錫之所，又求前代鑄法，惟饒州永平監用唐開元錢料，堅實可久，由是定取其法，歲鑄三十萬貫，凡用銅八十五萬斤、鉛三十六萬斤④、錫十六萬斤。齊賢即詣闕，面陳其事。詔既下，頗有言其妄者，令中書召齊賢問訊，齊賢詞甚確，乃可之。丁釗亦得復補殿前承旨，掌銅場。或又言新法增鉛、錫多者，齊賢固引唐朝舊法爲言，始不能奪。然唐永平錢法，肉好，周郭精妙，齊賢所鑄雖歲增數倍，而稍爲麤惡矣。

至道二年十月己未，詔以池州新鑄錢監爲永豐監。先是，饒州有永平監，兵匠多而銅、錫不給，知州馬亮請分其工之半，別置監於池州。詔從之。於是歲增鑄錢數十萬緡。亮，合肥人也。

農田

何承矩水田之利⑤

淳化四年三月。初，何承矩至滄州，即建屯田之議，上意頗嚮之。既而河朔頻年

---

① 博糴麥　長編四庫底本卷一八、長編卷一八同，嘉慶本、宋史卷一八〇食貨志均作"博糴穀麥"。
② 乙酉　底本脱此二字，據長編四庫底本卷二四、長編卷二四補。
③ 江南舊以鐵錢爲幣　長編卷二四無"錢"一字。
④ 三十六萬　底本作"二十六萬"，嘉慶本同，據長編四庫底本卷二四、長編卷二四、宋史卷二六五張齊賢傳改。
⑤ 何承矩水田之利　嘉慶本作"何承矩屯田之利"。

霖雨水潦,河流湍溢①,壞城壘民舍,處處蓄爲陂塘,妨民種藝,于是承矩請因其勢大興屯田,種稻以足食。會臨津令黄懋亦上書,請于河北諸州興作水田。懋自言閩人,本鄉風土,惟種水田,緣山導泉,倍費功力。今河北州軍陂塘甚多,引水溉田,省功易就,三五年内,公私必獲大利。因詔承矩往河北諸州案視,復奏如懋言。壬子,以承矩爲制置河北沿邊屯田使,入内供奉官閻承翰、殿直段從古同掌其事②。以懋爲大理寺丞,充判官。發諸州鎮兵萬八千人給其役,凡雄莫霸州、平戎破虜順安軍興堰六百里③,置斗門,引淀水灌溉。初年,稻值霜不成,懋以江東霜晚,稻常九月熟,河北霜早,又地氣遲一月,不能成實,江東早稻以七月熟,即取其種,課令種之。是年八月,稻熟。始,承矩建水田之議,沮之者頗衆,又武臣亦恥于營葺佃作。既而種稻又不熟,群議益甚,幾罷其事。及是,承矩載稻穗數車,遣吏部送闕下,議者乃息。自是,葦、蒲、蠃、蛤之饒④,民賴其利。

實録于是月甲午,先載承矩上言,即命大作水田。及壬子,乃以承矩爲制置使,懋爲判官。按:上得懋書,又令承矩按視,承矩復奏,然後施行。恐甲午日未有大作水田之命也。今從本志。甲午,初六日;壬子,二十四日。

陳堯叟等建水利墾田之議

至道元年正月丙辰⑤,度支判官陳堯叟、梁鼎上言:"唐季以來,農政多廢,民率棄本,不務力田,是以家鮮餘糧,地有遺利。臣等每于農畝之業⑥,精求利害之理⑦,必在修墾田之制,建用水之法。討論典籍,備窮本末。自漢、魏、晉、唐以來,于陳、許、鄧、潁暨蔡、宿、亳,至于壽春,用水利墾田,陳迹具在。望選稽古通方之士,分爲諸州長吏兼管農事,大開公田,以通水利。發江、淮下軍散卒及募民以充役,每千人人給牛一頭,治田五萬畝。雖古制一夫百畝,今且墾其半,俟久而古制可復也。畝約收三斛,歲

---

① 河流湍溢 "溢"底本作"益",據嘉慶本、長編四庫底本卷三四、長編卷三四改。
② 段從古 宋會要輯稿食貨四之一、宋史卷九五河渠志均作"張從古"。
③ 興堰六百里 嘉慶本、宋史卷一七六食貨志同,長編四庫底本卷三四、長編卷三四、玉海卷一七七淳化河北屯田均無"里"一字。
④ 葦蒲蠃蛤之饒 長編四庫底本卷三四、長編卷三四同,文獻通考卷七田賦考七五下作"莞、蒲、蠯、蛤之饒"。
⑤ 丙辰 底本脱此二字,據長編四庫底本卷三七、長編卷三七補。
⑥ 農畝之業 "業",宋會要輯稿食貨七之一作"際"。
⑦ 利害之理 "理",宋會要輯稿食貨七之一作"本"。

可得十五萬斛。凡七州之間置二十七屯①,歲可得三百萬斛,因而益之,不知其極矣。行之二三年,必可致倉廩充實,省江、淮漕運。其民田之未闢者,官爲種植;公田之未墾者,募民墾之。歲登,所取其數,如民間主客之例,此又敦本務農之要道也。傅子曰:'陸田者命懸于天②。'人力雖修,苟水旱之不時,則一年之功棄矣。水田之制由人力,人力苟修,則地利可盡也。且蟲災之害,又少于陸。水田之修,其利兼倍,與陸田不侔矣。"上覽奏嘉之,即遣大理寺丞皇甫選、光禄寺丞何亮乘傳往諸州案視,經度其事。選,廬江人;亮,南充人也。

　　二年四月丁酉③,皇甫選、何亮等上言:"先受詔往諸州興水利。案史記④:鄭渠元引涇水,自仲山西抵瓠口,並北山東注洛,袤三百餘里,溉田四萬頃,收皆畝一鍾。三白渠亦引涇水,首起谷口⑤,尾入櫟陽⑥,注渭中,袤二百餘里,溉田四千五百頃。兩渠共溉田四萬四千五百頃。今之存者不及二千頃,乃二十二分之一分也。皆由近代改修渠堰,浸隳舊防,失其水利,故灌溉之功絶少于古。臣等先至鄭渠相視,用功最大,並仲山東西鑿斷崗阜,首尾三百餘里,連亙山足⑦,岸壁隤壞,湮廢已久。度其制置之始,涇河平淺,直入渠口。既年代遥遠,涇河日深,水勢漸下,與渠口相懸⑧,水不能至。峻崖之處,渠岸摧毀,荒廢歲久,實難致力。其三白渠溉涇陽、櫟陽⑨、高陵、雲陽、三原、富平六縣田三千八百五十餘頃,此渠衣食之原也⑩。望令增築堤堰,以固護之。舊有斗門一百六十七,以節制其水,皆毁壞,請悉繕治,令用水有準。渠口舊有六石門⑪,謂之洪門,今亦隳圮。若再議興制,則其功甚大,且欲就近度其岸勢,別開渠口,以通水道,歲令渠官行視,岸之闕薄,水之淤損,即時繕修疏治之。禁豪民無令浚渠導水⑫,

---

① 置二十七屯　底本脱"七"一字,據宋會要輯稿食貨七之一、山堂考索前集卷六六地理門補。
② 陸田者命懸于天　底本脱"陸田者"三字,意不完整,嘉慶本、長編四庫底本卷三七、長編卷三七同,據傅子補。
③ 四月丁酉　"四"底本作"二",據太宗皇帝實錄卷七七、宋會要輯稿食貨七之一改。
④ 史記　底本脱此二字,據太宗皇帝實錄卷七七、宋會要輯稿食貨七之一補。
⑤ 首起谷口　"首"底本作"百",嘉慶本同,據水經注卷一九、通志卷六一、文獻通考卷六田賦考六七下改。
⑥ 尾入櫟陽　"尾"底本作"尼",據嘉慶本、水經注卷一九、通志卷六一、文獻通考卷六田賦考六七下改。
⑦ 連亙山足　底本脱"山足"二字,據歷代名臣奏議二四九補。
⑧ 與渠口相懸　"口"底本作"曰",據嘉慶本、歷代名臣奏議卷二四九改。
⑨ 櫟陽　底本脱此二字,不夠六縣之數,嘉慶本同,據宋史卷九四河渠四、玉海卷二二至道修鄭白渠、歷代名臣奏議卷二四九補。
⑩ 衣食之原　嘉慶本同,宋史卷九四河渠四、歷代名臣奏議卷二四九"原"均作"源"。
⑪ 六石門　"六"底本作"大",嘉慶本同,據宋史卷九四河渠四、歷代名臣奏議卷二四九、陝西通志卷三九改。
⑫ 禁豪民無令浚渠導水　按:宋史卷九四河渠四、歷代名臣奏議卷二四九均作"嚴豪民盗水之禁"。

以擅其利。涇河中舊有石堰,修廣皆百步,捍水雄壯,謂之將軍翼。廢壞已久,基址具在。杜思曾獻議請興此翼,而功不克就,其後止造木堰,凡用材一千三百餘數,歲出于沿渠之民①。涉夏水潦薦至,渠暴漲,木堰遽壞②,漂流散失,至秋復率民以修葺之。數斂重困,無有止息。欲自今溉田畢,命工拆堰木,置于岸側,可充三二歲修堰之用。所役沿渠之民,計田出丁,凡調萬二千人,謂之水利夫。將軍翼可造堰,各有其利,固不憚勞,不煩歲役其人矣。擇能吏專掌其事,置于涇陽縣,以時行視,往復甚便。"又言:"鄧、許、陳、潁、蔡、宿、亳七州之地,其公私閑田凡三百五十一處,合二十二萬餘頃。蓋民力不能盡耕。漢、魏以來,杜預、召信臣、任峻、司馬宣王、鄧艾等立制墾闢之地,由南陽界鑿山開嶺,疏導河水,散入唐、鄧、襄三州以溉田。諸處陂塘坊埭,大者長三十里至五十里,闊五丈至八丈③,高一丈五尺至二丈。其溝渠大者長五十里至百里,闊三丈至五丈,深一丈至一丈五尺,可行小舟。臣等周行歷覽,若皆增築陂堰,勞費甚煩。欲望于隄防未壞可興水利者,先耕二萬餘頃,他處漸圖建置。"時著作佐郎孫冕總監三白渠,詔冕依選等奏行之,募民耕墾七州之田,自鄧州始,皆免賦入。復令選等舉一人,與鄧州通判同掌其事,選與亮分路案焉。案:長編脱此條。

陳靖墾田之議

至道二年七月庚申,太常博士、直史館陳靖上言曰:"先王之欲厚生民而豐其食者,莫大於積穀而務農也。臣早任計司判官,每獲進對,伏聞聖訓,以爲稼穡農耕政之本。苟能勸課田畝,康濟黎元,則鹽鐵、榷酤,斯爲末事。謹案天下土田,除江浙、荊南、隴蜀、河東等處,其餘地里敻遠,雖加勸督,亦未能遽獲其利。況古者強幹弱枝之法,必先富實于内。今京畿周環二三州④,幅員數千里,地之墾者十纔二三,稅之入者又十無五六,復有匿里舍而稱逃亡,棄農耕而事遊惰。逃亡既衆,則賦額日減,而國用不充,斂收科率無所不行矣;游惰既衆,則地利歲削,而民食不足,寇盜傷殺無所不至矣。又安能致人康俗阜,地平天成乎!望擇大臣一人,有深識遠略,兼領大司農事,典

---

① 沿渠之民 "沿"底本作"松",據嘉慶本改。"沿",宋史卷九四河渠四、歷代名臣奏議卷二四九均作"緣"。
② 木堰遽壞 "遽"底本作"遂",嘉慶本同,據宋史卷九四河渠四、歷代名臣奏議卷二四九改。
③ 闊五丈至八丈 "五"底本作"二",嘉慶本同,據宋史卷九四河渠四、歷代名臣奏議卷二四九改。
④ 二三州 長編四庫底本卷四〇、長編卷四〇、玉海卷一七六同;嘉慶本作"三十州";文獻通考卷四作"三二十州";九朝編年備要卷五、宋史卷一七三食貨志、歷代名臣奏議卷一〇五均作"二十三州",似是。

領於中;又於郎吏中選才智通明、能撫民役衆者爲副,執事于外。自京東、西擇其膏腴未耕之處,申以勸課。臣又嘗奉使四方,深見民田之利害,汙萊極目,膏腴坐廢,亦加詢問,頗得其由。昔詔書累下,許民復業,蠲其常租,寬以歲時。然鄉縣之間,擾之尤甚,每一户歸業,則刺報所由,朝耕尺寸之田,暮入差科之籍,追胥責問繼踵而來,雖蒙蠲其常租,實無補于捐瘠。況民之流徙,始由貧困,或被私債,或逃公税,亦既亡遯,則鄉里檢其資財①,至于室廬、什器、桑棗、材木,咸計其直。或鄉官用以輸税②,或債主取以償逋。生計蕩然,還無所詣,以兹浮蕩,絶意言歸,姦心既萌,何所不至?如授臣斯任,則望借以閑曠之田③,廣募游惰之輩,誘之耕鑿,未計賦租,許令別置版圖,便宜從事。酌民力之豐寡,相農畝之磽肥,均配畀之,無煩督課,令其不倦。其逃民歸業,丁口授田,煩碎之事,並取大司農裁決。耕桑之外,更課令益種雜木、蔬果,孳畜羊犬、鷄豚。給授桑土,潛擬于井田;營造室居,便立于保伍。逮于養生送死之具,慶弔問遺之資,咸俾經營,並立條制。俟至三五年間,生計成立,有家可戀,有土可懷,即計户定征,量田輸税。以司農新附之名籍,合計府舊收之簿書,斯實敦本化人之宏略也。若民力有不足,官借緡錢,或以市餱糧,或以營耕具。凡此給受,委于司農,比及秋成,乃令償直,依時價折估,納之于倉,以其成數關白户部。"上覽之喜,謂宰相曰:"朕思欲恢復古道④,革其弊俗,驅民南畝,至于富庶。前後上書言農田利害多矣,或知其末而暗其本⑤,有其説而無其用。靖此奏甚諳理,可舉而行之,正是朕之本意。"因召對獎諭,令條奏以聞。靖又言:"逃民復業及浮客請田者⑥,委農官勘驗,以給授田土,收附版籍,州縣不得議其差役。其乏種糧、耕牛者,令司農以官錢給借,民輸税外,有荒田願附司農之籍者;民有牛,歲責以租課,願隸籍受田者,並聽其便。因制爲三品,以膏沃而無水旱之患者爲上品,雖沃壤而有水旱之虞、塉瘠而無水旱之患者爲中品,既磽瘠

---

① 檢其資財　文獻通考卷四、宋史卷一七三食貨志、歷代名臣奏議卷一〇五同,長編四庫底本卷四〇、長編卷四〇、嘉慶本"檢"均作"斂"。
② 鄉官　"鄉"底本作"縣",嘉慶本同,據長編四庫底本卷四〇、長編卷四〇、文獻通考卷四、宋史卷一七三食貨志、歷代名臣奏議卷一〇五改。
③ 則望借以閑曠之田　"借",長編四庫底本卷四〇、長編卷四〇作"錫",文獻通考卷四作"備",長編四庫底本卷四〇、長編卷四〇"田"均作"地"。
④ 恢復古道　底本作"恢古復道",嘉慶本同,據長編四庫底本卷四〇、長編卷四〇乙正。
⑤ 而暗其本　"暗"底本作"闕",據太宗皇帝實錄、宋會要輯稿食貨六三之六八改。
⑥ 浮客請田者　"田",長編四庫底本卷四〇、長編卷四〇同,嘉慶本、文獻通考卷四、宋史卷一七三食貨志、歷代名臣奏議卷一一二均作"佃"。

復患于水旱者爲下品。上田人授百畝，中田百五十畝，下田二百畝，並五年後收其租，亦只計百畝，十收其三。一家有三丁者請加授田，如丁數以給。五丁者，從三丁之制，七丁者給五丁，十丁者給七丁，至二十丁、三十丁者，以十丁爲限①。若寬鄉田多，即委農官裁度以賦之。其室廬、蔬韭及桑棗、榆柳種藝之地，每戶及十丁者給百五十畝，七丁者百畝，五丁者七十畝，三丁者五十畝，二丁三十畝。除桑功五年後計其租，餘悉蠲其課。令常參官于幕職、州縣中各舉所知一人堪任司農丞者，分授諸州通判，即領農田之務。又慮司農官屬分下諸州，民頑已久，未能信服，更或張皇紛擾，其事難成，望許臣領三五官吏，於近甸寬鄉設法招誘，俟規畫既定，四方游民必盡麇至，乃可推而行之。"吕端曰："靖所立田制，多改舊法，又大費資用，望以其狀付有司詳議。"乃詔鹽鐵使陳恕等于逐部擇判官一人通知農田利害者，與靖同議其事。恕與戶部使張鑑、度支副使樂崇古、戶部副使王仲華、鹽鐵判官唐堯叟②、度支判官李歸一共議，請如靖之奏。乃詔以靖爲勸農使，按行陳、許、蔡、潁、襄、鄧、唐、汝等州，勸民墾田。以大理寺丞皇甫選、光禄寺丞何亮副之。選、亮上言功難成，願罷其事。上志在勉農，猶詔靖經度。未幾，三司以爲費官錢多，萬一水旱③，恐遂散失，其事遂寢。

靖爲勸農使在八月辛酉，今並書之。

塞滑河

太平興國八年五月丙辰朔，河大決滑州房村，泛澶、濮、曹、濟諸州民田，壞居人廬舍，東南流至彭城界，入于淮。有司議大發丁夫塞之。上曰："鄉者發民塞韓村決河，卒不能成，但爲勞擾。"乃命出卒數萬人，賜以内府金帛，命内客省使郭守文往護其役。

九月，郭守文塞決河堤，久不成。上謂宰相曰："今歲秋田方稔，適值河決，塞治之役，未免重勞。言事者言河之兩岸④，古有遙堤，以寬水勢，其後民利沃壤，咸居其中，

---

① 至二十丁三十丁者以十丁爲限　底本脫"以十丁"三字，文意不完整，嘉慶本、長編四庫底本卷四〇同，據宋史卷一七三食貨志、歷代名臣奏議卷一一二、長編卷四〇補。
② 唐堯叟　嘉慶本同，長編四庫底本卷四〇、長編卷四〇均作"譚堯叟"。
③ 萬一水旱　"萬一"底本作"方"，長編四庫底本卷四〇同，據嘉慶本、長編卷四〇、文獻通考卷四田賦考四、宋史卷一七三食貨志改。
④ 言事者言　第二個"言"，長編四庫底本卷二四、長編卷二四均作"謂"。

河之盛溢①,即罷其患。當令按視,苟有經久之利,無憚復修。"戊午,遣殿中侍御史濟陰柴成務、本志作太常丞劉錫,今從實録及會要。供奉官葛彦恭緣河北岸,國子監丞趙孚、殿直郭載緣河南岸,西自河陽,東至于海,同視河堤之舊址。凡十州二十四縣,並勒所屬官司條析隄内民籍、税數,議蠲賦徙民、興復遥隄利害以聞。孚等使回,條奏曰:"臣等因訪遥隄之狀,所存者百無一二,完補之功甚大。臣聞堯非洪水,不能顯至聖;禹非導川,不能成大功。古者派爲九河,始能無患。臣以謂治遥隄不如分水勢,自孟至鄆,雖有隄防,惟滑與澶最爲隘狹。于此二州之地,可立分水之制。宜于南、北岸各開其一,北入王莽河以通于海,南入靈河以通于淮。節減暴流,一如汴口之法。其分水河,量其遠近作爲斗門,啓閉隨時,務乎均濟②,通舟運,溉農田。如此,則惟天惠民,茂宣于德澤;分地之利,普洽于膏腴。既防水旱之患,可獲富庶之資也。"朝議以河決未平,重惜民力,寢其奏焉。時多陰雨,上以河決未塞,深憂之,謂宰相曰:"修防決塞,蓋不獲已。而秋霖洊降,役民滋苦。豈朕寡德,致其災沴乎?"趙普對曰:"堯水,湯旱,時運使然。陛下勞謙勤恤,過自刻責,下臣恐懼無所措。望少寬宸慮,以竢天災弭息。"丁丑,上以河決未塞,遣樞密直學士張齊賢乘傳詣白馬津,用一太牢加璧以祭③。

十二月癸卯,滑州言河決已塞,群臣稱賀。先是,役丁夫十餘萬,功久不就,議者多請罷之。殿直劉吉確稱役不可罷,即令助郭守文監督。及是而隄成,未幾河復決。丙午,右補闕、直史館胡旦獻河平頌,言逐盧多遜、出趙普事。其序略曰:"賊臣多遜陰洩大政,與孽弟廷美呪詛不道,共造大難。彊臣普恃功貪天,違理背正,削廢大典,架豪傑之罪,餂帝王之非,榛賢士之路,使恩不大賚,澤不廣洽。"頌復有"逆遜投荒,姦普屏外"等語。上覽之震怒,召宰相謂曰:"旦詞意悖戾,朕自擢置甲科,歷試外仟,所至悉無善狀。知海州日爲部下所訟,獄已具,適會大赦,朕録其才而捨其過。乃敢恣智臆,狂躁如此。今朝多君子,旦豈宜尚列侍從耶?"亟逐去之,且下其頌史館。中書舍人、史館修撰王祐等奏旦指斥大臣,謗讟聖代,下流訕上,宜加竄斥。丁未,責旦爲殿

---

① 河之盛溢　長編卷二四同,長編四庫底本卷二四將"之"塗改爲"水"。
② 務乎均濟　"乎"底本作"平",據宋史卷九一河渠志改。
③ 太牢　底本作"大牢",據長編四庫底本卷二四、長編卷二四改。

中丞、商州團練副使①。

雍熙元年正月丙辰,遣使按行河決所壞民田。案:長編脱此條。

三月壬子,遣翰林學士宋白乘傳祭白馬津,沈以太牢加璧焉,河決將塞故也。案:長編脱此條。先是,塞房村決河,用丁夫凡十餘萬,自秋蹢冬,既塞而復決。上以方春播種,不可重煩民力,乃發卒五萬人,令步軍都指揮使田重進總督其役,供奉官劉吉自贊請行,且言若河決不塞,當夷族。上壯之,使副重進。吉親負土,與役徒晨夜兼作,戒從吏勿言。使者至,密訪,乃得之。歸以白于上,上甚喜。内侍石全振者領護河隄②,性苛急,號爲"石爆裂",數侵侮吉,吉默不校。一日,吉與乘小艇至中流,語之曰:"君恃貴近,見凌已甚。我不畏死,當與君同見河伯爾!"將盪舟覆之,全振號哭,搏頰求哀,吉乃止,自是不復敢侵侮吉矣。己未,滑州言河決已塞,群臣稱賀。吉之功居多,即授西京作坊副使,賜予甚厚。上作平河歌,以美成功,蠲水所及州縣民今年田租。

---

① 底本無自"言逐盧多遜、出趙普事"至"丁未,責旦爲殿中丞、商州團練副使"二百零六字,據長編四庫底本卷二四、長編卷二四補。
② 石全振 "全"底本作"金",據嘉慶本、長編四庫底本卷二五、長編卷二五改。下同。

卷第十二

太宗皇帝

陳洪進入朝　太祖朝附見

建隆元年十二月,唐清源節度使留從效遣使奉表稱藩,上亦遣使厚賜以撫之。

三年,案:長編事附三月末。初,留從效既來稱藩,聞唐主南遷,疑將襲己,頗懼,乃遣其子紹鎡重幣往謝,又潛遣使假道吳越入貢。紹鎡至豫章,而元宗之喪已東歸。元宗,唐主李景。紹鎡因抵金陵,唐主留之。上亦遣使厚賜從效,未至而從效疽發背死,少子紹鎡掌留務。居無何,吳越遣使聘泉州,紹鎡夜召其使,與之燕語。統軍使陳洪進誣紹鎡謀叛,欲以其地入吳越,執紹鎡送于唐。推統軍副使張漢思爲留後,己爲副使。

乾德元年四月,清源留後張漢思年老醇謹,不能治軍務,事皆決于副使陳洪進。漢思諸子並爲牙將,頗不平,圖害洪進。漢思亦患其專,乃大享將吏,伏甲于內,將殺洪進。酒數行,地忽大震,棟宇傾側,坐立皆不自持,同謀者懼,以告,洪進亟出,衆驚悸而散。漢思事不成,慮洪進先發,常嚴兵爲備。洪進子文顯、文顗俱爲指揮使,勒所部欲擊漢思,洪進不許。癸卯,洪進袖置大鏁,從二子,常服安步入府中,直兵數百人,皆叱去之。漢思方處內閣,洪進即自外鏁其門,謂漢思曰:"軍吏以公耄荒,請洪進知留務。衆情不可違,當以印見授。"漢思錯愕,不知所爲,乃于門扇間投印與之。洪進遽召將校吏士,告之曰:"漢思不能爲政,授吾印矣。"將吏皆賀。即日遷漢思外舍,以兵衛送,遣使請命于唐,又遣牙將魏仁濟間道奉表來告。漢思退居數年,以壽終。

十月戊申①,魏仁濟以陳洪進表至,洪進自稱清源節度副使、權知泉、南等州,聽命于朝。上先遣通事舍人王班齎詔撫諭。

---

① 戊申　底本脱此二字,據長編四庫底本卷四、長編卷四補。

十一月丁巳,賜唐主詔,具言所以納洪進意,且將授旌鉞也。

十二月己亥①,陳洪進遣使來朝貢。癸卯,唐主煜上表,言洪進首鼠兩端,不可聽,乞寢其旌鉞。上復以詔諭之,唐主乃聽命。

二年正月庚子,改清源軍爲平海軍,命陳洪進爲節度使,其子文顯爲副使,文顥爲南州刺史。洪進每歲貢奉,多厚斂於民,又籍民貲百萬以上者,令入錢補協律、奉禮郎,而蠲其丁役。子弟、親戚交通賄賂,二州之民甚苦之。

十二月癸卯朔,泉州陳洪進遣使朝貢。

三年九月甲午②,詔南州復爲漳州。

開寶九年七月,平海節度使陳洪進以江南平,吳越入朝,不自安。戊寅,遣其子漳州刺史文顥來貢方物,且乞修覲禮,詔許之。洪進行至南劍州,聞國有喪,乃歸鎮發哀。十月,太宗即位。

太平興國二年五月辛巳③,平海節度使陳洪進言已離本道入朝。閏七月庚寅朔,以陳洪進將入朝,遣翰林使程德玄往宿州迎勞之。八月丙寅,陳洪進入見於崇德殿,禮遇甚優,賜錢千萬、白金萬兩、絹萬匹。

三年四月己卯④,平海節度使陳洪進用其幕僚劉昌言之計,上表獻所管漳、泉二州⑤,得縣十四,户十五萬一千九百七十八,兵一萬八千七百二十七⑥。癸未,以陳洪進爲武寧節度使、同平章事,洪進子前漳州刺史文顥爲房州刺史,前順州刺史文頊爲登州刺史。尋復以平海節度副使文顯爲通州團練使,仍知泉州;泉州衙内都指揮使文顗爲滁州案:長編作徐州。刺史,仍知漳州。

五月乙酉朔⑦,德音:赦泉、漳管内,給復一年。

七月乙酉朔⑧,賜武寧節度使陳洪進銀萬兩,令市宅。

---

① 己亥　底本脱此二字,據長編四庫底本卷四、長編卷四補。
② 甲午　底本脱此二字,據長編四庫底本卷六、長編卷六補。
③ 辛巳　底本脱此二字,據長編四庫底本卷一八、長編卷一八補。
④ 己卯　底本脱此二字,據長編四庫底本卷一九、長編卷一九補。
⑤ 上表　底本脱"上"字,據長編四庫底本卷一九、長編卷一九、嘉慶本補。
⑥ 兵一萬八千七百二十七　"七百"底本作"八百",據長編四庫底本卷一九、長編卷一九、嘉慶本、太平治迹統類卷二太祖太宗收復漳泉二州改。
⑦ 乙酉朔　底本脱此三字,據長編四庫底本卷一九、長編卷一九補。
⑧ 乙酉朔　底本脱此三字,據長編四庫底本卷一九、長編卷一九補。

四年三月乙巳①,詔泉州發兵護送陳洪進親屬赴闕,所過州縣續食。

雍熙三年三月庚寅,武寧節度使、同平章事陳洪進卒,贈中書令、岐忠順公②。案:長編脱此條。

交阯内附 太祖附

乾德元年,案:長編事附十二月末。静海節度使吴昌文卒,其參謀吴處玶、峰州刺史橋知佑③、武寧州刺史楊暉、牙將杜景碩等争立,交阯十二州大亂,寇盜群起。始,楊廷藝爲静海節度使④,遣牙將丁公著攝驩州刺史。公著死,子部領繼之。于是部領與其子璉同帥兵三萬人擊破處玶等⑤,境内以安,遂自立爲萬勝王⑥,以璉爲静海節度使,遣使告南漢,南漢主因而授之。

十國紀年:丁部領自稱萬勝王,以其子璉爲静海節度使,告南漢,乃乾德三年事。今並書之。

開寶六年,南漢静海節度使丁璉聞嶺南悉平,遣使朝貢,表稱其父部領之命。五月戊寅,以璉爲静海節度使。

八年五月甲午,静海節度使丁璉遣使來貢方物。八月,朝廷以丁璉遠修職貢,本其父部領之意,始議崇寵之。丙午,封部領爲交阯郡王,遣鴻臚少卿高保緒、右監門衛率王彦符往使⑦。

九年十月甲寅,太宗即位。

太平興國二年十二月癸未,静海節度使丁璉遣使修貢,賀登極。

五年四月,遣供奉官盧襲使交州。時丁璉及其父部領已死,璉弟璿尚幼,嗣稱節

---

① 乙巳　底本脱此二字,據長編四庫底本卷二〇、長編卷二〇補。
② 岐忠順公　隆平集卷一二僞國載:陳洪進"太平興國三年來朝,即以國歸朝廷,改除節制,杞國公,授其子文顯團練使,文顯、文頊並刺史。久之,進封洪進岐國公,卒贈中書令,謚忠順"。太平治迹統類卷二太祖太宗收復漳泉二州載:"雍熙元年進封岐國公。洪進年老,富貴且極,上言乞致仕,優詔免其朝見。二年以疾終,年七十二,廢朝二日,賜中書令,謚忠順。"底本"岐忠順公",將封爵與謚號混稱。
③ 橋知佑　長編四庫底本卷四、長編卷四同,嘉慶本作"橋知佐",文獻通考卷三三〇、宋史卷四八八交阯傳均作"矯知護"。
④ 静海節度使　"静"底本作"靖",據嘉慶本改。
⑤ 同帥兵三萬人擊破處玶等　"三"底本作"二",據長編四庫底本卷四、長編卷四改;底本脱"處"一字,據長編四庫底本卷四、長編卷四補。
⑥ 萬勝王　長編四庫底本卷四、長編卷四、嘉慶本同,東都事略卷一三〇附録八、文獻通考卷三三〇、宋史卷四八八交阯傳均作"大勝王"。
⑦ 右監門衛率　宋會要輯稿蕃夷四之二一作"左監門衛率府率",似是。

度行軍司馬、權領軍府事。大將黎桓擅權,因而樹黨甚盛,漸不可制,劫遷璿于別第,舉族禁錮之,代總其衆。

> 會要及本傳皆云:上聞桓劫遷其主,始有弔伐意。案:交州之師,蓋侯仁寶發其端。恐此亦緣飾之詞爾,今不取。

六月,太常博士、知邕州侯仁寶,因其父益居洛陽,有大第良田①,優游自適,不欲親吏事。其妻,趙普之妹也,普爲宰相,仁寶得分司西京。盧多遜與普有隙,因白上,以仁寶知邕州,凡九年不得代。仁寶恐因循死嶺外,乃上疏言:"交州主帥被害,其國亂,可以偏師取之。願乘傳詣闕,面奏其狀,庶得詳悉。"疏至,上大喜,令馳驛召。未發,多遜遽奏曰:"交趾內擾,此天亡之秋也。朝廷出其不意,用兵襲擊,所謂疾雷不及掩耳。今若先召仁寶,必泄其謀。蠻寇知之,若阻山海預爲備,則未易取也。不如授仁寶以飛輓之任,因令經度其事,選將發荊湖士卒一二萬人,長驅而往,勢必萬全,易于摧枯拉朽也。"上以爲然。

七月丁未,以仁寶爲交州路水陸轉運使,蘭州團練使孫全興、八作使郝守濬、鞍轡庫使陳欽祚、左監門衛將軍崔亮爲邕州路兵馬都部署,寧州刺史劉澄、軍器庫副使賈湜、供奉官閤門祇候王僎爲廉州路兵馬都部署,水陸並進討。庚戌,全興等入辭,命引進使梁迥餞行營將士于玉津園。

十一月庚子朔,黎桓遣牙校江巨湟、王紹祚齎方物來貢,仍爲丁璿上表,自言徇將吏軍民之請,已攝節度行軍司馬、權領軍府事,乞朝廷賜以真命。時孫全興等出師既踰時,上察其意止欲緩兵,寢而不報。

十二月辛卯,交州行營言破賊萬餘衆,斬首二千三百四十五級。

六年三月,交州行營言破賊軍萬五千衆于白藤江口,斬首千餘級,獲戰艦二百艘②,甲鎧以萬計。于是侯仁寶率前軍先進,孫全興等頓兵花步七十日,以竢劉澄。仁寶屢促之,不行。及澄至,并軍由水路抵多羅村,不遇賊,復擅還花步。賊詐降以誘仁寶,仁寶信之,遂爲所害。有二敗卒先至邕州市,奪民錢,轉運使周渭捕斬之,後至者悉令解甲以入,民乃安。時諸軍冒炎瘴,又多死者,轉運使許仲宣馳奏仁寶戰没,且乞

---

① 有大第良田　底本脱"有"一字,據長編四庫底本卷二一、長編卷二一補。
② 獲戰艦二百艘　"戰"底本作"賊",據嘉慶本、長編四庫底本卷二二、長編卷二二改。

班師,不待報,即分屯諸州,開庫賞勞,給其醫藥,謂人曰:"若俟報,則此數萬人皆積屍于曠野矣!"乃上章自劾。詔書嘉納之,遣使就勞澄等。會王僎病死,澄與賈湜並戮于邕州市。徵全興等下獄,全興伏誅,陳欽祚、郝守濬、崔亮皆責授團練副使,欽祚慶州、守濬磁州、亮嵐州。贈仁寶工部侍郎,官其二子。

孫全興伏誅,陳欽祚等責降,實錄在十二月丁巳。侯仁寶贈官在明年二月庚寅。獨不知戮劉澄等是何月日,今並書于此。

七年。初,嶺南轉運使許仲宣既分遣南伐之師,乃草檄諭交州,明國威信,期必再舉。黎桓亦懼朝廷終行討滅,三月甲寅,復爲丁璿上表謝罪,且貢方物。

八年五月庚午,黎桓遣其牙校趙子愛以方物來貢①,自稱權交州三使留後,表言:"去年十月,丁璿及其母率軍民以印綬與桓,桓即領府事。"上欲且除璿爲統帥,命桓副之,或不可,則當送璿母子親屬等赴闕,俟璿至,乃畀桓節鉞。遣供奉官張宗權齎詔諭旨,令桓審處其一,亦賜璿璽書。桓專據其國已久,不聽命。

九月丁卯,交州黎桓遣使來貢方物。

雍熙二年正月甲申,權交州三使留後黎桓遣使來貢方物,繼上表求正領節鉞。案:長編脱此條。

三年九月癸巳,權交州三使留後黎桓遣使來貢方物。案:長編脱此條。十月庚申,以黎桓爲靜海節度使,命左補闕李若拙、國子博士李覺齎詔往使。桓制度踰僭,若拙既入境,即遣左右戒以臣禮,桓拜詔盡恭。燕饗日,以奇貨異物列于前,若拙一不留盼,又卻其私覿,惟取陷蠻使臣鄧君辨以歸。桓又謂覺等曰:"此土山川悠遠②,中朝人乍歷之不亦勞乎?"覺對曰:"國家提封萬里,列郡四百,地有平易,亦有險固,此一方何足云也!"桓默然色沮。

端拱元年閏五月丁酉,靜海節度使黎桓遣使朝貢。案:長編脱此條。

淳化元年正月庚寅,命左正言宋鎬、右正言王世則使交州,以加恩制書賜黎桓也。宋鎬等抵交州境,黎桓遣牙內都指揮使丁承正等以船卒三百人至太平軍來迎,由海口入大海,冒涉風濤,頗歷危險。經半月,至白藤涇,入海汊,乘潮而行。凡宿泊之所,皆

---

① 牙校趙子愛　嘉慶本同,長編四庫底本卷二四、長編卷二四"牙校"均作"牙吏"。
② 此土　嘉慶本同,長編四庫底本卷二七、長編卷二七均作"此地"。

有茅舍三間,營葺尚新,目爲館驛。至長州,漸近本國,桓張皇虛誕,務爲誇詫,盡出舟師戰櫂,謂之"耀軍"。自是宵征抵海岸,至交州僅十五里,有茅亭五間,題曰"柔征驛"。至城一百里,驅部民畜產,妄稱官牛,數不滿千,揚言十萬①。又廣率其民混于軍旅,衣以雜色之衣,乘舡鼓譟。近城之山,虛張白旗,以爲陳兵之象。俄而擁從桓至,展郊迎之禮。桓斂馬側身,問皇帝起居畢,按轡偕行,時以檳榔相遺,馬上食之,此風俗待賓之厚意也。城中無居民,止有茅竹屋數十百區,以爲軍營,而府署湫隘,題其門曰"明德門"。桓質陋而目眇,自言近歲與蠻寇接戰②,墜馬傷足,受詔不拜。信宿之後,乃張筵飲宴,又出臨海汊,以爲娛賓之遊。桓跣足持竿,入水標魚,得一魚,左右皆譟叫歡躍。凡有宴會,預坐之人,悉令解帶,冠以帽子。桓多衣花纈及紅色之衣,帽以真珠爲飾,或自歌勸酒,莫能曉其詞。常令數十人扛大蛇長數丈,饋于使館,且曰:"若能食此,當治之爲饌以獻焉。"又羈送二虎,以備縱觀,皆卻之不受。卒三千人,悉黥其額曰"天子軍",糧以禾穗,月給,令自舂爲食。其兵器止有弓弩、木牌、梭槍、竹槍,弱不可用。桓輕脫殘忍,昵比小人,腹心閹豎五七輩錯立其側。好狎飲,以手令爲樂,凡官屬善其事者,擢居親近。左右有小過即殺之,或鞭其背一百至二百。賓佐小不如意,亦笞之三十至五十,黜爲閣吏③,怒息,乃召復其位。有木塔,其制樸陋,桓一日請同登遊覽,乃相顧而言曰:"中朝有此塔否?"地無寒氣,十一月猶衣夾衣揮扇。鎬等明年六月歸闕,上令條列山川形勢及桓事跡,鎬等自敘云爾。十月甲辰,黎桓遣使來貢方物。案:長編脫此條。十二月,占城國遣使來貢方物,表訴爲交州所攻,國中人民、財寶多被侵掠。上賜黎桓詔,令各保境。案:長編脫此條。

四年二月乙丑,封靜海節度使黎桓爲交趾郡王,遣國子博士王則順、殿中丞李居簡齎制書賜之④。案:長編脫此條。

五年三月乙亥,交趾郡王黎桓遣使來貢方物。案:長編脫此條。

至道元年十一月丙寅,嶺南轉運使張觀言:交州丁璿逐節度使黎桓出境,州民四

---

① 揚言十萬　嘉慶本同,長編四庫底本卷三一、長編卷三一均作"揚言千萬"。
② 近歲　嘉慶本、文獻通考卷三三〇四裔考七、宋史卷四八八交阯傳同,長編四庫底本卷三一、長編卷三一均作"近日"。
③ 閣吏　嘉慶本同,長編四庫底本卷三一、長編卷三一均作"門吏"。
④ 齎制書賜之　"賜"底本作"制",據嘉慶本改。

千餘口内附。案:長編脱此條。

二年,交趾黎桓性兇狠,負限山海①,屢爲寇害,漸失藩臣之禮。上志在撫寧荒服,不欲問罪。已而廣南西路轉運使張觀、欽州如洪鎮兵馬監押衛昭美,皆言風聞黎桓爲丁氏斥逐,擁餘衆山海間,失其所據,故寇鈔自給。今桓已死,觀仍上表稱賀。詔太常丞陳士龍②、高品武元吉奉使嶺南③,因偵其事。士龍等復命,所言與觀同。其實桓尚存,而傳聞者誤,觀等不能審覈。既而有大賈自交趾回,言桓爲帥如故。案:長編脱此條。

五月戊申,詔劾觀等,會病卒。昭美伏誅于如洪鎮,士龍、元吉抵罪有差。案:長編脱此條。庚戌,欽州言交趾蠻寇如洪鎮,巡檢使董全斌擊走之④。先是,欽州如洪、咄步、如昔三鎮皆瀕海,交州潮陽鎮民卜文勇等殺人,并家屬亡命至如昔鎮,鎮將黄令德等匿之。黎桓令潮陽鎮將黄成雅移牒來捕,令德固不遣,因兹海賊連歲剽掠。案:長編脱此條。丁巳,以太常博士、直史館陳堯叟爲廣南西路轉運使,且賜桓詔書。及堯叟至,遣攝海康尉李建中齎詔勞問桓。堯叟又抵如昔鎮,詰得藏文勇之由,乃盡獲擒,凡男女老小一百三十口,令潮陽鎮吏守之,且戒勿加酷法。桓遽上章感恩,并捕海賊二十七人送堯叟⑤,且言已約束溪洞首領不得騷動矣。案:長編脱此條。

七月丁卯,遣主客郎中、直詔文館李若拙使交州,以詔書、國信、玉帶賜黎桓。初待建中禮甚薄,若拙始至,桓出郊迎,辭氣猶悖慢,謂若拙曰:"向者劫如洪鎮,乃外境蠻賊耳⑥。皇帝知此非交州兵否?若使交州果叛,則當首攻番禺,次擊閩越,豈止如洪鎮而已?"若拙從容謂桓曰:"上初聞寇如洪鎮,雖未知其所自,然以足下拔自交州牙校,授之旄鉞,固當盡忠以報,豈有他慮。及見執送海賊,其事果明白。然而大臣僉議以爲朝廷比遣節帥,以寧海表。今海賊尚爲寇,乃是交州力不能獨制矣。請發勁卒數萬,會交州兵以翦滅海賊,使無後患。上曰:'未可輕舉,慮交州不測朝旨,或至驚駭,不若且委黎桓討擊之,亦當漸致清謐。'故不復會兵也。"桓愕然,避席曰:"海賊犯邊,

---

① 負限山海　嘉慶本同,太平治迹統類卷三太宗平交州"限"作"阻"。
② 陳士龍　嘉慶本、宋會要輯稿蕃夷四之二四、宋史卷四八八交阯傳均作"陳士隆"。
③ 武元吉　"吉"底本作"旨",據嘉慶本、宋史卷四八八交阯傳改。按:本卷下文之"士龍、元吉抵罪有差"亦可爲參證。
④ 擊走之　底本脱"之"一字,據太平治迹統類卷三太宗平交州補。
⑤ 二十七人　嘉慶本同,宋史卷四八八交阯傳作"二十五人"。
⑥ 乃外境蠻賊耳　底本作"乃外蠻境賊耳",據嘉慶本、文獻通考卷三三〇、宋史卷四八八交阯傳乙正。

守臣之罪也。聖君容貸，恩過父母，未加誅責。自今謹守職約，永清鼇海①。"因北望頓首謝。案：長編脫此條。

三年三月壬辰，真宗即位。四月，交趾郡王黎桓進封南平王。案：長編脫此條。九月，黎桓遣其都知兵馬使阮紹恭等來貢。詔以方物薦于萬歲殿太宗神御，仍詔紹恭等行拜獻之禮②。案：長編脫此條。

咸平四年正月戊申，交州黎桓遣使貢馴象。

六年四月己丑③，廣南西路轉運使馮璉言交州民四百餘户來投欽州。至海岸，即准詔慰諭，遣還本道。九月戊戌，廣南西路轉運使言："黎桓迎受官誥使黃成雅附奏：'自今朝廷加恩，願遣使至本道，貴接王人④，以光海裔。'"上以桓旁緣賦斂，民受其禍，未許也。

景德元年六月甲子⑤，交州黎桓遣其子攝驩州刺史明提來貢，懇求加恩使至本道慰撫遐裔。許之，仍以明提爲驩州刺史。

二年二月乙酉，以淮南轉運使、工部員外郎邵曄爲交州安撫國信使，從黎桓所乞也。

五月，交州黎桓死，其仲子龍鉞嗣立⑥。龍鉞兄龍全劫庫財而遁，其弟龍廷殺龍鉞自立。龍廷兄明護率扶闌寨兵攻戰。國信使邵曄駐嶺表，以其事聞。戊午，就命曄爲廣南西路緣海安撫使⑦，聽以便宜設方略。桓子明提先入貢，還，在路，詔送伴使臣倍加安撫。

國史交趾傳載黎桓死乃以爲明年事，誤也。邵曄除緣海安撫使時，桓既死矣。國史便文，因失事實，今改之。會要于明年三月始書桓死⑧，亦誤也。

三年二月，交趾兵亂，黎明提等留廣州不得歸。三月甲辰，詔別賜錢十五萬、米五

---

① 永清鼇海　"鼇"，嘉慶本作"瘴"。
② 拜獻之禮　"獻"，嘉慶本作"奠"。
③ 己丑　底本脫此二字，據長編卷五四補。
④ 貴接王人　"貴"底本作"責"，據長編四庫底本卷五五、長編卷五五改。
⑤ 甲子　底本脫此二字，據長編卷五六補。
⑥ 仲子　底本作"中子"，據長編卷六〇改。
⑦ 廣南西路緣海安撫使　"海"底本作"邊"，據注文並下文、宋史卷四二六邵曄傳及卷四八八交趾傳改。
⑧ 明年三月　嘉慶本同，長編四庫底本卷六〇"三"作"二"。

百斛,仍並給館券。先是,有詔知廣州淩策與緣海安撫使邵曄等同設方略①,經度交趾事宜。六月辛卯,策等言:"黎桓諸子爭立,各聚徒衆,散施寨柵,官屬離析,人民猜懼。頭首黃慶集、黃秀巒等千餘人,以不從驅率,戮及親族,來奔廉州,乞量出軍馬,平定交趾,慶集等願爲先鋒,剋日攻取。臣等會議,若朝廷允其所乞,止發本道屯兵,益以荆湖勁卒三二千人,水陸齊進,立可平定。"上曰:"黎桓繼修職貢,亦嘗遣其子入覲,海隅寧謐,不失忠順。今聞其死,未能弔恤,而遽伐其喪,此豈王者所爲?"乃詔策等撫安之,慶集等仍計口給衣食,賜田署職,務從優厚。曄承詔,遂貽書交趾,諭以朝廷威德,如有自相魚肉,久無定位,偏師問罪,則黎氏無遺種矣。明護懼,即奏龍廷主軍事。于是,詔曄即以黎桓禮物改賜新帥。曄上言:"懷柔外夷,當示誠信。不若俟龍廷貢奉,別加封爵而寵錫之。"上嘉納焉。交州既定,黎龍廷自稱靜海節度使、開明王,移牒廣南,欲遣其弟詣闕進奉。邵曄等惡其稱號,不敢報,具以聞。上曰:"窮荒異俗,不曉事體,安足怪也。"即詔曄等諭意,令削去僞官乃得入貢。十二月,邵曄等言:"黎龍廷已遣弟入貢,乞加朝命。"

　　四年七月庚辰,黎龍廷自稱權安南靜海軍留後,遣其弟峯州刺史明昶、殿中丞黃成雅等來貢。辛巳,授龍廷靜海節度使、交趾郡王,賜名至忠,給以旌節。又追封黎桓爲南越王,明昶等皆進秩。及含光殿大宴,明昶等與焉。

　　大中祥符二年冬,黎至忠卒,交趾亂。或云至忠爲其下所殺。詔廣南西路轉運使于緣海州軍經度鎮撫,時具事以聞。

---

① 同設方略　底本脱"設"一字,據長編四庫底本卷六三補。

卷第十三

太宗皇帝

李順之變

　　淳化四年。蜀土富饒，絲帛所產，民織作冰紈、綺繡等物，號爲冠天下。孟氏割據，府庫益以充溢。及王師取之，其重貨銅布，即載自三峽而下，儲于江陵，調發舟船，轉運京師；輕貨紋縠，即自京師至兩川設傳置，發卒負擔，每四十卒所荷爲一綱，號爲"日進"。不數年，孟氏所儲之諸物悉歸于內府矣。而言事者競起功利，以惑人主。成都除常賦外，更置博買務，諸郡課民織作，禁商旅不得私市布帛，日進、上供又倍其常數，司計之利皆析秋毫。然蜀地狹民稠，耕稼不足以給，由是小民貧困，兼并者糴賤販貴①，以奪其利。青城縣民王小波聚徒衆起而爲亂，謂衆曰："吾疾貧富不均，今爲女均之！"貧民多來附者，遂攻劫邛、蜀諸縣。是月，寇彭山，縣令齊元振率兵拒之，爲小波所殺。初，祕書丞猗氏張樞使蜀，奏官吏不法者百餘人，多坐黜免，獨稱元振清白強幹，朝廷賜璽書獎諭。元振實貪暴，民甚苦之，既受詔，益恣橫，與民爲仇，受賕得金帛②，多寄民家。小波知民怨怒，因襲殺之，散其金帛，剖元振腹，實以錢刀，蓋惡其誅求之無厭也。賊黨由是愈熾矣。案：長編脱此條。十二月，西川都巡檢使、崇儀使張玘與小波鬭于江原縣，玘射中小波額，既而玘爲小波所殺，小波亦病創卒，衆遂推小波之妻弟李順爲帥。案：長編脱此條。初，小波之黨纔百人，州縣失于備禦，所在盜賊争附之。張玘之死也，其麾下兵四百餘人奔歸，西川轉運使樊知古不受，縱使亡去，賊勢由是日盛，衆至萬餘，攻陷蜀州，殺監軍王亮及官吏十餘人，又陷邛州，殺知州桑保仲③、通判

---

① 兼并者糴賤販貴　底本脱"者"字，據嘉慶本、隆平集卷二〇妖寇補。
② 受賕得金帛　底本脱"帛"字，據嘉慶本、隆平集卷二〇妖寇補。
③ 桑保仲　宋史卷二七六樊知古傳作"桑保紳"。

王從式及諸僚吏,都巡檢使郭允能率麾下兵與戰于新津江口①,兵敗,允能爲賊所殺,同巡檢毛儼徒步,僅以身免,賊衆遂至數萬人。陷永康軍及雙流、新津、温江、郫縣,縱火大掠,留其黨守之,進攻成都。案:長編脱此條。

五年。初,右諫議大夫許驤知成都,及還,言于上曰:"蜀土久安,其民流竄易擾。願謹擇忠厚者爲長吏,使鎮撫之。"時東上閤門使吴元載實代驤爲成都,元載專尚苛察,民有犯法者,雖細罪不能容。又禁民游宴行樂,人用胥怨。王小波起爲盜,元載不能捕滅,于是東上閤門使郭載受命知成都。行至梓州,有日者潛告載曰:"成都必陷,公往,亦當受禍。少留數日,則可免。"載怒曰:"天子詔吾領方面,貼危之際,豈敢遷延!"遂行。先是,李順引衆攻成都,燒西郭門,不利,去,攻漢州、彭州,正月戊午、己未兩日,連陷之。載既入城,賊攻愈急。己巳,城陷,載與轉運使樊知古斬關而出,帥餘衆奔梓州。李順入據成都,僭號大蜀王,改元曰應運,遣兵四出侵掠,北抵劍關,南距巫峽,郡邑皆被其害焉。癸酉②,上始聞李順攻劫劍南諸州,命昭宣使、河州團練使王繼恩爲西川招安使,率兵討之。軍事委繼恩制置,不從中覆。管内諸州繫囚,非十惡、正贓,悉得以便宜決遣。二月甲申朔,上始聞成都陷,召宰相,謂曰:"豈料賊勢猖熾如此。萬方有罪,罪在朕躬,忍令隴蜀之民陷于塗炭③?朕當部分軍馬,旦夕討平之。"遂命少府少監雷有終、監察御史裴莊並爲峽路隨軍轉運使,工部郎中劉錫、職方員外郎周渭爲陝府西至西川隨軍轉運使,馬步軍都軍頭、勤州刺史王杲帥兵趨劍門④,崇儀使、帶御器械尹元帥兵由峽路以進,並受昭宣使王繼恩節度。李順分遣數千衆北攻劍門,劍門疲兵纔數十百,都監、西京作坊副使上官正奮勵士卒出禦之。會成都監軍供奉官宿翰領麾下投劍門,適與正兵合,遂迎擊賊衆,大破之,斬馘幾盡,餘三百人奔還成都。順怒其驚衆,悉命斬于城東門外。初,朝廷深以棧路爲憂,正等力戰破賊,自是閣道無壅,王師得以長驅而入。奏至,上喜。甲辰,命正爲六宅使、劍州刺史,充劍門兵馬部署;翰爲崇儀使、昭州刺史。

---

① 都巡檢使郭允能　底本脱"都"一字,據嘉慶本、宋朝事實卷一七削平僭僞、宋史卷二七六樊知古傳補。
② 癸酉　底本作"甲戌",據長編卷三五改。
③ 隴蜀之民　"民"底本作"臣",據長編四庫底本卷三五改。
④ 王杲　宋史卷二八〇王杲傳同,嘉慶本、太平治迹統類卷三、九朝編年備要卷五作"張杲",長編四庫底本卷三五作"王果",而長編卷三五、宋史全文卷四均作"張果"。

三月甲寅,詔王繼恩戒前軍所至處,其賊黨敢抗王師,即當誅殺。本非同惡,偶被脅從而能歸順者,並釋之,倍加安撫。

四月壬寅,王繼恩言王師由小劍門路入研石寨①,破賊,斬首五百級,逐北過青強嶺②,遂平劍州。己酉,王繼恩言王師破賊五千衆於柳池驛,斬首千六百級。峽路行營言賊三千衆攻廣安軍③,擊走之,斬首三百級。案:長編脱此條。

五月癸丑,王繼恩言王師入綿州境,賊衆望風奔潰,殺戮及溺水死者不可勝計。甲寅,繼恩言克綿州,又言先遣內殿崇班曹習,分兵自葭萌趨老溪④,賊萬餘衆依險爲寨,習擊破之,斬首三千級,擁入江溺死者甚衆,遂克閬州。又言綿州巡檢使胡正達率兵破賊五千衆⑤,克巴州。丁巳,王繼恩至成都,引師攻其城,即拔之,破賊十萬餘,斬首三萬,擒賊帥李順及僞樞密使計詞⑥、吳文賞等,並甲鎧、僭僞服用甚衆⑦。順方欲盡索城中民,黥其面以隸軍籍,前一日城破,民皆獲免。戊辰,王繼恩奏成都平,群臣稱賀。案:長編脱此條。己巳,以右諫議大夫張雍爲給事中,仍知梓州;都巡檢、內殿崇班盧斌爲西京作坊使,領成州刺史;通判、將作監丞趙賀爲太子中舍;監軍、供奉官辛規爲內殿崇班;節度掌書記施謂爲節度判官;節度推官陳世卿爲掌書記;權鹽院判官謝濤爲觀察推官,皆賞勞也。雍初聞李順亂西川,即謀爲城守計,訓練城中兵,得三千餘,又募強勇千餘,令官屬分主之,輦綿州金帛以實帑藏,銷銅鐘爲箭鏑,伐木爲竿,紉布爲索,守械悉備。遣觀察推官盛梁請兵于朝。既而斌以十州之衆援成都,勿克而還,雍即委以監護之任。子城先爲江水所毀,斌復勸諭州民,自城西大壕中掘塹深丈,決西河水注之以環城。李順尋遣其黨相貴率衆二十萬來攻,雍與斌登堞望之,賊所出兵皆老弱疲憊,無鎧甲。斌笑,請開北門擊之,雍曰:"不可,賊或詐見羸形,設伏伺我。

---

① 王師由小劍門路入研石寨　底本脱"王"一字,嘉慶本同,據長編卷三五補;研石寨,底本作"研口寨",長編卷三五、嘉慶本同,據太平治迹統類卷三、東都事略卷一二〇王繼恩傳、宋史卷四六六王繼恩傳、宋朝事實卷一七、玉海卷一九三上劍南兩川招討使王繼恩平李順、大清一統志卷二九八保寧府二、四川通志卷下關隘改。
② 逐北　"逐"底本作"遂",據嘉慶本改。
③ 王繼恩言王師破賊五千衆於柳池驛斬首千六百級峽路行營言賊三千　底本脱此二十九字,據嘉慶本補。
④ 自葭萌趨老溪　"葭萌"底本作"萌葭",據嘉慶本、長編卷三六乙正。
⑤ 綿州巡檢使胡正達　底本脱"綿州"二字,據宋史卷五太宗本紀補;"胡正達",嘉慶本同,長編卷三六作"胡正達",太平治迹統類卷三作"胡正通",宋史卷五太宗本紀、資治通鑑後編卷一六均作"胡正遠"。
⑥ 計詞　長編四庫底本卷三六、嘉慶本同,太平治迹統類卷三太宗平李順作"許詞"。
⑦ 甚衆　"甚"底本作"某",據嘉慶本、長編四庫底本卷三六改。

且城中吏民心未定,脱爲賊所乘,則内外墮其姦計矣。"言未盡①,果有卒依敵樓呼嘯,與賊相應,亟斬以徇。斌遂突出與賊戰,擊刺五十餘合,賊少卻,俄復大設梯衝、火車,夜鼓譟攻城②,城中大恐。雍命發機石碎之,火箭雜下,賊稍卻,乃别治攻具于城西北隅。雍紿曰:"軍士趣治裝,吾將開東門擊賊。"陽遣步騎五百臨東門。賊升牛頭山瞰城中,見之,謂雍必出,乃設伏于山之東隅,衆萬餘以待。俄雍即召敢死士百輩縋而下,焚其攻具,自午達申殆盡,賊以爲神。兇黨數乘城進戰,皆不利。一日,北風晝晦,賊乘風縱火,急攻北門。雍與斌等據門立矢石間,固守不動,賊不能進。世卿素善射,當城一面,親中數百人。賊浸盛,同幕者皆謀圖全之計,世卿正色謂曰:"食君禄,當身死報國③,奈何欲避難爲他圖邪?"亟白雍曰:"此輩皆怯懦,存之適足以惑衆,不若遣出求援。"雍從其言。圍城凡八十餘日。會王繼恩遣内殿崇班石知顒分數千兵來救,賊始潰去。斌出兵追擊之,降者二萬餘。又破賊數萬衆,解閬州圍,斬三千人,平蓬州。于是雍使謂馳騎入奏,上手詔褒美,自雍以下,悉加賞焉。

初,郭載奔東川,上表自陳,有詔復令知成都行府事。載尋趨劍門逆王師,與王繼恩入成都。方平賊時,頗有所全濟,載終以失守故,慚憤成疾而死。案:長編脱此條。以少府少監雷有終爲諫議大夫、知成都府。有終由峽路入蜀,調發兵食,規畫戎事,皆有節制。師行至峽中④,遇盜格鬭,將士渴乏,會天雨,軍人以兜鍪承水飲之,且行且戰。至廣安軍,軍壘瀕江,三面樹柵,會夜陰晦,賊衆奄至,鼓譟擧火,士伍恐懼,有終安坐櫛髮,氣貌自若。賊既合圍,有終引奇兵出其後擊之,賊衆驚擾,赴水火死者無算。詔降成都府爲益州。甲戌,詔利州、興元府、洋州、西縣民並給復一年,以劍南用師饋運之勞也。案:長編脱此條。丙子,李順支黨衛進、計詞、吴文賞、李俊、徐師中、吴利涉及其徒彭榮等十二人並磔于鳳翔市。案:長編脱此條。

初,尹元等入峽路,首破賊三千餘衆于新甯,遂深入梁山、廣安、渠、果之間,捕斬收集,久未得進。王繼恩雖徑拔成都,而郭門十里外,猶爲賊黨所據。僞帥張餘謂王

---

① 言未盡 "盡",嘉慶本作"畢"。
② 夜鼓譟攻城 長編卷三六同,宋史卷三○七張雍傳作"晝夜鼓譟,攻城益急"。
③ 當身死報國 嘉慶本同,長編卷三六、九朝編年備要卷五"死"均作"先"。
④ 師行至峽中 "師"底本作"使",據嘉慶本、長編四庫底本卷三六改。

師孤絶無援，復嘯聚萬餘衆，攻陷嘉、戎、瀘、渝、涪、忠、萬、開八州。開州監軍秦傳序嬰城力戰，既而賊勢轉盛，傳序誓不降賊，遂投火死。賊乘勝攻夔州，列陣西津口，矢石如雨。先是，上復遣如京使白繼贇爲峽路都大巡檢，統精卒數千人，晨夜兼行，助討遺寇。是月庚午，繼贇入夔州，出賊不意，與巡檢使解守顒腹背夾擊之，賊衆大敗，斬首二萬級，流骸塞川而下，水爲之赤，奪得舟千餘艘，甲鎧數萬計。

六月壬午朔，繼贇捷書聞，上降詔嘉奬，録傳序次子煦爲殿直，以錢千萬賜其家。辛卯，詔兩川軍民被李順脅從註誤者一切不問。群盜保聚山澤，令諸州各詔誘，倍加安撫。案：長編脱此條。施州言賊數千衆聚舉攻圍州城，指揮使黃希遜子文卓、文範、文戰、兵馬使黃延霸率丁男百餘人，持梃開城門擊走之，擒獲百餘人，悉皆溺死江中。以知州、著作佐郎李鵬爲右贊善大夫，賞其守禦之勞也。案：長編脱此條。戊戌，峽路行營言破賊萬餘衆于廣安軍，斬首五千級，生擒三千餘人，又破賊于嘉陵江口，殺獲二萬餘衆，又破賊于合州西州溪①，斬首五千級。先是，雷有終率大軍抵合州境上，賊衆一萬餘來拒，會尹元、裴莊等亦領兵至，因夾擊之，遂克合州。案：長編脱此條。丙午，有終入成都。初，賊率田奉正、蘇榮等據果州，聞尹元、裴莊等至，遂遁去，斬其黨八百餘，因招聚民衆，遣復業，餘黨尚保渠州。又廣安、梁山多遊寇，乃分兵爲二，命裨將常思德趨廣安、梁山。元及莊抵渠州，合勢進討，皆平之。案：長編脱此條。陵州言賊五萬衆來攻，州兵纔百四十六人，舊無城塹，知州張旦修完戰具，設鹿角，招集兵丁拒鬭，大破之，乘勝追北，斬首百千餘級，獲甲鎧萬計。詔書褒之。案：長編脱此條。辛酉，以知眉州、殿中丞李簡爲水部員外郎，通判、光禄寺丞王贄爲左贊善大夫。先是，兵馬監押李元汶聞寇作，即白簡等繕修守備，蒐城中兵得七千，而邛、黎、雅州潰卒六百餘人相繼來奔，因撫而用之。賊帥吳藴率衆十餘萬圍城，自春訖夏，凡百餘日，攻不能陷。聞王師既入成都，乃解圍去。簡等出兵追之，斬獲甚衆。詔書嘉奬，而有是命。案：長編脱此條。癸酉，以知陵州、國子博士張旦爲水部員外郎，通判、著作左郎張翼爲右贊善大夫，旌捍寇之功也。案：長編脱此條。八月甲午②，以劍南招安使、昭宣使王繼恩爲宣政

---

① 西州溪　嘉慶本、宋史卷五太宗本紀均作"西方溪"。
② 八月甲午　底本脱此四字，據長編卷三六補。

使、順州防禦使。乙未,詔川峽諸州聚山林爲盜者①,並釋其罪。案:長編脱此條。峽路行營言賊帥張餘衆二萬陷雲安軍,率兵擊走之,斬首五千餘級,復其城,詔書嘉獎。案:長編脱此條。

此峽路行營當是白繼贇等,非尹元、裴莊、常思德等也。

九月②,先是,參知政事蘇易簡薦樞密直學士③、虞部郎中張詠可屬四川事,詔詠知益州,既而留半歲不行。至是④,始命赴部。上面諭之曰:"西川亂後,民不聊生,卿往,當以便宜從事。"丁丑,上以蜀寇漸平,下詔罪己。是月,張詠始至益州。先是,陝西課民運糧以給蜀師者相屬于路。詠至益州,亟問城中所屯兵數凡三萬餘人⑤,而無半月之食。詠訪知民間舊苦鹽貴,而私廩尚有餘積,乃下鹽價,聽民得以米易鹽,民爭趨之,未踰月,得米數十萬斛,軍士驩言:"前所給米,皆雜糠土,不可食。今一一精好,此翁真善幹國事者。"詠聞而喜曰:"吾令可行矣。"時四郊尚多賊壘,城門晝閉,王繼恩日務宴飲,不復窮討。官支芻粟飼馬⑥,詠但給以錢,繼恩怒曰:"國家征馬豈食錢邪?"詠曰:"城中草場,賊既焚蕩,芻粟當取之民間。公今閉城高會,芻粟何從而出?若開門擊賊,何慮馬不食粟乎?詠已具奏矣。"繼恩乃不敢言。會衛紹欽亦以詔書來督捕餘寇,繼恩始令分兵四出。紹欽破賊于學射山,攻拔雙流等寨,招降數萬衆。別將西河楊瓊趨邛州、蜀州,盪賊巢穴,遂克蜀州。曹習等遂破賊于安國鎮,誅其帥馬太保,斬獲甚衆。繼恩常送賊三十輩,請詠治之,詠悉遣令歸業。繼恩怒,詠曰:"前日李順脅民爲賊,今日詠與公化賊爲民,何有不可哉?"繼恩有帳下卒頗恃勢掠民財,或訴于詠,卒縋城夜遁⑦。詠遣吏追之,且不欲與繼恩失歡,密戒吏曰:"得即縛置井中,勿以來也。"吏如其戒,繼恩不恨,而其黨亦自斂戢云。繼恩既分兵四出,詠計軍食可支

---

① 川峽諸州 "峽"底本作"陝",據嘉慶本改。
② 九月 底本脱此二字,據長編卷三六補。
③ 樞密直學士 底本"密"下衍"院"一字,據張乖崖集忠定公遺事、東都事略卷四五張詠傳、宋史卷二九三張詠傳刪。
④ 至是 底本作"于是",據長編卷三六改。
⑤ 亟問城中所屯兵數 "問"底本作"間","兵"底本作"民",據嘉慶本、長編四庫底本卷三六改。
⑥ 飼馬 長編卷三六同,嘉慶本作"飤馬"。
⑦ 縋城夜遁 "縋"底本作"繩",嘉慶本同,據長編四庫底本卷三六改。

二載,乃奏罷陝西轉糧①。上喜曰:"鄉者益州日以乏糧為請,詠至未久,遂有二歲之備②。此人何事不能了,朕無慮矣!"先是,王繼恩遣高品王文壽分領虎翼卒二千至遂州討賊③。文壽御下嚴急,士卒皆怨。一夕臥帳中,指使張璘遣卒數輩④,持刀排闥徑入,斬文壽首以出。會夜昏黑,璘猶疑其非,然炬視之,曰:"是也。"時嘉州賊帥張餘有衆萬餘,璘即以所領五百人與之合,賊勢甚盛。奏至,上怒,悉禁錮其妻子,將誅之。近臣或請勿誅,悉索營中書,遣使招撫。彼知親屬皆全⑤,必自引來歸,可因破賊。上然之。冬十一月庚辰,命釋其禁,遣中使齎詔,令巡撫程道符諭旨⑥,亡卒果斬璘,函首送繼恩,繼恩因使為鄉導以擊賊,所至多平之。案:長編脱此條。乙未,楊瓊等克邛州,于是永康軍、永昌、導江、雙流、溫江、郫縣等賊皆平,前後招降賊衆幾三萬人。初,賊攻眉州,雖解圍去,後猶寇鈔近郊,民情惴恐。王繼恩遣崇儀使宿瀚⑦、都頭梁繼明等擊卻之,斬其偽中書令吳蘊,殺獲甚衆,州民始奠居。時陵州、簡州賊黨亦相繼削平矣。案:長編脱此條。王繼恩御軍無政,其下恃功暴橫。張詠恐軍還日或有意外之變,乃密奏,請遣腹心近臣可以彈壓王師者,亟來分屯師旅。十二月辛巳⑧,命樞密直學士張鑑、西京作坊副使馮守規偕往,召對後苑門,面授方略。鑑曰:"益部新復,卒乘不和,若聞使者驟至,易其戎伍,慮彼猜懼,變生不測。請假臣安撫之名。"上稱善。鑑至成都,繼恩猶偃蹇,不意朝廷聞其縱肆。鑑之行,上付以空名宣頭及使臣數人。鑑與詠即遣部戍兵出境,繼恩麾下使臣亦多遣東還。督繼恩等討捕殘寇,而鑑等招輯反側,蜀民始奠枕矣。宿瀚等自眉州引軍趨嘉州。案:長編脱此條。庚寅,偽知州王文操以城來降,瀚等遂入據之。賊引衆奔邛州,復為官軍所敗。案:長編脱此條。

至道元年二月丙午,嘉州言獲賊帥張餘,函首送西川,餘黨悉平。案:長編脱此條。

---

① 轉糧　長編四庫底本卷三六、宋史全文卷四均作"運糧"。
② 二歲之備　底本脱"之"一字,據長編卷三六補。
③ 二千　九朝編年備要卷五作"三千"。
④ 張璘　嘉慶本同,宋會要輯稿兵一一之四、九朝編年備要卷五、宋史卷五太宗本紀、宋史卷四六六王繼恩傳均作"張嶙"。
⑤ 彼知親屬皆全　宋史卷四六六王繼恩傳作"諭以釋罪,親屬偕全"。
⑥ 諭旨　"諭"底本作"謝",據嘉慶本、宋史卷四六六王繼恩傳改。
⑦ 宿瀚　嘉慶本、宋史卷五太宗本紀均作"宿翰",下同。
⑧ 十二月辛巳　底本脱"十二月"三字,據長編卷三六補。

五月①,西川行營輯送賊軍重榮等五人至②,召見于崇政殿。上謂近臣曰:"此輩皆平民,官吏失于撫御,遂相誘起爲寇盜耳。及用兵討伐,將帥又恣行殺戮,此輩懼死,故亡命山澤。朕遣中使齎詔招誘,以誠信待之,乃投戈請命,亦可哀也。"以重榮爲供奉官,餘四人爲殿直③。案:長編脱此條。

　　十一月④,以峯州團練使上官正及右諫議大夫雷有終並爲西川招安使,召王繼恩歸闕。時餘寇匿山谷,恃險結集,剽掠未已,繼恩百計招誘不至。正既受任,益勵兵政,宣布朝廷恩德,由是寇黨出降,劍南以寧,正之力居多焉。案:長編脱此條。

　　二年正月辛酉,宣政使王繼恩徵赴闕,對于便殿,慰勞久之。案:長編脱此條。戊辰,升眉州爲防禦使,陵州爲團練使。案:長編脱此條。

李飛雄之變

　　太平興國三年五月⑤,初,秦州節度判官李若愚有子曰飛雄,凶險無行,不爲其家所容,常客游京師、魏、博間,與無賴惡少年縱酒蒲博。以若愚官秦州,盡知其府庫倉廩所有及地形險易、兵籍多少,而鳳翔盩厔尉張季英者,飛雄妻父也。飛雄自京師往省季英,竊乘其馬,詐爲使者,夜抵驛廄,呼卒索馬,卒秉炬出。飛雄復以私市馬纓示之,卒不能辨纓,即授以馬。飛雄令一卒乘馬前導,遂矯稱制以巡邊爲名,掠巡驛殿直姚承遂⑥,至隴州掠監軍供奉官王守定,至吳山縣掠縣尉盧贊,皆令從行。時秦州内屬戎人爲寇,都巡檢使周承瑨與田仁朗、劉文裕、王侁、梁崇贊、韋韜、馬知節等皆奉詔屯兵清水縣。四月庚辰,飛雄至清水,矯制盡縛之。承瑨等見姚承遂數輩同至,不覺其詐,仁朗獨號泣,求觀詔書,飛雄怒叱曰:"吾受密旨,以汝輩逗遛不用命,且令盡誅汝輩。豈不聞封州殺李鶴邪?詔書豈得見也。"先是,上即位,分命親信于諸道廉察官吏善惡,密以聞,嶺南使者言知封州李鶴不奉法,誣奏軍吏謀反,詔誅之,不問狀,故飛雄

---

① 五月　底本脱此二字,據嘉慶本、宋會要輯稿兵一一之四補。按:宋會要輯稿兵一一之四作"五月二十五日"。
② 西川行營輯送賊軍重榮等五人至　底本"行營"下衍"事"一字,嘉慶本同,據宋會要輯稿兵一一之四删;輯送賊軍重榮等五人,嘉慶本作"縛送賊勾重榮等五人",宋會要輯稿兵一一之四作"縛送賊帥勾重榮等五人"。
③ 餘四人爲殿直　"直"底本作"宣",據嘉慶本、宋會要輯稿兵一一之四改。
④ 十一月　底本作"三月",據嘉慶本、宋史卷五太宗本紀改。
⑤ 五月　底本作"三月",據長編四庫底本卷一九改。按:李飛雄事發在太平興國三年五月。
⑥ 姚承遂　長編卷一九、宋史卷四六三劉文裕傳同,嘉慶本作"姚承遠"。

以爲言。將以承瑨等詣秦州戮之,因謀劫守卒,據城爲亂。飛雄初矯稱制,自言上南府時親信,會劉文裕哀告飛雄曰:"我亦嘗事晉邸,使者忍不營救之乎?"飛雄屏左右謂文裕曰:"汝能與我同富貴否?"文裕覺其詐,僞許之,飛雄乃釋其縛。文裕策馬前,附耳語仁朗,仁朗即佯墮馬若殞絶狀,飛雄與從卒共視之,又釋其縛,仁朗奮起搏飛雄,與文裕等共擒之,飛雄尚呼云:"田仁朗等謀反,殺使者!"既而繫秦州獄,劾之,具得其狀。有詔夷其三族,并捕先與飛雄善者何大舉等數輩,悉誅之,及姚承遂等皆腰斬于秦州市。先授飛雄馬廄置卒,亦夷其族。文裕,保塞人也。

馬知節傳云:知節先辨飛雄之詐,因語文裕。與文裕傳不同,當考。

是月戊申,以飛雄事布告天下,令中外臣庶家子弟性懷兇險,有乖檢率,屢加教戒,曾不悛改,許其尊長聞于州郡①,錮送闕下,當配隸遠惡處。容隱不以聞者,期功以上親坐之。六月戊申,詔自今乘驛者皆給銀牌。先是,五代以來,庶事草創,凡乘驛奉使于外,但樞密院給牒。至是,以飛雄故,始復舊制焉。

① 聞于州郡　嘉慶本同,長編四庫底本卷一九"郡"作"縣"。

卷第十四

太宗皇帝

聖德

太平興國七年五月,上嘗謂趙普曰:"朕每讀書,見古帝王多自尊大,深拱嚴凝,誰敢犯顏言事。若不降情接納,乃是自蔽聰明。或喜賞怒刑,豈能歸天下之心哉?"普曰:"帝王若賞罰無私,内外無間,上求其理,下竭其誠,馴致太平,不爲難事。"上又問:"治民之道,復有何術?"普曰:"陛下恤念生民,每聞利病,無不即日施行。古聖人愛民之心,止於此矣。"

八年六月,上謂近臣曰:"朕親選多士,殆忘飢渴,召見臨問,以觀其才,拔而用之,庶使巖野無遺逸,而朝廷多君子爾。朕每見布衣、搢紳間有端雅爲衆所推譽者,朕代其父母喜。或召拜近臣,必爲擇良日,欲其保終吉也。朕於士大夫無所負矣。"

十一月丁卯,宴餞趙普於長春殿,樞密使王顯等侍側,數視上袴,上怪而問之,顯等曰:"陛下所衣袴文縷俱倒。"上笑謂曰:"朕未嘗御新衣,蓋澣濯頻所致耳。"上因言:"此雖偪下已甚,蓋念機杼之勞苦,欲示敦樸,爲天下先也。"顯等拜舞稱謝。

雍熙元年正月丁丑,上謂侍臣曰:"朕讀晉史,見武帝平吳之後,溺於内寵,後宮所蓄殆數千人,深爲煩費,殊失帝王之道。朕常以此爲深戒,今宮中自職掌至於麄使不過四百人①,朕猶以爲多矣。"

五月丁酉,謂宰相曰:"前代帝王,多以尊極自居,凜然顏色,左右無敢輒進一言。朕每與卿等款曲商榷時事,蓋欲通上下之情,無有所隱。卿等直道而行,杜絕請託,勿

---

① 今 底本作"令",據嘉慶本改。

以衆口鑠金爲慮。比來中外議朝廷政理爲何如？"宋琪曰："陛下勞心致治，遠近無間言。"上曰："雖妄言如昨日草澤上書者，朕亦未嘗加譴。"琪曰："狂瞽之人當置嚴辟，但芻蕘不棄，以開言路，上聖之德也。"

十月，上嘗謂宰相曰："朕每日所爲有常度，辰巳間視事，既罷，即看書，深夜乃寢，五鼓而起，盛暑永晝未嘗臥。至於飲食，亦不過差。行之已久，甚覺得力。凡人飲食飽，無不昏濁。儻四支無所運用，更復就枕，血脉滯凝，諸疾自生，欲其清爽，得乎？老子云'我命在我，不在天'，全繫人之調適。卿等亦當留意，無自輕於攝養。"

端拱二年四月。自三月不雨，至于五月。戊戌，上親錄京城諸司繫獄囚，多所原減。是夕，大雨，上因謂近臣曰："爲君當如此勤政，即能感召和氣。如後唐莊宗不恤國事，唯務畋遊，動經浹旬，大傷苗稼。及還，乃降敕蠲放租賦，此甚不君也。"樞密副使張宏奏曰："莊宗不獨如此，尤惑於音樂，縱酒自恣。樂籍之中，獲典郡者數人。"上曰："凡人君節儉爲宗，仁恕爲念。朕在南府時，於音律粗亦經心，今非朝會，未嘗張樂。晨夕下藥，常以鹽湯代酒，常服澣濯之衣，而鷹犬之娛，素所不好。且多親飛走，真誥所不許，朕常以爲戒也①。"

淳化元年八月乙巳，令左藏庫籍所掌金銀器皿之屬，悉毀之。有司言："中有製作精巧者，欲留以備進御。"上曰："將焉用此？汝以奇巧爲貴，朕以慈儉爲寶。"卒皆毀之。左正言、直史館謝泌賀曰："聖意如是，天下幸甚！"上性節儉，退朝常著華陽巾，布褐紬條，內服惟絁絹，咸累經澣濯。乘輿給用之物，無所增益焉。

二年二月，上修正殿，頗施綵繪，左正言謝泌上疏諫。癸丑，命悉去綵繪，塗以赭堊。

三月己巳，上以歲旱蝗，手詔呂蒙正等曰："元元何罪？天譴如是②，蓋朕不德之所致也。卿等當於文德殿前築一臺，朕將暴露其上，三日不雨，卿等當焚朕，以答天譴。"蒙正等惶恐謝罪，匿詔書。翌日而雨，蝗盡死。

四年二月戊子，有司言油衣帟幕破損者數萬段，欲毀棄之。上令煮浣，染以雜色，刺爲旗幟數千，以示宰相。李昉等奏曰："陛下萬機之外，聖智高遠，事無小大，咸出意

---

① 朕常以爲戒也 "常"底本作"嘗"，據嘉慶本、長編卷三〇改。
② 天譴如是 "天"底本作"大"，據嘉慶本、長編卷三二、宋史全文卷四改。

表。天生五材,陛下兼而用之;物有萬殊,陛下博而通之。雖在細微,無所遺棄,固非臣等智慮所及。"

至道元年十二月丙申,上顧侍臣曰:"自晉、漢以來,朝廷削弱,主暗臣彊,紀綱大壞,僅成邦國。朕承喪亂之後,君臨大寶。即位之始,覽前王令典,覩五代弊政,以其習俗既久,乃革故鼎新,別作朝廷法度。于時遠近騰口①,咸以爲非,至於二三大臣,皆舊德耆年,亦不能無異。朕執心堅固,靡與動搖,晝夜孜孜,勤行不怠,于今二十載矣。卿等以朕今日爲治如何也?雖未能上比三皇,至于寰海宴清,法令明著,四夷遵朝化②,百司絶姦幸,固亦無慙於前代矣。"上又曰:"朕自君臨,未嘗一日不雞鳴而起,聽四方之政。至於百司庶務,雖微細者,亦與詢訪,所以周知利害,深究安危之理也。因無壅蔽陵替之事。"吕端等對曰:"臣等待罪廟堂,曾無裨益。"拜謝而退。

聖學

太平興國七年六月。初,太宗以字學訛舛,欲刪正之,學士少能通習。或薦趙州隆平主簿成都王著,唐相方慶之後,書有家法,乃召爲衛尉寺丞、史館祗候,令詳定篇韻,在史館逾四年。甲戌,遷著作郎,充翰林侍書。上聽政之暇,每以觀書及筆法爲意,諸家字體,洞臻其妙。嘗遣中使王仁睿持御札示著,著曰:"未盡善也。"上臨學益勤,又以示著,著答如前。仁睿詰其故,著曰:"帝王始學書,或驟稱善,則不復留心矣。"久之復以示著,著曰:"工矣③,非臣所能及。"其後真宗嘗對宰相語其事④,且嘉著之善規益,於侍書待詔中絶無其比。

十月,上嘗謂近臣曰:"朕每讀老子,至'佳兵者不祥之器,聖人不得已而用之',未嘗不三復以爲規戒。王者雖以武功克定,終須用文德致治。朕每退朝不廢觀書,意欲酌前代成敗而行之⑤,以盡損益。"

八年十一月庚辰⑥,詔:"史館所修太平總類,自今日進三卷,朕當親覽。"宋琪等

---

① 于時　嘉慶本同,長編卷三八作"於是"。
② 四夷遵朝化　"四夷",嘉慶本、長編卷三八均作"四表",太宗治迹統類卷三作"四海"。
③ 工矣　嘉慶本同,長編四庫底本卷二三作"功至矣"。
④ 嘗對宰相語其事　"語"底本作"與",據嘉慶本、長編四庫底本卷二三改。
⑤ 前代　嘉慶本同,長編四庫底本卷二三作"前世"。
⑥ 庚辰　底本脱此二字,據長編卷二四補。

言:"窮歲短晷,日閱三卷,恐聖躬疲倦。"上曰:"朕性喜讀書,開卷有益,不爲勞也。此書千卷,朕欲一年讀遍。因思學者讀萬卷書,亦不爲難耳。"尋改總類名曰御覽。

十二月戊申,上於禁中讀書,自巳至申始罷。有蒼鶴飛上殿鴟吻,逮掩卷乃去。上以語近臣,對曰:"上好學之感也。昔有鸛雀銜三鱣魚墜楊震講堂下,抑亦類此。"

雍熙元年正月壬戌,上謂侍臣曰:"夫教化之原,治亂之本,苟無書籍,何以取法?今三館所聚,遺逸尚多。"乃詔:"三館以開元四庫書目,閱館中所闕者,具列其名,募中外。有以書來上,及三百卷,當議甄錄酬獎,餘第卷帙之數,等級優賜。不願送官者,借其本寫畢還之①。"自是四方之書往往間出矣②。

三年十月丙申朔,上出飛白書賜宰相李昉等,因謂曰:"朕退朝,未嘗虛度光陰,讀書之外,嘗留意於真、草,近又學飛白。此雖非帝王事業,然不猶愈於畋遊聲色乎?"昉等頓首謝。

端拱元年八月庚辰,車駕幸國子監謁文宣王,禮畢,升輦,將出西門,顧見講坐,左右白:"博士李覺方聚徒講書。"上即召覺,令對御講,覺曰:"陛下六飛在御,臣何敢輒升高坐。"上因降輦,命有司張帟幕,設別坐,詔覺講周易之泰卦,從臣皆列坐。覺乃述天地感通、君臣相應之旨,上甚悦,特賜帛百匹。辛巳,上謂宰相曰:"昨聽覺所講,文義深奥,足爲鑒戒,當與卿等共遵守之。"趙普頓首謝。

淳化元年七月丁酉,以御製詩文四十二卷藏於秘閣。

二年閏二月戊寅③,秘書監李至進新校御書三百八十卷,上因從容謂之曰:"人之嗜好,不可不戒。不必遠取前古,祗如近世符彥卿以射獵馳逐爲樂,於是近習窺測其意,爭獻鷹犬,彥卿悦而假借之,其下因恣横侵擾。故知人君當澹然無欲,勿使嗜好形見於外,則姦佞無自入焉。朕年長,他無所愛,但喜讀書,多見古今成敗,善者從之,不善者改之,斯已矣。"至拜舞稱賀。

三年十月癸亥④,秘書監李至言願以上草書千文勒石。上謂近臣曰:"千文蓋梁

---

① 寫畢還之　底本脱"畢"字,嘉慶本同,據長編四庫底本卷二五、宋史全文卷三補。
② 底本"自是四方之書往往間出矣"下衍"上嘗謂宰相曰'朕每日所爲有常度,辰巳時間視事,既罷,即看書深夜乃寢,五鼓而起,盛暑永晝未嘗臥。至於飲食,亦不過差。行之已久,甚覺得力'"五十六字,今據嘉慶本、長編卷二五删。
③ 戊寅　底本脱此二字,據長編卷三二補。
④ 癸亥　底本脱此二字,據長編卷三三補。

得鍾繇破碑千餘字①，命周興嗣次韻而成②，詞理無可取。孝經乃百行之本，朕當自爲書之，令勒於碑陰。"因賜至詔諭旨。

五年十一月丙辰，賜近臣御飛白書各一軸，别賜參知政事寇準飛白草書一十八軸。先是，吕蒙正等已受賜，準出使在外，至是始及焉。上因謂蒙正等曰："書札者，六藝之一也，固非帝王之能事。朕聽政之暇，聊以自娱爾。"丙寅，上幸國子監，賜直講孫奭五品服，因幸武成王廟，復幸國子監，令奭講尚書説命三篇，至"事不師古，以克永世，匪説攸聞"，上曰："誠哉是言也。"上意欲切勵群臣，因歎曰："天以良弼賚商，朕獨不得耶！"遂飲從官酒，别賜奭束帛。

至道二年六月甲戌，上遣中使賚飛白書二十軸賜宰相吕端等，人五軸；又以四十軸藏秘府，字皆方圓徑尺。吕端等相率詣便殿稱謝③，上謂之曰："飛白依小草書體，與隸書不同。朕君臨天下，復何事於筆硯乎！中心好之，不忍輕棄，歲月既久，遂盡其法耳。"

朝儀

正衙 仁宗神宗附

太平興國元年十一月丁卯，詔中外官除拜出入，自今並於正衙辭謝，違者有司議其罰。始復舊制也。

淳化二年六月丁亥④，都官員外郎、知雜事范陽張郁案：張郁，長編作張都。上言："正衙之設，謂之外朝。群臣辭見及謝，皆先詣正衙，見訖，御史臺具官位、姓名以報，閤門方許入對，此國家舊制也。自乾德以後，始詔先赴中謝，後詣正衙，至今有司遵行。而文武官中謝、辭見之後，多不即詣正衙，致朝綱之隳廢。欲望自今内外官中謝後，次日並赴正衙。内諸司遥領刺史者，及閤門通事舍人已上新授者，皆同百官例，並赴正衙辭、謝。出使急速，免衙辭者，亦須具狀報臺，違者罰一月俸。"又言："案令式，每假日，

---

① 梁得　長編卷三三同，嘉慶本、宋史卷二六六李至傳作"梁武得"，宋釋文瑩玉壺野史卷一作"梁武帝得"。
② 命周興嗣次韻而成　底本脱"命"一字，據玉壺野史卷一、宋史卷二六六李至傳補。
③ 相率　底本作"相帥"，據長編四庫底本卷四〇改。
④ 丁亥　底本脱此二字，據長編四庫底本卷三二補。

百司不奏事。陛下憂勤萬機，雖遇旬假，亦親聽斷①。邇來文武百官，多就假日辭、謝，貴就便坐②，以免舞蹈之儀。望自今假日除內職級、將校，閤門不得引接辭、謝，其受急命者不在此限。"又言："內殿起居，百官皆露立於廊廡之下。望自今前一日設幕次於閤門外，及復令御史重戴。"詔皆從之。重戴者，大裁帽之遺象也，本嚴叟野夫之服，以帛爲之。後魏文帝自雲中徙代，以賜百僚。國初，但御史服之，其後，詔兩省及尚書省五品以上皆服，樞密、三司使副則否。

太宗初即位，申嚴正衙辭謝之制。張郁至今猶以爲言，豈太平興國之詔，蓋未施行故耶？當考。

慶曆二年五月乙卯，詔："自今應臣僚入見及辭謝，如值假故，不御前殿，即依舊制並放外。若事急速，許令後殿見謝辭，及放正衙，並繫臨時特降朝旨，即不得輒自上章陳乞。"時權御史中丞賈昌朝言："護國軍節度使兼侍中張耆赴河陽，武安軍節度使高化赴相州③，乞免衙辭。河陽節度使楊崇勳復平章事，乞免衙謝。兼聞上件官等，並乞只於後殿見辭者。案近制，臣僚見謝辭並合在前殿，仍詣正衙。除假故外，若事急速，或許於後殿，或免過正衙，並繫臨時特旨。耆、化俱爲節度，久去朝闕，辭見不由前殿，出入不詣正衙，或扶以拜君，或揖而受賜。既稱衰疾，且冒寵榮。雖聖上眷待老臣，特推恩數，猶宜避免，以示恪恭，豈可輒上奏封，自求優便。今國家外捍邊寇，方任武臣，所宜並示恩威，不可專用姑息，仍恐文武臣僚自此更輕慢朝廷之儀。"乃下是詔，仍榜朝堂。

元豐四年十一月己酉，侍御史知雜事滿中行言④："兩省、臺官、文武百官日赴文德殿，東西相向對立，宰臣一員押班，聞傳不坐，則再拜而退，謂之常朝。遇休假併三日以上，應內殿起居，官畢集，謂之橫行。自宰臣、親王以下應見、謝、辭者，皆先赴文德殿，謂之過正衙。然在京釐務之官，例以別敕免參。宰臣押班，近年已罷，而武班諸衛，本朝又不常置。故今之赴常朝者，獨御史臺官與審官待次階官而已⑤。今垂拱內

---

① 亦親聽斷　"親"底本作"視"，據嘉慶本、長編四庫底本卷三二改。宋會要輯稿儀制九之八作"亦親決政事"。
② 貴就便坐　"貴"底本作"後"，據嘉慶本、長編四庫底本卷三二、宋會要輯稿儀制九之八改。
③ 武安軍　"安"底本作"勝"，嘉慶本同，據長編卷一三六、宋會要輯稿儀制九之一四、宋朝諸臣奏議卷七七賈昌朝上仁宗論張耆等乞免衙謝辭、宋史卷三二三高化傳改。
④ 滿中行　長編卷三二〇同，嘉慶本、九朝編年備要卷一八、舊聞證誤卷二、宋史卷一一六禮志十九均作"蒲中行"。
⑤ 審官　長編卷三二〇、宋會要輯稿儀制四之七、宋朝諸臣奏議卷九二滿中行上神宗乞釐正文德正衙之制、宋史卷一一六禮志十九同，嘉慶本、文昌雜錄卷三均作"蕃官"。

殿,宰臣以下既已日參,而文德常朝仍復不廢,舛謬倒置,莫此爲甚。至於橫行參假,與夫見、謝、辭官先過正衙,雖沿唐之故事,然必俟天子御殿之日行之可也。有司失於申請,未能釐正。欲望特降指揮,先次罷去。"下詳定官制所,本所言:"今天子日聽政於垂拱,以接執政官及内朝之臣,而更於别殿宣敕不坐,實爲因習之誤。兼有職官升朝官五日一赴起居,而未有職事者反日參,疏數之節,尤爲未當。又辭、見、謝,自已入見天子,則前殿正衙對拜,一切自爲虚文。今後乞遇朝假①,則百官自赴大起居,不當復有橫行參假。中行乞罷常朝及正衙、橫行爲是。"從之。

入閣

淳化二年十一月②,上以入閣舊圖承五代草創,禮容不備,於是命史館修撰楊徽之等討論故事,别爲新圖。十二月丙寅朔,遂行其禮於文德殿。

實錄又云:唐恭宗始於紫宸殿展入閣之儀③,五代以來諸事草創,禮容多闕。國朝久廢其禮,至是始復舊制。謹案太祖即位之年八月朔,御崇元殿,文武百官入閣,仗衛如儀。既罷,賜百官廊飱。至乾德四年四月朔,猶講其禮,非久廢也。太平興國二年,詔以八月一日入閣,會雨而止。淳化二年十二月一日,乃復行之。若水倘指太宗朝則可耳。

右諫議大夫張洎既與徽之同撰定新儀,又獨奏疏曰:"竊以今之乾元殿,即唐之含元殿也,在周爲外朝,在唐爲大朝,冬至、元日,立全仗,朝萬國,在此殿也。今之文德殿,即唐之宣政殿也,在周爲中朝,在漢爲前殿,在唐爲正衙,凡朔、望起居及册拜妃后、皇子、王公、大臣,對四夷君長、試制策舉人,在此殿也。今之崇德殿,即唐之紫宸殿也,在周爲内朝,在漢爲宣室,在唐爲上閣,即隻日常朝之殿也。東晉太極殿有東、西閣,唐置紫宸上閣,法此制也。且人君恭己南面,向明而理④,紫微黄屋,至尊至重,故巡幸則有大駕法從之盛,御殿則有勾陳羽衛之嚴,故雖隻日常朝,亦須立仗。前代謂之入閣儀者,蓋隻日御紫宸上閣之時,先於宣政殿前立黄麾金吾仗,俟勘契畢,唤仗即自東、西閣門入,故謂之入閣。今朝廷且以文德正衙權宜爲上閣,甚非憲度。況國

---

① 今後乞遇朝假　長編卷三二〇、宋史卷一一六禮志十九均作"其連遇朝假"。
② 十一月　"月"底本作"日",據嘉慶本改。
③ 唐恭宗始於紫宸殿展入閣之儀　"恭"底本作"莊",據嘉慶本、長編卷三二改。按:唐恭宗即唐敬宗,係宋朝人避宋太祖的祖父趙敬之名而諱改。文淵閣本長編卷三二作"唐敬宗",亦可爲參證。"閤"底本作"閣",據長編卷三二改。下同。
④ 向明而理　底本闕"而理"二字,據長編卷三二、宋朝諸臣奏議卷九二張洎上太宗論入閣圖補。

家丕承正統,宇内治平,凡百憲章,悉從損益,惟視朝之禮尚屬因循。竊見長春殿正與文德殿南北相對,伏請改創此殿以爲上閤,作隻日立仗視朝之所,其崇德殿、崇政殿,即唐之延英殿是也,爲雙日常時聽斷之所①,庶乎臨御之式允協前經。今輿論乃以入閤儀注爲朝廷非常之禮,甚無謂也。臣又案舊史,中書、門下、御史臺爲三司,謂侍從供奉之官。今起居日,侍從官先入殿庭,東西立定,俟正班入,一時起居,其侍從官東西列拜,甚失北面朝謁之儀。請准舊儀,侍從官先入,起居畢,分行侍立於丹墀之下,謂之'蛾眉班'。然後宰相率正班入起居,雅合典禮。臣又聞古之王者躬勤庶務,其臨朝之疏數,視政事之繁簡。唐初五日一朝,景雲初,始修正觀故事②。自天寶兵興之後,四方多故,肅宗而下,咸隻日臨朝,雙日不坐。其隻日或遇大寒、盛暑、陰霪、泥濘,亦放百官起居。雙日宰相當奏事③,即時特開延英召對,或蠻夷入貢,勳臣歸朝,亦特開紫宸引見。陛下自臨大寶,十有五年,未嘗一日不雞鳴而起,聽天下之政。雖剛健不息,固天德之常,然而遊焉息焉,亦聖人之謨訓。儻君父焦勞於上,臣子緘默於下,不能引大體以爭,則忠亮之心有所不至矣④。臣欲望陛下依前代舊規,隻日視朝,雙日不坐。其隻日遇大寒、盛暑、陰霪、泥濘,亦放百官起居。其雙日於崇德、崇政兩殿召對宰臣、常參官以下,及非時蠻夷入貢、勳臣歸朝,亦特開上閤引見,並請准前代故事處分。"奏入,不報。

三年五月甲午朔,御文德殿,百官入閤。舊制,入閤惟殿中省細仗隨兩省供奉官先入,陳於庭。上以爲儀衛太簡,命有司更設黃麾仗,其殿中省細仗仍舊,從新制也。

曆議 太祖附

建隆二年五月乙丑⑤,欽天曆推驗稍疏,詔司天少監洛陽王處訥等重加研覈。欽天曆初成,處訥私謂王朴曰:"此曆且可用,不久即差。"因指其當差處以示朴,朴深

---

① 爲雙日常時聽斷之所 "雙日"底本作"隻日",據長編卷三二、太平治迹統類卷二九、宋朝諸臣奏議卷九二張洎上太宗論入閤圖改。"聽斷",長編卷三二作"聽政"。
② 正觀 按:正觀應作"貞觀",係宋朝人避宋仁宗趙禎之名而諱改。
③ 雙日宰相當奏事 長編卷三二同,但宋朝諸臣奏議卷九二張洎上太宗論入閤圖作"其雙日宰臣以下奏覆公事",意優。
④ 有所不至矣 底本脫"矣"一字,據長編卷三二、宋朝諸臣奏議卷九二上太宗論入閤圖、太平治迹統類卷二九補。
⑤ 乙丑 底本脫此二字,據長編卷二補。

然之。

乾德元年四月辛卯，王處訥上新定建隆應天曆，上爲曆序，頒行之。

太平興國七年十月，初，有司言應天曆氣朔漸差。乙卯①，詔司天監王處訥等重加考定。處訥別上新曆，詔付本監集官看詳。會冬官正吳昭素、徐瑩、董昭吉等各獻新曆，處訥既卒，所上曆遂不行，於是遣内臣沈元應集本監官屬、學生，參校昭吉等三曆之疏密。秋官正史端等言："昭吉曆差誤，昭素及瑩二曆，以建隆癸亥以來二十四年氣朔驗之，惟昭素曆氣朔稍均，可行用。"又詔衛尉少卿元象宗與元應等再集官及明曆術者重定，象宗等言："昭素曆法考驗無差，可施之永久。"上乃自製序，號乾元曆，優賜昭素等束帛。

至道二年四月甲申，屯田員外郎吕奉天上言："司馬遷史記、王起五位圖歲次、朔閏②，皆與經傳不合，以爲唐堯即位之年，歲在丙子，迄太平興國元年，亦在丙子，凡三千三百一年。起商王小甲七年二月甲申朔旦冬至③，自此之後，每七十六年得一朔旦冬至，此即古曆一蔀；每一蔀積月九百四十，積日二萬七千七百五十九，率以爲常，直至春秋魯僖公五年正月辛亥朔旦冬至④，了無差爽。用此爲法，以推經傳，縱小有增減，乃經傳之誤，皆可發明也。古曆到齊、梁以來⑤，或差一日，更用近曆校課，亦得符同。恭惟聖朝文教聿興，禮樂咸備，惟此一事，久未刊修。伏望聖慈許臣撰進，不出百日，其書必成。儻有可觀，願藏秘府。"詔許之，書卒不就。十一月丁卯朔，司天冬官正楊文鎰上言⑥，請於新曆六十甲子外，更增二十年。事下有司，判司天監苗守信等議，以爲無所稽據，不可用。上曰："支干相承，雖止於六十，儻兩周甲子，共成上壽之數，期頤之人得見所生之歲，不亦善乎？"因詔有司，新曆以百二十甲子爲限。

---

① 乙卯　底本脱此二字，據長編卷二三補。
② 王起　底本作"王超"，據嘉慶本、册府元龜卷六〇七、新唐書卷五八藝文志、新唐書卷一六七王起傳、宋史卷七〇律曆志、宋史卷二〇三藝文志、玉海卷五六唐五位圖改。
③ 商王小甲七年二月　底本"二"上衍"十"一字，據長編撮要卷三七之一、宋會要輯稿運曆一之六、宋史卷七〇律曆志删。
④ 魯僖公五年　底本脱"公"一字，據長編卷三九補。
⑤ 古曆到齊梁以來　"到"底本作"刻"，據嘉慶本、長編四庫底本卷三九、宋史卷七〇律曆志、歷代名臣奏議卷二八〇改。
⑥ 楊文鎰　嘉慶本同，長編四庫底本卷四〇、宋朝事實卷一四、歷代名臣奏議卷二八〇均作"楊文鑑"，長編卷四一又作"楊文谥"。

釋老

太平興國七年六月。唐自元和以後不復譯經。江南始用兵之歲,有中天竺摩伽陀國僧法天者至鄜州,與河中梵學僧法進共譯經義,始出無量壽、尊勝二經,七佛贊①,法進筆受綴文,知州王龜從潤色之,遣法天、法進獻經闕下。太祖召見慰勞,賜以紫方袍。法天請遊名山,許之。上即位之五年,又有北天竺迦溼彌羅國僧天息災、烏填曩國僧施護繼至②。法天聞天息災等至,亦歸京師。上素崇尚釋教,即召見天息災等,令閱乾德以來西域所獻梵經③。天息災等皆曉華言,上遂有意翻譯,因命內侍鄭守鈞就太平興國寺建譯經院。是月,院成,詔天息災等各譯一經以獻,擇梵學僧常謹、清沼等與法進同筆受綴文,光祿卿湯悅、兵部員外郎張洎參詳潤色之。

七月癸卯,幸譯經院,盡取禁中所藏梵夾,令天息災等視藏錄所未載者翻譯之。

實錄、本紀皆不書,今據本志及會要追記之。

八年十月甲申,上以新譯經五卷示宰相,因謂之曰:"浮屠氏之教有裨政治,達者自悟淵微,愚者妄生誣謗。朕於此道,微究宗旨。凡為君治人,即是修行之地,行一好事,天下獲利,即釋氏所謂利他者也。庶人無位,縱或修行自苦,不過獨善一身。如梁武捨身為寺家奴,百官率錢收贖,又布髮於地,令桑門踐之,此真大惑,乃小乘偏見之甚,為後代笑。為君者撫育萬類,皆如赤子,無偏無黨,各得其所,豈非修行之道乎?雖方外之說,亦有可觀者,卿等試讀之。蓋存其教,非溺於釋氏也。"趙普曰:"陛下以堯、舜之道治世,以如來之行修心,聖智高遠,洞悟真理④,固非臣下所及。"是歲,賜譯經院額曰"傳法",令兩街選童子五十人,就院習梵學、梵字,從天息災等所請也。

雍熙二年十月丙午,以天竺僧天息災為譯經三藏明教大師,施護為傳教太師,並授朝散大夫、試鴻臚少卿,仍月給俸祿⑤。案:長編脫此條。

---

① 七佛贊　長編四庫底本卷二三同,嘉慶本"七"作"十"。
② 烏填曩國　長編卷二三、宋會要輯稿蕃夷四之八九同,嘉慶本"填"作"鎮",宋史卷四九〇天竺傳"填"作"填"。
③ 梵經　長編四庫底本卷二三同,宋會要輯稿道釋二之五、嘉慶本均作"梵夾"。
④ 洞悟真理　"洞悟"底本作"悟洞",據嘉慶本、宋曹彥約經幄管見卷四乙正,長編卷二四"洞"作"動"。
⑤ "雍熙二年十月丙午"至"仍月給俸祿",宋會要輯稿道釋二之五記載:"[太平興國]七年六月[譯經]院成,召天息災等三人入院,賜天息災號明教大師,法天號傳教大師,施護號傳教大師,令以所齎梵本各譯一經上進。"比底本時間早,且內容也略有出入。

太平興國六年十月甲午,蘇州言太一宮成①。先是,方士言:"五福太一,天之貴神也,行度所至之國,民受其福。以數推之,當在吳越分。"故令築宮以祀之。

七年六月。先是,舒州懷寧縣有老僧過民柯萼家,率萼詣萬歲山取寶,僧以杖於古松下掘得黝石,上刻誌公記曰:"吾觀四五朝後,次丙子年,趙號二十一帝,敬醮潛山九天司命真君,社稷永安。"僧忽不見,萼以石刻來獻。於是詔舒州修司命真君祠,黃門綦政敏督其役,總成六百三十區,號曰"靈仙觀"。

八年五月丁巳,相州言風霆害稼②。司天春官正襄城楚芝蘭上言:"京師,帝王之都,百神所集。今城之東南一舍而近有地名蘇村,若於此為五福太一作宮,則萬乘可以親謁,有司便於祀事,何為遠趨江外,以蘇臺為吳分乎?"議者不能奪。丁卯,詔從芝蘭議,徙建太一宮於蘇村,東上閤門使樂陵趙鎔督其役,仍令芝蘭及樞密直學士張齊賢同定祭法③。

十一月己未,太一宮成④,凡千一百區,命齊賢等共視之。齊賢等言:"太一,五帝之佐,天神之至貴者。請用祭天之禮,殺其半又少損之。"上令增教坊伶官百人,自昏祠至明,如漢制,每歲四立日行祀禮。

端拱二年八月。先是,上遣使取杭州釋迦佛舍利塔置闕下,度開寶寺西北隅地,造浮屠十一級以藏之,上下三百六十尺,所費億萬計,前後踰八年。癸亥,工畢,巨麗精巧,近代所無也。知制誥田錫嘗上疏諫,其言有切直者則曰"衆以為金碧熒煌,臣以為塗膏釁血",上亦不怒。

錫此疏必可觀,惜其不載於史,奏議亦無。

至道元年正月。初,端拱間詔於昭陽門內道北建上清宮,謂左右曰:"朕在藩時,太祖特鍾友愛,賞賚不可勝計⑤,今悉貿易以作此宮⑥,為百姓請福,不用庫錢也。"時王沔參知機務,奏曰:"土木之功,必有勞費,不免取百姓脂膏爾。"上默然。及營繕,命

---

① 太一　嘉慶本作"太乙",下同。
② 風霆害稼　嘉慶本同,長編卷二四"霆"作"雹"。
③ 樞密直學士張齊賢　"直"底本作"使",據嘉慶本、長編四庫底本卷二四改。
④ 太一宮成　長編卷二四同,嘉慶本作"太乙宮成"。按:玉海卷一〇〇太平興國太一宮作"新宮成",以區別於蘇州的太一宮,意優。
⑤ 不可勝計　嘉慶本同,長編卷三七"計"作"紀"。
⑥ 今悉貿易　嘉慶本同,長編卷三七"今"作"因"。

中使董其役,役夫嘗不滿三千人,有司率移撥三五百人給他用①。中使言於上,上曰:"有司所須之人皆切要,汝當自與計議圓融,勿令廢務。"既而案:"及營繕"云云至"既而"以上五十九字,長編脫落。數年功不就,言事者多指之,有詔中輟。後歲餘,內設道場,與道士言及之,乃復出南宮舊金銀器用數萬兩鬻於市,以給工錢訖其役。丙辰,宮成②,總千二百四十一區,上親爲書額,車駕即日往謁焉。

聽斷

太平興國六年三月己未③,詔:"諸州大獄,長吏不親決,胥吏旁緣爲姦,逮捕證左,滋蔓踰年而獄具。自今長吏每五日一慮囚,情得者即決之。"上不欲天下有滯獄,乃建三限之制:大事四十日,中事二十日,小事十日,不須追捕而易決者無過三日。

四月,上親躬聽斷,京城諸司獄有疑者,多臨決之。是歲,自春涉夏不雨,上意獄訟有冤濫。會歸德節度推官李承信市葱有爛者④,笞園户,病創數日死。己卯,承信坐棄市。十二月,先是,諸州罪人皆鋼送闕下,道路非理而死者十常六七,所坐或寅緣細微,情可憫惻。江南西路轉運副使、左拾遺張齊賢上言:"罪人至京,請擇清強官慮問。若顯負沈屈,則量罰本州官吏。自今令只遣正身,家屬別俟朝旨。干繫人非正犯者具報⑤,轉運使詳酌情理,免鋼送。"又言:"刑獄繁簡,乃治道弛張之本。于公陰德,子孫即有興者,況六合之廣,能使獄無冤人,豈不福流萬世!州縣胥吏皆欲多禁繫人,或以根窮爲名,恣行追擾,租税逋欠至少,而禁繫累日,遂至破家。請自今外縣罪人,令五日一具禁放數白州,州獄別置曆,委長吏檢察,三五日一引問疏理,每月具奏,下刑部閱視。有禁人多者,即奏遣朝官馳往決遣。若事涉冤誣,故爲淹滯,則降黜其本州官吏。或終歲獄無冤滯,則刑部給牒,得替日較其課,旌賞之。"

七年八月己卯⑥,兩浙運司言:"部内諸州繫囚滿獄,長吏隱落,妄言獄空,蓋懼朝

---

① 三五百人 "人"底本作"入",據嘉慶本改。
② 宮成 長編卷三七同,嘉慶本"宮"作"工"。
③ 己未 底本脱此二字,據長編卷二二補。
④ 歸德節度推官 底本"歸德節度"下衍"使"一字,據長編四庫底本卷二二删。
⑤ 具報 長編四庫底本卷二二同,嘉慶本作"具保",似是。
⑥ 己卯 底本脱此二字,據長編四庫底本卷二三補。

廷詰其淹滯也。"詔:"自今諸州有妄奏獄空及隱落囚數者,必加深譴,募告者賞之。"

閏十二月丁酉,詔:"諸州犯徒、流罪人等,並配所在牢城,勿復轉送闕下,仍不得輒以案牘聞奏,稽留刑獄。違者罪之。"先是,知桐廬縣、太常寺太祝刁衎上疏言:"淫刑酷法,非律文所載者,望詔天下悉禁止之。巡檢使臣捕得盜賊、亡卒,並送本部,法官訊鞫,無得擅加酷虐。古者投姦人於四裔,今乃遠方囚人盡歸象闕,配於務役,最非其宜。神京勝地①,天子所居,豈可使流囚於此聚役。自今外處罪人,望勿許解送上京,亦不留於諸務充役。又禮曰:'刑人於市,與衆棄之。'則知黃屋紫宸之中,乃非行法用刑之所。望自今御前不行決罰之刑,殿前引見司鉗黥法具並付御史及廷尉之獄,敕杖不以大小,皆以付御史、廷尉。京府,或出中使,或命法官,具禮監科,以重聖皇明刑謹法之意②。或有犯劫盜亡命罪重者,刖足釘身,國門布令。此乃愚民昧於刑憲,逼於衣食,偶然爲惡,義不及他,被其慘毒,實傷風化,亦望減除此法。如此,則人情不駭,各固其生,和氣無傷,必臻其瑞矣。"上覽疏甚悅,降詔褒答焉。

雍熙元年三月甲寅,令諸州十日一具囚帳及所犯罪、繫禁日數以聞,刑部專意糾舉。案:長編脫此條。先是,諸州每十日一奏獄狀,上閱所奏,有一州禁繫至三百人者。五月,乃詔:"自今門留寄禁、取保在外幷邸店養疾者,並准禁囚例,件析以聞。其鞫獄違限③、可斷不斷、事小而禁繫者,有司駁奏之。"案:長編脫此條。先是,開封府女子李擊登聞鼓,自言無兒息④,身且病,一旦死,家業無所付。詔本府隨所欲裁置之。李無他親屬,獨有父,有司繫之。

六月己丑,李又詣登聞,訴其父被繫。上頗駭其事,謂宰相曰:"此事至小,豈當禁鞫?輦轂之下尚或如此⑤,天下至廣,安得無濫枉乎?朕恨不得親決四方之獄,固不辭勞耳。"即日詔遣殿中侍御史李範等十四人,分往江南、兩浙、西川、荊湖、嶺南等道審問刑獄,情得者即決之。吏之愆,幼其罪以聞;若臨事明敏,刑獄無滯,亦以名來上。案:長編脫此條。庚子,始令諸州十日一慮囚。

---

① 神京勝地　嘉慶本同,長編卷二三、宋史卷四四一刁衎傳、歷代名臣奏議卷二一六"京"均作"皐"。
② 聖皇　底本脫此二字,據長編卷二三、宋史卷四四一刁衎傳、歷代名臣奏議卷二一六補。
③ 其鞫獄違限　"獄"底本作"養",據嘉慶本、宋史卷一九九刑法志、文獻通考卷一六六刑考一四四下改。
④ 兒息　底本作"兒息",據宋史卷一九九刑法志、續通典卷一一三詳讞改。
⑤ 輦轂之下　底本脫"之下"二字,據宋史卷一九九刑法志、續通典卷一一三詳讞補。

七月乙卯,上謂宰相曰:"御史臺,閤門之前,四方綱準之地。頗聞臺中鞫獄,御史多不躬親,垂簾雍容,以自尊大,鞫案之任①,委在胥吏。求民之不冤,法之不濫,豈可得也?"乃詔自今鞫獄②,御史必須躬親,毋得專任胥吏。

八月戊寅朔,上謂宰相曰:"每閱大理奏案,或節目小有未備,必移文案覆。封疆遙遠,動涉數千里外,禁繫淹久,甚可憐也。自今卿等詳酌,如非人命所繫,即與量罪區分,勿須再鞫。"始令諸州笞、杖罪不須證逮者,長吏即決之,勿復付所司。群臣受詔鞫獄,獄既具,騎置來上;有司斷訖,復騎置下之。諸州所上疑獄,有司詳覆而無可疑之狀,官吏並同違制之坐。其當奏疑案,亦騎置以聞。

二年八月庚辰,上謂宰相曰:"朕於獄犴之寄,夙夜焦勞,比分遣使臣案巡諸道,蓋慮或有冤滯耳。因思新及第進士為司理參軍,彼於法律固未精習,宜令諸州長吏視其不勝任者,於判司、簿尉中兩易之。"

十月辛丑朔,上錄京城諸司繫囚,多所原減,決事遂至日旰。近臣或諫以勞苦過甚,上曰:"不然。儻惠及無告,使獄訟平允,不致枉撓,朕意深以為適,何勞之有?"因謂宰相曰:"中外臣僚,若皆留心政務,天下安有不治者。古人宰一邑,守一郡,使飛蝗避境,猛虎度江。況人君能惠養黎庶,申理冤滯,豈不感召和氣乎?朕每自勤不怠,此志必無改易。或云百司細故,帝王不當親決,朕意則異乎此。若以尊極自居,則下情不得上達矣。"

三年正月庚戌,令諸鎮繫囚不得過十日③,長吏察舉之。從左拾遺張素等奏也。案:長編脫此條。四月乙丑,令諸州訊囚不須眾官共視,但申長吏,得判而後訊之。案:長編脫此條。九月癸未,詔:"自今京朝、幕職、州縣官並須習讀律令格式,秩滿至京者,當試問。若全不通曉,則量加殿罰。"又詔:"諸州所奏大辟案,多鈔略疑辨之辭,或至愆誤。自今並全錄以聞。"又詔:"奏案每下刑部、大理寺詳斷,頗聞諸州有齎貨隨案入京,賄吏鬻法者,募告者,賞之。"判刑部張泌上言:"果州、徐州官吏枉斷死罪,雖已駁舉,而人命至重,死者不可復生。非稍峻其條章,何以責其明慎?案斷獄律,從流失入

---

① 鞫案之任　嘉慶本同,長編卷二五作"鞫按之柄"。
② 自今鞫獄　"鞫"底本作"決",嘉慶本、宋史卷一九九刑法志同,據長編卷二五、續通典卷一一三詳讞改。
③ 諸鎮繫囚　疑為"諸州繫囚",長編無此條。

死罪者減三等,徒二年半,公罪分四等。望自今應斷獄失入死册者,不得以官減贖,檢法官削一任,長吏並停見任。"從之。案:長編脱此條。十月丁巳,令諸州決獄違限,准律官文書稽程論其罪,踰四十日者言上聽裁。事須證逮致程稽緩者,所在以其事聞。案:長編脱此條。

端拱元年正月庚辰①,詔諸道州府,不得以司理參軍兼涖它職。

二年,自三月不雨,至於五月。戊戌,上親録京城諸司繫獄囚,多所原減。即命起居舍人項城宋維翰等四十二人分詣諸道案決刑獄②。是夕,大雨。

九月戊子③,詔:"京朝官有明於律令格式者,許上書自陳,當加試問,以補刑部、大理寺官屬,三歲遷其秩。"己丑,賜近臣刑統各一部,申命百官奉公外④,常讀律令格式之文,用以檢身斷事。案:長編脱此條。

淳化元年四月庚戌,以旱,親録京城繫囚,多所原減。令尚食進素膳,遣常參官分詣諸道決獄,令中使詣五嶽祈雨。案:長編脱此條。

五月辛卯,令刑部置詳覆官六員,專閱天下所上案牘,勿復遣鞠獄⑤;置御史臺推勘官二十人,並以京朝官充,若諸州有大獄,則乘傳就鞠。辭日,上必臨遣,諭旨曰:"無滋蔓,無留滯。"咸賜以裝錢。還必召見,問以所推事狀,著爲彝制。凡滿三歲,考其殿最而黜陟之。

二年二月戊午,詔大理寺,杖罪以下,並須經刑部詳覆。尋又詔大理寺所駁天下案牘未具者,亦令刑部詳覆以聞。案:長編脱此條。

四月,判刑部李昌齡上言:"自來大理詳斷,刑部詳覆,並連署以聞。此設兩司爲之鈐鍵,貴於議讞,克正刑章。既列奏以僉同,乃職分之無別。案制⑥,大理定刑訖,送省部,詳覆官入法狀,主判官下斷語,然後具狀聞奏。至開寶六年,闕法直官,致兩司共斷定覆詞。今若悉備舊規,慮成滯獄⑦。望今大理所斷案牘,令寺官書判印書訖,送

---

① 庚辰 底本脱此二字,據長編四庫底本卷二九補。
② 宋維翰 嘉慶本同,長編四庫底本卷三〇、資治通鑑後編卷一四均作"宋惟幹"。
③ 戊子 底本脱此二字,據長編卷三〇、資治通鑑後編卷一四補。
④ 申命百官 "申"底本作"由",據嘉慶本改。
⑤ 勿復遣鞠獄 底本"獄"下衍"吏"一字,據宋史全文卷四、文獻通考卷一六六刑考五删。
⑥ 案制 嘉慶本同,宋史卷一九九刑法志"案"作"舊"。
⑦ 慮成滯獄 嘉慶本作"慮成煩滯"。

省部詳覆。如其允當,即刑部官吏印書,送寺共奏。或刑名未允,即駁疏以聞。"詔從其請。案:長編脱此條。

五月庚子,始命司門員外郎董循等十人①,分充諸路轉運司提點刑獄公事,管内州府十日一具囚帳供報,有疑獄未決,即馳傳往視之。州縣敢稽留人獄,久而不決,及以偏辭案讞,情不得實,官吏徇情者,悉以聞。佐史、小吏以下,許便宜案劾從事。案:長編脱此條。八月,上欽恤庶獄,慮大理、刑部吏舞文巧詆。己卯,置審刑院於禁中,以樞密直學士李昌齡知院事,兼置詳議官六員,凡獄具上奏者,先申審刑院印訖,以付大理寺、刑部斷覆以聞。乃下審刑院詳議中覆,裁決訖,以付中書,當者即下之。其未允者,宰相復以聞,始命論決,蓋重謹之至也。

司馬光記聞稱趙普出鎮,太宗患中書權太重,且事衆,宰相不能悉領。向敏中時爲諫官,上言請分中書刑房置審刑院。案實録,向敏中雖以左司諫知制誥,初不聞有此議。國史及它書亦弗載,不知光何所據也。且置審刑院,不過欽恤庶獄耳,豈能分中書權,省其事耶。疑此説或誤,更須考之。楊億談苑但云:"審刑院本中書刑房,宰相所領之職,於是析出。"亦不云中書權太重故也。

三年五月壬寅,詔御史臺鞫徒以上罪,獄具,令尚書丞郎、兩省給舍以上一人親往慮問。己酉,上以久愆時雨,因遣常參官十七人分詣諸路案決刑獄。是夕雨。六月戊寅,上御崇政殿,親録京城諸司繫囚,流罪以下多所原減。案:長編脱此條。

四年六月戊午朔,詔御史臺應合行故事,並條奏以聞。獄無大小,自中丞以下皆臨鞫問,不得專責所司。案:長編脱此條。十月壬戌,自端拱以來,諸州司理參軍皆上躬自選擇,民有詣闕稱冤者,立遣臺使乘傳案鞫,數年之間,刑罰清省矣。諸路提點刑獄司未嘗有所平反,上以徒增煩擾,罔助哀矜,詔悉罷之,歸其事於轉運司。

至道二年七月,上聞諸州所斷大辟,情有可疑者,懼爲有司所駁,不敢上其獄。人命斯繫,或致冤濫。乃詔:"自今所斷死罪有可疑者,具獄申轉運司,擇部内之詳練格律者令決之,須奏者乃奏。"又詔:"諸吏民詣鼓司、登聞院訴事者,須經本屬州、縣、轉運司不爲理,有司乃受。令大理寺所決天下案牘②,大事限二十五日,中事二十日,小事十日;審刑院詳覆,大事十五日,中事十日,小事五日。"案:長編脱此條。

---

① 司門員外郎董循等十人 "門"底本作"馬",據文獻通考卷六一職官考五五八下改。按:"十人",文獻通考卷六一職官考五五八下作"一十一人"。
② 大理寺 "寺",底本作"司",嘉慶本同,據宋史卷一九九刑法志、文獻通考卷一六六刑考一四四五上改。

教閱

太平興國二年九月。上屬意戎事,每朝罷,即於便殿或後苑親閱禁卒,取伉健者隸親軍,罷軟老弱,悉分配外州。自是藩衛之士益以精彊。乃令築講武臺於城西之楊村。辛亥,大閱,上與文武大臣、從官等登臺而觀。殿前都指揮使楊信初董其事,上以信病瘖不能言,命天武左廂都指揮使崔翰代之。翰分布士伍,南北綿亘二十里,建五色旗以號令,將卒望其所舉,爲進退之節,每案旗指蹤,則千乘萬騎周旋如一,甲兵之盛,近代無比。上甚悅,即遣中使密以金帶賜翰,謂之曰:"此朕藩邸所服者也。"因謂左右曰:"若崔翰者,必不事晉朝矣①!"蓋言晉朝將帥多不得其人,軍政隳紊故也。楊信即楊義,避上名改焉。丙辰,上始狩於近郊,作詩賜群臣,令屬和。

三年十二月乙丑,上幸講武臺,觀飛山軍人發機石、射連弩。上將伐北漢,先習武事也。庚午,臘,有司請備冬狩之禮,上從之,因謂左右曰:"老子云'馳騁田獵②,令人心發狂',夏書曰'外作禽荒',爲人上者,不得不戒。觀前代多惑於此,而致喪敗。朕今順時蒐狩,爲民除害,非敢以爲樂也。"

四年正月,親征河東。四月壬申③,上幸太原城西④,督諸將攻城。先是,上選諸軍勇士數百人,教以劍舞,皆能擲劍於空中,躍其身,左右承之,見者無不恐懼。會契丹遣使修貢,賜宴便殿,因出劍士示之,數百人袒裼鼓譟,揮刃而入,跳躑承接,曲盡其妙,契丹使者不敢正視。及是巡城,必令舞劍士前導,各呈其技,北漢人乘城,望之破膽。

雍熙元年二月壬午朔,上御崇政殿,親閱諸軍將校,自都指揮使已下至百夫長,皆案名籍,參考勞績而升黜之,凡踰月而畢。自是,率循其制。謂近臣曰:"朕選擢將校,先取其循謹能御下者,武勇次之。若不自謹飭,則士卒不畏服,雖有一夫之勇,亦何用耶?"又曰:"兵雖衆,苟不簡擇,與無兵同。先帝訓練之方,咸盡其要。朕因講習,漸至精銳,倘統帥得人,何敵不克,止患將材難得耳。"舊制,諸軍辭見,或行間驍果出衆者,

---

① 若崔翰者必不事晉朝矣　宋會要輯稿禮九之五作"晉朝之將必無如崔翰者"。
② 馳騁田獵　嘉慶本、老子道德經卷上檢欲第十二同,長編卷一九、宋史全文卷三"田"均作"畋"。
③ 壬申　底本脱此二字,據長編卷二〇補。
④ 上幸太原城西　底本無"太原"二字,據長編卷二〇補。

令將帥互相保任。散員左班都頭魏能戍邊,不爲衆所保。上曰:"此人材勇,朕可自保之。"由是稍加進用。四月甲午,幸金明池,觀習水戰,謂宰相曰:"水戰,南方之事也。今其地已定,不復施用,時習之,示不忘武功耳。"因幸講武臺,閱諸軍馳射,有武藝超絕者,咸賜以帛。還,登瓊林苑北榭,賜從臣飲。

　　至道元年三月己巳,上令衛士數百輩射於崇政殿庭,召張浦觀之。先是,李延信還,上賜李繼遷勁弓三,皆力及一石六斗,繼遷意上欲威示戎虜,非有人能挽也。至是,士皆引滿平射,有餘力,浦大駭。上笑問浦:"戎人敢敵否?"浦曰:"蕃部弓弱矢短,但見此長大,人固已逃遁,況敢拒敵乎!"上因謂浦曰:"戎人皆貧窶,飲食被服粗惡,無可戀者。繼遷何不束身自歸,永保富貴?"

　　十一月己未,上閱武於便殿,衛士挽弓有及一石五斗者,矢二十發而綽有餘力。因謂近臣曰:"事有奇異驚聽者,此是也。方今寰海無事,美才間出,悉在吾彀中矣。朕向於行伍中選氣質端謹、勇而知禮、進退有度者,授以挽強之法,俾相講教,所以弧矢之妙,敻無倫比①。"又令騎兵、步兵各數百東西列陣,挽強彀弩,視其進退,發矢如一,容止中節。上曰:"此殿庭間數百人爾,猶兵威可觀,況堂堂之陣,數萬成列者乎!"

政迹總類

　　太平興國四年正月癸卯,新渾儀成,司天監學生巴中張思訓所創也。置文明殿東南之鐘鼓樓,以思訓爲渾儀丞。舊制,日月晝夜行度,皆人所運轉。新創成於自然,尤爲精妙。

　　五年正月。案:長編事列壬午。國初,但有左、右飛龍二院,以左、右飛龍使各二人分掌之。時諸州監牧多廢,官失其守,國馬無復孳息。太祖始置養馬二務,又興葺舊馬務四,以爲放牧之地,分遣中使詣邊州歲市馬,自是閑廄之馬始備。上既平太原,遂觀兵范陽,得汾晉、燕薊之馬凡四萬二千餘匹,國馬增多,乃詔於景陽門外新作四廄,名曰天駟監,左右各二,以左、右飛龍使爲左、右天廄使,閑廄使爲崇儀使。內廄馬既充牣,始分置諸州牧養。

---

① 敻無倫比　"倫"底本作"論",據嘉慶本、長編卷三八改。按:玉海卷一四五至道閱武便殿作"敻古無比"。

改崇儀使,實錄在甲申,今從本紀。

六年九月丙午,詔應京朝官除兩尚、御史臺,自少卿、監以下,奉使從政於外受代而歸者,並令中書舍人郭贄、膳部郎中兼侍御史知雜事滕中正、户部郎中雷德驤同考校勞績,品量材器,以中書所下闕員,類能擬定,引對而授之,謂之差遣院。案前代常參官,自一品皆曰京官,其未常參止曰未常參官①。今謂常參曰朝官,秘書郎而下未常參者曰京官。舊制,京官有員數②,除授皆云替某官,或云填見闕。京官皆屬吏部,每任三十月爲滿,歲校其考第,罷任取解赴集。國初以來,有權知及通判諸州軍、監臨物務官,無定員,月限既滿,有司住給俸料,而見釐務者申牒,有司復支③,所釐之務罷則已,但不常參,除授皆出中書,不復申吏部。至是,與朝官悉差遣院主之。

八年四月,上嘗作戒諭辭二付閤門,一以戒京朝官受任於外者,一以戒幕職州縣官。丁未,令閤門於朝辭日宣旨勖勵,乃書其辭於治所屋壁,遵以爲戒。八月辛亥,詔增周公諡法五十五字,美諡七十一字爲百字,平諡七字爲二十字,惡諡十七字爲三十字,仍令翰林學士承旨扈蒙、中書舍人王祐同詳定④。蒙等上奏:"所增五十五字皆可用。其沈約、賀琛續廣諡,請廢不行。"詔可。

雍熙元年四月甲辰,布衣趙垂慶⑤詣匭上書言:"皇家當越五代而上承唐統爲金德。若以梁上繼唐,後唐至國朝,亦合爲金德。矧自禪代以來,符瑞狎至,羽毛之類色白者不可勝紀⑥,皆金德之應也。望改正朔,易車旗服色⑦,以承天統。"事下尚書省,集百官定議。右散騎常侍徐鉉等議曰:"五運相承,國家大事,著於前載,具有明文。頃者唐末喪亂,朱梁篡代。莊宗早編屬籍,繼立世功,親雪國讎,天下稱慶,即比梁於羿、浞、王莽之徒,不可以爲正統也。莊宗中興唐祚,重新土運⑧。自後數姓相傳,晉以金,漢以水,周以木。大造皇宋,運膺火德。況國初便祀火帝爲感生帝,于今二十五年,而又圜丘展禮,已經六祭。自是,日盛一日,年穀豐登,干戈偃戢。若於聖統未合

---

① 其未常參止曰未常參官　嘉慶本、長編卷二二同,宋史卷一五八選舉志"止"作"者"。
② 京官有員數　長編卷二二、玉海卷一六八太平興國差遣院同,宋史卷一五八選舉志"京官"作"京朝官"。
③ 有司復支　"支"底本作"知",據長編卷二二、玉海卷一六八太平興國差遣院改。
④ 王祐　嘉慶本同,長編四庫底本卷二四作"王祜"。
⑤ 趙垂慶　底本作"趙重慶",據嘉慶本、太宗皇帝實錄卷二九、宋史卷七〇律曆志、宋會要輯稿運曆一之一改。
⑥ 羽毛之類色白者不可勝紀　底本脱"類"一字,據太宗皇帝實錄卷二九補。
⑦ 易車旗服色　"旗""服"原倒,據太宗皇帝實錄卷二九、歷代名臣奏議卷二八〇乙正。
⑧ 重新土運　"土",宋會要輯稿運曆一之一作"立";"運",太宗皇帝實錄卷二九作"德"。

天心,焉有太平得如今日?此皆上玄降祐,清廟垂休,致成恢復一統之道也,豈可輒因獻議,便從改易,恐違眷命,深所未安。"又云:"梁至周不合迭居五運,欲我朝上繼唐統,宜爲金德。且後唐已下,奄宅中區,合該正統,今便廢絕,理實無謂。且五運代遷,皆親承授,質文相次,間不容髮,豈可越數姓之上,繼百年之運?此不可之甚也。案唐書,天寶九年崔昌獻議曰:'魏、晋至周、隋,皆不得爲正統。'欲唐遠繼漢統,立周、漢子孫爲王者後,備三恪之禮。是時,朝議是非相半,集賢學士衛包扶同李林甫,遂行其事。至十二載,林甫卒,後復以魏、周、隋之後依舊爲三恪,崔昌、衛包並皆遠貶,此又前載之甚明也。況今國家封禪有日,宜從定制,上答天休。伏乞聖宋永爲火德。"從之。

四年十二月,國子司業孔維上書,請禁原蠶,以利國馬。直史館樂史駁奏曰:"管子云:'倉廩實知禮節,衣食足知榮辱。'是以古先哲王厚農桑之業,以爲衣食之原耳。一夫不耕,天下有受其饑者;一婦不蠶,天下有受其寒者。故天子親耕,后妃親蠶,屈身以化下者,邦國之重務也。吳都賦曰:'國賦再熟之稻,鄉貢八蠶之絲①。'則蠶之有原,其來舊矣。今維請禁原蠶,以利國馬,徒引前經物類同氣之文,不究時事確實之理。夫所市國馬,來自外方,涉遠馳驅,虧其秣飼,失於善視,遂至玄黄,致斃之由,鮮不階此。今乃禁其蠶事,甚無謂也。唐朝畜馬,具存監牧之制,詳觀本書,亦無禁蠶之文。況近降明詔來年春有事于籍田。是則勸農之典方行,而禁蠶之制又下,事相違戾,恐非所宜。臣嘗歷職州縣,麤知利病。編民之内,貧窶者多,春蠶所成,正充賦調之備;晚蠶薄利,始及卒歲之資。今若禁其後圖,必有因緣爲弊,滋彰撓亂,民豈遑甯!涣汗絲綸,所宜重慎。"上覽之,遂寢原蠶之禁。維復抗疏論辯,且言:"臣少親耕桑之務,長歷州縣之職,物之利害,盡知之矣。蚩蚩之氓,知其利而不知其害,故有早蠶之後重養晚蠶。且晚蠶之繭出絲甚少,再采之葉,來歲不茂,豈止傷及於馬,而桑亦損矣。"上雖不用維言,嘉其援引經據,以章付史館。

端拱元年正月乙亥,上於東郊親饗先農,以后稷配,遂耕籍田。始三推,有司言禮畢,上曰:"朕志在勸農,恨不能終於千畝,豈止以三推爲限!"耕數十步,侍臣固請,乃

---

① 鄉貢八蠶之絲 "絲",長編卷二八、宋史卷四三一孔維傳均作"綿"。

止。還,御乾元殿,大赦,改元。民年七十以上,有德行,爲鄉里所崇者①,賜爵一級。

淳化三年六月辛卯,分遣使臣於京城四門置場,增價以糴,令有司虛近倉以貯之,命曰:"常平以常參官領之,俟歲饑,即減價糶與貧民。"遂爲永制。

五年三月甲寅,宋、亳民市牛江淮間,未至,上以時雨沾足,慮其耕稼失時。會太子中允武允成獻踏犁,以人力運之,不用牛。上亟令秘書丞、直史館陳堯叟等往宋州,依其製造,成以給民,民甚賴焉。

至道元年六月己卯,詔重造州、縣二稅版籍,頒其式於天下。凡一縣所管幾戶、夏秋二稅、苗畝桑功正稅及緣科物,用大紙作長卷,排行實寫②,爲帳一本,送州覆校定,以州印印縫,於長吏廳側置庫,作板櫃藏貯封鐍。自今每歲二稅將起納前,並令本縣先如式造帳一本送州。本縣納稅版簿,亦以州印印縫,給付令佐。

九月。先是,汴河歲運江淮米三百萬石、菽一百萬石、黄河粟五十萬石、菽三十萬石、惠民河粟四十萬石、菽二十萬石、廣濟河粟十二萬石,凡五百五十萬石。案:"惠民河粟"云云至"凡五百五十萬石"以上二十八字,長編脱落。非水旱大蠲民租,未嘗不及其數。是歲,汴河運米至五百八十萬石。丁未,上因問近臣汴河疏鑿之由,參知政事張洎退而講求其事以奏,且曰:"今帶甲數十萬,戰騎稱是,萃于京師,仍以亡國之士民悉集于輦下,比漢、唐京邑民庶十倍其人矣。甸服時有水旱,而不至艱歉者,有惠民、金水、五丈、汴水等四渠派引脉分,會于天邑,舳艫相接,贍足京師,以無匱乏也。惟汴之水横亘中國,首承大河,漕引江、湖,利盡南海。半天下之財賦並山澤之百貨,悉由此路而進。然則大禹疏鑿以分水勢,煬帝開甽以奉巡遊,雖數陻廢,而通流不絕於百代之下,終爲國家之用者,其上天之意乎?"

二年二月,祠部員外郎、主判都省郎官事王炳上言曰:"尚書省,國家藏載籍、興治教之府,所以周知天下地里廣袤、風土所宜、民俗利害之事。當成周之世,治定制禮,首建六官,即其原也。漢、唐因之,軌範斯著,簡册所載,焕然可觀。蓋自唐末以來,亂離相繼,急於經營,不遑治教,故金穀之政主於三司,尚書六曹名雖存而其實亡矣。謹

---

① 爲鄉里所崇者　嘉慶本同,長編卷二九、群書考索卷三五"崇"均作"宗"。
② 排行實寫　"實"底本作"寬",據嘉慶本、長編四庫底本卷三八改。

按六曹,凡二十四司,所掌事物,各有圖書,具載名數,藏於本曹,謂之載籍。所以周知天下之事,自中制外①,教道官吏,興利除害,如指諸掌。臣故曰藏載籍、興治教之府也。今職司久廢,載籍散亡,惟吏部四司官曹小具,祠部有諸州僧道文帳,職方有諸司閏年圖,刑部有詳覆諸州已決大辟案牘及旬禁奏狀②,此外無舊式。欲望令諸州每年造户口租税實行簿帳,寫以長卷者,別寫一本,送尚書省,藏於户部。以此推之,其餘天下官吏、民口、廢置、祠廟、甲兵、徒隸、百工、疆畔、封洫之類,亦可籍其名數,送尚書省,分配諸司,俾之緘掌。俟期歲之後,可以振舉官守,興崇治教。望選大僚數人博通治體者,參取古今典禮令式,與三司所受金穀、器械、簿帳之類,仍詳定諸州供送二十四司載籍之式。如此,則尚書省備藏天下事物名數之籍,如秘閣藏圖書,國學藏經典,三館藏史傳,皆其職也。"上覽奏嘉之,詔令尚書丞、郎及兩省五品以上集議其事。吏部尚書宋琪等上奏曰:"王者六官,法天地四時之柄;文昌列署,體象緯環拱之文,是爲布政之宮。王化之本③,典教所出,何莫由斯?然而古今異宜,沿革殊制,或從權而改作,亦因時而立法。唐之中葉,兵革弗寧,始建使名,專掌邦事,權去省闥④,政歸三司。五代相循,未能復舊。今聖文垂拱,書軌無外,將循名而責實,庶稽古以建官,悉舉舊章,以蹈前軌,而歲祀寖久,曹局僅存,有司失傳,遺編多闕。臣等欲望委崇文院檢討六曹所掌圖籍,自何年不係都省,詳其廢置之始,究其損益之原,別俟討論,以期恢復。"上以其迂闊,竟寢之。

　　王炳奏議,不得其日。宋琪自吏部尚書遷右僕射在二月,今琪猶以吏書見,故附此事於二月末。實錄別本亦載此事於二月乙未。

---

① 自中制外　嘉慶本同,長編卷三九"自"作"由"。
② 刑部有詳覆諸州已決大辟案牘及旬禁奏狀　底本脫"有"一字,據長編卷三九補;"旬"底本作"句",據嘉慶本改。
③ 王化之本　宋史卷一六八職官志、歷代名臣奏議卷一五九均作"百官之本"。
④ 權去省闥　嘉慶本同,長編卷三九"闥"作"闈"。

卷第十五

真宗皇帝

親征契丹

景德元年九月丁酉,上謂輔臣曰:"累得邊奏,契丹已謀南侵。國家重兵多在河北,敵不可狃。朕當親征決勝,卿等共議何時可以進發?"畢士安等曰:"陛下已命將出師,委任責成可也。必若戎輅親征,宜且駐蹕澶淵。然澶淵郛郭非廣,久聚大衆,深恐不易。況冬候猶遠,順動之事,更望徐圖。"寇準曰:"大兵在外,須勞聖駕暫幸澶淵。進發之期,不可稽緩。"王繼英等曰:"禁衛重兵多在河北,所宜順動,以壯兵威。仍督諸路進軍,臨事得以裁制。然不可更越澶州,庶合機宜,不虧謹重。所議進發,尤宜緩圖。若遽至澶州,必不可久駐。"詔士安等各述所見,具狀以聞。辛亥,以永清節度使周瑩爲天雄軍都部署、知軍府事,代河陽三城節度使王顯也。命顯歸本鎮。顯上疏陳三策,以爲:"大軍方在鎮、定,虜必未敢引衆南侵。若車駕親征,望且駐蹕澶淵,詔鎮、定出軍,會河南大軍,合勢攻殺。或虜主與其母氏虛張形勢,以抗我師,潛遣銳兵南下,迫河與駕前諸軍對敵,即望令鎮、定之師直趨虜帳,攻其營寨,則緣河遊兵自退,所謂不戰而屈人兵也。或分遣騎兵千、步兵三千,於濮洲渡河,橫掠澶州,繼以大軍追北掩敵,此亦出其不意也。"洛苑副使李允則轉西上閤門副使、鎮定高陽三路行營兵馬都監,押大陣東面。

閏九月乙卯,令代州副部署元澄,俟戎人南牧,即率所部於境上禦備牽制之。仍令并代副都部署雷有終至時領兵由土門路赴鎮州①,與大軍合,寨於平定軍。庚申,令

---

① 并代副都部署雷有終　底本漏"并代"和"都"三字,據宋史卷二七八雷德驤傳附雷有終傳補。按:長編卷五七作"并代州副部署雷有終"。

北面緣界河部署康進、邢州路①劉用各率所部赴滄州、邢州屯守,戎人入寇,即邀擊之。辛未,北面都部署王超等引大軍屯唐河,樹營柵以備胡寇。癸酉,契丹主與其母舉國入寇,其統軍順國王撻覽引兵掠威虜、順安軍,魏能、石普等帥兵禦之。能敗其前鋒,斬偏將,獲印及旗鼓、輜重。又攻北平寨,田敏等擊走之。又東趣保州,州振武小校孫密領十卒偵事,中路遇虜前鋒,密等依林木彀弓弩以待之,虜下馬以短兵格鬥,密等射殺十數人,又殺其軍校,獲所佩右羽林軍使印。虜進攻州城,不利而北。是日,二十二日也。撻覽與契丹主及其母合勢以攻定州,王超陣於唐河,執詔書按兵不出戰,虜勢益熾,其輕騎俄爲我裨將所擊,乃帥衆東駐陽城淀。寇準言:"邊奏虜騎已至深、祁以東,緣三路大軍在定州,魏能、張凝、楊延朗、田敏等又在威虜軍等處,東路別無屯兵。乞先發天雄軍步騎萬人駐貝州,令周瑩、杜彥鈞、孫全照部分,或不足,則止發五千人,專委孫全照。如虜在近,仰求便掩擊,仍令間道約石普、閻承翰相應討殺,及募彊壯入虜境,焚毀族帳,討蕩生聚,多遣探伺,以虜動静上聞,兼報天雄軍。一安人心,二張軍勢,以疑敵謀,三以振石普、閻承翰軍威,四與邢、洺相望,足爲掎角之用。"又曰:"扈從之士不當與犬戎爭鋒原野,以决勝負。今天雄軍至貝州,屯兵不過三萬人。萬一虜騎已營貝州以南,即自定州發三萬餘人,俾桑贊等結陣,南趨鎮州,及令河東雷有終所部兵由土門會定武兵②,審量事勢,那至邢、洺間,鑾輿方可順動。更敕王超等在定州翼城而陣,以應魏能等,作會合之勢。候抽移定州、河東兵附近,始幸大名。"又曰:"萬一虜騎栅於鎮、定之郊,定州兵不可來,邢、洺之北漸被侵掠,須分定武三路精兵③,就差將帥會合,及令魏能等迤邐東下,傍城牽制。虜必懷後顧之憂,未能輕議深入。若車駕不行,益恐蕃賊戕害生靈。或是革輅親舉,亦須度大河,且幸澶淵,就近易爲制置,會合控扼。"

　　先是,寇準已決親征之議,參知政事王欽若以虜寇深入,密言於上,請幸金陵;僉

---

① 邢州路　"邢"底本作"刑",據嘉慶本、長編卷五七、太平治迹統類卷四真宗澶淵通好改。
② 由土門會定武兵　"定武兵"底本作"定州",嘉慶本、長編卷五七同,據塵史卷一國政改。按:塵史卷一國政載寇準奏稿:"扈從衛士不當與契丹爭鋒原野,以決勝負。萬一契丹之營見兵已南,即發定州馬三萬餘,俾桑贊等結陣南趨鎮州,及令河東雷有終所部兵由土門會定武兵,審量事勢,那至邢、洺間,方可鑾輿順動。"據此,"及令河東雷有終所部兵由土門會定武兵"是。
③ 須分定武三路精兵　底本無"定武"二字,嘉慶本、長編卷五七同,據塵史卷一國政補。

書樞密院事陳堯叟請幸成都①。上復以問準，時欽若、堯叟在傍，準心知欽若江南人，故請南幸，堯叟蜀人，故請西幸，乃陽爲不知，曰："誰爲陛下畫此策者？罪可斬也！今天子神武，而將帥協和，若大駕親征②，虜自當遁去③。不然，則出奇以撓其謀，堅守以老其衆，勞逸之勢成④，我得勝算矣，奈何欲委棄廟社⑤，遠之吳⑥、蜀耶？"上乃止，二人由是怨準。欽若多智，準懼其妄有關說，疑沮大事，圖所以去之。會上欲擇大臣使鎮大名，準因言欽若可任，欽若亦自請行。乙亥，以欽若判天雄軍府兼都部署、提舉河北轉運司，與周瑩同議守禦。

記聞載王欽若、陳堯叟之言，車駕時在澶淵。按欽若以閏九月二十四日除知大名，十月初二日行，車駕以十一月二十日方親征，記聞蓋誤也。魏泰東軒録載準召欽若至行府諭意，乃酌上馬杯，令欽若即日馳騎赴鎮，此尤謬妄。今依約仁宗實録、準及欽若本傳刪修。其實準先以決澶淵之議，欽若與堯叟潛沮之，準因斥言其過，蓋未嘗面斥欽若等，欽若等固亦不於上前公獻此策。本傳遂云準斥欽若等，恐未必然耳。張唐英作準傳，又有"江南人勸幸金陵，蜀人勸幸成都"之語，若謂準私以爲然則可耳⑦，必不對上斥言也。且唐英敘準事，多失實，今皆不取。欽若既不能沮準，則因請守魏以自效，姦邪爲身謀，或多如此，本傳宜得之。劉敞作丞相萊公傳，亦云"上北巡至澶州，不欲渡河，準始請斬建議幸金陵及蜀者"，與司馬光記聞同誤⑧，今不取。

初，殿前都虞候、雲州觀察使王繼忠戰敗，爲虜所獲，虜即授以官，稍親信之，繼忠乘間言和好之利。時虜母老，頗有厭兵意⑨，雖大舉深入，然亦納繼忠説，於是遣小校李興等四人持信箭，以繼忠書詣莫州部署石普，且致密奏一封，願速達闕下，辭甚懇激。興等言虜主與母召至車帳前，面授此書，誡令速至莫州送石帥，獲報簡即馳以還。於是普遣使賚其奏至，上發視之，即繼忠狀，具言："臣先奉詔充定州路副都部署，望都之戰，自辰達酉，營帳未備，資糧未至，軍不解甲，馬不芻秣二日矣。加以士卒乏飲，冒

---

① 僉書樞密院事陳堯叟　底本脱"書"一字，據長編卷五七補。
② 大駕親征　嘉慶本、宋史卷二八一寇準傳同，長編卷五七"大"作"車"。
③ 虜自當遁去　"虜"，嘉慶本作"敵"，長編卷五七作"彼"，宋史卷二八一寇準傳作"賊"。
④ 勞逸之勢成　嘉慶本同，長編四庫底本卷五七、長編卷五七均無"成"一字。
⑤ 廟社　嘉慶本同，長編卷五七作"宗社"。
⑥ 吳　嘉慶本同，長編四庫底本卷五七、長編卷五七均作"楚"。
⑦ 若謂準私以爲然則可耳　底本脱"謂"一字，據長編四庫底本卷五七、長編卷五七補。
⑧ 司馬光記聞　"聞"底本作"問"，據嘉慶本改。本條注文開始即言"記聞載"亦可爲佐證。
⑨ 時虜母老頗有厭兵意　"虜"，長編四庫底本卷五七、長編卷五七均作"契丹"。

刃爭汲。翌日,臣整眾而前,邀其偏將,雖勝負且半,而策援不至,爲北朝所擒。非唯王超等輕敵寡謀,亦臣之罪也。北朝以臣早事宮庭,嘗荷邊寄,被以殊寵,列于諸臣。臣嘗念昔歲面辭,親奉德音,惟以息民止戈爲事,況北朝欽聞聖德,願修舊好,心冀睿慈俯從愚瞽。"上謂輔臣曰:"朕念往昔全盛之時,亦以和戎爲利。朕初即位,呂端等建議,欲因太宗上僊,命使告訃;次則何承矩請因轉戰之後,達意邊臣。朕以爲誠未交通,不可強致。念自古獯鬻爲中原強敵,非懷之以至德,威之以大兵,則獷悍之性,豈能柔服①?此奏雖至,要未可信也②。"畢士安等曰:"近歲契丹歸欸者,言國中畏陛下神武、本朝雄富,常懼一旦舉兵復幽州,故深入爲寇。今既兵鋒屢挫,又恥於自退,故因繼忠以請,諒亦非妄③。"上曰:"卿等所言,但知其一,未知其二。彼以無成請盟,固其宜也。然得請之後,必有邀求。若屈己安民,特遣使命,遺之財貨,斯可也。所慮者關南之地曾屬彼方,以是爲辭,則必須絕議。朕當治兵誓眾④,躬行討擊耳。"遂以手詔令石普付興等,賜繼忠,曰:"朕丕承大寶,撫育群民,常思息戰以安人,豈欲窮兵而黷武。今覽封疏,深嘉懇誠。朕富有寰區,爲人父母,儻諧偃革,亦協素懷。詔到日,卿可密達茲意,共議事宜。果有審實之狀,即附邊臣聞奏。"繼忠欲朝廷先遣使命,上未許也。

國史契丹傳改"北朝"字作"彼中",及削去"王超等輕敵寡謀"及上謂宰臣等"未知其二"以下等語。今依實錄並著之,庶其不失事實爾。

丙子,以天雄軍都部署周瑩爲駕前東面貝冀路都部署,潁州防禦使杜彥鈞副之,供備庫使綦政敏爲鈐轄;馬軍都指揮使葛霸爲駕前西面邢洺路都部署⑤,步軍都虞候中牟王隱副之,西上閤門使孫全照爲鈐轄。上召全照與語,命兼天雄軍及貝、冀等州鈐轄,仍令察視北面機事。全照言:"若虜南迫魏城,但得騎兵千百,必能設奇取勝。"上賞其忠果,足張兵威,乃詔都部署周瑩:"若全照欲擊虜,即分兵給之。"己卯,知岢嵐

---

① 豈能柔服　長編卷五七同,宋會要輯稿蕃夷一之二九作"詎能柔伏"。
② 要未可信也　長編卷五七同,宋會要輯稿蕃夷一之二九作"亦恐未誠",嘉慶本"要"作"恐"。
③ 近歲契丹歸欸者言國中畏陛下神武本朝雄富常懼一旦舉兵復幽州故深入爲寇今既兵鋒屢挫又恥於自退故因繼忠以請諒亦非妄　宋會要輯稿蕃夷一之二九作"陛下以至仁撫天下,況近歲契丹歸欸之人,皆言其國聚謀常以聖德兼備,精于求理,軍國雄富,常慮一旦舉兵遠復燕境,今既來寇封略,銳氣屢挫,雖欲罷去,且恐無名,今茲勤請,諒必非妄"。
④ 朕當治兵誓眾　長編卷五七、宋會要輯稿蕃夷一之二九同,嘉慶本"誓"作"整"。
⑤ 邢洺路　底本作"邢洛路",據嘉慶本、長編四庫底本卷五七改。

軍開封賈宗奏虜騎數萬入寇草城川,率兵擊敗之,翌日復至,又敗之,逐北出境。有詔嘉獎,令轉運司及部署司具將士功狀以聞。并代鈐轄高繼勳實率衆來援,登高望草城川,謂宗曰:"虜衆而陣不整,將不才也。我兵雖少,可以奇取勝。先設伏山下,戰合,虜必南去,爾起乘之,當大潰。"與戰,至寒光嶺,伏發,虜兵果敗,自相蹂躪者萬餘人,獲馬、牛、橐駞甚衆。既而宗自供奉官、閤門祗候遷儀鸞副使,繼勳自洛苑使遷弓箭庫使。

十月丙戌,遣供備庫副使安守忠按行澶州已北頓遞,命澶州兵馬鈐轄内一人兼統緣河兵。時緣河州軍益兵備戎人故也。先是,詔雷有終等取土門路與大兵會,至是,以戎寇東行逼武強縣,復詔有終等率兵赴鎮州。王超言契丹引衆沿胡盧河而東,詔諸將整兵爲備,仍令岢嵐、威虜軍、保州、北平寨部署等深入賊境,腹背縱擊,以分其勢。戊子①,令石隰路都監王汀率所部兵屯憲州②,如戎人自西谷入寇,即會代州部署忻州駐泊兵拒之。如自岢嵐、寧化軍入寇,即令麟府鈐轄韓守英率兵赴之。庚寅,命兵部尚書、知青州張齊賢兼青、淄、濰安撫使,知制誥、知鄆州丁謂兼鄆、齊、濮安撫使,並提舉轉運及兵馬。既而虜騎稍南,民大驚,趨楊劉渡,舟人邀利,不時濟。謂紿取死罪囚斬河上,舟人懼,民悉得濟,乃立部分,使並河執旗幟、擊刁斗以懼虜,呼聲聞百餘里,虜遂引去。

乙未,詔王超等率兵赴行在。丁酉,詔威虜軍魏能、保州張凝、北平寨田敏等率所部兵屯定州。先是,詔能、凝、敏及緣邊都巡檢使楊延朗分握精騎,俟敵至則深入,以牽其勢。王超嘗請四人悉隷所部,上以本設奇兵撓虜心腹,若復取大將節制,則四人無以自效,不許。超既赴行在,乃詔敏等移屯。壬寅,命入内副都知秦翰乘傳詣澶州、天雄軍等處,裁制兵要,便宜從事。乙巳,保莫州、岢嵐威虜軍、北平寨並言擊敗契丹,群臣稱賀。是役,張凝、田敏皆以偏師抵易州南,虜獲人畜③、鎧仗凡數萬計,獨魏能逗撓無功。

此據凝、敏傳附見。實錄於十二月辛卯乃書凝等虜獲數,今移入此。

---

① 戊子　底本脱此二字,據長編四庫底本卷五八補。
② 石隰路　"路"底本作"州",據長編四庫底本卷五八、太平治迹統類卷四真宗澶淵通好改。
③ 虜獲　底本作"虜護",據嘉慶本、長編四庫底本卷五八改。

先是,王繼忠得上手詔,即具奏,附石普言契丹已領兵攻圍瀛州。蓋關南乃其舊疆,恐難固守,乞早遣使議和好。丙午,上覽其奏,謂輔臣曰:"瀛州素有備①,非所憂也。欲先遣使,固亦無損。"乃復賜繼忠手詔許焉。募神勇軍士李斌持信箭赴虜寨,因令樞密院擇可使虜者。王繼英言:"殿直曹利用自陳儻得奉君命,死無所避。"上曰:"契丹先露懇誠,求結和好,使於兵間,固亦無他。然小臣聞命請行,斯可嘉也。"乃授利用閤門祗候,假崇儀副使,奉契丹主書以往。又賜繼忠手詔。利用,諫子,趙州人也。

　　利用本傳稱真宗幸澶州,利用奏事行在,王繼英薦之。按初遣利用時,車駕未離京師也,傳誤,以再遣爲初遣耳。

　　丁未,以雍王元份爲東京留守。戊申,以樞密直學士、權三司使劉師道充隨駕三司使兼都轉運使。己酉,以衛州防禦使李重貴爲大内都部署。初,契丹自定州帥衆東駐陽城淀,遂緣胡盧河踰關南。是月丙申,抵瀛州城下。勢甚盛,晝夜攻城,擊鼓伐木之聲聞於四面。大設攻具,驅奚人負板秉燭,乘堙而上。知州、西京左藏庫使李延渥率州兵、强壯,又集貝、冀巡檢史普所部拒守,發礧石巨木擊之,皆纍纍而墜。踰十數日,多所殺傷。虜主及其母又親鞞衆急擊,矢集城上如雨,死者三萬餘人,傷者倍之,竟弗能克,乃遁去。獲鎧甲、兵矢、竿牌數百萬,驛書以聞。

　　十一月辛亥朔,賜延渥及將士等錦袍、金帶、緡錢有差,又特遷延渥本州團練使,通判陸元凱②、推官李翔、録事參軍蔡亨、兵馬監押王誨及史普並進秩③。乙卯④,北面部署奏:"契丹自瀛州遁去,其衆猶二十萬。偵得其謀,欲乘虚抵貝、冀、天雄軍。"詔督諸路兵及澶州戍卒會天雄軍。自虜入寇,河朔皆城守。右贊善大夫王嶼知冀州,常有破虜之志,日閲戍兵,又集强壯練習之,開城樵採如平日。常上言:"寇若至,必可邀擊,願勿以一郡爲憂。"於是虜遊擊逼城,嶼擊走之,有詔嘉獎。發忻、代兵赴諸路會合。

　　丁巳,詔德清軍,如戎寇南侵,不須固守,率城中軍民並赴澶州,仍令駕前排陣使

---

① 瀛州素有備　"素"底本作"數",據嘉慶本、長編四庫底本卷五八、太平治迹統類卷四真宗澶淵通好改。
② 陸元凱　"陸"底本作"睦",據嘉慶本、宋史卷二七三李延渥傳改。
③ 兵馬監押　"押"底本作"狎",據嘉慶本、長編四庫底本卷五八改。
④ 乙卯　底本脱此二字,據長編卷五八補。

分兵應接。以其介澶、魏之間,素不修完,屯兵寡少也。庚申,上謂輔臣曰:"聞虜寇沿河屯泊,侵擾貝、冀,窺深州,皆不利而去,彼皆有備故也。獨通利軍素無城壁、兵甲,若虜寇漸南,王超等大軍未至,邢、洺即可憂也,宜分兵益爲之備。"戊辰,以山南東道節度使、同平章事李繼隆爲駕前東面排陣使,馬軍都指揮使葛霸副之,西上閤門使孫全照爲都鈐轄,南作坊使張旻爲鈐轄;武寧節度使、同平章事石保吉爲駕前西面排陣使,步軍都虞候王隱副之,入内副都知秦翰爲鈐轄。王繼忠之戰於望都也,張旻爲定州行營鈐轄,率諸將間道往援,比至,城已陷,旻與虜戰,身被數創,殺一梟將。遲明,復戰,而繼忠爲虜所執。旻還,言天道方利客,先起者勝,宜大舉伐胡,并上興師出境之日。上以問輔臣,皆言不可,乃止。於是車駕將親征,旻方戍并、代,復奏邊事十餘,多論兵貴持重及所以取勝者。召還,入對,上曰:"契丹入塞與卿所請北伐之日同,悔不用卿策。今須守澶州,扼橋而未得人,如之何?"旻請行,上喜,故命爲東面鈐轄,先令至澶州候虜遠近,旻即馳騎往。秦翰既受命,亟督衆環城浚溝洫以拒戎馬,功畢,虜果暴至①,翰不解甲胄凡七十餘日云。己巳,發永興駐泊龍衛、雲騎八指揮赴行在。庚午,車駕北巡。司天言:"日抱珥,黃氣充塞,宜不戰而卻,有和解之象。"曹利用至天雄,孫全照疑虜不誠②,勸王欽若留之。虜既數失利,復令王繼忠具奏求和好,且言北朝頓兵,不敢劫掠,以待王人。繼忠又與葛霸等書,令速達所奏。是夕,奏入,上因賜繼忠手詔,言已遣利用。又以手詔促利用往,并付繼忠使告虜遣人自抵天雄迎援之。繼忠尋亦聞利用留天雄不行,復具奏,乞自澶州別遣使者至北朝,免致緩誤。辛未,車駕次長垣縣,得其奏,遂以前意答焉。壬申,次韋城縣,詔知滑州張秉、齊州馬應昌、濮州張晟往來河上,部丁夫鑿冰,以防戎馬之渡。天雄軍聞虜將至,闔城惶遽。王欽若與諸將議探符分守諸門,孫全照曰:"全照請不探符。諸將自擇便利處所③,不肯當者,全照請當之!"既而莫肯守北門者,乃以命全照,欽若亦自分守南門。全照曰:"不可。參政主帥,號令所出,謀畫所決。南北相距二十里,請復待報,必失機會,不如居中央府署,保固腹心,處分四面,則大善。"欽若從之。全照素教蓄無地分弩手,皆執朱

---

① 虜果暴至 "虜",長編四庫底本卷五八作"寇",嘉慶本作"敵"。
② 孫全照疑虜不誠 "虜",長編四庫底本卷五八作"契丹",嘉慶本作"敵"。
③ 諸將自擇便利處所 底本脱"處"字,據長編四庫底本卷五八補。

漆弩,射人馬洞徹重甲,隨所指揮,應用無常。於是大開北門,下釣橋以待之。虜素畏其名,莫敢近北門者,乃環過攻東門,良久,捨東門,趨故城。故城,未詳處所。夜,復自故城潛師過城南,設伏於狄相廟,遂南攻德清軍。欽若聞之,遣將率精兵追擊,伏起,斷其後,天雄兵不能進退。全照請於欽若曰:"若亡此兵,是亡天雄也。全照請救之。"乃引麾下出南門力戰,殺傷虜伏兵略盡,天雄兵乃復得還,存者什三四。虜遂陷德清,知軍、尚食使張旦及其子三班借職利涉、虎翼都虞候胡福等十四人並死之。先是,詔王超等率兵赴行在,踰月不至,虜益南侵。上駐蹕韋城,群臣復有以金陵之謀告上宜且避其銳者,上意稍惑,乃召寇準問之。將入,聞內人謂上曰:"群臣輩欲將官家何之乎?何不速還京師!"準入對,上曰:"南巡何如?"準曰:"群臣怯懦無知,不異於鄉老婦人之言。今虜寇迫近,四方危心,陛下惟可進尺,不可退寸。河北諸軍日夜望鑾輿至,士氣當百倍。若回輦數步,則萬衆瓦解,虜乘其勢,金陵亦不可得而至矣!"上意未決。準出,遇殿前都指揮使高瓊門屏間,謂曰:"太尉受國厚恩,今日有以報乎?"對曰:"瓊武人,誠願效死!"準復入對,瓊隨入,立庭下,準曰:"陛下不以臣言為然,盍試問瓊等。"遂申前議,詞氣慷慨。瓊仰奏曰:"寇準言是。"且曰:"隨駕軍士父母、妻、子盡在京師,必不肯棄而南行,中道即亡去耳。願陛下亟幸澶州,臣等效死,虜不難破。"準又言:"機會不可失,宜趨駕。"時王應昌帶御器械侍側,上顧之,應昌曰:"陛下奉將天討,所向必克。若逗遛不進,恐虜勢益張。或且駐蹕河南,發詔督王超等進軍,虜當自退矣。"上意遂決。甲戌,晨發,左右以寒甚,進貂裘絮帽,上卻之,曰:"臣下暴露寒苦,朕獨安用此耶?"夕次衞南縣,遣翰林侍讀學士潘謹修先赴澶州①,詔澶州北寨將帥及知州,不得擅離屯所迎候車駕。

記聞云:王欽若、陳堯叟密奏金陵之謀。按:欽若時已在天雄,必無此奏。堯叟本議幸蜀,上既北出,堯叟固亦不復申言,且改圖也。此當是群臣怯懦者別請南幸,偶與欽若前謀合,因誤以為欽若等密奏耳。寇準先破二策於朝,云不可遠之楚、蜀。今此但云金陵不可得至,固亦不及蜀也。他書載準語多差謬,蓋不知準先議於朝,後議於韋城,凡兩對,輒並言上幸澶淵時,故率不可據。今略取記聞所載,稍删潤之。

　　上前賜王繼忠詔,許遣使。繼忠復具奏,附石普以達。普自貝州遣指使散直張皓

―――――――――――
① 潘謹修　即潘慎修,係宋人避宋孝宗趙眘名諱改。參見宋史卷二九六潘慎修傳。

持詣行闕,道出虜寨,爲所得。虜主及其母引皓至車帳前,問勞久之,因令抵天雄,以詔促曹利用,王欽若等疑不敢遣,皓獨還。虜主及其母賜皓袍帶,館設加等,使繼忠具奏,且請自澶州別遣使速議和好事,於是皓以其奏入。上復賜欽若詔,又令參知政事王旦與王欽若手書,俾皓持赴天雄,督利用同北去,并以詔諭繼忠,因謂輔臣曰:"虜雖有善意,國家以安民息戰爲念,固許之矣。然彼尚率腥膻,深入吾土。又河冰且合,戎馬可度,亦宜固爲之防①。朕已決成算,親勵全師。況敵人貪惏,不顧德義,案:"況敵人貪惏,不顧德義"句,長編脱。若盟約之際別行邀求,當決一戰,剪滅此虜。上天景靈,諒必助順,可再督諸將帥,整飭戎容,以便宜從事。"

沈括筆談云國史載講和事,本末不詳,因著張皓往來及以虜謀告繼隆等,實録有之,見景德二年正月甲戌。所稱天雄圍合,不知曹利用所在,募遣皓,及召見皓子,則恐非也。皓乃石普貝州所遣者,既爲虜得,始見上,上因使至天雄督利用偕往,其子當在貝州或在他所,安得隨皓衛南乎?括又云和議定,始改元景德,此則因王曾筆録之誤。改元既誤,他所稱咸平六年夏四月石普先得繼忠書,抑亦未可信也。今並不取。括又爲皓子牧誌墓,載皓事尤詳,且云考諸國史而信,蓋飾説也。雖如括所載,皓實上所親遣,則是上已即師,虜深入澶、魏矣。皓但當至虜所屯處,乃曰:"臣不操質歸,死不復入白溝。"益知所載皆失實。蓋括乃皓孫女壻,直取其妻父説,又增飾之,且以夸世耳,不可據也。

契丹既陷德清軍,是日,率衆抵澶州北,直犯大軍,圍合三面,輕騎由西北隅突進。李繼隆等整軍成列以禦之,分伏勁弩,控扼要害。其統軍順國王撻覽有機勇,所將皆精鋭,方爲先鋒,異其旗幟,躬出督戰。威虎軍頭張瓌守床子弩,弩潛發,撻覽中額隕,其徒數十百輩競前舁曳至寨,是夜,撻覽死。虜大挫衂,退卻,不敢動,但時遣輕騎來覘王師。瓌,壽光人也。

撻覽死時,上猶未至澶州。劉攽所作寇準傳及它書皆誤,今不取。

乙亥,内出陣圖二,一行一止,付殿前都指揮使高瓊等。給諸軍介胄②,及賜緡錢有差。丙子,車駕發衛南,李繼隆等使人告捷,又言澶州北城門巷湫隘,望且於南城駐蹕。是日,次南城,以驛舍爲行宫,將止焉。寇準固請幸北城,曰:"陛下不過河,則人心危懼,虜氣未懾,非所以取威決勝也。四方征鎮,赴援者日至,又何疑而不往?"高瓊

---

① 亦宜固爲之防 "固",嘉慶本、長編卷五八、太平治迹統類卷四真宗澶淵通好均作"過"。
② 給諸軍介胄 "諸"底本作"都",據嘉慶本、長編卷五八改。

亦固以請,且曰:"陛下若不幸北城,百姓如喪考妣。"簽書樞密院馮拯在旁呵之,瓊怒曰:"君以文章致位兩府,今虜騎充斥如此,猶責瓊無禮,君何不賦一詩,詠退虜騎耶?"即麾衛士進輦①,遂幸北城。至浮橋,猶駐車未進,瓊乃執檛築輦夫背曰:"何不急行!今已至此,尚何疑焉?"上乃命進輦。既至,登北城門樓,張黃龍旗,諸軍皆呼萬歲,聲聞數十里,氣勢百倍,虜相視益怖駭。上覽觀營壁,召見李繼隆已下諸將,撫慰者久之,賜諸軍酒食、緡錢。戊寅,移御北城之行營。曹利用自天雄赴虜寨,見其國主、群臣與其宰相韓德讓同處一車,群臣與其主重行別坐,禮容甚簡,以木橫車輒,上設食器,坐利用車下,饋之食。共議和好事,議未決,乃遣左飛龍使韓杞持國主書,與利用俱還。詔知澶州、引進使何承矩郊勞,翰林學士趙安仁接伴之。凡覿見儀式,皆安仁所裁定云。

十二月庚辰朔,韓杞入對於行宮前殿,跪授書函於閤門使②,使捧以升殿,內侍省副都知閻承翰受而啓封,宰相讀訖,命杞升殿,跪奏云:"國母令臣上問皇帝起居。"其書復以關南故地爲請,上謂輔臣曰:"吾固料虜如此,今果然,唯將奈何?"輔臣等請答其書,言:"關南久屬朝廷,不可擬議。或歲給金帛,助其軍費,以固懽盟,惟陛下裁定。"上曰:"朕守祖宗基業,不敢失墜。所言歸地事極無名,必若邀求,朕當決戰爾!實念河北居人重有勞擾,儻歲以金帛濟其不足,朝廷之體,固亦無傷。答其書不必具言,但令曹利用與韓杞口述茲事可也。"趙安仁獨能記太祖時國書體式,因命爲答書。賜杞襲衣、金帶、鞍馬、器幣。杞即日入辭,遂與利用同往。韓杞既受襲衣之賜,及辭,復左袵,且以賜衣稍長爲解。趙安仁曰:"君將升殿受還書,天顏咫尺,如不衣所賜之衣,可乎?"杞即改服而入。上又面戒利用以地必不可得,若邀求貨財,則宜許之。利用對曰:"臣鄉使胡,曉胡語,又密伺韓杞,聞其乘間謂左右曰:'爾見澶州北寨兵否?勁卒利器,與前聞不同。吁,可畏也!'臣此行得熟察之,苟妄有邀求,必請會師平蕩。"德、博州並言契丹已移寨,由東北去。辛未,詔左神武軍大將軍王榮、寄班供奉官鄭懷德領龍衛兵馬,與滄州部署荊嗣會於淄、青,防虜之南渡也。詔永興軍兵除先追赴河

---

① 即麾衛士進輦　底本脫"即"一字,據嘉慶本、長編四庫底本卷五八補。
② 跪授書函　"授"底本作"受",嘉慶本同,據長編四庫底本卷五八改。

陽及量留本軍外,並令部署許均領赴行在。壬午①,何承矩言:"臨河、觀城縣民石興等數輩自虜寨逃歸,具言虜帥撻覽中矢死,其夕候騎自澶州繼至,虜聞駕起衛南,皆相顧失色,復有馳騎往來傳報,乃擊鼓驩譟,悉遁去。民被驅掠甚衆②,無守際之者,因得脱。"上曰:"撻覽乃于越之儔也,于越舊樂野戰,頗難制。撻覽知勇不在其下,而多務城守,此其所以不及也。今歲入寇,皆其首謀。或聞犯邊以來,累戰不利,因號令部下:'凡獲男子,十五以上者皆殺之。'虜既失其謀主,朕親御六師,而王超等三路大兵亦合勢南來,彼奔北,固其宜也。"滑州言契丹引衆攻通利軍,知軍王固棄城宵遁,契丹掠城中民衆而東。詔劾固罪以聞。固至河陽,爲趙昌言所縛送闕下,付御史獄治,會赦,責監賀州銀錫場。癸未,幸北寨,又幸李繼隆營,命將校、從官飲,犒賜諸軍有差。遣給事中吕祐之齎敕牓諭兩京,以將班師。曹利用與韓杞至虜寨,虜復以關南故地爲言,利用輒沮之,且謂曰:"北朝既興師尋盟,若歲希南朝金帛之資以助軍旅,則猶可議也。"其接伴政事舍人高正始遽曰③:"今兹引衆而來,本謀關南之地,若不遂所圖,則本國之人負愧多矣。"利用答以"禀命專對,有死而已。若北朝不恤後悔,恣其邀求,地固不可得,兵亦未易息也"。其國主及母聞之,意稍怠,但欲歲取金帛。利用許遺絹二十萬匹、銀一十萬兩,議始定。虜復遣王繼忠見利用,且言:"南北通和,實爲美事。國主年少,願兄事南朝,又慮南朝或於沿邊開移河道,廣浚壕塹,別有舉動之意。"因附利用密奏,請立誓,并乞遣近上使臣持誓書至彼。

甲申,利用即與其右監門衛大將軍姚東之持國主書俱還,并獻御衣、食物,其郊勞館穀,並如韓杞之禮,命趙安仁接伴。東之談次頗矜兵强戰勝,安仁曰:"聞君多識前言。老氏云:'佳兵者,不祥之器,聖人不得已而用之。'勝而不美,而美之者是樂殺人。樂殺人者,不得志於天下。"東之自是不敢復談。東之又屢稱王繼忠之材,安仁曰:"繼忠早事藩邸,聞其稍謹,不知其他也。"安仁敏於酬對,皆切事機,議者嘉其得體。

乙酉,東之入對於行宮,中使受其書,書辭猶言曹利用所稱未合王繼忠前議。然利用固有成約,悉具繼忠密奏中矣。是日,上御行宮之南樓,觀大河,宴從官,召東之

---

① 壬午　底本脱此二字,據長編卷五八補。
② 民被驅掠甚衆　底本脱"驅"一字,嘉慶本同,據長編卷五八補。
③ 高正始　宋會要輯稿蕃夷一之三二、遼史卷一四聖宗本紀均作"高正"。

與焉。丙戌,柬之入辭,命西京左藏庫使、獎州刺史李繼昌假左衛大將軍,持誓書與柬之俱往報聘,金帛之數如利用所許,其他亦依繼忠所奏云。先是,上謂輔臣曰:"韓杞與柬之皆言其國母附達起居,而不述其主。此蓋母專其政,人不畏其主也。朕詢於利用,其言亦同,仍云聞聽之間,蓋由其主不慧。如是,則繼昌之行,宜亦致書其母。可令潛以此意訪於柬之。"既而利用言:"柬之云國母比欲致書,以南朝未有緘題,故寢而不議。若南朝許發簡翰,頗合便宜。"遂并致兩書,又各送衣服、茶藥、金器等,以答柬之所獻者。柬之又言:"收衆北歸,恐爲緣邊邀擊。"有詔諸路部署及諸州軍,勿輒出兵馬襲契丹歸師。丁亥,遣侍御史高貽慶等四人分詣河北諸州,安集流民,瘞暴骸,群盜未擒獲者,督捕之。以殿直、閤門祇候曹利用爲東上閤門使、忠州刺史。利用之再使虜也,面請歲賂金帛之數,上曰:"必不得已,雖百萬亦可。"利用辭去,寇準召至幄次,語之曰:"雖有敕旨,汝往,所許不得過三十萬。過三十萬,勿來見準,準將斬汝!"利用果以三十萬成約而還。入見行宮,上方進食,未即對,使內侍問所賂,利用曰:"此機事,當面奏。"上復使問之①,曰:"姑言其略。"利用終不肯言,而以三指加頰,內侍入曰:"三指加頰,豈非三百萬乎?"上失聲曰:"太多!"既而曰:"姑了事,亦可耳。"宮帷淺迫,利用具聞其語。及對,上亟問之,利用再三稱罪,曰:"臣許之銀絹過多。"上曰:"幾何?"曰:"三十萬。"上不覺喜甚,故利用被賞特厚。遣內侍左班副都知閻承翰往德清軍規度修城。戊子,上作回鑾詩,命近臣和。幸北寨勞軍,召排陣使李繼隆、石保吉宴射行宮亭,咸賜襲衣、金帶、鞍勒馬,仍舉酒屬之。繼隆等皆引滿,因再拜言曰:"契丹無名犯塞,此蓋將帥非才,致勞陛下親駕戎輅,冒犯雪霜。當戎寇之深入也,群議皆務城守。若非決於宸斷,盡出禁衛驍卒陳於北郊,授以成算,則前日虜衆侵突,必不能戮彼渠魁,遏其壯勢。又戎寇之退走也,若會諸將襲逐,必立奇功。陛下復念其請盟,許其修好,安民息戰,示以好生,不令邀擊,開其歸路。臣等無展尺寸之效。"上曰:"北狄自古爲患,儻思平慎恚,盡議殲夷,則須日尋干戈,歲有勞費。今得其畏威服義,息戰安民,甚慰朕懷,亦卿等之力也。"保吉進曰:"臣受命禦寇,雖上稟宸略,至於戎人侵突之際,分布行陣,指揮方略,皆出於繼隆。"繼隆曰:"契丹之敗,並出聖謀。然

---

① 上復使問之 底本脫"使"一字,據長編四庫底本卷五八補。

宣力用心，躬率將士，臣不及保吉。"上曰："將帥如此協和，共圖勳績，軍旅之事，朕復何憂？"北面諸州軍奏："偵得契丹北去，未即出塞，頗縱遊騎騷擾鄉間。貝州、天雄軍居民驚移入郭。"詔高陽關副部署曹璨帥所部取貝冀路赴瀛州，以保州路部署、寧州防禦使張凝爲沿邊巡檢安撫使，洛苑使、平州刺史李繼和副之，選天雄騎兵二萬爲璨後繼①，以躡戎寇。敢肆劫掠，則所在合勢翦戮。仍遣使諭契丹以朝廷爲民庶尚有驚擾，出兵巡撫之意。又賜王繼忠手詔，令告契丹悉放所掠老幼，命澶州馬鋪小校華斌乘驛齎赴虜寨。己丑，免澶州將校每日起居，方移軍河內②，就便董率故也。賜河東廣鋭兵三十指揮緡錢③，遣還本營。辛卯，詔王超等分三路兵營在河南者，步騎萬人赴澶州，命李繼隆、石保吉領之。遣雷有終領所部兵還并州屯所。時王超等逗撓無功，惟有終赴援，威聲甚振，河北列城，賴以雄張云。

壬辰，赦河北諸州死罪以下，民經戎寇蹂踐者給復二年，死事官吏追録子孫。癸巳，大宴於行宫。宰臣畢士安先以疾留京師，是日來朝。議者多言歲賂契丹三十萬爲過厚，士安曰："不如此，則虜所顧不重④，和事恐不能久也。"甲午，車駕發澶州，大寒，賜道旁貧民襦袴。張凝等奏率兵至貝、冀，戎人候騎各團結北去，不敢侵掠，偵得戎主與其母已過定遠軍。

乙未，華斌自虜寨還，王繼忠具奏北朝已嚴禁樵采，仍乞詔張凝等無使傷殺北朝人騎。上謂輔臣曰："昨儻狥群議，發大軍會石普、楊延朗所部屯布緣河諸州，邀其歸路，以精鋭追躡，腹背夾攻，則虜必顛沛矣。朕念矢石之下，殺傷者多，雖有成功，未能盡敵。自兹北塞常須益兵，河朔人民無日休息，況求結歡盟，已議俞允。若彼自渝盟約，復舉干戈，因而誓衆，中外同憤，使其覆亡，諒亦未晚。今張凝等出兵襲逐，但欲絶其侵擾耳。"左右皆稱萬歲。延朗嘗言⑤："虜頓澶州⑥，去北境千里許⑦，人馬罷乏，雖衆易敗，凡所剽掠，悉在馬上。願敕諸軍扼要路掩殺。胡兵殱⑧，即幽、易數州可襲取

---

① 騎兵二萬　嘉慶本、長編卷五八同，太平治迹統類卷五"二萬"作"三萬"。
② 方移軍河內　嘉慶本同，長編卷五八"方"作"欲"。
③ 三十指揮　"揮"底本作"使"，嘉慶本同，據長編卷五八改。
④ 則虜所顧不重　"虜"，嘉慶本作"彼"，長編卷五八作"契丹"。
⑤ 延朗嘗言　"嘗"底本作"常"，據長編卷五八、太平治迹統類卷五改。
⑥ 虜頓澶州　太平治迹統類卷五作"狄頓澶淵"。
⑦ 去北境千里許　"北境"，長編卷五八作"境北"；底本"千"下衍"餘"一字，據長編卷五八、太平治迹統類卷五删。
⑧ 胡兵殱　"胡"，太平治迹統類卷五作"狄"；長編卷五八作"其"，疑爲清人諱改。

也。"奏入,不報。延朗獨帥所部兵抵虜界,破古城,俘馘甚衆。李繼昌至虜帳,群情大感悦,館設之禮益厚,即遣其西上閤門使丁振奉誓書來上。丁酉,車駕頓陳橋,振謁見行在所,賜宴,令歸,遣曹利用送之境上。繼昌言契丹頗遵用漢儀,然多雜虜法①,左衽之輩動成褻慢。案:"左衽"二句長編脱落。上之人雖欲變改,而俗不可易也。張凝等言契丹已出塞,凝等各歸屯所。戊戌,車駕至自澶州。寇準在澶州,每夕與知制誥楊億痛飲,謳歌諧謔,喧譁達旦。上使人覘知之,喜曰:"得渠如此,吾復何憂乎!"時人比之謝安。既而曹利用與韓杞至行在議和,準初欲勿許,且畫策以進,曰:"如此,則可保百年無事。不然,數十歲後,戎且生心矣。"上曰:"數十歲後,當有能捍禦之者。吾不忍生靈重困,姑聽其和可也。"準處分軍事或違上旨,及是謝曰:"使臣盡用詔令,茲事豈得速成?"上笑而勞焉。辛丑,録契丹誓書,頒河北、河東諸州軍。始通和,所致書皆以南、北朝冠國號之上。將作監丞王曾言:"古者,尊中國,賤夷狄,直若首足。二漢始失,乃議和親,然禮亦不至均敵②。今若是,是與之亢,首足並處,失孰甚焉。狄固不可啓,臣恐久之,非但並處,又病倒植,案:"古者"云云至"今若是"以上二十九字,"首足並處"四字,"狄固"云云至"倒植"以上十七字,長編並脱落。願如其國號契丹足矣。"上嘉納之,然事已行,不果改。

甲辰,改威虜軍曰廣信,静戎曰安肅,破虜曰信安,平戎曰保定,寧邊曰永定,定遠曰永静,定羌曰保德,平虜城曰肅寧。乙巳,以天雄軍鈐轄、西上閤門使孫全照知軍府事,召王欽若歸闕。丁未,廢石、隰州部署,置石隰緣邊都巡檢使,仍命汝州防禦使高文岯領之,西上閤門使張守恩爲都監,領駐泊兵,俟河冰合,即往來巡察。

---

① 然多雜虜法　"虜法",長編卷五八作"其國之法"。
② 然禮亦不至均敵　底本脱"敵"一字,據九朝編年備要卷七補。

卷第十六

真宗皇帝

王欽若等改定郊丘版位

景德二年七月丁巳,詔以十一月十三日有事於南郊。九月丁未,上封者言:"郊丘神位神版,皆有司臨事題署,多不嚴肅。"詔鹵簿使王欽若改造。欽若言:"五方帝位版,如靈威仰、赤熛怒,皆是帝名,理當恭避,望下禮官檢定。"禮官言:"按開寶通禮義纂,靈威仰、赤熛怒、含樞紐、白招拒、叶光紀者,皆五帝之號①。漢書注五帝自有名,即靈符、文祖之類也。既爲美稱,不煩迴避。"詔可。欽若又言:"壇圖神位,升降未便。漢書郊祀志:五帝爲天神之佐。今五帝在第一龕,天皇大帝在第二龕,與六甲、嶽瀆之類同處。北極,衆星所拱,今與尚書、大理之類接席。帝坐爲天市之尊,今與二十八宿積薪、騰蛇、杵臼之類同在第三龕,卑主尊臣,甚未便也。若以北極、帝坐本非天帝,蓋是天帝所居,則北極在第二,帝坐在第三,亦高下未等。又太微之次少左、右執法,子星之次少孫星,天輻當爲天福,天記當爲天紀。望令司天監衆官參驗聞奏。"詔欽若與禮儀使、太常禮院、司天監同檢討詳定。欽若言:"本因臣所陳請,不可復同商榷。"許之。既而禮儀使趙安仁等言:"得崇文院檢討杜鎬、陳彭年狀:按開寶通禮,元氣廣大則稱昊天,據遠視之蒼然則稱蒼天。人之所尊莫過於帝,託之於天故稱上帝。天皇大帝,即北辰耀魄寶也,自是星中之尊。易曰:'日月麗乎天,百穀草木麗乎地。'又曰:'在天成象,在地成形。'是明辰象非天,草木非地,則是天以蒼昊爲體,不入星辰之列。又郊祀錄:'壇之第二等祀天皇大帝、北斗、天一、太一、紫微、五帝坐,並差在行位前,餘內官諸位及五星、十二辰、河漢、都四十九坐齊列,俱在十二陛之間。'唐建中元年,

---

① 皆五帝之號　底本脱"皆"字,據長編四庫底本卷六一、長編卷六一補。

司天冬官正郭獻之奏①：天皇、北極、天一、太一，准天寶中敕，並合升在第一等，從之。正元二年，親郊，令禮官詳定。太常卿、漢中郡王瑀與博士柳冕等奏，開元定禮，垂之不刊，天寶改作，起自權制，皆方士謬妄之説，非典禮之文。請依禮爲定。詔復從開元禮，仍爲定制。郊祀録又云：'壇之第三等有中宮②、天市垣③、帝坐等十七坐，並在前。'開元禮義羅云：'帝坐有五，一在紫微宫，一在大角，一在太微宫，一在心，一在天市垣。'即帝坐者，非直指天帝也。又得判司天監史序狀：天皇大帝一星在紫微勾陳中，其神曰耀魄寶，即天皇是星④，五帝乃天帝也。北極五星在紫微垣内，居中一星曰北辰，第一主月爲太子，第二主日爲帝王；第三爲庶子，第四爲嫡子，第五爲天之樞。蓋北辰所主非一，又非帝坐之比。太微垣十星，有左右執法、上將、次將之名，不可備陳，故名太微垣。星經舊載孫星，而壇圖止有子星，辨其尊卑，不可同位。天輻主鑾輿輦轂，不當作'福'字。天記一星在午階第四龕，別有天紀九星，在寅階第三龕，壇圖並載，不當合而爲一。竊惟壇圖舊載⑤，悉有明據，天神定位，難以躋升。望依星經，悉以舊禮爲定。"詔從安仁等議。欽若復上言："舊史天文志並云北極、北辰最尊者，又勾陳口中一星，曰天皇大帝。又鄭玄注周禮謂：'禮天者，冬至祭天皇於北極也。'後魏孝文禋六宗，亦升天皇列五帝之上。此皆良史鴻儒所述，豈皆方士謬妄耶？古禮舊制，未必全是，至九宫貴神，天寶立祀在宗廟之上，文宗初，舒元輿輒率鄙見，降爲中祀，厥後水旱作沴，元輿果以覆族。往者，陛下特頒明詔，列爲大祀，靈心昭答，景福並臻。今若以方士爲妄，即九宫之祀可廢乎？至若天市⑥、帝坐，雖前代未有異論，按晋書天文志：'帝坐光而潤，天子吉，威令行。'既名帝坐，則爲天子所占，列於下位，未見其可。又安仁所議，以子、孫二星不可同位。陛下方洽高禖之慶，以廣維城之基，苟因前代闕文，便爲得禮，實恐聖朝茂典尤未適中。豈可信正元之末學輕談⑦，略經史之群儒讜

---

① 司天冬官正　"冬"底本作"中"，嘉慶本同，據長編四庫底本卷六一、宋史卷九九禮志二改。
② 中宮　"宮"底本作"官"，嘉慶本、長編卷六一同，據宋史卷九九禮志二、歷代名臣奏議卷一八郊廟改。
③ 天市垣　底本脱"天"一字，長編卷六一同，據嘉慶本、宋史卷九九禮志二、歷代名臣奏議卷一八郊廟補。
④ 即天皇是星　"是星"底本作"星是"，據嘉慶本、長編卷六一、宋史卷九九禮志二乙正。歷代名臣奏議卷一八郊廟"是星"作"是坐"。
⑤ 竊惟壇圖舊載　長編卷六一同，嘉慶本"載"作"定"。
⑥ 至若天市　底本脱"若"一字，據長編卷六一補。
⑦ 正元之末學輕談　嘉慶本同，據長編卷六一"正元"作"貞觀"，文淵閣本長編卷六一"正元"作"貞元"。

論？除執法、天輻、天紀三星，安仁已有典據，今請如舊。其天皇、北極、帝坐、孫星四坐，臣已新製版位，恭俟宸旨。"詔天皇、北極特升在第一龕，又設孫星位于子星之次，帝坐如故。欽若復言："帝坐止三，在紫微、太微者已列第二等，惟天市一坐在第三等，此人情所未安也。又晉志大角及心中星，但云天王坐，實與帝坐不類。"詔特升在第二龕。

十一月乙巳朔，鹵簿使王欽若奉神位版對于便殿。壇上四位塗以朱漆金字，自餘皆黑漆，第一等金字，第二等黃字，第三等以降朱字，悉貯以漆柙，覆以黃縑帊。上降階觀之，即付有司，仍戒各謹其事。禮儀使趙安仁上新定壇圖，且言："舊圖五帝、五嶽、中鎮、河漢並在第三等。檢詳儀注，合在第二等，悉望刊正。"奏可。

柴成務等看詳編敕

咸平元年十二月。先是，詔給事中柴成務等重詳定新編敕。丙午，成務等上言曰："自唐開元至周顯德，咸有格敕，並著簡編。國初重定刑統，止行編敕四卷。洎方隅平定，文軌大同，太宗臨朝，聲教彌遠，遂增後敕爲太平編敕十五卷。淳化中，又增後敕爲淳化編敕三十卷。編輯之始①，先帝親戒有司，務存體要。當時臣下不能申明聖意，以去繁文。今景運重熙，孝心善繼。自淳化以後，宣敕至多。乞命有司別加詳定②，取刑部、大理寺、京百司、諸路轉運使所受淳化編敕③，及續降宣敕萬八千五百五十五道，徧共披閱，凡敕文與刑統令式舊條重出者，及一時權宜非永制者④，並删去之；其條貫禁法當與三司參酌者，委本部編次之，凡取八百五十六道，爲新刪定編敕。其有止爲一事前後累敕者，合而爲一；本是一敕，條理數事者，各以類分取。其條目相因，不以年代爲次，其間文繁意局者⑤，量經制事理增損之；情輕法重者，取約束刑名削去之。凡成二百八十六道，準律分十二門，并目錄爲十一卷，又以儀注⑥、車服等十六

---

① 編輯之始　"輯"，嘉慶本作"敕"。
② 別加詳定　嘉慶本同，長編卷四三、玉海卷六六咸平新定編敕"詳"均作"刪"。
③ 諸路轉運使　長編卷四三同，嘉慶本、宋會要輯稿刑法一之二"使"均作"司"。
④ 一時權宜　"權"底本作"機"，據宋會要輯稿刑法一之二改。
⑤ 文繁意局者　"局"，嘉慶本作"類"。
⑥ 儀注　長編卷四三、宋會要輯稿刑法一之二均作"儀制"。

道別爲一卷,附儀制令①,違者如違令法,本條自有刑名者依本條。又以贖降赦書、德音九道別爲一卷,附淳化赦書合爲一卷。其釐革一州、一縣、一司、一務者,各還本司,今敕稱依法及行朝典勘斷,不定刑名者,並準律、令、格、式;無本條者,準違制令②,分故失及不躬親被受條區分③。臣等重加詳定,衆議無殊,伏請鏤版頒下,與律、令、格、式、刑統同行。"優詔襃答,從之④。

大中祥符六年四月庚辰⑤,判大理寺王曾言:"自咸平編敕後,續降宣敕千一百餘道,及新行者又三千六百餘道⑥,條件既衆,檢視尤難,望遣官删定。"乃詔曾與翰林學士陳彭年同加詳定。

九年八月,翰林學士陳彭年等言:"先準詔看詳新舊編敕,及取已删去並林特所編三司文卷、續降宣敕,盡大中祥符七年,總六千二百二道,會要云二千七百九十一道,今從本志。千三百七十四條,分爲三十卷。其儀制、赦書、德音別爲十卷,與刑統、景德農田敕同行。其止是在京及三司本司所行宣敕,別具編録。若三司例册、貢舉、國信條例,仍舊遵用。"

李宗諤等修定樂器

景德二年八月丁丑朔,以翰林學士李宗諤、左諫議大夫張秉同判太常寺,仍命内臣監修樂器。時殿中侍御史艾仲孺上言:"每監祠祭,伏見太常樂器損闕,音律不調。郊禋在近,望遣使修飾,及擇近臣判寺。"故以命之。宗諤素曉音律,乃令太樂⑦、鼓吹兩署工較其優劣,黜去濫吹者五十餘人。宗諤因編録律吕法度、樂物名數,目曰樂纂,又裁定兩署工人試補條式及肄習程課,皆施行之。

三年八月甲戌,上御崇政殿,張宫懸,閲試李宗諤等新習雅樂,召宰相、親王臨觀,宗諤執樂譜立侍。先以鐘磬按律,次令登歌,鐘、磬、塤、篪、琴、阮、笙、簫各二色合奏,

---

① 附儀制令 "制"底本作"注",據長編卷四三、宋會要輯稿刑法一之二改。
② 準違制令 底本脱"令"一字,據嘉慶本補。"令",宋會要輯稿刑法一之二作"敕"。
③ 分故失及不躬親被受條區分 底本脱"失及"二字,據長編卷四三、宋會要輯稿刑法一之二補。
④ 從之 底本脱"從"一字,嘉慶本、長編卷四三同,據宋會要輯稿刑法一之二補。
⑤ 四月庚辰 "四"底本作"三",據長編卷八〇改;底本脱"庚辰"二字,據長編卷八〇補。
⑥ 及新行者 嘉慶本同,長編卷八〇"新"作"雜"。
⑦ 太樂 底本作"大樂",據長編卷六一、宋史卷一二六樂志改。

箏、瑟、筑三色合奏,迭爲一曲,復擊鐘、鎛爲六變、九變,又爲朝會上壽之樂,及文、武二舞,鼓吹、導引、警夜、六周之曲。舊制,巢笙每變宮之際,必換義管,然難于遽易。樂工單仲辛改爲一定之制,不復旋易,與諸宮調頗爲精習①。上甚悦,賜宗諤等器幣有差。自是樂府制度頓有倫理矣。上以兩舞樂詞非雅②,乃分命兩制别爲之。

大中祥符元年十二月己酉,詔太常寺别制天書樂章,俟親饗圜丘日以奉禋祀。又詔取天書降及議封禪以來祥瑞尤異者③,别撰樂曲,以備朝會燕饗。於是太常寺請郊祀獻天書用瑞安曲,天書升降用靈文曲,又上朝饗用醴泉、神芝、慶雲、靈鶴、瑞木五曲,請下兩制撰詞。從之。

王欽若等編修册府元龜事迹

景德二年九月丁卯,令資政殿學士王欽若、知制誥楊億修歷代君臣事迹。欽若請以直秘閣錢惟演等十人同編修。初令惟演等各撰篇目,送欽若暨億看詳。欽若等又自撰集上進。詔用欽若等所撰爲定,有未盡者,奉旨增之。又令宫苑使、勝州刺史、句當皇城司劉承珪,内侍高品、監三館秘閣圖書劉崇超典掌其事。編修官非内殿起居,當赴常參者免之,非帶職不當給實俸者特給之,其供帳、飲饌皆異于常等。

三年正月癸酉,賜編修君臣事迹官太僕少卿、直秘閣錢惟演等蓯蓉。舊制,方物之賜,止及近臣,至是優禮此職故也。四月丙子,幸崇文院,觀四庫圖籍及所修君臣事迹,徧閲門類,詢其次序,王欽若、楊億悉以條對,有倫理未當者,立命改之。上謂侍臣曰:"朕此書蓋欲著前代事實④,爲將來典法,使開卷者動有資益也。"賜編修官金帛有差。

四年四月丁丑,上謂王欽若等曰:"近覽唐實録,恭宗即位,坐朝常晚,群臣班于紫宸殿,有頓踣者。拾遺劉栖楚切諫,叩龍墀不已,宰臣宣諭乃退,恭宗爲動容,遣中使慰勞。諫臣舉職,深可獎也。而史臣以逢吉之黨,目爲鷹犬,甚無謂也。今所修君臣事迹,尤宜區别善惡。有前代褒貶不當如此類者,宜析理論之,以資世教。"八月壬寅,

---

① 與諸宮調頗爲精習　按:長編卷六三作"與諸宮調皆協"。
② 上以兩舞樂詞非雅　嘉慶本同,長編卷六三"兩舞"作"兩署見用"。
③ 議封禪以來　底本脱"議"一字,據長編卷七〇、宋會要輯稿樂三之五補。
④ 前代　嘉慶本同,長編卷六二作"歷代"。

上幸崇文院,觀新編君臣事迹。王欽若、楊億等以草本進御,上徧覽之,賜修書官器幣有差。乙巳,詔編修君臣事迹官、秘書丞陳從易,著作佐郎、直史館陳越,大理評事、秘閣校理劉筠月增給錢五千,以從易等修書服勤,而俸入比同僚尤薄故也。十一月癸酉,上謂王欽若曰:"君臣事迹崇釋教門,有布髮于地,令僧踐之,及自剃僧頭以徼福利,此乃失道惑溺之甚者,可並刊之。"十二月乙未,手札賜王欽若曰:"編修君臣事迹官,皆出遴選。朕于此書,非獨聽政之暇資于披覽,亦欲區別善惡,垂之後世,俾君臣父子有所戒監。起今後,自初修官至楊億,各依新式,遞相檢視。內有脫誤,門目不類,年代、帝號失次者,並署曆①,仍書逐人名下,隨卷奏知。異時比較功程,等第酬獎,庶分勤惰。"委劉承珪專差人置曆。詳見欽若事迹。

大中祥符三年五月辛巳,內出手札,示編修君臣事迹官曰:"張楊爲大司馬,下人謀反,輒原不問,乃屬之仁愛門,此甚不可者。且將帥之體與牧宰不同,宣威禁暴,以刑止殺。今兇謀發覺,對之涕泣,愈非將帥之才。春秋息侯伐鄭大敗,君子以爲不察有罪,宜其喪師。今張楊無威刑,反者不問,是不察有罪也。可商度改定之。"

六年八月庚午,案:長編事在壬申。樞密使王欽若等上新編修君臣事迹一千卷,上親製序,賜名冊府元龜,編修官並加賞賚。左正言、直史館陳越先死,無子,同列爲奏其事。上閔之,賜其兄咸同三傳出身。

王欽若校道藏經

大中祥符九年三月己酉,樞密使王欽若上新校道藏經,賜目錄名寶文統錄②,上製序,賜欽若及校勘官器幣有差,尋又加欽若食邑、校勘官階勳,或賜服色。初,東封後,令兩街集有行業道士修齋醮科儀,二年七月壬申。命欽若詳定,成羅天醮儀十卷;八年正月丙申。又選道士十人校定道藏經。二年八月辛卯。明年,于崇文院集官詳校,欽若總領,鑄印給之。舊藏經三千七百三十七卷,太宗嘗命散騎常侍徐鉉、知制誥王禹偁、太常少卿孔承恭校正寫本,送大宮觀。欽若增六百二十二卷,又以道德、陰符經乃老君聖祖所述,自四輔部升于洞真部。欽若自以深達教法,多所建白。時職方員外郎曹谷

---

① 並署曆　資治通鑑後編卷二六作"各置曆"。
② 賜目錄名寶文統錄　長編卷八六同,隆平集卷一、文獻通考卷二二四均作"賜名寶文統錄"。

亦稱練習,欽若奏校藏經,未幾,出爲淮南轉運使,奏還卒業,詮整部類,升降品第,多其爲也。仍令著作佐郎張君房就杭州監寫本。初,詔取道、釋藏經互相毁訾者删去之,欽若言:是年是月。"老子化胡經乃古聖遺迹,不可削去。"又言:五年十二月。"九天生神章、玉京、通神、消災、救苦、五星、秘授、延壽、定觀、内保命、六齋、十直凡十二經,溥濟于民,請摹印頒行。"從之。

曹谷即驗汾陰靈文者。七年五月癸丑,欽若上洞真部六百七十卷。

田錫御覽

咸平四年六月。初,田錫知泰州,幾三年,不得代。錫乃上章自陳,即詔歸闕。屢召對言事,嘗奏曰:"陛下治天下以何道?臣願以皇王之道治之。舊有御覽,但記分門事類。臣願鈔略四部,別爲御覽三百六十卷,萬幾之暇,日覽一卷。又采經史要切之言,爲御屏風十卷,置宸坐之側,則興亡治亂之事常在目矣。"上善其言,詔史館以群書借之,仍免其集賢校讎之職。如成數卷①,即先進内。錫言:"臣所撰書,每五日具草一卷,檢討舛互②,寫爲净稿,已七八日③,大率十年絶筆。臣慮朝廷俾臣涖事,或委一郡,授一職,不若使臣常以皇王之道致主堯、舜也。陛下春秋鼎盛,好古不倦,若師皇王之道,日新厥德,十年之内必致太平。臣雖衰邁,得見其時,私幸足矣。"即先上御覽三十卷、御屏風五卷,手詔褒答之。

按田錫集,五月八日召對,請修書,二十六日准草稿。降詔獎諭不得其時,令附見六月末。

五年四月癸酉,命錫以本官兼侍御史知雜事,仍遣中使諭旨曰:"卿每上章疏,所司不敢滯留,朕皆一一親覽。知雜之任,朝廷甚難其人,故以命卿。仍不妨徐徐撰述,或有所見,即具奏聞。"

六年五月乙未,以吏部郎中兼侍御史知雜事田錫爲左諫議大夫,遣中使諭旨曰:"第安心著述,必無差出。欲升殿者,聽先奏。"尋又命錫兼史館修撰。十二月辛未,田錫卒,所修二書竟弗克就。

---

① 如成數卷　長編四庫底本卷四九作"每成數卷"。
② 檢討舛互　"舛"底本作"疑",據長編四庫底本卷四九改。
③ 七八日　長編四庫底本卷四九同,嘉慶本"七"作"十"。

胡旦兩漢春秋

　　大中祥符三年十二月丁巳。初,胡旦編兩漢事爲春秋,言於太宗,願給借館吏繕寫。太宗語侍臣曰:"呂不韋春秋,皆門下名賢所作,尚懸千金咸陽市,曰'有能增損一字者與之'。如聞旦所撰,止用其家書,褒貶出於胸臆,豈得容易流傳耶?俟其工畢①,且令史館參校以聞。"旦懼,遂止。於是,旦通判襄州,書成,凡百卷。知州謝泌又爲言②,乃詔官給筆札,録本以進。天聖二年,始上之。

　　仁宗天聖二年二月辛酉,襄州上將作監致仕胡旦所撰兩漢春秋③,上因問旦吏歷及著書本末,宰臣王欽若對曰:"旦詞學精博,舉進士第一,再知制誥。然不矜細行,數敗官,今已退居。嘗謂三代之後,獨漢得正統,因四百年行事,立褒貶,以擬春秋。"上稱歎之。癸亥,命旦爲秘書監,仍録其子彬爲將作監主簿。

---

① 工畢　嘉慶本同,長編卷七四作"功畢"。
② 謝泌　"泌"底本作"佖",嘉慶本同,據長編卷七四、宋史卷三〇六謝泌傳改。
③ 兩漢春秋　長編卷一〇二、宋史卷四三二胡旦傳均作"漢春秋"。

卷第十七

真宗皇帝

封泰山　天書附

太平興國八年六月己酉①,兗州泰山父老及瑕丘等七縣民四千七百九十三人詣闕,請封禪,觀察判官廖文鐸護送之。上謙遜不允,各賜束帛遣還。

雍熙元年四月乙酉,泰山父老千餘人復詣闕,請封禪。戊子,群臣上表奏請封禪,表凡三上。甲午,詔以今年十一月有事于泰山②。丙申,詔翰林學士承旨扈蒙、學士賈黃中、散騎常侍徐鉉等同詳定封禪儀。己亥,命南作坊副使李神佑等四人修自京抵泰山道路。庚子,以宰相宋琪爲封禪大禮使,翰林學士宋白爲鹵簿使,賈黃中爲儀仗使。宋琪等議所過備儀仗導駕,上曰:"朕此行蓋爲蒼生祈福,過自嚴飾,非朕意也。"乃詔惟告廟及至泰山下用儀仗,所過不須陳設。辛未,以駕部員外郎劉蟠、監察御史索湘爲泰山路轉運使。案:長編脱此條。癸卯,遣儀鸞副使康仁寶等部丁匠修宮牆于泰山。案:長編脱此條。五月丁丑,乾元、文明二殿災。六月壬寅,上謂宰相曰:"封禪之廢已久,今時和年豐,行之固其宜矣。然正殿被災,遂舉大事,或未符天意。且炎暑方熾,深慮勞人。徐圖之,亦未爲晚也。"乃詔停封禪,以冬至有事于南郊。

二年十一月甲子,詔:"泰山前代石檢壇墠有墮壞者,並令修葺如故,州縣常謹視之。"案:長編脱此條。

四年九月丙子,起居舍人田錫上書,請東封泰山。

真宗景德四年十一月庚辰,殿中侍御史趙湘上言請封禪,中書以聞,上拱揖不答。

---

① 己酉　底本脱此二字,據宋史卷四太宗本紀補。
② 詔以今年十一月有事于泰山　"一"底本作"二",據嘉慶本、長編四庫底本卷二五、宋史卷一〇四禮志七改。

王旦等曰：" 封禪之禮曠廢已久，若非聖朝承平，豈能振舉。"上曰：" 朕之不德，安敢輕議。"初，王欽若既以城下之盟毀寇準，上自是常怏怏。他日，問欽若曰：" 今將奈何？"欽若度上厭兵，即繆曰：" 陛下以兵取幽薊，乃可刷此恥也。"上曰：" 河朔生靈始得休息，吾不忍復驅之死地，卿盡思其次。"欽若曰：" 陛下苟不用兵，則當爲大功業，庶可以鎮服四海，誇示戎狄也。"上曰：" 何謂大功業？"欽若曰：" 封禪是矣。然封禪當得天瑞希世絶倫之事，乃可爲。"既而又曰：" 天瑞安可必得，前代蓋有以人力爲之。若人主深信而崇奉焉，以明示天下，則與天瑞無異也。陛下謂河圖、洛書果有此乎？聖人以神道設教耳。"上久之乃可，獨憚王旦，曰：" 王旦得無不可乎①？"欽若曰：" 臣請以聖意諭旦②，宜無不可。"乘間爲旦言之，旦僶俛而從③。然上意猶未決，莫適與籌之者。他日晚，幸秘閣，惟杜鎬方直宿，上驟問之曰：" 卿博達典墳，所謂河出圖、洛出書，果何事耶？"鎬老儒，不測上旨，漫應曰④：" 此聖人以神道設教耳。"其言偶與欽若同，上由此意决，遂召王旦飲於内中，歡甚，賜以尊酒，曰：" 此酒極佳，歸與妻孥共之。"既歸，發視，乃珠子也。旦自是不復持異，天書、封禪等事始作。

此據蘇轍龍川別志及劉攽所作寇準傳。

大中祥符元年正月乙丑，上召宰臣王旦、知樞密院事王欽若等對于崇政殿之西序，上曰：" 朕寢殿中帟幕皆青絁爲之，旦暮間非張燭莫能辨色。去年十一月二十七日，夜將半，朕方就寢，忽一室明朗，驚視之次，俄見神人星冠絳袍，告朕曰：' 宜於正殿建黄籙道場一月，當降天書大中祥符三篇，勿泄天機。'朕悚然起對，忽已不見，遽命筆誌之。自十二月朔，即蔬食齋戒，於朝元殿建道場，結綵壇九級。又雕木爲輿，飾以金寶，恭佇神貺。雖越月，未敢罷去。適見皇城司奏左承天門屋之南角有黄帛曳於鴟吻之上⑤，朕潛令中使往視之，回奏云：' 其帛長二丈許，緘一物如書卷，纏以青縷三周，封處隱隱有字。'朕細思之，蓋神人所謂天降之書也。"旦等曰：" 陛下以至誠事天地，仁孝奉祖宗，恭己愛人，夙夜求治，以至殊鄰修睦，獷俗請吏，干戈偃戢，年穀屢豐，皆

---

① 王旦得無不可乎 "無"底本作"毋"，據嘉慶本、長編卷六七改。
② 臣請以聖意諭旦 "意"底本作"旨"，據嘉慶本、長編卷六七改。
③ 旦僶俛而從 底本脱"旦"一字，嘉慶本、長編卷六七同，據宋史卷二八二王旦傳補。
④ 漫應曰 "漫"底本作"謾"，據長編卷六七改。
⑤ 適見皇城司奏 嘉慶本同，長編卷六八"見"作"覩"。

陛下兢兢業業,日謹一日所致也。臣等嘗謂天道不遠,必有昭報。今者神告先期,靈文果降,實彰上穹佑德之應。"皆再拜,稱萬歲。又言:"啟封之際,宜屏左右。"上曰:"天若謫示闕政,固宜與卿等祗畏改悔。若誠告朕躬,朕亦當責身自修①,豈宜隱之而使衆不知也。"上即步至承天門,焚香望拜,命内侍周懷政、皇甫繼明升屋,對捧以降。王旦跪進,上再拜受,置書輿上,復與旦等步導,卻繳蓋,徹警蹕,至道場,授知樞密院陳堯叟啟封,帛上有文曰:"趙受命,興於宋。付於恒,居其器,守於正。世七百,九九定。"既去帛啟緘,命堯叟讀之。其書黄字三幅,詞類尚書洪範、老子道德經,始言上能以至孝至道紹世,次諭以清净簡儉,終述世祚延永之意。讀訖,藏於金匱。旦等稱賀於殿之北廡。是夕,命旦宿齋中書,晚詣道場,旦趨往,而上已先至矣。丙寅,群臣入賀於崇政殿,賜宴,上與輔臣皆蔬食。遣吏部尚書張齊賢等奏告天地、宗廟、社稷及京城祠廟。丁卯,設黄麾仗于殿前,陳宫縣、登歌,文武官、契丹使陪列,酌獻三清天書。禮畢,上步導入内,行避黄道。司天監奏三日、五日有瑞雲覆宫殿,乞付史館,從之。戊辰,大赦,改元,文武官並加恩。改左承天門爲左承天祥符門,擢護門親從官徐榮爲十將,賜衣服、銀帶、緡錢,榮先覿天書故也。

三月甲戌,兖州父老吕良等千二百八十七人詣闕請封禪,對于崇政殿。上令引進使曹利用宣勞,而諭之曰:"封禪大禮,歷代罕行,難徇所請。"良等進而言曰:"國家受命五十年,已致太平。今天降祥符,昭顯盛德,固宜告成岱嶽,以報天地。"上復曰:"此大事,不可輕議。"良等又曰:"歲時豐稔,華夏安泰。願上答靈貺,早行盛禮。"詔賜緡帛遣之。知州邵曄又率官屬抗表以請,亦不允。己卯,諸道貢舉人兖州進士孔謂等八百四十六人伏闕下,請封禪。

四月辛卯朔,天書又降于大内之功德閣。

此據天禧元年正月壬戌詔追書,本紀、實録並不載也。

先是,宰相王旦等率文武百官、諸軍將校、州縣官吏、蕃夷、僧道、耆壽二萬四千三百七十人詣東上閤門,凡五上表請封禪。甲午,詔以今年十月有事于泰山。楊億草詔,有"不求神仙,不爲奢侈"等語,上曰:"朕不欲斥言前代帝王。"遂改云:"朕之是

---

① 責身自修　嘉慶本同,長編卷六八"責"作"側"。

行①,昭答玄貺。匪求仙以邀福,期報本而潔誠。珪幣牲牷,並資豐備;服御供帳,悉從減省。"遂遣官告天地、宗廟、嶽瀆諸祠。乙未,以知樞密院事王欽若、參知政事趙安仁並爲封禪經度制置使②。初,議封禪未決,上以經費問權三司使丁謂,謂曰:"大計固有餘矣。"議乃決。即詔謂計度泰山路糧草,引進使曹利用、宣政使李神福相度行宮道塗,翰林學士晁迥、李宗諤、楊億、龍圖閣直學士杜鎬,待制陳彭年與太常禮院詳定儀注。王旦請依郊祀故事,面命五使,上曰:"升中大禮,五使之職,當于中書、樞密院以班次領之。"馮拯曰:"臣等叨居重位,又忝使名,慮未爲允,望仍舊貫③。"上曰:"大臣爲之,蓋重祀事也。"丙申,命王旦爲大禮使,王欽若爲禮儀使,馮拯爲儀仗使,陳堯叟爲鹵簿使,趙安仁爲橋道頓遞使,其禮儀、橋道頓遞使事,令拯泊堯叟分掌之。欽若、安仁並判兗州,仍更迭往乾封縣,禁於泰山採樵者。山下工役,無得調撥丁夫,止用兗、鄆州兵充。行宮除前後殿,餘悉張幄幕。金帛、芻糧委三司規度收市,或轉輸供用。他所須物,悉自京輦致,無得輒有科率。

戊戌,命皇城使劉承珪、龍圖閣待制戚綸、崇儀副使謝德權計度封禪發運事。綸上疏言:"臣遐覽載籍,驗天人相與之際,未有若今炳煥者也。請詔侍從、大臣摹寫祥符,勒於嘉玉,藏之太廟,別以副本秘於中禁,傳示萬葉,世世子孫,恭戴天命,無敢怠荒。然臣竊謂流俗之人,古今一揆,恐託國家之嘉瑞,浸生幻惑之狂謀。或詐憑神靈,或僞形土木,妄陳符命,廣述休祥。以人鬼之妖詞,亂天書之真旨。少君、欒大之事,往往有之。伏望端守玄符,凝神正道,參内景修行之要,資五千致治之言。建皇極以御蒸人,寶太和而延聖算④,仰答天貺,俯惠群黎。"上嘉納焉。以兵部員外郎、知兗州邵曄爲京東轉運使,遣使巡護齊州泰山路⑤,禁止行人。兗州別給公用錢月二十萬。壬寅,以吏部員外郎、判三司句院盧琰權京東轉運使。詔:"東封緣路禁采捕。修建行宮,無得侵占民田。扈駕步騎,輒踐蹂苗稼者,御史糾之。兗州民供應東封外,免今年徭役及支移稅賦。"丙午,詔于皇城西北天波門外作昭應宮,以奉天書。命皇城使劉承

---

① 朕之是行 "是"底本作"自",據嘉慶本、長編卷六八改。
② 參知政事 "知"底本作"加",據嘉慶本改。
③ 望仍舊貫 長編卷六八同,嘉慶本"望"作"乞"。
④ 寶太和而延聖算 "寶"底本作"保",據嘉慶本、長編卷六八改。"太和",太平治迹統類卷四真宗祥符作"大位"。
⑤ 齊州泰山路 宋會要輯稿禮二二之四作"齊州升泰山路"。

珪、入内副都知藍繼宗典其役。丙辰，有司言："巡狩有燔柴、告至之禮，皇帝親行事。又封祀，至泰山下，柴告昊天上帝于圜壇，如巡狩告至之禮，有司攝事，即不載攝事之儀。車駕至泰山下，合行告至。望令太尉以酒脯、幣帛于山下壇告至。"奏可。又言："車駕所過山川及古先哲王、名臣烈士，皆州縣致祭。所經十里內神祠、橋道並合致祭。今參詳其數頗多，慮有司供祠不逮。請除名山大川、先代帝王功德赫奕者遣官外，餘委本州祭告。"從之。遣使馳詣岳州，采三脊茅三十束，備藉神縮酒之用。有老人董皓識之①，授皓岳州助教，賜束帛。戊午，詔東巡取鄆州臨鄆路赴泰山，禮畢幸兖州，取中都路還京。先是，自京抵兖州，有路二：由曹、單者為南路，太宗朝嘗置頓于此；由濮、鄆者為北路。時命王欽若、曹利用由南路，趙安仁、李神福由北路，同赴泰山，計工用之繁簡。且言南路雖近而用功多，北路郵傳有素而用功省，故從北路焉。

五月壬戌，王欽若言泰山下醴泉出。有司詳定儀注，請于泰山上置圜臺，徑五丈，高九尺，四出陛上飾以青，四面如方色。壇外一壝，廣一丈，圍以青繩三周。燎壇在圜壇東南，高一丈二尺，方一丈，開上南出户，方六尺。山下封祀壇，四成，十二陛，如郊祀錄圜丘之制，上飾以玄，四面如方色，設三壝。燎壇如山上。社首壇，八角，三成，八陛，三壝，如方丘之制。又為瘞陷於壬地外壝之內。天地玉牒、玉册並刻字填金，聯以金塗銀繩，緘以玉匱，置石䃭中。配坐玉册，緘以金匱。牒廣五寸，册廣一寸二分，厚三分。金匱之制，並長一尺三寸。檢長如匱，厚二寸，闊五寸，當纏繩處刻為五道。封匱以金泥，和金粉、乳香為之。印以受命寶，寶方二寸一分，文曰"恭膺天命之寶"。封匱當寶處深刻二分。石䃭之制，用石再累，各方五尺，厚一尺，鑿中，廣深令容玉匱，傍施檢處，皆刻深七寸，闊一尺，南、北各三，東、西各二，去隅皆七寸，纏繩處皆刻三道②，廣一寸五分，深三分。又為石檢以擫䃭，皆長三尺，闊一尺，厚七寸，刻三道，廣深如纏。其當封處刻深二寸，取足容寶。又皆為小石蓋，與封刻相應。其檢立䃭旁，當刻處又為金繩三以纏䃭，皆五周，徑三分。封䃭以石泥，石末和方色土為之，印以"天下同文寶"，寶鑄以金，制同御前寶。距石十二，分距四隅，皆闊二尺，厚一尺，長一尺③。

---

① 董皓　嘉慶本同，宋史卷一〇四禮志、文獻通考卷八四郊社考十七均作"黃皓"。
② 纏繩處皆刻三道　底本脱"處"一字，據長編卷六九補。
③ 長一尺　嘉慶本同，長編四庫底本卷六九、宋會要輯稿禮二二之九、宋史卷一〇四禮志均作"長一丈"。

斜刻其道，與磩相應，皆再累，又爲五色土圜封。磩上徑一丈二尺，下徑三丈九尺。其二寶分寸並以今尺爲準。金匱回日，奉置太廟本室。詔皆從之。乙丑，王欽若言錫山蒼龍見。

丙寅，命王旦、馮拯、趙安仁等分撰玉牒、玉册文，上諭之曰："其文當首敘上天降監符瑞原委①，次述爲民祈福之意。"初，有司請依唐故事，皇帝告廟、出京，泰山、社首並用法駕。戊辰②，上以前詔惟祀事豐潔，餘皆從簡約，於是改用小駕儀仗，尋改小駕名曰"鑾駕"。辛未，趙安仁奏："得太僕寺狀，金、玉輅合先赴泰山。輅高二丈三尺，闊一丈三尺，所經州縣城門、橋道有隘狹處，請令修拆。"上曰："若此則勞人矣，可於城外過，有墳墓處避之。"丁丑③，令諸州所貢方物，並取十月以前集泰山下。甲戌，上以東封路供頓芻糧數廣，召丁謂，出扈駕兵籍示之，曰："蓋有司不知此數，廣爲營備耳，曾不慮煩擾于下。其少數未曾轉送者，俟秋成和市。"庚辰，有司請："登封日，圜臺立黃麾仗，至山下壇設燎火。將行禮，然炬相屬。又出漆牌，遣執仗者傳付山下。牌至，公卿就位，皇帝就望燎位，山上傳呼萬歲，下即舉燎。皇帝還大次，解嚴。又傳呼而下，祀官始退。其社首瘞坎，亦設燎火三爲準。"從之。始定公卿就位，亦用傳呼爲節，上以接神務在嚴靜，遂更爲漆牌，禮畢乃聽傳呼。又恐傳付漆牌不即達，辰刻或差，先遣司天以漏壺設山之上下，及以日晷覆校，復於壇側擊板相應。又自太平頂、天門、黃峴嶺、岱嶽觀，各以長竿揭籠燈下照參候，使不愆其節云。辛巳，對王旦等於龍圖閣，出封禪壇圖視之。上曰："郊禋日，祀昊天上帝位不以正坐，蓋合祭皇地祇。今封祀日，昊天上帝坐宜當子位，天書置于東側，太祖、太宗位比郊禋日次西北側向，以申祖宗恭事上穹之意。"壬午，詔天書出京，至嶽下日，用道門威儀百人，在路三十人。舊制，郊祀正坐褥皆以黃，皇帝拜褥以緋。至是，詔配坐以緋，拜褥以紫。詔緣路行宫，止以舊屋就加塗塈，不須別創。詔于泰山要路置門，非執事赴役者不得升。有司言天書出京日，創新几褥置玉輅中，備儀仗導從七百五十人，前後部鼓吹，中使二員夾侍，仍命官充使。癸未，以王旦爲天書儀仗使，王欽若、趙安仁副之，丁謂爲扶侍使，藍繼

---

① 符瑞原委　長編卷六九同，嘉慶本、長編四庫底本卷六九"原"均作"沓"。
② 戊辰　底本脱此二字，據長編卷六九補。
③ 丁丑　底本脱此二字，據長編卷六九補。

宗爲扶侍都監，入內高品周懷政、入內高班內品皇甫繼明並爲夾侍。詔車駕離京至封禪以前不舉樂，經歷州、縣勿以聲伎來迎。上謂王旦等曰："自醴泉發，朕即周問泰山祠宇，有言王母池，因念詔許東封以來，凡有靈迹，靡不醮告，獨此尚闕。"乃令中使齎青詞致告。未發而王欽若奏至，言池水變紫色，驗之，乃遣使之信宿也。旦等曰："休應響答，如是之速，實至誠所感也。"

六月壬辰，詳定所上封禪儀注，上覽之，曰："此儀久廢，非典禮具備，豈爲盡美？"即手劄疑互凡十九事，令五使參議釐正而行之。丙申，有司請前祀七日，遣官以牲幣分致天齊淵等八神，又祀云云、亭亭、肅然、徂徠、會稽五山，及于泰山下擇地望祭。前代封禪，帝王前祀一日，以太牢祀泰山，少牢祀社首。並從之。先是，五月丙子，上復夢向者神人，言來月上旬復當賜天書于泰山，即密諭王欽若。於是欽若奏："六月甲午，木工董祚於醴泉亭北見黃素曳草，上有字，不能識，言于皇城使王居正。居正見其上有御名，馳告欽若①，欽若就取視之②，遂建道場。明日，跪授中使捧詣闕。"奏至，上亟召王旦等諭其事，欲自出奉迎，即命旦爲導衛使。己亥，旦與扶侍使而下具儀仗，迎天書入含芳園之西門。庚子，群臣詣園，迎導升殿。辛丑，上致齋。壬寅，備鑾駕以出，北面拜殿下，導衛、扶侍使自殿上奉天書置上前，上再拜，授陳堯叟，堯叟跪讀③，其文曰："汝崇孝奉吾，育民廣福。錫爾嘉瑞，黎庶咸知。秘守斯言，善解吾意。國祚延永，壽歷遐歲。"讀訖，召百官示之，復奉以升殿。酌獻畢，上先還，旦等導衛、扶侍至朝元殿，上迎拜入內。時久雨頓晴，景色澄廓，苑中有雲五色，讀天書次，黃氣如鳳駐殿上。癸卯，擢董祚爲八作副都頭，王居正爲右班殿直。壬子，取封禪之義，改郊祀樂曲名，俟禮畢仍舊。其後祀汾陰后土亦如之。

七月庚申④，廣州言大食國舶主陁婆黎願以方物至泰山修貢，詔許之。封禪用玉牒冊凡七，文思玉工言用玉追琢難成，宰相請代以珉石及階州采進。上曰："此珷玞之類，目之爲玉，以奉天，于禮可乎？"即遣中使徧詢玉工。有趙榮者言："太平興國中，令與衆工治美玉爲牒冊，歲餘方就，寘崇政殿庫。"亟取而用之。上曰："此蓋先帝聖謨已

---

① 馳告欽若　"告"底本作"召"，據嘉慶本、長編卷六九、宋史卷一〇四禮志改。
② 欽若就取視之　嘉慶本作"欽若等就取視之"，長編四庫底本卷六九作"欽若等就取得之"。
③ 堯叟跪讀　底本脫"跪"字，據嘉慶本、長編卷六九補。
④ 庚申　底本脫此二字，據長編卷六九補。

成,垂裕沖眇也。"仍出示輔臣。時王旦宿齋中書,即遣中使諭焉。案:長編事列壬戌。己巳,命秘書丞、直史館劉鍇攝將作監,與内侍張承素領徒封圜臺石礛;太常博士、直集賢院宋皋與内侍郝昭信封社首石礛,並先規度。鍇、皋請對便殿,以礛式進御。上起,更袍而視之。辛未,濮州舉人郭垂等四百六十二人以車駕東巡①,獻菽粟二千石、草四萬圍。上曰:"意雖可嘉,然納之則諸州盡以爲貢,益成煩擾耳。"即令優給其直,仍諭京東諸州民無復然②。

八月,案:長編事列壬辰。詔升山有大石難越者,築土平之,或委曲而過。樹當道者,用綵帛縈其枝幹,咸勿動傷。癸巳③,有司言:"西漢祭天于甘泉泰時,祭地于汾陰后土,後漢始定南、北郊。然則今之汾陰后土④,本漢祀地祇之所也。將來既禪社首祀皇地祇,則后土不當同日更祭。又按唐開元十二年祀后土于汾陰脽上,十三年封禪,不別祀后土。欲望車駕出京日,遣官就汾陰告祭,封禪日更不致祭。"從之,乃命給事中馮起祭告。辛丑,詔審刑院、開封府自九月一日後勿奏大辟案,止令中書擬定施行。甲辰,詳定儀注官晁迥而下,習泰山圜臺封祀儀于都亭驛。乙巳,令天下禁屠宰一月,自十月旦始。丙午,王欽若等奏泰山道路⑤、祀壇、御幄,咸已畢工。上謂輔臣曰:"每有自泰山使至者,朕必首詢役作勞苦,皆言景色異常,衆共樂成其事。"王旦等因稱頌聖德,上曰:"兹乃上天敷佑,祖宗積累所致也,朕何足以當之。"詳定儀注官再習儀于都亭驛。己酉,王欽若來朝,獻芝草八千一百三十九本。庚戌⑥,刑部尚書、知陝州寇準表從祀,詔可。

九月己未,詔告太廟日,以芝草、嘉禾、瑞木,列于天書輦前及陳於六室,仍各標所貢之處。庚申,命兵部侍郎向敏中權東京留守,即赴内殿起居⑦。上以敏中舊德,有人望,故自西京召而用之。皇城使劉承珪詣崇政殿,上新製天書法物,有鶴十四來翔。天書扶侍使丁謂奏雙鶴度天書輦,飛舞良久。翌日,上顧謂曰:"昨所覿鶴,但于輦上

---

① 郭垂　長編卷六九同,嘉慶本作"郭圭"。
② 京東諸州民　底本脱"諸州"二字,據嘉慶本、長編卷六九補。
③ 癸巳　底本脱此二字,據長編卷六九補。
④ 后土　底本作"后士",據嘉慶本改。
⑤ 泰山道路　嘉慶本同,長編卷六九作"上山道路"。
⑥ 庚戌　底本脱此二字,據長編卷六九補。
⑦ 内殿　嘉慶本同,長編卷七〇作"内庭"。

飛度,若云飛舞良久,文則文矣,然恐不爲實,卿當易此奏也。"謂再拜曰:"陛下以至誠奉天,以不欺臨物,正此數字,所繫尤深。皇帝徽猷,莫大于此。望付中書,載于時政記。"上俛然從之①。

按實録云:劉承珪上法物,有鶴十四飛舞于庭。本志云:有鶴十四至殿上,宛轉飛舞,正與御座相直。封禪記亦同。據丁謂所奏,止有雙鶴爾,豈至殿上者凡十四,而飛度天書輦者特其十四之二耶?本紀並承珪上法物皆不書,乃於告廟日書"有鶴十四來翔"。按實録止云"告廟日,鶴隨步輦至萬歲殿",不言其數。本志云"還至乾元門,有八鶴盤飛空中"。又曰:"四鶴飛隨步輦,天書初出及還,皆有雙鶴翔輦上下。"疑本紀所稱,即通此數也。然則上法物及告廟,皆有十四鶴來翔矣。今兩存之,具載上語,使後世有考焉。

泰山玉女池在太平頂,泉源素壅而濁。初營頓置山下,醴泉發,池水亦漲,及工徒升山,其流自廣,清泚可鑑,味甚甘美,衆賴以濟。王欽若始治之②,池側有石像,頗摧折。詔劉承珪易以玉石③,既成,上與輔臣臨觀。辛酉,遣使礱石爲龕,奉置舊所④,令欽若致祭。壬戌⑤,禮儀使言:"準典禮,皇帝飲福酒以上尊,太尉而下以罍。今參詳告廟及封禪日,皇帝所飲福酒,蓋上靈降祚,以交神明之福。望令尚食奉御一員,于上尊酌酒以進,庶叶禮文。"從之。癸亥,以權三司使事丁謂爲行在三司使,鹽鐵副使林特副之。是日,奉天書于朝元殿,上齋于殿之後閤。初,有司撰儀止致齋一日,特詔散齋一日。甲子,扶侍使等奉天書升玉輅,赴太廟南城門內幄殿。有頃,車駕至,詣幄殿酌獻訖⑥,奠告六室,至太祖、太宗室,告以嚴配之意,上涕泗交下,左右執事無不感動。行禮次,白雲如龍、鳳、仙人,正在廟室上,有鶴十四來翔。辛未,詣啓聖院,朝拜太宗神御⑦,告行也。詔:"祀事所用醴酒,令有司別擇器用,精加醖釀,至時進內,朕躬親檢題,以付有司。"邛部川蠻王阿迺遣將軍趙勿婆來朝貢,勿婆請赴泰山陪位,許之。癸酉,詔文武官奉使至兖州當升嶽者並公服,令王欽若等察之。步軍都虞候鄭諴部前

---

① 上俛然從之　"從",嘉慶本、長編四庫底本卷七〇均作"許"。
② 王欽若始治之　長編四庫底本卷七〇作"王欽若請浚治之"。
③ 詔劉承珪易以玉石　底本脫"詔"一字,據長編四庫底本卷七〇補。
④ 奉置舊所　"置"底本作"署",嘉慶本同,據長編四庫底本卷七〇改。
⑤ 壬戌　底本脫此二字,據長編四庫底本卷七〇補。
⑥ 詣幄殿酌獻訖　底本脫"幄"一字,據長編四庫底本卷七〇補。
⑦ 朝拜太宗神御　"御"底本作"殿",嘉慶本同,據長編四庫底本卷七〇改。

軍先赴泰山。甲戌，命諸司副使二員視嶽下諸壇牲牢、祭器①，有不恭其事者，遇赦不原。詔諸司奉祀升山人官給衣服，令祀日沐浴服之。從官、衛士至鄆州，即禁葷茹②。公私羊豕不得至嶽下。己卯，以簽書樞密院事馬知節爲行宮都部署。庚辰，趙安仁來朝，獻五色金玉丹、紫芝八千七百一十本。乙酉，上親習封禪儀于崇德殿。初，禮官已再肄習，且言職在有司，無帝王親習之文。上曰："朕以達寅恭之意，豈憚勞乎③！"既畢，謂輔臣曰："適見典禮，頗有未便，如天書未下圓壇，朕已先降；又金匱先天書降壇，送神畢始奉玉匱置礎石；禮儀使奏禮畢在望燎前，似未協宜；置匱礎中，將作監即領徒封固，懼爲喧雜。可與禮官再議以聞。"有司言："按開寶通禮則燔燎畢封册，開元故事則封礎後燔燎。今若不對神封册，即未稱寅恭；或封礎後送神，則併爲喧瀆。欲望俟終獻畢，皇帝升壇，封玉匱，奉置礎中，印訖，次飲福、送神、樂止、燎舉。天書降，次金匱降。禮儀使奏禮畢，皇帝還大次，俟封礎訖，再升壇省視④。緣祀禮已畢，更不舉樂。"從之。又以亞獻、終獻皆不作樂問禮官，具言："按開寶通禮，親郊，壇上設登歌，皇帝升降、奠獻、飲福則作；壇下設宮懸，降神、迎俎⑤，退文舞、引武舞、迎送皇帝則作。亞、終獻升降在退文舞、引武舞之間。有司攝事，不設宮懸、二舞，故三獻升降，並用登歌。今山上設登歌，山下設宮懸、二舞，其山上圓臺亞、終獻準親祠例，無用樂之文。"上以對越天地，嚴配祖宗，不欲分等威，特令亞、終獻並同登歌作樂。

十月戊子朔，上謂王旦等曰："朕以封禪非常祀，自今日素膳。"旦曰："陛下方將冒寒冱，涉道途，保衛聖躬，恐未得宜。況南郊亦祀天地，不聞預禁葷茹。望於致齋或散齋後，議進蔬食⑥。"遂三上表懇請，終不許。庚寅，詔以御史中丞王嗣宗攝御史大夫，爲考制度使，右正言、知制誥周起攝中丞，爲副使。所經州縣，采訪民間不便事並市物之價⑦，車服、權衡、度量不如法者，舉儀制禁之。有奇才異行、隱淪不仕者，與所

---

① 命諸司副使二員視嶽下諸壇牲牢祭器 "視"底本作"祀"，據嘉慶本、長編四庫底本卷七〇改。"二員"，嘉慶本同，長編四庫底本卷七〇作"一員"。
② 即禁葷茹 "葷茹"底本作"茹葷"，據嘉慶本、長編四庫底本卷七〇乙正。
③ 豈憚勞乎 嘉慶本同，長編四庫底本卷七〇"乎"作"也"。
④ 再升壇省視 "升"底本作"拜"，據嘉慶本、宋史卷一〇四禮志改。"視"底本作"祀"，據嘉慶本、長編四庫底本卷七〇改。
⑤ 迎俎 "俎"底本作"祖"，據嘉慶本、宋會要輯稿禮二二之一七、太常因革禮卷四二、宋史卷一二六樂志改。
⑥ 蔬食 長編四庫底本卷七〇同，嘉慶本作"素食"。
⑦ 采訪民間不便事 底本脫"間"一字，據長編四庫底本卷七〇、嘉慶本補。

屬長吏論薦。鰥寡惸獨不能自存者,量加賑恤。官吏政績尤異、民受其惠及不守廉隅、昧于政理者,孝子順孫、義夫節婦,爲鄉里所稱者,並條析以聞。辛卯,有司宿設天書仗衛于乾元門①。晝漏未上三刻,自宮中奉天書出乾元門,升玉輅,黃麾仗、前後部鼓吹、道門威儀、扶侍使等導從而行,從臣望拜於殿下。有頃,上服通天冠、絳紗袍,御大輦發京師,次含芳園之行宮。詔行事官②、職掌人盡恭奉祀,有涉懈慢,令憲臺及監祭使糾舉③,遇赦不原。壬辰,次陳橋驛,命宮苑使趙承煦等檢視山上下諸壇牢饌。詔行在諸色人有犯罪並赴行宮都部署馬知節,諸軍即送殿前副都指揮使劉謙,量罪區斷。情理重者以軍法從事,不須奏聞。所在州縣犯罪人送軍頭司,未得引見,令樞密院詳度指揮。上虔心祀事,不欲決罰,且虞小民輕冒禁法,故預戒之。自降詔至訖事,未嘗戮一人。癸巳,次長垣縣。甲午,次韋城縣。王欽若等言泰山芝草再生者甚衆。乙未,次衛南縣。丙申,次澶州,合殿前副都指揮使劉謙、西京左藏庫副使趙守倫于山門閱視升嶽之人,著籍,乃許上。丁酉,次永定驛。詔應乘輿儀仗,如城門不可入者,由城外而過。時大輦至澶州,有司以城門卑下,將徹之,上不許,因降是詔。戊戌,次濮州。詔鄆、濟、單、淄等州長吏赴泰山陪位。車駕所經,黃河護堰軍士並優與特支。己亥,次范縣。庚子,次壽張縣。辛丑,次鄆州。壬寅,駐蹕。知制誥朱巽言:"奉玉册、玉牒至翔鸞驛,有神光起昊天玉册上。"上亟遣翰林學士李宗諤馳往致謝。癸卯,命入內高班鄧守恩覆視諸壇牢饌。乙巳,發鄆州,夕次迎鑾驛。丙午,次翔鸞驛,命行宮都部署馬知節于山門駐泊,都大管句山下公事殿前副都指揮使劉謙、都大提舉山下軍馬馬軍都虞候張旻、步軍都虞候鄭誠扈從升山,提舉宿衛兵。丁未,法駕人乾封縣奉高宮,上即詣昊天玉册前焚香再拜,以謝神光之貺。占城、大食諸蕃國使以方物迎獻道左。大食蕃客李麻勿獻玉圭④,長尺二寸,自言五代祖得自西天屈長者,傳云"謹守此,俟中國聖君行封禪禮⑤,即馳貢之"。戊申,上齋于穆清殿。王欽若等獻泰山芝草三萬八千二百五十本。己酉,五色雲起嶽頂,上與近臣登後亭望之,名亭曰瑞雲

---

① 仗衛　嘉慶本同,長編四庫底本卷七〇作"仗位"。
② 行事官　長編四庫底本卷七〇同,嘉慶本作"行宮官"。
③ 監祭使　"祭"底本作"察",嘉慶本同,據長編四庫底本卷七〇改。
④ 玉圭　"圭"底本作"珪",據長編四庫底本卷七〇、嘉慶本改。
⑤ 行封禪禮　底本脫"封"一字,嘉慶本同,據長編四庫底本卷七〇補。

知制誥朱巽奉玉册、牒及圜臺行事官並先升山,上以回馬嶺至天門路險絶,人給橫板各二,兩首施綵帛,選親從卒推引而上。庚戌,晝漏未上五刻,上服通天冠、絳紗袍,乘金輅,備法駕,至山門幄次①,改服鞾袍,乘步輦以登。鹵簿、仗衛列于山下。黄麾仗衛士、親從卒,自山址盤道至太平頂②,凡兩步一人,綵繡相間。供奉馬止于中路御帳。亞獻寧王元偓、終獻舒王元偁、鹵簿使陳堯叟從登。有黄雲覆輦。上道徑險峻,必降輦步進,有司議益扶衛,皆卻之。導從者或至疲頓,而上辭氣益莊。至御幄,召近臣觀玉女泉及唐高宗、明皇二碑③。前一夕,山下大風裂帟幕,遲明未已。及上至,天氣溫和,纖塵不動。奉祀官點饌習儀于圜臺,祥光瑞雲,交相輝映。是夕,山下罷警場。辛亥,享昊天上帝于圜臺,以太祖、太宗配。命群官享五方帝、諸神于封祀壇,儀衛使奉天書于上帝之左。上服衮冕奠獻,侍從、導衛悉減去拂翟,止于壝門,籠燭前導亦徹之。攝中書侍郎周起讀玉册、玉牒文。上飲福,攝中書令王旦跪稱曰:"天賜皇帝太一神策,周而復始,永綏兆人。"三獻畢,封金、玉匱,王旦奉玉匱置于石䃭④,攝太尉馮拯奉金匱以降,將作監領徒封䃭,上復登臺,閱視訖,還御幄。司天監奏慶雲遶壇,月有黄煇氣。宰臣率從官稱賀,山上下傳呼萬歲,振動山谷。上即日還奉高宮,百官奉迎于谷口。日有冠戴,黄氣紛郁。壬子,禪祭皇地祇于社首山,如封祀之儀。上至山下,服鞾袍,步出大次。侍臣言山路峻滑,請乘步輦。上曰:"接神在邇,敢不徒行!"五使等復固請,終不許。前夕陰晦,風勢勁猛,不能燃燭。及行事,風頓止,天宇澄霽,燭焰凝然。封䃭訖,紫氣蒙壇,黄光如帛繞天書匣。悉縱四方所獻珍禽異獸于山下。法駕還奉高宮,日重輪,五色雲見。鼓吹振作,觀者塞路,歡呼動天地。詔以奉高宮爲會真宮,增葺殿屋,務從嚴潔。九天司命上卿加號保生天尊,青帝加號廣生帝君,天齊王加號仁聖,各遣使致告。癸丑,有司設仗衛、宮懸于朝覲壇下。壇在奉高宮之南,方九丈六尺,高九尺,四出陛,其南兩陛。上服衮冕,御壇上之壽昌殿受朝賀。中書門下、文武百官、皇親、諸軍校、四方朝賀使、貢舉人、蕃客、父老、僧道皆在列。大赦天下,常

---

① 至山門幄次 底本脱"幄次"二字,嘉慶本、長編四庫底本卷七〇同,據文獻通考卷八四郊社考七七〇下補。
② 山址 長編四庫底本卷七〇作"山阯"。
③ 召近臣觀玉女泉及唐高宗明皇二碑 "近"底本作"群",據嘉慶本、長編四庫底本卷七〇、宋朝事實卷一一、文獻通考卷八四郊社考七七〇下改。
④ 王旦 底本"王旦"上衍"攝太尉"三字,據長編四庫底本卷七〇、玉海卷九八祥符封禪、宋史卷一〇四禮志删。

赦所不原者咸赦除之①。內外諸軍將士比南郊例,特與加給。文武官並進秩,賜致仕官本品全俸一季,京朝官衣緋緑十五年者,改賜服色。兖、鄆州免來年夏秋稅及屋稅,仍免二年支移稅賦、工役,所過州、縣免來年夏屋稅十之五,河北、京東軍州供應東封者免十之四,兩京、河北免十之三,諸路免十之二,屋稅並永免折科。德清、通利軍例外更給復一年。令開封府及車駕所過州、軍考送服勤詞學經明行修舉人,其懷才抱器淪於下位及高年不仕德行可稱者,所在以聞。三班使臣經五年者與考課。兩浙錢氏、泉州陳氏近親,僞蜀孟氏、江南李氏、湖南馬氏、荆南高氏、廣南河東劉氏子孫,未食禄者聽敘用。賜天下酺三日。改乾封縣爲奉符縣。泰山下七里内禁樵採。大宴穆清殿,又宴近臣及泰山父老于殿門,賜父老時服、茶帛。始議肆赦,上謂宰相曰:"此赦與常赦不同,但常赦所不能行者,卿等並録出條目,共議之,務令實惠及民也。"上齋于行宮,晁迥進所草赦書。故事,召對學士,天子著帽,而學士止繫鞋②,迥以方行大禮,乃秉笏請對,上入,改服見之。甲寅,車駕發奉符縣,次太平驛。是日,始復常膳。詔以十一月朔旦幸曲阜縣,謁文宣王。乙卯,次回鑾驛。丙辰,次兖州,以州爲大都督府,特賜酺三日。

十一月戊午朔,上服鞾袍詣文宣王廟酌獻。有司定儀止肅揖,上特再拜,詔加諡曰玄聖文宣王③。以右正言、知制誥朱巽權知兖州。己未,上御回鑾驛罩慶樓觀酺,凡三日。庚申,賜輔臣、親王、百官宴于延壽寺,凡二日。有金龜集游童衣袂,大如榆莢,丁謂得之以獻,上亟命中使齎示群臣。辛酉,上作慶東封禮成詩,從臣皆和。壬戌,發兖州,次中都縣。王欽若、趙安仁還奉符縣,詔令蔬食升嶽,省視圜封。癸亥,次鄆州。甲子,宴百官于行宮。乙丑,御升中延福樓宴從臣,又宴父老于樓下。詔節度、觀察、防禦、團練、刺史因東封爲諸州駐泊部署、鈐轄者,並賜襲衣、金帶、器幣。舊制,藩侯在外遇大禮,無賚及之例,今特賜焉。丙寅,次壽張縣。丁卯,次范縣。賜曲阜縣玄聖

---

① 常赦所不原者 "常"底本作"嘗",據嘉慶本、長編四庫底本卷七〇改。
② 繫鞋 嘉慶本同,長編卷七〇作"繫鞵"。
③ 玄聖文宣王 "玄"底本作"至",嘉慶本同,據長編卷七〇、九朝編年備要卷七、宋史全文卷六、宋史卷七真宗本紀改。按:據宋史卷八真宗本紀記載,爲避聖祖趙玄朗名諱,大中祥符五年十二月壬申,"改諡玄聖文宣王爲至聖文宣王",即孔子的諡號大中祥符元年爲"玄聖文宣王",大中祥符五年才改爲"至聖文宣王"。

文宣王廟九經、三史①，令兗州選儒生講説，又賜太宗御製、御書，又以經、史賜兗州。賜兗、鄆知州羊酒、緡錢，令宴設僚屬。戊辰，次濮州。己巳，宴從臣于告成均慶樓，父老于樓下。詔緣祀官物合輦還者，俟來春于清河、廣濟河水運至京師，其鋪卒悉放還營，仍給賜。庚午，次永定驛，遣翰林學士李宗諤祭澶州河瀆廟。辛未，次澶州，幸河瀆廟酌奠。以頓丘縣令兼充廟令，以兗州父老吕良攝本州助教，良首請東封故也。壬申，王欽若、趙安仁自兗州來見。癸酉，發澶州，次韋城縣，宴從臣、父老于行宫。甲戌，次長垣縣，宴從臣、父老于行宫。乙亥，次陳橋驛。丙子，發陳橋驛，次含芳園。時近輔、淮甸、京東、河朔之民自泰山迎候車駕、奔走以望天顔者，道路不絶。詔增天書仗衞六百人，其後遂以一千六百人爲定制。詔天書儀衞使副、扶侍使、都監、夾侍等，自今著令，凡遇大禮，即與五使並命，從丁謂之請也。丁丑，車駕至自泰山，扶侍使丁謂奉天書歸大内。上御乾元樓，召近臣觀衞士甲馬還營。賜百官休假三日，中書、樞密院一日。上之巡祭也，往還四十七日，未嘗遇雨雪，嚴冬之候，景氣怡和，祥應紛委，咸以爲誠感昭格②、天意助順之所致也。壬午，詔以正月三日天書降日爲天慶節，休假五日。京師於上清宫建道場七日，宰相迭宿。罷日，文武官、内職皆集，賜會錫慶院。是夕，京師張燈③。五日内無得用刑，仍禁屠宰。諸州建道場三日，群臣亦賜會。丁謂請以天書降後祥瑞編次選贊，繪畫于昭應宫。詔謂與龍圖閣待制戚綸、陳彭年同編次，其贊令中書門下、樞密院、兩制、尚書、丞郎、給諫、待制、館閣官分撰。甲申，命宰相王旦攝太尉，奉上太祖、太宗謚册，知樞密院事王欽若、參知政事馮拯攝中書令，讀册文。禮畢，親享六室。乙酉，大宴含光殿，勞旋也。

　　十二月丁亥朔，詔："泰山路以廨舍、倉驛爲行宫並依舊，其奉安天書位謹護之。"庚寅，知樞密院事王欽若等言："皇帝受册尊號，百辟就列稱慶。臣等與諸司使副於殿上侍立。欲俟上受寶册畢④，太尉歸位，臣等於殿上率侍立群臣致詞稱賀。"從之。辛卯，御朝元殿受册尊號。壬辰，謁啓聖院太宗神御⑤，命丁謂、李宗諤、戚綸、陳彭

---

① 玄聖文宣王廟　"玄"底本作"至"，嘉慶本同，據長編卷七〇改。
② 誠感昭格　長編四庫底本卷七〇作"精誠昭格"。
③ 京師張燈　底本脱"京師"二字，據嘉慶本、長編四庫底本卷七〇補。
④ 欲俟上受寶册畢　嘉慶本同，長編四庫底本卷七〇作"欲俟上寶册畢"。
⑤ 太宗神御　長編四庫底本卷七〇作"太宗神御殿"。

年等編修封禪記,從彭年之請也。丁酉,內出泰山封祀上尊酒及玉女、白龍、王母池水新醴泉賜輔臣。詔東京留守司及在京掌事內臣不該賜物者,特給之。

二年正月丁巳朔,詔輔臣至內殿朝拜天書。自是,歲以爲常。己巳①,封禪經度制置使王欽若等上祗應祀事京朝官、使臣、藝術官功次,詔第一等優與改轉,其次遷官,仍加階勳,藝術官人第改章服②。上自東封還,群臣獻歌頌稱賀功德者相繼,惟進士孫籍獻書言:"封禪,帝王之盛事,然願陛下謹于盈成,不可遂自滿假。"上善其言,即召試中書,庚午,賜同進士出身。時知制誥周起亦上言:"天下之勢,常患恬于安逸而忽于兢畏,願勿以告成爲恃。"上深納之。四月癸丑,權知兗州朱巽言泰山修封畢,詔獎之,賜兵匠等緡錢。圜臺增高一丈五尺③,又增社首壇高一丈六尺,並廣五十尺云。五月壬戌,詔兗州長吏以天書降泰山日詣天貺殿建道場設醮,以其日爲天貺節,令諸州皆設醮,從知并州劉綜之請也。其後又禁屠宰、刑罰④,賜會如天慶節之制。丙寅,召宰相至龍圖閣觀道像,又觀崇和殿瑞物凡四百餘種⑤。王旦曰:"祖宗以來,瑞物叢集⑥,四方無不傳聞。今獲親覩,實爲神異⑦。"上曰:"國家符命彰灼,蓋祖宗積德所致。至于寰海混同,干戈不用,成封禪之禮,有由然也。朕每念前代,雖有德之君⑧,能行封禪者蓋寡。朕乃克行,此蓋由雍熙中嘗有經度,制度已備,朕何力之有!"旦曰:"非陛下勵精善繼,力致太平,則不能奉成先志。今又歸美祖宗,實宗社無疆之休也。"十二月辛丑,三司使丁謂等上泰山封禪朝覲祥瑞圖百五十,昭宣使劉承珪上天書儀仗圖一,召近臣觀于滋福殿,俄又示百官于朝堂。

三年十月庚申,丁謂等上大中祥符封禪記五十卷。上製序,藏秘閣,賜謂等器帛。

七年五月乙未,詔模刻天書,奉安于玉清昭應宮。

---

① 己巳　底本脫此二字,據長編四庫底本卷七一補。
② 藝術官人　嘉慶本同,長編四庫底本卷七〇作"藝術人"。
③ 圜臺增高一丈五尺　底本脫"增"字,據長編卷七一補。
④ 刑罰　"罰"底本作"法",嘉慶本同,據長編四庫底本卷七一改。
⑤ 凡四百餘種　嘉慶本、長編四庫底本卷七一同,宋會要輯稿瑞異一之一二作"百餘種"。
⑥ 瑞物叢集　"物",嘉慶本作"命",長編四庫底本卷七一作"應"。
⑦ 按:宋會要輯稿瑞異一之一二亦記此事,文字與底本略有出入。
⑧ 雖有德之君　底本脫"雖"字,據長編四庫底本卷七一補。

卷第十八

真宗皇帝

建玉清昭應宫　宣讀天書附

大中祥符二年四月己亥,以三司使丁謂爲修昭應宫使,翰林學士李宗諤爲同修宫使,皇城使劉承珪爲副使,供備庫使藍繼宗爲都監,鑄印給之。初議作宫,命謂經度,謂欲殫國財力,規摹宏大,近臣多言其不可。殿前都虞候張旻亦言土木之侈,不足以承天意。上召問謂,謂曰:"陛下富有天下,建一宫崇奉上帝,何所不可? 且今未有皇嗣,建宫於宫城之乾地,正可以祈福。群臣不知陛下此意,或妄有沮止,願以諭之。"既而王旦又密疏諫上,上諭之如謂所對,旦遂不敢復言,於是特建使名,令謂專總其事。昭應宫言:"鄭州賈谷山採修宫石段,輦載頗難。望遣使計度,自汴河運送。"從之。癸丑,殿前侍衛司言虎翼以下禁軍願赴昭應宫效力,從之,令別定添給,頻與換易。

五月丁巳①,詔修昭應宫,自今八作司不須兼管領。丙寅,以昭應宫興工,宴丁謂以下,仍賜役卒緡錢。

六月甲午,賜昭應宫使器幣②。丁酉,詔:"修昭應宫役夫,三伏日執土作者悉罷之,自餘工徒,如天氣稍涼,不須停作。"時修宫使丁謂欲速成,請三伏不賜休假。王旦言:"當順時令。"上曰:"理固然也。"乃降是詔。知制誥王曾上疏曰:"臣伏聞朝廷設諫諍之官,防政治之闕,非其官而言者,皆表其忠③。況當不諱之朝,復忝非常之遇,苟進思之無補,懼竊禄以貽譏。臣伏覩國家誕受殊祥,荐膺秘籙,祚洪圖于萬葉,超盛烈

---

① 丁巳　底本脱此二字,據長編卷七一補。
② 按:長編卷七一作"甲午,幸昭應宫,賜修宫使器幣"。
③ 皆表其忠　嘉慶本、長編卷七一同,宋朝諸臣奏議卷一二八王曾上真宗乞罷營玉清昭應宫作"蓋表愚忠",宋文鑑卷四三王曾諫作玉清昭應宫作"蓋表其忠",似是。

于百王。陛下寅畏寶符,陟封名嶽,功垂不朽,澤浸無垠,奉若之心,斯爲至矣。而清衷濬發,成命亟行,就嚴城之北隅,啓列真之秘宇。式昭丕應,特建嘉名。自經始以來,工徒斯廣。輦他山之石,相屬於道途;伐豫章之材,遠周於林麓。累土陶甓,揮鍤運斤,功極彌年,費將鉅萬①。掩祈年之舊制,踰槃日之前聞。輟貴近以董臨②,假使權而領護。如此,則國家尊奉靈文之意③,不爲不厚矣;崇飾臺觀之規,不爲不壯矣。然而臣之愚懇,或異于斯。既有見聞,安敢緘默!臣以爲今之興作,有不便之事五焉。雖鳩僝已行,未可悉罷,苟或萬一采芻蕘之說,省其功用,抑其制度,亦及民之大惠,而憂國之遠圖也。所謂五者之目,請爲陛下陳之。且今來所創立宫,規制宏大④,凡用材木,莫非楩楠⑤。竊聞天下出産之處,收市至多,般運赴宫,尤傷人力。雖云只役軍匠,寧免煩擾平民?況復軍人亦是黎庶,此未便之事一也。邇者方畢封崇,頗煩經費,今茲興造,尤耗資財。雖府庫之中貨寶山積,畚築之下工徒子來,然而内帑則積代之蓄藏,百物盡生民之膏血。散之孔易,斂之彌艱,雖極豐盈,猶宜重惜,此未便之事二也。夫聖人貴于謀始,智者察于未形。禍起隱微,危生安逸。今雙闕之下,萬衆畢臻,暑氣方隆,作勞斯甚,所役諸雜兵士,多是不逞小民,其或鼠竊郊廛,狗偷都市,有一於此,足貽聖憂,此未便之事三也。王者撫御寰區,順承天地,舉動必遵於時令,裁成不失於物宜。靡崇奢侈之風,罔悖陰陽之序。臣謹按月令⑥,孟夏無發大衆,無起土工⑦,無伐大樹。今肇基卜築,衝冒鬱蒸,俶擾厚坤,乖違前訓。矧復旱暵卒瘠,雷電迅風,拔木飄瓦,溫沴之氣,比屋罹災,得非失承天地之明效歟?此未便之事四也。臣竊聆中間符命之文,有清静育民之誡。今所修宫閣,蓋本靈篇,而乃過興剖撅之功,廣務彫鏤之巧。雖屢殫於財力,恐未協於天心,此未便之事五也。伏望陛下思祖宗之大猷,察聖賢之深誡,遷思回慮,懲往念來。詔將作之官,息勤勞之衆。輯寧群品,對越高穹。

---

① 費將鉅萬 "鉅"底本作"巨",據嘉慶本、長編卷七一、宋朝諸臣奏議卷一二八王曾上真宗乞罷營玉清昭應宫、宋文鑑卷四三王曾諫作玉清昭應宫改。
② 輟貴近 嘉慶本、宋朝諸臣奏議卷一二八、歷代名臣奏議卷三一五同,長編卷七十一"輟"作"命"。
③ 尊奉靈文之意 "尊"底本作"遵",據長編卷七一、宋朝諸臣奏議卷一二八、歷代名臣奏議卷三一五、宋文鑑卷四三改。
④ 規制宏大 "大"底本作"遠",據長編卷七一、宋朝諸臣奏議卷一二八、歷代名臣奏議卷三一五、宋文鑑卷四三改。按:長編卷七一作"規模宏大"。
⑤ 莫非楩楠 "楠"底本作"栮",據嘉慶本、長編卷七一改。
⑥ 臣謹按月令 底本脱"月令"二字,嘉慶本、長編卷七一同,據宋朝諸臣奏議卷一二八、歷代名臣奏議卷三一五補。
⑦ 無起土工 "工"底本作"功",據長編卷七一、宋朝諸臣奏議卷一二八、歷代名臣奏議卷三一五改。

如此,則遐邇宅心,人祇快望①。必若光昭大瑞,須建靈宮,將畢前勞,聿綏成績,則臣敢效愚計,亦可必行。但能損彼規模,減其用度,止敦樸素②,無取瑰奇。惟將之以誠明,仍重之以嚴潔。名數之際,加等是宜;實費之資,節儉爲要。俾四海之内,知陛下愛重民力之意,豈不美歟？昔太宗皇帝建太一、上清等宮,亦不使窮極壯麗。臣謂陛下宜遵而行之,取爲法制,以示不敢踰,即鳴謙大德,光于千古矣。奈何特欲過先帝之制作乎？並覩西京造太宗影殿,東嶽置會真之宮,計其工庸,亦皆不啻中人百家之産。然于尊祖禮神則盛矣,其于邦國大計則猶未足爲當時之急務也。臣料陛下必謂海内承平,邊隅清晏,人康俗阜,時和年豐,縱或築宮,無損于事,則臣復謂其不然也。方今疆場甫定,虜廷有姑息之虞③;民俗苟完④,倉箱無紅腐之積。況關輔之地,流亡素多;近甸之民,農桑失望。雖令有司安慰,亦恐未復田廬。秋冬之間,饑歉是懼。亟經營於神館,慮稍鬱於輿情。且往古廢興之端,前王得失之事,布告方册足爲商鑒者⑤,陛下覽之詳矣,非假愚臣一二言焉。試觀自昔人君崇尚土木,孰若清净無爲者之安全乎？願陛下留神垂聽,無忽臣言,天下幸甚。今雖上下之人皆知事理如此,而人人自愛,莫敢輕瀆冕旒。至于左右大臣,則慮獻計之不從⑥,致見疏之悔;中外百執,則慮上言之難達⑦,招妄動之尤。使忠讜之謀未行,良爲此也。惟臣出自幽介,遭遇文明,特受聖知,度越流輩。官爲侍從,身服簪裳,粗識安危之機,未申補報之效。捐軀思奮,今也其時,又安敢循默苟容,不爲陛下別白而論之乎？是以輒率妄庸,輕冒宸嚴,感發于中,無所顧避。陛下寬其鼎鑊之罪,矜其螻蟻之誠,深鑑古先⑧,試垂采擇,無謂創一靈宮爲一細事而勿恤也⑨。臣以爲興役動衆,尤繫事機,不可不察也。當使鄉校之中,

---

① 人祇快望　"人"底本作"神",據嘉慶本、宋文鑑卷三四、宋撮要本長編卷七一改。
② 止敦樸素　嘉慶本、長編卷七一同,宋朝諸臣奏議卷一二八、歷代名臣奏議卷三一五"敦"均作"崇"。
③ 虜廷有姑息之虞　宋朝諸臣奏議卷一二八同,"虜廷"嘉慶本作"寇敵",長編卷七一作"邊陲",歷代名臣奏議卷三一五作"邊庭"。
④ 民俗苟完　長編卷七一同,嘉慶本"完"作"寧",宋朝諸臣奏議卷一二八"完"作"安"。
⑤ 布告方册　嘉慶本、宋朝諸臣奏議卷一二八、歷代名臣奏議卷三一五同,長編卷七一、宋文鑑卷四三"告"作"在"。
⑥ 則慮獻計之不從　嘉慶同,長編卷七一、宋朝諸臣奏議卷一二八、歷代名臣奏議卷三一五無"獻"一字。
⑦ 則慮上言之難達　嘉慶同,長編卷七一、宋朝諸臣奏議卷一二八、歷代名臣奏議卷三一五、宋文鑑卷四三均無"上"一字。
⑧ 深鑑古先　"鑑"底本作"監",據長編卷七一、宋文鑑卷四三改。
⑨ 無謂創一靈宮爲一細事而勿恤也　嘉慶本、長編卷七一、宋文鑑卷四三同,宋朝諸臣奏議卷一二八、歷代名臣奏議卷三一五"創一"均作"增建"。

豪姦之黨,無所開竊議之口,則微臣之望也,天下之幸也!"

王曾疏在言行錄,不得日月,附見此,當考。曾疏有云"功極彌年",恐合附來年五月。疏又云"旱暵",案今年五月庚辰遣官祈雨,來年五月辛丑京師大雨。然則附今年五月爲允。

昭應宮初相地,止盡內殿直班院。丁謂等請增衍之,凡東西三百一十步,南北四百三十步,多黑土疏惡,乃於東京城北取良土易之①,自三尺至一丈有六不等,日役工數萬。上以道里稍遠,憫其負擔之勞,令謂等規畫。有言載以橐馳、騾車,有言自新城北壕舟運,由廣濟河入舊城,可直抵宮門外者。謂等請用車載爲便。上曰:"挽舟止役千人,較之負畚,省十倍之力,而土可速致。用舟爲便也。"壬子,詔三司以空舡給昭應宮運土,仍浚治渠道。七月辛酉,詔昭應宮隸役禁卒,自今每月更代,廂軍及冬並休息之。初,禁軍每季一易,上欲均其給賜,復有是命。辛未,以昭應宮爲玉清昭應宮。

三年二月,右僕射、判都省張齊賢言:"玉清昭應宮績畫符瑞,有損謙德,及違奉天之意。"又屢請罷土木之役,不聽。七月戊寅朔,玉清昭應宮紫微殿上梁,車駕往觀焉。

四年十月己酉,觀玉清昭應宮正殿上梁,宴從臣,賜物有差。案:長編脫此條。

五年六月壬子,修玉清昭應宮使丁謂言:"天書閣望柱起直氣千餘條,青紫黄白相間,又吐白光若銀絲,上有輕白雲覆之,俄變五色。"上作瑞應詩。八月,初議鑄玉清昭應宮正殿聖像,令江淮發運使李溥訪巧匠,得杭州民張文昱等,就建安軍西北小山置冶,溥領視之。丙午,溥奏道場有神雀、異光、慶雲之瑞。詔修宮使丁謂馳往醮謝,宴犒官吏、將校、耆老,賜役夫緡錢。溥、謂相爲表裏,多載奇木怪石,盡招東南巧匠,以附會帝意。謂復言溥監鑄聖像,蔬食者周歲,詔獎之。九月戊子②,丁謂爲户部侍郎、參知政事,仍領修玉清昭應宮使。十月庚子,同修玉清昭應宮使李宗諤以丁謂參政,請差降等威。辛丑,改命宗諤爲修宮副使。閏十月辛巳,玉清昭應宮天書閣上梁,車駕往觀焉,宴賜如例。十一月,初置玉清昭應宮使,命宰臣王旦爲之。詔赴上于本宮,百官班賀如儀。既而以使署未備,權罷班賀。十二月甲子朔,以宣政使、應州觀察使劉承珪爲景福殿使、新州觀察使、依前修玉清昭應宮副使。先是,劉承珪以疾屢請致仕。修宮使丁謂言承珪方領宮職,藉其督轄,望勿許所請。而承珪繼請不已,乃許減

---

① 取良土易之 "取"底本作"地",據長編卷七一改。
② 戊子 底本作"戊戌",據長編卷七八改。

去煩務,特置此職以寵焉。

六年三月乙卯,建安軍鑄玉皇、聖祖、太祖、太宗尊像成,以修玉清昭應宮使丁謂爲迎奉使,李宗諤副之。丙辰,加都監李溥順州刺史,旌其鎔範之功也。五月,先是,丁謂等自建安軍奉玉皇、聖祖、太祖、太宗四像各御大舟,迎奉使副分侍玉皇、聖祖,都監于太祖、太宗舟檢校。舟上設幄殿,皆有内侍主供具。夾岸黄麾仗二千五百人,鼓吹五百人,別列舟十艘,載門旗、青衣、弓矢、殳戈、道衆、幢節,所過州縣,道門聲讚,鼓吹振作,官吏出城十里,具道釋威儀、音樂迎拜。所過禁屠宰七日,止行刑二日。遣迎奉大禮使王旦詣應天府酌獻,奏青詞。宗室至故驛,群臣至通津門奉迎。先於京城升橋北設幄殿,大次宮懸。甲辰,聖像至,上齋於長春殿,百官宿齋於朝堂。乙巳,上衮冕朝拜,群臣朝服,陳玉幣、册文、酌獻。具大駕鹵簿,自宮城東出景龍門,至玉清昭應宮,大禮等五使前導,載像以平盤輅,上加金華蓋之飾,以迎真、迎聖、奉聖、奉宸爲名,每乘二内臣夾侍,其纓轡馬色,玉皇、聖祖以黄,太祖、太宗以赤。上具鑾駕,先由宮城西出天波門,就宮門望拜,權設幄奉安,擇日各升本殿。丙午,群臣稱賀。曲赦京城、建安軍、揚州、高郵軍,楚、泗、宿、亳州,死罪囚降一等,流以下釋之。升建安軍爲真州,鎔範聖像之地,特建爲儀真觀。真州放今年夏税十之三,屋税十之二。聖像所過州軍,放夏税十之一。淮南災傷處,去年秋税並蠲之。己酉,詔玉清昭應宫自今不得以葷茹入,如有宴設,即就他所。賜迎奉聖像官、行事官金幣有差。辛亥①,詔淮南諸州,爲緣玉清昭應宮所差民匠,月給其家米人一石。乙卯,詣玉清昭應宮謁聖像。七月,劉承珪作玉清昭應宫尤爲精麗,屋宇有小不中程,雖金碧已具,必毀而更造,有司不敢計其費,尋卒。及宮成,贈侍中,仍遣中使詣墳祭告。二聖殿塑配饗功臣,特詔塑承珪像於太宗側,以權三司使林特爲修宮副使。十月癸酉,謁玉清昭應宫。禮儀院請太初、明慶殿親行禮,神御殿親焚香;紫微已下諸殿,遣官以素饌薦獻;集靈殿、翊聖閣遣官焚香。詔令近臣分獻,遂著爲永式。

七年正月,車駕詣亳州,謁太清宫。二月辛酉,還。己巳,上宿齋于玉清昭應宮之集禧殿。庚午,行薦獻之禮,遂赴太廟。辛未,饗六室。壬申,恭謝天地于東郊。五月

---

① 辛亥　底本脱此二字,據長編卷八〇補。

乙未,詔模刻天書,奉安于玉清昭應宮,命宰臣王旦爲天書刻玉使,王欽若爲同刻玉使,丁謂爲副使,兵部侍郎趙安仁、翰林學士陳彭年爲同刻玉副使,入内押班周懷政爲都監。修玉清昭應宮使丁謂表請御製本宮碑頌及御書額,從之。六月辛酉,詔自今玉清昭應宮、景靈宫親薦,皆備樂,用三十六虞①。丙寅,詔天書刻玉使副等詣内殿,觀待詔盛亮暮寫本三函,上皆跪受置案。向敏中、陳堯叟、丁謂、趙安仁捧持,王旦與欽若對讀,陳彭年詳字體。初,有司具儀,上覽之,增跪受、親啓封,又加上香者三、再拜者八。七月丙申,改命王欽若爲天書同刻玉副使。八月庚申,有司備仗衛、道門威儀、教坊樂,自萬歲殿道場奉天書,赴朝元殿後幄刻玉,上親酌獻。自是刻玉使日詣焚香,副使番往視鐫刻。其篇號、題記、年月,皆上親書。九月辛卯,内出御劄,與天下臣庶尊上玉皇大帝聖號曰太上開天執符御曆含真體道玉皇大天帝,以來年正月一日躬申薦告,仍定儀式頒下。先是,上于滋福殿設玉皇像②,奉新撰聖號置匣中③,再拜授中書門下,輦至朝元殿後幄。于是又奉御劄于崇德殿庭設香案,再拜授樞密使奉赴文德殿,宣訖,左、右正言捧香,禮部侍郎奉以出,安于朝元殿。癸卯,以奉上玉皇聖號,分命輔臣告玉清昭應宮、郊廟、社稷。十月甲子,以玉清昭應宫成,詔賜酺,在京五日,兩京三日,諸州一日。宮宇總二千六百一十區。初料功須十五年,修宮使丁謂令以夜繼晝,每繪一壁給二燭,遂七年而成。十一月乙酉,群臣詣崇德殿,賀玉清昭應宮成。賜宮使以下鞍勒馬、器幣。德音:減諸路繫囚流以下一等,死罪可憫者奏裁。采伐木石州縣差賜民租。丙戌,謁玉清昭應宮。紫雲如蓋,覆太初殿,三鶴集殿檻。宴近臣於集禧殿。己丑,加玉清昭應宮使王旦司空,修宮使丁謂工部尚書,副使林特工部侍郎爲三司使,都監藍繼宗洛苑使、領高州團練使。置玉清昭應宫副使,以丁謂爲之。辛卯,翰林學士晁迥上玉清昭應宮頌。以監修宮步軍都軍頭邢興爲馬步軍副都軍頭、領賀州刺史。自餘軍校、工匠,第遷者九百一十三人。癸卯,詔玉清昭應宮每歲正月朔望,許士庶焚香④。己酉,置玉清昭應宮判官、都監,以左正言、直集賢院夏竦爲判官,

---

① 用三十六虞　"虞",長編卷八二作"簴"。
② 滋福殿　"滋"底本作"資",據長編卷八三、宋史卷一〇四禮志改。
③ 置匣中　"匣"底本作"押",據長編卷八三改。
④ 許　底本脱此字,據長編卷八三補。

内殿承制①、入内押班周懷政爲都監。竦爲判官月餘,奏寶符閣奉神果實,旦起視之,無有,餘瀝狼藉左右,殆神食之。詳見夏竦。

八年正月壬午朔,備鑾駕詣玉清昭應宮太初殿,奉表奏告尊上玉皇大天帝聖號,陳設如大祀,惟三進酒、飲福並用金盞,群臣朝服陪列,諸方客使、貢舉人、蕃夷酋長、道釋、耆壽、坊市民庶悉立宮門外②。舊儀,皇帝殿上再拜,群臣不拜,以躬率臣庶。有司定上再拜,內外皆拜。令諸州建道場,設醮奏表,臣庶家悉置香臺,上香望拜,官司檢察之。是日,遂奉安刻玉天書于寶符閣,塑御像冠服立侍。上升閣,備登歌,酌獻。還,御崇德殿受賀,大赦天下,非十惡、枉法贓及已殺人者,咸除之。內外文武官滿三年者,有司即考課以聞。緣河、江、淮南③、兩浙民田經水災者,悉蠲其稅。丁亥,賜玉清昭應宮、國子監印本經書各一部。壬辰,詔玉清昭應宮判官,自今赴宴,班在龍圖閣待制之下。乙未,謁玉清昭應宮。前一日,從臣悉屏葷茹。八月,張詠臨終奏疏。見崇奉五嶽。乙未,以三司使、工部侍郎林特爲戶部侍郎、同玉清昭應宮副使,班在翰林學士上。

九年五月甲辰朔,詔以來年正月一日詣玉清昭應宮,與天下臣庶恭上玉皇大天帝聖號、寶册,又以十一日有事于南郊④,行恭謝之禮。壬子,玉清昭應宮、景靈宮、會靈觀請于見役兵匠中選三百人⑤,以備繕修。詔以二百人爲額。乙丑,以王旦爲恭上寶册、南郊恭謝大禮使,向敏中爲儀仗使,王欽若爲禮儀使,張旻爲鹵簿使,曹利用爲橋道頓遞使。又以王旦爲天書儀衛使,王欽若爲同儀衛使,丁謂爲扶侍使。又以謂爲修奉寶册及詳參儀制使,同玉清昭應宮副使林特、翰林學士陳彭年分爲副使。六月癸巳,京畿蝗,命輔臣詣玉清昭應宮、景靈宮、會靈觀建道場以禱之。七月辛亥,飛蝗過京城,上詣玉清昭應宮焚香祈禱。八月丙戌,上親製奉上玉皇聖號册文,召輔臣同觀。自禁中具儀仗迎導,赴天安殿,摹寫刻玉。九月己巳,詔玉清昭應宮、景靈宮、會靈觀

---

① 内殿承制 "制"底本作"旨",據嘉慶本、長編卷八三改。
② 悉立宮門外 "立",長編卷八四作"集"。
③ 淮南 嘉慶本同,長編卷八四無"南"一字。
④ 十一日 底本作"十七日",據宋大詔令集卷一一八來年正月一日上玉皇聖號有事南效恭謝之禮詔、太平治迹統類卷四改。
⑤ 三百人 長編卷八七作"三五百人"。

移牒並本使署檢,副使以下署銜發遣。十月壬申朔①,禮儀院言正月天書降,用上元日朝拜玉清昭應宫,著爲定式。

十二月壬申,承天節,群臣上壽,賜會,用蔬食。有司備仗衞、道門威儀、鈞容樂,導聖製玉清昭應宫頌赴宫。玉清昭應宫舊儀,設上版位于丹墀,亞獻、三獻版位于龍墀。上以方上玉皇聖號,版位乃居寶册前,未盡嚴恭之意。壬午,詔徙丹墀版位于龍墀,龍墀版位于沙墀,俟奉寶册訖,薦獻即如舊。丙申,權三司使馬元方等詣崇政殿,上新作天書金輅。上服韡袍,命輔臣臨觀焉。丁酉,有司奉玉皇寶册、衮服,聖祖寶册、仙衣,二聖絳紗袍至長春殿。中書、樞密院修奉寶册副使迎拜庭中,道門威儀,禁衞援護,安于崇德殿。戊戌,奉天書置天安殿,玉皇寶册、衮服,二聖絳紗袍于文德殿。上致齋于崇德殿。己亥,上酌獻訖,奉天書及玉皇寶册、衮服赴玉清昭應宫,聖祖寶册、仙衣赴景靈宫。上遂宿齋于玉清昭應宫。

天禧元年正月辛丑朔,奉天書升太初殿,行薦獻之禮,奉上寶册、衮服。又詣二聖殿,奉上絳紗袍,奉幣,進酒。諸路分設羅天大醮,先建道場,前七日致齋,禁屠宰、刑罰,止凶穢,坊市三日不得飲酒食肉,軍校、牙將、道釋、耆壽悉集寺觀,軍營、民舍就門庭設香燭望拜,官吏服非齊、斬,悉預,餘不得慘服。諸路令轉運使察之。是日,上齋于景靈宫。壬寅,奉上册寶、仙衣于天興殿。禮畢,車駕還内,群臣入賀于崇德殿。丙午,詔以是月十五日行宣讀天書之禮。己酉,命攝太尉向敏中奉上太廟六室加謚寶册②。庚戌,親享六室。是日,上齋于南郊之青城。辛亥,奉天書合祭天地,以太祖、太宗並配。還,御正陽門,大赦天下,常赦所不原者咸除之。賞賜如東封例。九年上聖祖册寶、上六室謚册、恭謝天地詔書,各見本事。〔案:長編脱注③。〕群臣上尊號、册寶于天安殿。壬子,上與宰相及諸司三品、宗室刺史、知雜御史以上、駙馬都尉致齋。以王欽若爲宣讀天書禮儀使。設玉皇像于天安殿,天書位于東,聖祖位于西,建道場。乙卯,三鼓四籌,上于殿上西面立④,群臣朝服升殿分侍。儀衞使奉天書置玉皇前,攝中書令任中正

---

① 壬申朔 底本脱此三字,據長編卷八八補。
② 寶册 嘉慶本同,長編卷八九作"册寶"。
③ 九年上聖祖……〔案長編脱注〕 底本混入正文,據嘉慶本改爲注文。
④ 上于殿上西面立 嘉慶本同,長編卷八九"面"作"向"。

跪稱："嗣天子臣諱謹與宰相等宣讀天書①，講求聖意，虔思睿訓，撫育生民。"王旦跪取左承天門天書置案上，攝殿中監張景宗、張繼能捧案，攝司徒王曾、攝司空張知白跪展，攝太尉向敏中宣讀。每句畢，即沈思其指，云此句天命訓皇帝某事，或云奉天，或云愛民。攝中書令王欽若執筆鈔錄。宣讀畢，攝侍中張旻跪奏："嗣天子臣諱敢不虔遵天命。"儀衛使跪納天書于匣中。又取功德閣天書②、泰山天書宣讀，王欽若進所錄天書意，上跪受，登歌酌獻，奉天書于輦，天書意于輿，還内。遂謁玉清昭應宫。上作欽承贊詞述示群臣。壬戌，詔以四月一日爲天禎節，其制度悉如天貺云。

功德閣天書至是始布告天下，不知何也。

九月己酉，太尉、玉清昭應宫使王旦卒。咸平初，李文靖沆在中書日，取四方水旱盜賊奏上之，旦參知政事，以爲細務不足煩上聽。沆曰："人主少年，當使知人間疾苦。不然，血氣方剛，不留意聲色犬馬，則土木、甲兵、禱祠之事作矣。吾老不及見此，參政他日之憂也。"時西北用兵，邊奏日聞，便殿延訪，或至旰昃，弗遑暇食。旦慨然謂沆曰："安得及見太平，吾人當優游燕息乎？"沆曰："國家强敵外患，適足爲警懼。異日天下晏然，人臣率職，未必高枕無事③，君宜念哉④！"案："李文靖"云云至"君宜念哉"一百五十六字，長編"景德元年七月丙戌"條中語，附采於此。旦固未深信。及親見王欽若、丁謂等所爲，欲諫則業已同之，欲去則上遇之厚，不忍去，乃歎曰："李文靖真聖人也！"祥符以來，每有大禮，輒奉天書以行，旦爲儀衛使，常悒悒不樂。既寢疾，遺令削髮披緇以斂，蓋悔其前之所爲也。議者謂旦逢時得君，言聽計從，安于勢位而不能以正自終，或比之馮道云。

十二月乙酉，皇城司親從官魏美⑤、何斌夜宿長春門，袖刃穿壁，盜天書、法物、珠金。斷手示衆三日，斬之。其本部將校並降黜，皇城司官罰銅，釋之。

二年九月丁卯，册皇太子。壬申，皇太子謁玉清昭應宫。

---

① 嗣天子臣諱　嘉慶本同，長編卷八九"諱"作"某"。下同。
② 又取功德閣天書　底本脱"天書"二字，嘉慶本、長編卷八九同，據宋史卷一〇四禮志補。按：下文小字注文也有"功德閣天書"，可爲參證。
③ 高枕無事　嘉慶本同，長編卷五六、宋宰輔編年錄卷之三"枕"均作"拱"。
④ 君宜念哉　"宜"，長編卷五六、宋宰輔編年錄卷之三均作"奧"。
⑤ 皇城司　底本脱"司"一字，嘉慶本、長編卷九〇同，今參考長編一百四、文獻通考卷一一七、宋史卷一四四儀衛志、宋史卷一八七兵志補。按：下文之"皇城司官罰銅"亦可爲參證。

三年三月,天書降乾祐山中。事見朱能僞造天書云。

十一月甲戌,皇太子言于玉清昭應宫建殿,置經藏,以資聖算。功畢,優詔褒答,賜殿名曰"長生崇壽"。

乾興元年二月戊午,真宗崩,仁宗即位,皇太后垂簾聽政。

九月己卯,上與皇太后諭輔臣曰:"前後所降天書,皆先帝遵道奉天,故靈貺昭答。今復土有日,其刻玉副本已奉安于玉清昭應宫,元降真文止于内中供養,則先意可見。矧殊尤之瑞,專屬先帝,不可留于人間。當從葬永定陵,以符先旨。"用王曾、吕夷簡之議也。

天書從葬永定陵,據國史,實吕夷簡建議。魏泰東軒雜記則以爲王曾。今兩存之。

天聖七年六月丁未,大雷雨,玉清昭應宫災。宫凡二千六百一十楹,獨長生崇壽殿存焉。翌日,太后對輔臣泣曰:"先帝力成此宫,一夕延燔殆盡,猶幸一二小殿存爾。"樞密副使范雍度太后有再興葺意,乃抗言曰:"不若燔之盡也!"太后詰其故,雍曰:"先朝以此竭天下之力,遽爲灰燼,非出人意。如因其所存又將葺之,則民不堪命,非所以祇天戒也。"宰相王曾、吕夷簡亦助雍言,夷簡又推洪範災異以諫,太后默然。

卷第十九

真宗皇帝

謁諸陵

　　景德三年八月癸未，詔以來年春朝謁諸陵。初，司天言歲在酉、戌，乃可行，上曰："朕遵用典禮，意已決矣。"王旦曰："春候和暖，亦可順動。惟行宮損壞，更須修葺。"上曰："如此亦勞民矣。"乃詔所至州縣但增飾館驛，不得更建行宮。侍從臣寮並百司供擬及供御之物，並令減省。九月甲子①，詔于諸陵置朝拜行事官齋宮。十一月戊午，三司請以陝、孟、汝三州正稅芻糧輸送西路，給朝陵之用。詔不許，但令取給畿縣。十二月己卯②，西京父老再詣闕，請車駕朝陵畢臨幸。召見慰勞，賜物有差。辛卯，以宰臣王旦爲朝拜諸陵大禮使。詔朝諸陵緣路禁樂③，至禮畢。

　　四年正月己亥朔，遣工部尚書王化基乘驛詣河中祭后土廟，用大祠禮，告將朝陵也。甲辰，以知樞密院事陳堯叟爲東京留守。乙巳，以權三司使丁謂爲隨駕三司使，鹽鐵副使林特副之。丁未，以皇城使、勝州刺史劉承珪句當皇城大內公事。己未，車駕發京師。庚申，次中牟縣，除逋負，釋囚繫，賜父老衣幣。所過如之。甲子，次鞏縣，罷鳴鞭及太常奏嚴、金吾傳呼。或獻洛鯉，上曰："吾不忍食也。"命放之。丙寅，齋于永安鎮行宮，太官進蔬膳④。丁卯，夜漏未盡五鼓⑤，上乘馬，卻輿輦、繖扇，至安陵外次，易素服，步入司馬門，行奠獻之禮。次詣永昌、永熙陵，又各詣下宮。凡上宮用牲

---

① 甲子　底本作"丙辰"，據長編卷六四改。
② 己卯　底本脫此二字，據長編卷六四補。
③ 詔朝諸陵緣路禁樂　嘉慶本同，長編卷六四作"詔朝陵緣路禁樂"。
④ 太官　底本作"大官"，據長編卷六五、宋史卷一二三禮志二十六改。
⑤ 五鼓　嘉慶本同，長編卷六五、宋史卷一二三禮志二十六"五"均作"三"。

牢、祝册,有司奉事,下宫備膳羞,内臣執事,百官皆陪位。又詣元德皇太后陵奠獻,又于陵南設幄殿,祭如下宫禮。上每至陵寢,望門而哭。初,有司具儀,止常服,上特制素服。禮畢,徧詣孝明、孝惠、孝章、懿德、淑德、明德皇后陵,又至莊懷皇后陵,遂單騎巡視陵闕,以內臣從,及親奠夔王、魏王、岐王、恭孝太子、鄆王、周王、安王諸墳。辰後,暫至幄次更衣,復詣陵奉辭。有司以朝拜無辭禮,上感慕哀切,未忍遽去,故復往焉。及午而還,左右進饌,上卻之。度昭應水,乃許進。至行宮,始御常膳。又遣官祭一品墳、皇諸親墓。德音:降西京及諸路赦流罪以下囚,釋逋欠,賜畿縣民租稅有差。官吏應奉者,有司考上課績。建永安鎮爲縣,改永熙陵副使、守當都監爲三陵副使、都監,度兩京及孟、鄭州僧道,籍有名者,每五人放一人;不及者,每院與一人。

二月戊辰朔,車駕遂如西京。夕次偃師縣,始復奏嚴,上始服鞾袍①,不舉樂。初,朝拜前連日陰晦,及禮畢,天地澄廓,氣候宴温,咸以上仁孝之感。龍圖閣待制陳彭年請以事付史官及頒示中外,從之。己巳,至西京,始奏樂。道經漢將軍紀信家、司徒魯恭廟,詔贈信爲太尉,恭爲太師。辛未,命吏部尚書張齊賢祭周六廟。詔從官先塋在洛者,賜告祭拜。癸酉,詔西京建太祖神御殿,又置國子監、武成王廟。甲戌,詔賜酺三日。乙亥,詔罷西京權酤,官賣麴如東京之制。命翰林侍講學士邢昺等編集車駕所經古迹。丙子,加號列子爲沖虚至德真人。戊寅,刑部尚書、知陝州寇準來朝,召之也。留浹旬,還任。己卯,上幸龍門,覩巖崖石佛經會昌毀廢,殿屋皆已摧壞,左右曰:"非官爲葺治,不能成此勝迹。"上曰:"軍國用度,不欲以奉外教,恐勞費滋甚故也。"上因覽西京圖經頗多疏漏,庚辰,令諸道州、府、軍、監選文學官校正圖經,補其闕略來上,命知制誥孫僅等總校之。僅等言諸道所上體制不一,遂請創例重修,奏可。辛巳,以唐刑部尚書致仕白居易孫利用爲河南府助教,常令修奉墳塋、影堂。上之次鞏縣也,太子太師吕蒙正興疾來見,不能拜,命中使掖之以進,賜坐,勞問甚久。壬午,幸其第,賜襲衣、金帶、器幣、藥物、上尊酒,悉如宰相例。乙酉,遣宰相王旦告祭三陵②,吏部尚書張齊賢告諸后陵,車駕將還東京也。初,西京父老懇祈駐蹕,上因謂宰相曰:

---

① 上始服鞾袍　嘉慶本同,長編卷六五"始"作"猶"。
② 宰相　嘉慶本、長編卷六五均作"宰臣"。

"周公大聖人，建都據形勝，得天地正中①，故數千載不可廢。但今艱于餽運耳②。"丁亥，詔應還京扈從軍馬無得傷踐田苗。戊子，詔有司葺周六廟。庚寅，詔河南府置五代漢高祖廟。辛卯，車駕發西京，謂輔臣曰："歸塗陵闕在望，雖已遣官祭告，朕豈安然而過乎？"壬辰，上乘馬至孝義鎮東訾村，設次，與親王望陵祭奠，近臣于幄殿東望拜③。每進酒食，上執爵舉匕箸，哀感涕泗。甲午，次鄭州。乙未，遣使祀中嶽及周嵩、慶、懿陵。丁酉，發鄭州，遣使就賜隱士楊璞繒帛，令吏部銓注其子從政近官，以便侍養。

三月己亥，上至自西京。辛丑，詔昨因朝拜分屯近郡禁兵，悉召還之。丁未，上謂輔臣曰："頃者朝陵，車輿所過，並從官給，其不得已，或假借于州縣。朕潛遣使詢訪民間，皆云無所騷擾，此甚慰朕心也。"王旦曰："朝廷每舉大禮，或議巡幸，閭閻小民，無不騷動。比聞群情妥貼，信不擾所致④。"王欽若曰："車駕所至，居民但忻聞輿馬之聲，鼓舞道路，豈復有所勞擾耶？"五月，祠部員外郎、知滑州朱博責授湘陰縣令⑤。博去歲上章，言五緯當合於星、張，周分也，請以今夏幸洛都封中嶽，至秋乃還朝⑥。洎朝陵詔下，又言朝陵當用寒食，且謁拜丘墓，一家之私，不足以動星辰。其所述多厭勝事。至是，復言："昨車駕駐洛止二十餘日，還京踰月，乃有中宮之喪。愚言多所預中。"且妄自誇誕，以求信用。上盡出以諭輔臣，王旦曰："朝陵，帝王之孝，豈爲私耶？博言狂妄，可責也。"故黜之。

大中祥符元年八月乙巳，翰林侍講學士邢昺等上景德朝陵地里記六十卷。詔褒之。

祀汾陰

大中祥符三年六月癸丑，屯田員外郎、知河中府楊舉正言："得本府父老、僧道千

---

① 得天地正中　"正中"底本作"中正"，據嘉慶本、長編卷六五乙正。
② 但今艱于餽運耳　長編卷六五同，嘉慶本"但今"作"今但"。
③ 近臣于幄殿東望拜　"東望"底本作"望東"，據嘉慶本、長編卷六五乙正。
④ 信不擾所致　長編卷六五同，嘉慶本"致"作"至"。
⑤ 朱博　嘉慶本、宋會要輯稿職官六四之二一同，長編卷六五"朱博"作"朱搏"。下同。
⑥ 至秋乃還朝　底本脫"朝"字，據長編卷六五補。

二百九十人狀,請車駕親祀后土。"節度使寧王元偓復以爲請。上曰:"此大事也。"詔不許,其父老、僧道欲詣闕者止之。七月辛丑,文武官、將校、耆艾、道釋三萬餘人詣闕,請祀汾陰后土。不許。表既三上,八月丁未朔,詔以來年春有事於汾陰。先是,上命陳彭年等討尋歷代修廢后土故事,出示宰相,曰:"前史謂郊天而不祀地,失對偶之義。朕既升中泰山,脽上之祭要不可闕,而河中父老亦再有斯請。然封禪甫畢,遽行此禮,得不以地遠勞費乎?"咸曰:"陛下爲民祈福,不憚櫛沐。聖心始定,固已達于神明矣。"上曰:"但冀民獲豐穰①,于朕固無所憚也。"戊申,以知樞密院事陳堯叟爲祀汾陰經度制置使,翰林學士李宗諤副之。堯叟權判河中府,宗諤權同知府事。樞密直學士戚綸、昭宣使劉承珪計度轉運事。綸尋出知杭州,以龍圖閣待制王曙代之。客省使曹利用②、西京左藏庫使張景宗、供備庫使藍繼宗修行宫、道路。河北轉運使、右諫議大夫李士衡,鹽鐵副使、户部郎中林特提舉京西、陝西轉運司事。士衡又獻錢帛三十萬以佐用度,詔褒之。己酉,發陝西、河東兵五千人赴汾陰給役。庚戌,命翰林學士晁迥、楊億,龍圖閣學士杜鎬,直學士陳彭年,知制誥王曾與太常禮院詳定祀汾陰儀注。御史中丞兼工部侍郎王嗣宗罷爲耀州觀察使③、知永興軍府兼兵馬部署。上將西幸,以京兆重地④,思得大臣才兼文武者鎮之。詔汾陰路禁弋獵,不得侵占民田,如東封之制。丁巳,詔寶鼎縣不得笞箠人⑤,有罪並送府區遣⑥。庚午,詔:"如聞汾陰路句當官除州縣供頓外,別取索準備物,宜令一切禁止。"辛未,命曹利用祭汾河。有司定封玉册、玉匱制度:"廟廷擇地爲埳⑦,中置石匱,匱方尺,厚二尺,中容玉匱。刻金繩道三,闊一寸,深五分,繫繩處刻深四寸,方三寸五分,容'天下同文'寶。俟祀畢⑧,太尉奉玉匱置其中。將作監領徒舉石蓋⑨,厚一尺,繫繩,填泥,印寶,悉如社首封磩之制⑩。

---

① 豐穰　長編卷七四作"豐稔"。
② 客省使曹利用　底本"客省使"上衍"内"一字,據長編卷七四、宋會要輯稿禮一之三删。按:大中祥符四年,曹利用纔由客省使升内客省使。
③ 工部侍郎　"工"底本作"户",據長編卷七四、宋史卷二八七王嗣宗傳改。
④ 京兆　底本作"京水",據嘉慶本、長編卷七四改。
⑤ 不得笞箠人　底本脱"箠"一字,據嘉慶本、長編卷七四補。
⑥ 區遣　"區"底本作"驅",據長編卷七四、宋會要輯稿禮二八之四三改。
⑦ 擇地爲埳　底本脱"埳"一字,據嘉慶本、長編卷七四補。
⑧ 俟祀畢　底本脱"畢"一字,據嘉慶本、長編卷七四補。
⑨ 將作監領徒舉石蓋　長編卷七四同,文獻通考卷七六郊社考六九八下"蓋"作"覆之"。
⑩ 悉如社首封磩之制　底本脱"磩"一字,據長編卷七四、文獻通考卷七六郊社考六九八下補。

皇帝省視訖，又加蓋其上，封固，如小壇①，廣、厚五尺。"從之。乙亥，河中府父老千七百人詣闕迎駕。上勞問之，賜以緡錢帛②。自京師往河中府有二路，一由陝州浮梁歷白徑嶺，一由三亭渡河。司天保章正賈周言："二路巖險湍迅③，不若出潼關，過渭、洛二水趣蒲津，地頗平坦。雖興功，不過數十里。"事下陳堯叟等，請如周所議。而渭水當同州新市鎮，多灘磧，自此稍南而西，紆行十數里，狹處可聯舟爲橋④。又洛河上亦爲浮梁直抵河中，復以稠桑舊路⑤，緣崖而南有峭壁，或霖潦多摧圮，乃徙路自靈寶縣南入虢州路⑥，至函谷關，與漢武廟前舊路相合。

九月戊寅，詔西路行宮，宜令儀鸞司止用油幕爲屋，以備宿衛⑦，不須覆以蘆竹。辛巳⑧，河東轉運使、兵部郎中陳若拙請以所部緡帛芻粟十萬轉輸河中⑨，以助經費，許之。癸未⑩，陳堯叟言："築壇於脽上⑪，如方丘之制。廟北古雙柏旁起堆阜⑫，即就用其地焉⑬。"有司請祭前七日，遣官祀河中府境内伏羲、神農、黄帝、禹、湯、文王、武王、漢文帝、周公廟，及于脽下祭漢、唐六帝，從之。案：長編事列丙戌。己丑，知華州崔端言父老二千四百餘人欲詣闕請幸西嶽⑭，詔答之。陳堯叟至汾陰，數奏雲物之祥。辛卯，群臣詣闕，拜表稱賀。壬辰，詔應水陸路運祀汾陰物軍士並賜緡錢。初，有司議祠宇之旁難行觀禮，欲俟還至河中朝會肆赦。於是，陳堯叟等言寶鼎行宮之前可以設壇墠，如東封之制。詔如陳堯叟等奏。案：長編事列癸巳。

十月丙午朔，河中府民巨沼詣陳堯叟，言五世祖誠在德宗時，夜夢人謂曰："中條山蒼陵谷有靈寶真文，以金劄之。明當往取。俟天書赤篆出，可用參會。"如其言入谷

---

① 如小壇　長編卷七四同，文獻通考卷七六郊社考六九八下"如"作"爲"。
② 賜以緡錢帛　底本脱"緡""帛"二字，據嘉慶本、長編卷七四補。
③ 巖險湍迅　"湍"底本作"端"，據嘉慶本、長編卷七四改。
④ 狹處可聯舟爲橋　"聯"，長編卷七四作"連"。
⑤ 復以稠桑舊路　底本脱"稠"一字，據長編卷七四補。
⑥ 乃徙路自靈寶縣南入虢州路　"徙"底本作"徒"，據嘉慶本、長編卷七四改；"虢州"，底本脱"虢"一字，據嘉慶本、長編卷七四補。
⑦ 以備宿衛　底本脱"備"一字，據嘉慶本、長編卷七四補。
⑧ 辛巳　底本脱此二字，據長編卷七四補。
⑨ 請以所部緡帛芻粟十萬　底本脱"緡帛芻"三字，據嘉慶本、長編卷七四補。
⑩ 癸未　底本脱此二字，據長編卷七四補。
⑪ 築壇於脽上　底本脱"脽"一字，據嘉慶本、長編卷七四補。
⑫ 廟北古雙柏旁起堆阜　底本脱"旁"和"阜"二字，據嘉慶本、長編卷七四補。
⑬ 即就用其地焉　"地"底本作"他"，據嘉慶本、長編卷七四改。
⑭ 二千四百餘人　嘉慶本、長編卷七四同，文淵閣本長編卷七四作"四千二百餘人"。

三四里，夜覩黃光，下有塊石，碎之，得黃金一斤、卷帛書，取藏於家，誠手筆爲識。後二百餘年，屢經大兵饑，家獨無苦。其帛長二丈①，廣九寸。通判曹谷驗之，云篆文非常體，詞類道經。庚戌，堯叟附中使趙敦信入獻之，以沼爲本府助教，賜衣服、銀帶、器帛。陳堯叟又言解州父老欲詣闕奉迎車駕，詔堯叟諭止之。丁巳，群臣詣闕拜表，賀得靈寶真文。戊辰，命三司使丁謂赴汾陰路計度糧草。尋有詔：謂至陝西，薄稔處所輸稅，令州縣勿督以常限。乙亥，禮儀使王欽若言："準儀注，祀后土地祇，禮畢，太尉封玉冊於廟庭石匱，百官班於庭中。皇帝謁廟，禮畢，至石匱南，北向省視。翰林天文邢中和等請置於前殿西間近北壬地。或不欲神側興土，即改後殿壬地。竊詳儀注，本言封匱廟庭，蓋以密邇神明，昭明典禮。若或置之壬地，奉於別殿，縱於事爲便，亦在禮非宜。且奠獻既周，仍服袞冕，徧歷廊廡，以屆後庭，往復迂遠，舊儀未有。再詳畫到廟圖，未至迫窄。欲望止于正殿欄楯之下奉安石匱，庶令百辟共覩靈壇。"詔付陳堯叟等詳定，請就正殿下安匱，仍設檻護净。奏可。欽若又請車駕所經路，坊市三日禁止喪事，從之。

十一月壬辰②，詔："將來出西京，經麗景、金耀、平頭門改乘小輦。其金玉輅、大輦並由城外。"初，有司言至京西具鑾駕儀仗，皇帝乘大輦，而城門卑庳不能容，望高廣之。上慮勞人，故有是詔。庚子，陝州言寶鼎縣黃河清，遣官往祭，群臣稱賀。

十二月乙巳朔，陳堯叟自汾陰來朝，宴於長春殿。故事，內殿曲宴，三司使不預。時丁謂計度糧草還，特召預焉。丙午，寶鼎縣黃河再清，經度制置副使李宗諤以聞。上作詩，近臣畢和③。乙卯，告太廟，奉天書，如東封之制。丙辰，以資政殿大學士向敏中權東京留守，三司使丁謂爲行在三司使，鹽鐵副使林特副之。丁卯，命簽署樞密院事馬知節爲行宮都部署，昭宣使、長州防禦使劉承珪管勾皇城大內公事。上以汾陰展禮有期，詔大官進蔬食。宰相、百官三上表請御常膳，上曰："太祖、太宗每奉郊禋，皆屏葷茹。朕三祀圜丘，並遵行之，顧外庭不知耳。東封亦自戒塗蔬食④，無勞固請也。"己巳，作奉天庇民述，以諭王旦等。旦以群情懇懇，許至西京始卻肉味。禁扈從諸色人燔爇道路草木。將有汾陰之役，會歲旱，京師、近郡穀價翔貴，龍圖閣待制孫奭

---

① 二丈　嘉慶本同，文淵閣本長編卷七四作"三丈"。
② 壬辰　底本脫此二字，據長編卷七四補。
③ 近臣畢和　"和"，長編卷七四作"賀"。
④ 塗　嘉慶本同，長編卷七四作"途"。

遂奏疏曰①："先王卜征五年，歲習其祥。祥習則行；不習則增修德而改卜。陛下纔畢東封，更議西幸，則非先王卜征五年重謹之意，其不可一也。夫汾陰后土，事不經見。昔漢武帝將行封禪大禮，欲優游其事，故先封中嶽，祀汾陰，始巡幸郡縣，浸尋於泰山矣。今陛下既已登封，復欲行此，其不可二也。古者②，圜丘、方澤，所以郊祀天地，今南、北郊是也。漢初承秦，惟立五畤以祀天，而后土無祀，故武帝立祀于汾陰。自元、成以來，從公卿之議，徙汾陰后土于北郊，後之王者多不祀汾陰。今陛下乃欲捨北郊而祀汾陰，其不可三也。西漢都雍，去汾陰至近，今陛下經潼關，越險阻。京師根本，未易遠離，其不可四也。河東者，唐王業所起之地，唐又都雍，故明皇間幸河東，因祠后土，與聖朝事異。今陛下特然欲祠汾陰，其不可五也。夫遇災而懼，周宣所以中興。比年以來，水旱相繼，陛下宜側身修德，以答天譴，豈宜下徇姦回，遠勞民庶，忘社稷之大計，慕簫鼓之盤遊，其不可六也。夫雷以二月出，八月入③，育養萬物，人君之象，失時則爲異。今震雷在冬，爲異尤甚。天戒丁寧，陛下未悟，其不可七也。夫民，神之主也。是以聖王先成民而後致力乎神④，奉牲以告曰'博碩肥腯'，謂民力之普存也。奉盛以告曰'潔粢豐盛'，謂其三時不害，而民和年豐也。今國家土木之功累年未息，水旱作沴，饑饉居多，乃欲勞民事神，神其享之乎？其不可八也。陛下必行此禮，不過如漢武帝、唐明皇刻石頌功而已，此皆虛名也。陛下天縱欽明，神資濬哲，固當追蹤二帝三王之事，豈止效此虛名乎？此其不可九也。唐明皇嬖寵害政，姦佞當塗，以至身播國屯，兵纏魏闕。今議者引開元故事以爲盛烈，乃欲倡導陛下而爲之，臣竊爲陛下不取，此其不可十也。臣猶懼言不盡意，願少賜清問，以畢其説。"上遣內侍皇甫繼明諭以若復有陳，其具條上之。於是，奭又上疏曰："陛下將幸汾陰，而京師民心弗寧，江淮之衆困于調發，理須鎮安而矜恤之。且土木之功未息，而奪攘之盜公行⑤，北虜治兵，不遠邊境，雖馳單使，寧保其心？昔陳勝起于徭戍，黃巢出自凶饑⑥。隋煬緣勤遠略，

---

① 龍圖閣待制　底本脱"閣"一字，據嘉慶本補。
② 古者　底本作"周禮"，據宋史卷四三一孫奭傳、歷代名臣奏議卷二八七改。
③ 夫雷以二月出八月入　宋史卷四三一孫奭傳、歷代名臣奏議卷二七均作"夫雷以二月啟蟄，八月收聲"。
④ 聖王先成民　"聖"底本作"先"，據宋文鑑卷四二孫奭諫幸汾陰、歷代名臣奏議卷二八七改。
⑤ 公行　底本作"必行"，據嘉慶本、歷代名臣奏議卷二八七改。
⑥ 昔陳勝起于徭戍黃巢出自凶饑　底本"陳勝起于徭戍"與"黃巢出自凶饑"顛倒，據歷代名臣奏議卷二八七、宋文鑑卷四二孫奭諫幸汾陰乙正。

唐祖由是開基①。晉少主智昧邊防,耶律德光因之謀夏②。今陛下俯從姦佞,遠棄京師,罔念民疲,不虞邊患,涉仍歲薦饑之地,修違經久廢之祠,又安知饑民之中無黃巢之劇賊乎?役徒之內無陳勝之異志乎?肘腋之下無英雄之窺伺乎?區脫之間無天驕之觀釁乎?陛下方祠后土,駐蹕河中,若虜騎猖狂,忽及澶淵,陛下知魏咸信能堅據河橋乎?周瑩居中山,能摧鋒卻敵乎?又或渠魁俠帥,嘯聚原野,劫掠州縣,侵軼郊畿,行在遠聞,得不驚駭?陛下雖前席問計,群臣欲借筯出奇③,以臣料之,恐無及也。又竊見今之姦臣,以先帝寅畏天災詔停封禪,故贊陛下力行東封,以爲繼成先志也。先帝欲北平幽朔,西取繼遷,大勳未集,用付陛下,則群臣未嘗獻一謀④,畫一策,以佐陛下繼先帝之志,而乃卑辭重幣求和于契丹,蹙國縻爵姑息于保吉。謂主辱臣死爲空言,以誣下罔上爲己任。撰造祥瑞,假託鬼神,才畢東封,便議西幸,輕勞聖駕,虐害饑民,冀其無事往還,謂己大成勳績。是陛下以祖宗艱難之業,爲佞邪僥倖之資,臣所以長歎痛哭也。夫天神地祇,聰明正直,作善降之百祥,作不善降之百殃,安在其籩豆、簠簋乎?春秋傳曰:'國之將興,聽于民;將亡,聽于神。'固非愚臣妄議也。"時群臣數奏祥瑞,奭又上疏言:"五載巡狩,虞書常典。觀民設教,羲易明文。何須紫氣黃雲始能封嶽,嘉禾異草然後省方?今乃野鵰山鹿並形奏簡,秋旱冬雷率皆稱賀。將以欺上天,則上天不可欺;將以愚下民,則下民不可愚;將以惑後世,則後世必不信。腹誹竊笑,有識盡然。上玷聖明,不爲細也。"疏入,不報。

後疏未必即是今年。案:今年九月內戌,內侍史崇貴言:"經度制置使初至雁上,一鹿白廟中出,如引導之狀。"即奭疏所稱"山鹿"也。疏又稱"秋旱冬雷",案:是秋江淮不稔,當以旱故。前疏稱"震雷在冬",此時上猶未幸汾陰,則冬雷必指今年,故並附此,更須考詳。

四年正月辛巳⑤,詔應汾陰行事官及職掌人敢有懈惰者,勿以赦原。乙酉,親習祀后土儀于崇德殿。初,有司詳定止習壇上儀。上崇重大祀,乃並廟庭及封石匱儀徧習

---

① 隋煬緣勤遠略唐祖由是開基　宋文鑒卷四二孫奭諫幸汾陰、歷代名臣奏議卷二八七均作"隋煬帝勤遠略,而唐高祖興於晉陽"。
② 晉少主智昧邊防耶律德光因之謀夏　宋文鑒卷四二孫奭諫幸汾陰、歷代名臣奏議卷二八七均作"晉少主惑小人,而耶律德光長驅中國"。
③ 群臣欲借筯出奇　"筯"底本作"箸",據嘉慶本、長編卷七四改。
④ 群臣　底本脫此二字,據宋文鑒卷四二孫奭諫幸汾陰、歷代名臣奏議卷二八七補。
⑤ 辛巳　底本脫此二字,據長編卷七五補。

焉。丁亥,謁啓聖院太宗神御殿、普安院元德皇后聖容,告將行也。丁酉,車駕奉天書發京師,日上有黃氣如匹素,五色雲如蓋,紫氣翊仗。是夕,次中牟縣。戊戌,次鄭州,命龍圖閣學士陳彭年、待制王曙同詳定邀駕詞狀。己亥,次滎陽縣,庚子,次鞏縣,右僕射、判河陽張齊賢見于汜水頓,侍食畢,即遣還任。辛丑,過訾村,設幄殿,奉置三陵神坐,上韠袍拜哭奠獻。是日晴霽,始就次,蒼煙白霧起陵上,俄覆神幄,禮畢乃散,咸以為上哀慘所感。夕,次偃師縣。壬申,車駕至西京。甲辰,發西京,至慈澗頓,大官始進素膳。夕,次新安縣。

二月乙巳朔,次澠池縣。丙午,次硤石縣。丁未,入陝州。戊申,賜扈駕諸軍縉錢。己酉,次靈寶縣。庚戌,次湖城縣。辛亥,次閿鄉縣。壬子,出潼關,渡渭河,次嚴信倉。遣近臣祀西嶽。癸丑,次河中府。甲寅,工部侍郎馮起為考制度使,刑部員外郎、兼侍御史知雜事趙湘副之。丙辰,次永安鎮,遣近臣祀河瀆。丁巳,發永安鎮,有黃雲隨天書輦、法駕,入寶鼎縣奉祇宮。戊午,致齋,召近臣登延慶亭,南望仙掌,北瞰龍門。自宮至脽上列植嘉樹,六師環宿行闕,旌旗帟幕,相對照耀。郊次,眺覽久之。己未,寶鼎縣漢泉湧,有光如燭。庚申,群臣宿祀所。辛酉,具法駕詣脽壇,夾路燎火,其光如晝。甬道盤屈①,周以黃麾仗。初,路由廟南,上以未修謁,不欲乘輿輦過其前,令鑿路由廟後。至是,從新路至壇次,服袞冕登壇,祀后土地祇。備三獻,奉天書于神位之左,以太祖、太宗並配,悉如封禪之禮。先是,脽上多風,及行禮頓止。司天言黃氣繞壇,月重輪,衆星不見,惟大角光明。少頃,改服通天冠、絳紗袍,乘輦詣廟,登歌奠獻,省封石匱,遣官分奠諸神。登諸郊丘亭,視汾河,望梁山,顧左右曰:"此漢武帝泛樓船處也。一時之樂,垂于千古。"即日還奉祇宮,鼓吹振作,紫氣四塞,觀者溢路,民有扶老攜幼,不遠千里而至者,咸感泣言曰:"五代以來,此地為戰場。今乃獲覩天子巡祭②,實千載一時之遇也!"詔以奉祇宮為太寧宮,增葺殿室,設后土聖母像。壬戌,御朝覲壇,受群臣朝賀,大赦天下,恩賜如東封例。河中府特給復一年半,建寶鼎縣為慶成軍,給復二年。距脽上三里禁樵採。文武官該敘封欲迴授祖父母者,聽。四品以上官逮事太祖、太宗初潛,或嘗更邊任,家無食祿者,錄其子孫。建隆佐命公王將

---

① 甬道盤屈　長編卷七五同,嘉慶本"甬"作"角"、"屈"作"曲"。
② 今乃獲覩天子巡祭　"祭"底本作"幸",據嘉慶本、長編卷七五改。

相邱冢,令所在致祭。給西京分司官實俸三分之一。諸處負犯人并部送闕下者,皆刺滿面大字,毁形頗甚,尤可憫傷,自今不得更然。律令編敕内條目,失于重者,宜令法官詳定聞奏,務從輕典。賜天下酺三日。大宴穆清殿,賜父老酒食、衣幣。上作汾陰二聖配饗銘,河瀆、西海等贊①。癸亥,發慶成軍,觀漢泉;夕次永安鎮。命龍圖閣待制查道先還東京,備鹵簿儀仗。甲子,次河中府,賜扈駕諸軍緡錢。幸舜廟,賜舜井名廣孝泉,親作贊。度河橋,觀鐵牛,又幸河瀆廟。廟西有西海望祭壇,上顧其壇制非廣,令有司討尋典故增築。登後亭,見民有操舟而漁、秉耒而耕者,上曰:"百姓作業其樂乎?使吏無侵擾,則日用而不知矣。"遂幸開元寺、紫極宫、逍遥樓,賦詩賜從臣。召草澤李瀆、劉巽。瀆以疾辭,授巽大理評事致仕。賜西京、河中府,陝、鄭二州緡錢,爲宴犒肴酒之費也。乙丑,御駐蹕宣恩樓觀酺。丙寅,賜親王、輔臣、百官酺宴于行在尚書省,凡二日②。上作祀汾陰禮成詩,就宴所賜之。丁卯,賜河中尹③、寧王元偓衣帶、鞍馬、錢百萬、銀千兩,并經度制置使副、所過州縣長吏器幣有差。戊辰,發河中府,以寒食,申嚴火禁。過新市鎮,度洛水橋,次嚴信倉。己巳,次華陰縣,幸雲臺觀,觀希夷先生陳摶畫像,除其觀田租。庚午,謁西嶽順聖金天王廟,群臣陪位,廟垣内外列黄麾仗,遣官分奠廟内諸神。又幸巨靈真君觀,並除其田租。宴從官、父老于行宫之宣澤亭,紫氣如龍起嶽上。上作西嶽贊、仙掌詩。召見華山隱士鄭隱、敷水隱士李寧。辛未,次閿鄉縣。壬申,次湖城縣,宴虢州父老于行宫門。癸酉,次靈寶縣。

　　三月甲戌朔,次陝州,召草澤魏野,野辭疾不至。乙亥,幸順正王廟,作鐵牛詩,宴從官、父老于霈澤惠民樓,又登北樓望大河,觀山川形勝,賜運舡卒時服,作詩題棟間。是日雨,石普請駐蹕城中,勿涉泥濘。上作詩賜普,因命扈從至西京。丙子,次硤石縣。丁丑,次澠池縣。戊寅,次新安縣。上之還也,以道遠,閔衛士肩輿執蓋之勞,多乘馬,御烏藤帽。己卯,車駕入西京,賜迎駕僧道絹五百疋。庚辰,上謂輔臣曰:"洛陽宫殿壯麗,然城北地隘,穀、洛淺滯,輦運艱阻,諒非久居之所。"第因行禮,暫巡幸爾。時途中屢有甘澍之應,皆夕降晨止,從官、衛士無霑服之患。又農務方興,耕民瞻望輿

---

① 西海　底本作"四海",據嘉慶本、長編卷七五改。
② 凡二日　長編卷七五同,嘉慶本作"凡一日"。
③ 河中尹　底本"中"下衍"中"一字,據嘉慶本、長編卷七五删。

駕,歡忭相屬。上作喜雨述懷歌,群臣畢和。又以知河南府薛映有治狀,賜詩嘉獎。癸未,張齊賢自河陽來朝,召之也。甲申,幸應天禪院,賜監修太祖神御殿官及工匠、將士衣服、緡錢,又幸太子太師呂蒙正第,慰撫之,賜珍藥、御酒、衣帶、鞍勒馬、金幣。陳堯叟、李宗諤自河中府來朝,言初經度祀事至禮畢,凡土木工三百九十萬餘,止役軍士,輦送糧草,供應頓遞,亦未嘗差擾編民。上稱善。丁亥,召宰臣徧閱諸殿,出御製再幸西京記示之。詔所經歷代帝王祠廟,並令增葺。戊子,丁謂言有鶴二百餘翔天書殿上,又有五百餘飛集太清樓。己丑,御五鳳樓觀酺。甲午,發西京,次偃師縣,輿輦繖蓋、鳴鞘、警場、奏嚴、金吾喝探,悉罷之。乙未,上素服乘馬至永安縣,齋于行宮。丙申,詣安陵、永昌、永熙、元德皇太后陵,上奠獻悲泣,感動左右。初,至永昌陵遇雨,有司請徙版位,遙奠于門廡間,上不許,親涉泥塗而進,未明禮畢。復詣四陵奉辭,省視几筵,奠酌如初禮。又徧詣諸后陵、諸王墳致奠,命中使徧祭皇親諸墳,及詣汝州,祭秦王墳。丁酉,次鞏縣,右僕射張齊賢辭歸河陽,賜衣帶、器帛如侍祠例。戊戌,至氾水縣,虎牢關路險,命執炬火以警行者。河陽結綵爲樓,備樂將奏。上以太宗忌辰甫近,亟止之,賜物如例。夕,次滎陽縣,改虎牢關爲行慶關。己亥,次鄭州。庚子,召從官宴于回鑾慶賜樓,父老于樓下,不作樂。壬寅,次中牟縣。癸卯,次瓊林苑,賜諸部署、鈐轄羊酒,犒設將士。

四月甲辰朔,車駕至自汾陰。乙巳,賜扈從諸班直、諸軍及所經戍兵、鋪卒、諸司官健緡錢有差,道病死者悉給其家。己酉,謁太廟,又謁元德太后廟。辛亥,謁啓聖院太宗神御殿、普安院元德皇太后聖容。癸丑,詔迎導天書玉輅將士,例外別賜緡錢。遣近臣祭謝后土、西嶽、西海、西瀆,又遣官分詣諸陵廟致祭。己未,詔恭上汾陰后土廟額曰"太寧",遣中使增葺廟宇,令知河中府周起一月一檢校,民庶祈賽止拜庭中,官吏非祠祭,亦勿上殿①。以河中府進士薛南爲試將作監主簿,首詣闕請祀汾陰者也。

五年十二月丁亥,編聯祥瑞所上祀汾陰后土壇、朝覲壇、親奠西嶽廟三圖,及祥瑞圖百四十八,置龍圖閣下,召宗室、輔臣、兩制、尚書、丞郎、兩省、給諫、三司使副②、刺史以上觀之。王旦嘗言于上曰:"臣頃爲大禮使,所奏祥瑞,臣非親見也。據司天監邢

---

① 亦勿上殿 嘉慶本同,長編卷七五"上"作"升"。
② 三司使副 "使副"原顛倒,據宋會要輯稿瑞異一乙正。

中和狀耳。願令史官並書其實。"

此據遺事録,附編聯祥瑞圖下,初不與此相屬也。其有無亦當考。

六年八月丁丑,參知政事丁謂上新修祀汾陰記五十卷。

七年十一月壬辰,户部尚書陳堯叟上汾陰奉祀記三卷,有詔褒答。

卷第二十

真宗皇帝

崇奉聖祖

景德四年。先是,汀州人王捷咸平初賈販至南康軍,於逆旅遇道人,自言姓趙氏。是冬再見於茅山,命捷市鉛汞鍊之,少頃成金。捷即隨至和州諸山,得其術,又授以小鐶神劍,密緘之,戒曰:"非遇人主,切勿輕言。"捷詣闕求見不得,乃謀以罪名自達。至信州,佯狂大呼,遂坐配隸嶺南。未幾,逃至京師,官司捕繫,閤門祗候謝德權嘗爲嶺南巡檢,知捷有異術,爲奏請得釋,乃解軍籍①。劉承珪聞其事,奏之,改名中正,得對龍圖閣,且陳靈應。特授許州參軍,留止皇城司廨舍②。時出遊廛市,常有道人偶語,云:"即授中正法者,司命真君也。"承珪爲築新堂,至是年五月十三日降堂之紗幬中,戴冠佩劍,服皆青色。自是屢降。中正常達其言,既得天書,遂東封,加號保生天尊曰九天司命上卿保生天尊,是爲聖祖。凡瑞異,中正必以先告焉。大中祥符二年二月辛卯,授中正左武衛將軍致仕,給全俸,賜第通濟坊,恩遇甚厚③。

大中祥符五年十月戊午,九天司命上卿保生天尊降於延恩殿。

案:本志九天司命上卿保生天尊,即聖祖也。實錄於六年七月又書:加上九天司命上卿保生天尊曰東嶽司命上卿佑聖真君。初,封禪禮畢,詔上司命天尊之號。至是,以聖祖臨降,名稱相類,故改上焉。如此,則當別一司命矣。又據降聖記,加上東嶽司命上卿真君聖號敕,但云東嶽司命上卿真君可加上東

---

① "捷詣闕求見不得"至"乃解軍籍",底本脱此六十四字,據長編卷七一補。
② 皇城司廨舍 底本脱"司"字,文意不完。長編卷八三,大中祥符七年十二月己未記載:"作元符觀。初,每歲天慶節,就在承天祥符門設帟幕,啓道場。上以車騎往來喧雜,乃命葺皇城司廨舍新堂爲是觀。堂即劉承珪所創,景德末司命臨降處也。"今據補"司"一字。
③ "大中祥符二年二月辛卯"至"恩遇甚厚",底本脱此三十二字,據長編卷七一補。

嶽司命上卿佑聖真君，無"九天"及"保生天尊"字。然封禪記書元年十月壬子，詔上卿九天司命真君增號九天司命保生天尊，實有此六字。二書皆丁謂所編，乃如此不同，當考。

先是，八日①，上夢景德中所觀神人傳玉皇之命云："先令汝祖趙某授汝天書，將見汝，如唐朝恭奉玄元皇帝。"翌日夜，復夢神人傳天尊言："吾坐西，當斜設六位。"即於延恩殿設道場。是日五鼓一籌，先聞異香，少頃，黃光自東南至，掩蔽燈燭。俄見靈仙儀衛，所執器物皆有光明。天尊至，冠服如元始天尊。又六人皆秉圭，四人仙衣，二人通天冠、絳紗袍。上再拜於階下。俄有黃霧起，須臾霧散，天尊與六人皆就坐，侍從在東階。上升西階，再拜。又欲拜六人，天尊令揖不拜，命設榻，召上坐，飲碧玉湯，甘白如乳。天尊曰："吾人皇九人中一人也，是趙之始祖，再降，乃軒轅皇帝，凡世所知少典之子，非也。母感電夢天人，生於壽丘。後唐時②，七月一日下降，總治下方，主趙氏之族，今已百年。皇帝善爲撫育蒼生，無怠前志。"即離坐，乘雲而去。及曙，以語輔臣，即召至殿前③，歷觀臨降之所。又召修玉清昭應宮副使李宗諤、劉承珪，都監藍繼宗同觀。己未，劄示中外，大赦天下，常赦所不原者咸除之。兩京來年夏稅放十之二，諸路十之一；賜致仕官全俸一年；幕職州縣官先經省者，權增五百員，任滿即停。命參知政事丁謂、翰林學士李宗諤、龍圖閣直學士陳彭年與太常禮院檢討官詳定崇奉天尊儀制以聞。庚申，群臣詣崇政殿稱賀，因賜酒五行而罷。宴宗室諸親於萬歲殿。辛酉，詔以天尊降臨，分命輔臣告天地、宗廟、社稷。初，宰相請準例遣丞郎以下，上特命王旦等攝事，又遣官告諸陵、嶽瀆、祠宇，上親封香付之。閏十月己巳，上天尊號曰聖祖上靈高道九天司命保生天尊大帝。有司請以玉清昭應宮玉皇後殿爲聖祖正殿④，東位司命殿爲治事所。壬申⑤，詔："聖祖名，上曰玄，下曰朗，不得斥犯。以七月一日爲先天節，十月二十四日爲降聖節，並休假五日。兩京、諸州前七日建道場設醮，假內禁屠、輟刑，聽士民宴樂。京城張燈一夕。"改延恩殿爲真遊殿，重加修飾。有司言："道場所奏告，自今用青詞云'嗣皇帝臣署'。大事，祀官朝服，常時奏告，加公服。薦獻，

---

① 先是八日　"日"底本作"月"，據長編卷七九、錦繡萬花谷前集卷八帝王符瑞、宋朝事實卷七道釋改。
② 後唐時　宋史卷一〇四禮志作"後唐時奉玉帝命"，意優。
③ 即召至殿前　嘉慶本同，宋朝事實卷七道釋"前"作"上"。
④ 玉皇後殿　"玉"底本作"王"，據嘉慶本、長編卷七九、太平治迹統類卷四真宗祥符改。
⑤ 壬申　底本脫此二字，據長編卷七九補。

則太祝讀詞。設醮,止命道士備香酒、時菓、碧色幣。"詔可。癸酉,詔天下州、府、軍、監天慶觀並增置聖祖殿。乙亥,詔上聖祖母懿號曰元天大聖后。有司言:"聖祖母未有宫殿,望遣官於兗州曲阜縣壽邱奏告①。"從之。戊寅,改兗州曲阜縣爲仙源縣,建景靈宫、太極觀於壽邱,以奉聖祖及聖祖母,遣内供奉官周懷政與本州長吏規度興作,俟宫觀成日,備禮奉册。丁亥,詔聖祖母徽號②、册寶、法物並飾以金,尊號册以金塗銀爲飾。舊制,皇帝册飾以金,宗廟飾以銀。及是,有司請聖祖册寶如宗廟之制。上崇奉聖真,志存謙抑,故有是詔。

十一月丙申,上於朝元殿恭謝玉皇,奉天書行事,致齋三日,禁屠宰,備三獻,薦玉帛、牷牲,配坐以聖祖,位在東,褥用黄,玉以四圭有邸,幣色蒼。太祖、太宗位在西,陳宫架,百官朝服,率如祀禮,畢,賜群臣福酒有差。庚子,上作聖祖降臨記宣示中外。

十二月。先是,詔丁謂等於京城擇地建宫,以奉聖祖。謂等奏:"司天少監王熙元言,案天文志,太微宫南有天廟星,乃帝皇祖廟也③,宜就大内之丙地。"乃得錫慶院吉地,即令謂等與内侍鄧守恩修建。戊辰,詔上新宫名曰"景靈"。庚辰,知處州張若谷言:"黄帝任六相而天下治。伏觀詔示,聖祖降臨,有斜設六位之文。以臣參詳,必當時六相也。案唐天寶敕,三皇、五帝各有配享,黄帝惟以后土配。望於殿内塑六相像,并加謚號。"有司言:"神靈之事不可備知,所云六相恐難執據。其六位仙官,望令編修道藏所增入醮位,及於聖祖殿設像。"從之。

六年正月辛亥④,詔仙官、仙經之號有犯聖祖名者,咸改之。

三月乙卯,建安軍鑄玉皇、聖祖、太祖、太宗尊像成,以修玉清昭應宫使丁謂爲迎奉使⑤,修宫副使李宗諤副之⑥。丁亥,詔聖像所經州縣,官吏各賜宴設。詳見昭應宫門。

五月辛亥,丁謂請以恭孝太子魏懿王院增建景靈宫,許之。

七月甲午,改上九天司命上卿保生天尊曰東嶽司命上卿佑聖真君。初,封禪畢,詔上保生天尊之號。至是,以聖祖肇臨,名稱相類,故改上焉。

---

① 壽邱　長編卷七九同,隆平集卷一、東都事略卷四〇均作"壽丘"。下同。
② 聖祖母徽號　嘉慶本同,長編卷七九作"聖祖、聖母徽號"。
③ 乃帝皇祖廟也　"皇",嘉慶本、長編卷七九均作"王"。
④ 辛亥　底本脱此二字,據長編卷八〇補。
⑤ 以修玉清昭應宫使丁謂爲迎奉使　底本脱第二個"使"字,據嘉慶本、長編卷八〇、宋史卷八真宗本紀補。
⑥ 修宫副使李宗諤　底本脱"副"一字,據長編卷八〇補。

據此，則保生天尊乃聖祖也，佑聖真君乃東嶽也。祥符初，誤以聖祖爲東嶽，及今方知其別，故改命。要是聖祖及東嶽皆有司命之號云。王中正事更詳之。

七年四月乙亥，禮儀院請以聖祖降及迎奉聖像、奉祀事迹各編集爲記，詔可。

五月壬辰，命左僕射、平章事王旦爲兗州景靈宮朝修使。乙未①，王旦言："朝修景靈宮，請用先天節設道場，禮畢，詣至聖文宣王廟、會真宮、東嶽廟、真君觀行禮。望下禮官參酌儀制。"

八月甲寅朔，置景靈宮使，以中書侍郎兼刑部尚書、平章事向敏中爲之。甲子，以參知政事丁謂爲修景靈宮使，權三司使林特副之，崇儀使藍繼宗爲都監。

十月戊辰，先是，遣内侍於萊州采玉石，造景靈宮聖像②，於是，詔采玉石處，除兩稅外，免其徭役。

八年七月丙辰，王欽若準詔討閱道藏趙氏神仙事迹，凡得四十人。詔畫於景靈宮之廊廡。八月癸未，張詠臨終奏疏。見崇奉五嶽③。乙未，以三司使、工部侍郎林特爲户部侍郎、同玉清昭應宫副使。尋又命特爲修景靈宮副使兼管勾景靈宮、會靈觀事④。十月壬辰，盛度上聖祖天源録五卷。乙巳，王欽若上聖祖事迹十二卷，上製序，賜名先天記。王欽若又續成三十二卷，上之。十一月甲子，上幸景靈宮觀上梁，賜從臣、修宮使衣幣有差。

九年二月壬辰，命修景靈宮副使、同玉清昭應宫副使、户部侍郎林特詣兗州景靈宮、太極觀設醮，以營建畢故也。宮觀總一千三百二十二區。詔獎監修内臣，賜工卒緡錢。甲辰，修景靈宮使丁謂請選軍士三百隸兗州景靈宮、太極觀，給掃除之役，詔可。三月癸亥，宗正卿趙安仁請以御製聖祖降臨記冠列聖玉牒。四月丙戌，御製景靈宮贊頌刻石。五月丙辰，以景靈宮、會靈觀及兗州景靈宮、太極觀成，群臣稱賀。德音：降天下死罪囚，流以下釋之；開封、仙源、奉符、衡山、華陰、曲陽、登封諸縣，免今年夏稅十之三，東畿七縣及五州府餘縣免十之二⑤。丁巳，命宰臣向敏中爲兗州景靈宮、

---

① 乙未　底本脱"乙未"二字，據長編卷八二補。
② 景靈宮聖像　底本脱"宮"一字，據長編卷八三補。
③ 見崇奉五嶽　"嶽"底本作"獄"，據嘉慶本改。
④ "以三司使、工部侍郎林特爲户部侍郎、同玉清昭應宫副使。尋又命特爲修景靈宮副使兼管句景靈宮、會靈觀事"，底本作"以户部侍郎、同玉清昭應宫副使林特爲修景靈宮副使兼管句景靈宮事"，據長編卷八五删補。
⑤ 東畿七縣　嘉慶本同，長編卷八七"七"作"他"。

太極觀慶成使。庚申,景靈宮使向敏中、修宮使丁謂並加兵部尚書,副使以下皆進秩,各賜衣帶、器幣。宮宇總七百二十六區。丙寅,謁景靈宮,宴從臣於明福殿,賜宮使而下器幣、緡錢有差。分遣官,以宮成,告天地、玉清昭應宮、太廟、后廟、社稷、會靈觀、太一宮。壬申,置景靈宮副使,以尚書右丞趙安仁爲之。七月丙辰,謁景靈宮。八月丙子,置景靈宮判官,以知制誥劉筠爲之。十月壬申朔,詔以來年正月二日詣景靈宮,奉上聖祖徽號。禮儀院言:"十月聖祖降,請以下元日朝拜景靈宮,著爲定式。"初,王中正授左武衛將軍致仕,其後遷右武衛大將軍①,領高州刺史,又改領汀州,又遷右神武大將軍,領康州團練使。每國家舉大禮及有營繕,中正必達靈命,以藥金銀爲獻,前後累巨萬數。是月丙子病卒,贈鎮海節度使,塑像景靈宮,命入内押班周懷政護喪,葬事官給。乙酉,召輔臣至龍圖閣,出聖祖篇翰、藥金、銀像、什器、錢寶、花樹等物及降臨内記、真紀示之。丙戌,謁景靈宮。十二月甲午,令諸州以來年二月設醮會,用景靈宮成德音也。

天禧元年正月二日壬寅,奉上册寶、仙衣。詳見玉清昭應宮。丙辰,謁景靈宮。癸亥,詔重上舒州仙靈觀聖祖袞服。丙寅,命宰相王旦爲兖州太極觀奉上册寶使,尚書右丞趙安仁副之。二月丁亥,設元天大聖后版位於文德殿,上親酌獻,拜授册寶於王旦,仙衣於趙安仁。旦等跪受,奉以升輅,具鹵簿、儀衛。所過禁屠宰二日,官吏迎拜。至兖州,遣官三十員袴褶前道。奉册日,上不視朝。三月丁未,王旦言兖州自春亢旱,行禮之夕,降雨及尺。四月庚午,王旦至自兖州。乙亥,出聖祖神化金寶牌,分給京城寺觀及天下名山②,牌長二寸餘,廣寸餘,面文曰"玉清昭應宮成天尊萬壽金寶"③,背文曰"永鎮福地",其周郭皆隱起蛇龍華葩之狀,封以絳囊漆匣,上親題署之。五月戊午,知明州劉綽言④:"諸州天慶觀聖祖殿,請令群官到任、得替⑤,洎朔望,並齋潔朝拜奉辭。"從之。

---

① 右武衛大將軍　嘉慶本同,長編卷八八"右"作"左"。
② 京城寺觀　長編卷八九、宋史全文卷六、太平治迹統類卷四同,玉海卷一〇〇、事物紀原卷七、山堂肆考卷一四八"寺"均作"宫"。按:宋真宗崇信道教,視佛教爲外教,故"在京宫觀"應比"在京寺觀"優。
③ 玉清昭應宮成天尊萬壽金寶　嘉慶本、長編卷八九同,太平治迹統類卷四作"玉清昭應宮天尊萬壽金寶",事物紀原卷七作"玉清昭應宮成天尊萬壽"。
④ 劉綽　長編卷八九同,嘉慶本作"劉焯",宋會要輯稿禮五之一九作"劉蟬"。
⑤ 請令群官到任得替　宋會要輯稿禮五之一九作"請自今長吏以下每到任、得替"。

二年三月丁巳,景靈宮判官、知制誥劉筠請令禮儀院、宗正寺約唐朝太清祠令撰集景靈宮祠令①,付本司遵守,從之。筠又言:"兗州景靈宮②、太極觀事體尤盛,亦望別加撰集,永使遵守。"詔付禮儀院。九月丁卯,册皇太子。壬申,皇太子謁玉清昭應宮、景靈宮。

三年三月戊午朔,内出聖祖降臨内記示宰相。四月癸巳,謁景靈宮。五月戊申,召宗室、近臣、閣館、三司、諫官、御史、法官、京府官詣真遊殿觀道像,各賜聖祖降臨記一函。八月己亥,大會道釋於天安殿,凡萬三千八十六人。先是,建道場。是日,上親臨視,以藥銀鑄大錢,面賜之。十一月己巳,謁景靈宮。庚午,享太廟。辛未,合祭天地於南郊。十二月戊戌,謁景靈宮。

四年四月戊戌,謁啓聖院太宗神御殿,遂謁景靈宮。八月丙戌,謁景靈宮。十月戊子,禮儀院言:"每歲十月十五日朝拜景靈宮。今緣祭神州地祇,奏告在散齋之内,請權罷朝拜,至日,令宮使行酌獻之禮。"從之。甲午,賜天下宫觀大中祥符降聖記各一本。

五年七月戊寅,新作景靈宮萬歲殿,為上本命祈福也。

崇奉五嶽

大中祥符二年八月庚寅③,秘書丞董温上言:"漢以霍山為南嶽,望令壽州長吏春秋致祭。"詔禮官與崇文院檢討詳定。上奏曰:"案爾雅云'江南,衡',注云'衡山,南嶽'。又'霍山為南嶽',注云'即天柱山,潛水出此',則非特霍山為南嶽。舜五月南巡狩,周之王制,皆以衡山為南嶽。惟漢武帝以衡山遼遠,取讖緯之説而祭灊霍。至隋,復以衡山為南嶽。况奉祀已久,國家疆宇復廣,難以改制。其霍山如有祈請及特致祭,即委州縣奉行。"從之。

四年正月,上祀汾陰回。二月乙丑,次河中,加號西嶽金天王曰順聖金天王,遣鴻臚少卿裴莊祭告。己巳,次華陰縣。庚午,謁順聖金天王廟,群臣陪位。廟垣内外列

---

① 景靈宮祠令　"祠"底本作"詞",據嘉慶本、長編卷九一改。
② 景靈宮　底本脱"宮"一字,據嘉慶本、長編卷九一補。
③ 庚寅　底本脱此二字,據長編卷七二補。

黄麾仗,遣官分奠廟内諸神。五月乙未,詔加上東嶽曰天齊仁聖帝,南嶽曰司天昭聖帝,西嶽曰金天順聖帝,北嶽曰安天元聖帝①,中嶽曰中天崇聖帝。命翰林學士李宗諤、龍圖閣直學士陳彭年與禮官詳定儀注。又作奉神述,備紀崇事之意。

七月庚辰②,詳定所言:"皇帝臨軒册五嶽,參詳舊典③,無作樂之儀。"上曰:"凡大朝會,公卿出入尚作樂,且禮緣人情,宜令有司別撰樂章。"王旦曰:"册案當於門外設次,俟入,則作樂。"從之。詔丁謂、李宗諤與禮官詳定五嶽衣冠制度及崇飾神像之禮。九月辛卯,命資政殿大學士、刑部尚書向敏中爲東嶽奉册使,兵部郎中、龍圖閣待制孫奭副之。工部侍郎、集賢院學士薛映爲南嶽奉册使,給事中錢惟演副之。翰林學士、工部侍郎、知制誥晁迥爲西嶽奉册使,刑部郎中、龍圖閣待制查道副之。禮部侍郎馮起爲北嶽奉册使,太僕寺少卿裴莊副之。右諫議大夫、龍圖閣直學士陳彭年爲中嶽奉册使,光禄少卿沈繼宗副之。其玉册如宗廟諡册之制。

據李攸編本朝事實云:册用珉玉,長尺二寸,闊一寸二分,量文之多少,聯以金繩,首尾結締,前後四枚,刻龍縷金,若捧護之狀。籍以錦褥,覆以紅羅,泥金夾帊。册匣長廣,取足容册,塗以朱漆。金裝起突,龍鳳金鐶。匣上以紅羅繡盤龍蹙金帊覆之,承以金裝長竿牀,金龍首,金魚釣籍。匣以錦緣,席錦褥。其紐紅絲爲條,以縈匣。册案塗朱漆,覆以紅羅銷金衣。其寶門下省造。〔案:長編脱注。〕

十月戊申,有司設五嶽册使一品鹵簿及授册黄麾仗於乾元門外,各依方所。又設載册輅及袞冕輿於乾元門外,群臣朝服序班,仗衛如元會儀。上服袞冕,御乾元殿。中書侍郎引五嶽玉册,尚衣奉袞冕升殿④,上爲之興。奉册使副班於香案前,侍中宣制曰:"今加上五嶽帝號,遣卿等持節奉册展禮。"咸承制再拜。奉册使以次升自東階,受册於御座前,降西階;副使受袞冕於丹墀。玉册至乾元門,列黄麾仗,設登歌。奉册於車,袞冕於輿,使副袴褶騎從,遣官三十員前導。及門,奉置幄次,以州長吏以下充祀官⑤,致祭畢,奉册⑥袞冕置殿内。

據事實又云:在路,一品已下並避路。至嶽下,禮直官引册使等自幄次奉玉册、袞冕由正門入,樂

---

① 安天元聖帝 "元"底本作"玄",據嘉慶本、長編卷七五改。按:改"玄"爲"元",應是宋人避聖祖名諱。
② 七月 "七"底本作"六",據長編卷七六改。按:長編此事係於七月,且六月無庚辰日。
③ 參詳舊典 嘉慶本同,長編卷七六作"參詳册文"。
④ 尚衣奉袞冕升殿 長編卷七六同,嘉慶本作"尚衣奉御奉袞冕升殿"。
⑤ 以州長吏以下充祀官 "下"底本作"卜",據嘉慶本、長編卷七六改。
⑥ 奉册 文獻通考卷八三郊社考十六、宋史卷一〇二禮志五均作"奉玉册"。

作,升殿,置殿室門西褥位,樂止。玉册在前,衮冕次之,使副並立其後。禮生再拜,應殿下官屬皆再拜,禮直官引册使當神座前俛伏跪,稱:"攝太尉具銜某①,奉敕加上某嶽某帝懿號、玉册、衮冕。"言訖,興,攝中書令俛伏跪讀。〔案:長編脱注。〕

十一月戊戌②,詔加上東嶽淑明后、南嶽景明后、西嶽肅明后、北嶽靖明后、中嶽貞明后之號,仍遣官祭告。

五年七月戊辰,新作保康門於朱雀門之東,徙汴河廣濟橋於大相國寺前,牓曰"延安",又作橋跨惠民河,牓曰"安國"。時將建觀以奉五嶽,故闢此門。尋命修玉清昭應宫使丁謂等就奉節、致遠三營地及填乾地之西偏興築③,内侍鄧守恩董其役。

實録於八月己未書,命中使鄧守恩修五嶽觀。九月丁亥又書:初建五嶽觀於南薰門内之東偏。既云修,又云初建,不知何也。今從本志及會要聯書之。

六年四月丙戌④,幸新修五嶽觀,賜官吏器幣、工徒緡錢有差。

七年六月庚午夜,京師新作五嶽觀東北,黑雲中見星如晝,有靈祇、旌纛、甲仗之狀,覩者喧怖。修觀使丁謂以聞,詔建道場。九月辛丑,幸五嶽觀,宴從官,賜兵匠緡帛有差。翌日上梁,又命宗室、輔臣往觀,復賜宴,許百司休務、士庶行樂。賜觀名曰"會靈"。

八年三月甲午,上作諸嶽祭告文,皆遣使刻石於廟中。四月戊午,丁謂言會靈觀頌、記,望賜御製御書,從之。八月癸未,陳州言知州、樞密直學士、禮部尚書張詠卒。詠臨終奏疏言:"不當造宫觀,竭天下之財,傷生民之命。此皆賊臣丁謂誑惑陛下,乞斬謂頭置國門以謝天下,然後斬詠頭,置丁氏之門以謝謂。"上亦不以爲忤云。乙未,以林特兼管勾會靈觀事。十一月丁巳,上幸會靈觀,宴近臣於祝禧殿,賜兵匠緡錢有差。

九年正月丙辰,置會靈觀使,以參知政事丁謂爲之,仍加刑部尚書。己未,上詣會靈觀焚香,命有司定朝拜之禮,著爲式。五月丙辰,以景靈宫、會靈觀等成,群臣稱賀。

會靈觀宇區數,本志闕之。當考。

---

① 具銜某 "某"底本作"其",據嘉慶本改。
② 戊戌 底本脱此二字,據長編卷七六補。
③ 填乾地之西偏興築 嘉慶本、長編卷七八同,宋會要輯稿禮五之二一、事物紀原卷七"地"均作"池"。按:事物紀原卷七"填乾地"作"填乾池"。
④ 丙戌 底本脱此二字,據長編卷八〇補。

六月戊寅,幸會靈觀酌獻,宴從官於祝禧殿。七月丙辰,謁會靈觀。八月丙子,置會靈觀副使,以翰林學士李迪爲之。又置判官,以知制誥樂黃目爲之。九月丁未①,命樂黃目權知開封府,改命盛度爲會靈觀判官。

天禧元年正月丙辰,幸會靈觀。二月戊寅,上作會靈觀銘。三月戊午,以樞密使王欽若爲會靈觀使。會靈觀初置使,命參知政事兼領,於是王曾次當爲之。欽若方挾符瑞固恩寵,意欲得此,曾因懇辭焉。上頗不懌,謂曾曰:"大臣宜傅會國事,何遽自異耶?"曾頓首謝曰:"君從諫謂明,臣盡忠謂義。陛下不知臣駑病,使待罪政府,臣知義而已,不知異也。"十二月。初,加上五嶽帝號,有册無寶,是歲,始詔刻玉。丁亥,令會靈觀使王欽若奉安於本殿。

三年二月丙辰,宰相王欽若上會靈志百卷,上製序,名五嶽廣聞記。四月甲午,幸會靈觀。

仁宗皇祐五年正月丁巳,會靈觀火,居宇神像悉被焚,獨三聖御容得存。乃詔權奉安於景靈宮,更名集禧觀②。

謁太清宮

大中祥符六年七月己酉,亳州官吏、父老三千三百六十人詣闕③,請車駕朝謁太清宮。召對崇政殿,慰賜之。丁巳,文武群臣上表,請車駕幸亳州謁太清宮,詔許之。

八月庚申朔,詔以來春親謁亳州太清宮④,先於東京置壇,回日恭謝天地,如南郊之制。辛酉,以參知政事丁謂爲奉祀經度制置使,翰林學士陳彭年副之。謂仍判亳州。又命五使及遣計度芻糧、詳定儀注、部修行宮、治道、增置亳州官屬,如汾陰之制。丙寅,禁太清宮五里內樵採;亳州罪人至死者,送鄆州裁斷。庚午,詔加上真元皇帝號曰太上老君混元上德皇帝⑤。丁丑⑥,禮儀院請朝謁太清宮日,設宮懸二十架,牙盤、

---

① 丁未　底本脫此二字,據長編卷八八補。
② 按:長編卷一七四記載:皇祐五年六月"丙戌,新修集禧觀成。初會靈觀火,更名曰'集禧',即舊址西偏復建一殿,共祀五嶽,名曰奉神殿,蓋取真宗嘗著奉神述也。因命知制誥蔡襄重模真宗御書故本,立石於東廡,名曰'神藻殿',仍令襄書額"。
③ 三千三百六十人　底本脫"三千"二字,據嘉慶本、長編卷八一、宋史卷一〇四禮志補。
④ 詔以來春親謁亳州太清宮　底本脫"親"一字,據嘉慶本、長編卷八一、宋史卷八真宗本紀補。
⑤ 詔加上真元皇帝號　嘉慶本同,長編卷八一"真"作"貞"。
⑥ 丁丑　底本脫此二字,據長編卷八一補。

素饌、樽罍、籩豆,悉如朝元殿恭謝之制,玉用四圭有邸,幣用碧,一獻飲福。鄭州長吏、亳州貢舉人、本宮道士悉陪位。詔改用蒼璧,備三獻,以盡嚴恭,餘從之。又言聖號册寶,請就醮壇天寶臺下以石匱封秘,中設玉匱,長廣二尺,高如之。檢厚一寸二分,刻金繩五道,封以金泥,印以受命寶。石匱三層,各長五尺三寸,下層高二尺,中層半之,上層爲蓋。皆深刻四分,填以石泥,印以天下同文寶,奏可。

十月乙丑,詔朝謁太清宮,自離京至奉祀以前,不得舉樂,所過州縣,無令樂人來迎。河北轉運使李士衡貢助奉祀絲、綿、縑、帛各二十萬①,詔獎之。丁卯,三司借內藏庫錢帛五十萬,以備奉祀賞給。亳州言太清宮檜再生,真源縣菽麥再實。上作歌示近臣。甲戌,命直集賢院石中立等修車駕所過圖經,以備顧問。龍圖閣待制孫奭上疏言:"陛下封泰山,祀汾陰,躬謁陵寢,今又將祠太清宮。外議籍籍,以謂陛下事事慕效唐明皇,豈以明皇爲令德之主耶?甚不然也。明皇禍敗之迹,有足爲深戒者,非獨臣能知之。近臣不言者,此懷奸以事陛下者也。明皇之無道,亦無敢言者。及奔至馬嵬,軍士已誅楊國忠,請矯詔之罪,乃始諭以燭理不明,寄任失所。當時雖有罪己之言,覺寤已晚,何所及也!臣願陛下早自覺寤,抑損虛懷,斥遠邪佞,罷興土木,不襲危亂之迹,無爲明皇不及之悔,此天下之幸,社稷之福也。"帝以爲:"封泰山、祀汾陰、上陵寢②、祠老子,非始於明皇。開元禮今世所循用,不可以天寶之亂舉謂爲非也。秦爲無道甚矣,今官名、詔令、郡縣猶襲秦舊,豈以人而廢言乎?"作解疑論以示群臣。然知奭樸忠,雖甚言切直,容之弗斥也。十一月甲寅,丁謂自亳州來朝,獻芝草三萬七千餘本。十二月丙寅,以兵部尚書寇準權東京留守,入內都知閻承翰都大管勾大內公事,權三司使林特爲行在三司使。壬申,酌獻天書於朝元殿,遂告玉清昭應宮及太廟。辛巳,以翰林學士王曾攝御史大夫爲考制度使,刑部員外郎兼侍御史知雜事段曄攝中丞副之。知制誥錢惟演等編次迎駕父老及州縣繫囚,右諫議大夫慎從吉等詳定詞狀,惟不置編次貢奉。

七年正月壬寅,車駕奉天書發京師,禁天下屠宰十日。丙午,至奉元宮,齋於延禧殿。判亳州丁謂獻白鹿一、靈芝九萬五千本。丁未,令奉祀經度制置副使陳彭年詣宮

---

① 河北轉運使李士衡　底本脫"轉"一字,據長編卷八一補。
② 上陵寢　嘉慶本同,長編卷八一、宋史全文卷六均作"上陵"。

殿大醮。戊申，奉聖號册寶，於庭拜授。攝太尉王旦持節載以玉輅，詣宮奉上，攝中書令丁謂讀訖，置玉匱中。己酉，三鼓，具法駕赴宮。時密雪驟霽，自奉元至太清十餘里，夾道設籠燈燎臺，左右執炬間之，焜煌如晝①。五鼓，上奉玉幣酌獻，讀册文，令太尉封石匱。又遣官分獻本宮之元中法師、三師、真武張天師、本殿之文子通元真人、列子沖虛至德真人、庚桑子洞靈真人、莊子南華真人、唐明皇、文宗，並如從祀例。又遣宰相等薦獻真源觀之三清靈寶天尊、先天觀之元始天尊、元母經師、廣靈宮之先天太皇、洞霄宮之先天太后、龍女。幣色，三清靈寶、元始用碧，太皇用蒼，元母用白，皆如大祀禮，餘同從祀。上又詣先天觀、洞霄廣靈宮行香，復至太清宮、真源觀周覽，還奉元宮。肆赦，亳州及車駕所經，流以下罪並釋之，死罪奏裁；給復一年半，永減歲賦十之二。升亳州爲集慶軍，改真源縣曰衛真縣，給復二年；奉元宮曰明道宮，賜道士、女官紫服②、師名，披度者八十人。詔三宮正殿，民庶不得輒升，官吏非朝修止拜庭中。上作朝謁頌、先天太皇老君像真武贊，命中書侍郎兼刑部尚書、平章事向敏中撰親祠頌，並刻於石。司天言含譽星見，帝作歌，賜近臣屬和。庚戌，發衛真縣，次亳州，謁聖祖殿，御奉元均慶樓，賜酺三日。壬子，以順祖惠元皇帝忌，罷賜酺。詔緣路置頓侵占民田者，並據頃畝之數給復二年；其須永占者，優給其直。給亳州公用錢歲七千萬，酒月十斛。甲寅，發亳州。乙卯，次應天府。天書升輦，有雲五色如花木，又黃雲如人連袂翊輅而行。占云："春雲如花木者，木旺與德相生；如人連袂色黃者，子孫分土延祚之兆也。"扶侍使趙安仁請播爲樂章，以備酌獻，從之。丙辰，升應天府爲南京，正殿牓以"歸德"，仍赦境内及東畿車駕所過縣，流以下罪並放。追贈太祖幕府元勳僚舊，及録常參官逮事者並進秩，欲授子孫者亦聽。除民乾食鹽錢。御重熙頒慶樓觀酺，凡三日。改聖祖殿爲鴻慶殿。

二月丁巳朔，發南京。戊午，次襄邑縣，皇子來朝。庚辰，次陳留縣。辛酉，車駕至自亳州。乙丑，詔："自今天書在朝元殿，車駕由右昇龍門入，自東上閤門就東階，赴殿焚香，無陟廣庭，以盡嚴恭之意。所司著爲定式。"戊辰，大風揚沙礫，百官習儀於恭謝壇，有墜幘者。己巳，上宿齋於玉清昭應宮之集禧殿。庚午，行薦獻之禮，遂入太

---

① 焜煌如晝　"煌"底本作"燿"，據長編卷八二、太平治迹統類卷四改。
② 女官　同"女冠"。

廟。辛未,享六室。壬申,恭謝天地於東郊,還,御乾元門,大赦内外,文武官悉加恩,諸路蠲放租賦有差。癸酉,以吏部員外郎、知制誥李迪知亳州。壬午,開封府言築恭謝天地壇占民田四十八頃,詔給直外,賜錢三千萬,仍蠲其租。

三月庚寅,以奉祀禮成,大宴含元殿。甲午,群臣以次加恩。

四月乙亥,亳州言自車駕臨幸後,民復業者一千三百。

建宫殿

詔西京建太祖神御殿

景德四年正月,車駕朝陵。二月己巳,還至西京。癸酉,詔就西京建太祖神御殿。

大中祥符二年六月丁酉①,起玉清昭應宫。知制誥王曾上疏諫,又曰:"并覩西京造太祖影殿,東嶽置會真之宫,計其工傭,亦皆不啻中人百家之産,然於尊祖禮神則盛矣,其於邦國大計,則猶未足爲當時之急務也。"亦見玉清昭應宫。

四年三月,車駕自汾陰祀畢,還。己卯,入西京。甲申,幸應天禪院,賜監修太祖神御殿官及工匠、將士衣服、緡錢。

天禧元年五月,西京應天禪院太祖皇帝神御殿成,爲屋凡九百九十一區。己未,命宰相向敏中爲奉安聖容禮儀使、入内都知張景宗管勾迎奉、左諫議大夫戚綸告永昌陵。癸亥,以樞密使王欽若爲奉安太祖聖容禮儀使,贊導乘輿。乙丑,自禁中奉聖容赴文德殿,備儀衛,教坊樂前導。丙寅,上服鞾袍,酌獻,禮畢,奉以升綵輿而行,具鹵簿、鼓吹、道釋威儀。上出次奉辭,群臣班辭於瓊林苑門外。奉安日,上不視朝。自是正、至、朔、望,令留司京府官詣殿焚香,及別於正月擇日朝拜,忌日就院設齋行香。

六月壬申,德音:降西京死罪囚,流以下釋之②。父老年八十者賜茶帛,除其課役。己丑,向敏中至自西京。

據李攸所編本朝事實載,天禧元年六月五日,奉安太祖繪像。德音:"門下:奉先昭孝,列辟之大猷;宥過推仁,前經之格訓。朕纘承鴻緒③,奄宅中區,曷嘗不念王業之艱難。荷宗祊之眷祐④,克洽至寧之

---

① 丁酉　底本脱此二字,據長編卷七一補。
② 降西京死罪囚,流以下釋之　宋史卷八真宗本紀作"赦西京繫囚,死罪減一等,流以下釋之"。
③ 纘　宋大詔令集卷一四三應天院奉安畢西京管内見禁減降德音作"纂"。
④ 宗祊　宋大詔令集卷一四三應天院奉安畢西京管内見禁減降德音作"祖祊"。

治,彌增永慕之懷。惟洛師定鼎之都①,實藝祖誕靈之壤。興王之氣,始兆於丕祥;布金之園,聿新於崇構②。爰備彰施之彩,虔圖晬穆之容③。臨遣輔臣,奉安秘宇。苾芬之薦,既獲馨於嚴宮;滂霈之恩,宜曲覃於衆庶[云云]④。於戲!貽謀錫羨,適仰於威神⑤;布德均禧,俾周於京邑。庶協無疆之慶,誕昭追遠之儀。告於明庭,咸體朕意。"

三年十二月丙申,令西京增給應天禪院常住錢日三千,從馮拯之請也。

詔諸州府軍監建天慶觀

大中祥符二年十月甲午,詔諸路州、府、軍、監、關、縣擇官地建道觀,悉以"天慶"爲額。民有願捨地備材創蓋者,亦聽。先是,道教之行,時罕習尚,惟江西、劍南人素崇重。及是,天下始徧有道像矣。殿中侍御史張士遜上言:"今營造競起,遠近不勝其擾。願因諸舊觀爲之。"詔從其請。

建祥源觀

天禧二年閏四月。先是,皇城司言:"拱聖營之西南,自去年營卒有見龜蛇者,因就建真武祠。今泉湧祠側,汲之不竭,疫癘者飲之多愈。"甲寅,詔即其地建道觀,以"祥源"爲名,士女徒跣奔走瞻拜⑥。屯田員外郎、判度支勾院河南任布言明朝不宜以神怪衒愚俗,不報。五月癸亥,詔祥源觀先營正殿及三小殿,餘俟來年興葺。丁卯,命宰臣王欽若管勾修祥源觀事。右正言劉燁言:"前世傳聖水者,皆詭妄不經。今盛夏亢陽,不宜興土木以營不急。"疏入,不報。

六月己未,加號真武將軍曰真武靈應真君。

八月庚寅朔,幸祥源觀。

九月,祥源觀成,觀宇凡六百一十三區。以監修內臣東染院使鄧守恩爲崇儀使。

三年四月甲午,幸祥源觀。十二月壬寅,幸祥源觀。

四年十一月己巳,以樞密副使錢惟演爲都大管勾祥源觀公事。惟演先領會靈觀

---

① 惟 底本作"雖",據宋大詔令集卷一四三應天院奉安畢西京管內見禁減降德音改。
② 崇構 底本作"崇矩",據宋大詔令集卷一四三應天院奉安畢西京管內見禁減降德音改。
③ 虔圖晬穆之容 "晬",嘉慶本作"睟"。
④ 既獲馨於嚴宮滂霈之恩宜曲覃於衆庶 "嚴宮滂霈之恩宜曲覃於"底本作"威",據嘉慶本補、改;嚴宮,宋大詔令集卷一四三應天院奉安畢西京管內見禁減降德音作"嚴恭";宋大詔令集卷一四三應天院奉安畢西京管內見禁減降德音無"獲"和"曲"二字。
⑤ 適 宋大詔令集卷一四三應天院奉安畢西京管內見禁減降德音作"聊"。
⑥ 士女徒跣奔走瞻拜 長編卷九一同,嘉慶本作"士女奔走徒跣瞻拜"。

使,於是乞改命大臣①,故特置此職。十二月己卯,給祥源觀公用錢月五十千。

五年十月戊申,祥源觀成,總爲屋六百一十三區②。都大管勾觀事、樞密副使錢惟演加工部尚書。惟演詣承明殿納告敕,上不許,復令中使就第賜之。昭宣使、嘉州防禦使、入内都知、管勾祥源觀事張景宗爲宣政使。内殿崇班皇太子宫都監雷允恭、内殿崇班皇太子宫祗候劉從愿並爲内殿承制。入内東頭供奉官史崇信爲内殿崇班,並以祥源觀功畢賞勞也。仍以從愿、崇信同管勾觀事。

仁宗至和元年四月辛丑③,祥源觀火。

---

① 乞改命大臣　嘉慶本同,長編卷九一"大臣"作"故臣"。
② 五年十月戊申祥源觀成總爲屋六百一十三區　嘉慶本、長編卷九七同。按:上文已有"[天禧二年]九月,祥源觀成,觀宇凡六百一十三區。以監修内臣東染院使鄧守恩爲崇儀使",這裏重出,令人費解。
③ 辛丑　底本脱此二字,據長編卷一七六補。

卷第二十一

真宗皇帝

聖德

咸平元年十月己酉，崇政殿視事，至午而罷。上自即位，每旦御前殿，中書、樞密院、三司、開封府、審刑院及請對官以次奏事，至辰後還宮進食。少時，復出御後殿視諸司事，或閱軍士校試武藝，日中而罷。夜則召儒臣詢問得失，或至夜分還宮。其後率以爲常。

聖政錄云：召侍講、讀學士。案：二年七月初置侍講學士①，此時未有。今改爲儒臣，庶不相妨。

十一月戊午，上謂輔臣曰：“國家所謹，儉約爲先。節用愛人，民俗自化。”張齊賢曰：“書稱大禹克儉於家。老氏三寶，儉居其一。上之所好，下必從之。上好儉則國有餘財，下不僣則家有餘貲，自然廉讓興行，盜賊鮮少，蚩蚩之衆，登於富壽。臣等恭聞聖訓，期共遵守。”

四年八月壬子，上觀稼北郊，宴射於含芳園，都人望見乘輿，抃躍稱萬歲。吕蒙正曰：“車駕遊幸，百姓歡呼，如此物情，不可強致，蓋陛下臨御五年，務行仁邮，所以中外感悦。”上曰：“下民但不擾之，自然快樂。”蒙正又曰：“今秋大稔，太平有象，時和歲豐②，即爲上瑞。”上曰：“朕以邊事未寧，勞民供饋，蓋不獲已也。苟能選將練兵，驅攘戎寇，使不敢侵掠，則近邊之民亦獲安泰矣。”

十月己亥朔③，上語近臣曰：“近者慶州地再震，昨司天奏熒惑犯輿、鬼，秦分野當

---

① 初置侍講學士　底本脱"侍"一字，據本書卷二十一聖學、長編卷四五咸平二年七月丙午置翰林侍講學士條補。
② 時和歲豐　嘉慶本同，長編卷四九、太平治迹統類卷五真宗聖政"歲"均作"年"。
③ 己亥朔　底本脱此三字，據長編卷四九補。

有災,宜戒邊將以靜鎮之。且上天垂象示戒,惟慮不知,今既知之,可不恐懼修省?"知樞密院王繼英曰:"妖不勝德。"上曰:"朕何德可恃?"同知樞密院陳堯叟曰:"天文譴見,實欲昭示時君。楚莊王懼無災,政恐其獲罪于天,弗容自警爾。今陛下克己愛民,常慮一物失所。河防十餘溢而不決,歲復大稔,此聖德格天所致也。"上曰:"天不欲困生靈耳,豈朕德能感之!自此益須防戒①。如荊湖比年艱食,災沴滋甚,尤可郵也。"庚戌,上以陝西二十三州圖示輔臣,歷指山川險易、蕃部居處,又指秦州曰:"此州在隴山之外,號為富庶,且與羌戎接畛。昨已命張雍出守,冀其綏撫有方也。"次復指殿北壁靈州圖曰:"此馮業所畫,頗為周悉。山川形勢如此,安得智勇之士為朕守之乎?"又指南壁甘、伊、涼等州圖及東壁幽州已北契丹圖,上曰:"契丹所據地,南北千五百里,東西九百里,封域非廣也,而燕薊淪陷②,深可惜爾。"

五年十一月壬寅,合祭天地于圜丘,大赦。諸路欠咸平四年已前殘稅,河北、河東欠五年貸糧并天下逋負,昇州、廣德軍率分錢;洪筠州、臨江軍酒麴腳錢;婺州竹園虛收孳生竹四十億六千一百五十一萬③,悉除之。

六年十一月甲寅,有星孛於井、鬼④,大如杯,色青白,光芒四尺餘,犯五諸侯,歷五車入參,凡三十餘日沒。上謂宰相曰:"垂象如此,其咎安在?"李沆曰:"陛下修德布政,實無所闕,第恐分野有災耳⑤。"上曰:"朕德薄,致茲譴見,大懼災及吾民。密邇誕辰,宜罷稱觴之會,以答天譴。"沆曰:"星文變異,陛下克謹天戒,此甚盛德也。然其咎乃屬臣等。至于華夷上壽⑥,禮不可廢。且邊塞未寧⑦,大兵在境,所慮物情罔測。"固請不已,乃許之。

景德四年十一月辛巳,上謂王旦等曰:"昨暮雪降遽止,朕憂其未足。夜分使人於宮庭視之,乃云復降,其勢甚密。今果盈尺,來歲麥田應有望也⑧。朕每念稼穡艱難,嘗與邢昺言,力田者多值災沴。昺云:'民之災患大約有四,一曰人疫,二曰旱,三曰

---

① 自此益須防戒　嘉慶本、宋史全文卷五同,長編卷四九"戒"作"慎"。
② 而燕薊淪陷　"薊"底本作"冀",據嘉慶本、長編卷四九改。
③ 四十億六千一百五十一萬　底本脫"五十一"三字,據嘉慶本、長編卷五三補。
④ 井鬼　中國古代天象學的專有名詞。
⑤ 第恐分野有災耳　底本脫"第"一字,據長編卷五五補。
⑥ 華夷上壽　長編卷五五同,嘉慶本"華夷"作"寰海"。
⑦ 且邊塞未寧　嘉慶本同,長編卷五五"塞"作"境"。
⑧ 來歲麥田應有望也　嘉慶本同,長編卷六七"田"作"苗"。

水,四曰牛瘴,必歲有其一,但或輕或重耳。四事之害,旱嘆爲甚。蓋田無畎澮,悉不可救,所損必盡,即傳所謂天災流行國家代有者也。'昺久居田里,尤熟農事,自云驗之多矣。比歲稼穡屢稔,朕常以災沴爲慮,兼聞今年宿麥甚廣,得此時雪,農家無冬旱之憂矣。"遂賜近臣飲於中書,又宴館閣官於崇文院。上作瑞雪詩,令三館即席和進,兩制次日來上。

聖學

咸平元年正月,上訪群臣通經義者,判國子監李至以直講崔頤正對。上曰:"朕宮中無事,樂聞講誦①。"因召頤正於後苑講尚書大禹謨,賜五品服。它日,謂輔臣曰:"頤正講誦甚精,卿等更於班行中選經明行修之士一二人,具以名聞。"自是,日令頤正赴御書院侍對,講尚書至十卷。

二年閏三月,詔三館寫四部書二本來上,一置禁中之龍圖閣,一置後苑之太清樓,以備觀覽。

七月甲辰②,上幸國子監,召學官崔偓佺講尚書大禹謨。還,幸崇文院,登秘閣,觀太宗聖製墨跡,惻愴久之。賜秘書監、祭酒以下器幣。偓佺,頤正弟也。丙午,置翰林侍讀學士,以兵部侍郎楊徽之、户部侍郎夏侯嶠、工部郎中吕文仲爲之。置翰林侍講學士,以國子祭酒邢昺爲之。初,太宗命文仲爲翰林侍讀③,寓直禁中,以備顧問,然名秩未崇。上奉承先志,特建此職,擇老儒舊德以充其選,班秩次翰林學士,禄次如之。設直廬於秘閣,侍讀更直,侍講長上,日給尚食珍膳,夜則迭宿。令監館閣書籍中使劉崇超日具當宿官名④,於内東門進入。自是多召對詢訪,或至中夕焉。

景德二年四月戊戌,幸龍圖閣,近臣畢集⑤,閲太宗御書,又觀諸閣圖畫。閣上藏太宗御書五千一百十五卷、軸,下設六閣:經典閣三千七百六十三卷⑥,史傳閣八千二十一卷,子書閣一萬三百六十二卷,文集閣八千三十一卷,天文閣二千五百六十四卷,

---

① 樂聞講誦　長編卷六七同,嘉慶本"誦"作"論"。
② 甲辰　底本脱此二字,據長編卷四五補。
③ 太宗命文仲爲翰林侍讀　"讀"底本作"講",據長編卷四五、太平治迹統類卷二六改。
④ 令監館閣書籍　底本"閣"下衍"各"一字,據嘉慶本、長編卷四五删。
⑤ 近臣畢集　"集",長編卷五九、玉海卷二七均作"從"。
⑥ 經典閣三千七百六十三卷　嘉慶本、玉海卷二七同,長編卷五九作"經典閣三千七百六十二卷"。

圖畫閣一千四百二十一軸、卷、册。上曰："朕退朝之暇，無所用心，聚此圖書，以自娱耳。"

四年三月乙巳①，上召輔臣登太清樓，閱視太宗御書。又至景福玉宸殿、翔鸞儀鳳閣。玉宸殿乃上宴息之所②，中施御榻帷帳，皆黄繒爲之，無文采之飾。殿東、西聚書八千餘卷。上曰："此惟正經、正史屢校定者，小説它書不與焉。"

大中祥符四年九月丙子，秘書監向敏中等請集御製藏于館閣，從之。仍詔不得與太宗御集同處。於是内出雜文篇什付敏中等，各以類分，其繼作即續附之。

天禧元年二月辛卯，召太子中允、直龍圖閣馮元講易於宣和門之北閣，待制查道、李虚己、李行簡預焉③。自是聽政之暇，率以爲常。因數訪大臣能否，而行簡無所怨昵，必盡稱道其長，人推其長者。

四年十一月戊午，上御龍圖閣，召近臣觀聖製文論、歌詩。上曰："朕聽覽之暇，以翰墨自娱，雖不足垂範，亦平生遊心於此。"丁謂等言："聖製廣大，宜有宣布。請鏤板以傳不朽。"許之，遂宴於資政殿。庚申，内出聖製七百二十卷示輔臣。壬戌，宰相等言："聖製已約分部秩，望令雕板摹印，頒賜館閣及道釋經藏名山勝境。乃命内臣規度禁中嚴净之所④，别創殿閣緘藏。"詔可。尋於龍圖閣後修築，命入内都知張景宗、副都知鄧守恩管勾⑤，是爲天章閣。

乾興元年三月丙子，仁宗賜群臣御飛白書各一軸。上始未嘗好爲飛白書，一日至真宗靈御前，見所陳飛白筆，遂取而試書，體勢遒勁，有如夙習，因以分賜焉。戊寅，中書請自禫祭後，隻日於崇政殿或承明殿視事，雙日如先帝故事，前後殿皆不坐。詔雙日雖不視事，亦當宣召近臣入侍講讀，冀不廢學也。

政迹

至道三年十二月。國初，罷節鎮統支郡，以轉運使領諸路事，其分合未有定制。

---

① 乙巳　底本脱此二字，據長編卷六五、玉海卷三〇補。
② 玉宸殿乃上宴息之所　底本脱"殿"一字，據長編卷六五補。
③ 李虚己　"己"底本作"已"，據長編卷八九改。
④ 乃命内臣規度禁中嚴净之所　嘉慶本同，長編卷九六"乃"作"仍"。
⑤ 副都知鄧守恩　底本"副"下衍"使"一字，據長編卷九六、宋史卷四六六鄧守恩傳删。

京西分爲兩路；河北既分南路，又分東、西路；陝西分爲陝西河北、西南兩路①，又爲陝府西北路；淮南分爲東、西路②；江南分爲東、西路；荆湖兩路或通置一使；兩浙或爲東北路，其西南路實兼福建；劍南初曰西川，後分峽路③，西川又分東、西，尋并之。是歲，始定爲十五路：一曰京東路，二曰京西路，三曰河北路，四曰河東路，五曰陝西路，六曰淮南路，七曰江南路，八曰荆湖南路，九曰荆湖北路，十曰兩浙路，十一曰福建路，十二曰西川路，十三曰峽路，十四曰廣南東路④，十五曰廣南西路。

咸平二年三月戊辰，荆湖南、北路始置兩使。

凡租税，有穀、帛、金鐵、物産四類。穀之品七：一曰粟，二曰稻，三曰麥，四曰黍，五曰稌，六曰菽，七曰雜子。布帛絲綿之品十：一曰羅，二曰綾，三曰絹，四曰紗，五曰絁，六曰紬，七曰雜折，八曰絲線，九曰綿，十曰布。金鐵之品四：一曰金，二曰銀，三曰錫鑞，四曰銅鐵。物産之品六：一曰畜，二曰齒、革、翎、毛，三曰茶、鹽，四曰竹、木、麻、草、芻茭，五曰果、藥、油、紙、薪、炭、漆、蠟，六曰雜物。至道末，歲收穀二千一百七十一萬七千餘碩，錢四百六十五萬餘貫，絹一百六十二萬餘疋，紬、絁二十七萬二千餘疋，絲線一百四十一萬餘兩，綿五百一十七萬餘兩，茶四十九萬餘斤，芻茭三千萬圍，蒿二百六十八萬圍，薪二十八萬束，炭五十萬秤，鵝翎、雜翎六十一萬餘莖，箭幹八十七萬隻，黄蠟三十餘萬斤，此皆踰十萬數者，他不復紀。

咸平二年七月甲申⑤，宰相張齊賢請給外任官職田。詔三館、秘閣檢討故事，申定其制，以官莊及遠年逃田充，悉免其税。佃户以浮客充，所得課租均分，如鄉原例。州縣長吏給十之五，自餘差給。其兩京、大藩府四十頃，次藩鎮三十五頃，防禦、團練州三十頃，中上刺史州二十頃，下州及軍、監十五頃；邊遠小州，上縣十頃、中縣八頃、下縣七頃。轉運使、副使十頃，兵馬都監、監押、寨主、鼇務官、録事參軍、判司等⑥，比通判、幕職之數而均給之。初，三司欲令職田户依例輸納，虞部郎中杜鎬等言推尋故事，

---

① 陝西分爲陝西河北西南兩路　長編卷四二、嘉慶本同。宋會要輯稿方域五之三六、元豐九域志卷三均記載：陝西路：太平興國二年分河北、河南路，又有陝府西路，後併一路。熙寧五年分永興軍、秦鳳二路。
② 淮南分爲東西路　底本脱"東"字，嘉慶本、長編卷四二同，據元豐九域志卷五、宋會要輯稿方域六之八補。
③ 後分峽路　"峽"底本作"陝"，據嘉慶本、長編卷四二、宋會要輯稿方域七之一改。
④ 十四曰廣南東路　底本脱"曰"字，據嘉慶本、長編卷四二、宋史全文卷四補。
⑤ 甲申　底本脱此二字，據長編卷四五補。
⑥ 判司等　底本"判司"下衍"農寺"二字，據長編卷四五、宋史卷一七二職官志删。

歷代並無輸稅之文,乃止。

三年十二月,河北、河東彊壯,自五代時瀛、霸諸州已有之。是歲,始詔河北民家二丁、三丁籍一,四丁、五丁籍二,六丁、七丁籍三,八丁以上籍四爲彊壯。五百人爲指揮,置指揮使。百人爲都,置正副都頭二人、節級四人。所在置籍,擇善射者第補校長。聽自置馬,勝甲者蠲其户役。尋募其勇敢,團結附大軍爲柵,官給鎧甲。

<small>此據兩朝兵志,實録無之。團結勇敢附大軍①,兵志又在明年,今亦附見。</small>

四年九月庚寅,詔陝西民家出一丁,號"保毅軍",給資糧,與正兵分戍守城壘,遣御史吴蒨與轉運使同主其事,凡得六萬八千七百九十五人。其緣邊軍士先選中者,並升爲禁軍,號"保捷"。

<small>咸平元年,初置秦州極邊保毅,事見年末吴蒨奏所得保毅軍數,實録在明年正月己酉,今並書。</small>

景德二年七月甲子,詔復置賢良方正能直言極諫、博通墳典達於教化、才識兼茂明於體用、武足安邊洞明韜略、運籌決勝軍謀宏遠、才任邊寄等科,令尚書吏部傳告諸路,許文武群臣、草澤隱逸之士來應,委中書門下先加考試,如器業可觀,具名聞奏。時上謂寇準等曰:"方今文武多士,豈無材識優異、未升進者耶?至於將帥之任,尤難得人。前代試以制策,觀其能否,用求材實,亦爲國家遠圖也。"因出唐朝制科之目,采其六用之。

三年正月辛未②,始置常平倉。先是,言事者以爲水旱災沴有備無患,古有常平倉,今可復置。請於京東西、河東、陝西、江淮、兩浙計户口多少量留上供錢,自千貫至二萬貫,令轉運使每州擇清幹官主之,專委司農寺總領,三司無得輒用。每歲夏秋,准市估加錢收糴。貴則減價出糶,俟十年有增羨,則以本錢還三司。詔三司集議,請如所奏,而緣邊不增置。於是司農官吏創廨舍,藏簿帳,度支別置常平倉案,大率萬户歲餘萬石,止於五萬石,或三年以上不經糶,則回充糧廩,別以新粟補之。

四年七月癸巳,復置諸路提點刑獄官。先是,上出筆記六事,指其一謂王旦曰:"勤恤民隱,遴擇庶官,朕無日不念也。所慮四方刑獄官吏未盡得人,一夫受冤,即召災沴。今軍民事務,雖有轉運使,且地遠無由知。先帝常選朝臣爲諸路提點刑獄,今

---

① 團結勇敢附大軍　底本脱"軍"一字,據嘉慶本、長編卷四七補。
② 辛未　底本脱此二字,據長編卷六二補。

可復置,仍以使臣副之。先命中書、樞密院擇官具名進内。"上曰:"河北、陝西地控邊要,尤須得人,取性度平和有執守者。"故親選授太常博士陳綸①、李權、李及,自餘擬名以聞,咸引對於長春殿遣之。所至專察視囚禁,審詳案牘。州郡不得迎送聚會。所部每旬具囚繫犯由、訊鞫次第申報,常檢舉催督。在繫淹久者②,即馳往案問。出入人罪者,移牒覆勘,劾官吏以聞。諸色詞訴,逐州斷遣不當,已經轉運使批斷未允者③,並請收接施行。官吏貪濁弛慢者,具名以聞。敢有庇匿,並當加罪。仍借緋紫,以三年爲任,增給緡錢如轉運使之數。内出御前印紙爲曆,書其績效,中書、樞密院籍其名,代還考課,議功行賞。如刑獄枉濫不能摘舉,官吏曠弛不能彈奏,務從畏避者,寘以深罪。

八月甲辰④,自罷兵之後,議者頗以國馬煩耗,歲費縑繒,雖市得尤衆,而損失亦多。知樞密院事陳堯叟獨謂:"群牧之設,國家巨防。今愚淺之說以馬爲不急之務,則士卒亦當遣而還農也。"作群牧議以獻,勒石大名監。乙巳,置群牧制置使,命堯叟兼之。堯叟初爲群牧使,及掌樞密,即罷其任。於是,内侍副都知閻承翰爲都監。堯叟自陳職居近密,而與承翰聯事,合避物議。上曰:"國馬,戎事之本,宜得大臣總領,不可避也。"堯叟尋以本司事多,請但署檢,其帖牒委使副、判官印署施行,從之。尋又增置判官一員。

增置判官在九月丁亥,今並書之。

咸平元年七月。先是,有詔諸路課民種桑棗。廣西轉運使陳堯叟上言曰:"臣所部諸州,土風本異,田多山石,地少桑蠶。昔云八蠶之縣,諒非五嶺之俗。度其所產,恐在安南。今其民除耕水田外,地利之溥者,惟麻苧耳。麻苧所種,與桑柘不殊,既成宿根,旋擢新幹,俟枝葉裁茂,則刈穫是聞,周歲之間,三收其苧,復因其本,十年不衰。始離田疇,即可紡績。然布出之市,每端止售百錢,蓋織者衆而市者少,故地有遺利而

---

① 陳綸 嘉慶本同,長編卷六六、宋會要輯稿刑法六之七七、宋史卷一九九刑法志、宋史卷二九八李及傳均作"陳網"。
② 在繫淹久者 底本脱"淹"一字,嘉慶本、長編卷六六同,據文獻通考卷六一職官考五五九上補。
③ 轉運使 長編卷六六同,文獻通考卷六一職官考五五九上"使"作"司"。
④ 甲辰 底本脱此二字,據長編卷六六補。嘉慶本作"壬寅"。

民艱資①。今臣以國家軍需所急②,布帛爲先,因勸諭部民廣植麻苧,以錢鹽折變收市之,未及二年,已得三十七萬餘疋。自朝廷克平交、廣,布帛之供,歲止及萬,較今所得,何止十倍其多。今樹藝之民相率競勸,杼軸之功日以滋廣。欲望自今許以所種麻苧頃畝折桑棗之數,諸縣令佐依例書曆爲課,民以布赴官賣者,免其算稅。如此則布帛上供,泉貨下流,公私交濟,其利甚溥。"詔從之。

二年四月。先是,左正言耿望知襄州,建議:"襄陽縣有淳河,舊作堤截水入官渠,溉民田三千頃。宜城縣有蠻河,溉田七百頃。又有屯田三百餘頃。請於舊地兼括荒田,置營田上、中、下三務,調夫五百築堤,仍集鄰州兵,每務二百,荆湖市牛七百頭分給之。"上曰:"屯田之廢久矣,苟如此,亦足爲勸農之始。"令望躬案視,即以望爲右司諫、直史館、京西轉運使,與副使朱台符並兼本路制置營田事。是歲,種稻三百餘頃。望初請以大理寺丞武程總營田務事。程上疏言其不便,詔移程于他郡,別選官代之,俟異日務成,較其利害,取進止,行賞罰焉。汝州舊有洛陽南務,遣内園兵士種稻。雍熙中,以所收薄,且擾人,廢之,賦貧民。於是,從台符之請,復置,募民二百餘户,自備耕牛,就置團長,京朝官專掌之,墾六百頃,導汝水澆溉,歲收二萬三千石。

耿望除右司諫、直史館、京西轉運使,與副使朱台符兼制置營田,乃此月丙子。今並書之月末。耿望,未見。

十月。先是,福建路不置惠民倉。庫部員外郎成肅以爲遠俗尤宜存撫,請增置焉。戊午,詔從肅請。丙寅,令諸路轉運司申淳化惠民之制,歲豐熟則增價以糴,饑歉則減直而出之。

大中祥符二年十一月丙辰,上作文武敕七條③,賜文臣任轉運使以下至知縣者,武臣任部署以下至巡檢者。賜幕職、州縣、監物務官戒勵敕④。上謂宰臣曰:"群臣奏事,朕以職業戒之,因念漢制刺史以六條,武臣有諸葛亮七戒。朕今參求要道,以儆勵

---

① 故地有遺利而民艱資 "地"底本作"也",據長編卷四三、宋史卷二八四陳堯叟傳改。
② 今臣以國家軍需所急 嘉慶本、文淵閣本長編卷四三同,長編卷四三、宋史卷二八四陳堯叟傳"今"均作"金",並且從上讀。
③ 上作文武敕七條 嘉慶本、長編卷七二同,太平治迹統類卷五真宗聖政、九朝編年備要卷七、東都事略卷四真宗本紀、宋史卷七真宗本紀、編年綱目卷七、十朝綱要卷三均無"敕"一字,宋大詔令集卷一九一有文臣七條及武臣七條,亦無"敕"一字。
④ 戒勵敕 嘉慶本同,長編卷七二"戒"作"誡"。

群臣。又思先朝以儒行篇賜近臣,今可以並賜一軸。"

咸平二年五月丁酉,以殿中丞鄆城馬元方權戶部判官,從戶部使陳恕所奏也①。元方嘗建言:"方春民力乏絕時,請預給庫錢,約至夏秋,令輸絹於官,公私便之。"朝廷因下其法於諸道,今預買絹蓋始此。

馬元方傳:戶部使陳恕奏元方為戶部判官,元方言:"方春民貧,請預貸庫錢。至夏秋,令以絹輸官。"行之,公私果便,因下其法諸路。案元方為戶部判官在咸平二年五月,後知徐州,景德元年十一月為梓州路轉運使。本傳、附傳皆同。范鎮東齋記事云:太宗時,馬元方為三司判官,建言:"方春民乏絕時,預給庫錢貸之。至夏秋,令輸絹於官。"預買絹蓋始於此。鎮所記與元方傳同,今從之。王闢之澠水燕談獨云②:祥符初,王旭知潁州,因歲饑,出庫錢貸民,約蠶熟,千輸一縑。其後李士衡行之陝西,民以為便。今行天下,於歲首給之,號"和買絹"。或曰預買始於旭也。今不取。又案實録,大中祥符三年閏二月己未,河北轉運使李士衡言:"本路歲給諸軍帛七十萬,民間罕有緡錢,常預假於豪民,出倍稱之息。及期,則輸賦之外,先償逋負,以是工機之利愈薄。請令官司預給帛錢,俾及時輸送,則民獲利而官亦足用。"從之,仍令優與其直。士衡正傳、附傳皆云因詔推其法於天下,范仲淹作李士衡神道碑亦云:"為河北轉運使,建言民乏泉貨,每春取絹直於豪户,其息必倍。本道歲給諸軍帛七十萬疋,不足則市於民。請使民預受其直,則公私交濟。制從之。今行於諸道。"蓋馬元方任三司實創此議,雖布其法於諸道,有即奉行者,亦有未即奉行者。及李士衡在河北,復以為請,始行於河北,然諸道亦未徧行。其後左藏、內藏庫災,又特行於京東西。范仲淹所謂"今行於諸道"者,蓋指景祐間也。行於京東西,乃祥符九年春。

大中祥符六年六月甲子③,監察御史張廓上言:"天下曠土甚多,請依唐宇文融所奏,遣官檢括土田④。"上曰:"此事未可遽行。然今天下稅賦不均,富者地廣租輕,貧者地蹙租重,由是富者益富,貧者益貧,茲大弊也。"王旦等曰:"田賦不均,誠如聖旨。但改定之法,亦須馴致。或命近臣專領,委其擇人,令自一州一縣條約之,則民不擾而事必集矣。"

天禧四年九月己酉⑤,詔翰林侍讀學士張知白,玉清昭應宮副使林特,三司使李士

---

① 戶部使陳恕 長編卷四四、宋史卷三〇一馬元方傳同,宋會要輯稿食貨三三之二三載:"(咸平元年十月十八日)鹽鐵使陳恕以為[江淮鹽法]非便。"群書會元截江網卷九載:"置三部使,以總計使陳恕為鹽鐵使,王延德為度支使,張鑒為戶部使。"又長編卷四五:"(咸平二年十一月戊申)鹽鐵使陳恕為隨駕轉運使。"可見陳恕自咸平元年十月至咸平二年十一月一直任鹽鐵使。
② 王闢之 底本脫"之"一字,長編卷四四注文同,據宋史卷二〇六藝文志補。
③ 大中祥符六年 "六"底本作"四",據長編卷八〇、宋會要輯稿食貨一之一八、宋史全文卷六改。
④ 遣官檢括土田 "田"底本作"地",據嘉慶本、長編卷八〇、宋史全文卷六改。
⑤ 己酉 底本脫此二字,據長編卷九六補。

衡、龍圖閣學士陳堯咨,樞密直學士薛映、李及、馬元方、張士遜,兵部侍郎馬亮,給事中李應機、王隨,右諫議大夫段曄各舉常參官堪錢穀任使者二人。工部尚書晁迥,翰林學士楊億、劉筠、晏殊,龍圖閣直學士吕夷簡,户部侍郎李維,知制誥李諮、宋綬、張師德各舉文學優長、履行清潔者二人。給事中樂黄目、孫奭,右諫議大夫趙稹,龍圖閣待制李虚己、李行簡,少府監薛顔,太常少卿趙湘各舉可守大藩者二人。行知制誥祖士衡、錢易,知雜御史劉燁,直龍圖閣魯宗道、馮元各舉堪御史者二人。諸路轉運使副、勸農使各舉幕職州縣官堪京官知縣者二人。限十日内具名以聞。

不强任大臣①

景德三年七月,知益州張詠歲滿,朝議欲以兵部員外郎、直史館任中正代之。中正前知梓州,又新自契丹使還,上恐其憚於遠適,令中書召問。中正曰:"益部重地,國家委使,敢不竭誠以報。"上嘉其自效,壬寅,擢拜樞密直學士、工部郎中、知益州。九月,雄州團練使何承矩以老疾累表求解邊任,上令自擇其代,承矩薦安撫副使李允則。丙寅,即命允則知雄州、兼安撫使,改授承矩齊州團練使,便道之任。

四年六月癸丑,以樞密直學士、户部員外郎劉綜知并州,同管勾并代兵馬事②。初,上謂馮拯等曰:"太原地控北門,今邊境雖安,亦要大臣鎮撫。如張齊賢、温仲舒皆可任,但以其嘗歷樞近,受命之後,或有固辭,又須改易。宜召至中書詢問,願則授之。"及召齊賢問之,對曰:"并州重鎮,兼領雁門兵馬,朝廷腹心之寄也。但前知荆南、青社,皆是内地,尚爲近臣所讒,欲置於曠散。今若守邊鎮、領武事,安敢自保無過耶?然報國之心,死而後已。異時有急難之地,敢不盡力。"復召仲舒問之,對曰:"藩方重鎮,非敢有辭。但任尚書班已十年,又晚有嗣息,年皆幼稚。若得改官端揆,許挈家以往,賜以都部署添給,敢不承命。"拯等以聞,上曰:"齊賢言爲人所讒,斯過矣,是皆不欲往也,勿彊之。"乃命綜焉。樞密直學士、吏部侍郎張詠瘍生於頭,頗妨巾櫛,求知潁州。上以詠公直有時望,再任益部,顯著聲績,不當涖小郡,令中書召問,將委以青社或真定,使自擇,詠辭不就。又問金陵,詠欣然請行。辛酉,以詠知昇州。

---

① 不强任大臣 "任",嘉慶本作"仕"。
② 同管勾并代兵馬事 "同"底本作"司",據長編卷六五改。

十月丁未①,以工部郎中、直史館馬亮爲右諫議大夫、知廣州。亮自昇州代還,表言"松檟在泒上"②,求典廬、壽州,以便營奉。及請對,但曰:"如國家必有驅策,豈敢以私自便。"屬初平宜賊,上問以桂、廣之政,亮曰:"高謹微、高紳皆循謹,非嶺外之才③。宜審擇其人,如張詠、劉綜可也。"上曰:"詠有疾,不可遠適。綜在并門,寄任已重。"初欲命楊覃知廣州,上察亮願行,乃謂宰相曰:"亮之幹敏,不下覃也。"故授之亮。由兵部員外郎改官才數日,擢升諫垣,以重其命。

　　大中祥符三年二月癸巳④,昇州民以知州張詠秩滿,願借留,即授工部尚書,令再任,仍賜詔獎焉。

　　八月庚戌,御史中丞兼户部侍郎王嗣宗罷爲耀州觀察使⑤、知永興軍府、兼兵馬部署。上將西幸,以京兆重地,思得大臣才兼文武者鎮之,因謂宰相曰:"嗣宗常自言知武事,可授廉車⑥,使當此任,宜先召問,觀其意。"既而嗣宗願奉詔,即命之,又作詩賜焉。

善任藩方長吏

　　咸平三年四月。初,供備庫副使李允則知潭州,將行,上謂曰:"朕在南衙,畢士安道卿家世。今以湖南屬卿。"允則至潭州,除三税,假民官竹爲屋,請以家財爲質,發廩賤糶,奏罷新募兵出戍。於是民列允則治狀,詣安撫使者請留。使者以聞,詔書獎嘉⑦。及召還,連對三日,上曰:"畢士安不謬知人矣。"

　　六年四月庚午,徙知益州、西上閤門使馬知節知延州、兼鄜延駐泊部署。知節在益州⑧,有訟龍騎卒謀變者,支引千數,知節密捕其黨,案實,止誅爲魁者七人,餘悉不

---

① 丁未　底本脱此二字,據長編卷六七補。
② 松檟在泒上　"松",長編卷六七作"柏"。按:柏檟、松檟,均代指祖墳。
③ 嶺外之才　嘉慶本同,長編卷六七"外"作"守"。
④ 二月癸巳　底本脱此四字,據長編卷七三補。
⑤ 户部侍郎　嘉慶本同,長編卷七四"户"作"工"。
⑥ 廉車　底本誤作"兼軍",據長編卷七四、宋史卷二八七王嗣宗傳改。按:廉車,唐宋詞語,專指高級武官觀察使。
⑦ 獎嘉　長編卷四七、九朝編年備要卷六均作"嘉獎"。
⑧ 知節在益州　"益州",長編卷五四作"成都"。

問。請擇廷臣，省吏部送上供，三歲一代，而較其課①。承寇亂之後，戢兵撫俗，甚著威惠。然嫉惡太過，兵民有犯，多徙配他境，人頗怨懼。朝議務安遠俗，恐知節不協蜀人之情，以其素有武幹，故移守西邊，仍手詔諭以委屬之意。成都闕守，朝議難其人，上以工部侍郎、知永興軍府張詠前任在蜀爲政明肅，勤於安集，遠民便之。甲申，加詠刑部侍郎，充樞密直學士②、知益州。民聞詠再至，皆鼓舞自慶。

景德四年九月辛巳，工部員外郎兼侍御史知雜事王濟改工部郎中，出知杭州。上面加慰諭，仍戒以朝廷闕失，許密疏上言。吳越俗尚華靡，濟矯以質素，用瓦缶、木杓爲犒設之具，吏民竊哂之，濟不爲變。上初與宰相議擇官，王旦曰："天下重地爲朝廷屏翰者，不過一二十州。若皆得人，則鎮撫有方，威惠兼著，小寇不能爲患。"上深然之。時薛映知杭州歲滿，議擇其代，馮拯曰："餘杭比諸道易治。"上曰："方面之寄，古諸侯也。常時無事，則爲易治。吳人輕巧，苟備豫非常，安可謂之易也？如宜州，只因劉永規虐用其下，聚爲寇剽，延及它境。若長吏得人，豈致是耶？"因閱班簿，指孫僅、王濟，謂王旦曰："二人孰優？"旦曰："濟有吏幹，可副是選。"

十月乙巳③，詔翰林學士晁迥等各舉常參官堪知大藩者二人。上親閱班簿，擇朝臣有公望者，得迥等五十人，令保任焉。

十一月辛未，擢右正言、知制誥孫僅知永興軍，代四方館使孫全照也。先是，上謂王旦曰："藩方長吏，尤賴循良。全照馭下峻急，當擇其代。如邊肅、孫僅，誰可授此？"馮拯曰："僅嘗佐京府，熟於民政，可用也。"從之。僅純厚長者，爲政頗寬，賜詔書戒諭。

大中祥符八年七月庚午，徙知昇州、樞密直學士、工部侍郎薛映知揚州；給事中馬亮爲工部侍郎、知昇州；以吏部員外郎、知制誥李迪爲右諫議大夫、集賢院學士、知永興軍。上謂輔臣曰："大藩長吏，尤難其人。要在洞達物情，遵守條教，愛民抑暴而已。

---

① 請擇廷臣省吏部送上供三歲一代而較其課　長編卷五四作"自乾德平蜀，每歲上供紈綺，動踰萬計，籍里民補牙校，部舟運，由嘉陵抵荊渚，沈覆殆半，破產以償者甚衆，州民患之。知節請擇廷臣、省吏二十人，凡舟十二艘爲一綱，以二人主之，三歲一代，而較其課，自是鮮有敗者"。隆平集卷一〇馬知節傳載："知益州，始請以省校代鄉戶運舟，自是蜀人免破產之患。"東都事略卷四三馬知節傳載："遷西上閤門使、知益州、兼本路轉運使。自乾德後歲漕蜀物，以富人爲送吏，多坐漂失，籍其家。知節請以省校代鄉戶運舟，而課其漕事。自是蜀人免破產之患。"

② 樞密直學士　底本"密"下衍"院"一字，據長編卷五四、宋史卷二九三張詠傳刪。

③ 乙巳　底本脫此二字，據長編卷六七補。

吏或廉而肆虐,或察而滋章,或急掊斂以爲公,或曠職務以爲恕,如此,則何由致治耶?"

大閲

咸平二年八月丙寅,大閲。先是,詔有司擇地於含輝門外東武村爲廣場。乙丑,夜三鼓①,殿前侍衛馬步諸軍二十萬分出諸門,遲明乃絶。上按轡出東華門,宗室、近臣、尚書、侍郎、御史中丞、給、諫、上將軍、節度、觀察、防禦、團練、刺史並賜戎服以從。上至行營,諸軍陳於臺前,左右相向,步騎交屬,諸班衛士翼侍於臺後。有司奏成列,上升臺東向,召從臣觀之。殿前都指揮使王超執五方旂以節進退,又於兩陣中起候臺相望,使人執旂以應之。初舉黄旂則諸軍旅拜,舉赤旂則騎進,舉青旂則步進。每旂動則鼓作,鼓作而士譟,皆三跳而後退。次舉白旂,則諸軍復再拜,呼萬歲。有司奏陣堅而整,士勇而厲,欲再舉,上曰:"可止矣。"遂舉黑旂以振旅。軍於左者略右陣以還,由臺前出西北隅;軍於右者略左陣以還,由臺前出西南隅以歸。上御東華門閲諸軍還營,顧謂王超曰:"士衆嚴整,行陣練習,卿之力也。"丁卯,近臣、諸軍將校、內職皆賜飲。詔大閲所踐民田蠲其租。

大酺

大中祥符元年正月乙丑,天書降。戊辰,大赦,改元。詔東京賜酺五日,以二月一日爲始。己丑,應致仕官並許赴都亭驛酺宴,御樓日合預坐者亦聽。朝官已辭、未見,皆令赴會。凡賜酺,命內諸司使三人主其事,於乾元樓前築土爲露臺②,半門扉,上設教坊樂。又駢繫方車四十乘,上起綵樓者二,分載鈞容直、開封府樂③。復爲棚車二十四,每車聯十二乘爲之,皆駕以牛,被之錦繡,縈以綵紃,分載諸軍、京畿伎樂④,又於中衢編木爲欄處之。從坊市邸肆對列御道,百貨駢布,競以綵幄鏤榜爲飾。上日御乾元門,召京邑父老分番列坐樓下,傳旨問其安否,賜以衣服、綵帛⑤。若五日,則第一日近

---

① 夜三鼓　底本脱"夜"一字,據長編卷四五補。
② 於乾元樓前築土爲露臺　"樓"底本作"殿",據長編卷六八改。
③ 開封府樂　底本脱"樂"一字,據長編卷六八、宋會輯稿禮六〇之二補。
④ 京畿伎樂　"畿"底本作"城",據長編卷六八、宋會輯稿禮六〇之二改。
⑤ 綵帛　嘉慶本同,長編卷六八、宋史卷一一三禮志"綵"作"茶"。

臣侍坐,特召丞、郎、給、諫。上舉觴,教坊樂作,二大車自昇平橋而北,又有旱舡四挾之以進,棚車由東西街交鶩,並往復日再焉。東距望春門,西連閶闔門,百戲競作,歌吹騰沸。宗室諸親、近列牧伯,洎舊臣家,官爲設綵棚於左右廊廡下①。士庶觀者,駕肩疊迹,車騎填溢,懽呼震動。第二日,宴宰相、百官於都亭驛,宗室於親王宫。第三日,宴宗室、内職於都亭驛,近臣於宰相第。第四日,宴百官於都亭驛,宗室於外苑。第五日,復宴宗室、内職於都亭驛,近臣於外苑。上多作詩,賜令屬和,及別爲勸酒詩。禁軍將校日會於殿前馬步軍之廨。

二月壬辰朔,上御乾元門觀酺②。詔諸營教閲、諸司工作,各賜假一日。

---

① 官爲設綵棚於左右廊廡下　長編卷六八無"下"一字。
② 上御乾元門觀酺　"門"底本作"殿",據長編卷六八改。

卷第二十二

真宗皇帝

种放出處

淳化三年八月壬戌朔①,詔徵終南隱士种放②,辭以疾,不至。放七歲能屬文,沈默高潔,與其母偕隱豹林谷中,以講習爲業,學者多從之,得束脩以養母,母亦樂道,薄滋味,善辟穀。會陝西轉運使宋維翰言放才行③,詔使徵之。其母恚曰:"常勸汝勿聚徒講學。身既隱矣,何以文爲?果爲人知,不得安處。我將棄汝,深入窮山矣!"放遂稱疾不起。其母盡取筆研焚之,與放轉居窮僻,人跡罕至。上喜其高節,詔京兆府歲時存問,以錢三萬賜之,不奪其志。

談苑載放事與國史不同,今從國史。

咸平元年九月,豹林谷隱士种放母死,貧不克葬,遣僮奴告于翰林學士宋湜等。湜與錢若水、王禹偁同上言:"放,先帝嘗加召命。今無以葬母,欲行私覿,是掠朝廷之美也。"壬申,賜放粟帛、緡錢。

四年三月辛巳④,兵部尚書張齊賢上言:"終南山處士种放守道遺榮,孝行純至。棲遲衡泌,僅二十年。願以備賢良方正之舉。"乃賜放詔及裝錢五萬,令京兆府遣官詣山,備禮發遣。放辭疾不至。

五年七月丙辰,遣使齎詔書就終南山召种放赴闕,仍賜絹百匹、錢十萬。先是,判永興軍張齊賢復條上放操行,請加旌賁,且言:"臣前在中書,親奉先帝德音,欲行下不

---

① 壬戌朔 底本脱此三字,據長編卷三三補。
② 詔徵終南隱士种放 嘉慶本同,長編卷三三"終南"下有"山"一字。
③ 陝西轉運使宋維翰 嘉慶本同,長編卷三三、宋史卷四五七种放傳"宋維翰"作"宋維幹"。
④ 辛巳 底本脱此二字,據長編卷四八補。

次之澤,緣未知本末,不敢奏陳。今茲出守,始熟其爲人故也。"

九月戊申,种放以幅巾入見于崇政殿,命坐與語,詢以民政邊事。放曰:"明王之治,愛民而已,惟徐而化之。"餘皆謙讓不對。即日授左司諫、直昭文館,賜冠帶、袍笏,館于都亭驛,太官供膳①。上謂宰臣曰:"放亦有就禄仕意,且言跡孤。朕諭以俟升班列,必見朝廷清肅,排擠之事無敢爲者。賞一人可以勸天下矣。"己酉,放表辭恩命。上令宰臣召問之,又知放與同知樞密院陳堯叟有舊,令諭旨,且曰:"朕求茂異,以廣視聽,資治道。如放終未樂仕,亦可遂其請也。"放至中書,爲宰臣言:"主上虚懷待士,旰食憂民如此,放固不敢以羈束爲念。"宰臣以聞,詔遂不許其讓。居數日,復召見,賜緋衣、象笏、犀帶、銀魚及御製五言詩,又賜昭慶坊第一區,加帷帳、什物、銀器五百兩、錢三十萬。中謝日,賜酒食于學士院。光寵之盛,前所未見也。

六年三月癸卯,左司諫、直昭文館种放再表乞暫歸故山,詔許之。丙午,特授起居舍人。將行,宴餞于龍圖閣,又詔三館、秘閣官宴餞于瓊林苑。上賜七言詩三章,在坐皆賦。十月,上遣使就終南山撫問,放圖其林泉居處以獻。己未,召近臣觀之。翌日,又遣使優詔,促其入覲。放以疾未平爲請,許之。

景德元年正月壬辰②,遣中使賜种放茶藥③。

十月壬午,起居舍人、直昭文館种放自終南山來朝,上言歸山已久,請計月不受俸。特給之。

二年四月戊戌,幸龍圖閣,近臣畢集。起居舍人、直昭文館种放預焉。閱太宗御書,又觀諸閣圖畫。

五月,以放爲右諫議大夫。放謝病,乞游嵩山,詔許之,仍命河南守臣常加存撫。召對賜宴,賦詩餞行,恩禮甚厚。

九月辛未,遣中使齎詔撫問种放于嵩山。

十二月甲午,放自嵩山來朝,對于龍圖閣。

三年四月乙未④,放有兄喪,賜告歸終南山,宴于龍圖閣,上作詩賜放,侍臣皆賦。

---

① 太官供膳　"太"底本作"大",據嘉慶本改。
② 壬辰　底本作"癸巳",據長編卷五六改。
③ 遣中使賜种放茶藥　長編卷五六無"茶"一字。
④ 乙未　底本脱此二字,據長編卷六二補。

放每至京師，秦、雍學徒多就而受業。上面獎之，放頓首謝。

八月癸酉①，种放既歸終南，教授山中，表求太宗御書及經史音疏，詔悉與之，因謂輔臣曰："近中使還，言放居草屋②，食野菜、蕎麪而已。如此淡薄，亦人所難能也。"

四年十月甲辰，右諫議大夫种放復自終南山來朝③，召之也。上謂輔臣曰："放比高尚其事，每詢訪多有可採。朝廷雖加爵秩，而未能大用，即物議未厭。"因令陳堯叟諭意，且曰："朕慮放卷而懷之，能副朝旨，誠爲美也。"既而堯叟言："放云：'自被聘召及遷諫署，無所補報，其幸已甚。今主上聖明，朝無闕政，若更處之顯位，則重增其過矣。'"堯叟復手筆訊之，放答疏如前。上乃遣內侍齎詔賜放，畧曰："卿宜體茲眷遇，罄乃誠明。敘經國之大猷，述致君之遠畧。盡形奏牘，以沃朕心，副涼德之倚毗，塞外朝之觀聽。乃司樞務，式洽至公。"放上表固讓，上曰："是能守分，益可嘉也。"

大中祥符二年四月壬辰④，給事中、判集賢院种放得告歸終南山。是日召見，宴餞于龍圖閣，上作詩賜放，命群臣皆賦，且製序。杜鎬辭以素不屬文，詔令引名臣歸山故事，鎬因誦北山移文，其意蓋譏放也。明日，上出晁迥以下詩、序示王旦等，因題品之，以迥詩及楊億、王曾序爲優。詔令別自繕寫送放，時論榮之。

三年正月甲戌⑤，放歸終南山。有使來自秦、雍者，得放答陳堯叟詩五章以聞。上嘉之，謂宰相曰："放隱居力學，嘗言古今殊時，不當背時效古，此最近于理。"乃詔放赴闕。放表乞賜告，上許之，詔答云："倘再召，勿復辭也。"又作歌以賜，并賚衣服、器幣，令京兆府每季遣幕職就山存問。放爲弟汶求官，即授秘書省正字。

四年正月乙酉⑥，給事中种放自終南山來朝。

二月，上躬祀汾陰后土。

三月己卯⑦，車駕西祀還自西京，令京兆府禁民樵採种放莊園⑧。

四月甲辰朔，車駕至自汾陰。甲寅，給事中种放還終南山，賜宴，賦詩，如前例。

---

① 癸酉　底本脫此二字，據長編卷六三補。
② 言放居草屋　底本脫"居"一字，據嘉慶本、長編卷六三補。
③ 种放復自終南山來朝　底本脫"山"一字，據嘉慶本、太平治迹統類卷二六累朝任用逸民補。
④ 壬辰　底本脫此二字，據長編卷七一補。
⑤ 甲戌　底本脫此二字，據長編卷七三補。
⑥ 乙酉　底本脫此二字，據長編卷七五補。
⑦ 己卯　底本脫此二字，據長編卷七五補。
⑧ 禁民樵採种放莊園　底本脫"樵"一字，據長編卷七五補。

十一月，工部侍郎种放屢至闕下，俄復還山，人有貽書嘲其出處之迹，且勸以亟辭禄位，居岩谷，放不答。放終身不娶，尤惡囂襍，故京城賜第爲擇僻處。然禄賜既優，晚節頗飾輿服，于長安廣置良田，歲利甚溥①，亦有彊市者，遂致争訟，門人、族屬依倚恣横。王嗣宗之出守長安，始甚敬放。放被酒稍倨，嗣宗怒，以語譏放。放曰："吾不猶愈乎角力而中第者乎？"初，嗣宗就試講武殿，嘗因戲弁擢首科，故放及之。嗣宗愧憾，因上疏言："所部兼并之家，侵漁衆民，陵暴孤寡，凡十餘家，而放爲之首。"且述："放弟姪無賴，據林麓樵採，周回二百餘里，奪編甿厚利。願以臣疏下放，而賜放終南田百畝，徙放嵩山。"疏辭極其醜詆，目放爲魑魅，且屢遣人責放不法。上方待放厚，詔工部侍郎施護推究，會赦恩而止。于是，放自乞徙居嵩山天封觀側，詔遣内侍就興唐觀側起第賜之②。假踰百日，續給其俸③，然猶往來終南，按視田畝，每行必給驛乘，在道或親詬驛吏，規算糧具之直，時議浸薄焉。

八年十一月甲子④，河南府言工部侍郎种放卒。上甚嗟悼，親制文，遣内侍致祭，護喪歸終南，贈工部尚書，録其姪世雍同學究出身。先是，有譏放循默者，上聞之，謂輔臣曰："放言事甚衆，但外庭不知耳。"因出所上時議十三篇，其目曰議道、議德、議用、議器、議文武、議制度、議教化、議賞罰、議官司、議軍政、議獄訟、議征賦、議邪正。放將卒，忽取前後章疏槀悉焚之，服道士衣，召諸生會飲與訣，酒數行而卒。

楊億進退

咸平四年三月辛卯，以禮部郎中薛映、兵部員外郎梁鼎、左司諫楊億並知制誥⑤。上初欲用著作佐郎梅詢，命中書就試映、鼎及詢等。宰相李沆素不喜詢，言于上曰："梅詢險薄，用之恐不協群議。"上曰："如此則何人可？"沆曰："楊億有盛名。"上乃驚喜曰："幾忘此人。"乃以億望實素著，但召映、鼎就試，翌日，與億並命。

十二月，奏疏議棄靈武⑥，其畧曰："今靈武之存，爲害甚于蝮蛇；供饋之費，爲蠹

---

① 歲利甚溥　長編卷七六同，宋史卷四五七种放傳"溥"作"博"。
② 就興唐觀側起第賜之　嘉慶本同，長編卷七六、宋史卷四五七种放傳"側"均作"基"。
③ 續給其俸　底本脱"給"一字，據長編卷七六補。
④ 甲子　底本脱此二字，據長編卷八五補。
⑤ 以禮部郎中薛映兵部員外郎梁鼎左司諫楊億並知制誥　長編卷四八無"以"一字。
⑥ 十二月奏疏議棄靈武　長編卷五〇作"十二月丁卯，時靈州孤危，詔群議棄守之宜，知制誥楊億奏疏議棄靈武"。

逾于蟻壤。無鴻毛之益,有泰山之損,豈可忽遠大之畧,信悠悠之談?"

景德二年九月丁卯,令資政殿學士王欽若、知制誥楊億修歷代君臣事迹。

三年五月。有王太沖者,初以專經中第,罷宜黃主簿,赴選調,命爲流內銓主事,擢授大理評事。時知制誥楊億知通進銀臺司兼門下封駁事,即封還詔書,以爲丞史之賤不宜任清官,不聽。既而太沖居職累歲,無所裨贊,丁未,送審官院,令釐務外州。

四年,案:長編事列十二月乙未。欽若爲人傾巧,同僚皆疾之。億在館中,欽若或繼至,必避出,他所亦然。欽若出知杭州,舉朝皆有詩,獨億不作。欽若辭日具奏,詔諭億令作詩,竟遷延不送。

大中祥符二年正月己巳①,御史中丞王嗣宗言:"翰林院學士楊億、知制誥錢惟演、秘閣校理劉筠唱和宣曲詩,述前代掖庭事,詞涉浮靡。"上曰:"詞臣,學者宗師也,安可不戒其流宕!"乃下詔風厲學者。

三年八月庚戌,命翰林學士晁迥、楊億等與太常禮院詳定祀汾陰儀注。

五年九月癸巳,翰林學士楊億以疾賜告,遣中使挾太醫療之。拜章爲謝,上作二韻詩批紙尾,有"副予側席待名賢"之句。尋以久疾求解近職,優詔不許,但權免朝直。億剛介寡合,在書局,惟與李維、路振、刁衎、陳越、劉筠輩善。當時文士咸賴其品題,或被貶議者,退多怨誹。王欽若驟貴,億素薄其爲人,欽若銜之。陳彭年方以文史售進,忌億名出己右,相與毀譽于上。上素重億,未始聽也。

六年六月,翰林學士、戶部郎中、知制誥楊億嘗草答契丹書,云"鄰壤交歡",上自注其側作"朽壤""鼠壤""糞壤"等字,億遽改爲"鄰境"。明日,引唐故事,學士草制有所改爲不稱職②,亟求罷,上慰諭之。他日,謂輔臣曰:"楊億真有氣性,不通商量。"及議册皇后劉氏,上欲得億草制,使丁謂諭旨。億難之,因請三代。謂曰:"大年勉爲此,不憂不富貴。"億曰:"如此富貴,亦非所願也。"乃命他學士草制。億雖頻忤旨,恩禮猶不衰。王欽若、陳彭年深害之,益加譖毀,上意稍怠。億嘗入直,忽被召至禁中。既見,賜坐,從容顧問,徐出文槀數篋以示億曰:"卿識朕書跡乎?此皆朕自起草,未嘗

---

① 己巳 底本脱此二字,據長編卷七一補。
② 學士草制有所改爲不稱職 "草"底本作"章",據嘉慶本、長編卷八〇、九朝編年備要卷八、宋史全文卷六、東都事略卷四七楊億傳改。

命臣下代作也。"億皇恐不知所對,頓首再拜趨出,知譖者之言得行,即謀退遁。億有別墅在陽翟,億母往視之,會得疾,億遂留謁告牓子與孔目吏,中夕奔去。先一日,上聞億母疾,遣使者以湯藥、金幣賜之,使者及門,則億已亡去矣。朝論諠然,以爲不可。上亦謂輔臣王旦等曰:"億侍從官,安得如此自便?"旦曰:"億本寒士,先帝賞其詞學,寘諸館殿①,陛下拔擢至此。責以公議,誠爲罪人。賴陛下矜容,不然,顛躓久矣②。然近職不可居外地,今當罷之。"上終愛其才,踰月命弗下,億素體羸,于是稱疾,請解官。辛未,以億爲太常少卿、分司西京,仍許就所居養療,俟損日赴任。

黃庭堅云:改命陳彭年草制,命下之日,億全家奔陽翟。按立后在去年十二月,億以今年五月出奔,其出奔不緣此也。歐陽修所記與江休復畧同,今用之。錢惟演金坡遺事載億以五月二日奔陽翟,使者及門,始知億已亡去。則湯藥、金幣非億去後始賜也。本傳曰:億不待報行,上親緘藥劑泊金帛賜之,蓋飾說也。今用錢惟演所載,庶得其實。億既亡去,朝論即諠然。王旦等乞罷其近職,此命當亟下,乃自五月二日至今月辛未,幾四旬始責降。真宗愛才容直之盛德,于此可見。而實錄、正傳並皆畧之,深可惜也。今特著之。億稱疾求罷,因授分司,本傳當不謬。又云有嗾憲官彈億者③,則恐未然。憲官蓋姜遵也,彈億在明年八月億除汝守時,分司之授,初不見憲官舉劾。疑本傳別有所據,當考。

七年八月,秘書監、分司西京楊億以疾愈求入朝。上謂王旦曰:"億性峭直,無所附會,文學固無及者,然或言其好竊議朝政,何也?"旦曰:"此蓋與億不足,誣謗之耳④。億受國深恩,非土木類⑤,諧謔過當,則恐有之,訕讟之事,保其必無也。"戊辰,命億知汝州。既而監察御史姜遵奏:"億頃以母疾,擅去闕廷,所宜屏跡衡茅,盡心甘旨。忽求領郡,深屬要君,請罷之。"上曰:"億前告歸,本無終焉侍養之請,今以疾愈求入朝,故特與郡。遵未喻此意耳。"乃詔中書召遵諭之⑥。

按實錄及寶訓並稱億求入朝,獨姜遵言億忽求領郡,不知何也?豈遵聽聞不審,或實錄與寶訓皆誤?當考。

八年八月庚寅,知汝州、秘書監楊億言部內秋稼甚盛,粟一本至四十穗,麻一本至

---

① 寘諸館殿　長編卷八〇同,宋曹彥約經幄管見卷三"殿"作"閣"。
② 顛躓久矣　"躓"底本作"擠",據長編卷八〇改。
③ 又云有嗾憲官彈億者　底本脱"嗾"一字,據長編卷八〇、宋史卷三〇五楊億傳補。
④ 誣謗之耳　底本"誣謗"下衍"搆"一字,據長編卷八三、宋史全文卷六删。經幄管見卷三作"誣搆之辭"。
⑤ 非土木類　"土"底本作"士",據嘉慶本、長編卷八三改。
⑥ 乃詔中書召遵諭之　"詔"底本作"召",據嘉慶本、長編卷八三改。

九百角。上覽其章,謂輔臣曰:"億之詞筆冠映當世①,後學皆慕之。"王旦曰:"如劉筠、宋綬、晏殊輩相繼屬和②,文有貞元③、元和格者,自億始也。"

九年十一月癸亥,召近臣觀書龍圖閣,秘書監楊億預焉。

據曾太史鞏隆平集楊文公傳云:疾愈,知汝州。會加玉皇聖號,表請陪祠,召爲寶册參詳儀制副使。久之,遷禮部侍郎,知貢舉,坐譴,降秘書監。

天禧二年八月甲辰,册立皇太子,命秘書監楊億撰皇太子册文。

三年三月癸未,工部侍郎楊億等並降一官,以知貢舉坐譴也④。

四年四月庚寅,工部侍郎楊億爲翰林學士。大中祥符末,億自汝州代還,久之不遷。或問王旦曰:"楊大年何不且與舊職?"旦曰:"大年頃以輕去上左右,人言可畏,賴上始終保全之。今此職欲出自清衷,以全君臣之契也。"踰六年,乃復入禁署。

六月,寇準屬億草表請太子監國,且欲援億以代丁謂。億畏事泄,夜屏左右爲之辭,至自起翦燭跋,中外無知者。既而準被酒,漏所謀。謂等懼,力譖準。授準太子太保、萊國公。

七月,周懷政事敗,見周懷政謀廢立。寇準又降授太常卿、知相州。朝士與準親厚者,丁謂必斥之。楊億尤善準,而請太子監國奏又億所草也。及準敗,丁謂召億至中書,億懼,便液俱下,面無人色。謂素重億,無意害之,徐曰:"謂當改官,煩公爲一好詞耳。"億乃稍安,卒保全之,當時宰相愛才如此。謂雖姦邪,議者亦以此稱焉。

十二月丁丑朔,起復翰林學士楊億卒,録其子紘爲奉禮郎⑤。億天性穎悟,自幼及終,不離翰墨,文格雄健。自唐大中後詞氣衰濫,國朝稍革其浮薄,至億乃振起風采,與古之作者方駕矣。文思敏速,不凝滯,對客談笑,揮毫無廢,而精密有規裁,不煩不黷。善細字,起草一幅數千言,不加點竄,于時學者翕然宗尚,名聞外夷。書無不覽,善强記,尤長典章制度之事,時多取正,蓋一時文士之冠也。

---

① 億之詞筆冠映當世 "冠"底本作"照",據長編卷八五、九朝編年備要卷八、宋史全文卷六改。
② 相繼屬和 嘉慶同,長編卷八五無"和"一字。
③ 貞元 "貞"底本作"正",據長編卷八五、九朝編年備要卷八、宋史全文卷六改。按:"貞元"是唐德宗年號,宋人改爲"正元",係避宋仁宗諱。
④ 以知貢舉坐譴也 底本脱"知"一字,據隆平集卷一三楊億傳、宋史卷三〇五楊億傳補。
⑤ 録其子紘爲奉禮郎 "紘"底本作"鉉",據長編卷九六、宋史卷三〇五楊億傳改。

仁宗景祐元年四月甲午①,贈故翰林學士、禮部侍郎、知制誥楊億爲禮部尚書,賜謚曰文。國朝故事,非嘗任兩府及事東宫,則四品無贈官。樞密使王曙言:"億爲寇準草奏,請太子親政,爲丁謂所排,不得志而没。準既贈中書令,億宜蒙旌賁。"故特贈之。鎮國節度使、駙馬都尉李遵勖乞加謚億"忠"字,奏雖不行,詔送史館。

王欽若事迹

咸平四年四月己未,翰林學士王欽若爲左諫議大夫、參知政事。

五年三月庚戌,比部員外郎、直史館洪湛削籍,流儋州。工部尚書兼御史中丞趙昌言、膳部郎中兼侍御史知襍事范正辭並削一任,昌言責授安遠行軍司馬,正辭滁州團練副使,推直官殿中丞高鼎、主簿王化並削兩任,鼎責授蘄州别駕,化黄州參軍。先是,有河陰民常德方者,訟臨津尉任懿納賄登第,下御史臺鞫,得懿款云:"咸平三年,補太學生,寓僧仁雅舍。仁雅聞懿就試,言多識朝貴,當爲道達。懿署紙許銀七鋌,仁雅以謀之惠秦,惠秦私隱其二,易爲五鋌。惠秦素識王欽若,欽若時已在貢院,乃因欽若館客甯文德、僕夫徐興納署紙欽若妻李氏。李氏密召家僕祁睿書懿名于睿左臂,並口傳許賂之數,入省告欽若。及懿過三場②,睿復持湯飲至省,欽若遣睿語李氏,令取所許物。懿未即與,而懿預奏名登科,授官,未行,丁内艱,還鄉里。仁雅爲文德、惠秦等所迫,馳書河陰,形於詛詈③。"德方者賣卜縣市,獲仁雅書,以告。昌言具得其事,白請逮欽若屬吏。先是,欽若爲亳州判官,睿即其廳幹,及代歸,以睿從行,雖久事欽若,而未除州之役籍。貢舉事畢,會州人張繽還鄉里持服,欽若託爲睿解去名籍。至是欽若白訴,云睿休役之後,始傭于家,而惠秦未嘗及門。欽若方被寵顧,上謂昌言曰:"朕待欽若至厚,欽若欲銀,當就朕求之,何苦受舉人賂耶?且欽若纔登政府,豈可遽令下獄乎?"昌言争不能得,乃詔翰林侍講學士邢昺、内侍副都知閻承翰,并驛召知曹州、工部郎中邊肅,知許州、虞部員外郎毋賓古就太常寺别鞫,得懿欵云:"有妻兄張駕舉進士,識湛,懿亦與駕同造湛門。嘗以石榴二百枚、木炭百秤饋之。懿之輸銀也,

---

① 仁宗景祐元年四月甲午 "祐"底本作"佑",據嘉慶本、長編卷一一四改。
② 及懿過三場 嘉慶本同,長編卷五一"三"作"五"。宋史卷二八三王欽若傳作"懿再入試第五場"。
③ 形於詛詈 "詈"底本作"罵",據嘉慶本、長編卷五一改。

但憑僧達主司,實不知誰何。"至是,昺等緣懿識湛,以爲湛納其銀。湛適使陝西,中途召還。時張駕已死,甯文德、徐興悉遁去。欽若近參機務,門下僕使多新募置,不識惠秦,故無與爲證。又欽若固執知舉時未有祁睿,而懿欸已具,遂以湛受銀爲實,議法當死,特貸之。懿杖脊配隸忠靖軍,惠秦坐受簡及隱銀未入己,以年七十餘,當贖銅八斤,特杖一百,黥面配商州坑冶。仁雅坐詛詈懿,杖脊配隸鄆州牢城。是獄也,仁雅雖坐詛詈懿索銀,而不窮用銀之端。初,王旦與欽若知舉,出爲同知樞密院事,以湛代之。洪湛之入貢院,懿已試第三場畢。及官收湛贓①,家實無銀。湛素與梁灝善,假灝白銀器,乃取灝所假者輸官。昌言等皆坐故入,並及于責。

此段實録所書,專爲王欽若諱。今用司馬光記聞及欽若新傳修入。

景德元年閏九月,契丹入寇。先是,寇準已決親征之策,參知政事王欽若以虜寇深入,密言于上,請幸金陵。僉書樞密院事陳堯叟請幸成都。上復以問準,時欽若、堯叟在旁,準心知欽若江南人故請南幸,堯叟蜀人故請西幸,乃陽爲不知,曰:"誰爲陛下畫此策者,罪可斬也。今天子神武而將帥協和,若大駕親征,虜自當遁去。不然,則出奇以撓其謀,堅守以老其衆。勞逸之勢成,我得勝算矣。奈何欲委棄廟社,遠之楚、蜀耶?"上乃止,二人由是怨準。欽若多智,準懼其妄有關説,疑沮大事,圖所以去之。會上欲擇大臣使鎮大名,準因言欽若可任,欽若亦自請行。乙亥,以欽若判天雄軍府兼都部署、提舉河北轉運司。十二月戊戌,車駕至自澶州。

二年正月甲寅,工部侍郎、參知政事王欽若自天雄軍來朝。己巳,欽若加階、邑、實封,中謝,又賜襲衣、金帶、鞍馬。四月,欽若素與準不協,還自天雄,再表求罷,繼以面請。上敦諭不能奪,乃置資政殿學士,以欽若爲之,仍遷刑部侍郎,中書定其班在翰林學士之下、侍讀學士之上。

三年二月,契丹既和,朝廷無事。寇準頗矜其功,雖上亦以此自得也,待準極厚。王欽若深害之②。一日會朝,準先退,上目送準,欽若因進曰:"陛下敬畏寇準,爲其有社稷功耶?"上曰:"然。"欽若曰:"臣不意陛下出此言。澶淵之役,陛下不以爲恥,而

---

① 及官收湛贓　底本脱"贓"字,據長編卷五一補。
② 王欽若深害之　長編卷六二同,宋史卷二八一寇準傳"害"作"嫉"。

謂準有社稷功,何也?"上愕然曰:"何故?"欽若曰:"城下之盟,雖春秋小國猶恥之①,今以萬乘之貴而爲澶淵之舉,是盟于城下也,其何恥如之!"上愀然不能答。初,議欲親征未決,或以問準,準曰:"直有熱血相濺耳!"于是,譖者謂準無愛君之心,且曰:"陛下聞博乎?博者輸錢欲盡,乃罄所有出之,謂之孤注。陛下,寇準之孤注也,斯亦危矣!"由是,上顧準稍衰。戊戌,中書侍郎兼工部尚書、平章事寇準罷爲刑部尚書。以尚書左丞、參知政事王旦爲工部尚書、平章事,旦入謝,便坐,上謂曰:"寇準以國家爵賞過求虛譽,無大臣體,罷其重柄,庶保終吉也。"既而準命出知陝州,將行,又遣近臣傳旨戒約。

準知陝州實在三月庚申,今並書之。

封禪天書。見封泰山。七月辛亥,忠武節度使高瓊臥疾,上欲臨幸其第。知樞密院王欽若恨瓊附寇準,且沮準澶淵之功②,因言:"瓊雖久掌禁兵,備宿衛,然未嘗有破敵功。凡車駕臨問,所以寵待勳臣,施之于瓊,恐無以示甄別。"乃止。

王欽若恨瓊附準,此據王珪所作神道碑。本傳云宰相止上問疾。按欽若此時未爲宰相,傳誤矣。或當時史官陰爲欽若諱也。

上既用李溥、林特、劉承珪等所折衷新法③,猶恐未盡其要,命樞密直學士李濬、劉綜,知雜御史王濟與三司同取舊法,較其利害。時新法方行,商人頗惑,不敢以時貨易。然榷務所納金帛,其數已多于前歲矣。庚申,特、承珪請罷比較,仍乞不議酬賞,從之。

四年九月,丁謂、林特以王濟等較茶法持論多忤,因與王欽若迭譖訾之。辛巳,濟以工部員外郎兼侍御史知雜事改工部郎中,出知杭州。

十二月乙未,王欽若等編修君臣事迹。欽若爲人傾巧,所修書或當上意,褒賞所及,欽若即自名表首以謝。或謬誤,有所譴問,則戒書吏稱楊億以下所爲以對。同僚皆嫉之,使陳越寢如尸,以爲欽若,石中立作欽若妻哭其旁,餘人歌虞殯于前。欽若聞之,密奏,將盡紲責,王旦持之得寢。億在館中,欽若或繼至,必避出,他所亦然。欽若

---

① 雖春秋小國猶恥之　長編卷六二"春秋"下有"時"一字。
② 且沮準澶淵之功　底本脱"準"一字,據長編卷六三補。
③ 上既用李溥林特劉承珪等所折衷新法　"既用"底本作"以",據長編卷六三改。

出知杭州,舉朝皆有詩,獨億不作。欽若辭日具奏,詔諭億令作詩,竟遷延不送。

此據江休復雜誌,附見。

大中祥符四年七月辛卯①,國史院進所修太祖紀。上録紀中義例未當者二十餘條,謂王旦、王欽若等曰:"如以鐘鼓樓爲漏室,審務爲甄官,豈若直指其名也。悉宜改正之。"欽若曰:"此蓋晁迥、楊億所修。"上曰:"卿嘗參之耶!"旦曰:"朝廷撰集大典,並當悉心,務令廣備,初無彼此之別也。"因詔每卷自今先奏草本,編修官及同修官,其初修或再看詳,皆具載其名。

五年九月戊子,參知政事、刑部侍郎趙安仁罷爲兵部尚書。安仁小心畏謹,處事精審,特留意于刑名。内外書詔關要切者,必歸安仁裁損之。先是,上議立皇后,安仁謂劉德妃家世寒微②,不如沈才人出于相門。上雖不樂,然察其中正,不罪也。他日,與王欽若從容論方今大臣誰最爲長者,欽若欲排安仁,乃譽之曰:"無若趙安仁。"上曰:"何以言之?"欽若曰:"安仁昔爲故相沈義倫所知,至今不忘舊德,常欲報之。"上默然,始有意斥安仁矣。三司使、禮部侍郎丁謂爲户部侍郎、參知政事。初,翰林學士李宗諤與王旦善,旦欲引宗諤參知政事,嘗以告王欽若,欽若唯唯。旦曰:"當白上。"宗諤家貧,禄廩不足以給婚嫁,旦前後資借之甚多,欽若知之。故事,參知政事謝日,所賜之物幾三千緡。欽若因密奏:"宗諤負王旦私錢,不能償,旦欲引宗諤參知政事,得賜物以償己債,非爲國擇賢也。"明日,旦果以宗諤名聞,上變色,不許。及趙安仁罷,謂時奉詔謁亳州太清宫,猶未還,即命謂代之,蓋欽若所薦云。欽若與劉承珪、陳彭年、林待及謂等交通,蹤跡詭異,時論謂之"五鬼"。己丑,以鹽鐵副使、右諫議大夫林特權三司使。癸巳,翰林學士楊億剛介寡合,在書局,唯與李維、路振、刁衎、陳越、劉筠等善。當時文士多賴其品題,或被貶議者,退多怨誹。欽若驟貴,億素薄其爲人,欽若銜之。陳彭年方以文史售進,忌億名出己右,相與毁訾于上。上素重億,未始聽也。

六年六月,議立皇后劉氏。億不欲草制,更命他學士,以是頻忤旨,恩禮猶不衰。王欽若、陳彭年等深害之,益加毁譖,上意稍怠。億嘗入直,忽被召至禁中,既見,賜

---

① 辛卯 底本脱此二字,據長編卷七六補。
② 安仁謂劉德妃家世寒微 "寒微"底本作"微寒",據嘉慶本、長編卷七八、九朝編年備要卷八、宋史全文卷六乙正。

坐,從容顧問,徐出文稾數篋以示億曰:"卿識朕書跡乎?此皆朕自起草,未嘗命臣下代作。"億皇恐不知所對,頓首再拜趨出,知譖者之言得行,即謀退遁。億有別墅在陽翟,毋往視之,會得疾。億遂留謁告牓子與孔目吏,中夕奔去。壬申,以右諫議大夫、龍圖閣直學士陳彭年爲翰林學士。

　　七年六月乙亥,樞密使王欽若罷爲吏部尚書,陳堯叟爲户部尚書,副使馬知節爲潁州①防禦使。欽若性傾巧,敢爲矯誕,知節薄其爲人,未嘗詭隨。上嘗以喜雪詩賜近臣,而誤用旁韻。王旦欲白于上,欽若曰:"天子詩,豈當以禮部格校之?"旦遂止。欽若退,遽密以聞,已而上諭二府曰:"前所賜詩,非欽若,幾爲衆笑。"旦唯唯,知節具斥其姦狀,上亦不罪也。欽若每奏事,或懷數奏,但出其一二,其餘皆匿之。既退,則以己意稱上旨行之。知節嘗于上前顧欽若曰:"懷中奏何不盡出?"欽若寵遇方深,知節愈不爲之下,争于上前者數矣。及是,王懷信等上平淯井監蠻功,樞密院議行賞,欽若、堯叟請轉一資,知節云:"邊臣久無立功者,請重賞以激其餘。"議久不決。上促之,知節忿恚,因面訐欽若之短,既而不暇奏稟,即超授懷信等官。上怒,謂向敏中等曰:"欽若等議賞典,不具劄子,亦不進卷,便直劄送中書,與懷信供備庫副使。始則稽留不行,終又擅自超擢,敢以爵賞之柄高下爲己任。近位如此,朕須束手也!"又曰:"欽若等異常不和,事無大小,動輒争競。朕于臣下止可如此耳,其如事君之禮人所具瞻何?"于是,三人者俱罷。

　　八年四月壬戌,欽若復爲樞密使、同平章事。

　　天禧元年八月庚午,以樞密使、同平章事王欽若爲左僕射、平章事。先是,上欲相欽若,王旦曰:"欽若遭逢陛下恩禮之厚,乞令在樞密院,兩府任用亦均。臣見祖宗朝,未嘗使南方人當國。雖古稱立賢無方,然必賢士乃可。臣位居元宰,不敢阳抑人,此亦公議也。"上遂止。及旦罷,上卒相欽若。欽若嘗語人曰:"爲王子明故,使我作相晚卻十年!"

　　九月癸卯,給事中、參知政事王曾罷爲禮部侍郎。初,曾以會靈觀使讓王欽若,見崇奉五嶽。上意不懌。及欽若爲相,因欲排異己者,數譖之。會曾市賀皇后家舊第,其

---

① 潁州　底本作"穎州",據嘉慶本、宋史全文卷六改。

家未遷居,曾令人輦土置其門,賀氏入訴禁中。明日,上以語欽若,遂罷曾政事。

十一月庚申,日南至。先是,太常禮院言:"宰相出殯,當輟朏朝。王旦以是日葬,望准禮例。"中書言其日皇帝已有詔不受朝賀,遂不下輟朝之命。議者謂其日當罷百官拜表之禮,時王欽若與旦不協,故抑之。

二年七月甲戌,以樞密直學士、刑部侍郎李士衡爲三司使。士衡方進用,王欽若害之,欲言而未有路。會上論時文之弊,欽若因言:"路振文人也,然不識體。"上曰:"何也?"曰:"士衡父誅死,而振爲贈告,乃曰'世有顯人'。"上頷之,士衡以故不大用。

十一月丁亥,屯田員外郎、判度支句院任布責監鄧州酒稅。見祥源觀。

十二月,工部侍郎、參知政事張知白與宰相王欽若論議多相失,因稱疾辭位。丙午,罷爲刑部侍郎、翰林侍讀學士、知天雄軍,上賦詩餞之。

三年六月甲午,左僕射、平章事王欽若罷爲太子太保。時欽若恩遇浸衰,人有言其受金者,欽若于上前自辨,乞下御史臺覆實。上不悅,曰:"國家置御史臺,固欲爲人辨虛實耶①?"欽若皇恐,因求出藩。會商州捕得道士譙文易畜禁書,能以術使六丁六甲神,自言嘗出入欽若家,得欽若所遺詩及書。上以問欽若,欽若謝不省,遂罷相。制辭以均勞之意,從優禮云。尋命判杭州。

實錄云:初,周懷政以上崇禋祀,遂與妖人朱能輩僞造靈命,冀圖恩寵,且日進藥餌。欽若屢言其妄,復密陳規諫。懷政懼得罪,因共誣詆,備言捕獲金、商州道士譙文易畜禁書,有神術,欽若素識之。上不復辨詰,故有是命。蓋當時史官見欽若復相,故陰爲之辭,其實不然也,今削去。受金覆實事,據記聞載蘇頌子容語,此必不妄,今從之。

初,王欽若常自言過圃田,夜起視天中,有赤文成"紫微"字②。後使蜀,在褒城道中遇異人,告以他日位至宰相。既去,視其字,則唐司徒裴度也。及貴,遂好神仙之事,常用道家科儀壇場以禮神③,朱書"紫微"二字,陳于壇上。後又言度墳在鄭州,祠宇毀壞,欲自以家財完葺,詔可,仍錄度孫坦爲鄭州助教。欽若又請以新廟編入祀典,從之。乃作文著其事。凡天書及諸祠祭④,皆欽若發之,雖以濟其邪佞,亦其所蓄積者

---

① 耶　底本作"耳",據宋宰輔編年録卷三改。
② 有赤文成紫微字　"成"底本作"武",據嘉慶本、長編卷八八、宋史卷二八三王欽若傳改。
③ 常用道家科儀壇場以禮神　"家"底本作"士",據嘉慶本、長編卷八八、宋史卷二八三王欽若傳改。
④ 天書　"書"底本作"文",據長編卷八八、太平治迹統類卷四改。

然也。

四年八月，太子太保、判杭州王欽若自以備位東宮，請入朝。甲申，召之。

九月壬申，王欽若來朝，令入赴内殿起居。

十月壬辰，以太子太保王欽若爲資政殿大學士，仍令日赴資善堂，侍皇太子講讀。

十二月己丑，王欽若爲司空，職任如故。丁酉，以資政殿大學士、司空王欽若爲山南東道節度使①、同平章事、判河南府。見丁謂事迹。

五年十一月戊子②，責授司農卿、分司南京。見丁謂事迹。

---

① 山南東道節度使　底本脱"南"一字，據長編卷九六補。本書下卷丁謂事迹亦作"山南東道節度使"。
② 戊子　底本脱此二字，據嘉慶本、宋史全文卷六補。

卷第二十三

真宗皇帝

丁謂事迹

天禧三年正月丙戌,知江寧府丁謂言啓承天節道場,甘露降,仍獻五言詩。有詔褒答,又和詩賜焉。四月丁酉,知江寧府丁謂言:"中使雷允恭詣茅山投進金龍玉簡,設醮次,七鶴翔于壇上。"上作詩賜謂。

六月戊子,保信軍節度使丁謂自江寧來朝,召之也。戊戌,以山南東道節度使、同平章事寇準爲中書侍郎兼吏部尚書、平章事,保信節度使丁謂爲吏部尚書、參知政事。故事,節度使除拜當降麻,翰林學士盛度以爲參知政事當屬外制,遂命知制誥宋綬草辭,謂甚恨焉。謂在中書,事準謹甚。常會食,羹污準鬚,謂起徐拂之,準笑曰:"參政,國之大臣,乃爲官長拂鬚耶?"謂甚愧之,由是傾誣始萌矣。丁未,以同玉清昭應宮副使、吏部侍郎林特爲尚書左丞、玉清昭應宮副使。特性邪險,善附會,故丁謂始終善特,亟引用之。

四年六月丙申,以右僕射兼中書侍郎、平章事寇準爲太子太傅、萊國公。先是,準爲樞密使,曹利用副之。準素輕利用,議事有不合者,準輒曰:"君一武夫耳,豈解此國家大體耶?"利用由是銜之,而丁謂以拂鬚故亦恨準。及同爲樞密使,遂合謀欲排準。翰林學士錢惟演見謂權盛,附離之,與講姻好,而惟演女弟實爲馬軍都虞候劉美妻。時上不豫,艱于語言,政事多中宮所決,謂等交通詭秘,其黨日固,劉氏宗人横于蜀,奪民鹽井。上以皇后故,欲捨其罪,準必請行法,重失皇后意,謂等因媒蘖之。準嘗獨請間曰:"皇太子人望所屬,願陛下思宗廟之重,傳以神器,以固萬世基本。丁謂佞人也,不可以輔少主。願擇方正大臣爲羽翼。"上然之。

正傳云：丁謂、錢惟演，佞人也，不可輔少主。按此時惟演但爲翰林學士，不當便與丁謂同日而語。附傳亦不載惟演，恐正傳誤增，今不取。張唐英仁宗政要又載準言丁謂恃才挾姦，曹利用恃權使氣。恐唐英所載亦不得實。利用恃權使氣當在太后垂簾時，今猶未也。陳繹拜罷錄亦止稱丁謂。

準乃屬翰林學士楊億草表，請太子監國，且欲援億以代謂。億畏事泄，夜屏左右爲之辭，至自起翦燭跋，中外無知者。既而準被酒泄所謀。

億至自翦燭跋，此據附傳，今正傳削去。龍川別志乃云：億私語其妻弟張演曰：“數日之後，事當一新。”語稍泄。丁謂夜乘婦人車，與曹利用謀之。不知別志何所據。然別志所稱立太子、廢劉后，則是準罷相後周懷政之謀，而億所草，乃請太子監國表爾。雖附傳亦以謂微服過利用爲在此時，蓋誤也。拜罷錄與附傳同，今正傳已改之。附傳及拜罷錄並云“草制”，正傳但云“草表”，今從正傳。

謂等益懼，力譖準，請罷準政事。上不記與準初有成言，諾其請。會日暮，召知制誥晏殊入禁中①，示以除目。殊曰：“臣掌外制，此非臣職也。”乃召惟演。須臾，惟演至，極論準專恣，請深責。上曰：“當與何官？”惟演請用王欽若例，授準太子太保。上曰：“與太子太傅。”又曰：“更與加優禮。”惟演請封國公，出袖中具員册以進。上于小國中指“萊”字，惟演曰：“如此，則中書但有李迪，恐須別命相。”上曰：“姑徐之。”殊既誤召，因曰：“恐泄機事，臣不敢復出。”遂宿于學士院。及宣制，則非殊疇昔所見者，不知殊所見除目又何等也。殊不以告人，故亦莫得其詳云。

仁宗實錄寇準附傳、陳繹拜罷錄、司馬光記聞、張唐英政要、曾氏隆平集、蘇氏龍川別志並誤以準初罷相時事即周懷政所謀，蓋不考其日月故也。國史正傳已略正之，但不詳爾。今取錢惟演日記及江休復雜志附益之。請太子監國，準奏也；傳位太子、廢皇后，周懷政謀也。準以監國表洩罷相，以懷政謀洩遠貶，二事初不同。諸書見準坐懷政繼貶，謂準本謀如此，其實謀出懷政，準未必知耳。仁宗景祐元年四月，以王曙言追諡楊億，亦但云“草奏”，請太子親政，不云“草制”也。龍川別志又云使億草詔書，遣曙出使誅異己者，曙藏去之，億實不然。今止從實錄。

七月癸亥，上對參知政事李迪、兵部尚書馮拯、翰林學士錢惟演于滋福殿。是日，惟演又力排寇準曰：“準自罷相，轉更交結中外，求再用。曉天文卜筮者皆徧召，以至管軍臣僚、陛下親信內侍無不著意。恐小人朋黨誑惑聖聽，不如早令出外。”上曰：“有何名目？”惟演曰：“聞準已具表乞河中府，見中書未除宰相，兼亦聞有人許以再用，遂

---

① 召知制誥晏殊入禁中　“召”底本作“詔”，據長編卷九五改。

不進此表。"上曰："與河中府何如？"惟演乞召李迪諭旨，上曰："李迪何如？"惟演言："迪長者，無過，只是才短，不能制準。"因言中書宜早命宰相，上難其人，惟演對："若宰相未有人，可且著三兩員參知政事。"上曰："參政亦難得人。"問："今誰在李迪上？"惟演對："曹利用、丁謂、任中正並在李迪上。"上默然。惟演又言："馮拯舊人，性純和，與寇準不同。"上亦默然，既而曰："張知白何如？"惟演言："知白清介，使參政則可，恐未可爲宰相。"上頷之。惟演又言："寇準宜早令出外。準朋黨盛，王曙又其女婿，作東宮賓客，誰不畏懼？今朝廷人三分，二分皆附準矣。臣知言出禍從，然不敢不言，惟陛下幸察！"上曰："卿勿憂。"惟演再拜而退。丙寅，以禮部侍郎、參知政事李迪爲吏部侍郎兼太子少傅、平章事，兵部尚書馮拯爲樞密使、吏部尚書、同平章事。拯拜樞密使，蓋用惟演之言也。迪既除宰相，而準爲太子太傅、萊國公如故。先是，馮拯以兵部尚書判都省，上欲加拯吏部尚書、參知政事，召學士楊億，使草制。億曰："此舍人職也。"上曰："學士所職何官？"億曰："若除樞密使、同平章事，則制書乃學士所當草也。"上曰："即以此命拯。"拯既受命，樞密院領使者凡三人，前此未有，人皆怪疑。曹利用、丁謂因各求罷。上徐覺其誤，召知制誥晏殊語之，將有所易置。殊曰："此非臣職也。"遂召錢惟演，惟演入對曰："馮拯故參知政事，今拜樞密使，當矣。但中書不應止用李迪一人，盍遷曹利用、丁謂過中書。"上曰："誰可？"惟演曰："丁謂文臣，過中書爲便。"又言："玉清昭應宮未有使，謂首議建宮，宜即令領此。"又言："曹利用忠赤，有功國家，亦宜與平章事。"上曰："諾。"庚午，以樞密使、吏部尚書丁謂平章事，樞密使、檢校太尉曹利用加同平章事，皆用惟演所言也。

此段參取錢氏及司馬氏日記修入。晏殊誤召，恐不至再，當考。馮拯自兵書加吏書，必參政，日記偶脫，今追填之。楊億所云"此舍人職"，蓋參政制乃舍人所當草也。

上既從錢惟演之言，擢丁謂首相，加曹利用同平章事，然所以待寇準者猶如故。謂等懼，謀益深。壬申，準入對，具言謂及利用等交通蹤跡。又言："臣若有罪，當與李迪同坐，不應獨被斥。"上即召迪至前質之，兩人論辯良久，上意不樂，迪再三目準令退。及俱退，上復召迪入對，作色曰："寇準遠貶，卿與丁謂、曹利用並出外。"迪言："謂及利用須學士降麻，臣但乞一知州。"上沈吟良久，色漸解，曰："將取文字來。"迪退後，作文字卻進，上遽洒然曰："卿等無他，且留文字商量。"更召謂入對，謂請除準節鉞,令出外,上不許。

此據惟演記删修,準、迪、謂入對皆二十三日。

越明日,楊崇勳等遂告變,周懷政伏誅。又三日,準乃遠貶。告周懷政廢立,事見懷政謀廢立。發朱能天書。見朱能僞造天書。丁丑,太子太傅寇準降授太常卿、知相州;翰林學士盛度、樞密直學士王曙並落職,度知光州,曙知汝州,皆坐與周懷政交通,而曙又準壻也。準親吏張文質、賈德潤並黜爲普寧、連山縣主簿,後又除名,配隸封、貴州。朝士與準親厚者,丁謂必斥之。楊億尤善準,而請太子監國奏又億所草也。及準敗,丁謂召億至中書,億懼,便液俱下,面無人色。謂素重億,無意害之,徐曰:"謂當改官,煩公爲一好詞耳。"億乃稍安,卒保全之。當時宰相愛才如此,謂雖姦邪,議者亦以此稱焉。

八月,太子太保、判杭州王欽若自以備位東宮,請入朝。甲申,召之。徙知相州、太常卿寇準知安州。初,李迪與準同在中書,事之甚謹,及準罷,丁謂意頗輕迪,于是謂等不欲準居内郡,白上欲遠徙之。上命與小州,謂退而署紙尾曰:"奉聖旨,除遠小處知州。"迪曰:"向者聖旨無'遠'字。"謂曰:"君面奉德音,欲擅改聖旨,以庇準耶?"二人忿爭,蓋自此始。壬寅,太常卿、知安州寇準坐朱能叛,再貶道州司馬。制辭云:"不務敦修,密朋凶慝。辱予輔弼,玷乃縉紳。"仍以其事傳告諸州,御史臺揭牓朝堂。自準罷相,繼以三紲,皆非上本意。歲餘,上忽問左右曰:"吾目中久不見寇準,何也?"左右亦莫敢對。

此據司馬光記聞。丁謂傳云:周懷政事敗,議貶準,帝意欲謫準江淮間,謂退而除道州司馬,獨王曾以帝語質之,謂顧曰:"居停主人勿復言。"蓋指曾以第舍假準也。按"居停"之語,在仁宗初再貶雷州時,曾緣此,遂謀去謂。龍川别志當得之。以聖旨質謂乃李迪,其事見記聞,今從之。若此時曾已詰謂,則當迪、謂忿爭時,曾亦必不助謂矣。國史恐誤也。徐度國紀所載恐不然,今不取。

癸卯,以衛尉卿慎從吉爲光禄卿致仕,司封郎中兼侍御史知雜事杜堯臣改衛尉少卿、知陝州,皆坐與寇準親善也。

九月己未,以樞密副使周起爲户部侍郎、知青州,僉署樞密院事曹瑋爲宣徽南院使①、環慶路都部署、兼管勾秦州兵馬。起素善寇準,而瑋亦不附謂,謂惡之,并指爲準

---

① 僉署樞密院事曹瑋　長編卷九六同,隆平集卷九曹瑋傳"署"作"書"。

黨,故俱罷出。

十月丙午,太常寺太祝丁珝爲內殿崇班,從其父宰相謂所乞也。

十一月乙丑。自寇準貶斥,丁謂浸擅權,至除吏不以聞。李迪憤懣,嘗慨然語同列曰:"迪起布衣,十餘年位宰相①,有以報國,死且不恨,安能附權臣爲自安計乎?"及是,上對輔臣于承明殿,欲令太子蒞政于外,皇后居中詳處。輔臣等請以太子監國,望令中書、樞密院大臣各兼東宮職任。時迪已帶少傅,欲得中書侍郎、尚書,謂執不可,遂草熟狀,謂加門下侍郎兼少師,迪加中書侍郎兼左丞,其餘遷改有差。詳見輔導太子。故事,兩省侍郎無兼左、右丞者,而迪舊人亦當遷尚書,謂專意抑迪,迪不能堪,變色而起。丙寅,晨朝待漏,謂又欲以林特爲樞密副使,仍領賓客。迪曰:"特去歲遷右丞,今年改尚書,入東宮,皆非公選,物議未息。況已奏除詹事,何可改也?"因詬謂,引手版欲擊謂,謂走得免。同列極意和解,不聽,遂入對于長春殿。內臣自禁中奉制書置榻前,上曰:"此卿等兼東宮官制書也。"迪進曰:"臣請不受此命。"因斥謂姦邪弄權,中外無不畏懼,臣願與謂同下憲司置對。且言:"昨林特子在任,非理決罰人致死,其家詣闕訴冤,寢而不理。蓋謂所黨庇,人不敢言。"又曰:"寇準無罪見斥②,朱能事不當顯戮,東宮官不當增置。又錢惟演亦謂之姻家,臣願與謂、惟演俱罷政柄,望陛下别擇賢才爲輔弼。"又曰:"曹利用、馮拯亦相朋黨。"利用進曰:"以片文隻字遭逢聖世,臣不如迪。奮空拳,捐軀命,入不測之虜,迪不如臣也。"上顧謂曰:"中書有不當事耶?"謂曰:"願以詢臣同列。"乃問任中正、王曾,皆曰:"中書供職外,亦無曠闕事。"頃之,謂、迪等先退,獨留樞密使、副議之。上怒甚,初欲付御史臺,利用、拯曰:"大臣下獄,不惟深駭物聽,況丁謂本無紛競之意,而與李迪置對,亦未合事宜。"上曰:"曲直未分,安得不辨?"既而意稍解,乃曰:"朕當即有處分。"惟演進曰:"臣與謂姻親,忽加排擯,願退就班列。"上慰諭久之,乃命學士劉筠草制,各降秩一級,罷相,謂知河南府,迪知鄆州。制書猶未出,丁卯,迪請對于承明殿,又請見太子于內東門,其所言蓋不傳。而謂陰圖復入,惟演亦恐謂出則已失援,白上欲留之,并請留迪,因言:"契丹使將至,宰相絶班,馮拯舊臣,過中書甚便。若别用人,則恐生事。"上可之。

---

① 十餘年位宰相　嘉慶本作"十年餘位至宰相"。
② 寇準無罪見斥　嘉慶本同,長編卷九六、九朝編年備要卷八、宋宰輔編年錄卷三"見"均作"罷"。

迪對承明殿，不知言何事，而實録、正史皆不載，今特表而出之。

戊辰，命謂以戶部尚書、迪以戶部侍郎歸班。事頗迫遽，其制詞，舍人院所草也。筠所草制訖不行。是日，惟演及中正、曾等並如初議遷秩，領東宮官。而太子議政詔書及拯、利用等制皆格。

百官表：謂以戶書知河南，迪以戶侍知鄆州，皆係戊辰日。

己巳，謂入對于承明殿，上詰所爭狀，謂曰："非臣敢爭，乃迪忿詈臣爾。臣不當與之俱罷，願復留。"遂賜坐，左右欲設墩，謂顧曰："有旨復平章事。"乃更以机子進。于是，入内都知張景宗、副都知鄧守恩傳詔，送謂赴中書，令依舊視事。仍詔迪出知鄆州，放朝辭，即時赴任。時已命學士劉筠草制，以拯爲相，領玉清昭應宫使、昭文館大學士，制入而未出也。謂既復相，其制亦卒不行。謂始傳詔召劉筠草復相制，筠不奉詔，乃更召晏殊。筠既出院，遇殊樞密院南門，殊側面而過，不敢揖，蓋内有所愧也。

拜罷録云迪欲兼左丞①，王曾等以爲不可。又云迪與拯喧戾，上連叱之。又云上稱迪無禮。又云時契丹使將至，宰相絕班，且欲復留謂。錢惟演請并留迪，王曾等言謂無過，曲在迪，請令出，三兩月復召之。此皆陳繹私意曲筆，與正史、實録及諸家書並不合，今不取。獨所云惟演請并留迪，或不妄。蓋迪與謂初並出守，尋復留，不知何故，當是從惟演議耳。然惟演實爲謂計，當時不得已，且并留迪。故謂卒留，而迪竟出也。龍川別志載二相忿爭，又與實録、正史不同，且云劉筠辭不草制，乃命錢惟演。按此時惟演已副樞密，別志誤矣。記聞亦以爲草制者惟演也，今皆不取。然留丁謂、出李迪，其謀實自惟演，但不當草制，而草制者晏殊也。御史臺記劉筠傳云：十一月丙辰，除丁謂兼少師，李迪兼少傅，馮拯與曹利用並兼少保。筠當制，麻人未宣，迪、謂忿爭于帝前。戊辰，筠復直，謂罷爲戶書、知河南府，迪罷爲戶侍、知鄆州，拯爲昭文，曾爲集賢。制既入，謂復留，要筠改制，筠不從，卒命它學士爲之。拯遂爲集賢，曾依舊爲副樞。此記傳載王曾事與它書不同，當考。宋綬作筠墓銘，亦云上在東宫，始議邦政，以樞輔備三孤。筠當上麻，入而事遽易，丞相要筠改詔，筠拒不往，卒用它學士爲之。然則迪、謂等初領東宫職及罷相兩制，皆筠所草也。

庚午，吏部尚書、平章事丁謂加左僕射、門下侍郎兼太子少師，樞密使、同平章事馮拯爲右僕射、中書侍郎兼少傅、平章事，樞密使、同平章事曹利用兼少保。是日，詔自今中書、樞密院、諸司該取旨公事仍舊進呈外，其常程事務，委皇太子與宰臣、樞密

---

① 迪欲兼左丞　"左"，長編卷九六作"右"。

使已下就資善堂會議,施行訖奏。壬申,太子見宰相、樞密使于資善堂,諸司職掌以次參謁。

十二月己丑,以資政殿大學士、太子太保王欽若爲司空,職如故,止立學士班。丁酉,欽若爲山南東道節度使、同平章事、判河南府。初,欽若與丁謂善,援引至兩府。及謂得志,稍叛欽若,欽若恨之。時上不豫久,事多遺忘。欽若先以太子太保在東宮,位三少上,謂不悦,因改授司空。欽若晏見,上問曰:"卿何故不之中書?"對曰:"臣不爲宰相,安敢之中書?"上顧都知,送欽若詣中書視事,謂令設饌以待之,曰:"上命中書設饌耳。"欽若既出,使都知入奏,以無白麻,不敢奉詔,因歸私第。有詔學士院降麻,謂乃除欽若使相,爲西京留守。上但聞宣制,亦不知誤也①。

記聞載欽若入資善堂見太子,位三少上,丁謂方用事,尋有詔欽若以太子太保歸班。欽若袖詔書白上:"臣已歸班,不曉詔旨②。"上留其詔,改除司空。按欽若以太子太保歸班,乃天禧三年六月甲午初罷相時事,此時謂猶未入中書也。若已爲太子太保,又令歸班,則詔旨果不可曉,恐謂亦不至此繆,或記聞誤也。改除司空,今從實錄及本傳;押赴中書視事及爲使相、除河南,則參取記聞及江休復雜志稍刪潤之。

五年正月丁酉,翰林學士劉筠見上久疾,丁謂浸擅權,歎曰:"姦人用事,安可一日居此?"表求外任,乃授右諫議大夫、知廬州。舊制,學士罷職,多爲侍讀學士或龍圖閣學士,筠但除諫議大夫,謂沮之也。

三月壬寅,輔臣以天章閣成,並進秩。丁謂爲司空,馮拯爲左僕射,曹利用爲右僕射,任中正爲工部尚書,錢惟演爲右丞,王曾爲吏部侍郎,張士遜爲給事中。初,利用止加階、邑,謂等請與同遷,命已下,乃帖麻宣授。

范鎮東齋記事云曹利用先賜進士出身,而後除僕射,乃知進士之爲貴也如此。不知鎮何所據,附傳、正傳俱無之,當考。

十一月甲申,山南東道節度使、同平章事、判河南府王欽若有疾,詔遣中使將太醫診視。先是,欽若累表請就醫京師,未報。丁謂密使人紿欽若曰:"上數語及君,甚思一見。君第上表徑來,上必不訝也。"欽若信之,即令其子右贊善大夫從益移文河南

---

① 亦不知誤也 "誤",長編卷九六、宋宰輔編年錄卷三均作"寤"。按:"誤",太平治迹統類卷五作"悟"。
② 不曉詔旨 "曉",長編卷九六作"識"。

府,興疾而歸。謂因言欽若擅去官守,無人臣禮,命御史中丞薛映就第按問,欽若皇恐伏罪。戊子,責授司農卿、分司南京,奪從益一官。轉運使及河南府官守皆被罪,仍頒諭天下。

十二月壬戌,徙知應天府、翰林侍讀學士、兵部侍郎張知白知亳州。初,知白在中書,與王欽若不協,于是欽若分司南京,丁謂欲知白修怨也。已而知白待欽若加厚,謂怒,故徙之。

乾興元年二月甲辰,丁謂封晉國公①。戊午,真宗崩,仁宗即位。遺詔軍國事兼權取皇太后處分。初,輔臣共聽遺命,于皇太后退,即殿廬草制軍國事兼權取皇太后處分。丁謂欲去"權"字,王曾曰:"政出房闥,斯已國家否運,稱'權'尚足示後,且言猶在耳,何可改也?"謂乃止。曾又言:"尊禮淑妃太遽,須它日議之,不必載遺制中。"謂怫然曰:"參政顧欲擅改制書耶②?"曾復與辨,而同列無助曾者,曾亦止。時中外洶洶,曾正色獨立,朝廷賴以爲重。詳見太后垂簾。庚申,命宰臣丁謂爲山陵使。先是,輔臣請皇太后所御殿,太后遣內侍張景宗、雷允恭諭曰:"皇帝視事,當朝夕在側,何須別御一殿也。"乃令二府詳定儀注。王曾援東漢故事,請五日一御承明殿,太后坐左,皇帝坐右,垂簾聽政。既得旨,而丁謂獨欲皇帝朔望見群臣,大事則太后與帝召對輔臣決之,非大事悉令雷允恭傳奏禁中畫可以下。曾曰:"兩宮異處,而柄歸宦官,禍端兆矣!"謂不聽。癸亥,太后忽降手書,處分盡如謂所議。蓋謂不欲令同列與聞機密,故潛結允恭,使白太后,卒行其意。及學士草詞③,允恭先持示謂,閱訖乃進。

歐陽修作晏殊神道碑云:丁謂、曹利用各欲獨見奏事,無敢決其議。殊建言,群臣奏事太后者,垂簾聽之,皆無得見。議遂定。附傳、正傳俱無此,今亦不取。

甲子,始聽政。丙寅,宰臣丁謂加司徒,馮拯加司空,樞密使曹利用加左僕射,並兼侍中。參知政事王曾謂丁謂曰:"自中書令至諫議大夫、平章事,其任一也,樞密珥貂可耳。今主幼,母后臨朝,君執魁柄,而以數十年曠位之官一旦除授,得無公議乎④。"謂不聽。戊辰,貶道州司馬寇準爲雷州司戶參軍,戶部侍郎、知鄆州李迪爲衡

---

① 丁謂封晉國公　底本脫"丁謂"二字,據長編卷九八補。
② 參政顧欲擅改制書耶　長編卷九八同,嘉慶本"顧"作"果"。
③ 及學士草詞　底本脫"士"一字,據長編卷九八補。
④ 得無公議乎　長編卷九八同,嘉慶本作"得無□公議乎",宋史全文卷六作"得無違公議乎"。

州團練副使,仍播其罪於中外。準坐與周懷政交通,迪坐朋黨附會也。始議竄逐,王曾疑責太重,丁謂熟視曾曰:"居停主人恐亦未免耳。"蓋指曾嘗以第舍假準,曾踧然懼,遂不復爭。知制誥宋綬當直草責辭,謂嫌其不切,顧曰:"舍人都不解作文字耶?"綬遜謝,乞加筆削,謂即用己意改定。詔所稱"當醜徒干紀之際,正先皇違豫之初,罹此震驚,遂致沈劇",皆謂語也。

江休復雜志云:呂文靖作舍人①,值旬假,丁晉公宅會客,忽來招,遂趨往。至則懷中出詞頭,簾外草寇萊公雷州制。既畢,覽之不懌,曰:"舍人都不解作文字耶?"呂遜謝再三,乞筆增損,遂注兩聯曰:"當孽豎亂常之日,乃先皇違豫之初。罹此震驚,遂至沈劇。"按呂夷簡天禧四年九月自知制誥改龍圖閣直學士、權知開封府,不在舍人院久矣。又下詔責寇準等乃以二月二十九日,其草詔時非旬假可知,恐江氏誤也,今不取。當從龍川別志,當直舍人乃宋綬。龍川別志云丁謂逐李迪,命宋綬草責詞,綬請其罪名,謂曰:"春秋無將,漢法不道,皆其事也。"宋不得已從之。詞既上,謂猶嫌其不切,多所改定。其言上前爭議曰"罹此震驚,遂至沈劇",謂所定也。按實録具載寇準及李迪責辭,準則云"爲臣不忠",迪則云"附下濟惡",並無"春秋""漢法"等語,當是宋綬但從謂指草詔,卻自用己意行文,故不同耳。"罹此震驚,遂至沈劇",乃敘説周懷政謀反事,準坐與懷政交通②,迪坐附會準,初不敘爭議上前事也。蓋迪與準同責,而別志偶不及準,故妄以爭議事附著之。然爭議亦何至"震驚""沈劇"乎? 今不取。

謂惡準、迪,必欲致之死地,遣中使齎敕賜二人。中使承謂指,以錦囊貯劍揭於馬前,示將有所誅戮狀。至道州,準方與客宴,客多州吏也,起逆中使,中使避不見,問其所以來之故,不答,衆皇恐,不知所爲。準神色自若,使人謂之曰:"朝廷若賜準死,願見敕書。"中使不得已,乃授以敕。準即從録事參軍借緑衫著之,短纔至膝,拜敕于庭,升階復宴,至暮乃罷。及赴貶所,道險不能進,州縣以竹輿迎之,準謝曰:"吾罪人,得乘馬幸矣。"冒炎瘴,日行百里,左右爲之泣下③。既至,吏獻以圖經,首載州東南門至海岸十里。準恍然曰:"吾少時嘗爲詩,有曰'到海只十里,過山應萬重',今日思之,人生得喪豈偶然耶?"中使至鄆州,迪聞其異于它日,即自裁,不殊,其子柬之救之,乃免。人往見迪者,中使輒籍其名,或饋之食,留至臭腐,棄捐不與。迪客鄧餘怒曰:"豎子欲殺我公以媚丁謂耶? 鄧餘不畏死,汝殺我公,我必殺汝!"從迪至衡州,不離左右,

---

① 呂文靖作舍人 "舍人",長編卷九八作"三事日"。
② 交通 嘉慶本作"通交",長編卷九八作"通謀"。
③ 左右爲之泣下 "下"底本作"干",據長編卷九八改。

迪由是得全。或語謂曰："迪若貶死，其如士論何①？"謂曰："異日好事書生弄筆墨，記事爲輕重，不過曰'天下惜之'而已。"宣徽南院使、鎮國軍留後曹瑋責授左衛大將軍、容州觀察使、知萊州。瑋時任鎮定都部署，丁謂疑瑋不受命，詔河北轉運使、侍御史韓億馳往收其兵。先是，億嘗受詔爲向敏中諸子析私財，丁謂使所親諭億，欲市向氏長安華嚴川田。億至向第，面戒諸子曰："土田，衣食之原，決不可鬻！"由是忤謂意。謂欲緣是併中億，而瑋得詔即日上道，弱卒十餘人，不以弓韔矢箙自隨，謂卒不能加害。户部侍郎、知青州周起責授太常少卿、知光州，給事中、知杭州王隨授秘書少監、知通州，知海州王曙授鄂州團練副使，兵部郎中、知光州盛度授和州團練副使，凡前附寇準者②，並再加貶絀。

六月庚申，西京作坊使、普州刺史、入内押班雷允恭以擅易皇堂事伏誅。詳見雷允恭擅易皇堂。初，丁謂與允恭協比專恣，内挾太后，同列無如之何。太后嘗以上臥起晚，令内侍傳旨中書，欲獨受群臣朝。謂適在告，馮拯等不敢決，請謂出謀之。及謂出，力陳其不可，且詰拯等不即言，由是稍失太后意。又嘗議月進錢充宫掖之用，太后滋不悦。允恭既下獄，王曾欲因山陵事并去謂，而未得間。一日，語同列曰："曾無子，將以弟之子爲後。明日朝退，當留白此。"謂不疑曾有異志也。曾獨對，具言謂包藏禍心，故令允恭擅移皇堂于絶地，太后始大驚。謂徐聞之，力自辨于簾前，未退，内侍忽捲簾曰："相公誰與語？駕起久矣。"謂皇恐不知所爲，以笏叩頭而出。癸亥，輔臣會食資善堂，召議事，謂獨不與，知得罪，頗哀請，錢惟演遽曰："當致力，無大憂也。"馮拯熟視惟演，惟演踧踖。及對承明殿，太后諭拯等曰："謂身爲宰相，乃與允恭交通。"因出謂嘗託允恭令後苑匠所造金酒器示之，又出允恭嘗干謂求管勾皇城司及三司衙司狀，因曰："謂前附允恭奏事，皆言已與卿等議定，故皆可其奏。近方識其矯誣。且營奉先帝陵寢，所宜盡心，而擅有遷易，幾誤大事。"拯等奏曰："自先帝登遐，政事皆謂與允恭同議，稱得旨禁中，臣等莫辨虚實。賴聖神察其姦，此宗社之福也。"太后怒甚，欲誅謂。拯進曰："謂固有罪，然帝新即位，亟誅大臣，駭天下耳目。且謂豈有逆謀哉？第失奏

---

① 其如士論何　"其"，長編卷九八、太平治迹統類卷五均作"公"。
② 凡前附寇準者　長編卷九八同，嘉慶本"寇準"下有"事"一字。

山陵事耳。"太后少解,令拯等即殿廬議降黜之命。任中正言:"謂被先帝顧託,雖有罪,請如律議功。"曾曰:"謂以不忠得罪宗廟,尚何議耶?"乃責謂爲太子少保、分司西京。故事,宰相罷免皆降制,時亟欲行,止召當直舍人草詞,仍牓朝堂,布諭天下。謂所坐,但私庇允恭,不忍破其妄作,未必真有禍心,然天資險狡,多陰謀,得政歲久,要不可測。雖曾以計傾之,而公論不以爲過也。

魏泰云:吕許公權知開封,鞫雷允恭獄,凡行移推劾文字及追取證左之人,一切止坐允恭,略無及謂之語。獄具,欲上聞,謂信以爲無疑,遂令許公對。公至上前,方暴其絶地之事。按:劾獄就鞏縣,内侍羅崇勛實主之,許公但與魯宗道復視皇堂,無與獄事也,魏泰所聞誤矣。以計傾謂乃王沂公,然於獄事亦無與。龍川别志所載,蓋得其實。泰又云沂公獨入劄子,乞于山陵已前一切内降文字,中外並不得施行。又乞今後凡兩府行文字①,中書須宰相、參政,密院須樞密使副僉書聞,方許中外承受。兩宫可其奏。謂聞之,愕然自失,由是深憚沂公。此事俱不見于國史、實録,以理勢度之,謂方與允恭交結,沂公雖有此奏,亦未必從。謂愕然自失,當是沂公獨對,發其擅易皇堂事耳。今並不取。丁謂附傳及正傳並云:遺制,軍國事兼取皇太后處分,謂乃增"權"字。及太后稱制,又議月進錢充宫掖之用,太后深惡之,因允恭擅易皇堂,遂併録謂前後欺罔事竄之。按王曾言行録:謂乃欲去"權"字者,傳誤矣。僧文瑩湘山野録載仁廟纂臨方十二歲,未能待旦,起已日高。太后遣中人傳旨中書:"爲官家年少起晚,恐稽留百官班次,每日衹來這裏體會。"丁晋公謂在告,馮相覆奏曰:"乞候丁謂出,與商量。"及丁參告,太后又傳旨,晋公口奏曰:"臣等止聞皇帝傳寶受遺②,若移大政于他處,則理勢不順,難以承稟。"晋公由此忤太后意,復面責同列曰:"此事諸君即當申覆③,何須某出?"足見顧藉甚厚也。晋公更衣,馮謂魯參曰:"渠必獨作周公,令吾輩爲莽、卓,乃真宰相存心也。"丁謂忤太后旨,此當得其實。然謂初議獨欲皇帝朔望見羣臣,大事則太后與帝召對輔臣決之,今乃不欲太后獨受羣臣朝,似與前相戾。或姦邪亦往往堅持小正,以售其大不正。又謂意太后未必罪己④,故敢如此也。但文瑩所載,尚多牴牾,且丁謂未敗時,魯宗道安得遽爲參政?今略删取,并月進錢書之。

丙寅,參知政事任中正罷爲太子賓客、知鄆州,坐營救丁謂故也。中正弟中行、中師並坐降黜。

七月戊辰朔,降丁謂子太常丞、直集賢院珙爲太子中允,落職,監鄆州税;珝、玘、

---

① 又乞今後凡兩府行文字 "乞"底本作"云",據嘉慶本、長編卷九八改。
② 臣等止聞皇帝傳寶受遺 "止"底本作"正",據長編卷九八改。"止",嘉慶本作"尚"。
③ 申覆 長編卷九八同,嘉慶本作"中覆"。
④ 又謂意太后未必罪己 "謂意"底本作"意謂",長編卷九八同,據嘉慶本乙正。

斌各追一官,並勒停隨父。知河南府薛顔素與丁謂厚善,庚午,命知應天府趙湘與顔易任。壬申,玉清昭應宮副使、翰林侍讀學士、刑部尚書林特落職,歸班。禮部郎中、知制誥、史館修撰祖士衡落職、知吉州。降侍御史、知宣州章頻爲比部員外、監饒州酒税。淮南、江浙、荆湖制置發運使,禮部郎中蘇維甫知宣州。權户部判官、工部郎中黄宗旦知袁州。權鹽鐵判官、工部郎中孫元方知宿州,周嘉正知金州,户部判官、度支員外郎上官佖知晋州,金部員外郎、權磨勘司李直方知淄州,並坐丁謂黨也。己卯,降工部員外郎、直集賢院、權判鹽鐵勾院潘汝士知虔州。汝士,謹修子,丁謂壻也。殿中丞、集賢校理、知開封縣錢致堯落職,監池州酒税。始,丁謂知江寧,致堯爲府從事,及謂入相,擢爲館職,知赤縣,倚謂勢納賂,謂敗,并黜之。先是,女道士劉德妙者,嘗以巫師出入丁謂家,謂敗,逮繫德妙,款伏。謂嘗教言:"乃所爲不過巫事,不若託老君言禍福,足以動人。"于是即謂家設神像,夜醮于園中,雷允恭數至請禱。及真宗崩,引入禁中。及因穿地得龜蛇,令德妙持入內,紿言出其家山洞中。乃復教云:"上即問若所事何知爲老君,第云相公非凡人,當知之。"謂又作二頌,題曰混元皇帝賜德妙,語涉妖誕。辛卯,再貶謂崖州司户参軍,諸子並勒停。玘又坐與德妙姦,除名,配隸復州。籍其家,得四方賂遺,不可勝紀。其弟誦、説、諫悉降黜。仍以謂罪狀布告中外。始,謂命宋綬草寇準責辭,綬請其故,謂曰:"春秋無將,漢法不道,皆證事也。"綬雖從謂旨,然卒改易謂本語,不純用。及謂貶,綬猶當制①,即草詞曰:"無將之戒,舊典甚明。不道之辜②,常刑罔赦。"朝論快焉。謂初逐準,京師爲之語曰:"欲得天下寧,當拔眼中丁。欲得天下好,莫如召寇老。"不半歲,謂亦貶,人皆以爲報復之速,天道安可誣也。謂竄崖州,道出雷州,準遣人以一蒸羊逆之境上。謂欲見準,準拒絶之。聞家僮謀欲報仇,亟杜門使縱博,毋得出,伺謂行遠,乃罷。壬辰,詔中外臣僚有曾與丁謂往來者,一切不問。時遣侍御史方謹言籍謂家,得士大夫書,多干請關通者,悉焚之,不以聞,世稱其長者。謹言,莆田人也。

十月己亥,左諫議大夫、集賢院學士、知泉州陳靖爲秘書監致仕。靖雅善丁謂,及謂貶,黨人皆逐,提點刑獄、侍衛史王耿乃言靖老病無政事,不宜反爲鄉里官,故有

---

① 綬猶當制　長編卷九九、宋宰輔編年録卷四、宋史全文卷六同,嘉慶本"猶"作"又"。
② 不道之辜　"辜"底本作"誅",據長編卷九九、宋宰輔編年録卷四改。

是命。

十一月丁卯朔,樞密使錢惟演罷爲保大節度使、知河陽。初,惟演見丁謂權盛,附離之,與爲婚姻。謂逐寇準,惟演與有力焉。及序樞密直學士題名石,獨刊去準名,曰:"逆準削而不書。"謂禍萌,惟演慮並得罪,遂擠謂以自解。馮拯惡其爲人,因言惟演以妹妻劉美,實太后姻家,不可預政,請出之。乃出惟演爲鎮國留後,即日改今命。

天聖元年二月戊戌,太常博士丁誦、大理寺丞丁説、閤門祗候丁諫並與在外監當,皆謂之弟也。

七月己丑,給事中、集賢院學士寇瑊知鄧州。初,上封者言瑊與丁謂厚善,故自成都代還,特黜之。

三年十二月癸亥,徙崖州司户參軍丁謂爲雷州司户參軍。謂家寓洛陽,嘗爲書自克責,敘國厚恩,戒家人毋輒怨望,遣人致于西京留守劉燁,祈付其家,戒使者伺燁會衆僚時達之。燁得書,不敢私,即以聞。上見之感惻,故有是命。謂雅多智,是猶出于揣摩也。宰相言:"謂,天下不容其罪而竄之,今不緣赦宥,未可以内徙。"上曰:"謂斥海上已數年,欲令生還嶺表耳。"

魏泰叙此事繆妄甚,今不取。張唐英所載差近之,故正史循用。然謂必不敢上表,特與其家人書耳。唐英亦誤。

五年十二月,是歲南郊肆赦,中外以爲謂將復還①,殿中侍御史陳琰上疏曰:"亂常肆逆,將而必誅。左道懷姦,有殺無赦。丁謂因緣憸佞,竊據公台,賄賂包苴,盈于私室。威權請謁,行彼公朝。引巫師妖術,厭魅宫闈;易神寢龍岡,冀消王氣。今禋柴展禮②,涣汗推恩,必慮謂潛輸琛貨,私結要權。假息要荒,冀移善地。李德裕止因朋黨,不獲生還;盧多遜曲事王藩,卒無牽復。請更不原赦。"上然之。

八年十一月戊辰,南郊肆赦。十二月壬辰,以雷州司户參軍丁謂爲道州司户參軍。始中外疑謂必將内徙③,刑部員外郎兼侍御史知雜事劉隨言:"彼擅移于陵域,將不利于君親。只合取彼頭顱,置諸郊廟。"殿中侍御史張錫言:"謂姦邪弄國,罪當死,

---

① 將復還　底本作"必還",據長編卷一〇五改。
② 今禋柴展禮　長編卷一〇五同,嘉慶本"禋"作"烟"。
③ 十二月壬辰以雷州司户參軍丁謂爲道州司户參軍始　底本脱此二十二字,據長編卷一〇九補。

無可憐者。且大臣竄逐,本與天下弃之。今復還,是違天下意。"由是止徙道州。

明道元年十一月丙申,詔蘇州所没丁謂莊田,還給其家,仍以其子前内殿承制珝爲供奉官。

景祐四年閏四月,光州言秘書監致仕丁謂卒。王曾聞之,語人曰:"斯人智數不可測,在海外,猶用詐得還。若不死,數年未必不復用。斯人復用,則天下之不幸可勝道哉?吾非幸其死也。"

卷第二十四

真宗皇帝

朱能僞造天書

天禧三年三月。入内副都知周懷政日侍内廷,權任尤重,附會者頗衆,往往言事獲從,同輩位望居右者,必排抑之;中外帑庫,皆得專取,而多入其家;性識凡近,酷信妖妄。有朱能者,本單州團練使田敏家厮養,性凶狡,遂賂其親信得見,因與親事卒姚斌等妄談神怪事以誘之,懷政大惑,援引能至御藥使,領階州刺史。俄於終南山修道觀,與終南劉益輩造符命,託神靈,言國家休咎,或臧否大臣。時寇準鎮永興,能爲巡檢,賴準舊望,欲實其事。準性剛彊好勝,喜其附己,故多依違之。是月,準奏天書降乾祐山中,蓋能所爲也。中外咸識其詐,上獨不疑。

劉攽作寇準傳云:朱能獻天書,上以問王旦,旦曰:"始不信天書者,寇準也。今天書降準所,當令準上之,則百姓將大服。"乃使周懷政諭準。準始不肯,而準壻王曙居中,與懷政善,遂固要,準乃從之。按王旦死于天禧元年正月,而準上天書乃三年三月①,攽誤甚矣。或欽若實爲此,非旦也。

夏四月辛卯,備儀仗至瓊林苑迎導天書。入内太子右諭德魯宗道上疏,略曰:"天道福善禍淫,不言示化。人君政得其理,則作福以報之;失其道,則出異以戒之。又何有書哉?臣恐姦臣肆其誕妄,以惑聖聽也。"知河陽孫奭上疏言:"朱能者,姦憸小人②,偶塵驅使,驟爲牧伯,皆由妄言祥瑞,而陛下崇信之,屈至尊以迎拜,埽秘殿以奉安③。上自朝廷,下及閭巷,靡不痛心疾首,反唇腹誹,無敢言者。漢文成將軍以帛書飯牛,揚言牛腹

---

① 而準上天書乃三年三月 "乃"底本作"云",據長編卷九三改。
② 姦憸小人 "憸"底本作"險",據長編卷九三改。
③ 埽祕殿以奉安 "埽",長編卷九三、太平治迹統類卷四、宋史卷四三一孫奭傳均作"歸";嘉慶本作"掃"。

中有奇書,殺視得書,天子識其手跡。又有五利將軍妄言,方多不售,二人皆坐誅。先帝時有侯莫陳利用,以方術暴得寵用,一旦發其姦,誅于鄭州。漢武可謂雄才,先帝可謂英斷。唐明皇得靈寶符、上清護國經、寶券,皆王鉷、田同秀等所爲,明皇不能顯戮,怵於邪説,自謂德實動天,神必福我。夫老君,聖人也,倘實降語,固宜不妄。而唐自安史亂離,乘輿播越,兩都盪覆,四海沸騰,豈天下太平乎?明皇雖僅得歸闕,復爲李輔國劫遷,卒以餒終,豈聖壽無疆,長生久視乎?夫以明皇之英睿,而禍患猥至曾不知者,良由在位既久,驕亢成性,謂人莫己若,謂諫不足聽,心玩居常之安,耳熟導諛之説①,内惑寵嬖,外任姦回,曲奉鬼神,過崇妖妄。今日見老君於閣上,明日見老君於山中。大臣尸禄以將迎②,端士畏威而緘默③。既惑左道,即紊政經,民心用離,變起倉卒。當是之時,老君寧肯禦兵,寶符安能排難耶?今朱能所爲,或類於此。願陛下思漢武之雄才,法先帝之英斷,鑒明皇之召亂,庶災害不生,禍亂不作。"奭又言:"天且無言,安得有書?天下皆知朱能所爲,獨陛下一人不知耳。乞斬朱能,以謝天下。"上雖不聽,然亦不罪奭也。

奭本傳載"天且無言,安得有書"之對在祥符初,恐誤也,移見祀汾陰前,又見於此。朱能所獻天書,其迎奉之禮,蓋不減祥符,而國史、實録諱之,遂不復詳載,且失其時日。按稽古録于是年三月載寇準奏天書降乾祐山中,今用此爲據,係之三月末。魯宗道、孫奭諫疏亦不得其時,因此附見。國老閒談以宗道所諫爲指祥符,則誤也,今追正之。記聞載奭諫語,比之正傳尤切直,恐奭不但一疏,今並載之,可見先朝容直臣也。按李維集有賀天書降兩表④,其一云四月四日迎奉入内,其二云八月二十四日迎奉入内,今並用此月日,載之長編。

壬寅,召近臣詣真遊殿,朝拜天書。

五月甲申,寇準自永興來朝。準將發,其門生有勸準者曰:"公若至河陽稱疾,堅求外補,此爲上策。倘入見,即發乾祐天書詐妄之事,尚可全平生正直之名,斯爲次也。最下則再入中書爲宰相爾。"準不懌,揖而起。君子謂準之卒及於禍,蓋自取也。

此出湘山野録,其言有理,故取之。

---

① 耳熟導諛之説 "導"底本作"尊",長編卷九三同,據嘉慶本、太平治迹統類卷四、宋朝諸臣奏議卷三六孫奭上真宗論天書改。
② 大臣尸禄 "尸"底本作"户",據嘉慶本、長編卷九三改。
③ 端士畏威而緘默 "士"底本作"坐",長編卷九三同,據嘉慶本、宋朝諸臣奏議卷三六孫奭上真宗論天書、宋史卷四三一孫奭傳改。
④ 李維集 長編卷九三同,嘉慶本作"李維賢"。

六月,準特授行中書侍郎兼吏部侍郎、同中書門下平章事、充景靈宮使、集賢殿大學士。

八月丁亥,以天書再降于乾祐縣,大赦天下。常赦所不原者,咸除之。諸軍並與特支,屯駐在外舊無例特支者,皆給與。賜乾祐縣民秋租十之五。普度諸道釋童行。廣南官吏聽挈屬之治所①。制曰:"朕寅奉丕基,撫寧中宇,慶靈積厚,高明博臨。受河、洛之秘書,開聖真之鴻緒,陳嘉牲於崇巘,沈瑄玉於隆脽。順拜文甍之壇,恭薦鏤瓊之版。儲精淵妙,敷化醇醲。矧惟咸、鎬之區,是爲神明之奧。名山之內,福地在焉。載嚴曲密之都,式佇鴻濛之駕,清心昭格,璿極鑒觀。由茲鶉首之封,薦錫龍綈之檢。諭朕以輔德,戒朕以愛民。告臨降之先期,述延洪之景祐②;介子孫于千億,保宗稷于大寧。而又睠顧皇儲③,繼頒寶命,昭其仁孝之志,示以報應之祥。齋莊載祓,惕厲彌至。考諸册牒,允謂殊尤。昔燧皇握機,但有蒼渠之刻;虞舜負扆,止觀河渚之文。豈若祚我菲躬④,慶及元嗣,膺茲繁祉,實茂皇圖⑤。思與萬邦,共均純嘏。仰答高旻之貺,用推肆眚之恩。"

郊恩密邇,忽降大赦,蓋以乾祐天書再降故也。及周懷政、朱能等敗,史官諱之,遂改易制辭,自"恭薦鏤瓊之版"以下,但云"迨茲二紀,馴致小康,邦本既寧,天休允集。顧惟陰騭,奚獨在予!思與萬邦,共膺純嘏"。遂大赦天下。臣燾初讀實錄、國史,固疑此赦之必有所爲也。檢會要云以天書,而赦文殊不及之,因令於諸州所編錄建隆以來赦文內尋出全本,則其辭蓋昭然。且朱能等僞造天書,實錄、正史皆略之,惟此制辭差詳,恐其亡逸,而特著於此。原史官所以深諱者,爲過舉也。過而能改,善莫大焉。此尤可見真宗之盛德矣。若乃未發其事,竄改其辭,使後人漫不可曉,既失史官之職,又没帝王改過之善,臣燾所不敢從也。此會要乃三朝會要,今五朝會要已改云"以天下小康,故降赦",蓋從史也。孫奭等諫疏或在此赦後。然三月末已載之,不復遷改,且天書實再降,則奭等于初降即上諫疏,亦不可知爾。

戊申,自瓊林苑迎奉天書入內。

四年六月丙申⑥,準罷政事,爲太子太傅、萊國公,以奏請太子監國,丁謂等力譖之

---

① 廣南官吏聽挈屬之治所 "屬",長編卷九四作"家"。
② 述延洪之景祐 "祐"底本作"祜",據嘉慶本、長編卷九四改。
③ 而又睠顧皇儲 "睠",長編卷九四作"乃"。
④ 豈若祚我菲躬 "我",長編卷九四作"乃"。
⑤ 實茂皇圖 "茂",長編卷九四作"冠"。
⑥ 丙申 底本脫此二字,據長編卷九五補。

也。七月甲戌,周懷政謀奉帝爲太上皇,傳位太子,事敗伏誅。謂等並發朱能所獻天書妖妄事,亟遣入内供奉官盧守明、鄧文慶馳驛詣永興軍,捕能及其黨乾祐觀主王先、道士張用和,殿直劉益,借職李貴、康玉,殿侍唐信、徐原,並免死,黥面,配儋、梅、高、崖、雷、瓊、萬安、循州。朱能父左武衛將軍致仕諤、母周氏贖銅百斤,並其子守昱、守吉分配邵、蔡、道州,貲産没官;與諤往來結社人,悉決杖,配諸州。丁丑,太子太傅寇準降授太常卿、知相州。見丁謂事迹①。

八月辛巳,入内供奉官譚元吉、高品王德信決杖,配唐州;高班胡允則、黄門楊允文決杖,配西京。坐嘗受命至乾祐縣,與周懷政協同妖妄故也。元吉尋黥面,配賓州。朱能聞使者至,自度不免,衷甲以出,殺盧守明,帥所部兵挈家屬叛逸。永興軍奏其事,詔遣内殿承制江德明、入内供奉于德潤乘驛發兵捕之,應能黨與分配嶺表者,所至禁繫,别竢朝旨。既而能衆潰,勢窮,蹙入桑林,自縊死。永興乾耀都巡檢供奉官李興、牢城十將張順斷能及其子首以獻,補興閤門祗候,順本城都頭。

興、順遷官實在十一月甲寅,今並書之。

壬寅,太常卿、知安州寇準坐朱能叛,再貶道州司馬。甲辰,入内押班鄭志誠嘗納朱能音問,及搜獲表章,有請太子親政之事②,令右諭德魯宗道、御史劉平鞫問,削兩任,配隸房州。

九月丙辰,詔劉益、康玉、徐原等十一人並活釘令衆三日訖③,斷手足,具五刑處死。王光、李貴並斷手足處斬。唐信八人並處斬。文思院畫匠、軍士、百姓十五人並免死,杖脊,黥面,配沙門島及廣南牢城。朱能僕使及道士、軍士十二人並杖脊,黥面,配江、湖、福建牢城。能弟文顯免杖,黥面,配鄧州牢城。初,能將擐甲扞制使,文顯潛以告知府朱巽等,故至是獲用輕典。能妻高、母李、弟婦陳,洎女僕、家僮十二人並決杖,分配湖南、京東西州軍。能子伴哥以幼不勝杖,黥面,配澧州牢城,聽隨母之配所。時命殿中侍御史王博文與内臣岑守素等乘傳詣永興按劾,具獄以聞,而降是詔。初,遣博文,人謂連逮者必衆。博文唯治首惡,脅從者皆爲請,得以減論。壬戌,知永興軍

---

① 丁謂事迹 "迹"底本作"實",據本書卷二十三丁謂事迹改。
② 有請太子親政之事 "事",嘉慶本、長編卷九六均作"辭"。
③ 徐原 底本作"徐元",據長編卷九六改。按:本卷前文之"殿侍唐信、徐原"亦可爲參證。

府朱巽、陝西轉運使梅詢並削一任,巽爲護國節度副使,詢爲懷州團練副使,並不署州事。本軍通判、幕職官並贖銅,釋罪。巽等常薦舉朱能,及不察姦妄,致害制使,故責之。知鳳翔府、侍御史臧奎贖銅二十斤,通判寧州,坐與能交結也。軍士封進、鳳翔府孔目官朱日昌等八人,皆能等常從,預爲矯妄者,並決杖,分配海島、遠郡牢城。乾祐知縣,蒲城、長安、萬年、乾祐簿尉,並坐黜削①。

周懷政謀廢立②

天禧四年七月甲戌,昭宣使、英州團練使、入內副都知周懷政伏誅。大中祥符末,上始得疾,是歲仲春,所苦浸劇,自疑不起,嘗卧枕懷政股與之謀,欲命太子監國。懷政實典左右春坊事,出告寇準,準遂請間建議,密令楊億草奏,已而事洩,準罷相。見丁謂事迹③。丁謂等因疏斥懷政,使不得親近,然以上及太子故,未即顯加黜責。懷政憂懼不自安,陰謀殺謂等,復相準,奉帝爲太上皇,傳位太子,而廢皇后。與其弟禮賓副使懷信潛召客省使楊崇勳、內殿承制楊懷吉、閤門祗候楊懷玉議其事,期以二十五日竊發。前一夕,崇勳、懷吉悉詣謂第告變,謂中夜微服,乘婦人車,過曹利用計之。及明,利用入奏于崇政殿,懷政時在殿東廡,即令衛士執之。

懷政本傳云:上姑務含容,不忍斥其過,然漸疏遠之。懷政憂懼,時使小黃門自禁中,詐稱宣召,入內東門,坐別室,久之而出,以欺同輩。實錄亦云。然收懷政時實在崇政殿東廡,則其出入禁中固自如也。但丁謂等多爲之防,使懷政罕得見上耳,蓋未有疏遠懷政意也。本傳又云上怒甚,而實錄無此,疑本傳飾說,今不取。

詔宣徽北院使曹瑋與崇勳就御藥院鞫訊,不數刻,具引伏。上坐承明殿臨問,懷政但祈哀而已。命載以車,赴城西普安佛寺斬之。謂等并發朱能所獻天書妖妄事。詳見朱能僞造天書。懷政父內殿承制紹忠及懷信並決杖,配復、岳州,子姪勒停,貲產沒官。懷政之未敗也,紹忠嘗詬之曰:"斫頭豎子,終累及我!"懷信又嘗謂懷政曰:"兄,天書事必敗,當早詣上首露,庶獲輕典。"及謀作亂,又號泣伏拜而止之,皆不聽,故皆得免死焉。自餘親事卒、懷政僕使決杖,分配海島、遠州。

---

① 並坐黜削 嘉慶本作"並坐削紐",長編卷九六"黜"作"紐"。
② 周懷政謀廢立 嘉慶本作"周懷政陰謀廢立"。
③ 丁謂事迹 "迹"底本作"實",據本書卷二十三丁謂事迹改。

記聞載懷政以二月二日懷小刀對上自割，上因是疾復作，皇后命收懷政下獄，并於宮中得萊公奏言傳位事，乃命楊崇勳告變，誅懷政，貶萊公。按懷政誅在七月，萊公罷在六月。若懷政于仲春爲此，則萊公不待夏末始罷，懷政至秋初乃誅也。然真宗實以仲春疾益甚，不知緣何事耳。記聞必誤，今不取。

丁丑，太子太傅寇準降授太常卿、知相州，翰林學士盛度、樞密直學士王曙並落職，度知光州，曙知汝州，皆坐與周懷政交通也。是月，以客省使、英州防禦使楊崇勳爲鄧州觀察使，內殿承制楊懷吉爲如京使，並賜金帶及金銀，降詔褒獎。供奉官、京城西面巡檢楊懷玉責授侍禁，依前閤門祗候，出爲杭州都監。懷玉既與崇勳等預周懷政議，崇勳告變之翌旦，始詣樞密院自陳，故責之。

八月辛巳，楊崇勳爲內客省使，領桂州觀察使①、兼群牧使②。崇勳累辭鄧州之命，故改任焉。丙午，入內供奉官石承慶削兩任，配隸宿州。先是，周懷政嘗遣人召承慶，欲有所議，夜二鼓不下皇城門鑰以待之。上遣黃門黃守志開太寧③、祥符、東華門傳詔許王宮，至則門不閉，見承慶將入，守志訊知其故，戒令勿入，于是門司不復納承慶。守志畏懷政不敢言，至是以聞，鞫承慶而責之。

明道二年十一月甲戌，贈左驍騎使、英州團練使周懷政安國節度使，以其弟太子右內率府副率④、宿州安置懷吉爲禮賓副使。

景祐元年八月辛酉，河陽三城節度使、同平章事、判陳州楊崇勳落平章事、知壽州，崇勳子閤門祗候宗説監濟州税。先是，內侍押班周懷信言："兄懷政天禧中給事東宮，最處親信。姦臣謀危皇嗣，心懷忠憤，議除憸黨，爲崇勳及楊懷吉誣告被誅。今懷吉雖死，而崇勳尚居將相，乞正其事，以慰幽魂。"故有是命。懷吉弟供備庫使懷志；子閤門祗候永孚，入內高班永德，入內黃門永成⑤、永遷並坐降黜。

雷允恭擅易皇堂

天禧五年四月丁未，以內殿崇班雷允恭爲皇太子宮都監、同管勾資善堂、左右春

---

① 領桂州觀察使　"桂州"，長編卷九六作"貴州"。
② 兼群牧使　"群"底本作"郡"，據嘉慶本、長編卷九六改。
③ 黃守志開太寧　"黃守志"，嘉慶本、長編卷九六均作"黃守忠"；"太寧"，嘉慶本、長編卷九六均作"大寧"。
④ 以其弟太子右內率府副率　底本脱"太"一字，據長編卷一一三補。
⑤ 永成　嘉慶本同，長編卷一一五作"永誠"。

坊司事。

乾興元年二月戊午,真宗崩,仁宗即皇帝位。庚申,命宰臣丁謂爲山陵使。丁謂潛結雷允恭,使白太后,卒行其意。詳見丁謂事迹。

六月庚申,西京作坊使①、普州刺史、入内押班雷允恭伏誅。允恭既與丁謂交結,謂深德之,允恭倚謂勢,日益驕恣無所憚。始,宦官以山陵事多在外,允恭獨留不遣,自請于太后,不許。允恭泣曰:"臣遭遇先帝,不在人後,而獨不得效力于陵上,敢請罪。"太后曰:"吾非有所靳於汝也,顧汝少而寵幸,不歷外任。今官品已高,近下差遣,難以使汝。若近上名目,汝不知法禁,妄有舉動,適爲汝累。"允恭泣告不已。時按行使、副及修奉都監既受命踰旬矣,乃特命允恭與張景宗同管勾山陵一行事。

三月己亥,允恭馳至陵下,判司天監邢中和爲允恭言:"今山陵上百步,法宜子孫,類汝州秦王墳。"允恭曰:"如此,何不用?"中和曰:"恐下有石若水耳。"允恭曰:"先帝獨有上,無他子。若如秦王墳,當即用之。"中和曰:"山陵事重,按行覆驗,時日淹久,恐不及七月之期。"允恭曰:"第移就上穴,我走馬入見太后言之,安有不從?"允恭素貴橫,衆莫敢違,即改穿上穴。及允恭入白于太后,太后曰:"此大事,何輕易如此?"允恭曰:"使先帝宜子孫,何爲不可?"太后意不然之,曰:"出與山陵使議可否。"允恭見謂,具道所以,謂亦知不可,而重逆允恭意,無所可否,唯唯而已。允恭不得謂決語,入誑太后曰:"山陵使無異議矣。"既而上穴果有石,石盡水出,工役甚艱,衆議藉藉。步軍副都指揮使、威塞節度使夏守恩爲修奉山陵部署②,懼不能成功,中作而罷,奏以待命。時五月辛卯也。謂庇允恭,猶欲遷就成之,不敢以實聞。癸巳,入内供奉官毛昌達還自陵下,具奏其事。太后即使問謂,謂始請復遣按行使藍繼宗、副使王承勛往參定。乙未,太后又遣内侍押班楊懷玉與繼宗等俱。丙申,又遣入内供奉官羅崇勳、右侍禁閤門祗候李維新就鞏縣劾允恭罪狀以聞。允恭欲自持所畫山陵圖入奏,詔不許。是月辛丑③,又遣内殿承制馬仁俊同鞫允恭。癸卯,又遣龍圖閣直學士、權知開封府吕夷簡,龍圖閣直學士兼侍講魯宗道,入内押班岑保正,入内供奉官任守忠覆視皇堂,既

---

① 西京作坊使 "使"底本作"司",據嘉慶本、長編卷九八改。
② 夏守恩 "恩"底本作"思",長編卷九八同,據文淵閣本長編卷九八、宋史卷二九〇夏守恩傳改。
③ 是月辛丑 "是"底本作"四",據嘉慶本、長編卷九八改。

而咸請復用舊穴,乃詔輔臣會謂第議。明日,特命王曾再往復視並祭告。謂請俟曾還,與衆議不異,始復役。詔復役如初,唯皇堂須議定乃修築。曾卒從衆議。允恭坐擅移皇堂,并盜庫金三千一百一十兩、銀四千六百三十兩、錦帛一千八百疋、珠四萬三千六百顆、玉五十六兩及當進皇堂犀帶一、藥金七十兩,又坐嘗令取玉帶賜輔臣而竊取其三,于是杖死于鞏縣,籍其家。弟侍禁、寄班祗候允中決配郴州編管,邢中和貸命,決配沙門島,坐決配者又十七人。

仁宗實録允恭附傳云:允恭日益驕横,太后惡而疏之,故遣修陵域、隧道。按龍川别志乃允恭力請行,太后始命之。又按:太祖、太宗山陵,除五使及按行使副、修奉都監、部署外,即未嘗别除同管勾一行事。今特以命張景宗及允恭,蓋寵之也,決非疏惡意,别志當得其實,但誤以管勾一行事爲都監耳。都監乃盧守懃,與按行使、副相繼受命,在旬日前矣。兩朝志丁謂傳亦以允恭爲都監,皆誤也。别志又云王曾獨對,太后乃知其事,亟命官按劾。亦恐失實,蓋事發當在毛昌達。始曾既復視還,因言謂包藏禍心,故容允恭擅易皇堂。太后入其言,謂果得罪。謂得罪,實曾發之;發擅易皇堂事,則非曾也。

初,丁謂與雷允恭協比專恣,内挾太后,同列無如之何。允恭既下獄,王曾欲因山陵事並去謂,而未得間。一日,語同列曰:"曾無子,將以弟之子爲後。明日朝退,當留白此。"謂不疑曾有異志也。曾獨對,具言謂包藏禍心,故令允恭擅移皇堂于絶地,太后始大驚。謂徐聞之,力辨于簾前,未退,内侍忽捲簾曰:"相公誰與語?駕起久矣。"謂皇恐不知所爲,以笏叩頭而出。癸亥,輔臣會食資善堂,謂獨不與,知得罪,頗哀請。錢惟演遽曰:"當致力,無大憂也。"馮拯熟視惟演,惟演踧踖。及對承明殿,太后諭拯等曰:"丁謂身爲宰相,乃與雷允恭交通。"因出謂嘗託允恭令後苑匠所造金酒器等示之,又出允恭嘗干謂求管勾皇城司及三司衙司狀示之,因曰:"謂前附允恭奏事,皆言已與卿等議定,故皆可其奏,近方識其矯誣。且營奉先帝陵寢,所宜盡心,而擅有遷易,幾誤大事。"拯等奏曰:"自先帝登遐,政事皆謂與允恭同議,稱得旨禁中,臣等莫辨虛實。賴聖神察其姦,此宗社之福也。"太后怒甚,欲誅謂,拯進曰:"謂固有罪,然帝新即位,亟誅大臣,駭天下耳目。且謂豈有逆謀哉?第失奏山陵事耳。"太后少解,令拯等即殿廬議降黜之命。任中正言:"謂被先帝顧託,雖有罪,請如律議功。"曾曰:"謂以不忠,得罪宗廟,尚何議耶?"乃責謂爲太子少保,分司西京。

卷第二十五

真宗皇帝

劉旴之變

至道三年八月，西川都巡檢使韓景祐行部至懷安，帳下廣武卒劉旴謀作亂，夜率衆襲景祐，景祐踰垣獲免。旴遂掠懷安，破漢州及永康軍、蜀州，所至城邑，望風奔潰。時益州鈐轄馬知節亦兼諸州都巡檢，領兵三百，追旴至蜀州，與之角鬭，自未至亥，賊懼，走邛州。招安使上官正飛書召知節還成都計議，知節曰："賊黨已踰三千，若破邛州，必越新津大江，去我九十里，官軍雖倍，制之亦勞。不如出兵迎敵，破之必矣。"即率所部夜渡江，屯方井鎮，與賊遇，而正亦尋領軍至，共擊斬旴，其黨悉平，旴自起至滅凡十日。庚申，詔以正爲南作坊使，賜知節錦袍、金帶，將士賜賚有差。遣使按驗景祐及諸失守官吏，第貶降之。正始無出兵意，知益州張詠以言激正，勉其親行，仍盛爲供帳餞之。酒酣，舉爵謂諸軍校曰："爾曹俱有親弱在東，蒙國厚恩，無以報①，此行當亟殄賊，無使越逸。若使老師曠日②，即此地還爲爾死所矣。"正由是倍道力戰。及凱旋，詠迎勞，大出金帛行賞，士重傷者先賞之，獲級者次焉，衆皆悦服。

九月丙子，上因言西川叛卒事，輔臣或曰："蜀地無城池③，所以失其制禦。"上曰："在德不在險。儻官吏得人，善於撫綏，使之樂業，雖無城可也。"

王均之變

咸平二年。西川自李順平後，人心未寧。益州鈐轄、鳳州團練使符昭壽，彦卿之

---

① 蒙國厚恩無以報　名臣碑傳琬琰之集中卷四四張忠定公詠行狀作"蒙國恩厚，恐無以塞責"。
② 若使老師曠日　嘉慶本、長編卷四一均作"若師老曠日"。
③ 蜀地無城池　"蜀"底本作"蓋"，據長編卷四二改。

子也,驕恣不親戎務,有所裁決,但令僕使傳道。多集錦工,織作纖麗,所須物輒配市人齋納,踰半年不給其直①,又縱部曲略取之。廣糴稻麥,敗即責僧道備償,僕使乘勢凌忽軍校,其下皆怨。知州、右諫議大夫牛冕寬弛無政事。時神衛軍戍成都者兩指揮②,都虞候王均及董福分主之。福御衆整肅,故所部優贍,均好飲博,軍裝悉以給費。

十二月甲子,冕與昭壽大閱於東郊。蜀人喜遊觀,兩軍衣服鮮弊不等,均所部皆慙憤,出不遜語。戊寅晦,冕以酒肴犒其牙隊,而昭壽無所設,軍士益忿,故趙延順等八人謀作亂。

三年正月己卯朔,有中使自峨眉還京師,昭壽戒馭吏具鞍馬,將出送之,延順等乃悉解厩中馬鞿,使跳躍庭下,陽逐而縶之,喧呼之際,延順遂帥其徒徑登廳事,擊殺昭壽,并殺其二僕,據甲仗庫取兵器。時冕方坐州廨受官吏賀正,聞變皆逃竄,冕及轉運使張適縋城,出奔漢州。惟都巡檢使劉紹榮冒刃格鬬,既而衆寡不敵。延順等尚未有主,或欲奉紹榮爲帥者,紹榮攝弓大罵曰:"我燕人也,比棄虜歸朝,肯與汝同逆耶?亟殺我,我寧死義耳!"延順等亦未敢害之。都監王澤聞變,召王均,謂曰:"汝所部兵亂,盍自往招安。"延順左執昭壽首,右操劍,彷徨未知所適,忽見均至,即率衆踴躍奉均爲主,指揮使孫進不從命,亟殺之,餘兵及驍猛、威武軍悉合而爲亂,紹榮縊死。均建號大蜀,改元化順,署置官稱,設乘輿,以神衛小校張鍇爲謀主。鍇本名美,太原舊卒也。辛巳,王均率衆陷漢州,牛冕等奔東川。辛卯③,王均自漢州引衆攻綿州,不能克,直趨劍門。先是,知劍州、秘書丞李士衡聞寇作,以州城難守,即焚倉庫,運金帛,東保劍門。均至,士衡與劍門都監、左藏庫副使裴臻逆擊,敗之,斬首數千級,民之脅從者率多奔潰。士衡揭榜招降,得千餘人,悉置麾下,示以不疑。均衆乏食疲弊,不敢由故道,徑陰平還成都。甲午,車駕自大名還,是日次德清軍,上始聞王均反,即以户部使、工部侍郎雷有終爲瀘州觀察使、知益州、兼提舉川峽兩路軍馬招安巡檢捉賊轉運公事,御厨使李惠、洛苑使、富州團練使帶御器械石普,供備庫副使李守倫並爲川峽兩路捉賊招安使,帥步騎八千往討之。又以洺州團練使上官正爲東川都鈐轄,西京作坊使

---

① 踰半年不給其直 "年",長編卷四五作"歲"。
② 戍成都者 "戍"底本作"戊",據嘉慶本改。
③ 辛卯 底本脱此二字,據長編卷四六補。

李繼昌爲峽路都鈐轄,崇儀副使高繼勳、王阮並爲益州都監,供奉官、閤門祇候孫正辭爲諸州都巡檢使。繼昌,崇矩子;繼勳,瓊子也。初,知蜀州、供奉官、閤門祇候楊懷忠聞成都亂,即調鄉丁會諸州巡檢兵,刻期進討,蜀民不從賊者相率抗禦,儕伍自謂"清壇衆",又擇清壇衆之魁七十餘人,悉補巡檢將,遣判官高本馳驛以聞。丙申,懷忠率衆攻成都。先鋒自北門入,遂燒子城北門,西至三井橋。時王均從劍門還,猶未至。懷忠與賊將威棹小校崔照及僞招安巡檢魯麻胡等陣于江瀆廟前,自晨至夕,戰數合。懷忠兵勢不敵,引衆退保江原。懷忠所調丁夫多李順舊黨,頗貪剽劫,故致敗績。乙巳,王均復入成都。

二月,楊懷忠檄嘉、眉七州調軍士、民丁,悉與懷忠會,再攻成都。時王均方遣趙延順攻邛、蜀州,懷忠逆擊之,賊稍卻。

國史稱懷忠以二月十七日再攻益州。據耆舊傳,則所稱十七日再攻益州時,雷有終等已至矣。國史既云自益州還,屯櫹木寨,又進壁雞鳴原,以俟王師。若有終已至,又何竢乎?蓋國史誤以有終十七日始攻益州爲懷忠再攻益州,而懷忠再攻益州實在上旬,不得其的日也。耆舊傳及實錄載二月三日王均遣趙延順進攻邛、蜀州,爲懷忠所敗。國史稱懷忠再攻益州時,均方遣延順攻邛、蜀,此可見其不出上旬,在初四、五間也。疑不能決,並書其事於此,竢考。

懷忠與轉運使陳緯麾兵由子城南門直入軍資庫,署其庫鑰。均所部皆銀鎗繡衣,爲數隊,分列子城中,出通遠門與懷忠戰。會暮,懷忠復退軍笮橋,背水列陣,寨于櫹木橋南,以扞邛、蜀之路,故賊不能復南略。既而賊黨自清水壩、溫江、金馬三道來攻櫹木寨,出官軍後,焚江原神祠,斷邛、蜀援路。懷忠三道分兵以抗之,斬首五百餘級,驅其衆入皁江,獲甲弩甚衆,乘勝逐賊,至成都南十五里,寨于雞鳴原,以竢王師。均亦閉成都東門以自固。辛酉①,綿漢龍劍都巡檢使、澄州刺史張思鈞引兵克復漢州,斬僞刺史苗進,遣使來告捷。雷有終等自漢州與張思鈞帥大軍進討,列寨升仙橋。壬戌,賊衆來襲,有終擊走之。丁卯,王均開益州城,僞爲遁狀。雷有終與上官正、石普等率兵徑入。李繼昌疑有備,亟止之,不聽,因獨還。官軍多分剽民財,部伍不肅。賊開關發伏,布床榻於路口,官軍不得出,頗爲賊所殺,李惠死之。有終等緣堞而墜,獲免,遂退保漢州。初,繼昌所部諸校聞城中格鬭聲,力請引去,繼昌曰:"吾位最下,當

---

① 辛酉 底本脱此二字,據長編卷四六補。

竢主帥命。"是夕,有終馳報,乃行。益州城中,民皆迸走村落,賊皆遣騎追殺,或囚繫入城,支解、族誅以示衆①。均又脅士民、僧道之少壯者爲兵,先刺手背,次髡首,次黥面,給軍裝,令乘城,與舊賊黨相間。有終乃揭榜招脅從者,至則於其衣袂署字釋之,日數百計,故城守之外,悉無剽掠。楊懷忠度賊衆復南出,引所部屯於合水尾、浣花等處,樹機石、設笓籬以拒之。

三月甲午②,雷有終復自漢州進軍,列寨彌牟鎮。賊黨來攻,有終擊敗之,斬首千餘級,遣其子奉禮郎孝若馳奏。

四月丙辰,王均自升仙橋分路來襲官軍,聚兵於東偏,雷有終率兵逆擊,大破之,殺千餘人,奪其繖蓋、銀槍等物,均單騎還城。辛未,雷有終遣其姪奉禮郎孝先齎所奪王均槍、繖入奏。上以示左右,因問孝先破賊之由,笑謂殿前都指揮使范廷召曰:"此鼠竊耳,雖嬰城自守,計日可擒矣。"壬申,右諫議大夫、知益州牛冕削籍,流儋州;西川轉運使、祠部郎中、直集賢院張適削籍,授連州參軍。初,張詠自蜀還,聞冕代己,詠曰:"冕非撫衆才,其能綏輯乎?"既而果然。

五月丁丑朔,德音:"降天下死罪囚,流以下釋之。益州亂軍,除王均及其同謀人不赦外,應脅從軍民,如能歸順,並當釋之。"

八月乙卯,王均自升仙之敗,撤橋塞門,雷有終等以官軍進至清遠江,浮梁而度,直抵城下,於北門之西奪舊草場,因築壘焉。依壕爲土山,分設鹿角,造梯衝、洞車攻具,石普專主之。高繼勳、張煦、孫正辭攻城東,上官正、李繼昌、王阮攻城西,楊懷忠與巡檢馬貴攻城南。賊將趙延順盡驅兇黨以拒官軍,既而延順中流矢死,神衛軍使丁重萬代延順據東城門樓,官軍又射殺之。然每攻城則雨甚,城滑不能上,官軍及丁夫爲洞屋攻城者,賊又鑿地道出掩之,多溺壕中,死者千餘,軍勢小衂。賊大宴其兇黨,鼓吹之聲達于城外。時方暑溽,攻城之人多被疾,有終市藥它州,自和合療之。詔復遣洛苑使、入內副都知秦翰爲兩路捉賊招安使。翰既至,與有終協議,於城北魚橋別築土山。是月,克城北羊馬城,遂設雁翅敵棚,覆洞屋以進逼羅城③,賊亦對設敵棚,號

---

① 支解族誅以示衆　嘉慶本同,長編卷四六"示"作"恐"。
② 甲午　底本脫此二字,據長編卷四六補。
③ 覆洞屋以進逼羅城　宋史卷二七八雷德驤傳附子有終傳同,長編卷四七、嘉慶本、太平治迹統類卷五"洞屋"均作"洞車"。

"喜相逢樓"。

九月戊寅,官軍焚其敵樓,賊氣始奪,乃築月城自固。均起農夫,戇愞無謀,其僞宰相張鍇者性狡獪,粗習陰陽,以熒惑同惡。先是,均每自言:"大軍若至,我當先路出迎,自陳被脅之狀。"鍇聞之,即擇軍中子弟署寄班,以防守均,不令與人接。於是詔遣均子姪、親族至城下招降,官軍射箭開諭。鍇得箭即盡焚之,均皆不知也。

王均多爲藥矢射官軍,中者必死。雷有終募敢死士穴城,間道蒙氊秉燧而入,悉焚其守具。甲午,令東、西、南寨鼓譟攻城,有終與石普分主二洞屋以進,普又穴城爲暗門,門成,賊攢戟擁路,衆未敢進。有二卒出請行,許以厚賞,乃麾戈直衝,賊鋒稍靡,遂克其城。有終登樓下瞰,賊猶以餘衆寨於天長觀前,密設礮架於文翁坊。高繼勳白轉運使馬亮,願得稭秆、油粞,乃合衆執長戟、巨斧,秉炬以進,悉焚之。楊懷忠又焚其天長觀前寨,追至大安門,復敗焉。前後殺賊三千餘人。是夕二鼓,均領餘衆出萬里橋門,突圍而遁。有終尚疑兇黨潛伏,遣人於街郭縱火。詰朝,與秦翰登門樓,牙吏有受賊署爲三司使者,捕得,立樓下,乃積薪於旁,厝火其上,盡索男子魁壯者,令辨之,曰某嘗受僞署某職,不復推究,即命左右捽投火中,自辰至晡,焚數百人,頗爲冤酷。李繼昌嚴戒部下無擾民者,獲婦女、童幼,置空寺中,分兵守衛,事平,遣還其家。

十月甲辰朔,王均自成都突圍,走渡合水尾,由廣都略陵、榮,趣富順監,所過脅軍民斷橋塞路,焚倉而去。雷有終先命楊懷忠領虎翼軍追之,後二日,石普繼往,以全軍爲援。先是,朝廷每歲孟冬朔,詔富順監具酒肴犒內屬蠻酋。是日裁設具,而均黨適至,皆就食焉。將結筏渡江,趨戎、瀘蠻境,聞懷忠追騎且至,心易之。均謂其黨曰:"速降懷忠之衆,令負擔以行。"懷忠距富順六七里地名楊家市少憩焉,賊衆在後者邀戰。市側有高原,懷忠遣親信五騎登原覘賊。懷忠語左右曰:"縱賊渡江,後悔無及!石侯將至,當以奇兵取之。"乃臨江列陣擊之,賊衆散走,有挐舟將渡江而遁者,懷忠合彊弩射之,溺者數艘。懷忠張旗鳴鼙入城,均方在監署,其黨多醉,均窮蹙縊死,虎翼軍校魯斌斬其首以詣懷忠①。又獲僭僞法物、旌旗、甲馬甚衆,擒其黨六十餘人,逆徒殲焉。懷忠旋軍,出北門,石普始至,奪均首馳歸成都,梟于北市。賊初署親軍爲"天

---

① 虎翼軍校魯斌斬其首以詣懷忠　底本脫"其"一字,據長編卷四七補。

降虎翼",終爲虎翼軍所殺云。辛亥,雷有終遣寄班供奉官楊崇勳馳奏益州平,賜以錦袍、銀帶、器帛①。乙丑,雷有終言王均伏誅。德音:赦川、峽路死罪囚。以有終爲保信留後,秦翰等九人並遷秩。初,上官正與石普不協,翰恐生變,爲曉譬和解之。正尋移疾歸東川,故賞弗及。是役也,楊懷忠功居最,爲普所掩,上微聞之,遣使按視戰所,盡得其狀。既而懷忠秩滿,受代歸闕,復自供備庫副使擢崇儀使,領恩州刺史。

　　四年正月,上召西川轉運使、兵部員外郎馬亮入朝,問以蜀事。蜀自雷有終既平賊,誅殺不已,亮所全活踰千人。城中米斗千錢,亮出廩米裁其價,人賴以濟。及至京師,會械送爲賊所誑誤者八十九人,知樞密院事周瑩欲盡誅之,亮言:"愚民脅從者衆,此特百分一二耳,餘皆竄伏山林。若不貸此,反側之人聞風疑懼,一唱再起,是滅一均生一均也。"上悟,悉宥之。

　　八月,上以巴蜀遐遠,時有寇盜,丁卯,命戶部員外郎、直史館曾致堯、太常博士王晸、供備庫使潘惟吉、通事舍人焦守節分往川、峽諸州,提視軍器②,察官吏之能否。

宜州陳進之變

　　景德四年。初,知宜州劉永規馭下嚴酷,課澄海卒伐木葺州廨,數不中程即杖之,至有率妻孥趨山林以采斫者,雖甚風雨,不停其役。六月乙卯,軍校陳進因衆怨,鼓譟殺永規及監押國均,擁判官盧成均爲帥,僭號南平王,據城反。廣南西路轉運使舒賁移牒招撫,發桂、潯等州兵趨柳城討之。

　　七月甲戌,奏至,詔東上閤門使、忠州刺史曹利用、供備庫使、賀州刺史張煦爲廣南東、西路安撫使,如京副使張從古、內殿崇班張繼能副之,虞部員外郎薛顔同句當廣南東、西路轉運事。發荆湖南、北路先屯禁兵,蘄、黃州虎翼,荆南雄略等軍赴桂州閱習行陣,俟利用等至,合勢攻討,無得先進。上謂王旦等曰:"司天屢上占候,言當有兵。方憂遠地牧守不得其人,今此賊果作。廷議擇官,且言利用精于方略,悉心王事,煦多歷邊任,尤熟用兵,從古頗知嶺外山川險阨,繼能勇敢可任。然朕料此賊不出三策:若保其家屬,據城距守,一也;略城中貨以趨山林,二也。用此二策,皆不足慮。若

---

① 器帛　長編卷四七作"器幣"。
② 提視軍器　嘉慶本同,長編卷四九"視"作"舉"。

選募驍果,立謀主,直趨廣州,此賊之上策也。然其知識必不及此,但慮爲人誘教耳。"又遣入内高班内品于德潤馳驛將詔諭賊中能束身自歸者並放罪,仍舊收管,逐州長吏倍加安撫。如敢違拒,即令利用等進兵擒戮。將士務令整肅,無得妄傷平民,焚蕩閭舍,蹂踐田畝。立功者所在以官物給賜,即時遷擢,便宜從事。諸州縣官屬,如賊至所部,能規畫擒戮者,厚加酬賞。隨軍將校,日給肴酒,務令豐飫。增置自京至宜州馬遞鋪。命内侍高品周文質爲廣州駐泊都監,諭之曰:"番禺寶貨所聚,民庶久安。萬一賊沿流東下,則其患深矣。爾亟往,與本州官吏密設備禦,緩急寇至,即集近州兵馬巡檢使臣,控要路以扞之,仍許便宜從事。"丙子,詔曹利用等,將士立功者不須給牒付之①,第據功狀遷補,内殊異者以名聞。庚辰,命閤門祇候張禹正、楊繼筠爲潭州、桂州駐泊都監。上以宜州用兵,此二州皆湖廣要地故也。壬午,詔廣南幕職州縣官、軍校及配流之人,委曹利用等所過延問,詢求利便,事可採者,疾置以聞。先是,被罪失職者多謫嶺外,時宜賊方擾,上慮因緣叛集,議徙近北州軍,故因令察訪之。乙酉,舒賁言:"是月朔,陳進及盧成均等悉衆來攻柳城縣,殿直韓明、許貴、郝惟和率所部兵千餘禦之,明、貴戰死,惟和僅以身免。成均乃奉宜州印②,遣使詣臣求赦罪,臣察知其僞。是夕,進復陷柳城,官軍不敵,退保象州。望亟發兵討擊。"上曰:"此誠詐也。然進等既以此請,宜傳詔諭賊中,如能解甲歸降,盡赦其罪,仍加轉補。"丁亥,遣使賜曹利用等將士衣服。

八月甲辰,詔以曹利用等出征,遠涉炎瘴,令緣路諸州創造亭舍,使得休息。乙巳,增置廣州鈐轄一員,以内殿崇班、閤門祇候何榮爲之,宜賊方擾故也。壬子③,以侍禁、桂、昭等州巡檢張守榮爲西頭供奉官,閤門祇候、殿直知懷遠軍任吉,融、柳等州巡檢張崇寶並爲西頭供奉官④,三班奉職、天河寨監押嚴吉爲右侍禁,仍就賜錦袍、銀帶、器帛,將士緡錢,且令具立功人姓名以聞。先是,宜州賊攻懷遠軍,城中固守,賊退而

---

① 將士立功者不須給牒付之　嘉慶本同,長編卷六六"牒"作"帖"。
② 成均乃奉宜州印　"奉"底本作"奔","印"底本作"即",長編卷六六同,據嘉慶本、宋史卷四六六張繼能傳改。按:陳進本來就是在宜州殺知州劉永規,擁判官盧成均爲帥,并據城反叛的,因此,根本談不上"成均乃奔宜州",故"成均乃奉宜州印"是。
③ 壬子　底本脱此二字,據長編卷六六補。
④ 融柳等州巡檢張崇寶　"寶"底本作"貴",長編卷六六同,據嘉慶本、宋史卷四六六張繼能傳改。按:宋史卷四六六張崇貴傳並無張崇貴在廣南西路任職的記載,亦可爲參證。宋史卷四六六張繼能傳所載爲"邕桂巡檢、殿直張崇寶",與"融柳等州巡檢張崇寶"又有差異。

復集者累日,守榮等出兵擊敗之,獲其器甲。又攻天河寨,寨兵甚少,吉部分嚴整,即出擊,又敗之。自是有賊中來歸者,言兇黨再經敗衂,多潰散,衆心離矣。癸丑①,舒賁言:"民有自賊中逃歸者,言盧成均、陳進等以衆心攜貳,棄宜州,沈家屬之悼耄者五百人於江,率其衆纔三千趨柳、象,將固守容、管,以劫廣州。初至柳州,限江不能渡,知州王昱望賊遁去,城遂陷。"又言:"成均始謀挈屬來降,夜潛出城,至江見舟小,乃復還。"上曰:"柳州既限江,長吏何至怯懦如此?信所任非才耳。朕慮利用等以官軍勇銳,輕視賊黨,彼遇官軍,勢必奔逃,雖當襲逐,不可便無節制。且不測山川險易、地里遠近,苟師人勞頓,則事益可慮也。軍行遠地,宜守萬全之計。今賊勢已蹙,終當自潰。"即遣使以手詔諭利用等。時廣州駐泊都監周文質增築城壘,繕修器甲,集東西海巡檢戰棹、刀魚船,據端州峽口以扼之。賊知有備,遂不敢東下,乃挈屬處思順府②,分兵以攻象州。舒賁遣內侍于德潤率兵千人,倍道襲逐之。己未,于德潤言宜賊尚據柳州洛容等縣,上曰:"此不能離窟穴,枉自棄耳③。"王旦曰:"賊若遠去,則粒食無所仰給。"馮拯曰:"人或言其趨交趾,臣以謂必不然。交趾兵甲,非賊比也。王師即至,恐其趨瓊管。若趨瓊管,則王師亦須持久。"旦曰:"兇黨固不能久,且苟延晷刻之命耳。"上又曰:"象州既被圍,猶有封奏,而桂州獨無,若何邠真善守者。"即遣內侍史崇貴馳騎至桂州撫問曹利用等,仍令攝官入賊招諭。

九月丁丑,上謂輔臣曰:"宜州賊聞官軍至桂州,勢頗窮蹙。可令曹利用等分兵追捕,以便宜從事。"仍降敕榜四十付利用等,遣人齎示賊衆及揭于要路,冀其悛革歸順,免于屠戮。賊圍象州久不克,曹利用等以大軍趨救之。甲申,與賊遇於武仙縣之李練鋪。賊初不之覺,已而陳進獨率衆來拒,直犯前軍,寄班侍禁郭志言麾騎士左右縱擊,賊衣順水甲、執標牌以進,飛矢攢鋒不能卻,前軍即持戟刀、巨斧破其標牌。內侍史崇貴登山大呼曰:"賊走矣,急殺之!"賊心動,衆遂潰,逐北至象州城下,賊寨猶有據長竿以瞰城中者。盧成均始挈其族持敕榜來降,遂斬進并其黨,生擒賊帥六十餘人,斬首級,獲器甲、戰馬甚衆。利用等遂入象州,安撫軍民,分兵捕餘寇,遣于德潤馳奏其事。

---

① 癸丑 底本脫此二字,據長編卷六六補。
② 思順府 長編卷六六同,嘉慶本、宋史卷四六六張繼能傳改均作"思順州"。
③ 枉自棄耳 長編卷六六同,嘉慶本"枉"作"直"。

十月乙巳,詔獎知象州何邴等。廣南西路轉運使舒賁坐不察宜州劉永規虐政,御史臺遣官就劾,罷其任。丁未①,詔以曹利用爲引進使,張煦爲如京使,張從古爲莊宅副使,張繼能爲供備庫使,自餘進秩有差。

瀘蠻之叛

大中祥符元年二月癸卯,瀘州言江安縣蠻人殺傷戎州內屬户,同巡檢、殿直任賽領兵追捕,爲所害。

二年四月戊子,遣內殿崇班、閤門祗候侍其旭乘傳詣戎、瀘州招撫夷人。自任賽遇害之後,夷人不自安,遂集衆爲亂。雖屢示招誘,而侵擾不已,故令旭與轉運使滕涉、本州長吏諭以禍福,如尚敢拒命,即召集酋首以兵威警之②,苟能悛心,咸釋其罪。儻執迷不改,須至加兵,即與鈐轄等經度以聞。又令樞密院召前梓州路轉運使李士龍詢其便宜。士龍言:"瀘州江安縣最當要衝,望徙富順監監押宋貴和知縣事,兼本縣監押③,仍給精兵三百人。"從之。甲寅,瀘州言:"近界諸蠻交相侵奪,請益兵禦之。"上曰:"遠方之人,但當撫慰,使安定耳。"

七月,侍其旭至瀘州,夷人即來首罪,殺牲爲誓。旭案行鹽井,夷復拒之。旭率部兵百餘,生擒其首領三人,斬數十級,而部下被傷者幾二十人。旭遂趨黎州,以其事聞。時黎州夷人斗婆行亦數出爲寇,上以旭輕敵致侮。己未,降詔諭旭,令篤恩信,設方略制禦,無尚討伐,以滋驚擾。

實録云:旭按行鹽井,部下被傷,遂還黎州。按:旭受詔招撫戎、瀘夷人,初不及黎州,不知何以遂來黎州,而實録且稱"還"也?黎州與戎、瀘夷人固相通,然道里亦稍遠矣。其後遣將出兵,又以黎、雅巡檢爲名,其所討伐則多戎、瀘邊界,不知何也。據旭本傳云:夷人斗婆行出寇黎州,詔旭領兵討之。乃不云治江安、殺任賽事,與實録、會要及正史俱不合。疑瀘州及黎州皆有夷人作過,而正史、實録、會要載首尾疎略也。今略依旭傳刪修,更須詳考之。

八月,侍其旭言:"蠻人僻在巖險,未即首罪,尚集徒黨拒扞。望發兵三五千,與近界巡檢並赴淯井監脅誘,如尚敢陸梁,即因而討之。"甲申,以文思副使、知慶州孫正辭

---

① 丁未 底本脱此二字,據長編卷六七補。
② 即召集酋首以兵威警之 "召",長編卷七一作"就"。
③ 兼本縣監押 "縣"底本作"路",據長編卷七一改。

爲黎、雅等州水陸都巡檢使,東染院副使、環慶駐泊都監張繼勳及旭爲同巡檢使,仍發陝西兵嘗經戰陣者付之,緣邊給兵器。又錄曹利用討宜州賊賞罰格示正辭等,遣陝西轉運使李士龍乘傳與正辭等偕行,供給軍需①。其將士計程,俾冬初到彼,以春夏瘴毒故也。峽路都監侯延賞病,上以蠻寇未寧,發兵招遏,慮施、黔、夔、峽夷人懼擾,戊子,命閤門祗候康訓同管句峽路駐泊公事,往慰撫之。戊戌,益州言黎州蠻已招安,有未寧輯者,望就選使臣撫諭。詔梓州路轉運使滕涉及侍其旭等,如孫正辭等未至,第依前詔安撫,按兵勿出。俟正辭等至彼②,即聽便宜從事。益州言邛部川蠻殺保塞賣馬蠻十八人,即移牒黎州,得報稱邛部川與山後兩林素有釁隙,殺保塞蠻乃大渡河外蠻也。因下詔戒敕,勿使相侵擾。又詔邊臣不得輒入溪洞,邀功生事。案:長編事列己亥③。辛丑,令陝西轉運使李士龍權管句梓州路公事。時本路轉運使滕涉至黎州遇疾,士龍部糧赴彼,因命之。

九月戊午,孫正辭等以北兵不諳山川道路,因點集鄉丁,目曰"白芳子弟",給兵器,使爲鄉導,又請濟師。上以邊徼窮僻,供億非易,不許。仍詔正辭等,如蠻寇不受招安,已經誅翦畏服,勿窮追之。又言:"蠻性獷悍,往者丁謂夔州安撫有誡誓,並令歃血爲盟,署鐵石柱以志其事,條制甚多。"詔樞密院錄示正辭等。

十月辛亥,中使史崇信言:"侍其旭等以衣服、紬布誘降夷人斗婆行,將按誅其罪。"上以旭召而殺之,是違招安之實,乃降詔諭旭等,有來赴招安者勿殺,如敢抗拒,即進兵討伐。

三年正月己未④,上聞瀘州三月即苦瘴毒,詔孫正辭、侍其旭等,及二月即領軍馬分屯近郡⑤,如戎人尚敢抗拒⑥,量留兵守要害以禦之。

二月癸未,內侍史崇信等言:"瀘州夷人有助斗引者剽劫商旅,攘奪轉餉。見與孫正辭等分兵討捕。"即遣使賜以辟瘴藥。

去年十二月,崇信入奏,遣人就村舍招諭斗引。今尚有助斗引爲寇者,則斗引竟不赴招安也。大抵

---

① 供給軍需　長編卷七二同,嘉慶本則"需"作"須"。
② 俟正辭等至彼　"俟",嘉慶本、長編卷七二均作"候"。
③ 案長編事列己亥　長編卷七二此條記事係於戊戌。
④ 己未　底本原無此二字,據嘉慶本、長編卷七三補。
⑤ 及二月即領軍馬分屯近郡　"領"底本作"令",據嘉慶本、長編卷七三改。
⑥ 如戎人尚敢抗拒　長編卷七三同,嘉慶本"抗"作"旅"。

國史、實録序此段事迹都不詳備耳。

上封者言孫正辭等不能以方略招誘諸蠻，入其境，行無斥堠，糧餉有被奪者。内出其狀示輔臣，陳堯叟曰："已降詔督責。然昨遣嘉州小校往彼招誘，慮其邀功，未即悉心諭夷人以朝旨，致其疑而未復。今請加申戒，若夷人安集則賞，否則部送闕下，使有所畏懼。"上然之。庚子，孫正辭等言安撫夷人，悉已平定。降詔嘉獎正辭等。又言蠻羅忽餘素忠順，防淯井監①，捕殺違命者不已。上遣内臣郝昭信褒慰之，且諭以赦蠻黨前罪，勿復邀擊。又慮正辭等兵還，巖穴或有嘯聚，乃命史崇貴權管勾瀘州軍馬事。

三月壬辰，以孫正辭爲西染院使，侍其旭爲内殿承制，賞平夷之功也。張繼勳先卒，詔録其嗣。所部禁、廂軍及輦送護援兵健、白芳子弟皆賜縑錢，隨行使臣、軍校及牙吏等，各第其功而賞之。

四月，上封者言戎、瀘州夷人前歲爲梗，蓋淯井監深在溪洞，官府少人往來，致茲稔惡。丁丑，詔江安縣監軍量分兵巡警之。

五月癸卯，以益州路轉運使、祠部員外郎張若谷爲度支員外郎，陝西路轉運使、屯田員外郎李士龍爲都官員外郎，賞戎、瀘供饋之勞也。

---

① 防淯井監　長編卷七三、宋會要輯稿兵一〇之三、宋史卷四九六西南諸夷傳均作"防援井監"。

卷第二十六

真宗皇帝

晏夷斗望行牌之變

大中祥符六年七月。先是，晏州多剛縣夷人斗望行牌率衆劫淯井監，殺駐泊借職牟言①，大掠孳畜。知瀘州江安縣奉職文信領兵趨之，遇害。民皆驚擾，走保戎州。轉運使寇瑊即令諸州巡檢會江安縣，集公私船百餘艘，載糧甲，張旗幟，擊銅鑼、鼓吹，自蜀江下抵淸浮壩，樹營柵，招安近界夷族，諭以大兵將至，切勿與望等同惡。未幾，納溪藍、順州刺史史个杜②，生南八姓諸團，烏蠻狚廣王子③，界南廣溪移、流、悦等十一州刺史李紹安④，山後高、鞏六州及江安界娑婆村首領，並來乞盟。用夷法，立竹爲誓門，横竹繫猫、犬、鷄各一於其上，老夷人執刀劍，謂之"打誓"，誓曰："誓與漢家同心討賊。"即刺猫、犬、鷄血，和酒而飲。瑊給以鹽及酒食、鍼、梳、衣服，署大榜付之，約大軍至日，揭以别逆順，不殺汝老幼，不燒汝欄柵。夷人大喜，於是，峽路鈐轄田昭遜言淯井事狀⑤。上遣内殿崇班王懷信乘傳與瑊等議攻討招輯之宜。瑊奏斗望等嘗以二年春燒淯井監，殺吏民，更赦貸其罪，而復來寇邊，聲言朝廷且招安，得酒食衣服矣⑥。若不討除，則戎、瀘、資、榮、富順監諸夷競起爲邊害。今請發嘉、眉兵捕勦，以震懼之。乃詔懷信爲嘉、眉、戎、瀘等川水陸都巡檢使，閤門祇候康訓、符承訓爲同都巡檢使⑦，

---

① 殺駐泊借職牟言　嘉慶本同，長編卷八一、宋會要輯稿蕃夷五之一七、宋史卷四九六西南諸夷傳"牟"均作"平"。
② 史个杜　長編卷八一、宋史卷四九六西南諸夷傳作"史个松"，宋會要輯稿蕃夷五之一七作"史介松"，嘉慶本作"史介杜"。
③ 烏蠻　"烏"底本作"馬"，據長編卷八一、宋會要輯稿蕃夷五之一七、宋史卷四九六西南諸夷傳改。
④ 移流悦等十一州　嘉慶本同，長編卷八一、宋會要輯稿蕃夷五之一七、宋史卷四九六西南諸夷傳無"流"一字。
⑤ 田昭遜　嘉慶本同，長編卷八一、宋會要輯稿蕃夷五之一七"田"均作"王"。
⑥ 得酒食衣服矣　嘉慶本無"衣服矣"三字，長編卷八一"酒"作"飲"。
⑦ 同都巡檢使　底本脱"都"一字，據長編卷八一補。按：宋史卷四九六西南諸夷傳作"都同巡檢使"。

乃發陝西虎翼、神虎等兵三千餘人,令懷信與瑊商度進討。上因謂樞密使陳堯叟曰:"往時孫正辭討蠻,有虎翼小校率衆冒險者三人,朕志其姓名,今以配懷信。正辭嘗料簡鄉丁,號'白芳子弟',以其識山川險要,遂爲鄉導,今亦令懷信召募。又益州有忠勇軍士二百,前討王均有功,可給懷信爲前鋒。"又使臣宋賁屢規畫溪峒事,中適機會,可遷其秩,使知江安縣,令懷信等每與同議。

　　實錄不載命王懷信等出軍,但有"上謂陳堯叟"等語,今取會要及正史增入。然會要及正史並以出軍爲九月事,今因"上謂陳堯叟"等並載之於此。承訓,彥卿孫,昭愿子。

　　九月庚寅朔,賜戎、瀘州軍士,白芳子弟緡錢。詔王懷信等,溪峒蠻人非同惡者,倍加安撫。又遣使齎名方詣益州,委凌策選醫工,給藥材,赴軍中祗應。

　　十月丁丑,詔奬戎、瀘州蠻洞首領狙廣,以轉運使寇瑊言其控扼道路,助遏外夷故也。

　　十一月甲午,詔昌州牙校,有願率子弟助討蠻寇者,俟其立功第賞之。庚戌,遣使撫問戎、瀘州巡檢王懷信等,仍加犒設。

　　十二月壬午,戎、瀘州都巡檢使王懷信等言蠻寇悉平。詔獎之,令籍立功將士以聞。先是,懷信等分將諸州兵及白芳子弟,緣溪入合灘,至生南界斗滿村,遇夷賊二千餘人,擊之,殺傷五百人,奪梭槍、藤牌。會暮,收衆保寨。夷黨三千餘,分兩道張旗喊呼來逼,懷信出擊,皆潰散。進壁娑婆,遇夷二千餘于羅固募村①,又破之。追至斜行村上屏風山,連破四寨。一日三戰,俘馘百餘人,奪資糧五千石、槍刀什器萬數,焚羅固募、斗引等三十餘村菴舍三千區。懷信又引兵至斜行村,追擊過羅雲,射仆三百餘人,爇其欄栅千數。分遣部下於羅箇頰、羅能、落運等村及龍峩山掩殺,大獲戎具,斬首級、重傷、投崖死者頗衆,燒舍數千及積穀累萬。兩路兵會于涇灘,置寨。轉運使寇瑊及懷信議,遣康訓部壕寨卒修涇灘路以度大軍,俄爲夷賊所邀,戰不利。訓顛于崖,死之。懷信引兵急擊,大敗賊衆,追斬至涇灘峽,寨于晏江口。瑊與符承訓偵知賊謀欲乘夜擊晏江,馳報懷信即自涇灘拔寨赴之。比至晏江北山②,夷衆萬餘已自東南合勢逼懷信寨。懷信彀强弩環寨射賊,瑊等整衆乘高策援,夷人大懼而卻,合擊破之,死

---

① 遇夷二千餘于羅固募村　底本脫"餘"字,長編卷八一同,據嘉慶本補。
② 比至晏江北山　底本脫"北"字,據長編卷八一補。

傷千餘人。蠻酋尅望又三路分衆來鬬①，又爲官軍大敗，射殺數百人，溺江水死者萬計。夷人震讋，詣軍首服，納牛羊、銅鼓、器械。城等依詔撫諭，還軍淯井。尅望及諸村首領悉赴監自陳，願貸死，永不寇盜邊境，因殺三牲盟誓，辭甚懇苦，即犒以牛酒，感悦而去。

　　七年正月丙申，賜戎、瀘州巡檢軍士，白芳子弟緡錢。

　　三月辛卯，戎、瀘州都巡檢使王懷信等言②："瀘州溪洞③，悉已寧靜。淯井監舊無城隍，今請發瀘州軍士浚隍築城。又近界蕃人赴監鬻馬者，請比戎州例給直市之。"詔可。

　　六月癸酉，以内殿崇班、戎、瀘州都巡檢使王懷信爲供備庫副使，又以侍禁、知江安縣宋賫爲閤門祇候、兼淯井監巡檢使，自餘進補有差。康訓以戰死，録其四子官。賞平蠻之功也。梓州路轉運使寇瑊言："瀘州富順監牙校趙繼隆等部領白芳子弟，頗有勤效，請補攝州司馬。知戎州馬守遵防寇有勞，在官歲滿，望遷秩留再任。瀘州進士白固募鄉丁隨軍，請試其詞藝。"並從之。乙亥，樞密使王欽若罷爲吏部尚書，陳堯叟爲户部尚書，副使馬知節爲潁州防禦使。初，懷信等上平蠻功，樞密院議行賞，欽若、堯叟請轉一資，知節云："邊臣久無立功者，請重賞以激其餘。"議久不決，上趣之。知節忿恚，因面訐欽若之短，既而不暇奏稟，即超授懷信等官。上怒，謂向敏中等曰："欽若等議懷信賞典，堅稱與侍其旭例不同，當須加等。朕語之曰：'爵賞有勞，國家不惜。'蓋懷信來告樞密院略無酬獎，止望依侍其旭例爲幸。欽若等奏當具取進止。今乃並與所奏不同，不具劄子，亦不進卷，便直劄送中書，懷信與供備庫副使。始則稽留不行，終又擅自超擢，敢以爵賞之柄高下爲己任④，近位如此，朕須束手也。"於是三人者俱罷。

　　七月辛卯，以益州路轉運使⑤、兵部員外郎趙積爲工部郎中⑥，梓州路轉運使⑦、殿

---

① 蠻酋尅望　"尅"底本作"斗"，據長編卷八一、本卷上下文中的"尅望"改。
② 戎瀘州都巡檢使王懷信　底本脱"都"一字，長編卷八二同，據本卷上下文之"戎、瀘州都巡檢使王懷信"補。
③ 瀘州溪洞　長編卷八二同，嘉慶本"瀘"上有"戎"一字。
④ 敢以爵賞之柄高下爲己任　底本脱"高下"二字，據長編卷八二補。
⑤ 益州路轉運使　底本脱"路"一字，據嘉慶本、長編卷八三補。
⑥ 趙積　長編卷八三作"趙禛"。
⑦ 梓州路轉運使　底本脱"路"一字，據嘉慶本、長編卷八三補。

中侍御史寇瑊爲侍御史,仍加一級,以饋餫之勞也①。甲辰,詔瀘州淯井監駐泊并監井使臣②,自今能綏撫蠻人、邊界無事者,代還日當議甄獎。

九月丙戌,梓州路轉運使寇瑊,請令峽路鈐轄司發弓弩手禁軍五十人,屯瀘州淯井監,從之。甲辰,令瀘州淯井監戍兵,自今分番而進,以其地多瘴疫故也。

十一月戊戌,置戎、瀘、資、榮州,富順監都巡檢使一員。時内殿承制、閤門祇候馬守遵言戎、瀘夷漢雜居,本路鈐轄在遂州,緩急不能捍禦,故特置此職。

九年八月甲申,戎瀘資榮州都巡檢使張元普請城淯井監,上慮擾人生事,不許。

天禧元年三月壬寅,梓州路承受臧溫言:"戎、瀘、資、榮州,富順監都巡檢使公署在戎州,去淯井監遠踰百里③,夷寇驚擾則應援不及,望徙置江安縣。"從之。

撫水蠻叛

大中祥符九年四月戊戌,廣西轉運使俞獻可言:"撫水蠻數寇邊,知宜州董元已不善綏撫。先是,曹永吉知州,蠻人饑,來質餱糧者,永吉優其概量,皆忻愜而去。元已未嘗饒假,又縱主者尅削。蠻人請赴闕貢奉,元已輒沮其意④,遂使忿恚爲亂。望絀元已,以潭州都監李守睿代之。"詔可。

五月戊申,廣西轉運使俞獻可言:"撫水蠻拒命,侵掠不已。請益宜州戍兵。"從之。即命東染院使、平州刺史、知辰州曹克明爲宜、融、桂、昭、柳、象、邕、欽、廉⑤、白等州都巡檢使兼安撫使,殿直、閤門祇候馬玉爲同巡檢兼安撫都監、並管勾溪洞事,歲給公用錢三十萬,發潭州駐泊虎翼軍三百人付之。初,軍士與蠻鬥,頗有中傷者。王旦曰:"蠻衆無行陣,非敢與官軍敵,但潛伏山林要路,施藥箭耳。"因賜宜州巡檢解刀劍藥,且戒其備預。克明等既至,蠻酋請罷兵,克明不許。又獻藥一器,曰:"谿洞藥箭中人,可以此解。"克明曰:"何以驗之?"曰:"請試以鷄犬。"克明曰:"當試以人。"乃以箭刺酋股而飲以藥,即死,群蠻慚懼而去。

---

① 饋餫之勞也　長編卷八三作"饋運之勤也"。
② 并監井使臣　"并"底本作"井","井"底本作"并",均據長編卷八三改。
③ 去淯井監遠踰百里　嘉慶本同,長編卷八九"遠"作"近"。
④ 元已輒沮其意　嘉慶本同,長編卷八六"輒"作"驟"。
⑤ 廉　底本作"廣",據長編卷八七、宋會要輯稿蕃夷五之五改。

七月乙巳，俞獻可言："撫水州蠻累爲寇盜，宣旨招諭，曾不悛革。近復集衆鈔掠融州廂陽等寨，害巡檢樊明。望許臣與曹克明以便宜撲殺。"詔從之。

八月壬午，樞密使王欽若言："宜州蠻人五月初既招安，不旬日復叛擾，夷性無厭，習知朝廷多釋其罪，故急則來歸①，緩則叛去。望詔俞獻可、曹克明等，或得蠻人要領，即以所虜人口、資財付被劫家，歃血重誓，乃釋其罪。"從之。

九月丁巳，曹克明等言："撫水蠻人雖已伏罪，其虜鈔人口、器械猶未歸納。請益兵討之。"即詔克明等曰："昨奏用澄海軍及募丁壯可以平賊②，又俞獻可言蠻人去邊止二三日程，發軍掩襲，速可蕩定。朝議慮其輕敵，續遣禁軍濟之。且興舉甲兵，尤當謹密③，風聞汝等期以此月深入，又令九州巡檢開路，竢蠻人出即留之。騰說如此，彼必爲備。動關利害，無失機宜。苟道路艱險，難於進討，但攝其首領，索所掠生口，因而撫之，亦汝之功矣。"時克明與楊守珍領軍入環州樟嶺路，馬玉與內殿崇班王文慶趨宜州西路。

王文慶，據撫水州蠻傳，則與玉並爲安撫都監。克明傳亦云，然不知何時除授，故但舉其官，當考之。

又令宜、桂都巡檢程化鵬取樟嶺西古牢隘路會合，化鵬遇蠻於上房兩水口，擊破之。文慶、玉至如門團，爲蠻所扼，不能進。克明、守珍乃過橫溪思德寨，召山獠嚮道，開路進師。蠻依篁竹間，時出戰鬭，輒敗走。旬餘，上黃泥嶺，杉木隘路，溪谷險邃。蠻據要害以拒官軍，至午大潰其黨。遂過霸苑，抵尋洞，乃入中房前村。克明等頓兵下寨，中夕，群蠻大譁譟，擊鉦鼓，攻寨甚急。出兵擊之，殺傷頗衆，因縱火焚其廬室積聚，自此恐懼，竄入山谷，又緣龍江南岸而東，至昏暮，過石硤，隘險，士不並行，蠻復連弩北岸。克明遣猛士步涉與鬭④，至即退走，寨于下房博賀村，克明設伏寨外。其夜，蠻衆復大集，遇伏發，與寨兵合擊，追斬殆盡。乘勝搜山，悉得馬牛，分犒士卒⑤。克明等知其窮蹙，乃曉諭恩信，許其改過。酋帥蒙承貴等面縛詣軍自首，克明厚加犒宴，且數責之，皆俯伏謝罪。及聞詔旨赦令勿殺，莫不泣下，北望稱萬歲，悉還所掠漢口、資

---

① 故急則來歸　嘉慶本、宋會要輯稿蕃夷五之六同，長編卷八七"來"作"求"。
② 昨奏用澄海軍及募丁壯可以平賊　"昨"底本作"依"，嘉慶本同，據長編卷八八、宋會要輯稿蕃夷五之六改。按：宋會要輯稿蕃夷五之六作"昨省所奏請用澄海軍仍募丁壯可以平賊"，意優。
③ 尤當謹密　"謹"底本作"緊"，據嘉慶本、長編卷八八改。按："謹"，宋會要輯稿蕃夷五之六作"慎"。
④ 克明遣猛士步涉與鬭　底本脫"涉"一字，據長編卷八八、宋會要輯稿蕃夷五之六、宋史卷四九五撫水州傳補。
⑤ 分犒士卒　嘉慶本同，長編卷八八、宋會要輯稿蕃夷五之六、宋史卷四九五撫水州傳均作"享士卒"。

畜，乃歃猫血立誓，自言："奴山摧倒①，龍江西流，不敢復叛②！"勒銘奴山。後二日，遇文慶及玉于如門寨，遂還軍宜州。蠻人納器甲凡五千數，願遷漢地者七百餘口，詔分置廣西及荆湖州軍，賦以官田。獻可等又言殿直蒙肚知歸化州③，州與撫水相接，數遣其子文寶及妻族甘堂偵軍事，又其子文格與官軍鬭敵④，悉部送赴闕。有蒙隻者，亦肚之子，先嘗告賊，署爲昭州押牙。並黥配登、萊州⑤。

　　克明入撫水州，不得其的月日。據克明正傳云是冬。按詔書云九月深入。又克明傳云月餘乃至撫水州，約其時蓋秋末舉兵，冬初平賊也，今附見詔書後。詔書以丁巳降，丁巳，九月十六日也。徙配蒙肚父子，實録在十一月癸卯，今亦附見。

　　天禧元年二月辛巳，以東染院使、平州刺史曹克明知桂州兼宜、融等州都巡檢使，殿直、閣門祗候馬玉爲宜、融等州巡檢都監、並管勾溪洞事，以虎翼、雄武二指揮隸之。如蠻寇驚擾，即益以戌兵及新募忠敢軍給使，寇平如故。賜克明等泊内侍王文慶、楊守珍器帛，賞其平撫水之功也。初，克明與玉分路入討，玉所向力戰，屢敗蠻軍。是時，朝廷意在招撫，數詔諭克明，而克明亦憚深入，屢移文止玉。玉至如門團，爲蠻所扼，不得進。克明遷延顧望月餘，乃至撫水州，與蒙承貴等約盟而還，然其後撫水蠻亦屢入寇。論者謂玉威震蠻中，蠻人畏之，至號"馬大王"，爲克明所制不得前，終貽邊患，人多歸咎克明。

　　四月乙亥，克明上討撫水蠻寇使臣、將士立功者，凡千八百一十六人，並等第遷補及優便差遣，賜器帛、緡錢，官吏應奉軍期者詔獎之。辛卯，曹克明言知撫水州蒙懷珌等請詣闕貢奉。五月乙巳，改撫水州爲安化州，從本州首領蒙承貴之請也。

渭州蕃族唃廝囉叛服

　　大中祥符七年五月己酉，以渭州蕃族首領唃廝囉爲殿直，充巡檢使。時唃廝囉帥

---

① 奴山摧倒　"摧"底本作"推"，據長編卷八八、宋史卷四九五撫水州傳改。
② 不敢復叛　"不"底本作"乃"，據長編卷八八、宋會要輯稿蕃夷五之六、宋史卷四九五撫水州傳改。
③ 殿直蒙肚　"肚"底本作"旺"，據長編卷八八、宋會要輯稿蕃夷五之六、宋史卷四九五撫水州傳改。下同。
④ 又其子文格與官軍鬭敵　底本脱"文"一字，據宋會要輯稿蕃夷五之七補。
⑤ 並黥配登萊州　此句過於簡略，文意不清。宋會要輯稿蕃夷五之七記載："[大中祥符九年]十一月三日，以知歸化州殿直蒙肚爲密州別駕，蒙隻爲海州都押牙，各支請授，給與係官田土，仍遣使臣引伴往彼。蒙文寶、文格、甘堂並黥面，配登、萊等州牢城及屯田務。"文意較清晰。

其帳下來歸，給以土田，未及播種，求俸給贍用，故有是命。唃廝囉者，緒出吐蕃贊普，本名欺南陵溫籛逋。籛逋猶贊普也，羌語訛爲籛逋。生高昌磨榆國①，既十二歲，河州羌何郎業賢客高昌，見廝囉貌奇偉，挈以歸，置劘心城，而大姓聳昌廝均又以廝囉居移公城②，欲於河州立文法。河州人謂佛"唃"，謂兒子"廝囉"，自此名唃廝囉。既而宗哥僧李立遵、邈川大酋溫逋奇略取廝囉如廓州，尊立之，部族寖彊，乃徙居宗哥城，立遵爲論逋佐之。立遵或曰李遵。論逋者，相也。

十二月③。時宗哥立遵、唃廝囉、溫逋奇等帳族甚盛，勝兵六七萬，與趙德明抗敵，希望朝廷爵命、俸給，而張佶奏請拒絶，曹瑋獨言宜厚唃廝囉以扼德明，又請如廝鐸督例授立遵節度使。乃詔輔臣共議，量加官秩，勿踰常例。

據會要，則曹瑋請如廝鐸督例授立遵節度使，而實錄乃云其蕃部甄城藺逋叱亦望置節度使如廝鐸督例④，蓋立遵一名甄城藺逋叱也。今且從會要。然立遵蓋輔廝囉者，廝囉猶未加以爵命，而遽請立遵爲節度使，不知何也？七年冬瑋已奏請，至九年春乃從之，又不知何也？[案："七年冬"云云至"又不知何也"十九字，長編注脱]當考。實錄於此月壬寅始載瑋此奏，又云唃廝囉請以馬直改賜金帛、什物等，今移入張佶事後，削去改賜馬直及日。

八年二月丙辰，西蕃首領唃廝囉、立遵、溫逋欺⑤、木羅丹等並遣牙吏貢名馬，估其直約錢七百六十萬。詔賜唃廝囉等錦袍、金帶、供帳、什物、茶藥有差，凡中金七千兩，他物稱是。

八月丙午，曹瑋言唃廝囉所部劉王奴遣帳下青誠吉來告，近遣西涼廝鐸督部兵十萬掩殺北界部落勝捷，續遣人獻首級數⑥。

九月甲寅，以引進使、高州刺史、涇原路駐泊都鈐轄、知渭州曹瑋領英州團練使，知秦州，兼緣邊都巡檢使，涇、原、儀、渭州，鎮戎軍緣邊安撫使，別鑄安撫使印給之。

---

① 磨榆國 "榆"底本作"逾"，據長編卷八二、宋史卷四九二吐蕃傳改。
② 移公城 "移"底本作"私"，據嘉慶本、長編卷八二、宋史卷四九二吐蕃傳改。
③ 按："十二月"下，長編卷八三記載："甲戌，張佶上大洛門新寨圖。先是，佶欲近渭置采木場，蕃族聞之，即徙帳去。佶不能郵以恩意，戎人輒悔，因叛卒鄉導，遂行抄劫。佶深入掩擊，悉敗走。至是求和，佶不許。"
④ 甄城藺逋叱 "甄城"，長編卷八四作"鄆成"。下同。
⑤ 溫逋欺 嘉慶本同，長編卷八四作"溫逋奇"。
⑥ 續遣人獻首級數 長編卷八五作"續入獻首級數"，嘉慶本"數"作"次"。

時宗哥唃厮囉立文法,聚衆數十萬①,遣人入奏,願討平西夏人以自效②。上以爲戎人多詐,慮緩急寇邊,侵擾熟户,先命周文質監涇原軍,又徙瑋是州,兼兩路事以備之。賜瑋公用錢歲三百萬,仍詔自今不兼安撫使者給其半。上謂宰相曰:"頃瑋入朝,言立遵峻酷專恣,已失部族心,恐必不久。唃厮囉,贊普之後,衆漸歸之,咸以立遵持權自任,不平其事。"王旦曰:"大抵好殺則斂怨,弄權則敗亡,雖在蕃夷,亦不可不戒。昨秦州言立遵自作威福,屢恃朝廷恩寵,凌轢邊部,此亦近理。始者,寇準聞立遵之言,以爲必破德明,故其賜與太過。"上曰:"王嗣宗亦言夷狄相殘,中國之利也。朕思之何必幸其相伐,但令曹瑋安撫近邊,以重兵鎮秦州,常設警備,毋得輕發,此最爲上策也。"

經武聖略以此事係之五年,誤矣。曹瑋入朝乃今年七月事,今因令瑋知秦州併書之。

十二月丁亥,侍禁楊承吉使西蕃唃厮囉還,言蕃部甚畏秦州近邊丁家、馬家二族,此二族人馬頗衆,依倚朝廷。唃厮囉以立遵爲謀主,立遵貪而虐,好殺戮,其下恐懼。近築一城,周回二里許,無他號令,但急鼓則增土,緩則下杵,不日而就。承吉又圖上宗哥城,東南至永寧寨九百一十五里,東北至西涼府五百里,西北至甘州五百里,東至蘭州三百里,南至河州四百一十五里,又東至鼠谷五百五十里,又西南至青海四百里,又東至新渭州千八百九十里。

九年正月乙丑,宗哥唃厮囉、立遵等遣使貢謝恩馬五百八十二匹,復賜以器幣、緡錢,總萬二千計。初,輔臣參議答賜,咸曰:"立遵貪狡,不識事機,往因寇準輕信,賜與過厚,致其增氣。今當約所貢直以給之。或求華靡之物,止可賜金塗銀器。"上曰:"來使自云立遵不法,或不如所望,回必見殺。此不足聽,疑有教導之者。"曹利用曰:"立遵所爲不法甚多,皆可詰責,以抑僥求。"上曰:"或謂以夷狄攻夷狄,朝廷之幸也。"向敏中曰:"德明今方納款,何用唃厮囉加兵,況未必能平乎。設能平之,其勢益大,又須存撫之也。"王旦曰:"頃覩奏章,稱立文法,統衆三十萬。朝廷亦疑其所爲,故遣使深入察之。及楊承吉還,言其趨向惟貪財殺人,人既不附,上下胥怨,又無遠慮,何由成功?或假以恩寵③,則小小種落必遭凌脅。若知朝廷不加信用,則當自相屠戮矣。"上

---

① 聚衆數十萬　嘉慶本無"數"一字。
② 願討平西夏人以自效　嘉慶本同,長編卷八五無"人"一字。
③ 或假以恩寵　底本脱"以"一字,據長編卷八六補。

然之。

三月，秦州蕃部賞樣丹者，唃厮囉舅也。厮囉使與熟户廓厮敦謀立文法於離王族，謂厮敦曰："文法成，可以侵漢邊，復蕃部舊地。"曹瑋知之，厚結厮敦，嘗解寶帶予焉。厮敦感激，求自效，問瑋曰："吾父何所使？欲得吾首，猶可斷以獻。"瑋察其誠，謂曰："我知賞樣丹時至汝帳下，能爲吾取賞樣丹首乎？"厮敦愕然曰："諾。"後十餘日，果斬其首以至。丙午，瑋請加爵命，上深嘉瑋功，欲顯賞厮敦，又慮唃厮囉以瑋潛遣人害其親族爲言，或致紛擾，賜瑋詔，令詳度之。瑋方議築南市城，奏厮敦獻地宜賞，乃授厮敦順州刺史。南市本曰南使，蕃語訛謂之南市，西南距州百五十里，東北距籠竿城八十里，秦、渭相接，扼西戎要處也。瑋請用秦、渭五州兵及近寨弓箭手城而居之，異日戍兵代還，則別募勇士三千爲南市城弓箭手。上以瑋静而集事，手詔褒美。辛酉，以西蕃宗哥族李遵爲保順軍節度使①，賜襲衣、金帶、器幣、鞍馬、鎧甲等。遵，一名立遵，一名甄成薦逋叱。初爲僧，後自還俗，佐唃厮囉裁制蕃族，甚有威名，屢祈朝廷爵命，於是又求稱贊普。曹瑋言："春秋許夷狄，不一而足。贊普，可汗號也，使遵一言得之，則何以處厮囉耶？且復有求，漸不可制。請如厮鐸督例授官可也。"上與輔臣議其事，王旦曰："遵輒求贊普，欲居唃厮囉上，而厮囉顧無所求。遵驕恣甚矣，然不可不納。"遂從瑋請。

四月丙申，唃厮囉遣使來貢。

五月。初，甘州回鶻可汗王夜落紇數與夏州接戰，其貢奉多爲鈔掠。及宗哥感悦朝廷恩化，乃遣人援送其使，故頻年得至京師。既而唃厮囉欲娶可汗女而無聘財，可汗不許，因爲仇敵。聖祖降臨之歲，秦州遣指使楊知進②、譯者郭敏送進奉使還甘州，會宗哥怨隙③，阻歸路，遂留知進等不敢遣。祥符八年十月，敏得先歸，既而即補借職，復使賫賜可汗器幣入蕃，至宗哥，立遵留之。於是，可汗遣其首領李吉等九人送楊知進還④，立遵併留吉等，遣回鶻語可汗曰："楊奉職住甘州五年，今郭借職往，若更住，則重煩朝廷取接。可汗宜急寫領賜物表來，就取所賜物，當放吉等歸。"又語知進曰：

---

① 以西蕃宗哥族李遵爲保順軍節度使　"蕃"底本作"藩"，據嘉慶本、長編卷八六改。
② 指使　底本"指"下衍"揮"一字，據嘉慶本刪。
③ 會宗哥怨隙　底本脱"會"一字，據長編卷八五補。
④ 送楊知進還　"送"底本作"迎"，據長編卷八七、宋會要輯稿蕃夷四之七改。

"秦州大人部領軍馬,直入捼囉嚨,慮蕃部有鬭。諜者還日,幸爲我言①,願罷兵,且令蕃漢作一家,即不輟貢奉也。"因遣其種人黨卑迭送知進達境上②,并獻馬。知進言:"立遵取蕃部十八女爲妻③,唃厮囉又娶立遵姝女。立遵御下嚴暴,蕃部不樂。歲旱,人多餓死,止有氈帳三二千,其勢稍蹙矣。"辛未,内出司天奏歲星、太陰失度,太白高,主兵在秦分。上謂輔臣曰:"秦地控接三蜀,疆境甚遠,軍中不逞輩,慮忽聚盜,宜謹備之。唃厮囉與秦、渭熟户結爲釁隙,曹瑋請益屯兵,可如所請。川、陝長吏,監押,巡檢有曠弛者,代之。"

六月辛卯,涇原駐泊都監周文質言:"唃厮囉遣人至渭州緣邊,扇搖熟户,且令納質,不爾則破其聚落。此雖未可憑信,然蕃戎之情或以類相嚮。緣此等熟户本依朝廷,不加安撫,恐惶惑無從,忽致離異。臣欲親至籠竿城,已來告諭:再令納質,或有蕃兵侵掠,則許其應援。"詔曹瑋裁定而行之。

九月壬寅朔,曹瑋言:"緣邊熟户近爲唃厮囉所誘,又立遵輩許以名職。若無羈縻,或慮脅去,望給以告身。"從之。丁未,曹瑋言:"宗哥唃厮囉、蕃部馬波叱臘、魚角蟬等,率馬銜山④、蘭州、龕谷、氈毛山、滔河、河州兵三萬餘入寇,至伏羌寨三都谷,即領軍擊敗之。逐北二十餘里,斬首千餘級,生擒七人,獲馬、牛、雜畜、衣服、器仗三萬三千計,馬波叱臘等遁去。官軍被傷者百六十人,陣没者六十七人⑤。其立功將校、使臣百三十九人,望賜酬獎。"詔賜瑋及駐泊鈐轄高繼忠、都監王懷信錦袍、金帶、器幣,立功者第遷一資,仍賜金帛,陣没者恤其家。先是,翰林學士李迪召對龍圖閣,命草詔書,徐謂迪曰:"曹瑋在秦州,屢請益兵,未及遣,遽辭州事。邊將誰可代瑋者?"對曰:"瑋知唃厮囉欲入寇,頗窺關中,故請益兵爲備,非怯也。且瑋有謀,諸將皆非其比,何可代?陛下重發兵,豈非將上玉皇聖號,惡兵出宜秋門耶⑥?今關右兵多,可會其羨益

---

① 諜者還日幸爲我言　"日"底本作"曰",據長編卷八七改。按:宋會要輯稿蕃夷四之七作"諜者回州,自爲告言"。
② 黨卑迭　嘉慶本同,長編卷八七、宋會要輯稿蕃夷四之七均作"黨失卑"。
③ 立遵取蕃部十八女爲妻　"取",長編卷八七、宋會要輯稿蕃夷四之七均作"娶"。
④ 馬銜山　"銜"底本作"御",長編卷八七同,嘉慶本"銜"作"衘",據宋會要輯稿兵一四之一七、文淵閣本長編卷八八、宋史卷一九一兵志改。按:元豐九域志卷三亦有"馬銜山"。
⑤ 陣没者六十七人　嘉慶本、長編卷八八同,宋會要輯稿兵一四之一七"没"作"殁"。按:長編卷八八作"陣没者六七十人"。
⑥ 惡兵出宜秋門耶　"耶"底本作"即",據長編卷八八改。

發赴瑋。"因問:"關右兵幾何?"對曰:"臣向在陝西,以方寸小册書兵糧數,備調發,今猶置佩囊中①。"上令自探取,且内侍取紙筆,具疏某處當留兵若干,餘悉赴塞下②。上顧曰:"真所謂頗、牧在禁中!"未幾,唃廝囉果犯邊,秦州方出兵,復召問曰:"瑋戰克乎?"對曰:"必克。"及瑋捷書至,上謂迪曰:"卿何料之審也?"迪曰:"唃廝囉大舉入寇,使諜者聲言以某日下秦州會食,以激怒瑋。瑋勒兵不動,坐待其至,是則以逸待勞。臣用此知其決勝也。"

　　司馬光記此事多差誤,今不取,並依本傳。

　　涇原路駐泊都監周文質請令知鎮戎軍李餘懿以所部兵赴籠竿城駐泊,防護儀、渭等州納質熟户。詔文質與曹瑋及餘懿協議行之。以渭州吹麻城帳族都首領張小哥爲順州刺史,大首領葉籛等五人並爲本族軍主。秦州永甯、小洛門、威遠寨大首領四十七人,並補軍主,加檢校官、階、勳,皆獎其内附也。小哥以兵助破魚角嗶,故命加等。己酉,曹瑋言:"宗哥昨遣馬波叱臘率兵到大、小洛門脅誘熟户,尋呼集令納質于永甯寨,有隴波、他廝麻二族不至。臣在城假牒請高繼忠、王懷信領兵招唤,續得繼忠等報二族合衆拒戰,破馬波叱臘,斬首二百餘級,晚渡渭河,水漲失道,爲蕃衆所襲,溺死者二十五人,傷死者百人。"庚戌,涇原路走馬承受麥永慶言唃廝囉率蕃族人馬至青鷄李子、畢栗川③,駐泊都監周文質、王應昌領兵戍瓦亭寨防遏之,賊尋夜遁去。

　　十月庚寅,以引進使、英州團練使、知秦州曹瑋爲客省使、領康州防禦使,崇儀使、秦州駐泊鈐轄高繼忠領高州刺史,供備庫副使、駐泊都監王懷信爲西京作坊副使,職任如故。渤海都虞候、兼御前忠佐馬軍都軍頭李恕爲馬步軍副都頭、領獎州刺史,依前都虞候。自餘將士並賜繒錢,賞其擊敗宗哥也。

　　十一月壬子,以客省使、康州防禦使、知秦州曹瑋爲秦州都部署,依前兼涇、原、儀、渭州,鎮戎軍緣邊安撫使。以禮部郎中李及爲太常少卿、知秦州。

　　天禧二年閏四月庚子,曹瑋言:"緣邊諸寨蕃部納質者七百五十六帳,自吹麻城文法破散之後,其空俞、廝鷄波等族先投賞樣丹者悉來歸,唃廝囉數爲磨氈瞎力骨所困,

---

① 今猶置佩囊中　"今"底本作"令",據嘉慶本、長編卷八八改。
② 餘悉赴塞下　"塞"底本作"寨",據九朝編年備要卷三〇、大事記講義卷二三改。
③ 畢栗川　嘉慶本同,長編卷八八作"篳篥川"。

今還舊地。"

唃厮囉還舊地,不知何地名也。據兩朝國史,唃厮囉與立遵不協,更徙居邈川。豈邈川即唃厮囉舊地乎?明年春,唃厮囉又與立遵同遣使入貢,則舊地又非邈川矣。

三年二月丁酉,宗哥唃厮囉、李遵遣僧景遵來貢①。

四年閏十二月,西邊多言唃厮囉復作文法,慮爲邊患,獨曹瑋奏唃厮囉文法已散,無足慮者,朝議遣近臣察之。丁卯,命龍圖閣學士陳堯咨爲鄜延、邠寧、環慶、涇原、儀渭、秦州路巡檢安撫使②,皇城使劉永宗副之。

五年三月戊戌③,陳堯咨等言涇、原、環、慶等州蕃部族帳並各安居。

九月戊寅,涇原駐泊都監王懷信言宗哥唃厮囉遣蕃部來請和,詔懷信答諭之。懷信又言鎮戎軍去原、環州約三百里,請置巡檢一員,詔可。

乾興元年二月,仁宗即位。

八月乙卯,涇原路總管司言西蕃宗哥與趙德明攻掠,請益兵爲備,從之。

十一月甲戌,涇原部署司言:"宗哥唃厮囉、立遵遣蕃部灼蒙胃失卑陵齋文字及馬一匹至本司,欲求內附。然立遵素多狡計,未可以爲信。已遣蕃僧一人及先捕得諜者抹囉與來使同入宗哥,兼令刺探所與西界用兵勝負,庶預爲邊備。"

天聖元年二月戊戌,許宗哥唃厮囉、立遵歲一入貢。

二年十二月庚午,宗哥唃厮囉、立遵遣大首領厮鐸正來貢方物。

三年正月乙未,涇原路總管司言宗哥立遵乞給俸錢,詔渭州月給衣著五十匹、茶五十斤。

明道元年八月辛酉,以邈川大首領唃厮囉爲寧遠大將軍、愛州團練使,亞然家首領溫逋奇爲歸化將軍。始,立遵與曹瑋戰三都谷,不勝,又襲西涼,兵敗,厮囉遂與立遵不協,更徙邈川,用溫逋奇爲論逋,數使人至秦州求內屬,故有是命。已而逋奇作亂,囚厮囉置穽中,出收不附己者。守穽人間出之④,厮囉集兵殺逋奇,徙居青唐。

---

① 遣僧景遵來貢　嘉慶本同,長編卷九三"景遵"下有"等"一字。
② 巡檢安撫使　嘉慶本同,長編卷九六作"巡撫使"。
③ 戊戌　底本脫此二字,據長編卷九七補。
④ 守穽人間出之　底本脫"之"一字,據宋史卷四九二吐蕃傳補。

卷第二十七

真宗皇帝

莊獻垂簾　楊太后附

景德元年正月乙未,以後宫劉氏爲美人,楊氏爲才人。劉氏,華陽人;楊氏,郫人也。上初爲襄王,一日,謂左右曰:"蜀婦人多才慧,吾欲求之。"劉氏始嫁蜀人龔美,美攜以入京,既而家貧,欲更嫁之。張旻時給事王宫,言于王,得召入,遂有寵。王乳母秦國夫人性嚴整,不悦,固令王斥去。王不得已,出置旻家,旻避嫌,不敢下直,乃以銀五百兩與旻,使别築館而居之。其後請于秦國夫人,得復召入,于是與楊氏俱幸。美因改姓劉,爲美人兄云。

司馬光載章獻事自有兩説,其間于襄王宫指使者,與神宗實録劉永年傳首所書合,今從之。

四年四月辛巳,皇后郭氏崩。

大中祥符二年正月,以美人劉氏爲修儀,才人楊氏爲婕妤。

五年五月戊寅,以修儀劉氏爲德妃,令所司擇日備禮册命①。

九月,參知政事、刑部侍郎趙安仁罷爲兵部尚書。先是,上議立皇后,安仁謂劉德妃家世寒微,不如沈才人出于相門。上雖不樂,察其守正,不罪也。它日,與王欽若從容論方今大臣誰爲最長者②,欽若欲排安仁,乃譽之曰:"無若趙安仁。"上曰:"何以言之?"欽若曰:"安仁昔爲故相沈義倫所知,至今不忘舊德,常欲報之。"上默然,始有意斥安仁矣。

---

① 令所司擇日備禮册命　嘉慶本、長編卷七七、宋會要輯稿后妃三之一七同,文淵閣本長編卷七七"所司"作"有司"。
② 方今大臣誰爲最長者　嘉慶本、九朝編年備要卷八、山堂肆考卷一一八均無"最"一字。

十二月丁亥,立德妃劉氏爲皇后。后性警悟,曉書史,聞朝廷事,能記本末。帝每巡幸,必以從。衣不纖靡,與諸宫人無少異。莊穆既崩,中宫虚位,上即欲立之,后固辭。良久,將降詔,而宰臣王旦忽以病在告,后疑旦有它議,復固辭。于是中書門下請早正母儀①,后卒得立。凡處置宫闈事,多引援故實,無不適當者。帝朝退,閲天下封奏多至中夜,后皆預聞之,周謹恭密,益爲帝所倚信焉。

此因實録舊文,蓋垂簾時奏篇,其勢不免如此,要當刪修。

六年正月庚申,置淑儀、淑容、順儀、順容、婉儀、婉容,並從一品,在昭儀上。又置司宫令,正四品,在尚宫上,著于令。以婕妤楊氏爲婉儀。初議册皇后,上欲得楊億草制,使丁謂諭旨,億難之,因請三代,謂曰:"大年勉爲此②,不憂不富貴。"億曰:"如此富貴,亦非所願也。"乃命它學士草制。

江休復雜志云改命陳從易。按從易當此時爲館職,不應草制。黃庭堅思賢詩云改命陳彭年。彭年當此時亦未入翰林,或特旨令撰,如張齊賢封除目與黄夷簡、曾致堯例,則不可知。然江、黄所記姓名必有一誤,今但云"改命它學士草制",更須詳考之。盡得當時人文集檢討,亦可推求其姓名。

六月己巳,案:長編事在辛未。中書門下請依宗正寺所奏,降皇后三代父母名氏編入屬籍。詔從之。

七年,皇后以後宫李氏所生子爲己子,使婉儀保視之,皇子于是生五年矣,故仁宗嘗呼后爲"大孃孃",婉儀爲"小孃孃"。

六月壬申,封婉儀楊氏爲淑妃。始,皇后爲修儀,妃爲婉儀,位幾與后埒。上封泰山、祀后土、祠太清宫,凡巡幸皆從,榮寵莫比。妃通敏有智思,周旋奉順,無所少忤,后親愛之,故妃雖貴幸,終不以爲己間。及受册,上不欲令藩臣貢賀,不降制外庭,止命學士草制付中書。翌日,宰相言:"宫掖加恩,朝廷慶事,臣下不可闕禮。望令客省依例受貢賀。"上勉從之。

天禧二年六月。初,皇后父通嘗掌禁旅,從潘美征廣南,又累戰北面,積勞至虎捷都指揮使,領嘉州刺史。太平興國中護蹕太原,卒于師。權殯京城西,累贈永興節度使兼中書令。母龐氏贈徐國太夫人。是月,始葬通及龐氏,詔贈通太師、尚書令,謚武

---

① 請早正母儀 "母"底本作"毋",據嘉慶本、長編卷七九改。
② 大年 楊億字大年。

懿,命昇王府諮議參軍張士遜具鹵簿、鼓吹,護葬祥符之鄧公原,皇后親臨遣奠,上御製祭文,置靈坐之右。

三年五月己未,龍神衛四廂都指揮使夏守恩爲捧日天武四廂都指揮使,依前泰州防禦使;洛苑使、勤州刺史、同管勾皇城司劉美爲龍神衛四廂都指揮使,領昭州防禦使。上不豫,中宮預政,以守恩領親兵倚用之,故與美並命。守恩尋遷殿前都虞候,美遷馬軍都虞候,守恩仍權領殿前步軍司,美權領馬軍司事。

守恩、美等遷在七月壬申,權領二司在八月丁酉,今並書之。美本傳云:"先是,美與周懷政聯事,懷政姦恣,人多畏憚,美未嘗附。懷政左右有過,必痛繩之,親從卒偵邐者,多不時更易,美按籍分番次均使焉。上屢欲授美兵柄,以皇后懇讓,故中輟者數四,于是卒用之。"此傳蓋當時修史官以媚太后耳,今不取。

四年六月,宰臣寇準請治皇后宗人橫於蜀奪民鹽井事。見丁謂事迹①。翰林學士錢惟演女弟實爲馬軍都虞候劉美妻,監察御史章頻嘗受詔鞫邛州牙校訟鹽井事,劉美依倚后家,受託使人市其獄。頻請捕繫,上以后故不問,出頻知宣州。

十一月己巳,宰臣李迪以户部侍郎出知鄆州,放朝辭,即時赴任。事見丁謂事迹。先是,上久不豫,語言或錯亂,嘗盛怒語輔臣曰:"昨夜皇后以下皆之劉氏,獨留朕于宮中。"衆皆不敢應。迪進曰:"果如是,何不以法治之?"良久,上寤,曰:"無是事也。"后適在屏間聞之,由是惡迪。所以不得留,非但謂等媒孽,亦中宮意爾。

閏十二月乙亥,上力疾御承明殿,召輔臣,諭以盡心輔太子②,出手書一幅付之,其略曰:"內廷有皇后輔化宣行③,庶無憂也。"

乾興元年二月戊午,上崩于延慶殿,仁宗即皇帝位。遺詔尊皇后爲皇太后,淑妃楊氏爲皇太妃,軍國事權取皇太后處分。百官見上于延慶殿之東楹。初,輔臣共聽遺命于皇太后,退,即殿廬草制:軍國事兼權取皇太后處分。丁謂欲去"權"字,王曾曰:"政出房闥,斯已國家否運。稱'權'尚足示後,且言猶在耳,何可改也?"謂乃止。曾又言:"尊禮淑妃太遽,須它日議之,不必載遺制中。"謂怫然曰:"參政顧欲擅改制書耶!"曾復與辯,而同列無助曾者,曾亦止。時中外洶洶,曾正色獨立,朝廷賴以爲重。

---

① 見丁謂事迹 "迹"底本作"實",據本書卷二十三丁謂事迹改。下同。
② 諭以盡心輔太子 嘉慶本同,長編卷九六"輔"下有"導"一字。
③ 內廷有皇后輔化宣行 "廷"底本作"庭",據嘉慶本、長編卷九六改;"輔化",長編卷九六同,嘉慶本作"輔佐"。

二事據王曾言行錄，曾本傳無之。丁謂傳乃云謂不欲去"權"字①，坐此忤太后意。謂憸人，必不能爾。或謂竄逐後羞悔前作，狠竊曾言以爲己力，欲欺世盜名，而史官誤信之。今不取。言行錄又云尊淑妃爲皇太妃，亦謂所增，遺制本無之，則恐不然。若遺制果無，曾豈容不力辯？蓋曾未欲遽行，將執奏，而謂沮止曾耳。曾自言此事，宜不繆，但記錄者偶失之，固當取其可信者。江休復雜志亦云真宗上仙，明肅召兩府入諭之，一時號泣，明肅曰："有日哭在，且聽處分。"議畢，王文正作參政秉筆，至"淑妃爲皇太妃"，卓筆曰："適來不聞此語。"丁崖州曰："遺制可改耶？"衆亦不敢言。明肅亦知之，始惡丁而嘉王之直。按雜志與言行錄略同。然丁謂但欲諂事明肅耳，於淑妃何取焉？若明肅果無此語，謂安敢強增加以拂明肅意？且謂當此時方寵幸，未見惡也。雷允恭敗，詐乃覺。恐江氏亦傳聞未審，今不取。

己未，群臣詣東上閤門上表請聽政，又詣東內門請皇太后延對輔臣②，皆批答不允。表三上，乃從之。先是，輔臣請皇太后所御殿，太后遣內侍張景宗、雷允恭諭曰："皇帝視事，當朝夕在側，何須別御一殿也。"乃令二府詳定儀注。王曾援東漢故事，請五日一御承明殿，太后坐左，皇帝坐右③，垂簾聽政。既得旨，而丁謂獨欲皇帝朔望見群臣，大事則太后與帝召對輔臣決之，非大事悉令雷允恭傳奏，禁中畫可以下。曾曰："兩宮異處而柄歸宦者，禍端兆矣。"謂不聽。癸亥，太后忽降手書，處分盡如謂所議。蓋謂不欲令同列參與機密，故潛結允恭，使白太后，卒行其意。及學士草辭，允恭先持示謂，閱訖乃進。

歐陽修作晏殊神道碑云：丁謂、曹利用各欲獨見奏事，無敢決其議。殊建言，群臣奏事太后者，垂簾聽之，皆無得見。議遂定。附傳、正傳俱無此，今亦不取。

三月庚寅，初御崇德殿聽朝。皇太后設幄次於承明殿，垂簾以見輔臣。丁謂等奏曰："屬者，太后受遺總政，群情協寧，實天命所定。"太后遣內侍答曰："先帝升遐，內外晏然，皆卿等夙夜盡忠。"丁謂等各再拜。

四月壬寅，光祿寺丞尉氏馬季良，家本茶商，劉美女婿也，於是召試館職，太后遣內侍賜食，促令早了，主試者分爲作之。

此據江休復雜志。主試者，學士晏殊也。

---

① 乃云謂不欲去權字　底本脫"不"一字，據文意補。本書卷二十三丁謂事迹可爲參證。
② 請皇太后延對輔臣　"延"底本作"廷"，據嘉慶本、長編卷九八改。
③ 太后坐左皇帝坐右　嘉慶本、九朝編年備要卷八、宋史全文卷六同，長編卷九八作"皇帝在左，太后坐右"，宋史卷二四二章獻明肅劉皇后傳作"帝位左，太后位右"。

丙午，加贈皇太后三代：父太師、尚書令通爲彭城郡王，母徐國太夫人龐氏爲越國太夫人，兄昭德節度使兼太尉，美爲侍中。

六月，雷允恭擅易皇堂，太后怒甚，允恭伏誅。見雷允恭擅易皇堂。初，丁謂與雷允恭協比專恣，内挾太后，同列無如之何。太后嘗以上卧起晚，令内侍傳旨中書，欲獨受群臣朝。謂適在告，馮拯等不敢決，請謂出謀之。及謂出，力陳其不可，且詰拯等不即言，由是稍失太后意。又嘗議月進錢充宮掖之用，太后滋不悦。允恭既下獄，王曾因是併逐謂。癸亥，責謂爲太子少保、分司西京。詳見丁謂事迹。

七月辛未，馮拯加司徒，曹利用加武寧節度使，王曾加中書侍郎、平章事，吕夷簡爲給事中，魯宗道爲右諫議大夫，並參知政事。己卯，輔臣三上表，請皇太后遵遺制，每五日一臨便殿，依先定儀注，許令中書、樞密院奏事，與皇帝共加裁酌。皇太后不許，復上皇帝表，乃從之。甲午，輔臣請皇太后、皇帝五日一御承明殿，凡軍馬機宜及臣下陳乞恩澤，並呈稟取旨。若常事，即依舊進入，候印畫付外。或事從别旨，有未可行者，即於御前納下，再俟處分。從之。

八月乙巳，上與皇太后御承明殿，垂簾決事，始用王曾議也。宰相率百官拜表稱賀，太后哀慟久之，令内侍宣諭曰：“候上春秋長，即當還政。”馮拯等言：“太后臨朝，蓋先帝顧命之託也。”拯繼丁謂爲首相，頗欲攝謂故迹，王曾獨曉以禍福，且逆折之，拯不敢肆，自是事一決於兩宫。初，謂定太后稱“予”，謂敗，中書與禮儀院參議，每下制令稱“予”，而便殿處分事稱“吾”。太后詔止稱“吾”。

十月己酉，葬真宗於永定陵。禮儀院請避皇太后父、祖諱，詔唯避父彭城郡王諱，仍改通進司爲承進司。初，太后欲具平生服玩如宫中，以銀罩覆神主，參知政事吕夷簡言：“此未足以報先帝也。今天下之政在兩宫，惟太后遠姦邪、奬忠直，輔導皇帝，成就聖德，則所以報先帝者，宜莫若此。”甲子，上與皇太后始復御承明殿。

十一月乙亥，以皇太后生日爲長寧節。中書言：“前一月百官就大相國寺建道場，罷日賜會於錫慶院。禁刑及屠宰七日。前三日，命婦進香合；至日，詣内庭上壽。三京度僧道，比乾元節三分之一，而罷奏紫衣、師號①。”詔進奉上壽候真宗喪制畢，餘從

---

① 而罷奏紫衣師號 “罷奏”底本作“奏罷”，據長編卷九九乙正。

之。初,輔臣及禮官請如乾元節例,而太后多所裁損,故中書更爲此奏。禮儀院奏制太后所乘輿名之曰"大安輦",具太后出入鳴鞭,儀衛凡御龍直總五十四人,骨朵直總八十四人,弓箭直、弩直各五十四人,殿前指揮使左右班各五十六人;禁衛皇城司二百人,寬衣天武二百人;儀衛供御輦官六十二人、寬衣天武百人。其侍衛諸司應奉①,悉如乘輿。

天聖元年正月庚寅,贈侍中劉美妻吳興郡夫人錢氏封越國夫人。錢氏,惟演妹也,及卒,輟視朝三日。上初即位,太常丞、直集賢院、判吏部南曹丁度嘗獻王鳳論於皇太后,以戒外戚。

五月甲戌,詔承明殿垂簾日,許三司、開封府、御史臺與屬官一員同奏事。

七月己巳,右侍禁、閤門祗候、嘉州犍爲縣駐泊防遏邊界公事王蒙正請遇長寧、乾元節就峨眉山設齋及備土貢,令子弟入獻,仍請給館券。從之。蒙正與太后有連,其女,劉從德妻也。

二年五月戊子②。先是,詔議上皇太后禮服,太常禮院言:"開寶禮:皇太后當衣褘衣、革帶、青襪舄、白玉雙珮、黑組雙大綬、素紗中單、蔽膝、大帶、首飾花十二株,受册、親蠶、朝會諸大事則服之。又隋制:后服四等,其四曰朱衣,以緋羅爲之,宴見賓客則服之。今議每朝謁神御,往還乘輦服朱衣,而蔽膝,革帶,大帶,寶裝綬、珮、襪,金飾履,悉如衣之色。常視事,去蔽膝、革帶、珮、襪。或衣鞠衣,則以黃羅爲之,亦用寶裝綬、大帶、履。"命內侍周文質如所議以製,至是上之。

七月。初,真宗崩,內遣中使賜荊門軍玉泉山景德院白金三千兩,令市田,院僧不敢受。本路轉運使言:"舊制:寺觀不得市田以侵農。"上謂宰臣曰:"此爲先帝殖福,其勿拘以法,仍不得爲例。"既而寺觀稍益市田矣。皇太后微時,嘗過玉泉,有老僧言:"後當極貴。"既如其言,累召不至,故有是賜。

邵伯溫聞見錄云:章獻明肅太后,成都華陽人,少隨父下峽,至玉泉寺,有長老善相人,謂其父曰:"君貴人也。"及見后,則大驚曰:"君之貴,以此女也。"又曰:"遠方不足留,盍遊京師乎③!"父以貧爲辭,

---

① 其侍衛諸司應奉 "侍"底本作"持",據嘉慶本、長編卷九九改。
② 戊子 底本脱此二字,據長編卷一〇二補。
③ 盍遊京師乎 "盍"底本作"曷",據長編一〇二、聞見錄卷一改。

長老贈以中金百兩。至京師,真宗判南衙,因張耆納后宮中。及即位,爲才人,進宸妃,至正位中宮,聲動天下。仁宗即位,以皇太后垂簾聽政,玉泉長老已居長蘆矣。后屢召不至,遣使召問所須,則曰:"道人無所須也。玉泉寺無僧堂,長蘆無山門,后其念之。"后以本閣服用物下兩寺爲錢以建。獨長蘆寺臨江,門起水中,既成,輒爲蛟所壞。后必欲起之,用生鐵數萬斤疊其下,門乃成,蛟畏鐵也。今玉泉僧堂梁記云太后所建。

甲辰,群臣表上皇太后尊號曰應元崇德仁壽慈聖,皆不允,表三上,乃從之。丁未,刑部郎中、判戶部勾院李若谷爲契丹妻生辰使,內殿承制、閤門祇候范守慶副之。若谷等辭日,不俟垂簾請對,遽詣長春殿奏事。太后不悅,尋命章得象、馮克忠代焉。

九月,兩制定皇太后於崇政殿受尊號冊,上以其禮未稱,甲辰①,詔改就文德殿,發冊於天安殿。然太后意欲就天安殿受冊,王曾言不可,乃止。丁未,上諭輔臣曰:"昨燕宮中,朕數四勉,皇太后方聽樂。"王欽若尋以上語問太后,太后曰:"自先帝棄天下,吾終身不欲聽樂。皇帝再三爲請,其可重違乎?"

三年正月辛卯,長寧節,近臣及契丹使初上皇太后壽於崇政殿。乙未,開封府言長寧節請如乾元節度僧道三百八十人,詔止度三百人。壬子,加贈皇太后兄贈侍中劉美爲中書令,追封嫂越國夫人錢氏爲鄆國太夫人。

四月,以龍圖閣直學士、刑部郎中劉燁知河南府。燁先世代郡人,後魏遷都,因家河南。唐末五代之亂,衣冠舊族多離去鄉里,或爵命中絕而世系無所考,惟劉氏自十二代祖北齊中書侍郎環雋以下,仕者相繼。環雋生隋大理卿坦,坦生唐渝國公政會,由政會至燁十一世,皆葬河南,而世牒具存。燁嘗權發遣開封府事,獨召見,太后問曰:"知卿名族,欲一見卿家譜,恐與吾同宗也。"燁曰:"不敢。"它日數問之,燁無以對,因僞風眩仆而出,乃免。

四年十二月丁亥,上謂輔臣曰:"朕欲元日率百官先上皇太后壽,然後御天安殿受朝賀。其令太常禮院草具其儀。"皇太后曰:"豈可以吾故而後元會之禮哉?"王曾等曰:"陛下以孝奉母儀,太后以謙全國體。請如太后命。"因再拜稱賀。上固欲先上太后壽,既退,出墨詔付中書。

五年正月壬寅朔,上率百官上皇太后壽於會慶殿。黎明,百官並常服,幷契丹使

---

① 甲辰　底本作"甲午",據長編卷一〇二改。

班庭下。内侍請皇太后出殿後幄,鳴鞭,升坐,又詣殿後皇帝幄,請服鞾袍,於簾内皇太后前再拜稱賀。皇太后曰:"履端之祉,與皇帝同之。"遂奉觴跪進曰:"謹上千萬歲壽。"又再拜,皇太后曰:"恭舉皇帝之觴。"教坊樂止,皇帝還幄,宣事舍人引百官横行再拜,太尉自西階升賀,俛伏興降,還位,在位皆再拜。侍中承旨曰:"履新之吉,與公等共之。"太尉又自東階升,奉觴跪進於簾外,内謁者接以進。太尉北向拜奏曰:"謹上千萬歲壽。"太尉降,還位。典儀曰:"再拜。"在位再拜。宣徽使承旨曰:"謹舉公等之觴。"典儀曰:"再拜。"分班序立,宣事舍人引太尉以下升殿,簾外及東西廂坐,酒三行,侍中奏禮畢,皇帝乃服袞冕,御天安殿受朝賀。

七月己未,上以災異數見,詔群臣毋得因郊祀請加尊號。時太后欲獨加尊號,遣内侍諭輔臣,輔臣力言不可,太后從之,乃别下書諭中外。

六年三月戊申,太后幸贈侍中劉美第,左司諫劉隨奏疏勸止,太后納其言,自後不復再駕。

此據宋祁所作隨墓銘。傳云太后不宜數幸外家,恐誤也,今改之。

六月丁亥,以太常丞、直史館馬季良爲龍圖閣待制。先是,太后欲擢季良侍從,王曾難之。會曾移疾,太后諭中書令亟行除命,執政承順且遽,故季良止以三丞充待制。蓋三丞未有預内閣清職者,朝論譁然,益重曾之守正云。

七月乙巳,以户部判官、左司諫劉隨知濟州。隨在諫職,前後所論甚衆。帝既益習天下事,而太后猶未歸政。隨請軍國常務專稟帝旨,太后不悦。會隨請外,因命出守。

七年正月癸卯,樞密使曹利用罷,利用爲太后所嚴憚也。見利用罷樞密。

二月庚申,禮部侍郎、參知政事魯宗道卒。太后臨朝,宗道屢有獻替。太后問:"唐武后何如主?"對曰:"唐之罪人也,幾危社稷。"太后默然。時有上言請立劉氏七廟者,太后以問輔臣,衆不敢對,宗道獨曰:"不可。"退謂同列曰:"若立劉氏七廟,如嗣君何?"帝與太后將同幸慈孝寺,欲以大安輦前帝行,宗道曰:"婦人有三從:在家從父,出嫁從夫,夫亡從子。"太后命輦後乘輿行。

十一月癸亥,冬至,上率百官上皇太后壽於會慶殿,乃御天安殿受朝。秘閣校理范仲淹奏疏言:"天子有事親之道,無爲臣之禮;有南面之位,無北面之儀。若奉親於内,行家人禮可也。今顧與百官同列,虧君體,損主威,不可爲後世法。"疏入,不報。晏殊初薦仲淹爲館閣,聞之大懼,召仲淹,詰以狂率邀名,且將累薦者。仲淹正色抗言曰:"仲淹繆辱公擧,每懼不稱,爲知己羞,不意今日反以忠直獲罪門下。"殊不能答。仲淹退,又作書申理前奏,不少屈。殊卒媿謝焉。又奏疏請皇太后還政,亦不報,遂乞補外,尋出爲河中府通判。

> 歐陽修作仲淹神道碑云:"太后將以至日大會前殿,上率百官爲壽,仲淹言之,其事遂已。"按仲淹奏入,不報,上壽會慶殿未嘗已也。豈修謂止在便殿、不在前殿,爲聽仲淹之言乎?然供張便殿,實自王曾執奏,非由仲淹矣。修蓋誤,今不取。富弼作仲淹墓碑亦云:"疏奏,遂罷上壽儀。然后頗不懌,尋出爲河中府通判。"弼亦誤。今但取其出倅河中府附見於此。僧文瑩以爲仲淹時任右司諫,太后先遣中使諭令勿言。此妄也,今不取。

八年四月甲午,徙工部郎中、京西轉運使王彬爲河北轉運使。部吏馬崇政,太后姻家,猾橫不法。彬發其贓罪下吏,忤太后意,復徙京東。

六月,賜和州刺史劉從德敕書獎諭。從德知衛州,辟屯田員外郎戴融爲通判①,而融楚人,善諂佞,因率州人以千數,妄言治有異狀,乞刻碑記之。朝廷雖不許,以太后故,猶降襃詔。從德,美之子也。縣吏李熙輔者,善事從德,乃薦熙輔於朝。太后喜曰:"兒能薦士,知所以爲政矣。"即日擢熙輔京官。從事河南鄭驤因緣從德,亦擢美官。時監司以太后故多假借從德,獨轉運使王立按擧無所容。

十二月乙未,詔長寧節百官上壽於崇政殿。初,上謂輔臣曰:"昨郊禮畢,朕嘗率文武百官、諸軍將校賀皇太后於會慶殿。明年長寧節,宜定百官上壽儀,下太常禮院議。"而太后不欲御會慶。乙未,案:兩係乙未,恐有錯誤,長編亦同,當考。詔上壽於崇政殿,既而復就會慶。

九年正月丙辰,長寧節,百官初上皇太后壽於會慶殿。

六月庚辰②,翰林學士宋綬,西上閤門使曹琮、夏元亨上新編皇太后儀制五卷,詔名曰內東門儀制。

十月己卯,以翰林學士兼侍讀學士宋綬爲龍圖閣學士、知應天府。時太后猶稱

---

① 辟屯田員外郎戴融爲通判 "通判",嘉慶本、長編卷一〇九均作"同判"。
② 庚辰 底本脫此二字,據長編卷一一〇補。

制，五日一御承明殿垂簾決事，而上未始獨對群臣也。綬言："唐先天中，睿宗爲太上皇，五日一受朝，處分軍國重務，除三品以上官，決重刑。明皇日聽朝①，除三品以下官，決徒刑。今宜約先天制度，令群臣對前殿，非軍國大事及大除拜②，皆前殿取旨。"書上，忤太后意，故命出守。

十一月，曹修古等責降。見外戚恣橫。

明道元年二月，宸妃李氏薨，鑿垣出喪。詳見追尊莊懿太后。

十二月，議太后謁廟儀注。見籍田。丙午，群臣上皇太后尊號曰應天齊聖顯功崇德慈仁保壽。

二年二月乙巳，皇太后謁廟。見籍田。

三月庚寅，以皇太后不豫，大赦，除常赦所不原者。募天下善醫馳傳赴京師，僧道、童行繫帳，京畿三年，西京、南京五年，諸道七年，並與剃度披帶。乾興以來貶死者復其官。甲午，皇太后崩。遺誥尊太妃爲皇太后，皇帝聽政如祖宗舊制，軍國大事與太后內中裁處。賜諸軍緡錢。乙未，帝御皇儀殿之東楹，號慟見輔臣，且曰："太后病不能言，而猶數引其衣，若有所屬，何也？"奎曰："其在袞冕也。然服之，何以見先帝乎？"帝悟，以后服斂，即命呂夷簡爲山陵使。既宣遺誥，閤門趣百官賀太后於內東門。御史中丞蔡齊正色謂臺吏毋追班，入白執政曰："上春秋長，習天下情偽。今始親政，豈宜使女后相繼稱制乎？"執政無以奪。

四月丙申朔，下詔求助③，刪去遺誥"皇帝與太后裁處軍國大事"之語。

會要云：初，遺誥有云"皇太妃與吾同事先朝，備彰懿範。自今朝之臨御，亦共贊於內謀。爰屬茲辰，允當崇奉，宜尊爲皇太后④。往者皇帝踐阼，方在沖年，吾稟先帝遺言，權助軍國大事。今皇帝君臨一紀，盛德日新，此後聽斷，一依祖宗舊規。如有軍國大事，皇帝與皇太后內中裁量"之語。往往竊議，浸淫上聞，乃令中書門下撥出遺誥中皇太后事，不須並告天下。於是群臣慶帝之明睿獨斷，出前古遠甚。有司因得用咸平舊章以正其禮矣。或云遺誥以楊太妃爲太后，上以問呂夷簡，對曰："典故無此。"上曰："奈

---

① 明皇日聽朝 "朝"底本作"政"，據長編卷一一〇、宋朝諸臣奏議卷九二宋綬上仁宗乞約先天制度前殿取旨、名臣碑傳琬琰之集下卷八曾肇宋宣憲公綬、隆平集卷七宋綬傳、九朝編年備要卷九改。
② 非軍國大事及大除拜 底本脫第二個"大"字，嘉慶本、長編卷一一〇同，據宋朝諸臣奏議卷九二宋綬上仁宗乞約先天制度前殿取旨、名臣碑傳琬琰之集下卷八曾肇宋宣憲公綬、隆平集卷七宋綬傳、東都事略卷五七宋綬傳補。
③ 下詔求助 "求助"，續資治通鑑卷三九作"求言"。
④ 宜尊爲皇太后 "宜"底本作"儀"，據嘉慶本、宋會要輯稿后妃一之一一改。

太后已許之矣。"夷簡多智,善迎合,即問上曰:"太妃樂乎?"上曰:"樂之。"夷簡即贊曰:"陛下自此宫中甚孤,立之爲便。"夷簡退,以此意明語同列。時諫官、御史知其非而畏其説,竟不敢争。夷簡多不正以結上,皆有説以勝人。今皆不取,但以齊傳爲正。龍川别志稱吕夷簡謂蔡齊不知遺誥意,今移見尚、楊二美人争寵時。[案:長編脱注。]

丁酉,群臣上表,請聽政,不允,五上,乃從之。庚子,見輔臣於皇儀殿之東楹,追尊莊懿皇后。見本事。庚申,太常博士、秘閣校理范仲淹爲左司諫。仲淹初聞遺誥以太妃爲皇太后、參決軍國事,亟上疏言:"太后,母號也,未聞因保育而代立者。今一太后崩,又立一太后,天下且疑陛下不可一日無母后之助矣。"時已删去"參決"等語,然太后之號訖不改,止罷其册命而已。

富弼墓誌云:上悟,止存后號而已。恐當日删去"參決"等語,未必緣仲淹奏疏,今但附見。罷其册命,此據歐陽修神道碑。

壬戌,始御崇政殿,改命張士遜爲山陵及園陵使。癸亥,上大行皇太后謚曰莊獻明肅。

五月辛未,屯田員外郎龐籍爲殿中侍御史。籍奏請下閤門,取垂簾制盡焚之。癸酉,詔曰:"大行皇太后保佑沖人十有二年,恩勤至矣,而言者罔識大體,務訐許一時之事,非所以慰朕孝思也。其垂簾日詔命,中外毋輒以言。"始,太后稱制,雖政出宫闈,而號令嚴明,恩威加天下,左右近習亦少所假借,宫掖間未嘗妄有改作,賜與有節。晚稍進外家,任内臣。然太后保護帝既盡力,而帝所以奉太后亦甚備。太后常命工爲帝結珠鞍,帝心不欲之,然不敢毁,以實真宗神御殿,其恐傷太后意如此。及太后崩,言者多追斥垂簾時事,左司諫范仲淹言于帝曰:"太后受遺先帝,保佑聖躬十餘年矣。宜掩其小故,以全大德。"帝大感悟,乃降是詔。

八月壬寅,名莊獻明肅太后新廟曰"奉慈",從翰林學士馮元等議也。

十月丁酉,祔葬莊獻明肅皇太后、莊懿皇太后於永定陵。己酉,附神主於奉慈廟。

案:長編莊獻、莊懿之"莊"皆作"章"①。

---

① 按:長編卷一五三、宋史卷一一仁宗本紀均記載:"[慶曆四年十一月]己卯,改上莊穆皇后謚曰章穆,莊獻明肅皇太后曰章獻明肅,莊懿皇太后曰章懿,莊懷皇后曰章懷,莊惠皇太后曰章惠。"即"莊"改"章"乃慶曆四年十一月事。

卷第二十八

真宗皇帝

訓導太子

大中祥符三年四月癸亥，後宮李氏生子，知開封府周起方奏事，上謂起曰："知朕有喜乎？"起曰："臣不知也。"上曰："朕始生子！"即入禁中，懷金錢出，探以賜起。李氏，杭州人，初入宮侍劉脩儀，莊重寡言，上命爲司寢。既有娠，從上臨砌臺，玉釵墜，上惡之。上私卜釵完當生男子，左右取釵以進，殊不毀，上喜甚。已而果生子，後封李氏爲崇陽縣君，復生一女，不育。

李氏所生子是爲仁宗。

七年二月，車駕祀太清宮還。戊午，次襄邑縣，皇子來朝。

三月丁未，以皇子受益爲左衛上將軍，封慶國公，月給俸錢二百千。初，宰相屢言皇子未議封建，中外繫望，今朝修禮成，願特降制命。上雖從之，而謙讓未加王爵。舊制，國公食邑三千戶，今止千戶，有司之誤也。皇子即後宮李氏所生，於是五年矣，劉皇后以爲己子，使楊婉儀保視之，故仁宗嘗呼后爲"大孃孃"，婉儀爲"小孃孃"。

八年十二月戊寅①，皇子加冠禮。辛卯，以皇子慶國公受益爲忠正軍節度使兼侍中，封壽春郡王。舊制，本州當選牙校、僧道至闕稱賀。詔罷之，止令官吏附驛上賀狀。

九年正月壬申，以兵部郎中張士遜爲戶部郎中②、直昭文館，左司諫、直史館崔遵度爲戶部員外郎、直史館如故，並充壽春郡王友，賜襲衣、犀帶、緡錢。又賜遵度金紫，

---

① 八年十二月戊寅　"月"底本作"年"，據嘉慶本改。
② 兵部郎中張士遜　嘉慶本同，長編卷八六"兵部"作"工部"。

作詩寵之。時王將受經,命中書擇耆德方正有學術者爲府官。士遜時爲河北轉運使,以其平雅和謹,歷外任,著治聲,澹於榮利;遵度同修起居注逾十年,立殿墀上,常退匿楹間,慮上見之,搢紳推其長者。即召士遜赴闕,而並命焉。初,宰相將用士遜等爲翊善、記室,上曰:"翊善、記室,府屬也,王皆受拜。"故以王友命之,令王每見答拜,示賓禮之意。士遜嘗謁王旦,稱王學書有法,旦曰:"公爲王友,職止於是耶?"士遜愧謝。

歐陽修以此事爲責諭德。按二年八月始建東宫,崔遵度、魯宗道爲諭德,時王旦已死矣。今止從遺事。

二月甲午,詔築堂於元符觀南,爲皇子就學之所,賜名曰"資善",上作記,刻石堂中,命入内押班周懷政爲都監,入内供奉官楊懷玉爲壽春郡王伴讀,仍面戒不得於堂中戲笑及陳玩弄之具,庶事由禮,使王親近僚友。丙申,以後宫崇陽縣君李氏爲才人。

五月戊午,詔獎壽春郡王友張士遜等,以王讀孝經徹章故也。王初爲詩,即自成章,有"人心懷禮義"之句,上喜,以語輔臣。

天禧元年二月戊寅,壽春郡王受益兼中書令。

七月,宰臣王旦以病堅求罷相。甲寅,召對滋福殿,因命皇子出拜。旦言:"皇子盛德,必任陛下事①。"

旦遺行録及神道碑並稱"皇太子"。按此時未建東宫,今但稱"皇子"。會要亦稱"皇太子",又以爲祥符九年事,尤誤也。

十月辛卯,壽春郡王讀論語終,上作詩賜王及王友張士遜等。

二年正月辛亥,幸元符觀、資善堂,宴從臣及壽春郡王府官屬。出御製賜壽春郡王恤黎民等歌,元符觀資善堂等記、頌,并出壽春郡王詩什、筆翰示宰相。

二月丁卯,以昇州爲江寧府,置軍曰建康,命壽春郡王爲節度使,加太保,封昇王。先是,宰臣因對,屢言王性聰悟,好學樂善,孝謹彌篤,迥然老成,而未正封爵,中外人情,咸有所屬望②,願乞依臣等奏③,早議崇建。上謙讓久之,洎固請再三,乃許焉。戊辰,以壽春郡王友張士遜、崔遵度並爲昇王府諮議參軍,左正言、直史館晏殊爲記室參軍。

---

① 按:長編卷九○此句後還有"遂薦可爲大臣者十餘人"。
② 咸有所屬望　長編卷九一作"咸所屬望"。
③ 願乞依臣等奏　嘉慶本同,長編卷九一作"願允臣等奏"。

八月丁酉,群臣上表請立皇太子,不允。表三上,許之。先是,知梧州、衛尉寺丞陳執中上復古要道三篇,上異而召之。上時已屬疾,春秋高,大臣莫敢言建儲者。執中既至,進演要三篇,以蚤定天下根本爲説。翌日,上以它疏示輔臣,皆贊曰:"善。"上指其袖中曰:"更有善此者。"出之,即演要也。因召對便殿,勞問久之,尋擢爲右正言。執中,恕之子也。

實録載執中得見於崇政殿,其日甲寅,在立太子後凡十日。據本傳,則執中既見踰月,乃立太子。不知孰是。以事理推之,本傳當得其實,蓋群臣因執中言始有建儲議。見於崇政,恐非初對也。今從本傳。

甲辰,立昇王受益爲皇太子,改名禎。大赦天下,惟十惡、劫殺、謀殺、故殺、鬥殺、盜官物、僞造符印、官典犯贓論如律。宗室並加恩。文武常參官子爲父後見任官者,賜勳一轉。乙巳,以翰林學士晁迥爲册立皇太子禮儀使,命秘書監楊億撰皇太子册文,知制誥盛度書册,陳堯咨書寶。庚戌,以右諫議大夫、知開封府樂黄目爲給事中兼太子左庶子;昇王府諮議參軍、吏部郎中、直昭文館張士遜爲右諫議大夫兼右庶子;禮部郎中、直史館崔遵度爲吏部郎中、直史館兼左諭德;記室參軍、左正言、直史館晏殊兼舍人,賜金紫;右正言魯宗道爲户部員外郎兼右諭德,賜緋魚。玉清昭應宮資善堂都監、左藏庫使、長州刺史、入内押班周懷政爲左騏驥使、入内副都知兼管句左右春坊事。壬子①,以參知政事李迪兼太子賓客。上初欲授迪太子太傅,迪辭以太宗時未嘗立保、傅,乃止兼賓客。而詔皇太子禮賓客如師傅。詔中書門下五品、尚書省御史臺四品、諸司三品見皇太子並答拜,自餘受拜。癸丑,上作元良箴賜皇太子,又作詩分賜賓客而下。

九月辛酉,詔皇太子月給錢二千貫。禮儀院言:"至道中,敕百官於皇太子稱名,宮寮稱臣。續准敕,依皇太子所請,宮寮止稱名。"詔如至道之制。甲子,右諫議大夫兼太子右庶子張士遜等言:"臣等日詣資善堂參見皇太子,猶令升階列拜,然後跪受。望令坐受參見。"不許。乙丑,蔡州團練使德雍等請皇太子受拜,不許。丁卯,御天安殿,册皇太子。壬申,皇太子謁玉清昭應宮、景靈宮。癸酉,謁太廟。

十月壬寅,召知益州、樞密直學士、右諫議大夫王曙爲給事中兼太子賓客,職

---

① 壬子 底本作"壬戌",據長編卷九二改。

如故。

三年二月丁未,出皇太子所書御詩賜宰相,上作學書歌賜皇太子。丙辰,又作勸學吟賜之。

四月辛卯①,詔太子右庶子張士遜已下②,每遇皇太子侍車駕行幸,許依內殿起居陪從。

九月丙子,賜皇太子元良述、六藝箴、承華要略十卷、授時要略十二卷,又以國史、兩朝實錄、太宗文集并御集、御覽群書賜皇太子,遂宴從官。辛巳,給事中、參知政事兼太子賓客李迪言:"昨日東宮賜宴,臣獲陪侍。皇太子舉動由禮,言不輕發,視伶官雜戲未嘗妄笑。左右瞻仰,無不恭肅。"上曰:"常日居內庭,亦未嘗妄言也。"寇準曰:"皇太子天賦仁德,嚴重溫裕,復稟聖訓,勤道力學,實邦家之慶也。"

十一月辛酉,閤門、太常禮院上大禮稱慶合班圖,皇太子序位在宰相上,太子懇讓。上以諭輔臣,寇準等面陳:"儲副之重,不可謙抑,望遵儀制。"再請,乃許。戊辰,翰林學士錢惟演言:"正陽門習儀,皇太子立於御坐之西。左右以天氣暄煦,捧繖障日,太子不許,復遮以扇,太子又以手卻之。文武在列,無不瞻覯。有司設馬臺於太廟內,太子乘馬至門,命移出蕭屏外,下馬步進。及南郊壇,前驅者解青繩將入外壝,太子亟止。將及外壝,即下馬。伏以太子英睿之德,既自天資,謙恭之志,實遵聖訓。雖漢儲被詔不絕馳道,五官正服以見侍臣,比茲巨美,不可同日而語矣。昔桓榮以儲宮專精博學,謂之國家福佑,書于史冊。今太子持謙秉禮,發自至誠,士民傳說,充溢都邑。伏望宣付史館,以彰盛德。"詔獎皇太子,仍優答惟演。甲戌,皇太子言,於玉清昭應宮建殿置經藏,以資聖筭。功畢,有詔襃答。

四年六月,上不豫。寇準欲請太子監國,事泄,丁謂等力譖之。丙申③,準罷政事,爲太子太傅、萊國公。

七月癸亥,上對參知政事李迪等於滋福殿。上初欲相迪,迪固辭,於是又以屬迪。有頃,皇太子出拜上前,曰:"蒙恩用賓客爲相,敢以謝。"上顧謂迪曰:"尚復何辭耶?"

---

① 辛卯　底本脫此二字,據長編卷九三補。
② 右庶子　長編卷九三作"左庶子"。
③ 丙申　原文脫此二字,據長編卷九五補。

丙寅,以禮部侍郎、參知政事李迪爲吏部侍郎兼太子少傅、平章事。甲戌,周懷政等謀奉帝爲太上皇,傳位太子而廢皇后事泄,懷政伏誅。事見周懷政謀廢立。懷政既誅,有欲并責太子者,上意惑之。李迪從容奏曰:"陛下有幾子,乃爲此計。"上大寤,由是東宮得不動搖,迪之力居多。

　　此據記聞。

　　八月辛卯,以太常丞、直龍圖閣馮元爲左正言兼太子右諭德。初,太子爲壽春郡王,王旦薦元宜講經資善堂。帝以元少,更命崔遵度。遵度卒,乃命元代之。

　　九月壬子,以玉清昭應宮副使、尚書右丞林特爲工部尚書兼太子賓客,副使如故。

　　十月己卯,資善堂上梁,皇太子會宮僚觀之,太子太保王欽若承詔旨與焉。壬辰,以太子太保王欽若爲資政殿大學士,仍令日赴資善堂,侍皇太子講、讀。丙午,召皇太子、宗室、近臣赴玉宸殿翠芳園觀稻①,遂賜宴。

　　十一月乙丑,上對輔臣於承明殿,上曰:"朕邇來寢膳頗漸康復,然軍國之事未免勞心。今太子年德漸成,皇后素賢明,臨事平允,深可付託。欲令太子蒞政於外,皇后居中詳處,卿等可議之。"輔臣進曰:"臣等所奉德音,實邦家之大慶。況皇太子升儲以來,日隆德望,皇后輔佐歲久,中外遵教,海內瞻企,人無間言。然太子既監總朝政,望令中書、樞密大臣各兼東宮職任,庶日奉謀議,便於翼贊。"上許之,於是退議其等列,傳旨命學士草制,詔可。自寇準貶斥,丁謂浸擅權,至除吏不以聞。李迪憤懣,嘗慨然語同列曰:"迪起布衣,十餘年至宰相,有以報國,死且不恨,安能附權臣爲自安計乎!"及議兼職時,迪已帶少傅,欲得中書侍郎、尚書,謂執不可,遂草熟狀,謂加門下侍郎兼少師,迪加中書侍郎兼左丞,曹利用加檢校太師,馮拯加檢校太尉,並兼少保;任中正加右丞,錢惟演加兵部侍郎,王曾加戶部侍郎,並兼賓客;玉清昭應宮副使、工部尚書林特,樞密直學士、右諫議大夫張士遜先兼太子賓客,並改詹事②;翰林學士、戶部員外郎晏殊先兼舍人,改左庶子;餘官悉如故。丙寅,謂、迪等入對於長春殿,迪與謂忿爭上前,上怒,各降秩一級罷相,謂知河南府,迪知鄆州。制書猶未出,錢惟演恐謂出則己失援,白上欲留之,并請留迪。戊辰,命謂以戶部尚書、迪以戶部侍郎歸班。是日,

---

① 翠芳園　"園",長編卷九六、宋史卷一一三禮志均作"亭"。
② 並改詹事　底本"詹事"下衍"府"一字,據嘉慶本、長編卷九六刪。

惟演及中正、曾等並如初議遷秩，領東宮官，而太子議政詔書及拯、利用等制皆格。己巳，謂入對請留，詔送謂赴中書依舊視事，仍詔迪出知鄆州，放朝辭，即時赴任。餘見丁謂事迹。庚午，詔："自今中書、樞密院、諸司該取旨公事仍舊進呈外，其常程事務，委皇太子與宰臣、樞密使已下，就資善堂會議，施行訖奏。"皇太子上表陳讓，優詔不允。初議欲令太子總軍國事，丁謂以爲不可，曰："即日上體平，朝廷何以處此？"李迪曰："太子監國，非古制耶？"力争不已。迪既罷出，故有是詔。

迪本傳以爲此制詔在迪未罷相時①，蓋誤也。

庚午②，吏部尚書、平章事丁謂加左僕射、門下侍郎兼太子少師，樞密使、同平章事馮拯爲右僕射③、中書侍郎兼少傅、平章事，樞密使、同平章事曹利用兼少保。辛未④，中書、樞密院上言："自今百官五日於長春殿起居，其餘隻日視朝，請御承明殿。或其日不坐，則令閤門宣傳放朝。"從之。壬申，皇太子見宰相、樞密使於資善堂，諸司職掌以次參謁。甲戌，翰林學士、太子左庶子晏殊，禮賓副使太子宫祗候楊懷玉，上新編賜東宫御製五十卷。時輔臣論次御集，乞降賜皇儲文字，遂命懷玉編錄。懷玉請令殊同纂集，至是來上。

十二月乙酉，賜涇王元儼銀五千兩，宗室防禦使各千兩，團練使八百兩，餘各有差。又賜太子少師丁謂、少傅馮拯、少保曹利用各四千兩⑤，賓客任中正、錢惟演、王曾，太保王欽若，詹事林特各三千兩⑥，左庶子晏殊、詹事張士遜各二千兩，諭德魯宗道、馮元各千兩，自餘宫臣、常從各有差。又賜殿前副都指揮使蔚昭敏錢四百萬，步軍副都指揮使馮守信三百五十萬，殿前都虞候夏守恩、馬軍都虞候劉美各三百萬，四廂都指揮使、諸班諸軍都虞候而下，視月俸給之，以皇太子親政行慶也。詔中書、樞密院，自今内臣傳旨處分公事，並須覆奏，令中書提點五房堂後官、樞密院承旨而下，自今月十三日以後，從宰臣、樞密使赴資善堂祗候。中書、樞密院上言："請自今遇隻日

---

① 迪本傳以爲此制詔在迪未罷相時　嘉慶本同，長編卷九六無"制"一字。
② 庚午　底本作"辛未"，據長編卷九六改。
③ 馮拯爲右僕射　"右"底本作"左"，據嘉慶本、長編卷九六改。
④ 辛未　底本脱此二字，據長編卷九六補。
⑤ 又賜太子少師丁謂少傅馮拯少保曹利用各四千兩　"四千"，長編卷九六作"五千"。
⑥ 各三千兩　底本脱"各"一字，據長編卷九六補。

承明殿不視朝①,則入內都知傳宣中書、樞密院詣太子資善堂議事。應時政及後殿軍頭司公事素有定制者,施行訖奏。係遷改升降者,送中書、樞密院進呈取旨。如無公事,則宰臣、樞密使已下,遇參辭謝皇太子,許二三人以上爲一班,詣堂延見。自餘宮僚,並止留榜子。"詔從之。自是輔臣每會議,皇太子秉笏南面而立,中書、樞密院以本司事遞進承令旨。時政之外,京朝、幕職、州縣官、使臣、禁卒咸引對焉。事畢,接見輔臣如常禮。庚寅,詔中書、樞密院每赴資善堂議事,止令張景宗一員侍皇太子,餘悉屏之。丁酉,中書、樞密院言,每至資善堂,請皇太子無答拜,詔不許。辛丑,皇太子會師傅、宮官於資善堂,賜教坊樂。

閏十二月,上久不豫,前二日,因餌藥泄瀉,前後殿罷奏事。乙亥,力疾御承明殿,召輔臣語其狀,因諭以盡心輔導儲貳之意,出手書一幅付之,其略曰:"朕近覺微恙發動,四體未得痊和。蓋念太祖、太宗創業艱難,不敢懈怠,憂勞積久,成此疾疹。今皇太子雖至性天賦,而年未及壯,須委文武大臣盡忠翊贊。自今要切時政,可召入內都知會議聞奏,內廷有皇后輔佐宣行②,庶無憂也。"丁謂等進曰:"陛下微爽康和,即當平愈。況元儲已親庶政,克固海內之心。宮閫內助,事皆平允,特寬聖慮,勉近藥醫,以寧福祉③。"自是聖體漸平,凡旬浹乃復常焉。時太子雖聽事資善堂,然事皆決於后,中外以爲憂。錢惟演,后戚也。王曾說惟演曰:"太子幼,非中宮不能立,中宮非倚皇儲之重,則人心亦不附。后厚於太子,則太子安,太子安,乃所以安劉氏也。"惟演以爲然,因以白后,兩宮由是益親,人遂無間④。

五年三月庚子,宰臣丁謂請自今兼太子師、傅,十日一赴資善堂,賓客已下隻日更互陪侍講學⑤,上可之。

四月丁未,以內殿崇班雷允恭爲皇太子宮都監、同管勾資善堂⑥左右春坊司事。戊午,皇太子生辰,宴宮僚、輔臣於資善堂。

五月癸未,詔皇太子讀春秋。輔臣奏曰:"臣等時入資善堂,陪侍講席。太子天姿英

---

① 不視朝　嘉慶本同,長編卷九六作"不視朝"。
② 內廷有皇后輔佐宣行　嘉慶本同,長編卷九六"佐"作"化"。
③ 以寧福祉　嘉慶本同,長編卷九六"福祉"作"祉福"。
④ 人遂無間　"間"底本作"閒",據嘉慶本改。
⑤ 更互陪侍講學　底本"學"下衍"士"一字,據長編卷九六刪。
⑥ 同管勾　"同"底本作"司",據長編卷九七改。

邁,好學不倦,親寫大小字示臣等,天然有筆法。"上喜曰:"賴卿等輔導也。"輔臣皆再拜。

十月壬子,輔臣以上違豫浸久,上表引漢宣帝、唐高宗故事,請五日一御便殿,及朔望坐朝、春秋大宴及賜群臣會並止就錫慶院。如有軍國大事,即非時召中書、樞密院參決,其隻日資善堂議事及雙日中書、樞密院早入並如舊。又請自今慶節、上壽,皇太子押文武班。悉從之。

十二月癸亥,上作歌賜皇太子,獎其書翰日進也。

乾興元年正月癸未,始命皇太子朝拜啓聖院太宗神御殿,師傅、宫僚悉從。

二月甲辰①,上對宰相於寢殿之東偏。上不豫,浸劇。宰相進曰:"聖體未和,過於憂軫,無乃以皇太子春秋尚未富否②?"上頷之數四。宰相又曰:"皇太子聰明睿知,天命已定,臣等竭力奉之,況皇后裁制於內,萬務平允,四方向化。敢有異議,乃是謀危宗社,臣等罪當萬死。"上甚悅。自上不豫以來,太子出則監涖軍國,入則省視醫藥,皇后悉傾宫閣中妝具財用,遣使詣道宫、佛寺、天下名山勝境爲上祈福者,不可勝紀。上每言:"皇后所行,造次不違規矩,朕無憂也。"太子動息必躬親調護,暫去左右,則繼遣詢問,至於乳保、小臣,皆擇謹愿歲久者,旦夕教其恭恪。而太子純孝之德,亦由天賦,非常情所及焉。

蔡薿州直筆載:"上疾大漸,大臣扣閣問候③,乃以指點胸,又展五指,再出三指,以示丁謂等。時皇八弟燕王獨存,仁宗先已建儲,方年十三。觀上意,蓋有所屬。章獻隔幃見之,候大臣退,令近侍追之,傳諭適來官家展五指,又出三指,只説三五日來疾勢稍退,別無它意。謂等諾之。"此事或正當此日,然疑不敢著。邵氏聞見録云:真宗大漸之夕,李文定與宰執以祈禳宿内殿,時仁宗幼沖,八大王元儼者有威名,以問疾留禁中,累日不肯出,宰執患之,無以爲計。偶翰林司以金盂貯熟水,曰:"王所須也。"文定取案上墨筆攪水中,水盡黑,令持去,王見之大驚,意其有毒,即上馬去。文定臨事大抵類此。按當此時,文定貶斥久矣,或指它相,則不可知。又按仁宗實録:真宗崩,元儼以疾在告,特遣中使告諭,王扶疾至內庭,號泣見太后。既奏慰,遂廬於宫門之側。如此,則真宗未崩以前,元儼固不留宿禁中也,恐邵氏誤爾,今不取。

戊午,上崩於延慶殿,仁宗即皇帝位。遺詔尊皇后爲皇太后,淑妃楊氏爲皇太妃;軍國事兼權取太后處分。百官見上於延慶殿之東楹。

---

① 甲辰　嘉慶本同,長編卷九八作"甲寅"。
② 無乃以皇太子春秋尚未富否　嘉慶本同,長編卷九八無"未"一字。
③ 大臣扣閣問候　嘉慶本同,長編卷九八"閣"作"榻"。

卷第二十九

仁宗皇帝

講筵

乾興元年二月戊午,仁宗即位,皇太后垂簾聽政。

十一月辛巳,始御崇政殿西閣。召翰林侍講學士孫奭、龍圖直學士兼侍講馮元講論語,侍讀學士李維、晏殊與焉。初,詔雙日御經筵,自是雖隻日,亦召侍臣講、讀。王曾以上新即位,宜近師儒,故令奭等入侍。上在經筵,或左右瞻矚,或足敲踏牀,則奭拱立不講。每講,體貌必莊,上亦爲竦然改聽。

> 史多載此事於天聖末,今移見此。帝意或不在書,必初年,其後聖德日新,決不然矣。

十二月甲辰,詔輔臣崇政殿西廡觀侍講學士孫奭講論語,既而上親書唐賢詩以分賜焉。自是每召輔臣至經筵,多以御書賜之。

天聖元年四月辛丑①,上初即位,太常丞、直集賢院、判吏部南曹丁度上書論六事,一增勸講官。九月戊寅,召輔臣於崇政殿西廡觀馮元講論語,仍賜御飛白書。

二年二月乙丑,召輔臣於崇政殿西廡觀講孝經。三月丁酉②,皇太后諭宰臣曰:"比擇儒臣侍上講、讀,深有開益。"宰臣因言工部郎中馬宗元通經,有行義,可使入奉經筵。辛丑③,命宗元直龍圖閣。六月己未,賜馬宗元三品服,以講孝經徹也。八月己卯,上幸國子監,謁先聖文宣王。召從臣升講堂,令直講、屯田郎中馬龜符講論語,賜龜符三品服。

---

① 辛丑　底本脱此二字,據長編卷一〇〇補。
② 三月丁酉　底本脱此四字,據長編卷一〇二補。
③ 辛丑　底本"辛丑"上衍"三月"二字,據長編卷一〇二刪。

三年三月己酉,召輔臣於崇政殿西廡觀孫奭講曲禮,仍賜御書古詩各一章。十月壬申,判國子監翰林侍讀學士孫奭、龍圖閣直學士馮元等奏:"近召河南縣主簿郭稹充直講,敕令發遣歸任,所闕直講,別舉官以聞。臣等知稹文學優長,履行修謹,欲望且令在監,分經講誦①。"詔以稹爲國學説書,仍令自今於參選人内保奏,不得抽差見在任官。

四年閏五月甲子,詔輔臣於崇政殿西廡觀侍讀學士宋綬等讀唐書。上曰:"朕覽舊史,每見功臣罕能保始終者。若裴寂、劉文静俱佐命元功,不免誅辱。"王曾對曰:"寂等之禍,良由功成而不知退也。"綬兼勾當三班院,因請解所兼職。皇太后命擇前代文字可資孝養、補政治者,以備帝覽,遂録進唐謝偃惟皇誡德賦,又録孝經、論語要言②及唐太宗所撰帝範二卷、明皇朝臣僚所獻聖典三卷、君臣正理論③三卷上之。

七月,上嘗謂輔臣曰:"比大暑罷講、讀,適已召孫奭等説書。卿等公事退,可暫至經筵。"王曾曰:"陛下萬幾之暇留意經術,雖炎暑不輟,有以見聖學之高明也。"

九月乙卯,詔曰:"講學久廢,士不知經,豈上之教導不至耶?其令孫奭、馮元舉京朝官通經術者三五人以聞。"庚申,詔:"禮部,貢院舉人有能通三經者,量試講説,特以名聞,當議甄擢。"

十一月。先是,孫奭、馮元共薦大理寺丞楊安國爲國子監直講,於是并召安國父奉禮郎兗州州學講書光輔入見。上令説尚書,光輔曰:"堯、舜之事,遠而未易行。臣願講無逸一篇。"時年七十餘矣,而論説明暢。上欲留爲學官,光輔固辭。乙卯,以光輔爲國子監丞遣還。

五年九月癸卯,召輔臣至崇政殿西廡觀孫奭講書,各賜織成御飛白字圖。十月庚辰,以講禮記徹,燕近臣於崇政殿,仍詔兩制及館閣官賦詩以進。

六年三月壬寅,召輔臣崇政殿觀侍講孫奭講尚書。

九年三月己巳,翰林侍講學士孫奭,試太常博士、國子監直講賈昌朝,秘書丞、諸

---

① 欲望且令在監分經講誦 "欲望"底本作"欲往任所",據長編卷一〇三、嘉慶本、宋會要輯稿職官二八之三刪改。
② 論語要言 長編卷一〇四同,隆平集卷七宋綬傳、東都事略卷五七宋綬傳、名臣碑傳琬琰之集下卷八宋宣憲公綬均作"論語節要"。
③ 君臣正理論 "正",嘉慶本、隆平集卷七宋綬傳、東都事略卷五七宋綬傳、名臣碑傳琬琰之集下卷八宋宣憲公綬同,長編卷一〇四作"政"。

王府侍講趙希言,殿中丞、國子監直講郭稹,左贊善大夫、國子監直講楊安國講説於中書。七月癸酉,以翰林侍講學士兼龍圖閣學士、兵部侍郎孫奭爲工部尚書、知兖州。帝每御經筵,設象架,皮書策外向,以便侍臣講、讀。奭年高視昏,或陰晦,即爲徙御坐於閣外。奭講至前世亂君亡國,必反覆規諷,帝竦然聽之。嘗畫無逸圖以進,帝施於講讀閣。帝與太后見奭,未嘗不加禮。三請致仕,召對承明殿,敦諭之。奭以年逾七十固請,泣下,帝亦惻然。詔與馮元講老子三章,各賜帛二百匹,以不得請①,求近郡,故優拜焉,仍詔須宴而後行。

　　明道元年正月案:長編事在二月。甲辰,召輔臣於崇政殿西廡觀講書。

　　二年三月甲午②,太后劉氏崩。

　　景祐元年正月丁亥,始置崇政殿案:長編作崇文院。説書,命都官員外郎賈昌朝,屯田員外郎趙希言,太常博士、崇文院檢討王宗道③,國子監博士楊安國爲之,日以二人入侍講説。初,孫奭出知兖州,上問奭誰可代講説者,奭薦昌朝等,因命中書試説書,至是始特置此職以處之。後三歲,乃遷天章閣侍講。五月辛未,御崇政殿西廡,召輔臣觀講書。二年正月癸丑,置邇英、延義二閣④,寫尚書無逸篇於屏。邇英在迎陽門之北,東向;延義在崇政殿之西,北向。是日御延義閣,召輔臣觀盛度進讀唐書、賈昌朝講春秋,既而曲宴崇政殿。

　　三年正月乙巳,賈昌朝言:"臣幸得侍經禁中,陛下每以清燕之閒,嚮學稽古,微言要道⑤,取高前聖。事在雙日,杳隔嚴宸,時政記、史館日曆及起居注莫得纂集。臣自景祐元年春迄二年冬,凡經筵侍臣出處⑥、升黜、封章、進對、燕會、賜與,皆用存記,列爲二卷,乞送史館。"詔以邇英延義二閣記注爲名,命章得象等接續修纂。九月辛卯,

――――――――――

① 以不得請　底本脱"不"一字,據長編卷一一〇補。
② 二年三月甲午　底本脱"甲午"二字,據長編卷一一二補。
③ 崇文院檢討王宗道　"院"底本作"殿",據長編卷一一四、范祖禹帝學卷四改。本卷下文之"祠部員外郎、崇文院檢討王宗道"亦可爲參證。
④ 置邇英延義二閣　"延義"底本作"延義",據嘉慶本,長編卷一一六,宋會要輯稿方域一之六與三之七,崇儒六之七,玉海卷四八與卷九一,宋史卷一〇仁宗本紀改。下同。
⑤ 微言要道　嘉慶本同,長編卷一一八、帝學卷四、太平治迹統類卷二九、玉海卷四八景祐邇英延義二閣記注"要"均作"善"。
⑥ 凡經筵侍臣出處　"經筵"底本作"書筵",長編卷一一八同,據玉海卷四八景祐邇英延義二閣記注改。按:宋會要輯稿職官二之二一記載"[乾道二年十一月]十三日,起居舍人洪邁言:切見景祐以來故事,有邇英、延義二閣記注,凡經筵侍臣出處、封章、進讀、宴會、賜予,皆用記注……"亦可爲參證。

召輔臣至邇英閣觀講書。

四年三月甲戌朔,以崇政殿説書、司封員外郎、直集賢院賈昌朝,祠部員外郎、崇文院檢討王宗道,屯田員外郎、國子監直講趙希言,主客員外郎、國子監直講楊安國並兼天章閣侍講,預内殿起居,比直龍圖閣,而班直館本官之上。天章閣置侍講自此始。九月丁卯,御邇英閣,讀唐書,因詔唐書列傳止取事義切於規戒者讀之。十月甲戌,御邇英閣,讀正説謹罰篇,述後漢光武罷梁統從重之奏。帝曰:"深文峻法,誠非善政。"宋綬對曰:"王者峻法則易,寬刑則難。夫以人主得專生殺,一言之怒則如雷如霆,是峻易而寬難也。"丙子,邇英閣讀正説養民篇,帝曰:"尸子言'君如杅,民如水',何也?"丁度對曰:"水隨器之方圓,若民從君之好惡,是以人君謹所好焉。"甲午,邇英閣講春秋。上曰:"春秋自昭公之後,魯道陵遲,家陪用政,記載雖悉,而典要則寡。宜删去蔓辭,止取君臣政教事節講之①。"因謂宋綬等曰:"春秋經旨在於獎王室、尊君道。邱明作傳,文義甚博,然其間録詭異,則不若公羊、穀梁二傳之質。"綬等對曰:"三傳得失,誠如聖言。臣等自今凡丘明所記事稍近誣及陪臣僭亂無足勸誡者,皆略而不講。"

寶元二年十月丙寅,上御邇英閣,觀講左氏春秋及讀正説終。上曰:"春秋所述前世治亂之事,敢不監戒?正説先帝訓言,敢不遵奉?"丁度等拜伏而言曰:"陛下德音若此,誠天下之福也。"上復問度洪範、酒誥二篇大義,度悉以對。因詔度講周易,李淑讀三朝寶訓,丁度、李仲容讀所編經史規鑒事迹。辛巳,曲燕近臣於崇政殿,以講左氏春秋徹也。

慶曆二年二月丁丑,詔權御史中丞賈昌朝侍講邇英閣。故事,臺丞無在經筵者。上以昌朝長於講説,特召之。四月戊戌,以講周易徹,召講、讀官及兩制、宗室正任刺史以上燕於崇政殿②。

四年二月丙辰,御迎陽門,召輔臣觀畫,因命天章閣侍講曾公亮講毛詩,王洙讀祖宗聖政録,翰林侍讀學士丁度讀前漢書,數刻乃罷。自元昊反,罷進講,崇政殿説書趙師民上疏陳十五事,其八曰:"延講誦。王者必延學古之士,以備顧訪,及於晏閒。先

---

① 止取君臣政教事節講之 "君"底本作"群",據長編卷一二〇、宋史全文卷七下、帝學卷四改。
② 宗室正任刺史以上 底本脱"任"字,長編卷一三五同,今參考長編卷二一一、卷二三四補。

帝時得邢昺①、杜鎬、孫奭、馮元，猶有正議聞於上，名節著於朝。漢家宰相精通一經，天下大事據之以決。夫帝王治經，與品庶異，不獨玩空文，占古語也。天下無事，右文之治於是在，天下有事，經武之圖於是出。沈滯僻老，孤陋鄙生，使之坐鄉塾、訓民士者，非帝王經意也。今方外少有事，臣等不復進見二年矣。苟不足奉大問，發大對，雖屏棄之，無足惜者。以爲先王之遺籍，古人之陳篇，可以講無事之朝，不足贊有爲之世，臣愚以爲過矣。"因獻勸講箴。至是，復命講讀經史。三月丁亥，帝謂輔臣曰："朕每令講、讀官敷經義於前，未嘗令有諱避。近講詩國風，多刺譏亂世之事，殊得以爲監戒。"章得象對曰："陛下留意六經，能遠監前代興亡之迹，此誠爲圖治之要也。"

五年正月甲戌②，丁度侍經筵歲久，上每以學士呼之而不名。嘗問蓍龜占應之事，乃對："卜筮非聖人所爲，要之一技而已，不若以古之治亂爲監也③。"

二月丙申④，御邇英閣，讀漢書元帝紀。上語及漢元、成二帝政理，丁度因言："頃者，臣下不知大體，務相攻訐，或發人陰私，以圖自進。賴陛下明聖覺悟，比來此風漸息。"上因言攻訐之弊，曰："凡此皆所謂小忠，非大忠者也。"時范仲淹等斥逐。戊戌，講詩，起雞鳴，盡南山篇。先是，講官不欲講新臺，帝謂公亮曰："朕思爲君之道，善惡皆欲得聞，况詩三百皆聖人所刪定，義存勸戒，豈當有避也！"乃命自今講經史，毋得輒遺。庚戌，御邇英閣，進讀三朝經武聖略，出陣圖數本并陝西僧所獻兵器鐵渾撥以示講、讀官。

三月戊午，邇英閣講詩匪風篇，曰："誰能烹魚，溉之釜鬵。"帝曰："老子謂治大國若烹小鮮，義與此同否？"丁度對曰："烹魚煩則碎，治民煩則散。非聖學深遠，何以見古人求治之意乎？"己卯，邇英閣講詩六月篇，上曰："此序自鹿鳴至菁菁者莪，皆帝王常行之道，或止當時事耶？"楊安國對曰："昔幽王失道，小雅盡廢，四夷交侵，中國道微。先儒所以作此序，爲萬世監也。"於是上再令講之。甲申，邇英閣讀漢書高祖封韓信爲齊王事，上曰："高祖之從諫善用人，不疑如此。"丁度對曰："高祖聰明大度，故臣

---

① 邢昺　底本作"邢昞"，據嘉慶本、長編卷一四六改。
② 五年正月甲戌　底本脱此六字，據長編卷一五四補。
③ "丁度侍經筵歲久"至"不若以古之治亂爲監也"五十字，底本排在三月戊午條"非聖學深遠，何以見古人求治之意乎"之後，係錯簡，據長編卷一五四乙正。
④ 二月丙申　底本"二月"上有"五年"二字，在前文補入"五年正月甲戌"後，據本書體例删。

下得盡其誠。不然,何以基帝業也?"

四月壬辰,邇英閣講詩小旻篇,曰:"如彼泉流,無淪胥以敗。"帝謂趙師民曰:"以水論政,其有指哉?"對曰:"水性,順故通,通則清;逆故壅,壅則敗。喻用賢則王政通而世清,用邪則王澤壅而世濁。周幽王失道,絀正用邪,正不勝邪,雖有善人,不能爲治,亦將相牽以淪於汙敗也。"丁未,講詩至巷伯篇,注有"魯男子獨處之事"。帝曰:"嫌疑之際,古人所謹。此不著魯人姓氏,豈聖人特以設教耶?"

十一月癸未,邇英閣讀三朝經武聖略①。甲午,邇英閣讀詩角弓篇。上曰:"幽王不親九族,以至於亡。"楊安國對曰:"冬至日陛下親燕宗室,人人撫藉,豈不廣骨肉之愛耶!"上又曰:"書載'九族既睦,平章百姓',此帝堯之盛德也,朕甚慕之。"乙未,邇英閣講詩都人士篇。上曰:"古人冠服必稱其行,今冠服或過之,行未必如古人也。"又讀經武聖略,至真宗朝李繼和上言,國初李漢超在關南,以私錢貿易佐公用,人或繩奏之②,太祖反令盡除所過稅。上曰:"任人如此,孰不盡力哉!"

六年十一月癸巳③,以講詩徹,宴近臣、宗室及講、讀官於崇政殿。

七年三月己丑,詔御史中丞高若訥入侍經筵。己亥,賜天章閣待制兼侍講曾公亮三品服。故事,待制入謝,未始賜服。至是,上御邇英閣面賜之,仍宣諭曰:"朕即講席賜卿,蓋所以尊寵儒臣也。"

四月己巳,講筵讀賈誼傳,論三公、三少皆天下端士,與太子居處出入,故少成若天性,習慣如自然。帝曰:"朕昔在東宮,崔遵度、張士遜、馮元爲師友,此三人皆老成。至於遵度,尤良師也。"

皇祐元年七月④,翰林侍讀學士、右諫議大夫張錫嘗講書禁中,上歎其博學,飛白書"博學"二字賜之。十二月乙丑⑤,御延和殿,召虞部員外郎盧士宗講周易泰卦,面授士宗天章閣侍講,賜三品服。士宗,楊安國所薦也。是日,詔賈昌朝赴講筵備顧問,不講書。帝以昌朝前宰相,又舊講臣,特命之。壬申,觀文殿大學士、右僕射、判都省

---

① 三朝經武聖略 "聖"底本作"要",據嘉慶本、長編卷一五七改。按:本卷前文的"三朝經武聖略"亦可爲參證。
② 人或繩奏之 底本脱"人"一字,據長編卷一五七補。
③ 六年十一月癸巳 底本脱"六年"二字,"一"底本作"二",據長編卷一五九補改。
④ 皇祐元年七月 底本脱此六字,據長編卷一六七補。
⑤ 十二月乙丑 底本"十二月"上衍"皇祐元年"四字,據全書體例刪。

賈昌朝復爲山南東道節度使、同平章事、判鄭州。

二年三月，邇英閣講易師卦，字有與御名同音者，帝謂王洙曰①："此字何訓？"對曰："訓正。"帝曰："不須回避，恐妨義理。"洙曰："不敢。臣子於君父之名，臨文暫睹，不無悚懼，須至回避。"帝曰："但正言之。"十一月丁酉，邇英閣講易无妄。上曰："何云勿藥有喜？"楊安國對曰："凡疾之所起，由有妄而來。九五居尊得位，爲无妄之主。天下本皆无妄，而偶有疾，非己所致，疾當自損，可勿藥而有喜也。蓋若人主剛正自修，身無虛妄，則偶有災，若堯、湯水旱，非己所招，但順時修德，勿須治理，必欲除去，不煩勞天下，是有喜也。然堯遭洪水，使鯀、禹治之，雖知災未可息，且順民心。鯀功不成者，災未息也；禹能治水者，災欲盡也，是亦勿藥有喜之義也。今河水圮決歷五十年，役天下兵民，耗天下財用未嘗息，大河亦未嘗復故道也。而兵民頓弊，何啻百千萬計；地財委盡，何啻億萬萬計。恐民不堪命，國力不繼，臣以爲大河、犬戎自古爲患，當如堯、舜，務順民心，順時修德，其災自息，亦勿藥有喜也。"

三年三月戊辰，邇英閣講易，至"山下有澤，損，君子以懲忿窒慾"。上曰："人之情慾皆生於陰陽，而節之在人。"楊安國對曰："臣以爲人有六情：喜、怒、哀、樂、好、惡；天有六氣：陰、陽、風、雨、晦、明。故人之生，天命之謂性。而命，人之所稟以生也；性，人之所賦以分也。言情則性之移也，語欲則情之肆也。故六情相濫，則喜生於風，怒生於雨，哀生於晦，樂生於明，好生於陽，惡生於陰。故聖人取損象，以懲忿窒慾也。"上然之。

四月庚子，邇英閣講易鼎卦，上問："九四之象，施之人事何如？"楊安國對曰："鼎，爲烹飪成新之器，上承至尊，下又應物②，上承下施，任重非據，故足折而覆餗矣。其猶任得其人，雖重而可勝；非其人，必有顛覆之患。"上曰："任人不可不謹也。"丁未，御邇英閣，謂講讀官曰："易旨精微，朕每以疑難問卿等，得無爲煩乎？"曾公亮對曰："臣等幸承聖問，懼不能對，豈敢言煩。"上曰："卿等宿儒博學，多所發明。朕雖盛暑，亦未嘗倦，但恐卿等勞爾。"丁度復進曰："自古帝王臨御日久，非內惑聲色，則外窮

---

① 帝謂王洙曰　長編卷一六八同，嘉慶本作"前席謂王洙曰"。
② 下又應物　長編卷一七〇同，嘉慶本、帝學卷五、宋史全文卷九上"物"均作"初"，宋史卷二九四楊安國傳作"下應初爻"。

兵黷武。陛下即位三十年,孜孜聖學,雖堯、舜之聰明不過是。"因頓首稱謝。

八月庚寅,詔天章閣侍講自今並依館閣臣僚例宣召頒錫,從知制誥兼侍講王洙請也。

九月丁丑,詔邇英閣講、讀官當講讀者立侍敷對,餘皆賜坐於閣中①。天聖以前,講、讀官皆坐侍。自景祐以來皆立侍。至是,帝屢面諭以"經史義旨須詳悉詢説,卿等無乃煩倦否?"楊安國等進曰:"不敢。"至是有詔,遂爲永制。翌日,講、讀官並奏謝。

十月乙酉,新作隆儒殿,在邇英閣後。

四年九月,前宰相賈昌朝初除母喪,乙卯,召赴邇英閣講乾卦。帝曰:"將相侍講,天下盛事。"昌朝稽首謝。尋命昌朝判許州,將行,詔講、讀官餞於資善堂。

五年四月丁酉,邇英閣講書囥命"侍御僕從,罔匪正人",帝曰:"君臣之際,必誠意相通,而後治道成。"楊安國對曰:"陛下聰明文思,從諫罔咈②,如水之走下,視群臣如僚友。自古聖王,未之有也。"帝曰:"臣下能進忠言,朕何惜夏禹之拜。"

至和元年八月壬子,詔觀文殿大學士晏殊赴經筵,賜坐杌如宰相儀。戊午,詔修起居注官入侍講筵③,賜坐於御坐西南。

九月己巳,邇英閣講周禮"大荒大札,薄征緩刑",楊安國曰:"緩刑者,乃過誤之民耳。當歲歉則赦之,閔其窮也。今衆持兵仗劫糧廩,一切寬之,恐不足以禁姦。"帝曰:"不然。天下皆吾赤子也,一遇饑饉,州縣不能存恤,餓殍所迫,遂至爲盜。又捕而殺之,不亦甚乎!"

二年三月乙丑,邇英閣講周禮眡祲,上謂講官盧士宗曰:"妖祥之興,皆由人事。君人者必在修德,以承天意乎!"己卯,邇英閣講周禮大蠻,王洙曰:"祠天地之器,以質信爲本。"帝曰:"曹操不事質信,而多詐忌,何以事上帝乎?"洙曰:"天地之德,非至誠之道、至質之器,何以動之?"張揆讀後漢書應劭議刑,揆曰:"當漢獻帝亂世,有司猶能守法。今天下奏獄,或違法出罪,負冤不伸。水旱之災,未必不由此也。"帝曰:"祖宗以來,多用中典,奏讞者往往貸之,豈欲刑罰之濫也!"

---

① 餘皆賜坐於閣中　帝學卷五"坐"下有"侍"一字。
② 從諫罔咈　嘉慶本同,長編卷一七四"罔"作"弗"。
③ 詔修起居注官入侍講筵　底本"詔"下衍"觀文殿"三字,據嘉慶本、長編卷一七六刪。

十月壬子,邇英閣講周禮"祭祀割羊牲,登其首",王洙曰:"祭陽以其首,首主陽;祭陰以其血,血主陰也。神明不測,故但以類而求之。"帝曰:"然。天道簡易,非已誠,其能應乎?"又講左氏傳"鄭人鑄刑書",洙曰:"子產以鄭國之法鑄之於鼎,故使民知犯某罪有某罰也。"帝曰:"使民知法,爲亂可止,不若不知而自化也。"

嘉祐三年三月辛未朔,翰林學士歐陽修兼侍讀學士。修言:"侍讀最爲親近,祖宗時不過一兩人,今與經筵者十四人,而侍讀十人,外議皆云經筵無坐處矣。臣既辱在翰林,又充史館修撰、太常、禮儀、秘閣、秘省、尚書禮部、刊修唐書,兼職已多,而經筵固不闕人。忽蒙除授,蓋近年學士相承,多兼此職,朝廷以爲成例,不惜推恩。外議則云學士俸薄,特與添請給爾。官以人輕,一至於此。欲乞罷臣此命,不使朝廷遴選之清職,遂同例授之冗員。"詔不許。修固辭,不拜。

七年三月庚申,龍圖閣直學士、左司郎中兼侍講錢象先爲右諫議大夫、知蔡州。象先善講說,語約而義明。上間有所顧問,必依經以對。因諷諭政事,遂及時務,有啓迪之益,號知經術,留侍經筵前後十五年,特被恩禮。故事,講官分日迭講。象先已得請補外,上曰:"大夫行有日,可獨徹所講帙。"於是,同列罷講者十日。

五月癸亥,賜講、讀官宴於資善堂,以讀後漢書徹也。案:長編脱此條。

轉對 上三朝附①

建隆三年二月甲午②,詔自今每五日內殿起居,百官以次轉對,並須指陳時政得失、朝廷急務,或刑獄冤濫、百姓疾苦,咸采訪以聞。仍須直書其事,不在廣有牽引。事關急切者,許非時詣閤上章,不得須候次對。

淳化二年十一月丙申,詔自今內殿起居日,復令常參官兩人次對,閤門受其章。

實錄云:漢乾祐三年,給事中陶穀奏乞停五日轉對。皇朝因之,遂無轉對之事。至是,上勵精求治,務廣言路,始復舊制。按太祖新、舊錄及本紀,建隆三年二月甲午,詔自今每遇內殿起居,百官以次轉對。然則轉對舊制在太祖時已復,不知錢若水何所據乃云遂無也。新錄亦若水所修,那得如此差繆?意者太祖雖復舊制,行之未久仍廢,至是乃復舉行,若水考之不詳故耳。建隆三年八月丙戌朔,御崇元殿,文武

---

① 轉對上三朝附 底本作"轉對上 三朝附",據文意改。按:"上"應從"三朝",作"上三朝",指宋仁宗之前的太祖、太宗、真宗三朝,與正文內容也一致。
② 建隆三年二月甲午 "二月"底本作"正月",據長編卷三、宋史全文卷一改。注文引實錄作"二月"可爲參證。

百官入閤,工部尚書竇儀、待制、太常卿邊光範候對。禮畢,賜廊湌。明年夏四月壬午朔,工部侍郎艾穎、待制、給事中馬士元次對。八月庚辰朔,給事中劉載、待制、諫議大夫崔頌次對。其後遂不復書。乾德四年夏四月丙申,又書"御殿,入閤,賜食如常儀",但不見次對官姓名,疑次對自此即停,至淳化二年始復,故令若水誤記也,直云"遂無轉對之事",亦誣矣。

庚戌,右諫議大夫、史館修撰楊徽之次對,上言:"方今文士雖多,通經者少,願精選五經博士,增其員,各專業以教冑子,此風化之本。"

咸平三年十一月壬午,令常參官轉對如故事。詔曰:"間者深詔朝倫①,大闢言路,而箝結相尚,啓沃無聞,豈朕誠之未孚耶?庶官狃於因循耶?今順考舊規,遞進讜議,凡朕躬過失,時政有違,教令之闕遺,人情之壅遏,並可條上,毋或緘藏。言近訐者,亦議優容;文不工者,許其直致。其未預次對官,聽封奏以聞。"

十二月壬子,詔有司別錄轉對章疏一本留中。丙寅,兵部郎中、直昭文館、知兗州韓援上言:"伏覩近詔②,舉行轉對,在外文武群臣未預次對者,各許上封奏事。此蓋陛下克勤念慮,旁採蒭蕘,幅員之間,蹈詠斯極。邇者微有亢旱,頗傷稼政,天其或者得無以太祖、太宗二聖在天,陛下春秋鼎盛,兆民樂業,萬國來王,萬一聖心忽生驕佚,故暫加災眚,用儆睿聰。"又曰:"以陛下聰明神智,必無驕佚之虞。然願罔倦燭幽,勿使小人乘間而進,日謹一日,雖休勿休,居安念危,在治防亂,則天下幸甚!"疏奏,召援歸闕,授史館修撰。

四年正月甲申③,中外官上封事者甚衆,詔樞密直學士馮拯、陳堯叟詳定利害以聞。

五年正月丙寅,權管幹銀臺司兼門下封駁事田錫言,其略曰:"語云:'十室之邑,必有忠信。'況今皇家富有萬國,豈無人焉!可於常參官自來五日一轉對中,觀其所上之言,有遠大謀略、經綸才業者,可非次擢用。若有其言而無其實,退之以禮,亦合理體。不然,則臣恐國家未能早致太平也。"

十月癸未④,侍御史知雜事田錫言:"伏覩內殿起居近罷轉對,封章迭送,今已踰

---

① 間者深詔朝倫 "倫"底本作"端",嘉慶本同,據長編卷四七、東都事略卷四真宗本紀、太平治迹統類卷二九改。
② 伏覩近詔 "詔"底本作"制",據長編卷四七、宋史全文卷五、歷代名臣奏議卷一九〇改。
③ 甲申 底本脫此二字,據長編卷四八補。
④ 十月癸未 "十"底本作"七",底本又脫"癸未"二字,嘉慶本同,據長編卷五三改、補。

年,班行之中頗有竊議。今郊禋俯近,慶賜將行。可令中書檢尋轉對,分其優劣,奏其姓名,或降獎諭敕書,或與轉改官秩。所貴知陛下鑒其用意,感陛下賞其盡忠,表明君好諫之心,彰至仁待下之意。"

景德三年四月乙未,復詔群臣轉對,其在外京朝官內殿崇班已上,候得替,先具民間利害,實封於閤門上進,方得朝見。

天聖七年三月癸未,詔百官轉對,極言時政闕失,如舊儀。在外,實封以聞。既而上謂輔臣曰:"所下詔宜增朋黨之戒。"

景德三年四月詔群臣轉對,不知何時罷,今又復之。

群牧判官龐籍因轉對言:"舊制,不以國馬假臣下,重武備也。樞密院以帶甲馬二借內侍楊懷敏,群牧覆奏,乃賜一馬。三日而復借之,數日而復罷。樞密掌機命,反覆如此。平時百官奏事上前,不自批章,止得送中書、樞密院,蓋防偏請以啟倖門。近歲傳宣內降,寖多於舊,臣恐法度自此隳也。往者王世融以公主子殿府吏,法當贖金,特停任。近作坊料物庫主吏,宮掖之親,盜官物①,輒自逃,三司捕未獲,遽罷追究。今日聖斷乃異於前,臣竊惑焉。又祥符令檢吏稍嚴,胥吏相率空縣而去,令坐罷免。若是,則姑息者獲安,而清彊者沮矣。"群牧判官司馬池因轉對言:"唐制,門下省,詔書出有不便者,得以封還。今門下雖有封駁之名,而詔書一切自中書下,非所以防過舉也。"

四月丙辰②,詔進奏院,自今諸道州府更有附遞到三班使臣、幕職州縣官等實封章奏,並令收接進納。

六月辛卯,命資政殿學士兼翰林侍讀學士晏殊③、龍圖閣待制孔道輔、馬季良看詳轉對章疏及登聞檢院所上封事,類次其可行者以聞。右司諫范諷曰:"非上親覽,決可否,則誰肯為陛下極言者。"不踰月,詔罷看詳。

八年九月丙辰,罷百官轉對。自復轉對④,言事者頗衆,大臣不悅也,故復罷之。此據政要。

明道元年六月,殿中侍御史張存上疏曰:"陛下嗣統以來,延納至言,罔有忌諱,函

① 盜官物　嘉慶本、宋史卷三一一龐籍傳、歷代名臣奏議卷二一〇同,長編卷一〇七"官物"作"三物"。
② 四月丙辰　"丙辰"底本作"乙卯",據長編卷一〇七改。
③ 命資政殿學士兼翰林侍讀學士晏殊　底本脫"命"一字,據長編卷一〇八補。
④ 自復轉對　底本脫此四字,據長編卷一〇九、宋史全文卷七上、資治通鑑後編卷三九補。

夏之人，共思讜直。自前秋忽詔罷百官轉對，去冬黜降御史曹修古等，昨又聞進士林獻可因奏封事竄遠惡州，人心惶惑，中外莫測。臣恐自今忠直之言與理亂安危之機蔽而不達。"因歷引周昌、朱雲、辛慶忌、辛毗事以廣帝意。存，冀州人也。存上疏不得其時，并蘇舜欽作林書生詩并見。

皇祐三年六月辛丑，天章閣待制梅摯請復百官轉對，上曰："今朝廷得失，軍民利害，自公卿至於士庶，皆許指事而陳之。縱涉繆妄，亦未嘗加罪，何用此紛紛也？"次對見聖德。

入閣禮　神宗附

景祐元年二月①，知制誥李淑嘗上時政十議，入閣曰："唐寶曆後，常以月朔御紫宸殿，行入閣儀。後雖五代俶擾，猶或不廢弛。及聖朝，太祖五行其禮，多御崇元殿，備殿中金吾諸仗，設待制候對官。崇元殿即今天安殿也。乾德之後，改御大明殿，即今集英殿也。太宗三行其禮，別定新儀，就文德殿增設黃麾仗。真宗亦三行之，繪圖講習，藏之禁閣。茲禮之廢，向踰三紀，願因盛時修起之。"

四年三月戊戌，翰林學士丁度等上所撰國朝時令一卷。詔以五月朔入閣，因讀時令。尋復問禮官，朔日、夏至入閣可否，皆言五月朔朝會，合唐舊制。雖是大祀，比冬至圜丘禮成，受賀在質明後無嫌。然據易象、月令及蔡邕有閉關靜事不賀之說，鄭康成據樂緯春秋說，夏至有前殿從入，罷作樂②，後漢嘗行其儀。今入閣讀令，既屬嘉禮，在朔與假，本無所礙，惟夏至則經義有妨。或自聖裁，約用漢法。詔改以七月朔入閣③，讀時令。尋又罷④。

寶元二年十二月，帝嘗問參知政事宋庠以唐入閣儀。戊辰，庠上奏曰："夫入閣乃唐隻日於紫宸殿受常參之儀也。唐有大內，又有大明宮在大內之東北，世謂之東內。自高宗以後，天子多在大明宮。宮之正南門曰丹鳳門，門內第一殿曰含元殿，大朝會則御之。對北之第二殿曰宣政殿，謂之正衙，朔望、大册拜則御之。又對北第三殿曰

---

① 景祐元年二月　底本脫"二月"二字，據宋費衮梁谿漫志卷三入閣補。
② 罷作樂　嘉慶本同，長編卷一二〇、太平治迹統類卷二九、文獻通考卷二〇六"罷"均作"能"。
③ 詔改以七月朔入閣　底本脫"改"一字，據長編卷一二〇補。
④ 尋又罷　底本脫此三字，據長編卷一二〇、太平治迹統類卷二九、文獻通考卷二〇六補。

紫宸殿，謂之上閤，亦曰內衙，隻日常朝則御之。凡天子坐朝，必須立仗於正衙殿。或乘輿止御紫宸，即喚仗自宣政殿兩門入，是謂東、西上閤門也。以本朝宮殿視之，宣德門，唐丹鳳門也；大慶殿，唐含元殿也；文德殿，唐宣政殿也；紫宸殿，唐紫宸殿也。今或求入閤本意施於儀典，即須先立仗於文德之庭。如天子止御紫宸殿，即喚仗自東、西閤門入，如此，則差與舊儀合。但今之諸殿，比於唐制，南北不相對，值此爲殊耳①。故後來議論，因此未明。又按唐自中葉以還，雙日及非時大臣奏事，別開延英殿，若今假日御崇政、延和是也。乃知唐制，每遇坐朝日，即爲入閤，而叔世離亂，五朝草創，大昕之制，更從易簡，正衙立仗，因而遂廢。其後或有行者，常人之所罕見，乃復謂之盛禮，甚不然也。今相傳入閤圖者，是官司記常朝之制，如閤門有儀制敕、雜坐圖之類，何足爲希闊之事哉！況唐開元舊禮，本無此制，至開寶中，諸儒增附新禮，始載月朔入閤之儀。又以文德殿爲上閤，差舛尤甚。蓋當時編撰之士討求未至。太宗朝，儒臣張洎亦有論奏，頗爲精洽。或朝廷他日修復正衙立仗，欲下兩制，使豫加商榷，以正舊儀。"然議者以謂今之殿閤與唐制不同，難復行之。

熙寧三年五月壬子，詔罷入閤儀。先是，翰林學士承旨王珪等言："謹按入閤者，乃唐隻日紫宸殿受常朝之儀也。唐紫宸與今同，而唐宣政殿即今文德殿。唐制：天子坐朝，必立仗於正衙。若止御紫宸殿，喚正衙仗自宣政殿東、西閤門入，故謂之入閤。五代以來，廢正衙立仗之制。今閤門所載入閤儀者，止是唐常朝之儀，非爲盛禮，不可遵行。"故罷之。

四年正月辛亥，翰林學士韓維等上文德殿朔望視朝儀，以入閤舊圖所載增損裁定之。詔可。

六年九月丙辰，引進使、眉州防禦使李端愿言："朔望御文德殿，祁寒盛暑，數煩清蹕。紫宸之朝，歲中罕御。欲乞朔日御文德，望日御紫宸，所貴正衙、內殿之朝儀並舉。"從之。

耕籍田

明道元年十二月庚子，詔以來年二月躬耕籍田。先請皇太后恭謝宗廟，權罷南郊

---

① 值此爲殊耳　嘉慶本、宋費袞梁谿漫志卷三入閤同，長編卷一二五作"值爲殊耳"，群書考索卷二四、玉海卷七〇作"以此爲異耳"。

之禮，其恩賞並就禮畢施行。辛丑，命直集賢院王舉正、李淑與禮官詳定籍田及皇太后謁廟儀注。禮官議皇太后宜准皇帝袞服減二章，衣去宗彝，裳去藻，不佩劍，龍花十六株，前後垂珠翠各十二旒，以袞衣爲名。詔名其冠曰"儀天"。又言："皇太后乘玉輅，服褘衣，九龍花釵冠。行禮，服袞衣，冠儀天冠。皇太妃、皇后乘重翟車，服鈿釵，禮衣以緋羅爲之，具蔽膝、革帶、佩綬、履，其冠用十二株花釵，太廟行禮，並服褘衣。"詔可之，敕有司制褘衣及重翟以下六車。始，太后欲純被帝者之服，參知政事晏殊以周官王后之服爲對，失太后旨。輔臣皆依違不決，薛奎獨爭曰："太后必御此見祖宗，若何而拜？"固執不可。雖終不納，猶少殺其禮焉。

殊事據神道碑，正傳不取。墓誌云太后爲改它服，誤也。

甲辰，以宰相呂夷簡爲恭謝太廟籍田大禮使，張士遜爲禮儀使，樞密使張耆爲儀仗使①，楊崇勳爲鹵簿使，樞密副使夏竦爲橋道頓遞使。

二年正月戊寅，直集賢院李淑上耕籍類事五卷、王后儀範三卷。

二月甲辰，皇太后宿齋垂拱殿。乙巳，服褘衣、花釵冠，乘玉輅以赴太廟。改袞衣、儀天冠，內侍贊導，享七室。皇太妃亞獻，皇后終獻。受册文德殿，帝奉賀。還，宿天安殿，遂赴東郊。丁未，祀先農，行籍田禮。禮儀使張士遜奏皇帝三推而止，帝曰："朕既躬耕，不以古禮爲式，願推終畝。"士遜固請，乃耕十二步而止，御觀耕臺。三公以下咸推盡壟，悉過五推之數。禮畢，御正陽門，大赦。悉以親耕耒耜②，命太僕寺永秘藏之。民年八十以上，每遇長寧、乾元節，許赴州縣燕設。其父母年八十者，與免一丁，著爲式。權罷江淮發運使今年春漕，以濟饑民。御天安殿受册。辛亥，上作籍田詩賜近臣，詔籍田陪位舉人免將來文解。

三月甲午，皇太后崩。

五月丙子，命宰臣張士遜撰籍田及恭謝太廟記，以翰林學士馮元爲編修官，直史館宋祁爲檢討官。既而祁言皇太后謁廟事不可爲後世法，乃命止撰籍田記。

---

① 樞密使　底本脫此三字，據長編卷一一一補。
② 悉以親耕耒耜　長編卷一一二作"太宗親耕耒耜"。按：玉海卷七六雍熙藉田耒耜記載：明道二年"二月丁未，肆赦，首言太宗親耕耒耜，敕有司嚴密秘護，以表崇奉之意"。

校獵

慶曆五年八月。真宗封禪之後，不復校獵。廢五坊之職，鷙禽走犬悉放山林。於是兵部員外郎、直集賢院李柬之上言："祖宗校獵之制，所以順時令而訓戎事也。陛下臨御以來，未嘗講修此禮。願詔有司草儀選日①，命殿前馬步軍司互出兵馬，以從獵於近郊。"壬戌，詔樞密院討詳先朝校獵制度以聞。

十月庚午，上御内東門，賜從官酒三行，奏鈞容樂。幸瓊林苑門，賜從官食。遂獵於楊村，燕幄殿，奏教坊樂，遣使以所獲獐、兔馳薦太廟。既而召父老臨問，賜以飲食、茶絹，及賜五坊軍士銀絹有差。宰臣賈昌朝等言："陛下暫幸近郊，順時田獵，取鮮殺以登廟俎，所以昭孝德也；即高原以閲軍實，所以講武事也；問耆年而秩餼，所以養老也；勞田夫而賜惠，所以勸農也。乘輿一出，而四美皆具，伏望宣付史館。"從之。

<small>王安石誌孫抗墓云：上大獵於城南，衛士不及整，而歸以夜。明日，將復出，有雉殣於殿中，抗奏疏，即是夜有詔止獵。按仁宗以五年十月獵於楊村，六年十一月獵於城南之東韓村，七年三月即有詔罷獵。而抗六年三月已罷御史，其諫當是五年冬，然五年冬不歸以夜，又不在城南。其在城南歸以夜乃六年冬事，何郯奏議可考。恐安石誤也，今不取。</small>

六年十一月辛丑，獵於城南東韓村。自玉津園去輦乘馬，分騎士數千爲左右翼，節次旗鼓，合圍場徑十餘里，部隊相應。上按轡中道，親挾弓矢而屢獲禽。是時，道旁居民或蓄狐兔鳬雉驅入場中。上因謂輔臣曰："田獵，所以訓武事，非專務獲也。"悉令縱之。至棘店，御帳殿，召問父老子孫供養之數、土地種植所宜，且歎其衣食薖糲而能享壽，人加慰勞。還次近郊，遣衛士更奏技駕前，兩兩相當，掉鞅挾槊，以決勝負。又謂輔臣曰："此亦可以觀士之才勇也。"免所過民田在圍内租稅一年。

七年三月乙未，上因李柬之建議，再畋近郊南城之役，衛士不及整而歸以夜。有雉殣於殿中，諫者以爲不祥。是月乙亥，詔將復出，諫者甚衆。

<small>有雉殣於殿中，此據孫抗墓誌，但年月差殊，今參取附見。</small>

御史何郯言："古者，天子具四時之田，所以講威武而勤遠略，不徒事遊戲而翫細

---

① 草儀選日 "選"底本作"撰"，據嘉慶本改。

娱①,載之策書,具有典法。前日,伏聞法駕將獵近郊,中外之人,聽者頗惑。良以去歲車駕已嘗出畋,群臣抗言,隨即停罷。忽兹再舉,未諭聖心。伏以陛下繼統以來,動遵法度,不喜弋獵,不數豫游,恭儉之風,足邁前古。而今之舉事,固必有因。豈陛下以宇内有年,方隅無事,故於農隙以講武經,欲爲都邑游觀之盛乎？抑有獻議者,謂田獵之事,具有禮文,行之以時,蓋舉墜典,則嚮者諫止之言不足顧乎？若聖意果然,如是先定,則非愚臣之所敢議也。然其中事有切於利害者,尚可得而言焉。恭自真宗皇帝即位之後,遂下詔書,罷放五坊鷹鷂,獵事不講,踰四十年。校獵之籍,率非宿將,士卒久不便習其事,官司又不素詳其儀,倉卒而行,必多曠闕。竊聞去歲乘輿之出,往返甚勞,一日之間,殆馳百里,而又兵衛不肅,警蹕不嚴。從官不及侍行,有司不暇供億,逮於暮夜,始入都門。此豈非士不習其事、官不詳其儀而致然歟？而况以騎乘而有疾馳之勞,在原野而弛嚴衛之備,或御者蹉跌,變生銜橜,愚民迷誤,犯及車塵,臣子之罪,將何贖焉？雖則仁聖之資,固有神靈之衛,然不可不備非常。且西北二隅變故難測,豈無姦僞雜於稠人廣衆之中？由是而言,益可深慮。傅曰：'千金之子,坐不垂堂。'矧於萬乘之尊乎？賈誼曰：'射獵之娛,與安危之機孰急？'今不獵猛敵而獵田毳②,不搏彊寇而搏蓄兔,翫細娱而不圖大患,非所以爲安也。伏望陛下罷省出遊,無重過舉,遵烈考詔書之旨,念前良警戒之規,優游養神,樂過從獸③,拱揖在御,慮無乘危,則宗廟生靈,實有攸慶④。臣職當言責,理合開陳,罔逃嚴誅,貴少有補⑤。"編修唐書官王疇亦陳十事以諫。是日,有詔罷出獵。

---

① 不徒事遊戲而翫細娛　"不徒"底本作"不從",據文淵閣本長編卷一六〇、宋朝諸臣奏議卷一一何郯上仁宗諫獵改。按："不徒",長編卷一六〇作"不圖"。
② 今不獵猛敵而獵田毳　"敵"底本作"獸",據嘉慶本、長編卷一六〇、宋朝諸臣奏議卷一一何郯上仁宗諫獵改。
③ 樂過從獸　宋朝諸臣奏議卷一一何郯上仁宗諫獵同,嘉慶本"獸"作"狩",長編卷一六〇"獸"作"禽"。
④ 實有攸慶　長編卷一六〇作"實有攸賴",宋朝諸臣奏議卷一一何郯上仁宗諫獵作"實有慶賴"。
⑤ 貴少有補　長編卷一六〇同,嘉慶本、宋朝諸臣奏議卷一一何郯上仁宗諫獵"有"均作"云"。

卷第三十

仁宗皇帝

聖德

天聖四年二月壬戌，上問古今樂之異同，宰相王曾曰："古樂用于天地、宗廟、社稷、山川、鬼神，而聽者莫不和悦。今樂則不然，徒娱人耳目而傷人心志①。自昔人君流連荒亡者，莫不由此。"上曰："朕於聲技固未嘗留意，内外燕遊，皆勉彊爾。"張知白曰："陛下盛德，外人豈知之！願令吕夷簡備書時政記②。"

七月辛未，詔兩川所造錦綺、鹿胎、透背、欹正等歲減上供之半，其大小綾及花紗，仍令改織絹，以供邊費。先是，上封者以此爲言，上謂輔臣曰："朕意正欲如此，宜亟行之。"王曾等曰："錦綺纂組者，有害無益。臣約一錦之費，可爲絹數疋。陛下崇儉節費，以惠遠人，臣等敢不奉詔。"

十二月壬午，幸玉清昭應宫、開寶寺、景靈宫祈雪。故事，車駕還，必作樂前導，上精意以禱，命毋作樂。既雪，輔臣皆賀，上喜曰："力田之民，自今有望矣。"

七年三月丙戌，遣官祈晴。上因謂輔臣曰："昨令視四郊，而麥已損腐，民何望焉！此必政事未當天心也。古者大辟，外州三覆奏，京師五覆奏，蓋重人命如此。其戒有司審獄議罪，毋或枉濫。"又曰："赦不欲數，然捨是無以召和氣。"

夏四月庚寅，赦天下，免河北被水民賦租。京師自三月朔雨不止，前赦一夕而霽。

八年八月丁亥，召近臣及宗室觀三聖御書于龍圖、天章閣，又觀瑞穀于元真殿，從臣賦詩，賜御飛白字各一軸，遂宴蘂珠殿。

---

① 傷人心志　嘉慶本同，長編卷一〇四"傷"作"蕩"。
② 自"二月壬戌"至"願令吕夷簡備書時政記"，底本排在"十二月壬午"條之後，係錯簡，據長編卷一〇四調整至此。

明道二年七月。先是,右司諫范仲淹以江、淮、京東災傷,請遣使循行,未報。仲淹請間曰:"宮掖中半日不食,當如何?今數路艱食,安可置而不恤?"甲申,命仲淹安撫江、淮,所至開倉廩,賑乏絕,禁淫祀。奏蠲廬舒折役茶、江東丁口鹽錢。饑民有食烏昧草者,擷草進御,請示六宮、貴戚,以戒侈心。又陳八事,上嘉納之。

十二月丙申,上謂輔臣曰:"每退朝,凡天下之奏,必親覽之。"呂夷簡曰:"若小事皆關聖覽,恐非所以輔養聖神。"上曰:"朕承先帝之託,況以萬機之重,敢自泰乎?"又曰:"朕日膳不欲事珍美,衣服多以縑繒為之,至屢經澣濯,而宮人或以為笑。太官進膳①,有蟲在食器中,朕掩而不言,恐罪及有司也。"夷簡曰:"陛下孝以奉先,儉以臨下,雖古盛德,何以加此?"上曰:"此偶與卿等言之,非欲聞於外,嫌其近名爾。"

寶元元年。帝留意農事,每以水旱為憂。六月甲申,詔天下州軍每旬上雨雪狀②,著為令。戊子,權知司天少監楊惟德等言:"來歲己卯閏十二月,則庚辰歲正月朔日當食。請移閏於庚辰歲,則日食在前正月之晦。"上曰:"閏所以正天時而授民事,其可曲避乎?"不許。

張唐英政要云:景祐四年冬,司天上言③:"明年正旦日食,此謂三朝之始,人君尤忌之。請移閏月以避之。"上亦以為然,以問大臣。參知政事程琳曰:"日者,衆陽之長,人君之象。今有所食,蓋陛下乾剛之道忽有所虧而致④,惟修德政可以免。"上曰:"卿言極是,朕亦思之,不如自責,可以答天變。"上畏天之變⑤,不為日者所惑如此也。

寶元二年四月乙丑,放宮人二百七人,上因諭宰臣張士遜等曰:"不獨矜其幽閉,亦可省宮掖浮費也。近復有人邀車駕,獻雙生二女子,朕却而不受。"士遜對曰:"前代帝王,多為女色所惑,今陛下不受其獻,又減放宮嬪,誠盛德之事也。"然天聖末,士遜亦嘗納女口於宮中,為御史楊偕所彈云。

七月丁巳⑥,知諫院韓琦請自今雙日止御後殿視事,上問輔臣以故事,張士遜對曰:"唐五日一開延英,蓋資閒燕以輔養聖神。"上曰:"與夫宵衣旰食,固不侔也。前

---

① 太官進膳 "太"底本作"大",長編卷一一三同,據九朝編年備要卷九、宋史全文卷七上改。
② 詔天下州軍每旬上雨雪狀 嘉慶本同,長編卷一二二、宋史全文卷七上"軍"均作"郡"。
③ 司天上言 長編卷一二二同,嘉慶本作"司天監上言"。
④ 忽有所虧而致 "忽",長編卷一二二作"或"。
⑤ 上畏天之變 嘉慶本同,宋朝事實類苑卷一七忠言讜論二"變"作"威"。
⑥ 丁巳 嘉慶本同,長編卷一二四作"戊午"。

代帝王靡不初勤政事，而後失於逸豫，不可不戒也。"時上感小疾，太醫數進藥，故琦有是請，上訖不從。

八月庚午，上謂宰臣張士遜曰："帝王之明，在擇人，辨邪正，則天下無不治矣。"士遜對曰："知人則哲，惟帝其難之。若選用得材，又邪正分別，堯、舜不易此道也。"

慶曆元年八月甲申，上謂輔臣曰："昨造一小殿禁中，而有司不諭朕意，過爲侈麗，然不欲毀其成功。今大相國寺方造殿藏太宗御書寺額，可遷置之。"因言："朕於内寝多以黃布爲茵褥①。"呂夷簡等對曰："陛下孝以奉先，儉以率下，雖聖人之盛德，孰加乎此？"上曰："偶與卿等言及之，非欲聞於外，恐其近名爾。"乙酉，詔兩制檢閲唐書紀、傳中君臣事迹近於治道者，日録一兩條上之②。從翰林學士蘇紳之言也。紳言唐憲宗故事，嘗令近臣具前代得失之迹，繪圖以備觀覽。諫官張方平亦言："唐室治亂於今最近，請取其可行於今、有益時政者，日録一二條上進。茲亦賈誼、晁錯借秦喻漢之意也。"

二年五月乙丑，罷左藏庫月進錢千二百緡。上語輔臣曰："此周官所謂供王之好用者，朕宫中無所費，其斥以助縣官。"

三年九月丙戌，命史館檢討王洙、集賢校理余靖、秘閣校理孫甫、集賢校理歐陽修同編修祖宗故事。先是，樞密副使富弼言③："臣嘗觀自古帝王理天下，未有不以法制爲首務。法制立，然後萬事有經，而治道可必。宋有天下九十餘年，太祖始革五代之弊，創立法度。太宗克紹前烈，紀綱益明。真宗承兩朝太平之基，謹守成憲。近年紀綱甚紊，隨事變更，兩府執守，便爲成例，施於天下，咸以爲非，而朝廷安然奉行，不思剗革。臣今欲選官置局，將三朝典故及討尋久來諸司所行可用文字，分門類聚，編成一書，置在兩府，俾爲模範，庶幾頹綱稍振，弊法漸除。此守基圖、救禍亂之本也。"上納其言，故命靖等編修，弼總領之。明年九月書成，分别事類凡九十六門、二十卷。其間典法深大，今世不能遵守者，於逐事之後各釋其意。意相類者，止釋一事，事理明白者更不復釋。

---

① 朕於内寝多以黃布爲茵褥　嘉慶本同，長編卷一三三無"於"字。
② 日録一兩條上之　底本脱"日"字，長編卷一三三同，據太平治迹統類卷二六、帝學卷四、玉海卷五四元祐邇英要覽補。
③ 樞密副使富弼言　底本"樞密"下衍"直"字，據嘉慶本、長編卷一四三删。

四年三月己卯,上於邇英閣出御書十三軸,凡三十五事:一曰遵祖宗訓,二曰奉真考業,三曰祖宗艱難,不敢有墜,四曰真宗愛民,孝思感噎,五曰守信義,六曰不巧詐,七曰好碩學,八曰精六藝,九曰謹言語,十曰待耆老,十一曰靜進退,十二曰求忠正,十三曰懼貴極,十四曰保勇將,十五曰尚儒籍,十六曰議釋老,十七曰重良臣,十八曰廣視聽,十九曰功無迹,二十曰戒喜怒,二十一曰明巧媚,二十二曰分希旨,二十三曰從民欲,二十四曰戒滿盈,二十五曰傷暴露兵,二十六曰哀鰥寡民,二十七曰訪屠釣臣,二十八曰講遠圖術,二十九曰辨朋比,三十曰斥諂佞,三十一曰察小忠,三十二曰監迎合,三十三曰罪己爲民,三十四曰損躬撫軍,三十五曰一善可求,小瑕不廢。顧丁度等曰:"朕觀書之暇,取臣寮上言及進對事目可施於治者,書以分賜卿等。"度及曾公亮、楊安國、王洙等拜賜,因請注釋其義,帝許之。丙戌,丁度等上答邇英聖問一卷,帝覽之終篇,指其中體大者六事,付中書、樞密院,令奉行之。答聖問者,即釋前所賜三十五事也,其序曰:"伏奉宣示御書文字十三軸,仰窺聖旨,皆陛下上念祖宗,下思政治,述安危成敗、忠邪善惡之事,詢謀下臣,使進裨補,敢不竭愚。竊思自古求治之主,靡不欲興理道,安邦國,納忠正,退姦邪,廣聰明,致功業。然行此數事,在明與威、斷耳。明則不惑,威則善柄,斷則能行,總是三者,守而勿失,非聖人孰能爲之? 臣等嘗讀唐書,見憲宗英悟,留心庶政,宰臣陳說政要,必往復詰問,既盡其理,則曰:'凡好事口説則易,躬行則難。卿等既爲朕言之,常須行之,勿空陳而已。'李絳對曰:'非知之艱,行之惟艱。陛下今日處分,可謂至言。然臣絳亦以天下之人從陛下所行,不從陛下所言。惟願每言之則必行之。'憲宗深所嘉納。今臣等親承聖諭,敷明治要,亦願陛下日與輔臣舉此事目,推而行之,無使唐之君臣專美前代也。"

六年二月癸丑,司天監言日當食三月朔,上謂輔臣曰:"日食之咎甚大,蓋天所以譴告人君,願罪歸朕躬,而無及臣庶也。凡民之疾苦,益思詢究而安利之①。"宰臣賈昌朝對曰:"陛下發德音,足以應天弭變,臣等敢不夙夜悉心,上副邮民之意。"

七年三月癸巳,詔曰:"自冬訖春,旱暵未已,五種弗入,農失作業。朕惟災變之來,應不虛發。殆不敏不明,以干上帝之怒云云。"上每命學士草詔,未嘗有所增損,至

---

① 安利之　長編卷一五八作"利安之"。

是楊察當筆,既進詔草,以爲未盡罪己之意,令更爲此詔下之。

皇祐三年五月辛亥,眉州彭山縣上瑞麥圖,凡一莖五穗者數本。上曰:"朕嘗禁四方獻瑞,今麥秀如此,可謂真瑞矣。其賜田夫束帛以勸之。"

六月丁亥,無爲軍獻芝草三百五十本,上曰:"朕以豐年爲瑞,賢臣爲寶。至於草木魚蟲之異,焉足尚哉?知軍茹孝標特免罪,仍戒天下自今不得以聞。"戊子,汝州部署楊景宗求爲郡,上謂輔臣曰:"景宗,章惠太后之弟,朕豈不念之。然性貪虐,老而益甚。今與郡,則一方之民受禍矣。"不許。

四年四月。先是,内出欹器一,陳于邇英閣御坐前,諭丁度等曰:"朕思古欹器之法,試令工人制之,以示卿等。"命以水注之,中則正,滿則覆,虛則欹,率如家語、荀卿子①、淮南之説,其制度精好。度等列侍觀之,帝曰:"日中則昃,月盈則虧。朕亦欲以中正臨天下,當與列辟共守此道。"度等拜曰②:"臣等亦願毋傾滿以事陛下③。"因言太宗嘗作此器,真宗亦嘗著論。庚辰,帝製後述,以賜度等。

十月庚寅,上謂輔臣曰:"比日,上封言政事得失者少,豈非言路壅塞所致乎?其下閤門、通進銀臺司④、登聞理檢院、進奏院,自今州縣奏請及臣寮表疏,毋得輒有阻留。"

五年三月癸亥,幸萬壽觀辭三聖御容。甲子,奉安太祖于滁州天慶觀瑞命殿,太宗于并州資聖院統平殿,真宗于澶州開福院信武殿,各以輔臣爲迎奉使副,具儀仗導至近郊,内臣管勾奉安,百官辭觀門外。其後,上謂輔臣曰:"并州言四月二十二日奉安太宗御容,仍以平晋記來上,蓋紀太平興國四年征討之役⑤。是時,車駕亦以四月二十二日至太原城下,何其異也!"

五月甲子,詔諫官、御史上章論事,毋得朋比以中傷善良⑥。又詔:"兩省、兩制、臺諫官、三館帶職、省府推判官等次對言事,凡朝政得失、生民利病、災異時數,直言無

---

① 荀卿子　底本脱"子"一字,嘉慶本、長編卷一七二同,崇文總目卷五、新唐書卷五九藝文志均注録有"荀卿子十二卷",宋史卷二〇五藝文志也注録有"荀卿子二十卷,戰國趙人荀況書",今據補。
② 度等拜曰　底本脱"等"一字,嘉慶本、長編卷一七二同;據帝學卷六、事實類苑卷四補。
③ 臣等亦願毋傾滿以事陛下　長編卷一七二"毋"作"無",帝學卷六、事實類苑卷四均作"臣等亦願以中正事陛下"。
④ 通進銀臺司　"進"底本作"奏",據嘉慶本、長編卷一七二、宋會要輯稿帝系九之一三改。
⑤ 征討之役　嘉慶本同,長編卷一七四、文獻通考卷九三"役"均作"事"。
⑥ 毋得朋比　嘉慶本同,長編卷一七四、宋史全文卷九上"得"均作"或"。

隱，不得朋私挾情①，抉摘陰細，無益治道，務在公實。觀文殿以下學士至待制，合直諫閣門上殿者，許請對。餘官第奏封事，涉機密者，並用薄紙重封，以防漏泄。"

六月壬辰，詔諸路轉運使上供斛斗，依時估收市之，毋得抑配人户，仍停考課賞罰之制。先是，三司與發運司謀聚斂，奏諸路轉運上供不足者皆行責降，有餘則加陞擢，由是貪進者競爲誅剥，民不堪命。上聞之，特降是詔，天下稱慶。

至和元年正月壬申，碎通天犀，和藥以療民疾。時京師大疫，令太醫進方，内出犀牛角二本，析而觀之，其一通天犀也。内侍李舜卿請留供帝服御，帝曰："吾豈貴異物而賤百姓哉？"立命碎之。

嘉祐七年十二月丙申，幸龍圖、天章閣，召輔臣、近侍、三司副使、臺諫官②、皇子、宗室、駙馬都尉、主兵官觀祖宗御書。又幸寶文閣，爲飛白書分賜從臣，下逮館閣，作觀書詩，韓琦等屬和。遂宴群玉殿，傳詔學士王珪撰詩序，刊石于閣。庚子，再會于天章閣觀瑞物，復宴群玉殿。帝曰："天下久無事，今日之樂，與卿等共之，宜盡醉勿辭。"賜禁中花、金盤③、香藥。又召韓琦至御榻前，別賜酒一卮。從臣霑醉，至暮而罷④。

八年二月丙戌，中書、樞密院奏事于福寧殿之西閣，見上所御幄帝裀褥皆質素暗敝，久而不易。上顧韓琦等曰："朕居宫中，自奉止如此耳，此亦生民之膏血也，可輕費之哉？"

政迹

乾興元年，上封事者言："聖朝開國以來，天下承平六十餘載。然民間無蓄，稍或饑饉，立致流移。蓋差役、賦税之未均，形勢豪彊所侵擾也。又有諸般僥倖，影占門户，其户下田土梢多，便作佃户名字。若不禁止，則天下田疇半爲形勢所占。"詔三司委棐官定奪奏聞。三司參議，欲應臣僚不以見任、罷任，所置莊田定三十頃；衙前將吏合免户役者，定十五頃爲額。

---

① 不得朋私挾情　嘉慶本、宋史全文卷九上同，長編卷一七四"朋"作"徇"。
② 召輔臣近侍三司副使臺諫官　嘉慶本、長編卷一九七同；宋會要輯稿禮四五之三六作"召輔臣至待制、三司副使以上及臺諫官"，似是。
③ 禁中花金盤　底本作"禁中金花盤"，據長編卷一九七、太平治迹統類卷六乙正。
④ 至暮而罷　"暮"底本作"莫"，據嘉慶本、長編卷一九七、九朝編年備要卷一六、太平治迹統類卷六改。

天聖二年三月己丑,同提點開封府界諸縣鎮公事張君平言,南京、陳、許、徐、宿、亳、曹、單、蔡、潁等州,古溝洫與畿内相接,歲久不治,故京師數罹水患,請委官疏鑿之。詔從其請。君平陳八事:一曰商度地形,循古跡深廣之數,敕州計土工,置籍以記其事。二曰功不如所計,或水壅害民田,官坐罪,償費直。三曰察吏貪墨,傍緣役事箕斂民錢者。四曰知州、通判、令、佐,能誘部民佐工費,書爲勞課,與家便官,功多與重賞。五曰禁民築堰堨潴水捕魚,以障河流。六曰濬治畢,按新書廣深凡幾何,校功力,因其所出土,積爲隄。七曰凡溝洫上廣一丈,則下廣八尺,深四尺,高阜加深焉。用此爲率,窊隆折計之,便於覆視。八曰古溝平淤爲民田,係賦籍,雖開治者以鄉縣保證除其賦,悉頒爲定令。

三年四月丁丑,詔三館所寫書萬七千六百卷,藏太清樓。初,大中祥符中火,焚館閣書,乃借太清樓書補寫。既而本多損蠹者,因命別寫還之。

四年閏五月己酉①。初,解州之永豐渠,始後魏正始二年,都水校尉元清引平坑水西入黃河以運鹽②,而周、齊之間廢絶。隋大業末③,都水監姚暹決堰濬渠,由陝入解縣,唐末至五代不復治。至本朝,湮淺,舟不通,鹽運大艱,主運者耗家產幾盡。州校麻處厚詣闕訴,而右班殿直劉達因請治渠④,起安邑至白家場,轉運使王博文亦言其便,復詔三司度利害。是歲,卒成之,公私果利。

八月丁亥,詔修泰州捍海堰。先是,堰久廢不治,歲患海濤冒民田。監西溪鹽稅范仲淹言于發運副使張綸,請修復之。綸奏以仲淹知興化縣事,總其役。難者謂濤患息則積潦必爲災,綸曰:"濤之患十九,而潦之災十一,獲多亡少,豈不可乎?"役既興,會大雨雪,驚濤洶洶且至,役夫散走,旋濘而死者百餘人,衆譁言堰不可復。詔遣中使按視,將罷之。又詔淮南轉運使胡令儀同仲淹度其可否,令儀力主仲淹議。而仲淹尋以憂去,猶爲書抵綸,言復堰之利。綸表三請,願身自總役。乃命綸兼權知泰州,築堰自小海寨東南至耿莊,凡一百八十里,而于運河置閘,納潮水以通漕。踰年,堰成,流逋歸者二千六百餘户,民爲綸立生祠,令儀及綸各遷官。令儀,陳留人;仲淹,吳人也。

---

① 己酉　底本作"戊申",據長編卷一〇四改。
② 都水校尉元清　"校尉"底本作"使者",據長編卷一〇四、隆平集卷三、宋史卷九五河渠志改。
③ 隋大業末　嘉慶本同,長編卷一〇四、宋史卷九五河渠志"末"均作"中"。
④ 右班殿直劉達　"達"底本作"逵",嘉慶本同,據長編卷一〇四、隆平集卷三、資治通鑑後編卷三七改。

十月辛卯,淮南轉運司言楚州北神堰、真州江口堰修水閘成。初,堰度舟,歲多壞,而監真州排岸陶鑑、監楚州稅王乙並請置水閘堰旁,以時啓閉。及成,漕舟果便,歲省堰卒十餘萬。乃詔發運司,它可爲閘處,令規畫以聞。鑑、乙等並遷官①。

五年十月辛未,太常博士、直集賢院、同知禮院王皥上所撰禮閣新編六十卷。初,天禧中②,同判太常禮院陳寬請編次本院所承詔敕,其後不能就。皥因取國初至乾興所下詔敕,删去重複,類以五禮之目,成書上之,賜五品服。皥,曾弟也。

七年八月丁亥朔,詔曰:"先帝患吏廩不給,而潔廉者亡以勸③,故並賜之公田。歲月浸深,侵牟滋長,獄訟數起,反以害人,重失先帝之意。其罷天下職田,官收其入,以所直均給之。仍委三司别爲條約。"先是,上封者言職田有無不均,吏或不良,往往多取,以殘細民,請罷之。詔資政殿學士晏殊與三司、審官、三班院、吏部流内銓參議,皆以爲然,乃降是詔。

九年二月癸巳,詔曰:"職田所以惠廉吏,而貪者並緣爲私,侵漁細民,滋益爲害。比詔有司罷職田,如聞勤事吏禄薄,不足以自贍,朕甚閔焉。其復給職田,即多占佃夫,若無田而令出租者,以枉法論。"先是,下三司哀職田歲入之數,計直而均給之,未能即行。上因閱天下所上獄,多以賄敗者,遂降是詔。

明道二年十二月丙申④。始,天聖六年罷諸路提點刑獄官,八年復置,又權停。于是,上謂輔臣曰:"諸路刑獄既罷提點官,轉運司不能一一躬往讞問,恐浸致冤濫。宜選賢明廉幹不生事者委任之,則民受其賜矣。"乃復置諸路提點刑獄官⑤,仍參用武臣。此據政要。

景祐元年四月丁巳,詔直史館宋祁、鄭戩,國子監直講王洙同刊修廣韻、韻略,仍命知制誥丁度、李淑詳定。時祁等言:"廣韻、韻略多疑混字,舉人程試間或誤用,有司論難,各執異同⑥,乃致上煩親決,故請别加撰定⑦。"

---

① 鑑乙等並遷官　嘉慶本同,長編卷一〇四"遷官"作"優遷"。
② 天禧中　底本"禧"字漫漶,據嘉慶本、長編卷一〇五補完。
③ 而潔廉者亡以勸　嘉慶本同,長編卷一〇八"潔廉者"作"廉潔者"。
④ 丙申　底本脱此二字,據長編卷一一三補。
⑤ 乃復置諸路提點刑獄官　底本脱"路"一字,據長編卷一一三補。
⑥ 各執異同　嘉慶本同,長編卷一一四"各"作"互"。
⑦ 故請别加撰定　嘉慶本同,長編卷一一四無"别"一字。

二年九月壬辰，詔翰林學士張觀等刊定前漢書，下國子監頒行。前代經史皆以紙素傳寫，雖有舛誤，然尚可參讎。至五代，官始用墨板摹印六經，誠欲一其文字，使學者不惑。太宗朝又摹印司馬遷、班固、范曄諸史，與六經皆傳，於是世之寫本悉不用。然墨板訛駁，初不是正，而後學者更無它本可以刊驗。會秘書丞余靖建言前漢書官本謬誤，請行刊正。詔靖及國子監直講王洙盡取秘閣古本對校，踰年，乃上漢書刊誤三十卷。至是改舊摹本以從新校，然猶有未盡，而司馬遷、范曄等史尤脫亂，惜其後不復有古本可是正也。

　　四年六月丙申，詔國子監以翰林學士丁度所修禮部韻略頒行。初，崇政殿說書賈昌朝言：「舊韻略多無訓釋文①，又疑混聲與重疊出字，不顯義理，致舉人詩賦或誤用之。」遂詔度等以唐諸家韻本刊定，其韻窄者凡十三處，許令附近通用，疑混聲及重疊出字，皆于本字下解注之。

　　寶元元年正月甲辰，雷。丙午，以災異屢見，下詔求直言，曰：「朕躬之闕遺，執事之阿枉，政教未臻于理，刑獄未協于中②，在位壅蔽之人，具官貪墨之吏，仰諫官、御史、縉紳、百僚密疏以陳，悉心無隱，限半月內實封進納。朕當親覽，靡及有司，擇善而行，固非虛飾。」丙辰，又詔曰：「比者善氣弗效，陰沴屢見，地大震動，雷發不時。推原天譴之所由，豈吏為貪弛苛虐，使狴牢淹繫，而賦調繁急歟？或受賕鬻直，下情壅蔽，以虧和致戾歟？轉運使、提點刑獄，其案所部吏以聞。」

　　二年三月壬寅③，編修院與三司上歷代天下戶口數：前漢千二百二十三萬三千六十二，後漢千六百七萬七千九百六十，魏九十四萬三千四百二十二，晉二百四十五萬九千八百，宋九十萬六千八百七十，後魏三百三十七萬五千三百六十八，北齊三百三萬二千五百二十八，後周三百五十萬，隋八百九十萬七千五百三十六，唐九百六萬九千一百五十四；太祖朝二百五十萬八千九百六十五，太宗朝三百五十七萬四千二百五十七，真宗朝八百六十六萬九千七百七十九，寶元元年一千一十一萬四千二百九十。先是，上御邇英閣，讀真宗皇帝所譔正說養民篇④，見歷代戶口登耗之數，顧謂侍臣曰：

---

① 舊韻略多無訓釋文　嘉慶本同，長編卷一二〇無"文"一字。
② 刑獄未協于中　嘉慶本同，長編卷一二一"未"作"靡"。
③ 壬寅　底本脫此二字，據長編卷一二三補。
④ 真宗皇帝　"帝"底本作"常"，據嘉慶本改。

"今天下民籍幾何?"翰林侍讀學士梅詢曰:"先帝所作,蓋謂前代帝王恭儉有節,則戶口充羨;賦斂無度,則版圖衰耗。炳然在目,作監後王。自五代之季,生齒彫耗,太祖受命,而太宗、真宗繼聖承祧,休養百姓。今天下戶口之數,蓋倍于前矣。"因詔三司及編修院檢閱以聞,至是上之。

康定元年五月己未,權三司使鄭戩言:"諸道轉運使副,即漢刺史、唐觀察使之職,其權甚重。漢法,刺史許六條問事。唐校內外官,考定二十最,觀察使在焉。是必責功過,明黜陟,吏勤其官,朝乃稱治。今國家承平八十載,不用兵四十年,生齒之衆,山澤之利,當十倍其初。而近歲以來,天下貨泉之數,公上輸入之目,返益減耗,支調微屈,其故何哉? 由法不舉,吏不職,沮賞之格未立也。臣近取前一歲所謂銅、鹽、茶、酒之課者以爲比,凡虧祖額實錢數百萬貫①,且前之失既已數十百萬,若今又恬然不較,則軍國常須將何以取辨? 臣故曰宜循漢、唐故事,行考課法。欲乞應諸道轉運使副,今後得替到京,別差近上臣僚與審官院同共磨勘,將一任內本道諸處場務所收課利與祖額②,遞年都大比較,除歲有凶荒,別敕權閣不比外,其餘悉取大數爲十分:每虧五釐以下罰兩月俸,一分以下罰三月俸,一分以上降差遣;若增及一分以上,亦別與升陟。"從之。

九月,合奉宸五庫爲一庫,在延福宮內,舊名宜聖殿。五庫,一曰宜聖殿內庫,二曰穆清殿庫,三曰崇聖殿庫,四曰崇聖殿受納真珠庫,五曰崇聖殿樂器庫。於是,合五庫爲一,改名奉宸,仍鑄印給之。十二月乙巳,詔討西賊。慶曆四年四月丙辰③,詔三司使④、丞、郎、給、諫以上,兩省待制以上,御史中丞、正卿監,歲得舉正郎以下朝官不得過三人;起居郎、舍人、三司副使、知雜御史、少卿,歲得舉員外郎以下朝官不得過二人;左右司郎中、司諫、正言、二院御史并館職、知諫院、天章閣侍講、三司判官、開封府推判官并員外郎以上及正郎見任知州,有出身無贓罪者,並歲得舉太常博士以下朝官,不得過二人;安撫、制置、發運使、轉運使副、提點刑獄朝臣,於本部內得舉正郎以

---

① 祖額　"祖"底本作"租",據嘉慶本、長編卷一二七改。
② 將一任內本道諸處場務所收課利與祖額　底本脫"將"字,"祖額"底本作"租額",據長編卷一二七補改。
③ 丙辰　嘉慶本同,長編卷一四八作"丁巳"。
④ 三司使　底本脫"使"字,嘉慶本、長編卷一四八同,據文意補。按:三司是宋朝前期最高財政管理機構,其長官是三司使,按照本句的文意,以及參考下句的"三司副使",此處的"三司"應該是"三司使"。

下朝官；提點刑獄使臣、發運、轉運判官，得舉本部內員外郎以下朝官①，並不限人數②，仍於狀內開說其人堪充何任使，同罪以聞③。

皇祐元年二月戊辰④，權三司使葉清臣以轉運司弛慢，損失財用，有誤支計，言："伏見提點刑獄，朝廷以庶獄之重，特置考課一司。臣欲乞今後轉運使副得替，亦差兩制臣僚考校，分上、中、下六等。若考入上上，與轉官，陞陟差遣；上下者，或改章服，或升差遣⑤；及中上者，依舊與合入差遣；中下者，差知州；下上者，與遠小處知州；下下者，與展磨勘及降差遣。仍每到任成考，並先供考帳，申省關送考課院。"詔從之，仍令磨勘提點刑獄院一處施行。

四月丁亥⑥，錢彥遠上疏曰："唐開元戶八百九十餘萬，而定墾田一千四百三十餘萬頃。今國家戶七百三十餘萬，而定墾田一千二百一十五萬餘頃，其間荒廢之田⑦，不下二百餘萬頃，是田疇不闢，而游手多也。勸課其可不興乎？本朝轉運使、提點刑獄、知州、通判，皆帶勸農之職，拜敕結銜，正在督課，而徒有虛文，無勸導之實。謂宜置勸農司，以知州爲長官，通判爲佐官，選清強幕職州縣官爲判官，先以墾田頃畝及戶口數、陂塘、山澤、溝洫、桑柘著之于籍，然後委勸農官設法勸課，興利除害⑧，以俟歲終，轉運使考較賞罰之⑨。"

二年六月庚午，詔："舉官爲縣令，自今河北、陝西轉運使副，歲各舉十二人，提點刑獄各六人；河東、京東西、淮南轉運使副各十人，提點刑獄各五人；兩浙、江南東西、福建、荊湖南北、廣南東西、益、利、梓轉運使副各四人，提點刑獄各四人；夔州路轉運使副四人，提點刑獄三人；六路制置發運使副各六人；府界提點刑獄三人。知開封府并諸州、府、軍、監各一人，仍止得舉所部官。"初，同提點京西刑獄張易官臨滿將代，併舉縣令十六人，上因謂輔臣曰："縣令與民最近，故朕設保舉之法。今易所舉猥多，必

---

① 得舉本部內員外郎以下朝官　底本脫"郎"一字，據長編卷一四八、宋會要輯稿選舉二七之二七補。
② 並不限人數　底本脫"不"一字，據長編卷一四八、宋會要輯稿選舉二七之二七補。
③ 同罪以聞　"罪"底本作"舉"，據長編卷一四八、宋會要輯稿選舉二七之二七改。
④ 戊辰　底本脫此二字，據長編卷一六六補。
⑤ 或升差遣　"升"底本作"外"，據長編卷一六六、宋會要輯稿職官五九之七改。
⑥ 四月丁亥　底本脫"丁亥"二字，據長編卷一六六改補。
⑦ 荒廢之田　嘉慶本同，長編卷一六六"荒"作"逃"。
⑧ 興利除害　嘉慶本同，長編卷一六六作"除害興利"。
⑨ 轉運使考較賞罰之　嘉慶本同，長編卷一六六"使"作"司"。

以請託故也。"遂令裁定其數。

三年七月乙丑,上諭輔臣曰:"近日職司,以長吏不理聞者多矣,中書未嘗施行。且長吏者,民之性命,可不重乎?宜擇其甚者罷之,小者易之。"文彥博等慙謝而退。于是,自鄂州王開、台州呂士宗等,或以衰老,或以弛慢而罷斥,對移者凡十六人。

嘉祐二年七月辛卯,命翰林學士承旨孫抃、權御史中丞張昇磨勘轉運使及提點刑獄課績①。初,知諫院陳旭言:"朝廷有意天下之治,宜自轉運使始。"今輒上選用、責任、考課三法,其選用法曰,以公正、明斷、惠愛為本,公正可使糾肅官吏,明斷可使決治煩劇,惠愛可使恤民之隱。苟無數者之長,即以補它職,其祿賜恩典,視轉運使可也。其責任法曰,今舉其切務有五:一稱舉賢才,各堪其任;二按劾貪謬②,修舉政事;三實戶口,增墾田;四財用充足,民不煩擾;五興利除害,仍令歲終條具所施行者以聞。其考課法曰:故事,轉運使給御前曆子,歲滿上審官院考校之。三司亦嘗立考校陞黜條③,卒不行。蓋委計司則先財利而忽民事,在審官又因循常務而無課第之實。按漢世御史中丞外督部刺史,今宜付御史臺考較為三等,仍與中書、門下參覆其實。其上等量所部事之劇易而襃進之,中等退補小郡。若風績尤異,即擢以不次。其職事弛廢,不俟歲滿,明行黜削。於是,以歲滿所上功狀,分殿最為上、中、下三等,用唐考功四善之法以稽行實,其等亦如之。始以命昇等,然卒無所進退焉。

八月庚戌,韓琦言:"近頒方書諸道,以救民疾,而貧下之家,力或不能及。請自今諸道節鎮及并、益、慶、渭四州歲賜錢二十萬,餘州、軍、監十萬,委長吏選官合藥,以時給散。"從之。

三年十二月辛亥④,翰林學士韓絳言:"中書門下,宰相所職,而以它官判省,名不相稱,請更定其制⑤。百司常務,多白二府,請詳其輕重,移付于下,使大臣不為細故攖

---

① 權御史中丞張昇　底本脫"權"一字,嘉慶本、長編卷一八六同,據名臣碑傳琬琰之集下卷一五陳成肅公升之傳、宋史卷三一二陳升之傳補。長編卷一八五記載:嘉祐二年三月"戊戌,右諫議大夫、權御史中丞張昇為回謝契丹使,單州防禦使劉永年副之"。長編卷一八七記載:嘉祐三年六月丙午,"右諫議大夫、權御史中丞張昇為樞密副使"。可為參證。
② 二按劾貪謬　"謬"底本作"污",據長編卷一八六、宋朝諸臣奏議卷六七陳升之上仁宗論轉運使選用責任考課三法改。
③ 三司亦嘗立考校陞黜條　嘉慶本同,長編卷一八六"校"作"課"。
④ 辛亥　底本作"己酉",據長編卷一八八改。
⑤ 請更定其制　底本脫"請"一字,據長編卷一八八、宋會要輯稿儀制五之一四補。

慮,得以專意政事①。又章服所以別尊卑,今走吏與公卿不殊,請依唐制,以品數爲等。其因年考及階品合服者②,須未嘗犯徒罪乃聽。又臺閣③、省寺,典章所由出也,今獨有敕條文案而已。本朝故事,名臣遺範,無所傳錄,請依周禮、唐六典著爲一書。"詔翰林學士胡宿、知制誥劉敞詳定以聞。敞等條列改正④、裁損、申明十事,其後皆不果。

詳定乘輿之制

康定元年九月己未⑤。初,三駕皆以待禮事,而車駕近出止用常從以行,議者以爲近於闊略。於是,參知政事宋庠言:"車駕行幸,非郊廟大禮具陳鹵簿外⑥,其常日導從,惟前有駕頭,後擁繖扇而已⑦,殊無前典所載公卿奉引之盛。其侍從及百司官屬,下至廝役,皆雜行道中。步輦之後,但以親事官百許人執梃以殿,謂之禁衛。諸班勁騎頗與乘輿相遠,而士庶觀者,率隨扈從之人夾道馳走,喧呼不禁。所過旗亭、市樓,皆垂簾外蔽,士民憑高可瞰,而邏司、街使曾不呵止⑧,威令弛廢,習以爲常。且黃帝以神功盛德,猶假師兵爲營衛,蓋所以防微禦變也。漢、魏以降,有大駕、法駕、小駕之儀。至唐,又分殿中諸衛、黃麾等仗,名數次序,各有施設。國朝承五代荒殘之餘⑨,事從簡略,鳴鑾游豫,僅同藩鎮,而盡去戈戟、旌旗之制,非所謂旄頭先驅、清道後行之謹也。此皆制度放失,憚于改作之咎。謂宜委一二博學近臣,檢尋前代儀注及鹵簿令,於三駕諸仗內參定。以今乘輿常時出入之儀,比之三駕諸仗,酌取其中,稍增儀物,具嚴法禁,上以尊宸極,下以防未然,革去因循,其在今日。"詔太常禮院與兩制詳定,遂合奏諸班直、禁兵、步騎爲禁衛,仍舊數,復增清道馬百,佩弓矢,爲五重,騎而執罕畢者一,騎而執牙門旗前後四,騎而執緋繡鳳氅二十四、雉扇十有二,皆分左右。天武兵徒行者執柯舒,親從兵增其數三百,殿前指揮使增爲二百,並騎,左右相對。開二門,

---

① 得以專意政事　嘉慶本同,長編卷一八八、宋會要輯稿儀制五之一四"意"均作"講"。
② 其因年考及階品合服者　"考"底本作"老",據嘉慶本、長編卷一八八、宋會要輯稿儀制五之一四改。
③ 臺閣　底本作"臺閤",據嘉慶本、長編卷一八八改。
④ 敞等條列改正　嘉慶本同,長編卷一八八"列"作"上"。
⑤ 己未　底本脫此二字,據長編卷一二八補。
⑥ 非郊廟大禮具陳鹵簿外,底本脫"外"一字,據長編卷一二八、文獻通考卷一一八補。
⑦ 後擁繖扇而已　"繖扇"底本作"扇繖",據長編卷一二八、宋史卷一四四儀衛志乙正。
⑧ 曾不呵止　長編卷一二八同,文獻通考卷一一八、宋史卷一四四儀衛志"曾"均作"恬"。
⑨ 五代荒殘之餘　"餘",嘉慶本同,長編卷一二八、宋史卷一四四儀衛志均作"弊"。

門間容二丈,以擬周禮之人門。凡前牙門旗、後牙門旗,前爲禁衛,輒入者論以法。禁乘高下瞰、垂簾外蔽、夾道喧呼馳走者。頗著于令,其後寖弛云。

嘉祐六年七月壬辰①,太常禮院及整肅禁衛所並言:"請自今駕出,以閤門祇候並內臣各二員挾駕頭②,左右次扇筤,仍以親從兵二十人從其後。"先是,幸睦親宅,內侍抱駕頭墮馬,駕頭壞。御史中丞韓絳乞增乘輿出入儀衛之禁,事下太常禮院等處參議,而定此制。

江休復雜志云:韓維問李淑駕頭何物,曰:"百講坐之一。"劉敞訪之王洙,云:"御座,傳四世矣,乃初即位所坐。"

定集議官制

明道二年七月己巳,殿中侍御史段少連言:"國家每有大事,必集議於尚書省,所以博訪論議,審決是非。近詳定莊獻明肅皇太后、莊懿皇太后升祔事③,而尚書省官有帶內外制或兼三司副使,多移文不赴。且帶職尚書省官,皆一時之選,宜有建明,而反以職任自高,輒不赴集,誠未副朝廷博謀之意。請自今每有集議,其帶職尚書省官如託事不赴者,以違制論。"從之。

景祐四年三月。先是,詔從段少連所請,尚書省官帶內外制及兼三司副使不赴集議者,以違制論。丙申④,集賢校理趙良規以爲不可,上言曰:"國朝故事,令敕儀制,別有學士、知制誥、待制、三司副使,著位視品,與前朝異同,無在朝敘職、入省敘官之説。若全不論職,則後行員外郎兼學士在朝立丞郎上,入省居比駕下,知制誥、待制入朝與侍郎同立⑤,入省分廁散郎;員外郎任三司副使,郎中任判官,在三司爲參佐,入本省爲正員。所以舊來議事會集,尚書省官帶職者不赴,別詔三省悉集,則及大小兩省;內朝官悉集,則及學士、待制、三司副使;更集它官,則諸司三品、武官二品各次本司長官。故事,尚書省官帶知制誥,中書省奏班簿,是以尚書省、御史臺不著籍,故有絶曹之語。又凡定學

---

① 壬辰 底本作"己丑",據長編卷一九四改。
② 各二員 "二"底本作"一",據長編卷一九四、宋史卷一四四儀衛志改。
③ 近詳定莊獻明肅皇太后莊懿皇太后升祔事 "莊獻"底本作"章獻","莊懿"底本作"章懿",據嘉慶本、長編卷一一二改。
④ 丙申 底本脱此二字,據長編卷一二〇補。
⑤ 與侍郎同立 嘉慶本同,長編卷一二〇"立"作"列"。

士、舍人兩省著位,除先後入外,若有陞降,皆特稟朝旨,豈有在朝、入省,迭爲高下?"詔御史臺、禮院詳定,久不決。於是,判禮院馮元等奏曰:"會議之文,由來非一,或出朝廷別旨,或徇官司舊規。故集本省者,即南省官;集學士、兩省、臺官者,容有內制、給、舍、中丞;集學士、臺省及諸司四品以上者,容有卿、監;集文武百官者,容有諸衛。蓋謀事有大小,集官有差等,率係詔文,乃該餘職。段少連以太常易名之細、考功覆議之常,誤謂群司普當會席①,特爲具奏②,嬰以嚴科,遂使絶曹清列還入本行,分局常員略無異等。請臣僚議事③,止集南省官屬,或事緣體大,臨時敕判,兼詔三省、臺、寺,即依舊例。"御史臺別奏云:"今尚書省官任內制者,繫臺省之籍,無坐曹之實。論職官之言,正爲絶曹者設,豈可受禄則繫官定俸,議事則絶曹爲辭? 況王旦、王化基、趙安仁、晁迥、杜鎬、楊億,皆嘗預議於尚書省④;故相李昉爲主客郎中、知制誥日,屢經都省議事,與散騎常侍徐鉉見江南舊士所說次第略同⑤。又議大事,僕射、御史大夫入省,唯僕射至廳下馬,于今行之,所以重本省也。故都堂會議,列狀以品,就坐以官。忽此更張,恐非通理。"禮官吳育曰:"兩奏各有未安。尚書省制度雖崇⑥,亦天子之有司。在朝廷既殊班列,入有司輒易尊卑,是以朝、省爲彼我,官職分二事也。兩制近職,若有事議,而云絶班不赴,非所以求至當。且知制誥,中書省奏班簿,是謂絶班,翰林學士亦知制誥,不絶班簿,此因循之制,未爲確據。縱絶班有例,而絶官無聞。一人命書,三省連判,而都無所係,止爲俸錢,豈命官之理? 今取典故中最明一事,足以質定。祥符五年僕射上事儀:絶班之官,別頭贊引,不與本省官同在迎班。請凡會議,省官帶近職者,別作一行而坐,自爲序列⑦,非以相壓。若詔兩制、臺省、諸司衛官畢集,則各從其類,自作一行,書議如其次。"詔:"尚書省議事,應帶職官三司副使以上並不赴。如遇集議大事,令赴,別設坐次。"

---

① 誤謂群司普當會席　嘉慶本、宋會要輯稿儀制八之九同,長編卷一二〇"席"作"集"。
② 特爲具奏　嘉慶本、長編卷一二〇同,宋會要輯稿儀制八之九"特"作"列"。
③ 請臣僚議事　嘉慶本同,長編卷一二〇、宋會要輯稿儀制八之一〇、宋朝事實卷九、宋史卷一二〇禮志"議事"均作"擬諡"。
④ 皆嘗預議於尚書省　"嘗"底本作"當",據長編卷一二〇、宋朝事實卷九改。
⑤ 與散騎常侍徐鉉見江南舊士所說次第略同　底本脱"與"一字,長編卷一二〇同,據宋會要輯稿儀制八之一一、宋朝事實卷九補。"舊士",長編卷一二〇作"舊儒"。
⑥ 尚書省制度雖崇　底本脱"省"一字,長編卷一二〇同,據宋會要輯稿儀制八之一二、宋朝事實卷九、宋史卷一二〇禮志補。按:宋會要輯稿儀制八之一二記載"尚書省雖制度雄大,亦天子之有司";宋朝事實卷九記載"夫尚書省雖制度尊大,亦天子之有司"。
⑦ 自爲序列　嘉慶本同,長編卷一二〇"序"作"叙"。

《續資治通鑑長編紀事本末》點校 二

（卷第三十一至卷第六十）

〔宋〕楊仲良／撰
丁建軍／點校

中州古籍出版社
·鄭州·

卷第三十一

仁宗皇帝

議樂

景祐初議

景祐元年十月壬午,命龍圖閣待制燕肅、集賢校理李照、直史館宋祁同案試王朴律準。肅時判太常寺,建言:舊太常鐘磬皆設色,每三歲親祠則重飾之。歲既久,所塗積厚,聲益不協,故有是命。帝親閱視律準,題其背以屬太常。肅等即取鐘磬,劃滌考擊,用律準案試,其聲皆合。

二年二月丙辰朔,燕肅等上考定樂器並見工人。戊午,御延福宮,臨閱奏郊廟五十一曲。因問李照樂何如①,照對樂音高②。命詳陳之,照乃建言:"王朴律準,視古樂高五律,視禁坊樂高二律③。擊黃鐘則爲仲呂,擊夾鐘則爲夷則,是冬興夏令,春召秋氣。蓋五代之亂,雅樂廢壞,朴創意造律準,不合古法,用之本朝,卒無福應。又編鐘、鎛鐘無小大、輕重、厚薄、長短之差,銅錫不精,聲韻失美,大者陵,小者抑,非中度之器。相傳以爲唐舊鐘,亦有朴所製者。昔軒轅氏命伶倫截竹爲律,復令神瞽協其中聲,然後聲應鳳鳴,而管之參差亦如鳳翅,其樂傳之复古,不刊之法也。願聽臣依神瞽律法,試鑄編鐘一虡,可使度量權衡協和。"有詔許之,仍就錫慶院鑄。庚申,太常博士、直史館宋祁上大樂圖義二卷。

四月丁巳,李照言:"奉詔製玉律以候氣,請下潞州,求上黨縣羊頭山秬黍,及下懷州河內縣取葭莩。"從之。戊辰,命宰臣呂夷簡、王曾都大管句鑄造大樂編鐘,參知政

---

① 樂何如　宋會輯稿樂二之一作"樂果和否"。
② 樂音高　"樂音"底本作"音樂",據長編卷一一六乙正。
③ 視禁坊樂高二律　嘉慶本、長編卷一一六同,宋史卷一二六樂志"禁"作"教"。按:九朝編年備要卷一〇、文獻通考卷一三〇均作"視禁坊胡部樂高二律",宋會輯稿樂二之一作"比禁坊樂差高二律"。

事宋綬、蔡齊、盛度同都大管句,集賢校理李照、句當御藥院鄧保信專監鑄造①,仍以入內都知閻文應提舉。始,照既鑄成編鐘一虡以奏御,遂建請改制大樂,取京縣秬黍累尺成律,鑄鐘審之,其聲猶高,更用大府布帛尺爲法,乃下太常四律。照自爲律管之法,以九十黍之量爲四百二十星,率一星占九秒,一黍之量得四星六秒,九十黍得四百二十星,以爲十二管定法。庚午,詔中外臣僚洎草澤之士,有知雅樂音律得失、測候之法者,許所在薦聞,或自言,官司將較試之②。侍御史劉夔言:"樂之大本,與政化通,不當輕易其器。願擇博學之士以補卿、丞。凡四方妄獻說以要進者,一切罷之。"帝善其言,然亦不果從也。

　　五月庚寅,李照上九乳編鐘圖,鐘舊飾以旋蟲,改爲龍,並自創八音新器。又請別鑱石爲編磬。辛卯,命內侍挾樂工往淮陽軍治磬石。照又言:"既改制金石,則絲、竹、匏、土、革、木亦當更制,以備獻享。"奏可。乃鑄銅爲龠、合、升、斗四物,以興鑄鐘鎛聲量之法③。龠之率六百三十黍爲黃鐘之容,合三倍於龠,升十二倍於合,斗十倍於升。既改造諸器,以定其法,俄又以鎛之容受差大,更增六龠爲合,十合爲升,十升爲斗,名曰"樂斗"。及潞州上秬黍,照擇大者縱累之,檢考長短,尺成,與大府尺合,法愈堅定。

　　六月辛酉,左司諫姚仲孫言:"伏聞議者欲改制雅樂,俾協純音,謂舊律太高,裁之就下,以高形下,人固知之。然或制之未得其精,損之必差其度。臣蓋不知其得於何道,而輒敢變更。聞其所爲,率多詭異。至如鍊白石以爲磬、範中金以作鐘,又欲以三辰、五靈、二十四孝爲樂器之飾。臣雖愚昧,竊有所疑。自祖宗以來,考正大樂,薦之郊廟,垂八十年。洪惟先朝,備行盛禮,燔柴岱嶽,瘞玉汾脽,振前王久墜之風,舉歷代難行之典。蕆事之際,斯樂具陳,固以格明神④,昭景貺,先儒審議,曾靡間言。若一旦輕用新規,全黜舊制,臣竊以爲不可。望特詔罷之,止用舊樂。"時帝既許李照製器,業已爲之,且欲究其術之是非,故仲孫之章卒不下有司焉。先是,太常鐘磬每十六枚爲一虡,而四清聲相承不擊。乙丑,李照言:"十二律聲已備,餘四清聲乃鄭、衛之樂,請

---

① 鄧保信　"保"底本作"守",據長編卷一一六、宋會輯稿樂二之二、宋史卷一二六樂志改。
② 將較試之　"將"底本作"特",據長編卷一一六、東都事略卷五仁宗本紀改。
③ 以興鑄鐘鎛聲量之法　長編卷一一六、宋史卷一二六樂志無"鑄"一字。
④ 固以格明神　"固",長編卷一一六、太平治迹統類卷六均作"用"。

於編縣止留十二中聲,去四清聲①,則哀思邪僻之聲無由而起矣。"馮元等駁之曰:"前聖制樂,取法非一,故有十三管之和,十九管之巢,三十六簧之竽,二十五絃之瑟,十三絃之箏,九絃七絃之琴,十六枚之鐘磬,各自取義,寧有一之於律吕②,專爲十二之數也?且鐘磬八音之首,絲竹以下,受而爲均,故爲聖人尤所用心焉。春秋號樂,總言金奏,詩頌稱美,實依磬聲,此二器非可輕改。今照欲損爲十二,不得其法,稽諸古制③,臣等以爲不可。且聖人既以十二律各配一鐘,又設黄鐘至夾鐘四清聲,以附正聲之次。原其四清之意,蓋爲夷則至應鐘四宫而設也。夫五音,宫爲君,商爲臣,角爲民,徵爲事,羽爲物。不相陵謂之正,迭相陵謂之慢,百王所不易也。聲重大者爲尊,輕清者爲卑,卑者不可加於尊,古今之所同也。故列聲之尊卑者,事與物不與焉。何則?事爲君治,物爲君用,不能尊於君故也。惟君、臣、民三者,則自有上下之分,不得相越,故四清聲之設,正爲臣、民相避,以爲尊卑也。今若止用十二鐘,旋相考擊,至夷則以下四管爲宫之時,臣民相越,上下交戾,則陵犯之音作矣,此甚不可者也。其鐘磬十六,皆本周、漢諸儒之説,及唐家典禮所載,欲損爲十二,惟照獨見,臣以爲且如舊制便。"帝令權用十二枚爲一格,且詔曰:"俟有知音者,能考四鐘,協調清濁,有司别議以聞。"辛未,御崇政殿,召輔臣觀新樂。見郊祀。

七月癸巳,復召輔臣觀新樂於崇政殿,自是再觀焉。庚子,侍御史曹修睦言:"李照所改歷代樂頗爲迂誕,而其費甚廣,請付有司案劾之。"帝以照所作鐘磬頗與衆音相諧④,但罷其增造,仍詔諭修睦。知杭州鄭向言鎮東節度推官阮逸頗通音律,上其所撰樂論十二篇,並律管十三,詔令逸赴闕。先是,命翰林學士侍讀、兼龍圖閣學士馮元,度支判官、集賢校理聶冠卿,直史館、同知太常禮院宋祁同修樂書,上言縣設建鼓,初不考擊,又無三鼖,且舊用諸鼓率多陋敝。於是,敕馮元等詳考典故⑤。甲辰,元等言:"建鼓四,今皆具而不擊,别設四散鼓於縣間擊之,以代建鼓。乾德四年,秘書監尹拙

---

① 去四清聲　嘉慶本、宋史卷一二六樂志同,長編卷一一六、太平治迹統類卷六、文獻通考卷一三四"聲"均作"鐘"。
② 寧有一之於律吕　"之"底本作"定",據嘉慶本、長編卷一一六、宋會要輯稿樂一之一一、九朝編年備要卷一〇、宋史全文卷七下、文獻通考卷一三四、宋史卷一二六樂志改。
③ 不得其法稽諸古制　長編卷一一六、宋史卷一二六樂志同,嘉慶本、宋會要輯稿樂一之一一、文淵閣本長編卷一一六、文獻通考卷一三四均作"不得其法於古"。
④ 帝以照所作鐘磬頗與衆音相諧　底本脱"所"一字,據長編卷一一七補。
⑤ 詳考典故　"考",長編卷一一七、文獻通考卷一三六、宋史卷一二六樂志均作"求"。

言散鼓不詳所置之由,且於古無文,去之便。時雖奏可,而散鼓於今仍在。又靈鼓、雷鼓、路鼓,雖擊之,皆不成聲,故常賴散鼓以爲樂節,而雷鼗、靈鼗、路鼗闕而未制。今既修正雅樂,請申敕大匠改作諸鼓,使考擊有聲;及創爲三鼗,如古之制,使先播之,以通三鼓。罷四散鼓,如乾德詔書。"奏可。時有上言:"以爲雷鼓八面,前世用以迎神,不載考擊之法。而大樂所制,以柱貫中,故擊之無聲。更令改造,山趺上出雲以承鼓,刻龍以飾柱,面各一工擊鼓,一工左執鼗以先引。凡圜丘,降神六變,初八面皆三擊,推而左旋,三步則止。三者,取陽數也。又再擊以爲節,率以此法至六成。靈鼓、路鼓亦如之。建鼓植於四隅,皆有左鞞、右應。乾隅,左鞞應鐘,亥之位也;中鼓黃鐘,子之位也;右應大吕,丑之位也;艮隅,左鞞太簇,寅之位也;中鼓夾鐘,卯之位也;右應姑洗,辰之位也。巽隅,右應仲吕①,巳之位也。中鼓蕤賓,午之位也;左鞞林鐘,未之位也。坤隅,右應夷則,申之位也;中鼓南吕,酉之位也;左鞞無射,戌之位也。宜隨月建,依律吕之均擊之。"詔可。

范鎮東齋記事云:周禮靁鼓鼓神祀,靈鼓鼓社祭,路鼓鼓鬼享。鄭康成云:靁鼓,八面鼓也;靈鼓,六面鼓也;路鼓,四面鼓也。鼓之數不見於經,然神有尊卑,則其數有多寡隆殺,理或然也。必漢時尚然,所以康成云爾。幾面鼓②,猶言幾兩車,幾區宅,幾壠田也。唐開元中,蜀人有繪圖以獻者,一鼓而爲八面③、六面、四面,既不可考擊,乃於縣内別置散鼓。國朝仍之,郊社宗廟④,設而不作。景祐中,馮章靖公言雷鼓、靈鼓、路鼓並當考擊,而散鼓請準乾德四年詔廢不用。然不言鼓之制非是⑤,甚可怪也。

後元等復以殿庭備奏,四隅建鼓,既隨月協均,顧無以節樂,而周官鼓人"以晉鼓鼓金奏",應以施用。詔依周官舊法制焉。於是縣内始有晉鼓矣。古者,鎛鐘擊爲節檢,而無合曲之義。大射有二鎛,皆亂擊焉。後周以十二鎛相生擊之。景德中,李宗諤領太常,總考十二鎛鐘,而樂工相承,殿庭習用三調、六曲。三調者,黃鐘、太簇、蕤賓也;六曲者,調別有隆安、正安二曲,郊廟之縣,則環而擊之。宗諤言:"金部之中,鎛鐘爲難和,一聲不及,則宮商失序。使十二鎛工皆精習,則遲速有倫,隨月用律,諸曲無不通矣。"真宗因詔黃鐘、太簇二宮更增文舞、武舞、福酒三曲。至是,詔馮元等詢考

---

① 右應仲吕　"仲"底本作"中",據長編卷一一七、文獻通考卷一三六改。
② 幾面鼓　底本脱"鼓"一字,據東齋記事卷二補。
③ 一鼓而爲八面　底本脱"爲"一字,據東齋記事補。
④ 郊社宗廟　底本脱"社宗"二字,據東齋記事補。
⑤ 鼓之制非是　"非是"底本顛倒,據東齋記事乙正。

擊之法。元等奏言："後周嘗以相生之法擊之，音韻克諧。國朝亦用隨均合曲，然但施殿庭，未及郊廟。謂宜使十二鐘依辰列位，隨均爲節，便於合樂，仍得並施郊廟。若軒縣以下，則不用此制，所以重備樂尊王制也。"詔從之。

八月己巳，御崇政殿，召輔臣觀新樂。上出雙鳳管，下太常肄習之①。其制，合二管以足律聲，管端刻飾雙鳳，施兩簧焉。時又出兩儀琴及十二絃琴二種②，以備雅樂。兩儀琴者，施兩絃；十二絃琴如常琴之制而增其絃，以象律呂之數。又敕更造七絃琴、九絃琴，皆令圓其首者以祀天，方其首者以祀地。命李照同修樂書。丁丑，内出景祐樂髓新經六篇賜群臣：其一，釋十二均；二，明所主事；三，辨音聲；四，圖律呂相生，並祭天地、宗廟所用律及陰陽數配；五，十二管之長短；六，歷代度量衡。皆本之於陰陽，配之於四時，建之於日月，通之於鞞竺，演之於壬式遁甲之法。

九月辛巳朔，李照言："今太常所用柷，其四面皆畫時卉，未合古制。請易以青龍、朱雀、倮蟲、白虎、元龜，以配五方。"從之。照又與鄧保信新作銅方響五架，詔教坊準聲以授諸器。初，照既定雅樂而聲極下，故又製燕樂之器，欲寫其聲。已而，樂工以爲不可施用，罷之。隋制：内宫縣二十虡，以大磬代鎛鐘，而去建鼓。唐武后稱制，改用鎛，因而莫革。及是，詔訪馮元等曰："大磬應何法考擊，何禮應用？"癸未，元等具言："古者，特磬以代鎛鐘，本施内宫，遂及柔祀。隋、唐之代，繼有因改。先皇帝東禪梁甫，西瘞汾壞，並仍舊章，陳於縣奏。若其所用，吉禮則中宫之縣；祀禮則皇地祇、神州地祇、先蠶、今之奉慈廟，皆應陳設。宫縣則三十六虡，去四隅建鼓，如古便。若考擊之法，謂宜同於鎛鐘。比緣詔旨，不俾循環互擊，而立依均合曲之制，則特磬固應不出本均，與編磬相應，爲之樂節也。"詔可。

丁酉，祠部員外郎、集賢校理李照爲刑部員外郎，賜三品服。入内供奉官、句當御藥院鄧保信爲禮賓副使，以造新樂成也。自餘修製官屬、諸工凡七百餘人，悉遷補有差。初，照謂舊樂聲高，乃以太府尺爲法，實比古一尺二寸有奇。照獨任所見，更造新器，所定黃鐘律又聲極下，樂工歆其韻中無射倍聲，又鑱破舊鐘磬，欲一用新器。上時

---

① 下太常肄習之 "肄"底本作"隸"，長編卷一一七同，據嘉慶本、玉海卷七及卷一一〇改。
② 時又出兩儀琴及十二絃琴二種 "時"底本作"而"，據長編卷一一七、宋會要輯稿樂二之五、宋史卷一二六樂志改。

博求知音者,聽照所言。音官、樂工雖知其不可,而不敢非之。又因入內都知閤文應推言其功,故特改官。起五月造,止八月,成金石七縣。而照自造新樂笙、竽、瑟、笛、篳篥等十二種,皆不可施用。詔但存大笙、大竽二種而已。照謂:"今篳篥,乃豳詩所謂葦管也。詩云:'一之日觱發,二之日栗烈。'且今篳篥首,伶人謂之葦子,其名出此。"於是制大管篳篥爲雅樂,議者嗤之。壬寅,御崇政殿,案視新樂①,詔中書門下、樞密院大臣與觀焉。己酉②,翰林學士承旨章得象言:"宋祁所上大樂圖義,其論武舞所執九器,禮經但舉其凡而不著言其用後先③。故旅進輩作而無終始之別。且鼖者,所謂導舞也;鐸者,所謂通鼓也;錞者,所謂和鼓也;鐃者,所謂止鼓也;相者,所謂輔樂也;雅者,所謂陔步也。寧有導舞方始而參以止鼓,止鼓既摇而亂以通鐸④?臣謂當舞入之時,左執干,右執戚,離爲八列,別使工人執旌最前,鼖、鐸以發之,錞以和之,左執相以輔之,右執雅以節之。及舞之將成也,則鳴鐃以退行列,築雅以陔步武,鼖、鐸、錞、相皆罷而不作。如此庶協舞儀。請如祁所論。"奏可。

三年二月丙辰,詔翰林學士馮元、禮賓副使鄧保信與鎮江節度推官阮逸、湖州鄉貢進士胡瑗較定舊鐘。瑗,海陵人,以經術教授吳中。范仲淹前知蘇州,薦瑗知音,白衣召對崇政殿,與逸俱命。

三月丙申,詔:"比訪天下善候氣及曉鐘律之人,未有應書者,其令所在更博求之。"翰林侍講學士馮元等上秬黍新尺,別爲鐘、磬各一架。

六月丙辰,以新修樂書爲景祐廣樂記。丙寅,禮賓副使鄧保信上所製樂尺並籥,且言其法本漢志,可用合律度量衡。詔馮元、聶冠卿、宋祁同較定以聞。

七月戊子,翰林侍讀學士、兼龍圖閣學士、禮部侍郎馮元,度支判官、工部郎中、集賢校理、同修起居注聶冠卿,太常博士、直史館宋祁等,上景祐廣樂記八十一卷,元等皆遷官。己亥,命翰林學士丁度、知制誥胥偃、直史館高若訥、直集賢院韓琦同詳定秬尺鐘律。

---

① 案視新樂　底本脱"視"一字,據長編卷一一七補。
② 己酉　底本脱此二字,據長編卷一一七補。
③ 禮經但舉其凡而不著言其用後先　長編卷一一七"禮經"作"經禮",宋祁景文集卷二六論引武舞所執九器各有所用作"蓋舊史、禮經但舉其凡,不言其細,故輩出旅進,無有先後"。
④ 止鼓既摇　"止鼓"底本作"和錞",據長編卷一一七、景文集卷二六論引武舞所執九器各有所用改。

八月甲戌,右司諫、直集賢院韓琦言:"樂音之起,生於人心,是以喜怒哀樂之情感於物,則焦殺嘽緩之聲隨而應之,非器之然也。故孔子曰:'樂云樂云,鐘鼓云乎哉!'孟子之對齊宣王,亦云'今樂猶古樂'①,能與百姓同樂,則古今一也。唐太宗聽祖孝孫新樂,乃謂'禮樂之作,蓋聖人緣物設教,治之隆替亦不由此'。魏文公對以'樂在人和,不由音調'。皆述樂之至言也。臣奉詔與丁度等詳定阮逸、胡瑗、鄧保信所造鐘律,粗考前志,參驗今法,二家之説,差舛未安。蓋阮逸之主分方,保信之用長黍,質之典據,悉無所聞。伏自藝祖以來,通用王朴之樂,未嘗更易,以至天下無事垂八十載,爲樂之用,非不和也。頃燕肅妄加磨鑢,會李照至闕,謂其音未諧,陛下再加練覈,許之改作。洎逸、瑗繼至,盛言照樂穿鑿,再令造律,則又圍徑乖古②。保信續上新法,亦復長廣未合。竊以祖宗舊樂,遵用已久③。屬者徇一臣之偏議④,變數朝之同律,賜金增秩,優賞其勞,曾未周歲,又將易制。臣慮後人復有從而非之者,不惟有傷國體,實亦虛費邦用。歷觀前代議樂,古之管尺尚存,而猶是非紛紜,累年方就,未見若今之速而易也。臣竊計之,不若窮作樂之原,爲致治之本,使政令平簡,民物熙洽⑤,海内擊壤鼓腹以歌太平,斯乃治古之樂⑥,可得以器象求乎⑦? 既達其源,又當究今之所急者。且西北二陲,久弛邊備,犬戎之性,豈能常保? 此陛下與左右大臣宵旰所慮,宜先及之。緩茲求樂之議,移訪安邊之策,急其所急,在理爲長。請下有司,且記二家律法及所造管尺、鐘磬、權量,存而未行,再訪天下有精曉音律者,俾之詳正,而後施用。一二年間,訖無至者,則將王朴、逸、瑗、保信三法,別詔稽古之臣,取其中多合典志者,以備雅奏,固亦未晚。"詔丁度等速詳定以聞。

九月丁亥,詳定黍尺鐘律。丁度等言:"鄧保信所製尺,用上黨秬黍圓者一黍之長,累百而成。又律管一,據尺裁九十黍之長,空徑三分,圍九分,容秬黍千二百,遂用

---

① 亦云今樂猶古樂　底本脱"亦云"二字,據長編卷一一八補。
② 則又圍徑乖古　"圍徑"底本作"違經",據嘉慶本、長編卷一一九、宋朝諸臣奏議卷九六韓琦上仁宗論詳定雅樂、九朝編年備要卷一〇、宋史全文卷七下、宋大事記講義卷一二、群書考索續集卷二七改。
③ 遵用已久　"已",宋朝諸臣奏議卷九六作"斯"。
④ 屬者徇一臣之偏議　"屬"底本作"曩",據嘉慶本、長編卷一一九改。
⑤ 民物熙洽　"熙"底本作"燕",據嘉慶本、長編卷一一九、宋朝諸臣奏議卷九六改。
⑥ 斯乃治古之樂　"古"底本作"本",據嘉慶本、長編卷一一九、九朝編年備要卷一〇、宋史全文卷七下、太平治迹統類卷六、宋大事記講義卷一二、群書考索續集卷二七改。
⑦ 可得以器象求乎　"可"底本作"何",據嘉慶本、宋朝諸臣奏議卷九六改。

黍長爲分,再累成尺。校保信尺律不同,其龠、合、升、斗深闊,推以算法,類皆差舛,不合周、漢量法。阮逸、胡瑗所製,亦上黨秬黍中者,累廣求尺,制黃鐘之律。今用再累成尺,比逸、瑗所製,又復不同。至於律管,籥、合、升、斗、斛、豆、區、鬴,亦率類是。蓋黍有圓長大小,而保信所用者圓黍,又首尾相銜。逸等止用大者,故再考之即不同。尺既有差,故難以定鐘磬。謹詳古今之制,自晉至隋,累黍之法,但求尺裁管,不以權量參校,故歷代黃鐘之管,容黍之數不同。惟後周掘地得古玉斗,據斗造律,兼制權量,亦不合周、漢制度①。故漢志有備數、和聲、審度、嘉量、權衡之説,悉起於黃鐘。今欲器數之制參伍無失,則班志積分之法爲近。逸等以大黍累尺,小黍實龠,自戾本法。保信黍尺以長爲分,雖合後魏公孫崇所説,然當時已不施用。況保信今尺以圓黍累之,及首尾相銜,又與實龠之黍再累成尺不同。其器量分寸既不合古,即權衡之法不可獨用。"詔悉罷之。又詔度等詳定太府寺并保信、逸、瑗所制四尺。度等言:"尺度之興,尚矣。周官璧羨以起度,廣徑八寸,袤一寸。禮記布手爲尺。淮南子十二粟爲寸。孫子十氂爲分,十分爲寸。雖存異説,莫可適從。漢志:元始中,召天下通知鐘律者百餘人,使劉歆典領之。是時,周滅二百餘年,古之律度當有存者,以歆之博貫藝文,曉達曆算,有所製作,宜不凡近。其審度之法云:'一黍之廣爲分,十分爲寸,十寸爲尺。'先儒訓解經傳②,多引以爲義,歷世祖襲,著之定令。然而歲有豐儉,地有磽肥,就令一歲之中,一境之内,取黍校驗,亦復不齊。是蓋天之生物,理難均一,古之立法,存其大概耳。故前代制尺,非特累黍,必求古雅之器以參校焉③。晉泰始十年,荀公曾等校定尺度,以調鐘律,是爲晉之前尺。公曾等以古物七品勘之:一曰姑洗玉律;二曰小吕玉律;三曰西京銅望臬;四曰金錯望臬;五曰銅斛;六曰古錢;七曰建武銅尺。當時以公曾尺揆校古器,與本銘尺寸無差,前史稱其用意精密。隋志所載諸代尺度十有五等,然以晉之前尺爲本,以其與姬周之尺、劉歆銅斛尺、建武銅尺相合。竊惟周、漢二代,享年永久,聖賢製作,可取則焉。而隋氏鑄毀金石,典正之物罕復存者。夫古物之有分寸,明著史籍,可以酬驗者,惟有法錢而已。周之圜法,歷載曠遠,莫得而詳。秦之

---

① 亦不合周漢制度 "合",長編卷一一九、文獻通考卷一三一作"同"。
② 經傳 嘉慶本同,長編卷一一九、宋史卷七一律曆志均作"經籍"。
③ 必求古雅之器以參校焉 "參"底本作"黍",據宋會要輯稿樂二之一七改。"參",嘉慶本作"雜"。

半兩,實重八銖。漢初四銖,其文亦曰'半兩'。孝武之世,始行五銖。下洎隋朝,多以五銖爲號。既歷年代,尺度屢改,故大小輕重,鮮有同者。惟劉歆制銅斛之世,所鑄錯刀并大泉五十,王莽天鳳元年改鑄貨布、貨泉之類,不聞後世復有鑄者。臣等檢詳漢志①、通典、唐六典云:大泉五十,重十二銖,徑一寸二分。錯刀鐶如大泉,身形如刀,長二寸。貨布重二十五銖,長二寸五分,廣一寸,首長八分有奇,廣八分,足枝長八分,間廣二分,圜好徑二分半。貨泉重五銖,徑一寸。今以大泉、錯刀、貨布、貨泉四物相參校,分寸正同。或有小大輕重與本志微差者,蓋當時盜鑄既多,不必皆中法度。但當校其首足②、肉好,長廣分寸皆合正史者用之,則銅斛之尺,從而可知矣。況經籍制度皆起周世,加劉歆術業之博③,祖沖之算數之妙,荀公曾之詳密,既合周尺,則最爲可法。兼詳隋牛里仁等議,稱後周太祖敕蘇綽造鐵尺,與銅尺同,以調鐘律,以均田度地④。唐祖孝孫云隋平陳後,廢周玉尺,用此鐵尺律,然比晉前尺長六分四釐。今司天監景表尺,和峴所謂西京銅望臬者,蓋以其洛都舊物也。公曾所用西京銅望臬者,蓋西漢之物;和峴謂洛陽西京乃唐東都爾⑤。今以貨布、錯刀、貨泉、大泉等校之,則景表尺長六分有奇,略合宋、周、隋之尺。由此論之,銅斛與貨布等尺寸,昭然可驗。有唐享國三百年,其制作法度,雖未逮周、漢,然亦可謂治安之世矣。今朝廷必求尺度之中,當依漢錢分寸。若以爲太祖膺圖受禪,創制垂法,嘗詔和峴等用景表尺典修金石,七十年間,薦之郊廟,稽合唐制,以示詒謀,止可且依景表舊尺,俟有妙達鐘律之學者,俾考正之,以從周、漢之制。王朴律準尺,比漢錢尺寸長二分有奇,比景表尺短四分,既前代未嘗施用,復經太祖朝更易;其逸、瑗、保信及照所用太府寺尺,其制彌長,去古彌遠。又逸進周禮度量法議,欲先鑄嘉量,然後取尺度、權衡,其説疏舛,不可依用。謹考舊文,再造景表尺一、校漢錢尺二,并大泉、錯刀、貨布、貨泉總十七枚上進。"詔度等以錢尺、景表尺各造律管,比驗逸、瑗並太常新舊鐘磬,考定音之高下以聞。度等言:"前承詔考太府等四尺,定可用者,止按典故及以漢志古錢分寸參校,景表尺略合

---

① 漢志 "志"底本作"書",據長編卷一一九、宋史卷七一律曆志改。
② 首足 "首"底本作"手",據長編卷一一九、宋史卷七一律曆志改。
③ 加劉歆術業之博 "加",嘉慶本、長編卷一一九作"如",宋史卷七一律曆志作"以"。
④ 以均田度地 "地"底本作"也",據嘉慶本、長編卷一一九、太平治迹統類卷六、宋史卷七一律曆志改。
⑤ 乃唐東都爾 底本脱"東"一字,據宋會要輯稿樂二之一八、玉海卷八律曆、宋史卷七一律曆志注文補。按:上引三書均將此句作小字注文,故疑本書此句係誤將注文竄入正文。

宋、周、隋之尺,謂宜準景表尺施用。今被旨造律管,驗音高下,非素所習,乞別詔曉音者,總領校定。"詔乃罷之。壬辰,以鎮江節度推官阮逸爲鎮安節度掌書記、知城父縣,鄉貢進士胡瑗試校書郎。初召逸、瑗作鐘磬律度,案之,雖與古多不合,猶推恩而遣之。

寶元元年七月丙辰,右司諫韓琦言:"前奉詔詳定鐘律,嘗覽景祐廣樂記,覯李照所造樂①,不合古法,皆率己意②,別爲律度,朝廷因而施用,識者久以爲非。今將親祀南郊,不可重以違古之樂上薦天地、宗廟。竊聞太常舊樂見有存者,郊祀大禮,請復用之。"詔資政殿大學士宋綬、御史中丞晏殊同兩制詳定以聞。綬等言:"李照新樂,比舊樂下三律。衆論以爲無所考據。願如琦請,郊廟復用和峴所定舊樂。舊樂鐘磬不經照鑴磨者,猶存三縣奇七虡,郊廟殿廷,可以更用。"乃詔太常舊樂悉仍舊制,李照所造勿復施用。

琦以五月上言,綬等以七月定議,今從本志聯書之。

康定元年三月癸酉,太子中允阮逸上鐘律制議并圖三卷,詔送秘閣。

皇祐再定

皇祐二年十一月乙酉,召太子中舍致仕胡瑗赴大樂所,同定鐘磬制度。先是,祭明堂,上親閱大樂,而言者以爲鎛鐘、特磬,大小與古制度未合。詔令改作,而太常言瑗素曉音律,故召之。

瑗本傳云:並召阮逸。阮逸此時實教授睦親宅,當考。會要:九月五日,詔鑄鐘、特磬未協音律,令鄧保信、阮逸、盧昭序同太常寺檢詳典禮,別行鑄造。實錄無此。

三年二月己丑,詔徐、宿、泗、耀、江、鄭、淮陽七州軍採磬石,仍令諸路轉運司訪民間有藏古尺律者上之。

十二月甲辰③,益州鄉貢進士房庶爲試校書郎。庶,成都人,宋祁嘗上庶所著樂書補亡二卷④,田況自蜀還,亦言其知音。既召赴闕,庶自言:"嘗得古本漢志,云'度起

---

① 覯李照所造樂 "覯"底本作"視",據長編卷一二二改。
② 皆率己意 太平治迹統類卷六景祐君臣議樂"率"下有"用"字。
③ 甲辰 底本脫此二字,據長編卷一七一補。
④ 宋祁嘗上庶所著樂書補亡二卷 底本脫"庶"字,長編卷一七一同,據九朝編年備要卷一四補。"二卷",文獻通考卷一三一樂考四、宋史卷七一律曆志、蜀中廣記卷九一均作"三卷"。

於黃鐘之長，以子穀秬黍中者一黍之起，積一千二百黍之廣，度之九十分，黃鐘之長，一爲一分'。今文脱'之起積一千二百黍'八字，故自前世以來，累黍爲尺以制律，是律生於尺，尺非起於黃鐘也。且漢志'一爲一分'者，蓋九十分之一，後儒誤以一黍爲一分，其法非是。當以秬黍中者一千二百實管中，黍盡，得九十分，爲黃鐘之長，九寸加一以爲尺，則律定矣。"祠部員外部、直秘閣、判吏部南曹范鎮是之，乃言曰①："李照以縱黍累尺，管空徑三分，容黍千七百三十。胡瑗以横黍累尺，管容黍一千二百②，而空徑三分四氂六毫，是皆以尺生律，不合古法。今庶所言，實一千二百黍於管，以爲黃鐘之長，就取三分以爲空徑，則無容受不合之差，校前二説爲是③。蓋累黍爲尺，始失之於隋書，當時議者以其容受不合，棄而不用。及隋平陳④，得古樂器，高祖聞而歎曰：'華夏舊聲也！'遂傳用之。唐祖孝孫、張文收號稱知音，亦不能更造尺律，止沿隋之古樂，制定聲器。朝廷久以鐘律未正，屢下詔書，博訪群議，冀有所獲。今庶所言，以律生尺，誠衆論所不及。請如其法，試造尺律，更以古器參考，當得其真。"乃詔王洙與范鎮同於修制所，如庶説造律、尺、龠：律徑三分，圍九分，長九十分；龠徑九分，深一寸；尺起黃鐘之長加十分，而律容一千二百黍。初，庶言太常樂高古樂五律，比律成，才下三律，以爲今所用黍非古所謂一秬二米黍也。尺比横黍所累者長一寸四分。庶又言："古者有五音，而今無正徵音。國家以火德王，徵屬火，不宜闕。今以旋相五行相生法，得徵音。"又言："尚書'同律、度、量、衡'，所以齊一風俗。今太常、教坊、鈞容及天下州縣，各自爲律，非書同律之義。且昔帝王巡狩方嶽，以考禮樂同異，以行誅賞。謂宜頒格律，自京師及州縣，無容輒異，有擅高下者論之。"帝召輔臣觀庶所進律、尺、龠，又令庶自陳其法，因問律吕旋相爲宫事，令撰圖以進。其説以五正⑤、二變配五音，迭相爲主⑥，衍之成八十四調。舊以宫、徵、羽、角、商五音，次第配七聲，然後加變宫、變

---

① 乃言曰　長編卷一七一"乃"下有"爲"一字。
② 管容黍一千二百　底本"管"下衍"尺"一字，據長編卷一七一、文獻通考卷一三一樂考四、宋史卷七一律曆志删。
③ 校前二説爲是　"二"底本作"三"，據長編卷一七一、文獻通考卷一三一樂考四、宋史卷七一律曆志改。
④ 及隋平陳　"及"底本作"故"，據長編卷一七一改。
⑤ 其説以五正　"五"底本作"三"，據嘉慶本、長編卷一七一、九朝編年備要卷一四、太平治迹統類卷七、宋史卷七一律曆志改。
⑥ 迭相爲主　"主"底本作"三"，據嘉慶本、長編卷一七一、九朝編年備要卷一四、太平治迹統類卷七、宋史卷七一律曆志改。

徵二聲以足之。庶推以旋相之法①，謂五行相戾，非是②，當改變徵爲變羽，易變爲閏，隨音加之，則十二月各以其律爲宮，而五行相生，終始無窮。詔以其圖送詳定所。庶又論吹律以聽軍聲者，謂以五行逆順，可以知吉凶，先儒之說略矣。是時胡瑗等制樂已有定議，特推恩而遣之。鎮爲論於執政曰："今律之與尺，所以不得其眞，由累黍爲之也。累黍爲之者，史之脫文也。古人豈以難曉不合之法，書之於史，以爲後世惑乎？殆不然也。易曉而必合也，房庶之法是矣。今庶自言其法，依古以律而起尺，其長與空徑、與容受、與一千二百黍之數，無不合之差。誠如庶言，此至眞之法也。且黃鐘之實一千二百黍，積實分八百一十，於算法圓積之，則空徑三分，圍九分，長九十分，積實八百一十分，此古律也。律體本圓，圓積之是也。今律方積之，則空徑三分四釐六毫，比古已大矣。故圍十分三釐八毫，而其長止七十六分二釐，積實亦八百一十分。律體本不方，方積之，非也。其空徑三分，圍九分，長九十分，積實八百一十分，非外來者也，皆起於律也。以一黍而起於尺，與一千二百黍之起於律，皆取於黍。今議者獨於律則謂之索虛而求分，亦非也。其空徑三分，圍九分，長九十分之起於律，與空徑三分四釐六毫，圍十分三釐八毫，長七十六分二釐之起於尺，古今之法，疏密之課，其不同較然可見，何所疑哉？若以謂工作既久而復改爲，則淹久歲月，計費益廣，又非朝廷制作之意也。其淹久而費廣者，爲之不敏也。今庶言太常樂無姑洗、夾鐘、太簇等數律，就令其律與其說相應，鐘磬每編才易數枚，因舊而圖新，敏而爲之，則旬月之功也，又何淹久而廣費哉？"執政不聽。

  房庶上律呂旋相圖在四年二月庚寅，今從律曆志並書之③，樂志載庶論今樂猶古樂，附五年九月。

  四年正月庚申，乾寧軍獻古鐘，詔送詳定大樂所。

  實錄明年二月末又書"乾寧進古鐘"，本志亦在明年二月。此年所進，志獨不書，恐實錄重出也。今止存其一，明年不復書。

  六月乙酉，祠部員外郎、直秘閣、判吏部南曹范鎮上書曰："陛下制樂以事天地、宗廟，以揚祖宗之休，茲盛德之事也。然自下詔以來，及今三年，有司之論，紛然未決，蓋

---

① 庶推以旋相之法　嘉慶本、太平治迹統類卷七"相"下有"生"一字。
② 非是　底本脫"非"一字，據長編卷一七一、九朝編年備要卷一四、太平治迹統類卷七、文獻通考卷一三一樂考四、宋史卷七一律曆志補。
③ 今從律曆志並書之　"書"底本作"考"，據長編卷一七一改。

由不議其本而爭其末也。竊惟樂者，和氣也。發和氣者，聲音也。聲音之生，生於無形，故古人以有形之物傳其法，俾後人參考之，然後無形之聲音得，而和氣可道也①。有形者，秬黍也，律也，尺也，龠也，鬴也，斛也，算數也，權衡也，鐘也，磬也。是十者必相合而不相戾，然後爲得，今皆相戾而不合，則爲非是矣。有形之物非是，而欲求無形之聲音和，安可得乎？謹條十者非是之驗，惟裁擇焉。按詩：'誕降嘉種，維秬維秠。'誕降者，天降之也。許叔重云：'秬，一稃二米，又云一秠二米②。'後漢任城縣產秬黍三斛八斗，實皆二米，史官載之，以爲嘉瑞。又古人以秬黍爲酒者，謂之秬鬯。宗廟降神，惟用一尊；諸侯有功，惟賜一卣，以明天降之物，世不常有而可貴也。今秬黍取之民間者，動至數斛，秠皆一米，河東之人謂之黑穄③。設有真黍，以爲取數至多，不敢送官，此秬黍爲非是，一也。又按先儒皆言律空徑三分，圍九分，長九十分，容千二百黍，積實八百一十分。今律空徑三分四釐六毫，圍十分三釐八毫，是圍九分外大其一分三釐八毫，而後容千二百黍，除其圍廣，則其長正七十六分二釐矣④。說者謂四釐六毫爲方分，古者以竹爲律，竹形本圓，而今以方分置算，此律之爲非是，二也。又按漢書，分、寸、尺、丈、引本起黃鐘之長，又云九十分黃鐘之長者，據千二百黍而言也。千二百黍施於量則曰黃鐘之龠，施於權衡則曰黃鐘之重，施於尺則曰黃鐘之長。今遺一千二百之數，而以百黍爲尺，又不起於黃鐘，此尺之爲非是，三也。又按漢書言龠，其狀似爵，爵爲爵琖，其體正圓。故龠當圓徑九分，深十分，容千二百黍，積實八百一十分，與律分正同。今龠乃方一寸，深八分一釐，容千二百黍，是亦以方分置算也，此龠之非是，四也。又按周禮鬴法，方尺，圓其外，深尺，容六斗四升。方尺者，八寸之尺也。深尺者，十寸之尺也。何以知尺有八寸、十寸之別？案周禮：'璧羨度尺，好三寸以爲度⑤。'璧羨之制，長十寸，廣八寸，同謂之度尺。既以爲尺，則八寸、十寸俱爲尺矣。又

---

① 而和氣可道也 "道"底本作"通"，據長編卷一七二、九朝編年備要卷一四、太平治迹統類卷七、文獻通考卷一三一樂考四改。
② 一秠二米 "秠"底本作"秬"，"二"底本作"一"，均據宋會要輯稿樂二之二五、宋朝諸臣奏議卷九六范鎮上仁宗乞復用舊樂注文改。
③ 河東之人謂之黑穄 "穄"底本作"麻"。據長編卷一七二改。按：太平治迹統類卷七"穄"作"黍"，文獻通考卷一三一樂考四"穄"作"禾"，宋史卷七一律曆志"穄"作"米"。
④ 則其長正七十六分二釐矣 "正"，長編卷一七二同，太平治迹統類卷七、文獻通考卷一三一樂考四、宋史卷七一律曆志均作"止"。
⑤ 好三寸以爲度 "度"底本作"尺"，文獻通考卷一三一樂考四、宋史卷七一律曆志同，據長編卷一七二、周禮注疏卷四一改。

王制云'古者以周尺八尺爲步',今以周尺六尺四寸爲步。八尺者,八寸之尺也;六尺四寸者,十寸之尺也。同謂之周尺者,是周用八寸、十寸尺明矣。故知以八寸尺爲鬴之方,十寸尺爲鬴之深,而容六斗四升、千二百八十龠也。積實爲一百三萬六千八百分。今鬴方尺,積千寸,此鬴之非是,五也。又按漢書斛法,方尺,圓其外,容十斗,旁有庣焉。當隋時,漢斛尚在,故隋書載其銘曰:'律嘉量斛,方尺,圓其外,庣旁九釐五毫,羃百六十二寸,深尺,容一斛。'今斛方尺,深一尺六寸二分,此斛之非是,六也。又案算法,圓分謂之徑圍,方分謂之方斜。所謂'徑三、圍九、方五、斜七'是也。今圓分而以方法算之,此算數之非是,七也。又案權衡者,起一千二百黍而立法也。周之鬴,其重一鈞,聲中黃鐘。漢之斛,其重二鈞,聲中黃鐘。鬴、斛之制,有容受,有尺寸,又取其輕重者,欲見其薄厚之法,以考其聲也。今黍之輕重未眞,此權衡之非是,八也。又案:'鳧氏爲鐘:大鐘十分,其鼓間之,以其一爲之厚;小鐘十分,其鉦間之,以其一爲之厚。'今無小大薄厚,而一以黃鐘爲率,此鐘之非是,九也。又案:'磬氏爲磬,倨句一矩有半,其博爲一,股爲二,鼓爲三。'蓋各以其律之長短爲法也。今亦以黃鐘爲率,而無長短厚薄之別,此磬之非是,十也。前此者,皆有形之物也,易見者也。使其一不合,則未可以爲法,况十者之皆相戾乎!臣固知其無形之聲音不可得而和也。請以臣章下有司,問黍之二米與一米孰是?律之空徑三分與三分四釐六毫孰是?律之起尺與尺之起律孰是?龠之圓制與方制孰是?鬴之方尺圓其外、深尺與方尺孰是?斛之方尺圓其外、庣旁九釐五毫,與方尺深尺六寸二分孰是①?算數之以圓分與方分孰是?權衡之量以二米秬黍與一米孰是?鐘磬依古法,有大小、輕重、長短、厚薄而中律,與不依古法而中律,孰是?是不是定②,然後制龠、合、升、斗、鬴、斛,以校其容受,容受合,然後下詔以求眞黍,眞黍至,然後可以爲量,爲鐘磬,量與鐘磬合於律,然後可以爲樂也。今尺律本末未定,而詳定、修制二局工作之費,無慮千萬計矣,此議者所以云云也。然議者不言有司論議依違不決,而顧謂作樂爲過舉,又言當今宜先政令,而禮樂非所急,此臣之所尤惑也。儻使有司合禮樂之論,是其所是,非其所非,陛下親臨決

---

① 與方尺深尺六寸二分孰是　底本脫"深尺"二字,宋史卷七一律曆志同,據長編卷一七二、文獻通考卷一三一樂考四補。
② 是不是定　第一個"是"底本作"孰",長編卷一七二同,據文獻通考卷一三一樂考四、宋史卷七一律曆志、歷代名臣奏議卷二八〇改。

之,顧於政事不已大乎!昔漢儒議鹽鐵,後世傳鹽鐵論。今方定雅樂以求廢墜之法,而有司議論不著,盛德之事後世將何考焉?願令有司,人人各以經史議論條上,合爲一書,則孰敢不自竭盡,以副陛下之意?如以臣議爲然,伏請權罷詳定、修制二局,俟真黍至,然後爲樂,則必得至當,而無事於浮費也。"詔送詳定所。鎮說自謂得古法,然集賢校理司馬光數與之論難,以爲弗合。世鮮鐘律之學,卒莫能辨其是非焉。

十月甲戌,殿中丞胡瑗落致仕,爲光禄寺丞、國子監直講,同議大樂。

十二月壬辰,兩府及侍臣觀新樂於紫宸殿。凡鑄鐘十二:黃鐘高二尺二寸半,廣一尺二寸,鼓六、鉦四、舞六、甬、衡並旋蟲共高八寸四分,遂徑二寸二分①,深一寸二釐,篆帶每面縱者四②、橫者四,枚景挾鼓與舞③,每處各有九,每面共三十六,兩欒間一尺四寸,容九斗九升五合,重一百六斤。大呂以下十一鐘並與黃鐘同制,而兩欒間遞減半分,至應鐘容九斗三升五合;而其重加,至應鐘重一百四十八斤,並中新制本律④。特磬十二:黃鐘、大呂股長二尺,博一尺,鼓三尺,博六寸九分寸之六⑤,絃三尺七寸五分;太簇以下股長尺八寸,博九寸,鼓二尺七寸,博六寸,絃三尺三寸七分半,其聲各中本律。黃鐘厚二寸一分,大呂以下遞加其厚,至應鐘厚三寸五分。詔以其圖送中書。議者以爲周禮"大鐘十分,其鼓間,以其一爲之厚;小鐘十分,其鉦間,以其一爲之厚"。則是大鐘宜厚,小鐘宜薄。今大鐘重一百六斤,小鐘乃重一百四十八斤,則小鐘厚,非也。又"磬氏爲磬,倨句一矩有半,博爲一,股爲二,鼓爲三。三分其股博,去其一以爲鼓博,三分其鼓博,以其一爲之厚"。今磬無博厚,無長短,亦非也。

鐘磬非是,蓋與范鎮所上書略同,本志誤載爲二年十二月事,今從實錄。案:李兊明年五月奏稱,議者以鐘磬之制未中律度,遂斥而不用,復詔近侍詳定。而實錄闕之,今附此⑥。

五年四月甲午,命參知政事劉沆、梁適監議大樂。乙未,詳定大樂所言,知制誥王洙奏:"黃鐘爲宫最尊者,但聲有尊卑爾,不必在其形體也。言鐘磬依律數爲大小之制

---

① 遂徑　長編卷一七三、宋史卷七一律曆志同,嘉慶本作"隧徑"。
② 縱者四　底本脱"四"一字,據長編卷一七三、宋史卷一二七樂志補。
③ 枚景挾鼓與舞　嘉慶本、太平治迹統類卷七、宋史卷一二七樂志同,"挾",嘉慶本、宋會要輯稿樂五之二、玉海卷一○九均作"俠"。
④ 新制本律　嘉慶本、太平治迹統類卷七同,長編卷一七三、宋史卷一二七樂志均作"新律本律"。
⑤ 博六寸九分寸之六　疑衍"寸之六"三字,但嘉慶本、長編卷一七三、太平治迹統類卷七、宋史卷一二七樂志同。
⑥ 今附此　底本"今"上衍"乃"一字,據長編卷一七三删。

者,經典無正文,惟鄭康成立意言之,亦自云假設之法。孔穎達作疏,因而述之。據歷代史籍,亦無鐘磬依數大小之説。其康成、穎達等即非身曾製作樂器。至如言'磬前長三律,二尺七寸;後長二律,一尺八寸,是磬有大小之制者,據此黄鐘爲律'。臣曾依此法造黄鐘、特磬者,止得林鐘律聲。若隨律長短爲鐘磬大小之制,則黄鐘長二尺二寸半,减至應鐘,則形制大小比黄鐘才四分之一。又九月、十月以無射、應鐘爲宫,即黄鐘、大吕反爲商聲,宫小而商大,是君弱臣彊之象。今參酌其鑄鐘、特磬制度,欲且各依律數,算定長短、大小、容受之數,仍以皇祐中黍尺爲法,鑄大吕、應鐘鐘磬各一,即見形制、聲韻所歸。"奏可。

五月戊午,翰林學士承旨王拱辰言:"奉詔詳定大樂,比臣至局,鐘磬已成。竊緣律有長短,磬有大小。黄鐘九寸最長,其氣陽,其象土。其正聲爲宫①,爲諸律之首。蓋君德之象,不可並也。今十二鐘磬一以黄鐘爲率,與古爲異。臣嘗詢阮逸、胡瑗等,皆言依律大小則聲不能諧,故臣竊有疑,請下詳定大樂所,更稽古義參定之。"辛酉,知諫院李兑言:"曩者紫宸殿閲太常新樂,議者以鐘之形制未中律度,遂斥而不用,復詔近侍詳定。竊聞崇文院聚議,而王拱辰欲更前史文義②,王洙不從,語言往復,殆至諠譁。夫樂之道廣大微妙,非知音入神,豈可輕議。西漢去聖尚近,有制氏世典大樂,但能紀其鏗鏘③,而不能言其義。況今又千餘年,而欲求三代之音,不亦難乎?且阮逸罪廢之人,安能通明述作之事,務爲異説,欲規恩賞。朝廷制樂數年,當國用匱乏之時,煩費甚廣。器既成矣,又欲改爲。雖命兩府大臣監議,然未能裁定其當。請以新成鐘磬與祖宗舊樂參校其聲,但取諧和近雅者合用之。"洙既與瑗、逸更造鐘磬,而無形制、容受之别,又數勸上用新樂於南郊,而議者多以爲非,後亦不復用。

九月乙酉,御崇政殿④,召近臣、宗室、諫官、省府推判官觀新樂⑤。先是,鐘磬之

---

① 其正聲爲宫 "聲"底本作"磬",據長編卷一七四、太平治迹統類卷七、文獻通考卷一三四樂考七、宋史卷一二七樂志改。
② 欲更前史文義 嘉慶本、長編卷一七四、太平治迹統類卷七同,文獻通考卷一三四樂考七、宋史卷一二七樂志"文"均作"之"。
③ 但能紀其鏗鏘 長編卷一七四同;"紀",嘉慶本作"記"。
④ 御崇政殿 底本脱"御"一字,嘉慶本、長編卷一七五同,據宋史全文卷九上、玉海卷一〇五皇祐紫宸殿奏新樂新樂圖記補。
⑤ 召近臣宗室諫官省府推判官觀新樂 底本脱"判"一字,據嘉慶本、長編卷一七五、玉海卷一一〇皇祐新制晋鼓補。群書考索卷五〇樂門樂器類作"召輔臣、宗室、諫官、御史、省府推官臨視之"。

音未合古法①，詔中書門下，集兩制及太常禮官與知鐘律者考定其當。議者各安所習，久而不決，乃命諸家各作鐘律以獻，親臨視之。然古者黃鐘爲萬事根本，故尺量權衡皆起於黃鐘。至隋用累黍爲尺，而制律容受卒不能合。及平陳，得古樂，遂用之。唐興，因其聲以制樂，其器無法，而其聲猶不失於古。五代之亂，大樂淪散，王朴始用尺定律，而聲與器皆失之，故太祖患其聲高，特減一律。至是又減半。然太常樂比唐聲猶高五律，比今燕樂高三律。上雖勤勞製作，未能得其當者，有司失之於以尺生律也。

自"先是，鐘磬之音"至"尺生律也"，並范鎮所論，本志削去，今姑存之。然鎮所論，亦略見於四年六月所上書矣。當考。

史官蒲宗孟、李清臣曰：世謂太常爲雅樂，而未嘗施於燕享，豈以正聲爲不美聽哉？夫樂者，樂也，其道雖微妙難知，至於奏之，而使人悅豫和平，此不待知音而後能也。嘗竊觀於太常，其樂縣鐘、磬、塤、篪、搏拊之器，與夫舞綴、羽、籥、干戚之制，蓋皆倣諸古矣。逮振作之，則聽者不知爲樂，而觀者厭焉。豈所謂古樂，其聲直若此哉②？孔子惡鄭，恐其亂雅。亂之云者③，似是而非也。孟子亦曰"今樂猶古樂"，然今太常獨與教坊樂音殊絕，何哉？昔者李照、胡瑗、阮逸改鑄鐘磬，處士徐復笑之曰："聖人寓器以聲，不先求其聲而更其器，其可用乎？"照、瑗、逸製作久之，卒無成。蜀人房庶亦深訂其非是，因著書論古樂與今樂本末不遠，其大略以謂："上古世質，器與聲樸，後世稍變焉，金石，鐘磬也，後世易之爲方響；絲竹，琴簫也，後世變之爲筝、笛；匏，笙也，攢之以斗；塤，土也，變而爲甌；革，麻料也，擊而爲鼓；木，柷敔也，貫之爲板。此八音者，於世甚便，而不達者指廟樂鎛鐘、鎛磬、宮軒爲正聲，而概謂胡部、鹵部爲淫聲。殊不知大輅起於椎輪，龍艘生於落葉，其變則然也。古者以俎豆食，後世易之以桮盂；古者簟席以爲安，後世更之以榻桉。雖使聖人復生，不能捨桮盂、榻桉，而復俎豆、簟席之質也。然則八音之器，豈異於此哉！孔子曰'放鄭聲，鄭聲淫'者，豈以其器不若古哉④？亦疾其聲之變耳。試使知樂者由今之器，寄古之聲，去其惉懘靡曼而歸之中和雅正，則感人心，導和氣，不曰治世之音乎？然則世所謂雅樂者，未必如古，而教坊所奏，豈盡爲淫聲哉？"數子紛紛改制鐘律，而復、庶之論指意獨如此⑤，故綴其語存之，以俟知音者焉。

---

① 鐘磬之音未合古法　"磬"底本作"律"，長編卷一七五同，據嘉慶本、宋史全文卷九上、太平治迹統類卷七、群書考索卷五〇樂門樂器類、玉海卷一〇五皇祐紫宸殿奏新樂新樂圖記、玉海卷一一〇皇祐新制晉鼓改。
② 直　長編卷一七五注文原作"直"，被校改爲"真"。
③ 亂之云者　"亂"底本作"樂"，據長編卷一七五注文改。
④ 豈以其器不若古哉　"若古"底本作"古若"，據長編卷一七五注文、太平治迹統類卷七、九朝編年備要卷一四、文獻通考卷一四六樂考十九、宋史卷一四二樂志乙正。
⑤ 而復庶之論指意獨如此　"論"底本作"諭"，據長編卷一七五、太平治迹統類卷七、宋史卷一四二樂志、文獻通考卷一四六樂考十九改。文獻通考卷一四六樂考十九作"而房庶之論指意獨如此"，宋史卷一四二樂志作"後庶之論指意獨如此"。按："復"是上文之處士"徐復"。

庚寅,光禄寺丞、國子監直講胡瑗爲大理寺丞,復勒停人阮逸爲户部員外郎,内侍押班、左騏驥使、英州團練使鄧保信爲榮州防禦使,入内供奉官賈宣吉爲内殿承制①,並以制鐘律成,特遷之。

嘉祐元年八月。初,李照斥王朴樂音高,乃作新樂下其聲。太常歌工病其太濁,歌不成聲,私賂鑄工,使減銅齊,而聲稍清,歌乃協,然照卒莫之辨。又朴所制編鐘皆側垂,照及胡瑗皆非之。及照將鑄鐘,給銅於鑄鎬務,得古編鐘一,工不敢毁,乃藏於太常。鐘不知何代所作,其銘云:"粤朕皇祖,實鑄龢鐘,粤斯萬年,子子孫孫,永寶用叩②。"其聲與朴鐘夷則清聲合,而其形側垂。瑗後改鑄,正其鈕使下垂,叩之弇鬱而不揚。其鑄鐘又長甬而振掉,聲不和。著作佐郎劉羲叟謂人曰:"此與周景王無射鐘無異,上將有眩惑之疾。"已而果然。於是范鎮言:"臣伏見國家自廢祖宗舊樂用新樂以來,及今四五年,日食、星變、冬雷、秋雹、大雨不時、寒暑不節,不和之氣莫甚此者。使樂無所感動則已,樂而有所感動,則眾異之至,未必不由是也。去年十二月晦,大雨雪,大風,宮架輒壞。元日,大朝會,樂作而陛下疾作。臣恐天意以爲陛下不應變祖宗舊樂而輕用新樂也。不然,何以方作樂之時,而陛下疾作?此天意警陛下之深也③。自初議樂時,臣屢論新樂非是,其間書一通最爲詳悉④,今再具進呈,乞下執政大臣參詳。臣書如有可采,伏乞且用祖宗舊樂,以俟異時別加製作。"丁丑,詔太常恭謝用舊樂。

① 賈宣吉　底本脱"吉"一字,據長編卷一七五、宋史卷一二七樂志補。
② 永寶用叩　"寶"底本作"保",據長編卷一八三、宋史卷一二七樂志改。按:太平治迹統類卷七作"永寶永叩"。
③ 此天意警陛下之深也　"意"底本作"時",據長編卷一八三、宋朝諸臣奏議卷九六范鎮上仁宗乞復用舊樂改。
④ 其間書一通最爲詳悉　嘉慶本、長編卷一八三、宋史全文卷九下同,宋朝諸臣奏議卷九六范鎮上仁宗乞復用舊樂、歷代名臣奏議卷一二八均作"其間畫一一通最爲詳悉"。

卷第三十二

仁宗皇帝

修唐書

　　明道二年十一月丙寅,詔崇文院募唐遺事,翰林學士承旨盛度請命官刊修唐書故也。

　　慶曆五年五月己未,翰林學士、兼龍圖閣學士、判集賢院王堯臣,翰林學士、史館修撰張方平,侍讀學士、兼龍圖閣學士、判史館修撰余靖並同刊修唐書。

　　閏五月庚子,度支員外郎、集賢校理、兼天章閣侍講、史館檢討曾公亮,宗正丞、崇文院檢討、兼天章閣侍講趙師民,殿中丞、集賢校理何中立,校書郎宋敏求,大理寺丞、館閣校勘范鎮,大理寺丞、國子監直講邵必並爲編修唐書官。必以爲史出衆手非是,卒辭之。

　　七年六月庚午,命參知政事丁度提舉編修唐書。

　　皇祐元年六月壬午①,改命同刊修唐書、翰林侍讀學士宋祁爲刊修官。

　　三年二月戊申,翰林侍讀學士、兼龍圖閣學士、給事中、史館修撰宋祁坐其子與張彥方游,出知亳州②。

　　三月乙卯,命知亳州宋祁就州修唐書,易史館修撰爲集英殿修撰。

　　至和元年七月甲子,詔修唐書宋祁、編修官范鎮等速上所修唐書。

　　八月戊申,命龍圖閣直學士、吏部郎中歐陽修刊修唐書。

　　二年十月庚戌,翰林學士、刊修唐書歐陽修言:"自漢而下,惟唐享國最久。其間

---

① 壬午　底本作"甲戌",據長編卷一六六改。
② 按:長編卷一七〇記載:"張彥方者,貴妃母越國夫人曹氏客也,受富民金爲僞告敕,事敗,繫開封府獄。人傳以爲語連越國夫人,知開封府劉沆論彥方死,不敢及曹氏,執政以妃故亦不復詰。"

典章制度，本朝多所參用，所修唐書新志最宜詳備①。然自武宗以下並無實錄，以傳記、别説考正虚實，尚慮闕略。聞西京内中省寺、留司、御史臺及鑾和諸庫有唐朝至五代以來奏議案簿尚存，欲差編修官吕夏卿詣彼檢討。"從之。

嘉祐五年七月戊戌②，翰林學士歐陽修等上所修唐書二百五十一卷③，刊修及編修官皆進秩，或加職，仍賜器幣有差。

修國史

景德四年八月丁巳，詔修太祖、太宗正史，宰臣王旦監修國史，知樞密院事王欽若、陳堯叟，參知政事趙安仁，翰林學士晁迥、楊億並修國史。初，景德二年，畢士安卒。時寇準止領集賢殿大學士，旦以參知政事權領史館事。及旦爲相，雖未兼監修，其領史職如故，於是始正其名。

大中祥符四年七月，國史院進所修太祖紀。上錄紀中義例未當者二十餘條，謂王旦、王欽若等曰："如以鐘鼓樓爲漏室，窑務爲甄宫，豈若直指其名也？悉宜改正之。"欽若曰："此蓋晁迥、楊億所修。"上曰："卿常參之耶。"旦曰："朝廷撰集大典，並當悉心，務令廣備，初無彼此之别也。"因詔每卷自今先奏草本，編修官及同修史官其初修或再看詳皆具載其名，如有改正增益事件、字數，亦各於名下題出，以考其勤惰焉。

九年二月丁亥，監修國史王旦等上兩朝國史一百二十卷，優詔答之。戊子，加旦守司徒，修史官趙安仁、晁迥、陳彭年、夏竦、崔遵度並進秩，賜物有差。王欽若、陳堯叟、楊億嘗預修史，亦賜之。

天聖五年二月癸酉，命參知政事吕夷簡、樞密副使夏竦修真宗國史，翰林學士宋綬，樞密直學士劉筠、陳堯佐同修，宰臣王曾提舉之。故事，宰臣自領監修國史，至是

---

① 唐書新志　"志"底本作"制"，據宋程俱麟臺故事卷三下改。
② 嘉祐五年七月戊戌　底本作"嘉祐四年六月戊戌"，據長編卷一九二、宋史全文卷九下、麟臺故事卷三下改。
③ 上所修唐書二百五十一卷　長編卷一九二、宋史全文卷九下均作"上所修唐書二百五十卷"。按：文忠集卷九一進新修唐書表、宋文鑑卷六四歐陽修進修新唐書表均作"二百二十五卷"，陳振孫直齋書録解題卷四載："新唐書二百二十五卷。案曾公亮進新唐書表及文獻通考、鄭樵通志所著卷並與此同，惟宋史藝文志作二百五十五卷，於李燾補注者仍作二百二十五卷，其互異所由不可考。"宋史卷二〇三藝文志記載："歐陽修、宋祁新唐書二百五十五卷、目録一卷。"中華書局點校本新唐書只有二百二十五卷。

以曾提舉,乃降敕焉。

> 會要云:修兩朝國史時,王旦未領監修,故特授敕。曾已監修而再授敕爲提舉,蓋一時之制也。

九月甲寅,以龍圖閣學士兼侍講馮元同修國史。

十月乙酉,監修國史王曾言:"唐史官吳兢於實錄、正史外,錄太宗與群臣對問之語爲貞觀政要。今欲採太祖、太宗、真宗實錄、日曆、時政記、起居注其間事迹不入正史者,別爲一書,與正史並行。"從之。

七年三月壬午,上謂監修國史王曾曰:"先朝美政甚多,可諭史官詳載之。"

八年六月癸巳,監修國史呂夷簡等上新修國史於崇政殿。初,太祖、太宗正史帝紀六、志五十五①、傳五十九,凡一百二十卷②。至是修真宗史成,增紀爲十,志爲三十,傳爲八十,總百五十卷。故事,史成,由監修而下皆進秩,而夷簡固辭之。甲午,修國史夏竦,同修國史宋綬、馮元,編修官王舉正、謝絳、李淑、黃鑑,管句內臣韓守英,承受藍元用、羅崇勳,供書皇甫繼明並遷官職,龍圖閣待制馬季良專督三司應報文字,亦賜勳一轉。

嘉祐四年九月甲寅,史館修撰歐陽修言:"史之爲書,以紀朝廷政事得失及臣下善惡功過,宜藏之有司。往時李淑以本朝正史進入禁中,而焚其草,今史院但守空司而已③。乞詔龍圖閣別寫一本下編修院,以備檢閱故事。"從之。

> 江氏雜志:陳相就史館檢先君傳,曰嘗爲縣小吏,因此進本入內,至今史館無國史。與歐陽修所言不同,當考。會要載修言但稱史官,不出李淑姓名,當考。

删定編敕④

天聖四年九月壬申,命翰林學士夏竦、蔡齊,知制誥程琳等重删定編敕。時有司言編敕自大中祥符七年至今,復增及六千七百八十三條,請加删定。帝問輔臣曰:"或謂先朝詔令不可輕改,信然乎?"王曾曰:"此憸人惑上之言也⑤。咸平中删太宗朝詔

---

① 志五十五　底本脫第二個"五",據文津閣本長編卷一〇九、玉海卷四六藝文補。
② 凡一百二十卷　底本作"凡一百十五卷",據嘉慶本、長編卷一〇九、玉海卷四六藝文改。
③ 今史院但守空司而已　嘉慶本、長編卷一九〇同,宋程俱麟臺故事卷二"但"作"惟"。
④ 删定編敕　本書目錄作"看詳編敕"。
⑤ 此憸人惑上之言也　底本脫"惑上"二字,據長編卷一〇四、宋史全文卷七上補。

令,十存一二,蓋去其繁密之文,以便於民,何爲不可?今有司但詳具本末,又須詔臣等審究利害①,一一奏稟,然後施行也。"上然之。

十一月甲辰,詔見行編敕及續降宣敕,其未便者,聽中外具利害以聞。

七年五月己巳,詔以新令及附令頒天下,始命官刪定編敕。議者以唐令有與本朝事異者,亦命官修定,成三十卷。

九月丁丑,編敕既成,合農田敕爲一書,視祥符敕損百有餘條。其麗於法者,大辟之屬十有七,流之屬三十有四,徒之屬百有六,杖之屬二百五十有八,笞之屬七十有六,又配隸之屬六十有三,大辟而下奏聽旨者七十有一。凡此皆在律令外者也。於是,詔下諸州閱視,聽其言未便者。尋又詔盡一年無改易,然後鏤板頒行。

明道元年三月戊子,始行天聖編敕。

二年五月己丑,詔曰:"敕令者,治世之經,而數動搖,則衆聽滋惑,何以訓迪天下?天聖所修敕令既已頒宣,自今有司毋得輒請刪改。有未便者,中書②、樞密院具奏聽裁。"

景祐三年七月丁亥,禁民間私寫編敕③、刑書及毋得鏤板。

慶曆三年八月。天聖編敕既施行,自景祐二年至今,所增又四千七百餘條。丁酉,復命官刪定。翰林學士吳育,侍御史知雜事魚周詢,知諫院王素、歐陽修並爲詳定官,宰臣晏殊、參知政事賈昌朝提舉。

十月丁巳,史館修撰王質,集賢校理、天章閣侍講曾公亮同詳定編敕。

四年五月癸酉,司勳員外郎吕紹寧請以見行編敕年月後續降宣敕,令大理寺檢法官依律門分十二編,以頒天下,庶便於檢閱,而無誤出入刑名。從之。

七年正月己亥,慶曆編敕成,凡十二卷,別爲總例一卷,視大聖敕增五百條:大辟增八,流增五十有六,徒減十有六,杖減三十有八,笞減十有一,又配隸減三,大辟而下奏聽旨者減二十有一。詳定官張方平、宋祁、曾公亮並加勳,及賜器幣有差。

嘉祐二年八月丁未,韓琦又言:"天下見行編敕,自慶曆四年以後,距今十五年,續

---

① 又須詔臣等審究利害　嘉慶本同,長編卷一〇四、宋史全文卷七上均無"詔"一字。
② 中書　底本作"申",據嘉慶本、長編卷一一二改補。
③ 禁民間私寫編敕　"寫"底本作"約",據嘉慶本、長編卷一一九、宋史卷一〇仁宗本紀改。

降四千三百餘件，前後多抵牾。請加刪定。"乃詔宰臣、參知政事曾公亮同提點詳定編敕。

七年四月壬午，宰臣韓琦等上所修嘉祐編敕，起慶曆四年，盡嘉祐三年①，凡十二卷。其元降敕但行約束而不立刑名者，又析爲續附令敕凡五卷，視慶曆敕，大辟增六，流減五十，徒增六十有一，杖增七十有三，笞增三十有八，配隸增三十，大辟而下奏裁聽旨者增四十五云。

修定曆法　真宗附

咸平四年三月庚寅。初，乾元曆氣朔漸差，詔判司天監京兆史序等考驗前法，研覈舊文，取其樞要，編爲新曆。於是新曆成，上賜名儀天，命翰林學士朱昂爲曆序，頒行之。修曆官遷秩、改服章、賜帛有差。

大中祥符七年七月乙未，上覽司天監知曆數官表求改秩，因謂宰相曰："曆象，陰陽家流之大者也②，以推步天道、平秩人時爲功，究災祥吉凶者，雖有妙術，必待之而成。近年惟秋官正趙昭逸能專其業③。始王熙元等上儀天曆，獨昭逸請覆算，熙元等不從。後二歲，曆果差。昭逸言熒惑度數稍謬，推驗亦如其說。平居算策未嘗離手，熙元亦伏其精一④，言後人鮮及也。"熙元，處訥子⑤。

天聖元年三月辛卯，司天監上新曆，賜名崇天，保章正張奎⑥、靈臺郎楚衍等所造也。命翰林學士晏殊爲曆序。

九年閏十月壬戌，司天監上重修崇天曆。

慶曆元年十二月丁丑，司天監上所修崇天萬年曆。

皇祐四年十一月甲辰，詔司天監、翰林天文院以唐戊寅、麟德、大衍、五紀、正元、觀象、宣明、崇真八曆及皇朝應天、乾元、儀天、崇天四曆算此月太陰真食及時辰、分野，各具兩本以聞。仍命知制誥王洙及編修唐書官劉羲叟參定，以司天監言此月十五

---

① 嘉祐三年　"三"底本作"四"，據嘉慶本、長編卷一九六、玉海卷六六詔令改。
② 陰陽家流之大者也　底本"家"下衍"九"一字，據嘉慶本、長編卷八三、玉海卷一〇律曆刪。
③ 惟　底本作"爲"，據嘉慶本改。長編卷八三、玉海卷一〇律曆作"唯"。
④ 熙元亦伏其精一　底本脫"一"一字，據嘉慶本、長編卷八三補。
⑤ 熙元處訥子　底本係正文，今據長編卷八三改爲注文。
⑥ 保章正張奎　"奎"底本作"魁"，據嘉慶本、長編卷一〇〇、宋史全文卷七上、玉海卷一〇律曆改。

日太陰當食也。明年三月,洙言:"據司天監李用晦等稱,十一月望月食十分,七曆並同。復圓在晝,不辨辰刻。推驗起虧時刻,内宣明算在丑正二刻,儀天在丑正三刻,應天、乾元寅初一刻,崇天寅初二刻,大衍、景福寅初三刻,而其夜食寅初四刻。惟大衍、景福相近。然景福算景祐三年四月朔日食二分彊,而崇天、乾元、宣明不食,後果不食。大衍曆算唐開元十二年七月戊午朔日食八分半,十三年十二月庚戌朔日食十五分之十三,至日皆不食,所以一行大衍曆議云假令理曆者因開元二食曲變交限以就之,則所協甚少,所失甚多。用晦等亦不敢指定大衍、景福爲密。伏緣曆算日月交食,諸曆互有親疏,不可常爲準的。蓋日月動物,豈不少有盈縮,亦變常不定。曆象必無全密,所謂天道遠而人道邇。古來撰曆名賢,如太史公、洛下閎①、劉歆、張衡、杜預、劉焯、李淳風、僧一行等,尚不能窮究,況用晦等淺學,止依古法推步,難爲指定日月所食疏密。又據義叟言,古聖人曆象之意,止於恭授人時。雖則預考交會②,不必吻合辰刻,故有修德救食之理。天道神變,理非可盡,設謂必可盡耶,則先儒不容自爲疏闊。又大衍等七曆所差不多,法數大同而小異,亦是遞相因藉,乘除積累,漸失毫釐。且辰刻更籌,惟據刻漏,或微有遲速,未必獨是曆差。案隋曆志,日月食既有起訖,早晚亦或變常進退。於正見前後十三刻半内候之,今止差三刻。或是天道變常,未爲乖謬。又一行於開元中治曆,以大衍及李淳風麟德、劉焯皇極三曆校日食三十七事,大衍課第一,所中纔二十三,麟德得五,皇極得十。如一行聰明博達,時謂聖人,宣考古今,尚未能盡,如淳風輩,益以疏遠。況聖朝崇天曆法頒用逾三十年,誕布海内,熟民耳目,方將施行無窮,兼所差無幾,不可偶緣天變,輕議改移。詰其本原,蓋亦出於大衍,其景福曆行於唐季,非治世之法,不可循用③。"詔仍用崇天曆法。

中書樞密分合　神宗附

慶曆二年七月壬寅朔,知諫院張方平言:"朝廷政令之所出在中書,若樞密院,古無有也,蓋起於後唐權宜之制,而事柄遂與中書均,分軍民爲二體,别文武爲兩途。爲

---

① 洛下閎　"洛"底本作"落",據嘉慶本、長編卷一七三、宋朝事實卷一四改。
② 雖則預考交會　"考交"底本作"交考",據長編卷一七三乙正。按:宋朝事實卷一四作"雖則豫考定交會"。
③ 不可循用　"循"底本作"行",據長編卷一七三、宋朝事實卷一四改。

政多門，自古所患。今朝綱內弛，邊事日生，西戎、北狄交有憑陵中夏之志，二府之中，豈盡材猷之士。臣向嘗面論之，而陛下諭臣：'今倚以爲用者猶不任職，若更選用，誠乏可使之人。'臣請於外擇人，陛下又以爲疆事未寧，邊臣無功，豈當遽召而用之？審如聖意，則所用者不過燕安朝路、容身養望者爾。若然，則勞臣益解體，武士益離心矣。陛下試思臣前議，斷自淵衷，特廢樞密院。或重於改爲，則請併本院職事於中書①，其見任樞密使副不才者罷之，諸房吏史且皆如舊，亦足以一政事之本，通賞罰之權，省冗濫之費，塞僥倖之望。改而張之，不傷體裁，而制之不動衆。陛下幸與一二宗臣舊老深圖此議而必行之。"不報。戊午，右僕射兼門下侍郎、平章事呂夷簡判樞密院，戶部侍郎、平章事章得象兼樞密使，樞密使晏殊同平章事。初，富弼建議宰相兼權樞密使，上曰："軍國之事，當悉歸中書，樞密非古官。"然未欲遽廢，故止令中書同議樞密院事。及張方平請廢樞密院，上乃追用弼議，特降制命夷簡判院事，而得象兼使，殊加同平章事，爲使如故。壬辰，詔晏殊班張耆之上。

九月。初，命宰臣呂夷簡判樞密院事，既宣制，黃霧四塞，風霾終日，朝論甚喧。參知政事王舉正言："二府體均，判名太重，不可不避也。"右正言田況復以爲言，夷簡亦不敢當。丙午，夷簡改兼樞密使。

慶曆五年十月庚辰，罷宰相兼樞密使。時宰臣賈昌朝、陳執中言："軍民之任，自古則同。有唐別命樞臣，專主兵務，五代始令輔相亦帶使名。至於國初，尚沿舊制。乾德以後，其職遂分，是謂兩司對持大柄，實選才士，用講武經。嚮以關陝未寧，兵議須壹，復茲兼領，適合權宜。今西夏來庭，防邊有序，當還使印，庶協邦規。臣等願罷兼樞密使。"既降詔許之，乃詔樞密院凡軍國機要，依舊同商議施行。

十一月癸未，樞密院請："自今進退管軍臣僚、極邊長吏、路分兵馬鈐轄以上，並與宰臣同議。"從之。

英宗治平四年。中書、樞密院議邊事多不合。趙明與西人戰，中書賞功而密院降約束；郭逵修堡柵，密院方詰之，而中書已下褒詔。御史中丞滕甫言："戰守，大事也，

---

① 則請併本院職事於中書　底本脫"事"一字，據長編卷一三七、樂全集卷二〇論請通中書樞密院事補。按：樂全集卷二〇論請通中書樞密院事、宋朝諸臣奏議卷四六張方平上仁宗乞省樞密院歸於中書、歷代名臣奏議卷一三四"併"均作"通"。

安危所寄。今中書欲戰,樞密欲守,何以令天下？願敕大臣:凡戰守、除帥,議同而後下。"上善之。案:長編拾補事在九月。

熙寧三年五月壬子①,置審官西院。上嘗語及西院事,安石曰:"止是五代分置。"曾公亮曰:"欲分宰相權爾。"上曰:"前代亂,豈緣不分樞密院乎？"詳見審官西院。

五年七月,前處州縉雲縣尉、編修三司敕並諸司庫務歲計及條例刪定官郭逢原上疏曰:"臣聞能自得師者王。古聖人未嘗無師,孟子稱堯所以待舜之禮,可謂至矣。以齒則堯長,以爵則舜賤,以德則舜固無以加於堯者,而堯尚尊禮之如此。今區區之末禮,於安石尚如有惜,不明示於天下,皆臣之所未喻也。夫宰相代天理物,無所不統,未聞特設事局補除官吏,而宰相不預者也,今之樞府是已。臣愚以爲當廢去樞府,併歸中書,除補武臣,悉出宰相。軍旅之事,各責其帥。合文武於一道,歸將相於一職,復兵農於一民,此堯、舜之舉也。今王安石居宰輔之重,朝廷有所建置於天下,特牽於樞府而不預,則臣恐陛下任安石蓋不專矣。"疏奏,上甚不說。他日,謂安石曰:"逢原必輕俊。"安石曰:"陛下何以知之？"上曰:"見所上書②,欲併樞密院,廢募兵。"安石曰:"人才難得,如逢原亦且曉事,可試用也。"

閏七月壬戌,執政同進呈河東保甲事,樞密院但欲爲義勇彊壯,不別名保甲。上從王安石議。文彥博請令王安石就中書一面施行,上曰:"此大事,須共議乃可。"詳見保甲。

十一月丁卯,貶太子中允、權監察御史裏行張商英爲光禄寺丞、監荆南稅。先是,商英言博州官吏失入贓不滿軍賊二人死罪,樞密院檢詳官劉奉世黨庇親戚,令法官引用贓滿五貫絞刑斷例,稱博州官吏不見斷例,失奏裁,止從杖罪取勘;又院吏任遠恣橫私狗凡十二事,而樞密院黨庇不案治。於是樞密使副文彥博,吳充、蔡挺因此不入院③,遣吏送印於中書,中書不受。上聞之,遣使促彥博等入院。彥博等言:"臺官言臣等黨庇吏人④,與之相知漏泄。乞以其章付有司明辨黑白,然後正臣等違命之罪。"商英又言:"乞以臣所言博州失入刑名下有司定奪,並以任遠事送開封府根治。若臣

---

① 壬子　嘉慶本同,長編卷二一一作"丁巳"。
② 見所上書　"見所"底本作"所見",據嘉慶本、長編卷二三五乙正。
③ 樞密使副　"使副"底本作"副使",據嘉慶本、長編卷二四〇、東都事略卷一〇二張商英傳乙正。
④ 等　底本脱此字,據嘉慶本、長編卷二四〇補。

言不當,甘伏斧鉞。"於是王安石曰:"密院方治御史李則事,商英乃隨攻博州事以報之。李則事御史所治,誠不當,不自咎,更挾忿攻人,豈所謂懷忠良以事君者?"故有是命。先是,臺勘劫盜李則死罪失出,奉世駁之。詔糾察刑獄司劾治。商英遂上章歷詆執政,言:"此出大臣私忿。願陛下收還主柄,自持威福,使臺諫爲陛下耳目,無使爲近臣脅遷。"上爲停詔獄,商英坐是與安石忤。及言博州事,彦博又疑商英陰附中書,故不能平。商英既坐出,上謂安石曰:"御史言事不實亦常事。彦博等別有意,乃以爲御史欲併樞密院歸中書,不知御史初無此議論也。"安石曰:"中書欲併密院,果何利?若謂臣與彦博等多異論故併密院,臣願與彦博合議政事,姑以利害言之,臣何苦欲併密院乎?"

禮儀院廢置

天聖元年四月辛丑,罷禮儀院,從樞密副使張士遜等所請也。以知禮儀院翰林學士晏殊、龍圖閣直學士馮元爲判太常禮院,同判太常禮院官爲同知院。太常禮院①,典禮所出,大中祥符中又增置禮儀院,以輔臣領其事,於是始罷②。

禮儀院占公人二十二人,歲費錢千七百餘貫,非泛行禮支給在外③,日逐行遣祗應不多。詳定儀制,久來屬太常寺及禮院管句,今請停罷,所有承受宣敕、行遣公案諸般文字,並付本院。

明道元年五月庚辰,詔太常禮院日輪知院一員在院點檢典禮公事。初,同知太常禮院薛紳言:"漢、魏以來,每朝廷大政,必下禮官、博士定議。唐六典:太常置博士四人。今知禮院官,蓋古博士之任也。國朝同知院四員,日更直本院。其後或別領職事,因循廢直。請如故事,輪一員在院。"乃下兩制議,而翰林學士馮元等言:"咸平元年正月,敕太常禮院同判院官輪一員在院點檢典禮公事。又大中祥符七年四月,敕同判院官四員:張復、楊崈專領祠祭,而宋綬、晏殊常在禮儀院祗應文字。後移三館於右掖門西,與禮儀院相接,而同判院官皆帶館職,因而更不赴。今既廢禮儀院,又三館移入禁中,請如紳所奏施行。"紳,映子也。

---

① 太常禮院　底本"太"上衍"判"一字,據長編卷一〇〇、宋會要輯稿職官二二之二四刪。
② 於是　嘉慶本、長編卷一〇〇同,宋會要輯稿職官二二之二四作"至是"。
③ 非泛行禮　"禮"底本作"遣",據嘉慶本、長編卷一〇〇、宋會要輯稿職官二二之二四改。

咸平、祥符二敕,會要有之,實録並不載,今附見此,不別書。[案:此注長編脱。]

康定元年十一月乙丑,以判太常寺、翰林侍讀學士、兼龍圖閣學士李仲容兼禮儀事,判太常禮院、知制誥吳育,天章閣待制宋祁並同判太常寺兼禮儀事。先是,謝絳判禮院,建言:"太常寺本禮樂之司,今寺事皆本院行之,於體非便。請改判院爲判寺兼禮儀事。其同知院,凡事先申判寺,然後施行。其關報及奏請檢狀,即與判寺同簽。"於是始從絳言也。

玉清昭應宮災

天聖七年六月丁未,大雷雨,玉清昭應宮災,宮凡三千六百一十楹,獨長生崇壽殿存焉。翌日,太后對輔臣泣曰:"先帝力成此宮,一夕延燔殆盡,猶幸一二小殿存爾。"樞密副使范雍度太后有再興葺意,乃抗言曰:"不若燔之盡也!"太后詰其故,雍曰:"先朝以此竭天下之力,遽爲灰燼,非出人意。如因其所存又將葺之,則民不堪命,非所以祇天戒也。"宰相王曾、吕夷簡亦助雍言。夷簡又推洪範災異以諫,太后默然。太廟齋郎蘇舜欽詣登聞鼓院上疏曰:"烈士不避鈇鉞而進諫,明君不諱過失而納忠,是以懷策者必吐上前,蓄冤者無至腹誹。然言之難不如容之難,容之難不如行之難。有言之必容之,有容之必行之,則三代之主也,幸陛下留聽焉。臣觀今歲,自春徂夏,霖雨陰晦,未嘗小霽,農田被災者幾於十九。臣以謂任用失人,政令多遺①,賞罰弗公之所召也②。天之降災,欲悟陛下,而大臣歸咎於刑獄之濫,陛下聽之,故肆赦天下,以爲禳救。如此,則是殺人者不死,傷人者不抵罪,而欲以合天意也。古者斷決滯訟以平水旱,不聞用赦,故赦下之後,陰霾及今。前志曰:'積陰生陽,陽生則災見焉。'乘夏之氣③,發洩於玉清宮,雹雨雜下④,烈焰四起,樓觀萬疊,數刻而盡。非慢於火備,乃天之垂戒也。陛下當降服,減膳,避正寢,責躬罪己,下哀痛之詔,罷非業之作,拯失職之民,察輔弼及左右,無裨國體者罷之,竊弄威權者去之。念政刑之失,收芻蕘之論,庶

---

① 政令多遺 "遺",長編卷一〇八作"乖",蘇學士文集卷一一火疏作"缺"。
② 賞罰弗公之所召也 "公"底本作"中",據宋朝諸臣奏議卷三七蘇舜欽上仁宗論玉清宮災、歷代名臣奏議卷二九九改。長編卷一〇八"弗公"作"失中"。
③ 乘夏之氣 "乘夏",宋朝諸臣奏議卷三七蘇舜欽上仁宗論玉清宮災作"乖戾"。
④ 雹雨 長編卷一〇八、宋朝諸臣奏議卷三七蘇舜欽上仁宗論玉清宮災均作"震雨"。

幾可以變災爲祐。浹日之間，未聞爲此，而將計工役以圖修復。都下之人，聞者駭惑，聚首橫議，咸謂非宜，皆曰：章聖皇帝勤儉十餘年，天下富庶，帑府流衍，乃作斯宮。及其畢工，海內虛竭。陛下即位未及十年，數遭水旱，雖徵賦咸入而百姓困乏。若大興土木，則費用不知紀極，則力耗於內，百姓勞於下，內耗下勞，何以爲國？況天災之已，違之是欲競天，無省己之意。逆天不祥，安己難任，欲祈厚貺，其可得乎？今爲陛下計，莫若采吉士，去佞人，修德以勤至治，使百姓足給，而徵稅寬減，則可以謝天意而安民情矣。夫賢君見變，修道以除凶①；亂君無象②，天不譴告。今幸天見之變，是陛下修己之日，豈可忽哉？昔漢元帝三年③，茂陵白鶴館災，詔曰：'迺者火災降於孝武園館，朕戰慄恐懼。不燭變異，罪在朕躬，群有司又不肯極言朕過，以至於斯，將何寤焉？'夫茂陵不及上都，白鶴館大不及此宮④。彼尚降詔四方，以求己過，是知古之帝王憂危念治汲汲如此。臣又案五行志，賢佞分別，官人有序，率由舊章。禮重功勳，則火得其性。若信道不篤，或耀虛僞，讒夫昌，邪勝正，則火失其性，自上而降。及濫災妄起，燒宗廟，燔宮室，雖興師徒而不能救。故魯成公三年新宮災，劉向謂成公信三桓子孫之讒、逐父臣之應；襄公九年春宋災，劉向謂宋公聽讒、逐其大夫華弱奔魯之應也。今宮災，豈亦有是乎？願陛下恭默內省而追革之，罷再造之勞，述前世之法，天下幸甚！"舜欽時年二十一，易簡之孫，耆之子也。

舜欽上疏，正史不載其月，集亦無月，今附見。

甲寅，門下侍郎兼吏部尚書、平章事王曾以使領不嚴，累表待罪。乃罷相，出知兗州，尋改青州。

七月癸亥，以玉清昭應宮災，遣使奏告諸陵。乙丑，翰林學士、兼侍讀學士、中書舍人、同修國史宋綬落學士。綬領玉清昭應宮判官，而宮災，故責之。內侍爲都監、承

---

① 修道以除凶　底本脫"以"一字，長編卷一〇八同，據蘇學士集卷一一火疏、宋朝諸臣奏議卷三七蘇舜欽上仁宗論玉清宮災補。
② 亂君無象　"君"底本作"世"，長編卷一〇八同，據蘇學士集卷一一火疏、宋朝諸臣奏議卷三七蘇舜欽上仁宗論玉清宮災改。
③ 昔漢元帝三年　底本"漢"上衍"前"一字，底本"三年"上衍"之"一字，據長編卷一〇八、宋朝諸臣奏議卷三七蘇舜欽上仁宗論玉清宮災刪；"元"底本作"宣"，據漢書卷九元帝紀、蘇學士集卷一一火疏改。按：漢書卷九元帝紀記載：元帝初元三年"夏四月乙未晦，茂陵白鶴館災"。
④ 白鶴館大不及此宮　長編卷一〇八同，蘇學士集卷一一火疏、宋朝諸臣奏議卷三七蘇舜欽上仁宗論玉清宮災均作"白鶴館不大此宮"。

受者,停、降、贖銅有差。道士杖脊者四人,決杖者五人。知宮李知損仍編管陳州。御史臺鞫火起,得知損嘗與其徒茹葷聚飲宮中故也。初,太后怒守衛者不謹,悉下御史獄,欲誅之。中丞王曙上言:"昔魯桓、僖宮災,孔子以爲桓、僖親盡當毀者也。遼東高廟及高園便殿災,董仲舒以爲高廟不當居遼東,殿不當居陵旁,故災。魏崇華殿災,高堂隆以臺榭宮室爲戒,宜罷之勿治。文帝不聽,明年復災。今所建宮非應經義,災變之來,若有警者。宜除其地,罷諸禱祠,以應天變。"而左司諫范諷亦言①:"此實天災,不當置獄窮治。"監察御史張錫言:"若反以罪人,恐重貽天怒。"言者既衆,上及太后皆感悟,遂薄守衛者罪。議者尚疑將復修宮,諷又言:"山木已盡,人力已竭,雖復修,必不成。臣知朝廷必不爲此②,其如疑天下何?願明告四方,使户知之。"已巳,下詔以不復修宮之意諭天下,改長生崇壽殿爲萬壽觀。

大內災

明道元年八月壬戌夜,大內火,延燔崇德、長春、滋福、會慶、崇徽、天和、承明③、延慶八殿,上與皇太后避火於苑中。癸亥,移御延福宮。甲子,放朝,近臣詣宮門問起居。以宰相吕夷簡爲修葺大內使,楊崇勳副之,殿前副都指揮使夏守贇都大管句修葺,入内押班江德明、右班副都知閻文應管句。令京東西、淮南、江東、河北諸路并發工匠赴京師。乙丑,詔群臣直言闕失。又詔隻日權御崇政殿視朝,百官並入拱宸門。先是,百官晨朝而宮門不開。輔臣請對,帝御拱宸門,追班百官拜樓下,宰相吕夷簡獨不拜。帝使問其故,曰:"宮廷有變,群臣願一望清光。"帝舉簾見之,夷簡乃拜。丁卯,大赦。詔營造殿宇④,宜約祖宗舊制,更從減省。時宦者置獄治火事,得縫人火斗,已誣伏,下開封府使具獄。權知府事程琳辨其不然,乃命工圖火所經處,且言:"後宮人多,所居隘,其鍋竈近板壁⑤,歲久燥而焚。此殆天災,不可以罪人。"監察御史蔣堂亦言:"火起無迹,安知非天意?陛下宜修德應變,今乃欲歸咎宮人。且宮人赴獄,何求

---

① 左司諫范諷 "左",嘉慶本、長編卷一〇八均作"右"。
② 臣知朝廷必不爲此 嘉慶本同,長編卷一〇八"必"作"亦"。
③ 承明 底本作"崇明",據長編卷一一一、九朝編年備要卷九、宋史卷六三五行志改。
④ 詔營造殿宇 底本"殿"下衍"廷"一字,據長編卷一一一刪。
⑤ 其鍋竈近板壁 "鍋"底本作"煙",據長編卷一一一改。

不可？而遂賜之死，是重天譴也。"帝爲寬其獄，卒無坐死者。是月，殿中丞滕宗諒、秘書丞劉越準詔上封事。宗諒言："夫攻玉必以石，濯錦必以魚。物有至賤能成至貴者，人亦有之，故潁考叔捨肉以啓鄭莊公之孝，少孺子挾彈而罷吳王之兵。臣之區區，竊慕於此。伏見掖庭遺燼，延熾宮闈，雖沿人事，實繫天時。詔書亟下，引咎滌瑕，中外莫不感動。然而詔獄未釋，鞫訊尚嚴，恐違上天垂戒之意，深累兩宮好生之德。且婦人柔弱，箠楚之下，何求不獲？萬一懷冤，足累和氣。祥符中宮掖火，先皇帝盡索其類，屬之有司，明置以法，欲申戒於後人。若患可防，而刑可止，豈復有今日之虞哉？況變警之來，近在禁掖。誠願修德以禦之，思患以防之。凡逮繫者，特從原免，庶幾咎災可消，而福祥來格也。"又言："國家以火德王天下，火失其性，由政失其本。"因請太后還政。而越言尤鯁直，皆不報。宗諒，河南人；越，大名人也。

九月庚午，以景福殿使、雅州防禦使、入内都知韓守英爲都知，仍月增俸五萬①。宮苑使、忠州防禦使、入内都知藍繼宗爲昭宣使，西京作坊使、文州刺史、入内押班江德明爲如京使，入内副都知、禮賓使、入内押班盧守懃領昌州刺史。又自上御藥而下至内品，凡遷擢十五人，並以宮庭火，録衛乘輿之勞也。火始作，小黄門王守規獨先覺，自寢殿至後苑門皆擊去其鎖，亟奉帝及太后至延福宮，回視所經處已成煨燼。及執政候起居，帝曰："非王守規引朕至此，幾與卿等不相見！"乃以守規爲入内殿頭。守規，承勛幼子也。庚寅，重作寶册，命參知政事陳堯佐書皇帝受命册寶，參知政事薛奎書尊號册寶，宰相張士遜書上爲皇太子册寶②，參知政事晏殊書皇太后尊號册寶，以舊册寶爲宮火所焚也。既而有司言："重造册寶，其沿寶法物，凡用黄金二千七百兩。"詔易以銀而金塗之。丙申，詔以皇太后及上閣中金銀器物量留供須外③，盡付左藏庫，易緡錢二十萬④，助修大内。戊戌，賜修内役卒緡錢。

十月甲辰，改崇德殿曰紫宸，長春殿曰垂拱，滋福殿曰皇儀，會慶殿曰集英，承明殿曰端明，延慶殿曰福寧，崇徽殿曰寶慈，天和殿曰觀文⑤。大寧門曰宣祐，宣和門曰

---

① 五萬　嘉慶本同，長編卷一一一作"三萬"。
② 宰相張士遜　"士"底本作"仕"，據嘉慶本、長編卷一一一改。
③ 皇太后及上閣中　"閣"底本作"閤"，據長編卷一一一改。
④ 易緡錢二十萬　底本脱"錢"字，據嘉慶本、長編卷一一一補。
⑤ 天和殿曰觀文　"天"底本作"太"，據嘉慶本、長編卷一一一改。

迎陽,左、右勤政門曰左、右嘉福。己酉,再賜修内役卒緡錢。

十一月甲戌,上以修内成,恭謝天地於天安殿,遂謁太廟,大赦,改元,優賞諸軍,百官皆進官一等。是日,還自延福宫。己卯,冬至,百官賀太后於文德殿,上御天安殿受朝。戊子,如京使、文州刺史、入内副都知江德明爲文思使、普州團練使,左藏庫副使、右班都知閻文應爲洛苑使、開州刺史,並録管句修内之勞也。其餘督作、承受、奏事,遷擢者又十三人。

卷第三十三

仁宗皇帝

追尊章懿太后①

　　明道元年二月丁卯，以真宗順容李氏爲宸妃。是日，宸妃薨。宸妃始生帝，見章獻垂簾。皇太后即以爲己子，使皇太妃保視之。帝即位踰十年，宸妃默默處先朝嬪御中，未嘗自異。人畏太后，亦無敢言。終太后世，帝不自知宸妃所出也。疾革，乃進位，遽薨，年四十六。三宮發哀，成服苑中，贈妃曾祖應己及祖金華主簿延嗣爲光禄少卿，父左班殿直仁德爲崇州防禦使，母董氏爲高平郡太君。攢塗於嘉慶院，葬於洪福院之西北隅②。始，宮中未治喪，宰相吕夷簡朝奏事，因曰：“聞有宮嬪亡者。”太后矍然曰：“宰相亦預宮中事耶？”引帝偕起。有頃，獨出曰：“卿何問我母子也？”夷簡曰：“太后它日不欲全劉氏乎？”太后意稍解。有司希太后旨，言歲月未利，夷簡黜其説，請發哀成服，備宮仗葬之。時有詔欲鑿宮城垣以出喪，夷簡遽求對，太后揣知其意，遣内侍羅崇勳問何事③，夷簡言：“鑿垣非禮，喪宜自西華門出。”太后復遣崇勳謂夷簡曰：“豈意卿亦如此也！”夷簡曰：“臣位宰相，朝廷大事，理當廷争。太后不許，臣終不退。”崇勳三反，太后猶不許，夷簡正色謂崇勳曰：“宸妃誕育聖躬，而喪不成禮，異日必有受其罪者，莫謂夷簡今日不言也。”崇勳懼，馳告太后，乃許之。

　　鑿垣事，據魏泰東軒記事。宸妃以二月二十六日薨，輟視朝三日。三月初一日發哀成服，初四日贈三代，十四日葬，又輟朝。今並書之。宸妃之號，前此所未有，恐是别創也④，當考。

---

① 追尊章懿太后　本書目録作"追尊莊懿太后"。按宋史卷二四二李宸妃傳載，仁宗生母李宸妃先謚莊懿，後改謚章懿。
② 洪福院　宋會要輯稿禮三二之一五、宋史卷一二三禮志均作"洪福禪院"。
③ 遣内侍羅崇勳問何事　"侍"底本作"事"，據嘉慶本、長編卷一一一改。
④ 前此所未有恐是别創也　嘉慶本同，長編卷一一一作"前此亦未見，恐是創置也"。

三月。初，宸妃入宫，其弟用和才七歲，後不復相聞知。用和窮困，鑿紙錢爲業，居京師。妃既生子，太后使劉美及張懷德訪妃親屬，得用和於民間，補三班奉職，累遷右侍禁、閤門祇候。癸巳，特遷用和禮賓副使。

二年三月甲午①，皇太后劉氏崩。

四月，皇太后既崩，左右始有以宸妃事聞者，上號慟，累日不絶。壬寅，追尊宸妃爲皇太后。甲辰，詔改葬於永定陵，大行皇太后山陵五使並兼追尊皇太后園陵使。或言太后死非正命，喪不成禮。上亦疑焉，因易梓宫，上遣李用和視之，則容貌如生，服飾嚴具。用和入告，上歎曰："人言其可信哉？"乃於大行神御前焚香泣曰："自今大孃孃平生分明矣！"

改葬、易梓宫，李用和視之，據龍川別志。邵伯溫見聞録乃云親視之，蓋不然也。

壬戌，上始御崇政殿，改命張士遜爲山陵及園陵使②。癸亥，追尊太后諡曰莊懿③。五月丁卯，判河南府、泰寧節度使、同平章事錢惟演請俟園陵畢，以莊獻、莊懿皇太后並祔真宗之室④。詔太常禮院詳定以聞。禮官請於太廟外別立新廟，奉安二后神主，同殿異室，歲時薦享。用太廟儀，別立廟名，自爲樂曲，以崇世享。詔恭依⑤。蓋惟演既罷景靈宫使，還河南，不自安，乃建此議以希帝意。始，莊懿太后疾，東染院使張懷德押醫官楊可久等入侍。己巳，追貶懷德爲嘉州都監⑥，可久等皆坐黜罰⑦。

六月甲辰⑧，禮賓使李用和未有宅，詔寓館芳林園，固辭不敢處。丙午，以惠寧坊第賜之。

九月甲戌，幸洪福院，易衰服，奠莊懿太后梓宫。丙子，又奠焉。壬午，莊獻明肅皇太后靈駕發引。上顧輔臣曰："朕欲親行執紼，以申孝心。"乃引紼行哭，出皇儀殿

---

① 甲午　底本作"庚寅"，據長編卷一一二、本書本卷下文改。
② 張士遜　"士"底本作"仕"，據長編卷一一二改。
③ 莊懿　底本作"章懿"，據嘉慶本、長編卷一一二改。下同。
④ 以莊獻莊懿皇太后並祔真宗之室　兩個"莊"字底本均作"章"，據嘉慶本、長編卷一一二改。下同。
⑤ 底本此處有小字"案禮官云云"至"詔恭依"以上四十四字，長編脱落。長編卷一一二此條記事係於明道二年六月戊午，並非脱落，故刪底本小字案語。
⑥ 追貶懷德爲嘉州都監　嘉慶本同，長編卷一一二"嘉州"作"壽州"。
⑦ 自"蓋惟演既罷景靈宫使"至"可久等皆坐黜罰"六十三字，底本在"詔恭依"之後，係錯簡，據長編卷一一二調整。
⑧ 甲辰　底本脱此二字，據長編卷一一二補。

門①。輔臣②、禮官固請而止。遣奠正陽門外,遂詣洪福院,服素紗襆頭、淡黃衫,從官常服、黑帶,奉引莊懿皇太后梓宮,遣奠廷中,皆改衰服。奉辭,隨梓宮攀號不已,左右固請止,上泣曰:"劬勞之恩,終身何所報乎!"步送至院西南隅,仗轉乃還。乙酉,翰林學士、龍圖閣學士、兼侍講③、給事中馮元落翰林學士、知河陽;六宅使、昌州刺史、內侍押班盧守懃落押班,爲永興軍鈐轄;前上御藥張懷德罰銅三十斤。先是,禮賓使李用和言:"發莊懿皇太后故陵,有泉水沮洳。"以元暨守懃嘗同護葬事,故責及之。懷德本擇葬地,前坐張永信事已配廣南,至是益徙遠處。

十月丁酉,祔葬莊獻明肅皇太后、莊懿皇太后於永定陵。己酉,祔莊獻明肅太后、莊懿太后主於奉慈廟。丙辰,贈莊懿太后三代。戊午,奉安莊懿太后神御於景靈宮廣孝殿。壬戌,幸景靈宮,酌獻太后神御。

景祐元年二月庚子,詔莊懿太后忌前後禁樂各三日,不視事各二日。

慶曆四年七月。先是,同判太常寺吕公綽言前代皇后皆從帝諡,請改上真宗皇后諡皆爲"章"。丙子,有詔恭依④。

反章獻太后之政⑤

明道二年三月甲午,皇太后劉氏崩。四月戊申,始聽政於崇政殿西廂。庚戌,以流人林獻可爲三班奉職。明道初,獻可抗言請皇太后還政,皇太后怒,竄於嶺南,至是特錄之。

實錄云獻可以天聖中上言,案張存疏,則當在明道元年;又案蘇舜欽林書生詩,乃元年五月間也。今附蘇舜欽詩於此,蓋轉對中張存疏下所注云:"張存上疏不得其時。"案:蘇舜欽作林書生詩云:"生得罪未十旬,宮中火。"則生奏封事蓋五月矣。存上疏必相繼,今附見。林獻可本末,史失不載,今取舜欽詩附見,更俟考。詩曰:"瞽說聖所擇⑥,愚謀帝不罪。況乎言有文,黑白時利害⑦。前日林書生,自謂胸臆大。

---

① 出皇儀殿門 底本脱"殿"一字,據長編卷一一三、宋會要輯稿禮三二之一二補。
② 輔臣 底本脱此二字,嘉慶本、長編卷一一三同,據宋會要輯稿禮三二之一二補。
③ 兼侍講 底本作"兼侍讀",據嘉慶本、長編卷一一三、宋會要輯稿禮三二之二〇改。
④ 自"慶曆四年七月"至"有詔恭依",底本無此段文字,據長編卷一五一補。
⑤ 反章獻太后之政 本書目録作"反莊獻太后之政"。
⑥ 瞽說聖所擇 "瞽"底本作"狂",據蘇學士集卷一感興三首、宋詩鈔卷四感興三首改。
⑦ 黑白時利害 "時"底本作"明",據蘇學士集卷一感興三首、宋詩鈔卷四感興三首改。

潛心摭世病,策成謂可賣。投顙觸諫函,獻言何耿介。云昨見凶星,上帝下警戒。意若曰昏椓,出處恣蜂蠆。安坐弄神器,開門納珍賄。宗支若縶囚,親親禮日殺。大臣尸其柄,咋舌希寵拜。速速伐虎叢①,無使自沈瘵。陛下幸察之,聰明即不壞②。如忽賤臣言③,不瞬防禍敗。一封朝飛入,群目已睢盱。力夫暮塞門,縛急不用待④。十手捽其胡,如負殺人債。幽諸死牢中,繫灼如龜蔡。亦既下風指,鯁面播諸海⑤。長塗萬餘里,一錢不得帶。必令朝夕間,渴饑死於械⑥。從前有口者,縮脰氣如轠。獨夫已去除⑦,易若吹糠秕。奈何上帝明,非德不可蓋⑧。倏忽未十旬,炎官下其怪。乙夜紫禁中,一燎不存芥⑨。天王下牀走,倉卒畏挂礙。連延舊寢廷,頓失若空寒⑩。明朝黃紙出,大赦徧中外。嗟乎林書生,性命不可再。翻令凶惡囚,累累受恩貸。"案天文志,是年三月癸巳,星出中臺,貫北河⑪,入東井没⑫,炸烈有聲,明燭地⑬。食頃,又有星出天市垣宗人側,東流入濁⑭。四月乙巳,星出貫索,大如杯,没於鉤陳側⑮,光照地。又六月六日乙巳,客星出東北方,近濁⑯,如木星⑰,太微有芒彗,至丁巳,凡十三日而没。不知舜欽詩所指凶星者是何也⑱。

壬子,詔內外毋得進獻以祈恩澤,及緣親戚通章表。若傳宣,有司實封覆奏;內降除官,輔臣審取處分。罷創修寺觀,毋進乾元節香合及山儀。帝始親覽庶政,裁抑僥倖,中外大悅。癸丑,召知應天府、龍圖閣學士、刑部侍郎宋綬,知應天事見垂簾。通判陳州、太常博士、秘閣校理范仲淹赴闕。通判河南事見垂簾⑲。罷上御藥并上御藥供奉。事

---

① 速速伐虎叢　"伐虎叢"底本作"代虎業",據蘇學士集卷一感興三首、宋詩鈔卷四感興三首改。
② 聰明即不壞　"即"底本作"斯",據蘇學士集卷一感興三首、宋詩鈔卷四感興三首改。
③ 如忽賤臣言　"忽"底本作"覩",據宋元詩會卷一五感興三首改。
④ 縛急不用待　蘇學士集卷一感興三首、宋元詩會卷一五感興三首均作"執縛不容喟"。
⑤ 鯁面播諸海　宋元詩會卷一五感興三首同,蘇學士集卷一感興三首、宋詩鈔卷四感興三首"面"均作"而"。
⑥ 渴饑死於械　"渴饑"底本作"饑渴",據蘇學士集卷一感興三首、宋詩鈔卷四感興三首、宋元詩會卷一五感興三首乙正。
⑦ 獨夫已去除　"去"底本作"驅",據蘇學士集卷一感興三首、宋詩鈔卷四感興三首、宋元詩會卷一五感興三首改。
⑧ 非德不可蓋　"非德"底本作"飛惡",據蘇學士集卷一感興三首、宋詩鈔卷四感興三首、宋元詩會卷一五感興三首改。
⑨ 一燎不存芥　"存"底本作"容",據蘇學士集卷一感興三首、宋詩鈔卷四感興三首、宋元詩會卷一五感興三首改。
⑩ 頓失若空寒　"寒"底本作"寨",宋詩鈔卷四感興三首同,據蘇學士集卷一感興三首、宋元詩會卷一五感興三首改。
⑪ 貫北河　"北河"底本作"河北",據宋史卷五七天文志乙正。按:文獻通考卷二九二象緯考十五亦有關於"北河"的記載,可為參證。
⑫ 入東井没　底本脱"没"一字,據宋史卷五七天文志補。
⑬ 明燭地　底本脱"明"一字,據宋史卷五七天文志補。
⑭ 東流入濁　"濁"底本作"蜀",據宋史卷五七天文志改。
⑮ 没於鉤陳側　"鉤陳"底本作"鉤星",據宋史卷五七天文志改。
⑯ 近濁　"濁"底本作"蜀",據文獻通考卷二九四象緯考十七改。
⑰ 如木星　底本脱"如"一字,據文獻通考卷二九四象緯考十七補。
⑱ 不知舜欽詩所指凶星者是何也　底本脱"凶星者"三字,據嘉慶本補。
⑲ 通判河南事　"判"底本作"州",據嘉慶本改。

見宦寺權寵。己未,宰臣吕夷簡判澶州,樞密使張耆判陳州,樞密副使夏竦知潁州,參知政事陳堯佐知永興軍,樞密副使范雍知陝州,樞密副使趙稹知河中府,參知政事晏殊知亳州,皆太后所任用也。吕夷簡罷相事,見廢皇后郭氏。步軍副都指揮使、福州觀察使王德用爲檢校太保、簽書樞密院事。始,太后臨朝,有求内降補軍吏者,德用曰:"補吏,軍政也,敢挾此以干軍政,不可與。"太后固欲與之,卒不奉詔,乃止。興國寺東火,近張耆宅,耆乞兵防護,德用不遣。太后崩,有司請衛士坐甲,德用曰:"故事,無爲太后喪坐甲者。"又不奉詔。上閲太后閤中,得德用前奏軍吏事,奇之,以爲可大用,故擢任樞密。德用謝曰:"臣武人,幸得以驅馳自效,賴陛下威靈,待罪行間足矣。且臣不學,不足以當大任。"帝遣使者趣入院。降龍圖閣直學士、工部侍郎馬季良爲濠州防禦使,赴本州。始,太后疾加劇,侍御史孫祖德請還政,已而疾少間,祖德大恐。及太后崩,諸嘗言還政者多進用。庚申,擢祖德爲兵部員外郎、兼起居舍人、知諫院。降殿中丞、知吉州方仲弓爲太子中舍、監豐國監。仲弓嘗請如唐武后故事立七廟,太后讀其奏,怒曰:"不作此負祖宗事!"裂而擲之,猶用是得知吉州。上以累更赦宥,止薄責焉。真定府定州路都監羅崇勳,主仲弓者也,亦降爲鄂州都監。其後復降仲弓爲汀州别駕,崇勳爲太子右監門率府率、永州安置。

七月辛巳,供備庫副使楊安節、東染院使張懷德並除名,配隸廣南。伎術人張永信杖脊,刺配沙門島,婁文恭刺配儋州。又降内侍高品陳思忠爲西京高品,上清宫道士韓文成配廣南。初,章獻臨朝,永信、文恭挾妖妄,因安節、懷德僞爲禱祠,以規取金帛。文成亦因劉美家婢及思忠請託禁中。至是有司發其奸狀,故皆坐之。

八月丙申,以太常丞劉沆直集賢院。沆前同判舒州,章獻太后遣内侍張懷信修山谷寺,建資聖浮屠,懷信挾詔命,督役嚴急,州將至移疾不敢出,沆奏罷懷信歸。贈工部員外郎曹修古爲右諫議大夫。修古鯁直有風節,當章獻時,權倖用事,人人顧望畏忌,而修古遇事輒言①,無所回撓。初貶同判杭州,未行,改知興化軍,卒於官。帝思修古忠,故優贈之,仍賜其家錢二十萬。修古無子,録其婿劉勳爲試將作監主簿。

十月辛亥,司封員外郎、秘閣校理吴遵路爲開封府推官。始,章獻太后稱制,下莫

① 而修古遇事輒言 "遇"底本作"遭",據長編卷一一三、大事記講義卷八改。

敢言得失,遵路條奏十餘事①,語皆切直,忤太后意,出知崇州。庚申,詔自今每日御前殿視事,其休務并假日並如舊制。上即位之初,尚循真宗晚年故事,惟隻日御殿故也。

景祐元年正月壬午,以太常博士滕宗諒爲左正言。宗諒,先與劉越同上章獻太后疏,請歸政者也。

章惠嗣尊號②

自入宮至稱太后。詳見章獻垂簾。

景祐元年八月,尚、楊二美人有寵,楊太后亟以爲言,卒去之。初,蔡齊力爭削遺誥中"太后參決軍國大事"之語,呂夷簡歎曰:"蔡中丞不知吾心③,吾豈樂爲此哉!上方年少,恐禁中事莫有主張者爾。"及二美人爭寵恣橫,卒賴太后排遣之,或謂夷簡意實在此。然議者以爲人主既壯,而母后聽政,自非國家令典。雖或能整齊禁中,而垂簾之後,外戚用事,亦何所不至。齊之力争,不爲失也。

逐二美人,據記聞;吕夷簡諭蔡齊,據龍川別志④。

太后納陳氏女,許立爲后。見立皇后曹氏。九月壬子,詔名皇太后所居殿曰保慶宮,自今並以保慶皇太后爲稱。

二年三月壬子,加贈保慶皇太后二代。

十二月戊午,贈保慶皇太后三代。

三年七月己卯,新作延寧觀。觀本王中正舊第,保慶太后出奩中物,市其地而建之。癸卯,泗州新作普濟院成,詔給田十頃,保慶太后施錢所建也。

十一月戊寅,保慶皇太后崩。始,上在乳褓⑤,章獻使后護視上起居飲食,后必與之俱,所以擁佑扶持,恩意勤備。性慈仁,謙謹寡過。帝嘗召其侄永節、永德昇禁中,欲授諸司副使,后辭曰:"小兒豈勝大恩?儻小官可也。"乃命並爲左右侍禁。章獻崩,

---

① 遵路條奏十餘事　底本脫"奏"一字,據嘉慶本、長編卷一一三補。
② 章惠嗣尊號　本書目錄作"莊惠嗣尊號"。
③ 蔡中丞不知吾心　底本脫"吾心"二字,據朱熹五朝名臣言行錄卷六注文補。
④ 龍川別志　五朝名臣言行錄卷六作"龍川志"。
⑤ 上在乳褓　"褓"底本作"保",據長編卷一一九改。

后嗣享尊號,上奉踐稱臣①,后固辭之。又歲奉緡錢二萬助湯沐,后復辭曰:"此皆出民力,願留以贍軍。"上不從。上未有嗣,后從容勸上選宗子養宮中,由是英宗自宮邸未齠齔養后所。后無疾而終,殯於皇儀殿,敕知樞密院事王隨爲園陵監護使。禮官請爲后服緦麻,帝改用唐武宗服義安王太后故事②,加服小功,以五日易月而除,不視前後殿朝凡八日,不朝前殿四日。御素紗巾襆、淺黃袍、黑革帶,俟虞主祔奉慈廟,始復常服。内出緡錢十萬佐園陵費,上謐曰章惠,祝、册文並稱"孝子嗣皇帝"。壬辰,禮院言:"奉慈廟堂六間,章獻明肅太后、章懿太后室各兩間。殿之東、西夾室舊藏尊號册寶,今請册寶止藏於本室,而分二間以奉安保慶太后神主。"從之。

四年二月己酉,祔葬章惠皇太后於永安陵之西北隅。己未,祔章惠太后神主於奉慈廟。

三月丙申③,内出章惠太后閤金千餘兩,市莊園、邸舍以給萬壽觀。時於萬壽觀建廣愛殿④,奉安章惠御容故也。

廢皇后郭氏　范仲淹孔道輔等諫附見⑤

天聖二年九月庚子,皇太后手詔賜中書門下,以故中書令郭崇孫女爲皇后,諭輔臣曰:"自古外戚之家鮮能以富貴自保,故兹選於衰舊之門,庶免它日或擾撓聖政也。"十一月乙巳,立皇后郭氏。

三年正月辛亥,加贈皇后曾祖中書令郭崇爲尚書令、兼中書令,追封祖守璘及父允恭並爲節度使,母、祖母、曾祖母國太夫人。

四年四月丁巳⑥。天聖初,驍衛上將軍張美曾孫女與郭后同入宮,上意屬之⑦,將選爲后,而太后固立郭后,於是以張氏爲才人。

---

① 上奉踐稱臣　"奉"底本作"奏",據長編卷一一九改。
② 帝改用唐武宗服義安王太后故事　"宗"底本作"后",據長編卷一一九、舊唐書卷一八武宗本紀改。
③ 三月丙申　"三"底本作"二",據長編卷一二〇、王安石臨川集卷四六萬壽觀廣愛殿資薦章惠皇太后忌辰道場齋文改。
④ 廣愛殿　"愛"底本作"受",據嘉慶本、長編卷一二〇、玉海卷一六〇改。
⑤ 廢皇后郭氏范仲淹孔道輔等諫附見　本書目録作"皇后郭氏入道　范仲淹等諫附"。
⑥ 丁巳　底本脱此二字,據長編卷一〇四補。
⑦ 上意屬之　嘉慶本作"上屬意之"。

六年九月癸丑,以才人張氏爲美人。時張氏已被疾,後五日卒。

明道二年三月,皇太后劉氏崩。

四月己未,門下侍郎、兼吏部尚書、平章事吕夷簡罷爲武勝節度使、同平章事、判陳州①。帝始親政,夷簡手疏陳八事,曰正朝綱、塞邪徑、禁賄賂、辨佞壬②、絶女謁、疏近習、罷力役、節冗費,其勸帝語甚切。帝與夷簡謀,以張耆、夏竦等皆太后所任用,悉罷之。退,告郭皇后,后曰:"夷簡獨不附太后耶?但多機巧,善應變耳!"由是并罷夷簡。及宣制,夷簡方押班,聞唱其名,大駭,不知其故。而夷簡素厚内侍副都知閻文應,因使爲中詗,久乃知事由皇后云。

十月戊午,武勝軍節度使、同平章事、判陳州吕夷簡爲門下侍郎、兼吏部尚書、平章事。

十一月乙丑,追册美人張氏爲皇后,上雅意所屬故也。仍命内園使岑守素即故塋爲陵闕,而不立廟。

十二月。初,郭皇后之立,非上意,浸見疏。而后挾章獻勢,頗驕。後宫爲章獻所禁遏,希得進。及章獻崩,上稍自縱,宫人尚氏、楊氏驟有寵,后性妒,屢與忿争。尚氏常於上前出不遜語侵后,后不勝忿,起批其頰,上亦起救之。后誤抓上頸③,上大怒,有廢后意。内侍副都知閻文應白上出爪痕示執政、近臣,與謀之。吕夷簡以前罷相故怨后,而范諷方與夷簡相結,諷乘間言:"后立九年無子,當廢。"夷簡贊其言。上意未決,外人籍籍,頗有聞者。右司諫范仲淹因對,極陳其不可,且曰:"宜早息此議,不可使聞於外也。"居久之,乃定議廢后。夷簡先敕有司毋得受臺諫章疏。乙卯,詔稱皇后以無子願入道,特封浄妃、玉京冲妙仙師,賜名清悟,别居長寧宫。臺諫官章疏果不得入,仲淹即與權御史中丞孔道輔率知諫院孫祖德,侍御史蔣堂、郭勸、楊偕、馬絳,殿中侍御史段少連,左正言宋郊、右正言劉渙詣垂拱殿門,伏奏皇后不當廢,願賜對以盡其

---

① 判陳州 "陳"底本作"澶",據清光緒七年浙江書局刊本長編卷一一二、本書本卷下文之"武勝軍節度使、同平章事、判陳州吕夷簡"改。按:中華書局點校本長編卷一一三也有"武勝節度使、同平章事、判陳州吕夷簡",亦可爲參證。

② 佞壬 宋宰輔編年録卷四作"姦壬"。

③ 后誤抓上頸 嘉慶本同,長編卷一一三、宋史全文卷七上"抓"均作"批"。

言。扈殿門者闔扉不得通①,道輔撫銅鐶大呼曰:"皇后被廢,奈何不聽臺諫入言?"尋有詔宰相召臺諫,諭以皇后當廢狀。道輔等悉詣中書,語夷簡曰:"人臣之於帝后,猶子事父母也。父母不和,固宜諫止,奈何順父出母乎?"衆譁然,争致其説。夷簡曰:"廢后自有故事。"道輔及仲淹曰:"公不過引漢光武勸上耳,是乃光武失德,何足法也!自餘廢后,皆前世昏君所爲。上躬堯、舜之資,而公顧勸之效昏君所爲,可乎?"夷簡不能答,拱立曰:"諸君更自見上力陳之。"道輔、仲淹等退,將以明日留百官揖宰相廷争,而夷簡即奏臺諫伏閤請對,非太平美事,乃議道輔等罪。丙辰旦,道輔等始至待漏院,詔道輔出知泰州,仲淹知睦州,祖德等各罰銅二十斤。故事,罷中丞必有告辭②,至是直以敕除,道輔比還家,敕隨至。又遣使押道輔及仲淹亟出城,仍詔諫官、御史自今並須密具章疏,毋得相率請對,駭動中外。絳,平陰人也。偕奏乞與道輔、仲淹俱貶,勸及少連再上疏,皆不報。少連疏曰:"臣初聞非時召兩府大臣議皇后入道,一日之内,都下喧然,以爲母儀天下,固無入道之理。翌日,又聞兩府列狀,乞降后爲净妃。臣與孔道輔、范仲淹等恐詔命一行,難於追復,是以群詣殿閤上疏,而執政進説,使臣等不獲面對,令就中書商量。宰相雖知其誤,然猶責臣等翻覆率易,故道輔、仲淹斥守外郡,臣等例皆蒙罰。陛下親政以來,進用直臣,開闢言路,天下無不懽忻。一旦以諫官、御史伏閤,遽行黜責,中外皆以爲非陛下意,蓋執政大臣假天威以出道輔、仲淹而絶來者之説也。竊覩戒諭,自今有章,宜如故事密上,毋得群詣殿門請對。且伏閤上疏,豈非故事?今遽絶之,則國家復有大事,誰敢旅進而言者。昔唐陽城、王仲舒伏閤雪陸贄,崔元亮叩殿陛理宋申錫,前史以爲美。今陛下未忍廢出皇后,而兩府列狀議降爲妃,諫官、御史安敢默默!陛下深惟道輔等所言,爲阿黨乎?爲忠亮乎?"又上疏曰:"高明粹清,凝德無累者,天之道也。然氛祲蔽翳,晦明偶差,乃陰陽之沴耳。象天德者,君之體也;治陰陽者,臣之職也。陛下秉一德,臨萬方,有生之類,莫不浸涵德澤。而氛祲蔽翳,偶差晦明,以累聖德者,由大臣懷禄而不諫,小臣畏罪而不言。臣獨何人,敢貢狂瞽。竊痛陛下履仁聖之具美,乏骨鯁之良輔,因成不忍之忿,又稽不遠之

---

① 扈殿門者闔扉不得通 "扈",長編卷一一三作"護"。"闔"底本作"閤",據嘉慶本、長編卷一一三改。"得",長編卷一一三作"爲"。
② 告辭 長編卷一一三同,太平治迹統類卷一〇慶曆朋黨作"告詞",似是。

復,臣是以瀝肝膽,披情素,爲陛下廓清氛祲蔽翳之類。易曰:'夫夫婦婦而家道正,正家而天下定。'詩云:'刑於寡妻,以御於家邦。'若然,則君天下修化本者,莫不自內而刑外也①。昨者,二府大臣晚出,民間喧傳中宮被譴入道,又傳降爲妃而離宮庭矣。臣與道輔等皆在言職,以謂皇后母儀萬方,非有大過而動搖,則風教淩遲,况聞入道降妃之議出自臣下,且后妃有罪,出則告宗廟,廢則爲庶人,安有不示之於天下,不告之於祖宗,而陰行臣下之議乎?且皇后以小過降爲妃,則臣下之婦有小過者,亦當降爲妾矣。比抗章請對,不蒙賜召,豈非奸邪之人離間陛下耶?臣等前詣中書時,執政之臣謂后有妒忌之行,始議入道,終降爲妃。兼云有上封者慮后不利於聖躬,故築高垣,置在別館。臣等備言中外之議以爲未可,宜速降明詔,復中宮位號,以安民心。翌日,詔出,乃云:'中宮有過,掖庭具知。特示含容,未行廢黜。置之別館,俾自省循。供給之間,一切如故。'臣未審黜置別館,爲后爲妃②?詔書不言,安所取信。又况皇后事陛下一紀有餘,而輔臣倉卒以降黜之議惑於宸聽,縉紳循默,無敢爲陛下言者。臣所謂氛祲蔽翳以累聖德者,蓋臣職有曠爾。夫中宮動搖,有大不可者二:內外之臣,以至戚里③,皆萌覬覦之心,或進女口以希選納,或巧事寵愛以結內援,則使陛下惑女色而亂紀綱。紀綱之亂,變故以生,社稷可得安乎?易曰:'三人行則損一人,一人行則得其友。'斯大不可者一也。陛下舉事爲萬世法,苟因掖庭爭寵而遂廢后,何以書史策示子孫?况祖宗以來,未嘗有廢后之事。詩云:'無念爾祖,聿修厥德。'斯大不可者二也。臣竊恐奸佞之人引漢武幽陳皇后故事以諂惑陛下④。且漢武驕奢淫縱之主,固不足踵其行事。而爲人臣者,思致君如堯、舜,豈致君如漢武哉?今皇后置別館,必恐懼修省,陛下仁恕之德施於天下,而獨不加於中宮乎?願詔復中宮位號,杜絕讒間,待之如初,天地以正,陰陽以和,人神共懽,豈不美哉?苟爲邪臣所蔽,不加省察,臣恐高宗、王后之柱必見於它日,宮闈不正之亂未測於將來,惟聖神慮焉。"訖不報。

　　正史、實錄並云范諷權御史中丞。案:廢后時,諷罷中丞兩月矣,當云權三司使。又恐諷前有此議,

---

① 莫不自內而刑外也　"刑"底本作"形",據長編卷一一三、宋朝諸臣奏議卷二八段少連上仁宗論廢后有大不可者改。
② 爲后爲妃　底本脫此四字,據嘉慶本、長編卷一一三補。
③ 以至戚里　"里"底本作"理",據嘉慶本、長編卷一一三改。
④ 諂惑　底本作"陷惑",據宋朝諸臣奏議卷二八段少連上仁宗論廢后有大不可者、宋史卷二九七段少連傳改。

今没其官而不書,庶不相抵牾。郭勸傳云:"郭后廢,議納陳氏。勸進諫曰:'正家以御天下,自后妃始。郭氏非有大故不當廢,陳氏無世閥,不可儷宸極。'疏入,后已廢,而陳氏議遂寢。"案:議納陳氏在明年秋,不與廢郭后同時,今不取也。

　　將作監丞富弼上疏曰:"郭皇后自居中宮,不聞有過。陛下忽然廢斥,物議騰涌。自太祖、太宗、真宗三后撫國凡七十年,未嘗有此。陛下爲人子孫,不能守祖宗之訓,而遂有廢皇后之事,治家尚不以道,奈天下何?范仲淹爲諫官,所極陳者,乃其職也,陛下何故罪之?假使所諫不當,猶須含忍,以招諫諍,况仲淹所諫,大愜億萬人之心。陛下縱私忿,不顧億萬人之議,取笑四方,臣甚爲陛下不取也。昔章獻臨朝,陛下受制,事體太弱,而章獻不敢行武后故事者,蓋賴一二忠臣救護之,使章獻不得縱其欲,陛下可以保其位,實忠臣之力也。今陛下始獲暫安,遂忘舊日忠臣,羅織其罪而譴逐之。陛下以萬乘之尊,謂廢一婦人甚爲小事,然所損之體則極大也。夫廢后謂之家事而不聽外臣者,此乃唐奸臣許敬宗、李世勣諂佞之辭,陛下何足取法!陛下必欲廢后,但可不納所諫,何必加責,以重己過。今匹庶之家或出妻,必告父母,父母許,然後敢出之①。陛下貴爲天子,章獻、章懿山陵始畢,墳土未乾,便以色欲之心廢黜嫡后而不告宗廟,是不敬父母也。今陛下舉一事而獲二過於天下,廢無罪之后一也②,逐忠臣二也。此二者皆非太平之世所行,臣實痛惜之。章獻太后臨朝,以劉從德死,恩典太重,臺諫曹修古等四人連名上章極諫,章獻大怒,陛下不得已,遂貶此四人,然心甚惜其去。章獻纔往,陛下立行召命,優與恩獎,復處憲署。修古雖死,厚加贈典。如此者,蓋陛下憐其忠耿,不避禍難耳。今仲淹所諫,又甚於修古等所陳。修古等追用,而仲淹黜棄,陛下何所見前後之異也?况仲淹以忠直不撓,章獻時論冬仗事,大正君臣之分,陛下以此自擢用之。既居諫列,或聞累曾宣諭,使小大之事必諫無隱,是陛下欲聞過失,雖古先哲王亦無以過此。今仲淹聞過遂諫,上副宣諭之意,而反及於禍,是陛下誘而陷之。不知自今後何以使臣。雖日加宣諭,諫臣以仲淹爲戒,必不信矣。諫臣不諫,大非朝廷之福。今百執事所爲皆一司一局,雖平常者,皆能幹之,是易爲也。如仲淹者,乃爲臣之難能者也。今幹一司一局者,皆坐取遷陟,立居顯要,而仲淹不惜性命

---

① 然後敢出之　底本脱"敢"一字,據嘉慶本、長編卷一一三、宋朝諸臣奏議卷二八富弼上仁宗論廢嫡后逐諫臣補。
② 廢無罪之后一也　"罪"底本作"故",據長編卷一一三、宋朝諸臣奏議卷二八富弼上仁宗論廢嫡后逐諫臣改。

爲陛下論事,而遠徙外郡,臣恐百辟化之,皆務爲易者,而不爲難者。陛下一旦有難爲之事,不知何人爲陛下爲之?居諫官者,務要訐直,乃號稱職,依違者爲曠職。今循默者已居顯要,而訐直者尚居散地。苟如是,不若廢諫官。如不欲廢,即循默者可去,訐直者可用。請陛下急圖之。今天下凶歉,盜賊如麻,國用空虛,人心惶擾。奸雄觀此,已有窺覦之心。陛下當兢兢惕惕,宵衣旰食,日與臣僚講論安天下之計,猶恐不及。而乃自作弗靖,廢嫡后,逐諫臣,使此醜聲聞於四方,知陛下不納諫臣,朝政不舉,則奸雄益喜,以謂内外皆亂,事勢相符,必可集事。臣一念至此,心寒骨顫。此已然之兆,固非臣之臆説也。望陛下審思之,明察之。廢后已行,雖未能悔過,臣願陛下急且追還仲淹,復其諫職,減二過之一,庶乎諫路不絶,紀綱復振,使奸雄不能窺陛下淺深,社稷之慶也。臣昨免父喪赴闕①,途中聞此,今至京師,未及陛見,乃忘出位之責,而昧死有聞於陛下者,臣實不惜一仲淹,蓋惜陛下所舉措爾。"疏入,不報。

景祐元年八月壬申,詔淨妃郭氏出居於外。

十月癸酉,以淨妃玉京冲妙仙師清悟爲金庭教主、冲淨元師,美人楊氏聽入道,賜名宗妙,並居安和院,仍改賜院名曰瑶華宫。

二年八月己卯,右諫議大夫、知兗州孔道輔爲龍圖閣直學士。時近臣有獻詩百篇者,執政請除龍圖閣直學士,上曰:"是詩雖多,不如孔道輔一言。"遂以命道輔。議者因知前日之斥果非上意也。

十一月戊子,金庭教主冲淨元師郭氏薨。后之獲罪也,上直以一時之忿,且爲閻文應等所譖,故廢之,既而悔之。后居瑶華宫,上累遣使勞問,於是又爲樂府詞以賜后,后和答,語甚悽愴,文應大懼,會后小疾,文應與太醫診視,遷嘉慶院,數日,遽不起,中外疑文應進毒,然不得其實。時上致齋南郊,不即以聞,及聞,深悼之。詔以后禮葬。其兄中和、中庸並加遷擢。右正言、直集賢院王堯臣請推舉左右侍醫者②,不報。

十二月辛亥,昭宣使、恩州團練使、入内都都知閻文應領嘉州防禦使,落都都知,

---

① 臣昨免父喪赴闕　"昨",長編卷一一三作"近"。
② 推舉　長編卷一一七同,隆平集卷八王堯臣傳作"先治",宋史卷二九二王堯臣傳作"窮治"。按:據文意,"推舉"似爲"推鞫"之訛。

爲秦州鈐轄，尋改鄆州鈐轄。其子入内供奉官、句當御藥院士良爲内殿崇班，罷御藥院。時諫官姚仲孫、高若訥劾文應："方帝宿齋太廟，而文應叱醫官，聲聞行在。郭皇后暴薨，中外莫不疑文應實毒者，請併士良出之。"故有是命。文應專恣，事多矯旨付外，執政不敢違。天章閣待制范仲淹將劾奏其罪，即不食，悉以家事屬其長子曰："吾不勝，必死之。"上卒聽仲淹言，竄文應嶺南，尋死於道。

三年正月壬辰，追册故金庭教主冲淨元師郭氏爲皇后，命知制誥丁度、内侍押班藍元用同護葬事，尋詔中書門下停其諡册、祔廟。丁酉，葬於奉先資福院側，鹵簿、儀物並用孝章皇后故事。

嘉祐四年。上始欲於景靈宫建后影殿，禮官言其不可，遂寢。既而翰林侍讀楊安國請建影殿於洪福院，再下禮院①。禮官言影殿非古，宜賜諡册，祔於后廟。劉敞等又言其不可，議遂格。

美人尚氏楊氏争寵

明道二年十二月，美人尚氏、楊氏驟有寵。尚氏嘗於上前出不遜語侵皇后郭氏，后不勝忿，起批其頰，誤抓上頸，后以是坐廢。

景祐元年四月丁酉，殿中侍御史龐籍爲開封府判官，尚美人遣内侍稱教旨免工人市租。籍言祖宗以來，未有美人稱教旨下府者。帝爲杖内侍，切責美人，詔有司自今宫中傳命，毋得輒受。庚子，美人尚氏父繼斌爲右侍禁，從父繼恩、繼能並爲右班殿直②。

案：實錄明道元年五月乙未，以後宫尚氏父延福爲國子助教。今尚氏父又名繼斌，不知何故。本傳亦云繼斌，無所謂延福者，豈延福别一尚氏父耶？當考。

八月壬申，詔："淨妃郭氏出居於外。美人尚氏爲道士，居洞真宫。楊氏别宅安置。曩者母后臨朝，臣僚戚屬多進女口入内，今悉遣還其家。長秋之位，不可久虛，當求德門，以正内治。"郭后既廢，尚、楊美人益有寵，每夕侍上寢，上體爲之敝，或累日不

---

① 再下禮院　"院"底本作"官"，據長編卷一九〇改。
② 從父繼恩繼能並爲右班殿直　嘉慶本同，長編卷一一四"繼恩"作"繼因"。又本卷本節下文及長編卷一一五均有"左班殿直尚繼恩、繼能並除名"，疑"右班殿直"爲"左班殿直"，可惜孤證難斷。

進食。中外憂懼,皆歸罪二美人。楊太后亟以爲言,上未能去。入内都知閻文應早暮侍上①,言之不已,上不勝其煩,乃領之。文應即命氈車載二美人出。二美人涕泣詞説云云,不肯行,文應搏其頰,罵曰:"宮婢尚何言!"驅使登車。翌日,降是詔。初,蔡齊力争削遺誥中"太后參决軍國大事"之語②,吕夷簡歎曰:"蔡中丞不知,吾豈樂爲此哉?上方年少,恐禁中事莫有主張者耳。"及二美人争寵恣横,卒賴太后排遣之,或謂夷簡意實在此。然議者以爲人主既壯而母后聽政,自非國家令典,雖或能整齊宮中,而垂簾之後,外戚用事,亦何所不至。齊之力争,不爲失也。

逐二美人,據記聞;吕夷簡諭蔡齊,據龍川别志。

甲戌,降六宅使從演爲六宅副使,東八作副使從湜爲内殿承制,仍絶朝謁。母莒國夫人何氏坐不能訓導,自今毋得入内。右侍禁尚繼斌,左班殿直尚繼恩、繼能並除名。從演嘗以婢遺尚美人,從湜受美人所寄金,又爲訪求其父,故皆責之。丙子,編管繼斌於鄧州,繼恩湖州,繼能滁州。從湜、從演皆德芳孫也。逾年,乃復從演、從湜官,仍許朝謁。壬午,降皇城使、英州刺史王懷節爲左驍騎將軍,坐令弟懷德婦持貨私遺尚美人求管軍。上以其父繼忠嘗陷契丹,不欲重貶之。九月戊申③,詔入内内侍省以所估尚氏等位金帛二十餘萬貫,賜三司給軍費。

十月癸酉,美人楊氏聽入道,賜名宗妙,居安和院。

皇祐二年七月丁亥,贈美人尚氏爲充儀。是月,美人楊氏爲婕妤。景祐初聽入道,居瑶華宮,至是復位號。

立皇后曹氏

景祐元年八月甲子,宰相吕夷簡等上表請立皇后。

---

① 入内都知閻文應早暮侍上　長編卷一一五同,嘉慶本"入内都知"作"入内都都知"。本書卷三五置睦親宅、長編卷一一七均有"[景祐二年九月]己酉,詔即玉清昭應宮舊地建宮,合十位聚居,賜名睦親宅,命三司使程琳總其事,入内都都知閻文應等典領工作"。本卷上文、長編卷一一七均還有"[景祐二年]十二月辛亥,昭宣使、恩州團練使、入内都都知閻文應領嘉州防禦使,落都知,爲秦州鈐轄,尋改鄆州鈐轄"。宋史卷一六六職官志記載:宋朝"入内内侍省有都都知、都知、副都知、押班、内東頭供奉官、内西頭供奉官、内侍殿頭、内侍高品、内侍高班、内侍黄門",都知都都知遂爲内臣之極品。故此處之"入内都知"是否是"入内都都知",待考。
② 遺誥　底本作"遺詔",據嘉慶本改。
③ 九月戊申　底本脱"九月"二字,據長編卷一一五補。

九月辛丑①,尚、楊二美人之出宮也,帝令參知政事宋綬面作詔,云:"當求德門,以正內治。"既而,左右引壽州茶商陳氏女入宮,綬諫曰:"陛下乃欲以賤者正位中宮,不亦與前日詔語戾乎?"後數日,樞密使王曾入對,又奏引納陳氏為不可。上曰:"宋綬亦如此言。"宰相呂夷簡、樞密副使蔡齊相繼論諫②,兼侍御史知雜事楊偕、同知諫院郭勸復上疏,卒罷陳氏。或曰陳氏父號"陳子城"者,始因楊太后納女宮中,太后嘗許以爲后矣。至掖庭,將進御,句當御藥院閻士良聞之,遽見上,上方披百葉圖擇日,士良曰:"陛下閱此何爲?"上曰:"汝奚問?"士良曰:"臣聞陛下欲納陳氏爲后,信否③?"上曰:"然。"士良曰:"陛下知子城使何官?"上曰:"不知也。"士良曰:"子城使,大臣家奴僕官名也。陛下欲納奴僕之女爲后,豈不愧公卿大夫耶?"上遽命出之。士良,文應子也。

甲辰④,詔立皇后曹氏,贈尚書令、冀王彬之孫女也。郭后廢,始聘后入宮。乙巳,命宰相李迪爲冊禮使,參知政事王隨副之⑤,宋綬撰冊文,并書冊寶。有司奏用冬至日行冊禮,監察御史裏行會稽孫沔言:"章獻三年之喪未除,請終制而後行。"秘書丞曲江余靖亦以爲言,不報。

王巖叟元祐繫年錄云:呂相⑥白太后曰:"亦聞仁皇罷陳子城親事否?"太母曰⑦:"仁皇聖明,御藥閻安說得子細。其父士良,當時正親近。一日,仁皇曰:'你何不賀我?'士良曰:'賀甚事?'曰:'賀我尋得皇后。'士良曰:'誰家?'曰:'陳子城家。'士良曰:'子城官職乃奴隸也,富民用錢買到。'仁皇遽曰:'幾乎錯了!'明日,以語呂夷簡,夷簡賀聖明。人言夷簡先見⑧,非也,卻是仁皇説與夷簡如此。"余曰:"願陛下體此意。"呂相亦云然。太母問曰:"當時因甚在明肅服內納后,大臣怎肯? 神宗曾問及,不知何故如此,便是臣庶家也不肯。"呂相等皆不知所對。樞密先下,余語韓師朴曰⑨:"適來事,先令公嘗説及。今再上,欲奏。"既復對,師朴奏:"適來聖問明肅服內納后事,先臣卻曾説與王巖叟。"余曰:"臣嘗聞韓琦説此

---

① 九月辛丑 底本脫此四字,據長編卷一一五補。
② 樞密副使 底本作"副樞密",據長編卷一一五乙正並補。
③ 信否 "否"底本作"不",據長編卷一一五改。
④ 甲辰 底本"甲辰"上衍"九月"二字,據長編卷一一五刪。
⑤ 參知政事 底本脫"參"一字,據長編卷一一五補。
⑥ 呂相 即宋哲宗元祐年間的宰相呂公著或呂大防,待考。
⑦ 太母曰 "母",長編卷一一五作"后"。下同。
⑧ 人言夷簡先見 "見",嘉慶本同,長編卷一一五作"言"。
⑨ 韓師朴 即韓琦長子韓忠彥,宋史卷三一二有傳。

事。當呂夷簡作宰相,范仲淹作諫官。仲淹語琦曰:'呂相又勸上做一件不是當底事也,須共理會。'仲淹往見夷簡,面責之,夷簡曰:'固知非理,司諫卻不知裏面事。上春秋盛,妃嬪已雜進。不早立后,無以制,非所以愛上。'仲淹無以折,復見韓琦曰①:'呂相幸自不是,被他有説後,没可奈何。'"太母笑曰:"原來卻是恁地。"師朴又曰:"應是恐妃嬪中進起來作后。"太母曰:"那門識甚君臣,識甚事體?"余曰:"須立后,則事體自然正。"案:立曹后時,范仲淹已責知睦州。詰夷簡者,必非仲淹也,嚴叟誤記。

十月甲申,以選納皇后,賜在京諸軍班特支。

十一月己丑,册皇后。戊申,贈皇后二代②,祖彬進封魯王,父玘爲太傅、兼侍中。庚戌,封皇后祖母唐氏爲延安郡太夫人。辛亥,東上閤門使、榮州刺史曹琮爲衛州團練使。琮兄女爲后,禮皆琮主辦,於是奏曰:"陛下方以至公屬天下,臣既備后族,不宜冒恩澤,亂朝廷法。族人敢因緣請託,願實於理。"時論稱之。尋出爲環慶路部署、知邠州。

十二月己未,步軍都虞候、康州防禦使、涇原路副都部署曹儀爲耀州觀察使,落管軍。皇后既立,儀自乞罷軍職,從之。

二年十二月戊午,贈皇后三代,又進封延安郡夫人唐氏爲舒國太夫人。

慶曆八年十月,王贇以衛士之變動搖中宫。見貴妃張氏寵幸。初,帝以閏月之望,欲於禁中再張燈,后力諫止。其後三日,衛士數人踰屋至寢殿。時后侍帝,夜半聞變,帝遽欲出,后閉閣抱持③,遣宫人馳召都知王守忠等以兵入衛。賊至福寧殿下,斫宫人傷臂,聲徹帝所。宦者何承用慮帝驚,紿奏宫人毆小女子。后叱之曰:"賊在殿下殺人,帝且欲出,敢妄言耶!"后知賊必縱火,乃遣宦者持水踵賊,賊果以燭焚簾,水隨滅之。是夕所遣宦者,后親剪其髮以爲識,諭之曰:"賊平,加賞,以汝髮爲證。"故宦者争盡死力,賊即禽。倉卒處置,一出於后。后閤中侍女有與黄衣卒亂者④,事覺當誅,求哀於帝左右。帝欲赦之,后具衣冠見帝,固請誅之。帝曰:"痛杖之,足以懲矣。"后不可,曰:"如此,無以肅清禁廷矣。"帝命后坐,后立請,幾移兩辰,帝乃許之,遂誅於東園。

---

① 仲淹無以折復見韓琦曰　底本作"仲淹無所復言,見韓琦曰",據長編卷一一五改。
② 贈皇后二代　"二"底本作"三",嘉慶本、長編卷一一五同,據文淵閣本長編卷一一五改。
③ 后閉閣抱持　"閣"底本作"閤",據嘉慶本、長編卷一六五改。
④ 后閤中侍女有與黄衣卒亂者　"閤"底本作"閣",據嘉慶本、長編卷一六五改。底本脱"侍女"二字,據長編卷一六五補。

卷第三十四

仁宗皇帝

宦寺專恣

天聖四年二月戊申朔,置上御藥供奉四人。御藥院掌按驗秘方、和劑藥品,以進御及供奉禁中之用。至道三年始置,以入內供奉官三人掌之,或參用士人。於是,別置上御藥供奉,其品秩比內殿崇班,專用內侍,其後多至九人。

三月辛巳,許上御藥供奉藍元用等封贈父、母、妻。元用,繼宗養子也。

九月,監察御史曹修古嘗偕三院御史十二人晨朝,將至朝堂,遇黃門二人行馬不避,呵者止之,反爲所詈。修古奏:"前代稱御史臺尊則天子尊。故事,三院同行與知雜事同。今黃門侮慢若此,請付所司劾治。"上立命笞二黃門。

六年二月丁丑,詔上御藥供奉藍元用、張懷德、羅崇勳並落供奉,爲上御藥。

七月丙辰,以翰林學士兼侍讀學士蔡齊爲龍圖閣學士、知河南府。羅崇勳趣齊上修景德寺記,曰:"參知政事可得也。"齊故遲其記不上。崇勳怒,譖於太后,命齊出守。參知政事魯宗道固爭留之,不能得,尋以親老易密州。

七年正月,曹利用不恤中人,羅崇勳請往按治曹汭不法事。見曹利用罷樞密。三月,內侍皇甫繼明等三人給事太后閤,兼領估馬,自言估馬有羨利,乞遷官。事下群牧司,閱實無羨利。繼明方用事,自制置使以下皆欲附會爲奏,群牧判官司馬池獨不可,吏拜曰:"三中貴人不可忤也。"池不聽。繼明等怒甚,會除開封府推官,敕至閤門,爲繼明黨所沮罷,乃以屯田員外郎出知耀州。

五月甲戌,太常博士范諷爲右司諫。先是,諷知廣德軍,尋以疾監舒州仙靈觀。上御藥張懷德至觀齋祠,諷頗要結之。懷德薦於太后,遂召還。問所欲言,對曰:"今權臣驕悍，將不可制。"蓋指曹利用也。利用敗①，久之，乃授諷諫官。

九月丙寅，詔閤門，自今入內都知押班，如昭宣使以上，即與客省使等爲一班；皇城使副以下，並在皇城使之前，別作一行。太祖朝，都知押班率供奉官爲之。內中祗應，裹頭巾、衣褐衫而已。宰相吕夷簡不考故事，輒升其班次，議者非之。

八年六月甲午②，內臣韓守英、藍元用、皇甫繼明並遷官職，以上三朝國史也。

九年五月己巳，秘書丞、知陳留縣王冲配雷州編管。初，內臣羅崇勳就縣請官田不得，使皇城卒虚告冲市物有剩利事。太后令崇勳劾之，冲不得自明，故重謫。

明道元年二月，吕夷簡言出喪事，太后不許。夷簡謂羅崇勳云云，崇勳懼，馳告，乃許之。詳見追尊莊懿。

七月乙酉，封天章閣待制范諷母萬年縣太君劉氏爲永嘉郡太君。時上御藥張懷德傳宣中書，而特封之。

九月，大內火，韓守英、藍繼宗、江德明③、盧守懃並遷官④，自上御藥而下至內品，凡遷擢十五人，並以宫廷火，録衛乘輿之勞也。詳見大內災。

十一月戊子，江德明、閻文應等遷官，並録管句修內之勞也。詳見大內災。

十二月癸亥⑤，詔上御藥自今比內殿承制⑥，上御藥供奉比崇班，仍居本品之上。

二年三月甲午，皇太后崩。

四月，帝始親政。癸丑，罷上御藥並上御藥供奉，以上御藥楊懷志、江德用並爲供備庫使，楊承德、楊餘懿並爲洛苑副使，上御藥供奉蔡舜卿、張懷信、武繼隆、任守忠、楊安節爲供備庫副使。以入內供奉官四人句當御藥院，如故事。丙辰，降文思使、普州團練使、入內副都知江德明爲西京左藏庫使、并代路鈐轄，三陵副使、東染院使羅崇勳爲真定府定州路都監，洛苑副使楊餘懿爲齊州都監，楊承德爲同州都監⑦，供備庫副使張懷信爲岳州都監，楊安節爲晉州都監，武繼隆爲蘄州都監，任守忠爲黄州都監，蔡

---

① 利用敗　"敗"，長編卷一〇八作"貶"。
② 甲午　底本脱此二字，據長編卷一〇九補。按：長編卷一〇九載：因真宗史成，參與其事的宦官也遷官。
③ 江德明　底本作"江道明"，據嘉慶本及本書卷三二大內災改。
④ 盧守懃　"懃"底本作"勳"，據本書卷三二大內災、長編卷一一一改。
⑤ 十二月癸亥　嘉慶本同，長編卷一一一作"（十一月）癸巳"。
⑥ 詔上御藥自今比內殿承制　底本"藥"下衍"院"字，據長編卷一一一删。
⑦ 楊承德爲同州都監　底本脱"爲"一字，據長編卷一一二補。

舜卿爲潞州都監。初，大行皇太后輔政，而德明等交通請謁，權寵頗盛。參知政事薛奎言："不遂斥逐，恐階以爲亂。"上不欲暴其罪狀，止斥之於外①。

楊懷志、江德明二人未見責官，當考。

七月辛巳，楊安節、張懷德並除名，配隸廣南。陳思忠降爲西京高品。

八月庚子，殿中侍御史段少連言②："頃歲，上御藥楊懷德至漣水軍，稱詔市民田三十頃給僧寺。按舊例，僧寺不得市民田③。請下本軍，還所市，收其直入官。"從之。

十月乙巳，左藏庫使、普州團練使、入内副都知、并代路鈐轄江德明落副都知，領果州防禦使，爲潞州鈐轄。西京作坊使、内侍押班朱允中落押班，爲六宅使、天雄軍鈐轄。初，德明等在莊獻時頗用事，至是，言者以爲猶不檢畏，故落職而外遷之。

外戚驕橫

天禧四年五月己未，洛苑使、黔州刺史、同句管皇城司劉美爲龍神衛四廂都指揮使，領昭州防禦使。詳見垂簾。

六月，宰臣寇準請治皇后宗人横於蜀，奪民鹽井。事見丁謂事迹④。監察御史章頻嘗受詔鞫邛州牙校訟鹽井事，劉美依倚后家受託，使人市其獄。頻請捕繫，上以后故不問，出頻知宣州。錢惟演請除丁謂首相事。事見丁謂事迹⑤。

乾興元年二月戊午，仁宗即位，皇太后垂簾聽政。

四月壬寅，以光禄寺丞尉氏馬季良，家本茶商，劉美女婿也，於是，召試館職。太后遣内侍賜食，促令早了，主試者分爲作之。

此據江休復雜志，主試者，學士晏殊也。

天聖元年正月庚寅，贈侍中劉美妻吳興郡夫人錢氏封越國夫人。錢氏，惟演妹。及卒，輟視朝三日。上初即位，太常丞、直集賢院、判吏部南曹丁度嘗獻王鳳論於皇太后，以戒外戚。

---

① 止斥之於外 "斥"，長編卷一一二作"黜"。
② 殿中侍御史 底本脱"殿中"二字，據長編卷一一三補。
③ 按舊例僧寺不得市民田 "按舊例，僧寺"底本作"既而"，據長編卷一一三補、改。
④ 事見丁謂事迹 底本竄入正文，今據本書體例改爲注文。
⑤ 丁謂事迹 "事迹"底本作"事實"，據本書卷二三丁謂事迹改。

三年正月壬子,加贈皇太后兄贈侍中劉美中書令,追封嫂越國夫人錢氏爲鄆國太夫人。

五年三月。王蒙正爲荆南駐泊都監,挾太后姻橫肆。知府李若谷繩以法,議事多異同。轉運使王碩具奏,頗佑蒙正。戊申,徙若谷知潭州。蒙正女,劉從德妻也。

六年六月丁亥,以太常丞、直史館馬季良爲龍圖閣待制。詳見垂簾。

八年四月甲午,徙京西轉運使、工部郎中王彬爲河北轉運使。部吏馬崇正,太后姻家,猾橫不法,彬發其贓罪下吏,忤太后意,復徙京東。辛亥,武勝軍節度使、同平章事、判許州錢惟演來朝,惟演以疾求赴京師也。

六月癸巳,呂夷簡等上三朝正史,龍圖閣待制馬季良專督三司應報文字,亦賜勳一轉。戊申,賜和州刺史劉從德敕書獎諭。從德知衛州,辟屯田員外郎戴融爲同判,而融楚人,善諂佞,因率州人千數,妄言治有異狀,乞刻碑記之。朝廷雖不許,以太后故,猶降褒詔。從德,美之子也。縣吏李熙輔者,善事從德,乃薦於朝。太后喜曰:"兒能薦士,知所以爲政矣!"即日擢熙輔京官。從事河南鄭驤因緣從德,亦擢美職。時監司以太后故,多假借從德,獨轉運使王立按舉無所容。

八月丁未,徙判許州、武勝軍節度使、同平章事錢惟演判陳州。

九月,劉美家婢出入禁中,大招權利,樞密直學士、刑部侍郎趙稹厚結之。己巳,擢稹爲樞密副使。

九年正月辛未,改新判陳州錢惟演判河南府。始,惟演託疾久留京師,既除陳州,遷延不赴,且圖相位。天章閣待制范諷奏曰:"惟演嘗爲樞密使,以皇太后姻屬罷之,示天下以不私。今固不可復用。"殿中侍御史郭勸亦請督惟演上道,而惟演自言先壠在洛陽,願司宮鑰。遂命惟演守河南,促其行。它日,諷入對,太后謂曰:"惟演去矣。"諷曰:"惟演奴僕皆得官,不去,尚奚以爲?"時惟演弟處州觀察使、知定州惟濟亦遷武昌留後、知澶州,尋復知定州。勸又言:"惟演不當爲其弟求遷,且求總兵權,乞罷之。"不報。

九月,王蒙正子齊雄捶老卒死,妻與子以病告開封府,乞毋驗尸,知府事程琳察其辭色有異,令有司驗劾,得捶死狀。蒙正連姻太后家,太后因琳對,謂曰:"齊雄非殺人者,乃其奴嘗捶之耳。"琳對曰:"奴無自專理。且使令與己犯同。"太后默然,遂論如法。外戚吴氏離其夫李咸熙,而挈其女姪歸。咸熙訴府,琳命還女,吴氏曰:"已納宫中矣。"琳即請於帝,且曰:"臣不言,恐諍臣有以議陛下者①。"帝命亟出之。

十一月。初,蔡州團練使、知相州劉從德卒,年四十二,贈保寧節度使,封榮國公,謚康懷。太后悲憐之尤甚,録内外姻戚門人及童僕幾八十人。從德姊婿龍圖閣直學士馬季良、母越國夫人錢氏兄惟演、子集賢校理曖及妻父王蒙正皆以遺奏②,各遷兩官。屯田員外郎戴融嘗佐從德衛州,爲度支判官侍御史曹修古,殿中侍御史郭勸、楊偕,推直官段少連交章論列。太后怒,下其章中書。大臣請黜修古知衢州,餘以次貶。太后以爲責輕,丁酉,降修古爲工部員外郎、同判杭州,勸、偕爲太常博士,勸監濰州稅,偕監舒州稅,少連爲秘書丞、監漣水軍稅。曹修古改知興化軍。龍圖閣直學士馬季良子將作監主簿、館閣讀書直方爲大理評事。季良辭所遷官,故以命直方也。

明道元年,王蒙正恃太后親,多占田嘉州。詔勿收賦。高覿爲益州路轉運使,極論其不可。

二年三月甲午,皇太后崩。

四月,上始親覽庶政,裁抑僥倖,中外大悦。癸丑,以景靈宫使、泰寧節度使、同平章事錢惟演判河南府。己未,降龍圖閣直學士、工部侍郎馬季良爲濠州防禦使,赴本州。

七月,四方館使、連州刺史王克明者,承衍孫,莊獻太后姪婿也。嘗令人入宫中,言太后有災,當禳禬之,遂得白金百兩。至是御史發之,降克明爲左武衛大將軍、壽州都監。

九月丙寅,崇信節度使、同平章事、判河南府錢惟演落平章事,赴本鎮。初,惟演欲爲身計,首建二后並配議,既與劉美親,又爲其子曖娶郭皇后妹。至是,又欲與莊懿太后族爲婚。御史中丞范諷劾奏惟演不當擅議宗廟,又言惟演在莊獻時權寵大盛,與后家連姻,請行降黜。上諭輔臣曰:"先后未葬,朕不忍遽責惟演。"諷即袖告身入對曰:"陛下不聽臣言,臣今奉使山陵③,而惟演守河南,臣早暮憂刺客④。願納此,不敢

---

① 諍臣　嘉慶本作"諫臣"。
② 子集賢校理曖　"曖"底本作"嫚",據嘉慶本、長編卷一一〇改。下同。
③ 臣今奉使山陵　底本脱"臣"一字,據長編卷一一三補。
④ 臣早暮憂刺客　"暮"底本作"莫",據長編卷一一三改。

復爲御史中丞矣。"上不得已,可之,諷乃趨出。丁卯,復奪曖一官,落集賢校理,聽隨惟演行,諸子皆補外州監當。甲申,再貶濠州防禦使馬季良爲左屯衛將軍、滁州安置。御史中丞范諷言季良僥倖得官,當行追奪故也。開封府又劾奏季良冒立券,庇富民劉守謙免户役。詔許季良自陳,以地給還之。

貴妃張氏寵幸

康定元年十月癸未朔,以御侍河南郡君朱氏、清河郡君張氏並爲才人。張氏,河南人,父堯封,天聖初客南都,依大姓曹氏,曹以女妻之。後擢進士第,補石州軍事推官,未行,卒京師。從兄堯佐將赴官於蜀,而曹氏請以諸孤從行,堯佐以道遠弗許,曹益困。堯佐母,錢氏女也。張氏時八歲,與姊妹三人由錢氏入宮,寖長,得幸於上,性聰敏便巧,挾智數,能探測人主意,先後將迎。上以其良家子,待遇異諸嬪御,累封清河郡君,於是與朱氏並爲才人。朱氏,開封人也。

慶曆元年八月,朱氏生子曦。張后本傳①云慶曆元年封清河郡君,誤也。會要亦誤。

慶曆元年十二月丁酉,進封才人張氏爲修媛。

二年五月癸卯朔,封皇第三女爲安壽公主,生三歲矣。其母,修媛張氏也。贈修媛父故石州軍事推官堯封爲秘書監。戊申,安壽公主薨,追封唐國公主。以母寵,帝愛之,成服苑中,群臣奉慰殿門外。

閏九月癸未②,贈修媛張氏曾祖東頭供奉官文漸爲寧州刺史,祖試校書郎潁爲光禄少卿,外祖應天府助教曹簡爲秘書省著作佐郎。修媛追贈三世,前此未有也。

三年八月乙未,封皇第四女爲寶和公主,而五日薨,追封越國公主。生始二歲③,其母張氏寵愛日甚,冠於後庭,忽感疾,進白帝曰:"所以召災者,資薄而寵厚也。願貶秩爲美人,庶幾可以消咎譴。"帝許之。戊申,以張修媛爲美人④。

四年三月己巳,職方員外郎、同判登聞鼓院張堯佐提點開封府界諸縣鎮公事⑤。

---

① 張后本傳　長編卷一二九作"張氏本傳"。
② 癸未　底本脱此二字,據長編卷一三七補。
③ 生始二歲　"二",長編卷一四二作"三"。
④ 以張修媛爲美人　底本脱"張"一字,據長編卷一四二補。
⑤ 提點開封府界諸縣鎮公事　底本脱"界"一字,長編卷一四七同,據宋史卷一六七職官志、卷四六三張堯佐傳補。本卷本節下文之"遂與府界提點"可爲參證。

諫官余靖言：" 外議皆云堯佐識見淺近，託依後宮嬪嬙之勢，已得內降指揮，改賜章服。又從內批與省府差遣。大臣依違，不能堅執，遂與府界提點。伏惟陛下近歲以來，每事思治，損節淫貨，放減後宮，絕斜封之官，無私謁之寵，此皆日來親行至美之事，安得更使外議籍籍如此？臣深爲陛下惜之！" 又言：" 堯佐，修媛之世父，進用不宜太遽。頃者郭后之禍起於楊、尚，不可不監。" 上曰：" 朕豈以女謁進人？蓋因臣僚論薦而後用爾。如物議不允，當更授一郡耳。"

上雖有此言，堯佐竟不出。明年閏五月，除戶判。

六年四月辛未，進封美人張氏母安定郡君曹氏爲清河郡夫人。

七年五月乙卯，贈西頭供奉官、閤門祗候張化基爲密州觀察使。化基，美人之兄，特恤之。

七月壬午，戶部副使、祠部郎中張堯佐爲天章閣待制、河東都轉運使①。

堯佐此除獨無言者，當考。

八年閏正月辛酉夕，崇政殿親從官爲變。甲子②，上語輔臣以宮廷之變，美人張氏有扈蹕功，樞密使夏竦即倡言宜講求所以尊異之禮。宰相陳執中不知所爲，翰林學士張方平見陳執中言：" 漢馮婕妤身當猛獸，不聞有所尊異。且皇后在而尊美人，古無是禮。若果行之，天下謗議必大萃於公，終身不可雪也。" 執中聳然從方平言而罷。

張氏此時未爲貴妃，墓誌及附傳皆云貴妃，誤也。

四月甲戌，祠部郎中、天章閣待制張堯佐爲兵部郎中、權知開封府。侍御史知雜事張昇言③："堯佐緣恩澤進用太驟，非所以公天下。" 不報。

十月壬午，進美人張氏爲貴妃，仍令所司擇日備禮册命。先是，夏竦倡議欲尊異美人，起居舍人、直史館、同知諫院王贄因言賊根本起皇后閤前④，請究其事；冀動搖中宮，陰爲美人道地。御史何郯入見，上以贄所言諭郯，郯曰："此奸人之謀，不可不察也。" 上寤，事寢不復究，然美人卒用扈駕功進妃位⑤。

---

① 河東都轉運使　底本脫"都"字，據長編卷一六一、太平治迹統類卷一〇補。
② 甲子　底本作"它日"，據長編卷一六二改。
③ 侍御史知雜事張昇言　"史"底本作"使"，據嘉慶本、長編卷一六四改。"張昇"底本作"張昇"，據長編卷一六四、宋史卷三一八張昇傳改。
④ 皇后閤　"閤"底本作"閣"，據長編卷一六五、九朝編年備要卷一三改。
⑤ 扈駕　長編卷一六五作"扈蹕"。

此據鮮于侁所作郯墓誌及郯奏議。墓誌、奏議雖不出王贄之姓名，按馮潔己御史臺記載贄事尤詳，今取以爲據①。

庚寅，翰林學士、右諫議大夫、知制誥、史館修撰宋祁落職知許州。國朝命妃皆發册，妃辭則罷册禮，然告在有司，必俟旨而後進②。又，凡制詞既授閤門宣讀，學士院受命而書之，送中書，結三省銜，官告院用印，然後進內。張美人進號貴妃，祁適當制，不俟旨，寫告不送中書，徑取官告院印用之，亟封以進③。妃方愛幸④，冀行册禮，得告大怒，擲地不肯受，祁坐是黜。初，祁亦疑進告爲非，謂李淑明於典故，因問之。淑心知其誤，謂祁曰："第進，何所疑耶？"祁果得罪去。議者益惡淑傾險云⑤。

十一月乙卯，起居舍人、直史館、知諫院王贄爲天章閣待制。張貴妃既得立，甚德贄，密賜贄金幣以巨萬計，嘗謂人曰："我家諫官也。"及將受册禮，欲得贄捧册。中書言："攝侍中，故事必用待制以上。"於是驟進贄職。

十二月丁卯，貴妃張氏行册禮，群臣表賀。初，禮官有議妃當受外命婦拜者，判太常寺張揆曰："妃一品正，與外廷王公等，豈可當命婦拜也。"或曰："妃爲修媛時，命婦已莫敢抗禮，況貴妃乎？"同知禮院邵必曰："宮省事秘不可知，然今下有司議，惟有外一品南省上事儀爾。而百官班見，禮固無不答。"衆意乃定。

皇祐元年三月癸卯，端明殿學士、給事中張堯佐權三司使。

九月乙未，權三司使、端明殿學士、給事中張堯佐爲禮部侍郎、三司使。監察御史陳旭言堯佐以後宮親，不宜制國用，不聽。

二年六月戊辰，贈貴妃張氏母越國夫人曹氏曾祖旭爲秘書丞，祖靖爲祠部員外郎。丙子，諫官包拯、陳旭、吳奎等言："今億兆之衆皆謂三司使張堯佐凡庸之人，徒緣寵私，驟階顯列，是非倒置，職業都忘。諸路不勝其誅求，內帑亦煩於借助。法制刓弊，商旅阻行。而堯佐洋洋自得，不知羞辱，召來災厲⑥，實自斯人。臣等竊以任用堯

---

① 今取以爲據　嘉慶本"取"下有"此"一字。
② 國朝命妃皆發册妃辭則罷册禮然告在有司必俟旨而後進　嘉慶本、長編卷一六五同，但宋會要輯稿職官六五之六作"國朝以來命妃未嘗行册禮，然故事須俟旨方以告敕授之"。
③ 亟封以進　"亟"底本作"函"，嘉慶本同，據長編卷一六五、宋史卷二八四宋祁傳改。宋會要輯稿職官六五之六作"遽封以進"，亦可爲參證。
④ 妃方愛幸　嘉慶本、長編卷一六五同，宋會要輯稿職官六五之六作"方妃寵盛"。
⑤ 議者益惡淑傾險云　"益"底本作"蓋"，據嘉慶本、長編卷一六五改。
⑥ 災厲　嘉慶本作"梗厲"，長編卷一六八作"災沴"。

佐以來,百怪漸露,是上違天意也;萬口交譏,是下咈人情也。違天意,則善應差殊,雖禳祈禱祀,無以益也;咈人情,則治風頹弊,雖督率糾攝,無以拯也。陛下何庇一堯佐,上違天意,下咈人情,而穄成危機者乎?實爲陛下痛之!"

包拯又言:"竊緣三司使張堯佐早緣恩澤,驟陟華顯①,任之會府,委以大計。而本職隳廢,利權反覆,公私困弊,中外危懼。且歷代后妃之族,雖有才者,未嘗假以事權②,又況庸常不才者乎?但富貴保全之,則無所害矣。"庚辰,特封貴妃張氏第八妹爲清河郡君。

九月庚子③,兵部員外郎、知制誥嵇穎爲翰林學士④,未及上謝⑤,辛丑卒。即其第賜告敕、襲衣、金帶、鞍勒馬及明堂賞物。張貴妃之父堯封嘗從穎學,所爲文多納穎家。及貴妃爲修媛,令其弟化基詣穎,求編次堯封文稿,爲序以獻。穎不答,亦不以獻。

閏十一月己未,三司使、户部侍郎張堯佐爲宣徽南院使、淮康節度使、景靈宮使。庚申,又加張堯佐同群牧制置使。辛酉,賜貴妃張氏從弟衛尉寺丞希甫、太常寺太祝及甫並進士出身,堯佐之子也。癸亥,知諫院包拯言:"今堯佐謂之親,則孰若杜審肇兄弟乎⑥?謂之賢而功,則孰若雷有終、李至、錢若水乎⑦?而宣徽、節度並以與之,若非内外協應,蒙惑攘竊,寧至此哉?堯佐叨據如此,慚羞不知,真清朝之穢污,白畫之魑魅也!況下制之日,陽精闇塞,氛霧繼起。天道固於人事不遠,伏望陛下斷以大義,稍割愛情,追寢堯佐過越之恩。必不得已,宣徽、節度擇與其一,仍罷群牧制置使之命,畀之外郡,以安全之。如此,則仰合天意,俯順人情,而重新盛德矣。"

初,執政希上旨,一日除堯佐四使,又以王舉正重厚寡言,同日授御史中丞。朝議意舉正儒懦,或迤邐退避,動經浹旬,則堯佐之命必遂行,論諫弗及矣。甲子,舉正遂

---
① 驟陟華顯 "陟"底本作"涉",據嘉慶本、長編卷一六八改。
② 未嘗假以事權 "嘗"底本作"當",據嘉慶本、長編卷一六八改。
③ 庚子 底本脱此二字,據長編卷一六九補。
④ 嵇穎 底本作"稽穎",據長編卷一六九改。
⑤ 未及上謝 嘉慶本同,長編卷一六九作"未及謝"。
⑥ 則孰若杜審肇兄弟 底本脱"孰"一字,據宋朝諸臣奏議卷三四包拯上仁宗論張堯佐除四使不當、東都事略卷一一九張堯佐傳、歷代名臣奏議卷二八九補。
⑦ 孰若雷有終李至錢若水乎 "孰"底本作"則",據長編卷一六九、宋朝諸臣奏議卷三四包拯上仁宗論張堯佐除四使不當、東都事略卷一一九張堯佐傳、歷代名臣奏議卷二八九改。

告謝上殿,力言擢用堯佐不當。其疏曰:"臣伏覩張堯佐優異之恩,無有其比。竊以堯佐素乏材能,徒以夤緣後宮,僥倖驟進。國家計府,須材以辦經費①。堯佐猥尸其職,中外咸謂非據。近者臺諫繼有論列,陛下雖罷其使任,而復加崇寵,轉踰於前,並授四使,又賜二子科名。賢愚一詞,無不嗟駭。夫爵賞名數,天下之公器,不當以後宮疏戚,庸常之材,過授寵渥,使忠臣義士無所激勸。且堯佐居職,物論紛紜,當引分辭避,而晏然恃賴,曾無一言自陳,叨竊居位,日覬大用。及異恩既出,復託以假告,未即祗受,其意尚若不足,繼有邀求。不虔君命,莫甚於此者!昔漢元帝時,馮野王以昭儀之兄,在位多舉其行能,帝曰:'吾用野王,後世必謂我私後宮親戚。'本朝太宗皇帝孫妃之父,止授南班散秩,蓋保全後宮戚屬,不令事勢僭盛,以取顛覆。伏望陛下遠鑒前古美事,近守太宗皇帝聖範,追取堯佐新命,除與一郡,以息中外之議。"疏入,不報。戊辰,朝退,舉正留百官班廷諍,復率殿中侍御史張擇行、唐介及諫官包拯②、陳旭、吳奎於上前極言,且於殿廡切責宰相。上聞之,遣中使諭旨,百官乃退。

張耒明道雜志云:嘉祐中,嘗欲除張堯佐節度使。陳秀公作中丞,與全臺上殿爭之。仁宗初盛怒,迎謂之曰:"豈欲論張堯佐乎?節度使麤官,何用爭③!"唐質肅公作御史裏行,最在衆人後,越次而前曰:"節度使,太祖、太宗皆曾爲之,恐非麤官。"上竦然,而堯佐之命竟罷。按:陳升之此時作左司諫,不爲中丞,唐介實爲殿中侍御史裏行。張堯佐卒除節度使,初除又不在嘉祐間。雜志誤,今不取。

己巳,詔:"近臺諫官累乞罷張堯佐三司使,及言親連宮掖,不可用爲執政之臣。若優與官爵,於體差便。遂除宣徽使、淮康節度使,兼已指揮自今后妃之家,毋得除兩府職任。今臺諫官重有章疏,其言反覆,及進對之際,失於誼譁,在法當黜。朝廷特示含容,其令中書取戒厲,自今臺諫官相率上殿,並先申中書取旨。"時上怒未解,大臣莫敢言,樞密副使梁適獨進曰:"臺諫官蓋有言責,其言雖過,惟陛下矜察。然寵堯佐太厚,恐非所以全之。"是日,堯佐亦奏辭宣徽使、景靈宮使,乃詔學士院貼麻處分,而取戒厲卒不行。

三年三月庚申,龍圖閣學士、工部侍郎、權知開封府劉沆爲參知政事。先是,張彥

---

① 須材以辦經費 "辦"底本作"辨",據嘉慶本、長編卷一六九、宋朝諸臣奏議卷三四王舉正上仁宗論張堯佐除四使不當改。
② 底本"諫官包拯"下衍"吳奎"二字,據長編卷一六九刪。
③ 何用爭 底本脫"用"字,據長編卷一六九補。

方者,貴妃母越國夫人曹氏客也。受富民金爲僞告敕,事敗,繫開封府獄,人傳以爲語連越國。沆知開封府,論彦方死,不敢及曹氏,貴妃德之,坐此獲進。諫官、御史相繼論列,不聽。

八月辛卯,淮康節度使、同群牧制置使張堯佐爲宣徽南院使①、判河陽。乙未,御史中丞王舉正言:"堯佐本常才,但以夤緣後宮,叨據非分。自去年冬罷三司使,除宣徽使,制命方出,中外莫不駭聽。其時臣與諫官、御史至留班廷議而爭之,尋罷宣徽,尚忝節度名品。今四方多虞,災異數見,若非獎擢有功②,任用賢直,則何以上答天戒、下慰民望哉?堯佐自罷宣徽使,方逾半年,端坐京師,以尸厚禄,今復授之,益增鄙誚,此乃執事之臣不念祖宗基業之重③,順顔固寵,不能執奏,制命既行,有損聖德。若陛下不納臣盡忠愛君之請④,必行堯佐濫賞竊位之典,即乞黜臣,以誠不識忌諱愚直之人。"不報。知諫院包拯、陳旭、吴奎相繼言:"堯佐制命復下,物議騰沸。況臣等以言爲職,豈敢私自顧慮,各爲身謀哉?直以告已再行,若固守前議,復乞追奪,於朝廷事體亦未爲當,所以進退惶惑,不即論列⑤。雖然,事體有必須裁制者,不可不深察,臣等不得不極諫也。張堯佐怙恩寵之厚,僥求覬望,不知紀極。始欲得宣徽使,今已行前命付之矣。雖出領外鎮,將來必求入覲⑥,即圖本院供職,以致使相。名器之大者,豈可皆緣恩私,每求而不讓,必使足欲,以熏灼天下,此不可不深察也。伏望思已然之失,爲杜漸之制,特降詔旨,申飭中書,諭以堯佐皆緣恩私,不次超擢,享此名位,已爲過越,將來更不令處使相之任,及不許本院供職,仍趣赴河陽任所,庶幾厭塞人情⑦,防杜間隙。臣等不勝爲國納忠激切之至!"庚子,詔自今張堯佐別有遷改,檢會此劄子進呈執奏。仍詔除宣徽使自今不得過二員。

至和元年正月癸酉,貴妃張氏薨。初,妃既受封册,寵愛日盛,出入車御華楚,頗侵並后飾。嘗議用紅繖、增兵衛數。有司以一品青蓋奏,兵衛準常儀。上守法度,事

---

① 同群牧制置使 "制"底本作"處",據長編卷一七一、宋史卷四六三張堯佐傳改。
② 獎擢 底本作"獎勸",據嘉慶本、長編卷一七一、宋朝諸臣奏議卷三四王舉正上仁宗論張堯佐再除宣徽使改。
③ 執事之臣 宋朝諸臣奏議卷三四王舉正上仁宗論張堯佐再除宣徽使作"執政"。
④ 若 底本脱此一字,今據長編卷一七一、宋朝諸臣奏議卷三四王舉正上仁宗論張堯佐再除宣徽使補。
⑤ 論列 底本顛倒,今據嘉慶本、長編卷一七一乙正。
⑥ 將來必求入覲 底本脱"必求"二字,據長編卷一七一、包孝肅奏議卷六彈張堯佐一補。
⑦ 庶幾厭塞人情 底本脱"幾"一字,據嘉慶本、長編卷一七一、包孝肅奏議卷六彈張堯佐一補。

無小大,悉付外廷議。凡宮禁干請,雖已賜可,或輒中卻。妃嬖幸少比,然終不得紊政。及薨,上悲悼不已,謂左右曰:"昔者殿廬徽衛卒夜入宮①,妃挺身從別寢來衛。又朕嘗禱雨宮中,妃刺臂,血書祝辭,外皆不得聞。宜有以追賁之。"入內押班石全彬探上意,請用后禮,於皇儀殿治喪。諸宦者皆以爲可,入內都知張惟吉獨言:"此事須翌日問宰相。"既而判太常寺、翰林學士承旨王拱辰,知制誥王洙等皆附全彬議。宰相陳執中不能正,遂詔近臣、宗室皆入奠於皇儀殿,移班慰上於殿東楹,特輟視朝七日,命參知政事劉沆爲監護使,全彬及句當御藥院劉保信爲監護都監。凡過禮,皆全彬與沆合謀處置,而洙等奏行之。

　　石全彬傳云:王拱辰請治喪於皇儀殿,全彬以爲當問大臣。宰相陳執中不能正之,遂詔近臣、宗室皆入殿。按:張惟吉傳治喪皇儀,諸宦者皆以爲可,獨惟吉言此當問宰相。然則言當問宰相者,獨惟吉也,全彬實與劉沆、王洙等合謀爲非禮之禮②,又安得有此言?而全彬傳乃攙取,以爲出自全彬,今不取。且妃喪,那得關學士院?其實全彬所請也。事下禮官,而拱辰判太常寺,遂與王洙等附會全彬議。朝廷既用禮官議,故當時皆謂拱辰請之,其實不自拱辰請也。今略加删潤,使不相抵牾。

　　初,有司請依荆王故事,輟視朝五日,或欲更增日,聽上裁,乃增至七日。殿中侍御史酸棗呂景初言:"貴妃一品,當輟朝三日。禮官希旨,使恩遇過荆王,不可以示天下。"不報。丁丑,追册貴妃爲皇后,賜謚溫成。先是,御史中丞孫抃奏請罷追册,不報。初賜謚曰恭德,樞密副使孫沔言:"太宗四后皆謚曰德,從廟謚也。今恭德之謚,其法何從?且張、郭二后不聞有謚③,此雖禮官之罪,實貽譏於陛下,不可不改。"因改溫成。抃及侍御史毋湜、殿中侍御史俞希孟等皆求補外,知雜事郭申錫請長告,皆以言不用故也。禁京城樂一月。己卯,殯溫成皇后於皇儀殿之西階,宰相率百官詣殿門進名奉慰。壬午,以溫成皇后薨,遣官告太廟、奉慈廟、皇后廟。甲申,宰臣梁適奉溫成皇后謚册於皇儀殿,百官詣西上閤門,進名奉慰。是夕,設警場於右掖門外,上宿於皇儀殿。乙酉,上成服於殿楹,百官詣殿門進名奉慰。是日,殯溫成皇后於奉先寺,輀車發引,由右昇龍門出右掖門,升大昇輦,設遣奠。先是,詔樞密副使孫沔讀哀册。沔

---

① 昔者殿廬徽衛卒夜入宮　"徽"底本作"緻",據長編卷一七六改。
② 非禮之禮　嘉慶本作"非據之禮"。
③ 據本書卷三三廢皇后郭氏記載,此"張、郭二后"應分別是天聖六年十一月追册爲皇后的張美人和一度被廢、死後又追復爲皇后的郭氏。

奏：“章穆皇后喪，比葬，行事皆兩制官。今溫成追諡，反詔二府大臣行事，不可。”於是執册立上前陳故事，且曰：“以臣孫沔讀册則可，以樞密副使讀册則不可。”置册而退。宰相陳執中取而讀之。既殯，百官復詣西上閤門進名奉慰①。戊子，録溫成皇后從弟著作佐郎希甫爲太常寺博士②，光禄寺丞及甫爲秘書丞，太常寺太祝正甫爲光禄寺丞，右侍禁、閤門祗候山甫爲西頭供奉官；侄大理寺丞守素爲太子中舍，西頭供奉官守誠爲東頭供奉官；妹婿左班殿直、寄班祗候胡思廉，左侍禁曹詢並爲閤門祗候；侄婿太常寺太祝盛和仲爲大理評事。又録其疏屬十數人。己丑，賜溫成皇后母楚國太夫人曹氏教坊第一區。

二月丁酉，詔禮院，孝惠、孝章、淑德、章懷皇后，章惠皇太后，溫成皇后皆立小忌。先是，有請立溫成忌者，直集賢院劉敞言：“太祖以來，后廟四室。陛下之妣也猶不立忌，豈可以私昵之愛而變古越禮乎？”於是並四后及章惠皆詔立忌。樞密副使孫沔極諫其不可，御史中丞孫抃累奏論列，而禮院官亦以爲言，皆不聽。尋罷之。

三月壬申③，溫成皇后母楚國太夫人卒，輟視朝三日，幸其第臨奠。

六月乙巳，追封皇后父玘爲東海郡王，溫成皇后父堯封爲清河郡王，母曹氏爲齊國夫人。

七月丁卯，禮院言：“奉詔參定即溫成皇后舊宅立廟及四時享祀之制，檢詳國朝孝惠皇后，太祖嫡配，止即陵所置祠殿，以安神主，四時惟設常饌，無薦享之禮。溫成皇后宜就葬所立祠殿，參酌孝惠故事施行，仍請題葬所曰溫成皇后園。”

癸未，禮院言：“今立溫成皇后祠殿，而未見孝惠故事。請每行祭奠，止令本處内臣主之。”詔孟享時差知制誥、待制行事，其制如后廟，牙盤食差减之。

九月癸未，禮官言：“溫成皇后葬所，請稱溫成皇后園陵。”從之。乙酉，溫成皇后啓殯，上不御前後殿，百官進名奉慰。御史中丞孫抃率其屬言劉沆既爲宰相，不當領溫成皇后監護使，且言立廟、建陵皆非禮。章累上，不報。因相與請對，固争不能得，抃伏地不起，帝爲改容遣之。丁亥，改命劉沆爲溫成皇后園陵監護使。禮院請溫成皇

---

① 西上閤門　底本作“西閤上門”，據長編卷一七六乙正。
② 太常寺博士　嘉慶本、長編卷一七六作“太常博士”。
③ 三月壬申　底本脱“三月”二字，據長編卷一七六補。

后廟祭器視皇后廟一室之數,從之。

十月甲午,禮院言:"溫成皇后四時薦新及朔望,並如皇后廟,令宗正寺官行事。"從之。丙申,宰臣率百官詣奉先禪院奠溫成皇后,上不御前後殿。丁酉,葬溫成皇后。上御西樓①,望柩以送,自製挽歌詞。宰臣率百官進名奉慰。丙午,溫成皇后神主入廟。上不視事,百官進名奉慰。己酉,葬溫成皇后父清河郡王張堯封、母齊國夫人曹氏,輟視朝。后臨終見帝②,以父、祖未葬為託,於是為葬其三世於冢旁。

十一月甲子,内出太廟禘祫、時享及溫成皇后廟祭饗樂章、樂曲,下太常肄習之③。

嘉祐三年九月辛巳④,宣徽南院使張堯佐卒,贈太師,賜其家僦舍錢日三千。

四年六月。自溫成之殁,後宮得幸者十人,謂之十閤。周氏、董氏及溫成之妹皆與焉。溫成之妹初進才人,加賜銀五千兩、金五百兩,固辭不受。上曰:"鄉也月俸二萬七千,今也二十萬,何苦而辭?"對曰:"二萬七千,妾用之已有餘,何以二十萬為?"卒辭之。

七年正月乙亥,詔改溫成廟為祠殿,歲時令宮臣以常饌致祭。先是,詔太常禮院檢詳郊廟未順之事,乃言:"溫成皇后立廟城南,四時祭奠,以待制、舍人攝事。玉帛祼獻、登歌設樂,並同太廟之禮,蓋當時有司失於講求。昔高宗遭變,飭己思咎;祖己訓以祀無豐于昵⑤。況以嬖寵列於秩禮,非所以享天心、奉祖宗之意也。"故降是詔。

---

① 上御西樓　底本脫"上"一字,據長編卷一七七補。
② 后臨終見帝　底本"見"下衍"皇"一字,據長編卷一七七刪。
③ 下太常肄習之　"肄"底本作"隸",據長編卷一七七改。
④ 辛巳　底本作"丙子",據長編卷一八八改。
⑤ 祀無豐于昵　"于"底本作"干",據長編卷一九六、宋朝諸臣奏議卷九四呂公著上仁宗乞改溫成廟為祠殿改。

卷第三十五

仁宗皇帝

宗室遷官

景祐二年十一月乙未,祀天地於圜丘,以太祖、太宗、真宗並配。大赦,錄唐、梁、後唐、晉、漢、周及諸僞國後,建隆以來臣僚、將校歿於戰陣,無子孫食禄者,於所屬自言。宗室並與轉官,仍自諸司使以下至殿直,皆換西班官。丙午,宗子諸司使領諸州刺史者十二人換諸衛大將軍、領諸州團練使,諸司使十九人換諸衛大將軍、領諸州刺史,諸司副使十九人換諸衛大將軍,内殿承制以下一百三十人,並爲將軍、率府率、副率,用乙未赦書也。先是,宗子無遷官法,惟遇稀曠大禮,則普遷一官。及此南郊,並侑三聖,宗子皆上表乞推恩,故爲此制。舊自借職十遷乃至諸司副使,今副率四遷即遥領刺史,八遷即爲節度使云。

宗子換官姓名,實録與百官表略不同,今參取之。凡自正刺史以上遷改者,不在此數。記聞載:"吕申公當國,見上體不安,故擇允讓管句宗正司。宗室聽換西班官,皆申公之策也,故時自借職十遷至諸司副使,及換西班官,自率府副率四遷即爲遥郡刺史,俸禄十倍於舊,國用益廣,至今爲患。"又按上不豫乃去年八月,其九月即康復。然則允讓管句宗正司及宗子換官,自别有所爲也。宗子換官,沈括筆談當得其實。允讓管句宗正,當從實録、正史。筆談云:宗子換南班官,世傳王文正公旦爲宰相日,始開此議,不然也。故事,宗子無遷官法,惟遇稀曠大慶,則普遷一官。景祐中,初定祖宗並配南郊,宗室欲緣大禮乞推恩,使諸王宫教授刁約草表上之。後見宰相王沂公,公問前日宗室乞遷官表何人所爲①,約未測其意,答以不知。歸而思之,恐事窮且得罪,乃再詣相府。沂公問之如前,約愈恐,不敢復隱,遂以實對。公曰:"無他,但愛其文詞爾。"再三嘉獎,徐曰:"已得旨别有措置,更數日當有指揮。"自此遂有南班之授。近屬

---

① 何人所爲 "爲",長編卷一一七注文作"作"。

自初除小將軍,凡八遷即爲節度使,遂爲定制。諸宗子以千縑謝約,約辭不敢受①。予與刁親舊②,刁嘗出表稿示予。按實録、會要、正史並稱換西班官,百官表獨稱南班官③,當考。

十二月丁丑,御史臺言:"諸衛大將軍、將軍並係三品,一行序立;諸衛率府率、副率並係四品,一行序立。今新除皇親諸衛大將軍、將軍八十五員,諸衛率府率、副率五十一員,緣皇親大將軍以下並内殿起居員數稍多,殿庭難爲排立。及非次曲宴,殿上窄隘,亦是一行,座次不得。"詔大將軍、將軍、率府率、副率品序排立,如殿庭窄隘,即重行。

寶元二年六月癸亥,詔宗室遥郡并大將軍以上遇朔望,令其長一人入内參起居。

慶曆四年七月戊寅,封武勝節度使、同平章事、馮翊郡公德文爲東平郡王,餘皆封爵有差。上始用富弼議,見荊王元儼事。次第封拜宗室,以德文尊屬且賢,方漢東平王蒼,故拜東平。仍詔德文等十人,並列本班之上,少前。

八月丙午,德文等十人既封拜,又以宗室久不遷官,於是普進一等④,凡遷者三百二十一人。

置睦親族

景祐二年九月。初,諸王邸散居都城,過從有禁,非朝謁、從祠,不得會見。己酉,詔即玉清昭應宫舊地建舍⑤,合十位聚居,賜名睦親宅,命三司使程琳總其事,入内都都知閻文應等典領工作。

三年七月乙未⑥,初置大宗正司,以寧江節度使允讓知大宗正事,彰化留後守節同知大宗正事,仍賜器幣、襲衣、金帶、鞍馬。時諸王子孫衆多,既聚居睦親宅,故於祖宗後各擇一人,使司訓導,糾違失。凡宗族之政令,皆關掌奏,事毋得專達,先詳視可否以聞。

記聞載允讓管句宗正事,已於二年十一月宗室改西班官時辨之云。記聞載吕申公當國,見上體不

---

① 約辭不敢受　底本脱"約"字,據長編卷一一七、夢溪筆談卷二補。
② 予與刁親舊　"刁"底本作"約",據長編卷一一七、夢溪筆談卷二改。下同。
③ 獨稱南班官　"稱"底本作"出",據嘉慶本改。
④ 於是普進一等　"普",長編卷一五一作"遞"。
⑤ 詔即玉清昭應宫舊地建舍　長編卷一一七"舍"作"宫"。
⑥ 乙未　底本脱此二字,據長編卷一一九補。

安,擢允讓管句宗正司,詳見宗室遷官注下。

八月庚戌,知大宗正事允讓等請自今宗室每朝罷,各就位聽讀,從之。辛未,三司使、刑部侍郎程琳爲吏部侍郎、崇儀使,英州刺史、入内副都知張永和領貴州團練使,引進副使王克基爲西上閤門使,並以修睦親宅成也。監督工作使臣而下第賞之。

九月庚辰,幸睦親宅,燕宗室及從官,賜宗室器幣有差。時儒臣多爲賦頌以獻者。乙未,以祠部員外郎、崇文院檢討、崇政殿説書、國子監直講王宗道,太常博士、國子監説書、兼監丞事楊中和並爲睦親宅講書,仍兼國子監講説。睦親宅講書始此。

寶元二年七月丁巳①,知宗正事允讓言:"先朝故事,宗室子孫七歲始賜名授官,今者褓襁已有恩澤。請自今遇乾元節、南郊聽官其子孫②,餘須俟五歲方得陳乞③。"從之④。

康定元年二月,西夏反,左千牛衛大將軍、綿州刺史從誨等六人上言:"幸託腹心⑤,尸厚禄,顧無以自效。願得從邊,以捍西賊。"大宗正糾其事不由本司,詔從誨等自今有所陳,宜關大宗正司以聞。從誨,德昭孫也。

慶曆五年三月己未⑥,詔大宗正帥宗子勉勵學業⑦,睦親宅、北宅諸院教授官常具聽習經典或文詞書翰功課以聞。

七年九月癸巳,以北宅爲廣親宅。先是,帝以秦王子孫衆多,而所居隘狹,乃命修王欽若故第增益之。徐國公承簡言於上曰:"陛下敦愛宗室,無疏近之間。既建睦親宅,亦願得美名以榜秦王第。"賜今名。十月甲子,幸廣親宅,謁太祖、太宗神御殿,宴宗室,賜器幣有差。

荆王元儼

乾興元年二月,李文定墨筆攪水。事見訓導太子注。戊午,仁宗即位。己未,大赦,

---

① 寶元二年七月丁巳　底本脱"寶元"二字,據長編卷一二四、宋會要輯稿帝系四之六補。
② 聽官其子孫　長編卷一二四作"聽官其子",宋會要輯稿帝系四之六作"官其一子"。
③ 餘須俟五歲方得陳乞　"陳乞"底本作"授官",長編卷一二四同,據宋會要輯稿帝系四之六改。
④ 自"寶元二年七月丁巳"至"從之"一段文字,底本排在"從誨,德昭孫也"之後,係錯簡,今據年代順序調整至此。
⑤ 幸託腹心　嘉慶本同,長編卷一二六作"幸託肺腑"。
⑥ 慶曆五年三月己未　"三月"底本作"十二月",據長編卷一五五改。宋會要輯稿帝系四之六此詔係於慶曆四年正月二十八日。
⑦ 勉勵　底本作"勉厲",據嘉慶本、長編卷一五五改。

詔有司議尊禮涇王元儼,及諸皇親優加恩命。丙寅,楚王元佐加兼江陵牧,涇王元儼加太尉、中書令、兼尚書令,進封定王,充鎮安忠武節度使,賜贊拜不名。

天聖五年十二月辛未,以南郊加恩百官,賜定王元儼詔書不名。

七年九月戊午,定王元儼改封鎮王。

明道元年十一月甲戌①,恭謝天地,大赦,改元,百官加恩。癸未,鎮安忠武節度使、太尉、尚書令、兼中書令、鎮王元儼爲河陽三城武城節度使、守太師,徙封孟王。辛卯,孟王元儼徙封荆王,爲永興、鳳翔節度使。

二年正月乙未,御端明殿,閱左右騏驥院馬,賜荆王元儼馬二匹。

三月甲午,皇太后劉氏崩。初,荆王子養禁中,既長,吕夷簡請出之,太后欲留,使從帝誦讀。夷簡曰:"上富春秋,所親非儒學之臣,恐亡益聖德。"即日命還邸中。權御史中丞蔡齊爲龍圖閣直學士②、權三司使事。時有飛語傳荆王元儼爲天下兵馬都元帥者,内侍捕得三司小吏,鞫之,逮及數十人③。帝怒,使齊按之,迹其所來無端,而上督責愈急,有司不知所爲,京師爲之恐動。齊曰:"此小人無知,非有他意,不足治,且無以安荆王。"疏一夕三上,帝大悟,止笞數人而已。

十一月丙子,加贈荆王元儼母太儀王氏爲德妃。

景祐二年十一月乙未④,南郊,百官加恩。乙巳⑤,荆王元儼爲荆南、淮南節度大使,行荆州、揚州牧,仍賜入朝不趨。二州牧自元儼始。

三年正月戊申,置荆王府翊善一員。

四年三月戊戌⑥,濟州團練使劉從廣娶荆王元儼女。庚子,授從廣滁州防禦使,時年十七。帝遇從廣特厚,猶以莊獻故也。

慶曆二年五月甲子,荆王元儼盡納公使錢以助邊費,詔以半給之。

三年五月甲午,復給荆王元儼所上公使錢。元儼領荆、揚二鎮,歲凡給緡錢二萬五千。西邊用兵,嘗納其半。上以元儼叔父之尊,不欲裁損,不踰年,復全給之。元儼

---

① 甲戌　底本脱此二字,據長編卷一一一補。
② 龍圖閣直學士　嘉慶本同,長編卷一一二作"龍圖閣學士"。
③ 逮及數十人　嘉慶本同,長編卷一一二"十"作"百"。
④ 十一月乙未　底本脱此五字,據長編卷一一七補。
⑤ 乙巳　底本脱此二字,據長編卷一一七補。
⑥ 戊戌　底本脱此二字,據長編卷一二〇補。

用度無節,每預借數年俸料。翊善王洙上書諫,以方有邊患,宜助朝廷,節用度。元儼判其後曰:"愁殺人。"他日又諫,元儼復判曰:"仰翊善依舊翊善。"

十二月辛丑,幸荆王元儼第問疾。

四年正月乙亥,荆王元儼薨。元儼生而穎悟,太宗尤所鍾愛,不欲令早出宫。每朝會宴集,必侍左右,期以年二十,始得出就封,故宫中呼爲"二十八太保"①。廣顙豐頤,資質嚴毅不可犯,其名聞於外夷。性喜儒學,在宫中時,孫奭爲侍講,平日與論經藝,尤所親禮。多蓄書,好爲文詞,頗善二王書法及飛白書,嘗自繪太宗聖容。性謹約,寡嗜欲。帝以十二歲即位②,章獻皇太后制朝事,自以屬尊望重,恐爲太后所忌,深自晦密,因闔門卻絶人事,不復與朝謁,或故謬語,陽爲狂疾不慧。及太后崩,帝親政,益加尊寵,凡有請報可,王必自書謝牘。嘗問翊善王洙曰:"元昊平未?"對曰:"未也。"曰:"如此,安用宰相?"聞者畏其言。去冬大雨雪、木冰,陳、楚之地尤甚,占者曰:"大臣憂。"既而元儼病,帝憂形於色,親至臥内,手調藥,屏人語久之,所獻多忠言。賜白金五千兩,辭不受。帝敦諭,又固辭曰:"臣羸憊不能治,且死,重費國家多矣!"帝爲嗟泣。臨終,誡諸子以孝友,仍以太醫治疾不瘳,慮得譴,豫爲表祈貸。及薨,贈天策上將軍、徐兖二州牧、燕王,謚恭肅。詔取墨迹及所賦詩分頒輔臣,餘藏秘閣。范仲淹言:"昨奉旨,令中書熟議荆王葬事者。臣謂此有三説:其一曰年歲不利,此陰陽之説也;其二曰財用方困,此有司之憂也;其三曰京西寇盗之後,不可更有騷擾,此憂民之故也。臣又別有四議,乞陛下擇之:其一曰諸侯五月而葬,自是不易之典,今年歲不利之説,非聖人之法言也。其二曰天下財利雖困,豈不能葬一皇叔耶?陛下嘗以荆王是太宗愛子、真宗愛弟,雖讒惑多端,陛下仁聖,力能保全,使得令終,豈忍送葬之際,卻惜財利而廢典禮,使不得及時而葬?恐未能副太宗、真宗之意。臣爲陛下惜之。豈不防天下之竊議哉?更乞檢會先朝諸王之薨有無權厝者。其三曰自來敕葬,多是妄生事端,呼索無筭。臣請特傳聖旨,令宋祁、王守忠與三司使、副并禮官聚議,合要物色,務從簡儉,畫一聞奏,與降敕命,依所定事件應副,更不得於敕外故生事節,枉費官物。仍出聖意,特賜内藏庫錢帛若干備葬事,使三司易爲應副。如此,則陛下孝德無

---

① 二十八太保 底本脱"八"一字,據嘉慶本、宋史卷二四五周王元儼傳補。
② 帝以十二歲即位 "十二"底本作"二十",據長編卷一四六乙正。

虧,光于史策。其四曰自來敕葬,枉費大半,道路供應,民不聊生。臣乞特降嚴旨:荊王二子并左右五七人送葬外,其餘婦人,合存合放,便與處分,更不令前去,自然道路易爲供頓,大減冗費。既減得費耗,又存得典禮,此國家之正體也①。乞聖慈從長處分。臣待罪政府,不敢不盡。"從之。

四月,乾元節,罷垂拱殿置酒,以翼日燕王葬故也。

六月,富弼上河北守禦策。其六曰:"北虜風俗貴親,率以近親爲名王將相,以治國事,以掌兵柄,而信任焉,所以視中國用人亦如己國。燕王威望著於虜,知是皇叔,又爲王爵,舉天下之尊無與二,朝廷庶事,皆決於王。王善用兵,天下兵皆王主之,嚴刑好殺,無敢當者。北虜疑此,益所畏懼,故燕、薊小兒夜啼,輒曰:'八大王來也!'於是小兒輒止啼。每牽馬牛度河,旅拒未進,又曰:'必是八大王在河裏!'其畏若此②。虜使每見南使,未嘗不問王安否及所在。朝廷以王之故,亦見重於虜,謂南朝有如是親賢,每欲妄動,未必不畏王而止③。今春王薨,識者亦憂之,謂王之生,北虜以朝廷爲重;王之薨,則北虜以朝廷爲輕矣。臣亦嘗念國家將帥既未聞於夷狄,而親王素有威望,爲匈奴所畏者,又以淪謝,且不復聞皇親可以爲朝廷屛翰者,虜必謂王室孤危,無所扶助,本根不固,易以動搖,此誠宜爲夷狄之窺測④。臣願陛下親擇宗室中年長知書、識道理、曉人事者數人,爲王畿千里內知州⑤。慮宗室出外不達民政,或有任性爲事,通判位下⑥,難以規正,宜擇方嚴公幹、近上朝臣一人爲同知州,所貴勢均力敵,可以共事,而無所乖。俟歷一兩郡,決知可以獨任,則罷同知州,只置通判⑦。又擇其次者數人爲千里內州郡鈐轄,恐未練軍政⑧,職事不舉,其都監、監押未可減省,宜擇歷事廉幹之人,且令供職,乃選良守臣何察而審處之。其年少官卑,度其堪任差遣者⑨,爲

---

① 此國家之正體也 "正"底本作"政",據嘉慶本、長編卷一四六、范文正公政府奏議卷上奏議葬荊王改。
② 其畏若此 宋朝諸臣奏議卷一三五富弼上仁宗河北守禦十三策"畏"下有"服"一字。
③ 未必不畏王而止 底本脫"王"字,據長編卷一五〇、宋朝諸臣奏議卷一三五富弼上仁宗河北守禦十三策補。
④ 此誠宜爲夷狄之窺測 底本脫"宜"一字,據長編卷一五〇、宋朝諸臣奏議卷一三五富弼上仁宗河北守禦十三策補。
⑤ 爲王畿千里內知州 底本脫"知"一字,長編卷一五〇同,據下文及宋朝諸臣奏議卷一三五富弼上仁宗河北守禦十三策、歷代名臣奏議卷三二七補。
⑥ 通判位下 "位"底本作"以",據長編卷一五〇、宋朝諸臣奏議卷一三五富弼上仁宗河北守禦十三策改。
⑦ 只置通判 底本脫此四字,據長編卷一五〇、宋朝諸臣奏議卷一三五富弼上仁宗河北守禦十三策補。
⑧ 恐未練軍政 "政"底本作"馬",據長編卷一五〇、宋朝諸臣奏議卷一三五富弼上仁宗河北守禦十三策改。
⑨ 度其堪任差遣者 "差遣",宋朝諸臣奏議卷一三五富弼上仁宗河北守禦十三策作"差使"。

畿縣都監、監押①,雖年少,亦須擇二十以上者,亦選良令長以諫正之②。並限二年一替。亦用文武臣寮賞罰之法以勸沮之③。臣知不數年,當有賢宗室如前漢河間、後漢東平二王者,不爲難矣。内可以藩屏王室④,外可以威示四夷,此有國者之急務也,長久之策也。"

---

① 監押　底本脱"監"一字,據長編卷一五〇、宋朝諸臣奏議卷一三五富弼上仁宗河北守禦十三策補。
② 亦選良令長以諫正之　底本脱"亦"一字,"良令長"底本作"良令令",均據長編卷一五〇、宋朝諸臣奏議卷一三五富弼上仁宗河北守禦十三策補、改。"諫",宋朝諸臣奏議卷一三五富弼上仁宗河北守禦十三策作"譏"。
③ 亦用文武臣寮賞罰之法以勸沮之　底本脱"之法"二字,長編卷一五〇同,據宋朝諸臣奏議卷一三五富弼上仁宗河北守禦十三策、歷代名臣奏議卷三二七補。
④ 内可以藩屏王室　底本脱"可"一字,據長編卷一五〇、宋朝諸臣奏議卷一三五富弼上仁宗河北守禦十三策、歷代名臣奏議卷三二七補。

卷第三十六

仁宗皇帝

王欽若復相

乾興元年十二月戊午,太常卿、知濠州王欽若爲刑部尚書、知江寧府。

天聖元年八月甲寅①,宰臣馮拯病,太后有復相王欽若意。欽若時以刑部尚書知江寧府,上嘗爲飛白書"王欽若"字②,適欽若有奏至③,太后因取字緘置湯藥合,遣中人齎以賜,且口宣召之,輔臣皆不預聞。己未,欽若至國門,始命中書徙知潤州、光禄卿王隨代欽若。庚申,王欽若入見。

九月丙寅,馮拯罷爲武勝節度使、檢校太尉兼侍中、判河南府,欽若守司徒兼門下侍郎、平章事、昭文館大學士。欽若再入中書,謂平時百官敘進皆有常法,爲敘遷圖以獻,冀便省覽。然欽若亦不復能大用事如真宗時矣。同列往往駁議,欽若不堪,曰:"王子明在政府日,不爾也。"魯宗道曰:"王文正先朝重德,固非他人可企。公若執政平允,宗道安敢不服?"

十月。初,欽若復相,監察御史鞠詠嫉欽若阿倚,數睥睨其短,欽若心忌之。會詠兼左巡,率府率安崇俊入朝失儀,詠言:"崇俊少,在邊有勞,此不足罪。"欽若奏詠廢朝廷儀,戊子,責授太常博士、同判信州。

三年七月辛巳,知邵武軍、職方員外郎吴植除名,與上佐官安置。殿中丞余諤追一官勒停;右侍禁鄭斌衞前編管。初,植爲新繁尉,王欽若安撫西川,嘗薦舉之,於是植被疾懼廢,乃附諤黄金二十兩,令納諸欽若求外徙。諤未納,植又遣吏抵欽若第問

---

① 甲寅 底本脱此二字,據長編卷一〇一補。
② 飛白書 "白"底本作"帛",據嘉慶本、長編卷一〇一、宋宰輔編年録卷四、宋史卷二八三王欽若傳改。
③ 上嘗爲飛白書王欽若字適欽若有奏至 宋史卷二八三王欽若傳作"仁宗嘗爲飛白書,適欽若奏至,因大書'王欽若'字"。

訊,語頗喧。欽若知不可掩,即捕送開封府,既又請付御史臺,選中使監劾。植初自言未嘗納金,反誣吏誤以問諤語達欽若。侍御史知雜事韓億窮治,乃得其實,然金尚在諤處也。斌以追植赴獄,輒受賕不即行,故皆及於貶。有詔撫慰欽若,而億并案欽若繆舉之罪,詔釋不問。時宰執晨朝,集待漏院,魯宗道視欽若獨不語,意象怏甚。既明,欲上馬,忽有鼠突出,頗惶擾,宗道曰:"汝猶敢出頭!"欽若甚愧焉。

十月庚午,宰臣王欽若爲譯經使。唐譯經使以宰相明佛學者兼領之,國朝翻譯經論,初令朝官潤文,及丁謂相,始置使,而欽若乃因譯經僧法護等請爲使,議者非之。

十一月,司徒兼門下侍郎、平章事、冀國公王欽若既兼譯經使,始赴傳法院,感疾,亟歸。車駕臨問,賜白金五千兩①。戊申,卒。皇太后臨奠出涕,贈太師、中書令,諡文穆,遣官護葬事,錄親屬及所親信二十餘人。女婿大理評事張瓌除秘閣校理。瓌,洎孫也。國朝以來,宰相恤恩之厚,未有欽若比者。欽若狀貌短小,項有附疣,時人目爲"癭相"。智數過人②,每朝廷有所興造,委曲遷就,以中上意③。又性傾巧,敢爲矯誕,太后以先朝所寵異,故復用之。及吳植事敗,太后頗解體,同列稍侵之,欽若亦邑邑以殁。

太后解體,據溫公;邑邑以殁,據江氏。

後有詔塑其像茅山,列於仙官。左正言劉隨言:"欽若臟污無忌憚,考其行,豈神仙耶? 宜察其妄。"不報。

晏殊作茅山五雲觀記,載起觀事由,或可附此。

七年三月戊寅,上謂輔臣曰:"王欽若久在政府,察其所爲,真奸邪也。"王曾曰:"欽若與丁謂、林特、陳彭年、劉承珪,時號爲'五鬼'。其奸邪險詖之迹,誠如聖諭。"

曹利用罷樞密使

天聖七年正月癸卯,樞密使曹利用罷,以保平節度使、守司空、檢校太師兼侍中、判鄧州。初,太后臨朝,威震天下,中人與貴戚稍能軒輊爲禍福,而利用以勳舊自居,

---

① 賜白金五千兩　長編卷一〇三、宋史卷二八三王欽若傳同,嘉慶本"千"作"十"。
② 智數過人　"智"底本作"知",據嘉慶本、長編卷一〇三、宋宰輔編年錄卷四改。
③ 以中上意　"中"底本作"申",據長編卷一〇三、宋宰輔編年錄卷四、宋史卷二八三王欽若傳改。

不恤也,凡内降恩,力持不予,左右多怨。太后亦嚴憚利用,稱侍中而不名。利用奏事簾前,或以指爪擊帶鞓,左右指以示太后曰:"利用在先帝時,何敢爾耶?"太后頷之。利用奏抑内降恩,或屢卻而復下,則有黽俛從之者。久之,人測知其然。或紿白太后曰:"蒙恩得内降,雖屢卻於樞密院,今利用之家媼陰諾臣請,其必可得矣。"下之而驗,太后始疑其私,頗銜怒。内侍羅崇勳得罪,太后使利用召崇勳戒敕之。利用去崇勳冠幘,誶斥良久,崇勳耻恨。會利用從子汭爲趙州兵馬都監押,而州民趙德崇詣闕告汭不法事。奏上,崇勳方侍,自請往按治,乃詔龍圖閣待制王博文、監察御史崔暨與崇勳鞫汭於真定府,即罷利用樞密使,制辭猶以利用累章請外爲辭。利用既受命,請對,不許,而崇勳等窮探其獄。獄具,汭坐被酒衣黄衣,令軍民王旻、王元亨等八人呼萬歲,且傳致汭辭云利用實教之。上以問執政,皆顧望未有對者,張士遜進曰:"此獨不肖子爲之。利用大臣,宜不知狀。"太后大怒,將並逐士遜,而王曾徐亦爲利用解,太后曰:"卿嘗言利用横肆,今何解也?"曾曰:"利用恃恩素驕,臣每以理折之。今加以大惡,則非臣所知也。"太后意少釋。丙辰,貶利用爲左千牛衛上將軍、知隨州,仍令供奉官陳崇吉、御史臺驅使官趙崇諒乘驛伴送。法寺議汭當斬,王旻等亦抵死。汭之母、妻皆緣坐徒三年。詔杖殺汭妻,論如法,决其母杖十五;王旻杖脊配沙門島,遇赦不還;王元亨以喪明,編管旁州,餘悉配廣南、荆湖牢城;知趙州及同判並謫監當,本路轉運使、提點刑獄特釋之,給趙德崇田五頃、錢二百千。先是,館閣校勘彭乘嘗與釣魚。故事,上未得魚,侍臣雖先得,不敢舉竿,及上得魚,左右以紅絲網承之。既而乘同列亦得魚欲舉竿者,左右止之曰:"侍中竿未得魚,學士竿未可舉也。"利用得魚,左右復以紅絲網承之,利用弗禁。乘出謂人曰:"曹公權位如此,不以逼近自嫌而安於僭禮,其能久乎?"無幾何,利用敗。利用嘗辟太常博士、夏人司馬池爲群牧判官,池辭不就,朝廷固授之。利用委池括大臣所負馬價,池曰:"令之不行,由上犯之。公負尚多,不先輸,何以趣它人?"利用驚曰:"吏紿我已輸矣!"亟命輸官,數日而諸負者皆入。利用貶,其黨畏罪,從而毁短者甚衆,池獨颺言稱利用之枉,朝廷卒不問。

王陶談淵載曹瑋、任守忠二事,今附見,當考。曹利用晚節福過災生,剛愎驕傲,人怨神怒。天聖中,侄閤門祗候汭爲趙州都監,嬖一婢,室家不和,逐出爲民妻。民居在護戎公署之北。因壞垣不葺,汭嘗出入其家,尋舊好。婢與其夫喧争,泚衣淺色襖子入其家,民亦被酒,因有"山呼"之事。既奏至朝廷,奏削匿於利用家數日,因鎮定走馬任守信入奏,達其事,方究尋其削,翌日,罷利用樞密使,以節度、司空、侍中判鄧州。未行,物論甚喧,洶洶數日,間達於天聽。章獻后垂簾臨朝,中書奏事訖,留輔臣以詢其事。王沂公爲昭文,張鄧公集賢,吕許公、夏鄭公參預,皆倉皇無以對。鄭公越次而奏云:"利用悖逆,只乞問士遜。十年同在宥密,以利用舉而大拜。"士遜無一言辨白,愧謝而已。翌日,再貶利用左監門衛將軍、知隨州,士遜罷相,守刑部尚書、知江寧府。内侍押班任守信爲定州路鈐轄,一日習射於圃中,其左右惟見守信獨語云:"侍中何故至此?"退立數步,踣於地。從者翼歸正寢,風涎大作,已不救矣。先是,守信天聖中爲鎮定走馬承受。時知定州曹瑋與大貂曹利用有隙①,會佾泚猖狂,山呼於趙州。奏入,月餘未行。瑋密諷守信以邊事入奏,白於章獻劉后,遂貶利用,致非命死於道。後守信赴官定州,經由趙之高邑縣,道旁一墳莊,詢之誰氏,曰:"故曹侍中墳。"守信自此不覺神色慘沮,至定不旬日而疾作。其年,曹瑋亦薨謝。

　　二月丙寅,禮部尚書、平章事張士遜罷爲刑部尚書、知江寧府。士遜得宰相,曹利用之薦也。利用長樞密,憑寵自恣,士遜居其間,未嘗有是非之言,時人目之爲"和鼓"。利用得罪,士遜又營救之。利用既斥,士遜隨亦罷。初,曹利用領景靈宫使,令樞密主事蘇藏用、令史趙兼素、中書堂後官孟昱主宫中公使錢,而利用嘗私貸錢未還,法寺定利用爲首,當除名;藏用等爲從,應徒二年半。詔藏用、兼素、昱並勒停。利用同時坐數罪,而貸官錢,法尤重。癸酉,再貶利用爲崇信節度副使、房州安置,仍命内侍楊懷敏護送之,别選官知房州及監押、巡檢,利用四子各奪兩官,没所賜第,籍其家貲。利用弟左侍禁、閤門祇候利涉前爲趙州都監,强市邸店,役軍士治第。利涉時在京師,亦詔劾於開封府,法當奪三官勒停,詔特除名編管。既而趙州又言利涉嘗盜官物,遂決杖二十。利用舅太子中舍致仕韓君素居棣州,頗恃勢,放息錢侵民,又私醖酒其家,特除名,配沂州編管。

　　有司籍利用家貲,得水精盃盤十副,賈人不能言其直,曰:"此非人間所常有也。"有老賈人識之,曰:"噫,此物官有舊價矣,又何估焉?"吏詰之,曰:"此丁侍中故物也。侍中敗,官籍其家貲,吾蓋嘗估之矣。"吏閲視舊牘,果如所言。時朝廷以利用嘗所薦擢者多領兵守邊,欲悉罷去之。殿中侍御史鞠詠請一切毋治,以安反

① 按:"大貂",唐宋對侍中的别稱。

側。詔從詠言。

曹侍中利用因侄汭聚無賴不軌,獄既具,有司盡劾交結利用者。時憸人幸其便,陰以文武四十餘人諷之,俾深治。仁宗察之,急出手詔:"其文武臣僚內,有先曾與曹利用交涉往還、曾被薦舉、嘗親暱之人,並不得節外根問。其中雖有涉汭之事者,恐或詿誤,亦不得深行鍛鍊。"其仁恤至此。是年聖算方二十。此僧文瑩所錄也。其事不見於實錄、正史,然鞠詠請勿治利用所薦擢領兵者,不知從違。按此,則詠言必從矣。今但借此,用記詠言,仍削而不著。

閏二月,宦者多惡曹利用,必欲致之死。楊懷敏護送利用,行至襄陽驛,懷敏不肯前,且以語逼之。利用素剛,遂自經死。懷敏乃奏利用暴卒。始,契丹深入寇,朝廷方厭兵,第憂盟不就,顧於聘賂無所愛,而利用以小官奉使,敢任大事,力靳其數,於國有勞。既富貴,負恃以爲己功,性又悍梗少通,力裁僥倖,而其親舊亦有因緣以進者,故及於禍。然其在朝廷,忠藎有守,始終不爲屈柔,死非其罪,天下冤之。後其家請居鄧州,上惻然從之,且命利用子內殿崇班淵監本州稅。

曹淵監鄧州稅恐自有時,當考。景祐二年四月,始聽利用諸子還京師。十月,以舊第四之一還利用子孫。

景祐二年四月壬申,詔曹利用諸子先從降黜者,並聽還京師,尋詔給以所沒舊第四之一。

康定元年九月辛未,追諡曹利用曰襄悼。

皇祐五年六月辛未,還曹利用所籍樂遊坊第。初,上憫利用死非辜,既賜諡立碑,至是又以其第還之。

王陳韓石罷政 _{張士遜韋得象宋庠晁宗愨登用附}

景祐四年四月甲子,吏部侍郎、知樞密院事王隨,戶部侍郎、知鄭州陳堯佐並爲平章事,隨加門下侍郎,堯佐守本官,呂夷簡嘗薦二人可用故也。自薛居正後,初相無越遷門下侍郎者,丁度始誤草制,因不復改。工部侍郎、同知樞密院事韓億,翰林學士承旨、兼龍圖閣學士、禮部侍郎石中立並爲參知政事。

寶元元年正月甲辰,雷。丙午,以災異屢見,下詔求直言云云。乙卯,大理評事、監在京店宅務蘇舜欽詣匭通疏,其二曰擇賢:"夫明主勞於求賢而逸於任使,然盈廷之士,不須盡擇,在擇一二輔臣及御史、諫官而已。陛下用人,尚未遴擇。昨王隨自吏部侍郎、平章事,超越十資,復爲上相,此乃非常之恩,必待非常之才。而隨凡庸邪諂,非輔相之器。降麻之後,物論沸騰①,故疾纏其身,災仍於國,此亦天意愛惜我朝,陛下鑒之哉!且石中立頃在朝行,以詼諧自任,士人或有宴集,必置席間,聽其語言,以資笑噱。今處之近輔,不聞嘉謀,物望甚輕,人情所忽,使災害屢降而朝廷不尊,蓋近臣多非才者。陛下左右尚如此,天下官吏可知也。實恐匈奴輕笑中國。宜即行罷免,別選賢才。"

二月甲申,右司諫韓琦上疏言:"有虞至聰也,成湯至明也,其命相猶咨於岳,選於衆,不敢以獨鑒自決於上,必命衆而舉之,始居其位。故得百工信其治,而不仁者遠於朝②,未有衆以爲非才,上獨以爲可任,付以大柄,信其操執,而望萬化可成,衆功盡美者也。臣職在諫諍,志無回隱,自去秋迄今,累上封奏,指言陛下丞弼之任未得其人③,蓋以宰臣王隨登庸以來,衆望不協,差除任性,褊躁傷體。廟堂之上,不聞長才遠略,仰益盛化,徒有延納僧道、信奉巫祝之癖,貽誚中外④。而自宿疹之作,幾涉周星,安臥私家,備禮求退。方天地有大災變,陛下責躬訪道之際,不思抗章引避,而不朝君父,扶疾於中書視事,引擢親舊,怡然自居。暨物議沸騰,則簡其拜禮,勉強入見,面求假告,都無省愧之心。固寵慢上,寡識不恭之咎,自古無有。今聞所患再加,不能復詣中書養疾。陛下優遇之禮既已備矣,彼人貪祿竊位之計亦已窮矣!次則陳堯佐男述古監左藏庫,官不成資,未經三司保舉⑤,而引界滿酬奬之條,擢任三門白波發運使。況程琳任三司使日,曾定奪監左藏庫吳守則,雖界滿出剩,而帳歷憑由不能依限結絕,尚猶不應酬奬條敕,保明之官已重寘其罪。以此校之,則述古之授,是爲欺罔聖明。參知政事韓億初乞男綜爲群牧判官⑥,已降成命,卻令男綜不以資叙回授兄綱⑦,將朝廷

---

① 物論沸騰 "論",嘉慶本作"議"。
② 而不仁者遠於朝 底本脫"於朝"二字,據長編卷一二一、宋王巖叟忠獻韓魏王家傳卷一補。
③ 丞弼之任 "丞"底本作"承",據長編卷一二一、忠獻韓魏王家傳卷一改。
④ 貽誚中外 "誚"底本作"笑",據長編卷一二一、忠獻韓魏王家傳卷一改。
⑤ 保舉 嘉慶本同,長編卷一二一、忠獻韓魏王家傳卷一均作"保奏",似是。
⑥ 初乞男綜爲群牧判官 "綜"底本作"琮",據長編卷一二一、忠獻韓魏王家傳卷一、宋史卷三一五韓億傳改。下文之"男綜"亦可爲佐證。
⑦ 資叙 嘉慶本、忠獻韓魏王家傳卷一同,長編卷一二一作"資序"。

要職從便退换,如己家之物,紊亂綱紀,舉朝非笑。此二事,陛下若忽視而小之①,因循不問,彼則曰:'我營私若是,而上不之責矣;言事者疏我之罪,而上不之聽矣。'則必愈任威福,公然爲不善,更無畏矣②。又石中立本以藝文進居近署,兼領常局,事尚不能,少有建明,但滑稽談諧之譽爲人所稱③。處於翰墨之司,固當其職,若參決大政,則誠非所長。伏見仍歲以來④,災異間作,衆星流隕,躔次不順。河東地震,壓覆至多,雖歷代所言譴告之事,未有如斯之大也。而又冬無積雪,春首霆雷⑤,寒燠之序未甚均協。考天戒之自,則燮理之任正當其責。而在上則獨使陛下引咎敷詔,詢求讜言,繼日臨朝,孜孜政道;在外則降敕天下,徧責刺舉牧長之吏,各修其職。於政府之臣,則以爲過不在己,泰然自處於皋、夔、稷、契之右。臣僚欲廣陛下之德,乞頒前詔於天下,而罷立期限,則皆抑而不從,蓋臣事專而君道弱之明應也。陛下用輔臣如此,不惟使四方觀望,寖成弛慢之風,必恐外夷聞之,亦有輕視中國之意。如望天眚可消而福應自來,則又不可得也。陛下儻以爲退免大臣其事至重,非下臣所宜輕議,孰若以祖宗八十年太平之業坐付庸臣,恣其隳壞乎?今下至閭里之人,猶能揚言而非之,投書而謗之,又況陛下置臣於言責之地,可知而不言哉?是以不避斧鑕,屢有論奏,乞從罷黜,以慰具瞻之望,於己非私也,於彼非有嫌隙也,所切者,以陛下有堯舜之資,而爲在位壅蔽,一思開發睿明,以濟亨運,無它意也。然慮陛下以臣過有詆斥,疑在離間,是故久而不行。伏望出臣此疏,明示中書,委御史臺於朝堂集百官會議,正其是非。如以爲臣言不謬,則乞陛下公而行之。若以爲輔弼等前件事於朝政無損、國體無害,只是臣發於狂妄,則誅戮貶竄之罪,臣無所逃。矧遇陛下勤政答天,申明賞罰之秋,特望判其邪正,以塞群議。"上嘉納之。

三月戊戌朔,門下侍郎、平章事王隨罷爲彰信節度使、同平章事,户部侍郎、平章事陳堯佐罷爲淮康節度使、同平章事、判鄭州,户部侍郎、參知政事韓億罷歸本班,禮

---

① 陛下若忽視而小之　嘉慶本無"視"一字,長編卷一二一改"忽令"爲"忽視";忠獻韓魏王家傳卷一作"陛下若今而小之",似是。
② 更無畏矣　嘉慶本、長編卷一二一同;忠獻韓魏王家傳卷一"畏"下有"忌"一字,似是。
③ 滑稽談諧之譽　"諧",長編卷一二一、忠獻韓魏王家傳卷一均作"笑",似是。
④ 伏見仍歲以來　"見",嘉慶本作"況"。
⑤ 霆雷　長編卷一二一、忠獻韓魏王家傳卷一均作"霆震"。

部侍郎、參知政事石中立罷爲戶部侍郎、資政殿學士。初,呂夷簡罷,密薦隨、堯佐二人爲相,其意援引非才①、居己下者用之,希他日上意見思而復相己②。及隨與堯佐、億、中立等議政,數忿爭於中書,隨尋屬疾在告。詔五日一朝,日赴中書視事。而堯佐復年高,事多不舉。時有"中書翻爲養病坊"之語③。又轉運使王軫求三路於隨,隨以閭閻鄙詞罵之。一日隨方饍,堂吏白事忤意,隨食未下咽而遽斥之,羹污其面,中外恥笑。會災異仍見,琦論隨等,疏凡十上,堯佐亦先自援漢故事求策免,於是四人者俱罷。

　　王巖叟作韓魏公遺事錄云:公言天下事不能必如人意。仁宗時,王隨、陳堯佐爲宰相,皆老病,又不和,中書事多不決。韓億、石中立二人,又頗以私害公。公時爲諫官,屢疏不納。後物議益喧,公復上章乞廷辨。上迫於正論,罷四人者。當時天下之望,在王沂公、呂申公、杜沂公、范希文,而公亦引薦之,及宣麻日,乃張士遜昭文,章得象集賢,宋庠、晁宗慤參政,天下大失望。公曰:"事固不如人意,亦不能必也。"按:巖叟此錄繆誤。宋庠參政在寶元二年十一月,晁宗慤參政在康定元年九月,不與士遜、得象同入中書明甚。宗慤此時在翰苑才二年,庠實初除翰苑。然上意本用庠,偶以讒止,更一年餘,卒除之。或傳聞疑似致此。而范希文二年前權知開封府,坐讒落天章閣待制,去冬補外,方自饒徙潤,猶未復職,驟遷政府,恐亦無此例。魏公自言必不差,巖叟聽之不審,又不加參考,遽筆之於書耳。

　　山南東道節度使、同平章事、判河南府張士遜爲門下侍郎、兼兵部尚書、平章事,戶部侍郎、同知樞密院事章得象以本官平章事,右諫議大夫、同知樞密院事王鬷,龍圖閣學士、工部侍郎、權知開封府李若谷並爲參知政事。初,韓琦數言執政非才,上未即聽。琦又言曰:"豈陛下擇輔弼未得其人故邪?若杜衍、孔道輔、胥偃、宋郊、范仲淹,衆以爲正直之臣,可備進擢。不然,嘗所用者王曾、呂夷簡、蔡齊、宋綬,亦人所屬望,何不圖任也?"上雖聽琦罷王隨等,更命士遜及得象爲相,士遜猶以東宮舊恩,或言又夷簡密薦之。得象入謝,上謂曰:"往者太后臨朝,群臣邪正,朕皆嘿識,惟卿清忠無所附,且未嘗有干請。今日用卿,由此也。"

---

① 援引非才　"援",嘉慶本同,長編卷一二一作"拔"。
② 希他日上意見思而復相己　"希",嘉慶本、長編卷一二一、宋宰輔編年錄卷四均作"覬",似是;"相",底本脫,據嘉慶本、長編卷一二一、宋宰輔編年錄卷四補。
③ 中書翻爲養病坊　"翻"底本作"省",據長編卷一二一改。

大臣補外

陳堯咨出鎮天雄

天聖五年八月丙戌,以翰林學士、兼龍圖閣學士①、權知開封府陳堯咨爲宿州觀察使、知天雄軍,樞密直學士陳堯佐權知開封府。堯咨自負其能,冀速登用,頗不快於執政者,嘗有謗言達於上。太后惑焉,他日以問王曾等,曾既具對,且曰:"臣等職在弼諧,敢不心存公正?然讒人罔極,亦不可不察也。"太后猶未信,曾曰:"是非曲直,在於聽斷之審,請以藥物喻之:醫方謂藥有相使相反惡者,而甘草爲國老,以其性能和衆藥,故湯劑中不以寒温多用之。而斑貓有毒②,若與衆藥同用,必致殺人,此其驗也。"太后大悟,不數日,堯咨有換官出鎮之命。堯咨内不平,上章固辭。時太后常以雙日垂簾,特用隻日召見③,敦諭之,不得已乃拜受。堯咨善射,常取錢爲的,一發貫其中。於兄弟間最爲少文,任氣節,真宗嘗欲授以武職,堯咨母不可,乃止。或謂太后此除,實用真宗遺意也。尋有詔,堯咨遇契丹使過大名,權位丞郎上,及歲增公使錢百萬。天雄城壁器械,自契丹修好久不治,堯咨至,並加完葺。然須索煩擾,多暴怒,列軍士持大梃侍前,吏民語不中意,立至困仆。

堯咨讒謗事據言行録。百一編又云:堯咨晚年以其兄堯佐妨已進用,頗出怨言,國史並不載,或修史者陰有所庇,蓋蒲宗孟與堯咨實同州里也。不然王氏父兄雅不喜堯咨故云耳。當考。又王沿傳云知開封府陳堯咨嗜酒廢事,沿奏彈之。亦當考。

晏殊出知宣州

天聖五年正月庚申,降樞密副使、刑部侍郎晏殊知宣州。先是,太后召張耆爲樞密使,殊言:"樞密與中書兩府同任天下大事,就令乏賢,亦宜使中材處之。耆無它勳勞,徒以恩倖,遂極寵榮,大卜已有私徇非才之議,柰何復用爲樞密使也?"太后不悦,於是從幸玉清昭應宫,從者持笏後至,殊怒,撞以笏,折其齒。監察御史曹修古、王沿等劾奏:"殊任輔弼,百僚所法,而忿躁無大臣體。古者三公不按吏,先朝陳恕於中書搒人,即時罷黜。請正典刑,以允公議。"殊坐是免,尋改知應天府。

---

① 兼龍圖閣學士　底本"閣"下衍"直"一字,據長編卷一〇五、宋會要輯稿職官六一之八、隆平集卷五陳堯咨傳删。
② 而斑貓有毒　"斑"底本作"班",據長編卷一〇五、宋高畤叟珍席放談卷上改。
③ 特用隻日召見　"隻"底本作"雙",據長編卷一〇五、宋史卷二八四陳堯咨傳及本節上下文意改。

論張耆者不可爲樞密,據張唐英政要及歐陽修神道碑,史不載也。

六年七月,賜樞密使張耆常樂坊第一區。

八月,晏殊之出也,上意初不謂然,欲復用之,會李及卒。乙酉,召殊於南京,命爲御史中丞,仍令班翰林學士上。

錢惟演改判河南

天聖九年正月辛未,改新判陳州錢惟演判河南府。始惟演託疾久留京師,既除陳州,遷延不赴,且圖相位。天章閣待制范諷奏曰:"惟演嘗爲樞密使,以皇太后姻屬罷之,示天下以不私。今固不可復用。"殿中侍御史郭勸亦請督惟演上道。惟演自言先壠在洛陽,願司宮鑰,遂命惟演守河南,促其行。他日諷入對,太后謂曰:"惟演去矣。"諷曰:"惟演奴僕皆得官,不去尚奚以爲?"時惟演弟處州觀察使、知定州惟濟亦遷武昌留後、知澶州,尋復知定州。勸又言惟演不當爲其弟求遷,且就總兵權,乞罷之。不報。

王鬷出知河南

康定元年三月戊寅,工部侍郎、知樞密院事王鬷,右諫議大夫、知樞密院事陳執中,給事中、同知樞密院事張觀並罷,鬷知河南府,執中知青州,觀知相州。天聖中,鬷嘗使河北①,過真定,見曹瑋。瑋謂曰:"君異日當柄用,願留意邊防。"鬷曰:"何以教之?"瑋曰:"吾聞趙德明少子元昊頗傑悍,德明嘗使人以馬權易漢物②,不如意,欲殺之。元昊諫曰:'我戎人,本從事鞍馬間,而與漢權易不急之物,已非策,又從而斬之,失衆心,不可。'德明爲貸不殺。吾使人覘元昊狀貌異常,它日必爲邊患。"鬷時莫究所謂,比再入樞密院,元昊果叛。帝數問邊計,不能對。及劉平、石元孫等敗,議刺鄉兵,久不決,帝不悅。宰相張士遜言:"軍旅之事,樞密院當任其咎。"於是鬷及執中、觀三人同日罷。鬷乃思瑋言,因以語所親厚者云。

張士遜得謝

康定元年五月。先是,詔御輦院揀下都輦官年四十以下爲禁軍,輦官千餘人攜妻子,遮宰相、樞密使喧訴,門下侍郎兼兵部尚書、平章事張士遜方朝,馬驚墜地。己未,

---

① 鬷嘗使河北　"使"底本作"知",據長編卷一二六、宋史全文卷七下、宋宰輔編年録卷四、宋史卷二九一王鬷傳改。
② 德明嘗使人以馬權易漢物　底本脱"以馬"二字,長編卷一二六同,據宋史卷二九一王鬷傳補。

御史中丞柳植等奏其事,請付有司治。詔樞密院推鞫以聞。時軍興,機務填委,士遜位首相,無所補,諫官以爲言。士遜不自安,七上章請老,又數面陳。壬戌,優拜太傅,進封鄧國公致仕,聽朔望大朝會綴中書門下班,月給宰相俸三之一,出入施繖,又與一子五品服。士遜乞免朝朔望,從之。本朝以宰相得謝者,自士遜始。

林瑀通判饒州

慶曆二年二月丙戌,太常博士、天章閣侍講林瑀落職,通判饒州。先是,瑀奉詔撰周易天人會元紀,其說用天子即位年、月、日、辰,占所直卦,以推吉凶,且言:"自古帝王即位,必直乾卦,若漢高祖及太祖皇帝,皆是也。"書成,上之。詔學士院看詳,皆言瑀所編纂,事涉圖緯,乞藏秘閣。詔賜瑀銀、絹各五十兩、匹。御史中丞賈昌朝嘗面折瑀所言不經,瑀與昌朝辯於上前,由是與昌朝忤。及是,瑀又言:"上即位,其卦直需,其象曰'雲上於天。需,君子以飲食燕樂'。臣願陛下頻出燕遊,極水陸玩好之美,則卦體當天心矣。"上駭其言,因問太宗即位直何卦,瑀對:"非乾卦。"問真宗,對亦然,上始厭瑀之迂誕。昌朝即劾奏:"瑀儒士,不師聖人之言,專挾邪說罔上聽,不宜在經筵。"上乃謂輔臣曰:"人臣雖有才學,若過爲巧僞,終涉形迹。"遂罷黜瑀。

余靖分司南京

慶曆六年七月丙申,右正言、知制誥、知吉州余靖爲將作少監、分司南京,許居韶州。初,靖爲諫官,嘗劾奏太常博士茹孝標不孝,匿母喪坐廢。靖既失勢,孝標因與知諫院錢明逸言靖少在廣州①,犯法受笞。明逸即劾奏靖不宜在近侍。靖聞之,不自安,求侍養去。會朝廷下廣州,按得其實:靖初名希古,舉進士未得解,曲江主簿善遇之。知韶州者疾主簿,捃其罪無所得,惟得與靖接坐。主簿既以違敕停任,而靖受笞,俊乃更名,取解他州及第。案牘具在,故有是命。

龐籍出知鄆州

皇祐五年閏七月壬申,户部侍郎、平章事龐籍以本官知鄆州。初,齊州學究皇甫淵獲賊,法當得賞錢,淵上書願易一官。道士趙清貺者,籍甥也,紿爲淵白籍,而與堂吏共受淵賂。淵數詣待漏院自言,籍乃勒淵歸齊州。有小吏告清貺等賂事,籍即捕送

---

① 靖少在廣州 "在",嘉慶本、長編卷一五九均作"遊"。

開封府。清賊及堂吏皆坐贓刺配嶺外,行至許州,死。諫官韓絳言籍陰諷府杖殺清賊以滅口,又言事當付樞密院,不當中書自行,故罷之。然謂籍陰諷開封,覆之無實。

吳育判延州

至和二年七月戊辰,資政殿大學士、兼翰林侍讀學士、戶部侍郎吳育爲宣徽南院使、判延州。育侍讀禁中,帝因語及臣下毀譽多出愛憎,育曰:"聖言要切,實四海之幸。然知而行之於言,不若察而行之於事。自古人君皆因信讒邪而致亂,照奸險而致治。至於安危萬端,不出愛憎二字,達之則羣書不足觀,不達雖博覽無益也。蓋人主事有不可不密者,有不可不明者,語及軍國幾微,或干權要,不可不密也。若指人姓名,陰言其罪而事狀未見者,此不可不明也。若不明,則讒邪得計,忠正難立,曲直莫辨,愛憎遂行。故曰:'偏聽生奸,獨任成亂。'是故聖王之行,如天地日月,坦然明白。進一人使天下皆知其善,黜一人使天下皆曉其惡①,則陰邪不能陷害,公正可以立身,此百王之要道也。"帝益重之,數欲大用,而諫官誣奏育在河南嘗貸民出息錢,久之,遂命出帥。

育正傳云:爲諫官劉元瑜誣奏。按:元瑜此時實知潭州,必非元瑜也。今沒其姓名,當徐考之。蘇軾嘗記王鞏云陳執中罷相,仁宗問誰可代者,執中舉吳育,上即召赴闕。會乾元節,侍宴偶醉,坐睡,忽驚顧,拊牀呼其從者。上愕然,即除西京留臺。鞏父素爲鞏言此。案:育自陝召入,至和二年二月判都省,此時陳執中方家居待罪,不知何時薦育。所云"醉拊御牀,仁宗愕然,因不復相育"。育有心疾,當得事實,足見非劉元瑜誣奏也。然育爲執中所薦,亦未可曉。又育出知延州,非西京留臺。嘉祐元年五月,乃自延州徙河中,三年八月,自河中徙河南。鞏所云差誤,姑附見,待考。

宋祁出知鄭州

嘉祐四年三月己未,新三司使、吏部侍郎宋祁爲端明殿學士、翰林侍讀學士、龍圖閣學士、集賢殿修撰、知鄭州;右諫議大夫、權御史中丞包拯爲樞密直學士、權三司使。先是,右司諫吳及言祁在定州不治,縱家人貸公使錢數千緡,及在蜀奢侈過度;而拯亦言祁在益部多遊宴,且其兄庠方執政,不可任三司,累論之不已。拯因自言身處機密,弟總大計,權任太重,乞除祁外官,故命祁出守而拯代居其任②。翰林學士歐陽修言:

---

① 黜一人使天下皆曉其惡　九朝編年備要卷一五同,長編卷一八〇"黜"作"退"。
② 而拯代居其任　"任",長編卷一八九、宋史全文卷九下均作"位"。

"臣聞拯曾彈奏宋祁過失,自祁命出,臺中寮屬又交章力言,而祁亦因此而罷①,而拯遂代其任②,此所謂蹊田奪牛,豈得無過!而整冠納履,當避嫌疑者也。如拯材能資望,雖別加進用,人豈間言,其不可爲者,惟三司使耳。"疏奏,拯即家避命,不許,久之,乃就職。

---

① 而祁亦因此而罷　文忠集卷一一一論包拯除三司使上書、宋朝諸臣奏議卷一四上仁宗論包拯不當代宋祁爲三司使同,長編卷一八九作"祁亦因此而罷"。
② 而拯遂代其任　文忠集卷一一一論包拯除三司使上書、宋朝諸臣奏議卷一四上仁宗論包拯不當代宋祁爲三司使同,長編卷一八九"任"作"位"。

卷第三十七

仁宗皇帝

呂夷簡事迹
薦李柬之

景祐元年六月乙卯,中書言太常博士李柬之先於學士院試,賜同進士出身、館閣校勘。詔除直集賢院、知邢州。柬之,迪子也。天禧末,迪罷相斥逐,柬之落職。迪復相,柬之自陳於政府,奏乞檢會,乃有是命。議者非之,或曰迪與呂夷簡同相,迪直而疏,夷簡巧而密。迪嘗有所規畫,夷簡覺非迪所能,乃問其所親曰:"復古門下,誰適與謀?"對以李無他客,獨柬之慮事過其父遠甚。夷簡因謂迪曰:"柬之才可用,當付以事。"迪謙不敢當,夷簡曰:"進用才能,自夷簡事,公勿復預知。"即具奏,得請。迪父子皆喜,不悟夷簡陰奪其謀主也。柬之既受命,居半歲,迪果罷相。

此據龍川別志。然別志以爲夷簡奏除柬之兩浙提刑,於實錄及柬之本傳皆不見歷兩浙提刑,恐是除直集賢院①、知邢州也。觀夷簡意止欲柬之不在其父旁爾,故超除直集賢院,令出守,而迪父子不悟,恐別志誤記。今略加刪削,附見此事。

惡范諷

景祐元年八月,殿中侍御史龐籍言:"故駙馬都尉吳元扆從子東頭供奉官守則,近與尚繼斌之子結婚②,前權三司使范諷遺以銀鞍勒。守則監左藏庫,諷爲矯奏羨餘,改一官。請付臺鞫其事。"宰相李迪雅善諷,寢不報。乙酉,籍坐言宮禁事不實,出爲廣東轉運使。

十月,新廣東轉運使龐籍言:"昨爲御史奏彈吳守則、范諷交通尚繼斌事,諷既出

---

① 恐是除直集賢院　底本脱"直"一字,據長編卷一一四及本節上文補。
② 近與尚繼斌之子結婚　長編卷一一五作"近與尚繼斌結婚",宋史卷三〇四范諷傳載"尚美人同父弟娶守則女"。

守兖州,乃紿言家貧,假翰林銀器數千兩自隨,而增産於齊州,市官田,虧平估。請併行案劾。"詔諷以所假銀器還官。

二年二月丁卯,龍圖閣學士、給事中、知兖州范諷責授武昌行軍司馬、不簽書公事,廣東轉運使、祠部員外郎龐籍降授太常博士、知臨江軍,東頭供奉官吳守則追一官。又降都官員外郎、判刑部李遜知濰州,祠部員外郎、知信州滕宗諒監饒州税,屯田員外郎、知宿州董儲通判吉州,光祿寺丞、館閣校勘石延年落職、通判海州,殿中丞、知安吉縣范拯爲和州司馬。仍下詔以諷罪申飭中外。先是,諷性倜儻好奇節,不拘細行。雅善李迪,嘗與張士遜議事不合,爲中丞,力擠士遜。援吕夷簡入相,又合謀廢郭后,欲夷簡引己置二府。然夷簡憚諷,終不敢薦也。諷建議朝廷當差擇能臣,留以代大臣之不稱職者。夷簡聞而惡之。權三司使僅半歲,以疾免,管句祥源觀,又徙會靈觀。既久不得意,憤激求出,於是知兖州。及將行,復請上曰:"陛下朝無忠臣,一旦紀綱大壞,然後召臣,將何益?"夷簡愈惡之。至龐籍數劾諷,宰相李迪右諷弗治,反左遷籍。籍既罷,益追劾諷不置,且言:"諷放縱不拘禮法,苟釋不治,則敗亂風俗,將如晉之季,不可不察。"會諷亦請辨,乃詔即南京置獄,遣淮南轉運使黄總、提點河北刑獄張嵩訊之。籍坐所劾諷有不如奏,法當免,諷當以贖論。諷不待論報,擅還兖州。吕夷簡疾諷詭激多妄言,且欲因諷以傾迪,故特寬籍而重貶諷,凡與諷善者皆絀削。延年嘗上書請莊獻太后還政,諷任中丞,欲引延年爲屬,延年力止之,竟坐免。人謂籍劾諷,實夷簡陰教之云。

諷請辨,據王珪所爲龐神道碑,它書並無有也。諷知兖州在景祐元年七月。

戊辰,工部尚書、平章事李迪罷爲刑部尚書、知亳州。先是,上御延和殿,召宰臣吕夷簡、參政宋綬決范諷獄。以迪素黨諷,不召。迪皇恐還第。翌日,遂罷相。制辭略曰:"姻聯之内,險詐相朋。靡先事而上言,頗爲臣而有隱。"然迪性淳直,實不察諷之多誕也。己巳,改新知亳州李迪知相州。庚午,復改授資政殿大學士、兼翰林侍讀學士,留京師,仍班三司使上。庚辰,降爲太常卿、知密州。始迪再入相,自以受不世之遇,盡心輔佐,知無不爲。及吕夷簡繼入中書,事頗專制,心忌迪,潛短之於上。迪性直而疏,不悟也。既坐范諷黨罷政,怨夷簡,因奏夷簡私交荆王元儼,嘗爲補門下僧惠清爲守闕鑒義。夷簡請辨,上遣知制誥胥偃、度支副使張傳即訊,乃迪在中書時所曰天子與宰臣以忤意逐賢人,責臣不得不言。臣謂賢人者,國家恃以爲治也①。若陛下以忤意逐之,臣合諫;宰臣以忤意逐之,臣合争。臣愚以爲范仲淹頃以論事切直,亟加進用。今茲狂言,自取譴辱,豈得謂之非辜?恐中外聞之,謂天子以忤意逐賢人,所損不細。請令有司召修戒諭,免惑衆聽。"因繳進修書。修坐是貶。西京留守推官仙遊蔡襄作四賢一不肖詩,傳於時。四賢指仲淹、靖、洙、修,不肖斥若訥。泗州通判陳恢尋上章,乞根究作詩者罪。左司諫韓琦劾恢越職希恩,宜重貶黜,庶絕奸諛,不報,而襄事亦遂寢。先是,臺諫官數言政事得失,宰相吕夷簡厭之。滄州副都部署劉平奏疏曰:"臣見范仲淹等毁訾大臣,此必有要人指授仲淹輩,欲逐大臣而代其位者。臣於真宗朝爲御史,顧當時同列,未聞有奸邪黨與詐忠賣直,所爲若此。臣以淺文末技偶致顯用②,不識朝廷典故,而論事者浸淫,遂及管軍將校。且武人進退與儒臣異路,若掎摭短長,妄有舉劾,則心摇而怨結矣。願明諭臺諫官,毋令越職,仍不許更相引薦。或闕員,則朝廷自擇忠純耆德用之③。"平疏蓋希夷簡意也。光禄寺主簿蘇舜欽上疏言④:"歷觀前代聖神之君,好聞讜議,蓋以四海至遠,民有隱慝,不可以遍照,故無間愚賤之言,擇而用之,然後朝無遺政,物無遁情,雖有佞臣邪謀,莫得而進也。臣覩丁亥詔書,戒越職言事,播告四方,無不驚惑,往往竊議,恐非出於陛下之意。蓋陛下即位以來,屢詔群下,勤求直言,使百官轉對,置匭函,設直言極諫科。今詔書頓異前事,豈非大臣壅蔽陛下聰明,杜塞忠良之口?不惟虧損朝政,實亦自取覆亡之道。夫納善進賢,宰相之事;蔽君自任,未或不亡。今諫官、御史悉出其門,但希旨意,即獲美官,多士盈庭,噤不得語。陛下拱默,何由盡聞天下之事乎?前孔道輔、范仲淹剛直不撓,致位臺諫。後雖改他官,不忘獻納。二臣者,非不知緘口數年,坐得卿輔。蓋不敢負陛下委注之意,而皆罹中傷,竄謫而去,使正臣奪氣⑤,鯁士咋舌,目覩時弊,口不敢論。昔晋侯問叔向曰:'國家之患,孰爲大?'對曰:'大臣持禄而不及諫,小臣畏罪而不敢言,下情不得上通,此患之大者。'故漢文感女子之説而肉刑是除,武帝聽三老之議而

---

① 也 底本脱,據嘉慶本、長編卷一一八補。
② 臣以淺文末技偶致顯用 "末技",長編卷一一八、宋史卷三二五劉平傳均作"薄技"。
③ 則朝廷自擇忠純耆德用之 "純"底本作"信",據長編卷一一八、宋史卷三二五劉平傳改。
④ 光禄寺主簿蘇舜欽上疏言 底本"寺"下衍"丞"一字,據長編卷一一八、宋史全文卷七下删。
⑤ 正臣 底本作"正官",據嘉慶本、長編卷一一八、蘇學士集卷一一乞納諫者改。

江充以族。肉刑古法，江充近臣，女子、老人，愚氓疏隔之至也。蓋以義之所在①，賤不可忽，二君從之，後世稱聖。況國家班設爵位，列陳豪英，故當責其公忠，安可教之循默②？賞之使諫，尚恐不言，罪其敢言，孰肯獻納？物情閉塞，上位孤危，軫念於茲，可爲驚怛。伏望陛下發德音③，寢前詔，懇於采納，下及芻蕘，可以常守隆平，保全近輔。若詔牓未削，欺罔成風，則不惟堂下遠於千里，竊恐指鹿爲馬之事復見於今朝矣！"

國史舜欽傳及舜欽集皆稱乙亥詔書，誤也，今改之。舜欽集云此疏以五月二十八日上，今附見月末。案：景祐元年，舜欽登第，授光禄主簿、知蒙城縣。二年正月丁父憂，三年五月上此疏，居喪才一年後爾。冒哀論事，前賢不以爲非，何哉？當考。

四年十二月壬辰，徙知饒州范仲淹知潤州，監筠州稅余靖監泰州稅，夷陵縣令歐陽修爲光化縣令。上諭執政令移近地故也。

上諭執政，據朔曆。獨尹洙不徙，當考。

先是，京師地震，直史館葉清臣上疏曰："天以陽動，君之道也；地以陰靜，臣之道也。天動地靜，主尊臣卑。易此則亂，地爲之震。乃十二月二日丙夜，京師地震，移刻而止。定襄同日震，至五日不止，壞廬舍，殺人畜，凡十之六。大河之東，彌千五百里而及都下，誠大異也。屬者熒惑犯南斗，治曆者相顧而駭。陛下憂勤庶政，方夏泰寧，而一歲之中，災異仍見④，必有下失民望，上戾天意，欲垂戒以啓迪清衷。而陛下泰然不以爲異，徒使内侍走四方，治佛事，治道科⑤，非所謂消伏之實也⑥。頃范仲淹、余靖以言事被黜，天下之人齰舌，不敢議朝政者行將二年。願陛下深自咎責，詳延忠直敢言之士。庶幾明威降鑒，而善應來集也。"書奏數日，仲淹等皆得內徙。范仲淹既徙潤州，讒者恐其復用，遽誣以事，語入，上怒，亟命置之嶺南。參知政事程琳辨其不然，

---

① 蓋以義之所在　"蓋"底本作"豈"，據蘇學士集卷一一乞納諫書、宋史卷四四二蘇舜欽傳改。
② 安可教之循默　"默"底本作"嘿"，據長編卷一一八、宋朝諸臣奏議卷一八蘇舜欽上仁宗乞追寢戒越職言事詔書改。
③ 伏望陛下發德音　"伏"底本作"覬"，長編卷一一八同，據蘇學士集卷一一乞納諫書、宋朝諸臣奏議卷一八蘇舜欽上仁宗乞追寢戒越職言事詔書改。
④ 災異仍見　"異"，長編卷一二〇、宋史全文卷七下、宋史卷二九五葉清臣傳均作"變"。
⑤ 治道科　長編卷一二〇、九朝編年備要卷一〇、宋史全文卷七下同，宋史卷二九五葉清臣傳、歷代名臣奏議卷二九九"治"均作"修"。
⑥ 非所謂消伏之實也　"謂"底本作"爲"，據嘉慶本、長編卷一二〇改；"伏"底本作"復"，據長編卷一二〇、宋史全文卷七下改。

仲淹訐得免。自仲淹貶而朋黨之論起,朝士牽連,出語及仲淹者,皆指爲黨人,琳獨爲上開説,上意解,乃已。

寶元元年冬十月丙寅,詔戒百官朋黨。初,吕夷簡逐范仲淹等,既踰年,夷簡亦罷相,由是朋黨之論興。士大夫爲范仲淹言者不已,於是内降劄子曰:"嚮貶仲淹,蓋以密請建立皇太弟姪①,非但訑訐大臣。今中外臣僚屢有稱薦仲淹者,事涉朋黨,宜戒諭之。"故復下此詔。參知政事李若谷建言:"近歲風俗薄惡,專以朋黨污善良。蓋君子、小人各有類,今一以朋黨目之,恐正臣無以自立。"帝然其言。

案:實録丙寅詔書專戒朋黨,蓋爲稱薦仲淹者設。仲淹本傳載語張士遜云云,與實録亦同。而若谷傳乃言若谷建言,帝悟,爲下詔諭中外。[案:詔書則與若谷所言異意矣②,疑此詔既下,若谷始納説。帝因若谷納説,遂釋朋黨之疑耳。初下此詔,決不緣若谷建議也。今略删潤之。]政要云太平日久,仕進之人競於趣附,多依託權要,以希進用。又臺諫言事瑣細,不根治體,多挾怨報仇,以害良士。上甚厭之,乃謂宰相曰:"古者卿大夫相與讓於朝,士庶人相與讓於道,周成王刑措不用,漢文之時恥言人過。今上下交誣,朕甚恥之。"乃下詔戒諭,時景祐五年十月也。詔既下,邪柔者頗增愧。[案:景祐五年十月詔,即此詔也。張唐英蓋不知事實,妄載此耳。今不取③。]

二年三月丁未,徙知潤州范仲淹知越州。

六月甲申,徙監泰州酒税、秘書丞余靖知英州、崇信掌書記、監郢州酒税尹洙爲太子中允④、知長水縣,乾德縣令歐陽修爲鎮南掌書記、權武成軍判官。

康定元年二月丙午⑤,德音:悉許中外臣庶上封議朝政得失。自范仲淹貶,禁中外越職言事。知諫院富弼因論日食,以謂應天變莫若通下情,願降詔求直言,盡除越職之禁。於是上嘉納焉。

三月戊寅⑥,吏部員外郎、知越州范仲淹復天章閣待制、知永興軍。

四月,范仲淹未至永興。癸丑,改爲陝西都轉運使。刑部員外郎、兼侍御史知雜事高若訥爲天章閣待制、知永興軍。諫官梁適言:"仲淹前責饒州,若訥實爲諫官,極

---

① 蓋以密請建立皇太弟姪 "姪",宋史卷三一四范仲淹傳作"故"。
② 案詔書則與若谷所言異意矣 "案",長編卷一二二作"然"。
③ "今不取"下底本有清人所加"案景祐無五年此似誤"九字,據宋周南山房集卷八雜記載:"景祐五年十一月庚子有事於南郊,大赦,改元寶元。"故删"案景祐無五年此似誤"九字。
④ 監郢州酒税尹洙 底本脱"監"一字,據長編卷一二三補。
⑤ 丙午 底本脱此二字,據長編卷一二六補。
⑥ 戊寅 底本脱此二字,據長編卷一二六補。

訐仲淹謀事疏闊。今俾共事,理實有嫌,宜易以近任。"上曰:"朕方任仲淹、若訥以疆事,固當體朕所以委寄之意,安得以舊事爲嫌也? 宜詔諭之。"尋留若訥判吏部流內銓。

五月壬戌,鎮安節度使、平章事、判天雄軍吕夷簡行右僕射兼門下侍郎、平章事。

吕夷簡初以景祐四年罷。

己卯,以起居舍人、知制誥韓琦爲樞密直學士,陝西都轉運使、吏部員外郎、天章閣待制范仲淹爲龍圖閣直學士,並爲陝西經略安撫副使、同管句都部署司事。初,仲淹與吕夷簡有隙,及議加職,夷簡請超遷之。上悦,以夷簡爲長者。既而仲淹入謝,帝諭仲淹使釋前憾,仲淹頓首曰:"臣嚮所論蓋國事,於夷簡何憾也!"

六月辛亥,復權武成軍節度判官歐陽修爲館閣校勘。始,范仲淹副夏竦爲陝西經略招討,辟修掌書記,修以親爲辭,且曰:"今世所謂四六者,非修所好,兼此末事,有不待修而能者。"又曰:"古人所與成事者,必有國士共之,非惟在上者,以知人爲難。士雖貧賤,以身許人,固亦未易。欲其盡死,必深相知,知之不盡,士不爲用。今奇傑豪俊之士,往往已蒙收擇,顧用之如何耳。然尚慮山林草莽有挺特知義、慷慨自重之士,未得出門下也。"

宋杜異議

慶曆元年五月庚午,龍圖閣直學士、權三司使葉清臣知江寧府,權知開封府、天章閣待制吴遵路知宣州。清臣與遵路雅相厚,而宋庠、鄭戩皆同年進士也。四人並據要地,鋭於作事,宰相以爲朋黨,請俱出之。辛未,右諫議大夫、參知政事宋庠守本官知揚州,樞密副使、右諫議大夫鄭戩加資政殿學士、知杭州。先是,吕夷簡當國,同列不敢預事,唯諾書紙尾而已,獨庠數與争論,夷簡不悦。上顧庠頗厚,夷簡忌之,巧求所以傾庠未得。及范仲淹擅通書元昊,又焚其報。夷簡從容謂庠曰:"人臣無外交,希文何敢如此?"庠以夷簡誠深罪仲淹也,它日於上前議其事,庠遽請斬仲淹,樞密副使杜衍力言其不可。庠謂夷簡必助己,而夷簡終無一言。上問夷簡,夷簡徐曰:"杜衍之言是也,止可薄責而已。"上從之。庠遂倉皇失措。論者喧然,皆咎庠,然不知實爲夷簡所賣也。於是用朋黨事,與戩俱罷。時西兵數衄,上憂之,欲遣輔臣。戩請行,不許。

庠、戩俱罷,戩獨加職,此必有説,當考。

二任並副樞密

慶曆元年五月辛未，樞密直學士、右諫議大夫、知益州任中師，龍圖閣直學士、給事中、知河南府任布並爲樞密副使。先是，布數上書論事，帝欲用之。吕夷簡薦中師才不在布下，遂俱擢任。或曰中師前罷廣州，嘗納賂於夷簡。於是樞密副使闕，上謂夷簡曰："用諫議大夫任姓者。"蓋指布也。夷簡遽進中師名，上徐曰："今在西川。"夷簡因言中師可用，乃並用兩人。

二年七月丙午，樞密副使、給事中任布罷爲工部侍郎、知河陽。布任樞密，純約自守，無所補，然數與宰相吕夷簡忤，夷簡惡之。布長子遜素狂愚，夷簡知之，乃怵使言事，許以諫官。遜即上書，歷詆執政大臣①，且斥布不才。布見其書，匿之。夷簡又趣遜以書上，遜復上書罪匿者②。上問，知匿書者布也。布謝："臣子少有心疾，其言悖繆，懼辱朝廷，故不敢宣布。"侍御史魚周詢因劾奏布不才之甚，其子具知，布遂罷去。遜尚留京師望諫官，夷簡尋以它事黜之。議者謂周詢引遜語逐其父爲不知體云。

夷簡促遜使上書③，此據日記。

富弼出使

慶曆元年九月戊午，杖殺中書守當官周卞於都市④，坐於内降度僧敕内僞益童行三十四人也。事既覺，開封府止案餘人而不問堂吏。知制誥富弼時糾察刑獄，白執政，請以吏付開封府。執政指其坐曰："公即居此，無爲近名。"弼正色不受其言，曰："必得吏乃止。"執政滋不悦。

二年正月己巳，邊吏言契丹泛使且至，朝廷爲之旰食，歷選可使虜者，群臣皆憚行。宰相吕夷簡舉右正言、知制誥富弼，入對便殿，叩頭曰："主憂臣辱，臣不敢愛其死。"上爲動色⑤。二月壬申，命弼爲接伴。

三月辛未⑥，授弼禮部員外郎、樞密直學士。弼曰："國家有急，惟命是從，不敢憚勞，臣之職也，奈何逆以官爵賂之！"固辭不受。

---

① 歷　底本脱，據嘉慶本、長編卷一三七補。
② 罪　嘉慶本作"斥"。
③ 促遜使　長編卷一三七作"怵使"。
④ 守當官　底本作"守堂官"，據嘉慶本、長編一三三改。
⑤ 上爲動色　"色"，長編卷一三五作"容"。
⑥ 三月辛未　底本脱"三月"二字，據長編卷一三五補。

七月,弼自契丹還奏,復授吏部郎中、樞密直學士,又辭不受。癸亥,弼再以議和事往,於是呂夷簡傳帝旨,令弼草答契丹書并誓書,凡爲國書二、誓書三。弼奏於誓書內創增三事,因請録副以行。中使夜齎誓書五函并副,追及弼於武強授之。弼行至樂壽,自念所增三事皆與契丹前約,萬一書詞異同,則虜必疑,乃密啓副封觀之,果如所料,即奏疏待報,又遣其屬詣中書白執政。乃詔弼三事但可口陳,弼知此謀必執政欲變己所與北朝初議者,乃以禮物屬副使張茂實,疾馳至京師,叩閤門入見,曰:"執政固爲此,欲致臣於死。臣死不足惜,柰國事何?"上急召吕夷簡問之,夷簡從容曰:"此誤耳,當改正。"弼語益侵夷簡。晏殊言:"夷簡決不肯爲此,真恐誤耳。"弼怒曰:"殊奸邪,黨夷簡以欺陛下。"遂詔王拱辰易書。其夕,弼宿學士院,明日乃行。九月乙巳,弼等還。閏九月庚辰,復命弼爲吏部郎中、樞密直學士,弼又固辭。先是,吕夷簡當國,人莫敢抗,弼既數論事侵之,及堂吏以僞署度牒誅,吕夷簡益恨,因薦弼使契丹,變易國書,欲因事罪之。館閣校勘歐陽修上書,引顔真卿使李希烈事留之,不報。而弼受命不少辭,自初奉使,聞一女卒,再奉使,聞一男生,皆不顧而行;得家書,不發而焚之,曰:"徒擾人意耳。"

十月丙午,以富弼爲翰林學士。弼言於上曰:"增金幣與虜和,非臣本志也,特以朝廷方討元昊,未暇與虜角,故不敢以死爭爾,功於何有,而遽敢受賞乎?願陛下益修邊備,無忘國耻。"卒辭不拜。虜既復修和好,有忌弼功高,妄指它事譖弼奉使不了,乞斬於都市者。上雖不聽,而弼深畏恐,故每遷官輒力辭云。

此據弼敘前後辭免恩命辨讒謗劄子,但不知讒謗者何人。據魏泰雜録,則王拱辰蓋嘗毁弼於上前,然不見它書,未敢決信,當考。

三年三月,右正言、知制誥、史館修撰富弼爲右諫議大夫、樞密副使,弼以奉使故也。弼辭不拜。

此據弼敘前後辭免恩命辨讒謗劄子。

甲午,樞密副使、右諫議大夫富弼改爲資政殿學士、兼翰林侍讀學士。弼時再上章辭所除官,曰:"臣昨奉使契丹,彼執政之官,漢使所未嘗見者,臣皆見之。兩朝使臣昔所諱言者,臣皆言之,以故得詳知其情狀。彼惟不來,來則未易禦也。願朝廷勿以既和而忽之。臣今受賞,彼一旦渝盟,臣不惟蒙朝廷斧鉞之誅,天下公論,其謂臣何?

臣畏公論甚於斧鉞，願收新命，則中外之人必曰：'使臣不受賞，是事未可知。其於守備決不敢懈弛。'非臣務飾小廉①，誠恐誤國事也。"上察其意堅定，特爲改命焉。

七月丁丑，以資政殿學士、兼翰林侍讀學士②、右諫議大夫富弼爲樞密副使。弼直攜誥命納於帝前，口陳所以牢避之意，且曰："願陛下坐薪嘗膽，不忘修政。"上許焉，乃復以誥命送中書，弼因乞補外③，累章不許。

八月丁未，資政殿學士、兼翰林學士、右諫議大夫富弼復爲樞密副使。弼猶欲固辭，會元昊使辭，羣臣班紫宸殿門。上俟弼綴樞密班，乃坐，且使宰臣章得象諭弼曰："此朝廷特用，非以使虜故也。"弼不得已，乃受。晏殊以弼其女婿，引嫌求罷相④，上不許；又求解樞密使，亦不許。

孫沔蔡襄歐陽修等言

慶曆二年冬，宰相呂夷簡感風眩，不能朝。上憂之，手詔拜司空、平章軍國重事，俟疾損，三五日一入中書。夷簡力辭，復降手詔曰："古謂髭可療疾，今翦以賜卿。"又問羣臣可任兩府者。其寵遇如此。

是年冬至不受朝，不知所指何日也。此據司馬光記聞。當時夷簡得疾⑤，實錄並不書，此據本傳。案：朔曆丙辰，夷簡以疾請告，上許之。癸亥，夷簡又以久疾，辭中書、樞密商量文字，又詔大事即與夷簡議之，然不載中書、樞密商量文字元降指揮是何日，又不載拜司空、平章事及"剪髭以賜"，不知何也。今但從本傳稱是冬，而略其月日⑥，須細考之。會要：十二月二十六日，宰臣呂夷簡言："所患未痊，右手尚難舉。忝居重任，深不遑安。乞罷政事，未賜俞允。竊慮中書、樞密院公事稽滯，已面說與章得象、晏殊等，兩府事並一面商量，進呈施行。乞特降指揮。"詔答："依奏。如有大事，即與卿同共商量。"又云慶曆三年正月制："宰臣呂夷簡進司空、平章軍國重事，候疾損，三五日一入中書。"夷簡累以疾求罷，朝廷異數留之也。所稱正月與本傳不同，當考。

三年正月，呂夷簡數求罷，上優詔未許。陝西轉運使孫沔上書言："祖宗有天下，垂八十餘載，未嘗以言廢人。景祐以前，綱紀未甚廢，猶有感激進說之士。觀今之政，

---

① 非臣務飾小廉　底本脫"臣"一字，據長編卷一四〇補。
② 兼翰林侍讀學士　底本脫"侍讀"二字，據長編卷一四二補。
③ 弼因乞補外　"外"底本作"命"，據長編卷一四二改。
④ 引嫌求罷相　底本脫"相"一字，據長編卷一四二補。
⑤ 當時　長編卷一三八作"當考"，從上讀。
⑥ 而略其月日　底本脫"月"一字，據嘉慶本、長編卷一三八補。

是可慟哭,無一人爲陛下言者,臣誠痛之,願陛下留聽。夫州郡承風者刺史也,皆猥懦老耄;縣邑稟令者牧守也,多昏懵罷軟。制敕之下,人以爲不足信;奏請已行,人以爲不能久,未幾而果罷。利權返覆,民力殫竭,師老於邊,夷狄争長。事至危而陛下以爲安,人皆憂而臣下惟相目①,何也?由宰相多忌而不用正人也。往者章獻總政,陛下恭默,有王曾、張知白、魯宗道、李迪、薛奎、蔡齊以正直迭居兩府,曹修古、李紘、劉隨、鞠詠、孔道輔以亮節更任論列。於時斜封僥倖、閹寺威福,雖未悉去,然十餘年間,中外無大故。自吕夷簡當國,黜忠言,廢直道,及以使相出鎮許昌,乃薦王隨、陳堯佐代己,才庸負重,謀議不協,忿争中堂,取笑多士,政事寖廢,即歲罷免。又以張士遜冠台席,士遜本乏遠識,致隳國事,戎馬漸起於邊陲,卒伍竊發於輦轂,捨轝徒行,滅燭逃遁,損威失體,殊不愧羞,尚得三師居第,此蓋夷簡不進賢爲社稷遠圖,但引不若己者爲自固之計,欲使陛下知輔相之位非己不可,兼復思,已而召用也。陛下果召夷簡還自大名,入秉朝政,於兹三年,不更一事,以姑息爲安,以避謗爲知。西州將帥累以敗聞,北虜無厭②,乘此求賂,兵殘貨悖,天下空竭。刺史、牧守,十不得一,法令變易,士民怨咨,隆盛之基,忽至於此。今夷簡以病求退,陛下手和御藥,親寫德音,乃謂恨不移卿之疾在於朕躬,四方義士傳聞詔語有泣下者。夷簡在中書二十年,三冠輔相,所言無不聽,所請無不行,有宋得君一人而已,未知何以爲陛下報。今天下皆稱賢,而陛下不用者,左右毀之也;皆謂纖邪,而陛下不知者,朋黨庇之也。契丹復盟,西賊款塞,公卿忻忻,日望和平,若因此振紀綱,修廢墜,選賢任能,節用養兵,則景德、祥符之風復見於今矣。若恬然不顧,遂以爲安,臣恐土崩瓦解,不可復救。而夷簡意謂四方已寧,百度已正,欲因病默默而去,無一言啓沃天心,别白賢不肖。雖盡南山之竹,不足書其罪也。若薦賢材合公議,雖失之於始,而得之於終,猶可寬天下萬世之責。苟遂容身,不救前過,以柔而易制者升爲腹背③,以奸而可使者任爲羽翼,以詔佞爲君子,以庸懦爲長者,使之在廊廟,列臺閣,上惑聖明,下害生靈,爲宗社計則必危,爲子孫計亦未可保終吉。是張禹不獨生於漢,李林甫復見於今也,在陛下察之而已。"書聞,帝不之罪,議者喜其

---

① 人皆憂而臣下惟相目 "相目",長編卷一三九作"緘口"。
② 北虜 底本作"北敵",長編四庫底本卷一三九諱改"北虜"爲"北敵",今據回改。
③ 腹背 宋史全文卷八上作"腹心"。

塞切。夷簡謂人曰:"元規藥石之言,但恨聞此遲十年爾。"人亦服其量云。

陳繹拜罷錄云:仁宗遣泂自持書詣夷簡弟示之。案:泂此時方爲陝西漕,本傳亦不載泂在朝,不知繹何據,今不取。案:二年五月泂自浙憲移陝西漕,此時決不在朝。政要亦稱泂在陝西,自謂雖外臣不可忘本朝,所上書與本傳合,繹所載必誤。

三年三月乙酉,右僕射兼門下侍郎、平章事兼樞密使吕夷簡再辭位,帝御延和殿召見,敕乘馬至殿門,命内侍取杌子輿以前,夷簡引避久之,詔給扶,毋拜。戊子,罷相爲司徒、監修國史,軍國大事與中書、樞密院同議。

附傳云夷簡再辭位,薦富弼等數人可大用,正傳已削去。恐夷簡未必能薦弼也,今從正傳①。

四月壬戌。吕夷簡雖罷相,猶以司徒預議軍國大事,上寵遇之不衰。於是,諫官蔡襄疏言:"夷簡被病以來,兩府大臣累至夷簡家諮事。又聞夷簡病時,陛下於禁中爲之祈禳,錫與致多,眷注無比。臣竊謂兩府大臣輔陛下以治天下者,今乃並笏受事於夷簡之門,里巷之人指點竊笑。案夷簡謀身忘公,養成天下今日之患。陛下即位之初,夷簡即爲參知政事,遂至宰相,首尾二十餘年,所言之事,陛下一皆聽信而施行之,固當敦風教,正庶官,鎮敵國,安百姓,而乃功業無聞,但爲私計。執政以來,屢貶言者,如曹修古、段少連、孔道輔、楊偕、孫沔、范仲淹、余靖、尹洙、歐陽修等,或謫千里,或抑數年,或緣私恨,假託人主威權,以逐忠賢,以泄己怒,殊不念虛受惡名。立性不臧,欲人附己,見爲介特以自立者,皆以好名、希求富貴汙之。善人恥此,往往退縮,以避好名干進之毁。是以二十年來,人人不肯尚廉隅、厲名節。淺者因循闒茸,深者靡惡不爲,都無愧恥。但能阿附夷簡悉力護之,使奸邪不敗,浸成此風,天下習以爲俗,以逐利爲智能,遠勢爲愚鈍,廢廉恥之節,成奔競之風。一恩之施,皆須出我門下。或先漏露其事,使人預知;或先抑其事,後與行之。若不可行者,小則歸怨同列,大則稱奉聖旨。文武銓院,冗官至多,而曾不減損;奇材異績,不聞獎拔;貪墨昏耄之人,曾經免罷、責罰,及來雪理②,務施小惠,多與收録。貪廉混淆,善惡無別。自關陝兵興以來,修完城壘,饋運芻粟,科配百端,悉出州郡。内則帑藏空虛,外則民財殫竭,嗟怨嗷

---

① 底本脱"恐夷簡未必能薦弼也,今從正傳",據長編卷一四〇補。
② 及來雪理 "及來"底本作"反爲",據文淵閣本長編卷一四〇、歷代名臣奏議卷一三二改。

嗷,聞於道路。不幸有水旱之災,其變不可量也。蓋由不選賢才充三司使、副使①,發運、轉運使非其人,但務收取人情,用爲資歷,纔至數月,即又遷移,循環奔走,日求升進,欲以興財利,寬民力,其可得乎?夷簡當國之後,山外之敗,任福以下死者數萬人。豐州之戰,失地喪師。鎮戎之役,葛懷敏以下又死者數萬人。廟堂之上,成算何在?西師敗沒之後,北虜乘隙遣使入朝,輒違先帝之盟,妄請關南之地,歲增金帛僅二十萬,而猶勒兵壓境,堅求'納'字,淩脅中國,大爲耻辱。度其禍患,譬若疽瘡,但未潰爾。夷簡出入中書且二十年,不爲陛下興利除害,苟且姑息,萬事隳壞如此。今以疾歸,尚貪權勢,不能力辭。或聞乞只令政府一兩人至家商議大事,足驗夷簡退而不止之心也。伏乞特罷商量軍國大事,庶使兩府大臣專當任責,無所推避。"甲子,夷簡請罷預議軍國大事,從之。

五月己巳,司徒吕夷簡請罷監修國史,不許。又請罷所給俸料②,詔給宰相俸料之半③。

九月,司徒吕夷簡固請老。戊辰,授太尉致仕,常朝朔望及大朝會,並綴中書門下班。諫官歐陽修言:"吕夷簡爲陛下宰相,而致四夷外侵,百姓内困,賢愚倒置,紀綱大隳,二十餘年間壞了天下④。人臣大富貴,夷簡享之而去;天下大憂患,留與陛下當之。夷簡罪惡滿盈,事迹彰著,然而偶不敗亡者,蓋其在位之日,專奪主權,脅制中外,人皆畏之,不敢發摘。及其疾病,天下臣庶共喜奸邪難去之人且得已爲天廢。又見陛下自夷簡去後,進用賢才,憂勤庶政,聖明之德,日新又新,故識者皆謂但得大奸已廢,不害陛下聖政,則更不得復言,所以使夷簡平生罪惡偶不發揚,正賴陛下終始保全。未污斧鑕,是陛下不負夷簡,夷簡上負朝廷。今雖陛下特推仁恩,厚其禮數,然臣料夷簡必不敢當,理須陳讓。臣乞因其來讓,便與寢罷,别檢自來宰相致仕祖宗舊例,與一合受官名。"

---

① 蓋由不選賢才充三司使副使　底本脱第二個"使"字,蔡襄端明集卷一七乞罷吕夷簡商量軍國事作"蓋由不選材能充三司使、副使",今據補。
② 俸料　底本作"奉料",據嘉慶本、長編卷一四一改。下同。
③ 宰相　嘉慶本、長編卷一四一均作"宰臣"。
④ 壞了天下　"壞了"底本作"壞亂",長編卷一四三同,據文淵閣本長編卷一四三、文忠集卷一〇〇論吕夷簡劄子、宋宰輔編年錄卷五改。

四年九月戊辰,鄭州言太尉致仕、許國公吕夷簡卒。帝見輔臣,涕下曰:"安得憂公忘身如夷簡者!"贈太師、中書令,謚文靖。

夏竦事迹
不使契丹

大中祥符七年十一月己酉,置玉清昭應宫判官,以左正言、直集賢院夏竦爲之。宰相王旦爲兖州景靈宫朝修使也,竦實掌其牋奏。竦嘗臥病,旦親爲調藥飲之,數稱其才,因使教慶國公書,又同修起居注,及是爲判官,皆旦所薦也。初,丁謂欲大治城西礠場,醮金水,作后土祠,以擬汾陰脽上。林特欲跨玄武門爲複道,以屬玉清昭應宫。李溥欲致海上巨石於會靈池中,爲三神山,起閣道,幾遇神仙之屬。群臣亦争言符瑞。竦獨抗疏,皆以爲不可,其事遂寢。及爲判官,居月餘,乃奏寶符閣奉神果實①,旦起視之無有,渣滓狼籍左右,殆神食之。

抗疏排丁謂等,附傳有之,正傳不載。寶符閣所奏,正傳有之,附傳不載。蓋謂正傳者以竦不正,必不能諫前事,故削去,但載寶符所奏,可見竦奸邪故也。然竦抗疏必不誣,附傳載其事於竦爲知制誥後,恐失其序,此必未爲判官以前事也。竦未爲判官,故數爲正論,王旦因喜之。及爲判官,即附會神怪,僥倖速進,寶符所奏是也。既有寶符之奏,則必不排丁謂等矣。今悉著之,奸人情狀,或可由此見爾。

天禧元年十二月庚寅,玉清昭應宫判官、禮部郎中、知制誥夏竦責授職方員外郎、知黄州。竦娶楊氏,頗工筆札,有鉤距。竦寖顯,多内寵,與楊不睦。楊與弟倡疏竦陰事,竊出訟之。又竦母與楊氏母相詬駡,皆詣開封府,府以聞②,下御史臺置劾而責之,仍令與楊離異。

天聖三年七月壬寅,以前户部郎中夏竦起復知制誥。竦才術過人,然急於進取,喜交結,任數術,傾側反覆,世目爲奸邪。嘗上疏乞與修真宗實録,不報。既而丁母憂,潛至京師求起復,依内官張懷德爲内助。而王欽若雅善竦,因左右之,故有是命。

九月庚辰朔③,以知制誥夏竦爲契丹生辰使。竦自言父承皓與契丹戰没,母喪未期,義不可行,改命工部郎中馬宗元。

---
① 寶符閣 底本作"寶苻閣",據嘉慶本、長編卷八三改。下同。
② 府以聞 底本脱"府"一字,據長編卷九十補。
③ 九月庚辰朔 底本脱"庚辰朔"三字,據長編卷一〇三補。

明道二年四月己未，樞密副使、尚書左丞夏竦罷爲禮部尚書、知襄州，尋改潁州，以竦等皆太后所任用罷之也。

寶元二年，夏竦議邊事。詳見西邊。

慶曆三年四月乙巳，樞密副使、吏部侍郎杜衍依前官充樞密使，宣徽南院使、忠武節度使夏竦赴本鎮。先是，以樞密使召竦於蔡州，臺諫交章論竦在陝西畏懦苟且，不肯盡力，每論邊事，但列衆人之言，至遣敕使臨督，始陳十策。嘗出巡邊，置侍婢中軍帳下，幾致軍變。又元昊嘗牓塞下："得竦首者，予錢三千。"爲賊所輕如此，卒於喪敗師徒，略無成效。今而用之，則邊將之志怠矣。且言："竦挾詐任數，奸邪傾險，與呂夷簡不協。夷簡畏其爲人，不肯引爲同列，既退而後薦之，以釋宿憾。方陛下孜孜政事，首用懷詐不盡忠之臣，何以求治？"侍御史沈邈又言："竦陰交内侍劉從愿，内濟險譎。竦外專機務，奸黨得計，人主之權去矣。"其言尤切。會竦已至國門，言者益急，請毋令入見。諫官余靖又言："竦累表引疾，及聞召用，即兼驛而馳。若不早決，竦必堅求面對，敘恩感泣，復有左右爲之解釋，則聖聽惑矣。"御史中丞王拱辰對上極言，上未省，遽起，拱辰引上裾，畢其說。前後言者合十八疏，上乃罷竦，而用衍代之。

此段當廣求臺諫章疏，一一出其名姓乃善。石介聖德詩云用中丞拱辰，御史平、邈，諫官修、靖，凡十一疏追竦敕，而竦正傳云十八疏，今從正傳。御史平，蓋席平也。平尋以不才逐，獨能言竦，可怪也。沈邈所言，據沈邈傳。拱辰引帝裾，據劉摯所作拱辰行狀也。

七月己巳，徙宣徽南院使、忠武節度使夏竦判亳州。竦之及國門也，上封章疏示焉。竦既還鎮，言者猶未已。會韓億致仕，竦請代之，故有是命。竦又自請納節還文資，仍不帶職，乃除吏部尚書、知亳州。既至亳州，因上書自辯，幾萬餘言。

改除吏書在此月二十一日丙戌，後此十七日，今并書之。上書自辯幾萬餘言，此據正傳。竦有集百卷，獨無此書，當考。

詔付學士批答，孫抃爲之，辭略曰："圖功效莫若罄忠勤，弭謗言莫若修行實。"竦得之甚恨，語人曰："吾於孫素無嫌，而批答見詆如此，何哉？"

四年四月，造爲黨論，目杜衍、范仲淹、歐陽修爲黨人。

六月，僞作石介爲富弼撰廢立詔。並見富范等以朋黨見讒。

十二月癸卯，吏部尚書、知亳州夏竦爲資政殿大學士。

五年八月庚午,資政殿大學士、吏部尚書、知亳州夏竦爲宣徽南院使、判并州。

九月丁酉,詔判并州夏竦,軍事不及中覆者,聽便宜行之。竦在并州,嘗以私僕侵盜産利杖殺之。侍御史吴鼎言:"竦爲天子大臣,而貪暴不法如此。願下有司正其罪。"

六年正月壬辰,判并州夏竦請親領兵巡邊,經置西北事,詔從之。

二月癸丑,宣徽南院使、河陽三城節度使、判并州夏竦加同平章事、判大名府、河北安撫使。

七年三月乙未,河陽三城節度使、同平章事、判大名府夏竦依前官充樞密使。故事,文臣自使相除樞相,必納節還舊官,獨竦不然。

景祐元年八月王曾事可考。

初,降制召竦爲宰相。諫官、御史言:"大臣和則政事起。竦與陳執中議論素不合,不可使共事。"越三日,遂貼麻改命焉。

竦以乙未日除宰相,丁酉日改樞密使,而實録并書之,今從本紀。

深銜石介①

慶曆五年十一月辛卯,詔提點京東路刑獄司,體量太子中允、直集賢院石介存亡以聞。先是,介受命通判濮州,歸其家待次,是年七月病卒。夏竦銜介甚,且欲傾富弼,會徐州狂人孔直温謀叛②,搜其家,得介書,因言介實不死,弼陰使入契丹謀發兵,弼爲内應。執政入其言,故有是命,仍羈管介妻子於他州。

石介附傳、正傳並云介詐死,北走契丹,兼往登、萊結金坑凶惡事。富弼朱墨史附傳乃有往登、萊結金坑惡少事。附傳蓋依弼敍前後辭免恩命辨讒劄子。案:下詔京東體量介存亡在今年十一月辛卯,此時弼猶在鄆州也,七年五月始移青州,體量介存亡。實録但有此五年十一月辛卯一詔爾,七年五月後不聞别下詔也。弼劄子則云"在青州再體量",蓋實録不詳,今别見七年六月末也。

時亦有詔下兖州核介死虛實,知州杜衍會官屬議之,衆莫敢對。泰寧節度掌書記龔鼎臣獨曰:"介平生直諒,寧有是耶?願以闔族保其必死。"衍悚然,探懷中奏稿示之

---

① 深銜石介　嘉慶本在上文"寶元二年夏竦議邊事"之前。
② 徐州狂人　底本脱"州"字,據嘉慶本、長編卷一五七補。

曰："老夫既保介矣。君年少，見義必爲，安可量哉！"

七年六月。先是，夏竦譖言石介實不死，富弼陰使入契丹謀起兵。朝廷疑之。弼時知鄆州，亟罷京西路安撫使。既而北邊安堵如故，竦譖不效。弼自鄆州徙青州，仍領京東路安撫使。竦在樞府，又譖介說虜不從，更爲弼往登、萊結金坑凶惡數萬人，欲作亂。請發棺驗視。朝廷復詔監司體量。中使持詔至奉符，提點刑獄呂居簡曰："今破冢發棺，而介實死，則將奈何？且喪葬非一家所能辦也，必須衆乃濟。若人人召問之，苟無異說，即令結罪保證，如此亦可應詔矣。"中使曰："善。"及還奏，上意果釋。介妻子初羈管他州，事既辨明，乃得還。侍御史知雜事張昇及御史何郯嘗極論其事[1]，郯奏疏曰："伏聞朝廷近降指揮，爲疑石介，徧根問舊來曾涉往還臣僚，以審存没。中外傳聞，頗甚駭異。緣石介平生頗篤學問，所病者道未周而好爲人師，致後生從學者多流蕩狂妄之士，又在太學日不量職分，專以時事爲任。此數端是可深責，其於他事，計亦不爲。況介前年物故，衆已明知。萬一使介尚存，一眇小丈夫爾，亦何所圖？臣聞此事造端，全是夏竦始。初陰令人摹擬石介書迹，作與前來西府臣僚簡尺，妄言事端，欲傳播入内，上惑聰明。夏竦豈不知石介已死，然其如此者，其意本不在石介，蓋以范仲淹、富弼在兩府日，夏竦曾有樞密使之命，當時亦以群議不容，即行罷退，疑仲淹等同力排擯，以石介曾被仲淹等薦引，故欲深成石介之惡，以污忠義之臣，皆疇昔之憾，未嘗獲逞。昨以方居要位，乃假朝廷之勢，有所報爾。其於損國家事體，則皆不顧焉。伏望聖慈照夏竦之深心素來險詐，亮仲淹、弼之大節終是忠純，特排奸謀，以示恩遇。其石介存没，亦乞更不根問，庶存大體。自夏竦力行此事，中外物議皆知不可，然而未嘗有敢言者，蓋慮時論指爲朋比爾。臣若更不陳本末明辨，即是深負言責。伏惟聖明矜其愚而圖之，則天下幸甚！"

再體量石介存没，實錄不書，今據富弼辨譖劄子及何郯奏議，附七年夏末。呂居簡不發棺，據魏泰東軒錄居簡傳乃無之。張昇辨明介實，見本傳。郯傳獨不載此，當考。

八年五月，御史何郯言："夏竦其性邪，其欲侈，其學非而博，其行僞而堅。有憸人柔善之質，無大臣鯁直之望。事君不顧其節，遇下不由其誠。肆己之欺誣，謂可以蔽

---

[1] 張昇　底本作"張昪"，據長編卷一六〇改。

明；任己之側媚，謂可以矯正。犯紀律之所戒而不恥，冒名教之所棄而無疑。聚斂貨殖，以逞貪欲，不可格以廉恥之行；比周權倖，以圖進取，不可語以忠正之方。"辛酉，竦罷樞密使、判河南府。言者既數論竦奸邪，會京師同日無雲而震者五。上方坐便殿，趣召翰林學士，俄頃張方平至，上謂曰："夏竦奸邪，以致天變如此，亟草制出之。"方平請撰駁辭，上意遽解，曰："且以均勞逸命之。"

皇祐元年七月乙未，詔夏竦赴鎮。壬寅，加兼侍中。

八月丙子，前判河陽、武寧節度使兼侍中夏竦言："已離本任，就長假於東京尋求醫藥，救療殘生。自致仕以來，尋求醫藥外，更不敢有纖毫希望干煩朝廷。"從之。

三年九月乙卯，夏竦卒，贈太師、中書令，謚文莊①。甲子，爲竦成服於苑中。竦初以疾求還京師，或言於上曰："竦求還京師，圖大用爾，稱疾詐也。"竦既卒，上臨奠，命內侍去竦面幕視之，竦顔色枯瘁，謂左右曰："竦枯瘁若此，疾豈詐乎？"然議者謂竦嘗欲剖石介棺，此其陰報也。

---

① 按：關於夏竦的謚號，長編卷一七一記載："乙卯，武寧節度使兼侍中夏竦卒，贈太師、中書令，賜謚文獻。知制誥王洙當草制，封還其目，曰：'臣下不當與僖祖同謚。'遂改曰文正。同知禮院司馬光言：'謚之美者極於文正，竦何人乃得此謚？'判考功劉敞言：'謚者，有司之事也。竦奸邪，而陛下謚之以正，不應法，且侵臣官。'光疏再上，敞疏三上，詔爲更謚曰文莊。"

卷第三十八

仁宗皇帝

富范條奏十事本末

慶曆三年三月，上令内侍宣諭韓琦、范仲淹、龐籍等："候邊事稍寧，當用卿等在兩地。已詔中書剳記，此特出朕意，非臣僚薦舉。"又令琦等密奏可代處邊任者。琦等言："元昊雖約和，誠僞未可知。願盡力塞下，不敢擬它人爲代。"

四月甲辰，以陝西四路馬步軍都部署、兼經略安撫招討等使①、樞密直學士、右諫議大夫韓琦、范仲淹並爲樞密副使，知永興軍、資政殿學士、給事中鄭戩爲陝西四路馬步軍都部署、兼經略安撫招討等使，駐軍涇州。琦、仲淹凡五讓，不許，乃就道。資政殿學士、兼翰林侍讀學士富弼言："臣伏聞近降敕命，韓琦、范仲淹並授樞密副使。仰認聖意，只從公論，不聽讒毁，擢用孤遠，天下之人皆謂朝廷進用大臣常如此日，則太平不難致矣。"又曰："臣願陛下無信異説，專采公論。一名召來，使處於内；一名就授樞副之職，且令在邊。或二人一歲一更，均其勞逸，亦甚穩便。内外協濟，無善於此。如聞韓琦、范仲淹已有奏報，以西事未了，懇辭恩命，朝廷乘此處分，深合事宜，臣不勝懇切之至。"是月，太子中允、國子監直講石介作慶曆聖德詩。

七月丁丑，以樞密副使、右諫議大夫范仲淹爲參知政事，資政殿學士、兼翰林侍讀學士、右諫議大夫富弼爲樞密副使。先是，諫官歐陽修、余靖、蔡襄咸言："參知政事王舉正懦默不任職，樞密副使范仲淹有宰輔才，不宜局在兵府。願罷舉正，以仲淹代之。"舉正亦自求罷，遂罷爲禮部侍郎、知許州，以仲淹代之。仲淹曰："執政可由諫官而得乎？"固辭不拜。弼直攜誥命納於帝前，亦不拜。弼辭樞密，詳見富弼。甲申，以范仲

---

① 陝西四路馬步軍都部署　底本"馬"下衍"軍"一字，據長編卷一四〇、范仲淹范文正集卷一三天章閣待制滕君墓誌銘刪。

淹爲陝西宣撫使。仲淹既辭參知政事,願與韓琦迭出行邊。上因付以西事,而仲淹留京師第,先移文陝西云。

八月丁未,以樞密副使、右諫議大夫范仲淹復爲參知政事,資政殿學士兼翰林學士、右諫議大夫富弼復爲樞密副使。癸丑,樞密副使、右諫議大夫韓琦爲陝西宣撫使。先是,范仲淹及任中師分路宣撫,踰月皆未行。琦言於上曰:"賊請和無它,則二人遙領宣撫事可矣。彼若未副所望,必乘忿盜邊,當速遣仲淹河東,則臣方壯,可備奔走。中師宿舊大臣,無勞往也。"乃詔琦代仲淹宣撫陝西,而中師卒不行。

九月丁卯,上既擢任范仲淹、韓琦、富弼等,每進見,必以太平責之,數令條奏當世急務。仲淹語人曰:"上用我至矣,然事有後先。且革弊於久安,非朝夕可能也。"上再賜手詔督促曰:"比以中外人望①,不次用卿等。今琦暫往陝西,仲淹、弼宜與宰相章得象盡心國事,毋或有所顧避。其當世急務有可建明者,悉爲朕陳之。"既又開天章閣,召對,賜坐,給筆札,使疏於前。仲淹、弼皆皇恐避席,退而列奏曰:"我國家革五代之亂,富有四海,垂八十年,綱紀制度,日削月侵,官壅於下,民困於外。夷狄驕盛,盜賊橫熾,不可不更張以救之。然欲正其末,必端其本;欲清其流,必澄其源。臣敢約前代帝王之道,求本朝祖宗之烈,采其可行者條奏。願陛下順天下之心,力行此事,庶幾法制有立,綱紀再振,則宗社靈長,天下蒙福。一曰'明黜陟',二曰'抑僥倖',三曰'精貢舉',四曰'擇官長',五曰'均公田',六曰'厚農桑',七曰'修武備',八曰'減徭役',九曰'覃恩信',十曰'重命令'。"

仲淹正傳刪取十事大略,又改"覃恩信"爲第八,"重命令"爲第九,"減徭役"爲第十。

上方信嚮仲淹等,悉用其說,當著爲令者,皆以詔書畫一次第頒行,獨府兵,輔臣共以爲不可而止。

十事,據仲淹正傳及政府奏議,其附傳并實錄皆無之。實錄於十月丙午載仲淹、弼答手詔條上七事,其四曰"擇官長",即附見丙午。又壬戌日載磨勘年限,蓋其一曰"明黜陟"也。十一月癸未載試館職法,丁亥載任子法,二事皆其二曰"抑僥倖"也。壬午②,載"均公田",乃第五議。又明年三月乙亥,載貢舉新制,實十事之三。其八曰"減徭役",見五月己丑。餘六、七、九、十並未詳。

---

① 比以中外人望　"比"底本作"此",據嘉慶本、長編卷一四三改。
② 壬午　嘉慶本作"壬子",長編卷一四三注文作"壬戌";宋呂中大事記講義卷一序論作"十二月壬戌",似是。

十月，諫官歐陽修言："臣伏聞范仲淹、富弼等自被手詔之後，已有條陳事件，必須裁擇施行。臣聞自古帝王致治，須待同心協力之人相與維持，謂之千載一遇。今仲淹等遇陛下聖明，可謂難逢之會。陛下有仲淹等，亦可謂難得之臣。陛下既已傾心待之，仲淹等亦各盡心思報，上下如此，臣謂事無不濟，但顧行之如何爾。況仲淹、弼是陛下特出聖意自選之人，初用之時，天下皆已相賀，然猶竊謂陛下既能選之，未知如何用之。及見近日特開天章，從容訪問，親寫手詔，督責丁寧，然後中外喧然，既驚且喜。此二盛事，固已朝報京師，暮傳四海，皆謂自來未曾如此責任大臣。天下之人延首拭目，以看陛下用此二人果有何能，此二臣所報陛下欲作何事，是陛下得失在此一舉，生民休戚繫此一時。以此而言，則仲淹等不可不盡心展效，陛下不宜不力主張而行①，使上不玷知人之明，下不失四海之望。臣非不知陛下專心鋭志，不自懈怠，而中外大臣憂國同心，必不相忌。然臣所慮者，仲淹等所言必須先絶僥倖因循姑息之事，方能救今世之積弊。如此等事，皆外招小人之怨怒，不免浮議之紛紜，而奸邪未去之人，須時有讒沮，若稍聽之，則事不成矣。臣謂當此事初，尤須上下叶力。凡小人怨怒，仲淹等自以身當；浮議奸讒，陛下亦須力拒。待其久而漸定，自可日見成功。伏望陛下聖慈留意，終始成之，則社稷之福，天下之幸矣。"

此疏不得其時，今附見。

慶曆四年四月，朋黨論。見富范等以朋黨見讒。

五月壬戌朔，樞密副使韓琦、已自陝西還。參知政事范仲淹並對於崇政殿，上四策。見經略西夏。是日，琦與仲淹指陳於上前，數刻乃罷。

六月，琦、仲淹又奏陝西、河北畫一利害事。

富范等以朋黨見讒

慶曆四年四月戊戌，上謂輔臣曰："自昔小人多爲朋黨，亦有君子之黨乎？"范仲淹對曰："臣在邊時，見好戰者自爲黨，而怯戰者亦自爲黨。其在朝廷，邪、正之黨亦然，惟聖心所察爾。苟朋而爲善，於國家何害也？"初，吕夷簡罷相，夏竦授樞密使，復奪

---

① 陛下不宜不力主張而行 "不宜不"底本作"亦宜"，據長編卷一四四、歐陽修全集卷一〇一論乞主張范仲淹富弼等行事劄子改補。

之,代以杜衍,同時進用富弼、韓琦、范仲淹在二府,歐陽修等爲諫官。石介作慶曆聖德詩,言進賢退奸之不易。奸,蓋斥夏竦也,竦銜之。而仲淹等皆修素所厚善,修言事一意徑行,略不以形迹嫌疑顧避。竦因與其黨造爲黨論,目衍、仲淹及修爲黨人。修乃作朋黨論上之,曰:"臣聞朋黨之説,自古有之,惟幸人君辨其君子、小人而已。大凡君子與君子,以同道爲朋;小人與小人,以同利爲朋,此自然之理也。然臣謂小人無朋,惟君子則有之。其故何哉?小人所好者利禄也,所貪者財貨也,當其同利之時,暫相黨引以爲朋者,僞也。及其見利而争先,或利盡而交疏,則反相賊害,雖其兄弟親戚不能相保。故臣謂小人無朋,其暫爲朋者,僞也。君子則不然,所守者道義,所行者忠信,所惜者名節。以之修身,則同道而相益;以之事國,則同心而共濟。終始如一,此君子之朋也。故爲人君者,但當退小人之僞朋,用君子之真朋,則天下治矣。堯之時,小人共工、驩兜等四人爲一朋,君子八元、八凱十六人爲一朋。舜佐堯,退四凶小人之朋,而進元、凱君子之朋。堯之時天下大治,及舜自爲天子,而皋、夔、稷、契二十二人並列於朝,更相稱美,更相推讓,凡二十二人爲一朋,而舜皆用之,天下亦大治。書曰:'紂有臣億萬,惟億萬心;周有臣三千,惟一心。'紂之時,億萬人各異心,可謂不爲朋矣,紂以亡國。周武王之臣,三千人爲一大朋,而周用以興。後漢獻帝時,盡取天下名士囚禁之,目爲黨人。及黄巾賊起,漢室大亂,後方悔悟,盡解黨人而釋之,然已無救矣。唐之晚年,漸起朋黨之論。及昭宗時,盡殺朝之名士,或投之黄河,曰:'此輩清流,可投濁流。'而唐遂亡矣。夫前世之主,能使人人異心不爲朋,莫如紂;能禁絶善人爲朋,莫如漢獻帝;能誅戮清流之朋,莫如唐昭宗,然皆亂亡其國。更相稱美推讓而不自疑,莫如舜之二十二人,舜亦不疑,而皆用之,然而後之世不謂舜爲二十二人朋黨所欺,而稱爲聰明之聖主,以能辨君子與小人也。周武之世,舉其國之三千人共爲一朋,自古爲朋之多且大,莫如周,然周用以興者,善人雖多而不厭也。夫興亡治亂之迹,爲人君者可以鑒矣。"於是,爲黨論者惡修,摘語其情狀,至使内侍藍元振上疏言①:"范仲淹、歐陽修、尹洙、余靖,前日蔡襄謂之四賢。斥去未幾,復還京師。四賢得時,遂引蔡襄以爲同列。以國家爵禄爲私惠,膠固朋黨,苟以報謝當時歌詠之德。今一人私黨

---

① 藍元振 長編卷一四八作"藍元震"。

止作十數,合五六人門下黨與,已無慮五六十人。使此五六十人遞相提挈,不過二三年布滿要路①,則誤朝迷國,誰敢有言;挾恨報讎,何施不可。九重至深,萬幾至重,何由察知?"上終不之信也。

此一節恐在修進論前,更詳之。

己亥,命右正言、知制誥歐陽修往河東議廢麟州利害及晉州錢礬事。

六月壬子②,參知政事范仲淹爲陝西河東路宣撫使。始,范仲淹以忤呂夷簡,放逐者數年,士大夫持二人曲直,交指爲朋黨。及陝西用兵,天子以仲淹士望所屬,拔用護邊。及夷簡罷,召還,倚以爲治。中外想望其功業,而仲淹亦感激眷遇,以天下爲己任,遂與富弼日夜謀慮,興致太平。然規模闊大,論者以爲難行。及按察使多所舉劾,人心不自安;任子恩薄,磨勘法密,僥倖者不便,於是謗毀浸盛,而朋黨之論滋不可解。然仲淹、弼守所議不變。先是,石介奏記,於弼責以行伊、周之事。夏竦怨介斥己,又欲因是傾弼等,乃使女奴陰習介書,久之習成,遂改"伊周"曰"伊霍",而僞作介爲弼撰廢立詔。飛語上聞,帝雖不信,而仲淹、弼始恐懼,不敢自安於朝,皆請出案西北邊,未許,適有邊奏,仲淹固請行,乃使宣撫陝西、河東。

正傳謂仲淹及弼更張無漸,規模闊大,論者以爲不可行。此當時之群小人謗仲淹及弼,故云爾。李清臣、蒲宗孟因而著之,未可信也。今略加删潤,庶不失事實。正傳但爲謗毀稍行,而朋黨之論浸聞於上,會塞下有警,仲淹因與弼請行邊,於是以仲淹宣撫陝西、河東。今據弼自敘云爾。西界會兵討呆兒族,亦據弼奏議。國史及仲淹墓誌、神道碑皆不明言也。蘇轍龍川别志云范文正公篤於忠亮,雖喜功名而不爲朋黨。早歲排呂申公,勇於立事,其徒因之矯枉過直,公亦不喜也。自睦州還朝,出領西事,恐申公不爲之地,無以成功,乃爲書自咎,解仇而去。後以參知政事宣撫陝西。申公既老居鄭,相遇於途,文正身歷中書,知事之難,有悔過之語,於是申公欣然相與語終日。申公問:"何爲亟去朝廷?"文正言:"欲經制西事耳。"申公曰:"經制西事,莫如在朝廷之便。"文公爲之愕然。故歐陽公爲文正神道碑,言二公晚年欣然相得,由此故也。後生不知,皆咎歐陽公。予見長公言,乃信之。按:轍所言未必盡可據,如言:"經制西事,莫若在朝廷之便。"仲淹豈不知此?但當時自以讒謗可畏,不得不少避之,故仲淹及富弼皆求出使。其出使,故知必不久安於朝,非緣夷簡之言,仲淹乃覺也。魏泰東軒雜記亦云,今並不取。

是月辛丑,右正言、知制誥歐陽修爲龍圖閣直學士、河北都轉運按察使。

---

① 二三年　嘉慶本、長編卷一四八均作"三二年"。
② 壬子　底本脱此二字,據長編卷一五〇補。

八月甲午,樞密副使富弼爲河北宣撫使。其實弼不自安於朝,欲出避讒謗也。

十月,太子中允、直集賢院、兼國子監直講石介通判濮州。富弼等出使,讒謗益甚,人多指目介。介不自安,遂求出也。

介去太學,實錄不記其時,今據尹洙與田况書云蔡、石相次補外,因附見十月末。

十一月己巳,詔曰:"朕聞至治之世,元、凱共朝,不爲朋黨。君明臣良,垂榮亡極,何其德之盛也。朕昃食厲志,庶幾治古。而承平之敝,澆競相蒙,人務交遊,家爲激訐,更相附離,以沽聲譽。至或陰招賄賂,陽託薦賢。又按察將命者恣爲苛刻,構織罪端,奏鞫縱橫,以重多辟。至於屬文之人,類亡體要,詆斥前聖,放肆異言,以訕上爲能,以行怪爲美。自今委中書、御史采察以聞。"范仲淹上表,乞罷政事、知邠州,詔不許。

慶曆五年正月乙酉,右諫議大夫、參知政事范仲淹爲資政殿學士、知邠州,兼陝西四路緣邊安撫使;樞密副使、右諫議大夫富弼爲資政殿學士、京東西路安撫使、知鄆州。仲淹、弼既出使,讒者益甚,兩人在朝所施爲亦稍沮止,獨杜衍左右之,上頗惑焉。仲淹愈不自安,因疏奏乞罷政事。上欲聽其請,章得象曰:"仲淹素有虛名,今一請遽罷,恐天下謂陛下輕黜賢臣。不若且賜詔不允,若仲淹即有謝表,則是挾詐要君,乃可罷也。"上從之。仲淹果奉表謝,上愈信得象言,於是弼自河北還,將及國門,右正言錢明逸希得象等意,言:"弼更張綱紀,紛擾國經;凡所推薦,多挾朋黨;心所愛者,盡意主張;不附己者,力加排斥。傾朝共畏,與仲淹同。"又言:"仲淹去年受命宣撫河東、陝西,聞有詔戒勵朋黨,心懼彰露,稱疾乞醫,纔見朝廷別無行遣,遂拜章乞罷政事、知邠州,欲固己位,以弭人言。欺詐之迹甚明,乞早廢黜,以安天下之心,使奸邪不敢效尤,忠實得以自立。"明逸疏奏,即降詔罷仲淹、弼。

明逸疏,據墨史本傳。仲淹遽上謝表,據記聞。然司馬光蓋得之龐籍,恐未可信,更須詳考。仲淹謝受邠州表云:"詔旨弗從,留居丞弼之位;表章再露,願陳戎狄之機。"疑仲淹再表必是請對,故得象之譖遂得行也。

王拱辰等劾蘇舜欽

慶曆四年十一月甲子,監進奏院、右班殿直劉巽,大理評事、集賢校理蘇舜欽並除名勒停；工部員外郎、直龍圖閣、兼天章閣侍講、史館檢討王洙落侍講、檢討，知濠州；太常博士、集賢校理刁約通判海州；殿中丞、集賢校理江休復監蔡州稅；殿中丞、集賢校理王益柔監復州稅，並落校理。降太常博士周延雋爲秘書丞①，太常丞、集賢校理章岷通判江州，著作郎、直集賢院、同修起居注呂溱知楚州，殿中丞周延讓監宿州稅，校書郎、館閣校勘宋敏求簽書集慶軍節度判官事，將作監丞徐綬監汝州葉縣稅。先是，杜衍、范仲淹、富弼等執政，多引用一時聞人，欲更張庶事。御史中丞王拱辰等不便其所爲，而舜欽，仲淹所薦，其妻又衍女也，少年能文章，議論稍侵權貴。會進奏院祠神，舜欽循前例，用鬻故紙公錢召妓女，開席會賓客。拱辰廉得之，諷其屬魚周詢、劉元瑜等劾奏，因欲搖動衍。事下開封府治，於是舜欽及巽俱坐自盜，洙等與妓女雜坐，而休復、約、延雋、延讓又服慘未除，益柔並以謗訕周、孔坐之，同時斥逐者多知名士。世以爲過薄，而拱辰等方自喜曰："吾一舉網盡矣！"

王拱辰行狀云：或作傲歌，有"醉臥北極遣帝扶，周公、孔子驅爲奴"，蓋益柔所作也。延雋、延讓，皆起子。

獄事起，樞密副使韓琦言於上曰："昨聞宦者操文符，捕館職甚急，衆聽紛駭。舜欽等一醉飽之過，止可付有司治之，何至是？陛下聖德素仁厚，獨自爲是，何也？"上悔見於色。自仲淹等出使，讒者益深，而益柔亦仲淹所薦。拱辰既劾奏，宋祁、張方平又助之，力言益柔作傲歌，罪當誅，蓋欲因益柔以累仲淹也。章得象無所可否，賈昌朝陰主拱辰等議。及輔臣進白，琦獨言："益柔少年狂語，何足深治？天下大事固不少，近臣同國休戚，置此不言，而攻一王益柔，此其意有所在，不特爲傲歌，可見也。"上悟，稍寬之。時兩府合班奏事，琦必盡言，事雖屬中書，琦亦對上陳其實，同列尤不悅，上獨識之，曰："韓琦性直。"

據正史蘇舜欽傳，御史不載劉元瑜姓名，元瑜傳亦不云嘗奏舜欽，獨魏泰雜記載"一網打盡"乃元瑜語，今並出其姓名於魚周詢下。然周詢七月爲知雜，九月爲外吏，十月爲省副，不屬御史臺矣，當考。宋祁、張方平同劾奏王益柔，此據韓琦家傳，李清臣行狀但云"近臣"，蓋諱之也。令仍出二人姓名。魏泰云發舜欽等祠神會者，太子中舍李定也。梅堯臣爲作"一客不得食，覆鼎傷衆賓"詩。案：舜欽坐責乃御史

① 降太常博士周延雋爲秘書丞　底本脱"降"字，據嘉慶本、宋史全文卷八下、宋朝諸臣奏議卷一三尹洙上仁宗論用人太察之弊注文補。

劾奏,又當時借此以傾杜衍爾,李定無與,今不取。

陳執中排杜衍

慶曆四年十一月,御史王拱辰等劾奏蘇舜欽,因欲搖動杜衍。

五年正月甲戌,右正言、秘閣校理孫甫爲右司諫、知鄧州。帝嘗問丁度:"用人以資與才,孰先?"度對曰:"承平宜用資,邊事未平宜用才①。"甫又劾奏度因對求大用,請屬吏。上諭輔臣曰:"度在侍從十五年,數論天下事,顧未嘗及私,甫安從得是語?"度知甫所奏誤,力求與甫辨。宰相杜衍以甫方使契丹,寢其奏。度深銜衍,且指甫爲衍門人。及甫自契丹還,亟命出守。乙酉,參知政事范仲淹罷知邠州②,樞密副使富弼罷知鄆州。是夕,並鎖學士院草制罷衍,而衍不知也。自蘇舜欽等斥逐,衍迹危矣。陳執中在中書,又數與衍異議。蔡襄、孫甫之乞出也,事下中書。甫本衍所舉用,於是中書共爲奏,言諫院今闕人,乞且留甫等供職。既奏,上頷之。衍退歸,即召吏出劄子,令甫等供職如故。衍及得象既署,吏執劄子詣執中。執中不肯署,曰:"向者上無明旨,當復奏,何得遽爾?"吏白衍,衍取劄子壞焚之。執中因譖衍曰:"衍黨顧二人,苟欲其在諫院,欺罔擅權,及臣覺其情,遂壞焚劄子以滅迹,懷奸不忠。"上入其言,故與仲淹、弼俱罷,衍爲宰相纔百二十日也。丙戌,工部侍郎、平章事兼樞密使杜衍罷爲尚書左丞、知兗州。制辭略曰:"自居鼎輔,靡協嚴瞻。頗張朋比之風,難處諮謀之地。顧群議之難遏,豈舊勞之敢私。"學士承旨丁度之筆也。

陳執中譖衍據記聞,然蔡襄以去年十月十七日出知鄧州,恐中書所奏但乞留甫,不及襄也。或襄雖已有除命,猶未去京師③,故中書並乞留二人,更須考。

三月,河北都轉運按察使歐陽修上疏,言杜衍爲人清審而謹守規矩。詳見歐韓石責罷。

七年正月戊子④,尚書左丞、知兗州杜衍爲太子少師致仕。衍年七十,方正旦日上表,願還印綬。宰相賈昌朝素不喜,遽從其請。議者謂衍故宰相,一上表即得謝,且位

---

① 邊事未平宜用才　底本脱"未平"二字,據嘉慶本、長編卷一五四補。
② 參知政事范仲淹罷知邠州　底本"罷"下衍"院"一字,據嘉慶本、長編卷一五四删。
③ 猶未去京師　"去"底本作"至",據長編卷一五四改。
④ 七年正月戊子　"七"底本作"六",據長編卷一六〇、宋史卷三一〇杜衍傳改。

三少,皆非故事,蓋昌朝抑之也。

蔡襄等言陳執中

慶曆四年九月甲申,資政殿學士、工部侍郎、知青州陳執中爲參知政事。先是,傅永吉以誅王倫故驟遷,得入見,上面獎之。永吉謝曰:"臣非能有所成也,皆陳執中授臣節度,臣奉之,幸有成爾。"因極言執中之美。上益嘉永吉之讓,且賢執中,因問永吉曰:"執中在青州凡幾歲?"對曰:"再歲矣。"未幾,謂宰相曰:"執中在青州久,可召之。"遂詔執中參知政事。於是諫官蔡襄、孫甫等爭言執中剛愎不學,若任以政,天下不幸。上不聽。諫官靜不止,上乃命中使齎敕告,即青州賜之,且諭意曰:"朕用卿,舉朝皆以謂不可。朕不惑人言,力用卿爾。"明日,諫官上殿,上作色迎謂之曰:"豈非論陳執中耶?朕已召之矣!"諫官乃不敢言①。

十月間,秘書丞、直史館、同修起居注、知諫院蔡襄以親老乞鄉郡。己酉,授右正言、知福州。襄與孫甫俱論陳執中不可執政,既不從,於是兩人俱求出,而襄先有是請。時甫使契丹未還也。

五年正月甲戌,右正言、秘閣校理孫甫爲右司諫、知鄧州。先是,甫知言陳執中不效,數請郡,不許。自契丹還,以丁度故,亟命出守。

八年三月甲寅,幸龍圖閣、天章閣,又出手詔賜輔臣曰:"朕承祖宗大業,賴文武藎臣夙夜兢兢,期底於治。間者西陲備禦,天下繹騷,趣募兵師,急調軍食,雖常賦有增,而經用不給,累歲於茲,公私匱乏。加以承平浸久,仕進多門,人浮政濫,員多闕少。又牧宰之職以惠綏吾民,而罕聞奏最;將帥之任以威制四夷,而艱於稱職。豈制度未立,不能變通於時耶?簡擢靡臻,不能勸厲於下耶?西北多故,虜態難常。獻奇譎空言者多,陳悠久實效者少。備豫不虞,理當先物。思濟此務,罔知所從,悉爲朕條畫之。"又詔翰林學士、三司使、知開封府、御史中丞曰:"欲聞朕躬闕失,左右朋邪,中外險詐,州郡暴虐,法令非便民者,及朝廷機務②,其悉以陳。"皆給筆札,令即坐上對。而宰相陳執中固辭,上復敦諭,至於三四,乃聽兩府歸而上之。時樞密使夏竦知執中

---

① 諫官乃不敢言 "乃"底本作"俱",據嘉慶本、長編卷一五二、宋史全文卷八下、太平治迹統類卷六改。
② 機務 底本作"幾務",據嘉慶本改。

不學少文，故爲帝謀以策訪大臣，面使條對①。竦意實欲困執中也。執中方力辭未許，參知政事宋庠進曰："兩漢對策，本延巖穴草萊之士。今備位政府而自比諸生，非所以尊朝廷。請至中書合議上對。"許之。論者以庠爲知體。

八月，殿中侍御史何郯言："執中昧經國之大體，無適時之長材。當四方多事之秋，陛下欲倚之使致太平，固不可望也。今陛下用執中則失天下人心，退執中則慰天下人望。陛下豈可慮傷一執中之意，而不念失天下之心？失天下之心而欲天地之氣和，不可得也。伏望聖慈依臣前奏，罷免執中，以慰天下之望。臣於大臣固無嫌隙，不避其威權而言者，蓋慮陛下以淫雨未止，憂勞過甚，不責臣下而引咎聖躬，所以欲乞退強戾專恣之人，免致壅蔽，使上下情通，則災異可除，和平可致。茲事所舉，繫國家利害甚大。伏惟聖心斷之不疑，速賜裁決。"

皇祐元年八月壬戌，工部侍郎、平章事陳執中罷爲兵部尚書、知陳州。先是，河決，民流，災異數見，執中無所建明，但延接卜相術士。言者屢攻之，因論執中越次用李中師爲府界提點，及呂昌齡等出入門下，喜進無學匪人，不協衆望。而執中亦以足疾辭位，自陳不願爲使相、大學士，詔從其請。翰林學士孫抃當制，遂除尚書左丞。文彥博、宋庠言恩禮太薄，乃命學士院貼麻改命之。

據陳繹拜罷錄載，執中爲言者所攻，乃罷，下制云："間以河道決溢，民版流移，露章祈退，故從其請。"而實錄正傳、附傳但云執中以足疾辭位，不載其嘗被言也。疑本傳或有緣飾，今從拜罷錄。

韓歐石以論救范富等責罷

慶曆五年三月己未。杜衍、范仲淹、富弼既罷，樞密副使、右諫議大夫韓琦上疏言："陛下用杜衍爲宰相，方及一百二十日而罷②，必陛下見其過失，非臣敢議。范仲淹以夏人初附，自乞保邊，朝廷因而命之，固亦有名。至於富弼之出，則所損甚大。臣始不敢容易奏陳，慮言事臣僚與搢紳高識之士必有爲陛下別白論列者。數日觀聽，略無一人啓口，得非惜身畏禍，人之常情？臣受國重恩，備位樞輔，若事有干國家之大

---

① 面使條對　"面"底本作"而"，據文淵閣本長編卷一六三、宋九朝編年備要卷一三、宋宰輔編年錄卷五改。
② 方及　底本作"方今"，據嘉慶本、長編卷一五五、宋宰輔編年錄卷五改。

計①,惑天下之耳目,豈可偷安固禄,隱而不言？竊見富弼大節難奪,天與忠義。昨契丹領大兵壓境,致謾書於朝廷②,倉卒之間,命弼使虜。弼割老母之愛③,蹈不測之禍,以正辯屈強虜④,卒復和議。忘身立事,古人所難,故近者李良臣自虜來歸,盛言北朝自虜主而下皆稱重之。陛下兩命弼爲樞密副使,皆弗有其功,辭避不受。逮抑令赴上,則不顧毀譽,動思振,緝紀綱,其志欲爲陛下立萬世之業耳。去年秋,北虜點集大兵,聲言討伐元昊。朝廷未測虛實,弼以河朔邊備未完,又自請行。於今在外,已是半年,經久禦戎之術,固已蓄於胸中。事畢還朝,甫及都門,未得一陳於陛下之前,而責補閑郡,中外不知得罪之因,臣亦痛弼有何負於朝廷而黜辱至此！臣恐自此天下忠臣義士指弼爲誡,孰肯爲國家之用,所損豈細哉？臣固知朝廷成命不可追改,然尚有一策可救其失,願陛下試加詳擇:臣竊見近日李用和多疾,陛下欲召李昭亮赴闕管殿前司事,而武臣中求一代昭亮者,皆難中選。臣謂陛下不若因此改弼知定州,仍兼部署之職,遣一中使宣諭,令赴闕奏覆河北公事畢赴任,俟其陛對,慰而遣之。弼素禀忠義,又感此恩,惟思效死,豈敢更以職任爲意,別有論列。如此,則朝廷以北事專委富弼,以西事專委范仲淹,使朝夕經營,防二虜之變,朝廷實有所倚。又北虜素知弼威望,亦可以杜其輕發之意。若無事則棄於閑郡,有事則責令扞邊,不惟措置失時⑤,亦是國家失體。臣所以不避朋黨之疑,思一悟於聖聰者,蓋以臣下朋黨,本求進身,今臣叨竊寵任,班著已優,不能惜事寡言,隨衆上下,漸圖進用,而救辯得罪之臣,自取禍患爲朋黨,不亦拙乎？願陛下察臣此心,則朋黨之疑自解。兼近日臣僚多務攻擊忠良,取快私忿,非是國家之福,惟陛下久而察之。"疏入,不報,而董士廉又詣闕訟水洛城事,輔臣多主。琦不自安,懇求補外。辛酉,琦罷樞密副使,加資政殿學士,知揚州。

是月,歐陽修上疏曰:"臣聞士不忘身不爲忠信,言不逆耳不爲諫諍。故臣不避群邪切齒之禍,敢冒一人難犯之顔,惟賴聖慈,幸加省察。臣伏見杜衍、韓琦、范仲淹、富弼等,皆是陛下素所委任之臣,一旦相繼而罷,天下士皆素知其可用之賢,而不聞其可

---

① 大計　底本作"大紀",據嘉慶本、文淵閣本長編卷一五五、安陽集忠獻韓魏王家傳卷四改。
② 謾書　底本作"慢書",據嘉慶本、安陽集忠獻韓魏王家傳卷四改。宋宰輔編年錄卷五作"嫚書"。
③ 弼割老母之愛　底本脱"弼"一字,據嘉慶本、長編卷一五五補。
④ 以正辯屈強虜　安陽集忠獻韓魏王家傳卷四作"以正辨排屈強虜"。
⑤ 失時　長編卷一五五、安陽集忠獻韓魏王家傳卷四均作"後時"。

罷之罪。臣職雖在外，事不審知，然臣竊見自古小人讒害忠良，其術不遠。欲廣陷良善，則不過指爲朋黨；欲搖動大臣，則必須誣以專權。其故何也？夫去一善人而衆善人尚在，則未爲小人之利，欲盡去之，則善人少過，難爲一二求瑕，惟指以爲朋黨，則可一時盡逐。至如大臣已被知遇而蒙信任者，則不可以它事動搖，惟有專權，是人主之所惡，故須此說，方可傾之。臣料杜衍等四人各無大過，而一時盡逐；富弼與仲淹委任尤深，而忽遭離間，必有朋黨、專權之說上惑聖聰。臣請詳言之。昔年仲淹初以忠言讜論聞於中外，天下賢士爭相稱慕，當時奸臣誣作朋黨，猶難辨明。自近日陛下擢此數人並在兩府，察其臨事，可以辨也。蓋杜衍爲人，清審而謹守規矩，仲淹則恢廓自信而不疑，韓琦則純正而切直，富弼則明敏而果銳。四人爲性既各不同，雖皆歸於盡忠，而所見各異，故於議事多不相從。至如杜衍欲深罪滕宗諒，仲淹力爭而寬之。仲淹謂契丹必攻河東，請急修邊備；富弼料九事，力言契丹必不來。至如尹洙，亦號仲淹之黨，及爭水洛城事，韓琦則是尹洙而非劉滬，仲淹則是劉滬而非尹洙。此數事尤爲彰著，陛下素已知者。此四人者，可謂公正之賢也，平日閑居，則相稱美之不暇；爲國議事，則公言廷爭而無私。以此而言，杜衍等真得漢史所謂'忠臣有不和之節'，而小人讒爲朋黨，可謂誣矣。臣聞有國之權，誠非臣下所得專也。臣竊思仲淹等自入兩府以來，不見其專權之迹，而但見其善避權也。夫權，得名位則可行，故行權之臣，必貪名位。自陛下召琦與仲淹於陝西，琦等讓至五六，陛下亦五六召之。至如富弼，三命學士，兩命樞密副使，每一命，未嘗不懇讓愈切，而陛下用之愈堅，故天下之人所共知。臣但見避讓太繁，不見其專權貪位也。及陛下堅不許辭，方敢受命，然猶未敢別有所爲。陛下欲其作事，乃開天章，召而賜坐，授以紙筆，使其條列，然衆人避讓，不敢下筆，弼等亦不敢獨有所建，因此又煩聖慈出手詔，指定姓名，專責其條列大事，而行之以久①，冀皆有效。弼性雖銳，亦不敢自出意見，但舉祖宗故事，請陛下擇而行之。自古君臣相得，一言道合，遇事而行，更無推避。弼等蒙陛下聖意委任，督責丁寧，而猶遲緩自疑，作事不果。然小人巧譖而曰專權者，豈不誣哉？至如兩路宣撫，國朝累遣大臣。況自中國之威近年不振，故元昊叛逆一方，而勞困及於天下，北虜乘釁而動，其

---

① 而行之以久 "以"底本作"已"，據歐陽文忠公文集卷一○七論杜衍范仲淹等罷政事狀改。

書辭侮慢,至有責祖宗之言。陛下憤恥雖深,但以邊防無備,未可以爭,屈志買和,莫大之辱。弼等見中國累年侵陵之患,感陛下不次擢用之恩,故各自請行,力思雪恥,沿山傍海,不憚勤勞,欲使武備再修,國威復振。臣見弼等用心,本欲尊陛下威權以禦四夷,未見其侵權而作過也。伏惟陛下睿哲聰明,有知人之聖,臣下能否,洞達不遺,故於千官百辟之中親選得此數人,一旦罷去,而使群邪相賀於內①,四夷相賀於外,此臣所以爲陛下惜也。陛下聖德仁慈,保全忠善,退去之際,恩禮各優。今仲淹四路之任,亦不輕矣。願陛下拒絕群謗,委信不疑,使盡其所爲,猶有裨補。方今西、北二虜交爭未已,正是天與陛下經營之時,而弼與琦豈可置之閑處?伏望早辨讒巧,特加圖任,則不勝幸甚!臣自前歲召入諫院,十月之內而致身兩制,常思榮寵至深,未知報效之所。群邪爭進讒巧,而正士繼去朝廷,乃臣忘身報國之時,豈可緘言而避罪!"疏入,不報。指修爲朋黨者益惡焉。

八月甲戌,降河北都轉運按察使、龍圖閣直學士、右正言歐陽修爲知制誥②、知滁州,太常博士、權發遣戶部判官蘇安世爲殿中丞、監泰州鹽稅,入內供奉官王昭明監壽春縣酒稅。修既上疏論韓琦等不當罷,爲黨論者益忌之。初,修有妹適張龜正,卒而無子,有女,實前妻所生,甫四歲,以無所歸,其母攜養於外氏。及笄,修以嫁族兄之子晟。會張氏在晟所與奴奸,事下開封府。權知府事楊日嚴前守益州,修嘗論其貪恣,因使獄吏附致其言以及修,諫官錢明逸遂劾修私於張氏,且欺其財。詔安世及昭明雜治,卒無狀,乃坐用張氏奩中物買田立歐陽氏券,安世等坐直牒三司,取錄問吏人,而不先以聞,故皆及於責。安世,開封人也,獄事起,諸怨惡修者必欲傾修,而安世獨明其誣,雖忤執政意,與昭明俱得罪,然君子多之。

修論奏日嚴,據何郯章疏。錢明逸劾修,據修與蔣之奇辨第六劄③。雜錄第三有修八劄。

十月,上嘗遣中使察視山東盜賊,還奏盜不足慮,而言兗州杜衍、鄆州富弼,山東尤尊愛之,此爲可憂。帝欲徙二人淮南,參知政事吳育曰④:"盜賊誠無足慮,然小人

---

① 而使群邪相賀於內　底本脫"而"一字,據嘉慶本、長編卷一五五、歐陽文忠公文集卷一〇七論杜衍范仲淹等罷政事狀補。
② 知制誥　底本脫此三字,據嘉慶本、長編卷一五七補。
③ 據修與蔣之奇辨第六劄　底本脫"據修"二字,據嘉慶本、長編卷一五七補。
④ 參知政事　底本脫"參"一字,嘉慶本同,據長編卷一五七補。

乘時以傾大臣,非國家之福。"議遂格。

十一月,夏竦言石介爲富弼入契丹。見夏竦事實。乙未,詔以邊事寧息,盜賊衰止,知鄆州富弼、知青州張存並罷安撫使。知邠州范仲淹罷陝西四路安撫使。其實讒者謂石介謀亂,弼將舉一路兵應之故也。仲淹先引疾求解邊任,是日,改知鄧州。

七年五月壬午,徙知鄆州、資政殿學士、給事中富弼爲京東路安撫使①、知青州,知揚州、資政殿學士、給事中韓琦爲京西路安撫使、知鄆州。

六月,夏竦又讒石介爲富弼結金坑惡少。見夏竦事實。

十二月癸丑,知鄆州韓琦徙知成德軍。

八年二月戊寅,改新知荊南范仲淹復知鄧州。仲淹在鄧二年,鄧人愛之,及徙荊南,眾遮使者請留。仲淹亦願留,詔從其請。

富弼范仲淹爭論殺晁仲約事

慶曆三年十一月。初,群盜剽劫淮南,將過高郵,知軍晁仲約度不能禦,諭富民出金帛,具牛酒,使人迎勞,且厚遺之。盜悅,徑去,不爲暴。事聞,朝廷大怒,樞密副使富弼議欲誅仲約以正法,參知政事范仲淹欲宥之,爭於上前。弼曰:"盜賊公行,守臣不能戰,而使民醵錢遺之,法所當誅也。不誅,則郡縣無復肯守者矣。聞高郵之民疾之,欲食其肉,不可釋也。"仲淹曰:"郡縣兵械足以戰守,遇賊不禦而又賂之,此法所當誅也。今高郵無兵與械,雖仲約之義當勉力戰守,然事有可恕,戮之,恐非法意也。小民之情,雖醵出錢物而得免於殺掠,理或喜之,而云欲食其肉,傳者過也。"上釋然,從之,仲約由此免死。既而弼慍甚,謂仲淹曰:"方今患法不舉,舉法而多方沮之,何以整眾?"仲淹密告之曰:"祖宗以來,未嘗輕殺臣下,此盛德之事,奈何欲輕壞之?且吾與公在此,同寮之間,同心者有幾?雖上意亦未知所定也。而輕導人主以殺戮臣下,他日手滑,雖吾輩,亦未敢自保也。"弼終不以爲然。其後兩人不安於朝,相繼出使。弼還自河北,及國門不許入,未測上意,詳見外郡寇賊。比夜,傍徨不能寐,繞牀歎曰:"范六丈,聖人也!"

范文正公作參知政事,富文忠公作樞密副使,時盜起京西,掠商、鄧、均、房,光化軍棄城走。奏至,

---

① 京東路安撫使 底本脫"使"一字,據長編卷一六〇補。

二公同對上前。富公乞取知軍者行軍法，范公曰："光化無城郭，無甲兵，知軍所以棄城，乞薄其罪。"仁宗可之。罷朝，富公怒甚，謂范公曰："六丈要作佛耶？"范公笑曰："人何用作佛？某之所言有理，少定爲君言之。"富公益不樂，范公從容曰："上春秋鼎盛，奈何教之殺人？至手滑，吾輩首領將不保矣！"富公聞之汗下，起立以謝曰："非某所及也。"富公素以丈事范公云，據邵伯溫見聞録，所稱光化軍蓋繆也，今從蘇氏龍川別志。以爲張海，亦恐誤，今削去賊姓名，仍附誅光化叛卒之後①。蓋慶曆間賊王倫起京東，掠淮南，張海起陝西，掠京西，不聞張海嘗過淮南也。范仲淹正傳亦指王倫，不稱張海。傳所載守令當誅者②，不但仲約一人，今但從別志。王得臣麈史記此事③，亦與邵伯溫同，但稱王倫，不稱張海，伯溫蓋誤也。

吳育賈昌朝張方平爭論唐詢事

慶曆六年六月。初，吳育在翰林，薦唐詢爲御史，未至，喪母。服除，育方參政，而宰相賈昌朝與詢亦有親，育數爲昌朝言詢用故事當罷，昌朝不得已，以詢知廬州，時四月乙卯也。凡官外徙者皆放朝辭，而詢獨許入見。中丞張方平因奏詢材質美茂，宜留備言職。癸丑，詔監察御史唐詢更不赴廬州。育爭不能得，詢由是怨育而附昌朝。方平留詢，且譖育，世皆以爲昌朝意云。

八月癸酉，參知政事吳育爲樞密副使，丁度參知政事。育在政府，遇事敢言，與宰相賈昌朝爭議上前，殿中皆失色，育論辨不已，乃請曰："臣所辨者，職也。顧力不勝，願罷臣職。"因與度易位。始賈昌朝與吳育爭，上欲俱罷二人。御史中丞張方平將對，昌朝使人約方平助己，當以方平代育。方平怒斥遣之，曰："此言何爲至於我耶？"既對，極論二人邪正曲直，然育卒罷。世皆以方平實爲昌朝地也。

七年三月乙未，工部侍郎、平章事賈昌朝罷爲武勝節度使、同平章事、判大名府，樞密副使、右諫議大夫吳育爲給事中，歸班。昌朝與育數爭論上前，論者多不直昌朝。時方闕雨，昌朝引漢災異册免三公故事④，上表乞罷。而御史中丞高若訥在經筵，帝問以旱故，若訥因言："陰陽不和，責在宰相。洪範：'大臣不肅，則雨不時若。'"帝用其言，即罷昌朝等，尋復命育知許州。

---

① 仍附誅光化叛卒之後　底本脱此九字，據長編卷一四五注文補。
② 傳所載守令當誅者　底本脱"傳"一字，據長編卷一四五注文補。
③ 王得臣　底本作"王堯臣"，據王得臣麈史卷上忠諲改。
④ 册免三公故事　"免"底本作"命"，據長編卷一六〇改。

卷第三十九

仁宗皇帝

唐介劾張堯佐

皇祐三年十月丁酉,殿中侍御史裏行唐介責授春州別駕。初,張堯佐除宣徽、節度、景靈、群牧四使,介與包拯力爭,又請王舉正留百官班,卒奪堯佐宣徽、景靈二使。頃之,復除宣徽使、知河陽。或謂補外不足爭,介以爲宣徽次二府,不計内外,獨爭之。上諭介除擬初出中書,介言當責執政。退,請全臺上殿,不許。自請貶,亦不報,於是劾宰相文彥博:"專權任私,挾邪爲黨,知益州日,作間金奇錦,因中人入獻宫掖,緣此擢爲執政。及恩州賊平,幸會明鎬成功,遂叨宰相。昨除張堯佐宣徽、節度使,臣累論奏,面奉德音,謂是中書奏擬,以此知非陛下本意。蓋彥博奸謀迎合,顯用堯佐,陰結貴妃,外陷陛下有私於後宫之名,内實自爲謀身之計。"又言:"彥博嚮求外任,諫官吳奎與彥博相爲表裏,言彥博有才,國家倚賴,未可罷去。自彥博獨專大政,凡所除授①,多非公議,恩賞之出,皆有夤緣。自三司、開封、諫官、法寺、兩制、三館、諸司要職,皆出其門,更相援引,借助聲勢,欲威福一出於己②,使人不敢議其過惡。乞斥罷彥博,以富弼代之。臣與弼亦昧生平,非敢私也。"上怒甚,却其奏不視,且言將加貶竄。介徐讀畢,曰:"臣忠義激憤,雖鼎鑊不避,敢辭貶竄?"上於座急召二府,示以奏曰:"介言他事乃可,至謂彥博因貴妃得執政,此言何也③?"介面責彥博曰:"彥博宜自省,即有之,不可隱於上前。"彥博拜謝不已。樞密副使梁適叱介下殿,介辭益堅,立殿上不去④。上令送御史臺劾。介既下殿,彥博再拜言:"臺官言事,職也。願不加罪。"不

---

① 凡 底本作"比",據長編卷一七一改。
② 欲 底本脱此一字,據長編卷一七一補。
③ 此言何也 嘉慶本作"此何言也"。
④ 上 底本脱此一字,據長編卷一七一補。

許。乃召當制舍人即殿廬草制而責之。時上怒不可測，群臣不敢諫。右正言、直史館、同修起居注蔡襄獨進言："介誠狂直，然容受盡言，帝王盛德也。必望矜貸之。"翌日己亥，中丞王舉正復上疏，言責介太重，上亦中悔，恐內外驚疑，遂敕朝堂①，告諭百官，改介英州別駕。復取其奏以入，遣中使護送介至英州，且戒必全之，無令道死②，而介之直聲自是聞天下。介，江陵人也。知制誥胡宿言："唐介坐言事得罪，責授春州別駕。嶺南水土，春最惡弱。制出之日，咸謂介若至彼，必無生還之理。不圖聖慈含垢，哀其觸罪就死，特改貶英州，此誠天恩，於介無量。然臣愚見，猶有未安，或聞專差中使押至貶所，朝旨有'在路不管疏虞'之語，此之處分頗非泛常。竊尋向前臺諫官貶黜，無此體例。一旦介若因霜露之病死於道路，四海廣遠，不可家至戶曉，徒使朝廷負謗於天下，其傷不小。就使介安全至於貶所，然亦不可著為後法。臣與介舊不相識，在朝亦不曾往還，所以貪陳區區③，不避干忤者④，正為朝廷遠防一切。伏望特垂聖恩，留省愚言，追還使人，以全朝體。"殿中侍御史梁蒨亦言："陛下愛介，故遣中使護送之。脫不幸，介以疾死，天下後世能無以致疑乎？"上曰："誠不思此。"亟追還中使。

庚子，禮部尚書、平章事文彥博罷為吏部尚書、觀文殿大學士、知許州。或言張堯佐，彥博父客也。彥博知益州，貴妃有力焉，因風彥博織燈籠錦以進。貴妃服之，上驚顧曰："何從得此？"妃正色曰："文彥博所織也。彥博與妾父有舊，然妾烏能使之，特以陛下故爾。"上悅，自是意屬彥博。及為參知政事，明鎬討王則未克，上甚憂之，語妃曰："大臣無一人為國了事者，日日上殿何益？"妃密令人語彥博。翌日，彥博入對，乞身往破賊，上大喜。彥博至恩州十數日，賊果平，即軍中拜相。議者謂彥博因鎬以成功，其得相猶妃力也。介既用是深詆彥博，雖坐遠貶，彥博亦出。其事之有無，卒莫辨云。

自張堯佐為彥博父客⑤，至彥博因明鎬有功，皆據碧雲騢。案：邵氏聞見錄云：仁宗嘗幸貴妃閣，見定州紅瓷器，怪問曰："安得此？"妃以王拱辰所獻為對，帝怒曰："戒汝勿通臣僚饋遺，不聽，何也？"因擊

---

① 朝堂　底本作"朝廷"，據嘉慶本、長編卷一七一、太平治迹統類卷一〇改。
② 無令道死　底本脫"令"一字，據嘉慶本、長編卷一七一、太平治迹統類卷一〇補。
③ 貪陳　嘉慶本同，長編卷一七一作"縷陳"。
④ 忤　底本作"迕"，據嘉慶本、長編卷一七一改。
⑤ 自張堯佐為彥博父客　"彥博父"底本作"文伯父"，據長編卷一七一改。

碎，妃愧謝良久乃已。妃又嘗侍上元宴於端門，服所謂燈籠錦者，帝亦怪問。妃曰："文彥博以陛下眷妾，故有此獻。"上終不樂。其後唐介彈彥博，介雖以對上失禮遠責，彥博亦出守，上蓋兩罷之也。或云燈籠錦乃彥博夫人遺妃，彥博不知也。介章及梅堯臣書寔詩過矣。

辛丑，起居舍人、知諫院吳奎知密州。包拯奏乞留奎，且言唐介因彈大臣，并以中奎，誣惑天聽。上曰："介昨言奎、拯皆陰結文彥博，今觀此奏，則非誣也。"

四年正月辛亥，徙英州別駕唐介爲全州團練副使、監郴州酒稅。

三月戊辰，全州團練副使、監郴州稅唐介爲秘書丞。

六月壬辰，秘書丞、監郴州稅唐介爲主客員外郎、通判潭州。

五年八月丁未，主客員外郎、通判潭州唐介爲殿中侍御史裏行、知復州。庚午，新知復州、主客員外郎、殿中侍御史裏行唐介爲殿中侍御史，充言事御史，遣內侍齎敕告賜之。介貶斥不二歲復召①，議者謂天子優容言事之臣，近古未有也。

十月丁巳，殿中侍御史唐介爲工部員外郎、直集賢院。介始入見，無一言及遷謫。上曰："聞卿遷謫以來，未嘗有私書至京師，可謂不易所守矣。"介頓首謝。後數論得失②，因言於上曰③："臣繼今言不行，必將固爭，爭之急，或更再黜，是臣重累陛下。願聽解言職。"許之。御史中丞孫抃奏留介，或補諫署，不報。尋以爲開封府判官。

介爲府判乃明年三月。

吳中復等論梁適

至和元年六月癸丑，殿中侍御史裏行吳中復上殿，彈宰相梁適奸邪。上曰："近馬遵亦有彈疏，且言唐室自天寶以後治亂分，何也？"中復對曰："明皇初任姚崇、宋璟、張九齡爲宰相，遂致太平。及李林甫用事，紀綱大壞，治亂於此分矣。雖威福在於人主，然治亂要在輔臣。"上曰："朕每進用大臣，未嘗不采天下公議所歸，顧知人亦未易耳。"

七月戊辰，禮部侍郎、平章事梁適罷，以本官知鄭州。先是，殿中侍御史馬遵等彈適奸邪貪黷，任情徇私，且弗戢子弟，不宜久居重位。適表乞與遵等辨，遵即疏言："光

---

① 介貶斥不二歲復召 "不二歲"底本作"一歲"，據長編卷一七五改補。
② 後數論得失 "後"底本作"復"，據嘉慶本、長編卷一七五改。
③ 因言於上曰 底本脱"曰"一字，據嘉慶本、長編卷一七五補。

禄少卿向傳師、前淮南轉運使張可久嘗以贓廢,乃授左曹郎中;又留豪民郭秉在家賣買,奏與恩澤。張揆還自益州,賂適得三司副使,故王逵於文德殿廷厲聲言:'空手冷面,如何得好差遣!'適居位猶自若。"中丞孫抃言:"適爲宰相,上不能持平權衡,下不能訓督子弟。言事官數論奏,未聞報可。非罷適無以慰清議。"上知清議弗平,乃罷之。

　　王珪誌適墓云:適論皇儀不可治妃喪,又云將以適爲園陵使,適言:"嬪御無園陵之制。"由是與陳執中不合,御史因得以傷適。今適傳猶用珪誌。案:適自以奸邪貪黷罷相①,初不由議温成禮與執中異也。誌墓不免緣飾,本傳不當因之,今不取。

　　己巳,殿中侍御史馬遵知宣州②,殿中侍御史吕景初通判江寧府,主客員外郎、殿中侍御史裏行吴中復通判虔州。梁適之得政也,中官有力焉。及遵等於上前極陳其過,上左右或言:"御史捃拾宰相,自今誰敢當其任者?"適既罷,左右欲并遵等去之,云始遵等彈適多私,又言鹽鐵判官李虞卿嘗推案茶賈李士宗負貼納錢十四萬緡,法當倍輸,而士宗與司門員外郎劉宗孟共商販,宗孟與適連親,適遂出虞卿提點陝西刑獄。下開封府鞫其事,宗孟實未嘗與士宗共商販,且非適親。遵等皆坐是黜,而中復又落裏行。知制誥蔡襄以三人者無罪,封還詞頭,改付他舍人,亦莫敢當者,遂用熟狀降敕。

　　梁適因中官得相,此據碧雲騢,他書並無之。然適嘗使石全彬訴狄青等賞薄,而青遂罷樞密使,則適已交中官者也。碧雲騢所載或過當,今略删去云。

　　御史中丞孫抃言:"臣等昨論列宰臣梁適事,今日風聞吕景初已下並議譴責。臣詳觀朝旨,必是奸人以巧言移人主意,遂使邪正曲直,潰然倒置。況威賞二柄,帝王之權,古先聖人,尤所謹重。今梁適内恃私邪,外恃勢力,重輕高下,皆在其手,嗟怨之聲,騰沸中外。陛下庇而不問。臣恐緣此之後③,朝廷事盡由柄臣,臺諫之官噤口結舌,畏不敢語。陛下深居九重,何從而知之!此非宗廟社稷之福,非天下生靈之福。臣居風憲之長,既不能警策權臣,致令放縱私徇,又不能防閑奸人,致令惑誤聖聽,臣

---

① 自以奸邪貪黷罷相　底本脱"貪"一字,"黷"底本作"黜",均據嘉慶本、長編卷一七六補改。
② 殿中侍御史馬遵知宣州　"宣"底本作"宜",據宋會要輯稿職官六五之一二、宋史全文卷九上及下文"八月丁未"條改。
③ 臣恐緣此之後　底本脱"臣"一字,據長編卷一七六補。

之罪多矣。乞陛下奪臣官職,竄臣遠方,以謝天下公議。"又累奏乞召還遵等,皆不報。翰林學士胡宿因召對,乞留馬遵等,退又上言:"御史者,天子耳目之官,所以上廣聰明,下防威福。若有畏懦無狀,緘默不言,即是尸祿素餐,辜陛下之任使,罪之可也。若其不畏彊禦,糾發奸違,可謂能言,是其本職,旌之可也。近聞臺諫彈奏,事連宰相。陛下不置詔獄案問,止令開封府訊狀,憑劉宗孟一面單辭,黜三御史,於朝政有損,於人情未服。昨日聞御史差敕留中未下,外議皆謂必是聖心覺悟,不黜臺官,人情莫不喜悅。剛猛御史,自古難得。今若逐去,須別舉之,必未能勝此也。近日謫見未息,奸宄須防。古人有言:'猛虎在山,藜藿爲之不采。'猶言直臣在朝,奸人遠避也。臣欲乞降旨,留三御史在朝,以警奸邪。臣已曾面論此事,欲乞聖慈,更賜詳度。"

八月丁未,徙知宣州、殿中侍御史馬遵爲京東轉運使,通判江寧府、殿中侍御史呂景初知衢州,通判虔州、主客員外郎吳中復知池州。

趙抃等論陳執中　與范鎮爭辨附見①

皇祐五年閏七月壬申,集慶節度使、同平章事、判大名府陳執中爲吏部尚書、平章事、昭文館大學士、監修國史。

至和元年,讀溫成皇后冊文。見貴妃寵幸。

十二月癸丑,殿中侍御史趙抃言:"臣竊聞宰臣陳執中本家捶撻女奴致死,開封府見檢驗行遣。道路喧騰,群議各異:一云執中親行杖楚,以致斃踣;一云嬖妾阿張酷虐,用它物毆殺。臣謂二者有一於此,執中不能無罪。若女使本有過犯,自當送官斷遣,豈宜肆匹夫之暴,失大臣之體,違朝廷之法,立私門之威?若女使果爲阿張所殺,自當禽付有司,以正典刑,豈宜不恤人言,公爲之庇?夫正家而天下定,前訓有之。執中家不克正,而又傷害無辜,欲以此道居疑丞之任②,陛下倚之而望天下之治定,是猶卻行而求前,何可得也?頃年晏殊嘗以笏擊從人齒落,陛下不以殊東宮之舊而輕天下之法,故即時罷晏殊樞密院,出知應天府。今執中連綿病告,堅求乞骸,進無忠勤,退失家節。伏望陛下特賜宸斷,允其所請,罷免相位。台鼎瞻望之地,宜擇有賢德者,朝

---

① 與范鎮爭辨附見　底本脫"辨"字,據嘉慶本補。本書目錄亦作"與范鎮爭辨附見",可爲參證。
② 疑丞　即輔弼。尚書大傳曰:"古者天子必有四鄰,前曰疑,後曰丞,左曰輔,右曰弼。"

夕翊亮大政,則陛下垂拱仰成,無焦勞之念矣。"初,執中家女奴死,移開封府檢視有瘡痕,傳言嬖妾張氏笞殺之。抃即具奏,而執中亦自請置獄。詔太常少卿、直史館齊廓即嘉慶院鞫其事。廓尋被病,改命龍圖閣直學士、左司郎中張昇,又改命給事中崔嶧。既而追取證佐,執中皆留不遣。抃及御史中丞孫抃共劾之。已而有詔罷獄,臺官皆言不可,翰林學士歐陽修亦以爲言。逮執中去位,言者乃止。

二年二月庚子,殿中侍御史趙抃言:"臣近累次彈奏宰臣陳執中興廢制獄,乞正其罪。嘗言執中不學無術,措置顛倒,引用邪佞,招延卜祝,私讐嫌隙,排斥良善,狠愎任情①,家聲狼籍八事。又曰執中有是可罷免者八,奈何不識廉恥,復欲居廟堂之上。其意非他,是欲恩所未恩,讎所未讎,上損仁明,下快私忿而然爾。方今天文謫見未退,朝廷紀綱未立,財用匱乏,官師衆多,虜驕無厭,河決未復,兵伍冗惰,民力疲敝。當此之時,正是陛下進賢退不肖之時也。臣不勝大願,願陛下留神爲祖宗社稷計,爲率土生靈計,正執中之罪,早賜降黜,取中外公論天下之所謂賢而有德業者,陟在公臺之位,委以股肱心腹之寄。"甲辰,殿中侍御史趙抃言:"臣近累次彈奏,乞正宰臣陳執中之罪,未蒙施行。風聞同知諫院范鎮妄行陳奏,營救執中,緣鎮始自常調,不次遷陞。小人朋邪,不識恩出陛下,但知德由執中。今乃惑蔽聽斷,肆爲誣罔。伏望陛下開日月之明,判忠邪之路,取內外之公議,立朝廷之大法,則天下幸甚!"先是,知諫院范鎮言:"去年十二月,熒惑犯房上相,未幾,陳執中家決殺婢使,議者以爲天變應此,臣竊謂爲不然。執中再入相未及二年,變祖宗大樂,隳朝廷典故,緣葬事除宰相,除翰林學士,除觀察使,其餘僭賞,不可悉紀。陛下罷內降,五六年來,政事清明。近日稍復奉行,至有侍從臣僚之子亦求內降,內臣無名超資改轉,月須數人。又今天下民困,正爲兵多,而益兵不已。執中身爲首相,義當論執,而因循苟簡,曾不建白。天變之發,實爲此事。陛下釋此不問,御史又專治其私,捨大責細。臣恐雖退執中,未當天變。乞以臣章宣示執中,宣示御史,然後降付學士草詔,使天下之人知陛下退大臣不以其家事,而以其職事。"於是鎮又言:"臣竊聞御史以諫院不論奏陳執中家事,乞加罪諫官者,其略曰聞執中狀奏女使有過,指揮決打,因風致死,而外議謂阿張決死。臣再三思

---

① 狠愎任情 "狠"底本作"很",據長編四庫底本卷一七八改。

惟,就使阿張下獄,自承非執中指揮,是阿張自決打死,有司亦未可以結案,須執中證辨乃可。是爲一婢子,令國相下獄,於國之體,亦是未便①,所以不敢雷同上言。"又曰:"執中一爲參知政事,再爲宰相,無學術,不知典故有素矣。至爲決一婢死而後及之,此臣謂御史觀大臣進退之勢而言事也。"又曰:"御史言臣奉使河北,中路奏理執中,是報執中之恩。然則御史居常自待如此②,故亦以此待臣,此不足以責御史也。臣之才否與臣立朝之本末③,與出入執中門下與不出入執中門下,御史知之矣。而御史言此者近於誣,臣非獨近於誣臣④,亦近於自誣。若臣中路奏理執中,有無文字,則陛下知之,臣不復言也。"又曰:"漢宣帝時,魏相爲丞相,其侍婢有過自死,於是趙廣漢爲京兆尹,疑丞相夫人妬殺之,即上書告丞相罪,魏相亦上書自陳,妻實不殺婢,相自以過譴笞,出至外第死,而司直蕭望之亦劾奏廣漢摧辱大臣,傷化不道。廣漢并坐賊殺不辜等數罪,腰斬於市,吏民守闕號泣者數萬人,亦有請代廣漢死者⑤,皆不聽。宣帝,明主也;廣漢,能臣也。吏民守闕數萬人,非特御史中丞、知雜御史一二人爲助也。然而卒斬廣漢者,以爲嚴上下之分,戒險薄之俗,不得不然也。臣言此者,非欲陛下斬御史如廣漢比也,直欲陛下知古人嚴上下之分,戒險薄之俗,如此其決也。乞以臣章并御史所奏宣示中書、樞密大臣詳正是非,如以臣章非是,則乞免臣所職,終身不齒;以御史所奏爲非,亦乞依公施行。"

四月,宰臣陳執中初爲御史所劾,即家居待罪,不敢出。庚戌,復入中書視事。此據趙抃奏稿。丙辰,殿中侍御史趙抃言:"臣昨自二月二十日以前累上章疏,乞正宰臣陳執中之罪,又條奏執中可罷免者八事。伏蒙陛下省納開寤,宣付政府施行。執中退處私第,不赴朝請,前後兩月⑥。雖兩次大宴并乾元聖節,亦免上壽赴會。外議以謂陛下禮貌大臣,雖執中罪惡彰著,不即降黜,是欲全而退之,故臣不敢再三論列,懼成喋喋,煩瀆宸聽也。此月二十二日,執中遽然趨朝,再入中書,供職如舊,中外驚駭,未測聖情。臣雖至愚,不能無惑,固不知陛下以臣向來之言爲是耶,爲非耶?復不知陛下以

---

① 亦是未便 "是",嘉慶本、長編卷一七八均作"似"。
② 自待 嘉慶本作"自守"。
③ 立朝 嘉慶本作"立身"。
④ 非獨近於誣臣 底本脱此六字,據長編卷一七八補。
⑤ 亦有請代廣漢死者 "有請"底本作"願有",據歷代名臣奏議卷一八七改。
⑥ 前後兩月 嘉慶本同,長編卷一七九作"前後數月"。

執中之罪爲有耶,爲無耶?陛下若以臣言爲是,而以執中爲有罪,即乞陛下早正朝廷之法而罷免相位,以從天下之公議。陛下若以臣言爲非,而以執中爲無罪,亦乞陛下正朝廷之法而竄臣遠方,宣布中外,以戒後來。臣孤危樸忠,不識忌諱,伏望陛下將臣前來累上章疏再賜觀覽,則臣之言是非、執中之罪有與無,豈逃聖斷也?"

五月戊寅①,御史中丞孫抃與其屬言:"臣等近以宰臣陳執中家杖殺女使事,有詔置獄。勘不盡情理,虧朝廷之法,各曾具奏彈劾,乞正執中之罪。至今道路騰沸,未蒙施行。竊聞多有大臣及近侍臣僚曲爲黨扇,上惑宸聰②。伏緣黨扇之人,盡是交結朋附,樹恩壞法。伏望陛下特從聖斷,早賜指揮,正執中之罪,以塞中外公議③。"又言:"執中誣罔朝端,輕廢詔獄。緣嬖昵之私愛,屈公平之大法④。内則滅家法,外則瀆國綱。又其作爲,全是虛詭,當居官之日,則務揚聲,言乞引退;及待罪之時,則多設事意⑤,密圖召還,罔上欺心,忠實何在?陛下姑全大體,不念遠謀,尚傳天音,留任宰府,人人側目⑥,憤惋不平。况執中少不讀書,壯不稽古,及其寖老,遂暗而荒。事之十端,顛倒七八。物議以爲必不可更當大任。臣等屢曾論列,總是人言所隔,致兹聖意未回,紀綱一差,紛不可整。且朝廷之法,是陛下之法;陛下之法,即祖宗之法;祖宗之法,乃一天下、平元元之大本。臣等可戮,此法不可屈,其陳執中,伏乞特行責降,以正本朝典章。"不報。於是抃與知雜事郭申錫,侍御史毋湜、范師道,殿中侍御史趙抃同乞上殿⑦,閤門以違近制,不許。壬午,詔抃等輪日入對。御史中丞孫抃、侍御史知雜事郭申錫入對,言:"宰臣陳執中家聲醜穢,物議喧騰,不恤中外之言,復壞朝廷之法,欺公罔上,愧心厚顔,豈宜更居臺司,使輔國政?其措置無狀,職事不修,臣等前後累曾彈奏。伏乞陛下特賜宸斷,正執中虐殺幼弱、違拒制獄、欺公罔上之罪,使陛下之法不壞,則宗廟社稷之幸。"

據孫抃奏稿,此繫中丞、知雜事上殿第六章。

---

① 戊寅　底本脱此二字,據長編卷一七九補。
② 宸聰　長編卷一七九作"宸聽"。
③ 以塞中外公議　底本脱"中""公"二字,據長編卷一七九補。
④ 屈公平之大法　長編卷一七九"大法"作"大議"。
⑤ 則多設事意　"設"底本作"説",據嘉慶本、宋本長編卷九六之二改。
⑥ 側目　長編卷一七九作"相目"。
⑦ 殿中侍御史　底本脱"殿中"二字,據長編卷一七九補。

六月戊子朔，殿中侍御史趙抃入對，言：「臣昨以宰相陳執中狠愎昏暗①，詆誣欺罔，破壞禮法，侮弄朝廷。臣職忝御史，以身許國，極口論列，累章抨彈②，不敢阿容執中而上負陛下者，誠恐陛下不得聞執中之罪，而外庭庸常之人又多附會迎承之者。如此，積日持久，使天下之勢危，而臣之爲罪，雖伏斧鑕，肆市朝，不足以償其默默也。伏望陛下納忠藎讜直之言，闢奸佞熒惑之說，特賜早發宸斷③，正執中之罪而罷免之，則聖德愈隆，公議大協，慶流宗社，福蒙生民矣。」戊戌，吏部尚書、平章事陳執中罷爲鎮海節度使、同平章事、判亳州。孫抃等既入對，極言執中過惡，請罷之，退又交章論列。抃最後，乞解憲職補外，以避執中朋黨中傷之禍，於是得請。始，御史因執中殺婢事，欲擊去之，上未聽，而諫官初無論列者，御史并以爲言。而趙抃攻范鎮尤力，臺官皆助之。鎮累奏乞與御史辨，不報。及御史入對，又言執中私其女子，傷化不道。執中既罷，上以諭鎮，鎮復言：「朝廷置御史以防讒慝，非使爲讒慝也。審如御史言，則執中可誅；如其不然，亦當誅御史。」并繳前五奏，乞宣示執政，相與廷辨之，卒不報④。鎮由是與趙抃有隙。

嘉祐元年八月庚申，起居舍人、直秘閣、同知諫院范鎮爲户部員外郎、兼侍御史知雜事，鎮固辭不受。甲子，殿中侍御史趙抃言：「臣去年春夏間累次彈奏宰臣陳執中，乞正其罪而罷免之。是時范鎮不顧公議，一向陰爲論列，營救執中，上惑聖聽。臣尋與御史范師道抨鎮阿黨之狀。今朝廷除鎮知雜事，臣見居臺職風憲之地，趨向各異，難爲同處。伏望特賜指揮，除臣江浙一州軍合入差遣，且以避鎮，亦臣之私便也。」范鎮言：「臣竊聞趙抃因除臣知雜御史，言與臣論陳執中事不同，乞淮甸一小郡者。初，臣自河北送伴還，陛下諭臣：『御史言卿中路有文字救雪陳執中，不知卿初無文字陳奏。』臣有無文字，惟陛下可知。臣在外亦聞此說，未以爲信。今陛下既宣諭臣，容臣卻與御史理辨。自後兩奏，仍乞牓朝堂，不蒙施行。及陳執中罷去，陛下諭臣：『御史言執中與其女子姦通。』臣奏：『執中身爲宰相，有此大惡，固當斬於朝堂，以令天下，豈

---

① 狠愎昏暗 "狠"底本作"很"，據長編卷一八〇改。
② 抨彈 嘉慶本同，長編卷一八〇作"糾彈"。
③ 特賜早發宸斷 底本脱"賜"一字，據趙抃清獻集卷七奏狀乞早罷免陳執中補。
④ 卒不報 底本脱"卒"一字，據長編卷一八〇補。

可復爲使相兼判亳州？如其無此，爲御史所誣，亦乞斬御史，以令天下，無使讒言公然得行。'自後三奏，乞窮究，仍乞劄付御史，亦不蒙施行。竊慮臣前後五奏留中，趙抃不知本末，至今交結，毀臣不已。伏乞檢會前奏并今狀，降付中書，明辨施行，仍劄示趙抃，免致小人陰相架扇，以中傷臣。所有臣乞免知雜御史事已具前奏，臣深不欲上煩聖聽，然趙抃爲御史，而持論如此乖繆，終不覺悟①，反以爲能。臣若不乞明辨，竊恐壞國傷化，事體不細也。"

---

① 終　底本作"深"，據長編卷一八三改。

卷第四十

仁宗皇帝

張昇等劾劉沆

　　嘉祐元年九月癸卯，侍御史范師道知常州，殿中侍御史趙抃知睦州。先是，宰相劉沆進不以道，深疾言事官，因言慶曆後臺諫官用事，朝廷命令之出，事無當否，悉論之，必勝而後已。又專務抉人陰私莫辨之事，以中傷士大夫。執政畏其言，進擢尤速。遂舉行御史遷次之格，滿三歲者與知州。而抃等又嘗乞避范鎮，各請補外，見趙抃言陳執中。沆遽引格出之①。師道及抃蓋嘗攻沆之短，中丞張昇等言沆挾私出御史，請留抃及師道，不報。

　　十二月壬子，兵部侍郎、平章事劉沆罷爲工部尚書、觀文殿大學士、知應天府。范師道、趙抃既出，御史中丞張昇言：「天子耳目之官②，進退用舍，必由陛下，奈何以宰相怒斥之？願明曲直，以正名分。」又請與其屬俱出。吳中復指沆治溫成喪，天下謂之「劉彎」，俗謂礜棺者爲「彎」，則沆素行可知。沆亦極詆臺官朋黨。先是，狄青以御史言罷樞密使，沆因奏：「御史去陛下將相，削陛下爪牙，殆將有不測之謀。」而昇等益辨論不已，凡上十七章。沆知不勝，乃自請以本官兼直學士守南京，故有是命。尋詔沆遇大朝會，綴中書班，出入視其儀物。

唐介等劾陳旭

　　嘉祐六年四月庚辰，樞密副使、右諫議大夫陳旭爲資政殿學士、知定州，三司使、給事中包拯爲樞密副使，禮部郎中、天章閣待制、知諫院唐介知洪州，右司諫趙抃知虔

---

① 遽　底本作「據」，據嘉慶本、長編卷一八四改。
② 天子耳目之官　「子」底本作「下」，據長編卷一八四、太平治迹統類卷九改。

州,兵部員外郎、兼侍御史知雜事范師道以本官知福州,殿中侍御史吕誨知江州。旭始除樞密副使,或言旭陰結宦者史志聰、王世寧等,故有此命。介等遂交章論列,且言:"旭頃爲諫官,因張彦方事阿附貴戚,已不爲清議所與。及知開封府,嘗賤市富民馬,納外弟甄昂於府舍,恣行請託。"上以其章示旭,旭奏:"臣前任言職,彈斥内臣,其桀黠用事如楊懷敏、何誠用、武繼隆、劉恢輩,多坐黜逐。今言者乃以此污臣,志聰臣不識面,世寧弟娶臣妻舅之孤女,久絶往來。若嘗薦臣,陛下必記其語,乞付吏辨劾。"遂家居求罷。上以手詔召出之,介等復闔門待罪,頃之復出,如是者數四。上顧謂輔臣曰:"凡除拜二府,朕豈容内臣預議耶?"而介等言不已,故兩罷之。

梁堅等劾滕宗諒

慶曆三年九月丁亥,徙知慶州滕宗諒權知鳳翔府。時鄭戩發宗諒前在涇州枉費公用錢十六萬緡,而監察御史梁堅亦劾奏之。詔太常博士燕度往邠州鞫其事,宗諒坐是徙。鄭戩先與知渭州張亢議不合,徙亢并代州副都部署。戩尋發亢在渭州過用公使錢,監察御史梁堅亦劾奏亢出庫銀給牙吏,往成都市易,以利自入。戊子,命宣撫副使田况權知慶州。范仲淹言:"臣昨日面奏滕宗諒事,當天威震怒之際,臣言不能盡。又章得象等不知彼中事理虛實,皆不敢向前,惟臣知從初子細,又只獨自陳説,顯涉黨庇。宗諒雖已行勘鞫,必能辨明虛實。然有未達之情,須至上煩聖聽。今具畫一如後:一,梁堅元奏宗諒於涇州賤買人户牛驢犒設軍士。臣竊見去年葛懷敏敗後,向西州軍,官員驚憂①,計無所出。涇州無兵,賊已到渭州,只是一百二十里。宗諒起遣人户彊壯數千人入城防守,其時又水冰寒苦,軍情愁慘,得宗諒管設,環慶路節次策應軍馬四頭項②,萬五千餘人,酒食柴薪並足,衆心大喜,雖未有大功,顯是急難可用之人,所以舉知慶州。倉卒收買牛驢犒設軍兵,縱有虧價,情亦可恕。一,梁堅奏宗諒在邠州聲樂數日,樂人弟子得銀撲子二三十片者。臣與韓琦到邠州筵會一日,其時衆官射弓,各將射中撲子散與過弓箭軍人及妓樂,即非宗諒散與,而罪宗諒。又云士卒嗟怨,況邊上筵會是常,當直軍人更番祗候,因何得其日便有嗟怨? 一,梁堅奏稱宗諒到任

---

① 官員驚憂 "憂"底本作"擾",據長編卷一四三、范文正奏議卷下奏雪滕宗諒張亢改。
② 環慶路節次策應軍馬四頭項 "環"底本作"懷",據長編卷一四三、范文正奏議卷下奏雪滕宗諒張亢改。

後,使過錢文十六萬貫,其間有數萬貫不明。今來中使體量,卻稱只是使過三千貫,入公用已有十五萬貫,是加誣錢數①。料是諸軍請受在十六萬貫之內,豈可以諸軍請受亦作宗諒使過?臣在慶州日,亦借隨軍庫錢回易,得利息二萬餘貫,充隨軍公用支使外,卻納足官本。今來宗諒所用錢數物料,必是借官本回易所得,將充公用。一,環慶一路四州共二十六寨,將佐數十人,兵馬五萬。自宗諒句當,已及八九個月,並無曠闕,邊將、軍民亦無詞訟,處置番部軍馬公事又無不了。若不才之人,豈能當此一路?一,邊上主帥,若不仗朝廷威勢,何以彈壓將佐軍民,使人出死力,禦捍彊敵?宗諒是都部署、經略使,一旦逐之如一小吏,後來主帥豈敢便宜行事?一,防秋及時,主帥未有顯過,而奪其事任,將令下獄,若遇賊兵寇境,未知令何人卒然處置此路?今差王元權領,況王元在河東沮怯,已曾責降,今且在邊上備員,豈可便當一路委寄?恐更誤事。一,宗諒舊日疏散,又好榮進,所以招人謗議,易爲取信。一,臺諫官風聞未實,朝廷即便施行。臣目擊非虛,而未蒙朝廷聽納。臣若是狂妄之人,不當用在兩府。既有目覩之事,豈可危人自安,誤陛下賞罰?兼西北未寧,見搜求稍可邊上任用之人,即加獎擢,豈可逐旋破壞,使邊臣憂惕不敢作事?雖國家威令不可不行,須候見得實情,方可黜辱。臣欲乞朝廷指揮宗諒止在任句當,委范宗傑在邠州,一面勘鞫干連人,並將已取到慶州錢帛、文帳磨勘,如宗諒顯有欺隱入己及乖違太過,即句宗諒勘鞫。如無乖違太過,又無欺隱入己,即差人取問,分析緣由,入急遞聞奏,別取進止。所有張亢,亦奉聖旨,令便勘鞫。臣體量得張亢不能重謹,爲事率易,昨在渭州,亦無大段過犯。乞委范宗傑一就勘鞫干連人,依勘滕宗諒事行遣聞奏,仍乞以臣此奏宣示臺諫官,候勘得滕宗諒、張亢卻有大段乖違過犯及欺隱入己,仰臺諫官便更彈劾,臣甘與二人同行貶黜。臣所以極言者,蓋陛下委寄邊臣,使一向外禦,而無內憂之禍,則邊上諸路人人用心,不至解體,有誤大事。"

十月甲子②,諫官歐陽修言:"臣昨風聞張子奭未有歸期,賊昊又別遣人來,必恐子奭被賊拘留。西人之來,其意未測,邊鄙之事,不可不憂,正是要藉將帥效力之秋。近來傳聞燕度勘鞫滕宗諒事,枝蔓句追,直使盡邠州諸縣枷杻,所行考掠,皆是無罪之

---

① 是加誣錢數　底本"數"下衍"物"一字,長編卷一四三同,據范文正奏議卷下奏雪滕宗諒張亢刪。
② 甲子　底本脱此二字,據長編卷一四三補。

人,因繫滿獄。邊上軍民將吏見其如此張皇,人人嗟怨。自狄青、种世衡等並皆解體,不肯用心。朝廷本爲臺官上言滕宗諒用錢過多,未明虛實,遂差燕度勘鞫,不期如此作事,搖動人心,若不早止絕,則恐元昊因此邊上動搖、將臣憂恐解體之際,突出兵馬,誰肯爲朝廷用命向前?臣忝爲陛下耳目之官,外事常合采訪,三五日來,都下喧傳邊將不安之事。亦聞田況在慶州,目見滕宗諒別無大段罪過,并燕度生事張皇,累具奏狀,並不蒙朝廷報答,又遍作書告在朝大臣,意欲傳達於聖聽。大臣各避嫌疑,必不敢進呈況書。臣伏慮陛下但知宗諒用錢之過,不知邊將驚嗟騷動之事。只如臣初聞滕宗諒事發之時,獨有論奏,乞早勘鞫行遣。臣若堅執前奏,一嚮遂非,則惟願勘得宗諒罪深,方表臣前來所言者是,然臣終不敢如此用心①,寧可因前來不合妄言得罪於身,不可今日遂非致誤事於國。臣竊思朝廷於宗諒必無愛憎,但聞其有罪,則不可不問。若果無大過,則必不須要求瑕疵。只恐勘官希望朝廷意旨,過當張皇,騷動邊鄙。其滕宗諒,伏望速令結絕,仍特降詔旨,告諭邊臣以不枝蔓句追之意,兼令今後用錢但不入己外,任從便宜,不須畏避,庶使安心放意②,用命立功。其田況累次奏狀並與大臣等書,伏望聖慈盡取詳覽。"修又言:"臣風聞邊臣張亢近爲使過公使錢,見在陝西置院根勘。其勘官所取干連人甚衆。亦聞狄青曾隨張亢入界,見已句追照對。臣伏見國家兵興以來五六年,所得邊將惟狄青、种世衡二人而已。其忠勇材武,不可與張亢、滕宗諒一例待之。臣料青本武人,不知法律,縱有使過公用錢,必非故意偷謾,不過失於檢點,致誤侵使而已③。方今議和之使正在賊中,苟一言不合,則忿兵爲患,必致侵邊。謹備邊防,正藉勇將。況如青者無三二人,可惜因些小公用錢,於此要人之際,自將青等爲賊拘囚,使賊聞之,以爲得計。伏望特降指揮:元勘官只將張亢一宗事節依公根勘,不得枝蔓句追。其狄青縱有干連,仍乞特與免勘。臣於邊臣本無干沙,豈有愛憎?但慮勘官只希朝廷意旨,不顧邊上事機,將國家難得之人與常人一例推鞫,一旦乏人

---

① 然臣終不敢如此用心　底本脱"終"一字,據長編卷一四四、文忠集卷一〇二論燕度勘滕宗諒事張皇太過劄子補。
② 庶使安心放意　底本脱"使"一字,據嘉慶本、長編卷一四四、文忠集卷一〇二論燕度勘滕宗諒事張皇太過劄子補。
③ 致誤侵使而已　"侵"底本作"遏",據長編卷一四四、文忠集卷一〇二論乞不勘狄青侵公用錢劄子、歷代名臣奏議卷二三七改。

誤事,則悔不可追。伏乞朝廷特賜寬貸,邊臣知無功之將犯法必行①,要藉之人以能贖過②,則人人自勵,將見成功。"

張亢以明年正月,不俟獄上,奪引進使,降本路鈐轄。青訖無行遣。

四年正月辛未,降刑部員外郎、天章閣待制、權知鳳翔府滕宗諒爲祠部員外郎、知虢州,職如故。引進使、并代副都部署張亢爲四方館使、本路鈐轄。宗諒及亢皆置獄邠州,獄未具,而有是命,從參知政事范仲淹言也。先是,仲淹力辨宗諒、張亢等非有大過,乞免下獄。及是又言:"今燕度勘到滕宗諒慶州一界所用錢數分明,並無侵欺。其毀卻涇州前任公用歷,勘到干連人,只稱有送官員等錢物,亦不顯入己,又是元彈奏狀外事件。所有張亢借公用錢買物事,未發前已還納訖,又因移任借卻公用銀,卻留錢物準還,皆無欺隱之情。其餘罪狀,多未據實。其干連人當盛寒之月,久在禁繫,皆是非辜。"又曰:"臣欲乞聖慈據燕度奏到事節,特降朝旨,差使臣二人齎去取問滕宗諒、張亢,如實是已犯,便仰承認,當議量情親斷。如別有緣由,亦具分析聞奏,候到見得別無枉抑,便可取旨斷遣。如有異同,即乞朝廷別選官勘鞫,免致冤滯。其干連人,且乞指揮放出,知在。臣則已有不合保此二人罪,伏乞聖慈先次貶黜③,免令臣包羞於朝,受人指笑。倘聖慈念臣不避艱辛,尚留驅使,即於河東、河北、陝西乞補一郡,臣得經畫邊事,一一奏論。或補三輔近州,臣得爲朝廷建置府兵,作諸郡之式,以輔安京師。臣之此請出於至誠,願陛下不奪不疑。"

二月辛丑,權御史中丞王拱辰言:"賞罰者,朝廷所以令天下也。此柄一失④,則善惡不足以懲勸。今滕宗諒在邊盜用公使錢,不俟具獄,止削一官,皆以爲所坐太輕,未合至公。張亢本列武臣,不知朝廷大意,不欲以督過之,臣不復言。宗諒則不然,事既發,乃將所支文歷悉皆焚去,原心揣情,慢忽朝廷,非亢之比。臣所以不避而固爭者,誠恐來者相效,而陛下之法遂廢矣。臣明日更不敢入朝,乞賜降責一小郡,以戒妄

---

① 犯法必行 文忠集卷一〇二論乞不勘狄青侵公用錢劄子、歷代名臣奏議卷二三七"行"均作"誅"。
② 要藉之人以能贖過 "以"底本作"亦",據文忠集卷一〇二論乞不勘狄青侵公用錢劄子、歷代名臣奏議卷二三七改。
③ 伏乞聖慈先次貶黜 長編卷一四六、范文正奏議卷下再奏辯滕宗諒張亢、宋文鑑卷四四、歷代名臣奏議卷一五四"伏"均作"狀",且從上讀。
④ 此柄一失 嘉慶本"此"上有"若"一字。

言。"監察御史裹行李京又言:"滕宗諒在慶州所爲不法,而朝廷止降一官,移知虢州。近聞興元府西縣又奏宗諒差兵士百八十七人,以驢車四十兩,載茶三百餘籠出引,逐處不得收税。宗諒職在近侍,而亂法太甚,仍慮昨來推劾狀中,猶未及販茶之事,宜奪天章閣待制,以懲貪墨之人。"戊申①,徙知虢州滕宗諒知岳州,用御史中丞王拱辰之言也。己酉,宜拱辰赴臺。始,梁堅劾宗諒枉費公用錢十六萬緡,及遣中使檢視,乃宗諒始至涇州日,以故事犒賚諸部屬羌,又間以饋遺遊士故人②。宗諒恐連逮者衆,因悉焚其籍,以滅姓名。然宗諒所費纔三千緡,堅并諸軍月給言之,故云十六萬貫。參知政事范仲淹力辨之,會堅死,臺官執堅奏,劾宗諒不已,致宗諒再黜,然終賴仲淹之力,不奪職也。

七月己卯,復四方館使、果州團練使張亢爲引進使、并代副都部署兼知代州、兼河東沿邊安撫使。

八年七月己亥,右領軍衛大將軍、果州團練使、知壽州張亢爲將作監、知和州,陝西轉運使言亢所易庫銀非自入,故稍復遷之。

龐籍梁適言狄青拜樞密事

皇祐五年五月乙巳,樞密使、户部侍郎高若訥罷爲尚書左丞、觀文殿學士兼翰林侍讀學士、同群牧制置使,樞密副使、宣徽南院使、護國節度使狄青爲樞密使。青既平嶺南,上欲用爲樞密使、同平章事。宰臣龐籍曰:"昔太祖時,慕容延釗將兵,一舉得荆南、湖南之地,方數千里,兵不血刃,不過遷官、加爵邑、賜金帛,不用爲樞密使。曹彬平江南,禽李煜,欲求使相,太祖不與,曰:'今西有汾、晋,北有幽、薊,汝爲使相,那肯復爲朕死戰耶?'賜錢二十萬貫而已。祖宗重名器如山岳,輕金帛如糞壤,此陛下所當法也。青奉陛下威靈,殄戮凶醜,克稱聖心,誠可褒賞。然方於延釗與彬之功,不逮遠矣。若遂用爲樞密使、同平章事,則青名位極矣。寇盗之警,不可前知,萬一它日青更立大功,欲何官賞之?且樞密使高若訥無過,若何罷之?不若且與移鎮,加檢校官,多賜金帛,亦足以酬青功矣。"上曰:"嚮者諫官、御史言若訥舉胡恢書石經,恢狂險無行。

---

① 戊申　底本脱此二字,據長編卷一四六補。
② 又間以饋遺遊士故人　底本脱"人"一字,據長編卷一四六補。

又言若訥前導者毆人致死,何謂無過?"籍曰:"今之庶僚舉選人充京官,未遷官者猶不坐,況若訥大臣,舉恢以本官書石經,未嘗有所遷也,奈何以此解其樞務哉?若訥居馬上,前導去之里餘,不幸毆人致死,若訥尋執之,以付開封府正其法,若訥何罪哉?且諫官、御史上言之時,陛下既已赦之矣。今乃追舉以為罪,無乃不可乎?"參知政事梁適曰:"王則止據貝州一城,文彥博攻而拔之,還為宰相。儂智高擾廣南兩路,青討而平之,為樞密使,何足為過乎?"籍曰:"貝州之賞,當時論者已嫌其太厚。然彥博為參知政事,若宰相有闕次補,亦當為之,況有功乎?又國朝文臣為宰相,出入無常;武臣為樞密使,非有大罪,不可罷也。且臣不欲使青為樞密使者,非徒為國家惜名器,亦欲保全青之功名爾。青起於行伍,驟擢為樞密副使,中外咸以此為國朝未有此。今青立大功,言者方息,若又賞之太過,是復召眾言也。"爭之累日,乃從。上曰:"然則更與其諸子官,何如?"籍曰:"昔衛青有功,四子皆封侯,此固有前世之比,無傷也。"上既從籍言。後數日,兩府奏事,上顧籍笑曰:"卿前日商量除青官深合事宜,可謂深遠矣。"是時適意以若訥為樞密使,位在己上,宰相有闕,若訥當次補。青武臣,雖為樞密,不妨己塗轍,故於上前爭之。既不得,退,甚不懌,乃密為奏,言狄青功大賞薄,無以勸後人;又密使人以上前之語告青;又密使人語入内押班石全斌,使於禁中自訟其功;及言青與孫沔襃賞太薄,適許為外助。上既日日聞之,不能無信,於兩府進對,上忽謂籍曰:"平南之功,前者賞之太薄,今以狄青為樞密使,孫沔為副,石全斌先給觀察使俸,更俟一年除觀察使,高若訥遷一官,加近上學士,置之經筵,召張堯佐歸宣徽院。"聲色俱厲。籍錯愕對曰:"容臣等退中書商議,明日再奏。"上曰:"勿往中書,只於殿門閤內議之。朕坐於此以俟。"籍乃與同列議於殿門閤內,具奏皆如聖旨。復入對,上容色乃和。故事,樞密使罷,必學士院降制。及罷若訥,止命舍人草詞,後遂為例。

若訥傳云:凡內降恩,若訥多覆奏不行。入内都知王守忠欲得節度使,固執為不可。若訥畏惕少過,而前驅殿路人輒至死,御史奏彈之。會狄青破儂智高還,帝欲用為樞密使,遂罷覆奏內降,恐若訥未必能爾。當考。

閏七月壬申,戶部侍郎、平章事龐籍以本官知鄆州,給事中、參知政事梁適為禮部侍郎、平章事、集賢殿大學士。

歐陽修吕景初劉敞論狄青可疑事

嘉祐元年七月①,翰林學士歐陽修上疏曰:"樞密使狄青出自行伍,遂掌樞密。始初,議者以爲不可,今三四年間,外雖未見過失,而不幸爲有得軍情之名。且武臣掌國機密而得軍情,豈是國家之利?臣前有封奏,其說甚詳,具述青未是奇材,但於今世將帥中稍可稱爾。雖其心不爲惡,而不幸爲軍士所喜,深恐因此陷青以禍,而爲國家生事。欲乞且罷青樞務,任以一州,既以保全青,亦爲國家消未萌之患。蓋緣軍中士卒及間巷人民,以至士大夫間,未有不以此事爲言者,惟陛下未知之爾。"殿中侍御史吕景初數詣中書白執政,請出青。文彥博以青忠謹有素,外言皆小人爲之,不足置意。景初曰:"青雖忠,如衆心何?蓋爲小人無識,則或以致變。大臣宜爲朝廷慮,毋牽間里恩也。"

八月癸亥,樞密使、護國節度使狄青罷樞密使,加同平章事、判陳州。青在西府四年,京城小民聞青驟貴,相與推說,誦詠其材武。青每出入,輒聚觀之,至壅路不得行。上自正月不豫,青益爲都人所指目。又因青家犬生角,數有光怪。知制誥劉敞請出青於外,以保全之,未聽。敞出知揚州,又極言:"今外說紛紛,雖不足信,要當使無後憂,寧負青,無使負國家②。"并謂宰相曰:"嚮者天下有可大憂者,又有可大疑者。今上體復平,大憂去矣,而大疑者尚存。"具以青事告之,宰相應對唯唯。敞既至官拜表,又遍遺公卿書曰:"汲黯之忠,不難於淮陽,而眷眷於李息。"朝廷皆知爲青發也。及京師大水,青避水,徙家於相國寺,行坐殿上,都下喧然。執政聞之始懼,以熟狀出青判陳州。自皇祐未有日食之變,敞嘗獻救日論三篇,備言所以防奸禦變之術。青見而惡之,謂所親曰:"劉舍人以此洗滌青邪!"敞初建言,或以爲過,至是乃服。

此據劉敞行狀。邠又云:敞出知揚州,見上,請出青於外。上曰:"可論中書。"案:仁宗自正月得疾,至七月乃見群臣,邠所云必誤,蓋上疏論列爾。今略加刪修,庶不失事實。

二年三月庚子,陳州言護國節度使、同平章事狄青卒。帝發哀苑中,贈中書令,謚武襄。

---

① 嘉祐元年七月 "七"底本作"六",據長編卷一八三、宋朝諸臣奏議卷四〇歐陽修上仁宗論水災、宋史全文卷九下改。
② 無使負國家 底本脫"使"一字,據長編卷一八三、宋劉敞彭城集卷三五故朝散大夫給事中集賢院學士權判南京留司御史臺劉公行狀、東都事略卷七六劉敞傳補。

卷第四十一

仁宗皇帝

減冗費

天聖元年正月。自宋興,而吴、蜀、江南、荆湖、南粵皆號富彊,相繼降附,太祖、太宗因其蓄藏,守以恭儉簡易。方是時,天下生齒尚寡,而養兵未甚蕃,任官未甚冗,佛老之徒未甚熾,外無夷狄金繒之遺,百姓亦各安其生,不爲巧僞放侈,故上下給足,府庫羨溢。承平既久,户口歲增,兵籍益廣,吏員益衆,佛老、夷狄耗蠹中國,縣官之費數倍昔時,百姓亦稍縱侈,而上下始困於財矣。權三司使李諮嘗奏事兩宫,言:"天下賦調有常,今西、北寢兵二十年,而邊餽如故,它用寖廣,戍兵雖未可減,其末作浮費非本務者,宜一切裁損,以寬斂厚下。"鹽鐵判官俞獻卿亦言:"天下穀帛日益耗,物價日益高,欲民力之不屈不可得也。今天下穀帛之直,比祥符初增數倍矣。人皆謂稻苗未立而和糴,桑葉未吐而和買。自荆湖、江、淮間,民愁無聊。轉運使務刻剥,以增其數,歲益一歲,又非時調率營造,一切費用皆出於民,是以物價益高,民力積困也。陛下試以景德中西戎内附、北虜通好最盛之時一歲之用,較之天禧五年,凡官吏之要冗、財用之贏縮、力役之多寡、釋道之增減較之,可知其利害也。況自天禧已來,日侈一日,又甚於前矣。夫巵不盈者漏在下,本不茂者蠹在内①。陛下宜知有損於彼,無益於此,與公卿大臣朝夕圖議而救正之。"上納其言,癸未,命御史中丞劉筠、提舉諸司庫務薛貽廓與三司同議裁減冗費。

二月。初,自祥符天書既降,建天慶、天祺、天貺、先天、降聖節,及真宗誕節、本命、三元用道家法,内外爲齋醮,京城之内,一夕數處。帝即位并太后誕節亦如之,糜

---

① 本不茂者蠹在内 "本",嘉慶本、長編卷一〇〇均作"木"。

費甚衆。至是或以爲言,而宰相馮拯奏:"海內久安,用度宜有節。"帝及太后曰:"此先帝意也。"會寢疾,不果行,即詔禮儀院裁定。禮儀院請帝及太后誕節、本命宜如舊,它節命八宮觀迭醮①。舊一歲醮四十九,請損爲二十;大醮二千四百分,請損爲五百,齋官第給湯茗。詔增醮分爲千二百,餘悉可。既而拯又請:"天慶等節,應天、河南、大名、河中、鳳翔、江陵、興元、江寧、兗、并、亳、舒、洪、杭、潭、福、益、梓、夔、廣、桂二十一州府醮如舊,青、徐、曹、鄆、密、陳、許、孟、滑、襄、鄧、真定、澶、邢、相、滄、貝、定、潞、晉、代、京兆、陝、同、華、邠、涇、鄜、延、耀、慶、成、揚、廬、壽、宿、真、宣、虔、蘇、潤、婺、明、越、泉、建、彭、綿、漢、邛、蜀、嘉、眉、遂、利、閬、連、賀、潮、韶、惠、邕、容、宜六十四州府醮用香、燈、花果、山泉、藥苗,餘小州悉罷。"詔亦可之。

三月甲申,詔:"自今傳宣營造屋宇,並先下三司計度實用功料,然後給以官物。"時上與皇太后宣諭輔臣曰:"比來諸處營造,內侍省直傳宣②,不由三司,而廣有支費。且聞伐材採木,山谷漸深,輦致勞苦,宜檢約之。"乃降是詔。減玉清昭應宮、景靈宮、會靈觀、祥源觀清衛卒,以分配諸軍,其在工匠役送八作司③。兗州景靈宮、太極觀清衛準此。舊殿直以上雖幼,未任朝謁,遇乾元、長寧節皆賜服,至是罷給。三司減省所言:"在京四宮觀歲入錢帛貫匹六萬七千二百有餘,皆本處使臣專其出納,恐有侵弊。"乙酉,以權戶部判官王翾④、閣門祗候劉懷德同主其事。

四月辛丑,罷禮儀院,從樞密副使張士遜等之請也。見禮儀院廢置。

慶曆二年四月戊寅,命權御史中丞賈昌朝、右正言田況、知諫院張方平、入內都知張永和與權三司使姚仲孫同議裁減浮費。先是,方平奏疏言:"伏見西事已來,應副邊備,天下被其勞,凡百賦率,至增數倍。當時朝旨蓋爲用兵之際權宜應急,豈可承以爲常?今慮防雖已漸寧,而緣邊戍守未能徹備,四方添置兵數亦甚多,向之所增賦斂,卒難復舊,何以慰天下百姓之望?朝廷所以綏懷二虜者,正謂寬財用,紓民力,以厚爲之備。今乘邊事之間,豈可優游虛度歲月,不切講求經久之計?若遂恬然,憚於有爲,臣恐民力日困,財用日匱,難以善於後矣。今內自三司,外至發運、轉運使,凡掌財利之

---

① 它節命八宮觀迭醮 "節"底本作"即",據嘉慶本、長編卷一〇〇改。
② 內侍省直傳宣 嘉慶本同,長編卷一〇〇作"內侍直省宣諭"。
③ 其在工匠役送八作司 嘉慶本作"其工匠送八作司",長編卷一〇〇作"其工役送八作司"。
④ 王翾 底本作"王駿",據嘉慶本、長編卷一〇〇改。

官,簿書期會,猶不暇給,豈暇爲國家生民遠慮哉？臣欲乞於兩省已上官,選差才略之士三二員,就三司與使、副據國用歲計之數,量入爲出,平貨物之輕重,通天下之有無,校其利害之原,以革因循之弊。旋具事節,先到中書、樞密院開陳商量,必久遠可行者奏上取裁。若細碎之事,無大損益,徒成煩擾,不須施行。所冀助財用,紓民力,當今之切務也。"

實錄云:初,昌朝與權三司使姚仲孫並言:"自陝西用兵,邊費不足。請案景德以來用度之數,約以祖宗舊制。其不急者,一切減裁之。"故有是命。案:昌朝建議在寶元二年五月,時命張若谷、任中師、韓琦定奪,與此不同,實錄並爲一事,誤也。本志云:西兵久不解,財用益絀,天子復詔内侍,以先帝時及天聖初籍較近歲禁中用度增損,外則命中丞賈昌朝,諫官田況、張方平,入内都知張永和同三司議省冗費。案:取天聖用度,校近歲增損,實張方平建議。若景德,則昌朝前所建議也。朔記亦云:三司使姚仲孫言陝西屯軍甚衆,乞依景德年用度規度外,餘悉罷。與實錄大同,與食貨志小異,今悉不取。方平疏附見,所以命昌朝等者,必因方平奏也。要見後來裁減數目。熙寧初,司馬光辭免裁減國用劄子云:"欲知慶曆二年裁減制度,比見今支費不同數目,只下三司供析聞奏,立可盡見。"當考求之。

戊子,詔:"近令三司減省諸費,其文武官及諸班、諸軍料錢、月糧、衣賜、給賞、特支,並聽如故。"

五月。先是,張方平言:"伏以天下承平,爲歲深遠,而國用不贍,民力益困。今聚師境上,調費寖廣,倚於經入則財不給,加以橫賦則人不堪。救茲交急,特在陛下身先率下,惟事事得其撙節而已。臣竊惟陛下躬勤節用,克自抑畏,凡諸服御,殊爲菲薄,而茲中外之論,皆言用度太過,臣竊疑之。蓋宮闈嬖昵、左右近習,假威恣橫,敢爲欺誣,仰恃仁慈,緣爲奸弊。且禁中呼索,輒稱聖旨,有司應奉,皆爲上供,故外人不知其詳,而私議累乎盛德,國家帑藏之困,乃群下侵牟之蠹也。伏願陛下上念宗社之計,下以生民爲心,彼婦人、宦者,何煩過於姑息？超然遠慮,斷自天心,試取先帝之世及陛下臨御以來天聖之初宮司帳籍,如内東門之類,比較近年來支費金帛①,則知增損豐儉之數。以一言裁減之恩,爲萬方廣富之本②。"壬子,内降詔書:減皇后及宗室婦郊祀所賜之半,著爲式。又詔皇后、嬪御進奉乾元節回賜物亦減半,宗室、外命婦回賜權

① 比較近年來支費金帛　長編卷一三六、樂全集卷二三請節省財用事、歷代名臣奏議卷一九一均無"來"字。
② 爲萬方廣富之本　長編卷一三六同,樂全集卷二三請節省財用事、歷代名臣奏議卷一九一"廣富"均作"富庶"。

罷,邊事寧日聽旨。於是皇后、嬪御各上俸錢五月,以助軍費,宗室刺史以上亦納公使錢之半。荆王元儼盡納公使錢,詔以半給之。乙丑,罷左藏庫月進錢千二百緡,上語輔臣曰:"此周官所謂'供王之好用'者。朕宮中無所費,其斥以助縣官①。"

六月丙戌②,三司減省所言:"自今兩府、管軍臣僚、節度使、宗室及郡縣主、兩省都知押班母妻依舊賜冠帔,其兩府臣僚無母、妻,賜長女或長子婦,餘並罷之。"初,詳定減省所議罷天下職田及公使錢,太常博士、集賢校理李昭遘以爲不可。權三司使姚仲孫惡其異己,且詰昭遘所以興利之術,而昭遘爭辯不已,故罷其鹽鐵判官,尋爲三門白波發運使。因入奏事,上謂曰:"前所論罷職田事,卿言是也。"三司減省所言:"比來醫官多僥倖求實俸,至有尚藥奉御,而其入多於醫官副使者。請自今並依例折支。"從之。丙申,賈昌朝等言:"今詳定減省事畢,自後或有臣僚輒於所減省中復有陳乞,望令兩府及三司執奏。"從之。己亥,三司減省所言:"郊祀所賜,自中宮已下減半,則公卿近臣當以次減。舊賜銀、絹四千、三千者損一千,一千損三百,三百損一百二十③,皆著爲式。"

按察官吏

慶曆三年五月。先是,諫官歐陽修既受命,首建議:"天下官吏員數極多,朝廷無由遍知其賢愚善惡,審官、三班、吏部等處,又只具差除月日,人之能否,都不可知。諸路轉運使等,除有贓吏自敗者臨時舉行外,亦別無按察官吏之術,致使年老病患者,或懦弱不才者,或貪殘害物者,此等之人,布在州縣,並無黜陟,因循積弊,官濫者多,使天下州縣不治者十有八九。今兵戎未息,賦役方煩,百姓嗷嗷,瘡痍未復④。救其疾苦,擇吏爲先。臣今欲乞特立按察之法,於內外朝官中,自三丞以上至郎官中,選強幹廉明者爲諸路按察使,請令進奏官各錄一州官吏姓名爲空行簿以授之,使至州縣遍見官吏。其公廉勤幹、明著實效,及老病不才、顯有不治之迹,皆以朱書於名下;其中材之人,別無奇效,亦不至曠敗者,以墨書之;又有雖是常材,能專長於事,亦以朱書別

---

① 其斥以助縣官　長編卷一三六同,群書考索後集卷六四"助"作"賜"。
② 丙戌　底本脱此二字,據長編卷一三七補。
③ 三百損一百二十　長編卷一三七作"三百損百二十"。宋史卷一七九食貨志作"三百損百,百損二十",似是。
④ 瘡痍未復　"瘡痍"底本作"創夷",據長編卷一四一、文忠集卷九七論按察官吏劄子改。

之。使還，具奏，則朝廷可以坐見官吏賢愚善惡，不遺一人，然後別議黜陟之法。如此，足以澄清天下，半歲之間，可望致治。只勞朝廷精選二十許人充使，別無難行之事。"然朝廷重於特選使，未即行也。參知政事賈昌朝先爲御史中丞，嘗言："轉運使，朝廷責以按察官吏能否，而使名未正。"於是參取修議，詔諸路轉運使副並兼按察使副，令將轄下州、府、軍、監、縣、鎮官吏姓名置簿親掌，録其功過。若績效明著及顯有不治者，逐旋以聞外，其稍著廉勤及僅免敗闕者，即每至年終，攢寫附遞以聞，並須盡公攄實。如能稱職，別加進用；倘務因循，亦嚴行黜降。提點刑獄雖不帶此使名，並當準此。

兼按察使，會要在三月二十七日。

歐陽修復上言："轉運使自合按察本部官吏，今若特置使名，更加約束，則於常行之制頗爲得宜。必欲救弊於時，則未盡善。且臣初乞差按察使者，蓋欲朝廷精選彊明之士①。竊聞朝廷以所選非人，故不遣使。今所委轉運使豈盡得人乎？其間昏老病患者有之，貪贓失職者有之。此等之人，自當被劾，豈可劾人？其間縱有材能之吏，又以幹運財賦，有米鹽之繁；供給軍須，有星火之急。既不暇遍走州郡，專心察視，則稽遲鹵莽，不得無之。故臣謂轉運使兼按察使，不才者既不能舉職，又不暇盡心，徒見空文，恐無實效。在於事體，不若專遣使人。伏念兵興累年，天下困弊，饑荒疲瘵，既無力以振救，調斂科率，又無由而減省，徒有愛民之意，絕無施惠之方。若但能逐去冗官，不令貪暴，選用良吏，各使撫綏，惟此一事，及民最切。苟可爲人之利，何憚選使之勞？況自近年累遣安撫，豈於今日頓以爲難？今必恐三丞至郎中內難得其人，即乞且依前後安撫，於侍從臣僚、臺官、館職中選差十數人，小處路分兼察兩路。其侍從臣僚，仍各令自辟判官分行採訪，用臣前來起請事件施行。其轉運兼按察使，若能精選其人，亦乞著爲今後常行之制。臣伏思從來臣僚非不言事②，朝廷非不施行，患在但著空文，不責實效，改更雖數，號令雖煩，上下因循，了無所益。今必欲日新求治，革弊救時，則須在力行，方能濟務。臣所言者，生民之急務也，天下之利也，不但略言一二分

---

① 蓋欲朝廷精選彊明之士　"士"底本作"員"，長編卷一四一同，據文忠集卷九七論按察官吏第二狀、宋朝諸臣奏議卷六六、歷代名臣奏議卷一五九改。
② 臣伏思從來臣僚非不言事　"伏"底本作"復"，據長編卷一四一、文忠集卷九七論按察官吏第二狀、宋朝諸臣奏議卷六六、歷代名臣奏議卷一五九改。

以塞言責而已。伏望留意詳擇。"不報。

十月丙午,鹽鐵副使、工部郎中張昷之爲天章閣待制、河北都轉運按察使,兵部員外郎、知諫院王素爲天章閣待制、淮南都轉運按察使,鹽鐵判官、兵部員外郎沈邈爲直史館、京東轉運按察使,用富弼、范仲淹之言也。先是,仲淹、弼等言:"古者內置公卿、士大夫,助天子司察天下之政;外置岳牧、刺史、方伯、觀察使、採訪使,統領諸侯、守宰以分理之。內外皆得人,未有天下不大治者也。今轉運按察使,古之岳牧、方伯、刺史、觀察、採訪使之職也;知州、知縣,古之諸侯、守宰之任也。內外官雖多,然與陛下共理天下者,惟守宰最要爾。比年以來,不加選擇,非才、貪濁、老懦者,一切以例除之。以一縣觀一州,以一州觀一路,以一路觀天下,則率皆如此。其間縱有良吏,百無一二,是使天下賦稅不得均,獄訟不得平,水旱不得救,盜賊不得除。民既無所告訴,必生愁怨,而不思叛者,未之有也。民既怨叛,奸雄起而收攬之,則天下必將危矣。今民方怨而未甚叛去,宜急救之。救之之術,莫若守宰得人;欲守宰得人,請詔兩府通選轉運使,如不足,許權擢知州人;既得人,即委逐路自擇知州,不任事者奏罷之,令權擢通判人;既已得人,即委逐州自擇知縣、縣令,不任事者奏罷之,令權擢幕職。如是行之,必舉皆得人。凡權入者,必俟政績有聞,一二年方真授之。雖已精擇,尚恐有不稱職者,必行降黜,直俟人人稱職而後已。仍令久其官守,勿復數易。其異政者,宜就與陞擢之。若然,官修政舉,則天下自無事矣。朝廷惟總其大綱而振舉之可也。"上既納其言,於是昷之等首被茲選。

四年二月,諫官歐陽修言:"去年五月詔敕節文:'諸路轉運並兼按察使,或貪殘老昧、委實不治者,逐旋具狀聞奏。若因循不切按察,致官吏貪殘、刑獄枉濫、民庶無告,朝廷察訪得知,並當勘罪,嚴行黜降①。'近賊張海等入金州,劫軍資甲仗庫,蓋知州王茂先老昧,所以放賊入城。及張海等到鄧州,順陽令李正己用鼓樂迎賊入縣飲宴,留賊宿縣,任其劫掠,其李正己亦是老昧。京西按察使陳洎、張昇自五月受朝廷詔書②,半年內並不按察一人,如王茂先、李正己,並顯然容庇,不早移換。及光化軍韓綱在任殘酷,致兵士作亂,亦不能早行覺察。其陳洎、張昇自合依元降詔敕,重行降黜。中書

---

① 嚴行黜降 "嚴",文忠集卷一〇二論京西官吏非人乞黜按察使陳洎等劄子作"重"。
② 張昇 底本作"張昪",據長編卷一四六、文忠集卷一〇二論京西官吏非人乞黜按察使陳洎等劄子改。下同。

又不舉行,使國家號令棄作空文,天下禍亂貽憂君父,蓋由上下互相蒙庇之罪。若明降詔敕,顯有違者,並不舉行,則今後朝廷號令,徒煩虛出。伏望出於聖斷,以警後來。"洎尋自河東轉運使降知懷州,昇改知鄧州①。

案:陳洎以二年三月爲京西漕,三年八月改淮南漕。據御史臺記,洎改淮南漕未行,又改河東,尋坐爲京西漕不察光化繆政,黜知懷州。范仲淹宣撫河東,復起爲京東漕。張昇以三年五月爲京西漕,後緣張海掠所部,改知鄧州。昇辭親老且病,言者以爲避事,謫守衛州。范仲淹時在朝,言昇非避事者,乃許侍養,尋以憂去。洎降知懷州,昇知鄧州,必俱緣修劾章也。但實錄不書,昇傳又不詳,不知是何月日,今附見,竢考。

四月庚子,度支判官、太子中允、直集賢院李絢爲京西轉運按察使。時范雍知河南,王舉正知許州,任中師知陳州,任布知河陽,並兩府舊臣。絢皆以不才奏之。居半歲,召入修起居注。

七月丙戌,詔諸路轉運使副、提點刑獄察所部知州軍、知縣、縣令,有治狀者以名聞,議旌擢之。或不如所舉,令御史臺劾奏,並坐上書不實之罪。從范仲淹奏請也。先是,仲淹言:"以災異屢見,請行四事:一,委天下按察使省視官吏,老耄者罷之,貪濁者劾之,昏懦者逐之,是能去繆吏而糾慢政也。至於激勸善政之術,即未著明,其官吏中有畏上位之威、希意望進,或矯飾廉節,而爭爲猛政、求集事之名者,務爲暴斂、求盡公之稱者,專用深文,政尚虛聲,人受實害,資產竭於科率,舉動觸於刑憲,生民困苦,善人嗟痛,此天下怨叛之本也。秦以天下怨叛而亡,漢以救秦之弊而興。臣請詔諸路按察官除常程糾察舉薦外,於轄下知州、知縣、縣令中別選潔己愛民、顯有善政、得百姓心如倚父母者,各具的實事狀舉三兩人,特與改官再任,或陞陟委用。如此,則天下官吏知陛下憂赤子之心,各務愛民求理,不爲苛政,足以息生民之怨叛也。如所舉不實,仰御史臺彈糾,當議重行貶黜。今別進呈唐時選刺史、縣令條目,別乞約束施行。"

八月乙卯②,上謂輔臣曰:"如聞諸路轉運按察、提點刑獄司發摘所部官吏細過,務爲苛刻,使下無所措手足,可降敕約束之。"先是,監察御史劉湜言:"轉運使捃摭州縣,苛束官吏,人不得騁其材。宜稍寬假,恬不爲改,乃加繩治。"

---

① 昇 底本作"昪",據長編卷一四六、宋史卷三一八張昇傳改。下同。
② 八月乙卯 "八"底本作"九",據長編卷一五一改。

此據湜傳。案：湜三年六月爲察官，四年十月遷殿院，傳載此言在爲殿院後，恐非也。因詔書約束轉運使，附見此。

包拯言："諸路轉運使自兼按察及置判官以來，並提點刑獄等，體量部下官吏，頗傷煩碎。兼審刑院、大理寺奏案倍於往年，況無大段罪名，並是捃摭微累，不辨虛實，一例奏論，此蓋苟圖振舉之名，以希進用之速爾。遂使天下官吏各懷危懼，其廉謹自守則以爲不才，酷虐非法者則以爲幹事，人人相效，惟恐不逮。民罹此患，無所訴告，非陛下委任之本意也。其被體量之事，或智慮所不及，或人情偶不免，若非切害，亦可矜憫①，雖欲改過，其路亡繇，豈不痛惜哉？"又言："天下茶鹽酒稅，逐處長吏曲徇轉運使之意，以求課額羨溢，編民則例遭配買，商旅則倍行誅剝，爲國斂怨，無甚於此。且朝廷設按察、提刑之職，蓋欲去貪殘之吏，撫疲瘵之俗。今乃惟務苛細，人不聊生，竊恐非國家之福也。比幸屬郊禋盛禮，大霈慶澤，欲乞於赦書内特行約束：凡官吏先被體量者，情非故犯，咸許自新。苟其不悛，必置於法。庶使悔過之人，免爲終身之累。其諸處茶鹽稅，亦乞除元額外，不得擅增課利，搔擾人户。應係自來諸般調率，且乞權罷，以安海内生靈之心。伏望聖慈少賜省察。"朝廷既降敕約束諸路按察使，備載臺官所上之言。歐陽修奏曰："臺官意謂按察使等所上之奏多不實，或因迎送文移之間有所闕失，挾其私怒，枉奏平人。朝廷都不深思，輕信其説。臣每聞降此約束，日夕憂嗟，竊思國家方此多事難了之時，正當責人展效之際，獎之猶恐不竭力，疑之誰肯盡其心？昨大選諸路按察之初，兩府聚廳數日，盡破常例，不次用人，中外翕然，皆爲一時之極選。凡被選之人，亦各負才業，久無人知，常患無所施爲，一旦忽蒙擢用，各思宣力，爭奮所長，不惟欲報朝廷，寧不更希進用？豈可頓爲欺罔，便徇私情？料其心未必至此，苟或如臺官所説，則是兩府聚廳數日，選得不公之人。或其不至如斯，何必更加約束？竊以任人之術，自古所難，能力主張，猶或有沮者，何況過生疑慮，使其各自心闌。如此用人，安能集事？況按察之任，人所難能，或大臣薦引之人，或權勢僥倖之子。彼按察使下當怨怒，上連權勢而不敢避者，只賴朝廷主張而已。今按察者所奏則未能興行，沮壞者一言則便加輕信，皆由朝廷未知官吏爲州縣大患，而按察可以利民，

---

① 憫　底本作"閔"，據嘉慶本改。

委任之意不堅,故謗毀之言易入也。所可惜者,自差諸路按察,今雖未有大效,而老耄昏昧之人望風知懼①,近日致仕者漸多。州縣方欲澄清,而朝廷自沮其事。臣欲乞聖慈,令兩府召臺官上言者至中書,問其何路按察之人因挾私怨,苟有迹狀,乞下所司辨明。若實無人,乃是妄說。其近降劄子乞賜抽還,不使四方見朝廷自沮按察之權,而爲貪贓老繆之吏所快。"

五年三月甲戌,詔諸路轉運、提點刑獄司,自今按察官吏,毋得差官體量,以致生事。考當時獻議者。

十月辛酉,附三后神主於太廟,大赦天下。諸路轉運使昨帶按察之名,比聞過爲煩苛,吏不安職,至有曉諭州縣,俾互相告論,有傷化風,無益事體,其並罷之。時執政沮改范仲淹、富弼所行事,因肆赦,遂有此命。

---

① 望風知懼 "望",嘉慶本作"聞"。

卷第四十二

仁宗皇帝

明黜陟

慶曆三年九月,范仲淹、富弼等列奏十事。一曰明黜陟:"虞書'三載考績,三考黜陟幽明'。我祖宗朝,文武百官,皆無磨勘之例,惟政能可旌者,擢以不次,無所稱者,至老不遷,故人人自勵,以求績效。今文資三年一遷,武職五年一遷,謂之磨勘,不限內外,不問勞逸,賢不肖並進,此豈黜陟幽明之意耶?假如庶僚中有一賢於衆者,理一郡縣,領一務局,思興利去害而有爲也,衆皆指爲生事,必嫉之,沮之,非之,笑之,稍有差失,隨而擠陷,故不肖者素餐尸禄,安然而莫有爲也。雖愚暗鄙猥,人莫齒之,而三年一遷,坐至卿、監、丞、郎者,歷歷皆是,誰肯爲陛下興公家之利,救生民之病,去政事之弊,葺紀綱之壞哉?在京百司,金穀浩瀚,權勢子弟,長爲占據,有虛食廩禄待闕一二年者,暨臨事局,挾以勢力,豈肯恪恭其職?使祖宗根本之地綱紀日隳。故在京官司有一員闕,則争奪者數人。其外任京朝官,則有私居待闕,動踰歲時,往往到職之初,便該磨勘,一無勤效,例蒙遷改,此則人人因循,不復奮勵之由也。臣請特降詔書,今後兩地臣僚,有大功大善,則特加爵命;無大功大善,更不非時進秩。其理狀循常而出者,祗守本官,不得更帶美職。應京朝官在臺省、館閣職任及在畨州、大理寺、開封府及本府兩赤縣、國子監、諸王府,并因保舉及選差監在京重難庫務者,並須在任三周年,即與磨勘。若因陳乞,并於中書、審官院願在京差遣者,與保舉選差者不同,並須句當通計及五周年,方得磨勘。如此,則權勢子弟肯就外任,各知艱難,亦有俊明之人因此樹立,可以進用。如今日已前受在京差遣已句當者,且依舊日年限磨勘;其未曾交割句當卻求外任者,並聽其外任。在京朝官到職句當及三年者,與磨勘。內前任句當年月日及公程日限,並非因陳乞而移任在道月日,及外朝官在京朝請月日,並令通計。其遠官近地，勞逸不同，并在假待闕，及公程外住滯，或因公事非時移替在道月日，委有司別行定奪聞奏。如任內有私罪并公罪徒已上者①，至該磨勘日，具情理輕重，別取進止。其庶僚中有高才異行，多所薦論，或異略嘉謀爲上信納者，自有特恩進改，非磨勘之可滯也。又外任善政著聞，有補風化；或累訟之獄，能辨冤沉；或五次推勘，人無翻訟；或勸課農桑，大獲美利；或京城庫務，能革大弊，惜費鉅萬者，仰本轄保明聞奏，下尚書省集議，爲衆所許，則列狀上聞，並與改官，不隔磨勘。或有異同，各以所執取旨，出於聖斷。仍請詔下審官院、流內銓、尚書考功，應京朝官、選人逐任得替，明具較定考績，結罪聞奏。內有事狀猥濫并老疾愚昧之人不堪理民者，別取進止。已上磨勘考績條件該說不盡者，有司比類上聞。如此，則因循者拘考績之限，特達者加不次之賞，然後天下公家之利必興，生民之病必救，政事之弊必去，綱紀之壞必葺。人人自勸，天下興治，則前王之業、祖宗之權，復振於陛下之手矣。其武臣磨勘年限，委樞密院比附文資定奪聞奏。"

十月壬戌，詔曰："唐虞稽古，建官惟百，能哲而惠，克明俊德，然猶三載考績，三考黜陟幽明。周制，太宰之職，歲受官府之會，以詔王廢置。三載則大計群吏之治而誅賞之，故考課之法舊矣。祥符之際，治致昇平，凡下詔條，主於寬大。考課則有限年之制，入官則有循資之格。及比年事邊，因循多故，數披官簿，審閱朝行，思得應務之才，知虧素養之道。然非襃沮善惡則不激厲，非甄別流品則不憤發，特頒程式，以戀官成。自今兩地臣僚，非有勳德善狀，不得非時進秩；非次罷免者，毋以轉官帶職爲例。兩省以上，舊法四年一遷官，今具履歷聽旨。京朝官磨勘年限，有私罪及歷任嘗有贓罪，先以情重輕及勤績，與舉者數奏聽旨。若磨勘三年，贓私罪杖以下經取旨、徒以上再經取旨，其能自新，無私犯，而著最課，及有舉者，皆第遷之。自請釐物務於京師，五年一磨勘，因舉及選差勿拘。凡有善政異績，或勸農桑獲美利、鞫刑獄雪冤枉、典物務能革大弊、省錢穀數多，準事大小，遷官陞任。選人視此。若朝官遷員外郎，須三年，無私罪，而有監司若清望官五人爲保引，乃磨勘；遷郎中、少卿監亦如之。舉者數不足，增二年。遷大卿監、諫議大夫弗爲常例，悉聽旨。"又定制：監物務入親民，次陞通判，通

---

① 如任內有私罪并公罪徒已上者 "公罪"底本作"公事"，據長編卷一四三、范文正奏議卷上答手詔條陳十事改。

判陘知州,皆用舉者,數不足,毋輒關陛。

四年二月丁未,詔審官院,自今磨勘轉運使①、提點刑獄朝臣,更不限舉主人數,只據在任勞績取旨②。范仲淹等以天下爲己任,謀致太平,然規模闊大,任子恩薄,磨勘法密,僥倖者不便,於是謗毀浸盛,而朋黨之論滋不可解,然仲淹、弼守所議弗變。詳見范富以朋黨見讒。

六月壬子,仲淹爲陝西河東路宣撫使。

五年正月乙酉,范仲淹罷政事知邠州,富弼知鄆州。

二月辛卯,詔曰:"比京朝官因人保任,始得敘遷。朕念廉士,或不能以自進,其罷之。"時監察御史劉元瑜言:"近年考課之法,自朝官至員外郎、郎中、少卿監,須清望官五人保任,方許磨勘,適長奔競,非所以養士廉恥也。望酌祖宗舊規,別定可行之制。"故降是詔。

抑僥倖 李柬之等議減任子附見③

慶曆三年九月,范仲淹、富弼上疏陳十事。其二曰抑僥倖:"臣聞先王賞延於世,諸侯有世子襲國,公卿以德而任,有襲爵者,春秋譏之。及漢之公卿,有封爵而殁④,立一子爲後者,未聞餘子皆有爵命。其次寵待大臣,賜一子官者有之,未聞每歲有自薦其子弟者。祖宗之朝,亦不過此。自真宗皇帝以太平之樂與臣下共慶,恩意漸廣,大兩省至知雜御史以上,每遇南郊并聖節,各奏子充京官;少卿、監奏一子充試銜。其正郎、帶職員外郎并諸路提點刑獄以上差遣者,每遇南郊,奏一子充齋郎。其大兩省等官,既奏得子充京官,明異於庶僚,大示區別,後更每歲奏薦,積成冗官。假有任學士已上官經二十年者,則一家兄弟子孫出京官二十人,仍接次陞朝,此濫進之極也。今百姓貧困,冗官至多,授任既輕,政事不舉,俸祿既廣,刻剥不暇。審官院常患充塞,無闕可補。臣請特降詔書,今後兩府并兩省官等遇大禮,許奏一子充京官。如奏弟姪骨肉,則與試銜外,每年聖節,更不得陳乞。如別有勳勞著聞中外,非時賜一子官者,係

---

① 自今磨勘轉運使 底本脱"使"字,據長編卷一四六補。
② 只據在任勞績取旨 "據",嘉慶本作"舉"。
③ 李柬之 底本作"李束之",據本節正文中的"李柬之"改。
④ 有封爵而殁 底本脱"封"字,據嘉慶本、長編卷一四三補。

自聖恩。其轉運使及邊任文臣初除授後，合奏得子弟職事者，並候到任二年無遺闕，方許陳乞。如二年内非次移改者，即許通計三年陳乞。三司副使、知雜御史、少卿監已上，並同兩省，遇大禮各奏薦子孫。其正郎、帶館職員外郎并省府推判官、外任提點刑獄已上，遇大禮合該奏薦子孫者，須在任及二周年，方得陳乞。已上有該説不盡者，委有司比類聞奏。如此，則内外朝臣各務久於其職，不爲苟且之政，兼抑躁動之心，亦免子弟充塞銓曹，與孤寒爭路，輕忽郡縣，使生民受弊。其武臣入邊上差遣，并大禮合奏薦子弟者，乞下樞密院詳定，比類聞奏。"

十一月丁亥，詔曰："周大司樂掌學政①，以六藝教國子②，則官材蓋本於世胄。而今之蔭法，推恩太廣，以致疏宗蒙澤，稚齒授官，未知立身之道、從政之方，而並階仕進，非所以審政重民也。其著爲令，使夫冢嗣先録，以篤爲後之體；支子限年，以明入官之重。設考課之格，立保任之條。古不云乎'爵禄者，天下之砥石'，人君所以礪世而磨鈍。咨爾庶位，體茲意焉。宰相、使相舊蔭子爲將作監丞，期親太祝、奉禮郎，自今子、期親悉如舊，餘親以屬遠近補試銜。樞密使、副使、參知政事子爲太祝、奉禮郎，期親校書郎；今子孫及期親尊屬如舊，餘以次補試銜。僕射、尚書子爲校書郎或正字，期親寺監主簿；今子孫及期親尊屬如舊，餘屬第補試銜。三司使、翰林學士、侍讀、侍講、龍圖閣、樞密直學士、丞郎子爲正字，期親寺監主簿；今子及期親尊屬如舊，餘屬第補試銜或齋郎。龍圖閣直學士、給事中、諫議、舍人、知制誥、龍圖天章閣待制、卿、監、三司副使、知雜子爲寺監主簿，期親試銜；今惟長子聽如舊，餘屬第補試銜或齋郎。郎中、省府推判官、館閣官③，舊郊恩薦補，自今其嘗以贓抵罪④，復故官至郎中及員外郎任館閣職，止蔭子孫親屬一人，尚在謫籍者弗預⑤。轉運使副⑥、提點刑獄，悉於郊禮前到任踰一年，乃聽蔭補。凡選人，年二十五以上⑦，遇郊，限半年赴銓試，命兩制三員鎖試於尚書省，糊名謄録。習辭業者，或試論，或詩賦，詞理可採，不違程式爲中格。

---

① 周大司樂掌學政　宋大詔令集卷一六一任子詔"周"下有"禮"一字；"政"底本作"正"，據長編卷一四五、太平治迹統類卷二九改。
② 以六藝教國子　宋大詔令集卷一六一任子詔"教"下有"群"一字。
③ 館閣官　"官"底本作"職"，據宋大詔令集卷一六一任子詔改。
④ 自今其嘗以贓抵罪　底本脱"自今"二字，據宋大詔令集卷一六一任子詔補。
⑤ 尚在謫籍者弗預　宋大詔令集卷一六一任子詔作"其降監當者即不許陳乞"。
⑥ 轉運使副　"使副"底本顛倒，據宋大詔令集卷一六一任子詔乙正。
⑦ 年二十五以上　"上"底本作"下"，據宋大詔令集卷一六一任子詔改。

習經業者,人專一經①,兼試律十道,而通五爲中格,聽預選。七選以上經兩試②,九選以上經三試,至選滿,有京朝官保任者三人,補遠地判司簿尉,無舉者補司士參軍。或不赴試,亦無舉者,永不預選。奏蔭京官年二十五以上③,歲首赴試於國子監,考法如選人,中格者調官④。兩任無私罪,有監司、知州、通判保舉官三人,入親民。經三試,朝臣保舉者三人,與下等釐物務⑤。兩任無私犯,監司或知州、通判保舉者五人,入親民,願易武弁者聽。其武臣,使相子爲東頭供奉官,期親左侍禁;今子及期親如舊,餘屬自左班殿直以下第官之⑥。樞密使副、宣徽、節度使子爲西頭供奉官,期親右侍禁;今子孫及期親尊屬如舊,餘屬自右班殿直以下第官之。六統軍諸衛上將軍⑦、節度觀察留後、觀察使、內客省使子爲右侍禁,期親右班殿直;今子孫及期親尊屬如舊,餘屬自三班奉職已下第官之。客省使、引進使、防禦使、團練使、四方館使、樞密都承旨、閤門使子爲右班殿直,期親三班奉職;今子孫及期親如舊,餘屬三班借職以下第官之。正刺史子爲三班奉職,期親借職;今子孫及期親尊屬如舊,餘屬爲差使殿侍。諸衛大將軍、內諸司使、樞密院諸房副承旨子爲三班奉職,期親借職;今子孫並期親尊屬如舊,餘屬爲下班殿侍。諸衛將軍⑧、內諸司副使、樞密院分房副承旨子爲三班借職⑨;嘗以入己贓坐罪,遷至諸司副使、諸衛將軍,止蔭子若孫一人。初任川、廣、福建七路恩如舊。凡三班,試弓弩於軍頭司,力及而射有法爲中格。習書算者,三班院書家狀誤纔三字,算錢穀五事通三爲中格。習六韜,孫、吳書⑩,試義十而通五爲中格⑪,兼弓弩爲優等,願試策者聽之,五通三爲中格。或習武藝五事,馳射閑敏,通書算者亦爲優

---

① 習經業者人專一經　宋大詔令集卷一六一任子詔作"習經業者,春秋、禮記、毛詩、周易、尚書,人專一經"。
② 七選以上經兩試　底本脫"七選"二字,據宋大詔令集卷一六一任子詔補。
③ 奏蔭京官年二十五以上　底本脫"奏蔭"二字,"京"下衍"朝"一字,據宋大詔令集卷一六一任子詔補、刪。
④ 中格者調官　宋大詔令集卷一六一任子詔作"其合格者方與差遣"。
⑤ 與下等釐物務　宋大詔令集卷一六一任子詔作"與小處監當"。
⑥ 餘屬自左班殿直以下第官之　底本脫"以下"二字,宋大詔令集卷一六一任子詔作"其餘親屬自左班殿直以下安排",今據補"以下"二字。
⑦ 六統軍諸衛上將軍　底本脫"六"和"諸衛"三字,據宋大詔令集卷一六一任子詔及宋史卷一五九選舉志補。
⑧ 諸衛將軍　宋大詔令集卷一六一任子詔作"侍衛諸將軍"。
⑨ 樞密院分房副承旨　底本脫"分房副"三字,據宋史卷一五九選舉志補;宋大詔令集卷一六一任子詔作"樞密院逐方副承旨"。
⑩ 習六韜孫吳書　宋大詔令集卷一六一任子詔作"皆能習孫吳六韜三家兵書"。
⑪ 試義十而通五爲中格　宋大詔令集卷一六一任子詔作"內試義五道,三通爲中"。

等,補邊任。武藝不群、策詳而理暢爲異等①,引見聽旨。蔭長子孫皆不限年,諸子孫須年過十五,若弟侄須年過二十,必五服親乃得蔭。已當蔭而物故者,無子孫禄仕,聽再蔭②。"自是任子之恩殺矣,然猶未大艾也。

五年二月辛卯,知制誥余靖言:"臣伏覩近降中書剳子,今後臣僚奏薦子孫親屬,内長子、長孫皆不拘年甲,諸子諸孫須年十五以上,弟侄等並須年二十以上,方得奏薦,所奏親屬,並須在五服内。竊以朝廷推恩延賞,皆要嗣續門户。其有老登郎署,晚得職司,親的子孫尚多,限以年幼,不得陳乞,而乃旁蔭疏遠房從年長之人,則是捨親而用疏,遺近而取遠,殆非國家善善及子孫之意。伏乞自來奏蔭少年子弟,並須二十五歲以上方許出官,雖受京官,亦不破官中請受,於國家别無嫌礙。兼臣今來奏臣親弟年已及格,不礙新條,但緣年老,臣僚不得奏其親的而旁奏疏屬,於理不便。伏乞特降指揮,應合奏蔭親屬臣僚所奏子孫弟侄,特令不拘年甲,以廣延賞之典。"從之。

三月己卯,詔:"補蔭選人,自今止令吏部流内銓候該參選日,量試所習藝業注官。其慶曆三年十一月條制勿行。"監察御史包拯言:"臣伏覩先降敕節文③,應奏蔭選人年二十五以上,過南郊大禮,限半年内,許令赴銓投狀。京官每年春季赴國子監投狀,並差兩制官於逐處考試,内習詞業者,或論或詩賦;習經業者,各專一經;試墨義等及格者,與放選注官及差遣④。自敕下之後,天下士大夫之子弟莫不靡然嚮風,篤於爲學。詔書所謂非惟爲國造士,是乃爲臣立家,實誨人育材之本也。近聞有臣僚上言,欲議罷去,是未之熟思爾。且國家推恩之典,其弊尤甚,因循日久,訓擇未精。今詔命方行,遽欲釐革,則務學者日以怠惰,一旦俾臨民苞政,懵然於其間,不知治道之所出,猶未能操刀而使之割也。或前條制有未盡事件,欲望只令有司再加詳定,依舊施行。"

六年四月壬子,權御史中丞張方平言:"臣竊聞近有恩旨,將來聖節,自大卿監以上陳乞恩澤並依舊者。慶曆四年,范仲淹奏定臣僚任子弟之制,其間難行如國子監、

---

① 策詳而理暢　宋大詔令集卷一六一任子詔作"及答策設(詳)備者"。
② 聽再蔭　宋大詔令集卷一六一任子詔作"並許再奏之"。
③ 臣伏覩先降敕節文　底本脱"臣"字,據嘉慶本、長編卷一五五補。
④ 與放選注官及差遣　"放"底本作"於",據長編卷一五五、包孝肅奏議卷二請依舊考試奏蔭子弟改。

尚書省等事，並已衝改，其恩例見行。今自知雜御史以上，何勤於國？歲補奏京官一員。祖宗之時，未有此事。近歲積累，僥倖爲此弊法。仲淹所請，略從裁損，考之理道，已是適宜。臣近曾具天聖、景祐中及見今文武官員數進呈。據今京官，比景祐中已多七百餘員。經久之圖，何以處置？其臣僚恩例，乞且依新制爲便。若朝廷議論惟是之從，又不可以人廢言也。"

方平此奏附見。"其間難行如國子監、尚書省等並已衝改"，所衝改事當考，又不知方平此言從違如何，並此月戊午所上書，皆當考。八年三月甲寅①，方平答聖策，猶言"少卿監以上，每歲奏蔭子弟"，則是方平此言初不從也。或方平此言在八年三月以後，更詳之。

戊午，詔："使相、節度使以下，正刺史、殿前都指揮使至龍神衛四廂都指揮使、帶遙郡團練使已上，奏薦班行恩例，自今並依舊制，餘依前後條貫施行。"

此據會要，實錄無之，必是改三年十一月范仲淹所定條貫，但史不詳爾。餘悉依前後條貫，或與是月壬子張方平言"不可以人廢言"相關，當考。

至和二年九月辛巳，龍圖閣直學士、右諫議大夫李柬之言："西漢吏二千石以上，視事滿三歲，得任一子爲郎，王吉尚謂'今使俗吏得任子弟，率多驕矜，不通古今'。今文武官三司副使、知雜御史、少卿監②、刺史、閣門使以上，歲任一子；帶職員外郎、諸司副使以上，三歲得任一子。文武兩班可任子者，比之祖宗朝多逾數倍，遂使綺紈子弟充塞仕途，遭逢子孫，皆在仕宦，稚兒外姻並沾簪笏之榮，而又三丞以上致仕者任一子。況七十致仕，古之常制。少登仕宦，晚至三丞，恩惠未見及民，功業未聞及國，至於退罷，更令任子，退一老者，進一孺子，甚非國家優賢取士之道也。此所謂任子之恩太廣也③。"又曰："往年減省補蔭，近臣之家靳惜厚恩，務令己欲，但於服屬疏者舉行數事而已④，使天下議論多不厭伏者，率由措事之未公也。大凡立法，自貴者始，則人無怨心。請先自嬪御、宗室及兩府大臣，以至帶職員外郎、諸司副使已上，及內臣之家，一切裁減之，十年當見成效。倘循舊貫，不圖改爲，而欲望起治道，清仕途，不可得

---

① 八年三月甲寅 "三"底本作"二"，據長編卷一五八注文及卷一六三慶曆八年三月甲寅條改。
② 少卿監 底本脫"卿"一字，據宋朝諸臣奏議卷七〇李柬之上仁宗論官冗四弊補。
③ 此所謂任子之恩太廣也 "謂"底本作"爲"，據長編卷一八一、宋朝諸臣奏議卷七〇李柬之上仁宗論官冗四弊改。
④ 舉行數事而已 底本脫"行"一字，據宋朝諸臣奏議卷七〇李柬之上仁宗論官冗四弊補。

也①。"於是中書先請自二府、宣徽、節度使②,遇南郊仍舊奏二人,而罷每歲乾元節任子,餘詔兩制、臺諫官定議以聞。

嘉祐元年四月。初,龍圖閣直學士李柬之請更定選舉補蔭之法,知諫院范鎮請見任二府,止許蔭己之親兄弟、父之親兄弟、父之兄弟之子;正任團練使以上蔭曾孫;知雜御史以上蔭孫;帶職員外郎、諸司副使止蔭子。其歲奏一人者,三歲一奏之。侍御史毋湜請見任二府、節度使以上,再經乾元節,蔭親屬一人;知雜御史、閤門使以上遇郊一奏薦,餘必再經郊。科場取士、百司入流悉減半,罷内臣蔭子孫及輸錢粟授官。下兩制議,而翰林學士承旨孫抃等言:"今二府及使相、宣徽、節度使三年蔭二人,已減舊恩之半。餘文武官,請一歲及三歲當任子者皆倍之,内臣毋得過二人。嬪御、皇族,約此為法。罷南省特奏名,百司入流者如吏部格,弗聽減年或換武。"遂敕中書、樞密院裁定,於是詔:"見任二府、使相、宣徽、節度使、御史知雜,悉罷乾元節恩蔭。學士以下遇郊,聽蔭大功親;再遇郊蔭小功親。郎中、帶職員外郎初遇郊,聽蔭子若孫,再遇郊蔭期親,四遇郊蔭大功以下親。初該蔭而年六十無子,聽蔭期親,皇族大功以上妻。'皇族大功以上妻',會要作'皇親大將軍以上妻'。再遇郊,亦聽蔭期親。廣南東西路轉運使、提點刑獄奏子孫若親兄弟一人,益、梓、秦、延、并、廣知州,陝西、河東、河北、廣西帶一路安撫使知州,及益、梓、利、夔路轉運使、提點刑獄,聽奏親屬已有官入優便地一人,若子孫仍陞一資,京朝官陞一任。其員外郎知州而理監司資序舊得蔭者罷之。嘗任兩府分司、致仕,遇郊,奏聽旨;分司大兩省官以上降一等;郎中以上,子孫未有官,許蔭一人止。凡致仕恩,大兩省以上降一等,郎中、員外郎許奏子孫若弟姪一人,毋得奏同宗無服之親。三丞以上,止與親屬徙優便官。其武臣閤門使已上至節度、觀察留後、統軍上將軍、樞密都承旨及管軍節度、觀察留後、龍神衛四廂都指揮使、捧日天武龍神衛左右廂主帶遙郡團練使已上,遇郊蔭大功親,再遇郊蔭小功親。諸衛大將軍,諸司使,樞密副都承旨、副承旨、諸房副都承旨以上,再遇郊,乃聽蔭子若孫及期親。初該蔭者,遇郊即聽。或已該蔭而子孫今未有官者,亦準此。自後須再遇郊始聽之。

---

① 不可得也 "也"底本作"已",長編卷一八一同,據宋朝諸臣奏議卷七〇李柬之上仁宗論官冗四弊改。
② 節度使 底本脱"使"字,據嘉慶本、長編卷一八一補。

諸衛將軍、諸司副使、樞密院逐房副承旨以上，再遇郊，乃聽蔭子若孫。陝西、河東、河北緣邊部署，聽奏親屬有官入優便地一人，若子孫與減磨勘年。諸路鈐轄，除廣東西及知邕、宜州聽蔭子孫及期親外，益、梓、利、夔四路，但聽奏有官親屬入優便地，子孫與減磨勘年。諸司使除諸衛大將軍致仕，聽蔭子若孫一人，如無子孫，降等蔭期親，或子孫已有官願陞資者亦聽。餘並依累降條約。"

自"其武臣閤門使已上"至"條約"，據成都編錄條貫册增修，國史遂削去"武臣"一節，蓋比類文臣即可知，然要未備也。范鎮奏議，國史所取甚略，今取奏稿詳注之。鎮言："臣謹案唐制，五品以上蔭孫，三品以上蔭曾孫，而無蔭兄弟、叔姪之文。今文官自知雜御史以上，歲奏一人；自帶職員外郎以上，三歲奏一人；武官自橫行以上，歲奏一人；自諸司副使以上，三歲奏一人，又無兄弟、叔姪、曾孫之品限，而旁及疏從，所以入流浸廣，仕路益雜。臣欲乞見任兩府，聽蔭兄弟、叔姪；見任學士、正團練使以上，比唐三品，得蔭曾孫；知雜御史、正刺史以上，比唐五品，得蔭孫；帶職員外郎、諸司副使以上，專得蔭子。兄弟、叔姪降曾孫一等，曾孫降孫一等，孫降子一等。又歲奏一人與三歲奏一人者，自有京官、試銜、齋郎之別，武官亦宜如是。欲乞歲奏一人者，亦令三歲奏一人，於所得官上遞加一等或二等，以優異之。若得奉禮郎、太祝者，與大理評事、諸寺監丞之類。議者若曰：'今自學士以下，捨兄弟、叔姪而專任子孫，非所以廣親愛之道。'臣竊以為不然。兄弟、叔姪，於公則刑不相及，於私則財不相及，著令因官置到資產，不及兄弟、叔姪。至於朝廷爵賞則輕加之，為不可也。臣欲乞除品合得蔭外，朝廷必欲徇其私愛，加惠旁宗，但令奏補①，無使入流，如有才藝，自隨科目貢舉課試，中科目者比類白身人優與推恩。其無子孫者，特聽奏旁親一人入流。如此，則下不失私親之愛，上無冗官濫賞之弊。"鎮又言："唐制皆無蔭兄弟、叔姪之文，亦無一歲、二歲、三歲之差，惟以品數為限。今諸司副使才比太子中舍，而與帶職員外郎同得任子，為太優幸。欲乞諸司副使，須歷路分鈐轄以上差遣，方得奏補，以比員外郎帶職者。國朝典章，大抵皆習唐故，以其近而可用也。惟是奏補之法未盡循用，蓋國初天下初定，人未樂仕，至有敦遣富人使為官者，故於兄弟、叔姪之制，未皇暇也。今太平日久，入官者衆，其於條革，非稍做唐制不可。伏乞檢會臣前奏，令執政大臣一處參酌施行。"又言："竊聞議者欲自兩制以上二歲奏一人，郎官以上六歲奏一人。郎官，任官非三十年未能至②，乃是陳力之人。今既有品數，又限以年，竊恐未均，未均則下必怨，下怨則行之不久。"

均公田

慶曆三年九月，范仲淹等上疏。其五曰均公田："臣聞易曰：'天地養萬物，聖人養

---

① 但令奏補　宋朝諸臣奏議卷七四范鎮上仁宗論蔭補旁親之濫作"且令依舊奏補"。
② 任官非三十年未能至　"任"，嘉慶本作"仕"。

行,夷簡以齋祠不預。迪慚懼待罪,故貶。然補惠清實夷簡意,迪但行文書。顧謂夷簡獨私荆王,蓋迪偶忘之。它日,語人曰:"吾自爲宋璟,而以夷簡爲姚崇,不知其待我乃如是也!"

罷王曾

景祐四年四月甲子,右僕射兼門下侍郎、平章事吕夷簡罷爲鎮安節度使、同平章事、判許州,右僕射兼門下侍郎、平章事王曾罷爲左僕射、資政殿大學士、判鄆州;吏部侍郎、參知政事宋綬罷爲尚書左丞、資政殿學士,禮部侍郎、參知政事蔡齊罷爲吏部侍郎,歸班。天聖中,曾爲首相,夷簡參知政事,事曾甚謹。曾力薦夷簡爲亞相,未幾曾罷,夷簡爲首相。居五年罷,不半歲復位。李迪爲次相,與夷簡不協,夷簡欲傾迪,乃援曾入使樞密,不半歲迪罷,曾即代之。始曾久外,有復入相意。綬實爲曾達意於夷簡,夷簡奏召曾,及將以曾代迪。綬謂夷簡曰:"孝先於公事契不薄,宜善待之,勿如復古也。"夷簡笑諾其言。綬曰:"公已位昭文,處孝先以集賢可也。"夷簡曰:"不然,吾雖少下之何害?"遂請用曾爲首相。帝不可,乃爲亞相。既而夷簡專決,事不少讓。曾不能堪,論議多不合。曾數求出,夷簡亦屢乞罷。帝疑焉,問曾曰:"卿亦有所不足耶?"曾言夷簡招權市恩。時外傳夷簡納知秦州王繼明饋賂,曾因及之。帝詰夷簡,至交論帝前。夷簡乞置對,而曾言亦有失實者,帝不悦。綬素與夷簡善,齊議事間附曾,故併齊、綬皆罷。

范余尹歐繼出

景祐二年十二月癸亥①,天章閣待制范仲淹爲吏部員外郎、權知開封府。仲淹自還朝,言事愈急。宰相陰使人諷之曰:"待制侍臣,非口舌任也。"仲淹曰:"論思政侍臣職,余敢不勉?"宰相知不可誘,乃命知開封,欲撓以煩劇②,使不暇他議,亦幸其有失,亟罷去。仲淹處之彌月,京邑肅然稱治。

三年五月丙戌,天章閣待制、權知開封府范仲淹落職,知饒州。仲淹言事無所避,大臣權倖多忌惡之。時吕夷簡執政,進者往往出其門。仲淹言:"官人之法,人主當知其遲速升降之序。其進退近臣,不宜全委宰相。"又上百官圖,指其次第曰:"如此爲序

---

① 癸亥 底本作"丙戌",據長編卷一一七改。
② 煩劇 嘉慶本同,長編卷一一七作"劇煩",宋樓鑰范文正公年譜作"繁劇"。

遷,如此爲不次,如此則公,如此則私,不可不察也。"夷簡滋不悅。帝嘗以遷都事訪諸夷簡①,夷簡曰:"仲淹迂闊,務名無實。"仲淹聞之,立四論以獻:一曰帝王好尚,二曰遷賢任能,三曰近名,四曰推委,大抵譏指時政。又言:"漢成帝信張禹,不疑舅家,故終有王莽之亂。臣恐今日朝廷亦有張禹壞陛下家法,以大爲小,以易爲難,以未成爲已成,以急務爲閑務者,不可不早辨也。"夷簡大怒,以仲淹語辨於帝前,且訴仲淹越職言事、薦引朋黨、離間君臣。仲淹亦交章對析②,辭愈切,由是降黜。侍御史韓瀆希夷簡意,請以仲淹朋黨牓朝堂,戒百官越職言事,從之。時治朋黨方急,士大夫畏宰相,少肯送仲淹者。天章閣待制李紘、集賢校理王質皆載酒往餞,質又獨留語數夕③。或誚質,質曰:"希文賢者,得爲朋黨,幸矣!"范仲淹既貶,諫官、御史莫敢言。秘書丞、集賢校理余靖言:"仲淹前所言事,在陛下母子、夫婦之間,猶以其合典禮,故加優獎。今坐譏刺大臣,重加譴謫。儻其言未協聖慮,在陛下聽與不聽爾,安可以爲罪乎?汲黯在庭,以平津爲多詐;張昭論將,以魯肅爲麤疏。漢皇、吳主,熟聞訾毀,兩用無猜,豈損盛德。陛下自專政以來,三逐言事者,恐非太平之政也。請追改前命。"壬辰,靖落職,監筠州酒稅。乙未,貶太子中允、館閣校勘尹洙爲崇信軍節度掌書記、監郢州酒稅。先是,洙上言:"臣常以范仲淹直諒不回,義兼師友。自其被罪,朝中多云臣亦被薦論,仲淹既以朋黨得罪,臣固當從坐。雖國恩寬貸,無所指名,臣內省於心,有靦面目。況余靖素與仲淹分疏,猶以朋黨得罪,臣不可幸於苟免。乞從降黜,以明典憲。"宰相怒,遂逐之。

戊戌,貶鎮南節度掌書記、館閣校勘歐陽修爲夷陵縣令。初,右司諫高若訥言:"范仲淹貶職之後,臣諸處察訪端由,參驗所聞,與敕牓中意頗同,因不敢妄有營救④。今歐陽修移書詆臣,言仲淹平生剛直⑤,通古今,班行中無與比者⑥。責臣不能辨仲淹非辜,猶能以面目見士大夫⑦,出入朝中稱諫官,及謂臣不復知人間有羞恥事。仍言今

---

① 帝嘗以遷都事訪諸夷簡 "嘗"底本作"常",據嘉慶本、長編卷一一八改。
② 仲淹亦交章對析 長編卷一一八"析"作"訴"。
③ 質又獨留語數夕 底本脫"留"一字,據長編卷一一八、太平治迹統類卷一〇補。
④ 因不敢妄有營救 "因",嘉慶本作"固"。
⑤ 剛直 嘉慶本作"剛正"。
⑥ 班行中無與比者 底本脫"中"一字,據長編卷一一八、太平治迹統類卷一〇、九朝編年備要卷一〇補。
⑦ 猶能以面目見士大夫 底本脫"能"一字,據嘉慶本、長編卷一一八補。

賢以及萬民。'此言聖人養民之時,必先養賢,養賢之方,必先厚祿,然後可責廉隅,安職業也。皇朝初,承五代亂離之後,民庶凋弊,時物至賤。暨諸國收復,郡縣之官少人除補,至有經五七年不替罷者,或纔罷去,便入見闕。當物價至賤之時,俸祿不輟,士人家無不自足。咸平以後,民庶漸繁,時物遂貴,入仕多門,得官者衆,至有得替守選一二年,又授官待闕一二年者。在天下物貴之後,而俸祿不繼,士人家鮮不窮窘,男不得婚,女不得嫁,喪不得葬者,比比有之。復於守選、待選之日衣食不足,求人貸債,以苟朝夕,到官之後,必來見逼①,至有冒法受贓,賒貸度日,或不恥賈販,與民爭利。既作負罪之人,不守名節,吏有奸贓而不敢發,民有豪猾而不敢制,奸吏豪民得以侵暴,於是貧弱百姓理不得直,冤不得訴,徭役不均,刑罰不正,比屋受弊,無可奈何,由乎制祿之方有所未至。真宗皇帝思深慮遠,復前代職田之制,使中常之士自可守節,婚嫁以時,喪葬以禮,皆國恩也。能守節者,始可制奸贓之吏,鎮豪猾之人。法乃不私,民則無枉。近日屢有臣僚乞罷職田,以其有不均之謗,有侵民之害。臣謂職田本欲養賢,緣而侵民者有矣,比之衣食不足,壞其名節,不能奉法,以直為枉,以枉為直,衆怨思亂而天下受弊,豈止職田之害耶?又自古常患百官重內而輕外。唐外官月俸猶更豐足,簿尉俸錢尚二十貫。今窘於財用,未暇增復。臣請兩地同議外官職田,有不均者均之,有未給者給之,使其衣食得足,婚嫁喪葬之禮不廢,然後可以責其廉節,督其善政。有不法者,可廢可誅。且使英俊之流,樂於為郡、為邑之任,則百姓受賜。又將來陞擢,多得曾經郡縣之人,深悉民隱,亦致化之本也。"

十一月壬辰,詔限職田。凡大藩,長吏二十頃,通判八頃,判官五頃,幕職官四頃。凡節鎮②,長吏十五頃,通判七頃,判官四頃,幕職官三頃五十畝。凡防、團以下州軍,長吏十頃,通判六頃,判官三頃五十畝,幕職官三頃③。其餘軍、監,長吏七頃,判官、幕職官並同防、團以下州軍。凡縣令,萬戶以上六頃,五千戶以上五頃,不滿五千戶並四頃。凡簿尉,萬戶以上三頃,五千戶以上二頃五十畝,不滿五千戶二頃。錄事參軍比本州判官④,曹官比倚郭簿尉。發運制置、轉運使副、武臣總管比節鎮長吏,發運制置

---

① 必來見逼 "來"底本作"求",據嘉慶本、長編卷一四三改。
② 凡節鎮 "凡"底本作"比",據長編卷一四五、群書考索後集卷一七、宋史卷一七二職官志改。
③ 幕職官三頃 長編卷一四五、宋史卷一七二職官志同,群書考索後集卷一七"三"作"二"。
④ 錄事參軍比本州判官 底本脫"州"字,據范文正奏議卷上奏重定職田頃畝補。

判官、武臣鈐轄比防、團州長吏，諸路轉運判官比大藩府通判，安撫都監、路分都監比節鎮通判，州都監比大藩府判官①。黃、汴河，許、汝、石塘河都大催綱比節鎮判官，節鎮以下至軍監、諸路走馬承受並寨主、都同巡檢、提舉捉賊、提點馬監、都大巡河不得過節鎮判官，在州監當及催綱、撥發、巡捉私茶鹽賊盜、駐泊捉賊不得過幕職官，巡轄馬遞鋪、監堰並縣鎮監當不得過簿尉。自此人有定制，土有定限，吏以職田抵罪，比前日稍希闊焉。其明年，諫官余靖言："伏覩去冬十一月敕，頒定天下職田頃畝數目，令三司指揮無職田處及有職田而頃畝少處，並元標得山石積潦之地不可耕植者，限三年内，檢括官荒田並戶絕地土，及五年以上逃田，支撥添換，以慶曆四年爲始。斯蓋陛下所以勸群臣、養廉吏之大惠也。然朝廷舉事當以民爲本，民患未去，官吏何安，而尚紛紛擾之？伏見淮南、江、浙經春少雨，麥田半損，蝗蝻復生；京東、京西、荊湖南北、廣南諸處，盜賊未盡撲滅；陜西、河東輦運困苦，且庶民惶惶，失其農業，而長吏以下各營其私，憂民之心，有所未至。加之檢括，寧不騷擾？況今來所定頃畝，比於舊日數，三倍其多，貪吏因緣，其害甚大。伏乞朝廷特降指揮，舊有職田處，即依慶曆元年以前舊制外，其未有職田處，更候三二年，別取朝旨標撥。"

余靖奏不得其月日，今附此。據王罕傳，謂以戶絕荒田爲公田，非法意，則必因靖奏，遂有釐革，但史不詳載爾。

初，詔定天下公田，諸路多誤以戶絕爲荒田，給官吏。其後國子博士華陽王罕提點湖南路刑獄，諭所部以法不當給，聽自舉覺。既而廣南諸州，坐收戶絕田以贓廢者七十餘人。知審刑院張揆嘗見湖南官吏列首狀，它日，遇罕於殿庭，謂罕曰："公德及人者多矣！"

王罕事據王壃誌罕墓及本傳。罕爲湖南憲乃慶曆五年十一月②，張揆知審刑院又在皇祐五年二月，今並附此。

---

① 州都監比大藩府判官　底本脫"州都監比"四字，長編卷一四五同，據宋會要輯稿職官五八之一〇補。按：宋史卷一七二職官志又記載"大藩府都監，比本府判官"。
② 罕爲湖南憲乃慶曆五年十一月　"乃"底本作"及"，據嘉慶本、長編卷一四五改。

卷第四十三

仁宗皇帝

募兵　減兵附

寶元元年，趙元昊反。

二年八月，知原州、六宅使郭志高請部內募置弓箭手五千人，從之。

康定元年正月癸未①，詔陝西轉運使明鎬往鄜州、同州、河中府點募强壯以備邊。

二月丁未，詔陝西安撫使韓琦與轉運使量民力蠲所科芻糧，調民修築城池，悉具數以聞，當加優恤。官吏因軍興受賕者，聽人告。比令諸州軍點集丁壯，止欲防護城池，亦不刺手面，除教習外，無得它役。若奸人妄有扇摇，委所在禽捕之。先是，詔陝西點募强壯，命琦撫諭，仍促本路如詔。言者又以增數爲請，琦奏曰："轉運司及郡縣尚未點集，必謹重此事，慮有驚擾。蓋民丁既爲强壯，且憂刺以充軍。本路近嘗添差弓手，耳目皆已習熟，必無疑懼。請除商、虢二州，各於逐縣見管鄉村三丁已下主户內，選差一名充弓手，更不差强壯，使減税，免立階級，分番教習，著爲條約甚備。"詔悉如所請。

三月己卯，工部郎中、直史館、同修起居注吴遵路爲天章閣待制、河東路計置糧草。遵路嘗建議復民兵②，於是并詔遵路籍河東鄉丁爲邊備，仍下其法於諸路。

四月丁亥③，大理寺丞、秘閣校理石延年往河東路同計置催促糧草。明道中，延年嘗建言："天下不識戰三十餘年，請選將練兵，爲二邊之備。"不報。及西邊數警，始召見，命副吴遵路使河東。時方用延年之説，籍鄉丁爲兵故也。乙巳，詔河北都轉運使

---

① 癸未　底本脱此二字，據長編卷一二六補。
② 建議　底本作"見議"，據嘉慶本、長編卷一二六改。
③ 丁亥　底本脱此二字，據長編卷一二七補。

姚仲孫、河北緣邊安撫使高志寧,密下諸州軍添補強壯①。初,知制誥王拱辰使契丹還,言:"見河北父老,皆云契丹不畏官兵而畏土丁,蓋天資勇悍,鄉關之地,人自爲戰,不費糧廩,坐得勁兵,宜速加招募而訓練之②。"故降是詔。

六月甲辰③,詔陝西、河北、河東、京東西等路量州縣戶口,籍民爲鄉弓手、強壯,以備盜賊。河北、河東強壯自咸平以來有之,承平歲久,州縣不復閱習,多亡其數,於是詔二路選補,增廣其數,并及諸路焉。

詔二路選補增廣其數,據本志。并及諸路,則據事修入。實錄云:"詔陝西、河北、河東、京東西路,其量州縣戶口,增置弓手,以備盜賊。"本紀但云"增置陝西、河北、河東、京東西弓手",朔曆同,實錄皆無"強壯"字,惟稽古錄、大事記有之,今掇取修入。蓋河北、河東、陝西舊已有強壯之名,河東及陝西舊已有弓箭手,今并京東西新招弓手,總得名"強壯"也。

八月丁亥④,詔:"諸路罪人多犯徒,情理重,選少壯者,刺配永興軍牢城,候及三百人,選置軍校,團爲威捷指揮,教閱武藝,分隸逐路部署司,以備前鋒。有能效命者,加之拔擢⑤。"

九月乙丑,詔:"河北、河東路強壯、陝西、京東西路新置弓手,皆以二十五人爲團,置押官;四團爲都,置正副都頭各一人;五都爲指揮,置指揮使,各以階級伏事。年二十係籍⑥、六十免,取家人或它戶代之,聽私置弓弩。每歲十月後、正月前分番上州教閱,半月即遣歸農。或遇非時句集守城及捕盜賊,日給糧二升。歲正月,縣以籍上州,州以籍奏兵部,按舉不如法者。"

實錄所書太繁,今用本志及朔曆刪修。河北、河東強壯事,始見咸平三年及景德元年;陝西、河東弓箭手,見建隆二年及景德二年。京東、西新置弓手⑦,當考也。

十二月乙酉,命端明殿學士、兼翰林侍讀學士李淑⑧,知制誥賈昌朝,同修起居注

---

① 密下諸州軍添補強壯　"州軍"底本作"軍州",據長編卷一二七、宋史全文卷七下、太平治迹統類卷八乙正。
② 招募　底本作"詔募",據嘉慶本、長編卷一二七改。
③ 甲辰　底本脫此二字,據長編卷一二七補。
④ 丁亥　底本脫此二字,據長編卷一二八補。
⑤ 加之拔擢　長編卷一二八作"加拔擢之"。
⑥ 年二十係籍　底本"二十"下衍"餘"一字,據長編卷一二八、太平治迹統類卷三〇、文獻通考卷一五六、宋史卷一九〇兵志刪。
⑦ 弓手　底本"弓"下衍"箭"一字,據嘉慶本刪。
⑧ 翰林侍讀學士　底本"林"下衍"院"一字,據嘉慶本刪。

郭稹,天章閣侍講王洙同詳定弓手强壯通制,又命淑判兵部,洙同判,時諸路方籍鄉兵上兵部也。河北强壯在籍者凡二十九萬三千,河東十四萬四千。

此據本志康定年兩路强壯數,今附見此,弓手別出。

慶曆元年二月辛丑①,詔京東西、淮南、兩浙、江南東西、荆湖南北路招置宣毅軍,大州兩指揮,小州一指揮,爲就糧禁軍。先是,河東北、陝西與京東西皆增募鄉兵,其後徧令天下,各增募額外弓手,於是始立宣毅軍額以統之。惟陝西仍故,號爲保捷。兩河强壯雖別名義勇,亦有隸宣毅者。

募額外弓手徧及天下,此據張方平所陳八事疏,不得其時,當在康定元年十月以後。正史、實錄、朔曆等書皆無之,今附見。蓋所招宣毅軍,其軍士即去年增募額外弓手也。

初,募額外弓手,著作佐郎、通判睦州張方平上利害八事。其一曰:"敕文:'逐縣除舊管弓手外,據見管主户,每一千户差點弓手五十人,一萬户五百人。如不滿千户及萬户以上,據今所定分數比量點差者。'伏以天下大縣有及五六萬户者,若縣管主户五萬,則所差二千五百人,非惟人數過多,民力煩敝,或地處遠險,或歲逢薦饑,或守令非人,或奸猾乘隙,聚兵資寇,亦不可以不過慮也。欲乞諸萬户以下縣,所差人數,一如敕文處分,即萬户以上,亦以五百人爲止②,緣雖小縣不可無備,雖大縣而選兵五百,亦足以自衛矣。如此,則輕重之勢平,臂指之力均矣。"其二:"敕文:'其弓手須見管帳籍主户差點者③。'只如臣州管内户籍有升降帳,有桑功帳,並歲上於户部。升降帳所管主户二萬一千二百有餘,此蓋官吏受俸④,約此户口數也。桑功帳所管主户三萬七千六百有餘,此乃州縣户口歲有增益之數也。州縣賦役各有五等户版簿⑤,常所據用。竊慮逐處拘於'帳籍'二字,致有點差異同。欲乞明降處分:州縣止以見用五等版簿見管主户數爲準,則天下之役均焉。"其三:"敕文:'所差點弓手,其第四、第五等户如委實貧闕,雖有丁數,不得一例點差者。'乞令諸州縣先從物力丁數最高强户點差,第一等不足,即差第二等,不足即差第三等。比並資產丁力高强者點定,所有合供州

---

① 辛丑 底本脫此二字,據長編卷一三一補。
② 亦以五百人爲止 "止"底本作"正",據長編卷一三一、樂全集卷二一論天下州縣新添置弓手事宜改。
③ 差點 底本顛倒,據嘉慶本、長編卷一三一、樂全集卷二一論天下州縣新添置弓手事宜乙正。
④ 此蓋官吏受俸 "受"底本作"管",據嘉慶本、長編卷一三一、樂全集卷二一論天下州縣新添置弓手事宜改。
⑤ 州縣賦役 底本脫"縣"一字,據嘉慶本、長編卷一三一、樂全集卷二一論天下州縣新添置弓手事宜補。

縣色役,依舊輪流差遣。見供州縣色役者暫免弓手,已畢役者卻充弓手①,非惟先富强而寬貧弱。又高貲之人,各有護惜家鄉親愛之意,故必重於犯法,至於合用器仗,亦有力置辦,各得精好,自然天下點差事體均當。"其四:"敕文:'令逐縣創置教場,每歲起十月後至正月終,當分番句集教閱②。自教閱時,每人支口食米三升者。'十月後雖是農隙,集教日長,民亦不易。又約計逐歲人且支米二石四斗,今諸州縣倉廩除上供外,留州支遣例少儲蓄。即如臣州,在兩浙中户口不多,所差點弓手若據主户實數,猶僅二千人數,例支給口食,歲支米四千八百石。將多補少,計天下支費,其數不啻百萬斛。若令逐縣所點弓手便作三番,教習時即支與口食,已教放歸便截日住支,即如三千户,弓手一百五十人,每番五十人赴教,每歲習四十日而已。人不失業,官不費儲,是減天下糧給之費三分之二也③。"其五:"敕文:'自教閱時量借甲弩器械,教習披帶,教罷便仰管轄官員收納入庫,其弓箭、刀鋸及木槍、桿棒之類,即許自置,以備本鄉村教習者。'夫奮挺揭竿,猶足以資嘯聚之勢,況人知鬥戰,家有利兵,不可啓也。請令逐人所置弓箭器械各自標認,悉納州縣,每當教閱,及遇有盜賊,句抽會合之時,據數給付,畢事隨納。常令官吏點檢,其有損動,即番次給出,各令修換。"其六:"敕文:'所差弓手,每五百人内,選差會武藝有身手者一人充指揮使者。'伏以内地州縣與河朔不同,河朔所置鄉軍,本備戰守之用,故依軍法立爲階級,以相攝制。又逐州軍各屯強兵,勢足彈遏。今内地州縣人不習兵,但財力相雄④,富役貧,强暴寡,其兼并豪猾之民,居常猶吞噬貧弱,爲鄉邑害,況公使之相制乎⑤?夫能爲五百人長,必鄉里大猾者,非惟爲貧弱之暴,更且有患之大者。彼前世之大寇,乘饑擾之釁奮臂,猶足以爲天下患,況使之有素練之士、甲兵之利乎?茲事體大⑥,有安危之勢焉。請令所點弓手,每十人團爲一甲,置節級一人,俾歲一替换,依次更番補充,其指揮使之名。伏乞省去逐甲,人少則節級易爲拘管呼集,更番補充則不相攝服,亦馭民之上策也⑦。"其七:"敕

---

① 已畢役者卻充弓手 "卻",嘉慶本作"即"。
② 當 嘉慶本作"常"。
③ 糧給 底本作"糧食",據嘉慶本、長編卷一三一、樂全集卷二一論天下州縣新添置弓手事宜改。
④ 但財力相雄 "雄"底本作"維",據樂全集卷二一論天下州縣新添置弓手事宜改。
⑤ 況公使之相制乎 "使"底本作"許",據同上書改。
⑥ 茲事體大 底本脱"體"字,據同上書補。
⑦ 亦馭民之上策也 "馭"底本作"御",據嘉慶本、長編卷一三一、樂全集卷二一論天下州縣新添置弓手事宜改。

文：'所點弓手，須是少壯者充，與免戶下諸雜差配。'伏以天下州縣人戶，大抵貧多富少，逐縣五等戶版簿，中等以上戶不及五分之一，第四等、第五等戶常及十分之九，故國家諸雜賦役，每於中等以上差科，所以惠貧弱也。今富強之家盡占爲弓手，即諸雜科配悉出於貧弱，儻又奸吏因緣騷擾，即縣鄉益困。若分番教習，每歲赴教止四十日，而官與之食，富強之家未爲有損，而乃虛免差配，貽患下戶。欲乞令州縣諸雜差配一切仍舊①，但嚴行條約，所差弓手除教閱外，州縣不得妄有句抽差借、諸般追役。或有強惡賊徒結成群黨，句抽會合之時，亦只許隨近句點，令佐親自部勒揵逐，不得令公人押領，淹延團聚，如長役弓級耆壯等一例。監捕之法，若縣鄉小小盜賊，至于持杖竊盜非群行攻劫者②，亦不得擅行句抽，免致官吏接便恣意聚散，即其受利過於免差配之患也。"其八："每歲教閱之時，乞令逐州知州、通判一次巡行諸縣，以按閱之。或所點人非壯健、器械不完利③、行列不整、訓習不精、移易簿帳、減削糧食諸事，其逐縣令佐各行勘罰。其弛慢甚者，具事聞奏，嚴加黜責。"

方平所議如此，然當時不能盡用也。

六月壬寅，中書奏："近添差弓手準備捕盜，昨令淮南、江南、兩浙、荊湖諸州軍招置宣毅指揮，充本城禁軍，今已成次第，所有添差弓手，須議減放，欲於見第二、第三等戶內選留少壯有勇力者，於舊額外增兩倍，每五十人置節級一名，其餘揀退者及指揮使並遣歸農。"從之。

罷指揮使，蓋用張方平奏議，當考。方平奏議附二月辛丑。

八月乙酉，中書、樞密院奏："京西弓手願充軍者，已降宣命，並揀隸宣毅指揮。都監、監押等能召募及五百人已上，特與酬獎。知州、通判，歲終委本路轉運使具所募人數以聞。"從之。甲午，詔京東等路弓手、強壯願隸宣毅軍者，指揮使以下降一資，押官以下聽如故，仍差朝臣二員曉諭招補之。

京東路據會要募兵篇。

知諫院張方平言："伏見宣差朝臣，分路往陝西、河東、京東西路，於前來點差強

---

① 一切仍舊 "仍"底本作"如"，據樂全集卷二一論天下州縣新添置弓手事宜改。
② 至于持杖竊盜 底本脫"至于"二字，據樂全集卷二一論天下州縣新添置弓手事宜補。
③ 器械不完利 底本脫"利"一字，據樂全集卷二一論天下州縣新添置弓手事宜補。

壯、弓手中招募願充軍人分配宣毅、保捷指揮者。臣竊思此舉事係安危，敢竭微衷，上裨國論，謹列不便事件及臣愚所見如左。自去歲初降敕命，點差强壯、弓手之時，民間喧然，皆言此時點差，雖以强壯、弓手爲名，實欲顯補軍籍。敕旨屢下，丁寧再三，諭以朝廷點差之意，只要各護鄉閭，必不起從征戍。郡縣多方安輯，民猶猜譁。及經去冬教習，尋放歸業，鄉間竊語方以少定。然名在弓手之籍者，居常搖恐，心不自安，每聞一使出行州縣，輒相扇動，謂來調發。今此命忽下，果如民所素料，此後命令，無復可信，此其不便一也。宣差命令止召情願，緣先來點差弓手，多是高貲之家，例皆衣食無缺，豈有情願充軍之人？臣聞所差朝臣已相與議云①：'比來受命，朝廷意在倚辦②，若至郡縣無人應募，須與官吏迫致之爾。'竊惟所差使臣，蓋以朝行集事③、尋常淺見之人，復思郡縣官吏材術足任者無幾，今既設以賞利，惟知用心干躐，若其謀之非臧，或致變生不測，奸猾乘釁，相激噪聚，萬一驚擾，更成厲階，此其不便二也。所差使臣既與州縣官吏抑迫百姓，令伏充軍，即須團結押赴京師。充軍之人既非情願，若其上路，因與親戚離訣，每有悔心，中道逃散，安能防遏？既不敢各歸本土，聚依萑蒲④，遠近相應，展轉結連，或奸豪之有謀，乘郡縣之無備，其勢一擾，必勞安輯⑤，此其不便三也。今京東西路頗爲饑歉，民既艱食，居常猶爲盜寇，一夫首難，奔赴必多，此其不便四也。强壯、弓手各在郡縣，未去農業，若朝廷用漢代更之術，因唐防秋之法，入耕出戰，遞爲防戍，則是農不去業，兵不乏備，不因帑廩之積⑥，常得丁壯之人。今既籍爲正兵，處之連營，則其衣食、財用，終身仰給縣官，此其不便五也。已降御劄，冬至將行郊禮，遠近郡縣，尤宜肅静。夫愚而不可欺，弱而不可勝者，百姓也。綏之斯和，動之斯危。武有七德，安民爲本，事規未兆，敝猶不救，若又迫之，是啓亂也。則朝廷之憂，不在四鄙。夫禍起所忽⑦，愿生有階，秦之勝、廣，漢之黄巾，唐之巢、讓，是皆始於烏合之衆，此其

---

① 已相與議　底本作"與相議"，據嘉慶本、長編卷一三二、樂全集卷二二論遣使往陝西河東等路募强壯充兵改補。
② 朝廷意在倚辦　底本脱"朝廷"二字，據樂全集卷二二論遣使往陝西河東等路募强壯充兵、宋朝諸臣奏議卷一二三張方平上仁宗論刺四路弓手充保捷宣毅補。
③ 蓋以朝行集事　宋朝諸臣奏議卷一二三張方平上仁宗論刺四路弓手充保捷宣毅作"蓋皆期于集事"。
④ 聚依萑蒲　"萑蒲"，嘉慶本同，樂全集卷二二論遣使往陝西河東等路募强壯充兵作"萑苻"。
⑤ 必勞安輯　"安"底本作"定"，據樂全集卷二二論遣使往陝西河東等路募强壯充兵改。
⑥ 不因帑廩之積　"因"底本作"困"，據樂全集卷二二論遣使往陝西河東等路募强壯充兵、宋朝諸臣奏議卷一二三張方平上仁宗論刺四路弓手充保捷宣毅改。
⑦ 夫禍起所忽　"起"底本作"其"，據長編卷一三三、樂全集卷二二論遣使往陝西河東等路募强壯充兵改。

不便六也。凡此六患,昭然在目,不可不深慮,不可不過防。臣以一介賤微,見識淺近①,誠不足以參國論,贊聖謀,但以職在諫曹,當有犯無隱,故陳愚管,上祈裁擇。臣謂陝西、河東,其近裏州郡,乞將前來點差弓手等,中分其半戍邊,每九月防秋,至二月放歸,歲一代更,留其半防守本州,以時訓練。當就戍之時,依出軍人,官與裝費。冬給衣賜,日支口食。蓋民所以懼籍之爲兵者,不惟前冒鋒刃矢石之難,且重去其土②,終身與親愛姻族永相隔別,此其大戚也。今若番休遞戍,終是不離本鄉。冀望邊事漸寧,即當息肩安業。昔太宗皇帝籍兩河之人以爲鄉兵,於時識者亦悼其失策,蓋不若因兩河強壯使之扞邊③,壯者入籍,衰者出役,不衣庫帛,不食廩粟,邊不闕戍,民不去農,何在乎蓄之營堡而後爲官軍也?又聞於時籍鄉兵之際,因大軍方集之威,猶慮其亂,乃密誡諸州郡剋期一日而事畢,故民雖奸謀相動,不復及之。今朝廷既惜強籍之名④,又爲必籍之事,命兩朝臣分使一路,周環三二十郡,幅員三數千里,或未能親到,但行文移。州縣官吏方且各率所見,異同紛起,但恐使人一出,民心一搖,後雖悔之,或所難及。願朝廷審加圖議,事不憚改,追還所下逐路轉運司宣命,停所差官勿遣,實天下幸甚,國家之福也。"疏入不報。方平再疏力爭之,又不報⑤。

據方平後疏云十九日具奏,不知是何月。奏有"已降御札"等語,非七月即八月。蓋八月十八日甲午,初遣朝臣二員詣京東路招補宣毅軍,其翌日乙未,或奏以此月十九日上也。今附見。

乙巳,詔諸軍諸班直子弟、民間有材勇者,如願效用,聽詣所屬自陳,以補神捷指揮,滿萬人即權遣戍邊。

十月庚辰⑥,知并州楊偕言:"今雖得強壯百萬,恐未可以應敵。請益本路官軍六七萬人。"詔報曰:"自昔邊防悉用土兵,顧訓練何如耳。所募強壯,若能以時閱習,以正軍參用,豈不可以應敵耶?"己丑,御史臺推直官、秘書丞李宗易言:"奉詔之河東募

---

① 見識淺近　"見"底本作"知",據長編卷一三三、樂全集卷二二論遣使往陝西河東等路募強壯充兵改。
② 且重去其土　"去其"底本作"夫鄉",據樂全集卷二二論遣使往陝西河東等路募強壯充兵、宋朝諸臣奏議卷一二三、歷代名臣奏議卷二一九改。按:長編卷一三三作"且重去鄉土"。
③ 蓋不若因兩河強壯使之扞邊　底本脫"不"字,據嘉慶本、長編卷一三三、樂全集卷二二論遣使往陝西河東等路募強壯充兵補。
④ 今朝廷既惜強籍之名　"籍"底本作"壯",據嘉慶本、樂全集卷二二論遣使往陝西河東等路募強壯充兵、宋朝諸臣奏議卷一二三、歷代名臣奏議卷二一九改。
⑤ 又不報　長編卷一三三作"訖不報"。
⑥ 庚辰　底本脫此二字,據長編卷一三四補。

強壯充軍，其强壯避刺面，多逃逸①。乞止刺其手背②。"從之。

十二月丙子朔，中書③、樞密院言："京東西路所募宣毅軍，令逐路各選萬人赴京師隸禁軍。"從之。

二年正月壬戌，分遣內臣往河北路催募兵，及萬人者賞之。

二月乙未，詔河北諸州提點强壯自三月後，並赴州閱習，委知州擇其强勁者，刺手背爲義軍，不願者釋之，而存其籍，以備守葺城池。自是强壯寖廢矣。詔始下，人情訩訩。河北轉運使李昭述乘疾置，日行數舍④，開諭父老，衆始安。

三月乙卯，中書、樞密院奏："乞簡河東弓手有武勇者，不刺面爲義勇指揮，陝西弓箭手刺面爲保捷指揮。"從之。

四月庚辰⑤，知渭州王沿請刺本路弓箭手三萬人充軍，從之。戊子，詔河北教閱義勇指揮，令番休於家。其惰游不業農者，聽其家長告官，重行科責。甲午，刺環慶路保毅强壯人爲軍。

五月癸卯朔⑥，詔："乃者以河北、河東弓手爲軍，蓋欲知山川道路，服習耕戰。而諸道游冗之人，皆願雇代之。籍其非正身者，一切罷去。"

閏九月壬申⑦，詔河北路義軍、鄉兵死而其家有丁壯者，令逐處選補之。

十月，知秦州韓琦嘗奏本路兵備素少，請益軍馬。朝廷以諸處未可抽那，難於應副，詔琦詳度，以點到弓手，選其少壯，刺手背充軍。或爲保毅弓箭手，或別立名額，速具利害以聞。琦奏曰："有唐以前，兵出於民而國不費財，戰得其用者，蓋軍令必行，而尺籍有敘也。五代多故，法制不立，乃募黥面，以名正軍。年祀浸久，耳目習熟，百姓更不知前代籍民爲兵，但以刺面給糧，則甘死戰鬥。聖朝因舊重改，廣置禁軍，以安天下，以服四夷，亦隨時御世，不易之良制也。自逆昊寇擾西鄙，乃於陝西點民爲弓手，以助防守，有警則赴集，無事則歸農。武藝廢而不修，禁約輕而易犯，至有父子兄弟、

---

① 多逃逸　"逸"，嘉慶本作"免"。
② 乞止刺其手背　底本脫"背"一字，嘉慶本作"乞刺其手背"，今據補"背"一字。
③ 中書　底本脫"書"一字，據長編卷一三四補。
④ 日行數舍　嘉慶本、九朝編年備要卷一一同，長編卷一三五"舍"作"驛"。
⑤ 庚辰　底本脫此二字，據長編卷一三五補。
⑥ 癸卯朔　底本脫此三字，據長編卷一三六補。
⑦ 閏九月壬申　底本脫"九"一字，據長編卷一三七補。

疏屬外親①,或別雇人應名,更相爲代,而官中了不可別。每遇上州防托②,多是結聚逃避,以此州郡徒有人數,若倚以戰守③,適足敗事。臣累陳揀刺土兵,自是祖宗舊法,今或只刺手背,及充保毅弓箭手,名目終與民不殊。請黥爲禁軍,人給刺面錢二千,無用例物。"詔從琦請,簡陝西弓手悉刺面,充保捷指揮,仍給例物。命既下,朝廷復檢會前奏,令勿給。琦復奏:"揀刺土兵,人皆知爲當今之利,顧無敢發明者,慮生事已有責耳。臣不避數十萬户之怨,捐軀建言,衆情幸已帖然,今數十萬人所得之物,乃以臣一言故罷,豈不取怨益深?欲使總此新軍禦賊立事,豈不難哉!願給例物如前詔。"從之。庚戌,轉運使言刺保捷軍凡一百八十五指揮。秦州既刺保捷,又增取保毅及三千人。環慶、保安亦各籍置。是時諸州保毅總六千五百十八人,爲指揮三十一。此據本志,因刺保捷,附見。河東、河北義勇,當慶曆初,河北路總十八萬九千二百三十人,河東路總七萬七千七十九人,皆簡强壯并抄民丁涅手背爲之④。户三等以上置弩一,當稅錢二千;三等以下官給。各營於其州,歲分兩番訓練,上番給俸廩,犯罪斷比廂軍;下番比强壯。此據本志,因陝西刺保捷數,遂附見。

戊辰,御史中丞賈昌朝上疏言備邊六事。其二曰復土兵:"今河北、河東强壯,陝西弓箭手之屬,蓋土兵遺制也。且戎狄居苦寒沙磧之地,惡衣菲食,好馳善射,自古禦寇卻胡,非此不可。然河北鄉兵,其廢已久;陝西土兵,屢爲賊破,其存者十無二三。臣以謂河北、河東强壯,除已詔近臣詳定法制外,每因閱習,則視其人武力、兵技之優劣,又擇其家丁夫之壯者,以代老弱,每鄉爲軍。其才能絶類者,籍記其名姓而遞補之。陝西蕃落弓箭手貪召募錢物,利月入糧俸,多就黥刺,混爲營兵。今宜優復田疇,安其廬舍,使力耕死戰,世爲邊用,則可減屯戍而省供饋,爲不易之利。内地州縣增置弓手,亦當約如鄉軍之法而閱試之。"

十一月戊戌,詔河北見教習義勇宜並放歸田里,候來歲正旦,分作四番句集訓練。

三年正月庚寅,募關中流民補振武指揮。咸平中,選鄉兵爲振武,後益衰耗。至

---

① 疏屬外親 "親"底本作"戚",據長編卷一三八改。
② 每遇上州防托 "托"底本作"拓",據長編卷一三八改。
③ 若倚以戰守 "守",嘉慶本、長編卷一三八均作"賊"。
④ 并抄民丁涅手背爲之 "并抄"底本作"兵鈔",據文獻通考卷一五六兵考八、宋史卷一九一兵志改。

是歲數不登，因有是詔。

五月丁丑，詔河東義勇兵願隸諸州就糧神虎、宣毅禁軍者，聽之。

四年四月癸丑，詔諸路招禁軍，而人才小弱者，官吏並劾罪以聞。時上封者言招軍有常格，而所至務張其數①，多得怯弱不及等之人。比有復自禁軍降隸廂軍者，故條約之。

十二月乙未，册命元昊爲夏國主，更名曰曩霄。

五年正月丙子，樞密副使韓琦言："當此之時，若便謂太平無事，則後必有大憂者三；若以前日之患而慮及經遠，則後必有大利者一。臣久在陝西，敢陳陝西合措置事宜。鄜延、環慶、涇原、秦鳳四路雖罷招討使，而邊備不可弛。請仍選有材望近臣爲之主帥，特降手詔，委之久任，使其經略一方，以備羌人翻覆之變。又西路所駐兵，十分中宜留六分在邊，二分令東遷②，二分徙近裏州軍。其鄜延路徙屯河中府，環慶、涇原路徙屯邠州，永興軍、秦鳳路徙屯鳳翔府。逐路分鈐轄一員、駐泊都監二員，與逐處知州同行訓練，而本路仍領之，非有事宜，不敢輒抽動。其徙屯軍馬處知州才望輕者，請選人代之。又逐路所抽就糧土兵，請委逐路帥臣相度，歲分兩番，留一番在邊，一番放歸本處，不惟減節邊上糧草，兼使無久戍之勞。又陝西州軍經南郊賞給之後，官帑例皆空虛。今范仲淹若過陝西宣撫，又有軍間特支，徒益所費。若臣策可行，陝西亦別無處置，不必仲淹更往也。復見諸路昨招置宣毅兵僅一十萬，然朝廷物力未充，何以贍給？況閭里竊發，自有巡檢、縣尉可以捕擊。若防群盜，只當益屯一路都會之地，不必每州盡要防守。其宣毅軍，欲乞除河北、河東外，其京東、京西、兩浙、淮南、江南、荆湖、福建等路，每指揮可減以三百人爲額，後有闕，即招填之。今天下兵冗不精，耗蠹財用。陝西、河東、河北、京東州軍已曾差官揀選，其餘路亦請選近上內臣分往揀選③，所貴冗食可蠲，而經費可給也。"上悉施用其言。先是，田況言："觀當世之弊，驗致災之由，其實役斂重而民愁，和氣傷而沴作。役斂之重，由國計之日窘；國計之日窘，由冗兵之日繁。今天下兵已踰百萬，比先朝已三倍矣。自昔以來，坐費衣食，養兵之冗，

---

① 務張其數 "數"，嘉慶本同，長編卷一四八作"事"。
② 二分令東遷 "遷"，嘉慶本、長編卷一五四均作"還"。
③ 近上內臣 "近上"底本作"上近"，據長編卷一五四乙正。

未有如今日者。雖欲斂不重，民不愁，和氣不傷，災沴不作，不可得也云云。夫國家所養之兵，其上者戰，其下者役，苟不能堪此，則爲冗食於諸路宣毅、廣捷等軍，其間孱弱者甚衆，大不堪戰，小不堪役，逐處惟欲廣募①，以邀賞格，豈復顧國家利害哉？宜分遣幹臣，揀選諸路宣毅、廣捷等軍，其不堪戰者並降爲廂軍，其廂軍之不堪役者並放停。議者必曰：'兵驕久，一旦遽加澄汰，則恐立以致亂。'此慮事者之疏也。且孱弱之兵既不堪戰，則勇強者亦恥爲伍。去年韓琦汰邊兵萬餘人，豈聞有爲亂者？今天下財用不足以贍冗食之兵，尚或顧恤細故，而不思捄弊之原，臣竊憂之，惟陛下裁擇。"

此疏不得其時，今附見正月末。

二月戊子朔，分遣内臣往諸路選汰羸兵。宮苑使周惟德京西路，北作坊使武繼隆淮南路，東染院使任守忠兩浙路，供備庫使陳延達江南東路，左藏庫副使王懷正江南西路，内殿承制張志福建路，黃元吉荆湖南路，供備庫副使盧道隆荆湖北路。諸州宣毅軍過三百人者，無得更募，用韓琦議也。

八年二月壬申，遣内侍往諸路簡兵爲上軍：如京使陳延達京西路②，北作坊副使衛承緒淮南路，文思副使蔡舜卿京東路，禮賓副使董元吉荆湖北路，供備庫副使盧道隆江南東西路，内殿承制黃元吉兩浙、福建路。

三月甲寅，翰林學士張方平條對所問曰："康定、慶曆之間，朝廷議刺民兵，陞廂軍，充禁旅。臣時任諫官，屢上章疏，極言其害。至於今日，事勢果然。臣昨在三司，計會天下財用出入之籍及建隆以來兵數，乞朝廷速加圖議。蓋太祖蓄兵不及十五萬人，太宗時不過四十萬人。章聖備禦西北，兵籍頗增。祥符以後住招募，斥疲老，以減冗食，至於寶元幾四十年，天下可謂久安。嚮因夏戎阻命，宰相非其人，慮害不深，事失幾先，遂至大擾，陝西、河北、京東西增置保捷一百八十五指揮、武衛七十四指揮、宣毅一百六十四指揮，更於江、湖、淮、浙、福建諸路又添宣毅一百二十四指揮，凡内外增置禁軍約四十二萬餘人，通三朝舊兵，且八九十萬人。其鄉軍義勇、州郡廂軍、諸軍小分剩員等不在此數。軍人日多，農人日少，三邊稅賦支贍不足，募人入中糧草，就京給還錢帛，加攩則例，價率三倍。外則刬刷諸道之物，中則侵用内帑之財，厚賞聚斂之

---

① 逐處惟欲廣募 "欲"底本作"有"，據長編卷一五四改。
② 如京使陳延達京西路 底本"陳延達"下衍"京東路"三字，據長編卷一六三刪。

人,賤立鬻官之令①,苟循目前之急,莫爲經久之慮。凡此冗兵,非惟困天下之財用,方且成天下之禍階,若不早圖,後無及矣。然兹事體實大,非君臣同心而上下協濟,則事必難成。伏望陛下先且將臣此言詳問兩府,若別有長策,豐財足食,則非臣淺智所及。若量入爲出,則乞嚴令天下,禁止招募,令逐路轉運使、提點刑獄分按所部,揀選疲老,便與放停,歲須三兩次更互巡歷②,止依常程旋旋揀放,無得宣露密旨。若雖係禁軍③,其間羸弱,憚於教閲,願退就廂軍者,亦聽從便,委樞密院點勘軍籍。其人數少者,即令團併。其馬軍無馬願補填步人者,稍與補充近上衣糧,優處軍分。其有馬者,即與團併,足成指揮。仍詔諸路經略部署司,使知朝廷深意。有專愎自任、無體國之心者,亦在陛下斷自聖心,懲一足以警衆矣。"

皇祐元年十二月,何郯云:"昨詔諸路轉運使選退州郡老兵弱兵。"必是用方平此議也。

皇祐元年十月丙戌④,侍御史知雜事何郯言:"臣伏見陝西路頃歲邊鄙用兵之際,朝廷指揮,以諸州新弓手刺面充保捷指揮,用備戰守,一路之兵,僅增十萬,緣當時倉卒,不暇精擇,其間甚有疲弱不堪征役之人,驅之行陣,固難得力。自休兵至今,歲月已久,尚未聞一加選汰,所費廩食不可勝計。況其人並是州縣等第之家,係在軍籍,甚非所願。伏望敕本路諸州,令告諭:應係新置保捷兵士,除人員節級外,其餘年五十以上及短弱不及等之人,如不願在軍者,許令自陳,委監司、長吏相度,減放歸農。此等久習武藝,今若放罷,亦須置籍拘管,仍乞以所居鄉社相近處,如河北義勇,團作指揮,置人員節級管轄。其邊郡每歲以此軍番遞防守處⑤,亦令比舊減數。非時邊上或有警急,其罷放之人,尚可追集守城,卻代精兵出戰,於事又無廢闕。方今財力大屈,所患在於兵冗,竭天下所出之物,僅能供億。陛下幸聽臣言,特行處置,一路之内可減三數萬人,迺亦省費之一端也⑥。近包拯被命往陝西制置解鹽,伏乞下臣此議,使其就近覆驗,所冀審擇利害,然後施行。"樞密使龐籍獨以郯所言爲是,壬戌詔旨,實自郯發之。

---

① 賤立鬻官之令 "令"底本作"命",據長編卷一六三、樂全集卷一八對手詔一道改。
② 歲須三兩次更互巡歷 "三兩"底本作"兩三",據樂全集卷一八對手詔一道乙正。
③ 若雖係禁軍 "軍"底本作"兵",長編卷一六三、樂全集卷一八對手詔一道改。
④ 丙戌 底本作"戊寅",據長編卷一六七改。
⑤ 其邊郡每歲以此軍番遞防守處 "軍"底本作"處",據長編卷一六七、宋朝諸臣奏議卷一二三何郯上仁宗乞揀放保指揮、歷代名臣奏議卷二一九改。
⑥ 迺亦省費之一端也 "迺",長編卷一六七作"此"。

十二月壬戌,始聽保捷不任役者歸農,此據鮮于侁所爲何郯墓誌。

十二月壬戌,詔陝西保捷軍年五十以上及短弱不任役者,聽歸農。若無田園可歸者,減爲小分。凡放歸者三萬五千餘人,皆歡呼反其家。在籍者尚五萬餘人,皆悲涕,恨己不得去。陝西緣邊,計一歲費緡錢七十千養一保捷兵。自是歲省緡錢二百四十五萬,陝西之民力稍蘇。

減放保捷詔,實錄有之,其餘悉從記聞所載傅永之言,永時將漕陝西也。

初,樞密使龐籍與宰相文彥博以國用不足,建議省兵,衆議紛然,陳其不可。緣邊諸將爭之尤力,且言兵皆習弓刀,不樂歸農,一旦失衣糧,必散之閭閻,相聚爲盜賊,上亦疑焉。彥博與籍共奏:"今公私困竭,上下遑遑,其故非他,正由養兵太多。若不減放,無由蘇息,萬一果聚爲盜賊,二臣請死之。"上意乃決,於是簡汰陝西及河北、河東、京東西等路贏兵,無慮八萬有餘人,其六萬有餘悉放歸農,其二萬有餘各減衣糧之半。既而判延州李昭亮復奏:"陝西所免保捷特多,往往縮頭曲膕,詐爲短小,以欺官司。"籍因言:"兵苟不樂歸農,何爲欺詐若此乎?"上益信焉。其后王德用爲樞密使,許懷德爲殿前都指揮使,始復奏選廂軍以補禁軍,議者非之。

簡汰贏兵無慮八萬餘人,此據稽古錄。放歸農者六萬餘,衣糧減半者二萬餘,及文彥博、龐籍首議并奏對,並據記聞。又云施昌言、李昭亮言不可尤甚。按:昌言此年正月自河北漕徙爲江淮發運,恐不復言及三路事。而昭亮此年三月,方以北宣徽、武寧節度判延州,四月改天平節度,仍判延州。今削去昌言姓名,但著昭亮。實錄、正史載省兵事極不詳,本志云皇祐元年,揀河北、河東、陝西、京東西禁、廂諸軍,退其罷癃爲半分,甚者給糧遣還鄉里。係化外,若以罪隸軍或嘗有戰功者,悉以剩員處之。記聞惟不載剩員,然減衣糧之半,即有剩員居其間矣。今悉用記聞稍刪潤之。本志所云"更不別出,但取京東西、河東北、陝西等路"字,改稽古錄所稱"天下"字。王德用、許懷德奏選廂軍補禁軍,當考。至和元年十月,范鎮言大臣以募兵塞責,指此也。

侍御史知雜事何郯言:"伏觀朝廷昨降詔旨,委諸路轉運使等第選退州郡老弱兵丁,所去者衰疾尪孱之伍,所存者壯盛伉健之人①。議者謂練士省財,茲實爲利。聞邊臣各有論奏,皆謂選汰過多。竊恐所言未悉利害②。緣方今天下之患,莫甚於冗食;冗

---

① 伉健　底本作"伉建",據嘉慶本、長編卷一六七改。
② 利害　嘉慶本、長編卷一六七均作"利病"。

食未去,不可以節財用;財用未節,不可以除橫斂;橫斂未除,不可以寬民力;民力未寬,不可以圖至治。欲圖至治,宜以去冗食爲先。朝廷有此處置,固亦計之甚熟。今命令纔下,若以橫議亟改,則去弊求治無其日矣。臣竊料招來邊臣之言,亦恐緣轉運使銳於專行,不與群帥協議所致。伏乞特降指揮,約束逐路轉運使,所至州郡,並令先與帥臣、長吏同議,然後選擇,仍不得過有張皇,使衆疑懼。其選退之人,或力可耕墾而別無生業,仍乞於所居州縣,據口量撥與係官閑田,使之給養,免至流離失所。朝廷前議固已至當,不可妄有改罷,仍乞詔邊帥,各令遵守施行。"

降詔諸路轉運使,使選退老弱,不知果是何時。慶曆八年三月甲寅張方平所對策可考。

卷第四十四

仁宗皇帝

馬政

天聖四年九月戊申，三司請市糴芻粟，上因問輔臣諸坊監牧馬幾何①，王曾對曰："當今比五代馬多數倍，計芻秣費，歲不下百萬，蓋措置利害失其要。若以陝西蕃部入中馬立定數，餘聽民間市易，二三年間，必大蕃息，此與畜之外廄無異也。祖宗舊制，以群牧司總天下馬政，其屬有左、右騏驥院，分領左、右天駟監，左、右天廐坊，其畜病馬有牧養上下監，牧兵校長有提舉、指揮使、副使、員僚十將、節級、獸醫、槽頭、刷刨、長行，調上乘有小底。諸監之在外者，知州、通判兼領之，各據芻地列棚井，課士卒春夏出牧，秋冬入廐。孳息有賞，耗亡有罰，其爲條教甚備。然馬之孳息不足以待國用，常市於邊州。雍熙、端拱間，沿邊收市，河東則麟、府、豐、嵐州、火山軍、唐龍鎮、濁輪寨；陝西則秦、渭、涇、原、儀、延、環、慶、階州、鎮戎、保安軍、制勝關、浩亹府；河西則靈、綏、夏州；川峽則益、文、黎、雅、戎、茂、夔州、永康軍；京東則登州。自趙德明據有河南，其收市惟麟、府、涇、原、儀、渭、秦、階、環州、岢嵐、火山、保安軍，其後止環、慶、延、渭、原②、秦、階、文州，鎮戎置場。天聖中，猶得蕃部省馬總三萬四千九百餘匹云。"

明道元年，上封者言："自河南六監廢，京師須馬，取之河北，道遠非便。"詔遣左廂提點王舜臣往度利害。舜臣言："鎮寧、靈昌③、東平、淳澤四監雖廢④，然其地猶牧本監并騏驥院馬⑤。洛陽、單鎮監去京師近，罷之非便。"乃詔復二監，以牧河北孳生馬。

---

① 諸坊監牧馬幾何　"牧"底本作"收"，據長編卷一〇四、宋史全文卷七上改。
② 原　底本作"源"，據長編卷一〇四改。
③ 靈昌　底本作"靈武"，據嘉慶本、長編卷一一一、宋會要輯稿兵二一之五、宋史卷一九八兵志改。
④ 廢　底本作"費"，據嘉慶本、長編卷一一一、宋史卷一九八兵志改。
⑤ 本監并騏驥院馬　底本脫"并"一字，據長編卷一一一、宋史卷一九八兵志補。

二年七月,范仲淹安撫江、淮,陳八事。其五曰:"沿邊市馬,歲幾百萬緡,罷之則絶戎人,行之則困中國。然自古騎兵未必爲利,開元、天寶間,牧馬數十萬匹。禄山爲亂,王師敗於函谷,曾何救焉?且騎兵之費,錢糧、芻粟、衣纊之類,每一指揮,歲費數萬緡,其間老弱者尚艱於乘跨,況戰鬥乎?然西北戎馬不可不收,既至京師,宜多鬻於民間,假其芻牧,或有邊用,一呼可集。又重税以禁江淮小馬,勿使至近裏州軍,則西北之馬可行,外慰戎心,内爲武備,且減芻牧以億萬計①。"上嘉納之。

寶元二年五月丙申,群牧司請下秦州增價市馬,從之。

康定元年二月甲午②,詔京畿、京東西、淮南、陝西路括市戰馬。馬自四尺六寸至四尺一寸,其直自五十千至二十千凡五等。敢輒隱者,重置之法。宰臣、樞密使聽畜馬七,參知政事、樞密副使五,尚書、學士至知雜③、閤門使以上三,陞朝官閤門祗候以上二,餘命官至諸司職員、寺觀主首皆一。節度使至刺史、殿前馬步軍都指揮使至軍頭司、散員副兵馬使皆勿括。出内庫珠償民馬直,又禁邊臣私市,闕者官給。

出内庫珠還馬直乃月末,今從本志并書。本志云並邊七州軍免括馬。蓋此後事,今削去。

韓琦言:"陝西科擾頻仍,民已不勝其困,請免括此一路,安衆心。"從之。此據家傳,當考。

十二月丁未,詔開封府、京東西、河東路括驢五萬,以備西討,從陝西經略使所上攻策也。

括驢五萬,孫沔奏議或可删附。魏泰東軒録云:楚執中天資滑稽,謔玩無禮。慶曆中,韓魏公琦帥陝西,將四路進兵入平夏④,以取元昊,師行有日矣。尹洙與執中有舊,薦於韓公。韓召之,諭以入界事。執中雅不欲爲是行,因問韓公曰:"虜之族帳無定,萬一遷徙深邃,以致我師,無乃曠日持久乎?"韓公曰:"今大兵入界,則倍道兼程矣⑤。"執中曰:"糧道豈能兼程乎?"韓曰:"吾已盡括關中之驢以駄糧食。驢行速,可與兵相繼也。萬一深入而糧食盡,自可殺驢而食矣。"執中徐曰:"驢子大好酬獎。"韓公怒其無禮,遂不使入幕,然四路進兵亦竟無功。按:括驢乃康定元年十二月事,泰誤謂慶曆中。今附見於此。

① 芻牧　長編卷一一二作"芻秣"。
② 甲午　底本脱此二字,據長編卷一二六補。
③ 知雜　底本脱"知"一字,據嘉慶本、長編卷一二六、宋史卷一九八兵志補。
④ 將四路進兵　"四"底本作"西",據長編卷一二九注文改。
⑤ 則倍道兼程矣　"則"底本作"令",據嘉慶本、長編卷一二九注文改。

慶曆元年七月己未①,詔諸路本州廂軍軍員闕馬,聽自市三歲以上、十三歲以下、高四尺一寸者,官用印附籍,給芻粟。

八月甲申,詔河北置場括市戰馬,沿邊七州軍免之。

按:康定元年二月括市馬,止是京東西、淮南、陝西等路。慶曆元年八月,乃及河北。實錄於此即書免緣邊七州軍,蓋指河北,而本志則於康定元年二月并書其事,恐誤也。今從實錄。又按朔曆:河北轉運使乞於天雄軍等六處置場買馬,詔除雄、霸等七州軍不買外,餘二十七州軍並依六場例收置。然則本志誤審矣。

二年六月戊寅,詔河北轉運使司籍民間所養馬,有邊警則給價市之。

五年七月甲午,樞密院言:"咸平初,陝西振武鄉兵許結社買馬,以升填廣鋭軍。往歲河東已嘗如此例。今河東諸軍闕馬,又廣鋭指揮人數不足,欲聽本路宣毅、義勇鄉兵結社買馬,官助其價,以升填廣鋭之闕。"從之。壬子,出內藏庫絹二十萬②,市馬於府州、苛嵐軍。

營田

天聖四年九月辛未,廢襄、唐二州營田務,以田賦民,每頃輸税五分,諸州所差耕卒並牛並放還。先是,襄州有荒田四百八頃餘八十畝,唐州百七十頃。自咸平二年,轉運使耿望奏置營田務,每歲於屬縣差借種田人牛,夏又借耨田夫六百人,秋又借刈穫夫千五百人,歲入甚廣。後轉運使張選改其法,召水戶四十一分種之,未幾皆訴免,務遂廢。景德二年,轉運使許遜復奏興之,而歲參役兵夫③。至是,轉運使言其非便,詔遣屯田員外郎劉漢傑與轉運司同定利害,而漢傑言:"二務自復至今,襄州得穀三十三萬餘石,爲緡錢九萬餘;唐州得穀六萬餘石,爲緡錢一萬餘。而所給吏兵俸廩、官牛雜費,襄州十三餘萬緡,唐州四萬餘緡。"得不償失,故廢之。

轉運使當是余獻卿。耿望事見咸平二年四月,與此差異。歐陽修爲許遜行狀,亦不載復營田務事,當考。

---

① 己未　底本脱此二字,據長編卷一三二補。
② 出內藏庫絹二十萬　"出內",底本顛倒,據長編卷一五六乙正。
③ 而歲參役兵夫　"參",嘉慶本作"添"。

慶曆元年十月辛丑,詔:"陝西用兵以來,本路所入稅賦及内庫所出并留兩川上供金帛不可勝計,而猶軍儲未備,宜令逐路都部署司經置營田,以助邊費。"

十一月乙卯,右正言、直集賢院田況言:"鎮戎、原、渭州地方數百里,嘗被西寇鈔略,無復農作。今竭關中之力,耗都内之錢,纔可贍延州、保安軍糧芻之費,若更供億它路,則邦計危蹙可憂。臣謂宜以賊馬所踐無人耕種之地大興營田,以新揀退保捷軍,每五百人置一堡,等第補人員,每三兩堡置營田官一員,令以時耕種,農隙則教習武藝,以備戰鬥。今老弱罹殺害,而壯者悉被驅虜,將來縱有歸業,皆家資蕩然,不能自耕其田土,並官爲收買之。如願復舊地者,以官所種田苗半給之,庶幾農田不荒,而邊計可紓也。"是月,范仲淹奏攻守二議,其議守曰:"臣觀西戎居絶漠之外,長河之地,倚遠恃險,未易可取,建官置兵,不用禄食。每與衆犯邊,一毫之物,皆由其下,風集雲散,未嘗聚養。中國則不然,遠戍之兵,久而不代,負星霜之苦,懷鄉國之望,又日給廩食,月給庫繒,春冬之衣、鞋、銀饋輸,滿道不絶,國用民力,日以屈乏,軍情愁怨,須務姑息,此中原積兵之憂異於夷狄也。臣謂戎虜縱降,塞垣須守,當務經遠。古豈無謀?臣觀漢趙充國興屯田,大獲地利,遂破先零。魏武於征伐之中,令帶甲之士隨宜墾闢,故不甚勞,大功克舉,數年之中,所在積粟,倉廩皆滿。唐置屯田,天寶八年,河西收二十六萬石,隴西收四十四萬石。孫武曰:'分建諸侯,以其利而利之。'使食其地之毛,實役其人氓之力,故賦稅無轉徙之勞,徭役無怨曠之歎。臣昨在延州,見知青澗城种世衡言:'欲於本處漸興田利。'今聞僅獲萬石。臣今觀之,邊塞皆可使弓手①、土兵以守之,因置營田,據畝定課,兵獲贍餘,中糴於官,人樂其勤,公收其利,則轉輸之患久可息矣。且使其兵徙家塞下,重田利,習地勢,父母妻子共堅其守,比之東兵,功相遠矣。"

十二月戊寅,詔陝西四路部署②及轉運使並兼營田使,轉運判官兼管句營田事。戊子,大理寺丞宋回爲内殿崇班、管句陝西路營田。

二年正月乙丑,詔以同州沙苑監牧地爲營田。

---

① 臣今觀之邊塞　長編卷一三四作"臣觀今之邊寨"。
② 陝西四路部署　"四"底本作"西",據長編卷一三四改。

三年七月辛巳①,范仲淹、韓琦言:"臣等竊見陝西昨來興置營田,本欲助邊,以寬民力。除沿邊空閑膏腴地土處開墾外,其近裏州縣,官吏不能體朝廷之意,將遠年瘠薄無人請佃逃田,抑勒近隣人户分種,或令納租課。又自來人户租佃官莊地土,每畝出課不過一二斗,今亦勒令分種,每畝須收數斗,致貧户輸納不前,州縣追擾,無時暫暇。緣邊人户自用兵以來,科率勞弊,至於已業尚多荒廢,實無餘力更及營田。其所出租課,多是抱虛送納。竊覩編敕指揮,不得將逃户田土抑勒隣人佃蒔,蓋恐害民。況今歲災旱猶甚,理當優恤,不可非理煩擾,使之重困。臣等欲乞特降指揮,應陝西近裏州軍營田一切廢罷,如元係租佃,即令依舊額出課;如元係遠年瘠薄逃田,舊稅額重;無人請佃者,即與減定稅額,召人請佃。所貴疲民受賜,歸感睿仁。"詔罷陝西内地州軍營田。

均賦

慶曆三年十月丁未,詔天下稅籍有僞書逃徒,或因推割用倖走移,若請占公田而不輸稅,如此之類,縣令、佐能究其弊,以增賦入者議賞。初,洺州肥鄉縣田賦不平,久莫能治,轉運使楊偕患之。大理寺丞郭諮曰:"是無難者,得一往,可立決也。"偕即以諮攝令,并遣秘書丞孫琳與共事。諮等用千步方田法四出量括,得其數,除無地之租者四百家,正無租之地者百家,收逋賦八十萬,流民乃復。及王素爲諫官,建議均天下田賦,歐陽修即言:"諮與琳方田法簡而易行,願召二人者。"三司亦以爲然,且請於亳、壽、汝、蔡四州擇尤不均者均之。於是遣諮與琳先往蔡州,首括上蔡一縣,得田二萬六千九百三十餘頃,均其賦於民。既而諮言州縣多逃田②,未可盡括。朝廷亦重勞人,遂罷。

> 記聞以爲執政不然其議,沮罷之,諮本傳以爲遭母喪去。今從食貨志。

嘉祐四年八月己丑。自郭諮均稅之法罷,論者謂朝廷徒恤一時之勞,而失經遠之慮。至皇祐中,天下墾田,視景德增四十一萬七千餘頃,而歲入九穀乃減七十一萬八

---

① 辛巳 底本脫此二字,據長編卷一四二補。
② 既而諮言州縣多逃田 底本脫"既"一字,據嘉慶本、長編卷一四四、宋史卷一七四食貨志補。

千餘石。蓋田賦不均,故其弊如此。其後田京知滄州,均無棣田;蔡梃知博州,均聊城、高唐田。歲增賦穀帛之類①,無棣總千一百五十二,聊城、高唐總萬四千八百四十七。既而或言滄州民不以爲便,詔諭如舊。是日,復遣職方員外郎孫琳、都官員外郎席汝言、虞部員外郎李鳳、秘書丞高本分往諸路均田,從中書門下奏請也。本獨以爲田稅之制其廢已久,不可復均。朝廷亦不遽止,後雖均數郡田,其於天下,不能盡行。

五年四月丙戌,命權三司使包拯、右諫議大夫呂居簡、戶部副使吳中復同詳定均稅。

六月丙寅,命天章閣待制張揆同詳定均稅。

九月丙申,樞密直學士、右諫議大夫呂公弼同詳定均稅。

十二月。先是,知永興軍劉敞朝辭日,言關中歲比不登,民多流徙②,請發倉賑之。又言均田擾民,上令於所部採訪利害以聞。及敞至永興,具奏:"孫琳在河中府用方田法打量均稅,百姓驚駭,各恐增起稅租,因此斫伐桑柘,賴轉運使薛向處處張榜告諭,方得暫止。訪聞只打量萬泉一縣,近須一年方畢。蒙減者則必欣喜,被增者自然怨嗟,詞訴獄訟,恐自此始。乞且召還孫琳,更俟豐歲,庶幾災傷之餘,不至驚擾。"敞意謂琳用方田法步地,千步爲方,規方度之,誠使其覈實無頗,然但爲能知田畝高下爾③。至於均稅之法,以地肥瘠爲差,其勤力從事,田畝修治者,則賦重自若;其惰窳不事事而田畝荒瘠者,因獲減賦,然此尚以肥瘠言也。吏非廉明,用心不一,或不能盡知田事,或挾私與奪,上無由察也。故均田之害,人皆知之,獨主事者樂其名。敞所以求待豐歲者,惡斥言之耳。敞又以爲琳之度田,起自萬泉、龍門,此兩邑皆山田,崎嶇二三百里間,審如琳法,非旬歲,不可周徧也。琳皆不出一月而奏畢功。會敞奏至,中書信琳言,即具報敞,但降敕榜,禁民毋得殘桑柘而已。其後河中民旱訴增減田稅不平,凡數百戶④。敞事具敞行狀及奏議。

歐陽修亦言:"臣爲諫官時,嘗首言均稅事,乞差郭諮、孫琳。蒙朝廷依臣所言,起

---

① 歲增賦穀帛之類 "歲"底本作"稅",據嘉慶本、長編卷一九〇、文獻通考卷四田賦考四改。
② 流徙 嘉慶本、長編卷一九二作"流移"。
③ 田畝 底本作"田地",據嘉慶本、長編卷一九二、彭城集卷三五故朝散大夫給事中集賢院學士權判南京留司御史臺劉公行狀改。
④ 凡數百戶 "百"底本作"萬",長編卷一九二同,據彭城集卷三五故朝散大夫給事中集賢院學士權判南京留司御史臺劉公行狀改。

自蔡州一縣,以方田法均稅①。事方施行,而議者多言不便,尋即罷之。近者復見朝廷特置均稅一司②,差官分往河北、陝西均稅,始聞河北傳言人户虛驚,斫伐桑棗③,尚不爲信。次見陝西州郡有上言歲儉民饑,乞罷均稅者,稍已疑此一事果爲難行。而朝廷之意決在必行,言者遂不能入。近者又見河北人户凡千百人聚訴於三司④,然則道路傳言與州郡上言⑤,雖爲不足信,其如聚集千人於京師,此事不可掩蔽,則民情可知矣。蓋均稅非以規利,而本以便民,如此,民果便乎？竊知朝廷本只以見在稅數量輕重均之,初不令其別生額外之數也。近聞衛州、通利軍括出民冒佃田土,不於見在管催數內均減⑥,重者攤與冒佃户,卻生立稅數配之,此非朝廷之意,而民所以謹訴也。又聞澶州諸縣,於見今實額管催數外⑦,將帳頭自來椿坐有名無納及失開閣兩項遠年稅數並繫祥符、景德以前,以至五代長興年椿管虛數⑧,並攤與見今人户。又聞以地肥瘠定爲四等,其下等田有白鹻帶鹹地⑨、并鹹鹵沙薄可殖地、死沙不殖地,並一例均攤與稅數,謂此雖不可耕種,尚可煎鹽。且河北之民自祖宗以來,蒙賜恩恤,放行鹽禁令,只令據鹽斤兩納稅⑩。今煎鹽者已納鹽稅,又令更納田稅,豈祖宗所以惠河北之民意？又聞河南不殖之地繫禁鹽地分者,亦均攤與稅,又不知民何以納也。澶、衛去京師近,偶可聞知者如此,其餘遠地,謂所均稅悉便於民,其可得乎？以此見朝廷行事至難。小人希意承旨者,言利而不言害；俗吏貪功希賞,見小利,忘大害,爲國斂怨於民。朝廷不知則已,苟已知之,其可不爲救其失哉？欲望聖慈特賜指揮,令均稅所只如朝廷本議,將實權見在稅數量輕重均之,其餘生立稅數及遠年虛數,卻與放免,及未均地分,並且罷均。且均稅一事,本是臣先建言,聞今事有不便,臣固不敢緘默。"

歐陽修言不得其時,今附劉敞後,當是未除樞副,十一月已前,或因敞面對論此,修亦具奏,時爲翰

---

① 以方田法均稅　底本脱"法"字,據長編卷一九二、文忠集卷一一三論均稅劄子補。
② 復見　嘉慶本、長編卷一九二、文忠集卷一一三論均稅劄子均作"伏見"。
③ 斫伐桑棗　"棗"底本作"柘",據長編卷一九二、文忠集卷一一三論均稅劄子、歷代名臣奏議卷二五五改。
④ 人　底本作"家",據嘉慶本、長編卷一九二、文忠集卷一一三論均稅劄子改。
⑤ 州郡上言　底本脱"州"字,據嘉慶本、長編卷一九二、文忠集卷一一三論均稅劄子補。
⑥ 不於見在管催數內均減　"催"底本作"權",據文忠集卷一一三論均稅劄子、歷代名臣奏議卷二五五改。
⑦ 見今實額管催數外　"催"底本作"權",據文忠集卷一一三論均稅劄子、歷代名臣奏議卷二五五改。
⑧ 以至五代長興年椿管虛數　底本脱"以"字,據長編卷一九二、文忠集卷一一三論均稅劄子、歷代名臣奏議卷二五五補。
⑨ 白鹻帶鹹地　"鹻"底本作"減",長編卷一九二同,據文忠集卷一一三論均稅劄子、歷代名臣奏議卷二五五改。
⑩ 只令據鹽斤兩納稅　"令"底本作"今",據文忠集卷一一三論均稅劄子改。

林學士,九、十月之間也。

六年五月丁酉,天章閣待制、知諫院吕景初同詳定均税。

七月壬辰,同修起居注、同知諫院司馬光同詳定均税。光既立條約,下諸路監司施行,又言:"國家凡欲立事,當先使賞罰明白,然後事無不成。職方員外郎秦植前通判德州,均五縣税①,皆得平允,並無詞訴。若與愚庸之人煩擾敗事,同歸常調,一無殿最,則能吏解體,必無成功。伏望朝廷察其勤瘁,優加酬獎,并其餘均税官吏,隨其功過,量行懲勸,則來者觀之,無不盡力矣。"

建倉

常平倉

景祐元年七月。天下常平倉置已久,領於司農寺,至是月壬子,始詔諸路轉運使②與州長吏舉所部官,專主常平錢粟。既而淮南轉運副使吴遵路言:"本路丁口百五十萬,而常平錢粟才四十餘萬,歲饑不足以救恤。願自經畫,增爲二百萬,它無得移用。"許之。樞密直學士杜衍亦嘗建議曰:"歲有豐凶,穀有貴賤,計本量委,散滯取贏③,宜究其術。若官以法平之,則農人有利,粟有所洩。今豪姓蓄賈乘時賤收④,而拙業之人旋至罄竭,水旱則稽伏而不出⑤,須其翔踊以牟厚利,而農民貴糴,九穀散於穰歲,百姓困於凶年。雖勸課官家至日見,亦奚益於事哉?蓋常平倉制度不立,有名而無實。謂宜量州郡遠近、户口衆寡,時有饑熟,取賤出貴,嚴以賞罰,課責官吏,出納無壅,增損有宜。公糴未充,則禁争糴以規利者;糴畢而儲之,則察其以供軍爲名而假借者。夫香象珠璣久藏府庫,非衣食之急。若州郡闕母錢⑥,願斥賣以賜之,補助其乏。"

衍傳載常平議在衍爲中丞後。今撮出附見。衍爲中丞,乃明年二月也。

康定元年十二月丙戌,詔司農寺以常平錢百萬緡助三司給軍費。自景祐末,不許移用常平,數年間有餘積矣,而兵食不足,故降是詔。

---

① 均五縣税　底本脱"税"字,據嘉慶本、長編卷一九四補。
② 諸路轉運使　底本"運"下衍"副"一字,據嘉慶本、長編卷一一五删。
③ 散滯取贏　"贏"底本作"羸",據嘉慶本、長編卷一一五、宋朝諸臣奏議卷一〇七杜衍上仁宗乞詳定常平制度改。
④ 今豪姓蓄賈　宋朝諸臣奏議卷一〇七杜衍上仁宗乞詳定常平制度作"今豪民富家"。
⑤ 水旱則稽伏而不出　宋朝諸臣奏議卷一〇七杜衍上仁宗乞詳定常平制度作"小有水旱,則稽貨不出"。
⑥ 若州郡闕母錢　"母"底本作"無",據嘉慶本、宋撮要本長編卷七五之二、宋史三一〇杜衍傳改。

慶曆二年八月壬申,詔河南府,孟、鄭、滑、陳、許、潁①、蔡、鄧、唐、隨等州發常平倉粟,以賑貧民。

四年正月,陝西穀價翔貴。丁丑,詔轉運司出常平倉米,賤糶貧民。

七月。先是,范仲淹以災異數見,請行數事。其三曰:"今諸道常平倉,司農寺管轄,官小權輕,主張不逮。逐處提點刑獄多不舉職,盡被州府借出常平倉錢本使用,致不能及時聚糶,每有災沴及遣使安撫,雖民委溝壑而倉廩空虛,無所賑發,徒有安撫之名,而無救恤之實。又國家養民之政本在務農,因民之利而利之,則朝廷不勞心而民自養。臣請選輔臣一員兼領司農寺,力主天下常平倉,使以時聚糶,以防災沴。首詔諸路提點刑獄,今後得替上殿,並先進呈本路常平倉斛㪷數目,方得別奏公事。移任者亦須依此發奏,方得起離。仰司農寺常切糾舉,及委輔臣等速定勸農賞罰條約,頒行天下。"

皇祐三年十二月癸巳,詔天下常平倉其依元糶價糶以濟貧民②,毋得收餘利以希恩賞③。

義倉

慶曆元年九月乙亥,詔天下立義倉。自乾德初置義倉,未久而罷。明道二年,詔議復之,不果。景祐中,集賢校理王琪上疏,引隋唐故事,請復置,曰:"唐貞觀中,自王公已下,墾田畝稅二升,其實太重。至永徽之後,自上户以降,計户出粟,亦復不均。今宜令五等以上户計夏、秋二斛別輸一升,隨稅以入,水旱稅減則免輸,州縣擇便地別置倉貯之,領於轉運使。今以一中郡計之,正稅歲入十萬石,則義倉歲得五千石,推而廣之,其利博矣。"因言:"明道中最為饑歉,國家欲盡貸饑民則兵食不足,故民有流轉之患。是時兼并之家,出粟數千石即補官,是豈以爵為輕歟?特愛民濟物不獲已而為之爾。孰與夫乘歲之豐,收羨餘之入,於天下之廣,為無窮之利,豈不大哉?且兼并之家,占田常廣,則義倉所入常多;中下之家,占田常狹,則義倉所入常少。及水旱賑給,則兼并之家未必待此而濟,中下之家實先受其賜矣。損有餘補不足,天下之利也。"事

---

① 潁 底本作"穎",據長編卷一三七改。
② 其依元糶價糶 底本"糶"與"糶"互倒,今據嘉慶本、長編卷一七一乙正。
③ 以希恩賞 "希"底本作"示",據嘉慶本、長編卷一七一改。

下有司，會議者異同而止，於是琦復上其議，上納之。已而衆論紛然，以爲不便，遂詔第令上三等戶輸粟，尋復罷。

止令上三等戶輸義倉，乃明年正月戊午日事①。

皇祐五年十二月，左司諫賈黯建言："天下無事，年穀豐熟，則民人安樂，父子相保。一遇水旱，則流離死亡，捐棄道路。發倉廩以賑之則糴不給，課粟富人則力不贍，轉輸千里則不及事，移民就穀則遠近交困。朝廷之臣，郡縣之吏②，倉卒不知所出，則民饑而死者已過半矣！夫水旱之災，雖堯、湯所不免，今不思所以備災之術，而歲幸年穀之熟，則是求出於堯、湯所不可必者也。臣嘗讀隋史，見所謂立民社義倉者，取之以時而藏之於民，下足以備凶荒，而上實無所利焉。願仿隋制，詔天下州軍，遇年穀豐熟，立法勸課，蓄積以備災，此孟子所謂'樂歲粒米狼戾，多取之而不爲虐'者也。況取之以爲民耶？"下其議司農寺，且命李兑與黯合議以聞，乃下諸路度可否，而以爲可行者纔四路，餘或謂賦稅之外兩重供輸，或謂恐招盜賊，或謂已有常平足以贍給，或謂置倉煩擾。於是黯復上奏曰："臣嘗判尚書刑部，見天下歲斷死刑多至四千餘人，其間盜賊率十七八。原其所自，蓋愚民迫於饑寒，又因之水旱，枉陷重辟，故臣請立民社義倉，以備凶歲。今諸路所陳，類皆妄議。若謂賦稅之外兩重供輸，則義倉之意，乃教民儲積，以備水旱。官爲立法，非以自利，行之既久，民必樂輸。若謂恐招盜賊，則盜賊利在輕貨，不在粟麥③。今鄉村富室有貯粟數萬石者，亦不聞有劫掠之虞④。且盜賊之起，本由貧困。臣建此議，欲使民有貯積，雖遇水旱，不憂乏絕，則人人自愛而重犯法，此正銷除盜賊之原也。若謂已有常平倉足以贍給，則常平之設，蓋以準平穀價，使無甚貴甚賤之傷⑤，或遇凶饑，發以賑救，則既已失其本意，而常平之費又出於公帑。方今國用頗乏，所蓄不厚。近歲非無常平，而小有水旱，輒致流離餓莩，起爲盜賊，則是常平果不足仰以賑給也。若謂置倉廩斂材木恐爲煩擾，則臣聞以佚道使民，雖勞不怨。義倉之設，本爲百姓，曉諭誠至，約束誠勤，則下民雖愚，宜無所憚。況今州縣修

---

① 戊午　底本作"戊子"，據嘉慶本、長編卷一三三改。按：慶曆二年正月有"戊午"，而無"戊子"，故"戊午"是。
② 郡縣之吏　"吏"底本作"利"，據長編卷一七五改。
③ 不在粟麥　"麥"底本作"米"，據嘉慶本、長編卷一七五、歷代名臣奏議卷二四三改。
④ 亦不聞有劫掠之虞　"虞"底本作"慮"，據嘉慶本、長編卷一七五、歷代名臣奏議卷二四三改。
⑤ 使無甚貴甚賤之傷　底本脫第二個"甚"字，據嘉慶本、長編卷一七五、歷代名臣奏議卷二四三補。

治郵傳驛舍①,皆斂於民,豈於義倉,獨畏煩擾?人情可與樂成,不可與慮始。如臣言可採,願自朝廷斷而行之。"然當時牽於衆論,終不行。

廣惠倉

嘉祐二年八月丁卯,置天下廣惠倉。初,樞密使韓琦請罷鬻諸路户絶田,募人承佃,以夏、秋所輸之課給在城老幼貧乏不能自存者。既建倉,乃詔逐路提點刑獄司專領之,歲終具所支納上三司②,十萬户以上留一萬石,七萬户八千石,五萬户六千石,三萬户四千石,二萬户三千石,萬户二千石,不滿萬户一千石,有餘則許鬻之。

---

① 修治　底本作"修理",據嘉慶本、長編卷一七五、宋史卷一七六食貨志改。
② 歲終具所支納上三司　"歲終"底本作"終歲",據嘉慶本、長編卷一八六、宋會要輯稿食貨五三之三四乙正。

卷第四十五

仁宗皇帝

茶法

十三場利害

天聖元年正月。國朝惟川峽、廣南茶聽民自賣買，禁其出境，餘悉榷，犯者有刑。在淮南，則蘄、黃、廬、舒、壽、光六州，官自爲場，置吏總之，謂之山場者十三，六州採茶之民皆隸焉，謂之園戶。歲課作茶，輸其租，餘官悉市之。其售於官，皆先受錢而後入茶，謂之本錢。又百姓歲輸稅者，亦折爲茶，謂之折稅茶，總爲歲課八百六十五萬餘斤。其出鬻皆就本場。在江南則宣、歙、江、池、饒、信、洪、撫、筠、袁十州，廣德、興國、臨江、建昌、南康五軍；兩浙則杭、蘇、明、越、婺、處、溫、台、湖、常、衢、睦十二州；荆湖則荆、潭、鼎、澧、鄂、岳、歸、峽八州，荆門軍；福建則建、劍二州。歲如山場輸租折稅，餘則官悉市而斂之，總爲歲課。江南千二十七萬餘斤，兩浙百二十七萬九千餘斤，荆湖二百四十七萬餘斤，福建二十九萬三千餘斤，皆轉輸要會之地，曰江陵府，曰真州，曰海州，曰漢陽軍，曰無爲軍，曰蘄州蘄口，爲六榷貨務。凡民鬻茶者皆售於官，其以給日用者，謂之食茶，出境則給券。商賈之欲貿易者，入錢若金帛，京師榷貨務以射六務十三場茶，給券，隨所射與之，謂之交引。願就東南入錢若金帛者聽，入金帛者計直予茶如京師。凡茶入官以輕估，其出以重估，縣官之利甚溥。而商賈轉賣於西北，以至散於夷狄，其利又特厚焉。縣官鬻茶，歲課緡錢雖贏縮不常①，景德中至三百六十餘萬，此其最厚者也。然自西北宿兵既多，饋餉不足，因募商人入中芻粟，度地里遠近，增其虛估，給券，以茶償之。後又益以東南緡錢、香藥、象齒，謂之三説②，而塞下急於

---

① 歲課緡錢雖贏縮不常　"歲"底本作"税"，據嘉慶本、長編卷一〇〇改。
② 謂之三説　"説"底本作"税"，據文獻通考卷一八征榷考五、宋史卷一八三食貨志改。

兵食，欲廣儲峙，不愛虛估①，入中者以虛錢得實利，人競趨焉②。及其法既敝，則虛估日益高，茶日益賤，入實錢金帛日益寡，而入中者非盡行商，多其土人，既不知茶利厚薄，且急於售錢，得券則轉鬻於茶商或京師坐賈號交引鋪者，獲利無幾。茶商及交引鋪或以券取茶，或收蓄貿易以射厚利，由是虛估之利皆入豪商巨賈，券之滯積，雖二三年茶不足以償，而入中者以利薄不趨，邊備日蹙，茶法大壞。景德中，丁謂為三司使，嘗計其得失，以為邊糴緡及五十萬，而東南三百六十餘萬茶利盡歸商賈，當時以為至論。厥後雖變而救之，然不能無弊。

已上據本志。

丁亥，詔曰："三路軍儲，出於山澤之利。比聞移用不足，二府大臣其經度之。"乃命三司使李諮，御史中丞劉筠，入內副都知周文質，提舉諸司庫務王臻、薛貽廓及三部副使較茶鹽礬稅歲入登耗，更定其法，遂置計置司，以樞密副使張士遜，參知政事呂夷簡、魯宗道繼之。計置司首考茶法利害，奏言："十三場茶歲課緡錢五十萬。天禧五年，緡及緡錢二十三萬，每券直錢十萬，鬻之售錢五萬五千，總為緡錢實十三萬。除九萬緡為本錢，歲纔得息錢三萬餘緡，而官吏廩給不與焉。是則虛數雖多，實利殊寡。"因請罷三說③，行貼射之法。其法以十三場茶買賣本息併計其數，罷官給本錢，使商人與園戶自相交易，一切定為中估而官收其息。如鬻舒州羅源場茶，斤售錢五十有六，其本二十有五，官不復給，但使商人輸息錢三十有一而已。實錄：三月辛卯。然必輦茶入官，隨商人所指而予之，給券為驗，以防私售，故有貼射之名。若歲課，貼射則官市之如舊，園戶過期而輸不足者，計所負數如商人入息。舊輸茶百斤，益以二十斤至三十五斤，謂之耗茶，亦皆罷之。實錄：三月。其入錢以射六務茶者，如舊制。先是，天禧中詔京師入錢八萬給海州、荊南茶，入錢七萬四千有奇給真州、無為、蘄口、漢陽并十三場茶，皆直十萬，所以饒裕商人。而海州、荊南茶善而易售，商人願得之，故入錢之數厚於他州。其入錢者，聽輸金帛十之六。至是既更十三場法，又募入錢六務，而海州、

---

① 不愛虛估 "愛"底本作"受"，據文獻通考卷一八征榷考五、宋史卷一八三食貨志改。
② 人競趨焉 "競"底本作"共"，據嘉慶本、長編卷一〇〇改。
③ 因請罷三說 "說"底本作"稅"，據九朝編年備要卷九、宋大事記講義卷一一、玉海卷一八一天聖茶法景祐茶法、文獻通考卷一八征榷考五、宋史卷一八三食貨志改。

荆南增爲八萬六千,真州、無爲、蘄口、漢陽增爲八萬。會要:三年五月。商人入芻粟塞下者,隨所在實估,度地里近遠增其直,以錢一萬爲率,遠者增至七百,近者三百給券。至京師,一切以緡錢償之,謂之見錢法。願得金帛若他州錢,或茶、鹽、香、藥之類者聽。實錄:五月甲子。大率使茶與邊糴各以實錢出納,不得相爲輕重,以絶虚估之弊。朝廷皆用其説。

李諮等新立見錢法,實錄分載數處,今悉從本志,就正月癸未初命官日并書之。朝廷用其説,乃三月辛卯,今亦并書。實錄分載有詳有略,今參以會要,則本志所去取蓋得之,不可不從也。

三月辛卯,始行淮南十三場貼射茶法。

茶法已具正月癸未初命官時,今從本紀,特書此以表事始。

天聖二年七月壬辰,遣殿中侍御史王碩、内殿承制朱緒點檢山場所積茶。初,朝廷既用李諮等貼射法,行之期年,豪商大賈不能軒輊爲輕重,而論者或謂邊糴償以見錢,恐京師府藏不足以繼,争言其不便。會江淮制置司言:"茶有積滯敗壞者,請一切焚棄。"朝廷疑變法之弊,下書責計置司,令碩等行視。既而諮等條上利害,且上言:"嘗遣官視陝西、河北,以鎮戎軍、定州爲率。鎮戎軍入粟直二萬六千,定州入粟直四萬五千①,給茶皆直十萬。蘄州市茶本錢,視鎮戎軍粟直,反亡本錢三之一,所得不償。其弊在於茶與邊糴相須爲用,故今更法。以新、舊二法較之,乾興元年用三説法②,每券十萬,茶售錢萬一千至六萬二千,香藥、象齒售錢四萬一千有奇,東南緡錢售錢八萬三千,而京師實入緡錢七十五萬有奇,邊儲芻二百五萬餘圍、粟二百九十八萬石。天聖元年用新法。二年,茶及香藥、東南緡錢每給直十萬,茶入實錢十萬四千有奇至八萬,香藥、象齒入錢七萬三千有奇,東南緡錢入錢十五萬五百,而京師實入緡錢增一百四萬有奇,邊儲芻增一千一百六十九萬餘圍,粟增二百一十三萬餘石。舊以虚估給券者,至京師爲出錢售之,或折爲實錢給茶,貴賤從其市估,其先賤售於茶商者,券錢十萬,使别輸實錢五萬共給。天禧五年,茶直十五萬,小商百萬已下免輸錢。每券十萬,給茶直七萬至七萬五千。天禧茶盡,則給乾興已後茶,仍增别輸錢五萬者皆爲七萬,並給耗如舊,俟舊券盡而止。如此,又省合給茶及香藥、象齒、東南緡錢,總直緡錢二

---

① 定州入粟直四萬五千 "五"底本作"六",據嘉慶本、長編卷一〇二、宋史卷一八三食貨志改。
② 三説法 "説"底本作"税",據長編卷一〇二、宋史卷一八三食貨志改。

百七十一萬。"二府大臣亦言:"所省及增收,計爲緡錢六百五十餘萬。異時邊儲,有不足以給一歲者,至是多者有四年,少者有二年之蓄,而東南茶亦無滯積之弊。其制置司請焚棄者,特累年敗壞不可用者耳。"因言:"推行新法,功緒已見,蓋積年侵蠹之源一朝閉塞,商賈利於復故,欲有以搖動,而論者不察其實,助爲游説。願力行之,無爲流言改易。"於是詔有司榜諭商賈,以推行不變之意,賜典吏銀絹有差。

　　實録但於此記遣使視積茶,并四年三月甲辰,附見賜典吏銀絹事,餘皆無之。今並從本志。會要亦無遣使視積茶及李諮等條上利害、榜諭商賈、賜銀絹事,不知何也。

　　三年八月,李諮等既條上茶法利害,朝廷亦榜諭商賈,以推行不變之意。然論者猶争言其不便。辛未,命翰林侍讀學士孫奭、知制誥夏竦同工部郎中盧士倫、殿中侍御史王碩、如京使盧守懃再加詳定。

　　實録但命奭、竦二人,此從本志。士倫是年三月以工外判度句,尋改工中、陝漕;十月,以度句爲户副。

　　十一月己卯朔,孫奭等言:"十三場茶積未售六百一十三萬餘斤,蓋許商人貼射,則善茶皆入商人,其入官者,皆麤惡不時,故人莫肯售。又園户輸歲課不足者,使如商人入息,而園户皆細民貧弱、力不能給,煩擾益甚。又奸人倚貼射爲名,强市盜販,侵奪官利。其弊如此,不可不革。請罷貼射法,官復給本錢市茶,而商人入錢以售茶者宜優之。請凡入錢京師售海州、荆南茶者,損爲七萬七千;售真州等四務十三場茶者,損爲七萬一千,皆有奇數。入錢六務十三場者又第損之,給茶皆直十萬。"庚辰,詔從奭等議。自是河北入中復用三説法①,舊給東南緡錢者,以京師榷貨務錢償之。

　　本志云十月遂罷貼射法。恐脱誤,今從實録。

　　四年三月甲辰,前權三司使李諮落樞密直學士,前領計置司劉筠、王臻、范雍②、蔡齊、俞獻可、姜遵、周文質各罰銅三十斤,樞密副使張士遜,參知政事吕夷簡、魯宗道各罰一月俸。先是,入内押班江德明傳宣,下御史臺鞫三司孔目官王舉、句覆官句獻等云云,及未改茶法時,不折計虚實錢而妄稱賣茶課增一百四萬餘貫,以覬恩賞。朝廷以爲然,遂賜舉等銀五十兩、絹三十匹。士遜等坐不合以舉等狀施行,故及於罰。詳

---

① 三説法　"説"底本作"税",據長編卷一〇三、太平治迹統類卷二八、宋史卷一八四食貨志改。
② 范雍　底本作"范雄",據嘉慶本、長編卷一〇四改。

定所孫奭等特釋之。

閏五月。初，李諮等變法，使茶園户負歲課者如商人入息，後不能償，至是，太湖等九場凡逋息錢十三萬緡，詔悉蠲之。

七年三月甲申，上封者言："天下茶鹽課虧，請更議其法。"帝以問三司使寇瑊，瑊曰："議者未知其要爾。河北入中兵食，皆仰給於商旅。若官盡其利，則商旅不行，而邊民困於饋運矣。法豈可數更？"帝然之。

景祐元年九月丁未，樞密副使李諮言："天聖初，行新定茶法，而議者沮毁之。吏人王舉等皆坐黥配。今三司言歲課益虧，請復用天聖初所定法。舉等顯爲非辜。乞與優敘之。"詔舉等先依三司出職例，各遷一資。諮頃在三司，陝西緣邊數言軍食不給，度支都内錢不足支月俸，太后憂之，命輔臣與諮經度其事。諮以謂舊法商人入粟邊郡，算茶與犀象、緡錢爲虛實三估，至用十四錢易官錢百，坐困三司，乃請變法，以實錢入粟，實錢售茶，二者不得相爲輕重。既行，而商人果失利，怨謗蠭起。諮尋以病請外，相繼坐變法譴黜，踰六年，乃再入三司，遂登西府。時三説法蠹耗日甚①，議者皆言諮前枉被譴黜，將復用見錢法，故諮先有是請。

三年正月戊子，命知樞密院事李諮、參知政事蔡齊、三司使程琳、御史中丞杜衍、知制誥丁度同議茶法。諮以前坐變法得罪，固辭，不許。時三司吏孫居中等言："自天聖三年變法，而河北入中虛估之弊，復類乾興以前，蠹耗縣官。請復行見錢法。度支副使楊偕亦陳三説法十二害②、見錢法十二利，以謂止用三説所支一分緡錢③，足以贍一歲邊計。故命諮等更議，仍令召商人至三司，訪以利害。"

楊偕以此月壬寅始自度支副使除河北都漕，今未也。本志即稱都漕，蓋誤矣。

三月丙午④，權判户部句院葉清臣請弛茶禁，以歲所課均賦城郭鄉村人户。其疏曰："山澤有產，天資惠民。自兵食不充，財臣兼利，草芽木葉，私不得專，封園置吏，隨處立筦。一切官禁，人犯則刑，既奪其貨，又加之罪，黥流日報，踰冒不悛。誠有厚利，

---

① 時三説法蠹耗日甚　"三説法"底本作"三司稅法"，長編卷一一五同，文淵閣本長編卷一一五作"三司説法"，據宋史卷一八四食貨志删改。
② 亦陳三説法十二害　"説"底本作"稅"，據長編卷一一八、宋史卷一八四食貨志改。
③ 三説所支一分緡錢　"説"底本作"稅"，據長編卷一一八、宋史卷一八四食貨志改。
④ 丙午　底本脱此二字，據長編卷一一八補。

無費貲①，能濟國用，聖仁恤隱，矜赦無辜，猶將弛禁緩刑，爲民除害。度支費用甚大，榷易所取甚薄，刳剥園戶，資奉商人，使朝廷有聚斂之名，官曹滋虐濫之罰，虛張名數，刻蠹黎元。建國以來，法弊輒改。載詳改法之由，非有爲國之實，皆商人協計，倒持利權，倖在更張，倍求奇羨。富人豪族，坐以賈贏，薄販下估，日皆脧削，官私之際，俱非遠策。臣竊嘗較計茶利歲入，以景祐元年爲率，除本錢外，實收息錢五十九萬餘緡。又天下所售食茶，并本息歲課，亦祇及三十四萬緡，而茶商見通行六十五州軍，所收稅錢已及五十七萬緡。若令天下通商，祇收稅錢，自及數倍。即榷務山場及食茶之利，盡可籠取，又況不費度支之本，不置榷易之官，不興輦運之勞，不濫徒黥之辟。臣意生民之弊，有時而窮，盛德之事，俟聖不惑。議者謂榷賣有定率，徵稅無彝準②，通商之後，必虧歲計。臣按管氏鹽錢法，計口受賦。茶爲人用，與鹽錢均，必令天下通行。以口定賦，民獲善利；又去嚴刑，口數出錢，人不厭取。景祐元年，天下戶千二十九萬六千五百六十五，丁二千六百二十萬五千四百四十一。三分其一爲產茶州軍，內外郭鄉又居五分之一，丁賦錢三十；村鄉丁賦二十；不產茶州軍郭、村鄉如前計之，又第損十錢③，歲計已及緡錢四十餘萬，榷茶之利，凡止五十餘萬緡。經商收稅，且以三倍舊稅爲率，可得一百七十餘萬緡，更加口賦之入，乃有二百一十餘萬緡。或更於收稅則例微加增益，即所增至鮮，所聚愈厚，比於官自榷易，驅民就刑，利病相須，炳然可察。"詔三司與詳定所相度以聞，皆以爲不可行。及嘉祐四年卒行之。

是月，李諮等請罷河北入中虛估，以實錢償芻粟，實錢售茶，皆如天聖元年之制。又以北商持券至京師，舊必得交引鋪爲之保任，并得三司符驗，然後給錢，以是京師坐賈率多邀求，三司吏稽留爲奸，乃悉罷之。命商持券，徑趨榷務驗實，立償之錢。初，孫奭等雖增商人入錢之數，而猶以爲利薄，故競市虛估之券以射厚利，而入錢者寡。縣官日以侵削，京師少蓄藏。至是，諮等又請視天聖三年入錢數第損一千有奇。入中增直，亦視天聖元年數加三百。詔皆許之。又詔："前已用虛估給券者，給茶如舊，仍

---

① 無費貲　長編卷一一八同，歷代名臣奏議卷二六三、宋史卷一八四食貨志均作"重貲"，且從上讀。
② 徵稅無彝準　"彝"底本作"規"，長編卷一一八同，據文獻通考卷一八征榷考五、宋史卷一八四食貨志、歷代名臣奏議卷二六三改。
③ 又第損十錢　"十"底本作"一"，據長編卷一一八、宋史卷一八四食貨志改。

給景祐二年已前茶。"既而諮等又言："天聖四年，嘗許陝西入中，願得茶者每錢十萬，在所給券，徑赴東南受茶十一萬一千。茶商利之，爭欲售陝西券，故不復入錢京師。請禁止。"并言："商人輸錢五分，餘爲置籍召保，期年半悉償，失期者倍其數。"事皆施行。

<small>輸五分錢召保立限，見實錄康定元年正月。今依本志附此。</small>

諮等復言："奭等變法，歲損財利不可勝計。且以天聖九年至景祐三年較之，五年之間，河北緣邊十六州軍入中虛費緡錢五百六十八萬。今一旦復用舊法，恐豪商不便，依託權貴，以動朝廷。請先期戒約。"於是帝爲下詔戒敕，而縣官濫費，自此少矣。

三月癸巳，復行見錢法，罷交引。壬申，權貨務給交引，以景祐二年茶。五月，勒陝西入中交引並赴京師。十二月，禁豪商請託。<small>今並從本志聯書之。</small>

四年正月壬午，命侍御史知雜事姚仲孫同詳定茶法。詳定茶法所請自今商人對買茶，全買茶，每一百貫，六十貫見錢，四十貫許金銀折納。從之。

五月戊申，命權三司使王博文同詳定茶法。

寶元元年正月，上封者言："自變茶法，歲輦京師銀絹易芻粟於河北，配擾居民，內虛府庫，外困商旅，非便。"丙寅，命權御史中丞張觀，侍御史程戡，右司諫、直集賢院韓琦與三司別議之。

四月辛卯，命翰林學士晁宗慤、內侍押班史崇信同議茶法。

七月丁酉，詳定茶法所張觀等請入錢京師，以售真州等四務十三場茶，直十萬者又視景祐三年數損之，爲錢六萬七千。入中河北，願售茶者又損一千，而詔又第損二千。於是入錢京師，止爲錢六萬五千，入中河北爲錢六萬四千而已。

康定元年十二月，權三司使葉清臣言："新茶法未適中，請擇明習財利之臣別行課校。"上以號令數更，民聽眩惑，乃詔即三司裁定，務優販者。然亦卒無所變也。

鹽法

定陝西池鹽法

天聖八年八月丙戌，詔翰林學士盛度、御史中丞王隨與三司詳定陝西兩池鹽法。

十月，陝西解州解縣、安邑兩池，歲爲鹽百五十二萬六千四百二十九石五十斤，以席計，爲六十五萬五千一百二十席，席百六十斤。初以給京師及西京、南京、京東之兗、鄆、曹、濟、濮、單、廣濟，京西之滑、鄭、潁①、陳、汝、許、孟②，陝西之河中、陝、解、虢、慶成，河東之晉、絳、磁、隰，淮南之宿、亳，河北之懷、衛及澶州諸縣之在河南者，總府、州、軍二十八，皆官役鄉戶衙前及民夫，謂之貼頭，水陸漕運，禁人私鬻。京西之襄、鄧、蔡、隨、唐、金、商、房、均、郢、光化、信陽，陝西之京兆、鳳翔、同、華、耀、乾、涇、原、邠、寧、儀、渭、鄜、坊、丹、延、環、慶、秦、隴、鳳、階、成、保安、鎮戎，及澶州諸縣之在河北者，總府、州、軍三十七，聽商賈販鬻，官收其筭。並邊秦、延、環、慶、渭、原、保安、鎮戎、德順九州軍，又募人入中芻粟，償以鹽。凡通商州軍在京西者爲南鹽，在陝西者爲西鹽。若禁鹽地則爲東鹽。各有經界，防其越逸。而三京、二十八州軍，官自輦鹽，百姓困於轉輸，頗受其弊。有上書言縣官榷鹽得利微而爲害博，兩池積鹽爲阜，其上生木合抱，數莫可校。請通商平估以售，少寬百姓之力。乃詔盛度、王隨議更其制度。隨與權三司使胡則畫通商五利上之，曰："方禁商時，官伐木造船，以給輦運，而兵民罷勞，不堪其命。今無復其弊，一利也。始以陸運，既差貼頭，又役車戶。貧人懼役，連歲逋逃。今悉罷之，二利也。又舟運河流，有沉溺之患，綱吏侵盜，雜以泥沙、硝石，其味苦惡，疾生重腿。今皆得食真鹽，三利也。國之錢幣謂之貨泉，蓋欲使之通流。而富室大家多藏鏹不出，故民用益蹙。今得商人六十餘萬，頗助經費，四利也。歲減鹽官、兵卒、畦夫、傭作之給，五利也。"丙申，詔曰："池鹽之利，民食所資。申命近臣，詳立寬制，特弛煩禁，以惠黎元。其罷三京、二十八州軍榷法，聽商賈入錢若金銀京師榷貨務，受鹽兩池。"此據本志。或云上書者，王景也。景嘗言池鹽之利，唐氏以來，幾半天下之賦。太宗時法令嚴峻，民不敢私煮煉，官鹽大售。真宗務緩刑罰，寬聚斂，私鹽益多，官課日虧。景時爲選人，始建通商之策，大臣咸言其不便。太后力欲行之，謂大臣曰："聞外間多苦鹽惡，信否？"對曰："惟御膳及宮中鹽善爾，外間皆食土鹽。"太后曰："不然。御膳亦多土，不可食。或議通商，何如？"大臣皆以爲如是則縣官必多所耗。太后曰："雖棄數千萬亦可，耗之何害？"大臣亦不敢復言，故命盛度等與三司詳定利害，卒行景策。詔下，蒲、解之民皆作感恩齋。此據司馬光記聞。自是，雖商賈流行，而

---

① 潁　底本作"穎"，據嘉慶本、長編卷一〇九改。
② 孟　底本作"益"，據嘉慶本、長編卷一〇九改。

歲課之入官者耗矣。

明道元年十二月庚申,命樞密直學士權三司使李諮、翰林學士盛度、侍讀學士王隨同議解鹽法。天聖八年,始聽解鹽通商。行之一年,歲入視天聖七年損緡錢十五萬,明年更損九萬,其後歲益耗,故令諮等議之。隨、度皆初以通商爲便者也。

景祐元年二月丁未,詔隨、度各與一子官,以嘗詳定解池鹽法也。度自言:"放行解鹽三年,收到種鹽二百七十五萬八千六百餘斤。乞更鈐轄兩池,廣謀種造,務令大段增剩。"故賞及之。

慶曆二年正月。自元昊反,聚兵西鄙,並邊入中芻粟者寡。縣官急於兵食,且軍興,用度調發不足,因聽入中芻粟,予券,趨京師榷貨務,受錢若金銀;入中他貨,予券,償以池鹽。由是羽毛、筋角、膠漆、鐵炭、瓦木之類,一切以鹽易之。狡商貪人,乘時射利,與官吏表裏爲奸,至入椽木二,估錢千,給鹽一大席。大席爲鹽二百三十斤。虛費池鹽,不可勝計。鹽直益賤,販者不行,公私無利。朝廷知其弊,戊午,用三司使姚仲孫請,以度支判官、刑部員外郎、秘閣校理范宗傑爲制置解鹽使①,往經度之。始詔復京師榷法。宗傑請:"凡商人以虛估受券及已受鹽未鬻者,皆計直輸虧官錢。內地州軍民間鹽,悉收市入官,官爲置場②,增價而出之。復禁永興、同③、華、耀、河中、陝、虢、解、晉、絳、慶成十一州商賈,官自輦運,以衙前主之。又禁商鹽私入蜀,置折博務於永興、鳳翔,聽人入錢若蜀貨易鹽,趨蜀中以售。"詔皆用其說。

四年二月乙未,命知汝州、太常博士范祥乘傳與陝西都轉運使程戡同議解鹽法,從三司請也④。慶曆二年,既用范宗傑說,復京師榷法,久之,東南鹽地悉復榷,量民資厚薄,役令輓車轉致諸郡,道路縻耗,役人竭產不能償,往往棄䀡畮,捨妻子,亡匿。東鹽凡通商州軍在京西者爲南鹽,在陝西者爲西鹽。若禁鹽地⑤,則爲東鹽。則盛置卒徒,車運抵河而舟,寒暑往來,未嘗暫息,關內騷然。所得鹽利,不足以佐縣官之急。並邊務誘人入中芻粟,皆爲虛估,騰踴至數倍,歲費京師錢幣不可勝數,帑藏益虛。祥本關中人,熟

---

① 秘閣校理 "閣"底本作"書",據嘉慶本、長編卷一三五改。
② 官爲置場 底本脫"官"一字,據文獻通考卷一六征榷考三、宋史卷一八一食貨志補。
③ 同 底本脫此一字,據宋史卷一八一食貨志補。
④ 從三司請也 "請"底本作"議",據嘉慶本、長編卷一四六改。
⑤ 若禁鹽地 "禁"底本作"築",據長編卷一四六注文改。

其利害,嘗以謂兩池之利甚博,而不能少助邊計者,公私侵漁之害也。倘一變法,可歲省度支緡錢數百萬。乃畫策而獻。是時韓琦為樞密副使,與知制誥田況皆請用祥策,故有是命。

　　本志云:會祥以喪去。按祥明年三月壬午,乃自知華州除提舉坑冶鑄錢。其以喪去,實在此後。行狀亦云,本志誤也。八年十月,乃復用祥。當時祥與議不合,故以祥知華州。明年三月,除提舉坑冶鑄錢,始遭父喪去爾。

　　八年十月丁亥,屯田員外郎范祥提點陝西路刑獄,兼制置解鹽。祥先請變兩池鹽法,詔祥乘傳陝西,與都轉運使共議,時慶曆四年春也①。已而議不合,祥尋亦遭喪去。及是,祥申前議,故有是命,使自推行之。其法:舊禁鹽地,一切通商,鹽入蜀者,亦恣不問;罷並邊九州軍入中芻粟,第令入實錢,以鹽償之,視入錢州軍遠近及所指東南西鹽②,第優其估。東、南鹽,又聽入錢永興、鳳翔、河中,歲課入錢,總為鹽三十七萬五千大席,授以要券③,即池驗券,案數而出,盡弛兵民輦運之役。又以延、環、慶、渭、原、保安、鎮戎、德順地近烏白池,奸人私以青白鹽入塞,侵利亂法,乃募人入中池鹽,予券,優其直,還以池鹽償之,以所入鹽,官自出鬻,禁人私售。峻青白鹽之禁,並邊舊令入中鐵炭、瓦木之類,皆重為法以絕之。其先以虛估受券及已受鹽未鬻者,悉計直,使輸虧官錢。又令三京及河中、河陽、陝、虢、解、晉、絳、濮、慶成、廣濟官仍鬻鹽,須商賈流通乃止,以所入緡錢市並邊九州軍芻粟,悉留榷貨務錢幣以實中都。行之數年,猾商貪賈無所僥倖,關中之民得安其業,公私以為便云。已上並據食貨志。

　　皇祐元年十月壬戌,遣戶部副使、工部員外郎包拯與陝西轉運司議鹽法。始范祥議改鹽法,論者爭言其不便,朝廷獨以為可用,委祥推行之,於是侍御史知雜事何郯言:"風聞改法以來,商旅為官鹽長價,獲利既薄,少有算請。陝西一路,即自已虧損課利百餘萬貫,其餘諸路,比舊來亦皆頓減賣鹽見錢,甚妨支用。兼陝西民間官鹽價高,多以賣私鹽事敗,刑禁頗繁,官私俱不為利,經久何以施行?緣事有百利,始可議變,變不如前,即宜仍舊。況陝西調用多仰兩池歲課。今如此虧損,向去必甚匱乏,未免

---

① 四年春也　底本脫"春"一字,據長編卷一六五、太平治迹統類卷二八補。
② 及所指東南西鹽　底本脫"西"一字,長編卷一六五、宋史全文卷八下同,據文獻通考卷一六征榷考三、宋史卷一八一食貨志補。
③ 授以要券　"授"底本作"受",據長編卷一六五、宋史全文卷八下、宋史卷一八一食貨志改。

於朝廷乞支金帛。今改更日月未久，爲害猶淺，速宜講求，以救其弊。欲望朝廷指揮，選擇明幹臣僚一員往陝西，令與本路轉運使并范祥面議利害，如新法必不可行，即乞一切俱令復舊，免致匱乏調用，寖久爲害。"拯既受命，即言："臣前任陝西轉運使，備知前來鹽法①。自慶曆二年范宗傑建請禁榷之後，差役兵士、車牛及逐州衙前等②，搬運往諸州，官自置場出賣，以致兵士逃亡死損，公人破蕩家產，比比皆是，嗟怨之聲，盈於道路。前後臣僚累言不便，乞復舊法通商，以救關中凋弊，有司執議，終不施行③。昨因范祥再有啓請，兼葉清臣曾知永興軍，見其爲患之甚，遂乞依祥擘畫，復用通商舊法，令客人於沿邊入納見錢收糴軍儲④，免虛擡貴價入中斛斗，於榷貨務大支官錢，兼寬得諸般差役勞擾⑤。此乃於國有利，於民無害，理甚灼然。但以變法之初，豪商猾吏悉所不樂⑥，而議者因其歲入課利稍虧於前，橫有沮議，乞復舊法。若舊法誠善⑦，復之無疑，但恐爲害寖深耳。且法有先利而後害者，有先害而後利者，若復舊日禁榷之法⑧，雖暴得數萬緡，而民力日困矣，久而不勝其弊，未免隨而更張⑨，是先有小利而終爲大害也。若許其通商⑩，雖一二年間課利少虧，漸而行之，必復其舊，又免民力日困，則久而不勝其利，是有小害而終成大利也。且國家富有天下，當以恤民爲本，今雖財用微窘，亦當持經久之計，豈忍爭歲入數十萬緡，不能更延一二年，以責成效？信取橫議，不惟命令數有改易，無信於下，而又欲復從前弊法，俾關中生靈何以措其手足？臣細詳范祥前後所奏，事理頗甚明白，但於轉運司微有所損，以致異同耳。臣固非憚往來之勞⑪，妄有臆說，實亦爲國家惜其事體⑫，不欲徇一時之小利而致將來之大患也。"

及拯至陝西，益主祥所變法，但請商人入錢及延、環等八州軍糴鹽，皆量損其直，

---

① 前來　底本脱此二字，據包孝肅奏議卷八言陝西鹽法補。
② 及逐州衙前　底本脱"逐州"二字，據包孝肅奏議卷八言陝西鹽法補。
③ 有司執議終不施行　底本"執"下衍"奏"一字，"不"下脱"施"一字，據包孝肅奏議卷八言陝西鹽法刪、補。
④ 客人　底本作"商人"，據包孝肅奏議卷八言陝西鹽法及長編卷一六七改。
⑤ 差役勞擾　底本顛倒作"差擾勞役"，據包孝肅奏議卷八言陝西鹽法乙正。
⑥ 豪商猾吏　"吏"底本作"利"，據嘉慶本、長編卷一六七及包孝肅奏議卷八言陝西鹽法改。
⑦ 若舊法誠善　底本脱"若"一字，據包孝肅奏議卷八言陝西鹽法補。
⑧ 若復　底本脱此二字，據包孝肅奏議卷八言陝西鹽法補。
⑨ 未免隨而更張　"未"底本作"不"，據包孝肅奏議卷八言陝西鹽法改。
⑩ 若許其通商　"許"底本作"計"，據包孝肅奏議卷八言陝西鹽法改。
⑪ 往來之勞　"之勞"底本作"勞費"，據包孝肅奏議卷八言陝西鹽法改。
⑫ 實亦爲國家惜其事體　"實亦"底本作"所貴"，據嘉慶本及包孝肅奏議卷八言陝西鹽法改。

即入鹽八州軍者,增直以售。又言:"三京及河中等處官仍鬻鹽①,自今請禁止。"而三司以謂京師商賈罕至,則鹽直踊貴,請得公私並貿,餘則禁止。皆聽之。

沈括筆談云:陝西顆鹽②,舊法官自搬運,置務拘賣。兵部員外郎范祥始爲鈔法,令商人就邊郡入錢,四貫八百售一鈔,至解池請鹽二百斤,任其私賣。得錢以實塞下,省數十郡搬運之勞。異日,輦車牛驢以鹽役死者歲以萬計③,冒禁抵罪者不可勝數,至是悉免。行之既久,鹽價時有低昂,又於京師置都鹽院④,陝西轉運司自遣官主之。京師食鹽斤不足三十五錢,則斂而不發,以長下價。過四十則大發庫鹽,以壓商利,使鹽價有常而鈔法有定數⑤。行之數十年,至今以爲利。

三年冬十月己卯朔,詔三司,解鹽聽通商,候二年較其增損以聞。初,包拯自陝西還,力主范祥所建通商法,朝廷既從之,已而判磨勘司李徽之又言不便,乃下其事三司,驛召范祥⑥,令與徽之及兩制共議,而議者皆以祥爲是,故有是詔。

十二月己亥,度支員外郎范祥爲陝西轉運副使,仍賜金紫服以寵之。

嘉祐三年七月壬辰,復以度支員外郎范祥制置解鹽,從三司使張方平及御史中丞包拯之言也。

榷河北鹽

慶曆六年十一月戊子,右諫議大夫、權御史中丞張方平爲翰林學士、權三司使。河北鹽務在滄、濱二州,滄州務三,濱州務四,歲課九千一百四十五石,以給一路。舊并給京東之淄、青、齊三州。淄、青、齊通商,乃不復給。自開寶以來,河北鹽聽人貿易,官收其算,歲爲額錢十五萬緡。上封者嘗請禁榷,以取遺利。余靖時爲諫官,亟言:"前歲軍興以來,河北之民揀點義勇、強壯,及諸色科率,數年之間,未得休息。臣嘗痛燕、薊之地陷於胡虜幾百年,而民忘南顧之心者,夷狄之法大率簡易,鹽、麴俱賤,科役不煩故也。昔者太祖皇帝特推恩意,以惠河朔,故許通鹽商,止令收稅。今若一旦榷絕,價必騰踊,民苟懷怨,悔將何及?伏緣河朔土多鹽滷,小民稅地,不生五穀,惟刮鹹煎之,以納二稅。今若禁止,便須逃亡。鹽價若高,犯法必衆。邊民怨望,非國之

---

① 河中 底本作"河北",據嘉慶本、長編四庫底本卷一六七改。
② 陝西顆鹽 "顆"底本作"課",據嘉慶本、夢溪筆談卷一一改。
③ 輦車牛驢 "驢"底本作"騾",據夢溪筆談卷一一、長編卷一六七注文改。
④ 又於京師置都鹽院 "師"底本作"都",據夢溪筆談卷一一改。
⑤ 鹽價 底本作"鹽法",據嘉慶本、長編卷一六七注文改。
⑥ 驛召范祥 "召"底本作"臺",據嘉慶本、長編卷一七一改。

福。伏乞且令仍舊通商，無輒添長鹽價，以鼓民怨。"其議遂寢。

河北初議榷鹽，實錄不載，余靖諫章獨存此奏。及王拱辰奏立榷法時，靖黜責久矣。蓋先有建此議者，靖論其不可，故罷。既而拱辰使三司，復議舉行，又爲河北漕臣所沮，而河北漕臣乃別議增算①，拱辰更立榷法，未下，而張方平亟奏罷之。實錄、國史並疏略，今參取靖諫章及食貨志并方平墓誌修入。

及拱辰爲三司使，拱辰是年正月戊子以翰林學士、龍圖閣學士、權三司使。復建議悉榷二州鹽，下其議於本路，都轉運使魚周詢亦以爲不可。

本志以爲都轉運使夏竦，誤也。竦五年八月判并州，六年二月改大名。拱辰十一月戊子罷三司使，出知亳州，張方平代之。方拱辰在三司時，竦無緣卻爲都轉運使。據何郯奏議，爲都轉運使者乃魚周詢也。王巖叟元祐初奏議，亦誤以魚周詢爲夏竦。

且言："商人販鹽，與所過州縣吏交通爲弊，所算十無二三。請敕州縣以十分算之，聽商人至所鬻州縣并輸算錢，歲可得緡錢七十餘萬。"三司奏用其策，上曰："使人頓食貴鹽，豈朕意哉？"於是三司更立榷法而未下也。方平見上，問曰："河北再榷鹽，何也？"上曰："始議立法，非再榷也。"方平曰："周世宗榷河北鹽，犯輒處死。世宗北伐，父老遮道泣訴，願以鹽課均之兩稅錢而弛其禁，世宗許之。今兩稅，鹽錢是也，豈非再榷乎？且今未榷也，而契丹常盜販不已，若榷之，則鹽貴，虜鹽益售，是爲我斂怨，而使虜獲利也。虜鹽滋多，非用兵莫能禁。邊隙一開，所得鹽利，能補用兵之費乎？"上大悟，曰："卿語宰相，立罷之。"方平曰："法雖未下，民已戶知之。當直以手詔罷之，不可自下出也。"上大喜，命方平密撰手詔，下之河朔，父老相率拜迎於澶州，爲佛老會七日以報上恩，且刻詔書北京。其後父老過詔書下，必稽首流涕。

食貨志云三司奏用其策，仁宗曰："使民頓食貴鹽，豈朕意哉？"下詔不許。若不許三司之請，則不須下詔。今既下詔，蓋已立法而未行，墓誌當得其實，今從之。食貨志不載方平事，蓋疏略也。熙寧八年六月，章惇又議榷鹽。

易東南鹽

明道二年十二月。先是，天禧初，募人入緡錢、粟帛京師及淮南、江、浙、荆湖州軍易鹽。乾興元年，入錢貨京師，總爲緡錢一百十四萬。會通、泰煮鹽歲損，所在積儲無幾，因罷入粟帛，第令入錢。久之，積鹽復多，於是參知政事王隨建言："淮南鹽初甚

---

① 乃別議增算　底本脫"別"字，據長編卷一五九注文補。

善,自通、泰、楚運至真州,自真州運至江、浙、荆湖,綱吏舟卒侵盜販鬻,從而雜以砂土,涉道愈遠,雜惡殆不可食。吏卒坐鞭笞、配徙相繼,而莫能止。比歲運河淺涸,漕輓不行,遠州村民,頓乏鹽食①。而淮南所積一千五百萬石②,至無屋以貯,則露積苫覆,歲以損耗。又亭户輸鹽應得本錢,或無以給,故亭户困貧,往往起爲盜賊,其害如此。願得權聽通商三五年,使商人入錢京師,又置折博務於揚州,使輸錢及粟帛,計直予鹽,一石約售錢二千,則一千五百萬石,可得緡錢三千萬,以資國用,一利也。江湖遠近皆食白鹽,二利也。歲罷漕運糜費、風水覆溺,舟人不陷刑辟,三利也。昔時漕鹽舟可移以漕米,四利也。商人入錢可取以償亭户,五利也。贍國濟民,無出於此。"時范仲淹安撫江、淮,亦以疏通鹽利爲言。即詔翰林侍讀學士宋綬、樞密直學士張若谷、知制誥丁度與三司使、江淮制置使同議可否,皆以謂聽通商,則恐私販肆行,侵蠹縣官。請敕制置司益造船,運至諸路,使皆有二三年之蓄。復天禧元年制,聽商人入錢粟京師及淮、浙、江南、荆湖州軍易鹽。在通、泰、楚、海、真、揚、漣水、高郵貿易者,毋得出城,餘州聽詣縣鎮,毋至鄉村。其入錢京師,增鹽予之。并敕轉運使經畫本錢以償亭户。詔皆施行。

此事據本志,附見年末。范仲淹以七月安撫江、淮,或可附見七月末。

康定元年十二月。初,明道二年,復用天禧舊制,聽商人入錢粟京師,及淮、浙、江南、荆湖州軍易鹽③。及景祐二年,三司言諸路博易無利,乃罷之,而入錢京師如故。

此據食貨志第四卷,云景祐二年詔,而實録無有。今且依本志附此。

是歲,又詔商人入芻粟陝西並邊,願受東南鹽者,加數予之。

此亦據食貨第四卷,志云康定元年詔,而實録亦無有,今且附此。

會河北穀賤,三司因請内地諸州行三説法④,募人入中,且以東南鹽代京師實錢。詔糴至二十萬石止。

---

① 鹽食 底本顛倒,據嘉慶本、長編卷一一三乙正。
② 而淮南所積一千五百萬石 "淮南"底本作"江淮",據嘉慶本、長編卷一一三、文獻通考卷一六征榷考三、宋史卷一八二食貨志、歷代名臣奏議卷二六三改。
③ 及淮浙江南荆湖州軍易鹽 "及"底本作"而",據長編卷一二九改。
④ 三説法 "説"底本作"税",長編卷一二九同,據太平治迹統類卷二八、宋史卷一八二食貨志改。

此據食貨志第三卷。其第四卷"加數與東南鹽"下又云："河北用三說法①，亦以鹽代京師所給緡錢。"即第三卷所書也。第三卷所書稍詳，今用之。

給虔州鹽

嘉祐七年二月。初，江、湖漕鹽既雜惡②，又官估高，故百姓利食私鹽；而並海民以魚鹽爲業，用工省而得利厚，由是盜販者衆。又販者皆不逞無賴，捕之急則起爲盜賊，而江、淮間雖衣冠士人，狃於厚利，或以販鹽爲事。江西則虔州，地連廣南，而福建之汀州亦與虔接。鹽既弗善③，汀故不產鹽，二州民多盜販廣南鹽以射利。每歲秋冬，田事畢，往往數十百爲群，持甲兵旗鼓，往來虔、汀、漳、潮、循、梅、惠、廣八州之地，所至劫人穀帛，掠人婦女，與巡捕吏卒格鬥，至殺傷吏卒，則起爲盜，依阻險要，捕不能得。或赦其罪招之，歲月浸淫滋多，而虔州官糶鹽歲纔及百萬斤④，朝廷以爲患。自慶曆中，廣東轉運使李敷、王繇請運廣南鹽於南雄州⑤，以給虔、吉，敷等即運四百餘萬斤於南雄州，而江南轉運使初以爲非便，不往取。其後戶部判官周湛等八人復請運廣鹽入虔州，江西亦請自具本錢取之。皇祐五年，始詔屯田員外郎施元長乘驛會江西、廣東轉運使議利害。至和初，元長與轉運使閻詢、元絳皆請如湛等議，獨發運使許元以爲不可。三司是元言，遂止。嘉祐中，知連州曾奉先請商人販廣南鹽入虔、汀州，所過州縣收其算。知汀州林東喬請放虔、汀、漳、循、梅、潮、惠七州鹽通商，通判真州阮士龍請毋運嶺外鹽入虔州，第歲運淮南鹽七百萬斤至虔，二萬斤至汀，使民間足鹽，寇盜自息。虞部員外郎朱泌請令虔州增散蠶鹽錢，知潮州呂璹⑥、知梅州王淑亦皆論其利害⑦，或者又請官自置鋪，役兵卒，運廣南、福建鹽至虔州，或請權虔州官鹽價，以平其直。論者不一。朝廷嘗遣職方員外郎黄炳乘驛會所屬監司及知州軍、通判議，於是，

---

① 河北用三說法 "說"底本作"稅"，長編卷一二九同，據太平治迹統類卷二八、宋史卷一八二食貨志改。按：長編卷一○三記載：天聖三年十一月"庚辰，詔從夷等議，自是河北入中復用三說法，舊給東南緡錢者以京師榷貨務錢償之"。亦可爲參證。
② 漕鹽 底本顛倒，據嘉慶本、長編卷一九六乙正。
③ 鹽既弗善 "弗"底本作"勿"，據嘉慶本、長編卷一九六改。
④ 而虔州官糶鹽歲纔及百萬斤 "糶"底本作"糴"，底本脫"萬"一字，據文獻通考卷一六征榷考三、宋史全文卷九下、宋史卷一八二食貨志改補。
⑤ 請運廣南鹽於南雄州 "廣南鹽"，長編卷一九六作"廣州鹽"。
⑥ 呂璹 底本作"呂濤"，據嘉慶本、長編卷一九六改。
⑦ 王淑 長編卷一九六作"王叔"。

炳等合議,以謂虔州食淮南鹽已久,不可改,第損近歲所增官估,斤爲錢四十。以十縣五等戶夏稅率百錢令糴鹽二斤,隨夏稅入錢償官。繼命提點鑄錢沈扶覆視可否,扶及江西、福建、廣東轉運使,虔州官吏請選江西漕船團爲十綱,以三班使臣部之,直取通、泰、楚都倉鹽。既又命比部員外郎曾楷詣廣南,與監司復議通廣南鹽,而轉運判官陳從益請即惠、循、梅、潮置五都倉貯鹽,令虔州募鹽鋪戶入錢二州,趨五倉受鹽,還三州貿易,所謂變私鹽爲官鹽,易盜賊爲商旅。朝廷難之,卒用炳、扶等策,然歲纔增糴六十餘萬斤。先是,屯田員外郎蔡挺知南安軍,常條奏利害。至是,擢挺權提點江西刑獄①,使之制置。挺令民首納私藏兵械以給巡捕吏卒,令販黃魚籠挾鹽不及二十斤②、徒不及五人、不以兵甲自隨者,止輸算,勿捕。淮南既團新綱漕鹽,挺增爲十二綱,綱二十五艘,鎖袱至州乃發。輸官有餘,則以畀漕舟吏卒,官復以半價取之,由是減侵盜之弊,鹽遂差善。又損糴價,歲課視舊額增至三百餘萬斤,乃罷扶等所率糴鹽錢③。異時汀州人欲販鹽,輒先伐鼓山谷中,召願從者與期日,率常得數百人已上與俱行。至是,州縣督責耆保有伐鼓者輒捕送,盜販者稍稍畏縮。朝廷以挺爲能,留之江西,積數年乃徙。久之,江西鹽皆團綱運致,如虔州焉。

　　挺以二月辛巳權江西憲,九月丙寅落權字,治平元年四月庚寅理轉運使資序,二年三月丙寅改陝西運副。熙寧三年七月,張頡論蔡挺措置,視此略不同,今兩存之。

　　熙寧三年七月。先是,權提點江西刑獄張頡言:"虔州地接嶺南,官鹽鹵溼雜惡,輕不及斤,而價至四十七錢。嶺南盜販入虔,以斤半當一斤,純白不雜,而賣錢二十,故虔人盡食嶺南鹽云云。蔡挺嘗議,以鹽之雜惡皆舟人竊盜之弊。然虔州經涉贛江三百餘里,故令鹽船三歲一易,增入二分,舟人運鹽,無欠負而有羨,及百斤者支半價。三運畢,部押人轉爲押官,若使臣,即得減磨勘二年。故鹽不雜惡有羨,歲賣至三百六十一萬斤,增二十倍。食者既眾,不復以稅錢均配,盜販衰息。自挺去,船七歲始易,人因稍減,賞亦漸薄,挺之法十廢五六。無賴抵冒之民稍集,而官賣益虧。願盡復挺規畫,以杜奸盜。"辛丑,詔江南西路歲運淮南鹽十二綱赴虔州,依嘉祐七年二月四日

---

① 擢挺權提點江西刑獄　底本脫"挺"一字,據長編卷一九六補。
② 不及二十斤　"十"底本作"千",據長編卷一九六、宋史卷一八二食貨志改。
③ 錢　底本脫此一字,據宋史卷一八二食貨志補。

指揮，運船三歲一易。鹽有羨十分，以五分價錢與梢工充賞①。部押人三年遷押官。

錢幣

商州鑄大錢

康定元年十二月戊申，屯田員外郎、判河中府皮仲容知商州，兼提點采銅鑄鐵錢事。仲容嘗建議鑄大錢一當十。既下兩制及三司議其事，謂可權行，以助邊費，故有是命。初，韓琦安撫陝西，嘗言陝西產鐵甚廣，可鑄錢兼用。於是，葉清臣從仲容議，鑄當十錢。翰林學士承旨丁度奏曰："漢之五銖、唐之開元及國朝錢法，輕重小大最爲折中。歷代改更②，法雖精密，不能期年即復改鑄。議者欲繩以峻法，革其盜鑄。昔漢變錢幣，盜鑄死者數十萬；唐鑄乾元及重輪乾元錢，錢輕幣重，嚴刑不能禁止。今禁旅戍邊，月給百錢。得大錢裁十，不可畸用。舊錢不出，新錢愈輕，則糧芻增價。臣嘗知湖州，民有抵茶禁者，受千錢，立契代鞭背③。在京西，有強盜殺人，取其敝衣，直不過數百錢。盜鑄之利，不啻數倍。復有湖山絕處，凶魁嘯聚，鑪冶日滋，居則鑄錢，急則爲盜，民間銅鉛之器悉爲大錢，何以禁止乎？"

本志云：軍興，陝西移用不足，始用知商州皮仲容議，採洛南縣紅崖山、虢州青水冶青銅，置阜民、朱陽二監以鑄。按：實錄乃鑄鐵錢，與本志不同，當考。孫沔奏乞罷鑄大錢，當刪附。

慶曆八年六月。初，陝西軍興，移用不足，知商州皮仲容康定元年十二月。始獻議採洛南縣紅崖山、虢州青水冶青銅，置阜民、朱陽二監以鑄錢。既而陝西都轉運使張奎、慶曆元年五月，奎爲陝西都漕。知永興軍范雍慶曆元年五月，雍知永興兼漕事。請鑄大錢，與小錢兼行，大錢一當小錢十。奎等又請因晉州積鐵鑄小錢。元年九月。及奎徙河東，二年十月。又鑄大鐵錢於晉、澤二州，亦以一當十，以助關中軍費。未幾，三司奏罷河東鑄鐵錢，而陝西復採儀州竹尖嶺黄銅，置博濟監鑄大錢。據實錄：在四年。朝廷因敕江南鑄大銅錢，而江、池、饒、虢州又鑄小鐵錢，悉輦致關中。江、池、饒三州，見元年十一月。虢州未見，當是范雍所議。數州錢雜行，大約小銅錢三可鑄當十大銅錢一，以故民間盜鑄者衆，

---

① 梢工　底本作"稍工"，據文意改。
② 歷代改更　底本脫"改"字，據長編卷一二九、宋史卷二九二丁度傳、歷代名臣奏議卷二六四補。
③ 立契代鞭背　底本"代"下衍"契"字，據長編卷一二九、宋史卷二九二丁度傳、歷代名臣奏議卷二六四刪。

錢文大亂,物價翔涌,公私患之。於是,奎復奏晉、澤、石三州及威勝軍實錄云:在五年。日鑄小鐵錢,獨留用河東。而河東鐵錢既行,盜鑄錢者獲利十之六。錢輕貨重,其患如陝西,言者皆以爲不便。知并州鄭戩六年二月,戩知并州。請河東鐵錢且以二當銅錢一①,行一年;又以三當一,或以五當一。罷官爐日鑄,但行舊錢。知澤州李昭遘六年四月,昭遘知澤州。亦言河東民燒石炭,家有橐冶之具,盜鑄者不可詰。而北虜亦能鑄鐵錢,以易並邊銅錢而去,所害尤大。朝廷嘗遣魚周詢、四月三月。歐陽修四年四月。分察兩路錢利害,又數命官議。正月己酉、四月甲午。

於是,翰林學士張方平、宋祁,御史中丞楊察與三司使葉清臣先上陝西錢議曰:六月乙未。"關中用大錢,本以縣官取利太多,致奸人盜鑄,其用日輕。比年以來,皆虛高物估,始增直於下,終取償於上。縣官雖有折當之虛名,乃受虧損之實害。救弊不先自損,則法未易行。請以江南儀、商等州大銅錢一當小錢三。"又言:"奸人所以不鑄小鐵錢者,以鑄大銅錢得利厚,而官不必禁②。若鑄大銅錢無利,又將鑄小鐵錢以亂法。請以小鐵錢三當銅錢一。"既而又請七月辛丑。河東小鐵錢如陝西,亦以三當一,且罷官所置爐。朝廷皆施用其言。自是奸人稍無利,猶未能絶濫錢也。其後詔商州罷鑄青黃銅錢,皇祐二年二月。又令陝西大銅錢、大鐵錢皆一當二,嘉祐四年二月。盜鑄乃止。然令數變,兵民耗於資用,類多咨怨,久之始定。

實錄於六月乙未載陝西議,七月辛丑載河東議。今從本志,并書之此月末。

成都陝西交子務 神宗附③

天聖元年十一月戊戌。初,蜀民以鐵錢重,私爲券,謂之交子,以便貿易。富民十六户主之。其後富者貲稍衰,不能償所負,爭訟數起。大中祥符末,薛田爲轉運使,請官置交子務,以榷其出入。久不報。寇瑊守蜀,遂乞廢交子,不復用。會瑊去而田代之,詔田與轉運使張若谷度其利害。田、若谷議廢交子不復用則貿易非便,但請官爲置務,禁民私造。又詔梓州路提點刑獄官與田、若谷共議,田等議如前,於是詔從其請,置益州交子務。

---

① 請河東鐵錢且以二當銅錢一 "鐵"底本作"鑄",據長編卷一六四、宋史全文卷八下、群書考索後集卷六一改。
② 官不必禁 "不必"底本顛倒,據長編卷一六四、太平治迹統類卷二八乙正。
③ 成都陝西交子務神宗附 底本作"置交子務",據本書目錄改補。

實録、食貨志皆云寇瑊請官置交子務。按薛田附傳、正傳,則置交子務乃田爲轉運使時所請建。瑊守蜀,始用田議。然成都記載此事特詳,瑊議蓋欲官私俱不用交子,而田議始終皆欲禁私造,官爲主之。今置務實從田請,瑊無與也。實録、附傳、正傳、食貨志俱誤矣。

慶曆二年九月辛丑朔①,秘閣校理孫甫嘗監益州交子務,轉運使以僞造交子多犯法,欲廢不用②。甫曰:"交子可以僞造,鐵錢可以私鑄。有犯私鑄,錢可廢乎?但嚴治之,不當以小害廢大利。"交子卒不廢。

熙寧二年閏十一月壬寅,條例司言:"西京左藏庫副使高遵裕等十一人各乞置交子。本司詳交子之法用於成都府路,人以爲便。今河東公私苦運鐵錢勞費,宜試如遵裕等議,行交子之法,仍令轉運司舉官置務③。"從之。

四年正月庚戌,詔陝西已行交子,其罷永興軍買鹽鈔場。

三月戊子,上巳假,上召二府對資政殿,出陝西轉運司奏慶州軍亂示之④,上深以用兵爲憂。文彥博因言行交子不便,上曰:"行交子誠非得已,若素有法制,財用既足,則自不須此。今未能然,是以急難不能無有不得已之事。"彥博又言:"祖宗法制具在,不須更張,以失人心。"上曰:"更張法制,於士大夫誠多不悦,然於百姓何所不便?"彥博曰:"爲與士大夫治天下,非與百姓治天下也。"安石曰:"法制具在,則財用宜足,中國宜强。今皆不然,未可謂之法制具在也。"彥博曰:"務要人推行耳。"安石曰:"若務要人推行,則須搜舉材者,而糾罷軟偷惰不奉法令之人除去之,如此,則人心豈能無不悦?"

四月癸亥,詔罷陝西見行交子法。

四年正月庚戌注:陝西都漕沈起奏行交子法見四月八日,罷時三月三日。文彥博所言可參考。食貨志六·四年,詔交子法行於陝西,而罷市鈔。或論其不便,復如初制。三月十四日復買鈔⑤。

六年五月丁卯,成都府路轉運司言:"嘉、邛州罷鑄錢累年,民間見錢闕乏。乞下三司詳度減半鑄,與交子相權。"從之,仍令轉運使歲終具所鑄錢數,比較本息以聞。

---

① 辛丑朔　底本脱此三字,據長編卷一三七補。
② 欲廢不用　底本脱"欲"一字,據長編卷一三七補。
③ 轉運司　底本作"轉運使",據嘉慶本、宋史全文卷一一改。
④ 出陝西轉運司奏慶州軍亂示之　"司",長編卷二二一作"使"。
⑤ 復如初制三月十四日復買鈔　底本脱"制三月十四日復買鈔"九字,據長編卷二一九注文補。

七年九月癸丑,提舉永興秦鳳路交子宋迪制置永興秦鳳路交子①。乙卯,制置永興秦鳳路交子、司封郎中宋迪奪兩官勒停。初,迪來稟事於三司,而從者遺火於鹽鐵之廢廳,遂燔三司,故迪坐免。

八年正月丁巳,權永興軍等路轉運使皮公弼言:"交子之法,以方寸之紙飛錢致遠,然不積錢爲本,亦不能以空文行。今商、虢、鄜、耀、紅崖、清遠鐵冶所收極廣,苟即冶更鑄折二錢,歲除工費外,可得百萬緡爲交子本。"并上可行十二事。上批:"可如所乞,委公弼總制營辦②。"

---

① 制置永興秦鳳路交子　底本"交子"下衍"法"一字,據長編卷二五六刪。
② 委公弼總制營辦　"營"底本作"管",據長編卷二五九、宋史全文卷一二上、群書考索後集卷六一改。

卷第四十六

仁宗皇帝

塘水

明道二年三月。塘水：東起滄州界，距海岸黑龍港①，西至乾寧軍，沿永濟河合破船淀、滿淀、灰淀爲一水②，衡廣百二十里，縱九十里至百三十里，其深五尺。東起乾寧軍，西至信安軍永濟渠爲一水，西合鵝巢淀、陳人淀、燕丹淀、大光淀爲一水③，衡廣一百二十里，縱三十里或五十里，其深丈餘或六尺。東起信安軍永濟渠④，西至霸州莫金口，合水紋淀、得勝淀、下光淀、小蘭淀、李子淀、大蘭淀爲一水，衡廣七十里，縱五十里或六十里，其深六尺或七尺。東北起霸州莫金口，西南至保定軍父母砦⑤，合糧料淀爲一水⑥，衡廣二十七里，縱八里，其深六尺。霸州至保定軍，並塘岸水最淺，故咸平、景德中，胡馬鈔河北，以霸州、信安軍爲歸路⑦。東南起保定軍，西北至雄州，合百世淀、黑羊淀、小蓮花淀爲一水，衡廣六十里，縱二十五里或十五里，其深八尺或九尺。東起雄州，西至順安軍，合大蓮花淀、洛陽淀、牛橫淀、康池淀、疇淀、白羊淀爲一水⑧，衡廣七十里，縱三十里或四十五里，其深一丈或六尺或七尺。東起順安軍西邊吳淀，至保州，合齊女淀⑨、宜子淀、勞淀爲一水，衡廣三十餘里，縱百五十里，其深一丈三尺。起安肅、廣信軍之南、保州西北蓄沈苑河爲塘，衡廣二十里，縱十里，其深五尺，淺或三

---

① 距　文淵閣本長編卷一一二作"扼"，似是。
② 沿永濟河合破船淀滿淀灰淀爲一水　長編卷一一二同，宋史卷九五河渠志作"沿永濟河合破船淀、灰淀、方淀爲一水"。
③ 西合鵝巢淀陳人淀燕丹淀大光淀爲一水　長編卷一一二同，宋史卷九五河渠志"大光淀"下還有"孟宗淀"。
④ 永濟渠　底本作"永清渠"，據嘉慶本、長編卷一一二、宋史卷九五河渠志改。
⑤ 保定軍　底本作"信安軍"，據長編卷一一二、宋史卷九五河渠志改。
⑥ 合糧料淀爲一水　長編卷一一二同，宋史卷九五河渠志作"合糧料淀、迴淀爲一水"。
⑦ 信安軍　長編卷一一二、宋史卷九五河渠志同，嘉慶本作"保定軍"。
⑧ 白羊淀　底本作"白洋淀"，長編卷一一二同，據嘉慶本、宋史卷九五河渠志改。
⑨ 齊女淀　底本作"齊安淀"，長編卷一一二同，據嘉慶本、宋史卷九五河渠志改。

尺,曰沈苑泊。自保州西合雞距泉,嘗爲稻方田,衡廣十里,其深五尺至三尺,曰西塘泊。自何承矩以黃懋爲判官,始置屯田,築堤儲水爲阻固,其後益增廣之,凡並邊諸河,若滹沱、葫蘆①、永濟等河,皆匯於塘。天聖已後,相循而不廢,仍領於緣邊屯田司。而當職之吏各從其所見,或曰:"有兵將在,胡來,何所事塘?且邊吳淀西望長城口尚百餘里,皆山阜高仰,水不能通,胡騎馳突,得此路足矣。塘雖距海,亦無所用。夫以無用之塘而廢可耕之田,則邊穀貴,自困之道也。不如勿廣,以息民爲根本。"或者則曰:"河朔幅員二千里,地平夷,無險阻。賊從西方入,放兵大掠,由東方而歸,我嬰城之不暇,其何以禦之?自邊吳淀至泥姑海口綿亙七州軍,屈曲九百里,深不可以舟行,淺不可以徒涉,雖有勁兵,不能渡也。東有所阻,則甲兵之備可以專力於其西矣,孰謂無益?"論者自是分爲兩岐,而朝廷以虜性荒忽無常,阻固終不可以廢也。

元年八月,忻州團練使劉平自雄州徙知成德軍。是月壬午,奏曰:"臣嚮爲沿邊安撫使,與安撫都監劉志求見,嘗陳備邊之略②。臣今徙真定路,由順安安肅、保定州界,自邊吳淀望趙曠川、長城口,乃契丹出入要害之地,東西不及一百五十里。臣竊恨聖朝七十餘年守邊之臣,何可勝數,皆不能爲朝廷預設深溝高壘,以爲扼塞。臣聞太宗皇帝朝,嘗有請建置方田者。今契丹國多事,兵荒相繼,我乘此以引水植稻爲名開方田,隨田塍四面穿溝渠,縱橫一丈,深二丈,鱗次交錯,兩溝間屈曲爲徑路,才令通步兵。引曹河、鮑河、徐河、雞距泉分注溝中,地高則用水車汲引灌溉,甚便。願以劉志知廣信軍,與楊懷敏共主其事,數載之後,必有成績。"遂密敕平與懷敏漸建方田。懷敏時爲西路緣邊巡檢都監也。侍禁劉宗言又奏請種木於西山之麓,以法榆塞,云可以限胡騎也。

此段取本志附見。劉平自雄州徙成德,乃去年八月丙辰。其奏疏則據會要在此年三月十七日。會要云:明道元年三月十七日,知成德軍劉平言③:"安肅、廣信軍并保州各相去三四十里,其間平原廣野。乞自保州以西,如稻畦掘作方田,每年漸次開展,乞專委西路緣邊都監楊懷敏相度可否。建置方田,必有成績。"詔令懷敏漸次興置方田,仍令劉平常切照管④。

---

① 葫蘆　底本作"沈苑",嘉慶本作"□苑",據長編卷一一二改。宋史卷九五河渠志作"胡蘆"。
② 與安撫都監劉志求見嘗陳備邊之略　長編卷一一二、宋史卷九五河渠志、歷代名臣奏議卷三二三無"求見"二字。
③ 知成德軍　底本脫"軍"一字,據長編卷一一二注文補。
④ 常切照管　"常"底本作"嘗",據長編卷一一二注文改。

寶元元年十一月己未①，河北屯田司言："欲於石㲼口導百濟河水②，以注緣邊塘泊，請免所經民田稅。"從之。時歲旱，塘水涸，知雄州葛懷敏慮契丹使至，測知其廣深，乃壅界河水注之，塘復如故。

慶曆二年三月己巳，契丹遣使致書，求關南十縣，且曰："營築長堤，填塞隘路，開決塘水，添置邊軍。既潛稔於猜嫌，慮難敦於信睦。"四月，復書曰："營築堤埭，開決陂塘。昨緣霖潦之餘，大爲衍溢之患。既非疏導，當稍繕防。豈蘊猜嫌，以虧信睦？"虜使劉六符嘗謂賈昌朝曰："南朝塘濼何爲者哉？一葦可杭，投箠可平，不然決其堤，十萬土囊，遂可踰矣。"時議者亦請涸其地以養兵。上問王拱辰，對曰："兵事尚詭。彼誠有謀，不應以語敵，此六符誇言耳。設險守國，先王不廢，且祖宗所以限胡騎也。"上深然之。

九月乙丑③，契丹復議和好，約兩界塘淀已前開畎者並依舊外④，自今以後各不添展。其見堤堰、水口逐時決洩壅塞，量差兵夫，取便修疊疏導，非時霖潦別至大段漲溢，並不在關報之限。

五年七月。初，與契丹約罷廣兩界塘淀。約既定，朝廷重生事，自是每邊臣言利害，雖聽許，必戒之以毋張皇，使虜有詞。而楊懷敏獨治塘益急⑤。是月，懷敏密奏曰："前轉運使沈邈開七級口泄塘水⑥，臣已亟塞之。知順安軍劉宗言閉五門㯿頭港、下赤大渦柳林口，漳河水不使入塘，臣已復通之，令注白羊淀矣。邈、宗言朋黨沮事如此，不譴誅無以懲後。"詔從懷敏奏，自今有妄乞改水口者，重責之。

修水洛城

慶曆二年十月甲子，陝西四路經略安撫招討使鄭戩言："德順軍生户大王家族兀寧等以水洛城來獻⑦。若就其地築城，可得蕃兵三五萬人，及弓箭手共捍西賊，實爲封

---

① 己未　底本作"乙未"，據長編卷一二二、宋史卷九五河渠志改。
② 百濟河　底本作"永濟河"，宋史卷九五河渠志同，據長編卷一二二改。
③ 九月乙丑　底本作"七月"，宋史卷九五河渠志同，據長編卷一三七改補。
④ 兩界塘淀　"塘"底本作"河"，宋史卷九五河渠志同，據嘉慶本、長編卷一三七改。
⑤ 楊懷敏　長編卷一五六同，嘉慶本、宋史卷九五河渠志均作"葛懷敏"。
⑥ 前轉運使沈邈　底本脱"運"一字，據嘉慶本、長編卷一五六補。
⑦ 兀寧　嘉慶本同，長編卷一四四、宋史全文卷八上、太平治迹統類卷一〇劉滬城水洛均作"元寧"。

疆之利。"從之。

十二月辛丑,陕西宣撫使韓琦言:"請令下陕西四路都部署司①、涇原路經略司,且并力修葺逐處未了城寨。其水洛城候別奏聽旨。"

四年正月戊辰,詔陕西四路都部署司、涇原經略司罷修水洛城,從宣撫使韓琦奏請也。然劉滬時已興役,鄭戩又遣著作佐郎董士廉將兵助之矣。

三月甲戌,命鹽鐵副使、户部員外郎魚周詢,宫苑使周惟德往陕西,同都轉運使程戡相度鑄錢及修水洛城利害以聞。先是,韓琦以修水洛城為不便,奏罷之。鄭戩固請終役。琦還自陕西,即罷戩四路都部署。戩既改知永興,又極言城水洛之便,役不可罷,命劉滬、董士廉督役如故。知渭州尹洙及涇原副都部署狄青相繼論列,以為修城有害無利,議者紛紛不決,故遣周詢等行視。戩初命涇原都監許遷將兵,為修城之援。及戩罷統四路,洙亟召遷還,又檄滬、士廉罷役,且召滬、士廉。蕃部皆遮止滬、士廉等,請自備財力修城,滬、士廉亦以屬户既集,官物無所付,又恐違蕃部意,別生變,日增版築趣役。洙再召之,不從。洙亟命瓦亭寨都監張忠往代,滬又不受。洙怒,命青領兵巡邊,追滬、士廉,欲以違節度斬之。青械二人送德順軍獄。時周詢等猶未至也。蕃部遂驚擾,爭收積聚②,殺吏民為亂,又詣周詢等訴。周詢等具奏,詔釋滬、士廉,令卒城之。

據尹洙乞與鄭戩下獄狀,劉滬、董士廉先送德順軍獄,後有旨送邠州獄。又覆奏李京劄子狀,士廉繫獄二十餘日,但不知是何月日耳。

參知政事范仲淹言:"涇原路走馬承受趙正奏内殿崇班劉滬、著作佐郎董士廉被狄青枷送司理院。竊緣此二人元稟四路都部署節度,往修水洛城,即非是二人擅興。及四路罷後,本路部署司抽迴軍馬,其人即合依稟罷修,不合堅執拒抗。臣料其情,蓋本人在彼相殺得功,降下周回蕃部,又已下手修築城寨,懼見中輟之後,本路責見其經畫不當,故以死抗拒,一面修興,意望成功,亦求免罪,始末可見,非有他意。况劉滬是沿邊有名將佐,最有戰功。國家且須愛惜,不可輕棄。恐狄青因怒輒行軍法,則邊上將佐必皆銜怨,謂國家負此有勞之臣,人人解體,誰肯竭力邊事? 其董士廉是朝廷京

① 陕西四路都部署司　底本脱"都"一字,據下文之"陕西四路都部署司"補。
② 爭收積聚　"收"底本作"燒",據長編卷一四七、宋史全文卷八下、宋史卷三二四劉滬傳改。

官,即非將佐,亦將一例枷勘。蓋狄青粗人,未知朝廷事理,萬一二人被戮,逐家骨肉必來訴於闕下,亦更多有臣僚上言,紊煩聖聽。雖知將帥行得軍法,即非用兵進退之際有違節制,自是因争利害,致犯帥威。昔陳湯矯詔命以破虜,王濬等違節制以下吴,皆釋罪封侯,以勸將列。伏望聖慈特遣中使乘驛往彼,委魚周詢、周惟德取勘劉滬所犯因依情罪聞奏,仍送邠州拘管,聽候朝旨。一則惜得二人不致因公被戮①,二則惜得狄青、尹洙免被二家骨肉稱冤致訟。倘允臣所奏,事可兩全,彰陛下保庇邊將之恩,使武臣效死,以報聖德。”

四月丙申,諫官孫甫略曰:"滬本以一方利害,初稟朝廷之命,領千餘兵,在數萬生蕃中,亦嘗戰鬥殺獲,而終使之服屬,亦其勇略之可尚也。今以主將之言而罪之,不惟勞臣不勸,其招來蕃部,得不驚懼乎?雖然,狄青爲一道帥,下有不從令而朝廷釋之,青不無怏怏心,況今之將臣如青之材勇者,不可多得,此固難處置,惟朝廷兩全之。"余靖言略曰:"今爲朝廷計,當切責滬罪而推恩恕之,使其城守,責以後效。仍詔青等共體此意:滬等所築之城業已就,將軍既困之矣,恕之,令其自守,此邊鄙安危之計,非私於滬。倘有緩急,通其策應,勿以謀之異同,幸其有急而不救也。仍乞不候奏到滬等公案②,特與疏放,無使羌戎因此疑貳。"

此據余靖諫章附見,實錄無有也。

丁酉,歐陽修言:"近遣魚周詢定奪利害,臣謂宜命一中使,令周詢諭狄青曰:滬城水洛非擅役衆,蓋初有所稟,且築城不比行師之際。滬見利堅執,意在成功,不可以違節制加罪。今不欲直釋滬以挫卿之威,宜自釋之。後若出師臨陣而違節制者,自當以軍法從事。然後又諭滬曰:汝違大將命,自合有罪,今以汝城水洛有功,故使青赦爾,責爾卒事以自贖。俟城成,則又戒青不可幸其失城,以遂偏見。如此,則水洛之利可固,蕃户之恩信不失,邊將立事者不懈,大將之威不挫。苟不如此,未見其爲可也。"庚子,知永興軍鄭戩言:"尹洙使狄青帶領兵馬趨德順軍,追攝知水洛城劉滬及本司句當公事董士廉,枷項送獄,稱洙累令住修水洛城,不稟節制。緣臣昨移永興軍,被詔令一面興修,已移文報洙。洙等既知築城已就,又聞朝廷專委魚周詢定奪,更難以利害自

---

① 不致因公被戮 "致",嘉慶本、長編卷一四七均作"至"。
② 仍 底本作"乃",據嘉慶本、長編卷一四八改。

陳,便欲圖陷滬等。一旦用兵,擒脅下獄,必恐蕃漢人民驚潰,互相讎殺,別生邊患。惟深察之。"始,狄青械劉滬、董士廉送德順軍獄,尋有詔移邠州,既而釋二人,令往水洛城訖役,須勘到罪狀別聽旨。丙辰,諫官歐陽修言:"近差魚周詢等相度修水洛城,如聞蕃族見狄青械繫滬等,因致驚騷。今周詢卻將滬往,以此可見滬能以恩信服彼一方①。朝廷必知水洛之爲利,而不欲廢之,非滬守之不可。然滬與狄青、尹洙難共了此事,臣謂不得已,寧移尹洙,不可移劉滬,尚慮議者謂不可因滬而動大將。今但移尹洙而不動狄青,若洙更以恩徙他路,即不是因滬而屈大將矣。如此,則於洙無損,於滬得全其功,於邊防之體無不便。三者皆獲其利,否,則有害。"

五月。先是,鄭戩奏修水洛城,乞令韓琦不預商量。琦言:"臣常患臣僚臨事多避形跡,致賞罰間或有差誤,因退思之。臣任西邊及再任宣撫,首尾五年,只在涇原、秦鳳兩路,於水洛城事,比他人知之甚詳。今若隱而不言,復事形跡,則是臣偷安不忠,有誤陛下委任之意。臣是以不避誅責,輒陳所見利害凡十三條。"大略言:"水洛左右皆小小種落,不屬大朝。今奪取其地,於彼置城,於元昊未有所損,於邊亦無益,一也。緣邊禁軍、弓箭手連年借債修葺城寨,尚未完備,今又修此城堡,大小六七,計須二年,方可得成,物力轉見勞弊,二也。將來修成上件城堡,計須分屯正軍不下五千人,所要糧草,並須入中和糴,所費不小,三也。自來涇原、秦鳳兩路通進援兵,只爲未知得儀州黃石河路,所以議者多欲修水洛城一帶城寨。自近歲修成黃石河路,秦鳳兵往涇原並從腹內經過,逐程有驛舍糧草。若救靜邊寨,比水洛城遠一程②;若救鎮戎、德順軍,比水洛卻近一程。今水洛勞費如此,又多疏虞,比於黃石河腹內之路,遠近所較不多,四也。陝西四路,自來只爲城寨太多,分卻兵勢,每路正兵不下七八萬人,及守城寨之外,不過三萬人③。今涇原、秦鳳兩路若更分兵守水洛一帶城寨,則兵勢轉弱④。兼元昊每來入寇不下十餘萬人,若分三四千人於山外靜邊章山堡以來出沒,則兩路援兵自然阻絕,其城寨內兵力單弱,必不敢出城,不過自守而已。如此是枉費功力⑤,臨事一

---

① 滬能以恩信服彼一方　長編卷一四八同,太平治迹統類卷一〇劉滬城水洛"一方"作"蕃衆"。
② 比水洛城遠一程　司馬光涑水記聞卷一一"城"下有"只"字。
③ 三萬人　司馬光涑水記聞卷一一作"二萬人"。
④ 則兵勢轉弱　"轉"底本作"單",據司馬光涑水記聞卷一一改。
⑤ 如此是枉費功力　底本脫"是"字,據司馬光涑水記聞卷一一補。

無所濟。況自來諸路援兵,極多不過五六千人至萬人,作節次前來,只是張得虛聲。若先爲賊馬扼其來路①,必應援不及。若自黃石河路,則賊隔隴山,不能鈔截,五也。自隴州入秦州,由故關路,山阪險隘,行兩日方至清水縣。清水北十里則床穰寨,自清水又行山路,兩日方至秦州。由此觀之,秦州遠在隴關之外,最爲孤絕。其東路隔限水洛城一帶生户,道路不通,秦州恃之以爲籬障,只備西路三都口一帶賊馬來路。今若開水洛城一帶道路,其城寨之外,必漸有人煙耕種,蕃部等更不敢當道住坐,奸細之人易來窺覘。賊若探知此路平快,將來入寇,分一道兵自床穰寨扼斷故關及水洛,則援兵斷絕,秦州必危。所以秦州人聞官中開道,皆有憂慮之言,不可不知,六也。涇原路沿邊土地最爲膏腴,自來常有弓箭手家人及内地浮浪之人詣城寨官員,求先刺手背②,候有空閑土地標占,謂之强人。此輩只要官中添置城寨,奪得蕃部土地耕種,又無分毫租税,緩急西賊入寇,則和家逃入内地,事過之後,卻來首身③,所以人數雖多,希得其力。又商賈之徒,各務求囑④,於新城内射地土居住⑤,取便與蕃部交易。昨來劉滬下唱和修城之人,盡是此輩。於官中未見有益,七也。涇原一路,重兵皆在渭州。自渭州至水洛城凡六程,若將來西賊以兵圍脅水洛城,日夕告急,部署司不可不救,少發兵則不能前進,多發兵則與前來葛懷敏救定川寨覆没大軍事體一般,所以涇原路患在添置城寨者,一恐分卻兵馬,二恐救應轉難,八也。議者言修水洛城不惟通兩路援兵,亦要彈壓彼處一帶蕃部,緣涇原、秦鳳兩路除熟户外,其生户有蹉鶻谷、者達谷⑥、必利城、騰家城、鴟梟城、古渭州、龕谷、洮河、蘭州、疊宕州,連宗哥、青唐城一帶種類,莫知其數。然族帳分散,不相君長,故不能爲中國之患。又謂元昊爲草賊,素相仇讎,不肯服從,今水洛城乃其一也。朝廷若欲開拓邊境,須待西北無事,財力强盛之時,當今取之,實爲無用,九也。今修水洛城,本要通兩路之兵,其隴城川等大寨,須藉秦鳳差人修置。今秦州文彥博累有論奏,稱其不便,顯是妨礙,不合動移,十也。凡邊上臣

---

① 若先爲賊馬扼其來路　底本脱"馬"一字,據司馬光涑水記聞卷一一補。
② 求先刺手背　"先"底本作"充","背"底本作"皆",均據長編卷一四八改。司馬光涑水記聞卷一一作"求充弓箭手"。
③ 卻來首身　"來"底本作"前",據嘉慶本、司馬光涑水記聞卷一一改。
④ 求囑　底本作"求屬",據司馬光涑水記聞卷一一改。
⑤ 地土　底本顛倒,據嘉慶本、長編卷一四九及司馬光涑水記聞卷一一乙正。
⑥ 蹉鶻谷者達谷　"谷者"底本顛倒,據司馬光涑水記聞卷一一乙正。

僚圖實效者,特在于選舉將校①,訓練兵馬,修完城寨,安集蕃漢,以備寇之至而已。貪功之人則不然,惟務興事求賞,不思國計。故昨來鄭戩差許遷等部領兵馬修城,又差走馬承受麥知微作都大照管名目,若修城功畢,則皆是轉官酬獎之人②。不期與尹洙、狄青所見不同,遂至中輟,希望轉官皆不如意。今若水洛城復修,則隴城川等又須相繼興築,其逐處所差官員、將校,人人只望事了轉官,豈肯更慮國家向後兵馬糧草之費?十一也。昨者,涇原路抽回許遷等兵馬之時,只築得數百步,例各二尺以來。其劉滬憑恃鄭戩,輕視本路主帥,一面興工不止。及至差官交割,又不聽從,此狄青等所以收捉送禁,奏告朝廷。今來若以滬全無過犯③,只是狄青、尹洙可罪,乃是全不計修水洛城經久利害,只聽鄭戩等爭氣加誣,則邊上使臣自此節制不行,大害軍事。十二也。陝西四路,惟涇原一路所寄尤重,蓋川原平闊,賊路最多,故朝廷委尹洙、狄青以經略之任。近西界雖遣人議和,自楊守素回後,又經月餘,寂無消耗,環慶等路不住有賊馬入界侵掠。今已五月,去防秋不遠,西賊奸計,大未可量。朝廷當獎屬逐路帥臣預作支梧④。今乃欲以偏裨不受節制為無過,而卻加罪主帥,實見事體未順。十三也。"詔劄與魚周詢、程戩等。而周詢及戩已先具奏修城之便,且言水洛城今欲畢工,惟女牆未完,棄之誠可惜,宜遂令訖役。乃詔戩等卒城之。丁卯,遣內殿崇班陳惟信往涇原路催修水洛城。

韓琦十三條,據司馬光記聞。琦稱"今已五月"⑤,必是五月初所言,而五月六日丁卯已遣陳惟信往涇原催修城。蓋魚周詢、程戩等先言修城之利,奏到在琦言後一兩日間,故朝廷雖以琦言劄付魚周詢等,及周詢等奏到,即從其請,遣惟信催修城也。記聞稱五月十六日詔戩等卒城水洛,蓋誤以初六日為十六日。今改之。

六月癸卯,改新知渭州孫沔復知慶州,新知慶州尹洙知晉州。始,朝廷欲卒城水洛,故令洙與沔易任。沔以病辭,乃別徙洙,於是渭州闕守,詔委狄青。諫官余靖言:"涇原在陝西最為重地,雖范仲淹不敢獨當,豈青粗暴所能專任?"章凡四上,尋有詔徙

---

① 特在于選舉將校 "在于"底本作"務",據司馬光涑水記聞卷一一改。
② 則皆是轉官酬獎之人 "是",嘉慶本作"得"。
③ 今來 底本脫此二字,據司馬光涑水記聞卷一一、長編卷一四九補。
④ 支梧 底本作"支吾",據司馬光涑水記聞卷一一改。
⑤ 琦稱今已五月 底本脫"琦"一字,據嘉慶本補。

青權并代部署。甲辰，涇原路經略安撫司言修水洛城畢①。庚戌，淮南都轉運按察使、兵部員外郎、天章閣待制王素爲刑部郎中、涇原路經略安撫使，兼知渭州。

七月壬申，賜修水洛城禁軍及弓箭手緡錢。乙酉，降渭州西路巡檢、内殿崇班、閤門祗候劉滬爲東頭供奉官，著作佐郎、新知碻山縣董士廉罰銅八斤。朝廷雖使滬、士廉卒城水洛，仍以滬權水洛城主，終坐違本路帥命，故責及之。

八月癸卯，右正言、直集賢院、知晉州尹洙爲起居舍人、直龍圖閣、知潞州。舊制，諫官、御史補外，無待闕者。洙自慶移晉，會前守未滿歲，有旨令洙待闕。洙心疑鄭戩譖己，奏乞與戩俱下御史獄辯水洛城事，且言戩交結走馬承受麥知微，於是遷秩改命，而所乞竟不從。戊申，陝西都轉運按察使、天章閣待制程戩言：「昨遣三司鹽鐵副使魚周詢、宮苑使周惟德與臣同體量興修水洛城。臣等昨離永興軍日，涇原部署狄青已部領軍馬至德順軍②，仍令閤門祗候崔宣、指揮使謝能等領軍馬，就水洛城收捉劉滬、董士廉，欲誣以違節制斬之，賴滬等不敢抗對，由是止械送司理院。初令本軍監酒周頌就劾，又差平涼知縣李元規代頌面受其意③。不謂朝廷遣周詢、惟德來，劉滬等生得出獄，嗣後臣奉旨帶劉滬、董士廉再往興築。臣等以蕃部疑變及慮狄青、尹洙等破壞④，此城無以就功，累聞朝廷續差内殿崇班陳惟信，令臣與狄青應副興修。今幸滬等城水洛已就而蕃部帖然，其初本路兵馬鈐轄高繼元、著作郎石輅、大理寺丞李仲昌等皆贊謀狄青，謂水洛不便。今既共事，其如一黨之人，自懷疑忌，兼聞既城之後，猶欲力遂前非。石輅雖已離此，繼元、仲昌多陰獻計畫，務在間諜。今除王素知渭州，未必不爲鬥亂。雖水洛城不足惜，奈何扇動蕃部棄去漢土？不惟爲異類報怨，兼欲將微臣稔過。臣所操心，粗能知分，雖城百水洛，固非臣邀功掠美之地。乞候王素過京師，特賜宣諭此事，庶到邊不爲群小所惑。其高繼元、李仲昌乞早移別路一差遣，不爾沮撓邊事，必起後虞。」詔權并代部署狄青爲惠州團練使、捧日天武四廂都指揮使、涇原部署。

青自涇原權并代當在六月十三日以後，朝廷不欲令青沮劉滬也，但實錄不詳耳。水洛既城，劉滬又

---

① 安撫司　"司"底本作"使"，據嘉慶本、長編卷一五〇改。
② 德順軍　"德順"底本顛倒，據嘉慶本、長編卷一五一乙正。
③ 面受其意　"受"，長編卷一五一作"授"。
④ 及慮狄青尹洙等破壞　"及"底本作"乃"，據長編卷一五一改。

責官,涇原已別命帥,則青可復還,特書此,亦足見朝廷委曲任人之意云。

五年三月,董士廉詣闕訟水洛城事,輔臣多主之。韓琦不自安,懇求補外。

七年五月,水洛城都監、內殿崇班、閤門祗候劉滬卒。其弟淵將護喪東歸,居人遮道號泣,請留葬水洛,立祠城隅,歲時祀之①。經略司言:"熟户蕃官牛獎逋等願得滬子弟主其城。"乃復命滬弟淳爲水洛城都監。

皇祐三年正月戊寅,涇原經略司言:"自修德順軍水洛城抵石門堡,而生户蕃族多出內附。請遞補職名,仍月給俸錢,使爲屬户以扞邊。"從之。

---

① 歲時祀之 "祀"底本作"祠",據嘉慶本、長編卷一六〇改。

卷第四十七

仁宗皇帝

塞河

修滑州決河

天聖元年正月癸未,詔中書、樞密院同議塞滑州決河。河入中國,行太行西,曲折由山間,則不能爲大患。及出大伾,走東北赴海,更平地二千餘里。禹迹既堙,河并爲一,而特以堤防爲之限,夏秋霖潦,百川衆流之所會,時不免決溢之憂。然有司之所以備河者,亦益工矣。岸汩則易摧,故聚芻稿薪條,枚實石而縋之,合以爲埽。凡埽之法,若高十丈,長八尺①,其長箄以徑圍各折半,因之得積尺七千五百,則用薪八百圍,史稿作"薪五百圍"。芻稿二千四百圍,所謂葦索、心索、底篓、搭篓、箍首索、簽椿、磕橛、拐橛②、拽後橛,其多寡稱所用。若大小廣袤不同,則隨時損益之,而亦視此爲率焉。故凡置埽,必仞水之深,度岸之高,或疊二、疊三四。一埽之長居岸二十步,而岸長或數百步,或千餘步,埽壞輒牽連而去。又置埽以補救之,其費動爲緡錢數萬。凡埽初下水曰"撲岸",居上而捍水曰"爭高",闕地置之以備水曰"陷埽"。埽實墊爲亡所患,浮湍則危。其卷埽之器,則有制腳木、制木、進木、拒馬、短長木篗、大小石篗、雲梯、引橛、推梯、卓斧、綿索,其敖旗所以利工作而爲號令之節也。凡度役事,負六十斤行六十里爲一工,土方一尺重五十斤,取土二十步外者一工,二十五尺上接邪高,皆折計之。水背向不常,則埽各從地而易。

自"河入中國"至此,皆因本志附此。李清臣史稿載埽法尤詳,本志删取之。

四月己酉,以京西轉運使、祠部郎中孫沖兼權滑州、河陰至泗州都大巡河,東頭供

---

① 若高十丈長八尺　嘉慶本同,長編卷一○○作"若高十丈長百尺"。
② 磕橛拐橛　底本脱"拐橛"二字,據長編卷一○○補。

奉官、閤門祗候張君平簽書滑州事。初議塞決河也。

五月甲戌，命參知政事魯宗道按視滑州塞河功料。

六月，張君平求免簽書滑州事，專領修河，仍乞增置都監，且薦太常博士李湋。庚子，湋換授北作坊使，與君平俱為修河都監。魯宗道用湋策，欲盛夏興役，孫沖謂徒費樸薪，困人力，雖塞必決。乃徙沖知河陽。既而役兵多渴死，君平議減其功半，湋不聽，君平獨以聞，乃斥湋不用，君平亦徙他官，河卒不塞。

九月，京東西路先配率塞河梢芟數千萬，期又峻急，民苦之。王欽若召自江寧，見其事，言於上曰："民方勤農，豈可常賦外追擾？"甲戌，詔州縣未得督發，別聽旨。癸未，賜滑州修河役卒緡錢。

閏九月壬辰朔，詔："如聞滑州修河役兵暴露作苦，而所飯菽粟或爨未熟，乃不可食，宜遣使臣往視之。"十月癸亥，詔滑州募民入粟。

二年八月戊寅，遣度支員外郎、祕閣校理李垂，內殿崇班閤門祗候張君平按視滑、衛等州河勢，以歲稔，將議塞決口也。

五年七月丁巳，以馬軍副都指揮使彭睿為修河都部署，內殿押班岑保正為鈐轄，禮賓副使閻文應、供備庫副使張君平為都監。丙辰①，詔發丁夫三萬八千、卒二萬一千、緡錢五十萬，塞滑州決河。

八月戊辰朔，命知制誥程琳往滑州祭告河。

九月癸卯，遣知制誥程琳、西上閤門使曹儀往滑州按視修河。初詔欲增發丁夫二萬，中書言調工已衆，不可增發。故遣琳等往度之。乙巳，詔京西轉運使張億自今五日一具修河次第以聞②。丙辰，詔："滑州修河兵夫比多疾病，其令醫官院遣醫分治之。候罷役，較其全失之數以聞。"

十月辛未，賜滑州修河役卒緡錢。戊寅，詔："修河兵夫候功畢日，其少壯願隸禁軍者聽之。"壬午，遣知制誥徐奭往滑州祭告河。乙酉，賜滑州修河役卒緡錢。丙申，滑州言塞決河畢。是日旬休，上與太后御承明殿，召輔臣諭曰："河決累年，一旦復故道，皆卿等經畫力也。"王曾等皆再拜稱賀。詔速第修河臣僚勞效以聞。作靈順廟於

---

① 丙辰　底本脫此二字，據長編卷一○五補。
② 張億　嘉慶本作"張意"。

新堤之側。

> 此據宋綬廟記,乃十月事也。

十一月丁酉朔,名滑州新修埽曰天臺埽,以其近天臺山麓故也。己亥,以河平,宰臣率百官稱賀,遂燕崇德殿。自天禧三年河決,至是積九載乃復塞,凡費芻稿千六百二十萬,它費不與焉。遣官告謝天地、社稷、宗廟、諸陵,命翰林學士章得象祭於河,宋綬撰修河記。修河部署、馬軍副都指揮使、保順節度使彭睿加武昌節度使,右諫議大夫、權三司使范雍加龍圖閣直學士,知滑州、右諫議大夫寇瑊加樞密直學士,凡督役者第遷官。民經率配,免稅十之三,優恤災傷戶。始役既興,朝議以歲饑將復罷,瑊言:"病民者,特芻稿耳。幸調率已集,若積之經年,則腐朽爲棄物,後復興功斂之,是重困也。"乃詔訖役。壬戌,錄故西京作坊使、滑州鈐轄張君平子造爲三班奉職,遂、達並爲借職。

修澶州決河

天聖六年八月乙亥,澶州言河決王楚埽,凡三十步。

七年二月乙酉①,河北轉運使言:"河平以來,澶州諸埽未嘗完築,恐盛夏益復漲溢,請募民入中芻糧,以備緩急。"詔可。

五月。先是,侍御史高弁、內侍楊懷敏往澶州視決河,議築大韓埽,又遣內侍蘩仲宣覆按之。仲宣言大河已安流,諸埽亦足恃。帝亦重興役,壬申,以諸埽圖示輔臣,罷大韓不復築。弁亦請弛隄防,縱水所之,可省民力,且以扼胡虜。不報。

> 此據高弁傳,在三月辛亥。實錄載弁議,更考之。

九月戊辰,澶州官吏並坐王楚埽決降官一等②。

十二月,河朔罹水患,朝廷以民疲不任徭役,故王楚埽尚未塞。都大巡護澶、滑河隄高繼密請自澶州蒐固埽下接大堤東北③,即高阜築遙堤爲備禦計。侍御史高弁又請於澶州之西分導二河,以殺水勢。壬子,命龍圖閣待制韓億、左藏庫使閻文應等往河北,同轉運使相視之。

---

① 七年二月乙酉　底本脫"乙酉"二字,據長編卷一○七補。
② 降官一等　"降",長編卷一○八作"貶"。
③ 都大巡護澶滑河隄高繼密　底本脫"隄"一字,據長編卷一○八補。

八年正月癸亥,詔河北轉運使視澶州埽岸,如梢芟有備,即議修塞。或民力猶困,則須冬月乃議之。丙子,前良山縣令陳曜請於鄆、滑州界疏黄河入㴸邱河、赤河,以分水勢。詔京東、河北轉運使與韓億同規度之。戊寅,遣禮賓副使江德源往澶州視古遥堤。庚辰,詔河北水災州軍募人入粟,以賑貧民。

三月庚辰,詔河北被水州縣毋税牛。

景祐元年七月甲寅,澶州言河決横壠埽。乙卯,命户部副使王沿、供備庫使孫昭等視之。

十月。初,大名府言:"自河決横壠,而德、博以來皆罹水患。請早行修塞。"即詔王沿等相視。沿等以爲河勢奔注靡定,且功大,未可遽興。癸亥,復遣侍御史知雜事楊偕、入内押班王惟忠、閤門祇候康德輿同往視度,既而偕等言①:"欲且興築兩岸馬頭,令緣堤預積芻稿,俟來年秋,乃大發丁夫修塞。"從之。

十二月癸未,以天雄軍部署、萊州團練使邵福爲都大修河部署,供備庫副使王遇爲澶州部署,右侍禁、閤門祇候王昭序爲滄州部署,並兼修河事。三門白波發運使文洎言:"諸埽須薪芻、竹索,歲給有常數,費以鉅萬計,積久多致腐爛。乞委官檢覈實數,仍視諸埽緊慢移撥,并斫近岸榆柳添給,免採買搬運之勞。"因陳五利。詔三司詳所奏,遂施行之。洎,介休人也。

二年正月庚戌,詔:"自横壠河決,嘗下河北、京東西路,以民租折納梢芟五百餘萬。今河決處自生淤灘,可省工費。其三路未輸梢芟,並停罷②。"

三月己丑,殿中丞、通判齊州張宗彝言:"大名府新作金堤,可以捍横壠決河水勢。請且緩修塞之役。"詔河北轉運司繪黄河故道及決河至海圖上之。

四月癸酉,詔澶州募民輸梢芟。

三年三月丙午,度支副使郭勸、四方館使夏元亨同點檢修横壠埽所儲錢糧芻稿,及行視王楚埽所開減水河利害以聞。

五月戊子③,殿中丞王果言:"河北地勢卑下,積沙爲岸。若導河東流,恐不能禦

---

① 既而偕等言　底本脱"既"一字,據長編卷一一五補。
② 並停罷　長編卷一一六作"並權停"。
③ 五月戊子　底本脱"戊子"二字,據長編卷一一八補。

湍悍之患。欲望博詢羣議,罷塞横壠。"詔郭勸、夏元亨同按視以聞。果,饒陽人也。辛卯,以儀鸞使①、雅州刺史、入内副都知王守忠爲澶州修河鈐轄②,内殿崇班李保懿爲都監,崇儀副使楊懷敏管句黄河南岸諸埽,内殿崇班吕清管句北岸諸埽。丙午,詔澶州權停塞横壠決河。自是河東北行,不復由故道。徙修河都監楊懷敏專固護大名府金堤。

自是河東北行,不復由故道。此據去年八月戊辰稽古録所書。明年十二月,河北漕司又奏早撥修塞横壠決河錢糧,不知何也。

四年十二月戊辰朔,河北轉運司奏修塞横壠決河合用錢糧,乞早撥付河口,以來春興役。上令轉運司再計度從何處修塞,河勢從何處赴海,有無壅滯,保明復奏。

此但據朔曆,它無有也。當考。

再修澶州決河

慶曆八年六月癸酉,河決澶州商胡埽。丙子,遣權發遣户部判官事燕度行視澶州決河。

七月戊戌,詔河北水災,其令州縣募饑民爲軍③。甲寅,命河北都轉運使、户部郎中、天章閣待制施昌言都大管句澶州修河事,四方館使、榮州刺史、知澶州王德基同都大管句,通判澶州、屯田司員外郎張諤、國子博士張士程同管句河事。丙辰,命馬軍副都指揮使、武安留後郭承祐爲澶州修河部署。戊午,加建武節度使。庚申,即以承祐權知澶州,尋又加殿前副都指揮使。辛酉,權發遣户部判官、屯田員外郎燕度同知澶州、兼管句修河事。甲子,命翰林學士宋祁、入内都知張永和詣商胡埽,視決河及覆計工料。

八月辛巳④,判大名府賈昌朝請下京東州軍興葺黄河舊堤,引水東流,漸復故道,然後並塞横壠、商胡二口,永爲大利。詔待制以上并臺諫官亟詳定利害以聞。甲申,宋祁、張永和等言⑤:"商胡水口見闊五百五十七步,用工一千四十二萬六千八百⑥,日

---

① 儀鸞使 "鸞"底本作"鑾",據嘉慶本、長編卷一一八改。
② 入内副都知 長編卷一一八作"内侍副都知"。
③ 軍 嘉慶本作"兵"。
④ 辛巳 底本脱此二字,據長編卷一六五補。
⑤ 張永和 底本作"張允和",據長編卷一六五改。按:上文之"入内都知張永和"亦可爲參證。
⑥ 四十二萬 "二"底本作"一",據長編卷一六五改。

役兵夫一十萬四千二百六十八人①,可百日而畢。"詔付詳定所。已丑,以河北、京東西水災,罷秋宴。辛卯,觀文殿學士丁度等合奏修河利害曰:"天聖中,滑州塞決河,積備累年始興役。今商胡工尤大,而河北歲饑民疲,迫寒月,難遽就也。且橫壠決已久,故河尚未填閼,宜疏減水河,以殺水勢,俟來春先塞商胡。"從之。前遣內侍募民入薪芻者皆還,但令諸路自行誘勸。

十一月癸丑,鹽鐵副使、吏部員外郎陳洎,供備庫使、恩州刺史、入内都知張惟吉同相度商胡堤岸。十二月庚辰,判大名府賈昌朝又言:"按夏禹導河,過覃懷,至大伾,釃爲二渠:一即貝邱西南河渠②,書稱'北過洚水③,至於大陸'者是也;一即漯川,史記④'經東武陽,由千乘入海'者是也。河自平原以北播爲九道,齊桓公塞其八而并歸徒駭。武帝時決瓠子,久爲梁、楚患,後卒塞之,築宮其上,名曰'宣房',復禹舊迹。至王莽時,貝邱西南渠遂竭,九河盡滅,獨用漯川,而歷代徙決不常,然不越鄆濮之北、魏博之東,即今澶、滑大河,歷北京朝城,由蒲臺入海者,禹、漢千載之遺功也。國朝以來,開封、大名、懷、滑、澶、鄆、濮、棣、齊之境河屢決,天禧三年至四年夏連決,天臺山傍尤甚,凡九載乃塞之。天聖六年又敗王楚,景祐初潰於橫壠,遂塞王楚,於是河獨從橫壠出,至平原,分金、赤、游三河,經棣、濱之北入海。近歲海口壅閼,淖不可浚,是以去年河敗德、博間者凡二十一,今夏潰於商胡,經北都之東至於武城,遂貫御河,歷冀、瀛二州之域,抵乾寧軍南達於海。今橫壠故水止存三分,金、赤、游河皆已堙塞,惟出雍京口以東,大污民田⑤,乃至於海。自古河決爲害,莫甚於此。朝廷以朔方根本之地,禦備戎虜,取財用以饋軍師者,惟滄、棣、濱、齊最厚。自橫壠決,財利耗半;商胡之敗,十失其八九。況國家恃此大河,內固京師,外限胡馬,祖宗以來,留意河防,條禁嚴切者以此。今乃旁流散出,甚有可涉之處。臣竊謂朝廷未之思也。如或思之,則不可不救其弊。臣愚竊謂救之之術,莫若東復故道,盡塞諸口。按橫壠以東至鄆、濮間堤埽具在,宜加完葺,其堙淺之處,可以時發近縣夫開導至鄆州東界,其南悉沿邱麓,高

---

① 二百六十八 "二"底本作"一",據長編卷一六五改。
② 一即貝邱西南河渠 嘉慶本作"一即貝邱西河南渠"。
③ 洚水 底本作"降水",據嘉慶本、長編卷一六五改。
④ 史記 嘉慶本作"史說"。
⑤ 大污民田 "污"底本作"決",據長編卷一六五、宋會要輯稿方域一四之一八改。

不能決，此皆平原曠野，無所阨束，自古不爲防岸，以達於海，此歷世之長利也。謹繪漯川、橫壠、商胡三河爲一圖上進，惟陛下留省。"詔翰林侍讀郭勸、入内副都知藍元用與河北、京東轉運使再行相度修復黄河故道利害以聞。

皇祐元年正月己亥，命度支副使、刑部員外郎吴鼎臣，洛苑使、眉州防禦使、入内副都知藍元用往澶州經度治河功費。庚子，徙河北都轉運使施昌言知兖州。昌言議塞商胡決河，令復故道，與賈昌朝不合，故徙之。以吴鼎臣爲天章閣待制、河北都轉運使。戊申，以河北水災，罷上元張燈，車駕朝謁停作樂。

二月甲戌，河北轉運使言："黄、御二河決，並注乾寧軍。請遷其軍於瀛州之屬縣。"詔止徙屯兵馬於瀛州。

志云：河合永濟渠注乾寧軍。

郭勸等言："與京西轉運使徐起、河北轉運使崔嶧自橫壠口以東，至鄆州銅城鎮度地高下，使河復故道，爲利明甚。凡濬二百六十三里一百八十步，役四千四百九十萬四千九百六十工。"議雖上，未及行也。

九月乙卯，遣龍圖閣直學士張奎、入内都知張惟吉、供備庫副使郭息往澶州經度商胡決口①。

二年正月己亥，詔河北提點刑獄司自今歲調兵夫治河，並親往督視之。丙辰，御史中丞郭勸，入内都知張惟吉、藍元用同檢核黄河故道工料以聞。

三年七月辛酉，河決大名府館陶縣郭固口。

九月己未，詔三司河渠司與兩制、臺諫官同議塞商胡、郭固決河，仍詔河北都轉運使吕公弼、提舉河堤蔡仲宣赴闕同議。

四年正月乙亥，塞郭固口。

二月己亥，詔河北安撫轉運使、知博州蔡挺與入内都知張惟吉同議六塔河利害以聞②。時郭固雖已塞，而水勢猶壅。議者請開六塔河以分其勢，故命惟吉等按視。

至和元年六月壬寅，徙知澶州、建武節度使曹佾知青州。時議將修塞六塔，上賜詔問佾。佾言："河決殆天時，未易以人力争。陛下念河北被患，於工費無所惜，然決

---

① 郭息　嘉慶本同，長編卷一六七、宋會要輯稿方域一四之一八均作"郭恩"。
② 入内都知　底本作"入都内知"，據嘉慶本、長編卷一七二乙正。

口將合流益駛,雖用土如麻葦①,積芻如邱阜,且何所施?以臣之見,不如徐觀其勢而利導之,萬全之筭也。"俗論與執政異,故徙之。

此據李清臣墓銘。按:此時猶未修六塔,恐清臣飾説,當考。明年十月二日,趙抃有言。

十一月戊辰,命鹽鐵副使、司封員外郎李參,皇城使、陵州團練使、内侍押班武繼隆相度黄河故道。

十二月壬子,詔河北、京東轉運使同詣鄆州銅城鎮海口審度黄河高下之勢,如興工後水果得通流,即條具利害以聞。

開銅城,塞商胡,議自郭勸等,始見皇祐元年二月。河北周沆、燕度,京東陳宗古也。

二年九月丁卯,詔:"自商胡之決,大河注金堤,寖爲河北患,其故道又以河北、京東歲饑,未能興役。今句當河渠司事李仲昌欲約水入六塔河,使歸横壠舊河,以紓一時之急。其令兩制以上、臺諫官與河渠司同詳定開故道修六塔利害以聞。"丙子,歐陽修言:"伏見學士院集議修河,未有定論,蓋由賈昌朝欲復故道,李仲昌請開六塔,互執一説,莫知孰是。臣愚見皆謂不然。言故道者未詳利害之原,述六塔者近乎欺罔之謬。今謂故道可復者,但見河北水害而欲還之京東,然不思天禧以來河水屢決之因,所以未知故道不可復之勢,臣故謂未詳利害之原也。若言六塔之利者,則不待攻而自破矣。且開六塔者説云減大河水,今六塔既已開,而恩、冀之患何爲尚告奔騰之急?此則減水未見其利也。又開六塔者云可以全回大河②,使復横壠故道。今六塔只是别河下流,已爲濱、棣、德、博之患,若全回大河以入六塔,顧其患如何?臣故謂近乎欺罔之謬也。且河本泥沙,無不淤之理,淤淀之勢,常先下流,下流淤高,水行漸壅,乃決上流之低處,此勢之常也。然避高就下,水之本性,故河流已棄之道,自古難復。臣不敢遠引史書,廣述河源,且以今所欲復之故道言天禧以來屢決之因。初,天禧中,河出京東,水行於今所謂故道者。水既淤澀,乃決天臺埽,尋塞而復故道,未幾,又決於滑州南鐵狗廟,今所謂龍門埽者也。其後數年,又塞而復故道,已而又決王楚埽。所決差小,與故道分流,然而故道之水終以壅淤,故又於横壠大決,是則決河非不能力塞,故

---

① 雖用土如麻葦　長編卷一七六同,嘉慶本、九朝編年備要卷一五"土"均作"工",後者意優。
② 又開六塔者云　嘉慶本"又"下有"聞"一字。

道非不能力復,所復不久,終必決於上流者,由故道淤高而水不能行故也。及橫壠既決,水流就下,所以十餘年間,河未爲患。至慶曆三四年,橫壠之水又自海口先淤凡一百四十餘里,其後游、金、赤三河相次又淤。下流既梗,反決於上流之商胡口。然則京東、橫壠兩河故道,皆是下流淤塞,河水已棄之高地。京東故道屢復屢決,理不可復,不待言而易知也。昨議者計度京東故道,只云銅城已上地高,不知大抵東去皆高,銅城已上乃特高爾。其東比銅城已上則稍低,比商胡已上則實高也。若云銅城已東地勢平下,則當日水流宜決銅城已上,何緣而頓淤橫壠之口,亦何緣而大決也?然兩河故道既皆不可爲,則河北水患何爲而去?臣聞智者之於事有所不能必,則較其利害之輕重,擇其害少者而爲之,猶愈於害多而利少,何況有害而無利?此三者,可較而擇也。又商胡初決之時,議欲修塞,計用梢芟一千八百萬,科配六路一百餘州軍。今欲塞者,乃往年之商胡,則必用往年之物數。至於開鑿故道,張奎所計工費甚大。其後李參等減損,猶用三十萬人。然欲以五十步之狹容大河之水,此可笑也。又欲增一夫所開三尺之方倍爲六尺,且闊、厚三尺而長六尺,是一倍之功,在於人力,已爲勞苦。若云六尺之方,以開方法筭之,乃八倍之功,此豈人力之所能勝?是則前功既大而難興,後功雖小而不實。大抵塞商胡,開故道,凡二大役,皆困國而勞人。所舉如此,而欲開難復屢決已驗之故道,使其虛費,而商胡不可塞,故道不可復,此所謂有害而無利者也。就使幸而暫塞,以紓目前之患,而終於上流必決,如龍門、橫壠之比,此所謂利少而害多也。若六塔者,於大河有減水之名,而無減患之實。今下流所散,爲患已多,若全回大河以注之,則濱、棣、德、博,河北所仰之州不勝其患,而又故道淤澀,上流必有他決之虞,此直有害而無利爾,是皆智者之不爲也。今若因水所在,增治堤防,疏其下流,浚以入海,則可無決溢散漫之虞。今河所歷數州之地誠爲患矣,堤防歲用之夫誠爲勞矣,與其虛費天下之財,虛舉大衆之役,而不能成功,終不免爲數州之患,勞歲用之夫,則此所謂害少者,乃智者所宜擇也。大約今河之勢負三決之虞:復故道,上流必決;開六塔,上流亦決;今河之下流,若不浚使入海,則上流亦決。臣請選知水利之臣,就其下流求入海之路而浚之,不然,下流梗澀,則終虞上決,爲患無涯。臣非知水者,但以今事可驗者較之爾,願下群臣議,裁取其當焉。"

蘇轍作修神道碑云:"河決商胡,賈昌朝留守北京,欲開橫壠故道,回河使東。有李仲昌者,欲導商胡入六塔河。詔兩府、臺諫集議。陳執中當國,主橫壠議。執中罷去,而宰相復以仲昌之言爲然。"宰相,蓋指富弼也。今附此。

甲申,翰林學士承旨孫抃等言:"奉詔定黃河利害,其開故道,誠爲經久之利,然功大不能卒就。其六塔河如相度容得大河,使導而東去,可以紓恩、冀金堤患,即乞許之。"

十二月丁亥,中書奏:"自商胡決,爲大名、恩、冀患,先議開銅城道,塞商胡,以功大難卒就緩之,則憂金堤泛溢,不能捍也。願備工費入橫壠,宜令河北、京東預完堤埽,并上河水所占民田。"從之,始用李仲昌議也。戊子,知澶州、天平留後李璋爲修河都部署,河北轉運使、兵部郎中、天章閣待制周沆權同知澶州、都大管句應副修河公事,宣政使、果州團練使、入内副都知鄧保吉爲修河鈐轄,殿中丞李仲昌都大提舉河渠司,内殿承制張懷恩爲修河都監。尋以北作坊使、果州團練使、内殿押班王從善爲修河都鈐轄。壬辰,龍圖閣直學士、給事中施昌言爲都大修河制置使;提點開封府界諸縣鎮公事、度支員外郎蔡挺,都大提點河渠司句當公事、太常博士楊偉,並同管句修河。昌言辭之,不許。

嘉祐元年四月壬子朔,李仲昌等塞商胡,北流入六塔河,溢不能容,是夕復決,溺兵夫,漂芻稿不可勝計。壬申,殿中侍御史趙抃言:"臣伏觀今春朝廷指揮,商胡北流口,候至秋冬閉塞。其修河司李仲昌、張懷恩等全不依稟制旨,妄稱水勢自然過入六塔新河,盛夏之初,遂爾閉合,一日之内,果即衝開,失壞物料一二百萬,溺没兵夫性命不少。民力疲弊,道路驚嗟。豈非意在急功,力覬恩賞,失計敗事,咎將誰歸?伏望陛下特賜宸斷,其仲昌、懷恩及應管句臣等亟加貶黜,以正典刑。謝彼方之生靈,戒後來之妄作。"

六月戊午,龍圖閣直學士、給事中施昌言爲樞密直學士、知澶州。時六塔河既修復決,朝廷猶欲成之,因以澶州授昌言,冀便役事云。

命昌言知澶州以便役事,此據其本傳。四月壬子朔,六塔河已決,不知何故昌言今乃加職。又後此三日,李璋等皆責,而昌言獨免,至十一月甲辰昌言始責,殊不可曉,今據趙抃奏議增修。

辛酉,降知澶州、修河都部署、天平留後李璋知曹州,河北轉運副使、同管句修河、司封員外郎燕度知蔡州,提舉開封府界縣鎮公事、同管句修河、度支員外郎蔡挺知滁州,修河都鈐轄、北作坊使、果州團練使、内殿押班王從善爲濮州都監,供備庫副使張懷恩爲内殿承制,提擧黄河埽岸、殿中丞李仲昌爲大理寺丞。戊寅,兵部員外郎、知制誥韓絳爲河北體量安撫使,西上閤門副使王道恭副之。時宰相文彦博、富弼主李仲昌六塔河議,及敗事,人莫敢盡言。絳至河北,具得其狀,始請置獄劾治,仲昌等由是俱被竄廢。

<small>此據絳行狀,劉攽所作也。</small>

初,議塞六塔。河北轉運使周沆獨言:"近計塞商胡,用薪蘇千六百四十五萬,工五百八十三萬。今仲昌計塞六塔,用薪蘇三百萬,工一萬。共是一河,所費財用不容若是之殊①。蓋李仲昌欲先爲小計,以求興役爾。又今河廣二百餘步,六塔才四十餘步,必不能容。且横壠下流,自河徙以來,填淤成高陸,其西堤粗完,東堤或在或亡。前日六塔水微通,分大河之水不十分之三,濱水之民喪業者已三萬户。就使如仲昌言全河東注,必横潰泛濫,齊、博、德、棣、濱五州之民皆爲魚鱉食矣。今自六塔距海千餘里,若欲壅河使東,宜先治水所過兩堤,使皆高厚,仍備置吏兵,分守其地,多積薪蘇,以防衝決,乃可爲也。然其勞費甚大,未易可辦。以臣度之,六塔實不可塞。"不從。及仲昌敗,沆又上言:"民罹水災,皆結廬堤冢,糧乏可哀。臣欲輒發近倉賑之,顧大恩當自上出,願亟遣使按視救恤。"從之。

<small>此據周沆本傳,不知沆疏李仲昌議不可用在何時。至和元年十二月,遣使與河北、京東漕臣詣銅城鎮相度河勢。恐沆因此上疏。然二年十二月,沆猶被命同權知澶州,應副修六塔河。若既駁仲昌議,則不應更受此命。或朝廷雖有此命而沆卒辭之,故河決獨免責也。今附見沆事於遣韓絳體量河北後。</small>

十一月甲辰,降知澶州、樞密直學士、給事中施昌言爲左諫議大夫、知滑州,天平留後李璋爲邢州觀察使,司封員外郎燕度爲都官員外郎,北作坊使、果州團練使、内侍押班王從善爲文思使,度支員外郎蔡挺追一官勒停,内殿承制張懷恩澤州編管,大理寺丞李仲昌英州衙前編管。先是,宰相文彦博、富弼主仲昌議開六塔河,不聽賈昌朝所言,昌朝以爲恨。及六塔功敗,仲昌等皆坐責,中書議不勝,昌朝因欲動摇宰相,乃教内侍劉恢密奏六塔水死者數千萬人,穿土干禁忌,且河口岡與國姓、御名有嫌,而大興鍤畚非便。詔遣中使置獄。殿中侍御史吕景初意昌朝爲之,時昌朝已入爲樞密使。即

---

① 財用　長編卷一八二作"財力"。

言事無根原,不出政府,恐陰邪用此中傷善良。乃更遣殿中侍御史裏行吳中復與文思副使、帶御器械鄧守恭等往澶州鞫其事,趣行甚急,一日內降至七封。中復固請對,乃行,既對,以所受內降納御座,言:"恐獄起奸臣,非盛世所宜有。臣不敢奉詔,乞付中書行出。"上從之。時號中復爲"鐵面御史"。中復馳往,較景德户籍,乃趙征村,實非御名。六塔河口亦無岡勢,但劾昌言等奉詔俟秋冬塞北流,而擅違約,甫塞即決,損國工費。懷恩、仲昌仍坐取河材以爲器,盜所監臨,故重貶之。昌朝讒雖不效,亦即召爲樞密使。仲昌,垂子也。垂嘗上導河形勝書,欲釃別派,使緩而不決,至仲昌,反塞河,背戾家學,遂以貶終焉。仲昌既貶,朝廷始專治西堤,以衛北京及契丹國信路,不復治東堤。

　　"鐵面御史"幷"乞付中書行出"及"內降七封",並據曾氏南遊記舊。曾氏又以治恩、冀河流斷趙征村岡勢爲韓琦主議,誤也。專治西堤,據稽古録。江氏雜志云:許州賈侍中坐語及黃河事,賈云金堤只有西岸。漢書"左堤強則右堤傷",既無東岸,自無決理,不須歲築。然今每歲不減十萬夫役,無敢減省者。江志此事,恐與稽古録所書相參合①,當考。又云:張安道云河決六塔口,河北税賦放百七十萬石。今舉天下所得以奉河北歲三百萬者,河決之患也。原其所由,下流多置橋,水不通泄,爲世大患。去澶橋則河患息矣。

---

① 相參合　底本脱"合"一字,據長編卷一八四注文補。

卷第四十八

仁宗皇帝

外郡賊寇

慶曆三年五月癸巳①，京東安撫司言：本路捉賊虎翼卒王倫等殺沂州巡檢使、御前忠佐朱進以叛。遣東頭供奉官李沔，左班殿直曹元喆、韓周往捕擊之。

六月癸丑，知諫院歐陽修言：「今沂州軍賊王倫所過楚、泰等州，連騎揚旗，如履無人之境，而巡檢、縣尉返赴賊召，具衣甲、器械皆束手而歸之。假如王倫周遊江海之上，南掠閩、廣而斷大嶺，西入巴、峽而窺兩蜀，殺官吏，據城邑，誰爲捍禦者？此可謂腹心之大憂。爲今計者，必先峻法令，法令峻則人知所畏，自趨而擊賊。請自今賊所經州縣，奪衣甲，官吏並追官勒停，巡檢、縣尉仍除名。且如知州，本號郡將，都監、監押專領兵在城，若賊入而不能捕，知州亦勒停，都監、監押仍除名。若賊發而朝廷別差人捕獲，其本界巡檢、縣尉仍坐全火不獲之罪。賊多於所領兵士弓手者差減之。縣尉比多新進少年，皆不能捉賊，虛陷罪罰，宜下流內銓別議選擇之格，重賞罰以誘之。自來所差巡檢下兵士不肯捉賊，又多爲州縣之患。欲請先選能捉賊使臣，令其自募兵士，不拘廂、禁軍，欲指名抽射者亦聽。凡都監、監押、巡檢因賊除名者，仍勒從軍自效，俟破賊日，則許敘之。」詔送樞密院施行。

甲子，右正言余靖言：「朝廷所以威制天下者，執賞罰之柄也。今天下至大，而官吏弛事，細民聚而爲盜賊，不能禁止者，蓋賞罰不行故也。若非大設隄防，以矯前弊，則臣憂國家之患不在夷狄，而起於封域之內矣。南京者，天子之別都也，賊入城斬關；而入解州、池州之賊不過十人，公然入城虜掠人戶；鄧州之賊不滿二十人，而數年不能

---

① 癸巳　底本作「辛卯」，據長編卷一四一改。

獲。又清平軍賊入城,失主泣告,而軍使反閉門不肯出。所聞如此,而官吏皆未嘗重有責罰。欲望盜賊衰息,何由可得?今京東賊大者五七十人,小者三二十人;桂陽監賊僅二百人;建昌軍賊四百餘人。處處蜂起,而巡檢、縣尉未知處以何罪?當職大臣尚規規守常,不立法禁,深可爲國家憂。且以常情言之,若與賊鬥,動有死亡之憂,避不擊賊,止於罰銅及罰俸。誰惜數斤之銅,以冒死傷之患哉?乞朝廷嚴爲督責捕賊賞罰,及立被賊劫質、亡失器甲,除名追官之法。"從之。

七月乙亥,江淮制置發運使言捕殺軍賊王倫於和州。倫初起沂州,欲寇青州,不得入,遂轉掠淮南,所嚮莫敢當。京東安撫使陳執中遣都巡檢傅永吉追之,制置發運使徐的督諸道兵合擊。倫至歷陽兵敗被殺①,歷陽縣丁壯張矩等得其首級,的具以聞。

八月辛亥,賞捕殺王倫之功,和州通判、都官員外郎李熙古等遷擢有差。諫官歐陽修言:"自和州奏破王倫之後,更不講求禦賊之策。"又曰:"上下已有偷安之意,殊不知前賊雖滅,後賊更多。"又曰:"臣近曾求對便殿,伏蒙陛下語及賊事,憂形於色。及退,見宰輔閑暇從容,天下之事,深可憂矣。今建昌、桂陽賊數不少,想其爲害,必甚王倫,更合留意。"辛酉,詔:"陝西比有賊張海、郭邈山,群行剽劫,州縣不能制。其令左班殿直曹元喆、張宏,三班借職黎遂領禁兵往捕之。"

九月,群盜張海等方熾。庚午,以監察御史蔡禀爲京西安撫,往督捕之。詔諸路轉運使、提點刑獄及諸州長吏,舉所部兵馬都監及監臨場務使臣有材勇堪任巡檢者以名聞。若捕賊有功,不次遷擢之。丁丑,群盜晨入金州,劫府庫兵仗,散錢帛與其黨及貧民。知州、比部員外郎王茂先將當直兵二十四人禦之,既不敵,遂走城外,群盜恣行掠奪,日暮乃出城去。茂先具以聞。樞密副使富弼言:"臣前日曾具劄子,奏乞於京西路擇要害數州屯聚兵馬,以爲諸處聲援,此最急務,宜速施行。臣又思京西諸州長吏皆非其人,如襄、鄧、唐、汝、光、隨、均、房、金、商、安、郢等十餘州,盡是賊盜。見今往來之處,長吏尤須得人。伏乞先選轉運兩人,徑令往彼體量諸州長吏,不才及贓濫老病者急罷之,令於轄下通判或知縣中保舉人權充知州,如不足,則朝廷下審官院選差人填補。知州得人,則就令選部內知縣、縣令。昔前漢宣帝時,渤海群盜起,帝選能治

---

① 倫至歷陽兵敗被殺 "至",長編卷一四二作"於"。

之者,丞相舉龔遂,至郡,盜賊悉平。後漢安帝時,朝歌縣盜賊屯聚,連年未獲,乃以虞詡爲朝歌長,賊遂駭散。此是兩漢時,一郡一縣有賊,只得龔遂、虞詡兩人爲守宰,自然破滅之驗也。今且以襄、鄧十餘州論之,其知州、知縣、縣令皆庸謬懦怯尋常之人,盜賊所到,如入無人之境。巡檢、縣尉又一一不堪使,賊不倡狂自恣,復何爲哉?"又曰:"臣所乞選差京西轉運、知州、知縣,不可稽緩,蓋擾攘之際,全藉有才謀轉運使往來按察經營,又藉逐處知州、知縣謹守城池,安集百姓,及設方略,驅除寇盜,其餘有朝廷意所不到、指揮不及者,其良守宰必自能就便處置,不至失事。州縣既各得一人,又得要郡所屯之兵犄角救應,則盜賊不難擒捕矣。"癸巳,歐陽修言:"臣昨自軍賊王倫敗後①,尋曾極言論列②,恐相次盜賊漸多,乞朝廷早爲備禦。凡爲國家憂盜賊者,非獨臣一人,前後獻言者甚衆,皆爲大臣忽棄,都不施行。而爲大臣者又無擘畫,果致近日諸處盜賊縱橫。自淮南新遭王倫之變,今自京以西州縣又遭張海③、郭邈山等劫掠焚燒。桂陽監昨奏蠻賊數百人,夔、峽、荆湖各奏蠻賊皆數百人,解州又奏見有未獲賊十數人,滑州又聞強賊三十餘人燒劫沙彌鎮,許州又聞有賊三四十人劫椹㵎鎮,此臣所聞目下盜起之處如此縱橫也。"又曰:"今見在賊已如此④,後來賊必更多。若不早圖,恐難後悔⑤。臣計方今禦盜者不過四事:一曰州郡置兵爲備;二曰選捕盜之官;三曰明賞罰之法;四曰去冗官用良吏,以撫疲民,使不起爲盜。此四者,大臣所忽,以爲常談者也。然臣視今朝廷於此四者,未必有一事合宜。伏望聖慈嚴敕兩府大臣,問其舍此四事,別有何術可爲⑥?苟無他術,則此四者宜可施行。"

十月丙申,詔利州路轉運司,如聞群盜入金州劫居民,其令梁、洋二州出兵邀擊之。丁酉,樞密院言:"諸路知州帶提舉兵甲盜賊處,若素無才力及弛慢昏耄者,請擇兩省以上或嘗歷轉運使、提點刑獄官代之,仍令體量所屬都監、巡檢、縣尉等不任事

---

① 臣昨自軍賊王倫敗後　底本脱"昨"一字,據長編卷一四三、文忠集卷一〇一論禦賊四事劄子補。
② 尋曾極言論列　底本脱"尋"一字,據文忠集卷一〇一論禦賊四事劄子、歷代名臣奏議卷三一七補。按:"尋",長編卷一四三誤作"屢"。
③ 今自京以西州縣　底本脱"自"一字,長編卷一四三同,據文忠集卷一〇一論禦賊四事劄子、歷代名臣奏議卷三一七補。
④ 今見在賊已如此　"見在"底本作"在見",據長編卷一四三、文忠集卷一〇一論禦賊四事劄子、歷代名臣奏議卷三一七乙正。
⑤ 恐難後悔　"難",嘉慶本作"貽"。
⑥ 別有何術可爲　底本脱"何術"二字,據長編卷一四三、文忠集卷一〇一論禦賊四事劄子、歷代名臣奏議卷三一七補。

者,以名聞。"從之。知光化軍韓綱性苛急,不能拊循士卒。戊戌,軍士邵興率衆盜庫兵欲殺綱,綱踰城逃,載其家小舟,沿漢而下,官吏亦皆逃去。興等遂焚掠居民,劫其指揮使李美及軍士三百餘人趣蜀道。李美老不能行,自縊死。

十一月。初,光化軍賊邵興帥其黨趣蜀道,遇華、商、虢等州提舉捉賊上官玤,殺之,又敗興元府兵於饒風嶺。本府軍校趙明以衆降,乃自州北循山而西,捉賊使臣陳曙領兵追擊,興於媠水及其黨皆就擒。壬午,詔並凌遲處斬。

韓琦家傳云:琦遣秦州將官王子方邀殺之。今不取。

韓琦既至陝西,屬歲大饑,群盜嘯聚,商、虢之郊,張海、郭邈山、党君子、范三、李宗者爲之渠,率衆相合,涉西京界,劫掠州縣,環繞虢州盧氏之東、洛陽長水之西,脅從者僅千餘人。繼而光化軍宣毅叛卒五百餘人,邵興爲之長,至商於灢口,衆已千餘人,與上官玤戰,玤死之,餘軍以失主將,悉潰散於藍田界上,藏匿山谷間。邵興又距百里,揭榜招誘本州鑄錢監兵約二千人,皆鄜、延、涇、原失陷主將正軍及鼎、澧、岳、鄂累作過配隸籍中者。商、虢、藍田馳急報於延、雍,而帥臣未有所處。琦尋遣屬官乘傳往商於料簡錢監役兵,其舊係緣邊禁軍,即令卻歸元配州軍,仍隸籍;鼎、澧、岳、鄂州壯健役兵並押赴陝府,填龍猛、龍騎壯勇闕額。邵興誘致之謀遂不得行。又遣内侍黄琮、范遷齋宣撫司榜收集上官玤下散軍,諭以免罪歸所屬,仍召謝雲行等將沿邊土兵入山捕張海等。邵興以無援,竄入興、洋界被殺;張海等相繼殲殂,擒捕餘黨殆盡,關輔遂安堵矣。

四年二月壬寅,以東頭供奉官陳曙等遷職有差,賞誅賊之功也。

西邊屬羌之亂

天聖三年六月丙寅,令涇原路置堡寨五井川以捍西寇①,仍自今有内附者,非先陷蕃軍民,邊吏毋得受。及環、原州屬羌内寇,癸酉,命工部郎中、龍圖閣待制范雍爲陝西緣邊體量安撫使②,客省使曹儀副之。先是,知環州翟繼恩擅配州界熟户和買糧草,

---

① 令涇原路置堡寨　"堡寨"底本作"保塞",據長編卷一○三改。
② 陝西緣邊體量安撫使　"體量"底本作"量度",據長編卷一○三、宋會要輯稿職官四一之八八至八九改。

因縱人入諸族帳催督。羌人性愚鄙①，初不知糧草數目，催督者恣爲奸欺，誅求倍常，小不如意則鞭撻隨之。首領廝鐸論有過，逃去復歸，涇原路都鈐轄周文質與部署王謙、鈐轄史崇信共議斬廝鐸論，且加淩遲。諸族帳皆驚疑，遂傳箭相結，鈔掠堡柵。文質等與知渭州史洵美議放還質子，招撫之，更繕治兵器，爲攻討計，賊益恐。別部首領撒逋渴又率其族千餘以叛，環州諸族咸起應之，大爲邊患。

翟繼恩事據趙珣聚米圖經，實錄、會要、國史並不載。珣以廝鐸論爲撒陁龍，今從實錄、會要。國史趙振傳以散逋渴爲薛逋歌，與王博文傳不同，今從博文傳。蓋博文傳亦見於實錄，而趙振則實錄無傳也。淩遲廝鐸論、修治兵器，據會要，實錄但載斬廝鐸論及放還質子，國史俱不載。王傅文傳所稱曹瑋、田敏治邊平寇事，皆不合，當考。

七月戊子，環慶路鈐轄王懷信言：蕃部嵬逋等九百三十五户内附。辛卯，以環州洪德寨主、左侍禁、閤門祗候趙振爲内殿崇班。羌亂始作，鈐轄王懷信分兵數千屬振游奕，振屢捷，從數十騎詣懷信，遇賊十倍，射殪數十，餘悉退走，而懷信與涇原都鈐轄周文質擁重兵逗留大板寨，不即掩捕。既逾月，賊數萬衆復圍平遠及定邊、合道、石昌等寨，都監内殿崇班、閤門祗候開封趙士隆，龍衛右第三軍都指揮使、梧州刺史杜澄死焉。振引兵由別道力戰，抵平遠寨，奪取井泉。七日夜，率敢死士破圍，斬首數千級，而諸將救他寨亦盡力，賊勢不敵，乞兵於趙德明，德明守境不應，乃請和，西邊以平。振，歸信人也。

趙振本傳載振事差詳，諸將救它寨及賊求援於夏人並略。今取振子珣所爲聚米圖經注附益之，庶知羌亂始末。振本傳及圖經並稱救平遠寨，而實錄乃云救洪德寨。王博文傳："屬羌撒逋渴以族帳數千叛，既又寇原州柳泉鎮、環州鵓鴿泉寨，梧州刺史杜澄、内殿崇班趙世隆戰没。"寨名又與此不同，當考。

辛丑，詔："環州蕃部内附者，前後以萬計，宜給土田處之，仍戒邊吏自今毋得妄納降者。"丙午，詔陝西邊户爲羌所擾者蠲秋租，復役二年，從安撫使范雍之請也。丙辰，賜涇原、環慶路曾經戰守諸軍緡錢有差。

八月乙亥，貶涇原路都鈐轄、左驍騎使、惠州團練使、入内副都知周文質爲右率府率、衡州安置，涇原路部署王謙、鈐轄史崇信並免劾差替，知渭州馬珣美罰銅三十斤，

---

① 羌人性愚鄙　底本"人"下衍"羌"一字，嘉慶本作"羌性愚鄙"，長編卷一〇三作"羌人愚鄙"，今據删。

移別州。先是，遣太常博士張仲宣，右侍禁、閤門祇候丁保衡就陝州鞫文質等，獄具，有司斷文質當徒二年半，公罪當減，贖銅四十斤，特命竄責之。

九月庚辰朔①，馬軍都虞候、端州防禦使康繼英爲涇原路副都部署，兼知渭州。繼英以戎人雖內附而終蓄奸謀，乃大索其嘗反覆者，悉蕩除之，由是名震西邊。范雍還自陝西，言："蕃部因罪罰羊者，舊皆輸錢五百，比責使出羊，而蕃部苦之。自今請復令輸錢，其罪輕者，約以漢法贖銅。"從之。庚寅，右率府率、衡州安置周文質除名、白州編管，環慶路案：長編作涇原路。鈐轄、內園使、榮州刺史、內殿押班王懷信除名、連州編管。文質既遠貶，而內侍張懷德又以大板寨擁兵玩寇之狀聞，故與懷信再加竄絀②。

桂陽蠻猺之叛

慶曆三年九月乙丑，湖南轉運司言桂陽監蠻猺內寇。蠻猺者，居山谷間，其山自衡州常寧縣屬於桂陽郴、連、賀、韶四州，環紆千餘里，蠻居其中，不事賦役，謂之猺人。初，有吉州巫黃捉鬼與其兄弟數人皆習蠻法，往來常寧，出入溪峒，誘蠻衆數百人盜販鹽，殺官軍，逃匿峒中。既招出而殺之，又徙山下民它處。至是，其黨遂合五千人，出桂陽藍山縣華陰峒，害巡檢李延祚、潭州都監張克明。詔發兵捕擊之。

按：歐陽修明年三月疏、余靖明年五月疏，殺黃捉鬼乃提刑邵飾、知衡州陳執方也。

十月乙未朔，右諫議大夫、知江寧府劉沆爲龍圖閣直學士、知潭州，經制蠻事。戊申，知岳州楊畋提點荊湖南路刑獄。時方攻討蠻猺，命畋督之。

十二月乙巳，桂陽監言猺賊九百餘人復寇邊，湖南攻討蠻猺久之，不克。己酉，詔轉運使郭輔之等，如未能以兵翦除，即便招撫之。楊畋至湖南，乃募才勇深入峒討擊。然南方久不識兵，士卒多畏懾，及戰孤漿峒，前軍卻，大兵悉潰。畋踣巖下，藉淺草得不死，卒屬衆平六峒。

楊畋兵敗孤漿峒，不得其時，此見本傳，附見。招撫，後或因畋兵敗，遂命輔之招撫也。當考。卒屬衆平六峒，當是四年冬末、五年春初事。

四年正月丁亥，金部員外郎周陵爲司勳員外郎、荊湖南路轉運按察使。蠻猺未

---

① 庚辰朔　底本脫此三字，據長編卷一〇三補。
② 再加竄絀　長編卷一〇三無"絀"一字。

平,更命陵往治也。

三月乙丑,以殿中侍御史會稽王絲爲荆湖南路體量安撫、提舉捉賊。

甲戌,賜湖南路捕擊山猺軍士緡錢,仍遣内侍齎手詔體量捉殺次第以聞。諫官歐陽修言:"臣風聞湖南蠻賊近日漸熾,殺戮官吏,鋒不可當,雖差楊畋鋭於討擊,與郭輔之異議,不肯招降。又王絲去時,朝廷亦别無處分,慮絲到彼,與畋同謀。蓋蠻賊止可招攜,卒難翦撲,而畋等急於展效,恐失事機。今深入而攻,則山林險惡,巢穴深遠,議者皆知其不可。若以兵外守,待其出而擊之,則又未見其利。蓋以蠻所在依山,在衡、永、道州、桂陽監之間,四面皆可出寇。若官軍守於東,則彼出於西;若官軍守於南,則彼出於北;四面盡守,則用兵太多;分而邀之,則兵寡易敗,此進退未有可擊之便也。今正蠻已爲鄧和尚、黄捉鬼兄弟所誘,其餘山民莫猺之類,亦皆自起而爲盜。竊聞常寧一縣殆無平民,大小之盜一二百夥。推其致此之因,莫猺之俗,衣服、言語,一類正蠻。黄、鄧初起之時,捕賊官吏急於討擊,逢蠻便殺,屢殺平人,遂致莫猺驚惶。以此言之,則本無爲盜之心,固有可招之理。然欲諸盜肯降,必須先得黄、鄧。昨邵飾等初招黄捉鬼之時,失於恩信,致彼驚逃,尋捕獲之,斷其脚筋,因而致死。今鄧和尚等若指前事爲戒,計其必未肯降。如云且招,終恐難得,必須示以可信之事,推以感動之恩。若得黄、鄧先降,其餘指揮可定也。"修又言①:"臣風聞楊畋近與蠻賊鬭敵,殺得七八十人首級。仍聞入彼巢穴,奪其糧儲,挫賊之鋒,增我士氣。畋之勇略,固亦可嘉。然朝廷謀慮事機,宜思久遠。竊恐上下之心急於平賊,聞此小捷,便謂兵勝,不能鎮静,外示輕脱。其間二事,尤合深思。一曰不待成功便行厚賞,一曰謂其可殺更不肯招。苟如此,則計之大失而事之深害也云云。今於未了之間便行厚賞,則諸處巡檢、捕賊官等見畋獲賞,爭殺平人,而畋等自恃因戰得功,堅執不招之議,朝廷亦恃畋小勝,更無招輯之心,上下失謀,必成大患。其楊畋等,伏乞且降敕書獎諭,授與事宜,俟彼招安,便行厚賞。"

五月,余靖言:"聞蠻賊黄捉鬼等詣衡州請降,知州陳執方既已納之,尋差獄官就驛勘問,賊驚而走,因捕殺之。至於餘黨,雖欲歸降,懷疑不信,此皆中外措置乖錯之

---

① 修又言　底本脱"修"一字,據嘉慶本、長編卷一四七補。

所致也云云。亦當追罪執方,乃能招撫。"

六月丁酉,降敕榜下知潭州劉沆招諭桂陽監蠻賊,有來首身者,並與等第推恩。

九月丙子,殿中侍御史、荆湖南路體量安撫王絲爲侍御史、廣南東路轉運按察使、兼本路安撫。絲在湖南凡十月,蠻既衰息,乃徙廣東。

十月,知潭州劉沆大發兵,以敕榜至桂陽監,招降叛蠻二千餘人,使散居所部。癸丑,以蠻酋鄧文志、黃文晟、黃士元並爲三班借職。

十一月,諫官余靖言:"臣竊聞湖南賊人首領黃四、鄧和尚等各已歸降,又聞郴州奏蠻賊千餘人打劫宜章縣,放火殺掠者。臣初以湖南州軍山險之處,即是蠻獠,譬如蜂蟻,各有屯聚,若得就巢穴,安其栖息,不生驚擾,必不肆毒於人。其間蠻人亦有不曾作過,一例遭官軍就居處殺戮,必然懷恨,未肯歸降。伏緣自古招撫山賊,必先恩信,如治亂繩,緩乃可解。今楊畋銳於殺伐,蠻人必不相信。臣累曾奏陳,乞抽回楊畋,乃能令蠻賊盡類歸降,未蒙朝廷指揮,必是大臣曾與保任,所以不肯移易。雖畋曾經邊任,身耐勞苦,與招撫蠻賊事體了不相同,但移楊畋卻與近邊差遣,别以恩招撫蠻賊,使其降附,不可恐畋之怨,而不憂賊之疑而不降也。"鄧文志、黃文晟、黃士元當即是黃四、鄧和尚。

五年二月己亥,提點荆湖南路刑獄、殿中丞楊畋爲太常博士,賜五品服;前轉運使、司勳員外郎周陵,同提點刑獄、内殿承制、閤門祗候王翌降敕書獎諭,並以招捕蠻寇有勞也①。癸丑,桂陽監言黃捉鬼餘黨唐和尚復内寇。

三月癸未,詔荆湖南路安撫,轉運、提點刑獄司應蠻事申覆不及者,聽便宜從事。

八月乙亥,唐、鄧等州都巡檢使、禮賓副使宋吉爲荆湖南路捉殺蠻賊。

九月丁酉,湖南安撫使劉沆言:"與提點刑獄楊畋等八路入討蠻猺,破蕩挑油平②、能家等處巢穴③。廣勇副都頭夏吉等四十八人、諸軍十將至長行共八百八人,各捕斬首級有差④,請遞遷一資,仍加支賜。"從之。其應募進士區有鄰等十四人,並錄以官。

---

① 招捕　嘉慶本作"招降"。
② 挑油平　長編卷一五七同,宋史卷二八五劉沆傳、宋史卷四九三蠻夷傳、湖廣通志卷四十一均作"桃油平"。
③ 能家　長編卷一五七同,宋史卷二八五劉沆傳、宋史卷四九三蠻夷傳、湖廣通志卷四十一均作"能家源"。
④ 各捕斬首級有差　長編卷一五七"差"作"勞"。

十月戊午,詔:"如聞湖南猺賊餘黨欲降,其令本路罷出兵攻討,及告諭逃匿者復歸舊處,仍令州縣撫存之。"時唐和尚等猶未就執也。

十二月。先是,桂陽監蠻猺唐和尚等復入寇,與禮賓副使胡元、右侍禁郭正趙鼎①、三班差使殿侍王孝先戰於藍山縣華陰峒隘口,元等死之。庚申,以右諫議大夫劉夔爲龍圖閣直學士、荆湖南路安撫使、知潭州。壬戌,降知潭州、龍圖閣直學士、右諫議大夫劉沆知鄂州,提點刑獄、太常博士楊畋知太平州。癸酉,新知潭州劉夔言:"唐和尚等比經胡元敗後②,益聚衆生疑,恐轉爲邊患。乞降空頭宣命十道,欲行招安,與補逐處溪洞首領。"從之。戊寅,開封府判官、祠部員外郎益都周沆爲荆湖南路轉運使,代周陵也。

六年正月丙申,詔道州、桂陽監猺賊未息,權置都巡檢使一員。

二月,周沆言:"蠻猺驟勝方驕,未易懷服,宜須秋冬進兵。蠻地險氣惡,其人驍悍,善用鋌盾,北軍不能與之角。請選邕、宜、融三州澄海、忠敢,知其山川,習其技藝者三千擣巢穴,餘兵絡山足,出則獵之。俟其勢窮力屈,然後招撫。"朝廷用其策,卒平蠻寇。

三月丙戌,詔:"荆湖南路鈐轄、洛苑使蔣偕前知原州③,焚蕩蕃部八千餘帳,凌持俘獲④,頗爲慘酷。今特選經制蠻猺事宜,其務宣布恩信以招懷之。若猶拒命,即出兵掩捕,毋得過行威虐。"

四月壬申,以湖南都監、供備庫副使宋守信兼知桂陽監,候猺賊平乃罷。

五月乙酉,知潭州劉夔言擊敗唐和尚於銀江原。夔初至,遣人諭蠻酋使降,不從,乃出討之。唐既敗,遂進破其巢穴,蠻遠遁去。

十月乙巳,户部判官、祠部郎中崔嶧爲荆湖南路體量安撫。壬戌,湖南轉運使周沆言:"指使辛景賢招降道州蠻黨五十六户、二百九十五人。"詔其首領以次補授官職,仍令所部常拊存之。辛未,知桂陽監宋守信言:"猺賊嘯聚千餘人,爲盗五六年,卒不能克者,朝廷不許窮討故也。今衡州監酒黄士元頗知溪峒事,願得敢戰士千人、引路

---

① 郭正　底本脱此二字,據長編卷一五七、宋史卷四九三蠻夷傳補。
② 唐和尚　宋會要輯稿兵一〇之八作"唐和"。
③ 洛苑使　"洛"底本作"宫",據嘉慶本、長編卷一五八改。
④ 凌持俘獲　"持"底本作"特",長編卷一五八同,據文淵閣本長編卷一五八改。

土兵二百,優給金帛,使之捕逐,并令鈐轄亓贇等合力以進。彼既勢窮,必將款附。"詔用其策,大發兵討之。

十一月癸未,廣南轉運司言湖南猺賊千餘人寇英、韶州界。朝廷既用宋守信策,大發兵討猺賊,賊遁入郴州黃莽山,由趙峒轉徙英、韶州界,依山自保,時出抄掠。丁亥,上謂輔臣曰:"猺賊侵擾州縣,官兵多暴露之苦。其密諭主將,務加安恤。"

七年正月,崔嶧言:"太常博士楊畋常戰孤漿峒下,人樂爲用。今欲殄賊,非畋不可。"乃換東染院使、荆湖南路鈐轄。

五月丁亥,廣南東、西路轉運使傅惟幾、高易簡等言:"猺賊唐和尚願貸糧米,居所保峒中①。請敕荆湖南路鈐轄楊畋趣赴連、韶州山下,共告諭之,使以兵械輸官②,質其親屬,仍請補爲峒主。先給告下轉運司。"皆從其請。己丑,補唐和尚③、盤知諒,房承映、承泰,文運等並爲銀青光禄大夫、檢校國子祭酒兼監察御史、武騎尉,充峒主。知諒等④,和尚黨也。畋曰:"賊剽掠湖廣七年,所殺不可勝計。今使飽資糧,據峒穴,其勢必不久復亂。欲招賊出峒而賦以田。"與轉運使異議,不聽。明年,賊果復出陽山,畋即領衆趨嶺外,涉夏秋,凡十五戰⑤,乃潰。十一月壬午,湖南猺賊平。

---

① 居所保峒中　底本脱"所"一字,據長編卷一六〇補。
② 使以兵械輸官　"輸"底本作"諭",據長編卷一六〇改。
③ 唐和尚　宋史卷四九三西南溪峒諸蠻上、宋會要輯稿兵一〇之九作"唐和"。
④ 知諒等　底本脱"知"一字,據長編卷一六〇補。
⑤ 凡十五戰　"五"底本作"九",據長編卷一六〇、宋史卷三〇〇楊畋傳改。

卷第四十九

仁宗皇帝

廣蠻區希範内寇

慶曆四年二月。廣西環州隸宜州羈縻，領思恩、都亳二縣。蠻區希範者，思恩人也，狡黠，頗知書。嘗舉進士，試禮部。景祐末，與其叔正辭應募，從官軍討安化州叛蠻。既而希範擊登聞鼓求録用，事下宜州，而知州馮伸己言其妄，編管全州。正辭亦嘗自言功，不報，二人皆觖望。希範後輒遁歸，與正辭率其族人與白崖山酋蒙趕、荔波峒蠻謀為亂，將殺伸己，且曰："若得廣西一方，當建為大唐國。"會有日者石太清至，因使之筮，太清曰："君貴不過封侯。"乃令太清擇日殺牛建壇場，祭天神，推蒙趕為帝，正辭為奉天開基建國桂王，希範為神武定國令公、桂州牧，皆北嚮再拜，以為受天命。又以區丕績為宰相①，餘皆偽立名號，補署四十餘人②。正月甲子，率衆五百破環州，劫州印，焚積聚。以環州為武成軍。又破帶溪寨，下鎮寧州及普義寨，有衆一千五百。是月癸卯，事聞，詔轉運③、鈐轄司亟發兵捕擊之，毋得深入。

四月丁酉，京西轉運按察使、虞部員外郎杜杞為刑部員外郎、直集賢院、廣南西路轉運按察使兼安撫使。辛亥，詔廣州發澄海軍一千人屯宜州。庚申，以宜州捉賊、右侍禁李德用為閤門祇候、宜融沿邊巡檢使。先是，德用出韓婆嶺擊區希範，斬獲甚衆，俘偽將崔盈、譚護二人，故賞之。希範自是入保荔波峒，間出拒官軍。

七月丁卯，詔廣西轉運安撫司出榜宜州，有獲區希範、正辭、蒙趕者，人賜袍帶、錢

---

① 區丕績　文淵閣本長編卷一四六、隆平集卷二〇妖寇、宋史卷四九五蠻夷傳同，長編卷一四六、宋會要輯稿蕃夷五之八三均作"區丕續"。
② 補署四十餘人　長編卷一四六、宋史卷四九五蠻夷傳同，宋會要輯稿蕃夷五之八三、隆平集卷二〇妖寇"四"均作"三"。
③ 轉運　底本"運"下衍"使"一字，據長編卷一四六刪。

三十萬、鹽千斤。

五年三月甲子,廣西轉運使杜杞言宜州蠻賊平。杞初至貞州,先遣急遞以檄諭蠻,聽其自新。比至宜州,蠻無至者。杞得州校吳香及獄囚區世宏①,脫其械,與衣帶,使入峒說諭,不聽,乃勒兵攻破白崖、黃泥、九居山寨及五峒,焚毀積聚,斬首百餘級,復環州,區希範與蒙趕散走。杞使香趣趕出降。杞謂將佐曰:"蠻依險阻,威不足制則恩不能懷,所以數叛。今特以窮蹙來降,後必復動。莫如盡殺之,以絕後患。"乃擊牛馬,爲蔓陀羅酒,大會環州,坐中伏兵發,擒誅七十餘人,取五臟畫爲圖②;釋尪病、被脅與非因敗而降者一百餘人。後三日,又得希範,醢以遺諸溪峒。

初,區希範入保荔波峒,間出與官軍鬥。及杞至環州,使攝官區曄、進士曾子華、監押司官吳香誘其黨六百餘人③,始與之盟,置蔓陀羅酒,中既昏醉,稍呼起問勞,至則推仆後廡下。比暮,衆始覺,驚走,而門有守兵,不得出,遂盡擒殺之。後三日,得蒙趕、區希範、區丕績等十數人,剖其腹④,續爲五臟圖,仍醢之以賜諸溪峒。此實錄所書也。今從杞本傳。

閏五月己亥,殿中侍御史梅摯等言:"廣西轉運使杜杞誘殺降蠻五百餘人,失朝廷所以推信遠人之意,宜劾其罪。"上置不問,賜詔戒諭之。禮賓副使陳珙等四十三人並行賞有差,錄平蠻之功也。賜廣西轉運使杜杞、提點刑獄李永德器幣有差。

七月丁酉⑤,馮伸己爲右武衛大將軍、分司西京,討蠻賊無功也。

渚井夷叛

慶曆四年四月丁巳,梓夔路鈐轄司言瀘州渚井監夷人攻三江寨,詔秦鳳部署司發兵一千人,及選使臣三人,馳往捕擊之。

七月,梓州路轉運司言:"瀘州教練使生南、招安將史愛誘降渚井夷賊斗敖等,請並補三班差使、殿侍、渚井監一帶招安巡檢。"從之。甲申,梓州路轉運司言:"夷賊復寇三江寨,渚井監指揮使散直王用等領衆擊走之。"

---

① 區世宏　"宏"底本作"容",據長編卷一五五、太平治迹統類卷九仁宗平歐希範、隆平集卷二〇妖寇、東都事略卷四六杜杞傳改。
② 取五臟畫爲圖　長編卷一五五作"畫五臟爲圖"。
③ 監押司官吳香　長編卷一五五注文作"宜州押司官吳香"。
④ 剖其腹　"剖",長編卷一五五注文作"割"。
⑤ 丁酉　底本脫此二字,據長編卷一五六補。

皇祐元年二月庚辰①,梓夔路鈐轄司言渫井監蠻萬餘人内寇②。初,監户負晏州夷人錢,毆傷斗落妹,其衆憤怒,欲報之。知瀘州張昭信勸諭,既已聽服,而渫井監復繫婆然村夷人細令等③,殺長寧州落占等十人,故激成其亂。詔知益州田況發旁郡卒,令梓夔路鈐轄宋定親討捕之。

六月乙丑④,詔梓夔路鈐轄司,乃者渫井監夷人内寇,常募藥箭弩手白芳子弟隨軍,其所貸錢糧悉蠲之。

七月癸丑,賜知益州田況、梓州路轉運使何知至敕書獎諭,梓夔路鈐轄宋定,知瀘州李道寧,瀘州巡檢孔道寧,嘉眉州巡檢陳遇,知渫井監劉繼英,渫井監監押費元慶,資榮州巡檢李友忠、王齊雄,梓夔路都監王鍇,梓州都監張斌,遂州巡檢王文質,簡州巡檢孔惟恭,梓州路走馬承受翟文秀,或遷官,或加職,或減磨勘年,並以渫井夷人平也。

三年三月,改瀘州三江寨爲寧遠寨。婆娑寨爲安夷寨。乙丑,龍圖閣直學士田況言⑤:"嚮者渫井監夷人連年攻圍監城⑥,水陸不通。益梓夔路鈐轄司官軍洎白芳子弟近二萬人討之⑦,兵戰死甚衆,饑死者又千餘人,蓋由本監不得人致此。請自今轉運、鈐轄司舉官爲知監、監押⑧,代還日特遷一資。"從之。

保州兵亂

慶曆四年八月。保州、廣信、安肅軍自五代以來,別領兵萬人,號緣邊都巡檢司,亦曰天策先鋒,以知州軍爲使,置副二人,析所領卒爲三部,使援隣道。太祖常用之有功,詔每出巡,別給錢糧以優之。其後州將不復出,内侍爲副,數出巡,部卒偏得廩賜,軍中以爲不均。通判保州、秘書丞新昌石待舉獻計於都轉運使張昷之,仍請合三部兵

---

① 庚辰　底本脱此二字,據長編卷一六六補。
② 渫井監蠻萬餘人内寇　"萬"底本作"百",據長編卷一六六、宋會要輯稿蕃夷五之二一改。
③ 婆然村　"然"底本作"娑",據長編卷一六六、宋史卷四九六蠻夷傳、宋會要輯稿蕃夷五之二二改。
④ 乙丑　底本脱此二字,據長編卷一六六補。
⑤ 龍圖閣直學士　嘉慶本、長編卷一七〇均無"直"一字。
⑥ 嚮者　底本作"鄉者",今據文意改。
⑦ 益梓夔路　長編卷一七〇作"益梓路"。
⑧ 監押　底本脱"監"一字,長編卷一七〇同,據宋會要輯稿蕃夷五之二二、宋史卷四九六蠻夷傳補。

更出入，季一出，即別給錢糧，餘悉罷，仍請以武臣代內侍。時楊懷敏方任邊事，尤不悅。巡檢司雲翼卒揚言爲亂，知州、如京使、興州刺史劉繼宗心不自安，乃悉令納私所置教閱器仗。會都監韋貴與待舉彎弓賭酒，而衆辱之，貴憑酒慢罵曰："徒能以減削兵糧爲己功！"因激其衆。是日給軍衣，衆遂劫持刀兵入牙門。待舉挈家上城，出東門，入無敵營。會繼宗亦挈家至，與待舉列無敵兵守關城，率神衛招收兵卻入東門，以拒亂兵。既而轉鬥不敵，繼宗、待舉復上城避之，遂自下城。繼宗渡城壕溺水死，待舉藏鹿角中，爲亂兵所害。衆怨待舉甚，揭其首，衆射之。又疑走馬承受劉宗言與待舉同議，亦害之。始迫緣邊巡檢都監王守一爲首，守一不從而死，乃擁韋貴據城以叛。禮賓副使、兼閤門通事舍人、知廣信劉貽孫與走馬承受宋有言臨城諭叛兵，有欲降者，計未決，而諸路各進兵來討，遂復固守拒命。

按：保州兵亂乃八月初五日，朝廷於初九日始知。富弼使河北，實以初五日受命，此時朝廷未知保州兵亂也。弼使河北，但欲修飭邊備，未行而保州亂作，朝廷就委弼措置，弼緣此遂行，實非始謀也。其後弼有辨讒謗劄子，卻云因保州亂，堅乞得河北宣撫，蓋小誤。然事適同日，不妨便文。而范純仁行狀、蘇軾神道碑及朱墨史附傳，並云弼因保州平賊乞出，則誤甚矣。今不取。

戊戌，樞密院言保州兵亂。詔遣入內供奉官劉保信馳往視之。庚子，命知制誥田況往保州城下，相度處置叛軍，仍聽便宜從事。賜保州投來人員、兵士特支錢。壬寅，降敕榜招安保州叛軍，詔知雄州王德基牒報北界，以保州兵亂，本路方領兵捉殺，恐緣邊人戶驚疑也。甲辰，賜保州城下諸軍將校特支錢。甲寅，朝議以諸道兵集保州城下，未有統轄，因詔宣撫使富弼促行，往節制之。再降敕榜招安，仍令田況等且退兵，選人齎敕入城。若遂開門，一切撫存之；如尚拒命，則益兵進攻，其在營同居骨肉，無老幼皆殺之。先是，知定州王果率兵趨保州，攻城甚急。會有詔招安，賊不肯降，乘埤呼曰："得李步軍來，我降矣。"李步軍，謂昭亮也。詔遣昭亮。是日，昭亮至，與田況同諭賊，賊終未信。右侍禁郭逵徑踰壕詣城下，謂賊曰："我班行也。爲我下索，就汝語。"賊乃下索，即援之登城。謂賊曰："我班行也，豈不自愛？苟非誠信，肯至此乎？朝廷知汝非樂爲亂，由官吏遇汝不以理，使汝至此。今赦汝罪，又以祿秩賞汝，使兩制大臣奉詔書來諭汝，汝尚疑之，豈有詔書而不信耶？兩制大臣而爲妄誕耶？"詞氣雄辯，皆相顧動色，曰："果如此，更使一二人登城。"即復下索，召其所知數人登城。賊信之,争投兵下城,降者二千餘人,遂開門納官軍。其造逆者四百二十九人,況具得其姓名,令楊懷敏率兵入城,悉坑殺之。

逵本傳云:范貴、史克順、侍其臻據保州叛。按:此時但有韋貴,無范貴。又云:臻、貴自經。按:臻亦未嘗死,不知本傳亦何所據也,當考。今止用記聞所載事。李昭亮傳云:昭亮從數十人叩城扉,袒示城上不以甲盾自蔽,爲曉譬禍福,賊遂降。蓋飾說。今從記聞。按:會要亦云遣郭逵入城諭賊,昭亮不當專此功也。

降卒二千餘人,悉分隸諸州,宣撫使富弼恐後生變,與都轉運使歐陽修相遇於内黄,夜半屏人,謀欲使諸州同日誅之。修曰:"禍莫大於殺已降,況脅從乎?既非朝命,諸州有一不從,爲變不細。"弼悟,乃止。

朱史附傳誤以富弼爲夏竦,今從蘇轍所作歐陽修傳。

工部郎中、直昭文館、知滄州劉渙爲吉州刺史、知保州。渙至踰月,雲翼軍士又謀反,居人皇恐。渙以單騎至,械其首惡誅之,一軍帖然。

此據渙本傳。按:雲翼軍叛,既誅之矣。渙至,又復謀叛,不知果否。渙不踰年徙登州,當考。渙知保州,乃此月癸丑。

九月辛酉,田況奏保州平。壬戌,詔保州官吏死亂兵而無親屬者,官爲殯殮;兵官不從賊被害及戰殁,並優賜其家。近城民田遭踐蹂者,蠲其租。河北都轉運按察使、工部郎中、天章閣待制張昷之落職、知虢州。初,昷之聞保州亂,自魏馳至城下,召諸將部分攻城,使人謂懷敏曰:"不即來,當以軍法從事。"既就坐,又以兵自衛。昷之曰:"諸將方集,獨敢以兵隨左右,豈欲反耶?"因叱去衛者,故懷敏深恨昷之,嘗密奏殺昷之,則賊降矣。會富弼力爲昷之辨,上意解,猶坐前事落職。

記聞云:初,懷敏與昷之不協,密奏:"賊於城上呼云:'得張昷之首,我即降。'願賜昷之首以示賊,宜可降。"上從之,遣中使奉劍往軍中斬昷之首以示賊。宣撫使富弼遇之,亟遣中使還,具奏曰:"賊初無是言,必怨讎者爲之。藉令有之,若以叛卒故斬都轉運頭,此後號令,何由得行?"乃落昷之待制,降知虢州。[按:以叛卒故斬都運使頭,本朝固無此事,況仁宗之盛德乎?今不取。若謂懷敏深譖昷之,致令重貶,則可爾。]

知定州、皇城使、賀州刺史王果降知密州,坐攻保州城多殺傷士卒也。乙丑,龍圖閣直學士、右正言、知成德軍田況爲起居舍人,步軍副都指揮使、感德軍留後李昭亮爲淮康軍留後、知定州,洛苑使、晋州刺史、入内侍押班楊懷敏領通州團練使,賞平賊之功也。贈廣信、安肅緣邊巡檢都監王守一爲成州團練使,録其子三班借職懷懿爲西頭供奉官;保州沿邊走馬承受劉宗言爲左千牛衛將軍,録其子景賢爲右班殿直。以右侍禁郭逵爲閤門祗候。升保州無敵第五指揮爲雲翼指揮。庚午,降權保州都監、西頭供奉官韋貴爲右侍禁、監岳州茶鹽酒税,監保州倉草場①、權保州兵馬監押、左班殿直侍其臻爲右班殿直、監曹州倉。徙監保州屯田務、右侍禁賈世永監鄆州倉,保州廣信軍管界巡檢②、右侍禁史克順爲澤州管界巡檢③。保州指使、三班奉職張瀆,決脊杖二十,刺配沙門島。貴本劉從德家奴也,從德卒,以恩補班行,累遷西頭供奉官、權保州廣信安肅緣邊巡檢,至是,權保州都監。會兵叛,貴雖不能死節,然屢發奏城中,又日趣亂軍降。及城門開,居民賴貴不甚被殺害。臻父知安肅軍,領兵會城下,城中疑爲内應,屢欲斬之,求哀得免。世永廨舍在南關城裏,偶入城,遇亂,遂被留,及田况以赦榜招諭,世永爲亂卒遣出見况,欲得走馬宋有言入城乃開門,有言既不去,嘗令世永復入城諭亂軍。克順廨舍在東關門,是日,領兵與亂軍格鬥,矢中其胸。瀆,府谷人,應進士舉,因府州防城免解,授長史,試方略,得三班奉職。韋貴既勸諭亂軍,瀆乃言:"我嘗讀法書,此非可赦之罪也。"御史包拯言韋貴罪大責輕,如未欲便行嚴斷,即乞於遠惡處編管,不從。

乙亥,田况上保州城下官員有功者第一等三人,詔遷兩資④;第二等三人,遷一資;第三等二十三人,與減三年磨勘;第四等二十八人,第五等十五人,並賜銀絹有差。

貝卒王則之叛

慶曆七年十一月戊戌,貝州宣毅卒王則據城反。則本涿州人,歲饑,流至貝州,爲人牧羊,後隸宣毅軍爲小校。貝、冀俗尚妖幻⑤,嘗言釋迦佛衰謝,彌勒佛當持世。初,則去涿,母與之訣别,刺"福"字於其背以爲記,妖人因妄傳福字隱起,爭信事之,而州

---

① 監保州倉草場　底本"監"上衍"兼"一字,據長編卷一五二刪。
② 廣信軍　"廣"底本作"唐",據長編卷一五二改。
③ 史克順爲澤州管界巡檢　底本脱"爲"一字,據長編卷一五二補。
④ 詔遷兩資　"詔"底本作"謂",據長編卷一五二改。
⑤ 貝冀俗尚妖幻　底本脱"冀""尚"二字,"幻"底本作"怪",據太平治迹統類卷一〇補改。長編卷一六一、太平治迹統類卷一〇"幻"下有"相與習王龍滴淚等經及圖讖諸書"十四字。

吏張巒、卜吉主其謀，黨連德、齊諸州，約以明年正旦斷澶州浮梁，亂河北，會黨人潘方淨懷刃以書謁北京留守賈昌朝，事覺被執，不待期亟叛。時知州張得一方與官屬謁天慶觀，則率其徒劫庫兵，得一走保驍捷營。賊焚門，執得一，囚之。兵馬都監田斌以從卒巷鬥，不勝而出。城扉闔，提點刑獄田京、任黃裳持印棄其家縋城出保南關。賊從通判董元亨取軍資庫鑰，元亨拒之，殺元亨，又出獄囚。因有憾司理參軍王獎者，遂殺獎。既而節度判官李浩、清河令齊開、主簿王湙皆被害，則僭號東平郡王，以張巒爲宰相，卜吉爲樞密使，建國曰安陽，榜所居門曰中京，居室、廄庫皆立名號。改元曰德聖，以十二月爲正月。百姓年十二以上、七十以下皆涅其面，曰義軍破趙得勝，旗幟號令率以佛爲稱。城以一樓爲一州，書州名，補其徒爲知州，每面置一總管。然縋城下者日衆，於是令守者五五爲保，一人縋，餘悉斬。初，變起倉卒，衆莫知所爲，元亨自天慶觀促馬馳還，坐廳事，賊黨十餘人擐甲露刃，排闥而入，左右皆奔潰。賊脅元亨曰：“大王遣我來索庫鑰。”元亨據案叱之曰：“大王誰也？妖賊乃敢弄兵乎？我有死爾，鑰不可得也！”賊將郝用繼來，索愈急，曰：“庫帑今日大王所有也，可不上鑰乎？”元亨厲聲罵賊，用遂殺之，賊爭攜鑰去。城破獲用，斬以祭元亨①。元亨，束鹿人也。賈昌朝遣大名府鈐轄、內殿承制郝質將兵趨貝州。

十二月辛丑朔，昌朝以貝州反書聞，內出劄子下中書、樞密院，亟擇將領往撲滅之，仍令澶州、孟州、定州、真定府預設守備，毋至奔逸，其契丹賀正旦使當由它道至京師。壬寅，遣宮苑使、象州團練使、入內押班麥允言，西京作坊使、資州團練使王凱往貝州捕殺軍賊，仍詔賈昌朝發精兵衛之。高陽關部署、馬軍都虞候、象州防禦使王信聞貝州亂，亟領本路兵傅城下。甲辰，即以信爲貝州城下招捉都部署。丙午，河北轉運司言貝州軍民降者六百餘人②，詔王信等：“軍營在關城內而與爲亂者，宜並行羈管之③；非爲亂者，常加曉諭，勿令憂疑。”是夜，有星大如缶，墜賊城中。丁未，詔：“諸道兵馬已會貝州城下，令王信、麥允言、王凱、郝質速行攻討。其轉運使、提點刑獄官毋得與攻討事。”庚戌，權知開封府、樞密直學士、左諫議大夫明鎬爲河北體量安撫使。

---

① 斬以祭元亨　嘉慶本"斬"下有"之"一字。
② 河北轉運司言貝州軍民　"河北轉運司"，嘉慶本同，長編卷一六一作"河北轉運使"。"軍民"底本顛倒，據嘉慶本、長編卷一六一乙正。
③ 宜並行羈管之　嘉慶本同，長編卷一六一作"家屬並羈管之"。

壬子,詔:"訪聞貝州來投軍民多致殺戮,以邀功賞,其令賈昌朝及王信等嚴切約束,違者以軍法從事。"癸丑,詔貝州有能縋索引官軍致得城者,與諸衛上將軍,賞錢二千貫。甲寅,知滄州、西上閤門使、榮州刺史高繼隆爲東上閤門使、知貝州,遣內侍何誠用齎敕榜招安貝州軍賊。御史中丞高若訥言:"河朔重兵所積,今釋貝州不討,後且啓亂階,爲夷狄笑。"不聽。

八年正月甲戌,度支副使、工部郎中鄭驤權河北轉運使,仍就貝州經度軍須。乙亥,明鎬言:貝州距闉火,斬守闉三班奉職李興。初,貝州城峻不可攻,乃謀築闉,度用工二萬人,期三十日可與城齊,而賊亦於城上設戰棚,與官軍相當,名曰"喜相逢"。距闉將成,又爲賊所焚,火三日不滅。既斬興,乃用軍校劉遵計,即南城鑿地道而日攻其城,以牽制之。貝州民有汪文慶、郭斌、趙宗本、汪順者,自城上繫書射明鎬帳,約爲內應,夜垂縋以引官軍。既納數百人,焚樓櫓。賊覺,率衆拒戰。初,官軍既登,欲專其功,斷縋以絶後來者。及與賊戰,兵寡不敵,與文慶等復縋而下。是夜,城幾克。丙子,授文慶、斌西頭供奉官,宗本、順右侍禁。丁丑,右諫議大夫、參知政事文彥博爲河北宣撫使,本路體量安撫使、樞密直學士、左諫議大夫明鎬副之。鎬督諸將攻貝州城,久不下,帝憂之,問輔臣曰:"策將安出?"彥博乞身往破賊,故遣彥博宣撫,而改鎬爲副。先是,樞密使夏竦惡明鎬,恐其成功,鎬所奏請,輒從中阻之。彥博既受命,因言軍事中覆不及,願得專行。戊寅,詔許彥博以便宜從事。入內供奉官李德和爲走馬承受①。貝賊謀竊出,要劫契丹使,明鎬諜知之,遣殿侍安素伏兵西門。壬午,賊果以三百人夜出,伏發,皆就獲之。丁酉,以降空名告敕、宣頭劄子三百道下河北宣撫使,以備賞戰功。是日,彥博至貝州城下。官軍攻貝州城北甚急,賊兵盡銳禦之,而南城所穴地道潛達城中,賊初不覺也。

閏正月庚子朔,文彥博夜選壯士二百,銜枚由地道入,右班殿直曹竭等導之。既出,登城,殺守陴者,垂縋引官軍,賊縱火牛,軍稍卻,軍校楊遂援槍中牛鼻,牛還走,賊衆驚潰,王則開東門遁。閤門祇候張絪緣壕與戰,死之。王信捕得則,餘黨保村舍,皆焚死。則自反至敗凡六十五日。遂,開封人也。

---

① 李德和 嘉慶本同;長編卷一六二作"李繼和",似是。

辛丑，文彥博遣李繼和來告貝平，賜繼和錦袍、金帶。彥博請斬王則於大名府，夏竦言所獲非真盜，當覆視之。乃詔以檻車送則京師。甲辰，曲赦河北，賜平貝州將士緡錢，戰没者官爲葬祭之，兵所踐民田除夏秋税，改貝州爲恩州。乙巳，詔恩州置旌忠寺以追薦軍士，又設水陸齋於京師普安院。戊申，右諫議大夫、參知政事文彥博爲禮部侍郎、平章事，樞密直學士、右諫議大夫明鎬爲端明殿學士、給事中，馬軍都虞候、象州防禦使王信爲威德軍留後，入内副都知、宫苑使、眉州防禦使麥允言爲昭宣使、遂州觀察使，西京作坊使、資州刺史王凱爲澤州刺史，東上閤門使、榮州刺史、知恩州高繼隆爲引進使、陵州團練使，崇儀副使、真定府路都監張忠爲西染院使、資州刺史，自餘兵官各以功次遷，京朝官及選人預軍期者六十人，都虞候至士卒八千四百人，第其功爲五等：第一等一百六十人轉五資，第二等三百人轉四資，第三等三百人轉三資，第四等六百人轉二資，第五等一千八百人轉一資，其餘賜緡錢有差。贈馬遂爲宫苑使。遂，開封人。初隸龍衛軍，補散直，改三班奉職，爲北京指使。聞王則叛，中夜叱咤，晨起詣留守賈昌朝請擊賊，昌朝因使將榜入城招降，賊盛服見之，與飲茶，遂諭以禍福，輒不答。遂將殺則，而無兵仗自隨。時張得一在側，遂欲其助己，目得一，得一不動，遂奮然起，投梧抵則，扼其喉，擊之流血，而左右卒無助者。賊黨攢刃聚譟，至斷其一臂，猶駡則曰："妖賊，恨不斬汝萬段！"賊執遂，縛而支解之。則倉卒被毆，傷病數日，乃起。事聞，上歎息久之。則既誅，乃追贈遂，封其妻爲旌忠縣君，賜冠帔，官其子五人。後得殺遂者驍捷卒石慶，使其子剖心而祭之。乙卯，武勝節度使、檢校太傅、同平章事、判大名府、兼北京留守司賈昌朝爲山南東道節度使，加檢校太師，進封安國公，以貝州平也。翰林侍讀學士楊偕言："賊發昌朝部中，至出大臣乃能平。昌朝爲有罪，不當賞。"弗聽。辛酉，降河北轉運使、兵部郎中皇甫泌監青州税，提點刑獄、祠部員外郎田京監鄆州税。前知貝州、四方館使、昭州刺史裴德興追三官，爲池州團練副使；前貝州鈐轄、皇城使李昭度追三官，爲濠州團練副使；貝州都監、内殿承制馮文吉除名，長流梅州；監押、右侍禁趙惟一杖脊，配沙門島。泌、京坐賊發所部，德興、昭度並以妖黨結集久而不察也。文吉、惟一皆懦怯棄城，而文吉後頗宣力，得以减死論。

丙寅，磔王則於都市。丁卯，誅張得一，其弟兄悉坐降官，妻子論如律。得一以西上閤門使知貝州，視事八日而亂作，賊置得一州廨之西，日具食飲。初，賊取州印，語曰："用訖卻見還。"每見賊,必呼曰"大王",先揖而後坐,坐必東嚮,又爲則講僭擬儀式。賊平,得一付御史臺劾治,獄具,朝廷議貸死,中丞高若訥謂:"守臣不死,自當誅,況爲則屈乎?"得一坐棄市。得一既誅,其第當没官。翰林學士張方平言:"得一父耆,真皇寵臣也,此第本恩賜,今得一妻子免緣坐,耆在,且子衆,輒没其第,於法不類。"詔還之。

二月甲戌,皇甫泌改知澤州,田京通判兗州。文彦博言恩州賊起,泌在河北,有供饋之勞。京到官未踰月,其家嘗陷賊,故稍復之。京初脱身趣南關,入驍捷營,撫士卒,保州振武兵焚民居,欲應賊,京捕斬乃定。賊遣其黨崔象僞出降,京以其持妖言惑衆,又斬以徇,由是營兵二十六指揮在外者皆懾服不叛,州民之居南關者,多與城中等,得不陷賊,京有力焉。京督士攻城甚力,賊繫京妻子乘城,迫使呼曰:"毋亟攻城,城中將屠我輩矣!"京叱諸軍益進攻,注矢仰射,殺其家四人。賊知京無所顧,乃牽妻子去。尋以御史言其失察過輕,而忘家爲國義重,不宜左遷,尋又改知江陰軍。戊寅,右班殿直曹竭、真定府牢城指揮都虞候劉遵並爲内殿崇班。貝州平,兩人力居多,故優賞之。

三月丙午,贈恩州通判、國子博士董元亨爲太府少卿,録其子沂爲太常寺太祝。判官李浩子偓爲魏縣尉,俅南和尉,侃衡水尉。司理參軍王奬子規覬,清河令齊開子康民、康功,主簿王溁子安寧、安世並爲諸州司士參軍。又贈東頭供奉官、閤門祗候張絪爲右領軍衛將軍。

親從顔秀之變

慶曆八年閏正月辛酉。是夕,崇政殿親從官顔秀、郭逵、王勝、孫利等四人謀爲變,殺軍校,劫兵仗,登延和殿屋入至禁中,焚宫簾,斫傷内人臂。其三人爲宿衛兵所誅,王勝者走匿宫城北樓,經日乃得,而捕者即支分之,卒不知其始謀。樞密使夏竦言於上,請御史同宦官即禁中鞫其事,且言不可滋蔓,使反側者不安。參知政事丁度言曰:"宿衛有變,事關社稷,此而可忍,孰不可忍。固請付外臺,窮治黨與。"自旦争至食時,上卒從竦議。

争獄,據孫抃所作墓誌并司馬光記聞。

甲子,降句當皇城司、建寧軍留後楊景宗爲徐州觀察使、知濟州,皇城使、康州刺史、入内副都知鄧保吉落副都知,爲潁州鈐轄,左藏庫副使、通州團練使、入内副都知楊懷敏爲文思使、賀州刺史,北作坊使、廉州團練使劉永年爲洛苑使、英州刺史、蔡州都監,洛苑使、眉州防禦使趙從約領陵州團練使,爲濮州都監,供備庫使、榮州刺史、帶御器械王從善落帶御器械,爲曹州都監。從善等五人皆外遷,獨懷敏領職如故,樞密使夏竦庇之也。先是,有詔釋景宗等罪,御史中丞魚周詢、侍御史知雜事張昇、御史何郯等言:"殿庭所置宿衛,本爲人主預備非常。今衛士自生變故,所爲凶悖,意不可測。兼後來獲餘黨最爲要切,聞累傳聖旨,令未得殺死,而全不依稟,蓋是本管臣僚懼見捕獲之後勘得情理深切,所以容縱手下衆人殺死,以圖滅口,而輕失職之罪。情狀如此,理無可恕。太祖朝,酒坊火發,本處兵士因便作過。太祖以本坊使副田處岩等不能部轄,並處極法。今乘輿咫尺,賊亂竊發,凶惡之狀,無大於此。而居職者既不能察舉,當宿者又不即擒捕,未正典法,何以塞公議?深恐朝廷法令從此寬弛。伏乞斷自聖意,特降指揮,將應係句當皇城司及當夜直宿臣僚並等第重行黜降,用振威罰。所貴禁近之司不敢曠慢。"從善等既外遷,郯等又再具奏,乞罷絀懷敏,言:"伏緣衛兵竊發,凶悖至甚。懷敏適居官守,不能先發奸謀,致盜入宮闈,驚駭御寢,未行譴謫,深屈典章。乘輿所繫至重,今文武多士以朝廷獨寬懷敏,有心者無不憤激,有口者無不驚嗟,以至里巷愚民亦皆騰沸。國家用刑,當示公共,不可以一近習,致失衆心。"尋有詔:"懷敏落入内副都知,與在京差遣。"郯等又言:"懷敏與鄧保吉俱是句當皇城司,賊發之夜,懷敏正當内宿,責其曠職,得罪合重一等。今保吉等例授外任,懷敏獨留京師,刑罰重輕,頗爲倒置。中外聞見,尤所不平。伏乞特從聖斷,一例責授外任。"上令中書召郯等,諭以獨寬假懷敏之故。郯等又言:"若當賊發之際,懷敏能於後殿即時捕獲,猶可贖罪。今賊已入禁庭,通夕之間,陛下被此震驚,固亦甚矣。懷敏縱有先報之效,其可贖失察之罪乎?伏望陛下舉祖宗之法,以塞公議;正左右之罰,以示無私。不惜出一懷敏,慰中外臣子之望。天下幸甚!"

二月癸酉,文思使、賀州刺史、入内副都知楊懷敏落入内副都知,復爲左藏庫副使、通州團練使、滑州鈐轄,始從御史之言也。

卷第五十

仁宗皇帝

廣源蠻叛

皇祐元年九月乙巳，廣南西路轉運司言廣源州蠻寇邕州，詔江南、福建等路發兵備之。廣源州在邕州西南鬱江之原①，地峭絶深阻，產黃金、丹砂，頗有邑居聚落。俗椎髻左衽，善戰鬥，輕死好亂。其先韋氏、黃氏、周氏、儂氏爲酋領，互相劫掠。唐邕管經略使徐申厚撫之。黃氏納職貢，而十三部二十九州之蠻皆定。自交趾據有安南，而廣源雖號邕管西羈縻州，其實服役於交趾。初，有儂全福者知儻猶州，其弟存禄知萬涯州，全福妻弟儂當道知武勒州。一日，全福殺存禄、當道，并有其地。交趾怒，舉兵虜全福及其子智聰以歸。其妻阿儂本左江武勒族也，轉至儻猶州，全福納之。全福見虜，阿儂遂嫁商人，生子名智高。智高生十三年，殺其父商人，曰："天下豈有二父耶？"因冒姓儂，與其母奔雷火洞。其母又嫁特磨道儂夏卿，久之，智高復與其母出據儻猶州，建國曰大曆。交趾復拔儻猶州，執智高，釋其罪，使知廣源州，又以雷火、平婆四洞及思浪州附益之。然内怨交趾，居四年，遂襲據安德州，僭稱南天國，改年景瑞。求内附，未即得，於是始入寇。

十二月甲子，禮賓使、知桂州陳珙爲洛苑使、廣南西路鈐轄、兼知邕州，左藏庫使、廣南東路都監陳曙爲廣南西路鈐轄、兼知桂州。遣入内供奉官高懷政往邕州，與本路轉運使督捕蠻賊。

二年二月丙戌，廣南西路鈐轄司請於邕州羅徊峒置一寨，以扼廣源州蠻賊，從之。

五月戊申，廣南西路轉運使言交趾發兵捕廣源州賊儂智高，其黨皆遁入山林。詔

---

① 鬱江之原　"原"，長編卷一六七、宋史卷四九五蠻夷傳均作"源"。

本路嚴備之。

三年二月乙酉,廣南西路轉運使言廣源州蠻儂智高請內附①。詔轉運使與本路提點刑獄、鈐轄司具利害以聞。初,交趾發兵討智高,不克,轉運使新喻蕭固遣邕州指使亓贇往刺候②,而贇擅發兵攻智高,爲所執,因問中國虛實。贇頗爲陳大略,説智高內屬,乃遣贇還,奉表請歲貢方物。朝廷以其役屬交趾,未聽也。固言:"智高必爲南方患,願賜一官以撫之,且使抗交趾。"詔問固能保交趾不争,智高終不內寇,則具以聞。固言:"蠻夷如智高者,宜撫之而已。且智高才武彊力,亦非交趾所能争而畜也。就其能争,而蠻夷方自相攻,吾乃得以閑而無事矣。"朝廷訖不從固言。

蕭固云云,據王安石墓誌增入③。

三月癸酉,廣南西路轉運司言儂智高奉表獻馴象及生熟金銀④。詔轉運、鈐轄司止作本司意,答以廣源州本隸交趾,若與其國同進奉,即許之。

四年四月。初,儂智高貢方物求內附,朝廷拒之。後復貢金函書以請知邕州陳珙上聞,亦不報。智高既不得請,又與交趾爲仇,且擅廣源山澤之利,遂招納亡命,數出敝衣易穀食,紿言峒中饑,部落離散。邕州信其微弱,不設備也。乃與廣州進士黃瑋、黃師宓及其黨儂建侯、儂志忠等日夜謀入寇⑤。一夕焚其巢穴,紿其衆曰:"平生積聚,今爲天火所災,無以爲生,計窮矣。當拔邕州,據廣州以自王,否則共死⑥。"是月,率衆五千,沿鬱江東下,攻破橫山寨,寨主右侍禁張日新、邕州都巡檢左班殿直高士安⑦、欽橫州同巡檢右班殿直吳香死之。

五月乙巳朔,儂智高破邕州,執知州、北作坊使陳珙,通判、殿中丞王乾祐,廣西都監、六宅使張立。初,賊圍城,珙令乾祐守來遠門,權都監、三班奉職李肅守大安門,指使武吉守朝天門。張立自賓州來援,既入,珙犒軍城上,酒行而城破。珙、立、乾祐及節度推官陳輔堯、觀察推官唐鑑、司户參軍孔宗旦皆被執,兵死者千餘人。智高閱軍

---

① 內附　長編卷一七〇作"內屬"。
② 亓贇　底本作"丌贇",據長編卷一七〇、宋史卷四九五蠻夷傳改。
③ 墓誌　嘉慶本作"墓誌銘"。
④ 奉表　底本脱"奉"字,據長編卷一七〇補。
⑤ 儂志忠　長編卷一七二作"儂志中"。
⑥ 否則共死　"共",嘉慶本作"兵",長編卷一七二作"必"。
⑦ 高士安　底本脱"安"字,據長編卷一七二、太平治迹統類卷一〇補。

資庫,得所上金函,怒謂玤曰:"我請內屬,求一官以統攝諸部。汝不以聞,何也?"玤對嘗奏不報。索奏草,不獲,遂扶玤出。玤病目,不能視,皇恐呼萬歲,求自效,不聽,并立、乾祐、輔堯、鑑、宗旦害之。立臨刑大罵不為屈,逾月,得其尸,面如生。而李肅、武吉,武緣令梅微之,支使蘇從與賊黨黃師宓有舊,獲免。當智高未反時①,邕州有白氣出庭中,江水溢,宗旦以為兵象,度智高必反,以書告玤,玤不聽。宗旦言不已,玤怒,詆之曰:"司戶狂邪!"及智高破橫山寨,載其親往桂州,曰:"吾有官守不得去,無為俱死也。"既而賊執宗旦,欲任以事,宗旦叱賊,大罵,遂被害。智高既得邕州,即偽建大南國,僭號仁惠皇帝,改元啓曆,赦境內,師宓以下,皆稱中國官名。

會要云:改年端懿,今從正史。孔宗旦傳云:及智高破橫州,即載其親往桂州。按:五月一日邕州陷,宗旦被殺後,八日乃破橫州,傳誤也。當作橫山寨,傳蓋因曾鞏書,鞏書亦稱橫山寨②,不云橫州,不知何以如此誤,今改之。

癸丑,儂智高入橫州,知州、殿中丞張仲回,監押、東頭供奉官王日用棄城。丙辰,入貴州③,知州、秘書丞李琚棄城。庚申,入龔州,知州、殿中丞張序棄城。辛酉,入藤州,又入梧州、封州,知藤州、太子中舍李植,知梧州、秘書丞江鎰並棄城,知封州、太子中舍曹覲死之。封州人未嘗知兵,士卒才百人,不任鬥,又無城隍以守。或勸覲避賊,覲正色叱之曰:"吾守臣也,有死而已。敢言避賊者斬!"麾都監陳曄引兵迎擊賊,封川令率鄉丁弓手繼進。賊衆數百倍,曄兵敗走,鄉丁亦潰,覲率從卒決戰,不勝被執。賊戒勿殺,捽使拜,且誘之曰:"從我,得美官,付汝兵柄,以女妻汝。"覲不肯拜,且罵曰:"人臣惟北面拜天子,我豈從爾苟生耶?幸速殺我!"賊猶惜不殺,徙置舟中,覲不食者兩日,探懷中印授其從卒曰:"我且死,若求間道,以此上官。"賊知其無降意,害之,至死罵賊聲不絕,投其尸於江,時年三十五。壬戌,智高入康州,知州、太子右贊善大夫趙師旦,監押、右班殿直馬貴死之。師旦,積從子也。賊既破邕州,順流東下。師旦使人覘賊,還報曰:"諸州守皆棄城走矣。"師旦叱曰:"汝亦欲吾走耶?"乃大索,得諜者三人,斬以徇,而賊已薄城下。師旦止有兵三百,開門迎戰,殺數十人,會暮,賊稍卻。

---

① 當智高未反時 底本脫"當"一字,據嘉慶本、長編卷一七二補。
② 鞏書亦稱橫山寨 底本脫"鞏書"二字,據長編卷一七二注文補。
③ 貴州 底本作"費州",據嘉慶本、長編卷一七二、太平治迹統類卷一〇仁宗平儂智高、隆平集卷一五孔宗旦傳、東都事略卷六二狄青傳、宋史卷四九五蠻夷傳改。

師旦語其妻取州印佩之,使負其子以匿,曰:"明日賊必大至,吾知不敵,然不可以去。爾留死,無益也。"遂與貴部士卒固守城。召貴食,貴不能食,師旦獨飽如平時。至夜,貴臥不安席,師旦即入臥內大鼾。遲明,賊攻城愈急,左右請少避,師旦曰:"戰死與戮死何如?"衆皆曰:"願爲國家死!"至城陷,無一人逃者。矢盡,與貴俱還,據堂而坐。智高麾兵鼓譟爭入,脅之,師旦大罵曰:"餓獠!朝廷負若何事,乃敢反耶?天子發一校兵,汝無遺類矣。"智高怒,并貴害之。癸亥,智高入端州,知州、太常博士丁寶臣棄城走。

> 歐陽修、王安石作寶臣墓碑,皆稱寶臣嘗出戰,有所斬捕,卒不能勝乃去。蓋飾說也。

丙寅,儂智高圍廣州。前二日,有告急者,知州仲簡以爲妄,囚之,下令曰:"有言賊至者斬。"以故民不爲備。及賊至,始令民入城。民爭以金貝遺閽者,求先入,踐死者甚衆,餘皆附賊,賊勢益張。壬申,命崇儀使、知桂州陳曙領兵討儂智高①。

六月乙亥,起復前衛尉卿余靖爲秘書監、知潭州,前屯田員外郎、直史館楊畋爲廣南西路體量安撫、提舉經制盜賊。後七日,靖改爲廣南西路安撫使、知桂州;後十日,畋召至都門,加起居舍人、同知諫院而遣之。庚辰,命同提點廣南東路刑獄、內殿崇班、閤門祇候李樞與知桂州、崇儀使陳曙同捉殺蠻賊,仍令廣南東路轉運、鈐轄司發兵應援之,尋以曙爲廣南西路鈐轄。辛巳,如京使、資州刺史張忠爲廣南東路都監。甲申,徙知廣州、兵部員外郎、天章閣待制仲簡知荊南。朝廷但以簡能守城,故有是命,不知廣人怨之深也。是日,廣端都巡檢高士堯擊儂智高於市舶亭,爲賊所敗。丙戌,命知越州、給事中魏瓘爲工部侍郎、集賢院學士、知廣州,給禁卒三千使往,且聽以便宜從事。洛苑副使、兼閤門通事舍人曹修爲廣南西路同體量安撫、經制盜賊。庚寅,廣、惠等州都大提舉捉賊、西京左藏庫副使武日宣,惠州巡檢、左侍禁魏承憲擊儂智高於廣州城下②,死之。

七月丙午,命知桂州余靖經制廣南東西路盜賊。初,魏瓘築廣州城,鑿井蓄水,作大弩爲守備。及儂智高攻城甚急,且斷流水,而城堅,井飲不竭,弩發輒中,中輒洞潰,

---

① 知桂州陳曙 "桂州",長編卷一七二作"韶州"。按:長編卷一六八"皇祐元年十二月甲子"條載:"內藏庫使、廣南東路都監陳曙爲廣南西路鈐轄兼知桂州。"本書及長編卷一七二"皇祐四年六月庚辰"條均記載陳曙再任廣南西路鈐轄。或許陳曙曾兩次任知桂州、廣南西路鈐轄。

② 左侍禁魏承憲 "侍"底本作"持",據嘉慶本、長編卷一七二改。

賊勢稍屈。知英州晉江蘇緘始聞廣州被圍，謂其衆曰："廣與吾州密邇，今城危在旦暮，而恬不往救，非義也。"乃蒐募壯勇合數千人，委州印於提點刑獄鮑軻，夜行赴難，去廣二十里駐兵。黃師宓者，廣人也，陷賊中，爲謀士①。緘使縛其父，斬以徇，賊聞之喪氣。時群不逞皆旁緣爲盜，緘捕得六十餘人斬之，招懷其驅脅詿誤，使復故業者凡六千八百人。城被圍日久，戰數不勝。賊方舟數百，急攻南城，番禺縣令蕭注者，新喻人也，先自圍中出，募得海上彊壯二千餘人，以海船集上流。未發，會颶風夜起，縱火焚賊船，煙焰屬天，大破之，積尸甲如山。即日發縣門，諸路援兵及民戶牛酒、芻糧相繼入城，城中人乃有生意，每戰必勝。而轉運使王罕亦自外募民兵遂入城，益修守備。賊知不可拔，圍五十七日，壬戌解去，縣清遠縣濟江，擁婦女作樂而行。攻賀州，不克，遇廣東都監張忠於白田，忠戰敗被殺。虔州巡檢董玉、康州巡檢王懿、連州巡檢張宿、賀州巡檢趙允明、監押張全、司理參軍鄧冕皆没。甲子，廣東鈐轄蔣偕擊賊於路田，兵敗。南恩州巡檢楊逵、南安軍巡檢邵餘慶，權宜融州巡檢馮岳，西路捉賊王興、莨用和皆没。丙戌，贈張忠爲感德節度使。

八月丁亥，以蕭注爲禮賓副使、權發遣番禺縣事。戊子，詔廣南有捕獲儂智高者，授正刺史，賞錢三千緡、絹二千匹；獲智高母，授諸司副使，錢三千緡、絹二千匹；獲黃師宓、黃瑋，授東頭供奉官，錢一千緡。辛卯，改新知秦州孫沔爲荆湖南路、江南西路安撫使，内園使、陵州團練使、入内押班石全彬副之。沔以南方兵連爲賊所破，氣懾不可用，請益發騎兵，才與兵七百。沔憂賊度嶺而北，乃檄湖南、江西曰："大兵且至，其繕治營壘。"多具燕犒。賊疑，不敢北侵。沔行至鼎州，復有詔加廣南東西路安撫使。知英州、秘書丞蘇緘爲供備庫副使。初，廣州以賊遽至，不及清野，故賊得肆略。後緘知賊將走，分兵邊村渡扼其歸路，布槎木、巨石幾四十里。賊至，果不得前，遂繚繞數舍，入沙頭渡江，由清遠縣道連、賀州西歸，摧傷者多。緘盡得賊所略去物②。

九月戊申，儂智高殺廣南鈐轄蔣偕於賀州太平場，莊宅副使何宗古、右侍禁張達、三班奉職唐峴皆没。偕始受命討賊，馳驛十七日至廣州城下。入城攝州官未定，數知州仲簡曰："君留兵自守，又縱部兵馘平民以幸賞，可斬也！"簡曰："安有團練使欲斬

---

① 爲謀士 "士"，嘉慶本、長編卷一七三均作"主"。
② 賊所略去物 "去"，嘉慶本作"之"。

侍從官?"偕曰:"斬諸侯劍在吾手,何論侍從。"左右解之,乃止。及賊去廣州①,楊畋檄偕焚儲糧,退保韶州。軍次賀州,賊夜入其營,襲殺之。偕舉動輕肆,卒坐此敗。甲寅,桂宜柳州巡檢、三班借職李貴擊儂智高於龍岫峒,兵敗死之。丙辰,降廣南東西路體量安撫經制盜賊、起居舍人、直史館、同知諫院楊畋知鄂州,落知諫院;同體量安撫經制賊盜、西上閤門副使曹脩爲荆南都監;廣南東路鈐轄兼捉殺蠻賊、宮苑使、韶州團練使蔣偕爲潭州都監。初,畋與脩聞智高徙軍沙頭將濟江,即命偕棄英州,焚儲糧,及召内殿承制亓贇②、岑宗閔,西頭供奉官、閤門祗候王從政退保韶州,故并責之。時偕死既九日矣③。供備庫副使蘇緘、禮賓副使蕭注並爲廣南東路都監,兼管句東西兩路賊盜事。丁巳,命知桂州余靖提舉廣南東路兵甲、經制賊盜,再降楊畋等官爵,又降内殿承制亓贇爲内殿崇班。己未,贈嶺南諸州死事者官有差:知封州曹覲爲太常少卿,知康州趙師旦爲光禄少卿。

庚申,儂智高破昭州,知州柳應辰棄城,洛苑使、廣西鈐轄王正倫與賊鬥於館門驛,死之。東頭供奉官、閤門祗候王從政,三班奉職徐守一,借職文海皆被害。賊始執從政,從政罵賊不絕口,至以湯沃之,終不屈而死。楊畋、曹脩經制蠻事既無功,改命孫沔及余靖等,上猶憂之。或言:"智高欲得邕、桂七州節度使即降。"樞密副使梁適曰:"若爾,二廣非朝廷有也!"上問宰相龐籍誰可將者,籍薦樞密副使狄青,青亦上表請行。翌日入對,自言:"臣起行伍,非戰伐無以報國。願得蕃落騎數百,益以禁兵,羈賊首致闕下。"上壯其言,庚午,改宣徽南院使、荆湖南北路宣撫使、提舉廣南東西路經制賊盜事。

十月丙子,詔鄜延、環慶、涇原路擇蕃落廣鋭軍曾經戰鬥者各五千人,仍逐路遣使臣一員押赴廣南行營,從狄青之請也。丁丑,儂智高入賓州,知州、國子監博士程東美棄城。己卯④,降空名宣頭劄子各一百道,錦襖子、金銀帶各二百下狄青,以備賞軍功。兵部郎中、天章閣待制仲簡落職、知筠州。庚辰,狄青辭,置酒垂拱殿。辛巳,内降手

---

① 及賊去廣州　底本脱"及"字,據嘉慶本、長編卷一七三補。
② 亓贇　底本作"丌贇",據長編卷一七三改。下同。
③ 時偕死既九日矣　"既",嘉慶本作"已"。
④ 己卯　底本作"乙卯",據長編卷一七三改。

詔付狄青:"應避賊在山林者,速招令復業。其乘賊勢爲盜,但非殺人及賊所脅從能逃歸者,並釋其罪。"右正言韓絳言:"狄青武人,不可獨任。"帝以問龐籍,籍曰:"青起行伍,若用文臣副之,必爲所制,而號令不專,不如不遣①。"乃詔廣南將佐皆稟青節制;若孫沔、余靖分路討擊,亦各聽沔等指揮。甲申,儂智高復入邕州,知州、禮賓使宋克隆棄城。克隆承賊殘擾之後,不能營葺守備,頗縱士卒下諸山寨殺逃民,詐爲獲賊,一級賞錢十千;又詐給親兵帖,以爲賞有功。及智高再至,克隆無以禦賊,遂遁去。

十一月,贈王正倫丹州團練使,何宗古嘉州團練使。

十二月壬申朔,廣西鈐轄陳曙擊儂智高,兵敗於金城驛,東頭供奉官王承吉、白州長史徐軀死之。曙素無威望,既與賊遇,士卒猶聚博營中,使承吉將宜州忠敢兵五百爲先鋒,倉卒被甲以前,遂致覆軍。

五年正月。始,余靖同交趾李德政共擊賊,德政亦乞會兵。狄青奏:"以一智高橫蹂二廣,力不能討,仍假蠻夷兵。蠻夷貪得忘義,因而啓亂,何以禦之?願罷交趾兵勿用。"丁未,詔廣南西路轉運司移文,止交趾助兵。狄青合孫沔、余靖兩將之兵,自桂州次賓州。青以張忠、蔣偕輕敵取死,軍聲大沮,前戒諸將:"無得妄與賊鬥,聽吾所爲。"陳曙恐青獨有功,乘青未至,以步卒八千犯賊,潰於崑崙關,其下殿直袁用等皆遁。青曰:"令之不齊,兵所以敗。"己酉晨,會諸將堂上,揖曙起,並召用等三十二人,案所以敗亡狀,驅出軍門斬之。沔、靖相顧愕然。靖嘗迫曙出戰,因離席而拜曰:"曙失律,亦靖節制之罪。"青曰:"舍人文臣,軍旅之責,非所任也。"諸將皆股慄。

呂誨誌陳曙墓銘稱:曙與孫抗有隙,及青至,抗悉以敗軍事歸曙,故及誅。當考。

狄青既戮陳曙,乃按軍不動,更令調十日糧,衆莫測。賊覘者還,以爲軍未即進也。翌日,遂進軍,青將前陣,孫沔將次陣,余靖將後陣,夕次崑崙關。黎明,整大將旗鼓,諸將環立帳前,待令乃發。而青已微服與先鋒度關,趣諸將會食關外,即歸仁鋪爲陣。戊午,賊悉其衆,列三銳陣,以拒官軍②,執大盾、標槍,衣絳衣,望之如火。及戰,前軍稍卻,右將開封孫節死之。賊氣銳甚,沔等俱失色③。青起,自執白旗,麾蕃落騎

---

① 不如不遣　第二個"不",嘉慶本作"勿"。
② 以拒官軍　"拒",嘉慶本作"待"。
③ 沔等俱失色　"俱",嘉慶本作"懼"。

兵張左右翼出賊後交擊，左者右，右者左，已而右者復左，左者復右。賊衆不知所爲，大敗走，儂智高復趨邕州。王師追奔五十里，捕斬二千二百級，其黨黃師宓、儂建中、智忠並僞官屬死者五十七人，生擒賊五百餘人。智高夜縱火燒城遁，由合江入大理國。遲明，青按兵入城，獲金帛巨萬、雜畜數千。招復老壯七千二百嘗爲賊所俘脅者，慰遣使歸。梟師宓首於邕州城下，得尸五千三百四十一，築京觀於城北隅。時有賊尸衣金龍衣，衆以爲智高已死，欲具奏。青曰："安知非詐耶？寧失智高，不敢誣朝廷以貪功也。"先是，謠言："農家種，糴家收。"而智高爲青所破，皆如其謠。其戰於歸仁也，右班殿直張玉爲先鋒，如京副使賈逵將左，西京左藏庫副使孫節將右。既陣，青誓曰："不待令而舉者，斬。"及節搏賊死山下，逵私念所部忠敢、澄海皆土兵，數困而心懾易衄，苟待令，必爲賊所薄。且兵法先據高者勝，乃引軍疾趨山，立始定而賊至，逵擁衆而下，揮劍大呼，斷賊陣爲二，玉以先鋒突出陣前，而青麾蕃落騎兵出賊後①，賊遂大潰。逵乃詣青帳下請罪，青拊逵背曰："違令而勝，權也，何罪之有？"甲子，内出手詔，遣内侍撫問廣南將校，仍賜軍士特支錢。

二月癸未，宣徽南院使、彰化節度使狄青爲護國節度使、樞密副使、依前宣徽南院使。初，廣南捷書至，上大喜，謂宰相龐籍曰："青破賊，卿執議之力也。"遂欲擢青樞密使、同平章事。籍以爲不可，乃止。乙酉，廣南東西、湖南、江西路安撫使，樞密直學士，右諫議大夫孫沔；知桂州、秘書監余靖並爲給事中。仍詔靖留屯邕州，經制餘黨，候處置畢，乃還桂州。狄青嘗問沔何以破賊，沔曰："使賊出上計，收其保聚，退守巢穴，則當徐圖之。據邕州以拒我師，猶爲中計。若恃勝求戰，此計最下。然賊有輕我心，必出下計，將成擒耳。"已而果然。沔始受命，數請騎兵，又令軍中制長刀、巨斧。人謂南方地形不便騎兵，而刀斧非所用，青竟以騎兵破賊，賊皆翳大盾，翼兩標，置陣甚堅，矢石不可動，竟賴刀斧雜短兵搏戰，陣乃破。人皆謂不及也。廣南東西、湖南、江西路安撫副使、入内押班、内園使、陵州團練使石全彬領綿州防禦使②；東頭供奉官、閤門祗候狄諮爲西染院副使兼閤門通事舍人；右侍禁狄詠爲閤門祗候。諮、詠皆青之

---

① 而青麾蕃落騎兵出賊後　底本脱"青"字，據嘉慶本、長編卷一七四補。
② 石全彬　底本作"石全斌"，據嘉慶本、長編卷一七四、太平治迹統類卷一〇、宋史卷四六六石全彬傳改。

子也①。丙戌，詔禮賓副使、廣南西路都監蕭注，内殿崇班、邕貴等七州都巡檢使王成，東頭供奉官、閤門祗候、廣南西路都監于震，同追捕儂智高。仍詔有能獲智高者，除正刺史，同功人以次甄賞之。丁亥②，賜狄青敦教坊第一區。壬辰，右諫議大夫、天章閣待制田瑜爲廣南東路體量安撫使，度支副使、工部郎中周沆爲廣南西路體量安撫使。貸知邕州、禮賓使宋克隆死，除名，杖脊刺配沙門島，坐儂賊再至棄城也。乙未，贈荆湖北路都監、西京左藏庫副使孫節爲忠武軍留後。

四月壬申，狄青還朝，置酒垂拱殿。甲戌，廣南西路轉運使孫抗、轉運判官宋咸、提點刑獄朱壽隆、同提點刑獄高惟和、廣南東路轉運使元絳、提點刑獄鮑軻、荆湖南路轉運判官李章③、提點刑獄李肅之、同提點刑獄柳涉以邕州平，並遷官。乙亥，破蠻諸將分三等遷官，遷者凡十三人；三班使臣分五等遷資，遷者凡七十二人。戊寅，御垂拱殿，令蕃部騎兵布陣如歸仁鋪破賊之勢，觀其馳逐擊刺，等第推賞。都大提舉教閲陣法張玉遷内殿承制。給事中孫沔還自嶺南，帝問勞，解所服御帶賜之。壬午，命知杭州，沔自請也。

五月乙巳，以狄青爲樞密使。丁未，樞密直學士、給事中、新知杭州孫沔爲樞密副使，給事中、知桂州余靖爲工部侍郎。時御史梁舊數言靖賞薄。孫沔既與狄青繼踐二府，故靖亦加秩。以蕃官蒲亞訥爲銀青光禄大夫、國子祭酒、監察御史、武騎尉。知廣州魏瓘言智高圍城，亞訥能以猛火油燒其攻具也。

六月甲子，贈邕州司户參軍孔宗旦爲太子中允，知袁州祖無擇始以宗旦死事聞故也。

十二月丁酉，廣南西路安撫司言：捕獲儂智高母阿儂及智高弟智光，子繼宗、繼封。詔護送京師。阿儂有智謀，智高攻陷城邑多用其策，僭號皇太后。天姿慘毒，嗜小兒，每食必殺小兒。智高敗，阿儂入保特磨，依其夫儂夏卿，收殘衆約三千餘人習騎戰，復欲入寇。余靖督部吏黃汾、黃獻珪、石鑑，進士吳舜舉發峒兵入特磨掩襲，並智

---

① 自"廣南東西、湖南、江西路安撫副使"至"諮、詠皆壹之子也"七十五字，底本係錯簡，排在"同功人以次甄賞之"之後，據長編卷一七四調整至此。
② 丁亥　底本脱此二字，據長編卷一七四補。
③ 荆湖南路　底本脱"荆"一字，據長編卷一七四補。

高弟、子皆獲之。

　　至和元年三月庚午,三班奉職黃獻珪等遷官,賞獲智高母子之功也。知桂州余靖加集賢院學士,知邕州蕭注遷東上閤門副使。

　　六月乙未,詔益州路鈐轄司,應蠻人出入處,皆預擇人爲備禦。時黎州言儂智高自廣源州遁入雲南故也。

　　二年六月乙巳,儂智高母儂氏,弟智光,子繼宗、繼封伏誅。初,欲留繼封等以招降智高,日給飲食。或傳智高已死,遂并戮之。工部侍郎、知桂州余靖爲户部侍郎,東上閤門副使、知邕州蕭注爲引進副使,留再任。注募死士使大理國購智高。南詔久與中國絕,林箐險深,界接生蠻,語皆重譯,行百日乃通。智高亦自爲大理所殺,函其首至京師。

　　大理國函智高首送京師,此據蕭注傳。然智高本傳云:智高卒不出,其存亡莫可知。未知孰是。又司馬光百官表、大事記,至和二年四月,亦書儂智高死於大理,當考。

　　嘉祐二年四月。雷火峒儂宗旦者①,智高之族也,據險聚衆,數出剽略。知邕州蕭注欲發大峒丁擊之②,知桂州蕭固獨請以敕招降。轉運使王罕以爲宗旦保山谿篁竹間,苟設伏邀我軍,未必可勝,徒滋邊患。乃獨領兵次境上,使人召宗旦子日新,謂曰:"汝父内爲交趾所仇,外爲邊臣希賞之餌。歸報汝父,可擇利而行。"於是宗旦父子皆降,南事遂平。以宗旦爲忠武將軍,日新爲三班奉職。

---

① 雷火峒　底本脱"雷"字,據嘉慶本補。"雷火峒",長編卷一八五作"火峒蠻"。
② 欲發大峒丁　長編卷一八五作"欲大發峒丁"。

卷第五十一

仁宗皇帝

英宗册立始末

　　景祐二年十一月乙巳①，安化留後允讓爲寧江節度使。允讓，元份第二子也。上之幼也，真宗擇宗室子年相若、聰悟可親者與游，召允讓入禁中，旦暮誦讀共學，凡動作燕嬉，無一不中節。及上出閣，始用雲韶樂導送允讓歸外邸云。

　　四年六月甲午，皇姪太子左監門率府副率宗實特遷右内率府率②。宗實，允讓第十三子也，生四歲，養於宮中，時方六歲。

　　寶元元年十月辛未，左千牛衛將軍宗實爲左領軍衛將軍。

　　二年六月壬申，左千牛衛將軍宗實爲右千牛衛大將軍，始自宮中出還第，時方八歲。

　　英宗實録、正史並云豫王生，英宗乃還第。案：豫王以此年八月甲戌生，英宗以六月壬申還第。實録、正史蓋不審也。

　　慶曆元年十二月丙申，右千牛衛大將軍宗實爲右羽林衛大將軍。

　　五年十月戊寅，寧江節度使允讓爲汝南郡王。

　　至和元年十二月，上春秋高，未有繼嗣。皇祐末，太常博士張述上言曰："臣聞漆室之女，有憂國之心，倚檻而歎。臣仕於朝二十五年，而區區之慮，不早爲陛下建萬世之長策，是漆室之不若也，臣實恥之。夫生民之命繫於宗廟、社稷之重，而以繼嗣爲之本。匹夫匹婦有百金之産，猶能定謀託後，事出於素，況於有天下者哉？建隆、乾德之臣子，孰不願太祖皇帝享年億萬者；端拱、天禧之臣子，其心亦莫不若此。然而天地有

---

① 景祐二年十一月乙巳　"一"底本作"二"，底本脱"乙巳"二字，據長編卷一一七改、補。
② 皇姪太子　"太子"底本作"太午"，據宋本長編卷七八改。

運行，日月有盈昃，陰陽之數，有閏有章，氣至而回，物極而變，理之必然者也。藝祖以神器付太宗，太宗以傳真宗，真宗以傳陛下。陛下承三聖之業，傳之於千萬年，斯爲孝矣。而春秋四十四，宗廟、社稷之繼未有託焉，此臣所以夙夜仿徨而憂也。陛下知此矣，而以嫌疑不決，非孝也；群臣知此矣，而以避諱不言，非忠也。陛下享天下之貴而不自息，有天下之富而不自侈，過成康、文景遠矣。謂宜默祈天地、嶽瀆，分寵六宮，用均愛施，或未之獲，則遴擇宗親才而賢者，異其禮秩，賜以職務，俾内外知聖心有所屬，則天下大幸。"是歲，復上疏曰："臣聞'明兩作離，大人以繼明照四方'。離爲日，君相也。二明相繼，故能久照。東升西没，一晝一夜，數之常也。陛下御天下將三紀，是日之正中也，而未聞以繼照爲慮，臣誠疑之。夫嗣不早定①，則有一旦之憂，而貽萬世之患。歷觀前世事出倉卒，則或宫閨出令，或宦官主謀，或奸臣首議，貪孩孺以久其政，冀闇昧以竊其權，安危之機，發於頃刻。而朝議恬不爲計，豈不危哉？"述前後七上疏，最後語尤激切，文多，故不見載。上終不以爲罪。述，小豀人也。

皇祐五年，仁宗春秋四十四，述疏即以五年上。傳云皇祐中，誤也。

嘉祐元年正月，上暴感風眩。

二月，帝康復。

五月甲申，詔以九月於大慶殿行恭謝之禮②。右千牛衛大將軍宗實幼養於宫中，上及皇后鞠視如子。既出還第，問勞賞賜不絶，諸宗室莫得比。上始得疾，不能視朝，中外憂恐。宰相文彥博、劉沆、富弼勸帝早立嗣，上可之。參知政事王堯臣之弟純臣爲王府官，數與堯臣言宗實之賢，堯臣以告彥博等，彥博等亦知宗實上意所屬，乃定議，乞立宗實爲嗣。既具稿，未及奏而上疾有瘳，其事中輟。

至和議立嗣，諸家各有記述，要當以龍川别志爲得實。蓋彥博等私議英宗當立，已曾具奏，但未及上爾，其詔草亦非僞也。蓋當日群臣預爲此奏，可即降詔，事不容緩，其理勢亦當爾。今國史及文氏私記皆云已奏詔草，則恐未必然。今從别志，止稱奏議，不載詔草，更俟考詳。别志乃云事在嘉祐二年，且謂韓琦與彥博、弼同爲宰相，則誤也，今不取。

是日，知諫院范鎮上疏曰："陛下置諫官者，爲宗廟、社稷計也。諫官而不以宗廟、

---

① 夫嗣不早定　"夫"，嘉慶本作"使"。
② 行恭謝之禮　"恭"底本作"躬"，據長編卷一八二、宋大詔令集卷一二三大慶殿行恭謝之禮御劄改。

社稷計事陛下者,是不知諫官之任也。陛下不以臣愚,任之諫官,臣敢不以宗廟、社稷計獻於陛下乎?二月中,臣使契丹還,過河北,河北之人籍籍紛紛,皆謂陛下方不豫時有言曰:'我惟宗廟、社稷計,以憂勞而成此疾。'陛下所謂宗廟、社稷計而憂且勞者,得非皇嗣未立乎?是時中外皇皇,莫知所爲,而陛下方以宗廟、社稷計爲念,是陛下之計慮至深且明也。今陛下既已平復,御殿聽政,願推嚮者之言而終行之。行之之術,非明則不審,非果則不決。惟審與決,而宗廟、社稷之計定矣。今祖宗後裔蕃衍盛大,信厚篤實,伏惟陛下拔其尤賢者,優其禮數,試之以政,與圖天下之事,以繫天下之心。異時誕育聖嗣,復遣還邸,則真宗皇帝時故事是也。初,周王既薨,真宗皇帝取宗室之子養之宮中,此天下之大慮也。太祖皇帝捨其子而立太宗皇帝者,天下之大公也,宗廟、社稷之至計也。伏惟陛下觀太祖皇帝大公之心,考真宗皇帝時故事,斷於聖心,以幸天下,臣不勝大願。臣考之於昔,參之於今,謀之於心,書之於疏。疏成而累月不上者,大懼無益於事,死今之世,以累陛下之明。伏惟赦臣萬死之罪,審之決之,以定宗廟、社稷之至計。非獨臣蒙更生之賜,乃天下之人之心也。"

五月三日入,范鎮奏疏並不載於實錄,蓋實錄鎮所修,不欲自表見爾。今悉以月日追載。周王薨,真宗養宗室子,當考。

疏奏,文彥博使提點開封府界諸縣公事蔡挺問鎮何所言,鎮以實對。明日,挺謂鎮曰:"言如是事,何不與執政謀?"鎮曰:"鎮自分必死,乃敢言。若謀之執政,或以爲不可,亦豈得中輟也!"

六月己未,殿中侍御史趙抃上疏曰:"嚮者伏睹陛下聖體偶一違豫①,中外之心,莫不動搖。賴宗廟社稷之降靈,天地神明之垂祐,四海蒙福,宸躬寢康。然猶上有謫見之文,迨無虛月;下有妖言之俗,至於再三。天其或者豈非以陛下皇嗣未立,人心未有所繫,垂厥祥異,明白丁寧,警戒陛下,意欲陛下深思遠圖,亟有所爲而然也?權宜也,機會也,此其時矣。書曰:'一人元良,萬邦以貞②。'易曰:'大人以繼,明照於四方③。'叔孫通以謂'天下之本,奈何以天下爲戲?'韓愈亦云:'前定可以守法,不前定

---

① 偶一違豫 "一"底本作"小",據長編卷一八二、太平治迹統類卷一一、清獻集卷八奏疏言皇嗣未立改。
② 萬邦以貞 "貞"底本作"正",係宋人諱改,今回改。
③ 明照於四方 底本脫"於"一字,據周易離卦第三十、長編卷一八二補。

则争且乱。'臣不勝大願,願陛下思所以答譴見妖星之警戒,思所以固三聖百載之基業,思所以安中外臣庶之憂惑,思所以破奸雄陰賊之窺覦。斷宸衷,發天意,擇用宗室賢善子弟,或教育宮闈,或封建任使,左右以良士,輔導以正人。磐石維城,根本深固,有是二者,惟陛下示天下之至公而裁擇焉①。伏況陛下春秋富盛,福壽延洪,一旦皇子慶誕,少陽正位,儲貳事體,何損權宜。方今施爲,且適機會。轉禍亂危亡將然之勢,爲福治安存無疆之基,豈不盛哉,豈不休哉！臣職在言責,計無家爲。戴陛下之恩,極泰山之重,顧愚臣之命,等鴻毛之輕。儻一毫有補於朝廷,則萬死甘從於鼎鑊。"庚午,殿中丞、集賢校理、通判并州司馬光上疏曰："人臣之進言者,捨其急而議其緩,則言益多而用益寡矣。人君之聽納者,忽其大而務其細,則心益勞而功益淺矣。故明主不惡逆耳之言,以察治亂之原;忠臣不避滅身之禍,以論安危之本。是以上下交泰,而事業光美也。陛下自首春以來,聖體小有不康,天下之人,側足而立,累氣而息,恟恟然憂懼,若蹈冰炭。間者雖已痊平②,而民間猶有妄爲訛言以相驚動者③,雖有司以嚴刑束之,彼口不得言,中心惶惶,何所不慮邪④？陛下何不試思其所以然者何哉,豈非儲貳者天下之根本,根本未定,則衆心未安也？賈誼有言:'抱火厝之積薪之下,而寢其上,火未及然,因謂之安,可乎？'當誼之時,漢文帝春秋鼎盛,有孝景爲太子,中外乂安,公私富溢,誼猶有是言。使誼處於今日,當云何哉⑤？陛下好學多聞,且以前古之事質之⑥,治亂安危之機,何嘗不由繼嗣哉？蓋得其人則治,不得其人則亂;分先定則安,不先定則危。得失之機,間不容髮。朝廷至大至急之務,孰先於此？而陛下晏然不以爲憂,群臣愛身不以爲言,此臣所以日夜痛心疾首,忘其身之疏賤,而不顧鼎鑊之罪也。今夫細民之家有百金之寶⑦,猶擇親戚可信任者使謹守之,況天下之大乎？三代之王以至二漢,所以能享天下之祿若是其久者,豈非皆親任九族,以爲藩輔乎？伸親者猶

---

① 而裁擇焉　"裁"底本作"財",據嘉慶本、長編卷一八二改。
② 間者雖已痊平　底本脫"者"一字,據溫國文正司馬公文集卷一六請建儲副或進用宗室第一狀補。
③ 猶有妄爲訛言以相驚動者　底本脫"妄爲"二字,據溫國文正司馬公文集卷一六請建儲副或進用宗室第一狀補;"驚"底本作"警",據溫國文正司馬公文集卷一六請建儲副或進用宗室第一狀、長編卷一八二改。
④ 何所不慮邪　"邪"底本作"也",據溫國文正司馬公文集卷一六請建儲副或進用宗室第一狀改。
⑤ 當云何哉　底本作"當何如哉",據長編卷一八二及溫國文正司馬公文集卷一六請建儲副或進用宗室第一狀改。
⑥ 且以前古之事質之　"質",嘉慶本同,長編卷一八二及溫國文正司馬公文集卷一六請建儲副或進用宗室第一狀作"迹"。
⑦ 有百金之寶　"寶"底本作"資",據溫國文正司馬公文集卷一六請建儲副或進用宗室第一狀、長編卷一八二改。

不可信,疏者庸足恃乎？竊惟陛下天性純孝,振古無倫,事無大小,關於祖宗者,未嘗不勤身苦體以奉承之,況祖宗光明盛大之基業,豈可不爲之深思遠慮,措之於平安堅固之地,而保萬世無疆之休哉？天子之孝,非若衆庶止於養親而已,蓋將謹守前人之業而傳於無窮,然後爲孝也。禮：'大宗無子,則同宗爲之後。'爲之後者,爲之子也。故爲人之後者,事其所後,禮皆如父,所以尊尊而親親也。伏惟祖宗受天明命,功德在人,本支百世,子孫千億,而陛下未有皇嗣,人心憂危。伏望深念祖宗艱難之業,斷自聖志,昭然勿疑。遴擇宗室之中聰明剛正①、孝友仁慈者,使攝居儲貳之位,以俟皇嗣之生,退居藩服。儻未欲然,或且使之輔政,或典宿衛,或尹京邑,亦足以鎮安天下之心。如此,天地神祇、宗廟社稷,實賴陛下明聖之德,況群臣兆民,其誰不歡呼鼓舞乎？昔魯漆室之女憂魯君老,太子幼。彼匹婦也,猶知憂國家之難,蓋以魯國有難,則身必危矣。況臣食陛下之禄,立陛下之朝,又得承乏典册之府,非比於漆室之女,誠不忍坐視國家至大至急之憂而隱嘿不言②。臣誠知言責不在,臣言之,適足以自禍,然而必言者,萬一冀陛下采而聽之,不勝憤懣之誠。"上在位久,國嗣未立,及不豫,天下寒心而莫敢言,惟諫官范鎮首發其議,光聞而繼之,又與鎮書,言："此大事,不言則已,言一出,豈可復反顧？願公以死爭之。"於是鎮言之益力。己卯,以都城大水,詔群臣實封言時政闕失。范鎮又言："伏見天下以水災奏者日有十數。都城大水,天雨不止,此所謂水不潤下也。傳曰：'簡宗廟,不禱祠,廢祭祀,逆天時,則水不潤下。'陛下恭祀天地神祇,肅祗祖宗,山川之祀,罔不秩舉。至於號令,必順天時。非逆天時也,非廢祭祀也,非不禱祠也,然而上天出此變者,曉諭陛下以簡宗廟也。宗廟以承爲重,故古先帝王即位之始,必有副貳,以重宗廟也。陛下即位以來,虛副貳之位三十五年矣。臣近奏擇宗子賢者,優其禮數,試之以政,繫天下人心,俟有聖嗣,復遣還邸。及今兩月餘而不決,政所謂簡宗廟也。此天變所以發也。伏惟陛下深念宗廟之重,必有副貳,以臣前一章降付執政大臣,速爲裁定,以塞天變。"

　　鎮以五月三日初上疏。此云"兩月餘",則當在七月十日庚寅未謝晴前。或"兩月餘"字誤,更詳之。

　　七月,文彦博、富弼等共議建儲,未嘗與西府謀也。樞密使王德用聞之,合掌加額

---
① 聰明剛正　"正"底本作"直",據嘉慶本、溫國文正司馬公文集卷一六請建儲副或進用宗室第一狀改。
② 隱嘿不言　"嘿"底本作"默",據嘉慶本、溫國文正司馬公文集卷一六請建儲副或進用宗室第一狀改。

曰："置此一尊菩薩何地？"或以告翰林學士歐陽修，修曰："老衙官何所知？"於是上疏，略曰："自古人君必有儲副，所以承宗廟之重而不可闕者也。陛下臨御三十餘年，而儲副未立，此久闕之典也。近聞臣僚多以此事爲言，大臣亦嘗進議，陛下聖意久而未決，而庸臣愚士知小忠而不知大體者因以爲異事，遂生嫌疑之論，此不思之甚也。且自古帝王有子，至三二十人者甚多，材高年長羅列於朝者甚衆，然爲其君父者，莫不皆享無窮之安，豈有所嫌而斥其子耶？若陛下鄂王、豫王在，至今則儲宮之建久矣。世之庸人偶見陛下久無皇子，忽聞此議，遂以云云爾。且禮曰：'一人元良，萬國以正①。'蓋謂定天下之根本，上承宗廟之重，亦所以絶臣下之邪謀。自古儲副，所以安人主也。若果如庸人嫌疑之論，則是常無儲副則人主安，有儲副則人主危，此臣所謂不思也。臣又見自古帝王建立儲副，既以承宗廟之重，又以爲國家美慶之事，故每立太子，則不敢專其美，必大赦天下，凡爲人父後者，皆被恩澤，所以與天下同其慶喜，然則非惡事也。漢文帝初即位之明年，群臣再三請立太子，文帝再三謙讓，而後從之。當時群臣不自疑而敢請，漢文帝亦不疑其臣有二心者，臣主之情通故也。五代之主或出武人②，或出夷狄，如後唐明宗，尤惡人言太子事，群臣莫敢正言。有何澤者，嘗上書乞立太子，明宗大怒，謂其子從榮曰：'群臣欲以汝爲太子，我將歸老於河東！'由是臣下更不敢言。然而文帝立太子之後，享國長久，爲漢太宗，是則何害爲明主也？後唐明宗儲嗣不早定，而秦王從榮後以舉兵窺覦，陷於大禍，後唐遂亂，此前世之事也。況聞臣僚所請，但欲擇宗室爲皇子爾，未即以爲儲貳也。伏惟陛下仁聖聰明，洞鑒今古，必謂此事國家大計，當謹審而不可輕發③，所以遲遲爾④，非惡人言而不欲爲也。然朝廷大議，中外已聞，不宜久而不決。昨自春首以來，陛下服藥，大臣侍於左右，如人子之侍父，自古君臣未有若此之親者也。下至群臣、士庶、婦女、嬰孩，晝夜禱祈，填咽道路，發於至誠，不可禁止。以此見臣民盡忠，蒙陛下之德厚，愛陛下之意深，故爲陛下慮也。今之所請，天下臣民所以爲愛君之計也，陛下何疑而不從乎？中外之臣既喜陛下聖躬康復，又欲見皇子出入宮中，朝夕問安視膳於左右，然後群臣奉表章爲陛下賀，

---

① 萬國以正　"正"，長編卷一八三作"貞"。按："正"係宋人避宋仁宗御名諱改。
② 五代　底本作"歷代"，據嘉慶本、歐陽文忠公文集卷一一〇論水災疏改。
③ 當謹審而不可輕發　"謹審"，長編卷一八三作"審重"，歐陽文忠公文集卷一一〇論水災疏又作"重慎"。
④ 遲遲爾　同上。歐陽文忠公文集作"遲之爾"。

辭人墨客稱述本支之盛,爲陛下歌之頌之,豈不美哉?伏望陛下出於聖斷,擇宗室之賢者,依古禮文,且以爲子,未用立爲儲副也。既可以徐察其賢否,亦可以俟皇子之生。"疏凡再上,皆留中不出。

　　韓琦舊傳云:歐陽修因水災再上疏,皆留中。修傳亦云水災即嘉祐元年事,而修傳乃於作樞副後載之,誤也,修奏議自有日月。王德用事據江氏雜志,誤云富、范。蓋誤以文爲范也,今改之。

　　知制誥吳奎言:"王者以社稷爲本,宗廟爲重。社稷必有奉,宗廟必有主。陛下在位三十五年而嗣續未立,今之災沴,乃天地祖宗開發聖意,不然,何以陛下無大過,朝廷無甚失,輒降如此之災異?在禮,大宗無嗣,則擇支子之賢者。漢成之於哀帝,孝和之於安帝,皆兄弟之子也。若以昭穆言之,則太祖、太宗之曾孫;以近親言之,則太宗之曾孫。陛下所宜建立,用以繫四海之心者也。況陛下春秋猶盛,俟有皇子,則退所爲後者,頗優其禮數,使不與他宗室等,亦何爲而不可!臣願陛下勿聽陰邪巧説,以誤大事。使萬一倉卒之際,柄有所歸,致宗廟、社稷不血食,書之史册,爲後世歎憤。臣不願陛下以聖明之質,當危亡之比也。臣恐此事不宜優游,願速以時裁定①,定之不速,必有奸人陰賊其間。然亦不獨爲陛下之過,輔弼之臣,未聞力爭,致宗祀無本,鬱結群望,感召沴氣,毒流天下,所宜深罪。推之咎罰,無大於此。"殿中侍御史吕景初亦言:"此陰盛陽微之戒也。商、周之盛,並建同姓;兩漢皇子,多封大國;有唐宗室,出爲刺史;國朝二宗,相繼尹京。是故本支彊盛,有磐石之安,則奸雄不敢内窺,而天下有所繫望矣。願擇宗子之賢者,使得問安侍膳於宫中,以消奸萌;或尹京典郡,爲夾輔之勢。"

　　八月庚戌朔②,司馬光又上疏,其略曰:"以臣之愚,念當今甚大而急者,未有過於本根未建,衆心危疑。釋此不憂,而顧憂彼三者③,謂河患、儲積、夷狄。是舍其肺腑而救四肢也,不亦左乎④?借有高才之臣能復九河之道,儲九年之食,開千里之邊,而本根未建,尚何益也?況復細於彼三事哉!今陛下聖體雖安,而四方之人未能遍知,尚有

---

① 願速以時裁定　長編卷一八三無"定"一字。
② 庚戌朔　底本脱此三字,據長編卷一八三補。
③ 而顧憂彼三者　底本脱"憂"一字,長編卷一八三同,據温國文正司馬公文集卷一七與傳家集卷一九請建儲副或進用宗室第二狀、宋朝諸臣奏議卷三○司馬光上仁宗論根本未建係第二狀、歷代名臣奏議卷七二補。
④ 不亦左乎　嘉慶本同,長編卷一八三"左"作"失"。

疑懼者。不以此時早擇宗室之賢，使攝居儲副之位，內以輔衛聖躬，外以鎮安百姓，萬一有出於意外之事，可不過爲之防哉？"癸丑，范鎮又上言，略曰："陛下即位三十五年，以納諫爲德，以畏天爲心，至於小小議論，未嘗不虛懷開納。今及宗廟、社稷之計，反拒諫而不用①，違天而不戒乎？臣職當言，不敢愛死，默默以負陛下。陛下以臣言爲然，乞以臣前所上章與大臣速定大議；以臣言爲不然，乞加臣萬死之罪。何者？陛下素有納諫之美，因臣奏疏，使陛下有拒諫之名，臣更不敢復奉朝請，謹闔門以待萬死之罪。"乙卯，鎮又言："臣前六奏宗廟社稷之大計，四奏進入，兩奏奉聖旨送中書。陛下不以臣章留中，而令送中書者，是欲使中書大臣奉行也。臣兩至中書，而中書遞相設辭以拒臣。以此觀之，是陛下欲爲宗廟社稷計，而大臣不欲爲也。爲大臣而不欲爲宗廟社稷計，非所以爲大臣也。臣竊原大臣之意，恐行之而事有中變②，故畏避而爲容身之計也。今星變主急兵，萬一兵起，大臣家族首領顧且不保，其爲身計亦已疏矣。就使事有中變而死陛下之職，與其死於亂兵，不猶愈乎？乞陛下以臣此章示大臣，使其自擇死所。"庚申，起居舍人、直秘閣、同知諫院范鎮爲户部員外郎、兼侍御史知雜事。鎮固辭不受，曰："陛下以臣言爲非，即當加臣萬死之罪；以臣言爲是，豈可不先宗廟、社稷計，而遽爲臣轉官遷職也？"

九月壬午，司馬光又上疏，其略曰："自古帝王即位則立太子，此不易之道也。其或謙撝未暇，則有司請之，所以尊宗廟，重社稷③，未聞人主以爲諱也。及唐中葉以來，人主始有惡聞立嗣者，群臣莫敢發言④，言則刑戮隨之，是以禍患相尋，不可復振。不知本彊則茂，基壯則安。今上自公卿，下至庶人，苟有忠於國家者，其心皆知當今之務無此爲大，然而各畏忤主之誅，莫敢進言，獨臣不愛犬馬之軀，爲陛下言之。歷觀春秋以來，迄至國初，積千六百年，其間兵寢不用者，不過四百餘年。至如聖朝芟夷僭亂，一統天下，朝野之人，自祖及孫，耳目相傳，不識戰鬥。蓋自上世以來，未有若今之盛也。且國家於州縣倉庫斗糧、尺帛，未嘗不嚴固扃鐍，擇人而守之，況國家融明閎茂之業，豈可不謹擇親戚可信任者，使助陛下守之乎？陛下何獨不念太祖、太宗跋履山川，

---

① 反拒諫而不用　"反"底本作"乃"，據長編卷一八三、宋朝諸臣奏議卷三〇范鎮上仁宗論彗出主兵乞速定大議改。
② 恐行之而事有中變　底本脱"有"一字，據長編四庫底本卷一八三、歷代名臣奏議卷七三補。
③ 尊宗廟重社稷　長編卷一八四作"尊社稷，重宗廟"。
④ 莫敢發言　"發"底本作"獻"，據長編卷一八四、歷代名臣奏議卷七二改。

經營天下,真宗宵衣旰食,躬致太平之艱難乎?此臣所以夙夜皇皇,起則思之,臥則夢之①,感歎涕泗而不能已也。"丙午,范鎮又以書遺執政曰:"諸公視今日之事與前日爲孰難?必曰今日難於前日,安知他日不難於今日乎?以爲他日易而可爲,則今日不爲難也;以爲今日難而不可爲,則他日不爲易也。此所謂難易有機而不可以忽也。事早則濟,緩則不及,先聖賢所以貴於及機會也。諸公謂奸言已入,今日不可弭,他日可以弭乎?"先是,執政諭鎮:"以上不豫,諸大臣亦嘗建此策。今間言已入,爲之甚難。"故鎮書及之。

十一月辛巳,范鎮入對垂拱殿,言:"臣待罪中,蒙恩除知雜御史,七降聖旨,趣臣赴臺。臣雖甚愚,知陛下必以臣言爲是,然久而不決者,竊恐左右近習以爲陛下已安,不用爲此,以惑陛下。是佞邪無識之人,不可不察。古人所謂小人愛人以姑息者,正謂此輩。臣愚謂陛下既安,尤當爲之,以答天意。天意報貺,必蒙子孫無疆之慶,此天人相與之際,必然之理。願陛下黜小人姑息之淺見,察臣至言,則大臣不敢畏避,必能輔佐陛下,以爲宗廟之計。臣前後上章凡十九次,竊慮留中,大臣不盡得見,今錄進呈,乞付中書、樞密大臣共同參詳,有異議者,乞令與臣廷辯。謂臣不然,即乞明加臣罪;不加臣罪,即乞解臣言責。臣之至情,盡在於此。"鎮待罪幾百日,鬚髮爲白,至泣以請。上亦泣曰:"朕知卿忠,卿言是也。當更俟三二年。"鎮由是卒辭言職,朝廷不能奪也。己丑,新除戶部員外郎、兼侍御史知雜事范鎮復爲起居舍人,充集賢殿修撰。

嘉祐三年二月乙巳,右正言吳及上疏曰:"帝王之治,必敦骨肉之愛,而以至親夾輔王室。詩曰:'懷德維寧,宗子維城。'故同姓者,國家之屏翰;儲副者,天下之根本。陛下以海宇之廣而根本未立②,四方無所繫心,宗社之憂③,無大於此。謂宜發自聖斷,擇宗室子以備儲副。以服屬議之,則莫如親;以人望言之,則莫如賢。既兼親賢,然後優封爵以寵異之,選重厚樸茂之臣以教導之,聽入侍禁中,示欲爲後,使中外之人悚然瞻望,曰宮中有子矣。陛下他日有嫡嗣,則異其恩禮,復令歸邸,於理無嫌,於義爲順。弭覬覦之心,屬天下之望,宗廟長久之策也。"

---

① 臥則夢之 "夢",長編卷一八四作"計"。
② 長編卷一八七"海宇之廣"下有"宗廟之重"。
③ 宗社之憂 長編卷一八七作"上下之憂"。

三月己卯，起居舍人、集賢殿修撰、同修起居注范鎮知制誥。鎮自罷言職，每因事未嘗不以儲嗣爲言，冀上心感動。及知制誥，正謝，又面請之①，曰："陛下許臣復三年矣，願早定大計。"

六月庚戌，龍圖閣直學士、左司郎中、權知開封府包拯爲右諫議大夫、權御史中丞。拯言："東宮虛位日久，天下以爲憂，群臣數有言者，卒未聞有所處置，未審聖意持久不決，何也？夫萬物皆有根本，而太子者，天下之根本也。根本不立，禍孰大焉？願采詩人'維城'之義，固天下根本之地。"帝曰："卿欲誰立？"拯曰："臣非才備位，所以乞預建太子者，爲宗廟萬世計爾。陛下問臣欲誰立，是疑臣也。臣行年七十，且無子，非邀後福者。惟陛下裁察。"帝喜曰："徐當議之。"

四年十一月庚子，汝南郡王允讓薨。帝臨奠，詔特屏桃茢被褥，以示親厚，賻恤加等，罷朝五日，贈太尉、中書令，追贈濮王②，謚安懿。命龍圖閣直學士向傳式、入內副都知任守忠護葬。

六年閏八月丁未，司馬光奏："臣昔通判并州日③，曾三上章④，乞陛下早定繼嗣，以遏亂源。當是時，臣疏遠在外，猶不敢隱忠愛死，數陳社稷至計，況今日侍陛下左右，官以諫諍爲名。竊惟國家至大至急之務莫先於此，若捨而不言，專以冗細之事煩浼聖聽⑤，厭塞職業，是臣懷奸以事陛下，罪不容於菹醢。伏望陛下取臣所上三章，少加省察，或有可取則斷自聖志，早賜施行。如此，則天地、神祇、宗廟、社稷、群臣、百姓並受其福，惟在陛下一言而已。"光既具劄子，復面請之。上時簡默不言，雖執政奏事，首肯而已。聞光言，沈思良久曰："得非欲選宗室爲繼嗣者乎？此忠臣之言，但無人敢及爾⑥。"光曰："臣言此，自謂必死，不意陛下開納。"上曰："此何害？古今皆有之。"因令光以所言付中書，光曰："不可，願陛下自以意諭宰相。"是日，光復言江淮鹽賊事，詣中書。宰相韓琦問光："今日復何所言？"光默計，此大事，不可不使韓琦知，思所以廣上意者，即曰："所言宗廟、社稷大計也。"琦喻意，不復言。

---

① 又面請之　長編卷一八七"請"作"論"。
② 追贈濮王　"贈"，嘉慶本同，長編卷一九〇均作"封"。
③ 臣昔通判并州日　"昔"底本作"者"，據嘉慶本、長編卷一九五改。
④ 曾三上章　司馬文正公文集卷二〇建儲劄子作"三曾上言"。
⑤ 煩浼聖聽　"聽"底本作"聰"，據長編卷一九五、同司馬文正公文集卷二〇建儲劄子改。
⑥ 但無人敢及爾　嘉慶本同，長編卷一九五作"但人不敢及爾"。

九月，司馬光復奏："臣前乞檢會臣并州所上章，早定繼嗣事，陛下即垂聽納，凡所宣諭，皆非愚臣所能及，乃天地神祇保佑皇家，實萬世無疆之休也。臣意陛下朝夕當發德音①，宣告大臣施行其事。今甫一月，未有所聞，豈陛下以茲事體大，精選宗室未得其人②，將左右之人有所間沮，熒惑聖聽？臣皆不得而知也。臣聞爲之後者，爲之子也，著於禮律，皆有明文。漢成帝即位二十五年，年四十五矣，未有繼嗣，立弟子定陶王欣爲太子。今陛下即位之年及春秋皆已過之，豈可不爲宗廟社稷深思遠慮哉？臣愚亦不敢望陛下便正東宮之名，但願陛下自擇宗室仁孝聰明者養以爲子，官爵居處稍異於衆人。天下之人皆知陛下意有所屬，以繫遠近之心，他日皇子生，復使之退居藩邸，有何所傷？此誠天下安危之本，願陛下果斷而速行之。"初，韓琦既默喻光所言，後十日，有詔令與殿中侍御史裏行陳洙同詳定行户利害。洙與光屏人語曰："日者大饗明堂，韓公攝太尉，洙爲監察，公從容謂洙曰：'聞君與司馬君實善，君實近建言立嗣事，恨不以所言送中書。欲發此議，無自發之。行户利害，非所以煩公也。'欲洙見公達此意爾。"於是光復具奏，且面言："臣向者進説，陛下欣然無難意，謂即行矣。今寂無所聞，此必有小人言陛下春秋鼎盛，子孫當千億，何遽爲此不祥之事？小人無遠慮，特欲倉卒之際，援立所厚善者爾。唐自文宗以後，立嗣皆出於左右之意，至有稱'定策國老''門生天子'者，此禍豈可勝言哉？"上大感悟，即曰③："送中書。"光至中書，見琦等曰："諸公不及今議，異日夜半禁中出寸紙，以某人爲嗣，則天下莫敢違。"琦等皆唯唯，曰："敢不盡力。"洙尋具奏，乞擇宗室之賢者立以爲後。既發奏狀，謂家人曰："我今日入一文字，言社稷大計。若得罪，大者死，小者貶竄，汝輩當爲之備。"下奏狀者未返，洙得疾暴卒。御史中丞王疇等乞優加賵贈，與一子官。詔賜錢十萬。

此據司馬光奏議，並陳襄所作洙墓銘。洙卒在九月十五日，御史臺記云洙仰藥死。當考。

十月壬辰，起復前左衛大將軍、岳州團練使宗實爲泰州防禦使、知宗正寺。初，司馬光既以所上章送中書，内復出知江州呂誨章。

---

① 臣意陛下朝夕當發德音　底本脱"當"一字，長編卷一九五同，據傳家集卷二二乞建儲上殿第二劄子、宋朝諸臣奏議卷三一司馬光上仁宗乞檢會至和中三狀早賜施行第二狀、歷代名臣奏議卷七二補。
② 精選宗室未得其人　"精"，傳家集卷二二乞建儲上殿第二劄子作"慎"。按："精"係宋人避宋孝宗諱改。
③ 即日　"曰"底本作"日"，據嘉慶本、長編四庫底本卷一九五、宋史卷三三六司馬光傳改。

案:神宗朱墨二録誨附傳並云①:誨上疏請早建皇嗣。韓琦以誨及司馬光疏,遂定議用英宗知宗正寺。而司馬光墓銘獨不載其事。誨奏表又不存此本,不知何時也②。誨之孫僅嘗爲誨補傳,乃有此疏,亦不知何從得之。長編掇取附見九月末,今此獨不載。[案:此段自"何從得之"以上爲長編原注,末"長編掇取"二句,當爲歐陽氏校語。]

宰相韓琦等與同列奏事垂拱殿,讀光、誨二章,未及有所啟,上遽曰:"朕有此意多時矣,但未得其人。"因左右顧曰:"宗室中誰可者?"琦曰:"此事非臣下敢議,當出聖擇。"上曰:"宮中嘗養子二人,小者甚純,然不慧,大者可也。"琦請其名,上曰:"名宗實者,今三十許歲矣。"議定將退,琦復奏曰:"此事至大,臣等未敢施行。陛下今夕更思之,來日取旨。"明日奏事垂拱殿,又啟之,上曰:"決,無疑矣。"琦曰:"事當有漸,容臣等商量所除官。"時宗實猶居父喪,乃議起復泰州防禦使、知宗正寺。上喜曰:"如此甚好。"琦又曰:"此事若行,不可中止。陛下斷以不疑,乞從內批出。"上曰:"此豈可使婦人知之,只中書行可也。"遂降此詔。

至和末,上得疾,文彥博、富弼、劉沆與王堯臣勸上早立嗣。上既許之,會疾愈,寢其奏。既而言者相繼,范鎮、司馬光所言尤激切,其餘不爲外知者不可勝數也。包拯爲御史中丞,又力言之。上未許,如是五六年,言者亦稍息。琦獨嘗請建學內中,擇宗室之謹厚好學者升於內學,冀得親賢,可屬大事,欲以此感動上意,乘間即言宜早立嗣。上曰:"后宮一二將就館,卿且待之。"後皆生皇女。一日,琦取漢書孔光傳,懷之以進,曰:"漢成帝即位二十五年無嗣,立弟之子定陶王爲太子。成帝中才之主,猶能之,以陛下之聖,何難哉? 太祖爲天下長慮,流福至今,況宗子入繼,則陛下真有子矣。盛德大慶,傳之萬古,孰有踰陛下者。願陛下以太祖之心爲心,則無不可也。"於是因光等言,卒成上初意,然宗實猶固辭也。

韓琦新、舊傳云:包拯、范鎮交章論述,每輒留中。按:嘉祐元年,范鎮最先建議,司馬光次之,包拯此時猶在江寧,十二月召爲開封,拯本傳亦不云與鎮交章論述。及拯自開封遷御史中丞,始乞豫建太子,蓋嘉祐三年六月事矣。今略加刪潤,使不失事實。又韓琦傳稱吕誨疏與司馬光疏同自內出,然光疏則先自納於中書矣。若謂同日進呈,則可也。今亦略加刪潤,以俟考求。

---

① 神宗朱墨二録 "神宗"底本作"仁宗",據嘉慶本、長編四庫底本卷一九五注文改。
② 誨奏表又不存此本不知何時也 長編卷一九五作"誨奏議又不存,不知何也"。

癸巳,諸王宮侍講、屯田員外郎、編校書籍王獵爲宗正寺伴讀。獵爲宮僚凡十三年,於宗實有輔導功,故首用之。戊戌,以太廟南舊府司爲知宗正寺廨宇。

十一月丁巳,起復右衛大將軍、泰州防禦使、知宗正寺宗實上表請終喪。帝以問韓琦,琦曰:"陛下既知其賢而選之,今不敢遽當者,蓋器識遠大,茲所以爲賢也。願固起之。"宗實表四上,乃從其請。

七年正月辛未,復命宗實爲泰州防禦使、知宗正寺,濮安懿王服除故也。

三月癸丑,大宗正寺言:"右衛大將軍①、岳州團練使宗實乞還泰州防禦使、知宗正寺敕告。"詔不許。

七月丁卯,右衛大將軍、岳州團練使宗實辭泰州防禦使、知宗正寺,不許。

是月,右正言王陶上疏曰:"自至和中聖躬不豫之後,天下之人顒顒惴惴,無所寄命,日望上穹眷命,降生聖嗣,內承九廟祀享之重,外安四海億兆之心。天眡莫期,未如民志。朝廷百執事、州郡之吏,下至韋布草萊之士,抗疏交章,引今古,陳災異,請擇宗室親賢,早建儲嗣,危言切論,感動人聽者以百數。夫爲是議者,豈皆懷不忠、好爲奸利託附之人哉②！蓋發於至誠,爲宗廟、社稷無窮大計、他日四海生靈死亡之命,豫求安全,深思遠慮而言也。陛下納諫從善,博通古今治亂之要,知聖人'先天而天不違,後天而奉天時'之道,在乎順民欲而安衆心也。故去歲親發德音,稽唐故事,擇宗子,使知宗正寺,上以先後天心導迎景貺,而俟與子之祥;次以尊崇宗廟,欽重祭享③,而修主鬯之職;下以順悅人情,表灼聖意,而示彊宗之勢。中外聞之,咸謂此舉設施安穩,不驚人耳目,而天下搖搖之心一旦而定。他日聖嗣降育,則稍遷其秩,使還本邸,進退之命,無傷國體,莫不稱慶。陛下有堯之至仁④、舜之大孝、漢文之恭儉,以睿謨英斷,非近代中庸之主所可企及。厥後稍稍寖聞稽緩,四方觀聽,豈無憂疑！或罪宗實,以爲自唐以來,判宗正寺者皆用宗子,求之典故,乃一尋常差遣,何必過爲辭讓。或者流言云:'事由宮中嬪御、宦官姑息之言,聖意因而微惑。'且婦人、近幸,不識國家大

---

① 右衛大將軍　底本"右"下衍"屯"一字,據長編卷一九六、宋會要輯稿帝系四之一三、宋史卷一二仁宗本紀刪。
② 豈皆懷不忠好爲奸利託附之人哉　長編卷一九七同,文淵閣本長編卷一九七、宋史卷三二九王陶傳"好"均作"孝",歷代名臣奏議卷七三作"豈皆懷不忠不孝、爲奸利託附之人哉"。
③ 欽重祭享　嘉慶本同,長編卷一九七"欽"作"欲"。
④ 至仁　嘉慶本同,長編卷一九七作"聖仁"。

計,苟務一時慰悦陛下,而不知反沮壞美政,睽隔英斷,爲害甚大也。風聞宗實自有此命以來,夙夜恐懼,閉門不敢見人。昨自二月服除,今半年有餘矣。臣恐天下之人,謂陛下始者順天心人欲而命之,今者聽左右姑息之言而疑之,不獨百世之後,使人歎息聖政始卒之不一,亦恐自今遠近中外奸雄之人,得以窺伺間隙矣。自古天下禍亂之始,未有不由繼嗣不立、付屬之心不豫定,而遂至後世爭奪危亡,使天下赤子糜爛塗地而受弊者也。况數載以來,災異頻數,不可勝紀。今春,徐、陳、許、蔡迫京畿之民訛言相傳,掘土而食。近又龍鬥於南京之葛驛①,盛夏火王,金當消伏,太白芒角盛大,凌犯熒惑。又太白經天,與歲星晝見,天地人事,皆見變異,其占爲兵、爲凶、爲人心不安,此甚可懼。太史必有以其術爲陛下言之者。陛下於此時,豈可尚復優游,持養聖斷②,不早恐懼修省,急答天戒哉?夫天下者,聖祖神宗之天下,傳至陛下,使陛下永福生民,措之安全之地,陛下當思先帝付託之重,使宗廟、社稷、生民有所依賴,天下忠臣節士有所取正,無令漢成帝獨有美名也。前日未命宗實,人人上言早建儲嗣③,今日乃無一人敢言者,非今日之人不忠也,蓋前日未有主名,泛爲公言,而陛下不疑也。今日補一宗正官,雖非繼嗣,似有主名,而陛下猶豫遲疑,自冬徂秋十月矣。中外之人,無貴賤賢愚,人人自顧私計,懼陛下見疑獲罪,不敢出一言,但日聽朝廷所爲,以卜治亂而已。臣職爲諫官,倘又不言,則誰爲陛下言者。故臣區區憂國之心,顛沛徬徨而不能自已也。"陶因請對,言宫嬪、宦官有以上惑聖聰,而使宗實畏避不敢前。上問陶:"欲别與一名目,如何?"陶對曰:"此止是一差遣名目,乞與執政大臣議之。"上曰:"當别與一名目。"於是韓琦等始有立爲皇子之議。

八月丙子,右衛大將軍、岳州團練使宗實辭泰州防禦使、知宗正寺,許之。初,宗實屢乞繳還告敕,上謂韓琦曰:"彼既如此,盍姑已乎?"琦曰:"此事安可中輟?願陛下賜以手劄,使知出自聖意,必不敢辭。"比遣使者召之,稱疾不入。琦與歐陽修等言曰④:"宗正之命既出,外人皆知必爲皇子矣,不若遂正其名。"修曰:"知宗正寺告敕付

---

① 近又龍鬥於南京之葛驛 底本脱"近"一字,"葛驛"作"舊驛",據長編卷一九七補改。
② 持養聖斷 長編卷一九七同,文淵閣本長編卷一九七"持養"作"遲疑"。
③ 儲嗣 底本作"儲副",據長編卷一九七、宋朝諸臣奏議卷三一王陶上仁宗論既擇宗子知宗正寺不可復猶豫遲疑改。
④ 琦與歐陽修等言曰 "言",長編卷一九七作"私議"。

閤門,得以不受。今立爲皇子,止用一詔書,事定矣。"遂入對,乞先聽宗實辭所除官,上曰:"勿更爲他名,便可立爲皇子。明堂前速與了當。"琦因請諭樞密院。及張昇至,上面諭之,昇曰:"陛下不疑否?"帝曰:"朕欲民心先有所繫屬,但姓趙者,斯可矣。"昇遂再拜稱賀。琦等乞帝書手劄付外施行。既退,輔臣未分廳,中使已傳手劄至中書。丁丑,琦召翰林學士王珪令草詔,珪疑焉。戊寅,請對,言:"此大事也,後不可悔。外議皆云執政大臣彊陛下爲此,若不出自陛下,則禍亂之萌,未可知也。"上指心曰:"此決自朕懷,非由大臣之言也。不如此,衆心不安,卿何疑焉?"乃再拜殿上曰:"陛下能獨斷爲宗廟社稷計,此天下之福也。"退而草詔以進。己卯,詔曰:"人道親親,王者之所先務也。蓋二帝之隆,治由茲出,朕甚慕之。右衛大將軍、岳州團練使宗實,皇兄濮安懿王之子,猶朕之子也。少鞠於宮中,而聰智仁賢,見於夙成。日者選於宗子近籍,命以治宗正之事。使者數至其第,迺崇執謙退,久不受命,朕默嘉之①。朕蒙先帝遺德,奉承聖業,罔敢失墜。夫立愛之道,自親者始,固可以厚天下之風,而上以嚴宗廟也。其以爲皇子。"辛巳,上悉召宗室入宮,諭以立皇子之意。壬午,詔入内内侍省、皇城司即内香藥庫之西偏,營建皇子位。癸未,賜皇子名曙。

辛卯②,司封郎中李受爲皇子伴讀,改宗正寺伴讀王獵爲皇子位說書。受,江南人也。大宗正寺言皇子累奏辭所除恩命,是日還其奏③。壬辰,詔權以皇城司廨宇爲皇子位,仍命入内高班王中慶、梁德政發車乘津置行李入内。上既下己卯詔書,皇子猶堅臥稱疾不入。司馬光、王陶等言:"凡人於絲毫之利,至相争奪。今皇子辭不貲之富,已三百餘日不受命,其賢於人遠矣。然臣聞父召無諾,君命召不俟駕而行,使者受命不受辭,皇子不當辭遜,使者不當徒反。凡詔皇子内臣,皆乞責降,且以臣子大義責皇子,宜必入。"上與輔臣謀之,韓琦曰:"今既爲陛下子,何所間哉!願令本宮族屬敦勸,及選親信内人就諭旨,彼必不敢違。"丁酉,賜皇子襲衣、金帶、銀絹各一千。詔登州防禦使、同判大宗正寺從古、沂州防禦使、虢國公宗鄂敦勸皇子,仍與潤王宮大將軍以上同入内。皇子若稱疾,即乘肩輿。己亥,從古等言皇子猶固稱疾。是夕,使者往

---

① 朕默嘉之 "之",長編卷一九七作"焉"。
② 辛卯 底本"辛卯"上有"八月"二字,前文已有"八月丙子",今依本書體例删。
③ 是日還其奏 嘉慶本作"詔即還其奏"。

返數四,留禁門至四鼓,皇子終不至,乃詔改擇異日。庚子,以立皇子告天地、宗廟及諸陵。辛丑,皇子以肩輿入内。先是,宗諤責皇子曰:"汝爲人臣子,豈得堅拒君父之命而終不受耶?我非不能與衆人執汝,強置汝於肩輿,恐使汝遂失臣子之義①,陷於惡名爾。"皇子初讓宗正,與記室周孟陽謀之,所上表皆孟陽之筆也。每一表,餉十金。孟陽辭,皇子曰:"此不足爲謝,俟得請於朝,方得厚謝爾②。"凡十八表,孟陽獲千餘緡。及立爲皇子,猶固稱疾,孟陽入見於卧内曰:"主上察知太尉之賢,參以天人之助,乃發德音。太尉猶稱疾堅卧,其義安在?"皇子曰:"非敢邀福,以避禍也。"孟陽曰:"太尉事兩宫以父母,中外所聞,主上爲萬世計而立爲子矣。今固辭不拜,假如得請歸藩,遂得燕安無患乎?"皇子撫榻而起曰:"吾慮不及此。"遂與宗諤等同入内,良賤不及三十口③,行李蕭然,無異寒士,有書數廚而已。中外聞之相賀。甲辰,皇子見上於清居殿。自是日,再朝於内東門,或入侍禁中。

九月乙巳朔,以皇子爲齊州防禦使,進封鉅鹿郡公。

---

① 使　底本作"於",據嘉慶本、長編卷一九七改。
② 方得厚謝爾　"得",長編卷一九七作"當";"謝",長編卷一九七、太平治迹統類卷一一嘉祐建儲之議均作"賞",司馬光涑水記聞卷八作"酬";底本脱"爾"一字,據長編卷一九七補。
③ 不及三十口　"及",長編卷一九七作"滿"。

卷第五十二

仁宗皇帝

李瑋尚福康公主

慶曆七年五月丙子,東頭供奉官李瑋爲左衛將軍、駙馬都尉,選尚福康公主也。瑋,用和次子。上追念章懿太后不已,顧無以厚其家,乃使長女降焉。

嘉祐二年六月丙寅,進封福康公主爲兗國公主,仍令所司擇日備禮册命。戊辰,淑妃苗氏爲賢妃,兗國公主之母也。公主將出降,故有是命。國朝公主受封降制,有册命之文,多不行禮,只以綸告進内。於是翰林學士胡宿言:"兗國公主議行册禮,然於事體頗有未便,前未有此禮。祖宗以來,公主、長公主未有行者。昔漢明帝封皇子,悉半諸國,明德馬皇后曰:'諸子食數縣,不已儉乎?'帝曰:'我子豈敢與先帝子等也。'唐正觀中,太宗長樂公主將出降,帝令有司資送倍於永樂公主,魏徵曰:'不可。'引漢明帝之言爲對,且曰:'天子姊妹稱長公主,加"長"字,示有所尊崇,或可情有淺深,無容禮相踰越。'太宗然其言,入告長孫皇后,后遣使賜徵金帛。陛下即位以來,累曾進封楚國、魏國二大長公主,亦不曾行册禮。今施於兗國公主,是與大長公主相踰越,兼以貴主之故,賢妃亦蒙殊典。有旨令進綸告,若不行册禮,是母子之間一行一不行,禮意尤不相稱。書於史册,後世將有譏議,必謂陛下偏於近情,虧聖德之美。臣願陛下採漢明之言,開文皇之聽,遵祖宗舊典。如國朝公主曾行此禮,行之且無嫌;如其不曾,則宜且罷。臣以陛下好忠諫,納至言,臣職在論思,不敢緘默。"不從。

七月丁丑,特贈賢妃苗氏三代爲東宮三少官。乙未,禮官言:"禮閣新儀:公主出降前一日行五禮。古者結婚,始用行人告以夫家採擇之意,謂之納采;問女子之名,歸卜於廟,卜而獲吉,以告女家,謂之問名、納吉。今選尚一出,朝廷不待納采。又公主封爵,已行誕吉,不待問名而卜之。若納成,則既有進財;請期,則有司擇日,宜稍依五禮之名,存其物數。俾知古者婚姻之事重,而夫婦之際嚴,如此,亦不忘古禮之義也。欲俟公主降日,令李瑋主婚之人具合用雁、帛、玉、馬等陳於內東門外,以授內謁者,進入內中,付掌事者受之。其馬不入。"從之。丁酉,兗國公主受册,百官拜表稱賀。

八月戊申,兗國公主出降。己酉,駙馬都尉李瑋入謝,燕於禁中。

五年九月庚戌,降駙馬都尉、安州觀察使李瑋爲和州防禦使,仍與外任。瑋與公主不協,而瑋所生母又忤公主意,公主夜開皇城門,入訴禁中,瑋皇恐自劾,故有是命。明日,免降官,止罰銅三十斤,留京師。

<small>吳及傳云:及爲諫官,論入內都知任守忠陵轢駙馬都尉李瑋及干求內降。當考。陵轢事增入。</small>

癸丑,右正言王陶言:"周禮:閽人掌宮門之禁,時其啓閉。寺人掌女宮之令,糾其出入,以謹嚴周衛,杜絕非常。故漢光武出獵夜還,上東門侯郅惲拒關不納,光武從中東門入。明日,賞郅惲而貶中東門侯。魏武之子臨淄侯植開司馬門晝出,魏武怒,公車令坐死。然則公主夜歸,未辨眞僞,輒便通奏,開門納之,直徹禁中①,略無譏防。其所歷皇城、宮殿內外監門使臣,請並送劾開封府。"知諫院唐介、殿中侍御史吕誨等亦以爲言,皆不報。

十月庚申,兗國公主宅都監、入內供奉官梁全一以下九人並遠小處監當,入位祗候梁懷吉配西京洒掃班,自今勿置都監,別選內臣四十以上、三班院使臣五十以上無私罪者二人在宅句當,內臣年十五以下二人入位祗候②,並不得與駙馬都尉接坐。時臺諫官皆言主第內臣數多,且有不自謹者。上不欲深究其罪,但貶逐之,因省員更制。

<small>七年二月癸卯,梁懷吉又勒歸前省,不知何時復召入也。</small>

六年十月庚辰朔,駙馬都尉李瑋言:"奉詔擧官爲將領,而臣家有賓客之禁,無由與士人相覿。聞柴宗慶等當時得與禁近往還,臣輒援例而請之。"詔具凡所接見賓客以聞。

七年二月癸卯,詔兗國公主入內,安州觀察使、駙馬都尉李瑋知衛州。瑋所生母楊氏歸其兄瑋。公主乳母韓氏出居外,公主宅句當內臣梁懷吉勒歸前省,諸色祗應人皆散遣之。瑋貌陋性樸,公主常倨奴視之,韓氏復相離間。公主嘗與懷吉飲,楊氏窺

---

① 禁中　嘉慶本作"中禁"。
② 內臣年十五以下　"十五"底本顛倒,據嘉慶本、宋撮要本長編卷一〇一之二乙正。

之,公主怒,毆楊氏,夜開禁門,訴於帝所。言者皆咎公主,懷吉等既坐責。公主恚懟,欲自盡,或縱火欲焚第,以邀上必召懷吉等還。上不得已,亦爲召之。諫官楊畋、司馬光、龔鼎臣等皆力諫,上弗聽。光又言:"太宗時,姚坦爲兗王翊善,有過必諫。左右教王詐疾,踰月,太宗召王乳母入,問起居狀。乳母曰:'王無疾,以姚坦故,鬱鬱成疾爾。'太宗怒曰:'王年少,不知爲此,汝輩教之。'杖乳母數十,召坦慰勉之。齊國獻穆大長公主,太宗之子,真宗之妹,陛下之姑,而謙恭率禮,天下稱其賢。願陛下教子以太宗爲法,公主事夫以獻穆爲法。"然公主意終惡瑋,不肯復入中門,狀若狂易,欲自盡者數矣。苗賢妃與俞充儀謀,使內臣王務滋管句駙馬宅,以伺瑋過。瑋素謹,務滋不得其過,乃告苗、俞曰:"但得上旨,務滋請以卮酒了之。"苗、俞白上,上不答。頃之,上與皇后同坐,苗、俞又白之,皇后曰:"陛下念章懿皇后,故瑋得尚主。今奈何欲爲此?"都知任守忠在旁曰:"皇后言是也。"務滋謀訖不行,尋有是命。

此據司馬氏記聞及奏議。懷吉先配西京洒掃班在五年十月庚申,其復召不得時月。

三月壬子,兗國公主降封沂國公主,安州觀察使李瑋爲建州觀察使,落駙馬都尉。自公主入禁中,瑋兄璋上言:"瑋愚騃,不足以承天恩。乞賜離絕。"上將許之,司馬光又言:"陛下始者追念章懿太后,故使瑋尚主,欲以申固姻戚,常貴其家。今瑋母子離析,家事流落,大小憂愁,殆不聊生,豈陛下初意哉?近者章懿太后忌日,陛下閱盒中故物,思平生居處,獨能無雨露之戚、凄愴之心乎?瑋既蒙斥,公主亦不得無罪。"上感悟,遂并責公主,待李氏恩禮不衰,且賜黃金二百兩,謂曰:"凡人富貴,亦不必爲主婿也①。"

此據司馬光記聞云。

十一月己巳②,進封沂國公主爲岐國公主,建州觀察使、知衛州李瑋改安州觀察使,復爲駙馬都尉。

熙寧八年二月丙寅,濟州防禦使李瑋復爲彰信軍留後、駙馬都尉。瑋以莊孝大長公主薨故謫,至是復之。

---

① 主婿 嘉慶本作"主婚"。
② 己巳 嘉慶本作"乙巳"。

文彥博叱史志聰

　　嘉祐元年正月甲寅朔，上御大慶殿受朝。前一夕大雪，至壓宮架折，上在禁庭跣禱於天，及旦而霽。百官就列，既捲簾，上暴感風眩，冠冕欹側，左右復下簾，或以指抉上口出涎，乃小愈，復捲簾，趣行禮而罷。戊午，宴契丹使者於紫宸殿。宰相文彥博捧觴詣御榻上壽。上顧曰："不樂耶？"彥博知上有疾，錯愕無以對，然尚能終宴。己未，契丹使者入辭，置酒紫宸殿。使者入至庭中，上疾呼曰："趣召使者升殿，朕幾不相見。"語言無次。左右知上疾作，遽扶入禁中。彥博以上旨諭契丹使者云："昨夕宮中飲酒稍多，今不能親臨宴，遣大臣就驛賜宴，仍授國書。"彥博與兩府俟於殿閤，久之，召入内副都知史志聰、鄧保吉等，問上至禁中起居狀。志聰等對以禁中事嚴密，不敢泄。彥博怒叱之曰："主上暴得疾，繫宗社安危，惟君輩得出入禁闥，豈可不令宰相知天子起居，欲何爲耶？自今疾勢少有增損，必一一見白。"仍命引至中書取軍令狀。志聰等素謹愿，皆聽命。及夕，皇城諸門白當下鎖，志聰曰："汝自白宰相，我不任受其軍令。"由是，禁中事宰相無不知者。庚申，詣內東門小殿問起居，上自禁中大呼而出，曰："皇后與張茂則謀大逆。"語極紛錯，宮人扶侍者皆隨上出，謂彥博等曰："相公且爲天子肆赦消災。"

　　彥博等始議降赦。茂則，内侍也，上素不之喜，聞上語，即自縊，左右救解不死。彥博召茂則責之曰："天子有疾譫語爾，汝何遽如是？汝若死，使中宮何所自容耶？"戒令常侍上左右，無得輒離，皇后以是亦不敢輒至上前。諸女皆幼，福康公主稍長，時已病心，初不知上之有疾，侍上側者，惟十閤宮人而已。上既不能省事，兩府但相與議定，稱詔行之。二府謀以上躬不寧，欲留宿禁中而無名。辛酉，彥博與富弼建議設醮祈福於大慶殿，兩府監之，晝夜焚香，設幄宿於殿中西廡。史志聰等白："故事，兩府無留宿殿中者。"彥博曰："今日何論故事也。"遣近臣禱於在京寺觀，天下長吏禱於嶽瀆諸祠。壬戌，上疾小間，暫出御崇政殿，以安衆心。癸亥，賜在京諸軍特支錢。兩府求詣寢殿見上，史志聰不之應①，富弼責之曰："宰相安可一日不見天子！"志聰等不敢

---

① 史志聰不之應　長編卷一八二作"史志聰難之"。

違。是日，兩府始入福寧殿臥內奏事。兩制、近臣日詣內東門問起居，百官五日一入。甲子，大赦，蠲被災田租及倚閣租。戊辰，罷上元張燈。自是上神思浸清寧，然終不語①，輔臣奏事，大抵首肯而已。辛未②，命輔臣禱天地、宗廟、社稷。壬申，罷醮，兩府始分番歸第，不歸者各宿於其府③。

二月甲午，詔兩制以上日問候於內東門，餘皆罷之。甲辰，御延和殿，帝康復。丙午，宰臣率百官拜表稱賀。

三月壬申，以聖體康復，命宰臣謝天地、社稷、宗廟、寺觀、諸祠。

五月甲申，詔以九月於大慶殿行恭謝之禮。

英宗即位

嘉祐七年九月乙巳朔，以皇子爲齊州防禦使，進封鉅鹿郡公。庚申，皇城使、端州刺史、入內副都知石全育管句皇子位④。

十月乙亥，皇子上表辭所除官，賜詔不允。

十一月戊辰，皇子徙入位。壬申，太常禮院言："奉詔同閤門定皇子齊州防禦使立班，請於皇親本班之前別爲一班，閤門祗候在使相之下。"從之。是歲冬至，皇子由內東門入賀，時與駙馬都尉李瑋同幕次。中使以官先入瑋，瑋曰："內朝以親，皇子天下本，不敢先。"中使復入奏，乃先皇子。

此據政和會要。

八年二月癸未，帝不豫。甲申，德音：降天下囚罪一等，徒以下釋之。

三月乙丑，以聖體康復，宰相、臣僚詣東上閤門，拜表稱賀。辛未晦，上暴崩於福寧殿。是日，上飲食起居尚平寧，甲夜忽起，索藥甚急，且召皇后。皇后至，上指心不能言。召醫官診視，投藥灼艾，已無及，丙夜遂崩。左右欲開宮門召輔臣，皇后曰："此

---

① 然終不語　涑水記聞卷五同，長編卷一八二"終"作"始"。
② 辛未　嘉慶本、宋撮要本長編卷九七之一同，長編卷一八二作"己巳"。
③ 不歸者　嘉慶本作"不歸第者"。
④ 按：長編卷一九八記載：嘉祐八年五月癸卯，"以皇子位伴讀、太常少卿李受爲左司郎中，皇子位說書、屯田員外郎王獵爲刑部員外郎，並充天章閣待制；受兼侍讀，獵兼侍講。管句皇子位、昭宣使、瑞州刺史、右班副都知石全育領原州團練使，充入內副都知。故事，都知四人，至是并全育而五，詔後有闕勿補"。即石全育晉陞入內副都知是英宗繼位之後的嘉祐八年五月癸卯，而嘉祐七年九月庚申，石全育只是"管句皇子位、昭宣使、瑞州刺史、右班副都知"，故疑"庚申，皇城使、端州刺史、入內副都知石全育管句皇子位"之"入內副都知"有錯訛。

際宮門豈可夜開,且密諭輔臣,黎明入禁中。"又取粥於御廚。醫官既出,復召入,使入禁中守之。

四月壬申朔,輔臣入至寢殿。后定議:召皇子入,告以上晏駕,使嗣立。皇子驚曰:"某不敢爲!某不敢爲!"因反走。輔臣共執之,或解其髮,或被以御服,召殿前馬步軍副都指揮使、都虞候及宗室刺史以上至殿前諭旨,又召翰林學士王珪草遺制,珪皇懼不知所爲,韓琦謂珪曰:"大行在位凡幾年?"珪悟,乃下筆。至日昳,百官皆集,猶吉服,但解金帶及所佩魚,自垂拱殿門外哭而入,班福寧殿前,哭止,韓琦宣遺制。英宗即皇帝位,見百官於東楹。百官再拜,復位哭,乃出。帝欲亮陰三年,命韓琦攝冢宰,輔臣皆言不可,乃止。

蔡氏直筆云:仁宗暴崩,慈聖光獻皇后秘不發喪,密召英宗入禁中,降內批宣大臣。明日,卻問候,曉開內東門,乃啓垂拱殿後門宣上旨,令大臣升垂拱殿入。宰相韓琦而下至福寧殿下,再拜升階,扣簾欲進。內侍言:"皇后在此。"琦卻立。后發哭曰:"天下不幸,夜來官家忽然上僊。"大臣發哭,后曰:"怎奈何,相公?官家無子。"琦曰:"皇后不可出此言。皇子在東宮,何不便宣入?"后曰:"只是宗室,立了他後,莫有人爭?"琦曰:"更何可擬議?"后乃曰:"皇子已在此。"方命捲簾時,英宗已即位了。琦退,謂同列曰:"適來敢亂發一言耶?"於是宣珪草遺制。殿帥郝質戒殿前班兵曰:"今入殿,候見吾山呼拜時,汝輩方得山呼。"質扣殿陛曰①:"宰相欲上殿看官家。"琦稟后,后許之。時英宗散髮被面,覆以帽子。質徐搢笏拂開髮,審觀之,降殿山呼拜,殿前班亦山呼拜②。時朝論稱有如此宰相、殿帥,天下豈不晏然。案:司馬氏日記,則英宗在外,翌日召入。韓琦家傳亦云遣中使扶侍皇子,須臾皇子到,與日記略同。如直筆所載琦對后語,若果有之,家傳必不肯遺,恐出於傳聞,未可信也。又此時殿帥乃李璋,而郝質實爲馬軍帥,直筆蕭誤,今並不取。邵氏見聞錄亦云仁宗大漸之夕,光獻即召英宗入,翌日大臣方入,英宗即位。與蔡氏直筆同,然實錄、本紀皆云輔臣至福寧殿,皇后傳遺旨,命皇子即位,不云先召皇子入也。實錄曹太后傳獨云先召皇子入③,翌日乃召輔臣。更須考詳。

癸酉,大赦。除常赦所不原者,百官進官一等,服緋紫及十五年者與改服色。優賞諸軍如乾興故事。所費無慮一千一百萬貫、匹、兩,在京費四百萬。乙亥,群臣表請聽政,不從。詔:"天下官名、地名、人姓名與御名同者,改之。改名部署曰'總管'。"

---

① 殿陛　嘉慶本同,長編卷一九八作"殿階"。
② 殿前班亦山呼拜　底本脫"前"字,據嘉慶本、宋撮要本長編卷一〇四之一補。
③ 實錄　長編卷一九八作"神錄"。

己亥,立京兆郡君高氏爲皇后,北作坊使遵甫之女。遵甫,繼勳之子也。母曹氏,皇太后親姊。后四歲,與上同育於禁中,仁宗常謂太后,他日必以相配,太后許諾。既長,出宮。慶曆七年,歸於濮邸,封京兆郡君,於是正位。乙酉,追贈皇后三代。案:長編無此八字。

卷第五十三

英宗皇帝

經筵 神宗附

嘉祐八年七月，英宗即位①。案：英宗即位在四月。先是十月，輔臣請如乾興故事，隻日召侍臣講讀。上曰："當俟祔廟畢，擇日開經筵。"尋有詔直須來春。司馬光以爲學者帝王首務，不宜因寒暑廢。上納其言。案：長編此條在十一月。

十二月己巳，始御邇英閣②，召侍讀、侍講講論語，讀史記。吕公著講"學而時習之"，曰："説命：'王人求多聞，時惟建事，學於古訓，乃有獲。'然則人君之學，當觀自古聖賢之君如堯、舜、禹、湯、文、武之所用心，以求治天下國家之要道，非若博士、諸生治章句、解訓詁而已。"又講"有朋自遠方來，不亦樂乎"，公著言："自天子至於庶人，皆須朋友講習。然士之學者，以得朋爲難，故有朋自遠方來，則以爲樂。至於王者之學，則力可以致當世之賢者，使之日夕燕見講勸於左右。又以左右之賢爲未足，於是乎訪諸巖穴，求諸滯淹，則懷道抱德之士，皆不遠千里而至，此天子之友朋自遠方來者也，其樂亦大矣。"又講"人不知而不愠，不亦君子乎"，公著言："在下而不見知於上者多矣，然在上者亦有未見知於下者也。故古之人君，令有未孚，人心有未服，則反身修德，而不以愠怒加之。如舜之誕敷文德，文王之皇自敬德也。"劉敞讀史記，至"堯授舜以天下"，因陳説曰："舜至側微也，堯越四岳，禪之以位，天地享之，百姓戴之，非有它道，惟其孝友之德光於上下。何謂孝友？善父母爲孝，善兄弟爲友。"辭氣明暢，上竦

---

① 長編卷一九八載：嘉祐八年四月夏四月壬申朔，英宗即皇帝位。宋史卷一二仁宗本紀載："〔嘉祐八年三月〕辛未，帝崩於福寧殿，遺制皇子即皇帝位。"又宋史卷一三英宗本紀載："夏四月壬申朔，皇后傳遺詔，命帝嗣皇帝位。秋七月壬子，初御紫宸殿。帝自六月癸酉不御殿，至是始見百官。"此云"嘉祐八年七月英宗即位"不切，當是指英宗初御紫宸殿見百官也。
② 始御邇英閣 "邇"底本作"延"，長編卷一九九同，據帝學卷七、宋史卷一三英宗本紀改。按：長編卷一九九有注文："案：宋時無延英閣，當從宋史作邇英。"本卷下文的"治平元年夏四月甲申，御邇英閣"，均可爲參證。

然改容,知其以諷諫也。左右屬聽者皆動色,即日傳其語於外。既退,王珪謂敞曰:"公直言至此乎?"太后聞之,亦大喜。

治平元年夏四月甲申,御邇英閣。上諭內侍任守忠曰:"方日永,講讀官久侍對未食,必勞倦。自今視事畢,不俟進食,即御經筵。"故事,講讀畢,拜而退。上命毋拜,後遂以爲常。上自即位感疾,至是猶未全安,多不喜進藥。呂公著講論語"子之所慎齋戰疾",因言:"有天下者,爲天地、宗廟、社稷之主,其於齋戒祭祀,必致誠盡恭,不可不謹。古之人君,一怒則伏尸流血,故於興師動衆,不可不謹。至於人之疾病,常在飲食起居之間,衆人所忽,聖人所謹,況於人君,任大守重,固當節嗜欲,遠聲色,近醫藥,爲宗社自愛,不可不謹。"上納其言,爲之俛首動容。後因輔臣奏事,語及公著,歐陽修曰:"公著爲人恬靜而有文。"上曰:"比於經筵講解甚善。"

九月丁巳。初,有詔以是日開邇英閣,至重陽節當罷講。呂公著、司馬光言:"先帝時,無事常開講筵。近因聖體不安,遂於端午及冬至以後盛暑、盛寒之際,權罷數月。今陛下始初清明,宜親近儒雅,講求治術。願不惜頃刻之間①,日御講筵。"從之。

二年冬十月庚寅,天章閣待制呂公著、司馬光爲龍圖閣直學士兼侍讀。甲寅,司馬光言:"臣以駑朽,得侍勸講。竊見陛下天性好學,孜孜不倦。然於經席之中,未嘗發言有所詢問。臣愚意陛下欲護群臣之短,恐於應對之際倉卒失據,不能開陳,稠人之中受其愧恥。此誠聖心仁恕之極,群臣捐軀無以報塞。然臣聞易曰②:'君子學以聚之,問以辨之。'論語曰:'疑思問。'中庸曰:'有弗問,問之弗得弗措也;有弗辨,辨之弗明弗措也。'以此言之,學非問辨,無由發明。今陛下若皆默而識之,不加詢訪,雖爲臣等疏淺之幸,竊恐無以宣暢經旨,裨助聖性③。伏望陛下自今講筵,或有臣等講解未盡之處,乞賜詰問,或慮一時記憶不能備者,許令退歸討論,次日別具劄子敷奏,庶幾可以輔稽古之志,成日新之益。"

治平四年正月,神宗即位。四月壬申,同知諫院傅卞請開經筵④,且講喪禮。詔俟

---

① 願不惜頃刻之間 "惜",太平治迹統類卷一一作"息"。
② 然臣聞易曰 底本脫"臣"一字,據長編卷二〇六補。
③ 裨助聖性 "裨"底本作"俾",據嘉慶本、傳家集卷三七乞經筵訪問上殿劄子、帝學卷七、太平治迹統類卷一一改;長編卷二〇六"性"作"明"。
④ 同知諫院傅卞 "傅卞"底本作"傅下",長編無此條,據宋會要輯稿崇儒七之四改。按:長編卷二〇八載:治平三年夏四月乙未,"金部員外郎、直龍圖閣、天章閣侍講傅卞爲起居舍人、同知諫院",可爲參證。

祔廟畢取旨。丙戌，翰林學士吕公著兼侍講。

九月癸卯，右諫議大夫、權御史中丞司馬光爲翰林學士兼侍讀學士。光辭，吕公著具奏封駁。上手詔諭光曰："適得卿奏，換卿禁林，復兼勸講。謂曰前日論奏張方平不當①，故有是命，非朕本意也。朕以卿經術行義爲世所推，今將開邇英之席，欲得卿朝夕討論②，敷陳治道，以箴遺闕，故命進讀資治通鑑，此朕之意。吕公著所以封還者，蓋不知此意耳。"於是取告敕直付閤門，趣光等令受。

十月甲寅，司馬光初讀資治通鑑。

熙寧元年二月庚申，司馬光進讀資治通鑑三葉畢，上更命讀一葉半。讀至蘇秦約六國縱事，上曰："蘇秦、張儀掉三寸舌，乃能如是乎？"光對曰："秦、儀爲縱横之術，多華少實，無益於治，臣所以存其事於書者，欲見當時風俗專以辯説相高，人君委國而聽之，此所謂利口覆邦家者也。"上曰："朕聞卿進讀，終日忘倦。"光曰："臣空疏無取，陛下每過形獎飾，不勝惶懼。"

四月庚申，翰林學士兼侍講吕公著、翰林學士兼侍讀王安石言："竊尋故事，侍講者皆賜坐。自乾興以後，講者始立，而侍者皆坐聽。臣等竊謂侍者可使立，而講者當賜坐。乞付禮官考議。"詔禮院詳定以聞。後判太常寺韓維、刁約，同知禮院胡宗愈言："臣等竊謂臣侍君側，古今之常。或賜之坐，蓋出優禮。祖宗以來，講説之臣多賜坐者，以其敷暢經藝，所以明先王之道。道之所存，禮則加異。太祖開寶中，李穆薦王昭素於朝，召對便殿，賜坐，令講易乾卦；太宗端拱中，幸國子監，升輦將出，顧見講坐，因召學官李覺講説。覺曰：'陛下六飛在御，臣何敢輒升高座？'太宗爲之降輦，令有司張帟幕，設别坐，詔覺講易之泰卦。今列侍之臣尚得環坐，執經而講者顧使獨立於前，則事體輕重，誠爲未安③。臣等以爲宜如天禧舊制，以彰陛下稽古重道之意。"判太常寺龔鼎臣、蘇頌、周孟陽，同知禮院王汾、劉攽、韓忠彦等言："竊謂侍從之官見於天子者，賜之坐，有所顧問，猶當避席立語，况執經人主之前，本欲便於指陳，則立講爲宜。若謂傳道近爲師，則今侍講解説舊儒章句之學耳，非有爲師之實，豈可專席安坐，以自

---

① 謂曰　嘉慶本作"謂因"，續資治通鑑長編拾補卷二作"倘謂因"。
② 欲得卿朝夕討論　"欲"，太平治迹統類卷二六、帝學卷七均作"比"。
③ 誠爲未安　"誠"底本作"議"，長編無此條，據蘇魏公文集卷一六駁坐講議、太平治迹統類卷二六、帝學卷七改。

取重也？又朝廷班制，以侍講居侍讀之下，祖宗建官之本意輕重可知矣。今若侍講輒坐，其侍讀當從何禮？若亦許之坐，則侍從之臣每有進說，皆當坐矣。且乾興以來，侍臣立講，歷仁宗、英宗兩朝，行之且五十年，豈可一旦以爲有司之失而輕議變更乎？今人主待侍臣，由始見以及畢講，皆賜之坐，其尊德重道，固已厚於三公矣，尚何加焉？其講官侍立，伏請仍舊。"初，孫奭坐講，仁宗尚幼，跂案以聽之①。奭因請立講，論者不以爲是。及公著等奏請，衆議不同，上以問曾公亮，公亮但稱②："臣侍仁宗書筵亦立。"後安石因講賜留，上面諭曰："卿當講日可坐。"安石不敢坐，遂已。

十月壬寅，詔講筵權罷講禮記，自今令講尚書。先是，王安石講禮記，數難記者之是非。上以爲然，曰："禮記既不皆法言，擇其有補者講之，如何？"安石對曰："陛下必欲聞法言，宜改它經。"故有是詔。丙午，上問講讀官富民之術，司馬光言："方今之患，在於朝廷務其名不務其實，求其末不求其本。凡富民之本在得人，縣令最爲親民。欲知縣令能否，莫若知州；欲知知州能否，莫若轉運使。陛下但能擇轉運使，使轉運使按知州，使知州按縣令，何憂民不富也？"

二年二月甲寅，初開講筵。

九月戊辰，初開講筵。己巳，召御史中丞呂公著來旦赴經筵③。

十一月庚辰，御邇英閣。司馬光讀資治通鑑，至"曹參代蕭何爲相，一遵何故規"，因言："參以無事鎮海内，得持盈守成之道，故孝惠、高后時天下晏然，衣食滋殖。"上曰："使漢常守蕭何之法④，久而不變，可乎？"光曰："何獨漢也？夫道者萬世無弊。夏、商、周之子孫苟能常守禹、湯、文、武之法，何衰亂之有乎？"上曰："人與法亦相表裹耳。"光曰："苟得其人，則何患法之不善。不得其人，雖有善法，失先後之施矣。故當急於得人，緩於立法也。"壬午，御邇英閣，呂惠卿講咸有一德："咎單遂訓伊尹相湯，立典刑以傳後世。及其没也，咎單懼沃丁廢而不用，於是訓其事以告之。與曹參遵蕭何之法，其文則似，其實則非也。先王之法，有一歲一變者，則月令季冬飾國典，以待來

---

① 跂案以聽之 "跂"底本作"跪"，據帝學卷七、太平治迹統類卷二六、宋程大昌演繁露續集卷一講讀官坐立、歷代名臣奏議卷二七四改。
② 公亮但稱 底本脱"公亮"二字，據太平治迹統類卷二六、帝學卷七補。
③ 經筵 嘉慶本作"講筵"。
④ 使漢常守蕭何之法 "常"底本作"帝"，據太平治迹統類卷二六、名臣碑傳琬琰之集中卷五一蘇軾司馬文正公光行狀、宋史卷三三六司馬光傳改。

歲之宜,而周禮'正月始和,布法象魏'是也①。有數歲一變者,則堯、舜五載修五禮,周禮十二載修法則是也。有一世一變法者,則刑罰世輕世重是也。有數十世而變者,則夏貢、商助、周徹、夏校、商序、周庠之類是也。有雖百世不變者,尊尊、親親、貴貴、長長、尊賢使能是也。臣前日見司馬光以爲漢惠、文、景三帝皆守蕭何之法而治,武帝改其法而亂;宣帝守其法而治,元帝改其法而亂。臣案何雖約法三章,其後乃以爲九章,則何已不能自守其法矣。惠帝除挾書律、三族令,文帝除誹謗妖言,除祕祝法,皆蕭何法之所有,而惠與文除之,景帝又從而因之,則非守蕭何之法而治也。光之措意,蓋不徒然,必以國家近日多更張舊政,因此規諷。又以臣制置三司條例、看詳中書條例,故發此論也。臣願陛下深察光言,苟光言爲是,則當從之②;若光言爲非,則陛下亦當播告之,修不匿厥指,召光詰問,使議論歸一。"上召光前,謂光曰:"聞惠卿之言乎?其言如何?"光對曰:"惠卿之言有是有非。惠卿言漢惠、文、武、宣、元治亂之體是也,其言先王之法有一歲一變、五歲一變、一世一變,則非也。周禮所謂'正月始和,布於象魏'者,乃舊章也,非一歲一變也,亦猶州長、黨正、族師於歲首、四時之首月屬民而讀邦法也。天子恐諸侯變禮易樂,壞亂舊政,故五載巡狩以考察,有變亂舊章者,則削黜之,非五歲一變。刑罰世輕世重者,蓋新國、亂國、平國隨時而用,非一世一變也。且臣所謂率由舊章,非謂坐視舊法之弊而不變也。臣承乏經筵,惟知講讀經史,有聖賢事業可以裨益聖德者,臣則委曲發明之③,以助萬分,本實無意譏惠卿。"惠卿曰:"司馬光備位侍從,見朝廷事有未便,即當論列。有官守者,不得其守則去;有言責者,不得其言則去,豈可但已?"光曰:"前者詔書責侍從之臣言事,臣遂上此疏指陳得失,如制置條例司之類皆在其中,未審得達聖聽否?"上曰:"見之。"光曰:"然則臣不爲不言也。至於言不用而不去,則臣之罪也。惠卿責臣,實當其罪,臣不敢辭。"上曰:"相與共講是非耳,何至乃爾。"王珪進曰:"光所言,蓋以朝廷所更之事,或利少害多者,亦不必更爾。"因目光令退。珪進讀史記,光進讀通鑑畢④,降階,將退,上命遷坐墩於閤

---

① 布法象魏 底本"法"下衍"於"一字,據宋史卷三三六司馬光傳刪。
② 則當從之 底本"從"字漫漶不清,據太平治迹統類卷二六、帝學卷八神宗英文烈武聖孝皇帝下補完。
③ 發明之 底本脫"明"一字,據嘉慶本、長編拾補卷六補。
④ 珪進讀史記光進讀通鑑畢 底本脫"史記光進讀"五字,據帝學卷八神宗英文烈武聖孝皇帝下補。

内御坐之前,皆命就坐,左右皆避去。上曰:"朝廷每更一事,舉朝士大夫洶洶,皆以爲不可,又不能指名其不便者果何事也。"光曰:"朝廷散青苗錢,茲事非便①。"呂惠卿曰:"光不知此事,彼富室爲之則害民。今縣官爲之,乃所以利民也。"光曰:"昔太宗平河東,輕民租税而戍兵甚衆,命和糴糧草以給之。當是時,人稀物賤,米一斗十餘錢,草一圍八錢,民皆樂與官爲市,不以爲病。其後人益衆,物益貴,而轉運司常守舊價,不肯復增,或更折以茶布,或復支移折變。歲饑,租税皆免,而和糴不免,至今爲膏肓之疾。朝廷雖知其害民,以用度乏,不能救也。臣恐異日青苗之害,亦如河東之和糴也。"惠卿曰:"光所言,皆吏不得人,故爲民害耳。"光曰:"如惠卿言,乃臣前日所謂有治人無治法。"吴申曰:"司馬光之言,可謂至論。"光曰:"此等細事,皆有司之職所當講求,不足煩聖慮。陛下但當擇人而任之,有功則賞,有罪則罰,此乃陛下職爾。"上曰:"然。文王罔攸,兼於庶言庶獄,惟有司之牧者,此也。"上復謂光曰:"卿勿以呂惠卿言遂不懌意。"光曰:"不敢。"遂退。

三年四月甲申,翰林學士司馬光讀資治通鑑漢賈山上疏言"秦皇帝居滅絶之中而不自知",因言從諫之美、拒諫之禍。上曰:"舜'塈讒説殄行'。若臺諫欺罔爲讒,安得不黜!"光曰:"臣因進讀及之耳,時事臣不敢與論也②。"丁亥③,司馬光讀資治通鑑張釋之論"嗇夫利口",光曰:"孔子曰④:'惡利口之覆邦家者。'夫利口何至覆邦家?蓋其人能以是爲非,以非爲是,以賢爲不肖,以不肖爲賢。人主苟以是爲非,以非爲是,以賢爲不肖,以不肖爲賢,則邦國之覆,誠不難矣。"時呂惠卿在坐,光所論專指惠卿也。

七年四月丙戌⑤,王安石罷爲觀文殿大學士、知江寧府。

五月丙辰,太子中允、館閣校勘吕升卿,大理寺丞、國子監直講沈季長並爲崇政殿説書。安石既出,吕惠卿欲引安石親暱置之左右,薦朱明之爲侍講。上不許,曰:"安石更有妹夫爲誰?"惠卿以季長對。上即召季長,與惠卿弟升卿同爲侍講。升卿素無

---

① 茲事非便 "茲"底本作"滋",據嘉慶本、長編拾補卷六改。
② 時事臣不敢與論也 "與",長編卷二一〇作"盡",帝學卷八作"妄"、宋史全文卷一一作"衆"。
③ 丁亥 底本脱此二字,據長編卷二一〇補。
④ 孔子曰 "曰"底本作"稱",據長編卷二一〇改。
⑤ 丙戌 底本脱此二字,據長編卷二五二補。

學術,每進講,多捨經而談財穀利害營繕等事。上時問以經義,升卿不能對,輒目季長從旁代對。上問難甚苦,季長辭屢屈。上問從誰受此義,對曰:"受之王安石。"上笑曰:"然則且爾。"季長雖黨附安石,而常非王雱、王安禮及吕惠卿所爲,以爲必累安石,雱等深惡之,故不甚得進用。

元豐元年三月壬午,侍讀吕公著讀後漢書畢,上留公著,極論治體,至三皇無爲之道、釋老虛寂之理,公著問上曰:"此道高遠,堯、舜能知之乎?"上曰:"堯、舜豈不知?"公著曰:"堯、舜雖知之,然常以知人、安民爲難,此所以爲堯、舜也。"上又論前世帝王曰:"漢高祖、武帝有雄才大略。高祖稱'吾不如蕭何''吾不如韓信',至張良,獨曰'吾不如子房',蓋以子房道高,尊之,故不名。"公著曰:"誠如聖諭。"上又曰:"武帝雖以汲黯爲戇,然不冠則不見。後雖得罪,猶以二千石禄終其身。"公著曰:"武帝之於汲黯,僅能不殺耳。"上又論唐太宗,公著曰:"太宗所以能成王業者,以其能屈己從諫耳。"上臨御日久,群臣畏上威嚴,莫能進規,至是聞公著言,竦然敬納之。

丁亥,御邇英閣。講官黄履進講周禮八柄,上曰:"坐而論道,謂之三公。而八柄非太宰所得與,何也?"履曰:"八柄以馭群臣。馭者,主道也,故非太宰所與。"上曰:"然①。"

八月戊辰,黄履講宰夫之職,正歲,"書其能者與其良者,而以告於上"。上曰:"或言'詔王廢置',或言'以官刑詔冢宰而誅之',或言'以告而誅之',或言'以告於上',何也?"履對曰:"詔冢宰者,詔冢宰而已;'以告而誅之''以告於上'者,或詔王、包王及官長皆不得專也。"上曰:"或三年,或歲終,則書能否告之,以爲廢置。此獨於正歲,何也?豈非舊歲之所考,書以告乎?"履曰:"然。"

六年四月壬申,御邇英閣。蔡卞講周禮至司市,上謂卞曰:"先王建官治市,獨如此其詳,何也?"卞對曰:"先王建國,面朝而後市。朝以治君子,市以治野人,不可略也。"上曰:"市衆之所聚,詳於治衆故也。"

編修通鑑

治平三年四月辛丑,命龍圖閣直學士兼侍講司馬光編歷代君臣事迹,於是光奏

---

① 然　嘉慶本、長編卷二八八,宋史全文卷一二上均作"善"。

曰："臣自少以來略涉群史，竊見紀傳之體文字繁多，雖以衡門專學之士，往往讀之不能周浹，況於帝王日有萬機，欲徧知前世得失，誠有未易。竊不自揆，常欲上自戰國，下至五代，正史之外，旁採它書，凡關國家之盛衰、繫生民之休戚，善可爲法，惡可爲戒，帝王所宜知者，略依左氏春秋傳體，爲編年一書，名曰通志。其餘浮冗之文，悉删去不載，庶幾聽覽不勞，而聞見甚博。私家區區，力不能辦，徒有其志而無功。頃臣曾以戰國時八卷上進，幸蒙賜覽。今所奉詔旨，未審令臣續成此書，或別有編集？若續此書，欲乞亦以通志爲名。其書上下貫穿千餘載，固非愚臣所能獨修。伏見翁源縣令、廣南西路經略安撫司句當公事劉恕，將作監主簿趙君錫皆有史學，爲衆所推。欲望特差二人與臣同修，庶使早得成書，不至疏略。"詔從之，而令接所進書八卷編集，俟書成，取旨賜名。其後君錫父喪，不赴命，太常博士、國子監直講劉攽代之。恕，均州人；君錫，良規之子也；攽，敞之弟也。

四年正月丁巳，神宗即位。

十月丁未①，詔翰林學士司馬光權免著撰本院文字，又詔五日一直，修資治通鑑故也。甲寅，司馬光初讀資治通鑑，上親製序面賜光，賜名資治通鑑，令候書成日寫入。又賜潁邸舊書二千四百二卷。

賜舊書不在此時，今從帝學并書之。新紀書賜翰林學士司馬光資治通鑑序。此固當時書也。

熙寧元年二月丙辰，司馬光進讀資治通鑑，論蘇秦、張儀事。詳見講筵。

三年六月戊寅，翰林學士司馬光乞差試校書郎、前知瀧水縣范祖禹同修資治通鑑②，許之。祖禹，鎮從孫也。

元豐元年十月乙卯，端明殿學士、兼翰林侍讀學士③、提舉崇福宮司馬光乞子康充編修資治通鑑所檢閱文字，從之。

二年二月壬子，司馬光言："同編修資治通鑑范祖禹已改京官罷任，乞留在局編修。"從之。

七年十二月戊辰，端明殿學士、兼翰林侍讀學士、大中大夫、提舉崇福宮司馬光爲

---

① 丁未　底本脱此二字，據長編拾補卷二補。
② 瀧水縣　底本作"龍水"，據嘉慶本改、補。按：據宋史卷九〇地理志，宋朝廣南東路德慶府下轄瀧水縣。
③ 端明殿學士兼翰林侍讀學士　底本"端明殿學士"上衍"詔"一字，據長編卷二九三删。

資政殿學士,降詔獎諭,賜銀絹、衣帶、馬;奉議郎范祖禹爲秘書省正字,並以修資治通鑑書成也。資治通鑑自治平三年置局,光乞以劉恕、趙君錫同修。君錫不赴,劉攽代之。攽在局五年,通判泰州范祖禹代之。每修一史畢,上之。至是,上五代紀三十卷,總二百九十四卷,目錄、考異各三十卷。時攽出監衡州鹽酒務,而恕已前卒。上諭輔臣曰:"前代未嘗有此書,過荀悦漢紀遠矣!"輔臣請觀之,遂命付三省,仍令速進入。

八年四月丁丑,資政殿學士、大中大夫司馬光知陳州。庚寅①,承事郎司馬康爲秘書省正字,以康與修資治通鑑故也。

元祐元年三月丁卯,宰臣司馬光言:"校書郎黃庭堅好學有文,即日在本省,別無職事。欲望特差與范祖禹及男康同校定資治通鑑。"從之。

七月辛酉。先是,秘書少監劉攽等言:"光與故秘書丞劉恕同編修資治通鑑,恕於此書功力最多。比及書成,編修屬官皆蒙甄錄②,唯恕身亡,其家獨未霑恩,子孫並無人食禄。請援黃鑑、梅堯臣例,除一子官。"於是司馬光亦爲之請。詔與恕一子守郊社齋郎③。

撰定曆法　神宗附④

治平二年三月丁卯,上初即位,命殿中丞、判司天監周琮及司天冬官正王炳、丞王棟,主簿周應祥、周安世、馬傑,靈臺郎楊得言作新曆,三年而成。琮言:"崇天曆氣節加時後天半日,五星之行差半次,日食之候差十刻。"既而中官正舒易簡與監生石道、李遘更陳家學,於是詔翰林學士范鎮、諸王府侍講孫思恭、國子監直講劉攽考定是非,推尚書"辰弗集於房"與春秋之日食,參今曆之所候。而易簡、道、遘等所學疏闊,不可用,新書爲密,乃賜名明天曆,詔翰林學士王珪序之。琮等各遷兩官,賜物有差。其後明天曆亦不可用,而琮等皆奪所遷官。

熙寧元年七月甲申,京師地震。乙酉,又震。是夜月食,有司言明天曆不效,當改曆。詔司天曆官雜候星晷,更造新曆。

---

① 庚寅　底本作"己丑",據長編卷三五五改。
② 編修屬官皆蒙甄錄　"甄"底本作"紀",據長編卷三八二改。
③ 詔與恕一子守郊社齋郎　長編卷三八二無"守"一字。
④ 神宗附　底本脱此三字,據本書目錄及本條有關神宗朝曆法補。

此據沈括奉元曆序。八月,曆成。

八月乙丑,詔復行崇天曆。供備庫使李元亨、權知司天少監周琮各奪一官,秋官正周應祥、周安世,中官正馬傑、王棟,冬官正楊得言各奪兩官。初,司天監請重造曆,元亨、應祥等同知算造,琮提點,既成,各進官,琮子及姻戚皆預焉。在監善曆者,琮未嘗與議,至是占驗頗差,故並削奪。

二年秋七月癸未,提舉司天監所言:"自今每歲造大衍、宣明、景福、崇天、明天等曆,其歲若有日月交食,令具著所食分數及虧初、食甚、復末時刻,與交食集算,造曆官於渾儀下對所差,句當御藥院官與兩判監①、測驗渾儀官驗分數。"從之。

三年八月癸亥,詔直舍人院呂大防監司天監官詳定今年八月進行朔望有無差繆。先是,崇天曆以八月戊午爲朔,而望在十七日。司天中官正周琮撰明天曆,則以己未爲朔,而望在十六日。琮言:"古今注曆,望未有在十七日者。"崇天曆官舒易簡等言:"乾興元年曆,七月注十三日望,則今注十七日望不爲非。"朝廷從易簡等說,而琮爭不已,故命大防詳定。既而大防言:"易簡等所指乾興曆注十三日望,乃私曆舛誤,已自屈服。然據諸家曆議,雖有十七日爲望之法,但頒曆既無注十七日爲望者。自天聖三年後,三望在十七日,皆注十六日爲望,盡十七日辰度,已前定望猶屬十六日夜故也。今年八月朔,於崇天曆本經不當進,但於十六日注望可矣。"詔如大防議。

四年二月戊寅②,詔司天監印賣曆日,民間無得私印,以息均給本監官屬。後自判監以下凡六十八員,皆增食錢:判監月七千五,官正三千。見賣曆日官增食錢外,更支茶湯錢三千。時初罷司天監官監在京庫務及倉草場門,而中書議增其俸,故有是詔。

六年六月辛巳,提舉司天監陳繹等言:"本監測驗簿、氣、朔差互,而崇天曆氣後天,明天曆朔後天,其失皆置元不當,未可考正。及集衆官詳定,浮漏不可用,司天監、天文院渾儀亦各有舛戾。若止因舊器粗爲增損,不免疏繆。"詔:"氣、朔令司天監指揮校定曆書人衛朴別造曆,與舊曆比較疏密。其浮漏、渾儀,令依新樣製造,司天監別測驗以聞。"

八年閏四月壬寅,知制誥沈括上熙寧奉元曆。詔進括一官,司天監官吏進官、賜

---

① 句當御藥院官 "藥"底本作"樂",據嘉慶本、長編拾補卷五改。
② 戊寅 底本作"癸酉",據長編卷二二〇改。

銀絹有差。初,仁宗朝用崇天曆。至治平初,司天監周琮改撰明天曆行之,監生石道言未經測驗不可用,不聽。至熙寧元年七月望,夜將旦,月食東方,與曆不協,乃詔曆官雜候星晷,更造新曆。終五年冬,日行餘分略具。會括提舉司天監,言淮南人衛朴通曆法。召朴至,朴言:"崇天曆氣後天,明天曆朔後天。又明天曆朔、望小餘常多二刻半以上,蓋創曆時惟求朔積年數小,減過閏分使然,故求日月交食爲疏。崇天曆以熙寧元年交食,視明天爲密,然但見朔法而已。以皇祐三年九月癸酉晷景與十二月甲辰參較①,差一寸一分半,又以日法除,得氣後天五十三刻,其失皆在置元不當也。"詔朴改造。自以己學爲之,視明天曆朔減二刻。曆成行之,賜朴錢百千。至紹聖初,又改曆。

五月乙亥,補司天監生石道爲靈臺郎。道嘗言明天曆未經測驗不可用,坐是奪官。既而月食與曆不協,曆官皆抵罪,乃還道保章正,仍爲監生。至是與修奉元曆成,故又有是命。

九年正月甲申,權發遣三司使沈括言:"前提舉司天監,嘗奏司天測驗天象已及五年,蒙差衛朴算造新曆。後考校司天所候星辰晷漏,各差繆不可憑用。其新曆爲別無天象文籍參驗,止據前後曆書詳酌增損,立成新法,雖已頒行②,尚慮未能究極精微。乞令本院學生等用渾儀、浮漏、圭表測驗,每日記錄。候及三五年,令元撰曆人以新參較,如有未盡,即令審行改正,已蒙施行。今若測驗得此月望夜不食,及逐日測驗過日月五星行度晷漏之類,乞下司天監,逐旋付衛朴參較新曆改正。"從之。先是,奉元曆載今月望夜月食,不驗,詔問修曆推恩人姓名。至是括有此奏。八年閏四月十一月壬寅,初行奉天曆。

十年八月己丑,秘書監、集賢院學士蘇頌爲遼主生辰國信使。故事,使虜者冬至日與虜人交相慶。是歲,本朝曆先契丹一日,虜人固執其曆爲是。頌曰:"曆家算數小異,則遲速不同,謂如亥時節氣當交,則猶是今夕;若踰刻則屬子時,爲明日矣。或先或後,各從本朝之曆可也。"虜人不能屈,遂各以其日爲節。頌使還,奏之。上喜曰:

---

① 與十二月甲辰參較　底本脱"二"一字,據長編卷二六三補。
② 雖已頒行　"已"底本作"以",據長編卷二七二改。

"朕思之①,此最難處。卿對極得宜。"

元豐元年閏正月甲午,詔提舉司天監近校月食時分②,比崇天、明天二法,已見新曆爲密。又前閏正月歲在戊子,今復閏於戊午,恐理亦不繆,宜更不須考究其所差。講究新曆官等並罷,衛朴給路費錢二十千。先是,朴在熙寧初更造新曆,至十年,議者以爲占月食差,故再詔朴集議,至是罷之。

十二月辛丑朔,詔提舉司天監集曆官,考算大遼、高麗、日本國曆與本朝奉元曆同異聞奏。其後曆官趙延慶等言:"遼己未年氣、朔與宣明曆合,日本戊午年氣、朔與遼曆相近,高麗戊午年朔與奉元曆合。其二十四氣內,有七氣時刻并逐月太陽過宮日數、時刻不同。"

五年正月乙巳,翰林學士王安禮言:"詳定渾儀官歐陽發言:至道、皇祐之器,皆差而無據。今造渾儀、浮漏木樣③,準詔進呈,及歐陽發具新器之變、舊器之失。臣等看詳,除司天監浮漏疏謬不可用,乞依新樣改造外,至道、皇祐之器及景表各有差謬,欲依歐陽發條具施行。"從之。

六月丙寅,司天監曆算、天文、三式三科令、丞、主簿並減罷,以冬官正王虞言,因減罷司天監官監倉草場門,故增置三令、丞、主簿,於職事無補故也。

七年十二月辛未,詔許四選命官通算學者,依參選人赴吏部就試,合格人,上等除博士,中、下等爲學諭。

---

① 朕思之　底本脫"之"一字,據嘉慶本、宋史全文卷一二上補。
② 提舉司天監　底本作"提舉司司天曆",據嘉慶本、長編卷二八七改。
③ 今造渾儀浮漏木樣　"木"底本作"本",據長編卷三二二、宋史卷八〇律曆志改。

卷第五十四

英宗皇帝

光獻垂簾

嘉祐八年四月乙亥①。先是,輔臣奏事,帝必詳問本末,然後裁決,莫不當理,中外翕然,皆稱明主。是日晚,忽得疾,不知人,語言失序,復召已責降醫官朱道安、甄立里、秦宗一、王士倫等人侍疾。丙子,尊皇后曰皇太后。丁丑,群臣三上表請聽政。戊寅,詔許之,既而以疾不果。己卯,大斂,上疾增劇,號呼狂走,不能成禮。韓琦亟投杖褰簾,抱持上,呼內人,屬令加意擁護,又與同列入白太后,下詔候聽政日,請太后權同處分。禮院奏請:"其日皇帝同太后御內東門小殿垂簾,中書、樞密院合班起居,以次奏事,或非時召學士,亦許至小殿。皇太后處分稱'吾',群臣進名,起居於內東門。"從之。

韓琦投杖褰簾擁護英宗事,據家傳及王巖叟別録,國史並無此。

壬午,輔臣入對於柔儀殿西閣,皇太后御內東門小殿,垂簾聽政。初議帝與太后同御東殿垂簾,輔臣合班,以次奏事。及是上方服藥,權居柔儀殿東閣之西室,太后居其東室。輔臣既入西室候問聖體,因奏軍國事,太后乃獨御東殿,輔臣以故事復奏於簾前。甲申,司馬光上皇太后疏曰:"大行皇帝天性至仁,群臣之功或未足言,而賞之已厚;罪或不可容,而罰之至輕。善則善矣,而小人不識大恩者,或幾於驕慢。臣竊意殿下今茲繼而為政,必糾之以嚴。糾之以嚴,誠是也。然天下之人,涵濡大行皇帝聖澤日久,一旦暴加繩檢,恐駭而離心。伏願殿下徐以義理教之戒之②,有不聽從而尤無

---

① 乙亥 底本脫此二字,據長編卷一九八補。
② 徐以義理教之戒之 底本脫"理"一字,據嘉慶本、宋朝諸臣奏議卷二六司馬光上慈聖皇后論任人賞罰要在至公名體禮數當抑損補。

良者,然後加刑罰焉,則誰敢不肅?此善之善者也。"又曰:"今殿下初攝大政,四方之人,莫不觀聽,以占盛德①。臣以爲凡名號禮數所以自奉者,皆當深自抑損,不可盡依章獻明肅皇后故事,以成謙順之美,副四海之望。"又曰:"婦人內夫家而外父母家,況后妃與國同體,休戚如一。若趙氏安則百姓皆安,況於曹氏,必世世長享富貴明矣。趙氏不安則百姓塗地,曹氏雖欲獨安,其可得乎?"上自不豫以來,喪皆禮官執事,群臣奉慰,則垂簾不坐。乙未,大祥,上始親行禮,又捲簾坐受慰,人心稍安。己亥,群臣上表,請臨朝聽政,表三上,乃許之。詔禮院別擇日御正殿。初欲用十三日甲寅,至是,上猶不豫也。

五月戊辰,上初御延和殿,上疾猶未平,命輔臣禱於天地②、宗廟、社稷及景靈宮、寺觀,又遣使二十一人禱於嶽瀆名山。

六月癸酉,上復以疾不出。是時惟兩府得入對柔儀殿,退詣內東門小殿簾帷之外,覆奏政事於皇太后如初。帝自感疾,即厭服藥餌。韓琦嘗親執藥杯以進,帝不盡飲而卻之,藥污琦衣。太后亟出御服賜琦,琦不敢當,太后曰:"相公殊不易。"皇子仲鍼侍側,太后曰:"汝盍自勸之。"帝亦弗顧也。

帝初以憂疑得疾,舉措或改常度,其遇宦官尤少恩,左右多不悅者,乃共爲讒間③,兩宮遂成隙。太后對輔臣嘗及之,韓琦因出危言感動太后曰:"臣等只在外得見官家④,內中保護,全在太后。若官家失照管,太后亦未得安穩⑤。"太后驚曰:"相公是何言?自家更切用心。"琦曰:"太后照管,則衆人自然照管矣。"同列爲縮頸流汗。或謂琦曰:"不太過否?"琦曰:"不如此不得。"間有傳帝在宮中過失事,衆頗惑之。琦曰:"豈有殿上不曾錯了一語,而入宮門即得許多錯?琦固不信也。"傳者亦稍息。

此據琦家傳及別錄,但略加刪潤,大意與十一月末所載略同。蓋此時琦未赴昭陵,彼時歸自陵下,不妨兩出之。

---

① 以占盛德 "占"底本作"瞻",據長編卷一九八、宋朝諸臣奏議卷二六司馬光上慈聖皇后論任人賞罰要在至公名體禮數當抑損改。
② 命輔臣禱於天地 底本脫"命"字,據長編卷一九八補。
③ 讒間 底本作"讒問",據嘉慶本、宋史全文卷九下、九朝編年備要卷一六、宋史卷三一二韓琦傳改。
④ 臣等只在外得見官家 底本"外"下衍"不"字,據嘉慶本、長編卷一九八、九朝編年備要卷一六、宋史全文卷九下、太平治迹統類卷一一刪。
⑤ 太后亦未得安穩 九朝編年備要卷一六、宋史全文卷九下、太平治迹統類卷一一同,長編卷一九八無"得"一字。

七月壬子，初御紫宸殿，退御垂拱殿，中書、樞密奏事。帝自六月癸酉不御殿，至是始見百官，感慟者久之。其後隻日御前殿，雙日御後殿，惟朔、望則前後殿皆不御，至祔廟如故。

九月。帝既視朝前後殿，而於聽事，拱默謙抑。御史中丞王疇上疏曰："廟社擁護陛下起居平安①，臨朝以時，僅踰半載，而未聞開發聽斷，德音遏塞，人情缺然。臣屢嘗論奏，願陛下撥去疑貳，日與二府講評國論，明示可否，而迄今言動寂寥，中外未有所傳，此蓋議論之臣辭淺情狹，不能仰寤君聽。伏望思太祖、太宗艱難取天下之勞，真宗、仁宗憂勤守太平之力，勉於聽決大政，以慰母后之慈。毋疑貳謙抑，自使盛德闇然不光。"

十一月，方帝疾甚時，云爲多乖錯②，往往觸忤太后，太后不能堪。左右讒間者或陰有廢立之謀③。昭陵既復土，韓琦歸自陵下。太后遣中使持一封文書付琦，琦啓之，則帝所寫歌詞并宮中過失事。琦即對使者焚毁，令復奏曰："太后每説官家心神未寧。心神未寧，則語言舉動不中節，何足怪也。"及進對簾前，太后嗚咽流涕，具言之，且曰："老身殆無所容，須相公作主。"琦曰："此病故耳，病已，必不然。子病，母可不容之乎？"太后不懌。歐陽修繼言曰："太后事仁宗數十年，仁聖之德著於天下。婦人之性，鮮不妒忌。昔温成驕恣，太后處之裕然，何所不容？今母子之間，而反不能忍邪？"太后曰："得諸君知此，善矣。"修曰："此事何獨臣等知之，中外莫不知也。"太后意稍和。修又言曰："仁宗在位歲久，德澤在人，人所信服，故一日晏駕，天下稟承遺命，奉戴嗣君，無一人敢異同者。今太后深居房闥，臣等五六措大爾，舉動若非仁宗遺意，天下誰肯聽從？"太后默然。他日，琦等見帝，帝曰："太后待我無恩。"琦等對曰："自古聖主明王不爲少矣，然獨舜爲大孝，豈其餘盡不孝也？父母慈愛而子孝，此常事，不足道。惟父母不慈愛而子不失孝，乃可稱耳。正恐陛下事太后未至，父母豈有不慈愛者？"帝大悟，自是不復言太后短矣。

焚歌詞，據韓琦家傳。謂焚歌詞時，琦在陵下，恐不然。別錄稱琦在中書，今略加刪潤，其他則據蘇

---

① 廟社擁護陛下起居平安　"護"，長編卷一九九作"佑"。
② 乖錯　底本作"舛錯"，據嘉慶本、長編卷一九九、太平治迹統類卷一一改。
③ 廢立之謀　"謀"，長編卷一九九作"議"。

轍龍川別志。但別志云大臣有不預立皇子者,陰進廢立之計。既不出主名,深恐必無之,或當時宦官輩有此議,非大臣也。如家傳所載太后問昌邑王,亦竟不知何人爲太后言此,今輒改爲左右讒間者,庶不失事實。別志又云歐陽修獨見帝。案:家傳則云韓琦獨見,其勸帝盡禮於太后,語意略同,今改爲琦等云云,或得其事之實也。

治平元年三月己酉①,司馬光言:"皇太后有莫大之德三,陛下奉養之禮若有絲毫不備,天地鬼神其謂陛下爲如何,此不可不留聖心也。"又言:"宜詔侍從近臣每日輪一員直資善堂,夜則宿於崇文院,以備非時宣召。其餘群臣進見及奏事者,亦望細加訪問,以廣聰明,裨益大政。"他日,光進對,又言:"陛下昔在藩邸事濮王,承順顏色,備盡孝道,凡宮中之事,濮王皆委陛下幹之②,無不平允。陛下事皇太后,當一如濮王然後可;視天下之政,當一如宮中之事然後可。"光尋以言不用懇求外補,帝令宰臣宣諭曰:"卿所言事,略皆施行,且供諫職,未須求去。"光復奏:"今陛下雖奉事皇太后加於往日,猶未及事濮王之時承順顏意,曲盡歡心。雖省覽庶政,猶未嘗訪問群臣,講治亂之切務也。臣雖日侍丹宸,有何所益?"呂誨言:"近日聖體平復,中外均慶,萬機之事,未聞親決,議者謂陛下避讓,有所待焉。果如是,恐未爲順。當陛下違豫之時,非皇太后內輔,則政無所寄。大臣建策於國,忠也。然而陛下臨朝御前殿,百官朝罷,兩府大臣方至內東門,是綱領柄權皆在於手,陛下猶未專決,何所待也?"誨遂言於皇太后曰:"萬機浩繁,殿下焦心勞思,曾未少休,非所以燕怡福壽之本。況皇帝躬親治事,勤勵如此,在於聖慮,應已慰安。臣愚以爲東殿簾幃宜五七日一御③,咨詢大臣,無俾曠事,庶少均暇逸,於翊政之道亦無所損。當在沉機,奮於獨斷,豫宣教命,誕告朝廷。外形謙讓之宜,中遂優遊之樂。"

四月,權御史中丞王疇上疏,請車駕行幸,以安人心。於是,執政及諫官相繼亦有請。上曰:"當與太后議之。"韓琦以白太后,太后曰:"上疾新愈,恐未可出。"琦曰:"上意亦自謂可出矣。"太后曰:"今素杖皆未具④,更少須。"琦曰:"此細事,不難辦也。"乃詔有司擇日以聞。甲午,祈雨於相國、天清寺,醴泉觀。帝久不豫,至是士庶歡

---

① 己酉 底本脱此二字,據長編卷二〇〇補。
② 皆委陛下幹之 "皆",嘉慶本作"畢"。
③ 臣愚以爲東殿簾幃宜五七日一御 "爲",長編卷二〇〇作"謂"。
④ 今素杖皆未具 "杖",長編卷二〇一作"仗"。

呼相慶。戊申，皇太后出手書付中書還政，是日，遂不復處分軍國事。先是，上疾稍愈，自去年秋即間日御前、後殿視朝聽政，兩府每朝，入內東門小殿，覆奏太后如初。太后再出還政手書，大臣以白，上輒留之不出。上既康復無他，太后復降詔書還政。韓琦久欲太后罷東殿垂簾，嘗一日取十餘事並以稟上，上裁決如流，悉皆允當。琦退，與同列相賀，因謂曾公亮等曰："昭陵復土，琦即合求退。觀上體未平，遷延至今。上聽斷不倦如此，誠天下大慶。琦當於簾前先白太后請一鄉郡，須公等贊成之。"公亮等皆曰："朝廷安可無公？公勿庸請也。"於是詣東殿，覆奏上所裁決十餘事，太后每事稱善。同列既退，琦獨留，遂白太后如向與公亮等言。太后曰："相公安可求退？老身合居深宮，卻每日在此，甚非得已，且容老身先退。"琦即稱："前代如馬、鄧之賢，不免貪戀權勢。今太后便能復辟，誠馬、鄧所不及。"因再拜稱賀，且言："臺諫亦有章疏乞太后還政，未審決取何日撤簾？"太后遽起，琦即厲聲命儀鸞司撤簾。簾既落，猶於御屏後微見太后衣也。

太后還政撤簾事，據蔡氏直筆、邵氏見聞錄，並參取韓琦家傳及王巖叟別錄。及家傳所載太后不樂還政等語，皆虧損聖德，且非事實，今並削去。直筆誤云琦告樞相文彥博，亦不取。

嘉祐初，琦與富弼同相，或中書有疑事，往往私與樞密院謀之。自弼使樞密，非得旨令兩府合議者，琦未嘗詢於弼也，弼頗不懌。及太后還政，遽撤東殿簾帷①，弼大驚，語人曰："弼備位輔佐，他事固不敢預聞，此事韓公獨不能與弼共之邪？"或以咎琦，琦曰："此事當如出太后意，安可顯言於衆？"弼自是怨琦益深。

富弼怨琦事，據司馬氏記聞。邵氏聞見錄稱弼謂韓公"欲致弼於族滅之地"，恐弼無此言也。

呂誨上言："皇太后罷同聽政，謙尊之德，輝光益著。在皇太后則爲得之，在陛下宜何如哉？伏望降詔，曲形謙讓，至於再三，感動群情，庶幾中禮。"誨尋又言："皇太后事先帝日久，稔詳治道，方罷共政，雖陛下至明燭理，凡百官關白，示未敢專之意，則上慰慈顏，所得多矣。"庚戌，上始日御前、後殿如故。御史中丞王疇上疏云云："願詔二府大臣講求所以尊崇母后之禮，若朝廷嚴奉之體與歲時朔望之儀、車服承衛之等威、百司供擬之制度、他時稱尊之美號、外家延賞之恩典，凡可以稱奉親之意者，皆宜優

---

① 遽撤東殿簾帷　"遽"底本作"據"，據長編卷二〇一改。

異,以發揚母后之功烈。"是日,詔中書、樞密院參議尊崇皇太后儀範以聞。壬子,詔皇太后令稱聖旨,出入唯不鳴鞭,他儀衛如章獻明肅太后故事。丙辰,上皇太后宮殿名慈壽,加宣徽北院使①、保平節度使、判鄆州曹佾同平章事。初議除拜,上以問宰相韓琦,琦曰:"陛下推恩元舅,非私外戚也。"以問樞密使富弼,弼對如琦。遂降制,而太后持其制弗下。上固請,久之乃許。

司馬光記聞載韓維說慈壽將歸政,潁王謂維及孫思恭曰:"慈壽欲爲曹佾求使相。"二人不應,王竟使王陶達意於政府,果得之。他日,二人獨見,維以是戒王曰:"今陛下已親政,內外上下事體已定。當專心孝道,均養三宮而已,他事勿預也。"案:實錄:佾制下,太后猶持之。不知求使相果太后意否,當考。

壬戌,以帝康復,命輔臣謝天地、宗廟、社稷、宮觀。癸亥,司馬光上皇太后疏曰:"臣在闕門之外,無由知禁廷之事。竊聞道路之言,未詳虛實,皆言近日皇帝與皇后奉事殿下恭勤之禮甚加於往時,而殿下遇之太嚴,接之太簡,或時進見,殿下雖賜之坐,如待疏客,語言相接,不過數句,須臾之間,已復遣去。如此,子母之恩如何得達,婦姑之禮如何得施?所以使之疑惑恐懼,不敢自親者,蓋以此也。臣竊惟殿下母儀天下踰三十年,柔明之譽洽於中外。皇帝龍潛藩邸,進德修業,仁聖之望,光於遠邇。先聖以至公大義,選賢建嗣,海內之人,皆謂繼統之日,慈孝之風必自家刑國,誠不意閭巷之民忽有今茲異論。推其本原,蓋由皇帝遇疾之際;宮省之內,必有讒邪之人造飾語言,互相間諜;一則欲詐效小忠,以結殿下之知,僥求祿利;二則自知過失素多,畏嗣君之嚴,有所不容;三則欲竊弄權柄,惡長君聰明,使己不得自恣,是以日夜窺覘,拾掇絲毫之失,無不納於殿下之耳。殿下雖至聰哲,不能無疑;雖至仁慈,不能無怒。皇帝以剛健之性屈於衆口,無以自伸,不能不憤悒,遂使兩宮之間介然自失,久而不解,流聞於外,朝野之士,有敢竊議其是非者,深可惜也。今天誘其衷,殿下潛發慈旨,卓然遠覽,舉天下之政歸之皇帝,此乃宗廟之靈,生民之福。然臣竊料讒邪之人心如沸湯,愈不自安,力謀離間。彼皆自營一身之私,非爲國家與殿下之計也。臣願殿下鑑察其情,勿復聽納;斥遠其人,勿置左右。召諭皇帝以向來紛紛,皆此屬所爲,自今以後,母子之間,當坦然無疑。皇帝必涕泣拜伏,感激推謝,然後兩宮之歡,一皆如舊。皇后進見

---

① 加宣徽北院使　底本脫"使"一字,長編卷二〇一同,據宋史卷四六四曹佾傳補。宋王珪華陽集卷二一賜宣徽北院使知鄆州曹佾到任謝恩進馬詔,可爲參證。

之際,殿下宜賜以溫顔,留之從容,來往無時,勿加限絕。或置酒笑語與之歡欣,相待一如家人之禮,則殿下坐享孝養,何樂如之?"

吕誨言於太后曰:"臣伏覩殿下近降手書,以皇帝既安,堅罷同政,聖子恭孝,遂成母德,雖前世有還政明辟之事,亦未聞期月而成輔翼之功及形謙謙之美者,休聲茂實,當垂光於萬世矣。然聞外議,以符寶未歸於上前,臣有以知非殿下之意焉。何則?國政猶不欲其久,而復眷留符寶哉?萬一所司行遣之間稍有稽緩,涉此議論,無益於聖躬,亦恐前降書旨或未孚於中外,則有累全德。始終之際,不可不審。臣所以瀝懇而言,萬死無避,惟祈鑒照①,天下幸甚!"

侍御史知雜事龔鼎臣上疏曰:"伏覩手書還政,殿下優游房闥,尊安内朝,人心悦舒,天意調順,昆蟲草木,無不忻喜。然自降手書,今二十日矣,惟御寶尚未致上前。符寶之重,與神器相須,久而未還,益招群論,臣竊爲殿下惜此。宜戒職掌之吏速歸御用之寶,不可緩也。"

閏五月戊辰,宰臣韓琦等遷官,樞密使富弼遷户部尚書。辛未,富弼具奏辭所遷官,曰:"陛下録臣事先帝微勞,曷若報皇太后今日之大恩。恭惟先帝無子,立陛下爲嗣,中外皆知當時盡出皇太后密諭,料陛下亦自知之。又竊聞陛下初立爲皇子,召居禁中,其時先帝爲左右奸人所譖,不無小惑,内外之人,以至陛下舊邸諸親,無一人敢通信問者。陛下飲食悉皆闕供,皇太后亦不敢明然主之,但曉夕惶恐,百方爲計,偷送食物之類者甚多,陛下豈不省之乎?洎先帝晏駕之夕,中外惶駭,皇太后立陛下於倉卒中,天位遂定。無何,三兩日後,陛下以積憂成疾,天下萬務,無所取禀。大臣列奏,請太后權同聽政,此決不是皇太后本意,蓋不得已從大臣之請也。陛下纔康復,皇太后即日還政,退居深宫,此天下之人,有識無識,盡知皇太后始終無所負於陛下也。臣自去歲六月初被召還朝,充位樞府,凡百機務,先於陛下處奏定指揮,次至簾前關白而已,並無一字可否,一依先得聖旨,如此者凡近一年,此足以見皇太后盡至公之心,不以尊且親有所凌壓②,而輒生異同也。臣又思皇族中,於仁宗洎皇太后校其親疏,與陛下同者多矣。就衆多中獨取陛下爲嗣,今日貴爲天子,富有天下,其爲恩德,可與天地

---

① 惟祈鑒照 "鑒"底本作"監",據長編卷二〇一改。
② 有所凌壓 "凌"底本作"陵",據長編卷二〇一改。

比其高大，陛下如何報答則可以稱副？而反於仁宗不能謹祭祀，於皇太后不能備孝養，此皆人子常分，尚多闕失，況敢更望他有所報乎？皇太后垂簾日，嘗謂臣與胡宿、吳奎曰：'無夫孤孀婦人無所告訴。'臣等共聞此語，實爲傷心。必料中書亦聞其説。又嚮者竊聞先帝諸公主，陛下易其所居，以安己女，此知者尤甚動心，亦未嘗聞陛下略加恩煦。恭惟先帝臨御天下四十一年，仁德恩澤，入人骨髓，以至徧及蟲魚草木。臣事先帝亦三十餘年，自布衣擢至首相，恩德可謂至大。今日不忍見其孀后、幼女失所如此，而臣反坐享陛下遷寵，還得安乎？仁宗與皇太后於陛下有天地之恩，而尚未聞所以爲報。臣於陛下，不過有先時議論絲髮之勞，何賞之可加？陛下忘天地之大恩，錄絲髮之小勞，可謂顛倒，不思之甚也。"奏入，不報。弼又奏曰："臣願陛下奉仁宗祭祀盡恭謹之道，事皇太后顏色極誠實之禮。若勤勤不已，則孝德自然彰聞於外，京師翕然歌詠，傳達天下，遂成風教，陛下可不勞而治，此時推恩數倍今日，臣自不辭讓，君臣之際，兩得其宜。"奏至六七上，乃優詔答焉。弼復奏曰："聖詔云'鴻惟仁宗皇帝欲報之德，昊天罔極。皇太后子育朕躬，方以天下之養承顏於朝夕，矧敢曰養之至乎？'臣謂天下爲人父母者，咸願陛下踐此説，行此心，蓋欲其子孫化之，而盡爲孝子順孫也。況近在陛下左右，日夕輔導，傾耳凝聽，尤甚於天下之人心也。但聞陛下於仁宗祭祀、皇太后孝養略有加於前，則臣倡一爲十，傳達於士大夫，使展轉宣布於天下，以慰天下爲人父母者之心，且以廣吾君至孝之德於外。所恨近日寂無他聞，與服藥時所聞者都無小異，此臣所以不得不竭盡肝膽，思有補於聖明也。又詔曰：'今既勉朕以事親之道，而拒君命不受，豈其言之戾耶？'此乃視草學士不盡見臣文字始末，故有相戾之語耳。臣累奏勸陛下盡事親之道如此之切，反自違君命者，蓋有上之所説云耳，豈可便謂之爲戾乎？"弼又兩奏，卒不聽，乃受之。

八月丙辰，宣政使、入内都知、安静軍留後任守忠爲保信節度副使①，蘄州安置。初，上爲皇子，令守忠宣召，守忠避不肯行。及上即位，不豫，遂交鬭兩宮間，於是又擅取奉宸庫金珠數萬兩以獻皇后，因受賞賜。吕誨言："昨嘉祐中，臣僚請立皇子，先帝

---

① 保信節度副使　底本脱"副"一字，據長編卷二○二、東都事略卷一二○任守忠傳、宋史卷一三英宗本紀、宋史卷四六八任守忠傳補。按：本卷注文中有韓琦數任守忠曰："汝罪當死，責蘄州團練使、蘄州安置。""蘄州團練使"與"保信節度副使"又有不同。

與太后屬意陛下日久，守忠百端沮議，幸立幼君①，以邀後福。賴天意不移，宰臣韓琦等力贊成之。先是，誣毀宗懿不孝，乃其本謀也。逮先帝晏駕，太后主持神器，大臣盡忠，守忠何力之有？陛下服藥經年，守忠構造言語②，交鬥兩宮，惟幸慈孝有所不至，暨迎先帝木主，下禮院定太后出入儀式，守忠堅欲用乾興之例，非聖后明賢，幾爲守忠所誤。今春揣知太后有罷同聽政之意，因陳還辟之說，掠功於己，以奉陛下。外臣自去冬以來，但聞陛下孝養之闕；今夏以後，只聞太后慈愛之失。騰謗之由，又可明也。然反覆語言離間宮禁者非一，亦不出守忠朋黨，衆所共知。原其用情，誠國之賊。自先帝棄世，守忠於宮禁公取財貨，其數不貲，近又取奉宸庫金珠數萬兩獻於中宮。不惟自邀厚賜，以固恩寵，其實窺伺陛下，將以諛言狡計，乘間而入矣。"司馬光又數其十罪，乞斬於都市，以懲奸慝。帝納其言，翌日，遂黜守忠。

文潞公私記：治平元年八月，諫官司馬光、吕誨言入內都知任守忠交鬥宮闈③。光又疏其十罪，乞斬之。時富弼爲樞相，乞行諫官之言，英宗命竄逐之。弼與中書同奏事殿上，宰相韓琦進曰："陛下登極之時，守忠亦預有勞，願少寬之。"弼奮而前曰："先帝親授陛下以大器，皇太后協贊有功。陛下宜追先帝顧復之恩，報太后擁佑之力。而此輩乃自云某人有功，某人有勞，臣不知此何等語，且將置先帝與太后於何地邪？"上韙弼之言，於是琦悚然失色，卻立數步。邵氏見聞錄：治平初，英宗即位，有疾，宰執請光獻太后垂簾同聽政，有入內都知任守忠者，奸邪反覆，謀間兩宮。時司馬溫公知諫院，吕諫議爲侍御史，凡十數章請誅之。英宗雖悟④，未施行，宰相韓魏公一日出空頭敕一道，參政歐陽公已簽，參政趙槩難之，問歐陽公曰："何如？"歐陽公曰："第書之，韓公必自有說。"魏公坐政事堂，以頭子句任守忠者立庭下，數之曰："汝罪當死，責蘄州團練使、蘄州安置。"取空頭敕填之，差使臣即日押行，其意以謂少緩則中變也。嗚呼，魏公真宰相也！歐陽修云："吾爲魏公作晝錦堂記，公垂紳正笏，不動聲氣，措天下於泰山之安者，蓋以此。"二書所載不同。私記毀琦特甚，見聞譽琦又過，今並不取。

丁巳，司馬光言："陛下即位之初，奏事皇太后虔恭欸至，太后撫愛陛下恩渥周備。數日之間，慈孝之譽達於中外，播於遠近，聞者無不相慶。自聖體不安，旬月之間，道路之人漸有異議，皆云因守忠等本不樂陛下爲嗣，故於皇太后則言陛下與中宮之短，

---

① 幸立幼君　嘉慶本同，長編卷二〇二"立"作"在"。
② 構造言語　"構"，嘉慶本作"醞"，長編卷二〇二作"搆"。
③ 交鬥宮闈　底本"宮"上衍"兩"一字，據嘉慶本、長編卷二〇二删。
④ 英宗雖悟　底本脱"悟"一字，據長編卷二〇二、宋名臣言行錄後集卷一韓琦魏國忠獻王、聞見錄卷九、宋趙善璙自警編卷七補。

於陛下與中宮則言皇太后之失,遂使兩宮之心互相猜貳,間隙一開,卒難復合。今陛下奮發英斷,屏黜讒邪,守忠等皆降逐出外,中外之人不勝忻說①。然臣愚竊恐皇太后尚未能盡知奸人之情與陛下所以斥去之意。伏望陛下與中宮親詣皇太后閣,頓首陳謝,具述從來爲守忠等所誤,致屢有違忤太后之意。今守忠等既去,願與皇太后母子之恩一如舊日,然後朝夕與中宮侍養左右②,膳羞藥餌,躬親進獻,承順顏色,皆如臣庶之家母子婦姑之禮。若左右之人尚有敢相離間者,願陛下立行誅竄,勿復有疑。如此,則讒慝黜遠,內外雍睦,善氣行興,災沴消亡,宗廟永安,令聞長世。若失此之際③,兩宮之歡不能復舊,則恐長無可復之期,豈惟當今天下之人以陛下爲非,將傳於史册,取譏萬世矣。"

治平二年八月庚寅④,大雨。辛卯地涌水⑤,壞官私廬舍,漂没人民畜產。乙未,詔中外臣僚並許上實封言事。司馬光上疏,略曰:"先帝擢陛下於衆人之中,自防禦使升爲天子,唯以一后、數公主屬於陛下。而梓宮在殯,已失太后之歡心,長公主數人皆屏居閑宮,希曾省見。臣請以小諭大,設有閭里之民,家有一妻數女,及有十畝之田⑥、一金之產,老而無子,養同宗之子以爲後。其人既没,其子得田產而有之,遂疏母棄妹,使之愁憤怨歎,則鄰里鄉黨之人,謂其子爲何如人哉?以匹夫而爲此,猶見貶於鄉里,況以天子之尊,爲四海所瞻仰,此陛下所以失人心之始也。"

熙寧元年三月戊子,曾公亮等上表,請建太皇太后宮殿,並以"慶壽"爲名。

元豐二年十月乙卯,太皇太后崩於壽慶宮。餘見神宗朝奉太后⑦。

---

① 不勝忻說　"說",長編卷二〇二、傳家集卷三〇言奉養上殿第四劄子均作"悅"。
② 侍養左右　底本脫"左右"二字,據長編卷二〇二、傳家集卷三〇言奉養上殿第四劄子補。
③ 若失此之際　底本脫"若"一字,長編卷二〇二同,據嘉慶本、傳家集卷三〇言奉養上殿第四劄子、宋朝諸臣奏議卷一〇司馬光上英宗乞因降逐任守忠詣皇太后閣陳謝補。
④ 庚寅　底本脫此二字,據長編卷二〇六補。
⑤ 辛卯　底本脫此二字,據長編卷二〇六補。
⑥ 十畝之田　長編卷二〇六同,傳家集卷三六上皇帝疏、歷代名臣奏議卷一均作"數畝之田"。
⑦ 餘見神宗朝奉太后　底本脫"神宗朝奉太后"六字,據嘉慶本補。

卷第五十五

英宗皇帝

濮議

治平元年五月癸亥,宰臣韓琦等奏:"陛下即位以來,仁施澤浹,九族既睦,萬國交歡。而濮安懿王德盛位隆,所宜尊禮。伏請下有司議濮安懿王及譙國太夫人王氏①、襄國太夫人韓氏、仙遊縣君任氏合行典禮,詳處其當,以時施行。"詔須大祥後議之。

二年四月戊戌,詔禮官及待制以上議崇奉濮安懿王典禮以聞,宰臣韓琦等以元年五月奏進呈故也。

六月。初,議崇奉濮安懿王典禮,翰林學士王珪等相顧不敢先發,天章閣待制司馬光獨奮筆立議。議成,珪即敕吏以光手稿爲案。其議云云:"前代之入繼者,多宮車晏駕之後,援立之册,或出母后,或出近臣,非如仁宗皇帝年齡未衰,深惟宗廟之重,祗承天地之意,於宗室衆多之中,簡拔聖明,授以大業。陛下親爲先帝之子,然後繼體承祧,光有天下。濮安懿王雖於陛下有天性之親、顧復之恩,然陛下所以負扆端冕,富有四海,子子孫孫萬世相承者,皆先帝之德也。臣等愚淺,不達古今,竊謂今日所以崇奉濮安懿王典禮,宜準先朝封贈期親尊屬故事,高官大國,極其尊榮。譙國襄國太夫人、仙遊縣君亦改封大國太夫人。考之古今,實爲宜稱。"議上,中書奏:"王珪等議,未見詳定濮王當稱何親,名與不名。"珪等議:"濮王於仁宗爲兄,於皇帝宜稱皇伯而不名,如楚王、涇王故事。"議者或欲稱皇伯考,天章閣待制吕公著曰:"真宗以太祖爲皇伯考,非可加於濮王也。"是月己酉,中書又奏:"按儀禮'爲人後者爲其父母報',及案令文與五服年月敕並云:'爲人後者爲其所後父母斬衰三年,爲人後者爲其父母齊衰期,

---

① 譙國太夫人王氏 底本脱"太"一字,據長編卷二〇一補。

即出繼之子於所繼、所生父母皆稱父母。'又漢宣帝、光武皆稱其父爲皇考。今王珪等議稱皇伯,於典禮未見明據。請下尚書省,集三省、御史臺官議奏。"詔從之。執政意朝士必有迎合者,而臺諫皆是王珪等,議論洶洶,未及上。太后聞之,辛亥,内出手書切責韓琦等以不當議稱皇考,而琦等奏太后以珪等議稱皇伯爲無稽,且欲緩其事,須太后意解。甲寅,降詔曰:"如聞集議議論不一①,宜權罷議,當令有司博求典故,務合禮經以聞。"翰林學士范鎮時判太常寺,即率禮官上言:"漢宣帝於昭帝爲孫,光武於平帝爲祖,則其父容可以稱皇考,然議者猶或非之,謂其以小宗而合大宗之統也。今陛下既考仁宗,又考濮安懿王,則其失非特漢宣、光武之比矣。凡稱帝稱皇,若皇考,立寢廟,論昭穆,皆非是。"因具列儀禮及漢儒議論、魏明帝詔爲五篇奏之。執政得奏,怒,召鎮責曰:"詔書云當令檢詳,奈何遽列上邪?"鎮曰:"有司得詔書不敢稽留,即以聞,乃其職也,奈何更以爲罪乎?"於是臺官自中丞賈黯以下各有奏,乞早從王珪等議②。侍御史知雜事呂誨言:"臣謹案儀禮'爲人後者,爲其父母報',蓋爲大宗斬,還爲小宗期③,不二斬,明於彼而判於此也。又案令文與五服年月敕,出繼之子於所生、所繼皆稱父母④。稱父母者,所以別其本生於後也,在屬籍當行除附,斯令之意可明也。如漢宣、光武皆稱父爲皇考者,二帝上承本宗,皆非旁繼,於今事體略不相類。據王珪等議,濮安懿王於仁宗皇帝其屬爲兄,於皇帝合稱皇伯而不名,於禮得矣。及引元佐、元儼稱皇兄、皇叔之類,皆本朝典禮,安得謂之無據? 臣竊原敕意,直欲加濮安懿王爲皇考,與仁廟同稱,如是,則尊有二上,服有二斬,禮律之文皆相戾矣云云。臣伏望陛下開廣聖慮,精勤孝治,不作無益以害至公。既罷三省集議,當別降詔旨,以王珪等議爲定。以前後所獻不一論盡降出外,辨正是非,明其有罪,置之於法,可以渙釋群疑,杜絶邪論。"奏皆留中不行。司馬光又言:"臣伏見嚮者詔群臣議濮安懿王合行典禮,翰林學士王珪等二十餘人皆以爲宜準先朝封贈期親尊屬故事。凡兩次會議,無一人異辭,所以言者蓋欲奉濮王以禮,輔陛下以義也。而政府之意,獨欲尊濮王爲皇

---

① 如聞集議議論不一 底本脫"如"字,據嘉慶本、文淵閣本長編卷二〇五、九朝編年備要卷一七、宋史全文卷一〇、太平治迹統類卷一一、文獻通考卷九五宗廟考五、宋會要輯稿禮四〇之六補。
② 乞早從王珪等議 嘉慶本、太平治迹統類卷一一同,文淵閣本長編卷二〇五"早"作"且"。
③ 還爲小宗期 "還"底本作"遠",據嘉慶本、長編卷二〇五、太平治迹統類卷一一改。
④ 出繼之子於所生所繼皆稱父母 底本脫"所繼"二字,據長編卷二〇五補。

考,巧飾詞説,誤惑聖聽,不顧先王之大典,蔑棄天下之公議,使宗室疏屬皆已受封贈,而崇奉濮王之禮至今獨未施行,此衆所以抑鬱而未爲稱愜者也。或恐陛下未能知此二議是非,臣更請爲陛下別白言之。政府言儀禮、令文、五服年月敕皆云爲人後者爲其父母,即出繼之子,於所生皆稱父母。臣案禮法必須指事立文,使人曉解。今欲言爲人後者爲其父母之服,若不謂之父母,不知如何立文,此乃政府欺罔天下之人,謂其皆不識文理也。又言漢宣帝、光武皆稱其父爲皇考。臣案宣帝承昭帝之後,以孫繼祖,故尊其父爲皇考,而不敢尊其祖爲皇祖者,以其與昭穆同故也。光武起布衣,誅王莽,親冒矢石以得天下,名爲中興,其實創業。雖自立七廟,猶非太過,况但稱皇考,其謙損甚矣。今陛下親爲仁宗之子以承大業,傳曰:'國無二君,家無二尊。'若復尊濮王爲皇考,則置仁宗於何地乎? 政府前以二帝不加尊號於其祖,引以爲法則可矣,若謂皇考之名亦可施於今日,則事恐不侔。以此言之,濮王當稱皇伯,又何疑矣。願陛下上稽古典,下順衆志,以禮崇奉濮安懿王如珪等所議,此亦和天人之一事也。"

八月庚戌,史館修撰、同知諫院蔡抗知制誥,兼判國子監。初,議追崇濮安懿王,抗引禮爲人後、大一統之義,指陳切至,涕下被面。帝雅信重抗,因感悟,亦泣。會京師大水,抗推原咎證①,在濮王議。執政欲遂所建,以抗在言路,不便之,罷其諫職。

九月丙子,給事中、權御史中丞賈黯爲翰林侍讀學士、知陳州,從所乞也。先是,黯與兩制合議,請以濮王爲皇伯,執政弗從,數詣中書争論②。會大雨水,時黯已被疾,疏言:"簡宗廟,逆天時,則水不潤下。今二三執政知陛下爲先帝後,乃阿諛取悦,違背經義,建兩統二父之説,故七廟神靈震怒,天降雨水,流殺人民。"於是引疾求出,而有是命。後十二日卒,口占遺奏數百言,猶以濮王議爲請。

十二月,郊祀既畢,侍御史知雜事吕誨復申前議,乞早正濮安懿王崇奉之禮,且言:"國家承五代餘弊,文武之政,二府分領,然而軍國大事,皆得合議。今議崇奉濮安懿王,此事體至大者,而終不謀於樞府,臣所未喻。兩制及臺諫論列者半年,外臣抗疏者不一,而樞府大臣恬然自安,如不聞知。以道事君者,固如是邪? 今佞人進説,惑亂宸聽,中書遂非,執守邪論,當有以發明經義,解釋群疑。臣欲乞中旨下樞密院,及後

---

① 抗推原咎證 "證",長編卷二〇六作"徵"。
② 數詣中書争論 底本脱"數"一字,據長編卷二〇六、宋史卷三〇二賈黯傳補。

來進任兩制臣僚同共詳定典禮,以正是非。久而不決,非所以示至公於天下也。"誨尋進對延和殿,開陳懇切。上諭誨曰:"群臣慮本宮兄弟衆多,將過有封爵,故爲此言。"誨即辯其不然。退又言:"臣竊思仁宗於堂兄弟輩尚隆封爵,況陛下濮宮之親,其誰敢問?近日中宫與皇太后受册,內外歡慶。必若恩及天倫,乃爲盛美,雖甚愚者,不應獻此言。如果有獻此言者,欲乞宣示姓名,與衆共罰。"誨前後既七奏,不從。因乞免臺職補外,又四奏,亦不從。遂劾韓琦曰:"琦請下有司議濮王典禮,比再下兩制,用漢宣、光武二帝故事,欲稱皇考。竊原詔旨,本非陛下之意,琦導諛之過也。永昭陵土未乾,玉几遺音猶在,乃心已革,謂天可欺,致兩宮之嫌猜,賈天下之怨怒,謗歸於上,人所不忍。言者辯論,半年不決,琦猶遂非,不爲改正,得謂之忠乎?"又曰:"陛下即位以來,進秩疏封,賞功報德,不爲不至。而琦略無謙損,益肆剛愎,半歲之內,兩次求罷,無疾堅臥,要君寵命,猶曰'自謂孤忠之可立,豈知直道之難行'。果知人臣進退之分、天道盈虛之理,不應形斯言於章奏也。"又曰:"方今士論沸騰,人心憤鬱,得不攬威柄之在手,戒履霜之積微?罷琦柄任,黜居外藩,非止爲國之福,亦以保琦族於始終也。"

濮王申陳以誨劾琦疏附三年正月二十七日後,又疏斥琦不忠者五,并及潁府僚友不用正人,頗與此異。此據誨章奏。馮潔己御史臺記亦以此爲第六疏,與申陳所載並同。然疏稱濮議半年不決,則恐不當在明年,且明年誨已累章彈歐陽修,不應後章全不及修。今來參酌附此年末,更須考詳。"不知直道之難行,自謂孤忠之可立①。"案:琦集乃甲辰冬乞罷相表②。甲辰,治平元年也。

三年春正月壬午,吕誨以前後十一奏乞依王珪等議,早定濮安懿王追尊典禮,皆不報。乞免臺職,又不報。是月壬戌③,即與侍御史范純仁,太常博士、監察御史裏行吕大防合奏曰:"豺狼當道,擊逐宜先④;奸邪在朝,彈劾敢後?伏見參知政事歐陽修首開邪議,妄引經據,以枉道悅人主,以近利負先帝,欲累濮王以不正之號,將陷陛下於過舉之譏。朝論駭聞,天下失望。政典之所不赦,人神之所共棄。當屬吏議,以安衆意。至如宰臣韓琦,初不深慮,固欲飾非,傅會其辭,詿誤上聽。以至儒臣輯議,禮

---

① 自謂孤忠之可立 "立"底本作"進",據長編卷二〇六注文改。
② 乞罷相表 底本脫"乞"一字,據嘉慶本、長編卷二〇六補。
③ 是月壬戌 底本無此四字,據長編卷二〇七補。長編卷二〇七"是月壬戌"下有小字注文:"案:此月無壬戌日,此係追叙前月之事,以下干支皆牽連而書,緣罷吕誨等是壬午事,故附於此月末耳。"
④ 擊逐宜先 "宜"底本作"當",據長編卷二〇七、宋朝諸臣奏議卷八九吕誨上英宗乞正宰執懷邪詿誤之罪、太平治迹統類卷一一改。

院講求,經義甚明,僉言無屈。自知已失,曾不開陳。大臣事君,詎當如是?公亮及槩備位政府,受國厚恩,苟且依違,未嘗辨正。此而不責,誰執其咎?臣等地居言職,勢不嘿全。請尚方之劍,雖古人所難;舉有國之刑,況典章猶在。伏請下修於理,及正琦等之罪,以謝中外。且議既不一,理難並立。昔師丹之說行,則董宏坐其罪;董宏之論勝,則師丹廢於家。臣等及修,豈可俱進?言不足用,願從竄責,上不辜陛下之任使,下不廢朝廷之職業,臣等之志足矣。"

戊辰,又奏:"修博識古今,精習文史,明知師丹之議為正,董宏之說為邪,利誘其衷,神奪其鑒,廢三年不改之義,忘有死無貳之節。仁宗虞主始祔,陵土未乾,而遽開越禮之言,欲遵衰世之迹,致陛下外失四海臣庶之心,內違左右卿士之議。原修之罪,安得而赦?"癸酉,又奏:"修備位政府,不能以古先哲王致治之術開廣上意,發號施令,動合人心,使億兆之民鼓舞神化,希意邀寵,倡為邪說,違禮亂法,不顧大義,將陷陛下於有過之地,而修方揚揚得志,自以為忠。及乎近臣集議,禮官討論,遷延經時,大議不決,而又牽合前代衰替之世所行繆迹,以飾奸言,拒塞正論,挾邪罔上,心實不忠。為臣如此,豈可以參國論哉?琦庇惡遂非,沮抑公議;公亮及槩依違其間,曾不辨正,亦非大臣輔弼之體。伏望聖慈奮然獨斷,將臣等前後章疏付外施行,庶分邪正,以服天下。"誨等論列不已,而中書亦以劄子自辨於上曰:"臣伏見朝廷議濮安懿王典禮,兩制、禮官請稱皇伯,中書之議,以為事體至大,理宜審重①,必合典故,方可施行。而皇伯之稱,考於經史,皆無所據。方欲下三省百官,博訪群議,以求其當。陛下屈意,手詔中罷。而眾論紛然,至今不已。臣以謂眾論雖多,其說不過有三:其一曰宜稱皇伯,是無稽之臆說也。其二曰簡宗廟、致水災者,是厚誣大人之言也。其二曰不當用漢宣、哀為法,以干亂統紀者,是不原本末之論也。臣請為陛下條列而辨之。"又曰:"惟其立廟京師,亂漢祖宗昭穆,故平、晏等以為兩統二父非禮,宜毀之。定陶共王初但號共皇,立廟本國,師丹亦無所議。至其後立廟京師,欲去定陶,不繫以國,有進干漢統之漸,遂大非之,故師丹議云:'定陶共皇謚號已前定,議不復改。'而但論立廟京師為不可耳。今言事者不究朝廷本議,不尋漢臣所非者何事,此臣所謂不原本末也。中書

---

① 理宜審重 太平治迹統類卷一一同,長編卷二〇七"重"作"慎"。

之議,本謂稱皇伯者無稽,而禮經有不改父母之義。名號猶未定,故尊崇之禮皆未及議,而言事者便引漢去定陶國號、立廟京師之事,厚誣朝廷,以爲干亂大統,何其過論也。"又曰:"爲人後者,既以所後爲父矣,聖人又存其所生父名者①,非曲爲之意也②。蓋自天地以來,未有無父而生之子也。既有父而生,則不可諱其所生矣。夫無子者得以宗子爲後,是禮之所許,然安得無父而生之子以爲後乎③?此聖人所以不諱無子者立人之子以爲後也,亦不諱爲人後者有父而生,蓋不欺天,不誣人也,故爲人後者承其宗之重,任其子之事,而不得復歸於本宗,其所生父母,亦不得往與其事。至於喪服,降而抑之,可以義斷,惟其父母之名不易者,理不可易也。"又曰:"子爲父母服,謂之正服;出爲人後者,爲本生父母齊衰,謂之降服;又爲所後父斬衰三年,謂之義服。今若以本生父謂皇伯,則濮安懿王爲從祖父,反爲小功,而濮安懿王夫人是本生嫡母也,反爲義服。自宗懿而下,本生兄弟於禮雖降,猶爲大功,是禮之齊、衰、期,今反爲小功;禮之正服,今反爲義服。於本生父止服小功,於宗懿兄弟反服大功,此自古所以不稱所生父爲伯叔者,稱之則典禮乖違,人倫錯亂如此也。"上意不能不嚮中書,然亦不即下詔也。執政乃相與密議,欲令皇太后下手書,尊濮安懿王爲皇,夫人爲后,皇帝稱親。又令上下詔謙讓,不受尊號,但稱親,即園立廟,以示非上意,且欲爲異日推崇之漸。

　　丙子,中書奏事垂拱殿。時韓琦以祠祭致齋,上特遣中使召與共議。既退,外間言濮王已議定稱皇。歐陽修手爲詔草二通,一納上前。日中,太后果遣中使齎實封文書至中書,執政相視而笑。誨等聞之,即奏:"臣自去秋以來,相繼論列中書不合建議加濮王非正之號④,不蒙開納。又於近日三次彈劾歐陽修首啓邪議,導諛人君,及韓琦、曾公亮與趙槩等依違傅會,不早辨正⑤,乞下有司議罪,亦未蒙付外施行。蓋由臣等才識淺陋,不能開悟聖心,早正典禮,又不能擊去奸邪,肅清朝綱,遂至大議久而不

---

① 聖人又存其所生父名者　"名"底本作"母",長編卷二〇七、九朝編年備要卷一七同,據文忠集卷一二三劄子一首、唐宋八大家文鈔卷三〇論議濮安懿王典禮劄子改。
② 非曲爲之意也　"意"底本作"説",據長編卷二〇七、九朝編年備要卷一七、文忠集卷一二三劄子一首改。
③ 以爲後乎　底本"爲"下衍"之"一字,據嘉慶本、文忠集卷一二三劄子一首、九朝編年備要卷一七刪。
④ 非正之號　"非"底本作"不",據嘉慶本、宋朝諸臣奏議卷八九呂誨上英宗以言不行居家待罪改。長編卷二〇七作"非禮之號"。
⑤ 不早辨正　"辨"底本作"辯",據嘉慶本、長編卷二〇七及同上書宋朝諸臣奏議卷八九改。

決,中外之人謗論洶洶。若安然尸祿,不自引罪,則上成陛下之失德,下墮臣等之職業。因繳納御史告敕,居家待罪,乞早賜黜責。"上以御寶封告敕,遣內侍陳守清趣誨等令赴臺供職。誨等以所言不用,雖受告敕,猶居家待罪。丁丑,中書奏事,上又遣中使召韓琦同議,即降敕稱準皇太后手書:"吾聞群臣議請皇帝封崇濮安懿王,至今未見施行。吾再閱前史,乃知自有故事。濮安懿王、譙國太夫人王氏、襄國太夫人韓氏、仙遊縣君任氏,可令皇帝稱親,仍尊濮安懿王爲濮安懿皇,譙國、襄國、仙遊并稱后。"又降敕稱:"上手詔:'朕面奉皇太后慈旨,已降手書如前。朕以方承大統,懼德不勝稱親之禮,謹遵慈訓。追崇之典,豈易克當。且欲以塋爲園,即園立廟,俾王子孫主奉祠事。皇太后諒茲誠懇,即賜允從。'"詔下,判太常寺呂公著上言:"竊以稱親之説,蓋漢宣帝時有司奏請史皇孫故事。案皇孫即宣帝所生之父。宣帝爲昭帝後,是以兄孫遙繼祖統,於漢家無兩考之嫌。史皇孫初無爵謚,有司奏請之,故始且稱親,其後既已立謚,則稱悼園。然則親字非所以爲稱謂。且陛下入繼大統,雖天下三尺之童,皆知懿王所生,今但建立園廟,以王子承祀,是於濮王無絶父之義,於仁宗無兩考之嫌,可謂兼得之矣。其親字既稱謂難立,且義理不安,伏乞寢罷。"不報。

戊寅,呂誨等又奏:"臣竊思前敕三省集議,因皇太后手書切責大臣,遂罷集議。今有此命,始末相戾,群情震駭,重以疑惑。"又曰:"蓋首議者欲變茲事,自外制中,苟逭深責,使天下怨謗歸於人主,今復貽於母后,得謂之忠乎?"純仁又獨奏:"皇太后自撤簾之後,深居九重,未嘗預聞外政,豈當復降詔令,有所建置?蓋是政府臣僚苟欲遂非掩過,不思朝廷禍亂之原。且三代以來,未嘗有母后詔令施於朝廷者。秦漢以來,母后方預少主之政,自此權臣爲非常之事,則必假母后之詔令以行其志。今開其端,弊原極大,異日或爲權臣矯託之地,甚非人主自安之計。"韓琦見純仁奏,謂同列曰:"琦與希文恩如兄弟,視純仁如子姪,乃忍如此相攻乎?"是日,閤門兩以詔諭誨等赴臺供職,誨等又奏云:"今濮王典禮雖去殊號,而首啓邪議之臣未蒙顯責,中外猶以爲惑,臣等何敢自止?"己卯,又奏:"今濮王陪葬熙陵,列子孫之序,奉邑守衛皆已嚴具,必別起園寢,增廣制度,當須改卜,易其靈窆。不惟熙陵隔絶,亦與潤王無別。顧其典禮,疑有未安。"庚辰,又奏:"近覩皇太后手書,追崇之典,并用哀、桓衰世故事①,乃與政府元議相符。中外之議,皆以爲韓琦密與中官蘇利涉、高居簡往來交結,上惑母后,有此指揮。蓋欲歸過至尊,自揜其惡。賣弄之迹,欲蓋彌彰,欺君負國,乃敢如此。"辛巳,又奏:"若欲準漢宣故事,以濮王爲親,則襄國已降,自當爲母,於皇太后豈得安哉?"又曰:"稱親之禮豈宜輕用,首議之臣安得不誅?臣等待罪於家,屢蒙詔旨促令供職,而踧踖未敢承命,以此故也。"上令中書降劄子,趣使赴臺供職,而誨等繳還劄子,并前後所奏九狀申中書,堅辭臺職。是日,詔避濮安懿王名下一字,置濮安懿王園令一人,以大使臣爲之;募兵二百人,以"奉園"爲額。又令河南置柏子户五十人,命帶御器械王世寧、權發遣户部判官張徽度懿王園廟地圖上②,皆從中書所請也。吕公著言:"晋尚書王彪之等議所生之諱,臣下不當回避。當時以彪之議爲當。臣愚欲乞特降詔旨:濮安懿王名下一字,惟上書奏事者並聽回改,餘公私文字不須諱避。庶與祖宗七廟名諱小有差别③。"

壬午,中書進呈吕誨等所申奏狀,上問執政當如何,琦對曰:"臣等忠邪,陛下所知。"歐陽修曰:"御史以爲理難並立,若以臣等爲有罪,即當留御史;若以臣等爲無罪,則取聖旨。"上猶豫久之,乃令出御史,既而曰:"不宜責之太重也。"誨罷侍御史知雜事,以工部員外郎知蘄州;純仁以侍御史通判安州;大防落監察御史裏行,以太常博士知休寧縣。故事,知雜御史解官,皆有誥詞,時知制誥韓維當直,又兼領通進銀臺司門下封駁事。執政恐維繳詞頭,不肯草制及封駁敕命,遂徑以敕送吕誨等家,仍以累不遵稟聖旨赴臺供職爲誨等罪。維言:"罷黜御史,事關政體,而不使有司與聞,紀綱之失,無甚於此。宜追還誨等敕命,由銀臺司,使臣得申議論,以正官法。"又求對,極論其失,請追還前敕,令百官詳議以盡人情,復召誨等還任舊職,以全政體。皆不從。是日,以起居舍人、同知諫院傅堯俞兼侍御史知雜事。司馬光言:"今陛下徇政府一二人之情,違舉朝公議,尊崇濮王過於禮制。天下之人,已知陛下爲仁宗後志意不專,悵然失望。今又取言事之臣群輩逐之,臣恐累於聖德,所損不細。伏望聖慈亟令誨等還臺

---

① 并用哀桓衰世故事 "桓"底本作"威",據長編卷二〇七、宋朝諸臣奏議卷八九吕誨上英宗黜責歐陽修改。按:"威"係避宋欽宗諱改。
② 度懿王園廟地圖上 長編卷二〇七無"上"一字。
③ 祖宗七廟名諱 宋朝諸臣奏議卷九〇吕公著上英宗論回避濮王名諱同,長編卷二〇七無"名"一字。

供職,則天下翕然皆歌陛下之聖明,雖禹之樂聞善言,湯之改過不吝,不是過也。"吕公著言:"陛下自即位以來,納諫從善之風未形於天下①。今誨等何罪,全臺被黜。竊恐義士鉗口,忠臣解體。臣願陛下以天地之量,包荒含垢,特追誨等敕命,令依舊供職,則天下幸甚。"

三月辛酉,同知諫院傅堯俞知和州,侍御史趙鼎通判淄州,侍御史趙瞻通判汾州。瞻自契丹使歸,以嘗與吕誨言濮王事家居待罪。而堯俞辭新除侍御史知雜事,告牒不受,稽首上前曰:"臣初建言在誨前,今誨等逐,而臣獨進,不敢就職。"上數諭留,堯俞等終求去,故有是命。司馬光言:"比蒙聖恩宣諭濮王稱親事云:'此字朕本不欲稱,假使只稱濮王與仙遊縣君,有何不可?'臣乃知陛下至公,初無過厚於私親之意,直爲政府所誤,以致外議紛紛,必謂旦夕下詔罷去親名。其已出臺官,當別有改除,見在臺官,亦優加撫諭,使之就職。今忽聞傅堯俞等三人相繼皆出,中外之人無不驚愕。此蓋政府欲閉塞來者,使皆不敢言,然後得專秉大權,逞其胸臆。伏望陛下勿復詢於政府,特發宸斷,召還傅堯俞等,下詔更不稱親。如此,則可以立使天下憤懣之氣化爲歡欣,誹謗之語更爲謳歌矣。"不從。光遂奏請與堯俞等同責,且家居待罪。又奏:"陛下即位之年,臣已曾上疏,預戒追尊之事。及過仁宗大祥,臣即與堯俞等詣政府,白以爲人後者不得顧私親之義。當兩制、禮官共詳定時,臣又獨爲衆人手撰奏草。若治其罪,臣當爲首,其吕誨等係後來論列,既蒙譴逐,如臣者豈宜容恕?縱陛下至仁,特加保庇,臣能不愧於心乎?"有詔促光赴經筵供職。光又奏:"臣與傅堯俞等七人同爲臺諫官,共論典禮,凡堯俞等所坐,臣大約皆曾犯之②。今堯俞等六人盡已外補,獨臣一人尚留闕下,使天下之人皆謂臣始則倡率衆人共爲正論,終則顧惜禄位,苟免刑章。臣雖至愚,粗惜名節,受此指目,何以爲人?非徒如是而已,又使譏謗上流,謂國家有所偏頗。臣用是晝則忘餐,夕則忘寢,入則愧朝廷之士,出則慚道路之人,藐然一身,措之無地。伏望聖慈曲垂矜察,依臣前奏,早賜降黜。"凡四奏,卒不從。御史中丞彭思永上疏,請正典禮,召還言事者,因自求罷,不許。

思永以去年十月爲中丞。方吕誨等爭論典禮,思永不應默。誨等既斥逐,而思永居位如故,則思永

---

① 納諫從善　嘉慶本作"納善從諫"。
② 臣大約皆曾犯之　"皆"底本作"昔",據嘉慶本、長編卷二〇七、傳家集卷三七乞責降第四劄子改。

雖言之，必不力。本傳云思永請召還斥逐者六人及自求罷，今且附見，當考。御史臺記云：臺僚以濮議俱被黜，思永婥阿，不一言營救，故議者醜之。

壬戌，屯田員外郎、簽書江寧節度判官事孫昌齡爲殿中侍御史，太常博士、監永豐倉郭源明爲監察御史裏行。甲子，都官員外郎黃照爲侍御史，太常博士蔣之奇爲監察御史裏行。初，命王珪等舉官，已除昌齡及源明，而尚闕兩員。中書以珪等前奏舉都官員外郎孔宗翰等七名進①，而照中選，上又特批之奇爲御史。歐陽修素厚之奇，之奇前舉制策不入等，嘗詣修，盛言追尊濮王爲是，深非范百禄所對，修因力薦之，即與照並命②。庚午，新除監察御史裏行郭源明奏免除命，乞追還呂誨等。詔聽源明免，以告牒納中書。辛未，手詔曰："朕近奉皇太后慈旨，濮王令朕稱親，仍有追崇之命③。朕惟漢史宣帝本生父稱曰親，又諡曰悼，裁置奉邑，皆應經義。既有典故，遂遵慈訓，而不敢當追崇之典。朕又以上承仁考廟社之重，義不得兼奉私親，故但即園立廟，俾王子孫世襲濮國，自主祭祀，遠嫌有別。蓋欲爲萬世法，豈皆權宜之舉哉？而臺官呂誨等，始者專執合稱皇伯追封大國之義，朕以本生之親改稱皇伯，歷考前世，並無典據，追封大國，則又禮無加爵之道。嚮自罷議之後，而誨等奏促不已，忿其未行，乃引漢哀帝去恭皇定陶之號，立廟京師，干亂正統之事，皆朝廷未嘗議及者，歷加訾誣，自比師丹，意欲動搖人情，眩惑眾聽，以至封還詔敕，擅不赴臺，明繳留中之奏於中書，錄傳訕上之文於都下。暨手詔之出，誨等則以稱親立廟皆爲不當。朕覽誨等前疏，亦云生育之恩，禮宜追厚，俟祥禫既畢，然後講求典禮，褒崇本親。今乃反以稱親爲非，前後之言，自相抵牾。堯俞等不顧義理，更相唱和，既撓權而示眾，復歸過以取名。朕姑務含容，屈於明憲，止命各以本官補外。尚慮搢紳之間，士民之眾，不詳本末，但惑傳聞，欲釋群疑，理當申諭。宜令中書門下俾御史臺出牓朝堂，及進奏院徧牒告示，庶知朕意。"

四月丙戌，禮院言："濮安懿王建廟，當行祭告，而宗樸喪服未除，請權以本宮諸弟攝事，其祝文令教授爲之。"初，命翰林學士馮京撰祝文，京言："本院未有體式，乞下禮

---

① 孔宗翰等七名進　底本脫"七"一字，據長編卷二〇七補。
② 即與照並命　"照"底本作"詔"，據長編卷二〇七改。
③ 仍有追崇之命　"崇"底本作"尊"，據長編卷二〇七改。

院議。"禮院議稱:"皇帝某謹遣官恭告於親濮安懿王。"既而以前詔俾王子孫奉祀事,乃更定此議。乙未,金部員外郎、直龍圖閣、兼天章閣侍講傅卞爲起居舍人、同知諫院。卞議濮王典禮與執政意合,故驟進。

> 卞本傳云:上疏言:"外憂可以預防,奸邪無狀,所當深察。富弼有大臣之器,不當在外。"當考。

六月辛卯,太常博士劉庠爲監察御史裏行。庠私議濮王事與執政意合,故命以言職。

七月甲寅,屯田員外郎吳申爲殿中侍御史。初,劉庠舉申自代,上曰:"朕固知申。"遂擢用焉。庠,申門人也。自傅卞議濮王事稱旨,庠及申私論與卞協,故相繼並居言職。

八月己亥①,龍圖閣直學士兼侍講、崇文院檢討呂公著知蔡州。公著嘗言濮安懿王不當稱親,及頒諱於天下,又請追還呂誨等,皆不從,即稱疾求補外官,家居者百餘日。上遣內侍楊安道即家敦諭,又數令公著兄公弼勸之。公著起就職,不數月,復上章請出,而有是命。

四年五月甲辰,屯田員外郎張唐英爲殿中侍御史裏行。唐英,雙流人。初,英宗立,上書言:"爲人後者爲之子。恐他日有引定陶故事以惑聖聽者②,願杜其漸。"既而臺諫官相次黜逐,故王珪、范鎮謂唐英有先見之明,故薦之。

熙寧三年三月,因言青苗法,上曰:"人言何至如此?"趙抃曰:"苟人情不允,即大臣主之,亦不免人言,如濮王事也。"王安石曰:"先帝詔書明言濮安懿王之子,不稱濮安懿王爲考,此自何理③?人有所生父母、所養父母,皆稱父母,雖閭巷亦不以爲礙,而兩制、臺諫乃欲令先帝稱濮安懿王爲皇伯。歐陽修笑其無禮④,故衆怒而攻之,此豈是正論?司馬光爲奏議,乃言仁宗令陛下被衮服冕,世世子孫南面有天下,豈得復顧其私親哉?如此言,則是以得天下之故可以背棄其父,悖理傷教,孰甚於此!且禮'爲人後者爲之子'。雖士大夫亦如此,豈是以得天下之故爲之子也。司馬光嘗問臣,臣以

---

① 己亥 底本作"乙亥",據嘉慶本、長編卷二〇八、宋史全文卷一〇改。
② 以惑聖聽者 "以"底本作"必",據長編拾補卷一、名臣碑傳琬琰之集中卷一四張商英張御史唐英墓誌銘改。太平治迹統類卷一二"以"作"眩"。
③ 此自何理 "自",嘉慶本作"是"。
④ 笑其無禮 "禮",嘉慶本作"理"。

此告之,並諭以上曾問及此事,臣具如此對。吕誨所以怒臣者,尤以此事也。"

　　二年四月十七日①,富弼言:"先朝稍逐言事者,人遂罕敢言事。"上曰:"如臺諫言濮王事,全無理。"王安石曰:"言濮王事雖非盡理,然當時言者以爲當更追崇未已。及罷稱皇,亦以爲言有力。則當時言者雖非盡理,於時事亦不爲無庸。"案:安石初對上所言則如此。不一年,即深詆臺諫。謂安石不奸邪,可乎?因掇取注此。

---

① 十七日　嘉慶本作"十三日"。

卷第五十六

英宗皇帝

教養宗室

治平元年六月己亥,增置宗室學官。詔曰:"以宗枝甚衆,而誘導之方未至①,故命近臣舉有學行之士,爲之教授。傳不云乎'少成若天性,習貫如自然'。蓋子弟之學,非尊屬勉勵,則莫知勸。若不率教,其令尊屬同以名白大宗正司;教授不職②,大宗正司察舉以聞。"宗室自率府副率以上八百餘人,其奉朝請者四百餘人,而教學之官六員而已,始命增置。凡皇族年三十以上者百三十人,置講書四員;年十五以上者三百九人,增置教授五員;年十四以下者,別置小學教授十二員。並舊六員,爲二十七員,以分教之。上謂韓琦等曰:"凡事之行,患於漸久而怠廢,況爲學之道,尤戒中止。諸宗室之幼者,仍須本位尊長常加率勵,庶不懈惰。可召舍人諭此意,作詔戒勉之。"故有是詔。

兩朝正史從質傳云:"從質字子野,少篤行,爲人修潔。嘗割股療其兄從謹疾,已而自被疾廢朝請。奉己儉薄,歲時得禄賜,博致珍異物,獻御廚以萬計③。帝異之,遣使問所欲,對使者曰:'臣蒙國厚恩,不幸嬰疾,今無以將誠意,故爲此耳,非有所覬也。'帝復遣使固問之,乃曰:'陛下過疑臣有所覬,必不得已,願爲臣諸位擇儒官教導子弟,使不隳忠孝足矣。'帝嗟異之,爲增教授員。終左屯衛大將軍、信州團練使。宗室無少長,哭之盡哀。贈定州觀察使、博陵侯。"案:從質,德昭孫、惟忠子,卒於皇祐四年八月甲午。實録有傳,但載官爵遷改④,並不及他事。不知正史何從得之。割股已見天聖五年十二月庚寅,獨請增教授員及從質建議,今因治平元年增置宗室學官附。從質傳當考。

---

① 誘導之方 "導"底本作"道",據長編卷二〇二改。
② 教授不職 "職"底本作"識",據嘉慶本、長編卷二〇二改。
③ 博致珍異物獻御廚以萬計 嘉慶本、文淵閣本長編卷二〇二注文同,長編卷二〇二注文改"御廚"爲"御府"。按:王珪華陽集卷五三趙從質墓誌銘作"以廩賜之餘,累獻器御府,無慮以萬計"。
④ 但載官爵遷改 "改",長編卷二〇二注文作"除"。

上既命增置宗室學官,以爲宗室數倍於前,而宗正司事亦滋多。丁未,復增置同知大宗正事一員,以左龍武衛大將軍①、寧州防禦使宗惠爲懷州團練使,領其職,且降詔申警之。宗惠,允升子也。上在藩邸,凡宗室人材能否,皆詳知之,頗賢宗惠,故擢用焉。謝曰,告以選任之意,宗惠乃即所居築室曰"聞義",日與學士大夫講肄其間,以身倡率宗屬。兩召對延和殿,許條奏朝政,由御藥院進入。舊制,大宗正司止領宗室事,宗室女中人主之,內外僕使隸管句所,宗惠請悉罷之,總於宗正,人以爲便。初,宗室坐序爵仍自爲賓主,講官位主席之東隅②。於是睦親宅都講吳申不肯坐,且曰:"宗室當以親族尊卑爲序,與講官分賓主。"至再移書大宗正,不能決。因內朝出申二書,上是之。宗室正講席自申始。申,建安人也。辛亥,作睦親、廣親北宅於芳林園。初,睦親宅密州觀察使宗旦等五位、廣親宅原州團練使克戒等二位,言子孫衆多而所居狹隘,遂命度故上清宮地爲七位,以宗旦等五位爲睦親東宅,克戒等二位爲廣親東宅。有司方營造,而天章閣待制王獵建言取睦親四旁官私屋以廣兩宅。既遣戶部副使張燾等案視,而上以騷動居人頗多,不許。然上清所修七位無復餘地,而皇族蕃衍,恐後有當遷者,命別擇地。燾言芳林園中居宗室已多,其地有餘,可不擾民而足,遂作宅於此園,徙宗旦等七位,而其後有求徙者,又廣宅而徙焉。克戒,德雍孫也。

三年五月庚午③,右武衛大將軍、果州刺史叔褒領文州團練使。初制,宗室入學十五以上通兩經者,大宗正以聞,命官試論及大義,中者度高下賜出身,或遷官。至是,叔褒試所學中,故有是命。叔褒,德恭曾孫也。

疑蔡襄

治平二年二月辛丑,三司使、給事中蔡襄爲端明殿學士、禮部侍郎、知杭州。初,上自濮邸立爲皇子,中外無間言。既即位,以服藥故,皇太后垂簾聽政,嘗謂中書言④:"仁宗既立皇子,因追思鄂王等,悲傷涕泣。宦官宮妾爭相熒惑⑤,而近臣中亦有異議

---

① 以左龍武衛大將軍 "左"底本作"佐",據長編卷二〇二改。
② 講官位主席之東隅 "位"底本作"坐",據長編卷二〇二改。
③ 五月庚午 底本作"四月壬子",據長編卷二〇八改。
④ 嘗謂中書言 "謂"底本作"爲",據長編卷二〇四改。
⑤ 熒惑 底本作"營惑",據嘉慶本、長編卷二〇四改。

可怪者,乃一二知名人也。近臣文字只在先帝臥榻上,近已於燒錢爐内焚之矣。"中書不敢問其姓名,但唯唯而退。已而外人亦稍稍言蔡襄嘗有異議,然莫知虛實①。上疾既愈,數問襄何如人,一日因其請朝假,變色謂中書曰:"三司掌天下錢穀,事務繁多,而襄十日之中在假者四五,何不别用人?"韓琦等共奏:"三司事無缺失,罷之無名。今更求一人材識名望過襄者,亦未有。"歐陽修又奏:"襄母年八十餘,多病,襄但請朝假不趁起居爾,日高後即入省,亦不廢事。"然每奏事語及三司,上未嘗不變色。及諒祚攻劫涇原,上遂督中書以邊事將興,軍需未備②,三司當早選人。琦等初尚捄解,上意不回,因奏:"待襄陳乞,可以除移。"初,傳者多端,或云上入宫後親見奏牘。至是,因襄請罷,琦遂質於上。上曰:"内中不見文字,然在慶寧即已聞之。"琦曰:"事出曖昧,若虛實未明,乞更審察。苟令襄以飛語獲罪,則今後小人可以傾陷,善人難立矣。"曾公亮曰:"京師從來喜造謗議,一人造虛,衆人傳之,便以爲實。前世以疑似之言陷害忠良者,非惟臣下被禍,兼與國家爲患。"修曰:"陛下以爲此事果有果無?"上曰:"雖不見其文字,亦安保其必無③?"修曰:"疑似之謗,不惟無跡可尋,就令跡狀分明,猶須更辨真僞。先朝夏竦欲害富弼,令其婢學石介字體,久之學成,仍僞作介爲弼撰廢立詔草。賴仁宗聖明,弼得保全。臣至和初免喪至闕下,小人有嫉忌臣者,僞撰臣乞沙汰内官奏稿,傳布中外,内臣無不切齒。判銓才六日,爲楊永德所讒,以差船事罷知同州,亦賴仁宗保全,尋知其無罪,遂卻留住至今。以此而言,就令有文字,猶須更辨真僞,況無跡狀?陛下幸不致疑。"琦及公亮等又各進説,上曰:"造謗者因何不及他人?"遂命襄出守。龍圖閣直學士、工部侍郎吕公弼權三司使。公弼奏事畢,上曰:"卿繼蔡襄爲使,襄訴訟不以時決,頗多留事。卿何以處之?"公弼知帝不悦襄,對曰:"襄勤於事,未嘗有慢失,恐言者妄爾。"帝益以公弼爲長者。

刺陝西義勇

治平元年十一月乙亥,命屯田郎中徐億、職方員外郎李師錫、屯田員外郎錢公紀

---

① 然莫知虛實　底本脱"然"一字,據長編卷二〇四補。
② 軍需未備　"需",嘉慶本、長編卷二〇四均作"須"。
③ 亦安保其必無　嘉慶本、長編卷二〇四"安"下有"能"一字。

刺陝西諸州軍百姓爲義勇。初,宰相韓琦奏:"三代、漢、唐以來,皆籍民爲兵,故其數雖多,而贍養至薄,所以維制萬寓而威服四夷①,又非近世所蓄冗兵可及也。唐置府兵②,最爲近古,天寶已後,廢不能復,因循至五代,廣募長征之兵,故困天下而不能給。今之義勇,河北幾十五萬,河東幾八萬,勇悍純實,生於天性,而有物力資産、父母妻子之所係,若稍加簡練,亦唐之府兵也。陝西當西事之初,亦嘗三丁選一丁爲弓手,其後刺爲保捷正軍。及夏國納款,朝廷揀放,於今所存者無幾。河東、河北、陝西三路當西北控禦之地,事當一體。今若於陝西諸州亦點義勇,止刺手背,則又知不復刺面,可無驚駭。或令永興、河中、鳳翔三府先刺,觀聽既安,然後刺及諸郡,一時不無小擾,而終成長利。"詔從之。樞密副使胡宿請且刺緣邊州軍。上曰:"不若即了之。"韓琦意亦欲如此。乃命億等往,除商、虢二州不籍,餘悉籍義勇,凡主戶家三丁選一、六丁選二、九丁選三。年二十至五十材勇者充,止刺手背。以五百人爲指揮,置指揮使並副二人,正都頭三人③,十將、虞候、承局、押官各五人,歲以十月番上閱教,一月而罷。又詔秦州成紀等六縣,有買保毅田承名額者④,三丁刺一、六丁刺二、九丁刺三,悉以爲義勇,人賜錢一千,總得十五萬六千八百七十三人。其後復詔秦、隴、儀、渭、涇、原、邠、寧、環、慶、鄜、延十二州義勇,遇召集防守,日給米二升,月給醬菜錢三百。

實錄云:刺義勇十三萬八千四百六十五人,會要與實錄數同,今從本志。十二月別給米及錢,會要乃三年八月十日事,本志以爲是歲。今從本志,並附見於此。

于是,知諫院司馬光奏曰:"伏見康定、慶曆之際,趙元昊叛亂,王師屢敗,乏少正軍,遂籍陝西之民,三丁之内選一丁,以爲鄉弓手,尋又刺充保捷指揮於沿邊戍守。閭里愁怨,不可勝言。耕桑之民,不習戰鬥,官中既費衣糧,私家又須供送,骨肉流離,田園蕩盡。陝西之民,至今二十餘年終不復舊者,皆以此也。是時河北、河東邊事稍緩,朝廷但籍其民以充義勇⑤,不刺爲正軍。今議者但怪陝西獨無義勇,不知陝西之民三

---

① 萬寓 嘉慶本同,長編卷二〇三作"萬方"。
② 唐置府兵 "置"底本作"制",據嘉慶本、宋史全文卷一〇改。
③ 正都頭三人 底本"三"下衍"十"一字,據長編卷二〇三、太平治迹統類卷一一治平西夏擾邊、宋史卷一九一兵志刪。
④ 有買保毅田承名額者 "田"底本作"甲",據長編卷二〇三、太平治迹統類卷一一治平西夏擾邊、宋史卷一九一兵志改。
⑤ 朝廷但籍其民以充義勇 "籍",嘉慶本作"藉"。

丁已有一丁充保捷矣。西事以來，陝西困於科調，比於景祐以前，民力減耗三分之二。加以近歲屢遭凶歉，今秋方稔小稔，且望息肩，又值邊鄙有警，衆心已搖。若更聞此詔下，必大致驚擾。況即日陝西正軍甚多，不致缺乏，何爲遽作此有害無益之事，以循覆車之轍？"

又奏曰："昔康定、慶曆之間，籍陝西之民爲鄉弓手，始者明出敕牓云使之守護鄉里，必不刺充正軍屯戍邊境，牓猶未收，而朝廷盡刺充保捷指揮，令於邊地屯戍。當是時，臣丁憂在陝，備見其事。民皆生長太平，不識兵革，一旦調發爲兵，自陝以西，閭閻之間，如人人有喪，戶戶被掠，往往逃避於外。官中繫其父母妻子，急如追捕，鬻賣田園，以充購賞。既刺面之後，人員教頭利其家富①，百端誅剥，衣糧不足以自贍，須至取於私家。或屯戍在邊，更須千里供送，祖父財產日銷月鑠②，以至於盡。況其平生所習者，惟桑麻末耜，至於甲冑弓槊，雖日加教閱，不免生疏，臨敵之際，得便即思退走，不惟自喪其身，兼更拽動大陣。自後官中知其無用，遂大加沙汰，給以公據，放令逐便。而游惰已久，不復肯服稼穡之勞，兼田產已空，無所復歸，皆流落凍餒，不知所在。長老至今言之猶長歎出涕。其爲失策③，較然可知。今朝廷雖云所籍之民止刺手背，農隙之時委州縣召集教閱，止在鄉里，不令戍邊，而民間懲往年之事，必大興訛言，互相驚擾。朝廷號令失信前後已多，雖州縣之吏徧至民家，面加曉諭，亦終不肯信，逃亡避匿，刑獄必繁，足以動搖群心，感傷和氣。若使分毫有益於國，亦無所顧，此有害無益，顯然明白。伏望陛下軫念生民，早賜寢罷。"

又奏曰："康定間揀差鄉弓手時，元不曾刺手。後至慶曆中，刺充保捷，富有之家猶得多用錢財，雇召壯健之人充替。今一切皆刺其手，則是十餘萬無罪之人永充軍籍，不得復爲平民。其爲害民，尤甚於康定之時也！"

又奏曰："臣比日以來熟思其事，誠於民有世世之害，於國無分毫之利。何謂於民有世世之害？臣竊見河北、陝西、河東自景祐以前，本無義勇，凡州縣諸般色役，並是

---

① 人員教頭　嘉慶本無"人員"二字。
② 祖父財產日銷月鑠　"祖父"底本作"父母"，長編卷二〇三同，據傳家集卷三四乞罷陝西義勇第二上殿劄子、宋朝諸臣奏議卷一二三司馬光上英宗乞罷刺陝西義勇（係第二狀）、歷代名臣奏議卷二二〇、文獻通考卷一五二兵考四改。
③ 其爲失策　"策"底本作"業"，據長編卷二〇三、傳家集卷三四乞罷陝西義勇第二上殿劄子、宋朝諸臣奏議卷一二三司馬光上英宗乞罷刺陝西義勇（係第二狀）、歷代名臣奏議卷二二〇、文獻通考卷一五二兵考四改。

上等有物力人户支當,其鄉村下等人户除二税之外,更無大段差徭,自非大饑之歲,則溫衣飽食,父子兄弟熙熙相樂。自寶元、慶曆之間,將陝西一路弓手盡刺充保捷正軍,自此騷然愁苦矣。其河北、河東之民比於陝西路,雖免離家去鄉、戍邊死敵之患,然一刺手背之後,或遇水旱凶荒,欲分房逐熟,或典賣盡田産,欲浮游作客,皆慮官中非時點集,不敢東西。又差點之際,州縣之吏,寧無乞覓?教閱之時,軍員教頭寧無斂掠?是以常時色役之外,添此一種科徭云云。且今日既籍之後,州縣之義勇皆有常數,每有逃亡病死,州縣必隨而補之。然義勇之身既羈縻以至老死,而子孫若有壯丁,又不免刺爲義勇,是使陝西之民,子子孫孫,常有三分之一爲兵也。故臣曰於民有世世之害也。何謂於國無分毫之利?難者曰:'古之兵皆出民間,豈民兵可用於古而不可用於今乎?'臣對曰三代之時,用井田之法,以出士卒車馬。居則爲比、閭、族、黨、州、鄉,行則爲伍、兩、卒、旅、師、軍。爲之長者,皆卿士大夫也。唐初府兵各有營,府有將軍、郎將、折衝、果毅以相統攝,是以令下之日,數萬之衆可以立集,無敢逃亡避匿者,以其紀綱素備故也。今鄉兵則不然,雖有軍員節級之名,皆其鄉黨族姻,平居相與拍肩把袂、飲博鬥毆之人,非如正軍,有階級上下之嚴也。若安寧無事之時,州縣聚集教閱,則亦有行陣鼓旂、開弓彍弩、坐作叫噪,真如可以戰敵者。設若聞胡寇大入,邊兵已敗,邊城不守,則莫不迎望風聲,奔波迸散。其軍員節級將鳥伏鼠竄,自救之不暇,豈有一人能爲縣官率士卒以待寇乎?臣故曰於國無分毫之利也。"

又奏曰:"今建議以義勇爲便者,必曰即日河北、河東不用衣糧①,而得勝兵數十萬,皆教閱精熟,可以戰敵;又兵出民間,合於古制。臣請言其不然:彼數十萬者,虛數也;教閱精熟者,外貌也;兵出民間者,名與古同而實異也。古者兵出民間,耕桑之所得,皆以衣食其家,故處則富足,出則精鋭。今既賦斂農民之粟帛以瞻正軍,又籍農民之身以爲兵,是一家獨任二家之事也。如此,民之財力安得不屈?以臣愚見,河北、河東已刺之民猶當放遣,況陝西未刺之民乎?陛下欲知利害之實,何不試召建議者而問之曰:'河北、河東自置義勇以來,胡寇凡幾次深入腹内州軍,用義勇拒敵而胡寇敗退?'今既有義勇之後,三路之正軍皆可廢罷,此乃萬世之長策也,願陛下行之勿疑。

---

① 必曰即日河北河東不用衣糧　底本脱"日"一字,據傳家集卷三四乞罷刺陝西義勇第五上殿劄子、宋朝諸臣奏議卷一二三司馬光上英宗乞罷刺陝西義勇(係第五狀)、歷代名臣奏議卷二二〇補。

若自置義勇以來，未嘗經陣對敵使用，今來雖有義勇，正軍亦未可廢罷，則何忍以十餘萬無罪之赤子，盡刺以爲無用之兵乎？"

又奏曰："臣昨上殿乞罷刺義勇，陛下宣諭以爲命令已行。臣退而思之，不勝鬱悒，終夕不寐，深病陛下此言之失。自古明聖之君，聞一善言立爲之變更號令者多矣，不可悉數。惟近歲大臣自知思慮不熟，號令已失，無以抑奪臺諫之言，則云命令已行，難以改更，此乃遂非拒諫之辭。陛下新臨大政，當求善無厭、從諫如流之時，而亦有此言，天下將何望焉？且唐室以前，諫議大夫、拾遺、補闕皆中書、門下省屬官，日與中書令、侍中侍於天子之側，議論大政，苟事有闕失，皆得隨時規正。今國家凡有大政，惟兩府大臣數人相與議論，深嚴秘密，外廷之臣無一人知者，及詔敕已下，然後臺諫之官始得與知。或事有未當，須至論列，又云命令已行，難以更改，則是國家凡有失政，皆不可復救也。如此，豈惟愚臣一人無用於時，諫諍之官皆可廢也。以臣所見，但當論其事之得失、言之是非，不當云命令已行不可改也。"終弗聽。

光又六奏及申中書，自劾求去，亦終弗許①。嘗至中書，與韓琦辨，琦謂光曰："兵貴先聲後實，今諒祚方桀傲，使聞陝西驟益二十萬兵，豈不震懾？"光曰："兵之用先聲，爲無其實也②，獨可以欺之於一日之間爾，少緩則敵知其情，不可復用矣。今吾雖益二十萬兵，然實不可用，過十日西人知其詳，寧復懼乎？"琦不能答，復曰："君但見慶曆間陝西鄉兵初刺手背，後皆刺面充正軍，憂今復然耳。今已降敕牓，與民約永不充軍戍邊矣。"光曰："雖光亦未免疑也。"琦曰："吾在此，君無憂此語之不信。"光曰："光終不敢奉信。非獨不敢，但恐相公亦不能自信爾。"琦怒曰："君何相輕之甚邪？"光曰："相公長在此可也，萬一均逸偃藩，他人在此，因相公見成之兵，遣使運糧戍邊，反掌間耳。"琦默然，竟不爲止。其後不十年③，義勇運糧戍邊率以爲常矣④。

熙寧元年五月丙申，樞密使吕公弼請以河北義勇每指揮揀少壯人材武藝取百人，手刺"上等"二字，量免户下支移折變，別團會教閱，依日限放散，並給口食。即及百人而又有出倫者，聽注籍，候有闕收補。從之。戊戌，詔諸路籍義勇有膽力者別爲一等，

---

① 亦終弗許　長編卷二〇三"弗"作"勿"。
② 爲無其實也　長編卷二〇三作"爲無實也"。
③ 其後不十年　底本脱"不"一字，據文獻通考卷一五二兵考四、龍川別志卷下補。
④ 率以爲常矣　"率"底本作"卒"，據長編卷二〇三、龍川別志卷下、群書考索後集卷四一改。

以備非時捕盜，候有功，當議量材優與名目。並立呈試武藝法三等，許諸色人自陳。中下等，許義勇陳乞。餘見神宗朝①。

去冗官

治平三年九月②。初，帝欲去冗官之弊③，獻言者皆謂三歲一磨勘，其進甚亟，稍遷以至高位，故獲蔭者衆，詔悉付兩制詳定④。最初刊去姓名。其言曰："伏見審官院京朝官以上磨勘轉官者，舉一歲中約有千數，其因職任陞擢者尚不與焉。案國朝會要，真宗用諫官孫何等疏，遂罷郊祀序進之制，即令有司考其殿最，臨軒引對，親加陞黜。又令審官院考校京朝官經任五年以上⑤、磨勘無贓私罪，即以名聞，當議遷秩。又令在京臣僚已經三年磨勘改轉後，依舊句當，直候得替後更及三年，再令磨勘。當時條制雖前後不同，然大抵不限定三年，亦不以在任、得替，一例磨勘。今自寺監、主簿以上，率三歲遷，外任者不俟替歸，在京者亦無候替別限年磨勘之制。至有待闕於家，動踰歲時，居無職事，祿廩不絕，苟及三年，則又磨勘。臣謂考課之弊，無甚於今，而亦無速於今也。欲乞朝廷檢詳舊制，以見今內外京朝官及兩制以上磨勘之法，別立中制，雖未能盡如虞舜'三考黜陟'之典，且復祖宗之制，亦庶幾抑僥倖之弊矣。"權御史中丞彭思永相繼言："乞今後前行正郎該磨勘，依轉大卿監例，候四周年方得施行。及自歷任正郎後，須得舉主五人，內有本路提、轉及大兩省三人，方與改轉少卿監。"直龍圖閣、兼天章閣侍講、同知諫院傅卞言："乞今後京朝官至員外郎，且依舊年限磨勘外，其前行員外郎入正郎磨勘並限四周年，至前行郎中，更不許磨勘。兩制臣僚自待制以上，並乞五周年磨勘，至諫議大夫，更不許磨勘。"殿中侍御史吳申言："乞從今裁節，如有前行郎中合轉少卿監者，且令權住，先立定員數，候有闕則以次遷授，仍以歷任年深、無贓私罪，或曾歷職司差遣、不經責降，或前後歷官可稱及素有文行者，先次遷轉。前行員外郎合轉郎中及太常、國子博士合轉員外郎者，亦且權住，先立定員數，候有闕

---

① 餘見神宗朝　"神宗"底本作"仁宗"，據嘉慶本改。
② 九月　底本作"八月"，據長編卷二〇八改。
③ 帝欲去冗官之弊　長編卷二〇八"弊"作"患"。
④ 詔悉付兩制詳定　嘉慶本同，長編卷二〇八無"悉付"二字。
⑤ 經任五年以上　嘉慶本同，長編卷二〇八"經"作"令"。

則以次遷補。"監察御史裏行劉庠言:"欲乞少卿監合磨勘轉大卿監者,如年已及七十以上,更不許磨勘。"監察御史裏行蔣之奇言:"兩制以上皆四年轉兩官,比京官乃是二年一轉。欲乞兩制亦依京朝官例,五年磨勘轉一官,至前行郎中後,更添左司郎中一轉。"于是,翰林學士承旨張方平等奏:"檢詳祖宗朝,中外官不立遷轉條限。大中祥符八年,始降詔京朝官並以三周年,令審官院磨勘,引對與轉官。是時仕路猶清,官員數少,厥後及今五十餘年,約祥符初略計十倍。以故員多闕少,坐縻禄俸,才否無辨,差遣不行。考課之法難復施用,官制之弊無甚於此。今詳定且欲自京朝官以上磨勘,一例各展一年。陞朝官至後行郎中,更不磨勘,其有才望或有勞績,或因繁難任使,即自朝廷甄擢。蓋登仕陞朝,累至正郎,奏蔭子孫,稍奉法循理,自應至州郡長吏,以此處常調,固已爲優厚。其待制以上,既處顯近,請遵祖宗故事,更不磨勘。若因事功,或因居事任上①,自聖衷推恩遷改,應見資品已高,各據所居官止。自餘條例,一切仍舊。其任卿監不曾歷職司差遣,只自常參官累遷者,并送審官院依例差遣。其老或疾陳乞留臺、宮觀、監當者,更不磨勘。如此,則權柄歸於君上,勸沮行於朝廷,人材有所甄別,重難繁劇之地可以用人,事體均平,簡而易守,比於祖宗之制,猶爲優倖②。"癸亥,詔曰:"朕惟制治之本,必始於官,設官之方,其亦有擇。國家承累聖之祚,躋時丕平,既假省寺之官出釐庶務,復許以三祀俾之一遷。歲月既深,吏員猥積,雖海宇至廣,工師實繁,以官率人,倍者數矣。肆我臺閣,數陳其故,茲用博議,審求臧謀。而封章亟來,請從更制。朕嘉與卿士圖惟厥中,庶幾流弊由此其息。自今待制已上,自遷官後六歲無過,則復遷之;有過亦展年,至諫議大夫止。待制以上六年一遷官,至諫議大夫止,不知何年卻改此法,當考。京朝官四歲磨勘,至前行郎中止。少卿監仍以七十員爲定員,有闕即檢勘前行郎中遷官及四歲以上、校月日之久者,以次補之③。少卿監以上遷官聽旨。如別有勞績,或因要重任使,特旨推恩者,即不在此例。"

據會要及當時頒降條貫册,今實録、正史載詔書,餘並削去,要似可惜,故復存之。初獻言者,當考其姓名。張舜民浮休小史云:京朝官四年磨勘,元無著令,熙寧中審官院率行之,至今爲常格。案:此詔

---

① 或因居事任上　嘉慶本同,長編卷二〇八作"因寄居任上"。
② 猶爲優倖　"優"底本作"僥",據嘉慶本、宋會要輯稿職官一一之一七改。
③ 以次補之　底本脱"以"一字,據長編卷二〇八補。

書及臣僚申請甚備，安得謂無著令，豈舜民不詳考之乎①？

訓導皇子

　　嘉祐八年五月甲辰，詔歲給皇子仲鍼公使錢千五百貫，仲糾、仲恪千貫。案：長編脫此條。庚戌②，右司諫王陶爲户部員外郎、直史館，充皇子位伴讀。屯田員外郎周孟陽、秘書丞孫思恭充皇子位說書。宣慶使③、安靜軍留後、入内都知任守忠提舉管句皇子位。案：自"宣慶使"以下至此二十二字，長編脫。司馬光言："臣愚伏望陛下多置皇子官屬，博選天下有學行之士以充之④，使每日與皇子居處燕游，講論道義，聳善抑惡，輔成懿德。其左右前後侍御僕從，亦皆選小心端慤之人，使所屬官司結罪保明，然後得入，仍專委伴讀官糾舉施行。若皇子自有過失⑤，再三規誨不從者，亦聽以聞。如此，則必進德修業，日就月將，善人益親，邪人益疏，誠天下之幸也。"戊辰，皇子仲鍼⑥、仲糾始就東宫聽讀。

　　九月庚戌，詔以皇子位爲慶寧宫。辛亥，皇子光國公仲鍼爲忠武節度使、同平章事、淮陽郡王，改賜名頊；樂安郡公仲糾爲明州觀察使、祁國公，賜名顥；大寧郡公仲恪爲耀州觀察使、鄂國公，賜名頵。壬戌，皇子位伴讀王陶爲淮陽郡王府翊善，皇子位說書孫思恭爲侍講，太子中允、集賢校理、兼史館檢討韓維爲太常丞，充記室參軍。陶等請王受拜，不許。吕誨言："王今未出閣，當且設師友，不宜遂置僚屬。臣欲乞朝廷先正陶等名位，名位既正，則禮分自安。況王年已長，當早令出閣，開府建官，翊善、侍講自爲僚屬，於事體即無不順也。"

　　十月戊寅，賜淮陽郡王公使錢歲二千貫，祁國、鄂國歲一千五百貫。案：長編脫此條。

　　十一月，吕誨乞早建東宫，其書曰："陛下踐祚以來，聖體違豫，雖天光臨下，而德音鮮聞。萬機之事，未嘗可否，悉付中書、樞密院，皇太后關決於中。自非輔臣承旨，

---

① 豈舜民不詳考之乎　長編卷二〇八注文無"之"一字。
② 庚戌　底本作"甲辰"，據長編卷一九八改。
③ 宣慶使　底本作"慶宣使"，據嘉慶本、東都事略卷一二〇任守忠傳、宋史卷四六八任守忠傳乙正。下同。
④ 博選　底本作"傅選"，據嘉慶本、宋史全文卷九下改。
⑤ 若皇子自有過失　底本"皇"下衍"太"一字，據長編卷一九八、傳家集卷二八乞令皇子伴讀官提舉皇子左右人劄子、宋朝諸臣奏議卷六〇司馬光上英宗乞委伴讀官提舉皇太子左右之人刪。
⑥ 仲鍼　底本作"仲緘"，據長編卷一九八改。下同。

兩制、近侍亦不得造簾箔之下,況疏遠之臣耶。如是,爵賞刑威一歸於政府①,使政府盡公則已,脫有差繆,何由取正？下情所以壅閉,中外所以慊然不安也。爲陛下謀者,莫若早建元良,內輔號令,威福自中而出,人知所歸,而下無異心,此當今之速效也。漢文帝即位之初,有司請豫建太子。文帝英睿之君②,景帝賢明之嗣,尚以不豫建爲憂,誠有謂也。況淮陽郡王天資穎悟③,法當冢嫡④,宜豫建立⑤,以固本根,旁絶覬覦,慰安人心,斯萬世之慮也。伏望陛下廓開聰聽,俯納愚忠,審權柄不可移於下,思機會不可失其時。法漢文豫建之策,爲廟社長久之計,上有聖后之翊輔,下有元良之倚賴,陛下高拱巖廊,仰成庶政,泰山之安,何以喻此！如此,則遊心清净,不言而化,人神胥悅,天意昭輔。勿藥之喜,計日可期矣。"

十二月乙亥,淮陽郡王頊出閤⑥。王辭兩宮,悲泣不自勝,太后亦泣,慰諭遣之。自是,日再入朝。

治平元年六月己亥,進封皇子忠武節度使、同平章事、淮陽郡王頊爲潁王⑦,仍令所司擇日備禮册命。丙午,宰臣韓琦等表請序位在潁王下,詔答不允。戊申,詔大赦繫囚,皇子頊在富弼上,顥在宋庠下。丁巳,詔賜皇子潁王公使錢三千貫,顥二千貫,頵一千五百貫。戊午,淮陽郡王府翊善王陶爲潁王府翊善,賜金紫；淮陽郡王府記室參軍韓維爲直集賢院、諸王府記室參軍；侍講孫思恭爲直集賢院、諸王府侍講。初,淮陽郡王將出閤,以陶等爲翊善、記室、侍講,至是進封潁王,而東陽郡王顥又將出閤,故遷陶,命兼翊善東陽,而維、思恭爲兩王記室、侍講。潁王性謙虚,眷禮宫僚,遇維尤厚,每事諮訪,維悉心以對,至於起拜,進止緩急,皆陳其節。一日侍王坐,近侍以弓樣靴進,維曰："王安用舞靴？"王有愧色,亟令毀去。上始疾甚時,出語頗傷太后,太后泣

① 爵賞刑威一歸於政府　"爵賞"底本作"賞爵",底本脱"一"字,據長編卷一九九改、補。
② 文帝英睿之君　宋朝諸臣奏議卷三一吕誨上英宗乞早立淮陽郡王爲皇太子同,長編卷一九九作"以文帝英睿之君"。
③ 況淮陽郡王天資穎悟　底本脱"郡"字,據宋朝諸臣奏議卷三一吕誨上英宗乞早立淮陽郡王爲皇太子補。"穎",同上書作"敏"。
④ 法當冢嫡　長編卷一九九作"法當寵嫡",宋朝諸臣奏議卷三一吕誨上英宗乞早立淮陽郡王爲皇太子作"位當冢嫡"。
⑤ 宜豫建立　長編卷一九九同,宋朝諸臣奏議卷三一吕誨上英宗乞早立淮陽郡王爲皇太子作"速宜建立"。
⑥ 淮陽郡王頊出閤　底本脱"郡"字,據上下文之"淮陽郡王"補。
⑦ 潁王　底本作"穎王",據嘉慶本、長編卷二〇二、宋史卷一四神宗本紀改。下同。

告輔臣，並咎兩王。維等極諫曰："上已失太后歡心，王盡孝恭以彌縫，猶懼不逮，不然，父子俱受禍矣！"王大感悟。他日，太后謂輔臣曰："皇子近日殊有禮，皆卿等善擇宮僚所致。宜召至中書褒諭之。"曹佾之除使相也，王欲使維等傳太后意於輔臣，維及思恭不可，王卒使陶言之。維及思恭戒王曰："陛下親總萬機，內外上下，事體已正，王當專心孝道，均養三宮而已，他勿有所預也。"

二年正月甲申①，度支判官、太常博士、集賢校理邵亢爲直史館、潁王府翊善、同判司農寺，令於皇子兩位供職。帝嘗召對群玉殿，訪以世務，曰："學士真國器也。"故命爲王府官。

十月戊申，都官員外郎、權發遣三司開拆司孫永爲諸王府侍讀②，屯田員外郎、編排中書文字孫固爲諸王府侍講。潁王好學不倦，一日出新錄韓非子屬府僚讎校，永曰："韓非險薄，無足觀。"王曰："錄此備藏書之數，非所好也。"

三年二月乙巳，潁王府翊善邵亢奏："皇子潁王天質早茂③，媦媾及期。方陛下即位之初，而元嗣克家之日，推之於禮，莫重於斯。臣伏見國朝親王聘納，雖開寶通禮具有舊儀，而因循未嘗施行，至有敲門羊酒、鎮櫃銀錢，乃里巷常談，蓋薦紳所不道，行於聖朝，竊所未安。欲乞下太常禮院，博考舊典，修撰潁王聘納儀範。其故事非禮者悉罷之。"詔禮院詳定。禮院奏："開寶通禮：親王納妃，有納采、問名、納吉、納成、請期、親迎、同牢之禮，國朝未嘗用。今檢到國朝會要皇親婚會禮物數，請如會要故事。"從之。

三月壬戌，納故宰相向敏中孫女爲皇子潁王婦，封安國夫人。先是，禁中遣使泛至諸臣之家爲王擇配。記室韓維奏："王孝友聰明，動履法度。方嚮經學，以觀成德，今卜姓受室④，其繫尤重。宜歷選勳望之家，精揀淑哲之媛，考古納采、問名之義，以禮成之，不宜苟取色而已。"封安國夫人在辛未日，今併書之。

四月乙未，潁王府翊善、同修起居注邵亢知制誥、知諫院。度支郎中王稷臣直集賢院、充潁王府翊善，令於皇子兩位供職。

---

① 正月　底本作"二月"，據長編卷二〇四改。
② 權發遣三司開拆司孫永　底本脱"權"一字，據長編卷二〇六補。
③ 天質早茂　"質"底本作"資"，據嘉慶本、長編卷二〇七改。
④ 今卜姓受室　嘉慶本作"於今卜姓受室"。

十二月。先是,帝久服藥。監察御史裏行劉庠奏請立皇太子,帝不懌,封其奏。一日,宰相韓琦等問起居,退,潁王出寢門,憂形於色,顧謂琦曰:"奈何?"琦曰:"願大王朝夕勿離上左右。"王曰:"此乃人子之職。"琦曰:"非爲此也。"王感悟去。帝自得疾,不能語,凡處分事,皆筆於紙。辛丑,帝疾增劇。輔臣問起居罷,琦復奏曰:"陛下久不視朝,中外憂惶,宜早立皇太子,以安衆心。"帝領之,琦請帝親筆指揮,帝乃書曰:"立大王爲太子。"琦曰:"必潁王也,煩聖躬更親書之。"帝又批於後曰:"潁王頊。"琦即召内侍高居簡,授以御劄,命翰林學士草制。學士承旨張方平至榻前禀命,帝憑几出數語,方平不能辨。帝以手指畫几,方平因請進筆書所諭,遂進筆,帝書"來日降制,立某爲皇太子"十字,所書名不甚明。方平又進筆請之,帝再書"潁王"二字,又書"大大王"三字。方平退而草制。壬寅,立皇子潁王頊爲皇太子。帝既用大臣議立皇太子,因泫然下淚。文彦博退,謂韓琦曰:"見上顏色否?人生至此,雖父子間,亦不能無動也。"琦曰:"國事當如此,可奈何①?"皇太子始聞命,辭於榻前者久之。癸卯,大赦,賜文武官子爲父後者勳一轉。乙巳,詔以來年正月十九日册皇太子,翰林學士承旨張方平爲禮儀使,翰林學士王珪撰册文,錢明逸書册,知制誥宋敏求書寶。

四年正月丁巳,帝崩於福寧殿,神宗即位,時年二十。

---

① 國事當如此可奈何　忠獻韓魏王京傳卷六作"國事至此,無可奈何"。

卷第五十七

神宗皇帝

宰相不押班

治平四年四月乙卯。初,御史中丞王陶等屢言韓琦自嘉祐末專執國柄①,君弱臣彊,乞行罷退。是日,陶遂極口詆琦,意謂必能逐去,既而上不許,陶始失望。辛酉,先是,御史臺以狀申中書云:"檢會皇祐編敕,應正衙常朝及橫行,並須宰臣立班;常朝日輪宰臣一員押班,尋常多據贊引官,稱宰臣更不過來。竊慮上項編敕儀制別有衝替,更不行用。伏乞明降指揮。"時閏三月己丑也,己丑,閏三月十一日②。中書不報。中丞王陶因以狀白宰相云:"天子新即位,不應隳廢朝儀。"又不報。陶遂劾奏韓琦、曾公亮不臣,至引霍光、梁冀專恣等事爲喻③,斥韓琦驕主之色過於霍光④,且言欲保全琦族,故劾奏之。其略曰:"琦等久居重位,新輔嗣君,忽千官瞻視之庭,蔑如房闥;艱再拜表儀之禮,重若丘山。沮格臺文,侮傲風憲⑤。宜加顯罰⑥,用肅具寮。"

據會要,陶以閏三月十一日問押班事,其彈奏必在此月,但不得其日耳。趙槩日録:"閏三月十一日,呈憲官言宰相合逐日文德殿押班,呈訖,以遇退朝早,即輪正衙押班。四月八日,王陶言二相不赴文德押班,進呈及留身説呈訖。"可參考,更詳之。

甲子,韓琦、曾公亮再上表待罪,詔答不允,仍斷來章。

琦再上表,據琦集及王珪答詔。

---

① 專執國柄 "專",太平治迹統類卷一二神宗聖政作"連"。
② 己丑閏三月十一日 底本脱"閏"一字,據上文之"時閏三月己丑也"補。
③ 至引霍光梁冀專恣等事爲喻 底本脱"專恣"二字,"喻"底本作"諭",據宋宰輔編年録卷七、太平治迹統類卷一二神宗聖政補、改。
④ 韓琦驕主之色 底本脱"琦"一字,據嘉慶本、長編拾補卷一、太平治迹統類卷一二補。
⑤ 侮傲風憲 宋宰輔編年録卷七同,太平治迹統類卷一二神宗聖政作"傲忽風憲"。
⑥ 宜加顯罰 宋宰輔編年録卷七、太平治迹統類卷一二神宗聖政均作"宜加明憲"。

乙丑,陶入對,言:"近彈奏韓琦、曾公亮不赴文德殿押班,琦等雖上表待罪,而卒不肯赴。并臣言郭逵小人,不堪大用;王舉元、蔡挺、薛向轉官加職,資序不當;御藥院内東門司高居簡、王中正等當罷免;不蒙施行。蓋臣才識愚下,言皆非是,豈可更處風憲。乞罷職除一閑郡。臣更不敢入臺,見歸私居待罪。"又申中書,乞依韓絳、彭思永等例責降①。韓琦亦屢請罷,不許,遂在告不出。丙寅,上命翰林學士司馬光爲御史中丞,與王陶兩易其職。丁卯,光入對,上諭曰:"已除卿中丞。"光曰:"言職人所憚,臣不敢辭。但王陶言宰相不押班,竟不赴,而陶遽罷言職。雖不押班細故也,陶言之過,然愛禮存羊,固不可廢。自頃宰相權重,今陶復以言宰相罷,則中丞不可復爲。臣請俟宰相押班,然後受詔。"上許之。時光中丞誥已進入,而陶學士之命,中書獨持之不下②。

戊辰,參知政事吳奎、趙槩面對,堅請黜陶於外,上不許。請復授樞密直學士、領群牧使,許之。既而上直批付中書,以陶爲翰林學士。時宰相未入,奎即具奏曰:"臣雖至愚,豈不知廢格詔旨,獲罪至重。然陛下初即位,聖德日新,上天助順,風雨時若。乃者閏月以來,寒暄不節,暴風屢作。今茲時雨愆亢,螟螣孳生,險說紛紜,震駭群聽。原其所以如此者,過不在他,止一王陶而已。案陶天資薄險,惟勢利是視,巧詐翻覆,情態萬狀。索其深蘊,真市井小人之不若也。陛下念其東宫之舊,首加任使,擢爲中丞。今乃挾持舊恩,專爲險惡,輕肆狷憤,織羅交構,摧辱大臣,排抑端良,意欲天下權勢一歸於己。且郭逵、蔡挺遷改,臣等以謂陛下處置皆當,故即奉行,亦不累具開陳③,陛下必盡記憶。至如韓琦、曾公亮不押班事,蓋以久來相承,寖成廢禮,非是始於二臣。陶以臺制彈劾,舉職便可,何至引背負芒刺,目爲跋扈,肆意深詆?以此見陶處心積慮,在於排陷大臣,呼吸群衆,以爲己用,自圖威柄,竊弄國權者也④。臣等早來屢陳欲王陶補外,令其思過,陛下重難其事。今除舊職并差遣,臣等不得守義固争,已負大罪。今若又行内批指揮,除陶翰林學士,乃是由其過惡更獲美遷,不惟臣等取輕群衆,無以自立,且使天下待陛下爲何如主哉?唐德宗猜疑大臣,信任群小,陸贄以直道昌

---

① 乞依韓絳彭思永等例責降　"依"底本作"休",今據文意改。
② 中書獨持之不下　底本脱"獨"一字,據嘉慶本、宋史全文卷一〇、太平治迹統類卷一二神宗聖政補。
③ 亦不累具開陳　嘉慶本作"亦累具開陳"。
④ 竊弄國權者也　"竊"底本作"切",據嘉慶本、長編拾補卷一改。

言,反見斥逐。裴延齡、韋渠牟、李齊運以纖屑狡獪,倚爲腹心,天下至今稱德宗爲至闇之主。臣誠望陛下上法堯、舜及三代之君,不願陛下爲唐德宗貽譏萬世也。王陶不黜,陛下無以責內外大臣展布四體,興緝正統。願陛下無溺偏私,斷之不疑。邵亢亦緣攀附,職爲諫長,不能自持正論,輕爲王陶驅迫妄言,當顯黜以厲群臣。臣輒違制旨①,罪固深重,亦乞必行典刑。"己巳,奎遂稱疾臥家,乞罷政事。上封奎劄子以示陶,陶即具奏推謝,尋復劾奎附宰相、欺天子六罪,其略曰:"臣竊見奎以死黨之節而濟以沈雄,有大奸之才而飾以記誦。少緣文彥博,以非才得科名②。及爲諫官,附會彥博,欺罔仁宗,陰爲培植維持之計。爲唐介彈擊被黜,是時搢紳朝士醜其爲人,目爲'諫賊'。奎爲小官時,亦嘗爲富弼所知。及弼當國,屬翰林學士員闕,弼以奎朋黨,又爲仁宗所疏薄,久之不補,奎大懷怨懟,輒合韓絳奏弼③,以快私忿。臣與奎有舊,亦嘗規其背人主而附權臣。及爲諫官,又言其黨人韓絳、陳升之等,事連文彥博,自是與臣匿怨爲仇。後韓琦引用爲樞密副使,諫官楊畋憤其奸邪,論奏,會畋病死,遂盜厥位。及昨服除,當復樞府。見韓琦方立黨以傾彥博,又見琦名位事勢愈盛於前,彥博之力不復能引重陞薦,乃自陳頃爲唐介彈奏彥博,而言其附會,恐同居樞府不便,意要發揚彥博前事,及欲結媚韓琦,又以自防言事官將此押彈,欲先事奏陳,使不能復發。陛下觀奎此數節,'天資險薄,惟勢利是視,巧詐翻覆,情態萬狀。索其深蘊,真市井小人之不若者',是奎言臣耶,奎自謂邪?"又曰:"仁宗自至和服藥之後,臨朝簡默,政事不復厲精,選任差除盡歸宰執。然能以腹心耳目寄之於臺諫,大臣猶懷恐懼,不敢泰然作奸。先朝繼統以來,深居九重,久之方親國政,危疑自處,惟恐陵奪,欲爲則不得,欲言則不敢,窘束牽制,詰屈不暇。琦等自知其非,思所以固寵保位之術,遂乃悅媚先帝,尊崇濮王,盈廷正議,忽而不顧。使人主與臺諫官自立仇敵,忠讜之士譴逐外郡,人心不平,物論洶洶。先帝後雖追悔,掣肘不敢改爲,以至憂悒成疾,奄終一代。琦等方以兩朝顧命傲然自居,顧視朝廷,惟己所欲。且琦執政一年,上自兩府大臣、中外要職,莫非親舊,根盤節錯。異己者必逐,附己者必陞。中常之人,各顧身計,言必不用,適

---

① 臣輒違制旨　底本脱"臣"字,據嘉慶本、長編拾補卷一補。
② 以非才得科名　"得"底本作"可",據嘉慶本、長編拾補卷一改。
③ 輒合韓絳奏弼　"奏"底本作"蔡",據嘉慶本、長編拾補卷一改。

助禍殃。如臣是陛下東宮舊臣，復爲憲府之長，琦等親被彈擊，不敢自言，奎乃爲琦主謀，擊臣報怨。自茲以往，人誰敢言？臣處執憲之位未滿兩月，而遽自懇退，豈臣有欲自圖國政、竊弄威權之迹也哉？"又曰："陛下欲除臣翰林學士之職，臣豈敢當之。願從奎言，投於散地。必退之志，陛下固已察之。伏惟哀矜，使臣得脫強臣怨仇之手，他日全名節以死，歸骨九泉，臣之幸也。"侍御史吳申奏："故事，御史中丞因言事求罷，居家待罪，朝廷降旨不允，或宣召入臺，至於再三，確辭然後聽去，所以重風憲之任，寵耳目之官，體貌直臣①，以厲其節。王陶今日上章，明日除代，未有罷免遄速如此之甚也。乞留陶依舊供職。"并上疏劾奎有無君之心，數其五罪。上以手札賜知制誥、知諫院邵亢，趣進入陶學士誥。亢遂言："御史中丞職在彈劾，陰陽不和，咎由執政。奎所言顛倒，失大臣體。陛下新聽政，命出輒廢，何以令天下？"上由是有逐奎意。司馬光入對，上亦以奎奏示光②，光請止還陶舊職，上許之，既又欲與陶侍讀學士。光退，翌日，二十二日己巳也③。復奏曰："侍讀學士與翰林學士資級略同，若授陶此職，臣恐奎必未肯出④。陛下新踐祚，大臣屢有不安其位者。奎素名質直，萬一因此激發舉動，更有過當，若亟行罷免，則深失士大夫之望。若屢詔不出，則愈損陛下之威。況陶既以言事不聽辭免臺職，待罪之際，若更加以美官，臣竊料陶亦不敢受。欲望聖慈止還陶未作中丞時舊職，則奎前者已經商量，不敢不出。陶既是舊職，受之亦安，庶免紛紜，重傷朝廷大體。臣蒙陛下虛己下問，不敢不奏。"庚午，上批付中書："御史中丞王陶、侍御史吳申、呂景過毀大臣。王陶除樞密直學士、知陳州，吳申、呂景各罰銅二十斤。吳奎位在執政，而彈劾中丞，以手詔爲內批，三日不下，除資政殿大學士、知青州。翰林學士、右諫議大夫兼侍讀司馬光權御史中丞。"奎乞守本官知濰州，不許。司馬光復奏："外議籍籍，皆以爲奎不當去，所以然者，蓋由奎之名望素重於陶，雖今者封還詔書，徑歸私第，舉動言語頗有過差，然外庭之人不知本末，但見陛下爲陶之故罷奎政事，其罰太重，能不怪駭如此？臣恐其餘大臣皆不自安，各求引去。陛下新登大寶，先帝梓宮

---

① 體貌直臣 "體貌"底本作"禮貌"，長編拾補卷一同，據嘉慶本改。
② 上亦以奎奏示光 "示"底本作"下"，據嘉慶本、長編拾補卷一改。
③ 己巳 嘉慶本、長編拾補卷一均作"己丑"。
④ 臣恐奎必未肯出 底本脱"奎"一字，據嘉慶本補。按：司馬光傳家集卷三七乞王陶只除舊識劄子作"臣恐奎尚未肯起"。

在殯,若舉朝大臣紛紛盡去,則於四方觀聽殊似非宜。臣愚欲望陛下收還奎青州敕誥,且留奎在政府,以慰士大夫之望,安大臣之意。陛下以奎違詔而黜之,威令已行,嘉奎質直而留之,用意尤美。奎始負大譴,懾服陛下之英斷,終蒙開釋,銜戴陛下之深恩,上下驩悅,誠無所損。昔漢高帝疑蕭何受賈人金,械繫於獄,感王衛尉一言,赦令復位,君臣恩禮,相待如初。況於一出入間,何爲不可留也？陛下素知臣非朋附大臣之人,故敢不避形跡,極意盡言,但爲朝廷惜大體耳。"上不懌。光中丞,告時在閤門,上復收入,後三日,乃付中書。先是,上封陶疏以示琦,琦奏曰:"臣非跋扈者,陛下遣一小黃門至,則可縛臣以去矣。"上爲之動,問知制誥、知諫院滕甫,甫曰:"宰相不押班誠可罪,若以爲跋扈,則爲欺天陷人矣。"奎之罷政事也,琦猶在告,公亮方侍祠。趙槩復奏增奎一官,爲户部侍郎。辛未,公亮入對,懇請留奎①,上許之。壬申,追取奎青州告,召對延和殿慰勞,使復爲參知政事,曰:"成王豈不疑周公邪?"上初議罷奎,謂翰林學士承旨張方平曰:"奎罷,當以卿代。"方平力辭,上曰:"卿歷三朝,無所阿附,左右莫爲先容,可謂獨立傑出矣。先帝已欲用卿,今又何辭?"方平曰:"韓琦久在告,意欲保全奎。奎罷,必不復起。琦勳在王室,願陛下復奎位,手詔諭琦,以全始終之分。"上嗟歎良久,繼出小紙曰:"奎位執政而擊中司,謂朕手詔爲內批,持之三日不下,不去可乎?"方平復論如初,上訖從之。于是遣內侍張茂則賜琦手札曰:"卿援立先帝,功在王府。自朕纂承,虛懷託賴,惟是同德,豈容間言。昨王陶等所言過爲誣訾,至於事理,朕所自明。但中丞屢斥,頗動朝儀,欲除學士意者,示之美遷,其實使去言路。不謂卿亦有章表,遽然避位,是著朕之不德,益駭天下之聽。已處分王陶舊職出知陳州,乃君臣大義,卿其勿以爲嫌。國之休戚,卿當與朕共之。言發於誠,想宜知悉。"吳奎既復位,邵亢更以爲言。上手札諭亢曰:"此無他,欲起堅臥者爾。"堅臥者,蓋指琦也。陶爲人雋利,眉目疏秀,美書翰,惟卞急,色厲而内荏。初事韓琦甚謹,故琦深器之,驟加拔用。陰知上不悦執政之專,既爲中丞,謀易置大臣,虛次相以自擬。陳薦密勸琦備陶,琦不信,陶果劾奏琦。

琦傳云:"英宗既立,琦編群臣姓名,各品題之以進,然最所重者陶,首加拔用。後覺陶佞,疏之。及

---

① 懇請留奎 "請"底本作"爲",據嘉慶本、宋史全文卷一○改。

爲御史中丞，意猶不滿，遂劾奏琦。世益以知人爲難。"案：所稱覺陶佞，稍疏陶，恐飾詞，今不取。

初，建東宮，英宗命以蔡抗爲詹事，琦因薦陶①，文彥博私謂琦："盍止用抗。"琦不從，遂並用二人。及琦爲陶所攻，彥博謂琦曰："頗記除詹事時否？"琦大愧曰："見事之晚，真宜受撻！"

此據司馬光日記，云：彥博謂琦："詹事舊無二員。"案：大宇升儲②，林特、張士遜二人並兼詹事。舊無二員，或是唐制，今不取。日記又云：樂道以太子登位，不受詹事敕，執政許之。當考。舊紀書詔王陶過毀大臣，罷御史中丞，爲樞密直學士、知陳州。吳奎位執政，彈劾中丞，格手詔三日不下，罷爲資政殿學士、知青州。新紀但書奎罷，仍不載因由③。據五朝史例，當從舊紀。

五月，御史臺官既被黜罰，宰臣韓琦、曾公亮言："臣等近以中丞王陶彈奏不過文德殿押班，先嘗面奏：舊以前殿退晚，及中書聚廳見客，日有機事商議，故不及押班，爲歲已久，即非始自臣等。今檢詳唐及五代會要，每月凡九開延英，則明其餘不坐之日，宰臣須赴正衙押班。及延英對宰臣日，未御內殿前，令閤門使傳宣放班，則宰臣更不赴正衙押班明矣。本朝自祖宗以來，繼日臨朝，宰臣奏事。祥符初，敕宰臣依故事赴文德殿押班，當日似未嘗討論，故行之不久，漸復隳廢，緣中書朝退後議政，動踰時刻，若日赴文德殿押班，則於機務常有妨滯。欲乞下太常禮院詳定典故④。"從之。及司馬光爲中丞，即奏："臣竊聞宰臣復有文字，乞下禮官詳定合與不合押班。臣聞王者設官分職，譬猶一體，以宰相爲股肱，以臺諫爲耳目，固當同心協力，以佐元首。若各分彼我，互爭勝負，欲求其身之安，何由可得？近者御史中丞王陶請宰相依舊制赴文德殿押班，宰相若從其請，豈有後來紛紜？乃堅執不行，迭相激發，遂至王陶語言過差。今王陶既補外官，宰相已赴押班，臣謂朝廷可以無事矣。而宰臣復有此奏，萬　禮官有希旨迎合者，以爲宰相不合押班，臺司既默而不言⑤，則朝廷之儀遂成隳廢，欲辯論是非，則無時休息也。陛下新即大位，四方之人舉首傾耳以觀大化，而朝廷不聞肅雍濟濟之風，數有變色分爭之醜，臣竊爲陛下惜之。伏望陛下特降聖旨，令宰臣依國朝舊制押班。所有下禮院文字，乞更不令詳定。"癸未，上批："自今宰臣春分後辰正牌上

---

① 琦因薦陶　"因"，太平治迹統類卷一二神宗聖政作"固"。
② 大宇　嘉慶本作"太宗"。
③ 因由　底本作"因有"，據嘉慶本改。
④ 下太常禮院詳定典故　"院"底本作"部"，據下文之"前下太常禮院詳定指揮"改。
⑤ 臺司既默而不言　"既"，嘉慶本作"欲"。

垂拱殿視事，未退①，更不赴文德殿，令御史臺放班。前下太常禮院詳定指揮更不施行。"既而司馬光又奏："臣竊見從來垂拱殿視事，比於中書、樞密院及其餘臣僚奏事畢，春分以後，少有不過辰初；秋分以後，少有不過辰正。自陛下臨御以來，惟近因服藥，曾於辰牌以前駕起入內，自餘皆在辰牌以後。然自今以後無事之日，宰臣永不赴文德殿，臣竊以爲文德殿爲天子正衙，宰臣爲百僚師率，百僚既在彼常朝，則宰臣理當押班，斯乃前世舊規，自祖宗以來，未嘗更張。伏望陛下特降聖旨，令宰臣一依國朝舊制押班。若陛下以前者已降手詔②，必欲限時刻者，即乞自春分後遇辰正牌上、秋分後巳牌上，並依手詔施行，猶庶幾此禮不至遂廢。"乃詔春分、秋分後辰正牌上垂拱殿視事未退，宰臣更不過文德殿押班。

實録云：故事，宰相奏事訖，赴文德殿押班。其後奏事，有至日晏未下，以故不復過殿，習以爲常。及王陶爲中丞，劾宰相違故事不恭，于是百官至巳後數刻未退，人厭苦之，故有癸未之詔。今不取。

戊子，龍圖閣直學士韓維知潁州。初，王陶罷御史中丞爲翰林學士，維言："宰相跋扈，法所當治也。御史中丞言是，則宰相安得無罪；若其非，中丞安得止罷臺職而已？今爲翰林學士，是遷也。陛下既不能辨明大臣，使負惡名，有不自安之意，又使言者無名罷去，疑惑遠方。願廷對群臣，使是非兩判。及吳奎，御批罷參知政事，遷一官知青州，維以爲奎素有學問，敦篤持重，可任以事。擢參大政，衆謂得人。今才數月，止因論事之際少失婉順，便加斥逐。進退大臣，不當如此。且執政罷免則爲降黜，今復遷官，則爲褒進，理難並行。此與王陶罷中丞而加翰林學士何以異？賞罰所以明天下之耳目，豈可不謹乎？"陶既出，維亦累求外補，上從之。未行，改汝州。

日記云：樂道之與長文鬭也，秉國、曼叔、彥先更上殿言。樂道既出，秉國亦求出，命知潁州。

侍御史呂景通判濠州。初，景既罰金，因言："自臣入臺，方踰兩月，凡所論奏，不敢阿附。嘗言樞府兵柄方鎮帶之，於體非便，乞罷郭逵簽書并宣撫之任。又宰相於文德殿立班，乃祖宗舊制。今既隳廢，虧損國體。"又言："王舉元四歲八遷，蔡挺資淺用速，夏倚超擢太優③，陳汝義貪邪陰險，不當召試。不蒙施行。蓋臣才識淺陋，不能開

---

① 未退　底本作"未便"，據嘉慶本改。
② 陛下　底本作"班下"，據嘉慶本、溫國文正公文集卷三六宰臣押班第二劄子改。
③ 超擢　底本作"擢超"，據嘉慶本乙正。

悟聖心。今王陶已降外郡,而臣止從罰,在臣之義,豈敢苟安。望罷臣言責,顯加黜降。"三奏待罪,故有是命。

　　王陶赴陳州,上表謝到任,凡數千言,專詆毀執政。其略曰:"預知孤忠,必犯衆忌。方權臣之久盛,復衆黨之已深。禄去王室者十年,政在私門者三世。言事忤意者決行斥逐,立朝守正者公肆忌嫌。聞手詔一出,則遷怒以責人;議山陵一費,則懷忿而形色。以直道事君者爲大惡,以顓心附己者爲至忠。"又曰:"方幸幼君之足陵,豈思天戒之可畏。"又曰:"元臺高卧而有要,次輔効尤而愈悍。夜取敕告於上閤,藏在私家;朝請宣召於御前,押歸政府。轉主心易於拳石①,奪君命輕若鴻毛。昔真宗久疾,丁謂弄權,已去復留,異時同惡。尚猶再行告病②,少挾正以爲邪;不敢便毁制書,全無名而復位。"上素喜陶文,往往成誦。執政怒,將請其罪。司馬光言:"臣竊聞政府以王陶上表言辭狂率,恣爲詆毀,多過其實,欲有敷奏,乞重加降責。審或如此,恐不可許。何則?自仁宗皇帝已來,委政大臣,宰輔之權誠爲太重。加以臺諫官被貶者,多因斥大臣之過失,少因犯人主之顔色,是威福之柄潛移於下。方將奮乾剛之盛德,伸元后之威斷,收還利器,以救其弊。今者王陶肆其褊心,失於詳審,言語不密,流布遠近。雖實有罪,然陶前者出知陳州,陛下蓋以先帝梓宫在殯,特爲大臣屈意行之。今若又以表文詆毀大臣,重加責降,臣恐人主之權益輕,大臣之勢遂成,興衰之機,於此乎在,不可不察也。臣愚欲望陛下於執政進呈王陶謝上表之際,但諭以躁人之辭,不足罪③,前已左遷在外,豈可更加貶責。若其再三執奏,陛下當正色語以王陶前作中丞,譏切朕躬,非無過當之言,朕亦未嘗加怒,欲以開廣言路,豈可觸犯卿等④,則必欲再三責降,方爲快意邪?若猶執意不已者,陛下但不復應答,彼當自退。所以然者,非以保全王陶,蓋欲使其餘臣僚知陛下英武可恃,萬一他日大臣有欺罔朝廷爲大罪者,群臣敢言之耳。凡此皆陛下聖智所能自知,臣復屑屑盡言者,誠荷陛下不世之恩,貪於報効,不復自顧形迹之嫌故也。"陶遂得免。吕公著恐上惑陶説,將復召之,即奏疏曰:"臣伏見自陛下即位以來,中外皆稱聖明。昨因王

---

① 拳石　底本作"卷石",據嘉慶本、宋宰輔編年録卷七改。
② 再行告病　"病",嘉慶本同,宋宰輔編年録卷七均作"命"。
③ 不足罪　嘉慶本作"不足深罪"。
④ 豈可觸犯卿等　嘉慶本"可"下有"以"一字。

陶瀆亂天聽,上下震駭,尋已黜守外藩,繼一露奏表章,歷詆近臣,及論大臣不軌,又漏泄上前密語。陛下以其宮邸之舊,嘗加眷遇,兼謂出於一時狷忿,特賜函容,不加重遣。陛下之恩德可謂至矣,陶宜日夜循省舊愆①,以答上仁。今聞復有章奏②,長惡不悛,如此,乃是包藏禍心,非特出於一時之狷忿也。且以陛下之聰明,至其指執政之得失,數群臣之長短,固亦有然者矣。若遂以為大臣有不臣不軌之心,則陛下固不以為然,朝廷士大夫皆不以為然也。今議者咸以為陶雖在外,而陛下眷念不衰,向後必須召用。臣竊恐奸邪小人因奏對之際,必有希合上旨,蔽陶之罪,謂其能忠直敢言。伏望陛下割一人之私恩,採天下之公論,登用中立之士,杜絕阿黨之原,毋為偏見邪說所惑,則天下幸甚!"

宰相辭郊賞

熙寧元年八月癸丑,宰臣曾公亮等言:"伏見故事:南郊禮畢,陪祀官並蒙賜。方今河朔薦浸,調用繁冗,所宜自內裁節。況二府祿廩豐厚,頒賚頻仍,更於此時,尚循舊式,實非臣等所安。欲望特從誠請,大禮畢,兩府臣僚罷賜銀絹。"詔送學士院取旨。司馬光奏曰:"議者或以為兩府所賜無多,納之不足以富國,而於待遇大臣之禮太薄③,頗為傷體。臣愚竊以為不然。古者冢宰制國用,視年之豐耗,量入以為出,固不可於饑饉之時守豐登之法也。是故歲凶,年穀不登,君膳不祭肺,大夫不食粱,士飲酒不樂,明君臣上下皆當深自貶損,以救民急也。嚮者,慶曆之末,河決商胡,民田雖傷,官倉無損,而河北父子相食,餓殍蔽野。今河決之外,加以地震,官府民居,蕩為糞壤,繼以霖雨,倉粟腐朽,軍食且乏,何暇及民。冬春之交,民必大困,甚於慶曆之時。國家豈可坐而視之,不加賑救乎?況復城櫓須修④,河防應塞,百役並興,所費不貲。當此之際,朝廷上下,安可不同心協力,痛加裁損,以徇一方之急?凡宣布惠澤,則宜以在下為先;撙節用度,則宜以在上為始。今欲裁損諸費,不先於貴者近者,則疏遠之人,安肯甘心而無怨乎?必若為臣有大勳於天下,雖錫之山川土田附庸,何為不可?

---

① 舊愆 嘉慶本作"咎愆"。
② 章奏 嘉慶本作"章表"。
③ 待遇大臣之禮太薄 底本脫"之"一字,據嘉慶本、傳家集卷四二乞聽宰臣等辭免郊賜劄子補。
④ 況復城櫓須修 "須"底本作"頓",據嘉慶本、傳家集卷四二乞聽宰臣等辭免郊賜劄子改。

若止因郊禮陪位而受數百萬之費，臣竊有所不安矣。臣前所謂賞賜無節者，此亦其一也。雖臣下不辭，猶應裁減，況其自辭，裁之何損乎？儻若但務因循，姑息度日，欲裁損乘輿供奉之物，則曰減於制度，太爲削弱，非所以華國。欲裁損大臣無功之賞，則曰所減無多，虧損大體，非所以養賢。欲裁損群臣浮冗之費，則曰人情不悅，恐致生事，非所以安衆。如此，則是國家永無可省之日，下民永無蘇息之期，必至於涸竭窮極①，然後止也。且君子之所嚮者，義也；小人之所狥者②，利也。爲國者，當以義褒君子，利悅小人。今大臣以災害之故辭錫賚，以佐百姓之急，義可褒也。陛下從而聽之，乃所以爲厚，非所以爲薄也。雖然，兩制銀絹止於二萬匹兩，未足以殺今日之災。又國家舊制，每遇郊禮，大賚四海，下逮行伍，無不霑洽，不可於公卿大夫全無賜予。臣愚以爲文臣自大兩省以上，武臣及宗室自正任刺史以上，内臣自押班以上，將來大禮畢，所賜並宜減半，俟他年豐稔，自依舊制；其文武朝臣更不減，似爲酌中。臣亦知此物未能富國家③，因此漸思節浮費④，自今日爲始耳。"安石曰："國用不足，由未得善理財之人故也。"光曰："善理財之人，不過頭會箕斂，以盡民財。如此，則百姓窮困，流離爲盜，豈國家之利耶？"安石曰："此非善理財者也。善理財者，民不加賦而國用饒。"光曰："此乃桑羊欺漢武帝之言⑤，司馬遷書之，以譏武帝之不明耳。天地所生貨財百物止有此數，不在民間，則在公家。桑羊能致國用之饒，不取於民，將焉取之？果如所言，武帝末年，安得群盜蠭起，遣繡衣使者追捕之乎？非民疲極而爲盜邪？此言豈可據以爲實。"安石曰："太祖時，趙普等爲相，賞賚或以萬數。今郊賚匹兩不過三千，豈足爲多？"光曰："普等運籌帷幄，平定諸國，賞以萬數，不亦宜乎？今兩府助祭，不過奏中嚴外辦，沃盥奉帨巾，有何功勤，而得比普等乎？"與安石爭論久之。王珪曰："司馬光言省費自貴近始，光言是也。王安石言所費不多，恐傷國體，安石言亦是也。惟陛下裁之。"上曰："朕亦與司馬光同，今且以不允答之可也。"是日，適會安石當制，遂以上前所言意草批答曰："朕初嗣服，於祖宗之制，未有所改也。卿等選於黎獻，位冠百工，或

---

① 涸竭窮極　底本作"渴涸窮竭"，據傳家集卷四二乞聽宰臣等辭免郊賜劄子改。
② 小人之所狥者　"狥"底本作"循"，據嘉慶本、傳家集卷四二乞聽宰臣等辭免郊賜劄子改。
③ 臣亦知此物未能富國家　底本脱"亦"一字，據嘉慶本、傳家集卷四二乞聽宰臣等辭免郊賜劄子補。
④ 因此漸思節浮費　傳家集卷四二乞聽宰臣等辭免郊賜劄子作"誠冀國家因此漸思減損其餘浮費"。
⑤ 桑羊　底本"桑"下衍"弘"一字，據溫國文正公文集卷三九八月十一日邇英對問河北災變删。按：宋人避趙匡胤之父趙弘殷諱，改"桑弘羊"爲"桑羊"，此處作"桑羊"是。下同。

受或辭,人用觀政,朝廷予奪,所以馭臣。貴賤有等,勢如堂陛。惟先王之制國用,視時民數之多寡。方今生齒既繁,而賦入又爲不少,理財之義,殆有可思,不此之圖①,而姑務自損,祇傷國體,未協朕心。方與勳賢慮其大者,區區一賜,何足以言?所乞宜不允。"公亮等遂不敢復辭。

---

① 不此之圖　宋史全文卷一一、王安石臨川文集卷四七賜宰臣曾公亮已下辭南郊賜賚不允詔均作"此之不圖"。

卷第五十八

神宗皇帝

歐陽修誣謗

慶曆五年八月甲戌,降河北都轉運按察使①、龍圖閣直學士歐陽修知滁州。事見韓歐石責罷。

至和元年七月戊子,龍圖閣直學士、吏部郎中歐陽修知同州。先是,修守南京,以母憂去。服除入見,上惻然憐修髮白,問在外幾年,今年幾何,恩意甚至,命判吏部流内銓。小人恐修用,乃僞爲修奏乞汰内侍挾恩、今爲奸利者,宦官人人忿怨。楊永德者,陰求所以中修,會選人張俅、胡宗堯例改京官,批書以二人嘗犯法,並循資。宗堯前任常州推官,知州以官舟假人,宗堯連坐。及引對,修奏宗堯所坐薄,且更赦去官,於法當遷。讒者因是言:"宗堯,翰林學士宿子,故修特庇之,奪人主權。"修坐是出守,修在銓曹未浹旬也。

八月癸巳,判吏部南曹、太常博士、集賢校理吳充同知太常禮院,同判吏部南曹、太常丞、直集賢院馮京同判登聞鼓院。二人皆以胡宗堯故易任。充上疏爲歐陽修辯,不報。敕修罷判流内銓,知諫院范鎮言:"銓曹承禁中批旨,疑則奏稟,此有司之常也。今讒人以爲撓權,竊恐上下更相畏,誰敢復論是非?請出言者主名,正其罪,復修等職任。"凡再言之,帝意解,而宰臣劉沆亦請留修。帝謂沆曰:"卿召修諭之。"沆曰:"修明日陛辭,若面留之,則恩出陛下矣。"戊申,令修刊修唐書。

治平四年正月丁巳,神宗即位。

三月,降工部侍郎、御史中丞彭思永爲給事中、知黃州,主客員外郎、殿中侍御史

---

① 河北都轉運按察使　底本作"河北都轉運使按察司",據長編卷一五七刪改。

裏行蔣之奇爲太常博士、監道州酒税。先是,監察御史劉庠劾參知政事歐陽修入臨福寧殿,縗服下衣紫衣。上寢其奏,遣使諭修令易之。朝論以濮王追崇事疾修者衆,欲擊去之,其道無由。有薛良孺者,修妻之從弟也,坐舉官被劾,冀會赦免,而修乃言:"不可以臣故徼倖,乞特不原①。"良孺竟坐免官,怨修切齒。修長子發娶鹽鐵副使吴充女②,良孺因謗修帷簿,事連吴氏。集賢校理劉瑾與修亦仇家,亟騰其謗,思永聞之,以語其僚屬之奇。之奇始緣濮議合修意,修特薦爲御史,方患衆論指目爲奸邪,求所以自解,及得此,遂獨上殿劾修,乞肆諸市朝。上疑其不然,之奇引思永爲證,伏地叩首,堅請必行。之奇初不與同列謀之,後數日,乃以奏稿示思永,思永助之奇,言修罪當貶竄,且曰:"以陰事訟大臣誠難,然修首建議濮園事,犯衆怒。"上乃以之奇、思永所奏付樞密院。修上章自列曰:"之奇誣罔臣者,乃是禽獸不爲之醜行,天地不容之大惡。臣苟有之,是犯天下大惡;無之,是負天下至冤。犯大惡而不誅,負至冤而不雪,則上累聖政,其體不細。乞選公正之臣爲臣辨理,先次詰問之奇③:所言是臣閨門内事,自何所得?因何彰敗?據其所指,便可推尋,盡理根窮,必見虛實。"上初欲誅修,以手詔密問天章閣待制孫思恭,思恭極力救解,上寤,復取之奇、思永所奏以入,并修章批付中書,令思永、之奇分析所聞,具傳達人姓名以聞。之奇言得自思永,而思永辭以出於風聞,年老昏繆,不能記主名。且言:"法許御史風聞言事者,所以廣聰明也。若必問其所從來,因而罪之,則後不得聞矣。寧從重謫,不忍塞天子之言路。"因極陳大臣朋黨專恣非朝廷福。修復言:"之奇初以大惡誣臣,本期朝廷更不推窮,即有行遣。及累加詰問,懼指出所説人姓名,朝廷推鞫,必見虛妄,所以諱而不言。臣忝列政府,動繫國體,不幸枉遭誣陷,惟賴朝廷推究虛實,使罪有所歸。"章凡三上,而充亦上章,乞朝廷力與辨正虛實,明示天下,使門户不致枉受污辱。於是上復批付中書曰:"凡朝廷小有闕失,故許博議聞奏④。豈有致人大惡,便以風聞爲託?宜令思永等不得妄引浮説,具傳達人姓名并所聞因依,明據以聞。"思永與瑾同鄉,力爲瑾諱,乃言:

---

① 乞特不原　底本脱"乞"一字,據嘉慶本、長編卷二〇九補。
② 鹽鐵副使　"鹽"底本作"監",據嘉慶本、長編卷二〇九改。
③ 先次詰問之奇　"次"底本作"賜",據嘉慶本、長編卷二〇九改。
④ 博議聞奏　"博"底本作"傳",據嘉慶本、長編卷二〇九改。

"臣待罪憲府,凡有所聞,合與僚屬商議,故對之奇説風聞之由。然曖昧不實①,嘗戒之奇勿言,無所逃罪。"而之奇亦奏:"此事臣止得於思永,遂以上聞。如以臣不當用風聞言大臣事,臣甘與思永同貶。"故思永、之奇同降黜。上手詔賜修曰:"數日來,以言者污卿以大惡,朕曉夕在懷,未嘗舒釋。故數批出,詰其所從來,訖無以報。前日見卿文字,力要辨明,遂自引過。今日已令降黜,仍榜朝堂,使中外知其虚妄。事理既明,人疑亦釋,卿宜起視事如初,無恤前言。"它日,上謂吳奎曰:"蔣之奇敢言,而所言曖昧。既罪其妄,欲賞其敢。"奎曰:"賞罰難並行。"乃止。

墨史孫思恭傳云:思恭性不忤物,犯之不校。歐陽修初不知思恭,以爲詐。及修爲言者所攻,上將誅修,手詔密問思恭,思恭極力救解。朱史以爲言者攻修,先帝加詰問,既辨明,賜手詔召之,豈有誅修之意,遂删去。按:司馬光日記以之奇等奏付樞密院,後數日,乃復取入,密詔問思恭。必非墨史之妄,今仍掇取附見。

壬申,尚書左丞、參知政事歐陽修爲觀文殿學士、刑部尚書②、知亳州。彭思永等既以論修貶,而知雜御史蘇寀、御史吳申言猶未已③,修亦三表乞罷,故命出守。初,英宗以疾未親政,太皇太后垂簾,修與二三大臣主國論,每簾前奏事或執政聚議,事有不合,未嘗不力爭。臺諫官至政事堂論事,事雖非己出,同列未及啓白,而修已直前折其短。士大夫建明利害及所請,前此執政多婾阿不明白是非,至修,必一一數之,曰某事可行,某事不可行。用是怨誹者益多。英宗嘗稱修曰④:"性直,不避衆怨。"修亦嘗誦故相王曾之言曰:"恩欲歸己,怨使誰當?"既出守,遂連上六表乞致仕,不從。修年纔六十也⑤。

司馬光彈劾

治平四年四月丙寅,命翰林學士司馬光爲御史中丞。癸酉,司馬光始受御史中丞誥,奏疏曰:"臣蒙陛下拔於衆臣之中,委以風憲。天下細小之事,皆未足爲陛下言之,

---

① 然曖昧不實　嘉慶本作"然曖昧無定",長編卷二〇九作"然曖昧無實"。
② 刑部尚書　安陽集卷五〇故觀文殿學士太子少師致仕贈太子太師歐陽公墓誌銘、東都事略卷七二歐陽修傳、宋史卷三一九歐陽修傳同,長編卷二〇九、宋史全文卷一〇均作"刑部郎中"。
③ 言猶未已　"未",嘉慶本、長編卷二〇九作"不"。
④ 英宗嘗稱修　底本脱"嘗"一字,據嘉慶本、長編卷二〇九補。
⑤ 修年纔六十也　底本脱"修"一字,據嘉慶本、長編卷二〇九補。

敢先以人君修心治國之要爲言,此誠太平之原本也。臣聞修心之要有三:一曰仁,二曰明,三曰武。仁者,非嫗煦姑息之謂也。修政治,興教化,育萬物,養百姓,此人君之仁也。明者,非煩苛伺察之謂也。知道義,識安危,別賢愚,辨是非,此人君之明也。武者,非强亢暴戾之謂也。惟道所在①,斷之不疑,奸不能惑,佞不能移,此人君之武也。故仁而不明,猶有良田而不能耕也;明而不武,猶視苗之穢而不能耘也;武而不仁,猶知穫而不知種也。三者兼備,則治國以彊,闕一焉則衰,闕二焉則危,三者無一焉則亡。自生民以來,未之或改也。治國之要亦有三:一曰官人,二曰信賞,三曰必罰。夫人之才性各有所長,官之職業各有所守。自古得人之盛,莫若唐、虞之際,稷、契、皋陶、垂、益、伯夷、夔、龍各守一官,終身不易。苟使之更來迭去,易地而居,未必能盡善也。故人主誠能收采天下之英俊,隨其所長而用之,有功者勸之以重賞,有罪者威之以嚴刑,譬如乘輕車駕駿馬,總其六轡,奮其鞭策,何往而不可至哉?昔仁宗時,臣初爲諫官上殿,首曾敷奏此語。先皇帝時,臣曾進歷年圖,又以此語載之後序。今幸遇陛下始初清明之政,虛心下問之際,臣復以此語爲先者,誠以臣平生力學,所得至精至要盡在於是。願陛下勿以爲迂闊,試加審察,若果無可取,則臣無所用於世矣。"

論宰相不押班。見本事。

六月庚申,兵部員外郎、直龍圖閣兼侍讀王廣淵知齊州事。先是,司馬光言:"王廣淵以小人之質,負傾巧之才,外依政府,内結近習。國家本以館閣羅賢彥,邇英待儒雅,皆非廣淵所宜濫處。伏望奪去職名,除一遠地監當,亦足以醒天下之耳目。"御史蔣之奇亦言:"廣淵人品庸凡,天資險譎。先帝拔自常僚,置之文館,不思獻納忠規,而乃肆爲奸佞。方擢用之際,司馬光列章數十上,事寢不行,愈自矜誇藩邸故舊,入則結高居簡爲內應,出則與孫固爲死交。陛下大明初升,四海皆照,豈容魑魅尚在朝廷。"廣淵亦自請郡,故有是命。既而光又言:"今聞廣淵帶職知齊州,仍賜章服,乃是賞之,非黜也。嚮使廣淵自改官以來謹身守分,不爲奸諂,以至今日,不過作第二任通判。今所得乃如此,豈可謂奸諂無益哉?且陛下使廣淵補外者,心已知其奸邪之迹也。今

---

① 惟道所在 "在"底本作"有",據嘉慶本、傳家集卷三八初除中丞上殿劄子改。

復以職名、章服寵之,是勸人效廣淵所爲,恐非國家之福。"不聽。廣淵入辭延和外殿,上哀慟久之,衛士皆感泣。

　　七月戊寅。上初即位,內臣以覃恩升朝者皆罷內職,獨句當御藥院高居簡等四人留如故。天章閣待制孫思恭嘗以爲言,上曰:"居簡有功。"思恭退,詢於人,云:"劉庠之請建儲也,居簡覘見'太子'二字,亟報上於潁邸。及英宗升遐,居簡亟出召二府。中宮聞之怒,詰居簡曰:'召二府,誰之命也?'居簡曰:'太子令召之。'又於懷中探黃衣以被上體。此上所謂有功者也。"思恭復奏疏:"陛下,先帝之嫡長子,當爲嗣者,非陛下而誰?居簡當先帝大漸之時,已懷二心,私自結納,又矯稱太子之命召兩府,以累陛下孝德,此皆當誅之罪,奈何反以爲功?"上不聽。司馬光奏言:"居簡性資奸回,工讒善佞,久處近職,罪惡甚多。謹按祖宗舊制,句當御藥院官至內殿崇班以上,即須出外。蓋以日月寖久,官資稍高,則防其憑恃威靈,竊弄權柄,遠鑒漢、唐之禍,深爲子孫之慮故也。陛下即位之初,內臣以覃恩遷官者盡補外職,獨留御藥院四人,天下首以此一事譏陛下之失。況居簡於衆人之中最爲狡猾,伏望遵祖宗令典①,應幹當御藥院官至崇班以上者②,盡授以向外差遣。其高居簡,乞遠加竄逐,以解天下之惑。"又言:"居簡所能,止於讒佞。佞者,不過巧言令色,希意迎合,快人主之欲,以市其權,使人主溺於荒宴而不自知也。讒者,不過離人君臣,間人骨肉,惑人主之心,以固其恩,使人主陷於傾危而不自寤也。有是二者,其可近乎?或聞陛下欲待居簡自求引退,臣未曉所謂。若國之大臣耆年有德,聞望素高,一日偶有小失,本爲外人所知,陛下務存終始,使自引去,以全其名則可矣。若居簡閨閤小臣,罪盈惡積,所宜肆諸市朝,以戒憸人③,而尚足爲之隱乎?"壬午,光對延和殿,又極言之。上曰:"祔廟畢,自當去。"光曰:"閨閤小臣,何繫山陵先後?彼知當去而置肘腋,尤非所宜。舜去四凶,不爲不忠;仁宗貶丁謂,不爲不孝。"上命留劄子,光請以付樞密院,上從之。癸巳,高居簡爲供備

---

① 祖宗令典　"令"底本作"舊",據宋朝諸臣奏議卷六二司馬光上神宗論御藥院高居簡、歷代名臣奏議卷二九二、傳家集卷三九言高居簡劄子改。
② 應幹當御藥院官至崇班以上者　底本脱"幹當御"三字,據宋朝諸臣奏議卷六二司馬光上神宗論御藥院高居簡、歷代名臣奏議卷二九二補。按:傳家集卷三九言高居簡劄子作"應句當御藥院官"。改"句當"爲"幹當",係宋人避宋高宗趙構諱。
③ 以戒憸人　"憸"底本作"險",據傳家集卷三九言高居簡第四劄子改。

庫使,罷御藥院。司馬光累劾高居簡①,上雖以章付樞密院,猶未施行。光言與居簡難兩留,求外郡,請對。呂公弼曰:"光今日必決去就。"時光立殿下,上指之曰:"已來矣。"公弼曰:"陛下欲留居簡,必逐光;欲留光,必逐居簡。居簡内臣,光中丞,願擇其重者。"上曰:"今當如何?"公弼曰:"罷其御藥,優遷一官,可矣。"上命與供備,曰:"光得無復争乎?"公弼曰:"待光上殿,但語以居簡已出矣,光必自止。"上從之。光因曰:"凡左右之人,不須才智,但令謹樸小心不爲過,斯可矣。"

八月辛亥,司馬光言:"臣竊聞陛下好令内臣采訪外事,及問以群臣能否。臣愚竊以爲非也。陛下内有兩府、兩制、臺諫,外有提轉、牧守,皆腹心、耳目、股肱之臣也。陛下誠能精擇其人,使之各舉其職,薦舉賢能,糾案奸慝,論政事得失,述民間利病,皆令列於奏牘,明白啓陳,其尸禄偷安及挾私欺罔者,小則罷黜,大則誅竄,誰敢不盡公竭誠,以承休德?如此,則天下之事猶一堂之上,陛下何患於不知哉?今深處九重之内,詢於近習之臣,采道聽塗説之言,納曲肘附耳之奏,不驗虚實,即行賞罰,臣恐讒臣得以逞其愛憎,而陛下爲之受其譏謗也。近聞王中正差往陝西句當公事,有知涇州劉涣曲加詔奉,鄜延路鈐轄吳舜臣違失其意,俄而遷涣鎮寧留後、知恩州,舜臣降華州鈐轄。衆人皆言中正所爲,審或如是,中正弄權已有明驗。伏望聖慈詳思臣言,凡欲知天下之事,當詢訪外庭之臣。其王中正不可令句當御藥,或奸佞之臣豫設機謀,以經營兩府者,必不可用。"光疏早入,晡後,上以手詔問王中正事得之於何人,光即具奏:"中正有無此事,惟陛下可以知之。闕門之外,何由知其虚實。若其果有此事,陛下得以爲戒;若其無有,臣敢避妄言之罪?"光蓋得之孫永,永亦嘗以爲言。上曰:"舜臣本隸温成閤②,先帝嘗言其不才。昨閲邊臣姓名,舜臣在其中。朕自黜之,非緣中正也。"

九月己亥,司馬光上疏:"竊聞邊臣言趙諒祚部將輕泥懷側③,欲以横山之衆攻諒祚,歸命,朝廷許令招納。進謀者但言其利,不言其害。爲今之計,莫若收拔賢俊,隨材受任,以舉百職。有功必賞,有罪必罰,以修庶政。選擇監司,澄清守令,以安百姓。屏絶浮費,沙汰冗食,以實倉庫。詢謀智略,察驗武勇,以選將帥。申明階級,剪戮桀

---

① 高居簡 底本脱"居"一字,嘉慶本作"居簡",今據補"居"一字。
② 温成閤 "閤"底本作"閣",嘉慶本同,今據文意改。
③ 趙諒祚部將輕泥懷側 底本脱"將"一字,據嘉慶本補。

黥，以立軍法。料簡驍鋭，罷去羸老，以練士卒。全整犀利，變更苦窳，以精器械。俟百職既舉，庶政既修，百姓既安，倉庫既實，將帥既選，軍法既立，士卒既練，器械既精，然後惟陛下之所欲爲，復靈、夏，取瓜、沙，平幽、薊，收蔚、朔，無不可也。"疏奏，上責樞密使文彥博曰："輕泥懷側，司馬光奚由知之①？"且言光忿躁，欲加重責，始有復還翰林之議。壬寅，司馬光對延和殿，言："趙諒祚稱臣奉貢，不當誘其叛臣，以興邊事。"上曰："此外人妄傳耳，無之。"光曰："外人言楊定、高遵裕、薛向、王舯建是策。"上曰："數人者皆習邊事，但使之安集熟户耳。"光曰："王舯多詭詐，嘗嗾羌叛而招之以爲功。今以其父用之，正如趙之將括耳。且陛下知薛向之爲人否？"上曰："知之。"光曰："以爲端方，以爲憸巧？"上曰："固非端方士也，但以其知錢穀及邊事。"光曰："錢穀誠知之，河朔見錢鈔至今爲利，邊事則未知也。"又言："張方平文章之外，奸邪貪猥。"上曰："有何實狀？"光曰："言之但皆在赦前耳，又審諦者不敢言，請言臣所目見者。"上作色曰："朝廷每有除拜，衆言輒紛紛，非朝廷好事。"光曰："此乃朝廷好事也。知人，帝堯難之，況陛下新即位，萬一用一奸邪，若臺諫循嘿不言，陛下從何知之？此乃非好事也？"上曰："卿何不言郭逵？"光曰："言者已多，何必臣？若其才也，臣安敢與人朋黨言事乎？"上曰："逵内行不修。"光曰："此讒人之言也，欲以曖昧之事中傷之，使之喑嗚，無以自明，亦猶蔣之奇言歐陽修内亂。願陛下但察逵之才不才而進退之，勿信讒言也。"上曰："吴奎附宰相否？"光曰："不知也。"上曰："奎有罪否？"光曰："奎言王陶過實，安得無罪②，但士論與奎而不與陶。"上曰："結宰相與結人主孰爲賢？"光曰："結宰相爲奸邪，然希意迎合，觀人主趨向而順之者，亦奸邪也。"上曰："兩府孰可留？孰可用？"光曰："此乃陛下威權所當采擇，小臣豈敢與聞。然居易以俟命者，君子也；由逕以求進者，小人也。陛下用人當用君子，不當用小人也。"

癸卯，右諫議大夫、權御史中丞司馬光爲翰林學士兼侍讀學士，滕甫爲右諫議大夫、權御史中丞。光言："臣昨論張方平參知政事不協衆望，臣識淺材下，其言既不足采，但嚮者仁宗時，包拯最名公直，與臺諫官共言方平奸邪貪猥。欲知方平爲賢爲不肖，乞盡令檢取包拯等言方平奏章及開封府陳升之兩處推勘劉保衡公案，并方平在秦

---

① 司馬光奚由知之　"奚"，嘉慶本作"何"。
② 奎言王陶過實安得無罪　底本脱"言王陶過實安得無罪"九字，據太平治迹統類卷一二神宗聖政補。

州所奏邊上事宜狀①,即知臣所言非一人私論也。所有新命,臣未敢祗受。"光等誥敕下通進銀臺司,呂公著具奏封駁,上手詔諭光曰:"適得卿奏,換卿禁林,復兼勸講。勿謂因前日論奏張方平不當故有是命,非朕本意也。朕以卿經術行義爲世所推,今將開延英之席,得卿朝夕討論,敷陳治道,以箴遺闕,故命進讀資治通鑑,此朕之意。呂公著所以封還者,蓋不知此意耳。"於是取告敕直付閤門,趣光等令受。光又奏:"臣愚暗,不達聖旨,又恐累呂公著。"上言:"公著方正,朕使之掌銀臺,固慮詔令有失,欲其封駁耳,奈何罪之?"公著亦具奏:"臣近爲降司馬光等告敕,以爲不便,遂具封駁,竊知已直降付閤門。朝廷既以臣言不當,當顯行黜責,其所降敕告,亦須經由本司。蓋臣雖可罪,而此職終不可廢。若因臣一言不當,遂使今後封駁之司不能復舉其職,則是祖宗法度由臣而壞。"上手批公著奏:"可一兩日求對,來,當諭朕意,以釋卿惑。"它日登對,上顧公著謂曰:"朕以司馬光道德學問,欲常在左右,非以其言事也。"又嘗謂公著曰:"光方直如迂闊,何?"公著曰:"孔子上聖,子路猶謂之迂;孟軻大賢,時人亦謂之迂。況光豈免此名?大抵慮事深遠,則近於迂矣。願陛下更察之。"先是,御史臺門無故自壞,後十餘日而光罷。

呂誨劾王安石

熙寧二年四月戊戌,權知開封府滕甫知瀛州。甫以父諱辭,改知鄆州。知瀛州②李肅之爲天章閣待制、知開封府。先是,知定州孫長卿歲滿,上欲令甫與長卿易任。富弼、曾公亮未對,王安石獨以爲宜,弼請徐議之。既退,安石謂弼、公亮曰:"甫奸人,宜在外。"他日進見,上又欲令肅之代長卿,弼極稱其才,公亮曰:"肅之不如長卿。"安石曰:"長卿細密,然兩人者皆可試府事也。"於是命肅之代甫,而長卿再任知定州。甫性疏達,在上前論事,如家人父子,言無文飾,洞見肝膈,上待甫甚厚。時遣小黃門持短封御札問事,甫往往誇示於人,或見御札用字有誤者,因讒甫以爲揚上之短,上由是疏焉。安石嘗與甫同考試,語言不相能,深惡甫,故極力排出之。甫入辭,言於上曰:

---

① 秦州 底本作"泰州",據嘉慶本改。按:秦州是邊州,張方平在秦州奏邊上事宜狀纔合乎情理。
② 知瀛州 底本脱此三字,據嘉慶本補。

"臣知事陛下而已,不能事黨人。願陛下少回當日之眷,無使臣爲黨人所快,則天下之事君爲得,而事黨人爲無益矣。"上爲改容。

五月癸未,鄭獬知杭州,王拱辰判應天府,錢公輔知江寧府。獬與滕甫相善,王安石素惡之,目爲"滕屠""鄭沽"。嘗言於上曰:"獬極險,不宜使在内。"故事,兩制差除,必宰相當筆。時富弼在告,曾公亮出使西京,王安石遽自當筆,議者皆疑安石行其私意。御史中丞吕誨即奏曰:"侍臣者蓋近於尊,實陛廉隆峻之級也。進之以禮,退之以禮,乃君臣之分,邦國之禮也。宣徽使王拱辰,陛下即政之初,還其舊官,委寄北都,召入供職,不聞有過。遷謫在外,臣不知陛下用何人薦論而召之,因何人訾毁而黜之。翰林學士鄭獬在三班院,皆稱公當,權府亦甚平允,不聞瘝曠,遽然補外,傳聞見禁罪人喻興與妻阿牛謀殺婦人阿李公事,獬不肯用新法理斷,將欲論列,故有是逐。雖轉官得郡,實奪其權也。知制誥錢公輔先因營救滕甫,遂罷諫院,今又被逐,蓋甫與王安石素所不足,今無罪被黜,甚傷公議。龍圖閣直學士韓贄代還未及兩月,亟除知江寧府,復又何名?臣不惜四人之去,所惜者朝廷之體,無俾權臣盜弄其柄。以臣言是,乞追還四敕;以臣言非,願并臣屏逐。"又奏曰:"近除陸詵知成都府,就移吳中復知成德軍。數日之間,差除特異。況宰相不書敕,本朝故事未之聞也。傳云御批付出,臣切疑焉。陛下進退近臣必有常理,不應有加滕墜淵之意。如從執政進擬,則是自外制中,尤非聖哲馭下之體也。"上出誨奏示執政曰:"王拱辰等出,外間紛紜,知否?"趙抃、王安石皆曰:"不知。"上曰:"除拱辰宣徽使,自爲再任,豈是拔擢?"又謂安石曰:"誨爲人所使,殊不知卿用心。"安石曰:"此三人者出,臣但愧不能盡理論情,暴其罪狀,使小人知有所憚。不意言者乃如此!"丙戌,王安石以吕誨劾章乞辭位①,上即封還其奏,令視事如故。

丁亥,安石具表謝,上又令中使撫諭趣入,安石又稱病乞告,上又再令中使趣入。甲午,安石乃入見。上謂安石曰:"誨殊不曉事,詰問又都無可説。"上又謂安石曰:"吕誨言卿每事好爲異,多作横議,或要内批,以自質證,又詐妄希會朕意。此必是中書有人與如此説。朕與卿相知,如高宗、傅説,亦豈須他人爲助?"安石曰:"高宗用傅

---

① 王安石以吕誨劾章乞辭位　底本"劾章"二字漫漶不清,據嘉慶本補完。

説,起於匹夫版築之中,所以能成務者,以旁招俊乂,列於庶位故也。"上曰:"近臣中只有呂公著,又與呂公弼相妨。"安石曰:"富弼在密院時,婦翁晏殊爲相,此亦近例。如呂公著行義,陛下所知,豈兄弟爲比周以負陛下?今富弼、曾公亮大抵欲不逆流俗,不更弊法,恐如此,難恃以久安,難望以致治。"上亦患之。

六月丁巳,詔右諫議大夫、御史中丞呂誨落中丞,以本官知鄧州。前此,誨上疏曰:"臣竊以大奸似忠,大詐似信。唯其用捨,繫國休戚。知少正卯之才,言僞而堅,順非而澤,彊記而博,非大聖孰能去之?唐盧杞,天下謂之奸雄,唯德宗不知,終成大患。所以知人之難,堯、舜猶病。陛下即位之初,起王安石知江寧府,未幾召爲學士,搢紳皆慶陛下得人。及參機務,命論未允。臣謹按安石外示樸野,中藏巧詐,驕蹇慢上,陰賊害物,衆所共知。今略疏十事。臣指陳猥瑣,煩瀆高明,誠恐陛下悦其才辯,久於倚毗,情僞不得知,邪正無復辨。大奸得路,群陰彙進,則賢者漸去,亂由是生。臣究安石之迹,固無遠略,惟務改作,立異於人。徒文言而飾非,將罔上而欺下。臣竊憂之,誤天下蒼生必斯人也。陛下圖治之宜,當稽於衆。方天災屢見,人情未和,惟在澄清,不宜撓濁。如安石久居廟堂,必無安静之理,臣所以瀝懇而言,不虞濱禍。況陛下志在剛斷,察於隱伏,當質於士論,然後知臣言之中否。然詆訐大臣之罪,不敢苟逭,孤危若寄,職分難安。當復露章,請避怨敵。"疏奏,安石亦求去位。上賜安石詔曰:"昨日已曾面諭朕意,謂悉諒也。今得來奏,甚駭朕懷。今還卿來奏。天下之事當變更者,非止二三,而事事如此,奚政之爲也?卿其反思職分之當然,無恤非禮之横議,視事宜如故。"安石既留,而誨坐貶。

八月癸卯,侍御史劉琦監處州酒税①,御史裏行錢顗監衢州酒税②。初,御史知雜劉述及琦、顗等言:"竊見陛下用王安石爲參知政事,未逾半年,中外人情囂然不安,蓋以其專肆胸臆,輕易憲度,而無忌憚之心也。"時述坐判刑部繳敕劄被劾未伏,故琦、顗先貶。顗將出臺,於衆坐罵孫昌齡曰:"平日士大夫未嘗知君名,正以王安石昔居憂金陵,君爲幕府官,奴事安石,故安石薦君彭思永,得舉爲御史。今日亦當少念報國,奈

---

① 監處州酒税　九朝編年備要卷一八、宋史全文卷一一均作"監處州鹽酒税",宋史卷一四神宗本紀作"貶監處州鹽酒務"。
② 監衢州酒税　宋史卷一四神宗本紀作"貶監衢州鹽税"。

何專附安石求美官。顗今得罪,分當遠竄,君在後爲美官,自謂得策耶?我視君犬彘之不如也。"遂拂衣上馬。司馬光言:"知雜御史劉述、集賢校理丁諷、審刑詳議官王師元皆以執守謀殺刑名被劾,侍御史劉琦、錢顗皆以論執政降監酒税。彼謀殺已傷自首刑名,天下皆知其非。今朝廷既違衆議而行之,又罪守官之臣,恐重失天下之心也。夫繼食鷹鸇,求其鷙也。鷙而烹之①,將何用哉?如皮公弼,陛下明知其貪;閻充國,陛下明知其猥;二人皆以知縣權發遣三司判官,及得罪而出,皆爲知州。今琦、顗止以忤犯大臣降充監當,然則狂直之罪重於貪猥,得罪大臣甚於得罪陛下也。臣恐天下側目籍口,以言爲諱,威福下移,聰明壅蔽,非國之福。乞赦劉述勿劾,琦、顗與本資。"不報。

丙午,詔同修起居注范純仁罷同知諫院。初,純仁以言薛向不可爲發運使事不合,又申中書曰:"今日忽聞詔命,以臺官劉琦等言多失實,事輒近名,擅去官曹,規喧朝聽,各落御史,降充監當者。聞命之際,中外震驚,蓋人臣以率職爲忠,人君以納諫爲美,是以仁宗開言路,優容諫臣,執政不敢任情,小人不能害政,以致太平日久,億兆歸心。先帝容納直言②,未嘗變色。是時吕誨等與純仁爲御史,亦嘗擅納告身,皆蒙慰諭。主上思紹先烈,而因二三執政不能以道致君,教化或失其後先③,刑賞或乖於輕重。中書藏其本末,但致外議喧騰,凡居言責之臣,敢不即時論奏?既許風聞言事,即是過失得知,而柄臣遂捃摭其罪,主上將何所賴?且參政以文學自負,議論得君,專任己能,不曉時事,而又性類率易,輕信難回,舉意發言,自謂中理,欲求近功,忘其舊學。捨堯、舜知人安民之道,講五伯富國強兵之術。尚法令則稱商鞅,言財利則背孟軻。鄙老成爲因循之人,棄公論爲流俗之語。異己者指爲不肖,合意者即謂賢能④。所以薦薛向爲通才⑤,指吕誨爲無用。主上無從諫之美,時政有揠苗之憂。曾相公年高不

---

① 鷙而烹之　底本脱"鷙"一字,據傳家集卷四二論責降劉述等劄子補。
② 先帝容納直言　"帝"底本作"席",據嘉慶本、太平治迹統類卷一四神宗朝臣議論新法改。按:范忠宣集奏議卷上論劉琦等不當責降作"先皇帝容納直言"。
③ 教化或失其後先　"失"底本作"言",據嘉慶本、太平治迹統類卷一四神宗朝臣議論新法、范忠宣集奏議卷上論劉琦等不當責降、宋朝諸臣奏議卷一〇九范純仁上神宗論劉琦等責降改。
④ 合意者即謂賢能　"意"底本作"己",據嘉慶本、范忠宣集奏議卷上論劉琦等不當責降、宋朝諸臣奏議卷一〇九范純仁上神宗論劉琦等責降、太平治迹統類卷一四神宗朝臣議論新法改。
⑤ 所以薦薛向爲通才　"通"底本作"周",據范忠宣集奏議卷上論劉琦等不當責降、宋朝諸臣奏議卷一〇九范純仁上神宗論劉琦等責降改。

退,廉節已虧,且欲見容,惟務雷同苟且,舊好拘文守法,今則一切依隨。趙參政心知其非,而辭辨不及,凡事不能力捄,徒聞退有後言,此皆朝廷大臣所爲,安得政令無失?"公亮等以純仁狀進,又落起居舍人、同修起居注。

三年十二月辛酉,右諫議大夫、知鄧州吕誨提舉嵩山崇福宮。先是,九月,上欲移誨知河南,命未下而寢。誨雖在外,遇朝廷有大得失,猶言之不置,於是以疾求閑,故有是命。

四年五月丙戌,右諫議大夫、提舉崇福宮吕誨致仕。誨言:"臣本無宿疾,偶值醫者用術乖方,殊不知脉候有虚實,陰陽有順逆,診察有標本,療治有後先。妄投湯劑,率情任意,差之指下,禍延四肢,浸成風痺,遂艱行步。非祇憚跂㾗之苦①,又將虞心腹之變,勢已及此,爲之奈何?雖然,一身之微,固未足恤,其如九族之託,良以爲憂。是思逃禄以偷生,不俟引年而還政。"蓋以身疾諭朝政也。誨病亟,手書屬司馬光爲墓銘。光往省之,至則目且瞑,光呼曰:"更有以見屬乎?"誨張目强視之曰:"天下事尚可爲,君實勉之!"遂卒。

誨卒在十日甲午,今并書。

哲宗元祐元年五月丁丑,侍御史劉摯言:"故諫議大夫吕誨爲御史中丞,爲人忠信剛正,立朝行己,有古人之節、大臣之風。在言路前後三黜,皆以擊奸邪忤權勢,最後尤以直道大義爲公議所高。誨死於散地,在熙寧四年官至侍從,朝廷未嘗有所贈恤。誨之妻今在,生事微薄,有子皆碌碌小官。臣愚欲望聖慈嘉誨之有識敢言,不獲大用,禄不得及於世,哀其至節,特賜褒獎,以表顯之。録其諸孤,稍賜任使。非獨以慰幽壤,蓋亦以勸天下之忠義。"詔誨特贈通議大夫,男由庚與堂除合入差遣。

---

① 跂㾗之苦　宋史全文卷一一同,長編卷二二三、太平治迹統類卷一四神宗朝臣議論新法"㾗"均作"蹙"。

卷第五十九

神宗皇帝

王安石事迹上

皇祐三年五月庚午，宰臣文彥博等言："臣等每因進對，嘗聞德音，以搢紳之間多務奔競，非裁抑之，則無以厚風俗。若恬退守道者稍加旌擢，躁求者庶幾知恥。伏見殿中丞王安石，進士第四人及第。舊制，一任還，進所業求試館職。安石凡數任，並無所陳，朝廷特令召試，亦辭以家貧親老。且館閣之職，士人所欲，而安石恬然自守，未易多得。乞特賜甄擢。"詔：召安石赴闕，俟試畢別取旨。安石辭不就。

至和元年九月，殿中丞王安石爲羣牧判官。安石力辭召試，有詔與在京差遣。及除羣牧判官，安石猶力辭，歐陽修諭之，乃就職。

嘉祐三年十月甲子，提點江南東路刑獄、祠部員外郎王安石爲度支判官。安石獻書萬言，極陳當世之務，其略曰："今天下之財力日以困窮，而風俗日以衰壞，患在不知法度故也。"又曰："今之失，患在不法先王之政。法先王之政者，當法其意而已。法其意，則吾所改易更革，不至乎傾駭天下之耳目，囂天下之口，而固已合乎先王之政矣。"又曰："方今天下之才不足，豈非陶冶而成之者非其道而然乎？"又曰："方今之急在於人才而已①。"又曰："人之才未嘗不自人主陶冶而成之，所謂陶冶而成之者，亦教之、養之、取之、任之有其道而已。"又曰："今之教者，非特不能成人之才，又從而困苦毀壞之，使不得成才。"又曰："因天下之力，以生天下之財②；取天下之財，以供天下之費。自古治世，未嘗以不足爲天下之公患也，患在治財無其道爾。"又曰："在位之人才既不

---

① 方今之急在於人才而已　底本"方"上衍"又曰"二字，脱"之"一字，據長編卷一八八、臨川文集卷三九上仁宗皇帝言事書刪補。
② 以生天下之財　"財"底本作"才"，據長編卷一八八、臨川文集卷三九上仁宗皇帝言事書改。

足矣,而閭巷草澤之間亦少可用之才,則豈特行先王之政而不得也①。社稷之託,封疆之守,陛下其能久以天幸爲常,而無一旦之憂乎?臣願陛下鑒漢、唐、五代之所以亂亡,懲晉武苟且因循之禍,明詔大臣思所以陶成天下人才,慮之以謀,計之以數,爲之以漸,期合於當世之變,而無負於先王之意,則天下之人才不勝用矣。"又曰:"陛下誠有意成天下之才,則臣願陛下勉之而已,又願陛下斷之而已。"又曰:"臣之所稱,流俗之所不講,而今之識者以謂迂闊而熟爛者也。惟陛下留神而察之。"

四年五月,度支判官、祠部員外郎王安石累除館職,並辭不受。中書門下具以聞。詔令直集賢院,安石猶累辭乃拜。

五年十一月辛亥,度支員外郎、直秘閣、判度支句院司馬光,度支判官、祠部員外郎、直集賢院王安石同修起居注。光五辭而後受,安石終辭之。最後有旨,令閤門吏齎敕就三司授之②。安石不受,隨而拜之。安石避於厠,吏置敕於案而去,安石遣人追還之。朝廷卒不能奪。

六年六月戊寅,度支判官、刑部員外郎、直集賢院、同修起居注王安石知制誥。初,安石辭修起居注,既得請,又申命之,安石復辭,至七八乃受。於是徑遷知制誥,安石遂不復辭官矣。嘗有詔:"今後舍人院不得申請除改文字。"安石與同列言:"竊以爲舍人者,陛下近臣,以典掌誥命爲職。百司之事,所當參審。若詞頭所批事情不盡,而不得申請,則是舍人不復行其職事,而事無可否,聽執政所爲。自非執政大臣欲傾側而爲私,則立法不當如此。前日具論,冀蒙陛下省察,而至今未奉指揮。臣等不知陛下以爲是而不改乎?將不必以爲是,而特以出於執政大臣所建而不改乎?將陛下視臣等所奏未嘗可否,而執政大臣自持其議而不肯改乎?以爲是而不改,則臣等考尋載籍以來,未有欲治之世,而設法蔽塞近臣議論之端如此者也;不必以爲是而特以出於執政大臣所建而不改,是則陛下不復考問義理之是非,一切苟順執政大臣所爲而已也;若陛下視臣等所奏未嘗有所可否,而執政大臣自持其議而不肯改,則是政已不自人主出,而天下之公議廢矣。此所以臣等惓惓之義不能自已者。"又曰:"方今大臣之

---

① 則豈特行先王之政而不得也 "則豈特"底本作"非將",據臨川文集卷三九上仁宗皇帝言事書補改。按:長編卷一八八作"非特行先王之政而不得也"。
② 就三司授之 "授"底本作"受",據嘉慶本、長編卷一九二、宋史全文卷九下改。

弱者，則不敢爲陛下守法，以忤諫官、御史，而專爲持禄保位之謀；大臣之彊者，則挾聖旨，造法令，恣行所欲，不擇義之是非，而諫官、御史亦無敢忤其意者。"又曰："陛下以臣等所言爲是，則宜以至誠惻怛欲治念亂之心考覈大臣，改修政事，則舍人院不得申請除改文字指揮爲不當，當先改矣①。若以臣等所言爲非，則臣等狂瞽，不知治體，而誣謗朝廷政事，當明加貶斥，以懲妄言之罪，別選才能通達之士以備從官。伏乞詳酌，早賜指揮。"安石由是與執政忤。

七年十月甲午，知制誥王安石同句當三班院。先是，安石糾察在京刑獄，有少年得鬥鵪，其同儕借觀之，因就乞之。鵪主不許，借者恃與之狎暱，遂攜去，鵪主追及之，踢其脅下，立死。開封府按其人罪當償死，安石駁之曰："按律，公取、竊取皆爲盜。此不與而彼彊攜以去，乃盜也。此追而毆之，乃捕盜也。雖死，當勿論。府司失入平人爲死罪。"府官不伏，事下審刑、大理詳定，以府斷爲是。有詔安石放罪。舊制，放罪者皆詣殿門謝。安石自言"我無罪"，不謝。御史臺及閤門累移牒趣之，終不肯謝。臺司因劾奏之，執政以其名重，釋不問，但徙安石他官。

治平四年正月丁巳②，神宗即位。閏三月，工部郎中、知制誥王安石既除喪，詔安石赴闕，安石累引疾乞分司。上語輔臣曰："安石歷先帝朝，召不起，或以爲不恭。今召又不起，果病耶？有要耶？"曾公亮對曰："安石文學器業，時之全德，宜膺大用。累召不起，必以疾病，不敢欺罔。"吴奎曰："安石向任糾察刑獄，爭刑名不當，有旨釋罪，不肯入謝，意以爲韓琦沮抑己，故不肯入朝。"公亮曰："安石真輔相之才，奎所言熒惑聖聽。"奎曰："臣嘗與安石同領群牧③，備見其臨事迂闊，且護短④，萬一用之，必紊亂綱紀。公亮熒惑聖聽，非臣熒惑聖聽也。"上未審，奎重言之。癸卯，詔安石知江寧府。衆謂安石必辭，及詔到，即詣府視事。或曰："公亮力薦安石，蓋欲以傾韓琦也。"龍圖閣直學士韓維言："臣今日聞除王安石知江寧府，然未知事之信否？若信然者，臣竊以爲非所以致安石也⑤。何則？安石知道守正，不爲利動。其於出處大節，料已素定於

---

① 則舍人院不得申請除改文字指揮爲不當當先改矣　底本脱"當"字，據長編卷一九三補。按：宋朝諸臣奏議卷五六王安石上仁宗論舍人不得申請除改文字作"誠欲改修政事，則今月八日指揮爲當先改矣"。
② 丁巳　底本脱此二字，據長編卷二〇九補。
③ 同領群牧　"牧"底本作"判"，據長編卷二〇九、太平治迹統類卷一三神宗任用安石、宋史卷三一六吴奎傳改。
④ 且護短　長編卷二〇九、太平治迹統類卷一三神宗任用安石均作"且護前非"。
⑤ 臣竊以爲非所以致安石也　"竊"底本作"切"，據長編卷二〇九、韓維南陽集卷二四議召王安石劄子改。

心,必不妄發。安石久病不朝,今若才除大郡,即起視事,則是安石偃蹇君命,以要自便。臣固知安石之不肯爲也。又其精神可以爲一大郡,而反不能奉朝請,從容侍從之地,豈是人情?臣久知安石之不肯爲也。所可致者,惟有一事,即陛下向所宣諭、臣向所開陳者是也。若人君始初踐祚,慨然想見賢哲,以圖天下之治,孰不願效其忠、伸其道哉?使安石甚病而愚則已,若不至此,必幡然而來矣①。臣竊恐議者以爲安石可以漸致而不可以猝召②,若如此,是誘之也,是不知安石者之言也。惟賢者可以義動而不可以計取。陛下稽古講道,必於此理粲然不惑,惟在斷而行之,毋以前議爲疑,則天下幸甚!"

韓維論王安石,據維奏議具載之,足明安石進退失據也。

九月戊戌,知制誥③、知江寧府王安石爲翰林學士。安石既受命知江寧,上將復召用之,嘗謂吳奎曰:"安石真翰林學士也!"奎曰:"安石文行,實高出於人。"上曰:"當事如何?"奎曰:"恐迂闊。"上弗信,於是卒召用之。

熙寧元年四月乙巳,詔新除翰林學士王安石越次入對。上謂安石曰:"朕久聞卿道術德義,有忠言嘉謀,當不惜告朕,方今治當何先?"對曰:"以擇術爲始。"上問:"唐太宗何如主?"對曰:"陛下每事當以堯、舜爲法。唐太宗所知不遠,所爲不盡合法度,但乘隋極亂之後,子孫又皆昏惡,所以獨見稱於後世。道有升降,處今之世,恐須每事以堯、舜爲法。堯、舜所爲,至簡而不煩,至要而不迂,至易而不難,但末世學士大夫不能通知聖人之道,故常以堯、舜爲高而不可及,不知聖人經世立法常以中人爲制也。"上曰:"卿可謂責難於君矣。然朕自視眇然,恐無以副卿此意。卿可悉意輔朕,庶幾同濟此道。"上問安石:"祖宗守天下能百年無大變,粗致太平,以何道也④?"安石退而奏書,其略曰:"伏惟太祖躬上智獨見之明,而周知人物之情僞。指揮付託,必盡其材;變置施設,必當其務,故能駕馭將帥,訓齊士卒,外以扞夷狄,內以平中國,於是除苛賦,止虐刑,廢彊橫之藩鎮,誅貪殘之官吏,躬以簡儉爲天下先。其於出政發令之間,一以

---

① 必幡然而來矣 "幡"底本作"番",據長編卷二〇九改。
② 臣竊恐議者以爲安石可以漸致而不可以猝召 "竊"底本作"切",據長編卷二〇九、韓維南陽集卷二四議召王安石劄子改。下同。
③ 知制誥 "誥"底本作"詔",據嘉慶本、宋史全文卷一〇、長編拾補卷二改。
④ 以何道也 "何道"底本作"道何",據嘉慶本、太平治迹統類卷一三乙正。

安利元元爲事。太宗承之以聰武,真宗守之以謙仁。以至仁宗、英宗,無有逸德,此所以享國百年而天下無事也。仁宗在位,歷年最久。臣於時實備從官,施爲本末,臣所親見。仁宗之爲君也,仰畏天,俯畏人,寬仁恭儉,出於自然,而忠恕誠慤,始終如一,未嘗妄興一役,未嘗妄殺一人。斷獄務在生之,而特惡吏之殘擾,寧屈己棄財於夷狄,而終不忍加兵。刑平而公,賞重而信。納用諫官、御史,公聽並觀,而不蔽於偏至之讒,因任衆人耳目,拔舉疏遠,而隨之以相坐之法。然本朝累世因循末俗之弊,而無親友群臣之義。人君朝夕與處,不過宦官、女子;出而視事,又不過有司之細故,未嘗如古大有爲之君,與學士大夫討論先王之法,以措之天下也。一切因任自然之理勢,而精神之運有所不加,名實之間有所不察。君子非不見貴,然小人亦得廁其間;正論非不見容,然邪說亦有時而用。以詩賦記誦求天下之士,而無學校養成之法;以科名資格敘朝廷之位,而無官司課試之方。監司無檢察之人,守將非選擇之吏,轉徙之亟,既難於考績,而游談之衆,因得以亂真。交私養望者多得顯官,獨立營職者或見排沮,故上下偷惰,取容而已,雖有能者在職,亦無以異於庸人。農民壞於差役,而未嘗特見抹恤,又不爲之設官,以修其水土之利。兵士雜於疲老,而未嘗申敕訓練,又不爲之擇將,而久其疆埸之權。宿衛則聚卒伍無賴之人,而未有以變五代姑息羈縻之俗。宗室則無教訓選舉之實,而未有以合先王親疏隆殺之宜。其於理財,大抵無法,故雖儉約而民不富,雖勤憂而國不彊。賴非夷狄昌熾之時,又無堯、湯水旱之變,故天下無事過於百年。雖曰人事,亦天助也。蓋累聖相繼,仰畏天,俯畏人,寬仁恭儉,忠恕誠慤,此其所以獲天助也。伏惟陛下躬上聖之資,承無窮之緒,知天助之不可常,知人事之不可息,然則大有爲之時,正在今日。臣不敢輒廢將明之義,而苟逃忌諱之誅。伏惟陛下幸赦而留神,天下之福也。"明日,上謂安石曰:"昨閱卿所奏書至數遍,可謂精盡①,計治道無以出此。所條衆失,卿必已一一經畫,試爲朕詳見施設之方②。"對曰:"遽數之不可盡,願陛下以講學爲事。講學既明,則施設之方不言而自諭。"上曰:"雖然,試爲朕言之。"於是爲上略陳施設之方。上大喜,曰:"此皆朕所未嘗聞,他人所學固不及

---

① 可謂精盡　嘉慶本同,宋朝諸臣奏議卷一○九王安石上神宗論本朝百年無事注文作"言本朝事可謂粗盡",文意優。
② 試爲朕詳見施設之方　"見",嘉慶本同,宋朝諸臣奏議卷一○九王安石上神宗論本朝百年無事注文作"言";"施設",嘉慶本作"設施",下同。

此。能與朕一一爲書條奏否？"對曰："臣已嘗論奏，陛下以講學爲事，則諸如此類，皆不言而自諭。若陛下擇術未明，實未敢條奏。"上曰："卿今所言已多，朕恐有遺忘，試錄今日所對以進。"安石唯唯而退①，訖不復錄所對以進。

七月丁丑，布衣王安國賜進士及第，仍注初等職官。先是，樞密副使韓絳、邵亢獻安國所著序言五十篇。上手詔："安國，翰林學士王安石之弟，久聞其行義學術爲士人推尚。近閱序言，文辭優贍，理道該明，可令舍人院召試。"試入第三等下，故命以此。

八月甲寅，邇英講讀罷，上獨留王安石與語。兩府不敢先出以俟之，至晡後乃出。癸亥，邇英講讀罷，上又獨留王安石賜坐。

十月壬寅，詔講筵權罷禮記，自今令講尚書。先是，王安石講禮記，數難記者之非是。上以爲然，曰："禮記既不當法言，擇其有補者講之，如何？"安石對曰："陛下必欲聞法言，宜改他經。"故有是詔。是日，上因留安石坐，曰："且欲得卿議論。"上曰："唐太宗必得魏鄭公，劉備必得諸葛亮，然後可以有爲。魏鄭公、諸葛亮誠不世出之人也。"安石對曰："陛下誠能爲堯、舜，則必有皋②、夔、稷、禹③；陛下誠能爲高宗，則必有傅說。魏鄭公、諸葛亮，皆有道者所羞，何足道哉！"

熙寧二年二月庚子，王安石爲右諫議大夫、參知政事。先是，安石見上論天下事，上曰："此非卿不能爲朕推行。朕須以政事煩卿，料卿學問如此，亦欲施設，必不固辭也。"安石對曰："臣所以來事陛下，固願助陛下有所爲。然天下風俗、法度一切頹壞，在廷少善人君子，庸人則安常習故，而無所知；奸人則惡直醜正，而有所忌。有所忌者唱之於前，而無所知者和之於後，雖有昭然獨見，恐未及效功，而爲異論所勝。陛下誠欲用臣，恐不宜遽，謂宜先講學，使於臣所學本末不疑，然後用之，庶幾能粗有所成。"上曰："朕知卿久，非適今日也。人皆不能知卿，以爲卿但知經術，不可以經世務。"安石對曰："經術者，所以經世務也。果不足以經世務，則經術何所賴焉？"上曰："朕念慕卿道德甚至。有以助朕，勿惜言。不知卿所施設，以何爲先？"安石曰："變風俗，立法度，方今所急也。凡欲美風俗，在長君子，消小人，以禮義廉恥由君子出故也。易以

---

① 唯唯而退　底本脫"唯"一字，據長編拾補卷三上補。
② 皋　底本作"咎"，據名臣碑傳琬琰之集下卷一四王荊公安石傳、宋史卷三二七王安石傳改。
③ 禹　底本作"禼"，據宋史卷三二七王安石傳改。按：名臣碑傳琬琰之集下卷一四王荊公安石傳作"契"。

'泰'者通而治也,'否'則閉而亂也。閉而亂者,以小人道長;通而治者,以小人道消。小人道消,則禮義廉耻之俗成,而中人以下變爲君子者多矣。禮義廉耻之俗壞,則中人以下變爲小人者亦多矣。"上以爲然。

四月丁未,上初欲用王安石爲參知政事。曾公亮因薦之,參知政事唐介曰:"安石恐難大任。"上曰:"卿謂文學不可任耶？經術、吏事不可任耶①？"介曰:"非此謂也②。安石好學而泥古,議論迂闊。若使爲政,恐多所變更,必擾天下。"退至中書,謂公亮等曰:"異日安石之言果用,天下困擾,諸公當自知之耳。"時執政進除目,上久之不決,既數日,乃曰:"朕問王安石,以爲然,可即施行。"介曰:"陛下比擇大臣,付以天下之事。此中書小小遷除,陛下尚未以爲信,雖廣詢博訪,亦宜謹密。今明白如此,使中書政事決可否於翰林學士。臣近每聞陛下宣諭:某事問安石,以爲可即施行;某事以爲不可,未得施行。如此,則執政何所用？必以臣爲不才,當先罷免。此語傳之天下,恐非信任之體也③。"安石既執政,奏言:"中書處分事用劄子,皆言奉聖旨,不中理者常十八九。不若令中書自出牒④,不必稱聖旨。"上愕然。介曰:"太宗時,寇準用劄子遷馮拯等官不當,拯訴之。太宗曰:'前代中書有堂牒指揮事,乃權臣假此以威福天下。太祖朝,趙普爲相,堂牒重於敕命,尋令削去。今復置劄子,何異堂牒？'張洎因言:'劄子乃中書行遣小事,若廢之,則別無公式。'太宗曰:'大事則降敕,其當用劄子,亦須奏裁,此所以稱聖旨也。'今安石不欲稱聖旨,則是政不自天子出也。使執政皆忠賢,猶爲人臣擅命,義亦難安。或非其人,豈不害國政？"上曰:"太宗制置此事極當。"及安石議謀殺人傷者許首,介數與安石争論於上前。介曰:"此法天下皆以爲不可首,獨曾公亮、王安石以爲可首。"安石曰:"以爲不可首者,皆朋黨耳。"安石強辨,上主其語。介不勝憤悶,居頃之,疽發背而卒。

吕誨劾王安石。見本事。

王安石信吕惠卿。見本事。

王安石毀蘇軾。見本事。

---

① 經術吏事不可任耶　長編拾補卷四作"經術不可任耶？吏事不可任耶？"
② 非此謂也　嘉慶本作"非謂此也"。
③ 恐非信任之體也　底本脱"之"一字,據名臣碑傳琬琰之集下卷一五唐參政介傳補。
④ 不若令中書自出牒　底本脱"書"一字,據嘉慶本、長編拾補卷四補。

推陳升之爲相。見三司條例司。

三年二月，韓琦言青苗不便，上疑其事，安石稱疾不出。詳見論青苗法。上欲置司馬光西府①，安石謂爲異論之人立赤幟。詳見論青苗法。

三月己未，上諭王安石曰："聞有'三不足'之說否？"王安石曰："不聞。"上曰："陳薦言'外人云今朝廷以爲天變不足懼②，人言不足恤，祖宗之法不足守'。昨學士院進試館職策，專指此三事，此是何理？朝廷亦何嘗有此，已別作策問矣。"安石曰："陛下躬親庶政，無流連之樂、荒亡之行，每事惟恐傷民，此即是懼天變。陛下詢納人言，無小大，惟言之從，豈是不恤人言？然人言固有不足恤者，苟當於理義，則人言何足恤？故傳稱'禮義不愆，何恤於人言？'鄭莊公以人之多言亦足畏矣，故小不忍致大亂，乃詩人所刺，則以人言爲不足恤，未過也。至於祖宗之法不足守，則固當如此。且仁宗在位四十年，凡數次修敕，若法一定，子孫當世世守之，則祖宗何故屢自變改？今議者以爲祖宗之法皆可守，然祖宗用人皆不以次。今陛下試如此，則彼異論者必更紛紛。"

四月己卯，吏部侍郎、樞密副使韓絳參知政事。絳間與王安石同奏條例司事，嘗贊上曰："臣見王安石所陳非一，皆至當之言，可用，陛下宜深省察。"故安石尤德之。

九月庚子，左僕射兼門下侍郎、平章事曾公亮爲司空兼侍中、河陽三城節度使、集禧觀使。公亮初薦王安石可大用，及同執政，知上方向安石，陰助之，而外若不與同者。置條例司，更張衆事，一切聽之。每遣其子孝寬與安石謀議，至上前無所異，於是上益專信任③。蘇軾嘗從容責公亮不能救正朝廷，公亮曰："上與安石如一人，乃天也！"

十二月丁卯，右諫議大夫、參知政事王安石爲禮部侍郎、平章事。

四年正月辛亥，著作佐郎朱明之爲崇文院校書。明之，王安石妹婿也。

四月甲戌，上謂王安石曰："人不能無過失，卿見朕有過失，但極口相救正，勿存形迹。"安石謝曰："當盡死力，不敢存形迹。"上慮難濟，安石曰："此在陛下，不可以它

---

① 上欲置司馬光西府　底本"西"下衍"安"一字，據宋宰輔編年錄卷七、太平治迹統類卷一四神宗朝臣議論新法刪。
② 今朝廷以爲天變不足懼　底本脫"以"一字，據宋史全文卷一一、宋宰輔編年錄卷七補。
③ 上益專信任　底本脫"益"一字，據嘉慶本、宋宰輔編年錄卷七補。

求。"又曰："陛下聖德日躋,風俗會丕變,何憂難濟。"

五月庚戌,王安石既對,留身請去,上固留之曰："風俗久壞,不可猝正。事方有緒,卿如何卻要去?且體念朕意,不須恤流俗紛紛。"安石曰："臣材薄,恐誤陛下屬意。試觀前代興王,亦有爲政數年而風俗不變、紀綱不立如今者乎?"上曰："前代或因衰亂,方人情迫急,爲之解患釋難,所以易;今頹壞之俗已久,方收斂使就法度,則不得不難。其紛紛亦固宜,但力行不變,自當改。如富弼事,嚮時豈有按劾,今乃按治。如此等事行之已多,人情恐漸變。"安石曰："以臣所見,似小人未肯革面。臣愚以謂陛下誠能洞見群臣情僞,操利害以馭之①,則人孰敢爲邪?但朝廷之人莫敢爲邪,即風俗立變,何憂紀綱不立?"

六月甲子,知蔡州歐陽修爲太子少師、觀文殿學士致仕。修以老病,數上章乞骸骨。馮京固請留之,上不許。王安石曰："修附麗韓琦,謂韓琦爲社稷臣,尤惡紀綱立、風俗變。"上曰："修爲言事官,獨能言事。"安石曰："以其後日所爲,考其前日用心,則恐與近日言事官用心未有異。"王珪曰："修若去位,衆必藉以爲説。"上曰："罔違道以干百姓之譽,衆説何足恤?修頃知青州,殊不嘉。"安石曰："如此人,與一州則壞一州,留在朝廷,則附流俗,壞朝廷。必令留之,何所用?"上以爲然。楊繪言："今舊臣告歸或屏於外者悉未老,范鎮年六十二,吕誨五十八,歐陽修六十五而致仕,富弼六十八而被劾引疾,司馬光、王陶皆五十而求閒散。陛下可不思其故耶?"又言："兩制多闕員,堂陛相承不可少。"衆皆以繪言爲然。王安石曰："誠如此,然要須基能承礎,礎能承梁,梁能承棟,乃成堂②。以糞壤爲基,爛石爲礎,朽木爲柱與梁,則室壞矣。"上笑。

八月己卯,前旌德縣尉王雱爲太子中允、崇政殿説書。雱,安石子也,爲人剽悍,無所顧忌。安石與弟安國白首窮經,夙夜講誦琢磨,雱從旁剽聞習熟,而下筆貫穿,未冠,已著書數十萬言。年十三時,得秦州卒言洮河事,歎曰："此可撫而有也。使夏人得之,則吾敵强而邊受患博矣③!"故安石力主王韶議。治平四年,雱舉進士,授旌德

---

① 操利害以馭之 "馭"底本作"御",據長編卷二二三改。
② 乃成堂 "成",嘉慶本作"承";"堂",長編卷二二四作"室"。
③ 而邊受患博矣 "博"底本作"溥",據嘉慶本、長編卷二二六、宋宰輔編年録卷七、宋史卷三二七王雱傳改。

尉。未赴,作策三十餘篇,極論天下事,皆安石輔政所施行。又作老子訓傳及佛書義解,亦數萬言。有以雱書聞者,於是安石方奉祠,上遽召見,而有是命。安石亦喜雱得親近,能助己,因不復辭。

十月壬申,前武昌節度推官王安國爲崇文院校書。安國自西京國子監教授官滿至京師,上以安石故召對,謂安國曰:"卿學問通古今,漢文帝何如主也?"對曰:"三代以後,賢主未有如文帝者。"上曰:"但惜其才不能立法更制爾。"對曰:"文帝自代來,夜入未央宫,定變故於呼吸俄頃之際,諸將故武夫皆帖息待命①,恐無才者不及是。然能用賈誼言,待群臣有節,專務以德化民,海内興於禮義,幾致刑措,使一時風俗耻言人過,則文帝加有才一等矣。"上曰:"王猛佐苻堅,以蕞爾國而令必行。今朕以天下之大而不能使人,何也?"對曰:"王猛睚眦之忿必報,專教苻堅以峻刑法殺人爲事,此必小人刻薄,有以誤陛下者。願專以堯、舜、三代爲法,理順而勢利,則下豈有不從者乎?"又問:"安石秉政,外論謂何?"對曰:"但恨聚斂太急,知人不明耳。"上默然不悦。安國初召對,人以爲必得經筵,由是别無恩命,久之乃得館職。安國爲國子監教授,頗溺於聲色。時安石在相位,以書戒之曰:"宜放鄭聲。"安國復書曰:"安國亦願兄遠佞人也。"又嘗力諫安石,以天下洶洶,不樂新法,皆歸咎於兄,恐爲家禍。安石不聽,安國哭於影堂,曰:"吾家滅門矣!"又嘗責曾布以誤惑丞相更變法令。布曰:"足下,人之子弟,朝廷變法,何預足下事?"安國勃然怒曰:"丞相,吾兄也。丞相之父,即吾父也。丞相由汝之故,殺身破家,僇及先人②,發掘丘隴,豈得不預我事耶?"

五年正月辛丑,司天監靈臺郎亢瑛言天久陰,星失度,宜罷退王安石,於西北召拜宰相。斥安石姓名、署字,引童謠證安石且爲變。仍乞宣問西、南京留臺張方平、司馬光,并都知、押班、御藥看詳所奏及禀太皇太后。上以瑛狀付中書,安石遂謁告。馮京等進呈送英州編管,上批令刺配英州牢城,安石翌日乃出。壬寅,上批:"近中書畫旨施行事,止用申狀。或檢正官取索到文字,此事體不便,可檢會熙寧三年條約遵守。"先是,三年有詔:須急速公事,方得用申狀施行。王安石白上:"近緣河上事急速,所以

---

① 諸將故武夫　長編卷二二七同,嘉慶本無"故"一字。
② 僇及先人　"僇",嘉慶本作"戮"。

只用申狀施行,且用申狀施行,亦必得旨乃如此,即於事體未有所傷,理分不爲專輒,但要事務早集而已,非過也。臣竊觀陛下所以未能調一天下、兼制夷狄,止爲不明於帝王大略,非謂如此小事有所不察也。"上曰:"天下事,只要賞罰當功罪而已。若賞罰或以親近之故,與疏者所施不同,則人不服。"安石曰:"臣自備位以來,每自省念,惟斷法官罪與在外官失出入人罪不同,蓋以謂不如此,即法官不可爲,非敢私之也。它即不省覺。乞宣諭,令臣得以思怨。"上曰:"法官即當如此。"安石曰:"法官之外,不知陛下所見聞何事?"上曰:"朝廷固無阿私,但外方似未免有用意不均事,如勘河決事,乃獨遺程昉①。"安石曰:"陛下已令分析,但恐有說,緣昉開漳河,後來又在京師提舉淤田,當以此故不勘。兼程昉要作第五埽堤,被外監丞不肯②,所以致河決。昉恐不當勘。"上曰:"如此亦合聲說。"安石曰:"若不當勘,又何須聲說?縱失聲說,亦有何利害?未得爲阿私傷政體。陛下修身齊家,雖堯、舜、文、武亦無以過。至於精察簿書刀筆之事,群臣固未有能承望清光。然帝王大略似當更討論。今在位之臣,有事韓琦、富弼如僕妾者,然陛下不能使之革面。契丹,非有政事也,然夏國事之極爲恭順,未嘗得稱國主。今秉常又幼,國人饑饉,困弱已甚,然陛下不能使之即敘,陛下不可不思其所以。此非不察於小事也,乃不明於帝王大略故也。臣蒙陛下加獎③,拔擢在群臣之右④,臣但敢言不欺陛下。若言臣爲陛下自竭,即實未敢。緣臣每事度可而後言,然尚或未見省察。臣若自竭,陛下豈能察臣用意?此臣所以不敢自竭。臣尚不敢自竭,即知餘人未見自竭者。忠良既不敢自竭,而小人乃敢爲誕謾,自古未有如此而能調一天下兼制夷狄者。如臣者又疾病,屢與馮京、王珪言,雖荷聖恩,然疾病衰憊,耗心力於簿書期會之故,已覺不逮,但目前未敢告勞,然恐終不能上副陛下責任之意。"上默然良久,乃曰:"朕欲卿文字,宜早錄進⑤。"安石曰:"臣所著述多未成就,止有訓詁文字,容臣綴緝進御。"

二月乙卯⑥,上謂安石曰:"舉官多苟且不用心,宜嚴立法制。"安石曰:"舉官法制

---

① 乃獨遺程昉 "遺"底本作"遣",據嘉慶本改。
② 被外監丞不肯 "被",依文意,疑爲"北"之訛。
③ 加獎 嘉慶本同,長編卷二二九作"所知"。
④ 拔擢在群臣之右 底本脫"在"一字,據嘉慶本、長編卷二二九補。
⑤ 朕欲卿文字宜早錄進 長編卷二二九作"朕欲卿錄文字,且早錄進"。
⑥ 乙卯 底本作"甲寅",據長編卷二三〇改。

今已略備,不知更欲如何？"上曰："如舉監場務官,增剩則舉者當預其賞,虧欠則當預其罰。"上又言："三司判官當督察。"安石曰："中書於諸司非不考察,須自陛下倡率。若陛下於忠邪、情偽、勤惰之際每示優容,但令如臣者督察,緣臣道不可過君,過君則於理分有害。且刑名法制,非治之本,是爲吏事,非主道也。精神之運,心術之化,使人自然遷善遠罪者,主道也。今於群臣邪正、情偽、勤怠未能明示好惡,使知所勸懼,而每事專仰法制,固有所不及也。當更論講帝王之道術而已。若不務此,而但欲多立法制,以馭群臣,恐不濟事。"

五月壬辰①,上論人有才不可置之閑處,因言漢武亦能用人才。王安石曰："武帝所見下,故所用將帥即止衛、霍輩,至天下戶口減半,然亦不能滅匈奴。"上曰："武帝自爲多欲耳。"安石曰："欲亦不能害政,如齊桓公亦多欲矣,而注厝方略,不失爲霸於天下,能用人故也。"上曰："漢武至不仁,以一馬之欲勞師萬里,侯者七十餘人,視人命若草芥,所以戶口減半也。人命至重,天地之大德曰生,豈可如此！"甲午,王安石留身乞東南一郡。上甚怪安石如此,曰："卿所以爲朕用者,非爲爵禄,但以懷道術可以澤民,不當自埋没,使人不被其澤而已。朕所以用卿②,亦豈有它？天生聰明,所以乂民,相與盡其道以乂民而已,非以爲功名也。朕頑鄙③,初未有知,自卿在翰林,始得聞道德之説,心稍開悟。卿,朕師臣也,斷不許卿出外。"

陳瓘論曰："熙寧之初,神考以安石爲賢。自鄧綰黜逐以後,不以安石爲賢矣。安石退而著書,憤鬱怨望。當此時,傲然自聖,於是書託聖訓之言,曰：'卿,朕師臣也。'又曰：'君臣之義重於朋友。朕既與卿爲君臣,宜爲朕少屈。'此等不遜之言託於聖訓,前後不一。又謂'吕惠卿亦師臣也',又謂如'常秩者,亦當屈己師之'。惠卿師臣,則假曾公亮之言；常秩可師,則假張戩之言。神考嘗謂常秩不識去就,安石親聞之訓,書於日録,豈有不識去就之人而可以爲聖主之師乎？況張戩言行出處自有本末,豈有崇獎不識去就之人而請聖主以師之哉？神考以堯、舜之道光宅天下,高厚如天地,光明如日月,安石乃欲與吕惠卿、常秩俱爲師臣,輕慢君父,不亦甚乎？其事矯偽,臣故繫之於寓言。"

六月。先是,東上閤門使、樞密都承旨李評喜論事,往往施行,然天資刻薄,中外側目。又嘗言助役法,以爲不可,王安石尤惡之。初,紫宸上壽,舊儀但言樞密、宣徽、

---

① 壬辰　底本作"辛卯",據長編卷二三三改。
② 朕所以用卿　底本脱"以"一字,據嘉慶本、長編卷二三三補。
③ 頑鄙　九朝編年備要卷一九作"鄙鈍"。

三司副使不坐,而故事,親王、皇親並坐,唯序集英大宴,乃有親王、駙馬都尉不坐之儀。時評定新儀,初無改易,而遽劾閤門吏不當令親王、皇親、駙馬於紫宸預坐,以爲不遵新制。賈佑、馬仲良皆坐免官。王安石具奏評所定自不明,而輒妄加他人以罪。而評訴上前,自謂所論列非不當。安石執奏閤門官吏無罪。上曰:"若新儀制果不明,亦非獨評罪。"安石曰:"中書但言新儀制不明,固未嘗專罪李評。評所定儀制既如此不明,乃妄劾閤門官吏,此則評之罪也。"上曰:"評固有罪,然亦未可姑罪評也。"安石遂留身乞東南一郡,上既不許,至丁卯,安石惡李評,必欲去之。既辯其上壽新儀不可用,謂閤門吏不當劾,而閤門吏因言評所修新儀卒不可用,遇不可輒擅改①。於是,中書取新儀看詳,其間如改元會殿前三帥起居等皆非是。及三帥論其不可,評又擅令用舊儀而不奏②,至中書責問,仍迫取吏人狀云"使、副已令申舉",然至今不曾申舉。吏又云"實未嘗見使、副指揮"。又沈衡判刑部,評已令告謝,及杜紘判刑部,評乃止之。中書詰其故,輒誣云"儀制在中書,無所檢用,方欲申稟",然中書先所取儀制乃其副也。安石具以白上,曰:"評誕謾大抵類此。"上曰:"第恐評有説。"安石曰:"陛下若偏聽,則評必有説;若推鞫,即明見欺罔之狀③。"上令送宣徽院取勘,已而上批:"閤門失點檢三事,尋召問評等,更無他辭,並各引罪。縱加推鞫,不過如此。其狄諮、張誠一止是偶失點檢,罪可矜恕,皆由評故,致此滋蔓。若不罷去,事必愈多,煩費推求,何日窮已?可令評更不管句閤門事,餘悉放罪。"己巳,王安石謁告,上令馮宗道撫問,安石因附表劄請解機務。辛未④,安石入見,上怪安石求去,安石曰:"疲疾不任劇,兼任事久,積中外怨惡多,又人情容有壅塞。"上曰:"卿從來豈畏人怨惡者?人情有何壅塞?得非爲李評事?"安石曰:"臣所懷具如奏狀,所陳非有他也。"上曰:"卿無乃謂朕有疑心?朕自知制誥知卿,屬以天下事。如吕誨比卿少正卯、盧杞,朕固知卿,不爲吕誨所惑。"安石曰:"臣平生操行本不爲人所疑,仁宗朝知制誥,只一次上殿,與大臣又無黨。及蒙陛下拔擢,曾未及一兩月,初未嘗有所施爲,吕誨乃便以方盧杞,此不待陛

---

① 遇不可輒擅改　長編卷二三四作"遇不可即擅改非一"。
② 評又擅令用舊儀而不奏　"又",長編卷二三四作"乃"。
③ 即明見欺罔之狀　"即",長編卷二三四作"則"。
④ 辛未　底本作"是日",據長編卷二三四改。

下聰明然後可知其妄。若任事久，疑似之迹多，而讒誣之人，材或過於呂誨①，即臣未敢保陛下無疑也。"上曰："呂公著與卿交游至相善，然言韓琦必以兵討君側惡人，朕亦不爲公著所惑。"安石曰："公著此言，亦非特陛下聰明然後可辨。明明在上，豈有如此之理！"上曰："卿之所存，雖朋友未必知，至於衆人，見朕與卿相知如此，亦皆不知其所以。朕與卿相知，近世以來所未有，所以爲君臣者形而已，形固不足累卿，然君臣之義固重於朋友。若朋友與卿要約，勤勤如此，卿亦宜爲之少屈。朕既與卿爲君臣，安得不爲朕少屈？"安石曰："大臣久擅事，未有無釁者，及其有釁然後求去，則害陛下知人之明，又傷臣私義。"上固留之，比三四退，上又固留，約令入中書。安石復具奏，而閤門等處皆有旨不許收接安石文字。甲戌，王安石見上，曰："陛下不許臣去，臣不敢固違聖旨。然臣實病，若更黽勉半歲，不可強，即須至再煩聖聽。"上曰："卿許朕就職甚善，如何卻半年後又乞出？且勿如此。"

　　七月，前處州縉雲縣尉、編修三司敕并諸司庫務歲計及條例删定官郭逢原上疏曰："臣竊觀自周文、武以還，盛德有爲之主，固無如陛下，而懷道之士，由孔孟而後，如王安石者亦未之有也。然臣尚有疑者，殆恐遇師臣之禮有未隆者焉②。古者，天子尊師之禮有隆而無替，君臣之分有時而不行。陛下固以師臣待安石矣，而使之自五鼓趨朝，僕僕北面而亟拜③，奔走庭陛，侍立左右，躬奏章牘，一切與百僚胥吏無別。遇師臣之禮未極優異，尚守君臣之常分，臣之所未喻也。"又上疏曰："臣聞能自得師者王。古聖人未嘗無師。孟子稱堯所以待舜之禮，可謂至矣。以齒而堯長，以爵而舜賤，以德則舜固無以加於堯者，而堯尚尊禮之如此。今區區之末禮，於安石尚如有惜，不明示於天下，此臣之所以未喻也。宰相代天理物，無所不統，未聞特設事局補除官吏，而宰相不預者也。今之樞府是矣。臣愚以謂當廢去樞府，并歸中書，除補武臣，悉出宰相。軍旅之事，各責其帥。合文武於一道，歸將相於一職，復兵農於一民，此堯、舜之舉也。今王安石居宰輔之任，朝廷有所建置於天下，特牽於樞府而不預，則臣恐陛下任安石

---

① 材或過於呂誨　底本脫"材"一字，據長編卷二三四補。
② 有未隆者焉　"有未"底本作"未有"，據嘉慶本乙正。
③ 僕僕北面而亟拜　長編卷二三五"僕僕"下有"然"一字。

者蓋不專矣。"疏奏,上甚不悦,他日,謂安石曰:"逢原必輕脱①。"安石曰:"陛下何以知之?"上曰:"見所上書,欲併樞密院,廢募兵。"安石曰:"人才難得,如逢原亦且曉事,可試用也。"

閏七月丙辰②,御史張商英言:"判刑部王庭筠立法,應蝗蝻爲害,須捕盡乃得聞奏。今大名府,祁、保、邢、莫州,順安、保定軍所奏凡四十九狀,而三十九狀除捕未盡,進奏院以不應法,不敢通奏。且蝗蝻幾遍河朔,而邸吏拘文,封還奏牘,欲俟其撲除盡净,方許以聞,則陛下欲於此時恐懼修省,以上答天戒而下恤民隱,亦晚矣。惟陛下裁省。"御批:"近亦據瀛州安撫司奏:'本司近據轄下諸州縣申到飛蝗蝻蟲,遂具奏,並準進奏院遞回,稱近制安撫司不得奏災傷。'必是緣此條約之故,可速除去。仍令進奏院遍指揮諸路安撫、轉運司並轄下州、府、軍、監、縣③,今後應有災傷,並仰所在畫時聞奏④,以稱朝廷寅畏天威⑤、遇災恐懼之意。"王安石曰:"條貫已令本州、提點刑獄、轉運司申奏,安撫司自不須奏。"上曰:"安撫司奏何害?"安石曰:"朝廷令本州及轉運司奏,已是兩處奏,亦足矣,更令提點刑獄司奏,誠太多。一處有蝗蟲,陛下閲六七紙奏狀,如此勞弊精神翻故紙,何益⑥?何如惜日力,深思熟講御天下大略?只如經略、安撫司有何限合經制事,卻須要管句奏災傷狀作甚?"上笑。

陳瓘論曰:神考當旱暵之時,遇災而懼,天下蝗蟲之奏,皆欲覽焉。四方奏狀已至京師,而奏邸卻之,不得通奏,以新立不得奏蝗之法故也。創立新法,疑誤奏邸,壅天下之情,啟蒙蔽之患,此宰相之過舉,臺諫之所當言也。神考用臺諫之言,改不得奏蝗之法,所以恤民隱而開壅蔽也。而安石乃奏曰:"不知何用更令安撫司吏人枉費紙筆,遞鋪虛費腳力?又一處有蝗蟲,陛下閲六七紙奏狀,如此勞弊精神翻故紙,何益?何如惜取日力,深思熟講御天下大略?"嗚呼,是何言歟!漢宣帝時,郡國不上災變,則丞相魏相輒奏言之,故天下無蒙蔽之患。神考曰:"漢之文、宣,孔子所謂百無問然者。"何安石之對,畢於魏相之所奏言乎?夫聽諫改法,以正紀綱,御天下之略,正在於此。而安石乃以爲勞弊精神,虛費日力。甚哉,其言之乖悖也!舊紀書:詔諸路被災或有蝗者亟以聞,新紀因之。

① 逢原必輕脱　底本脱"脱"一字,據嘉慶本補。"輕脱",長編卷二三五作"輕俊"。
② 丙辰　底本脱此二字,據長編卷二三六補。
③ 並轄下州府軍監縣　底本"州"下衍"縣"一字,據長編卷二三六删。
④ 畫時　長編卷二三六作"即時"。
⑤ 天威　嘉慶本作"天戒"。
⑥ 何益　底本脱此二字,據長編卷二三六補。

乙丑,王安石白上曰:"陛下天資聰明,群臣上殿,陛下考察其材①,十得八九,此非特群臣所不可及,載籍以來亦少及陛下。然陛下知人情僞,或不及常人,多爲人所蔽故也。陛下昨爲臣言林廣拜官,追思先帝,對使人涕泣,陛下即稱其忠。既不親見廣,但使人諭奏耳,虛實固未可知。若詔附使人,即從容游説,必得簡在聖心。"上曰:"此在所使人如何而已。"安石曰:"太祖敢於誅殺,然猶爲史珪、丁德裕②之徒所欺而濫及無辜。不知陛下於欺罔尚不忍有所詰問,而望所使人不欺,臣竊以爲難。"

---

① 考察　嘉慶本作"皆相"。
② 丁德裕　"德"底本作"承",據長編卷二三六、宋史卷二七四丁德裕傳改。

卷第六十

神宗皇帝

王安石事迹下

熙寧五年八月癸卯①,貶太子中允、同知諫院、權同判吏部流內銓唐坰爲潮州別駕。坰初以王安石薦得召見,驟用爲諫官。數論事不聽,遂因百官起居,越班叩陛請對。上諭止之,坰堅請上殿讀疏,論王安石用人變法非是。上怒其詭激,故貶。坰疏留中,其略云:"安石用曾布爲腹心,張琥、李定爲爪牙,劉孝孫、張商英爲鷹犬,元絳、陳繹爲厮役。逆意者久不召還,附同者雖不肖爲賢。又作奸令章惇變李定獄事,又擅議宗廟事,有輕神祖之心。保甲以農爲兵,凶年必致怨叛。免役損下補上,人人怨咨,而令監司壓塞州縣,事不上聞。又保甲事,曾布蔽塞人情,欺誣人主,以爲情願。又置市易司,都人有致餓死者,以安石比李林甫、盧杞。自文彦博以下,皆畏安石。"又言:"王珪奴事安石,猶懼不可。"翌日,執政進呈,安石曰:"坰素狂,不足深責。"乃改授大理評事、監廣州軍資庫。

十月癸未,王安石白上曰:"姚原古勘李定等,故變易情狀,其意有所附會而然也。"上曰:"勘見有情弊否?"安石曰:"情弊如何勘見,但事理分明。"上曰:"當得何罪?"僉曰:"杖一百,該去官。"上曰:"與衝替情理輕。"安石曰:"詐欺如此,似不宜作輕。"上曰:"於法已是無罪。"乃已。安石又白上曰:"陛下遇君子、小人不分明。爲天下須用君子,若用小人,必亂。陛下於小人每事寬假,於君子不能無疑。君子、小人誠難知,然忠信即君子,誕謾即小人。誕謾明白,方更寬假,不肯致法。未嘗見其誕謾,乃更懷疑,所以小人未肯革面,君子難爲自竭。陛下但有所疑,即仔細窮究,若見其誕

---

① 癸卯 底本作"辛丑",據長編卷二三七改。

谩,更須致法。若未見其誕谩,即須以君子之道遇之,不可遇君子以待小人之道。如姚原古事①,陛下已是不能窮究作奸之本,於作奸之末又務寬假,此極爲好惡不分明。"丁亥,上謂安石曰:"文彦博稱市易司不當差官自賣果實,致華州山崩。"安石曰:"華山崩,臣不知天意爲何②。若有意,必爲小人發,不爲君子。漢元時日食,史高、恭、顯之徒即歸咎蕭望之等,望之等即歸咎於恭、顯之徒。臣謂天意不可知,如望之等所爲亦不必合天意。然天若有意,必當恕望之等,怒恭、顯之徒。"上因歎:"人臣多不忠信。"安石曰:"陛下勿怪人臣不忠信也,'有臣三千惟一心'。"又曰:"'予有亂臣十人,同心同德',此周武王時也。非特武王時,如堯、舜、禹、湯、文、武之時皆如此。望之與恭、顯等更相譖愬,乃元帝時。趙憬、裴延齡之徒傾害陸贄,乃唐德宗時。楊嗣復、陳夷行之徒交相非毀忿争,乃唐文宗時。陛下能爲堯、舜、禹、湯、文、武所爲,即群臣自當同心同德;若與漢元帝、唐德宗同道,即不須怪人臣多乖戾不忠信也。"

六年二月丁丑,詔開封府判官梁彦明、推官陳忱各罰銅十斤。去月十四日③,宣德門親從官王宣等與宰臣王安石家人從喧競,指揮使李師錫擅傳語開封府官行遣,而彦明、忱不察虛實,親從官阮睿本不與喧競,亦決杖。御史蔡確彈奏開封府官吏曲意迎奉大臣之家,望特加重貶,故罰及之。先是,安石從駕觀燈,乘馬入宣德門,衛士呵止,撾傷安石馬,安石大怒,請送衛士於開封府。又請罷句當御藥院内侍一人,上皆從之,安石猶不平。確奏疏曰:"宿衛之士,拱衛人主而已。宰相下馬非其處,衛士所應呵也。而開封府觀望宰相,反用不應爲之法杖衛士者十人。自是以後,衛士孰敢守其職哉?"上善確言,然宰相乘馬入宣德門是非,上卒亦弗究也。安石自敘其白上語云:"親從官撾擊坐車及旌斿,臣至宣德門,依常例於門内下馬,又爲守門者撾馬及從人。臣疑親從官習見從來事體,於執政不敢如此④。今敢如此⑤,當有陰使之者⑥。臣初所以不敢辯者,疑有條制,從來承例違越。及退檢會,乃無條制,問皇城司吏,亦稱無條制。及問體例,卻據句當皇城司繳到巡檢指揮使畢潛等稱從來合於宣德門外下馬。臣初

---

① 如姚原古事　底本脱"如"一字,據長編卷二三九補。
② 臣不知天意爲何　底本脱"臣"一字,"爲"底本作"謂",據長編卷二三九補改。
③ 去月十四日　底本"去"下衍"三"一字,據長編卷二四二删。
④ 不敢　嘉慶本同,長編卷二四二作"未必敢"。
⑤ 今敢如此　底本脱此四字,據嘉慶本、長編卷二四二補。
⑥ 當有陰使之者　長編卷二四二作"當有陰使令之"。

執政,即未嘗於宣德門外下馬,且宣德門內下馬,非自臣始,臣隨曾公亮從駕,亦如此。"上曰:"朕爲親王時,位在宰相下,亦於門內下馬,不知何故乃如此?"安石曰:"此所以不能無疑。欲具劄子乞勘會,依條例施行。"上許之。安石又曰:"檢到嘉祐年後行首司日記,並於門裏下馬。然問馮京,則云忘之①,記得亦有在門外下馬時②。既而文彥博遂揚言云:'我從來只於門外下馬。'"先是,王安石以病謁告彌旬,乃求解機務,且入對,上面還其章。安石固求罷,上不許,曰:"卿每求罷,朕寢食不安。朕必有待遇卿不至處,且恕朕③。卿豈以宣德門事否?"安石曰:"臣所以辯宣德門事,正恐小人更以臣爲驕僭。事既明白,又復何言。"上曰:"令仔細推究,實無人使。"安石曰:"臣初豈能無疑。既已推究,復何所疑?"上曰:"卿如此,必是朕終不能有成功,久留無補,所以決去。"安石曰:"陛下聖德日躋,非臣所能仰望。後來賢俊,自有足用者。臣久妨賢路,又病,所以求罷,非有它。"上曰:"朕置卿爲相,事事賴卿以濟。後來可使者何人?孰可以爲相者?卿所見也。"安石曰:"豈可謂無其人,但陛下未試用耳。"上曰:"卿頻求出,於四方觀聽不美。"又引古君臣相終始者曉譬安石,安石曰:"臣前所以求罷,皆以陛下因事有疑心,義不敢不求罷。今求罷真以病故④,非有它。且古今事異,久任事,積怨怒衆,一旦有負敗,亦累陛下知人之明。且又病⑤,若冒昧,必致曠敗。"上再三曉譬,安石乃乞告將理。既而上又召安石子雱,再三問勞,又令馮京、王珪諭旨,於是安石復入視事。留身,上謂安石曰:"卿今如何⑥?"安石曰⑦:"猶病昏暗煩憒。後來有可用者,陛下宜早甄擢,臣恐必難久任憂責。"上曰:"雱說卿意似不專爲病,朕亦爲雱說,必爲在位久,度朕終不足與有爲,故欲去爾。"安石曰:"陛下至仁聖,臣豈有它。但後世風俗皆以勢利事君,臣久冒權位,不知避賢,即無以異勢利之人。況又病,必恐有曠敗,致累陛下知人之明,所以力求罷也。"

陳瓘論曰:雱聖其父,父賢其子,而謂在廷之臣皆小人也。君子、小人自有公論,無足辨者。至於造

---

① 則云忘之　底本脫"云"一字,據長編卷二四二補。
② 記得亦有在門外下馬時　底本脫"時"一字,據長編卷二四二補。
③ 且恕朕　底本脫"恕朕"二字,據長編卷二四二補。
④ 今求罷真以病故　底本脫"今求罷"三字,"真"底本作"直",據長編卷二四二補、改。
⑤ 且又病　"且又"底本顛倒,據長編卷二四二乙正。
⑥ 卿今如何　長編卷二四二作"必一成安好"。
⑦ 安石曰　長編卷二四二作"安石白上"。

神考之言曰"度朕終不足與有爲",則是託聖訓以薄君父也,可不辨乎?

三月癸亥,上謂王安石曰:"宿衛親事官有擊指揮使傷首者,而主名未立。宿衛法不可不急變革。"安石曰:"臣固嘗論此。此固易變,但要措置有方。"注:詳見減兵議。

七月癸丑①,龍猛軍級經章惇出頭②,乞於懿、洽效用。上怪禁軍不由軍帥,擅經惇投狀,王安石曰:"軍士乞效用③,雖不由軍帥,恐無條禁止。"上以爲軍制不宜如此,安石曰:"不知如此,後有何害?"上曰:"經章惇乞效用猶可,恐有妄作。"安石曰:"别有妄作,即自有科禁。若經有所征討官司乞效用,正是募兵所欲,不知如何加罪?"吴充曰:"軍當聽於一。今如此,即不一,不如不差往。"安石曰:"今乞效用,不知何害?軍聽於一,若令彼經殿前司投狀,即殿前司必不許,不許,則壯士何所求奮?"蔡挺曰:"若别有結連,奈何?"安石曰:"結連,即自有重法。"陳升之曰:"臣見韓絳宣撫時,兵級亦經絳求效用。"上乃令勘會進呈。既而上終以爲害事,安石曰:"士卒固欲,其願戰,請效死,反以爲罪,何以奮其志氣?"上曰:"禁軍令如此不便,若如臨淄王事,其漸豈可長?"安石曰:"經朝廷所差官司,與臨淄王事豈類?"上曰:"如保甲,若别司募去,司農亦必有言。"安石曰:"保丁固有經章惇者④。"上曰:"司農奏非經章惇。"安石曰:"亦有經章惇者。"陳升之又言:"有經韓絳乞效用者。"上曰:"郝質言經絳者蓋是合往本路軍士。"升之又言:"非本路。"上終欲治其罪,安石固以爲無罪。上令放罪,取戒勵。

八月庚寅⑤,高陽關路走馬承受任克基言:"市易司指使馮崇與北人買賣⑥,不依資次,非便。"上曰:"崇不忠信⑦,無行,可令亟還。彼自有官司,交易悉存舊規。"王安石曰:"崇一白牙人耳⑧,安足責?陛下左右前後所親信,孰爲忠信?孰爲有行?竊恐有未察者。"上曰:"審是非,察忠邪,今昔所難。然不忠信之人迹狀著顯者,未嘗不行法。其未顯者,吾取其潔,不保其往也。如昨知瀘州李曼,可謂有過矣,而黨庇者至

---

① 癸丑　底本脱此二字,據長編卷二四六補。
② 經章惇出頭　底本"頭"下衍"所"一字,據長編卷二四六删。
③ 效用　長編卷二四六作"效命"。
④ 保丁　底本作"保甲",據長編卷二四六改。
⑤ 庚寅　底本脱此二字,據長編卷二四六補。
⑥ 市易司指使　"使"底本作"揮",據長編卷二四六改。
⑦ 崇不忠信　底本脱"忠"一字,據長編卷二四六補。
⑧ 崇一白牙人耳　嘉慶本同,長編卷二四六作"崇一百姓牙人耳"。

多。范百禄受命體量,獨排羣議而奏其實,此可襃進矣。而近臣亦有言百禄不當得館職者,此不可不察也。"己亥①,詔中書、樞密院自今並遵守條制。既而王安石白上曰:"堯、舜所以治人,但辨察君子、小人明白,使人不敢誕謾,自不須多立法禁。"上曰:"要審察。"安石曰:"陛下每如此,盡善也。"

九月癸丑,輔臣奏事已,上顧安石曰:"聞卿子雱久被病,比稍愈否?"安石曰:"雱苦足瘍下漏,徧用京師醫不效,近呼泰州瘍醫徐新者治之,少愈。"上曰:"卿子文學過人,昨夕嘗夢與朕言久之,今得稍安,良慰朕懷也。"

七年三月己未,上患置官多費用。安石曰:"凡創置官,皆須度可以省費興治,乃創置。如將作監,即但用諸置局處食錢已足養創置官,而所省諸費固不勝數②,如帳司,即一歲磨勘出隱陷官物少亦數倍。其他置官類此,豈得爲冗?"上曰:"即如此,何故財用不足?若言兵多,則今日兵比慶曆中爲極少。"安石曰:"陛下必欲財用足,須理財。若理財,即須斷而不惑,不爲左右小人異論所移③,乃可以有爲。"上曰:"古者什一而稅足矣。今取財百端,不可爲少。"安石曰:"古者非特什一之稅而已,市有泉府之官,山林川澤有虞衡之官,有㳄布④、緫布、質布、纏布之類甚衆。關市有徵,而貨有不由關者⑤,舉其貨,罰其人。古之取財,亦豈但什一而已?今之稅亦非重於先王之時,但不均,又兼并爲患耳。"上數以市易苛細詰責中書,曾布因言市易事。詳見市易務。乙丑,詔中書曰:"朕涉道日淺,晻於致治⑥,政失厥中,以干陰陽之和,乃自冬迄春⑦,旱暵爲虐。閒詔有司損常膳,避正殿,冀以塞責消變⑧。歷日滋久⑨,未蒙休應。嗷嗷下民,大命近止⑩。中夜以興,震悸靡寧。意者朕之聽納不得於理歟?獄訟非其情歟?賦斂失其節歟?忠謀讜言鬱於上聞,而阿諛壅蔽以成其私者衆歟?何嘉氣之久不效

---

① 己亥　底本脱此二字,據長編卷二四六補。
② 固不勝數　底本作"不可勝數",據長編卷二五一改。
③ 異論　底本脱此二字,據長編卷二五一補。
④ 㳄布　長編卷二五一作"絘布"。
⑤ 而貨有不由關者　"由"底本作"山",據嘉慶本、長編卷二五一改。
⑥ 晻於致治　"晻"底本作"昧",據宋大詔令集卷一五四旱災求言詔改。
⑦ 乃自冬迄春　"春"底本作"今",據宋大詔令集卷一五四旱災求言詔改。
⑧ 冀以塞責消變　底本脱"以"一字,據嘉慶本、宋大詔令集卷一五四旱災求言詔補。
⑨ 歷日滋久　"日"底本作"月",據宋大詔令集卷一五四旱災求言詔改。
⑩ 大命近止　嘉慶本同,宋大詔令集卷一五四旱災求言詔"近止"作"失恃"。

也？應中外文武臣僚,並許實封直言朝政闕失①。三事大夫,其務悉心交儆,成朕志焉。"翰林學士承旨韓維之辭也。先是,維對延和殿,上曰:"久不雨,朕夙夜焦勞,奈何?"維曰:"陛下憂閔旱災,損膳避殿,此乃舉行故事,恐不足以應天變。願陛下痛自責己,下詔廣求直言,以開壅蔽,大發恩令,有所蠲放,以和人情。"上感悟,即命維草詔。詔出,人情大悅。

維本傳云:詔出,人情大悅,是日乃雨。然實録不載是日雨,恐本傳或有潤飾,今不取。本傳又云:有旨根究市易、免行利害,權住方田、編排保甲,罷議東西川市易。按:此詔未下,維已同孫永根究免行利害矣。權住方田、保甲等,見四月二日,亦不當就此并書②。會要三月六日有詔求直言,而實録無此,二十八日乃有此詔。一月不應兩詔,或會要誤也。

四月己巳,上以久旱憂見容色,每輔臣進見,未嘗不嗟歎懇惻,欲盡罷保甲、方田等事。王安石曰:"水旱常數,堯、湯所不免。陛下即位以來,累年豐稔,今旱暵雖遠③,但當益修人事,以應天災,不足貽聖慮耳。"上曰:"此豈細事?朕今所以恐懼如此者,正爲人事有所未修也。"於是中書條奏,請蠲減賑恤。癸酉④,上批:"應災傷路分,方田、保甲除已編排方量了畢,止是攢造文字處,許依條限了絶外,其見編排方量及造五等簿處,可速指揮並權罷。"是日雨。先是,監安上門、光州司法參軍鄭俠言:"去年大蝗,秋冬亢旱,以至今春不雨,麥苗乾枯,黍粟麻豆皆不及種。五穀踴貴,民情憂惶,十九懼死,逃移南北,困苦道路。方春斬伐,竭澤而漁,大營官錢,小購升米,草木魚鼈,亦莫生遂。夷狄輕肆,侮君慢國,皆由中外之臣輔佐陛下不以道,以至於此。伏願陛下開倉廩以賑貧乏,諸有司掊斂不道之政一切罷去,庶幾早召和氣,上應天心,調陰陽,降雨露,以延天下蒼生垂死之命,而固宗社萬年無疆之休。君臣際遇⑤,貴乎知心。以臣之愚,深知陛下愛養民庶甚於赤子,故自即位以來,一有利民便物之事,靡不毅然主張而行之,而中外之臣略不推明陛下此心,乃肆其叨憤⑥,剸割生民,侵肌及骨,使之

---

① 直言朝政闕失　底本脱"直"字,據宋大詔令集卷一五四旱災求言詔補。
② 亦不當就此并書　底本脱"不"字,長編卷二五一注文"特不當就此并書",今據補"不"字。
③ 今旱暵雖遠　"遠",嘉慶本同,長編卷二五二作"逢"。
④ 癸酉　底本作"壬申",據長編卷二五二改。
⑤ 君臣際遇　"際遇"底本作"遇際",據嘉慶本、長編卷二五二、鄭俠西塘集卷一上皇帝論新法進流民圖乙正。
⑥ 乃肆其叨憤　"肆"底本作"恣",嘉慶本、長編卷二五二同,據西塘集卷一上皇帝論新法進流民圖、宋朝諸臣奏議卷一一六鄭俠上神宗進流民圖、宋文鑑卷五八鄭俠論新法進流民圖、宋周應合景定建康志卷四八鄭俠傳改。

困苦而不聊生。夫陛下所存如彼，群臣所爲如此，不知君臣際會，千載一時，欲何所爲？臺諫之臣默默具位而不敢言，凡百執事又皆貪猥近利。陛下以仁聖當御，撫養爲心，甚於前古，而群臣所爲如此其非，抑陛下所以駕馭之未審爾？朝廷設官，位有高下；臣子事上，忠無兩心。與其見怒於有司，孰與不忠於君上？與其苟容於當世，孰與得罪於皇天？臣所以不避萬死以告陛下，誠以上畏天命，中憂君國，而下憂生民耳，於臣之身，使其粉碎如一螻蟻，無足顧惜。臣又見南征北伐，皆以勝捷之勢、山川之形，爲圖而來獻，料無一人以天下憂苦、質妻賣女、父子不保、遷移逃走、困頓藍縷、拆屋伐桑、爭貨於市①、輸官糴米、遑遑不給爲圖而獻②。臣不敢具以聞③，謹以安上門逐日所見，繪爲一圖，百不及一，但經聖明眼目，不必多見，已可咨嗟涕泣，使人傷心，而況於千萬里之外哉？謹附狀投進④。如陛下觀臣之圖，行臣之言，自今以往，至於十日不雨，乞斬臣於宣德門外，以正欺君謾天之罪。如少有所濟，亦乞正臣越分言事之刑。"俠，福清人也。於是上出俠疏及圖以示輔臣，問王安石："識俠否？"安石曰："嘗從臣學。"因乞避位。上不許，乃詔開封府劾俠擅發馬遞之罪。

司馬光記聞云：俠言："新制使選人監京城門，民所齎物，無細大，皆徵之，使貧民愁怨⑤。人主居深宮，或不知之，乃畫圖并進。"按：俠此疏乃無之，當考。俠六月九日責，明年正月七日又責。林栗言行錄載：俠以三月二十六日上疏，神宗多所聽用。蓋因俠上蘇軾等啓。然考他事，或失先後。如責躬詔乃三月二十八日，而以爲四月一日，蓋誤也。今但取其合者。

甲申⑥，王安石懇求去位，引吕惠卿執政。乙酉，端明殿學士、兼翰林侍讀學士、判西京留守司御史中丞司馬光上疏曰："臣伏讀詔書，喜極以泣。昔成湯以六事自責，今陛下以四事求諫。聖人所爲，異世同符。凡詔書所言，皆即日之深患。陛下既已知之，群臣夫復何云⑦。曾子曰：'尊其所聞則高明矣，行其所知則光大矣。'陛下誠知其如

---

① 爭貨於市　"貨"底本作"貸"，據長編卷二五二、東都事略卷一一七鄭俠傳改。
② 按：西塘集卷一上皇帝論新法進流民圖載："料無一人以天下之民質妻賣兒、流離逃散、斬桑伐棗、拆壞廬舍而賣於城市、輸官糴粟、遑遑不給之狀爲圖而獻。"文字與本書有出入。
③ 臣不敢具以聞　西塘集卷一上皇帝論新法進流民圖作"前者臣不敢以所聞聞"。
④ 謹附狀投進　"附"底本作"隨"，"投"底本作"呈"，據西塘集卷一上皇帝論新法進流民圖改。
⑤ 愁怨　嘉慶本作"怨望"。
⑥ 甲申　底本作"己卯"，據長編卷二五二改。
⑦ 何云　嘉慶本作"何言"。

是,復能斷志無疑,不爲左右所移,則安知今日之災沴,不如太戊之桑穀,高宗之雊雉①,成王之雷風,宣王之旱魃,更爲宗廟生靈之福乎?方今朝之闕政,其大者有六而已:一曰廣散青苗錢,使民負債日重,而縣官無所得。二曰免上户之役,斂下户之錢,以養浮浪之人。三曰置市易司,與細民争利,而實耗散官物。四曰中國未治而侵擾四夷,得少失多。五曰團結保甲,教習凶器,以疲擾農民。六曰信狂狡之人,妄興水利,勞民費財。若其他瑣瑣米鹽之事,皆不足爲陛下道也。捨其大而言其細,捨其急而言其緩,外有獻替之迹,内懷附會之心,是奸邪之尤者,臣所不敢爲也。"知青州滕甫上疏言:"新法害民者,陛下既知之矣,但下一手詔,應熙寧二年以來所行新法,有不便者悉罷,則民氣和而天意解矣。"

<small>此據滕甫墓誌附見,當考。鄭俠言行録云:時詔求直言,欲應詔者甚衆。聞俠被劾,皆沮縮,唯司馬光輩一二文字得達上前。憸佞之黨,日於匭函假名投書,乞留王安石,堅守新法,仍乞治俠狂妄之罪。光疏已具載,甫疏但存此,其它疏又俱不見。言行録或可據,今且附此。</small>

丙戌,禮部侍郎、平章事、監修國史王安石罷爲吏部尚書、觀文殿大學士、知江寧府,仍詔出入如二府儀,大朝會綴中書門下班。觀文殿大學士、吏部侍郎、知大名府韓絳依前官平章事、監修國史。遣句當御藥院劉有方齎詔召絳赴闕。翰林學士、右正言兼侍講吕惠卿爲右諫議大夫②、參知政事。安石爲執政凡六年,會久旱,百姓流離,上憂見顔色,每輔臣進對,嗟歎懇惻,益疑新法不便,欲罷之。安石不悦,屢求去,上不許。而吕惠卿又使其黨日詣匭函,假名投書,乞留安石,堅守新法。上乃遣惠卿以手詔諭安石:"欲處以師傅之官,留京師。"而安石堅求去,又賜手詔曰:"繼得卿奏,以義所難處,欲得便郡休息。朕深體卿意,更不欲再三邀卿之留,已降制命,除卿知江寧,庶安心休息,以適所欲。朕體卿之誠至矣,卿宜有以報之。手劄具存,無或食言,從此浩然長往也。"又賜手詔曰③:"韓絳懇欲得一見卿④,意者有所諮議,卿可爲朕詳語以方今人情政事之所宜急者。"安石薦絳代已,仍以惠卿佐之,於安石所爲,遵守不變也。

---

① 高宗之雊雉　底本"高宗"上衍"爲"一字,據嘉慶本、長編卷二五二、温國文正公文集卷四五應詔言朝政闕失事删。
② 侍講　底本作"侍讀",據嘉慶本、長編卷二五二、太平治迹統類卷一三改。
③ 又賜手詔曰　"詔"底本作"書",據長編卷二五二、宋宰輔編年録卷八改。
④ 韓絳懇欲得一見卿　底本脱"懇"一字,據長編卷二五二、宋宰輔編年録卷八補。

時號絳爲"傳法沙門",惠卿爲"護法善神"。己丑,詔曰:"朕嘉先王之法澤於當時而傳於後世,可謂盛矣。故夙興夜寐,八年於兹,度時之宜,造爲法令,布之四方,皆稽古先王,參考群策而斷自朕志。已行之效,固亦可見,而其間當職之吏有不能奉承,乃私出己見,妄爲損益。或以苛刻爲名,或以因循爲得,使吾元元之民,未盡蒙澤。雖然,朕終不以吏或違法之故輒爲之廢法,要當博謀廣聽。案違法者而深治之,間有未安,考察修完,期底至當。士大夫其務奉承之,以稱朕意。無或狃於故常,以戾吾法。敢有弗率,必罰無赦。"先是,吕惠卿慮中外因王安石罷相言新法不便,以書遍遺諸路監司、郡守,使陳利害。至是,又白上降此詔申明之。

元祐本"白"字下脱漏,紹興本因之,當求別本考定,恐尚有他語也。今但云"白上降此詔申明之"。朱史削去"吕惠卿慮中外"以下三十餘字,卻先書"上以朝廷所降法令,官吏推行多失其意,乃下詔申明之"。簽貼云:"係黄廷堅手筆,並無底本照據;并起居注、時政記元不如此,故削去。"時政記、起居注亦何嘗能説事意,朱史私爲惠卿諱爾,今復存之。

庚寅①,王雱爲右正言、天章閣待制兼侍講。雱以疾不能朝,又詔特給俸,免朝謝,許從安石之江寧,仍修撰經義。又詔王安石依舊提舉詳定國子監修撰經義,參知政事吕惠卿同提舉。

五月丙辰,太子中允、館閣校勘吕升卿,大理寺丞、國子監直講沈季長並爲崇政殿説書。季長仍改太子中允。先是,上每以外事問王安石,安石曰:"陛下從誰得之?"上曰:"卿何問所從來?"安石曰:"陛下與它人爲密,而獨隱於臣,豈君臣推心之道乎?"上曰:"得之李評。"安石由是惡評,竟擠而逐之。他日,安石復以密事質於上,上問:"於誰得之?"安石不肯對,上曰:"朕無隱於卿②,卿乃隱於朕乎?"安石不得已,曰:"朱明之爲臣言之。"上由是惡明之。明之,安石妹夫也。安石既出,吕惠卿欲引安石親暱置之左右,薦明之爲侍講,上不許,曰:"安石更有妹夫爲誰?"惠卿以季長對。上即召季長,與吕惠卿弟升卿同爲侍講。升卿素無學術,每進講,多捨經而談財穀利害營繕等事。上時問以經義,升卿不能對,輒目季長從旁代對。上問難甚苦,季長辭屢屈。上問:"從誰受此義?"對曰:"受之王安石。"上笑曰:"然則且爾。"季長雖黨附王安石,

---

① 庚寅　底本脱此二字,據長編卷二五二補。
② 朕無隱於卿　底本脱"於"字,據長編卷二五三、九朝編年備要卷一九補。

而常非王雱、王安禮及吕惠卿所爲，以謂必累安石。雱等深惡之，故不甚得進用。

　　此據司馬光記聞。升卿無學術，不能對上所問，不知詩序何以卻全用升卿所解，當考。

　　八年正月庚子①，著作佐郎、秘閣校理王安國追毁出身以來文字，放歸田里。安國既貶，上降詔諭安石，安石對使者泣。及再入相，安國猶在國門，由是安石與惠卿交惡。詳見鄭俠貶黜。

　　二月甲子，太常寺太祝王安上爲右贊善大夫、權發遣度支判官。安上，安石幼弟也。癸酉，觀文殿大學士、吏部尚書，知江寧府王安石依前官平章事、昭文館大學士。始，安石薦韓絳及惠卿代已，惠卿既得勢，恐安石復入，遂欲逆閉其途，凡可以害安石者，無所不用其至②，又數與絳忤。絳乘間白上，請復相安石，上從之。翌日，上遣句當御藥院劉有方齎詔往江寧召安石，安石不辭，倍道赴闕。

　　三月己未③，上謂安石曰："小人漸定，卿等且可以有爲。"又曰："自卿去後，小人極紛紜，獨賴吕惠卿主張而已。"安石曰："臣父子蒙陛下知遇，所以嚮時每事消息盈虛，以待陛下深察，誠欲助成陛下盛德大業而已。小人紛紛，不敢安職。今陛下復召用，臣所以不敢固辭者，誠欲粗有所効，以報陛下知遇。然投老餘年，豈能久事左右，欲及時粗有所効。望陛下察臣用心。"上曰："固所望於卿。君臣之間切勿存形迹，形迹最害事！"又言吕嘉問降黜事。詳見市易務。

　　四月甲子，上與安石論河北事，安石以爲募兵不如民兵、糴米不如興農事。先是，安石在江寧，嘗言兵少，乞募兵。於是，上舉以問，安石曰："今廂軍誠少，禁兵亦不多。然須早訓練民兵④，民兵成則當減募兵。"上曰："禁軍無賴乃投募，非農民比。盡收無賴而厚養之，又重禄尊爵養其渠帥，乃所以弭亂。"安石曰："臣在翰林，固嘗論黥兵未可盡廢，但要民兵相制。專恃黥兵，則唐末、五代之禍可見。且黥兵多則養不給，少則用不足，此所以須民兵也。"上言宋守約不可得，安石曰："自守約死，軍制已稍寬弛。"上曰："只爲賈逵寬弛。"安石曰："爲逵者逸樂，爲守約者憂危。謂如守約宜褒勸，如

---

① 庚子　底本作"甲午"，據長編卷二五九改。
② 無所不用其至　嘉慶本同，長編卷二六〇、宋史全文卷一二上、太平治迹統類卷一三神宗任用安石"至"均作"智"。
③ 己未　底本作"戊午"，據長編卷二六一改。
④ 然須早訓練民兵　底本脱"須"字，據長編卷二五七補。

逺者宜督責。"安石又言:"蕃兵當什伍之,設階級部分,乃可用。今一凶歳,一路至費二十八萬賑貸,而其丁壯老弱、有馬無馬皆不敢閲實,不知何用此蕃部?或以爲須豐熟乃可閲實,臣以爲賑貸時正好閲實。"吴充以爲坐論則易,行則難。上曰:"此何難?但邊帥不爲耳。"己卯,安石又言:"去年體量放税,東南倉廪爲之一空,非計也。此乃馮京故爲此,與蘇秦厚葬以明孝同意。"又進呈前借常平物與轉運司修城壍之類①,安石曰:"臣謂宜愛惜常平物,以待非常,不宜遽如此費出。"上以爲然。

閏四月乙未,上又論王猛曰:"苻堅亦英明,然一舉事,遂顛覆如此,何也?"安石曰:"王猛欲殺慕容垂,令以子奔,故見疑而不知,乃所以深託垂於苻堅也。"上曰:"猛可謂忠矣。"安石曰:"如此爲忠,何補時事?人臣要當以道開發其君,使自悟而已。方其未悟,乃欲以計成事,及其不察,豈特辱身,亦以危國。此君子所以不貴。"上患人莫肯悉心赴功,王安石曰:"陛下能盡見得人情,賞罰當其實,即人自悉心赴功。"上曰:"縱不盡見,但得力多亦可。"安石曰:"見得盡即盡赴功,見得少即少赴功,見得多即多赴功,都不見即無赴功者矣。假令見得盡,若不隨以賞罰,即人亦不肯赴功。"上論宣王時無不自盡以奉其上,吕惠卿曰:"宣王時如此而已,未及文、武也。"安石曰:"宣王盛時,乃能如此,及其用心差,則'我友敬矣,讒言其興'。善人君子方念亂不暇,至念彼不蹟,載起載行,則豈復有自盡奉上之事?此一人之事,而前後不同如此,用心當與差故也。"上曰:"宣王猶能終於考牧,後世亦豈易及。"安石曰:"宣王用吉甫征伐,則非張仲在内,吉甫無以成其功。詩稱吉甫以能明哲保身,則宣王之德薄於先王,亦可知矣。"上欲用張方平爲樞密使,既批出,王安石將行文書,吕惠卿留之曰:"當晚集更議之。"因私於王安石曰:"安道入,必爲吾屬不利。"翌日,再進呈,其事遂寢。

五月丙子②,提舉市易司舉劉佐。佐前在市易司,坐法衝替,事理重,代佐者不知買賣次第,比較所收息,大不及佐。王安石欲許之,韓絳固争,以爲佐未合與差遣。安石曰:"市易務自來舉官不拘條制,且七八萬貫場務,須付之能者。"絳固争,以爲如此則廢法。上曰:"且令句當,候合受差遣方許理任③,如何?"絳猶以爲不可,再拜乞辭

---

① 前借常平物與轉運司 底本脱"與"一字,據嘉慶本、長編卷二六二補。
② 丙子 底本脱此二字,據長編卷二六四補。
③ 方許理任 "任"底本作"住",據長編卷二六四改。

位,曰:"如此,則宰相不可爲。"上愕然曰:"兹小事,何必爾。"絳曰:"小事尚弗能争,況大事乎?"翌日,安石又爲上論:"吕嘉問、程昉盡力,然爲衆所攻。陛下不察而問之,則天下事孰肯爲陛下盡力?"上曰:"如程昉亦句當得事,但不循理。"安石曰:"程昉舉吕公孺,誠爲不識理分。然於國事有何所損?如文彦博去位舉劉庠,陳升之去位舉林旦,乃可責。"上曰:"如文彦博等才舉人不當,便責?"安石曰:"如彦博等雖未可厚責,亦不足尊寵。"上曰:"彼皆先帝時爵禄已尊貴。"安石曰:"如此,則嗣君於先王之臣不復行法,恐無此理。"上曰:"如程昉,數年間致位至此,昉亦足矣。"安石曰:"昉功狀比衆人合轉數官,即纔轉一官。若一有疑罪即數處置獄,豈得謂是①?且陛下前日宣諭程昉恃中書知察,方能盡力。臣比見昉數處置獄被劾,但能令人歎息而已。昉乃爲臣言:'不須爲昉深辨,但令昉得罪,追一兩官,或被停廢,蔡諫議自然息怒。不然,即紛紛未有了時。昉但得爲朝廷了公事,利澤及民足矣。若因此停廢,昉亦能營生,必不饑寒,相公不須過憂。'其言如此,乃非恃中書營救故敢自肆也。今忠邪、功罪未盡昭明,則事功何由興起?"丁丑,韓絳請去位,稱疾不出。王安石白上:"宜罷劉佐,勉慰絳就位。"上難改佐事,安石曰:"後有大於此者,則不可容。此監當小臣若固争,致絳去位,臣所不敢安也。"上乃聽罷佐,遣使持手劄諭絳令就位,絳復起。

八月庚戌,韓絳罷知許州,仍詔出入如二府儀,大朝會綴中書門下班。絳居相位,數與惠卿異議。王安石復入,論政愈駁,數稱疾,固求罷,而有是命。

十一月丙戌。先是,王安石以疾居家,上遣中使勞問,自朝至暮十七反。醫官脉狀,皆使馹行親事齎奏。既愈,復給假十日;將安,又給三日。又命輔臣即其家議事。時有不附新法者,安石欲深罪之,上不可,安石争之曰:"不然,法不行。"上曰:"聞民間亦頗苦新法。"安石曰:"祁寒暑雨,民猶怨咨,此豈足恤也。"上曰:"豈若并祁寒暑雨之怨亦無耶?"安石不悦,退而屬疾。上遣使慰勉之,乃出。其黨爲安石謀曰:"今不取門下士上素所不喜者暴進用之,則權輕,將有窺人間隙者矣。"安石從之。上亦喜安石之出,凡所進擬皆聽,由是安石權益重。

九年五月癸酉,上謂執政曰:"以耒耜養生,以弧矢防患,生民之道如此而已。"王

---

① 豈得謂是 "是",長編卷二六四作"足"。

安石曰:"天子敕諸侯'稼穡匪懈','如何新畬';群臣戒天子'張皇六師,無壞我高祖寡命','克詰戎兵,以陟禹之迹'。則生民所務,誠如陛下所言而已。然非明於道術,則不能役群衆,孰與成此功者!"上又論:"范仲淹欲修學校貢舉法,乃教人以唐人賦體動靜交相養賦爲法,假使作得動靜交相養賦,不知何用?且法既不善①,即不獲施行,復何所憾②!仲淹無學術,故措置止如此而已。"安石曰:"仲淹天資明爽,但多暇日,故出人不遠。其好廣名譽③,結游談之士以爲黨助④,甚壞風俗。"上曰:"所以好名譽,止爲識見無以勝流俗爾。如唐太宗亦英主也,乃學庾信爲文,此亦識見無以勝俗故也。無以勝俗,則反畏俗。俗共稱一事爲是,而己無以揆知其爲非⑤,則自然須從衆。若有以揆知其爲非,則衆不能奪其所見矣。"安石曰:"不易乎世,大人之事,故於乾卦言之。"上又論:"道必有法,有妙道斯有妙法,如釋氏所談妙道也,則禪者其妙法也。妙道不可以智知,不可以識識,然尚有法可以詮之,則道之粗者固宜有法也。"安石曰:"陛下該極道術文章,然未嘗以文辭獎人,誠知華辭無補於治故也。風俗雖未丕變,然事於華辭者亦已衰矣,此於治道風俗不爲小補。"上因言讀經者須知所以緯之則有用,不然,則不免爲腐儒也。呂惠卿出知陳州。見呂惠卿奸邪。王安禮知潤州,求惠卿過失。見呂惠卿奸邪。

六月辛卯⑥,給事中、知陳州呂惠卿奏:"安石盡棄舊學,而隆尚縱橫之末數,以爲奇術,以致譖愬脅持,蔽賢黨奸,移怒行狠,方命矯令,罔上要君。"上以惠卿所訴事示安石,安石由是愧上,數求去⑦。上待安石自是意亦稍衰矣。詳見呂惠卿奸邪。壬辰,三司言奉詔折二錢事,上曰:"恐四夷聞中國行兩等錢,以爲貧窘,乃傷國體,如何?"安石曰:"錢有二品,自周已然,何繫貧富?且自古興王,唐太宗、周世宗時極貧,然何足爲恥?臣初不欲鑄折二錢,今乃極論者,蓋朝廷舉動,四方所瞻⑧,稍有罅

---

① 且法既不善　底本脱"且"一字,據長編卷二七五補。
② 復何所憾　底本脱"所"一字,據長編卷二七五補。
③ 其好廣名譽　底本脱"廣"一字,據長編卷二七五補。
④ 游談之士　嘉慶本同,長編卷二七五作"遊士"。
⑤ 而己無以揆知其爲非　"己"底本作"已",據長編卷二七五改。
⑥ 辛卯　底本脱此二字,據長編卷二七六補。
⑦ 安石由是愧上數求去　長編卷二七六改作"安石由是愧,上疏求去",宋宰輔編年録卷八作"安石由是愧,數上章求去"。
⑧ 四方所瞻　"瞻"底本作"贍",長編卷二七六作"爲四方所瞻",今據改。

隙,即爲奸人窺伺愚弄,將不能立國是,又何能安天下國家也!"上乃令復行之,然兩宮訖不欲用折二錢,故折二錢未嘗進入禁中。安石争不能得,退遂稱疾不出①。上使人諭之曰:"朕無間於卿,天日可鑒,何遽如此?"安石乃出。詳見錢議陝西。丙午,詔以王雱病,特給王安石假,令在家撫視。己酉,太子中允、天章閣待制王雱卒,年三十三,贈諫議大夫。手詔即其家上雱所撰論語孟子義。雱性刻深喜殺,常稱商君,以爲豪傑之士,每勸安石誅不用命大臣,而安石不從也。安石輔政時,罷逐中外老成人幾盡,多用門下儇慧少年,諸生一切以王氏經爲師,講官策試諸生,論及時政,皆罷逐。及與惠卿交惡,使人告發呂氏奸利事,皆自雱發之。富弼言:"竊聞累年新法所行之事條目甚多,陛下近亦深見爲害,但虛懷隱忍,未即更張,此誠大得爲君之道,從容優裕而不欲迫急也。然群論所謂爲害者,皆害及天下之人。被害既久,則豈尚容舒緩哉?度今事勢,正如解倒懸之急,惟恐解之不速也。況天下不以賢愚,共知陛下始欲講求大治,比迹唐虞。前代帝王用心,非所能及,而不意爲人所誤至此,事皆成弊。究其端由,實非陛下之失,惟是衆口共責爲謀者,恨不食其肉焉。臣更願陛下於臣僚中,不以職事高下,常視其反覆狡獪者疏之,純良方正者與之。反覆狡獪者,本無一定之志,不耻,不仁,不畏,不義,不見利不勸,必無忠藎慤實,安肯乃心於國家也!純良方正者,才辯誠有不及狡獪之人,然其心不二,持守堅篤,中立不倚,旁無朋比。用之則直道而進,捨之則奉身而退。不爲利回,不爲義疚,忠亮一節,至死不移,不肯欺昧朝廷,自求多福。如此等人,終無妄誤,必能爲國家立事。假有未能立事者,亦不爲害也。天子無職事,惟辨別大臣邪正而進退之,此其職也。竊乞重之又重之。此劄子只欲陛下略知外事一二而已,乞不降出,庶免後悔。"

七月壬戌,詔宰臣王安石候王雱終七供職。己卯,復放歸田里人王安國爲大理寺丞、江寧府監當,命下而安國病死矣。

十月戊子,上批:"翰林學士、權御史中丞鄧綰操心頗僻,賦性奸回,論事薦人不循分守。可落學士、中丞,以兵部郎中知虢州。"

---

① 遂稱疾不出 "稱"底本作"移",長編卷二七六同,據文意改。

陳瓘尊堯録言：上皇帝封事，其三十問曰①，臣又望陛下特垂聖問。問洵仁等曰："日録有云：'余爲上言與陛下開陳事，退而聚録，以備自省。及他時去位，當繕寫以進②。'此安石初作參政時，奏於神考之語也。又云十年然後去位，後九年而薨。於其中間不踐寫進之語者，何哉？"臣聞吕惠卿訟中丞鄧綰，進日録三策。神考察惠卿日録果非臨時撰造之文，發於聖批。鄧綰既去，而安石亦不得留矣。嗚呼，他時"繕寫"之語，不謂之欺誕，可乎？卞、武繼安石之志，昂等述蔡卞之事，而執此欺誕以爲國是，豈不誤朝廷之繼述乎？臣道之專疆，可不辨乎？

壬辰，詔横海軍節度推官、崇文院校書、兼中書户房習學公事練亨甫身備宰屬，與言事官交通，罷爲漳州軍事判官。先是，王安石言③："臣久以疾病憂傷，不接人事，以故衆人所傳議論多所不知。昨日方聞御史中丞鄧綰嘗爲臣子弟營官，及薦臣子婿可用，又爲臣求賜第宅。兼綰近舉御史二人，尋卻乞不施行。聞其一人彭汝礪者，嘗與練亨甫相失，綰聽亨甫游説，故乞别舉官。審如所聞④，即綰豈可令執法，在論思之地？亨甫亦不當留備宰屬。"故有是命。初，綰以附會安石居言職，及安石與吕惠卿之黨相傾，綰皆極力奏劾之。上益厭安石所爲，綰懼安石去而失勢，屢留之於上，其言無所顧忌。上怒，欲黜綰，安石亦懼，乃奏斥之。亨甫行險薄，諸事安石子雱以進，至是乃斥。丙午，左僕射兼門下侍郎、平章事、昭文館大學士、監修國史王安石罷爲鎮南軍節度使、同平章事、判江寧府。安石之再入也，多稱病求去。及子雱死，尤悲傷不堪，力請解機務，上亦滋厭安石所爲，故有是命。

吕本中雜説：王安石既去，嘉問因對，上問："曾得安石書否？"嘉問因言："近亦得安石書，聞陛下不許安石久去，亦不敢作安居計。"上曰："是則爲吕惠卿所賣，有何面目復見朕耶？"

樞密使、工部侍郎吴充依前官平章事、監修國史。充性謹密，在西府，數乘間言安石政事不便。上以其中立無私，故相之。資政殿學士、右諫議大夫、知成都府馮京爲給事中、知樞密院事。先是，吕惠卿悉出安石前後私書、手筆奏之，其一云："勿令齊年知。"齊年者，謂京也，與安石同歲，在中書多異議，故云。又其一云："勿令上知。"由是上以安石爲欺，故復用京。

---

① 其三十問曰　"三"，長編卷二七八注文作"二"。
② 當繕寫以進　底本脱"當"一字，據嘉慶本、長編卷二七八補。
③ 王安石　"王"底本作"工"，據嘉慶本、長編卷二七八改。
④ 審如所聞　底本脱"如"一字，據嘉慶本、長編卷二七八補。

十二月丙戌①,判江寧府王安石奏乞施田與蔣山太平興國寺充常住,爲其父母及子雱營辦功德。從之。

元豐元年十月壬寅朔②,王安石言:"江東轉運判官何琬奏江寧府禁勘臣所送本家使臣俞遜侵盜錢物事已經年,吕嘉問到任,根治累月,案始具。深恨俞遜翻異,故加以論訴,不干己罪。如琬所言,則是嘉問爲臣治遜獄事有奸,臣與嘉問親厚交利而已,竊恐陛下哀憐舊臣,不忍暴其污行,故不别推究,如此,則臣與嘉問常負疑謗,不能絶琬等交結誣罔③,望特指揮以江寧府奏劾俞遜事,下别路差官重鞫。"詔送樞密院下兩浙轉運司鞫之④。

三年九月乙酉⑤,舒國公王安石爲特進,改封荆國公。

七年五月庚申,詔中書舍人蔡卞給假一月,令往江寧府省視王安石疾病。

六月戊子,集禧觀使王安石請以所居江寧府上元縣園屋爲僧寺,乞賜名額⑥。從之,以報寧禪院爲額。或云:"安石愛其子雱,雱性險惡,安石在政府,凡所爲不近人情者,雱實使之。既死,安石哀悼,久而不忘。嘗恍惚見雱荷鐵枷如重囚狀,遂請以園屋爲僧寺,蓋爲雱求救於佛也。"

七月甲寅,尚書左丞王安禮爲端明殿學士、知江寧府。初,侍御史張汝賢言安禮乞子枋句當九龍廟,引用都省批狀,例外起例⑦。上以有條許用例奏鈔,汝賢章格不下。汝賢又奏安禮素行貪穢,所至狼籍。上謂安禮曰:"汝賢彈奏卿子姪差遣用例奏鈔,在法所許,汝賢固有罪。其言卿奸污事,卿果如此,何以復臨群官?"安禮猶辨訴,因奏:"往以安石疾病,嘗乞知江寧府,願申前請。"故有是命。

八年三月,哲宗即位。

元祐元年四月癸巳,觀文殿大學士、守司空、集禧觀使、荆國公王安石卒。司馬光

---

① 丙戌　底本脱此二字,據長編卷二七九補。
② 元豐元年十月壬寅朔　底本脱"元豐"二字,"元年"底本作"五年",據長編卷二九三補改。
③ 交結誣罔　"結",長編卷二九三作"鬥"。
④ 自"元豐元年十月壬寅朔"至"詔送樞密院下兩浙轉運司鞫之"一百六十九字,底本排在"三年九月乙酉"條之下,係錯簡,據年代順序調整至此。
⑤ 三年九月乙酉　底本"三年"上衍"元豐"二字,據本書體例删。
⑥ 乞賜名額　底本脱"額"一字,據長編卷三四六、宋史全文卷一二下、太平治迹統類卷一三神宗任用安石補。
⑦ 例外起例　底本脱第一個"例",據長編卷三四七補。

手書與吕公著曰:"介甫文章節義過人處甚多,但性不曉事而喜遂非,致忠直疏遠,讒佞輻輳,敗壞百度,以至於此。今方矯其失,革其弊,不幸介甫謝世,反覆之徒必詆毁百端。光意以謂朝廷特宜優加厚禮,以振起浮薄之風。苟有所得,輒以上聞。不識晦叔以謂如何?更不煩答以筆劄。辰前力主張,則全仗晦叔也。"詔再輟視朝,贈太傅,推遣表恩七人,命所在應副葬事。

新録王安石傳辯誣曰:王安石學術政事,敗壞天下,至於今日。而舊録立傳,多取安石私史之語以文。安石居金陵閲佛書,恍然有得,是所得不在六經,而在佛書。古之學者以其所得施之政事,今安石以道自任,而所得乃在爲相之後,顛倒如此!今止以神宗實録事實修改,而不敢以私言增損之。

陳瓘尊堯集序略曰:昔元祐更張之始,方安石身殁之初,衆皆謂罪在惠卿。或以安石爲樸野,優加贈典,欲鎮浮薄。司馬光簡尺具存,吕惠卿責詞猶在。深攻在列①,曲恕元台。凡同時議論之臣,無一人指點安石,往往言章疑似,或干裕陵,致卞以窺伺爲心②,包藏而待,潤色經史③,增污忠賢④。凡愠慰曾布之言,與怒詈惠卿之詔,例皆刊削,意在牢籠,欲使共述私書,將以濟其私欲。布等在其術内,卞計無一不行⑤,良由議贈之初,不稽其弊。若使早崇名分,何至橫流。司馬光誣國之罪,可勝言哉!臣聞熙寧之初,論安石之罪,中其肺腑之隱者,吕誨一人而已。熙寧之末,論安石之罪,中其肺腑之隱者,惠卿一人而已。吕誨之言曰:"大奸似忠,大佞似信。外示樸野,中藏巧詐。驕蹇傲上,陰賊害物。"吕惠卿之言曰:"安石盡棄舊學,而隆尚縱横之才,欲以此爲奇術,以至譖愬脅持,蔽賢黨奸,移怒行很,方命矯令,罔上要君。凡此數奸⑥,莫不備具,雖古之失志倒行而逆施者,殆不如此。平日聞望一旦掃地,不知安石何苦而爲此也?謀身如此,以之謀國,必無遠圖⑦。而陛下既以爲不可少而安之,臣固未易言也。"又曰:"陛下平日以何如人遇安石?安石平日以何等人自任?不意窘急,乃至如此。"又曰:"君臣防閑,豈可爲安石廢哉?"又曰:"臣之所論,皆中其肺肝之隱⑧。"臣竊謂元祐臣寮,於吕誨之言則譽之太過,於惠卿之言則毁之太過。此二臣者,趨向雖異,至於論王安石之罪,獻忠於神宗,則其言一也,豈可專譽吕誨而偏毁惠卿乎?偏毁惠卿,此王氏之所以益熾也。元祐之偏,可不痛鑒哉⑨!

---

① 深攻在列　"攻",嘉慶本作"懲",長編卷三七四注文作"文"。
② 致卞以窺伺爲心　"卞"底本作"下",據嘉慶本改。長編卷三七四注文作"致使卞以窺伺爲心"。
③ 潤色經史　長編卷三七四注文同,嘉慶本作"潤色誣史"。
④ 增污忠賢　嘉慶本同,長編卷三七四注文"增"作"憎"。
⑤ 卞計無一不行　底本脱"卞"一字,據長編卷三七四注文補。
⑥ 凡此數奸　"奸",長編卷三七四注文作"惡"。
⑦ 必無遠圖　底本脱"圖"一字,據長編卷三七四注文補。
⑧ 肺肝　底本作"肺腑",據嘉慶本、長編卷二七六、卷三七四注文改。
⑨ 可不痛鑒哉　嘉慶本、尊堯集序無"痛"一字。

《續資治通鑑長編紀事本末》點校 三

（卷第六十一至卷第九十）

〔宋〕楊仲良／撰
丁建軍／點校

中州古籍出版社
·鄭州·

卷第六十一

神宗皇帝

吕惠卿姦邪

治平四年七月乙未,著作佐郎、三司檢法官吕惠卿編校集賢院書籍。惠卿,南安人,與王安石雅相好。安石薦其才於曾公亮,公亮遂舉惠卿館職。

熙寧二年二月,王安石請以吕惠卿爲制置條例司檢詳文字。

五月,上問王安石以蘇軾爲人。安石知軾素與己異,疑上亟用之也,因極稱吕惠卿,上許召見之。惠卿最爲安石所賢,初,至自江寧,即屢薦於上,事無大小,必與之謀,時人號安石爲"孔子",惠卿爲"顔子"。

九月己卯,條例司檢詳官李常、吕惠卿看詳中書編修條例。先是,王安石數爲上言:"今中書乃政事之原,欲治法度,宜莫如中書最急。必先擇人,令編修條例。"上曰:"見在館職,無足與修法度者,唯吕惠卿材高。朕嘗問吕公著,何不舉惠卿作御史,公著言惠卿材雖高,然奸邪不可用。朕見惠卿論事極有本末,召置講筵,公著説書,似不能到惠卿所到處。"安石曰:"惠卿學術,豈特今人少比,似前世儒者未易擬議。能學先王之道而能用者,臣獨見惠卿而已,其材他日必爲陛下用。人所以言其奸邪者,以爲阿附臣。惠卿自爲舉人,即與臣相從,非臣執政而後從臣也。惠卿既有所負,誠於人少所降屈,雖與臣,亦未嘗降屈,以此爲人毀。"上曰:"惠卿負其材以取人怒,亦似其所短。"安石曰:"惠卿非以其材敢有所矜傲,但於上無所附麗,在下無所結納而已。"上曰:"如此即善。"又曰:"小臣上殿應對倉皇,惠卿極從容,蓋其中有所蓄。問之不窮,亦不懾。"安石曰:"有道術之士,視外物固輕,亦何至有所懾?臣嘗以謂奸邪者,大抵皆内無所負之人。若内有所負,亦何肯爲奸邪?今有資財之人,尚不肯妄與人相毆搏,況於有道術之人,豈不自愛?"曾公亮亦稱惠卿有行義,上乃許用惠卿。又欲擇人,僉言李常，上曰："未見常。"僉稱其有行義，上曰："亦須是有材識，但行義之人，未必能修條例。"安石稱常難比惠卿，然亦聰明，遂並用之。甲申，條例司言："本司檢詳官呂惠卿近差看詳編修中書條例。惠卿自置局以來，詳知本末，欲乞令兼本司職事①。"從之。

十月甲午朔，著作佐郎、編校集賢書籍呂惠卿爲太子中允、崇政殿説書。後九日，又加集賢校理。初，欲置惠卿經筵，曾公亮以爲京官無例，須換朝官，乃換中允。公亮又曰："經筵官不可復兼修條例。"王安石以爲無例，乃已。己亥，翰林學士司馬光對延和殿，上因歷問群臣，至呂惠卿，光曰："惠卿憸巧，非佳士，使王安石負謗於中外者，皆惠卿所爲也。近日不次進用，大不合衆心。"上曰："惠卿應對明辯②，亦似美才。"光曰："惠卿誠文學辯慧③，然用心不端，陛下更徐察之。江充、李訓若無才，何以能動人主？"

閏十一月。先是，御史張戩言呂惠卿奸邪，不可在左右。王安石曰："戩所言惠卿奸邪，有何狀？"上曰："戩言嘗排司馬光令去。"上又曰④："論毀惠卿者甚衆。"安石曰："陛下於群臣當有所含垢，而臣之義亦當包荒，故於此亦有所難言，然在陛下，不可不察也。"數日，安石又獨對，力陳惠卿所以被譖及譖者之情，并諸姦利事。上然之。

十二月癸未，上謂王安石、韓絳曰："呂公著言條例司近轉疏脱，所舉官皆是奴事呂惠卿得之，並非韓絳、王安石所識。"安石曰："自外舉者，誠或非臣等所識，然取於衆議。若謂奴事呂惠卿，則惠卿在條例司用事已來，幾日在外？人如何奴事得？"上又曰："孫覺近日議論全別，稱張載學問不在呂惠卿下。覺專附呂公著。"安石曰："令載鞫獄，自是陛下意，中書本不差。"上曰："本置校書，政欲如此差也。"司馬光言呂惠卿奸邪，爲安石謀主。詳見論青苗法。

三年九月癸巳，著作佐郎、編修中書條例曾布爲太子中允、崇政殿説書。王安石嘗欲置其黨一二人於經筵，以防察奏對者。呂惠卿既遭父喪，安石未知腹心所託。布巧黠善迎合，安石悦之，欲以布代惠卿入侍經筵。布資序甚淺，人尤不服，而布固辭，卒罷之。乙未，太子中允、崇政殿説書曾布同判司農寺。布尋奏改助役爲免役，呂惠

---

① 欲乞令兼本司職事　"欲乞"底本作"故"，據職官分紀卷五總三師三公宰相官屬補、改。
② 惠卿應對明辯　宋史卷四七一呂惠卿傳"辯"作"辨"。
③ 文學辯慧　"辯"，宋史卷四七一呂惠卿傳作"辨"。
④ 上又曰　底本脱"曰"一字，據文意補。

卿大恨之。

四年二月甲子①，曾布檢正五房公事。布每事白王安石，即行之。或謂布當白兩參政，指馮京及王珪也②。布曰："丞相已議定③，何問彼爲？俟敕出，令押字耳。"

六年三月，命知制誥吕惠卿兼修撰國子監經義。

六月，吕惠卿判軍器監。

七月甲子，檢正中書五房公事吕惠卿乞："自今實封文字及干機密者，進奏官并諸司吏傳報者以違制論。承虚造事謄報，交構謗訕④、扇惑人心者准此。仍許人告，賞錢三百千，情重者奏裁，命官除名，餘人決配。其知情及同撰人首告，並免罪，仍支賞錢。進奏官告獲，不俟年滿⑤，優與授官出職；副知告獲，與進奏官；書寫人告獲，與副知上名；如止願請賞錢者，亦聽。"從之。

七年二月己巳朔，知制誥、檢正中書五房公事、判軍器監吕惠卿兼判司農寺。

三月，曾布聞上數以市易苛細詰責中書，辛酉，對於崇政殿，具言曲折。王安石言："布與吕嘉問不足。"於是有詔，令布與吕惠卿同根究市易務不便事。安石意主嘉問，不以布言爲是，故使惠卿居其間也。惠卿至三司召魏繼宗及行人問狀，無一有異辭者。布即具陳行人所訴，并陳惠卿奸欺以聞。

四月，上初以布言爲是，已而中變，從惠卿請，送魏繼宗於開封府知在。案：長編原注云"此處疑有脱誤"。布又言云云，上笑而頷之，謂布曰："惠卿不免共事，不可與之喧争，於朝廷觀聽爲失體。"布退，與惠卿召行人於東府，再詰其所陳，如前不變。而王安石懇求去位，引惠卿執政，上既許之。乙酉，布復與惠卿會，惠卿頗有得色，詬罵行人及胥吏，以語侵布，布不敢校也。丙戌，王安石罷相。觀文殿大學士、吏部侍郎、知大名府韓絳依前官平章事、監修國史；翰林學士、右正言兼侍講吕惠卿爲右諫議大夫、參知政事。戊子，詔韓絳居東府第一位，吕惠卿第二位。自是居東、西府八位不以次⑥。

八月壬午，翰林學士、行起居舍人、權三司使曾布落職、知饒州，以軍器監具布坐

---

① 二月甲子　底本脱此四字，據長編卷二二〇、宋史全文卷十一補。
② 指馮京及王珪也　底本此七字竄入正文，今據文意改爲注文。
③ 丞相已議定　"定"底本作"它"，據長編卷二二〇、宋宰輔編年録卷七改。
④ 交構謗訕　嘉慶本同，長編卷二四六"構"作"鬥"。
⑤ 不俟年滿　"俟"，嘉慶本同，長編卷二四六作"候"。
⑥ 自是居東西府八位不以次　"八"底本作"公"，據嘉慶本、長編卷二五二、宋會要輯稿職官六之四三改。

不覺察吏人,教令行户添飾詞理,不應奏而奏也。詳見市易務。

八年正月,諫議大夫馮京守本官知亳州,著作佐郎、秘閣校理王安國追毁出身以來文字,放歸田里,汀州編管人鄭俠改英州,以惠卿憾俠上書言事,且惡馮京異議,欲藉俠以排去京,并及王安國也。詳見鄭俠言事。安國既貶,上降詔諭安石,安石對使者泣。及再入相,安國猶在國門,由是安石與惠卿交惡。

二月丁卯,前曲陽縣尉、權軍器監主簿吕和卿爲奉禮郎、知軍器監丞。先是,吕惠卿令和卿建議行手實法,至是,判軍器監章惇請以爲丞,仍特改官。癸酉,觀文殿大學士、吏部尚書、知江寧府王安石依前官平章事、昭文館大學士。始,安石薦韓絳及惠卿代己。惠卿既得勢,恐安石復入,遂欲逆閉其途,凡可以害安石者,無所不用其至①,又數與絳忤。絳乘間白上,請復相安石,上從之。惠卿聞命愕然。翌日,上遣句當御藥院劉有方齎詔往江寧召王安石。安石不辭,倍道赴闕。

三月戊午,上謂王安石曰:"小人漸定,卿且可以有爲。"又曰:"自卿去後,小人極紛紜,獨賴吕惠卿主張而已。"因稱吕惠卿兄弟不可得。安石曰:"諸兄弟皆不可得。和卿者,臣初不知其人,昨送臣至陳留,道中與語,極曉事。"

五月丁亥,御史蔡承禧言吕升卿招權慢上,并及吕惠卿。是日進呈,上曰:"經義所辟檢討官劉谷,谷必通經義。惠卿言其人有學問有行。"王安石曰:"臣亦聞其有行,但不識之。"上曰:"檢討須有補於修經,不然,雖有行何補? 有行之士自別有用處。"時承禧言升卿辟谷,與官俸令教小兒而已。安石時與惠卿俱對,上顧安石,稱其獨無私。前此亦屢有此言,蓋爲惠卿發也。明日,惠卿求去,韓絳、王珪不入,安石獨奏事。上曰:"卿任事無助,極不易。韓絳須令去,不然扇動小人,若無已,大害所事。"安石固留絳,請待其復旅拒,絀之未晚。上又以爲:"惠卿不濟事,非助卿者也。"安石曰:"不知惠卿有何事不可於意?"上曰:"忌能,好勝,不公。如沈括、李承之,雖皆非佳士,如卿則不廢其所長,惠卿則每事必言其非。"安石曰:"惠卿於括,恐非忌能。如括反覆,真是壬人。"上曰:"大抵兄弟總好勝忌能。前日留身,極毁練亨甫。亨甫頗機警曉事,觀惠卿兄弟,但才能逼己②,即忌疾之。"安石曰:"升卿等亦屢爲臣言練亨甫,臣亦屢勸

---

① 無所不用其至 嘉慶本同,長編卷二六〇、宋史全文卷十二上、太平治迹統類卷一三神宗任用安石"至"均作"智"。
② 但才能逼己 "逼"底本作"過",據嘉慶本、長編卷二六四、宋宰輔編年録卷八改。

彼,令勿如此逆欲廢人①。"因爲上稱吕和卿温良曉事,又爲上言:"人材如惠卿,陛下不宜以纖介見於辭色,使其不安。"上曰:"何事?"安石曰:"如對惠卿數稱臣獨無適莫,獨無私,則惠卿何敢安位。國家所賴,恐不宜如此遇之。"上因令安石敦勉惠卿就位。

七月癸未②,崇政殿説書、同管句國子監吕升卿權發遣太常寺③,兼修一司敕。升卿乞罷管句國子監,從其請,而有是命。蔡承禧劾升卿,升卿既自辨析,且乞劄付承禧。王安石白上:"恐不宜如此。若承禧紛紛,則煩陛下處置。"上乃已。初,宰執同進呈承禧劾升卿事,惠卿乃謁告,上表求補外者三。上曰:"卿爲參知政事,天下事責不在卿一人,何必爾?"惠卿曰:"頃安石之去④,一時乏人,所以受命不辭。安石復來,理宜決去。"上曰:"卿豈以承禧故耶?承禧言卿弟,無與於卿。"惠卿曰:"縱使承禧言臣,臣爲參知政事,苟自度無過,豈至爲之求去,況臣弟分析事又如此乎?"上曰:"豈以安石議用人不合耶?安石必不忌卿。"惠卿曰:"安石於臣何忌?但陛下初用安石,以其勢孤助之,故每事易成⑤。今日陛下以謂安石之助多節之,故每事難就。則臣之在朝廷,所補者少而所害者多,不若遂臣之去,陛下一聽安石,天下之治可成也。"上曰:"終不令卿去。"惠卿曰:"陛下數宣諭臣以參貳安石,不識何也?參知政事,莫是參知陛下之政事否?"上曰:"安石政事,即朕之政事也。"惠卿因言:"承禧所以言臣弟者,意乃在臣。"上曰:"朕已曉⑥,無過慮。"惠卿不得已,乃復就職。

九月辛未,王安石言:"臣子雱奉詔撰進詩義,設官置局有所改定。臣以文辭義理當與人共,故不敢專守己見爲是。既承詔頒行,學者頗謂有所未安。所有經局改定諸篇,謹録新、舊本進呈。内雖舊本,今亦小有删改,并於新本略論所以當删復之意。"詔安石並删定升卿所解詩序以聞。吕惠卿緣升卿事乞罷政,既復就職,與安石益不協,於是留身白上曰:"臣意安石在江寧時,心有所疑,故速來如此。既至,必是陛下宣諭及嘗借臣奏對日録觀之,後頗開解。忽兩日前,余中、葉唐懿來爲臣言,安石怒臣改其

---

① 令勿如此逆欲廢人　"欲"底本作"億",據嘉慶本、長編卷二六四改。
② 癸未　底本作注文"案:長編係癸酉",據長編卷二六六改。
③ 權發遣太常寺　底本脱"寺"一字,據長編卷二六六補。
④ 頃安石之去　"頃",嘉慶本作"比"。
⑤ 故每事易成　嘉慶本、長編卷二六六均無"成"字。
⑥ 朕已曉　底本脱"朕"一字,據嘉慶本補。

詩義。中語昔與臣同進呈①,安石以爲妄之②,當時只進呈詩序,今但用舊義爾。臣意以爲未審,遣升卿往訊之,果然。升卿曰:'家兄與相公同改定進呈。'安石怒曰:'安石爲文豈如此?賢兄亦不至如此!此曾旼所爲,訓詁亦不識。'臣甚怪之,而未諭其怒之之意,此必爲人所間爾。臣之弟兄於安石,陛下所亮,臣所以事臣親者,移之以事陛下外,心所欽服者,安石一人而已。臣爲之官屬,安石亦尊禮臣不與他等。至與之極口爭事,未嘗怒也。近議市易俵糴事,臣意以謂常平法行之方漸安貼,又爲此法,呂嘉問必不能辦,所以往復與之問難,以遲其事。及將上,陛下果以爲問,臣不敢不言。然安石未必怒此,只是爲人所間爾。"上曰:"安石無它意,經義只爲三二十處訓詁未安。今便不動序,只用舊義,亦無害。"惠卿曰:"安石欲并序刪定,置局修撰非一日。今既皆不可用,而轉官受賜,於理何安?臣亦當奪官。"上曰:"豈有此理!"惠卿曰:"縱朝廷不奪,臣何面目?安石必言垂示萬世③,恐誤學者。洪範義凡有數本,易義亦然。後有與臣商量改者三二十篇,今市肆所賣新改本者是也。制置條例司前後奏請均輸、農田、常平等敕,無不經臣手者,何至今遽不可用,反以送練亨甫?臣雖不才,豈至不如亨甫④?"上曰:"卿不須去位。"惠卿曰:"臣豈可以居此。"

十月己丑朔,太子中允、直集賢院、崇政殿説書呂升卿權發遣江南西路轉運副使。升卿初爲御史所攻,王安石雖數爲解釋,然其實不樂升卿也。升卿復於上前訐安石之短,上既決意罷惠卿政事,故先出升卿。先是,御史蔡承禧奏:"臣累言參知政事呂惠卿奸邪不法,威福賞刑,天下共憤。"庚寅⑤,手詔給事中、參知政事呂惠卿:"朕不次拔擢,俾預政機,而乃不能以公滅私,爲國司直,阿蔽所與,屈撓典刑。言者交攻,深駭朕聽。可守本官出知陳州⑥。"庚子,右正言、知制誥、直學士院、權三司使章惇知湖州。先是,御史中丞鄧綰言:"臣伏見陛下近日斷然罷黜呂惠卿,令按治其罪。惠卿執政逾年,所立朋黨不一,然與惠卿同惡相濟,無如章惇。今惠卿雖已黜逐,而尚留惇在朝

---

① 中語昔與臣同進呈 "語",長編卷二六八作"等"。
② 安石以爲妄之 "妄",長編卷二六八作"忘"。
③ 安石必言垂示萬世 底本無"必"一字,據長編卷二六八補。
④ 豈至不如亨甫 "如"底本作"知",據嘉慶本、長編卷二六八改。
⑤ 庚寅 底本作"是日",據長編卷二六九改。
⑥ 出知陳州 底本脱"出"一字,據嘉慶本補。

廷,亦猶療病四體而止治其一邊,糞除一堂而尚存穢污之半也。"於是罷惇三司使,以本官出守。壬寅,新管句福建路常平等事、常州團練推官曾旼罷爲潭州州學教授。初,旼乞朝辭上殿,閤門以前此無選人入辭上殿例,詔特引對,旼因自言願得閒官,而有是命。其實上惡旼交鬥王安石、吕惠卿,故黜之①。

十二月己丑,王安禮知潤州。先是,吕惠卿言安禮任館職,狎遊無度。於是安禮乞出,即從之。王安石猶以惠卿昔居憂在潤州,欲使安禮求其過失故也。庚寅,吕升卿落職,降授太常寺太祝、監無爲軍酒稅。升卿對上言得解進士李籍不識字,中書取籍試卷視之應格,詔升卿分析。升卿言:"不識字者,猶言不別菽麥也。"法寺當以對制不以實追兩官。初,升卿於上前言練亨甫以穢德爲王雱所昵,且曰:"陛下不信,臣有老母,敢以爲誓。"於是臺諫言:"王安國非議其兄,吕惠卿謂之不悌,放歸田里。今升卿對陛下,親詛其母,比安國,不既重乎?"於是重責之。

九年六月辛卯,給事中、知陳州吕惠卿奏:"往者鄧綰言臣丁憂日,託張若濟貸部内錢。聞推究所窮究首尾,七月乃畢。今朝廷復差蹇周輔推鞫。其初遣使之指,事本緣臣。臣事既明,更爲何人置勘? 周輔乃綰鄉人,嘗爲御史推直官,不惟有嫌,於法亦礙,乞别選官置院。"詔屯田郎中、新權發遣秦鳳路提點刑獄李竦與蹇周輔同推鞫。初以惠卿奏進呈,王安石曰:"徐禧本惠卿所薦,自布衣,不旋踵爲美官。尹政亦惠卿與章惇所獎擢,因何不言? 恐人疑其不盡。今乃言周輔不可用,不知周輔有何嫌?"上曰:"惠卿言綰已是罪人,難更用其言。"安石曰:"綰爲言事官,縱不實,無罪。"上曰:"綰言借錢事,亦已有不實。"安石曰:"綰以根究爲不實,即未見其爲罪,况言事官許風聞,言者自有主名,安可遽以罪綰?"上曰:"惠卿必緣罷卻溫卿故云爾。"上又曰:"惠卿言觀宰臣氣焰,必欲致臣於死。"於是安石因請改差人,上難之。安石請添差一人,上許之,遂以命竦。安石既與惠卿交惡,令徐禧、王古等按華亭獄②,不得惠卿罪,更使周輔按之。安石子雱猶恐不得,切責練亨甫、吕嘉問,亨甫、嘉問共議取鄧綰所條惠卿事,雜他書下制獄,安石初不知也。惠卿素結堂吏,遽告惠卿於陳,惠卿即自訴,且訟綰及安石,前後凡數十紙,其略曰:"綰等入奏,中書出敕,如出一口。"又曰:"夕

---

① 故黜之 "黜"底本作"絀",據長編卷二六九改。
② 王古 底本作"王占",據嘉慶本、長編卷二七六、宋史全文卷十二上改。

出於權勢之口,朝書於言者之奏。"又曰:"安石盡棄素學,而隆尚縱橫之末數,以爲奇術,以至譖愬脅持,蔽賢黨奸,移怒行狠,方命矯令,罔上要君。凡此數惡,力行於年歲之間,莫不備具。雖古之失志倒行而逆施者,迨不如此。平日聞望一旦掃地①,不知安石何苦而爲此也。謀身如此,以之謀國,必無遠圖。而陛下既以不可少而安之,臣固未易言也。雖然,安石忌臣之心有甚而無已,故其所爲,無所顧藉。"又曰:"今中書乃用罪人綰等之誣辭出降敕命。"又曰:"匿其恡心,託情小事②,以脱誤詔令之出,此皆奸賊之臣得以擅命作威於闇世者也。奈何安石今日之所爲,乃與之同事耶?"又曰:"安石矯誣敕命,以令勘官。"又曰:"前之矯誣,必當彰敗。"又曰:"陛下既令安石任政,若出於此而不稍裁抑,猶恐非長久之道。"又曰:"安石必不敢以此爲名而求去。若以此求去,是敢以不義要陛下也,其可從乎?"又曰:"陛下平日以如何人遇安石,安石平日以何等人自任?不意窘急,乃至於此。"又曰:"君臣妨閑,豈可以安石廢也③?"又曰:"臣之所論,皆中其肺肝之隱。"上既以惠卿所訴事示安石,安石謝無有。歸而問雱,雱乃言其情,安石始咎雱。雱先病疽,忿恚增劇,而嘉問等相繼得罪,安石由是媿上,數求去④。上待安石自是意亦稍衰矣。

十月丙午,宰相王安石罷爲鎮南軍節度使、同平章事、判江寧府。吕惠卿發安石前後私書。事見王安石專政下

十年正月戊寅,詔前光禄寺丞、知秀州華亭縣張若濟貸死,杖脊刺面,配沙門島;試將作監主簿鄭膺柳州編管。先是,塞周輔、李竦同鞫若濟獄,温卿等皆就刑,於是獄具,若濟坐枉法贓;膺,吕惠卿之舅,干請必從,又挾惠卿勢,豪橫兩浙,人皆呼"鄭六舅"。或言周輔初按得吕氏姦私事,推治甚急,會鄧綰敗,吕氏家人饋藥,名藥曰"綰出湯",因以告周輔。周輔得之,遂不肯爲王氏盡力,抹殺吕氏事,而上其獄云。

元豐五年五月己丑,承議郎、試御史中丞徐禧試給事中。先是,龍圖閣待制鄧綰知永興軍事。禧言:"永興故爲浩穰,其民鬥暴,加以兵政所寄,千里折衝。於今人才,

---

① 平日聞望　"聞"底本作"問",據嘉慶本、長編卷二七六、宋宰輔編年録卷八、太平治迹統類卷十三改。
② 託情小事　"情"底本作"請",據嘉慶本、長編卷二七六改。
③ 豈可以安石廢也　"以",嘉慶本、長編卷二七六均作"爲"。
④ 安石由是媿上數求去　長編卷二七六作"安石由是愧,上疏求去";宋宰輔編年録卷八作"安石由是媿,數上章求去"。

闒茸偷惰無居綰右者。伏乞移綰内郡，別選有才之臣。"詔知青州、龍圖閣直學士劉庠與綰對易。上謂執政曰："徐禧舉孔武仲、邢恕爲御史，如何？"王安禮曰："武仲與恕志趣，豈可爲御史？"張璪曰："此兩人皆異論者。"上曰："徐禧論事，其意漸可見，大率懷吕惠卿之恩，尤欲進異論之人。蓋惠卿已叛去王安石，欲多結附往時異論之人，欲以爲黨。唐坰仍上書薦惠卿天下奇才，蓋坰適過揚，見惠卿，其事可知。禧自爲中丞，昨日方請對，情狀已露。"王珪曰："賴陛下早辨。"上曰："履霜，堅冰至。由辨之不早辨也，豈宜更在此位？"張璪曰："今日即欲别除一官。"安禮曰："禧號能治邊，或授以帥爲宜。"上曰："雖稍加進寵，與外任，無害。"安禮曰："事君者不可以貳，苟貳焉，無所不至。禧尚是知縣資序，陛下拔擢過分，宜何以爲報？而懷奸若此！"上曰："禧何曾有資序？自布衣即擢至此。禧事惠卿如父。如禧，今日殺身可也，豈知論報？"安禮曰："禧論鄧綰非才，不當除知永興事。"上曰："此亦用惠卿之意也。"故雖改綰青州，亦罷禧中丞，仍詔中書省命詞止云"門下省關掌出納命令之重，選材换授"，勿言禧不當處言職也。辛卯，上因言李稷，吕惠卿所薦，人物甚似惠卿。王珪曰："稷深爲惠卿所知。惠卿奏乞避蔡承禧，乃言：'執政知臣與承禧有隙，授以淮南，意在擾臣。'不知承禧之除出於陛下。"安禮曰："承禧何足畏？惠卿居喪有何事，令承禧得以報怨①？"上曰："惠卿性極貪鄙，閒居不免私污，干擾州縣。慮爲承禧所持，所以心不自安。"

十月癸酉，新知太原府、資政殿大學士、通議大夫吕惠卿落職，守本官知單州。八月十三日改知太原，惠卿初除母喪，即有太原之命。及一見，上將改授鄜延，且論令總四路守備。惠卿手疏言："陝西之師，非惟不可以攻，亦不可以守。爲今日之計，要在大爲形勢。形勢之説，非一二可盡。因請三省、樞密院議邊事日，乞召臣同對。"上謂輔臣曰："如惠卿之言，陝西一路無可守之理，則陝西可棄也。所謂形勢者，惠卿欲得執政宣撫四路，已爲副，乃可行。用意如此，豈宜委以邊事？可卻令赴河東。"王安禮曰："既不令往陝西，恐不可更令帥太原。與一閒郡，如陳、潁可也。"上曰："與潁州或蔡州。"張璪曰："與蔡州。"上可之。命未下，翌日，三省、樞密院對。上語及惠卿，王安禮曰："臣再三思之，自古禍福藏於無形。如惠卿用捨，實係朝廷禍福。且惠卿久在

---

① 令　底本作"今"，據長編卷三二六改。

朝廷,朋附者衆。今日罷帥與郡,曾不明示過惡,議者必謂惠卿論事公當,主上不能容受直言,輔臣中有擠之者,故及於此。惠卿亦必以此爲解。臣以謂宜於告命中明言惠卿之罪,落大學士,與一小郡,如單州之類爲允,使中外小大之臣知惠卿過惡所在,人人警懼,因又知名位不可以計數取,兼足以整勵風俗。緣惠卿肆爲浮言,覬動朝聽①。弼臣議政,自請造前,躁輕矯誣,出於爲利。若行制告,當如此命詞,則惠卿雖被重責,必無以説。未審聖意如何?”上曰:“甚善。可落職,與通議大夫、知單州。召舍人,以此命辭。”張璪曰:“欲召舍人諭以意。”上曰:“趙彥若安能爲之?便可指揮,令用此詞行下三省。”至都堂,召中書舍人趙彥若,諭以聖意。王珪書告詞付彥若,彥若以故事未有定草令舍人行者,退而論列,上不許,乃用先擬詞,彥若書名行下。

八年三月,哲宗即位。

四月庚辰,知太原府吕惠卿遣兵入西界,破六寨,斬首六百餘級。

五月戊午,資政殿學士、知太原府吕惠卿爲資政殿大學士。是月,西賊犯鄜延路,供奉官王英戰死。

此據劉摯、王覿劾吕惠卿擅興章疏增入。摯云西人復仇,以五月犯塞,疆臣戰歿,士卒陷亡。今實錄乃無此,當考。覿云供奉官王英戰死。不知戰處是何城寨,當考。八月十四日録王英二子,則死處實葭蘆寨也。

元祐元年三月己卯,吕惠卿提舉崇福宫,以引疾,從其請也。

五月乙亥,右司諫蘇轍言:“伏見前參知政事吕惠卿,懷張湯之辨詐,兼盧杞之姦回。王安石初任執政,用爲心腹。安石,山野之人,彊狠傲誕,其於吏事,冥無所知。惠卿指摘教導,以濟其惡。青苗、助役,議出於其手。其後又建手實簿法,尺椽寸土,檢括無遺,小民怨苦,甚於苗役。”又曰:“安石之於惠卿,有卵翼之恩,有父師之義。方其求進,則膠固爲一,更相汲引,以欺朝廷。及其權位既均,勢力相軋,反眼相噬,化爲讐敵。”又曰:“自去歲以來,朝廷廢吴居厚、吕嘉問、塞周輔、宋用臣、李憲、王中正等,或以牟利,或以黷兵,一事害民,皆不得逃譴。今惠卿身兼衆惡,自知罪大,而欲以閑地自免,天下公議,未肯赦之。伏乞陛下斷自聖意,略正典刑,縱未以污鈇鑕,猶當追削官職,投畀四裔,以禦魑魅。”

---

① 朝聽 底本作“朝廷”,據嘉慶本、長編卷三三〇改。

六月甲午①,御史中丞劉摯言:"伏覩去年三月六日陛下登極赦文,應緣邊州郡,仰長吏、巡檢使臣、鈐轄兵士及邊上人户,不得侵擾外界,静守疆埸。當此之時,知太原府吕惠卿輒於四月中旬被受赦敕之後,連遣部將折克行、訾虎,相次以數萬人入西界討蕩,所得首級,皆是緣邊老弱,虚誇以爲功,而官軍人騎死傷甚衆。未幾,西人復仇,以五月犯塞,疆臣戰歿,士卒陷亡。臣以謂勞師動衆,奏功不實,以至結怨夷狄,猶未足論也。又其公違詔敕,擅出師旅,實無人臣之禮,則其罪不可以不治。伏請以臣章付外議,正惠卿罪狀,考古之義,依律處分,以伸大公之法,爲奸雄之戒。"右司諫王巖叟言:"惠卿爲國生事,搆怨連禍。"右司諫蘇轍言:"安石凡害民蠹國之事,皆惠卿發其端。"右正言王覿言:"惠卿妄興師旅,違聖孝之情,廢格赦敕,無人臣之禮。"癸卯,資政殿學士、正議大夫、提舉崇福宫吕惠卿落職,降爲中散大夫、光禄卿,分司南京、蘇州居住。丙午,左司諫王巖叟等言:"吕惠卿前後所犯,皆在不赦。朝廷議欲貸而不誅,只乞檢臣前奏,投之四裔,以禦魑魅。"辛亥,吕惠卿責授建寧軍節度副使,本州安置,不得簽書公事。從諫官王巖叟等四人所奏也。内批付三省云:"惠卿罪惡貫盈,雖已施行,而臺諫彈劾不已,難居善地。可竄逐一遠小處,以允公議。"始,惠卿責授光禄卿②,分司南京、蘇州居住,中書舍人范百禄草制詞,有云:"朕承先帝大烈,懼弗克勝,而法弊不可以不更張,民勞不可以不振德。稽其所自,汝爲厲階。"右僕射吕公著以手簡諭百禄云③:"恐彰先帝之失,宜删去之。"百禄如公著所諭④,但以"人言孔多"爲説。及是,中書舍人蘇軾草制詞,曰:"凶人在位,民不奠居;司寇失刑,士有異論。稍正滔天之罪,永爲垂世之規。吕惠卿以斗筲之才,挾穿窬之智⑤,諂事宰輔,同升廟堂。樂禍而貪功,好兵而喜殺。以聚斂爲仁義,以法律爲詩書。首建青苗,次行助役;均輸之政,自同商賈;手實之禍,下及雞豚。苟可蠹國以害民,率皆攘臂而稱首。先皇帝求賢若不及,從善如轉圜,始以帝堯之心姑試伯鯀,終焉孔子之聖不信宰予。發其宿奸,謫

---

① 甲午 底本作"癸巳",據長編卷三七九改。
② 責授光禄卿 "授"底本作"受",據宋宰輔編年録卷八、太平治迹統類卷二〇改。
③ 右僕射吕公著以手簡諭百禄云 "諭"底本作"與",據長編卷三八〇、宋宰輔編年録卷八改。
④ 諭 底本作"論",據長編卷三八〇、宋宰輔編年録卷八改。
⑤ 挾穿窬之智 "智"底本作"知",據長編卷三八〇、東坡全集卷一〇七吕惠卿責授建寧軍節度副使本州安置不得簽書公事、宋史全文卷一三上、宋宰輔編年録卷八改。

之輔郡，尚宜改過，稍畀重權。復陳岡上之言，繼有碭山之貶。反覆教戒，惡心不悛，躁輕矯誣，德音猶在。始與知己共爲欺君，喜則摩足以相歡，怒則反目以相噬。連起大獄，發其私書，黨與交攻，幾半天下。奸贓狼籍，橫被江東①。至其復用之年，始倡西戎之隙，妄出新意，變亂舊章。力引狂生之謀，馴致永樂之禍。興言及此，流涕何追！迨予踐祚之初，首發安邊之詔。假我號令，成汝詐謀。不圖渙汗之文，止爲款賊之具。迷國不道，從古罕聞。尚寬兩觀之誅，薄示三危之竄，國有常典，朕不敢私。"

李定姦惡

熙寧三年四月己卯，前秀州軍事判官李定爲太子中允、權監察御史裏行。定素與王安石善。孫覺歸自淮南，薦定極口，因召至京師。定初至，謁李常，常問南方之民以青苗爲如何，定言："皆便之，無不善。"常謂曰："今朝廷方爭此，君見人，切勿爲此言也。"定即日詣安石，白其事曰："定惟知據實而言，不知京師不得言青苗之便也。"安石喜，遂奏以定編三司歲計及南郊式，且密薦於上，乞召對。謂定曰："君上殿當且爲上道此。"及見上，果問常平新法，定對如安石所教。上悅，批付中書，欲用定知諫院。曾公亮、陳升之以爲前無此例，固爭之，乃改命焉。編式乃二年十二月二日。右諫議大夫、知制誥宋敏求言："中書送李定除權監察御史裏行詞頭。伏以御史之官，舊制須太常博士經兩任通判；未滿任者爲御史裏行②。去歲驟用京官③，今又幕職官便陞朝著，峻處糾繩之地④。臣恐弗循官制之舊，未厭群議，其詞頭未敢具草。"且以疾辭知制誥。壬午，敏求罷知制誥。甲申，翰林學士司馬光讀資治通鑑退，上留光語。光曰："李定有何異能，而拔用不次？"上曰："孫覺薦之，邵亢亦言定有文學恬退。朕召與之言，誠有經術，故欲以言職試之。"光曰："宋敏求繳定詞頭，何至奪職？"上曰："敏求非坐定也。朕令草呂公著誥詞，不遵聖旨，而承公亮之語，但云'據援非實'而已。"

---

① 橫被江東　嘉慶本、東坡全集卷一〇七、宋文鑑卷四〇吕惠卿責授建寧軍節度副使本州安置不得簽書公事、宋史全文卷一三上、宋宰輔編年録卷八同，長編卷三八〇"橫被"作"縱橫"。
② 未滿任者爲御史裏行　底本脱"爲御史裏行"五字，據宋朝諸臣奏議卷五二宋敏求上神宗繳李定詞頭補。
③ 去歲驟用京官　"官"底本作"令"，據長編卷二一〇、宋朝諸臣奏議卷五二宋敏求上神宗繳李定詞頭、太平治迹統類卷三〇、職官分紀卷一四、文獻通考卷五三職官考七改。
④ 峻處糾繩之地　底本脱"峻"一字，長編卷二一〇同，據宋朝諸臣奏議卷五二宋敏求上神宗繳李定詞頭、職官分紀卷一四、記纂淵海卷三〇、文獻通考卷五三職官考七補。

五月乙未①,司封員外郎、直史館同修起居注蔡延慶,兵部郎中、集賢校理王益柔直舍人院。王安石謂益柔舊人,且行義修飭,不廢學問,故與延慶並命直舍人院。自太平興國以後不復除,時安石建議,欲令直舍人院者草李定詞,已乃除知制誥,因舉祖宗舊例。初以命陳襄,襄辭不爲,遂并授兩人。天章閣待制孫固兼權管句御史臺、知通進銀臺司,代陳薦也。王安石謂陳薦必封駁李定除命,韓絳又疑薦不放定入臺,故言於上,罷薦而用固。癸卯,上批:"近以秀州軍事判官李定爲太子中允、權監察御史裏行,知制誥李大臨、蘇頌累格命不下,可並以本官歸班。"大臨及頌時皆爲郎中。先是,宋敏求封還定詞頭,詔送別官,而頌當命辭。頌言未敢具草,詔再送舍人院,次至大臨,大臨亦封還。既而安石進呈舉御史新條,并錄初立條時奏對語,白上曰:"胡宗愈以此爲臣私意,蓋不知陛下立此法時德音故也。"上批:"檢會去年七月初六日詔,今後臺官有闕②,委御史中丞奏舉,不拘高下官職,令兼權。"頌、大臨又言:"臣等看詳,從前臺官須得於太常博士以上、中行員外郎以下舉充。後來爲難得資序相當之人,故朝廷特開此制,云不拘官職高下者,止是不限博士與中行員外郎耳,非謂選人亦許奏舉也。所謂兼權者,如三丞以下未爲監察,故且令上權裏行;員外郎以上不可爲侍御,故令下兼,皆不爲選人設文也。若不拘官職高下,并選人在其間,則是秀州判官亦可以權裏行,不必更改中允也。"復詔頌依前降指揮撰詞,頌執奏如初,又言:"果出聖意拔擢,即須非常之人。昔馬周爲常何作奏,條陳得失二十餘事,皆當世切務,唐太宗拔於布衣。近世張知白上書言事,議論卓越,真宗拔於河陽職官。此二臣者,可謂有顯狀矣。逢時遇主,可謂非常矣。然周猶召直門下省,明年,方用爲御史裏行。知白召還,奏對稱旨,亦命試舍人院,然後授以正言,非如定遠州職官,素無聲稱,便蒙超擢。"故有是責。大臨及頌之未責也,詔輒直舍人院蔡延慶等就職。及責大臨等,延慶遂草定制。既進草,又上奏乞罷之。知通進銀臺司孫固再封駁,卒行下。

六月壬戌,駕部郎中朱壽昌者,巽之子也,其母劉氏。壽昌生二歲,巽守長安,出劉氏嫁民間,母子不相知者五十年。壽昌行四方,訪求不獲,飲食罕御酒肉,與人言輒

---

① 乙未 底本脱此二字,據長編卷二一一補。
② 今後臺官有闕 "今"底本作"令","闕"底本作"關",據長編卷二一一改。

流涕。以浮屠法灼臂、燒頂,刺血寫佛書,冀遂其志。又棄官入秦,與家人訣,誓不見母不復還。行次同州,得劉氏,時年七十餘矣。永興錢明逸表其節孝。癸亥,詔壽昌赴闕朝見。先是,言者共攻李定不服母喪,王安石力主定,因忌壽昌。及壽昌至,但付審官院。壽昌前已再典郡,於是折資通判河中府。

四年正月丁未,降太子中允、權監察御史裏行林旦爲著作佐郎、知黃縣,薛昌朝爲大理寺丞、知宿遷縣。先是,旦、昌朝言李定當爲所生母追服,不報。旦六疏,昌朝七疏,故有是命。辛亥,權監察御史裏行范育罷爲崇文院校書。育前後七奏李定不服母喪,及奉使河東,又面論之,且乞罷免臺職。既辭七日,而有是命。

元豐八年三月,哲宗即位。

元祐元年四月癸丑,左司諫王巖叟言①:"龍圖閣直學士、新知江寧府李定,既仕宦之久,見避持服,明知仇氏其母而不認②。及致人言,乃歸過其父,而左右反覆,巧爲疑辭,以欺其心,而背其親,遂若平生無母者。熙寧中,知制誥與諫官、御史交章論奏,有司考覈,迹狀明甚,天下無不憎其惡,而宰相王安石曲法枉道,獨爲主張。"殿中侍御史王陶、中丞劉摯等相繼有章③,乞明正典刑。乃詔開封府及淮南提刑司根究定不持母服端的因由,仍就便移文問定結罪,保明以聞。

五月壬申,中書舍人范百祿奏:"刑房送到詞頭,奉聖旨,李定備位侍從,終不言母爲誰氏。彊顔匿志,冒榮自欺,落龍圖閣直學士、守本官分司南京,許於揚州居住。臣等看詳李定所犯,若初無人言,即止是身負大惡。今既言者如此,朝廷勘會得實,而使無母不孝之人,猶白得以通議大夫分司南京,即是朝廷亦許如此等類得據高位,傷敗風俗,爲害不淺。所有告命,臣等未敢撰詞。"

六月甲寅,左司諫王巖叟言:"李定不持所生母仇氏服,乞行竄殛。"詔定責授朝請大夫、少府少監,分司南京、滁州居住。

---

① 左司諫王巖叟言　"左"底本作"右",據長編卷三七六改。
② 明知仇氏其母而不認　底本脱"而"一字,據長編卷三七六補。
③ 相繼有章　"章"底本作"草",據長編卷三七六改。

卷第六十二

神宗皇帝

蘇軾詩獄

治平三年二月乙酉,殿中丞蘇軾直史館。上在藩邸,聞軾名,欲以唐故事召入翰林,便授知制誥。韓琦曰:"蘇軾遠大之器,他日自當爲天下用,在朝廷培養之,使天下之士莫不畏慕降服,然後取而用之,則人人無復異詞。今驟用之,恐天下之士,未必皆以爲然,適足累之也。"上曰:"知制誥既未可,與修起居注,可乎?"琦曰:"記注與制誥爲鄰,未可遽授。不若於館閣中擇近上貼職與之,且近例當召試。"上曰:"未知其能否,故試。如蘇軾有不能耶?"琦言不可,乃試而命之。他日,歐陽修具以告軾,軾曰:"韓公所以待軾之意,乃古所謂君子愛人以德者也。"

六月壬辰,贈故霸州文安縣主簿、太常禮院編纂禮書蘇洵光禄寺丞。所修書方奏,未報而洵卒,賜其家銀絹各百兩疋,其子殿中丞、直史館軾辭所賜,求贈官。既從之,又特敕有司具舟,載其喪歸於蜀。

熙寧二年五月,群臣準詔議學校貢舉,多欲變改舊法,獨殿中丞、直史館、判官告院蘇軾奏云云。上得軾議,喜曰:"吾固疑此,得蘇軾議,釋然矣。"即召見,問:"何以助朕?"軾對曰:"陛下求治太急,聽言太廣,進人太鋭。願陛下安靜以待物之來,然後應之。"上悚然聽受,曰:"卿三言,朕當詳思之。"他日,上問王安石以軾爲人何如,安石知軾素與己異,疑上亟用之也,因問上曰:"陛下何以召見軾?"上曰:"見軾議學校貢舉異於諸人,故召見之。"且道軾對語曰:"'陛下何以召見臣?'朕爲言:'見卿議事有所未喻,故召問卿。'軾曰:'陛下如此則錯矣。人臣以得召見爲榮,今陛下實未知臣,何如但以臣言即召見,恐人争爲利以進。'又謂朕與人官太速,後或無狀,不能始終。此説何如?"安石曰:"陛下與人官,患在不考實。雖與官速,不害。"上曰:"軾又言兵先動者爲客,後動者爲主。主常勝,客常不勝,治天下亦然。人主不欲先動,當用靜以應之於後,乃能勝天下之事。此說何如?"安石曰:"軾言亦是,然此道之經也,非所謂道之變。聖人之於天下,感而後應,則軾之言有合於此理。然事變無常,固有舉世不知出此,而聖人爲之倡發者。譬之用兵,豈盡須後動然後能勝敵,顧其時與勢之所宜而已。"上曰:"卿言如此,極精。"又言:"軾宜以小事試之,如何?"安石曰:"臣已屢奏試人當以事,此言誠是也。"安石因極稱呂惠卿。其後上復謂曾公亮曰:"蘇軾奏對明敏,可試也。"公亮曰:"京師無可試者。"王安石曰:"軾亦非久當作府推。"上曰:"欲用軾修中書條例。"安石曰:"軾與臣所學及議論皆異,別試以事可也。"又曰:"陛下欲修中書條例,大臣所不欲,小臣又不欲。今軾非肯違衆以濟此事者也。恐卻故爲異論,沮壞此事。兼陛下用人,須是再三考察,實可用乃用之。今陛下但見軾之言,其言又未見可用,恐不宜輕用也。"

八月庚戌,制置三司條例司檢詳文字蘇轍言:"每於本司商量公事,動皆不合。臣已有狀申本司,具述所議不同事,乞除一合入差遣。"詔依所乞。上閱轍狀,問:"轍與軾如何?觀其學問,頗相類。"王安石曰:"臣已嘗論奏,軾兄弟大抵以飛箝捭闔爲事。"上曰:"如此則宜合時事,何以反爲異論?"

十一月己巳,司封員外郎、直史館蔡延慶,右正言、直集賢院孫覺並同修起居注。上初欲用蘇軾及孫覺,王安石曰:"軾豈是可獎之人?"上曰:"軾有文學,朕見似爲人平靜,司馬光、韓維、王存俱稱之。"安石曰:"邪險之人①,臣非苟言之,皆有事狀。作賈誼論,言優游浸漬,深交絳、灌,以取天下之權。欲麗附歐陽修,修作正統論,章望之非之,乃作論排章望之,其論都無理。非但如此,遭父喪,韓琦等送金帛不受,卻販數船蘇木入川。此事人所共知。司馬光言呂惠卿愛錢②,反言蘇軾平靜,斯爲厚誣。陛下欲變風俗,息邪說,驟用此人,則士何由知陛下好惡所在?此人非無才智,以人望,人誠不可廢。若省府推判官有闕,亦宜用,但方是通判資序,豈可使令修注?"上乃罷軾不用。

十二月,有中旨下開封府,減價買浙燈四千餘枝。權推官、殿中丞、直史館蘇軾

---

① 邪險之人　宋史全文卷一一作"險邪之人"。
② 司馬光言呂惠卿愛錢　宋史全文卷一一同,嘉慶本、太平治迹統類卷一三神宗任用安石"愛"均作"受"。

言:"陛下游心經術,動法堯、舜。窮天下之嗜欲,不足以易其樂;盡天下之玩好,不足以解其憂。而豈以燈爲悦哉?此不過以奉二宫之歡耳。且賣燈皆細民,安可賤酬其直?願亟罷之。"上納其言。軾因奏書獻上言,曰:"願陛下結人心,厚風俗,存紀綱。"書凡七千餘言。軾素不爲王安石所喜,使權開封府推官,欲以多事困之也。而軾決斷精敏,聲問益遠①,論事益不休。

三年三月壬子,上御集英賜進士第,葉祖洽以阿時置第一。軾奏欲别定等第,上不許。詳見科舉。初,軾爲國子監考試官,時二年八月也。安石既得政,每贊上以獨斷,上專信任之。軾發策云:"晋武平吴,以獨斷而克;苻堅伐晋,以獨斷而亡。齊威專任管仲而霸,燕噲專任子之而滅。事同功異,何也?"安石見之不悦。上數欲用軾,安石必沮毁之。軾又嘗上疏曰:"陛下自去歲以來,所行新政,皆不與治世同道。"又作擬進士對御試策。上以軾所對策示王安石,安石曰:"軾材亦高,但所學不正,今又以不得逞之故,其言遂跌蕩至此,請黜之。"曾公亮曰:"軾但異論耳,無可罪者。"它日,安石又白上曰:"陛下何以不黜軾?豈爲其材可惜乎?譬如調惡馬,須减芻秣,加箠撲②,使其貼服,乃可用。如軾者,不困之使自悔,而紐其不逞之心,安肯爲陛下用。且如軾輩,其才爲世用甚少,爲世患甚大,陛下不可不察也。"

七月,侍御史知雜事謝景温言:"應受詔特舉官者,發奏日具所舉官姓名報臺,以憑審察。"詳見御史門。

林希野史云:王安石恨怒蘇軾,欲害之,未有以發。會詔近侍舉諫官,謝景温建言:"凡被舉官移臺考核,所舉非其人,即坐舉者。"人固疑其意有所在也。范鎮薦蘇軾,景温即劾軾向丁父憂歸蜀,往還多乘舟載物、貨賣私鹽等事。安石大喜,以三年八月五日奏上,六日,事下八路按問,水行及陸行所歷州縣,令具所差借兵夫及梢工訊問賣鹽,卒無其實。眉州兵夫乃迎候新守,因送軾至京。既無以治軾,會軾請外,例當作州,折抑其資,以爲杭倅,卒不能害軾。士論無不薄景温云。

八月乙丑,司馬光上殿,乞知許州,言忤王安石者如蘇軾輩,皆毁其素履,中以危法。詳見論青苗法下。

元豐二年七月己巳,御史中丞李定言:"知湖州蘇軾初無學術,濫得時名,偶中異

---

① 聲問益遠 "問",太平治迹統類卷十二神宗聖政作"聞"。
② 加箠撲 "撲"底本作"朴",據九朝編年備要卷一八改。

科,遂叨儒館。有可廢之罪四。"御史舒亶言:"軾近上謝表,頗有譏切時事之言,流俗翕然争相傳誦,志義之士無不憤惋。蓋陛下發錢本以業貧民,則曰'贏得兒童語音好①,一年彊半在城中';陛下明法以課試群吏,則曰'讀書萬卷不讀律,致君堯舜知無術';陛下興水利,則曰'東海若知明主意,應教斥鹵變桑田';陛下謹鹽禁,則曰'豈是聞韶解忘味,爾來三月食無鹽'。其他觸物即事,應口所言,無一不以詆謗爲主,小則鏤板,大則刻石,傳播中外,自以爲能。"并上軾印行詩三卷。御史何正臣亦言:"軾愚弄朝廷,妄自尊大。"詔知諫院張璪、御史中丞李定推治以聞。時定乞選官參治,乃罷軾湖州,差職員追攝。既而上批,令御史臺選牒朝臣一員乘驛追攝,又責不管別致疏虞狀,其罷湖州朝旨,令差去官齎往。

十二月庚申②,祠部員外郎、直史館蘇軾責授檢校水部員外郎、黃州團練副使,本州安置,不得簽書公事,令御史臺差人轉押前去。駙馬都尉王詵追兩官勒停,蘇轍監筠州酒稅務,正字王鞏監賓州鹽酒務③,令開封府差人押出門,趣赴任。太子少師致仕張方平、知制誥李清臣罰銅三十斤;端明殿學士司馬光、工部侍郎致仕范鎮、知開封府錢藻、知審官東院陳襄、京東轉運使劉攽、淮南西路提點刑獄李常、知福州孫覺、知亳州曾鞏、知河中府王汾、知宗正丞劉摯、著作佐郎黃庭堅、衛尉寺丞戚秉道、正字吳琯、知考城縣盛僑、知滕縣王安上、樂清縣令周邠、監仁和縣鹽税杜子方④、監澶州酒稅顔復、選人錢世雄各罰銅二十斤。初,御史臺既以軾具獄上法寺,當徒二年,會赦當原。於是中丞李定言:"軾起於草野垢賤之餘,朝廷待以郎官、館職,不爲不厚。而乃怨未顯用,肆意縱言,譏諷時政。自熙寧以來,陛下所造法度,悉以爲非。古之議令者,獨有死而無赦,況軾所著文字,訕上惑衆,豈徒議令之比?乞特行廢絶,以釋天下之惑。"御史舒亶又言:"駙馬都尉王詵收受軾譏諷朝政文字及遺軾錢物⑤,原情議罪,實不容誅,乞不以赦論⑥。"又言:"除王詵、王鞏、李清臣外⑦,張方平而下凡二十二人,如盛

---

① 贏得兒童語音好 "語音"底本作"言語",據嘉慶本、長編卷二九九、東坡集卷四山村五絶改。
② 庚申 底本脱此二字,據長編卷三〇一補。
③ 正字王鞏監賓州鹽酒務 底本脱"鹽"一字,據長編卷三〇一補。
④ 監仁和縣鹽税杜子方 底本脱"鹽"一字,據長編卷三〇一補。
⑤ 及遺軾錢物 底本脱此五字,據長編卷三〇一補。
⑥ 乞不以赦論 底本脱此五字,據長編卷三〇一補。
⑦ 又言除王詵王鞏李清臣外 底本脱"又言除"三字,據長編卷三〇一補。

僑、周攽輩固無足論,乃若方平與司馬光、范鎮、錢藻、陳襄、曾鞏、孫覺、李常①、劉攽、劉摯等,蓋皆略能誦説先王之言,辱在公卿、士大夫之列,顧可置而不誅乎?"疏奏,軾等皆特責。獄事起,詵嘗屬轍密報軾,而轍不以告官,亦降黜焉。軾初下獄,方平及鎮皆上書救之,不報。

朱本改墨本云:軾坐久不得進怨望,凡上所施爲,皆作詩詆訕,無所不至。

軾既下獄,衆危之,莫敢正言者。直舍人院王安禮乘間進曰:"自古大度之君,不以語言謫人。按軾文士,本以才自奮,謂爵位可立取。顧碌碌如此,其中不能無觖望。今一旦致於法,恐後世謂不能容才。願陛下無庸竟其獄。"上曰:"朕固不深譴,特欲伸言者路耳。行爲卿貰之。"既而戒安禮曰:"第去,勿漏言。軾前賈怨於衆,恐言者緣軾以害卿也。"始,安禮在殿廬,見御史中丞李定,問軾安否狀,定曰:"軾與金陵相公論事不合②,公幸毋營解,人將以爲黨。"至是歸舍人院,遇諫官張璪,忿然作色曰:"公果救軾耶,何爲詔趣其獄?"安禮不答。其後獄果緩,卒薄得其罪。

三年三月庚寅,御史滿中行言:"近論奏乞追寢翰林學士李清臣新命,未蒙施行。案清臣前任京東提點刑獄,蘇軾在部中,親見軾輩悖慢怨謗,附下訕上,而不能刺舉,則清臣失職之罪已在可誅,矧復與之更唱迭和,相與朋比,而怨懟譏謗之辭又特過之,固治世之刑所不宜赦也。"不聽。

四月辛亥,前絳州團練使、駙馬都尉王詵復慶州刺史,聽朝參。詵前坐蘇軾奪官,蜀國長公主久病,上欲慰主心,故特有是命。及上視主疾,問所欲,主但謝復詵官而已。

七年正月辛酉,責授黃州團練副使蘇軾移汝州。軾言汝州無田産,乞居常州,從之。元豐中,軾繫御史獄,上本無意深罪之。宰臣王珪進呈,忽言:"蘇軾於陛下有不臣意。"上改容曰:"軾固有罪,然於朕不應至是,卿何以知之?"珪因舉軾檜詩"根到九泉無曲處,世間惟有蟄龍知"之句,對曰:"陛下飛龍在天,軾以爲不知己,而求之地下之蟄龍,非不臣而何?"上曰:"詩人之詞,安可如此論。彼自詠檜,何預朕事!"珪語

---

① 李常 底本作"李嘗",據長編卷三〇一改。
② 金陵相公 嘉慶本同,長編卷三〇一作"金陵丞相"。

塞。章惇亦從旁解之曰:"龍者,非獨人君,人臣俱可以言龍也。"上曰:"自古稱龍者多矣,如荀氏'八龍'、孔明'臥龍',豈人君也?"遂薄其罪,以黄州團練副使安置。然上每記憐之①,一日,語執政曰:"國史大事,朕意欲俾蘇軾成之。"執政有難色,上曰:"非軾則用曾鞏。"其後鞏亦不能副上意,上復有旨起軾,以本官知江州,中書蔡確、張璪受命,王震當詞頭。明日,改承議郎、江州太平觀。又明日,命格不下,於是卒出手札,徙軾汝州。有"蘇軾黜居思咎,閲歲滋深,人材實難,不忍終棄"之語。軾即上表謝。前此,京師盛傳軾已白日仙去,上對左丞蒲宗孟嗟惜久之,故軾此表有"疾病連年,人皆相傳爲已死;饑寒併日,臣亦自厭其餘生"之句也。

此據李丙丁未録增入,不知丙得之何書。

八年五月六日,起知登州。

朱勝非秀水閒居録云:蘇軾既貶黄州,神宗每記憐。一日,宣諭曰:"國史大事,朕欲用蘇軾成之。"執政有難色,帝曰:"軾不可用,則用曾鞏。"鞏亦不能副帝意②。又有旨:軾以本官知江州,蔡持正、張粹明皆禀命,而王禹玉以爲不可。又令與江州太平觀,禹玉亦以爲不可。其後禹玉作相,帝語及軾,復欲用之,禹玉曰:"軾有詩云'此心惟有蟄龍知',方陛下飛龍在天而不知敬③,軾何求蟄龍乎④?"章子厚曰:"自古言龍,非獨人君之稱,人臣亦有稱龍者。"帝曰:"然。如荀氏'八龍'、孔明'臥龍'是也。"既退,子厚謂禹玉曰:"相公乃欲覆人家族耶?"禹玉曰:"此舒亶語耳。"子厚曰:"亶之唾亦可食乎?"勝非所録,比丙差不同,如王珪獨不可江州及太平觀再命,并章惇所詈珪云云⑤,當並考。

---

① 然上每記憐之 底本脱"之"一字,據長編卷三四二補。
② 鞏亦不能副帝意 長編卷三四二注文無"亦"一字。
③ 方陛下飛龍在天而不知敬 底本脱"敬"一字,據長編卷三四二注文補。
④ 軾何求蟄龍乎 長編卷三四二注文作"反求蟄龍乎"。
⑤ 并章惇所詈珪云云 "詈"底本作"言",據長編卷三四二注文改。

卷第六十三

神宗皇帝

王安石毀去正臣

治平四年九月戊戌,知制誥、知江寧府王安石爲翰林學士。韓琦數因入對,懇求罷相。上察琦不可復留,賜手札曰:"今許卿暫臨藩服,朕將虛上宰之位,以待卿還。"辛丑,特授琦守司徒兼侍中、鎮安武勝軍節度使、判相州。是日,琦入對,上諭琦曰:"侍中必欲去,今日已降制矣。"上遂泣下,琦亦感激稱謝。

十月甲午,富弼判河陽,從所乞也①。

熙寧元年二月壬子,觀文殿大學士、左僕射、判河陽富弼判汝州,仍詔入見,乃赴任。

四月壬寅,富弼入見,上以弼足疾,許肩輿至崇政殿門。又以門距殿遠,更御內東門小殿見之,且免拜,坐語從容,至日昃。乙巳,除集禧觀使,弼懇辭,乞赴汝州,上不許。弼又言云云,上乃聽弼依舊判汝州,罷集禧觀使。

十二月乙丑,韓琦判大名府,降手詔:聽便宜從事。

二年二月己亥,富弼除守司空兼侍中、昭文館大學士。初,以集禧觀使召弼赴闕,弼既辭不受,更具劄子云云。上乃罷集禧之命,以左僕射兼門下侍郎、平章事。庚子,王安石爲右諫議大夫、參知政事。

四月戊戌,權知開封府滕甫知鄆州。先是,知定州孫長卿歲滿,上欲令甫與長卿易任。富弼、曾公亮未對,王安石獨以爲宜,弼請徐議之。既退,安石謂弼、公亮曰:

---

① 底本此下衍"富弼判汝州"五字,據嘉慶本刪。

"甫姦人,宜在外。"安石嘗與甫同考試,語言不相能,深惡甫,故極力排出之。甫入辭,言於上曰:"臣知事陛下而已,不能事黨人。願陛下少回當日之眷,無使臣爲黨人所快,則天下知事君爲得,而事黨人爲無益矣。"上爲改容。

五月癸未,鄭獬知杭州,王拱辰判應天府,錢公輔知江寧府。獬與滕甫相善,王安石素惡之,目爲"滕屠""鄭沽",嘗言於上曰:"獬極險,不宜使在内。"故事,兩制差除,必宰相當筆。時富弼在告,曾公亮出使西京,王安石遽自當筆。議者皆疑安石行其私意。詳見呂誨劾安石。

六月丁巳,詔右諫議大夫、御史中丞呂誨落中丞,以本官知鄧州。前此,誨上疏言安石驕蹇慢上、陰賊害物十事。安石求去位,既留,而誨坐貶。

八月,御史知雜劉述、侍御史劉琦、御史裏行錢顗等言:"竊見陛下用王安石爲參知政事,未踰半年,中外人情囂然不安,蓋以其專肆胸臆,輕易憲度,而無忌憚之心也。"時述坐判刑部繳敕劄被劾未伏,琦、顗先貶,琦監處州鹽酒稅,顗監衢州酒稅①。

十月丙申,開府儀同三司、行左僕射、門下侍郎、平章事富弼罷爲武寧軍節度使、同平章事、判亳州。

三年正月戊午,知河南府、觀文殿學士、户部尚書張方平判尚書省,兼提舉集禧觀。先是,方平被詔舉堪任諫官者二員,即以李大臨、蘇軾應詔。方平入見,上欲除宣徽使留京師,王安石曰:"此大除拜,四方所觀望,不可無義。不知陛下以此旌其功善,爲但閲其資歷?"上曰:"但閲其資歷。"安石曰:"閲其資歷,是何義理? 方平已致人言,若如此,必更致人言。"又曰:"方平姦邪,人孰不知,恐如此除拜,無補聖政云云。"方平亦堅乞南京留臺,遂命知陳州。方平言民心、戎事、國之大本云云,上謂方平曰:"能復少留乎?"方平曰:"退即行矣。"

二月壬戌朔,韓琦言青苗事,乞盡罷諸路提舉官,只委提點刑獄官依常平舊法施行。癸亥,上親袖出琦奏示執政曰:"琦真忠臣,雖在外,不忘王室云云。"又曰:"文彦博、吕公弼亦以爲此不可,但腹誹,韓琦獨肯來説,真忠臣也!"上又曰:"常平取息,姦雄或可指以爲説動百姓。"安石云云。翌日,安石遂稱疾不出。安石既稱疾家居,翰林

---

① 衢州酒税　九朝編年備要卷一八同,嘉慶本、宋史全文卷一一"酒"作"鹽"。

學士司馬光再爲批答曰:"今天下沸騰①,黎民騷動,乃欲委還事任,退取便安。卿之私謀,固爲無憾;朕之所望,將以委誰②?"安石得之大怒,即抗章自辨。上封還其章,手札諭安石曰:"詔中二語,乃爲文督迫之過,而朕失於詳閲,今覽之甚愧。"又明日,安石乃入見,固請罷,上固留之。先是,文彦博屢乞罷樞密使,上諭以須期年聽去。韓絳與王安石協力排彦博,每議事,絳多面沮之。彦博内不平,遂引期年之詔,堅求補外。上遣中使召入,押赴樞密院者數矣,彦博輒歸臥,或閉門不出。壬申,上又面諭之,彦博乃復視事如故。翰林學士兼侍講學士、右諫議大夫、史館修撰司馬光爲樞密副使。先是,王安石奏言:"有人於此,外託劘上之名,内懷附下之實。所言者盡害政之事,所與者盡害政之人。彼得高位,則懷陛下眷遇③,將革心易慮,助陛下所爲乎?將因陛下權寵,構合交黨,以濟忿欲之私,而沮陛下所爲乎?臣以既然之事觀之,其沮陛下所爲必矣。"於是安石復謁告,而光有是命。辛巳,司馬光言:"臣嘗因經筵侍坐,言散青苗錢不便。自後朝廷更遣使者四十餘人,專使之散青苗錢云云。苟言不足采,陛下雖引而寘諸二府,徒使天下指臣爲貪榮冒寵之人④。"乙酉,韓琦言:"河朔連歲豐稔,編户安復。兼臣已老病,願罷臣河北安撫使,止爲大名府路安撫使。"從之。其實王安石怒琦言青苗事,欲以沮琦也。庚寅,詔收還司馬光樞密副使告敕,仍舊職。先是,上欲置光西府,王安石曰:"光雖好爲異論,然其才豈能害政?但如光者,異論之人倚以爲重。今擢在高位,則是爲異論之人立赤幟也⑤。光朝夕所與切磋琢磨者,乃劉攽、劉恕、蘇軾、蘇轍之徒而已。觀近臣以其所主,所主者如此,其人可知也。"安石在告,上乃用光,及安石復視事,因固辭,遂欲罷之。曾公亮以爲不可,曰:"青苗事,臣等數論奏。"上曰:"此事何與於樞密副使?光不當以此辭。"公亮乃已。

三月乙未,制置三司條例司言:"群臣數言常平新法不便,今畫一申明,使知法意云云。"條例司奏專疏駁韓琦所言,皆王安石自爲之。吕公著累奏乞罷提舉官,王安石

---

① 天下　嘉慶本作"士大夫"。
② 委　底本作"諉",據嘉慶本、宋史全文卷十一改。
③ 懷　底本作"壞",據嘉慶本、長編拾補卷七改。
④ 徒使天下指臣爲貪榮冒寵之人　底本脱"徒"一字,據傳家集卷四四乞罷條例司常平使疏、太平治迹統類卷一四神宗朝臣議論新法補。
⑤ 也　底本作"者",據嘉慶本、太平治迹統類卷十四神宗朝臣議論新法改。

讀至"取大臣章奏疏駁，巧爲辯説，敷告天下"，上曰："如此，則韓琦安得不動心乎？"安石曰："朝廷作有理之法，今藩鎮逐條疏駁，而執法乃不以爲非；方鎮作無理章奏，朝廷諄諄曉諭，而執法乃謂之巧爲辯説，即非理之正。言事官當逐條辯論其非，以開悟陛下之聰明可也。今但言巧爲辯説，而不見辯説之不當，則其情可見矣。"丙辰，右正言、直集賢院、同修起居注孫覺降知廣德軍。初，曾公亮、陳升之、趙抃等皆以爲開封府界散常平錢實有抑配。上遣覺出按其事，覺喜奉行，遂詔覺同開封府界提點、提舉官體量有無抑配以聞。既而張戩言不當遣覺，覺亦奏疏辭行。上批："覺上殿稱'敢不虔奉詔命，即日治行'。今乃反覆如此，付中書劾問。"已而安石獨對，言直可責降①，不須劾問。初欲落修起居注，令歸館供職，安石謂不如與一小州或軍。上曰："留覺在此，必更鼓動流俗。"遂有廣德之命，而體量官亦罷遣。

四月戊辰②，詔："御史中丞呂公著，比大臣之抗章，因便坐之與對，乃誣方鎮有除惡之謀，深駭予聞，乖事理之實。可翰林侍讀學士、知潁州。"初，上諭執政以："呂公著自貢院出，上殿言朝廷摧沮韓琦太甚，將興晉陽之甲，以除君側之惡。"王安石怨公著叛己，用此爲罪。及中書呈公著責官誥詞，宋敏求但云"敷陳失實，援據非宜"。安石怒，請明著罪狀。陳升之不可，曰："如此，使琦何以自安？"安石曰："公著誣琦，於琦何損？如向日諫官言升之媚内臣以求兩府，朝廷豈以此遂廢升之？"皆俛首不敢對。或謂孫覺嘗爲上言："今藩鎮大臣如此論列，而遭枉辱。若唐末、五代之際，必有興晉陽之甲，以除君側之惡者矣。"上誤記，以爲公著也。己卯，右諫議大夫、參知政事趙抃爲資政殿學士、知杭州。王安石更張政事，抃屢言其不便。及安石家居求去，上諭執政罷青苗法，抃獨欲俟安石參假，由是新法不罷。抃大悔恨，乃上言乞罷諸路提舉官。因累章乞罷，遂命出守。太子中允、權監察御史裏行程顥權發遣京西路同提點刑獄。顥先上疏言云云："臣奉職不肖，論議無補。望允前奏，早賜降責。"故罷。辛巳③，右諫議大夫、知制誥宋敏求言："中書送李定除監察御史裏行詞頭，伏以御史之官，舊制

---

① 言直可責降 "責降"，嘉慶本作"降黃"。
② 戊辰 底本脱此二字，據長編卷二一〇補。
③ 辛巳 底本脱此二字，據長編卷二一〇補。

須太常博士經兩任通判，方許奏舉。景祐初，以資任相當者少，許舉通判未滿任者①。去歲驟用京官②，今又以幕職官便升朝著③，峻處糾繩之地④，臣恐弗循官制之舊，未厭群議，其詞頭未敢具草。"且以疾辭知制誥。壬午，敏求罷知制誥。詔右正言、秘閣校理李常落職，爲太常博士、通判滑州。常言："散青苗錢，流毒四海。又州縣有錢未嘗出，而徒使民入息者。"上令具州縣官吏姓名，至五六，終不肯具，而求罷職，故黜⑤。上批："監察御史裏行張戩侵侮柄臣，誣罔事實。王子韶外要守正之名，內懷朋姦之實，所入章疏，與面奏事前後反覆不一。並落職知縣，戩江陵府公安，子韶江寧府上元。"戩屢言青苗不便，最後上疏曰："近乞罷制置司及諸路使者，並言散錢取利爲害；及王安石處事乖謬，專爲聚斂，好勝遂非，狠愎日甚；呂惠卿險薄姦凶，尚留君側；而曾公亮、陳升之、趙抃等，心知其非，依違不斷，觀望畏避，顛扼莫扶⑥。"初，戩、子韶皆以知縣資序爲御史，至是，曾公亮請皆以爲通判，王安石不可，上從安石議。戩既上疏，又詣中書力争，辭氣甚厲。公亮俛首不答，安石以扇掩面而笑，戩怒曰："參政笑戩，戩亦笑參政！參政所爲，豈但戩笑，天下誰不笑者？"陳升之解曰："察院不須如此。"戩顧曰："只相公得爲無過耶？"退即家居待罪，其日遂與子韶同黜。侍御史知雜事陳襄同修起居注，罷知雜事。襄累奏乞罷青苗法，既而有旨，召襄試知制誥於中書。襄以言不行，辭不就試，乞補外。王安石請用爲集賢殿修撰、陝西轉運使，命未下，上批："別進呈。"而改是命。

五月庚戌⑦，詔歐陽修不合不奏聽朝廷指揮，擅止散青苗錢，特放罪。修嘗在青州奏疏條陳三事。中書言修擅止散青苗錢，欲特不問罪。王安石論修殊不識藩鎮體，乃降是詔。先是，上復欲用修執政，問王安石以："修何如邵亢？"安石曰："修非亢比

---

① 自"方許奏舉"至"許舉通判"，底本脱"方許奏舉。景祐初，以資任相當者少，許舉通判"十八字，據長編卷二一〇補。
② 去歲驟用京官　底本脱"官"一字，據長編卷二一〇補。
③ 今又以幕職官便升朝著　底本脱"以"一字，長編卷二一〇同，據宋朝諸臣奏議卷五二宋敏求上神宗繳李定詞頭、太平治迹統類卷三〇官制沿革下補；"便"底本作"驟"，據長編卷二一〇、宋朝諸臣奏議卷五二宋敏求上神宗繳李定詞頭改。
④ 峻處糾繩之地　底本脱"峻"一字，長編卷二一〇同，據宋朝諸臣奏議卷五二宋敏求上神宗繳李定詞頭、文獻通考卷五三職官考七補。
⑤ 故黜　"黜"底本作"絀"，據長編卷二一〇改。
⑥ 顛扼莫扶　"扼"，嘉慶本作"危"。
⑦ 庚戌　底本脱此二字，據長編卷二一一補。

也。"又問:"何如趙抃?"安石以爲勝抃。他日,又問:"何如吕公弼?"其意欲以代公弼也,安石謂勝公弼。又問:"何如司馬光?"安石亦謂勝光,上遂欲用之。安石曰:"陛下宜且召對,與論時事,更審察其在政府有補與否。"上乃遣内侍馮宗道賜以太原告敕,諭令赴闕朝見訖之任。安石又曰:"修性行雖善,然見事多乖理。陛下用修,修既不盡燭理,有能惑其視聽者,陛下宜務去此輩。"上問:"誰與修親厚?"良久,曰:"修好有文華人。"安石蓋指蘇軾輩,而上已默喻。明日,安石又白上曰:"陛下欲用修,修所見多乖理,恐誤陛下所欲爲。"時已除修宣徽南院使、判太原府。上曰:"待修到,更徐議之。"於是安石知修決不附己,益毁之曰:"臣固嘗論修在政府,必無補時事,但使爲異論者附之,轉更紛紛爾。"他日,上論文章,以爲華辭無用,不如吏材有益。安石曰:"華辭誠無用,有吏材則能治人,人受其利。若從事於華辭而不知道,適足以亂俗害理。如歐陽修,文章於今誠爲卓越,然不知經,不識義理,非周禮,毁繫辭,中間學士爲其所誤,幾至大壞。"時修方力辭新命,上未許也。

七月辛卯,詔新判太原府歐陽修罷宣徽南院使,復爲觀文殿學士、知蔡州。先是,修以病辭宣徽院使至五六,因論青苗法,又遺書責王安石,安石不答,而奏從其請。壬辰,樞密使、刑部侍郎吕公弼罷爲吏部侍郎、觀文殿學士、知太原府。王安石變法,公弼數言宜務安静,又與韓絳不協,從孫嘉問竊公弼論事奏草以示安石①,安石輒先白上,上始不樂公弼。先是,貶秘書丞、集賢校理、知諫院胡宗愈通判真州,仍落館職。宗愈爲諫官,遇事必言,然不肯出姓名,辭多微婉,故御批有"潛伏中傷"等語,或曰御批乃吕惠卿筆也。初,欲與知縣,曾公亮不可,始除通判。在六月丙戌。安石嘗對上言:"近陛下累宣諭胡宗愈事。既已盡其情狀,涵而不決,令久在耳目之地,亦非難壬人、勝流俗之道也。願陛下並慮及此。"

八月戊午朔,宣徽南院使、静難軍留後、判延州郭逵加檢校太尉、雄武軍留後,令再任。先是,夏人侵順安、綏平、黑水等寨,逵遣李安等合攻之,虜皆棄城遁去。於是,上與執政議,欲令逵再任。王安石曰:"但當移鎮。"曾公亮曰:"移鎮必不樂,不如且

---

① 從孫嘉問 "孫"底本作"子",據長編卷二一三、東都事略卷五二吕公弼傳、宋史卷三一一吕公弼傳改。按:山堂肆考卷一一五不答門客言、宋史卷三五五嘉問傳均載"初嘉問竊從祖公弼論新法奏稿以示王安石",也印證了吕嘉問爲吕公弼的從孫。

已。"上曰："蔡挺已轉官,逵如何且已?"公亮言程戡例,安石曰："節度使豈可輕授人?"上曰："節度使誠可惜。"既又與樞密院議之,文彥博議與曾公亮同。彥博曰："唐時藩鎮從尚書轉。唐書云軍中但聞尚書轉僕射。武臣與文臣不同,文臣不計官職,但知報國;武臣不免計較官職。"安石曰："唐時藩鎮與今日事勢不同。太祖使將帥平江南,尚只賜錢。今逵何功,便敢望節鉞?"彥博曰："太祖時事,與今日又不同。"上曰："郭逵不至如此。若果如此,尤當節限,不可妄與官職。唐藩鎮與今日事勢不同,令移鎮再任,厚加錫賜可也。"

劾蘇軾販鹽及蘇木、瓷器事。詳見本事。

九月乙未,工部侍郎、參知政事韓絳爲陝西路安撫使。先是,絳奏以夏人寇慶州,陝西用兵,請出使。王安石曰："臣於邊事未嘗更歷,宜往。"上亦欲用安石,乃曰："王安石未嘗行邊,今可出使也。"絳以爲朝廷方賴安石,不宜往。安石曰："朝廷所賴獨韓絳耳。"上卒遣絳。至明年三月丁未,韓絳罷相,以本官知鄧州。制詞責絳云："聽用匪人,違戾初詔。統制亡狀,綏懷寡謀。暴興征師,深入荒域。"初,朝廷命絳宣撫,面授攻、守二策,而樞密院不知。文彥博恐絳無功,并受其責,奏請爲畫一以付絳,而無發兵約束。王安石亦乞不預邊事,西討方略一以委絳。庚子,左僕射兼門下侍郎、平章事曾公亮爲司空兼侍中、河陽三城節度使、集禧觀使。公亮初薦安石可大用,及同執政,知上方向安石,陰助之,而外若不與同者。置條例司,更張衆事,一切聽之。每遣其子孝寬與安石謀議,至上前無所異。然安石獨以公亮不盡同己,數加毀訾。公亮雖屢乞致仕,上輒留之。公亮去亦弗勇,安石黨友猶疾之①。上御集英殿册進士,公亮陟降殿陛,足跌仆於地。明日以病告,連乞致仕,於是乃聽公亮罷相。癸丑,司馬光知永興軍。

十二月庚申②,開封府判官、祠部郎中趙瞻知鄧州。瞻因出使得奏事,上問曰："卿爲監司久,乃當知青苗法便也。"瞻對曰："青苗法,唐行之於季世擾攘中,掊民財誠便。今陛下欲爲長久計,愛百姓,誠不便。"王安石陰使其黨俞充誘瞻曰："當以知雜御史奉待。"瞻不應,由是不得留京師。丁卯,右諫議大夫、參知政事王安石爲禮部侍郎、平章事。

---

① 猶　嘉慶本、長編卷二一五作"尤"。
② 庚申　底本脱此二字,據長編卷二一八補。

四年五月辛卯,太子中允、崇文殿校書范育復爲光祿寺丞、知韓城縣。育自光祿寺丞爲御史,故遷中允。以言李定,罷御史爲校書,既而又請與林旦、薛昌朝同貶。先是,育言:"心術者,爲治之本。今不務此,專欲以刑賞驅民,此天下之所以未孚也。"上謂王安石曰:"人主不用心術,何由致治?"安石曰:"有爲固由心術,但術有廣狹遠近,功業大小亦從此分。"上曰:"育盛稱張載、程顥兄弟,以爲有道君子,乞召還,此何也?"安石曰:"育前辭檢正,高論不遜。及至中書,乃云未得劄子,故未敢就職。"馮京曰:"育畏繳敕得罪耳。"安石曰:"觀育所論,彼豈畏繳敕得罪乎①?"遂從所請,而有是命。

六月甲子,知蔡州歐陽修爲太子少師、觀文殿學士致仕。修以老病,數上章乞骸骨,馮京固請留之,上不許。王安石曰:"修附麗韓琦,謂韓琦爲社稷臣,尤惡紀綱立、風俗變。"上曰:"修爲言事官,獨能言事。"安石曰:"以其後日所爲,考其前日用心,則恐與近日言事官用心未有異②。"王珪曰:"修若去位,眾必藉以爲説。"上曰:"罔違道以干百姓之譽,眾説何足恤?修頃知青州,殊不嘉。"安石曰:"如此人,與一州則壞一州,留在朝廷則壞朝廷。必令留之,何所用?"上以爲然。楊繪言:"今舊臣告歸或屏於外者悉未老,范鎮年六十三,吕誨五十八,歐陽修六十五而致仕,富弼六十八而被劾引疾,司馬光、王陶皆五十而求閒散,陛下可不思其故耶?"甲戌,富弼落使相,以左僕射判汝州。永城等七縣令佐等十八人皆衝替,坐不行新法,置獄劾治,而有是命。弼先許給假就西京養疾,於是弼辭汝州,乞依先詔養疾西京。上不許,弼乃赴汝州,仍以老病昏塞,凡新法文字乞免簽書,止令通判以下施行。他日,王安石爲上言:"弼雖責降,猶不失富貴之利,何由沮姦?"又言:"行弼事要未盡法。鯀以方命殛,共工以象恭流。弼兼此二罪,止奪使相。弼生平自以寬恤百姓爲事,今所以不放稅,其情叵見也。"

七月,劉摯論助役之法其害有十,楊繪又言助役之法難行之説有五。判司農寺曾布言:"御史所陳,皆失利害之實,請一一陳之。"王安石以布所言進呈,劄與繪、摯,令分析,於是詔繪落翰林侍讀學士,摯落館閣校勘、監察御史裏行,監衡州鹽倉。後兩日,以繪知鄭州。

九月丙申,知制誥、直學士院陳襄知陳州。襄忤王安石,嘗草河北詔,言水不潤

---

① 彼　底本脱此一字,據嘉慶本、長編卷二二三補。
② 用心　底本脱此二字,據嘉慶本、長編卷二二四補。

下,中書改之;又明堂赦書有"奉祠紫宫",語犯俗嫌,故出陳州①。右僕射、知汝州富弼至州踰兩月,固稱疾求歸,詔聽之。

五年三月,富弼屢請老。戊戌,復授司空、同平章事、武寧節度使致仕,進封韓國公。

閏七月丙辰,知潁州、翰林侍讀學士、寶文閣學士呂公著判太常寺。先是,侍御史劉孝孫劾公著在潁州多飲宴,子弟以公庫器皿於豪民家質錢,由是部吏無所畏懼,多縱逸踰矩。詔轉運副使陳知儉按覆,皆不實,唯幕官程嗣先等踰法,事乃在熙寧三年十月赦前。時公著尚在御史府。前守嘗以公庫銀鍋質錢於祝氏,供宴飲費。既去,公著爲贖之,非公著子弟所爲也。上謂安石等曰:"固知公著必無是事,今果然。"安石曰:"公著實病,郡或不治。宜與依新法置通判。"上曰:"置通判,公著安肯聽?"安石曰:"公著但寬弛,非彊愎也。"上不欲令公著治郡,安石曰:"令入京主判閒局,亦無害。"故以太常寺處之。至次月己卯,呂公著提舉崇福宫,從所請也。上始欲令公著歸朝,公著以病辭,王安石因言:"公著既誣韓琦欲舉晉陽之甲,乃自諱匿,云未嘗言。"其意恐公著復用,故力排之。甲戌,知青州、資政殿學士趙抃爲資政殿大學士、知成都府。抃在青州踰年,要録:京東旱蝗,蝗飛入境,輒遇風墮水而盡。於是,上欲移抃知成都。或言前執政舊不差知成都,成都今又少有人欲去者。上曰:"今人少欲去,但爲職田不多爾。抃清苦,必不爲職田。蜀人素愛抃,抃必肯去。"王安石曰:"陛下特命之,即無不可。"乃詔加職,遣内侍齎賜,召見,勞之曰:"前此無自政府復知成都者,卿能爲朕行乎?"抃曰:"陛下宣言,即敕命也,顧豈有例?"上甚悦。

八月壬午,潁州言觀文殿學士、太子少師致仕歐陽修卒。

六年五月癸卯,詔文彦博嘗受先朝顧命,今罷樞府,宜依曾公亮罷相例,與子孫推恩,送下中書。事見王安石專用小人。

七年二月壬申,龍圖閣直學士孫固知成德軍。先是,上以固東宫舊僚,嘗問固:"王安石可相否?"固曰:"安石文行甚高,侍從獻納,其選也。宰相自有度,而安石爲人少從容。"凡四問,四以此對。及安石當國,固數議事不合,故出。

---

① 故出陳州 底本脱"陳州"二字,據嘉慶本補。

四月丙戌,禮部侍郎、平章事、監修國史王安石罷爲吏部尚書、觀文殿大學士、知江寧府。知大名府韓絳依前官平章事、監修國史,吕惠卿爲右諫議大夫、參知政事。

五月戊戌朔,左司郎中、天章閣待制李師中言:"伏望陛下詔求方正有道之士,召諸公車對策。如司馬光、蘇軾、蘇轍輩,復置左右,以輔聖德,如此而後庶幾有敢言者①。"又言:"臣愚不肖,亦未忘舊學。陛下欲爲富國强兵之事,則有禁暴豐財之式;欲爲代工熙載之事,則有利用厚生之道。有臣如是,陛下其舍諸?"上批:"師中敢肆誕謾,輒求大用,朋邪罔上,愚弄朕躬,職其姦欺②,所宜顯黜。可責授檢校水部員外郎、利州團練副使,本州安置,不得簽書公事。"王安石甚惡師中,嘗欲奪其待制,上未許。及是,吕惠卿請出師中所上疏付外,因摘其語激上怒,遂廢斥之。癸丑,翰林學士承旨兼侍讀學士韓維爲端明殿學士兼翰林侍讀學士、龍圖閣學士、知河陽。維自以言不用數求去,會兄絳入相,又援故事乞補外,遂出。

七年十一月,韓維落端明殿學士,以侍御史知雜事張琥言維與孫永同定奪免行錢不當,故責。

八年正月甲午③,諫議大夫馮京守本官知亳州。吕惠卿惡京,因鄭俠上書斥逐事,欲藉俠以排去京。獄既具,上以京大臣,令推究官取信否狀,京等皆引罪,遂罷京政事。俠雖薦京宜爲宰相,然實不識京。俠又稱元絳、孫永、王介凡四人,自言識絳,餘皆未識,而御史張琥等獨斥京,蓋希惠卿風旨也。乙卯,詔宣徽北院使、判應天府張方平歸宣徽院供職,罷知青州。先是,方平與滕甫易任,方平又辭,因對延和殿,袖英宗所書立上爲皇太子十五字面進,遂有此詔。

二月癸酉,觀文殿大學士④、吏部尚書、知江寧府王安石依前官平章事、昭文館大學士。

閏四月癸卯,宣徽北院使、中太一宫使張方平判永興軍。方平乞免宫使,求近郡,乃有是命。仍以疾辭,詔依舊供職。其後上欲用方平爲樞密使,既批出,王安石將行文書,吕惠卿留之曰:"當晚集更議之。"因私於王安石曰:"安道入,必爲吾屬不利。"

---

① 如此而後庶幾有敢言者 底本脱"庶幾"二字,據長編卷二五三補。
② 職 嘉慶本作"肆"。
③ 甲午 嘉慶本、太平治迹統類卷一三神宗任用安石同,長編卷二五九作"庚子"。
④ 觀文殿大學士 底本脱"大"一字,據嘉慶本補。

翌日,再進呈,其事遂寝。丙午,案:長編係丁未。賜大理寺丞歐陽發進士出身。發,修之子,以三司使章惇薦其有史學,乞特加獎擢,實之文館,故有是命。上因問修所爲五代史如何,王安石曰:"臣方讀數册,其文辭多不合義理。"上曰:"責以義理,則修止於如此;每卷後論説皆稱'嗚呼',是事事皆可嗟嘆也。"己酉①,韓琦奏倚閣預買紬絹,賒買、借貸斛斗。王安石曰云云:"昔蘇秦説齊侯厚葬以明孝②,高宫室以明得意,用破弊齊。今方鎮用心有如此者,陛下豈宜不察?"上曰:"韓琦用心可知,天時薦饑,乃其所願也。前訪以北事,乃云須改盡前所爲,契丹自然無事。"安石曰:"琦再經大變,於朝廷可謂有功。陛下以禮遇之可也,若與之計國事,此所謂啓寵納侮。"上曰:"初亦不意琦用心如此。琦嘗對使人云:'先帝,臣所立;陛下,先帝兒子,做得好,臣便面闊;做得不好,臣亦負慚愧。'"因稱郭子儀事代宗以爲忠順。

六月戊午③,司徒兼侍中、判相州韓琦薨,年六十八。前一夕,大星隕州治,槶馬皆驚。上聞訃,輟視朝三日,發哀於後苑。

十一月己卯,錢藻罷直舍人院。御史中丞鄧綰言:"馮京爲性庸狠,朋邪徇俗,而藻乃稱京執正不回,一節不撓。乞加黜責。"上從之。綰知王安石惡京,又恐京復用,故爲此以附會安石也。

九年十月丙午,左僕射兼門下侍郎、平章事、昭文館大學士、監修國史王安石罷爲鎮南軍節度使、同平章事、判江寧府,樞密使、工部侍郎吴充依前官平章事、監修國史。

---

① 己酉　底本作"是日",據長編卷二六三改。
② 蘇秦説齊侯　底本脱"侯"一字,據嘉慶本補。
③ 戊午　底本脱此二字,據長編卷二六五、宋史卷一五神宗紀補。

卷第六十四

神宗皇帝

王安石專用小人

熙寧二年二月庚子,王安石爲右諫議大夫、參知政事。甲子,安石請以吕惠卿爲制置司檢詳文字。惠卿自有本事。

三年四月己卯①,前秀州軍事判官李定爲太子中允、權監察御史裏行。定素與王安石善,孫覺歸自淮南②,薦定極口,因召至京師。定至,謁李常,常問:"南方之民以青苗爲何如?"定言:"皆便之,無不善。"常謂曰:"今朝廷方争此,君見人,切勿爲此言也。"定即日詣安石,白其事曰:"定惟知據實而言,不知京師不得言青苗之便也。"安石喜甚,遂奏以定編三司歲計及南郊式,且密薦於上,乞召對。謂定曰:"君上殿當且爲上道此。"及見上,果問常平新法,定對如安石所教。上悦,批付中書,欲用定知諫院。曾公亮、陳升之以爲前無此例,固争之,乃改命焉。辛巳③,淮南轉運使、屯田郎中謝景溫爲工部郎中兼侍御史知雜事。景溫雅善安石,又與安石弟安國通姻。吕公著之爲中丞也,人謂景溫必先舉御史。及公著罷,乃有此除。先是,安石獨對,問上曰:"陛下知今日所以紛紛否?"上曰:"此由朕置臺諫非其人。"安石曰:"陛下御群臣無術,數失事機,别置臺諫官,恐但如今日措置,亦未能免其紛紛也。"於是專用景溫。

六月辛巳④,司勳員外郎、權河北監牧使崔台符權判大理寺。初,王安石定按問欲舉法,台符聞之,舉手加額曰:"數百年來誤用刑名,今乃得正。"安石喜其附己⑤,故有

---

① 己卯　底本脱此二字,據長編卷二一〇補。
② 淮南　底本作"河南",據長編卷二一〇改。
③ 辛巳　底本脱此二字,據長編卷二一〇補。
④ 辛巳　底本脱此二字,據長編卷二一二補。
⑤ 安石喜其附己　宋史卷三五五崔台符傳同,長編卷二一二"喜"作"嘉"。

此授。

七月癸巳,賜秘書省正字唐坰進士出身。坰上書言事,召對,試學士院,而有是命。坰,詢子也。初,坰爲北京監當官,上書言:"青苗不行,宜斬大臣異議者一二人。"王安石謂坰宜在館閣,故得召對。坰有才辯,韓琦甚愛之。既去,乃聞其言。

九月癸巳,著作佐郎、編修中書條例曾布爲太子中允、崇政殿説書。王安石嘗欲置其黨一二人於經筵,以防察奏對者。吕惠卿既遭父喪,安石未知腹心所託。布巧點善迎合,安石悦之,故以布代惠卿入侍經筵。布資序甚淺,人尤不服,而布固辭,卒罷之。

十月癸亥①,職方員外郎鄧綰爲集賢校理、檢正中書孔目房公事。綰故名維清,雙流人,舉進士高第,累遷寧州通判。上書言:"陛下得伊、吕之佐,作青苗、免役錢等法,百姓無不歌舞聖澤。臣以所見寧州觀之,知一路;以一路觀之,見天下皆然,此誠不世之良法②。願陛下堅守行之,勿移於浮議。"又與王安石書及頌,安石大喜,白於上,使乘驛詣闕,又累詔趣之。比至,上使數人迎於中牟、八角、順天門伺候之,抵暮,入門就舍。伺候者夜飛奏,於右掖門竅中進入。詰旦,召對。時慶州方有夏寇,綰進呈邊事。上問:"識王安石否?"曰:"不識。"上曰:"今之古人也!"又問:"識吕惠卿否?"曰:"不識。"上曰:"今之賢人也。"綰退見安石,欣然如舊交。安石問:"家屬俱來乎?"綰曰:"承急召,未知所使,不敢俱來。"安石曰:"何不俱來?君不歸故官也。"後數日,值安石致齋,陳升之與馮京以綰知邊事,奏呈除知寧州。綰聞大恨③,公語朝士曰:"急召我來,乃使我還知寧州也。我已語介甫,甚不平。"朝士問曰:"君今當作何官?"綰曰:"我不失作館職。"或問:"君得無爲諫官乎?"綰曰:"正自可以爲之。"明日,果有此命。綰自至京師,不敢與鄉人相見,鄉人皆笑罵④。綰曰:"笑罵從汝笑罵,好官我須爲之。"尋又命綰兼編修中書户房條例。

十二月丁卯,右諫議大夫、參知政事王安石爲禮部侍郎、平章事。

四年三月丁亥,詔遣著作佐郎章惇乘驛,同轉運司制置夔州路夷户。先是,李承之薦惇於安石,安石曰:"聞惇極無行。"承之曰:"某所薦者,才也。顧惇才可用耳,素行

---

① 癸亥　底本脱此二字,據長編卷二一六補。
② 不世之良法　"不",嘉慶本、宋宰輔編年録卷七均作"百"。
③ 綰聞大恨　底本脱"聞"一字,據嘉慶本、長編卷二一六補。
④ 鄉人皆笑罵　嘉慶本"皆"下有"相"一字。

何累焉？公試與語，自當愛之。"安石見章惇，惇素辯，又善迎合，安石大喜，恨得之晚。惇，浦城人，佻薄穢濫，向以擢第不高，輒攤敕於廷，嘗爲御史吕景、蔣之奇所劾故也。

四月甲戌，試將監主簿常秩爲右正言、直集賢院、管句國子監。初，秩不肯仕宦，世以爲必退者也。及王安石更定法令，士大夫沸騰以爲不便，秩在閭閻，見所下詔書，獨以爲是。被召，遂起。

十二月乙亥，武寧軍節度使推官、知南川縣張商英爲光禄寺丞①、權檢正中書禮房公事。商英，唐英弟也。初爲通川縣主簿，轉運使張詵等討渝州叛夷王衮，未降，商英言於詵曰："夷亦人也，諭以禍福，宜聽。"詵檄商英往説衮，遂歸命，因辟知南川縣。時章惇經制夷事，官吏多爲所狎侮，獨商英與抗論不少屈。惇奇之，乃薦商英於王安石，於是召對擢用。

五年三月，贊善大夫、户部判官吕嘉問提舉在京市易務。嘉問，吕公弼從孫也②。初，王安石變法，公弼爲樞密使，數言宜務安静。嘉問竊公弼論事奏草以示安石③，安石輒先白上。上始不樂公弼，故安石信任之。

七月，前處州縉雲縣尉、編修三司敕并諸司庫務歲計及條例删定官郭逢原上疏曰："臣竊觀自周文、武以還，盛德有爲之主，固無如陛下；而懷道之士，由孔、孟以後如王安石者，亦未之有也。"又上疏曰："臣愚以謂當廢去樞府，併歸中書。今王安石居宰相之重，朝廷有所建置於天下，特牽於樞府而不預，則臣恐陛下任安石者，蓋不專矣。"疏奏，上甚不悦。他日，謂安石曰："逢原必輕俊。"安石曰："陛下何以知之？"上曰："見所上書，欲併樞密院，廢募兵。"安石曰："人才難得，如逢原亦且曉事，可試用也。"

八月癸卯④，貶太子中允、同知諫院、權同判吏部流内銓唐坰爲潮州别駕。坰初以王安石薦，得召見，爲諫官，數論事不聽，遂因百官起居，越班叩陛請對。上諭止之，坰堅請上殿讀疏，論王安石用人變法非是。上怒其詭激，故貶。坰疏留中，其略云："安

---

① 知南川縣張商英　長編卷二二八"知"上有"前"一字。
② 嘉問吕公弼從孫也　"孫"底本作"子"，據長編卷二一三、東都事略卷五二吕公弼傳、宋史卷三一一吕公弼傳改。按：山堂肆考卷一一五不答門客言、宋史卷三五五吕嘉問傳均載"初嘉問竊從祖公弼論新法奏稿以示王安石"，也印證了吕嘉問爲吕公弼的從孫。
③ 嘉問竊公弼論事奏草　"草"底本作"章"，據長編卷二一三、本書卷六三王安石毁去正臣改。按：山堂肆考卷一一五不答門客言、宋史卷三五五吕嘉問傳"奏草"均作"奏稿"。
④ 癸卯　底本脱此二字，據長編卷二三七補。

石用曾布爲腹心,張琥、李定爲爪牙,劉孝孫、張商英爲鷹犬,元絳、陳繹爲厮役。逆意者久不召還,附同者雖不肖爲賢。又作姦令章惇變李定獄事;又擅議宗廟事,有輕神祖之心。保甲以農爲兵,凶年必致怨叛;免役損下補上,人人怨咨。而令監司壓塞州縣,事不上聞。又保甲事,曾布蔽塞人情,欺誑人主,以爲情願。又置市易司,都人有致餓死者。以安石比李林甫、盧杞,自文彥博以下皆畏安石。"又言:"王珪奴事王安石,猶懼不可。"翊日,執政進呈,安石曰:"坰素狂,不足深責。"乃改授大理評事、監廣州軍資庫。

十一月丁卯,貶太子中允、權監察御史裏行張商英爲光祿寺丞、監荊南税。先是,商英言:"博州官吏失入贓不滿軍賊二人死罪,樞密院檢詳官劉奉世黨庇親戚,令法官引用贓滿五貫絞刑斷例,稱博州官吏不見斷例,失奏裁,止從杖罪取勘。又院吏任遠恣橫徇私凡十二事①,而樞密院黨庇不按治。"樞密使、副文彥博、吳充、蔡挺因此不入院,遣吏送印於中書,中書不受。上聞之,遣使促彥博等入院。彥博等言:"臺官言臣等黨庇吏人,與之相知漏泄。乞以其章付有司明辨黑白,然後正臣等違命之罪。"商英又言:"乞以臣所言博州失入刑名下有司定奪,並以任遠事送開封府根治。若臣言不當,甘伏斧鉞。"於是王安石曰:"密院方治御史李則事,商英乃隨攻博州事以報之。李則事,御史所治誠不當,不自咎,更挾忿攻人,豈所謂懷忠良以事君者?"故有是命。先是,臺勘劫盜李則死罪失出,奉世駁之,詔糾察刑獄司劾治。商英遂上章歷詆執政,言:"此出大臣私忿,願陛下收還主柄,自持威福,使臺諫爲陛下耳目,無使爲近臣脅遷。"上爲停詔獄。商英坐是與安石忤,及言博州事,彥博又疑商英陰附中書,故不能平。

商英既坐出,上謂安石曰:"御史言事不實,亦常事。彥博等別有意,乃以爲御史欲併樞密院歸中書,不知御史初無此議論也。"安石曰:"中書欲併密院,果何利?若謂臣與彥博等多異論,故併密院,臣顧與彥博合議政事。姑以利害言之,臣何苦欲併密院。"

六年十二月庚辰,修撰經義所檢討、洪州進士徐禧爲鎮南軍節度推官、中書户房習學公事。禧與吳著、陶臨皆以白衣爲修撰經義所檢討,至是,又以選人入中書習學

---

① 任遠恣橫徇私凡十二事　嘉慶本同,本書卷三二中書樞密分合、長編卷二四〇"徇私"均作"私徇"。按:"私徇"或爲古漢語詞。

行檢正事。初，吕惠卿薦禧所爲治策二十四篇，上善之，曰："禧言朝廷以經術變士人，十已八九變矣。然盜襲人之語而不求心通者亦十八九，此言是也。觀禧文學，曉政事，宜試之於有用之地。"王安石曰："中書檢正官如章惇輩，朝廷當即有差除。後更用人，如有不稱，艱於退絀，欲置人爲習學。"上以爲然，於是以禧爲之。中書五房習學公事自此始①。

七年三月乙巳，新提點秦鳳等路刑獄鄭民憲言："奉詔同熙河路經略司相度藉助應募弓箭手買種糧、牛具、造屋，及今夏耕種，乞帶審官西院主簿舒亶往。"從之。亶，慈溪人，前爲臨海縣尉。縣負山瀕海，民剽悍成俗，有使酒逐其叔父之妻至前者，亶命執之，不服，即斷其首，投檄去。王安石聞而異之，欲召用，會丁父憂。服闋，乃除審官西院主簿。曾布言市易事②。

四月丙戌，王安石罷相，知江寧府，吕惠卿參知政事。

八年二月癸酉，王安石再入相。十月，參知政事吕惠卿守本官知陳州。事見吕惠卿姦邪③。

九年八月乙酉④，侍御史周尹言："河北西路轉運判官李稷苛刻佻薄，務爲氣勢，摧辱官吏。至相州，專捃吏人小過，委官決責，務以凌蔑韓琦。從來州有兩門，其東知州出入，其西以待賓客。稷怒閽者不啓東門，追赴本司杖之。知琦適與賓客會食，故往謁琦。琦聞稷來，徹食退客⑤，遽易冠帶迎稷，稷復引去。行移公牒，言辭侮慢。吏民皆以琦將相人臣，而爲稷肆意輕辱，萬口嗟憤。及體量司程之才等欲按劾其人，乞罷稷監司⑥，以快衆怒。據稷罪狀，如修趙州城枉費財用，暴伐林木，當北使路削白大書'充修城木'，後安撫司恐北使見之，遂遣人塗抹。又移牒相州通判，稱'郡守以下不如一逃走賊人'，意在罵琦。又牒諸州，稱'如課利增剩，即其他細事一切不問；如課利虧少，即一一按劾前後不法'。又沮抑體量司般糧種等事，未覩朝廷施行。"詔提點

---

① 自"六年十二月庚辰"至"中書五房習學公事自此始"，底本脫此一百九十七字，據嘉慶本、長編卷二四八補。
② 自"七年三月乙巳"至"曾布言市易事"，底本脫此一百三十七字，據長編卷二五一補。
③ 自"四月丙戌"至注文"事見吕惠卿姦邪"，底本脫此五十四字，據嘉慶本補。
④ 九年八月乙酉　底本"九年"上衍"熙寧"二字，據本書體例刪。
⑤ 徹食退客　"退"底本作"追"，據長編卷二七七改。
⑥ 乞罷稷監司　底本脫"稷"一字，據嘉慶本、長編卷二七七補。

刑獄司案實以聞①。後提點刑獄司體量伐木、罵琦等事皆無有，其他如尹所言。詔劄與稷令知，尋命稷與河北東路轉運判官汪輔之兩易其任。

十月戊子，尹又言稷無行，父死二十年不葬，乞罷稷職事。上批：「翰林學士、權御史中丞鄧綰操心頗僻，賦性姦回，論事薦人，不循分守。可落學士、中丞，以兵部郎中知虢州。」壬辰，詔：「橫海軍節度推官、崇文院校書、兼中書戶房習學公事練亨甫身備宰屬，與言事官交通，罷為漳州軍事推官。」先是，王安石言：「臣久以疾病憂傷，不接人事，以故衆人所傳議論，多所不知。昨日方聞御史中丞鄧綰嘗爲臣子弟營官，及薦臣子雱可用，又爲臣求賜第宅。兼綰舉御史二人，尋卻乞不施行。聞其一人彭汝礪者，嘗與練亨甫游説，故乞別舉官。審如所聞，即綰豈可令執法，在論思之地？亨甫亦不當留備宰屬。」故有是命。初，綰以附會王安石居言職。及安石與呂惠卿之黨相傾，綰皆極力奏劾之。上益厭安石所爲，綰懼安石去而失勢②，屢留之於上，其言無所顧忌。上怒，欲絀綰，安石亦懼，乃奏斥之。亨甫行險薄，諂事安石子雱以進，至是乃斥。丙午，左僕射兼門下侍郎、平章事、昭文館大學士、監修國史王安石罷爲鎮南軍節度使、同平章事、判江寧府。

元豐元年，諫官蔡確以相州請求事，欲陷宰相吳充。見蔡確欲陷吳充。

二年五月戊子，蔡確參知政事。時宰相吳充議變法，確爭曰：「曹參與蕭何有隙，代何相漢，一遵何約束。且法，陛下所建立，一人協相而成之，一人挾怨而壞之，民何措手足乎？」充屢屈，法遂不變。

七月己巳，御史中丞李定言：「知湖州蘇軾初無學術，濫得時名，偶中異科，遂叨儒館，有可廢之罪四。」御史舒亶言：「軾上謝表頗有譏切時事之言，流俗翕然爭相傳誦，志義之士無不憤惋云云。」並上軾印行詩三卷。御史何正臣亦言：「軾愚弄朝廷，妄自尊大。」

十一月庚午，詔國子直講、潁州團練推官王沇之除名，永不收敘③。先是，監生虞蕃訴學官上下共爲姦贓敗罔，事狀不一，沇之等皆因是下御史臺案劾。又用御史何正

---

① 案實以聞　"實"底本作"責"，據長編卷二七七改。
② 綰懼安石去而失勢　"勢"底本作"助"，據長編卷二七八、宋史全文卷一二上、東都事略卷九八鄧綰傳改。
③ 按：長編卷三〇一載："沇之坐受太學生章公弼賂，補上舍不以實，罪當徒二年。"

臣之請,獄辭所及,雖薈所不言,皆得究治。沈之等雖會赦,猶特責之。然太學一獄,踰年方決,追逮遍四方,蓋舒亶、何正臣爲之。

三年九月庚午①,知諫院舒亶言:"中書檢正官張商英與臣手簡,並以其壻王滌之所業示臣。臣職在言路,事涉干請,不敢隱默。其商英手簡並滌之所業一册,今繳進。"詔商英落館閣校勘、監江陵府江陵縣稅。初,亶爲縣尉,坐手殺人,停廢累年。商英爲御史,言其才可用,乃得改官。至是反陷商英,士論惡之。

五年四月癸酉,王珪依前官、守尚書右僕射兼門下侍郎,蔡確依前官、守尚書右僕射兼中書侍郎。甲戌,太中大夫、知定州章惇守門下侍郎,太中大夫、參知政事張璪守中書侍郎,翰林學士、承議郎蒲宗孟爲中大夫、守尚書左丞,翰林學士、朝奉郎王安禮爲中大夫、守尚書右丞,翰林學士、朝奉大夫李清臣試吏部尚書。

五月己丑,承議郎、試御史中丞徐禧試給事中。先是,龍圖閣待制鄧綰知永興軍,禧言:"永興故爲浩穰,其民鬥暴,加以兵政所寄,千里折衝。於今人才闒茸偷惰無居綰右者,伏乞移綰内郡,別選才望之臣。"詔知青州、龍圖閣直學士劉庠與綰對易。上謂執政曰:"徐禧舉孔武仲、邢恕爲御史,如何?"王安禮曰:"武仲與恕志趣豈可爲御史?"張璪曰:"此兩人皆異論者。"上曰:"徐禧論事,其意漸可見,大率懷惠卿之恩,猶欲進異論之人②。蓋惠卿已叛去王安石,故多結附往時異論之人,欲以爲黨。唐坰乃上書薦惠卿天下奇才③,蓋坰適過揚,見惠卿,其事可知。禧自爲中丞,昨日方請對,情狀已露云云。"故雖改綰青州,亦罷禧中丞。詳見惠卿姦邪。辛卯,上因言:"昨陝西初有師期,李稷奏運糧大已備,及師行,夫數其不足。蓋稷所奏文具耳,無實也。稷言多欺妄,幾誤朝廷大事。稷,呂惠卿所薦人物,甚似惠卿。稷好大言④,無誠實,外似剛直,質極污邪。"王珪曰:"稷深爲惠卿所知。惠卿奏乞避蔡承禧,乃言:'執政知臣與承禧有隙,授以淮南,意在撓臣。'不知承禧之除出於陛下之意。"上曰:"惠卿性極貪鄙,慮爲承禧所發,所以心不自安。"

六年八月辛卯,詔中大夫、尚書左丞蒲宗孟守本官知汝州,坐違法繕治西府也。

---

① 庚午　底本作"庚子",據長編卷三〇八改。
② 猶　嘉慶本作"尤"。
③ 唐坰乃上書薦惠卿天下奇才　"乃"底本作"仍",據長編卷三二六改。
④ 稷好大言　長編卷三二六作"可誅,好大言"。

先是，宰執同對，上有無人才之歎。宗孟對曰："人才半爲司馬光以邪説壞之。"上不語，正視宗孟久之，宗孟懼甚，無以爲容。上復曰："蒲宗孟乃不取司馬光邪？司馬光者未論別事，只辭樞密副使，朕自即位以來，惟見此一人。他人則雖迫之使去，亦不肯矣。"又因泛論古今人物，宗孟盛稱揚雄之賢，上作色言："揚雄著劇秦美新，不佳也。"他日，宗孟又因奏書請官屬恩，上曰："所修書謬甚，無恩。"孟宗又引例書局、儀鸞司等當賜帛。上以小故未答，王安禮進曰："修書謬①，儀鸞司人恐不預。"上爲之笑。罷朝，安禮戲宗孟曰："揚雄爲公坐累。"

---

① 修書謬　底本脱"謬"字，據長編卷三三八、宋宰輔編年録卷八補。

卷第六十五

神宗皇帝

常秩擢用

　　嘉祐五年五月己亥,潁州進士常秩爲試將作監主簿、本州州學教授,翰林學士胡宿等言其文行稱於鄉里也。秩,臨汝人,嘗舉進士不中,退在陋巷二十餘年。爲學求自得,尤長於春秋。學者常以孫復所學問秩,秩曰:"此商君法耳。步過六尺與棄灰於道者,皆有誅,不近人情甚矣!"

　　治平四年十月癸丑,詔將作監主簿常秩赴闕,便殿引見,令潁州長吏敦遣,仍賜裝錢百千,無得受秩辭避章表。

　　熙寧二年六月丁未,翰林學士吕公著言:"潁川人常秩道德修於鄉里,名實著於海内。欲乞召置臺閣。"詔本州長吏敦遣赴闕。

　　四年四月甲戌,試將作監主簿常秩爲右正言、直集賢院、管句國子監。初,秩不肯仕宦,世以爲必退者也。及王安石更定法令,士大夫沸騰以爲不便,秩在閭閻,見所下詔書,獨以爲是。被召,遂起。及對垂拱殿,上問秩:"先朝累有除命,何以不起?"秩言:"先帝容臣辭免,故臣得以久安里巷。今陛下迫臣不許稽違詔旨,是以不敢不來,豈敢有所辭擇去就也。"上嘉之,徐問當今何以免民凍餒。秩言:"法制不立,庶民食侯食,服侯服,此今之大患也。"且言:"臣才不適時用,願得復歸。"上曰:"卿來,安得不少留乎?俟異日不能用卿,然後有去就可爾。"初議除秩官,王珪曰:"可太子中允。"上曰:"待此人當適理分之宜。"乃有是命。

　　五年八月,潁州言太子少師致仕歐陽修卒。初謚曰文,常秩曰:"修有定策之功,請加以'忠'。"乃謚文忠。修善薦士,一時名卿賢士,出修門下者甚衆,而薦秩與連庠尤力。秩晚仕於朝,君子非之,修自以爲失;庠終不出,修自以爲得也。

六年三月壬戌①,右正言、直集賢院、兼天章閣侍講、知諫院、管句國子監常秩罷天章閣侍講及諫院,從所請也。秩初免修起居注,未幾,復面乞罷去。上驚曰:"方賴卿德義,何遽求去也?"於是又以疾求歸。上遣內侍就第諭旨,秩固稱疾。詔賜告,仍聽免二職。王安石白上曰:"風俗患不忠信、無廉恥至甚。如秩美行,宜加崇獎。留之在朝,足以表勵風俗。如諸葛亮以許靖有人望,使爲三公,此已是不情,非所以率人爲忠信。"上曰:"鄉者,秩人望極盛,曾公亮嘗言召出必壞卻。"安石曰:"人各有所用,如秩安貧守節,在朝不爲無補也②。"

五月甲子,上批:"常秩在病告已滿百日,聞有司以例停俸。秩家素貧,父子臥病,僦居京師,復罷官俸,則遂絕粥藥之資③,甚無以稱朝廷遇秩之意。可無停給,月皆給之。"

八年十月丁未,潁州進士常立爲天平軍節度推官、崇文院校書。立,秩之子。

十年二月,右正言、寶文閣待制、權判西京留守御史臺常秩卒。詔:"秩久以懿行見稱鄉里,朝廷特起,置之侍從,而恬靜自居,不替素守,宜優賻贈,以勵廉隅。贈右諫議大夫,賻絹三百疋。"秩起處士,在朝廷碌碌無所發明④,問望日損,爲時譏笑。

鄭俠貶黜

熙寧七年四月,先是,監安上門、光州司法參軍鄭俠言:"去年大蝗,秋冬亢旱,以至今春不雨。麥苗乾枯,黍粟麻豆皆不及種。五穀涌貴,民情憂惶。"又言:"臣又見南征西伐⑤,皆以其勝捷之勢、山川之形爲圖而來獻,料無一人以天下憂苦、質妻賣女、父子不保、遷移逃走、困頓襤縷、拆屋伐桑、爭貸於市⑥、輸官糴米,遑遑不給狀爲圖而獻⑦。臣不敢具所聞⑧,謹以安上門逐日所見繪爲一圖。"詳見王安石事迹。俠,福清人

---

① 壬戌 底本脫此二字,據長編卷二四三補。
② 在朝不爲無補也 長編卷二四三"補"作"用"。
③ 粥藥之資 "粥",嘉慶本作"鬻"。
④ 在朝廷碌碌無所發明 底本脫"明"一字,據嘉慶本、長編卷二八〇補。
⑤ 南征西伐 "西"底本作"北",據嘉慶本、宋朝諸臣奏議卷一一六鄭俠上神宗進流民圖改。
⑥ 爭貸於市 西塘集卷一上皇帝論新法進流民圖、宋朝諸臣奏議卷一一六鄭俠上神宗進流民圖作"而賣於城市"。
⑦ 按:西塘集卷一上皇帝論新法進流民圖、宋朝諸臣奏議卷一一六鄭俠上神宗進流民圖載"料無一人以天下之民質妻賣兒、流離逃散、斬桑伐棗、拆壞廬舍而賣於城市,輸官糴粟,遑遑不給之狀爲圖而獻",與本書文字稍有出入。
⑧ 臣不敢具所聞 嘉慶本作"臣不敢以所聞聞",西塘集卷一上皇帝論新法進流民圖、宋朝諸臣奏議卷一一六鄭俠上神宗進流民圖作"前者臣不敢以所聞聞"。

也。於是上出俠疏及圖以示朝臣,問王安石識俠否。安石曰:"嘗從臣學。"因乞避位,上不許,乃詔開封府劾俠擅發馬遞之罪。丙戌,禮部侍郎、平章事、監修國史王安石罷爲吏部尚書、觀文殿大學士、知江寧府。韓絳拜相,吕惠卿參政。

八年正月庚子①,右諫議大夫馮京守本官知亳州②,權發遣户部副使王克臣追一官,司封郎中、集賢校理丁諷落職、監無爲軍酒税③,著作佐郎、秘閣校理王安國追毁出身以來文字,放歸田里,内殿承制楊永芳追一官,汀州編管人鄭俠改英州。御史臺吏、前慶州録事參軍楊忠信,檢院吏孔仲卿,撫州進士吴無至並決杖編管,忠信郴州,仲卿邵州,無至永州,忠信仍除名,永不叙用。俠既竄汀州,人多憐之,或資其行。吕惠卿憾俠不置,且惡馮京異議,欲藉俠以排去京並及王安國,乘間白上曰:"俠書言青苗、免役、流民等事,此衆所共知也;若言禁中有人被甲登殿詬駡,此禁中事,俠安從知之?蓋俠前後所言,皆京使安國導之。"上亦疑焉。他日,問京曰:"卿識鄭俠乎?"對曰:"臣素不識俠。"侍御史知雜事張琥聞之,陰訪求京與俠交通狀。或語以京嘗從俠借書,遺之錢米。琥即劾奏:"京,大臣,與俠交通有迹,而敢面謾云不識。又俠所言朝廷機密事,非京告教,何得聞此?"上以章示京,京對:"實不識,乞下所司辨。"琥又言:"俠自言京爲之主。按京身爲輔弼,政事有所未便,自當廷議可否,豈宜懷二,陰結小人?若京實無此,俠當坐誣大臣之罪,俠雖逐,而京之事狀未明,乞追俠付獄窮治。"詔送御史臺。京乃言:"俠事因琥案劾,則御史官屬不得無嫌。且朝廷不過欲見臣與俠有無往還問遺實迹耳。乞治於他司,或遣官就御史臺根究。"詔知制誥鄧潤甫往推究。琥請遣奉禮郎舒亶乘驛追俠於陳州,索其橐中文字,悉封上之④。獄官又掠治俠,令其疏所與交通者⑤,皆捕送獄。僧曉容善相,多出入京家,亟收繫考驗,取京門歷閱視賓客,無俠名。潤甫等深探俠辭,多所連引,獄久不決,臺官皆不得歸家。上以其枝蔓,有詔趣結絶。琥又言:"俠事連京,理須考實,而證左有所畏望,未肯盡情通説,勘司又被旨催迫,無緣窮究。況俠毁斥朝政,姗駡大臣,非有所恃,安敢如此?若不推見事

---

① 庚子 底本作"甲午朔",據長編卷二五九改。
② 右諫議大夫 底本脱"右"一字,據長編卷二五九補。
③ 監無爲軍酒税 底本脱"税"一字,據長編卷二五九、涑水記聞卷一六補。
④ 悉封上之 "上之"底本顛倒,據嘉慶本乙正。
⑤ 令其疏所與交通者 "其",嘉慶本作"具"。

情,正明國典,則小人朋比,何以禁止？乞令盡理根究。"從之。時十二月丙戌也。俠素事王雱,而議論常與雱異,與安國同非新法,安國親厚之。嘗謂安國曰:"俠前後以書諫丞相,不聽,得無爲人所誤？"安國曰:"安國言且不聽,子言彼豈肯信乎？彼作一事,必得四海九州怨怒然後行之,何謂爲人所誤？"及俠上書,安國索其草視之,俠不與。安國曰:"能言之者,子也;能揄揚宣布於人者,我也。子必以其章示我。"俠曰:"已焚之矣。"俠詣登聞檢院上書,諷判檢院,延與坐,啜茶,詢其所言,稱獎之。諷又嘗見京,語及俠。京稱:"俠文辭甚佳,小臣不易敢爾。"俠監安上門,時克臣爲鹽鐵副使,薦之。其逐也,有求於克臣,克臣命長子公約諭次子駙馬都尉師約饋之。師約曰:"師約連姻帝室,不敢與外人交,請具白金,大人自遺之。"克臣從之,遺俠以白金三十兩。俠往辭安國,安國謂曰:"子可謂獨立不懼矣。"及是臺司鞫諷、安國及克臣子師約等。安國初不承,獄吏引俠使證之。俠見安國,笑曰:"平甫居常自負剛直,議論何所不道？今乃更效小人,欲爲詆讕耶①？"安國即承永芳、忠信、仲卿、無至,皆常與俠游者也。獄既具,上以京大臣,令推究官取信否狀,並問克臣、京等,皆引罪。潤甫及中丞鄧綰疏:"俠肆意謗訕朝廷,議罪投之遠方,此人臣之所共嫉。克臣以戚里受國厚恩,知俠國之所棄而資給之;安國以下士擢置文館,而獎激狂妄,非毁其兄;及永芳、忠信等傳言惑衆,尤爲可惡。雖犯在赦前,及元非朝旨推究之人,據其狀,不可不懲。"遂罷京政事,俠遠徙,諷等皆得罪,曉容勒歸本貫。呂惠卿議俠當大辟,上曰:"俠所言非爲身也,忠誠亦可念,豈宜深罪？"始,惠卿事安石如父子。安國負氣,惡其憸巧,數面折之,惠卿切齒。及安石罷相,引惠卿輔政,惠卿遂欲代安石,恐其復來,乃因俠獄陷安國,亦以沮安石也。安國既貶,上降詔諭安石,安石對使者泣。及再入相,安國猶在國門,由是安石與惠卿交惡。俠雖薦京宜爲宰相,然實不識京。俠又稱元絳、孫永、王介凡四人,自言識絳,餘皆未識,而琥等獨斥京,蓋希惠卿風旨也。

十一月己卯,錢藻罷直舍人院。御史中丞鄧綰言:"馮京爲性庸狠,朋邪循俗,而藻乃稱京執正不回,一節不撓。乞加黜責。"上從之。綰知王安石惡京,又恐京復用,故爲此以附會安石也。

---

① 欲爲詆讕耶　底本脱"欲爲"二字,"詆"底本作"抵",據嘉慶本、涑水記聞卷一六補、改。

蔡確欲陷吴充

元豐元年閏正月庚辰，御批："近降相州吏人於法寺請求失入死罪刑名事。緣開封府刑獄與法寺日有相干，深恐上下忌礙，不盡情推劾，致奸贓之吏得以幸免。宜移送御史臺。"初，韓琦判相州，有三人爲劫，爲鄉里所逐而散。既而爲魁者謂其徒曰："自今劫人，有救者先殺之。"衆諾。他日又劫一家，執其老姥，榜箠求貨。鄉人不忍其號呼，來語賊曰："此姥更無他貨，可惜榜死。"其徒即刺殺之。州司皆處三人死。刑房堂後官周清本江寧府法司，後爲三司大將，王安石引置中書，且立法云："若刑房能駁審刑、大理寺、刑部斷獄違法得當者，一事遷一官。"故刑房吏日取舊案，吹毛以求其失。清以此自大將四年遷至供備庫使、行堂後官事。相州獄已決數年，清駁之曰："新法，凡殺人，雖已死，其爲從者被執，雖經拷掠①，若能先引服，皆從按問欲舉律減一等。今盜魁既令其從云'有救者先殺之'，則魁當爲首；其徒用魁言殺救者則爲從，又至獄先引服，當減等。而相州殺之，刑部不駁，皆爲失入死罪。"事下大理，大理以爲："魁言'有救者先殺之'，謂執兵仗來鬥者也，今鄉人以好言勸之，非救也。其徒自出己意手殺人，不可爲從。相州斷是。"詳斷官竇苹、周孝恭以此白檢正劉奉世，奉世曰："君爲法官，自圖之，何必相示？"二人曰："然則不可爲失入。"奉世曰："君自當依法，此豈必欲君爲失入耶？"於是大理奏相州斷是。清執前議再駁，復下刑部新官定，刑部以清駁爲是。大理不服。方爭論未決，會皇城司奏相州法司潘開齎貨詣大理行財枉法。初，殿中丞陳安民簽書相州判官日斷此獄，聞清駁之，懼得罪，詣京師，歷抵親識求救。文彥博之子、大理評事及甫，安民之姊子、吴充之壻也。安民以書召開云："爾宜自來照管法司。"竭其家資入京師，欲貨大理胥吏問消息。相州人高在等在京師爲司農吏，利其貨，與中書吏數人共耗用其物，實未嘗見大理吏也。爲皇城司所奏，言齎三千餘緡賂大理。事下開封按鞫，無行賂狀，惟得安民與開書。諫官蔡確知安民與吴充有親，乃密言："事連大臣，非開封可了。"遂移其獄御史臺，蓋從確請也。

四月乙巳，知諫院蔡確既被旨同御史臺按潘開獄，遂收大理寺詳斷官竇苹、周孝

---

① 雖經拷掠　底本脱"經"一字，據涑水記聞卷一五補。

恭等，枷縛暴於日中，凡五十七日，求其受賂事，皆無狀。中丞鄧潤甫夜聞掠囚聲，以爲苹、孝恭等，其實他囚也。潤甫心非確所爲慘刻，而力不能制。確引陳安民置枷前而問之，安民懼，即言："嘗請求文及甫，及甫云已白丞相，甚垂意。"丞相，指吳充也。確得其辭，喜，遽欲與潤甫登對，且奏充受賕枉法①，潤甫止之。明日，潤甫在經筵，獨奏："相州獄甚冤，大理實未嘗納賂，而蔡確深探其獄，枝蔓不已。竇苹等皆朝士，榜掠身無全膚，皆銜冤自誣。乞蚤結正。"權監察御史裏行上官均亦以爲言，上甚駭異。明日，確欲登對，至殿門，上使人止之，不得前。手詔："聞御史臺勘相州法司頗失宜，遣知諫院黃履、句當御藥院李舜舉據見禁人款狀引問，證驗有無不同，結罪保明以聞。"履、舜舉至臺，與潤甫、確等坐簾下，引囚於前，讀示款狀，令實則書實，虛則陳冤。前此，確屢問囚，有變詞者輒笞掠。及是，囚不知其爲詔使也，畏獄吏之酷，不敢不承，獨竇苹翻異。驗考掠之痕，則無之。履、舜舉還奏，上頗不直潤甫等言。乙卯，蔡確爲右諫議大夫、權御史中丞。中丞鄧潤甫落職、知撫州，上官均責授光祿寺丞、知光澤縣。潤甫責辭云："奏事不實，奉憲失中。言涉詆欺，内懷顧避。"均云："不務審知，苟爲朋附。俾加閱實，不知所言。"先是，上別遣黃履及李舜舉赴御史臺鞫相州法司獄，確知上意不直潤甫等，即具奏："潤甫不悦推見陳安民請求執政情節，責罵吏人，均亦在傍憤恚②，見臣不與之同，潤甫便行公文云未敢上殿。次日卻聞因進讀留身，續又與均密自奏事，不令臣簽書，必以臣見其朋姦之迹，恐臣論列，故造飛語以中傷臣。蒙陛下遣黃履、李舜舉詣臺審問，潤甫與均於聚廳引問罪人處，猶敢對使者交口紛紛，意欲開誘罪人翻異，而罪人了無異詞。履及舜舉備見。"上始亦疑相州獄濫及無辜，遣使訊之，乃不盡如潤甫等所言，確從而攻之，故皆坐貶，確遷中丞。凡朝士繫獄者，確令獄吏卒與之同室而處，同席而寢，飲食旋溷，共在一室。置大盆於前，凡饋食者，羹飯餅餌悉投其中，以杴匀攪③，分飼之如犬豕，置不問。故繫者幸其得問，無罪不承。

六月辛酉，詔殿中丞陳安民追一官勒停，展三期敘；太常博士吳安持追一官，免勒停，衝替；前檢正中書刑房公事劉奉世落直史館，免勒停，監陳州糧料院；詳斷官竇苹

---

① 且奏充受賕枉法　長編卷二八九同，嘉慶本、文淵閣本長編卷二八九均作"且奏充受請求枉法"。
② 均亦在傍憤恚　底本脱"均"一字，據嘉慶本、文淵閣本長編卷二八九補。
③ 以杴匀攪　"杴"底本作"匀"，據長編卷二八九改。

追一官勒停；詳議官周孝恭、大理評事文及甫並衝替。安民嘗官相州，坐與失入死罪，屬及甫言於宰相吳充；安持坐受及甫屬以諭奉世；奉世坐論法官令指定不須作失入；莘、孝恭坐定爲非失入，其牽連得罪者又數十人，充釋不問，周清遷一官。初，蔡確斷勘是獄，欲鍛鍊以傾充。既爲中丞，遂收繫及甫。及甫懼，即如安民前款稱嘗白充，充諾之，且稱嘗屬充子安持。確又收奉世。奉世先爲樞密院檢詳，充自樞密使拜相，奏奉世檢正中書，充雅信重之。確令大理官吏稱受奉世風旨，欲出安民罪。奉世懼，亦稱於起居日嘗受安持屬。確又欲收安持，詔第令即訊。安持恐被收，亦稱嘗屬奉世。時三司使李承之、户部副使韓忠彥皆上所厚，忠彥，琦子，而承之嘗爲都檢正，確皆令囚引之。承之知之，數爲上言確險陂之情，上意稍解，趣使結正。於是獄成，忠彥猶贖銅十斤。充上表乞罷相，及闔門待罪者三四。上趣遣中使召出，令視事。確屢率言事官登對，言罪安持太輕。上曰："子弟爲親識請託，不得已而應之，此亦常事，何足深罪？卿輩但欲共攻吳充去之，此何意也？"以確所彈奏劄還之，言者乃已。

何正臣誣呂公著

元豐三年四月丁酉，同知樞密院呂公著復歸西府。先是，元年六月，開封府鞫陳世儒獄。公著時爲端明殿學士兼侍讀。世儒妻李將就逮，亟謂其母呂曰："幸告端明公，爲祝蘇尹①，得即訊於家。"呂即夜至公著所如女言，公著曰："不可。比相州獄，止坐請求耳，逮繫者數百人。況此，豈可干人耶？"呂涕泣而退。其年九月，公著除同知樞密院。明年正月，御史言開封所鞫不盡，詔遷其獄於大理。大理丞賈種民因欲蔓其獄，間謂李曰："亦嘗有屬於官司乎？"李即具對嘗請於公著，而公著不許。種民得之，乃更其獄牒，謂公著嘗許之，而公著子希績、希純皆與聞。遂逮李母呂。呂至，對如李辭。又逮公著從子希亞、世儒友堉晏靖而告於朝。上謂執政曰："公著宜無此。"乃遣御史黃顏監治。其五月，種民來就問於西府，公著及二子皆以實對。顏知獄皆誣枉不可就，而畏避不敢言，未幾，託疾去。時上已稍知獄官之無狀，因不復遣御史。中書復固請用御史何正臣監訊。正臣至大理，而獄益熾。其八月壬子，又遷其獄於御史臺，

---

① 按：蘇尹，即時任開封府尹的蘇頌。

逮公著壻邵鼒及二婢,仍檄閤門止公著朝謁。上召公著入謁如常,公著即避位待辨於家。上數遣內侍勞問,促公著復位,公著訖不敢起。何正臣治獄皆無左驗,遂詔停獄,遣中使諭公著獄事已解,可亟入就職。越三日,壬寅,公著入謁占謝①,上曰:"有司考竟,都無一事。"比拜起,上如是言者再。始,公著被誣,或謂:"公著以輔弼掛吏議②,當隨事自承,不宜有陳。"公著曰:"不然。自古公卿大夫遭枉濫③,而不能自直者多矣,皆不得其時也。今吾生治世,事明主,近在帷幄之間,一旦被誣而不能申理,則四方疏遠之人何以自明?將恐治獄者狙以自張,被罪者望風畏卻,一罹呵問,例自承服,至朝廷有濫罰之譏,罪乃在吾,而不在朝廷也。"

　　二年九月丁丑,詔前國子博士陳世儒并妻李,婢高、張等十九人並處斬。婢高凌遲,妻李特杖死;婢單等七人貸死,杖脊,分送湖南、廣西、京西路編管。世儒,宰相執中子。執中嬖妾張氏淫悍不制,生世儒未久而執中死,詔張氏為尼。世儒既長,迎歸,與妻李事之不謹。李,龍圖閣直學士中師女④;母呂氏,夷簡孫也。世儒知舒州太湖縣,庸駁不樂為外官,與李諷諸婢謀殺張,欲以憂去。諸婢以藥毒之不死,夜持釘陷其腦骨,以喪還京師,為諸婢告發,而李辭屢變,凡三易獄,始得實。於是,元勘官皆得罪。

---

① 公著入謁占謝　"占",嘉慶本作"告",長編卷三〇三作"展"。
② 掛吏議　"掛"底本作"枉",據長編卷三〇三改。
③ 公卿大夫　"夫",嘉慶本、長編卷三〇三均作"臣"。
④ 龍圖閣直學士中師女　"中師"底本作"師中",據長編卷三〇〇、宋史卷三三一李中師傳乙正。按:李中師與李師中是兩位在北宋仁宗、英宗、神宗朝為官者,二人分別在宋史卷三三一、卷三三二有傳,任龍圖閣直學士並與陳執中為兒女親家者乃李中師也。

卷第六十六

神宗皇帝

三司條例司廢置①

熙寧二年二月甲子,命知樞密院陳升之、參知政事王安石取索三司應干條例文字看詳,具合行事件聞奏,別爲司,名曰同制置三司條例。先是,上問:"何以得陝西錢重,可積邊穀?"安石對:"欲錢重,當修天下開闔斂散之法。"因言:"泉府一官,先王所以摧折兼并,均濟貧弱,變通天下之財,而使利出於一孔者,以此也。"上曰:"誠如此。今但知有此理者已少,況欲推行?"安石曰:"人才難得,亦難知。今使能者理財,則十人之中,容有一二人敗事。況所擇而使者非一人,豈能無此失?"上曰:"自來有一人敗事,則遂廢所圖,此所以少成事也。故置條例司,以講求理財之術焉。"安石因請以呂惠卿爲制置司檢詳文字,從之。

三月戊寅,上曰:"近閱内藏庫奏,外州有遣衙前一人專納金七錢者。"因言:"衙前傷農,令制置三司條例司講求利害立法。"癸未,前權大名府留守推官蘇轍爲制置三司條例司檢詳文字②。先是,轍奏疏略曰:"臣所謂豐財者,非求財而益之也,去事之所以害財者而已。事之害財者三:一曰冗吏,二曰冗兵,三曰冗費。"疏奏,上批付中書曰:"詳觀疏意,如轍潛心當今之務,頗得其要。鬱於下僚無所伸,誠亦可惜。"因召對,而有是命。乙酉,陳升之、王安石等言:"除弊興利,非合衆智則不能盡天下之理。乞詔三司判官、諸路監司及内外官有知財用利害者,詳具事狀聞奏,諸色人聽於本司陳述。"於是詔令三司判官及發運、轉運使副判官,及提舉輦運、便糴③、市舶、榷場、提點

---

① 三司條例司廢置　底本脫"廢置"二字,據本書目録補。
② 前權大名府留守推官蘇轍爲制置三司條例司檢詳文字　宋朝諸臣奏議卷一〇九呂誨上神宗論王安石奸詐十事注文作"前權大名府留守推官蘇轍同檢詳文字",蘇轍的差遣似應爲制置三司條例司同檢詳文字。
③ 便糴　"便"底本作"使",據宋鄭獬鄖溪集卷八賜中書門下詔改。

鑄錢、制置解鹽等臣僚,限受詔後兩月內①,各具所知本職及職外財用利害聞奏。又詔曰②:"朕惟理財之臣失於因循③,其法遂至大壞④。其令內外臣僚有能知財用利害者⑤,詳具事狀聞奏。其諸色人亦具事理,於制置三司條例司陳狀;在外者,即隨所屬州軍投狀,繳申條例司。"戊子,兩府同奏事⑥,富弼言:"大臣須和乃能成務,若人懷私意,各執己見,互相疑間,則事無由濟。"弼又言:"今所進用或是刻薄小才,害事壞風俗爲甚,須進用醇厚敦實之人。"上曰:"大臣正要與朝廷分邪正,邪正分則天下自治⑦。"壬辰⑧,上即問王安石制置條例如何,安石曰:"已檢討文字,略無倫緒,亦有待人而後可舉者。然今欲理財,則須使能。天下但見朝廷以使能爲先,而不以任賢爲急;但見朝廷以理財爲務,而於禮義教化之際有所未及,恐風俗壞,不勝其弊。陛下當深念國體有先後緩急。"上頷之。

八月庚戌,制置三司條例司檢詳文字蘇轍言:"每於本司商量公事⑨,動皆不合。臣已有狀申本司,具述所議不同事,乞除一合入差遣。"詔依所乞。

九月丁卯,制置三司條例司言:"累有臣僚上言糶糴常平廣惠倉及振貸事⑩。今詳比年災傷賑貸,多出省倉。竊以爲省倉以待稟賜尚苦不足,而又資以賑貸,此朝廷所以難施惠,而凶年百姓或不被上之德澤也。今諸路常平廣惠倉略計千五百萬以上貫石⑪,斂散之法,未得其宜,故愛人之利未博,以致更出省倉賑貸。今欲以常平廣惠倉現在斛斗,遇貴量減市價糶⑫,遇賤量增市價糴,其可以計會轉運司用苗稅及錢斛就便轉易者,亦許兌換。仍以現錢,依陝西青苗錢例,取民情願豫給,令隨稅納斛斗;內

---

① 兩月內　底本脫"內"一字,據宋鄭獬鄖溪集卷八賜中書門下詔補。
② 又詔曰　底本無"又"一字,據文意補。按:宋鄭獬鄖溪集卷八載有賜中書門下詔和敕中書門下詔兩道詔書。
③ 朕惟理財之臣失於因循　底本脫"惟"一字,據宋鄭獬鄖溪集卷八敕中書門下詔補。
④ 其法遂至大壞　底本脫"其法"二字,據宋鄭獬鄖溪集卷八敕中書門下詔補。
⑤ 其令內外臣僚有能知財用利害者　底本脫"其令"二字,據宋鄭獬鄖溪集卷八敕中書門下詔補。
⑥ 兩府同奏事　"府"底本作"司",據嘉慶本、宋史全文卷一一改。
⑦ 自"富弼言"至"邪正分則天下自治",底本無此七十八字,今據宋宰輔編年錄卷七及宋史全文卷一一補。
⑧ 壬辰　底本脫此二字,據宋史全文卷一一補。
⑨ 每於本司商量公事　"於"底本作"與",據嘉慶本、欒城集卷三五條例司乞外任奏狀、太平治迹統類卷十四改。
⑩ 累有臣僚上言糶糴常平廣惠倉及振貸事　底本脫"糶"一字,宋會要輯稿食貨四之一六"糶糴"作"糴",今據下文"遇貴量減市價糶,遇賤量增市價糴"之文意補。
⑪ 千五百萬以上貫石　"千五百萬"底本作"十五萬",嘉慶本同,據宋會要輯稿食貨四之一六、宋史全文卷一一、宋史卷一七六食貨志改。按:文獻通考卷二一市糴考二又作"一千四百萬貫石"。
⑫ 遇貴量減市價糶　"糶"底本作"糴",據嘉慶本、宋史全文卷一一、文獻通考卷二一市糴考二、長編拾補卷五改。

有願請本色或納時價貴願納錢者，皆許從便，務在優民。如遇災傷，亦許以次料收熟日納①。若此行之，非惟足以待凶荒之患，又民既受貸，則於田作之時不患缺食，因可選官勸誘，令興水土之利，則四方田事加修。蓋人之困乏，常在於新陳不接之際，兼并之家乘其急以邀倍息，而貸者常苦於不得。常平廣惠之物收藏積滯，必待年儉物貴然後出糶，而所及者，大抵城市游手之人而已。通一路之有無，貴發賤斂，以廣蓄積，平物價，使農人有以赴時趨事，而兼并不得乘其急。凡此皆以爲民，而公家無所利其入，是亦先王散惠興利②，以爲耕斂補助，哀多益寡，而抑民豪奪之意也。舊制，常平廣惠倉專隸提刑司。緣近來創立新法，合有兌換錢斛，藉轉運司應付，乃克濟辦。乞委轉運司提舉，仍令提點刑獄司依舊管轄，毋得別以支用。兼事初措置非一，欲量諸路錢穀多寡，分遣官提舉，仍先行於河北、京東、淮南三路③，候其有緒，即推之諸路。其廣惠倉除量留給老疾貧窮人外，餘並用常平倉轉移法④。其給常平廣惠倉錢，依陝西青苗錢法，於夏秋未熟以前約逐處收成時酌中物價，立定豫支每斛價，召民願請。仍常以半爲夏料，半爲秋料。"並從之。辛未，條例司請以太常博士、秘閣校理李常，前許州司理參軍、國子監直講王汝翼爲檢詳官，殿中丞、知宛句縣張復禮，前明州司法參軍李承之爲相度利害官。丙子，條例司言："常平廣惠倉條約已行於京東、淮南、河北三路。訪聞諸路民間多願官中支貸，乞令司農寺徧下諸路轉運司：如有便欲施行，即具以聞，當議選置提舉官。"詔可。條例司言："銀銅坑冶、市舶之物，皆上供而費出諸路，故轉運司莫肯爲，課入滋失。今既假發運司以錢貨，聽移用六路之財，則東、西、南經費皆當責辦。請令發運使、副兼提舉九路銀銅鉛錫坑冶、市舶之事，條具利害以聞。"此以上據本志增入。乃詔發運使薛向、副使羅拯⑤兼都大提舉江淮、兩浙、荊湖、福建、廣南等路銀銅鉛錫坑冶、市舶⑥。上手詔向曰："東南利國之大，舶商亦居其一焉。昔錢、劉⑦竊據浙、廣，內足自富，外足抗中國者，亦由籠海商得術也。卿宜創法講求，不惟歲獲厚

---

① 亦許以次料收熟日納　底本脫"許"字，據嘉慶本、宋會要輯稿食貨四之一六補。
② 是亦先王散惠興利　"亦"底本作"以"，據嘉慶本、宋朝諸臣奏議卷一一一李常等上神宗論王廣廉青苗取息、宋會要輯稿食貨四之一六改。
③ 仍先行於河北京東淮南三路　"行"底本作"次"，據宋會要輯稿食貨四之一六改。
④ 餘並用常平倉轉移法　底本脫"餘"字，據嘉慶本、宋會要輯稿食貨四之一七補。
⑤ 羅拯　底本作"羅極"，據長編卷二一二、宋史卷三三一羅拯傳有關記載改。
⑥ 底本"市舶"下衍"從之"二字，今據文義刪。
⑦ 劉　底本作"鏐"，據嘉慶本、長編拾補卷五改。

利,兼使外蕃輻輳中國,亦壯觀一事也。"向既兼總九路財賦,即奏:"移用金穀,要當不失事幾,如響應聲,遠近一體,則功利易集,而民亦受賜。今九路監司鮮能協力,徒害成事。請辟置本司官屬分隸諸路,參舉衆事,糾其弛慢不職。凡財貨輕重、郡縣豐凶、山澤之利廢興、府庫之積虛實,可以周知其數,以通有無。"從之。於是置句當公事官九員,分領九路,凡移用財賦、興置坑冶、茶礬酒稅、錢監、造船、雇糴、輦運等事。先是,漕運吏卒上下共爲侵盜貿易,甚則託風水沈没以滅迹,而官物以故濕惡陷折者,歲不減二十萬斛。至向,始募客舟與官舟分運,以相檢察,而舊弊悉去。

十一月乙丑,命樞密副使韓絳同制置三司條例司。初,陳升之既拜相,遂言:"制置三司條例司難以簽書,欲令孫覺、呂惠卿領局,而升之、王安石提舉。"安石曰:"臣熟思此事,但可如故,無可改者。"升之曰:"臣待罪宰相,無所不統。所領職事,豈可稱司?"安石曰:"於文,反后爲司。后者,君道也;司者,臣道也。臣固宜稱司。"升之曰:"今之有司、曹司皆一職之名,非執政之所宜稱。"安石曰:"古之六卿,即今執政,有司馬、司徒、司空,各名一職,何害於理?"曾公亮曰:"今之執政乃古三公,古之六卿蓋今之六尚書也。"安石曰:"三公無官,惟以六卿爲官。如周公,即以三公爲冢宰。蓋其他三公,或爲司馬,或爲司徒,或爲司空。古之三公,猶今三師;古之六卿,猶今兩府也。宰相雖無所不統,然亦不過如古冢宰而已。冢宰惟掌邦治,至於邦教、邦政、邦禮、邦刑、邦事,則雖冢宰,亦有所分掌矣。"升之曰:"若制置百司條例則可,但今制置三司一官條例則不可。"安石曰:"今中書支百錢以上物及補三司吏人,皆奏得旨,乃施行。至於制置三司條例司,何故以爲不可?"上曰:"乃者陳升之在密院,今俱在中書。併歸中書,何如?"安石曰:"先王制事,各因時勢所宜。唐、虞兵刑皆在士官,以皋陶一人領之。後世兵事愈多而重,則分爲司馬、司寇兩官。非欲苟變先王之法,以時勢不同故也。今天下財用困急,尤當先理財。易曰:'理財,正辭。'先理財然後正辭,先正辭然後禁民爲非,事之序也。孔子曰:'既庶矣富之,既富矣教之。'孟子亦曰:'養生喪死無憾,王道之始也。'此陛下之所以先理財而特置一司,使升之與臣領之之意也。特置一司於時事宜,恐不須併。"升之以爲併之無傷。安石曰:"今分爲一司,則事易商議,早見事功。若歸中書,則待四人無異議,然後草具文字。文字成,須徧歷四人看詳,然後出於白事之人,亦須待四人皆許,則事積而難集。陛下既使升之與臣執政,必不疑升之與臣專事而爲姦。況制置司所奏請,皆關中書審復,然後施行,自不須併入。"爭於上前,日高不決,乃皆退。他日又對,升之固以爲不可置司。上欲使安石獨領,安石以爲非便,曰:"陛下本置此司,令中書、樞密各差一人。今若與韓絳同事,甚便。"上曰:"善。"故有是命。升之深狡多數,善附會以取富貴。爲小官時,與安石相遇淮南,安石深器之。安石時爲揚州簽判,有送升之序。及安石用事,務變更舊制,患同執政者間不從,奏設制置條例司,引之共事。凡所欲爲,自條例司直奏行之,無復齟齬。升之心知其不可而極力贊助①,或時爲小異,陽若不與安石皆同者。安石不覺其詐,深德之,故安石推升之使先爲相。升之既登相位,於條例司事遂不復肯關預。安石固以請,升之曰:"茲事盡歸之三司,何必攬取爲己任也?"安石大怒,二人於是乎始判。

閏十一月,條例司又言:"西京左藏庫副使高遵裕等十一人,各乞置交子務。本司詳交子之法用於成都府路,人以爲便。今河東公私苦運鐵錢勞費,宜試如遵裕等議,行交子之法,仍令轉運司舉官置務。"從之。

十二月癸未,上謂王安石、韓絳曰:"呂公著言條例司近轉疏脫,所舉官皆是奴事呂惠卿得之,並非韓絳、王安石所識。"安石曰:"自外舉者,誠或非臣等所識,然取於衆議。若謂奴事呂惠卿,則惠卿在條例司用事以來,幾日在外?人如何奴事得?"

三年,諸公論青苗新法不便。詳見論青苗法。

三月,國子監直講王汝翼辭條例司檢詳文字。

五月甲辰,詔:"近設制置三司條例司,本以均通天下財利。今大端已舉,惟在悉力應接,以趣成效。其罷歸中書。"先是,文彥博等皆請罷制置條例司。上謂彥博曰:"俟群言稍息,當罷之。"不欲亟罷,恐傷王安石意故也。

議減兵數雜類②

熙寧元年六月丙寅,命司馬光、滕甫同看詳裁減國用制度,仍取慶曆二年數,比見今支費有不同者,開析以聞。光登對,言:"國用所以不足者,在於用度太奢,賞賜不節,宗室繁多,官職冗濫,軍旅不精。此五者,非愚臣一朝一夕所能裁減。若但欲如慶

---

① 極力贊助　"極",嘉慶本作"竭"。
② 議減兵數雜類　底本脫"數"字,據本書目録補。

曆二年裁減制度比見今支費數，此正當下三司供析①，其同與不同，立可盡見，不必更差官置局。"上因問五者利害，光具悉以對，上深開納。明日，即罷裁減局，但下三司供析而已②。

十二月己亥朔，詔京東武衛四十二指揮並分隸河北都總管司：六指揮隸大名府路，三十六指揮分隸定州、高陽關兩路，分番往戍。先是，此軍本備河北戍守，近歲分屯諸路。朝廷將減緣邊土兵，以省三司饋餉，故有是詔。

二年正月乙酉，樞密院進呈減住營兵數，上曰："祖宗朝，北戎無警，即便罷兵。今既講和，而屯兵至多，徒耗錢帛。"文彥博曰："自古皆募營兵，遇事息即罷。漢文帝以恭儉，故至武帝時府庫充實，然因用兵卒致公私匱乏。"上曰："文、景恭儉，豈是庶事不爲以致富盛？蓋能立制度，所以有成效也。如仁宗朝，何嘗橫有費用，止緣衆人妄耗物力③，府庫遂空。"韓絳曰："朝廷須修法度，愛惜財幣，乃能休息生靈。一人獨儉④，未足成化。"陳升之曰："已議暗消本路冗兵，於京東招補亦將有序，不數年可見效矣。"呂公弼曰："緣邊之兵不可多減，若遇大閱人數全少，北戎觀之非便。"彥博曰："自有遣戍兵，不至闕事也。"上曰："卿等可詳議以聞。"

九月乙亥，上謂陳升之、王安石曰："今賦入非不多，只是用度無節，如何節用？"升之、安石皆言兵及宗室之費。上曰："朕嘗問王存以兵費，乃言'臣不曾講兵書'。"因問安石如何省兵，安石曰："陛下今欲省兵，當擇邊州人材⑤，付以一州，令各自精練，仍鼓舞其州民，使各習勇⑥，則兵可省。前日陛下所召种古等數人，臣略與語，似亦皆可付一州。臣因與古言：'今邊州有兵五千處，若只揀留三千，仍以二千人衣糧之費，令以鼓舞所留兵及州民使習兵戰，則可以戰守否？'古乃言：'若果然，只得二千人兵亦可矣。'"上言太祖付邊將事，安石曰："今有可勝太祖時，並邊民户口蕃息，所恃不盡在募兵而已。若募兵，令邊將得自揀擇訓練如太祖時，則尤易以待敵。"上言："五代時

---

① 此正當下三司供析　"正"，嘉慶本作"止"；"供"底本作"共"，據嘉慶本、長編拾補卷三上改。"供"，宋史全文卷十一作"條"。
② 供析　底本作"共析"，據嘉慶本、長編拾補卷三上、太平治迹統類卷二八改。
③ 止緣衆人妄耗物力　底本脱"止"一字，據群書考索後集卷四〇補。
④ 一人獨儉　"儉"底本作"立"，據嘉慶本、太平治迹統類卷三〇改。
⑤ 當擇邊州人材　底本脱"材"一字，據太平治迹統類卷三〇補。按：太平治迹統類卷三〇作"當擇邊將人材"。
⑥ 使各習勇　底本脱"勇"一字，據太平治迹統類卷三〇補。

方鎮皆豪傑,所以能自守一方,不須朝廷之助。"安石曰:"五代時方鎮豈皆豪傑,如羅洪信乃是衆人求主不得,大呼於衆:'誰能爲節度使者?'洪信出應募,遂立以爲帥。然亦能獨保一鎮者,以其任事得自專故也。今朝廷待邊將拘制之法尚多,而驅策之方猶少。但如种古之徒,已不獲自盡矣。"

十月戊戌,上問節財如何,安石對以減兵最急。上曰:"比慶曆數,已甚減矣。惟別有措置乃可耳。"安石曰:"精訓練募兵,而鼓舞三路百姓習兵,則兵可省。"先是,陳升之建議:"衛兵年四十以上稍不中程者,量減請受,徙之淮南。"吕公弼上言:"既使之去本土,又減其常廩,於人情未安。且事體甚大,難遽行也。"於是上問升之:"退軍事,當時曾與密院衆商量否?今卻皆爭論以爲難,此乃是合退作剩員優假之故。别立等,有何所傷?"公弼言:"臣不比他人立事取名,恐誤陛下事。若二十萬衆皆變,爲之奈何?"升之具論祖宗舊法,曾公亮曰:"爲之當有漸。"王安石亦云。上曰:"但執政協心,不扇動人情,自無事。"安石曰:"公弼來陛下處言,只是臨事而懼,固無所害。若退以語衆,乃爲扇摇人情。"上曰:"柴世宗如何得兵精?"安石曰:"亦只是簡汰。然柴世宗精神之運,威令之加,有在事外者,乃能濟事,而無侮敗。"龍圖閣直學士陳薦言①:"大臣建退軍之議,捐禁兵月廩,使就食江淮。禁兵在京師,祖宗之制,所以重内輕外,其來已久。人情既安習,一旦輦徙,去國客食,卒伍衆多,非所以安之也,宜如舊。"上從之,卒罷退軍議。

閏十一月,上問府兵之制,曰:"府兵與租庸調法相須否②?"安石曰:"今上番者,即以衣糧給之,則無貧富皆可入衛出戍,雖未有租庸調法,亦可爲也。但義勇不須刺手背,刺何補於制御之實?今既良民爲之,當以禮義獎養。刺手背但使其不樂,而實無補也。又擇其鄉間豪傑爲之將校,量加獎拔,則人自悦服。今募兵宿衛乃有積官至刺史、防團者,移此與彼,固無不可。況不至如此費官禄,已足使人樂爲之③。陛下審擇近臣,皆使有政事之才,則他時可令將此等軍。今募兵出於無賴之人,尚可爲軍廂

---

① 陳薦　底本作"陳鷹",據宋宰輔編年録卷七改。
② 府兵與租庸調法相須否　底本脱"否"一字,據晦庵集卷八三跋王荆公進鄆侯遺事奏稿引熙寧奏對日録補。
③ 況不至如此費官禄已足使人樂爲之　底本脱此十五字,據晦庵集卷八三跋王荆公進鄆侯遺事奏稿引熙寧奏對日録補。

主,則近臣以上豈可不及此輩?此乃先王成法,社稷之長計也。"上極以爲然①。

十二月乙亥,上論及邊兵已不足以守,雖費衣糧,然又不可減。王安石曰:"今若更減,即誠無以待緩急②;不減,則費用無有已時③。若不能治兵稍復古制,則中國決無富強之理。"上因言:"義勇可使分爲四番出戍。"呂公弼曰:"須先省得募兵,乃可議此。"安石曰:"計每歲募兵所死亡之數,乃以義勇補之可也。"上問:"唐都關中,府兵多在關中,則爲彊本。今都關東而府兵盛,則京師更不足待外方。"安石曰:"府兵處處可爲,又可令入衛。"公弼與韓絳皆以入衛爲難。文彥博曰:"曹、濮人專爲盜賊,豈宜使入衛?"安石曰:"曹、濮人豈可應募諸班諸軍者?應募皆暴猾無賴之人,尚不以爲虞。義勇皆良民,又以有物力户爲將校,豈可卻以爲虞!"陳升之欲令義勇以漸戍近州,安石曰:"藥不瞑眩疾不瘳。陛下若欲變數百年募兵之弊,則宜果斷,詳立法制,令本末備具。不然,無補也。"上以爲須豫立定條法,不要宣布,以漸推行可也。樞密退,安石白上曰:"陛下以爲柴世宗能辟土疆,服天下者,何也?"上曰:"莫是能果斷否?"安石曰:"柴世宗能使兵威復振,非但高平之戰能斬樊愛能而已。天下盜賊殺人亡命,日募以爲禁軍,史臣以爲當時孤子寡婦見仇讎而不敢校,後悔之莫有貸者。臣謂史官不足以知世宗,世宗非悔也。方中國兵弱,以爲非募此等人,不足以勝諸僭偽之國。及所募已足,則法不可久弛,故不復貸其死。此乃定計數於前,必事功於後,豈以爲失策而更悔也?世宗募盜賊殺人亡命者以爲禁衛,不以爲虞者,誠有帝王威略故也。今當平世,發義勇入衛,有爵賞之勸、祿賜之利,而乃更憂其爲變,恐非篤論。蓋今人習見募兵,而不見民兵之事久,故一聞此議,則不能無駭。然募兵之法不變,乃實有可憂。"

此據日録,乃二年十二月十三日。朱本係三年十二月。

兵部上陝西、河北、河東義勇數:陝西路二十六郡,舊籍十五萬三千四百,益以環慶、延州保毅弓箭手三千八百,總十五萬六千八百,爲指揮三百二十一;河北三十三郡,舊籍十八萬九千二百,今籍十八萬六千四百,爲指揮四百三十;而河東二十郡,自

---

① 上極以爲然 "極",晦庵集卷八三跋王荊公進鄭侯遺事奏稿引熙寧奏對日録作"良"。
② 即誠無以待緩急 底本脱"即"一字,據嘉慶本補。"即",太平治迹統類卷三〇作"則"。
③ 則費用無有已時 太平治迹統類卷三〇作"則財費困國無有已時"。

慶曆後,總七萬七千,爲指揮一百五十九。凡三路義勇之兵,總四十二萬餘三千五百人。河東、陝西弓箭手數:河東七郡舊籍七千五百,今籍七千;陝西十郡並寨户舊籍四萬六千三百,惟秦鳳有寨户,陝西無户籍數。其後義勇寖消,悉聯以爲保甲云。

聯爲保甲在六年十二月二十六日,此并據兵志第三卷熙寧二年事增入。

三年三月壬辰朔,樞密副使韓絳與文彦博、吕公弼争議揀退禁軍。彦博、公弼極言其不便,上命且依舊制。是日,絳亦稱疾在告。是月,詔併龍猛八指揮爲六,舊三百五十人爲額,自康定、慶曆以來,諸軍間有併廢,至熙寧初大整軍額,有就而合者,如龍衛三十九指揮併爲二十;有以全部付隸者:宣威併入威猛、廣捷,而宣威廢罷。契丹直撥入神騎,而契丹直廢罷。有併營而增額:如宣武二十指揮四百人額,併爲十二指揮,五百人爲額。有就而易名者:如驍猛四指揮,以第四一指揮改充驍雄,存三指揮。自是部伍整肅,無有名存而實缺者。

七月丙申,王安石進呈蔡挺乞以義勇爲五番教閲事。上因論及民兵,安石曰:"募兵未可全罷,民兵可漸復,雖府界亦可爲。至於廣南,尤不可緩。今中國募禁軍往戍,多死,此害於仁政。陛下誠罷軍職,以所得官十二三鼓舞百姓豪傑,使趨爲民兵,則事甚易成。"上患密院不肯措置義勇。安石曰:"陛下誠欲行,則孰能禦之?此在陛下也。"因爲上言:"國之大政,在兵農。"上曰:"先措置得兵乃及農,緣治農事須財。兵不省,則財無由足。"安石曰:"農事亦不可以爲在兵事之後。前代興王知不廢農事,乃能并天下。興農事自不費國財,但因民所利而利之,則亦因民財力而用也。"涇、渭、儀、原四州義勇萬五千人,舊止戍守,經略使蔡挺始令調十番,依諸軍結陣隊分隸諸將,選藝精者遷補,給官馬、月廩、時帛、郊賞,與正兵同,遂與正兵相參戰守。時土兵有闕,詔募三千人。挺奏以:"義勇點刺累年,雖訓肄以時①,而未施於征防。意可以案府兵遺法,俾之番戍,無補所闕土兵。"詔復問以措置遠近、分番之法,挺即條上,以四州義勇分五番,番三千人。防秋以八月十五日上,十月罷;防春以正月十五日上,三月罷。周而復始,比之募土兵,歲減糧八萬石、料錢六千餘緡、春冬衣帛五千疋②、綿三萬七千兩。詔從之,行之諸路。

---

① 雖訓肄以時 "肄"底本作"隸",據東都事略卷八二蔡挺傳、宋史卷一九一兵志改。
② 春冬衣帛五千疋 "帛"底本作"萬",據群書考索後集卷四一改。

十二月壬申，召樞密使文彥博等對資政殿①。彥博等上在京、開封府界及京東等路禁軍數，上亦自内出治平中兵數相參照，顧問久之，遂詔殿前司："虎翼除水軍一指揮外，存六十指揮，各以五百人爲額，總計三萬四百人。在京增廣勇五指揮，共二千人；開封府界定六萬二千人，京東五萬一千二百人②，兩浙四千人，江東五千二百人，江西六千八百人，湖南八千三百人，湖北萬二千人，福建四千五百人，廣南東、西各千二百人，川峽三路共四千四百人爲額。在京其餘指揮，並河東、陝西、京西、淮南路，前已撥併；其河北以人數尚多，須後議之。"

四年三月癸丑，上論農兵事，欲行宋道策，召人免稅充弓箭手事。文彥博以爲決不可行。安石曰："恐可行，但亦不須如此，誠以利害驅民訓習③，則何必用宋道之策？"上欲擇人判兵部如司農，安石曰："京中諸司固足以提天下之綱要，非特兵部也。"上曰："兵部最所急故也。"安石曰："誠如此。"

陳瓘論曰：安石曰："民可以利驅，使趣爲兵。"安石此語，亦欲變募兵宿衛法故也。

宋道，河南人，時爲都官郎中、同提舉三門白波輦運。嘗應詔言五事，其五曰增置沿邊弓箭手，以省戍兵。又嘗言："請倣古民兵之法，籍編丁，蠲其稅，無費縣官，而習山川之便，可得戰士二十萬。"事多施行云。

七月，手詔揀諸路兵半分，年四十五以下勝甲者併爲大分，五十以上願爲民者聽之。舊制，兵至六十一始免，猶不即許也。至是，免爲民者甚衆。

十二月丙寅④，樞密院言："諸路廂軍名額猥多，自騎射至牢城，其名凡二百二十三。其間因事募人，團立新額，或因工作、榷酤、水陸送運、通道、山險、橋梁、郵傳、馬牧、隄防、堰埭，若此者，事存而名未可廢。及剩員直、牢城，皆待有罪配隸之人，壯城專治城隍，不給他役，別爲一軍；而教閱廂軍亦自爲額。請以諸路不教閱廂軍併爲一額，餘從省廢，其移併如禁軍法。"奏可。遂下諸路轉運司，以州大小高下爲序，始自某州爲第一指揮，差次至某州，凡爲若干指揮，每指揮無過五百人。河北曰崇勝，河東曰

---

① 召樞密使文彥博等對資政殿　"召"底本作"詔"，據長編卷二一八改。
② 京東五萬一千二百人　底本"京東"上衍"在"一字，據長編卷二一八刪。
③ 驅民訓習　長編卷二二一作"驅民習兵"。
④ 丙寅　底本脱此二字，據長編卷二二八補。

雄猛,陝西曰保寧,京東曰奉化,京西曰勁武,淮南曰寧淮,兩浙曰崇節,江南曰效勇,荊湖曰宣節,福建曰保節,廣南曰清化,川峽四路曰克寧①。總天下廂兵馬步指揮凡八百四十,其爲兵凡二十二萬七千六百二十七人。而府界及諸司或因事募兵之額不與焉。

五年正月。先是,曾孝寬爲王安石言:"有軍士深詆朝廷,尤以移併營房爲不便。或言今連陰如此,正是造反時。"安石具以白上。文彥博曰:"近日朝廷多更張,人情洶洶非一。"安石曰:"朝廷事合更張,豈可因循? 如併營事,亦合如此。此輩乃敢紛紛,公肆詆毀,誠無忌憚。至言欲造反,恐須深察!"吳充曰:"併營事已久,人習熟,何緣有此? 近來惟保甲事,人情不安。"上言太祖善御兵,又言斬川班事。安石曰:"五代兵驕。太祖若所見與常人同,則因循姑息,終不能成大業。惟能勇,故能帖服此輩,大有所爲。然恃募兵以爲國,終非所以安宗廟、社稷。"上曰:"如慶卒柔遠之變,賴屬戶乃能定。然則募兵,豈可專恃?"上欲得詆毀軍士主名,樞密院請責殿前、馬、步三帥,安石請委皇城司,上曰:"不如付之開封府。"乃令安石召元絳至安石第諭意。

林希野史云:初,司馬光貽書王安石,闕下爭傳之。安石患之,凡傳其書者②,往往陰中以禍。民間又僞爲光一書,詆安石尤甚,其辭鄙俚。上聞之,謂左右曰:"此決非光所爲。"安石盛怒曰:"此由光好傳私書以買名,故致流俗亦效之。使新法沮格,異論紛紛然,皆光唱之。"即付獄,窮治其所從得者,乃皇城使沈惟恭客孫杞所爲。惟恭居常告杞時事,又語常涉乘輿,戲令杞爲此書,以資笑謔。獄具,法官坐惟恭等指斥乘輿③,流海島;杞棄市。以深禁民間私議己者,其後探伺者分布都下。又明年,曾孝寬以修起居注侍上,因言民間往往有怨語,不可不禁。安石乃使皇城司遣人密伺於道,有語言戲笑及時事者,皆付之獄。上度其本非邪謀,多寬釋之。保甲民有爲匿名書,揭於木杪,言今不聊生,當速求自全之計,期訴於朝。安石大怒,乃出錢五百千以捕爲書者。既而村民有偶語者曰:"農事方興,而驅我閱武,非斬王相,我輩不得休息。"邏者得之,付獄。安石意爲匿名書者必此人也,使鍛鍊成獄。民不勝榜掠,而終不伏。法官以詬罵大臣,坐徒三年。上笑曰:"村民無知。"止令杖臀十七而已。開封推官葉溫叟在府不及一歲,凡治竊議時事及詬罵王安石者三十餘獄。林希所云,須細考之。七月己亥、閏七月癸酉皆有匿名書事,當並考。又四年三月己酉,孝寬乞立賞捕扇惑保甲人,與此相關云。

---

① 川峽四路 "峽"底本作"陝",據嘉慶本、長編卷二二八改。
② 凡傳其書者 底本脫"者"一字,據長編卷二二九補。
③ 法官坐惟恭等指斥乘輿 底本脫"坐"一字,據長編卷二二九注文補。

七月癸卯①,詔步軍司牀子弩雄武五指揮九百三十九人撥併爲兩指揮,飛山雄武指揮一千二百人亦撥併爲兩指揮,每指揮並以五百人爲額,仍契勘在京見今諸軍已來撥併數目以聞。

六年三月癸亥,上謂王安石曰:"宿衛親事官有擊指揮使傷首者,而主名未立。宿衛法不可以不急變革。"安石曰:"臣固嘗論此,此固易變,但要措置有方。"

陳瓘論曰:安石欲變宿衛之法,先於經義創立新説,然後造爲神考聖訓,謂當急變其法。蓋託以先訓,則可以必聖王遵行②;文以經術,則可以禁士大夫之竊議。二者行於前,三衛作於後,漸危根本,忠義寒心。人皆獨罪於卞、京,安知謀發於私史?若非陛下守藝祖之宏規,循累朝之成憲,使彼二書之説以敘行之,今日不知其如何矣!

十月甲戌,併龍衛三十九指揮爲二十指揮。庚寅,上曰:"裁併軍營,凡省軍員四千餘人,此十萬軍之資也。若訓練既精,人得其用,不惟勝敵,兼亦省財。"王安石等曰:"累歲以來,陛下選用使臣,專令訓練。間御便殿,躬親試閲。賞罰既明,士卒知勸。觀其技藝之精,一人可敵數夫,此實國家安危所繫也。"安石又言:"併營練卒事既有效,凡此皆無害於人,而不道者乃妄相扇動。"上曰:"須漸定去之。"安石曰:"今已帖息矣。"

八年三月乙卯,閲諸軍轉員,三日止。舊制,捧日都虞候四人,至是五人,而馬軍都指揮使但闕驍騎一人,以捧日一人補驍騎軍主,餘四人如故,則以次軍分皆不得遷,乃補四人者並爲馬步軍副都軍頭。又以龍衛、拱聖、驍騎、武騎、寧朔、神騎舊百三十一指揮,後省五十指揮,而見管馬軍指揮使以下已補八十一指揮正額外,數猶有餘,乃於所省指揮内未移併者四十三指揮,且置下名指揮使、副使各一人,軍使三人,以便第遷③。

元豐二年六月丙午④,詔:"捧日、龍衛、鉏直、左射等指揮均撥入捧日、龍衛諸指揮,更不補人;其四指揮請受錢帛等委群牧司,糧草委提點倉場司封樁。"

---

① 癸卯　底本作"壬寅",據長編卷二三五改。
② 則可以必聖王遵行　"必",嘉慶本作"爲";"聖王",長編卷二四三注文作"聖主"。
③ 以便第遷　"便"底本作"次",據長編卷二六一改。
④ 丙午　底本脱此二字,據長編卷二九八補。

八年三月,凡禁軍之最親近者,執戟殿陛①,宿衛宮省,扈從乘輿,號諸班直。非諸班直,隸於御前忠佐軍頭司、皇城司、騏驥院,餘軍皆以守京師,備征戍。其出戍邊或諸州更戍者,謂之屯駐;非戍諸州而隸於總管司者,謂之駐泊;非屯駐、駐泊而以糴賤留便廩給,謂之就糧;諸司募者曰役兵;諸州募者曰本城廂兵;教閱者爲教閱廂兵;蕃夷内附,糾合其人而用之者曰蕃兵;什伍其民而教之武事曰民兵。熙寧、元豐之間,兵制大備矣。

此兵志首篇新敘,今掇取附見。

凡禁軍,奉錢千爲上軍,五百以上爲中軍,以下爲下軍。其賞罰遷敘,視此爲等。其政令掌於樞密院,歲以秋月校其藝能而賞勸之。熙寧之籍,天下禁軍凡五十六萬八千六百八十八人;元豐之籍,六十一萬二千二百四十三人。初,上即位,總治平之兵一百十六萬一千,而禁兵步、騎六十六萬三千;校慶曆之籍減幾十萬,校開寶增至七十萬二千②。上患兵冗,邦用不繼,始議銷併,及親制選練修飭武備之法甚衆。一日,顧謂輔臣曰:"前世爲亂者,皆無賴不逞之人。藝祖平定天下,悉招聚之,刺以爲兵,連營以居,什伍相制。節以軍法,厚禄其長,使自愛重。付以生殺,寓威於階級之間,使不得動。既無敢爲非,因取其力以衛養良民,俾各安田里,所以太平之業定而無叛民,自古未有及此者。藝祖養兵止二十二萬餘,諸道十餘萬,使京師之兵足以制諸道,而無外亂;合諸道之兵足以當京師,則無内變。内外相制,無偏重之患。天下承平百有餘年,蓋本於此。"初,上欲省兵,王安石對曰:"揀練募兵,而鼓舞三路之民習兵,則兵可省。"其後遂什伍畿甸之民以爲保甲,諸路亦以次推行。元豐中,義勇、保甲遂上番,以代禁衛,其巡檢、縣尉司所省募兵數萬。詔闕額弗補者,會其財費儲之,專以待武備之用。自後民兵數遂踰募兵,而國用紓。又議欲擇民之材武者,若唐府兵番上以備宿衛。事雖未行,然其規模宏遠矣。

此兵志首篇所云,今附見,須詳考存兵數也。

國朝以備戰衛爲禁軍,以給徒役爲廂軍,各隸其州之本城内,總於侍衛司,而尚書

---

① 執戟殿陛 "戟"底本作"事",據群書考索後集卷四一、古今源流至論續集卷一引長編改。
② 校開寶增至七十萬二千 底本脱"校"字,據太平治迹統類卷三〇補。

兵部掌其政令。因事立名者,各隸於其部。又以廂軍教閱者,始號廂禁軍,後皆以爲下禁軍。其給使於諸司者,亦各以其事役屬焉。熙寧三年,詔以禁軍分五都法檢治廂軍。其後禁軍或降剩員,或陞階以備廂軍。諸路力役之事廣,則間詔增募。而京西轉運司所募多至三萬人;陝西減額五千人,亦至三萬人;河朔流民寓京東者,如舊制募士教閱,以爲忠果二十指揮,分隸河北總管司,以除盜恤饑①。河北及熙河路修城壘,河北所募五千人,熙河亦三千人;修京城,以廢馬監兵置廣固、保忠凡十指揮,亦五千人。湖南猺人平,戎、瀘軍興,洮河轉漕②,又皆增置。大抵熙寧、元豐之間,廂軍之數視祖宗時益衆矣。自五代後,凡國之役皆調於民,故民以勞弊。宋有天下,悉役廂軍,凡役非工徒營繕,民無與焉,故天下民力完固,承平百年。

---

① 以除盜恤饑　"盜"底本作"道",據太平治迹統類卷三〇、宋史卷一八九兵志改。
② 洮河轉漕　"洮"底本作"化",據太平治迹統類卷三〇、宋史卷一八九兵志改。

卷第六十七

神宗皇帝

裁定臣僚奏薦

熙寧元年九月。先是，殿中御史裏行張唐英言："仁宗以來，屢革京官之授。"知諫院吳申言："今卿、監七十餘員，將來子孫盡奏京官。少卿、監、郎中、帶職員外郎①共五百餘員，員外郎八百員，數年之後，盡遷郎中，將來奏薦，復倍於今。"同知諫院吳充言："宮掖妃嬪恩例亦乞裁酌。"都官員外郎龐元英言："入官之弊，獨諸副使未甚裁損。"四狀並批送學士院，集兩制同詳定。丁亥，翰林學士承旨王珪等言："舊制，宰相、使相子除將作監丞，弟兄、孫、姪並授太祝、奉禮郎，親堂弟姪與守校書郎。今定宰相、使相奏親堂弟姪②只與試校書郎。舊制，大卿、監子與在京主簿，弟兄、孫、姪與試校書郎。今定大卿、監每次郊禮，親子與試校書郎一人，候該參選，並與注初等職官；弟兄、孫、姪降一等；內曾任知雜、省副非責降者依舊。舊制③，少卿、監子並與試校書郎，弟兄、孫、姪與齋郎。今定少卿、監每兩次郊禮，許奏一人，內曾任知雜、省副非責降者依舊。舊制④，諫議大夫、待制、觀察使以上，兩遇郊禮，許奏異姪親一人⑤。今定三遇郊禮，許奏一人。舊制，諸妃遇聖節，奏親屬一人，每隔年許奏二人，郊禮許奏一人；嬪御每遇郊禮各奏一人，兩遇聖節，與一次依南郊例。今定諸妃每遇聖節并南郊，只奏一名，惟許奏有服親；淑儀、婕妤、貴人遇南郊，許奏小功以上親一人；位號別而資品同

---

① 帶職員外郎　底本脫"郎"一字，據嘉慶本，並參考長編卷一六三\卷一八二、太平治迹統類卷二九、宋史卷一五九選舉志補。按：嘉慶本作"帶職員郎"，亦脫"外"一字。
② 親堂弟姪　底本脫"姪"一字，據嘉慶本、長編拾補卷三下補。
③ 舊制　底本脫"舊"一字，據上下文意補。
④ 舊制　底本脫"舊"一字，據上下文意補。
⑤ 許奏異姪親一人　嘉慶本作"許奏子姪親一人"，長編拾補卷三下作"許奏子姪親屬一人"。按："異姪親"疑爲"異姓親"之誤。

者,許比類奏薦。舊制,皇親妻兩遇郊禮,方許奏一人親伯叔兄弟姪。今定皇親妻更不許奏。舊制,郡、縣主遇郊禮,方許奏親生子,與右班殿直;其夫之親屬及庶子,須兩遇郊禮,許奏薦一名,與借職。今定郡、縣主遇郊禮,許奏親子一人,只與幕職;若奏孫及庶子,即兩遇郊禮許奏一人,更不許奏夫之親屬。舊制,臣僚之妻爲國夫人者,遺表奏子孫恩澤。今定更不奏人。舊制,諸衛將軍、諸司副使、樞密院諸房副承旨以上,自轉授後,兩遇郊禮,方許奏薦。今定累奏不得過兩人;如被奏人亡没,許別奏。其將軍、副使、路分都監以上,須入仕及三十年以上、係親民差遣;其現任監當,但曾歷親民非責降者亦同。舊制,公主每遇聖節、郊禮,許奏夫之親屬一人,并遇公主生日,許奏一人。今定大長公主、長公主、公主生日更不許奏,其遇聖節並郊禮所奏,依治平三年九月二十九日條貫,須於有服之親。舊制,分司官兩省以上官遇郊禮,許奏子孫,仍舊例,止降等與恩澤;其郎中以上如遇郊禮,子孫並未有官者,特奏一名;其兩省以上致仕遇郊禮,比分司官更降一等;并大兩省致仕,依見任官所奏親疏施行。其降等與恩澤,即依舊制。今定分司、致仕兩省以上,不許奏緦麻以下。舊制,兩府遇郊禮,奏醫人一名,與試國子、四門助教,不理選限;及教練使一名,憲銜逐次奉聖旨,依例;内教練使多奏作試銜,不理選限。及奏薦試銜、不理選限人多,卻用陳乞,奏換三班差使、殿侍。舊許將合得轉官及其餘恩澤若人吏等出職,陳乞回授與親戚官者,今并乞不許回授。兩府初除及轉官、罷任,各奏門下人吏恩澤,舊例多至十人以上,並乞減半。其兩省以上奏補子孫京官難減省,切緣有出身選人,例須五人舉主,方得改轉京官。今奏補人便充京官,遷轉更無限礙,但監當六年便入親民,比之有出身選人,實爲優倖。今乞奏補京官,並須本部通判、知州職司及内外兩省以上官四人奏舉,内仍有本轄官一人;兩任實滿六年,方入親民差遣。若奏補班行入監當,有舉主二人、兩任六年者準此。"詔並從之。

二年十二月癸亥朔,詔近降宗室授官條制外,其后妃、公主及臣僚蔭補親屬例有當裁定者,太皇太后、皇太后、皇后,自今本服大功以上親,並與右侍禁、奉禮郎,小功左班殿直、試大理評事,緦麻右班殿直、試秘書省校書郎,異姓準此。有服女之壻,本服大功以上女右班殿直,小功女三班奉職,緦麻女三班借職。諸妃、大長公主至公主遇南郊,許奏有服親兩人,聖節更不許奏。使相子西頭供奉官,親孫、弟、姪與右侍禁,大功以下親三班奉職。樞密使、副使、宣徽、節度使子右侍禁,親孫、弟、姪右班殿直,大功奉職,小功以下親借職。六統軍、諸衛上將軍、節度觀察留後、觀察使、內客省使子左班殿直,親孫、弟、姪右班殿直,大功以下親借職。諸衛大將軍、內諸司使、樞密院諸房副承旨子奉職①,親孫、弟、姪借職,大功以下親三班差使、殿直,緦麻以下親,更不許奏。宰相、使相子大理評事,餘依舊。宰相、樞密使、參知政事、樞密副使許奏有服外親,其待制、觀察使以上三次南郊許奏異姓準此。郎中以下該奏薦者,四次南郊許奏大功以下親一人。少卿、監以下更不許奏緦麻親。又詔應省、府及職司等諸班職任差遣②,各隨正資序奏薦親屬外,其權及權發遣者,班序、衣賜、雜給、支賜等,並依正權官例,即不得依正入資序人例奏薦恩澤。

四年十月壬子朔,中書言:"選人每因恩赦例與放選,以致奏補初仕之人,年二十五以上試詩一首,方許注官,猶爲無取。其間有才能者,須俟及年,頗爲淹滯。中才以下,亦未嘗試其所學,使之蒞務,往往廢職。及銓曹合注官人例,須判三道,因循積弊,遂成虛文。今欲應得替合守選人,歲限二月八日以前流內銓投狀,試斷案二道,或律令大義五道,或議三道。差官同銓曹主判官撰式,同考試,第爲三等,申中書。上等免選注官,入優等者依判超例陞資③,無出身者賜出身。如試不中或不能就試者,及三年與注官,即不得入縣令、司理、司法,其錄事參軍、司理、司法,仍自今更不試判,亦不免選。即歷任有舉京官、職官、縣令五人者,與免試注官。內得替合叙官人④,亦許依得替人例收試。奏補京朝官選人,初出官罷試詩,年二十以上,許投狀乞試,如所試依得放選等第,即與差遣,優等賜出身⑤。試不中或不能就試,如年及三十者,即與差遣。其授官年已三十,即更三年聽出官,京朝官展三年,監當如歷仕於合用舉主外,更有二人即免展年。其今年以前奏授⑥、見年十五以上、不能就試者依舊條,京朝官依上條展年。"從之。初,審官院、流內銓出官法試律及詩,而奏補人多不能爲之,人爲代作,至寫紙毬賣之,試者用此得出官,其弊頗多。至是,乃更此法。

---

① 奉職 "奉"底本作"奏",嘉慶本同,據宋史卷一五九選舉志改。按:宋史卷一五九選舉志作"三班奉職"。
② 諸班職任差遣 "班",嘉慶本作"般"。
③ 入優等者依判超例陞資 "超"底本作"起",據嘉慶本、長編卷二二七、宋會要輯稿選舉十之五改。
④ 內得替合叙官人 "叙"底本作"序",據長編卷二二七、宋會要輯稿選舉十之五改。
⑤ 優等賜出身 "賜"底本作"試",據嘉慶本、長編卷二二七改。
⑥ 其今年以前奏授 "奏"底本作"奉",據嘉慶本、長編卷二二七改。

裁定宗室授官

熙寧元年九月丁酉,詔三司裁定宗室月料、嫁娶、生日、郊禮給賜。時京師百官月俸四萬餘緡,諸軍十一萬餘緡①,而宗室七萬餘緡,其生日、婚嫁、喪葬及歲時補洗②、雜賜與四季衣不在焉。

二年二月壬寅,樞密院言:"宗室乞子孫賜名授官。"韓絳奏曰:"中書、樞密院嘗議定宗室之制,已有旨,候亮陰後商度。今合施行。"上曰:"此事甚大,須議,使今可行迺便。"文彥博等各陳大旨,皆以親疏各有等降,若非立法,無以爲經常久遠之計。上曰:"祖宗時皆是近親,今用當時奉養賜予之例③,誠宜裁定。若以諸王嫡長世爲南班官,其餘子授以三班職名,可否?"陳升之曰:"須依前代繼承之法,餘子殺其恩例,六世親盡,別爲經制。"絳曰:"此事乞專委屬臣下議論,須辨親疏立法,則不失陛下親親之意。"彥博曰:"自古宗族犯法,恩有不聽者,臣下以義固爭是也。"上頷之。

三月壬辰,上問措置宗室事,富弼曰:"此事誠宜出於陛下,外人謀之,則爲疏間親。"公亮曰:"此亦當自外裁定。"弼曰:"爲之當以漸,恐致紛紜。"安石曰:"此事但欲於恩義間無傷,使彼可安而已,不論漸不漸也。今欲裁減恩澤,何能免其紛紜?但陛下不爲恤,則事可爲也。"上又問裁定親疏之宜,公亮以爲當從上身爲親疏。上曰:"當以祖宗爲限斷。"安石曰:"以陛下身,即是以祖宗爲限斷也。"

九月乙亥④,上謂陳升之、王安石曰:"今賦入非不多,只是用度無節,如何節用?"升之、安石皆言兵及宗室之費。

十一月庚午,邇英講讀畢,上留司馬光,問以變更宗室法。光對曰:"此誠當變更⑤。但宜以漸⑥,不可急耳。"甲戌,中書、樞密院言:"伏以祖宗受命百年,皇族日加蕃衍,而親疏之施,未有等衰,甄序其才,未能如古。臣等今議定方今可行之制,宣祖、太祖、太宗之子,皆擇其後一人爲宗,令世世封公,補環衛之官,以奉祭祀,不以服屬盡

---

① 十一萬餘緡　底本脱"餘"一字,據宋會要輯稿帝系四之三一補。
② 補洗　嘉慶本、宋會要輯稿帝系四之三一同,宋吳曾能改齋漫録卷一三熙寧月俸作"拆洗"。
③ 今用當時奉養賜予之例　"當"底本作"常","奉"底本作"奏",嘉慶本同,據宋會要輯稿帝系四之三一改。
④ 乙亥　底本脱此二字,據長編拾補卷五補。
⑤ 此誠當變更　底本脱"更"一字,據嘉慶本、長編拾補卷六、太平治迹統類卷一二、宋會要輯稿帝系四之三一補。
⑥ 但宜以漸　"但",嘉慶本作"當"。

故殺其恩禮。祖宗袒免親,將軍以下願出官者聽,仍先令經大宗正司投狀上聞,委大宗正選擇本宮尊長,同太學教授結罪保明才行堪與不堪任使,復委大宗正審察聞奏。就試武官者,試讀律、寫家狀;就試文官者,試說一中經或論一首。將軍換諸司副使、太常丞,正率換內殿崇班、太子中允,並與州郡監當一任,無敗闕,與親民。副率換西頭供奉官、大理評事,監當一任滿,如職事幹集,操守修飭,即委本州長吏及監當同罪保明,與親民差遣;無保明,即依外官條例①。祖宗袒免親未賜名授官者,除右班殿直,年十五與請受,二十許出官。願文資者,與試銜知縣,並令監當考試,及任滿有無保明準上條。以上出官,並特與支賜。願鎖廳應舉者,依外官條例。其非袒免親更不賜名授官②,只許令應舉。應進士者止試策論,明經者止習一大經,試大經、大義及策③。初試考退不成文理者,餘令覆試,取合格者,以五分爲限;人數雖多,毋過五十人。累經覆試不中年長者④,當特推恩,量才録用。以上出官者,雖在外,俸錢依在京分數,許依審官、三班銓法指射差遣,仍許不拘遠近差注,授文官者與進士出身,同鎖廳應進士、明經舉有出身人,至員外郎,與遷左曹。宗室不出官者,祖宗元係磨勘,至正觀察使止,袒免親至遙郡防禦使止,非袒免親至遙郡刺史止。袒免親見任官合奏薦子孫者,許依外官例奏薦。袒免親以下見任官不出官,父祖俱亡者,許在京置賃居第,仍許隨處置產業;其出官者置田宅,如外官之法。袒免女嫁,賜錢減半,壻與三班奉職;非袒免女,即量加給賜,更不與壻官。壻有官者,與免入遠,許依審官、三班院、流內銓法指射差遣、班行,仍免短使。其袒免親娶妻,量加給賜。以上嫁娶,官司更不勘驗管句。其非袒免親嫁娶,即依庶姓之法,毋得與非士族之家爲婚姻。袒免親以外兩世貧無官者,量賜土田,其孤幼無依及尤貧失所者,不以世數,所在具名聞奏,當議特加存恤。今所降新制,內合具條件者,令所司議定聞奏。"

于是,詔曰:"自我祖宗惇敘邦族,大則疏封於爵土,次則通籍於閫臺,並留京師,參奉朝請。然而世敘寖遠,皇枝益蕃。屬有親疏,則恩有隆殺;才有賢否,則禄有重輕。今而一貫於周行,是亦奚分於流品?雖敦睦之道誠廣,而德施之義未周,故廷臣

---

① 即依外官條例 "條"底本作"修",據宋會要輯稿帝系四之三三改。
② 其非袒免親更不賜名授官 底本脱"非"一字,據玉海卷一三〇官制補。
③ 大義及策 嘉慶本、宋會要輯稿帝系四之三三"大"上有"試"一字。
④ 累經覆試不中年長者 "經"底本作"令",據嘉慶本、宋會要輯稿帝系四之三三改。

數言,宰司繼請,謂宜裁定①,限以等彝。朕惟親戚之間,經史有訓,漢唐之世,典故俱存。或以九族辨尊卑,或以五宗紀遠近,或聽推恩而分子弟,或許自試而效才能,或宗子之賢得從科舉,或諸王之女自主婚姻。盡前世之所行,顧當今之未備。況我朝制作②,動法先王,豈宗室等衰,乃無定著?因俾群公之合議,將爲一代之通規。載覽奏封,具陳條目,以謂祖宗昭穆③,是宜世世之封;王公子孫,抑有親親之殺。若乃服屬之既竭,洎乎才藝之並優,在隨器以甄揚,使當官而勉懋。至於任子之令,通婚之儀,凡曰有司之常,一用外官之法。僉言既久,朕意何疑。告於將來,用頒明命。宜依中書、樞密所奏施行。"呂夷簡在仁宗時,改宗室補環衛官,驟增廩給,其後費大而不可止。至韓琦爲相,嘗議更之而不果。及上即位,遂欲改法,于是王安石爲上具道措置之方。上曰:"祖宗之後,擇一人爲宗。"或者曰若立嫡則人不服。朝廷法制苟當於禮,豈患不服。曾公亮、陳升之曰:"立子可也,不必分嫡庶。"安石曰:"今庶長得傳封爵,則嫡母私其子以害庶長者多矣。母害其子,法之所難加,而政之所難及。若嫡子得傳爵位,則庶長無禍。蓋於今立嫡,非但正統,亦所以安庶長也。"上曰:"善。"

十二月乙酉,詔:"近制,皇族非祖免以下,更不賜名授官,止令應舉。自今如生子及其死亡者,即關報逐祖下襲公爵者④,令各置籍,歲終上玉牒所。其有未出官者,依舊入大小學。"

三年二月丙寅,詔大宗正司置丞二員,以都官員外郎張稚圭知大宗正丞事。詔大宗正丞於芳林園置治所,給實俸、添支錢。

六月癸酉,案:長編係丁丑。宗正寺言:"每歲正月一日,裝寫儻源積慶圖、宗藩慶緒錄各一本,供送龍圖、天章、寶文閣。今祖宗非祖免親,更不賜名授官,一依外官之法。合與不合修入圖册?"詔送禮院詳定。禮院官言:"聖王之於其族,上殺下殺而殫於六世,所以明親疏之異也。親道雖盡,猶且記其源流,百世不紊,所以著世系之同也。親疏異,則恩禮不得不異;世系同,則圖籍不得不同。二者並行而不相悖,親親之義備

---

① 謂宜裁定 "定"底本作"制",據嘉慶本、宋會要輯稿帝系四之三四改。
② 況我朝制作 "制作"底本作"所行",據嘉慶本、宋會要輯稿帝系四之三四改。
③ 以謂祖宗昭穆 "謂"底本作"爲",據嘉慶本、宋會要輯稿帝系四之三四改。
④ 即關報逐祖下 "逐"底本作"遂",嘉慶本同,據宋會要輯稿帝系四之三五改。

矣。禮：'四世緦麻，服之窮也；五世袒免，殺同姓也；六世，親屬竭矣。庶姓別於上而戚單於下。婚姻可以通乎？繫之以姓而弗別，綴之以食而弗殊。百世而婚姻不通，周道然也。'鄭注：'繫之弗別，謂若今宗室屬。'據漢宗正歲上名籍，與禮經合。又戶令，皇宗祖廟雖毀，其子孫皆於宗正寺附籍，自外悉依百姓①，惟每年總戶口帳送宗正寺。此則戶令之文，又與古制合也②。以此言之，遠近之恩固宜有差等③，而譜牒之記不可以不存。況朝廷釐改皇族授官之制，而袒免外親統宗襲爵，進預科選，遷官給俸，事事優異，悉不與外官匹庶同法，是則屬雖疏而恩禮不絕。若圖籍湮落，則無以審其所從，而爲遠久之證。所有祖宗非袒免親④，欲乞依舊修寫入僊源積慶圖、宗藩慶緒錄。在其外者⑤，委宗正寺逐年取索附籍。"從之。

十一月，禮院言："袒免親出任外官，宜著姓名，降宣敕，或自上表，及代還京師，即止稱皇親⑥，不著姓。"從之。

裁定京官　考校磨勘改官附

熙寧元年六月。先是，諫官言："選人到銓磨勘者衆，爲壅併，遂至稽滯。蓋是舉官之數太多，不與引見轉官人數相當。乞先取京朝官員數著定，仍限定諸路保奏之數。"臺官亦言："今京朝官十倍景德之前，員多闕少⑦，審官差遣不行。選人磨勘之法，故當漸有澄汰，不爲限隔，使人無留滯咨怨之聲。"己未，詔："諸道州、府、軍、監長吏奏舉選人更不裁減外，其通判奏舉選人，並令權罷。"壬戌，詔："諸路轉運判官奏舉選人爲京官，比擬提點刑獄朝臣並減二人⑧。"

九月，王珪等言兩省以上奏補子孫京官。詳見裁定臣僚奏薦。

十二月癸丑，詔："選人以淹滯被舉，內該磨勘者，聽引見，與京官，餘依試身言書

---

① 自外悉依百姓　"自"底本作"目"，據長編卷二一二、宋會要輯稿帝系四之三六改。
② 又與古制合也　"制"底本作"文"，據嘉慶本、長編卷二一二改。
③ 宜有差等　"等"，嘉慶本、長編卷二一二、宋會要輯稿帝系四之三六均作"降"。
④ 所有祖宗非袒免親　"有"底本作"以"，據嘉慶本、長編卷二一二改。
⑤ 在其外者　嘉慶本、宋會要輯稿帝系四之三五同，長編卷二一二作"其任外者"，文淵閣本長編卷二一二作"其在外者"。
⑥ 即止稱皇親　"止"底本作"上"，據長編卷二一七改。
⑦ 員多闕少　"多"底本作"外"，據嘉慶本、長編拾補卷三上改。
⑧ 比擬提點刑獄　底本脫"提"一字，據長編拾補卷三上補。

判人注官。"被舉者凡三十七人,權夔州觀察推官蒲宗孟在焉。治平間,宗孟嘗上書言水災、地震,語斥大臣及宮禁宦寺①。既引見,上識其姓名,曰:"是嘗言水災、地震者耶!"於是宗孟又言:"向者大臣爲法,以節約進士、經生之數。舉天下而計之,三年之間,率常數千萬人而取三四百也。又裁減任子之令,期歲而補者增而爲三歲,三歲者增而爲再郊;三丞告老之澤、十八道使者遷任之寵,例皆寖罷,大較比舊每歲已有千餘人不占仕籍矣。入仕之難既如此,既仕之後,又多爲不可進之格以沮之,故舉職官之令行,而京官歲損者常百餘員,朝廷猶以爲未也。召見引對之際,又不用銓筦正律,不存祖宗故事,與奪無準,出於臨時,使天下有偶失之歎。今年六月己未之詔,又令天下通判不得舉京官,轉運判官亦減其當舉之數,甚者又有增年遷秩之法、正郎限員之令,仕官而有可止之時,則人之爲善,有可止之心矣。方今所貴而寵用者,進士一科。以進士言之,使天下之仕者,率三十而得京官,比及引年之日,不過爲陛下中行郎中耳。然而其間幾何而至此?其補奏而得仕、誦書而入官者,又豈人人四十而盡京官耶?治平之法,減京官以舉職官,使京朝官以上四年而磨勘。持此之術,行之十年,仕路自清,吏員自少。五六十年之弊,欲一日去之,不亦遽乎?"

二年三月戊辰朔,命翰林學士吕公著、知制誥蘇頌與流內銓主判官試驗選人身言書判。初,議差公著等,上問執政試判故事,因曰:"此何足以見人材!"對曰:"誠然。先朝有與京官者,實可惜。"上以爲然。又因論近日改京官者多,對曰:"真宗以前,引見選人,或與循資,出於臨時。"上曰:"如此,則是有幸不幸,須別更講求立法。今入仕之路多,如科場,亦宜裁節。人數既多取之,而扼其進用,令人困窮,亦不爲有理。今欲裁減京官,當併科舉議之。"

日錄載此事於三月二十五日,且云安石止欲與試判人循資,曾公亮言先朝與京官。富弼言:"今改先朝故事甚多,此亦不必用先朝例。"上以爲然。元祐實錄載此事於三月一日,事與日錄略同,但無富弼所言,竊疑富弼亦未必有此言也。弼以初十日方入見,初一日安得已言事上前?實錄既係之初一日,宜加刪削。朱本亦從墨本也。

五月,考課院言:"準詔定到考較知縣、縣令課法,在任斷獄平允,民無冤濫,賦税及時了辦,不須追擾,及差役均平,並無論訴之人,及雖有論訴而無不當之理,在任能

---
① 宮禁宦寺 "宦"底本作"官",據嘉慶本、宋史卷三二八蒲宗孟傳改。

屏除盜賊，里民安居，勸課力田，使野無曠土，又能振恤困窮，不致流移；雖有流移之人，而多方招誘，復令歸業；一任之中，主客戶比舊籍稍有增衍；在任架閣庫簿書務令整齊，經提刑、轉運點檢別無散失；及興修水利、疏導積水，以利民田，能勸誘人戶種植桑棗。天下州、軍委知州、通判每歲取索轄下得替知縣、縣令前項三條課績，兼依唐四善：德義、清謹、公平、恪勤。採逐人有上項事實，即參詳分爲上、中、下三等，申本路轉運、提點刑獄司，逐司類聚齊足，同共將一路所供三條課績、四善事實再行審定上、中、下三等，內有績狀尤異出於上等之外，則定爲優等。如政事昏繆，出於下等之下者，即定爲劣等，即不得將合在三等。政事定優或劣，其奏狀並限次年春季申奏到，送考課院看詳。如所奏委得允當，即本院保明申奏。其知縣、縣令依下項賞罰：若所奏狥情，功過不實，及虛獎權要，固抑孤寒，其轉運使、副，提點刑獄及知州、通判並科違制之罪。京朝官繫優等人，到院日，與升在院人名次之上，仍令指射家便近地差遣①，及令中書記錄姓名；其劣等人並降入監當。選人繫優等人，如到銓合該磨勘，判成過銓日，令銓司與不依名次入甲引見，改轉合入京朝官，近地差遣。其未該磨勘者，如已係職官，並與循資；若繫令錄，即與兩使職官；如繫試銜知縣，即充遠小判司簿尉。定到武臣知縣爲上、下等之人，即乞比類上項賞罰施行。"詔並從之。

　　四年四月壬午，中書言："選人磨勘並醻獎、致仕、改官，前後條制不一。請自今節度、觀察判官六考，進士太常丞，餘太子中舍；不及六考，進士太子中允，餘著作佐郎。支使、掌書記，防禦、團練判官六考，進士太子中允，餘著作佐郎；不及六考，進士著作佐郎，餘大理寺丞。兩使推官、令、錄事參軍、軍事判官六考，進士著作佐郎，餘大理寺丞；不及六考，進士大理寺丞，餘衛尉寺丞；不及三考，進士光祿寺丞，餘大理評事。初等職官知縣、錄事參軍、防禦、團練、軍事推官、軍、監判官六考，進士大理寺丞，餘衛尉寺丞；不及六考，進士光祿寺丞，餘大理評事②；不及三考，進士大理評事，餘奉禮郎。判、司、主簿、尉七考，進士大理寺丞，餘衛尉寺丞；不及七考，進士光祿寺丞，餘大理評事；不及五考，進士大理評事③，餘奉禮郎；不及三考，進士奉禮郎，餘將作監主簿。"從之。

---

① 家便近地差遣　底本脫"近"一字，據宋會要輯稿職官五九之九補。
② 餘大理評事　底本"事"下衍"丞"一字，據長編卷二二二刪。
③ 進士大理評事　底本"理"下衍"寺"一字，據嘉慶本、長編卷二二二刪。

裁抑宦寺

熙寧四年十月丁卯，詔內侍省內臣，非禁中祗應及入內省人數寖多，自今後前後省內侍官至承制、崇班、內常侍，許進一子，與下班殿直、三班差使。內侍省東西頭供奉官、殿頭，許進一子，與茶酒班殿侍。高品、高班黃門，許進一子，與下班殿侍。諸班內品更不許進。入內內侍省所管諸班內品，每年通計進五人；入內供奉官以下至黃門，願進外官者，比內侍省第加一等推恩。內臣諸司使、副，自今許奏子充前班。上語樞密院曰："方今宦者數已多，而隸前省者又不入內，空絕人之世，仁政所不取，且獨不可用三班使臣，以代其職事乎？"吳充對曰："此曹盛衰，前代或繫興亡，聖朝固無茲慮。然人君重絕人繼嗣，盛德之舉也。"

五年九月己酉，上曰："侍中珥貂，取其溫柔。"安石曰："書以為僕臣正。僕臣要正，亦不專取溫柔。況陛下所謂溫柔，又或象共誕謾，非實溫柔。"

十月壬辰，詔提舉在京宮觀、寺院，自今武臣橫行使及兩省押班以上提舉，餘為提點。先是，李若愚解內侍押班，樞密院特令提舉慶基殿，添支二十千。王安石以為："慶基殿舊無提舉官，雖石全彬有軍功，又以都知罷帶留後，亦但為提點，添支十千耳。"上曰："俟即令密院改正。"於是創立此條。他日，安石白上曰："學士舊多提舉宮觀，陛下指揮罷差。都知、押班①，自祖宗以來只提點宮觀，今卻改為提舉，更每月與增十千至二十千，臣不知都知、押班祿賜為薄為厚，若祿賜已厚，何須如此？"上曰："近習自祖宗以來如此，如霞帔之類，學士不得，都知、押班乃得之。"安石曰："祖宗以來雖若此，陛下欲躋聖德及堯、舜之道，恐不須如此。假如學士有以病退者，陛下未必肯令提舉宮觀。"上曰："此事乃密院誤。"安石曰："陛下以為誤，中外觀聽孰不以為誤？此大臣不知義命，以利害事陛下者，所以不能不阿媚此輩也。"上曰："事有因時之宜，如穆王命太僕，亦非不重。"安石曰："太僕官固不輕，穆王所以命之者，使之懷忠良，使之正而已。"上曰："此輩豈盡小人，亦必有忠良。近日裁制已不少，添支微末，亦無分外親近。"安石曰："若陛下御之以道，即雖小人，自當革面而為君子；若陛下不能御之以道，

---

① 押班　"押"底本作"揮"，據嘉慶本、長編卷二三九改。

即今天下所望以爲君子者變爲小人多矣,況此輩豈可保信。"

十年五月壬戌,李憲爲皇城使,徐禹臣等七人轉官①、減年、循資有差。先是,冷雞朴誘山後生羌擾邊,木征請自效,衆以爲不可。憲曰:"何傷?羌戎畏服貴種,其天性也。"木征盛裝以出,諸羌聳視,皆無鬭志。我師乘之,獲級、生降以萬計,臨陣斬冷雞朴。董氈懼,因作旁行書喻之,遂遣使入貢。御史彭汝礪言:"臣昔者論不當付寺人以兵,陛下以爲非是。及李憲師出,果獲鬼章,自洮以西,遂至無事,而臣言絀矣。臣言自絀於疑,猶信天下之事,固有趨時而爲之者,然其大綱,亦不可一概言也。蓋古者因民之有是疾,故擇而任之,非以使令之故,刑無罪之人而爲之。古人爲酒醬醯醢,司服守祧而已,其他莫與焉。今以一道之權予之,此非先王以義制事之意也。憲辟薛昌朝,不聽,切齒扼腕②,以爲爲腐儒所賣,自是不復回顧士人矣。張茂則以河事頡頏作氣,官屬罕見其面,雖達官大吏,俛首不敢與抗。朝廷比年之役,其最貽陛下憂者,洮西、閩、蜀,其最計議論者,惟瀘川之役。今日之役最爲大者,洮河之役③。數者皆在寺人,是陛下所愛養尊寵之士大夫無一可屬任者。彼其初非無敏健精悍可用之才,及稍任事,則窺覦玩弄籍蹈士大夫矣。方其無事之時,未見其害,則士大夫之言爲不足信,亦莫之聽也。及其禍亂既作,本末顛沛,至於無可奈何而後已④,自古及今,蓋非一二也。惟陛下爲宗社計之,不勝幸甚!"

元豐五年六月乙卯,上批:"昨據李憲奏請涇原路自熙寧寨進置堡障,直抵鳴沙城,以爲駐兵討賊之地,朝廷悉力應副。近李舜舉奏財糧未備,人夫憚行。朝廷以舜舉所言忠實可聽信,已指揮放散人夫等,更不追集諸路兵,即是已罷深入攻取之策。若賊犯邊,自當應敵掩擊,則守禦亦有定計。"先是,舜舉退,詣執政,王珪迎勞之,曰:"朝廷以邊事屬押班及李留後,無西顧之憂矣。"舜舉曰:"四郊多壘,此卿大夫之辱也。相公當國,而以邊事屬二內臣,可乎?內臣正宜供禁庭灑掃之職耳,豈可當將帥之任耶?"聞者代珪發慙。

---

① 徐禹臣　底本作"徐舜臣",據長編卷二八二改。
② 切齒扼腕　"腕"底本作"椀",據嘉慶本、長編卷二八二改。
③ 洮河　底本作"臨洮",據嘉慶本、長編卷二八二、歷代名臣奏議卷二九二近習改。
④ 奈何　底本作"如何",據嘉慶本、長編卷二八二、歷代名臣奏議卷二九二近習改。

卷第六十八

神宗皇帝

青苗法上

熙寧二年九月,制置三司條例司請以常平廣惠倉見在斛㪷,遇貴量減市價糶,遇賤量增市價糴。其可以計會轉運司用苗稅及錢斛就便轉易者①,亦許兑換。仍以見錢,依陝西青苗錢例,取民情願豫給,令隨稅納斛㪷。内有願請本色或納時價貴願納錢者,皆許從便,務在優民。如遇災傷,亦許以次料收熟日納。若此行之,非惟足以待凶荒之患,又民既受貸,則於田作之時不患闕食。詳見三司條例司。司馬光在經筵,言青苗錢不便,與吕惠卿答難。詳見講筵。

閏十一月②,條例司奏:"差官提舉諸路常平廣惠倉,兼管句農田水利差役事。河東、湖南、梓州、利州、夔州各二員,江西、湖北、成都府、廣東、廣西、福建各一員。又差官同管句,陝西、江西、湖北、成都府③、廣東、廣西、福建各一員,並令閤門引上殿。"從之。時天下常平錢穀見在一千四百萬貫石,諸路各置提舉二員,以朝官爲之,管句一員,京官爲之,或共置二員;開封府界一員,凡四十一人。

三年正月癸丑,詔:"諸路常平廣惠倉給散青苗錢,本爲惠恤貧乏,並取民情願。今慮官吏不體此意,追呼均配抑勒,翻成騷擾。其令諸路提點刑獄官體量覺察,違者禁止,立以名聞④。敢沮遏願請者⑤,案罰亦如之。"先是,翰林學士范鎮言:"常平倉始於漢之盛時,賤則貴而斂之,恐傷農也;貴則賤而散之,恐傷民也,最爲近古。雖唐虞

---

① 苗稅　底本作"苗錢",據本書卷六六三司條例司廢置、文獻通考卷二一市糴考二、宋史卷一七六食貨志改。
② 閏十一月　底本脱"一"一字,據嘉慶本、長編拾補卷六、本書卷六六三司條例司廢置補。
③ 成都府　底本脱"府"一字,據嘉慶本、長編拾補卷六補。本卷上文之"成都府"亦可爲參證。
④ 立以名聞　"立",宋會要輯稿食貨四之一八作"並"。
⑤ 沮遏　宋會要輯稿食貨四之一八作"沮抑"。

之政，無以易也。而青苗者，唐衰亂之世所爲。青苗在田，賤估其直；收斂未畢，而必其償，是盜跖之法也①。今以盜跖之法而變唐虞不易之政，此人情之所以不安。迺者天雨土②，地生毛，天鳴地震③，皆民勞之象也。惟陛下觀天地之變，罷青苗之舉。"右正言李常、孫覺亦言："王廣廉近至京師，唱言取三分之息，又聞制置司欲行其法於天下。乞明詔有司，勿以强民，仍且試之河北、陝西數路。"初，敕旨放青苗錢，並聽從便，毋得抑勒。而提舉官務以多散爲功，又民富者不願取，而貧者乃欲得之，即令隨户等高下品配④，又令貧富相兼，十人爲保，以富者爲保首⑤。王廣廉在河北，第一等給十五貫，第二等十貫，第三等五貫，第四等一貫五百，第五等一貫，民間喧然，不以爲便，而廣廉入奏，稱民間歡呼鼓舞，歌頌聖德。言者既交攻之，朝廷不得已，乃降是詔。庚申，提點開封府界縣事吕景言⑥："府界人户見倚閣貸糧二十餘萬石，今又散青苗錢十五萬貫，恐民力不能堪。"詔送條例司，召提舉官戒諭之。先是，侯叔獻屢督景散青苗錢，景以畿甸諸縣各有屯兵，每歲課利錢僅能供諸軍請給⑦，無有贏餘。條例司又别以買陝西鹽鈔錢五十萬爲青苗錢，而景復有是奏。上初欲令中書戒諭提舉官，王安石曰："若召提舉官至中書，諸路聞此，必顧望不敢推行新法，只令條例司指揮可也。"從之。

　　二月壬戌朔，韓琦言："準轉運及提舉常平廣惠倉司牒給青苗錢，須十户以上爲一保，三等以上人爲甲頭。每户支錢，第五等及客户毋得過千五百，第四等三千，第三等六千，第二等十千，第一等十五千，餘錢委本縣量度增給，三等以上户更許增數。坊郭户有物業抵當願請錢者，五家爲一保，依青苗例支借，諸縣不得避出内之煩，致諸人扇摇人户，卻稱不願請領。如不願請領，即具結罪狀，入馬遞申，以憑選官曉諭。如卻願請本縣干繫人别作行遣，事理稍重，具事申奏。如夏秋收成，物價稍貴，願納錢者，當議減市價錢數，比元請錢十分不得過三分。假令一户請錢一千，納錢不得過千三百。

---

① 盜跖　底本作"盜蹠"，據宋朝諸臣奏議卷一一一范鎮上神宗論新法、歷代名臣奏議卷二六六改。下同。
② 迺者天雨土　"土"底本作"毛"，據宋朝諸臣奏議卷一一一范鎮上神宗論新法、歷代名臣奏議卷二六六改。
③ 天鳴地震　"震"底本作"裂"，據宋朝諸臣奏議卷一一一范鎮上神宗論新法、歷代名臣奏議卷二六六改。
④ 品配　底本作"分配"，據宋會要輯稿食貨四之二一、宋史卷一七六食貨志改。
⑤ 以富者爲保首　底本脱"以富者爲保"五字，據宋會要輯稿食貨四之二一、宋史卷一七六食貨志補。
⑥ 提點開封府界縣事吕景　"界縣"底本顛倒，據嘉慶本、太平治迹統類卷二二乙正。宋朝諸臣奏議卷一一二范鎮上神宗論新法注文作"提點開封府界縣鎮事吕景"。
⑦ 僅能供諸軍請給　"供"底本作"借"，據宋朝諸臣奏議卷一一二范鎮上神宗論新法注文改。

臣竊以國之頒號令，立法制，必信其言而使民受實惠，則四方觀聽，孰不欣服？詳熙寧二年詔書，務在優民，不使兼并乘其急以邀倍息，皆以爲民，公家無所利其入，謂先王散惠興利，抑民豪奪之意也。今乃鄉村自第一等而下，皆立借錢貫陌，三等以上更許增數，坊郭戶有物業抵當者依青苗例支借。且鄉村三等并坊郭有物業戶，乃從來兼并之家也，今皆多得借錢①。每借一千令納一千三百，則是官放息錢，與初抑兼并、濟困乏之意絕相違戾，欲民信服，不可得也。又鄉村每保須有物力人爲甲頭，雖云不得抑勒，而上戶既有物力，必不願請。官吏防保內人下戶不能送納，豈免差充甲頭以備代陪？復峻責諸縣，人不願請，即令結罪申報，選官曉諭。卻有願請者，則干繫人別作施行，或具申奏。官吏懼提舉司勢可升黜，又防選官曉諭之時，豈無貧下浮浪願請之人，苟免捃拾，須行散配。且下戶見官中散錢，誰不願請？然本戶夏、秋各有稅賦②，又有預買及轉運司和買兩色紬絹、積年倚閣、借貸麥種錢之類，名目甚多。今更增納此一重出利青苗錢，愚民一時借，請則甚易，納則甚難，故自制下以來，一路官吏上下惶惑，皆謂若不抑散，則上戶必不願請，近下等第與無業客戶雖或願請，必難催納，將來必有行刑督索，及勒干繫書手、典押、耆戶長、同保人③等均陪之患④。大凡兼并放息錢，雖取利稍厚⑤，緣有逋欠，官中不許受理⑥，往往舊債未償其半，早已續得貸錢。兼并者既有資本，故能使相因歲月，漸而取之。今官貸青苗錢則不然，須夏、秋隨稅送納，災傷及五分以上，方許次料催還⑦。若連兩料災傷⑧，則必官無本錢接續支給，官本因而寖有失陷，其害明白如此。更有緣此煩費虛擾之事，不敢具述。去歲河朔豐熟，常平

---

① 今皆多得借錢 "今"底本作"令"，據嘉慶本、宋會要輯稿食貨四之一九、宋朝諸臣奏議卷一一一韓琦上神宗乞罷青苗及諸路提舉官改。
② 然本戶夏秋各有稅賦 "然"底本作"從"，據宋朝諸臣奏議卷一一一韓琦上神宗乞罷青苗及諸路提舉官改。
③ 同保人 "同"底本作"固"，據宋朝諸臣奏議卷一一一韓琦上神宗乞罷青苗及諸路提舉官、宋會要輯稿食貨四之二〇改。
④ 均陪之患 "陪"底本作"倍"，據嘉慶本、宋會要輯稿食貨四之二〇、宋朝諸臣奏議卷一一一韓琦上神宗乞罷青苗及諸路提舉官改。
⑤ 厚 宋會要輯稿食貨四之二〇作"重"。
⑥ 受理 底本作"受事"，據宋會要輯稿食貨四之二〇、宋朝諸臣奏議卷一一一韓琦上神宗乞罷青苗及諸路提舉官改。
⑦ 方許次料催還 "料"底本作"科"，據宋朝諸臣奏議卷一一一韓琦上神宗乞罷青苗及諸路提舉官、宋會要輯稿食貨四之二〇改。
⑧ 若連兩料災傷 "料"底本作"科"，據宋朝諸臣奏議卷一一一韓琦上神宗乞罷青苗及諸路提舉官、宋會要輯稿食貨四之二〇改。

糶米,斛錢不過七十五至八十五以來,若乘時收斂,遇貴出糶,不惟合於古制,而免有失陷之弊,兼民實被惠,亦足以收其羨贏。今諸倉方有糶入,而提舉司亟令住止,蓋盡要散充青苗錢,指望三分之利收爲己功,縣邑小官敢不奉行,豈暇更恤貽民久遠之患哉?諸路所行,必料大率如此。朝廷若謂陝西嘗放青苗錢,官有所得而民以爲便,此乃轉運司因軍儲有闕,適自冬涉春①,雨雪及時,麥苗滋盛,決見成熟,行於一時則可也。今乃差官置司,爲每歲春夏常行之法,而取利三分,豈陝西權宜之比哉?兼初詔且於京東、淮南、河北三路先行此法,俟成次第,即令諸路施行。今此三路方憂不能奉行,而遽於諸路徧差提舉官,以至西川②、廣南亦皆置使。恭惟陛下自臨御以來,夙夜憂勞,勵精求治,況承祖宗百年仁政之後,民浸德澤,惟知寬恤,未嘗過擾。若但躬行節儉以先天下③,常節浮費,漸汰冗食,自然國用不乏,何必使興利之言紛紛四出,以致遠邇之疑哉?欲望聖明更賜博訪。若臣言不妄,乞盡罷諸路提舉官,只委提點刑獄官依常平舊法施行。"

癸亥,上親袖出琦奏示執政,曰:"琦真忠臣,雖在外,不忘王室。朕始謂可以利民,不意乃害民如此,出令不可不審。且坊郭安得青苗,而使者亦强與之乎?"王安石勃然進曰:"苟從其所欲,雖坊郭何害?"因難琦奏曰:"陛下修常平法,所以助民。至於收息,亦周公遺法也。"曾公亮、陳升之皆言坊郭不當俵錢。安石曰:"坊郭所以俵錢者,以常平本錢多。農田所須已足而有餘④,則因以振市人乏絶⑤,又以廣常平儲蓄。"升之曰:"但恐州縣避難索之故,抑配上户耳。"安石曰:"抑配誠恐有之,然俟其行此,嚴行黜責一二人,則此弊自絶。"先是,御史程顥言:"成都不可置常平,民多米少故也。"安石曰:"民多米少,則尤不可以無常平。米少則易以踴貴,以常平抑之⑥,兼并乃不能使米踴貴。"上曰:"顥以爲蜀人豐年乃得米食,平時但食豆芋等。今豐年乃奪而糶之,是貧人終身不得米食也。"安石曰:"今常平不奪而糶之,則兼并亦奪而糶之。至

---

① 適自冬涉春 宋朝諸臣奏議卷一一一韓琦上神宗乞罷青苗及諸路提舉官"適"作"遇"。
② 西川 底本作"四川",據宋朝諸臣奏議卷一一一韓琦上神宗乞罷青苗及諸路提舉官、吕祖謙宋文鑒卷四四韓琦論青苗、歷代名臣奏議卷二六五改。
③ 若但躬行節儉 "但"底本作"在",據嘉慶本、宋朝諸臣奏議卷一一一韓琦上神宗乞罷青苗及諸路提舉官、吕祖謙宋文鑒卷四四韓琦論青苗改。按:宋朝諸臣奏議卷一一一韓琦上神宗乞罷青苗及諸路提舉官無"若"一字。
④ 農田所須已足而有餘 "足"底本作"定",嘉慶同,據歷代名臣奏議卷二六五、宋會要輯稿食貨四之二〇改。
⑤ 以振 底本顛倒,據嘉慶本、歷代名臣奏議卷二六五、宋會要輯稿食貨四之二〇乙正。
⑥ 以常平抑之 底本脱"抑"一字,嘉慶本同,據長編拾補卷七補。

於急時,取息必倍。"上曰:"俵青苗錢,而納米方貴時,如何令納?"安石曰:"貴則民自納錢。"上曰:"納錢則倉但有錢,凶年何以賑貸?"安石曰:"常平米既出盡,則常平但有錢。非但今法如此,雖舊法亦不免如此。"上終以韓琦所説爲疑。安石曰:"臣以爲此事至小,利害亦易明。直使州郡抑配上户俵十五貫錢,又必令出二分息,則一户所陪止三貫錢。因以廣常平儲蓄,以待百姓凶荒,則比之前代科百姓出米爲義倉,未爲不善①。況又不令抑配,有何所害,而上煩聖心過慮?臣論此事已及十數萬言,然陛下尚不能無疑。如此事尚爲異論所惑,則天下何事可爲?"上曰:"須要盡人言。料文彥博、吕公弼亦以此爲不可,但腹誹耳。韓琦獨肯來説,真忠臣也!"上又曰:"常平取息,姦雄或可指以爲説動百姓。"安石曰:"今榷鹽酒,皆用重刑以禁民。買紬絹,或强支配以鹽,姦雄不以此爲説動百姓。常平新法,乃賑貧乏,抑兼并,廣儲蓄,以備百姓凶荒,不知於民有何所苦?民别而言之則愚,合而言之則聖,不至如此易動。大抵民害加其身自當知,且又無情,其言必應事實。惟士大夫或有情,則其言必不應事實也。"翌日,安石遂稱疾不出。兵部員外郎傅堯俞直昭文館、同判流内銓。堯俞始除喪,至京師,王安石素善堯俞,未即見也,安石數召之。既見,語及新法,安石謂堯俞曰:"方今紛紛,遲君來久矣②。將以寶文閣待制、同知諫院還君。"堯俞謝曰:"新法世不以爲便,誠然當力論之。平生未嘗欺,敢以實告。"安石不悦,遂有此命。參知政事王安石既稱疾家居,翰林學士司馬光再爲批答曰:"朕以卿材高古人,名重當世,召自巖穴,置諸廟堂,推心委誠③,言聽計用,人莫能間,衆所共知。今士大夫沸騰,黎民騷動,乃欲委還事任,退取便安④。卿之私謀,固爲無憾;朕之所望,將以委誰?"安石得之大怒,即抗章自辨。上封還其章,手剳諭安石曰:"詔中二語,乃爲文督迫之過,而朕失於詳閲,今覽之甚愧。"又明日,安石乃入見,固請罷,上固留之⑤,獎諭良久⑥。安石退,又具奏乞罷。

正月乙卯,既下詔約束强以錢俵散人户,仍戒沮遏願請者,蓋王安石意也。及是王安石在告,曾公亮、陳升之因取前詔,削去"沮遏願請"等語,别行之。後安石出,果

---

① 未爲不善 歷代名臣奏議卷二六五、長編拾補卷七同,嘉慶本作"亦未爲不善"。
② 遲君來久矣 "遲",宋史卷三四一傅堯俞傳作"俟"。
③ 推心委誠 "心"底本作"忠",據傳家集卷一六賜參知政事王安石不允斷來章批答改。
④ 退取便安 "取",傳家集卷一六賜參知政事王安石不允斷來章批答作"處"。
⑤ 上固留之 "固"底本作"因",據嘉慶本、宋史全文卷十一改。
⑥ 獎諭良久 "諭",嘉慶本作"慰"。

以爲忤云。翰林學士兼侍講學士、右諫議大夫、史館修撰司馬光爲樞密副使。先是，王安石奏言："有人於此，外託劘上之名，内懷附下之實。所言者盡害政之事，所與者盡害政之人。彼得高位，則懷陛下眷遇，將革心易慮，助陛下所爲乎？將因陛下權寵，構合交黨，以濟忿慾之私，而沮陛下所爲乎？臣以既然之事觀之，其沮陛下所爲必矣。"於是王安石復謁告，而光有是命。

辛巳，司馬光言："臣蒙聖恩除樞密副使，所以屢違詔命不敢祗受者，臣先曾上疏言不當設制置三司條例司，又嘗因經筵侍坐，言散青苗錢不便。自後朝廷更遣使者四十餘人①，專使之散青苗錢，又疑因臣之言激怒建畫之臣，使行之更力，由是閉口不敢復言。今行之纔數日，中外鼎沸，皆以爲不便，然後臣乃敢發言。彼言青苗錢不便者，止論今日之害耳，臣所憂者乃在十年之後，非今日也。臣竊聞先帝常出内藏庫一百萬緡，助天下常平倉作糴本錢，前日天下常平倉錢穀共及一千餘萬貫石②，今無故盡散之，他日若思常平之法，復欲收聚，何時得及此數乎？臣以謂散青苗錢之害猶小，而壞常平之法，害尤大也。今陛下令薛向於江淮爲貿易，以三百萬緡畀之，又散青苗錢數千萬緡，其餘五十萬、三十萬者固不足數。陛下若終信條例司所言，推而行之，不肯變更，以循舊貫，十年之後，富室既盡，常平已壞，帑藏又空，不幸有方二三千里之水旱，饑殍滿野，加以四夷侵犯邊境，羽書狎至，戎車塞路，爭戰不已，轉餉不休。當是之時，民之羸者不轉死溝壑，壯者不聚爲盜賊，將何之乎？秦之陳勝、吴廣，漢之赤眉、黄巾，唐之黄巢，皆窮民之所爲也。大勢既去，雖有智者，不能善其後矣。臣竊惟太祖、太宗躬擐甲胄，櫛風沐雨，跋履山川，蒙犯矢石，以爲子孫成光明盛大之業，如此其美也。陛下試即取臣所進歷年圖觀之，自周末以來，至於國初一千三百六十有二年，其間亂離板蕩則固多矣。至於中外無事、不見兵革百有餘年如國朝之盛者，豈易得乎？陛下誠能昭然覺悟，采納臣言，罷制置三司條例司③，追還使者，臣雖盡納官爵，但得爲太平之民以終餘年，其幸多矣！苟言不足采，陛下雖引而寘諸二府，徒使天下指臣爲貪榮冒寵之人，未審陛下將何所用之？"

---

① 使者四十餘人　"四"底本作"三"，據傳家集卷四四乞罷條例司常平使疏、太平治迹統類卷一四改。
② 常平倉錢穀　底本脱"穀"一字，據嘉慶本、傳家集卷四四乞罷條例司常平使疏補。
③ 罷制置三司條例司　底本脱"條例司"三字，據傳家集卷四四乞罷條例司常平使疏補。

王安石既入見，又累奏辭位。上諭韓絳，令絳遣其子趣安石視事。壬午，安石始出視事。安石之在告也，上諭執政罷青苗法，曾公亮、陳升之欲即奉詔，趙抃獨欲俟安石出，令自罷之。連日不決，上更以爲疑。安石入謝，上勞問曰："青苗法，朕誠爲衆論所惑。寒食假中靜思，此事一無所害，極不過失陷少錢物爾，何足恤？"安石曰："但力行之，勿令小人壞法，必無失陷錢物之理。豫買綢絹，行之已久，亦何嘗失陷錢物？"安石既視事，持之益堅，人言不能入矣。安石之求分司也，御史王子韶、程顥，諫官李常皆稱有急奏，乞登殿，言不當聽安石去位，意甚懼。及安石復視事，子韶等乃私相賀。先是，詔諸路提點刑獄、體量覺察提舉常平官抑配人戶青苗錢，并州縣抑遏不散者。及王安石在告，曾公亮、陳升之等舉行前詔，乃删去"毋得抑遏不散"之語。安石復視事，志氣愈悍，面責公亮等曰："爲宰相當有職守，何得妄降劄子，令體量抑配青苗①，又輒去當日詔語？"公亮等不敢抗。癸未，上復遣李舜舉趨光受命，且諭上意曰："樞密，本兵之地，自有職分，不當更引他事爲辭。"光即奏："臣若已受命，則誠如聖旨，不敢言職外事。今尚爲侍從之臣，朝廷闕失，無不可言者。"遂稱疾謁告。

甲申，以韓琦論青苗奏付條例司。右正言李常言："其尤甚者，至使善良備請納之費②，虛認貫陌③，以輸二分之息。"上閱常奏，曰："常平事皆經中書行遣。今人言紛紛如此，乃因執政議論不一故也。"公亮曰："臣本以爲不可。"升之曰："臣本不欲如此。今已書奏，更不敢言。"上曰："若以爲不可，當極論之，何以書奏？既書奏，何以至今乃議論不一？"上問李常疏如何處置，安石曰："可令分析是何州縣如此。"公亮、升之皆曰："諫官許風聞言事，豈可令分析。"公亮曰："王安石但欲己議論勝耳④。"上正色曰："豈有此耶？"公亮曰："此言若誣，天實臨之！"安石曰："始與升之議此法，升之以爲難，臣即不强升之。既而以吕惠卿、程顥亦責升之畏流俗，升之遂肯同籤書。當時若升之不同，臣亦豈敢强升之爲此奏？天下可行之事至衆，但議論未合，即無强行之理。

---

① 令　底本作"今"，嘉慶本同，據宋宰輔編年録卷七改。
② 備請納之費　"請"底本作"給"，據宋朝諸臣奏議卷一一〇李常上神宗論青苗、歷代名臣奏議卷二六五改。
③ 虛認貫陌　"認"底本作"實"，據宋朝諸臣奏議卷一一〇李常上神宗論青苗、歷代名臣奏議卷二六五、太平治迹統類卷二二熙寧元祐議論青苗、長編拾補卷七改。
④ 王安石但欲己議論勝耳　"己"底本作"以"，據嘉慶本、太平治迹統類卷二二熙寧元祐議論青苗改。

及至朝廷已推行,則非復是臣私意①,乃朝廷詔令也。大臣爲朝廷奉詔令②,自當以身狥之。臣非好以議論勝,乃欲朝廷法令尊,爲人所信,不爲浮議妄改而已。"上乃卒令常分析。常乃王安石所引用者,既除諫官,言青苗取息非便。安石見之大怒,遂白上,使明出二分息。吕惠卿謂常曰:"君何得負介甫?我能使君終身不如人。"及安石分司,常雖言安石不當去,又言青苗不當取二分息,乞罷之。安石既出,面責常曰:"君本出條例司,亦嘗預青苗議,今反見攻,何以異於蔣之奇也!"

乙酉,韓琦言:"河朔連歲豐稔,編户安復。兼臣已老病,願罷臣河北安撫使。"從之。其實王安石怒琦言青苗事,欲以沮琦也。是時,陳留亦不敢散錢,知縣、大理寺丞姜潛知必不免,稱疾去官。司馬光謁告之六日,上復趣令入見。光言:"臣近上疏,未聞采録,獨以何心,敢當高位?若臣言果是,乞早賜施行。若臣言果非,乞更不差使臣宣召,早收還樞密副使敕告。"庚寅,詔收還樞密副使告敕,仍舊職。

林希云:凡除兩府,聽其讓遂止者,國朝未之有也。希又云:先是,光每因事請對,或上召光已立殿下,安石必以條例司先光而進,其所陳皆所以沮難光者。光有所陳,上酬答,皆安石之言,如對嚴敵。及罷樞密入謝,上中夕批付閤門,使光詰旦對。安石本無進呈事,遽取數卷書,率韓絳上殿,又先光而進,惟恐上聞光言而悦也。閤門官吏皆爲之竊歎。

先是,上欲置光西府③,王安石曰:"光雖好爲異論,然其才豈能害政?但如光者,異論之人倚以爲重,今擢在高位,則是爲異論之人立赤幟也。光朝夕所與切磋琢磨者,乃劉攽、劉恕、蘇軾、蘇轍之徒而已。觀近臣以其所主,所主者如此,其人可知也。"安石在告,上乃用光。及安石復視事,因固辭,遂欲罷之。公亮以爲不可,曰:"青苗事,臣等亦數論奏。"上曰:"此事何預於樞密副使?光不當以此辭。"公亮乃已。

三月壬辰朔,曾公亮、陳升之皆稱疾在告,與王安石争青留錢不勝故也。甲午,司馬光移書王安石,請罷條例司及常平使者。安石得書大懟,欲怒則不敢,答書但言道不同而已。書凡三返,文多不載。乙未,制置三司條例司言:"羣臣數言常平新法不便,令畫一申明,使知法意。今或以錢斛抑配與人,或利在易爲催納,專貸與物力高强

---

① 私意　嘉慶本作"私議"。
② 大臣爲朝廷奉詔令　底本脱"奉"字,據嘉慶本補。
③ 西府　底本作"兩府",據嘉慶本、宋史全文卷一一改。

户，或留滯百姓，不爲及時給納，故縱公吏乞取，致百姓枉有糜費；或不量民物力，給與錢斛太多，致難催納；或不能關防辨察，令浮浪之人爲一保，冒請官物，致難催納；或拖延不爲及時催納，卻非理科校公人、百姓之類。自是州縣官吏弛慢，因緣爲姦，不可歸咎於法。乞令逐路安撫、轉運、提點刑獄、提舉官覺察，依條施行。命官具案取旨，重行黜罰。安撫、轉運、提刑、提舉官失於覺察，致朝廷察訪得實，亦當量罪，第行朝典。"從之。條例司奏專疏駁韓琦所言，皆王安石自爲之。既而琦又言："今蒙制置司以臣所言皆爲不當，臣看詳疏駁事件，多删去臣元奏要切之語，曲爲沮難。及引周禮'國服爲息'之説文其謬妄，將使無復敢言其非者。須再辨列，欲望親覽後，付中書、密院看詳，及送御史臺集百臣定議。如臣言不當，甘從竄殛；若制置司處置乖方，天下必受其弊，即乞依臣奏施行。"上閱琦奏引周禮"喪給無過三月"等語，安石駁："此乃賒買官物，非稱貸也。"上曰："此必强至所爲，至與曾公亮姻連。"安石曰："至亦趙抃親家也。"至，錢塘人，時爲大名府路機宜，故上疑至爲之。群臣言常平章疏，上悉以付安石，安石復言於上曰："章疏惟韓琦有可辨，餘人絕不近理，不可辨也。"上然之。范鎮言："自古以來，未有天子而開課場者。"王安石曰："鎮所言，若非陛下略見周禮有此，則豈得不爲愧耻？"是日，陳升之以母老乞罷，上固留之。升之退，上諭安石曰："若聽升之罷去，人言必又紛紛。"安石曰："升之意有何言？"上曰："意似鬱鬱不樂，但不言耳。"安石曰："臣與曾公亮、陳升之議事多有不同，臣固不敢曲從。自來參知政事多宰相所引，惟宰相得議事，參知政事唯喏而已。歐陽修當時有所異同，然終不能奪韓琦所爲。臣備位中書，吏人皆怪駭，以爲不當如此。曾公亮、陳升之固習近事，不能平，臣亦屢與人言，臣於上前論議，雖上有所指揮不當，亦未嘗敢阿順，豈容阿同列？察臣所以事上，即同列亦可以恕臣本心矣。"上曰："卿即任事，豈苟順人情乎！"丙申，右正言孫覺言："竊見制置三司條例司畫一文字頒行天下，曉諭官吏，其凡有七。至於論斂散出入之弊，將來陷失人所能知者，皆置不論；至於援引經義以傅會先王之法①，與防微杜漸將以召怨賈禍者，臣得極陳之。其條有三。"右正言李常言："王安石以文學名世，行義得君，乃不本仁以出號令，考義以理財賦，而乃佐陛下爲此病民斂怨之術。曾

① 至於　底本作"乃"，據宋朝諸臣奏議卷一一二孫覺上神宗論條例司畫一申明青苗事改。

公亮、陳升之、趙抃皆位冠百僚，身輔大政，首鼠厥議，曾無執守。諫官或以執事隔絕，或陰竊符同，四海萬里，蒙毒莫訴。臣於安石，雖有故舊之義，苟懷私而不言，誰復爲朝廷言者？"中丞呂公著極論其不可，乞檢會臣累奏施行。張戩言："天下之論，難掩至公，在於聖明，動必循理。無適無莫，義之與比。昔建議謂便而試行之，今已知有害而改罷之①，是順天下之心，成天下之務也。昔非今是，何憚改爲？"監察御史裏行程顥言："明者見於未形，智者防於未亂。況今日事理顯白易知，若不因幾亟決，持之愈堅，必貽後悔。悔而後改，爲害已多。近日條例司疏駁大臣之奏，舉劾不奉行之官，盡沮公議，先失衆心。權其重輕，未見其可。乞檢會臣前所言，早賜施行。"於是進呈孫覺疏②。王安石謂覺所言無理③，讀不及終而止。上曰："人言何至如此？"安石曰："自大臣以至臺諫皆有異意④，則人言紛紛如此，何足怪？"趙抃曰："苟人情不允，即大臣主之，亦不免人言，如濮王事是也。"安石曰："先帝詔書，明言濮安懿王之子不稱濮安懿王爲考，此是何理？"餘見濮王議。上曰："宗室事何以不紛紛？"安石曰："以兩府大臣共議，故大臣無搖動者，又陛下不疑，故異論無從起。"上曰："均輸事何以無人言？"安石曰："人言豈少？呂公著因江西事遂攻薛向，而言薛向體量江西文字乃先至，其言不效，故其意沮折，而不復敢爲誣罔。常平事，大臣固不悅，但陛下初即位，以爲善政，不敢異論。然自初施行，陰欲沮壞，至於百端。其後陛下每見提舉官上殿，輒問新法便否，人人知陛下意疑，所以內外交結，共爲誣罔也。"陳升之曰："豈可使上不訪問群臣？此皆提舉官所在張大妄作，故致人言耳。"安石曰："提舉官到任不過數處，若妄作，即須有事實。全無事實可說，即其言豈可聽信？"上又語及程顥疏，安石曰："顥至中書，略諭以方鎮沮毀朝廷法令。朝廷申明，使知法意，不得謂之疏駁大臣章奏。顥乃言'大臣論列事當包含'，此言尤爲害理⑤。若不申明法意，使中外具知，則是縱使邪說誣民，而令詔令本意更不明於天下。如此，則異議何由貼息？"

詔及顥疏，據朱本附見。日錄在十四日乙巳，新本削去。

---

① 而改罷之　底本脫"之"字，據嘉慶本、宋朝諸臣奏議卷一一三張戩上神宗論新法補。
② 疏　底本作"書"，據嘉慶本、太平治迹統類卷一四神宗朝臣議論新法改。
③ 無理　嘉慶本作"無禮"。
④ 皆有異意　底本作"臣有異"，據宋會要輯稿食貨五之四改補。
⑤ 此言尤爲害理　底本脫"言尤"二字，據二程文集卷二諫新法疏注文、宋朝諸臣奏議卷一一三程顥上神宗論新法注文補。

上因論及臺諫官言不可失人心,安石曰:"所爲得人心者,以有義理。義理者,人心之所悦,非獨人心,至於天地鬼神亦然。先王能使山川鬼神亦莫不寧者,以行事有義理故也。苟有義理,即周公致四國皆叛,不爲失人心;苟無義理,即王莽有數十萬人詣闕頌功德,不爲得人心也。"

日録在三月四日乙未,朱本附五日丙申,今從之。

它日,安石與韓絳請上更曉諭臺諫,無使紛紛。上曰:"安得如許口頰與説?"上又諭安石,令稍修改常平法,以合衆論。安石曰:"陛下方以道勝流俗,與戰無異。今少自卻,即坐爲流俗所勝矣。"吕公著累奏乞罷提舉官。王安石讀至"取大臣章奏疏駁,巧爲辨説,敷告天下",上曰:"如此,則韓琦安得不動心乎?"安石曰:"朝廷作有理法,今藩鎮逐條疏駁①,而執法乃不以爲非;方鎮作無理章奏,朝廷諄諄曉諭,而執法乃謂之巧爲辨説,即非理之正。言事官當逐條辨論其非,以開悟陛下之聰明可也。今但言巧爲辨説,而不見辨説之不當,則其情可見矣。"上怪:"上下紛紛,何至此?"安石曰:"陛下作法,宰相摇之於上,御史中丞摇之於下,方鎮摇之於外,而初無人爲陛下先後奔走禦侮之臣,則人情何爲而不至此也?"又讀至"止令提點刑獄或轉運使管句",安石曰:"比曾公亮亦有此奏。陛下試思:府界若無提舉官②,止有吕景,則此法已不得行;京西無提舉官,止有提點刑獄,則已言人皆不願請。以此驗之,則不設提舉官,付之他司,事必不舉矣。"上患官吏慢法而不奉行,安石曰:"提舉官雖卑,然以朝廷之命出使,尚未敢按舉州縣不法,即已紛紛然以爲陵轢州縣。言事官本當爲朝廷守法,更朋比流俗。如此,豈是正理?"上以爲然。

上遣劉有方諭司馬光,以光累有辭避,已行褒許爲銀臺司,不行,下詔書令有方諭旨,依舊供職。是日,光入對於崇政殿,因再拜謝,上曰:"此命尚未罷也,朕特加卿,卿何爲抗命不受?"光曰:"臣自知無力於朝廷,故不敢受。抗命之罪小,尸禄之罪大故也。"上曰:"卿受之而振職,則不爲尸禄矣。"光曰:"今朝廷所行,皆與臣言相反,臣安得免爲尸禄之人?"上曰:"相反者何事?"光曰:"臣言條例司不當置,又言不宜多遣使者外撓監司,又言放青苗錢害民,豈非相反?"上曰:"今士大夫洶洶,皆爲此言。卿爲

---

① 今 底本作"令",據嘉慶本改。
② 府界若無提舉官 底本脱"無"一字,據嘉慶本補。

侍從臣，聞之不得不言於朕耳。"光曰："不然。向者初議，臣在經筵，與呂惠卿爭議論，以爲果行之，必致天下洶洶。當時士大夫往往未知，百姓則固未知，非迫於浮議而言也。"上曰："言者皆云法非不善，但所遣非其人耳①。"光曰："以臣觀之，法亦不善，所遣亦非其人也。"上曰："卿見元敕否？"光曰："不見。"上曰："元敕不令抑勒，宿州强以陳小麥配民，衛州留滯不散。朝廷已令取勘，違敕强民者，朝廷固不容也。"光曰："敕雖不令抑勒，而所遣使者，皆諷令抑配。如開封府界十七縣，惟陳留姜潛張敕榜縣門及四門，聽民自來，請則給之，卒無一人來請。以此觀之，十六縣恐皆不免於抑勒也。"上曰："卿告敕尚在禁中，朕欲再降出，卿當受之，勿復辭也。"光曰："陛下果能行臣之言，臣不敢不受；不能行臣之言，臣以死守之，必不敢受。且詔令數下而臣數拒違，於臣之罪益重，於陛下威令亦爲不行，上下俱有所損，願陛下勿降出也。"上曰："卿何必如此專徇虛名？"光對曰："凡群臣得爲兩府，何異自地升天。臣與其徇虛名，孰若享實利？顧不敢無功而受禄耳！"上曰："卿所言，皆非卿之職也。"光對曰："臣惟恐受敕告則不能言職外之事。今者不受，爲貪陳國家之急務耳，非爲身也。"上敦諭再三，光再拜固辭，上曰："當更思之。"

范鎮罷知通進銀臺司。初，鎮言："韓琦奏，中書自當施行，不須下條例司，及不當令李常分析。"封還詔書。聖旨諭鎮行下數四，猶不肯。會司馬光辭樞密副使，上許之。鎮又封還詔書，曰："臣所陳大抵與光相類，而光追還新命，則臣亦合加罪責。"上令再送鎮行下，鎮又封還曰："陛下自除光爲樞密副使，士大夫交口相慶，稱爲得人，至於坊市細民，莫不歡喜。今一旦追還告敕，非惟詔命反汗，實恐沮光讜論忠計。"上不許，以詔書直付光，不復由銀臺司行下。鎮言："由臣不才，使陛下廢法，有司失職。"遂乞解銀臺司，許之。上御集英殿試進士，葉祖洽言："祖宗多因循苟簡之政，陛下即位，革而新之。"爲第一。詳見科舉。

---

① 但　底本脱此字，據嘉慶本補。

卷第六十九

神宗皇帝

青苗法下

熙寧三年四月戊辰①,詔:"御史中丞呂公著,比大臣之抗章,因便坐之與對,乃誣方鎮有除惡之謀,深駭予聞,乖事理之實,可翰林侍讀學士②、知潁州。"司馬光記所聞於趙抃曰:"上諭執政,以呂公著自貢院出,上殿言朝廷摧沮韓琦太甚,將興晉陽之甲,以除君側之惡。王安石怨公著叛己,用此爲公著罪③。及中書呈公著責官告詞,宋敏求但云'敷陳失實,據援非宜'。安石怒,請明著罪狀。陳升之不可,曰:'如此,使琦何以自安?'安石曰:'公著誣琦,於琦何損也!如向者諫官言升之媚內臣以求兩府,朝廷豈以此遂廢升之?'皆俛首不敢對。上既從安石所改,曰:'不爾,則青苗細事豈足以逐中丞?'"光又云:"公著素謹,初無此對,或謂孫覺嘗爲上言:'今藩鎮大臣如此論列,而遭挫辱,若唐末、五代之際,必有興晉陽之甲,以除君側之惡者矣!'上誤記,以爲公著也。"

己卯,右諫議大夫、參知政事趙抃爲資政殿學士、知杭州。王安石更張政事,抃屢言其不便。及安石家居求去,上諭執政罷青苗法,抃獨欲俟安石參假,由是新法不罷,抃大悔恨,上言乞罷諸路提舉官。因累章乞罷,遂命出守杭州。吏部侍郎、樞密副使韓絳參知政事。絳間與王安石同奏條例司事,嘗贊上曰:"臣見王安石所陳非一,皆至當之言可用,陛下宜深省察。"故安石尤德之。前秀州軍事推官李定爲太子中允、權監察御史裏行。定素與王安石善,孫覺歸自淮南,薦定極口,因召至京師。定初至,謁李

---

① 戊辰　底本作"乙丑",據長編卷二一〇改。
② 可翰林侍讀學士　底本"侍讀"與"學士"顛倒,據嘉慶本、長編卷二一〇乙正。
③ 用此爲公著罪　底本脫"公著"二字,據長編卷二一〇補。

常,常問:"南方之民,以青苗爲何如?"定言:"皆便之,無不善。"常謂曰:"今朝廷方爭此,君見人,切勿爲此言也。"定即日詣安石,白其事曰:"定惟知據實而言,不知京師不得言青苗之便也。"安石喜甚,遂奏以定編三司歲計及南郊式,且密薦於上,乞召對。謂定曰:"君上殿當具爲上道此。"及見,上果問常平新法,定對如安石所教。上悦,批付中書,欲用定知諫院。曾公亮、陳升之以爲前無此例,固爭之,乃改命焉。編式乃二年十二月二日①。太子中允、權監察御史裏行程顥權發遣京西路同提點刑獄。顥先上疏言:"臣聞天下之理,本諸簡易,而行之以順道,則事無不成,故曰智者若禹之行水,行其所無事也。捨而之於險阻,則不足以言智矣。蓋自古興治,雖有專任獨決能就事功者②,未聞輔弼大臣人各有心,睽戾不一,致國政異出,名分不正,中外人情交謂不可,而能有爲者也。況於措置失宜③,沮廢公議,一二小臣,實與大計,用賤陵貴,以邪妨正者乎?凡此,皆天下之理不宜有成,而智者之所不行也。設令由此僥幸,事小有成,而興利之臣日進,尚德之風寖衰,尤非朝廷之福,矧復天時未順,地震連年,四方人心,日益搖動,此皆陛下所當仰測天意,俯察人事者也。臣奉職不肖,議論無補,望允前奏,早賜降責。"故罷。

朱本削去"顥疏云",時政記不載。顥被責非緣此疏,前史官妄載,改書云:"數言常平新法,乞責降,故有是命。"案:顥此疏豈非言新法?紹聖史官猥爲王安石諱,遂欲改抹正論,輒加刪修。今仍從元祐初本。吕本中雜説:正叔嘗説新法之行,正緣吾黨攻之太力,遂至各成黨與,牢不可破。且如青苗一事,放過何害?伯淳作諫官論新法,上令至中書議。伯淳見介甫,與之剖析道理,其色甚和④,且曰:"天下自有順人心底道理⑤,參政何必須如此做?"介甫連聲謝伯淳曰:"此則極感賢誠意。"此時介甫亦無固執之意矣。卻緣次日張天祺至中書力爭⑥,介甫不堪,自此彼此遂分。

辛巳,淮南轉運使、屯田郎中謝景温爲工部郎中兼侍御史知雜事。景温雅善安石,又與安石弟安國通姻。先是,安石獨對,問上曰:"陛下知今日所以紛紛否?"上曰:"此由朕置臺諫非其人。"安石曰:"陛下遇群臣無術,數失事機,別置臺諫官,恐但如

---

① 二日 長編卷二一〇注文作"三日"。
② 能就事功者 底本脱"者"一字,據嘉慶本、長編卷二一〇補。
③ 失宜 底本脱此二字,據嘉慶本、長編拾補卷七、二程集卷二再上疏、宋文鑑卷五三程顥論新法補。
④ 其色甚和 "其",嘉慶本、長編卷二一〇注文均作"氣"。
⑤ 順人心底道理 "底"底本作"應",據嘉慶本、長編卷二一〇注文改。
⑥ 按:張戩,字天祺,張載的弟弟,宋史卷四二七有傳,熙寧初曾任監察御史,爭廢新法尤力。還可參見本書卷六三王安石毁去正臣。

今日措置,亦未能免其紛紛也。"於是專用景溫。知制誥宋敏求以李定除權監察御史裏行弗循官制,未厭群議,未敢具草,且以疾辭知制誥。壬午,敏求罷知制誥。詔右正言、秘閣校理李常落職,爲太常博士、通判滑州。常言:"散青苗錢,流毒四海。又州縣有錢未嘗出而徒使民入息者。"上令具州縣官吏姓名至五六,終不肯具,而求罷職,故黜。上批:"監察御史裏行張戩侵侮柄臣,誣罔事實。王子韶外要守正之名,內懷朋姦之實。所入章疏與面奏事,前後反覆不一,並落職知縣。戩,江陵府公安;子韶,江寧府上元。"戩屢言青苗不便,最後上疏曰:"近乞罷制置司及諸路使者,並言散錢取利爲害,及王安石處事乖謬,專爲聚斂,好勝遂非,狠愎日甚;呂惠卿險薄姦凶,尚留君側;而曾公亮、陳升之、趙抃等心知其非,依違不斷,觀望有避,顛危莫扶。"戩既上疏,又詣中書力爭,辭氣甚厲。公亮俛首不答,安石以扇掩面而笑。戩怒曰:"參政笑戩,戩亦笑參政,參政所爲,豈但戩笑,天下誰不笑者!"陳升之解曰:"察院不須如此。"戩顧曰:"只相公得爲無過邪?"退即家居待罪,遂與子韶同黜。侍御史知雜事陳襄同修起居注,罷知雜事。襄累奏乞罷青苗法,既而有旨,召襄試知制誥於中書。襄以言不行,辭不就試,乞補外。王安石請用爲集賢殿修撰、陝西轉運使,命未下,上批:"別進呈。"而改是命。於是上謂安石曰:"經筵殊少人。"安石曰:"何用多?"上曰:"吳申全不能講,欲俟襄受職,留之經筵。朕見襄每引經,亦粗可取也。"

襄五奏,據襄集增修。司馬光日記云:襄雖論常平新法而辭婉,故除官獨優。故當時以此讓襄也。襄五月辛卯除直舍人院兼侍讀,襄卒辭之。

太子中允、同提點京西刑獄程顥簽書鎮寧軍節度判官。顥既罷御史,懇辭京西故也。上謂安石曰:"人情如此紛紛,奈何?"安石曰:"陛下於邪說紛紛之時,張戩之徒皆未黜,即獎用襄知制誥,顥提點刑獄,又稱其平實。此輩小人,若附呂公著,得行其志,則天下之利皆歸之。既不得志,又不失陛下獎用,何爲肯退聽而不爲姦,故紛紛不止也。"甲申,翰林學士司馬光讀資治通鑑漢賈山上疏言"秦皇帝居絕滅之中而不自知",因言從諫之美,拒諫之禍。上曰:"舜墍讒說殄行,若臺諫爲讒,安得不黜?"光曰:"臣因進讀及之耳,時事臣不敢盡論也。"及退,上留光,謂曰:"呂公著言藩鎮欲興晉陽之甲,豈非讒說殄行?"光曰:"公著平居與儕輩言,猶三思而發,何故上前輕發乃爾?外人多疑其不然。"上曰:"王安石不好官職及自奉養,可謂賢者。"光曰:"安石誠賢,但性不曉事而愎,此其短也。又不當信任呂惠卿。惠卿姦邪,而爲安石謀主,安石爲之力行,故天下并指安石爲姦邪也。"上笑。光曰:"李定有何異能,而拔用不次?"上曰:"孫覺薦之,邵亢亦言定有文學,恬退。朕召與之言,誠有經術,故欲以言職試之。"光曰:"宋敏求繳定詞頭①,何至奪職?"上曰:"敏求非坐定也。朕令草公著誥詞,言興晉陽之師、除君側之惡。王安石以諭敏求,而曾公亮以爲不可。敏求不遵聖旨,而承公亮之語,但云援據非實而已。"光曰:"公著誠有此言,亦不過欲朝廷從琦言罷青苗耳。語雖過差,原情亦可恕也。今明著於誥詞,暴之中外,'君不密則失臣',造膝之言若皆暴以爲罪,自今群臣誰爲陛下盡言者②?臣以爲敏求隱晦其語,亦未嘗失體③。且敏求非親承聖旨,據公亮之言而爲之耳。"上曰:"公亮、安石所傳聖旨不同,亦當奏稟也。"上曰:"李常非佳士,屬者安石家居,常求對,極稱其賢,以爲'朝廷不可一日無也,以臣異議青苗之故,寧可逐臣,不可罷安石也④'。既退,使人具以言告安石以賣恩。"光曰:"若爾,誠罪人也。"上曰:"有詐爲謗書動搖軍衆,且曰:'天不祐陛下,致聖嗣不育。'或云卿所上書。"光曰:"臣所上書,陛下皆見之。且臣未嘗以奏草示人也。"上曰:"卿所言,外人無知者。臺諫所言,朕未知,外人已遍知矣。"上曰:"今天下洶洶者,孫叔敖所謂'國之有是,衆之所惡也'。"光曰:"然陛下當察其是非,然後守之。今條例司所爲,獨安石、韓絳、呂惠卿以爲是,天下皆以爲非也。陛下豈能獨與此三人共爲天下邪?"遂退。

五月甲辰,詔罷制置三司條例司。丙午,比部郎中、提舉江南西路常平等事王直溫權本路提點刑獄,兼提舉常平如故。提點刑獄兼提舉常平自直溫始。庚戌,詔歐陽修不合不奏聽朝廷指揮,擅止散青苗錢,特放罪。修在青州,嘗奏疏條陳三事。中書言修擅止給青苗錢,欲特不問罪。王安石論修殊不識藩鎮體,乃降是詔。先是,上復欲用修執政,問王安石以修何如邵亢,安石曰:"修非亢比也。"又問:"何如趙抃?"安石以爲勝抃。他日又問:"何如呂公弼?"其意欲以代公弼也。安石謂勝公弼。又問:"何如司馬光?"安石亦謂勝光,上遂欲用之。安石曰:"陛下宜且召對,與論時事,更

---

① 詞頭 底本作"辭頭",據嘉慶本改。
② 自今群臣 底本脱此四字,據長編卷二一〇補。
③ 亦未嘗失體 嘉慶本作"亦未爲失體也"。
④ 不可罷安石也 "罷"底本作"罪",據長編卷二一〇改。

審察其在政府有補與否?"上乃遣内侍馮宗道賜以太原告敕,諭令赴闕朝見訖之任①。安石又曰:"修性行雖善,然見事多乖理。陛下用修,修既不盡燭理,有能惑其視聽者,陛下宜務去此輩。"上問:"誰與修親厚?"良久,曰:"修好有文華人。"安石蓋指蘇軾輩,而上已默諭。明日,又白上曰:"陛下欲用修,修所見多乖理,恐誤陛下所欲爲。"上患無人可用,安石曰:"寧用尋常人不爲梗者。"上曰:"亦須用肯作事者。"安石曰:"肯作事固佳,若所欲作與理背,卻誤陛下所欲爲②。又陛下每事未免牽於衆論,或爲所牽,即失事機,此臣所以不能不豫論也。"時已除修宣徽南院使、判太原府。四月十二日。上曰:"待修到,更徐議之。"於是安石知修決不附己,益毁之曰:"臣固嘗論修在政府必無補時事,但使爲異論者附之,轉更紛紛耳。"他日,上論文章,以爲華詞無用,不如吏材有益。安石曰:"華詞誠無用,有吏材則能治人,人受其利。若徒事於華詞而不知道,適足以亂俗害理。如歐陽修,文章於今誠爲卓越,然不知經,不識義理,非周禮,毁繫辭,中間學士爲其所誤,幾至大壞。"時修方力辭新命,上未許也。

　　七月,新判太原府歐陽修以病辭宣徽使至五六,因論青苗法,又移書責王安石,安石不答,而奏從其請。辛卯,詔歐陽修罷宣徽南院使,復爲觀文殿學士、知蔡州。降屯田員外郎、知山陰縣陳舜俞監南康軍鹽酒稅,坐違詔旨,以不散青苗錢自劾也。其後乃上書,稱青苗法實便,初迷不悟爾。時參知政事馮京欲緣此復用之,宰相王安石曰:"爲人反覆如此,何可用也!"方是時,畿内方置保甲,且觀其端,而知宿州元積中遽乞布之四方,故京師爲之語曰:"元積中逆承保甲,陳舜俞翻悔青苗。"聞者以爲笑。陳舜俞監稅在六月。壬辰,樞密使、刑部侍郎吕公弼罷爲吏部侍郎、觀文殿學士、知太原府。王安石變法,公弼數言宜務安静。又與韓絳不協,從孫嘉問竊公弼論事奏草以示安石③,安石輒先白上,上始不樂公弼。及胡宗愈攻絳,上以手劄諭文彦博曰:"太原重地,須諳知邊事之人,乃可寄委。早來已指揮中書差吕公弼,見是樞臣,故不及與卿議,要卿知耳。"翰林學士、端明殿學士、禮部郎中、權御史中丞馮京爲右諫議大夫、樞

---
① 諭令　底本作"欲令",據嘉慶本、長編卷二一一改。
② 卻誤陛下所欲爲　"卻",長編卷二一一作"即"。
③ 從孫嘉問　"孫"底本作"子",據長編卷二一三、東都事略卷五二吕公弼傳、宋史卷三一一吕公弼傳改。按:山堂肆考卷一一五不答門客言、宋史卷三五五吕嘉問傳均載"初,嘉問竊從祖公弼論新法奏稿以示王安石",也印證了吕嘉問爲吕公弼的從孫。

密副使。上嘗謂王安石曰:"京似平穩。"安石曰:"京燭理不明,若鼓以流俗,即不能自守。"及京奏疏論薛向,上以手劄諭王安石曰:"試觀馮京奏疏,恐不宜使久處言職。慮群邪益譸張爲幻,當如何處置?"安石言:"臣初固疑京必出於此①,蓋京所恃以爲心腹腎腸者,陳襄、劉攽而已,重爲衆姦所誤,何爲而不出於此?書曰'惟辟作威',又曰'去邪勿疑'。陛下赫然獨斷,發手詔暴其所奏,明其不知邪正是非、必撓國政而罷黜之,則内外自知服矣。近陛下曾累論胡宗愈事,故已盡其情狀,遲疑不決,令久在耳目之地,亦非難壬人②、勝流俗之道也。願陛下并慮及此。"於是吕公弼將去位,上議所以代之。曾公亮、韓絳極稱司馬光。上遲疑未決,始欲用京,又欲用蔡挺,既而欲並用京及光③。安石曰:"司馬光固佳。今風俗未定,異論尚紛紛,用光即異論有宗主。今但欲興農事,而諸路官司觀望,莫肯向前,若更使異論有宗主,即事無可爲者。"絳徐以安石所言爲然。公亮言不當以此廢光,固請用之,上弗許,乃獨用京。明日,又謂執政曰:"京弱,并用光,何如?"公亮以爲當。安石曰:"比京誠差强。然流俗必以爲宗主,愈不可勝。且密院事,光果曉否?"上曰:"不曉。"安石曰:"不曉,則雖强,於密院何補?但令流俗更有助爾。"上曰:"寇準何所能?及有變,則能立大節。"又論:"金日磾都無所知,然可托以幼主。"安石曰:"金日磾與霍光不爲異,乃可以濟。寇準非能平心忠於爲國,但有才氣,比當時大臣爲勝而已。"公亮曰:"真宗用寇準,人或問真宗,真宗曰:'且要異論相攪,即各不敢爲非。'"安石曰:'若朝廷人人異論相攪,即治道何由成?臣愚以爲朝廷任事之臣,非同心同德,叶於克一,即天下事無可爲者。"上曰:"要令異論相攪,即不可。"公亮又論光可用,安石曰:"光言未已,則朝廷何以處之?"上遂不用光。癸巳,賜秘書省正字唐坰進士出身。初,坰爲北京監當官,上書言青苗不行,宜斬大臣異議者一二人。王安石謂坰宜在館閣,故得召對。坰有才辨,韓琦甚愛之。既去,乃聞其言。坰,詢子也。癸丑,詔諸路提舉常平官到闕,並令辭見,如有合奏,陳乞上殿,即依提點刑獄儀制施行。

八月乙丑,司馬光對垂拱殿,乞知許州,或西京留司御史臺、國子監。上曰:"卿何

---

① 臣初固疑京 底本脱"固"字,據嘉慶本、長編卷二一三補。
② 亦非難壬人 "壬"底本作"任",據嘉慶本、長編卷二一三改。
③ 既而欲並用京及光 底本作"而並欲用京及光",據嘉慶本、長編卷二一三補正。

得出外？朕欲申卿前命，卿且受之。"光曰："臣舊職且不能供，況當進用？"上曰："何故？"光曰："臣必不敢留。"上沉吟久之，曰："王安石素與卿善，何自疑？"光曰："臣素與安石善，但自其執政，違忤甚多。今忤安石者，如蘇軾輩，皆毀其素履，中以危法。臣不敢避削黜，但欲苟全素履。臣善安石豈如呂公著？安石初舉公著云何，後毀之云何，彼一人之身，何前是而後非？必有不信者矣。"上曰："安石與公著如膠膝，及其有罪，不敢隱，乃安石之至公也。"上又曰："青苗已有顯效。"光曰："茲事天下知其非，獨安石之黨以爲是耳。"上曰："蘇軾非佳士，卿誤知之。鮮于侁在遠，軾以奏稿傳之韓琦，贈銀三百兩而不受，乃販鹽及蘇木、磁器。"光曰："凡責人當察其情。軾販鬻之利，豈能及所贈之銀乎？安石素惡軾，陛下豈不知？以姻家謝景溫爲鷹犬使攻之，臣豈能自保？不可不去也。且軾雖不佳，豈不賢於李定？不服母喪，禽獸之不如，安石喜之，乃欲用爲臺官。"壬申，王安石獨對，上謂安石曰："司馬光甚怒卿。"安石請其故，上曰："光前日上殿乞出，言謝景溫劾蘇軾必及舉主。若朝廷責范鎮，臣亦住不得。蘇軾剛正，謝景溫全是卿羽翼。"安石曰："臣每稱景溫平直者，但見韓琦用事，朝廷士大夫號爲有名者，亦皆屈意交琦妻弟崔公孺，獨景溫不肯爲公孺少屈，臣以此稱之。及吳充爲京西轉運使，遇公孺如常人，不加禮。"上因問："吳充可爲兩府否？"安石曰："充乃臣親家。"上曰："不須避此。"安石曰："若以人望，即吳充亦合爲兩府。今兩制如孫永、韓維，最爲可者。然其志未嘗欲興助至理也。"上曰："充比維輩卻曉吏事。"又曰："兩府闕人多，須更得數人。"安石曰："陛下曾説蔡挺亦必可用。惟有材之人敢作姦，即最難察。陛下但深考道理，明用典刑，則人雖有材而欲爲姦者，亦不敢萌姦心。如司馬光輩，又安能惑陛下也。"

九月庚子，左僕射兼門下侍郎、平章事曾公亮爲司空兼侍中、河陽三城節度使、集禧觀使，仍五日一奉朝請。公亮初薦王安石可大用，及同執政，知上方向安石，陰助之，而外若不與同者。置條例司更張衆事①，一切聽之。每遣其子孝寬與安石謀議，至上前無所異，於是上益專信任。安石以其助己，深德之，故推尊曾公亮而沮抑韓琦。御史至中書論青苗事，公亮俛首不答，安石厲聲與之往反，由是亦以安石爲專，而公亮

---

① 更張衆事 "衆"，嘉慶本作"政"。

不預也。蘇軾嘗從容責公亮不能救正朝廷,公亮曰:"上與安石如一人,此乃天也。"然安石猶以公亮不盡同己,數加毀訾。公亮雖屢乞致仕,上輒留之,公亮去亦不勇,安石黨友尤疾之。至是以疾告,連乞致仕,於是乃聽罷相。庚戌,司馬光登對,乞許州及留臺。上曰:"西京何如?"光曰:"恐非臣所能了。若朝廷差遣,又安敢辭。"因拜謝而退。癸丑,司馬光知永興軍,及辭,上諭光曰:"今委卿長安,邊鄙動靜皆以聞。"光曰:"臣知長安,安知邊鄙?"上曰:"先帝時,王陶在長安。夏虜犯大順,賴陶得其實。"光曰:"陶耳目心力過人,臣不敢知識外事。"上曰:"本路民間利疾當以聞。"光曰:"謹奉詔。"光言青苗、助役爲陝西之患,上曰:"助役惟行於京東、兩浙耳。雇人充役,越州已行矣。"

十月癸亥①,職方員外郎鄧綰爲集賢校理②、檢正中書孔目房公事。綰故名維清,雙流人,舉進士高第,遷寧州通判。上書言:"陛下得伊、吕之佐,作青苗、免役錢等法,百姓無不歌舞聖澤。臣以所見寧州觀之,知一路;以一路觀之,見天下皆然。此誠不世之良法,願陛下堅守行之,勿移於浮議也。"又與王安石書及頌,安石大喜,白於上,使乘驛詣闕,又累詔趣之。比至,上使數人迎於中牟、八角、順天門詷候之。抵暮,入門就舍。詷候者夜飛奏,於右掖門竅中進入。詰旦,召對。時慶州方有夏寇,綰進呈邊事,上問:"識王安石否?"曰:"不識。"上曰:"今之古人也。"又問:"識吕惠卿否?"曰:"不識。"上曰:"今之賢人也。"綰退,見安石,欣然如舊交。安石問:"家屬俱來乎?"綰曰:"承急召,未知所使,不敢俱來。"安石曰:"何不俱來,君不歸故官矣③!"後數日,值安石致齋,陳升之與馮京以綰知邊事,奏除知寧州。綰聞大恨,公語朝士曰:"急召我來,乃使我還知寧州也!我已語介甫。"甚不平。朝士問曰:"君今當作何官?"綰曰:"我不失作館職。"或問:"君得無爲諫官乎?"綰曰:"正自可以爲之。"明日,果有此命。綰自至京師,不敢與鄉人相見,鄉人皆笑罵。綰曰:"笑罵從汝笑罵,好官我須爲之。"尋又命綰兼編修中書户房條例。

十二月庚申④,開封府判官、祠部郎中趙瞻知鄧州。瞻因出使得奏事,上問曰⑤:

---

① 癸亥 底本脱此二字,據長編卷二一六補。
② 集賢校理 "校"底本作"司",據長編卷二一六改。
③ 君不歸故官矣 "矣"底本作"也",據長編卷二一六改。
④ 庚申 底本作"己未",據長編卷二一八改。
⑤ 上問曰 底本脱"問"一字,據嘉慶本、長編卷二一八補。

"卿爲監司久,乃知青苗法便也?"瞻對曰:"青苗法,唐行之於季世,擾攘中掊民財誠便。今陛下欲爲長久計,愛百姓,誠不便。"王安石陰使其黨俞充誘瞻曰:"當以知雜御史奉待。"瞻不應,由是不得留京師。瞻時出使未還也。

四年正月壬辰,詔鬻天下廣惠倉田,爲三路及京東常平本,其當賑濟,即以廣惠、常平等倉所貯粟麥給之。

二月辛酉①,知永興軍司馬光知許州。光在永興,奏乞災傷地分所欠青苗錢,許重疊倚閣,仍牒所部八州軍,未得依司農寺指揮催理。詔提舉司催理如司農寺指揮,不得施行光牒。光知言不用,遂乞判西京留守司御史臺②,不報。又上章曰:"臣之不才,最出群臣之下。先見不如吕誨,公直不如范純仁、程顥,敢言不如蘇軾、孔文仲,勇決不如范鎮。伏望陛下聖恩裁處其罪。若臣罪與范鎮同,即乞依范鎮例致仕。若罪重於鎮,或竄或誅,所不敢逃。"詔光移知許州。光辭,固請留臺,久之,乃從其請。光自是遂絶口不復論新法。

四月丁卯,鄧綰言:"知亳州富弼責蒙城官吏散常平錢穀③,妄追縣吏,重笞之;又遣人持小劄下諸縣,令未得依提舉司牒施行。本州簽判、管句官徐公衮以書諭諸縣,勿使奉行詔令④。乞盡理根治。"詔送亳州推勘院,其富弼,止令案後收坐以聞。富弼言:"臣已三奏,乞獨坐臣重責,特賜矜貸其餘官吏。第三奏乞於青苗事上但有違犯⑤,不以輕重,臣亦合一面招認。近又聞勘院推究職官見行移文牒,往來數次。臣竊觀朝廷力行支散青苗錢斛,必謂有利於天下。然以臣所聞四方群議,此事利少害多,故臣愚意不願支散。又緣臣爲長吏,不欲明明廢格新法,將來合散夏料之時,即指揮州司依例舉行。又恐諸縣便行支散,遂勘會得管句錢斛官徐公衮、權觀察支使石夷庚各曾往諸縣季點,徧識知縣、縣令,臣因令密與書題⑥,不得支散,兼令丁寧説,向若妄亂廣行支俵,將來人户逃移,帶卻官本錢斛,縣司上下公人必著攤賠。兼徐公衮、石夷庚並

---

① 辛酉 底本脱此二字,據長編卷二二〇補。
② 西京留守司御史臺 長編卷二二〇無"守"字。
③ 知亳州富弼 底本"州"下衍"事"一字,據長編卷二二二刪。
④ 勿使奉行詔令 嘉慶本同,長編卷二二二"勿使"作"使勿"。
⑤ 青苗事上但有違犯 "上但"底本顛倒,據長編卷二二二乙正。
⑥ 臣因令密與書題 底本脱"令"一字,據長編卷二二二補。

曾執覆：'若如此，恐致不便。'臣即時叱去。二人既不敢違臣指揮，各曾因書傳臣之意①，諭與諸縣，遂亦不敢支俵。昨來不散青苗錢斛，其罪決不在他人，而臣專主其事，情狀甚明，所以臣累奏乞獨坐重責，正爲此也。以臣今此招伏罪犯，并累奏事理②，并乞降下推院，令照會取勘。臣今且説青苗一事，天下之人，不以賢不肖，皆知爲害，愈久愈深，只是朝廷不知，此亦無可奈何③。況自初行法，内外大小臣僚及被逐者諫官論列不一④，曲盡弊病。又聞後來弊病轉多。臣以老病昏塞，不能一一條上，但乞聖慈檢聚前後臣僚理會青苗文字，集百官定議，便見利害。臣如此略具辨明者，只爲因朝廷根勘，故難隱默，即非强自文飾，苟求免過。所有今來本州不散青苗錢斛，並是臣獨見，情願當嚴譴，雖死無悔。其餘徐公袞以下州縣官吏，只有不合隨順臣指揮愆過，即望聖慈察其情理，别無深切，特與矜恕。"劉摯爲監察御史裏行，未及陛對，上言："亳州官吏昨以住滯俵散青苗本錢，下本路轉運司差官取勘，及今累月，尚未結絶。訪聞命官及干繫人等在禁者甚衆⑤，遂成大獄，驚駭物聽。臣愚以爲本州官吏所犯止於不依限支散青苗錢，其罪可以一言定，非有晦隱難窮之狀，而起獄不止，有司未測朝廷風旨，張皇事勢，連逮證佐。當此暑月，殊可矜恤。欲望速降指揮，嚴責勘司，須令日近圓結⑥，其照證人逐旋先次疏放⑦，所貴盛夏不致淹延。"

六月乙丑，司農寺言河北提點刑獄王廣廉請廣惠倉錢斛併入常平，從之。甲戌，富弼落使相，以左僕射判汝州。永城等七縣令、佐等十八人皆衝替，坐不行新法，置獄劾治，而有是命。弼先許給假就西京養病，於是弼辭汝州，乞依先詔養疾西京，上不許，弼乃赴汝州，仍以老病昏塞，凡新法文字，乞免簽書，止令通判以下施行。它日，王安石爲上言："弼雖降責，猶不失富貴之利⑧，何由沮姦？"又言："行弼事，要术盡法。鯀以方命殛，共工以象恭流，弼兼此二罪，止奪使相。弼生平自以寬恤百姓爲事，今所

---

① 傳臣之意 底本作"傳以臣意"，據長編卷二二二改。
② 并累奏事理 底本脱"累"一字，據長編卷二二二補。
③ 此亦無可奈何 底本脱"此"一字，據長編卷二二二補。
④ 論列不一 嘉慶本同，長編卷二二二"論列"作"論説"。
⑤ 訪聞 底本作"訪問"，據嘉慶本、長編卷二二二、劉摯忠肅集卷三乞結絶亳州獄奏改。
⑥ 須令日近圓結 "令"底本作"今"，據長編卷二二二、劉摯忠肅集卷三乞結絶亳州獄奏改。按：忠肅集卷三乞結絶亳州獄奏"圓結"作"完結"。
⑦ 照證人 劉摯忠肅集卷三乞結絶亳州獄奏作"證佐人"。
⑧ 猶 底本脱此一字，據嘉慶本、長編卷二二四補。

以不放税,其情可以見也。"

不放税事見二月五日,蓋安石誣之也。

富弼之責也,楊繪草詞云弼"天付忠純",安石大恨之。

八月癸酉,司農寺言:"諸路提舉常平官課績,以歲終考校升絀。其管句官即令提舉司保明,上司農計功酬獎。"從之。

十一月戊子,太常丞,檢正中書刑房公事,察訪淮南、兩浙路常平等事李承之言:"臣所授敕,專令體量官吏違慢①,未盡察訪之意。乞許臣採擇能吏,隨才薦舉。其有績行尤異者②,具以名聞。"從之。

七年二月癸未,上患俵常平官吏多違法,安石曰:"若俵常平稍多縣分,專置一主簿,令早入暮出,給納役錢及常平,度不過置五百員,五百員不過十萬貫。今歲收息至三百萬貫,但費三十萬貫置員③,不爲冗費也。"上以爲然。

四月丙戌,王安石罷相,韓絳代之,吕惠卿參知政事。安石執政六年,會久旱,百姓流離。上憂見顔色,每輔臣進對,嗟歎懇惻,益疑新法不便,欲罷之。安石不悦,遂求去。安石薦絳代己,仍以吕惠卿佐之,於安石所爲遵守不變,時號絳爲"傳法沙門",惠卿爲"護法善神"。詳見信任王安石下。是歲,詔給青苗錢,陸田以二月,水田以三月。

八年二月,王安石再入相。

四月。先是,上批:"聞河北、河東上等户至今流移不絶,或緣與下户同保請常平錢穀,保内人近因乏食,多已逃散,懼將來獨於户下催理,故一例遷避。宜令所在體量以聞。"時七年十一月丁酉也④。是日⑤,王安石以諸路體量狀進呈,惟磁、相州言有上户流移,多因災傷闕食,或爲分房減口,初不緣抱下户欠常平錢穀⑥,餘皆云無之。安石遂白上:"磁、相言上户有逃移,亦恐未實,緣其奏稱或爲分房減口⑦,豈得謂之逃移?不知當時誰爲陛下言此,何不明著姓名,令彼分析,是何處有此事?"上曰:"忘記

---

① 令　底本作"以",據嘉慶本、長編卷二二八改。
② 其有績行尤異者　底本脱"有""者"二字,據嘉慶本、長編卷二二八補。
③ 置員　嘉慶本、長編卷二五〇均作"置官"。
④ 時七年十一月丁酉也　底本脱"時"一字,據長編卷二六二補。
⑤ 按:據長編卷二六二上下文意,"是日"即熙寧八年四月己丑。
⑥ 初不緣抱下户欠常平錢穀　底本脱"抱"一字,據長編卷二六二補。
⑦ 緣其奏稱　"稱"底本作"請",據長編卷二六二改。

是誰言此。"安石曰:"彼既言之,必有事實。若有事實,是州縣監司合根究欺弊;若無事實,即如此誣妄之人①,存之何利?陛下欲明目達聰,乃容長此輩,適足自蔽耳。"上曰:"如吳中復即已施行。"安石曰:"兩制奪一官,何足以懲姦?天下事如煮羹,下一把火,又隨下一杓水,即羹何由熟也?"

神宗憂民至矣,而王安石所言乃如此,因具載之。移去年十一月三日上批附此,庶易於觀覽也。

閏四月己酉②,韓琦奏倚閣預買紬絹,賒買、借貸斛斗,王安石謂韓絳曰:"此不可行。"絳曰:"民納不得,須著寬恤。"及進呈,安石曰:"近歲以來,方鎮、監司爭以寬恤百姓爲事,以希向朝廷指;倉庫不足,則連乞朝廷應副。如預買紬絹,自祖宗以來,未嘗倚閣,去年李稷乃乞行倚閣,朝廷因亦從之。若言災傷,即祖宗以來,豈是都不曾值災傷?又賒買銀絹,本因配買傷民,遂令供抵當,情願賒買。韓琦執政十餘年,固嘗值災傷③,不知曾倚閣預買否?不知曾配買銀絹否?近歲監司惟以媚民爲事,卻不斟酌有無。河北西路監司乃李稷、吳審禮、韓宗道,李稷固已擅倚閣預買,吳審禮、韓宗道亦必不肯違俗,但恐其過爲寬貸以媚民④。昔蘇秦說齊厚葬以明孝,高宮室以明得意,用破弊齊。今方鎮用心,有如此者。陛下豈宜不察。"上曰:"韓琦用心可知,天時薦饑,乃其所願也。前訪以北事⑤,乃云須改盡前所爲,契丹自然無事。"安石曰:"琦再經大變,於朝廷可謂有功,陛下以禮遇之可也。若與之計國事,此所謂啓寵納侮。"上曰:"初亦不知琦用心如此⑥。"上嘗與二王擊毬,戲賭玉帶。頵曰:"臣若勝,不用玉帶,只乞罷青苗、市易。"上不悅。二王,岐王顥、嘉王頵也。

十二月甲午,上批:"諸路提舉、管句常平官,自來未有明降著令,盡□職守,致轄下官司不知適從。凡有舉動,輒與轉運司一例申稟;或非本管職事,越次受理,亦有受奏者,上下勞弊,宜參詳前後指揮以聞。"於是詔常平錢穀、莊產、户絶土田、保甲義勇、農田水利、差役、坊場河渡委提舉司專句,轉運使、判官兼領;其河渠非爲農田興修者,

① 即如此誣妄之人　底本脱"之人"二字,據嘉慶本、長編卷二六二、太平治迹統類卷一二神宗聖政補。
② 己酉　底本作"丙午",據長編卷二六三改。
③ 固嘗值災傷　"固"底本作"因",據嘉慶本、長編卷二六三改。
④ 過爲寬貸　"爲"底本作"於",據嘉慶本、長編卷二六三改。
⑤ 前訪以北事　"北"底本作"此",長編卷二六三同,據本書卷六三王安石毁去正臣、太平治迹統類卷一二神宗聖政改。
⑥ 初亦不知琦用心如此　"知",嘉慶本、長編卷二六三均作"意"。

依舊屬提點刑獄司。

九年十月丙午，左僕射兼門下侍郎、平章事、昭文館大學士、監修國史王安石罷爲鎮南軍節度使、同平章事，判江寧府，樞密使、工部侍郎吳充依前官平章事、監修國史。

十年，司馬光以書與吳充，言：“昔周公勤勞王家，坐以待旦，跋胡囊尾，羽敝口瘏，終能爲周家成太平之業，立八百年之祚，身爲太師，名播無窮，子孫奄有龜蒙，與周升降。王夷甫位居宰輔，不思經國，專欲自全，置二弟於方鎮，以爲三窟。及晋室阽危，身亦不免。然則聖賢之心，豈皆忘身徇物，不自爲謀哉？蓋以國家興降，則身未有不預其福者也。顧衆人之識近，而聖賢之慮遠耳。如相公之用心，固周公之用心也。今若法弊而不更，民疲而不恤，萬一鼠竊益多，蜂蠆有毒，則竊恐廟堂之位亦未易安居。雖復委遠機柄，均逸外藩，外藩固非息肩之處①。乃至投簪解紱，嘯傲東山，東山亦非高枕之地也。然則相公今日救天下之急，保國家之安，更無所與讓矣。救急保安之道，苟不罷青苗、免役、保甲、市易之法，息征伐之謀，而欲求其成效，是猶惡湯之沸而益薪鼓橐，欲適鄢、郢而北轅疾驅也。”充代王安石爲相，知天下不便新法，欲有所變更。嘗乞召還光及吕公著、韓維、蘇頌，又薦孫覺、李常、程顥等十數人，皆安石所斥退者，故光遺以此書。而充不能用，光亦卒不起。

元豐元年五月丙戌，詔諸路州、軍並差官一員管句常平錢穀，十縣以上，二員分治。即廣南無通判職官州、軍，委知州管句。其下縣點檢給納，聽以曹官或知縣代之。

二年五月戊子，蔡確參知政事。時宰相吳充議變法，確争曰：“曹參與蕭何有隙，至參相漢，一遵何約束。且法陛下所建立，一人協相而成之，一人挾怨而壞之，民何措手足乎？”充屢屈，法遂不變。

五年十月壬申，詔户部右曹於京東、淮、浙、江、湖、福建十二路發常平錢八百萬緡，輸元豐庫。左藏庫、内藏庫外，又有元豐庫雜儲諸司羨餘錢。自熙寧以前諸道榷酤場，率以酬衙前之陪備官費者，至熙寧行役法，乃罷②，收酒場，聽民增直以售，取其

---

① 息肩之處　"處"底本作"所"，據傳家集卷六一與吳丞相充書、長編卷二八六、太平治迹統類卷一三神宗任用安石改。
② 乃罷　嘉慶本、宋史全文卷一二下、群書考索後集卷六四同，長編卷三三〇無"罷"一字。

價,以給衙前。時則有坊場錢,至元豐初,法行既久,儲積贏羨。司農請歲發坊場百萬緡輸中都,三年,遂於寺南作元豐庫貯之,幾百楹。凡錢帛之隸諸司,非度支所主,輸之數益廣,欲以待非常之用焉。

　　張舜民小史云:神宗於崇政殿後設二十四庫,以儲錢帛。親製庫銘,其略曰"在昔前朝,獮猶孔熾。嗟余小子,共承厥志"云云。諸路分將,置都作院,河北設五都倉,講好高麗,良以此也。然功未施而上賓,是天未欲幽、薊之民歸中國乎?元豐庫或即崇政殿後庫,當考。實錄卷末云:聚金帛內帑,每庫以詩一字目之,詩凡三十二字。又別置庫,賦詩二十字。但不記庫名爲何。

　　六年正月壬寅,户部言:"準朝旨,諸路提舉官散斂常平錢物,可自行法至今,酌三年之中數,取一年立爲額,歲終比較增虧。今以錢銀穀帛貫石匹兩定年額:散一千一百三萬七千七百七十二,斂一千三百九十六萬五千四百五十九。元豐三年,散一千三百一十八萬六千一百十四,斂一千五百萬四百二十二;比較散增二百一十四萬八千三百四十二,斂增一百三萬四千九百六十三。元豐四年,散一千三百八十三萬七千七百三十六,斂一千一百九十九萬八千九百九十四;比較散增二百七十九萬九千九百六十四,斂虧一百九十八萬六千五百一十五。"詔三年、四年散多斂少及散斂俱少處,户部下提舉司分析以聞。

　　食貨志同,但增自熙寧立法之初,至元豐末,凡水旱賑恤饑饉之財用取具,至今賴焉。今不取。

卷第七十

神宗皇帝

役法

治平四年六月辛未,詔曰:"農,天下之本也。祖宗以來,務加惠養①。比下寬恤之令②,數賜蠲復之恩③,然而歷年於兹,未極富盛④。間因水旱,頗致流離⑤。深惟其故,殆州縣差役仍重⑥,勞逸不均,喜爲浮冗之名、不急之務,以奪其時,而害其財故也。愁痛無聊之聲⑦,上干和氣⑧,深可傷憫。其令諸路轉運司遍牒轄下州軍⑨,如官吏有知差役利害可以寬減者,實封條析以聞。"先是,三司使韓絳言:"害農之弊,無甚差役之法。重者衙前,多致破產;次則州役,亦須重費。夫田產,人恃以爲生。今竭力營爲,稍致豐足,而役已及之,欲望農人之加多,曠土之加闢,豈可得乎?向聞京東有父子二丁將爲衙前役者,其父告其子云:'吾當求死,使汝曹免凍餒也。'遂自經死。又聞江南有嫁其祖母及與母析居以避役者,此大逆人理,所不忍聞。又有鬻田產於官戶者,田歸不役之家,而役併增於本等戶,其餘戕賊農民,未易遽數。欲望以臣所陳⑩,下哀痛之詔,令中外臣庶悉具差役利害以聞⑪,委侍從、臺省官集議,考驗古制,裁定其

---

① 按:宋會要輯稿帝系九之一五、食貨六五之一"養"下均有"每勤勞勉"四字。
② 比 宋會要輯稿帝系九之一五、食貨六五之一均作"屢"。
③ 數賜蠲復之恩 底本脱"數"一字,據宋會要輯稿帝系九之一五補。宋會要輯稿食貨六五之一"賜"作"頒"。
④ 未極富盛 "極",宋會要輯稿食貨六五之一作"及"。
⑤ 流離 宋會要輯稿帝系九之一五、宋大詔令集卷一八三令官吏條析寬減差役利害詔均作"流庸"。
⑥ 差役仍重 宋會要輯稿帝系九之一五、食貨六五之一均作"差役之法甚煩"。
⑦ 愁痛無聊之聲 宋大詔令集卷一八三令官吏條析寬減差役利害詔同;宋會要輯稿帝系九之一五、食貨六五之一"痛"均作"怨","無"均作"亡"。
⑧ 上干和氣 "干",宋大詔令集卷一八三令官吏條析寬減差役利害詔作"奸"。
⑨ 轉運司 嘉慶本作"轉運使"。
⑩ 以臣所陳 底本脱"臣"一字,據嘉慶本補。
⑪ 中外臣庶 底本脱"庶"一字,據嘉慶本補。

當,使力役無偏重之害①,則農民知爲生之利,有樂業之心矣。"役法之議始於此。

七月戊寅,詔中外臣庶限一月條陳差役利害,實封以聞。己丑,龍圖閣直學士趙抃、天章閣待制陳薦同詳定中外臣庶所言差役利害。

熙寧元年五月庚辰,同知諫院吴充言:"陛下念及方今本務未舉,農政不修,令臣條上其事。臣以當今鄉役之中衙前爲重,上等民户被差之日,官吏臨門籍記,梧杵箕箒②,皆計貲産,定爲分數,以應須求,勢同漏巵,不盡不止,至有家貲已竭而逋負未除,子孫既殁而鄰保猶逮。是以民間規影重役③,土地不敢多耕而避户等,骨肉不敢義聚而憚人丁。甚者嫁母離親,以求兄弟異籍,風俗日壞,殊可憫傷。望敕中書擇臣庶之言鄉役利害,以時施行,及以先朝陳靖所上農書并臣所上農政五事,並下兩制詳定以聞。"詔令送中書。

二年三月戊寅,上諭大臣曰:"近閲内藏庫奏,外州有遣衙前一人專納金七錢者。"因言衙前傷農,令制置三司條例司講求利害立法。

三年八月,案:長編事列甲申。上批:"近令司農寺專主天下常平廣惠倉、農田、水利、差役事。"

九月乙未,太子中允、崇政殿説書曾布同判司農事,尋奏改助役爲免役,吕惠卿大恨之。是日,司馬光知永興軍,辭,上諭光曰:"本路民間利害當以聞。"光曰:"謹奉詔。"光言青苗、助役爲陝西之患。上曰:"助役惟行京東、兩浙耳,雇人充役,越州已行矣。"案:長編事列癸丑。

四年三月戊子,上巳假,上召二府對資政殿,出陝西轉運使司奏慶州軍亂示之。上深以用兵爲憂。文彦博曰:"朝廷施爲務合人心,以静重爲先。凡事當兼采衆論,不宜有所偏聽。陛下即位以來,屬精求治,而人情未安,蓋更張之過也。祖宗以來,法制未必皆不可行,但有廢墜不舉之處耳。"馮京曰:"府界既淤田,又修差役、作保甲,人極勞敝。"上曰:"淤田於百姓有何患苦?比令内臣拔麥苗,觀其如何,乃取得淤田土,視之如細麴。然見一寺僧言:'舊有田不可種,去歲以淤田故,遂得麥。'兼詢訪鄰近百

---

① 役 底本脱此字,據嘉慶本、長編拾補卷一、宋會要輯稿食貨六五之二補。
② 梧杵箕箒 宋會要輯稿食貨六五之二作"凡梧杆匙筯"。
③ 規影重役 "影",宋會要輯稿食貨六五之二作"避",太平治迹統類卷二一作"隱"。

姓,亦皆以免役爲喜。蓋雖令出錢而復其身役,無追呼刑責之虞,人自情願故也。"彦博曰:"保甲用五家爲保,猶之可也。今乃五百家爲一大保,則其勞擾可知。"彦博又言:"祖宗法制具在,不須更張,以失人心。"上曰:"更張法制,於士大夫誠多不悦,然於百姓何所不便?"彦博曰:"爲與士大夫治天下,非與百姓治天下也。"安石曰:"法制具在,則財用宜足,中國宜彊。今皆不然,未可謂之法制具在也。"彦博曰:"務要人推行耳。"安石曰:"若務要人推行,則須搜舉材者,而糾罷軟偷惰不奉法令之人除去之。如是,則人心豈能無不悦?"

四月。先是,夔州路①轉運使孫構、張詵言:"杜安行等平夷賊,斥地七百里,獲鎧甲、器仗三百,糧六百餘石。見安集夷户佃蒔,起輸租賦。"詔遣著作佐郎章惇乘驛同轉運司制置以聞。惇言:"經制渝州夷賊疆土,難遍歷諸州,欲止以渝州役事立定條約,推行於一路。"上批:"諸州役事不同,難止用一法。"丁巳,罷章惇相度夔州路差役。戊午,京西提舉常平等事陳知儉請先罷許州衙前管句公使庫,以軍員主之,月給食錢三千。從之。初,諸州差衙前管句公使,多所陪費,有至破壞家產者②。及是,遂更用軍員代之。其後遍及諸路悉用此法③,人以爲便。

五月乙未,御史中丞楊繪言:"非不知助役之法乃陛下憫差役之不均,欲使平一。然聞幹其任者,惟務斂之多而行之峻,至天下不盡曉朝廷之意,將以爲率其剩者而官取之。此不可以不言也。"戊戌,東明縣民以縣科助役錢不當,相率遮宰相自言,凡數百家。王安石既説諭令退,遂白上曰:"知東明縣賈蕃者,范仲淹女壻,好附流俗,非上所建立,殆不可用。"上以爲然,因令究東明事。庚子,司農寺及開封府界提舉常平司奏:"有畿内百姓未知新法之意,見逐鄉大户言等第出助役錢多,願依舊充役。"詔司農寺令諸縣曉諭,如有不願納錢之人,除從來不當役年月,令依條認本等役,候年月至,則赴官充役,更不令納役錢。又奏:"乞差府界提點司官分詣諸縣同造五等簿,陞降民户。如敢將四等以下户陞於三等,致人披訴,其當職官吏並從違制論,不以赦降原免。"從之。上初疑官户取助役錢少,安石至是白上曰:"官户、坊郭取役錢誠不多,然

---

① 夔州路 底本脱"路"字,據宋史全文卷一一、宋史卷一五神宗本紀補。
② 有至破壞家產者 底本脱"至"一字,據長編卷二二二補。
③ 遍及諸路 "路"底本作"州",據嘉慶本、長編卷二二二改。

度時之宜，止可如此，故紛紛者少，不然則在官者須作意壞法，造爲議論。坊郭等第户須糾合衆人，打鼓截駕，遮執政，恐陛下未能不爲之動心。"上又言："曹司都不與禄，反責其受賕廢事，甚無謂。"安石曰："本收助役錢有剩者，將以禄此輩。"上曰："以見役錢便可，早定法制，使知凡今致紛紛，亦多此輩扇惑。"安石曰："早定誠然，畏此輩扇惑非也。當令此輩不敢扇惑而已。人主若不能盡天下，則不能勝天下，反爲天下役。爲天下役，則亂矣。"楊繪言："比者，畿邑之民求訴助役之不便①，陛下需發指揮，令取問民之願與不願，而兩行之。中書門下已作劄子，坐聖旨頒下，而司農寺繳還，遂從其請。臣竊謂助役之法果非便乎？則一二年中自將改之也。假使十分而不願者一分焉，則一分之少，固不能害九分之多；而一分不願者，亦自有役以差之，必無放者，但形勢、官户、女子、單丁素無役者，令出役錢，則已行之矣。司農寺繳還聖旨劄子，豈得無罪乎？"不報。又言："東明等縣百姓千百人詣開封府，訴超升等第出助役錢事，本府不受。百姓既無所訴，遂突入王安石私第。安石諭云：'此事相府不知，當與指揮，不令升等。'仍問：'汝等來，知縣知否？'皆言不知。又詣御史臺。臣以本臺無例收接訴狀，諭令散去，退而訪問，乃司農寺不依諸縣元定户等，卻以見管户等第均定助役錢數②，付諸縣各令管認，升降户等，別造簿籍，前農務而畢。臣竊謂凡等第升降，蓋視人家產高下，須憑本縣，本縣須憑户長、里正，户長、里正須憑鄰里。自下而上，乃得其實。今乃自司農寺先畫數，令本縣依數定簿，豈得民無爭訴哉？措置民事，必自州及縣，豈有文移下縣，州府不知之理？此乃司農寺自知所行于理未安，故不報府，直下縣，欲其畏威，不敢異議。若關京尹，或致爭執，所以不顧事體如此。今判司農寺乃鄧綰、曾布，一爲知雜，一爲都檢正，非臣言之，誰敢言者？"安石指陳繪言爲不然，上諾之。丙午，王安石呈役錢文字。上以爲民供税斂已重，坊郭及官户等不須減税户升等第，更與少裁之無害。安石曰："今取於税户，固已不使過多，更過當減，但爲厭人言，即無當于義理。陛下以爲税斂甚重，以臣所見，今税斂不爲重，但兼并侵牟多爾，此荀悅所謂公家之惠優於三代，豪彊之暴酷于亡秦。"上曰："此兼并所以宜摧。"安石曰："摧兼并，惟古大有爲之君能之。所謂兼并者，皆豪傑有力之人，其議論足以動士大夫

---

① 求訴助役之不便　"求"，嘉慶本作"來"。
② 卻以見管户等第均定助役錢數　長編卷二二三作"卻以見管户口量等第均定助役"。

者也。今制法，但一切因人情所便，未足操制兼并，則恐陛下未能勝衆人紛紛也。如兩浙助役事，未能大困兼并，然陛下已不能無惑矣。"上曰："如常平法，亦所以制兼并。"安石曰："此與治道極爲毫末，豈能遽均天下之財，使百姓無貧？"

六月庚申，楊繪又言："助役之法難行之說亦有五：民難得錢，一也；近邊州軍姦細難防，二也；逐處田稅多少不同，三也；耆長雇人則盜賊難止，四也；專典雇人則失陷官物，五也。乞先議防此五害，然後著爲定制。"

本志但云繪言助役之難有五；摯言役法之害有十，請一切罷之。餘並不書。

七月，檢正中書五房公事、同判司農寺曾布言："言事官屢以近日所議差役新法不便，臣承司農之乏，而又備官屬於中書，凡御史之言，臣所預見，考其所陳，皆失利害之實，非今日所以更張之意。臣請一一而陳之：畿內上等人戶盡罷昔日衙前之役，故今之所輸錢，其費十減四五。中等人戶舊充弓手、手力、承符、戶長之類，今使上等及坊郭、寺觀、單丁、官戶皆出錢以助之，故其費十減六七。下等人戶盡除前日冗役，而專充壯丁，且不輸一錢，其費十減八九。田里之人困于徭役，使子弟習于游惰，罹于刑罰，至于追呼勞擾，賄賂誅求，無有紀極。今輸錢免役，使之安生樂業，乃所以勸其趨南畝也。天下州縣戶口多少，徭役疏數，所在各異。然昔日第一等則概充中等之役，雖貧富相遼，不能易也。今量其物力，使等第輸錢，逐等之中，又別爲三等或五等①，其爲均平齊一，無以過此。凡州縣之役，無不可募人之理。今投名衙前半天下，未嘗不主管倉庫、場務、綱運、官物，而承符、手力之類，舊法皆許雇人，行之久矣，惟耆長、壯丁，以今所措置最爲輕役，故但輪差鄉戶，不復募人，務使人戶今日輸錢輕于昔時應役，則爲良法，固無毫髮掊斂之意。如兩浙一路，戶一百四十餘萬，率錢七十萬緡而已。畿內戶十六萬②，而率錢亦十六萬緡，是兩浙所輸，蓋半於畿內③。賈蕃爲縣令，固當奉行條詔，差役之事有未便于民之法，許其自陳。乃不肯受，使趨京師喧嘩詞訴，其意必有謂也。至於差役之法，昨看詳奏請出牓施行，皆開封府與司農被旨集議，此天下所知，借使法有未當④，而言者深論司農，未嘗以一言及開封，開封于民事何所不

---

① 三等　宋會要輯稿食貨六五之九作"二等"。
② 畿內戶十六萬　底本脫"戶"一字。據宋會要輯稿食貨六五之一〇補。
③ 畿內　嘉慶本作"畿縣"。
④ 未當　嘉慶本作"未善"。

與？民有所訴，斥而不受，此乃御史之所當言，而言未嘗及也。自非內懷邪詖之情，有所向背，則不當至此。陛下方有大有爲之心，固將舉直措枉，以示天下，而左右耳目之士以利爲害，以直爲曲，以是爲非，以有爲無。臣恐有傷陛下之明，而害陛下之政也。御史，有言責者也；臣，有官守者也。御史之所論，臣之官守也。御史以言責言，臣以官守言，此臣之區區，所以事陛下之義不敢不盡也①。"王安石以布所言進呈，上曰："何如？"安石曰："欲劄與繪、摯，令分析。"馮京、王珪以爲不當使分析。京又言："繪、摯近日別無文字。"上曰："令分析，方是朝廷行遣。"京、珪曰："恐復紛紛不安。"上曰："待分析到更相度。"因言："繪作富弼誥詞云云，見論青苗。乃更稱譽弼，殊不體朝廷意。"遂以布所言劄與繪及劉摯，令分析以聞。

丁酉②，御史中丞楊繪具録前後論助役法四奏以自辨③，且曰："臣之情狀，已具四奏。"御史劉摯又言："臣近曾上言論助役之法其害有十。今奉聖旨，批送曾布劄子，條件詰難，令臣分析者。陛下以臣言爲是邪④，則事盡于前奏，可以覆視。陛下以臣言爲非邪⑤，則貶黜之而已。雖復使臣言之，亦不過所謂十害者，是以不復條陳。然至于臣等以職事爲言，則使之分析者，中外皆知非陛下意，乃司農挾寵以護改作，大臣設法以蔽聰明爾⑥。因事獻忠，敢一言之。今天下之勢，陛下以爲安邪，未安邪？治邪，未治邪？苟以爲未安、未治也，則以陛下之睿智，言動起居，躬蹈德禮，夙夜厲精，以親庶政，而天下未至于治安者，將誰致之邪？陛下即位以來，注意責成，倚以望太平，而自以太平爲己任，得君專政者是也。二三年間，開闔動搖⑦，舉天地之內無一民一物得安其所者，蓋自青苗之議起，而天下始有聚斂之疑。青苗之議未允，而均輸之法行；均輸之法方擾，而邊鄙之謀動；邊鄙之禍未艾，而漳河之役作；漳河之害未平，而助役之事興。其間又求水利也，則勞民而無功；又淤田也，則費大而無效；又省併州縣也，則諸路莫不彊民以應令。又起東西府也，則大困財力，禁門之側，斧斤不絶者將一年而未

---

① 所以事陛下之義不敢不盡也　"事"，嘉慶本作"守"；"義"，嘉慶本作"職"。
② 丁酉　底本無此二字，據長編卷二二五補。
③ 四奏　底本作"回奏"，據嘉慶本、長編卷二二五改。下同。
④ 陛下以臣言爲是邪　宋會要輯稿食貨六五之一一作"陛下今以司農爲是耶"。
⑤ 言　底本脱此一字，據宋會要輯稿食貨六五之一一、劉摯忠肅集卷三論助役法分析疏補。
⑥ 聰明　嘉慶本作"聰聽"。
⑦ 開闔　底本作"間閻"，據嘉慶本、劉摯忠肅集卷三分析第二疏、宋史全文卷一一改。

已。其議財也,則商賈市井屠販之人皆召而登政事堂;其征利也,則下至於曆日而官自鬻之。推此而往,不可究言。古之賢人,事君行道,必馴致之有漸,持久而後成,至於施設皆有次序。今數十百事交舉並作,欲以歲月變化天下,使者旁午,牽合於州縣,小人挾附,佐佑於中外。至於輕用名器,混淆賢否,忠厚老成者擯之爲無能,俠少儇辨者取之爲可用;守道憂國者謂之流俗,敗常蠹民者謂之通變;能附己者,不次而進之,曰:'吾方擢才。'不可招者,爲名而斥之,曰:'吾方行法。'凡政府議謀,所以措置經畫、除用進退,獨與一屬掾曾布者論定,然後落筆,同列預聞乃在布後,致奔走乞丐者布門如市。雖然,猶有繫國家之體而大於此者。祖宗累朝之舊臣,則鐫刻鄙棄,去者殆盡;百年之成法,則劃除廢革,存者無幾。陛下豈不怪天下所謂賢士大夫比歲相引而去者凡幾人?陛下亦嘗察此乎?去舊臣,則勢位無軋己者,而權可保也;去異己者,則凡要路皆可以用門下之人也。去舊法則曰:'今所以制馭天下者①,是己之所爲。'而陛下必久任以聽其伸縮也。"奏至,安石曰:"繪所奏前後反覆,今並不分析布所言子幾與薈事。又摯所云'臣所向者公,所背者私'。不知子幾何以爲私,薈何以爲公?且繪云當忠以報國,雖爲臣引用,不敢以私害公。凡人之情,爲人所知,縱不能私,宜以平遇之。如繪所言,專爲不平,此必有所懷也。"

　　王安石言:楊繪稱雖爲臣引用,不敢以私害公。繪奏並無此等語,當考。繪爲中丞在四月癸酉。

　　於是詔繪落翰林學士、御史中丞,爲翰林侍讀學士。摯落館閣校勘、監察御史裏行,監衡州鹽倉。後兩日,以繪知鄭州。

　　八月丁卯,屯田員外郎、知陽武縣李琮權利州路轉運判官。役法初下,琮處之有理,畿內斂錢獨輕。鄰縣撾登聞鼓,願視陽武縣爲比,故召對,擢用焉。

　　十月壬子朔,頒募役法。

　　舊紀云:壬子,詔差役弊民,其罷之,使民出錢免役,立直募人。新紀云:壬子,罷差役。今删潤別如此書。

　　丁巳,案:"丁巳",長編作"庚申"。利州路轉運判官、屯田郎中鮮于侁權發遣轉運副使。初,詔諸路監司各定助役錢數,轉運使李瑜欲定四十萬,侁以爲本路民貧,二十萬足矣。與瑜議不合,各具利害奏。上是侁議,因以爲諸路率,仍罷瑜,而侁有是命。侍

---

① 制馭天下者　"馭"底本作"御",據劉摯忠肅集卷三分析第二疏、宋文鑒卷五七劉摯論分析助役改。

御史知雜事鄧綰言:"利州路役錢歲用九萬六千六百餘緡,而李瑜率三十三萬緡有奇。均役,本以裕民,而瑜乃務聚斂,積寬剩。提點刑獄周約亦同簽書,乞重黜以警諸路。"瑜及約皆坐責,尋復之。綰又言:"司農寺法:災傷第四等以下户,應納役錢而饑貧者,委州縣聞于提舉司考實,以免役剩錢内量數除之。臣以謂王者賦役斂弛,皆以爲民,豐穰則取,饑饉則與,爲政之實也。借或下户役錢一千,以分數各減一二百及三四百者,減三十五十,亦不免赴官輸納,豈有所濟?當立爲信令:凡遇凶歉,使諸路如蠲放税賦法,不待奏稟。歲小饑則免最下等户,中饑則免次下等户,免訖以聞,示信于民。如此,則凶年有施舍之惠,法令無動摇之變矣。"從之。

十一月戊子,詔職田占佃户過數及影庇差役,竝科違制之罪。

五年正月甲辰,詔權提點江南西路刑獄、提舉常平倉金君卿落權字,仍賜敕書獎諭。先是,君卿奏:"昨王直温、蘇澥同議科定役錢,召募人押錢帛綱入京。每一萬貫匹,支陪綱錢五百貫足。本司詢問曾押綱鄉户衙前之家,皆不願行,遂用熙寧三年十二月并四年六月中書指揮,選得替官員、使臣人員管押施行。仍以向者王直温等陪綱錢數太多,相度每紬絹萬匹,止支錢一百緡足;錢萬貫,支錢七十緡足。募到官五十餘員管押,及差人船上京交納,並不差鄉户衙前。乞自今後依此。"故有是詔。于是,王安石白上曰:"此事諸路皆可行,但令監司稍加意,許令指占好舟,差壯力兵士及時遣行,則替罷官人人争應募之不暇,苟或不然,則雖詳立法度,亦無益于事也。"

林希野史言:保甲民有爲匿名書者,付獄。詳見保甲。

三月,群牧使、天章閣待制李肅之知永興軍。上戒令綏撫一路,肅之曰:"自是朝廷以常平、助役擾州縣耳。"上不悦。

十月丙戌,上批:"樞密院言:'四方賊盜,朝廷近方探知①。'問進奏院,乃稱'中書條約須十人以上,又須彊惡者,乃許申提點刑獄司録奏'。故非十人及州縣奏者並退回云云。"上曰:"密院又言,爲行役法後,所以多盜賊,故中書不令奏。言京東多盜賊,然京東元未行役法。"安石曰:"適會豐年,故少盜賊。若盜賊多,臣亦不敢任責②。不知陛下推行得如何政事,便要百姓皆不爲盜賊也。"

---

① 近方探知　長編卷二三九作"近多不知"。
② 不敢　長編卷二三九作"未敢"。

十二月戊寅,詔崇奉聖祖及祖宗陵寢、神御寺院宮觀免納役錢。己丑,龍圖閣學士、給事中李中師前知河南府時,朝廷初令民出錢免役,中師率先諸州推行。富弼告老家居,中師籍其户等,令與富民均出錢,希司農意指,多取寬剩,比他處獨重,洛人怨之。中師頗厚結中人。庚寅,召入,爲群牧使。

六年六月癸巳,永興、秦鳳兩路察訪司言,虢州盧氏縣有退安處士劉易户下役錢,未敢依品官例減半均納。詔依七品官例。

七年三月乙巳,詔役錢每千別納頭子錢五文。其舊於役人圓融工費修官舍、作什器、夫力輦載之類並用此錢,不足,即用情輕贖銅錢。輒圓融者,以違制論,不以去官赦原。先是,凡公家之費有敷于民間者,謂之"圓融",多寡之數,或出臨時,污吏乘之以爲姦。其習弊所從來久矣,至是始悉禁焉。

庚戌,詔聞鎮、定州民有拆賣屋木以納免役錢者,令安撫、轉運、提舉司體量,具實以聞。王安石白上曰:"百姓賣屋納役錢,臣不能保其無此。緣以今之官吏,行今之法,必多輕重不均之處,然論事有權,須考問從前差役賣屋陪填與今賣屋納役錢孰多孰少①,即於役法利害灼然可見。在遠或難遽見,但問鄭、滑則天下事理可知矣。"

上問安石:"納免行錢如何②?或云提湯瓶人亦令出錢,有之乎?"此見市易司。

九月壬子,司農寺言:"諸路旌表門閭③有敕書及前代帝王子孫于法有蔭者,所出役錢依官户法;賜號處士非因技術授者準此。"從之。

十月辛巳,司農寺言:"乞廢户長、坊正,其州縣坊郭税賦苗役錢,以鄰近主户三二十家排成甲次,輪置甲頭催納,一歲一替,逐甲置牌籍姓名,于替日自相交割,縣毋得句呼衙集役使。除許催科外,毋得別承文字。違者,許人告,以違制論,不以去官赦降原減。"從之。

十一月丁酉,河東路轉運司言④:"更秋災傷⑤,放税八分以上,乞倚閣第四等以下秋

---

① 納役錢 "役"底本作"税",據嘉慶本、長編卷二五一、文獻通考卷一二職役考一改;底本脱"錢"一字,據長編卷二五一補。
② 納免行錢如何 "行"底本作"役",據長編卷二五一、宋史全文卷一二上、宋宰輔編年録卷八改;"如何",宋宰輔編年録卷八作"何如",似是。
③ 諸路旌表門閭 長編卷二五六無"路"一字。
④ 河東路轉運司 長編卷二五八作"河北東路轉運、提舉司"。
⑤ 更秋災傷 "更",嘉慶本、長編卷二五八均作"夏"。

料①、役錢及當納去年倚閣青苗錢。"從之。

八年閏四月甲寅，上批："罷耆户長、壯丁條例係何人修定？契勘進呈。"王安石以爲此殆李承之譖張諤，故有此問。然上亦素疑其未便。及進呈，上曰："已令出錢免役，又卻令保丁催税，失信于百姓。又保正只合令習兵，不可令貳事。"安石曰："保丁、户長，皆出于百姓爲之。今罷差户長，充保丁催税，無向時句追牙集科校之苦，而或十年以來方一次催税，不過二十餘家，于人情無所苦。若謂保丁只可令教閱，即周官'什伍其民'，有軍旅，有田役。至于五溝五塗封植，民皆職焉。若止令習兵，不可貳事，即不知餘事令誰句當？"上曰："周公之法，因積至成王之時，非一代之力，今豈可遽如此？"安石曰："先王作法，爲趨省便？爲趨煩擾？若趨省便，則至周公時極爲省便，然尚不能獨令習兵而無貳事。則今日欲止習兵，無貳事，恐不可得也。"乃詔司農寺、條例司具應言廢罷耆户長、壯丁利害，編成册②，納禁中。

九年九月，宣徽南院使、判應天府張方平上表乞致仕，詔答不允。方平因奏疏論率錢募役之害曰："昔者，聖人所以治民之道，別其四業，任之九職。農夫效稼穡之力，虞衡主山澤之利，百工飭庀八材，商賈阜通貨賄，各率所事，以奉其上。而上之所以取于民，惟田及山澤、關市，此財用之所出也。募役之法，令人户等第輸錢。夫錢者，人君之所操，不與民共之者也。官自冶鑄，民盜鑄者抵罪，無益饑寒之實，而足以致衣食之資，是謂以無用而成有用，人君通變之神術也。本朝經國之制，縣鄉版籍分户五等，以兩税輸穀帛，以丁口供力役，此所謂取于田者也。金、銀、銅、鐵、鈆、錫、茶、鹽、香、礬諸貨物，則山海、坑冶、場監出焉，此所謂取于山澤者也。諸筦権征算、斥賣百貨之利，此所謂取于關市者也。惟錢一物，官自鼓鑄。臣向者再總邦計，見諸鑪歲課上下百萬緡，天下歲入茶、鹽、酒税雜利僅五千萬緡③。公私流布，日用而不息，上自社稷百神之祀、省御供奉、官吏廩禄、軍師乘馬、征戍聘賜，凡百用度，斯焉取給，出納大計，備于此矣。景德以前，天下財利所入，茶鹽酒税歲課一千五百餘萬緡，太宗以是料兵閲馬，平河東，討拓跋，歲有事於契丹；真宗以是東封岱宗，西祀汾脽，南幸亳、宋，未嘗聞加賦於民，而調度克集。至仁宗朝，重熙累盛，生

---

① 第四等以下 "下"底本作"上"，據長編卷二五八改。
② 編成册 嘉慶本、長編卷二六三"編"下有"寫"一字。
③ 五千萬緡 "千"底本作"十"，據嘉慶本、長編卷二七七、樂全集卷二六論率錢募役事改。

齒繁庶，食貨滋殖。慶曆以後，財利之入，乃至三倍于景德之時，而國計之費，更稱不贍，則是本末之源、盈虛之數，其疏闊不侔久矣。陛下憫時事之積敝，志在變而通之，創法立制①。所大措置事以十數②，要在經國利民，崇德而廣業也。其中率錢募役一法，爲天下害實深。且舉應天府爲例：畿內七縣，共主客六萬七千有餘户，夏秋米麥十五萬二千有零石，絹四萬七百有零疋，此乃田畝桑功之自出，是謂正税。外有沿納諸色名目雜錢十一萬三千有零貫，已是因循弊法。然雖有錢數，實不納錢，並係折納穀帛，惟屋税五千餘貫舊納本色見錢。大體古今賦役之制，自三代至於唐末、五代，未有輸錢之法也③。今乃歲納役錢七萬五千三百有零貫，又散青苗錢八萬三千六百餘貫，累計息錢一萬六千六百有零貫，此乃歲輸實錢九萬三千餘貫。又弛邊關之禁，開賣銅之法，外則泄于四夷，内則恣行銷毀，鼓鑄有限，壞散無節，錢不可得，穀帛益賤。凡公私錢幣之發斂，其則不遠，百官、群吏、三軍之俸給，夏秋糴買穀帛、坑冶、場監本價，此所以發之者也。屋廬正税、茶鹽酒税之課，此所以斂之者也。民間貨布之豐寡，視官錢所出之多少。官錢出少，民用已乏，則是常賦之外，錢將安出？蓋愚而不可欺，弱而不可勝者，民也。動之甚易，安之甚難，故民者天地之心，而國家之本也。是以聖人甚畏之，甚重之。欲保家國，必先得民，是謂藏身之固、置器于安之道也。"

方平乞致仕，據集載不允，批答有"秋涼"之語，則其論役法必是八九月間也。今附秋末。

十年，司馬光以書與吴充，請罷青苗、免役、保甲、市易之法。詳見論青苗法。

元豐三年二月辛丑，判司農寺李定等乞開封府界諸縣鄉村第四等、第五等敷出役錢。不聽。

四年六月己巳，判司農寺舒亶嘗言："役法未均，責在提舉官。"上曰："提舉官未可責也。近臣僚有自陝右來者④，欲盡蠲免中下之民。朕謂不然。夫衆擎易舉⑤，中下之民多而上户少，若中下盡免而取足上户，則不均甚矣。古謂'均無貧'，朝廷立法，但欲均耳，卿可更講求以聞。"

---

① 創法立制 "法立"底本顛倒，據樂全集卷二六論率錢募役事乙正。
② 所大措置事以十數 "所"，長編卷二七七同，嘉慶本作"凡"。
③ 未有輸錢之法也 "輸"底本作"納"，據文淵閣本長編卷二七七、樂全集卷二六論率錢募役事改。
④ 自陝右來者 底本脱"自"字，據嘉慶本、長編卷二三七注文、東都事略卷九九舒亶傳補。
⑤ 夫衆擎易舉 "擎"底本作"輕"，據長編卷二三七注文、太平治迹統類卷二一改。

卷第七十一

神宗皇帝

保甲

熙寧三年十二月乙丑，中書門下言①："司農寺定畿縣保甲條制：凡十家爲一保，選主户有材幹心力者一人爲保長；五十家爲一大保，選主户最有心力者及物力最高者一人爲大保長②；十大保爲一都保，仍選主户有行止、心力③、材勇爲衆所伏者二人爲都、副保正。凡選一家兩丁以上，通主客爲之，謂之保丁，十五以上皆充。單丁、老幼、疾患、女户等，並令就近附保。兩丁以上更有餘人身力少壯者，亦令附保，内材勇爲衆所伏及物力最高者充逐保保丁④。除禁兵器外，其餘弓箭等，許從便自置，習學武藝。每一大保逐夜輪差五人⑤，於保分内往來巡警⑥，遇夜賊盗，畫時聲鼓，報大保長，以下同保人户即時救應追捕。如賊入别保，遞相擊鼓，應接襲逐。每獲盗，除編敕賞格外，如告獲盗，徒以上每名賞錢三千⑦，杖以上一千。同保内有犯，除强竊盗⑧、殺人⑨、放火、强姦、略人、傳習妖教、造畜蠱毒，知而不告，論如五保律⑩；其餘事不干己，除敕律許人陳告外，皆無得論告，知情、不知情並與免罪⑪。其編敕内鄰保合坐罪者⑫，並依舊條。及言居停强盗三人以上，經三日，同保内鄰人雖不知情，亦科不覺察之罪。保

---

① 中書門下言　底本脱"門下"二字，據宋會要輯稿兵二之五補。
② 物力最高者　"力"底本作"産"，據宋會要輯稿兵二之五、陳傅良止齋文集卷二一轉對論役法劄子改。
③ 心力　底本脱此二字，據宋會要輯稿兵二之五補。
④ 物力最高者　"力"底本作"産"，據宋會要輯稿兵二之五改。
⑤ 五人　長編卷二一八同，宋會要輯稿兵二之五作"三人"。
⑥ 於保分内往來巡警　"分内"底本顛倒，據嘉慶本、長編卷二一八、宋史全文卷十一乙正。
⑦ 每名賞錢三千　底本"三"下衍"十"一字，據長編卷二一八、宋會要輯稿兵二之五删。
⑧ 除强竊盗　底本脱"除"一字，據宋會要輯稿兵二之五補。
⑨ 殺人　底本"人"下衍"謀殺"二字，據宋會要輯稿兵二之五删。
⑩ 論如五保律　宋會要輯稿兵二之六作"並依從伍保法科罪"，宋史卷一九二兵志作"依律伍保法"。
⑪ 並與免罪　宋會要輯稿兵二之六作"並不科罪"。
⑫ 其編敕内鄰保合坐罪者　底本脱"罪"一字，據宋會要輯稿兵二之六補。

內如有人户逃移死絶,並令申縣。如同保人户不及五户①,聽併入別保。其有外來人户入保居止者,亦申縣收入保甲。本保内户數雖足②,且令附保,候及十户,即卻令別爲一保③。若本保内有外來行止不明之人,並須覺察,收捕送官。逐保各置牌,拘管人户及保丁姓名,如有申報本縣文字,並令保長輪差保丁齎送,仍乞選官行於開封、祥符兩縣④,團成保甲,候成次緒,以漸及他縣。"從之。先是,同管句開封府界常平等事趙子幾言:"近歲寇盜充斥,公爲民害。今欲因舊保甲,各立首領,使相部轄。及捕賊賞格,乃下司農寺詳定。"至是增損行之。他日,上謂王安石曰:"用募兵與民兵亦無異,若役之過苦,則亦變矣。"安石曰:"役之過苦則變,誠然。募兵多浮浪不顧死亡之人,則其喜禍亂,非良農之比。然臣已嘗論奏募兵不可全無。周官:國之勇力之士屬於司右,有事則可使爲選鋒。又令壯士有所羈屬,亦所以弭難也。"上論變義勇爲民兵,當先悦利其豪傑,則衆可驅而聽,因言漢高祖封趙子弟事。安石曰:"何獨漢高祖,先王爲天下亦然。蓋周得天下之父二人⑤,則天下從之矣。有天下之父,有一國之父,有一鄉之父。能得一鄉之父,則足以收一鄉;能得一國之父,則足以收一國;能得天下之父,則足以收天下。"上曰:"民兵雖善,止是妨農事,如何?"安石曰:"先王以農爲兵,因鄉遂寓軍旅。方其在田,什伍已定,須有事,乃發之以戰守,其妨農之時少。今邊陲農人則無什伍,不知戰守之法,又別募兵爲戍兵。盡邊人耕織⑥,不足以給衣糧,乃至官司轉輸勞費,尚患不足,遇有警急,則募兵反不足以應敵。無事,則百姓耕種不足以給之,豈得爲良法也?"上曰:"止是民兵,未可恃以戰守,奈何?"安石曰:"唐以前未有騶兵,然可以戰守。臣以爲募兵與民兵無異,顧所用將帥如何耳?將帥非難求,但人主能察見群臣情僞,善駕御之,則人材出而爲用,而不患無將帥。有將帥,則不患民兵不爲用。"

四年三月,文彦博言:"保甲用五家爲保,猶之可也。今乃五百家爲一大保,則其

---

① 如同保人户不及五户　底本脱"人户"二字,據宋會要輯稿兵二之六補。
② 本保内户數雖足　"雖"底本作"實",據宋會要輯稿兵二之六改。
③ 即卻令別爲一保　底本脱"卻令"二字,據宋會要輯稿兵二之六補。
④ 行於開封祥符兩縣　宋會要輯稿兵二之六作"先于開封府祥符縣曉諭人户"。
⑤ 二人　長編卷二一八同,嘉慶本作"三人"。
⑥ 盡　底本作"蓋",據嘉慶本、長編卷二一八、群書考索後集卷四一兵制門改。

勞擾可知。"詳見役法。甲午,上批樞密院言保甲擾民事,令王安石體量虛實。安石以爲:"問得頗有之①,爲姦人扇惑,恐刺爲義軍故也。欲令提點司人分頭撫諭。"馮京言:"不須以五百人爲一保。管仲内政寄軍令外,只是五人爲一保。"上欲且罷都保正,安石曰:"不須罷都保正,保正非所以致人不安也。"上言:"久遠須至什伍百姓爲用,募兵不可恃。"安石曰:"欲公私財用不匱,爲宗廟社稷久長計,募兵之法誠當變革,不可獨恃。"上曰:"密院以爲必有建中之變。"安石曰:"陛下躬行德義,憂勤政事,上下不蔽,必無此理。"上問建中所以致變,安石曰:"德宗用盧杞之徒,而疏陸贄,其不亡者幸也!"戊戌,上批:"陳留縣見行保甲,每十人一小保,中三人或五人須要弓箭,縣吏督責,無者有刑。百姓買弓一張至千五百,箭十隻至六七百。當此青黄不接之際,窮下客丁,如何出辦?又每一小保用民力築射垜,又令自辦錢糧,起鋪舍三兩區,每保置鼓,遇賊聲擊。鄉村之人,居處遠近不一,假如甲家遭賊,鼓在乙家,則無緣聲擊。如此須人置一鼓,又費錢不少。已上事皆被差保頭所説,非虚妄,及元非朝廷本意。今如此騷擾②,可速指揮,令止如元議,團保覺察賊盗,餘無得妄施行。鄉民既憂無錢買弓箭,加之傳惑,恐徙戍邊,是以有父子聚首號泣者,非虚也。"王安石進呈不行。丁未,上與王安石論保甲事,以爲誠有斬指者。安石曰:"陜西、河東未嘗致變,則人情可知。豈有怕爲義勇即造反之理?"上曰:"民合而言之則聖,亦不可不畏。自上制法以使之,雖拂其情,然亦當便於民乃可。"

六月己巳,上論民兵,因稱府界保甲未善。安石曰:"保甲事,多沮壞,安得善。大抵修立法度以便民,於大利中不能無小害。若欲人人皆悦,雖聖人不能如此。非特聖人,天地亦不能如此。如時雨之於民③,豈可以無,然不能不妨市井販賣及道途行役,亦不能使牆屋無浸漏之患也。"

八月甲寅,詔:"自今保甲與賊鬬死者,給其家錢五十千;有户税者,仍免三年科配。因致廢疾者,給錢三十千;折傷者,二十千;被傷者,五千。"以開封府界提點司言新籍畿縣民爲保甲,有奮不顧身捕盗者,願優恤之,故有是詔。

---

① 問得頗有之　長編卷二一八同,嘉慶本"問"作"聞"。
② 今如此騷擾　"今"底本作"令",據嘉慶本改。
③ 如時雨之於民　"如"底本作"以",據嘉慶本改。

九月乙巳,詔開封府界提點司,畿縣保甲保置旗鼓,以備教閱武藝。

五年二月甲寅,馮京爲上言:"張角以有部分,故能爲變。今保甲,亦恐豪傑有乘之者。"王安石曰:"民散則多事,什伍之則無事。故曰'上失其道,民散久矣'。古事不論,但以今日言之:自府界立保甲,賊盜十減七八。"京曰:"歲有豐凶不同,今歲豐故也。歲凶即未可知。"安石曰:"馮京謂張角以有部分,故能爲變。臣以角能爲變,乃以桓、靈無政,大臣非其人,故州郡不職。張角三十六萬同日而起,州郡無一處能發覺於未起之前。如梁太祖,其事至微淺,然青州使人反其城,無一城不發覺。蓋梁太祖苟非能守一城之人,不妄付以一城故也。"先是,上言趙子幾恐孟浪。至是,安石又爲上言子幾有智略,可任用,且言:"三代禁防百姓,嚴密之意,能什伍其民。維持之以法制,則天下定,不維持之以法制,則其不亂者幸也。"

三月甲申,王安石爲上言:"西事稍弭,邊計正當措置。天下困敝,惟兵爲患。若措置得兵,即中國可以富强,餘皆不足議也。"上曰:"但當悉行府界保甲,要亦未遽爲用①。"安石曰:"陛下能駕馭將帥②,使悉奉朝廷法令,則因人利害,驅百姓使習武事,一二年間便見效,不爲遲。今但要分別利害,使趨令者盡得利,不趨令者盡受其害,則人皆趨令矣。"上又恐義勇未能猝及募兵,安石曰:"今東兵全不可用,唯土兵可用。陛下誠能駕馭督責將帥奉法令,即義勇要如土兵亦不難,要勝東軍即不足言也。"

七月壬午,樞密院傳上旨,令中書改保甲上番法十日爲一月。王安石言:"保甲十日一番,須一年八月乃當一番。若令一月一番,即番愈疏。又百姓投狀,或乞半月或十日一番。既指揮十日一番,今才上番,便降指揮,令一月一番,卻恐百姓爲人扇惑,以爲初令十日一番,今才上番,便令一月一番,相次又當令長上番,相次又令刺手面爲兵③,即恐有群聚訴免④,且乞十日一番。當此時,不從則背約失信⑤,從之則上令不行。謂宜令十日一番,候其習熟,然後徐與商量。緣將來弓手亦可罷,以保甲上番代之。一弓手之給,可給兩人上番。又四城外巡檢尚有四千人,候保甲漸成就,亦可以

---

① 要亦未遽爲用 "遽"底本作"據",據嘉慶本、長編卷二三一改。
② 駕馭 底本作"駕御",據長編卷二三一改。下同。
③ 又令刺手面爲兵 "面"底本作"而",據嘉慶本、文淵閣本長編卷二三一改。
④ 訴免 嘉慶本作"訴冤"。
⑤ 不從則背約失信 長編卷二三五同,嘉慶本"則"作"即"。

保甲代之。至時乃與議增上番日數,亦恐必須分閒要月分,閒月即令上番二十日或一月,農要之月,即令只上番十日。"先是,曾布言:"臣伏思三代以來①,比、閭、族、黨之法既壞,後世有爲之君,思有以及此而未能也。陛下下尺紙之令,不動聲色,而期月之間,其效如此。臣願下提點司及臣章送中書詳審,如可,願付司農具爲令。"於是詔主户保丁願上番於巡檢司者,十日一更,疾故者次番代之,日給口糧薪菜錢。分番巡警,每五十人輪大保長二、都副保正一統領之。都副保正各別給錢七千,大保長三千。日教閲,夕比之②,當番者毋得輒離本所。捕逐劇賊,雖不當番人亦聽追集,給其錢斛,事訖遣還,毋過上番人數,仍折除其上番日。巡檢司量留廂軍給使,餘兵悉罷。應上番保丁武技及第三等以上,並記于籍,遇歲凶五分以上者,第賑之,自十五石至三石。尋又詔尉司上番保丁如巡檢法。丙申,詔司農寺增置丞、主簿四員,仍自今輪出入案察逐州保甲③。先是,王安石白上曰:"臣前欲以近畿郡爲畿輔,因推行保甲者,利在使趙子幾等按察官吏差易耳。若付之諸路,即恐諸路推行滅裂,無以使四方觀法。"上曰:"可令屬兵部置屬官,令出入點檢。"又曰:"馮京欲且遲留,候役事了,如何?"安石曰:"此事既不獲已,聖人愛日,亦須及時修營,庶早見成效。且增置丞、主簿,令更迭出入案察保甲,即農田水利、常平、差役,皆可使案察也。"上皆從之。己亥,詔獲投匿名文字扇摇保甲者,給賞錢五百千。以司農寺言近有人于封邱縣北門以匿名牓扇摇保丁,使不得安。已檄諸縣密行擒捕給賞,更乞朝廷嚴賜約束,故有是詔。

閏七月辛酉,上曰:"聞開封近勘到府界百姓但有作禊,已典買弓箭,因致怨讟,慮亦有不易者。"先是,皇城司察保丁以教閲不時,及買弓箭、衣著勞費,往往訕罵,詔開封府鞫其事。故上語及之,安石曰:"六月使人教閲,條貫亦初無此。生民以來,兵農爲一,男子生則以桑弧蓬矢射四方,明矢者,男子之所有事。蓋耒耜以養生,弓矢以免死,此凡民所宜。自古未有造耒耜、弓矢以給百姓者也。陛下憂恤百姓至甚,故今立法,一聽民便爾。且府界多盗,攻劫殺掠,一歲之間,至二百火,逐火皆出賞錢,出賞之人即今保丁也。方其出賞之時,豈無賣易作禊以納官賞者?然人皆以爲賞錢宜出於

---

① 以來 嘉慶本、長編卷二三五均作"以還"。
② 夕比之 "夕"底本作"習",據嘉慶本、長編卷二三五改。
③ 自今 "今"底本作"令",據嘉慶本、長編卷二三五改。

百姓。夫賞錢之多，不足以止盜；而保甲之能止盜，其效已見於今日。則雖令民出少錢以置器，未有損也。"上曰："賞錢人所習慣。"安石曰："陛下爲人主，當以理制事，豈宜以不習慣故，亦以爲不安？"上曰："民習慣則安之如自然，不習慣則不能無怨。如河決壞民產，民不之怨。若人壞之，則怨矣。"安石曰："陛下正當爲天之所爲。知天之所爲，然後能爲天之所爲。爲天之所爲者，樂天也。樂天者然後能保天下。不知天之所爲，則不能爲天之所爲；不能爲天之所爲者，畏天也。畏天者不足以保天下。所謂天之所爲者，如河決是也。天地之大德曰生，然河決以壞民產，而天不恤者，任理而無情故也。故祁寒暑雨，人以爲怨，而天不爲之變，以爲非祁寒暑雨，不能成歲功故也。孔子曰'惟天爲大，惟堯則之'。堯使鯀治水，鯀汨陳其五行九載。以陛下憂恤百姓之心，宜其寢食不甘，而堯能待如此之久，此乃能爲天之所爲，任理而無情故也。"

　　五月二十二日，七月十三日、十九日、閏七月十四日、十五日、十八日，朱史輒取此段附四年三月十三日陳留保甲騷擾事下，誤也。陳留騷擾事不聞置獄，此獄自緣皇城司探得保甲訕罵，乃令開封鞫之，故有"六月教閱"等語，與陳留初不相干，今仍依日錄附本日。兵志載此段大抵因日錄。陳瓘論曰："安石曰：'鯀汨陳五行九載，堯晏然不以爲慮。'臣聞書曰：'在知人，在安民，惟帝其難之。'孔子曰：'博施濟衆，堯舜其猶病諸？'夫知人安民，堯以爲病，何至於晏然不以洪水爲慮乎？蓋人主晏然不以爲慮，然後大臣得以如意而有爲。蔡卞解釋詩、書，同此一說，今日錄乃無'堯晏然不以爲慮'之語。疑蔡卞實爲安石刪去。"

　　壬戌，執政同進呈河東保甲事。樞密院但欲爲義勇、彊壯，不別名保甲。王安石曰："此非王安禮初議也。"五月二十二日事。王安禮專一編修三路義勇條貫。上曰："今以三丁爲義勇，兩丁爲彊壯。三丁遠戍，兩丁本州縣巡檢上番，此即王安禮所奏，但易'保丁'爲'彊壯'。人習彊壯久，恐別名或致不安也。"安石曰："義勇非單丁不替，彊壯則皆第五等戶爲之，又自置弓弩及箭寄官庫①，須上教乃給。今以府界保甲法推之，河東蓋寬利之，非苦之也。"文彥博曰："以道佐人主者，不必以兵彊天下。"安石曰："以兵彊天下，非有道也。然有道者，固能柔能剛，能弱能彊。方其能，則兵必不弱。張皇六師，固先王之所務，但不當專務彊兵爾。"上卒從安石議，令盡依王安禮所奏。彥博請安石就中書一面施行此事。安石曰："本爲保甲，故中書預議。若止欲作義勇、彊壯，即合令樞密院施行。"上曰："此大事，須共議乃可。"

---

① 及箭寄官庫　"官"底本作"管"，據嘉慶本、長編卷二三六、宋史卷一九一兵志改。

乙丑,遣起居舍人、史館修撰兼樞密都承旨曾孝寬、趙子幾往河東路察訪義勇利害,及體量官吏措置常平等不如法事。癸酉,王安石白上曰:"開封鞫保甲怨詈事,驗問皆無有,今皇城司報探乃云爾,陛下宜稍留意省察。"

八月壬辰,中書門下奏:"近降指揮,令保丁更番在巡檢下教習武藝,許分番帶出入巡警。上番日,保正、保長、保丁毆罵所轄巡檢,依本屬刺史縣令法;保丁毆罵保長、保正,加凡鬥二等;保長犯保正,加一等。隨巡檢追捕盜賊退避,依弓箭手法;但隨巡檢追捕,非上番,惟於本地分犯盜,加凡盜二等;私爲人代名上番,杖六十,受贓重者從重;保正、保長知而不舉,笞四十;私逃亡,杖六十,計逃日補填。酉點不到①,不赴教閱,許小杖科決,不得過七十②,餘送本縣施行。監臨官私役保正等計庸,準盜論。"從之。戊戌,開封府界提點司請置畿縣③保甲衣裝二萬副、大旗二十五面,以俟都閱借給。從之。

六年六月壬辰,開封府言:"開封酸棗、陽武、封邱縣民千餘人赴府訴免保甲教閱。已榜諭無令越訴。蓋畿縣令佐或非時追集,以故致訟。胙城一縣未命教閱而訴,並下提點司案察。"上批:"今正當農時,非次追集,於百姓實爲不便。令提點司劾違法官吏以聞。自今仍毋得禁民越訴。"

八月壬申,廣南東路駐泊都監楊從先案:長編無"從"字。言:"本路槍手萬四千,今排保甲,若兩丁取一,得丁二十五萬八千;若三丁取一,得十三萬四千。自少計之,猶十倍於槍手。願委路分都監二員分提舉教閱。"詔司農寺詳定條約以聞。其後戶自第四等以上,有三丁者,以一爲之。每百人爲一都,五都爲一指揮。自十一月至次年二月,每月輪一番閱習,每三日一比試,事藝高者先次放歸。本志同此。丁丑,沈括言:"兩浙州縣,民多以田產詭立戶名,分減雇錢、夫役,冒請常平錢斛及私販禁鹽。乞依京東、淮南排定保甲。保甲一定,則詭名漏附,皆可根括。"己卯,王安石進呈河北謀變事。上以爲河北人愚,東南人即難誘。合以此事立保甲,後此事或可少絕。戊戌④,翰林學士曾布等言:"近司農寺請巡檢置指使,保甲置木契,罷巡宿等條約。奉旨令司農

---

① 酉點不到 嘉慶本"酉"作"卯"。
② 不得過七十 "七十",嘉慶本作"七下"。
③ 畿縣 底本作"內縣",今據文意改。
④ 戊戌 底本脫此二字,據長編卷二四六補。

寺、兵部檢正、檢詳立法。臣等今修成義勇保甲及養馬條約三卷①。"詔兵部行之。保甲惟開封府界以都保置木契，左留司農寺，右付其縣，差官閱試，農隙講習，皆出左契。巡檢司給廂、禁軍白直，餘以保丁番上，比舊兵級三分之一，代更以十日。遇追捕群盜，聽抽上下番，縣尉留弓手白直外，餘如巡檢法。河北、河東、陝西五路並排定保甲，勸誘習武藝，聽旨閱試，未得上番。餘路止排定保甲，免習武藝②。其荊湖、川、廣被邊州軍，如當習武藝，委監司、提舉司詳度以聞③。

本志云：後惟全、邵土丁、邕、欽洞丁、廣東槍手改爲保甲者則隸焉。今附注。此十一月十九日，可考。新紀云：戊戌，復比、閭、族、黨法。

十二月甲辰④，權發遣廣南東路提點刑獄陳倩言："本路已團定保甲，乞給鑼鼓旗物，遇襲逐盜賊，遞相擊發應接。"從之。

七年正月癸亥⑤，詔開封府界呈試保甲，免本身夫役。

四月己巳，上以久旱，欲盡罷保甲、方田等事。王安石曰："水旱常數，堯、湯所不免。"詳見王安石事迹⑥。壬申，上批："應災傷路分，方田、保甲除已編排方量了畢，止是攢造文字處，許依條限了絕外，其見編排方量及造五等簿處⑦，可速指揮，並權罷。"是日，雨。

十一月庚子⑧，提舉河北西路常平劉定乞逐年引試保甲。詔司農寺及兵部定每年開封府界、諸路當解發引見人數以聞。

八年八月壬子⑨，司農寺言："保甲之法，主客户五家相近者爲小保，五小保爲大保，十大保爲都保，諸路皆準此行之。惟開封府界、五路，則除客户，獨選主户有二丁者入正保，以故小保有至數十家，大保有至百餘家，都保有至數百家，人數過多，地分

---

① 條約三卷　底本脱"約"一字，據嘉慶本補。
② 聽旨閱試未得上番餘路止排定保甲免習武藝　底本脱此十九字，文意不完整，據長編卷二四六補。
③ 委監司提舉司詳度以聞　九朝編年備要卷一八無"提舉司"三字。
④ 十二月甲辰　長編卷二四六"十二月"作"秋七月"。
⑤ 癸亥　底本脱此二字，據長編卷二四九補。
⑥ 詳見　底本作"節見"，據文意改。
⑦ 底本脱"了畢"至"其見編排方量"二十二字，據嘉慶本、長編卷二五二補。
⑧ 庚子　底本脱此二字，據長編卷二五八補。
⑨ 壬子　底本脱此二字，據長編卷二六七補。

闊遠，一保有犯①，連坐者衆。蓋立法之初，有所未盡。欲令開封府界、五路依諸路編排。"詔自今保甲，三年一造簿編排。開封府界、五路候造簿日，如所請施行。

九年五月辛酉，詔諸保甲可依新降隊法結隊，并印新結隊圖付兵部，每一都保給之一圖。結隊之法：三人爲一小隊，三小隊爲一中隊，五中隊爲一大隊，并引戰一人居前，擁隊一人執刀居後，傔二人居左右，執旗一人居中。凡五十人，皆選士也。有馬人與無馬人各爲隊，隊中兵械或純用一色，或雜用弓弩、刀、斧、槍、楯，皆於結隊時商定教習。

十月丙午，宰臣王安石罷判江寧府，樞密使吳充拜相。

十年，司馬光以書與吳充，言罷青苗、免役、保甲、市易之息，充不能用。詳見論青苗法。

元豐二年十一月癸巳，詔開封府界教大保長充教頭，其提舉官以昭宣使果州防禦使入內副都知王中正、東上閤門使榮州刺史狄諮爲之。初，王安石議減正兵②，以保甲民兵代之，於是始置提舉教閱之使，後又及於西北三路。太祖皇帝懲唐末、五代之亂，始爲軍制，聯營厚禄，以收材武之士。宿重兵於京師，以消四方不軌之氣。番休互遷，使不得久而生變，故百餘年天下無事，雖漢唐盛時③，不可以爲比。養兵之費，一出於民，而禦戎捍寇，民不知有金革之事。安石曾不深究，而輕議變易，苟欲以三代之法行之於今，蓋不思本末不相稱而利害異也。世議以爲不然，後卒改焉。

十二月辛亥，提舉廣南東路常平等事林顏言："今天下之民，家爲之保，保爲之長，長爲之正者，豈特不容其姦而已？蓋歸兵食於農，藏武士於耕夫，所謂教而後使之道也。欲乞本路沿江海諸州，依西路法訓閱，使其人既熟山川之險易，而又知夫弓矢金鼓之習，則一方自足爲備，可以不勞北兵矣。"詔下廣南東路經略、轉運、提舉、鈐轄司相度，皆言廣、惠、潮、封、康、端、南恩七州皆並邊及江海，外接蠻賊，可依西路保甲教習武藝。從之。顏，福州人也。

三年十月丁卯，提舉河北東西路義勇保甲司言："義勇將校、都副保正願赴集教場習學武藝。"從之。令陝西、河東路準此。後詔習學者並支給錢米、器械，其本家少壯男子願習者不給。

---

① 一保有犯　"保"，嘉慶本作"或"。
② 正兵　嘉慶本作"西兵"。
③ 雖漢唐盛時　"漢唐"底本顛倒，據嘉慶本、長編卷三〇一乙正。

五年正月庚子,詔:"彊盜保甲教閱軍器者處死,情輕奏裁。竊盜箭二十隻徒一年,弓徒二年,弩弦流三千里。徒罪五百里,流罪配千里。獲竊盜保甲教閱軍器一人,比二人推賞。"

六年正月庚子,詔禁軍、馬軍、保甲教閱隸樞密院。

三月丁丑,樞密副都承旨、客省副使張山甫等奏:"伏見團教保甲,朝廷立定三等事藝,賞典優渥。案閱之際,其間或令家丁及以別都人冒名代試,亦無由辨認。兼正、長所教事藝,及第一等至九分以上,即補班行名目,其欺偽容蔽,亦合爲之關防。欲乞特賞指揮①,重立告賞之法,庶其經久,杜絕姦弊。"奉旨:"今後案閱,並先委巡教官封臂寫記保分,候案訖拆去。"

七月庚申,提舉河北東西路保甲司奏:"團教保甲應干支費,除從官給外,合用雜費錢物名件不少,盡是的確不可省闕。若不破錢,必有因循犯法之弊。若一一支破官錢,緣名件碎細,難以指定。今略具雜費名目及本司欲作擘畫事奏聞。"上批:"契勘已擬定諸路每歲據收到樁管保甲司錢貫,除量留準備雜費外,可案閱團教保甲數、諸路省費錢數。省到一百六十六萬一千四百八十三貫五百六十文五分四釐,費用三十一萬三千一百六十六貫一百六十五文。除費用外,合封樁一百三十四萬八千三百一十七貫三百九十五文五分四釐。"

七年二月辛未,樞密院檢會申今年正月二十八日范純粹奏:"舊條,保甲遇旬上,每人日支口糧米三升、鹽菜錢一十文。契勘正兵每遇差出以至戍邊,每人只日支口糧米二升至二升五合。今來保甲既有鹽菜錢外,其口食又增多正兵所請之數。伏乞將應係保甲請給錢米舊條並行刪修,除鹽菜錢依舊支給外,其口食每人並支二升。"詔依舊日支錢一十文外,支與口食二升半。河東依此,霍翔言及詔京東西保甲養馬。詳見馬政。

五月辛酉,范純仁權知河中府。純仁至河中時,督教保甲甚嚴,非老弱不許在家,農事皆廢。純仁上疏言:"今秋陝西田稼豐稔,將來軍民必皆足食。然收穫不可稍遲,當如寇盜之至。蓋子實纔熟,即有雀鼠侵耗之害,兼易爲迸散遺落,萬一忽遇風雨,即

---

① 特賞指揮 "賞",嘉慶本、長編卷三三四作"降"。

所損極多。緣今來少壯農夫多係保丁,卻以五日一次教閲及往還,頗妨收穫。伏望聖慈特與權住教閲①,候至將來收穫了畢,卻令補填權住過日數。"不報。

七月庚申,知延州劉昌祚言:"昨集教保甲,弓馬並不精當,但令守禦。已用土兵換赴將下團結成隊,遇敵呼使。如有功,乞優賜推恩。"從之。

---

① 伏望聖慈特與權住教閲　底本"伏"下衍"乞"一字,據嘉慶本、長編卷三四五删;"與",嘉慶本作"賜"。

卷第七十二

神宗皇帝

市易務　免行附

　　熙寧五年三月丙午,詔曰:"天下商旅物貨至京,多爲兼并之家所困。宜出内藏庫錢帛,選官於京師置市易務。"先是,有魏繼宗者自稱草澤,上言:"京師,百貨所居,市無常價,貴賤相傾。'富能奪,貧能與,乃可以爲天下。'"於是,中書奏:"在京置市易務,監官二、提舉官一、勾當公事官一,許召在京諸行鋪牙人充本務行人、牙人。内行人令供通己所有,或借他人產業金銀充抵當,五人以上充一保①。遇有客人物貨出賣不行,願賣入官者,許至務中投賣,勾行人②、牙人與客人平其價,據行人所要物數,先支官錢買之。如願折博官物者亦聽,以抵當物力多少許令均分賒請,相度立一限或兩限送納價錢,若半年納即出息一分,一年納即出息二分。以上並不得抑勒。若非行人見要物而實可以收蓄變轉,亦委官司折博收買,隨時估出賣,不得過取利息。其三司諸司庫務年計物,若比在外科買省官私煩費,即亦一就收買。"故降是詔。贊善大夫、户部判官吕嘉問提舉在京市易務,仍賜内藏庫錢一百萬緡爲市易本錢,其餘合用交鈔及折博物,令三司應副。

　　四月丙子③。先是,三司起請市易十三條,其一云:"兼并之家較固取利,有害新法,令市易務覺察,申三司按置以法。"御批減去此條,餘悉可之。御史劉孝孫言:"於此見陛下寬仁愛民之至。"王安石曰:"孝孫稱頌此事以爲聖政,臣愚竊謂此乃是聖政之闕失。"上曰:"若但設法傾之,即兼并自不能爲害。"安石曰:"若不敢明立法令,但設法相傾,即是紙鋪孫家所爲。"

---

① 五人以上充一保　"充",宋會要輯稿食貨三七之一四作"爲"。
② 勾行人　長編卷二三一無"人"字。
③ 丙子　底本無此二字,據長編卷二三二補。

陳瑾論曰：呂嘉問請於律外別立市易較固一條，神考聖訓以爲已有律，不須立條。其時劉孝孫稱頌聖訓曰①："此仁厚愛民之意也。"安石奏曰："孝孫之計非也，此事正是聖政之闕也。陛下不欲行此，兼并所以窺見陛下於權制豪強有所不敢，故内連近習，外惑言事官，使之騰口也。"臣竊謂神考不欲於律外立較固之條，可謂仁厚愛民之意，劉孝孫將順聖美，不爲過也。日録之内，但爲顯揚嘉問，故不以御批爲是，不以孝孫爲然。於是，造神考之言曰："若設法傾之，則兼并不能爲害。"又撰對上之言曰："若不能明立法制，但設法相傾，即是紙鋪孫家所爲。紙鋪孫家爲是百姓制百姓不得，故止如此，豈有爲天下主，乃只如孫家紙鋪所爲？何以謂之人主？"嗚呼，"設法相傾"之語謂之不誣，可乎？"紙鋪孫家"之語謂之不詆，可乎？神考愛民守法而指爲闕政，力主嘉問，遂至於侮薄君父，不亦悖乎？

七月壬午，詔以權貨務爲市易西務下界，市易務爲東務上界。辛卯，詔在京商稅院、雜買場、雜買務並隸提舉市易務。

閏七月。先是，上批付王安石："聞市易買賣極苛細，市人籍籍怨謗，以爲官司浸淫，盡收天下之貨，自作經營。可指揮，令只依魏繼宗元擘畫施行。"於是，安石留身白上曰："陛下所聞必有事實，乞宣示。"上曰："聞權貨賣冰，致民賣雪都不售。"安石曰："賣冰乃西園苑②，非市易務。"上曰："又聞買梳朴即梳朴貴，買脂麻即脂麻貴。"安石曰："若買即致物貴，即諸物當盡貴，何故脂麻獨貴？"上曰："或云呂嘉問少年不練事，所置句當人盡姦猾，嘉問不檢察。"安石曰："嘉問所置句當人，如沈可道、孫用勤，若不收置務中，即必首爲兼并害法。今置之務中，所謂御得其道，狙詐咸作使是也。"上曰："又聞立賞錢捉人不來市易司買賣。"安石曰："此事尤可知其妄。呂嘉問連日或數日輒一至臣處爲事。初，臣要見施行次第，若有牓如此③，臣無容不知。果有此事，則是臣欲以聚斂誤陛下。陛下當知臣素行，若臣不如此，即無緣有此事。"上曰："卿固不如此，但恐所使令未體朝廷意，更須審察。"安石曰："此事皆有迹，容臣根究勘會，别具聞奏。"

十一月丁巳，上謂王安石曰："市易賣果實，審有之，即太繁細④，令罷之，如何？"安石曰："市易司但以細民上爲官司科買所困，下爲兼并取息所苦，自投狀乞借官錢，出息行倉法，供納官果實。自立法已來，販者比舊皆即得見錢，行人比舊官司、兼并所

---

① 曰　底本脱此字，據嘉慶本、長編卷二三三補。
② 西園苑　"西"底本作"四"，據嘉慶本、宋會要輯稿食貨五五之三三引九朝紀事本末改。
③ 若有牓如此　"牓"，宋會要輯稿食貨五五之三三作"謗"。
④ 太繁細　"繁"，嘉慶本作"煩"。

費,十減八九,宮中又得好果實供應,此皆逐人所供狀,及案驗事實如此。陛下謂其繁細,有傷國體,臣愚竊謂不然。今設官監酒,一升亦賣;設官監商稅,一錢亦稅,豈非細碎?人不以爲非者,習見故也。臣以謂酒、稅法如此,不爲非義。何則?自三代之法固已如此。周官固已征商,然不云須幾錢以上乃征之。泉府之法,物貨之不售,貨之滯於民用者,以其價買之,以待賣者,亦不言幾錢以上乃買。又珍異有滯者,斂而入於膳府,供王膳,乃取市物之滯者。周公制法如此,不以煩碎爲恥者,細大並舉,乃爲政體。但尊者任其大,卑者務其細,此先王之法,乃天地自然之理。如人一身,視、聽、食、息,皆在元首。至欲搔癢,則須爪甲,體有小大,所在不同,然各不可闕。天地生萬物,一草之細亦皆有理。今爲政,但當論所立法有害於人物與否,不當以其細而廢也。"上笑,且曰:"買得果實,誠比舊極佳,行人亦極便,但行人皆貧弊,宜與除放息錢。"安石曰:"行人比舊已各蘇息,可以存活,何須除放息錢?若行人已蘇息,比舊侵刻之苦已十去八九,更須除放息錢,即見今商稅所取,不擇貧富,固有至貧之人,尚爲稅務所困,亦合爲之蠲除,既未能蠲除彼,何獨蠲除此?今諸司吏禄極有不足,乃令乞覓爲生,不乞覓不能自存,乞覓又犯刑法。若除放息錢,何如以所收息錢增此輩禄?"明日,進呈內東門及諸殿吏人名數,白上曰:"從來諸司皆取賂於果子行人,今行人歲入市易務息錢幾至萬緡,欲與此輩增禄。"上曰:"諸殿無事,惟內東門司事繁,當與增禄。"安石曰:"如入內內侍省吏人亦當與增禄,蓋自修宗室條制,所減貨賂甚多故也。云云。"又録廛人泉府事,白上曰:"此周公所爲也。"上曰:"周公事未能行者豈少?"安石曰:"固有未能行者①,若行之,而便於公私②,不知有何不可?而乃變易,以從流俗所見。"十二月乙亥朔,詔罷諸路上供科買,以提舉在京市易務言:"上供薦席、黃蘆之類六十色,凡百餘州,不勝科擾。乞計錢數,從本務召人承攬,以便民也。"

六年正月己酉,中書言:"欲以市易務上、下界,商稅院,翰林圖畫院,雜買務、雜賣場、諸宮觀真儀法從、南郊、太廟、家事、府司檢校等庫③,都亭、懷遠驛,三糧料院,內軍器五庫,隸都大提舉諸司庫務。"上批:"內軍器五庫官物,儲積多在宮禁,及收內降物,

---

① 固有未能行者 "有未"底本顛倒,據嘉慶本、長編卷二四〇乙正。
② 而 嘉慶本作"則"。
③ 檢校等庫 "校"底本作"詳",據長編卷二四二改。

兼自有提舉、提點官，可不隸提舉諸司庫務。餘從之。"辛亥，樞密使文彥博言："臣近言市易司遣官監賣果實，有損國體，歛民怨，乞寢罷，至今涉旬，未聞施行。凡衣冠之家網利於市①，搢紳清議尚所不容②，豈有堂堂大國皇皇求利，而不爲物議所非者乎？"王安石白上曰："陛下近歲放百姓貸糧至二百萬，支十斗全糧給軍，一歲增費亦計數十萬緡，以至添選人俸、增吏禄、給押綱使臣所費又亦百萬緡③。天下愚智孰不以此共知陛下不殖貨利④？豈有所費如此，而乃於果實收數千緡息以規利者？直以細民久困於官中須索⑤，又爲兼并所苦，故爲立法耳。"彥博所言遂寢不報。

二月丙子，龍圖閣直學士、給事中張燾提舉在京諸司庫務。

七年正月癸亥，遣三司句當公事李杞相度成都府置市易務利害。先已遣蒲宗閔、沈逵，今復遣杞。其後，上與輔臣論及市易，馮京曰："曩時西川因榷買物致王小波之亂，故今頗以市易爲言。臣檢實録實有此說。"王安石曰："王小波自以饑民衆，不爲官司所恤，遂相聚爲盜，而史臣乃歸咎般取蜀物上供多而致。然不知般取孟氏府庫物以上供，於饑民有何利害？"上曰："李杞行未？"安石曰："未也。然願陛下勿疑，臣保市易必不能致蜀人爲變也。"

三月。先是，去年八月，詳定行户利害所言："乞約諸行利入厚薄，納免行錢以禄吏，與免行户祇應。自今禁中買賣，並下雜買務，仍置市司，估市物之低昂。凡內外官司欲占物價，則取辦焉。"皆從之。上曰："此固便於民⑥，然須嚴立防禁，隨時覺察，毋使墮廢。如天下百姓納麴錢、鹽錢，異時鹽、酒既榷，其錢不能免也。"至是，上問安石曰："納免行錢如何？或云提湯瓶人亦令出錢，有之乎？"安石曰："若有之，必經中書指揮。中書實無此文字。"馮京曰："聞後來如此細碎事都罷矣。"安石曰："馮京同簽書，中書文字皆所親見，如何卻言聞，不知先來如何細碎收錢，後來如何都罷？若據臣所見，即從初措置如此，非後來方不收細碎事。不知馮京何所憑據，有此奏對，其言提

---

① 網利於市　"網"底本作"罔"，宋史全文卷一二上、太平治迹統類卷二二同，古今事文類聚別集卷二三作"圖利於市"；據潞公文集卷二〇言市易、歷代名臣奏議卷二六七引"彥博又奏"改。
② 尚所不容　長編卷二四二、宋史全文卷一二上同，而潞公文集卷二〇、宋名臣奏議卷一一六、歷代名臣奏議卷二六七均作"衆所不容"。
③ 又亦百萬緡　長編卷二四二作"又有百萬緡"。
④ 孰不以此共知　長編卷二四二作"孰不共知"。
⑤ 須索　長編卷二四二作"需索"。
⑥ 此固便於民　底本脫"於"字，據嘉慶本、長編卷二四六補。

湯瓶亦令出錢,必有人,陛下何故不宣示,付所司考實?陛下治身比堯、舜實無所愧,臣誠無復可以論諫;至於難任人、疾讒說,即與堯、舜實異。如市易司,非吕嘉問,孰敢守法不避左右近習?非臣,孰敢爲嘉問辨明,以忤近習!且市易事臣一一親經理,其事亦頗爲勞費精神,正以不欲背負所學,爲天下立法故也。若每每忤聖意,而又召致近習讒毀,乃作擾害百姓之事,不知臣欲以此何爲?以爲名則不善,以爲利則無獲。陛下試察臣所以區區爲此者何意?"上曰:"何故士大夫言不便者甚衆?"安石曰:"士大夫或不快朝廷政事,或與近習相爲表裏。今大小之臣,與近習相表裏者極多①,陛下不察耳。自古未有令近習如此,而能興治功者。"

初②,吕嘉問以户部判官提舉市易務,挾王安石勢,陵慢三司使薛向,且數言向沮害市易事。及曾布代向爲三司使,素知嘉問驕恣,懷不能平。又聞上數以市易苛細詰責中書,意欲有所更張,未得間也。是月丁巳,上夜降手劄賜布曰:"聞市易務日近收買貨物,有違朝廷元初立法本意。可詳具奏。"布先受命察訪河北,辟魏繼宗同監市易務,嘉問自初建議以至其後增損措置,莫不與聞。布遂攜繼宗見安石,具言曲折,曰:"布翌日當對,欲悉以此白上。"安石諾之。辛酉,布對於崇政殿,具奏所聞。上覽之矍然,喜見於色,問布曰:"王安石知否?"又問:"安石以爲如何?"布皆對以實,且言:"事未經覆案,未見虛實。"上曰:"朕久已聞之,雖未經覆案,思過半矣。"布始得對,方待次,安石先奏事。上謂安石曰:"曾布言市易不便,知否?"安石曰:"知之。"上曰:"布言如何?"安石曰:"布今上殿必自言。"遂留身白上:"市易事,臣每日考察,恐不致如言者③。陛下但勿倉卒,容臣一一推究,陛下更加覆驗,自見曲直。若陛下爲衆毀所摇,臨事倉卒,即上下協力承望爲欺,恐致忠良受枉。"上曰:"布言此何故?"安石曰:"布與嘉問不相足,争互牒事亦可見。"上曰:"布或緣與卿素親厚,故如此。"安石曰:"臣不敢逆料人情,但依實考驗事情要見曲直而已。因言備位久,無補時事,不能令風俗忠厚。幸陛下命,臣久如此,必負陛下寄託。"布所言既送中書,是夜,上批問安石:"恐嘉問實欺罔,非布私忿移怒。"安石具奏,明其不然,於是有詔,令布與吕惠卿同根

---

① 極多　長編卷二五一作"極有"。
② 底本"初"上有"壬戌"二字,據嘉慶本删。
③ 恐不致如言者　"如"底本作"知",據嘉慶本、宋會要輯稿食貨五五改。

究市易務不便事。安石意主嘉問,而不以布言爲是,故使惠卿居其間也。乙丑,曾布既受詔同呂惠卿根究市易務事,或爲布言:中書每以不便事詰嘉問,嘉問未嘗不巧爲蔽欺,至於案牘,往往藏匿改易。布又聞嘉問已呼胥吏將案牘還私家隱藏更改,遂奏乞出榜,以厚賞募告者。明日,二十六日。上批:"依奏,付三司施行。"布即牓嘉問所居。又明日,二十七日。惠卿至三司,召魏繼宗及行人問狀,無復有異辭者。惠卿退,以繼宗還官舍,詰布所以辟繼宗爲指使緣由,再三誘脅繼宗,令誣布以增加所言。繼宗不從,反具以告布。惠卿又遣溫卿密造王安石,言張牓事,且曰:"行人辭如一,不可不急治繼宗。若繼宗對語小差,則事必可變。"而嘉問訴於安石尤切。安石欲夜收張牓,左右白以有御寶批,乃止。是日,二十八日。惠卿以急速公事求獨對,布亦具繼宗所告曲折以聞,並言惠卿所見不同,不可共事,乞別選官根究。未報,而中書建白:"三司承內降,當申中書覆奏取旨。乃擅出牓,欲按治。"詔官吏特釋罪,其元批依奏指揮更不施行,牓仍繳納中書。布論:"三司奏請御批,例不覆奏,且三司嘗申知中書,慮無罪可放。"尋有詔如布請,惠卿等愈側目矣。

　　四月己巳,翰林學士呂惠卿言:"奉詔與曾布同根究市易事,句集行人照證,而有臣未到已前布所取狀,臣恐當再行審覆。乞下開封府,暫追付臣處供析,即更不禁繫。"中書欲依惠卿所乞施行,上批:"可令布、惠卿一處取問,所貴不致互有辭説。"三司既收牓放罪,上復以手札賜布,令求對。布即具陳行人所訴,並疏惠卿姦欺以聞。及是布對,上慰諭久之,因曰:"惠卿誠不可更共事。"而又陳薛向編管無罪牙人事,上惕然咨歎曰:"此事朕與有罪,當時失於不詳究,便令依奏。今已無及,唯當速釋之耳。"布言:"編管人情輕,一期即放逐便,其人皆已放還矣。"時上意猶必欲按治,而王安石卒不肯令惠卿用他官。惠卿奏請審覆,蓋謀獨變此事也。上疑焉,故仍以付兩人。己卯,詳定行户利害所言:"自今凡有體問行户所狀,乞降本所,以憑具析申奏。"從之。甲申,上初以布言爲是,已而中變,從惠卿請,送魏繼宗於開封府知在。布又言:"臣自立朝以來,每聞德音未嘗不欲以王道治天下。今市易之爲虐,固已凜凜乎閒架、除陌之事矣①。近日嘉問奏稱熙寧六年收息八十餘萬。貼黃云:近差官往湖南販

---

① 除陌之事矣　"除"底本作"阡",據嘉慶本、宋史卷一八六食貨志改。

茶,陝西販鹽,兩浙販紗,皆未敢計息。臣以謂如此政事,書之簡牘,不獨唐、虞、三代所無,歷觀秦漢以來衰亂之世,恐未之有也。"上笑而頷之,謂布曰:"惠卿不免共事,不可與之喧爭,於朝廷觀聽爲失體。"布退,與惠卿召行人於東府,再詰,其所陳如前不變。而王安石懇求去位,引惠卿執政。上既許之,乙酉,布復與惠卿會,惠卿頗有得色,詭罵行人及胥吏①,以語侵布,布不敢校也。

丙戌,禮部侍郎、平章事王安石罷知江寧府,觀文殿大學士、吏部侍郎、知大名府韓絳依前官平章事、監修國史,呂惠卿爲參知政事。安石爲政凡六年②,會久旱,百姓流離,上憂見顏色。每輔臣進對,嗟歎懇惻,益疑新法不便,欲罷之。安石不悅,屢求去,上不許,而呂惠卿又使其黨日詣匭函,假名投書,乞留安石,堅守新法,安石堅求去。餘見王安石事迹下。壬辰,中書奏事已,上論及免行利害,且曰:"今日之法,但當使百姓出錢輕於往日,便是良法。至如減定公使錢,人猶以爲言者,此實除去衙前陪費深弊。且天下貢奉之物所以奉一人者,朕悉已罷去,人臣亦當體朕此意,以愛惜百姓爲心。"馮京曰:"朝廷立法,本意出於愛民,然措置之間或有未盡。陛下但當闢廣聰明,盡天下之議,便者行之,不便者不吝改作,則天下受賜矣。"

五月辛酉,中書户房比對市易務事及曾布根究市易違法事。詔章惇、曾孝寬就軍器監置司,根究以聞。呂惠卿又令户房會計治平、熙寧財賦收支之數,與布所陳不同。上令布分析所以不同因依具奏。後八日,布對於延和殿,言户房所以不同之故。上以布言爲然。布因言:"市易已置獄,朝夕竄黜,自爾必無緣復望清光。"上曰:"卿爲三司,案所部違法,有何罪?"布曰:"陛下以爲無罪,不知中書之意如何?況臣嘗自言與章惇有隙,今乃以惇治獄,其意可見。"上曰:"有曾孝寬在,事既付獄,未必不直。"布曰:"臣與惠卿爭論職事,今惠卿已秉政,勢傾中外,雖使臣爲獄官,亦未必敢以臣爲直,以惠卿爲曲。然臣爲翰林學士、三司使,地親職重莫如臣,所陳之事皎如日月,然而不得伸於朝廷,孤遠之士,何所望於陛下③?都邑之下,人情詾詾,怨嗟沸騰,達於聖聽,然而不得伸於朝廷,海隅蒼生,何所望於陛下?臣得罪竄謫,何所敢辭?至於去

---

① 詭罵 嘉慶本作"訛罵"。
② 安石爲政 長編卷二五二、太平治迹統類卷一三、宋史全文卷一二上"爲"下有"執"一字。
③ 何所望於陛下 "所",嘉慶本作"以"。

就,亦不係朝廷輕重,但恐中外之士以臣爲戒,自此議論無敢與執政不同者爾。"上慰勞之曰:"卿不須如此。"自爾不復請對,後八十餘日乃貶。

七月乙卯,詔廣州市舶司依舊存留,更不併歸市易務。

八月丙寅朔,上批:"提舉市易司奏,市易二年收息錢九十六萬餘緡,累準朝旨已支九十五萬緡。可契勘何月日指揮①,支往何處?"

訖無行遣。朱史削去,以爲支拔息錢不合書,新本亦削去。今復存之,此亦可見市易司爲欺也。

壬午,翰林學士、行起居舍人、權三司使曾布落職,以本官知饒州。都提舉市易司、國子博士吕嘉問知常州。軍器監獄具,布坐不覺察吏人教令行户添飾詞,理不應奏而奏,公罪杖八十;嘉問亦坐不覺察雜買務多納月息錢,公罪杖六十。而中書又言:"布所陳治平財賦,有内藏庫錢九十六萬緡,當於收數内豁除②,布乃於支數除之。令御史臺推直官蹇周輔劾布所陳,意欲明朝廷支費多於前日,致財用闕乏,收入之數不足爲出。當奏事詐不實,徒二年。"而有是命。魏繼宗仍追一官勒停。初,市易之建,布實同之,既而揣上意疑市易有弊,遂急治嘉問。會惠卿與布有隙,乘此擠布,而議者亦不直布云。周輔,雙流人也。

十二月乙亥,虞部員外郎、新知常州吕嘉問提舉河北糴便糧草,復理提點刑獄資序。以檢正中書户房公事張諤訟嘉問不應黜降故也。初,王安石既有江寧之命,諤與嘉問持安石而泣,安石勞之曰:"已薦吕惠卿矣。"兩人收淚謝安石。收淚謝安石,此據魏泰東軒錄。

八年二月癸酉,觀文殿大學士、吏部尚書、知江寧府王安石依前官平章事、昭文館大學士。

三月己未③,上問王安石外事,安石具道雖勝往時,然監司未盡稱職,上曰:"人才止如此。"安石曰:"人才誠是少④,然亦多觀望不盡力,緣盡力則犯衆怨,犯衆怨則中傷以法,而朝廷或不能察,不能察則反得罪,不如因循偷惰之可以自安。外官固未論,如吕嘉問,内則犯近習、貴戚,外則與三司、開封日夕辦事,以守職事行法,至於置獄推

---

① 何月日　底本脱"月"一字,據長編卷二五五改。
② 豁除　長編卷二五五作"除豁"。
③ 己未　底本作"戊午",據長編卷二六一改。
④ 人才誠是少　長編卷二六一作"誠是人才少"。

究,姦罔具得,而嘉問乃以不覺察雜買務剩收人情願納息錢二貫①,降小處知州。若剩收息錢可罪,監官宜不免。監官以去官獲免,則嘉問是因罪人以致罪,如何更有罪可科?且自來提轄場務諸省寺之屬,何嘗有坐轄下場務不覺察杖罪降差遣者?天下皆見盡力為朝廷守法立事如嘉問者不容②,則孰肯盡力?莫不為因循偷惰之行。"上曰:"嘉問已與復差遣。"安石曰:"李直躬之徒作轉運,卻令嘉問提舉便糴,此豈官人之宜?"上曰:"與移一路轉運。"安石曰:"陛下必欲修市易法,則須卻令嘉問領市易。"上曰:"恐吳安持忌其來,又復失吳安持心。"安石曰:"臣以女嫁安持,固當為其審處。今市易事重,須嘉問與協力乃可濟,不然,他時有一闕失,必更上煩聖慮。"又薦嘉問及張安國可為宰屬,上皆以為可。

四月甲申,金部員外郎、檢正中書戶房公事呂嘉問兼提舉市易司。王安石言:"近京師大姓,多止開質庫,市易摧兼并之效似可見。方當更修法制,驅之使就平理。"上曰:"均無貧固善,但此事難爾。"安石曰:"秦能兼六國,然不能制兼并,反為寡婦清築臺。蓋自秦以來,未嘗有摧制兼并之術,以至今日。臣以為苟能摧制兼并,理財則合與須與,不患無財。臣嘗論廩餼當稱事,正為此也。"後數日,吳安持辭市易,上不許。安石曰:"臣與嘉問親厚非有他,但與議市易而已。然其被誣,臣以親厚之故,已難為之辨明,況臣女壻,恐有事愈難為言。乞別與人。"上固不許。丁亥,都提舉市易司賈昌衡等言:"金寶非衣食所資,但當禁其侈僭。若有糜壞,舊法致之以死,則論罪太重;購以厚賞,則為禁太密。今新敕止坐以銷金為飾者,則舊法已刪改。其糜壞金銀,蓋已無禁,然民尚循前法,未敢通用。已令本司造金銀箔出賣。"上批:"市易務箔金宜罷出賣,已成者聽於後苑作折換。"

閏四月,上嘗與岐王顥、嘉王頵擊毬,戲賭玉帶,頵曰:"臣若勝,不用玉帶,只乞罷青苗、市易。"上不悅。

十月辛卯③,都提舉市易司言:"袁州和買紬絹,舊以鹽準折,今乞依諸路例,每疋給錢千,從本司遣官,據合支鹽數,以末鹽鈔赴州出賣。"從之。辛亥,復置雜賣場。

---

① 剩收人情願納息錢二貫 "人"底本作"入",據嘉慶本、宋會要輯稿食貨五五改。
② 嘉問者不容 "者",嘉慶本、宋會要輯稿食貨五五之三九均作"苟"。
③ 辛卯 底本無此二字,據長編卷二六九補。

初,三司請廢雜賣場,中書户房以爲不便,下三司,而三司議與前異,乃復置場。詔三司官上簿。

九年五月,都提舉市易司言①:"本司統轄抵當官錢,然檢校庫自隸開封府。若本庫留滯差失,無緣檢舉,乞撥屬本司統轄。"從之。

十月,王安石罷相,吳充代之。

十二月癸未朔,詔:"自今市易務上界官吏,歲比較酬獎,其提舉官依舊二年一取旨。麻檾、竹篾之類更不買。"

十年十一月甲寅,詔:"都提舉市易司上界本錢以七百萬貫爲定額,如不足,以歲所收息補滿。其先借内藏庫錢,歲以息錢二十萬還之②。"是歲,司馬光以書與吳充,請罷青苗、免役、保甲、市易之息。詳見論青苗法下。

元豐二年正月己卯,詔:"市易舊法聽人賒錢,以田宅或金銀爲抵當。無抵當者,三人相保則給之,皆出息十分之二,過期不輸息外,每月更罰錢百分之二。貪人及無賴子弟多取官貸③,不能償積息,罰愈滋,囚繫督責,徒存虛數,實不可得。"於是都提舉市易王居卿建議,以田宅、金銀抵當者減其息;無抵當徒相保者,不復給。自元豐二年正月七日以前本息之外④,所負罰錢悉蠲之,凡數十萬緡。負本息者,延期半年,衆議頗以爲愜。

四年五月乙巳,詔:"内外市易務,民户見欠屋業等抵當并結保賒請錢物息罰錢,並等第除放,其本錢分三季輸納,息錢並出限罰錢分爲三分等第除放。第一季本錢納足者,息罰錢並放;第二季放二分,第三季放一分。出限尚欠,即估賣抵當,及監勒保人填納。所催錢物,在京於市易務下界,在外提舉司封椿。"

五年正月辛亥,都提舉市易司賈青言:"市易既革去結保賒請之弊,專以平準物價及金銀之類抵當,誠爲良法。乞推抵當法行之畿縣。"從之。

六年十一月丁巳,開封府言:"據司録司、抵當免行所言,熙寧十年始立年額,其賞罰條約,依三萬緡以上場務法。自元豐元年至五年並增,當立新額。"户部詳度欲酌中用元豐二年三萬九千七百緡爲新額,從之。

---

① 都提舉市易司　底本"易"下衍"務"一字,據嘉慶本、長編卷二七五删。
② 歲以息錢二十萬還之　底本脱"歲"一字,據長編卷二八五補。
③ 多取官貸　"貸"底本作"貨",據嘉慶本、司馬光涑水記聞卷一四改。
④ 自元豐二年正月七日以前　"七",嘉慶本、宋會要輯稿食貨五五均作"一"。

卷第七十三

神宗皇帝

方田

熙寧五年八月,詔司農寺以方田均稅條約并式頒之天下①。

方田之法,以東、西、南、北各千步,當四十一頃六十六畝一百六十步爲一方。歲以九月,縣委令、佐分地計量,據其方莊帳籍,驗地土色號,別其陂原、平澤、赤淤、黑壚之類凡幾色。方量畢,計其肥瘠②,定其色號,分爲五等,以地之等均定稅數,至明年三月畢,揭以示民。仍再期一季,以盡其詞,乃書户帖,連莊帳付之,以爲地符。

地符③,見七年四月四日,合去彼存此④。

均稅法,以縣租額稅數,毋以舊收蹙零數均攤,於元額外輒增數者,禁之。若絲、綿、紬、絹之類,不以桑柘有無,止以田畝爲定,仍豫以示民,毋胥動以浮言,輒有斬伐。荒地以見佃爲主,勿究冒佃之因。若瘠鹵不毛聽占佃,衆得樵採,不爲家業之數。衆户殖利山林、陂塘、道路、溝河、墳墓、荒地,皆不許稅⑤。詭名挾佃,皆合併改正。凡田方之角有埒⑥,植以野之所宜木。有方帳,有莊帳,有甲帖,有户帖,其分煙析生,典賣割移,官給契,縣置簿,皆以今所方之田爲正。令既具,乃以濟州鉅野尉王曼爲指教官,先自京東路行之,諸路倣焉。

七年四月己巳,上以久旱,憂見容色,每輔臣進見,未嘗不嗟嘆懇惻,欲盡罷保甲、

---

① 司農寺　底本脱"寺"一字,據長編卷二三七補。
② 計其肥瘠　"計"底本作"記",據長編卷二三七、九朝編年備要卷一九改。
③ 地符　底本作"此符",據長編卷二三七改。
④ 合去彼存此　底本脱"存此"二字,據長編卷二三七補。
⑤ 皆不許稅　"許",嘉慶本作"計"。
⑥ 有埒　底本作"有埓",據長編卷二三七改。按:文獻通考卷四田賦考四、宋史卷一七四食貨志均作"立土爲埒",可爲參證。

方田等事。王安石曰:"水旱常數,堯、湯所不免。陛下即位以來,累年豐稔。今旱暵雖逢,但當益修人事,以應天災,不足貽聖慮耳。"上曰:"此豈細事?朕今所以恐懼如此者,正爲人事有所未修也。"於是中書條奏,請蠲減賑卹。庚午,詔:"方田,每方差大甲頭二人,以本方上户充;小甲頭三人,同集方户,令各認步畝,方田官躬驗逐等地色。更勒甲頭、方户同定,寫成草帳,於逐段長、闊步數下各計定頃畝,官自募人覆算,更不別造方帳。限四十日畢,先點印訖,曉示方户,各具書算人,寫造草帳、莊帳,候給户帖,連莊帳付逐户,以爲地符。"壬申,上批:"應災傷路分方田、保甲,除已編排方量了畢,止是攢造文字處,許依條限了絶外,其見編排方量及造五等簿處,可速指揮並權罷。"是日,雨。

元豐五年二月癸酉,開封府言:"永興、秦鳳等路當行方田,昨準朝廷取稅賦最不均縣先行,歲不過一縣。若一州及五縣,不得過兩縣。緣府界十九縣,比一州事體不同,似此推行,十年乃定。請自今年,歲方五縣。"送司農寺,司農寺以爲便民,遂從之。

八年三月,哲宗即位。十月丙戌①,詔罷方田。

舊録云:稅役不均久矣,富者輕,貧者重,故下户日困。先帝愍焉,立法以方之。其法詳悉,縣役無偏重之患。遽罷之。新録辨曰:神宗患稅役之不均,故立方田之法以均之。然官吏不得人,以至搔擾。至是乃罷,非遽也。自"稅役"至"遽罷之"四十字並刪去。熙寧五年八月始頒方田條式。

手實

熙寧七年七月癸卯,命工部員外郎、集賢殿修撰、判司農寺李承之②,太子中允、直集賢院、同判司農寺張諤,秘書丞館閣校勘、權判刑部朱明之,太子中允、權監察御史裏行丁執禮并兼詳定編修司農條例,執禮仍充館閣校勘。知開封府、兵曹參軍、大理評事吳安持,忠正軍節度推官、管句國子監丞郭逢原,吳縣尉、提舉修撰經義所檢討曾旼并兼充編修删定官③。乙卯,司農寺言:"五等丁產簿,舊憑書手及户長供通,隱漏不實,檢用無據。今熙寧編敕但删去舊條,不立新制,即於造簿反無文字可守,尤爲未便。承前建議,惟使民自供手實,許人糾告之法最爲詳密,貧富無所隱,誠造簿之良

---

① 丙戌 底本作"乙酉",據長編卷三六〇改。
② 李承之 "李"底本作"季",據長編卷二五四改。
③ 提舉修撰經義所檢討 "提舉"底本作"提學",據長編卷二五四改。

法。"詔送提舉編修司農寺條例司。建議者,前曲陽尉呂和卿,惠卿弟也。丙辰,詔:"諸房創立或删改海行一司敕,可並送法司及編敕所詳定訖,方取旨頒行。"癸亥,參知政事呂惠卿言:"司農條例所該事目極多,欲下諸路,令提舉司官各具本路推行新法有無疑慮須合申明,及未盡、未便事合更改措置,或本路已修完改正,可以推之别路,條具申本寺,遍牒轄下官,亦許直述所見。"

　　三月十七日,惠卿判司農寺已有此申請,當參考。

　　又言:"諸路州縣見行常平、苗役、丁産、保甲、農田、水利等事,全藉簿書鉤考登耗虚實①,則其製造不可以無法。欲令提舉司,各據本路見用簿如何製造關防②,具簡徑式樣供申③。"從之。已而惠卿獻議曰:"免役出錢或未均,出於簿法之不善。按户令手實者,令人户具其丁口、田宅之實也。嘉祐敕:造簿委令、佐,責户長、三大户,録人户丁口、税産、物力爲五等。且田野居民,耆户長豈能盡知其貧富之詳?既不令自供手實,則無隱匿之責,安肯自陳?又無賞典,孰肯糾決?以此舊簿不可信用,謂宜做手實之意,使人户自占家業。如有隱落,即用隱寄産業賞告之法,庶得其實。手實法:凡造五等簿,預以式示民,令民依式爲狀,納縣簿記④,第其價高下爲五等,乃定書所當輸錢,示民兩月,非用器、田穀而輒隱落者許告,有實,三分以一充賞。其法:田宅分有無蕃息,各立等。居錢五⑤,當蕃息之錢一,通一縣民物産錢數,以元額役錢均定。凡田産皆先定中價示民,乃以民所占如價計錢。"於是始行手實法。

　　八年正月辛丑,察訪荆湖路常平等事蒲宗孟言:"近制,民以手實上其家之物産,而官爲注籍,以正百年無用不明之版圖,而均齊其力役,此天下之良法也。然縣災傷五分以上,則不與焉,且留以俟豐歲。以臣觀之,使民自供手實,無所擾也,何待於豐穰哉?願詔有司,不以豐凶弛張其法。"從之。呂惠卿爲手實法,奉使者至析秋毫,天下病之,而宗孟乃有此奏。諫官范百禄言:"造簿手實,告匿有賞。爲是法者,欲民之均,推而行之,恐不如法意,至於騷動。户令雖有手實之文而未嘗行⑥,蓋謂使人自占,

---

① 全藉簿書　"藉"底本作"籍",據長編卷二五四改。
② 見用簿　長編卷二五四作"見有簿"。
③ 徑　嘉慶本作"經"。
④ 納縣簿記　"記",嘉慶本作"訖"。
⑤ 居錢五　"居",嘉慶本作"若"。
⑥ 户令　底本作"人户",據嘉慶本、長編卷二五九、范百禄范太史集卷四四資政殿學士范公墓誌銘改。

必不盡數供通,而明許告言,則家家有告訐,人人有仇怨,禮義廉恥何可得哉?"張方平言:"中户以下鮮有蓋藏,田疇所收歲有厚薄,户等耗登,何常之有?不惟扇惑人情,更有紛亂。新法,以建議者内爲之主,故當職者人無敢言。向者朝廷所立法制,蓋以便民爲本,因以成國之利。今兹一事,專用撓人,徒騷挐於天下①,實無濟於國家。"

二月丁卯,前曲陽縣尉、權軍器監主簿吕和卿爲奉禮郎②、知軍器監丞。先是,吕惠卿令和卿建議行手實法,至是,判軍器監章惇請以爲丞,仍特改官。

十月,參知政事吕惠卿出知陳州。辛亥,詔:"聞東南推行手實簿法,公私煩擾,其速令權罷。"

元豐元年九月甲申,中書言:"應諸縣造鄉村坊郭丁産等第簿,並録副本送州印縫,於州院架閣。"從之。

義倉

熙寧二年正月辛卯,知同州趙尚寬、知唐州高賦、知齊州王廣淵條奏置義倉事。上批:"近詔齊、唐等郡講求修復社倉,且圖經久之法。"知陳留縣蘇涓亦言:"臣所領邑最爲近畿,謹爲天下郡縣倡率,勸諭百姓置義倉,以備水旱。條上措置事:户第一等出粟二石,第二等一石,第三等五斗,第四等一斗五升,第五等一斗;麥亦如之。村有社,社有倉。倉置守者,耆爲輸納,縣爲籍記。歲豐則量其數以入,歲凶則量其數以出。停藏久,則又爲借貸之法,使新陳相登。多寡不一,則又爲通融之法,使彼此相輔。"上曰:"陳留輔邑,耳目不遠,可且聽其施行,徐訪利害。"涓又言義倉五事,并論臣僚所言未便者十二事、可行者五。詔:"除一事每值饑荒借貸與被災户種糧未俵除放,仍責以二三年限還納,可令中書更詳度外,餘并且依所奏施行。"又詔曾公亮曰:"近王廣淵於齊州創置義倉,已勸粟十萬餘石,若漸可成就。今廣淵罷去,當得人繼守其事。可特詔廣淵舉知州一人。"

三年,提舉常平廣惠倉事。備見青苗法。

四年正月壬辰,詔鬻天下廣惠倉田,爲三路及京東常平本,其當賑濟,即以廣惠、

---

① 騷挐 底本作"騷拏",據張方平樂全集卷二六論手實狀改。
② 奉禮郎 底本"禮"下衍"部"一字,據嘉慶本、長編卷二六〇删。

常平等倉所貯粟麥給之。

十年九月癸酉，詔開封府界提點，先自豐稔畿縣立義倉之法。

舊紀云初立義倉；新紀云立義倉自畿内始。

元豐元年二年庚戌，提點開封府界諸縣鎮公事蔡承禧言："竊惟陛下所以哀憐元元，發於精思惻怛之仁心，講義倉之法。今率以二石而輸一斗。臣之領邑二十二，其九已行，歲斛幾萬。請自今歲夏稅爲始，不煩中覆而舉行之。"乃詔畿縣皆立義倉，事隷常平司。

六月丙寅，知將作監主簿王古言："去歲詔講復義倉，試於畿邑，已不擾而可行。欲乞於豐稔路，委提舉司勘會省稅常平免役等錢穀，欠閣共不及三分處先推行，庶幾數年之間即見成效。"詔京東、京西、淮南、河東、陝西路依開封府界諸縣行義倉法，餘依奏，仍以今年秋料爲始。

十月己未，權發遣興州羅觀乞頒義倉法於川峽四路①，從之。

農田

淤田

熙寧四年三月戊子，上論淤田得麥事。見役法。

五月乙未②，御史劉摯言："内臣程昉、大理寺丞李宜之於河北開修漳河，功力浩大。朝廷既令權罷，則利害姑置之。朝旨又令總領淤田司事③。昉總領淤田，當檢月日。昉權罷開漳河，三月十一日丙申上批，並此月十一日乙未王安石論陳薦云云可考。臣謹案程昉、李宜之將命興事，初不以事之可否實聞於朝，復恐生事興患，未有窮已。伏乞明布昉等罪狀，重行貶竄。"楊繪亦再具奏乞罷工役，王安石爲昉辯說甚力，皆寢不報。

御史劉摯言程昉等開修漳河，不詳利害，擾民費財，及欺罔要君，乞行罷黜。墨史但如此書於十二日，朱史又削去。今具載摯奏。按日録以十一日進呈，摯奏必在十一日以前，今附見十一日。墨史乃於十二日書之，恐誤也。中丞楊繪亦有二章論奏，日録並不書④，今附見於此。二月二十一日丁丑，增役兵

---

① 川峽四路　"峽"底本作"陝"，據長編卷二九三、宋史卷一七六食貨志改。
② 乙未　底本脱此二字，據長編卷二二三補。
③ 朝旨　嘉慶本作"朝廷"。
④ 日録　嘉慶本作"實録"。

開漳河。

　　安石又白上:"前此樞密院言淤田役兵多走死,至一指揮但有軍員五人歸營者①。又言府界營婦舉營訴於提點刑獄,乞放淤田兵士。密院遂劄付提點司密切體量②。安石取簿歷,根究得淤田兵士走死,多處不及三鰲。用法,走死及八鰲,尚合得第一等酬獎。又問密院何以言'但有軍員五人歸營',云得之曾孝寬,孝寬得之李琮。"上曰:"曾孝寬何故如此?"安石曰:"孝寬及琮皆不可知,或止是誤聽,亦不可知。"馮京曰:"人言所聞何害?"上曰:"小人好如此,恐宣力者解體。陳薦前日上殿,言且喜朝廷覺察,罷卻淤田。"安石曰:"陛下用陳薦輩爲耳目股肱,今薦權發遣開封府,界內淤田其罷與不罷及利害初不曾知,不知陛下耳目何所賴?"

　　六年九月丙辰,賜屯田員外郎侯叔獻、太常丞楊汲府界淤田各十頃。叔獻等引河水淤田,決清水於畿縣、澶州間,壞民田廬、塚墓,歲被其患。他州縣淤田類如此,而朝廷不知也。

　　七年正月。先是,提舉河北路常平等事韓宗師劾程昉導滹沱河水淤田,而隄壞水溢,廣害民稼,欺罔十六罪。詔昉分析。於是進呈,讀至宗師言"昉奏稱百姓乞淤田,臣勘會百姓元不曾乞淤田",昉分析"據差去檢踏官取到逐縣乞淤田狀,但不曾戶戶取狀"。上曰:"亦無人戶狀。"王安石曰:"淤田得差去官及逐縣官吏狀足矣,何用戶戶取狀?程昉奏乞淤田既無狀,即難明虛實。然爲朝廷宣力,淤田至四千餘頃,假令奏狀稱人戶乞淤田一句不實,亦無可罪之理。"上言:"昉昨修漳河,聞漳河歲歲決;修滹沱河,又卻無下尾。"安石曰:"修漳河出卻三縣民田,百姓群至京師,經待漏院出頭,謝朝廷差到程昉開河,除去百姓三二十年災害。"

　　林希野史云:原武等縣民因淤田浸壞廬舍、墳墓,又妨秋種,相率詣闕訴。使者聞之,急責其令追呼,將杖之,民即謬曰:"詣闕謝耳。"使者因代爲百姓謝淤田表,遣吏詣鼓院投之。狀有二百餘名,但二吏來投之。安石大喜,上亦不知其妄也。今附注此,當考。六年九月丙辰賜侯叔獻等田,可并考。

　　又逐條讀程昉分析,上曰:"若韓宗師所言果不實,朝廷何惜行遣,令轉運司考按其事③。"

---

① 但有軍員五人歸營者　"有"底本作"以",據嘉慶本、長編卷二二三改。
② 密切體量　"密切"底本顛倒,據嘉慶本、長編卷二二三乙正。
③ 轉運司　嘉靖本作"轉運使"。

韓宗師提舉河北常平,既有旨下京東轉運司及程昉各差官檢定淤田,宗師固未嘗兼京東轉運司,不知何故,卻自差官。蓋宗師只從河北常平司差官檢定河北淤田,初不問京東轉運司及程昉,又差獨員監當官,故王安石以爲違法也。十月十二日丙子,程昉遷官,可考。沈括筆談云:瓦橋關北與遼人爲鄰,素無關河爲阻。往歲六宅使何承矩守瓦橋,始議因陂澤之地瀦水爲塞,欲自相視,恐其謀泄,日會僚佐泛船置酒,賞蓼花,作蓼花吟數十篇①,令座客屬和②,畫以爲圖,傳至京師。人初莫諭其意,自此始壅諸淀。慶曆中,内侍楊懷敏復踵爲之。至熙寧中,又開徐村、柳莊等諸瀼,皆以徐、鮑、唐、沙等河,叫猴、雞距、五眼等泉爲之源③,東合滹沱、漳、淇④、易、白等水⑤,下并大河,於是自保州西北沈遠瀼,東盡滄州泥沽海口,幾八百里,悉爲瀦潦,闊者有及六十里者⑥,至今倚爲藩籬。或謂侵蝕民田,歲失邊粟之入,此殊不然。深、冀、滄、瀛間,惟大河、滹沱、漳水所淤方爲美田,淤澱不至處悉是斥鹵,不可種藝。異日惟是聚集遊民,刮鹹煮鹽,頗干鹽禁,時爲寇盜。自爲瀦瀼,奸鹽遂少⑦,而魚蟹菰葦之利,人亦賴之。沈括筆談或附和王安石說,今附注此,待考。八年閏四月十四日,王安石云程昉與韓宗師同放罪,可考。

二月丙子,上議擇河北帥云云。吳充白上,乞且減省騷擾河北事。王安石曰:"河北修役法,人皆免役數年,特不科配銀絹,至於其餘百色,無一毫科配,如何反有騷擾?"上曰:"當是向來差夫多。"安石曰:"差夫事,候排定保甲乃可見事實,大抵七八丁乃差一夫,有何騷擾?初,自河決遽調夫,不知河至今不塞,河北如何騷擾?調數萬夫塞卻河,致恩、冀數州皆免流亡,得良田耕墾,何名騷擾?塞滹沱河又出田幾萬頃,灌田四千餘頃,縱未經打量,不知萬頃實否,然亦須五六千頃,并淤到鹵地亦自萬頃。又開漳河,出三州之田皆可耕種,百姓至群聚來京師,謝朝廷爲之除害,如何謂之騷擾?"充曰:"民可與樂成,難與慮始⑧。"安石曰:"民既難與慮始,此所以須朝廷驅使。況亦不聞百姓以此爲怨,但朝廷士大夫自紛紛爾。"上因擇帥之難,歎曰:"今朝廷所用非所養,所養非所用。卿等亦宜爲朕養育實才,以當緩急之用。"安石又言:"今人材乏少,當由陛下是非好惡⑨,賞罰不明,人人偷惰取容,莫肯自盡故也。如趙子幾在河北,

---

① 作蓼花吟數十篇 "蓼花吟"底本作"詩",據夢溪筆談卷一三改。
② 座客 底本作"坐客",據夢溪筆談卷一三改。
③ 爲之源 "源"底本作"原",據長編卷二四九改。
④ 淇 底本作"其",據嘉慶本、夢溪筆談卷一三改。
⑤ 白 嘉慶本作"淶"。
⑥ 闊者有及六十里者 底本脱第一個"者"字,據夢溪筆談卷一三補。
⑦ 奸鹽遂少 "鹽"底本作"盜",據長編卷二四九注文及夢溪筆談卷一三改。
⑧ 難與慮始 "與"底本作"以",據嘉慶本、長編卷二五〇改。
⑨ 好惡 嘉慶本作"任意"。

未嘗按一人,獨程昉盡力,乃興數獄危之。昉終無一罪可劾,惟以壕寨取受杖罪,收坐免勘。安有一年提舉四五處大役,乃以一壕寨取受杖罪收坐之理?子幾宣言陛下極稱其能劾程昉。子幾向在府界,真能不畏強禦,修舉法令,陛下每以衆毀疑之,臣數辨其無罪,及使河北,更專按盡力之吏,以取悦流俗,陛下始極稱之。如此,即人臣何故不務爲偷惰取容?"上曰:"朝廷奬用程昉如此,安得不盡力?内臣極有願爲昉所爲者。内臣得舉京官,祖宗以來未有。"安石曰:"昉以職事得舉京官,不知受賂否,若不受賂,但以要人營職故同罪舉官,不知於昉私家有何所利?若人人能爲昉所爲,陛下何不降出姓名代昉職事?"上曰:"只是修水利,又不似王繼恩平西川。"安石曰:"人材各有用,民功曰庸,乃先王所甚貴,何必能平西川然後保。惜陛下長育人材如此,則人材乏少,臣何敢任其罪?"

七年四月丙戌,王安石罷相。

十月丙子①,同管句外都水監丞、提舉河北興修水利程昉領達州團練使,永静軍判官林伸、東光縣令張言舉各追一官勒停。初,昉開胡蘆河,引水入新開故道,浸民田不可勝計。詔河北東路轉運司遣官相視,轉運司遣伸及言舉。伸、言舉奏:新河身比舊河高一丈以來,致水逆行,浸民田。詔昉具析,昉反言引水通快,官私船筏略無阻滯。詔遣都水監丞劉璹、黄御等河催綱李直躬考驗②,而璹等奏如昉言,故昉遷官,而絀伸、言舉。

會要水利門:七年十月十三日,以皇城使、端州刺史程昉遥領達州團練使。昉治漳沱河,議者互出所見,謂非利,昉確不移。既而水行,人便之,上嘉焉,進官以賞之。會要所書,蓋專爲昉道地,與元祐史官不同,當考。元祐史官載伸等言致水逆行,昉反言云云。紹聖史官乃削去"致"字、"反"字,此可見其意也。

御史盛陶嘗論昉曰:"昉挾第五埽塞决河之功,故縱壕寨徒屬騷擾不法。所開共城縣御河,頗廢人户水磑,多用民力,不見成功。又議開沁河,因察訪官案行,始知不當。漳河、漳沱河之役,臣不知用工幾何,淤田若干,即令通流與否,而水占邢、趙、深、祁之良田,民頗咨怨。"王廣廉、孔嗣宗、錢勰以至趙子幾皆有論列。上曰:"王安石以

---

① 丙子 底本脱此二字,據長編卷二五七補。
② 黄御等河催綱李直躬 "河"底本作"與",今參考下文的"都大提舉黄御等河公事程昉"以及宋會要輯稿食貨四五之一"黄御等河催綱官一人"改。

昉知河事，且欲任使。開漳河七百萬工，滹沱河八九百萬工，已議體量。"然朝廷訖不果根治也。

八年二月丙戌，同管句外都水監丞程昉等言："嘗乞以京西三十六陂爲塘，潞水入汴漕運①。其陂內民田，欲先差官量頃畝，依數撥還，或給價錢。又采買材木遙遠，清汴牐欲作二三年修②，仍選知河事臣寮再案視措置。"詔翰林學士侍讀陳繹、入內都知張茂則與昉等覆視以聞。其後繹等言："可濟行運。其置牐疏密、土工、物料，見令楊琰等計置。"詔候相度畢，具合行事節以聞。

四月，都大提舉黃御等河公事程昉言："乞自滹沱、胡蘆兩河引水，淤漑滹沱南岸魏公、孝仁兩鄉瘠地萬五千餘頃。自永静軍雙陵道口引河水，淤漑北岸曲淀等村瘠地萬二千餘頃，並俟明年興工。"從之。

五月，王安石爲上論程昉、呂嘉問事。上曰："如程昉，非不句當得事，但不循理。"安石曰："程昉舉呂公孺，誠爲不識理分。然於國事，有何所損云云。"上曰："如程昉數年間致位至此，昉亦足矣。"安石曰："昉功狀比衆人合轉數官，即才轉一官，若一有疑罪即數處置獄，豈得謂足？且陛下前日宣諭程昉恃中書知察，方能盡力。臣比見昉數處置獄被劾，但能令人歎息而已。昉乃爲臣言：'不須爲昉深辨，但令昉得罪，追一兩官，或被停廢，蔡諫議自然息怒，不然，即紛紛未有了時。昉但得爲朝廷了公事，利澤及民足矣。若因此停廢，昉亦能營生，必不寒饑，相公不須過憂。'其言如此，乃非恃中書營救，故敢自肆也。今忠邪、功罪未盡昭明，則事功何由興起？"

九年九月丙寅，贈皇城使、達州團練使、帶御器械程昉爲耀州觀察使，官其二子，賜宅一區，以昉任水事有功，特恩也。昉挾王安石勢，多所陵慢，後安石覺其虛誕，疏之，昉以憂死。

元豐元年七月甲午，管句外都水監丞、殿中丞耿琬兼提舉河北淤田水利司，仍自今罷置淤田一司。

三年二月壬寅，提點永興軍等路刑獄、駕部員外郎王孝先知邠州。孝先上淤田營田司自熙寧七年至十年費錢十五萬五千四百餘緡。

---

① 漕運　長編卷二六〇作"通運"。
② 清汴牐欲作二三年修　"作"底本作"候"，據本書卷七七濬汴河、長編卷二六〇改。

水利

熙寧元年六月辛亥,王臨言:"保州塘濼已西可築堤植木,凡十九年,隄内可引水處即種稻,水不及處並爲方田。又因出土作溝,以限戎馬。"從之。中書言:"諸州縣古跡陂塘①,異時皆畜水溉田,民利數倍。近歲所在湮廢。"詔諸路監司訪尋州縣可興復水利,如能設法勸誘興修塘堰圩垾,功利有實,當議旌寵。

五年十一月癸丑,睦州團練推官、知於潛縣郟亶爲司農寺丞、兩浙路提舉興修水利。

郟亶明年五月二十三日追官,日録載上語云:"郟亶且勿移動。"按:亶事訖無成,故安石專以此事爲出上意,今不取。

庚午②,司農寺丞、新提舉兩浙路興修水利郟亶言:"乞將向日凡言兩浙水利文字付臣看詳,或召言者詢問,如實利便,及其人可任使,乞令分頭主管,官員依部役官,舉人依曹孝立例給請受,候興修,隨功利小大等第酬獎。"從之。

曹孝立當考,又見七年十月。

六年五月戊申,詔:"創水磑、碾、硾有妨灌溉民田者,以違制論,不以去官赦降原减,官司容縱亦如之。"

八月,檢正中書刑房公事沈括辟官相度兩浙水利,上曰:"此事必可行否?"王安石等曰:"括乃土人,習知其利害,性亦謹密,宜不妄舉③。"上曰:"事當審計,無如郟亶妄作,中道而止,爲害不細也。"丁丑,沈括言:"浙西諸州水患久不疏障,堤防川瀆多皆湮廢。今若一出民力,必難成功。乞下司農貸官錢募民興役。"從之。

九月戊申,淮南東路轉運司言:"真、揚州民逐熟於泗州,乞振救。"及兩浙提點刑獄司言:"潤州旱甚,乞發省倉,或量給度僧牒及紫衣、師號,敕募人入粟,以備振濟。"詔各撥常平司糧三萬石,募饑民興修農田水利。上謂安石曰:"奉先寺進新種稻極佳,賜與一道紫衣。"王安石曰:"陛下每以勸農事爲急,甚善。"初,蔡河既作重閘,有餘水,乃教河側人種旱地爲稻,而奉先率先種稻。上曰:"蔡河雖作重閘而未嘗閉者,水

---

① 陂塘 底本作"阪塘",據文獻通考卷六、大學衍義補卷一四改。
② 庚午 底本無此二字,據長編卷二四〇補。
③ 宜不妄舉 長編卷二四六、宋會要輯稿食貨七之二六均作"宜不敢輕舉",宋會要輯稿食貨六一之一〇作"宜不敢輕舉也"。

有餘故也。若教人廣引蔡水種稻,則蔡河乃不患水多。"安石曰:"鄧艾得并水東下營田者,以不賴蔡河漕運故也。自來賴蔡河漕運,故欲并水東下,修鄧艾遺迹不可得。今蔡河作重閘,無所用水,則欲并水東下,無所不可。若相旱地爲塘,多引溝洫作水田,則陳、潁數州自足食,餘及京師矣。此須擇一能幹事人方了此①。"

七年正月,賜江寧府常平米五萬石修水利。

九年正月壬午,前相度淮南路水利劉瑾言:"體訪揚州江都縣古鹽河、高郵縣陳公塘等湖,天長縣白馬塘、沛塘,楚州寶應縣泥港、射馬港,山陽縣渡塘溝、龍興浦,淮陰縣青州澗,宿州虹縣萬安湖、小河,壽州安豐縣芍陂等②,可興置。除古鹽河、萬安湖、小河,已令司農寺結絶,餘欲令逐路轉運司選官覆案施行。"從之。

種桑

熙寧六年六月己丑,中書以勸課栽桑之法奏御。上曰:"農桑,衣食之本,宜以勸民。然民不敢自力者,正爲州縣約此以爲資,升其户等耳。舊有條禁,可申明之。"癸巳,司農寺言:"詳定府界提點吳審禮乞令諸縣勸課,隨户等種桑椹,聽自來年種,次年移種,候見栽法,遍下諸路。"從之。

七月庚午,詔:"安肅、廣信、順安軍、保州人户地内,令自植桑榆或所宜之木,官爲立勸課之法。每三株青活,破官米一升,計每户歲輸官之物,以實估準折,不盡之數,以待次年。如遇災傷③,放税及五分以上,即以準折未盡米數等第濟接。仍據逐户内合栽之數,每歲二月終以前點檢,及一分青活,至十年周遍;如不及一分,即量罪罰贖,勒令補種。令、佐得替,轉運司差不干礙官點檢,以一任合栽之數紐爲十分,如及十分者有賞,不及七分者有罰。其所栽植之木,令人户爲主,非時毋得遣人下鄉,以點檢爲名,以致騷擾。委轉運司施行。應昨所差管句提舉官並罷。"初,以趙子幾及曾孝寬所言下程昉相度,樞密院欲罷昉,以孔嗣宗代之,王安石不可,乃更立此法。

元豐八年十二月,罷栽桑法。

---

① 能幹事人 "幹"底本作"榦",據嘉慶本、長編卷二四七改。
② 等 底本無此字,據嘉慶本、長編卷二七二補。
③ 如遇災傷 "災"底本作"菑",據嘉慶本、長編卷二四六改。

卷第七十四

神宗皇帝

修經義

　　熙寧四年二月丁巳朔，中書奏定貢舉新制：進士罷詩賦，貼經、墨義，各占治詩、書、易、周禮、禮記一經，兼以論語、孟子。每試四場，初本經，次兼經，並大義十道，務通義理，不須盡用注疏；次論一首，次時務策二道、禮部五道。禮部五道，當考。中書撰大義式頒行。京東、陝西、河北、河東、京西五路先置學官，中書選擇逐路各三五人，雖未仕有經術行誼者亦許權教授，給下縣主簿、尉俸，願應舉者亦聽。候滿三年，有五人奏舉，堂除本州判司、主簿、尉，仍再兼教授。即經術行誼卓然，爲士人所推服者，除官充教授。其餘州軍，並令兩制、兩省、館閣、臺諫臣僚薦舉見任京朝官、選人有學行可爲人師者，中書體量，堂除逐路官，令兼本州教授。

　　五年正月戊戌，王安石以試中學官等第進呈，且言黎侁、張諤文字佳，第不合經義。上曰：“經術，今人人乖異，何以一道德？卿有所著可以頒行，令學者定於一。”安石曰：“詩已令陸佃、沈季長作義。”上曰：“恐不能發明。”安石曰：“臣每與商量。”季長，錢塘人，安石妹壻也。壬寅云云，上言：“勘河決事，乃獨遣程昉。”安石云云，以疾病爲辭。上默然良久，乃曰：“朕欲卿錄文字宜早錄進。”安石曰：“臣所著述多未成就，止有訓詁文字，容臣綴緝進御。”

　　五月甲午，上謂王安石等曰：“蔡確論太學試極草草。”馮京曰：“聞舉人多盜王安石父子文字，試官惡其如此，故抑之。”上曰：“要一道德。若當如此説，則安可臆説？詩、書法言相同者，乃不可改。”安石曰：“‘柔遠能邇’，詩、書皆有是言，別作言語不得。臣觀佛書，乃與經合，蓋理如此，則雖相去遠，其合猶符節也。”

六年三月己酉,命知制誥呂惠卿兼修撰國子監經義①,太子中允、崇政殿説書王雱兼同修撰。先是,上諭執政曰:"今歲南省所取多知名舉人,士皆趣義理之學,極爲美事。"王安石曰:"民未知義,則未可用,况士大夫乎?"上曰:"舉人對策,多欲朝廷早修經義,使義理歸一。"乃命惠卿及雱,而安石以判國子監沈季長親嫌,固辭雱命,上弗許。已而又命安石提舉,安石又辭,亦弗許。

丁卯,舊紀書:詔王安石設局置官,訓釋詩、書、周禮義,即此事也,今不别出。

四月壬辰,新賜進士及第余中爲大理評事,朱服爲淮南節度推官,邵剛爲集慶軍節度推官,葉唐懿爲處州軍事推官,葉杕爲秀州司户參軍,練亨甫爲睦州司法參軍,並充國子監修撰經義所檢討。上初疑杕等未稱職,王安石曰:"今乏人檢討文字,若修撰,即自責成呂惠卿。"上乃許之。

十月辛未,光州刺史、駙馬都尉馬敦禮乞立春秋學官,不許。先是,上以敦禮不識王安石,遣敦禮詣中書見之。敦禮求獨見安石,安石辭以不曾被旨,與衆見之。是日,上問安石:"見敦禮否?"安石對如前,上曰:"卿嘗以春秋自魯史亡,其義不可考,故未置學官。敦禮好學不倦,於家亦孝友,第未知此意耳。敦禮但讀春秋而不讀傳,春秋未易可通。"馮京等曰:"漢儒初治公羊,後乃治穀梁,左氏最後出。"上曰:"漢儒亦少有識見者。"

十二月庚辰,修撰經義所檢討、洪州進士徐禧爲鎮南軍節度推官、中書户房習學公事。禧與吳著、陶臨皆以白衣爲修撰經義所檢討,至是,又以選人入中書習學行檢正事。初,呂惠卿薦禧所爲治策二十四篇,上善之,曰:"禧言朝廷以經術變士人,十已八九變矣。然蹈襲人之語,而不求心通者,亦十八九,此言是也。觀禧文學,曉政事,宜試之於有用之地。"王安石曰:"中書檢正官如章惇輩,朝廷當即有差除。後更用人,如有不稱,艱於退黜,欲置人爲習學。"上以爲然,於是以禧爲之。中書五房習學公事自此始②。

七年四月丙戌,禮部侍郎、平章事、監修國史王安石罷爲吏部尚書、觀文殿大學士、知江寧府;觀文殿大學士、吏部侍郎、知大名府韓絳依前官平章事、監修國史;翰林

---

① 知制誥　底本脱"知"字,據長編卷二四三補。
② 中書五房習學公事　"五"底本作"户",據嘉慶本、長編卷二四八改。

學士、右正言兼侍講呂惠卿爲右諫議大夫、參知政事。己丑,王雱爲右正言、天章閣待制兼侍講。雱以疾不能朝,又詔特給俸,免朝謝,許從安石之江寧,仍修撰經義。又詔王安石依舊提舉詳定國子監修撰經義,參知政事呂惠卿同提舉。

九月庚子①,命太子中允、館閣校勘、崇政殿説書呂升卿同兼修經義②。

八年二月,王安石再入相。

五月,御史蔡承禧言呂升卿招權慢上,并及呂惠卿。是日丁亥,進呈。上曰:"經義所辟檢討劉谷,谷必通經義。惠卿言其人有學問有行。"王安石曰:"臣亦聞其有行,但不識之。"上曰:"檢討須有補於修經,不然,雖有行,何補?有行之士,自別有用處。"時承禧言升卿辟谷,與官俸,令教小兒而已。安石時與惠卿俱對,上顧安石,稱其獨無私。前此亦屢有此言,蓋爲惠卿發也。餘見王安石、呂惠卿等。

六月丁未,同修經義呂升卿言:"周禮、詩義已奏,尚書有王雱所進義,乞更不删改。"從之。時升卿輒删改安石、雱詩義,安石、雱皆不悦,故升卿有是言,然亦不能解也。甲寅,王安石上詩、書、周禮義序,詔付國子監,置之三經義解之首。先是,安石撰詩序,稱頌上德,以文王爲比,而上批:"得卿所上三經義序,其發明聖人作經大旨豈復有加。然望於朕者,何其過歟!責難之義,在卿固所宜著;傳於四方,貽之後世,使夫有識考朕所學所知,及夫行事之實,重不德之甚,豈勝道哉!恐非爲上爲德之義也。其過情之言,可速删去,重爲修定,庶付有司,早得以時頒行。"及進呈,上曰:"以朕比文王,恐爲天下後世笑。卿言當爲人法,恐如此非是。"安石言:"稱頌上德,以爲比於文王,誠無所悔。"上曰:"關雎,文王之詩,皆文王盛德。周世世修德,莫如文王,朕如何可比?兼如'陟降庭止'之類,朕豈不自知其不能邪。須當改之,但言解經之意足矣。"安石曰:"陛下誠或未能事事如是,然陛下於陟降,豈有愛惡之私心乎?是乃所以爲直也已。上聖所懷,深仁謙損,臣敢不奉承詔旨,庶以仰稱堯、禹不争不伐之心!"遂改撰以進,上乃頒行之。

九月辛未,王安石言:"臣子雱奉詔撰進詩義,設官置局,有所改定。臣以文辭義理當與人共,故不敢專守己見爲是。既承詔頒行,學者頗謂有所未安。所有經局改定

---

① 庚子　底本脱此二字,據長編卷二五六補。
② 同兼修經義　嘉慶本作"同兼修撰經義"。

諸篇,謹錄新、舊本進呈。内雖舊本,今亦小有删改,并於新本略論所以當删復之意。"詔安石并删定吕升卿所解詩序以聞。吕惠卿白上曰:"兩日前,余中、葉唐懿來,爲臣言安石怒臣改其詩義,中等昔與臣同進呈,安石以爲忘之,當時只進呈詩序,今但用舊義耳。臣意以爲未審,遣升卿往訊之,果然。升卿曰:'家兄與相公同改定進呈。'安石怒曰:'安石爲文豈如此?賢兄亦不至如此!此曾旼所爲,訓詁亦不識。'臣甚怪之,而未喻其怒之意,此爲人所間耳。臣之弟兄於安石,陛下所諒云云。"上曰:"安石無他意。經義只爲三二十處訓詁未安,今更不動序,只用舊義,亦無害。"惠卿曰:"安石欲并序删定,置局修撰非一日。今既皆不可用①,而轉官受賜,於理何安?臣亦當奪官。"上曰:"豈有此理!"惠卿曰:"然縱朝廷不奪臣官,臣何面目?安石言垂示萬世,恐誤學者。洪範義凡有數本,易義亦然。後有與臣商量改者三二十篇,今市肆所賣新改本者是也。制置條例司前後奏請均輸、農田、常平等敕,無不經臣手者,何至今日遽不可用,反以送練亨甫?臣雖不才,豈至不如亨甫?"上曰:"卿不須去位。"惠卿曰:"臣豈可以居此?"

十月,參知政事吕惠卿出知陳州。

十二月辛亥,王安石上再撰詩關雎義解。詔並前改定諸詩序、解付國子監,鏤板施行。

置武學

熙寧五年六月乙亥,樞密院言:"仁宗時嘗建武學,既而中輟,慶曆三年五月丁亥置武學,八月戊午罷之②。乞復之。"詔於武成王廟置武學,選文武官知兵者爲教授。凡使臣未參班并門蔭、草澤人,許召京朝官保任,試驗人材弓馬,應試武舉合格者方許入學,給常膳,習諸家兵法。教授官纂次歷代用兵成敗及前世忠義之節足以訓者,講釋之。願試陣隊者,量給兵伍肄習。在學及三年,則具藝業保明考試,等第推恩,未及格者逾年再試。凡試中,三班使臣與三路巡檢、監押、寨主,白身與經略司教押軍隊、準備差使,三年無遺闕,與親民或巡檢。如至大使臣,有大兩省或本路鈐轄以上三人保舉堪

---

① 今既皆不可用　底本脱"用"一字,據嘉慶本、長編卷二六八補。
② 慶曆三年五月丁亥置武學八月戊午罷之　底本位於"乞復之"之後,據長編卷二三四改至此位置。

將領者,並與兼諸衛將軍,外任回,歸環衛班。仍差兵部郎中韓縝判學,內藏庫副使郭固同判,賜食本錢萬緡。初,樞密院修武學舉條制①,不能答策者,止答兵書墨義。王安石曰②:"恐入官太冗,兼近方以學究但知誦書,反更愚魯不曉事,廢之。今又置武學墨義一科,其所習墨義又少於學究,所取武藝又不難及,則向時爲學究者乃更應武舉。若收得如此人作武官,亦何補於事?"上曰:"朕亦語密院以墨義不可用。"至是再進呈武舉條制,乃悉從中書所定。

閏七月壬子,詔:"武學生員以百人爲額,遇科場前一年,委樞密院降宣,命武臣路分都監及文臣轉運判官以上,各奏舉堪應武舉者一人。其被舉人遇生員闕,願入學者聽,仍免試。生員及應舉者不過二百人,春、秋各一試,步射以一石三斗,馬射以八斗,或弓八斗、矢五發中的;或別習武伎,副之策略,雖弓力不及,學業卓然者,並爲優等,補上舍,以三十人爲額。三班使臣無贓罪及私罪情輕,仕族或草澤人無違負,亦聽入學,量試馬射以六斗,步射以九斗,策一道,孫、吳、六韜義十道,以五通爲合格。春、秋試內舍生,馬步射、馬戰應格,對策精通,士行可稱者上樞密院;不應格而曉術數,知陣法,智略可用,或累試策優等,悉取旨補上舍;武藝又進者,樞密院審察人材,旋加試用。"

"生員及應舉者不過二百"以下至"旋加試用",並以選舉志增入。實錄:武學言,乞在學生員"春、秋各一試"至"三十人爲額",及"三班使臣"至"五通爲合格",並係之八月八日。今並從本志入此。又實錄,六年八月一日與此相重,略有不同處,今兩存之。

九月辛酉,詔武學生試大義十道③,分兩場,從御史劉孝孫請也。後試武舉人亦如之。

六年八月壬申朔,武學言:"春、秋試法,內舍生馬步射、馬戰應格、對策精通、士行可稱者上樞密院,補上舍生。雖不應格,而能精曉術數、陣法,智略可用,或累試策優等,別取旨補上舍。武藝、策略累在下等者,復降外舍。上舍無過三十人,別齋,增給食。如累試又優等及武藝進者,上樞密院審察人材試用。"從之。

---

① 武學舉條制　嘉慶本、長編卷二三四均作"武舉條令"。
② 王安石曰　底本脱"曰"一字,據長編卷二三四補。
③ 武學生　群書考索後集卷二九士門武學作"武學士"。

十月戊寅,三班奉職种翊爲右班殿直①、閤門祗候、武學教授。初,三班使臣入仕年已及格當調官者,雖有法,試尤草略。至是命立新格,程其能否而進退之。翊弓馬、策問皆入高等,特擢之。

七年二月,樞密院言:"武學補試生員,前此無立定時限。四方游士困於伺候。乞隨在學上舍生,以春、秋二時引試,仍下進奏院遍行,庶使遠方通知朝廷招徠之意。"從之。

八年正月甲寅,詔罷諸將參謀。初,置三十七將②,許舉武學生充參謀,諫官范百祿言:"邊事未有機警,何用布衣參謀?徒長奔競耳!"

三月庚申,中書言:"進士王致堯狀:'伏覩條制,武學比科場開設。自來進士唱名後四五月間,方始差官兵部鎖試發解,以此致進士兩處投下文字,失解後旋看兵法,權習弓兵,意務苟進。就試日,多懷匿文字,飾以虛辭,弓馬不甚精習,不惟有誤朝廷緩急使用,兼使學者不專其業。欲乞將來武舉與進士同時差官鎖試。'欲依所請。"詔自今武舉與進士同時差官鎖試③。

五月丁卯,太學進士楊伋權武學傳授④,候一年召試。伋撰述李靖兵法,並上圖議,特錄之。甲申,河北第八副將臧景言馬射六事,詔景即武學,召殿前馬軍司教押馬軍使臣,諭以所陳六事,並下五路經略司及將官依此教習軍馬。六事者:一曰順鬃直射,二曰背射,三曰盤馬射,四曰射親,五曰野戰,六曰輪弄。景各爲説,以曉習射者。

七月,詔武舉人先試孫、吳、六韜大義共十道,爲兩場;次問時務邊防策一道,與鎖廳人同考試。馬軍司試弓馬,差官監試。初,武舉試格前後參錯⑤,至是始加裁定。

八月,別試所言:"武舉人試孫、吳、六韜大義,六韜本非完書,義理訛舛,無所考據。欲止於孫、吳書義出題⑥。"從之。

十年六月癸未,詔武學教授、傳授以四員爲額⑦。

————————

① 种翊　長編卷二四七、宋史全文卷一二上均作"申翊"。
② 三十七將　底本脱"七"一字,據長編卷二五九、東都事略卷七七范百禄傳補。
③ 同時　底本脱"時"一字,據長編卷二六一補。
④ 太學進士　"太"底本作"大",據嘉慶本、長編卷二六四改。
⑤ 武舉試格　"試格"底本顛倒,據嘉慶本、長編卷二六六、群書考索後集卷二九士門乙正。
⑥ 欲止於孫吳書義出題　嘉慶本、長編卷二六七均作"欲止於孫、吳出義題"。
⑦ 詔武學教授傳授以四員爲額　底本脱"傳授"二字,"四"下底本衍"百"一字,據長編卷二八三補、删。

元豐元年閏正月丁亥,大名府元城縣主簿吳璋上所注司馬穰苴兵法三卷,詔送武學看詳。其後武學言有可採,詔璋候武學教授有闕,試兵機、時務策各一道取裁①。

六月癸丑,詔:"武學上舍生在學一年,不犯第二等過,委主判同學官保明免解,從上毋過二人。內於貢舉法自應免解,及已該免解後更又在學二年以上無殿罰,免閣試。"

六年四月壬申,詔宣德郎、武學博士蔡碩罷博士,專編修軍器什物法度,仍支舊任職錢。先是,監察御史王桓奏:"近武學補上內舍生,其博士蔡碩以修軍器法制權罷職事,乞權差官考試。"

按:碩自元豐四年以兼編修除本學直日外,餘悉不復總領,已一年有餘。且博士職專教導,而碩一月之間詣學者不過七八。碩知力不能兼,當辭其一,而乃利其俸入,不自祈免者,蓋恃兄確爲宰相②,而人莫敢議故也③。如此,何以示天下?故有是命。

教陣法

熙寧五年五月壬寅④,詔以涇原路蔡挺衞教陣隊⑤,於崇政殿引見,仍頒其法於諸路。先是,挺在涇原建勤武堂,諸將五日番上教閱,五伍爲隊,五隊爲陣,陣橫列,三鼓而出之,並三發箭,復位;又鼓之,逐隊槍刀齊出,以步鼓節之爲擊刺狀,十步而復;以上凡復位,皆聞金即退。騎兵亦五伍爲列,四鼓而出之,射戰盤馬。先教前一日,將官點閱完備⑥,及赴教再閱之,隊中人馬皆強弱相兼,強者籍姓名爲奇兵,隱於隊中,遇用奇則別爲隊出戰⑦。涇原路內外凡七將,又涇、儀州左右策應將,每將皆馬步兵各十陣,分左右,自第一至五每閱一陣,此其大概也。上善其法,故頒焉。

六年五月庚戌,詔諸路經略司結隊並依李靖法,三人爲一小隊,五人爲一中隊,賞罰候成序日取裁。

---

① 各 底本脱此字,據嘉慶本、長編卷二八七補。
② 恃 嘉慶本作"時"。
③ 議 嘉慶本作"讓"。
④ 壬寅 嘉慶本同,長編卷二三三作"丁未"。
⑤ 詔以涇原路蔡挺衞教陣隊 底本脱"衞"一字,據長編卷二三三、文獻通考卷一五七、宋史卷一九五兵志補。
⑥ 完備 底本作"完補",據長編卷二三三、東都事略卷八二蔡挺傳改。
⑦ 遇用奇 "用"底本作"有",據嘉慶本、長編卷二三三、宋史卷三二八蔡挺傳改。

十二月乙亥,上謂輔臣曰:"李靖團力之法,以三人得意者爲隊,已令李浩試之懿、洺二州,疑亦可行。"王安石等曰:"三代至於漢、魏,皆以五人爲伍。至如三人,若一人戰死,押官執刀在後,即斬二人,恐不可。"庚辰,上復論司馬、孫、吳及李靖團力之法。王安石曰:"古論兵無如孫武者,以其粗見道故也。如曰有短長,月有死生①,五聲之變不可勝聽,五色之變不可勝觀,奇正之變不可勝窮。蓋粗能見道,故其言有及於此。"上曰:"能知奇正,乃用兵之要。奇者天道也,正者地道也,地道有常,天道則變而無常。至於能用奇正,以奇爲正,以正爲奇,則妙而神矣。"安石曰:"誠如此。天能天而不能地,地能地而不能天。能天能地,利用出入,則所謂神也。神故能以奇爲正,以正爲奇也。"上善李靖結隊法,召賈逵問之,逵以爲非②。詔中書、密院同議之③,安石曰:"今但結三人爲隊,又結五人爲伍,相搏執,以觀其孰勝,則可用與否立見矣。"上乃令郭固與殿前司各爲一法④,試其可者⑤。上又論兵,以爲能知陰陽五行之理,而役使之則盡矣,要在通理而已。安石曰:"天地乃爲陰陽五行所使,通陰陽五行之理,是所謂精義入神以致用,所爲無不可者,何但兵而已。"

丁亥,詔程昉於沿河採車材三千兩,下軍器監製造戰車。上修嚴武備,既采唐李靖三人隊法,欲試行之,且以北邊地平,可用車爲營衛,因內出手詔,令二府講求,而有是詔。

七年二月丙子,上批:"已降旨,令吕惠卿、曾孝寬比較三人、五人隊法,可疾速比較,具事實以聞。"後惠卿等奏至⑥,而上旨卒用五人相結爲隊法⑦。

三月,上患諸將行軍都無行陣之法,安石曰:"若要用兵,先須朝廷因古今之宜討論法制⑧,然後擇將帥授之,兵乃可用。今人人以私意妄相搏擊,殊無法制。人命至重,誠宜早計深慮。"

六月甲午,上論結隊法,因歎用兵之難,以謂:"今之邊臣,曉知奇正之體者已是無

---

① 死生 底本顛倒,據嘉慶本、長編卷二四八、宋史全文卷一二上乙正。
② 逵以爲非 底本脫"逵"一字,據嘉慶本、長編卷二四八補。
③ 密院 底本作"秘院",據嘉慶本、長編卷二四八改。
④ 殿前司 底本脫"前"一字,據長編卷二四八補。
⑤ 試其可者 嘉慶本作"試其可否"。
⑥ 後惠卿等奏至 底本脫"後"一字,據嘉慶本、長編卷二五〇補。
⑦ 上 底本脫此字,據嘉慶本、長編卷二五〇補。
⑧ 古今之宜 "今"底本作"人",據長編卷二五一改。

人,況奇正之變乎!且天地五行之數不過五,故五陣之變出於自然,非強爲之耳。"韓絳曰:"臣昔嘗請置講說之官,今欲令諸路帥臣各具戰陣之法來上,取其所長,立以爲法。"上可之,乃詔五路安撫使各具可用陣隊法,及訪采知陣隊法者,陳所見以聞。

十月,上以新定結隊法並賞罰格及置陣形勢等,遣近侍李憲付鄜延帥趙卨,俾講求推及諸路。詔卨曰:"陣法之詳,已令憲面諭,今所圖止是一小陣。卿其從容析問,憲必一一有說。然置陣法度,久失其傳,今朕一旦據意所得,率爾爲法,恐有未盡。宜無避忌,但具奏來。"繼又詔卨曰:"近令李憲齎新定結隊法並賞罰格付卿,同詳議施行可否,及因以團立將官①,更置陣法。想卿必已深悉朝廷經畫之意,如日近可以了當,宜令李憲齎赴闕。"於是,卨奏:"臣伏詳置陣之法,以結隊爲先。按李靖法,五十人爲一隊,每三人自相得意者結爲一小隊,合三小隊爲一中隊,合五中隊爲一大隊,餘押官、隊頭、副隊頭、左右傔旗五人即充五十,並相依附②。凡諸隊頭與賊相殺,左右傔旗急進相救;若左右傔旗被賊纏繞,以次行人進前相救;其進救人又被賊纏繞,以次後行人急須進救。其前行人被賊,後行人不救者,押官、隊頭即斬之。今聖制:每一大隊合五中隊,五十人爲之;中隊合三小隊,九人爲之;小隊合三人爲之,亦擇心意相得者。又選壯勇善槍者一人爲旗頭,令自擇如己藝、心相得者二人爲左右傔;次選勇悍者一人爲引戰,又選軍校一人,執刀在後爲擁隊。凡隊內一人用命,二人應援;小隊用命,中隊應援;中隊用命,大隊應援。如逗撓觀望,不即赴救,致有陷失者,本隊仰擁隊軍校,次隊委本轄隊將,審觀不救所由,斬之。其有不可救,或赴救不及,或自受敵③,體被重創,但非可救者,皆不坐。其說雖與古同,而用法尤爲精密④,此蓋陛下天錫勇智,不待學而能也。然而議者謂四十五人而一長,不若五人而一長之密。且以五人而長,即五十人而十長也,推之於百千萬⑤,則爲長者多,而統制不一也。至如周制,五人爲伍,屬之比長;五伍爲兩,屬之閭胥;四兩爲卒,屬之族師;五卒爲旅,屬之黨正;五旅爲師,屬之州長;五師爲軍,屬之命卿。此猶今之軍制,百人爲都,五都爲營,五營爲

---

① 將官　長編卷二五七作"將兵"。
② 並相依附　長編卷二五七作"並相依陣"。
③ 或自受敵　"受",嘉慶本作"交"。
④ 而　底本作"其",據嘉慶本、長編卷二五七、宋史卷一九五兵志改。
⑤ 百千萬　"千"底本作"十",據長編卷二五七、群書考索後集卷四七兵門兵法、宋史卷一九五兵志改。

軍,十軍爲廂。自四廂都指揮而下①,各有節級,有員品,亦昔之比長、閭胥、族師、黨正之任也。議者謂什伍之制,於都法爲便,然都法恐非臨陣對敵決勝之術也。況八陣之法久失其傳,聖制煥然一新,稽之前聞,若合符節。蓋法制一定,易以致人。敵好擊虛,吾以虛形之;敵好背實,吾以實形之。然其所擊者非其虛②,所背者非其實,故逸能勞之,飽能饑之,安能動之,此所謂致人而不致於人也。臣誤蒙訓諭,早暮以思,偶有所見,不敢不盡。"據兵志四卷十月事附見,當考。

　　八年二月戊寅,上批:"見校試七軍營陣,以分數不齊,前後牴牾③,難爲施用。可令見校試官擴其可取者,草定八軍法以聞。"初,詔樞密院:"唐李靖兵法④,世無完書,雜見通典,離析譌舛;又官號物名與今稱謂不同,武人將佐多不能通其意。可令樞密院兵房檢詳官與檢正中書刑房王震、提舉修撰經義所檢討曾旼、中書吏房習學公事王白、管句國子監丞郭逢原校正,分類解釋,令可行後⑤。"又差樞密副都承旨張誠一、入內押班李憲與震、逢原行視寬廣處,關殿前司差馬軍二千八百人教李靖營陣法,以步軍副都指揮使楊遂爲都大提舉,誠一、憲爲同提舉,震、逢原參議公事,夏元象、臧景等爲將副,部隊將、句當公事凡三十九人。誠一等初用李靖六花陣法,約授兵二萬人爲率,爲七軍,內虞候軍各二千八百人,取戰兵一千九百人爲七十六隊,戰兵內每軍弩手三百、弓手三百、馬軍五百、跳盪四百、奇兵四百,輜重每軍九百,是爲二千八百人。上諭李憲等曰:"黃帝始置八陣法,敗蚩尤於涿鹿。諸葛亮造八陣圖,於魚腹平沙之上累石爲八行。晉桓溫見之,曰'常山蛇勢',文武皆莫能識之,此即九軍陣法也。後至隋韓擒虎深明其法,以授其甥李靖。靖以時遭久亂,將臣通曉其法者頗多,故造六花陣,以變九軍之法,使世人不能曉之。大抵八陣即九軍,九軍者方陣也;六花陣即七軍,七軍者圓陣也。蓋陣以圓爲體,方陣者內圓而外方,圓陣即內外俱圓矣。故以圓物驗之,則方以八包一,圓以六包一,此九軍陣、六花陣之大體也。六軍者,左右虞候各一

---

① 自四廂都指揮而下　群書考索後集卷四七兵門兵法、玉海卷一四三兵制陣法同,長編卷二五七、宋史卷一九五兵志作均"自廂都指揮而下"。
② 然其　長編卷二五七、群書考索後集卷四七兵門兵法、宋史卷一九五兵志均作"然而"。
③ 牴牾　底本作"抵捂",據長編卷二六〇、宋史卷一九五兵志改。
④ 唐李靖兵法　底本作"案:唐李靖兵法",衍"案"一字,據長編卷二六〇、文獻通考卷一五七、宋史卷一九五兵志刪。
⑤ 令可行後　文獻通考卷一五七、宋史卷一九五兵志均作"令令可行"。

軍,爲二虞軍;左右廂各二軍,爲四廂軍,與中軍共爲七軍。八陣者,加前、後二軍,共爲九軍。本朝祖宗以來,置殿前馬步軍三帥,即中軍、前、後軍帥之別名,而馬步軍都虞候,是爲二虞候軍;天武、捧日、龍、神衞四廂,是爲四廂軍也。中軍帥總制九軍,即殿前都虞候專總中軍一軍之事務,是其名實與古九軍及六花陣相符而不少差也。今論兵者,俱以唐李筌太白陰經中所載陣圖爲法,失之遠矣。朕嘗覽近日臣僚所獻陣圖,皆妄相惑,無一可取。果如此輩之説①,則兩敵相遇,必須遣使預約戰日,擇一寬平之地,仍夷阜塞壑,誅茅伐木,如射圃教場,方可盡其法耳。以理推之,知其不可用也決矣。今可約李靖法爲九軍營陣之制。然李筌之圖乃營法,非陣法也。朕採古之法,酌今之宜,曰營曰陣,本於一法而已,止則曰營,行則曰陣。在奇正言之,則營爲正,陣爲奇也。"故有是詔。

五月丁卯②,太學進士楊伋權武學傳授,候一年召試。伋撰述李靖兵法,並上圖議,特録之。

九年四月己丑,上與輔臣論營陣法,以謂爲將者少知將兵之理,且如八軍、六軍皆大將居中,大將譬夫心也,諸軍則四體也,運其心智,以身使臂,以臂使指。攻其左則右救,攻其右則左救,前後亦然,則兵何有敗也③。

五月辛酉,詔:"諸保甲可依新降隊法結隊,并印新結隊圖付兵部,每一都保給之一圖。結隊之法,三人爲一小隊,三小隊爲一中隊,五中隊爲一大隊,并引戰一人居前,擁隊一人執刀居後,傔二人居左右,執旗一人居中,凡五十人,皆選士也。有馬人與無馬人各爲隊,隊中兵械或純用一色,或雜用弓、弩、刀、斧、槍、楯,皆於結隊時商定教習。"

元豐元年十一月乙亥,詔:"近分配殿前步軍司標排手教頭五十九人,可令逐司所管槍手,均選蹻捷輕健堪教之人,每名各教九人,令阮根往來巡視指教,賈逵、燕達案閲,候教成日取旨引見。"後賈逵、燕達等言:"近降東南隊法,五人爲一小隊:一人牌手④,二人槍手,二人弩手。五小隊爲一中隊,兩中隊爲一大隊。今阮根反以八人爲一

---

① 果如此輩之説　底本脱"果"一字,據嘉慶本、長編卷二六〇補。
② 五月丁卯　底本脱此四字,據長編卷二六四及本書本卷前文補。
③ 則兵何有敗也　"有",嘉慶本、長編卷二七四均作"由"。
④ 牌手　長編卷二九四作"排手"。

隊,又減大排一,增小排二,減弩一,增弓二,與東南所用器仗不同。乞止依東南隊法,以弩手代小排。若去敵稍遠,則施箭鑿,近則左手持弩,如小排架隔次第,右手執刀劈斫,庶與長兵相兼。"從之,仍令槍手兼習標。

六年二月己酉,詔燕達、王淵取一軍合用人將按試營陣。先是,上親以古兵法製九軍營陣,凡出戰、下營、互變、分合、作止、進退、方圓、尖直,肄習皆盡其妙。至是,命燕達等焉。

八年三月,哲宗即位。

元祐元年二月,殿前馬步軍司言:"準朝旨相度到高翔上言①,乞依舊教閱御陣事,欲於教陣日與新陣相兼②。"詔:"遇教陣隔日更互教習,所有元豐七年六月甲申指揮勿行。"先是,神宗置九軍營陣爲方、圓、曲、直、銳,凡五變爲五陣,遂罷教習御陣。至是,復以舊陣互教。

---

① 高翔 底本作"高朔",據嘉慶本、長編卷三六六、群書考索後集卷四二兵制門改。
② 與新陣相兼 "陣"底本作"政",據嘉慶本、長編卷三六六、群書考索後集卷四二兵制門改。

卷第七十五

神宗皇帝

馬政

治平四年十一月。先是，環慶經略李肅之、鄜延陸詵、陝西制置李師錫並言："本路無係官草地①，又密邇西界，難以興置馬監。"詔陝西監牧司廣市善種，務令蕃息。唐介知太原，請於交城縣置馬監，詔比部員外郎崔台符相視，得汾州故牧地三千餘頃，其千二百餘頃民已租佃者令入租，以給寒月芻豆，乃從介請置監，自沙苑發牝馬五百匹往交城。"上謂文彥博曰："馬政未盡善，由群牧判官非其人，且不久任，無以責成效。令中書擇人充使，卿舉判官，冀國馬蕃息，以給騎兵。"遂以台符權群牧判官。台符，蒲陰人也。尋詔台符、劉航刪修群牧司敕令，以唐令及本朝故事增損删定，並奏取旨。

熙寧元年二月，群牧司言："樞密副使邵亢請以坊監牧馬餘地立田官，令專稼政，以資牧養之利②。案：馬監草地四萬八千餘頃，今以馬五萬匹爲額，匹占田五十畝，而原武、單鎮、洛陽、沙苑、淇水、安陽、東平七監地，餘良田萬七千頃，可賦民租佃，收草粟以備寒月之用。"從之。

八月，群牧司奏："請兼監牧通判並三年一更，以馬死數定其課，能在任與諸監使臣協心，幹集有勞，滿日應賞者，委群牧司保明③，聽再任。兼監牧知州誅賞準此。"從之。丁未，詔陝西、河東各市馬每千匹，京東路三百匹，仍增其直，並赴衛州監牧司。

---

① 係官草地　"官草"底本顛倒，據宋會要輯稿職官二三、兵二二乙正。
② 以資牧養之利　"牧"底本作"收"，據嘉慶本、文獻通考卷七田賦考七改。
③ 保明　"保"底本作"報"，據嘉慶本、宋會要輯稿職官二三改。

陝西轉運副使毋湜言乞候邊事寧息收市①，上批："邊事未寧，民力宜且安養，不宜別有騷擾，宜從湜奏。"丙寅，詔河北馬軍並令立社，依陝西、河東路例，供備錢助買馬，其先給官價錢並增之，仍賣內庫珠千餘萬給其用。

九月乙酉，劉航爲河南監牧使，崔台符爲河北監牧使。先是，樞密院言："舊制以左、右騏驥院總司國馬，景德中始增置群牧使②、副、都監、判官，以領廄牧之政。今欲專任責成，分置官局。"乃詔河北、河南分置監牧使、都監官各一員，以河南監牧並爲孳生監，在外諸監分屬兩使；其官廨，河北於大名府，河南於河中府，後徙西京。諸監官吏，委監牧使奏舉按劾，仍不隸群牧司，專屬制置使③。後又詔隸樞密院，不領於制置使，仍省群牧都監一員。

十月庚子朔，樞密院言："河南、河北監牧使，欲令每年各許同奏舉有牧地縣分選人知縣、令、主簿④，充京職官⑤，共五員，理爲舉主。"丁未，上批："河北、河南監牧使所管地遼遠，若非許令舉一二屬官與之協力，恐難辦事。今於京官以下各舉一人，供奉官以下各舉二人充句當公事，並理本資序，十數年後，歲老漸深，或授以逐州通判，或本司都監，庶幾共濟，早見成績。"乙卯，詔出奉宸庫珠二千三百四十萬，付河北四榷場鬻之，別封椿以備買馬。

十二月，權河北監牧使崔台符言："應牧地民戶已占田者，乞並令具所出租稅，自今盡歸本司支用。"從之。

三年五月庚戌⑥，群牧判官王詡上群牧司編敕十二卷⑦，行之。

十二月癸未，詔："原、渭州，德順軍自今三年買馬三萬匹。買馬官，以十分爲率，

---

① 陝西轉運副使毋湜　"運"下底本衍"司"字，據嘉慶本、長編拾補卷三刪。按：據宋文同丹淵集卷三九龍圖毋公墓誌銘，毋湜卒於宋仁宗嘉祐八年十二月二十八日，他不可能在宋神宗朝又復活，且其生前也沒有擔任過陝西轉運副使，故長編拾補卷三作"陝西轉運副使毋湜"非是。長編卷二二一記載：熙寧四年三月乙未，毋湜的弟弟毋沆曾任陝西轉運使；長編卷二二九又記載：熙寧五年春正月辛丑，陝西轉運副使、太常少卿毋沆知涇州。據此，疑本書此處的"陝西轉運副使毋湜"極可能是"陝西轉運副使毋沆"之訛誤。
② 群牧使　"使"底本作"司"，據嘉慶本、宋會要輯稿職官二三、宋史卷一九八兵志改。
③ 專屬制置使　底本脫"制"字，據嘉慶本、宋會要輯稿職官二三補。
④ 同奏舉　"同"下底本有一墨丁，今據文意刪之。
⑤ 充京職官　疑爲"充京朝官"之誤。按：宋朝有同奏舉幕職州縣官充京朝官的制度，而"充京職官"僅見於此，故疑其非是。
⑥ 庚戌　底本脫此二字，據長編卷二一一、玉海卷一四九兵制馬政熙寧群牧編敕補。
⑦ 十二卷　玉海卷一四九兵制馬政熙寧群牧編敕作"十三卷"。

買及六分七犛轉一官,餘三分三犛均爲三等,每增一等更減磨勘一年。歲給三司及成都府、梓州、利州三路納絹共十萬①,與陝西賣鹽錢相兼償馬價。"初,三州軍買馬,三年共萬七千一百匹,而群牧判官王誨言:"嘉祐六年以前,秦州上京券馬歲不下萬四五千匹。嘉祐七年,置買馬司於原、渭、德順三州軍,皆選良馬,售以高價,於是券馬法壞,類多死損,枉費錢帛。"故有是詔。

四年十月庚午,同修起居注曾孝寬言:"相度到諸班直、諸軍牧馬,乞不下槽牧放,許民出租請佃牧地②,及合立條約等利害。"詔馬自來年更不下槽牧放,其五個月合支草料,令三司速計置③。内外班直、諸軍馬,舊以夏初出牧,迄八月上槽。凡軍士之有馬者,利其草粟之餘與傔兵衣糧④,舉族護視之。及其出也,數馬一圈人⑤,出而未至牧與自牧而歸者,常數日草粟無所給。方其在牧,晝縶之於棚,不得臥休;夕就野而牧,卒有震雷風逸,不知所在,有得之數十百里之外。雨潦霜露之不時,而感寒疾,往往而斃者十常三四。被病而歸,死槽櫪與納換者,不在數。圈人歲被榜罰者,常以千數。又牧地多占良田,圈人侵擾閭里,棚井科率,無寧歲,公私苦之。故命孝寬比較相度⑥。及詔下,人以爲便,計租入以補草粟,猶有羨云⑦。其後,上論牧事,王安石曰:"牧馬每數年蕃息,輒復遇災耗減。"吴充曰:"比以不下槽⑧,故無耗;不然,死者衆矣。而論者以草地租不足補上槽芻秣之費⑨。"安石曰:"以草地給耕者,則所收穀非但官租而已。昔人有兩石粟易一石秕⑩,以養鴈鶩,重食故也。今賦牧地與民耕,以廣民食,則芻秣雖稍損,於公家不足惜。"充曰:"見租已可足芻秣九分之費,而未租之地尚多也。"

六年四月。先是,文彦博言:"議者多欲賦牧地與民而斂租課,散國馬於編户而責

---

① 納絹　嘉慶本作"綢絹"。
② 民　宋會要輯稿兵二四之一九作"人户"。
③ 令三司速計置　宋會要輯稿兵二四之一九作"三司預行計置",且"計置"下有"須管有備,每匹在京支六分草料,外處支五分"。
④ 傔兵衣糧　底本脱"兵"一字,據宋會要輯稿兵二四之一九注文補。
⑤ 數馬一圈人　嘉慶本、長編卷二二七同,宋會要輯稿兵二四之一九注文無"人"一字。
⑥ 故　底本脱此字,據嘉慶本、長編卷二二七補。按:自"内外班直、諸軍馬"至"故命孝寬比較相度",宋會要輯稿兵二四之一九至二〇作小字注文。
⑦ 猶有羨云　"云",長編卷二二七作"也"。
⑧ 比以不下槽　"比",長編卷二二七作"此"。
⑨ 者　底本脱此字,據長編卷二二七補。
⑩ 有　嘉慶本、長編卷二二七作"用"。

孳息。乞朝廷裁察。"既而蔡挺亦以牧地賦民爲便,仍乞汰諸監不堪配軍馬,量留支填馬鋪廂軍人員外,並發付河北等州軍估賣①。詔元絳、吳審禮、蔡確詳定以聞。

五月甲辰,樞密使陳升之兼群牧制置使。

八月,翰林學士曾布等言:"臣等今修成義勇、保甲及養馬條三卷。"詔兵部行之。養馬法,凡五路義、保願養馬者,户一匹,有物力養馬二匹者聽,以監牧見馬給之,或官與其直,使自市,毋或强予②。府界毋過三千匹③,五路毋過五千匹。除襲逐盜賊外,不得乘越三百里。在府界者,歲免體量草二百五十束,先給以錢布④;在五路者,歲免折變緣納錢。三等以上,十户爲一保,四等、五等十户爲一社⑤,以待死病補償者。保甲馬斃⑥,即馬主獨償之;社户馬斃,半使社人償之⑦。歲一閲其瘠肥,禁苛留者,凡十有四條。先自府界頒行焉。在五路者,委監司、經略司、州縣更度之⑧。

十一月壬戌,上問養馬利害,王安石曰:"今坊監以五百餘貫乃養得一馬,若令洮、河蕃部養馬,所費必不至如此之多,兼得好馬。因地宜馬,又蕃部以養馬爲業,極便利,所省錢既不少,而坊監地賦民,所取地利又不少⑨。"上因論三代兵政以車馬爲急⑩,安石曰:"今用車即不須用馬,但以人挽車,省芻糧,無奔警,未必不勝用馬。譬如古用簡册,今用紙,雖三代聖人復起,必不復用簡册。恐以人挽車亦如此。"上曰:"事但有理即可行,三代以前,聖人但隨時制法,故用馬耳。"

七年四月乙亥,廢原武馬監,淇水二監合爲一。丙戌,王安石罷相,韓絳代之。

十二月甲申,王安石議廢牧監。

八年二月,王安石再入相。察訪使曾孝寬言:"慶曆八年嘗詔河北州軍,坊郭第三等、鄉村第二等,每户養被甲馬一匹,以備非時官買,乞檢會施行。"户馬法始於此。

四月戊寅,三省、樞密進呈比撲馬數。樞密院欲存牧監,又欲留監牧馬,準備軍行

---

① 發付 嘉慶本、長編卷二四四均作"發赴"。
② 毋或强予 "予",長編卷二四六作"與"。
③ 毋過 底本作"無過",據長編卷二四六改。下文"毋過"同。
④ 先給以錢布 長編卷二四六同,宋史卷一九八兵志作"加給以錢布"。
⑤ 四等五等十户爲一社 宋史卷一九八兵志作"四等以下,十户爲一社"。
⑥ 保甲馬斃 底本脱"斃"一字,據宋史卷一九八兵志補。下文"社户馬斃"同。
⑦ 半使社人償之 長編卷二四六同,宋史卷一九八兵志作"社户半償之"。
⑧ 更度之 底本脱"之"一字,據長編卷二四六、宋史卷一九八兵志補。
⑨ 所取地利又不少 "取",嘉慶本作"收"。
⑩ 三代兵政 長編卷二四八作"三代政事"。

負馱。中書比撲,歲用三萬貫買監牧所生馬,數足,而歲可省官錢五十三萬貫,地利在民,尚不計數。凡牧監歲牧馬二百餘匹,無色額馬盡堪配軍,亦止二百餘匹。而中書擘畫熙河買馬,未及十個月,比舊已增九十餘匹。上令中書施行,而吳充固爭,以爲:"監牧不當廢。若夷狄旅拒,馬不可買,中國如何得馬?"上曰:"雖如此,牧馬亦不濟事。祖宗時,牧監但養大馬,後來孳生,是非明白,無可疑。"充曰:"向日認定驢牛①,中書便云騷擾。今中書卻要臨時買驢以供負馱,豈不騷擾?"安石曰:"無事時,不問有無驢牛,須令五户或十户共認驢牛一頭,不知此驢牛令誰作主,且無驢牛之人須被配率出錢,此所以爲騷擾。今中書計算,若遇要驢時,用見今第一等價上增一倍買驢,事定後更不收一錢。即每三年一次用兵,比養馬以待用,可省七十萬貫。用第一等價上增一倍買驢,假令括買,亦不爲虧損百姓,此所以異於預認。"上曰:"此利害分明,兼馬皆生梗,豈可負馱也。"癸未,上批:"河東馬軍多而馬不足,妨廢教閱。人既未可頓減,遂不給馬,則一路全闕兵,緩急小有邊事,從何調發?兼今計較所省錢糧不多,可且仍舊。"己丑,詔沙苑監隸群牧司,餘八監及河南、北兩監牧司並廢。以中書、樞密院言:"河南、北十二監,自熙寧二年至五年,歲出馬千六百四十匹,可給騎兵者二百六十匹,餘止堪給馬鋪。兩監牧歲費及所占牧地約收租錢總五十三萬九千六百三十八緡②。計所得馬爲錢三萬六千四百九十六緡而已,得不償失。"故廢之,以牧地租給市易務茶本錢外,餘寄常平籍出息,以給售馬之直。

元豐三年正月辛卯,群牧司言收廢監租課等錢共百一十六萬緡有奇。詔群牧使韓縝、副使張誠一並賜銀、絹各三百③,餘共賜錢五千緡,令樞密院均給官吏。

四年七月己丑④,權發遣群牧判官郭茂恂言:"準詔以陝西博買蕃部馬並糧草,所用錢物不一,不如蕃部所欲,致所買數不多,欲專以茶博買馬,以彩帛博買糧穀,及以茶馬并爲一司,令臣具經久利害。臣竊聞昔時亦是用茶折馬價,雖兼用金帛等,亦從其便。自事局既分,近歲始專用銀絹及錢鈔等。況賣茶、買馬,事實相須,令提舉買馬官通管茶場,實爲職務相濟。"從之。仍以茂恂專提舉買馬監牧兼同提舉茶場,其雅州

---

① 向日認定驢牛 "日",長編卷二六二作"令"。
② 總 底本脱此字,據嘉慶本、長編卷二六二補。
③ 並賜銀絹各三百 長編卷三〇二同,群書考索後集卷四四兵門"三百"作"五百"。
④ 己丑 底本作"丁亥",據長編卷三一四改。

名山茶，令專用博馬，候年額馬數足，方許雜買。

六年六月乙丑，兼同提舉成都府等路茶場郭茂恂言：＂昨準詔專提舉買馬，兼領茶事，而茶場司不兼買馬。既不任責，遂倚法以害馬政。茶價每馱有增十餘千者，恐蕃馬歲不入，上誤國事。乞併茶場、買馬為一司，庶幾茶司同任買馬之責。＂

七月壬申，知延州劉昌祚言：＂乞量減監牧司年額馬數，增買四尺四寸以上堪披甲馬，增置馬軍蕃落。＂從之。仍於河中府第八將下左右番增置馬軍三指揮，於諸將步軍額除之①。昌祚言：＂軍事之先，莫如馬政。人雖千百，可招呼而集。馬雖十數，寧可容易而得？須是素養有備，乃可應敵。加以鄜延比之諸路，非產馬之地，難以畜牧。永樂一日失六十匹②，不知平時牧養幾日③，費用幾何，能集是數？以累歲不貲之財力，失於頃刻之間，寧不惜哉！俗謂人強馬壯，若能如此，可謂兩全。倘或強弱不齊，實足為累④。故馳逐應急取勝，非馬不能。今監牧司所賦，率低小病患，不應格式。乞預支緡錢，委逐將自置，仍增直至四五十千。＂得旨，特許行鄜延一路。

兵志云：七月，知延州劉昌祚請減監牧司年額馬，增直市四尺四寸以上堪披甲馬，增置馬軍蕃落，留沙苑監捧日馬為馬種。從之。留馬種在九月十三日。

八月甲申，提舉經度制置牧馬司言：＂已遣官詣諸路選買牝牡馬上京⑤，乞諸路專責監司一員提舉。＂從之，令諸路差提點刑獄官，開封府界差提點官。

十二月甲申，知成都府呂大防言：＂欲編排四尺二寸以上馬百匹進呈，如堪配軍，即乞依此收買。＂從之。

七年二月丁丑⑥。先是，提點京東東路刑獄霍翔言⑦：＂齊、淄等州民號多馬，禹城一縣養馬三千，牝馬居三之一。臣近因巡歷，密案視民養馬，雖土產者，骨格亦高大，可備馳突之用，兼齊州第六將騎兵多是東馬，與西馬無異。雖民間比官中養馬所費芻

---

① 於諸將步軍額除之　長編卷三三七作＂於本將步軍額除之＂。
② 永樂一日失六十匹　嘉慶本、長編四庫底本卷三三七＂十＂均作＂千＂，九朝編年備要卷二一作＂永樂之敗，一日失馬七千匹＂。
③ 不知平時牧養幾日　長編卷三三七作＂不知平時力用幾日＂。
④ 實足為累　＂實＂，嘉慶本、長編卷三三七均作＂適＂。
⑤ 已遣官詣諸路選買牝牡馬上京　長編卷三三八作＂已遣官往諸路選買牝牡馬上京＂。
⑥ 丁丑　底本作＂丙子＂，據長編卷三四三改。
⑦ 提點京東東路刑獄　底本脫＂東＂一字，據宋會要輯稿兵二四之二一、長編卷三四三、宋史卷八五地理志補。按：據宋史卷八五地理志載，熙寧七年，京東路分為東、西兩路。元祐元年，諸提點刑獄不分路，京東東路、京東西路並為京東路。

秣不多，然而不有所免，則無以爲勸。緣民之所欲免者，在於支移、折變、春夫、賊盜敷出賞錢、保正、保副、大小保長、催稅甲頭、保丁巡宿十事，臣即以此事目付禹城縣勸諭願養馬之家，已應募者計馬四百四十八：牡馬二百六十三，牝馬百八十五，然未見所免之利，而願養者已多。乞應諸路鄉村戶不拘等第高下，如願養馬，並許自陳①。除依條分番教閱，及覺察同保違犯，並勾集追捕賊盜外，與免十事。內有田五頃許養馬一匹，五頃以上二匹；十頃以上，物力高强，恐妨差使，不在養馬之限。其牡馬須四尺二寸以上②，牝馬四尺三寸以上③，大縣毋過五百匹④，小縣毋過三百匹⑤，許養牝馬三之一。及委本州通判春秋呈驗，當日放散外，其餘約束一依朝廷近降民馬指揮。"上批送吴居厚相度。居厚言："馬政實爲國家之大務，其次莫如財利，民之安平又無若制禦盜賊。今轉運軍須年計，大半出於折變之物，稍有侵耗，即無從補助。自保甲之法行於諸路，其正副盡得一鄉材武之士，譏察盜賊，所在衰滅。今募民養馬之法，若與免大小保長、支移、催稅甲頭、春夫、賊盜敷出賞錢、保丁巡宿七事⑥，實便公私，可施行。"手詔⑦："三省、樞密院進議京東、西保甲養馬事，以謂當留俟兩路使者以決可否。惟朝廷大政，廟堂之上令所自出，若持心狐疑，無堅決定論，反求可於將命之使者。自非明於利害、忠特不回之人，孰不觀望，措議二三，破壞其事？可更審詳，若果有害民，必不可施行，當具所見事理論奏⑧；苟無弊也，即宜并心一意，協力奉行。"時五年二月也，於是悉施行之。

霍翔三年八月除京東路憲⑨，六年十月徙成都，七年二月十三日，提舉京東保馬。舊録載霍翔奏及手詔并於五年二月五日丁巳。朱本移入七年二月五日甲戌。今附八月丁丑。又疑手詔不在五年，當是六年冬末或七年春初也。

---

① 自陳　宋會要輯稿兵二四之二二作"經官投狀"。
② 牡馬　底本作"牝馬"，據嘉慶本、宋會要輯稿兵二四之二二改。
③ 牝馬　底本作"牡馬"，據嘉慶本、宋會要輯稿兵二四之二二改。
④ 大縣毋過五百匹　"毋"底本作"無"，據長編卷三四三改。
⑤ 小縣毋過三百匹　底本脱此七字，據宋會要輯稿兵二四之二二補。
⑥ 七事　"七"底本作"十"，據長編卷三四三、宋會要輯稿兵二四之二二改。
⑦ 手詔　宋會要輯稿兵二四之二二作"上批"。
⑧ 當具所見事理論奏　長編卷三四三、宋會要輯稿兵二四之二二均作"所見官具事理論奏"。
⑨ 三年　長編卷三四三注文作"二年"。

五月辛酉,提舉京東保甲馬霍翔言①:"買馬法無過八歲,及十五歲給公據斥賣。竊以牡馬十歲方壯,牝馬十七歲猶生駒,乞許買十歲以下牡馬、十三歲以下牝馬。"丙申,中書省言,熙寧二年天下應有馬十五萬三千六百三十匹②。詔兵部取索內外馬數比較以聞。

軍器監

　　熙寧六年六月己亥,置軍器監,總內外軍器之政,其所統攝並依將作,仍以呂惠卿、曾孝寬為判監。所置官屬,令逐官奏舉。軍器舊領於三司胄案,三司事叢,判案者又數易,至是始案唐令置監,而廢胄案焉。先是,上語輔臣:"河北兵械皆不可用。"王安石曰:"兵械非可以一朝一夕具,須預具之。"上乃議置監,設官提舉。翌日,遂有是命。

　　七月甲寅,置內弓箭南庫,儲御前所製軍器,仍別差官提舉。

　　八月庚寅,判軍器監呂惠卿言:"乞撥三司胄案吏赴本監,及東、西八作司廣備指揮兵級,本監與提舉司、將作監等同統領。"從之。仍詔廣備指揮專隸軍器監③。

　　十一月丙午,詔軍器監以殿前馬軍司所相度鞍轡樣,計在京諸軍馬數造給。初,馬軍用大鞍,不便野戰。是日④,上始以邊樣皮轡小鞍,用木鞍長韁,回旋轉射,得盡馳驟之技。仍選邊人習騎者隸諸軍。後上批:"昨降鞍樣,慮數多,計置未集。聞諸軍亦有私鞍,大約及新樣。若能自置,即給價錢。"

　　十二月丁亥,詔同管句外都水監丞程昉於沿河採車材三千兩,下軍器監定樣製造戰車。上修嚴武備,既採唐李靖三人隊法,欲試行之,又以北邊地平,可用車為營衛,因內出手詔,令二府講求⑤,而有是詔。壬辰,軍器監言:"弓匠李文應、箭匠王成技皆精巧。"詔補三司守闕軍將,以教工匠。

---

① 提舉京東保甲馬　底本脫"甲"一字,據長編卷三四五、宋會要輯稿兵二之三〇、兵二二之一一、宋史卷一九八兵志補。
② 應有　嘉慶本、宋會要輯稿兵二四之二四均作"應在"。
③ 隸　底本作"錄",據嘉慶本、長編卷二四六改。
④ 是日　長編卷二四八、群書考索後集卷四三兵制門兵器均作"至是"。
⑤ 二府　底本作"三府",嘉慶本、長編卷二四八、群書考索後集卷四三兵制門兵器同,據玉海卷一四六兵制車戰熙寧戰車改。

七年正月庚戌，判軍器監吕惠卿等上裁定中外所獻槍刀樣，詔送殿前、馬步軍司定奪，又上編成弓式。初，在京及諸路造軍器多雜惡，河北尤甚。至是，所製兵械皆精利，其後遂詔齎新造軍器付諸路作院爲式，遣官分諭之。已而惠卿言："朝廷必以武人習用器械，故謀及殿前、馬步軍司。然臣體問得逐司每準朝廷送下定奪事件，只是取責軍校文狀聞奏，非獨務持舊説，不肯改更，又其智慮未必能知作器之意。故凡外人所陳非己出者，少肯言是，朝廷亦未嘗考其説之當否，遂從而寢。荀卿以謂'工精於器，而不可以爲工師。有人也①，不能此技，可使治其官，惟精於道者爲然'。乞從本監奏②，乞就一司同議。"上由是遣管軍郝質赴監定奪，皆以爲便而施行焉。

二月庚辰，詔軍器監除依新樣造兵車外，仍以牛皮及氈木製車上蔽陳之物③，臨時因民車使用④。

五月庚戌，詔入内供奉官衛端之追兩官，免勒停；弓弩院工匠俞宗等十人黥面，配京西牢城。端之被差看驗弓弩不堪修者拆剥，乃以雜色弓三十五萬餘張赴拆剥所⑤，内角面十二萬可修，計實費錢七千餘貫⑥，犯在疏决前。上曰："是可以弗懲乎？"特黥之。端之先以造弓弩弦省工減磨勘四年，至是坐枉費得罪。

吕惠卿家傳：惠卿判軍器監，時禁中亦置造作所，中官衛端之編排弓槍庫雜色弓七十餘萬張，其當毁者四十九萬張，已毁十七矣。惠卿遣屬官李稷等詣諸庫覆視之，得其以良爲惡而未毁者十餘萬，請復存之。案：端之得罪時，惠卿已執政矣。或是惠卿先發端之之罪，及執政，乃行罰也。家傳又以端之得罪，係遣郝質詣軍器監前。郝質詣監已附正月十三日，更須詳考之。

九月丙午，内出敵樓樣送軍器監，頒降修製。

十一月乙未朔，上批："累降指揮，令軍器監具可用戰車制度奏聞，至今未見其將上。宜令速詳定進呈。"

八年四月甲子，上批："軍器監初造軍器，樣制雖多，未應所用，朝廷間有需索，多

---

① 有人也　底本作"有人焉"，據長編卷二四九、宋朝諸臣奏議卷五八曾孝寬上神宗論軍器監事不必謀及殿前馬步軍司改。
② 乞從本監奏　"乞"下底本衍"改"一字，據嘉慶本、長編卷二四九刪。
③ 仍以牛皮及氈木製車上蔽陳之物　嘉慶本"仍"下有"巧"一字；"陳"底本作"塵"，據長編卷二五〇、群書考索後集卷四三兵制門兵器改。
④ 因　底本作"同"，據嘉慶本、長編卷二五〇改。
⑤ 雜色弓　長編卷二五三作"病色弓"。
⑥ 計實費錢七千餘貫　長編卷二五三作"計費錢七千餘緡"。

無見在。可令計定河北三處合用名件所闕少數製造，其無用者毋得妄費財力。"

十月辛亥，軍器監言："造將下鞍轡五千副，乞下河東等路採買生曲材，造鞍橋。"上批："今材已自堅牢堪用①，不須枉費財物，可罷採買。"

十年四月丙申，詔軍器監置主簿及句當公事官各一員，丞、主簿互差。從判監范子奇請也。

十一月丙辰，軍器監言："天下軍器，今五路已編排修完，其餘諸路，欲令隨州郡大小次第編排，以五千人至千人爲額，從本監量定年限，於都作院修，選委監司或提舉司官一員提舉檢點。"從之。

元豐元年八月甲寅，軍器監奏請將官皮甲以生白絲染紅，代犛牛尾爲瀝水。上批："絲可惜，宜用他毛代之。"

二年十月，詔軍器監出黑木四風羽、紅木四風羽、白木四風羽弩箭總百三十萬，賜開封府界，京東、西將下各五萬。

四年七月甲辰，涇原路經略司言："近準朝旨修渭州城，置礮臺已畢，防城戰具止有大、小合蟬牀子等弩。案：武經總要有三弓八牛牀子弩，射及二百餘步，用一槍三劍，箭最爲利器，攻守皆可用。乞下軍器監，給弩、箭各三副，付本路依樣造，以備急用。"軍器監言："弩每座重千餘斤，難運致。乞圖其樣付本路作院。"從之。

五年六月丁巳，軍器監言："相州都作院造防城箭二十三萬，河北無竹笴，乞依定州用樺木笴。"從之。

六年八月庚子，上批："京都所造軍器動以萬計，雖廣求制樣，尚恐未殫衆善，或不適用，徒費工力。聞鄜延路經略使劉昌祚屢諳戰鬭，精於騎射，而留心兵仗。委走馬承受霍丙諭昌祚，令具所習用馬步戰器②，並目擊士卒禦賊盜可用利械③，入遞進呈。"

九月丁巳，上批付劉昌祚："得所進器械，具悉。今於京師見作軍仗賜卿金線烏梢弓十，神臂弓二，將官甲、馬軍甲、偏挨甲各一，斧合竹馬槍、馬軍刀、步人刀各五，欒竹步人排、附排刀各一、標二，透蠍尾馬黃弩棒一，以備出入。卿更省閱，具便否以聞。"

---

① 今材已自堅牢堪用 "已自"，長編卷二六九作"自已"。
② 馬步戰器　長編卷三三八作"兵步戰器"。
③ 並目擊士卒禦賊盜可用利械 "目擊"，嘉慶本作"具繫"。

十月辛卯，工部郎中范子奇言："昨判軍器監，創造狀子大弓二張，強於神臂弓、獨轅弩，較之九牛弩尤爲輕便，用人至少，射遠而深，可以禦敵。"詔工部、軍器監、管軍官同比試以聞。

十二月，奉議郎、編修軍器什物法制蔡碩爲軍器少監。上批："碩於器械工作程式極爲究心，頗臻智巧。"故有是命。

八年三月，哲宗即位。

五月庚子，專一製作軍器所隸軍器監。注文詳見濬汴河。

試刑法 置律學等附

熙寧元年秋七月癸酉，詔謀殺已傷案問欲舉自首，從謀殺減二等論。初，登州言婦人阿雲有母服，嫁民韋阿大。嫌其陋，謀夜以刀殺之，已傷，不死，案問欲舉自首。審刑院、大理寺論其罪，用違律爲婚，赦貸阿雲死。知登州許遵言：當論如赦律。詔送刑部。刑部繼如審刑、大理，遵不服，乞送兩制定議。詔送翰林學士司馬光、王安石同定，而光與安石議異。安石本不曉法而好議法，強主遵議，特與光異。及執政，遂力行之。然議者不以安石爲是也。

二年八月乙未朔，詔謀殺人自首及案問欲舉，並依今年二月二十七日敕施行。先是，呂公著等定案問欲舉如王安石議。詔依所定。於是審刑、大理寺官齊恢、王師元、蔡冠卿等皆以公著等所議不當，中丞呂誨與諸御史皆論謀殺不當論首法①。文彥博以爲："殺傷者，欲殺而傷者而已。殺者不可首。"呂公弼以爲："殺傷於律不可首。"會富弼入相，上令弼議，而以疾病久之弗議。至是乃決，而弼在告，不與也。癸卯，司馬光言："知雜御史劉述、集賢校理丁諷、審刑詳議官王師元皆以執守謀殺刑名被劾②。彼謀殺已傷自首刑名③，天下皆知其非。今朝廷既違衆議而行之，又罪守官之臣，恐重失天下之心也。乞赦劉述等。"不報。乙巳，罷殿中侍御史孫昌齡爲尚書屯田員外郎、通判蘄州。先是，昌齡言："臣累論辨謀殺之法非是。"遂貶。

---

① 與　底本脫此一字，據嘉慶本補。
② 審刑詳議官王師元皆以執守謀殺刑名被劾　底本脫"詳"一字，據嘉慶本、溫國文正司馬公文集卷四一論責降劉述等劄子補；"執守"，底本作"執法"，據溫國文正司馬公文集卷四一論責降劉述等劄子改。
③ 彼謀殺已傷自首刑名　底本脫"殺"一字，據嘉慶本、溫國文正司馬公文集卷四一論責降劉述等劄子補。

三年三月丙辰，詔審刑、大理、刑部詳議、詳斷、詳覆官，初入以三年爲一任，再任以三十月爲一任，仍逐任理本資序。其支賜都數，比較逐官斷罪有無失錯、稽違及駁正刑名，分三等第給之。京朝官、選人，歷官二年以上無贓罪，雖有餘犯而情非重害者，許兩制、刑法寺主判官、諸路監司同罪舉試刑名。如無人舉試，但歷任有舉主二人①，或監司以上止有一人，皆聽乞試。試日，許齎所習文字就試，每日試一場，每場試案一道，每道刑名約十件以上、十五件以下，並取舊斷案內挑揀罪犯攢合爲案，至五場止，仍更問刑統大義五道。其所斷案，具鋪陳合用條貫，如刑名疑慮，即於所斷案內聲說。所試人斷案，內刑名有失，令試官逐場具錄，曉示錯誤，亦許試人再經試官投狀，理訴改正。其斷罪通數及八分以上，須重罪刑名不失，方爲合格。其考試關防，並如試諸科法。初議謀殺刑名，上怪人多不曉者，王安石曰："刑名事誠少人習，中書本不當與有司日論刑名，但今有司既未得人，而斷人罪又不可不盡理。"上曰："須與選擇數人，曉刑名人可也。"他日，曾公亮在告，上諭陳升之曰："法官事不見得正②，學校事亦不見商量，中書諸事都未有端緒，曾公亮又已疾病。相公方壯，且勉力爲朝廷立事。古人愛日與草木同盡，誠可惜也。"於是定議降詔，試法官蓋始此。

六月辛巳，司勳員外郎、權河北監牧使崔台符權判大理寺。初，王安石定按問欲舉法，台符聞之，舉手加額曰："數百年來誤用刑名，今乃得正！"安石喜其附己，故有此授。

九月己亥，命崔台符、曾布、朱溫其考試法官③。

六年三月丁卯，詔："自今進士、諸科同出身及授試監簿人，並令試律令大義或斷案，與注官。如累試不中或不能就試，候二年注官。曾應明法舉人，遇科場，願試斷案、大義者聽，如中格，排於本科本等人之上。"己巳，詔："自今試法官斷案刑名，約七件以上、十件以下。"

四月甲戌朔，以朝集院爲律學④，賜錢萬五千緡，於開封府界檢校庫出息，以助給

---
① 諸路監司同罪舉試刑名如無人舉試但歷任有舉主二人　底本脱"同罪"至"但"十二字，據嘉慶本、長編拾補卷七補。
② 法官事不見得正　"得正"，嘉慶本作"將上"。
③ 朱溫其　底本作"朱溫具"，據長編卷二一五、宋史全文卷一一改。
④ 朝集院　長編卷二四四、群書考索後集卷三〇士門律學、玉海卷一一二學校熙寧律學同，宋史全文卷一二上、資治通鑑後編卷八〇均作"期集院"。

養生員。置教授四員,請給、人從視國子監直講。命官、舉人並許入學,試中,官給食。每月公試一、私試三。公試:習律令生員義三道,習斷案生員案一道①、刑名五事至七事。私試:義二道,斷案一道、刑名三事至五事。戊戌,詔:"比許應明法舉人,止願依法官條試斷案、大義者聽②,如合格,仍編排在本等人之上。今定所試場第及考校樣行之③,仍改先降指揮明法為諸科。如敢冒應諸科人名試法,許人陳告,賞錢百千,同保人永停取應。"

四年十月壬子④,中書言:"今欲應得替合守選人,歲限二月八日以前於流內銓投狀⑤,試斷案二道,或律令大義五道,或議三道⑥,差官同銓曹主判官撰式同考試,第為三等,申中書。上等免選注官,入優等者依判超例升資⑦,無出身者賜出身。如試不中,或不能就試者,及三年與注官,即不得入縣令、司理、司法。其錄事參軍、司理、司法仍自今更不試判,亦不免選。"詳見裁定臣僚奏薦。

八年閏四月,詔:"試刑法人,上七人差充法官,餘循資堂除差遣、免試。其京朝官即比類推恩。"

七月,詔:"進士及第自第一人以下注官,並先試律令、大義、斷案。"初,自三人以下始令試法,至是,中書習學公事練亨甫言:"進士高科任簽判、兩使職官,通與一州之事,其於練習法令,豈所宜緩!前此習刑名者,世皆指以為俗吏。今朝廷推恩雖厚,而應者尚少,又獨優高科,不令就試,則人不以試法為榮,滋失勸獎之意。"故有是詔。

八月壬子,命池州司法參軍孫諤編定省府寺監公使例冊條貫,又命諤監制敕庫。諤,邵武人,既舉進士,試法中第一,故以此命之。制敕庫用士人自諤始。

十年五月丁丑,詔使臣換文資,試律令大義十道,以八通為上,六通次之,四通又次之,並為合格,中書取旨。

元豐元年八月壬子,詔自今科場考試刑法官,並中書差官。

---

① 案一道 底本脫"案"字,據宋會要輯稿崇儒三之八、宋史卷一五七選舉志補。
② 試斷案大義者 "試"底本作"例",據長編卷二四四改。
③ 今定 長編卷二四四作"令定"。
④ 四年 底本作"七年",據長編卷二二七、文獻通考卷三四、大學衍義補卷一〇改。
⑤ 於流內銓投狀 "狀"底本作"收",據嘉慶本、長編卷二二七改。
⑥ 議三道 "議"底本作"義",據長編卷二二七、文獻通考卷三四、宋史卷一五八選舉志改。
⑦ 判超例 底本作"判司例",據長編卷二二七、文獻通考卷三四、宋史卷一五八選舉志改。

五年十二月丙子,詔:"諸承議郎以上及幕職州縣官并未入官人①,歷任無私罪徒及入己贓②、失入死罪并勒停、衝替後已經一任者,許試刑法。無人奏舉,聽於吏部及所在官司投狀乞試。見在外任官及授黃河地分見闕者不許就試。諸舉官試刑法者,尚書刑部官、大理長貳歲各十人,侍從、三省、六曹、御史、開封府推判官及監司各七人③。"

　　六年四月壬戌,國子司業朱服言:"相度入律學命官,公試律學、斷案,考中第一人,乞許依吏部試法與注官。其太學生或精於律義、斷案,就律學公試中第一,與比私試第二等注籍④。"從之。

　　元祐三年三月甲子,吏部尚書蘇頌等狀:"看詳試刑法人,自來每年春、秋兩試。準敕秋試已罷,即令每年只是一次春試。若依條每年申都省立定到闕日限,顯是枉煩。欲乞將試刑法人立定每年一次春試,其試人限當年二月十五日以前到闕,免致逐旋申煩朝廷立限。若立此法,亦令試人每年預知試期,依限赴闕。"從之。

論肉刑

　　熙寧二年五月丁卯,上論謀殺自首事,王安石因具論其故,又論:"律非中才一人之所能具,然亦不盡理。死刑之次,即是流刑,但居作而不杖,此自唐以來,即守此律不得,如此類亦甚多。"上曰:"漢文帝廢肉刑,是否?"富弼曰:"極是。"安石曰:"當時雖廢肉刑,而人多笞死。即如折人兩支或瞎人兩目,今乃流三千里而已,此何足以報其罪?又強盜五貫即死,若有肉刑,此但可刖而已。"弼曰:"此非通論。刑者不可復寧,雖欲自新,其路無由。除肉刑,乃所以開人自新耳。"上曰:"然入肉刑者,皆有已甚之罪故也。"

　　九月,上論樞密院:沙門島罪人數多,及廣南編配罪人多即竄還,令與中書別伏立

---

① 承議郎　文淵閣本長編卷三三一同,宋會要輯稿選舉一三之二一作"承務郎"。
② 及入己贓　"己"底本作"官",據嘉慶本、宋會要輯稿選舉一三改。
③ 及監司　"監"底本作"兼",據嘉慶本、長編卷三三一、宋會要輯稿選舉一三改。
④ 比　底本作"此",據嘉慶本、長編卷三三四改。

法①，且欲復行肉刑。呂公弼以爲不可，退而上疏曰："臣伏見韓絳嘗奏乞用肉刑②，今日陛下亦以爲然。絳又言：'假如折一支、去一指，有何不可，況堯、舜尚用之。'此徒信古人之論，不適時變。自漢文感一婦人之言罷肉刑，而天下歸仁，迨今千餘年。一旦用之，必駭四海觀聽。況古雖有肉刑之法，在堯、舜之世，亦未嘗行之。書曰：'象以典刑，流宥五刑。'堯、舜之世，用流以寬五刑也。若四凶者止於流，則五刑無所施焉。臣願陛下上法堯、舜，下體漢文，無取迂儒好古之論。陛下病今之犯刑者衆，臣願審擇守臣，宣布惠愛，使民各得其所，則民不犯上矣。今不究其本，而徒更其刑辟，臣恐民心一駭而動，後雖欲全撫之，未易安也。"上納之。

三年八月，中書上刑名未安者五條，詔付編敕所詳議立法。初，删定編敕官曾布上肉刑議，上問執政曰："布所言肉刑，可即行否？"安石曰："理誠如此，即行亦無害，但務斟酌所當施肉刑者。"布始爲編敕删定官，即言："立法必本於律，律所未安，不加刊正，而獨欲整齊號令，是舍其本而治其末也。"因乞先刊正律文。詔布條析具上。布言律疏議繁長鄙俚及今所不行，可删除外，凡駁其舛錯乖繆百事，爲三卷上之。詔布如有未便，續條析以聞。

司馬光云：布素爲王安石所厚，使之改定律文③。不知究竟如何，當考。

元豐元年九月。上初即位，韓絳即建議復肉刑，至是，復詔執政議。知樞密院呂公著以爲："後世禮教未備而刑獄繁，肉刑不可復，將有踊貴屨賤之譏。"吳充議復置圜土，衆以爲難行。王珪欲取開封死罪囚，試以劓、刖，公著曰："刖而不死，則肉刑遂行矣。"議竟得寢。

五年七月壬午，詔罷大理寺官赴中書省讞案，自今每歲一次。本行寺以見在案盡數斷絕，上中書取旨。上因論刑曰："先王之肉刑，蓋不可廢。夫人受形於天，以法壞之，故謂之肉刑。揚子曰：'肉刑之刑，刑也。'周穆王訓刑：大則五刑，次則五宥，又次則贖，凡十五等，輕重有倫。至漢文帝罷之。若革秦之弊，欲休養生民則可矣；如格以先王之法，則不得爲無失。三代之時，民有疆井，分別圻域，彰善癉惡，人重遷徙，故以

---

① 別伏立法　"伏"，嘉慶本作"議"。
② 伏見　底本作"議見"，據東都事略卷五二吕夷簡傳附吕公弼傳改。
③ 使之改定律文　底本脱"之"一字，據長編卷二一四補。

流爲重。後世之民，遷徙不常，而流不足治也，故用加役流；又未足懲也，故有刺配；猶未足以待①，故又有遠近之別。蓋先王教化明，習俗成，則肉刑不爲過也。"

增吏禄

熙寧三年八月癸未，上批："聞在京諸班直並諸軍所請月糧，例皆斗數不足。內出軍家口虧減尤多②。請領之際，倉界斗級、守門人等過有乞取侵剋，甚非朕所以愛養將士之意。宜自今每石實支十斗。其倉界破耗及支散日限、斗級人等禄賜、告捕關防乞取條令，三司速詳定以聞。"先是，諸倉吏卒給軍食，欺盜劫取十常三四。上知其然，故下是詔，且命三司條具。于是三司言："主典役人歲增禄爲錢一萬四千餘緡。丐取一錢以上，以違制論；仍以錢十千賞告者，會赦不原。"中書謂："乞取有少多，致罪當有輕重。今一錢以上論以一法，恐未當。又增禄不厚，不可責其廉謹；宜歲增至一萬八千九百緡。在京應干倉界人，如因倉事取受糧綱及請人錢物，并諸司公人取受應干倉界并糧綱錢物，並計贓錢，不滿一百徒一年，每一百錢加一等；一千流一千里，每一千加一等，罪止流三千里。其過致並與者，減首罪二等，徒罪加配五百里外牢城，流罪皆配千里外；滿十千即受贓，爲首者配沙門島。若許贓未受，其取與過致人，各減本罪一等，爲首者依上條內合配沙門島者，配廣南牢城。仍許人陳告，犯人該徒，給賞錢百千；流，二百千；配沙門島，三百千。若係公人，給賞外更轉一資。以上人仍亦許陳首，免罪，給賞。"從之。

四年正月辛亥，詔三司應撲賣酒麴諸坊場錢③，每千納稅錢五十，仍別封樁以禄吏。

五年五月癸未，詔增中書，審官東、西、三班院，吏部流內銓、南曹，開封府吏禄；其受賕者以倉法論。

六年四月戊戌，詔裁定在京諸司吏請給。先是，吏禄各有定式，後以兼局，增茶湯、紙筆等錢，饒倖相因，略無限制，而樞密院有言，故降是詔。已而王安石白上曰：

---

① 待　嘉慶本作"恃"。
② 多　嘉慶本作"甚"。
③ 撲賣　嘉慶本作"賣撲"，長編卷二一九作"撲買"。

"如吏人馬驥差往西川、陝西,又往湖南、北兩路溪洞。又如中書檢正吏,皆一人兼兩人文字。若不許兼請,即誰肯任勞責者?既是官有二局,若不許兼,正是占吏人愈多而妨其本司句當處①,且令日食不足耳。"上曰:"一人兼五七處如何?"安石曰:"凡兼局吏,非在一員官之下,即亦不可兼。既無一員官兼五六處差遣者,即豈有兼五六局之吏人?"上乃追前詔寢之。

七月丙寅,詔樞密院減書令史五人,增令史俸月錢二千,書令史五千,春、冬各絹五匹,以汰冗養廉也。

十二月壬申,三司言:"新法所增吏禄,除舊請外,歲支錢三十七萬一千五百五十三緡有奇②。"詔以熙寧四年後坊場稅錢撥還,不足則以市易司市例等錢補之。仍令提舉帳司歲考支收數上中書。時內自政府、百司,外及監司、諸州胥吏皆賦以禄,謂之倉法。京師歲增吏禄四十一萬三千四百餘緡,監司、諸州六十八萬九千八百餘緡,然皆取足於坊場、河渡、市例③、免行役剩息錢等④,而於縣官歲入財用初無少損,且民不加賦而吏禄以給焉。乙酉,中書言:"增開封府等處吏禄,以行重法。"上曰:"異時吏不賦禄而受賕,輒被重劾。今朝廷賦禄而責人,可謂忠恕矣。"

八年閏四月癸巳,權三司使章惇言:"昨增吏禄,行河倉法,蓋欲革絶私弊。今聞卻有以假借、典質之類為名,經隔月日方受財物者,宜為防禁。"詔行倉法人因職事以借使、質當為名受財者,告賞、刑名論如倉法。

十二月。自熙寧三年始,制天下吏禄而行重法,以絶請託之弊。其年,京師諸司支吏禄錢凡三千八百三十四貫有奇。及沈括為三司使,當熙寧八年,其年支吏禄錢凡三十七萬一千五百三十三貫有奇,京師舊有吏禄者及天下吏禄皆不預此數云。

元豐六年正月,詔户部尚書安燾同本部郎官立省、曹、寺、監新吏禄法⑤。

---

① 正是 嘉慶本作"止是"。
② 三十七萬一千五百五十三緡 夢溪筆談卷一二作"三十七萬一千五百三十三貫一百七十八"。
③ 市例 底本作"市利",據嘉慶本、長編卷二四八改。
④ 免行役剩息錢 "役",宋會要輯稿職官五七之九三作"後"。
⑤ 新吏禄法 "新"下底本衍"舊"一字,據宋會要輯稿職官五七之九四删。

卷第七十六

神宗皇帝

薛向等措置陝西折二錢

慶曆中,陝西、河東皆用鐵錢。後用張奎議,小鐵錢獨行於河東,而陝西許用銅錢及大鐵錢以一折二,然小錢積同、華二州者,凡四十萬緡。熙寧初,詔賜河東,以鐵償之。

熙寧二年三月,詔令提點鑄錢、制置解鹽等臣僚各具財用利害奏聞。

三年七月辛丑,遣發運司管句運鹽、屯田郎中劉忱同陝西轉運司相度本路興置鑄錢監利害以聞①,以發運使薛向等請出上供錢帛二十萬貫匹,買岑水場銅、鉛四百餘萬斤,運至陝西,增鑄錢百萬緡,以備邊也。其後忱等奏至,多與向議協,乃詔行之。

本志係此事於元年七月,誤也。向二年六月乃除發運。

四年三月己亥。皮公弼在陝西,嘗建言:"陝西見行當二文銅錢②,因頃歲西邊用兵,始鑄當十錢。後兵罷,多盜鑄者,乃以當三,猶私鑄,乃減當二。行之至今,銅費相當,民無冒利,盜鑄衰息。請以舊銅、鉛盡鑄當二錢。"從之。其後折二錢遂行天下。

七年六月癸未,秦鳳路轉運司請於鳳翔府斜谷置監,鑄折五、折十錢,乞降御書字樣。詔惟鑄折二錢。

八月戊辰,詔鳳翔府罷鑄鄠縣夾錫青銅折二錢,以錢成,擲之輒碎也。

九月壬戌。是時關中錢法弊,永興軍路安撫使吳中復請以錢四十買缺薄惡錢一斤,則民間專行省撫大錢,而大錢少,不足用,請以所買惡錢悉改鑄大錢,而民間所行私大錢,一以一小銅錢買而更鑄之。永興軍等路轉運使皮公弼請盡買惡錢,且毋行鑄

---

① 本路興置鑄錢監 "興"底本作"與",據嘉慶本、太平治迹統類卷二八改。
② 當二文銅錢 "文",嘉慶本作"大"。

鐵錢相易事。有司舊納僞錢,請先於本路五銅錢監改鑄,一年可竟。又請改鑄所買惡錢。秦鳳路都轉運使熊本言:"買惡錢及禁舊通行大錢,銅錢相易,皆非便,請降錢式下所屬,而禁用惡錢,犯者論如法。勿廢舊通行錢,選官庫惡錢,同所買改鑄之,小變其樕爲'熙寧重寶'。今本路官錢受私錢已多,省樕錢久廢,公私百無一二。今雖以錢四十得僞錢一斤,及銅錢千易當二鐵錢千,其實鐵錢一斤才當斤鐵耳。千錢爲鐵六斤,鑄爲錢二千,而以銅錢千易之,官失多矣。又錢多,一年改鑄未得竟也。且民賣千錢得二百五十折二大錢,才易其半,又禁其通行大錢,則方災傷,民所有錢,四亡其三,何以救災?"衆議不同,於是,詔逐司相度利害以聞。

　　此據食貨志第六卷,比實錄所書頗詳,當用之。

　　八年正月丁巳,權永興軍等路轉運使皮公弼言:"交子之法,以方寸之紙飛錢至遠,然不積錢爲本,亦不能以空文行。今商、虢、鄜、耀、紅崖、青遠鐵冶所收極廣。苟即冶更鑄折二錢,歲除工費外,可得百萬緡爲交子本。"并上可行十二事。上批:"可如所乞,委公弼總制營辦。"

　　二月甲子,永興軍等路轉運使皮公弼奏:"見管私鑄錢,轉運司九萬餘緡,常平司十萬餘緡,並買民間私鐵錢數十萬斤,並當改鑄省樣鐵錢。欲除永興、華、河中、陝西銅錢監添匠鼓鑄外,更於商、虢、洛南增置三監,鄜、耀權置兩監,共九監改鑄。永興、鄜、耀、河中、陝去鐵冶遠,第改鑄僞錢,一年可畢。商州、洛南、華、虢最近鐵冶,可以久行。鄜州等五處,候改鑄罷,工匠并入商州等四監,然後專鑄大錢。"從之,仍委皮公弼總制營辦。先是,安撫、轉運司出榜收買四等私錢,一切禁斷通舊用錢,而以銅錢易之。以官庫見管並換到通用私小鐵錢重行鼓鑄。而熊本以爲如此則公私未便。乃下逐司,申明前後條約,惟揀缺薄漏貫、字樣不明等私錢,犯者依法施行,入官銷毀。應自來通用錢,並令行使如故。其官庫不堪用鐵錢等,即別置錢監,增圓物料,比省樣微加別異,鑄"熙寧重寶"封樁。俟向去豐熟,奏取指揮。乃詔逐司具官私合改造錢數各計若干及何如措置以聞①。至是,轉運司條具來上,故有是詔。

　　三月丁酉,詔:"秦鳳等路都轉運司相度所鑄大鐵錢,約補足所廢監錢數及充交子

---

① 何如措置　"何如",嘉慶本作"如何"。

本錢外,不須廣鑄。"

九月庚午,岷州置鑄錢監,令知熙州高遵裕、轉運副使張穆之提舉①,以遵裕言威遠監所鑄折二錢用工少而得利多,今岷州鐵冶暴發,若增置一監,歲可得錢四十萬緡,故命置監焉。後賜監名曰"滔山"。

九年六月壬辰,三司言:"奉詔,折二錢可且未得支用,別聽指揮。前已詔諸路通行,今未審止禁在京,或令諸路並罷?"上批:"都下錢法自祖宗以來未嘗有改,其新行折二錢,不須取索比較利害,宜直指揮京師並畿內並罷。"先是,薛向鑄折二錢於陝西,其後許彥先又鑄於廣西,以償銅價。既而有言折二錢民或不肯折用,又諸路繼有如此者,故始詔令府界不用。後章惇乞並府界用之,上曰:"府界既用,即當令京師亦用之。"至是,有言民以用折二錢不售訴於開封而復被決杖者,又言有訴三司者,以故上批欲罷之。及中書訪問開封府、三司,皆言無是事,乃再以進呈,上又云:"但恐經久,富民藏小錢莫出耳。"安石曰:"大錢亦無多。富民豈肯藏小錢不出?藏小錢不出,於富民亦有何利?"上又曰:"恐四夷聞中國行兩等錢,以爲貧窘,乃傷國體,如何?"安石曰:"錢有二品,自周已然,何繫貧富?且自古興王,如唐太宗、周世宗時極貧,何足爲恥?臣初不欲鑄折二錢,今乃極論者,朝廷舉動爲四方所瞻,稍有罅隙,即爲奸人窺伺愚弄,將不能立國是,又何能安天下國家也?"上乃令復行之。然兩宮訖不欲用折二錢,故折二錢未嘗進入禁中。安石争不能得,退遂稱疾不出。上使人諭之曰:"朕無間於卿,天日可鑒,何遽如此?"安石乃出。己酉,侍御史周尹言:"臣聞錢幣之用,古者或謂之"泉",欲其通流而無滯;或謂之"布",取其周遍而平均。臣去冬奉使,經由永興、秦鳳路,伏見盜鑄錢不少。問其本末,蓋是錢法用一當二,鐵錢易得,而民間盜鑄者費少利倍。又訪聞得所在官中積聚者約有數百萬貫,民間收藏者又不在其數②。緣上件錢貨,起初元以一當十,後來減爲折三,近歲又作折二,已於國家重貨十損其八,若更作一文行用,即又損一分,所以不敢輒有奏請。昨來朝廷差汪輔之往逐路揀選行用,近日風聞,卻又以汪輔之所揀永興、秦鳳路鐵錢爲數不多,令三司指揮更不行用,仍令逐路轉運司速行改鑄。臣竊惜官中見成數百萬貫錢,頓爲棄物,兼別行改鑄,又費一

---

① 轉運副使 "使"底本作"司",據嘉慶本、長編卷二六八改。
② 又 嘉慶本作"猶"。

重物料。經隔數月，未能敷及原數。就令改鑄務監每一日鑄及三千貫，即一年之內，除節假、旬假，實有三百日課程，約只得九十萬貫以來，計三二年間未滿數百萬貫。況日課未必及三千貫之數也。若改鑄之法或只仍舊作折二錢，即民間盜鑄定亦不可止絕。臣欲望將折二鐵錢更不別行改鑄，亦不須揀選，起自今後，只作一文行用，則盜鑄者所獲之利不充所費，自然無復冒禁作過，歲省重辟，而農商交易，獲泉貨通流之利。且約官中所有，止就四百萬貫言之，若以二爲一，即猶得二百萬貫之數，致力簡省，便可得用①。"

十年六月壬寅，三司言："鑄大錢，乞且依舊額。今後如有添鑄，乞除陝西、河北、河東外，諸路並鑄小錢。"又言："河北西路轉運司請於邢、磁州置監，鼓鑄折二鐵錢十萬貫。今相度，欲於永興軍路鑄折二錢十萬貫，卻於河北西路添鑄大銅錢。"並從之。

十二月甲辰，詔鑄錢司並以"元豐通寶"爲文。

元豐元年八月乙丑，利州路轉運使言："興州濟衆監每歲舊鑄錢四萬一千緡，計支本錢二萬四千緡，得息萬七千緡，應付茶場司。今若依蒲宗閔奏請，增鑄常使錢三萬六千餘緡，通舊鑄及額錢總七萬二千餘緡，共支本錢四萬二千三百餘緡，可得息錢三萬緡。其宗閔所乞鑄一半大錢，欲並鑄折二大錢，不惟便於行用，兼省工費，得收息，入茶場司足用外，限一年撥還本錢。"從之。仍令止鑄本路見使錢。

七年六月丙子，詔陝西三銅錢監所增鑄折二錢，每監以五萬緡爲額，息錢賜轉運司。

薛向等措置陝西鹽鈔

熙寧初，薛向爲江、淮等路發運使，請即永興軍置賣鹽場，又以邊費錢十萬緡儲永興軍，爲鹽鈔本，繼又增二十萬。

七年，中書議陝西鹽鈔大出，多虛鈔，而鹽益輕。以鈔折兌糧草，有虛擡邊糴之患。請用交子法，使其數與見錢相當②，可濟緩急。詔以皮公弼、熊本、宋迪分領其事，仍令趙瞻制置。又以內藏錢二百萬緡假三司，遣市易吏行四路，請買鹽引。又令秦鳳、永興鹽鈔歲以百八十萬爲額。

---

① 得用　長編卷二七六作"行用"。
② 使　底本脫此一字，據嘉慶本、宋史卷一八一食貨志補。

八年,中書奏陝西鹽鈔利害及立法八事,大抵謂:"買鈔本錢有限,而出鈔過多,買不盡,則鈔賤而糴貴①,故出鈔不可無限。然商人欲變易見錢,而官不爲買,即爲兼并所抑,則鈔價賤,而邊境有急,鈔未免多出,故當置場,以市價平之。今當定買兩路實賣鹽二百二十萬緡,以當用鈔數立額。永興路八十一萬五千,秦鳳路一百三十八萬五千,熙河路五十三萬七千。永興軍遣官買鈔,歲支轉運司錢十萬緡買西鹽鈔。又用市易務賒請法募人賒鈔變易。即民間鈔多而滯,則送解池毁之。"詔從其請。然有司給鈔溢額,猶視其故。

九年,乃詔御史劾陝西官吏,仍止三司額外出鈔。復詔三司講畫利害以聞。

十年二月戊申②,三司言:"鹽法之弊,由熙河鈔溢額,鈔溢額,故鈔價賤,鈔價賤,故芻糧貴。又東、西、南三路通商郡邑榷賣官鹽,故商旅不行。今鹽法當改,官賣當罷。請先收舊鈔點印,舊鹽行貼納之法,官盡買舊鈔。其已出鹽,約期聽商人自言,準新價增之,印鹽席,給符驗。東南舊法,鹽鈔席緡三千五百,西鹽鈔席減一千,官盡買。先令解州場院驗商人鈔,乃許中賣。已請出鹽,立限告賞,聽商人自陳。東南鹽一席加錢二千五百,西鹽一席加三千,爲易舊符,立期令買。其全席鹽,限十日自言。乃令貼納錢爲印識③,給新引,聽以舊鈔當貼納錢。"皆行之,而別定官賣鹽地。舊制,河南北曹濮以西、秦鳳以東皆食解鹽,自仁宗時,解鹽通商,官不復榷④。熙寧中,市易司始榷開封,澶、濮等州。是歲,乃詔:"三司言相度及再體問商人,自來出産小鹽及鄰接京東、河北末鹽地分澶、濮、濟、單、曹、懷州、南京,及開封府界陽武、酸棗、封丘、考城、東明、白馬、長垣、胙城、韋城九縣,令通商,必爲外來小鹽侵奪⑤,販賣不行。合依舊官自出賣,仍召客人入中外,其河陽、同、華、解州、河中、陝府,及開封府界陳留、雍邱、襄邑、中牟、管城、尉氏、鄢陵、扶溝、太康、咸平、新鄭十一縣⑥,欲且令通商,候逐月繳到客人交引,對比官賣⑦,課利不相遠,即著爲定法;若相遠,或趁辦年額不敷,即依舊官

---

① 鈔賤　長編卷二六三、宋會要輯稿食貨二四之七均作"鈔價減賤"。
② 二月戊申　底本無此四字,據長編卷二八〇補。
③ 貼納錢　底本作"加納錢",據長編卷二八〇改。下文的"貼納錢"同。
④ 官不復榷　底本脫"官"一字,據嘉慶本、長編卷二六三補。
⑤ 必爲外來小鹽侵奪　"必"底本作"及",據長編卷二八一改。
⑥ 咸平新鄭十一縣　底本脫"咸平"二字,"十一"底本顛倒,據嘉慶本、長編卷二八一補、乙正。
⑦ 對比　底本作"對此",據長編卷二八一、宋會要輯稿食貨二四之一四改。

賣。"從之。先是,張景溫提舉賣鹽,頗增鹽價,民不肯買,則課民日買之,隨其貧富作業爲多少之差。有買賣私鹽者,重賞募人告,以犯人家財充。民買官鹽,食不盡經宿者同私鹽法,民間騷怨。鹽鈔每席舊直六千,至是才二千有餘。商不入粟,邊儲失備。朝廷疑之,召陝西轉運使皮公弼入議其事①。公弼極陳官賣鹽爲不便,詔與三司議之。沈括在三司,雖不能奪公弼之議,然王安石方主景溫,括希安石意,乃言:"若通商,則歲失官賣緡錢二十餘萬。惟乞將管城等十一縣並南京、孟、陝、同、華、衛六州府通商。"而中書訖不行。安石既去位,括始與公弼共言官賣鹽不可不罷。於是詔許、孟、陝、同、華、河中六州府,陳留等十一縣通商,餘官賣猶如故云。

　　元豐二年正月丙申,上謂輔臣曰:"向以陝西用度不足,出鈔稍多,而鈔加賤,遂建京師買鹽鈔之法,本欲權鹽價,飛錢於塞下,而出鈔付陝西無止法,都内凡出錢五百萬緡,卒不能救鈔法之弊,蓋新進之人輕議更法,其後見法不可行,猶遂非憚改。"王珪曰:"利不百,不變法。"上曰:"大抵均輸之法,如齊之管仲、漢之桑弘羊②、唐之劉晏,其才智僅能推行,況其外者乎③?朝廷措置經始,所當重惜④,雖少年所不快意,然於國計甚便,姑静以待之。"

蹇周輔措置江南鹽

　　元豐四年三月戊子朔。先是,章惇察訪湖南,符本路提點刑獄李初平措置般運廣鹽添額出賣之法⑤,然未及行。元豐三年,惇既參政,有郟亶者,邪險鋭進,素爲惇所喜,迎合惇意,推倣湖南之法,奏乞運廣鹽於江西。即詔權發遣度支副使蹇周輔詣江西相度。周輔承望惇意,至是奏言:"虔州運路險遠,淮鹽至者有常數,人苦淡食,而廣東所產不得輒通,無賴姦民冒利犯禁,習以盜販爲業。已與兩路監司會議立法,請罷運淮鹽,通般廣鹽於虔州,以七百萬斤爲年額,百十萬斤爲準備⑥。南安軍以百二十萬斤爲年額,三十萬斤爲準備。均虔州舊賣淮鹽六百一十六萬餘斤於洪、吉、筠、袁、撫、

---

① 轉運使　底本作"轉運司",據長編卷二八一、九朝編年備要卷二〇、宋史卷一八一食貨志改。
② 桑弘羊　嘉慶本作"桑洪羊",鑒於宋朝人須避諱趙匡胤之父趙弘殷之名諱,則寫作"桑洪羊",似是。
③ 況其外者乎　"外",長編卷二九六作"下"。
④ 所當重惜　"惜",嘉慶本作"謹"。
⑤ 符本路提點刑獄李初平　"符",長編卷三七〇作"牒"。
⑥ 百十萬斤爲準備　長編卷三一一同,嘉慶本、宋會要輯稿食貨二四之二一無"十"一字。

臨江、建昌、興國等州軍闕鹽出賣處，不害淮鹽舊法，而可通廣鹽。"詔令周輔限一月具立成法。已而，周輔具江西廣東路鹽法並總目條上，從之。

五年三月乙酉，提舉江南西路常平等事劉誼言："聞道途洶洶，以賣鹽爲患。望稍變法以便民。"詔江東路提點刑獄范峋體量，仍下見提舉鹽事官曾伉分析百姓不便所以，及州縣違法因依以聞。誼又言："巡歷洪、筠等州，據百姓陳狀，論訴州縣抑令置鋪賣鹽，已牒所屬地方施行。臣竊詳塞周輔原立鹽法，以救淡食之民。於今民間積鹽不售，以致怨嗟。賣既不行，月錢欠負①，追呼刑責，將滿江西。其勢若此，則安居之民轉爲盜賊，其將奈何？"

九月戊申，提舉荆湖南路常平等事張士澄、轉運判官陳偲等上本路八州鹽舊賣及今來相度合增賣鹽數，修爲湖南廣東西鹽法條約總目。户部言："欲依此推行，候就緒，令本路轉運司、提舉官同立法。"從之。初，塞周輔言："韶、連、郴、道州可以通廣鹽數百萬，代淮鹽食湖南。"故奉議郎鄭宣亦乞運廣東鹽往湖南路郴、全、道三州。詔送士澄、偲相度。至是奏上，乃下監司行之。

周尹措置蜀鹽

熙寧中，患井鹽不可禁，欲實私井，而運解鹽以足之。朝議未決，帝以問修起居注沈括，對曰："私井既容其撲買，則不得無私易。一切實之②，而運解鹽，使一出於官售，此亦省刑罰，籠遺利之一端③。然忠、萬、戎、瀘間夷界，小井尤多④，止之實難。若立堠加警⑤，恐所得不酬所費⑥。"帝悦，其議遂寝。然劉佐入蜀經度茶事，嘗歲運解鹽千萬席。

九年十一月，侍御史周尹言："成都路州縣户口蕃息，所產鹽食常不足，梓、夔等路產鹽多，而人食有餘，自來不禁販易。訪聞昨成都府路轉運司以相度賣陵井場鹽⑦，遂

---

① 月錢欠負　"月"，嘉慶本作"日"；"欠"，長編卷三二四、宋史全文卷一二下均作"久"。
② 一切實之　宋史全文卷一二上、宋史卷一八三食貨志同，長編卷二五五作"一切填之"。
③ 籠遺利之一端　底本脱"一"字，據長編卷二五五、宋史全文卷一二上、宋史卷一八三食貨志補。
④ 夷界小井尤多　"夷"底本作"戎"，"尤"底本作"猶"，據長編卷二五五、宋史卷一八三食貨志改。
⑤ 立堠加警　"堠"底本作"候"，據長編卷二五五改。
⑥ 恐所得不酬所費　長編卷二五五作"則恐所得不補所費"。
⑦ 訪聞昨成都府路轉運司以相度賣陵井場鹽　底本脱"訪聞"二字，"場鹽"底本顛倒，宋會要輯稿食貨二四之一一作"訪聞昨成都府路轉運司爲賣陵井場鹽"，今據補、乙正。

止絕東川路鹽不放入本路①,及閉本路卓筒井,自陝西至成都二千里,道險,不能續運②,致成都路鹽涌貴,斤爲錢二百五六十③,米二斗才得鹽一斤,而東川路鹽斤止七十。嗜利苟活之人至以兵仗裹送販易。欲乞放東川路鹽依舊入成都府路,轉運司不得止絕,勿閉卓筒井,但禁此後毋得創開;罷官運解鹽;商販入川,聽如舊。"其後,詔般解鹽依客人例出賣,不得抑配,商販聽如舊。

元豐七年七月,夔州路轉運使王宗望乞就成都府置榷鹽司。

李稷等措置川茶

熙寧四年二月戊辰,上對輔臣言向來茶法之弊,文彥博曰:"非茶法弊,蓋昔年用兵西北,調邊食急,用茶償之,其數既多,茶不售則所在委積,故虛錢多而壞法也。"王安石曰:"榷茶所獲利無多矣④。"吳充曰:"仁宗朝茶法極弊時,歲猶得九十餘萬緡,亦不爲少。茶法因用兵而壞,彥博所言是矣。然立法之初,許商人入芻粟邊郡,執交鈔至京師,或使錢、銀、綢、絹,或香藥、象牙,惟所欲,商人便之,故法大行。至祥符初,限以三說之法⑤:立定分數,不許從便,客旅拘制;又茶官多買茶之下者,苟足課額,商人得之,往往折閱;又法數變,而民不信⑥,此其所以大壞。如邊鄙無事,法令不爲小利輕變易,自無不行之法。"

食貨志云:茶法自天聖以來屢易。嘉祐初,行通商,雖議者或以爲不便,更法之意,則主於優民。熙寧四年,帝與大臣論昔茶法之弊,文彥博、吳充、王安石各論其故,然於茶法未有所變也。及王韶建開湟之策,委以經略,七年,始遣三司幹當公事李杞入蜀,經畫買茶,於秦鳳、熙河博馬,與成都路漕司議合,事方有端。而韶言四人頗以善馬至邊,所嗜惟茶,乏茶與市⑦,即詔杞據見茶⑧,計水陸運致。又以銀十萬兩、帛二萬五千、度僧牒五百付之,假常平及坊場餘錢,以著作佐郎蒲宗閔同領其事。初,蜀之茶園皆民

---

① 遂止絕東川路鹽不放入本路　底本脫"放"字,據宋會要輯稿食貨二四之一一補。
② 不能續運　宋會要輯稿食貨二四之一一作"不能般運到彼"。
③ 斤爲錢二百五六十　宋會要輯稿食貨二四之一一作"每斤二百五十文足"。
④ 榷茶所獲利無多矣　長編卷二二〇、宋會要輯稿食貨三〇之一一均無"矣"一字。
⑤ 三說之法　底本作"三稅之法",長編卷二二〇同,均誤;據宋會要輯稿食貨三〇之一一、長編卷九三、太平治迹統類卷二八、宋史卷三〇一寇瑊傳改。
⑥ 又法數變而民不信　長編卷二二〇同,宋會要輯稿食貨三〇之一一作"又法數變易,民不爲信"。
⑦ 乏茶與市　"與"底本作"於",據嘉慶本、文獻通考卷一八榷考五、宋史卷一八四食貨志改。
⑧ 據見茶　底本作"計見茶",據文獻通考卷一八征榷考五、宋史卷一八四食貨志改。按:長編卷二五四載"仍令李杞據見茶,計步乘船運,具已發數以聞。"亦可爲參證。

兩稅地,不植五穀,惟宜種茶,賦稅一例折輸。民賣茶資衣食,與農夫業田無異,而稅額總三十萬。杞被命經度,又詔得調舉官屬,迺即蜀諸州創設官場,歲增息爲四十萬,而重禁榷之令,其輪受之際,往往壓其斤重,侵其價值。法既加急矣,猶未甚害也。八年,杞以疾去。先是,杞等歲增十萬之息,既而運茶積滯,歲課不給,即建畫於彭、漢二州,歲買布各十萬匹,以折脚費,實以布息助茶利也,亦未免滯積。都提舉市易司因建遣都官郎中劉佐體量。佐復建議:歲易解鹽十萬席,雇運回車船載入蜀,而禁商販。即以佐代杞之任。未幾,鹽法復難行,罷佐、宗閔,乃議川峽路民茶息收十之三,盡賣於官場,更嚴私易之令,稍重至徒刑,仍没緣身所有物,以待賞給。於是蜀茶盡榷,民始病矣。

元豐二年四月癸卯,權發遣鹽鐵判官、提舉成都府等路茶場、國子博士李稷言:"自熙寧十年冬推行茶法,至元豐元年秋,凡一年,通計課利及舊界息税並已支、見在錢七十六萬七千六十六緡。"辛酉,鹽鐵判官、提舉成都府等路茶場、國子博士李稷權陝西轉運使兼制置解鹽使、都大提舉茶場。

六年四月戊申,同提舉成都府等路茶場陸師閔言:"李稷殁於王事。案:稷領治茶事,於五年間,除百費外,收穫净利四百二十八萬餘貫。伏望以稷成就茶法之功,賜之土田。"又言:"文州與階州接界,而兩路茶法不同。階州係禁地,見有博馬及賣茶場;文州係通商地分,兼龍州界亦係相連。乞以文、龍二州并爲禁地。"又言:"永興等路,惟是金州所出,及影帶透漏山南私茶,或南方雜僞末茶①,其價高貴,陝西之民良以爲苦。乞計置川路餘羨茶貨,編入陝西路諸州軍出賣,並依秦鳳等路禁茶地分條貫施行。"又言:"成都府據川陸之會,茶商爲多,常患物貨留滯,不免賤入居停之家。乞於成都府置博買茶都場,隨宜增價出賣,及博易諸般物貨,卻行變轉,其所增利息,並依川路賣食茶及陝西博易條施行。"詔並依師閔所奏,李稷賜潁川官田十頃。初,蜀茶額歲三十萬,至稷加爲五十萬②,及師閔代稷,爲一百萬云。

食貨志:自熙寧七年至元豐八年增廣茶法,蜀道茶場四十一,京西路金州爲場六,陝西賣茶爲場三百三十二。熙寧七年,税息錢四十萬緡;元豐五年,五十萬;七年,增羨至一百六十萬緡。詔定以百萬緡爲歲額,除充它官經費外,並儲陝西,以待詔用。

六月乙丑,兼同提舉成都府等路茶場郭茂恂言:"昨準詔專提舉買馬兼領茶事,而

---

① 雜僞　嘉慶本作"僞造"。
② 至稷加爲五十萬　底本脱"爲"字,據嘉慶本、長編卷三三四補。

場司不兼買馬,既不任責,遂倚法以害馬①。茶價每馱有增十餘千者,恐蕃馬歲不入,上誤國事。乞并茶場、買馬爲一司,庶幾茶司同任買馬之責。"

十月辛卯,提舉茶場陸師閔言:"每歲所收息稅以百萬緡爲額,除應付別司年額外,並於陝西等路封樁,以待詔用。"從之。師閔又言:"運鹽入蜀,見計置萬三千席,約賣盡得二分五釐之息。"又言:"準朝旨增廣茶法,自措置以來,以所起茶數及見賣價約息稅錢無慮四十萬緡;而金州所置三場,收息亦當不下六七十萬緡。"詔候及一年,奏取指揮。

十一月乙丑,通直郎、都大提舉成都府等路茶場陸師閔言:"比者,賈種民重立茶場法,並用年終額外增剩,依江、湖、淮、浙六路賣鹽條支賞。其立額並其餘增虧比較賞罰,並依課利場務法,茶場司專條更不用。管句官賞罰,減監官之半,而不給賞。切詳本司之法,與天下課利場務不同②,如鹽酒之類,皆以本息通立額,而本司但以淨利爲額。今賈種民之法,須當用本息別立租額,如用本多,收息薄,通比租額增則受賞;用本少,收息多,以息填本,通比不及租額則受罰,深害茶法,不可施行。"詔茶場司並用舊條,其户部議法不當,尚書李承之、侍郎蹇周輔各罰銅六斤,金部郎中晁端彦、員外郎井亮采各罰銅八斤,户部及都省吏各罰銅有差。

師閔云賈種民立法,而種民獨免罰,當考。

七年八月乙未,都提舉権茶陸師閔言:"川茶之法肇於熙寧甲寅,行之陝西,既有明效,以河北、河東生聚之衆,惟茶不可一日而闕。若視陝右成法,而歸利於公上,度兩路歲費之數,置官場於荆楚間和市,歲計運致兩路,率用陝右禁地之法,本路俱積,以助邊費。"詔師閔條具以聞。尋下兩路具到合用茶數,及進呈,詔寢之。

朱本刪去,云"不行,合刪"。案:此乃神宗盛德,安可没也,仍具存之。

十一月丁巳,中書省言:"元豐二年,提舉茶場李稷以息稅五十萬緡爲額,後陸師閔奏自立額後連歲增羨,乞自七年以百萬緡爲額③。未知虛實。"詔権茶司具自二年立額後至六年所收息稅有無增剩及支費數以聞。

---

① 遂倚法以害馬　本書卷七十五馬政同,長編卷三三四"倚"作"立"。
② 與天下課利場務不同　"利"底本作"吏",據嘉慶本、長編卷三四一改。
③ 乞自七年以百萬緡爲額　"乞自"底本作"訖今",據嘉慶本、長編卷三五〇改。

周直孺等措置在京酒麴　京東路附

熙寧四年六月丁巳，詳定編修三司令式所刪定官周直孺言："在京麴院，自來酒户沽賣不常，難及初額①，累經更張，未究利害。推究其原，在於麴數過多，酒數亦因而多，多則價賤，賤則人户折其利。爲今之法，宜減其數，增其價，使酒有限而必售，則人無耗折之苦，而官額不虧矣。請以一百八十萬斤爲定額，遇閏年則添額踏十五萬斤。舊價每斤一百六十八文，請增作二百文省；舊法以八十五爲陌，請並紐計省錢，便於出入。舊額二百二十二萬斤，約計錢三十七萬；今額一百八十萬斤，計錢三十六萬。三年一閏，十五萬斤，計三萬貫；又減小麥萬餘石及人工，並不虧原額錢數②。況免賖麴酒户納小官錢③，借賃契書，公私費用不過每斤添支十文，令用麴無餘，官物無積。況國初麴價，錢二百文，八十五陌；太平興國六年，始減五十。並具到酒户情願事件。"從之。

元豐元年正月辛未，三司乞量增在京酒行麴錢，於年額減麴三十萬斤，遇閏年增造萬斤均給。從之。

二年八月戊申，詔："在京賣麴，以百二十萬斤爲歲額，斤錢二百五十，候賣及舊額，復舊價。"京師麴法，自熙寧四年定以一百八十萬爲歲額，斤錢二百，後多不償。及減歲額爲百五十萬斤，斤增錢至二百四十，猶不免逋欠。至是，命户房檢正官畢仲衍、太常博士周直孺同三司講究利害，乃請減麴額爲百二十萬斤，斤爲錢三百，均給七十店，令月輸錢，周歲而足。

六年九月戊申，權發遣京東路轉運副使吳居厚爲天章閣待制、京東都轉運使。先是，居厚言："本路元豐三年季夏至今年上半年終④，酒税課利比元豐二年前官任内祖額增百七十九萬五千餘緡⑤。其前官任内二年酒税⑥，比祖額虧二十一萬緡⑦。"

---

① 初額　嘉慶本、長編卷二二四同，宋會要輯稿食貨二〇之九作"祖額"。
② 又減小麥萬餘石及人工並不虧原額錢數　嘉慶本"小"作"少"，"並"下有"無"一字。
③ 納小　長編卷二二四同，宋會要輯稿食貨二〇之九作"虧少"。按：宋會要輯稿職官二六之七作"納少"。
④ 至今年上半年終　底本脱前一個"年"字，長編卷三三九同，據宋會要輯稿食貨一七之二六補。
⑤ 前官任内祖額　"祖額"底本作"租額"，據長編卷三三九、宋會要輯稿食貨一七之二六改。增百七十九萬五千餘緡宋會要輯稿食貨一七之二六同，長編卷三三九作"增百七十五萬九千餘緡"。
⑥ 酒税　長編卷三三九同，宋會要輯稿食貨一七之二六作"酒務"。
⑦ 比祖額虧二十一萬緡　底本無"比祖"和"緡"三字，意不足，據長編卷三三九、宋會要輯稿食貨一七之二六補。

卷第七十七

神宗皇帝

州縣廢復　分路附

熙寧元年五月,廢慶成軍入榮河,置軍使,隸河中。

舊紀:上謂輔臣曰:"天下自五代分裂,擅據一方,多置郡縣,以固疆圉,由是役繁民困,其議併省之。"於是廢慶成軍,又廢昇平縣。按:廢昇平縣,實錄已見四月末。上語云云,似爲新政併省發端。今附見此。新紀亦不載上語。

六月,廢隨州爲光化縣。

七月,廢冀州棗強縣、富順監富順縣,並爲鎮。

三年正月,廢安州雲夢縣爲鎮。

九月,廢洺州曲周縣。

四年六月,廢綿州西昌縣入龍安、神泉,象州武化縣、同州夏陽縣爲鎮。

七月,廢竇州爲信宜縣,隸高州;合州赤水縣爲鎮。

八月,廢橫州永定縣入寧浦,桂州修仁、永寧入荔浦。

九月,廢南儀州,以岑溪縣隸藤州。

十月,廢漢陽軍爲漢陽縣,漢川縣爲鎮,並隸鄂州;省恩州清陽縣入清河,又省慶州華池縣、樂蟠縣,置合水縣。

十一月,升吉州萬安鎮爲縣①。

十二月丙子,廢江陰軍爲縣,隸常州;又廢汝州龍興縣爲鎮,省瓊州舍城縣入瓊山縣,鎮戎軍安邊堡入開遠堡。

五年正月,廢北京永濟縣、滄州饒安縣爲鎮,忠州桂溪縣入墊江。

---

① 升吉州萬安鎮爲縣　嘉慶本作"改吉州萬安縣爲鎮"。

二月己卯,廢蓬州良山縣①、巴州其章縣、邛州臨溪縣、嘉州平羌縣,並爲鎮。

三月,廢壁州,省白石、符陽二縣,入巴州通江。

四月戊寅,廢集州爲難江縣,隸巴州。

五月,廢慈州爲吉鄉軍,隸隰州;省文城縣爲鎮,入吉鄉。省鄉寧縣,析其地入晉、絳二州。廢漣水、高郵軍爲縣,以漣水隸楚州,高郵隸揚州。劍門關、劍門縣復隸劍州。廢忻州定襄縣入秀容,潞州黎城縣入潞城;省相州鄴縣,趙州贊皇、柏鄉二縣,汾州孝義縣,歸州興山縣爲鎮。

六月,廢兗州鄒縣、邢州任縣爲鎮,入仙源、南和。

七月,廢揚州廣陵縣入江都。

閏七月,廢延州金明縣爲寨,豐林縣爲鎮,廣州信安縣入新州新興。

八月辛巳,廢鄭州,以管城、新鄭二縣隸開封府。省原武縣爲鎮,入陽武;滎陽、滎澤二縣爲鎮,入管城。廢滑州,以白馬、韋城、胙城三縣並隸開封府。先是,判司農寺曾布奉使過鄭,以吏民乞廢州狀奏聞,乃下京西相度。轉運使吳幾復等奏:"廢州爲縣②,罷諸徭役支費③,實寬民力,兼審問吏民,實皆樂從。"而滑州亦以狀言④:"本州自天禧河決後,市肆寂寥,地土沙薄,河上差料頻數,民力凋敝。願隸府界,與鄭俱爲畿邑爲便,且庶幾王畿四至地里形勢相等⑤。"已而,上又問執政曰:"聞鄭人不以廢州爲便,然否?"王安石進曰:"此乃鄭民吏自乞,又屬王畿,則諸事優便,所省錢一歲幾十萬緡,省州官十餘員,鄭州州役省四百餘人。"已亥,詔以京西路分南、北兩路,襄、鄧、隨、房、金、均、郢、唐八州爲南路,西京⑥、滑、孟、陳、許、蔡、汝、潁七州,信陽軍爲北路。甲辰,廢杭州南新縣爲鎮;光化軍爲光化縣,隸襄州。

九月丁卯,詔以淮南路分東、西兩路,揚、亳、宿、楚、海、泰、泗、滁、真、通十州爲東路,壽、廬、蘄、和、舒、濠、光、黃八州,無爲軍爲西路。是月,廢蒙州爲立山縣,隸昭州;

---

① 良山縣　底本作"銀山縣",據嘉慶本、長編卷二三〇改。
② 廢州爲縣　"州",嘉慶本作"鄭"。
③ 罷諸徭役支費　底本脫"諸"一字,據長編卷二三七補。
④ 而滑州亦以狀言　"以"底本作"係",據嘉慶本、長編卷二三七改。
⑤ 地里　底本作"地理",據長編卷二三七改。
⑥ 西京　底本顛倒,據嘉慶本、宋史全文卷十二上乙正。

成都府犀浦縣、成德軍靈壽縣、雅州百丈縣、劍州臨津縣爲鎮。

十月,廢儀州爲華亭縣,及安化①、崇信隸渭州;乾州爲奉天縣,隸京兆府;永康軍爲寨,導江縣隸彭州,青城縣隸蜀州。

十一月,廢陵州爲陵井監,以貴平、籍縣爲鎮,隸成都府。

十二月,廢梓州永泰縣、綿州西昌縣爲鎮。

六年正月,置潭州安化縣,昇七星寨爲鎮。

二月,廢果州流溪縣爲鎮。

五月,廢復州爲景陵縣,隸安州,仍以玉沙縣爲鎮,隸江陵府監利縣;省施州永興寨,置夷平寨。

六月,廢荊門軍,以長林、當陽兩縣並隸江陵府建寧縣爲鎮。

七月乙丑,詔:"河北轉運使、提點刑獄、提舉司所部廣遠,宜分爲兩路,以濱、棣、德、博、恩、冀、滄、瀛、雄、澶、莫州,大名府,信安、保定②、乾寧、永靜軍爲東路③,懷、衛、磁、相、邢、洺、深、祁、保定、趙州,真定府,安肅、廣信、順安、永寧軍爲西路。"庚午,河北路察訪司言:"乞省并真定府井陘等二十八縣,減官七十六員及役人三千二百二十七人。"從之。

七月,十三縣;八月,三縣;九月,七縣;十二月,五縣;共二十八縣。陳瓘尊堯集序云:"安石謂河北要省民徭,可以減州爲縣。至於言江南利害④,則曰州縣可析云云。"

廢陝州硤石,趙州隆平,磁州昭德,滄州臨津,德州德平,乾寧軍乾寧,衛州衛、新鄉,邢州堯山、平鄉,懷州修武、武德,瀛州束城⑤、景城,江陵府枝江縣,並爲鎮。

八月,李宜之請廢保定軍爲縣,遣官相視,而衆入軍銜⑥,乞留軍額甚譁。宜之以爲官吏故縱其如此,王安石白上曰:"陛下欲什伍河北民爲用⑦,若如此不治,後不可用。"官吏有坐不能禁約者,故責及之⑧,保定軍卒不廢。置明州昌國縣;廢澶州頓邱

---

① 安化 底本作"要化",據嘉慶本、宋史卷八七地理志改。
② 保定 底本作"保安",據長編卷二四六、宋會要輯稿方域五之二六、元豐九域志卷二、宋史卷八六地理志改。
③ 永靜軍 底本脫"軍"一字,據長編卷二四六、元豐九域志卷二、宋史卷八六地理志補。
④ 言 底本脫此字,據嘉慶本、長編卷二四六、四明尊堯集卷一四明尊堯集序補。
⑤ 束城 底本作"東城",據長編卷二四六、元豐九域志卷二、宋會要輯稿食貨一五之一〇、宋史卷八六地理志改。
⑥ 而衆入軍銜 "入軍"底本顛倒,據嘉慶本、長編卷二四六乙正。
⑦ 陛下欲什伍河北民爲用 "用"底本作"兵",據嘉慶本、長編卷二四六改。
⑧ 故責及之 底本作"及責",據長編卷二四六、太平治迹統類卷二二補、改。

縣入清豐;莫州長豐縣爲鎮,並廢鄭縣;春州爲陽春縣,及以銅陵縣隸南恩州。

九月,廢真定府井陘、河中府永樂①、濱州招安、相州永和、祁州深澤、冀州新河、陳州南頓縣,並爲鎮。

十月,廢梅州入程鄉縣,隸潮州;省熙州馬䟫寨。

十一月丁卯,廢儋州爲昌化軍,崖州爲朱崖軍,萬安州爲萬安軍。以昌化、感恩、陵水、寧遠、吉陽及華州渭南縣並爲鎮;信州永豐鎮爲縣;置熙州狄道、河州袍罕縣。

十二月,廢金州平利,洺州臨洺,順安軍高陽,大名府大名、洹水、經城縣並爲鎮,渭州置制勝關及安化縣,以舊縣爲鎮。

七年二月,割秦州大潭、長道二縣隸岷州,白石鎮隸長道;廢遼州入遼山縣,隸平定軍;廢平城、和順、榆社三縣;丹州雲巖、渝州南川、鄜州三川並爲鎮。

四月壬辰,檢正中書刑房公事沈括言:"察訪浙東温、台等州,自熙寧四年以後,監司未嘗巡歷州縣,事廢弛,無人點檢。蓋監司止在浙西乘船往來,文移旁午,指揮不一,州縣莫之適從,生民無所赴愬②,近郡困於將迎。乞以浙東、浙西及轉運副使③,提點刑獄,提舉官六員,分爲兩路:杭、蘇、湖、潤、常、秀、睦七州爲浙西路,置轉運、提舉於杭州;提點刑獄於潤州;越、明、婺、温、台、衢、處七州爲浙東路,置轉運、提舉於越州,提點刑獄於温州。"從之。

> 朱本削去,墨本云:方下本路相度,至九年三月仍詔分路,合併入九年。案:七年九月十二日丁未勿復分路詔,則是年四月二十六日癸巳,即從沈括所請矣。朱本考之不詳,遽削去。今依墨本,仍具本月日。然墨本既於此載沈括云云,又於九年五月十一日丙寅重載之,亦誤也。今止於此詳載,削去彼書。新本考異,殊不辨詰,但依朱本,蓋疏略耳。

甲午,分京東路爲東、西兩路,以青、淄、濰、萊、登、密、沂、徐州,淮陽軍爲東路,鄆、兗、齊、濮、曹、濟、單州,南京爲西路。先是,鄧潤甫等乞分爲兩路,財賦金穀並令通融移用。至是,下京東監司相度,如潤甫所請。

> 新紀係此事於八年正月丙午,誤也。五年八月己亥,已分京西。

---

① 永樂　底本作"永濼",據長編卷二四七、元豐九域志卷二、宋史卷八七地理志改。
② 生民　嘉慶本同,長編卷二五二作"遠民"。
③ 轉運副使　長編卷二五二同,疑爲"轉運使副",因宋人通常稱"轉運使副",既包括轉運使,也包括轉運副使;但一直没有找到直接佐證。

五月，復憲州，從知太原府劉庠所請也。移彭州導江縣於永康寨，以舊縣爲鎮。

八月甲午，併辰州麻陽、招諭二縣隸沅州。

九月，詔："日者分兩浙爲東、西路，今有司言供億錢穀多在浙西計置，及水利事盡在蘇、秀等州，分之必至闕事，其毋復分路。"

分路在四月二十六日癸巳，朱本削去，墨本誤也。其復分路在九年五月十一日丙寅。

八年二月辛卯，廢羈縻懷遠軍古陽縣爲懷遠寨，述昆縣爲鎮，省鎮寧州禮丹縣入環州思恩縣，並隸宜州。廢沅州招諭縣及錦川寨入麻陽。

閏四月，廢秦州定邊、綏遠二寨爲鎮，隸隴州。

七月，復置真定府井陘縣，徙治天威軍，即縣治置軍使；復河南府偃師鎮爲縣，廢緱氏縣爲鎮。

八月，割昭州龍平縣隸梧州，廢永州零陵寨。

十一月，割渝州隆化縣隸南平軍。

十二月，復雲安軍雲安監，置舒州同安監。改秦州床穰寨爲堡，廢真定府靈壽縣、延州延水縣、隴州隴西寨，並爲鎮。

九年四月己酉，復導江縣爲永康軍，以武臣爲軍使兼知縣事，仍屬彭州。以上批"永康軍正控西山六州軍隘口，昨據張商英奏請，廢爲導江縣。若非軍官，實不足彈壓，可令復舊"故也。

五月丙寅，詔復分兩浙爲二路。初，從沈括分路之請，不半歲復合之。於是復分。明年五月，復有詔合爲一路。蓋以財賦不可分，又已責監司分定巡歷諸州縣歲遍故也。

初分在七年四月二十六日癸巳。其年九月十二日丁未復合，至九年五月十一日丙寅復分，十年五月復合。今附此。

十二月庚戌，即茂州汶川縣置威戎軍使。

十年正月，荊湖南路轉運判官唐義問言："北路近年廢荊門軍爲長林縣，以隸江陵府。此軍控巴蜀，備防百越。今以爲縣，城郭不完，屯兵減少，不足以控制要會。乞復建軍。"詔荊湖北路監司相度以聞，既而不行。

二月丙午，以廣源州爲順州。

三月辛巳，復嵐州靜樂縣爲憲州。

四月丁未,復冀州棗彊、武邑二鎮爲縣。名瀘州小溪口新寨曰武寧。

八月己亥,吕溫卿言:"觀河北分爲東、西路①,其於監司巡按甚便。至於通融移用之法,則不能無害。如東路出絲綿、紬絹,西路饒材木、鐵炭,而有無不得以相通,用度不得以相補。欲乞如江淮發運使之法②,於北京特置河北、京東西路都轉運司③,選重臣以領使事。應合通融移用財賦課利、按察郡縣事件等,委四路轉運司推官④,專以經制邊計爲任。北邊之財庶可以充足。"

元豐元年正月,復桂州修仁鎮爲縣。

六月,復鄧州方城鎮爲縣,隸唐州;置南平軍南川縣;割通遠軍遮羊堡隸岷州。

十月己巳,復華州渭南鎮爲縣。

二年九月,復孟州氾水鎮爲縣。

三年三月庚辰,復置晉州趙城縣。初,熙寧中,廢入洪洞縣爲鎮。至是,知州王説言:"百姓輸納、辭訴回遠,歲失酒稅課不便⑤。兼竊考趙氏之先,季勝生孟增,孟增生衡父,衡父生造父。周繆王賜造父以趙城,今趙城是也。由此爲趙氏,乃是國家得姓始封之地,不與他縣邑比。"故復之。

六月,升沅州黔江城爲黔陽縣。

十二月丁亥,復置昌化軍昌化縣、萬安軍陵水縣。是歲,置昌化軍感恩縣。

五年正月戊申,置渠陽縣隸誠州。四月庚申,置誠州貫保縣。是歲,復程鄉縣爲梅州。

七年四月丙申,復置兗州鄒縣。

六月丙申,詔:"應經併廢州縣今復舊者,具元建議官職位、姓名以聞。"上以併廢州縣出於使者欲以增剩役錢爲功,故令考察。

朱本改"欲以增剩役錢爲功",但云"妄有申請"。今從舊文也。

八年三月,哲宗即位。

---

① 觀河北分爲東西路　底本脱"觀"一字,據長編卷二八四補。
② 江淮發運使　"運"底本作"遣",據嘉慶本改。
③ 都轉運司　"司"底本作"使",據嘉慶本、長編卷二八四改。
④ 委四路轉運司推官　嘉慶本作"委四路轉運司通管",長編卷二八四作"委四路都轉運司通管"。
⑤ 歲失酒稅課不便　長編卷三〇三作"歲輸稅課不便",宋會要輯稿方域六之四作"不便酒稅,歲失官課"。

十一月辛丑,復管城縣爲鄭州,以監察御史劉拯及縣令周邠有請也。

元祐元年正月辛丑,鄭州復爲奉寧軍。戊午,復瀛州束城鎮爲縣。

二月乙丑,侍御史劉摯、監察御史王巖叟言:"竊惟天下涵濡太平之恩久,戴白之老不識兵革者非一日矣。事方繁夥,民務增衍,議者謂益置郡縣以分治之,乃其所也。而比者聚斂之吏,苟欲減役人,收役錢,以附會,率爾之間,遂行併廢,不復問事體之何如,人情之樂否。蓋廢併之後,州縣遼遠,有山嶺重複,江河阻絶,遠者十數日,近者五六七宿,不能一往來於官者。以言爭訟,則百姓赴訴難;以言賦稅,則百姓輸納難;以言豪彊,則官司彈治難;以言盜賊,則官司警捕難;以言死亡,則官司檢視難;以言期會,則官司追呼難。乞自免役以來併廢過州、縣、軍、監,凡可復者,皆復之以便民。"又言:"自來併廢州縣,雖省得役錢以爲封樁之利,然酒課、稅額虧失者不可勝計。今復添官三數員,祿廩至微,酒稅之利自足備用,亦於公家無所侵耗。昔嘗親見廢相州永和縣爲鎮之初,永和之民相與號訴於官曰:'不知官中歲所利者幾何?百姓願計其數均認之,隨二稅以納①,幸留吾邑不廢也!'官不敢受其詞,竟廢之。陛下以此觀廢邑之人情②,宜復否也?"詔廢併州縣,令諸路轉運、提點刑獄、提舉常平司同共相度合與不合廢併以聞。己丑,復晉州利川鎮爲縣;復成都路導江縣爲永康軍。

閏三月辛卯,復慶州平戎鎮爲縣。

四月己丑,復祁州深澤縣。乙巳,復西京福昌鎮爲福昌縣。

六月戊子,詔新復州縣知州、軍、縣並堂除選③,餘官吏部選差。癸巳,復安州景陵縣爲州,復鄂州漢陽縣爲軍,漢川鎮,安州雲夢鎮,荆南玉沙鎮、枝江鎮④、建寧鎮,歸州興山鎮並爲縣。戊申,復汝州龍興鎮、桂州永寧場爲縣。是月,復衛州黎陽縣爲通利軍。

七月壬戌,淮南轉運副使趙偁請復以宿州靈璧縣爲鎮⑤,從之。

十月辛卯,復象州武化縣;壬辰,復廣州信安鎮爲縣。

二年正月甲戌,復衛州新鄉鎮爲縣。

---

① 隨二稅以納　"二"底本作"三",據嘉慶本、長編卷三六五改。
② 陛下以此觀廢邑之人情　"觀"下底本衍"之"一字,據嘉慶本、長編卷三六五删。
③ 堂除選　嘉慶本作"堂選"。
④ 枝江鎮　底本作"板江鎮",據長編卷二四六、宋會要輯稿方域一二之一五、宋史卷八八地理志改。
⑤ 靈璧縣　底本脱"縣"一字,據長編卷三八二補。

五月丙子,復成德軍靈壽鎮爲縣。

六月戊子,復懷州修武鎮爲縣。辛丑,復雅州百丈鎮爲縣。

七月甲寅,復洺州臨洺鎮爲縣。

十一月壬戌,復橫州永定縣。甲子,復西京潁陽、洛陽縣。

十二月丙申,臣僚上言:"伏見熙寧、元豐之間併廢州縣甚多,其大要欲以省官吏、寬力役也。近歲議者頗謂併廢州縣雖可以省官吏、寬力役,而不能無害者:封疆既闊,則輸稅租者或咨怨於道途;官吏既去,則爲盜賊者或公行於市邑。以至訟訴追呼,皆非其便,此朝廷不得不慮也。故元祐元年二月九日敕:'併廢州縣,令諸路轉運、提刑、提舉司同共相度合與不合併廢,具利害聞奏。'緣此,諸路已廢之州縣並多興復。臣愚竊謂興復州縣,惟坊郭近上人户便之,鄉村上户乃受其弊也①。知其然者,州縣既復,則井邑盛而商賈通,利皆歸於坊郭,此坊郭上户所以爲便也。復一小邑,添役人數百,役皆出於鄉村,此鄉村上户所以受其弊也②。自元祐元年二月九日降敕相度,幾二年矣,其利害明白而不可以不復者,下詔之初皆已復矣③;其可以復可以不復者,仍遷延至今。況自朝廷行差役法,中外莫不以爲宜,而論者獨以地薄民貧之邑、鄉村應役之户不多者難得番休爲患也。今諸路方且攀緣前歲一時指揮而復縣不已,增鄉户之力役④,以利坊郭,臣竊以爲非便也。臣欲望聖慈特賜指揮,其元祐元年二月九日敕更不施行。"從之。

三年八月辛巳,詔復荊南長林縣爲荊門軍。

濬汴河 導洛附

熙寧六年十一月壬寅,詔今冬不閉汴口,令造筏截浮淩。先是,權判將作監范子奇言:"汴口每歲開閉,勞人費財。乞每至冬,更勿閉口。"上曰:"舊閉口良有所費。"安石曰:"聞往時所費至百萬⑤。"上曰:"聞都省有碑,言溝洫前通於汴水,不知自何時如此河底漸高。"安石曰:"今溝首皆深,汴極低。又觀相國寺積沙幾及屋簷,則汴河如

---

① 鄉村上户乃受其弊也 "上户"底本作"下户",據長編卷四〇七改。
② 此鄉村上户所以受其弊也 "上户"底本作"下户",據長編卷四〇七改。
③ 下詔之初 長編卷四〇七作"令下之初"。
④ 增鄉户之力役 長編卷四〇七作"增鄉村之力役"。
⑤ 聞往時所費至百萬 長編卷二四八作"聞有時費至百萬"。

此漸高未久。"上曰:"有汴河來已久,何故近方如此漸高?"安石曰:"舊不建都,即不如本朝專恃河水①,故諸陂澤溝渠清水皆入汴;諸陂澤溝渠清水皆入汴,即沙行而不積。自建都以來,漕運不可一日不通,專恃河水灌汴,諸水不復得入汴②,此所以積沙漸高也。"丁未,王安石言:"以濬川杷濬黃河,自二十八日卯時至二十九日申時,凡增深九寸至一尺八寸。請以杷濬汴。"從之。先是,有選人李公義者建言,請爲鐵龍爪以濬河。其法以鐵數斤爲爪形,沉之水底繫絙,以船曳之而行。宦官黃懷信以爲鐵爪太輕,不能沉,更請造濬川杷。其法:以巨木長八尺,齒長二尺,列於木下如杷狀,以石壓之,兩旁繫大絙,兩端矴大船,相距八十步,各用牛車絞之,去來撓蕩泥沙,已又移船而濬之。他日又言:"開直河一道,計省卻九百萬物料、三百萬夫工。如懷信所造濬川杷,即處處危急可用。直河所以有不可開者,只爲近水,開數尺即見水,施功不得。今但見水,即以杷濬之,無不可使水趨直河去處。即一歲所省,凡幾百千萬物料、夫工。又汴河、廣濟河諸斗門減水河,自此更不須計工開浚,但製百千枚杷,永無淺淀也。"

七年四月庚午,詔置濬黃河司,差范子淵都大提舉,李公義爲句當公事。

八年二月丙戌,同管句外都水監丞程昉等言:"嘗乞以京西三十六陂爲塘,瀦水入汴通運③。其陂內民田,欲先差官量頃畝,依數撥還,或給價錢。又采買林木遙遠,清汴牐欲作二三年修,仍選知河事臣僚再按視措置。"詔翰林侍讀學士陳繹、入內都知張茂則與昉等覆視以聞。其後,繹等言:"可濟行運。其置牐疏密、土工物料,見令楊琰等計置。"詔候相度畢,具合行事節以聞。

十月壬辰④,張方平判應天府。方平在朝,雖不任職,然多所建明,嘗論汴河曰:"臣竊惟今之京師,古所謂陳留,天下四衝八達之地者也。非如函秦天府,百二之固;洛宅九州之中,表裏山河,形勝足恃。自唐末朱溫受封於梁,因而建都⑤,至於石晉,割

---

① 即不如本朝專恃河水　底本"即不如"下衍"此"一字,據長編卷二四八刪。
② 諸水不復得入汴　長編卷二四八作"諸水不得復入汴"。
③ 通運　底本作"漕運",據長編卷二六〇改。
④ 壬辰　底本脫此二字,據長編卷二六九補。
⑤ 因而建都　"因"底本作"國",長編卷二六九同,均誤;據樂全集卷二三論京師軍儲事、宋名臣奏議卷一二七張方平上神宗論並廢汴河、歷代名臣奏議卷二六一改。

幽薊之地入契丹,遂與強虜共平原之利。故五代爭奪①,戎狄亂華②,其患由乎幾甸無藩籬之限,本根無所庇也。祖宗受命,規模畢講③,不還周、漢之舊,而梁氏是因,豈樂而處之?勢有所不獲已者。大體利漕運而贍師旅④,依重師而爲國也。則是今日之勢,國依兵而立,兵以食爲命,食以漕運爲本,漕運以河渠爲主。國初,濬河渠三道,通京城漕運。自後定立上供年額,汴河斛斗六百萬石,廣濟河六十二萬石,惠民河六十萬石。廣濟河所運,止給太康、咸平、尉氏等縣軍糧而已。惟汴河所運,一色粳米,相兼小麥,此乃太倉蓄積之實。今仰食於官廩者,不惟三軍,至於京師士庶以億萬計,大半待飽於軍稍之餘,故國家於漕事至急至重。京,大也;師,衆也。大衆所聚,故謂之京師。有食則京師可立,汴河廢則大衆不可聚。汴河之於京師,乃是建國之本,非可與區區溝洫水利同言也。"

九年十月丁酉,判大名府文彥博言濬川杷無益於事。詔令范子淵畫一分析奏聞⑤。

元豐元年正月戊辰,刑部員外郎、知制誥熊本落知制誥,分司西京,饒州居住;權外都水監丞、主客郎中范子淵追一官,差遣依舊。本坐按視濬河事不實,緣疏濬有河退地二萬二千三百頃,而附會報不以實。子淵所稱河退地雖實,而以二年數誤併爲一年,故有是命。又濬川杷僅同兒戲,子淵所陳固多妄。其運河置牐,令都水監再相度以聞。

二年四月乙卯,詔導洛通汴用是月甲子興工,遣禮官祭告。

六月甲寅,提舉導洛通汴司言:"清汴成,以四月甲子起役,六月戊申畢工⑥,凡四十五日。自任村沙谷至河陰瓦亭子,並氾水關,北通黃河,接連運河,長五十一里,河兩岸爲堤,總長一百三里,河所占官私地二十九頃。已引洛水入新口斗門,通流入汴,

---

① 五代爭奪　長編卷二六九同,宋名臣奏議卷一二七張方平上神宗論並廢汴河作"五代爭奮"。
② 戎狄亂華　長編卷二六九無此四字,樂全集卷二三論京師軍儲事作"戎馬生郊",樂全集卷二七論汴河利害事作"戎狄内侵"。
③ 規模畢講　"畢"底本作"必",據樂全集卷二三論京師軍儲事、宋名臣奏議卷一二七張方平上神宗論並廢汴河、長編卷二六九改。
④ 大體　底本作"大抵",據長編卷二六九、樂全集卷二三論京師軍儲事、宋名臣奏議卷一二七張方平上神宗論並廢汴河、歷代名臣奏議卷二六一改。
⑤ 奏聞　底本脫此二字,據嘉慶本補。長編卷二七八作"聞奏"。
⑥ 六月甲寅提舉導洛通汴司言清汴成以四月甲子起役六月戊申畢工　底本脫自"甲寅"至"六月"二十二字,據嘉慶本補。

候汴水調勻,可塞汴口。乞徙汴口官吏、河清指揮於新開洛口。"從之。

十月癸巳,詔金部郎中、權判都水監范子淵減磨勘二年,餘推恩有差,以疏導汴河有勞也。

三年正月癸巳,三司言:"發運司歲發頭運糧綱入汴,舊以清明日。自導洛入汴,於二月一日。自去冬汴水通行,不必以二月爲限。"從之。

六月乙卯,參知政事章惇上導洛通汴記。詔以元豐導洛記爲名,刻石於洛口廟。

四年七月戊戌,詔:"自今汴河水漲及一丈四尺以上,即令於向上兩堤,視地形低下可以納水處決之。"

五年六月戊寅①,詔:"已拆金水河透槽回水入汴②,自汴河北引洛水入禁中,以天源河爲名。"

八年三月,哲宗即位。四月辛未,詔户部侍郎李定取都提舉汴河堤岸司所領事並提舉京城所課利條析以聞③。五月乙未,户部侍郎李定具到都提舉汴河堤岸司④、專切提舉京城所管課利事件奏之。事見變新法。庚子,詔提舉汴河堤岸司隸都水監。

舊録云:先帝導洛入汴,繕完戎器,於無事之日,皆專置司,事得以舉,至是歸之有司。新録辨曰:導洛水、造軍器,此非人君必躬必親之事。先帝既置司,何嘗不歸之有司邪?始則專置一司,得以覈實,事既就緒,當有統屬,故各歸所隸,是亦先帝之意也。自"先帝導洛"至"歸之有司"二十九字並刪去。

元祐元年正月癸卯,中書省言:"點磨得宋用臣導洛通汴,並京城所出納違法等事。"詔宋用臣降授皇城使、添差監滁州酒税,其根究錢物未明事送户部結絶,仍令本部具合措置事件聞奏。

塞曹村河

熙寧十年八月丙戌,詔監察御史裏行黄廉爲京東路體量安撫使。上曰:"河決曹村,京東尤被其害,今以累卿。"廉既受命,條舉百餘事,大略:疏張澤瀼至濱州,以紓齊、鄆,而濟、曹、單、濮、淄、齊之間,積潦皆歸其壑。郡守、縣令能救災養民者,勞來勸

---

① 戊寅　底本脱此二字,據玉海卷二二地理元豐天源河補。
② 拆　底本作"坼",據玉海卷二二地理元豐天源河改。
③ 事並提舉京城所課利　底本脱此九字,據長編卷三五四、本書卷九十四變新法補。
④ 都提舉汴河堤岸司　"堤"底本作"提",據嘉慶本改。

誘，使即其功；發倉廩府庫，以賑不給；水占民居，未能就業者，擇高地聚居之，皆使有屋。避水回遠，未能歸者，遣吏移給之，皆使有粟；所灌郡縣，蠲賦棄責；流民所過毋得征算，使吏爲之道地，止者賦居，行者賦糧，憂其無田而遠徙，故假官田而勸之耕；恐其殺牛而食之，故質私牛而與之錢；棄男女於道路者收養之，丁壯而饑者募役之。初，水占州縣三十四，壞民田三十萬頃，壞民廬舍三十八萬家。卒事，所活饑民二十五萬三千口，壯者就功而食又二萬七千人，得七十三萬二千工。給當年牛①、借種錢八萬六千三百緡。歸而論薦士大夫，後多朝廷所收用云。

九月庚戌，詔河決泛濫民田者，官爲疏畎，被災縣放稅賦，老幼疾病不能自存者，日給口食。

十二月甲申，手詔：“比楊琰、高靖檢河道回，具所見條上，可召審問，參質利害，庶被災之民不致枉有勞役。”初，河決曹村，命官塞之，而故道已堙，高仰，水不得下。議者欲自夏津縣東開簽河，入董固以護舊河②，袤七十里九十步。又自張村埽直東築隄，至龐家莊古隄，袤五十里二百步，計用夫三百餘萬③、物料三十餘萬。而琰等以爲口塞水流則河道自成，不必更築，以糜工役。上重其事，故令審問，仍詔侍御史知雜事蔡確同相視以聞。既而以確母病，改命樞密都承旨韓縝。後縝言：“漲水沖刷新河，已成河道。河勢變移無常，雖開河就隄，及於河身創立生隄，枉費工力。欲止用新河，量加增修，可以經久。”從之。

元豐元年四月戊辰，提舉修河所言修閉工畢，遣樞密直學士陳襄祭謝，仍以都總管燕達兼都大提舉修護，務令堅實，靈津廟神濟夫人晋封靈顯神妃。初，決口屢塞，不能絕流，財力俱竭，達等相視無策。有小赤蛇出於上流，衆以爲神，共禱之。一夕沙漲，河遂塞，故賜名埽曰“靈平”，廟曰“靈顯神妃”④，殆非人力也。

五月甲戌朔，曹村決口新隄成，河還北流。自閏正月丙戌首事，距此凡用工一百九十餘萬，材一千二百八十九萬，錢、米各三十萬。隄長一百十四里。

---

① 給當年牛　長編卷二八四、山谷集別集卷八叔父給事行狀均作“給當牛”。
② 入董固以護舊河　“董固”底本作“董固”，據嘉慶本、宋史卷九二河渠志改；底本脱“以”一字，據宋史卷九二河渠志補。
③ 計用夫三百餘萬　“夫”，長編卷二八六作“兵”。
④ 廟曰靈顯神妃　長編卷二八九同，皆文意欠通，因靈顯神妃只是神的封號。宋文鑑卷七六孫洙潭州靈津廟碑記載：“詔名埽曰‘靈平’，立廟曰‘靈津’，歸功於神也。”參考此記載，結合上下文意，此處似宜改爲“廟曰‘靈津’，神曰‘靈顯神妃’”，文意纔通。

卷第七十八

神宗皇帝

詳定郊廟禮文上

元豐元年正月戊午，判太常寺陳襄，集賢校理黃履、李清臣、王存詳定郊廟奉祀禮文，楊完、何洵直、孫諤充檢討官。先是，手詔："講求郊廟奉祀禮文訛舛，宜令太常寺置局，仍差定禮官數員，及許辟除官屬，討論歷代沿革，以考得失。"故命襄等。己未，提點南郊事務向宗儒乞自東壝門內布黃道至望燎位，下禮院詳定，關報入式。從之。

閏正月甲申，詔編修明堂式所併歸提點南郊事務所。

二月庚戌，詳定禮文所言："有事於南郊、薦饗景靈宮、朝饗太廟，大率皆蹈唐禮。至於壇壝、神位、大駕、輿輦、仗衛、儀物，亦兼用歷代之制。若概以先王之禮，固已不同，必兼用歷代之制，則其間情文訛舛甚衆。蓋有規模苟略而因循已久，重於更制者；有事出一時之儀，而不足以爲法者。謹先具一二陳奏，恭俟訓敕，以爲體式。"詔詳定合更事以聞。癸丑，詔自今親祠太廟，焚册於南神門外，其祀郊丘，匏爵奠而不酹，內壝之外衆星位，周環每二步別植筍簨一，綳青繩三重，以爲限域①。

七月癸酉朔，詳定禮文所乞罷南郊壇天皇大帝設位，詔弗許。又言："古者帝牛必在滌三月，所以致其嚴潔，通誠於神明也。今既無滌宮繫養之法，每於祭前三月市於民，而有司滌養不嚴，一切苟簡。欲下將作度修滌宮，具繫養之法，飭所屬官司省視，委太常寺主簿一員閱察。"從之。丁丑，詳定禮文所言："舊南郊式，車駕出入宣德門、太廟欞星門、朱雀門、南薰門皆勘箭。熙寧中，因參知政事王珪議，已罷勘箭，而勘箭之式尚存。春秋之義，不敢以所不信而加之尊者，雷動天行，無容疑貳。必使誰何而

---

① 按：宋會要輯稿禮二八之一〇將此條記事係於元豐二年八月。

後過門,不應典禮。考詳事始,不見於開寶禮。咸平中,初載於儀注,蓋當時禮官之失。伏請自今車駕出門,罷勘契。"從之。

九月戊子,詳定禮文所言:"伏請親祠圜丘,惟天子升午陛及從升之臣依舊外,其司徒、祝史當升東陛。若有司攝事,則太尉亞、終獻,亦由東陛升降,庶得禮意。"從之。又言:"伏請自今行禮,亞獻、終獻、公卿、祝史並由西階,以應古義。景靈宮亞獻、終獻,及司徒、司空升降東階,亦乞改正。"詔詳定所再參詳。又言:"臣等徧考禮經,無臣子升降阼階。阼階天子踐而行事,非臣子所得升降。其贊衛臣僚從君升降者,既從於君,自當由阼。"從之。又言:"乞據禮改正①。春祠、夏祔用雞彝一、鳥彝一、犧尊二、象尊二、罍六;秋嘗、冬烝用斝彝一、黃彝一、著尊二、壺尊二、罍六。大祫從鄭衆說,用虎彝一、蜼彝一、大尊四、山尊六、罍六,爲十八尊。禘享如祫,但減山尊二,爲十六尊,以本周禮。"從之。己丑,言:"祀天之有禋柴,猶祭地之有瘞血,享廟之有祼鬯,是皆歆神之始,非謂於祭之末燔燒胙餘也。欲請祀南、北郊,先行升煙、瘞血之禮,至薦奠禮畢,即依舊於壇次燔瘞牲幣之屬,則始終之禮備矣。"又言:"天子親祠,而亞、終獻飲福,有司攝事,而太尉飲福、受胙,則於禮爲非。伏請自今親祠,惟皇帝飲福、受胙,以專受祉於神,然後賜胙臣下,以示均福之義。其賜胙及有司攝行事進胙於天子,自如常儀。"從之。

十一月乙酉,詳定禮文所言:"古者大帶,天子、諸侯、大夫、士采飾,單合皆不同。今群官助祭服一以緋白羅爲之,無等降之别。"又言:"中單亦殊不應禮,並乞據禮改正。"詔送禮院。

二年七月戊寅,樞密直學士錢藻言:"五帝壇宮隘狹敝漏,望祭殿宇不嚴,執事之人寢興其上。前事之夕,牲牢脯醢無吉蠲之室,以待薦羞。疲老之兵,負祭器於道路,尤爲褻慢。"下禮院,禮官請增五帝齋宮殿,四旁立紗楄子②,禁人非時升降。別建神厨、饌庫,出太常祭器,分置五帝齋宮,餘數藏太常,以備他祀。並從之。丁亥,詳定禮文所言:"古者薦新於廟之寢,無尸,不卜日,不出神主,奠而不祭。近時乃擇日而薦,非也。呂氏月令:一歲之間,八薦新物,即仲春獻羔、開冰,季春薦鮪,孟夏以彘嘗麥,

---

① 乞據禮改正　此處節略不當,長編卷二九二"乞據禮改正"之前有關於春祠、夏祔所用祭器不當的内容。
② 四旁立紗楄子　"旁"底本作"房",據長編卷二九九改。

仲夏以雛嘗黍,羞以含桃,孟秋登穀,仲秋以犬嘗麻,季秋以犬嘗稻,季冬嘗魚是也。開元禮加以五十餘品。景祐中,禮官以謂呂紀簡而近薄,唐令雜而不經,於是定四時所薦凡二十八物,視詩、禮、月令增多十有七品。今欲稍加刪定,孟春薦韭,羞以卵以蚳;仲春薦冰,季春薦笋,羞以含桃;孟夏以彘嘗麥,仲夏以雛嘗黍,羞以瓜;季夏羞以芡以菱;孟秋嘗粟與稷,羞以棗以梨;仲秋嘗麻嘗稻,羞以蒲;季秋嘗菰,羞以兔以栗;孟冬羞以鴈,仲冬羞以麕;季冬羞以魚。今春不薦鮪,實爲闕典。伏請季春薦鮪,以應經義。餘乞依韋彤五禮精義所説,但設神座,俟寢廟成,薦新於寢,庶合典禮。"從之。詔王鮪闕,以魴、鯉代。

八月戊午,太常寺言:"奉詔祠祭,以法酒庫、内酒坊酒實諸尊、罍,以代五齊三酒①。今法酒庫酒曰供御,曰祠祭,曰常供;内酒坊酒曰法糯,曰糯,曰常料,各三等。糯酒、常料酒止給諸軍吏工技人,以奉天地、宗廟、社稷,恐非致恭盡物之義。乞止以三法酒及法糯酒奉祠祭。"從之。

三年五月甲子,詳定禮文所言:"看詳明堂者,王者之堂,所以上事天,下治人也。其地在國之中,王者嚴父配天於此,而月吉以聽朔焉②。故孝經曰:'宗祀文王於明堂,以配上帝。'而禮記曰:'天子聽朔於南門之外。'蓋爲五室十有二堂,月令所謂青陽、明堂、太廟、總章、元堂③,各有左、右个,天子分十二月居之。而考工記匠人云:'夏后氏世室,堂修二七,廣四修一,五室三四步,四三尺,九階,四旁兩夾窗,白盛。門堂三之二,室三之一。殷人重屋,堂修七尋,堂崇三尺,四阿重屋。周人明堂,度九尺之筵,東西九筵,南北七筵,堂崇一筵、五室,凡室二筵。'鄭氏謂:'世室,宗廟也;重屋,路寢也。夏舉宗廟,商舉路寢,周舉明堂。互言之,明同制也。'自漢武帝始作明堂,出於詭説,以茅蓋之,水圜宮垣,爲複道,上有樓,從西南入,名曰崑崙,違經背古。其後議者紛紜,至引天地、四時、風氣、乾坤、五行、數象之類,蓋已不勝其誕矣。本朝親祠明堂④,寓於大慶殿。大慶,路寢也,然非明堂。其有司攝事,亦寓郊丘。其五室、十二堂、九階,緣後世不即以聽政,及修廣之度,謂宜量時增損,取適於世。"又言:"祀帝於

---

① 五齊三酒 "三"底本作"二",據嘉慶本、宋會要輯稿職官二一改。
② 焉 底本作"也",據嘉慶本、長編卷三〇四改。
③ 元堂 長編卷三〇四、群書考索卷三二禮門明堂均作"玄堂"。
④ 本朝親祠明堂 "親",長編卷三〇四作"新"。

郊,以天道事之。饗帝於堂,以人道事之。皇祐大享明堂,用犢七以薦上帝,配五方帝;用豕各五,以薦五人帝。熙寧故事,禮院參詳昊天上帝、配帝,各用犢一、羊一、豕一;五帝、五人帝共用犢五①,羊、豕各五,皆未應禮。臣等看詳,禮以角繭栗謂之犢,角握、角尺謂之牛,犢者,誠慤。是以小爲貴,故凡犢則特薦之,所謂祭天特是也。"又曰:"用犢者貴誠,非可與羊、豕相參也。若牛與羊、豕各一,則謂之太牢,宗廟、賓客俱用太牢是也。今來明堂親祠上帝、配帝、五方帝、五人帝,伏請各用牛一、羊一、豕一。"

禮文兩事皆無月日,又未知從違,更須考詳。

六月庚子,詳定禮文所言:"按禮記玉藻云:'笏,天子以球玉。'注:'球,美玉,或謂之大圭,其實一也。'大圭之制,以周禮考之,則長三尺;以西魏、隋、唐考之,則長尺二寸。乞朝廷撲玉之有無制之。"從之。又言:"皇帝親祠,至罍洗、奠玉幣、飲福,皆云搢鎮圭。此既非笏,不當搢之。伏請改爲奠鎮圭。其盥手、飲福,謂宜使人接圭。"又言:"天子奉祀執鎮圭者,其贄也;搢大圭者,其笏也。禮見於所尊,奠摯而不授。伏請自今皇帝親祠郊廟,搢大圭,執鎮圭。每奉祀之時,既接神,再拜,則奠鎮圭爲贄,執大圭爲笏。所有儀注皇帝搢鎮圭,蓋沿襲之誤。乞從改正。"詔候製到大圭日施行。

甲辰,詳定禮文所言:"今儀注,凡享太廟,但有三牲骨體俎,而無腸胃膚俎,不應古義。伏請於三牲骨體俎之外,加以牛、羊腸胃俎一,豕膚俎一。所有牛、羊腸胃,其數各三,其長皆及俎距。離肺各一②,小而長,半割之③,不絕中央少許;刌肺各三④,與腸胃共爲一俎。其載之次序,以離肺在上端,刌肺次之,腸胃在下端。豕膚爲一俎,橫載,令其皮革相順。"從之。又言:"伏請自今郊廟薦腥,解其牲兩髀、兩肩、兩脅,并脊爲七體,左右胖俱用,其載於俎,則以兩髀在端,兩肩次之,兩脅次之,脊居中,皆進。未至薦熟,沉肉於湯,止用右胖,髀不升。其十一體在俎之序,則肩也,臂也,臑也,正脊也,脡脊也,橫脊也,代脅也,長脅也,短脅也,膊也,胳也。依此設之,肩、臂、臑在上端,膊、胳在下端,脊、脅在中央,仍各以半爲腥俎,半爲熟俎。腸胃膚俎亦然。"從之。

七月甲戌,詳定禮文所言:"鹵簿所用二十八宿、五星、攝提旗,有司乃取方士之

---

① 共用犢五 底本脱"共"一字,據長編卷三〇四補。
② 離肺各一 長編卷三〇五同,政和五禮新儀卷五作"離肺一"。
③ 半割之 "半"底本作"午",據政和五禮新儀卷五改。
④ 刌肺各三 長編卷三〇五同,政和五禮新儀卷五作"刌肺三"。

說,繪爲人形,於禮無據。伏請改製,著其象以則天文。"從之。又言:"郊特牲曰:'獻命庫門之內,戒百官也;太廟之命①,戒百姓也。'説者曰:'百姓,王之親也。'今誓百官於尚書省,誓宗室於中書省,於禮無據。伏請戒百官於朝堂②,戒宗室於太廟。"從之。又言:"祭祀時刻,今參酌,秋夏即用丑時一刻,春冬即用丑時七刻,行事至明,皆十五刻,庶合舊禮,不至迫遽。"從之。

乙亥,詳定禮文所言:"看詳鹵簿記公卿奉引:第一開封令,乘䩾車;次開封牧,乘革車,隼旗;次太常卿,乘革車,鳳旗;次司徒,乘革車,瑞馬旗;次御史大夫,乘革車,獬豸旗;次兵部尚書,乘革車,虎旗。以臣等考之,皆爲非是。謹案:周禮巾車職曰:'孤乘夏篆,卿乘夏縵,大夫乘墨車。'司常職曰:'孤卿建旃,大夫建物。'儀禮覲禮曰:'侯氏乘墨車,載龍旗。'則令五品秩比大夫③,當乘墨車而建物;牧比諸侯,當乘墨車而建旗。太常卿,古春官卿,當乘夏縵而建旃;司徒,今三公,當乘夏篆而建旃;御史大夫三品,秩比卿;兵部尚書,古夏官卿,皆當乘夏縵而建旃。伏請公卿已下奉引:先開封令奉引,乘墨車建物;次開封牧奉引,乘墨車建旗;次太常卿奉引,乘夏縵建旃;次司徒奉引,乘夏篆建旃;次御史大夫奉引,乘夏縵建旃;次兵部尚書奉引,乘夏縵建旃。所以參備周禮九旗之制。"貼黃稱:"禮經不著三公所乘車、所建旗。又偏駕不入王門,諸侯朝乘墨車。今約孤乘夏篆建旃之文,定司徒之制。"從之,仍令疾速講求車、旗、旃、物制度以聞④。

八月辛卯朔,詳定禮文所言:"明堂昊天上帝禮神之玉當用蒼璧,今用四圭有邸,伏請改用蒼璧禮天。其有司攝事五帝,亦乞依大宗伯禮神之制,陳玉各倣其方之色⑤。"從之。甲午,詳定禮文所言:"乞親祠景靈宮、太廟,伏請設御洗於阼階東南當東溜,皇帝立於洗南,北嚮盥。侍臣奉槃者東面於庭南,奉匜者西面於槃東,執巾者亦西面於匜北。諸祀祭並有司攝事並准此。"從之。壬寅,曾肇言:"臣昨與張璪等申中書,請將來祀英宗皇帝於明堂,以配昊天上帝及五帝。"又禮官趙君錫等亦別具狀,請

---

① 太廟之命 "命",嘉慶本作"內"。
② 朝堂 嘉慶本作"廟堂"。
③ 則令五品秩比大夫 "則"下底本衍"縣"一字,據長編卷三〇六、宋史卷一五〇輿服志刪。按:宋史卷一五〇輿服志作"開封令五品秩比大夫",記述最精準。
④ 仍令疾速講求車旗旃物制度以聞 長編卷三〇六無"旗"一字。
⑤ 各倣其方之色 "倣"底本作"放",據長編卷三〇七改。

唯以配上帝。君錫等以謂上帝者一帝而已。準中書批下二狀，奉聖旨，依趙君錫等議施行。甲辰，詳定禮文所言："今禮皇帝飲福，乃古之受嘏。而儀注則以內臣酌酒授侍中，侍中跪進，皆無所本。伏請改命太祝。"從之。又："伏請自今昊天上帝、感生帝皆燔牲首以報陽。皇地祇、神州地祇、太社、太稷，凡地祇之祭，皆瘞牲之左髀以報陰。凡薦享太廟，皆升首於室，庶合禮意。"從之。

九月癸亥，詳定禮文所言："國朝衣服令，乘輿服袞冕十二章，日、月、星辰、山、龍、華蟲、火、宗彝八章在衣，藻、粉米、黼、黻四章在裳，則與虞書之文相戾。今欲乞依虞書之文，繪日、月、星辰、山、龍、華蟲六章在衣，繡宗彝、藻、火、粉米、黼、黻六章在裳。"詔送禮院。

四年四月戊寅，詳定禮文所伏請凡祈禱郊廟、社稷，皆用少牢。從之。

六月己巳，詳定禮文所言："臣等看詳，君體至尊也，故燕禮，君不為主，而以宰夫為主，示群臣莫敢與君亢也。天體至尊也，故郊禮，天不為主，而以日為主，示百神莫敢與天亢也。記曰'大報天，而主日，配以月'。又曰'掃地而祭，於其質'而已矣。既已議'掃地而祭'，復古之正禮，則主日、配月、天之位，亦不可以不正。蓋天一位，萬物本乎天也；祖一位，人本乎祖也；日、月不得而與焉。後世報天而不以日為主，非禮也。伏請祭天，五帝從祀，配祖外，別設主日、配月之位，從以百神。"從之。又言："古之王者，孝恭盡於事祖，故凡奉神之物，雖無所用而不敢忽。伏請凡奉神之幣，皆埋之西階東，冊則藏諸有司之匱。"從之。又言："恭以本朝太廟諸室，帝后一體，故禮有'鋪筵、設同几'之文，祭則同牢、同饌、同祀①，以明天地訢合之義。近例凡奏告及祈報，惟出帝王，而不出后主，殆與'同几'之文異矣。今來看詳，應奏告、祈報，除同牲牢祭饌即合出后主外，其餘更不出。"從之。

九月甲辰，中書言："前奏禘、祫年數差互，熙寧八年，禘、祫併在一年。奉旨送詳定禮文所再參詳。臣等謹按司尊彝：'凡四時之間祀、追享、朝享'，小史掌'奠繫世，辨昭穆'，大祭祀，'史以書敘昭穆之俎簋'。然則朝享及敘昭穆，皆祫之謂也。魯文公二年大事於太廟②，躋僖公。而公羊、穀梁傳俱以為祫，是祫之義存於周禮、春秋而

---

① 同祀　底本作"同祝"，據長編卷三一三改。
② 大事於太廟　"大"，嘉慶本作"有"。

不著其名也。左氏之説,則有禘而無祫。祫之名見於禮記。若止據夏、商而言,則曰祫禘、祫烝、祫嘗。若通據三代而言,則曰祫,祭於太廟,祝迎四廟之主。其行禮相距之年皆無文,唯公羊傳曰:'五年而再盛祭①。'禮緯曰:'三年一祫,五年一禘。'而鄭氏、徐邈又分爲二説:爲鄭氏之説則曰前三後二,謂禘後四十二月而祫,祫後十八月而禘;爲徐邈之説則曰前二後三,謂祭相去各三十月。駁鄭氏者則曰三年而祫,爲月有餘;二年而禘,爲月不足。駁徐氏者則曰禘在祫前,則是三年而禘;祫在禘後,則是二年而祫。以二説考之,惟鄭氏曰:'魯禮,三年喪畢,祫於太祖,明年禘於羣廟。自爾之後,五年而再盛祭,一祫一禘。'按春秋書僖公八年禘於太廟、宣公八年有事於太廟,皆因事而書,其不書者可以逆推。知僖、宣當於三年喪畢而祫,三年禘,六年祫,八年乃禘爾。由此言之,鄭氏依倣魯禮,推明王制,實爲有據。然自唐開元六年以後,禘、祫各自數年,不相通計,或比年頻合,或同歲再序,或一禘之後併爲再祫,或五年之後驟爲三祭②,舛誤爲甚。本朝慶曆初,用徐邈説,每三十月一祭,近歲又以二祭年數各不相因,故熙寧八年既禘又祫,此有司之失也。伏請自今十八月而禘,四十二月而祫,庶幾舉禮不頻,事神不凟。及據禮院檢會禮傳,宗廟三年一祫以孟冬,五年一禘以孟夏。昨熙寧八年四月行禘享,十月行祫享;元豐元年十月行祫享,三年四月行禘享;今年十月當行祫享。謹按公羊春秋傳曰:'五年而再盛祭。'注謂三年祫,五年禘。蓋漢、魏故事。唐貞觀以後,並用此禮。至開元中,禘、祫之年不相通數,禮官既覺其非,乃用徐邈之説,以二祭相去各三十月。若甲年夏禘,丙年冬祫;巳年夏禘,辛年冬祫,合五年再盛祭之説,此最爲得。本朝自慶曆以來,皆三十月而一祭。至熙寧五年後,始不通計年數,遂至八年禘、祫併在一歲,所謂一歲再序也。昨元豐三年四月已行禘禮,今年若依舊例十月行祫享,即是比年頻祫,復蹈前失。今欲通計年數,皆三十月而一祭,當至五年冬祫。"詔依見行典禮。又言:"禘、祫不當廢時祭。"從之。

壬子,詳定禮文所言:"古者下宗廟。欲乞親祠,大輅入太廟西門,近廟南門,即降輅步入廟,少東升輦,就大次。仍自今羣臣奉祠,並於西櫺星門外下馬。"從之。又言:"謹按禮曰:'冬日至,作樂於地上之圜丘。若樂六變,則天神皆降,可得而禮矣。'又

---

① 五年而再盛祭 "盛"係宋人爲避趙匡胤之父趙弘殷名諱所改。下同。
② 驟爲三祭 長編卷三一六作"驟有三祭"。

曰：'祭天，掃地而祭焉，於其質而已矣。'又曰：'有以下爲貴者，至恭不壇，掃地而祭。'則古者祀天，奏樂於圜丘，升煙於泰壇，並以降神，設饌在地，所以祭之。故崔靈恩云：'燔柴升煙，取因高之理，正祭之時，皆於地上。'故馬昭、高堂隆等親述鄭義以對王肅，皆云：'祭天不在於壇。'後世築壇八陛①，祀天其上，奏樂其下，非禮之正。臣等欲乞更今之壇以爲圜丘，奏樂其上，而於丘南設饌於地，以行正祭，庶合禮經有以下爲貴者，且明尚質之義。臣等雖稽古制，謂宜如此，然郊丘大事，乞以聖意裁之。"不從。

十月戊午，詳定禮文所言："天道遠而難致，尊而難親。以其遠而難致也，故常以神道致之；以其尊而難親也，故常以人事親之。易曰'聖人亨以享上帝'，人道親之也；禮曰'郊血'，神道致之也。本朝郊禮，薦熟之外不設血，殊爲闕禮。伏請南郊先薦血於神座前，盛以槃；次薦腥，次薦熟，并北郊準此，仍先瘞以致神。"從之。又言："看詳祠、礿、嘗、烝之名，春夏則物未成而祭薄，秋冬則物成而祭備，故許慎以'品物少，多文詞'爲祠，而王弼以禴爲祭之薄。何休謂秋穀成者非一，黍先熟可得薦，故曰嘗；冬萬物畢成，所薦衆多，故曰烝。故禮以嘗爲大嘗，周禮以烝爲大享。今太廟四時雖有薦新，而孟享禮料無祠、礿、嘗、烝之别。伏請春加韭、卵，夏加麥、魚，秋加黍、豚，冬加稻、鴈。當饋熟之節，薦於神座。其籩、豆於常數之外别加。時物之薦，豐約各因其時，以應古禮。"從之。又言："國朝時令，秋分饗壽星於南郊。熙寧祀儀：於壇上設壽星一位，南嚮②；又於壇下卯階之南設角、亢、氐、房、心、尾、箕七位③，東嚮④。謹按爾雅曰：壽星，角、亢也。說者曰：數起角、亢，列宿之長，故曰壽。以此言之，角、亢自以列宿之長故名壽星，非此所謂秋分所饗壽星也。今於壇下設角、亢位，且以氐、房、心、尾、箕同祀，尤爲無名。臣等又按晉書天文志：'老人一星在弧南，一曰南極，常以秋分之旦見於丙，春分之夕没於丁。見則治平，主壽昌。常以秋分候之南郊。'後漢於國都南郊立老人星廟，常以仲秋祀之，則壽星謂老人星矣。伏請依後漢於壇上設壽星一位，南嚮⑤，祀老人星。所有壇下東方七宿位，謂宜不設。"從之。

---

① 築　嘉慶本作"作"。
② 南嚮　"嚮"底本作"饗"，據嘉慶本、長編卷三一七改。
③ 七位　底本作"七星"，據嘉慶本、長編卷三一七改。
④ 東嚮　"嚮"底本作"饗"，據嘉慶本、長編卷三一七改。
⑤ 南嚮　"嚮"底本作"饗"，據嘉慶本、長編卷三一七改。

己未,詳定禮文所言:"禮運曰:'地秉陰,播五行於四時。'五行者,天地之間至大之物,萬物所以生成,故有帝以爲之主,有神以爲之佐。祭天以天從,故祀昊天上帝則五帝宜從於南郊;祭地以地從①,故祀地祇則五神宜從於北郊。五神,地類也,故曰'地秉陰,播五行於四時'。漢舊儀祠五祀,五行官也。梁武曰:'南、北郊皆祀五行之神。'故許亨以謂五神主五行,隸於地爲陰,祀位在北郊,是也。近世大雩,五時迎氣,以五人神配,而不設五行之神,是遺其大而取其小者也。伏請祭地祇以五行之神從,以五人神配,用血祭。"從之。又言:"謹按周禮鼓人職曰:'以雷鼓鼓神祀,以靈鼓鼓社祭。'又大宗伯:'以禋祀祀昊天上帝,以血祭祭社稷五祀。'社常對天神而不言地祇者,社者神地之道,言社則地道可知,故其神屬乎地道者,祀皆爲陰祀。然而陰祀必以血爲歆神之始者,血者陰幽之物,陰祀而用幽陰之物,所謂本乎地者親下,各從其類,是以類求神之意也。今祭社稷儀注不用血祭,皆違經禮。伏請祭社稷以埋血爲始②。"從之。又言:"古者祭社,君南嚮於北墉下,所以答陰也。今社壇內不設北墉,而有司攝事,乃設東嚮之位,於禮非是。伏請太社壇內設北墉,以備親祠南嚮答陰之位。其有司攝事,謂宜立北墉下少西。"從之。又言:"謹按周禮小宰之職:凡祭祀贊王裸將之事。小宗伯之職:凡祭祀以時將瓚裸。蓋孝子之求神,有於陰而求者,以其形魄歸於地,故於陰而求之,凡裸是也。禮記曰:'周人尚臭。'蓋先灌而後作樂,求諸形魄之謂也。本朝宗廟之禮多從周,謂宜先灌而後作樂。"從之。又言:"宗廟之有裸、鬯、爓、蕭,則與祭天燔柴、祭地瘞血同意,蓋先王所以通德馨於神明。近代有上香之制,頗爲不經。按韋彤五禮精義曰'祭祀用香',今古之禮並無其文。隋志云:'梁天監初,何佟之議鬱鬯蕭光所以達神,與其用香,其義一也。上古禮樸,未有此制。今請南郊、明堂用沉香,氣自然至天,示恭③合質陽之氣④;北郊請用上和香,地道親近,雜芳可也。'臣等考之,殊無依據。今且崇事郊廟、明堂,器服牲幣一用古典。至於上香,乃襲佟之議。如曰上香亦裸、鬯、爓、蕭之比,則今既上香,而又裸、爓,求之古義,已重複,況開元、開寶禮亦不用乎。"

① 祭地以地從　第一個"地"底本作"祀",據嘉慶本、長編卷三一七改。
② 伏請祭社稷以埋血爲始　底本脫"祭"一字,長編卷三一七同,意不足,據文獻通考卷八二郊社考七五一上補。
③ 至天示恭　嘉慶本作"示天至恭"。
④ 合質陽之氣　"氣",嘉慶本作"義"。

禮文無日月,從違當考,今附先灌後作樂下。

又言:"古者郊廟,助祭之臣皆親疏異等,貴賤異位,主客異儀,夷夏異制,然後禮容不亂,而君道益尊。故儀禮特牲饋食禮,有門外之位以省事,有堂下之位以行禮,貴者在北,賤者在南,尊者在前,卑者在後,主人在東,衆賓在西。而明堂位夷狄之位皆在門外,諸侯之位皆在門内,皆不可得而易也。國朝之制,天子親祠南郊,亞、終獻及百官統於至尊之後,而公卿與分獻執事之臣獨在内壝東門之外。又太廟、明堂,公卿在東,宗室在西,皆無親疏尊卑之别。伏請親祠南郊,設助祭公卿位於亞、終獻之南,設分獻官位於公卿之後,執事者又在其後,每等異位,俱重行西嚮北上。太廟設亞、終獻位於階東,設宗室位於其後,皆西嚮北上;設助祭公卿位於階西,文武百官於其後,皆東嚮北上;設賓客位於門外①,隨其方國。"貼黄稱:"檢會開元、開寶禮及本朝儀注,親祀丘壝、明堂,即無宗室立班位。"詔禮院將新定朝會圖及行禮處地步參定奏聞。又言:"聖王之事宗廟,禮如事生,故饌則薦四時之和氣,與四海九州之美味;貢則陳金璧龜帛,以明功德之所致。雖丹、漆、絲、纊、竹、箭之微必具,以明共天下之財;其餘無常,必致國之所有,以明遠物無不致。良以土地、人民,皆祖宗之所生成者,以其治功之所致,歸美於祖宗。自秦、漢以來,奉宗廟者,皆不本之先王之經訓,有司奉行充其位而已,故天下常貢入王府者,未嘗陳於太廟②,良爲闕略。欲乞親祠太廟,並合戶部陳歲之所貢③,以充庭實,仍以龜爲前列,金次之,玉帛又次之,餘爲後。"從之。又言:"國朝沿唐制,以太尉掌誓戒。太尉,三公官,所謂坐而論道者,非掌誓之任。伏請親祠命吏部尚書一員掌誓戒,刑部尚書一員莅之。"詔掌誓戒用左僕射,闕即用右僕射。又言:"祥符八年,始命司天監二員分獻,自後又命它官攝司天監,行事日官既非習禮事神之司,又假其官名以行禮,殆非禮意。伏請應以司天監分獻者,並改差禮官。"又言:"唐六典以侍中奏中嚴外辦及解嚴。竊詳侍中之職,掌出納帝命,緝熙皇極,佐天子統大政,凡軍國之務,與中書令參總焉。自唐以來謂之真宰相,非復秦之丞相史④、漢魏掌御物之任也。伏請奏中嚴外辦以禮部侍郎,奏解嚴以禮部郎中。"並從之。

---

① 賓客位 嘉慶本作"蕃客位"。
② 未嘗陳於太廟 嘉慶本"陳"下有"之"一字。
③ 合 嘉慶本作"令"。
④ 丞相史 "史"底本作"及",據嘉慶本改。

壬戌,詳定禮文所言:"丙申詔書,季秋祀英宗於明堂,以配上帝,餘從祀群神悉罷。伏請孟春祈穀①,孟夏大雩,惟祀上帝,止以太宗配,亦罷從祀群神,以明事天不二。又按禮,雩壇當國南,今寓圜丘非是,乞改築。"從之。又言:"古之王者,行則嚴羽衛,處則厚宮闈,所以示威重,備非常也。故周禮王會同則爲壇宮,食息則設帷宮。漢祀甘泉則有竹宮,至於江左,益有瓦殿②。本朝沿舊制,親祠南郊,行宮獨設青城幔殿,宿者有風雨之憂,而又無望祭之位,且青城之費歲以萬數。臣等欲乞倣青城之制創立齋宮,一勞而省重費,或遇風雨,可以行望祭之禮。"詔送禮院,候修尚書省了日取旨。

此乃十八日聖旨,實錄不載,今特著之。元符齋宮侈甚,或由此始。

又言:"謹按儀禮曰:'嗣舉奠。'又禮記曰:'登餕獻受爵,則以上嗣,尊祖之道也。'則知古者上嗣③,本爲宗廟神明擁佑,故當顯相人主,虔恪禮事,以報神靈之貺,然後舉奠而飲,以明上受祖宗錫羨無疆之休,下示尊崇正統之緒。臣等歷選前世奉祠宗廟,雖有皇嗣侍祠之儀,而未有舉奠之禮。欲乞將來親祠太廟,既祼之後,太祝以斝酌奠鉶南,俟皇帝正祭受嘏訖,命皇子舉奠④,以明上受祖宗錫羨無疆之休,下示尊崇正統之緒。"從之。又言:"古有墮祭,今無之,誠爲闕典。復請增修儀注,仍藉以白茅。"從之。又言:"祭祀之禮,神有尊卑,故禮有隆殺;德有大小,故物有厚薄,惟其稱而已。天神尊,故以神道接之;社稷、五祀卑,故以人道接之。以神道接之,則貴遠人之物,故郊天先薦血,次薦腥,次薦爓,次薦熟;以人道接之,則貴近人之物,故社稷、五祀先薦爓,次薦熟。至於群小祀,則又其卑者,故薦熟而已。禮記曰:'禮之近人情者,非其至也。非作而致其情,此有由始也。'又曰'郊血,大饗腥,三獻爓,一獻熟。至敬不貴饗味而貴氣臭'是也。近世社稷、五祀不薦熟,皆未應禮。伏請社稷、五祀先薦爓,次薦熟、四方百物。宮中七祀、司中、司命、風師、雨師,止薦熟。"從之。又言:"祭祀之有樂,所以昭告於天地之間,庶幾求神而得之也。周禮大司樂,凡天神、地祇、四望、山川、祖妣,皆分樂而存之,下至川澤、山林、邱陵、墳衍、土示,亦皆有樂;而風師、雨師所以發生萬物;司中、司命司人之禍福,功亦大矣,豈可無樂以降格其神靈?說者

---

① 伏請孟春祈穀　底本脫"伏"一字,據長編卷三一七補。
② 益　嘉慶本作"則",文獻通考卷七一郊社考四作"亦"。
③ 上嗣　底本作"生嗣",據長編卷三一七、禮記注疏卷二〇改。
④ 皇子　嘉慶本作"皇嗣"。

曰'乃奏姑洗,歌南呂,舞大磬'者是已。樂師之職曰:'凡國之小事用樂者,令奏鐘鼓。'說者曰:'小祭祀也。'又舞師之職曰:'小祭祀,不興舞。'說者曰:'宮中七祀,則無舞。'小師職曰:'凡小祭祀,鼓棘。'所謂小祭祀者,司中、司命、風師、雨師是也。既已奏鐘鼓,又云鼓棘,則是有樂明矣。伏請特詔有司,祠司命、風師、雨師用樂,仍製樂章以爲降神之節。"從之。

卷第七十九

神宗皇帝

詳定郊廟禮文下　禮部等議附見

元豐四年十月甲子，詳定禮文所言："謹按周禮大宗伯'以禋祀祀昊天上帝，以實柴祀日、月、星辰，以槱燎祀司中、司命、風師、雨師'。所謂周人尚臭，升煙以報陽也①。煙，陽之氣也，陽祀而用陽之氣以求之，所謂本乎天者親上，亦各從其類也。近世惟親祀昊天上帝燔柏柴外，其餘天神之祀惟燔祝板，實爲闕禮。伏請天神之祀皆燔牲首，所有五帝、日、月、司中、司命、風師、雨師、靈星、壽星，並請以柏爲柴升煙，以爲歆神之始。"從之。又言："熙寧祀儀：正月上辛祀感生帝，孟冬祭神州地祇，牲用羊、豕；春分祀高禖，用犢與羊、豕各一；春秋祈報社稷，用羊、豕各二。謹按周禮小司徒：'凡小祭祀，奉牛牲。'鄭氏云：'小祭祀，王玄冕以祭。'然則王者之祭，無不用牛。唐韋彤五禮精義：'天寶二載，詔減用犢之數，配帝無犢。大曆六年，詔方丘減用少牢。'開寶通禮曰：'聖朝除祀天地之外，太牢合用牛者皆以羊代之。'竊以感生帝、神州地祇，歷代崇奉，爲天地大祠。今以宣祖、太宗配侑，雖是有司攝事，謂宜俱用犢而去羊、豕。禮記月令：'仲春之月，乙鳥至之日，以太牢祠於高禖。'説者曰：'求子之祭不與常祭同，故不用犢。'今祠禖用犢與羊、豕各一，謂宜改犢爲角握牛。王制曰：'天子社稷皆太牢，諸侯社稷皆少牢。'白虎通曰：'人非土不生，非穀不食，祭社稷以三牲，重功也。太社爲天下報功。'後漢郡縣置社稷②，太守、令長侍祠，牲用羊、豕。唐禮：社稷用太牢，大曆中減用少牢，正元五年包佶奏請社稷依正禮用太牢③。今自太社、太稷下至郡縣社

---

① 按：宋會要輯稿禮一四之五五"也"下有"夫天神，陽祀也"六字。
② 後漢郡縣置社稷　長編卷三一七無"置"一字。
③ 正元五年　"正"應爲"貞"，係宋人爲避宋仁宗趙禎諱改。

稷,皆用少牢而祭,殊不應禮。夫爲一郡邑報功者當用少牢,爲天下報功者當用太牢。所有春秋祈報太社、太稷,謂宜於羊、豕之外加以角握牛二。"從之。又言:"周禮小宗伯之職:兆五帝於四郊,四類亦如之。熙寧祀儀:兆日於東郊,兆月於西郊。是以氣類爲之位。至於兆風師於國城東北,兆雨師於國城南,兆司中、司命於國城西北亥地,則是各從其星位,而不以氣類,非所謂四類也,蓋自隋以來失之。謂宜據舊禮四類之義,兆風師於西郊,祠以立春後丑;兆雨師於北郊,祠以立夏後申;兆司中、司命、司禄於南郊,祠以立冬後亥。其壇兆則從其氣類①,其祭辰則從其星位。仍依熙寧祀儀,以雷師從雨師之位,以司民從司中、司命、司禄之位。所有雨師、雷師則爲二壇同壝②,司中、司命、司民、司禄,則爲四壇同壝,其壇制高廣自如故事。"從之。又言:"古者享司寒,唯以藏冰、啓冰之日。熙寧祀儀:孟冬選吉日祭司寒,宜寢罷。其季冬藏冰,則享司寒於冰井務,牲用黑羊,穀用秬黍;仲春開冰,則但用羔而已。又開冰將以御至尊,當有桃弧、棘矢,以禳除凶邪,緣非禮之物不當設於神座,當依孔穎達所說,出冰之時置此弓矢於凌室之户。"從之。

又言:"本朝郊廟,祭器陳設既已無法,至臨祭之旦,實籩、豆、簠、簋者皆賤有司,紛然雜亂,非復禮制。其三牲之俎,獨以司徒一官奉之而不徹;其籩、豆、簠、簋之薦,皆不屬大宗伯,而又不徹。伏請祭前一日,司尊彝以監察祭器官充③,帥其屬以法陳祭器於堂東,陳設之法具列圖上。僕射、禮部尚書視滌濯告潔。祭之旦,光禄卿率其屬取籩、豆、簠、簋實之,既實,反其位。及薦腥之初,禮部尚書率其屬薦籩、豆、簠、簋,户部尚書、兵部尚書、工部尚書薦三牲之腥俎,又薦熟俎。禮畢,禮部尚書徹籩、豆,户部尚書、兵部尚書、工部尚書徹三牲之俎,皆有司受之以出。"又言:"國朝效廟、明堂禮,以郊社令設玉幣,太祝取玉幣以授侍中進皇帝④,門下侍郎取爵進皇帝奠爵,皆未合禮。伏請郊廟、明堂,吏部尚書一員奉玉幣,吏部侍郎一員奉爵⑤,以次從皇帝至神坐前;左

---

① 其壇兆則從其氣類　底本脱"氣"一字,據文獻通考卷八〇郊社考七三三上、宋史卷一〇三禮志補。
② 二壇同壝　底本作"二壝同壇",據文獻通考卷八〇郊社考七三三上、宋史卷一〇三禮志改。
③ 司尊彝以監察祭器官充　"充",宋會要輯稿禮一四之四四作"攝"。
④ 以授侍中進皇帝　"侍中"底本作"門下侍郎",長編卷三一七同,據宋會要輯稿禮一之一二、禮二四之四九改。
⑤ 吏部尚書一員奉玉幣吏部侍郎一員奉爵　底本脱"奉玉幣,吏部侍郎一員"九字,長編卷三一七同,據宋會要輯稿禮一之一二、禮二四之四九補。

僕射,闕即右僕射。以玉幣進皇帝,奠於地;及酌①,尚書左丞,闕即右丞。以爵授僕射,進爵;皇帝酌獻訖,侍郎受幣、受爵,以贊飲福及焚燎外,宗廟仍尚書設玉几。"又言:"國朝親祠太廟,門下侍郎取瓚於篚進皇帝,侍中酌鬯進瓚,皇帝祼地置瓚,皆未合禮。伏請親祠太廟,命禮部尚書一員奉瓚臨鬯,禮部侍郎奉盤以次進,皇帝酌鬯祼地訖,侍郎受瓚并盤退。"

又言:"詳國朝南郊、太廟儀注,雖有太常卿、宗正卿省牲之文②,實未嘗行。至於明堂又無省牲之官,惟太祝巡牲而已,其省鑊則以光祿卿,而又未嘗視腥熟。伏請祭前一日,禮部尚書、禮部侍郎省牲,光祿卿奉牲,告充,告備,禮部尚書省鑊。祭之日,禮部侍郎視腥熟之節。"並從之。丁卯,詳定禮文所言:"謹按荀子禮論曰:'饗尚元尊而用醴酒,祭齊大羹而飽庶羞③,貴本而親用也。貴本之謂文,親用之謂理。'故古者祭祀並薦上古、中古及當世之食,所以貴本而親用。禮運曰:'元酒以祭,薦其血毛,腥其俎,熟其殽。'鄭氏謂此薦上古、中古之食也。又曰:'然後退而合亨④,體其犬、豕、牛、羊,實其簠、簋、俎、豆、鉶羹。'鄭氏謂此薦今世之食也。自西漢以來,園寢上食。而唐天寶五年,始詔享太廟,每室更加常食一牙盤,因與三代籩、豆、簠、簋并薦,雖亦貴本親用之意,然而韋彤、裴堪等議以爲宴私之饌可薦寢宮,而不可瀆於太廟。臣等考之,享太廟宜自用古制,其牙盤上食請罷。"從之。又言:"季春吉日饗先蠶氏,李林甫注月令,以先蠶爲天駟。謹按先蠶之意義,與先農、先牧、先炊一也,當是始蠶之人,故開元禮享爲瘞埳於壇之壬地。禮義羅曰:'今禮饗先蠶,無燔柴之儀,明不祀天駟星也。'今饗先蠶,其壇在東郊。熙寧祀儀又有燎壇,則是沿襲唐月令以先蠶爲天駟,誤也。周禮后蠶於北郊,以純陰爲尊。伏請就北郊爲壇,以饗始蠶之人,仍依開元禮不設燎壇,但瘞埋以祭,其餘自如故事。"從之。又言:"古者冕弁則用紘,冠則用纓。今衣服令乘輿服大裘,冕以組爲纓,色如其綬,袞冕朱絲組帶爲纓。冕而用纓,不與禮

---

① 及酌　長編卷三一七同,宋會要輯稿禮一之一二、禮二四之四九均作"及酌獻"。
② 宗正卿　底本脫"卿"一字,據長編卷三一七補。
③ 祭齊大羹而飽庶羞　底本脫"祭"一字,長編卷三一八同,據荀子卷一三禮論篇第十九、宋會要輯稿禮一五之八補。按:長編卷四七六作"祭嚌大羹而飽庶羞",亦可爲參證。
④ 退而合亨　"亨",嘉慶本、長編卷三一八均作"享"。

合,請改用朱組紘,仍改平冕爲玄冕,用繒色赤而微黑者爲之。"又别圖上戴制①,從之。

辛未,詳定禮文所言:"古者宗廟有時享、月祭,而無月半祭。月半有祭者,非古禮也。記曰:'春祀②,夏禴,秋嘗,冬烝。'又曰:'遠廟爲祧,享嘗乃止。'此所謂時享也。又曰:'考廟曰王考廟,曰皇考廟,曰顯考廟,曰祖考廟,皆月祭之。'又曰:'諸候皮弁,聽朔於太廟。'而左傳亦曰:'閏月不告朔③,猶朝於廟。'此所謂月祭也。至於儀禮月半奠,大夫以上則有之,此所謂非古禮也。然而五廟皆月祭,而二祧止享嘗者,何也?曰仁之行有親疏,禮之施有隆殺,其義然也。其止享而不與乎烝,則又加殺矣。自秦、漢以來,始建陵寢,而朔、望上食,已非古禮。唐天寶末,因而舉行於太廟,非禮甚矣。本朝緣唐故,未暇釐正。伏請翼祖、宣祖時享止於秋嘗,僖祖、太祖、太宗、真宗、仁宗、英宗時享外,仍行朔祭,廟各一獻,牲用特牛。若不親祠,則以太常卿攝事,牲用羊。禮記正義曰:'按羊人云:釁積共其羊牲。'熊氏云:'謂祭日月以下。'小司徒云:'凡小祭祀奉牛牲。'然則王者之祭無不用牛,蓋日月以下常祀則用羊,王親祭則用牛。又其月半上食及宗正丞行事,伏請罷之。"詔祧祭候廟制成日取旨,八廟並月祭用牲,餘依奏。

又言:"謹按禮記祭法曰:'王自爲立七祀,曰司命,曰中霤,曰國門,曰國行,曰泰厲,曰户,曰竈。'孟春其祀户,祭先脾;孟夏其祀竈,祭先肺;中央土其祀中霤④,祭先心;孟秋其祀門,祭先肝;孟冬其祀行,祭先腎。又傳曰:'春祠司命,秋祠厲。'此所祀之位、所祀之時、所用之俎也。又周禮司服掌王之吉服,'祭群小祀,則服玄冕。'注謂:'群小祀,宫中七祀之屬。'又禮記曰:'一獻熟。'注謂:'若宫中群小神七祀之等。'又周禮大宗伯:'若王不與祭,則攝位。'此所祀之服、所獻之禮、所攝之官也。自周禮廢,漢興,始祭族人,炊於宫中,而謂之竈。又南山巫祀南山秦中而謂之厲。唐祭七祀於太廟,合布席於庭西門之内⑤,以致近世禘祫而徧祭之。其四時分祭又隨時享,以廟卿

---

① 戴制 底本作"歚制",據宋會要輯稿輿服五之五、清陳元龍格致鏡原卷一三改。
② 春祀 底本作"春祠",據長編卷三一八改。
③ 閏月 嘉慶本作"閏日"。
④ 中央土 長編卷三一八同,大唐開元禮卷三七祭七祀禮、文獻通考卷八六郊社考七九七上均作"土王日"。
⑤ 合布席於庭西門之内 "合",嘉慶本作"令"。大唐開元禮卷三七祭七祀禮記載最詳:"祭日未明一刻,太廟令帥其屬入,布神席於廟庭西門之内道嚮,東嚮,以北爲上,席皆以莞設。"

行禮,而服七旒冕,分太廟牲以爲俎,一獻而不薦熟,皆非禮制。臣等量今之宜,參用古義,伏請立春祭户於廟堂户外之西;祭司命於廟門之西,制脾於俎;立夏祭竈於廟門之東,制肺於俎;季夏土王日,祭中霤於廟庭之中,制心於俎;立秋祭門及厲於廟門外之西,制肝於俎;立冬祭司命及國行於廟門外之西①,制腎於俎。皆用特牲,更不隨時享分祭。有司攝事,以太廟令攝禮官,服必玄冕,獻必薦熟。其親祠及臘享,即依舊禮遍祭。"從之。

甲戌,詳定禮文所言:"臣等謹按記曰:'禮不王不禘,王者禘其祖之所自出,以其祖配之。'又曰:'有虞氏禘黄帝而郊嚳,祖高陽而宗堯。夏后氏亦禘黄帝而郊鯀,祖高陽而宗禹。商人禘嚳而郊冥,祖契而宗湯。周人禘嚳而郊稷,祖文王而宗武王。'儀禮曰:'都邑之士②,則知尊禰矣,大夫及學士則知尊祖矣。諸侯及其太祖,天子及其始祖之所自出。'周禮有追享、朝享,説者以爲禘、祫也。禘及祖之所自出,故謂之追享;祫者,自即位朝廟始,故謂之朝享。詩周頌雝,禘太祖也;商頌長發,大禘也。周無四時之禘,則雝序以爲禘太祖也;商有四時之禘,則長發序以爲大禘,四時之禘爲小,則禘其祖之所自出爲大矣。由是而言,禘者宗廟追崇遠祖之祭,唯王者得行之。王者至尊,享及七世,推親而及祖,推祖以及始祖,四時各於其廟而祭之,於是有祠、礿、嘗、烝焉。既有祠、礿、嘗、烝矣,而毁廟之主不及,猶以爲未也,緣生有合族綴食之恩,乃於始祖之廟合毁廟、親廟之主而祭之,於是有祫焉。既祫矣,而遠祖不及,猶以爲未也,又推而上審諦其祖之所自出而祭之,於是有禘焉。至此而仁之至,義之盡也。然而積德有薄厚,流澤有廣狹,以其學士大夫,知尊祖,故爲時祭而不爲祫,諸侯及其太祖,故爲祫而不爲禘。天子及其始祖之所自出,故禘其祖之所自出,以其祖配之。若舜、禹祖高陽,高陽世系出自黄帝,則虞、夏禘黄帝,以高陽氏配;商祖契出自帝嚳,則商人禘嚳,以契配;周祖文王,文王亦出自嚳,故周人禘嚳,以文王配。虞、夏、商、周四代所禘,皆以帝有天下,其世系所出者明,故追祭所及者遠也。自漢、魏以來,世系不明,傳襲莫紀,加以五胡亂晋,南北幅裂,百宗蕩析,士去墳墓。降及隋、唐,譜録都廢,言李悉出隴西,言劉悉出彭城,姓氏所起謾無足考,則後世禘祖之所自出,有不得而行焉。

---

① 立冬祭司命及國行於廟門外之西　底本脱"司命及"三字,據嘉慶本、宋史卷一〇三禮志補。"西",嘉慶本作"北"。
② 都邑之士　"士"底本作"民",據嘉慶本、儀禮卷十一改。

漢自太上皇以前無聞,故高帝而上惟見太上皇一世而已。魏自處士君而上亦無聞,故明帝太和中止事高祖之父處士以下五世而已。晉自征西將軍而上係序不著,故武帝事三昭三穆六世而已。然劉氏出於劉累,而漢不禘堯;曹氏出於陸終之子曰安,是爲曹姓,而魏不禘漢相國曹參;司馬氏出於程伯休父,而晉不禘司馬卬;宋出於楚元王交,齊出於漢相國蕭何,陳出於漢太丘長陳寔,隋出於漢太尉楊震,皆不禘以爲祖之所自出者,良以譜諜不明故也。唐之黎幹言禘非祭天,作十詰十難以明之,且曰:虞、夏、商、周以前禘祖之所自出,其義昭然。自漢、魏、晉以還千餘歲,其禮遂闕。恭惟藝祖受命,初有天下,蹤漢、唐故事,祭四親廟,推僖祖而上所自出者①,譜失其傳,有司因仍舊説,三年一祫,五年一禘。禘與祫皆合群廟之主綴食於始祖,雖禘、祫之名不同,而禮實無異,其爲訛舛莫甚焉。臣等輒推本先王立禘之意,以爲國家世系所傳,與虞、夏、商、周不同,既求其祖之所自出而不得,則禘禮謂當闕之,必也推見祖系所出,乃可以行。惟聖神裁擇。"從之。

又言:"親祠儀注,皇帝至罍洗,侍中跪取匜沃水,又侍中跪奉盤承水,皇帝搢圭盥手,門下侍郎跪取巾於篚以進。按周禮小臣,上士四人,大祭祀沃王盥;御僕,下士十有二人,大祭祀相盥而登。鄭氏注云:'相盥,謂奉盤授巾也。'今侍中、門下侍郎皆執政官,使之沃盥、相盥,皆非是。伏請親祠以御藥院内臣一員沃盥,一員授巾。"從之。乙亥,詳定禮文所言:"冬祀昊天與黑帝,請皆服大裘,被以衮,其餘非冬祀昊天及夏至祭地,則皆服衮。"從之。

十一月己丑,增製五輅:玉輅建太常,金輅建大旂,象輅建大赤,革輅建大白,木輅建大麾。從詳定禮文所奏請也。又言:"臣等看詳周禮巾車,天子五輅,曰玉輅,曰金輅,曰象輅,曰革輅,曰木輅,皆載旗,謂之道德之車。考工記載:戟常,崇於殳四尺;酋矛常有四尺,崇於戟。戟、矛皆插車騎,謂之兵車。至戰國之間左爲上②,故增插四戟,謂之闟戟。則知德車、武車固異用矣。漢鹵簿前驅有鳳皇闟戟,猶未施於五輅。江左以來,五輅乃加棨戟於車之右,韜以黻繡之衣,益爲亂制③。後周司輅左建旗,右建闟

---

① 推僖祖而上所自出者 "推",長編卷三一八作"惟"。
② 左爲上 長編卷三一九作"左爲尚"。
③ 益爲亂制 "制",嘉慶本作"禮"。

戟,方六尺而被之以斾,惟天子之輅建焉,滋爲謬誤。伏請五輅除去闌戟,以應道德之稱,而建太常於車後之中央,升輅則由左。已具奏聞訖。"又言:"看詳法駕之行,所與共輿者,以承清問。古者天子居左,僕居中央,參乘居右。僕必授綏,以備驚奔,則謹之至也。周官有太僕、齊僕、道僕,所以御車,而孔子曰:'吾執御矣。'至禮參乘又益重。故道德之車則有齊右、道右,武車則有戎右,皆以士大夫爲之。國朝之制,乘輿有太僕而無參乘。伏請親祠乘輅,除舊已有太僕外,仍增近臣一員參乘,立車右。"

又言:"謹按周禮巾車之職,一曰玉輅,建太常,十有二斿,以祀。又大馭掌玉輅以祀,及犯軷遂驅之。此祀則乘玉輅也。又孔子曰:'天子巡守,以遷廟主行,載於齊車,言必有尊也。'周禮齊僕馭金輅,齊右充金輅之右,此齋則乘金輅也。齋祀之車①,異用而不相因,禮之明證也。國朝親祠太廟,致齋文德殿,翌日即進玉輅,於禮非是。伏請致齋文德殿,翌日進金輅,至太廟齋宿;翌日行禮畢,進玉輅赴南郊。"

五年四月壬戌,崇文院校書楊完編類元豐以來詳定郊廟奉祀禮文,成三十卷以進。元年正月十三日,有旨討論;三年閏九月二十五日,初有旨編類。癸酉,詳定禮文所言:"太廟每室設豆、籩十二,蓋承唐顯慶舊制,情文不稱。乞從典禮,籩、豆各用二十有六。"詔候廟制成日取旨。

禮文第十一卷:豆、籩、俎、簠、鼎、鉶之實,並禮科改更事件有十二項,此但第一項爾,亦無月日及取旨等詔②,不知實録何據,當考。

十一月己卯,詳定禮文所言:"周禮小宗伯禱祠,肆儀爲位③。後漢隸司徒府,皆不於祠所,所以遠慢戒瀆。本朝親祠南郊,習儀於壇所,明堂習儀於大慶殿,皆近於瀆。伏請南郊習儀於青城,明堂習儀於尚書省,以遠神爲恭。"從之。

六年正月癸未,詳定禮文所言:"祭之有蜡,所以報萬物之成功,然歲之豐荒有異,四方之順成不等,則報功之禮亦不得一。故記曰:'八蜡以祀四方。四方年不順成,八蜡不通。'歷代蜡祭,獨在南郊爲一壇。伏請蜡祭四郊,各爲一壇,以祀其方之神,前期,司農關有不順成之方,不報。其息民祭仍在蜡祭之後。"從之。

---

① 齋祀之車 "齋"底本作"齊",據長編卷三一九改。
② 及取旨等詔 "詔",長編卷三二五作"語"。
③ 肆儀爲位 "肆"底本作"肆",據長編卷三三一改。

二月癸酉，太常寺言："郊廟用樂二十簴，若遇雨雪，則覆以幕，臨祭恐不能應辦。自今如望祭，即設於殿上①。"監察御史王桓言②："祭祀牢醴之具皆掌於光禄，而寺官未嘗臨蒞，失事神之敬③。伏請大祠皆輪光禄卿、少卿，朔祭及中祠輪丞、主簿監視宰割，禮畢頒胙。有故及小祠，聽宮闈令或太祝、奉禮攝。其應進胙者，卿、少一人望闕再拜進。"並從之。甲戌，太常博士何洵直言："熙寧祀儀，春秋仲月祀九宮貴神，祝文稱'嗣天子臣某'。九宮貴神功佐上帝，德庇下民，以禮秩論之，當與社稷爲比。伏請依熙寧祀儀爲大祠，其祝版即依會昌故事、開寶通禮書御名，不稱臣。又雨師、先農皆中祠，馬祖、先牧、馬社、馬步小祠，位一少牢④。今貴神九位異壇别祀⑤，尊爲大祠，而共用二少牢，於腥熟之俎骨體不備，比之小祠有弗及。謂宜用九少牢，庶於情文相副。"從之。

三月辛巳，禮部奏："有司攝事祀昊天，伏請初獻曰帝臨嘉至之舞，亞、終獻曰神娱錫羨之舞；太廟初獻曰孝熙昭德之舞，亞、終獻曰禮祫儲祥之舞。"從之。庚子，詔加上仁宗、英宗尊謚至十六字，於大禮前擇日行之。詳定禮文所言："儀禮曰，夫婦一體，故昏禮則同牢而食，合卺而飲，終則同穴，祭則同几，明夫婦一體，未有異廟者也。惟周以姜嫄爲禖神，而帝嚳不廟，又不可下入子孫之廟，乃以别廟而祭之，故魯頌謂之閟宮，周禮謂之先妣。自漢以來，凡不祔、不配者，皆援姜嫄以爲比，或以其微，或以其繼而已。始微終顯，皆嫡也；前娶後繼，皆嫡也。後世乃以始微後繼置之别廟，不得申同几之義，則非禮之意。夫婦，天地之大義，一體而胖合，故聖王重嫡，所以重宗廟，非始微終顯、前娶後繼所當異也。恭惟太祖孝惠皇后、太宗淑德皇后、真宗章懷皇后實皆元妃，而孝章皇后則太祖之繼后，當時議者或以其未嘗正位中宮，而不許其配；或以其繼而不許其配。若以爲未嘗正位中宮，則懿德皇后配太宗矣；若以爲繼，則孝明皇后配太祖矣。而有司因循，不究其失，皆祭以别廟，在禮未安。伏請升祔太廟，以時配享。"詔恭依，於大禮前擇日以典禮奉之。

---

① 殿上　底本作"殿庭"，據長編卷三三三、宋會要輯稿禮一四之五五改。
② 王桓　底本作"王柏"，係宋人避宋欽宗趙桓諱改，今回改。
③ 失事神之敬　"敬"，宋會要輯稿禮一四之五五作"拜"。
④ 位一少牢　"位"底本作"共"，據長編卷三三三、宋會要輯稿禮一九之六改。按：宋會要輯稿禮一九之六作"每位亦一少牢"。
⑤ 異壇别祀　底本脱"祀"一字，據長編卷三三三、宋會要輯稿禮一九之六補。

五月乙卯,禮部言:"經有大裘而無其制,近世所爲,惟梁、隋、唐爲可考。請緣隋制,以黑羔皮爲裘,黑繒爲領袖及裏,緣袂廣可運肘,長可蔽膝。謹按皇侃説,祭服之下有袍繭,袍繭之下中衣;朝服褐衣之下有羔裘,羔裘之下有中衣。然則今之親郊,中單當在大裘之下,其袂之廣狹,衣之長短,皆當如裘。伏乞改製。"從之。甲申,禮部狀:"太常寺修定郊禮之歲夏至,皇帝親祭皇地祇於北郊方丘及上公攝事儀。"詔依。親祠北郊儀盡如南郊,其上公攝事,惟改樂舞名及不備官,其俎豆、樂懸、圭幣之數,史官奉祝册,盡如親祠①。

閏六月乙酉,太常博士王古言:"竊見修定祔儀注內有四后更不造册。臣愚以爲朝廷苟欲姑徇禮官之議,今不用册,則乞稽參典故,凡行禮之節,務致隆極,使較然異於常享,庶幾上副陛下致嚴宗廟之意。"詔下太常寺詳議。太常寺言:"欲比景靈宫安奉神御禮例,遣重臣行事,比親祠太廟,用竹册,宗室遥郡刺史進册,史官讀册;差親王、使相以下爲三獻,配享功臣七祀,仍乞陪祠宗室係正任以上並立班;其告遷神御,每位用細仗二百人。"詔陞祔四后用彩殿,告遷差宗室行禮,並西櫺星門外亦用儀物稱事陳列,餘從之。

七月丁未,詔以十一月丙午有事於南郊。乙卯,祔孝惠、孝章、淑德、章懷皇后於太祖、太宗、真宗廟室,孝惠、孝明、孝章、淑德、懿德、明德、元德、章懷、章穆、章獻明肅、章懿各以配繼先後爲次。庚申,禮部言:"太常寺先定北郊壇制,方丘三成,級高四尺。本部嘗看詳,以爲壇制既爲方丘,難設八陛。欲乞別選澤中之丘以爲方壇,高六尺,設四陛。而太常寺又言:'方丘壇制度皆不經見。周禮以黃琮禮地,鄭氏注"琮八方,象地",則壇制八陛,固有所本。'固守前説,不肯變。本部再詳:周禮祭地於方丘,且在澤中,乃是經據。漢制設四陛,高六尺,其法可用。蓋壇之四旁各設一陛,則四陛與方壇於禮爲宜②,又其崇六尺,去地未遠,且有親地之意。乞送别司再定。"詔壇高一丈二尺,設四陛,餘依所請。

八月庚子,詔:"南郊式有皇帝稱'臣遣使',所遣官不稱'臣'。自今依舊稱'臣'。"舊儀,皇帝稱"臣",遣官亦稱"臣"。熙寧五年,沈括上南郊式,以爲被遣官亦

---

① 盡如親祠 "盡",文獻通考卷七六郊社考六九九中作"並"。
② 於禮爲宜 "禮"底本作"體",據嘉慶本、宋會要輯稿禮三改。

稱"臣",不應禮,改之。至是,復舊。

十月甲申,光禄卿吕嘉問言:"光禄掌酒醴,祠祭實尊罍,相承用法酒庫三色法酒,以代周禮所謂'五齊三酒',恐不足以上稱陛下崇祀之意。近於法酒庫、内酒坊①,以醖酒法式考之禮經'五齊三酒':今醅酒,其齊冬以二十五日,春秋十五日,夏十日,撥醅甕而浮蟻涌於面,今謂之'撥醅',豈其所謂'泛齊'邪?既接取撥醅②,其下齊汁與滓相將③,今謂之'醅芽',豈其所謂'醴齊'邪?既取醅芽置蒭其中,其齊葱白色入焉,今謂之'帶醅酒',豈其所爲'盎齊'邪?冬一月,春秋二十日,夏十日,醅色變而微赤,豈其所謂'醍齊'邪?冬三十五日、春秋二十五日外,撥開醅面觀之,上清下沈,豈其所謂'沈齊'邪?今朝廷因事醖造者,蓋事酒也;今踰歲成熟蒸醖者,蓋昔酒也;同天節上壽燕所供臘醖酒者,皆冬醖夏成,蓋清酒也。此皆謂酒,非所謂齊也。是知齊者,因自然之齊故稱,名酒者成就而人功爲多,故饗神以齊,養人以酒,竊恐典禮如此。又司尊彝曰:'醴齊縮酌,盎齊涗酌。'依經傳,則泛齊、醴齊以事酒和之,用茅縮酌;其盎齊、醍齊、沈齊,則以清酒和之,不用茅縮酌。如此,則所用五齊不多,而供具亦甚易。蓋醖酒料次不一,其此五種者成而皆自然。伏望聖斷以今之所造酒與典禮相參審,或不至差謬。乞自今年郊廟供奉。"上批:"嘉問論證似有理趣,今宗廟所實尊彝酒齊未備就,且如其説用之,於理無害。"

乙酉,南郊禮儀使言:"將來南郊行禮,當差行事官。"詔:"更不用試差攝,止以見任兩省、御史并六曹侍郎、待制以上,仍不限員數。今後准此。其儀仗内六引,開封牧、令闕,差知府、知縣;太常卿闕,差少卿;户部尚書闕,差侍郎;御史大夫闕,差中丞;兵部尚書闕,差侍郎;其僚佐即以條差官。"癸巳④,禮部言:"親祠儀注:南郊則先奏樂六變,升煙以降神,然後皇帝升壇,奠鎮圭、玉幣以禮神。太廟則皇帝先詣逐室,奠鎮圭,祼鬯於地,奠幣訖,退復位,然後作樂九變以降神。伏緣祭祀必先求神而後禮神,今儀注奠圭、幣二事俱在未作樂之前;且祼求諸陰,樂求諸陽,二者主於求神⑤,移祼作

---

① 内酒坊 "坊"底本作"庫",據長編卷三四〇、宋會要輯稿職官二一之四改。
② 既接取撥醅 底本脱"既"一字,據長編卷三四〇、宋會要輯稿職官二一之四補。
③ 將 嘉慶本作"埒"。
④ 癸巳 底本作"辛卯",據長編卷三四〇改。
⑤ 主 底本作"至",據嘉慶本、長編卷三四〇改。

樂之前可也，圭、幣則降神之後禮神者也，神未降而先禮焉，不近經意。乞止依舊儀，先奏樂，然後詣逐室祼鬯、奠圭、幣。或必欲先祼以合周人先求諸陰之義，即乞晨祼之時先搢大圭，祼鬯，復位作樂饋食畢，再搢大圭，執鎮圭奠於繅藉，次奠幣，庶禮神並在降神之後，又於儀注別無所增。"從之。

十一月丙午冬至，祭昊天上帝於圜丘，以太祖配，始罷合祭天地也。

七年六月乙亥①，禮部言："親祠儀注：享太廟、祀圜丘，皇帝並服靴袍至大次。伏緣車駕自大慶殿赴景靈宫、太廟，翌日赴南郊，並服通天冠、絳紗袍。且祀以進爲文，宜有隆而無殺。前一日既盛服以赴祠所，及行事之旦，所謂'三日齋一日用之'者也，乃服靴袍至大次，未協禮意。謹按郊特牲曰：'祭之日，王皮弁以聽祭報。'報謂小宗伯告時告備也。説禮者以通天冠猶古之皮弁，則通天冠者齋服也。今禮部奏中嚴、外辦，所謂告時告備者也②。伏請太廟、圜丘祭日之旦，自齋殿赴大次，服通天冠、絳紗袍。"從之。乙酉，禮部言："親祠太廟祝策文云③：'謹以犧牲、粢盛、嘉齊、庶物，恭薦歲事。'宜並準曲禮備舉牲幣、粢盛之號。又五福、十太一祝板青詞稱'嗣天子臣某'，蓋用魏、晉之制。本朝儀注，祀儀於上帝、五帝、日、月皆稱臣，至於五福、太一與九宫貴神皆天官也，近制亦稱'臣'。檢會九宫貴神祝板進書，已不稱'臣'。五福、十太一當依熙寧六年以前故事，其被遣之官自宜稱'臣'，如此則不失輕重之體。"又先農正座帝神農氏祝文云④'以后稷配'；於后稷云'配食於神'。高禖以伏羲、高辛配，祝文並云'作主配神'。神無二主，伏羲既爲主，其高辛祝文，伏請改云'配食於神'。"並從之。

八月乙丑，禮部言："社稷之祭，瘞玉而無禮神之玉。開元禮，奠太社、太稷，其玉以兩圭有邸。乞下有司造兩圭有邸二，以爲社稷禮神之器。"從之。

---

① 乙亥　底本作"甲戌"，據長編卷三四六改。
② 所謂告時告備者也　底本脱第二個"告"字，長編卷三四六同，據宋會要輯稿禮一四之五七補。
③ 太廟　底本脱此二字，據宋會要輯稿禮一五之一二補。
④ 又先農正座帝神農氏　嘉慶本作"又請以神農祝文云"。

卷第八十

神宗皇帝

定樂器

元豐三年五月戊辰,詔秘書監致仕劉幾乘驛赴詳定禮文所議樂。幾前知保州,年六十一遂致仕,今十二年矣。幾嘗謂:"律主於人聲,不以尺度求合。古今異時,聲亦隨變①,猶昔之衣冠,使今人被之,乃所不稱。儒者泥古,詳於形名、度數之間,而不知清濁輕重之用,故求於器雖合,諧於聲則不能入,徒紛紛也。"嘗遊佛寺,聞鐘聲,曰:"聲漸而悲,不利主者。"至夕,主僧斃。在保州聞角聲,曰:"宮微而商離,守臣之憂,以秋爲應。"至期而幾疾。其洞曉如此,然所學多雜鄭、衛。

六月庚子,王存言:"近詔秘書監劉幾議樂,伏見禮部侍郎范鎮嘗論辨雅樂,乞召鎮與幾參考得失。"從之。壬子,命知禮院、秘書丞楊傑赴詳定禮文局同議大樂,從秘書監致仕劉幾請也。己未,秘書監致仕劉幾言:"祀明堂樂章,字與樂曲聲數多少不同,殊失虞書'歌永言'之法。乞遵用御撰樂章,委本局依律呂七均之法,隨樂章字數審定聲音,以一聲歌一言,八音隨之。又古編鐘、磬,其數皆十六,蓋十二律之外,有黃鐘、大吕、太簇、夾鐘四清聲也。今聖朝大樂,舊鐘、磬皆十六。自李照議樂以來,不復考擊,全失古法。況周禮鄭氏注,編磬盡具十六之數。李照不曉四清聲助成四律,宣導陰陽之和。今若不用,即懵倡和之理②。乞依古法,具四清聲。"詔禮院按試,後如幾所議。

八月乙巳,同知禮院楊傑言:"先於去年八月上大樂十二均圖,未蒙付外施行。"又言:"金聲舂容,失之則重;石聲溫潤,失之則輕;土聲函胡,失之則下;竹聲清越,失之

---

① 隨 嘉慶本作"遂"。
② 倡和之理 "倡",嘉慶本作"唱"。

則高;絲聲纖微,失之則細;革聲隆大,失之則洪;匏聲叢集,失之則長;木聲無餘,失之則短。惟人稟中和之氣而有中和之聲,足以權量八音,使律呂皆以人聲爲度,以一聲歌一言。言雖永,不可以逾其聲。伏請節制煩聲,聲歌一言,遵用永言之法。"又言:"虞書曰:'簫韶九成,鳳凰來儀',蓋以簫爲主也;商頌曰:'既和且平,依我磬聲',蓋以磬爲依也。數十有六,示天子之樂用八,鐘、磬、簫爲衆樂之本,又倍之爲十六矣。且十二者,律之本聲也;四者,律之應聲也。本聲重大,應聲清輕;本聲爲君父,應聲爲臣子,故其四聲或曰清聲。自景祐中李照議樂以來,鐘、磬、簫始不用四聲。是有本而無應,有倡而無和,八音何從而諧邪!今巢笙、和笙,其管皆十有九,以十二管發律呂之本聲,以七管爲律呂之應聲,用之已久,而聲至和協①。"又言:"今大樂之作,琴、瑟、塤、篪、笛、簫、笙、阮、箏、筑奏一聲,則鎛鐘、特磬、編鐘、編磬連擊三聲,於衆樂中聲最煩數。請鎛鐘、特磬、編鐘、編磬並依衆器節奏,不可連擊。"又言:"本朝郊廟之樂,先奏文舞,次奏武舞,武舞容節六變:一變象六師初舉,所向宜北;二變象上黨克平,所向宜北;三變象維揚底定,所向宜東南;四變象荆湖來歸,所向宜南;五變象邛蜀納款,所向宜西;六變象兵還振旅,所向宜北而南。今舞者差失所向,又文、武容節殊無法度②。乞定二舞容節及改所向,以稱成功盛德。"又言:"今雅樂古器非不存,太常律呂非不備,而學士、大夫置而不講,考擊奏作,委之賤工,如之何不使雅、鄭之雜也③!"詔送議樂劉幾等④。幾等言傑所請皆可施行,詔從之。

樂志載傑所言七失甚詳,今但從實錄。

戊申,劉幾等言:"太常大樂鐘、磬凡三等⑤:王朴樂一也,李照樂二也,胡瑗、阮逸樂三也。王朴之樂,其聲太高,此太祖皇帝所嘗言,不俟論而後明。仁宗景祐中,命李照定樂,乃下律法,以取黃鐘之聲。是時人習舊聽,疑其太重,李照之樂由是不用。至皇祐中,胡瑗、阮逸再定大樂,比王朴樂微下,而聲律相近。及鑄大鐘,或譏其聲弇鬱,因亦不用。"於是郊廟依舊用王朴樂。樂工等自陳:"若用王朴樂,鐘、磬即清聲難依。

---

① 長編卷三〇七"而聲至和協"之後有"伏請參考古制,依巢笙、和笙例,用編鐘、編磬、簫以諧八音"。
② 又文武容節殊無法度 "武"底本作"舞",長編卷三〇七同,據宋會要輯稿樂五之一二改。下文的"乞定二舞容節"可爲參證。
③ 如之何不使雅鄭之雜也 "雅鄭"底本作"鄭衛",據長編卷三〇七、宋會要輯稿樂五之一二改。
④ 詔送議樂劉幾等 長編卷三〇七、宋會要輯稿樂五之一二均作"詔送議樂所"。
⑤ 鐘磬凡三等 長編卷三〇七同,宋會要輯稿樂三之二〇作"鐘聲凡三等"。

如改製下律,鐘、磬清聲乃可用。益驗王朴鐘、磬太高,難盡用矣。欲請下王朴樂二律,以定中和之聲,就太常鐘、磬擇其可用者,其不可修者別製。"從之。

樂志甚詳,今止從實錄。

丙辰,太常寺言:"近乞留王朴鐘磬,今修大樂所已集工匠,備爐炭,恐即銷變磨鑢。況大樂法度之器,其度量聲律,秒忽精微,已修之後,或陛下躬臨案聽,萬一如有未協,即更無舊器考驗。"詔許借王朴樂鐘爲清聲,毋得銷毀磨鑢。初,劉幾、楊傑欲銷王朴舊鐘,意新樂成,雖不善,更無舊聲可校。後執政至太常寺案試,前一夕,傑乃陳朴鐘已敝者一縣,樂工皆不平,夜易之,而傑弗知。明日執政至,傑厲聲云:"朴鐘甚不諧美。"使樂工叩之,音韻更佳,傑大慚沮。

九月乙酉,罷議樂修樂局。其范鎮令降敕獎諭。鎮初召對,爲上言:"定樂當先正律。"上曰:"然,雖有師曠之聰,不以六律不能正五音。"鎮作律、尺、龠、合、升、豆、區、鬴、斛,欲圖上之,又乞訪求真黍,以定黃鐘。而幾即用李照樂加四清聲,而奏樂成。及是,鎮謝曰:"此劉幾樂也,臣何與焉?"

五年正月丁未,太常寺言:"開封人葉防言太常寺大樂、鼓吹兩局樂舞,節奏不應古法。送前同議樂楊傑看詳,傑言防所言二事可行:其言金奏不用晉鼓節非是,用晉鼓節金奏①,於經有據;又言簨簴之制不合經、禮,乞因大禮雅飾,更詳考改正。"從之。以葉防爲樂正。

十二月丁巳,詔六年正旦御殿用新樂。

元祐三年閏十二月甲辰,京西北路都監楊安道管押范鎮所定鑄成律十二、編鐘十二、鑄鐘一、尺一、斛一、響石爲編磬十二、特磬一、簫、笛、塤、篪、巢笙、和笙各二,校景祐中李照所定又下一律有奇,并書及圖法上進。詔送太常寺,如樂法有可行事件,令尚書禮部、太常寺參定以聞,仍令尚書、侍郎、學士、兩省、御史臺、館職、秘書省官赴太常寺觀聽。翌日,賜詔曰:"朕惟春秋之後,禮樂先亡。秦、漢以來,韶、武僅在②。散樂工於河、海之上,往而不還;聘先生於齊、魯之間,有莫能致。魏、晉以下,曹、鄶無譏,

---

① 其言金奏不用晉鼓節非是用晉鼓節金奏　底本脱"非是,用晉鼓節"六字,據宋會要輯稿樂三之二三、樂五之一四補。
② 在　嘉慶本作"存"。

豈徒鄭、衛之音,已雜華戎之器。間有作者,猶存典刑,然銖黍之一差,或宮商之易位。惟我四朝之老,獨知五降之非。審聲知音,以律生尺。覽詩、書之來上①,閱簨簴之在廷。君臣同觀,父老太息。方詔學士、大夫論其法,工師、有司考其聲,上追先帝移風易俗之心,下慰老臣愛君憂國之志。究觀所作,嘉歎不忘。"又詔范鎮與一子有官人陞一任差遣,製造人等第支賜。詔下,鎮已卒。

定朝會儀注

元豐元年十一月己丑,命龍圖閣直學士、史館修撰、修國史宋敏求,權御史中丞蔡確,西上閤門使、樞密副都承旨張誠一,同修起居注、直舍人院、權同判太常寺李清臣,詳定正旦御殿儀注。先是,令敏求同閤門、御史臺看詳,上批以逐處官多,議論難一,恐曠日引久不能畢②。宜於御史臺、閤門、太常禮院各差一員與敏求詳定故也。

二年四月癸亥,詳定正旦御殿儀注所言:"元會受朝賀,執鎮圭,非是。伏請不執。上壽準此。"又言:"元會行禮於朝,而天子服祭服,群臣服朝服,亦非是。請服通天冠、絳紗袍。"又言:"御殿當設旗幟,仍闢大慶殿門,皇帝即御座,禮官等引中書門下、親王、使相押諸司三品、尚書省四品及宗室將軍以上班,分東西入,正安之樂作,至位,樂止。群臣不服劍,不脫履舃。"並從之。

五月己巳,詳定正旦御殿儀注所言:"正旦御殿,合用黃麾仗。按唐開元禮:冬至朝會及皇太子受冊、加元服,冊命諸王,大臣朝,燕蕃國,皆用黃麾仗。本朝故事,皇帝受群臣上尊號,諸衛各帥其屬,勒所部屯門,殿庭列仗衛。今獨修正旦儀注,而餘皆未及,欲乞冬會等儀注悉加詳定。"從之。

七月戊寅,詳定朝會儀注所言:"太常樂節、樂器并文、武二舞未應典禮,伏請皇帝舉第一爵,登歌奏和安之曲,堂上之樂隨歌而登;第二爵,笙入,奏慶雲之曲,止吹笙,餘樂不作;第三爵,間歌,堂上歌嘉禾之曲,堂下笙奏瑞木成文之曲,一歌一吹相間;第四爵,合樂,奏靈芝之曲,堂上下之樂交作。別定二舞制度:文舞所執翟羽,依聶崇義

---

① 覽詩書之來上 "來上",底本作"已缺",據嘉慶本、長編卷四一九改。"來上",明賀復徵文章辨體彙選卷一〇蘇軾神宗賜范鎮定樂詔作"所尚"。
② 曠日引久 嘉慶本、長編卷二九四同,宋會要輯稿禮五六之八"引"作"持"。按:"曠日引久"爲古漢語常用詞,而"曠日持久"似爲清人輯宋會要時的臆改。

圖,以翟羽爲之。舊攢疊雉尾,插於髹漆之柄,其狀如帚者,廢勿用。武舞當左執干,右執戈。舊承誤執玉戚,非是。"又言:"作樂丹墀之上,巢笙、和笙各二人。請增倍爲八人,丹墀東、西各設三巢一和。"又請將作樂時,先擊鞞,次擊應,然後擊建鼓。又請去樂縣内散鼓,設置鼓,以鼓金奏。又請宫縣内設鼗以爲樂節,仍並乞付有司講習參訂可否。詔下太常寺,以爲可行,乃從之。又:"朝會之禮本起西漢,則後世難以純用三代之制,箏、筑等器,亦乞如舊。"詔並如舊。

五年十二月丁巳,詔:"六年正旦,御殿用新樂。"己巳,詔:"正旦朝會日,引駕殿前左右班及人員,俟至殿閣,即分立於殿東西,挾行門立於龍墀東西句欄内。起居郎、舍人、左右巡使並就本位拜。其起居郎、舍人朔日視朝拜亦準此。"

六年正月丁丑朔,御大慶殿受朝。先是,上以朝會儀物敝,當改爲。詔閤門、御史臺詳定朝會儀,更造仗衛、輿輅、冠服。至是,始陳於殿。既而儀鸞司夜半徹覆輅幕屋,屋壞,毀新玉輅,上不懌久之,乃詔儀鸞司監官衝替,繫大理寺問罪,并案太僕寺殿宿官。

改官制

元豐三年九月乙亥,詳定官制所上以階易官寄禄新格:中書令、侍中、同平章事爲開府儀同三司;左、右僕射爲特進;吏部尚書爲金紫光禄大夫;五曹尚書爲銀青光禄大夫;左、右丞爲光禄大夫;六曹侍郎爲正議大夫;給事中爲通議大夫;左、右諫議爲太中大夫;秘書監爲中大夫;光禄卿至少府監爲中散大夫;太常至司農少卿爲朝議大夫,六曹郎中爲朝請、朝散、朝奉大夫,凡三等;員外郎爲朝請、朝散、朝奉郎,凡三等;起居舍人爲朝散郎;司諫爲朝奉郎;正言、太常、國子博士爲承議郎;太常、秘書、殿中丞爲奉議郎;太子中允、贊善大夫、中舍、洗馬爲通直郎;著作佐郎、大理寺丞爲宣德郎;光禄、衛尉寺①,將作監丞爲宣義郎②;大理評事爲承事郎;太常寺太祝、奉禮郎爲承奉郎;秘書省校書郎、正字,將作監主簿爲承務郎。又言:"開府儀同三司至通議大夫以上無磨勘法,太中大夫至承務郎應磨勘。待制以上六年遷兩官,至太中大夫止;承務郎以上,

---

① 衛尉寺　底本脱"寺"一字,據嘉慶本、長編卷三〇八補。
② 宣義郎　"義"底本作"議",據嘉慶本、宋史全文卷十二下改。

四年遷一官,至朝請大夫止;候朝議大夫有闕次補,其朝議大夫以七十員爲額。選人磨勘,並依尚書吏部法;遷京朝官者,依今新定官。其禄令並以職事官俸賜禄賜料,舊數與今新定官請給對擬定。"並從之。丙子,詔:"開府儀同三司爲使相,不繫大敕銜。見任宰相、使相,食邑、實封通及萬户,前任宰相,食邑及萬户,并封國公,宗室如舊例。"又詔:"臣僚加恩,並依舊。勳已至上柱國即並加食邑、實封,給、諫、待制許加實封,省副、知雜許併加勳,勳已至上柱國,食邑自今當加。食邑減數,令中書本房立法。"本房尋奏:"自來大禮加功臣、階、勳、食邑、實封凡五等,今已罷功臣在元豐元年十一月,事見政迹。及以階易官,即止有勳及食邑、實封凡三等,勳上柱國而食邑當依舊法①,自三百、四百、五百、七百至一千户,實封自一百、二百、三百至四百户。仍乞各於舊條官序上遞減一等加之。如食邑合加千户止加七百户之類②,其實封亦以此爲率;即食實封一百户,并初封食邑三百户,仍不減。欲乞先行下,候成書日別删定。"從之。詔文武散階,除化外人依舊除授外,餘並罷。

十月丁卯,詳定官制所言:"譯經僧官有授試光禄、鴻臚卿、少者,今除階、散已罷外③,其帶卿、少官名,實有妨礙。欲乞以授試卿者改賜譯經三藏大法師,試少卿者改賜譯經三藏法師,其師號及請俸之類,並依舊。"詔:"試卿者改賜六字法師,試少卿者四字,並冠譯經三藏,餘依舊。"

十二月甲子,詔:"應遷官除授者並即寄禄官除,大兩省、待制以上至太中大夫,餘官至朝請大夫,並通磨勘;進士八年、餘十年一遷。所理年月,自降指揮日爲始。"自官制行,以舊少卿、監爲朝議大夫,諸卿、監爲中散大夫,秘書監爲中大夫。故事,兩制以上轉官至前行郎中,即超轉諫議大夫。前行郎中於階官爲朝請大夫,諫議大夫於階官爲太中大夫,而兩制磨勘者,舊不轉卿、監,即於今制不當轉此三階。又舊制,朝議大夫止以七十員爲額,餘官轉至朝請大夫,即須俟有闕,方許次補。至是,因有司申明,乃降是詔。其大兩省、待制以上,自通直郎至太中大夫,磨勘理三年;承務郎以上至朝請大夫理四年,自如舊制。

---

① 勳上柱國而食邑當依舊法　長編卷三〇八同,宋會要輯稿職官五六之三作"勳止柱國,而食邑依舊法",意優。
② 如食邑合加千户止加七百户之類　宋會要輯稿職官五六之三作"如食邑今加千户止加七百户之類"。
③ 今除階散已罷外　"今"底本作"改",據長編卷三〇九、宋會要輯稿職官五六之五改;"階散"底本作"散階",顛倒,據長編卷三〇九、宋會要輯稿職官五六之五乙正。

四年八月壬戌,朝散郎、直龍圖閣曾肇言:"伏覩修定官制,即百司庶務既已類別,若以所分之職、所總之務,因今日之有司,擇可屬以事者,使之區處,自位敘、名分、憲令、版圖、文移、案牘、訟訴、期會,總領循行,舉明鉤考,有革有因,有損有益,有舉諸此而施諸彼,有捨諸彼而授諸此,有當警於官,有當布於眾者。自一事以上本末次第,使更制之前習勒已定,則命出之日,但在奉行而已。蓋吏部於尚書爲六官之首,試即而言之,其所總者選事也,流內銓、三班、東審官之任,皆當歸之。誠因今日之有司,擇可屬之事者,使之區處。自令①、僕射、尚書、侍郎、郎中、員外郎,以其位之升降,爲其任之繁簡,使省書審決,某當屬尚書、侍郎,某當屬令、僕射,各以其所屬,預爲科別。如此,則新命之官不煩而知其任矣。曹局吏員,如三班諸房十有六,諸吏六十有四,其所別之司、所隸之人,不必盡易,惟當合者合之,當析者析之,當損者損之,當益者益之,使諸曹所主,因其舊習。如此,則新補之吏不諭而知其守矣。憲令、版圖、文移、案牘、訟訴、期會,總領循行,舉明鉤考,其因革損益之不同,與有舉諸此而施諸彼,有捨諸彼而受諸此,有當警於官、當布於眾者,皆前事之期,莫不考定。如此,則新出之政不戒而知其敘矣。夫新命之官不煩而知其任,新補之吏不諭而知其守,新出之政不戒而知其敘,則推行之始,去故取新,所以待之者備矣。其於選事如此②,旁至於司封、司勳、考功當隸之者,內服、外服、庶工、萬事當歸之者,推此以通彼,則吏部之任,不待命出之日聞而後辨③,推而後通也。試即吏部而言之,體當如此,其於百工庶職素具以待新政之行者,臣之妄意,竊以謂無易此也。夫然則體雖至大,而操之有要,事雖一變,而處之有素。一日之間,官號法制鼎新於上,彝倫庶政敘行於下④,內外遠近,雖改視易聽,而持循安習,無異於常。"詔送詳定官制所。

十月庚辰,詔:"自今除授職事官,並以寄祿官品高下爲法。凡高一品以上者爲行,下一品者爲守,下二品以下者爲試,品同者不用行、守、試。"詔:"三省印用銀鑄金塗,給事中印爲'門下外省之印',舍人印爲'中書外省之印'。"

---

① 令 底本作"今",據嘉慶本、長編卷三一五改。
② 其於選事如此 "事"底本作"士",據嘉慶本、長編卷三一五、元豐類稿卷三一請改官制前預選官習行逐司事務改。
③ 不待命出之日 "命",元豐類稿卷三一請改官制前預選官習行逐司事務作"政"。
④ 彝倫庶政敘行於下 "敘"底本作"推",據元豐類稿卷三一請改官制前預選官習行逐司事務、歷代名臣奏議卷一六〇改。按:長編卷三一五作"彝倫庶政率行於下"。

十一月丁亥,詔令少府監鑄省、臺、寺、監印記凡六十三。

五年二月癸丑朔,詔:"中書省面奏宣旨事,別以黄紙書,中書令、侍郎、舍人宣奉行訖,録送門下省爲畫黄;受批降若覆請得旨,及入熟狀得畫事,別以黄紙亦書,宣奉行訖,録送門下省爲録黄。樞密院準此,惟以白紙録送,面得旨者爲録白,批奏得畫者爲畫旨。門下省被受録黄、畫黄、録白、畫旨,皆留爲底,詳校無舛,繳奏得畫,以黄紙書,侍中、侍郎、給事中省審讀訖,録送尚書省施行。三省被受敕旨,及内降實封文書,並註籍。門下、中書省執政官兼領尚書省者①,先赴本省視事,退赴尚書省。申明及立條法,並送尚書省議定,上中書省,半年一進,頒下應速者先行。應功賞並送所屬,無定法者送司勲。樞密院軍功不在此限。文武官,三省、樞密院各置具員②。中書省非本省事,舍人不書。吏部擬注官過門下省③,並侍中、侍郎引驗訖奏,候降送尚書省;若老疾不任事,及於法有違者,退送改注,仍於奏鈔内貼事因進入。六曹諸司官,非議事不詣都省及過别曹。應立法事,本曹議定,關刑部覆定,干酬賞者送司勲,如無異議,還送本曹,赴都省議,體大者集議,議定上中書省,樞密院事上本院。吏部差注官團甲,由都省上門下省,有違法者退吏部,以事因帖奏。諸稱奏者,有法式,上門下省;無法式,上中書省;有別條者,依本法。邊防、禁軍事,並上樞密院。應分六曹、寺、監者爲格,候正官名日施行。"

舊紀書:釐正三省、樞密院、六曹、寺、監職事。新紀書:頒三省、樞密院、六曹條例。

四月癸酉,王珪依前官,守尚書左僕射兼門下侍郎;蔡確依前官,守尚書右僕射兼中書侍郎。詔:"百官見執政,三省給事中、舍人、侍郎以上,寺監長官及待制、横行以上,詣府;餘官並詣二省、樞密院聚廳處。"甲戌,詔中書五月朔行官制。

舊紀係之癸酉,新紀於五月一日乃書初行官制。

太中大夫、知定州章惇守門下侍郎,太中大夫、參知政事張璪守中書侍郎,翰林學士、承議郎蒲宗孟爲中大夫、守尚書左丞,翰林學士、朝奉郎王安禮爲中大夫、守尚書右丞。先是,宗孟詳定官制,樞密都承旨張誠一亦領官制局事,頗肆横,協制同列。宗

---

① 門下中書省執政官兼領尚書省者　底本脱"者"一字,據宋會要輯稿職官一之二〇補。
② 各置具員　底本脱"置"一字,據嘉慶本、長編卷三二二、宋會要輯稿職官一之二〇補。
③ 吏部擬注官　"擬"底本作"儗",底本脱"官"一字,據長編卷三二三、宋會要輯稿職官一之二〇改、補。

孟於上前疏其姦,上察其不阿,故與安禮俱蒙大用。翰林學士李清臣試吏部尚書,尋詔清臣特遷朝奉大夫,曰:"安有尚書而猶承議郎者?"朝奉郎、檢正中書戶房公事吳雍守左司郎中,通直郎、館閣校勘、檢正中書禮房公事王震試右司員外郎。於是開天章閣,初用官制除拜,詔震及雍從輔臣執筆入記聖語,面授以左、右司,仍使自書。時論榮之。

　　新、舊紀既書王安禮等執政已,乃書省、臺、寺、監以次除授①。

　　詔:"自今更不除館職,見帶館職人依舊。如除職事官,校理以上轉一官,校勘減磨勘三年,校書減二年,並罷所帶職。"三省上擬定百官番宿制:門下省,給事中、左諫議大夫、左司諫、左正言、起居郎;中書省,舍人、右諫議大夫、右司諫、右正言、起居舍人;尚書省,尚書、侍郎、郎中、員外郎。詔:"給事中、中書舍人、左右諫議大夫、尚書、侍郎以上並免宿。尚書都省及六曹一員遞宿,省、寺、監長貳五日點一宿,餘官番直。"詳定官制所言:"唐制,內外職事有品者給告身,其州鎮辟置僚佐止給使牒。本朝亦以品官給告身,其無品及一時差遣,不以職任輕重,皆中書門下給黃牒,樞密院降宣。今若盡如唐制例給告身,則職卑而事微,恐不勝盡給也。今擬階官、職事官、選人,凡入品者皆給告身;其無品者若被敕除授,則給中書黃牒;吏部奏授,則給門下黃牒;樞密院差,則仍舊降宣,於事簡便。"從之。戊寅,詔:"六曹尚書依翰林學士例,六曹侍郎、給事中依直學士例,朝謝日不以行、守、試並賜服佩魚,罷職除他官日,不帶行。"

　　賜服佩魚,當考。

　　五月癸未,詔尚書省得旨合下去處並用劄子。手詔:"朝廷議更官制,本欲釐正吏治,非徒膠古希奇而已。比命官置司,修講逾年,迨今頒行,尚爽條理②。若爾者分撥事類,仍前糾紛,不免啓侮四方,貽譏來世。事繫國體,二三執政可不究心?其詳定官恐須益得深曉文法之人。御史中丞徐禧可同詳定官制,如頃所論體統,令以此意著爲式令。"蓋上嘗論蘇綽建復官制,上自朝廷,下至州縣,悉分爲六曹,體統如一。今先自京師始,候推行有序,即監司、州縣皆可施行矣。丁亥③,給事中舒亶言:"舊制,應差

———————
① 乃書省臺寺監以次除授　"乃",長編卷三二五作"又"。
② 尚爽條理　"爽"底本作"失",據長編卷三二六、宋史全文卷一二下改。
③ 丁亥　底本作"乙酉",據長編卷三二六改。

除及更改事件到封駁司,限當日鈔録關報御史臺、諫院。新制,撥封駁司歸門下省爲封駁房。如合依舊關報御史臺、諫院,不知以何官司爲名,恐内省無關報外司之理。"詔更不關報。己丑,王珪言:"故事,中書進熟、進草,惟執政書押。今官制,門下省給事中獨許書畫黄,而不得書草①。舒亶疑之,因以爲請。"上曰:"造令、行令,職分宜别②。給事中不當書草③,著爲令。"三省言:"九寺、三監分隸六曹,欲申明行下。"上曰:"不可。一寺一監職事故分屬諸曹,豈可專有所隸?宜曰'九寺、三監於六曹隨事統屬',著爲令。"辛卯,上批:"自頒行官制以來,内外大小諸司及創被差命之人,凡有申稟公事,日告留滯,比之舊中書稽延數倍,衆皆有不辦事之憂,未知留滯處所,可速根研裁議,早令快便,大率止似舊中書遣發可也。"於是三省言:"尚書省六曹,如吏部尚書左右選,舊係審官東西院、流内銓、三班院,户部左右曹,係三司、司農寺,舊申中書省,今合申都省④。其應奏及本部可即施行者,並如舊。内外諸司皆準此,可申明行下。"上以命令稽緩,語輔臣頗悔改官制。蔡確等慮上意遂欲罷之,乃力陳新官制置禄,比舊月省俸錢二萬餘貫,上意遽止⑤。

此據蔡惇官制舊典,附申稟留滯下。

詔:"秘書省、殿中省、内侍省、入内内侍省於三省用申狀,尚書六曹用牒,不隸御史臺六察。如有違慢,許言事御史彈奏。其尚書六曹分隸六察。"乙未,詔:"三省、樞密院自今應入進文字,自來用押字者,並依三省例書臣名。"又詔:"直翰林醫官院至祗候依舊,更不改換;其見在太僕丞至化外主簿並罷⑥,仍令後更不除授⑦。令詳定官制所立法以聞。"先是,官制所定到改醫官院爲翰林院,惟使、副、尚藥、奉御依舊外,直院而下隸太醫局,今復如故。己亥,詔:"翰林學士、兩省官見執政官議事,並繫鞾;六曹尚書以下見執政官,並靴笏。"

六月乙卯,詔:"自今事不以小大,並中書省取旨,門下省覆奏,尚書省施行。三省

---

① 而不得書草 "書"底本作"畫",據嘉慶本、長編卷三二六、宋史全文卷十二下改。
② 職分宜别 "分"底本作"令",據長編卷三二六、宋會要輯稿職官五六之一〇改。
③ 不當書草 "書"底本作"畫",據嘉慶本、長編卷三二六、宋史全文卷十二下改。
④ 今合申都省 長編卷三二六作"今合制都省",宋會要輯稿職官五六之一〇作"今各刺都省"。
⑤ 上意遽止 "遽",長編卷三二六作"遂"。
⑥ 其見在太僕丞 "在",嘉慶本作"帶"。
⑦ 仍令後更不除授 "令",嘉慶本、長編卷三二六均作"今"。

同得旨事,更不帶'三省'字行出。"是日,輔臣有言中書省獨取旨,事體太重。上曰:"三省體均,中書省揆而議之,門下省審而覆之,尚書省承而行之。苟有不當,自可論奏,不當緣此以亂體統也。"先是,官制所雖倣舊三省之名,而莫能究其分省設官之意,乃釐中書門下爲三,各得取旨出命,既紛紛然無統紀,至是,上一言遂定體統也①。

已上據墨本,已下據朱本。

初,上欲倣唐六典修改官制,王珪、蔡確力贊之。官制:以中書造命,行無法式事;門下審覆,行有法式事;尚書省奉行。三省分班奏事,各行其職,而政柄盡歸中書。確先説珪曰:"公久在相位,必拜中書令。"故珪不疑。一日,確因奏事罷留身,密言:"三省長官位高,恐不須設,只以左僕射兼門下侍郎、右僕射兼中書侍郎,各主兩省事可也。"上以爲然。已而確果獨專政柄,凡除吏,珪皆不與聞。後累月,珪乃言:"臣備位宰相,不與聞進退百官,請尚書省官及諸道帥臣許同議。"上許之。三省並建政事,自以大事出門下,其次出中書,又其次出尚書,皆以黃牒付外,衆以爲當。然王安禮初不預官制事②,乃爲上言曰:"政畏多門,要當歸於一,特所經歷異耳。今也別而爲三,則本末不相見,是何異秦、齊二王教敕雜行,安所適從?臣以謂事無巨細,宣於中書,奉於門下,至尚書行之,則盡善矣。"詔從之。蔡確既爲右僕射,且兼中書侍郎,欲以自大,乃議尚書省關移中書,當加"上"字以重之。王安禮爭曰:"三省,天子攸司,政事所自出,禮宜均一。確乃欲因人而爲輕重,是法由人變也,非所以敬國家。"已而正色問上曰:"陛下用確爲宰相,豈以材術卓異有絶人者,抑亦序次遷陟適在此位邪?"上曰:"適在此位。"又曰:"固適在此位。"安禮顧謂確曰:"陛下謂適在此位,何得自大如此!"

前事並據田畫行狀附此,更須考詳。

癸亥,詔:"尚書省六曹事應取旨者,皆尚書省檢具條例,上中書省。"又詔:"門下、中書省已得旨者,自今不得批劄行下,皆送尚書省施行。著爲令。"詳定官制所言:"定到制授③、敕授、奏授告身式。"從之。翌日,詔:"官告及奏鈔體式,令官制所取房元齡官告看詳改定以聞④。"詔翰林醫官院改爲翰林醫官局,使、副已下如舊。詔尚書

---

① 上一言遂定體統也 "定",嘉慶本作"合"。
② 然王安禮初不預官制事 "預"底本作"與",據長編卷三二七改。
③ 定到 "到"底本作"例",據嘉慶本、長編卷三二七改。
④ 房元齡 "元"是宋人因避趙宋聖祖趙玄朗,對"玄"的諱改。

省得彈奏六察御史失職。案：長編脱此條。又詔："六曹申尚書省、送中書及過門下省文字，皆隨事立日限，即尚書省事應取旨者，皆日具件數，録目尾結。"己巳，詔："尚書、侍郎奏事，郎中、員外郎番次隨上殿，不得獨留身。侍郎以下，仍不得獨乞上殿。其侍郎左、右選奏事，非尚書通領者，聽侍郎上殿，以郎官自隨。秘書、殿中省官①、諸寺監長官視尚書②，貳、丞以下視侍郎。六曹於都省稟事亦準此。侍郎以下，仍日過尚書聽議事。"乙亥，給事中陸佃言："三省、樞密院文字已讀訖，皆再送令封駁，慮成重複。"上批："可勘會差紊重複進呈。"乃詔罷封駁房。先是，故事，詔旨皆付銀臺司封駁，官制既行，猶循舊。至是，始罷之。丁丑，通直郎、監察御史豐稷爲著作佐郎。先是，稷言："聞吴安持除太府少卿。按：安持以宰相子，請囑檢正官劉奉世，庇相州失入馮言死罪公事，坐此追官。方今官制初行，章惇以岡上爲門下侍郎，王安禮以穢德守尚書右丞，以至六行尚書、列曹侍郎、諸司郎官、寺監丞主簿，其間或以不實黜降，或以贓私坐廢，朝廷不應輕法守，略清議，致謫籍之徒首與褒選，萬世肇新之官府爲罪人之淵藪。如李士京，韓縝之嬖人；韓宗文，維之孱子，爲大理寺左右推主簿。鍾浚，王安禮之佞人，爲將作少監。鍼罷知禮院葉祖洽、司農寺軍器都水監主簿頓起等，至今未有差遣，縱材識卑凡，豈不優於宗文之徒？與夫鍾浚之頗僻側媚有間矣③。去取如此，名實何考？清明之朝，不可不察。其職事官所犯罪，欲望令中書省條具，事稍重者，先放罷。"故有是命。詳定官制所言："御輦院乞依舊隸太僕寺，其輿輦及應供奉事隸殿中省，牛羊司隸光禄寺，其養牛、乳牛兵匠入牛羊司。"從之，惟御輦院不隸省寺④。

七月壬午，尚書省奏："自五月一日奉行官制，推原法意，每事講求，緣其端本，增立支節，須纖悉備具，即施用著明。奉行以來，於今踰月，凡續降指揮，申明條制，雖未周詳，謹備大略。竊慮董正之初，在所考察。今繕寫爲二册，乞賜覆覈。"丁亥，詔："譯經潤文使、同譯經潤文並罷，自今令禮部尚書領之，廢譯經使司印。"

八月癸丑，詔："三省、樞密院、秘書、殿中、内侍、入内内侍省，聽御史長官若言事

---

① 殿中省　"中"下底本衍"書"一字，據嘉慶本、宋會要輯稿儀制六之一七、宋史卷一一八禮志删。
② 諸寺監長官　"諸"上底本衍"官"一字，據長編卷三二七、宋會要輯稿儀制六之一七、職官八之五删。
③ 頗僻側媚　"僻"底本作"嬖"，據長編卷三二七改。
④ 不隸省寺　"寺"底本作"守"，據嘉慶本、長編卷三二七改。

御史彈糾①。"先是，置監察御史，分六察，隨所隸察省曹、寺監，而三省至内侍省無所隸，故以長官、言事御史察之。

十月甲子，詳定官制所言："準尚書省劄子，官制所定雜事奏鈔奏有司事，舊令式，並尚書省左、右僕射與左、右丞簽書，蓋朝廷以法在所司，案法聞奏，稟候朝命，而人主於有司之成務，付之執政，執政官所宜代工而任責②，則人主但聞之而已。朝廷以天下事衆，分六曹以治之，都省以總之，六察以案之。六曹失職，則都省在所糾；都省失糾，則六察在所彈。上下相維，各有職守，則奏鈔書都省執政官，於理爲當。其房元齡等告身四道，内三卷敕授、制授，不書尚書都省官；内一卷奏鈔並著尚書都省官，而不書名。案：敕授、制授則尚書省有書有不書者③，唐告體制不一；至於奏授④，則尚書省具奏鈔上，未有不具尚書都省官者；然於告身有不書名者，蓋告身翻録奏鈔，其鈔已付吏部，翻録爲告，故或不書。今奏鈔已書名，即告身止令代書。"從之。

十二月丁巳，上批："起居舍人王震諳曉史文，即今全無職事。官制所擬修六曹敕令，文字浩繁，詳定官安燾、崔台符各有尚書省職務，不能專力，可差震同詳定。"己未，詔："朝散大夫、試吏部尚書李清臣，通議大夫、守侍郎蘇頌，奉議郎、試中書舍人蔡卞，通直郎、試起居郎蔡京各遷一官；樞密都承旨、客省使、舒州團練使張誠一領秀州防禦使；故起居郎畢仲衍賜絹百匹；檢討、詳定官一年以上減一年磨勘，三年以下減二年，離局者第減一等⑤。"並以官制成推恩也。

六年二月癸酉，三省言："國子監公試所策問：'諸司之務，寺、監有所不究；寺、監之職，六曹有所不察；六曹之政，都省有所不悉任其責者，殆未足以盡小大相維、上下相制之道焉。豈制而用之者，法未足與守；推而行之者，人未足與明歟？欲度今之宜，循古之舊，而盡由其長，則事之衆多，且將有迂滯之患也。諸生以爲如之何則可？'策題乃起居郎蔡京撰。"詔京具所問事理當如何救正，其所取諸生如何者爲上等。京言：

---

① 聽御史長官若言事御史彈糾　宋會要輯稿職官五六之一二同，長編卷三二八作"聽御史長官及言事御史彈糾"，宋會要輯稿職官一七之一一作"聽御史長官言事御史彈糾"。
② 執政官所宜代工而任責　長編卷三三〇同，宋會要輯稿職官五六之一三作"執政官所宜代工而任賞罰"。
③ 制授　底本脱此二字，據嘉慶本、宋會要輯稿職官五六之一三補。
④ 奏授　底本作"制授"，據嘉慶本、長編卷三三〇、宋會要輯稿職官五六之一三改。
⑤ 離局者第減一等　底本脱"者"一字，長編卷三三一同，據宋會要輯稿職官五六之一四補。

"朝廷之有百職,百職之有佐屬,猶心之運臂,臂之使指。蓋臂之作止,不期運也,而應之於心;指之屈伸,不期使也,而應之於臂。何則？其血脉各相係屬,而通達洞貫故也。今設官分職,有相隸之名,而未有相任之責;有相臨之勢,而未有相糾之法,此臣之所以疑也。惟不相察,不相任,夫人得以相倚,則小吏猶豫而不敢行,大吏依違而不肯斷,事至而莫之決,則必有受其弊者矣。苟任其責,則長貳、佐屬同利共憂,若手足相營也,事之不舉者寡矣。或曰:'今御史固察事矣。'臣曰不然。夫官府之治,有正而治之者,有旁而治之者,有統而治之者。省曹、寺監以長治屬,正而治之者也,則其爲法當詳。御史非其長也,而以察爲官,旁而治之者也,則其法當略。都省無所不總,統而治之者也,則其爲法當考其成。然則長吏察月,御史察季,都省察歲,庶乎其可也。故策之於諸生,而諸生皆未能有至當之論。其上等者,多以經義爲主,至於對問之言,或取其文詞而已。"

朱本以爲無施行,削去,新本復存之,今從新本。

卷第八十一

神宗皇帝

修兩朝國史

　　熙寧十年五月戊午,詔修仁宗、英宗兩朝正史。

　　七月辛未,上御資政殿,監修國史吳充率修國史宋敏求,編修官王存、黃履、林希,以仁宗、英宗紀草進呈。上服靴袍,内侍進案,敏求進讀,上立聽顧問,終篇始坐。

　　十月甲申,修國史院奏:"近編修官黃履言:'國史不須立符瑞、道釋志及乞修表。竊惟太史公書封禪、班固志郊祀、范曄志祭祀,而歷代之史又有方技列傳。然則符瑞、道釋亦可分附於志、傳之間,不須特立其名。又紀、傳雖備,而未有表,今既修之,恐不可無也。'本院看詳齊書有祥瑞志。天聖中,史官以真宗崇建宫觀,符瑞屢臻,遂著二志;以載其事。今撰仁宗、英宗正史,若與舊三朝史别爲書,則不須著此二志;若通爲一書,則恐真宗朝事無所統繫①,況未奉朝旨通修。所乞立表,欲依履所請。"詔:"立表不從,餘俟通修國史日别取旨。"是時已命宋敏求修公卿百官表,而履等不知也。

　　元豐元年七月庚寅,知禮院、大理寺丞、集賢校理曾肇兼修國史院編修官。肇奏:"臣史學不如臣兄鞏,乞回所授。"不聽。

　　四年七月己酉,詔:"朝散郎、直龍圖閣曾鞏素以史學見稱士類,方朝廷叙次兩朝大典,宜使與論其間,以信其學於後。其見修兩朝國史將畢,當與三朝國史通修成書,宜以鞏充史館修撰,專典史事。取三朝國史先加考詳,候兩朝國史成,一處修定。"仍詔鞏管句編修院。鞏所爲文章句非一律,雖開闔馳騁,應用不窮,然言近指遠,要其歸必止於仁義。至其行,不能逮其文也。吕公著常評鞏,以爲爲人不及議論②,議論不及

---

① 無所統繫　底本脱"統"一字,據嘉慶本、長編卷二八五補。
② 以爲爲人不及議論　底本脱"爲"一字,據長編卷三一四補。

文章。

八月庚申，史館修撰曾鞏兼同判太常寺。詔鞏專典史事，更不預修兩朝史。上曰："修史最爲難事，如魯史亦止備錄國事①，待孔子然後筆削。司馬遷材足以周物②，猶止記君臣善惡之迹，爲實錄而已。"王珪曰："近修唐書，褒貶亦甚無法。"上曰："唐太宗治僭亂以一天下，如房、魏之徒，宋祁、歐陽修輩尚不能窺其淺深，及所以成就功業之實。爲史官者，材不足以過其一代之人，不若實錄事迹，以待賢人去取褒貶爾。"

十月甲子，史館修撰曾鞏言："臣誤被聖恩，付以史事。祖宗積累功德，非可形容。竊惟前世原本推功③，必始於受命之君，以明王迹之所自。商頌所紀，由湯上至於契；周詩生民、清廟本於后稷、文王。宋興，太祖開建鴻業，更立三才，爲帝者首。陛下所以命臣顯揚襃大之意，固以謂太祖雄材大略，千載以來特起之主，國家所由興，無前之烈，明白暴見，以覺悟萬世，傳之無窮。臣竊考舊聞，旬月次輯太祖行事，撮其指意所出、終始之際，論著於篇，敢繕寫上陳④。臣内省大懼，智不足以究測高遠，文不足以推闡精微，使先帝成功盛德晦昧不彰，不能滿足陛下仁孝繼述之心，仰負恩待，無以自贖。伏惟陛下聰明睿智，不世之姿⑤，非群臣所能望。如賜裁定，使臣獲受成法，更去紕繆，存其可采，繫於太祖本紀篇末，以爲國史書首，以稱明詔萬分之一。"詔："曾鞏今所擬修史格，若止如司馬遷以下編年體式，宜止倣前代諸史修定。或欲别立義例，即先具奏。"辛巳，史館修撰曾鞏言："臣修定五朝國史，要見宋興以來名臣良士，或嘗有名位，或素在丘園，嘉言善行，歷官行事，軍國勳勞，或貢獻封章，著撰文字。本家碑志、行狀記述，或他人爲作傳記之類，今所修國史須當收采載述。恐售書訪尋之初，有所未盡，乞京畿委開封知府及畿縣知縣，外委逐路監司、州縣長吏，博加求訪，有子孫者延至詢問。所有事迹或文字，盡因郡府納於史局，以備論次。或文字稍多，其家無力繕寫，即官爲傭寫校正。其嘗任兩府、兩制、臺諫官之家，家至詢訪，各限一月發送史局，并中書編集累朝文字及樞密院機要文字，並累朝御札、手詔副本送本局⑥，以備

---

① 國事　宋史全文卷一二下同，長編卷三一四作"國史"。
② 周物　底本作"開物"，據宋史全文卷十二下改。
③ 原本推功　"本"，長編卷三一七、元豐類稿卷一〇進太祖皇帝總序狀均作"大"。
④ 敢繕寫上陳　"陳"底本作"塵"，長編卷三一七同，據元豐類稿卷一〇進太祖皇帝總序狀改。
⑤ 不世之姿　"姿"底本作"資"，據長編卷三一七、元豐類稿卷一〇進太祖皇帝總序狀改。
⑥ 並累朝御札手詔副本送本局　"並"底本作"共"，據長編卷三一八改。

討論。"從之。

五年四月戊寅,罷修五朝史。六月甲寅,修兩朝正史成一百二十卷。上服靴袍,御垂拱殿,引監修國史王珪,修史官蒲宗孟、李清臣、王存、趙彥若、曾鞏進讀紀、傳,賜珪銀絹千,宗孟六百,各賜襲衣、金帶,改官,並不聽辭免;珪賜一子緋章服,清臣、存、彥若、鞏各遷一官。同修史官蘇頌、黃履、林希、蔡卞、劉奉世各賜銀絹有差。故相吳充銀絹六百,故史館修撰宋敏求百五十。內侍押班石得一再任皇城司。

七月丁未①,以兩朝國史書成,燕垂拱殿。

奉太皇太后　二王附

治平四年正月丁巳,英宗崩,神宗即位。

己未,尊皇太后爲太皇太后,皇后爲皇太后。三月丙辰,昌王顥、樂安郡王頵乞解官行服,不聽。昌王顥進封岐王,樂安郡王頵進封嘉王。

熙寧七年二月庚午,岐王顥、嘉王頵言:"皇子已授節藩,況開府置官不可不備,臣等所居東宮之地,世爲子舍②,以待儲副,非諸侯所當久寓也。望賜臣等外居。"詔答不允,曰:"朕上承先帝,順事兩宮,顧豈以子舍之嫌而有間天倫之愛?"顥等又言:"唐故事,十王宅、百孫院並在安國寺東,不處皇城之內。伏望察臣懇誠,庶安臣子之分。"詔又不允。

八年閏四月丁巳,岐王顥、嘉王頵言:"蒙遣中使賜臣等團玉帶各一條,準閣門告報,已著爲朝儀。臣等乞寶藏於家,不敢服用。"不許。上命工琢玉帶以賜,顥等固辭,不聽。請加佩金魚以別嫌,詔以玉魚賜之。上嘗與二王擊毬,戲賭玉帶,顥曰:"臣若勝,不用玉帶,只乞罷青苗、市易。"上不悦。

元豐二年三月,岐王顥之夫人,馮侍中拯之曾孫也,失愛於王,屏居後閣者數年。是春,岐王宮遺火,尋撲滅,夫人聞有火,遣二婢往視之。王見之,詰其所以來,二婢曰:"夫人令視大王耳。"王乳母素憎夫人,與二嬖人譖之曰:"火殆夫人所爲也。"王怒,命內知客鞫其事。二婢不勝考掠,自誣云:"夫人使之縱火。"王杖二婢,且泣訴於

---

① 七月丁未　"七"底本作"八",據長編卷三二八改。
② 世爲子舍　"世",嘉慶本作"當"。

太后曰:"新婦所爲如是,臣不可與同處。"太后怒,謂上必斬之,上素知其不睦,必爲左右陷,徐對曰:"彼公卿家子,豈可遽爾!俟案驗得實,然後議之。"乃召二婢,命中使與侍講鄭穆同鞫於皇城司,數日獄具,無實。又命翊善馮浩録問。上乃以具獄白太后,太后因召夫人入禁中。夫人大懼,欲自殺,上遣中使慰諭曰:"汝無罪,勿恐。"且命徑詣太皇太后宫,太皇太后慰存之。太后與上繼至,詰以火事,夫人泣拜謝罪,乃曰:"縱火則無之,然妾小家女福薄,誠不足以當岐王伉儷,幸赦其死,乞削髮出外爲尼。"太后曰:"汝詛罵岐王,有諸?"曰:"妾乘忿或有之。"上乃罪乳母及二嬖人,命中使送夫人於瑶華宫,不披戴,舊俸月錢五十緡,更增倍之,厚加資給,曰:"俟王意解,當復迎之回。"

四月癸卯,太皇太后、皇太后幸金明池。上扶太皇太后登輦,又豫爲百寶酒缸,於是馳以上壽。

十月庚戌,以太皇太后服藥,德音降死罪囚,流以下釋之。詔太皇太后違豫日久,命輔臣等分禱天地、宗廟、社稷。壬子,詔以太皇太后不豫,度在京宫觀、寺院童行爲僧尼、道士,令御藥院於啓聖院作大會,以度牒授之。乙卯,太皇太后崩於慶壽宫,百官入班宫庭。時宰臣吴充以疾不至,王珪升西階宣遺誥:園陵制度,依昭憲、明德皇太后故事施行。上事后致極誠孝,所以娱悦后無所不至。在宫中從后行,必扶掖,視膳、定省惟謹。后待上慈愛天至,上御朝退稍晚,后必自至屏扆後候之,或自持飲食以食上,始終十餘年,外廷無由備知。本朝故事,外家男子未嘗入謁。后既高年多疾,弟偁亦老,上爲后言,宜數召見,以自慰懌,后輒不許。請遷偁官,亦不許。一日,偁因侍上從容,上固爲之請,得入謁,后乃許之,上自與偁同至后閤,坐少頃,上先起,令偁得伸親親意,后遽謂偁曰:"此非若所當留也。"趣遣隨上出。及崩,上哀慕殆不勝喪。后卧内緘封一匱,上發視之,則舊合同寶也。仁宗時因火失寶,更鑄之。後淘井得舊寶,故后藏之匱中,而人無知者。

十一月戊辰,詔諸路並禁樂至卒哭。既而禮院言:"案禮,葬而後虞,虞而後卒哭,卒哭而後祔。景德中,明德皇后百日爲卒哭,卒哭後不禁樂。以百日爲卒哭,蓋古之士禮,不當施於朝廷。"迺詔改"卒哭"爲"百日"。壬辰,翰林學士章惇言:"宜以祖宗之命,奉上太皇太后尊謚曰慈聖光獻。"詔恭依。

十二月甲子,禮院言:"唐開元六年,太常以昭成皇太后謚號不應稱'太',禮部報曰:'入廟稱后,義繫於夫;在朝稱太后,義繫於子。'今百司文牒及奏狀恐不合除'太'字。如謚册入陵,神主入廟,即去'太'字。"奏可。

三年正月癸酉,詔大行太皇太后鹵簿不用鑅稍,内臣二十四人捧梓宫。

二月丙申,詔大行太皇太后靈駕發引日,聽高麗使陪位。己亥,詔:"大行太皇太后皇堂創爲地宫,非嘉祐、治平故事。安厝梓宫,須别爲規度。可命都大提舉修奉宋用臣專一管句。"甲寅,大行太皇太后發引,上自慶壽殿步導梓宫①,且行且哭,至宣德門外立班俟時,號慟不絕聲。王珪等及雍王顥、曹王頵更進開釋,不能止。百官士卒感動悲咽,高麗使至於出涕。靈駕既行,上衰服還内。百官辭靈駕於板橋,退,改常服入門。明日,詣閤門進名奉慰,又慰皇太后於内東門。上自庚戌不視事,丙辰,始御崇政殿。至祔廟,乃御前殿。

三月癸酉,葬慈聖光獻皇后於永昭陵。己丑,上以慈聖光獻故,大推恩於曹氏。於后爲兄弟行者進三官,子行者進兩官,孫行者進一官,凡被賞者百餘人,且欲以佾爲正中書令。吕公著言:"正中書令,自宋興以來未嘗除人,況不帶節度使,即宰相也,非所以寵外戚。"上曰:"此誠闕典,第不如是,不足以稱厚恩爾。"公著固争,乃以節度使兼中書令。他日,佾又奏:"臣鄉除兼侍中,三子皆以臣故進官。今除兼中書令,亦乞用前比,進三子官。"公著言:"佾除兼侍中,曹氏子孫皆不遷,故特以佾故進其三子。今佾三子已用泛恩進兩官矣,豈可復加?"上曰:"理固如此,第以元舅之請,不可違爾。"上又曰:"褒寵外戚,誠非國家美事。顧以慈聖光獻有功於宗社,宜優恤其家爾。"公著因言:"自古亡國亂家,不過親小人、任宦官、通女謁、寵外戚等數事而已。"上深以爲然。時王中正、宋用臣等用事②,公著假此以諷上。既退,薛向歎曰:"公乃敢言如此事,使向汗流浹背!"

六年十二月戊寅,右諫議大夫趙彦若言:"王事之本,陰陽爲先。月令:孟春之月,命相布德,和令行慶施惠,下及兆民。所以致歡聲而達陽氣。是以王者遊豫燕飲,與衆人同樂。臣比陪從至繼仁殿,竊見聖情思慕猶如前時,公卿侍臣無不惻楚。少陽用

---

① 上自慶壽殿步導梓宫 "自"底本作"至",據長編卷三〇二改。
② 宋用臣等用事 "用",長編卷三〇三、宋史全文卷一二下均作"任"。

事,生氣尚微。若孝思發中,或復感動,慮於時令,有所未順。欲望將來繼仁殿所陳服玩,酌獻之初,暫從隱蔽,抑忍聖意,奉承天時,無虧孝慕之誠,以順陽和之令①。"自景靈新宮十一殿成,上每行獻朝之禮,凡百餘拜,及繼仁殿,必哀慟良久。禮畢進湯,又哭,或宣曹評、曹誘行家人禮。至是,彥若以爲言,上深嘉獎之,然猶不聽。

聖德

治平四年四月庚午②,上出諸州貢物名件,自漳州山薑花一萬朵已下③,至同州楂梓二千顆,凡四十三州七十種。手詔曰:"四方入貢,雖云古禮,考之禹制,未有若茲之繁也,今則一郡歲有三四而至者。言念道路之勤,疲費亦廣④,至聞主押牙校有棄業終身不能償者⑤,耗盡民力,莫不由斯。又所貢物多飲食之類,雖闕之亦無害⑥。書不云乎'不作無益害有益',非此謂耶⑦?朕甚不取。自今其悉罷之⑧。"

熙寧元年七月己卯,群臣表上尊號曰奉元憲道文武仁孝,詔不許。及第三表,司馬光入直,因言:"上尊號之禮非先王令典,起於唐武后、中宗之世,遂爲故事,因循至今。太祖開寶九年,群臣上尊號有'一統太平'字,太祖以燕、晉未平,卻而不受。以是見聖人之志,苟無其實,終不肯有其名也。太宗端拱二年,詔自前所加尊號盡省去,且曰:'以理言之,"皇帝"二字,亦未可兼稱。朕欲稱王,但不可與諸子同爾。'群臣懇請,乃受'法天崇道'四字而已,其後終身不復增益。先帝治平二年,辭尊號不受,天下莫不稱頌聖德。不幸次年有詔諛之臣言:'國家與契丹常有往來書,彼有尊號而中國獨無,足爲深恥。'於是群臣復以非時上尊號者,甚爲朝廷惜之。昔漢文帝遺單于書以尺一牘,單于答以尺二牘,自稱'天地所生日月所置匈奴大單于',未聞文帝復爲勝大

---

① 以順陽和之令 "令",嘉慶本作"命"。
② 治平四年四月庚午 嘉慶本同,宋大詔令集卷一四五罷諸州貢務詔作"治平四年四月壬申",宋會要輯稿崇儒七之五六作"治平四年二月二十六日"。
③ 漳州 宋大詔令集卷一四五罷諸州貢務詔作"潭州"。
④ 疲費亦廣 宋會要輯稿崇儒七之五六作"疲療亦多矣"。
⑤ 牙校 宋會要輯稿崇儒七之五六作"衙校";棄業,宋會要輯稿崇儒七之五六作"破業"。
⑥ 雖闕之亦無害 "之"底本作"乏"。據嘉慶本、宋大詔令集卷一四五罷諸州貢務詔、宋會要輯稿崇儒五之五七改。
⑦ 非此謂耶 "此謂"底本顛倒,"耶"底本作"邪",據宋大詔令集卷一四五罷諸州貢務詔、宋會要輯稿崇儒五之五七乙正、改。
⑧ 自今其悉罷之 宋大詔令集卷一四五罷諸州貢務詔作"其自今寑之",宋會要輯稿崇儒五之五七作"今後並可令罷"。

之名以加之也,學者至今稱文帝謙德之美,未嘗以爲可恥也。"詔賜光曰:"朕方以爲淫雨、地震日虞傾禍,被此鴻名,有慚面目。誠如卿言,可善爲答辭,非是欺衆以邀名。"遂終不許。

二年四月丁酉朔,群臣拜表上尊號曰奉元憲道文武仁孝,詔答不允,曰:"今災變屢出,可亟罷此議。毋加虛名浼余。"先是,上謂執政曰:"尊號於朕無益,加損縱有百字,亦何益。然受與否,於人情孰安?"曾公亮曰:"人情固願陛下受之。"富弼曰:"陸贄勸德宗不受尊號,顧其時與今異。"上曰:"其時在播遷之中。"安石曰:"陛下受尊號,人固以爲宜,即緣變異多謙,屈而不受,亦自爲美。然受與不受,於理皆可也。陛下能深見受與不受無加損之理,則此事在陛下裁度。"上曰:"三尺童子亦知無加損也。"遂降此詔。

八月丙申,司馬光上疏曰:"陛下日出視朝,繼以經席,將及日中,乃還宮禁。入宮之後,竊聞亦不自閑,省閱天下奏事、群臣章疏;連至昏夜,又御燈火,研味經史,博覽群書①,雖中宗、高宗之不敢荒寧,文王之日昃不食,臣以爲不能及也。然孜孜求治,於今三年,而功業未著者,殆未得其體要故也。"

九月壬申,光州團練使向經爲濰州防禦使、知陳州。是時,上方以政事試練天下之材,下至布衣疏遠或州縣吏,有以片言小善,不知其人,而超擢不日至侍從者。至宗室、戚里、恩澤之家,則一以秩序平進,拘以歲月,少所徼冀。經由是亦頗欲以才自見,數請補外,故有是命。

四年十一月甲申,詔蠲天下見欠貸糧,總計米一百六十六萬八千五百石有奇,錢十一萬七千四百緡有奇。上以諸路民欠貸糧積日已久,歲催索無已時,故盡蠲之。百姓聞詔,莫不稱慶。

七年三月乙丑②,詔中書曰:"朕涉道日淺,晻於致治,政失厥中,以干陰陽之和。乃自冬迄春③,旱嘆爲虐。間詔有司,損常膳,避正殿,冀以塞責消變,歷日滋久④,未蒙休應。中夜以興,震悸靡寧。意者朕之聽納不得於理歟?獄訟非其情歟?賦斂失

---

① 博覽群書 "覽",傳家集卷四三上體要疏作"觀"。
② 乙丑 底本作"丁丑",據嘉慶本、長編卷二五一改。
③ 乃自冬迄春 "春"底本作"今",據宋大詔令集卷一五四旱災求言詔改。
④ 歷日滋久 "日"底本作"月",據宋大詔令集卷一五四旱災求言詔改。

其節歟？忠謀讜言鬱於上聞,而阿諛壅蔽以成其私者眾歟？何嘉氣之久不效也？應中外文武臣僚,並許實封直言朝政闕失①。三事大夫,其務悉心交儆,成朕志焉。"翰林學士承旨韓維之辭也。先是,維對延和殿,上曰:"久不雨,朕夙夜焦勞,奈何？"維曰:"陛下憂閔旱災②,損膳避殿,此乃舉行故事,恐不足以應天變。願陛下痛自責己,下詔廣求直言,以開壅蔽,大發恩令,有所蠲放,以和人情。"上感悟,即命維草詔。詔出,人情大悅。

七月癸卯,群臣請加尊號曰法天憲古文武③,詔不許,自是五上表,終不許。

元豐二年四月辛丑,幸金明池觀水嬉,燕射瓊林苑,上射中的,群臣皆賀④,迺命群臣射,又特命樞密副都承旨張誠一射。酒罷,御苑門觀軍士射柳枝。上自即位至是,始再幸池苑,後不復至矣。

五月癸酉⑤,群臣奏事垂拱殿,御衣有蟲自襟沿至御巾,上既拂之至地,視之,乃行蟲。其蟲善入人耳,上亟曰:"此飛蟲也。"蓋慮治及執侍者而掩之⑥,實非飛蟲也。

元豐五年八月癸亥,知安州滕甫言:"內供奉謝禋奉旨買紅花萬斤,今又繼買五萬斤,而一州所產止二萬斤耳,恐不足數。"上亟詔寢之。

十二月己未,梓州奏:"奉詔收買青綠彩色凡二千斤,已計綱起發,餘數見計置收買次。"上批速降指揮罷買,恐勞民故也。

六年八月乙酉,前桐城縣尉周諤上書言四事⑦:其一,言朝廷已赦西夏,許修職貢,戒邊吏勿妄出兵,慮戎入寇邊,吏或守詔書不出禦敵;其二,言都城已為崇墉深池,非百步之間設為樓櫓,則不足以備不虞;其三,欲罷試太學博士,止選於教官,教官則選試於上舍,內舍及改判以來有出身進士;其四,乞嚴太學補試之法,士嘗豫鄉書者不必補而後入。詔中書省記姓名。上日閱匭函,小臣所言利害,無不詳覽如此。

七年十一月丁未,宣德郎、太學博士邵材為監察御史。材,宜興人。上臨朝甚肅,

---

① 直言朝政闕失　底本脱"直"字,據宋大詔令集卷一五四旱災求言詔補。
② 憂閔旱災　"閔",嘉慶本作"憫"。
③ 法天憲古文武　"法",長編卷二五四、宋史卷一五神宗本紀均作"紹"。
④ 群臣皆賀　"皆",嘉慶本作"稱"。
⑤ 五月癸酉　底本脱"五月"二字,據長編卷二九八補。
⑥ 執侍者　底本作"執御者",據長編卷二九八、宋史全文卷一二上改。
⑦ 周諤　底本作"周鍔",據嘉慶本、長編卷三三八改。

初賜對者,往往震懾不稱旨。材入見延和殿,雍容占奏,因曰:"去歲郊祀,臣以太學博士陪祠事。陛下至太廟及圜丘,執禮甚嚴。陛下臨天下將二十年,而秉心愈小,事天地、宗廟愈恭,此盛德也。然成天下之大業,亦在於持久不倦耳。"上首肯之。

八年三月戊戌,上崩於福寧殿①。史臣曰:"上聰明英睿,天性孝友,事兩宮竭誠盡力,天下稱孝。慈聖光獻太后之喪,哀毀過甚,既除喪,思慕不已,歲時獻酌②,每至繼仁殿必哭,哀動群臣③。禮遇皇后,宮庭肅正。親愛二弟,無纖毫之間,終上之世,乃出居外第。待諸公主、宗室恩義篤備。聖學高遠,言必據經,深造道德之蘊,而詳於度數。每論經史,多出人意表。間日一御邇英講讀,雖風雨不易。禁中觀書,或至夜分。在東宮素聞王安石有重名,熙寧初擢輔政,虛己以聽之。安石更變法令④,中外爭言不便,上亦疑之,而安石堅持之,不肯變。其後天下終以爲不便,上亦不專信任。安石不自得,求引去,遂八年不復召,然恩顧不衰。司馬光、吕公著雖議論終不合,而極口稱其賢。勵精求治,如恐不及⑤,總攬萬機⑥,小大必親。遇休暇⑦,猶間御殿決事⑧,或日昃不暇食,至兩宫遣人趣之。侍臣有以爲言者,上曰:'朕享天下之奉,非喜勞惡逸,誠欲以勤報之也⑨。'將定官制,獨處閣中,考求沿革,一年而成,人皆不知。雖治尚嚴整,智勇果斷,而造次必以仁恕。群臣進見,顧問或不能對,上恐其失次,輒顧而言他;有忤意者,雖甚不樂⑩,終保全之。每當用兵,或終夜不寐,邊奏絡繹,手札處畫,號令諸將,必丁寧詳密⑪,授以成算。雖千里外,上自節制,機神鑒察,無所遁情。恩威相濟,人不敢不盡力。如李憲、張誠一輩,雖甚親用,然未嘗一日弛其銜策⑫,無不畏上之威明,而莫敢肆。欲先取靈、夏,滅西羌,乃圖北伐,積粟塞上數千萬石,多儲兵器以

---

① 八年三月戊戌上崩於福寧殿　底本脱"戊戌,上崩於福寧殿"八字,據長編卷三五三補。
② 歲時獻酌　太平治迹統類卷一二神宗聖政同,長編卷三五三作"歲時酌獻"。
③ 每至繼仁殿必哭哀動群臣　長編卷三五三同,太平治迹統類卷一二作"每至繼仁殿必慟哭踊時"。
④ 安石更變法令　長編卷三五三作"安石更定法令",太平治迹統類卷一二作"安石更法令"。
⑤ 如恐不及　"如"底本作"嘗",據長編卷三五三、太平治迹統類卷一二改。
⑥ 總攬萬機　長編卷三五三作"總覽萬務"。
⑦ 休暇　嘉慶本、太平治迹統類卷一二均作"休假"。
⑧ 猶間御殿決事　太平治迹統類卷一二作"獨御便殿決事"。
⑨ 誠欲以勤報之也　長編卷三五三作"誠欲以此勤報之也"。
⑩ 雖甚不樂　長編卷三五三作"上雖不樂"。
⑪ 必丁寧詳密　底本脱"必"一字,長編卷三五三同,據太平治迹統類卷一二補。
⑫ 銜策　嘉慶本、長編卷三五三均作"御策"。

待。及永樂陷没，知用兵之難，於是亦息意征伐矣。在位十有九載，興爲建立，追法三代①，由漢以下，陋而不取。而謙冲退讓②，去華務實，終身不受尊號，此誠帝王之盛德也。"

政迹

熙寧四年九月癸卯，中書言："天下選人俸既薄，而又多寡不一，恐不足以勸廉吏。今欲月增縣令、録事參軍俸錢至十五千、米麥四石，司理、司法、司户參軍，主簿、縣尉，防、團、軍事推官，軍監判官錢十二千、米麥三石，每月通增俸錢一萬二千餘緡，米麥二千八十餘石。其三班使臣，短使并押綱運，並縻費不易，欲令三司勘會開畫以聞。"從之。先是，選人廩給下者，至請錢七千、麥兩石而已，貧不足自養，則往往陷於苟賤不廉之地。上閔之，故更此法。其後三班使臣卒不及增③。

六年三月壬申，詔詳定職田：

知州，藩府三京、京兆④、成德⑤、太原、荆南、江寧府、延、秦、揚、杭、潭、廣州。二十頃，節鎮十五頃，餘州及淮陽、無爲、臨江、廣德、興國、南康、南安、建昌、邵武、興化軍並十頃⑥，餘軍、監七頃。通判，藩府八頃，節鎮七頃，餘州六頃。留守、節度、觀察判官⑦，藩府五頃，節鎮四頃。掌書記以下幕職官三頃五十畝。防禦、團練、軍事推官，軍監判官三頃。令、丞、簿、尉，萬户以上，縣令六頃，丞四頃；不滿萬户，令五頃，丞三頃；不滿五千户，令四頃，丞二頃五十畝；簿、尉各減令之半。藩府、節鎮録參，比本處判官⑧，餘比幕職官。藩府、節鎮曹官比萬户縣簿、尉，餘比不滿萬户縣簿、尉。發運、轉運使副，比節鎮知州。開封府界提點，比餘州知州。發運、轉運判官，常平倉司提點官，比藩府通判；同提舉官比萬户縣令。發運司句當公事、轉運司管句文字、提點刑獄司檢法官，比

---

① 興爲建立追法三代　太平治迹統類卷一二作"規模宏遠，取法三代"。
② 退讓　嘉慶本、太平治迹統類卷一二均作"退托"。
③ 卒不及增　"卒"底本作"率"，據嘉慶本、長編卷二二六、太平治迹統類卷一二改。
④ 京兆　底本脱"京"一字，據長編卷二四三、宋會要輯稿職官五八之一二補。
⑤ 成德　長編卷二四三、宋會要輯稿職官五八之一二均作"成都"。
⑥ 興化軍　底本脱"興化"二字，據長編卷二四三、宋會要輯稿職官五八之一三、宋史卷一七二職官志補。
⑦ 藩府八頃節鎮七頃餘州六頃留守節度觀察判官　底本脱此二十字，據長編卷二四三、宋會要輯稿職官五八之一三、宋史卷一七二職官志補。
⑧ 比本處判官　"處"，長編卷二四三、宋會要輯稿職官五八之一三、宋史卷一七二職官志均作"州"。

節鎮通判①。蔡河、許汝石塘河都大催綱,管句機宜文字,開封府界提點司句當公事,比節鎮判官。總管,比節鎮知州。路分鈐轄,比餘州知州。安撫、路分都監、州鈐轄,比節鎮通判。藩府都監,比本府判官②。走馬承受③、諸州都監、都同巡檢、都大巡河,並比節鎮判官。巡檢、堡寨都監、寨主、在州監當及催綱、撥發、巡捉私茶鹽賊盜,駐泊捉賊,並比幕職官。巡轄馬遞鋪④、監堰並諸縣鎮寨監當⑤,並比本縣簿、尉。諸路州學教授:京朝官比本州判官,選人比本州曹官。

九年五月癸亥,知制誥熊本提舉太醫局,大理寺丞單驤管句太醫局。後詔:"太醫局不隸太常寺,專置提舉一員、判局二員,其判局選知醫事者爲之。每科置教授一員,選翰林醫官以下及上等學生爲之,亦許本局察舉在外醫人素有名實者以聞。願充學生者,略試驗收補,勿限員。常以春試,取合格者,以三百人爲額。太學、律學、武學生,諸營將士疾病,輪差學生往治,各給印紙。令本學官及本營將校書其所診疾狀、病愈及死,經本局官押,或診言不可治,即別差人往治,候愈或死,各書其狀,以爲功過。歲終比較爲三等,上中書取旨,等第收補:上等月給錢十五千,毋過二十人;中等十千,毋過三十人;下等五千,毋過五十人。其失多者,本局量輕重行罰,或勒出局。其受兵校錢物者⑥,以監臨强乞取論。其諸學病人願與者聽受,毋得邀求。"

元豐元年十月丁未,重修都城畢工,詔知制誥、直學士院孫洙撰記,刻石南薰門上。城周五十里百六十步,高四丈,廣五丈九尺,外距隍空十五步,內空十步。自熙寧八年九月癸酉興工,以內侍宋用臣董其事,役羨卒萬人,創機輪以發土,財力皆不出於民。初,度工五百七十九萬有奇,至是,所省者十之三。後洙卒,改命知制誥李清臣撰記。

十一月己亥,宰臣吳充、王珪,參知政事元絳言:"功臣非古,始唐德宗多難之餘,乃

---

① 發運司句當公事轉運司管句文字提點刑獄司檢法官比節鎮通判　宋史卷一七二職官志作"發運司幹當公事視節鎮通判,轉運司管干文字、提刑司檢法官、提舉常平倉司幹當公事視不滿萬户縣令"。
② 比本府判官　"府",長編卷二四三、宋會要輯稿職官五八之一三、宋史卷一七二職官志均作"州"。
③ 走馬承受　底本脱"走馬"二字,據長編卷二四三、宋會要輯稿職官五八之一三、宋史卷一七二職官志補。按:宋史卷一七二職官志"走馬承受"之上還有"諸路正將視路分都監,副將視藩府都監"。
④ 巡轄馬遞鋪　"鋪"底本作"鎮",據長編卷二四三、宋會要輯稿職官五八之一三、宋史卷一七二職官志改。
⑤ 監堰並諸縣鎮寨監當　"縣"底本作"州",據宋史卷一七二職官志,並參考長編卷一四五改。按:長編卷二四三作"鎮監堰並諸州鎮寨監當",長編卷一四五作"監堰並縣鎮監當",宋會要輯稿職官五八之一三、宋史卷一七二職官志均作"監堰並縣鎮寨監當"。
⑥ 其受兵校錢物者　"兵校"底本作"軍營",並底本脱"者"一字,據宋會要輯稿職官二二之三七改、補。

有'奉天定難'之號,不應盛世猶襲陳迹。況陛下即位以來,上徽號至數十而不許,臣等何功,乃例蒙恩,乞於銜位之中悉減罷。"詔答曰:"唐之中世,時屬多虞,制爲功臣,寵厥將吏。因仍弗革,稱謂實繁,溢美過情,空名眩實,施之近世,或適權宜,襲至來今①,固非通制。卿等爲國丞弼,惻愊無華,帥先臣鄰,願罷功號,朕用嘉歎,其敢弗從,宜如所請。"於是知樞密院馮京等繼請,從之。遂詔管軍臣僚以下至諸軍班,銜內帶功臣者並罷。

七年六月己巳朔,户部言:"準批狀,提舉汴河司言畿内諸縣民間茶鋪,亦乞請買水磨官茶。其法施於京師,衆以爲便。府界宜與輦轂下不殊。"從之,候二年立法。

---

① 襲至來今 "至"底本作"於",據宋大詔令集卷一六二答宰執乞罷功臣表詔改。

卷第八十二

神宗皇帝

審官西院

熙寧三年五月丁巳,詔:"國家以西樞内輔,贊翊本兵,任爲重矣,而狃於舊制,自右職升朝以上,必兼擇而除授之。是以三公府而親有司之爲,非所以遇朕股肱之意也。今使臣增員至衆,非張官置吏以總其事,則不足以一文武之法,而礪中外之才。宜以審官院爲審官東院,別置審官西院,差知院官兩員,專領閤門祗候以上至諸司使磨勘、常程差遣。命右諫議大夫、天章閣待制齊恢爲知院,兵部郎中韓縝同知,仍以太常禮院治所爲審官西院,其禮院歸太常寺置局。"先是,上論及大使臣磨勘及常程差遣,欲付之三班,王安石與韓絳以爲不如置審官西院付之,上即令置,然未嘗與樞密院議也。及文彦博等對,乃言其不便,曰:"屢與大使臣因差遣相見,尚患不知其人,付之審官,則愈不知,緩急難爲選擇矣。"上曰:"欲知之,不在數見。"彦博退,上語及西院事,安石曰:"樞密院止是五代分置。"曾公亮曰:"欲分宰相權爾。"上曰:"前代亂,豈緣不分樞密院乎?"安石曰:"綱紀修,視聽不蔽,則人主權自然歸一。不然,則樞密亦能專權,如史洪肇之徒是也。五代用武,故政出樞密,宰相備位而已,非治法也。"故降是詔。議者謂韓絳及安石叶謀欲沮彦博,且奪其權,因建此議。然先時大使臣差遣皆屬樞密院,無先後名次,時人亦頗患其不平也。

六月丁丑,詔:"樞密院逐季進納使相以下至閤門祗候以上姓名差遣班簿一册,今後依此。諸司使以下至閤門祗候以上并内常侍以上諸司使姓名差遣,逐季合進班簿,令西院鈔寫進納。使相及正任橫行、内臣昭宣使以上及樞密院逐房副承旨姓名差遣,逐季合進班簿,令樞密院鈔寫進納。應臣僚奏舉大使臣奏狀,令通進銀臺司依逐項發放;舉路分都監、知州軍以上使臣,送樞密院,本院依前項指揮,先付吏房上腳色訖,卻批付審官西院;舉常程差遣等使臣,並直送審官西院施行。"

此據會要三年六月十八日事,今附本日,或可刪取。

辛巳,案:長編事在甲申。詔審官西院磨勘大使臣①,依審官東院例引見。

七月甲午,樞密院言:"嘉祐二年,詔諸司使攝大將軍,副使、承制、崇班攝小將軍②,共不過二十人。自今攝南班有闕,欲差知州軍、路分都監以上得替人,如不足,即於審官西院除有過犯及年未三十、未入親民人外,取未有差遣人定差。"

大理寺獄

元豐元年十二月戊午,以權知審刑院、度支郎中崔台符爲右諫議大夫、大理卿;屯田郎中、直史館、權發遣江淮等路發運使塞周輔,太常博士、權判都水監楊汲爲少卿;丞及檢法官,令舉官以聞。先是,上以國初廢大理獄非是,以問孫洙,洙對合旨。於是中書言:"奉詔開封府司錄司③、左右軍巡院刑獄,皆本府公事,而三司、諸寺、監等凡有禁繫,並送三院,繫囚猥多,難以隔訊。又盛暑疾氣薰染,多致死亡,官司各執所見,吏屬苦於誥稟,因緣留滯,動涉歲時,深爲未便。參稽故事,宜屬理官,今請復置大理獄,應三司及寺、監等公事,除本司公人杖笞罪非追究者隨處裁決,餘並送大理獄結斷,其應奏者並天下奏案,並令刑部、審刑院詳斷。大理寺置卿一人,少卿二人,丞四人專主推鞫,檢法官二人,餘悉罷。應合行事,委本寺詳具以聞。"從之。台符等既受命作大理寺,凡十有七日而成。

二年正月戊子,手詔大理寺:"日者修舉墜典,釐正職業,俾治官府獄事。前代章程,湮滅歲久,不可復知。今所圖畫,皆以義起,椎輪規模,不少寬假,必難稱辦。苟官吏各懷顧忌,於驅遣之際或致逡巡,則稽留弊害,無異前者。其本寺承事勘鞫,可且依推制院及御史臺例,不供報糾察司。斷訖,徒以上,旬具犯由,申中書、樞密院刑房。俟置司及一年④,別取旨。"其後及一年,乃復詔依開封府例供報糾察司。丁酉,置大

---

① 大使臣　底本脫"大"一字,據宋會要輯稿職官一一補。
② 攝小將軍　宋會要輯稿職官二二之一四作"攝將軍"。
③ 開封府司錄司　底本脫"錄司"二字,長編卷二九五同,據宋會要輯稿職官二四之六、群書考索後集卷九大理寺大理卿、文獻通考卷五六職官考五〇六下、宋史卷一六五職官志補。
④ 俟置司及一年　"俟",宋會要輯稿職官二四之七作"候"。

理寺句當公事官二員,以大、小使臣充。

二月甲寅,詔大理寺官屬①,可依御史臺例,禁出謁及見賓客。

三月丁丑,上批:"大理寺長、貳、丞、主簿家屬既不在治所,如遇休假,宜止各輪一員在寺,餘歸休沐,庶制可經久,人無憚倦。其著爲令。"

九月壬午,詔:"翰林學士李清臣所撰大理寺記,凡朝廷修廢官事之本末,小大無不該載。惟崔台符等首被選掄,考舉墜典,而能剗遣滯訟,獄無淹囚,獨不得掛名其間,尚爲闕漏。宜送清臣增入。"

三年正月辛未,詔:"大理寺鞫罪人,依開封府例報糾察司②。"後大理寺乞句具徒以上事報糾察司,許之,開封府準此。仍詔糾察司:"如察訪得雖非徒以上而出入不當,許索文案點檢。"

六年六月。元豐間,詔大理兼鞫獄,所承內降公事,上下皆曰"是詔獄也",意必傳重。少卿韓晉卿獨持平覈實,無所觀望,人以不冤。上知其才,凡獄難明及事繫權貴者,悉以委晉卿③。

孔子廟庭配饗

熙寧七年十二月庚寅,判國子監常秩等乞立孟軻、楊雄像於孔子廟庭,仍加爵號。又乞追尊孔子以帝號。詔兩制與國子監、禮院官同詳定,後不果行。

翰林學士楊繪以爲加帝號非是,當求繪議,附見於此。范祖禹誌繪墓,云繪言"不必追尊"。

元豐二年正月甲午④,京兆府學教授蔣夔言:"春秋釋奠,以孔子爲先聖,顏子爲先師,先聖之樽在西,先師之樽在東,肆祭器、實牲體、盥手、濯爵、奠幣、讀祝、拜跪、登降、進退之節,與孔子無少異,而九人之像坐於兩旁,樽酒、豆肉不及焉。且孔子,師也,顏子雖大賢,與九人者,徒也。乞下臣議,於禮官薦享祝獻,顏子降於孔子,九人降

---

① 大理寺官屬 "屬"底本作"人",據長編卷二九六、宋會要輯稿職官二四之七改。
② 糾察司 "糾"底本作"稽",據嘉慶本、宋會要輯稿職官一五改。
③ 按:長編卷三三五在"悉以委晉卿"之下尚記載:"尚書省建,擢刑部郎中。天下大辟請讞,執政或以爲煩,將劾不應讞者。晉卿適白本省中,因曰:'聽斷求生,朝廷之心也。今讞而獲戾,讞不至矣。'議者或引唐覆奏,欲令天下庶獄悉從奏決。晉卿曰:'法在天下,而可疑可矜者上請,此祖宗制也。今四海萬里,一欲械繫待朝命,恐罪人之死於獄,多於伏辜者。'朝廷皆從之。"
④ 甲午 底本作"己丑",據長編卷二九六改。

於顏子,以正開元之失禮。"詔禮院詳定。禮官言:"唐顯慶二年,長孫無忌議:案永徽之令,改周公爲先聖,孔子爲先師。漢、魏以來,取舍各異,顏回、夫子互作先師,宣父、周公迭爲先聖。今看詳孔子、顏子稱號,歷代各有據依,難輒更改。配享、正享,禮意本一;儀物祝獻,亦難降殺。所乞進九人亦在祀典,蓋州縣舊釋奠儀未有十哲從祀之文。檢會熙寧祀儀,十哲皆爲從祀,各設籩二,豆二,俎、簠、簋、爵各一,命官分獻,一奠而止。乞自今三京及諸州文宣王廟十哲像春秋釋奠,並準熙寧祀儀。"從之。

七年五月壬戌,詔:"自今春秋釋奠,以鄒國公孟軻配食文宣王,設位於兖國公之次。荀況、楊雄、韓愈以世次從祀於二十一賢之間,并封伯爵:況,蘭陵;雄,成都;愈,昌黎。"初,晉州州學教授陸長愈言:"近封孟軻爲鄒國公,謂宜春秋釋奠,與顏子並配。"下太常,而太常少卿葉均,博士盛陶、王古、楊傑、辛公祐謂①:"凡配享從祀,皆孔子同時之人。今以孟軻並配,非是。"禮部看詳:"唐貞觀二十一年,詔以漢伏勝、高堂生,晉杜預、范寧之徒二十一賢與顏子俱配享孔子廟堂,至今猶爲從祀,豈必其同時人也②?孟子於孔聖之門,當在顏子之列。至於荀況、楊雄、韓愈,皆發明先聖之道,有益學者,久未配食③,誠爲闕典。伏請自今春秋釋奠,以鄒國公孟子配食,荀況、楊雄、韓愈並以世次先後,從祀於左邱明等二十一賢之間。案:左邱明至范寧等二十一人并封伯爵,乞荀況、楊雄、韓愈亦封伯爵。自國子監及天下至聖文宣王廟,皆塑鄒國公像,其冠服同兖國公。仍畫荀況等像於從祀之列,荀況在左邱明之下,楊雄在劉向之下,韓愈在范寧之下,冠服各從封爵。"均等又以爲非是。禮部言:"均等援據不經,無足取者。"於是從禮部議,而有是詔。又詔學士院修撰贊文。

景靈宫繪像

治平元年三月丁酉朔④,命入内都知任守忠、權户部副使張燾、提舉三司修造案句當公事張徽作仁宗神御殿於景靈宫西園。八月殿成,名曰孝嚴,别殿曰寧真,燾因請圖乾興大臣於殿壁。繪像自此始。

---

① 辛公祐 嘉慶本作"辛公佑"。
② 同時人也 嘉慶本"時"下有"之"一字。
③ 久未配食 "久未"底本作"未及",據長編卷三四五、宋朝諸臣奏議卷九一林希上神宗論孟子配饗改。
④ 丁酉朔 底本脱"朔"一字,據長編卷二〇〇補。

按：景靈宮實始大中祥符，以奉祠聖祖。逮天聖初，乃易其傍之萬壽殿，以爲眞宗館御之所。治平，建仁宗之殿曰孝嚴，熙寧建英宗之殿曰英德，而宣祖、藝祖、太宗之殿曰慶基，曰開先，曰永隆；母后之殿曰隆福、重徽、彰德、廣孝，皆舊寓於佛老之祠①，布在都邑與夫郊野之外②，歲時奠謁，或不克躬行；而清蹕所臨，動涉塗巷，百工執事，疲於奔走，陟降跂倚而不恭，殆非所以致齋莊之誠③，廣孝欽之本也。神宗天錫聖智，超然遠覽，功成治定之際，乃詔有司度宮之東西，建六殿爲原廟，奉祖宗之靈，設以昭穆之次，列於左右；又爲別殿五於其北，以奉母后。其經營締構，規模程度④，靡不素定。按圖即工，成不期月，觀者駭異，以謂非造化融結，孰能若是之壯麗神速也！又以宣祖潛眞隱耀，實基王迹，曆數所鍾，自我流澤，故名其殿曰天元；藝祖膺命造邦，撥亂反正，兵不再試，五服來享，故曰皇武；太宗親執晋俘，混一區夏，覆載之內，莫不嚮方，故曰大定；眞宗登封告成，文物鼎盛，珍符上瑞，應圖合諜⑤，故曰熙文；仁宗德教善政，康濟天下，涵養覆露四十二年，納斯民於仁壽之域，故曰美成；英宗誕膺景命，以紹文祖，天人和同，遠邇綏靖，故曰治隆。事辭稱情，名實無爽，雲漢昭晰，揭諸門闥。四方縉紳傳誦，於今不絕。

元豐五年九月癸卯，修定景靈宮儀注所言："儀制令：諸廟社門、宮門各二十四戟。唐太清宮九門，亦設畫戟。竊惟景靈宮天興門及宮外門，本以欽奉天神，不應立戟。神御諸殿，既緣生禮以事祖宗，謂宜依奉儀制令宮門之制，每門立戟二十四。"從之。

十一月己卯，詳定禮文所言："壬午，景靈宮奉安輝德殿三后、衍慶殿三后，欲每殿三位同用一祝版，不特拜。"詔每后各用祝版，仍特拜。辛巳，奉安禮儀使宰臣王珪、蔡確，知樞密院孫固，門下侍郎章惇，中書侍郎張璪，同知樞密院韓縝，尚書左丞蒲宗孟及百官等班集英殿門，上詣蕊珠、凝華等殿祖宗神御，行告遷禮，至慈聖光獻皇后、英宗皇帝坐，號慟久之，群臣莫能仰視。於是珪等奉神御升綵輿，赴集英殿，有司請皇帝還內，上不聽。每神御步從出殿，次第導畢，始還宮。時將奉安景靈宮，至是塑像工畢，始遷坐於集英殿也⑥。壬午質明，宰臣、百官班集英殿，禮儀使以神御綵輿行，奉安於景靈宮。

十二月丁巳，詔："景靈宮繪像臣僚，本支下、兩房以上，取無人食祿者。如俱無人食祿，或俱有人食祿，均者取最長；未均，即食祿人少者取最長，仍以子孫爲次序。若

---

① 佛老之祠 "祠"底本作"宮"，據宋朝事實卷六景靈西宮記改。
② 布在都邑與夫郊野之外 "布"底本作"亦"，據宋朝事實卷六景靈西宮記改。
③ 齋莊之誠 "齋"底本作"齊"，據嘉慶本、宋朝事實卷六景靈西宮記改。
④ 規模程度 "模"，宋朝事實卷六景靈西宮記作"畫"。
⑤ 應圖合諜 "諜"，宋朝事實卷六景靈西宮記作"牒"。
⑥ 遷 嘉慶本作"還"。

子孫亦係繪像,本房見無人食禄,即更不問别房。應推恩人願與以次及别房者聽。"

六年三月辛巳,太學正馬希孟爲太學博士,以上批自景靈新宫成,群臣獻歌頌者以十數,獨希孟之文可觀也。

八月乙亥,詔:"自今後執政官除拜,赴景靈宫恭謝,差閤門祇候或看班祇候一員、禮直官一名隨逐入殿,引揖祇應。"

十二月戊寅①,自景靈宫十一殿成,上每行朝獻之禮,凡百餘拜。及繼仁殿,必哀慟良久。

七年正月癸丑,吏部言:"準詔定奪繪像臣僚之家食禄之法。看詳致仕停俸年七十以上、受官事故勒停無敘法,殘疾不堪入仕、不理選限之官,欲並不爲食禄人②。"從之。

四月壬辰,朝獻景靈宫,至天元殿觀芝草,宰臣王珪等稱賀,仍宣從官以上賜茶。自是朝獻畢,皆御齋殿賜茶。

九月戊申,户部尚書王存言:"準詔具析安守忠預繪像因依,勘會所采臣僚勳績,並於國史、實録考求事迹。據本傳所載,贈太尉安守忠有戰功政績,當預繪像。其捧日左廂都指揮使、欽州團練使安守忠,史册無載,即無預繪像人數。"詔景靈宫改繪贈太尉安守忠像,并推恩其家。先是,景靈宫繪像管句官誤以欽州團練使安守忠充數,而贈太尉安守忠之孫自言,故命存考定,而降是詔。

修太一宫

熙寧四年十一月丁亥,遣將作監官度地修中太一宫③。先是,司天中官正周琮言:"據太一經推算,熙寧七年甲寅歲,太一陽九、百六之數,至是年復元之初。故經言太歲有陽九之災,太一有百六之厄,皆在入元之終,或元之初。陽九、百六,當癸丑、甲寅之歲,爲災厄之會,而得五福太一移入中都,可以消異爲祥。竊詳五福太一,自雍熙甲

① 戊寅　底本無此二字,據長編卷三四一補。
② 欲並不爲食禄人　"不爲"底本作"爲不",據長編卷三四二、宋會要輯稿選舉二三之四乙正。
③ 修中太一宫　底本脱"中"一字,據長編卷二二八、潞公文集卷二〇言修中太一宫、宋史卷一五神宗本紀補。按:長編卷二八四記載:熙寧十年八月戊寅朔,"詔前權判將作監范子奇、向宗儒各展磨勘二年,丞徐大方、曾孝宗,提舉監修使臣王範等五人,並奪元授恩,衝替,坐修中太一宫正室殿柱朽壞也。初,子奇等欲宫速成,以濕木爲柱,至是,易腐損者凡三十"。亦可爲參證。

申歲入東南巽宮,故修東太一宮於蘇村。天聖己巳歲入西南坤位,故修西太一宮於八角鎮。伏望稽詳故事,崇建宮宇,迎五福太一於京師。"上省其奏,乃命度地建宮於集禧觀之東。

五年六月乙卯,禮院言:"中太一冠服依東、西太一,而東、西太一惟五福君縶服,冠通天冠,太遊以下皆冠道冠。案史記,天神貴者太一,太一之佐曰五帝;又方士言十太一皆天尊神。伏請並用通天冠、絳紗袍。"從之。

六年四月庚寅①,中太一宮成,以右街都監真靖大師陳景元爲宮主,景靈宮抱一大師蓋善言副之,餘知職、散衆道士,令景元博選有行業精潔之人,毋過二十人,歲披戴恩依東太一宮例。

九月辛酉,命宰臣王安石爲奉安太一使,樞密使陳升之②,參知政事馮京、王珪,樞密副使吳充、蔡挺爲前導官,龍圖閣直學士孫固管句鹵簿儀仗,入內都知張茂則都大管句。

十一月癸丑,冬至,奉安中太一神像,德音:"降天下繫囚,雜犯死罪從流③,流以下釋之。應諸路災傷民户,本名税物失計④,致違省限,不該檢放者,監司體量檢放。"先是,上以久旱,欲因冬至發德音,順承太一之貺,手詔令輔臣相度。王安石等請如詔旨,擬合施行事目進呈,上於禁中增入檢放一節,蓋上察於政事,卹民如此。

---

① 庚寅　底本作"乙酉",據長編卷二四四改。
② 樞密使陳升之　"使"底本作"院",據長編卷二四七改。
③ 雜犯死罪從流　"從"底本作"徒",據文淵閣本長編卷二四八改。
④ 本名税物失計　"計",文淵閣本、長編卷二四八均作"訴"。

卷第八十三

神宗皇帝

种諤城綏州

治平四年六月辛未①,陝西轉運使薛向言:"知青澗城种諤招西人朱令陵最爲橫山得力酋長,已給田十頃、宅一區。乞除一班行,使誇示諸羌,誘降橫山之衆。"詔增給田五頃。向在英宗時,嘗獻西陲利害十五篇。去冬,又上疏陳禦邊五利:一曰選將帥,以制其衝;二曰亟攻伐,以罷其敵;三曰省戍兵,以實其力;四曰絶利源,以弊其國;五曰惜經費,以固其本。選才謀,居要害,任權變,廣招置,募鄉導,行反間,使其君臣攜貳,自相屠戮,用智而不用力,所以制其衝也。設先舉之策,行淺攻之術,諸路分據地勢,犄角進兵,聲援相及,若首應尾,使其備東北則擊西南,狃以歲月,勞於奔命,所以罷其敵也。東兵屯戍,去逸就勞,不知虜情,不習地勢,坐縻廩食,欲戰先北。今若省之,全任土兵,減費重威,所以實其力也。罷其賜予,禁其市易,絶其鹽利,設官致命,杜衣食之源,所以弊其國也。今數道宿兵,調度弦急,稍失經書,則徒困良民,而無補國用。宜鑒康定之失,蠲倉卒之暴,任公實之謀,使府庫充牣,而農商不殘。士飽氣勇,以攻則克,以守則堅,所以固其本也。"疏奏,英宗稱善,嘗置左右,上見而奇之。會邊臣多言橫山族帳可招納者,是日辛未,召見入對②,密賜金五十兩,及辭去,又賜金。凡向所陳計策,上皆令勿語兩府,自以手詔指揮。樞密使文彥博等皆執不可,宰相曾公亮獨贊之。上先以向所上疏並西陲利害付文彥博,令具可否,條列録進③。彥博奏陳:"觀向之所陳,大要有五,上三策不待論而利害可知。所謂惜經費者,此乃方今至

---

① 辛未 底本無此二字,據宋史全文卷一〇補。
② 召見入對 "見",嘉慶本作"向"。
③ 條列録進 "列"底本作"例",據潞公文集卷一八條奏薛向利害治平四年、歷代名臣奏議卷三二九引"(治平)四年文彥博奏"改。

切之務,最要講求。向云自寶元初守官陝右,出入兵間,首尾七年,目覩心計,固宜詳悉。然謀攻料敵,老將所難。兵者大事,不可輕言之。古人論兵,至謹至重。向謀雖可采,言亦似輕,誠愿謹之重之。"

九月。先是,薛向、种諤言:"蕃部嵬名山有歸附意。"及高遵裕還自夏州,又言:"若納嵬名山,則橫山之民皆可招來。"己亥,司馬光上疏:"竊聞邊臣言,趙諒祚部輕呢壞側欲以橫山之眾攻諒祚,歸命,朝廷許令招納。進謀者但言其利,不言其害。為今之計,莫若收拔賢俊,隨材受任,以舉百職;有功必賞,有罪必罰,以修庶政;選擇監司,澄清守令,以安百姓;屏絕浮費,沙汰冗食,以實倉庫;詢謀智略,察驗武勇,以選將帥;申明階級,剪戮桀黠,以立軍法;料簡驍銳,罷去羸老,以練士卒;全整犀利,變更苦窳,以精器械。俟百職既舉,庶政既修,百姓既安,倉庫既實,將帥既選,軍法既立,士卒既練,器械既精,然後為陛下之所欲為,復靈、夏,取瓜、沙,平幽、薊,收蔚、朔,無不可也。"疏奏,上責樞密使文彥博曰:"輕呢壞側事,司馬光奚由知之?"且言光忿躁,欲加重責,始有復還翰林之議。壬寅,司馬光對延和殿,言:"趙諒祚稱臣奉貢,不當誘其叛臣,以興邊事。"上曰:"此外人妄傳耳,無之。"光曰:"外人言楊定、高遵裕、薛向、种諤建是策①。"上曰:"數人者皆習邊事,但使之安集熟戶耳。"光曰:"种諤多詭詐,嘗嗾羌叛而招之,以為功。今以其父用之,正如趙之將括耳。且陛下知薛向之為人否?"上曰:"知之。"光曰:"以為端方,以為險巧?"上曰:"固非端方士也,但以其知錢穀及邊事耳。"光曰:"錢穀誠知之。河朔見錢鈔,至今為利。邊事則未知也。"

是月②,中書、樞密院議邊事多不合。趙明與西人戰,中書賞功而密院降約束;郭逵修堡柵③,密院方詰之,而中書已下褒詔。御史中丞滕甫言:"戰守,大事也,安危所寄。今中書欲戰,密院欲守,何以令天下?願敕大臣,凡戰守、除帥,議同而後可下。"上善之。

十月。先是六月,种諤奏:"諒祚累年用兵,人心離貳。嘗欲發橫山族帳盡過興州,族帳皆懷土重遷,以故首領嵬名山者結綏、銀州人數萬,共謀歸順。"既已具奏,且

---

① 种諤 底本作"王种",據宋史全文卷一〇、宋名臣奏議卷一三七楊繪上神宗論种諤擅入西界、歷代名臣奏議卷三二九知諫院楊繪論种諤擅入西界上疏改。下同。
② 是月 嘉慶本作"九月"。
③ 堡柵 底本作"堡塞",據嘉慶本、太平治迹統類卷一二改。

申經略司。陸詵報諤:"先詰嵬名山自能捍禦夏虜則受之①,若欲入居塞內,則勿受也。"諤言:"當令於綏、銀住坐。"其七月,詔下諤奏付詵,乃詔薛向至延州,召諤赴經略司審實,密議措置以聞。詵等共畫三策:使名山直取諒祚;不能取則守其地以拒之;最下乃退係兩界不折地。遣張穆之入奏。詵意朝廷必不從也,已而向與穆之偕行,令穆之盛言招納之利。尋有詔從詵等所畫策,諤遂遣諜者與嵬名山約日會綏、銀,不復告詵②。詵累戒諤毋深入應抵。時諤已先諾嵬名山,度詵必不許發兵。丙辰,悉以所部兵與折繼世先發。戊午,會於懷寧寨。庚申,入綏州,遂興版築。壬戌,繼世入銀州,嵬名山所部族帳悉降,酋首三百,户一萬五千,口四萬五千一百,精兵萬人,犎畜十餘萬,分處族帳於茭村及懷寧寨。詵始得諤狀,大驚,即劾諤擅興兵,貽書文彥博曰:"開闢以來,未有此也!"嵬名山本熟户,自幼被虜,長爲銀、夏、綏州監軍③,有小帥三千餘人。牙頭吏史屈子者狡獪,爲衆貸諒祚息錢,不能償。時大饑,諒祚數點兵,屈子乃説諸小帥密謀内附,假託名山。諤即奏之,募熟户韓輕持蠟彈與名山,以誘納之。輕獨與屈子語,名山實不知也。及輕報諤,如期發兵,折繼世卒會,直抵名山帳,名山驚起,屈子及小帥脅之曰:"宋兵十萬至矣。"名山遂降。諤初城綏州,縛氈爲樓櫓狀。賊望見,驚以爲兵,始至而城守已具,若有神助,乃引去。八日之間,賊兵三至,諤輒擊卻之。其後,詔遣中使按邊帥,召諤議事,賊盛兵入寇。諤回,宿懷寧,使嵬名山率其屬,以百人挑戰,踵以正兵。至晋祠谷④,升據其險。諤曰:"賊失此利,吾勝必矣!"既而望見賊中指呼,若將馳突狀,乃分裨將燕達、劉甫爲兩翼,諤居中,爲三軍,令:"聽吾鼓聲,緩則徐進,急則疾戰。"又使寨中人老幼悉乘城,持梃、張布囊爲疑兵。諤手劍,不介而馳之,城中上下皆鼓譟。賊衆方披靡驚視,三軍已萃於陣中央,賊益紛亂,其腹心皆潰,我軍所向衝擊,追奔二十餘里,斬首七百餘級,獲駝馬、戈甲萬計。綏州既城,議者以爲孤城深寄賊境難守,不如棄之。諤獨謂:"此扼三大川口,虜人號曰'李王心',古

---

① 先詰嵬名山 "詰",嘉慶本作"諾"。
② 不復告詵 嘉慶本"詵"下有"□"。按:"□"疑爲"知"。
③ 長爲銀夏綏州監軍 底本脱"長"一字,據太平治迹統類卷一五補;底本脱"監"一字,據太平治迹統類卷一五、東都事略卷六一种諤傳補;"軍"下底本衍"司"一字,據太平治迹統類卷一五、東都事略卷六一种諤傳删。
④ 晋祠谷 "晋"底本作"吾",據宋史卷二五三折德扆傳、陝西通志卷五四名宦將弁折繼世改。按:宋史卷三三五种世衡傳附子諤傳亦作"晋祠"。

者上郡①,言其地形高,下視諸郡也。且其旁多沃壤,誠分處屬國,置弓箭手萬人,可減屯戍,省饋餉,邊足以強。"因請乘勢大舉,盡復河南,陳五可取之策,諤尋得罪去。權發遣秦州李師中言:"夏人方入貢,叛狀未明。恐彼得以藉口,徒啟釁端,無益於事。"

十一月,鄜延經略司言:"夏國宥州牒蕃部嵬名山等五百戶內附,折馬山將兵入界招收。乞以嵬名山等還本國,及誅馬山。"馬山即繼世,蕃名也。樞密使文彥博以為諒祚稱臣奉貢,今忽襲取其地,無名,請歸之。御史中丞滕甫、知諫院陳薦、楊繪皆請治薛向、种諤罪,以安西夏,不聽。丙戌,韓琦判相州,上諭以嵬名山事②,欲令琦暫往相州,卻來永興,經撫西邊。琦退而上疏曰:"臣元不知朝廷措事本末,不審投來蕃族,得其壯兵幾人,种諤所領熟戶又復若干?朝廷又不曾與逐路帥臣預謀,及新經優賞之後,災旱民困之時,未有大段錢帛、糧草、兵力、戰具準備,及開展興修城寨,控扼要害,捍衛投漢蕃族次第。"是日,十二日丙戌。改命琦判永興軍、兼陝西路經略安撫使③。賜手劄,趣令治裝,并封示蔡挺、李肅之所奏事。琦即奏曰:"薛向始議招誘橫山一帶蕃族,已而种諤擅取綏州,啟此釁端,朝廷急遣向往,遂主諤議,檄諸路舉兵牽制。環慶李肅之領眾七千,破蕩族帳,乃是舉無名之師,及殺戮橫山老幼,豈招誘邪?涇原蔡挺又欲合環慶兵直趨興、靈,帥臣肆意妄作,自棄誓約,取怨戎狄,以開禍亂之原。臣朝夕引退非難,但邊事倒錯如此,須稟朝廷成算。願召二府大臣早決之。"丁亥,夏人欲執景珣來獻,以易嵬名山。判延州郭逵言:"夏人詐謀不可信。若納珣而拒名山,則棄前恩,生後怨。"朝廷乃拒之。丁酉,以嵬名山為右千牛衛上將軍。癸卯,鄜延路經略司言:"知保安軍楊定、都巡檢侍其臻、順寧寨張時庸與西人於界首議榷場事,被誘過界,並為所殺。"楊定每奉使至諒祚所,常私見諒祚,稱臣拜謁,許以緣邊熟戶歸之。及种諤取綏州,諒祚以定為賣己,故並臻及時庸誘殺之。

十二月壬子,樞密院言:"西事方興,用兵有漸。欲預戒諸路帥凡十四條:一,協心講求兵政,各務周知利害;二,躬親訓練士卒④,令武藝習熟;三,熟知山川險易,道路遠

---

① 古者上郡　"郡",嘉慶本作"都"。
② 上諭以嵬名山事　底本脫"以"一字,據嘉慶本、宋史全文卷十補。
③ 兼陝西路經略安撫使　"陝"下底本衍"府"一字,據宋史全文卷十刪。
④ 躬親訓練士卒　底本脫"親"一字,據潞公文集卷一九乞戒勵諸路將帥熙寧元年、長編拾補卷二補。

近,敵人情僞①;四,鑒康定用兵失策;五,熟議戰守之兵,各有定數,兵有定將,量力應敵;六,緣邊小堡,若遇大寇,併入大寨;七,賊寇大入,赴救牽制,毋得觀望及輕舉動;八,精選間諜,候賊動息;九,詳行軍賞罰,倉卒易以處分;十,愛惜邊儲,毋得妄用;十一,機宜官整比文書,以待緩急處置報應;十二,機宜官毋得與兵官過從結納;十三,毋得冗占兵士,妨訓練戰守;十四,約束未盡,續條列利害以聞。"從之。

是月,韓琦至長安。先是,諸將得鄰帥或監司移文,即領兵入西界,紛亂無節制。琦入境,亟檄諸路:非主帥命舉兵者,軍法從事。諸將自是乃知紀律。初,薛向、賈逵等議,欲留綏州,令折繼世統降人守之。詔琦度其可棄可守以聞。已而西人誘殺楊定等,琦即奏:"賊今若此,綏州不可棄也。請從向、逵等議。"樞密院以詔旨詰之,琦復奏:"綏州川內甚有膏腴空閒地土,若令降人嵬名山與折繼世等因而據之,其手下人戶,皆令在綏州川內相近居處,各人知有產業,日久可自存活②,自然併力以捍諒祚,似合機會。蓋欲以空城付之,使數萬必死之兵牽制西人,常令屯守防備,曠日持久,自當疲弊。今已納其降人,得城與地,而反自棄之,乃是先形自弱之勢也。朝廷前降指揮,許以綏州城與嵬名山住坐,亦是全朝廷信約。若更厚撫繼世、嵬名山,使過所望,則必各盡死力,以報朝廷,是以夷狄而攻夷狄,於國用別無所耗。萬一二人者他日不能抗而失之③,亦不繫國家邊鄙利害,則諒祚所損固不勝其計矣。"諒祚戰數敗,國中饑困,以琅瑭鐵鎖錮殺楊定者,將獻之求和,未行而諒祚病死,其子秉常嗣立,乞遣使告哀。琦因奏:"當此變故,尤非棄州之時。願且留數月,以觀虜情,他日再許納欵,猶可爲議論之端。"樞密使文彥博、呂公弼耻於中變,督促棄州如初,琦亦條陳不已。上遣入内押班王昭明齎手詔訪琦利害,琦復具奏,乃詔綏州如琦議。

熙寧元年二月丙辰④,种諤奪四官,隨州安置。初,有司奏劾諤擅權生事,詔繫長安獄。或以咎諤,諤曰:"嵬名山舉衆約降,既聞於朝矣,若緩以待命,事機一失,則數萬之衆快於賊手⑤,爲邊生事不細。吾寧坐死,以就國事!"乃悉焚當路所與簡牘。置

---

① 敵人情僞　長編拾補卷二同,潞公文集卷一九乞戒勵諸路將帥熙寧元年作"敵人情狀"。
② 各人知有產業日久可自存活　忠獻韓魏王家傳卷七作"各人知具生業,以久可自存活"。
③ 不能抗而失之　"抗",九朝編年備要卷一七作"撫"。
④ 丙辰　底本脫此二字,據宋史全文卷十一、長編拾補卷三上補。
⑤ 快於賊手　嘉慶本作"殃於敵手"。

對,無一語置人,惟自引伏。雖值陝西曲赦,終坐責。先是,樞密院以上意諭郭逵毀棄綏州,曰:"國家封疆萬里,豈與犬羊爭尺寸之地?"逵未至,賈逵遂以兵驅降羌出塞外,云悉已逃去。掌機宜文字趙卨言:"綏州不可毀棄。"勸郭逵招集降羌①,使還守綏州,不然且爲邊患。逵從之。及韓琦令鄜延勿給嵬名山糧,追還戍兵,若諒祚攻嵬名山,亦勿救也。逵以爲不可。琦遣劉航往詰,逵固執不可,曰:"如此,則降羌無以自存,皆潰去矣。"琦從之。是月,運丹州粟以給降羌,人日三升。逵因選其強壯二千餘人刺爲兵,餘丁皆刺手爲"忠勇"字,使不得逃去。又以兩不耕田及綏州旁近閑田給之使耕。其初降時,并老弱凡二萬餘人,死於戰疫及逃去,僅存萬餘人耳。

三月庚辰,夏國主秉常告哀使薛宗道等十三人至,命新河北轉運使韓縝、陝西經略司句當公事劉航就都亭西驛詰問賊殺傷楊定等,及虜掠熟户、不遣使賀即位、降詔不承等事。宗道言:"李崇貴等見已禁錮,俟朝旨至,即拘送。"及陳夏國子母悔過、惟命是聽之意。上乃令縝諭旨:"今爲夏國畫長策,度彼親貴、任事首領,亦必止三五人。欲並自朝廷除官,仍於歲賜内割五萬數,定充所除俸給。所貴同心助國,效順中國。"

五月丙戌,郭逵言:"夏國遣人奉誓表,送殺楊定人、僞六宅使李崇貴、韓道喜及所虜去定子仲通,已至界首。"詔遣使臣二人,監管崇貴等乘驛赴闕。楊定等死,逵密詗邊吏,得殺定等首領名。諜告曰:"夏人將斬殺定之人於境,以謝罪。"逵曰:"此特斬囚以紿我!"檄宥州詰夏人,且曰:"必執李崇貴等來。"虜曰:"殺之矣。"逵曰:"崇貴等見存,職任、狀貌如此,何可欺也?"夏人懼,乃以實告。初,薛宗道受韓縝所議,歸白秉常,秉常不許。宗道始歸,逵言:"朝廷欲以官爵授秉常左右任事之人。彼主幼國疑,當不受詔;借或受之,必僞立姓名,以邀金繒。且彼既恭順,宜開布大信,以示威靈所加,不宜誘之以利。"秉常果不受詔,如逵所言。

六月癸亥,賜知渭州蔡挺敕書獎諭,以韓琦言:"鎮戎軍葉蠻會乃控扼西界要害處,獨挺能修築堡寨。凡錢糧、材木、版築之具,皆不愬於素,而又能廣招弓箭手,使不費衣廩而兵備益葺。"初,秉常遣使告哀,琦言:"西夏自誘害楊定以來,與朝廷相絶,今遽遣使來告,即見其國内饑喪,乘此危迫,故急來赴訴。此時若不直以彼國前違犯誓

---

① 勸郭逵招集降羌　底本脱"郭"一字,據太平治迹統類卷三〇補。

詔之事先行詰責,及令縛送害定等人李崇貴等歸朝廷,以雪數家之冤,以正國體,俟其一一順服,然後開許苟便,如元昊身死之初,亟行小童策命之禮,且要無事。即恐一失機會,轉難控制。"遂以便宜檄挺興役葉鬢會,後賜名曰"熙寧寨"。

七月己卯①,以陳升之知樞密院事。初,升之與文彥博固爭楊定不可使,上不聽。定既被殺,上思其言,於是復召用之。時薛向貶信州,道逢升之,盛言得綏州之利。升之再入,遂言綏州不可棄,與彥博異議。

十二月庚戌,賜夏國主嗣子秉常詔曰:"朕肇膺皇曆,奄宅萬邦,凡撫遠人,必推大信。乃顧西陲之守,實殫累世之忠。爰自近年,頗隳故矩,以至間令首領,誘害邊臣,寖違憲度之常,自絕貢輸之路。方行詰問②,忽報凶哀。而能懲事以謝愆,瀝哀而請命。念方罹於荼毒③,當曲示於慰存。乃復羈送罪酋,載馳使介,願堅誠節,規欲自新。今又奉表,及奏已稟從聖旨歸納塞門、安遠二寨④,仍乞別進誓文,永遵臣禮。詳覽來請,朕意嘉之⑤。候誓表到日,即遣使封冊,并以綏州給還。所有歲賜,自封冊後,並依舊例。"薛宗道既得罪,秉常更遣都羅重進來言曰:"主上方以孝治天下,而反教夏國之臣叛其君,何哉?"朝廷乃罷分賜酋豪之議,止令歸納二寨,還以綏州。重進凡三往反議之,於是始奉表聽從,故朝廷答秉常詔許行封冊,然猶未遣使也。丙辰,詔夏國殺楊定人李崇貴、韓道喜並免決,崇貴刺配洪州,道喜編管廬州。己未,奪楊定出身以來文字,籍沒田宅;子仲通廣南編管。定左右賣國,朝廷初不知,既被殺,猶贈官。及崇貴等至,事乃露,故有是命。

二年二月戊子,夏國主秉常進誓表,請給還綏州,即歸塞門、安遠二寨,乃以誓詔答之,候交割二寨,始還綏州。

七月乙丑朔,上嘗以西夏累世桀驁,背惠寇邊,朝廷每令罷兵,處置無法,以致悔慢,迺詔文彥博等各言邊防久遠備禦之策,及降手詔付陝西、河東帥臣,條上便宜。至是,采合群策凡十六門,奉旨裁處又增十事,仍令擇使,持所著便宜,與逐路帥臣再議

---

① 己卯 底本脱此二字,據宋宰輔編年錄卷七、宋史全文卷十一、宋史卷一四神宗本紀補。
② 方行詰問 "方"底本作"才",據宋大詔令集卷二三五夏國秉常乞進誓文永遵臣禮賜詔改。
③ 念 底本作"今",據宋大詔令集卷二三五夏國秉常乞進誓文永遵臣禮賜詔改。
④ 奏 底本脱此一字,據宋大詔令集卷二三五夏國秉常乞進誓文永遵臣禮賜詔補。
⑤ 朕意嘉之 "意"底本作"甚",據宋大詔令集卷二三五夏國秉常乞進誓文永遵臣禮賜詔改。

論,審擇可否。候至,則再具擬定,取旨。

十月丙申①,改綏州爲綏德城,其知城以下防托兵官、使臣,委郭逵選差,把截堡鋪,守禦兵馬、器械等,並從長處置以聞。先是,韓縝與夏人議,許令納安遠、塞門二寨,還以綏州。郭逵曰:"此正商於之地六百里也。"縝詰夏人曰:"二寨之土田何如?"夏人曰:"安有遺人衣而留領袖乎?"縝信之。秉常既受封册,遣使來交二寨。逵令主管機宜文字趙卨往受之。夏人欲二寨、綏州同日交,逵使先交二寨地界,然後還綏州。夏人曰:"二寨塞基是也,何地界之有?"卨曰:"若不得地界,但將此二墻墟②,安用之?"因言:"綏州與之亦用兵,不與亦用兵,邊備未可弛也。"時已有詔,俾逵焚棄綏州。逵曰:"一州既失,二寨不可得。中國爲夏人所賣,安用守臣爲?願以死守之。"藏其詔不出,具奏乞召卨赴闕詢之。上得奏,大驚,顧謂文彥博等曰:"不知綏州今存否?亟問之!"彥博等皇恐。即降詔云:"某月日指揮勿行。"詔至,屬僚皆驚曰:"前詔云何?未之見,何也?"逵徐出示之,皆歎伏。逵乃以前詔上,言綏州具存,且自劾違詔之罪。詔褒逵曰:"淵謀秘略,悉中事機。有臣如此,朕無西顧之憂矣。"於是詔城綏州,不復以易二寨。

戊戌,蕃官禮賓使折繼世爲忠州刺史,左監門衛將軍嵬名山爲供備庫使,仍賜姓趙,名懷順,以其防托綏州日久故也。己未,夏國使者罔育訛來謝封册。王安石曰:"今既封册秉常,宜堅明約束,勿令邊將生事,妄立城堡,爭小利害,自作不直。"上以爲然。

四年九月庚子,夏國主秉常遣使昂聶、嵬名嘿榮等入貢,表乞綏州城,願依舊約。詔答曰:"所言綏州,前已降詔,更不令夏國交割塞門、安遠二寨,綏州更不給還。今復何議?止令鄜延路定立綏德城界至外,其餘及諸路,並依見今漢蕃住坐耕作界至立封堠,掘壕塹,內外各認地分,樵牧耕種③,貴彼此更無侵軼。俟定界畢,別進誓表,迴頒誓詔,恩賜如舊。"其表辭曰:"臣近承邊報,傳及睿慈,起勝殘去殺之心,示繼好息民之意,人神胥悦,海宇歡呼,仰戴誠深,抃躍曷已?恭惟皇上陛下深窮聖慮,遠察邊情,念茲執戟之勞,恤彼交兵之苦。豈謂一城之地,頓傷累世之盟。覷斥邊吏之云爲,乃是天心之惻隱。況此綏州,居族歲久,悉懷戀土之恩④,構憤情深,終是争心之本。遠施

---

① 丙申 底本脱此二字,據宋十朝綱要卷九、宋史全文卷十一補。
② 但將此二墻墟 "將",嘉慶本、太平治迹統類卷一五均作"得"。
③ 種 底本作"種",據嘉慶本、長編卷二二六改。
④ 恩 嘉慶本、長編卷二二六作"思"。

命令，早爲拔移。得遵嗣襲之封，永奉凝嚴之德。苧使枕戈之士，翻成執末之人。頓肅疆埸，重清烽堠。顧惟幼嗣，敢替先盟？翹仰中宸，願依誓約。貢琛贄寶，豈憚於踰沙？向日傾心，彌堅於述職。"偽學士景珣之辭也。

十二月甲寅，詔鄜延路經略司定立綏德城界至，又遣官往諸路緣邊封土掘壕，各認地分①。知澄城縣范育、陝西轉運司句當公事呂大忠皆辭行。育言："溝封之制，非今日之先務，其不可爲有四，抑又有大於此者。臣聞言至不約而天下莫之欺，德至不爭而天下莫之校。前日疆埸常嚴矣，一旦約敗兵拏，鬭者跌於前，耕者役於後，而封溝不足恃矣。釁動情睽，詭計百出，使人左復甲兵，右興金繒，朝委而烽烟夕舉，其約誓不足制矣。故保疆埸不如立約，立約不如敦信。信定於心而已矣。臣又聞周官大司徒立封溝於邦國都鄙，至於九服②，則職方氏辨之而已。行人制貢，而蕃國不與焉。蓋聖王之於夷狄，嘉善而矜不能，以爲號令賞罰之所。不加則責之意略爾。戎狄之情難知，其服未可信，其弱未可輕。臣願陛下蒐簡軍實，選將厲師，積穀塞下，以御其變。消患於無形，制勝於不動。凡此，今日撫戎之先務也。"大忠言："伏聞朝廷將使立定夏國地界，此誠陛下安邊息民之心。然而安邊息民之策恐不在此。臣輒有五不可之説。非徒五不可，又有大不可者一焉。無定河東滿堂、鐵箂平一帶，地土最爲膏腴，西人賴以爲國。自修綏德城，數年不敢耕墾，極爲困撓。竊聞今來願於綏德城北退地二十里，東必止以無定河爲界。如此，則安心住坐，廢田可以盡開。彼之姦謀，蓋出於此。若遂使得志，一旦緩急，鄜延可憂，此所謂大不可者一也。"又言："臣等被命而行，不敢不先示以信，上全國體。萬一疏虞，則朝廷如何處置？移文詰問，必謾然不報；舉兵討罪，又力所不堪。復與之和，勢皆在彼。百端呼索，須至含容。挫損天威，無甚於此，不可不慮也。"王安石不以育、大忠所言爲然，白上曰："臣謂朝廷但遣育於延州立封溝，非遣育於夏州立封溝，於周禮有何違異？大忠言但當擇帥，不當立封溝。臣謂朝廷但遣大忠立封溝，即不責大忠擇帥。育與大忠，恐不可遣。"乃差劉宗傑及鮮于師中。樞密院初不欲立封溝，及議差官，先擬薛昌朝。上既不用昌朝，而育與大忠議復異。昌朝、育皆中書所斥者，故安石每疑文彦博等設意沮己云。

---

① 地分　"分"底本作"方"，據嘉慶本、長編卷二二八改。
② 九服　嘉慶本作"不服"。

五年四月丙寅,詔鄜延經略使、權發遣延州趙卨於綏德城界相度要便有水泉處,修置堡寨①。先是,卨欲乘夏人不意,占據生地築堡寨。上問執政如何,僉以爲卨不肯妄作,宜從所乞。王安石曰:"今日要與夏人絕,即明絕之;要與和,即須守信誓。既約彼商量地界,遽出不意占據生地,非計也。兼我所以待夷狄不在數里地,此數里地不計有無。"上曰:"朕亦疑此計未善。"因令卨具析利害以聞。卨請築堡寨於界内,乃降是詔。丁卯,詔趙卨候分畫地界畢繳納先許便宜行事指揮。

　　八月壬午,夏國進表不依舊式,但謝恩而不設誓,又不言諸路商量地界事。樞密院共以爲疑,上問如何,王安石曰:"中國與夷狄要以宗社珍滅爲誓,非得已。今彼如此,但降答詔,甚善。"文彥博曰:"如此,即今年防秋如何?"上曰:"便得誓表,如何便保彼不爲變?"彥博曰:"盟誓自古所有,要之天地神祇,尚恐其變。若更無此,如何可保?"安石曰:"若盟誓可賴,則夏國引前誓足矣。臣恐誓與不誓,皆不可保。然彼既得歲賜,必不便敢抗拒②。"彥博又以爲:"羌人狡猾,包藏不可知,如何便敢撤備③?"安石曰:"其勢可見,即其情可知,恐不足過慮,撤備無妨。"彥博又曰:"有盟誓④,則彼違盟誓,我有辭。"安石曰:"若力足以制夏國,豈患無辭?"馮京曰:"太祖得蜀人與河東蠟書,曰:'我伐蜀有辭矣。'"安石曰:"太祖偶然有此語。若蜀可伐,雖無蠟書,太祖不患無辭。如太祖伐江南,豈有蠟書?但我欲行王政,爾乃擅命一方,便爲可伐之罪。如夏國既稱臣,未嘗入覲,以此伐之,亦便有辭。臣以爲不患無辭,患無力制之而已。"上以爲然,乃降答詔。癸卯⑤,權發遣延州趙卨爲起居舍人,仍賜紫章服,以定綏州地界之勞也。初,夏人屢欲欸塞,每虚聲摇邊。上手敕問方略,卨審料形勢,爲破賊之策以獻,遣曲珍、吕真分巡東西路,與兵千人。鈐轄李顓自恃宿將,謂卨儒者,不知敵情,曰:"虜豈盛夏來邪?誠遇敵,千兵何爲?請罷之,以待防秋。"卨笑不答。賊方以四萬衆自間道欲取綏州,至魯班崖,遇曲珍,以吾爲知其謀,惶駭亟戰。吕真繼至,賊敗走,俘斬千餘。是秋,諜言虜大閱,將入寇。顓懼,亟請濟師,卨不聽,邊亦無警,坐諜者,顓等慚服。賊自失綏州,懷未能已,屢測朝

---

① 堡寨　"寨"底本作"塞",據嘉慶本、長編卷二三二改。
② 抗拒　嘉慶本作"旅拒"。
③ 撤備　嘉慶本作"弛備"。
④ 有盟誓　嘉慶本"有"下有"明"一字。
⑤ 癸卯　底本作"辛丑",據長編卷二三七改。

廷意。卨揣知其情,奏言:"賊使請和,必欲畫綏州界。望令聽本路經略司分畫,歲賜則以通和之日復焉。"於是事定,卨謀居多,故賞之。

此據范百禄所爲墓誌銘。

韓琦築甘谷城

熙寧元年七月乙亥,名秦州新築大甘谷口寨曰"甘谷城",即篳篥城也。先是,韓琦遣李立之馳奏,請修篳篥城。樞密院難,曰:"篳篥城是秦州熟户地土,將來興置一兩處接連古渭,又須添屯軍馬,計置糧草,復如古渭之患。"琦復奏曰:"竊觀後世圖制匈奴,患其西兼諸國,故表河列郡,謂之斷匈奴右臂,隔絶南羌。今西夏所據,蓋多得匈奴故地。昔取一時之議,廢棄靈州以來,因失斷臂之勢,故德明、元昊更無忌憚,得以吞噬西蕃,以至甘、涼、瓜、肅諸郡。至寶元初,始敢僭號,遂一向攻脅秦、渭諸蕃。近年西人復將西市城修葺,建爲保泰軍,去古渭寨一百二十里,去漢界之近,自前未有也。久在西陲諳知邊事者,皆謂城篳篥,則可通雞川、古渭,通成外禦之勢,隔絶得西人併吞古渭一帶諸蕃,與瞎藥、木征、青唐等族相結之患。臣復見涇原路原州有明珠、滅藏、康奴三族,廣有人力,以居處恃險,從來點集不起。後范仲淹於三族之北,與西界相接處修置靖安、綏寧二寨,佛空平、耳朵城二堡,其明珠等三族於是不敢作過,聽從點集。若謂修城之後,有積聚糧草之費,臣以爲不然。蓋篳篥既城,則秦州三陽、伏羌、永寧、來遠、寧遠諸寨皆在近里,可以均匀抽減逐寨之兵往彼屯泊。更有創置酒務場課利相兼充贍。"詔從之。初,秦鳳副都總管楊文廣受韓琦檄築篳篥城。文廣即飭諸將,聲言城噴珠,率衆至其處,日已暮,乃急趨篳篥,屯列既定。遲明,虜騎大至,知不可犯而去,遺書:"當白國主,以數萬精兵逐汝。"文廣遣裨將襲其後,所獲甚多。或問其故,文廣曰:"先人有奪人之心,必争之地。彼若知而據之,則未可圖也。"文廣,業之孫也。韓琦又言:"已牒秦鳳路於擦珠谷築一大堡,候畢工,乞廢罷納迷①、山丹、菜園、白石、了鐘五堡②,使臣戍兵擦珠。"堡成,賜名通渭。

---

① 納迷　宋會要輯稿兵二八之四、方域二〇之七同,宋史卷八七地理志作"納述"。
② 了鐘　宋會要輯稿兵二八之四、方域二〇之七同,宋史卷八七地理志作"弓鐘"。

卷第八十四

神宗皇帝

韓絳經略西事

　　熙寧三年九月乙未,工部侍郎、參知政事韓絳爲陝西路宣撫使,度支員外郎、直舍人院呂大防爲宣撫判官。先是,絳奏以夏人寇慶州,陝西用兵,請出使。王安石曰:"臣於邊事未嘗更歷,宜往。"上亦欲用安石,乃曰:"王安石未嘗行邊,今可出使也。"絳以爲朝廷方賴安石,不宜往。安石曰:"朝廷所賴獨韓絳耳。"上卒遣絳,仍賜絳詔:"如有機事不可待奏報,聽便宜施行。"二十四日詔,當考。甲辰,詔執政官同詣韓絳第別絳,絳以翌日西征也。呂大防與絳建攻、守二議:其一,止絕歲賜,以所費金帛及汰去疲兵衣糧分給諸帥,別募奇兵驍將,伺其間擇利深入,破蕩城寨,招收部落。如西賊大舉,衆寡不敵,則勿與交戰,俟賊退兵散,豫約鄰路間道設伏①,邀其歸路。其二,嚴爲守備,賊至則堅壁清野,退則出奇兵邀擊。又言:"兵不精,將不勇,求以勝敵,自古未有。爲今計,莫若選募兵將,盡其智力。漢之名將,多以良家子從軍。晋馬隆出救涼州,不用州郡舊兵,於京師立標簡募,自旦至日中,得三千餘人,深入轉戰千里之外,遂能破敵立功,此募兵之效也。漢魯奇以偏將軍應募先登,唐婁師德以御史應募爲猛士,此募將之效也。"及絳至陝西,即募彊劫賊盜及亡命罪人爲奇兵,又分蕃、漢兵爲七軍,以行擾擊牽制之策。又言:"用兵之始,諸帥尚循故態,則必致誤事。乞惟聽宣撫司統制,則事歸一體矣。"又言:"今朝廷已絕歲賜②,又斷和市。此二者是絕賊之大命,理須必爭。我必先爲之計,以挫其謀。且星居鳥散,不能常聚,點兵數千,動須累日,虜之所短也;建營列戍,一二萬之衆旦夕可集者,我之所長也。分路置帥,舉一路

---

① 豫約　長編卷二一五作"預約"。
② 今朝廷已絕歲賜　底本脱"今"一字,據長編卷二一五補。

將兵，除守外不滿二萬者，我之所短也。率數十萬衆專向一路，以多擊寡者，虜之所長也。異時常以我之所短抗虜之所長，所以屢敗。今七將並出，伺其未集，便行擾擊；彼若擊我一處①，則六處牽制，一處堅壁，使虜防救不暇。制虜之命，無出於此。然後招懷，無所不可矣。"

十一月癸巳，趙卨權同發遣提點陝西刑獄。時絳方議大發兵取橫山，卨言："大兵過山界，皆砂磧，乏善水草，又無險隘可以控扼，臣竊危之。若乘兵威招誘山界人户，處之生地，不先儲偫②，不建城寨，則難以安集。今夏國屢爲西蕃攻擾，必欲乘虛破賊，當先經畫山界控扼之地，然後招降。不然，勞師遠攻，未見其利也。"乙卯，詔判延州郭逵赴闕。韓絳用种諤謀，將以兵取橫山，逵曰："諤，狂生耳。朝廷以家世用之，過矣。他日敗國事，必此人也。"絳與逵議出兵，逵力言其不可，使幕府與逵論難，逵曰："此舉不惟無功，恐别生他變，貽朝廷憂。"絳怒，奏逵沮軍事，故有是命。命陝西宣撫使韓絳爲陝西河東路宣撫使，判官吕大防爲陝西河東路宣撫判官。絳時治兵鄜延，欲通道河東，故有是命。

四年正月戊子，种諤領兵次撫寧堡，虜有迎降道旁者，左右欲收其甲，諤曰："今爲一家，虜即吾人也，聽以自隨。"己丑，次囉兀城。虜帥都囉馬尾與其將四人，聚兵囉兀之北曰馬户川，謀襲諤。諤諜知之，以輕兵三千潛出，擊破之。馬尾脱身遁去，復與其將三人駐兵立賞平。諤遺以婦人衣三襲。明日，遣將吕真率千人斥候。大風塵起，虜驚曰："漢兵至矣！"皆潰而去，遂城囉兀，凡二十九日而畢。大小四戰，斬首一千二百，降口一千四百。諤始出師，知橫山有積粟，令民兵多輂版築之具，往反三十五日，所將步騎二萬，食官米二斗二升、芻六束③，餘悉因糧於敵。

二月癸酉，案：長編事在甲戌。西賊攻撫寧堡，陷之。上嘗問宣徽南院使郭逵曰："种諤取囉兀、撫寧二寨，或聞夏人復欲取之，當如何？"逵曰："願速備撫寧，則囉兀無患。"上曰："何也？"逵曰："昔夏人取靈武，先擊清遠，然後靈州失守。今撫寧地平而城小，戍兵不多，萬一用前策，則必先取撫寧。撫寧破，囉兀隨之矣。"上深以爲然。未

---

① 彼若擊我一處　底本脱"彼若"二字，據長編卷二一五改。
② 不先儲偫　"偫"底本作"峙"，據長編卷二一七改。
③ 所將步騎二萬食官米二斗二升芻六束　長編卷二一九同。按：疑"食"上有脱漏。

及往備,而撫寧已陷,遂棄囉兀。

三月己亥,案:長編事在癸卯。上問執政以囉兀存棄,王安石曰:"築堡則致寇。今撫寧新陷之後,士氣沮怯,乃於虜界中作堡,又必致寇。以沮怯之衆當力争之寇,則其生變必矣。況又陝西人力疲困,難於供饋乎?"上曰:"囉兀非不可營,但舉事倉猝爲非。"安石曰:"三代之事固未及論,但如李牧猶弗肯速争小利。蓋善用兵者,其節短,役不再籍,糧不三載。若誠出此,則囉兀小利自不當營,非特出於舉事倉猝也。今人材未練,財用未足,風俗未變,政令未行。出一令,尚患州縣不肯服從,則其未能兼制戎狄固宜云云。"上悦,及是,遂棄囉兀。丁未,吏部侍郎、平章事、昭文館大學士韓絳罷相,以本官知鄧州。制詞責絳云:"聽用匪人,違戾初詔。統制亡狀①,綏懷寡謀。暴興征師②,深入荒域。卒伍駭擾,橫罹轉戰之傷;丁黄驅馳③,重被齎餉之役④。邊書旁午,朝聽震驚。"翰林學士元絳辭也。初,朝廷命絳宣撫,面授攻、守二策,而樞密院不知。文彦博意絳密受上旨,恐無功,並任其責,奏請爲畫一以付絳,而無發兵約束。王安石亦乞不預邊事,西討方略,一以委絳。

四月癸酉,檢校水部員外郎、汝州團練副使、潭州安置种諤爲賀州别駕。初,王安石論諤當深責,以慰謝關輔人心,請置之廣南。上曰:"須諤離陝西。"於是再責。

五年正月己丑,詔:"鄜延路經略使趙卨詢問降羌,如有願歸夏國者,先以名聞。諸路準此。仍牒宥州,令於逐路界口交割。"知原州种古言:"招降蕃部可用爲鄉導,不當問其願歸。蓋漢官多惡蕃部,恐迫脅令歸,即反害恩信。"上曰:"如王廣淵計,但欲遣歸,蓋廣淵與韓絳不相能。"安石曰:"今絳已被斥,留得蕃户,陛下亦必不以此爲功;縱遣去,不復加絳罪,不知廣淵爲此何意?"上曰:"欲表見絳所爲皆非。"安石曰:"陛下但當論利害,不當探人未必然之私意。臣愚以謂方今所急,在知將帥之情,以道御之,使不敢偷惰欺謾,然後邊鄙可治⑤。人主計事,當先校利害。若利害果合如此,恐不須妄疑。其人心有所挾如此,則人人各懷形迹,孰敢復爲人主盡力!非特臣所懷如

---

① 統制亡狀　宋會要輯稿職官七八之二三作"討[計]制亡狀"。
② 暴興征師　宋會要輯稿職官七八之二三作"擅興征師"。
③ 丁黄驅馳　"黄"底本作"壯",據宋宰輔編年録卷七、宋會要輯稿職官七八之二三改。
④ 重被齎餉之役　"被"底本作"疲",據宋宰輔編年録卷七、宋會要輯稿職官七八之二三改。
⑤ 然後邊鄙可治　長編卷二二九無"鄙"一字。

此,前日執政大臣例皆如此。今日計事,陛下尚疑有傾韓絳者,則誰復敢不避形迹爲陛下計事?"上曰:"王廣淵每事輒言宣撫司過失。"安石曰:"陛下不當怪廣淵屢奏宣撫司過失。方慶州兵未變,廣淵數爲韓絳言如此役使兵士非便。絳屢訴毀廣淵,以爲不忠,而陛下亦疑廣淵,後果如廣淵所奏。廣淵反降兩官,廣淵豈能內無不平之心?內有不平①,則其言自然如此。陛下以种古爲曉蕃情,今令問蕃人願歸者聽歸,豈有蕃人不曉蕃情者?种古但云可爲鄉導,即不知如此人乃能爲賊鄉導。今若推恩②,問願留者留,去者去,即留者皆爲我所用,去者亦必懷惠,異時討伐固宜有爲內應報德,如食秦繆駿馬、盜袁盎侍兒之類,則我雖遣去,未爲不得其用也。"

二月辛未,河東經略使劉庠言:"被旨取問願歸夏國人姓名,今具條上。"詔不須俟夏國議界至官到界上③,據所奏願歸蕃户於麟州相對界上發遣,人支綵絹二疋,小兒一疋,及令保安軍移牒宥州照會④。

---

① 內有不平　嘉慶本"平"下有"之心"二字。
② 今若推恩　長編卷二二九"若"作"要"。
③ 議界至官到界上　"上"底本作"止",據長編卷二三〇改。
④ 及令保安軍移牒宥州照會　"保安軍"底本作"保定軍","牒"底本作"諜",據長編卷二三〇改。按:宋對西夏進行交涉時,"保安軍移牒宥州"是一種比較常用的溝通方式。

卷第八十五

神宗皇帝

取洮河蘭會上①

　　熙寧四年八月辛酉，著作佐郎、同提舉秦州西路蕃部及市易王韶爲太子中允，遣僧智緣乘驛隨王韶驅使，仍賜銀三百兩，置洮河安撫司，自古渭寨接青唐武勝軍，應招納蕃部、市易、募人營田等事，並令王韶主之。調發軍馬及計置糧草，即令秦鳳經略司應副。韶以董氈、木征多與僧親善，而僧結吴叱臘主部帳甚衆，故請與智緣俱至邊。初，韶言措置洮河事，止用回易息錢給招降羌人，未嘗輒費官本。文彥博曰："西蕃脆弱，不足收。"安石曰："星羅結等作過，秦州乃不能捕，況有豪傑能作文法，連結黨與者哉！亦豈得言其脆弱也？"彥博曰："西人不能立文法。"安石曰："唃廝囉、魚角蟬乃能立文法，此已然之效也。非徒如此，若爲夏人所收，則爲患大矣。"彥博曰："既收爲内屬，彼有警急，恐須救援。"安石曰："彼今不能合爲一，尚能自守，不爲西人所并。今既連結，則自可相救援，不必待官軍矣。若能爲我屏扞，則雖以官軍援之，亦所不計，況又無此理。"馮京、吴充皆曰："此等事未經延州相度。"上曰："延州必不樂如此。不須行下②，今當如何措置？"安石曰："必須别爲一路，如麟府軍馬司。"上曰："須如此，令得專達。"安石曰："仍當捐十萬緡錢委之市易，令兵馬事則取經略司節制，撫納蕃部、市易司則一面施行。"

　　十二月戊辰，中書、樞密院同進呈：王韶奏俞龍渴及汪奇巴等舉種内屬③，乞依已得朝旨，除俞龍渴殿直、蕃巡檢，又分其本族大首領四人爲族下巡檢。既分爲四頭項，

---

① 洮　底本作"洪"，據嘉慶本改。
② 不須行下　"須"，嘉慶本作"頒"。
③ 俞龍渴及汪奇巴等舉種内屬　"俞龍渴"，長編卷二二八作"俞龍珂"；"汪奇巴"，長編卷二二八作"旺奇巴"。

自此可令不復合爲一，免點集作過。又乞除汪奇巴殿侍、秾邦山一帶巡檢①。上曰："如何便言舉種内屬？"王安石曰："不知如何不謂之舉種内屬？"上曰："須點集得，方爲内屬。"彦博曰："分卻俞龍渴族下人作四頭項，恐俞龍渴不肯。"又言："未須與殿直，與軍主，恐見得力蕃官觫望生事。"安石曰："分爲四頭項，既責任王韶，韶必有斟酌②，朝廷何由遥度？不知蕃官如何便敢觫望。"彦博曰："如韓絳厚蕃兵，便致漢兵作過。"上曰："此事不類。"令悉依王韶所乞。

五年二月丙寅，觀文殿學士、吏部侍郎、知鄭州吕公弼爲宣徽南院使、判秦州，郭逵判渭州。上諭中書曰："公弼在河東，當五路出師倉猝，制御有方，故使代逵，恐王韶生事，則委之鎮撫。"丁丑，郭逵奏聞王韶招俞龍渴甚屈辱。上謂執政曰："韶所奏乃與逵不同。"乃詔逵分析。時經略司已逮捕元瓘送秦州獄，鞫韶擅用市易錢贓狀未竟也。其後，安石進呈逵分析韶招俞龍渴事，上曰："乃無屈辱，須差官勘韶，并此事合勘③。"

五月辛巳，詔以古渭寨爲安遠軍，案：安遠，長編作通遠。以王韶兼知軍。古渭，唐渭州也。自至德中陷於吐蕃，至皇祐中始得其地，因建爲寨。上將恢復河、隴，故命建軍，爲開拓之漸。庚寅，青唐大首領俞龍渴爲西頭供奉官④，仍寵以階勳，賜姓包名順。辛卯，王安石以王韶書進呈，韶言："已拓地千二百里，招附三十餘萬口。"

六月癸亥，詔權通遠軍都監王存等五人各減磨勘三年。初，奄東熟户久不順命，招呼不至，王韶遣存等破蕩，而秦鳳路經略司以聞，故賞及之。初，議賞，王安石曰："方欲創事，宜加厚。"文彦博曰："打族帳與軍賞格不同，難用軍賞。"上曰："惟賞無常，輕重視功。"蔡挺曰："此捉賊賞未爲厚，以此比捉賊，則其勞績豈不過於捉賊乎？"上曰："王中正言洮河以西未有朝廷明降指揮許招納。"蔡挺曰："乘今機會，破竹之勢，正可厚以金帛、官職招納，然王韶新摧沮⑤，不敢開闊擘畫⑥，須朝廷喻意。"乃令中書、密院諭意。王安石言："將帥事事指教關防不得，必得有智略自肯建功人，乃可使

---

① 秾邦山一帶　長編卷二二八無"山"一字。
② 韶必有斟酌　底本脱"韶"一字，據長編卷二二八補。
③ 并此事合勘　"合"底本作"令"，據嘉慶本改。
④ 俞龍渴　底本作"俞龍珂"，據嘉慶本改。
⑤ 然王韶新摧沮　長編卷二三四"新"下有"經"一字。
⑥ 開闊　嘉慶本作"開闢"。

爲將帥。"上曰:"如何得如此人?"安石曰:"豈患無人,但患知人未盡。若陛下盡知人之道,御之不失理①,則人才自出。如王韶,被朝廷三度疑其爲盜,若尚氣節,自免去久矣,安肯復黽勉到今?功名如夢幻,氣節之士豈肯摧氣節以就功名?朝廷遇人如此,即未有以致豪傑之士。"上曰:"既被人誣罔,須與辨明。"安石曰:"被人誣罔須與辨明,誠是。然陛下前出手詔專委密院指揮,令市易司息錢別封樁,蕃户料錢以省錢支。陛下以爲人言市易司全無息錢,言此事者必有其人,陛下後來既知言此者非實,即未見陛下行法。"上曰:"郭逵便行遣。"安石曰:"郭逵若但膚受浸潤,雖百年無害。今所以不免行遣,乃是逵自作孽,至於不可復容故也。臣以謂人主用威福,所以操制姦罔,不必待其自猖獗不可復容,然後行法也。"

七月庚寅,王韶爲右正言、直集賢院;權管句秦鳳路鈐轄高遵裕爲引進副使,落權字;進士王夏爲江寧府法曹參軍。韶等並以招納蕃部特推恩,而夏者,韶母弟也。上欲慰其母心,故先及其弟。

八月甲申,管句秦鳳路緣邊安撫司王韶等言收復武勝軍。詔:"具合修堡寨處所以聞。其蕃族所委牛羊,有屬降人者並給還,或先已支用者償其直。"先是,七月,韶舉兵城渭源堡,遣將破蒙羅角,遂城乞神平,破抹耳水巴族②。賊時據高恃險③,諸將欲置陣平地,韶計賊苟不肯捨險離巢穴速鬥,則我師必且徒歸,而師已入險地,則當使險爲吾所有,乃徑領師至抹邦山,踰竹牛嶺,壓賊而陣④,下令曰:"兵置死地⑤,敢有言退者斬!"賊乘高下戰,官軍稍卻,韶親擐甲,麾帳下兵逆擊之,賊衆潰走,獲首虜器甲,焚其族帳,洮西大震。會木征渡洮爲之聲援,餘黨復集抹邦山⑥,韶語諸將曰:"若官軍至武勝,則抹邦山可一舉而定。"乃令景思立、王存將涇原兵,由竹牛嶺南路張其軍聲,示以不疑,而韶潛師由東谷路徑趨武勝,未至十里,遇賊,破之。瞎藥等棄城夜遁,大首領曲撒四王阿珂出降,遂復武勝⑦。壬辰,改武勝軍爲鎮洮軍,高遵裕兼知鎮洮軍。

---

① 御之不失理 "理",長編卷二三四作"禮"。
② 抹耳水巴族 "抹",長編卷二三七、宋史卷三二八王韶傳均作"抹"。
③ 賊時據高恃險 "據",嘉慶本作"處"。
④ 壓賊而陣 長編卷二三七"賊"下有"軍"一字。
⑤ 兵置死地 嘉慶本"置"下有"是"一字。
⑥ 抹邦山 底本作"抹邦山",據嘉慶本、長編卷二三七改。下同。
⑦ 遂復武勝 "復"底本作"城",據嘉慶本改。

先是,遵裕以慶平堡兵夜行,晨至野人關,羌人旅拒,引親兵一鼓破之,進營武勝城下,羌衆渡洮馳去,遂據其城。王安石曰:"洮西必爲内地,武勝更移市易,即必爲都會。洮河據夏國上游,足以制其死命。"吴充建議以爲:"師屯暴露,糧餉間關①,生民之勤,由此未艾。宜委王韶招誘木征,以城還之,授以官爵,令自守岷、洮,領部族長爲外臣,不必留兵絶塞,列置郡縣,屈力費財。"上不聽。

十月戊戌,改鎮洮軍爲熙州,以鎮洮軍爲節度軍額。分熙、河、洮、岷州,通遠軍爲一路,置馬步軍都總管、經略安撫使。

十二月乙亥朔,詔賜王韶御製攻守圖、行軍環珠、武經總要、神武秘略、風角集占②、四路戰守約束各一部,仍令秦鳳路經略司鈔録。

六年二月丙申,王韶克河州。

三月丁未,熙河路經略司言:"二月丙申二十二日克復河州。"上謂王安石曰:"非卿主謀於内,無以成此。"時河、洮、岷州雖共爲一路,而實未復。韶方圖進兵,上手詔令所議不須申覆,及上奏亦不必過爲詳謹妨事。

四月乙酉,熙河路經略司上河州得功將卒三千七百二十七人③,詔每獲首一級,賜絹五匹。於是王安石白上:"士氣自此益振,要當養之而勿傷爾。"文彦博曰:"使更勿怠,則南征北伐將無不可矣。"上曰:"古人謂舉事則才自練,此言是也。"安石曰:"舉事則才者出,不才者困,此不才者所以不樂舉事也。"庚寅,熙州洮河浮梁成,賜名永通橋。

六月丙子,上謂執政曰:"昨洮西香子城之戰,聞官軍貪功,有斬巴氊角部蕃兵以效級者,人極嗟憤。此爲害不細,不可不察。蓋李靖陣法,以漢兵爲一隊,蕃兵爲　隊,用人如此,自無紛亂。可令王韶詳度,具條約以聞。"王安石言:"武王用庸、蜀、微、盧、彭、濮人,但爲一法。今欲用夏變夷,則宜令蕃兵稍與漢同,與蕃賊異。"王珪言:"當別給衣爲號。"上疑別給衣費多,安石曰:"今欲用,必先用其豪傑,所謂蕃勇敢者。既收其用,豈可惜費。計比招軍,其費亦不爲多。蕃勇敢既樂爲用,則其餘漸皆慕嚮,樂爲用矣。"

七月己未,熙河經略使王韶言:"奉旨令臣躬將士卒,往視河州修城。臣欲令景思

---

① 糧餉間關　"關"底本作"闗",據嘉慶本、長編卷二三七改。
② 風角集占　"集"底本作"鳥",據長編卷二四一、群書考索後集卷四七、玉海卷三、宋史卷一九五兵志改。
③ 三千七百二十七人　長編卷二四四作"三千五百二十七人"。

立管句涇原兵馬,而委臣就本路擇禁卒、蕃兵、弓箭手五千,及秦鳳路先差下策應強壯三千,盡以付臣,爲思立後繼。若有警急,即專留思立修城,臣不妨退軍應接。"上善韶策,遂如所奏行之。王安石曰:"韶策誠善,若聲言應接河州,遂自洮西,由洮、岷不虞之道攻其所不戒,乃用兵之至計。"既而韶果以兵穿露骨山破賊,如安石所料。

八月乙亥,王安石以王韶書進呈。韶言洮西事云:"但恐臨時制不在我,則無如之何。"上怪韶有此言,僉以爲韶忌景思立。上曰:"將帥多不能容偏裨,稍有功,即忌之。韶方欲興事,恐不宜如此。"安石曰:"韶頃爲高遵裕所害,然能容遵裕。韶似與餘人不類,不至不能容偏裨,亦恐遠方情有不得以自竭。"丙申,中書言:"王韶、景思立入河州,諸羌皆降。"王安石等請率百官稱賀,上曰:"河州前已收復,但未城守,此亦廟堂之謀,將帥之功,於朕何有?"安石等再三陳請,以爲:"熙河之功,近時少比,陛下神算前定,舉無不克。祖宗以來,每下州郡,例皆稱慶。"上猶不允,安石曰:"中外傳河州事多端,稱賀則人情釋然。請俟修河州城畢入慶。"從之。初,王韶自以兵穿露骨山南入洮州界,破木征弟巴氈角,盡逐南山諸羌。木征震恐,留其黨守河州,自將精銳尾官軍伺擊。諸將皆欲直走河州,韶獨私念①:兵抵城下,木征必爲外應,而四山蕃部得氣,且復坌集,則大事去矣。乃密分兵,遣景思立攻河州,而特蹤跡木征所在與戰,破走之,然後抵城下。時守者猶以爲木征至,已而知其非是,乃降,遂城之。

九月壬戌,王韶入岷州,瞎吳叱及本令征來降。韶諭以不討虜無所得食,兩人各獻大麥萬石、牛五百頭、羊二千口并甲五十領。於是王安石請償其價,上疑此犒軍物不須償,安石曰:"攻而取之,服而有之。既有之,則不宜徒受其獻。償其價,乃所以懷慰新附也。"上從之。

十月壬申,詔河州安鄉城黃河渡口置浮梁,築堡於河之北。上曰:"安鄉城,鄯、廓通道也。濱河戎人嘗刳木以濟行者,艱滯既甚,何以來遠?"故命景思立營之。戊寅,詔熙州大威德、河州德廣禪院歲各賜錢五十萬,設道場,爲漢蕃陣亡人營福。庚辰,熙河路走馬承受、入內東頭供奉官李元凱爲六宅副使寄資,元凱以經略司捷奏詣闕故也。初,王韶既城河州,獨將兵至馬練川,降瞎吳叱,進攻宕州,拔之;通洮山路,岷州

---

① 韶獨私念 "私"底本作"思",據長編卷二四六改。

本令征以城降,遂入岷州;分兵破青龍族於綽羅川,通熙州路,疊州欽令征、洮州郭廝敦皆相繼詣軍中,以城聽命,巴氈角亦以其族自歸。軍行凡五十有四日,涉千八百里,復州五,闢地自臨江寨至安鄉城,東西千里,斬首三千餘級,獲牛羊馬以數萬計。呂惠卿墓誌云:於是西直黃河,南通巴蜀,北接皋蘭,幅員踰三千里。當考。見今依本傳,併書於此。是役也,人皆傳韶已全師覆没,及奏捷,上乃大喜。蓋洮、岷、疊、宕連青唐抹邦山,林木翳薈,交道險阻,不可行。韶欲爲兵除道,乃先遣人以伐木爲名,令青唐羌爲衛,以大兵駐谷口鎮之。至是,可連數騎而行,而鹽井川初平即築城①,又據青唐咽喉之地。王安石謂韶謀中機會,故所至皆捷云。辛巳,宰臣王安石等以收復熙州,洮、岷、疊、宕等州幅員二千餘里,斬獲不順蕃部萬九千餘人,招撫小大蕃族三十餘萬帳,各已降附,上表稱賀。上解所服玉帶賜安石,遣内侍李舜舉諭旨曰:"洮河之舉,小大並疑,惟卿啓迪,迄有成功。今解朕所御帶賜卿,以旌卿功。"安石再拜固辭曰:"陛下拔王韶於疏遠之中,恢復一方,臣與二三執政奉承聖旨而已,不敢獨當此賜。"上又令舜舉諭旨曰:"群疑方作,朕亦欲中止。非卿助朕,此功不成。賜卿帶以傳遺子孫,表朕與卿君臣一時相遇之美也。"安石受賜。常日御垂拱殿,是日以受賀故,再御紫宸。甲午,上謂輔臣曰:"梁從政自河州至,言黃河之源淺可涉,前書蓋不誣也②。然河之本原未見所出,禹貢但言'導河積石,至於龍門',不言導河自積石,以此知出積石者特其下流耳。"安石曰:"按西域傳,河有兩源,合注蒲昌海,其水停居,冬夏不增減,皆以爲潛行地中,南出積石爲中國河。陛下所考禹貢導河不言所自,非臣等所及。"

七年正月辛亥,賞收復岷、洮等州功,西京左藏庫使桑湜等八人各遷三資,蕃官李藺氈訥支、溫工等十一人各遷兩資,蕃僧馬遵等九人給奉職至指揮使俸,餘補下班殿侍至承局,及減年磨勘、支賜各有差。既而湜獨辭所遷官,曰:"羌虜畏國威靈,不戰而降,臣何功而遷官?"執政曰:"衆人皆受,獨君不受,何也?"湜對曰:"衆人皆受,必有功也。湜自知無功,故不受。"卒辭之,時人重其知耻。湜,懌子也。

二月甲申,知河州景思立、走馬承受李元凱戰死於踏白城。乙未,上始聞景思立等敗殁,熙河路經略司具奏也。開天章閣延訪輔臣,樞密副使蔡挺自請行,上曰:"此

---

① 而鹽井川初平即築城　"川初平即"底本作"平川初既",據長編卷二四七乙正及改。按:"鹽井川"是一地名。
② 前書蓋不誣也　底本脱"前書"二字,據長編卷二四七文意補。

不足煩卿,河朔有警,卿當行矣。"丙申,上批:"熙河邊事未有安靖之期,其湖南、廣南等處,可詔章惇、沈起早務了畢,追還兵馬,併力一方,庶幾不至乖張,別貽大患。"

三月辛丑,涇原路經略使王廣淵言:"自渭州至熙州,運米斛錢四百三十,草圍錢六百五十。諸處闕廂軍,若差倩義勇之類,騷費尤甚,必大失生業。如支移糧草,乞詳酌所以應副。"詔劄與王韶。吳充建議乞棄岷州,上曰:"自可守,何須棄。"翌日,邊奏木征、鬼章大兵轉入岷州,上以為憂。安石與王珪皆言:"彼師已老,必難涉險遠攻,岷州保亡慮。"馮京獨不謂然。已而奏至,果如安石等所料。

四月己卯,岷州刺史高遵裕為岷州團練使,旌守城功也。賊乘景思立踏白之敗,圍岷州,蕃僧溫遵率容、李、龍族應之。岷城卑缺,守者恐。遵裕登西門,遣偏將及包順引兵縱擊,選精兵百餘騎,繇南門鼓譟而出,合擊之,賊遂敗走。遵裕謂容、李、龍三族應賊,而龍氏實破床川砦,度不可盡誅,乃以二十縑募取龍氏一級,斬捕幾盡。丙戌,王安石罷相,知江寧府。乙未,權通判河州鮮于師中①為祠部員外郎,錄城守之功也。先是,鬼章使諜紿景思立云:"木征有眾數千在踏白城,將來降,請逆諸河上。"思立信,以為可取,率精騎往襲之。師中知其詐,勸思立無往,思立不聽,遂行。師中即治守具。思立既敗,鬼章遂圍河州,師中卒全其城,故賞之。置南山堡、通會關於河州。丁酉,李憲言木征出降,詔:"木征及母、妻、子,令王韶、李憲發遣赴闕。"初,韶還至興平,聞思立敗,疾馳而西,會兵於熙州謀所向。諸將皆欲趨河州,韶曰:"彼所以圍河州者,恃有外援也。今知救至,必設伏以待我。且彼新勝,氣甚銳,未可與爭鋒。不若出其不意,以攻其所恃。古人所謂'批亢擣虛,形格勢禁則自為解者',此也。"乃以兵直趨定羌城。賊知黨援既絕,且恐斷南山歸道,乃拔寨遁去。乙酉,進築珂諾城②,前後斬七千餘級,燒二萬帳,獲牛羊八萬餘口。木征率酋長八十餘人詣軍門降。王韶言已遣閤門祗候麻宗道等管押木征赴闕。思立之覆軍也,賊勢復張,而京師風霾、旱災相仍,論者欲乘此棄河湟,上亦為之旰食,數遣中使戒韶駐熙州,持重勿出,且諭高遵裕,令退保臨江。及是告捷,上喜甚,賜手詔褒諭曰:"將在軍,君命有所不受③。寧

---

① 權通判河州鮮于師中　底本脫"權"一字,據長編卷二五二補。
② 珂諾城　長編卷二五二作"阿納城"。
③ 君命有所不受　底本脫"有"一字,據長編卷二五二補。

河之行,卿得之矣。"

五月甲辰,詔熙河路歲計用錢,令秦鳳路轉運司、熙河路經略司開具無事時各一年收支數申中書①。自開建熙河,歲費四百萬緡,七年以來財用出入稍可會,歲常費三百六十萬緡。是月,置岷州荔川、床川、閭川三寨②,改河州南山堡爲南川寨。

九月戊戌,岷州言已立解額,乞賜國子監書,許建州學。從之。

十二月丙寅,詔省熙、河、岷三州官百四十一員,留五十七員。從經略使王韶、都運使熊本請也。

八年三月癸巳朔,詔分熙河路正兵三萬三千,參以弓箭手、寨戶、蕃兵爲四將,其下蕃軍馬,隨地遠近分隸。戊戌,知河州鮮于師中乞置蕃學,教蕃酋子弟,賜地十頃,歲給錢千緡,增解進士二人爲五人額。從之。

九月庚午③,岷州置鑄錢監,名曰滔山。

九年六月④,富弼言:"秦、隴之外,數年用兵,克取熙、河等五州別立一路,闢地進境,開拓故疆,誠爲國朝美事。然而遠近共傳當時殺戮人命不可勝計,費耗財用莫知紀極。今既立成部分,建置官屬,屯兵守禦,各有定制,即須所得之地,所出之物,足以供贍一路。奈何罷兵後,惟聞朝廷自京師輦運金帛,監司從内地支撥糧草,自此國家府庫如何供億?民間物力如何出辦?遂使官私俱困,得之何用?伏願陛下親選無所畏憚公忠臣僚,不與其時用事人爲黨者,往彼按視土地可耕否?所收物貨足用否?人情可安否?久遠可守否?俟得其實,然後委二府會議,方見經久利害如何。若不審行考校,但務竭力勞費,臣以爲末等之家有十金之産者,且猶未肯如是,況爲天下之計哉!"

十年二月己亥,樞密副使、禮部侍郎王韶知洪州。時韶以母老匄外,因抗疏言:"臣前日面論決里、廣源州之事⑤,以爲大臣圖國事,不當貪虛名而忘實禍,捨遠業而先小敵。執政莫肯聽用,每聞臣言,則必以熙河事折臣。然本欲不費於朝廷,而可以至伊吾盧甘,初不欲遽令熙河作路,河、岷作州,廣費以自累也。"又言:"李憲欲聚兵六

---

① 開具 "開"底本作"用",據嘉慶本改。
② 閭川 底本作"同川",據宋會要輯稿方域一八之二七、宋史卷八七地理志改。
③ 庚午 底本無此二字,據長編卷二六八補。
④ 九年六月 宋朝諸臣奏議卷一四九富弼上神宗論時政在此奏疏的最後有小字注文:"熙寧九年四月上,時以司徒致仕。"
⑤ 臣前日面論決里廣源州之事 底本脱"臣前日面論"五字,意不足,據長編卷二八〇補。

萬人爲攻討計,臣以爲用衆不如用寡,兵多則與糧競,兵少則與敵競。"詔鑿空開邊,以軍功至執政,乃專以勤兵費財歸曲於朝廷,上不説,故出之。王安石以八年二月復相,至九年十月罷判江寧府,樞密吳充爲相。

五月壬戌,以昭宣使、嘉州防禦使、入内押班李憲,爲宣制使、宣州防禦使、入内副都知;左軍西京左藏庫副使徐禹臣等七人轉官、減年、循資有差。先是,冷雞樸誘山後生羌擾邊,木征請自效,衆以爲不可。憲曰:"何傷?羌戎畏服貴種,其天性也。"木征盛裝以出,諸羌聳視,皆無鬬志,我師乘之,獲級、生降以萬計,臨陣斬冷雞樸。董氈懼,因作旁行書喻之,遂遣使入貢。

十月壬午,詔觀文殿學士、户部侍郎、知洪州王韶落職,知鄂州。韶謝到任表云:"爲貧而仕,富貴非學者之本心;與時偕行,功業蓋丈夫之餘事。"又云:"自信甚明,獨立不懼。面折廷争,則或貽同列之怒;指摘時病,則或異大臣之爲。以致聖諭時有小差,臣言未嘗曲徇。"又言:"陷人君於不義,莫如退縮。"又云:"曉然知生死之不迷,灼然見古今之不變。通理盡性,雖未能達至道之淵微;立言著書,亦足贊一朝之盛美。"侍御史知雜事蔡確言:"韶表皆怨憤,欲歸過主上,而妄爲自潔之辭。乞行黜責。"故有是命。韶既罷樞密,言動頗不常,上法身三門一篇,且云發明自身之學:一曰鴻樞獨化之門,二曰萬靈朝真之門,三曰金剛巨力之門。又摹印遍投宰執,人以爲病狂。

元豐元年十月戊辰,經制熙河邊防財用司言:"四州軍依朝旨標撥官莊田外,乞於近城各更擇沃土上腴地二十頃爲營田,專差使臣等管句。"從之。

三年正月乙亥,經制熙河路邊防財用司言:"置司以來實收利入,元豐元年四十一萬四千六百二十六貫石,二年六十八萬四千九十九貫石。"朱本削此,今從墨本。

四年六月己卯,洪州言知州、觀文殿學士、正議大夫王韶卒①,輟視朝,謚襄敏。韶爲人麄獷,用兵頗有方略,每召諸將指授,不復更問,所至輒捷。嘗夜臥軍帳中,前部遇敵,矢石交下,呼聲震山谷,侍旁者往往股慄,而韶鼾息固自若。然熙河所奏多欺誕,殺蕃部老弱不可勝計,軍以首級爲功。韶交親皆楚人,多依韶以求仕,韶分屬諸將,諸將畜降羌老弱,或殺其首以應命。既病疽發背,洞見五臟,亦其報也。

---

① 洪州言知州觀文殿學士正議大夫王韶卒　按:據東都事略卷八二王韶傳記載,王韶落職知鄂州後,"久之,還舊職,復知洪州",故王韶卒於知洪州任上。

卷第八十六

神宗皇帝

取洮河蘭會下

元豐四年九月丙申,熙河路都大經制司言:"九月乙酉,收復蘭州。蘭州古城東西約六百餘步,南北約三百餘步。大兵自西市新城約百五十餘里①,將至金城,有天澗五六重②,僅通人馬。今招納已多,若不築城,無以固降羌之心。見築蘭州城及通過堡。"李憲又言乞建蘭州爲帥府,以鎮洮爲列郡。並從之。

五年正月辛亥,宣慶使、宣州觀察使、入內副都知、都大專切經制熙河路邊防財利事李憲爲涇原路經略安撫制置使,四方館使、知蘭州兼熙河蘭會路經略安撫副使李浩兼權涇原路經略安撫副使。

二月乙亥,熙河路都大經制司言:"相度通遠軍去定西城路爲便。乞自女遮堡以西隸通遠軍,龕谷寨以北隸蘭州。"從之。

五月案:長編事在七月。丁酉,李憲請發關中民運糧蘭州,爲五月之儲,朝廷將從之,王安禮言:"臣聞靈州之役,役夫被斬,植立而不動。彼固不畏死,奈何以死恐之?今關輔以西,丁壯轉徙,物價昂貴。乃欲調難用之夫,輦至貴之物,橫絕賊壤,未見其可。臣竊料蘭州戍兵其數未多,果可以守,則見糧猶足以爲用;以爲不然,則適足餌寇。願陛下俾憲自調之。"憲果以爲難。其後改用卒夫,以時運之。

六年二月丙辰,洛苑使、熙河蘭會路鈐轄王文郁爲西上閤門使、知蘭州,代李浩。西賊之圍蘭州,數十萬奄至,浩閉城距守。文郁請擊之,浩曰:"城中騎兵不滿數百,安可戰?"文郁曰:"賊衆我寡,正當折其鋒以安衆心,然後可守,此張遼所以全合肥也。"

---

① 大兵 嘉慶本作"大抵"。
② 有天澗五六重 "重",宋會輯稿方域八作"里"。

走馬閻仁武曰："奉詔令守不令戰。必欲啟關,當奏劾。"文郁曰："今披城而出,以一當千,勢有萬死,豈畏劾哉!況守則有必死之勢,戰則有可乘之機。"堅請不已,浩許之。乃募死士七百餘,夜縋而下,持短刃突之。賊衆驚潰,爭渡河,溺死者甚衆。收其所虜入城中。時以文郁比尉遲敬德云①。

七年正月癸丑,手詔："李憲得來奏,以蘭州境内賊馬已退,賊傾國而來,彼費已大。洎入漢境,盤泊旬日,卒無所得,大衆傷夷而歸,在我已收全功矣。宜遍諭諸將,勿以不能尾擊、多斬首虜爲恨②。"

二月戊子,手詔："李憲得回奏,淺攻擾賊春耕,若如所畫,理固甚善。所未可知者,我兵出境,非十餘萬衆,果可以致傾國點集否?又天都小老③,苟聞大兵之出,果不震驚奔駭渡河,而肯置之會州之側,使我得以招攜否?使上件聚落如我所料,團聚不散,則所謂二十二鈐轄者,果可以一呼使之改懷内附否?此事首尾恐未詳密,則不若且如去年三月中及暮秋李浩、苗履、楊吉等出寨已見事驗,爲忽往候歸之計甚便,宜審圖之。"癸巳,李憲言："子轂漸可驅使,乞一隨行差遣,庶可倚信。"上批："特差轂充熙河蘭會經略安撫制置司句當公事。"又詔憲:"近據具析到熙河岷州、通遠軍及河州擬修三關堡,合用守禦器具萬數,非本路可辦。今擇其緊急要用者先次發去。"仍令憲督促役兵修治城堡④:"去大河結凍時月,空隙無逾百十日,寸陰至爲可惜,理須上下竭力,俾功作日見程緒,乃所望也。"

<small>朱本增入,新本削去。大河結凍非二月末所當云,更詳之。</small>

九月辛丑,經制熙河蘭會路邊防財用司上歲計合用錢帛、糧草。詔歲給二百萬緡,以本司十案息錢、川路苗役積剩錢、續起常平積剩錢各二十萬緡,榷茶司錢六十萬、川路計置物帛赴鳳翔府封樁坊場錢三十五萬、陝西三銅錢監銅錫本脚錢二十四萬八千、在京封樁券馬錢十萬、裁減汴綱錢十萬二千充,自來年始,户部歲給公據關送,候元豐十年終,令經制司具支存數以聞。

---

① 時以文郁比尉遲敬德云 "比",長編卷三三三、九朝編年備要卷二一、宋史全文卷一二下均作"方"。
② 首虜 嘉慶本作"首級"。
③ 又天都小老 "又",長編卷三四三作"夫"。
④ 城堡 嘉慶本、長編卷三四三均作"城壁"。

八年三月甲午朔①,景福殿使、武信軍留後、入内副都知、熙河蘭會路經略安撫制置使李憲追入内副都知、武信軍留後,應熙河蘭會路差遣並依舊,以憲遣將討賊有功,特免勒停。安州觀察支使、管句機宜文字鍾傳除名勒停,郴州編管;東頭供奉官、閤門祗候、書寫機宜文字李宇追閤門祗候;右侍禁、點檢文字蔣用,左班殿直、熙河北關守把兼制置司譯語米安並追一官、罰銅十斤,免勒停。左班殿直皇甫旦除名勒停,南安軍編管。左侍禁、通遠軍榆木岔巡檢何貴②,西頭供奉官、熙河路監牧所指使張守榮降一官③,免勒停。憲等坐奏邊功不實,下御史臺劾。憲三問不承,臺請追攝,詔用衆證結案,至是奏案,特責之。

詔用衆證結案,乃去年十二月辛未,今依朱本并入此。舊録李憲傳:"哲宗即位,會臺劾皇甫旦獄具,憲坐奏事異同④,罷内省職事,降永興軍都總管。先是,神宗委憲招納董氈,斷夏人右臂。憲遣皇甫旦使氈,氈猶與旦報不實,故連坐責。"新録辨曰:"案皇甫旦事,與神宗實録所載不同,今以實録删修。"新録李憲傳:"初,詔憲間諭阿里骨結回鶻、達靶,以撓夏人。繼而憲選右班殿直皇甫旦押二國首領赴闕,復命賚詔諭董氈、阿里骨出兵,憲患事不出己,奏旦難以集事,必無可爲之理。與初奏不同。旦入蕃,爲青宜等所遏,止塚山寺,不得前,又妄奏獲賊功狀。上察之,命追旦付臺獄。遣御史就劾憲,獄具,罷内省職事,降永興軍路都總管。"新、舊傳並云"降永興軍路都總管",據實録乃云"應熙河蘭會路蘭會路差遣並如舊"。六月十六日,乃責永興軍路副都總管。新、舊傳皆誤也。

戊戌,哲宗即位。壬寅,景福殿使、宣州觀察使李憲復領武信軍留後。前此,憲率師渡河討西夏,自水波、抈龍井羅、合川轉戰,斬首四千七百級,虜獲牛羊駝馬、器甲凡八萬餘,至是賞之。

五月壬寅,詔以築熙蘭、通遠軍城堡成,賜熙河蘭會路經略安撫制置使李憲銀、絹各一百五十匹兩;權管句熙河蘭會路經略安撫司、權發遣熙州趙濟銀、絹各一百匹兩;仍各降詔獎諭。

六月戊寅,詔延福宮使、武信軍留後、熙河蘭會路經略安撫制置使李憲差充永興軍路副都總管,以疾乞罷故也。

---

① 甲午朔　底本脱"朔"一字,據長編卷三五二補。
② 榆木岔　"岔"底本作"坌",據長編卷三五二、宋會要輯稿職官六六之三一、宋史卷八七地理志改。
③ 張守榮　底本作"張守禁",據宋會要輯稿職官六六之三一改。長編卷二八三有"詔熙河路經略司指使左侍禁張守榮",亦可爲參證。
④ 憲坐奏事異同　底本脱"坐"一字,據長編卷三五二補。

此必有故也。三月一日,憲追入內副都知、武信軍留後,應熙河蘭會路差遣並依舊。今乃責永興軍路副總管也。

元祐元年正月辛丑,詔朝請大夫、監在京皮角四場庫務孫路,朝奉大夫、權提舉清河輦運穆衍相度措置熙河蘭會路經制財用事。

時執政有欲棄熙河者,留議未決①。或謂衍曰:"此行可以自致,不然,反爲累也。"衍徐對:"顧利害何如爾。王事靡盬,遑爲身謀。"還朝,請以經制事還轉運司,條罷爲公私利害者二十七事,歲減費一百九十餘萬緡。因與路更論疆事,路以謂:"蘭州棄則熙河危,熙河棄則關中搖動。唐自河、湟不守,吐蕃、回鶻一有不順,則警及國門,逮今二百餘年。非先帝英武,其孰能克復?今一旦委之無厭之虜,恐不足以止寇,徒滋後患爾!"熙、蘭卒不棄②,衍與有力焉。此據張舜民誌穆衍墓刪修,更須詳考。

二月壬戌,司馬光言:"凡天子即位,天地一新,滌瑕蕩穢,小大無遺。陛下誠能於此踰年改元之際特下詔書③,數其累年不來賀正旦、生辰及登寶位等不備之禮,嘉其弔慰祭奠、告國母喪、進遺物之勤,曠然推恩,盡赦前罪。自今以後,貢獻、賜予悉如舊規。廢米脂、義合、浮圖、葭蘆、吳堡、安疆等寨,令延、慶二州悉加毀撤,除省地外,元係夏國舊日之境,并以還之。其定西城及蘭州,議者或謂本花麻所居,趙元昊以女妻之,羈縻役屬,非其本土,欲且存留,以爲後圖,猶似有名。禦夷狄者,不一而足。俟其再請,或留或與,徐議其宜,亦無所傷。至於會州,尚在化外,而經略司遽稱熙河蘭會。虜常疑中國更有闢境之心,不若改爲熙河岷蘭經略司。如此,則西人忽被德音,出於意外,雖禽獸木石亦將感動,況其人類,豈得不鼓舞抃蹈,世世臣服者乎!"丁亥,案:長編事在三月乙亥。詔:"罷熙河蘭會路經制財用司,其本路財利併入陝西轉運司。如有合措置事件,速具聞奏。其熙河路合得錢物,許兌那應副,即不得將充別路支費。經制司舊官,候交割運司,方得離任。仍於本路朝廷封樁內支撥三萬貫與劉昌祚,充經略司準備支用。"從昌祚請也。

七月辛酉,措置熙河蘭會路經制財用孫路言:"蘭州、定西城一帶新邊地土,除已招置弓箭手外,有曠土萬頃,未嘗修築堡障,而有賊馬鈔掠之虞。請自蘭州東關堡東

---

① 留議未決　"留"底本作"劉",據嘉慶本、長編卷三六四改。
② 熙蘭卒不棄　"蘭",長編卷三六四作"河"。
③ 於此　底本作"如此",據嘉慶本、溫國文正公文集卷五〇論西夏劄子改。

修完質孤、勝如護耕二堡①,及於禹職六族中心悶竿灘内②、定西城東玉樓山,各築堡護耕,差役人兵③,與本地分弓箭手相兼守禦。"詔劉舜卿相度如合修築,即漸次興修。丁丑,措置熙河蘭會路經制財用司言:"本路五州軍穀價甚貴,蓋自軍興之後,舊田或廢,新田未闢,地産全少,請懲客人邀求厚利,及銀、絹、鹽、鈔公據,價必平和,經費漸省,仍著爲令。"從之。

四年八月己亥,改熙河蘭會路爲熙河蘭岷路④。

---

① 請自蘭州東關堡東修完質孤勝如護耕二堡 "完",長編卷三八二作"茸";"勝如"底本作"勝靈",據宋史卷三三二穆衍傳、卷四八六夏國傳及欒城集卷四二乞罷修質孤勝如等寨劄子改;"二"底本作"三",據上引宋史卷四八六夏國傳及欒城集改。
② 心悶竿灘内 "悶",長編四庫底本卷三八二作"門"。
③ 差役人兵 "役",嘉慶本作"那",似是。
④ "熙河蘭岷路"下底本有"曲周、雞澤依舊分爲兩縣,從河北路都轉運司提點刑獄司奏也"二十五個字,與本卷"取洮河蘭會"無關,今據此刪之。

卷第八十七

神宗皇帝

討交趾

熙寧三年十一月乙卯①,翰林學士承旨王珪言經制交趾事宜,上以珪所進文字付參知政事王安石,安石言:"伏奉手詔賜示王珪所進文字,且論及交趾事。竊承聖主以豐財靖民爲事②,此生民之福也。然萬里之外,計議於初,不容不審。臣聞先王知足以審是非於前③,勇足以斷利害於後,仁足以宥善,義足以誅姦,闕廷之內,莫敢違上犯令,以肆其邪心,則蠻夷可以不誅而自服;即有所誅,則何憂而不克哉!中世以來,人君之舉事也,初常果敢而不畏其難,後常爲妨功害能之臣所共沮壞,至於無成而終不寤。忠計者更得罪,正論者更見疑。故大姦敢結私黨,託公議以沮事;大忠知事之有敗,而難於自竭。如此則雖唱而孰敢和,雖行而孰敢從?彼姦人取悅於內而誕謾於外,愚人冒利徼倖於前而不圖患之在後,又皆不足任此④。如此而以舉事,則事未發而智者前知其無成矣。蓋天下之憂,不在於疆場,而在於朝廷;不在於朝廷,而在於人君方寸之地。故先王詳於論道而略於議事,急於養心而緩於治人。臣愚不足以計事,然竊恐今日之天下,尚宜取法於先王,而以中世人君爲戒也。"

四年正月癸卯,詔王慶民依舊專管句麟府路軍馬,蕭注於太原府聽旨。會有言交趾爲占城所敗,衆不滿萬,可計日取也。因命注知桂州。潘夙傳云:夙陳交趾可取。此云"衆不滿萬",或是夙所陳也,當考。六年正月注罷桂州。

上問注攻取之策,注辭曰:"臣昔者意嘗在此。方是時,溪洞之兵一可當十,器甲

---

① 乙卯 底本無此二字,據長編卷二一七補。
② 竊承聖主以豐財靖民爲事 "主",嘉慶本作"志"。
③ 臣聞先王知足以審是非於前 "知",長編卷二一七作"智"。
④ 又皆不足任此 底本脫"又"字,據長編卷二一七補。

犀利。其親信之人皆可指呼役使。今兵甲無當時之備，腹心之人死亡大半，而交人生聚教訓之又十五年矣。謂其衆不滿萬，恐傳者之妄也。"

五年八月甲辰，罷諸路轉運司句當公事官，內廣西經略司句當公事二員檢會差置月日取旨。時樞密院已罷諸路經略安撫句當公事官，而溫杲在廣西，實上所命，且方有意圖交州，故不即罷也。

六年四月戊寅，新知桂州沈起乞自今本路有邊事，依陝西四路止申經略司專委處置及具以聞。從之。起又乞差人出外界句當。上顧安石曰："如何指揮？"安石請依所乞，劄與監司。上曰："可。"安石私記又云："上令起密經制交趾事，諸公皆不與聞，凡所奏請皆報聽。"

陳瓘論曰："安石入告之言曰：'兵無時不可用。'神考曰：'用兵安可無名？'安石曰：'陛下若果欲用兵，何患無名？'於是七年執政而四作邊事。神考垂拱仰成，任其所爲，事成則歸功於安石，事不成則引咎於己。韓絳西事既敗，神考降詔罪己，未嘗責安石也。熙河奏功，則解玉帶以賜安石，曰：'非卿主謀於內，無以成此。'梅山用兵，章惇受旨於安石。及其奏功，則神考擢惇而驟用之。廣西之事，沈起亦受旨於安石，及其敗也，神考掩護中書生事之過，曲從安石，貸起之死，而亦未嘗責安石。神考之於安石，可謂厚矣，安石之所以報上者，宜如何哉？臣今考日錄，安石於熙河、梅山，先書李若愚妄沮王韶，而神考崇長若愚；又先書經制成算，已付章惇，而神考爲人游説，即欲改授蔡燁，然後言王韶、章惇必可任使之意，以謂能知王韶者，安石也，非神考也。矜主謀之功，反復張大，至於數十萬言，自謂：'有天地以來，無此功矣。'至於韓絳敗事，則曰：'陛下於一切小事勞心，於一切大事獨誤。'又曰：'若陛下詳慮熟計，則必無可悔之事。'夫安石自作可悔事，而恣爲誣誕歸過之言。神考愛民之志孚於天下，此等誣辭何累大德，但臣子之心不能平爾！沈起引惹蠻事，致令交趾犯邊，圍陷邕州，欽、廉失守。生事者起，人皆知之；造謀者安石，人不盡知也。邊事未作之時，神考有罷起之詔曰①：'熙河用兵未有息期，沈起又於南方妄作引惹。'欲治起罪，以安中外，安石不肯奉詔。明年，果有事宜，三方之民，肝腦塗地，數路騷動，一人焦勞。當時詔語以謂：'一路生靈，橫遭屠戮。職其致寇，罪悉在起。'然起之所以得不死者，良以王安石護起，神考重違其請②，不欲盡行爾。安石退而著書，追記其事，則謂'沈起經制，皆上密謀，諸公皆不與聞。起所奏乞，上皆許之'。嗚呼，四作邊事，二敗二勝，二勝則掠美於己，二敗則斂怨於君。吕誨之言，辨之早矣！"

壬辰，新知桂州沈起乞以邕州五十一溪洞洞丁排成保甲，遣官教閱。從之。

---

① 罷　嘉慶本作"貶"。
② 請　嘉慶本作"情"。

據沈起傳，起六年拜天章閣待制、知桂州。先是，議者言交趾可取，朝廷命蕭注守桂州經略之，注蓋造謀者也，至是復以爲難。起言：「南交小醜，無不可取之理。」乃以起代注，遂一意事攻討。妄言受密旨，擅令疆吏誘訥羈縻州儂善美，即融、宜溪洞强建城寨，奏云内附。板築才興，皆忿怒而叛，殺官吏、丁民千計。神宗責其生事南方，開蠻夷隙①，命劉彝代之。彝施置復繆戾，奏罷北來屯兵，驅新招土人槍杖手以守廣，造戈船，禁與交趾互市，且遏絕其表疏。於是交人疑懼，率衆犯境，連陷廉、白、欽、邕四州，民死者數十萬。事聞，貶起、彝團練副使。起安置郢州，徙越，又徙秀而卒；彝安置隨州，又除名爲民，編隸涪州，徙襄州，元祐初，復以都水丞召還，病卒。

八年十二月癸丑，詔曰：「眷惟安南，世受王爵，撫納之厚，實自先朝，函容厥愆，以至今日。而乃攻犯城邑，殺傷吏民，干國之紀，刑兹無赦，致天之討②，師則有名。已差趙卨充安南道行營馬步軍都總管、經略招討使，兼廣南西路安撫使；李憲充副使；燕達充馬步軍副都總管，須時興師，水陸兼進。天示助順，既兆布新之祥；人知侮亡，咸懷敵愾之氣。然王師所至，弗迓克奔。咨爾士庶，久淪塗炭，如能諭王內附，率衆自歸，執虜獻功，拔身效順，爵祿賞賜，當倍常科，舊惡宿負，一皆原滌。乾德幼稚，政非己出，造廷之日，待遇如初。朕言不渝，衆聽毋惑。比聞編户極困誅求，已戒使人，具宣恩旨：暴征横賦，到即蠲除③。冀我一方，永爲樂土。」王安石之辭也。時交趾所破城邑，即爲露佈揭之衢路，言：「所部之民亡叛入中國者，官吏容受庇匿，我遣使訴於桂管，不報。又遣使泛海訴於廣州，亦不報。故我帥兵追捕亡叛者。」又言：「桂管點閱峒丁，明言欲見討伐。」又言：「中國作青苗、助役之法，窮困生民，我今出兵欲相拯濟。」安石怒，故自草詔。安石最不信洪範災變之説，於彗星乃推之交趾云。

是年十月乙未夕，有星出軫。丙申而長三尺。丁酉，長五尺，乃以彗聞。戊戌，長七尺，斜指太轄。至丁未夕，始没。

九年春正月庚辰④，交賊陷邕州，蘇緘死之。初，張守節敗，生獲於賊者數百人。賊知北軍善攻城，啗以厚利，使爲雲梯，既成，爲緘所焚。又爲攻濠洞，蒙以生皮。緘候其既度，縱火焚於穴中。賊計盡，稍欲引去，而知外援不至，會有能土攻者，教賊囊

---

① 蠻夷　嘉慶本作「蠻貊」。
② 致天之討　「致」底本作「奉」，據長編卷二七一、臨川文集卷四七敕牓交趾改。
③ 到即蠲除　底本作「即爲蠲除」，據長編卷二七一、臨川文集卷四七敕牓交趾改。
④ 庚辰　底本作「己卯」，據長編卷二七二改。

土數萬,向城山積,傾刻高數丈。賊衆登土囊以入,城遂陷。緘猶領傷卒馳騎苦戰,力不敵,緘曰:"吾義不死賊手。"乃還州廨,闔門,命其家三十六人皆先死①,藏尸於坎,縱火自焚。賊至,求緘及其家遺骸,皆不能得,殺吏卒、土丁、居民五萬餘人,以百首爲一積,凡五百八十餘積。并欽、廉州所殺,無慮十萬餘人,並毀其城以填江。邕州被圍凡四十二日,緘率屬將士固守,糧儲既竭,又歲旱,井泉皆涸,人饑渴,汲漚麻汗水以飲②,多病下痢,死者相枕,而人無叛志。緘憤沈起、劉彝致寇,彝又坐視城覆不救,欲盡疏以聞,屬道梗不通,乃列起、彝罪榜於市,冀達朝廷。初,緘子子元爲桂州司户參軍,挈家往省父,將還,適聞有交賊,緘以郡守家屬出城,見者必以爲避賊,則人有去心,獨遣子元還桂州,而留其妻孥,至是俱死。緘既死,交賊復謀寇桂州,前鋒行數舍,或見大兵自北南行,呼曰:"蘇皇城領兵來報交趾之怨!"賊帥懼,遂引歸。其後邕人爲緘立祠,歲時禱之。

　　二月丁亥朔,宣徽南院使、雄武軍留後、判太原府郭逵爲安南道行營馬步軍都總管、招討使,兼荆湖、廣南路宣撫使,改趙卨爲副使,仍罷李憲。先是,趙卨上言:"朝廷置招討使副,其於軍事並須共議,至於節制號令,即乞歸一。"於是李憲銜之,已而語卨:"今邊事止奏稟御前指揮③,更不經中書、樞密院。"卨對以:"朝廷興舉大事,若不經二府,恐類墨敕,於事未便。"憲又言:"將來若至軍中,御前有指揮,事當如何?"卨曰:"事若未便,軍中不聞天子詔,當從便宜爾。"二人由是交惡,屢紛辯於上前。王安石白上:"中人監軍,唐叔世弊事,不可蹈。"上因問卨:"若憲不行,誰可代憲?"卨言:"逵老邊事。"上曰:"卿統師,令副之,奈何?"卨曰:"爲國集事,安問正副,臣願爲裨贊。"上諾之。始,吴充與安石争伐交趾利害,安石言必可取,充謂得之無益。上竟用安石言,罷憲而遣逵及卨。安石雅不喜逵,乃有是命,亦充所薦也。乙未,安南招討司言行營九軍合用鐵蒺藜三十二萬四千,以山險減半,從宣撫司請也。辛丑,廣南西路經略司以蘇緘死事聞,上嗟悼,爲之不食。詔贈緘奉國軍節度使,謚忠勇,賜京城甲第一區,鄉里上田十頃,聽其家自擇,官其親族七人。以其子前桂州司户參軍子元爲西

---

① 三十六人　底本脱"六"字,據嘉慶本、長編卷二七二、宋史全文卷十二上補。
② 漚麻汗水　"汗"底本作"紵",據九朝編年備要卷二〇改。按:長編卷二七二作"漚麻汗水"。
③ 今邊事止奏稟御前指揮　"今",太平治迹統類卷一七神宗平交趾同,長編卷二七三作"令";"止",長編卷二七三同,太平治迹統類卷一七神宗平交趾作"共"。

頭供奉官、閤門祗候,奪服充召募舟師副將,賜對便殿,上撫諭甚至,且曰:"邕州若非卿父守禦,如欽、廉二州賊至而城破,乘勝奔突,則賓、象、桂州皆不得保矣。昔唐張巡以許遠守睢陽,蔽捍江淮,較之卿父,未爲遠過也。"改授子元殿中丞、通判邕州。交趾之圍邕州也,王安石言於上曰:"邕州城堅,必不可破。"上以爲然。既而城陷,上欲詔兩府會議於天章閣,安石曰:"如此,則聞愈彰,不若止就東府。"上從之。安石憂沮形於辭色,王韶曰:"公居此尚爾,況居邊徼者乎?願少安重,以鎮物情。"安石曰:"使公往,能辦之乎?"韶曰①:"若朝廷應副,何爲不能辦?"安石由是與韶有隙。

三月庚申,郭逵辭宴垂拱殿②,賜中軍旗物、劍甲以寵之。壬午,詔均州團練副使、隨州安置劉彝追毀出身以來告敕③,送涪州編管。以御史中丞鄧綰言沈起、劉彝雖已降責,尚未有盡,乞治彝張皇之罪,重行誅戮故也。

四月丙午,永興軍掌機宜官范育從郭逵辟爲安南道掌機宜官,至潭州,奏論交趾事勢,略曰:"朝廷宜講所以輕治緩救之策,制勝於萬全,不當爲重且急之謀。"又曰:"治大以重,雖無事不可緩者,西北守邊是也。救緩以輕,雖有警不可急者,征討安南是也。"遂辭疾歸。

五月戊寅,知辰州、皇城使陶弼以本官充康州團練使、知邕州,如京副使張述權發遣宜州。時邕州新破,遺民逃山谷不敢歸,弼單騎從百餘人先入左江峒招諭,民始翕然歸業。因點集舊所籍丁壯,得二萬七千餘人,分三等,以二萬隸諸將,凡踏白開道及輦輜重,皆峒丁也,餘以自隨。

六月壬子,富弼言:"蠢爾蠻獠,犯我封疆,二廣構災,五嶺嚴備。雖爲手足之患,諒煩宵旰之憂。竊聞淮南累歲尤爲荒歉,南方鄉村城郭,重疊逋欠官司錢物,諸處興修水利之類,役人甚衆。伏願陛下深詔有司④,并下諸道,切以寬民爲務。凡所逋欠,可蠲者與蠲放,理難蠲放者,多分料次,且令迤邐輸納,及權罷諸般興作,完聚民力,一意專以破賊爲急,俟嶺南寧息,歲時稍豐,然後別上圖議,以稱朝廷有爲之心,固亦未

---

① 韶曰 "韶"底本作"對",據長編卷二七三、宋宰輔編年錄卷八、太平治迹統類卷一七神宗平交趾改。
② 辭 底本作"侍",據嘉慶本、長編卷二七三改。
③ 告敕 底本作"誥敕",據長編卷二七三改。
④ 深 長編卷二七六作"降"。

晚也。"張方平言:"交趾自李日尊以來,貢職已廢①。往時遣使,例抵其國,見城中無居民,府舍湫陋,茅竹屋數十百區,以爲軍營,兵器有弓弩、木牌、梭槍、竹槍,弱不堪用,勢不能爲中國患,故遠而易之。至景德中,李氏竊此疆域,及今七十餘年。王人久不涉其地,不復知其虛實。今聞其城栅隍塹乃有數重,兵力民衆,必益充足,頗略旁近占城等諸小國。事勢施設。比前爲彊大。而嶺南長吏,猶習故常,本非經遠之才,又忽不虞之戒,狂妄輕脱,爲國生事。謹條九事,列於左方。愚者千慮,尚須有得。採擇所長,不爲無補也。"

七月乙亥,詔諭郭逵等:"諜言交賊既歸巢穴,日聚其黨,教以戰陳,及搜集象、馬,閲習奔衝。此蠻素狡獪,今又操危心,慮大患,其於姦智必有出人意外者,深恐八月中果來犯邕州。見在彼將官傷於忠勇,便與接戰,慮誤大事。蓋深入之師,利於速戰故也。仰更切審爲處置,嚴與戒約。"是月,安南行營次桂州,郭逵遣廣南東路鈐轄和斌及楊從先等督水軍涉海,自廣東進;諸將九軍自廣西進。

八月己亥②,衛尉少卿、直昭文館石鑑知虔州③。鑑初罷桂州,非緣罪戾,改知虔州,尋又改知桂州。鑑登對,具言交賊機智姦巧,極不可輕。上即令李舜舉諭郭逵等曰:"如鑑所説,賊勇鋭致死或在夏國之右。緣此舉近繫二廣安危,遠關四方觀望,若不萬全致勝,於國計深爲不便,切宜穩審過爲支準也④。"

九月乙丑,詔安南宣撫、招討、總管司:"應四路宣布德澤、安撫軍民等事屬宣撫司,謀猷機策等事屬經略、招討司,行營將校、軍馬等事屬都總管司,往來文字並相關牒。"上聞郭逵與趙卨不相能,故有是詔。

十二月癸卯,郭逵等次富良江。此據會要。初,逵遣燕達先破廣源,復還永平,與大兵會。趙卨以爲廣源間道距交州十二驛,趣利掩擊,出其不意,川途並進,三路致討,勢必分潰。逵不從。廣源既降,達議還赴逵約,時下連、古弄洞敗兵猶萬餘衆。達恐去則彼必來襲,乃留曲珍將輕騎三千,陽言由二洞入交州,縱二蠻俘使歸,賊果自守不

---

① 貢職已廢 "職"底本作"賦",據嘉慶本、宋張方平樂全集卷二六論討嶺南利害九事改。
② 己亥 長編卷二七七作"丁酉"。
③ 虔州 底本作"桂州",據長編卷二七七改。
④ 切宜穩審過爲支準也 長編卷二七七作"切宜穩審也"。

敢動。賊始設伏於夾口隘,以待我師,逵知之,乃由間道兜項嶺以進,遂抵富良江。未至交州三十里,賊艤戰艦四百餘艘於江南岸,我師不能濟,欲戰弗得。達請示弱以誘賊,賊果輕我師,數萬衆鼓譟逆戰,前軍不利,逵率親兵當之,達等繼進,賊少卻,叱騎將張世矩、王慜合鬭,諸伏盡發,賊大敗,蹙入江水者不可勝數,水爲之三日不流。殺其大將洪真太子,禽左郎將阮根。乾德懼,奉表詣軍門乞降,納蘇、茂、思琅、門諒、廣源五州之地,仍歸所掠子女。於是逵與諸將議帥大兵濟江,諸將曰:"九軍食盡矣。凡兵之在行者十萬,夫二十餘萬,冒暑涉瘴,死亡過半,存者皆病瘁。"逵曰:"吾不能覆賊巢,俘乾德以報朝廷,天也。願以一身活十萬餘人命。"乃班師,以乾德降表聞,約交人聽旨。

十年二月己亥,樞密副使、禮部侍郎王韶知洪州。韶時以母老句外,因抗疏言決里、廣源州之事,以爲大臣圖國事,不當貪虛名而忘實禍,捨遠業而先小數。執政莫肯聽用,每聞臣言,則必以熙河事折臣云云。上不悅,故出之。餘見取洮河。丙午,宰臣吳充等上表賀安南平。曲赦廣南西路諸州軍,以廣源州爲順州。己酉,知邕州陶弼爲西上閤門使、知順州。初,郭逵以重兵壓賊境,使弼將精銳殿後。李乾德既納款,逵欲班師,恐爲賊所襲,不先號令,而中軍夜起,兵夫爭前,自相蹂踐。賊隔江對壘,陰伺之。弼命帳下無輒動,遲明,整隊徐行引還①。逵方築廣源城,又使弼往視,即奏用弼知順州。賊數入寇,復據桄榔縣②,揚聲欲攻州城。弼率厲將士固守,素得人心,賊動息皆知之。獲覘者,因令諭賊以禍福,不則來戰。賊始懼,順州以寧。

四月甲辰,詔:"已差徐禧會計安南興師費用。聞廣西民自供大役之餘,極爲殫弊,令禧具可以寬恤振補事以聞。"後禧上振恤事:一曰蠲賦稅、減役錢③;二曰除欠負,養孤遺;三曰罷折變,禁科買;四曰放鋪夫,省役人;五曰計地里,省科撥④。並從之。

十一月己巳,廣南西路轉運司言,九道白衣李聚明等探到交趾事狀。詔:"自今如九道白衣至,令經略司優加撫納,嘉其向化之意。"

---

① 徐行引還　嘉慶本、長編卷二八〇均無"行"字。
② 桄榔縣　"桄"底本作"機",據嘉慶本、名臣碑傳琬琰集中卷十三郭將軍逵墓誌銘、宋劉摯忠肅集卷十二東上閤門使康州團練使陶公墓誌銘改。
③ 減役錢　長編卷二八一作"減殺人"。
④ 省科撥　"科"底本作"私",據長編卷二八一、太平治迹統類卷十二神宗聖政改。

十二月丁酉,知桂州趙卨乞專委橫山寨主、監押招誘蠻人買特磨道等戰馬。從之。

元豐元年二月辛未,詔權桂州司理參軍徐伯偕、攝廉州石康縣尉徐伯準並除名勒停,百姓徐建安等並杖脊編管,以不知覺徐伯祥叛前通書交趾特斷也。伯祥初以布衣募衆擊交賊,授右侍禁,爲沿邊巡檢。王師抵富良江,乾德遣人以伯祥熙寧六年書至,其書自稱"巨宋遊士臣伯祥",教以擾邊,且以朝廷爲負其功,故積怨,欲舍墳墓、棄親戚而歸彼。於是詔捕伯祥,伯祥自經死。而伯偕者其同母兄,伯準其同堂弟,建安其子也。

五月丙申,前守化州文學趙世卿進安南邊說五篇,及自陳安南戰棹司差使有功。詔世卿與正官,注荊湖南路主簿。

八月癸丑,知桂州趙卨爲天章閣待制、知太原府。先是,上以手札問卨交人逆順之情:彼將入貢,於新疆降民必有邀求,應之緩急、與之多寡宜如何?卨對:賊勢未敢動者三。時,或議再舉,上得奏,罷之,而赦乾德,嶺表遂安。

二年四月丙辰,廣南西路經略司言:"順安州、貢峒等舊隸邕州,昨宣撫司因收復廣源,分隸順州,乞還舊隸。"從之。

七年六月壬申,朝散郎、龍圖閣待制熊本試吏部侍郎。初,宜州蠻擾邊,以本知桂州。始至,即戒邊吏毋輒生事,勞問溪峒酋長,人人得其心。乃請選將練土兵以代戍卒,益市馬以足騎兵,宜州遂無事,而朱崖黎人之圍解。土人蔡寶珍導降蕃引兵與熟户訟①,欲取以爲功。本聞之色動,縛寶珍投海上,夷人以爲神。諜者云交人將以明年入寇,使者實其言,詔問本,本曰:"安南使人在道,不應有此。藉令有謀,不應先使人知。"後果妄。初,郭逵宣撫安南,劉几以廣源郡建爲順州②,朝廷以爲不足守,詔給賜李乾德。疆畫未明,而交人狙窺宜州之隙,欲并取儂智會勿陽地,搗虛掠歸化,逐智會。智會竄右江乞師,本遣使問狀,交人爲斂兵,乾德謝罪,本請賜以宿、桑八峒不毛之地,嶺表遂安。

十月戊子,敕交趾郡王乾德:"省廣南西路經略司奏:'昨準朝命,安南奏以溪峒勿

---

① 降蕃　長編卷三四六作"隆蕃"。
② 劉几　底本作"劉九",據東都事略卷八六熊本傳改。

惡、勿陽等州峒疆至未明，令本司計會本道，差職官辨正。今準安南報差黎文盛等至，邊界已辨正。乞降詔旨付安南遵守事。'向觀奏牘，陳敘封疆，特命邊臣計議辨正。卿保膺寵祿，世載忠純，欽奉詔旨，申飭官屬，分畫州峒，本末已明。勿惡、勿陽二峒已降指揮，以庚儉、邱矩、叫岳、通曠、庚巖、頓利、多仁、句難八隘爲界，其界外保①、樂、練、苗、丁、放近六縣，六縣下恐有脫字，時政記亦然。宿、桑二峒，並賜卿主領。卿其體此眷私，益懷恭順，謹遵封約，勿縱交侵。"

初，熙寧十年，乾德言："乞詔回大兵，即遣使謝罪，奉職貢。"詔從其請，令安撫司遣人畫定疆界。而宣撫使郭逵以爲："昨大軍至富良江，交趾納款日，僞文思使矯文膺已嘗議定：大兵所至，即是封疆，令太平寨主成卓往分畫。"元年②，乾德遣陶宗元入貢，乞四州土③。詔令交趾盡歸所虜邕、欽、廉三州人口，即給廣源等州。而交趾所送人口二百有六，年十五以上額刺曰"天子兵"，二十以上面刺曰"投南朝"，婦人左手刺曰"官客"。安撫司復索三州官吏、婦人，而交趾固稱無有，以故久之不決。五年九月，交趾知上源州楊壽安寇歸化州，宿兵謀入順安等七州峒。歸化州，故勿陽峒穴也，而知邕州、西京作坊使劉初以爲皆廣源州故地，開寶中，廣源道坦綽儂民富願以管下古欿、覆和十州比七源蠻內附輸納④，朝廷授民富以官，知廣源州事。後雖因劉紀納土，朝廷以通儂州賜智會。智會，民富之宗也。交人無厭，失信妄動，不若因此處置，以息將來邊患。而交人以爲昨采銅於勿陽峒，即不知有歸化州。經略使熊本亦言："嘉祐中，儂宗旦以勿惡等峒歸明，賜名順安州。治平中，儂智會以勿陽峒歸明，賜名歸化州。今儂氏所領州峒，初不隸南平，而歸化等州係右江控扼咽喉之地，制禦交趾、大理、九道白衣諸蠻之要路。乞詔交趾，詰其侵犯歸化州之故，及令盡還虜去生口，絕其長惡未萌之心。"

是歲，成卓、鄧闕乃與南平使黎文盛、阮陪定議：如十月己巳詔書。而黎文盛寓書熊本曰："成卓言：上電、下雷、溫、潤、英、遙、勿陽、勿惡、計、城、貢、淥、頻、任峒、景思、

---

① 其界外　底本脫"其界"二字，據長編卷三四九補。
② 元年　長編卷三四九同，沒有年號，不知是何元年。宋會要輯稿蕃夷七之三一記載："[熙寧]二年九月一日，詔交州第一次朝貢，其使人可特與推恩。進奉使、崇儀副使郭士安特除六宅副使，東頭供奉官陶宗元授內殿崇班。"
③ 乞四州土　"土"底本作"上"，據嘉慶本、長編卷三四九改。
④ 內附輸納　長編卷三四九作"內附輸稅"。

苟紀縣十八處,從南畫界,以爲省地。陪臣小子惟命是聽,不敢争執。然儂氏所納土,皆廣源之屬也。幸遇聖明①,萬政更張,何愛此磽确瘴癘之地,不以回賜本道,存庇外臣?或曰:'昨王師所取者當還,其守吏挈而歸明者難復也。'文盛以爲土有主屬,守吏挈而逃去,盜主之物也。主守自盜,不赦之贓,盜物寄贓,法亦不許,况可污於省籍乎?"而本及卓以文盛雖有求地之言,然又言"惟命是聽,不敢争執",以爲大意已定,故降詔焉。

---

① 幸遇聖明　長編卷三四九作"幸遇聖朝"。

卷第八十八

神宗皇帝

討梅山蠻

熙寧五年閏七月庚戌，遣章惇察訪荆湖北路農田水利常平等事，始議經制南、北江。南江，本唐敍州，五代失守，群蠻擅其地，虛立州名十六。國朝並隸辰州，許令貢奉，則給以驛券。其後有硤州舒光秀者爲之首領①，提點刑獄趙鼎言："硤州峒酋刻剥無度，蠻衆願内屬。"時熙寧三年也。明年，辰州布衣張翹上書，論："南江蠻雖有十六州，惟富、硤、敍州僅有千户，餘各户不滿百，土廣無兵，加以薦饑。近向永晤與繡②、鶴、敍諸州蠻自相讎殺，衆苦之，咸思歸化。願先招撫富、硤二州，俾納土，則餘州自歸。"又言："北江下溪州刺史彭師晏孱懦，衆不畏服，争鬭讎殺不已，皆有内向心。近師晏嘗於辰州自陳，願以石馬鎮一帶疆土歸化。乞乘機招納，建城寨，定税賦。"詔以翹書并鼎所陳下知辰州劉策詢度。於是，請如翹言：領兵壓境，密行招諭，直下溪州修築一城，置五堡寨。仍遣其子圖上方略。上曰："策言兩江事，所規畫甚善。非貪其土地，但欲弭患耳。"

九月丁卯，詔："比差章惇經制梅山蠻事，今令知潭州潘夙、荆湖南路轉運副使蔡燁與惇協力處議，毋致失誤。"梅山蠻素凶獷，數出抄掠漢界。嘉祐末，鼎州人張顒知益陽縣，收捕其桀黠者符三等③，遂經營開拓，安撫使吴中復以聞，其議中格。及户部判官范子奇權荆湖南路轉運副使，復奏蠻恃險爲邊患，宜臣屬爲郡縣。子奇尋召還，又述前議，會遣惇察訪南、北江，遂以命之。既而，更委夙、燁。

---

① 首領　長編卷二三六作"統領"。
② 向永晤　長編卷二三六作"向永梧"。
③ 符三　長編卷二三八作"付三"。

十一月庚申,章惇言:"招諭梅山蠻猺令作省户,皆歡喜爭開道路①,迎所遣招諭人。得其地,東起寧鄉縣司徒嶺,西抵邵陽白沙寨,北界益陽四里河,南止湘鄉佛子嶺。"又言南、北江事亦各有序。

六年二月戊戌,以歸明人黄全諫爲三班奉職、辰州指揮使,仍賜銀絹、袍帶。初,洽州蠻李光全等欲連富州村囤爲亂,全諫執送官,故賞之。其後章惇言賞全諫太優,恐難繼,其次三人止乞與殿侍。上以問安石,安石曰:"不然則安能使人人踴躍有趨賞之心,而懿、洽不敢出而求助。陛下每恐賞輕重不等即有人覬望。如漢高祖功臣未有受封者,先封趙子弟四人。若畏功臣覬望,即不敢如此;不敢如此,即何以收趙人心?今賞全諫,正是封趙子弟之意。人主作威福,若使人臣各自較量厚薄,操券以責人主,恐人主不可勝責。故太祖責川班援例求賞,盡誅之,所以銷人臣悖慢之氣,而長人主威權。若能如漢高祖收趙子弟,即人臣有覬望爲亂者,厚賞令衆誅之而已。"

四月壬辰,權邵州防禦判官郭祥正爲太子中舍。章惇言祥正均給梅山田及根括增稅有勞也。

五月癸亥,章惇言:"權發遣荆湖南路轉運副使蔡燁元奏梅山利害及措置梅山武岡猺人,得主客萬四千八百九户、丁七萬九千八十九口、田二十六萬四百三十六畝,起稅租及修築武陽、關硤、城步寨②。其提點刑獄孫頎、權發遣提點刑獄朱初平、管句常平司喬執中、知潭州潘夙並協力同議。"詔各遷一官。

六月己卯,南江歸明人向永晤奉其祖防禦使通漢所受真宗塗金交椅、銀裝劍及富州印來獻。詔以劍、椅先朝所賜,還之,而留其印。

七年四月丙戌,詔置沅州,以懿州新城爲治所,縣以盧陽爲名,從章惇請也。

南江傳云:懿州賜名沅州、潭陽縣立盧陽縣,並係之七年六月。案:實録乃七年四月十九日事也。正月十九日,惇請建州縣城寨,當參考。九域志云:沅州潭陽郡,熙寧七年,收復溪峒黔、衡、古、顯、敘、硤、中勝、富、瀛、繡、允、雲、洽、俄、獎、晃、坡、宜十七州③,即唐敘、錦、獎州地置州,治盧陽縣,領盧陽、麻

---

① 爭開道路　"開"底本作"闢",據長編卷二四〇、九朝編年備要卷一九改。
② 城步寨　底本脱"步"一字,參考長編卷四三〇記載"湖南蠻賊攻圍邵州關硤、城步寨",卷四三七記載"邵州關峽、城步、真良等處團峒元謀作酋首楊晟進等四十三人投降",卷四五四記載"其武陽、關峽、城步等寨皆係極邊,乞逐寨各添屯兵戍守"補。
③ 宜　長編卷二五二作"宣"。

陽、黔陽三縣,及寨二。熙寧五年收復,以硤、中勝、雲、鶴、繡五州,即唐敘州龍標縣之東境置安江寨;富、境、圓三州,即唐敘州龍標縣地,置鎮江寨。食貨志云:章惇初築沅州,亦有屯田務。

八月甲午,併辰州麻陽、招諭二縣隸沅州。

十一月戊戌,賜江淮發運副使張頡獎諭敕書,并銀絹二百。先是,章惇言:"措置梅山,實自頡發之。"詔頡具元奏事節以聞,故有是詔。

八年三月丙辰,沅州奏:"比建州學,今聽讀者已多。乞賜國子監書,庶一變舊俗,皆爲禮義之民。"從之。

十一月丙午①,荆湖北路轉運使孫桷言②:"下溪州刺史彭師晏等十人內附,已遣知辰州陶弼等部兵夫築下溪州城寨。"時南江新定,師晏據北江之下溪州,桀黠難制。弼以謀間其黨保静、永順等六州酋豪,使自相仇,師晏舉族爲諸酋所攻殺,僅以身免。弼乃爲書,委其用事首領周興,諭以禍福。師晏遂與興及衆數千來降。弼取地,築城寨五。弼,永州人也。

十二月庚子,荆湖北路轉運使孫桷言③:"沅州招納僞地、林、錦等十三州歸明,得户三千九百十、丁六千四百四十一,逐州分認歲入課米,以鹽酬之。州界遠者六十里,近者四十里。請補知州等官。"詔授地、林、錦州楊昌蠻等十三人爲班行、軍將。

元豐五年正月戊申,客省副使、知誠州謝麟言:"本州旁近户口或遠隸它州,見有封疆不足城守,乞增割户口、山川,并降屬縣名額。"詔:"沅州新修貫保、托口、小由、豐山堡寨,係控扼蠻、蜑形勢之地,宜以瀕渠河貫保寨爲治所,合置渠陽縣隸誠州,仍以麟知沅州,管句沅、誠州沿邊安撫公事。又以西京左藏庫副使、閤門通事舍人周士隆知誠州,置兵馬監押、職官、司户参軍各一員,並令謝麟舉官一次。誠州官任滿,依沅州酬獎。"

九域志云:誠州,唐溪峒誠州,皇朝熙寧九年收復,元豐四年仍舊治,置渠陽縣。

六年四月丁未④,湖北轉運使言:"誠州開修潭溪等溪峒,直抵廣西都懷寨。若通此路,中徹融州,實可扼三路溪洞之喉衿。望下廣西,協力經營。"詔熊本應副,無得誘

---

① 丙午　底本作"丙戌",據長編卷二七○改。
② 孫桷　係爲避宋高宗趙構名諱對"孫構"的諱改。
③ 荆湖北路轉運使　底本"北"上衍"南"一字,據長編卷二七一删。
④ 丁未　底本無此二字,據長編卷三三四補。

張,致失機會。

五月戊子,西上閤門使、果州刺史謝麟言:"先準朝旨,撥托口、小由、貫保、豐山四寨并若水倉隸屬誠州。緣沅州與誠州元自梅口江爲界①,今因割移四堡,遂以洪江口爲界。自洪江口至梅口江約三驛,又從托口寨盧陽縣界至梅口江約四驛,削取沅州封守附益誠州太廣,不惟沅州户賦人兵不足以成郡,兼誠州見招納上和、潭溪等峒,自可以開拓封疆,兼猺狼②、九衙等諸峒並在托口寨西南,見隸沅州,水陸道皆由托口寨。設或溪峒入寇,誠州地遠,力不能制,沅州又爲托口等所隔,難便措置,或以生事。乞以小由、托口兩寨依舊隸沅州,以大由等溪峒割隸誠州③。"從之。

平渃井蠻

熙寧六年,晏州六縣夷自渃井謀入寇。五月癸丑,命都官員外郎熊本察訪梓州路常平等事,并體量措置瀘州渃井監夷事。新紀但云:遣熊本措置瀘州夷。

先是,本及蒲宗孟皆言:"討渃井蠻不當發西川兵,既弱又遠,當發戎州兵而已。"又言:"渃井蠻,不當盛兵討之,蠻急則恃山林,官軍不能入也。然有田以爲生,若以兵擾之,使不得田,即亦自困。今不務擾之使不得田,而盛兵討之,我罷則彼出,我出則彼藏④。瀘州糧食難繼,我師必困。"上以爲然,欲即選此兩人。王安石曰:"臣欲更與計議,續取旨。"時李曼建議欲以王命撫納甫望个恕及晏子,安石又白上:"此兩人皆以爲甫望个恕、晏子不可以王命崇獎,成其氣勢,後不可測。臣愚以爲此二族多不過萬人。夷俗以王命爲重,今寵以爵命,歲時稍加優賜,約以勿相侵擾。彼若懷惠,乃所以絶其兼并之謀。今縱爲生夷,即彼自相兼并,非我所能制,何由禁其浸彊?"卜謂曼失策,安石曰:"曼奏亦但云各領本部,不得相侵擾而已。撫二酋以王命,恐當如此。"上乃以爲然。既而安石曰:"熊本子細,必能了當。"遂獨遣本,仍令諭本此意。

九月癸亥,詔故長寧州土刺史斗蓋子斗辣爲長寧州土刺史,隨屬村首領斗始該爲巡邐使。以措置夷事熊本言:"斗辣族距渃井監十里,領山前十二村夷衆,未嘗爲寇。

---

① 梅口江 底本脱"江"一字,長編卷三三五同,據宋會要輯稿方域一九之九、蕃夷五之八八補。
② 猺狼 底本作"結狼",長編卷三三五同,據宋會要輯稿方域一九之九、蕃夷五之八八改。
③ 以大由等溪峒割隸誠州 "等",長編卷三三五、宋會要輯稿蕃夷五之八八同,但宋會要輯稿方域一九之九作"築"。
④ 我出則彼藏 "出",長編卷二四五作"往"。

昨以一馬、七牛、吉刀等結尅始該攻討三里夷賊,來效首級,尅辣乞與父時封爵。隴厲村亦控制諸夷水陸形勢之地,緣始該隸南廣州土刺史李行從,難即使之同列。"故有是命。戊辰,察訪梓夔路常平等事熊本言:"近制,漢戶典買夷人田土者聽。今訪聞戎、瀘州縣分前此漢人亦多私典買夷人田土者,皆出情願,即無爭競,但不敢經官印契,謂宜許令賫契赴官陳首,如無交加,即印契給還;其元無税租地土,不以敕前後,並令量認租税。"從之。

十月辛未案:長編事在壬申。王安石因進呈瀘州事,言:"得熊本書,以爲甫望个恕、晏子可羈縻。初,本在京師,臣與言當如此,本不以爲然,及今乃知須合以爵命羈縻,緣甫望个恕羈旅①,能掠有生夷自立,必粗有才略,或是豪傑。若不羈縻,任其并吞,以彼諸夷不難并制,遂致強大,即爲一方邊患。今乘其未然,以爵命羈縻,旁近諸大族各隨諸部加以爵命。既加爵命,並爲内屬部落,即難相并吞,所謂爲大於細,圖難於易也。"上悦,曰:"已令熊本經制,他日可如此。"安石曰:"本云且有奏請,僉議除瀘守。"上曰:"專令熊本經制,卻令本自舉一人知州事。更求人,未必及本。"安石曰:"此甚善。"

十二月丁丑,梓夔路察訪熊本言:"江安寨兵官以商議買田爲名,誘三里夷人斗設等至寨,因詰問傷殺兵官主名,其人自以罪大,即拔刀唱殺,尋斬訖。斗設等劇賊也。"上曰:"此等夷人固不可赦,然誘而誅之,或爲他日之害。謂之唱殺,特以此爲名耳。"後本乞賞功,上弗許。蓋本以檄召戎州司户參軍程之元權領江安縣密圖之,之元即召諸酋見於廷,問景左藏安在,諸酋呼噪不服,因殺九十餘人。斗設,手刃思忠者,械送瀘州,淩遲斬之,以祭思忠。

七年正月甲子,熊本言:"自十一月己卯親將蜀兵東兵②、募土丁凡五千人入夷界,捕殺水路大小四十六村,蕩平其地,納銅鼓、槍牌乞降者,因即撫定之。即於所得地内小溪口、寧遠寨西置二寨,三壕面、荔枝徼等處置卓望四堡③,平治險隘,開修道路,建置橋閣、里堠,悉已周備。并晏州柯陰縣夷嘗助水路夷抗官軍,亦行討伐,即至

---

① 羈旅 嘉慶本作"羈縻"。
② 蜀兵 底本作"屬兵",據嘉慶本、長編卷二四九改。
③ 荔枝徼 嘉慶本作"荔枝檄",長編卷二四九作"荔枝激"。

軍前設誓①,永不犯省地。凡得夷所獻地二百四十里②,已募人墾耕,其屬夷悉已聯爲保甲。臣與轉運使陳忱、提點刑獄范百禄於今月辛酉,同所將軍馬次江安縣,見遣兵分屯,及差次軍前功狀,續具以聞。"

十一月乙卯,十六日也。今月辛酉,七年正月二十三日也。按熊本集淯井享士題名,本以六年五月自東府掾視瀘南夷事,七年正月一日自江安次寧遠,二月三十日戊子,同陳忱、范百禄至淯井享士。其稱今月辛酉,是二十三日無疑,但不應二十六日便奏到,恐實録誤編入此,姑從之。

四月辛卯,賜瀘州軍前効用黔州弩手號忠勝義軍,人賜錢三千,有功者別議賞。淯井蠻寇邊,此軍出力死戰,蠻隔溪語曰:"相與無怨,何致力也?"義軍罵曰:"朝廷遣我擊賊,不知其他。"以藥箭射賊,當之者立死。賊惡之,曰:"此黔州弩手箭也。"

五月己亥,西南蕃烏蠻羅氏鬼主僕夜爲銀青光禄大夫、知羈縻姚州,甫望个恕爲銀青光禄大夫、知羈縻歸徠州,沙取禄路、乞弟並爲把截西南蕃部巡檢。從經制夷事熊本請也。

討茂州蠻

熙寧九年七月癸亥,成都府路體量邊事王中正言:"茂州所管靜州,州將楊文緒因蕃部謀燒劫市户,圍逼州城,并率張仁貴結連背叛。今雖擒獲文緒,然已病困,恐且死,無以徇衆,遂輒斬之。其張仁貴并妻女等,乞裁斷。"詔張仁貴凌遲處死,并楊文緒妻女,並依謀叛已上行法③。仁貴,茂州牙校也。

十一月癸酉,內侍押班王中正爲昭宣使,劉昌祚爲皇城使,狄詠爲客省副使,王光祖爲引進副使,以討納茂州蕃部,且建堡寨以爲邊防,賞功也。昌祚、詠等皆中正所攜以來者,光祖爲梓夔路鈐轄,受命策應,以兵三千渡索橋,歷流沙、飛石之危。會中正等破雞宗關,次蕩筭篥谿諸族,得級數千,他物稱是,遂軍雞宗關,去茂州五十里,石鼓村扼其半道,而爲賊所據。中正患之,召光祖與昌祚、詠議。光祖獨請行。既叩石鼓,賊恃嶮,矢多如雨。光祖以銳兵分四路登山,出賊背以取其隘,賊不意,遽遁,追至茶

---

① 即至軍前設誓　底本脱"設"字,據長編卷二四九補。
② 二百四十　"二"底本作"一",據長編卷二四九、宋九朝編年備要卷一九改。
③ 並依謀叛已上行法　長編卷二七七"上"下有"當"一字。

山,迫夜,親執旗鼓,擁之以進,追斬數百級,墮崖谷死者無算。遂招納餘族及營諸堡砦。會中正等於茂州,乃歸。始,中正至成都,而茂州既與蕃部私誓,當罷兵,中正獨言受御前劄子,有所討殺。六月,引兵自雞宗關入恭州,乘蕃部不設備掩擊之,斬首數百,焚蕩族帳幾盡,尋復與私誓。七月,又襲之,隨復與私誓。具奏,以蔡延慶雖云私誓,官軍至雞宗關,蕃部輒渝約拒戰故也。時延慶已坐措置乖方被責,且去成都矣。故事,蕃部私誓,當先輸抵兵求和物,官司籍所掠人畜、物財使歸之,不在者增其價,然後輸誓。牛、羊、豕、棘、耒、粗各一,乃縛劍門於誓場,酋豪皆集,人人引於劍門下過,刺牛、羊、豕血歃之,掘地爲坎,反縛羌婢坎中,加耒耤及棘於上,投一石擊婢,以土埋之。巫師咒云:"有違誓者,當如此婢。"及中正私誓,初不令輸抵兵求和等物,亦不索所掠買,羌婢以氈蒙之,經宿而失。中正又先過劍門,蕃部皆輕之,自是剽鈔未嘗絕也。

十二月庚戌,即茂州汶川縣置威戎軍使,及置鎮羌寨、雞宗關。

討瀘州蠻

熙寧十年,羅苟夷犯納溪寨,詔涇原副總管韓存寶擊之。存寶召乞弟等,犄角討蕩五十六村十三囤,蠻乞降,乃詔罷兵。

元豐元年,乞弟率晏州夷,合步騎六千至江安城下,責平羅苟之賞。城中守兵纔數百,震恐不能授甲,蠻數日乃引去。知瀘州喬叙遣梓夔都監王宣以兵二千守江安,仍奏以乞弟襲歸徠州刺史,召乞弟拜敕,乞弟不出。喬叙以賄招之,乃肯來。蠻以爲畏己,益悖慢,五日,遂以衆圍羅箇牟族。羅箇牟,熊本所團結熟夷也。王宣馳救之,蠻解圍,合力拒官軍,宣與一軍皆没,事遂張。存寶怯懦不敢進,乞弟送款紿降,存寶信之,遂休兵於綿、梓、遂、資間①。

四年,詔以環慶副總管林廣代存寶,後以存寶逗撓,誅之。

五月癸丑,林廣言:"差借職史利言齎文字付乞弟,以取王宣下落及說諭蠻兵士爲名,陰圖進兵之路,勇勁可嘉。"詔廣問利言道路巢穴險易遠近,及應有間見②,令具析

---

① 資 底本脱此一字,據宋史卷四九六蠻夷傳補。
② 及應有間見 "間見"底本作"聞奏",據長編卷三一二改。

畫圖以聞。初,利言抵乞弟所①,乞弟遣其奴沙自、阿義隨還,獻馬四十匹,并歸所虜兵士七人,辭款甚遜,而利言具道乞弟降意未決。所陳道路,大軍進發訖不由此。

十一月己酉,林廣進軍特容坦、落始兜,蠻相率據隘距我軍。是日,廣分遣諸將腹背攻之,斬三千餘級②,得王宣、王慎言陷賊時印③。賊大震恐,呼漢兵爲生鬼從天而下。自是所向莫敢當者,遂進軍阿徐池。

十二月癸丑朔,林廣駐軍阿徐池,乞弟遣人投書求降,廣納之。及軍次落婆遠,越三日,廣復令乞弟所遣蠻奴阿義、阿生同往諭乞弟④,乞弟又遣人納降書。翌日,乞弟又遣其叔阿汝獻馬五十匹,請退軍。廣隨阿汝所指,擊鼓退四將行營於後山,然實扼賊歸路。乞弟又請不解甲,廣策其有異謀,爲除皁爲壇,距中軍五十步,且設伏。辛未,乞弟擁千人稱降,廣從十數卒出壘以待之。乞弟伏弩氊裘下,猶豫不肯前謝恩,廣即發伏擊之,賊大奔潰,斬阿汝及酋豪二十八人,劾三百餘級⑤,獲馬、鎧仗及乞弟父子所授告敕、歸徠州印。納江有二橋,乞弟弟阿字乘乞弟馬上橋⑥,王光祖父子追迫墜水,斬之。軍中以爲乞弟,爭其尸,得金絡項條脱者,以故乞弟得徑下橋跳去。

五年二月丙辰,詔:"昨興師討乞弟⑦,今既蕩平巢穴,即與禽捕乞弟同功。其使臣、軍兵等,除留戍守外,餘各遣歸。林廣候措置新立堡寨畢,回本位。"初,廣失乞弟於納江,衆十萬人皆無人色,官吏噎哽不能食⑧,乃令進寨追賊。越七日,次白崖;又五日壬午晦,次老大人山,山形皆刀劒立;正月癸未朔,上老大人山;乙酉,次黑崖;丙戌,過鴉飛不到山;己丑,乃至歸徠州,大小茅屋纔百餘間,乞弟所居則以木爲之,亦百餘間。自發納江,即入叢箐,無日不雨雪,兵夫凍墮指者十二三,疾病死亡者不可勝數,往往取僵屍臠割食之。留歸徠州四日,求乞弟不獲,麥文昞問廣:"軍事當何如?"廣曰:"已如朝旨蕩賊巢穴,雖不獲元惡,亦當班師待罪。"文昞乃出去年六月所受密詔

---

① 利言抵乞弟所　長編卷三一二作"利言抵乞弟巢穴"。
② 斬三千餘級　"三"底本作"二",據長編卷三二〇改。
③ 王慎言　長編卷三二〇、宋會要輯稿蕃夷五之二六均作"王謹言"。按:"謹"係宋人對"慎"諱改。
④ 蠻奴　長編卷三二一作"蠻兵"。
⑤ 劾三百餘級　"劾"底本作"刻",據長編卷三二一、太平治迹統類卷一七改。
⑥ 乞弟弟阿字乘乞弟馬上橋　長編卷三二一"馬"下有"渡"一字。
⑦ 昨興師討乞弟　"討",長編卷三二三作"誅"。
⑧ 官吏噎哽不能食　"哽",長編卷三二三作"嘿"。

云:"將來大兵深入討賊,期在梟獲元惡。如已能破其巢穴及城守要害,雖未得乞弟,萬一糧道不繼,亦聽班師。"軍中皆呼萬歲,曰:"天子在九重,明見萬里之外①!"乃定計班師。癸巳,發歸徠州,循舊寨而還。

是月癸丑朔,次江門。廣與苗時中、麥文昞輕騎同往樂共等處,相視要害,修築堡寨,仍以樂共爲城,江門爲寨,梅令山、席帽溪皆爲堡。西通渭井、寧遠、安溪,以達江門;東於大洲壩置堡,以通納溪,包括上、下底蓬襃等邨,悉居腹内:皆時中及程之才初爲韓存寶先事經畫者也。廣之進寨追賊,中軍皆四出,獨留疲老三百餘人在寨,暮夜刁斗無聲。時中問廣何故,廣曰:"既失賊,當就死,不暇恤此耳。"時中曰:"公誤矣!朝廷付公以十萬衆,豈可同偏裨效一死爲勇邪?"廣乃命止追者②,整軍而進。又欲移兵討落母部,索乞弟,時中曰:"公帥十萬衆深入死地,元惡既失,豈可妄加無罪族帳,爲朝廷更生事耶?要當圖此十萬衆生還計耳!"廣從其言。自納江至歸徠州,暴師四十餘日,糧道不至乏絶,時中之力居多。是歲,置瀘州樂共城。

---

① 明見萬里之外　長編卷三二三、宋會要輯稿蕃夷五之三〇均無"之"一字。
② 廣乃命止追者　底本脱"廣"與"止"二字,據長編卷三二三補。按:宋史卷三三一苗時中傳作"廣悟,亟止追者"。

卷第八十九

神宗皇帝

徐禧永樂之敗

元豐五年七月戊子,鄜延路計議邊事徐禧等言:"銀州故城形勢不便,當遷築於永樂埭上。蓋銀州雖據明堂川、無定河之會,而城東南已爲河水所吞,其西北又阻天塹,實不如永樂之形勢險要。竊惟銀、夏、宥三州陷没百年,一日興復,於邊將事功實爲俊偉,軍鋒士氣固已百倍。但建州之始,煩費不貲,蓋有不關禦戎利害而徒費供饋者。城堅守備,則賊不敢攻;兵衆將武,則賊不敢戰,固不以州城、軍寨遂分輕重。今若選擇要會,建置堡寨,名雖非州,實已有其地。舊來邊寨,乃在腹裏,他日建州,亦未爲晚。已與沈括等定議,自永樂埭、聲塔平、移市、石堡、烏延至長城嶺置六寨①,自背岡川、良乜、孟乜、羅韋、囉泊川至布娘堡置六堡。寨之大者,城圍九百步,小者五百步;一寨用工略十三萬餘。堡之大者堡城圍二百步,小者百步;一堡用工略萬三千。其堡寨城圍,務要占盡地勢,以爲永固。其非九百步之寨、二百步之堡所能包盡地勢處,則隨宜增展。亦有四面崖險,可以腋削爲城,工料但如所約可足。"從之。

八月壬戌,徐禧、李舜舉及沈括等以丙辰發延州蕃漢軍十餘將②,凡八萬,役夫荷糧者倍之。既定議,而种諤還自京師,極言城永樂非計。禧怒,變色謂諤曰:"君獨不畏死乎?敢毀成事!"諤曰:"城之必敗,敗則死,拒節制,亦死。死於此,猶愈於喪國師而淪異域也!"禧度不可屈,奏諤跋扈異議,不可與偕行。有詔留諤守延州。

九月甲申,永樂城成。初興版築,虜數來争,皆敗去。及是畢工,使景思誼以兵四

---

① 長城嶺 "嶺"底本作"領",據嘉慶本、四庫底本長編卷三二八改。
② 蕃漢軍十餘將 底本作"蕃漢十餘軍所將",據嘉慶本乙正、删。

千人守之。丙戌,徐禧、李舜舉復入永樂城,曲珍謂禧曰:"聞賊兵甚重①,給事與敕使宜退處內寨②,檄諸將督戰可也。"禧笑曰:"曲侯老將,乃爾怯耶?"不聽。丁亥,賊三十萬衆攻城,珍率兵禦之。將官寇偉等八百餘人戰歿,賊遂圍城。乙未,种諤言:"臣止與所留病羸怯懦兵四千,竭死力守護延州。"諤初議進城橫山,本意身任統帥,成大功在己,而爲徐禧、沈括所外。及永樂被圍,諤據城觀望,故託名守延,不即往救。丙申,上批付沈括:"永樂城至爲危急,若不斟酌便宜措置,則恐誤朝廷事愈重。累降處分軍前事,可多方募人傳達,令求方便,潰圍棄城。"戊戌,永樂城陷。初,沈括謂徐禧曰:"吾衆才三萬,虜雜集之兵數十萬,豈易當也?不如委永樂城以困之。"禧不從。比入城,虜傾國至,諸將皆請乘其未集,夜往襲之,禧又不從。高永能言尤切,曰:"羌性如狗③,出不意而輒加之笞叱,則氣折不能害人。若持疑不斷,縱其跳梁,將無所不至。今先至者皆精兵,急與戰,破之,則駭散。後雖有重兵,亦不敢跬步進,此常勢也。塵埃漲天,必數十萬之衆,使俱集,則衆寡不支,大事去矣!"禧岸然捋其鬚,謂永能曰:"爾何知?王師不鼓不成列。"永能退,拊膺謂人曰:"吾不知死所矣!"虜騎稍逼,禧乃命曲珍等悉城中兵陣於崖下水際,禧植黃旗,手劍,坐城上臨視之④。虜先以騎五萬嘗我⑤,禧即遣奇兵突而前,陣堅不可動。三戰,虜全師俱進,奇兵奔,我師遂潰。曲珍扣城謂禧曰:"兵敗矣!虜人當我者皆其精銳,前軍勝而惰,在後者皆老稚,公可速出,潛師逾西山,繞出其後,擊其老稚,虜衆必亂,此攻心法也。"禧閉壁不應,珍乃犯關入保,收散亡。永樂城依山無水,下濱無定河,爲井十四,築壘營之。虜衆驟至,李稷惜軍食,不納役卒,卒以所持欀鍤掘壘爲磴道,爭先登,虜乘之,遂奪水寨。城中掘井三,汲泉僅能足飲將領⑥,於是士卒渴死者大半,至絞馬糞而飲之。賊知沈括退保綏德,永樂孤絕,攻愈急。高永能謂李稷曰:"新城久雨,土濡且壞,不若盡庫幣以募死士,突圍出,十猶可得七八。不然,坐致死耳。"曲珍亦以告禧,禧訖不從,又責珍曰:"曲侯已敗

---

① 聞賊兵甚重 "兵"底本作"名",據嘉慶本、長編卷三二九改。"重",長編卷三二九作"衆"。
② 內寨 長編卷三二九作"內塞"。
③ 羌性如狗 長編卷三二九作"羌性輕率"。
④ 坐城上臨視之 "上"底本作"下",據長編卷三二九改。
⑤ 虜先以騎五萬嘗我 "嘗",長編卷三二九作"當"。
⑥ 汲 底本作"及",據嘉慶本改。

軍，又欲棄城邪！」虜圍城浹日，遣使呼城上人求和，禧亦知勢不敵，乃遣呂文惠應之。文惠至虜帳，其酋坐文惠於地，曰：「爾小將，不可議約，當令曲太尉來。」即遣文惠還。禧以曲珍統軍政，不可遣，而景思誼自請行。禧曰：「萬一蹉跌①，恐傷國體。」思誼曰：「今勢已逼，儻能以口舌說之，使緩攻以待外援，不亦可乎？欲活數萬人命，豈顧一身邪！」虜酋見思誼，言：「若還吾蘭、會、米脂，事在元豐四年，並見西邊。即當解去。」思誼曰：「此係朝廷，非邊臣所得專也。」虜囚之。初，思誼去時，惟禧、舜舉有水兩壺，諸將絕飲已三日，虜亦不知，攻稍緩。是日，忽於城下呼曰：「漢人何不降？無水已三日矣！」禧以壺水揚於外，示之曰：「無水，此何物也？」虜笑曰：「止於此矣。」由是疑思誼泄之。是夜，大雨，虜兵四面急攻，士卒饑疲，不復能拒②。夜半，城遂陷，禧及舜舉俱死，稷爲亂兵所殺，曲珍及王湛、李浦逃歸，士卒得免者十無一二。舜舉將死，裂衣襟草奏云：「臣死無所恨，願朝廷勿輕此賊！」稷亦草奏云：「臣千苦萬苦也！」禧不知所終，或言禧實不死，有自虜還者常見之。

十月戊申朔，李稸、种諤、沈括奏：「永樂城陷，漢蕃官二百三十人、兵萬二千三百餘人皆沒。」先是，沈括奏：「虜兵來逼城，見官軍整，故還。」上覽奏憂之，曰：「括料敵疏矣！彼來未戰，豈便肯遽退邪？必有大兵在後。」已而果然。及聞城陷，涕泣悲憤，爲之不食。早朝，對輔臣慟哭，莫敢仰視，既而歎息曰：「永樂之舉，無一人言其不可者！」右丞蒲宗孟進曰：「臣嘗言之。」上正色曰：「何嘗有言？在內惟呂公著，在外惟趙卨嘗言用兵不是好事耳。」

乙丑，詔：「鄜延路計議官、試給事中徐禧，內侍押班李舜舉，轉運判官李稷，自永樂城陷，不知存亡，必已死事。禧贈金紫光祿大夫兼吏部尚書，舜舉贈昭化軍節度使，並賜諡忠愍，各推恩二十資。舜舉子充遷十資，自借職爲供備庫副使；兄舜聰五資，自左藏庫使爲皇城使、遙郡團練使；舜欽並姪瑜各遷一資；妻任氏特封夫人。稷贈朝奉大夫、工部侍郎，推恩十二資，並賜銀、絹各千。入內高品張禹勤贈皇城使，賜銀、絹各五百，推恩七資。」禧爲人狂疏而有膽氣，尤喜言兵，以爲西北唾掌可取，但將帥怯懦耳。呂惠卿以此力引之於上，故不次擢用。先是，惠卿在延州，首以邊事迎合朝廷，已

---

① 蹉跌　底本作「蹉跎」，據長編卷三二九改。
② 不復能拒　「復能」底本顛倒，據長編卷三二九乙正。

而去官。沈括繼之,遂請討伐。种諤以鄜延之師深入無功,高遵裕以環慶之師至靈州城下,狼狽而還,陝西、河東騷然困敝①,天下共望朝廷息兵,而沈括、种諤陳進取之策,復請築城。禧素以邊事自任,故上遣往經畫之。既入賊境,不爲備,寡謀輕敵②,猝遇强寇,故敗。自是之後,上始知邊臣不可信③,亦厭兵事,無意西征矣。

自"呂惠卿力引徐禧"以下,朱本立削去,其意可見也。新本復存之④,今從新本。邵伯溫見聞録云:"自今更不用兵,與卿等共圖太平。"蓋指此事。

丙寅,詔种諤:"問高世亮於何處求得高永能遺骸,更遣人求訪徐禧、李舜舉、李稷、張禹勤遺骸,候見,即依沈括已行曉諭,給賞錢、遷資酬獎。"初,永樂城陷,高永能之孫昌裔與左右欲掖永能由間道走米脂,永能曰:"吾束髮從事西羌,大小數十戰,未嘗敗。今年七十,又荷國恩寵,恨無以報。今雖幸免,奈士卒死者何!汝曹勉之,是乃吾死所也。"因衣敝衣奮戰⑤,而虜不知其爲永能也。後永能子世亮及昌裔馳數十騎入城,得永能尸以歸。

六年四月辛亥,龍神衛四廂都指揮使、文州刺史种諤卒。自熙寧初,諤首興邊事,後再討西夏,皆諤始謀,卒致永樂之敗。議者謂諤不死邊事不已。

七年三月庚戌,手詔劉昌祚:"本路士氣⑥,自永樂不守以來,折索摧喪,非往日之比。近聞諸將互出,頗獲賊級,軍氣小振,則豪勇異常之人,宜有旌别,將以氣作之,使鼓率士心,樂於攻戰。今賜卿錦綫戰袍、紅綫勒巾、金綫烏梢弓、虎紋韉鞟、銀纏桿鎗、朱漆團排⑦、金鍍銀裝手刀各五十,宜擇衆與之人,量所宜賜之。"

元祐五年二月己亥,見陷没夏國人一百四十九人,以晉州進士邢逢原爲本州文學⑧,賜袍笏。先是,永樂城失守,逢原等爲夏人所掠。既遣使詣闕請罪,至是,具籍以歸。

經制安化蠻事

元豐五年六月壬申,廣南西路轉運使馬默言安化州蠻作過,乞指揮所屬官司處

---

① 騷然　長編卷三三〇作"驟然"。
② 寡謀輕敵　"寡",嘉慶本作"狂"。
③ 上始知邊臣不可信　嘉慶本"可"下有"聽"一字。
④ 新本復存之　底本"復"上衍"已"一字,據長編卷三三〇刪。
⑤ 因衣敝衣奮戰　第一個"衣",嘉慶本作"易"。
⑥ 本路士氣　"士",長編卷三四四作"軍"。
⑦ 朱漆團排　"團",長編卷三四四作"圓"。
⑧ 邢逢原　底本作"邢逢源",據嘉慶本、長編卷四三八改。

置。上曰:"默意欲用兵耳。其爲人粗疏,付之未必辦事。且所言本路兵丁足用,若用之,便言不足。正如匠人造屋,小計之,既興工,乃見材費浸多。用兵大事,極須謹重。向者郭逵安南與昨來西師,王中正、高遵裕五路伐靈州事,見西邊。兵夫死傷,皆不下二十萬。有司失入一死罪,其責不輕,今無罪置十數萬人於死地,朝廷不得不任其咎。如瀘州乞弟,其初但爲索籮箇牟囤骨價復私怨耳,王宣過分往救之,爲乞弟所殺,事遂張大。比及事平,公私蕭然。勞費天下大事,蓋嘗起於至小。"章惇曰:"天下事皆積小至大。唐虞君臣相戒,亦曰'一日二日萬幾。'"上曰:"知幾至難,惟聖賢爲能,圖於未形,所以無智名勇功。其次於其幾兆而圖之,則易爲力。其下事至於著,見而謀之,故用力多而見功寡,或遂至於傾隕。"惇又曰:"善師者不陣,蓋圖之未兆耳。"上曰:"事之將兆,天常見象,但人不能知。彗字示人事甚直,猶如語言,顧今無深曉天道之人耳。古人能知之,則能消伏。先帝末年,字見甚大,有聲,光芒掃墳墓。又熙寧八年十月,彗見軫,軫長沙星,朕以安南爲憂,王安石以爲不足虞,不閱月,安南叛。前年,彗出郎位,没於張,去歲興西師,乃去郎位,是事由朝廷,本非夷狄起事之象。"章惇又曰:"太微垣正象朝廷。"王安禮曰:"天示變,則當靜以應之,此古人之所以消伏者。"王珪曰:"天象既如此,必至於用兵,此亦數也。"上曰:"惟先格王,正厥事。能正厥事,雖必至於用兵,可以無悔矣。事將萌而天象先見,蓋人事在下,氣積於上,積衆人之氣而先見,猶人之五臟有疾病①,而氣色見於面。"又曰:"天下事莫重於兵,社稷安危所係。措兵既定,則其他皆粉澤而已。"章惇曰:"古人以戎祀爲大事,蓋事神、治人,莫重於此。"上曰:"戎與兵異,甲胄起戎。蓋兵至於用,則謂之戎。祭祀測鬼神之情狀爲難,用兵測敵人之情狀爲難,古人所以常合而言。"上曰:"太祖平諸國,遣將如親行,不勞而定,子孫蒙福,在所加重也。"王安禮曰:"太祖以不殺得天下,累聖皆不妄殺一人,所以後世安榮。"上曰:"三代得天下雖以殺,蓋有出於不得已而殺者,然未若得已而不殺。古所謂以生道殺民,雖死不怨殺者,此不得已而殺。"又曰:"前世爲亂者,皆無賴不逞之人。藝祖平定天下,悉招聚四方無賴不逞之人以爲兵,連營以居之,什伍相制,節以軍法,厚禄其長,使自愛重。付以生殺,寓威於階級之間,使不得動。無賴不逞之

---

① 猶人之五臟有疾病　"臟"底本作"藏",長編卷三二七同,據九朝編年備要卷二五改。

人既聚而爲兵,有以制之,無敢爲非,因取其力,以衛養良民,使各安田里,所以太平之業定,而無叛民,自古未有及者。藝祖養兵止二十二萬,京師十萬餘,諸道十萬餘,使京師之兵足以制諸道,則無外亂;合諸道之兵足以當京師,則無內變。內外相制,無偏重之患,天下承平百餘年,蓋因於此。"王珪曰:"國朝會要言國朝兵制雖詳,然莫能推明其意。"張璪曰:"非陛下神聖,孰能知之。"

六年正月丙申,經制宜州溪峒、知沅州謝麟言:"招降元謀賊首羅世念,并逐洞頭領、種族四千八百人,納衣甲、器械二萬,并生界思廣峒酋長具到人煙户千四百一十七①、口六千二百六十三,納土歸順。其桀黠酋首,已付有司聽旨。"詔謝麟領果州刺史,和斌領榮州團練使、知安化州,及惠、廣等五十二洞首領羅世念爲內殿承制,蒙承想、蒙全聖、蒙光趙並爲西頭供奉官,蒙全叫、蒙全作、蒙懷忽、蒙光速、潘曹並爲侍禁,潘全劍爲奉職,並給俸與春冬衣。初,安化上、中、下三州及北遐鎮月赴宜州公參,及入中賣板木,宜州歲四管設。前知宜州錢師孟、通判曹覯擅裁捐例冊,酒食不如舊,買板木不及價償,答貢物估價虧其實,遷補文字至五年不給,故自五年三月侵略省地。五月,費萬戰死;六月,知宜州王奇戰死。事聞,詔以麟、斌經制溪峒事,以覯、師孟屬吏焉。先是,和斌爲廣西鈐轄。經略司委斌率步騎三千討羅世念,當盛暑,晝夜趣兵趨懷遠寨,曰:"此要害之地,得之則生矣。"或曰:"奈何背龍江邪?"斌笑曰:"此所以生也,因示弱以驕之。"將士悉恐,斌暇逸自如。既兼旬,乃大閱。蠻人覘知兵少,果大至。斌親至營,出俸錢市酒肉②,以勞諸軍,曰:"吾雖老,思效死以報國。翌日見敵,進退唯吾所視,不如令者誅。"夜,選將迎敵,密戒以望敵則走。衆聞報皆恐,斌高臥不動。凌晨③,報益急,斌從容會食。度誘之至平坂,列八陣以待之,張疑兵左右山上,戒軍前賈販者瞰江壁立。賊登佛子嶺,見兵衆,大驚。斌分騎兵出其旁,身不乘馬,被甲步出,策先鋒陣,將士皆力戰,蠻大敗。遣北遐鎮蒙利等求納款,時謝麟被命經制未至,而斌已破賊矣。或欲益兵進討,開置城邑,會朝廷以斌同經制蠻事,斌從容講畫,進屯要害,以圖撫納。世念遂率其酋黨內附云。

---

① 户千四百一十七　嘉慶本作"户千四百二十七"。
② 出俸錢市酒肉　底本脱"錢"一字,據嘉慶本、長編卷三三二改。
③ 凌晨　底本作"陵晨",據嘉慶本、長編卷三三二改。

六月乙卯，南丹州刺史莫世忍爲檢校戶部尚書，給銅牌、旗號；其子姪九人並賜官勳，以經制宜州謝麟言："大軍討安化蠻獠，世忍獻木弓百、弦二百、藥箭五千，自言世爲外臣，修貢不懈。"故有是命。

撫遇蕃户董氈

嘉祐七年八月癸未①，邈川首領唃廝囉既年老，國事皆委其子董氈。知秦州張方平嘗誘董氈入貢，許奏爲防禦使，董氈尋遣使入貢。知雜御史吳中復劾奏方平擅以官爵許戎狄②，啓其貪心，方平議遂不行。先是，契丹以女妻董氈，與之共圖夏國。夏主諒祚與戰，屢爲所敗。及是，諒祚舉兵擊董氈，屯於古渭州。其熟户酋長皆懼，以爲諒祚且來併吞諸族，亟詣方平求救。方平懼，飾樓櫓以爲守禦之具，盡籍諸縣馬，悉發下蕃兵，仍馹奏乞發京畿禁軍十指揮赴本路，關西震恐。樞密使張昇言於上曰："臣昔在秦州，邊人言虜欲入寇者甚衆，後皆無事實。今事未可知，而發京畿兵以赴之，驚動遠近，非計也，請少須之。"數日，方平復奏諒祚已引兵西去擊董氈矣。諒祚尋復爲董氈所敗，築堡於古渭州之側而還。諫官司馬光因劾奏方平怯懦輕舉，請加竄謫，奏三上。甲申，徙知秦州張方平知應天府。

八年四月壬申，英宗即位。

治平元年六月辛亥，詔增邈川首領唃廝囉年賜大綵百匹、角茶二百斤、散茶三百斤，又增其妻、子、孫及親信穹廬官封，月給茶、綵等。

七月丙子，以邈川首領唃廝囉子誠州團練使董氈爲順州防禦使。

治平四年正月丁巳，神宗即位。

熙寧五年二月丙寅，觀文殿學士、吏部侍郎呂公弼爲宣徽南院使、判秦州。董氈用舊事貽公弼以書，且稱敕，公弼卻之曰："藩臣安得妄稱敕？"董氈自是不復稱敕。

元豐二年六月甲寅，董氈貢奉大首領景青宜黨令支等辭，上召逼殿陛，諭曰："歸告董氈，所遣貢奉人甚恭恪，今已許汝納欵③，此後可數遣人來任便交易。又聞部落子

---

① 嘉祐七年八月癸未 "七"底本作"六"，底本脫"癸未"二字，據長編卷一九七改、補。
② 擅以官爵許戎狄 "戎"底本作"夷"，據長編卷一九七改。
③ 今已許汝納欵 "欵"底本作"穀"，據宋會要輯稿蕃夷六之一五及七之三五改。

欲侵汝疆境，祖父田土，宜善守勿失。"皆奉詔唯唯。

五年二月癸酉，詔西蕃邈川首領、西平軍節度使、押蕃落等使董氈封武威郡王，賜金束帶一、銀器二千兩、色絹紬三千，歲增賜大綵五百匹、角茶五百斤。阿令骨爲肅州團練使，鬼章甘州團練使，心牟欽氈伊州刺史，各賜金束帶一、銀器二百兩、綵絹三百；進奉使李叱臘欽廓州刺史，歲增賜茶綵有差。青宜結鬼章止稱鬼章，阿令骨稱阿里骨。

六年十月庚子，董氈死，阿里骨繼立。阿里骨，于闐人，非唃氏後。其母掌牟瞎逋嘗侍董氈①，因養阿里骨爲子。既而董氈得風痺病，臥帳内，委政於阿里骨，甚親信之。阿里骨又得幸於董氈妻喬氏，内外咸服，遂謀篡奪。董氈先有子欺丁②，夏人及回鶻皆以女妻焉。欺丁性輕佻，好易服微行，阿里骨陰使人賊殺欺丁。及董氈死，阿里骨與喬氏匿喪，出令如他日，悉召諸族首領至青唐城，矯董氈之命曰："吾一子已死，惟阿里骨母嘗事我，今當以種落付阿里骨。"仍厚賂大酋鬼章、温溪心等，於是諸族首領共立阿里骨爲董氈嗣。阿里骨并取欺丁二妻爲己妻，母事董氈妻契丹公主，其貢奉朝廷，猶如董氈在日，未遽以喪告也。此據哲宗實録阿里骨傳注、汪藻青唐録、高永年隴右録增修。青唐録但云得幸於董氈妻，不指誰氏。隴右録稱董氈妻喬氏，又稱董氈妻契丹公主，不知喬氏與契丹公主爲同爲異，當考。明年六月乙亥詔并王鞏甲申雜記可考③。

十二月癸酉，手詔李憲："得録奏董氈、阿里骨蕃字，觀其情辭，忠智兼盡，顧中國食禄士大夫存心公家者不過如此④。紬繹再三，嘉美無已。兼爾所回，委曲頗中事情，甚得朝廷欲命之意。緣今夏賊姦謀不小，直欲併亡一路，深入腹裏，襲我之虚，切不可以平日鈔掠方百騎待之也⑤。宜大爲經略，廣作枝梧，勿令得志，貽患異日。昔六谷首領潘羅支⑥、斯鐸督輸忠朝廷，協力擊賊，後成奇功，殺李繼遷於三十九井，當時朝廷報賞甚厚。今董氈、阿里骨既效誠如此，宜更激勉，使深入賊土，求如上功，以稱朝廷撫厚之意。"董氈進奉人辭，上顧董氈首領曰："自歸屬本朝後，與夏國通好乎？"對曰：

---

① 掌牟瞎逋　長編卷三四〇作"章穆轄卜"。
② 欺丁　長編卷三四〇作"奇鼎"。
③ 甲申雜記　"記"底本作"見"，據長編卷三四〇、宋史卷二〇六藝文志改。
④ 存心公家者不過如此　底本脱"公家者"三字，據長編卷三四一、宋會要輯稿蕃夷六之一八補。
⑤ 切不可以平日鈔掠方百騎待之也　"方"，嘉慶本、長編卷三四一均作"千"。
⑥ 昔六谷首領潘羅支　"谷"底本作"合"，底本脱"領"一字，"潘"底本作"甘"，據長編卷三四一、群書考索後集卷六四四夷方貢改、補。

"昨夏國屢來言:'若歸我,即官爵、恩好如所欲。'臣等拒之曰:'自屬聖朝,荷國厚恩,義不敢負。'"上曰:"嘗與夏國戰否?"對曰:"西人寇邊,累曾率衆出戰,奪得其城堡,及獲首級甚多。"上曰:"歸報董氊,令盡心守圉。"各賜器幣、分物有差。首領嘗與夏國戰、殺敵有功者,賜槍旗、器甲。

通使高麗

熙寧三年,高麗入貢。

四年十月癸亥,知制誥王益柔以草高麗答詔非工,罷直學士院。

七年二月癸未,高麗國王徽表求醫、卜、畫、塑四工,以教國人。詔羅極羅極,長編作羅拯。於四色人内募願行者,各擇三兩人赴闕。庚寅,詔國子監許賣九經、子、史諸書與高麗國使人。

元豐元年正月辛未,命安燾假左諫議大夫、史館修撰爲高麗國信使,林希假右正言、直昭文館副之。先是,權知高麗國王徽比年遣使朝貢,上嘉其勤誠,待遇良厚,故遣燾等使其國。

三月辛巳,命太常博士、秘閣校理陳睦假起居舍人、直昭文館,爲高麗國信副使,代林希,希謫監杭州樓店務。以上批"聞希雖迫懼朝命不敢終辭,然形貌憂鬱不少舒。且高麗望中國使人久矣,苟一見希顏狀如此,甚非所以使彼識達朝廷眷顧遣使通好之意。今雖已啓行,理終未便,宜遣人代之"故也。丁亥,詔使高麗涉海新舟並賜號,其一曰凌虛致遠安濟神舟,其次曰靈飛順濟神舟。

十一月己丑,直學士院錢藻撰進遣押醫官賜高麗國王王徽詔,上批:"宜令許將、孫洙更各撰一本以進。"尋命洙爲翰林學士。御史何正臣言:"安燾、陳睦使高麗日,以所得布馬易銀,及於高麗界使人索驛料算直,害義辱命,啓侮外夷。望案治其罪,追還所與恩命。仍詔高麗,諭以使者失職之狀,以慰遠人。"詔劄與燾、睦令知。

二年五月辛卯,案:長編事在壬辰。賜明州及定海縣高麗貢使館名曰"樂賓",亭名曰"航濟"。

十一月甲午,案:長編事在辛卯。明州言高麗貢使乞市坐船,詔以靈飛順濟神舟借之。又言明州象山縣尉張中嘗以詩遺高麗貢使,詔中衝替。

三年二月丙申，詔大行太皇太后靈駕發引日，聽高麗使陪位。并館伴所言："高麗使柳洪等乞遇奉慰入寺觀燒香，比群臣服黑帶。"從之，仍以帶賜之。戊申，高麗使柳洪以國王之命，貢日本國所造車，賜詔答之。洪以禮"諸侯不貢車服①"，不敢與貢物同進，而館伴使以聞。詔許之，乃進。

四年十二月己巳，高麗進奉使崔恩齊等百三十五人見，賜物有差。癸酉，高麗國王與二府、親王書。詔："親王、二府，土物令受而不答，止以書謝。應臣僚答高麗國王書，差著作郎林希具草進呈，送御書院以精紙寫，付使人回。"

五年正月丙午②，詔："在先朝時，女真常至登州賣馬。後聞女真馬行道徑已屬高麗隔絶，歲久不至。今朝廷與高麗遣使往來，可降詔國王，諭旨女真如願以馬與中國爲市，宜許假道。"後女真卒不至。

二月丁卯，史館修撰曾鞏言："竊考舊史，高句驪自朱蒙得紇升骨城居焉，號曰'高句驪'，因以高爲氏。歷漢至唐高宗時，其王高藏失國内徙。聖曆中，藏子德武爲安東都督，其後稍自爲國。元和之末，嘗獻樂工，自此不復見於中國。五代同光、天成之際，高麗主高氏復來貢③，而失其名。長興三年，乃稱權知國事王建遣使奉貢，因以建爲王。建子武，武子昭，昭子伷，伷弟治，治弟誦，誦弟詢相繼立。蓋自朱蒙至藏，可考者一姓九百年，傳二十一君而失國。其後復自爲國，而名及世次興廢之本末，與夫王建之所治，皆不可考。王氏自建至伷四王皆傳子；自治至詢三王皆傳弟。詢自天聖八年來貢，至熙寧三年今王徽來貢，其不見於中國者，蓋四十有四年。今陛下仁聖文武，聲教之盛，東漸海外，徽所遣使方集闕下。蓋高句驪文字之國，其使者宜知其國之君長興壞本末、名及世次。欲乞詔諭典客之臣，問自德武之東也，其後何以能復其國？何以復失之？嘗傳幾君？其名及世次可數否？王建之所以興者何繇？其興也自建始與？抑建之先已有興者與？自天聖至熙寧四年四十三年之間，而徽復見於中國④，其繼詢而立者歟？豈其中間復自有繼詢者歟？徽於詢爲何屬？如其言可論次，足以補

---

① 諸侯不貢車服　底本脱"服"字，長編卷三〇二同，據文昌雜録卷四、石林燕語卷二、玉海卷一五四、文獻通考卷三二五四裔考二五六〇上、宋史卷四八七高麗傳補。
② 丙午　底本無此二字，據長編卷三二二補。
③ 高麗主高氏　"主"底本作"王"，據長編卷三二三改。
④ 而徽復見於中國　底本脱"國"字，據嘉慶本、長編卷三二三、元豐類稿卷三一請訪問高麗世次補。

舊史之闕,明陛下德及萬里,殊方絕域,前世有不能致者,慕義來庭,故能究知四夷之事。非聲教之所被者,遠不能及此。"詔下鞏仲衍,仲衍以所與使人崔思齊、李子威語來上,其所知不詳於鞏所論著也,所可紀者,新羅、百濟内亂,王建遂合三韓,易高氏姓;誦與治爲遠宗;王徽,詢之子也。又云:"高氏聖曆、元和間事,皆有記録,三韓自有史。元和中,獻樂兩部,蓋唐樂、鄉樂也。"上曰:"蠻夷歸附中國者固亦不少,如高麗,其俗尚文,其國主頗識禮義,雖遠在海外,尊事中朝,未嘗少懈。朝廷賜予、禮遇,皆在諸國之右。近日進伶人十數輩,且云夷樂無足取者,止欲潤色國史爾。"安燾等出使,其國中館伴乃與上節人從庭下相揖,蓋以其國主與燾均禮故也。

六年九月庚戌,詔:"高麗國王王徽卒,令明州就本州或定海縣擇廣大僧寺,以僧三十七人作道場一月,罷散前夕又作水陸一會①。"徽立凡三十六年,其境東南臨海,西北接契丹、女真、黑水。自王建并新羅、百濟之地,至此蓋百七十餘年。王居蜀莫郡,曰開州,號開城府。新羅曰東州,號樂浪府,爲東京。王居東北二十日行,百濟曰金州,號金馬郡。南十二日行,扶餘舊地曰公州,號扶餘郡;又南二十日行,平壤曰鎬州,爲西京。鴨緑江爲西北徼②,東所臨海水絶清,下視十丈。大凡海至高麗界則清,入登州,經千里長沙即濁。地寒,多山。國王出,平地嘗乘車駕牛,或以馬,涉山險乃騎。官有中書省中樞院平章事、參知政事、中樞使、翰林學士、知制誥,大抵倣中朝。國子監、四門學,學者至六千餘人。三歲一貢舉,進士試詩、賦、論③,明經試一大經、一小經;進士夜試,給燭三,爲蠟八兩,燭盡不就即退。榜放五十人。書有東觀漢記。百官以米爲俸,或給田,授罷隨官增減,致仕乃已。貿易亦用銀、米而不用錢④。不禁民釀酒。兵出於民,藩衛王府。國人好佛法。開城府有寺七十餘區,興王寺僧千五百人,官給田三百結。俗以田四方,方四百步爲一結。上田結收二百苦⑤,苦爲斗十五,正與中國一石等。天聖以前,使由登州入;熙寧以後,皆道明州,言登州路皆沙磧,不可行。其自明州還,遇便風,四日兼夜抵黑山,已望見其國境。自黑山入島嶼安行,便風七日

---

① 罷散前夕　底本脱"前夕"二字,據長編卷三三九補。
② 鴨緑江爲西北徼　底本脱"西"一字,據長編卷三三九補。
③ 進士試詩賦論　底本脱"試"一字,據長編卷三三九補。
④ 貿易亦用銀米而不用錢　底本脱"銀"一字,據長編卷三三九補。
⑤ 上田結收二百苦　底本脱"上"一字,據長編卷三三九補。

至京口,陸行兩驛至開州。

十二月壬申,上批:"祭奠高麗國使楊景略等奏辟李之儀書狀官。聞之儀雖諳達吏方,隨器可使,然文章之稱不著士論。緣高麗俗喜文,中夏詞格乃彼所視效,宜得問學博洽、用字整秀者乃稱茲選。可召赴中書試擬用書狀進呈①。吊慰蕃辟官準此。"

七年二月丙戌②,詔:"高麗王子僧統從其徒三十人來遊學,非入貢也。其令禮部別定儐勞之儀。"

---

① 可召赴中書試擬用書狀進呈　底本脱"試"一字,據長編卷三四一補。
② 二月丙戌　底本作"正月壬戌",據長編卷三四三改。

卷第九十

神宗皇帝

蔡確邢恕邪謀

元豐七年三月丁巳,大燕集英殿中,皇子延安郡王初侍立於前,宰臣王珪率百僚廷賀,宣答曰:"皇家慶事,與卿等同深欣懌。"及珪等升殿,上又諭王與珪等相見。珪等復前,分班再拜,稱謝就坐,久之乃退。王年未當出閣,上特令侍宴,以見群臣。

哲宗,熙寧九年十二月生,此年九歲也。舊紀書:"丁巳,燕群臣集英殿,延安郡王立侍於御坐之側,宰臣王珪率百官廷賀。及升殿,上命與王相見。久之,王乃退。"新紀但書侍側、廷賀。

十二月戊辰,端明殿學士兼翰林侍讀學士、太中大夫、提舉崇福宮司馬光爲資政殿學士。初,元豐五年,將行官制,上於禁中自爲圖,帖定未出,先謂輔臣曰:"官制將行,欲取新舊人兩用之。"又曰:"御史大夫非司馬光不可。"蔡確進曰:"國是方定,願少遲之。"王珪亦助確,乃已。及除光第四任提舉崇福宮,詔滿三十個月,即不候替人,發來赴闕。蓋將復用光也。是歲,秋宴,上感疾,始有建儲意。又謂輔臣曰:"來春建儲,其以司馬光及呂公著爲師保。"

此據邵伯温元祐辨誣及呂人防所爲呂公著墓碑。大防止稱公著,不及光。當考。

蔡確知光必復用,欲自託於光,乃謂職方員外郎邢恕曰:"上以君實爲資政殿學士,異禮也。君實好辭官,確晚進,不敢通書。和叔門下士①,宜以書言不可辭之故。"恕但與光之子康書致確語。康以白光,光笑而不答,亦再辭而後受之。

八年正月戊戌,上寢疾。日昃,三省、樞密院詣内東門,請入問聖體,遣句當御藥院梁從政、劉惟簡傳宣放,宰臣王珪等再附從政奏,乃令從政等引入,見上於福寧殿東

---

① 按:邢恕,字和叔,司馬光的學生之一,但又與蔡確等人來往密切。

寢閤。自是，問聖體皆如之。己亥，詔不視事五日。三省、樞密院問疾於福寧殿東寢閤，宰臣言：「上未視事，應合行事，乞權作聖旨行出以聞。事體稍重者，進畫施行。」上不能言，首肯之。晚再詣福寧殿，上書字諭王珪等：「自來日，可只早入。」庚子，執政官晚再詣内東門，内侍傳宣放，自此日惟一入①。乙卯，上手書字諭王珪等：「自今可間日入問。」自戊戌上不豫，三省、樞密院日至寢閤，至是上小瘳，故有是旨。丁巳，王珪等言：「聖體向安，御殿有期，臣等不勝欣喜。」上欣然首肯之。

二月癸巳，上疾甚，遷御福寧殿東閣之西間。三省、樞密院入問聖體，見上於榻前，王珪言：「去冬嘗奉聖旨，皇子延安郡王來春出閣。願早建東宮。」凡三奏，上三顧，微首肯而已。又乞皇太后權同聽政，候康復日依舊，上亦顧視首肯。既退，移班東間②，皇子及皇太后、皇后③、朱德妃皆在簾下。珪等奏請皇太后權同聽政，皇太后辭避。入内都知張茂則言：「皇太后且爲，國家社稷事大④，不宜固辭。」珪等請至於再三，皇太后泣許。珪進言：「自去歲，上令皇子侍燕，群臣皆嘗見之。今必更長立，乞再瞻覲。」是月，三省、樞密院、親王自朔日至今日，由内東門入，問候於福寧殿，惟是日未後再入。

先是，蔡確疑上復用呂公著及司馬光，則必奪己相，乃與邢恕謀爲固位計。恕故與皇太后姪光州團練使公繪、寧州團練使公紀游，上初寢疾，恕密問公繪，具言疾可憂狀。恕聞此，更起邪謀。確嘗遣恕要公繪、公紀，二人辭不往。明日，又遣人招置東府，確曰：「宜往見邢職方。」恕曰：「家有桃著白花，可愈人主疾。其説出道藏，幸留一觀。」入中庭，紅桃花也，驚曰：「白花安在？」恕執二人手曰：「右相令布腹心，上疾未損，延安郡王幼冲，宜早定議，雍、曹皆賢王也。」公繪等懼，曰：「君欲禍我家！」徑去。已而恕反謂雍王顥有覬覦心，皇太后將捨延安郡王而立之，王珪實主其事。與内殿承制致仕王械共造誣謗。械，開封人，嘗從高遵裕掌機宜於涇原，傾巧士也，故恕因之。又知確與珪素不相能，欲借此以陷珪。他日，亟問確曰：「上起居狀比何如？」確曰：

---
① 自此日惟一入　底本脱「日」一字，嘉慶本同，據長編卷三五一補。
② 移班東間　長編卷三五一同，嘉慶本、太平治迹統類卷一八宣仁垂殿聖政「間」均作「閤」。
③ 皇后　底本脱此二字，嘉慶本同，據長編卷三五一補。按：太平治迹統類卷一八宣仁垂殿聖政載「既退，移班東閤，皇子及皇后、太皇太后、朱德妃皆在簾下」。
④ 國家社稷事大　「事大」底本作「大事」，據長編卷三五一、太平治迹統類卷一八宣仁垂殿聖政乙正。

"疾向安,將擇日御殿。"恕微哂曰①:"上疾再作,失音直視,聞禁中已別有處分,首相外爲之主。公爲次相,獨不知邪?一日片紙下,以某爲嗣,則公未知死所矣。公自度有功德在朝廷乎?天下士大夫素歸心乎?"確竦然曰:"然則計將安出?"恕曰:"延安郡王今春出閤,上去冬固有成言,群臣莫不知。公盍以問疾,率同列俱入,亟於上前白發其端。若東宮由公言而早建,千秋萬歲後,公安如泰山矣②。"確深然之。恕又曰:"此事當略設備,令與平時不同③,庶可以自表見。其曲折第告子厚,同列弗使知。"子厚,章惇字也④。確媿謝,謂恕曰:"和叔見子厚,具言之。"惇固凶險,即許諾。遂與確定議,仍約知開封府蔡京,以其日領壯士待變於外廷,謂曰:"大臣共議建儲,若有異議者,當以壯士入斬之。"是日,三省、樞密院俱入問疾,初亦未敢及建儲事。既退,乃於樞密院南廳共議之。確、惇屢以語迫珪,幸其應對或有差誤,即以珪爲首誅。珪口吃,連稱"是"字數聲,徐曰:"上自有子,復何議?"蓋珪實無他志,但蓄縮不能先事納說,所以致疑。及是出語,確、惇顧無如珪何,尋復入奏,得請俱出,逢雍王顥及曹王頵於殿前,惇更厲聲曰:"已得旨,立延安郡王爲皇太子矣!奈何?"顥曰:"天下幸甚!"已而禁中安堵如故⑤,輔臣等各罷歸。翌日,遂立皇太子。確、惇、京、恕邪謀雖不得逞,其蹤跡詭秘,亦莫辨詰,各自謂有定策功。事久語聞,卒爲朝廷大禍,其實本恕發之。

三月甲午朔,執政詣内東門,入問候,皇太后垂簾,皇子立簾外。皇太后諭珪等:"皇子精俊好學,已誦論語七卷,略不好弄,止是學書。自皇帝服藥,手寫佛經二卷祈福。"因出所寫經示珪等,書字極端謹。珪等拜賀,遂宣制,立爲皇太子,改名煦。仍令有司擇日備禮册命。又詔:"應軍國事⑥,並皇太后權同處分,候康復日依舊。"未刻,執政再入問聖體,進呈立皇太子例降赦。皇太后諭珪等:"皇太子立,大事已定,天下事更在卿等用心。"珪等言:"朝廷法度紀綱素具,臣等敢不悉心奉行。"自此,執政日再入。丁酉⑦,命吏部尚書曾孝寬爲策立皇太子禮儀使,翰林學士鄧潤甫撰册文,戶部

---

① 恕微哂曰 "哂"底本作"笑",據嘉慶本、太平治迹統類卷一八宣仁垂殿聖政改。
② 公安如泰山矣 "如"底本作"於",據嘉慶本、太平治迹統類卷一八宣仁垂殿聖政改。
③ 令與平時不同 長編卷三五一"令"作"今"。
④ 子厚章惇字也 底本此六字爲正文,據文意改爲注文。
⑤ 已而禁中安堵如故 "安"底本作"按",嘉慶本同,據長編卷三五一、太平治迹統類卷一八宣仁垂殿聖政改。
⑥ 應軍國事 底本脱"應"字,據宋史全文卷一二下、太平治迹統類卷一八宣仁垂殿聖政補。
⑦ 丁酉 底本作"乙未",據長編卷三五三改。

尚書王存書册文，禮部尚書韓忠彥書寶。戊戌，上崩於福寧殿，宰臣王珪讀遺制，哲宗即皇帝位。尊皇太后爲太皇太后，皇后爲皇太后，德妃朱氏爲皇太妃。應軍國事，並太皇太后權同處分，依章獻明肅皇后故事。如向來典禮有所闕失，命有司更加討論。

　　元豐末建儲事，諸家異論。紹興史官既别加考定，專取元祐舊文，固得本實矣，第恨弗詳。今參取諸書，稍增益之。推原後來致禍如彼慘毒，夷狄遂入中國者，蓋由王珪任首相，不早建白立太子，致蔡確、章惇、蔡京等得乘隙造謗，而萌芽則自邢恕發之。其令蔡京領劄子入内庭，確、惇當時亦必有他説紿珪，故珪不以爲疑。然開封知府何與朝廷事？此正坐珪愚闇耳。若珪能即拒絶，既無疑似之迹，則横禍又何從而來？疑似之迹，當時不過如此耳。其後浸淫①，轉加增飾，遂有宣訓事、粉昆事、黄履疏、高士京書，至蔡懋宣和間劄子，用誣訕文字，託名御製極矣，誠可爲痛哭也。非建炎初聖主覺悟，果斷明辨②，則朝廷之禍豈有極乎！此事既存真實，仍悉取異説附見於後，庶觀者曉然究其真實謬妄，小人情狀無所遁逃，亦猶孟子必著許行、楊、墨等語，不用掃除絶滅之也。哲宗新録宣仁聖烈皇后傳云：先是，元豐七年三月，大宴宫中，延安郡王侍立，王珪率百官賀。及升殿，神宗又諭王與珪等相見，復分班再拜稱謝。是冬，諭輔臣曰："明年建儲，以司馬光、吕公著爲師保。"神宗彌留，后敕中人梁惟簡曰："令汝婦制一黄袍，十歲兒可衣者，密懷以來。"蓋爲上倉猝踐祚之備。神宗、太母所以屬意於上者，確然先定，無纖芥疑。邢恕，傾危士也，少遊光、公著間。蔡確得"師保"語，求所以結二公者而深交恕。確爲右僕射，累遷恕起居舍人。一日，確遣恕要后姪光州團練使公繪等，二人辭不往。明日，又遣人招置東府，確曰："宜往見邢舍人。"恕曰："家有桃，著白花，可愈人主疾。其説出道藏，幸留一觀。"入中庭，紅桃花也，驚曰："白花安在？"恕執二人手曰："右相令布腹心。上疾未損，延安幼冲，宜早定議。岐、嘉皆賢王也。"公繪等懼曰："君欲禍吾家！"徑去。已而恕反謂后與王珪爲表裏，欲捨延安而立其子顥，賴己及惇、確得無變。確使山陵，韓縝簾前具陳恕等所以誣太后者。使還，言者暴其姦，再貶知隨州，尋竄新州。劉摯拜左僕射，恕坐黨與，謫監永州酒税。新録載建儲事具此。確貶新州，恕責永州，皆元祐四年五月事。摯拜右僕射，乃六年二月事，不知新録何故相連書之。恕除起居舍人在元豐八年七月二十四日，方神宗寢疾時，恕但爲職方員外郎。公繪、公紀遷團練使在哲宗即位後，此時但爲刺史耳。新録稍似抵牾，今改之。趙子崧云："余既書元豐末命，紹興二年四月避地潯江，偶司諫韓璜叔夏謫監潯州鹽税，暇日語及，因借得其父文若記莊敏丞相作樞密長時，神宗服藥日久，韓一日語張璪曰：'上服藥日久，建儲如何？'璪曰：'子厚多言，試説與看。'韓乃語章惇，惇曰：'此議甚好。'説與二相③，亦以爲然。約集議於密院南廳，屏人，留筆硯一副、紙數幅，就坐

---

① 浸淫　嘉慶本作"浸潤"。
② 果斷明辨　"辨"底本作"辦"，據嘉慶本、長編卷三五一改。
③ 説與二相　底本脱"説與"二字，據長編卷三五一補。

久之,皆無語。韓視王珪曰:'今日之議,立延安郡王爲太子。延安郡王,去年上已令侍宴,出見群臣,又有旨四月一日出閣,此事何故都無一言?'珪云:'諸公之意①,亦珪之意也,別有何疑?'張璪推筆硯紙與章惇,令於紙上寫'立延安郡王爲皇太子'。來日至寢門,召内臣張茂則曰:'今日奏事,欲立延安郡王爲皇太子。'茂則令於御榻前設案,珪將所書紙鋪在案上,奏欲立延安郡王爲皇太子。時神宗風眩不能語②,但慘怛久之。衆皆拱立,未敢復言。時太妃亦在帳中露半面,國婆婆抱上坐。頃之,再奏,國婆婆云:'聖意已允。'王珪問茂則:'太后在甚處?'太后自云:'在此中。'茂則令内臣張簾,太后在簾下云:'相公等立得這孩兒便好!這孩兒真是孝③,自官家服藥,只是喫素④、寫經。'簾内出經兩卷,一卷延壽經,一卷消災經,逐卷後題云:'延安郡王臣某奉,爲皇帝服藥日久,寫某經一卷,願早康復。'自簾内,宮人抱出哲廟,哲廟裏帽子,著衫帶⑤,立於簾外。諸公環侍久之,無他語,遂宣制施行。後神宗上仙,宣遺制立皇太子,内外忻戴,初無異聞。已上韓氏手録,不敢增損一字。"案:子崧所書,與伯温辨誣所載並同。辨誣具注在三月甲午朔。

---

① 諸公之意　"意"底本作"議",嘉慶本同,據長編卷三五一改。
② 風眩　嘉慶本同,長編卷三五一作"風暗"。
③ 這孩兒真是孝　長編卷三五一同,嘉慶本"真是"作"直自"。
④ 只是喫素　"素"底本作"水",據嘉慶本、長編卷三五一、資治通鑑後編卷八六改。
⑤ 著衫帶　"衫"底本作"彩",據嘉慶本、長編四庫底本卷三五一改。

閔世勇副總編輯、宗增芳主任，他們的熱情、高效和對作者的尊重，給筆者留下了深刻的印象。同時，對未曾謀面的排版和校對人員，筆者也說聲謝謝，感謝他們爲本書付出的辛勞。

本書的出版得到了河北大學宋史研究中心姜錫東主任、王曉龍主任、李金鬮書記等領導的關懷和支持，得到了河北大學的資助；獲得了國家古籍整理出版資助；也得到了宋史學界、歷史文獻學界許多專家學者的關心和幫助。特别是筆者的老師汪聖鐸先生不顧年事已高，對本書兩百多萬字的校樣進行了認真的審閲，並提出了寶貴的修訂意見，從而使本點校稿的質量有了新的提高。筆者的忘年交、保定市政協文史委原秘書長張力云先生爲本書題寫了書名。

對所有爲本書的出版付出勞動和給以關懷的師友、同道、專家、編輯、領導，筆者謹在此致以衷心的感謝！

丁建軍

2023 年 11 月 11 日

後　記

　　《〈續資治通鑑長編紀事本末〉點校》一書即將付梓,與此書有關的往事又涌上心頭。筆者最初是在查閱點校本《皇宋通鑑長編紀事本末》時,發現該點校本問題較多,便興之所至地給予糾正,還寫了一篇《點校本〈皇宋通鑑長編紀事本末〉(第1—26卷)指瑕》的文章。一位宋史學界的朋友建議筆者與其糾錯,何不重新點校一遍該書。筆者接受了這個提議,便找來宛委别藏本,開始重新點校工作。等筆者重新點校完了,才發現廣雅書局本比宛委别藏本要好,雖然廣雅書局本後出,但它是以明抄本爲底本,又經過了校勘。於是筆者又以廣雅書局本爲底本,再點校一次。當時筆者父親被查出癌症,且已到晚期,筆者陪着父親在醫院接受關懷治療。看着生命一點點從他身上流失,筆者卻無能爲力,也真切地感受到了個人生命的有限,不由得思考人生的意義何在。回想自己寫了幾十篇宋史的文章,好像也没啥意義,反倒是認認真真點校一部流傳近千年的古籍更有價值。筆者本想盡快將這部古籍的點校本做好,也讓父親能看到它,但2015年7月2日父親離筆者而去了,上天没有給筆者這個機會。想至此,心中總有一種揮不去的遺憾。父親去世了,筆者對此書也不着急了,就慢慢地點校吧。

　　有一次,爲點校《三朝北盟會編》的事,與老師汪聖鐸先生通電話,筆者無意中提到了自己在做《長編紀事本末》的重新點校,汪先生說宋史界不少人想重新點校該書,並提醒筆者要做就快點,不要起個大早趕個晚集。於是,筆者便開始聯繫出版事宜。在先後聯繫了几家古籍社都没有談成後,經朋友淮建利介紹,筆者直接撥通了中州古籍出版社的王小方主任的電話,聽完筆者的情况介紹後,王主任說此書很有價值,願意出版其點校本。他是一位學者型的出版人,我們一談如故,彼此互相信任。隨後,筆者就給他指定的責任編輯劉琳女士發去了電子文稿,很快我們就簽訂了出版合同,不僅正式啓動了本書的出版程序,也開啓了筆者與中州古籍出版社的合作之旅。在此筆者要對王小方先生鄭重地說聲謝謝!

　　此後,筆者又結識了中州古籍出版社的許紹山社長、鄭雄總編輯、盧欣欣總編輯、將①,物儀備設。丹悃悉期於陳露,淵衷猶執於謙冲②。欲報之誠,以日爲歲。今聞涓辰之吉,受册有期,將同日月之照臨,行布風雷之號令。天命所屬,黎元咸竭於驪心;神器既安③,衰老遂諧於素志。"

五月己丑朔,康王即皇帝位於南京,遥上尊號曰孝慈淵聖皇帝。

---

① 圭寳並將 "並",嘉慶本作"既"。
② 淵衷猶執於謙冲 "衷",嘉慶本、長編拾補卷六〇均作"聰"。
③ 神器既安 "神",長編拾補卷六〇作"大"。

與決。如有姦詐僞冒、可疑文字,並申審。"以顏岐爲參議官①,滕康、周望爲記室。李綱傳檄京師,與湖南路安撫使郭三益等會合荆湖勤王之師,旬日間集精兵十萬,見起發前來。乙亥,以資政殿學士路允迪爲奉請車駕進發使,右諫議大夫范宗尹副之。車駕將至國門,臣僚前路奉迎,至大慶殿,文武百官再上表。丁丑,文武百官三上表。戊寅,大元帥府命宗澤部將士於長垣、韋城、衛南、南華防託。起發,以辛彥宗爲先鋒統制,丁順副之;祁超前軍統制,王澈副之;張瓊左軍統制,孔彥威副之;張俊中軍統制②,趙俊副之;苗傅右軍統制,劉浩副之;范實後軍統制③,張焕副之;楊惟忠都統制,以備護衛入應天。庚辰,康王次新興店。鄜延路經略使張深、副總管劉光世自陝州至。王以光世爲都提舉,曹輔、路允迪、范宗尹以太后詔旨趣進發。辛巳,康王次單州。壬午,康王次虞城縣,西道都總管孫昭遠以所部兵來會。張邦昌言:"謝克家回,恭聞車駕自濟州,由金鄉、單州徑至南京,即藝祖受命之邦,嗣皇朝無疆之歷,天人合應,以啟中興。所有合排辦輿輦、仗衛、冠冕、服御、禁衛、儀物之屬,百官有司各以其職,並合發赴南京,以俟册立。禮畢,遂建朝廷,以出號令。臣猥以駑下,承乏宰司,當躬率百官赴行在所。欲於二十五日起離前去,庶伸翊戴之誠,以請權宜之罪。其一行事務,並令所屬排辦。欲以中書舍人李擢、太常少卿汪藻幹當公事。"從之。

　　癸未,康王次應天府。甲申,康王率百官朝三殿御容。元祐太后令備車駕、法仗等,百司庶務各分其半來進。是日,王時雍、徐秉哲奉乘輿、服御至南京,張邦昌繼至,伏地慟哭請死,王慰撫之。丙戌,耿南仲等議曰:"恭惟藝祖皇帝與殿下誕彌之歲,皆值丁亥,天元所屬,應有宋火德之祥。藝祖開基,改元建隆;今紹隆前烈,請改元建炎。"戊子,太后遣使齎手書往南京,其詞曰:"吾蚤緣閒退,久遂燕安。託迹琳宮,惟務勤於香火;栖心道妙,曷嘗事於朝廷。不謂季年,乃逢大變,二帝遷辱,九廟危疑。迫公議以從權,難私懷之固避。暫還宮禁,勉處簾帷。每應政機,如負芒刺。第手書之達意,懇康國以投誠。冀膺曆數之歸,深慰寰區之願。臣鄰既往,冠蓋相望,圭寶並

---

① 顏岐　底本作"顏政",據嘉慶本、建炎以來繫年要録卷四改。
② 張俊　底本作"張浚",據嘉慶本、宋史卷三六九張俊傳改。
③ 范實　嘉慶本作"花實"。

王覽書，因語幕屬曰："邦昌知君臣分義①，免吾興師，此爲庶幾。"命移檄諸道帥臣，具言邦昌恭順之意，約束士庶，不得擅入京城。是日，濟州父老、軍民以萬計，詣大元帥府，言："本州四旁望見城中紅光屬天②，乞王即位於濟③。"時曹勛自河北軍前竄歸，詣大元帥府，進太上皇帝御衣，上有御劄曰："便可即真，來救父母。"又令諭王往曾密賜馬價珠子合，及王密啓欲決河灌虜人語爲質驗。宣和皇后以金環寄王，及傳王再出使日，有宮女招兒見金甲神人擁衛事。王慟哭拜受，由是決意趨應天。庚午，太后御内東門小殿，垂簾聽政。邦昌以太宰退處資善堂。群臣詣祥曦殿，起居太后畢，邦昌服紫袍，獨班歸兩府幕次。自僭位號至是凡三十三日，不御正殿，不受常朝，不山呼。見百官稱"予"，不稱聖旨，手詔則曰"手書"。至於禁中諸門悉緘鐍，題以"臣邦昌謹封"。

壬申，在京文武百官上表康王勸進，宗澤亦以狀申請，王深拒之。甲戌，太后告天下書曰："比以敵國興師，都城失守。浸纏宮闕，既二帝之蒙塵；誣及宗祊，謂三靈之改卜④。衆恐中原之無統，姑令舊弼以臨朝，扶九廟之傾危，免一城之慘酷。乃以衰癃之質，起於閑廢之中，迎置宮闈，進加位號，舉欽聖已還之典，成靖康欲復之心。永言運數之屯，坐視家邦之覆，撫躬獨在，流涕何從？緬惟藝祖之開基，實自高穹之眷命。歷年二百，人不知兵；傳序九君，世無失德。雖舉族有北轅之釁，而敷天同左袒之心。乃眷賢王，越居近服，已徇群臣之請，俾膺神器之歸。繇康邸之舊藩，嗣我朝之大統⑤。漢家之厄十世，宜光武之中興；獻公之子九人，唯重耳之尚在。茲爲天意，夫豈人謀！尚期中外之協心，同定安危之至計，庶臻小愒，漸底丕平。用敷告於多方，其深明於吾志。"是日，大元帥府約束："比金虜邀請二聖北去，已星夜措置邀迎外，虜先於三月七日抑逼宰臣張邦昌僭稱僞號。今來邦昌已歸寶退避⑥，所有八日已後稱中旨、面旨事，並不得施行，差到官不許上。如有闕官，即具申差。自今後凡有公事，並須申稟帥府

---

① 君臣分義 "分"底本作"公"，長編拾補卷六〇同，據嘉慶本改。
② 紅光屬天 "屬"，嘉慶本作"滿"。
③ 乞王即位於濟 "即"，嘉慶本作"正"。
④ 謂三靈之改卜 "謂"，嘉慶本作"思"。
⑤ 我朝 嘉慶本、長編拾補卷六〇作"宋朝"。
⑥ 已歸寶退避 "歸"，嘉慶本作"奉"；"避"，長編拾補卷六〇作"位"。

是日，謹肅及興齋偽尚書省劄子至，云：“四月二日，奉面旨，差往濟、鄆等處訪尋康王所在，仰逐處州郡守臣等具軍法文狀，申尚書省。”又二年四月二日札後有王時雍、李回二押字。王問二聖，皆如所聞。又問邦昌所服，曰：“紅袍、玉帶、帽子。”王掩泣，左右皆流涕，即以札子付謹肅等回，曰：“大元帥府今差使臣潘謹肅、李興體問京城，訪聞二聖曾幸虜營，於甚日還京？有脱虜營來者，供具不一，京城即無報應文字，未審今在京係是何人主管事務。仰開封府具軍法文狀來伺候行遣。”衆以爲得體。

丙寅，邦昌又遣其甥吴何及王舅韋淵同齎咨目稱臣，其大略言：“封府庫以待大王。孔子曰：‘子在，回何敢死？’臣所以不死者，以君上之在外也。”王召何等飲以酒，賜予良厚。何嘗侍王使斡离不軍前，至是，王與之叙舊，不忘也。丁卯，謝克家、孟忠厚以邦昌之命，齎玉璽至大元帥府，其篆文曰“大宋受命之寶”。帥府僚屬耿南仲、汪伯彦等引克家捧寶跪進。王謙拒再三，慟哭不受，命汪伯彦司之。監察御史馬伸言於邦昌曰：“伏見逆胡犯順，虜劫二帝北行，且逼立相公，使主國事。相公所以忍死就尊位者，自信虜退必能復辟也。忠臣義士不即就死，城中之人不即生變者，亦以相公必立趙孤也。今虜退多日，吾君之子已知所在，獄訟謳歌又皆歸往。相公尚處禁中，不反初服，未就臣列，道路傳言，以謂相公外挾強虜之威，使人游說康王，且令南遁，然後據有中原，爲久假不歸之計。伸知相公必無是心，但爲虜人未遠，因循未能盡改。雖然，如此亦大不便。蓋人心未孚，一旦喧鬨，雖有忠義之志，相公必不能自明，滿城生靈反遭塗炭，孤負相公初心矣。望速行改正，易服歸省，庶事稟取太后命令而後行，仍速迎奉康王歸京，日下開門，撫勞四方勤王之師，以示無間。應内外赦書施恩惠、收人心等事，權行拘收，俟立趙氏日然後施行。庶幾中外釋疑，轉禍爲福，伊、周再生，無以復加矣。如以伸言爲不然，則先次就戮，伸有死而已，必不敢輔相公，爲宋朝叛臣也。”邦昌命一切改正。是日，開城門。戊辰，邦昌召侍從官議事，晚，降手書，恭請元祐皇后垂簾聽政，以俟復辟。是書既出，中外人悦，追回諸路赦文，并毀所立宋太后手書不用。元祐皇后遣尚書左丞馮澥爲奉迎使，權尚書右丞李回副之，持詔往濟州迎康王。

卷第一百五十

欽宗皇帝

高宗渡江

靖康元年十二月壬戌，康王開兵馬大元帥府於相州。餘見上。

二年四月庚申朔，車駕北狩。辛酉，虜營始空。先是，朝請郎、徽猷閣待制、知信德府黃潛善遣探事人張宗至京師。宗得邦昌僭號文、金人偽詔、邦昌偽赦、迎立太后書各一紙。康王讀畢，往麟嘉堂，與僚屬呼問之，慟哭乃歸。時潛善建議自山口鎮過兗州，抵宿州駐軍，謀渡江左，輜重先發至山口①，三軍藉藉，乃不果行。王揮淚大慟，期身先士卒，追二聖於河北。諸將曰："此將臣職耳。大王乃宗廟社稷所係，不可輕動②。"王謂耿南仲等曰："斯報國之秋也，宜奮忠義，邀擊歸路。"於是布檄，并檄副元帥宗澤，促河南北兵依應指揮。癸亥，耿南仲、汪伯彥、黃潛善、耿延禧、董耘、高世則、梁揚祖、黃潛厚等率文武官吏勸進，康王涕泣不受，日與二三幕屬共圖北征。群僚同請，王固辭。南仲等又言："二聖北狩，邦昌僭竊，天下無主，群心皇皇。不早圖之，後時有悔，願以宗廟社稷爲念，速繼大統，先正尊位，乃議奉迎。四海生靈，延頸以望。"王復流涕不受。諸路帥臣、監司、郡守推戴表無虛日，南仲、伯彥等再言曰："二聖北狩，大王徑欲北征，奉迎鑾輿，孝悌之誠，足以昭假神明，何舉不利？然異姓僭竊，姦雄睥睨，群起並爭。邦昌身爲宰輔，受國大恩，大王早爲計，彼必拱手聽命。儻或後時，久假不歸矣！"王不納。甲子，迎元祐皇后於私第，入居延福宮。邦昌遣蔣師愈等齎咨目至大元帥府。及書至，王詢師愈等所以來之因，對曰："邦昌先遣使臣李興、潘謹燾等未回，聞有元帥府探兵入城，固知大王在濟，故遣師愈等來。"

---

① 輜重先發至山口　"發"，嘉慶本作"鋒"。
② 不可輕動　"動"，嘉慶本作"舉"。

元當可①、沈晦、黄夏卿、鄧肅、郭仲荀,太學六局官、秘書省官等,亦從之。先是,虜須六經秀才各五人,至是亦聽回,其八人不回,皆平日士流不檢者,甘心歸之。唯何㮚、孫傅、張叔夜、秦檜、司馬朴等,或以言語,或以廢立事不遣回,令舉家北遷。癸丑,虜人歸馮澥、曹輔、譚世勣、孫覿、汪藻、徐天民、蘇餘慶、郭仲荀、沈晦、黄夏卿等,二使隨入,齎到虜書云:"自來所取金帛,皆是犒賞軍兵之所急用,雖不能足數,亦且期大半。今楚國肇造,本固則安,慮因科括之急,重困斯民,亦議權止,令出榜曉諭。"丁巳,邦昌率百官詣南薰門五嶽觀内,望軍前遥辭二帝。邦昌慟哭,百官軍民皆哭,有號絶不能起者。道君皇帝北狩,寧德皇后及諸親王、妃嬪以下皆行,斡离不軍護送,由滑州路進發。戊午,金人漸下城,令户部尚書邵博提舉修繕。是日,交割外城。虜既不能下南京,乃自寧陵而上,盡偽置官屬,安撫士民,至是率驅而北。己未,虜兵下城盡絶,我兵分四壁屯守。邦昌詣虜營辭,服赭袍,張紅蓋,所過起居並如常儀,從行者王時雍、徐秉哲、吴开、莫儔。

夏四月庚申朔,大風吹石折木。車駕北狩,皇后、皇太子偕行,粘罕軍護送,由鄭州路進發。辛酉,虜營始空,其行甚遽,以四方勤王兵大集故也。營中遺物甚多,令户部拘收,象牙一色至二百擔,他不急之物稱是。秘閣圖書狼籍泥土中,金帛猶多,踐之如糞壤。

---

① 元當可　底本作"元可當",據宋史全文卷一五、靖康要録卷一一、卷一二、卷一五、卷一六,三朝北盟會編卷七七乙正。

其節。乙酉,虜以金銀不足,遣人來取,提舉官以下八人受約束。戶部尚書梅執禮、尚書禮部侍郎陳知質、尚書刑部侍郎程振、給事中安扶同見,虜責以金銀不足,曰:"胡不賦之於民?"四人同辭對曰:"今天子蒙塵,臣民皆願前死,雖肝腦不計也,於金繒何有哉?顧誠亡以塞責。"虜大怒,問官長安在,欲加以罪,而置其餘。振恐執禮坐之,遽前曰:"皆官長也!"虜不勝其忿,先取其副侍御史胡舜陟,殿中侍御史胡唐老,監察御史姚舜明、王俁①,各杖之百,幾死。執禮等猶爲請命,既而遣還。至南薰門,有呼於後者曰:"尚書且止,有元帥台令。"四人皆下馬,跪聽命,則以次殺之,梟其首,乃下令曰:"根括官已正典刑。金銀或尚未足,當縱兵自索。"戊子夜,白氣貫斗。

三月辛卯朔,車駕在青城。金人令御史臺報百官詣南薰門外迎邦昌②,用申時入城。邦昌與百官交拜於道,以鐵騎裹送,及門而返,以付范瓊,即入憩幕次,與從官語移時,入居尚書令廳。丁酉,金人奉册寶立邦昌,百官等會於尚書省。邦昌泣,即上馬,至西府門,佯爲昏憒欲仆,立馬少蘇,復號慟。導至宣德門西闕下馬,入幕次,復慟。金人持御衣、紅繖來,設於次外。邦昌出次,步至御街褥位,望金國拜舞,跪受册,略曰:"咨爾張邦昌,宜即皇帝位,國號大楚,都金陵。"邦昌御紅繖還次訖,金人揖,上馬出門,百官引導如儀。邦昌步入自宣德門,由大慶殿至文德殿前,進輦,卻弗御,步陞殿,於御牀西側別置一椅,坐受軍員等賀訖,文武合班,邦昌乃起立,遣閣門傳云:"本爲生靈,非敢竊位,傳令勿拜。"王時雍等懇奏,復傳旨云:"如不蒙聽從,即當歸避。"時雍率百官遽拜,邦昌急回身面東,拱手以立。大抵往來議事者,开、儔也;逼逐上皇以下者,時雍、秉哲也;脅懼都人者,范瓊也;遂皆擢用。

乙巳,邦昌往青城見虜致謝。既至,迎接殿下,揖而升,致賓主之禮。酒三行,面議七事:其一,乞不毀趙氏陵廟;其二,乞免取金帛;其三,乞存留樓櫓;其四,乞俟江寧府修繕畢,三年内遷都;其五,乞五日班師;其六,乞以帝爲號,稱大楚帝③;其七,乞借金銀犒賞。虜皆許之。又請歸馮澥、曹輔、路允迪、孫覿、張徵、譚世勣、汪藻、康執權、

---

① 王俁　底本作"王候",據嘉慶本、東都事略卷一〇九梅執禮傳、建炎以來繫年要錄卷二改。
② 詣南薰門外迎邦昌　嘉慶本、長編拾補卷六〇"迎"下有"拜"一字。
③ 大楚帝　嘉慶本、長編拾補卷六〇均作"大楚皇帝"。

上皇,並取諸王,孫傅欲匿不遣,开示以鄧述與管宫閣者所供名字,乃盡發焉。述亦内侍,爲真定府走馬承受,真定陷,虜酋置之軍中用事云。辛未,皇后、皇太子同詣青城,百官軍民奔隨號泣,太學諸生擁拜車前,哭聲震天。自太上皇出郊,孫傅乞留皇后、皇太子以主國事。至是,开、儔來,督脅不已。傅言於衆曰:"上蒙塵,託孤於傅,豈可自脱,分付與人?請從皇太子往,死生同之。"遂以留守事付王時雍,隨至南薰門。范瓊以死扞拒,不令出,傅留宿門下。初,太子將出,人情洶洶。瓊慮變生,以危言譻衛士,然後益兵擁衛以出。於是,召百官會議,相視久之,計無所出。衆曰:"今日當勉强應命,舉在軍前者一人。"時都城先聞傳虜中已定立張邦昌爲大楚皇帝,都金陵;抑令城中官員、父老、僧道簽狀推舉;若不從,便屠城。尚書左司員外郎宋齊愈適自外至,或問以虜意所主,齊愈寫"張邦昌"三字示之。既與所傳符合,議遂定。議狀云云。是日,不書議狀者惟孫傅、張叔夜。壬申,取傅及叔夜往軍中。癸酉,吏部尚書王時雍、户部尚書梅執禮行留守事。百官赴秘書省,士庶、僧道赴朶樓,軍民赴大晟府集議推戴事。時孫傅、張叔夜已出,獨時雍主其事,恐百官不肯書,乃先自書以率之,百官亦隨以書。吴开、莫儔持往虜營,御史中丞秦檜不書,獨具單狀云虜人於宗正寺取玉牒簿,指名要南班宗室,自二宫以近屬、官序高者先取。甲戌,开、儔齎虜牒:"據文武官申乞,立張相治國事,已申本國,册立爲皇帝訖,令取册寶及一行册命禮數。"乙亥,金人取秦檜并太學生三十人、博士正録十員,何㮚已下隨上在軍前人,並取家屬。戊寅,虜遣元隨肅王、張邦昌、路允迪三節官吏等歸。是日,大元帥府檄諸路云:"賊歸未的,京信不通,或云繫橋,或云結筏。登城之虜,至今不下,講和之説,實欺我師①。觀其形勢,虜自詭謀。宜加意往探,如窺伺舊城,未有退師之意,當審觀形勢,進至京師,張大軍聲,逼脅令去。切務持重,毋致誤國。亦無以人兵挑戰,自啓敗盟之釁。"庚辰,康王如濟州。辛巳,尚書禮部侍郎李若水爲虜所殺。癸未,城内復以金七萬五千八百兩②、銀一百十四萬五千兩③、衣緞四萬八千四百匹納軍前④。康王次濟州。觀文殿大學士、中太一宫使唐恪薨,張邦昌攝位,朝士無貴賤多拱手臣之,獨恪先事而死,識者推

---

① 實欺我師　"欺"底本作"疑",據嘉慶本、長編拾補卷五九改。
② 七萬五千八百兩　三朝北盟會編卷八三作"七萬五千五百八十兩"。
③ 一百十四萬五千兩　三朝北盟會編卷八三作"一百十四萬五千三百兩"。
④ 四萬八千四百匹　底本作"四萬八十四匹",據三朝北盟會編卷八三改補。

己酉,開封府言:"根括得金十三萬八千兩、銀六百萬兩、衣緞一百萬匹。"詔令權住納。庚戌,大風雨。上遣中使還城中,以陰雨,打毬之會未成,尚須少留。自上再幸青城,都人日日迎駕,自内前抵南薰門不可勝數,至有然火於臂①,或自燒其指,或望門而拜者,風寒雨雪不減。是日,大雪終日,泥淖没膝,人不聊生。於是就相國寺、定力院、保勝院、興國寺置四場糶米②,人三升,錢六十二文。都人又各率錢啓祝聖回鑾祈晴道場,晝夜不絶。遣鴻臚卿康執權、秘書省校書郎劉才邵、國子博士熊彦詩等押監書及道釋經板並館閣圖籍納虜營③。丁巳,太學諸生爲書,欲詣軍前,不得進,以申留守司,乞遞達。上自青城以手札至,云:"此事豈口舌所能下。"

二月辛酉朔,車駕在青城。乙丑,都人傳聞軍前已擊毬,駕即日回,相率迎候者數萬人。至晚,云來日入城。時括金帛已申了絶,會軍前取過教坊人孟子著④、周禮義,内侍藍忻⑤,醫官周道隆等,稱各有窖藏金銀,乞差人搜取。二酋大怒,遣金牙郎君來責,云:"少尹稱已盡數發絶⑥,何由尚有藏匿?"遂遣人荷鋤入城,剸取内侍鄧珪及教坊諸工所窖,於是開封復根括,立賞限陳首,京城大恐。丙寅,虜塹南薰門路。自上出郊,日遣王孝竭入京撫諭,都人亦日候駕,雖風雪不憚。是日,孝竭不至,人心大恐。頃之,傳監國皇太子令旨:以皇帝出郊多日未回,太上皇帝來日往軍前,乞駕早還。已而,吳开、莫儔自虜營持文書至,令依戎主詔,推薦異姓堪爲人主者,從軍前備禮册命,仍邀太上皇帝出城。孫傅等讀詔號絶,即以狀懇請,不報。次日,復申前請,乞立趙氏。虜以非其主本意,卻之。

丁卯,太上皇帝、太上皇后同詣青城,鄆王以下三十餘人、諸王妃、公主、都尉等皆從。至午,燕王、越王民擁留之,開封尹捕斬爲首者一人,乃止。初,太上皇遲疑未行,虜令范瓊邀請,已而徐秉哲以兵衛出南薰門⑦。先是,虜取内侍四十五人,各問所掌畢,遣其半還,但索曾管宫閤被任用者。留守司不悟其計,謂欲效禁中所爲。及开邀

---

① 至有然火於臂 "然",嘉慶本、長編拾補卷五九均作"炙"。
② 糶米 底本脱"糶"一字,據嘉慶本、宋史全文卷一五、三朝北盟會編卷七七補。
③ 監書及道釋經板 "板"底本作"版",據嘉慶本、長編拾補卷五九改。
④ 孟子著 嘉慶本、宋史全文卷一五同,靖康要録卷一一、三朝北盟會編卷七八、揮塵録後録卷四均作"孟子書"。
⑤ 藍忻 底本作"藍折",據嘉慶本、長編拾補卷五九、靖康要録卷一一、建炎以來繫年要録卷二改。三朝北盟會編卷七七"藍忻"作"藍訢"。
⑥ 少尹稱已盡數發絶 "尹"底本作"君",據嘉慶本、靖康要録卷一一、宋史全文卷一五改。
⑦ 以兵衛出南薰門 "衛",三朝北盟會編卷七九作"圍"。

亥,康王至大名府。時虜騎充斥,攝大名尹張從請王移行府,以河冰方堅,自相至大名雖涉河,而地里不遠。密邇王室,發勤王之兵爲便。先是,虜酋遣使者致書,且傳二酋意云:"康王已據河北,恐諸郡不肯交地,請遣使迎之。"乃命曹輔由京東往。先是,輔回,稱不知康王所在。庚寅,康王如東平府。

二年春正月辛卯朔,車駕詣延福宮朝太上皇帝,命濟王栩、景王杞出賀二酋,粘罕亦遣真珠大王同使臣八人入賀。壬辰,金人趣迎康王甚急,學士院具詔,虜再三易之,遣中書舍人張徵行,以曹輔不見王而還故也。癸巳,康王次東平府。庚子,車駕復幸青城。時虜索金銀益急,欲縱兵入城。上以問蕭慶,慶答云:"須陛下親見元帥乃可。"何㮮、李若水亦欲上親行。上將從之,會粘罕致書,以諸國畢集,加上其王徽號①,請再幸營。虜使有高尚書者奏云:"陛下不必親出,但遣親王、大臣以行可也。"上欲無往,恐虜縱兵殘民,乃以同知樞密院事孫傅兼太子少傅,吏部侍郎謝克家兼賓客,輔皇太子監國。傅仍爲留守,戶部尚書梅執禮副之。遂出城,㮮以下皆從。至晚,遣王孝竭歸,傳旨議事未畢,來日入城。詔令王若冲、邵成章衛皇太子赴宣德門,自是並稱制行事。遣閤門宣贊舍人符彬持詔至北道總管司,詔曰:"朕即位以來,交戰不已,京師再圍,略無外援。比者虜已登城,按兵議和,凡所請求,靡有不從,終未肯斂兵而去。咨爾河北之民,各宜奮發忠孝,更相結集,自保土疆,使予中國不失於蕃夷,天下安平,與汝等分土共享之。朕言及此,痛若碎首!"

辛丑,車駕在青城,留儀衛三百,命侍衛親軍馬軍副都指揮使郭仲荀統之,減七百餘人遣入城,除親王、宰相、執政、學士院、禮部、太常寺官外,餘並令先歸。於是鄆王楷而下九人、宰相何㮮,執政馮澥、曹輔,翰林學士承旨吳开,吏部尚書莫儔,中書舍人孫覿,尚書禮部侍郎譚世勣,太常少卿汪藻皆分居青城齋宮。初,上幸虜營,約五日必還。至是,民以爲金銀未足,各竭其家所有獻之。有福田院貧民,亦納金二兩、銀七兩。而虜來索不已,於是增侍從、郎官二十四員再根括,又分遣搜掘戚里、宗室、内侍、僧道、伎術、倡優之家。丙午,太學生徐揆詣南薰門,以書白守門者,乞達二酋,請車駕還闕。二酋取揆赴軍中詰難,揆厲聲抗論,爲所殺。是日,通奉大夫劉韐死於虜營。

---

① 加上其王徽號　宋史全文卷一五、長編拾補卷五九同,嘉慶本"王"作"主"。

不之意。上賜晏金束帶,退至都堂,大臣猶不肯遣親王,儔等力争之,不從。歸至驛,雪大作。晡後,聞驛門外大擾,閽者報賊已登城,諸軍班直皆敗回。少頃,都人競趨驛,摘晏等釁之。

丁巳。先是,李若水出使,留軍中久之。及城陷,二酋令若水歸報,趣何㮚來議事。若水入城,見上曰:"二酋止欲得兩河地,別無他事。"乃遣㮚及濟王栩爲請命使。午後,㮚、栩回,同金人四人來議和。御史中丞秦檜、右司員外郎司馬朴相繼納款軍前。戊午,上御宣德門,赦守禦官吏軍民之罪,傳宣撫諭:"兩國已有和議,各令歸業。"何㮚、鄆王楷詣軍前請和,二酋謂㮚、楷曰:"自古有南即有北,不可相無也。金人所期,在割地而已。"又欲邀上皇出郊。㮚回,道金人意,上曰:"上皇驚憂已病,不可出。必欲堅要,朕當親往。"自乙卯,雪大作,盈三尺不止,天地冥晦。或雪未下時,於陰雪中有雪絲長數寸墮地。是夜雪霽,彗星見,有白氣出太微垣。己未,何㮚再往軍前。詔曰:"大金堅欲上皇出郊,朕以宗廟生靈之故,義當親往。咨爾衆庶,無致驚疑。"辛酉,車駕詣青城,尚書右僕射何㮚、中書侍郎陳過庭、同知樞密院事孫傅等從①。上過南薰門,有一虜自稱統軍,厲聲云:"奏知皇帝,得皇帝親出,其事甚好,但安聖心。"上望齋宫門,即下馬,步入一小位中。虜邀請乘馬而入,上不聽。二酋相見,上與語,唯粘罕應答琅然,斡离不唯唯而已。都人自宣德樓至南薰門,立泥雪中,以俟駕回。

十二月壬戌朔,車駕留青城。是日,康王開兵馬大元帥府於相州。粘罕遣蕭慶入城,居尚書省,朝廷動静並先關白。晚有榜云:"奉聖旨,和議已定,止是往來禮數未畢。竊慮軍民等疑慮,今曉諭,更令知悉。"癸亥,車駕自青城回,父老夾道山呼,拜於路側。甲子,上御祥曦殿,百官始造朝。虜使四人從駕入城者,亦朝見。車駕詣延福宫朝太上皇帝,金人索金一千萬鋌,銀二千萬鋌,縑帛如銀之數,欲以犒軍。朝廷令群臣獻金帛,諸王、内侍、帝姬亦如之,又置局買金銀,金價至五十千,銀至三千五百。命王時雍兼領開封府尹,與徐秉哲分東、西廂括金帛,御史監視納數。虜索京城騾馬,詔除見任職事官留馬一匹外,並限三日赴開封府納,隱留者全家行軍法,告者賞錢三千貫。於是自御馬而下,得七千餘匹,悉歸之。甲戌,虜人乞割河中府、解州,許之。乙

---

① 同知樞密院事孫傅等從　底本脱"院"一字,據嘉慶本補。

卷第一百四十九

欽宗皇帝

二聖北狩

靖康元年閏十一月丙辰,京城陷。先是,斡离不遣劉晏以十一月已丑入城,翰林學士莫儔、防禦使高世賞館之都亭驛。晏曰:"皇子遣晏來,云國相元帥一軍非晚亦到,欲請皇帝出城會盟。"儔等曰:"兩國義均骨肉,與二帥相見,固無害。但事體不順,難以家至户曉。都人見大兵已傅城下,豈容車駕出郊。"晏頗以爲然。及引見,晏執禮甚恭,奏對甚婉。上大悦,厚其禮幣,晏悉不受。既去數日,粘罕軍果至青城,遣蕭慶等四人來,復令儔、世賞館伴。次日引見,慶等力陳本朝失信事,如已許三鎮,兵退,便不肯交。今雖畫河爲界,元帥必欲與皇帝會盟,方敢退師。至都堂,復申前說。何㮚曰:"本朝自祖宗以來,車駕惟是三年一次郊天方出城,平居未嘗離大内一步。況今兵火在外,豈容輒出?此事實難相從。"慶等退至驛,受書去。又數日,復齎書來,堅請出城會盟,不然,則圍城之師決不解,攻城之具決不退。儔等皆曰:"此事恐終難允從。"迺遣李處權、吴德冲報謝,不得見粘罕,亦不受書,云自遣蕭慶計議。

閏月乙巳,慶等復來,遂引見至殿上,即奏曰:"聖駕不須出城,只要僕射何㮚議事。"㮚色變,卜亦不許,諭使人曰:"待遣馮澥、曹輔去。"又請上皇、皇太子、越王、鄆王爲質。上曰:"朕爲人子,豈可以父爲質?太子方數歲,如何到得軍前?"撒离母曰:"此事尚有商量。如上皇、皇太子不須出去,得親王二人亦可。"上曰:"待遣近上皇屬二人。"慶留四日,乃受書去。明日,朝廷遣澥、輔代宰相,宗室仲温、士誦代親王出使。至軍前,粘罕但置酒待之。酒三行,便送澥等歸,不交一談。自此攻城益急。乙卯,劉晏再入城,謂儔等曰:"兵已登城,如扞禦得住,即極力爲之;如力有不加,即告皇帝早出相見,當悉心保全宗社。今須急遣宰相、親王出城,庶免攻破。"次日入見,具陳斡离省侍。"

四月癸丑,御史中丞陳過庭言:"蔡京、王黼、童貫造爲亂階,均犯大惡,然竄殛之刑,獨加於黼,而京、貫止於善地安置,罪同罰異。"詔京移衡州安置;貫責授昭化軍節度副使、郴州安置。臣僚又言:"伏見朱勔父子皆衡州一處安置,典刑未正。"詔勔移韶州羈管,子汝賢全州,汝功復州,汝文峽州,汝明建昌軍,侄汝相某州①,汝舟臨江軍,汝翼歸州,弟勣撫州,並居住。癸亥,詔:"蔡京等久稽典憲,衆議不容。京可移韶州,貫移英州,勔移循州,攸責授節度副使、永州安置。勔子孫分送湖南。"

七月乙亥,移蔡京於儋州,攸於雷州。丙子,童貫移吉陽軍安置。甲申,蔡京至潭州,卒。辛卯,詔童貫隨所至州軍行刑訖,函首赴闕。

九月壬申,臣僚言:"蔡京蠹國二十餘年,罪惡貫盈。陛下奮獨斷之威,投之海外。京滯留道塗,至長沙而卒,識與不識,無不抵掌而歎。攸之罪不減乃父,燕山之役,禍及天下,驕奢淫佚,載籍所無。若不竄之海外,恐不足以正凶人之罪。"詔移萬安軍。攸行至嶺外,上遣使,以手劄隨所至賜死,并誅其弟翛及朱勔云。

---

① 侄汝相某州　嘉慶本、長編拾補卷五四同,宋會要輯稿職官六九之二一、東都事略卷一〇六朱勔傳"汝相"均作"汝楫"。

言,灼見奸狀,凡四罷免,而凶焰益肆,覆出爲惡,怨氣充塞,上干陰陽。人心攜離,上下解體。於是狄人乘虛鼓行①,如蹈無人之境。陛下赫然威斷,貶斥王黼等,大正典刑。如京之惡,豈可獨貸?"又言:"方王師之北伐也,貫、攸爲宣撫使副②,提數十萬之師,挫於殘虜,淹留彌歲,卒買空城。乃以恢定故疆冒受非常之寵。蕭后納款,虜使韓昉見貫、攸於軍中,卑辭祈哀③,欲捐歲幣④,以復舊好,此安危之機也,乃叱昉使去,昉大呼於庭,告以必敗。今數州之地悉非我有,而國用民力從而竭矣。迨金人結好,則又招納叛亡,反覆賣國,造怨結禍⑤,使狄人因以藉口⑥。前年秋,貫以重兵屯太原,欲取雲中之地,卒無尺寸功。去年冬,貫復出太原,金人犯塞,貫實促之。攸見邊報警急,貫逃遁以還,謾不經意,玩兵縱敵,以致於此。迨狄人長驅⑦,震驚都邑,貫、攸一旦攜金帛盡室遠去,曾無同國休戚之意。貫、攸之罪,上通於天,願陛下早正典刑,以爲亂臣賊子之戒。"詔蔡京特責授中奉大夫、守秘書監、分司南京致仕,河南府居住;童貫特責授左衛上將軍致仕,池州居住;蔡攸特降授太中大夫、提舉亳州明道宮。

三月甲午,監察御史胡舜陟言:"陛下踐阼之初,放朱勔於田里,天下稱頌。然典刑未正,士論藉藉。勔爲民蟊賊,爲國召怨,以御前財物、東南諸司錢、燕山免夫錢,悉爲花石什物之費,前後蠹耗,不可勝極⑧,遂使國家財物內外一空。勔以市井之人而建旄鉞,與將相有大功者等,子姪至承宣、觀察者數人,廝役爲橫行,媵妾有封號,污辱名器,中外不平云云。"詔勔安置廣南,籍没財產。

乙未,左司諫陳公輔言:"臣謂京父子雖無嘉謀讜論輔導人主,而邪佞奸險,能爲身謀,則舉朝公卿無出其右者。若使其遲留幾旬,他日奸謀復肆,群臣皆樂附之,陛下雖欲制之,不可得矣。願獨奮威斷,亟行竄逐,以慰天下公議。"制:"蔡京可責授崇信軍節度副使、德安府安置;攸先已降太中大夫,爲勸上皇北歸⑨,特依已降指揮,令前去

---

① 狄人　底本作"敵人",據三朝北盟會編卷三九改。
② 貫攸爲宣撫使副　底本脱"副"一字,據宋會要輯稿職官七八之三三、靖康要錄卷二、三朝北盟會編卷三九補。
③ 卑辭祈哀　"祈哀"底本作"折衷",嘉慶本同,據靖康要錄卷三、三朝北盟會編卷三九、長編拾補卷五三改。
④ 欲捐歲幣　"捐"底本作"損",據嘉慶本、靖康要錄卷三改。
⑤ 造怨結禍　嘉慶本、長編拾補卷五三同,靖康要錄卷三"造"作"構",三朝北盟會編卷三九"造"作"締"。
⑥ 使狄人因以藉口　"狄"底本作"敵",據三朝北盟會編卷三九改。
⑦ 迨狄人長驅　"狄"底本作"敵",靖康要錄卷三載:"迨陛下踐祚之初,狄人長驅。"文意優,今據改。
⑧ 不可勝極　靖康要錄卷三作"不計其數"。
⑨ 按:"爲勸上皇北歸",係靖康元年正月,金軍第一次圍困開封前夕,太上皇宋徽宗"東幸",一直逃到了江南的鎮江並攬權亂政。在金軍撤圍離去後,宋徽宗仍逗留在外,不願回開封,經宋欽宗多次派人勸請,太上皇才北歸。

兄俅、伸等書，報言上皇初至南京，不欲前進①，復爲數賊挾之而前，沿路劫持，無所不至。迨至泗州，又詐傳上皇御筆，令高俅守禦浮橋，不得南來，遂挾上皇渡淮，以趨江浙，斥回隨駕衛士，至於攀望慟哭，童貫遂令親兵引弓射之，衛士中矢而踣者凡百餘人。高俅父子、兄弟在傍，僅得一望上皇，君臣相顧泣下，意若有所欲言者，而群賊在側，不敢輒發一語，道路之人莫不扼腕流涕，痛憤天子之父而乃受制奸臣賊子，一至於此！'況數賊之黨徧滿東南，而上皇隨行大臣如宇文粹中，乃京甥婿，其弟虛中，亦竄而往；蔡翛②，京之子也，得守鎮江，據千里山川要害之地；宋晚，蔡攸之妻黨也，出領大漕，專數路金穀斂散之權。貫有親隨勝捷之精兵，勔有一鄉附己之衆惡，皆平時陰結以爲備者。一旦南渡，即恐乘勢竊發，控持大江之險，東南郡縣必非朝廷有。是將傾陷父子，使之離間，其事必有至難言者，何爲尚不忍於此？非梁師成陰有營救而然邪？請言師成之惡：外雖憸佞，而其衷陰險禍賊，招權怙勢，壞法亂紀，無所不至。上皇每所進用宰執、侍從，師成必收以爲己功，故大臣聽命師成以行國政，威聲氣焰，震灼中外。國家至公之選，無如科舉之取士，而師成乃薦其門吏使臣儲宏特赴廷試。宏自賜第之後，仍令備使臣之役。宣和六年春親第進士，其中百餘人皆是富商豪子，或非泛授官之徒，以獻頌上書特赴廷試，每名所獻至七八千緡。唱名之日，師成奏請陞降，絕滅公道。又創置北司以聚不急之務，專置書藝局以進市井游手無賴之輩。濫恩橫賜，靡費百端，竊弄威福，陰奪人主之柄。使師成不去，同惡尚存，群賊等輩倚爲奧援，陛下雖欲大明誅賞，以示天下，胡可得哉云云。"乙未，詔暴梁師成朋附王黼之罪，責爲彰化軍節度副使，遣使臣押至貶所，至八角鎮而死。

　　二月甲寅，侍御史孫覿言："謹按太師蔡京四任宰相，前後二十年，挾繼志述事之名，建蠹國害民之政，祖宗法度，廢移幾盡。託豐亨豫大之說，倡窮奢極侈之風，而公私積蓄，掃蕩無餘。立御筆之限，以陰壞封駁之法；置曲學之科，以杜塞諫諍之路。汲引群小，充滿要塗。禁錮忠良，悉爲朋黨。閨門混濁，父子喧爭。廝役官爲橫行，媵妾封至大國。欺君罔上，挾數任情。書傳所記老奸巨惡，未有如京比者。上皇屢因人

---

① 不欲前進　"進"，嘉慶本、少陽集卷一登聞檢院三上欽宗皇帝書均作"邁"。
② 蔡翛　三朝北盟會編卷三二同，嘉慶本、長編拾補卷五二、少陽集卷一登聞檢院三上欽宗皇帝書均作"蔡攸"。

廷不暇安枕之際,勔父子遽先衆人欲盡室東下。計其情實,尤不可赦。李彥據有西城所錢物,去歲京東盜起,米斗千錢,兵民闕食,中外憂之。彥乃發錢數千萬往淮、浙買米,運至京東,以規厚利。前日道君皇帝詔罷西城所,令以其錢付之有司。聞彥尚欲强占,不肯交割,及至交割①,所存無幾。宦官抗國,悖慢如此,尚復何容？今戎狄背叛②,正由此六賊所致,陛下其忍惜此六賊③,以危天下乎？使唐明皇早誅楊國忠,則禄山未必有以藉口。幸陛下無小不忍於此也！陛下忍而不誅,即恐天下共起而誅之矣。夫舜之去四凶,亦見於禪位之初,未聞其猶豫也。可不鑒哉！"

欽宗實録具載陳東書,"可不鑒哉"下仍云"其後悉施行之"。

靖康元年正月己巳,寧遠軍節度使朱勔放歸田里；責太傅、楚國公致仕王黼爲崇信軍節度副使、永州安置；賜翊衛大夫、安德軍承宣使李彥死；黼、彥仍籍没家資。壬申,太學生陳東上書曰："臣竊知上皇已幸亳社,蔡京、朱勔父子及童貫等統兵二萬從行。臣深慮此數賊遂引上皇迤邐南渡,萬一變生,實可寒心。蓋東南之地,沃壤數千里,郡縣千百,中都百色悉取給焉④。其風聲氣俗,素尚侈靡,人所動心。其監司、郡守、州縣之官,率皆數賊門生,一時奸雄豪彊及市井惡少,無不附之。近除發運使宋焕,是京子攸之妻黨。貫昨討方寇,市恩亦衆,兼聞私養死士,自爲之備。臣嘗上書言六賊罪惡,賊心自知不免,反怨朝廷,貪緣上皇,遂請此行。臣竊恐數賊南渡之後,必假上皇之威,乘勢竊發,振臂一呼,群惡響應,離間陛下父子,事必有至難言者,則東南之地恐非朝廷有,其爲患豈夷狄比哉？望速追數賊,悉正典刑,别差忠信可委之人扈從上皇如亳,庶全陛下父子之恩,以安宗廟。"上然之。

辛卯,開封府言："故太傅王黼至雍丘縣南二十里輔固村,爲盜所殺。"詔籍其貲。小人乘隙争入黼第,掠取絹七千餘匹、錢二十餘萬緡,四壁蕩然。甲午,太學生陳東言："臣於去年冬,嘗與諸生伏闕上書,論六賊之罪。又近言蔡京、朱勔父子及童貫等挾道君南巡,恐生變亂,乞追還闕下,各正典刑,至今未蒙盡行。或謂朝廷方有夷狄之難,未暇議此。然今日事勢之急,殆有甚於夷狄者。昨日聞道路之言曰：'高傑近取其

---

① 及至交割　底本脱此四字,據少陽集卷一登聞檢院上欽宗皇帝書補。
② 今戎狄背叛　嘉慶本作"今黔黎皆叛",長編拾補卷五一作"今戎狄皆叛"。
③ 陛下其忍惜此六賊　底本脱"六賊"二字,據少陽集卷一登聞檢院上欽宗皇帝書補。
④ 中都百色悉取給焉　"色",少陽集卷一登聞檢院三上欽宗皇帝書作"需"。

事蔡京,夤緣交結閹寺,遂致超顯,招權怙勢,氣焰可炙。出入禁闥無時,而衛士莫敢呵止;侵移內帑無數,而有司不得會計。其所請錢,號為收買花石、進奉之物,其實盡以入己。自初至今,不知其幾千萬數。父子每以幹當公事為名,多破官舟,往來淮、浙,興販百端,騷動數路,蔑視官吏,僅同奴僕。所貢物色,盡取於民,徹民屋廬,削民冢塋,幽冥受禍,所在皆然。甚者深山大澤,穿崖斷谷①,江湖危險,人迹所不可到之地,苟有一花一石,必作威福,逼脅州縣,期於必取。間有不可力致,而官吏申白者,輒大怒詈,以不奉上之名歸之。官吏畏此名,不免驅動百姓,極力攻取,得而後已。往往致人顛踣陷溺②,以隕其身。東南之民,怨入骨髓,欲食其肉。而勔父子方且炎炎未艾,天下扼腕。此六賊者,前後相繼,誤我國家,離我民心,天下困弊,盜賊滋起。夷狄交侵,危我社稷,致道君皇帝下哀痛罪己之詔,播告四方,而京等罪狀未白,典刑未正,天下無不歸怨上皇。若不誅京等,將何以慰道君皇帝之心,雪道君皇帝之謗,以解天下之疑邪？況今日之事,蔡京壞亂於前③,梁師成陰賊於內④,李彥結怨於西北,朱勔結怨於東南,王黼、童貫又從而結怨於二虜,敗祖宗之盟,失中國之信,創開邊隙,使天下勢危如絲髮⑤。此六賊者,異名同罪。伏願陛下擒此六賊,肆諸市朝,傳首四方⑥,以謝天下,庶幾道君皇帝之志,果成於陛下,豈不偉哉？兼此六賊黨與之盛,徧滿中外,又聞有養死士數百人,自為之備者。陛下萬一少從寬貸,止於竄逐,禍胎尚存,肘腋之變,恐生不測,方之夷狄,殆有甚焉。唐文宗嘗言:'去河北賊易,去朝中朋黨難。'陛下誠不可不留神也。蔡京、王黼、童貫,蓋嘗陰懷異意,搖撼國本,頃年楊戩亦有是心。所賴陛下父慈子孝,兄友弟恭,此數賊者,計弗得行,天下臣子,切齒刻骨,有年於茲。臣又聞道路之言曰:'蔡京自謂有建立儲貳之功。'此語猶為悖逆。道君皇帝初立陛下為太子,天下共知,斷自宸衷。立嫡立長,古今大義,何與京事？而乃欲貪天之功以為己力也！此大不然者。朱勔以奇技淫巧進,而官至建節,鄭居中力爭不可,至鬱憤而死,蓋當時用勔建議北伐,遂有此除。今朔方如此,勔當如何？乃者稍聞警急,朝

---

① 穿崖斷谷 "穿崖",嘉慶本作"窮岸",少陽集卷一登聞檢院上欽宗皇帝書作"窮崖"。
② 往往致人顛踣陷溺 底本脫"致人"二字,據少陽集卷一登聞檢院上欽宗皇帝書補。
③ 蔡京壞亂於前 嘉慶本同,少陽集卷一登聞檢院上欽宗皇帝書"前"作"外"。
④ 梁師成陰賊於內 少陽集卷一登聞檢院上欽宗皇帝書同,嘉慶本"賊"作"敗"。
⑤ 危如絲髮 "絲"底本作"係",據嘉慶本、少陽集卷一登聞檢院上欽宗皇帝書改。
⑥ 傳首四方 "首"底本作"旨",據嘉慶本、少陽集卷一登聞檢院上欽宗皇帝書改。

局私家,四方珍貢,盡入黼室,自奉之餘,始以進御。賣官鬻爵,貪饕無厭,姦贓狼籍①,搢紳不齒。觀其所爲,大抵效京。朔方之釁,黼實啓之,貫實佐之。貫因京助,遂握兵權,至爲太師、封王,左右指使官至承宣,閤卒庖人防團是任。自古宦官之盛,未有其比。然貫實庸懦,初無智謀,每一出師必數十萬,隨軍金帛動億萬計。比其還歸,兵失大半,金帛所餘,盡歸私帑。臣等聞諸邊人,貫之用兵,紀律不明,賞罰不公,身冒矢石未必獲賞,而親隨先及。夫以師之耳目,在大將旗鼓,進退從之,勝負係焉。貫身去敵常數百里,是致將不先敵,士不用命,屢見敗衂,挫辱國威。士卒陷亡,不以實奏,所獲首級,增數上聞,祖宗軍政,壞亂掃地。而又貪功冒賞,不察事機,朔方之兵,遂致輕舉。敗我國盟,失我鄰好。今日之事,咎將誰執?貫之所恃有梁師成,實聯婚姻,以相救援。師成之惡,抑又可言②。外示恭謹,中存險詐,假忠行佞,藉賢濟姦,盜我儒名,高自標榜,妄立名號,衆稱'隱相'。欲攬國家大柄盡歸諸己,欲使天下士夫盡出其門。正人端士,往往望風疾避,亦有不幸遭其玷污者。一時苟賤無恥之人,爭往從之,旋至顯位。王黼之進,實賴師成。師成與黼,如貫與京,內外相應,捷若影響。黼爲相臣,專秉國政,奉行師成之意而已,不聞天子之命也。朝廷執政、侍從,天下監司、郡守,往往師成門生。蔡京父子,奉之不暇。至如去歲,道君皇帝一日相二人,師成自謂皆出己意,聞者駭恨不已。夫論相者,天子之職也。宦官招權,以爲己力,寖淫不已,事必有大於此者,可勝寒心?頃歲李彥以根括民田,按行河北、京東、京西,威赫三路,所至出郡③,倨坐黃堂,使監司、郡守列侍其傍,而列侍之輩咸藉彥以進,不敢輒違。臣等聞嘗有詣道君皇帝論列此事者,師成時適在側,抗聲言曰:'王人古在諸侯之上!'使其人不得盡言。彥之凶焰,由此益熾。奪民常產,重斂租課,官吏稍有違忤,即誡監司捃摭佗故,無辜送獄,士大夫往往憤恚而死。三路百姓破家流蕩,愁怨溢路。去年京東、河北止以租錢及燕山免夫之征,剝剋太甚,盜賊四起,正如兩浙曩時清溪之寇,實由朱勔父子漁奪東南之民,怨結數路,方臘一呼,四境響應,屠割州縣數十,殺戮吏民,動億萬計。天下騷然,彌歲不已,皆勔父子所致,生靈何幸?按勔父子皆曾犯徒杖脊,始因賄

---

① 姦贓狼籍 "贓"底本作"賊",據嘉慶本、長編拾補卷五一、少陽集卷一登聞檢院上欽宗皇帝書改。
② 抑又可言 "又",嘉慶本作"不",少陽集卷一登聞檢院上欽宗皇帝書作"何"。
③ 所至出郡 嘉慶本同,少陽集卷一登聞檢院上欽宗皇帝書作"所在州郡",九朝編年備要卷二九作"所至州縣"。

卷第一百四十八

欽宗皇帝

誅六賊

宣和七年十二月甲子，太學生陳東等伏闕上書，乞誅蔡京、王黼、童貫、梁師成、李彥、朱勔六賊，曰："臣等聞自古帝王之盛，莫盛於堯、舜，而堯、舜之盛，莫大於賞善罰惡。堯之時有八元、八愷，而未暇用；有四凶，而未暇去。非不知其可用、可去也，意謂我將倦於勤，必以天下授舜，特留以遺之，使大明誅賞，以示天下爾。故傳曰：'舜有大功二十而爲天子。'天下頌之，至今不息。臣竊謂在道君皇帝時，非無賢材如八元、八愷而未用者，亦非無佞臣賊子如四凶而未去者，道君皇帝亦非不知之，特留以遺陛下。臣竊爲陛下計，莫若先誅所謂奸臣賊子如四凶者，則天下皆曉然知陛下好惡所在，而賢材如八元、八愷者，可舉而用矣。陛下欲知奸臣賊子如四凶者乎？曰蔡京，曰王黼，曰童貫，曰梁師成，曰李彥，曰朱勔是也。臣等謹按：蔡京罪惡最大，崇寧初，道君皇帝方恭默聽斷，起京散地，置之宰司。京天資凶悖，專權跋扈，首爲亂階，陷害忠良，進用憸佞，引置子孫，盡居要塗。變亂祖宗法度，快其私心；竊弄朝廷爵賞，固其黨與。蠹竭國用，殘暴生民，交結宦官，姑息堂吏，盤根錯節，牢不可解。京乃偃蹇迫肆，無復忌憚，包藏禍心，實有異志，有識之士比之王莽。所幸宗廟之靈，社稷之福，道君皇帝聰明睿智，洞照其衷，奸計數露①，弗得竊發。使京若輔少主，其篡奪復何疑哉？此非特臣等知之，天下共知之。臣等聞陳瓘、任伯雨、何昌言、江公望皆曾論京奸狀，故數人者一斥不復再用，至有飲恨而死者，天下冤之。緣京用事，姦人並進。王黼相繼爲相，位至公傅，騁柔曼之容，肆俳優之行，欺君罔上，蠹國害民，無所不至。假應奉之名，置

---

① 奸計數露　嘉慶本同，九朝編年備要卷二九"計"作"邪"，少陽集卷一登聞檢院上欽宗皇帝書"數"作"敗"。

放自便,能中虜者厚賞。夜發霹靂礮以擊之,軍皆驚呼。丙午,金人退師。己酉,尚書右丞李綱言:"澶淵之役,雖與遼人盟約,及其退也,猶遣重兵護送之,蓋恐其無所忌憚,肆行虜掠故也。金人之去三日矣,初謂其以船栰渡河,探聞乃繫橋濟師,一日而畢。盍遣大兵,用澶淵故事護送之。"上可其請。於是分遣將士,以卒十萬餘①,數道並進,且戒諸將度便利,可擊即擊之。庚戌,以中大夫、尚書右丞李綱知樞密院事。

---

① 以卒十萬餘　底本脱"十"一字,據梁谿集卷一七二靖康傳信録中、三朝北盟會編卷三七補。按:梁谿集卷一七二靖康傳信録中、三朝北盟會編卷三七均作"以兵十餘萬"。

之,遂令京城之人闃然騷動,弗安其居。若非綱爲陛下建言,則乘輿播越在外,宗廟社稷已爲丘墟,生靈已遭魚肉,陛下將有棄宗廟社稷之名。賴聰明不惑,特從綱請,中外聞之,雖愚夫愚婦,莫不舉手加額,仰歎聖德之盛。綱之力,豈曰小補之哉?是宜邦彥等譖謗忌嫉,無所不至。"又曰:"若以綱用兵小挫,遂當廢罷,則童貫創開邊隙,以貽今日之禍,近又引兵數十萬,以事雲中之役,幾於匹馬隻輪無還。朝廷曾不議貫之罪,何綱小挫而加罪乎?一進一退,在綱爲甚輕,在朝廷爲甚重,今日社稷安危在此一舉。幸陛下即反前命,復綱舊職,以安中外之心,付种師道以閫外之事。"於是軍民數萬人擁伏闕下,相謂曰:"非見李右丞、种宣撫復用,毋得歸!"會百官退朝,自東華門至闕前,衆指李邦彥,數其罪嫚罵,至前攬其履欲毆之,邦彥疾驅以免。兼開封尹聶昌舉鞭揖衆等曰:"諸公爲此,可謂忠義矣!"邏者以聞,上令閤門受所上書。頃之,中人傳旨云:"諸生所上書,朕已親覽,備悉忠義,當便施行。"其中有欲散者①,衆闃然曰:"安知非僞耶?須見李右丞、种宣撫復用,乃退。"於是知樞密院事吳敏傳宣云:"李綱用兵未利,不得已罷之。俟金賊稍退,令復職。"猶不退,時日已晡矣②。百姓乃昇登聞鼓置東華門外,摑而壞之,山呼震地。開封尹王時雍至,謂諸生曰:"脅天子,可乎?胡不退!"諸生應之曰:"以忠義脅天子,不猶愈於以奸佞脅之乎?"復欲前毆之,時雍逃去。殿帥王宗濋奏於上曰:"事已爾,亡可奈何,當黽勉從之。不然,且生變。"於是遣簽書樞密院事耿南仲言於衆曰:"已得旨宣李綱矣。"百姓數千人詣浴堂院迎之。上益恐,於是相繼而宣諭者絡繹不絕。內侍朱拱之先得旨,宣諭未到,而後發之使先至。衆取拱之,臠而磔之,即矯制曰:"殺內臣者無罪!"又取十餘輩殺之,取其肝腸,揭之竿首,號於衆曰:"此逆賊也!"綱皇懼入對,泣拜請死。上亦即復李綱尚書右丞,充京城四壁守禦使,而罷蔡懋。綱固辭,上不許,俾出東華、右掖門宣諭,衆亦稍去。綱再對,上命復節制勤王師,師道亦歸其廨。士庶知二人復用也,遂散。時師道實不罷,蓋外議流傳之妄云。

壬寅。是夕,李綱宿咸豐門,以金人進兵門外治攻具故也。先是,蔡懋號令將士:"金人近城,不得輒施放。"有引礮及發牀子弩者,皆杖之。將士憤怒。綱既登城,令施

---

① 其中有欲散者 "有欲"底本顛倒,據嘉慶本、長編拾補卷五三、靖康要錄卷二乙正。
② 時日已晡矣 嘉慶本、長編拾補卷五三均作"時已日晡矣"。

所以用兵者。綱奏曰："金人之兵張大其勢,然其實不過六萬,又大半皆奚、契丹、渤海雜種。吾勤王之師集城下者二十餘萬,固已數倍之矣。彼以孤軍入重地,正猶虎豹自投於檻穽中,當以計取之,不可與角一旦之力。爲今之策,莫若扼關津,絶糧道,禁抄掠,分兵復畿北郡邑。俟彼遊騎出則擊之,以重兵臨賊營,堅壁勿戰,如周亞夫所以錮七國者。俟其芻糧乏,人馬疲,然後以將帥檄取誓書,復三鎮,縱其歸,中渡而後擊之,此必勝之計也。"上然之。

二月丁酉夜,宣撫司都統制姚平仲率步騎萬人劫虜寨,以敗還。初,种師道以三鎮不可棄,城下不可戰,俟姚古來,兵勢益盛,可以得志。會李綱主平仲之謀,師道言卒不用,故反爲虜所敗。詳見欽宗金寇。李綱會行營左、右軍將士,質明出景陽門,勒兵於班荆館、天駟監,分命諸將解范瓊、王師古等圍①,虜騎出没,鏖戰於幕天坡,斬獲甚衆。復犯中軍,綱親率將士,以神臂弓射卻之。既而宰執、臺諫交言西兵勤王之師及親征行營司兵爲虜所殲,無復存者。上大震驚,有詔不得進兵,遂罷綱尚書右丞、親征行營使,以蔡懋代之,因廢行營使司,止以守禦使總兵事,蓋欲罪綱以謝虜也。己亥,李綱詣崇政殿求對,既至殿門,聞罷命,乃退處浴堂待罪。蔡懋會問行營司兵,所失纔百餘人,而西兵及勤王之師折傷千餘人,餘並如故。是夕,上降親筆勞綱,賜白金五百兩、錢五十萬,且令吴敏諭復用之意②,綱感泣以謝。

辛丑,太學生陳東率諸生數百人,伏宣德門下,上書曰："在廷之臣,奮勇不顧,以身任天下之重者,李綱是也,所謂社稷之臣也。其庸繆不才、忌嫉賢能、動爲身謀、不恤國計者,李邦彦、白時中、張邦昌、趙野、王孝迪、蔡懋、李梲之徒是也,所謂社稷之賊也。"又曰:"綱起自庶官,獨任大事,邦彦等嫉如仇讎,恐其成功。因綱用兵小不利,遂得乘間投隙,歸罪於綱。然一勝一負,兵家常勢,小勝固未足爲喜,而小挫亦豈足爲辱?況示怯示弱,奇謀秘計,豈可遽以此傾動任事之臣。"又曰:"竊聞邦彦、時中盡勸陛下他幸,見事有急,各除親黨外任,遣家屬隨之遠去,豈有身爲大臣③,不能以一家死社稷之難?其意止欲倉卒之際,各保妻孥耳。諸大臣一鼓而倡之,百官有司群起而和

---

① 分命諸將解范瓊王師古等圍　底本"解"下衍"潛"一字,據嘉慶本、長編拾補卷五三、梁溪集卷一七二靖康傳信録中删。
② 且令吴敏諭復用之意　"且"底本作"具",據嘉慶本、梁谿集卷一七二靖康傳信録改。
③ 豈有身爲大臣　底本脱"有"一字,據靖康要録卷二、宋史全文卷一五、三朝北盟會編卷三四補。

縋城而下,燒雲梯數十座①,斬獲酋首十餘級②。虜又攻陳橋、封丘、衛州等門,矢集城上如蝟毛。綱登城督戰,上遣中使勞問,手劄褒諭,給内庫酒、銀椀、綵絹等,以頒將士,人皆歡呼。自卯至未申間,殺賊凡數千,乃退。武泰軍節度使何灌死之。

丁丑,宰執進呈金人所須之目,李綱力爭,以謂:"尊稱及歸朝官如其所欲,固無害;犒師金幣,其數太多,雖竭天下,亦不足充,況都城乎?當量與之。太原、河間、中山,國家屏蔽,號爲三鎮,其實十餘郡地,塘濼險阻皆在焉。割之,何以立國?又保塞,翼祖、順祖、禧祖陵寢所在,子孫奈何與人?至於遣使,宰相當往,親王不當往。今日之計,莫若擇使,與之熟議,道所以可不可者。金幣之數,令有司會計,少遲之,大兵四集,彼之孤軍入重地③,勢不能久留,必求速歸,然後與之盟。彼且不敢輕中國,其和可久也。"宰執皆謂:"都城破在朝夕,肝腦且塗地④,尚何有三鎮?而金幣之數,又不足較也。"上默然。綱因求去,上慰諭曰:"不須如此,卿第出治兵,益固城守,恐金人款我,此徐議也。"綱復曰:"金人所須,宰執欲一切許之,不過欲脱一時之禍。不知他日付之何人,能爲陛下了此?願更審處,恐後悔無及。"朝廷即以誓書往,所求皆與之。以李鄴、高世則爲送伴使、副。綱尚留三鎮詔書不遣,冀少遲延,以俟勤王兵集,徐爲後圖也。

丁亥,檢校少保,静難軍節度使,河北、河東路制置使种師道,武安軍承宣使姚平仲以涇原、秦鳳兵至闕下。李綱言於上曰:"勤王之師漸集,兵家忌分,非節制歸一不能濟。願敕兩將,聽臣節制。"上曰:"師道老而知兵,且職位已高,與卿同官,替曹矇可也。"於是別置宣撫司,以師道同知樞密院事,充京畿、河北、河東路宣撫使,以平仲爲都統制,應四方勤王兵,並隸宣撫司,又撥前、後軍之在城外者屬之。而行營司所統者,獨左、右、中軍而已。上屢申飭兩司不得侵紊,而節制既分,不相統一,宣撫司所欲行者,往往託以機密,不復關報,自是權始分。

癸巳,大霧四塞。李綱、李邦彦、吴敏、种師道、姚平仲、折彦質同對於福寧殿,議

---

① 燒雲梯數十座　底本脱"雲"一字,據嘉慶本、三朝北盟會編卷二八補。
② 斬獲酋首十餘級　"十餘級"底本作"數十級",長編拾補卷五二同,嘉慶本作"斬獲百數十級",據梁谿集卷一七一靖康傳信録上、三朝北盟會編卷二八改。
③ 彼之孤軍入重地　"之",嘉慶本作"以",長編拾補卷五二作"已"。
④ 肝腦且塗地　底本脱"且"一字,據梁谿集卷一七一靖康傳信録上補。

及將校官告宣帖三千道①,許便宜從事。

壬申,詔每路差近上內侍一員,督帥臣將勤王兵入援。癸酉,斡离不軍至京城西北,屯牟駝岡天駟監。是夕,金人攻宣澤門,以火船數十順流而下。李綱臨城募敢死士二千人,列布拐子城下,火船至,摘以長鉤,投石碎之,又於中流排置杈木,及運蔡京家山石疊門道間,就水中斬獲百餘人,迨旦始定。自上御樓之後,方治都城四壁守具,以百步法分兵備禦,每壁用正兵萬二千餘人,而保甲、居民、廂軍之屬不與焉。修樓櫓,掛氊幕,安礮座,設弩牀,運磚石,施燎炬,垂櫚木,備火油,凡防守之具畢備,四壁各以從官、宗室、武臣爲提舉官,諸門皆以中貴、大小使臣分地而守,又團結馬步軍四萬人,爲前、後、左、右軍,中軍,軍八千人,有統制、統領、將領、隊將等,日肄習之。以前軍居通津門外,護延豐倉,倉有豆粟四十餘萬石,其後勤王之師集城外者,賴之以濟。後軍居朝陽門外,占樊家岡,使虜騎不敢近。而左、右、中軍居城中,以備緩急。自五日至八日,治戰守之具粗畢,而虜抵城下矣。

甲戌,金使吳孝民跪奏云云,見欽宗金寇。又曰:"皇子今遣使人代朝見之禮,願遣親王、宰相到軍前報禮。大金喜禮意之厚,前日割地之議,往往可罷。"上顧宰執,未有對者。李綱請行,上不許,曰:"卿方治兵,不可。"命同知樞密院事李梲奉使,鄭望之、高世則副之。宰執退,綱獨留,問所以不遣之旨。上曰:"卿性剛,不可以往。"綱對曰:"虜氣方銳,吾大兵未集,固不可以不和。然所以和者,得策則中國之勢遂安,不然,禍患未已。宗社安危,在此一舉。臣懼李梲柔懦,而誤國事。"因言:"虜性貪婪無厭,又有燕人狡獪,以爲之謀,必且張大聲勢,過有邀求,以窺中國。如朝廷不爲之動,措置合宜,彼當戢斂而退;如朝廷震懼,一切與之,彼知中國無人,益肆覬覦,憂未已也。先定,然後能應,安危之機,願陛下審之。"

乙亥,李綱方入對,外報虜攻通天、景陽門一帶甚急。上命綱督將士扞禦。綱乞禁衛班直善射者千人以從。虜方渡壕,以雲梯攻城,班直乘城射之,皆應弦而倒。將士無不賈勇,近者以手礮、櫚木擊之,遠者以神臂弓射之,又遠者以牀子弩、坐礮及之。而金虜有乘筏渡壕而溺者,有登梯而墜者,有中矢石而踣者,甚衆。又募壯士數百人,

---

① 官告宣帖三千道 "告"底本作"誥",據梁豀集卷一七一靖康傳信錄上、靖康要錄卷一、三朝北盟會編卷二八改。

不以臣爲懦,儻使治兵,願以死報,第人微官卑,恐不足以鎮服士卒。"上問:"執政有何闕?"趙野以尚書右丞對,時宇文粹中扈從東幸故也。上即命除綱右丞。綱曰:"臣今正謝猶服綠,非所以示中外。"即時賜袍、帶并笏。綱服之以謝,且言:"方時艱難,臣不敢辭。"上入進膳,賜宰執食於崇政殿門外廡,再召對於福寧殿,去留之計,猶未決也。詔命綱與梲留守。綱言:"唐明皇聞潼關失守,即時幸蜀,宗社朝廷碎於賊手,累年後僅能復之。范祖禹以謂其失在於不能堅守,以待勤王之師。今陛下初即大位,中外欣戴,四方之兵,不日雲集,虜騎必不能久留。捨此而去,如龍脫於淵,車駕朝發,而都城夕亂,雖臣等留守,何補於事?宗廟朝廷且將丘墟!願陛下審思之。"上意頗回,而內侍王孝竭從旁奏曰:"中宮、國公已行,陛下豈可留此?"上色變,降榻泣曰:"卿等毋執,朕將親往陝西起兵,以復都城,決不可留此。"綱泣拜俯伏,以死請。會燕、越二王至,亦以固守爲然,上意稍定,即取紙書"可回"二字,用寶,俾中使追還中宮、國公。顧謂綱曰:"卿留朕,治兵禦敵專以委卿①。"綱受命,與梲同出,宿於尚書省,宰執宿於內東門司。中宮、國公之行已遠,是夕未還。中夜,上遣中使諭宰執,欲詰旦決行。質明,綱入朝,至祥曦殿,見禁衛擐甲,乘輿、服御皆已陳列,六宮幞被皆將升車矣②。綱厲聲謂禁衛曰:"爾等願以死守宗社乎?願扈從以巡幸乎?"禁衛皆呼曰③:"願以死守!不居此,將安之?"綱出,與殿帥王宗濋等入見,曰:"陛下昨夕已許臣留,今復戒行,何也?且六軍之情已變,彼父母、妻子皆在都城,豈肯捨去?萬一有中道散歸,陛下孰與爲衛?且虜騎已逼,彼知乘輿之去未遠,以健馬疾追,何以禦之?"上感悟,始命輟行。綱謂同列曰:"上意已定,敢有異議者斬!"因出傳旨,禁衛皆拜伏呼萬歲,其聲震地。辛未,御宣德門,百官將士班樓前起居。上降輦勞問將士,命李綱、吳敏敘金人犯順,欲危宗社,決策固守,各令勉勵之意,俾閤門官宣諭④,六軍將士每句聲喏,皆感泣流涕,於是固守之議始決。賜諸軍班直緡錢有差,命綱爲親征行營使,侍衛親軍馬軍都指揮使曹矇副之,置司於大晟府,辟置官屬,賜銀、錢各百萬,朝請、武功大夫以下

---

① 卿留朕治兵禦敵專以委卿　梁谿集卷一七一靖康傳信錄上作"卿留朕,治兵禦寇專以委卿,不當稍有疏虞"。靖康要録卷一作"卿留朕,治兵禦寇一以委卿,不管少有疏虞"。
② 六宮幞被皆將升車矣　底本脫"皆"字,據梁谿集卷一七一靖康傳信錄上補。
③ 禁衛　底本顛倒,據嘉慶本乙正。
④ 俾閤門官宣諭　"諭",梁谿集卷一七一靖康傳信錄上、靖康要録卷一、三朝北盟會編卷二七均作"讀"。

之地,子孫當以死守,不得以尺寸與人。願陛下留神於此數者,執之堅定,無爲浮議所搖,可無後艱。"并陳所以禦敵固守之策。上皆嘉納之,遂有此命。

此據李綱傳信録修入。用吳敏薦得對,據敏手録。

靖康元年正月丁卯,金人犯濬州。己巳,詔曰:"朕以金國渝盟,藥師叛命,侵軼邊鄙,劫掠吏民。雖在纘承之初,敢忘付託之重。事非獲已,師實有名。已戒六師,躬行天討。應親征合行事件,令有司並依真宗皇帝幸澶淵故事,命吳敏爲親征行營副使,許便宜從事;尚書兵部侍郎李綱、顯謨閣直學士、新知開德府聶山爲參謀官,團結兵馬於殿前司。"是日,聞濬州不守,夜漏二鼓,道君皇帝車駕東幸,出通津門。庚午,以尚書兵部侍郎李綱爲尚書右丞、東京留守,同知樞密院李梲副之,聶山爲隨軍轉運使。時從官以邊事求見者,皆非時賜對。綱侍班延和殿下,適宰執奏事,議欲奉鑾輿出狩襄、鄧,綱語知東上閤門事朱孝莊曰:"有急切公事,欲與宰執廷辨。"孝莊曰:"舊例未有宰執未退而從官求對者。"綱曰:"此何時,而用例耶?"孝莊即具奏,詔引綱立於執政之末,因啓奏曰:"聞諸道路,宰執欲奉陛下出狩以避狄①。果有之,宗社危矣!且道君皇帝以宗社之故傳位陛下,今捨之而去,可乎?"上默然。白時中曰:"都城豈可以守?"綱曰:"天下城池,豈復有如都城者乎? 且宗廟社稷、百官萬民所在,捨此欲何之? 若能率勵將士,慰安民心,豈有不可守之理?"時内侍陳良弼領京城所,自内殿出,奏曰:"京城樓櫓創修,百未及一二。又東城樊家岡一帶壕河淺狹,決難保守。願詳議之。"上顧綱曰:"卿可同蔡懋、良弼往觀,朕於此俟卿。"綱亟詣東壁觀城壕,回奏延和殿,車駕猶未興也。上顧問如何,綱曰:"城堅且高,樓櫓誠未備,然所以守,不在此壕河。惟樊家岡一帶,以禁地不許開鑿,誠爲淺狹,然可以精兵强弩據也②。"上顧大臣曰:"策將安出?"皆默然。綱進曰:"今日之計,莫如整厲士馬,聲言出戰,固結民心,相與堅守,以待勤王之師。"上曰:"誰可將者?"綱曰:"朝廷平日以高爵厚禄畜養大臣,蓋將用之於有事之日。今白時中、李邦彥等皆書生,未必知兵,然藉其位號,撫馭將士,以抗敵鋒,乃其職也。"時中怒,厲聲曰③:"李綱莫能將兵出戰否?"綱曰:"陛下

---

① 出狩以避狄 底本脱"以"字,據梁谿集卷一七一靖康傳信録上補。
② 然可以精兵强弩據也 梁谿集卷一七一靖康傳信録上作"然以精兵强弩佔據,可以無虞"。
③ 時中怒厲聲曰 梁谿集卷一七一靖康傳信録上作"時中怒甚,厲聲曰"。

卷第一百四十七

欽宗皇帝

李綱守議

宣和七年十二月庚申，上禪位於皇太子。初，給事中、直學士院吳敏以劄子薦李綱曰："臣伏見太常少卿李綱明雋剛正，忠義許國，自言有奇計長策，願得召見。"蓋綱常過敏家，為敏言："上宜傳位如天寶故事。"與敏意合，故薦之①。上皇命三省批旨，令綱來日候對於文字外庫。是日，李綱袖劄子待對，不及召而上皇疾作，皇太子即位。辛酉，欽宗始御崇政殿。乙丑，召太常少卿李綱對於延和殿。翌日，除兵部侍郎。綱初得覲，上迎謂曰："卿頃論水災章疏，朕在東宮見之，至今猶能誦憶。"綱敘謝訖，因奏曰："陛下養德東宮十有餘年，恭儉日聞，海內屬望。道君皇帝觀天意，順人心，為宗社計，傳位陛下，交手畀付，皎然明白，下視有唐為不足道也。願致天下之養，極所以崇奉者，以昭孝德。今金寇先聲雖若可畏，然聞有內禪之事②，勢必消縮請和③，厚有所邀求於朝廷。臣竊料之，大概有五：欲稱尊號，一也；欲得歸朝人，二也；欲增歲幣，三也；欲求犒師之物，四也；欲割疆土，五也。欲稱尊號如契丹故事，當法以大事小之意④，不足惜；欲得歸朝人⑤，當盡以與之，以示大信，不足惜；欲增歲幣，當告以舊約：以燕山、雲中歸中國，故歲幣增於大遼者兩倍，今既背約自取之，則歲幣當減。國家敦尚和好⑥，不校貨財，姑如元數可也；欲求犒師之物，當量力以與之；至於疆土，則祖宗

---

① 故薦之　"故"，嘉慶本作"敏"。
② 然聞有內禪之事　底本"事"之上衍"意"一字，嘉慶本同，據梁谿集卷一七一靖康傳信錄上、三朝北盟會編卷二七、九朝編年備要卷二九刪。
③ 勢必消縮請和　嘉慶本同，梁谿集卷一七一靖康傳信錄上"請"作"講"。
④ 當法以大事小之意　嘉慶本同，梁谿集卷一七一靖康傳信錄上"意"作"義"。
⑤ 欲得歸朝人　底本脫"得"一字，據嘉慶本、梁谿集卷一七一靖康傳信錄上、三朝北盟會編卷二七補。
⑥ 國家敦尚和好　"尚"，嘉慶本、梁谿集卷一七一靖康傳信錄上均作"示"。

皇后已奉道君太上皇帝聖旨,居於攝景西園。其恭上尊號曰'道君太上皇帝皇后'。一切供奉、用度、禮儀之屬,務極隆厚,有司議定,討論以聞。"

詔改來年元曰靖康。

更後，宰執請上皇降御筆，以鄆王楷管皇城司歲久，聽免職事，并乞以王宗濋同管殿前司公事。上皇依奏。二更後，中書省降指揮，仍先出劄子付皇城司。

辛酉，欽宗始御崇政殿。太宰兼門下侍郎白時中率文武百官入賀，日有五色暈，挾赤黃珥，又有重日相盪摩，久之乃隱。上初在福寧殿未知人時，童貫有易置語，李邦彥等皆聞之。貫語既不效，是日，內侍傳言御崇政殿。宰執立廷中①，聞衛士迎駕起居聲，始相慶。上皇將出居龍德宮，宰相率百官起居廷中，宰執仍入對壺春堂，既見，皆慟哭，上皇亦出涕，因諭群臣曰："內侍皆來言此舉錯，浮議可畏。"顧邦彥曰："且力主張。"吳敏曰："言錯者誰？願斬一人以勵其餘！"上皇曰："衆雜至，不可記也。"又曰："皇帝之上，豈容更有他稱？乃並稱嗣君者。"仍密諭邦彥曰："師成也。"上皇又詔邦彥曰："人情頗搖，稱嗣君者可見。"翌日，宰執再至龍德，有執政附耳奏事上皇者，上皇正色顧宰執曰："某人密奏事。予此中不許留身，大臣豈可如此？"道君皇帝出居龍德宮，皇后出居擷景西園。少宰李邦彥爲龍德宮使，太保領樞密院事蔡攸、門下侍郎吳敏副之。壬戌，大赦天下，常赦所不原者咸除之，百官進官一等，賞諸軍有差。翰林學士王孝迪實草赦文，而不著上自東宮傳位之意，四方多以爲疑，士論非之。立皇太子妃朱氏爲皇后。丙寅，上道君皇帝尊號曰"教主道君太上皇帝"，皇后曰"道君太上皇帝皇后"。詔曰："朕聞父有天下，傳歸於子，子有天下，尊歸於父，茲古今之通誼，實帝王之彌文。興自眇躬，嗣稱闊典，道君皇帝剛健篤實，齊聖廣淵。殫二紀之憂勤，倦萬幾之聽斷，乃以神器，屬於冲人②。顧踖地以牢辭，終籲天而莫獲。雖極天下之稱誦，難名揖遜之風；雖盡海宇之貢珍，莫報生成之德。用仰遵於聖訓，仍參考於前猷。祗奉徽稱，式光大養。道君皇帝宜恭上尊號曰'教主道君太上皇帝'。應自今龍德宮供奉所需，以至金帛、緡錢之屬，務極隆厚。事干禮儀者，令禮部、太常寺討論，以稱朕圖報天恩之意。"又詔："朕膺道君付託之重，饋玉食於殊庭；懷母儀顧復之恩，飾椒塗於別苑。方均孝養，仰奉慈顏。宜加儷於徽名，用式遵於聖訓。仍飾庶府，祗事中闈。凡下教之時須③，無一物之不備④，以稱朕躬問安之志，以隆天下孝愛之風。道君皇帝

---

① 宰執立廷中　底本脱"立"一字，長編拾補卷五一同，據嘉慶本補。
② 屬於冲人　"於"，嘉慶本作"予"。
③ 凡下教之時須　嘉慶本同，長編拾補卷五一作"凡下教之所時需"。
④ 無一物之不備　"無"，嘉慶本、長編拾補卷五一均作"敢"。

執復奏事,上皇謂蔡攸曰:"我平日性剛,不意小虜敢爾①!"因握攸手,忽氣塞不省,墜御牀下。宰執亟呼,左右扶舉,僅得就宣和殿之東閣②,群臣共議,一再進湯藥,俄少甦,因舉臂索紙筆。上皇以左手寫曰:"我已無半邊也,如何了得大事?"宰執無語。又問:"諸公如何?"又無語。即左右顧,無應者,遂自書曰:"皇太子桓可即皇帝位,予以'教主道君'退處龍德宮。"又曰:"吳敏,朕自拔擢,今日不負朕,可呼來作詔。"乃詔召皇太子及三衙,並召敏。敏承命,以詔草進。上皇指"朕當以'道君'號退處舊宮"處,曰:"改'朕'為'予'。"遂左書紙尾曰③:"依此,甚慰懷。"初,上皇諭內禪於宰執,白時中久執不可,上皇屢左書紙尾曰:"少宰主之。"時中久乃受詔。是日,李綱袖劄子待對,請傳位太子,不及召而上皇疾作,皇太子至榻前,慟哭不受命,童貫及李邦彥以御衣衣太子,太子舉體自撲④,不敢受。上皇又左書曰:"汝不受,則不孝矣!"太子曰:"臣若受之,則不孝矣!"上皇又書令召皇后。皇后至,諭太子曰:"官家老矣,吾夫婦欲以身託汝也。"太子猶力辭,上皇乃命內侍扶擁就福寧殿即位。太子固不肯行,內侍扶擁甚力,太子與力爭,幾至氣絕。既蘇,又前擁至福寧西廡門,宰執迎賀,遂擁至福寧殿,太子猶未肯即位。時召百官班垂拱殿,已集,日薄晚時,衆議:"不候上即位,先出宣詔。"時中請任此事,遂出宣詔:"群臣願見新天子!"班未退,宰執錯立垂拱殿上⑤。梁師成自禁中至,曰:"皇帝自擁至福寧殿,至今不知人。"宰執相顧。初,淵聖在宣和殿未受命,邦彥曰:"皇太子素熟耿南仲。"即以詔召南仲。至是,南仲已至,敏率南仲排垂拱殿後闥,欲至福寧。內侍止之,與爭良久。見梁師成過廷中,敏呼師成,師成斂袵曰:"容奏知。"少選,曰:"許入。"遂與南仲至福寧殿⑥。南仲以詔宣御醫,敏以詔召宰執,又以詔退群臣,辭以晚,別口御殿。宰執遂見上皇於宣和殿⑦,還,見太子於福寧。皇太子既即位,上皇命宇文粹中召管軍臣僚及皇城司官止宿於內東門。一

---

① 不意小虜敢爾　長編拾補卷五一同,嘉慶本"小虜"作"蜂蠆"。
② 宣和殿　長編拾補卷五一引蔡絛北征紀實作"保和殿"。
③ 紙尾　嘉慶本作"詔尾"。
④ 太子舉體自撲　底本脫"太子"二字,據三朝北盟會編卷二二八引蔡絛國史後補補。按:三朝北盟會編卷二二八引蔡絛國史後補云"童貫、李邦彥以御衣衣太子,太子叩頭自撲,哀動左右"。
⑤ 錯立　底本作"措立",據嘉慶本、長編拾補卷五一改。
⑥ 福寧殿　底本脫"殿"一字,據嘉慶本補。
⑦ 宣和殿　底本脫"殿"一字,據嘉慶本補。

越中山而南①,計程十日可至畿甸,故敏以三日爲期。上皇嘉許,敏遂以劄子薦李綱曰:"臣伏見太常少卿李綱明雋剛正,忠義許國,自言有奇計長策,願得召見。"蓋綱嘗過敏家,爲敏言:"上宜傳位如天寶故事。"與敏意合。敏薦之,冀上皇或有所顧問也。上皇命三省批旨,令綱來日候對於文字外庫。敏退立,宰執復奏事,皆退,上皇留邦彦語,少頃,獨召敏與邦彦,嘆息曰:"有賢臣,少宰更不要疑。"蓋前此上皇嘗以此計詢,邦彦未承詔,敏蓋不知也。上皇顧敏,諭旨邦彦曰:"除門下侍郎,輔太子。"敏駭曰:"臣爲陛下畫計,臣當從陛下巡幸,臣之分也!陛下且傳位,而臣乃受不次之擢,臣豈敢。"上皇曰:"不易卿,豈敢言②!"

或云:内禪之際,攸除敏爲門下侍郎者,非。兼有次日上皇授與邦彦帖子,處分内禪事,敏除門下侍郎亦在帖子上,是上皇御筆。

上皇曰:"不要稱太上,只稱一名目,如'道君'之類。"又曰:"何日可?"敏曰:"臣適奏過三日恐無及。"上皇既輪數甲子,曰:"來日亦好。卿明日與邦彦同來。"上皇曰:"居禁中與居外孰便?"邦彦曰:"居禁中恐終不便。"上皇曰:"莫須稱疾?"敏曰:"陛下至誠定大策,恐亦不須。"上皇曰:"待更思之。"是日,敏退,詣都堂,見邦彦,曰:"上意已定,今日敏當與相公條所當施行事。適聞今夕鎖學士院,敏適當制,願相公爲奏,乞宣他學士,留敏議事。"邦彦不許,敏遂宿院中,草种師道、何灌兩制。翌日,自學士院復對玉華閣下,宰執奏事退立,上皇召邦彦與敏曰:"計已定,只今日好。"因出一帖子實邦彦懷間,皆上皇親批合施行事,如出居龍德宮、皇后居擷景西園、鄆王罷皇城司、敏除門下侍郎、内侍隨過龍德宮而輒過者斬之類③,上皇皆自處分略具。上皇曰:"不可不稱疾,恐變亂生。"敏曰:"亦好。"上皇曰:"只稱'道君'。"敏請稱太上皇帝,上皇曰:"卿不須泥古。"又曰:"誰草詔?"邦彦曰:"吳敏學士也。"上皇曰:"甚好。便要詔卿④,須道朕不能内修政事,外攘夷狄意。"又曰:"朕此舉上承天意,次安宗廟,下爲百姓。"又曰:"卿昨日計中原數百年利害,是朕意也。"敏涕泣受詔,退俟廡下。宰

---

① 時虜已越中山而南 "越"底本作"赴",據嘉慶本、長編拾補卷五一改。
② 不易卿豈敢言 宋史卷三五二吳敏傳作"不意卿乃爾敢言"。
③ 内侍隨過龍德宮而輒過者斬之類 嘉慶本、長編拾補卷五一同。按:疑有脫漏,似作"内侍不隨過龍德宮而輒過者斬之類",文意才通。
④ 便要詔卿 長編拾補卷五一同,嘉慶本"便"作"須"。

果召。己未早,閤門鄧文誥傳旨①,令隨宰執復候對於文字外庫。是日,召對於玉華閣下,或言蔡攸引至玉華閣下者,非。宰臣白時中、李邦彥,樞密院蔡攸、童貫,執政張邦昌、趙野、宇文粹中、蔡懋皆在,而宣諭使宇文虛中、制置使王蕃亦預召。宰執奏事退立,王蕃前奏事,復退立。敏前奏事曰:"願請間。"上皇顧羣臣,少卻立,敏曰:"金賊渝盟犯順,陛下何以待之?"上皇蹙然曰:"奈何?"時上皇東幸計已定,嘗詔除戶部尚書李梲守金陵,敏率給、舍詣都堂,白罷之,曰:"朝廷便爲棄京師計,何理? 此命果行,當死不奉詔。"梲等遂罷行。及皇太子除開封牧,上皇去意益急,敏於是奏上皇曰:"聞陛下巡幸之計已決,有之乎?"上皇未應。敏曰:"以臣計之,今京師聞虜大入,人情震動,有欲出奔者,有欲守者,有欲因而反者,時歸朝官在京甚衆。以三種人共守一國,國必破。"上皇曰:"然。奈何?"敏曰:"自虜之入,臣嘗私禱於宗廟。昔者得於夢寐,不知許奏陳告否?"上皇曰:"無妨。"敏曰:"臣嘗夢水之北,螺髻金身之佛,其長際天;水之南,鐵籠罩一玉像,人謂之'孟子'。孟子之南又一水,其南有山坡陁,而臣在其間。人曰'太上山②'。臣嘗私解之,曰'水北者,河北;水南者,江南;佛者,金人'。'太上者',陛下宜自知所謂,而不諭所謂孟子。臣嘗以問客,有中書舍人席益諭臣曰:'孟子者,元子也。'"上皇頷首。敏曰:"陛下既曉所謂,臣不避萬死,陛下定計巡幸,萬一守者不固,行者不達,奈何?"上皇曰:"正憂此。"敏曰:"陛下使守者威福足以專制其人③,則守必固。守固,則行者達矣。"上皇稍開納。敏曰:"臣所陳上上事,陛下既曉臣所謂,陛下果能如臣策,臣敢保聖壽無疆。陛下建神霄有年矣,長生大帝君者,聖壽無疆之謂也。然長生大帝君旁若無青華帝君,則長生大帝君何以能聖壽無疆? 青華者,春宫之謂也。"上皇大喜。敏曰:"陛下能定計,則中原自此數百年仍爲中國;不能定計,則中原自此數百年遂爲夷狄。中原數百年利害在陛下今日④。"又曰:"陛下若早定計,以臣觀之,事當不出三日。過三日,守者勢未定,威福未行,虜至,無益也。"時虜已

---

① 閤門　底本作"閣門",據嘉慶本、長編拾補卷五一改。
② 太上山　長編拾補卷五一同,嘉慶本作"上太上山"。
③ 足以專制其人　長編拾補卷五一同,嘉慶本"制"作"用"。
④ 陛下能定計則中原自此數百年仍爲中國不能定計則中原自此數百年遂爲夷狄中原數百年利害在陛下今日　長編拾補卷五一同,嘉慶本作"陛下能定計,則宗社長安;不能定計,則恐不免於顛覆,宗社之安危在陛下今日"。

不正。"

通直郎、陝西轉運判官李鄴借給事中,使金人,諭以將內禪,且求和。先是,已降制皇太子兼開封牧,置官屬,尋有旨:幸淮、浙。

宇文粹中承訓錄:"十二月中旬,降制皇太子兼開封牧,置官屬。後二日,上有旨幸淮、浙。又兩日,遜位。"所稱日或小差,今稍改之。

輔臣奏請皇太子監國,上允從。進東宮置師保官及僚屬①,盡以侍從、兩省官兼領。上曰:"三省、樞密院官當留京師②,從皇太子,百司皆不可動。"輔臣乞量差扈從臣僚,上令取紙筆,自批:"太宰白時中兼領樞密院事,爲行宮使;右丞宇文粹中兼中書侍郎,爲行宮副使。"輔臣乞差提舉行宮事務等官四員,上曰:"京師事體今日允宜增重。行宮無事,只須兩員給舍,六曹、臺諫皆不必備。有所降指揮事,止令三省、樞密院行司出劄子,直下諸處。"於是止差提舉事務官二員。後兩日遂內禪,乃詔前所差三省、樞密院行司官白時中等皆罷。

此據宇文粹中承訓錄增入。又云:"白時中等皆不須從行,止差門下侍郎吳敏爲恭謝行宮副使。"今附見於此。

庚申,上禪位於皇太子,手詔曰:"朕以不德,獲奉宗廟,賴天地之靈,方內乂安二十有六年矣。永惟累聖付託之重③,夙夜祗懼,靡遑康寧,乃憂勤感疾,慮壅萬機,斷自朕心,以決大計④。皇太子桓,聰明之質,日就月將,孝友溫文,聞於天下。主鬯十載,練達聖經⑤。宜從春宮,付以社稷。天人之望,非朕敢私。皇太子桓可即皇帝位,凡軍國庶務,一聽裁決。予當以'道君'號退居舊宮。予體道爲心,釋此重負,大器有託,實所欣然。尚賴文武忠良同德協心,永底於治。"詔文,給事中、直學士院吳敏所草也。即以敏爲門下侍郎。初,有詔集從臣赴都堂問計,敏即詣閤門請對⑥。禮部侍郎李彌大不及候對班,方晨朝,遂留立廷中請對,因言:"車駕當守宗廟社稷,不當出幸。"敏既候對班,少宰李邦彥爲奏:"敏宜召見。"戊午,詔隨宰執晚候對於文字外庫。是日,不

---

① 進東宮置師保官及僚屬　長編拾補卷五一同,嘉慶本"進"下有"呈"一字。
② 三省樞密院官當留京師　"當",嘉慶本、長編拾補卷五一均作"屬"。
③ 永惟累聖付託之重　"永",嘉慶本、長編拾補卷五一均作"恭"。
④ 以決大計　長編拾補卷五一作"託以大計"。
⑤ 聖經　宋大詔令集卷七宣和傳位詔作"政經"。
⑥ 閤門　底本作"閣門",據嘉慶本、長編拾補卷五一改。

寶舊法施行,更不得請御筆斷遣畫旨①。大理寺同。"詔,宇文虛中所草也。

　　實錄、詔旨並於二十二日己未載此詔。封氏編年係之二十一日戊午,今不取。

　　是日,上召粹中弟虛中至內殿,同三省、樞密院官議事。適報粘罕兵迫太原,上顧虛中曰:"王黼不用卿言,封殖契丹,以為藩籬。今金人兵兩路并進,卿料事勢如何?"虛中云:"賊兵雖熾,然羽檄召諸路兵入援,結人心,使無畔怨。憑藉祖宗積累之厚,陛下强其志,勿先自怯,決可保無虞。今日之事,宜先降罪己詔,更革弊端,俾人心悦,天意回,則備禦之事,將帥可以任之。"上宣諭云:"虛中可便就此草詔。"虛中奏言:"臣未得聖旨,昨晚已草就,專俟今日進呈。"上令展讀,虛中又列出宮人、斥乘輿、服御物、罷應奉司、罷西城所、罷六尚局、罷大晟府、内臣寄資等十餘事於所草詔。上覽之,曰:"一一可便施行,今日不吝改過。"虛中再拜泣下。同列尚有猶豫者,粹中奏:"乞依此出畫黃,寫敕榜。"上令速行,遂呼省吏及諸廳人至都堂謄寫,旋次印押付出,於京城張掛。

　　此據宇文粹中承訓錄,附見二十二日己未罪己詔後。虛中所草詔,如内臣寄資等,卻不見在詔内。蓋當時亦有先已施行者,不待降詔也。

　　初,童貫得虜茹越寨牒文,及開拆,乃檄書,其言不遜,所不忍言。貫與大臣共議,恐傷上意②,不敢奏。及議下詔求言,而詔本數改易,未欲下也。

　　茹越寨牒文,已載初五日。據蔡絛,此云"檄書不遜,所不忍言",蓋牒外必有檄也。

　　李邦彥謂:"不若以檄書進呈,用激聖心,冀得求言之詔亟下爾。"翌日早,大臣於宣和殿以檄書進,上果涕下無語,但曰:"休休!卿等晚間可來商議。"蓋此日,内禪之意遂決。

　　此據蔡絛紀實修入。虛中草求言詔乃二十二日,進呈虜檄書乃二十三日③,蓋求言詔雖已草定,猶未下,次日乃下也。蔡絛又言:"貫奉命乃宣撫河北、河東諸路④,及其遁也,無上命而遽還,宰相及樞密府咸不能詰。方引之都堂,與共商議下求言詔,又不召翰林學士,乃用貫之參謀宇文虛中草詞⑤,大凡皆

---

① 更不得請御筆斷遣畫旨　底本脫"御"一字,嘉慶本、長編拾補卷五一同,據三朝北盟會編卷二五補。
② 恐傷上意　"上意",嘉慶本、長編拾補卷五一、三朝北盟會編卷二五均作"天意"。
③ 二十三日　底本作"二十二日",據嘉慶本、長編拾補卷五一改。
④ 貫奉命乃宣撫河北河東諸路　底本脫"乃"一字和第二個"河"字,嘉慶本同,據三朝北盟會編卷二五注文補。
⑤ 草詞　嘉慶本同,三朝北盟會編卷二五注文作"撰辭"。

雖兢業存於中心,而過愆形於天下①。蓋以寡昧之資,藉盈成之業,言路壅蔽,導諛日聞,恩倖持權,貪饕得志,搢紳賢能,陷於黨籍,政事興廢,拘於紀年。賦斂竭生民之財,戍役困軍伍之力。多作無益,侈靡成風。利源酷榷已盡,而謀利者尚肆誅求;諸軍衣糧不時,而冗食者坐享富貴。災異讁見而朕不悟,衆庶怨懟而朕不知。追惟己愆,悔之何及?已下信詔,大革弊端。仍命輔臣,蠲除宿害。凡諸引咎②,興自朕躬,庶以少謝天人譴怒之心,保完祖宗艱難之業。慨念前此數有詔旨,如下令以求直言,修政以應天變,行之未久,奪於權臣,乃復歸咎建議臣僚,使號令不信,士氣沮傷。今日所行,質諸天地,後復更易,何以有邦?況當今急務,在通下情,不諱切直之言,兼收智勇之士,思得奇策,庶能解紛③。望四海勤王之師,宣二邊禦敵之略,永念累聖仁厚之德。涵養天下百年之餘,豈無四方忠義之人,來徇國家一日之急?應天下方鎮、郡邑守令,各率師募兵④,勤王捍邊⑤,能立奇功者并優加異賞,不限常制。其有草澤之中,懷抱異才,能爲國家建大計,定大事,或出使疆外者,并不次任使;其尤異者,以將相待之。應中外臣僚、士庶,并許實封,直言極諫,於登聞檢院⑥、通進司投進,朕當親覽,悉行施用。雖有失當,亦不加罪。所有下項指揮,立便施行。敢有沮格及以結絶爲名,暗有存留,並肆諸市朝,與衆共棄。咨爾萬方,體予至意。諸局及西城所見管錢物,並付有司,其拘收到元係百姓地土,並給還舊佃人。減掖庭用度,減侍從官以上月廩,及罷諸兼局,以上並令有司據所得數,撥充諸路糴本,及樁充募兵賞軍之用⑦。應齋醮道場,除舊法合有外并罷。罷道官及撥賜宮觀道官等房錢、田土之類。六尚局並依祖宗法。罷大晟府,罷教樂所,罷教坊額外人,罷行幸局,罷採石所⑧,罷待詔額外人,罷都茶場,依舊歸朝廷。河防非危急,泛科免夫錢並罷。開封府承受文字,自今後依例送朝廷請

---

① 而過愆形於天下　長編拾補卷五一同,嘉慶本、三朝北盟會編卷二五、九朝編年備要卷二九、東都事略卷一一徽宗本紀"愆"均作"咎"。
② 凡諸引咎　"諸",嘉慶本、長編拾補卷五一、三朝北盟會編卷二五、東都事略卷一一徽宗本紀均作"兹"。
③ 庶能解紛　東都事略卷一一徽宗本紀同,三朝北盟會編卷二五作"庶解大紛",嘉慶本、長編拾補卷五一"解"均作"改"。
④ 各率師募兵　底本脱"募"一字,據嘉慶本、長編拾補卷五一補。按:三朝北盟會編卷二五、東都事略卷一一徽宗本紀作"各率師募衆"。
⑤ 勤王捍邊　"捍"底本作"沿",嘉慶本、長編拾補卷五一同,據三朝北盟會編卷二五、東都事略卷一一徽宗本紀改。
⑥ 登聞檢院　底本脱"檢"一字,據嘉慶本、三朝北盟會編卷二五補。
⑦ 募兵賞軍之用　嘉慶本"軍"下有"前"一字。
⑧ 採石所　宋史卷一七九食貨志同,長編拾補卷五一、三朝北盟會編卷二五均作"花石所"。

卷第一百四十六

欽宗皇帝

内禪

政和四年二月癸酉,皇子桓冠於文德殿。

三月丙子朔,詔皇長子冠禮畢,禮官强淵明等賜銀絹有差。辛卯,詔皇長子桓可以來春出閣,立爲皇太子。

五年二月乙巳,詔長子、太保、武昌軍節度使、定王桓可立爲皇太子,仍令所司擇日備禮册命。甲寅,御大慶殿,册皇太子,禮畢,大赦天下。

六年六月癸未,皇太子納妃。

宣和六年八月庚午,皇太子奏:"本府學官耿南仲先被旨講周易訖,續講尚書。今周易已講訖,乞講尚書。"從之。

十二月甲辰,皇太子奏:"昨奉旨,令本府學官李詩、耿南仲讀前漢書。今已畢,欲接續讀後漢書①。"從之。

七年十二月丁巳,御筆:"皇太子除開封牧,餘依故事。兹出朕志,非左右大臣建明。付翰林草制,諭此意。"戊午,皇太子入朝。上有旨,令去太子所佩魚,賜以排方玉帶。排方玉帶,非臣下所當服也。上又賜太子以小殿直二人。太子既拜賜,而二宫嬪入見,太子視之,曰:"我要阿底作甚?"蓋上初即位,欽聖皇后嘗以二侍人賜之。上時已有内禪意,故踵前迹,而有是賜。

是日,金人圍中山府。己未,手詔:"朕獲承祖宗休德,託於士民之上,二紀於兹。

---

① 欲接續讀後漢書　底本脱"續"一字,據嘉慶本、長編拾補卷四八補。

王充兵馬大元帥,陳遘充兵馬元帥,宗澤、汪伯彦副元帥,速領兵入衛王室。應辟官行事,並從便宜。"王捧詔嗚咽,望闕拜恩,軍民感動。壬子,復遣曹輔、馮澥及仲溫、士誋使虜營。癸丑,仲溫、士誋回,云:"金人須親王並何㮚至軍前。"甲寅,大風自北起①,俄雪下,鋪地數尺,連日夜不暫止。虜於通津門及宣化門東立天橋數坐,下瞰城中。礟傷王躞足②,流血。范瓊發兵千人,自宣化門出戰,氣甚鋭,追逐虜衆,虜棄而北。士卒貪功渡河,未及北岸十餘步間,冰陷裂,卒驚亂,虜衆臨岸,效死迎敵,没者五百餘人。自是士氣益挫折。丙辰,大風雪。金人由宣化門擁兵登城,守禦人棄甲争走。通津門之南亦破,虜兵下城縱火,殺旁居人殆盡。虜酋傳令:"殺人者族。"遂止。京城自十一月二十五日被圍,是日午時陷。上聞城陷,慟哭曰:"朕不用种師道言,以至於此!"初,虜騎之去也,師道嘗勸上半渡擊之,不從,曰:"異日必爲後患。"至是果然。初,虜用雲梯薄城,我以撞竿衝仆之,殺虜兵二十人③,虜即收瘞。及再攻城,殺我軍三百五十餘人,經宿猶伏尸城上,破腦貫胸,横臥雪中④。士卒見之,心懼欲潰。又王宗濋嘗許策應軍士告身、金椀,卒不與,軍士皆忿,出怨言。再及策應,不肯就募。京城闊遠,斥候音問不相接,妄傳語言相鼓唱,將帥莫有以身先士卒而禁制之,故兩日之内,四壁卒皆下。

---

① 大風自北起　長編拾補卷五八、宋史全文卷一五同,嘉慶本作"大風自西北起"。
② 王躞　嘉慶本同,三朝北盟會編卷六九作"瓊",宋史全文卷一五作"王孌"。
③ 二十人　嘉慶本、長編拾補卷五八作"二千人",宋史全文卷一五、三朝北盟會編卷六九作"三千人"。
④ 横臥雪中　長編拾補卷五八同,嘉慶本、宋史全文卷一五、三朝北盟會編卷六九"雪"均作"血"。

武郎于潛,統領鼎澧路兵馬、保義郎沈敦,秉義郎張行中及部隊將五人皆死之①。丙申,又陷拱州。丁酉,虜初至,即力攻東壁。劉延慶練邊事,措置頗有法,遇夜,即城下積草數百,爇之以警。時有議置九牛礮者,雖礧磨皆可施,於東壁用之,嘗碎其雲梯。詔封護國大將軍。虜知東壁不可攻,於是過南壁②,以洞子自蔽,運薪土實護龍河。初決汴,水益深,至是水皆涸③,虜又為梁,安機石,矢石不能及。戊戌,金人遣蕭慶、楊真誥、撒离母勃極烈等來求和,殿前副都指揮使王宗濋率牙兵千餘下城,與虜戰,統制官高師旦死之。己亥,虜復於護龍河疊橋取道,姚友仲選銳卒下臨,分布弩礧,又於城上縛虛棚,士眾山立,箭下如雨,橋不能寸進,乃棄去。又造火梯、雲梯、編橋、撞竿、鵝車、洞子之類,皆攻城之具也。庚子,幸東壁。金人復遣蕭慶等來貸糧,且議和。癸卯,幸安肅門,至朝陽門。賊箭及駕前旂下,令軍士三百餘人縋城出戰,殺賊數百,復縋而上,命以官者數十人。虜築望臺,度高百尺,下覘城中,又飛火礮燔樓櫓。將士嚴警備,旋即繕治。及造雲梯,施大輪④,以革冒之,乘罅推以叩壘。將士出鉤竿拄之,使不得進。近則以鉤矛取之,發火焚梯,虜數引卻。復用鵝車、洞子攻北城,軍士擊九牛弩,一發而貫三人。詔募人火虜砲架⑤、鵝車、洞子,及八分者,白身授團練使,餘以次授賞。張叔夜聞南壁飛石擊樓櫓,與范瓊分麾下兵襲虜營,欲燔礮架,遙見鐵騎,王師不克陣而奔⑥,相蹈藉及溺隍死者以千數。聶昌至絳,絳人殺之。甲辰,金人陷亳州。丙午,遣簽書樞密院事曹輔⑦、尚書左丞馮澥、宗室士㒟詣虜酋請和,乞罷攻城。斡离不復遣使來,曰:"南朝約和失信,今欲盡得河東、河北之地,然後罷兵。可先割兩路地,次遣不割地大臣過營,再講和好。"虜以洞子屋負土填壕。戊申,過登天橋,來攻通津門。是日,命康王為兵馬大元帥。先是,武學生秦仔及張九成、馮朝英、甄邦傑四人應募齎詔,皆假閤門祗候,惟仔先至,於頂髮中出宸翰黃絹三寸⑧,云:"檄書到日,康

---

① 部隊將五人　底本脫"將"一字,據宋史全文卷一五、大金國志卷四補。
② 於是過南壁　靖康要錄卷一〇同,三朝北盟會編卷六六"過"作"攻"。
③ 水皆涸　靖康要錄卷一〇、三朝北盟會編卷六六均作"冰合"。
④ 施大輪　"大"底本作"火",長編拾補卷五八同,據嘉慶本、靖康要錄卷一〇、續資治通鑑卷九七改。
⑤ 詔募人火虜砲架　"虜"底本作"礮",據長編拾補卷五八改。按:"虜",嘉慶本、長編拾補卷五八均作"敵",今為上下文統一改為"虜"。
⑥ 王師不克陣而奔　"王師"底本作"主帥",長編拾補卷五八同,嘉慶本作"主師",據宋史全文卷一五改。
⑦ 簽書樞密院事　"事"底本作"使",據嘉慶本、長編拾補卷五八改。
⑧ 於頂髮中　底本脫"於"一字,據嘉慶本、長編拾補卷五八補。

和,乃兩朝休兵之幸。未知遣何人報聘?"上曰:"待遣往。"汭曰:"春時,議和退師,以三鎮爲約。陛下遣張邦昌、路允迪割地,皆臨時驟進,銜命而往,果見中沮。今傾國而來,蓋要理會今春失信公事也①。若不輟左右親信大臣一往②,必不取信。"於是上批:"金人欲割地,須兩府二人,各令自陳。"陳過庭以主憂臣辱首自請行,唐恪、馮澥皆依違不對,耿南仲以老辭,聶昌以親辭。尋詔:"過庭忠誼可嘉,特免奉使。差辭免人耿南仲、聶昌爲告和使,日下出門。"癸未,南仲、昌偕王汭等出國門。康王次相州。甲申,初下詔清野,内外驚擾,軍民乘時掠財貨,焚屋宇。城東巡檢龍清等捕殺三百餘人,稍定。未幾,罷清野指揮,民間鼓舞,而鐵騎已逼城下矣。自此虜兵日至。初,种師道聞真定、太原皆失,檄召南道總管司勤王兵及陝西制置司團結兵③。時總管張叔夜、制置使錢蓋得檄,各統兵赴闕。會師道卒,唐恪、耿南仲專務議和,語聶昌曰:"今百姓困匱,養數十萬兵於京城下④,何以給之?兼既已議和,使金人知朝廷集兵闕下,寧不激怒?"乃止兩道兵令毋得妄動,如已起發,卻於原來處分屯。兩軍遂散,陝西軍往秦鳳、熙河,南道軍往金、房、安、復州。及寇傅城,四方兵無一人至者。在京諸軍前出戍河北、河東,往往潰散,城中惟衛士上四軍、中軍、效勇及京東西路弓手七萬人。於是殿前司以京城諸營兵萬人分作五軍,以備緩急救護。前軍屯順天門,左軍、中軍屯五嶽觀,姚友仲統之。右軍屯上清宫,後軍屯景陽門,辛承宗統之⑤。又以五萬七千人分四壁守禦。戊子,金人攻通津門,范瓊出兵焚寨。楊天吉等再來,復以王時雍、王球爲館伴。

閏十一月甲午,金人陷懷州,知州、徽猷閣待制霍安國,通判奉議郎、直徽猷閣林淵,兵馬鈐轄、武功大夫、濟州防禦使張彭年,都監、武經郎趙士訏⑥,訓武郎張湛⑦,修

---

① 蓋要理會今春失信公事也 "春"底本作"皆",據三朝北盟會編卷六七改。按:三朝北盟會編卷六七載"蓋理會今春不割地失信公事也",文意尤詳。
② 若不輟左右親信大臣一往 靖康要録卷一〇、長編拾補卷五七同,嘉慶本"輟"作"撤"。按:三朝北盟會編卷六七作"今陛下不輟左右親信大臣一往"。
③ 團結兵 "結"底本作"練",三朝北盟會編卷六五、長編拾補卷五七同,據嘉慶本、宋史全文卷一五改。
④ 養數十萬兵於京城下 底本脱"於"一字,據長編拾補卷五七、三朝北盟會編卷六五補。
⑤ 辛承宗 長編拾補卷五八作"辛康宗",三朝北盟會編卷六四作"辛永宗",九朝編年備要卷三〇作"辛亢宗"。
⑥ 趙士訏 長編拾補卷五八、靖康要録卷一〇、九朝編年備要卷三〇、宋史全文卷一五、宋史卷四四七霍安國傳同,三朝北盟會編卷六一、大金國志卷四均作"趙士諤"。
⑦ 張湛 嘉慶本、長編拾補卷五八同,靖康要録卷一〇、三朝北盟會編卷六一、九朝編年備要卷三〇、宋史卷四四七霍安國傳均作"張諶"。

唐恪既書敕,何㮚大駭曰:"不奉三鎮之詔,而從畫河之命,何也?"㮚不肯書,因請罷,遂斷諸路門橋,諸軍城守。至晚,詔:"金人已渡河,百官疾速上城。"虜兵由汜水關渡河,西京提刑許高、河北提刑許亢各統兵防洛口,望風而退。京師聞之,杜門清野①。丁丑,王雲、耿延禧、高世則等從康王出城。雲白王曰:"京城樓櫓,天下所無。然真定城高幾一倍,金人使雲等坐觀,不移時破之。此雖樓櫓如畫,亦不足恃也。"王不答。行次長垣,百姓喧呼遮道,至頂盆焚香,乞起兵扼賊,不宜北去。戊寅,康王發長垣,入滑州。庚辰,康王至相州。壬午,康王次磁州,州人殺副使王雲。先是,雲奉使歸,過磁、相,言虜人聲勢非前日比,勸二郡為清野計。二郡從之,撤近城居民,命運積穀入城,磁人以是怨雲。王至,懇謁嘉應侯廟,百姓遮馬諫曰:"不可北去,肅王已為人誤。初言二太子重信義,肅王至河必還,大臣亦保無他。今果如何?"雲乘馬在後,語百姓曰:"大王謁廟即歸,非去也。"或曰:"已有萬人守北關,雖欲行,不可。"耿延禧、高世則諭雲勿與辯,雲曰:"人言何足恤。"徐進至廟,民心益忿,至厲聲指雲曰:"清野之人,真奸細也!"祀神畢,雲出,遂被害。及王出廟門,父老百姓前擁言曰:"大王不可北去。今離北門五六十里,即有番兵,王尚書是細作,適已打疊了。"王遣人諭以不復北行,眾乃引退。

初,過河之明日,巡警任永為虜騎所掩,問王所在,永不答。後得脫,因請王回相州。會汪伯彥亦以蠟書來,言虜遣五百餘兵沿路訪問,欲邀襲王。王即回,具奏河北民心不寧,磁人殺王雲,不令北去。且聞虜已南渡,故復回相,以俟聖裁。王令韓公裔訪得他道,潛師夜起,遲明至相,磁人無一知者。

遣耿南仲使斡离不軍,聶昌使粘罕軍,且許以大河為界,又告和。初,金人入寇,騎軍駐懷州,不行者越旬。是日,遣楊天吉、王汭②、勃堇撒离母來,命吏部尚書王時雍、帶御器械王球③、尚書吏部員外郎王及之館伴。天吉云:"兵已臨大河,去國城咫尺間。兩國戰爭累年,生民塗炭已久,比緣小人用事,起此兵端,今欲休兵致好,以誓書遣臣等來復兩國之歡好。止求以黃河為界。"上不得已,從之。汭曰:"陛下敦信許

---

① 杜門清野 "杜",嘉慶本作"土"。
② 王汭 靖康要錄卷一〇同,三朝北盟會編卷六七作"王芮"。
③ 王球 "球",嘉慶本作"㺷"。

十一月甲子,康王入辭,上賜以玉帶,撫慰甚厚。王出城北,權留定林院,候冠服、禮物成而行。丁卯,王雲、馬識遠、楊渙、趙希顏等來見康王。雲曰:"當日謂議和成,大王方可行。"馮澥曰:"如此,則李裕之言妄矣。"雲以鄙語詆澥,澥怒,即奏雲無禮誕妄,誤國大計,不報。戊辰,雲至自軍前①,言事勢中變,欲得三關而止,不然進取汴都。中外大駭。康王復入門。罷馮澥爲資政殿學士、太子賓客。己丑,集百官議三鎮於延和殿,各給筆札,文武分列廊廡,凡百餘人。惟梅執禮、孫傅、吕好問、洪芻、秦檜、陳國材等三十六人言不可與,自范宗尹以下七十人皆欲與之。不與者曰:"朝廷經三世得河東,陵寢在焉河北,天下之四支,四支苟去,吾不知其爲人。人民、貢賦皆其末也。況天下者,太祖之天下,非陛下之天下。石敬瑭之故事,豈可遵乎?"與者曰:"朝廷嘗許三鎮,今反不與,是中國失信於夷狄。若姑且與之,縱復猖獗,則人怨神怒,師出無名,可不戰而勝也②。"宗尹言最切,至伏地流涕乞與之,以紓禍。已而,黄門持宗尹章疏衆曰:"朝廷已有定議③,不得異論。"會李若水歸自粘罕所,慟哭於庭,必欲從其請。先是,金人遣王雲,約以十五日以前告割地書到,不然,以十五日渡河矣。何㮚謂唐恪曰:"三鎮之地,割之則傷河外之情,不割則太原、真定已失矣。不若任之,但飭守備以待。"恪唯唯,梅執禮建議清野。尋召孫傅及執禮入對,議遂定。癸酉晚,金人至河外,宣撫副使折彦質領兵十二萬與之對壘。賊發數十騎來覘,回報其帥曰:"南兵亦盛,未可輕渡。"或欲整兵俟戰,有婁宿大王曰:"南兵雖多,不足畏也④。與之戰,則勝負未可知,不若加以虛聲,盡取戰鼓,擊之達旦,以觀其變。"衆以爲然。黎明,王師悉潰,遂長驅而南。甲戌,虜衆盡渡。斡離不屯兵慶源城下⑤,欲爲攻城之計。宣撫使范訥統兵五萬守滑、濬以扞之。斡離不知有備,乃由恩州古榆渡趨大名。

乙亥,命康王再使斡離不軍,許割三鎮,并奉袞冕、車輅以行,仍尊金國主爲皇叔,上尊號十八字。丙子,王及之同金國通和使王汭來,云軍已至西京,不復請三鎮,直以畫河爲言,陛對殊不遜,有"奸臣輔闇主"之語。上下洶懼,即許之,且以兩府二人行。

---

① 雲至自軍前 "至自"底本顛倒,據嘉慶本、長編拾補卷五七、宋史全文卷一五乙正。
② 可不戰而勝也 嘉慶本作"可不戰乎",宋會要輯稿儀制八之一七作"可不戰而屈也",長編拾補卷五七作"可不戰而敗也"。
③ 朝廷已有定議 底本脱"已"字,據宋會要輯稿儀制八之一七、三朝北盟會編卷六二、靖康要録卷九補。
④ 不足畏也 "也"底本作"之",據嘉慶本改。
⑤ 慶源城 "源"底本作"原",據嘉慶本、長編拾補卷五七、三朝北盟會編卷六二改。

賞月①,諜者以告。思正、灝襲之,斬首數百,幾獲李嗣本。十六日復出戰,金人曰:"彼衆雖多,而喧囂不整,無能爲也。"乃以鐵騎三千直衝我師,我師大奔②,相蹂踐而死者數萬人,坑谷皆滿。思正以敗卒數千奔汾州,灝以牙兵數百趨慈、隰,於是威德、隆勝、汾、晋、絳、澤之民扶攜老幼,渡河南奔者以萬計,諸州縣井邑皆空。時粘罕已至,乘勝急攻太原。太原凡被圍九月,至是力不支,城遂陷。

十月丁酉,金人陷真定府,吉州防禦使、本路兵馬都鈐轄劉翊死之。戊戌,虜使楊天吉、王汭來議事,取蔡京、童貫、王黼、吳敏、李綱等九人家屬,命王時雍、曹矇館之。時雍議盡以三鎮所入紐增歲幣,並祖宗内府所藏珍玩,悉歸二帥,且以河東宿師暴露日久,欲厚犒之。天吉、汭頗頷其説,先取犒師絹十萬匹以行。金人陷汾州,知州、右文殿修撰張克戩死之。

庚戌,王雲遣使臣至自真定,報金人已講和,不復議割三鎮,止須玉輅、冠冕及上尊號等事。壬子,詔太常禮官集議金主尊號,命康王使斡离不軍,尚書左丞王寓副之。後寓辭,以知樞密院事馮澥行。親衛大夫、康州防禦使、知東上閤門事高世則領遙郡觀察使,充參議官。初,虜騎之退也,朝廷遣王雲、曹矇奉使軍前,六月十九日始回。雲、矇言金人期七月十一日復至燕京,十五日議罷兵,八月一日更不點集。宰執以爲不可信,出雲知唐州,矇罷職。至九月間,聞金人已陷太原,始召雲、矇再使。矇不肯行,曰:"但速起天下兵控要害,寇必再至。"又出矇外任宫觀。雲請試往探賾其意。既至軍前,即先遣從吏李裕回,稱虜人索謝和議禮物,須康王親到,議乃可成,故有是命。癸丑,金人陷平陽府。初,汾州既陷,議者謂汾州之南有回牛嶺,險峻如壁,可以控扼,乃命將以守。朝廷又遣劉琬統衆駐平陽,以扞北邊。然國用乏竭,倉廩不足,士之守回牛者日給豌豆二升,或陳麥而已。士笑曰:"軍食如此,而使我戰乎?"金人領鋭師寇嶺,於山下仰望官兵,曰:"彼若以矢石自上而下,吾曹病矣,爲之奈何?"徘徊未敢進,俄而官軍潰散,遂越嶺至平陽,琬領兵遁去,城遂陷,官吏皆縋而出。已而③,威勝、隆德、澤州皆陷。辛酉,檢校少傅、鎮洮軍節度使、河北、河東路宣撫使种師道薨。

---

① 文水縣 底本作"汶水縣",據嘉慶本、九朝編年備要卷三〇、三朝北盟會編卷五〇改。
② 我師大奔 底本脱"我師"二字,據嘉慶本、長編拾補卷五六補。
③ 已而 底本脱"已"一字,據嘉慶本、長編拾補卷五六補。

師中進次平定軍,復壽陽、榆次諸縣。時粘罕以暑度隘,會西山之師於雲中,所留兵皆分就畜牧。覘者以爲兵散將歸,告於朝廷。大臣信之,從中督戰無虛日,使者項背相望。詔書以逗撓切責師中,師中讀詔,嘆曰:"逗撓,兵家戮也。吾結髮兵間,今老矣,忍以此爲罪乎?"慨然赴敵,墜崖下而死。將士退保平定軍。

八月庚子,案:拾補所據陸氏本事在庚申。遣刑部尚書王雲使斡离不軍,應道軍承宣使曹矇副之,許以三鎮稅賦之數。

九月甲子,金人陷太原。時朝廷以姚古爲河北、河東制置使,种師中副之。古引兵至威勝,聞粘罕將至,其衆驚擾,一夕遁歸隆德,河東皆震,人民多奔懷、澤間。時諸路救兵未至,師中兵最先進,至榆次,與賊戰,死之。詔以李綱爲宣撫使,督諸將救太原,劉韐副之,折彥質、王以寧、郭執中等十餘人並在幕下。又以解潛爲制置使,代姚古、种師中統西番兵,許孝烈爲前軍統制①,遣潛屯威勝,韐屯遼州,以寧節制浙兵,張孝純子灝爲陝西路都轉運使兼河東察訪使②,與都統制折可求、張思正③等皆屯汾州,范瓊率山東兵屯南北關山間,皆去太原五駟,約以三道并進,會城下。有張行中獻戰車,云可當鐵騎,於是造千餘兩。其制兩竿雙輪,前施笓籬,四槊運轉甚捷。每車用甲士三十五人,執弓弩、槍牌之屬以翼之,結陳而行,鐵騎遇之皆靡。又爲蠻牌,施釘其上,戰則鋪之於地,以卻賊馬之衝突。然河東七月,旦暮已涼,而兵猶未進,且多江、浙、閩、蜀人,皆羸弱不可戰。

八月,劉韐兵先進,金人併力禦之,韐兵潰,懷州將領王彥戰死,而解潛兵與敵遇於南北關,轉戰四日,殺傷相當。金人濟師,潛軍大敗,潛與數十騎走山間。師中亦敗走,所部兵僅有一二回者。執中、彥質與河東轉運使高衛、錢歸善遁至隆德,獨思正之兵在汾州,其衆尚十七萬,號百萬,未出戰。金人相謂曰:"韐、潛既敗,不足慮也。"乃驅婦艾老弱守虛寨,以當平定、威勝之路,而併其兵以禦思正。思正引兵出汾州,執冀璟徇於衆,曰:"此不堅守石嶺關遁還者也!"斬之。是月十五日夜,金人於文水縣張飲

---

① 許孝烈 底本脱"烈"字,嘉慶本、長編拾補卷五六同,據三朝北盟會編卷六一、梁谿集卷五五乞不推賞王以寧劄子補。靖康要錄卷一〇作"許季烈"。
② 兼河東察訪使 "河"底本作"浙",嘉慶本、長編拾補卷五六同,據靖康要錄卷八、卷九,三朝北盟會編卷五〇、卷五三,宋會要輯稿職官六九之二七、宋史卷二三欽宗本紀改。
③ 張思正 三朝北盟會編卷五〇作"張思政"。

詔書,及肅王至,不俟金帛數足①,遣使告辭,就軍中賜宴,遂行。戊申,遣王球使河南大金軍前迎肅王。癸丑,澤州言:"金國相粘罕兵次高平。"初,粘罕既破忻、代,折可求以麟府兵、劉光世以鄜延兵援河東,皆爲所敗,遂圍太原,月餘不能下。適平陽義勝軍破城叛去②,攻陷威勝軍,遂引金人入南北關,陷隆德,既次高平。朝廷震懼,命統制官郝懷將兵二萬屯河陽③,扼太行琅車之險④;以种師道爲河北宣撫使,駐滑州;以姚古爲制置使,總兵援太原;以种師中爲制置副使,援中山、河間諸郡。

三月壬午,詔曰:"朕承道君皇帝付託之重,即位十有四日⑤,金人之師已及都城,大臣建言捐金帛、割土地,可以紓禍。賴宗社之靈,守備弗缺,久乃退師。而金人要盟,終非可保。今肅王渡河,北去未還,粘罕深入,南陷隆德。未至三鎮,先敗元約。又所過殘破州縣,殺掠士女。朕夙夜追咎,何痛如之！已詔元主和議李邦彦、奉使許地李梲、李鄴、鄭望之悉行罷黜,又詔种師道、姚古、种師中往援三鎮。朕惟祖宗之地,尺寸不可與人,且保塞陵寢所在,誓當固守,不忍陷三鎮二十州之民,以媮頃刻之安。與民同心,永保疆土。播告中外,使知朕意。仍劄與三鎮帥臣。"

四月壬子,以知應天府杜充爲集英殿修撰、知隆德府。是日,斡离不遣計議使賈霆、副使冉企弓來,就命王球引伴到闕。時球至中山望都縣追及肅王,斡离不以三鎮未下,未令王回,故遣霆等來議。

五月丁丑,王師與金人戰於榆次縣,制置副使种師中死之。初,斡离不師還⑥,抵中山、河間,兩鎮兵民固守不肯下。肅王、張邦昌及割地使等躬至城下説諭,即以矢石及之而退。沿邊諸郡亦然。師中因此進兵逼金人,金人出境。粘罕之師至太原,太原亦堅壁固守。虜兵圍之,悉破諸縣,爲鑱城法困之,使内外不相通,雖姚古進師,復隆德、威勝,扼南北關,累出兵有勝負,而不能解圍。於是詔師中由井陘道與古相犄角。

---

① 不俟金帛數足 "帛"底本作"幣",據嘉慶本、長編拾補卷五三改。
② 義勝軍破城叛去 底本脱"勝"一字,長編拾補卷五三同,據嘉慶本、三朝北盟會編卷三七補。
③ 將兵二萬屯河陽 "二"底本作"一",嘉慶本、長編拾補卷五三同,據靖康要録卷二、梁谿集卷一七二靖康傳信録中、三朝北盟會編卷三七改。
④ 琅車之險 "車"底本作"軍",嘉慶本同,據長編拾補卷五三、靖康要録卷二、梁谿集卷一七二靖康傳信録中、三朝北盟會編卷三七改。
⑤ 即位十有四日 底本脱"即位"二字,據東都事略卷一二欽宗紀補。
⑥ 斡离不師還 底本脱"師"一字,據嘉慶本、宋史全文卷一五、東都事略卷一〇七种師中傳補。

迂回，以示衆盛。夜後始至，與國主相見，盡徹從者，以刀杖夾衛而入。既見，國主曰："侍郎首傳和議，今顧以兵相加，侍郎這不得一死。姑實言，朝廷所以用兵者何？"望之曰："使人如前知朝廷用兵①，豈肯出城犯死？"國主曰："然則果何人？"望之曰："以爲勤王者自出意邪，萬一朝廷所命，則使者爲欺大國；若直謂朝廷命之攻邪，萬一勤王之師實爲之，亦爲欺大國。若以實言，即真不知耳。今人牆壁外事，耳目不接，尚不能知，何況身在郊外，豈能知用兵者主名哉？"國主辭色稍定，徐徐問勞望之，且曰："侍郎休矣，詰朝相見。"翌日，望之回斡离不寨，其下驚曰："公顧得還邪！"張邦昌曰："昨夕，康王爲公泣下，蓋聞軍中語，謂過國主營，非善意也。"少頃，望之從王汭丐歸，汭曰："公方主和而兵從之，皇子大王疑君心。君知都統營之危乎？今幸脫彼，未可言歸也。"

李綱會行營左、右軍將士，質明出景陽門，勒兵於班荊館、天駟監，分命諸將解潛、范瓊、王師古等圍。虜騎出沒，鏖戰於幕天坡，斬獲甚衆。復犯中軍，綱親帥將士，以神臂弓射卻之。上初滿意平仲必成功，既而失利，宰執、臺諫交言西兵勤王之師及親征行營司兵爲虜所滅，無復存者。上大震驚，有詔不得進兵，遂罷綱尚書右丞、親征行營使，以蔡懋代之，因廢行營使司，止以守禦使總兵事，蓋欲罪綱以謝虜也。餘見李綱守議。辛丑，遣資政殿大學士宇文虛中、知東上閤門事王球使斡离不軍②，齎李綱所留割三鎮詔書以往，仍就迎康王。壬寅，以秘書省著作佐郎沈晦假給事中，從皇弟肅王使斡离不軍。乙巳，王時雍、高世則館伴大金朝辭使人。是日，康王自虜營還。斡离不欲退師，遣閤門使韓光裔來代朝辭之禮，又遣團練使賈霆代別康王。上令王解所服犀帶付霆，遣斡离不爲贈別。王留軍中幾月，數與觀蹴踘雜技。會姚平仲劫寨，虜人以用兵責使者，張邦昌恐懼流涕，王止之曰："爲國家，乃憂身邪？"虜人莫不嗟嘆，斡离不由是畏憚，不欲王留，更請肅王。及歸，都人爭迎觀之。上喜甚，賜予良渥。丙午，制授康王太傅、靜江、奉寧軍節度使，桂州牧兼鄭州牧，康王。是日，金人退師。初，斡离不長驅犯闕，無與敵者。自四方勤王之師大集城下，我勢已振，即有懼心。既得三鎮

---

① 使人如前知朝廷用兵　底本脫"前"一字，據嘉慶本、長編拾補卷五三補。
② 王球　宋史卷二三欽宗本紀同，嘉慶本作"王猇"，長編拾補卷五三作"王俅"。

武縣,知縣事蔣興祖死之。壬午,統制官馬忠以京西募兵至,遇金人於順天門外,乘勢擊之,殺獲甚衆。范瓊將萬騎自京東來,營於馬監之側,王師稍振。初,勤王師未集,虜氣驕甚,橫行諸邑,旁若無人,解甲下鞍,謂無與爲敵。至是始懼,遊騎不敢旁出。自京城以南,民始奠居矣。丁亥,檢校少保、靜難軍節度使、河北、河東路制置使种師道;武安軍承宣使姚平仲以涇原、秦鳳兵至闕下。餘見李綱守議。戊子,李梲、鄭望之入對,上曰:"虜須金銀無藝,安得充數?禁中珠玉多,卿等可往議以充折也。"梲等既至,王汭迎謂曰:"不知以何事來?皇子郎君緣打毬冒風,若有他議,迨暮當相見。若但言犒軍金銀,此已改擇使者往矣,無勞重議也。"望之度不可見,即以上意語汭。汭曰:"誰復敢言?公歸,試以來,或可輸也。"望之曰:"今無成命,萬一輸而不受,望之爲罔上,奈何?"汭曰:"公如爲皇子言汭命之輸,吾亦一欺罔也。第吾以好意相輸①,決非相紿耳。"望之等入城已過晡,即入對,上云:"珠玉當聚寘宣和殿,盡數以往。"乙未,輔臣率李梲、鄭望之入對。上令至宣和殿閱所列珠玉,命梁師成同梲、望之津致虜營。

　　二月丁酉,李梲、鄭望之至虜營,虜先遣梲歸。是夜,宣撫司都統制姚平仲率步騎萬人劫虜寨,以敗還。初,种師道以三鎮不可棄,城下不可戰,朝廷姑堅守和議,俟姚古來,兵勢益盛。軍中共議:"自遣使人往,諭虜以三鎮係國家邊要,決不可割,寧以其賦入增作歲幣,庶得和好久遠。如此三兩返,勢須逗留半月,重兵密邇,彼不敢遠去劫掠。挈生監糧草漸竭,不免北還。俟過河,以騎兵尾襲,至真定、中山,兩鎮必不肯下。彼腹背受敵,可以得志。"會李綱主平仲之謀,師道言卒不用。平仲,古之養子也。上以其驍勇,屢召對內殿,賜予甚厚,許以成功當授節鉞。平仲意欲夜叩虜營,生捦斡离不,奉康王以歸。而其謀泄,未發數日,行路及虜人皆知之。虜先事設備,故反爲所敗。時康王及張邦昌留虜營,斡离不請相見,帳前立本朝旂幟數百面,又俘虜將校數十人,以責邦昌。邦昌云:"此非朝廷意,恐四方勤王之師各奮忠義,自結集爲此舉耳。"斡离不曰:"謂爲賊邪,焉得如許其衆?相公但可諉謂朝廷不知耳!"良久罷,遣歸所館。有韓魯太師者傳斡离不語,獨止鄭望之曰:"侍郎首來議和者,今當往都統國主營。"因導之北行,穿營柵,屈曲可六七十里,始至立寨處,其實不出一二十里。故爲

---

① 第吾以好意相輸 "第",嘉慶本、長編拾補卷五二均作"但"。

馬萬匹、衣緞百萬匹,割太原、中山、河間三路地,並欲宰相、親王爲質。望之辭以親王至幼。沈琯謂望之乞遣郡王。望之再三言之,斡离不曰:"遣親王、郡王各一人,至河即還。宰相候交物了及撥地畢日,可還也。"斡离不出玉帶、玉篦刀、名馬各一,遣蕭三寶奴、耶律忠、王汭等來獻,催使人回。夜到馹,望之、梲入對福寧殿,具奏所言,上令與大臣言之。燕山都監武漢英、知信德府楊信功及李鄴、沈琯等並歸自虜營。丙子,詔以金人入寇,自十一日避正殿,減常膳。又詔:"大金所需犒軍物數浩瀚,朝廷竭力應副,如供祀宗廟器皿,亦不敢吝。至於親王、内外百官之家,已行告諭,盡數供助,尚恐未能敷數。忠義之民,理宜體國,將私家所有,願助國用者,限目下於户部尚書聶山等處送納①。"又詔:"蕃衍宅諸王金銀絹帛,道官、藥官、伎術等官及五司官察視,曾經賜帶,各家有現在金銀,只令納元豐庫。若敢隱庇轉藏,並行軍法。諸宮觀、寺廟、奉先、普安諸墳、六尚局、諸司並開封府公用金銀,拘收納左藏庫②。"中書省言:"中山、太原、河間府並屬縣及以北州軍③,已於誓書議定交割,如有不肯聽從去處,即將所賜州府令歸金國。"詔令降詔。時肅王及康王居京師,上退朝,康王入,毅然請行,曰:"虜必欲親王,自爲宗社大計④,豈應辭避?"即以爲軍前計議使,令張邦昌、高世則副之。上命引王詣殿閤見宰執,李梲云:"大金恐南朝失信,故要親王送到河,亦無他。"王正色云:"國家有急,死亦何避!"聞者悚然。丁丑,宰執進呈金人所須之目,李綱力爭,以謂金幣太多⑤,當量與之;太原、河間、中山,國家屏蔽,號爲三鎮,割之何以立國? 及李鄴行,綱留三鎮詔書不遣,徐爲後圖。詳見李綱守議。康王既受命,日趣行,曰:"此豈可緩邪?"世則乞備親王儀衛,稍重事體,若示以弱,益爲虜所輕侮。章不報。

庚辰,張邦昌從康王詣虜營,自午至夜分始達。時胡騎交馳,王意氣閒暇如平日。李鄴、高世則齎和議書,送伴蕭三寶奴等同行。時四方勤王之師踵至⑥,日或數萬人,四壁各置統制官糾集,給芻糧,授器甲,立營寨,團隊伍,皆行營司主之。辛巳,虜陷陽

---

① 限目下於户部尚書聶山等處送納　底本脱"處"一字,據長編拾補卷五二補。按:長編拾補卷五二"目下"作"日下",似是。
② 拘收納左藏庫　"拘"底本作"物",據嘉慶本、長編拾補卷五二改。
③ 中山太原河間府　底本脱"府"一字,據嘉慶本補。
④ 自爲宗社大計　長編拾補卷五二同,嘉慶本"自"作"今"。
⑤ 金幣　嘉慶本作"金帛"。
⑥ 時四方勤王之師踵至　底本脱"四方"二字,據嘉慶本、長編拾補卷五二補。

甲戌,鄭望之、高世則入奏使事,退,引見金使。吳孝民跪奏曰:"上皇朝與大金結約海上,復違盟誓,皆已往事。今日少帝陛下與大金別立誓書,結萬世歡好可也。向者李鄴來議割獻三鎮事,皇子今遣使人代朝見之禮,願遣親王、宰相到軍前報禮。大金喜禮意之重,前日割地之議往往可罷。"少帝之稱自此始。上顧宰執,未有對者。李綱請行,上不許,曰:"卿方治兵,不可。"命同知樞密院事李梲奉使①,鄭望之、高世則副之。既退,梲與望之再對,上云:"若及割地,即多許歲幣,增三五百萬不妨。"望之次論及犒軍金銀,可許銀三五百萬兩。又命梲押金一萬兩及酒果賜斡离不。使人至,斡离不南向坐見之,遣燕人王汭等傳道語言,謂都城破在頃刻,所以斂兵不攻者,爲趙氏宗社,恩莫大也。議和所須犒師金銀、絹綵,各以千萬計;馬、駝、驢、騾之屬各以萬計。尊其國主爲伯父。凡燕、雲之人在漢者悉歸之。割太原、中山、河間三鎮之地。又以親王、宰相爲質。梲等不敢有言,但曰:"有皇帝賜金萬兩及酒果。"斡离不令吳孝民受之。夜宿孳生監,金人遣蕭三寶奴、耶律忠、張愿恭三人來,首言以我納張毅故舉兵。既聞上皇禪位,少帝登極,即擬還師,第訝南朝不來求和。望之云:"女真本一小國,初以士馬彊盛滅契丹,終能以禮義與中國通好,豈不爲美?若一向恃強,務欲并吞,非至理。"三寶奴云:"但南朝多失信,須要一親王爲質,古亦有之。"望之云:"如燕太子丹質於秦是也。然不知周鄭交質,其後卒至交惡,果爲大計,質亦何恤?若以親王往,萬一有感風露,致不測,以人情言之,貴朝亦不得不悔。此事終恐無益。"三寶奴笑云:"北朝以兵之所加爲疆境。今已至汴,而皇子郎君但欲畫河爲界。"已而,望之云:"朝廷自來與金國講好,以燕山爲藩籬,內郡及都城不爲戰守備,豈事力誠單弱?若皇子必欲以河爲界,此乃恃強有所邀耳。且南朝得北朝地不能守,前日燕山是也。北朝得南朝地,恐亦然。蓋人情向背不同,不若增益歲幣,爲無窮利爾。"因許銀三百萬兩。三寶奴不悅而退。是日,虜移壁開遠門。乙亥,虜攻通天、景陽門一帶甚急。餘見李綱守議。虜遣游騎四出,抄掠畿縣,惟東明、太康、雍邱、扶溝、鄢陵僅存,虜恥小邑不破,再益騎三千,急攻東明。京東將董有鄰率衆拒之,斬首十餘級,最後得金環者,三太子也。鄭望之等在虜營,斡离不約見之,引李鄴、沈琯於其坐後,需金五百萬兩、銀五千萬兩、牛

---

① 同知樞密院事李梲　"事"底本作"卿",據宋史全文卷一五改。

卷第一百四十五

欽宗皇帝

金寇下①

靖康元年正月丁卯朔②,金人犯濬州,内侍梁方平領兵在黄河北岸,賊騎奄至,倉卒奔潰。時南岸守橋者望見虜中旗幟,燒斷橋纜,陷没凡數千人,虜因得不濟。方平既遁,何灌軍亦望風潰散,我師在河南者無一人。初,虜至邯鄲,遣郭藥師爲前驅,付以千騎,藥師求益,復以千騎與之。藥師疾馳三百里,質明,遂至濬,具言州縣無備。邀取金繒、暴宫禁間事者,皆藥師之爲也。議親征。見李綱守議。己巳,聞斡离不兵距河③,濬州不守。夜漏二鼓,道君皇帝車駕東幸,出通津門,道君皇后及皇子、帝姬等相續以行。命平涼軍節度使、中太一宫使范訥統勝捷軍扈從,百官多潛遁。金人作筏渡河,逼京城。癸酉,斡离不軍至京城西北,屯牟駞岡天駟監,即摯生馬監之所,芻豆山積。異時郭藥師來朝,得旨打毬于其間。金人兵至,徑趨其所,藥師導之也。自虜騎臨河,梁方平燒橋而遁,虜不得遽渡,取小舟能容數人者以濟,凡五日,騎兵方絶,步兵猶未集也,旋濟旋行,無復隊伍。既據牟駞岡,獲馬二萬匹,笑謂沈琯曰:"南朝可謂無人。若以一二千人守河,我輩豈得渡哉?"是夕,金人攻宣澤門,詳見李綱守議。以尚書駕部員外郎鄭望之假工部侍郎,充軍前計議使,親衛大夫、康州防禦使高世則副之。望之即行,少頃,虜亦遣吴孝民至,舉鞭與望之遥相揖,約孝民至城西相見。是夜,望之與世則縋城下,入何灌帳中,虜使二人亦至。孝民因言:"欲割大河爲界,副以犒軍金帛。"望之與辨論久之,孝民不答,遂與望之來,由開遠門入,至都亭驛,已過四鼓。

---

① 金寇下　底本脱"下"一字,據本書目録補。
② 丁卯朔　底本無"朔"一字,嘉慶本同,據長編拾補卷五二補。
③ 距河　嘉慶本、長編拾補卷五二均作"拒河"。

曉①？謂如某等者，使得諭之，則河北堅城可不戰而下也。"斡离不大喜，迺多出文榜，命漢英出寨，俾誘諭諸部②。漢英用是得出，迺徑走闕下，具以虜情告朝廷，曰："金人之謀深矣！謂中國獨西兵可用爾。今以粘罕一軍下太原，取洛陽，要絶西兵援路，且防天子幸蜀。斡离不一軍下燕山、真定，直掩東都，二軍仍會于東都，而後不遜也。"漢英適至，是時方内禪，大臣憒眊，益猶豫，戰和之議皆未決③。又都城新法城面，守具乃舊法樓櫓，新法城面小④，而舊法樓櫓大，大既不可施，若截而半之，則小又不可用。雖有木植，計工木匠五千人，一月方得完。時斡离不已報將至真定矣。城中既無將，又無兵，惟有健勇二萬，復發從梁方平扼三山、大河，迤邐前去，往往上馬輒以兩手捉鞍，不能施效⑤。大凡倉卒如此，不暇悉數。

　　此據蔡絛紀實，附見十二月末。要見虜至真定的是何日。李綱所紀陳良弼云云，在明年正月四日。

---

① 然人安得户曉　底本脱"然"一字，據三朝北盟會編卷二三補。
② 諸部　三朝北盟會編卷二三作"諸郡"。
③ 戰和之議皆未決　"和"，嘉慶本、長編拾補卷五一均作"避"。
④ 新法城面小　底本脱"法"一字，據嘉慶本、長編拾補卷五一補。
⑤ 不能施效　長編拾補卷五一同，嘉慶本"效"作"放"。

多指斥,衆不忍聞。且曰:"大學,南朝賢臣,自將大用。"靖曰:"靖一書生,蒙陛下不次拔用,位視宰執,而不能守一路,可謂至愚不肖,何足用哉!"

已上並據金盟本末,"其間語多指斥,衆不忍聞",以沈琯南歸録增入。

初,宣撫司招燕、雲之民置之内地,如義勝軍等,皆山後漢兒也,實勇悍可用。其在河東者約十萬餘人,官給錢米贍之,雖諸司不許支用者亦聽之。久之,倉廩不足,以饑而怒,官軍又罵辱之,其心益貳,俟釁且發。至是,金人南犯朔、武之境,朔州守將孫翊者勇而忠,出與之戰,戰未決,漢兒開門獻于金人。既至武州,漢兒亦爲内應,遂失朔、武,長驅至代州。守將李嗣本率兵拒守,漢兒又擒嗣本以降,遂陷代州。金人至忻州,忻守賀權開門張樂以迓之,粘罕大喜,下令兵不入城。己酉,知中山府詹度奏金人分道入寇,是日,連三奏至京師,朝廷失色。辛亥,斡离不引兵向闕,以郭藥師爲先驅。斡离不令所過州縣無得擅行誅戮。乙卯,斡离不攻保州、安肅軍,不克。戊午,金人圍中山府,詹度禦之。是日,皇太子入朝,賜排方玉帶。上時已有内禪意矣。餘見内禪。

十二月己未,通直郎、陝西轉運判官李鄴借給事中,使金人,諭以將内禪,且求和。初,童貫既歸自太原,金人又遣兩使來。大臣不敢引見天子,遂創以小使之禮,大臣自見之于尚書省廳事,昔未有此也。纔就位,遂大不遜,曰:"皇帝已命國相與太子郎君吊民伐罪,大軍兩路俱入。"白時中、李邦彦與蔡攸等俱失色,不敢答。徐問如何可告緩師者,使人因大言曰:"不過割地稱臣爾。"大臣又俱失色,不敢答,遂議厚其禮而遣之。攸弟絛説攸曰:"此覘我爾,無過揣吾虛實彊弱。宜以行人失辭而斬其使,使虜罔測。不然,且囚之,不可使知吾情實。"攸不聽,蓋執政議恐激其兵之速也。時鄴上書,因具論强敵之情僞,請奉使議和。上大喜,獎借甚至。鄴丐金三萬兩,而朝廷頗難之,遂出祖宗内帑金甕二,各五千兩,命書藝局銷鎔爲金字牌子,遂授鄴而去。

庚申,上禪位于皇太子。辛酉,金人犯慶源府。癸亥,詔遣何灌將兵二萬,同梁方平守濬州河橋,以探報虜兵漸逼故也。甲子,圍太原府。武漢英從斡离不入寇,備見斡离不得中國人初不殺,曰:"此皆我人也。"行將至真定,漢英説之曰:"某猶不知大國用兵之意,況中國之人乎?是宜其不降。今睹所禽獲者①,皆不殺,然人安得户

---

① 今睹所禽獲者　底本脱"者"字,據三朝北盟會編卷二三補。

胡欲敗盟,以此爲兵端爾。然自古之戰,以曲直爲勝負。南北敵國,亦安知爾非送死哉?我有死而已,膝不可屈也!"虜酋大怒,仆察死之①。壬寅,金國使、副王介儒、撒离栂至太原②,出所齎書,説張毂渝盟等事,及太子、國相已興兵,其詞甚倨。童貫亦厚待之,曰:"如此大事,何不早告我?"撒离栂曰③:"軍已興,何告爲?國相軍自河東路入,太子軍自燕京路入,不戮一人,止傳檄而定耳。"馬擴曰:"兵,凶器,天道厭之。貴朝滅契丹,亦藉本朝之力。今一旦失盟,發兵相向,豈不顧南朝百年積累之國,若稍飭邊備,安能遽侵?"撒离栂曰:"國家若以貴朝可憚,不長驅也。移牒且來,公必見之。莫若勸童大王速割河東、河北,以大河爲界,存宋朝宗社,乃至誠報國也。"貫聞之,憂懣,不知所爲,即與參謀宇文虛中、范訥,機宜王雲、宋伯通等謀赴闕稟議。乙巳,童貫自太原逃歸京師。郭藥師以燕山府叛,執安撫使蔡靖、都轉運使吕頤浩、副使李與權、提舉官沈琯等。金人既得契丹地,因分兩道,燕山之東、平營一帶,斡离不主之;雲中之西北,粘罕主之。既欲犯盟,自秋冬探報甚密,然中外多不知也。蔡靖亦密奏凡百七十餘章,至言"朝廷若以爲不實,則乞早賜重行編置",然終不報。初,蔡攸從中力主藥師,每以爲忠信無比。又群小但取于動中外觀聽,故終不爲之備。當是時,雖金人不犯中國④,藥師亦反,反亦中國不能支⑤。及金人謀入寇,既點集,藥師亦點集。貫既在外,攸告于上者唯"仗藥師,必能與金人抗,不足憂也"。故內地略無防禦。亦屢有人告變,又沿邊巡檢楊雍者得其通金人書繳上之,皆不省。斡离不以兵入,藥師初亦出,未戰而張令徽先降,藥師因亦降,遽回燕山⑥,囚靖等,迎金人投拜,是以中國束手無策。

自"郭藥師叛"以下,據北征紀實兩篇所載刪修增入。

丙午,斡离不至燕山,郭藥師率軍郊迎之。還,謂蔡靖曰:"太子有令,南官不殺,令悉出降。"靖曰:"既就執矣,尚何降也?"後兩日,斡离不遣蕭三寶奴、王芮、張愿恭來,謂靖等曰:"太子語君勿恐,祇坐南朝渝盟耳。"遂及張毂并納叛人、歲幣事,其間語

---

① 仆察死之 "仆",嘉慶本作"起"。
② 撒离栂 三朝北盟會編卷二三作"撒盧拇"。
③ 撒离栂 底本脱"离"一字,據上文之"撒离栂"補。下同。
④ 中國 嘉慶本作"中原"。
⑤ 反亦中國不能支 嘉慶本作"中國亦不能支"。
⑥ 遽回燕山 底本脱"山"一字,據嘉慶本、長編拾補卷五〇、三朝北盟會編卷二四補。

以宿留至今。主上黜譚宣撫,復用童大王來,爲與元帥國相皆首尾主張和好大目,庶此事早畢。"請問交地之期,粘罕笑云:"汝家更無人可委,止有此輩邪①。山後疆土,初爲大聖皇帝與趙皇帝跨海交好,各立誓書,萬世無斁。不謂大聖皇帝纔崩,輿櫬未歸,授地未畢,貴朝已違誓約,陰納張瑴,收接燕京逃去職官、户口。本朝累以牒追,第虚文見紿。今待與貴朝略辨是非一二。"擴等觀粘罕雖自擒天祚之後,爲劉彦宗、余覩、蕭慶輩所怵,然意尚猶豫。會隆德府義勝軍叛,王稟、耿守忠追擊不獲,其三千人奔大金②,具言中國虚實。又易州常勝軍首領韓民義怨守臣辛綜③,率五百餘人見粘罕,曰:"常勝軍惟郭藥師有報國心,如張令徽、劉舜仁之徒,因張瑴皆觖望。"由是彦宗、余覩輩力勸南朝可圖,仍不必以衆,因糧就兵可也。粘罕于是決意入寇,而有是言。擴又曰:"童大王今來白國相,本朝緣譚積昧大計,輒從李石、張瑴之請,主上亦深悔之。願國相存舊好,不以前事置胸中。乞且交蔚,應兩州、靈邱、飛狐兩縣,即餘衆奉命。若留聽,則幸明示其期。"粘罕笑曰:"汝尚欲兩州兩縣邪? 我若與汝,則并西京之民又不可留矣! 且山前山後,我家地,復奚論? 汝家州縣削數城來,可贖罪也。汝輩可即辭,吾自選人赴宣撫司矣。"翌日,館中供具良厚。撒盧母笑曰④:"待使人止此回矣。"蓋示決入寇之意也。

十二月戊戌,金人破檀州。己亥,馬擴等自雲中回至太原,以粘罕所言告,童貫驚曰:"金人初立國,邊頭能有幾許兵馬,遽敢作如此事邪?"擴曰:"此虜深憾本朝結納張瑴,又爲契丹亡國之臣所激,必謀報復。擴固嘗關白,獨未蒙信聽耳。今猶可速作提防。"然貫先已陰懷遁歸意矣。

金人破薊州,接伴賀正旦使、吏部員外郎傅察爲金人所殺。先是,金人未失盟,朝廷以故事遣察迓使人于薊州玉田縣韓城鎮。察至界上,虜愆期不至。斡离不率大兵遽入寇⑤,遂執察等,責令投拜,自副使蔣噩以下皆羅拜臣服,察獨不屈⑥,虜以兵脅之亦不顧。虜酋曰:"我以南朝天子失政,故來吊伐。"察曰:"主上明若日月,四海拱戴。

---

① 汝家更無人可委止有此輩邪　三朝北盟會編卷二二作"你家更無人可使,只委内官"。
② 其三千人奔大金　三朝北盟會編卷二二、長編拾補卷四九同,嘉慶本"三千"作"二千"。
③ 辛綜　嘉慶本、長編拾補卷四九同,三朝北盟會編卷二二作"章綜"。
④ 撒盧母　底本脱"盧"一字,嘉慶本、長編拾補卷四九同,據前後文之"撒盧母"補。
⑤ 斡离不率大兵遽入寇　"率",嘉慶本作"擁"。
⑥ 察獨不屈　三朝北盟會編卷二二、長編拾補卷五〇同,嘉慶本"獨"作"猶"。

又請尚委蔡靖知燕山府,召王安中還朝,皆從之。

五月乙未,奉議郎舒宏中,武功大夫、康州刺史劉發爲金國賀生辰使、副,尋改命校書郎衞膚敏代宏中。通直郎吳安國、武翼郎王觀爲正旦使、副。

九月壬辰,金國以天祚成擒,遣渤海李孝和、王永福來告慶,是日至國門。詔宇文虛中、高世則館之,其實虜將舉兵,先使覘我也。時河東奏粘罕至雲中,頗經營南寇。詔童貫再行宣撫。貫既受詔,未即行,會張孝純奏金人遣小使至太原,欲見貫議交割雲中地。上頗信之,詔趣貫行無留。

此據蔡絛紀實增入。絛云:"貫遂亟行,實七年冬。"然則貫發京師,必在十月初。小使事,詳具十二月十六日。貫自太原遁歸時,封氏編年:十月一日,貫至太原,遣擴、興宗。恐月日太早,今不取。遣擴合附十一月十二日。

乙未,責授崇信軍節度副使、吉州安置聶山復朝散郎,乘驛赴闕。蔡攸薦山,將使守雲中故也。時金人欲犯中原,其謀已深,懼我爲備,且揣知我必欲雲中,故多爲好詞以入我①。然諜報已詳,于是預謀雲中守,攸乃薦山,遂召之。

此據蔡絛紀實錄②。又封氏編年:九月二十七日乙未,清化縣權鹽場申燕山府言:"金人擁大兵前來,虜掠居民,焚毀廬舍。"時宣撫使蔡靖與轉運使呂頤浩、李與權等修葺城隍,團結人兵,以爲守禦之備,使銀牌馬飛報朝廷,兼關合屬去處。是時大臣以爲郊禮在近,匿不以聞,恐礙推恩奏薦。事畢,措置未晚,但以大事委邊臣,未嘗以廟謀留意。

十月己亥,賜金國人使宴。

詔旨當是九月二十四日告慶使。

十一月乙亥,詔遣金國回慶使、副。戊寅,先是童貫至太原,遣馬擴、辛興宗復詣雲中,使粘罕軍,諭以得旨且交蔚州飛狐、靈邱縣,餘悉還金國,仍覘其國有無南侵意。十月戊午,擴等行及境上,金人止之曰:"必得元帥指揮,乃可入。"居數日,粘罕令:吏卒無越境,但許三人從行,仍嚴軍以待。擴等既至,粘罕遂趣擴等庭參,擴等詞如初。粘罕曰:"使人今銜朝廷之命?抑宣撫司所遣邪?"擴等不能答,皆拜之,如見阿骨打禮。首議山後事,擴等曰:"此事當決久矣,中間緣童太師請老,譚宣撫初不知曲折,所

---

① 故多爲好詞以入我 "入",資治通鑑後編卷一〇二作"紿"。
② 紀實 底本作"記實",據嘉慶本及上文之"紀實"改。

子秦、趙王及宗屬南來①,如入無人之境。及纔過雲中,則兀室忽以大兵遮其歸路,又報粘罕適已回雲中矣,故爲其追襲,一擊而天祚之衆潰,勢不能還,且畏中國必不可依②,乃亟走小骨碌帳中。

此據蔡絛紀實稍刪潤之。絛自云:亡遼録、馬擴自叙③,其間載擒天祚事極疏略。〔按:童貫再爲宣撫,往迎天祚,諸家文字俱不能知,惟絛有此。〕

金人既破小骨碌,以未得天祚,遣使謂童貫曰:"海上元約,不得存天祚,彼此得即殺之。今中國違約招來之,今又藏匿之,我必要也!"貫拒以無有,即又遣使迫促貫,語大不遜。貫不得已,遣諸將出境上,授之曰:"若遇異色目人,不問便殺,以授使人。"會金人自得天祚,事乃息④。

三月辛丑。先是,童貫常問馬擴:"常勝軍且爲患,欲消之,如何?"擴曰:"誠知必爾。然今女真未敢肆而知有所忌者,以有此軍也。若遽消之,則不特金人窺我,兼此軍必變,是自生一秦。莫若且撫而用之。"貫曰:"其術安在?"擴曰:"今藥師之衆止三萬餘人,多馬軍,武勇。太師誠能于陝西、河東、河北選精鋭馬步十萬⑤,分之爲三:擇智勇如藥師者三人統之,一駐于燕山,與藥師對;一屯駐于廣信軍或中山府;一駐于雄州或河間府,犬牙相制,使藥師之衆進有所依,退有所懼⑥,則金人雖肆,豈能遽前?"貫曰:"善。第十萬人未易得,我當徐思之。"

是月,童貫自太原、真定、瀛、莫入燕山犒常勝軍,奏請河北置四總管,中山府辛興宗、真定府王元⑦、河間府楊惟忠⑧、大名府王育,令招逃卒及刺游手之人爲軍。蓋用馬擴之言也。

擴言已附六年十一月末。

---

① 及宗屬南來 "宗"底本作"京",嘉慶本同,據三朝北盟會編卷二一、文獻通考卷三四六裔考二七一四下改。
② 且畏中國不可依 "依",嘉慶本、長編拾補卷四九、三朝北盟會編卷二一均作"仗"。
③ 自叙 "叙"底本作"序",據三朝北盟會編卷二一改。
④ 事乃息 "息"底本作"急",嘉慶本、長編拾補卷四九同,據三朝北盟會編卷二一改。
⑤ 選精鋭馬步十萬 三朝北盟會編卷一九"選"下有"摘"一字;底本脱"十"一字,據嘉慶本、三朝北盟會編卷一九、長編拾補卷四九補。按:本卷下文之"第十萬人未易得",亦可爲參證。
⑥ 進有所依退有所懼 三朝北盟會編卷一九作"進有所托,退有所忌"。
⑦ 王元 三朝北盟會編卷二二、長編拾補卷四九作"任元"。
⑧ 河間府 底本作"河中府",嘉慶本、長編拾補卷四九同,據三朝北盟會編卷二二改。按:河間府在北宋的河北路,河中府在北宋的陝西路,聯繫上文馬擴建議中的"一駐于雄州或河間府",以及童貫奏請于河北置四總管,故"河中府"誤,而"河間府"是。

此儀。兀室曰:"譚宣撫時使人庭參我。"擴曰:"譚稹以凡庸不知,故嘗爲朝廷所黜。"數往返辯論,最後兀室遣高慶裔來曰:"二觀察既執舊儀,此亦暫權元帥,不敢輒見。所言交割山後事,以國相詣闕,不敢專;兼兩朝誓書各不收納叛亡,貴朝先失約,雖山後已許,難以便交。"擴曰:"職官、富户逃歸燕京,乃張轂之罪,本朝已斬轂首,函送貴朝。職官、民户多隱山谷間,已見者相繼遣前,未見者方行根捕。如貴朝言山後别無經略,及交蔚州,復縱軍馬攻取,本朝恐致紛競,姑令戍守者罷歸,責譚稹,再委童貫經理。若大國每如斯,則兩朝和好何時可成?"慶裔曰:"前者人言蔚州有賊,本朝遣兵翦除,及得貴朝移文,即已。今山後疆土已許,諒不食言。但貴朝亦須常敦信誓,前索職官、民户繼踵發來,事無不遂也。"即以牒遣使人回。貫詢擴入境所見,擴對:"金人訓習漢兒鄉兵,增飛狐、靈邱之戍,數指言張轂,邀索職官、民户,實有包藏。願太師速營邊備。"貫不能用。

七年正月丙申,金國賀正旦使、盧州觀察使孛菫高居慶①,副使、太中大夫、守大理卿楊意見于紫宸殿。禮部員外郎邵溥借太常少卿,充送伴使。

是月,故遼國主天祚爲金人所擒。始,天祚竄入陰夾山不能出,童貫等日夜爲上謀,謂天祚在,必爲後患②,乃間遣人誘之。天祚心素侈,多慕中國,故其失勢也,本願來歸。始得一番僧者,令齎御筆絹書通之,因得還報。初甚密也,往來既數,則又張皇矣。其往來皆由雲中,故金人盡知,適欲其出,是以不顧也。及天祚許歸,乃改書爲詔,示欲臣之,且約歸則待以皇兄之禮,位燕、越二王上,築第千間③,實以女樂三百人④,禮待優渥。天祚大喜,于是約期相接。童貫是以落致仕,出使河東,密迎之。金人每以力不能入陰夾山,恨其不出,出必得之⑤,蓋欲以絕其國人之望。而天祚者適畏粘罕據雲中,屯兵以扼其前⑥,故不敢出。及約期之際也,忽報國相歸金國稟議,以兀室代雲中元帥職而去矣。天祚用是益坦然,遂領所得契丹、韃靼等衆,并携其后妃,二

---

① 高居慶 底本作"高居夔",據三朝北盟會編卷二一改。
② 必爲後患 長編拾補卷四九同,三朝北盟會編卷二一、嘉慶本"爲"均作"生"。
③ 築第千間 嘉慶本作"築第千間居之"。
④ 實以女樂三百人 底本脱"實以"二字,據文獻通考卷三四六裔考二七一四下補。
⑤ 出必得之 底本脱"出"一字,據三朝北盟會編卷二一補。按:九朝編年備要卷二九、契丹國志卷一二天祚皇帝下均作"謂出必得之"。
⑥ 以扼其前 "扼"底本作"抗",嘉慶本同,據三朝北盟會編卷二一改。

八月乙卯,檢校少傅、太尉、武信軍節度使譚稹罷宣撫①,落檢校少傅、太尉,以本班節度使提舉崇福宮②,任便居住。先是,朔州韓正、應州蘇京、蔚州陳翊各以州來降③,宣撫司即用京爲振武軍節度使、雲中府路安撫使④,正、翊並遷官回任⑤。

亡遼錄附見金人入燕後,楊氏編年附此于六年九月⑥。〔按:五年七月七日,譚稹遷檢校少保,以連城次第輸款,故賞之。正、京、翊來辭,必在五年七月七日以前。已附見彼,今復出此。〕

已而,夏人舉兵,侵占朔、武地界。稹遣李嗣本禦之,兵數交,夏人未即退聽。金人怨朝廷納張瑴,屢出怨言,稹又不時給所許糧十萬斛,金人愈怒,遂攻蔚州,殺陳翊,及陷飛狐、靈邱兩縣,逐蘇京等,絕山後交割意。朝廷咎稹置處乖方,故復起童貫代稹。貫與蔡攸又共排稹等,尋授稹順昌軍節度副使致仕。太師,徐、豫國公致仕童貫落致仕,依前太師,徐、豫國公,知樞密院事,河北、河東、燕山府路宣撫使。貫是行實出太原,名爲代譚稹交割山後地土,蓋以密約天祚來降,自往迎之也。

九月庚寅,命校書郎賀允中爲金國賀正旦使,武德郎劉宏副之。庚子,金國遣留使辰州管内都孛堇富謨古⑦、副使清州防禦使李簡見于紫宸殿。

實錄有此,十月四日辭。五月二十七日,詔旨差馬擴爲接伴金國謝登位副使,擴自序亦云。本紀因詔旨,遂書"金人遣使來告嗣位"。〔按:七月八日,王安中奏富謨古、李簡乃遣留使⑧,非告嗣位。不知馬擴既名接伴,亦稱謝登位,不稱遣留,又不知實錄此何所據,亦稱遣留,不稱謝登位。豈謝登位遂兼遣留乎?七月十二日差擴接伴時可考。〕

十月庚午⑨,祠部員外郎王昂接伴金國賀正使。

十一月,童貫遣保州、廣信、安肅、順安軍廉訪使者馬擴,知保州辛興宗使粘罕軍,月末,擴等至雲中府,會粘罕已歸國,留兀室權元帥,遣人來諭庭參,擴辭以見人臣無

---

① 譚稹罷宣撫　底本"宣撫"下衍"司"一字,據嘉慶本刪。
② 以本班節度使　嘉慶本作"以本班命節度使",長編拾補卷四八作"命以本班節度使"。
③ 陳翊　嘉慶本作"陳羽"。
④ 雲中府路安撫使　底本脱"安"一字,據嘉慶本、長編拾補卷四八補。
⑤ 遷官回任　長編拾補卷四八同,嘉慶本"回"作"因"。
⑥ 六年九月　嘉慶本、長編拾補卷四八均作"六月九日"。
⑦ 金國遣留使辰州管内都孛堇富謨古　"遣留使"底本作"遣留使",嘉慶本、長編拾補卷四八同,據注文改;按:遣留使是宋遼、宋金外交往來中負責贈送大行皇帝或太后遺留物的一種使節,經常與告哀使、告登位使或告嗣位使同時派出。"辰州"底本作"城州",嘉慶本、長編拾補卷四八同,據三朝北盟會編卷一九改。
⑧ 遣留使　"遣"底本作"遣",嘉慶本、長編拾補卷四八同,據文意改。下同。
⑨ 十月庚午　"十"底本作"一",據嘉慶本、長編拾補卷四八改。

得罪。毀聞安弼等至,大喜,率官吏郊迎。金人諜知之,以千騎襲破平州,朝廷所賜詔旨皆爲金人所得。毀挺身走,欲間道歸京師。其弟懷御筆將奔燕山①,以其母爲金人所得,復往投之,而毀母及妻已爲金人所戮,金人并得毀弟所懷御筆,果大怒,自是歸曲朝廷。毀道燕山,郭藥師留之,匿姓名,寄常勝軍中。金人累檄宣撫司取毀,宣撫司具奏,朝廷密令無發遣②。安中等言:"必不發遣,則恐金人遽啓兵端。"朝廷不得已,命安中縊殺之,函首還金人。張令徽等皆切齒朝廷,而常勝軍亦解體矣。

十二月乙巳,金國賀正旦使、廬州觀察使都孛堇高居慶③,副使太中大夫、大理卿楊意見于紫宸殿。奉議郎、太常少卿連南夫爲金國接伴使,武翼大夫吴子厚副之。

六年正月癸丑,奉議郎、太常少卿連南夫伴送金國賀正旦使,武略大夫張撝副之。乙卯,金國賀正旦使高居慶等辭于紫宸殿④。癸酉,御内東門别次,爲金國主成服。戊寅,命校書郎連南夫爲金國祭奠吊慰使,武略大夫張撝副之。

三月,金人常遣使詣宣撫司,索所許糧二十萬斛。譚稹曰:"二十萬斛糧豈易致邪?兼宣撫司未嘗有片紙隻字許糧之文。"其使曰:"去年四月,趙良嗣已許矣。"稹曰:"趙良嗣口許,豈足憑邪?"終不之與。金人怒,及舉兵亦以此爲辭云。

封氏編年附此于四月一日,今并入此。據五年四月十二日國書,求米十萬石。金盟本末亦云:譚稹不給所許金人十萬斛糧,故金人愈怒。封氏編年獨云二十萬斛,不知何據。姑存之。

七月丙戌,膳部員外郎王麟接伴金國謝嗣位使,保州、廣信、安肅、順安軍廉訪使者馬擴副之。著作佐郎許亢宗爲金國賀嗣位使,廣南西路廉訪使董緒副之。校書郎衞膚敏爲金國賀生辰使。膚敏言:"虜主生辰後天寧節五日,今未聞虜遣使,而吾反先之,于威重已缺。萬一不至,爲朝廷羞。請至燕而候之,脱若不來,則以幣置諸境上。"上以爲然。洎至燕山,金人果不來,置幣而返。

膚敏,華亭人,汪藻誌墓,此據墓誌增入。七年五月二十四日再使⑤。

---

① 其弟懷御筆將奔燕山　嘉慶本、長編拾補卷四七"御筆"下均有"等"一字。
② 朝廷密令無發遣　長編拾補卷四七同。按:三朝北盟會編卷一八作"累奉道君皇帝詔,不令發遣"。
③ 都孛堇高居慶　三朝北盟會編卷一八、長編拾補卷四九均無"都"一字。
④ 金國賀正旦使　底本脱"使"一字,據嘉慶本、長編拾補卷四八補。
⑤ 七年五月二十四日再使　"七"底本作"十",嘉慶本同,據浮溪集卷二五尚書禮部侍郎致仕贈大中大夫衞公墓誌銘、長編拾補卷四八注文改。按:宋徽宗宣和年號只有七年,没有"宣和十年"。

朝廷因是日夜益生希覬。積既出至太原，經營山後，會阿骨打死于白水泊，以喪歸其國，吳乞買初立①，未暇治山後，故朔、武、蔚、應等州皆通款于我。朝廷以積有嘉靖之功②，因遷其官。前此積爲宣撫使，但分治河東。及貫致仕，積遂兼治三路云。己未，太師兼領樞密院事，神霄玉清萬壽宮使，陝西、河東、河北路宣撫使，徐、豫國公童貫依前太師，徐、豫國公，神霄宮使致仕。

八月乙未，王師大敗契丹將夔离不于峰山。

實録在二十一日，今從金盟本末。

夔离不者，蕭幹也。金人既入燕京，幹就奚王府自立爲神聖皇帝，國號大奚，改元天嗣。

封氏編年書此，係四年十二月十二日③。

時奚人饑，幹出盧龍嶺，攻破景州，又敗常勝軍張令徽、劉舜仁于石門鎮④，陷薊州，寇掠燕城，其鋒鋭甚，有涉河犯京師之意，人情洶洶，頗有謀棄燕者。童貫自京師移文王安中、詹度、郭藥師等，切責之。已而安中命藥師大破其衆，乘勝窮追，過盧龍嶺，殺傷大半，從軍之家，悉爲常勝軍所得，招降奚、渤海五千餘人，此金盟本末所載。生擒阿魯太師，獲耶律德光尊號寶檢⑤、契丹塗金印等。幹遁去，尋爲其部下白得哥所殺⑥。傳首河間府，安撫使詹度上之。初，王安中令李安弼、高黨詣朝廷，乞招張瑴。已而，宣撫司以瑴破閻母捷書聞，瑴又遣其弟來通款，朝廷遂授瑴泰寧軍節度使，世襲平州，其屬衛用⑦、趙仁彦、張鈞、張敦固⑧皆擢徽猷閣待制⑨，令安弼齎詔還平州，仍以金花牋御筆付其弟，令面授瑴。時外庭莫知其端，趙良嗣獨抗章言：“國家新與女真盟，況女真方彊⑩，如此，必失其懽，後不可悔。乞斬安弼。”朝廷不從，良嗣坐此亦陰

---

① 會阿骨打死于白水泊以喪歸其國吳乞買初立　長編拾補卷四七同，嘉慶本作"會天會初立"。
② 朝廷以積有嘉靖之功　底本脱"積"一字，據嘉慶本、長編拾補卷四七補。
③ 封氏編年書此係四年十二月十二日　"書此係"底本作"係此書"，嘉慶本同，據長編拾補卷四七乙正。
④ 劉舜仁　"仁"底本作"臣"，嘉慶本、長編拾補卷四七同，據三朝北盟會編卷一八改。按：本卷下文之"劉舜仁"亦可爲參證。
⑤ 耶律德光　底本作"邪律德光"，據嘉慶本改。
⑥ 白得哥　"白"底本作"自"，嘉慶本、長編拾補卷四七同，據三朝北盟會編卷一八、宋會要輯稿蕃夷二之三五改。按：宋會要輯稿蕃夷二之三五作"白德哥"。
⑦ 衛用　嘉慶本同，三朝北盟會編卷一八作"衛甫"。
⑧ 張敦固　"敦"底本作"郭"，據嘉慶本、長編拾補卷四七、三朝北盟會編卷一八、宋史卷四七二張覺傳改。
⑨ 皆擢徽猷閣待制　"擢"底本作"權"，據嘉慶本、長編拾補卷四七改。
⑩ 況女真方彊　"彊"底本作"疆"，據嘉慶本、長編拾補卷四七改。

著誓甚重①,豈當首違。況金國昨在燕京,所以不能即討平州,正緣女真處關中,而毅外扼榆關②,又我以重兵壓境。且舊酋尚在③,是以彼姑涵容。今女真既已出關,他日若自興中府或東京之西討伐平州,則毅蕞爾數州,恐未易當。況我師既已解嚴,舊酋又復狼狽如此。秋深,女真師歸,正是得志之時,在我豈當妄有舉措④?爲今之計,正合坐觀其變,以爲後圖。然聞毅欲通韓慶民,結連四軍,併力窺燕,則不得不慮,理當速示羈縻。卿可慎選有材智忠信之人二三輩,令密諭毅意,許之世襲⑤。"度因興祐歸,以上意語之。未行間,又承御筆:"聞四軍林牙、張轂在居庸關北及平、灤州,中京集聚⑥,止留金軍車乘,縱還金國所遷燕京人口,并意欲爲我疆之患⑦。要須經畫,爲善後之計。"議者謂四軍林牙以嘗爲我敵,雖欲翻然,寧不畏禍?張轂久欲歸附,以所許不逮郭藥師,未厭其欲,遂爾遷延。敕詹度密遣人誘致,令率衆內附,當厚以金爵畀之。于是朝廷又聞遷民得歸,亟詔王安中、詹度加恤,録士大夫之可用者,復百姓田租三年。毅聞之大喜,遂決策來納款焉。

六月丙戌,知平州張轂遣人詣宣撫司納土⑧。金人聞毅叛,遣闍母國王將騎二千來討,毅帥兵迎拒于營州。金人以兵少,不交鋒而歸,大書州門,有"今冬復來"之語。毅即妄以大捷聞宣撫司。

七月戊午,起復太尉,武信軍節度使,上清寶籙宮使兼神霄玉清萬壽宮副使,直睿思殿,河東、燕山府路兼河北路宣撫使譚稹爲檢校少保;依前武信軍節度使,上清寶籙宮使,河東、燕山府路兼河北路宣撫使。始,童貫、蔡攸歸自燕山,頗失上意。王黼、梁師成共舉稹爲宣撫使⑨,令駐河東,交割金人所許山後雲中府及朔、武、蔚、應等州。然金人以其地多要害,實不欲與我,但浮沉其詞⑩。而我使人且皆昧利求寵,欺誑朝廷,

---

① 彼此著誓甚重　三朝北盟會編卷一七同,長編拾補卷四七作"皆著誓書",嘉慶本"彼此"作"比"。
② 而毅外扼榆關　三朝北盟會編卷一七同,嘉慶本"扼"作"振",長編拾補卷四七"扼"作"據"。
③ 且舊酋尚在　長編拾補卷四七、三朝北盟會編卷一七同,嘉慶本"酋"作"部"。按:舊酋,指天祚帝也。
④ 妄有舉措　"措"底本作"錯",嘉慶本、長編拾補卷四七同,據三朝北盟會編卷一七改。
⑤ 許之世襲　三朝北盟會編卷一七作"許之世襲節度"。
⑥ 集聚　三朝北盟會編卷一七同,嘉慶本、長編拾補卷四七"聚"均作"衆"。
⑦ 我疆之患　嘉慶本、長編拾補卷四七同,三朝北盟會編卷一七"疆"上有"邊"一字。
⑧ 宣撫司　"宣"底本作"安",嘉慶本同,據長編拾補卷四七、三朝北盟會編卷一八、東都事略卷一二五改。
⑨ 共舉稹爲宣撫使　"舉",嘉慶本、長編拾補卷四七作"薦"。
⑩ 但浮沉其詞　嘉慶本作"俱沉浮其詞"。

召而問之,石以爲然,遂拘兩府左企弓、曹勇義①、虞仲文、康公弼,數其十罪而殺之。稱保大三年,畫天祚像,朝夕朝謁,事無大小,告而後行。止稱契丹官秩,以榜諭燕人②,令各安堵如故,應田宅爲常勝軍所占者,悉還之。燕人患遠遷,得之莫不大悦,往往南來至京師。

此據金盟本末及亡遼録修入。

石與高履因詣燕山,説王安中,令招納張瑴。石改名安弼,履嘗爲三司使,改名黨。石、黨皆燕山人,先嘗被虜,後緣瑴得歸,意欲朝廷與金人變盟,則雖復來索之,必不遣也。其説安中曰:"平州自古形勝之地,地方數百里,帶甲十餘萬,帥臣張瑴又文武全材,若爲我用,必能屏翰王室。不然,則恐西迎天祚,北通蕭幹,併爲我患,燕山豈得安乎?"安中亦以爲然,遂具奏乞行招納,且曰:"臣敢身任其責。事關重圖利害大計③,不敢不言。"仍差官伴送安弼及黨赴闕。又延康殿學士、提舉太一宫趙敏修者④,故遼國宰相李儼之子處能也。先在海島爲僧,蕭后詔令歸俗,乘馹赴闕,將復用之。行次平州,聞金人已取燕,遂越境來歸,賜第京師,其母邢氏等亦自平州至。敏修及安弼、黨三人者日夜詣王黼白事,朝廷多從其説云。上初聞瑴叛金國,以御筆付詹度曰:"金國自燕山遣人詣平州,即日復回,云張瑴領步騎五千,壁松亭關,抄其車乘,不敢前。及聞平州止稱舊府,用保大年號,已殺虜相曹勇義等四人,聲言不順南朝,亦不歸女真。及四月二十七日,輒遣兵奪清化縣榷鹽院鐵板等物。觀此,則瑴之不歸女真甚明,而所以款附本朝之意,蓋亦未見。若不稍與羈縻,必爲邊患。雖未可明示結約,要須預加撫諭。卿可因人諭意⑤,然不可泄。瑴方外連韓慶民等,招誘遷、潤等州,以拒金國,成敗固未可知。爲我之計,正當用卞莊刺虎之計,坐觀其變,以爲後圖。所慮貪功倖進輩,苟希目前,輕失女真,所當深察。"度令瑴之姻家王倚者諭之,瑴遣張興祐來。度復奉御筆云:"營、平納款,雖在女真入關之前,然其後朝廷累次計議,女真終不見與。又張瑴固嘗臣服金國,用其年號,又嘗改爲南京矣。本朝初與金國通好,彼此

---

① 曹勇義　底本脱"義"一字,據嘉慶本、長編拾補卷四七補。
② 以榜諭燕人　三朝北盟會編卷一七"人"下有"惟留餘戰馬外,盡放復業"十字,意完。
③ 事關重圖利害大計　"重圖",嘉慶本、長編拾補卷四七、三朝北盟會編卷一八均作"軍國"。
④ 太一宫　嘉慶本作"太乙宫"。
⑤ 卿可因人諭意　底本脱"卿"一字,嘉慶本、長編拾補卷四七同,據三朝北盟會編卷一七補。

卷第一百四十四

徽宗皇帝

金寇上①

宣和五年五月辛巳。契丹人有張轂者,平州人也,第進士。延福中,授遼興軍節度副使。會民兵殺其州節度使,轂以綏撫功,州人推之權領州事。燕王死,轂知契丹必亡,盡籍丁壯,得五萬人、馬千匹,招豪傑,練兵馬,潛爲一方之備。蕭后遣太子少保時立愛知平州,轂拒而不納。金人既下燕,首問轂曲折,參知政事康公弼曰:"轂狂妄,何能爲?宜示不疑,圖之未晚也。"遂授轂臨海軍節度使,仍知平州。將發左企弓等,粘罕曰:"我欲遣兵擒張轂而行,何如?"公弼曰:"若加兵②,是趣之叛也。公弼昔居此州,知轂,往偵而圖之③。"遂見轂,諭金人之意,轂曰:"契丹八路,自金人之興,今獨平州存耳,敢有異志?鄉兵所以未釋甲者,北防蕭幹耳。"厚賂公弼而歸。公弼道其語,粘罕信之,改平州爲南京,加轂同中書門下平章事④。會阿骨打卒,吳乞買立⑤,遂遣左企弓等歸。時燕民有私訴于轂者曰:"左企弓等不謀守燕,而使吾民流離如此⑥。今明公盡忠遼國,免我遷者,非公而誰也?"召官屬議,皆曰:"近聞天祚復振,出没松漠之南。金人所以全軍急趨山西者,恐契丹議其後也。若明公仗義迎天祚,圖興復,先責宰相左企弓等叛降之罪而殺之,縱燕人歸燕,南朝宜無不納。如金人復來,内用平州之兵,外借南朝之援,何懼乎⑦?"轂曰:"此大事也,當審畫。"以翰林學士李石明智,

---

① 金寇上 底本脱"上"一字,據本書目録補。
② 若加兵 長編拾補卷四七同,嘉慶本"若"作"君"。
③ 往偵而圖之 嘉慶本、長編拾補卷四七,九朝編年備要卷二九作"願往伺而圖之"。
④ 加轂同中書門下平章事 遼史卷二九天祚皇帝本紀作"加轂試中書門下平章事、判留守事"。
⑤ 會阿骨打卒吳乞買立 長編拾補卷四七同,嘉慶本作"會天會改元"。
⑥ 流離 嘉慶本作"離散"。
⑦ 何懼乎 長編拾補卷四七同,嘉慶本作"何懼乎哉"。

失之,兵端蓋自此始。辛亥,童貫、蔡攸自燕山班師。

五月辛巳,童貫、蔡攸至京師。

是月,金國主阿骨打卒,弟吴乞買立,改天輔六年爲天會元年。

行踏地里交割牒文。大抵我使人疑,皆有所參商。至如良嗣之爲姦利則一也。故紀實盡述當日朝報,不改從他録①。"[按:蔡條所紀,頗與馬擴不同。擴自序不可全信,故于此仍存條説。良嗣更易語録,今擴自序亦不見此。]

先是,宣撫司遣姚平仲、康隨分疆域②,立烽堠回。是日,再遣平仲同王瓖等隨李嗣本兵馬入燕山。庚子,太師,劍南東川節度使,領樞密院事,陝西、河東、河北路宣撫使童貫;少傅,鎮海節度使,河北、河東路宣撫副使蔡攸入燕山府③。燕之金帛、子女、職官、民户爲金人席捲而東,朝廷損歲幣數百萬,所得者空城而已。或告燕人曰:"汝之東遷,非金人意也。南朝留常勝軍,利汝田宅給之耳。"燕人皆怨,説粘罕不當與我全燕。粘罕猶首鼠,欲止割涿、易兩州。金國主曰:"海上之盟,不可忘也。我死,汝則爲之。"交燕畢,金國主于契丹、漢兒兩府中攜劉彦宗等出居庸關,由雲中天德路西巡,留白水濼度夏,欲遣官交還本朝山後州縣,且聞天祚北走韃靼,經營擒之,乃遣左企弓等部所起燕山職官、富户東取榆關,平、灤路以歸。虜始得燕,方自矜大,迤邐索不已,而朝廷堅求割燕地,則指城謂使人曰:"此我有也。必欲得之,納錢若干萬,即與爾。"雖僧寺、巨室之屬,指一塔、一殿、一屋,即曰:"此我物也,當拆取之;汝欲留者,即納其直。"故或千或萬貨之,而後重載而去。金國主既得燕山子女,加久駐,氣候已熱,遂大病,而城外諸寨,日夜爲燕之鄉兵劫撓,因罵余覩曰:"汝勸我來此,今外寨皆不安,四面皆大兵④,若在網羅中,如何歸?"乃大毁諸州及燕山城壁、樓櫓,要害皆平之,又盡括燕山金銀錢物,民庶寺院,一埽皆空。時便有語謂:"使中國修理,二三年間卻取之。"趙良嗣亦嘗私語人曰:"止可保三年爾。"時上下皆知,莫敢言也。壬寅,金國遣撒盧母齎御押燕山地圖來。初欲令童貫、蔡攸拜受,馬擴、姚平仲共曉之,乃已。貫、攸厚賂之,乃還。乙巳,童貫等言收復燕城了當,具表稱賀。丙午,太宰王黼等以撫定燕山,上表稱賀。戊申,金國遣楊璞同盧益、趙良嗣等回,齎國書并誓書來。庚戌,曲赦燕山府,涿、易、檀、順、景、薊等州,遂並及雲中府,武、應、朔、蔚、奉聖、歸化、儒、嬀等州。山後地圖則已交割,當時實未嘗得山後土地也。其後頗得武、朔、蔚三州,尋復

---

① 不改從他録　長編拾補卷四六作"不敢改從他録"。
② 康隨　長編拾補卷四六、三朝北盟會編卷一五同,嘉慶本作"康遂"。
③ 河北河東路宣撫副使蔡攸　"使"底本作"司",長編拾補卷四六同,據宋宰輔編年録卷一三、三朝北盟會編卷七改。按:嘉慶本作"河北、河東路宣撫司蔡攸",亦非是。
④ 四面皆大兵　嘉慶本"皆"下有"出"一字。

州,給大軍討天祚,且請良嗣入辭。良嗣問交燕的期,以十七日,先令官吏來,其兵屯盧溝河,候皇帝進止①。甲午,良嗣及益、擴等辭金國主,遂齎國書與楊璞俱來。國書、誓書云云。後兩日,至雄州。宣撫司猶疑金人所約非實,因留馬擴同入燕,備緩急差使,遣益、良嗣與楊璞赴京師。初,王黼既專任交割燕山事,降旨飭童貫、蔡攸不得動,以聽約束,因使良嗣奉使。而阿骨打謂良嗣曰:"我聞中國大將獨仗劉延慶,將十五萬衆,一旦不戰自潰,中國何足道?我自入燕山,今爲我有,中國安得之?"良嗣不能對,迺與其使偕來。始祖宗時,虜使至,待遇之禮有限,不示以華侈,且以河朔附近都邑,故迂其途,多其里堠,次第爲之燕犒而至,皆防微杜漸意也。及黼遣良嗣,唯務欲速,以擅其功,與其使人,限以七日自燕山至闕下,凡四五往返皆然②。又其每至也,漸加禮③,夸之以富盛。金人因是自負,邀索不已,黼遂許以遼人舊歲幣四十萬之數外,每歲更添燕山,涿、易、景、順、檀、薊六州代稅錢一百萬緡。金人既得所欲,迺許。我又索營、平二州,則曰:"海上元約,石晉所割則屬中國,契丹舊地則歸我。今平、營二州,迺阿保機于後唐時所陷,灤州迺營、平地,舊已入北④,即非石晉所獻之地,當如初約。"于是我無辭。又索雲中一路,則曰:"雲中久爲我有,中國安得之?"中國亦無如之何,姑欲得燕山,且掩其挫敗之醜,以塞中外之議,因割燕山府,涿、易、檀、順、景、薊爲一路,而歸其代稅一百萬緡。又議折中國物貨以補其闕,于是又遣良嗣議折物,凡絹三十萬,絲、綿等稱是。虜人每喜南貨,故雖木棉亦二萬段,香、犀、玳瑁、碗碟、匕筋,皆折閱倍償之,至于龍腦,每兩但折八貫,則皆良嗣其中爲姦也。約既定,索禮數,因盡還其待契丹敵國之禮,唯不稱兄弟而已。迺遣良嗣奉誓書以往,金人取誓書副本先視之,又止諸界上⑤,俾我使復回,更易誓書中語然後來,我又從之。事既畢,彼亦遣使以誓書來。

此據蔡絛紀實修入。絛又自注云:"作紀實後六年,始得見馬擴自敘,備言金人入燕山事實甚詳備,然獨不見紀實所敘阿骨打不許燕山之語,及索山後,又有峻拒之語,卻有良嗣更易語録之説,又有謂山後

---

① 候皇帝進止　嘉慶本同,長編拾補卷四六"候"作"俟"。
② 凡四五往返皆然　"返",嘉慶本作"還"。
③ 漸加禮　嘉慶本作"漸加以禮"。
④ 舊已入北　"北"底本作"虜",長編拾補卷四六同,據嘉慶本改。按:金人不會自稱"虜",故"北"是。
⑤ 又止諸界上　三朝北盟會編卷一六同,嘉慶本"止諸"作"正書"。

云差撒盧母同良嗣往雄州宣司取溫訊等,經七日,縛溫訊回。今參取之。本末又云:居二日,兀室、楊璞來言。封氏編年係此于二十日癸酉。考按俱不合,今改云"居數日",庶不相牴牾。]

丁丑,始差接伴使勃堇渠列、副使少卿郭霆來,與益等相見。己卯,見金國主,尋遣楊天壽傳其言曰:"高慶裔等齎書甚善,然須俟取戶口勃特不回議之①。戶口勃特不,據金盟本末。'勃特不',莫曉所謂,疑即指趙溫訊等也。至今未至,何故?"益等對:"昨過雄州,見童太師云:戶口在者何咎?如變匿姓名,亡命之人,雖立賞召捕,安能便足?三五年間,大事方定,此細故也,何苦相尤②?"楊璞曰:"已秣馬脂車矣,止候人口齊足即行。"壬午,益等赴花宴。是日,金國主坐行帳,前列契丹伶人作樂,每舉酒,輒謝恩。漢兒左企弓已下摺笏捧觴稱壽,悉如契丹舊儀。時國主形神已病,中觴,促令便辭,略不及交燕事。盧益力爭不可,兀室曰:"兩朝誓書中不納叛亡,今貴朝已違誓矣。"益曰:"且勿言諸人未嘗有至南朝者,借使有之,在立誓後邪,立誓前耶?"良嗣亦曰:"未議之事有五:一,回簽誓書③;二,交燕京月日;三,符家口立界;四,山後進兵時日;五,西京西北界未定,兼賞軍銀絹在涿州未交,安得便辭?"符家口者,有永濟務在焉。初,畫地圖,以屬南界,宣撫司遣姚平仲立封堠④,誤置北朝,故良嗣以為言。兀室云:"我以山西全境與汝家,直不能易此尺寸地邪?"良嗣不能答,徐問交燕如何,兀室曰:"候宣撫司戶口齊足。"良嗣云:"有名捕未獲及未嘗到南界之人⑤,如何?"兀室云:"若未獲,止將郭藥師、董虎兒當之可也。皇帝聖旨:山西地土并符家口,已無可議者,使、副當亟辭去。"癸未,復遣良嗣同撒盧母等往雄州取戶口⑥,途次,撒盧母等曰:"兩國議如許大事,已十分八九來成,止為人口毫末,皇帝有言此事責在趙龍圖,首尾計議之人。"良嗣云:"若張轂、趙溫訊、韓昉等果到本朝,良嗣必知之。今實不聞,奈何?"楊璞密諭良嗣云:"拒之深,或觸其暴,不可悔也。"良嗣以璞意白宣撫司,宣撫司不得已,縛溫訊赴軍前。撒盧母喜曰:"可以相賀矣!若韓昉、張轂等皆得,尤善。"是月戊子,溫訊至,粘罕釋其縛而用之。楊璞尋出國書、誓書二稿示良嗣,欲借糧十萬斛轉至檀州、歸化

---

① 勃特不　嘉慶本同,長編拾補卷四六作"勃時不"。
② 何苦相尤　"尤",嘉慶本、長編拾補卷四六均作"左"。
③ 回簽誓書　"簽",嘉慶本、長編拾補卷四六均作"答"。
④ 立封堠　"堠"底本作"候",嘉慶本、長編拾補卷四六同,據文意改。
⑤ 有名捕未獲　嘉慶本同,長編拾補卷四六"名"作"各"。
⑥ 撒盧母　底本脫"盧"一字,據三朝北盟會編卷一五補。下兩個"撒盧母"同。

仍別賜衾褥、匹羅①。是日引對,罷,詣王黼第如儀。黼欲令趨庭,寧朮割不可,分庭而見。寧朮割云:"西京已許貴朝,願歲得碌礬二十栲栳。士卒取西京弊甚,乞加犒賞之恩。"黼皆許諾。上以寧朮割等屢乞花宴,且因其國主"善待之"語,詔特預春宴②。宴日,就辭於集英殿③,跪奏:"願聞犒賞金帛之數。"上諭以二十萬,寧朮割乞增,上不許。寧朮割退。良嗣等前,上問:"金人增歲物,起人户,誅求不已,何乃爾邪?"良嗣對以:"女真貪暴,唯利之從,其他不鄙也。"馬擴云:"以本朝兵不立威,乃至是。"武仲云:"賴陛下聖德,阿骨打心服,不爾,邊患未易量。"上云:"女真貪暴,殘民害物,雖黃巢不如,渠能久邪?然彼既入關,先據燕地,朕恐爲後患,不惜歲增百萬以啗之,且解目前之紛也。"詔吏部侍郎盧益借兵部尚書,與良嗣俱充國信使,擴充副使,持國書及誓書往軍前議交燕月日。國書、誓書云云。

[按:良嗣與寧朮割等皆言虜許還西京,且求犒軍物二十萬矣。而國書並誓書乃無一語及西京者。蓋良嗣與寧朮割等共爲欺罔,卒啓兵端云。]

四月癸巳。初,盧益、趙良嗣、馬擴與寧朮割等以三月己未初六日。發京師,行至涿州,見金國主止盧益等④,呼寧朮割等先歸,益、良嗣、擴留涿州,候宣撫司撥足賞軍銀絹,乃詣燕山。兀室、高慶裔等先索誓書觀之,斥字畫不謹,且求細故紛紛,至屢卻,令回京師換之。益等諭以:"主上親御翰墨,示尊崇大國之意。"猶不信,凡改更三四不已,朝廷皆曲從之。居數日,兀室與楊璞來,言:"計議已定,但近有燕京職官趙溫訊⑤、李處能、王碩儒、韓昉等越境去南朝,須先以見還,方可以議交燕月日。"是數人者,皆契丹所指名,金人必索之。良嗣欲諭宣撫司遣之,益、擴不可,曰:"諸人聞已達京師,今欲悉還之,不惟失燕人心,且必見銜,盡告吾國虛實,所係非細。況今已迫四月,虜亦難留,何慮不交?奈何隨所索即與之?彼得一詢十,何時已邪!"然良嗣卒與撒盧母同赴宣撫司取溫訊等。

此據金盟本末及馬擴自敘修入。本末云:終以人户未足,移文往來,留使人涿、易州數日。[按:擴

---

① 匹羅　嘉慶本、長編拾補卷四六作"疋羅"。
② 詔特預春宴　"預",嘉慶本、長編拾補卷四六均作"頒",似是。
③ 就辭於集英殿　底本"於"字漫漶不清,據嘉慶本、長編拾補卷四六補。
④ 見金國主止盧益等　長編拾補卷四六作"大金國主止盧益等",嘉慶本作"金國主、益等"。按:疑"見"一字衍。
⑤ 趙溫訊　三朝北盟會編卷一五作"趙溫信"。

時金人得左企弓輩，日與之謀，以爲南朝雅畏契丹，加以劉延慶之敗，益有輕我心。左企弓常獻詩阿骨打曰："君王莫聽捐燕議①，一寸山河一寸金。"然金人自以分軍護送燕京所獲東歸②，又山後告急，天祚已占西京，見招誘應、朔等州，當遣兵應援。復張毅據平州之衆③，亦須支梧。既已出邀索百萬之言，不能無懼，故嘔示巡邊之意，觀朝廷所應如何。故自南使過盧溝，悉斷橋梁，焚次舍，亦恐我不從而自防也。庚寅，詔遣趙良嗣、周武仲、馬擴自雄州再往金國軍前計議④，國書云云。御筆付良嗣、武仲、擴等："議山後事須力爭，如不可爭，方別作一段商量。"

三月乙卯，金國使寧朮割、王度剌、撒盧母來，見于崇政殿。趙良嗣、周武仲、馬擴等先以二月庚寅發雄州，乙未至燕京，見金國主，國主得書大喜。良嗣謂兀室曰："貴朝所須歲幣不貲，本朝皇帝無少吝。今平州已不可得，惟西京早與奪，庶人情無虧。"武仲亦曰："來時，主上丁寧極留意，且煩奏聞。"兀室唯唯而去，越三日不來。良嗣、武仲大恐，慮因山後壞山前已成之議，即欲棄之，馬擴力爭姑待。次日，十四日戊戌。兀室、楊璞到館，云："西京路疆土，據諸郎君言，初得之時，城中再叛，攻近四十日方下，士卒死傷極衆，實爲艱辛，又非元約當割。若我家不取，待分與河西、毛揭室家，必得厚餉。河西謂夏國，毛揭室謂韃靼也⑤。皇帝言：'趙皇大度，我增百萬，一言不辭。今求西京，何辭以拒？兼我在奉聖州心已許之。'會議三日，今早方決。然其間人民卻待遷去。"良嗣等曰："既得疆土，人民自具。若止空城相付，將安用之？"兀室良久笑曰："此無他，皇帝意欲南朝諸軍犒賞耳。"擴答以："貴朝既許西京，朝廷豈無酬酢之禮。"兀室曰："此亦再遣使去。"辛丑，入辭，其書云云。甲辰，金國主遣寧朮割爲國信使，遣高慶裔來諭良嗣曰⑥："寧朮割，貴臣也，善待之。"時詹度除知燕山府，王安中除宣撫使，駐燕山。寧朮割云："此行良嗣，恐不獲如契丹舊儀，止求花宴。"良嗣曰："當共奏取旨⑦。"壬子，二月二十八日。寧朮割、度剌至國門，詔良嗣、武仲館之，並用契丹故事，

---

① 君王莫聽捐燕議　長編拾補卷四六同，嘉慶本"聽"作"輕"。
② 護送燕京所獲東歸　"所"，嘉慶本作"圍"，長編拾補卷四六作"俘"。
③ 復張毅據平州之衆　長編拾補卷四六同，嘉慶本"據"作"聚"。
④ 詔遣趙良嗣周武仲馬擴自雄州再往金國軍前計議　底本脫"詔"一字，據嘉慶本補。
⑤ 河西謂夏國毛揭室謂韃靼也　長編拾補卷四六同，嘉慶本無此十二字，底本竄入正文，今據文意改爲注文。
⑥ 金國主遣寧朮割爲國信使遣高慶裔來諭良嗣曰　嘉慶本作"良嗣等遂與寧朮割、耶律度剌、撒盧母三人來。將發，國主謂良嗣曰"。
⑦ 當共奏取旨　嘉慶本作"當具取旨"，長編拾補卷四六作"當共取旨"。

爲市,以我不急易彼所珍,歲相乘除,所失無幾。今悉以物色估充,権場之法壞矣。"語卒,兀室適得郵筒文字,乃燕山路轉運使趙良嗣乞存留人從等事。兀室曰:"計議未定而已更府名,差官屬,豈不忿忿?若議論不合①,遂欲以強兵取之邪?"良嗣曰:"乃是兩國不相疑之意,何爲見詰?"

良嗣除燕山運使,詔旨在正月十八日,初草在去年十二月十九日。

翌日,兀室傳其國主之言曰:"燕租六百萬,今止取百萬,非相侵迫。而乃靳嗇,較秋毫如此。借使如數得之,異時以物估充,當益有難色。不如且已,還我契丹舊疆,寢其供輸之約。涿、易常勝軍舊屬燕京,亦當見還,請貴朝退軍出城,吾且提兵按邊。若兩軍相遇,豈得晏然而已哉?"良嗣曰:"兩國修好,累年于茲。本朝自以兵下涿、易,今乃云爾,豈無曲直邪?"兀室曰:"非本國紛紛,自貴朝吝甚。若增作百萬緡,則無事矣。"良嗣曰:"使人出疆有旨,豈敢擅增?況通舊數已七十萬,不爲不多。"兀室曰:"請退軍事,聖意極峻②。不若聞之朝廷,庶幾早決。"李靖曰:"郎君之言非妄也,不可忽。"良嗣知其欲爲釁端,曰:"大國通懽,當以信義。萬一交兵,罪在曲者,非使人所憂也。"又翌日,兀室來,詰難良久,遂出書稿租稅事目,云:"事悉在書中,能從固善,不能從,無以議爲也。"并出燕地圖,指示曰:"招燕州是渤海聚落,合歸本朝外,居庸、金坡兩關已爲南朝所得,古北、松亭關本奚家族帳,當還金國矣。"良嗣曰:"古北、松亭關初議已與南朝,今復取之③,何哉?"再三力爭,良久方去。後兩日,良嗣入辭,金國主云:"古北、松亭本奚地,合歸北界。初以汝力爭,疑非善意。今已釋然,待將古北與汝家,其松亭關本朝屯戍,不可求也。"問良嗣來期何時,以半月對。令良嗣書以識之。國主曰:"過期不來,提兵往見矣。書中毫髮之爽,亦如之。去年、今年歲幣,速齎以來。"遂令良嗣回,別不差使人。是日,國主與粘罕等入契丹納跋行帳,前列契丹閤門官吏,皆服袍帶如漢儀,贊引拜舞,悉用契丹規式。每入氈帳中門,謂之上殿。國主云:"使人回,爲我語皇帝,事當亟決,使人亦疾回。我欲二月十日巡邊,無妨我。"良嗣云:"此去朝廷數千里,今正月且盡,安能及期?莫若使人留雄州,以書驛聞爲便。"國主許之。

---

① 若議論不合 "若",嘉慶本、長編拾補卷四六均作"設"。
② 聖意極峻 "聖意",嘉慶本、長編拾補卷四六均作"聖旨"。
③ 今復取之 "復"底本作"朝",據嘉慶本、長編拾補卷四六改。

庫錫宴及門外御筵等。詔良嗣、武仲復充國信使、副兼送伴,馬擴充計議使,奉國書往。國書云云。

詔旨:自此遂不復及平、營、灤三州。實錄云李靖、王度刺辭于崇政殿,不載遣趙良嗣等。

二月丙戌,龍圖閣直學士、大中大夫趙良嗣,朝散郎、顯謨閣待制周武仲,閤門宣贊舍人馬擴自燕山回至雄州,以金國國書遞奏。其書云云。初,良嗣、武仲、擴等以正月壬戌出國門,丁丑至雄州,己卯抵金國軍前。諸酋列館燕京郊外,獨置南使于一廢寺,以氈帳爲館。良嗣見金國主,曰:"本朝徇大國多矣,止平、灤一事,豈不能相從邪?"國主曰:"平、灤初未嘗相許,今欲作邊鎮,不可得也。"遂議租賦,兀室云:"籍燕地所出,并課利計直可也。"良嗣曰:"國書止言租賦耳,乃及課利,何哉?"辨論良久,兀室出燕京租令,舊租緡錢歲四十餘萬、新租緡錢歲六百餘萬。良嗣曰:"承平時,年粟不過百錢。今兵火凋殘之餘,蓋十倍矣,豈可視此爲率哉?"兀室曰:"姑置之,貴朝必已有成數,幸明言無隱。"良嗣乃出御筆十萬之數,兀室笑而不答。良嗣復出二十萬之數,兀室曰:"此一小縣之數也。"良嗣曰:"海上所議:盡還燕京一帶,則與契丹歲幣。今貴朝已除平、灤、營州不議,又起燕京職官、富户、工匠,今更于此外歲增十萬匹兩①。歲歲如之,經久無窮,豈少哉?"兀室曰:"海上之約,燕地人民合歸南朝,燕中客人合歸北朝,彼此各發還鄉,兩面進兵夾攻②,即軍馬各不得過關,蓋欲南朝乘本朝兵勢,就近自取。今貴朝不能取,直候本朝軍馬下燕,使貴朝坐享山河之利,有何不可?兼税賦自其地出,非貴朝物也,何屑屑如是邪?本朝欲起燕京職官、富户、工匠,亦緣元約燕北人合歸北朝。如郭藥師常勝軍,皆是燕北人,藥師亦是鐵州人,恐貴朝須此常勝軍驅使,更不之請,所以且將職官等相貿易。若貴朝亦欲此職官等,祇遣藥師常勝軍還鄉可也。今所許猶未及歲幣之半,更兼西京在其中,如何諧合?"遂除西京,復堅執如初。良嗣不得已,以御筆綾二萬許之。兀室曰:"皇帝已與兩府議,不須論税賦多寡,止于歲幣外增一百萬緡,并以綾、錦、羅、絲紬、木錦、隔織、截竹、香茶、藥材、細果等充。"兩府,謂左企弓、虞仲文、曹勇義、劉彦宗等,本契丹兩府人。金人得之任用,所以復稱兩府也。議者謂:"祖宗雖徇契丹,歲捐銀、絹五十萬匹兩之數,蓋権場與之

---

① 今更于此外歲增十萬匹兩　底本脱"外"字,據嘉慶本、長編拾補卷四六補。
② 兩面進兵夾攻　長編拾補卷四六同,嘉慶本作"兩朝各面進兵夾攻"。

朝便自計議。度可出此御筆爲據,仍計會信誓、界至等文字前來。"

徽宗御札兩件,見藏撫州州學,教授虞𦙍出以示臣。蓋宣和四年十二月事也。合附三日戊子良嗣、武仲再使後。更須考詳。

辛卯,金人入燕。詳見北邊。明日,遣馬擴歸朝廷獻捷。甲辰,女真復遣李靖、王度剌持國書,與良嗣、周武仲同來。良嗣及靖等先以是月庚子至金國軍前入見,國主曰①:"數年相約夾攻云云。"良嗣對以:"夾攻雖是元約,據昨奉聖州軍前計議,云大國以去年不遣使爲斷絕,別議特許燕京,不論夾攻與否。今月二日,本朝于永清擊走虁离不,追至燕京。雖非夾攻,亦其意也。"國主曰:"夾攻且勿言,其平、灤等州未嘗計議,如何必取?若必欲取平、灤等州,并燕京不與汝家矣。"便令良嗣歸館,居四日,國主詔趣令南使辭歸。良嗣曰:"今到軍前,合議事甚多,略未嘗及而遽令辭,何也?"撒盧母云:"皇帝已怒,遂令入辭。"以國書副本示良嗣。良嗣曰:"自古及今,稅租隨地,豈有與其地而不與租稅者?可削去租稅事。"粘罕曰:"燕自我得之,稅賦當歸我。大國熟計,若不見與,請速退涿州之師②,無留吾疆。"于是復以國書,再遣良嗣及靖等。

已上並據金盟本末及詔旨等,華夷直筆、封氏編年,若載使事甚詳,則莫如總錄,蓋諸書多用總錄也。

五年正月丁巳,金國使、副李靖、王度剌、撒盧母以乙卯朔入國門。詔趙良嗣、周武仲復館之。戊午,引對崇政殿,捧國書以進,其國書云云。對罷,見宰臣王黼如儀。黼謂靖等曰:"大計定矣,忽于元約之外求租賦,何哉?"靖等曰:"爲本國得燕,所以及此。"黼曰:"類有間諜害吾兩國之成者。"撒盧母謝曰③:"有之。契丹日夜爲皇帝言:'有國都如此,而以與人。'用事大臣頗惑其言,惟皇帝與粘罕、兀室持之甚堅,曰:'已許南朝,不可改也。'"黼曰:"租稅未約也。上意以交好之深,特相遷就。然飛輓如是之遠,欲以銀絹充之爾。"靖曰:"然。"靖問其數④,黼曰:"已遣趙龍圖面約多寡矣。"復曰:"去年歲幣如何?"黼曰:"歲有幣,以得地也。今地未入,取之何名?"靖懇求不已,上亦特許之。己未,入辭于崇政殿,以期日已迫,依所乞,免供奉

---

① 國主曰 "主"底本作"王",據嘉慶本、長編拾補卷四五改。
② 請速退涿州之師 長編拾補卷四五同,嘉慶本"請"作"且"。
③ 撒盧母 底本脫"盧"一字,據上文之"撒盧母"補。
④ 靖問其數 "靖",嘉慶本作"請"。

畢,詔令詣太宰王黼第。黼論西京、平、灤當如約。撒盧母曰①:"元約勿言②,姑議目前可也。來時止聞許燕京六州二十四縣地③。今必欲西京、平、灤州,方許契丹歲幣之數,定恐難。"黼曰:"大國所欲,本朝無一不從。本朝所欲,大國莫降心相從否?向來議事已定,不免遷就,今又得聖旨,將西京分開,別作一段,此亦順大國之意,止欲得燕京及平、灤等一府,盡許契丹歲幣,相從何難?"靖等云:"契丹沃壤,無如燕京,已與貴朝。其平、灤等三州,本朝欲作關隘。以靖所見,莫若先以燕京六州二十四縣交契丹歲幣,其平、灤等州,當從容再議,或得不可知。一概言之,徒往返也④。"黼曰:"此已是委曲相就,若更分平、灤,豈有是理?"各上馬歸⑤。

已上並據詔旨及金盟本末。趙良嗣總錄載李靖等語言尤詳⑥,今不別出。本紀于二十三日戊寅書金人遣使來,許我山前六州。今并入此。

十二日戊子,李靖、王度刺等辭于崇政殿。詔龍圖閣學士、大中大夫趙良嗣,顯謨閣待制周武仲爲國信使兼送伴,國書云云。御筆付良嗣等云:"營、平、灤三州,聞每歲所得錢物斛斗不多,又天荒地土不少,況豐凶不常,兼須贍給三州。今朝廷頓許十萬銀帛,已大過三州所入。可子細以此計議。又契勘契丹昏主尚在,所有西京一帶,若金國兵馬回去,本朝又不占據,則昏主必出沒作過,于彼此非便。本朝所以欲收復西京者,亦禦捍昏主。定計當以此理開諭之。"又御筆批:"遣卿等詣大金皇帝軍前計議,金國遣使人持到國書,大概所請五事,除入關至燕、係官錢物、移散漢民、雜色人户並如金國所諭,并西京地土候收復燕京日別行計議外,止有營、平、灤州一事,合依元約,本朝收復。如卿等到,議尚或未合,聞大金以平、灤州出得些小桑麻,所以欲得,可于歲交契丹銀絹數目外,特每年更交割絹五萬匹、銀五萬兩,以助金帛之用,曲盡通好交歡之意。所有營、平、灤及西京地土,本朝並行收復,內西京,如金國軍馬已回⑦,即本

---

① 撒盧母　底本脱"盧"一字,據上文之"撒盧母"補。
② 元約　嘉慶本作"死約"。
③ 來時止聞許燕京六州二十四縣地　"止"底本作"上",嘉慶本、長編拾補卷四五同;三朝北盟會編卷一一載:"靖等來時只聽得特許燕京六州二十四縣地與南朝",今據三朝北盟會編卷一一文意改。
④ 按:三朝北盟會編卷一一所載文字略有不同:"李靖曰:'兩國來往,唯務誠實。據靖所見,先將燕京六州二十四縣爲定,歲交契丹銀絹之數。其平、灤等州別作一頭項,再覓去,或肯時亦不可知。若一概言之,徒苦往來。'"
⑤ 黼曰此已是委曲相就若更分平灤豈有是理各上馬歸　底本無此二十二字,嘉慶本同,據三朝北盟會編卷一一補。
⑥ 語言尤詳　"語言"底本作"詔言",嘉慶本作"詔旨",據長編拾補卷四五改。
⑦ 如金國軍馬已回　"回"底本作"向",據嘉慶本、長編拾補卷四五改。

約。"便指良嗣朝辭,至庭下,有挺立二人①,指示良嗣曰:"此燕京國妃遣來請降,如不許稱藩,止乞燕京一職,力拒南朝。及言契丹軍雖寡弱,若止當南軍有餘,只恐大金國軍來,即不及也。"對良嗣等面諭二人云:"我已許南朝燕京,汝到日,説與國妃、虁离不曰:'勿與南朝交戰,戮及齊民。'"二人唯唯。良嗣等辭訖,遂留馬擴,遣良嗣,以是日戊午,與使人同來。丙子,到闕。詔良嗣充接伴使及館伴,侍御史周武仲副之。庚辰,李靖、王度剌、撒盧母等入見崇政殿,捧國書以進,曰:"適逢使傳,特示音函,然已露于深惊,斯未洽于舊約②。載惟大信,理有所陳,奚念前言,義當可許。昨差趙良嗣計議,若許燕京,依與契丹銀絹數目歲交,尋許燕京並所管州縣、所轄漢民。如或不爲夾攻,不能依得已許。後來馬政至,更議收復西京,回書只請就便計度,如難果意,冀爲報示。又得書云俟聞舉軍到西京的期,以憑夾攻,不言自行計度。或難果意,只云並如初議。及絕使軺,以爲非是通好之意,遂止夾攻許與之辭。以故昨來遣兵,及平定契丹了畢,未嘗報論夾攻。自後燕國王上表稱臣,永修貢進。薨逝後,屬以其妻國妃虔誠表請,縱不許爲蕃輔,亦無他望。良嗣等方始來到,且馬政元齎到事目,所約應期夾攻最爲大事,須是大金兵馬到西京③、大宋兵馬到燕京,並應、朔等州入去,如此則方是夾攻。將來不到西京,便是失約也。貴朝若依前書,實欲夾攻圖謀,理須當期。本朝兵馬到西京以來,合于所約道路進兵相應。若謂不知,又云燕南已屯重兵,兼貴朝士馬發于代州,比本朝遠至西京④,地理勞逸,灼然可知。直至克定,未曾依應。今承芳翰,再締新懽,極邊屯相應之軍,立議復幽雲之地,皆非約者也⑤。其于信義,未合許與。蓋念前書,至如契丹將來虔誠請和,聽命無違,必不允應,方是大信。故許燕京并六州屬縣及所管漢兒外,其餘應干借官錢穀、金帛諸物之類,并女真、渤海、契丹、奚及別處移散到彼漢民、雜色人户,兼平、灤、營等州縣,縱貴朝克復,亦不在許與之限,當須本朝占據。如或廣務于侵求,必慮難終于信義。所有信誓、分立界至,并舊來輸納契丹歲幣數目多少、交割等事,候到燕京續議畫定,式當嚴律,善保殊休。"靖等既引對

---

① 有挺立二人 "挺",嘉慶本作"廷"。
② 斯未洽于舊約 底本脱"約"一字,據嘉慶本、長編拾補卷四五補。
③ 須是大金兵馬到西京 長編拾補卷四五同,嘉慶本"是"作"俟"。
④ 比本朝遠至西京 "本朝"底本作"並",嘉慶本同,據三朝北盟會編卷一一改。
⑤ 皆非約者也 嘉慶本、長編拾補卷四五同,三朝北盟會編卷一一作"皆非元約也"。

結去,少頃復來,傳旨曰:"皇帝言:初以南朝失信,斷絕無疑。緣南朝皇帝委曲,御筆親書,今更不論元約,特與燕京六州二十四縣漢地漢民。其係官錢物等及奚、契丹、勃海、西京、平、灤州,並不在許與之數①。南朝自得燕京,亦借路平、灤以歸。如南朝未得,我兵取之,悉如前約,更不論夾攻。"六州,謂薊、景、檀、順、涿、易也。良嗣答以:"元約山前、山後十七州,今止言燕京六州二十四縣。昨日言西京,今又不及,何也?平、灤本燕地,先曾約定以榆關為界,則平、灤州在燕京之內矣。御筆事目,如本朝兵馬因追襲乘勝,更須過關。今言本朝平燕,亦借路平、灤,本朝得燕,必分兵屯守,大國人馬經過,豈敢尚聽?"蒲結、兀室勃然怒曰:"汝家未下燕京,已拒我如此,是不欲通和耳!況汝兵近為燕人擊散,若旬日未下,豈不仰我力邪?"良嗣答以:"本國兵馬見候夾攻,莫若乘未下之時早往燕京,兩無所妨為善。"蒲結云:"當即行,第已議定者,決不可改也。"蒲結遂去,少間復來,出文字三封:一,知易州何灌牒大金統領,已收涿、易,不得交侵;一,牒靈丘、飛狐縣招誘蕃漢歸附;一,趙詡上李□溫書②,言女真多殺,不道,請速歸毋留。令良嗣讀訖,蒲結云:"飛狐、靈丘乃山後地,未商量定,便來招誘,此何理也?"良嗣對以:"何灌不知界至,妄發文字耳。"蒲結云:"此事姑置之。如使、副不許借路過關,趙詡不許漢人歸女真③,其惡亦同④,必協謀為此。況書中備言御筆招誘諸漢蕃⑤,漢蕃自本國收係,豈非違約哉?"良嗣對以:"招降蕃漢,乃本朝皇帝至仁,不欲行殺,悉使有歸,何名背約?"蒲結云:"適皇帝有旨,以修國書,為此二事,即欲改更。顧大信已定,止是二國信中留一人從軍,恐大國入燕,守居庸關,本軍借路以歸⑥,無人辨明。且汝只知阻我過關,不知汝國人馬又敗。"蓋聞劉延慶敗于新城也。良嗣辭以留使人無例,金人答曰:"吾方行師,豈用例時耶。"遂以國書示良嗣等,遣字董李靖、王度刺充國信使、副、撒盧母充計議使⑦。良嗣云:"所說燕京,如大金得之,亦與南朝。國書中不甚明白。"蒲結乃曰:"一言足矣,喋喋何為?若必欲取信,待到燕京,使人面

---

① 並不在許與之數 "在"底本作"有",嘉慶本、長編拾補卷四五同,據三朝北盟會編卷一一改。
② 李□溫 嘉慶本、長編拾補卷四五同。按:據遼史卷一〇二李處溫傳,此"李□溫"似為"李處溫"。
③ 趙詡不許漢人歸女真 長編拾補卷四五同,嘉慶本"女真"作"我"。
④ 其惡亦同 嘉慶本同,長編拾補卷四五"惡"作"意"。
⑤ 況書中備言御筆招誘諸漢蕃 長編拾補卷四五同,嘉慶本"備言"作"備坐"。
⑥ 本軍借路以歸 "以"底本作"已",長編拾補卷四五同,據嘉慶本改。
⑦ 撒盧母 底本作"撒盧梅",嘉慶本同,長編拾補卷四五同,據下文之"撒盧母"改。

十月辛亥，趙良嗣、馬擴等與徒姑旦烏歇、高慶裔等至奉聖州。

十一月甲戌。先是，趙良嗣、馬擴等與徒姑旦烏歇、高慶裔等以九月甲戌發京師。時金國主駐軍奉聖州，良嗣過應州，粘罕、兀室留賓禮物。兀室權充使伴，與良嗣等至奉聖州，時十月辛亥也。金國主令其弟國相蒲結奴相溫及二太子斡离不等來計事。蒲結云："皇帝聖旨：兩朝通好，特不相疑，所以問訊往來。不謂中間貴朝斷絶如此。"良嗣對曰："本朝敦守禮義，前此信約分明，未嘗失信。"蒲結云："去年本國尚遣人議如許大事，時屯兵，候使回，望之半年，已誤出師期會。復不遣報使，止以咫尺之書，數卒送使人歸，豈非斷絶乎？"良嗣對以："當時書報云並如初議，安有斷絶之意？"蒲結云："本國人馬以正月到中京，貴朝何時出師？"良嗣曰："本朝三月末方知大金人馬至中京，即遣童貫太師勒兵相應，五月攻契丹，豈非已應元約？"蒲結云："本國取西京，貴朝當引兵自應、朔夾攻。本國自去年十一月出師，暴露半年有餘，貴朝方於五月駐軍雄州，相去千餘里，安然射利，夾攻者固如是乎？適皇帝有指揮：去年不遣使，以爲失信；今年雖出兵，復不如約。前議當且置之，勿復言也。今欲得以新取西京一路與南朝，緣天祚尚在，若不得燕京，恐爲後患。皇帝已卜日親往燕京，或與南朝，不可知。"蓋是時聞我兵已下涿、易，劉延慶軍次盧溝，恐不測入燕，所以有此語。良嗣錯愕，答云："元議割還燕地，若不得燕京，則西京亦不要。"斡离不云："燕京爲未了，且言臨時商量。今既言不要西京，不敢彊與。"擴見良嗣失言，遽曰："燕京係累次已約定事，不須更商量也。今貴朝先要交割西京，此段契義，尤見誠意。"良嗣又云："本朝軍馬盡往燕京，安能來此交割？"譯人未會良嗣之語，擴復易之曰："若今先交割西京，即有河東軍馬可來彌補，燕京界見屯諸路大軍，止候取燕城都來交割①，便是太平無事了也。"相溫云："既是不要西京，卻須稟他皇帝。"遂起。良嗣云："本朝與大國通好五六年，自大軍未到上京時，已有要約。今反復乃爾，寧不顧義邪？況良嗣等所奉御筆，先燕而後西京，固自有次第。"蒲結云："今先與西京，其意已厚。汝家日夕守燕京，不能候我，既得之，取次臨時，何爲不可？"良嗣云："大國所行，必以天爲言。前年皇帝與良嗣握手曰：'我已許南朝燕京②，使我得之亦然。'指天爲誓。料皇帝守信，肯違天邪？"蒲

---

① 止候取燕城都來交割　長編拾補卷四五同，嘉慶本作"止候取燕京郡城來交割"。
② 我已許南朝燕京　長編拾補卷四五同，嘉慶本"燕京"作"撫京"。

稱恩頌德不絕,而詞句屑屑①,較求故例無虛日,如乞館都亭驛、乞上殿奏事。朝廷以兩國往來之儀未定②,請姑俟他日。況契丹修好之初,亦嘗如此。慶裔遂出契丹例卷,面證朝廷之非③,請載之國書。于是朝廷不得已皆從之。及賜金綫袍段,疑與夏國綿褐同,卻而不受。

封氏編年:烏歇、慶裔以六月七日甲午遣來,八月十一日丁酉入見。據詔旨,兩人乃以九月三日至國門,初九入見。

越四日,詔烏歇、慶裔詣太宰王黼第計事。烏歇等庭趨訖,升堂,講賓主之禮,面授回書云云。又明日,詔檢校少傅、開府儀同三司梁師成臨賜御筵,器皿、供具皆出禁中,仍以繡衣、龍鳳茶為贐。甲戌,詔大中大夫、徽猷閣待制趙良嗣充大金國信使,保義郎、閤門宣贊舍人馬擴副之④,武顯大夫、文州團練使馬政充伴送使。詔旨。是日,徒姑旦烏歇、高慶裔等入辭於崇政殿⑤,上諭曰:"燕人無主,止是四軍領兵為邊患,乃挾女主猖獗,豈金國可容?早擒之為佳。"烏歇、慶裔曰:"四軍,變离不耳,彼何人,敢爾?到本國,當即奏陳。"時朝廷方以屢勝欺女真,而有一四軍不能制,反令女真擒之,自相矛盾矣。良嗣將行,以國書副本及事目示馬擴,擴大驚曰:"金人方以不報師期,恐王師下燕守關,不得歲幣,所以遣使通議,一則欲嗣音繼好,二則視我國去就,猶未知楊可世、种師道白溝之衄,宣撫司氣沮而退。在我當固守前約。"且云:"自北朝興師,便發兵相應。緣昨以船送曷魯等歸日聽師期,不謂貴朝寂然,但猜慮海道難測,所以不候的音,舉兵相應,仍便趨發宣撫司進兵,尅期下燕,以振中國威靈。平燕而和女真,既于夾攻元約無爽,且絕日後輕侮之患。奈何自布露心腹,傾身倚之?大事去矣。"良嗣愕然曰:"宣撫司盡力不能取,若不以金帛,借女真取之,何以得燕?"擴曰:"既知力不能取,胡不明白奏上⑥,盡與大金,退修邊備,保吾舊疆?安得貪目前小利,不顧後患,愛掌失指邪?"良嗣曰:"朝廷之意已定,可不易也⑦。"是日,遂出國門。

---

① 而詞句屑屑　嘉慶本無"而"一字,并且"句"作"司"。
② 兩國往來之儀未定　"儀"底本作"議",據三朝北盟會編卷九改。
③ 面證朝廷之非　"面",嘉慶本作"回"。
④ 閤門宣贊舍人　"閤"底本作"閣",據長編拾補卷四五改。
⑤ 徒姑旦烏歇高慶裔　"旦"底本作"且",底本"烏歇"與"高慶裔"原顛倒,據三朝北盟會編卷七改正。
⑥ 胡不明白奏上　"胡",嘉慶本作"何"。
⑦ 可不易也　嘉慶本、長編拾補卷四五同,資治通鑑後編卷一〇一、續資治通鑑卷九四均作"不可易也"。

卷第一百四十三

徽宗皇帝

金盟下

宣和四年正月癸酉，金人破遼中京。

九月乙丑，金國通議使勃菫徒姑旦烏歇①、高慶裔等見于崇政殿，捧國書以進。上特令引上殿上奏公事，其國書云云。先是，女真兵破中京，取雲中，屯白水泊。六月初，阿骨打親提兵數萬，自其國來會之，乃先遣烏歇、高慶裔持書來。詔烏歇等先詣高陽見童貫訖，赴京師。是月三日，入國門，詔以徽猷閣待制趙良嗣、起居郎檀悼館之。金國緣朝廷遣曷魯、大迪烏等歸，不遣使，疑吾有謀，又未嘗先報軍期，輒進兵取中京，移軍白水泊，襲破天祚行帳，仍已占雲中府、山後州縣。忽聞童貫舉兵趨燕，號二百萬，阿骨打與群酋議，恐爽約自我，或南朝徑取燕守關，則歲賂不可得，遂尚遣使乘回舡至登州，且自招軍，乘機措置。此據金盟本末增入，詔旨同。烏歇等既進國書，又跪奏曰："皇帝遣臣來，言貴朝海上之使屢來本國共議契丹，已載國書。中國禮義之地，必不爽約。知聞貴朝遣童貫宣撫統大兵壓燕境，不來報本國，本國疑貴朝又復中輟，故遣臣來聘。"良嗣答曰："皇帝聞貴朝今年正月已陷中京，引兵至松亭關、古北口，取西京。雖不得大金報起兵月日，已知貴朝大軍起發，遂令童貫以兵應貴朝夾攻之意。彼此不報，不在較也。"遂各退歸。此據封氏編年增入，不知封氏據何書也。上待烏歇等甚厚，屢差貴臣主宴，錫金帛不貲，至輟御茗、調膏賜之，引登明堂，入龍德宮、蕃衍宅，別籞②、離宮，無所不至，禮過契丹數倍。而慶裔勃海人，尤桀黠，頗知書史，雖外爲恭順，

---

① 徒姑旦烏歇　"旦"底本作"且"，據三朝北盟會編卷七改。下同。
② 別籞　底本作"別築"，據皇宋十朝綱要卷一八、九朝編年綱目備要卷二九、三朝北盟會編卷九改。

此據金盟本末并華夷直筆及詔旨。十一月末,曷魯至其國。蔡絛北征紀實①:"貫捕方寇,而女真使人同趙良嗣、馬政等復至。時上深悔前舉,意欲罷結約,有旨諭女真使人可復回②,又爲貫黨上下紿之,曰:'請姑俟貫歸。'及貫歸,而師成、黼又與貫更相矛盾,故上心甚闌,但浮沉其書,而遣女真之使徑回。"〔按:絛所紀或得實,然黼訖與貫共主夾攻之議,豈徽宗雖有悔意,而竟爲黼所惑乎?黼此時猶不欲遣報使。後乃如此,誠不可解。〕

十一月,金國使、副曷魯、大迪烏自海上歸至其國。阿骨打得書,意朝廷絶之,乃命其弟固論國相勃及烈并粘罕、兀室等悉師渡遼而西,用降將余覩爲前鋒,趨中京。

此據金盟本末。余覩以六月降女真,明年正月十三日陷中京。封氏編年:"十一月二十日辛巳,曷魯等泛海歸至大金軍前。國主得書,意朝廷絶之,乃命諸酋共議。"又言:"曷魯奏南朝逗遛,初欲不講歡盟,而權邦彦論難,方從。恐將反好③。或云:'國書既至,別無反好之言,姑且待之。'遂遣國相勃及烈并粘罕、兀室等悉師而西,用降將耶律余覩爲先鋒④。"〔按:權邦彦云云,金使未必知。恐封氏飾說,未知封氏據何書。姑存此注。〕

---

① 蔡絛 底本作"蔡攸",據嘉慶本改。
② 女真使人 底本脱"使"一字,據長編拾補卷四三補。
③ 恐將反好 "反"底本作"歹",據嘉慶本、長編拾補卷四三改。下同。
④ 耶律余覩 "耶"底本作"邪",據嘉慶本、長編拾補卷四三改。

事也。"既還,令諸酋具飲食,遞邀南使。十餘日,始草國書,差大使曷魯、副使大迪烏與馬政等來回聘。書中大略云:"前日趙良嗣等回,許燕京東路州鎮,已載國書。若不夾攻,應難已許。今若更欲西京,請就便計度收取。若難果意,冀爲報示。"

此據金盟本末及華夷直筆。蓋此二書,皆因馬擴自序稍刪潤之。封氏編年同此,但以十一月末爲十月二十九日丙申。既有的日,恐封氏得之。今改十一月末作十月末,仍並附初遣時。趙良嗣總録亦云十一月,當考。

阿骨打與馬政等議論,初不認事目內已許西京之語,且言平、灤、營三州不係所管。政等不能對。或謂趙良嗣鄉云阿骨打已許西京,蓋良嗣首誑朝廷,實爲禍本云。

趙良嗣奉使總録云:十一月,馬政至女真,以書授之。及出事目,阿骨打不認所許西京之語,且言平、灤、營三州不係燕京所管。政不知元初傳言之詳,及平州元係燕地,對以唯唯。女真初欲絕好,然亦欲自通于中國,乃遣曷魯、大迪烏齎國書,與政皆來。〔按①:良嗣所稱阿骨打不認所許西京之語即此,可見良嗣爲姦也。不知詔旨等何故不表而出之,今追見此。〕

三年二月壬午,金國使錫剌曷魯並大迪烏高隨至登州。先是,女真往來議論,皆主童貫,以趙良嗣上京阿骨打之約,欲便舉兵應之②,故選西京宿將會京師。又詔環慶、鄜延軍與河北禁軍更戍。會方臘叛,貫以西軍討賊③,朝廷罷更戍指揮。登州守臣以童貫未回,留曷魯等不遣。曷魯狷忿,屢出館,欲徒步入京師。尋詔馬政、王瓌引之詣闕。

五月丙午,金國使曷魯、大迪烏入國門,詔國子司業權邦彥、觀察使童師禮館之。未幾,師禮傳旨邦彥等曰:"大遼已知金人海上往還,難以復如前議。諭曷魯、大迪烏令歸。"邦彥驚曰:"如此則失其歡心,曲在朝廷矣。"師禮入奏,復傳旨:"候童貫回,徐議之。"曷魯、大迪烏留闕下凡三月餘。八月壬子,金國使曷魯、大迪烏辭,遣呼慶送歸,國書止付曷魯等,不復遣使,用王黼之議也。書辭曰:"遠勤專使,薦示華緘。具承契好之修,深悉封疆之諭。維夙惇于大信,已備載于前書。所有漢地等事並如初議。俟聞舉軍到西京的期,以憑夾攻。順履清秋,倍膺純福。"

---

① 按 底本作"接",嘉慶本同,據長編拾補卷四二改。
② 欲便舉兵應之 底本脫"兵"一字,據嘉慶本、三朝北盟會編卷五、長編拾補卷四三補。
③ 貫以西軍討賊 "軍",長編拾補卷四三作"兵",嘉慶本誤作"京"。

馬政之子擴從行。事目曰："一，昨趙良嗣等到上京計議燕京所統州城，自是包括西京在內。面得大金皇帝指揮，言'我本不須西京，止爲就彼拏阿适，將來悉與南朝'。趙良嗣又言欲先取蔚、應、朔三州，乃言候再三整會。今國書內所言'五代以後陷沒幽、薊等舊漢地及漢民'，即是幽、薊、涿、易、檀、順、營、平，山後雲、寰、應、朔、蔚、嬀、儒、新、武，皆漢地也。內雲州改爲西京，新州改爲奉勝州，武州改爲歸化州。除山前已定外，其西京、歸化州、奉勝、嬀、儒等，恐妨大金夾攻道路，候將來師還計議，蔚、應、朔三州則正兩朝出兵夾攻之地。今議先次取復。一，今來國書內，已盡許舊日所與契丹五十萬銀、絹之數。本謂五代以後陷沒幽、薊一帶舊漢地及漢民，即并西京在內。不然，安得許與銀、絹如是之多？一，今所約應期夾攻，須大金軍至西京，大宋軍自燕京、應、朔以入。如此，方應今來之約。其馬政回，于國書內明示的至西京月日，貴憑相應①。"

此據金盟本末及華夷直筆。如趙良嗣押宴，則以詔旨增入。金盟本末及華夷直筆二書并詔旨，蓋因趙良嗣奉使總錄也。實錄云：錫剌曷魯等辭于崇政殿，命武義大夫、登州兵馬鈐轄馬政報聘，政子擴從。五代史晉紀："天福五年十一月，以幽、涿、薊、檀、順、瀛、漠②、蔚③、朔、雲、應、新、嬀、儒、武、寰州入于契丹。"四夷附錄云："自唐末，幽、薊割據，戍兵廢散，契丹因得出，陷平、營。"

十月末，馬政等達來流河虜帳前。留月餘，議論不決。虜以朝廷欲全還山前、後故地④、故民，意皆疑吝。以爲南朝無兵武之備，止以已與契丹銀、絹坐邀漢地，且北朝所以雄盛邁古者，緣得燕地漢人。今一旦割還南朝，不唯國勢微削，兼退守五關之北，無以臨制南方，坐受其弊。若我將來滅契丹，盡有其地，則南朝何敢不奉我幣帛，不厚我歡盟？設若我欲南拓土疆，彼以何力拒我？又何必跨海講好？俟平契丹，仍據燕地，與宋爲鄰。至時以兵壓境，更南展提封，有何不可？徐議未遲。唯粘罕云："南朝四面被邊⑤，若無兵力，安能立國？彌大如此，未可輕之，當且良圖，少留人使。"阿骨打遂將馬擴隨行射獵，每晨，阿骨打坐一虎皮，雪上縱騎打圍。嘗曰："此吾國中最樂

---

① 貴憑相應 "貴"底本作"賫"，據嘉慶本、三朝北盟會編卷四改。
② 漠 長編拾補卷四一同，文獻通考卷三一六輿地考二四七五中作"莫"。
③ 蔚 底本脫此一字，嘉慶本同，據新五代史卷八晉本紀、文獻通考卷三一六輿地考二四七五中補。按：資治通鑑卷二七八載：後唐長興三年冬十一月，蔚州刺史張彥超"與石敬瑭有隙，聞敬瑭爲河東總管，舉城附於契丹"。即蔚州歸契丹始於後唐的張彥超，而非始於石敬瑭。或是石敬瑭後來又以後晉皇帝的名義再次確認之。
④ 虜以朝廷欲全還山前後故地 "虜"，嘉慶本作"金主"，疑為清朝人諱改。
⑤ 南朝四面被邊 "面"底本作"向"，據嘉慶本、長編拾補卷四二、三朝北盟會編卷四、太平治迹統類卷二五契丹女真用兵始末改。

者曰:"契丹無道,其土疆皆我有,尚何言?顧南朝方通歡,且燕京皆漢地,當特與南朝。"良嗣曰:"今日約定,不可與契丹復和也。"阿骨打曰:"有如契丹乞和,亦須以燕京與爾家,方許和。"遂議歲賜。良嗣初許三十萬,辨論久之,卒與契丹舊數。良嗣問阿骨打:"比議燕京一帶舊漢地,漢地則並西京是也。"阿骨打曰:"西京我安用?止爲挈阿适須一臨耳。阿适,天祚小字也①。事竟,亦與汝家。"良嗣又言:"平、營本燕京地。"高慶裔曰:"平、灤非一路。"阿骨打曰:"此不須議。"又曰:"吾軍已行,九月至西京。汝等到南朝,請發兵相應。"以手札付良嗣等,曰:"約以我兵徑自平地松林趨古北口②,南朝兵自雄州趨白溝夾攻。不如約,即難依已許之約。"阿骨打至松林,會大暑,馬牛疫,遽還,遣馹追良嗣,已過鐵州,且登舟矣。七月辛丑,回女真所居,阿骨打易國書,約來年同舉。粘罕、兀室曰:"使、副至南朝奏皇帝,勿如前時中絕也。"留良嗣飲食數日,及令契丹吳王妃歌舞。妃初配吳王,天祚私納之,復與其下通,遂囚于上京。女真破上京得之,謂良嗣曰:"此契丹兒婦也。今作奴婢,爲使人歡。"甲辰,命女真錫剌曷魯勃堇爲大使,勃海大迪烏高隨爲副使,并人從二十餘人,持其國書來。其書云云。丙辰,詔遣武義大夫、登州鈐轄馬政借武顯大夫、文州團練使聘金國。是日,錫剌曷魯等入辭于崇政殿,賜宴于顯靜寺,命趙良嗣押宴,王瓌送伴。馬政持國書及事目,隨曷魯等行。書曰:"大宋皇帝謹致書于大金皇帝:遠承信介,持示函書。具聆啓處之詳,殊副瞻懷之素③。契丹逆天賊義,干紀亂常,肆害忠良,恣爲暴虐。知夙嚴于軍旅,用綏集于人民。致罰有詞,逖聞爲慰。今者確示同心之好,共圖問罪之師。念彼群黎,舊爲赤子,既久淪于塗炭,思永靖于方隅。誠意不渝,義當如約。已差太傅、知樞密院事童貫勒兵相應。使回,請示舉軍的日,以憑夾攻。所有五代以後陷沒幽、薊等州,舊漢地及漢民,并居庸、古北、松亭、榆關,已議收復。所有兵馬,彼此不得過關外,據諸色人及貴朝舉兵之後,背散到彼餘處人户④,不在收留之數。絹、銀依與契丹數目歲交,仍置權場計議之。後契丹請和聽命,各無允從。"乃別降樞密院劄目付馬政⑤,差

---

① 阿适天祚小字也　底本原作正文,嘉慶本、長編拾補卷四一同,據文意改爲注文。
② 曰約以我兵逕自平地松林趨古北口　"曰約以我兵"底本作"回約以女真兵",據嘉慶本改。
③ 殊副瞻懷之素　"瞻"底本作"詹",據嘉慶本、長編拾補卷四一、三朝北盟會編卷四改。
④ 背散到彼餘處人户　"餘"底本作"飲",據嘉慶本、長編拾補卷四一改。
⑤ 樞密院　"密"底本作"察",據嘉慶本、長編拾補卷四一改。

倚之復燕。二月,詔遣趙良嗣。據此,則議夾攻實自宣和二年二月四日趙良嗣始。二年二月四日以前,馬政及呼慶兩番所議,但買馬耳。]

二年二月乙亥,四日。遣中奉大夫、右文殿修撰趙良嗣,忠訓郎王瓌使金國。先是,呼慶以正月至自登州,具道阿骨打所言,并其國書達于朝廷。王師中亦遣子瓌同呼慶詣童貫白事。貫時受密旨圖契丹,欲假外援,因建議遣良嗣及瓌持御筆往,仍以買馬爲名,其實約阿骨打夾攻契丹,取燕、雲舊地。面約,不齎國書。夾攻之約,蓋始乎此。

此據金盟本末及華夷直筆,稍增以封氏編年及馬擴自序。五月十三日,良嗣等觀破上京。九月四日,與錫剌勃堇等來。實錄于乙亥日書:"遣中奉大夫、右文殿修撰趙良嗣,忠訓郎王瓌聘女真。"蓋因詔旨也。詔旨則因金盟本末,但本末不載遣良嗣等日月耳。封氏係之三月六日,今不取。本紀云遣趙良嗣使于金國,亦係之二月四日乙亥。封氏編年云:宣和二年春二月壬申朔,二十六日丁酉,呼慶入朝,奏言大金國主所言之事。上令中書再議其事,選擇使人。三月辛丑朔,六日丙午,詔中奉大夫、右文殿修撰趙良嗣由登州往使大金,忠訓郎王瓌副之。面約,不齎國書,唯付以御筆。封氏所記三月六日遣良嗣,與詔旨不同,姑存之。馬擴茅齋自序:宣和元年正月,呼慶等齎到女真文字,報與大遼講好不成,已起兵攻上京。王師中遣其子瓌同呼慶赴闕,見童貫論事。貫受密旨,借倚外勢,以謀復燕山。乃差趙良嗣同王瓌持御筆使女真,始約夾攻大遼、割還燕山故地,以舊所與契丹歲賂與之。女真許之,復遣使錫剌勃堇等還赴闕。擴所稱宣和元年,當作二年。

四月癸酉,女真分三路出師,趨上京。

五月壬子,趙良嗣、王瓌等以四月甲申至蘇州,守臣高國寶追勞甚恭。會阿骨打已出,分三路趨上京,以是月壬子會青牛山,議所向。翌日,良嗣等至青牛山。阿骨打令從軍,每行數十里,輒鳴角吹笛,鞭馬疾馳,比明,行六白五十里。至上京,引良嗣觀攻城,不旋踵而破。

二月四日,遣良嗣及瓌。九月四日使回。此據金盟本末及華夷直筆。

九月壬寅,金國遣錫剌曷魯、大迪烏高隨來,詔衛尉少卿董耘館之,止作新羅人使引見。後三日,對于崇政殿。上臨軒,錫剌曷魯等捧書以進①,禮畢而退。初,趙良嗣在上京,出御筆與阿骨打議,約以燕京一帶本漢舊地,約夾攻契丹取之。阿骨打命譯

---

① 錫剌曷魯等捧書以進　底本脫"錫"一字,嘉慶本同,據長編拾補卷四一及本卷上文之"錫剌曷魯"補。

六月戊寅,呼慶等至阿骨打軍前,阿骨打及粘罕等責以中輟,且言:"登州不當行牒。"呼慶對:"本朝知貴朝與契丹通好,又使人至登州,緣疾告終,因遣慶與貴朝使人同行,欲得早到軍前。使人既死,故權令登州移文奔走前來,非有他故。若貴朝果不與契丹通好,即朝廷定別遣使人共議。"阿骨打不聽,遂拘留呼慶凡六月。呼慶數見阿骨打,執其前説,再三辨論,紛拏累日。阿骨打尋與粘罕、兀室議,復遣呼慶歸。臨行,語曰:"跨海求好,非吾家本心。吾家已獲大遼數路,其他州郡可以俯拾,所以遣使人報聘者,欲交鄰耳。暨聞使回,不以書來,而以詔詔我,此已非其宜。使人雖卒,自合復遣。止遣汝輩,此尤非禮,足見覷悔。本欲留汝,念過在汝朝,非汝罪也。歸見皇帝,若果欲結好,請早示國書。或仍用詔,決難從也。且遼主前日遣使來,欲册吾爲東懷國者,蓋我家未與爾家通好時,常遣使人求遼主,令册吾爲帝,取其鹵簿。使人未歸,爾家始通好①。後既諾汝家,而遼主使人册吾爲東懷國,立我爲至聖至明皇帝。吾怒其禮儀不備,又念與汝家已通好,遂鞭其來使,不受法駕等。乃本國守兩家之約,不謂貴朝如此見侮。汝可速歸,爲我言其所以。"阿骨打遽起。翌日,呼慶辭歸,持其書來,云:"契丹修好不成,請別遣使人。"

十二月二十六日戊戌,呼慶離阿骨打軍前,朝夕奔馳,從行之人有裂膚墮指者。明年正月,乃至京師。

十二月二十六日,呼慶離金國,正月至京師。二月四日,遣趙良嗣。封氏編年以爲二月二十六日至京師,三月六日遣趙良嗣,今從實録。詔旨係遣良嗣在二月四日。呼慶至京師,從金盟本末附正月,而闕其日。此據封氏編年,他書不詳,不知封氏何據,要未可全信也。封氏載阿骨打謂呼慶:"共議夾攻,匪我求爾家,爾家再三瀆告。"[按:初遣登州軍校七人同藥師往,不見阿骨打,遽回。次遣馬政與呼慶,但議買馬事,元未及議夾攻契丹也。又遣趙有開及馬政、呼慶,要亦未及議夾攻。若果議夾攻,則政子擴自序不應不載。兼有開死,政止,不行,獨呼慶見阿骨打,何緣便議夾攻?不知封氏據何書?所稱"再三瀆告"亦誤。呼慶此番通前番,才兩次耳,不可謂三。今併"夾攻"等語削去。大抵共議夾攻在趙良嗣始。良嗣以宣和二年二月四日與王瓌同往,此時猶用買馬名,因議夾攻。雖議夾攻,但面約耳,亦不齎書,安得呼慶輒有此議?故封氏編年不可全信,今惟取其可信者。金盟本末:宣和二年正月,呼慶至自女真。女真留之半年,責以中輟,且言登州移文之非,持其書來云:"契丹修好不成,請別遣人通好。"時童貫受密旨,欲

---

① 爾家始通好 "爾",嘉慶本作"汝"。

乙卯初六日。下海,才達北岸,爲邏者所執,並其物奪之,欲殺者屢矣,已而縛行,經十餘州,至阿骨打所居阿芝川淶流河,約三千餘里。其用事人曰粘罕,曰阿忽,曰兀室。粘罕、兀室,阿骨打之姪,而阿忽,其長男也,皆呼爲郎君。詰問海上遣使之由,政以實對。阿骨打與衆議數日,遂質登州小校王美①、劉亮等六人。發渤海人李善慶、熟女真散都、生女真勃達三人,齎國書并北珠、生金、貂革、人參、松子,同馬政等來。以十二月乙卯初三日。至登州。登州遣赴闕。

馬擴茅齋自序云:父政也,政和七年,自青州學類試中選,貢入國學。明年(八年)春省試中,三月,殿試武士上舍出身,承節郎、京西北路武士教諭。冬,歸登州牟平觀親,至則父政被旨,同北人高藥師等泛海入女真國。是年(七年)秋,登州收到海北蘇州避難漢兒高藥師、曹孝才等,備言女真兵馬與大遼爭戰數年,侵掠境土,已過遼河之西。今海岸以北,自蘇、復、興、瀋、同、咸州,悉屬女真矣。登州守王師中具奏。上委蔡京、童貫議,遣人船體蹟虛實,通好女真,講買馬舊好。政和八年,王師中選父政過海,至女真所居之地,曰阿芝川淶流河。其主則名阿骨打,國人呼皇帝;姪曰粘罕、兀室,男曰阿保,並呼郎君。數人者皆詰遣使之由,父對曰:"朝廷緣女真昔時與大朝交通賣馬,今聞女真新疆已至蘇州,與南朝登州對海,止隔一水。欲講舊好,故來投下文字。"阿骨打乃遣李善慶等齎禮物、國書,同父南來。十二月,父回,赴闕,僕從行。重和元年正月,入國門。居十餘日,差歸朝官趙有開、王瓌並父充使人,齎詔書、禮物,與女真使人李善慶等復過海爲聘。已而北邊奏:探報大遼已割遼東,封女真爲東懷皇帝,講好了當。于是遂罷過海之使,止差平海指揮使呼慶等送李善慶等泛海歸國。

宣和元年正月丁巳,女真李善慶、散都、勃達入國門,館于寶相院。詔蔡京、童貫及鄧文誥見之議事,補善慶修武郎,散都從義郎,勃達秉義郎,給全俸。居十餘日,遣朝議大夫、直秘閣趙有開,武義大夫馬政,忠翊郎王瓌充使、副,齎詔書、禮物,與善慶等渡海聘之。瓌,師中子也。初議報阿骨打儀,趙良嗣欲以國書,用國信禮。有開曰:"女真之酋止節度使,世受契丹封爵,常慕中朝,恨不得臣屬,何必過爲尊崇?止用詔書足矣。"問善慶何如,善慶曰:"二者皆可用,惟朝廷所擇。"于是從有開言。有開與善慶等至登州,未行而有開死。會河北奏得諜者言契丹已割遼東地,封女真爲東懷王,且妄言女真常祈契丹修好,詐以其表聞。乃詔馬政等勿行,止差呼慶持登州牒送善慶等歸。

---

① 登州 "州"底本作"舟",據長編拾補卷三七、三朝北盟會編卷二、九朝編年備要卷二八改。

之高麗，爲風漂達我界馳基島。高藥師等老幼二百餘人，具言遼人以渤海變亂，因爲女真侵暴，遼東地已半陷入女真矣。上甚喜，而魯公久不知。上乃曰："太師莫是要作禮數否？"遂命中使宣押宰執詣魯公賜第僉議，因同具奏："國初時，女真常貢奉，而太宗皇帝屢詔市馬女真，其後始絶。今不若降詔遵故事，以市馬爲名，令人且訪其事體虛實如何。"上可之，詔登州守臣王師中募人，同高藥師等齎市馬詔泛海以往探問，久之，則奏冒險已到彼蘇州界，望見岸上甲兵多，不敢近而回。于是上爲赫怒，頗疑外廷臣僚承望大臣旨意，因詔元募補借人兵將校一行，並編配遠惡，又降御筆通好女真事，重和元年八月十八日，監司、帥臣並不許干預，如違，並以違御筆論。時童貫已大用事，故獨主海上通好，密令往來，不復使外廷知矣。國家禍釁，自是而始。（通好事，語具於下。）是歲，貫又上平燕策，大抵謂："雲中，根本也；燕薊，枝葉也，當分兵撓燕薊，而後以重兵取雲中。"其語汗漫無取，蓋時貫尚未有名士大夫從之，以文飾其姦耳。既遣承買童師敏來宣示，魯公甚惡之，但留之，亦無奏報。上數遣師敏來詢："貫策如何？"既久不報，又遣來索，魯公但唯唯。一日留身，奏曰："貫徒有虛名耳，無能爲也，臣豈不知。且伐國大事，安危繫之，陛下何以付貫？"上曰："前日取青唐，太師不記邪？豈非貫之功？"亟對曰："崇寧下青唐，初遣貫行，但若監軍耳。當是時，陛下方垂拱，責辦在臣。兵以屬王厚，而謀策皆臣也。藉使臣當今日，亦不能爲之。且取青唐，今日尚不可爲，況伐敵國乎？"上曰："其國內自叛，必不能久，如何？"對曰："臣聞戎主之叔曰九大王①，戎主遣九大王將兵伐女真，而九大王即軍中爲叛臣彊立之，九大王得竄身投戎主②，戎主待之如初，後復出師。詢其帥，則又九大王也，未見其相殘之理。且漢高祖一蕭何猶疑之，則戎主勝負來未可知。"天顏爲慚。魯公即劾貫前後壞邊事，又曰："貫頃緣臣薦，使爲監軍，權重過當，他日或累，臣不可無言。且貫位極人臣，今與臣同列，臣實恥之。"章凡四上，而上乃議下除司空，令致仕，而罷所領。時置三少，無司空，蓋欲特別異之也。貫大懼，因以其城西外圃與魯公西湖鄰牆，流水相接爲名，邀伯氏與二兄同出城相見，議分定界至，遂爲伯氏置酒厚甚，以二犀帶遺伯氏。會伯氏救解之，魯公議遂格。伯氏仍譖絛于魯公曰："絛洩魯公劾貫四章之語與外人，大不便。"魯公不聽，始語絛曰："此舉，吾豈不欲人知邪？"蓋自是之後，伯氏亦大生異矣。

重和元年二月庚午，遣武義大夫馬政同高藥師等使女真，講買馬舊好。上既竄先所遣借官過海將校等，復委童貫措置。又降御筆："通好女真事，監司、帥臣不許干預。如違，並以違御筆論。"貫更令王師中別選能吏馬政。政，洮州人也，責官青州，寓家牟平。師中言政可使，遂用之。政與平海指揮軍員呼慶③等隨高藥師、曹孝才，以閏九月

---

① 戎主　嘉慶本作"遼主"，下同。
② 得竄身投戎主　嘉慶本作"得竄身歸國"。
③ 平海指揮軍員呼慶　"呼慶"，嘉慶本、長編拾補卷三七、宋會要輯稿兵八之一四同，三朝北盟會編卷一均作"呼延慶"。

卷第一百四十二

徽宗皇帝

金盟上

建中靖國元年,女真楊割死,阿骨打立。

此據金盟本末、華夷直筆、北遼事、亡遼録增入,後此十一年爲政和元年,天祚改乾統十一年爲天慶元年。末附天祚荒淫,阿骨打與諸國謀叛事。

政和七年七月。先是,建隆以來,熟女真嘗由蘇州泛海至登州賣馬,故道雖存,久閉不通。于是女真蘇州漢兒高藥師、曹孝才及僧郎榮等,率其親屬二百餘人,以大舟浮海,欲趨高麗避亂,爲風漂達我界馳基島,備言:"女真既斬高永昌,六年十一月,詳見北邊。渤海漢兒群聚爲盗,契丹不能制。女真攻契丹累年,奪其地,已過遼河之西。"知登州王師中具奏其事。朝廷固欲交女真圖契丹①,聞之甚喜,乃詔蔡京及童貫等共議,即共奏:"國初時,女真常貢奉②,而太宗皇帝屢詔市馬女真③,其後始絶。宜降詔遵故事,以市馬爲名,就令訪聞事體虚實。"七月初四日。庚寅,詔師中選差將校七人,各借以官,用平海軍指揮兵船載高藥師等齎市馬詔,泛海以往。八月三日。高藥師等兵船至海北,見女真邏者,不敢前,復回青州,八月二十二日。稱已入蘇州界,女真不納,幾爲邏者所殺。青州安撫使崔直躬具奏其事。上怒,詔元募借補人並將校一行,並編配遠惡。

明年二月十八日,又遣馬政等。此據金盟本末,稍增以北征紀實。如蔡絛所云:蔡京久不知,上曰:"太師莫是要作禮數否?"今皆不取。蔡絛私爲其父諱,獨歸其事于童貫耳。要京與貫,皆始禍者,京偶以十一月六日免簽細務,遂欲藉此欺世。女真不與海上結納者,人固不信也。高藥師等回至青州,封氏編年係之明年正月三日,今依金盟本末併見于此。蔡絛北征紀實:七年秋,會登州奏有遼人船二隻,因避亂

---

① 朝廷固欲交女真圖契丹　嘉慶本作"朝廷固欲因之以圖契丹"。
② 女真常貢奉　嘉慶本作"彼國嘗貢奉"。
③ 屢詔市馬女真　長編拾補卷三六同,嘉慶本作"屢詔市馬於彼"。

未,劉光世自衢將之婺,軍行一舍,賊萬衆再犯衢,將官葉處厚與賊戰,爲賊所掩,處厚溺死。光世聞之,引軍還,擬賊後。丙子,劉光世復龍遊縣,斬賊二千二百九級,生擒五十人。丁丑,賊陷天台、黃巖兩縣。己卯,王稟兵至建德、壽昌縣境白沙渡,斬賊九百一十五級,奪其糧舟百餘。劉光世復蘭溪縣,斬賊一百九十四級,生擒千五百餘人。郭仲荀復上虞縣,斬賊三百一十級。童貫以中軍駐杭州。庚辰,郭仲荀至涌泉寺,斬賊三百一十七級。辛巳,劉光世至婺州,薄城下。賊二萬餘衝我師,光世麾兵大戰,賊敗,乘勝奪門而入,掩殺逐出之,斬獲四千餘級①,復婺州。癸未,王稟復青溪縣。丁亥,郭仲荀至南寶洞,斬賊二百六十餘級,生擒三十二人。姚平仲收復浦江縣,劉鎮等至幫源洞後。戊子,初,童貫與王稟、劉鎮兩路預約,會于睦、歙間,分兵四圍,包幫源洞于中,同日進師。至是,王稟等已復睦州,將至洞前;劉顯等已復歙州,駐軍洞後,且密諭之:尅日既定,當縱火爲號。見焚燎煙升,則表裏夾攻,仍面縛僞囚,上副御筆四圍生擒之策。劉鎮將中軍,楊可世將後軍,王渙統領馬公直并裨將趙明、趙許、宋江,既次洞後,而門嶺崖壁峭拔,險徑危側,賊數萬據之。劉鎮等率勁兵從間道掩擊,奪門嶺,斬賊六百餘級。是日平旦入洞後,且戰且進,鳴鏑縱火,焚其廬舍。稟等自洞前望燎煙而進,稟領中軍,辛興宗領前軍,楊惟忠領後軍,總裨將王淵、黃迪、劉光弼等與劉鎮合圍夾擊之。賊二十餘萬衆腹背抗拒,轉戰至晚,凶徒糜爛,流血丹地,火其廬萬間。王稟以奇兵斬賊五千四十六級,劉鎮等兵斬賊五千七百八十餘級,生擒四百九十七人,脅從老稚數萬計,並釋之。而未得僞酋方臘。翌日,搜山。庚寅,王稟、辛興宗、楊惟忠生擒方臘於幫源山東北隅石澗中,并其妻孥、兄弟、僞相、侯王三十九人,振旅赴杭州宣撫司。方臘雖就擒,而支黨散走,浙東賊勢尚熾。辛卯,童貫遣郭仲荀、劉光世、姚平仲等分路往討。仲荀駐兵三界鎮,新昌、嵊縣賊合攻之,仲荀四面距戰,斬首二百六十一級,獲旂、鼓等。是日,自三界鎮進兵佛果院。

---

① 斬獲四千餘級 "獲",嘉慶本作"首"。

方臘陷宣州寧國縣,進逼宣州。乙未,方臘陷杭州,知州、徽猷閣待制趙霆遁去,廉訪使者趙約詬賊死①。

三年正月癸卯,領樞密院事童貫爲江、浙、淮南等路宣撫使,殿前副都指揮使劉延慶充宣撫司都統制諸路軍馬。乙卯,方臘陷崇寧縣,進圍秀州,知州宋昭年等擊卻之。丁巳,御筆處分:"已立賞狀:捕凶賊方十三及一行徒黨②,尚慮賞輕,諸色人未肯用命掩殺。今增立下項:一,生擒或殺獲爲首方十三,白身特補橫行防禦使,銀絹各一萬匹兩、錢一萬貫、金五百兩;次用事人,每名,白身特補武翼大夫,銀絹五千匹兩、錢五千貫、金三百兩;有名目頭首,每名,白身特補敦武郎,銀絹各一千匹兩、錢三千貫、金一百兩。已上願補文官者聽。一,如係官員、文武學生、公吏、將校、兵級等獲到前項人,並比擬遷補官職,仍與支賜。一,係賊中徒伴購殺前項人將首級,或能生擒赴官,並特與免罪,一切不問,亦依賞格推恩支賜。"是日,童貫至鎮江。甲子,王禀等破賊于秀州城下,斬首數千級,秀州平。是月,方臘陷婺州,又陷衢州,守臣彭汝方死之。

二月壬午,方臘陷旌德縣。癸未,王禀等克杭州。乙未,方臘陷處州,餘黨逼信州。

三月丙申,賊再犯杭州,王禀等戰于城外,斬首五百餘級。官軍與賊戰于桐廬,敗之。戊戌,童貫留譚稹駐鎮江,帥中軍赴金陵。壬寅,賊帥吕師囊屠仙居縣。戊申,官軍復歙州。賊攻台州,不克,解圍去。辛亥,劉鎮、楊可世至歙之潘村,遇賊萬餘,迎戰,復有萬衆衝後軍。鎮、可世分兵擊之,夜半賊潰,斬獲一千五百四十級。賊再圍台州,不克,解圍去。壬子,童貫自金陵還鎮江。劉延慶與賊戰于寧國,敗之。王禀等復富陽縣。丁巳,復新城縣。戊午,王禀等至桐廬桐洲港,遇賊,以戰艦攻之,奪谿橋。翌日,復桐廬縣,凡獲二千五百餘級。庚申,童貫駐平江府。壬戌,王禀等克復睦州。

四月乙丑,王禀等于睦州南門外對溪岸斬賊一百九十級。丙寅,王禀等又斬賊九百六十七級于睦州南門外對溪岸。劉光世兵至衢州,賊萬人出城,我師大捷,斬獲二千二百五十六級,生擒賊首鄭魔王。戊辰,賊將吕師囊攻台州,通判李景淵擊走之。己巳,前知睦州張徽言特貸命,免真決,刺面長流萬安軍,以盜發,所臨失職故也。辛

---

① 趙約　底本作"趙納",據皇宋十朝綱要卷一八、宋史卷二二徽宗紀、長編拾補卷四二改。
② 徒黨　嘉慶本作"凶黨"。

六年正月乙未,贈知梅嶺堡高公老妻宗女爲"節義族姬"。夷賊破堡,姬被執,守義不辱,旬日而終,故旌之。仍録其二子並承信郎。

二月辛未,新熙河蘭湟路經略安撫使趙遹入見。

此據攻討晏夷録增入。遹以二月六日到闕,七日上殿,三月十六日列上將佐功狀,限十日推恩了畢。

討方賊

宣和二年十月丁酉,睦州青溪縣有洞曰幫源,廣、深約四十餘里,羣不逞往往囊橐其間。方臘者因以妖術誘之,凶黨稍集。是月丙子,殺里正方有常,縱火大掠,還處幫源,遣其黨四出侵擾,鼓扇星雲、神怪之説以眩惑衆聽,從者幾萬人。

十一月戊戌朔,方臘僭改元,號永樂,以其月爲正月。乙丑,中大夫、右文殿修撰、知睦州張徽言與宫祠,以治郡無狀故也。

實録:天章閣待制、新知青州曾孝藴改知睦州①,專一管勾措置捕捉青溪羣賊。

丙寅,方臘陷青溪縣。

十二月戊辰,方臘陷睦州,賊衆二萬,殺官兵千人。于是壽昌、分水、桐廬、遂安等縣皆爲賊據。甲申,方臘陷歙州休寧縣,知縣事麴嗣復爲賊所執,脅之使降,面斬二士以恐嗣復。嗣復駡曰:"自古妖賊無長久者,爾當捨逆從順,因我以歸朝廷,朝廷必宥爾。奈何使我降賊?"②數語賊:"何不速殺我?"賊曰:"公休寧人也。公宰邑有善政,前後官無及公者,我忍殺公乎?"委之而去。初,嗣復聞賊作,率吏民修城門,衆樂赴功,守備不苟③。朝廷知之,因命嗣復知睦州,進官二等,加直秘閣。嗣復常爲賊所傷,自力渡江,將乞兵于宣撫司,未及行而卒。丙戌,方臘陷歙州,東南將郭師中戰死,士曹掾粟先守獄,訴賊遇害。于是婺源、績溪、祁門、黟縣等官吏皆逃去。後四日,又陷富陽、新城,遂逼杭州。丁亥,通侍大夫、保康軍承宣使、直睿思殿、在京神霄玉清萬壽宫提點、同知入内内侍省事譚稹提舉措置捕捉睦州青溪縣賊。

三年正月七日,改威武軍承宣使、婺州觀察使、步軍都虞候王稟前去節制。戊子,

① 曾孝藴 "孝"底本作"友",據嘉慶本、宋史卷三一二曾公亮傳附從子孝藴傳改。
② 按:宋史卷四五三麴嗣復傳載其駡賊語略有不同:"自古妖賊豈有長久者,爾當去逆從順,因我而歸朝,官爵尚可得。何爲脅我使降?"
③ 守備不苟 宋史卷四五三麴嗣復傳作"守備略就"。

等四百餘人送趙遹①,仍付藎令管係,日給食,具奏聽旨。丙戌,趙遹奏:"于晏州舊州基州頭村、梅櫃壩囤、北平各建一寨,梅嶺村建一堡,統隸新疆。具地望、功料、差官等畫一以聞,仍先次興築。"明年正月十一日賜名。是日,敕書賜趙遹:"晏州夷賊,以蕞爾數囤之地,蜂集蟻聚之衆,負恩背義②,逐利侵暴。既盟復叛,毒螫踰時。卿懷敵愾之氣,守忠壯之節,數上封章,請加攻討。璽書報可,動中機會。干戈所麾,勢若破竹。斬馘獻俘以數千計③,焚蕩聚落幾三十城。捷音屢奏,朕用嘆嘉。已降詔旨,先次賜將士等銀合、茶藥、特支,以激士氣,非常例也。將士有功,疾速奏來,高爵厚賞,朕所不悋。然戰勝易,守勝難。攻城略地,腹背是虞。謹護糧道,審是走集,毋使賊計,躡其墮歸,無約請和,在所深慮。所得囤,度可據守,即以便宜興築,掎角相望如受降城,使夷獠不復爲患,是爲上策。邊徼盞寒,師不久暴,速底平定,副予注意,故茲獎諭,想宜知悉。"庚寅,趙遹聞夷賊卜漏等窟于輪多囤,遣部將劉慶、种友直進兵捕之。是日,卜漏等皆就擒。辛卯,慶、友直縛送卜漏等,遹亟具奏,乞因永興軍路回兵護送赴闕。

　　十二月丁酉,劉慶、种友直攻輪多囤,執晏賊次首領卜勞送趙遹,並卜漏等俱囚繫,以聽朝旨。輪多等囤夷衆皆下囤降。取其强壯,面刺"政和畏降"字,各遣歸囤。馬覺下轉落谷及梅禄村囤,刺强壯亦如輪多,各遣歸。丙午,徽猷閣待制、梓州路轉運使趙遹爲龍圖閣直學士、知熙州。丁未,趙遹班師,次樂共城。明日,次安遠寨。又明日,馳至江安縣。是役也,凡攻破六十五村、二十囤,生擒賊首一十八人,斬獲七千二十五級,執俘五百八十六人。招降奔逸逃遁者三千一百三十二人。庚申,以晏州夷賊平,曲赦四川。應緣軍興差使新兵,能勠力攻討,並別項具功狀聞奏,優加補授名目。癸亥,御筆:"晏州夷賊犯順,王師出征,一舉萬全,拓地千里,建置五城,悉隸瀘州。挖連交、廣,外薄南海,控制十州五十餘縣,團、純、慈、祥州、長寧軍屬焉。邊閫之寄,付畀宜重。可依河東代州置沿邊安撫司。孫義叟應副錢糧,頗聞宣力,特除集賢殿修撰、知瀘州瀘南沿邊安撫使。"

　　義叟見任朝散郎、直龍圖閣、成都府路轉運副使。

---

① 卜洗　長編拾補卷三四同,嘉慶本作"斗洗"。
② 負恩背義　嘉慶本、長編拾補卷三四均作"負義背恩"。
③ 斬馘獻俘以數千計　長編拾補卷三四同,嘉慶本"馘"作"賊"。

仆巨梃,布渠畣夾①,以守障備禦,無一不至。賊自上施矢石,直瞰官軍,中者即齏粉。官軍以强弓弩仰射,曾不及半。兵陳四周凡累日,將士相顧,無從用智力。瀘州都巡檢使种友直,山西將家子,沉密能任事。思黔州巡檢田祐恭,本思黔夷,所部土丁、藥箭手,悉其種族,輕捷習山險,知夷中事。遹迺易微服,躍馬,命友直、祐恭從,按行諸軍,究視形勢,顧山限崖壁尤陡絕,高倍佗處。賊以險故,栅壘疏缺,無守備。遹曰:"此賊不相及,何用屯吾重兵?其悉移軍當賊,吾以此地命友直並祐恭所部軍于下。"友直辭曰:"願得效死當賊鋒。"遹曰:"汝欲干軍法邪?汝第往,吾終不相負。"友直、祐恭遂軍其下,日無所事,嘗鬱鬱與衆恣眠睡。遹督諸軍皆當賊要路②,每未旦,輒鼓而進。及山半,峻不能前,賊悉力拒守,矢石下如雨,兵復卻,居次者又進更迭,率晝侵夜止。賊久勞苦,疲頓甚。遹密召友直、祐恭等至,曰:"對汝所軍崖壁,疑可以計登。並山多猱,思黔兵善能捕取,汝等亟辦之。"信宿,友直復與祐恭俱來白事,言連夕遣人自箐中入,操刀斧,旋伐去蒙密,僅能偏僂進及崖趾。緣崩石藤葛,至絕壁,可引長緪挽而登。祐恭亦已捕得生猱數十。遹喜曰:"事濟矣!"迺悉以成算授友直,且令諸軍曰:"各備雲梯,視山上火發,即以進。"命王育、馬覺、張思正率利刀斧擁其後。是日,友直選所部,與祐恭之衆得二千餘籾麻,爲長繩炬,灌以膏蠟,使群猱背負之。暮夜,先以數輩登崖巔,繫繩梯數十,縋而下。衆各銜枚,挈群猱次第挽繩梯而登。雞方唱,衆已悉登。及柵,迺燃炬,縱群猱入賊廬。舍皆竹木茅茨爲之,群猱所歷,火輒發,賊奔呼撲救不暇。猱驚益跳,火益熾,爭前驅逐群猱。官軍已破栅,鼓噪擊其後,賊猶回與官軍力鬬。時方質明,遹望火發,令諸軍撾鼓聲,麾而呼,諸軍俱以雲梯進。賊蹂亂,柵壘不復守。官軍內外相應,即斬關環城而登,破晏州輪縛大囤。賊狼狽,遁走與赴火者相半。卜漏聞官軍已入,擐重甲,從諸酋突圍遁。遹命友直及統領官劉慶以步騎精甲五千,追至山後輪多囤,遂擒卜漏諸酋長。遹自入賊境至破晏州,凡斬馘七千餘級。自破晏州至獲卜漏,又斬馘一萬餘級,築以爲京觀。而賊之赴火者莫計其數。凡脅從者就俘與歸,凡婦女、老幼一萬餘人,悉縱而驅之山巖阻居。凡所平州二、縣八、與諸囤凡三十餘城。以其地之基州頭、梅洞、水蘆甌、石筍建置寨堡,拓地環二千餘里,皆衍沃,宜種植。畫其疆畎,募並邊之人耕之,使習戰守,如西北弓箭社之制,號曰勝兵。自出師迄還纔兩月,鬚髮爲之盡白。全軍獨克,所俘馘無噍類,諸夷爲之膽落。迨今十有二年,不敢北向窺邊,而朝廷無復有南顧之憂矣。

庚辰,趙遹攻破輪縛大囤,夷賊卜漏遁去。斬首三千一百,焚蕩屋舍數千間,獲孳生、糧斛甚衆。辛巳,都掌族首領特苗、羅始黨族首領失冒皆詣趙遹,獻所獲夷級。特苗自言:"强壯者悉已斬獻,餘老小乞留作奴婢。"遹許之。壬午,都掌首領特苗以晏州族輪便囤夷首領十人詣趙遹降。癸未,寧遠知寨郭譁以石筍山及婆然新囤降夷卜洗

---

① 布渠畣夾　長編拾補卷三四同,嘉慶本"畣"作"答"。
② 當賊要路　"路"底本作"害",據嘉慶本、長編拾補卷三四改。

掠邊民①,故通首攻之。翌日,乙卯,下落樣平。後兩日,丁巳,上落樣平,惟思峨州最險固,浹旬乃攻破。是日,張思正克水蘆氈囤,斬級二百一十二。馬覺奪五里隘口,斬賊酋卜漏男得皆,獲二十八級。兩路並以捷聞。丙辰,張思正分遣思州巡檢田祐恭等擊婆然新囤,賊棄囤奔輪縛,收其畜積、器械,焚蕩廬舍千餘間。丁巳,馬覺遣別將房仕忠、劉堯年等合兵攻茅平、梅祿、輪落谷、輪心、大水、梅當等囤,惟輪落谷囤固守②,餘悉遁去。戊午,馬覺遣劉慶攻落祐等九村囤,奪隘至落祐山,破夷賊千餘眾,遂至落祐水村,蕩賊巢穴。又遣別將下罷碾及梅例村囤,慶繼以兵進,皆火其居而還。己未,馬覺克梅嶺囤③:攻五日乃克之,斬首三百餘級,盡取其積,分給士卒。辛酉,趙通受辛亥十五日。御筆處分④:"覽所奏諸路兵馬節次已到軍前,尚云受甲,擇日進發,未見進討。兵家所貴神速,今兵留兩月,坐耗芻糧,逗遛猶豫,不切進兵非便。所慮糧道窘乏,夷賊覘窺,益肆猖獗,非計之得。限指揮到,速具已未出師并稽滯因依,及夷人動息實狀、勝負次第,火急逐一條件入急遞奏。"朝廷疑通逗遛,故有此處分。又引韓存寶舊事以激之,蓋未知通出界已踰旬矣。通即具奏行軍次第,具言軍聲大振,勢如破竹,見深入攻討矣。癸亥,馬覺遣劉堯年進兵梅子坎,焚蕩賊巢,又攻上、下落汪並梅个弄村囤,悉焚之。

十一月丙子。初,趙通以思峨既克,賊之藩離掃蕩殆盡,便可提兵往趨輪縛,而馬覺攻蕩輪谷囤久未下,不敢先進。兼兩路兵力稍疲,須少休之,乃歸憩樂共城,賞勞將士。後四日,復出樂共城。明日,駐兵晏州平。又明日,進至輪縛囤下。是日,馬覺、張思正兩路兵始與通會。翌日,分兵攻囤。賊拒鬥甚力,部將梁福死之,官軍多被傷者。

趙通行狀:通軍既破隘,首攻上、下落樣,思峨州諸囤,皆久不下。通冒矢石,率勵將士,結重樓以臨賊,日夜力攻,始克之。覺、思正繼亦破梅嶺,水蘆氈、石筍,上、下婆然諸囤。兵勢既振,所向若破竹,無不即下,獻俘受馘無虛日。遂與覺、思正軍皆至晏州。輪縛大囤,據大山,崛起數百仞,周四十餘里。卜漏與其賊帳居之。凡諸囤之奔亡者,悉共保聚拒守,繚以巨石為城壘,外設木柵,當所通徑路,皆鑿坑穽,

---

① 凡七十餘人劫掠邊民　長編拾補卷三四同,嘉慶本"劫"作"次"。
② 輪落谷囤　底本脫"落"一字,據嘉慶本補。按:本卷上文之"輪落谷"亦可為參證。
③ 梅嶺囤　長編拾補卷三四同,嘉慶本作"梅賴囤"。
④ 辛酉趙通受辛亥十五日御筆處分　嘉慶本作"辛酉十五日,趙通受御筆處分"。

來攻討。"詔永興軍路都總管司選差兵二千,差近上兵官一員統押,祗備趙遹勾抽使喚。辛巳,手詔:"晏州夷賊自招撫後來,輒敢結集,違誓攻犯城堡。比雖屢獲級,失利以歸,緣出没不定,長寧一帶未得安堵。渝盟犯順,師出有名,可依趙遹所奏,乘時攻討。除已差永興、秦鳳路兵馬外,更差涇原路三千人、環慶路二千人,並步人前去應副,候指揮到,仰本路帥臣選差曾經戰陣兵將官,每一千人作一番管押,赴瀘南,聽候使喚。限五日起發,仍以趙遹爲瀘南招討統制使,王育、馬覺爲同統制,雷迪、丁升卿軍前承受,孫羲叟、王良弼應副錢糧,王育以下,並聽趙遹節制。禁亂除暴,事非獲已,帝王之師,舉必萬全。蜀道險阻,利在設伏,間探嚮導,所宜盡心,毋得輕易,墮賊之計。其晏州夷賊有脅從之人,如能悔過自新,即許招降,免行誅戮,並與原釋,用示不殺之意。"

九月乙酉,詔付趙遹:"夷賊背盟犯順,人神共棄。料其所部,不滿萬兵。況跳梁踰時,困弊已甚。付卿以西州精鋭之兵,委卿以統制之重,聲勢張大,振動遠近①,彼必過爲提備,以待我師,氣久則不壯,情見則不神。諸路之師如已會合,乘機進討,必多方以誤之,毋或失時,久稽天誅。酋豪授首,則脅從可貸,因糧與衆②,就建城寨,底定一方,永固吾圉。軍前事機,日具奏來。"甲午,趙遹數遣人招諭羅始黨賊首領失冒歸順。是日,失冒詣江安縣降,遹授以承信郎冠帶靴袍,供給請受券曆③,並旂號,及捕捉晏賊賞格,令歸約諸囤,各自保守。具奏云:"得此族五十餘村不附賊,便可減西兵一萬人矣。"

此據趙遹攻討晏夷録增入。

十月己酉,趙遹統兵發江安縣。遹親督王育由樂共城路,命馬覺以別部由長寧軍路,張思正由梅嶺堡水蘆氈中路,期悉會于晏州輪縛大囤④,合陝西路將兵,並本路土軍、義軍、土丁、子弟、保甲、弓手、人夫共三萬五百四十人。甲寅,趙遹發樂共城,命王育等攻上、下落樣村,思峩州三囤。上、下落樣各數百户,思峩州倍之,舊係熟户,能知我虛實。今乃爲賊用,前此諸酋各歸諸囤,獨三囤以近故,每晝伏夜出,凡七十餘人劫

---

① 振動遠近 "振",嘉慶本、長編拾補卷三四均作"震"。
② 因糧與衆 "因"底本作"用",據嘉慶本、長編拾補卷三四改。
③ 券曆 底本作"舂厤",據嘉慶本改。
④ 輪縛大囤 長編拾補卷三四同,嘉慶本作"轉縛大囤"。

契勘朝廷若果不欲興兵，姑務函容，嚴爲守備可也。必欲痛行討蕩，師不久駐，一舉必克，即秦鳳兵一千人與黔兵、土丁，恐未足以應敵。臣體問晏州六縣强壯丁口不減萬人，自來號爲桀黠。加之今日罪大，必須死戰，以抗王師，而又羅始黨户族一百三十餘村，自經殺降，黨固連結，非止一日。萬一響應，即二三萬人同爲我敵，臣雖預行措置，分解賊勢，然夷狄無常心，夷得勢則隨夷，漢得勢則隨漢，乃平日之常談，事勢之必然也。若不先設羅兵，以絶樂共城一帶之援，則豈敢深入晏州，俯窺巢穴？今所用之兵，多非五萬，少非三萬，未易克濟。昨元豐中林廣討夷，將帶三萬人騎。臣今欲乞朝廷就陝西秦鳳、涇原、環慶路共遣二萬人，臣于本路勾集黔兵、土丁、義軍，副以一二萬人，即敢爲攻討之計。欲望聖慈毋以此舉爲輕。"

六月戊申，詔付趙遹："華夷異俗，皆吾赤子。叛而不討，何以示威？服而不捨，何以示懷？今招安撫定，各以著業，守禦既固，約束既信，迺復興數萬之師，夫馱百倍，邀功不毛之地，爲國家生事于夷狄，殺戮生靈，騷動西土，非計之得也。"又曰："秦鳳馬步軍如未使喚，不用勾集。别有條畫，疾速奏來。"六月戊申付遹，丁卯遹奏。己酉，夷賊攻武寧縣，三頭山烽火臺甚急，長寧軍出兵救援，賊乃解去。後三日再來攻，皆不克。辛亥，夷賊犯梅嶺堡，守把衡遜、巡檢秦望等擊卻之。庚申，夷賊再犯梅嶺堡，守把衡遜、巡檢秦望擊卻之。丁卯，詔付趙遹："契勘夷人訂誓之後，尚未寧息，伺隙侵掠，復出爲惡，豈吾人有以擾之，或拊循有所未至邪？"又曰："彰善癉惡，悉去其附麗，俾之内屬，斯亦得其策。然乘機用間，餌以官賞，使生、熟夷人自爲向背，因以知彼虚實，探彼動静。爾乃措置，其當定計于早，使曲在彼，不其善歟？倘先自起釁，務爲奇功，以速後患，悔不可及。"丁卯御筆，七月丙戌被受。是日，趙遹奏："今聖恩寬厚，許其自新，宜知所懷。結誓之後，便當改過。尚敢出没，時復攘奪，雖已掩殺，不落姦便，然作過大小①，均爲渝盟，是未知所畏也。若或仍置而不問，實恐養成姦惡，異時蠻夷視效②，别生大患，不可不早爲之計。"

七月壬申，梓州路都轉運使趙遹奏："夷賊犯梅嶺堡不克。除嚴爲備禦外，緣事力未勝，及非攻討之時，不敢輕舉深入。乞就陝西秦鳳、涇原、環慶路，共遣兵二萬人前

---

① 然作過大小　嘉慶本作"然過無大小"。
② 異時蠻夷視效　嘉慶本作"異日遠方視效"。

遘乃留官屬經營未附村族。是日，按兵發樂共城，趨長寧軍。夷眾憑高聚觀，見遘部伍嚴整，皆不敢犯。遘既至長寧，復募人日行招誘。匿朝廷所降捕殺賞格弗布，慮夷賊或緣此致疑故也。丙午，趙遘奏："節次招到晏州柯陰、羅䃴、五斗、扶來等縣夷賊一千餘人，並各投戈棄甲，去軍城十里，以來梅嶺村壩，與所差使臣同刺貓牲、雞血，和酒飲誓，稱一心歸宋，更不作過。及引領到官，首領斗岡等共二百四十七人排日赴臣行司公參，稱悔過歸降，續又說諭到晏州多岡姓二十一村始謀作過賊首卜漏等一千餘人亦來梅嶺村壩，與所差使臣趙安中同刺貓牲、雞血等，和酒飲誓，稱一心歸宋，更不作過。及發遣到賊首卜漏男沒邱等七十二人赴臣行司公參，再拜請命。其卜漏男沒邱等自初入城，疑心未釋，介胄持戈，入關履閾，驚惕徊惶。比引至公庭，臣並不敢設衛，以致其疑惑。臣與走馬承受丁升卿引問于聽事之所，先以疏其過惡，次以明揚君父不殺之恩，率皆面闕稽顙，再拜以謝。臣即犒以酒食，錫以銀綵①，俾令著業。而于犒設之際，以所佩刀露刃持執，形神錯愕，若駭獸然。當時左右不敢多留吏卒，唯臣與升卿躬行接納，一切示以如常，臣等亦所不保。此實上賴王靈，以濟迺事。臣乘此款塞機便，遂分兵復修梅嶺堡，創築板橋、梅嶺壩、卓望堡、三頭山、寧遠寨烽火臺，及復安遠、安夷廢寨，繕長寧軍、武寧縣舊壘。瀘南安靜之日久，守具不飭，緣恢展新疆，以控扼城寨，視為近裏，一切毀廢。樂共、長寧城②皆深在夷腹，聲援孤絕，賊得以窺。迨其背叛，惟以義軍、土丁伏截隘口。彼素未知戰，豈能拒捍？幸其不來，即來，必致透入。故臣于城壘之役，不敢緩也。"

五月丁丑，瀘南梓州路走馬承受丁升卿言："夷賊已是招降，犒設訂誓，支與銀綵，給付旌號了當，依舊出沒作過。"詔令趙遘體究，詣實聞奏，仍依累降指揮措置施行。甲申，詔付趙遘："訪聞晏州夷人近復結集凶徒約數千人，經過樂共城，攻圍鎮溪堡，鈔略鹽客，殺傷取財，出沒未已。口血未乾，背盟若此，豈可信其誓約，罷兵弛備？仰趙遘體究今來作過因依，多方講盡制禦事宜，探賾夷情，區別叛服，結其腹心，離其黨類，務須夷賊畏懷，一方盡得安貼。縱敵生患，國有軍法，必不赦汝。仍未得擅離彼界，候一向定疊奏聽指揮，仍令趙遘親書知稟聞奏。"甲申，付遘，癸卯被受。丁亥，趙遘奏："臣

---

① 錫以銀綵　"銀"，嘉慶本作"金"。
② 長寧城　底本脫"城"字，據嘉慶本補。

比近巡尉兵既至,又成都府、利州、夔州路援師亦集,與宗諒所部得衆萬餘。逮賊再犯武寧、樂共、梅嶺,宗諒出兵與賊戰,官軍大衄,裨將陳世基等死之。賊屢勝,益猖獗,出沒無虛日,蜀土大震。夷中山谷深險,林箐沮洳,賊上下捷若飛走①。尤善用弩②,以藥傅矢,中人,血濡縷輒死。其來則蜂集蟻聚,去則鳥飛獸散。宗諒以未易力制,方議招輯。會上親劄詔通督宗諒進兵,儻賊悔過,即聽其降。仍俾宗諒稟公節度。賊聞通將親督兵將進,其間脅從亦稍攜貳。樂共城兵馬監押潘虎因誘致其酋長數十輩來降,虎盟而犒之,即酒半盡,縛取殺之,函其首來獻,以爲己功。通遂以輕兵趨樂共,執虎以屬吏,虎伏辜。迺以虎徇諸夷,列其殺降劾諸朝。詔斬虎于市,又詔以賈宗諒妄配非辜,致寇喪師,除名爲民,編置河外。通與諸部使者賈若水、王良弼、楊彥章坐佚罰,皆貶秩二等。通降朝散郎,以康師魯代宗諒③,復俾通節制。

三月戊寅,夷賊攻樂共城。既退,鈐轄司所追諸路兵甫集④,賈宗諒遂欲進討。是日,遣知長寧軍劉堯年統兵衆入晏州界,先擊梅嶺賴囤。己卯,裨將陳世基、王士傑爲賊所害,官軍死者百數。賊愈猖獗,而羅始黨族又相扇攘奪,轉運使趙遹與提點刑獄賈若水及宗諒謀權行招安,共奏于朝,須賊不悛,徐治其罪。時遹已密奏:"宗諒數科斂夷部竹木,衆厭苦之。宗諒更執其首領斗个旁等,誣以罪,杖脊黥配,有死者,夷衆忿怒,遂導卜漏入寇,皆宗諒昏妄所致。雖瀘南邊事,轉運司官不當干預。臣不敢坐視,已收贏兵馳赴樂共城,權行招安之策,庶邊徼早得寧息。"然趙遹本意,乃欲專事進討,兵端愈大矣。庚辰,詔付趙遹、賈宗諒等:"晏州夷賊失于鎮撫,致茲結約,侵犯城砦。比雖斬獲首級,殘燒倉囤,尚慮出沒未已,浸生邊患。仰趙遹、賈宗諒限指揮到日,立便將帶兵甲,離瀘州江安縣,審度事宜。如夷賊尚敢猖獗,出沒未已,即仰前去掩殺,不管輕易⑤,落賊姦便。如逗遛不進,有失機會,更致滋長,當議並行軍法。如已退散著業或悔過歸降,即不得邀求功賞,別致引惹生事。務要邊界早獲安堵,仍先具節目措置次第,入急遞聞奏,餘遵依逐次指揮,仍仰賈宗諒聽趙遹節制。"

四月庚子朔⑥,趙遹駐樂共城,以厚賞募人招誘晏州州頭羅陽縣夷人昔博等至城下,與爲盟誓,賊勢稍折。晏州三縣三十五村並羅始黨諸族一百三十五村節次來降。

---

① 賊上下捷若飛走 "若",嘉慶本作"倍"。
② 尤善用弩 "尤",嘉慶本作"又"。
③ 康師魯 宋史卷三四八趙遹傳作"康延魯"。
④ 鈐轄司所追諸路兵甫集 "追",嘉慶本作"遣"。
⑤ 不管輕易 "管"底本作"容",據嘉慶本改。
⑥ 四月庚子朔 底本無"朔"一字,嘉慶本同,據長編拾補卷三四補。

卷第一百四十一

徽宗皇帝

討卜漏

政和五年正月丙戌，長寧軍界夷人卜漏等反，攻梅嶺堡，陷之。

此據初草。二月三十日，令趙遹措置。聖旨追書，須別考詳。本紀于初九日庚辰書晏州夷反，當移入此。三月十七日，趙遹奏夷賊正月二十九日已各歸國。二月二十八日復出，犯樂共城。楊氏編年云：十二月，瀘南安撫使趙遹以王育、馬覺平卜漏，開純、滋、祥州。初，梅嶺知寨高公老，宗女夫也，常攜其妻，以金玉器與卜漏輩飲思我洞。卜漏欲之①，故因上元燈夕攻梅嶺寨，高公老遁去，卜漏略其妻與金玉歸洞，至是平之。趙遹行狀：瀘之熟夷，晏州六縣水路十二村及十州五村團思我州洞，衆素點勇善鬥。大中祥符、元豐間，屢為邊患，為諸夷所畏，雖生夷，莫敢當之。瀘帥賈宗諒者，武人，喜生事，嘗以需竹木擾夷，夷怨，久已不堪。政和四年，宗諒執夷人大首領斗个旁等，誣以罪。在法：縱所犯重，猶以夷法論，不過償貲畜。宗諒輒杖其脊，懸徙且死。諸夷憤怒，聲言官殺其酋長非罪，跳呼礪兵甲，種類響應。晏州多岡都大首領卜漏為諸夷長雄，與其衆謀，盡結諸夷，出戎、瀘，直據成都，北屯劍門，東守白帝，內乘無備，外絕聲援，全蜀可傳檄而定。有不下者，以兵臨之。與吐蕃、溪洞修婚姻之好，以為唇齒。王師至在半年後，而兩關已閉，亦何所及？遂主盟合從入寇，且結滋、純、長寧軍納土新附之民，然卒無一人肯從畔者，仍力捍守其境。明年正月，卜漏以其州六縣水路十二村及思我之衆，並十州五村團羅始黨諸夷凡十餘萬②，分兵四出，攻圍樂共城、長寧、武寧、江門、安遠、鎮溪諸寨堡，不克，遂陷梅嶺堡，全城被害，焚廬舍，掠子女，虜守把寨官高公老妻族姬等家屬。族姬，濮安懿王之曾孫女，于上服屬為近。宗諒始以赤白囊上聞。上自覽奏，勤宵旰之憂，朝野駭念，未有堪任其責者。時蜀久安，人巽懦，不習兵，所至闕戰守備，遠近聞驚騷動。遹適按部次昌州，即馳至瀘，而提點刑獄賈若水亦至。遹與議：「萬一賊乘勢長驅，逾瀘水，何所禦之？」遹急督宗諒躬率兵進屯江安縣，據水當賊衝，且以近邊諸壘轉餉給軍，儲備無乏。若水摘

---

① 卜漏欲之　嘉慶本、長編拾補卷三四同，宋史卷三四八趙遹傳"欲"作"豔"。
② 羅始黨　宋史卷三四八趙遹傳同，嘉慶本、長編拾補卷三四均作"羅思黨"。

略,令相度乘機招納。憑仗聖德①,節次據劉法、趙懷德、辛叔獻、劉仲武等申到,已收復積石、洮州,及招降到谿哥僞王子臧征撲哥出漢,並招納谿哥、洮州一帶部族,並各安貼住坐,見行興工修築。契勘先奉聖旨,今後立功之人,限三日保明奏聞。今來下項官等悉能上體聖意,究心宣力,克濟事功,宜被賞典。伏望聖慈特賜詳酌,先次一等優異推恩,所貴有以激勸。"劉仲武傳:仲武知西寧州,童貫宣撫陝西,議欲招誘僞王子臧征撲哥,收積石軍。積石與西寧接境,仲武詣貫計事,曰:"大兵入境,賊窮走夏國,路由西寧,可掩捕,欲降可招納,或深入巢穴,可乘其便。河橋功力未易辦,可不預具。若稟命待報,則失機會,奈何？許以便宜。"臧征撲哥果欲降,丐一子爲質。仲武即遣子錫往,而河橋亦成。仲武以兵渡河,挈僞降王以歸,獻捷宣撫司,貫搶其功,止錄河橋之勞,仲武終不自言。後上遣使持金醆,賜先得積石軍招納降王者。使者訪其實,以醆授仲武。召對,上慰勞久之,曰:"高永年失律,以不用卿言。招納降王,撫定河南,皆卿力也。"仲武謝。問幾子,曰:"九子。"以錫爲右班殿直、閤門祗候,餘悉補三班借職。復知西寧州,政和二年十一月九日,自西寧改秦州。葉夢得云云,附注三年二月二十二日。

丁巳,中太一宮使,武康軍節度使,提舉龍德宮,熙州蘭湟、秦鳳路宣撫使童貫爲檢校司空、奉寧軍節度使,賞收復洮州、積石軍,降王子臧征撲哥之功也。

正月二十五日初建武康節,三年二月二十二日加檢校②,復鎮洮軍節度使,不受。實錄削此不載,甚無謂。合依詔旨增修。累歷在十六日,更詳之。或移見十六日。

壬戌,詔臨洮城依舊爲洮州。戊辰,左正議大夫、知樞密院事張康國爲右光祿大夫,左銀青光祿大夫、門下侍郎何執中爲金紫光祿大夫,左正議大夫、中書侍郎梁子美,尚書左丞林攄,同知樞密院事鄭居中並爲右光祿大夫,以收復洮州、谿哥城推賞也③。己卯,以收復洮州及谿哥城僞王子臧征撲哥降,命户部侍郎洪中孚奏告天地、宗廟、社稷。

---

① 憑仗聖德 "德"底本作"慈",據嘉慶本、長編拾補卷二八改。
② 加檢校 底本"檢校"下衍"司"一字,據嘉慶本、長編拾補卷二八刪。
③ 以收復洮州谿哥城推賞也 "收"底本作"取",據嘉慶本、長編拾補卷二八改。

五月壬子，谿哥城王子臧征撲哥降，復積石軍。

青唐錄：自收復浪黎、廝江諸族之後，有結齪龐籛者，帥羌兵萬餘逼峰貼峽寨而屯，官軍即攘卻之。繼而圍大通城、宣威城、順寧寨，連雕山一帶叛羌出没新邊者，數年不已。大觀二年正月，以受八寶恩，改封趙懷德爲順義郡王、昭化軍節度使、河南蕃部總領，河南蕃將面什羅蒙爲節度觀察留後，賜名趙懷忠。五月，童貫奏："四月二十三日，臣遣統制官辛叔獻、馮瑾等統大軍，自岷州入洮州南境，逼魯黎諸族，其首領結齪迎拒官軍，以蕃字與臣，其辭倨甚。及谿哥城偽王子臧征撲哥欲與官軍鬥，亦無意出降。叔獻等益整軍迫之，諸羌駭散，遂具板築城洮州，招納洮州一帶蕃部，命神將潛率輕騎，破斫其城。前鋒奄及，臧征撲哥不服鞍而騎奔丹寅嶺，盡獲其號箭、旂鼓、胡牀，僭偽之物。臣因撫其部族，又遣統制官劉法、張誠、王亨自循化城，焦用誠、陳迪自廓州，分兵兩路。劉法等盛兵威于前，焦用誠等擣其巢穴。及令隴右都護劉仲武于谿哥城對岸撒逋谷口結橋過師，以順義郡王趙懷德隨軍，諭臧征撲哥以恩信，緣谿哥城皆懷德部族也。以兼籛黨征立，臧征撲哥故嘯聚紛然。臧征撲哥既東失魯黎結齪之援，窮迫不知所爲，乃以銀飾鞭遺懷德，爲投降之信，留谿哥城，以俟官軍之來。五月三日，遣其弟筌廝波領河南首領撒廝金等來納款，臣以其日遣諸將至谿哥城，受臧征撲哥降，復谿哥爲積石軍。"蔡京帥百官稱賀。詔俘臧征撲哥獻京師，輔臣各進官一等。仍賜蔡京詔曰："昔我神考，肇開武勝，疆理西陲。惟時臨洮雖未克復，分置一道，以總其名，丕顯聖謨①，蓋示必取。朕克篤前烈，告厥成功，遠徹河源，奄有積石，名王係頸，板築一新，壺漿載塗，民罔告病。眷兹碩畫②，實賴相臣。若非斥去群疑，曷由發揮先志，威馳塞外，虜在目中，差次疇庸，宜居第一。蔡京可特許奏補一子、一孫官，餘依轉官恩數。"初，臧征撲哥以咒詛扇蕃俗居谿哥空城。邊吏既謂能動衆③，必爲邊患。童貫欲實其事，遂會諸路進兵，仍遣劉仲武出奇兵趨谿哥城，臧征撲哥迎降，並女弱才二十八人而已，初未嘗有兵也。洎既擒④，邊吏張大其功，過爲緣飾，以金紙糊桶爲頭冠，木椅爲胡牀，淺紅絹爲傘，種種皆非羌物。臧征撲哥至京師，授正任團練使、鄧州鈐轄，尋死于鄧州。

詔旨：五月十二日，童貫劄子奏："奉敕宣撫熙、秦兩路，措置收復積石軍、洮州，並招誘谿哥偽王子臧征撲哥及河南一帶部族等。臣至熙州，遵依御前處分及朝旨指揮，差本路經略使姚雄隨臣赴河州，及差劉法充都統制，張誠、王亨充統制，總率將兵，分道前進，收復積石軍，招納部族，並遣順義郡王趙懷德前去開導恩信，招納偽王子臧征撲哥及谿哥一帶未順部族⑤，及差辛叔獻、馮瑾統制將兵，前去收復洮州，及招納洮州一帶蕃部，又差隴右都護劉仲武帶領人馬，於谿哥對岸照應大軍，並于撒逋谷口修橋。及臣密授方

---

① 丕顯聖謨　嘉慶本、長編拾補卷二八均作"顯丕聖謨"。
② 眷兹碩畫　"碩"底本作"顧"，據嘉慶本、長編拾補卷二八改。
③ 能動衆　嘉慶本"衆"下有"心"一字。
④ 洎既擒　"既"，嘉慶本、長編拾補卷二八均作"就"。
⑤ 及谿哥一帶未順部族　"未"底本作"求"，據嘉慶本、長編拾補卷二八改。

沮壯士之氣乎？陛下灼見姦慝，已降詔賚送吏部與遠小處監當。然罪大責輕，搢紳詢詢，以爲未當公議。臣等伏望聖慈詳其罪惡，特降睿旨，重行黜責，以戒爲臣之懷姦不忠者。"于是重責之。

宣和元年正月乙丑，改湟州爲樂州。

收復銀州

崇寧四年三月戊午，樞密院言："鄜延路經略司奏：已收復銀州，乞賜名，仍乞知州已下官屬並從本司奏辟。"詔依舊爲銀州，除知州已差人，餘依奏。

本紀：三月戊午，復銀州。與實錄同，詔旨無之。收復銀州，實錄極不詳，須尋陶節夫事迹修入。蔡絛史補云："收復銀州，百僚入賀，虜使不肯就列。"〔案：收復銀州乃三月二十一日，虜使見在四月四日，此必絛妄説。〕初草：十二月二十九日敕樞密院剳子：鄜延路經略司奏進築銀州，自三月五日下手，至九月畢工。勘會到一行官屬分立等第，並乞優與推恩，數内承制張祖寧，奉聖旨與轉一官。此月日當考。陶節夫家傳："乙酉春，夏人又點集，與本路綏德軍相對。久之，諜者言：'夏人引其兵東矣。先公議出師城銀州，官屬皆不願從，至有引永洛事争者①。'又曰：'夏人東出，不過至麟、府，此去不踰旬，奈何？'先公曰：'我計之熟矣，夏人必西趨涇原。諸君不我從，我當以二子與士卒同死生。'遂選耿彦端爲都統制，而二兄從之云云。疾驅至銀州。夏衆來拒者猶萬人，我師既陳，一擊而敗，遂城之，五日而築事畢，夏人果趨涇原，擾蕭關築事。洎聞城銀州，亟引兵來争，城成已幾月矣。至城下顧瞻，無可奈何而退。紹聖間，吕惠卿帥延，朝廷有意取銀州，惠卿難之。至是，朝廷嘉先公計之審，取之易，無一毫横費而成此茂功②。"

西上閤門使、廉州防禦使、權發遣保安軍耿彦端，西上閤門使、忠州防禦使、知威德軍杜大忠，朝請郎、新提舉鄜延路弓箭手陳豫，降授内殿崇班、新知銀州王舜臣，朝散郎、權陝西路轉運判官錢昂等十一人，各遷一官，賞收復銀州功也。

己未，龍圖閣直學士、鄜延路經略安撫使陶節夫遷一官，改樞密直學士。

五年四月丙寅，改銀州爲銀州城，威德軍爲石堡寨。

收復洮州積石軍

大觀二年四月甲辰，童貫遣統制官辛叔獻、馮瓘等復洮州。

---

① 至有引永洛事争者　嘉慶本、長編拾補卷二五同，續資治通鑑卷八九"永"作"水"，似是。
② 而成此茂功　長編拾補卷二五同，嘉慶本"茂"作"美"。

五年八月癸未，奉議郎、太常少卿馮澥責授永州別駕①、道州安置。先是，澥以直龍圖閣知鳳翔府，上書曰："臣竊以湟、廓、西寧三州本不毛小聚，大河之外，天所限隔。陛下空數路，耗内帑，竭生靈膏血而取之。復獲以來，何常得一金一縷入府庫，一甲一馬備行陣？而三州歲用以億萬計。仰之官也而帑藏已空，取之民也而膏血已竭，有司束手，莫知爲計②。塞下無十日之積，戰士饑餒，人有菜色。今殘寇遊魂，未即歸順，黠羌阻命，公爲脣齒。窺伺間隙，忽肆姦侮，則兵將復用，役必再籍，殘弊之後，尚安可堪？陛下以四海九州之大，德被萬方，威震四夷，奈何以二三小聚，困弊關陝一方生靈，長爲朝廷西顧之憂乎？臣愚欲采前世羈縻之義，擢其酋豪，授以麾鉞，第其首領，等級命官，使失地無歸之虜復得巢穴，奔禽遁獸各安其故。嚴其誓約，結以恩信。彼將畏威懷德，稽顙聽命，輸誠效順，長爲漢守。有得地之名，無費財之患，兵革不用，藩籬永固，而又可以逆施北虜之辭，旁釋西羌之怨。一舉而眾利得，策無上於此者。"御批："湟、廓、西寧，神考疆理，哲宗開拓，大勳未集。朕嗣承先志，有此武功，克紹前人之心，獲申孝友之義。太常少卿馮澥頃上書疏，半爲邪言，久懷異心，下比流俗，遽有羈縻之請，實爲損棄之謀。以嗣武爲勞師，以昭功爲往失，動搖國是，疑阻新民。宜正怙終之刑，以誡罔悛之俗。蓋懷姦而害政，非以言而罪人。可送吏部與遠小處監當差遣，布告中外，咸使聞知。"臣僚上言："馮澥言陛下空數路，耗内帑，竭生靈膏血。取之官也而帑已空，取之民也而膏已竭。殊不知理財自有義。朝廷政事修明，財用自足，内帑之多寡，非外人所得知，而民之輸官，亦豈嘗取于常賦之外乎？是乃妄生臆度，而公爲謗訕者也。又欲采前世羈縻之説，使失地無歸之虜復得其巢穴。夫戎虜狼子野心③，難得而制，强則先叛，弱則後服，乃其本性。無故而還其巢穴，豈非棄已成之功，養虎而自遺其患哉？又以用兵以來，州縣小官反掌而登侍從，行伍賤卒轉足而奪斧鉞④，金錢充棟宇，田壤連阡陌。夫爵祿所以礪世而磨鈍，使有勞者賞，有功者進，是乃駕馭之長策。而謂之反掌、轉足之易，則亦見其人以此熒惑中外，豈不失忠臣之心，而

---

① 責授　底本作"責受"，據嘉慶本、長編拾補卷二六改。
② 莫知爲計　"知"，嘉慶本作"之"。
③ 夫戎虜狼子野心　長編拾補卷二六同，嘉慶本作"豈不知□□□心"。
④ 行伍賤卒轉足而奪斧鉞　嘉慶本"賤"誤作"賊"，嘉慶本、長編拾補卷二六"奪"作"專"。

湟州、臨宗寨、乳酪河之西，入鄯州界管下宣威城、青海、洗納、本令波族①，東南過溪哥城，至河州循化城，入洮州，復自洮州取龐公原，循山後出懷羌、來羌城，沿黃河過來賓城，上巴金嶺、籛南谷抵京玉關。開拓疆境幅員三千餘里，其四至：正北及東南至夏國界，西過青海至龜茲國界，西至盧甘國界，東南至熙、河、蘭、岷州，接連階、成州界。計招降到首領二千七百餘人，戶口七十餘萬，前後六戰，斬獲一萬餘人。

此據厚申密院功狀修入。

五月丁丑，詔以收復鄯、廓州，遣親王奏告太廟，侍從官分告社稷、諸陵。甲申，改鄯州爲西寧州，仍爲隴右節度。乙酉，王厚奏："臣契勘大軍今來收復鄯、廓等州，拓疆幅萬餘里。其鄯州管下，自省章西峽口大川，經由宗哥，出安兒、青唐西峽②，至本州管下，復自州之西直抵林金，北取氂牛宗谷，南取谿蘭宗、廓州管下東、西川及結囉城、來川等處③，左右除本是心白人戶田土，依舊爲主，秋毫不得侵占外，因與官軍抗敵殺逐心黑之人所管田土④，並元係西蕃王子董氈、瞎征、溫谿心等田土，頃畝不少。已指揮逐州盡行拘收入官，摽撥創置弓箭手⑤，應副邊備，可省戍兵經久歲費，爲利甚博。又得弓箭手與新附諸羌雜居，伺察羌人情，不敢作過，爲安邊萬世之利⑥。除已于四月二十六日具提舉弓箭手孫适所乞招置弓箭手文狀奏聞，乞賜詳酌施行外，已令逐州如有情願投刺之人，一面招置，聽候朝廷指揮，仍將已種到青苗就便標充爲種糧去訖。所有上件田土，可招置弓箭手，不可置營田。若置營田，須招置廂軍耕種，不免散居諸處，侵擾新附部族，不得安心住坐⑦，偷奪牛羊之類⑧，必致引惹，別生它患，非經久之利⑨，委實不便。竊慮臣僚不見得利害，別有申陳，乞置營田，重爲一方之患。須至預行申明，候降到許令招弓箭手指揮，別具合行措置事奏聞次。"詔許令本路近裏弓箭手，依湟州例投換。

---

① 本令波族　"本"，嘉慶本、長編拾補卷二三均作"木"。
② 出安兒青唐西峽　"西"，嘉慶本、長編拾補卷二四均作"兩"。
③ 來川等處　"來"，嘉慶本作"未"，長編拾補卷二四作"米"。
④ 所管田土　"管"，嘉慶本、長編拾補卷二四均作"營"。
⑤ 摽撥創置弓箭手　"撥"底本作"發"，據嘉慶本、長編拾補卷二四改。
⑥ 爲安邊萬世之利　"爲"，嘉慶本、長編拾補卷二四均作"實"。
⑦ 不得安心住坐　"得"，嘉慶本、長編拾補卷二四均作"可"。
⑧ 牛羊　嘉慶本、長編拾補卷二四均作"羊馬"。
⑨ 非經久之利　"利"，嘉慶本、長編拾補卷二四均作"計"。

朝廷撫存恩意;宗哥戰敗所誅,禍福之因,誡其不得妄作,自取屠戮,重爲種族之累。皆唯諾聽命。

此據功狀增入。功狀又云:"河南既定,大軍還城保敦谷,賜名綏平堡。"此當附本月日,姑注此。青唐録所稱"洗納等族大首領阿厮結等悉來降。阿厮結在青海住,連夏國、龜茲,羌之最遠者也"。不知厚何以不及功狀,當考。功狀復云:"廓州招降到大首領洛施軍令結,並葩俄族阿撒四等計一千餘人,管户二十餘萬。"又與青唐録所稱"洗納"等族不同,當考。趙挺之手記:"蔡京在崇寧初,每于上前奏陳:'今以首級受賞①,不若招納。'其直只計在京之數,不知至陝西,則增至五倍也。初營湟州,得湟州矣。又營鄯、廓,每得一州,指地圖以示上曰:'此處可以趨西界卓囉監軍司,此處可以趨宥州,此處可以通青海。朝廷威德,無所不暨矣②。'然當時運糧入中,不計價直之貴,鄯、廓米斗不下三四貫足,陝西騷然,民困兵疲,惟富商大室坐收百倍之利,而一供奉官算券得米,中之官,有月及一二千貫者,京一切不問,專意興兵起事。方鄯、廓未下,而旁諭涇原邢恕,令爲戰具,旦夕結隊,以爲深入西夏之形。又令陶節夫居延州,大加招納。"

乙丑,成州團練使、知熙州、兼權發遣熙河蘭會路經略安撫司事③、措置邊事王厚爲武勝軍留後、熙河蘭會經略安撫使、兼知熙州,昭宣使、成州團練使、勾當内東門司、熙河蘭會路同措置邊事童貫爲景福殿使、襄州觀察使,依舊勾當内東門司。詔以厚、貫提兵出塞,曾未數月,青唐一國境土盡復,故有是賞。

實録削童貫遷除不載,今以當日報功增入。詔旨于二十一日載童貫遷除,卻不及王厚,于二十九日乃載厚遷除[案:當時報狀,二人遷除蓋同日。詔旨及宣和録皆誤也]。五月三日,又遷貫留後。

丁卯,群臣以盡復青唐故地稱賀。是日,王厚引軍過龍支城,次省章峽口之西,相地利控扼之要,得勝鐸谷,乃夏賊來路,遂于谷左建城五百步,置兵守之。

此據功狀修入。谷口城後賜名德固寨。

己巳,王厚等奏:"今河南北並各安貼,已將中軍于二十七日自省章取蘭州便路,因照管通湟、京玉一帶邊面,歸熙州④。"庚午,王厚過湟州,沿蘭州、大河並夏國東南境上耀兵巡邊,歸于熙州。厚所克復三州及河南地土⑤,自蘭州京玉關沿宗河而上,取

① 今以首級受賞 "級"底本作"結",據嘉慶本、長編拾補卷二三改。
② 無所不暨矣 "暨",嘉慶本作"計",長編拾補卷二三作"備"。
③ 熙河蘭會路經略安撫司事 底本脱"會"一字,據嘉慶本補。
④ 熙州 嘉慶本、長編拾補卷二三均作"西州"。
⑤ 河南地土 "土"底本作"上",嘉慶本同,據長編拾補卷二三改。

獲,因討其餘黨,撫定吹廝波部族。丙辰,由种山谷狗地趨林金城,降其首領河芙等,林金城平。賜名寧西城。西去青海、青鹽地各約二百里,置兵將守之。丁巳,瑾軍還,別遣郭祖德率衆城谿蘭宗。

賜名曰清平寨,十四日、十五日事,今并附十二日,不別出。功狀後云:"鄯州招降到六心等族大首領、青唐僞宰相青歸兀邪等計千餘人,管户口三十餘萬。"不知六心等即是吹廝波等否?青歸兀邪即是李河溫否?始附見,俟考。青唐錄云:"十二日,王師入青唐城。十三日,復林金城、谿蘭宗堡。四月十二日,厚等奏:'遵奉詔命,統率大軍,于今月九日收復龍支城;十一日,克復安兒城,節次具狀奏聞去訖。于十二日五更初,統率大軍自安兒前進,出青唐峽。午時,已來到鄯州城東門外下寨,尋遣高永年統領本將軍馬占據鄯州,及龜茲國僞公主青宜結牟驅率本州大小首領、于闐、回紇國、般次出城迎降,尋當面犒勞撫慰,宣諭朝廷恩信,候令入城居住,占據州城了當,一行軍馬平安。谿賒羅撒與妻屬多羅巴等逃走,未知所在,見行措置購捕次。'"

戊午,湟城馳報王厚等云:"夏賊萬衆陣於臨宗乳酪河之東,爲青唐援。會聞谿賒羅撒敗于宗哥,賊氣沮喪。"厚即遣張誠率師赴之,賊望風而退。己未,王厚等帥大軍,自鄯州趨保敦谷,過驪廝溫廝嶺南入廓州界,本州大首領洛施軍令結率其衆降。宗哥之戰,洛施軍令結爲我軍砍傷其首,至是拜于馬前,曰:"願貸餘生,盡力報東京官家。"

此據王厚六月二十四日申密院功狀。

庚申,次結囉城。

青唐錄云:十三日復林金城、谿蘭宗堡。越三日,大兵趨山南,山南大首領谿丁朴令骨及洛施軍令結部領諸族,詣軍前降。

辛酉,王厚入廓州,馳表稱賀,命別將陳迪守之。

此據厚申密院功狀及十八日奏。青唐錄云:十八日,復結囉城。十九日,復鄯州,谿賒羅撒帶多羅巴遁走,郭祖德追之,及于哥諾城,斬級數千,進兵令精谷①,葩俄族大首領阿撒四率大小首領獻酒軍前,并洗納等族大首領阿廝結等悉來降。阿廝結在青海住坐,連夏國、龜茲、羌之最遠者也。此與王厚所奏日子不同,當從厚奏。厚申密院功狀即云廓州初賜名寧塞城,後隨建州②,置安撫司,命四方館使劉法領之。此當依本月日附見。

大軍駐于城之西,青丹大首領阿撒四率衆詣軍前降。河南部族日有至者,厚諭以

---

① 令精谷　長編拾補卷二三同,嘉慶本作"令領精谷"。
② 後隨建州　嘉慶本作"是後遂建州"。

山整陣而行,促選鋒入戰,破賊必矣。"既行,諜者言:"谿賒羅撒與其用事酋長多羅巴等謂衆曰:'彼張蓋者,二太尉也,爲我必取之。'"貫欲召永年問賊勢,厚曰:"不可,恐失支梧。"貫不聽。及永年至,攬轡久之,無一語。厚謂永年曰:"兩軍相當,勝負在頃刻間。君爲前軍將,久此何爲邪?"永年皇恐馳去。時賊軍與我選鋒相持未動①,谿賒羅撒以精兵數十騎自衛②,登其軍北高阜之上,張黄屋,列大旆,指揮賊衆。其北山下疑兵望見厚與貫引中軍傍山,欲來奔衝,厚遣遊騎千餘登山,潛攻其背。賊覺而遁,遊騎追擊之,短兵接。中軍伐鼓大譟,永年遂搗選鋒突陣,賊少卻。張誡以輕騎涉河③,擣其中堅,取谿賒羅撒之旆及其黄屋,乘高而呼曰:"獲賊酋矣!"諸軍鼓聲震地。會暴風從東南來,塵大起,賊軍不得視,我軍士乘勢奮擊,自辰至午,賊軍大敗,追北三十餘里。谿賒羅撒單騎趨宗哥城,城閉不納,遂奔青唐。諸將爭逐之,幾及,會暮而還。是日,斬首四千三百一十六,降俘三千餘人。大首領多羅巴等皆被傷逃去,不知所在。宗哥城中僞公主、前安化郡夫人瞎叱牟蘭氊兼率酋首以城歸順。宗哥城舊名龍支城,留兵將守之。是夕,合軍於河之南。翌日,癸丑。勝宗首領欽厮雞率衆來降。甲寅,王厚、童貫入安兒城。

青唐錄云:十一日復安兒城,青唐首領、僞公主青宜結牟乞降。據厚申密院功狀,青宜結牟降乃十二日事。厚功狀云:"十一日,進復安兒城,賜名保塞寨。"

乙卯,王厚、童貫引大軍至鄯州,軍于城東五里。僞龜兹公主④、前封齊安郡夫人青宜結牟及其酋豪李河温率回紇、于闐、般次諸族大小首領開門出降,鄯州平。

其後奉詔建爲西寧州、隴右節度,置安撫使、都護,以高永年知軍州事兼領之;湟州置同安撫、同都護,以知軍州事王亨領之。

初,谿賒羅撒敗于宗哥,夜至青唐,謀爲守計。部族莫肯從之者。翌日,挈其長妻逃入谿蘭宗山中。自宗哥沿道,蕃馬走死者不可勝計。厚謂賊必且歸青唐,欲遣將連夜掩捕。童貫以爲必不能得。及下青唐,城中言谿賒羅撒常留一宿而去,貫始悔之。遣馮瓘統輕鋭萬騎,由州之南青唐谷入谿蘭宗山。賊復覺之,遁于青海之上,追捕不

---

① 時賊軍與我選鋒相持未動　底本脱"時"一字,據嘉慶本、長編拾補卷二三補。
② 以精兵數十騎自衛　"十"底本作"千",據嘉慶本、長編拾補卷二三改。
③ 張誡　底本作"張誠",據嘉慶本、長編拾補卷二三改。
④ 僞龜兹公主　嘉慶本、長編拾補卷二三均作"僞龜兹國公主"。

之。厚曰："不然。青唐諸羌用兵詭詐，若不出奇兵，分道而進，不足以張大聲勢①，折賊奸謀。且湟州之北有勝鐸谷，西南有勝宗隘、汪田、丁零宗谷，而中道出綏遠關，斷我糧道，然後諸部合勢夾攻渴驢嶺、宗哥川之間，勝負未可知也。"于是定議，分出三路：厚與貫率中軍，由綏遠關、渴驢嶺指宗哥城；都護高永年以前軍由勝鐸谷沿宗河之北；別將張誠同招納官王端以其所部，由汪田、丁零宗谷沿宗河之南，期九日會於宗哥城下。是日，貫猶以諸將多言青唐易與爲然，先趨綏遠，用馮瓘統選鋒登渴驢嶺。候騎言："青唐兵屯嶺下者甚衆。"貫止綏遠。翌日，初八辛亥。厚以後軍至，始下渴驢嶺，谿賒羅撒遣般次迎于路，竊覘虛實，勞而遣之，誠曰："歸語而主，欲降宜亟決。大軍至，鋒刃一交，將無所逃矣。"般次還報，以爲我軍不甚衆，初不知分而進也。谿賒羅撒喜曰②："王師若止如此，吾何慮哉？"以其衆據朴江古城③。俄聞三路兵集，遽退二十里。宗哥城之東，地名葛陂湯，有大澗數重，可恃而戰，賊遂據之。是夕，中軍宿于河之南鷂子隘之左，永年軍于丁零宗谷口。

王厚奏："臣等依奉御前處分，統率大軍起離熙州，前進剋復鄯、廓等處，自河州度大河，越巴金、逸川，今月七日至湟州城西下寨，一行人馬平安。所有同措置邊事童貫統領前鋒兵將馮瓘等先次前進，于當日至綏遠關下寨。尋準童貫公文，據洮東安撫馮瓘申，今月初七日巳時，統領選鋒人馬，已占據渴驢嶺右，勘會諸路兵將並到湟州會合。臣見統率繼續前去，措置宗哥一帶事務，逐旋具狀奏聞次。"貼黃："及函童貫關報稱④，渴驢已占據了當，別無賊馬。已指揮馮瓘審擇地利下寨，明遠斥候，過作隄備。"又貼黃："契勘今來諸路兵將會合湟州，勢不可久留。不惟坐費糧食，兼節次探到事機，不可少失機會。已分遣高永年統制一頭項取湟州北、臨宗之東勝鐸谷，張誠統領一頭項由丁零宗谷，臣與童貫統率馮瓘等，自渴驢嶺前去，至宗哥會合，才候到宗哥相度事勢，前進青唐次。"

壬子，王厚、童貫遣選鋒五將前行，中軍渡河而北。繼高永年之後，張誠夾河而行。日未出，至賊屯所，賊衆五六萬人據地利列陣，張疑兵于北山下，其勢甚銳，而厚命馮瓘統選鋒五將，與賊對陣，王亨統策選鋒繼其後。永年馳前視賊，未知所出。厚謂貫曰："賊以逸待勞，其勢方熾。日漸高，士馬饑，不可少緩，宜以中軍越前軍，傍北

---

① 不足以張大聲勢　長編拾補卷二三同，嘉慶本"張"作"振"。
② 谿賒羅撒喜曰　底本脫"撒"一字，"喜"底本作"嘉"，據嘉慶本、長編拾補卷二三補改。
③ 以其衆據朴江古城　"據"底本作"拒"，據嘉慶本、長編拾補卷二三改。
④ 及函童貫關報稱　"函"，嘉慶本作"丞"，長編拾補卷二三作"鑒"。

卷第一百四十

徽宗皇帝

收復鄯廓州

崇寧三年正月丁酉，王厚奏："臣近得弟端書，近往湟州措置招納，稱宗哥城首領結氊將文字遣親弟結菊來歸順①，候大軍到，開城門迎降，及乞心白旂。又廓州蕃僧欲候大軍到獻酒，青丹谷首領阿丹三人，亦稱候大軍到迎降。青丹谷部族恃嶮，最爲強梗，今皆通誠款，情意如此，鄯、廓當可坐致矣。青唐自來倚恃宗哥，以爲籬落，又恃廓州爲肘腋之援，今皆有向漢歸順之意，即青唐何賴焉？觀今事機，蕃中人情，又如去年夏間未收湟州時，大功必成。惟是洛施軍令結、阿撒四諸首領竊弄權柄，自作威福，已失國中人情，其部族甚有歸漢之望。切須措置，守禦屯戍，人兵、糧食之類又足備，臨時不致勞力。臣已丁寧臣弟端等更切多方撫諭，速就事功去訖。"

三月壬辰，童貫自京師還至熙州，凡所措置，與王厚皆不異，于是始議大舉。壬寅，王厚、童貫率大軍發熙州，出篩金平②。隴右都護高永年爲統制，諸路蕃漢兵將隨行，知蘭州張誠爲同統制③。厚恐夏人援助青唐，不測于蘭、湟州界侵擾，及河南蕃賊，亦乘虛竊發，騷動新邊，牽制軍勢，乃遣知通遠軍潘逢權領湟州，知會州姚師閔權領蘭州，照管夏國邊面；別遣知河州劉仲武統制兵將駐安強寨，因而興築甘朴堡，通南川、安強、大通往來道路。于是本路家計完密，無後顧之憂，大軍得以專力西向。

四月庚戌，王厚、童貫率大軍次湟州。諸將狃于累勝，多言青唐易與，宜徑往取

---

① 遣親弟結菊來歸順　"遣"底本作"將"，據嘉慶本、長編拾補卷二三改。
② 篩金平　長編拾補卷二三、九朝編年備要卷二七同，本書卷一三九、宋史卷八七地理志均作"洒金平"，玉海卷二四作"洒金坪"。
③ 知蘭州張誠爲同統制　"知"底本作"至"，據嘉慶本、長編拾補卷二三改。

受。今但以厚功跡狀爲據,係之月末,削初九日所書。又貫於十八日乞差措置司機宜及勾當官,今亦並移入此。]

童貫言:"準差熙河蘭會路措置邊事,乞不拘常制,於文武官内選差管勾機宜文字兼勾當公事二員。"從之。餘見收復鄯廓州。

乙巳，王厚言："新收復河南三城，乞置官屬。"詔王厚更加銓擇可以倚仗者，方許保奏，給降付身。

十月甲寅，王厚還至熙州，遣童貫領護大首領掌牟朾捘、遵廝雞及酋長溫龍彪赴闕。

此據功狀修入。十一月五日奏，當考。

丙辰，入內皇城使、果州刺史童貫爲成州團練使，依前皇城使。

累曆云應副修建景靈西宮賞。十二月二十四日、二十五日，當考。

丙子，郎阿章領河南部族寇來賓、循化等城①。是日，洮西安撫李忠統兵發安強寨往救之。

十一月乙酉，熙河蘭會路鈐轄、四方館使、成州團練使、洮西安撫李忠領兵救循化城。前一日次懷羌城。是日，行二十五六里，至骨延嶺，距循化城尚五六里，與賊遇，三戰三敗，忠及諸將李士旦、辛叔詹、辛叔獻皆爲賊所傷，卻奔懷羌城。是夕，忠死。

此據厚二年十二月十七日奏修入。十月三十日，領兵發安強寨，至骨延谷戰敗，與青唐錄略不同，當考。青唐錄："十一月，郎阿章領河南部族寇來賓、循化城、安強寨，洮西安撫李忠戰歿。王厚遣劉仲武、潘逢統兵救之②，遇賊骨延嶺，後麈戰大捷，解循化城之圍，首領瓦捘出降，餘城寨兵皆散走。詔以熙河蘭會別爲一路。"

十二月癸酉，詔別建熙河蘭會措置邊事司③，命皇城使、成州團練使、權發遣熙河蘭會路經略司事王厚措置邊事；入內皇城使、果州刺史童貫罷熙河蘭會路勾當公事，差熙河蘭會路同措置邊事，仍兼領秦鳳，得以節制兵將，應副興發。

此據王厚崇寧三年六月二十四日申密院收復鄯湟功跡狀云④："十二月二十八日，準朝旨別建措置邊事司云云。"今附月末。青唐錄附之二年八月，誤也。三年二月三日詔可考。青唐錄又於十一月循化解圍之後，特書詔以熙河蘭會別爲一路。［按：熙河蘭會別爲一路久矣，此但別創措置邊事司⑤，非是別創爲一路也。或以命厚、貫領措置司係之初九日甲寅，若初九日已出命，則不應二十八日厚方被

---

① 郎阿章領河南部族　"領"底本作"令"，據嘉慶本改。
② 潘逢統兵救之　"逢"底本作"逄"，據嘉慶本、宋王安中初寮集卷六定功繼伐碑改。
③ 熙河蘭會措置邊事司　嘉慶本作"熙河蘭會路措置邊事司"。
④ 收復鄯湟功跡狀　嘉慶本"鄯"下有"廓"一字。
⑤ 措置邊事司　"事司"底本作"司事"，據嘉慶本、長編拾補卷二二乙正。

千往救,弗及。軍令結等入城,掠取財物,仍各散去。

此據王厚八月三十日並九月三日奏修入。

九月丁丑,詔付王厚:"省童貫奏,八月二十三日,據前鋒將党萬等申占據當標城,及與蕃賊戰鬥,斬獲首級,大挫賊氣,其餘羌衆驚潰遁去,並降附郎家族大首領等事具悉。委爾經畫洮川,既能成效,已完堡障,屏蔽新民,又復因勢撫定當標。再覽捷章①,益增嘉賞。更宜拊循士卒,量度事機,舉動審詳,以終偉績。應立功將士等,可速具功狀奏來。"丙申,王厚既定河南羌族,大軍將還,會聞谿賒羅撒之衆據勝宗臨,以逼脅湟州新羌,來賓城被圍,守者奔潰,乃復由巴金進討。詔秦鳳遣兵一萬濟師。是日,九月二十日②。大軍至勝宗,大破賊衆,焚其族帳、儲峙不可勝計,復完來賓城③,斬棄城者。

此據功狀增入。

戊戌,王厚又奏:"蕃賊見於勝宗、宗哥一帶嘯聚。除已分擘人馬於虬當、當標等處控扼外,臣親統大軍進次湟州,尋差高永年帥熙、秦兩路兵隨臣前進,誅撫勝宗、宗哥一帶賊衆。就軍前措置合行事務,仍差選第九將劉仲武權領湟州職事,在彼固實根本去訖。"九月二十二日奏此。又奏:"臣親統大軍,二十二日至勝宗谷,分遣將兵討殺賊衆,焚蕩二千餘帳,斬獲甚多,未見的實數目。勝宗一帶賊衆悉皆潰散走④。翌日,遂進軍丁令谷,相度事機,續具奏聞。"

厚二十二日發此奏,今附此。

己亥,大軍離勝宗,王厚以爲賊雖敗散,山中有遁匿者必來追躡我軍,乃別遣兵設伏於後。大軍既發,賊果來襲,伏發,斬首二百五十一,生擒六人,賊遂大潰。庚子,次綏遠,奉詔班師。十有四日至河州⑤。甲辰,王厚奏:"臣已回軍河州措置事務,仍每月一次輪差將官,領千餘騎,附十餘日糧⑥,前去湟州及臨宗、綏遠、來賓一帶巡綽照管,撫存新歸部族訖,即回本駐劄處,並如御前處分去訖。"

厚九月二十八日奏此。

---

① 再覽捷章　"章",嘉慶本作"書"。
② 九月二十日　底本脫"日"一字,據嘉慶本補。
③ 復完來賓城　底本脫"城"一字,據嘉慶本、長編拾補卷二二補。
④ 悉皆潰散走　底本脫"走"一字,長編拾補卷二二同,據嘉慶本補。
⑤ 十有四日至河州　"河"底本作"熙",嘉慶本同,據文意改。按:下文有"十月甲寅,王厚還至熙州"。
⑥ 附十餘日糧　"附"底本作"付",據嘉慶本改。

招誘說諭小隴拶及廓州洛施軍令結等，早令出降。仍差王端就綏遠關廣設方略①，說諭招誘。王厚候撫定廓州一帶事畢，依累降指揮，取便路歸湟州駐劄，一面應副措置招納等事。所有熙河合應辦事件，即委官前去。童貫候隨軍回至湟州訖，權暫赴闕。

此據王厚奏、二年八月二十一日密劄、聖旨刪取增入。

己巳，湟州既平，王厚奉詔措置河南生羌。其地在大河之南，連接河、岷，部族頑梗。厚以爲若不先事撫存，據其要害，大軍欲向鄯、廓②，必相影助，或於熙、河州界出没，爲牽制之勢，擾我心腹，其害甚大，乃留王端、王亨在湟州，與高永年等就近招納宗哥、青唐一帶部族，存撫新屬羌人。大軍由來賓城，以甲子八月十八。濟大河，南出來羌，過山後，先遣裨將党萬、陳迪爲前鋒，道密章谷，指當標城。是日，己巳。進薄城下。有生羌發伏邀截，萬等與戰，斬首百餘級③，追北十數里，遂拔其城，後爲安彊寨。大首領軍角四等率其部族出降。

此用王厚申密院功狀修入，並增以九月一日賜厚詔及八月二十五日厚奏。

厚將大軍，自五牟谷進至西蕃界首，地名分水嶺，統領官馮瓘、姚師閔受郎家等族大首領角四結、角四瞎令結並鬼驢等族大首領斯雞彪、龍哥令等降，押赴前軍。

此據厚二十五日奏並九月一日詔修入。

辛未，王厚別遣洮東安撫馮瓘統蘭、岷州，通遠軍將兵取一公城，至城之西二十里，賊衆據扼要路，瓘與戰，破之。一公城平，瓘還，會大軍。壬申，河北首領洛施軍令結、阿撒四等領廓州邈龍、拘掠等族五千餘衆，自青丹谷出攻來賓城。城中先納詐降蕃部十餘人爲之内應。知城楊洙、監押董仙、巡檢赫連青弁等戰敗，遂棄城走。安川堡巡檢紀育死之。王厚自當標、一公城引兵至達南宗城下，西蕃王子之父欺巴温、妻掌牟杓拶遵斯雞率其大小首領等出降，達南宗平，賜名通津堡。癸酉，王厚自達南宗引軍赴米川城，即大通城。遇蕃賊三千餘騎，與戰，破之，賊焚橋遁去。甲戌，厚修橋欲濟，賊酋心牟掩提等復來扼據津渡，厚及童貫幾爲流矢所傷。遣人招諭心牟掩提等，皆不從。乙亥，來賓城陷。王厚遣秦鳳路將官吕整及東路第三將副党萬、陳迪統兵八

---

① 廣設方略　"設"底本作"納"，據嘉慶本、長編拾補卷二二改。
② 大軍欲向鄯廓　"向"底本作"回"，據嘉慶本、長編拾補卷二二改。
③ 斬首百餘級　底本脱"首"一字，據嘉慶本補。

多方遣人招諭廓州等處部族,又郎阿章已有歸漢之謀,更切隨宜應接。既湟州腹心之地,有帥臣在彼,又兵力聲勢相續,人人懼禍,自當歸投者多。如此,則強梗雖未順服,若有機會可乘,便可及時撫定。候措置青唐了畢,方得班師前去熙州。更在精加思慮,依此施行,仍節次具狀奏聞。"是月,以釓當川爲來賓城,省章峽爲綏遠關,南宗川爲臨宗寨。又以當標寨爲安強寨,一公城爲循化城,達南城爲大通城。

　　三年正月十六日,王厚言:"釓當、省章峽、南宗川三處並係衝要,已築關城了當,賜名來賓、綏遠、臨宗。"〔按:二年九月一日已有綏遠關,二十三日已有來賓城,即可見三處賜名,不待三年正月。蓋三年正月,三處關城都畢工,厚追言之耳。汪藻青唐録於二年七月但書來賓城,不及綏遠、臨宗,卻將循化、大通城、安強寨皆係之二年七月,今從之,仍增入綏遠、臨宗二關寨。當標等三城賜名詔旨,宣和録在四年七月六日,初草在五月二十一日,今並不取。〕

　　八月丁未朔,詔:"湟州近已收復,其元行廢棄及迎合議論、沮壞先烈之人,理當更加降黜。除許將已放罪,曾布已責廉州司户參軍、衡州安置外,龔夬移送化州,張庭堅①送象州,並編管。責授崇信軍節度副使韓忠彦責授磁州團練副使,依舊濟州安置;責授寧國軍節度副使②、漢陽軍安置安燾責授祁州團練副使,依舊漢陽軍安置;右正議大夫、知杭州蔣之奇降授中大夫,依舊知杭州;降授朝請大夫,少府少監,分司南京、徐州居住范純禮責授静江軍節度副使、徐州安置;除名勒停人陳次升移送循州居住;降授承議郎、權發遣坊州都貺降授宣義郎③、添差監撫州鹽礬酒税務,任滿更不差人;錢景祥、秦希甫並勒停;李清臣身死,其男祉當時用事,移送英州編管;降授復州防禦使姚雄特勒停,光州居住。"

　　元年二月一日,忠彦等初責。青唐録云:姚雄亦降皇城使,勒停,光州居住。雄二年五月本自華州觀察使降復州防禦使,三年二月五日任便居住。

　　又詔:"胡宗回頃帥熙州日,在元符末、建中靖國間屢陳堅守鄯、湟之議,見落職罷任,可赦其小過,録其前功,特與復寶文閣待制、知秦州。"丁卯,詔:"王厚,綏遠關已畢工,須常留三千兵馬,及選委兩將在彼戍守。如河南一帶部族,可乘機撫定,即差李忠就便措置,兼措置廓州。除勾收秦鳳兵馬一萬外,如使喚不足,火急具奏。"又詔童貫

---

① 張庭堅　底本作"張廷堅",據嘉慶本改。
② 寧國軍節度副使　"寧",嘉慶本誤作"定"。
③ 宣義郎　"義"底本作"議",長編拾補卷二二同,據嘉慶本、宋會要輯稿職官六八之九改。

姦便。"

> 厚被此詔不見月日。今約時附矖哥堡捷奏十日後。

七月己卯,以收復湟州,百官入賀。

> 詔旨云:"青唐納土,百官入賀",非也。今改之。

詔付王厚:"覽累奏克捷次第①,及收復湟州事具悉。分道進兵,應期會合,叛討舍服,威懷並施,平定邈川,勢同破竹,固吾疆圉,控制興、涼。繼覽捷書,不忘嘉歎。蓋由汝志懷節義,識達幾微,乘釁徂征,舉無遺策,犄角夏宼,冠帶氐羌。師不逾旬,武功克著。強梗者既已授首,柔服者尤在拊綏。切務懷來,式昭仁信。除已差李石計置前去,賜汝等衣帶、茶藥及將士犒設支賜外,特頒獎諭,宜體眷懷。"

> 厚初九日得此詔,當是初一日或初二日降。今附百官賀收復湟州後,二十三日厚奏可考。

壬午,東上閤門副使、知河州、權熙河蘭會路經略司王厚爲威州團練使、知熙州,入內東頭供奉官、熙河蘭會路勾當公事童貫轉入內皇城使、果州刺史,依前熙河蘭會路勾當公事。甲申,降德音於熙河蘭會路,減囚罪一等,流以下原之。勘會趙懷德彼土舊主,昨來姑示矜容,遣還湟州,以順衆心。而乃阻命至今,不令在湟州住坐。今來未知所在,仰經略、安撫司根問去處,即令歸漢。敢有邀攔阻滯或輒行殺害者②,即移兵前去討蕩,其造謀殺害之人全家誅斬。除多羅巴累肆狂悖,降指揮召人捕殺,不在今來德音原免之限,仰多方招募人捕殺外,訪聞郎阿章是彼土首領,負罪逃亡,未敢歸順。德音到日,亦子細説諭,特與免罪,許令自新。間已降指揮,如出漢,郎阿章特除防禦使。

辛丑,詔付王厚:"勘會湟州雖已修築省章等處,扼據要害,然青唐一帶尚未措置,於撫定一方,績用未究。所當悉意處畫。今據所奏,以兵力勞弊,未可前去廓州,欲候南宗畢工,遂班師過河,略定當標、一公,撫寧河南部族,俟來春進復廓州,一舉可定,即青唐不能自立。詳所奏陳,未爲至計。緣事貴乘時,今湟州初定,方當措置青唐,以弭後患。雖未可進兵廓州,亦當先務廣行招納,可候南宗興築才畢,爾且留湟州處置諸事,仍抽秦鳳兵馬,令附帶糧草,與舊兵更番戍守,務令聲勢相續,以懼敵人之氣。

---

① 覽累奏克捷次第　長編拾補卷二二同,嘉慶本作"覽□累奏克捷次第"。
② 敢有邀攔阻滯或輒行殺害者　"攔"底本作"闌",據嘉慶本、長編拾補卷二二改。

慈,特寬顧慮①。"初,湟州未克,青唐王子谿賒羅撒率衆來援,過安兒峽,聞城已破,遂駐宗哥城,以丹波禿令結不能守,斬之以徇。時論者皆欲席捲而西,王厚與童貫及諸將議曰:"湟州雖下,形勢未固,新附之人或持兩端。青唐餘燼尚强,未肯望風束手。我師狃於新捷,其實已罷。若貪利深入,戰有勝負,後患必生。歲將秋矣,塞外苦寒,正使遂得青唐諸城,未可興築。若不暴師勞費,則必自引而歸。玩敵致寇,非萬全之策。往年大軍之舉,事忽中變,正以此耳。湟州境内要害有三:其一曰𪒠當,在州之南,前已城之矣。其二曰省章,在州之西,正爲青唐往來咽喉之地②,漢世謂之隍峽。唐人嘗修閣道,刻石記其事,地極險阻。若不城之,異日兵出,賊必乘間斷我歸路。其三曰南宗寨,在州之北,距夏國卓羅右廂監軍司百里,而近夏人交構諸羌,易生邊患。今若城之,可以控制。況此三地正據鄯、湟腰背③,控制之利,可斷其首尾之患。厚在元符間已嘗建論,不從,竟致棄地之事。覆車之轍,何可復蹈?且三城既畢,湟境遂固,降者悉爲吾用,地利可佐軍儲,形勢所臨,威聲自遠。益加招撫,降衆必多,此支解虜之術也。明年乘機一舉④,大功必成。"或謂厚曰:"朝廷之意,必欲亟定青唐,從而有功,必受重賞。違之,且得罪。"厚曰:"忠臣之誼,知體國耳,遑他恤乎⑤?"遂以是日甲戌,移軍趨省章東峽之西,得便地曰洒金平,建五百步城一座,後賜名曰綏遠關。大軍駐關中,谿賒羅撒尚在宗哥,遣其大首領奔巴令、阿昆等五輩持蕃書詣軍門,請保渴驢嶺以西,而和書辭每至益卑。時軍中已定議保完湟境,來春進取,且欲懈賊鬭志,使不爲備,於是以便宜聽所請,移書張示威信,賊中大震,關城畢工。乙亥,詔付王厚:"據童貫六月十八日奏,曪哥堡有不順多羅巴男阿令結主管,遂以大兵拒敵,廣施智勇,攻破本堡,斬多羅巴男阿令結并親屬部族捷報事者,委爾措畫撫納,向小醜取不恭順,統師纔出,忽成大功,傑酋既除,一方綏静。撫定必見有期,蓋出爾良謀。朝廷有賴,坐觀能策,朕甚嘉焉。可疾速具的確得功將兵等人數,開析聞奏,以錫恩賞。切宜多方經營,更在穩審,慎勿恃其勝氣,不顧利害,輒生輕易籠略,致少沮威遠之體,落賊

---

① 特寬顧慮　嘉慶本作"時寬過慮",長編拾補卷二一作"時寬顧慮"。
② 正爲青唐往來咽喉之地　底本脱"爲"一字,據嘉慶本、長編拾補卷二一補。
③ 況此三地　"地"底本作"城",據嘉慶本、長編拾補卷二一改。
④ 乘機一舉　"乘"底本作"稱",據嘉慶本、長編拾補卷二一改。
⑤ 遑他恤乎　"遑"底本作"皇",據嘉慶本、長編拾補卷二一改。

蕃部族①，仍專一措置邊防事務。臣謹遵依聖訓，統率將兵前去新邊，應接降羌，經畫故地。已於六月十七日，親率大軍，分兩道渡黃河，出安鄉、京玉二關，所遇城寨部族②，逐一宣揚朝廷恩信，人人撫接，務盡歡心。先有大首領余欒迎降，臣等乘機徑至邈川城下③，會合高永年北路人馬，有青唐遣到大首領丹波禿令結等劫衆據城抗守。臣與諸將攻拔其城。至二十四日丑時，臣與童貫及諸將官屬收復湟州，尋分兵屯守要害堡寨，仍召已降酋長厚加犒勞，各遣歸族，撫輯蕃部，安心住坐，並無驚擾。所有新邊一行事務，見行區處，略以貼定。其收復湟州境內地里、户口，謹具畫一數目如後，須至奏聞者。一，收復湟州並管下城寨，周圍邊面地里共約一千五百餘里，東至黃河、蘭州京玉關；西至省章峽、宗哥界；次西至廓州黃河界；南至河州界；北至夏國蓋朱界。一，收復湟州並管下城寨一十所：通川堡、通湟寨、省章寨、峽口堡、安隴寨、寧洮寨、乩當城、寧川堡、安川堡、南宗堡。一，招納到湟州管下部族并户口大首領添令等二十一族，户口約十萬餘，計大首領余欒等五十餘人，小首領把班等四百餘人。臣檢會自奉朝旨措置招納已來，至今纔及數月，一方邊事已見成效，此皆聖算幽微，動達機變，致邊臣遵依從事，舉無遺策，仍以溫厚恩信普加安恤，故羌胡異俗悉皆嚮化，莫不舉種內附，願爲漢民。今湟州一境土壤膏腴，實宜菽麥。控臨西夏，制其死命。前世所欲必復之地，今乃一舉得之，此緣朝廷威靈，誕施無外，是使臣等得措微力，共濟大功。所有新降首領，已依元降等第支給例物，補授官爵④。其下户口人衆，亦差委使臣、蕃官徧加撫存，務令安靜。所有逐處城寨，見行相度緊慢，團結兵夫，節次修完去訖。謹具捷奏以聞。"又貼黃："今來再行收復湟州並管下城寨，諸羌降附，兵不血刃，自古無有。聖德所及，千古盛事。伏乞宣付三省、樞密院施行。"

甲戌，王厚奏："今月二十六日，準御前劄子稱：'知爾近已統率將兵出塞，安鄉、京玉與夏國、青唐等接境。慮師出之後，主帥遠離內地，賊人窺伺間隙，忽來侵犯兩關，乘勢奔衝，越河作過。可疾速差那得力將副軍兵在彼守把，仍嚴行誡飭，須管貪夜明遠斥堠，多作隄備，勿使少落賊姦便，以挫國威者。'臣契勘自大軍離熙州日，首遣將官沈言帶領人馬屯守京玉關，照應夏國窺伺邊面，及差將官劉成、陳迪引兵赴安鄉關駐劄，照應西蕃河南强梗部族，仍令成等常切輪往南川寨巡綽邊面，覺察姦寇。今來臣等既已收復湟州及管下城寨，蕃部各已安貼。詳今兩關邊面，皆在湟州之裏，籬落完固。臣雖居外，必保無虞。兼臣亦自丁寧沈言等詳審探伺，過爲隄備去訖。伏望聖

---

① 招納西蕃部族　"族"底本作"被"，據嘉慶本、長編拾補卷二一改。
② 所遇城寨部族　"遇"，嘉慶本、長編拾補卷二一均作"過"。
③ 臣等乘機徑至邈川城下　"至"底本作"人"，據嘉慶本、長編拾補卷二一改。
④ 補授官爵　"授"底本作"受"，據嘉慶本改。

上。先是,永年等既出京玉關,以乙丑六月十八日①。收復通川堡。羌賊拒把拶宗之險,前鋒王亨、劉仲武等諭之,不肯下。賊黨有謀内應者,永年聞之,率大衆赴之,力戰,奪其險,殺獲甚衆。内應者見我師得力②,皆爭倒戈,賊大奔潰,遂克羅瓦抹逋城。羅瓦抹逋城舊名通湟寨。越三日,即二十一日戊辰。永年等先至湟州,陳於東坂之上。城中賊酋望見師少,有輕我心,謀以翌日出奇兵擊破之。會厚大軍至,賊不敢發。是日,諸將各率所部,列旗幟,鳴鼓鐘,環城遣人約降。其大首領丹波禿令結盡拘城中欲降者,據城不下。厚與童貫引中軍登城南山,視城中,盡見其戰守之備,分遣諸將各據一面攻城。賊援兵自城北宗水橋上繼至,勢益張。日暮,諸將有言:"賊得援兵力生③,我師攻戰久,已罷。請暫休士卒,徐圖之。"厚謂貫曰:"大軍深入至此,是爲死地。不急破其城,青唐王子擁大衆來援④,據橋而守,未易以旬日勝也。形見勢屈,將安歸乎?諸將不以計取,顧欲自便,豈計之得邪?敢再言者斬。"於是諸將各用命。死士乘城,賊以石縱擊,垂至堞而墜,奮復上者不可勝數。鼓四合,晝夜不絕聲,矢下如雨。城中負盾而立,艣動,賊皆掩耳號呼。庚午,別遣騎將王用率精騎出賊不意,亂宗水上流,擊破援兵,絕其路,乘勝奪水寨。初,元符間,築城宗水之北以護橋。至是,賊據守之。有蕃將包厚緣城而上,攙搶擊賊,引衆踴入。賊退保橋南。厚開其門,王用因以其衆入據橋城而戰,賊勢猶未沮,遂火其橋,中夜如晝。諸將逐火光盡力攻城⑤,賊不能支,大首領蘇南抹令呱潛遣人縋城送款,請爲内應,許之。是夜,王亨奪水門入,與其戲下登西城而呼曰:"得湟州矣!"諸軍鼓譟而進⑥。丹波禿令結以數十騎由西門遁去。辛未黎明,大軍入湟州,假高永年知州事,完其城而守之。攻凡三日,斬首八百六十四,生擒四十一人,臨陣降者一百八十三人。前後招納湟州境内添令等族大首領潘羅谿兼籛七百五十人,管戶十萬。厚具捷書以聞。

此皆用王厚三年六月申密院狀修入。王厚奏:"契勘節次被受御劄處分及樞密院劄子指揮,招納西

---

① 六月十八日 底本脱"日"一字,據嘉慶本補。
② 見我師得力 底本脱"我"一字,據嘉慶本補。"力",嘉慶本、長編拾補卷二一均作"利"。
③ 賊得援兵力生 底本脱"得"一字,據嘉慶本、長編拾補卷二一補。
④ 青唐王子擁大衆來援 底本脱"援"一字,據嘉慶本、長編拾補卷二一補。
⑤ 諸將逐火光盡力攻城 "逐",嘉慶本、長編拾補卷二一均作"乘"。
⑥ 諸軍鼓譟而進 "軍"底本作"將",據嘉慶本、長編拾補卷二一改。

控扼險要。臣與童貫帥其餘將卒前去收復湟州①。合行措置事件,節次別具申陳次。"六月二十二日,王厚奏:"臣契勘自奉朝旨措置招納西蕃部族,以遠近羌衆相繼歸款,遂爲青唐酋長所知,遣多羅巴并六心、谿丁等族分據要害,隔絶降羌。其多羅巴等據守曬哥堡,在巴金嶺之上,峻長三十餘里。六心、谿丁等據守把拶宗,在湟水之南,旁有通道,卻稍平易。臣遂與童貫親率諸將卒出安鄉關,上巴金嶺,進次曬哥。其城中拒守之人五千有餘,衆開門,盡鋭敵官軍。臣與童貫鼓率士卒,親督諸將奪險,數路並進,遂斬多羅巴男阿令結、厮鐸麻令,並射中第三男阿蒙,仍斬強悍首領數百人②,然後得城。今來心白羌酋悉皆降順,即時説諭,遣令歸族,安心住坐。其把拶宗路易於措置,臣止遣高永年引兵萬餘人,出京玉關前進招納,而六心、谿丁等族首領部衆,聞臣等大軍已破曬哥堡,誅阿令結等,其勢大沮,不能固守把拶宗,相率遁去。今高永年一行人馬已乘勢進至通湟寨。見取二十一日前進,與高永年會合,所有曬哥獲捷,已具奏聞去訖。"據厚所稱,曬哥堡在巴金嶺上,峻長三十餘里;把拶宗在湟水南,旁有通道,卻稱平易,恐與蔡條所記鐵堠子嶺相關,須詳考之。

乙丑,詔付王厚:"近據爾等奏,已卜此月十四日統率兵衆出寨應接,未委大軍登陟進途次第,即日所至去處,及沿邊逢迎歸順蕃族多寡、人情向慕如何? 更宜遵依累降丁寧處分,上體朝廷委曲誡諭之意,慎勿輕易麄率,不顧利害,落賊姦便。惟在穩審,從長措置,多方招納,早得撫定一方,乃紓西顧之憂。"

此據厚家供到,乃六月十八日所降詔也。厚六月二十六日奏"爲奉御前處分,令穩審措置",即此十八日詔也。十八日發下,二十六日奏上,遞角大率八日或九日即到。

丙寅,王厚進軍次瓦吹,舊名寧洮寨。高永年等進據把拶宗城。丁卯。初,巴金之戰,有射阿蒙中其目者,拔矢而遁。道遇其父多羅巴引衆來援,告之曰:"兵大敗,兩兄皆死,我亦重傷。漢家已入巴金城矣!"父子相持慟哭,恐追騎及,偕馳而去。至虼當城,所居附順者張心白旗甚衆,復懼見擒,踰城奔青唐。虼當亦險要之地,與忽都城、青丹谷相連,間道可抵鄯、廓,其東即寧川等處,異時畔羌竊據,多出斷道,爲湟州大患。至是,多羅巴餘黨猶盛,王厚慮其或掎我軍後,是日,大軍留寧洮,厚與童貫率李忠等將輕騎二千餘人趨虼當,破不順部族,焚其巢穴。臨大河據險,得古城之北,命李忠及党萬率衆築而守之,後賜名來賓城。厚即日還寧洮。戊辰,進下隴朱黑城。隴朱黑城舊名安隴寨,分兵據新舊各城。己巳,進至湟州,會別將高永年等軍於城東坂

---

① 臣與童貫帥其餘將卒前去收復湟州 "帥"底本作"那",據長編拾補卷二一改。
② 仍斬強悍首領數百人 底本脱"強"一字,據嘉慶本、長編拾補卷二一補。

鼓,將決戰,復有疑兵據高阜,張兩翼。會厚以軍至,賊望見氣沮,其酋長猶往來城下,部勒其衆。厚乘高列大帥旗幟示之,遣人諭以恩信,開示禍福,數返①。阿令結曰:"吾父今夕當至,正好相殺。"其弟亦不肯降,語益不遜。遂命諸將布陣攻城,賊力戰拒險,我軍不能過天塹。厚親至陣前,督强弩射之,賊少卻。別遣偏將鄒勝率精騎,由間道繚出其背,賊大驚,因鼓之,諸軍四面奮擊,殺阿令結、廝鐸麻令於陣。其幼弟阿蒙流矢中目貫腦,遁去。多羅巴率衆來援,聞敗,亦遁去。日未中,大破賊衆,凡斬首二百一十三,擒九十八人,降者五百餘戶,遂克其城。賊恃巴金之險,以一戰決勝負,不踰刻而敗,軍威大震,遠近爭降附。厚誅强悍首領數百人,入據其城,遣高永年引兵萬餘出京玉關。

此並用厚申密院功狀修入。十九日,王厚奏:"臣今月十四日,帥領漢蕃將兵等起離熙州,至十八日,進兵收復矑哥堡,舊賜名安川。已於當日具狀奏聞去訖。十九日②,自矑哥堡前進,至瓦吹駐軍止宿。昨賜名寧洮。沿路遣委歸順酋首、譯語使臣等各往本族,照管撫慰部族,悉令安心住坐,不得驚疑,及推諭朝廷撫存恩意去訖。大軍自入湟州界,除矑哥堡首領多羅巴男阿令結等三人據城與官軍抗③,再三遣人招撫説諭,並不聽從。又緣多羅巴父子將向順心白人户擅行殺戮,諸羌悉皆怨仇,若不略行誅討,恐不足震服桀黠之衆。昨來廢棄湟州并管下城寨,止緣多羅巴父子爲擾之故。今來大軍進復湟州,須至將此酋并餘黨盡行翦滅,即湟州境内,遂可一成安寧。臣等尋令將佐等頓兵矑哥城下,引致阿令結兄弟三人出城,與之接戰,仍遣諸將分兵攻奪其城,阿令結等乃率衆向前力鬥,我軍尋斬獲阿令結并其弟廝鐸麻令二人首級④,小弟阿蒙爲流矢中目貫腦,遂竄去。初聞多羅巴自本族奔至矑哥救應,至中路逢見阿蒙,始知男阿令結等二人已被誅戮。及聞官軍佔據矑哥,遂投還本族。人户見其竄敗,不肯接納。及忽都城爲漢兵守禦,潛伏所在,見今未知去處。臣已令得力人散行根逐次。今諸羌聞漢兵既誅阿令結等⑤,其多羅巴虜巢穴各皆爲漢兵所據,莫不欣悦,多稱:'自來只被多羅巴父子侵擾,致令部族不得安心住坐,男女等又不得躬親出漢公參,告阿耶奏知東京官家與男女做主。'臣已再三説諭,令安心歸族住坐,除多羅巴竄走見根逐外,阿令結等既已誅死,衆心無不悦服。大軍沿路經由部族地分,遂無纖毫驚虞,漢蕃並各安貼。今取二十日進軍乩當,撫定其餘羌衆,及令權知河州李忠帶領本將人馬,照管廂軍、家丁修築乩當,

---

① 數返　長編拾補卷二一同,嘉慶本"返"作"還"。
② 十九日　底本脱"日"一字,據嘉慶本補。
③ 多羅巴　底本脱"多"一字,據嘉慶本、長編拾補卷二一補。
④ 并其弟廝鐸麻令　底本脱"其"一字,據嘉慶本補。
⑤ 今諸羌聞漢兵既誅阿令結等　"今"底本作"令",據嘉慶本改。

此,正所謂以夷狄攻夷狄,乃中國之利。臣見與童貫計議,乘此從長措置,及選委得力番部,令同使臣李德慶前去篤丁,計會緬什羅蒙送文字與大隴栱評泊事務,才候起發,別具奏聞。"又貼黃:"大隴栱雖累與郎阿章餺賽得勝,終恐爲青唐吞併,及慕漢家威德,決有歸順之意。其郎阿章亦以數敗,内懷恐懼不安。臣今與童貫并召高永年在此商量,乘此機會①,前去措置。但臣等似稍出兵②,即諸處强梗酋豪當盡款服,其間或有説諭不從,即行翦戮,庶幾一兩月便見大定。伏乞聖慈詳察。"

六月辛酉,王厚、童貫發熙州。初,厚與貫會諸將部分軍事,諸將皆欲併兵直趨湟中,厚曰:"賊恃巴金、把栱之險,挾大河之阻,分兵死守,以抗我師。若進戰未克,青唐諸部之兵繼至,夏賊必爲之援,非小敵也。不若分兵爲二,南道出安鄉衝其前,北道出京玉擣其後。賊腹背受敵,勢不能支,破之必矣。"貫猶未決,厚曰:"他日身到其地,計之熟矣,願毋過疑。"遂以岷州將高永年爲統制官,權知蘭州姚師閔佐之,及管勾招納王端等,率蘭、岷州,通遠軍漢蕃兵馬二萬出京玉關。厚與貫親領大軍出安鄉關,渡大河,上巴金嶺。

此據厚申密院功狀修入。汪藻青唐録:六月,厚、貫發總領蕃將官高永年,蕃兵將官李忠,熙州將辛叔詹,河州將辛叔獻,蘭州將姚師閔、劉仲武,通遠軍潘逢、王用及王亨、党萬等,提兵分道並進。谿巴温、谿睒羅撒誘群羌旅拒我師,我師稍衄,不能前。明日休士鼓行,連日大捷,遂圍湟州,部族添令等二十一族大首領欽獎等五十餘人③,率小首領四百餘人皆來降,谿巴温、谿睒羅撒遁去,收復湟州,並通川堡、通湟寨、省章、峽口堡、安隴寨、寧洮、乩當城、寧川堡、安川堡、南宗堡城寨十餘所。

癸亥,王厚次河州。甲子,王厚次安鄉關,童貫率統領官李忠等以前軍趨巴金城,舊名安川堡,在巴金嶺上。多羅巴使其三子,長曰阿令結,次曰厮鐸麻令,次曰阿蒙,率衆拒守。城據崗阜,四面皆天塹,深不可測,道路險狹。我師至,望見城門不閉,偏將辛叔詹、安永國等爭先入。賊出兵迎擊,師少卻,安永國墮天塹死,叔詹等馳還,幾爲所敗。會雨,各收軍而止。童貫遣其麾下來告,厚使數騎馳戒李忠曰:"日已暮矣,善自守。明日大軍至,當爲諸君破賊!"翌日乙丑④,賊以大衆背城而陳,埤間建旗鳴

---

① 乘此機會 "會",嘉慶本、長編拾補卷二一均作"便"。
② 似稍出兵 嘉慶本、長編拾補卷二一均作"稍似出界"。
③ 部族添令等二十一族 "添令",嘉慶本、長編拾補卷二一均作"漆令"。
④ 翌日乙丑 "翌"底本作"翼",嘉慶本、長編拾補卷二一同,據文意改。

未克就。自那回兵馬後來,彼土酋領向慕中國,其心不已。今差知河州王厚專切招納,走馬承受童貫往來勾當,仰本路經略安撫、都總管司公共協力濟辦。"

厚二年二月二十八日奏爲應接招納事,此密劄。詔旨不得其實日,今附此。初草於二月十七日,再命入内供奉官童貫重修建臨平山舊塔①。初草蓋據溫州報狀,然王厚二十八日所被密劄云:"已差走馬承受童貫往來熙河路勾當。"不應此時卻差至杭州,今不取。要考蔡京臨平修塔事,姑存此。

三月癸卯,詔知河州王厚權管勾熙河蘭會路經略司職事。

四月甲子,詔付王厚:"委汝以招納青唐事,措置有甚施設,蕃中情僞如何?審量羌人誠心向化有無端緒?已上施設方略、應酬對答語言,並仰具確實事狀奏來。"已巳,童貫至熙州。

此據王厚四月二十四日奏。若據申密院功狀,則云貫五月至熙州。[按:此月二十四日奏又云:先遣貫往河州。五月十五日奏:貫宣諭云云。必功狀誤也。]王厚三年六月二十四日申密院功狀云:"二年三月二十四日至熙州,體問得元符棄地之後,諸羌因我城壘,聚糧整備,結集兵衆,以爲固守之計。又湟州境内巴金、虮當、把拶宗等處形勢險阨,自來羌人負以爲固,有一夫當之、萬衆莫前之説,議者因此多言湟、鄯難復,得亦難守。然厚久已詳察諸羌情狀,分離不一,互相窺伺,必不能併力同心,保有其地。若奉揚國威,示以恩信,必能瓦解來降,其違命者,亦不過誅一二族,則皆破膽矣②。厚先在湟州日,鎮撫境内,頗見畏懷。聞厚復來領帥,各已欣賴,間通信息,願爲中國用者甚衆。於是選委通判蘭州事王端、將官李忠、王亨等勾當招納,散遣親信人深入説諭。有禄廝結族首領巴金城主遵巴,及蟲農族首領、羌賊用事者虮當多羅巴之副結令乾等大種名豪相繼出降,各補授官爵,給以財物,使其黨歸,廣布恩威,其餘深在羌中,爲凶黨脅制不能自拔者,亦往往陰送降款。姦猾強悍之徒聞各憂懼,聚衆自守。厚以謂事機如此,當速用兵出塞,服畔招攜,指期可集。若稍猶豫,變不可知。節次具狀奏聞,及申稟朝廷去訖。厚自到熙州,計度軍須糧仗之屬,分委諸州通判催督,運至河州安鄉關及蘭州京玉關下,兩月皆辦。是歲五月,童貫至自京師,傳語勞軍,將士皆奮,遂奏請師期。詔以六月十四日出熙州。"[按:厚自敘如此。然童貫以四月二十一日至熙州,方此時,厚至熙州才一月耳。既稱兩月,故不得不以爲貫五月乃至。然則厚所自敘要不可憑,姑附注此。]

甲戌,王厚奏:"臣體問得河南、河北諸羌,以大、小隴枔爭國之故,人心極不寧貼,諸族酋首互有猜忌,遂以兵革更相侵掠殺戮,其下人衆緣是愈更攜貳。今來事機如

---

① 再命入内供奉官童貫　長編拾補卷二一同,嘉慶本"再"作"載"。
② 則皆破膽矣　底本脱"皆"字,據嘉慶本補。

卷第一百三十九

徽宗皇帝

收復湟州

崇寧二年正月丁未，東上閤門副使、新知岢嵐軍王厚權發遣河州、兼洮西沿邊安撫司公事。

此據王厚奏議。正月二十八日狀云："二十七日，奉敕授前件差遣。"今用之。去年十二月八日遷閤副。王厚傳："自鄯、湟之棄，畔羌多羅巴等迎隴拶之弟曰谿賒羅撒復國，朝廷賜隴拶姓名曰趙懷德，拜河西節度使，還邈川，谿賒羅撒之黨謀掩殺之，懷德懼，奔河南，郎阿章及緬什羅等更挾以令衆種落。議者謂諸羌連結，且生邊患。朝廷方謀鎮輯，而大臣有薦厚者，於是詔供職閤門，因問復故地。厚對狀，命知河州兼洮西安撫。厚請擇人以自助，詔遣内客省使童貫與偕往。"〔按：七月五日，童貫方自供奉官轉皇城使、果州刺史，初遣時安得便爲内客省使？本傳蓋因王厚行狀致誤。〕王厚行狀："議者以謂諸羌連結，且生邊患。上方銳意紹述，憤姦謀蹙國，決策復諸郡，歷選將帥，無以易公，大臣亦多論薦。是冬，詔公供職閤門。公言：'恢復故地，當以恩信招納爲本，俟其頑悖不服，乃加誅，不過破蕩一二族，則皆定。以湟州舊治，人情浹洽，往則可得。鄯、廓須踰年再出，然後可定。此故地也。大河之南河源、積石之域，土廣人衆，隱然自成一國，亦宜以時撫有，大闢新疆。'上嘉納之，賜對崇政殿，知河州兼洮西安撫。熙帥復異議，公請擇人協力，詔遣令内客省使童貫以往，協濟軍謀，天威益振。公條具賞予降人冠帶、金幣、旗盾等，及軍須、要缺，上皆親爲區處，出自御府，傳置相望於道。召熙帥赴闕，以公權行帥事。附塞羌聞公來，馳書迎於境，乃分遣間諜深入諭恩信，陰送款者甚衆，遂檄岷州高永年及公弟端等各令招納。"

二月戊寅，王厚言："熙寧間，神宗皇帝以熙河邊事委任先臣韶，當時中外臣僚，凡有議論熙河事者，蒙朝廷批送先臣看詳可否，議論歸一，無所搖奪。今朝廷措置一方邊事，已究見利害本末。欲乞自今中外臣僚言涉青唐利害者，乞依熙寧故事，並付本路經略司及所委措置官看詳。"從之。詔："青唐，自神宗以來遣人綏納，久有向漢之心。昨王贍等因其歸順朝廷，許之招懷，只緣帥司不務協心，致其疑阻，故一方功緒終領樞府,亦悔前日預有短毀,乃奏白復推行給地牧馬事。時既無馬以與民,又不得元田,殆有其意,而郡縣間亦強民使出馬以牧,徒虛文,終不克就。未久,狄人犯闕,倉卒遂不得馬。詔盡括內外公私馬,又取於在都馬軍,不及二萬,病弱在焉,且復授小閹梁方平等,使領兵扼大河於濬州,至則大敗,馬復盡焉。靖康之初,後進書生不知始末,至冒然給地牧馬。民間雖養以充數,無復善者,又驅之燕山,悉爲敵人得,此大繆矣!

六年四月己巳,詔:"給地牧馬路分,勸誘召人養馬,自降指揮至今年三月終,養數多去處①,干預牧馬官吏宜與旌賞。令提刑司官通本路所管州縣及三千匹以上②,各與轉一官;六千匹以上,各更減三年磨勘③。州府通所管縣分一千匹以上,各轉一官;二千匹以上,各更減三年磨勘④。縣官及三百匹以上,各轉一官;六百匹以上,各更減三年磨勘⑤。"

十月乙丑,中大夫、秘閣修撰、提點河北東路刑獄兼提舉給地牧馬李孝揚轉一官、減三年磨勘,許回授本色本宗有官有服親,以本路養馬及七千餘匹故也。

---

① 養數多去處 "處"底本作"數",據嘉慶本、長編拾補卷四八、宋會要輯稿兵二一之三二改。按:宋會要輯稿兵二一之三二作"召養數多去處"。
② 令提刑司官 "令",嘉慶本作"將"。
③ 各更減三年磨勘 底本脫"更"一字,據文獻通考卷一六〇兵考一三九三中補。
④ 各更減三年磨勘 底本脫"更"一字,據文獻通考卷一六〇兵考一三九三中補。
⑤ 各更減三年磨勘 底本脫"更"一字,據文獻通考卷一六〇兵考一三九三中、宋會要輯稿兵二一之三二補。

以千計。自行法至今，即無申到出駒匹數，歲縻激賞既已浩瀚，馬户輒蠲租税科差，致賦役日益不均①，因緣騷擾，爲害不一。所有政和二年十二月已後給地牧馬條法，可更不施行。民户見養官馬，令樞密院相度拘收，支填見今闕馬禁軍。仍令逐路守臣、兵官專一鈐束，如法餵養。應租佃牧地及置監去處，並如舊制。内牧地先問舊佃人，如不願佃，即令見佃人依舊法租佃；又不願，即依條别召人承佃。應合措置事件，令逐路提刑司措置以聞。"

詔旨。蔡絛馬政篇：國朝馬政，始有監牧。熙寧末，臣僚乃議廢之，於是詔盡廢，獨留沙苑一監，其牧田聽民租佃。及後數用兵，馬少。元豐末，有保馬者，自官户强配出馬，故大擾，元祐乃罷之，其後馬政益不修。崇、觀間，有給地牧馬於陝右，未久復止。政和二年，降詔力行之，先於京東、西②、河朔，以舊牧馬地募人給養，然後依次推行諸路③。其制以係官逃田，若天荒，凡二頃至三四頃，度高下肥磽，募貧民授田，仍除其一頃税，令牧馬一匹，牝則三歲限一駒。牧馬五年，則詣官再易馬牧。其後盡括澤、潞、京西④、山東、河朔等處田，因即陝右市蕃羌名馬以分給之。其始頗擾，人以爲言。魯公力勾於上⑤："豈不知擾，願聽臣行之。"既久，百姓始忻悦。蓋田一頃，贍一馬有餘。頃畝力耕，皆爲良田，則家用饒足，然官未嘗有芻秣、吏卒之費也。政和後，牧馬至八萬餘匹，其後益盛，至九萬未已。宣和初，群小用事，始用馬，以秋冬歲一呈提刑司。小民動有勞費，因殺其令，分遠近，二三歲一呈，則又曰："郡縣官皆擇取良馬竊乘之⑥。"上尤切齒，數以爲言。魯公執曰："馬不使之習知銜轡，顧安用哉？大爲之防足矣。"不聽。二年，魯公罷，群小争言給地爲非，於是詔牧馬盡給賜童貫，及遣之陝右，使補諸軍之闕馬者，凡九萬餘匹。既不知恤，道斃者十八九。其實群閹與一二倖臣利其田爾，遂盡牧馬民田以賜諸苑囿及道觀⑦，若後苑作、書藝局、艮嶽、擷芳園、上清寶籙宫、龍德、太一宫、佑神觀，皆給千頃或八百頃，他苑囿⑧、宫觀亦不下三五百頃。始時多荒瘠地，貧民力耕既久，皆爲上腴，一旦失業，遠近咸苦之。然祖宗監牧又久廢罷，其後北事興，郭藥師在燕山須馬，而國家無監牧，與給地牧馬且廢久，乃又盡括河南諸軍馬及諸處係官馬，以綱發去，聽其揀擇取之，於是中國馬政掃地焉⑨。及宣和末，事變浸危，陰知金人將叛盟，始悟闕馬。伯氏時

---

① 致賦役日益不均　底本脱"致"一字，據宋會要輯稿兵二一之三一補。
② 京東西　"京"底本作"畿"，嘉慶本、長編拾補卷三六同，據文獻通考卷一六〇兵考一三九三中引蔡絛國史補改。
③ 然後依次推行諸路　"依"底本作"以"，據嘉慶本、長編拾補卷四一改。
④ 京西　"京"底本作"畿"，嘉慶本、長編拾補卷三六同，據文獻通考卷一六〇兵考一三九三中引蔡絛國史補改。
⑤ 魯公力勾於上　"勾"，嘉慶本、長編拾補卷四一均作"白"。
⑥ 郡縣官　"郡"底本作"群"，據嘉慶本、長編拾補卷四一改。
⑦ 遂盡牧馬民田以賜諸苑囿及道觀　"盡"底本作"畫"，長編拾補卷四一同，據嘉慶本改。按：文獻通考卷一六〇兵考一三九三中引蔡絛國史補作"遂盡收田以賜諸苑圃及道宫"。
⑧ 他苑囿　"苑"底本作"園"，據嘉慶本、長編拾補卷四一改。
⑨ 於是中國馬政掃地焉　底本脱"焉"一字，據嘉慶本、長編拾補卷四一補。

年,熙河頗見就緒①。凡縣、鎮、寨、關、堡官銜內並帶兼管勾給地牧馬事②,佐官同管勾,庶使人人各知任責。"

五月庚戌,御筆:"給地養馬之法雖已推行,而地之頃畝尚多③,訪聞多是土豪侵冒④,百不得一。今遣官括地⑤,限一日起發,親詣地所。如違及不實不盡,杖一百;故隱落,以違制論。"

三年八月丁亥,詔:"馬政近經分撥,所降指揮不相照應。今後應緣馬事,可依崇寧二年正月二十四日指揮,並隸樞密院。"

政和二年十二月癸丑,始詔諸路給地牧馬,又詔:"諸路馬食,儲積亦艱,沿邊土曠,乘春發生,青草茂盛,應諸城寨,若使軍馬分番出牧,就野飽青,晚持草歸,以充夜秣,每名量支草價,以省官芻。"詔:"聞河東路見今施行,可令陝西諸路相度措置聞奏。"

三年七月壬辰,提舉京西路給地牧馬王愈言:"乞依提舉陝西路給地牧馬奏請已得指揮,應縣、鎮、城、寨,每給地牧馬及三百戶,管勾官與減二年磨勘;一州通管給地牧馬一千戶,點檢官與減磨勘三年,歲終,仍委提舉官取給地牧馬最多處保明聞奏,乞自朝廷旌賞。臣到本路,竊見每州管牧地動輒數千頃,一縣或一二千頃者,若縣給地牧馬三百戶,州通及一千戶便行推賞,則州縣惟及賞格而止。今相度每縣及六百戶、州及二千戶減三年磨勘,如此亦足以勸矣。"從之。餘路依此。

七年五月癸丑,臣僚言:"神宗稽法成周,寓馬於農。陛下遹追聖謨⑥,給地增牧。法成令具,吏虔民樂。諸路告功,實武備無窮之利。乞令逐路春、秋集教,以備選用。"從之。

宣和二年九月壬寅,御筆:"給地牧馬,議者本以蕃息國馬為言。今諸路倒失,率

---

① 熙河頗見就緒 "頗"底本作"類",據宋大詔令集卷一八一縣鎮官銜內帶兼管給地牧馬等御筆、宋會要輯稿兵二一之三一改。
② 凡縣鎮寨關堡官銜內並帶兼管勾給地牧馬事 宋大詔令集卷一八一縣鎮官銜內帶兼管給地牧馬等御筆、宋會要輯稿兵二一之三一作"徒有法不行,要在州縣協力赴功,以底成績。可令縣鎮城寨關堡官銜內並帶兼管勾給地牧馬事"。
③ 而地之頃畝尚多 宋會要輯稿兵二一之三一作"而地之頃數尚多"。
④ 訪聞多是土豪侵冒 "是",宋會要輯稿兵二一之三一作"緣",且"冒"下有"官司失實,牙吏欺隱"八字。
⑤ 今遣官括地 宋會要輯稿兵二一之三一作"自今被差括地之官"。
⑥ 遹追聖謨 "遹",嘉慶本、長編拾補卷三六均作"聿"。

本縣賦役一切且依未方以前舊數。因方量不均,流移人户,仰守令多方措置,招誘歸業。見荒閑田土,疾速依條召人請佃。"

宣和二年六月乙酉,詔罷諸路方田。先是,中牟縣民訴方田不均凡四百户,指教官莫擬冒賞,并方量官,提舉司送轉運司體究,故有是詔。

馬政

崇寧元年四月甲寅,有司言:"勘會見今請射牧地養馬之數,共計養馬一千七百九十七户,請射過牧地三千七頃三十三畝半,所養馬一千八百二十九匹。河北東路二百七十八匹,河北西路一千四百一十三匹,京西北路一百一十五匹,京東西路一十四匹,河東路九匹,開封府界、京西南路、京東路並無之。"

大觀元年三月乙卯,尚書省檢會:"元豐中,先帝追復先王隱兵於農之制①,詔人户養馬。法未及廣,遭元祐改革,置監放牧,馬不蕃息,而費用不貲。今沙苑一監最號馬多,本監牧地九千餘頃,草料、軍兵、監官衣糧俸給,以陝西今日物價,約計用錢四十餘萬貫,而灌啖蜜藥、棚井、槽屋、皮裘之費,又一萬餘貫,而所養只及六千匹。元符元年至二年,拋死三千九百餘匹,而馬不調習,不可乘騎。以九千頃之地、四十萬之費養六千餘匹,而不適於用,又拋死之數如此,其利害灼然可見。且以九千頃地,以三分爲率,除一分瘠薄外,良田不下六千頃。以今陝西土田中價計之,每頃可直五百餘貫,若召人請地二頃養馬一頃②,則十口之家得五百貫地利,馬得所養,不至拋失,人必樂趨,公私俱獲其利,可以紹述先帝隱兵於農之意。欲令永興軍路提刑司並通判同州、朝奉郎張彥專一同共相度措置聞奏,候見實利,其六路新邊荒田候拘括到,六路亦依此施行。"從之。

此據平江府録到蔡京家殘書,闕其首尾。今考按增入,因附卷末③。更詳之。

二年四月辛巳,御筆:"追述先王寓馬於農之意,募人給地,免租牧馬④。行之期

---

① 先王隱兵於農之制 "制",嘉慶本、長編拾補卷二七均作"意"。
② 二頃養馬一頃 "頃",嘉慶本、長編拾補卷二七均作"匹"。
③ 因附卷末 "卷",嘉慶本作"春"。
④ 免租牧馬 "免",宋大詔令集卷一八一縣鎮官衙內帶兼管給地牧馬等御筆作"兑"。

詔旨：四月五日載臣僚上言，檢會三月二十九日聖旨，今撥取附見，更須考詳。詔旨：政和二年五月二十五日，京西北路提舉常平司奏："準敕節文，奉詔，應方田已經方量未畢去處，令先次結絕，其餘州縣，並別聽指揮。本司契勘本路大觀三年方田縣分，内一十縣並各方量周徧。除西京偃師、陳州西華、蔡州新蔡、汝州郟城、滑州胙城五縣各造帳均稅了①，合依已方施行外，有西京伊陽、汝州襄城、河陽王屋、鄭州原武、新鄭等五縣，雖有方量，緣均稅未了，及西京等六州府、河南等十八縣係未經方處，與大觀元年事體頗同，未審合與不合依大觀元年六月二十三日已得朝旨〔此朝旨未見〕，將已造方田帳分先次結絕？其造帳未齊去處，候農隙造訖均稅。所有未經方量去處，亦未審合與不合依大觀元年閏十月二十八日朝旨〔此朝旨亦未見〕，候將來年分，別聽指揮施行？緣未有明文遵守，合取自朝廷指揮。"詔並依。此稱敕節文，二年三月二十九日聖旨，疑有脫文，或此是節文。大觀元年二月二十二日復行方田，大觀四年五月十五日無罷方田指揮，罷方田在五月十一日。詔旨稱五月十五日，恐誤，今改作五月十一日。又：四年七月四日，已方處並只納舊稅。

八月壬寅，詔："京西、河北路監司，應已方田，並選官前去體量有無違法、不均、不實，出稅有無偏輕。如不曾方量處，即且令依舊出稅，別選他州縣官，互行差委，前去重行方量，即不得差本州縣寄居、待闕等官。所委官，仰先習熟法内行遣次第，選差非本州縣吏人前去，盡公施行。如違，以違制論。即因而受財乞取，以自盜論。贓輕吏人、公人，並配二千里。"

九月辛酉，詔："應已方田路分②，見有人户論訴不均者，並依京西路八月十八日已降指揮施行。其有人户論訴，合重方並未方路分，合差一行方量官吏、均稅甲頭合干人等，並差非本州縣人前去，盡公施行。如違，並以違制論。即因而受財乞取，以自盜論。贓輕吏人、公人，並配二千里。仍先次施行。"

十一月丁丑③，御筆："方田之法，本以均稅。有司奉行違戾，貨賂公行，豪右形勢之家類蠲賦役④，而移於下户，不特困弊民力⑤，致使流徙，常賦所入因此坐虧歲額至多，殊失先帝厚民裕國之意。已降指揮權罷方量，自降指揮以前，應有訴訟不均去處，

---

① 五縣　底本作"五城"，據嘉慶本改。
② 詔應已方田路分　"詔應"底本顛倒，據嘉慶本、長編拾補卷三一、宋會要輯稿食貨四之一一乙正；底本脱"已"一字，嘉慶本、長編拾補卷三一同，據宋會要輯稿食貨四之一一補。
③ 十一月丁丑　長編拾補卷三一同，嘉慶本、宋會要輯稿食貨四之一四"十一月"均作"十二月"。
④ 類蠲賦役　"類"底本作"數"，據嘉慶本、長編拾補卷三一、宋會要輯稿食貨四之一四改。
⑤ 不特困弊民力　底本脱"不"一字，據宋會要輯稿食貨四之一五補。按：嘉慶本、長編拾補卷三一"不特"均誤作"時"。

朕意。"

三年六月壬午,臣僚上言:"伏以方田之制,即周官土均之法也。辨五物九等,制天下之地征,蓋所以均之,非所以增之也。訪聞京西南路將方田十等併作五等,又欲以河南府比附輕重,地有肥瘠,田有等差,則賦有輕重,豈可一概比附而增之也。況詔書方田之意,止欲均其稅賦,今乃於額外增添,多至數倍,至今民間詞訴不絕,漸至逃移,非經久之策。所有今來張徽言建議,乞不施行。"詔依,仍以徽言送吏部與合入差遣。

四年二月癸巳,詔:"方田之法,均賦惠民。訪聞近歲以來,有司推行怠惰,監司督察不嚴,賄賂公行,高下失實。下戶受弊,有害官法。可嚴飭所部①,仍仰監司覺察。如違,當行嚴斷。"

五月己酉,詔:"去歲諸路災傷,今春雨暘時若,農務方興,所有方田,可遵用熙寧故事並權罷,候豐熟日別奏取旨。其已方量了畢,止是官司攢造文字去處,許依條限了當。"

七月辛丑,臣僚上言:"乞方田不拘已畢未畢,並權住罷。"詔:"應方田,雖已經方量,而高下失當,肥瘠不均,見有詞訴在官司者,自係未畢,合依已降朝旨權罷。其稅賦依未方已前,各依舊送納。"

十一月丁卯,詔②:"勘會朝廷方田之法,本均稅賦,使無偏輕偏重之弊,蓋所以恤民,非所以厲民也。訪聞天下方田官吏,多不體朝廷之意,騷擾良民,靡所不至,非特方田以增賦稅,又且兼不食之山而方之,俾出芻草之直,上戶或增數百緡,下戶亦不下數十緡。民戶因此廢業失所,饑莩者有之。仰所屬監司推原均田之意,改正施行,悉如舊令。"

政和二年三月丙戌,詔:"自去年至今,外路百姓不輟經尚書省陳乞,依昨來已方過田輸納稅賦,有以見方田之法百姓安便。可先將未降大觀四年五月十一日指揮已前已經方田了處,並依已方施行。其未經方處,依大觀元年二月二十二日御筆手詔施行。"

---

① 所部　宋會要輯稿食貨四之一〇作"所屬"。
② 詔　底本脫此一字,據文獻通考卷五田賦考五、宋史卷一七四食貨志補。

善馭吏者爲之,庶幾人被實惠。"

蔡京申請及二詔旨,誤載於四年六月二十四日。今移初詔入此,後詔見大觀元年二月己卯。

八月己酉,尚書省言:"方田法雖已頒降,緣其法係熙寧建立,至爲精密。竊慮州縣未遽通曉,又四方田畝山川不同,須講論詳熟,然後行之,不致違戾。"詔令諸路提舉常平官選差能幹官,不拘資序、員數,看詳方田敕令格式,務令詳熟,即告諭州縣官吏,隨所在土俗令講論,候滿一年,已通曉,仍候本州豐熟,即依措置施行。自京西、河北每歲先行,兩路內已經方田,如元祐曾更改,並依熙寧、元豐法。

九月丁酉,奉議郎、知開封府太康縣李百宗言:"竊見朝廷推行方田均稅之法,天下莫不欣然。復睹熙寧、元豐之政,俾州縣稅賦無輕重不均之弊,而又以本縣豐熟日推行,此誠甚盛之舉也。然臣頃聞州縣官吏有苟簡懷異之人,往往以本縣豐熟妄爲災傷,以避推行;或有好進之徒,以人戶實被災傷妄爲豐熟,務要邀求恩賞,殊不知體朝廷良法美意本以便民爲務也。臣愚欲乞詔有司下逐路提舉常平司常切覺察,如有州縣敢有苟簡避免,或妄覬恩賞,致推行違戾者,乞朝廷重行黜責,庶幾法令之行與時適當,而下民均被德澤。"從之。

十月丁巳,戶部言:"滑州韋城縣民魯寶等稱:自嘉祐二年立法,委官方田均稅,至元豐八年已前約日量給數百縣①,是爲損有餘而補不足。訪聞京西、河北兩路見行方田,本縣稅極不均,幸今豐熟,元聞傷②,案:"元"疑作"无"。乞早賜差官。"詔依所乞。

四年七月丁巳,詔:"方田路分,令提舉司體量稅賦最不均縣分,每歲逐州先方一縣。如五縣以上,先方二縣。災傷縣權罷。"

九月丙午,詔諸路方田更不專差官點檢,令提舉司於本路見任人內委官。

大觀元年二月己卯,御筆手詔:"農爲政本。今天下承平日久,而賦役未均,富者租輕,貧者稅重,殆兼并游手豪奪侵漁故歟?迺者神考命方田,制地力土宜而均節之,以作民職,以令地貢,其法詳盡。累年於茲,未克底績,其可怠志?可候歲豐農隙,選擇能吏,推原法意,自近及遠,始於一州,以及一路,布之四方,使民無偏重之患,以稱

---

① 約日量給數百縣 "給",嘉慶本、長編拾補卷二四均作"及"。
② 元聞傷 嘉慶本作"□□□",長編拾補卷二四原案曰"元聞傷",文意未明。"元"蓋"未"字之誤;"傷"字上下又奪一字。按:疑應作"未聞災傷"。

卷第一百三十八

徽宗皇帝

方田

　　崇寧三年七月辛卯①，宰臣蔡京等剳子言："臣等竊以賦調之不平久矣。自開阡陌，使民得以田私相貿易②。富者貪於有餘，厚立價以規利；貧者迫於不足，薄移稅以速售。故富者跨州軼縣③，所管者莫非膏腴④，而賦調反輕；貧者所存無幾，又且瘠薄，而賦調反重。因循至今，其弊愈甚。熙寧初，神宗皇帝灼見此弊，遂詔有司講究方田利害，作法而推行之，蓋以土色肥磽別田之美惡，定賦調之多寡⑤。方爲之帳⑥，而步畝高下丈尺不可隱；户給之帖，而升合尺寸無所遺。以賣買則民不能容其巧，以推收則吏不能措其姦。邦財自此豐，民賦自此省，其爲法豈小補哉！五路州縣有經方田者，至今公私以爲利。遭元祐紛更，美意良法未徧於天下。今其文籍見在，可舉而行。今檢會熙寧方田敕，推廣神考法意，删去重複衝改，取其應行者，爲方田法，計九册，以崇寧方田敕令格式爲名，謹具進呈。如允所奏，乞付三省頒降施行。"從之。詔曰："方田之法，均輸之本，舉而行之，或有謂之利，或有謂之害者，何也？蓋繫官之能否，吏之貪廉。若驗肥瘠，必當定租賦有差，無騷擾之勞，蒙均平之惠，則豈不謂之利歟？若驗肥瘠或未撼實，定租賦或有增損，倦追呼之煩，有失當之擾，官不能振職，吏或緣爲姦，里正、鄉胥因敢挾取，則豈不謂之害歟？如委官管勾，切在遴選廉勤公正、材敏清嚴、

---

① 崇寧三年七月辛卯　宋會要輯稿食貨四之九、食貨七〇之一一六均作"崇寧四年二月十六日"。
② 使民得以田私相貿易　嘉慶本、長編拾補卷二四同，宋會要輯稿食貨四之九、食貨七〇之一一六"田"下有"租"一字。
③ 故富者跨州軼縣　"者"底本作"有"，嘉慶本、長編拾補卷二四同，據宋會要輯稿食貨四之九、食貨七〇之一一六改。
④ 所管者莫非膏腴　嘉慶本、長編拾補卷二四同，宋會要輯稿食貨四之九、食貨七〇之一一六"管"均作"占"。
⑤ 定賦調之多寡　底本脱"調"一字，據宋會要輯稿食貨四之九、食貨七〇之一一七補。
⑥ 方爲之帳　"帳"，長編拾補卷二四同，嘉慶本作"限"。

州縣通行解鹽,卻乞將昨來王仲千所乞通入京西北路陳、潁、蔡州,信陽軍權住通放。一,所有添展通放解鹽州縣,客人已販到東北鹽,約束日限,並乞依今月一日已申事理施行。一,客人自降今來指揮到日,已算請出東北鹽元指定東京未到者,今乞只令於所至州軍批引;其在鹽場未請出鹽者,今後只就鹽場批引;其已到京未貨易者,限五日,令所委官就都鹽院,盡數依在市見賣每斤價全袋拘買,即不得辭折減落①,其價錢,欲乞令權貨務支還。一,在京鋪户買下客人鹽,且令依舊價零細出賣②,候都鹽院出賣日,別有指揮。一,乞令在京鋪户赴都鹽院請買出鹽,置鋪零細出賣,每斤官收價錢四十五文足,每一百斤支與耗鹽十斤。其鋪户須得依官價出賣,不得擅有增長。一,欲令户部選委權貨務監官一員,不妨本職,專切管勾買賣事件。一,乞就都鹽院撥截廠屋,收買客鹽。一,乞就委見差提舉買鈔户部郎官專切提舉買賣鹽一宗事務。"詔並依。

政和元年八月戊戌,中大夫、集賢殿修撰、陝西制置解鹽使李百禄爲顯謨閣待制,以鹽池自生紅鹽,及種鹽及年額外,增及一倍以上故也。

---

① 即不得辭折減落　長編拾補卷二九同,嘉慶本"辭"作"解"。
② 且令依舊價零細出賣　"且"底本作"具",據嘉慶本、長編拾補卷二九改。

鹽場事,並乞權奏舉解州通判、安邑解縣知縣及巡鹽使臣①。從之。

大觀二年十一月丁未,詔措置解州所種鹽敷過舊額②,除已推恩外,提舉夫役並應辦官等六十人,轉兩官,減磨勘三年、二年、一年有差。

三年十月庚寅,引進使、耀州觀察使、帶御器械專切提點陝西等路解鹽王仲千言:"契勘解鹽舊法,歲收鹽三十四萬六千九百一十五席一百八十斤爲額。昨自措置後來,大觀二年,種收新鹽三十八萬一千五百八十八席二十二斤,並大觀三年種收三十五萬三百九十四席一百七十六斤,連併二年敷過舊額。欲乞先次通行西京、河陽、汝州,仍每歲更支鹽三萬席,通見支陝西等路鹽數,共二十三萬席爲額,候將來種收大段增廣,別具奏。乞通展舊法解鹽地分。"從之。

四年七月乙丑,中書省措置財用所奏:"本所勘會京東、河北鹽貨,熙、豐舊法,止係本路通行③。昨爲水壞解池,權許通入解鹽地分。今來陝西制置解鹽司稱:兩池鹽三年溢額,其東北鹽已過元立期限,又稱見今解鹽地分與東北鹽相兼貨賣,欲行禁止。今先次相度,將東北鹽只得於未通行解鹽州軍地分內貨賣,其已通行解鹽州軍地分更不得放入④。其權貨務算計並諸場合支入已通行解鹽地分鹽,並自指揮到日住罷。所有已算出東北鹽未入已通行解鹽地分,許於州、縣、鎮任便貨賣,更不得放入已通行解鹽地分。其已通行解鹽地分,謂陝西、川峽路州軍並河東磁、隰、晉、絳州,京西南路唐、鄧、襄、均、金、房、隨、郢八州軍,京西北路西京、河陽、汝州。其客人見般到東北鹽貨未貨易者,官爲盡數拘收,未得出賣。別取指揮,算錢還客。如敢隱藏,並同私鹽法斷罪。"詔:"在京通行解鹽,具在京合經由州縣地分,亦許通行,仰措置財用所相度,卻於見行解鹽地分內,據今來添展州縣權住通行。及合行事件,並令本所疾速措置條畫,申尚書省。餘依所申。"

八月己巳,措置財用所措置相度條畫到下項:"一,今來解鹽至東京合經由州縣,欲乞令鄭州管下幷中牟、開封府祥符、陽武縣管下,並令通放解鹽。一,今來既令經由

---

① 巡鹽使臣　長編拾補卷二六同,嘉慶本作"巡檢使臣"。
② 所種鹽敷過舊額　嘉慶本作"所種鹽數過舊例",長編拾補卷二八作"所種鹽數過舊額"。
③ 止係本路通行　"係"底本作"依",嘉慶本、長編拾補卷二九同,據宋會要輯稿食貨二五之一改。
④ 更不得放入　"得",嘉慶本、宋會要輯稿食貨二五之一均作"許"。

東、京西路。庚寅,詔:"陝西提舉鹽事康評、解州通判吕潛,御前處分多不遵稟,議論偏曲,沮抑種鹽,不務公心,堅執己意。不欲究治,顯示戒懲,可並放罷,送吏部别與差遣。以朝散大夫、權知解州李百禄同管勾措置解州兼提舉陝西路茶鹽香事①。"辛卯,尚書省言:"勘會解鹽興復,除已降朝旨給新鈔支鹽、通行陝西一路外,其自來朝廷非泛應副陝西糴本等,一例給降鹽鈔。竊慮與請新鹽鈔名色不同②,别致交互,理當重行措置,具畫一以聞。"從之。

九月辛丑,中書省奉御筆:"向因奉行滄鹽法,於陝西增置都大巡捉私鹽等官二員,在四十二州軍分南北路巡捉。今既興復解鹽,並可省罷,所領兵卒亦當還元差來處。其逐州軍管勾滄鹽官吏,並可省罷。其解鹽所至州軍,約束條禁,並依自來鹽法施行。"壬子,詔王仲千昨往解池措置種鹽,今稍已就緒,其隨行人吏特與推恩,轉資、賜絹各有差。

十月庚午,朝奉大夫、直秘閣、熙河蘭湟路經略安撫判官、權發遣熙州李忱降兩官。言者論忱前爲陝西漕臣,詔令措置興復解池,忱專欲推行東北鹽法,曲加沮抑。今解池既興復,忱尚云:"所產皆是硝鹻,更五七年,亦未知如何。"恣行訾訾,殊無忌憚,故有是責。

十一月癸亥,詔付王仲千:"陝西鈔法留滯,物重錢輕,兼并秉權,細民被害。應告身、度牒、交子、錢引之類,率皆虧損價直,遂致富商坐邀厚利,芻糧踴貴。職此之由,宜子細條畫救弊措置,先後以聞。"時遣仲千奉使陝西,沿路有目擊興利除害,監司、守臣不虔違法,及未盡未便事,皆得具奏聞。

仲千時任何官③,當考。

五年十一月辛亥,陝西制置解鹽使李百禄轉一官,以措置解鹽有勞也。王仲千特除遥郡團練使。

十二月辛巳,制置解鹽李百禄乞令解州知州、通判依舊帶管勾權鹽院、提點兩池

---

① 權知解州李百禄同管勾措置解州兼提舉陝西路茶鹽香事　嘉慶本、長編拾補卷二五同。按:疑"同管勾措置解州"爲"同管勾措置解鹽"之訛,本卷下文之"陝西制置解鹽使李百禄轉一官,以措置解鹽有勞也",可爲佐證。
② 名色不同　長編拾補卷二五同,嘉慶本"不"作"一"。
③ 仲千時任何官　"時"底本作"得",據嘉慶本、長編拾補卷二五注文改。

一千道,變轉營茸。今乞止將崇寧五年分錢茶庫合得歲額茶息錢五十萬貫權借充本,計置茶貨,漸次歸還。"詔許於元豐庫借錢五十萬貫。

政和元年八月己酉①,御筆:"水磨茶場課入不羨,犯法浸多,商賈滯留,官司壅塞,上下受弊,内外非便。其見行茶法,仰尚書省措置,以廣課額。所有水磨茶法並罷②,事歸尚書省。"庚戌,尚書省言:"奉聖旨措置茶事③。今勘當水磨茶,自元豐創置,除近畿外,即不曾分下諸路。昨緣分配諸路,有置官之冗、般輦之勞,致妨客販,收息減少,乃至商賈不通,内外受弊。緣水磨茶,先帝建立,不可廢罷,欲只行於京城,與客販兼行。餘路並令客人興販,可以走商賈,實中都,惠小民。今具下項④:一,京城内以水磨茶官賣,其京畿、京西、京東、河北、河東、淮南、荆、浙⑤、江南、福建、永興、鄜延、涇原、環慶爲客販南茶地分。一,客販茶許至京城⑥,與水磨茶兼行。除京城水磨存留外,餘路水磨並罷。一,在京見置比較鋪並罷。"

初草云:"條具四十一項以聞,並從之。"今略具一二於此。

四年四月甲寅,尚書省言:"契勘舊水磨茶場,一歲收息不及百萬貫,一年内有每季泛進錢數。今來茶務歲收錢約四百萬貫以上,比舊已及三倍以上,不係省錢,別無支用,尚循舊例,只每季泛進,未有月進之數。今欲每月進五萬貫,所收錢尚有餘,不至闕少。"詔依所奏,仍自今月爲始。

解池鹽

元符三年二月壬戌,詔陝西轉運副使兼制置解鹽使馬城、提舉措置催促陝西、河東木柹薛嗣昌提舉開修解州鹽池。

鹽策修廢,據史例當具載,而實録闕之,今追書。

崇寧四年六月丙子,御紫宸殿,以修復解池,百官入賀。解池爲水浸壞八年,至是始創開四千四百餘畦,積成鹽寶故也。甲申,詔以興復解池,撫定西邊,曲赦陝西、河

---

① 政和元年八月己酉　長編拾補卷三〇同,嘉慶本"元年"作"二年"。
② 所有水磨茶法並罷　底本"法"上衍"場"一字,據嘉慶本、長編拾補卷三〇删。
③ 尚書省言奉聖旨措置茶事　宋會要輯稿食貨三〇之三九作"尚書省黄牒:奉聖旨令尚書省措置茶事"。
④ 今具下項　"今"底本作"之",嘉慶本、長編拾補卷三〇同,據宋會要輯稿食貨三〇之三九改。
⑤ 淮南荆浙　宋會要輯稿食貨三〇之四〇作"淮西、荆湖、兩浙"。
⑥ 客販茶許至京城　底本"許"下衍"西"一字,嘉慶本、長編拾補卷三〇同,據宋會要輯稿食貨三〇之四〇删。

認。勘會水磨係元豐舊制①,不可罷,欲並存留,但罷官差人動磨,召磨户六十户,承認歲課三十萬緡,每月均納。一切條禁,並依酒户納麯錢法。磨户賣茶,並以舊茶場地分爲界,水磨應均節水勢,令汴河都大使臣依舊主管,任滿無阻滯者,減磨勘三年;住滯者②,科罪。商賈販茶入京,與籍定鋪户從便交易,仍置收茶錢庫,隸提舉京城所,留見今茶場官吏主管。"從之。

五年正月癸亥,尚書省言:"奉聖旨,茶場年額課利一百二十萬貫,可更不赴局交納,便撥赴平準務,充稱提收買解州新法鹽鈔,庶得商旅通行,鈔法不致停壅。所有召募民户磨茶,可至歲終住罷,卻令京城所依舊用水磨變茶,其條制約束,並遵依元豐舊制施行。本所勘會元豐間茶場水磨,並本所近撥隸到供奉錢茶事務③,係屬汴河堤岸司所領。今欲依元豐條例,將上件應緣推行茶法、供奉錢茶等事,並併入都提舉汴河堤岸司,應前後兩局被朝旨等通爲一法行用。若有相妨,各依本條外,今先次條畫到下項:一,勘會昨來茶場,每歲朝廷拋降下出産州軍收買、起發草茶共八百萬斤,變磨出賣,致得官司應副不前,及在京收買客茶數少,使茶商每致詞訟。今相度,欲依元豐年例,上下山場收買應副④,代外科茶一百萬斤⑤,餘七百萬斤並乞更不計置,庶得客販通行,候到京,依元豐條例收買。一,勘會昨廢罷茶場,自交割見在末茶八十餘萬。深慮再涉夏秋,別致陳次,將來轉更出賣不行,枉負失陷官物。欲乞自今年七月一日,茶所推行水磨茶法,仍自六月一日本所動磨。勘會元豐推行水磨茶法,其福建臘茶不許通販入水磨地分。昨崇寧元年,許客販賣入京,本所爲與茶法相妨,曾具申請,承朝旨,挎截茶,令山場出引,指定京場中賣。雖行約束,終是有害元豐茶政。今乞依元豐舊法,不許客販。"並從之。

三月己亥,專切提舉京城所狀⑥:"勘會準朝旨節文,令京城所依舊用水磨變磨茶貨。今契勘元豐⑦、紹聖間推行水磨茶法,係朝廷借用本錢三十六萬貫,給降空名度牒

---

① 元豐舊制 "制",嘉慶本、長編拾補卷二五均作"法"。
② 住滯者 "住"底本作"任",據嘉慶本、長編拾補卷二五改。
③ 並本所近撥隸到供奉錢茶事務 "並"底本作"井",嘉慶同,據長編拾補卷二六改。
④ 上下山場 "山",嘉慶本、長編拾補卷二六均作"三"。
⑤ 代外科茶一百萬斤 長編拾補卷二六同,嘉慶本"科"作"料"。
⑥ 專切提舉京城所狀 "狀"底本作"伏",嘉慶本、長編拾補卷二六同,據文意改。
⑦ 今契勘 "今"底本作"令",長編拾補卷二六同,據嘉慶本改。

卷第一百三十七

徽宗皇帝

水磨茶

崇寧三年三月甲午,尚書省言:"伏奉詔旨重别措置水磨茶場茶法。今勘會茶場在元豐中自有神宗皇帝成法,至元祐廢罷以來,浸失本原,雖屢申明,終未全復,故課利不登,客販阻折①。今追述舊制②,别立新額七項。"並從之。七項未見,當考。

五月丁丑,尚書省劄子:"京城提舉茶場所準詔旨,水磨茶場追述舊制,别立新額。奉聖旨依。今具申請下項:一,元豐茶場以在京③,府界,鄭、澶、潁昌府爲地分④,近茶場申元豐年曾許客旅興販末茶,往河北、河東、京東、京西貨賣,承朝旨依。契勘元豐條例,别無許客人販水磨末茶入京東等四路專條,令京城提舉茶場所遵依近降朝旨施行⑤。一,陝西自來到京路分茶,並須經由京師中賣二分訖,翻引前去。契勘今承朝旨,客茶到京,十分許賣三分,數足更不收買。未審客人若自願全於京場中賣,許與不許收買?三分茶,若客人故索高價,不伏中賣,許與不許令翻引前去?應客人販到茶貨⑥,並於數内收買三分,如客人故索高價,不伏中賣者,即取索元引,照對元買價例,酌量地里遠近,糜費上量行添搭錢數,抽買入官,不得虧損官私。"五月五日,三省同奉聖旨如前者。辛丑,罷行水磨茶。

四年正月乙未,尚書省言:"準詔罷水磨茶場,許客人通販。每年息錢,令朝廷管

---

① 客販阻折　長編拾補卷二三同,嘉慶本"折"作"節"。
② 今追述舊制　長編拾補卷二三、嘉慶本"制"作"志"。
③ 元豐　"元"底本作"兀",據嘉慶本、長編拾補卷二四改。
④ 潁昌府　"潁"底本作"穎",據長編拾補卷二四、宋史卷八五地理志改。
⑤ 遵依近降朝旨施行　"朝"底本作"聖",據嘉慶本、長編拾補卷二四改。
⑥ 應客人販到茶貨　底本脱"應"一字,據嘉慶本、長編拾補卷二四補。

此偃然,未加典憲。師文官至朝議大夫,聯事妄作,諂奉權臣,馴致於此,皆古所謂民賊者也。今既罪狀顯著,衆皆切齒,則其官職豈容叨冒?"詔胡師文落集賢殿修撰、提舉崇道觀。

七月癸酉,詔:"昨更重幣作當三,與小平錢一等行使,更無區別。屢降詔旨,戒飭丁寧,務在安便民庶,通行悠久。尚慮中外臣僚不體府庫折閱,邦計有虧,私相交易,買物支給當三,賣者須納小平錢。懷姦害法,莫此爲甚。日後有違,重行典憲。"

二年三月乙亥,太師蔡京赴闕。

五月己巳,朝請郎、知永嘉縣虞防言:"朝廷昨行當十錢,最富國便民之良法也,所貴乎推行之得人而已①。前日異議之人,務快一時之私,上欺天聽,改爲當三,亦誤國之一也。欲望特許興復,以便上下。"詔虞防除名勒停,送循州編管。

---

① 所貴乎推行之得人而已　嘉慶本"得"下有"其"一字。

史策,自二帝、三王以來未見如此之舉也。然而姦邪之在內者,密唱其説曰:'不久必復舊,可畜以待也。'姦邪之在外者,曉民以掠美曰:'當三則虧汝,當七則折中矣。'是以小民聽而和之。令出五十日,而猶未大孚也。伏望陛下固志不移,使正議卒行,姦邪愧服,而漸消其凶悍不平之氣。"

政和元年五月丁卯,内降劄子:"累據臣僚上言錢法之弊,内一項,其當十錢官鑄例重三錢,私鑄率皆鍱薄沙蠟。既作當十錢行使,即有虛錢,幾及兩倍,遂致物價增高。姦民冒禁,公私受弊,首尾十年。若不別行措置,顯見盜鑄不息,爲害滋多。其官司見在當十錢寶,可自今來指揮到日,並作當三,依舊地分行使,以爲定制。雖公私稍有折閲,行之既久,物價自平,豈不爲利?"戊辰,手詔:"自我祖宗用十錢爲兩之制,法度一定,人心作孚,百五十年,天下蒙利。比者,建議之臣不深計利病,輕於變法,行之數年,錢益輕,物益重,公私受害,不可勝言。朕諮詢群議,博采民言①,皆願改更,以平物價。今朝廷內外府庫無慮數千萬緡,議者或謂折閲數多,有虧邦計。朕念爲民父母,倘可以救弊,便安元元②,府庫之捐又何愛焉?可自今應公私當十錢③,並改作當三④。"

六月乙未,臣僚上言,略曰:"以一當十,其爲天下之害,中外洶洶,皆歸罪於獻議之人。臣常考求其原,實自許天啓倡之,而胡師文和之。陝西之銅未嘗生發,天啓妄以坑冶烹採之説取悦大臣,穿鑿山谷,斂取器用,以資鼓鑄。銅尚不給,遂乞鑄大錢當十行使,務蓋前愆。重幣之害⑤,自兹始矣。是時師文爲發運使,乘時觀望,冀幸進擢,請以當二錢改當十大錢,設官置監,盛於東南,數路騷然,不勝其困。重幣之害⑥,自兹廣矣。仰賴陛下睿智有臨⑦,灼見其弊⑧,精考物理⑨,參以人情,皆願改更,以平物價,於是斷之無疑。十年之害,一舉而革,此誠社稷之福,生靈之幸也。然而獻言之人尚

---

① 博采民言　"民",嘉慶本、長編拾補卷三〇作"衆"。
② 便安元元　"便",宋大詔令集卷一八四公私當十錢改當三詔作"使"。
③ 可自今　宋大詔令集卷一八四公私當十錢改當三詔作"可自五月八日"。
④ 並改作當三　宋大詔令集卷一八四公私當十錢改當三詔"當三"下有"行使"二字。
⑤ 重幣之害　"幣"底本作"弊",據嘉慶本、長編拾補卷三〇改。
⑥ 重幣之害　"幣"底本作"弊",據嘉慶本、長編拾補卷三〇改。
⑦ 睿智有臨　"睿"底本作"濬",據嘉慶本、長編拾補卷三〇改。
⑧ 灼見其弊　"其"底本作"重",據嘉慶本、長編拾補卷三〇改。
⑨ 精考物理　長編拾補卷三〇同,嘉慶本作"考察物理"。

七月己未,張商英言:"當十錢,自唐以來,爲害甚明;行之於今,尤見窒礙。蓋小平錢出門,有限有禁,故四方客旅物貨交易,得錢者必入中末鹽鈔①,收買官告、度牒,而餘錢又流布在街市小民間,故官私內外交相利養。自當十錢行,一夫負八十千,小車載四百千。錢既爲輕齎之物②,則告、牒難售,鹽鈔非操虛錢而得實價則難行③,重輕之勢使然也④。今欲權於內庫並密院、諸司借支,應干封樁金銀物帛并鹽鈔等⑤,下令以當十錢盜鑄,僞濫害法,限年更不行用。令民間盡所有,於所在州軍送納,每十貫官支金銀物帛四貫文。擇其僞鑄者,送近便改鑄小平錢;存其如樣者。俟納錢足十貫,作三貫文,各撥還元借處,然後京城作舊錢禁施行,乃可議權貨通商鈔法。"

此據初草七月二十二日張商英進呈再論錢法之弊,今全錄。初草蓋因商英家所供文字,今史院已不可尋矣。八月四日,商英又論"令下五十日而猶未大孚",恐此奏不在七月二十二日,必在已前矣。須細考之。蔡絛史補:國朝鑄錢,沿襲五代及南唐故事,歲鑄之額日增。慶曆、元豐間爲最盛⑥,銅、鐵錢歲無慮三百萬貫。及元祐、紹聖而廢弛,崇寧初,則已不及祖宗之數多矣。魯公秉政,思復舊額,以銅少,終不能得。考夫古人之訓,子母相權之說,因作大錢,以一當十。至大觀,上又爲親書錢文焉。蓋昔者鼓冶,凡物料、火工之費,鑄一錢,凡十得息者壹二⑦,而贍官吏、運銅鐵悉在外也。苟稍加工,則費一錢之用,始能成一錢。而當十錢者其重三錢,加以鑄三錢之費,則製作極精妙,迺得大錢一,是十得息四矣⑧。始亦通流,又以其精緻,人愛重之。然利之所在,故多有盜鑄。如東南盜鑄,其私錢既銕薄,且製作麤惡,遂以猥多成弊。大觀三年,魯公既罷,朝議改爲當三⑨,當三則折閱倍焉。雖縣官亦不能鑄矣,而大錢遂廢。初議改當三也,宰執爭輦錢而市黃金,在都金銀鋪未之知,不兩月命下,時傳爲訕笑。

八月庚午,張商英言:"陛下奮發英斷,慨然欲救錢輕物重之弊。一旦發德音,下明詔,捐棄帑藏數千萬緡錢寶,改當十爲當三。令下之日,中外歡呼,萬口一舌。歷考

---

① 入中末鹽鈔 "末"底本作"來",據嘉慶本、宋史卷一八〇食貨志改。
② 錢既爲輕齎之物 底本"錢"上衍"小"一字,據嘉慶本刪。
③ 鹽鈔非操虛錢而得實價則難行 "而"底本作"布",長編拾補卷二九同,據文獻通考卷九錢幣考九六下、群書考索後集卷六〇改。按:宋史卷一八〇食貨志載"鹽鈔非得虛擡之息則不行"。
④ 重輕之勢使然也 底本脫"也"一字,據嘉慶本、文獻通考卷九錢幣考九六下、群書考索後集卷六一補。
⑤ 應干封樁金銀物帛并鹽鈔等 "干"底本作"於",長編拾補卷二九同,據嘉慶本、文獻通考卷九錢幣考九六下改;"鈔"底本作"鐵",嘉慶本、長編拾補卷二九、文獻通考卷九錢幣考九六下同,據宋史卷一八〇食貨志、歷代名臣奏議卷二七〇改。
⑥ 慶曆元豐間爲最盛 嘉慶本"慶曆"上有"至"一字。
⑦ 凡十得息者壹二 "凡"底本作"獨",嘉慶本同,據文獻通考卷九錢幣考九七上引蔡絛國史補、長編拾補卷三〇改。
⑧ 是十得息四矣 "十"底本作"丨",據嘉慶本、文獻通考卷九錢幣考九七上引蔡絛國史補、長編拾補卷三〇改。
⑨ 朝議改爲當三 "三"底本作"二",據文獻通考卷九錢幣考九七上引國史補改。

二年正月癸酉,詔:"當十錢與小平錢,官庫並合中半支遣。訪聞近日支遣,當十錢數少,慮日久大錢漸少,阻礙中半支遣指揮。可令江、池、饒州上供錢監,將合鑄小平錢所得銅料,依舊樣制並鑄當十錢,起發上供。餘監依舊。"

三月辛未,詔:"不行使當十、當五、當三錢路分,將朝廷封樁及提舉司當十、當五、當三錢,並限一月起發赴大觀庫,據數撥還。"

八月庚辰,河北西路提點刑獄許良肱、張叔元,轉運判官張肇各降一官,坐失於禁戢本路小民以藥染擦夾錫錢如銅色,與當十錢混淆故也。

三年二月庚子,臣僚上言:"伏見降授朝請大夫、知和州胡師文昨爲發運使,獨銜建議將當二銅錢改鑄當十銅錢。自古積山之利,以銅鑄錢,不聞以錢鑄錢。當二錢法,與小平錢輕重相等,故私鑄不禁而自止,民間便之,此神宗皇帝之良法也。師文詔奉大臣,妄亂變更,將已行當二錢毀而改鑄,識者痛心。"詔胡師文提舉萬壽觀。

六月丁丑,蔡京爲太師、中太一宫使。內降劄子:"大觀錢法令舊文:諸當十錢,在京、京畿、四輔、京東、京西、河北、河東、陝西路並許行使,河北緣邊、登、萊、濰、密州緣海鎮、城、寨、堡及四榷場不在行使之限。今增入下項:諸當十錢在京、京畿、四輔、京東、京西、河北、河東、陝西路並許行使,河北緣邊州、軍、縣、鎮、城、寨、堡及四榷場,并登、萊、濰、密等州緣海縣、鎮、城、寨、堡等,並不在行使之限。"

九月庚戌,詔:"廣南東路英、連等六州鑄錢院只鑄夾錫并小平錢,更不兼鑄當十錢。"

四年正月癸卯,詔:"錢與物同,少則貴,多則賤。當十錢法行之方定,今鑄不絕,源源而來。錢數既多,法隨而弊。私鑄復興,混淆無別。其法必壞,非長久之術。舊鑄錢監,並依舊額止鼓鑄小平錢,其後降指揮改鑄當十錢數等並罷。京畿大觀東監亦聞無物料,可罷。新置河東、河北、陝西諸監鼓鑄當十銅錢、夾錫錢,可罷鑄當十銅錢外,仍尚書省取索。如新邊無鐵炭、不可鼓鑄去處,相度減罷外,有合存留者,擬定將上取旨。恐愚俗無知,將謂不行當十錢,亂有鼓惑群聽,仍令開封府立法行下。"

二月壬辰,詔:"當十銅錢已降指揮罷鑄,其河東等路見鑄夾錫鐵錢,亦依此施行。其餘路並依此。"

六月乙亥,張商英拜相。

慮致姦人乘茲改鑄,造言搖衆。申明行下①,俾民聽毋惑。"監察御史張茂直奏:"體量得兩浙路容縱私鑄小平錢起於蘇州。自去年六月不行使當三錢,立限令民間赴官納換,其知州蹇序辰並不用心拘催,其本路轉運副使孫虞丁等並不檢點按治。"詔蹇序辰先次勒停,孫虞丁等並先次依衝替人例施行。

四月壬戌,詔:"江北昨鑄夾錫當五錢,其樣制大小類當十銅錢。若或行用,姦民趨利,染爲銅色,私作當十,難於檢察,宜改鑄當二。自今可令計備物料,廣鑄當二,以作一路之費②。"

六月己未,詔不行使當十錢路分,限半年聽民首納私錢。

七月丙午,詔江東、福建路監司,督州縣巡捕官,於兩界首尾相接處捕逐販私鑄當十錢入行使路分者。容縱失察,並當加等責罰。臣僚上言:"蘇州壞錢法始於蔡渭,成於序辰,二人之罪惟均,而小平錢之害又出序辰。渭除名勒停,送蔡州羈管,而序辰止降三官,安居善郡。罪同罰異,士論咸疑。"詔蹇序辰責授單州團練副使、江州安置。癸丑,臣僚上言:"伏見侍御史沈畸罷蘇州制勘事,於沿路聽候指揮。竊惟畸爲耳目之官,不能盡公究實,奏牘語言,自爲同異,無以副朝廷任使之意。"又言:"沈畸去春嘗上封事,疵毀朝廷法度,意在迎合大臣。其懷奸異意之心可見也。"詔宣德郎沈畸特降兩官,仍展四年磨勘,令吏部與遠小處監當差遣。

方勺泊宅編:崇寧更法,以一當十,小民嗜利,亡命犯法者紛紛③。或捕得數大缶,誣以樞密章楶之子綖之所鑄也。初遣監察御史張茂直就平江鞫之,案上,綖不伏,再遣侍御史沈畸。既至,係者已數百人,盡釋之,閱實以聞。時宰大怒,別遣官鍛鍊,綖竟坐刺配,籍没其家。沈畸既得罪,歸鄉以死。張再遷,亦不顯。今三十年間,沈氏有子登科,張氏不復振矣。

九月丁亥,詔:"合鑄當十銅錢路分,每文重三錢,令崇寧監疾速鑄樣,並錫母申納尚書省頒降,餘依已降指揮。"丙申,詔東南依已降分數指揮鑄小平錢,崇寧監只鑄當十錢。刑部奏蘇州重行制勘所勘到承奉郎、西安州簽判章綖盜鑄事。詔章綖除名勒停、刺面配沙門島。

---

① 申明行下 嘉慶本、長編拾補卷二七"申"上有"可"一字。
② 以作一路之費 "作",嘉慶本、長編拾補卷二七均作"足"。按:疑"作"或爲"佐"。
③ 亡命犯法者紛紛 "亡"底本作"忘",據嘉慶本、長編拾補卷二七改。

當十錢,限今來指揮到日,展限兩月。臣今體訪得民間所有當十、當五、當三錢尚自靳惜,多不赴官送納請鈔,往往衷私就小錢賤價博易,以致轉販入京畿、三路,或只依舊收藏在家。若以一州一縣計之,爲數不少。近蒙頒降覺察搜檢朝旨甚嚴,體量監司、知縣、佐官,民間爲見指揮緊急①,雖欲赴官納換小錢,然已限滿,不敢將出,致有拋棄江河,無所顧惜。臣契勘元符敕並今年六月十六日續降朝旨,私錢隱藏不換,以私鑄法論②,並博易罪賞,並止爲私錢立法。所有官鑄當十、當五、當三錢,若限滿隱藏不納,或衷私以小錢博易,即未有立定條法。若不擘畫,竊慮盜販滋多,愈難禁止③。伏望聖慈詳酌,更賜量展日限,下不行使路分,許依元降指揮納換小錢。如內有私錢,即依舊支給銅價,仍令州、縣、鎮、寨、廂巡、村保遞相覺察,必使盡歸官府。如限滿依前不納換,或限內博易、般販,除私錢自依元降敕條外,官錢雖未入行使路分,亦乞比類私錢法嚴立罪賞,許人告捕。庶使貪利之徒有所畏懼,而盜販之弊自此息矣。"詔:"已降指揮:私鑄當十錢展限一季,限內不納入官,依私鑄法外,官鑄當十錢亦準此。"甲申,詔:"訪聞福建路民間尚敢私鑄當十錢,轉入淮、浙及京東路,迤邐般至行使地分,有害錢法,顯是逐路監司並不究心斷絕。令福建、淮、浙轉運、提刑司,依京東專委王夐措置,應于州縣及捕盜官司,將前後所降條法格式多出文榜,召人告捕,仍常切往來巡察收捉,不管少有透漏。"

大觀元年正月甲午,蔡京復相。丁未,尚書省言④:"勘會外路當十等錢,詔不行使路分,民間私有當十、當五、當三錢並限今來指揮到日,限一月納換。除官鑄錢以小鈔給還外,其私鑄錢,計小平錢三文足,或願依中賣銅價者聽,並以小鈔給之。如限滿不納官,或限內私相交易者,依私鑄錢法施行⑤。"

二月甲子,詔:"淮南、兩浙應私鑄錢,限一季首納。限滿不首,並依私錢法。其納到私錢,並許發赴京畿錢監,改鑄御書當十錢。"

三月甲午,御筆:"比因改元,更鑄大觀通寶錢,當與崇寧通寶錢兼行,即無更改,

---

① 緊急 "急"底本作"要",據嘉慶本、長編拾補卷二六改。
② 以私鑄法論 "鑄"底本作"有",嘉慶本同,據長編拾補卷二六改。
③ 愈難禁止 "止"底本作"上",據嘉慶本、長編拾補卷二六改。
④ 尚書省言 底本脫"言"一字,據嘉慶本、長編拾補卷二七補。
⑤ 依私鑄錢法施行 "鑄"底本作"有",嘉慶本同,據長編拾補卷二七改。

致違戾，公私俱弊。深慮内懷顧望，沮壞滅裂，有害良法。可依下項：一，小鈔與錢相爲輕重。法行之初，慮民間未信，或有違慢欺弊，或姦猾强抑買賣，並覺察施行。一，當十錢在京已聽行用，其畿内自合行使，所有檢點公據，並依京城法，先次申明行下，畿内納當十錢換小鈔指揮更不施行。"己亥，詔："近當十錢指揮可依下項：一，民間納當十錢請鈔者，訪聞官司憚於書造，止給一貫小鈔，致細民艱于分擘行用。應以一貫請一百文小鈔，十緡以下者聽從便。一，當十錢許京師與陝西、河東、河北行用。陝西不與府界連接，慮未至通快，可令鄭州、西京亦許行用，並依前後條制施行。"辛亥，詔："已降指揮：當十錢給以小鈔，候鑄到小平錢①，漸次歸還。可令東南錢監額外增鑄小平錢封樁，以備將來給還之用，疾速措置施行。"壬子，詔："當十錢法係御前處分，若有人懷姦亂議，沮壞已行之令者，當寘典刑。"

十月丁丑，詔："訪聞當十錢私錢甚多，蓋是官司禁戢不謹，公然容縱，物價暴長，細民不易。可依下項：一，外路私錢，可計小平錢三文足，以小鈔換易入官，欲依中賣銅價者聽。一，在京官司出納，並以大錢、小錢中半支給。民間買賣一貫以上，亦中半行用，或分數用大錢、小平錢者聽，各不得減三分以上。一貫以下，大、小錢行用，聽從便。一，在京私錢，竊慮官司既行揀選小薄麤惡私錢不行，致誤納官。其行用私錢，自合有罪，可與免放，仰於權貨務計小平錢四文足，換納私大錢一文，依外路給小鈔。或願支度牒並東北鹽鈔者聽。"

十二月壬戌，中大夫、龍圖閣待制、知蘇州蹇序辰落職、提舉洞霄宫，以序辰容縱私鑄，本州市肆所用皆私鑄小錢，已差官前去制勘故也。辛未，臣僚上言："訪聞得兩浙盜鑄之姦，因州縣容縱，不嚴禁戢，間有告獲，又置不問。部使者懷私觀望，不時舉發，以至私錢盈積，散流民間，延袤江淮，充滿畿甸。"詔轉運使孫虞丁、判官胡璞、提點刑獄馬玿等並放罷②。癸酉，監察御史張茂直言："被旨體量沿汴知縣、佐官容縱當十錢之人，具名聞奏。續又被旨體量淮、浙監司及措置止絶私鑄盜販，救京畿、三路錢法之弊者。臣契勘今年六月十一日敕：當十錢可於京師、陝西、河東、河北行用，餘路不行，並限一季，於州、縣、鎮、寨送納，當日給小鈔還之。又準八月十九日敕：諸路納換

---

① 小平錢　底本脱"平"一字，據嘉慶本、長編拾補卷二六補。
② 馬玿　長編拾補卷二六、宋會要輯稿職官六八之一三同，嘉慶本"玿"作"珆"。

北、河東、陝西、熙河作當五行使通寶錢,所鑄未多,在官者並隨處封樁,在民間者以小平錢納換。"乙亥,尚書省言:"檢會今年正月二十二日朝旨,廣南、江南、福建、兩浙、荊湖、淮南路用當二錢改當十錢指揮更不施行。正月二十九日朝旨,創置當十錢監罷鑄當十錢,可令就見在物料改鑄小平錢,候了日,分撥結絶。前項朝旨罷鑄當十錢,將見在物料改鑄小平錢,止爲見在銅錫料,其當二錢自合依舊行使。竊慮逐路疑惑,卻將當二錢改鑄小平錢。"詔令工部疾速依詳上件事理申明行下。丙子,蔡京罷相。是春,監察御史沈畸言:"臣聞小錢之便於民間也久矣,未有知其所由來也。古者軍興,錫賞不繼,或以一當百,或以一當千,此權時之宜,豈可行於太平無事之日哉?誰爲當十之議?不知事有召禍,法有起奸,游手之民,一朝鼓鑄,無故有數倍之息,何憚而不爲?雖日斬之,其勢不可遏也。往往鼓鑄不獨閭巷細民,而多出於富民、士大夫之家,曾未期歲,而東南之小錢盡矣。錢輕故物重,物重則貧下之民愈困,此盜賊之所由起也。夫使民嗷嗷然日望朝廷改法,此豈經久計哉?伏乞睿聰詳酌,速賜寢罷。"

五月丁酉,左正言詹丕遠進對,論當十錢。上曰:"當十並行,本以便民,今卻反爲民害如此。非卿有陳,朕不知也。便直欲改作當三亦不難,只遠方客人有積貨鉅萬以上者,陡鐫之,不無胥怨否?"丕遠曰:"陛下行法要改,則草薙而禽獮之。或聖慮哀矜,恥一夫不獲,欲且改從當五亦可。"上慨然曰:"終痛革之。"上又曰:"王安石佐先帝理財,當時何嘗行當十,在廷非之者猶謂以利不以義。"丕遠對:"安石豈好利者,秉政許多日①,尚不及茶鹽榷取。蔡京引用匪人,貽害無窮,豈可比安石!"上曰:"京失,京失!'與其有聚斂之臣,寧有盜臣',聽此等人語言,不爲國家久長計。人臣事君以利,只此便可見京相業。許天啓待行遣。"天啓蓋創爲當十錢者。

六月乙亥,詔:"官所鑄當十錢,已令諸路以小鈔換易。其私錢,若不立法,使盡歸官,須冒法私用,陷民深刑,朕所憫焉。可令亦限一季内首納②,當計銅價加二分,以小鈔還之。如或隱藏不換,以私鑄法論③。"

七月壬辰,詔:"已降指揮:當十錢行於三路,餘路以小鈔換易。若能悉力遵行,不

---

① 秉政許多日 "日",長編拾補卷二六作"時"。
② 可令亦限一季内首納 "首"底本作"收",據本卷下文之"限一季首納"改。長編拾補卷二六作"可令亦限一季内納官"。
③ 以私鑄法論 "鑄"底本作"有",嘉慶本同,據長編拾補卷二六改。

十一月丙辰,尚書省言:"私鑄當十錢利重,不能禁,深慮民間物重錢濫。乞荆湖南、北,江南東、西,兩浙路並改作當五錢,舊當二錢依舊。又慮冒法運入東北,宜以江爲界。"從之。

五年正月甲辰,尚書省言:"兩浙路官司弛廢,容縱民間盡將小平錢銷鑄當十錢,致民間小錢數少,買賣阻滯,深爲非便。"詔兩浙路將應上供小平錢並兑諸官司御書"通寶""當十重寶""當五大錢",上供赴京。其小平錢,仰留充本路買賣給散,仍仰本路錢監疾速依舊鑄造小平錢行用。丙午,尚書省言:"通寶、當十錢,東南私鑄甚多,民間賣買阻滯。其荆湖、兩浙、江南、淮南路已降指揮,並改作當五行使。尚慮民間盜鑄不已,其當十錢並行罷鑄。其見在官私當十錢,依已降指揮行用外,所有鑄當十錢監,並仰鑄小平錢。"從之。己酉,詔:"諸路鑄銅錢監,可將逐監工料計定,分爲十分,自崇寧五年爲始,内八分鑄小平錢,二分鑄當十錢。"乙卯,尚書省言:"契勘元降指揮:正月十三日、十六日改鑄當十錢去處,上係江、池、饒、建①、韶州係上供路分,竊慮諸路疑惑②,今欲依下項:一,江、池、饒、建、韶州,仰將逐監合得銅料,以十分爲率,八分鑄小平錢,二分鑄當十通寶,並依條限起發上供。内韶州止係二分當十錢上供,小平錢充本路買銅支用。一,廣南、荆湖路,除已降指揮鑄夾錫錢行使外,並許用逐路合得銅料兼鑄小平錢支使。一,除廣南、荆湖路兼鑄夾錫錢行使外,其非上供路分舊有錢監去處,並依舊鑄小平錢支使。一,廣南、江南、福建、兩浙、荆湖、淮南路用當二錢改鑄當十錢指揮更不施行。其京畿、三路、京東、京西路,並各依元降指揮。一,勘會江、淮、荆、浙路小平錢稍闕,民間以揀選私鑄錢太急,及見行辨認樣制,及許人告陳等罪賞嚴緊,致當五錢未得通行。蓋緣元初鑄造諸監樣制不一,今來難於揀辨。竊慮枉陷平民,悉遭刑罰,欲令逐路州縣量行揀選,如大段輕小,即不得行用。"並從之。壬戌,詔:"近降指揮鑄當十錢監並依舊改鑄小平錢,所有先降指揮計定工料分數,内二分鑄當十錢指揮更不施行。"

二月甲子,詔荆湖、江南、兩浙、淮南路重寶錢作當三,在京、京畿、京東③、京西、河

---

① 建 底本作"連",據嘉慶本、長編拾補卷二六改。下同。
② 竊慮諸路疑惑 底本脱"竊"一字,據嘉慶本、長編拾補卷二六補。
③ 京畿京東 底本作"京東畿",據嘉慶本、長編拾補卷二六、宋史卷一八〇食貨志補並乙正。

十一月癸卯①,初令江、池、饒、建、舒、睦、衡、鄂州八錢監依陝西樣鑄當十錢。江、淮、荆、浙等路發運司言②:"自熙寧以來,鼓鑄當二大錢盛行民間,而於條不許起發上京,以故目今諸州軍官庫見管當二大錢甚多。乞將當二大錢改鑄當十大錢,四文可得三文,約四十萬貫,實計三百萬貫。"工部欲依所乞,仍依陝西見鑄錢樣,於錢背鑄"十"字,以示所當小平之數。其當二銅錢,更不鼓鑄。從之。

三年正月戊子,詔:"江、池、饒、建州罷鑄小平錢及當五錢,並依陝西當十大錢樣制、模規、大小、輕重,次第改鑄當十大錢。"

戊戌,詔:"江、淮、荆、浙等路所管當二錢盡拘收,改鑄當十大錢。"癸卯,詔:"京城外置錢監,並復徐州寶豐監、衛州黎陽監,並改鑄當十大錢,其當二限一年更不行使。"

四月丙寅,户部言:"舒、衡、睦、鄂、韶、梧州六監,歲鑄小錢共額一百五十三萬,内韶州從來專充岑水買銅本錢,餘五監以給本路常用。今欲並行改鑄當十錢,除一切費用外,可得見錢四百八十萬五千餘貫,以助本部經費。仍自崇寧四年爲始。"詔從所乞。

四年四月癸酉,尚書省言:"崇寧監鑄御書當十錢,每貫重一十四斤十兩,用銅九斤七兩二錢、鉛四斤一十一兩六錢、錫一斤九兩二錢,除火耗一斤五兩,每錢重三錢,十錢重三兩。"詔頒樣於諸路,仍令赤仄烏背,字畫分明。

六月丙寅,尚書省言:"訪聞東南諸路盜鑄當十錢,率以船栿於江海内鼓鑄,當職官全不究心,縱姦容惡,理須別行措置。除廣南、福建地里遥遠,其當十錢逐路今後更不行使,舊有者限一月具數,經官驗,驗非私鑄,聽官司因事受納,轉運司兑換,於別路行使。餘東南諸路,乞依畫一措置。"從之。

七月丁巳,尚書省言:"廣南、福建路最係產銅去處,已降朝旨,逐路更不行使當十錢,其本路自合鑄小平錢外,所有合應副上供及起發往行使當十錢路錢數,并合依舊鑄當十錢。乞專委逐路轉運判官措置。"從之。

―――――――――――――――

① 十一月　底本作"十二月",據嘉慶本、長編拾補卷二二改。
② 江淮荆浙等路發運司言　底本"等"下衍"二"一字,嘉慶本、長編拾補卷二二同,宋會要輯稿食貨一一之六作"十月,江、淮等路發運副使胡師文言"。今據刪"二"字。

卷第一百三十六

徽宗皇帝

當十錢

崇寧二年二月庚午,初令陝西鑄折十銅錢并夾錫錢。左僕射蔡京奏:"據陝西轉運副使許天啓申送到新鑄銅鐵錢樣,已降指揮:銅錢於歲終須管鑄三十萬貫,鐵錢鑄二百萬貫。自來鑄錢,張官置吏,招刺軍兵,所費不少,而軍兵之役最爲辛苦。官得至薄,率三錢得一錢之利,蓋是久失擘畫。今陝西河中府等處,民間私鑄最多,召募私鑄人,令赴官,充鑄錢工匠,廣爲營屋,許其一家之人在營居止,不必限其出入,官給以物料,盡其一家人力鼓鑄,計其工直,率十分中支若干分數充其工價,又可收私鑄人在官。蓋昔人招天下亡命即山鑄錢之意。欲令許天啓相度,疾速準此施行,仍與舊來軍工相兼鼓鑄。今來所鑄銅錢①,除陝西、四川、河東係鐵錢地分更不得行使外,諸路並令折十行用。其錢唯令陝西鐵錢地分鑄造,卻於銅錢地分行使,貴絕私鑄之患。如有私鑄,並以一文計小錢十科罪。又陝西銅錢至重,每一錢當鐵錢三或四。今夾錫鑄造,樣製精好,欲一錢當銅錢一支用,令許天啓相度,依此施行。"從之。

九月癸卯,尚書省言:"提舉陝西鑄錢許天啓起第一運烏背折十銅錢五千緡至京,乞自禁中先用,然後頒之四方。"從之。

十月戊申,尚書省言:"乞降當十錢樣於天下。"詔各降一千,分布曉示,使人識認,有司覺察,如稍異,許越訴,論如私錢法,以錢計賞。甲戌,詔改折二、折十錢並作當二、當十錢稱呼②。

---

① 今來所鑄銅錢 "銅"底本作"鐵",據嘉慶本、長編拾補卷二一、文獻通考卷九錢幣考九六中、宋史卷一八〇食貨志改。
② 並作當二當十錢稱呼 底本脫"錢"一字,據嘉慶本、長編拾補卷二二補。

校定入學,令禮部、國子監限五日條具聞奏。"

六年正月己未,詔提舉措置書藝所,以主客員外郎杜從古、新知大宗正丞徐兢、新差編修汴都志米友仁並爲措置管勾官①,生徒以五百人爲額。篆正文法鐘鼎,小篆法李斯,隸法鍾繇、蔡邕,真法歐、虞、褚、薛,草法王羲之、顔、柳、徐、李,逐月會試。先是,王黼以唐告三道:虞世南書狄仁傑告、顔真卿書顔允南母蘭陵郡太夫人張氏告及徐浩封贈告進呈。上曰:"朕欲教習前代書法,所頒告命,使能者書之,不愧前代。"時書學已罷,故特置是局。

---

① 米友仁　底本作"朱有仁",嘉慶本同,據長編拾補卷四八、宋會要輯稿崇儒三之一、宋史卷四四四米芾附子友仁傳改。按:宋史卷四四四米芾附子友仁傳記載:米友仁,米芾之子,"字元暉,力學嗜古,亦善書畫,世號小米"。

別。其令醫學生併入太醫局,算學生併入太史局,書學生入翰林書藝局,畫學生入翰林圖畫局。罷學官及人吏等。"

政和三年三月癸酉,復置算學。

閏四月辛亥,詔復置醫學。尚書省乞立校試之法,隨所試中高下,分遣諸路:三京七人,帥府六人,大藩五人,上州四人,中下州三人,次遠州二人。從之。

五年正月乙丑,左武大夫、康州防禦使、提舉入內醫官、編類政和聖濟經曹孝忠等奏:"乞諸州縣並置醫學,隸于州縣學,提舉學事司選差本州見任官通醫術能文者一員,兼權醫學教授。比仿諸州縣學格內文士三年所貢人數①,十分中以一分五釐人數創立諸路醫學貢額,分爲三年,並不侵占文士貢額。諸路貢士與本學內舍同試上舍,三歲共取合格人數陞補上舍,以上、中等一百人爲額,並附文士引見、釋褐。學生分三科:方脉科,通習大小方脉;風產針科,通習針灸;口齒、咽喉、眼目瘍科,通習瘡瘇、傷折、金鏃、書禁。三科學生各習七書。逐路並置醫學諭一員,以本學上舍出身人充。"並從之。

三月己亥,詔諸路置醫學教諭指揮勿行。

六月癸亥,詔:"醫學選試,如無通醫術文臣,許于本處醫長、醫職、醫工內選差一員。同州縣有出身官出題考校。如闕醫長等,即選本處有出身管勾學事官管勾。"

九月甲戌,詔諸州醫學博士並改爲醫博士②。

七年七月戊子,太醫學奏:"乞本學三舍生依太學、辟雍、國子監法隸屬禮部。"從之。

宣和二年七月己未,詔:"先帝董正治官,太醫局置丞、教授,立學生員額,成憲具存。今醫局之外復建醫學,既違元豐舊制,舍選之法,本示教養,今又醫學生賜第之後③,盡官州縣,不復責以醫術,平昔考選,遂成虛文。在京醫學可並罷,應醫學三舍生舊係內外學籍,願入學者,上、內舍並特令于見醫學舍額上降一舍,外舍許通理醫學,

① 比仿諸州縣學格內　底本脱"縣"字,宋會要輯稿崇儒三之一七載"今此倣諸州縣學格內",今據補"縣"字。
② 九月甲戌詔諸州醫學博士並改爲醫博士　宋會要輯稿崇儒三之二二作"[政和八年]九月八日詔諸州醫學博士",二者係時不同。
③ 今又醫學生賜第之後　底本脱"醫"字,據群書考索後集卷三〇補。嘉慶本"醫學生"作"醫學",群書考索後集卷三〇"賜第"作"賜舍"。

大觀元年正月甲午,大司成兼侍讀、學制局編修官薛昂言①:"修整書、畫學畢工,額各三十人,分爲兩齋。"從之。

二月乙亥,詔復置醫學②。

三月甲辰,詔:"書、畫學並依崇寧四年十二月以前敕令式、人額等,其後來裁損指揮勿行。"

三年三月壬戌,張邦昌定到算學文宣王廟從祀人合封爵,自風后封上谷公,至隋盧太翼封成平男,合六十六人。從之。

案:吳時傳:時爲禮部員外郎,方興算學,欲以黄帝爲先師。時言:"春秋釋奠,孔子止中祀。數學乃六藝之一,若以黄帝爲先師,則當用大祀。"十一月七日丁未,竟以黄帝爲先師。又所奏七十人,但擬從祀,初未加封爵。卻恐十一月七日所奏,合附在三月十八日以前,更須細考之。

十一月丁未,太常寺言:"被旨,天文、算學合奉安先師,並配饗、從祀、繪像未合典禮,可令禮官講究以聞③。臣等竊詳黄帝獲寶鼎,迎日推策,舉風后、力牧、常儀、大鴻以治民,順天地之紀、幽明之占、死生之説;使大撓造甲子,隸首作算數,容成綜之,所以考定氣象,建五行,察發斂,起消息,正閏餘,其粗精顯微,無不該極④。今算學所習天文、曆算、三式、法算四科,其術皆本于黄帝。宜尊黄帝爲先師,而以其當時之臣風后、力牧、大鴻、大撓、隸首、容成、鬼臾區⑤、巫咸⑥、常儀爲配饗⑦,又以後世精于數術者,隨其世次,分繪兩廡,以爲從祀。今具下項風后、力牧云云,已上七十人,今欲擬從祀。"

此據詔旨,並三月十八日所書,實録皆不書。三月十八日,已用孔子爲先師,吳時云云可考。恐此奏合在三月十八日以前,詔旨誤編入此。或移著彼,庶先後不差。更須考詳云。

四年三月庚子,詔:"六藝皆聖人作,邇者增學舍,置師、弟子,而入流命官靡有區

---

① 學制局 底本"學"下衍"士"一字,據嘉慶本、群書考索後集卷三〇士門刪。
② 詔復置醫學 "置"底本作"制",據嘉慶本、長編拾補卷二七改。
③ 可令禮官講究以聞 宋會要輯稿崇儒三之三"可否禮官考古稽禮講究以聞"。
④ 無不該極 "極",嘉慶本作"舉"。
⑤ 鬼臾區 底本脱"鬼"一字,長編拾補卷二八同,據容齋隨筆三筆卷一三大觀算學、文獻通考卷四二學校考補。宋史卷一〇五禮志作"鬼俞區"。
⑥ 巫咸 底本脱此二字,長編拾補卷二八同,據容齋隨筆三筆卷一三大觀算學、文獻通考卷四二學校考補。宋史卷一〇五禮志作"商巫咸"。
⑦ 常儀 宋史全文卷一四、長編拾補卷二八、宋史卷一〇五禮志同,嘉慶本作"當儀",容齋隨筆三筆卷一三大觀算學、文獻通考卷四二學校考均作"常僕"。

未施之燕饗。夫今樂猶古樂也，比詔有司，以大晟樂播之教坊，按試于庭，五聲既具，無惉懘焦急之聲，嘉與天下共之。可以所進樂頒之天下，其舊樂悉禁。仍令尚書省措置立法。"

六年閏正月戊申，大晟府奏："神宗皇帝嘗命儒臣肇造玉磬，藏之樂府。乞今略加磨礱①，俾與律合，並造金鐘，專用于明堂，以薦在天之神。"從之。

四學

崇寧三年六月壬子，都省言："竊以算數之學，其傳久矣。周官大司徒以鄉三物教萬民，而賓興之。三曰六藝：禮、樂、射、御、書、數，則周之盛時所不廢也。神宗皇帝將建學焉，屬元祐異議，遂不及行。方今紹隆聖緒，則算學之設，實始先志，推而行之，宜在今日。今將元豐算學條制重加刪潤，修成敕令，冠以崇寧國子監算學敕令格式爲名。"又言："竊以書之用于世久矣。先王爲之立學以教之，設官以達之，置使以諭之，蓋一道德，謹法守，以同天下之習。世衰道微，官失學廢，人自爲學，習尚非一，體畫各異，殆非所謂'書同文'之意。今四方承平，未能如古，蓋未有校試勸賞之法焉。今欲仿先王置學設官之制，考選簡拔，使人人自奮，有在今日。所有圖畫之技，朝廷所以圖繪神像，與書一體。今附書學，爲之校試約束，謹成書畫學敕令格式一部，冠以'崇寧國子監'爲名，並乞賜施行。"從之。都省上崇寧國子監算學書畫學敕令格式，詔頒行之。只如此書，自可也。始置書、畫、算學。

五年正月丁巳，詔書、畫、算、醫四學並罷，更不修蓋。書、畫學于國子監擗截屋宇充，每學置博士一員，生員各以三十人爲額。

十一月乙巳，大司成兼侍讀薛昂、國子司業強淵明言："竊謂周官以六藝教民，而數居其一焉。蓋于政治，顯有實用，故齊威公設庭燎，以見獻九九之術者，良有以也。神宗皇帝追復古制，修立算學之法，未及頒行。陛下嗣承先志，置學立法，有司推行。曾未就緒，今春裁節，遂置廢罷。欲望聖慈特賜檢會崇寧三年六月十一日指揮，許復置算學，仍依元降敕令格式施行。"從之。

---

① 乞今略加磨礱　"今"，嘉慶本作"令"。

音,安以樂至。如陛下收復青唐,趙懷德歸順,近古州二千餘里盡内附,今正功成作樂之時。"上曰:"盡出詒謀。"光凝曰:"神考勵精庶政,今陛下收其成效。若非陛下善繼善述,何以致此?"

九月乙未朔,以九鼎成,御大慶殿受賀,始用新樂。

大觀四年八月丁卯,御製大晟樂記云:"在藝祖時,嘗詔和峴;在仁宗時,嘗詔李照、阮逸;在神考時,嘗詔范鎮、劉几①。然老師俗儒,末學昧陋,不達其原,曾不足以奉承萬一,以迄于今。朕仰繼先烈,推而明之。蓋古之作樂者,事與時並,名與功偕,制作各不同。故文王作周,大勳未集,則虞業之聲,不可行于武、成之後;武王嗣武,卒其功伐,則大武之聲不可施于太平君子持盈守成之日。周雖舊邦,樂名三易。朕承累聖之謀,述而作之,有在乎是!然奮乎百世之下,以追千古之緒,遺風餘烈,莫有存者。夙夜以思,賴天之靈,祖宗之休。李良之弟子出于卒伍之賤,獻黃帝、后夔正聲、中聲之法;宋成公之英莖②,出于受命之邦,得其制作範模之度,協于朕志。于是斥先儒累黍之惑,近取諸身,以指爲寸,以寸生尺,以尺定律,而樂出焉。爰命有司,庀徒鳩工,一年制器,三年樂成,而金石、絲竹、匏土、革木之器備。以崇寧四年八月庚寅案奏于崇政殿庭,八音克諧,不相奪倫。越九月朔,百僚朝大慶殿稱慶,樂九成,羽物爲之應,有鶴十隻,飛鳴其上,乃賜名曰大晟,置府建官,以司掌之。明年冬,備三獻、九奏,奉祠鼎蕭,復有雙鶴來儀。自後樂作則鶴至,如形影之相召,于以薦壇廟,和萬邦,與天下共之。乃按習于宫掖,教之國子,用之太學③、辟雍,頒之三京、四輔以及藩府焉。又親筆手詔,布告中外,以成先帝之志,不其美歟?孟子曰:'今樂猶古樂。'蓋感人以聲④,則無古今之異。四夷之樂,先王所不廢也。雖樂不同,而聲豈有二?古今參用,永爲一代之制。繼周勺之後,革百王之陋,以遺萬世,貽厥子孫,永保用享。大觀庚寅八月一日宣和殿記。"

政和三年五月己酉,手詔:"崇寧之初,納魏漢津之説,成大晟之樂。薦之郊廟,而

---

① 劉几 底本作"劉機",據宋會要輯稿樂二之二九、宋朝事實卷一四樂律、文獻通考卷一三〇樂考一一五八中、宋史卷一二八樂志改。
② 英莖 底本作"英華",嘉慶本同,據宋朝事實卷一四樂律改。按:重修宣和博古圖卷二二載有"宋公成之韶鐘"。
③ 用之太學 底本脱"之"一字,據嘉慶本、長編拾補卷二九、宋朝事實卷一四樂律補;"太學"底本作"大學",據長編拾補卷二九、宋朝實事卷一四改。
④ 蓋感人以聲 "感"底本作"今",長編拾補卷二九同,據嘉慶本、宋朝事實卷一四樂律改。

嘆而下。詔罷舊樂,賜新樂名曰大晟。明年冬,致祠于帝鼐殿,有甘露自龍角甗下降①。有詔令樂府官屬排設宮架,備三獻九奏,以祇謝景貺。曲再作,有雙鶴迴旋于宮架之上。後再習樂,群鶴屢至。昔黃帝大合樂,有元鶴六舞于前,蓋和聲上達,而後鶴爲之應。傳曰:"不見其形,當察其影。"世之知音者鮮矣,而羽物之祥可卜其聲和也。蓋聲音之和,上繫人君之壽考,下應化日之舒長。焦急之聲,固不可用于隆盛之世。昔李照欲下其律,乃曰:"異日聽吾樂,當令人物舒長。"照之樂固未足以感動和氣如此,然亦不可謂失其意矣。自藝祖御極,知樂之聲高,歷一百五十餘年,而後中正之聲乃定,蓋奕世修德,和氣薰蒸,一代之樂,理若有待。壽考舒長之應,豈易量哉?

四年八月庚寅,崇政殿奏新樂。詔曰:"道形而上②,先王體之,協于度數,播于聲詩,其樂與天地同流。雅、頌不作久矣,朕嗣承令緒,荷天降康,四海泰定,年穀順成,南至夜郎、牂柯,西踰積石、青海,罔不率俾。禮樂之興,百年于此,然去聖逾遠,遺聲復存③。迺者得隱逸之士于草茅之賤,獲英莖之器于受命之邦,適時之宜,以身爲度,鑄鼎以起律,因律以制器。按協于庭,八音克諧,蓋祖宗積累之休,上帝克相,豈朕之德哉?昔堯有大章,舜有大韶,三代之王,亦各異名。今追千載而成一代之制,宜賜名曰大晟。朕將薦郊廟,享鬼神,和萬邦,與天下共之,豈不美歟!其舊樂勿用。"

實錄不載,詔旨亦不載。本紀于辛卯日書賜新樂名大晟,置府建官。

辛卯,大理卿曹誧,少卿李孝稱,中書舍人張閣、許光凝各以本職進對。上謂閣曰:"昨日新樂如何?"閣對曰④:"昨日所按大晟樂,非特八音克諧,盡善盡美,至于樂器,莫不皆應古制。竊聞初按時已有翔鶴之瑞,與'簫韶九成,鳳凰來儀'亦何以異?臣無知識,聞此和聲,但同鳥獸蹌舞而已。"閣因奏:"被旨以古州等處納土,差官奏告永昭、永厚陵。"上曰:"古州是古牂柯、夜郎之地?"閣對曰:"牂柯、夜郎接連南詔,最爲荒遠,所謂'上仁所不化者'⑤。今不緣征誅文告之煩,舉國內屬,非陛下文德誕敷,何以致此?今告功諸陵,在天之靈,亦當顧享次。"光凝奏云:"昨日按新樂,臣忝侍從之末,得預榮觀,不勝幸甚。"上曰:"八音甚諧⑥。"光凝曰:"此聖德所致,可謂治世之

---

① 有甘露自龍角甗下降 底本脱"有"一字,據宋朝事實卷一四樂律補。
② 道形而上 "上",嘉慶本、宋朝事實卷一四樂律、宋大詔令集卷一四九賜大晟樂御筆手詔均作"下"。
③ 遺聲復存 "復",東都事略卷一〇本紀十、宋大詔令集卷一四九賜大晟樂御筆手詔均作"弗"。
④ 閣對曰 底本脱"閣"一字,據嘉慶本、宋朝事實卷一四樂律補。
⑤ 所謂上仁所不化者 "所不"底本作"而下",據嘉慶本、長編拾補卷二五、宋朝事實卷一四樂律改。
⑥ 八音甚諧 宋朝事實卷一四樂律同,嘉慶本、宋史卷一二九樂志、長編拾補卷二五"甚"均作"克"。

之學識不能造微,蓋焦急之音,適與時應。藝祖以其聲高,近于哀思,乃詔和峴減下一律。仁祖朝,詔李照與諸儒典治,取京縣秬黍累尺成律①,審其聲猶高,更用太府布帛尺爲法,乃下太常四律。然太府尺乃隋尺也。照知樂聲之高,而無法以下之,乃取世俗之尺以爲據。是時樂工病其歌聲太濁,乃私賂鑄工,使減銅齊,實下舊制三律,然照卒莫之辨。于是議者紛然,遂廢不用。皇祐中,命阮逸、胡瑗參定,詔天下知樂者亟以名聞。逸、瑗減下一律,三年而樂成,言者以其制不合于古,鐘聲弇鬱震掉,不和滋甚,遂獨用之常祀、朝會焉。神考肇新憲度,將作禮樂,以文治功,元豐中,採楊傑之論,驛召范鎮、劉几與傑參議②,下王朴樂二律,用仁祖所制編鐘,稽考古制,是正闕失,煥然詳明,復出前世焉。然諸儒之議雖互有異同,而其論不出于西漢;雖粗能減定,而其律皆本于王朴。未有能超然自得,以聖王爲師者也。魏漢津居西蜀,師事李良,授鼎樂之法。良唯以黄帝、后夔爲法,餘代皆有所去取。皇祐中,漢津與房庶以善樂被薦。既至,黍律已成,阮逸始非其説,漢津不得伸其所學。後逸之樂不用,乃退與漢津議指尺,作書二篇,叙述指法。其書行于世。漢津嘗陳其説于太常,樂工憚改作,皆不主其説。逮崇寧初,上以英明濬哲之姿慨然遠覽,將稽帝王之制,而自成一代之治,乃詔宰臣,置司命屬,講議大政。顧惟大樂之制③,訛謬殘闕甚矣。太常以樂器弊壞,遂擇諸家可用者,琴、瑟制度參差不同,簫、篴之屬樂工自備,每大合樂,聲韻淆雜,而皆失之太高。箏、築、阮,秦、晋之樂也,乃列於琴、瑟之間;熊羆案,梁、隋之制也,乃設于宮架之外。笙不用匏,舞不象成,曲不協譜,樂工率農夫、市賈,遇祭祀、朝會,則追呼于阡陌、閭閻之中,教習無素④,懵不知音。議樂之臣以樂經散亡,無所據依。秦、漢之後,諸儒自相非議,不足取法,乃博求異人,而以漢津之名達于上焉。高世之舉,適契聖心,乃請以聖上君指三節爲三寸,三三爲九,而黄鐘之律成焉,漢津得之于師曰:"人君代天理物,其所稟賦,必與衆異。然春秋未及,則其寸不足;春秋既壯,則其寸有餘。惟三八之數,爲人正得太簇之律。今請指之年,適與時應,天其興之乎!"前此以黍定律,遷就其數,曠歲而不能決⑤。今得指法,裁而爲管,天律之定⑥,曾不崇朝。其聲中正平和,清不至高,濁不至下,焦急之聲,一朝頓革。聞者無不歡忻,調唱和氣,油然生焉。越崇寧四年八月庚寅,樂成,列于崇政殿。有旨先奏舊樂三闋,樂未終,上曰:"舊樂如泣聲。"揮止之。既奏新樂,天顏和豫,百執事之臣,無不忻喜稱頌。九月朔,以鼎樂成,上御大慶殿受賀。是日,初用新樂,太尉率百僚奉觴稱壽,有數鶴從東北來,飛度廣庭,徊翔鳴

---

① 京縣秬黍　底本脱"秬"字,據長編卷一一六、宋會要輯稿樂二之一、九朝編年備要卷一〇、太平治迹統類卷六景祐君臣議樂、宋史卷一二六樂志補。
② 劉几　"几"底本作"機",據宋會要輯稿樂二之二九、宋朝事實卷一四樂律、文獻通考卷一三〇樂考一一五八中、宋史卷一二六樂志改。下同。
③ 顧惟大樂之制　底本脱"顧"字,據嘉慶本、宋朝事實卷一四樂律補。
④ 教習無素　嘉慶本、長編拾補卷二三、文獻通考卷一三〇樂考一一五八下同,宋朝事實卷一四樂律"素"作"成"。
⑤ 曠歲而不能決　嘉慶本"歲"下有"月"字。
⑥ 天律之定　"天",嘉慶本作"大",長編拾補卷二三、宋朝事實卷一四樂律均作"尺"。

卷第一百三十五

徽宗皇帝

大晟樂

崇寧三年正月甲辰,魏漢津言:"臣聞通二十四氣,行七十二候,和天地,役鬼神,莫善于樂。伏羲以一寸之器,名爲含微,其樂曰扶桑;女媧以二寸之器,名爲葦籥,其樂曰光樂;黄帝以三寸之器,名爲咸池,其樂曰大卷。三三而九,爲黄鐘之律。後世因之,至唐、虞未嘗易。洪水之變,樂器漂蕩。禹效黄帝之法,以聲爲律,以身爲度,用左手中指三節三寸謂之君指,裁爲宫聲之管;又用第四指三節三寸謂之臣指①,裁爲商聲之管;又用第五指三節三寸謂之物指,裁爲羽聲之管。第二指爲民,爲角。大指爲事,爲徵。民與事,君臣治之,以物養之,故不用爲裁管之法。得三指合之爲九寸,則黄鐘之律定矣。黄鐘定,餘律從而生焉。商、周以來,皆用此法。因秦火,樂之法度盡廢。漢諸儒張蒼、班固之徒,惟用累黍容盛之法,遂致差誤。晋永嘉之亂,累黍之法廢。隋時牛宏用萬寶常水尺②。至唐室田畸及後周王朴,並用水尺之法。本朝爲王朴樂聲太高,令竇儼等裁損,方得律聲諧和。雖諧和,即非古法。漢津今欲乞請聖人三指爲法。謂中指、第四指、第五指各三節。先鑄九鼎,次鑄帝坐大鐘,次鑄四韻清聲鐘,次鑄二十四氣鐘,然後均絃裁管,爲一代之樂。"詔可。

楊氏編年:"崇寧四年九月,蔡京用魏漢津鑄九鼎,作大晟樂。時漢津取身爲度之義,以帝年二十四當四六之數,取帝中指,以爲黄鐘之寸,而生度量權衡以作樂。漢津本剩員兵士,爲范鎮虞候,見其製作,略取之。而京又使劉炳緣飾之。"〔漢津爲范鎮虞候,惟編年云爾,當考。〕劉炳大晟樂論第三篇云:五季滅裂之餘,樂音散亡。周世宗觀樂懸,問工人,不能答,乃命王朴審定制度。其規模鄙陋,聲韻焦急,非惟朴

---

① 第四指 "指"底本作"節",據嘉慶本、長編拾補卷二三、宋會要輯稿樂二之三一、宋史卷一二八樂志改。
② 牛宏 底本作"牛弘";嘉慶本作"牛宏",符合宋朝避諱趙匡胤之父趙弘殷的要求,今據改。

兵部尚書蔣猷等推賞各有差。"

詔旨"景靈玉陽神應鐘",當考與劉棟所鑄如何①？

十一月丁丑,御筆:"先王服制,方圓俛仰、大小形色,悉有象法。自周之衰,禮文殘闕,無復制度。因時從俗,寖以胡服施于朝廷。稽古驗今,遹追先志,不可不革。可令禮制局先自冠服討論以聞,適今之宜,仿古之意,當力行之,以革千歲之習。其見服靴,先次廢罷,改用履。"

十二月庚辰,禮制局奏②:"奉詔易靴爲履。履有絇、繶、純、綦,請仿古制,皆隨服之色。"從之。庚子,禮制局奏:"履隨其服色,而武臣服色一等,當議差別。"詔:"文、武官大夫以上具四飾,朝請郎、武功郎以下去繶;從義、宣教郎以下至將校、伎術官去繶、純。"

宣和元年九月丙寅,御筆:"禮制局討論親蠶典禮並修立儀注、重修鹵簿,成書累年,未曾推恩。吏部尚書蔣猷、國子司業馮躬厚各轉一官,保和殿直學士蔡儵、蔡翛並各落'直'字。"

二年六月甲午,詔:"禮制局製造所等各支過料錢物數浩瀚,可並限一月結絕。"

八月癸未,詔禮制局製造所等官并罷。

---

① 按:關於劉棟鑄"景靈玉陽神應鐘",見本書卷一二七方士。
② 禮制局奏　底本脱"奏"一字,嘉慶本同,據宋會要輯稿輿服四之二三、宋史卷一五三輿服志補。

門外,所有鹵簿、儀仗,更不排設。"

又奏:"周禮:'夜三鼛,以號戒。'令奏嚴是也。乘輿宿齋,其儀衛本緣祀事,其奏嚴本緣警備。國朝之制,警嚴並列于逐頓宮門外。仁宗詔明堂直端門,而奏嚴于外,恐失肅恭之意。于是齋夕權罷。今明堂肇建于寢殿之東南,不與端門直。將來宗祀,大慶殿宿齋,皇城外不設鹵簿、儀仗。其警嚴儀,伏請列于宣德殿門內、大慶殿門外。"

又奏:"自來明堂親祀于大慶殿①,有司行事于端誠殿。竊惟王者祀天則於郊,今明堂肇建,而有司行事於郊,恐未盡禮意。伏請非親祠歲,有司行事亦于明堂。"又奏:"按易,鼎象以木巽火亨飪也②。聖人亨以享上帝。周禮小司寇,祀五帝則實鑊水,士師泊鑊水。亨飪于禮爲重③,今之神廚、鑊水,乃委于庖吏之賤。伏請效周禮,以刑部尚書實鑊水,刑部侍郎增泊鑊水,庶合禮經之意。"並從之。

自"禮制局"至此,實錄並因詔旨,今用之。

五月甲寅,禮制局編修夏祭敕令格式④,詳議官兵部尚書蔣猷,宣和殿學士蔡攸,顯謨閣待制蔡儵、蔡絛各轉兩官,餘轉一官、減磨勘年有差。

六月庚申,禮制局編修夏祭禮成,提舉蔡京轉一官,回授與子絛通直郎、徽猷閣待制。

九月庚子,禮制局奏:"請以每歲十月朔御明堂,設仗,受來歲新曆,退而頒之郡縣。其布政依此。"從之。

十一月癸丑,禮制局奏:"乞頒士服于諸路學官,每州一副,令依樣製造。凡作樂、釋奠,諸生皆服其服。"

十二月辛未,禮制局言:"所享功臣位版尚用舊官,并合除去,止用所贈及封國爵諡。如王安石稱太傅、舒王諡'文'之類。"從之。

重和元年正月辛卯,禮制局上親耕籍田儀。

四月丁丑,御筆:"禮制局鑄'景靈玉陽神應鐘'了當,應副管勾詳議官、中大夫、

---

① 親祀　嘉慶本作"親祠"。
② 亨飪　嘉慶本作"烹飪"。
③ 亨飪　嘉慶本作"享飪"。
④ 夏祭敕令格式　"祭"底本作"季",據嘉慶本、宋會要輯稿刑法一之二九改。按:宋史卷二〇四藝文志載"蔣猷夏祭敕令格式一部",可爲參證。

籩、俎、尊、罍並用宗廟之器,但不設彝,不祼,則藉神席,亦合盡用,人情所安。兼東漢猶用莞簟,晉、宋以後,始單用莞。蓋循習之誤。伏請明正。聘禮曰:'壺設于東序,北上,以並南陳,醆、黍、清,皆兩壺。'蓋醆、黍、清,三酒也。詩亦曰'清酒百壺',此實三酒之壺尊也。禮器曰:'廟堂之上,罍尊在阼,犧尊在西,此實酌齊之尊也。'又曰:'君西酌犧象,夫人東酌罍尊。'此初獻酌酒之位。酒正曰:'大祭三貳,中祭再貳,小祭一貳。'此酌尊皆有貳也。然以五尊實五齊,則壺尊實三酒可知矣。以酌齊之尊在阼階之上,則酌酒之尊在阼階之下可知矣。蓋古者宗廟行九獻之禮,君與后各四,而諸臣一獻以終之,故謂之九獻,終獻之酌酒是也。若止酌齊而不及酒,非所以全事養之義。三獻之禮雖略于古,而齊酒之酌,不可偏廢,則初獻酌醴,亞獻酌盎,終獻酌酒,而九獻之義備焉。然而夏之尊曰罍,周之尊曰犧象。記言'罍尊在東,犧尊在西',此周禮也。周先本代之器,故初獻酌犧;後異代之器,故亞獻酌罍。今太廟、明堂之用,皆異代器也。當以近者為貴,酌尊用犧象可也。若夫設而不酌之尊,宜以世之先後為次而實之。伏請明堂以泰尊實泛齊,山尊實醴齊,著尊實盎齊,犧尊實醍齊,象尊實沉齊,壺尊實三酒,皆為不酌之尊。又以犧尊實醴齊為初獻,象尊實盎齊為亞獻,並陳阼階之下,皆為酌尊。尊三,其貳以備乏少,此大祭之禮也。"

又奏:"周官大司樂:'分樂而序之,以祭,以享,以祀。'冬日至,地上之圜丘奏之,若樂六變,則天神皆降;夏日至,于澤中之方丘奏之,若樂八變,則地示皆出。于宗廟之中奏之,若樂九變,則人鬼可得而禮①。蓋天神、地祇、宗廟以聲類求之,其用樂各異焉。又案:孝經稱郊祀后稷以配天,宗祀文王于明堂以配上帝。蓋尊祖配天者,郊祀也;嚴父配帝者,明堂也。郊祀以遠人而尊,故尊祖以配天;明堂以近人而親,故嚴父以配帝,所以求天神而禮之,其義一也。則明堂宜同郊祀,用禮天神六變之樂。"

又奏:"皇祐以來,以大慶殿為明堂,請致齋于文德殿。禮成,受賀于紫宸殿。今明堂肇建,當于大慶殿奏請致齋,禮成,于文德殿受賀。"又奏:"皇祐以來,明堂當一郊,故詣太廟、景靈宮行禮,陳法駕、鹵簿,回宿文德殿,即轉仗,自宣德門陳列,而至天漢橋。今明堂郊享後次年行禮,故不詣太廟、景靈宮,即車駕不出皇城,惟列仗于宣德

---

① 人鬼　嘉慶本作"神鬼"。

矣。然每遇大禮,本部所具字圖,止案舊書爲之,名實相戾,不可憑用。臣愚欲乞特降睿旨,命有司取所謂鹵簿圖記,更加考正,可因而否革之,仍以所更定事,倣舊書之體,補成全文,藏于有司,使永遠有所稽以從事,茲亦治世致詳于禮之意也。"御筆:"比哀集古鐘、鼎、尊、彝諸器,得見三代制作之象,因命有司悉從改造,焕然一新。鹵簿圖籍當行改修,可依所奏,令禮制局限一季了畢。"

四月丙子,禮制局奏:"案:詩稱郊祀天地,而繼以我將祀文王;孝經郊祀后稷,而繼以宗祀文王;周禮祀大神示,而繼以享先王。然則祀大神者,圜丘也。祀大示者,方澤也。享先王者,則明堂在其中,三者備矣,而後神示、祖考之禮成。然非一日而能遍。蓋圜丘必俟冬至,方澤必俟夏至,明堂必俟季秋。千數百載,斯禮弗備。今圜壇、方澤既展上儀,而明堂肇新,宗祀之期理不可緩。伏請夏祭大禮後,季秋親祠明堂,以稱陛下昭事神示、祖考之意。"又奏:"案:禮祀大神于冬至①,祀大示以夏至,乃有常日,無所事卜。季秋大享帝,以先王配,則有常月而無常日。禮不卜常祀而卜其日。社用甲,郊用辛,而日必諏吉,所以極嚴恭之義也。伏請明堂大享,以吉辛之日。"又奏:"昨夏祭前一日,宿方澤内殿,致齋太廟、景靈宫。冬祀既已親祠,將來宗祀明堂,伏請依夏至内殿致齋,前一日宿齋大慶殿。"又奏:"案:周禮祀昊天上帝,則大裘而冕,祀五帝亦如之。享先王則袞冕,祀昊天上帝則郊祀是也。享先王,則宗祀在其中。蓋于大裘舉正位,以見配位;于袞冕舉配位,以見正位。伏請祀明堂袞冕。"又奏:"案:禮記'莞簟之安,而蒲越藁秸之設'。釋者謂下莞上簟,祭天則蒲越藁秸。漢舊儀祭天用六綵綺席六重。高帝配天用紺席。成帝初,丞相衡等言其非是,遂用藁秸。東漢用莞簟,晉江左用蒯,隋祭天用藁秸,配帝用蒲越。唐麟德用裀褥。開元禮、開寶通禮,上帝用藁秸,配帝用莞簟。景德中,孫奭請席皆加褥。慶曆祀儀:上帝以黄,配帝以緋。元豐中,從有司之議,始不設褥于明堂神席之上,又以莞代蒲越、藁秸。今郊祀正位設蒲越,明堂正配位並以莞,蓋取禮記所謂'莞簟之安',明堂以人道享上帝故也。然莞、簟自是兩物,故曰'上莞下簟',周禮祀先王,亦無單用'莞簟'之文,今乃止用莞而不設簟,未盡禮意。況郊用特,而明堂用牛、羊,郊用匏爵,而明堂用玉爵,其餘豆、登、

---

① 案禮祀大神于冬至　嘉慶本、宋會要輯稿禮二四之五八"禮"下有"記"一字。

爵一,諸室共用胙俎一,罍洗一。從一品:籩、豆、簠、簋降殺以兩。正二品:籩、豆各八,簠、簋各二,其餘皆如從一品之數。"詔禮制局製造,取旨給賜。太師蔡京、太宰鄭居中、知樞密院事鄧洵武、門下侍郎余深、中書侍郎侯蒙、尚書左丞薛昂、尚書右丞白時中、權領樞密院事童貫,並依次給賜。

十一月乙未,尚書省言:"禮制局新定太廟籩豆之儀,籩二十有六,爲四行,以右爲上差。籩二爲第一行,朝事籩八次之,饋食籩八又次之,加籩八又次之。豆二十有六,爲四行,以左爲上差。豆二,爲第一行,朝事豆八次之,饋食豆八又次之,加豆八又次之。簠八,爲二行,在籩之外。簋八,爲二行,在豆之外。籩、豆、簠、簋所實禮料,乞依自來容受之數供辦,無本色,即以他物代①。"從之。

十二月己卯,禮制局奏:"太廟祭器,內鉶用三,登用一。竊考鉶與登皆盛羹之器,祭祀烹牲于鼎,升肉于俎。其湆芼以鹽菜,實之于鉶,則謂之鉶羹;不致五味,實之于登,則謂之太羹。周官烹人'祭祀共大鉶羹'是也。且宗廟之祭用太牢,而三鉶實牛、羊、豕之羹,固無可論者。至于太羹②,止設一登,不知果以何牲之湆而實之邪?議者惟知儀禮'芼鉶有牛藿、羊苦、豕薇'之文,故用三鉶而不疑。至大羹,無一定之説,所以止用一登也。以少牢饋食禮考之,則少牢者,羊、豕之牲也。上佐食羞兩鉶,司士進二豆湆。兩鉶,鉶羹也;二豆湆,大羹也。少牢之鉶豆用二,則三牲之祭;鉶既設三,登亦用三無疑矣。伏請太廟設三登,實牛、羊、豕之湆,以爲大羹,明堂亦如之。其賜宰執與高麗祭器,亦乞增一,于禮爲合。"從之。

七年正月丙辰,禮制局奏:"昨討論大駕六引,開封令牧乘墨車,兵部、禮部、户部尚書、御史大夫乘夏縵,已經冬祀施用。唯駕士之服各隨其輅之色,則六引駕士之服當亦如之。乞墨車駕士衣皂,夏縵駕士皂質,繡五色團花,于禮爲稱。"從之。

三月甲寅,兵部尚書兼侍讀、禮制局詳議官蔣猷奏:"臣伏見尚書兵部見行大禮鹵簿圖記,實天聖間侍臣宋綬等所撰集,凡儀衛之物,既圖繪其形,又稽其制作之所自,而敘于後,一代之威容、文物備載于此矣。陛下頃以治定制禮,設局命官,稽古從宜,訂正訛謬。如大輅之乘、元武之旗、六引之名與其車、導駕之官與其服,革而從新者多

---

① 即以他物代　嘉慶本"代"下有"之"一字。
② 至于太羹　底本脱"至"一字,據嘉慶本、長編拾補卷三五、宋會要輯稿禮一四之六九、宋史卷一〇八禮志補。

壇之上,于皇地祇則禮而不祀,神州地祇則祀而不禮,豈禮意乎?請黃琮、兩圭有邸,並施于皇地祇。求神則以黃琮,薦獻則以兩圭有邸。"又言:"黃琮,鄭康成及梁正三禮圖皆謂八方以象地。聶崇義言黃琮比大琮,每角各剡出一寸六分,共長八寸,厚寸。蓋厚寸乃大琮之制,每角各剡出一寸六分,共長八寸,于經無見。考工記有大琮、玉琮、瑑琮、駔琮之制,獨不言黃琮廣狹厚薄之度。今方澤並用坤數,則黃琮宜廣六寸,厚二寸,爲八方而不剡。"又言:"考工記云:'兩圭,五寸有邸,以祀地。'則兩圭之長宜共五寸,琮色黃,而圭不言色。大宗伯以玉作六器,以禮天地四方,而云'皆有牲幣,各放其器之色'。牲幣自當放玉之色①。則圭之色,獨何以異于琮邪?請兩圭用黃玉。"並從之。

六月己酉,禮制局言:"有旨定管軍班序,乞殿前都指揮使在節度使上,副都指揮使在正任節度觀察留後之上②,馬軍、步軍都指揮使、副都指揮使在正任觀察使之上,殿前馬步軍都虞候在正任防禦使之上,捧日天武四廂都指揮使、龍神衛四廂都指揮使在正任團練使之上③。"從之。甲寅,禮制局言:"鹵簿六引儀仗,信幡承以雙龍,大角黑漆畫龍,紫襆龍袋,長鳴、次鳴、大小橫吹、五色衣幡,緋掌④,畫交龍。按:樂令三品以上,緋掌,畫蹲豹⑤。蓋唯乘輿、器用並飾以龍。今六引內係群臣鹵簿,而旂物通畫交龍,非便,合釐正。又:大黃龍負圖旂畫九、一、三、二、四、六、八、五、七之數,仙童、網子、大神三旂無所經見,乞除去。"從之。

六年九月乙卯,禮制局言:"竊考太廟陳列祭品,每室籩、豆十有二,簠、簋各二,原于有唐開元之制,因陋至今,未足以副聖上致孝宗廟之意。乞盡循周禮,籩、豆各二十有六,簠、簋各八。如是,則五廟、三廟之器,其等與數,而可得而議也。"從之。先是,詔造祭器,頒賜宰執,禮制局製造所乞降祭器名數,故有是議。

十月丁亥,禮制局奏:"近奉詔討論臣寮家廟所用祭器。稽之典禮,參定其制,正一品:每室籩、豆各十有二,簠、簋各四,壺、罍、銅、鼎、俎、筐各二,尊、罍加勺、羃各一,

---

① 牲幣自當放玉之色 "自"底本作"是",據嘉慶本、長編拾補卷三三改。
② 副都指揮使 底本脫"都"字,據宋會要輯稿儀制三之四四補。
③ 龍神衛四廂都指揮使 "四"底本作"西",據嘉慶本、長編拾補卷三三、宋會要輯稿儀制三之四四改。
④ 緋掌 "掌"底本作"常",據宋史卷一四五儀衛志改。
⑤ 緋掌畫蹲豹 "掌"底本作"常",底本脫"蹲"一字,據宋史卷一四五儀衛志改、補。

龍,垂牙、鎚脚、花板、結綏①、羅紋雜佩,羽童②、麻爐、香寶、壓貼牌字皆飾以玉。自後而升,式櫃不去。"既成,高二尺七寸五分,闊一丈五尺。

實錄有刪修,與詔旨略不同,當別考詳。

四年正月辛丑,禮制局言:"夏祭用法駕,合乘大輦指揮,乞賜裁酌。"詔乘玉輅。

二月戊申,蔡京等奏:禮制局所定皇長子冠于福寧殿儀,御筆依奏。二月中旬,選日行之。

三月丙子,禮制局奏:"崇寧祀儀:崑崙地祇設位于壇之第一成,其說出于鄭康成,以崑崙地祇爲皇地祇。既皇地祇位于壇上,則崑崙地祇不當重設。崇寧四年,有司講明,已知其非,乃復列於西方衆山之首。然既有西山位,則崑崙在其中矣。請徹去。"從之。又奏:"皇地祇北向,蓋取答陰之義,故陽祀降神,升禋于壇,其位在丙;陰祀降神,瘞血于坎,其位在壬。而歷代沿襲,並設南向之位,非所謂答陰也。今新壇亦于午陛下設小次,非是。"詔:"神位北向,于北面設小次。"

四月辛未,禮制局言:"周官旅上帝、四望,皆謂非常之祭,則嶽鎮、海瀆從大祇,不當用玉。紹聖親祠北郊儀注,皇地祇以黃琮,神州地祇以兩圭有邸,嶽鎮、海瀆亦不用玉,則今來夏祭,合依大禮格,皇地祇、神州地祇用玉外,餘並不用。兼看詳周禮,圭璧以祀日、月、星辰。新義云:'日、月、星辰,以璧爲邸。'則四圭邸璧可知,四圭邸璧則兩圭邸琮可知。先儒之說,兩圭有邸,亦以璧爲邸,其禮非是③。合依新義,兩圭邸琮。"從之。甲戌,禮制局製造所乞進呈所製造冬祀禮器,御筆令書藝局進呈。

五月丁丑,禮制局奏:"每歲夏祭皇地祇及配位,各用冰鑑一。今親祀正當暑月,所設酒醴、牲牢,禮料甚衆,欲添置冰鑑四十一,正配每位各六,第二成從祀二十五位各一。"從之。又奏:"黃琮禮地,鄭氏謂神之在崑崙者;兩圭有邸以祀地,謂祀于北郊神州之神。然黃琮④、兩圭有邸,周官特言禮地、祀地而已,初無崑崙、神州之別。鄭氏之說,本于識緯。前代如長孫無忌輩,固嘗辨其非矣。又皇地祇、神州地祇同位于一

---

① 結綏 嘉慶本、長編拾補卷三二同,宋史卷一四九輿服志"綏"作"綏"。
② 羽童 嘉慶本、長編拾補卷三二同,宋史卷一四九輿服志"羽童"作"羽臺、蔥臺"。
③ 其禮非是 嘉慶本、長編拾補卷三三"禮"均作"理",宋會要輯稿禮二六之五則改"禮"爲"理"。
④ 然黃琮 長編拾補卷三三同,嘉慶本、宋會要輯稿禮二六之六"然"均作"且"。

十一月乙巳,禮制局言:"討論玉輅沿革,周官巾車言:'錫樊纓十有再就。'注:'樊及纓皆以五采罽飾之。十有二就,就,成也。'今馬纓止十有二,而無采飾,不應古制,欲以五采罽飾樊纓十有二就。周官'馭路儀以鸞和為節'。注:'鸞在衡,和在軾,皆以金為之。'韓詩外傳曰:'升車則馬動,馬動則鸞鳴,鸞鳴則和。'應今輅衡、軾並無鸞、和,乞添置。周官輈人言:'蓋之圜,以象天。蓋弓二十有八,以象星。'今蓋弓二十有二,不應古制,乞增造。又巾車言:'玉輅建太常十有二斿。'注:'太常九斿之畫日月者,正幅為縿,斿則屬焉。'而不言色。司常:'掌九旗之物名,日、月為常。'注:'凡九旗之帛皆用絳,以周尚赤故也。'禮記月令:'中央天子,乘大輅,載黃旂。'以金、象、革、木四輅及所建之旗,與四時所乘、所載皆合。今玉輅所建之旂以青帛,帛十二幅,連屬為之,有升龍而非交龍,又無三辰,皆非古制。如依成周,以所尚之色,則當用赤;依月令兼四代之制,則當用黃。仍分縿、斿之制,及繡畫三辰于其上。又周官:'節服氏掌祭祀袞冕,六人維王之太常。'今改制太常,其斿曳地,當依周官,以六人維之。又左傳言:'錫鸞和鈴,昭其聲也。'注:'錫在馬面,鈴在旂首。'今旂首無鈴,乞增置。又車蓋,周以流蘇及佩,各垂八,無所法象。欲各增為十二,以應天數。及輅之諸末盡飾,以玉為稱,其實而羅文雜佩,乃用塗金。乞改為玉。又車箱兩輨,有金塗龜文及鷗翅,左龍右虎,迺後代之制。欲改用螭龍,加玉為飾。"又言:"既建太常當車之後,則自後登車有妨。曲禮言:'君車將駕,則僕執策立于馬前。'已駕,僕展鈴效駕,奮衣由右上,取貳綏,跪乘,執策分轡,驅之五步而立。君出就車,則君升車亦當自右由前而入。今玉輅前有式櫃,不應古制,恐當更易,以便登車。及改式之制。又禮記言:'車得其式。'周官輿人:'參分其隊,一在前,二在後,以揉其式,以其廣之半為之式崇。參分軫圍,去一以為式圍;參分軹圍,去一以為轛圍。'注:'立者為轛。'今玉輅無式,合增置。"詔:"玉輅用青質,輪、輈、輅、帶,其色如之。四柱、平盤、虛櫃則用紅繒。蓋弓之數為二十八,左右建旂常並青。太常繡日、月、五星、二十八宿,旂上則繡以雲龍、朱杠、青綃,鈴垂十有二就。流蘇及佩各增十二之數。樊、纓飾以五采之罽,衡、軾之上又加鸞、和。輅之諸末,耀葉①、螭頭、雲

---

① 耀葉 "葉"底本作"華",據嘉慶本、長編拾補卷三二、宋史卷一四九輿服志改。

失其傳,裒集三代盤、匜、罍、鼎,可以稽考取法,以作郊廟禮祀之器,煥然大備,無愧于古。可載之祀儀。"從劉炳之言也。乙丑,御崇政殿,閲舉制造禮器所之禮器,並出古器宣示百官。

實録但書御崇政殿,以古器宣示百官。今以詔旨十六日所書增入。

禮制局言:"圜壇舊制四成,一成二十丈,再成十五丈,三成十丈,四成五丈。成高八尺一寸,十有二陛,陛七十二級。二壝,壝二十五步。古所謂地上圜丘,澤中方丘,蓋因地形之自然,非人爲也。然王者建國,所在或無自然之丘,則于郊擇吉土①,以兆神位。爲壇之制,當有度數,陽奇陰偶。王令諸侯爲壇三成,用陽數也。然則祀天之壇實爲三成②。自後周以來,始爲四成,逮今未革。今定爲圜丘三成③,自後一成以九九之數,廣八十一丈;再成用六九之數,廣五十四丈;三成用三九之數,廣二十七丈。每成高二十七尺,總三成,二百一十有六,乾之策也。爲三壝,壝三十六步,乾之策三十有六也。成與壝俱三,三,天之數也。考歷代以及今之壇制,其次第星辰有不倫者。舊制,五星、十二辰位于第一龕,二十八宿位于第三龕。夫五星、二十八宿相與爲經緯,二十八宿五星之所舍④,而十二次所待以成者也。臣等今議,升二十八宿等四十四位于第二龕。舊制:第二龕星辰之位爲重行,則壝内之位,亦當如之。今中宫、外宫之星爲重行,于壝之内,其衆星三百有六十位之外如故。"從之,候過今次大禮施行。戊辰,禮制局言:"方壇,舊制三成,第一成崇三尺,第二、第三成皆崇二尺五寸,上廣十六丈。夫圜壇既則象于乾,則方壇當效法于坤。今議方壇爲再成⑤,一成廣三十六丈,再成廣二十四丈,每成崇十八尺,積三十六尺,其廣與崇,皆得六六之數,以坤用六故也。爲四陛,爲級一百四十有四,所謂坤之策百四十有四也。爲再壝,壝二十有四步,取坤之策二十有四也。成與壝再,則兩地之義也。其從祭之祇,升四鎮、海瀆、五行、五嶽,同位于第二龕,而山林、川澤、邱陵、墳衍、原隰之祇位内如故,壝並飾以黄⑥。"詔令楊戩依此修築。

---

① 吉土　"土"底本作"士",據嘉慶本、長編拾補卷三二改。
② 祀天之壇實爲三成　"實",嘉慶本、長編拾補卷三二均作"宜"。
③ 今定爲圜丘三成　"丘",嘉慶本作"壇"。
④ 五星之所舍　長編拾補卷三二同,嘉慶本"舍"作"含"。
⑤ 今議方壇爲再成　嘉慶本"壇"下有"定"一字。
⑥ 飾　底本作"飭",據嘉慶本改。

所講議文書。上喜,命聲入館爲正字[政和二年九月十五日爲正字],而魯公益有召意。二年,魯公歸闕①[京二月一日受太師,命居第,五月十三日落致仕]。既復相,而上于禮文更留神,且屢督魯公。魯公曰:"今爲一代典章,顧何密之有?不若擇通儒,明以付之。"三年,迺下詔具述作旨,因編類御筆所以置禮制局焉。始多聚曉禮之士與其中,方講求會議郊廟,廟有三恪陪位禮,而本朝二王後闕,三恪不備,因議禮間纔及之,而譖者忽出奇詆,謂魯公又及三恪,是欲反矣。上偶爲之動,魯公狼狽遷止,因私歎曰:"禮制其必不成!"是後曉禮之士或死或去,而親戚、賓客時多預焉,徒隨時事被旨討論而已。至于一代典禮,蓋蔑及也。政和八年,又下詔:百官改用履,令禮制局先自冠服,適今之宜,仿古之意,討論以聞,當力行之。其見服韡,先次廢罷。然當是時,實無創禮之志。先改韡者,以胡服不可施于中國,爲廢釋氏之漸。未久,魯公罷,而局亦罷。時鄭居中亦被旨修五禮新儀,既不通詳,又乃儀也,非禮也,亦不能行②。屬政和以後,上志移于道家者流,俄數有期門之事,宦寺小人任權,一代典禮遂不克就。崇寧以來,稽古殿多聚三代禮器,若鼎、彝、簠、簋、犧、象、尊、罍、登③、豆、爵、斝、瑚、觶、坫、洗,凡古制器悉出,因得見商、周之舊,始驗先儒所傳太訛,若謂罍山尊,但爲器,畫山雷而已。雖王氏亦曰如是,此殆非也。制度今已傳,故不詳録。政和既置禮制局,乃請御府所藏悉加討論,盡以從古④,薦之郊廟,煥然大備。有萬壽玉尊者,大猶四升器,雕琢殊絶,玉圩闊盈尺有二寸。上每祭祀飲福、大朝會、爵群臣則用焉。其他多稱是。至其制作之精,殆與古埒。蓋自漢以還,不克有此,亦太平之盛舉也。當是時,中書舍人翟汝文奏:乞編集新禮,改正三禮圖,以示後世。有司因循,亦不克就,惜哉!

孫覿供到蔡京事迹。崇寧初置講議司,講求元豐已行法度及神宗欲有爲而未暇者,官屬朱諤、徐處仁等,局成,作編類御筆所,御筆皆賜京者。後君臣會慶閣成,又改作禮制局。凡尊、罍、簠、簋、籩、豆、盤、匜、鼎、俎,皆不合古,于是禁中盡出古器,用銅依古制重造,惟籩以竹爲之,如今紉絲竹器也⑤。又用銀鑄爵五十枚。東坡常得古爵而不識,詩云:"隻耳獸齧環,長唇鵝擘喙。三趾下鋭春蒲短,兩柱高張秋菊細。"疑其飲器也。政和元年,會上御文德殿受朝,朝退,賜酒三爵,其製作如詩所云,乃爵也。時禮制局以從官兼領,俸賜比他局獨厚。又有議禮局,知樞密院鄭居中所領,今五禮新儀是也。

九月癸未,户部尚書劉炳、中書舍人翟汝文爲禮制詳議官,起居舍人陳邦光、國子司業曾開爲同詳議官。

十月辛酉,手詔:"先王制器,必尚其象,然後可以格神明,通天地。去古云遠,久

---

① 魯公歸闕　底本脱"魯公"二字,據嘉慶本補。
② 亦不能行　嘉慶本"亦"下有"終"一字,意優。
③ 登　底本作"祭",據嘉慶本改。
④ 盡以從古　嘉慶本"盡"下有"改"一字。
⑤ 紉絲竹器　嘉慶本作"紉竹絲器"。

卷第一百三十四

徽宗皇帝

禮制局

政和三年七月己亥,詔:"禮以辨上下,定民志。自秦、漢以來,禮壞不制。富人墻壁被文繡,倡優僭后飾,當世賢者至于太息,時君世主亦莫能興。卑得以踰尊,賤得以凌貴。欲安上治民,難矣! 比哀集三代鼎、彝、簠、簋、盤、匜、爵、豆之類凡五百餘器,載之于圖,考其制而尚其象,與今薦天地、饗宗廟之器無一有合。去古既遠,禮失其傳矣。祭以類而求之,其失若此,其能有格乎? 詔有司悉從改造。若宮室、車服、冠冕之度,昏、冠、喪、葬之節,多寡之數,等衰之別,雖嘗考定,未能如古,秦、漢之弊未革也。夫'道之以德,齊之以禮,有恥且格'。今無禮以齊之,而刑施焉,朕甚閔之。可于編類御筆所置禮制局,討論古今沿革,具畫來上,朕將親覽,參酌其宜,蔽自朕志,斷之必行。革千古之陋,以成一代之典,庶幾先王垂法後世。"

三年七月二十一日,宣和錄有此,實錄及詔旨並無之。三年六月十一日並二十一日兩詔可參考。實錄于二年七月二十一日已書此詔。案:三年九月五日,始命劉炳等爲禮制局詳議官,然則置局當在三年七月①。宣和錄得之,實錄誤也。蔡絛史補亦係之三年,紹述熙豐政事同書。本紀亦因實錄于二年七月二十一日丙子書置禮制局,今不取。蔡絛史補禮制篇:宋興,崇寧、大觀已百六十年矣,而禮樂制度多闕,不及漢、唐。始神廟有一代典禮之志,不就。及上自親政,慨然述作,故以屬魯公。崇寧中始講求未暇,大觀初,陰有意,乃將君臣慶會閣所藏一時朝廷所被受御筆,悉編類以成書,託此爲名,因命門客黃聲、表兄徐若谷爲編類官,實欲因官給筆札,密修講之。二人者皆未官于朝,編類乃家事,故特命之。聲與若谷博學謹畏,近時亦罕有也。方草具,未久魯公罷[大觀三年六月四日,京罷相],俄又罷去,遂不成。時聲始登第矣[黃聲,南劍州人,大觀三年賈安宅榜第四甲及第]。政和元年,聲乃撾登聞鼓院,密上當時

---

① 置局 "置"底本作"制",據嘉慶本、長編拾補卷三二改。

字,及五禮新儀了當,中書侍郎劉正夫、尚書右丞薛昂並轉正議大夫,禮部尚書強淵明等並轉一官。"

七月甲申,議禮局言:"本朝都城壇壝之制,風師在城之西,雨師在城之北,以雷神從雨師之位,爲二壇,同壝。州縣風師在社之東,雨師在雷神之西,非所謂各因其方、以類求神者也。乞仿都城方位建立,仍以雷神從雨師之位,爲二壇,同壝。"從之。己亥,置禮制局。見本事。

六年閏正月庚申,太府寺丞王鼎奏:"五禮新儀既已成書,欲乞依仿新樂頒行之,仍許令州縣召募禮生,肄業于官,使之推行民間,專以新儀從事。"從之。辛酉,開封府尹王革奏:"五禮新儀既已布之天下而頒之有司,乞下國子監,委自學官,將新儀内冠、昏、喪、祭民間所當通知者,別編類作一帙,鏤板付諸路學事司勸諭學生,務令通知禮儀節文之意。"從之。

册。道無廢興,洪之在人①,官舉其職,事乃無廢。顧方討論,以紹先烈,可依尚志所奏,令議禮局候五禮儀注成,采酌條具取旨。"

十一月壬戌,議禮局言:"謹案禮記:'食三老、五更于太學,天子袒而割牲,執醬而饋,執爵而酳,冕而總干。'則古之人君所以憲德乞言,以尊事黃耇者,可謂至矣。然而親拜之文不見于經。後漢明帝永平二年,以李躬爲三老,桓榮爲五更,始迎拜於門屏之間,與之交禮。後魏孝文帝太和十六年,以尉元爲三老,游明根爲五更,而高祖親拜焉。故唐開元禮、本朝開寶通禮,皇帝養老于太學,皆有交拜之儀,蓋遵用後世故事也。今欲于儀注内删去親拜之文,以合經典。又老者不以筋力爲禮,則三老進見,欲特與免拜,但令贊禮者引,當御座前躬揖,皇帝爲興。其執醬、執爵,亦乞命近臣爲之,庶不失禮意。伏望揆自聖學,批降指揮修立。"詔依擬定修立。

三年春正月甲寅朔,議禮局奏:"州郡貢士有鹿鳴燕。古者賓興賢能,行鄉飲酒之遺禮。請易其名如古。"詔:"稽古者不必循其迹,州郡鹿鳴燕,乃古鄉飲酒之意,可止以'鹿鳴'爲名。有古樂處,令用古樂。"庚辰,詔議禮局新修五禮儀注宜以政和五禮新儀爲名。

四月庚戌,知樞密院事鄭居中等奏:"恭惟陛下德備明聖,觀時會通,考古驗今,沿情稱事,斷自聖學,付之有司,因革綱要,既爲禮書,纖悉科條,又載儀注,勒成一代之典,跨越三王之隆②。臣等備員參詳③,徒更歲月,悉稟訓指,靡所建明。謹編成政和五禮新儀並序例總二百二十卷、目録六卷,共二百二十六卷。辨疑正誤,推本六經,朝著官稱,一遵近制。上之御府,仰塵乙覽。恭俟宸筆,裁定其當,以治神人,以辨上下,從事新書,其自今始。若夫蒐補闕遺④,講明稀闊,告成功而示德意⑤,臣等顧雖匪材,猶當將順聖志而成之。"詔宜頒降⑥。

閏四月壬戌,詔:"議禮局官曾經應奉修進皇后受册儀注,並預討論武選官制文

---

① 洪之在人　嘉慶本、長編拾補卷三一同,政和五禮新儀卷首"洪"作"法"。
② 跨越三王之隆　"越"底本作"有",據宋會要輯稿職官五之二二改。
③ 臣等備員參詳　"詳"底本作"訂",據宋會要輯稿職官五之二二改。
④ 闕遺　底本作"遺逸",據宋會要輯稿職官五之二二改。
⑤ 示德意　宋會要輯稿職官五之二二作"示得意"。
⑥ 詔宜頒降　"宜"底本作"令",據宋會要輯稿職官五之二二改。"頒"宋會要輯稿職官五之二二作"須"。

鏤板頒降。

四月癸丑,議禮局奏:"有詔就先蠶壇之側,度地,築公桑蠶室,歲養蠶以供祭服,令具制度以聞。合置公桑蠶室,案:古者公桑蠶室,近川而爲之,築宮仞有三尺,棘墙而外閉之。後齊之制,爲蠶宮,方十步,墻高一丈五尺,被以棘,其中起蠶室二十七。今乞仿後齊之制,度地爲宮,四面爲墙,高仞有三尺,其屋室間架多寡,視養蠶簿數修建。合置繭館,案:漢舊儀:皇后蠶于蠶室,手三盆于繭館。合置織室,案:漢舊儀:凡蠶絲絮,織室以作祭服,故有東、西織室。養蠶簿數,于經無見。案:漢舊儀:養蠶千簿以上,乞並依漢制。合置桑林,案:晉制,桑林在東,而無多寡廣狹之限。今若仿漢制養蠶,即當約千簿所用之數度地爲之。合置採桑壇,案:晉制,築採桑壇于桑林之側。至唐開元禮,築于先蠶壇南,相去二十步,方三丈,高五尺,四出陛。國朝開寶通禮因之,合依此修建。築室建殿,案:後齊制:爲蠶宮,其中建別殿一區,用爲親蠶之所。今籍田有思文殿,以俟御耕臨幸。合依仿籍田之制,于蠶宮中置親蠶殿。"詔從之,親蠶殿仍以"無斁"爲名。

戊午,倉部員外郎、議禮局檢討張邦光奏:"唐開元禮文多重出,如祀五方帝,其儀皆同,惟時日、幣玉小異①。統制不立②,倫類不通,甚失作者之體。至國朝開寶定儀,始循唐舊,未暇改作。且舜典祀四嶽,其事同者,但云如岱禮。周官祀神示,其體類者,皆曰'亦如之',未嘗重出。乞仿舜典、周官類而爲一。其小異隨事入注,庶幾不至重複。"從之。

二年二月甲寅,議禮局言:"乞耕籍禮畢還宮,依養老例奏樂。"從之。

二月甲申,議禮局言:"北齊、隋耕耤,皆備法駕。唐開元及本朝端拱、明道,皆備大駕、鹵簿。今不親享先農,止行耕籍之禮。其端拱、明道命五使稱賀、賜赦之類,更不施行。乞止用法駕。"從之。

四月庚戌,朝奉郎許尚志言:"朝廷以新禮書頒降四方,乞各擇官兼掌禮事,以上之德意志慮達于民,而察其違犯者。"詔曰:"禮以辨上下,定民志。神考成訓,具在典

---

① 幣玉　嘉慶本、長編拾補卷三〇同,政和五禮新儀卷首作"玉帛"。
② 統制不立　"制",政和五禮新儀卷首作"例"。

流于中國,以世之九卿視之。見今景靈兩宮帝后忌辰,釋教設水陸齋會,前陳帷幄,揭榜曰帝號浴室,僧徒召請曰:'不違佛敕,來降道場。'以祖宗在天之靈,遽從佛敕之呼召,不亦瀆侮之甚乎? 況胡佛可以稱呼敕旨,有何典常?"又詔:"犬之爲物,在道教中謂之厭獸。人且弗食,而歲時祭祀,備于禮料,登于鼎俎,于典禮經據,如何該載?"本局言:"盂蘭盆本梵語,譯以華音,即救倒垂器也。釋氏之說,以爲大目犍連爲其母墮餓鬼趣中①,乃于僧自恣之日,具飯五果百味置盆中,以供十方,而母得食。然則具飲以度苦趣②,設器以救倒垂,行于世俗可也。景靈東、西兩宮嚴事祖考,神靈在天,對越在下,祭何俯狥流俗③,設盂蘭盆之儀乎? 至若麻秥、楝葉以藉瓜花,亦非經訓,獨出于疏鈔麻穀粢草之論,及楚人五月五日祀屈原之説,尤乖典禮,不可施用。景靈兩宮帝后忌辰,用釋教設水陸齋供,而僧徒召請,有不違佛敕之呼。以祖宗而從佛敕,以胡佛而稱敕旨,失禮畔經,不可以訓。求之典常,所宜刊正。今景靈宮所用水陸儀式,除功德名位依崇寧五年奉睿旨編類成冊外,其間應用詞語,臣等以謂亦宜如金籙齋儀逐一供具,明詔所屬,選官再行看詳。凡涉僭紊,悉行刪正,庶于行用無誤。太廟祀祠雖具犬牲,然六牲之薦,蓋亦未備。矧犬爲厭獸,人猶弗食,而載之鼎俎,以享神明,豈事死如事生之意乎? 臣等以謂宗廟之祭,宜如六牲之不具馬、雞,四豆之弗薦雁、醢之義,去犬牲不用。"並從之,仍令禮部取索詞語刪潤奏聞。

十一月乙亥,議禮局言:"皇后受册用開元、開寶禮,參以近儀修定。是日,有司陳黃麾細仗,設宮架。皇帝服通天冠、絳紗袍,臨軒命使。群臣皆朝服,皇后服褘衣,受册于穆清殿,以内侍受册寶,内外命婦班賀。群臣于内東門上牋稱慶。皇后表謝,群臣入賀如儀。乞修祗謁景靈宮儀注及製樂章。"從之。

政和元年正月丙戌,詔:"議禮局進禮書,已降指揮,各轉官,内有見係責降人,依例更不推恩。所給告,令吏部勾收毀抹。"

三月癸亥朔,御製御書政和新修五禮序。議禮局請刻石于太常寺,許之。戊辰,議禮局奏:"續次編成大觀禮書賓、軍等四禮四百九十七卷④。"詔依此修定儀注進呈,

---

① 大目犍連 "犍"底本作"健",據嘉慶本、政和五禮新儀卷首改。
② 具飲 嘉慶本作"具飯"。
③ 祭何俯狥流俗 "祭",嘉慶本作"奈"。
④ 四百九十七卷 "四"底本作"書",據嘉慶本、政和五禮新儀卷首、玉海卷六九政和五禮新儀改。

乞祝與幣皆瘞之。"又言:"周禮:追享、朝享,祼用虎彝、蜼彝,朝踐用兩大尊。今春、夏每享,各用大尊二,是以追享、朝享之尊施之於禴祠、烝嘗,其爲失禮明甚。自今四時享太廟,不用大尊。"又言:"灌以圭璋,用玉氣也。典瑞:'祼圭有瓚,以祀先王。'圭瓚之制,以圭爲柄,其長尺有二寸,黃金爲勺,青金爲外,朱中央,其容五升,其徑八寸,其勺之鼻爲龍首,所以出鬱鬯也。其下有槃,其徑一尺,所以承圭瓚也。其大小長短之制,皆不如禮。乞改造,以應古制。"又言:"牙盤上食,非古也。唐天寶之末,韋彤等據經而議,謂褻味多品,不可交于神明,欲罷去之。乞祭惟藉以席,不用牙盤。"又言:"職金旅于上帝,則共其金版。蓋旅上帝,非一帝也,必有版以辨其名與位。而版必以金爲之者,蓋禮大者莫過乎事上帝,所以極嚴潔而不敢忽也。乞祀昊天上帝、皇地祇、五方上帝、神州地祇、大明、夜明與配神之帝,皆以黃金飾木爲神位版,鏤青爲字,其餘則用朱漆金字,以是爲尊卑之差。"又言:"太常祀感生帝、神州地祇,牲用繭栗,器用陶匏。"又言:"感生帝、神州地祇,國家崇奉爲大祀,以僖祖、太祖配侑①。而有司行事,不設宫架、二舞,殊失所以尊祖侑神作主之意。乞皆用宫架、二舞。"並從之。又言:"古者諸侯祭五世,二昭二穆,與太祖而五。大夫祭三世,一昭一穆,與太祖而三。士祭二世,祖、禰而止。案:今品官下逮庶人皆祭三世,無尊統上下之差、流澤廣狹之別。緣媮襲弊,其流已久。請自執政官以上,自高祖而下祭親廟四,餘通祭三世,庶幾有尊統、流澤之差。"詔曰:"禮有差等,以别貴賤,故廟祭之數,天子七世,諸侯五世,不易之道也。"餘見上。

閏八月己亥,詔付議禮局:"士庶每歲中元節拆竹爲樓②,紙作偶人,如僧居側,號曰'盂蘭盆'。釋子曰:'薦度亡者③,解脱地獄,往生天界,以供孝德④。'行之于世俗可矣。景靈宫祖考靈遊所在,不應俯狥流俗,曲信金狄不根,而設此物。縱復釋教藏典具載,此事在先儒典籍有何據執? 並是月于帝后神御坐上鋪陳麻秸、楝葉,以藉瓜花,下委逐項可與不可施之宗廟⑤?"又詔:"佛乃西土得道之士,自漢明帝感夢之後,像教

---

① 太祖 底本作"太宗",據宋史卷一二九樂志改。
② 拆竹爲樓 長編拾補卷二九同,嘉慶本、政和五禮新儀卷首"拆"作"折"。
③ 薦度亡者 "亡"底本作"士",據嘉慶本、政和五禮新儀卷首、長編拾補卷二九改。
④ 以供孝德 嘉慶本、長編拾補卷二九同,政和五禮新儀卷首作"以供者聽"。
⑤ 下委 長編拾補卷二九同,嘉慶本、政和五禮新儀卷首均作"不委"。

之,固在也。大均之禮恤衆,恤其事也;大役之禮任衆,任其力也。恤其事,非特地賦、地職而已;任其力,非特築宮邑而已。今諸軍三年一戍,無久近之差,無勞逸之異,無遠邇之殊,均之也;營建城邑、起保甲、興兵夫之類,役之也,則均、役之禮,豈可無之?禮,春也,故軍禮在焉,其事則各隨所隸。如大蒐田之制在夏官,朝宗在春官,而圖事比功在秋官,則豈害于非所掌乎?至如大封,今有五等封爵,然無合衆之事,在所去取。禮緣人情,因情立制,古有今無則不必膠古,古無今有則自我作古,惟當而已。嘉禮,飲食以親宗族兄弟。今宗室、親王皆有歲時牲餼酒食之賜是也。脤膰以親兄弟之國,今兄弟雖不之國,祭而受福,豈可不與兄弟共之?有司自當參酌時事,考循古意,以立禮制。"丙申,議禮局奏:"文宣王,自開元追諡之初,則内出王者衮冕之服以衣之,樂用宮架,其禮制蓋嘗增崇矣。國朝會要:國子監神像舊用冕九旒,服九章,而不載其更易之端。"

崇寧四年八月,詔從國子司業蔣靜之請,改用冕十二旒、服九章,而又圖繪,頒之天下郡邑。其執圭立戟,乞並從王者制度。又言:"弟子公夏首、后處、公肩定、顏祖、鄡單、罕父黑①、秦商、原亢籍②、樂欬從祀文宣王。臣考之史記,皆有其名。唐開元禮亦載祀典。乞皆贈侯爵,使預祭享。"又言:"九宮貴神,皆星也。自唐以來,置壇特祀。國朝因之,玉用兩圭有邸。夫兩圭有邸,祀土地之玉。以祀星辰,非是。乞改用圭璧,以應古制。"又乞增祀熒惑,圭璧及易,每歲臘祀、大社稷並用太牢,如春秋二仲之祭。又言:"國家崇奉赤帝爲感生帝,以僖祖配侑,與迎氣之禮不同,尊異之也。而乃於立夏迎氣之壇祀之,甚不稱所以尊異之意。請於南郊別立感生帝壇,依赤帝高廣之制。"又言:"周官天府:比國之玉鎮大寶器,大祭則出而陳之。説者以謂大祭,禘祫也。乞遇祫饗,應瑞寶、貢物可出而陳者,並令有司依嘉祐、元豐詔從事,凡親祀太廟依此。"又言:"請詔有司,仿古法制五齊三酒,及依開元、開寶通禮,七祀不設奠幣、焚幣之儀,他小祀依此。"又請郊廟牲牷,命有司毛取純色,芻之三月易一牢,以應"在滌"之義。中祀六十日,小祀三十日。又請仿周禮置公桑蠶室,以興蠶事,而供祭服。又言:"玄冥水官,歷代祀之,不應燔燎。開元禮及本朝開寶通禮:禮畢,祝版燔于齋所,非是。

---

① 罕父黑 "父"底本作"文",嘉慶本同,據史記卷六七仲尼弟子列傳、宋史卷一〇五禮志改。
② 原亢籍 底本作"原抗",嘉慶本、宋史卷一〇五禮志同,據史記卷六七仲尼弟子列傳改。

禮令一下①,人不立廟,當麗于法矣。可應有私第者,立廟于門內之左。如狹隘,聽于私第之側。力所不及,仍許隨宜。議乞品官廟視宅堂之制,寢勿踰于廟,間數以世數爲限②,庶幾易行。陽數奇,陰數耦,天下屋室之制,皆以陽爲數。今立廟制寢,觀其所祭之數,則祭四世者寢四間,陰數也。古者寢不踰廟,禮之廢失久矣。士庶堂寢,踰度僭禮,有五楹、七楹、九楹者③,若一旦使就五世、三世之數,則當徹毀居宇,以應禮制,人心必駭,政豈得爲易行?可今後立廟,其間數視所祭世數,寢間數不得踰廟。事二世者,寢用三間者聽。"

　　四月丁丑,議禮局奏:"臣等見編修賓、軍已下四禮,據周官,以朝宗、覲遇、會同、問視爲賓禮。蓋以古者天子之于諸侯,有不純臣之義,故其來也,以賓禮待之。開元及開寶惟以蕃國主及蕃國使朝見爲賓禮,自大朝會以下,並于嘉禮修入。軍禮除依周禮合編外,有大均、大役之禮及均賦貢、力政及修築宮邑之事。看詳古者六師出于鄉,軍政寓于井田,故大均、大役列爲軍禮。降周以來,兵、農判而爲二,其事又非禮官所掌,故開寶軍禮並不編入;又有大封之禮,自置郡縣,其禮不存。開寶雖有冊拜諸王公儀,係于嘉禮中。編入嘉禮,除依周禮合編外,有飲食之禮親宗族兄弟,有燕饗之禮親四方之賓客。古者飲食、燕饗之禮,其事不同,行之或在路寢,或在祖廟。今朝廷所行,均謂之燕禮。又脤膰之禮親兄弟之國,賀慶之禮親異姓之國。説者謂兄弟同姓之國也,異姓婚姻甥舅之國也。今雖有賜胙之禮,事既畢,比及群臣,其儀已具吉禮。婚姻、甥舅置第京師,非如昔時裂土受封。開元及開寶定禮,並無上件儀注。乞斷自聖裁,付本局遵依編修。"御筆:"賓禮:鹿鳴之詩,以燕群臣。其詩曰:'以燕樂嘉賓之心。'蓋方其燕樂,則群臣亦謂之賓,非特諸侯也。主尊賓卑,君爲主而尊,臣爲賓而卑,賓主尊卑之義辨矣。今雖不同封建諸侯④,賓禮豈可廢闕?自罷侯置守,守臣亦古諸侯也。其赴闕、被召、奏事之類,則朝覲會遇之禮,豈可廢乎?唐不知此,而移于嘉禮,非先王制禮之意。可依周禮參詳去取修立。軍禮,兵、農雖分,均而恤之,役而任

---

① 禮令一下　底本脱"下"一字,據政和五禮新儀卷首、宋會要輯稿禮一二之三補。
② 間數以世數爲限　底本脱"以世數"三字,嘉慶本同,據政和五禮新儀卷首、宋會要輯稿禮一二之三補。
③ 九楹　底本脱此二字,據政和五禮新儀卷首、宋會要輯稿禮一二之三、文獻通考卷一〇四宗廟考九四七中補。
④ 今雖不同封建諸侯　長編拾補卷二九同,嘉慶本、政和五禮新儀卷首均作"今雖不封建諸侯"。

制,非丘壇之禮。考周書酒正,掌酒之政,今有酌數,有器量,亦無在上在下之文①,于古無所稽,可不須改。"禮書卷第四:"議乞立春後上辛日祈穀。先王祈鬼神,各隨其事,各協其時,各異其禮。萬物萌于春,新于辛。正月,春之始和也。上辛,日之初應也。故祈穀以正月之上辛,不可易也。若立春前遇辛不祈,于立春後別以辛日,是爲次辛,非上辛也。今歲在庚寅,上辛在丑,立春在申,次辛在亥。遇丑不祈,而于亥日,則辛之氣已過,不逆其氣而求之,非禮也。不可施行。"禮書卷第五:"蜡祭增日月于南北壇,罷去二十八舍星次重複。先王制禮,以求鬼神,或于其所出之方,或本其所主之事②。日陽月陰,方求神而覿之,則禮日于南,禮月于北。日出東方,月出西方,求神而祀之,則祀日于東壇,祀月于西壇③,各有所主也。先王之于日月,或賓其出,或致其至,或餞其入,或禮之,或祀之,其義不同。蜡祭兼日月,既祀于西東矣,而又禮之于南北。天無二日,豈不瀆乎?且覲禮所載:'覲而禮之,非祀禮也。'今去星次重複,而增日月之祠,重複甚矣,不可施行。"禮書卷第十一:"議乞執政以上祭四廟,餘通祭三廟。禮有等差,以別貴賤,故廟祭之數,天子七世,諸侯五世,大夫三世,士二世,不易之道。今以執政官方古諸侯,而上祭四世,古無祭四世之文。又侍從官以至士庶通祭三世,無差等、多寡之別,豈禮意乎?古者天子七世,今太廟已增爲九室,則執政視古諸侯以事五世,不爲過矣。先王制禮,以齊萬有不同之情,賤者不得僭,貴者不得踰。故事二世者,雖有孝思追遠之心,無得而越;事五世者,亦當跂而到焉④。今恐奪人之恩,而使通祭二世,狗流俗之情,非先王制禮等差之義。可文臣執政官、武臣節度使以上祭五世,文武外朝官祭三世,餘祭二世。議乞立廟者,居處狹隘,聽于私第之側,又無,則隨宜創置。禮以制情,使貴賤小大各當其分,則禮必有制,制必有數,故不敢踰,不敢紊也。古者廟在大門之內,中門之左,內示親,左示仁也。今臣僚寓居僦舍⑤,無有定止,

---

① 亦無在 底本此三字漫漶不清,據嘉慶本、長編拾補卷二九、政和五禮新儀卷首補。
② 或本其所主之事 底本脱"或"一字,據政和五禮新儀卷首補。按:政和五禮新儀卷首作"或本其所立之地"。按:嘉慶本、長編拾補卷二九均作"出其所主之事"。
③ 祀月于西壇 底本脱"祀"一字,嘉慶本、長編拾補卷二九同,據政和五禮新儀卷首補。
④ 亦當跂而到焉 政和五禮新儀卷首作"正當跂以及焉",長編拾補卷二九作"亦當取而定焉",宋會要輯稿禮一二之二、文獻通考卷一〇四宗廟考九四七中、宋史卷一〇九禮志均作"亦當跂以及焉"。
⑤ 僦舍 底本作"私第",長編拾補卷二九同,據政和五禮新儀卷首、宋會要輯稿禮一二之三改。

古,酌今之宜,以正沿襲之誤。又别爲看詳十二卷、祭服看詳二册。"詔行之。

詔旨無之。實録蓋因新儀也。御筆改正七項,當檢新儀删取增入。本局劄子:"臣等聞國之事莫大于祀,禮之經莫重于祭,所以嚴神祇之奉,隆本始之報。聖王之制,以此爲先。其器服之用,牲幣之等,疏數之節,多寡之數,見于周官者爲詳。自秦、漢以還,禮文殘缺,譾聞俗學,固陋就寡,雖天地大祀,所當明察,而合祭之失,千載莫革,則其餘蓋可知矣。道與世升,理若有待。恭惟皇帝陛下天錫明聖,丕承先烈,爰詔有司,討論舊典,親御翰墨,著爲格目,科指部居,總集該盡。承學之臣,獲遵寶訓,實千載難逢之會。臣等今恭依所頒冠禮格目,博極載籍,先次編成大觀新編禮書吉禮二百三十一卷,並目録五卷,共二百三十六册;祭服制度一十六卷,共一十六册;祭服圖一册。其據經稽古,酌今之宜,以正沿襲之誤。又别爲看詳一十二卷,目録一卷,共十三册;祭服看詳二册;謹隨劄子上進,損益裁成①,伏乞斷自聖學,仍乞降付本局修定儀注。"大觀四年二月初九日,奉御筆:"閱所上禮書並祭服制度,頗見詳盡,内禘祫禮自昔所論不一,今編次討論,尤爲允當。除依今來指揮改正外,餘依所奏修定。"

御筆改正七項:禮書卷第一:"議先奏六樂,後奏黄鐘,合用禮神、祀神之禮。先王祀天,各以象類求之。方其求于幽,則體其道而象其色,璧以圓,犧以蒼,日以冬至。以其幽而遠,故備樂而求之。自黄鐘陽生之律至雲門之舞,六變而後,天神始降,可得而禮。其求於顯,則體其用而象其色,不以璧之圓,而以圭之鋭;不以犧之蒼,而以特之赤,日以上辛。以其顯而近,故分樂而序之,奏黄鐘,歌大吕,舞雲門而已。夫天帝,一也,自其本而求之,則曰天;自其用而求之,則曰帝。其禮、其義、其所、其事各異也。祀天者不可以求帝,求帝者不可以祀天。天者,昊天也;帝者,感生帝也。詩曰'皇天上帝',既曰天,又曰帝,體用不同故也。今先獻以蒼,後獻以赤,考周官之書,有分而序之之言,無合而祀之之説;有蒼璧、四圭之異,無先璧後圭之制;有蒼犧、騂牲之殊,無先蒼後赤之禮。夫牲本赤②,而飾以蒼,欲以降神之禮格天,天其可欺乎?蓋自周以迄于今,千數百歲,未之有改。今無所稽據,合其禮于圜丘冬祀之日,違經背義,不可施行。"禮書卷第二:"議設壺尊於壇下,禮之所施,各有其宜,禮運所稱'後聖有作,爲臺榭、宮室,以炮以燔,以烹以炙。元酒在室,醴醆在户,粢醍在堂,澄酒在下,陳其犧牲,列其琴瑟,以降上神與其先祖'。考其宫,曰室,曰户,曰堂,曰下。蓋在寢在廟之

---

① 損益裁成 "裁"底本作"財",據嘉慶本、長編拾補卷二九、政和五禮新儀卷首改。
② 夫牲本赤 "牲"底本作"性",據嘉慶本、長編拾補卷二九、政和五禮新儀卷首改。

考者，宜博訪而取質焉①。欲乞下州縣，委守令訪問士大夫或民間有蓄藏古禮器者，遣人即其家圖其形製，送議禮局。"從之。癸亥，御筆："議禮局，禮當追述三代之意，適今之宜。開元禮不足爲法。今親製冠禮沿革十一卷付議禮局，餘五禮，令視此編次。"

四年二月戊寅，議禮局奏："古者祫祭朝踐之時，設始祖之位于户西，南面。昭在東，穆在西，相向而坐。薦籩豆、脯醢，王北面而事之，此堂上之位也。進饌之後，席于室，在户内，西方東面爲始祖之位，次北方南面布昭席，次南方北面布穆席。其餘昭、穆，各以序，此室中之位也。設始祖南面之位而朝踐焉，在禮謂之堂事。設始祖東面之位而饋食焉，在禮謂之室事。考漢舊儀宗廟三年大祫祭②，子孫諸帝以昭、穆坐于高廟，毀廟神主皆合食，設左、右坐，高祖南面。則自漢以前，堂上之位未嘗廢也。元始以後，初去此禮，專設室中東向之位。晉、宋、隋、唐所謂始祖者，不過論室中之位耳。少牢饋食，大夫禮也。特牲饋食，士禮也。以儀禮考之，大夫、士祭禮，無薦腥、朝踐之事，故饋食于室。至于天子祭宗廟，則堂事、室事皆舉。堂上位廢，而天子北面事神之禮缺矣③。伏請每行大祫，堂上設南面之位，室中設東面之位。始祖南面，則昭、穆東西相向；始祖東面，則昭、穆南北相向，以應古義。"又奏："古之祭祀，必七日戒、三日齋，然後可以交于神明。周官太宰祀五帝則前期十日，帥執事而卜日遂戒，謂散齋七日、致齋三日也。秦變古法，改用三日。漢則天地七日、宗廟五日，魏、晉因之，唐則大祀七日。雖多寡不同，皆非先王之制。乞明詔有司，應郊廟大祭祀，皆前期十日而戒：散齋七日，致齋三日，以應典禮。"又奏："竊惟陛下度律均鍾，更造雅樂，施之天下，爲萬世法。至于禮器，尚仍舊制，未聞有所改作。禮樂者，國之大本，而起于度數，度數得則權量正、法度一而民不疑。今禮樂異制，不相取法，非所以一民也。乞明詔有司，取新定樂律之度審校禮器，有不合者，悉行改正，以副制作之意。"並從之。

已上並因實錄。

又奏："修成大觀禮書吉禮二百三十一卷、祭服制度十六卷、祭服圖一册，據經稽

---

① 取質焉　嘉慶本、長編拾補卷二八同，政和五禮新儀卷首、宋會要輯稿禮一四之六二"質"均作"資"。
② 三年大祫祭　底本脱"年"字，嘉慶本、長編拾補卷二九同，據文獻通考卷一○二宗廟考九二九上補。
③ 北面事神之禮缺矣　"事"，嘉慶本作"祀"。

卷第一百三十三

徽宗皇帝

議禮局　大觀政和二禮附

　　大觀元年正月庚子，御筆："議禮局依舊於尚書省置局，仍差兩制二員詳議，屬官五員檢討。應緣禮制，可據本末，議定取旨。"

　　二月壬戌，議禮局言："臣等伏以功成作樂，治定制禮。國家承祖宗積累之基，陛下以盛德大業，緝熙太平，視六服承德之世，可謂並隆矣。乃者既成雅樂，于是又置官設局，講修五禮。臣等竊聞孔子稱商因于夏禮，周因于商禮，所損益可知。然則禮不可以不因，亦不可以無損益。因之所以稽古，損益所以趨時。今去唐、虞、三代為甚遠，其所製作，恐當上法先王之意，下隨當今之宜，稽古而不迂，隨時而不陋，取合聖心，斷而行之，庶幾有以追治世之彌文，善天下之習俗，以成陛下聖治之美意，一代之盛典。"從之。己巳，起居郎劉渙、秘書丞胡伸、校書郎俞㮚並為議禮局檢討官，從詳定官翰林學士鄭居中等奏請也。

　　二年六月戊申，詔付議禮局："承平百五十年，功成治定，禮可以興。而彌年討論，尚或未就，稽古之制，適今之宜，而不失先王之意，斯可矣。防民範俗，在十五禮。可先次檢討來上，朕將裁成損益，親製法令，施之天下，以成一代之典。"

　　十一月辛酉，兵部尚書、議禮局詳議官薛昂奏："有司所用禮器，如尊、爵、簠、簋之類，與士大夫家所藏古器不同。蓋古器多出于墟墓之間，無慮千數百年，其製作必有所受，非偽為也。傳曰：'禮失則求之野。'今朝廷欲訂正禮文①，則苟可以備稽

---

① 訂正禮文　"訂"底本作"計"，長編拾補卷二八同，據政和五禮新儀卷首、宋會要輯稿禮一四之六二改。按：嘉慶本"訂"誤作"討"。

九月庚午,講議司奏:"契勘外路州軍,遇天寧節,啓建聖壽道場,滿散日依舊令錫宴,監司及提、總官并合就赴。近年緣外路申請,許監司以本司錢排辦,遂于一郡之間連日宴設,因緣騷擾,及多造酒數,分受所餘,殊失法意。欲今後監司、廉訪、提、總之官,遇天寧節,依舊赴所在州軍錫宴。"從之。

十一月庚午,講議司奏:"看詳牛羊司並乳酪院手分、專副請給自元豐年,後來於大觀元年、政和八年兩次增添,顯屬太優。欲手分、專副各減食錢三貫文,其押司官所請不多,依舊支破外,餘本處奏乞事理,減監官茶湯錢四貫文,監門官茶湯錢三貫文,書手食錢一貫五百文。"詔並依元豐法。庚辰,講議司奏:"勘會州縣行户,供應見在官並公使等,陪費不易,已降指揮,量立免行錢,悉罷供應,務使行户安業,革去騷擾之弊。節次據外任官臣僚上言奏陳,奉行未久,商賈四集,物貨通流,比之往日,實直反更低小,公私蒙利。兼訪聞自降指揮至今,帥府、監司置司所在州軍,推行已得就緒。所有其餘州縣,慮合一體推行①。"從之。

十二月,金人入寇。

---

① 慮合一體推行　"慮",嘉慶本作"應"。

中書省執奏不行。

乙丑,講議司言:"臣僚恩數、請給、人從等皆有著令,欲應臣僚恩數、請給、人從等各依本法,其依某人等例指揮並更不施行。"從之。講議司言:"看詳進納買官,元豐係有止法①,唯因軍功、捕盜,或選人換授至陞朝官,方許作官戶。紹聖免役條係宗室,及曰'命婦親並義勇、保甲授官,或取妻以陣亡之家恩澤授官',而係第一等人戶,並同進納法。見任小使臣、宣教郎以下,役錢並不免。及政和令,亦不許免科配。除進納買官合依舊法外,所有祗應有勞、進頌文理可採及特旨,並非泛備官,若不以官序,便為官戶例免科役,顯屬僥倖。今措置欲將前項補官人並依進納授官法,因軍功、捕盜轉至陞朝官,非軍功、捕盜人,轉至大夫以上,方許作官戶。所有以前見充官戶之家,並乞依今降指揮改正。兼契勘應非合作官戶,而特旨許作官戶者,依今來御筆,亦令改正。"從之。丙寅,講議司言:"諸路歲貢共三百一件。今來除六尚年計外,可裁減八十六件,罷三十七件。"詔:"近命有司考不急之務、無名之費,將加裁定,允協厥中。惟任土作貢,古之道也。然化自內始,正由身率,乃克有終云云。應諸路貢物,可依今來裁定施行。"

七月癸酉,講議司奏:"奉御筆,吏職出身,不以是何官資,只支武功大夫俸。及恩例奏薦,令講議司條畫以聞。看詳吏職出身之人,依法轉至武功大夫止,餘轉遙郡人合依下項御筆:止支武功大夫俸,及恩例奏薦依武功大夫格法外,所有轉正任人,理須分別。"詔:"吏職出身轉正任人請俸,依遙郡格遞降一等支破。內正任刺史,依遙郡本等。其合請添支,依條施行,恩例奏薦依此。"戊寅,講議司奏:"奉御筆,外路不奉行御筆,殆成虛文。看詳州縣、監司被受御筆,觀望稽違,陰有沮壞,不即奉行云云。欲今從承受御筆指揮,委具承受行遣月日、奉行次第申州,州中所屬監司點檢。如奉行稽違,滅裂不當,並覺察按劾。其監司奉行謬誤,不即改正,固執偏見,公然阻隔,仍依條互察以聞。"從之。甲午,講議司奏:"奉七月二日御筆,看詳內侍官請給,欲自右武功大夫以上應帶遙郡同,依今降指揮支一分見錢、二分折支,武功大夫合依嘉祐祿令,祗候內品以下,並隨龍、戰功人,依見行條法施行。"

---

① 止法 "止"底本作"正",長編拾補卷四九同,據嘉慶本改。

貪暴之吏怙法倚勢非理騷擾等。今相度欲依所乞,令兩浙路依杜州已降指揮,立爲永法,諸路州縣依此,仍令逐路提刑司選委清强官①,同州縣知、通、令、佐取索行户色數,計在任官多寡,隨陪費輕重,立定免行錢。其錢並作上供,赴大觀庫送納云云。"詔依講議司措置到事理施行②。庚申,太師、魯國公、領三省事蔡京依前太師、魯國公致仕。

乙丑,講議司奏:"契勘諸路州縣供官之物,不許擅行科配。比年以來,轉運司多不以州軍大小,州軍又不以縣邑人户家力,一概拋科,及諸縣將拋降之物,往往比合用之數暗行增添,容縱公吏,作弊爲甚。欲今後應科配之物,轉運司隨州軍大小,州軍隨縣邑人户家力均拋,令當職官前期依此品量均定,具逐等逐户合科配物色數目申本州檢察,仍以人户等第、家業合著之數單名,降牓付縣,曉諭人户通知。如有不均,或數外增添催科,許人户越訴,監司覺察按劾,庶幾輸納均當,革去姦弊。"從之。

己巳,講議司奏:"檢會講議司劄子,勘會人户輸納官賣鈔旁,州縣不能鈐束,公人計會,盡行收買,卻於人户處邀求厚價,比之官價多至數倍。兼又阻節留滯,是致有人户糶賣所納物斛,用充盤費,爲害甚大。緣上件鈔旁錢,法行已久,難以盡行免放,欲更不印賣,止令人户從便,自寫鈔旁輸納,官置單名,歷用合同印記,令人户量納合同印記錢,杜絕阻節之弊,亦可以關防僞濫。所有約束並納錢合行事件,別具措置行下。"詔依所定施行。

六月辛亥③,講議司奏:"欲令諸路豐熟州縣,估定大、小麥實直上價,與加饒三分,聽人户赴官折納,無得輒有抑勒。應合分科積欠,只將合催之數勸誘折納。其未合催科處,無得一例催理。"從之。

癸亥,講議司言:"視官,非元豐官制,不惟紊亂名實,兼亦耗蠹國用。"詔視官並罷。甲子,講議司看詳:命官出身,各有條法。比年以來,吏職入仕,或進納並雜流之類補官人,往往攀援陳請,改換出身。所有應干遷轉、請給、奏薦恩例止官等④,欲並依元入仕本法施行。"詔依所奏,今後出身並依本法,更不得攀援陳請改換,雖奉特旨,仰

---

① 選委清强官　底本"官"上衍"守"一字,據嘉慶本刪。
② 詔依講議司措置到事理施行　嘉慶本"依"下有"舊"一字。
③ 辛亥　底本作"辛未",宋會要輯稿食貨七〇之二八載此事係於宣和七年六月十一日。是月辛丑朔,十一日正是辛亥。底本"辛未"下有小字"案:是月辛丑朔,無辛未",今據宋會要輯稿食貨七〇之二八改。
④ 止官　底本作"得官",據宋會要輯稿職官五之一七改。

保、領樞密院蔡攸同提舉,余固已疑之。攸建議以謂內侍掌職事于宮禁①,外廷無由稽考,乞應合裁減事,委童貫取旨。時貫以廣陽郡王領右府,諸閤之長故也。後旬日,送下五十餘狀。貫云:禁中進呈,得旨並依。余即遍閱,皆主者自陳,名爲減損,其實增添。如某局元置親衛兵士五百人,自置營以來,止有三二百人,今減元額作四百人,卻限一月招填,或取撥足數。其他事大率如此,方悟攸言與此曹爲地。嘗檢照官制:熙寧以前,文臣朝議大夫至中奉大夫共二十九員,止有中散二員,餘皆朝議。今一百九十餘員。武臣觀察使至節度使止二十七員,今一百七十員。餘官五之二合文,武官舊有九千餘員,今三萬五千餘員。余力請於時相白時中、李邦彥,謂置司無補,不若不置。未幾結罷。初,崇寧中,蔡京作相,置講議司,凡謬政弊法流毒天下者,皆當時所爲也。官吏數百人增給厚俸,濫賞驟遷,浮費不貲,會集僚屬,蠟黃饅頭一味,用錢一千三百餘緡,則他可知矣,如是二年而罷。今置司又以講議爲名,雖立意不侔,亦無補也。"

辛卯,開封尹兼侍讀燕瑛、前徽猷閣直學士任諒特起復,並爲講議司詳議官;朝散大夫、直秘閣季侗②,朝請大夫王雲,承議郎鄭望之,朝奉大夫、直秘閣高衛並爲參詳官。

十二月甲辰朔,手詔:"朕執權秉要,以正主道③,賦事圖功,責在股肱之臣。比年以來,任匪其人,政失厥中,明發悚惕。念我烈考之謨訓,修革蠹弊,庶幾持循,肆命近弼,置司講議。太師致仕蔡京輔朕初載,誕著碩膚。屬閔勞以官職之事,即安重廬,憲其言行,尚有賴焉。書不云乎'詢茲黃髮,則罔所愆'。京可兼領講議司,聽就私第裁處,仍免簽書,毋致勤勞,以稱朕貴老尊賢之美。"

實錄、本紀云:"蔡京領講議司。"朱勝非云:"蔡京,崇寧元年拜相,四年罷。大觀元年復入,三年又罷。政和二年復入,宣和初又罷。六年冬④,王黼罷相,白時中、李邦彥並拜太、少宰。未幾,京東盜起,京黨闃然以謂宰相望輕。乃詔京復總三省,許私第治事,三五日一造朝。時京已八十歲,目盲不能書字,足蹇不能拜跪矣。子絛用事,凡判筆皆絛爲之,仍代京禁中奏事,於是肆爲姦利,賞罰無章,黜陟紛紜。絛妻兄韓梠者,驟用爲户部侍郎,密與謀議,貶逐朝士,殆無虛日。絛每造朝,侍從以下皆迎揖,附耳語。堂吏抱文案,率數十人從之。遣使四出,誅求採訪,喜者令薦之,不喜者令劾之,中外縉紳無不側目。"

七年四月己未,講議司奏:"內降臣僚劄子,及杭州裏外市户吴禧等狀,乞納錢免行事。看詳州縣行户立定時旬價直,令在任官下行買物,蓋令知物價低昂,次防虧損、

---

① 内侍掌職事于宮禁 "掌職"底本顛倒,據嘉慶本、長編拾補卷四八乙正。
② 季侗 長編拾補卷四八同,嘉慶本作"季同",宋會要輯稿職官五之一三作"李侗"。
③ 以正主道 嘉慶本、長編拾補卷四八同,宋會要輯稿職官五之一五"主道"作"王道"。
④ 六年冬 底本脱"冬"字,據嘉慶本、三朝北盟會編卷五〇引秀水閑居録補。

鹽課增羨也。

六月辛酉,講議司言:"熙寧九年,嘗置太醫局,教養生員,分治三學、諸軍病患,歲終比較等第給錢。元祐裁減浮費,遂行廢罷。今已置到醫學,教養上醫外,所有本局並合興復。"從之。

八月戊申,詔:"講議司官屬,依制置三司條例司體例推恩。翰林學士承旨張康國,刑部侍郎劉賡,提舉洞霄宮蹇序辰,顯謨閣待制范致虛、王漢之等三十五人各遷一官,餘四人及尚書省都事任充等,支賜銀絹、遷官、轉資、減磨勘年有差。提舉洞霄宮張商英係元祐姦黨,及曾言鹽法並奏鹽數未實;管勾靈仙觀吳儲係元祐黨吳安詩子,監滑州鹽酒稅李琰昨爲不親詣通、泰等州措置鹽事,特衝替;添差監岐亭鎮酒稅虞防爲毀駁哲宗謚號①,係入籍人,更不推恩。"又詔:"講議司係紹述熙寧、元豐法度,與其他官司事體不同,應緣講議司所得恩例,今後無得攀引。"

實錄全不載,詔旨太詳,宣和錄太略,今別修如上。

宣和六年十一月丙戌,手詔:"神考釐正六官,修舉百度,上有道揆,下有法守,先後詳略,若網在綱,用垂裕于萬世。繼志述事,正在今日。比年以來,官不修方,使得撓政,上下苟玩,名爲遵揚,而實侵紊。法本一定,可循勿失,而官司便文,緣事建請,遂至于條目滋繁;以式均財,本無不足,而流品猥衆,廩食無名,遂至於用度冗濫。謹名器,重爵賞,所以示天下之公,而僥倖路啓,請謁相先,故人才失任使之實②;時賦役、勸農桑,所以厚天下之本,而貪吏誕謾,掊克無藝,故民力有匱乏之憂。以類推之,不可勝言。可令尚書省置局詳議,以講議司爲名,究本推原,務協於大公至正之道,以廣紹述先烈之休。其各遵承,以稱朕旨。"御筆:"差蔡攸同白時中、李邦彥就尚書省置講議財利司。除茶法已有定制,法令完具,更不取索外,餘並講究利害,條具來上。限一季結絕。"

初草:十一月六日御筆。按:十三日,始降詔置講議司,恐此云六日,必誤。朱勝非云:"宣和七年,置講議司,以革弊事,宰執爲提舉官。余在都司,被命覆實,凡已經裁減者再看詳訖,方行取旨。未幾,太

---

① 添差監岐亭鎮酒稅虞防　底本脫"監"一字,嘉慶本、長編拾補卷二四同,據宋會要輯稿職官五之一五補。按:宋會要輯稿職官五之一五載"承議郎添差監黃州岐亭鎮酒稅虞防"。
② 故人才失任使之實　"失"底本作"無",據嘉慶本、長編拾補卷四八改。

壬辰,命講議司官詳求禮樂沿革,修爲典訓①。講議司言:"乞置醫學養士,命博士、正録、訓導,設三科以教生員,治經試選等,並依太學法。"從之。庚子,講議司修立諸路知通令佐起發上供②,及本處經總費皆足,二税無欠者,通場務課額增倍轉官條。從之。癸卯,講議司言:"東北鹽已放入解鹽地分,慮客人影帶私鹽,走失課利,舊條未至嚴密,今别正法,及販乳香比鹽法等條。"從之。

十月乙亥,講議司言:"雅州錫窟,元豐七年興置,元祐二年廢罷。今乞召九門取入賣,依元豐法。"從之。

十二月丁未,講議司言:"解池未壞以前,官給解鹽鈔,募客人入納糧草,遂還以鈔鹽。今解池既無鹽可還,并河北文鈔,賣與在京交引鋪户,乘時賤買,致沿邊入納艱阻,侵壞鈔法。乞依熙、豐買鈔所,别以他物折博。差權貨務監官二員,别差使臣或選人三員同主之。慮客人齎到文鈔,正以米鹽鈔并東北一分鹽鈔及度牒、官告、雜物等博換。"從之。

詳具後項。熙、豐買鈔所初置年月,當考。

講議司言:"勘會解池未壞以前,官給解鹽鈔,募客人入納糧草,還以鈔鹽。今解池未復,其鈔尚循舊法,給解鹽文鈔,客人齎赴京。解池既無解鹽支還,並河北文鈔賣與在京交引鋪户,乘時邀利,賤價收買,致沿邊入納艱阻,客人虧折錢本,侵壞鈔法,合行措置。乞依熙寧、元豐買賣鈔所,别以他物折博,條具八項。"並從之。見上。

三年三月辛巳,知樞密院事蔡卞言:"昨被旨,以講議司武備房歸樞密院,差臣提舉。今來訓練民兵,增置兵額,已施行訖。欲乞罷樞密院講議司,限半月結絶。"從之。

四月甲寅,講議司言:"元豐中,神宗令范鎮、劉几③、范日新講求巢笭、巢笙之類,當時曾鏤板宣賜大臣。今韓絳家有之,欲權借照使。"詔可。乙丑,宰臣蔡京等言:"伏奉手詔置講議司。度今文字不多,理當歸之省部。欲乞限一月結絶罷司。如有未了事件,乞送尚書省分隷施行。"從之。

五月癸未,奉議郎、講議司檢討文字、提舉措置兩浙香鹽事胡奕修轉一官,以本路

---

① 典訓　長編拾補卷二二、宋會要輯稿職官五之二一同,嘉慶本作"典禮"。
② 知通令佐　"佐"底本作"左",嘉慶本、長編拾補卷二二同,據文意及宋朝官制改。
③ 劉几　底本作"劉機",據宋史卷一二八樂志、卷二六二劉几傳、宋會要輯稿樂五之一〇改。按:嘉慶本作"劉幾"。

捕支賞等依元符令格。"從之。丙子,詔:"諸路學田,一路所管戶絶田多寡不同,以有餘、不足相補,通一路支用。"從講議司奏請也。

三月乙酉,講議司言諸路州學學生額。見州縣學。

四月癸亥,講議司乞下諸路茶場,具開場以來商旅所納錢數申國用房。從之。

五月丙申,講議司言:"兩川以坊場錢歲數十萬緡,朝廷撥充陝西常平,許商旅於沿邊納錢兑便,每一千加三百,以饒商旅。看詳陝西鐵錢太輕,若復加饒,則爲太優。"詔罷加饒。

七月庚寅,講議司言:"知泗州姚摯乞天下之士皆不得在外私聚生徒,使邪説詖行無自流行。看詳若不許在外私聚生徒,即不係置學之處,子弟無從聽講,難以施行外,其邪説詖行、非先聖賢之書及元祐政事學術,不許教授條禁,欲遍行曉諭,應私下聚學之家,並仰遵依上條。"從之。

八月丙辰,講議司言:"榷茶並依元符條令,不當復分草、臘。其未立文處,合增入或'草'字,或'臘'字。"從之。丙寅,講議司言:"縣學格内三旬所試,乞改爲月試,季一周之。孟月試義,仲月試論,季月試策。"從之。

九月壬午,講議司劄子:"自去年九月十七日推行新法,東北鹽十月九日客人入納算請,至今年九月三日終,收趁到錢一百六十四萬八千六百三十六貫三百六十八文,本錢一十四萬七千七十三貫,息錢一百五十萬一千五百五十三貫三百六十八文。"詔講議司詳定官蹇序辰、范致虛、劉賡、張康國,參詳官崔彪、鄭僅各轉一官,鹽澤房檢討官馮諶轉一官,與開封府推官;吕琮轉一官①,與寺監丞。權貨務監官丁維、吴薦各減二年磨勘,宋康年轉一官。逐路提舉措置官陝西路李燈、河北路韓敦立、京東路郭異、京西路余授各轉一官。燈先爲陝西路轉運判官,仍陞轉運副使。

蹇序辰翰林學士,范致虛兵部侍郎,劉賡刑部侍郎,張康國中書舍人,崔彪都官員外郎,國用檢詳持服人鄭僅朝散郎、直龍圖閣。馮諶朝請郎,元年八月五日爲鹽澤檢討,馮京子;吕琮承務郎,元年八月五日爲鹽澤檢討。逐路提舉措置官,八月二十九日差韓敦立、郭異、余授、李燈、吕建中、李琰淮南,十月十六日胡奕修兩浙。十月十六日,吕建中先措置淮南路,賞獨不及,當考。

---

① 吕琮　嘉慶本、長編拾補卷二二同,宋會要輯稿職官五之一三、職官五之一四均作"吕淙"。

承議郎家安國、朝散郎王覺、奉議郎崔彪主國用；承議郎安㐫、虞防、通直郎林攄主財賦；朝散大夫韓敦立、朝奉大夫曾詵、朝散郎余授主商旅；朝奉大夫馮湛、朝奉郎李燈、承務郎呂淙主鹽澤①；承奉郎喬方、鄂州司戶參軍沈錫主尹牧。皆爲檢討官②。"

九月己丑，少府監丞强浚明爲主客員外郎、講議司參詳官，太常丞陳賜爲駕部員外郎、講議司參詳官。癸卯，翰林學士蹇序辰兼修國史、實錄修撰、講議司詳定官。

十月丁卯，講議司檢討官李琰、胡奕修提舉措置鹽事，琰淮南，奕修兩浙路。戊寅，詔："河南府草土裴筠上書，乞崇修崆峒觀，給付常住地土是鹽池化水之源；四京建二相廟，立呂誨銘③，是化水之本。及妄議熙寧以來常平、免役、市易、保馬、鹽法、契頭、義倉等事，並稱上感蟲蝗、水旱、凶賊交起，日蝕、地震、鹽池變海等，語言狂悖，事理誕妄，託意鹽池，潛圖姦利。理當懲罰，以戒亂化之民。其裴筠特送五百里外州軍編管，所有講議司許陳言利害文字指揮勿行。"案：此段文似有脫誤。

裴筠，當考。

辛巳，講議司言："修定解鹽地分，收到鱗土及淋鹵水，依私鹽法，土三斤、水三升，計一斤之數等條。"從之。

十一月壬子，講議司言："江淮鹽鋪戶每遇闕鹽，止用金銀等抵當出賣客鈔，坐邀賤售，商賈折閱，乞行止絶。"金部以爲："抵當，元豐法也，過一年者没官。乞改爲半年。"從之。

十二月戊寅④，尚書右僕射蔡京等言："臣等昨具陳乞諸路置學養士，伏承詔旨，令講議司立法頒行。謹以元陳請畫一，並參酌太學敕令格式，取其可以行於外者，修立成諸路州縣學敕令格式並一時指揮凡十三册，謹繕寫上進以聞。"

二年二月癸丑，講議司言："市舶合措置事，乞令逐路轉運司相度以聞。"從之。戊辰，講議司言："修立産茶州軍不得私賣，京東、西、河東、北路許商旅以官茶興販條，告

---

① 自"朝奉郎少府監丞强浚明"至"承務郎呂淙主塩澤"底本脫此一百一十六個字，據宋會要輯稿職官五之一三補。
② 承奉郎喬方鄂州司戶參軍沈錫主尹牧皆爲檢討官　"主"底本作"充"，底本脫"皆爲"二字，據宋會要輯稿職官五之一三改、補。宋會要輯稿職官五之一三"皆爲檢討官"下有"時樞密院亦置講議司，以恩州防禦使樞密都承旨曹誘爲詳定官，尚書左司員外郎曾孝蘊爲參詳官。並從之。"
③ 立呂誨銘　"立"，嘉慶本、長編拾補卷二〇均作"邱"。
④ 十二月戊寅　底本脫"十二月"三字，據長編拾補卷二〇補。按：底本"戊寅"下有小字："案：十一月壬午朔，無戊寅，長編拾補列此條於十二月是也。"

卷第一百三十二

徽宗皇帝

講議司

崇寧元年七月甲午，詔曰："朕聞治天下者，以立政訓迪爲先；篤孝思者，以繼志述事爲急。蓋制而用之存乎法，推而行之存乎人。雖夷夏乂安①，黎民樂業，而法難一定，事貴變通，損益之間，理宜稽考。況宗室蕃衍，而無官者尚衆；吏員冗濫，而注擬者甚艱。蓄積不厚於里閭，商旅未通於道路。廉耻蓋寡，奔競實繁。風俗澆漓，薦舉私弊。鹽澤未復，賦調未平。浮費猶多，賢鄙難辨。歲稍饑饉，民輒流離。然制之必有原，行之必有序，施設必有方，舉措必有術。是故俊彥不可以不旁求，法度不可以不修講。宜如熙寧置條例司體例，於都省置講議司，差宰臣蔡京提舉，遴揀乃僚，共議因革，庶臻至治，以廣詒謀。"辛亥，詔："昨降置講議司手詔內事件，許中外臣庶具所見利害聞奏。"

八月丁巳，尚書右僕射蔡京言："奉手詔提舉講議司，仍令遴揀乃僚，共議因革。伏見戶部尚書吳居厚、翰林學士張商英、刑部侍郎劉賡才猷敏劭，練達世務，欲乞差充詳定官；起居舍人范致虛、太常少卿王漢之、倉部郎中黎珣、吏部員外郎葉棣乞差充參詳官。臣伏讀手詔，如宗室、冗官、國用、商旅、鹽澤、賦調及尹牧，事皆政之大者。臣欲每事委官三員討論，並乞差充檢討文字，有見任者令兼領，不可兼及在外者並權罷見任，赴司供職。"又言："熙寧條例司檢詳文字及編定並在司分遣、出外相度共一十九人。今事有多寡，人力有餘或不足，乞從本司隨事分委，仍乞以朝奉郎、少府監丞強浚明，太常寺主簿李詩，宣教郎鮑貽慶主宗室；朝散郎李琰、陶節夫、承議郎吳儲主冗官；

---

① 雖夷夏乂安　長編拾補卷二〇、宋會要輯稿職官五之一二同，嘉慶本"夷夏"作"華夏"。

同,中實附會。"詔蔡京等久稽典憲,衆議不容,京可移韶州,攸責授節度副使、永州安置。

七月乙亥,蔡京移儋州,攸雷州。以臣僚累章論其陰賊姦惡,罪釁彰著,乞投畀海外也。凡京子孫,皆分徙湖南、江西遠郡。尋詔遇有大赦,不得量移。京行至潭州而卒,年八十。攸、翛繼死。

京天資險譎,舞智以御人,在人主前,左狙右伺,專爲固位之計,終始持一説,謂當越拘攣之俗,竭九州四海之力以自奉。徽宗雖富貴之,而陰知其姦諛,不可以託國,故屢起屢仆。嘗收其素所不合者,如趙挺之、張商英、劉正夫、鄭居中、王黼之屬,迭居臺司以枙之。京每聞將罷退,輒入宫見上,叩頭祈哀,無復有大臣廉耻事。燕山之役起,攸實在行①,京送之以詩,陽爲不可之言②,冀事之不成,得以自解。暮年即家爲府,嗜利干進者趨趄其門,輸貨僮奴以得美官者踵相躡,綱紀法度,一切爲虛文,識者竊憂之,而京患失之心,無所不至,根結盤固,牢不可脱,卒以召釁誤國,爲宗社奇禍。雖以譴死,而海内猶以不正典刑爲恨云。

---

① 攸實在行　嘉慶本、長編拾補卷五五、九朝編年備要卷三〇、東都事略卷一〇一蔡京傳同。按:疑"實"係"貫"之誤,"貫"即童貫。
② 陽爲不可之言　宋史卷四七二蔡京傳作"陽寓不可之意"。

黨闕然以謂宰相望輕,乃詔京復總三省,許私第治事,三五日一造朝。時京已八十歲,目盲不能書字,足蹇不能拜跪矣。其子脩用事,凡判筆,皆絛爲之,仍代京禁中奏事,于是肆爲姦利,賞罰無章,黜陟紛紜。絛妻兄韓梠者,驟用爲户部侍郎,密與謀議,貶逐朝士,殆無虛日。絛每造朝,侍從以下皆迎揖,附耳語,堂吏抱文書,率數十人從之。遣使四出,誅求採訪,喜者令薦之,不喜者令劾之,中外縉紳無不側目。先是,王黼作應奉司,總四方貢獻之物,以示權寵,于是效之,請置宣和庫,庫置式貢司,中分諸庫,如泉貨、幣帛、服御、玉食、器用等,皆其名也。上自金玉,下及蔬茹,無不籠取。元豐、大觀庫及權貨務見在錢物,皆拘管封樁,專事供進。次年四月,絛惡日著,二相不能舉職。絛兄攸發其姦狀,京罷,絛亦被譴。是年冬,金寇犯闕,得非將亂之兆邪?"

癸亥,太師、魯國公致仕蔡京落致仕,領三省事,五日一赴朝請,至都堂治事。戊辰,御筆:"蔡京領三省,應細微事免簽書。"

七年四月壬子,御筆:"龍圖閣直學士、朝奉郎、提舉上清寶籙宫兼侍讀蔡絛僻學邪見,兩被降責。今除邇英,非所宜得,可罷侍讀,提舉明道宫,在京居住。"尋又降御筆:"蔡絛賜出身敕,可拘取毁抹。"庚申,太師、魯國公、領三省事蔡京依前太師、魯國公致仕。初,京再領三省,未幾,目昏不能視事,事皆決於子絛。絛威福自任,同列皆不能堪。既罷絛侍讀,故有是命。壬戌,臣僚上言:"蔡絛竊弄權柄,率意自專,搢紳惴慄,靡遑寧處。而一時倖進苟得之徒闐集其門,勢焰薰灼,炙手可熱。接見賓客,逾於執政。有識爲之切齒,而絛偃然,居之不疑。"詔絛落職。

十月甲子,太師、魯國公致仕蔡京上表,謝車駕臨幸問疾。

十二月甲子,太學生陳東等伏闕上書,乞誅蔡京、王黼、童貫、梁師成、李彦①、朱勔六賊。

靖康元年二月甲寅,制:"太師、魯國公致仕蔡京特責授中奉大夫、守秘書監、分司南京致仕,河南府居住。"上即位,邊遞日急。京盡室南下。侍御史孫覿等始上章論其姦,坐貶。

三月甲午,左司諫陳公輔言蔡京父子懷姦誤國之罪。詔蔡京可責授崇信軍節度副使、德安府安置。

四月癸亥,御史中丞陳過庭言:"當蔡京專政,攸則以陰謀詭計出入宫禁,外示異

---

① 李彦　底本作"李邦彦",衍"邦"一字,嘉慶本同,據宋陳東少陽集卷一登聞檢院上欽宗皇帝書、長編拾補卷五一、宋史卷二三欽宗本紀刪。

上幸道德院觀金芝，由景龍江至蔡京第鳴鸞堂，賜京酒。京訴開封尹聶山離間事，山即坐絀。京作鳴鸞記以進，其略曰："上曰：'今歲四幸鳴鸞矣。'臣頓首曰：'昔人三顧。堂成已六幸①，其千載榮遇。鳴鸞固卑陋②，且家素寠無具③，願留少頃，使得伸尊奉意。'上曰：'為卿從容云云。'"

丙寅，蔡京奏："臣伏蒙聖慈，以臣夏秋病疾，特命於龍德、太一宮設普天大醮，又親製青詞，以見誠意。至日臨幸醮筵，別製密詞，親手焚奏。仰惟異禮，今昔所無，殞首殺身，難以仰報云云。"

二年四月癸巳，中書檢會，奉御筆："車駕累幸蔡京第，其子孫等並合推恩。八子、八孫④、曾孫四人，可並於寄祿官上轉行一官。"

六月戊寅，太師、魯國公、神霄玉清萬壽宮使蔡京上章乞致仕，御筆："太師、魯國公蔡京近年以來，章數十上，陳乞致仕。自夏祭禮畢，引疾告老，又復十數。親筆批諭，諄復再四，遣官宣押，堅臥不起，其詞激切，確然不拔。可依所乞，守本官致仕，依舊神霄玉清萬壽宮使，在京賜第居住。其恩禮俸給之屬，及見被官吏人從等並依舊，仍朝朔望。今晚付翰林降制，只令具熟狀進入。"

六年正月庚午，勒停人蔡絛復朝奉郎、提舉明道宮。

十二月甲辰，手詔："朕執權秉要⑤，以正主道⑥；賦事圖功，責在大臣⑦。比年以來，任匪其人，政失厥中，明發怵惕。念我烈考之謨訓，修革蠱弊，庶幾持循。肆命近弼，置司講議。太師致仕蔡京輔朕初載，誕著碩膚。屬閔勞以官職之事，即安里閒，憲其言行，尚有賴焉。書不云乎'詢茲黃髮，則罔所愆'。京可兼領講議司，聽就私第裁處，仍免簽書，毋致勤勞，以稱朕貴老貪賢之美。"

實錄、本紀云：蔡京領講議司。朱勝非云："蔡京崇寧元年拜相，四年罷。大觀元年復入，三年又罷。政和二年復入，宣和初又罷。六年冬，王黼致仕罷相，白時中、李邦彥並拜太、少宰。未幾，京東盜起，京

---

① 堂成已六幸 "六"底本作"大"，長編拾補卷四〇同，據嘉慶本、宋莊綽雞肋編卷中改。
② 鳴鸞固卑陋 底本脫"陋"一字，嘉慶本同，據雞肋編卷中、元陶宗儀説郛卷一一四宋蔡京皇帝幸鳴鑾堂記補。
③ 且家素寠無具 嘉慶本、雞肋編卷中同，説郛卷一一四宋蔡京皇帝幸鳴鑾堂記"無具"作"空且"，"且"從下讀。
④ 八孫 嘉慶本、長編拾補卷四一均作"十孫"。
⑤ 朕執權秉要 "秉"底本作"乘"，長編拾補卷四八同，據嘉慶本、宋會要輯稿職官五之一五改。
⑥ 以正主道 "主"，宋會要輯稿職官五之一五作"王"。
⑦ 責在大臣 "大臣"，宋會要輯稿職官五之一五作"股肱之臣"。

即伏奏曰:"臣孤遠一介,不量力,輒論大臣。京老姦多智,必將爲所中害,自此竄逐,無復再望清光矣,願拜辭。"上曰:"勿如此云云,當爲卿罷京。"時京子攸日夜出入禁中,盡率子弟見上,泣且拜。上曰:"中司文字如此,奈何?"攸等固懇:"陛下儻全臣宗,乞移王某一別差遣,則事自已矣。"上寬慈,惻然許之。公方草第三疏,翌日求對,中夜有扣門者曰:"適御筆:中丞除翰林學士,日下供職矣。"公嘆曰:"吾禍其在此乎?"自是,京之勢益盛。

十一月庚寅,手詔:"太師、魯國公蔡京自再還廊廟,於今七年云云。邇者草疏十上,卻之復來,既繼以消息盈虛之理,告老乞骸,祈於得請而後已。朕禮貌元老,不欲固違,可五日一朝,次赴都堂治事。恩禮寵數,並如舊制。"

重和元年十月戊申,承議郎、徽猷閣待制、提舉萬壽觀蔡絛勒停。

蔡絛訴神文節文曰:"臣舉家兄弟、諸姪皆投名請受神霄秘籙,獨臣不願受,于是九重始大怒,因遣梁師成諭旨,戒臣不許接見賓客。嗚呼!事既掣肘,謀既盡露,臣亦決知得罪矣。一日臣兄來,宣諭臣父將通延福宮江路,徹闉闍門,跨城爲複道、飛橋入賜第,自此往來無間,君臣相悉。時已大毀民居數千家,如荒野矣。臣不勝憤懣,亟夜草書力爭,臣父愕然,實愛惜臣,猶不肯出。臣兄伺知,及鄭昂泄臣語,因下開封府捕繫昂,盡搜索其篋笥,然獨無有。于是昂遂枷項,編管安州。臣始勒住朝參,不許接見賓客。又降御筆,謂臣狂妄,不循分守,特落職,而怒終不解。臣父因賞橘內宴,丐入中禁,獨拜懇於太上之前,臣遂得不死。始議貶新州,俄而置諸光州。臣父以謂出則必陰殺之,因持之久,乃俾臣父上章,特勒停,令侍養;遇有臨幸,則出避耳。"

十一月丁卯,茂德帝姬下嫁蔡鞗。

宣和元年七月丙辰,御筆:"蔡絛向緣狂率,廢黜幾年。蔡京元老,勳在王室,未忍終棄,可特與敘舊官外,與宮觀,任便居住。"既而京言敘不以法,乞賜寢罷。詔候過大禮取旨。

九月乙卯,曲宴保和新殿。過玉真軒,蔡京等請見安妃,許之。京作記以進,其詞略曰:"玉真軒在保和西南廡,即安妃妝閣。命使傳旨曰雅燕,酒酣添逸興,玉真軒內見安妃。詔臣賡補成篇。臣即題曰:'保和新殿麗秋暉,詔許塵凡到綺闈。'方是時,人人自謂得見安妃矣。既而但畫像掛四垣,臣即以詩謝,奏曰:'玉真軒檻暖和春,只見丹青不見人。月裏姮娥終有恨,鑑中姑射未應真。'須臾,中使詔臣至玉華閣,上手持詩曰:'因卿有詩,況姻家,自當相見。'臣曰:'頃緣葭莩,已得拜望,故敢以詩請。'上大笑。妃素妝,無珠玉飾,綽約若仙子。臣進前再拜,敘謝,妃拜,臣又拜云云。"癸亥,介懷。"

十一月辛巳①,太師、楚國公蔡京進封魯國公。

四年十二月乙卯,雪降,賜宴於蔡京第。

五年八月庚戌,詔中書舍人陳邦光差提舉洞霄宮,池州居住。先是,邦光以中書舍人兼太子詹事,會蔡京獻太子以食,琉璃酒器羅列宫庭。太子怒曰:"天子大臣,不聞道義相訓,乃持玩好之具蕩吾志邪!"命左右擊碎之。京聞邦光實激太子,含怒未發,因是遂斥邦光。

六年四月庚寅,御筆:"太師蔡京近三上章乞致仕,親劄詔書,不允所請,仍止來章,兼面諭再四,意確未回。京位三公,爲帝者師,然三省機政,事無巨細,自合總治外,可從其優逸之意。自今特許三日一造朝,仍赴都堂及輪往逐省,通治三省事,以正公相之任,事畢從便歸第。"

五月甲午朔,御筆:"太師蔡京遇朔望許朝,三日一知印當筆。不赴朝日,許府第書押。不押敕劄,不書鈔。"庚子,詔:"蔡京,已降指揮令三日一造朝,自今遇有奏事,非造朝日亦赴,仍許正謝。"

八月庚辰,太師蔡京奏:"臣昨以年逮七十,加之疾病,乞解機務。蒙恩特許三日一朝。今臣疾病既已痊復,筋力尚可勉強。伏望許臣日奉朝請,其治事即依已降指揮。"從之。丁亥,詣建隆觀,遂幸蔡京賜第。

七年六月戊午朔②,太師、魯國公蔡京進封陳、魯國公。己巳,御筆:"太師,陳、魯國公蔡京力請免兩國公③,已降御劄允所請,特與白身親屬恩澤二人④;應恩數,並依轉官例施行。"

九月丙申,御史中丞王安中爲翰林學士。

王安中行狀,其子柜作。有云:一日,請對曰:"臣起諸生,蒙陛下親擢,備員中執法,日夜懼無以報。今臣所論,事關宗社。儻陛下少留聽,幸甚。"上悚然,公出袖中疏,所論乃蔡京也。上曰:"誠如卿言。"公

---

① "十一月辛巳"下底本有小字:"案:拾補所據本此條係三年,此脱'三年'二字。"長編拾補卷三二將此事係於政和三年,但九朝編年備要卷二八、宋史卷二一徽宗本紀將此事係於政和二年十一月辛巳,并且宋宰輔編年錄卷一二、宋會要輯稿職官一之二均將此事係於政和二年十二月。
② 戊午朔 "午"底本作"子",據宋史卷二一徽宗本紀、宋會要輯稿禮二四之七七引九朝長編紀事本末改。
③ 力請免兩國公 底本脱"請"一字,長編拾補卷三六同,據嘉慶本補。
④ 白身親屬 "白"底本作"曰",據嘉慶本、長編拾補卷三六改。

二年二月戊子朔，詔："太子太師致仕蔡京兩居上宰，輔政八年，首建紹述，勤勞百爲。降秩居外，薦歷歲時。況元豐侍從被遇神考者，今則無幾，而又累經恩霈，理宜優異。可特復太師，仍舊楚國公致仕，於在京賜第居住。"

三月乙亥，詔："太師致仕蔡京到闕，令二十五日朝見引對，拜數特依元豐中文彥博例，仍擇日垂拱殿賜宴，許依舊服玉帶，佩金魚，賜對見例物，遇六參日趣赴起居，在大班退，親王後入。"

四月甲午，燕宰執、親王於太清樓，上親爲之記。其略見御製。蔡京上記曰："政和二年三月八日，皇帝制詔臣京宥過省愆，復官就第，命四方館使、榮州防禦使童師敏賫詔召赴闕。臣京頓首辭，繼被御劄手詔十，責以大義，皇恐上道，于是飲至於郊，曲燕於垂拱殿，祓禊於西池，寵頒恩渥，念無以稱。"上曰："朕考周宣王之詩'吉甫燕喜，既多受祉。來歸自鎬，我行永久。飲御諸友，炮鼈膾鯉'。其可不如古乎？"詔以是月八日開後苑，宴太清樓，命內客省使、保康軍節度觀察留後①、帶御器械臣賈詳等五人總領其事。壬子，蔡京乞令張商英任便居住。

五月己巳，太師、楚國公致仕蔡京落致仕，三日一至都堂治事，每日赴朝參退，至都堂聚議，於中書省前廳直舍，治事畢直印，以尚書令廳爲治所，仍押敕劄。壬申②，太師蔡京言："門下省乃覆駁之地，臣乃兼而冒處，實有妨嫌，委紊官制。望許臣免書門下省文字。"從之。己卯③，手詔賜蔡京曰："臨平置塔，初因錢氏，尊相名寺④，起於治平，匪緣近年創有增建。蔡京忠貫金石，志安社稷，八年輔政，一德不渝，群邪醜正，意在中傷。肆爲無根之談，冀陷不測之禍。比從閱實，灼見厚誣。惟大臣立朝，誼當自信，而哲王圖任⑤，何畏巧言！顧予心之宣乎，豈衆訾之足慮⑥，特加開諭⑦，毋或

---

① 保康軍 "康"底本作"大"，嘉慶本、長編拾補卷三一同，據揮麈錄餘話卷一改。按：揮麈錄餘話卷一載："詔以是月八日開後苑太清樓，命內客省使、保大軍節度觀察留後帶御器械臣譚稹，同知、入內侍省事臣楊戩，內客省使、保康軍節度觀察留後帶御器械臣賈祥，引進使晉州管內觀察使勾當、內東門司臣梁師成等伍人總領其事。"
② 壬申 嘉慶本同，長編拾補卷三一作"癸未"。
③ 按：底本"己卯"下有小字："案：拾補所據本作乙卯，又係四月。"但宋大詔令集卷一七九臨平置塔御筆手詔有明確的係時："政和二年五月二十三日"，依干支排序，政和二年五月丁巳朔，二十三日正是己卯。宋宰輔編年錄卷十二亦作"政和二年五月己卯"。
④ 初因錢氏尊相名寺 宋大詔令集卷一七九臨平置塔御筆手詔無"尊"一字。
⑤ 哲王圖任 "王"，嘉慶本、長編拾補卷三一均作"士"。
⑥ 豈衆訾之足慮 "訾"底本作"言"，據宋大詔令集卷一七九臨平置塔御筆手詔改。
⑦ 特加開諭 "特"底本作"肆"，據宋大詔令集卷一七九臨平置塔御筆手詔改。

有不可量者。今並盤旋輦轂,久而不去,其情狀已可見矣。"

四年四月癸未,蔡京上哲宗實錄。

五月甲子。先是,門下省檢會臣僚上言論奏蔡京:"頃居相位,擅作威福,權震中外。輕錫予以蠹國用,託爵祿以市私恩。謂財利為有餘積,皆出誕謾;務誇大以興事功,肆為騷擾。援引小人,以為朋黨,假借媚婭,布滿要途,以至交通豪民,興置產業,役天子之將作,營葺居第;用縣官之人夫,漕運花石。曾無尊主庇民之心,惟事豐己營私之計。若是之類,其事非一,已有臣僚論列,臣更不敢具陳。及至名為祝聖壽,而修塔以壯臨平之山勢;託言灌民田,而決水以符興化之讖辭。致姪俣之告變而謬為心疾,受孟翊之誣言而與之官爵。趙真欲輔之以妖術,張大成竊伺其姦意①,駭動遠邇,聞者寒心,皆足以鼓惑天下,為害之大者也。"是日,詔:"蔡京權重位高,人屢告變,全不引避,公議不容。言章屢上,難以屈法。特降授太子少保,依舊致仕,在外任便居住。"制略曰:"輕爵祿以市私恩,濫錫予以蠹邦用,借助媚婭②,密布要途,聚引凶邪③,合成死黨,以致假利民而決興化之水④,託祝聖而飾臨平之山⑤,豈曰懷忠,殆將邀福⑥。屢有告陳之迹,每連狂悖之嫌。雖僅上於印章,猶久留於里第,偃蹇弗避⑦,傲睨罔悛,致帝意之未孚,昭星文而申譴⑧。言章繼上,公議靡容,固欲用恩,難以屈法。宜襧師臣之秩,俾參宮保之官⑨。聊慰群情⑩,尚為寬典。"

政和元年六月甲寅,降授太子少保致仕蔡京復太子少師,依前楚國公致仕。

復太子少師,當考。詔旨具載。制詞乃宇文粹中所草,其末云⑪:"蕩垢滌瑕,既曲全於體貌;率德改行,宜益勵於猷為。"政和二年七月十九日,可考。八月五日,又復太子太師。

八月乙未,太子少師致仕蔡京為太子太師,依舊致仕。

---

① 張大成竊伺其姦意　長編拾補卷二九同,宋宰輔編年錄卷一二作"張大成竊議其姦慝",宋會要輯稿職官七八之三二、三朝北盟會編卷五〇"竊伺"作"竊議"。
② 借助媚婭　宋大詔令集卷二一二蔡京降太子少保制作"□借恩戚"。
③ 聚引凶邪　"聚",宋大詔令集卷二一二蔡京降太子少保制作"援"。
④ 假利民　宋大詔令集卷二一二蔡京降太子少保制作"假吏民"。
⑤ 託祝聖而飾臨平之山　"而",宋大詔令集卷二一二蔡京降太子少保制作"以"。
⑥ 殆將邀福　"殆"底本作"是",據宋大詔令集卷二一二蔡京降太子少保制、宋宰輔編年錄卷一二改。
⑦ 避　宋大詔令集卷二一二蔡京降太子少保制作"逯"。
⑧ 昭星文而申譴　宋大詔令集卷二一二蔡京降太子少保制作"垂星文而示譴"。
⑨ 俾參宮保之官　"俾",宋大詔令集卷二一二蔡京降太子少保制作"往"。
⑩ 聊慰群情　"聊",宋大詔令集卷二一二蔡京降太子少保制作"姑"。
⑪ 其末云　"末"底本作"未",據嘉慶本改。

三月己丑,幸金明池,賜宰相蔡京等宴。十月庚申,和賜蔡京君臣慶會閣落成詩。十二月庚寅,司空、左僕射兼門下侍郎蔡京爲太尉。

二年正月己未,太尉、左僕射兼門下侍郎、魏國公蔡京爲太師。

六月甲午,賜蔡京玉帶、金魚。

累歷五月十五日事。朱勝非云:唐裴晉公平淮西,憲宗賜以玉帶。公進表云:"御府之珍,先朝所賜。既不合將歸地下,又不敢留在人間。"先朝熙寧中,取熙、河、蘭、湟、會、洮、岷數郡,神宗用唐故事,以玉帶賜王安石,只繫三日,附表云:"賜更厚於解衣,報敢忘於結草?"大觀中,蔡京賜玉帶,遂爲常服①。其後童貫、宗正仲忽、宣元后父鄭紳皆賜;既得燕地,王黼亦賜,並爲常服矣。

三年六月丁丑,太師、尚書左僕射兼門下侍郎、魏國公蔡京爲太師、中太一宮使,請給恩數並依見任宰相例。制略曰:"明哲保身,雖弗居於寵利;忠嘉告后,當無廢於燕閒②。尚懋遠圖,以膺多福。"辛巳,太學生陳朝老上書曰:"蔡京奸雄悍戾,詭詐不情,徒以高才大器自處,務以鎮壓天下,以謂自古人臣,惟一切因循苟簡以爲治,無敢橫身爲國建議立制者。于是出而銳意更張,以爲天下後世無以復加。陛下傾心俯納,所用之人,惟京爲聽,所行之事,惟京爲從,故蔡京得恣其奸佞玩弄,無所畏忌,直欲敗壞而後已。"

十一月己巳,太師、中太一宮使、魏國公蔡京守太師致仕,仍提舉編修哲宗皇帝實錄,進封楚國公。其請俸并襏給、人從等並依舊。朝朔望,大朝會許立宰臣班,餘依故事。又詔蔡京合得致仕恩澤外,長子,顯謨閣直學士③、承議郎、提舉醴泉觀攸除樞密直學士;次子,宣義郎儵除直秘閣④;餘依故事。侍御史毛注言:"孟翊妖姦,以天文惑衆,嘗獻京詩,言涉不順,京輒喜而受之,因以獻易書而賜官,卒致詆誣,以冒重辟,而京不復愧恥。張懷素惡逆,以地理惑衆,京熟與之游從。京妻葬地卜日,懷素主之。嘗同游淮左,題字刻石。後雖陰令人追毀,以掩其迹,而衆所共知。以至尚書省事多不取旨⑤,直行批下,以作陛下之威;重祿厚賞,下結人心,以作陛下之福。林攄跋扈之黨,而置之政本之地;宋喬年姦雄之親,而置之尹京之任。考之以心,揆之以事,其志

---

① 常服　底本作"朝服",據嘉慶本、長編拾補卷二六改。
② 燕閒　底本作"燕間",據嘉慶本、長編拾補卷二八改。
③ 顯謨閣直學士　"閣直"底本顛倒,據嘉慶本、宋宰輔編年錄卷一二、長編拾補卷二八乙正。
④ 次子宣義郎儵　長編拾補卷二八同,嘉慶本"儵"作"條"。
⑤ 尚書省事　底本脫"省"一字,據嘉慶本、長編拾補卷二八補。

政在今日。"翰林學士張商英所草也。八月丁巳,右僕射蔡京提舉講議司。見本事。

二年正月丁未,蔡京爲右光禄大夫、尚書左僕射兼門下侍郎。

制詞云:"適遠戎之弗率,繄多算之圖功。師不踰時,慮無遺策。"蓋以荆湖闢土功也。

七月辛巳,蔡京爲左銀青光禄大夫。

三年五月己卯,蔡京爲守司空、行尚書左僕射兼門下侍郎,進封嘉國公,以爲定鄯、廓推賞也。尋詔去"守"字,改"行"作"兼"字。六月壬戌,蔡京奉詔書元祐姦黨姓名。十二月乙丑,嘉國公蔡京進封衛國公。

五年二月丙子,趙挺之爲特進、尚書右僕射兼中書侍郎,蔡京爲司空、開府儀同三司、安遠軍節度使、中太一宫使,進封魏國公。

挺之行狀云:公既屢陳京紛更法度之非,言其姦惡不一,雅不欲與京同政府,引疾乞去,累上章至八九,詔弗許。崇寧四年三月,拜右銀青光禄大夫、守尚書右僕射兼中書侍郎。公奏:"臣備位東臺,以疾不任職,力求罷免。安可輒尸宰事?"力辭。居數月,懇請補外,除觀文殿大學士、金紫光禄大夫、中太一宫使。京既惡公留京師,伺察己所爲,公亦懼京中傷。明年春,數乞歸青州私第,詔從之。既辦舟裝,將入辭矣,會彗見西方,其長數丈竟天,尾犯參之左足。上震恐,責己,避殿,徹膳。既深照京之姦罔,由是,旬日之間,凡京之所爲者一切罷之,毁朝堂元祐黨籍碑,罷大晟府、明堂,諸置局議科舉、茶鹽、錢鈔等法,詔吏部、户部議改。遣中使齎御筆手詔賜公曰:"可於某日來上。"公既對,上曰:"蔡京所爲,皆如卿言。"公因奏:"京援引私黨,布列朝廷,又建四輔,非國家之利。祖宗以來,屯重兵於京師,沿汴河雍邱、襄邑、陳留三縣,沿蔡河咸平①、尉氏兩縣,皆列營屯,取其漕運之便。至神宗,即其所分隸諸將而教習之,士卒皆精鋭。若有所用,虎符朝出而夕至矣。今創置四輔,不惟有營壘修建之勞,且不通水運,將何以給其糧餉?"上曰:"行且罷矣。"又奏:"今諸營之兵等尺高者,所請衣糧依久例。又番屯戍西邊,使冒鋒鏑,戰鬥死亡者不可勝數。今京立法,召募四輔新軍,減等尺,增例物,添月給錢糧,且免出戍。小人之情,惟利是從,若見新軍如此,則陛下所養舊兵,皆不爲朝廷用矣。"又言:"神考建立都省,規模宏壯,一旦京因妄人宋安國獻言,以爲不利宰相而毁之,深可痛惜。"上皆以爲是,且曰:"天久旱,今京且求去而雨,可喜。"既罷京免相,遂拜公特進、尚書右僕射兼中書侍郎。

大觀元年正月甲午,安遠軍節度使、司空、開府儀同三司、中太一宫使、魏國公蔡京爲尚書左僕射兼門下侍郎。

京復入相,必考求其故,明著於此。實録當具載制詞,乃失不載。詔旨有制詞。

———

① 沿蔡河 底本脱"蔡"一字,據嘉慶本、長編拾補卷二六補。

蔡京事迹

紹聖元年三月庚戌,龍圖閣直學士蔡京權户部尚書。九月己亥,以蔡京守户部尚書。

二年十月丙子,蔡京爲翰林學士兼侍讀、修國史。

三年七月壬辰,蔡京爲翰林學士承旨。九月甲辰,蔡京依舊詳定重修敕令。

元符元年六月甲午,詔編修常平免役敕令格式書成,詳定官翰林學士承旨、朝散大夫蔡京遷朝請大夫。

三年正月己卯,徽宗即位。三月乙酉,翰林學士承旨蔡京爲端明殿學士兼龍圖閣學士、知太原府。事見逐惇下黨人。四月戊戌,蔡京依前翰林學士承旨。見逐惇下黨人。九月丁亥,詔新添差監揚州糧料院陳瓘知無爲軍。時瓘已出國門,即於門外露章辭免曰:"臣昨者自聞隔對以後,曾將上殿劄子具狀繳進,爲言蔡京云云。"詳見逐惇下黨人。十月丙申,翰林學士承旨蔡京爲端明殿學士、知永興軍。十一月癸亥,蔡京知江寧府。庚午,詔蔡京落端明殿學士、提舉杭州洞霄宫。十二月戊戌①,蔡京復龍圖閣直學士、知定州。

建中靖國元年十一月壬午,上決意用京。見信任曾布。

崇寧元年二月辛丑,蔡京爲端明殿學士、知大名府。三月甲戌,蔡京爲翰林學士承旨兼修國史。四月乙未,蔡京入對。五月庚辰,翰林學士承旨蔡京爲尚書左丞。七月戊子,中大夫、尚書左丞蔡京爲通議大夫、尚書右僕射兼中書侍郎。制詞略曰:"慨念熙寧之盛際,闢開端揆之宏基②。弛役休農,尊經造士。明親疏之制,定郊廟之儀,修義利之和③,聯比閭之政。國馬蕃乎汧、渭④,洛舟尾乎江、淮。周卿率屬以阜民,禹迹播河而入海。經緯有序,威德無邊。而曲士陋儒,罔知本末,强宗巨黨,相與變更。凡情狃於尋常,美意從而蠹壞⑤,賴遺俗故家之未遠,有孝思公議之尚存。慎圖厥終,

---

① 十二月戊戌 "二"底本作"一",嘉慶本同,據長編拾補卷一八改。
② 端揆 底本作"指撥",據宋大詔令集卷五八蔡京除右僕射、宋宰輔編年録卷一一改。
③ 義利之和 底本作"義和之利",據宋大詔令集卷五八蔡京除右僕射、宋宰輔編年録卷一一改。
④ 國馬蕃乎汧渭 "乎",宋宰輔編年録卷一一作"于"。
⑤ 蠹 底本作"蠱",據宋大詔令集卷五八蔡京除右僕射、宋宰輔編年録卷一一改。

顯斥，姑示偃藩之逸，未忘眷禮之隆。然迹其誕謾自恣，狠傲弗恭，虧事上之忠，失爲臣之禮，則商英之罪，在所不容，出守陪京，已非其分。況復觀文殿大學士之職，自兩府以無罪而除，乃所當得，商英安得而有之乎？"奉聖旨，張商英落觀文殿大學士，改差知鄧州。壬申，詔通奉大夫、知鄧州張商英降授太中大夫，差遣如故。校書郎李士觀、辟雍博士尹天民並送吏部，與合入差遣。先是，給事中劉嗣明奏商英詐作聖旨，擅便降敕，差尹天民、李士觀編類御前文字。于是商英及士觀、天民皆坐責。

十月辛亥，太中大夫、知鄧州張商英責授崇信軍節度副使、衡州安置，昭化軍節度副使、單州安置郭天信責授昭化軍節度行軍司馬、新州安置。以開封獄成，商英、天信嘗令余負、僧德洪、彭几往來交結，臣僚再論列，故有是責。

二年四月壬子，責授崇信軍節度副使、衡州安置張商英放令任便居住。太師致仕、楚國公蔡京言："臣自去朝班，言多可畏。伏聞前宰相張商英，訕毁尤甚，蓋緣臣罪大德輶，所以致此。今日特蒙恩貸，召還闕庭，承庇天地。而商英譴責遠方，雖其所犯醜惡，而臣與之同遇先帝，出入三朝，薄有情契。拳拳之私，敢以此請。"故有是命。

三年六月辛未，張商英特責授汝州團練副使，以李彪指斥謗訕等策在赦前，令本府一面斷放也。①

五年三月癸酉，張商英復通奉大夫、提舉崇福宮。

六年十月戊寅，張商英復觀文殿學士。

七年十二月癸未，張商英爲觀文殿大學士。

宣和三年十一月壬午，觀文殿大學士、通奉大夫、提舉崇福宮張商英卒，贈少保。時陳瓘寓居山陽，方與客會食，聞之，遽止酒而起，嘆傷久之。客有以爲疑者，瓘曰："張固非粹德，且復才疏，然時人歸向之。今其云亡，絶人望矣！近觀天時，人事必有變革，正恐雖有盛德者，未必孚上下之聽，殆難濟也。"

---

① 此條記事，文意不清。宋宰輔編年録卷一二載："[政和]三年六月，復責授汝州團練副使。以泰州李彪作殿試策題及答，語言指斥乘輿及嘲訕大臣等罪，張商英時以爲李彪事在赦前，故有是責。"宋會要輯稿職官六八之二九載："[政和三年六月]二十二日，責崇信軍節度副使張商英爲汝州團練副使。以言者論鞫李彪指斥公事。商英以事在赦前，令開封府一面斷放，故有是責。"此二則所記文意清楚。

哲廟實録,見商英紹聖初力排元祐姦惡,跡狀甚明,具載信史。昨崇寧初,止緣與大臣議論不合罷政,迹其本心,實非朋黨。雖已出籍,自今仍不得依元祐黨籍人體例施行。"並有是除命。

四年二月辛未,龍圖閣學士、新知杭州張商英爲資政殿學士、中太一宫使。商英入對,言:"神宗修建法度,務以去害興利而已。今試一一舉行,則盡紹述之美矣。法若有弊,不可不變,但不失其意足矣。"己丑,資政殿學士、中太一宫使張商英爲中書侍郎。

六月乙亥,通議大夫、守中書侍郎張商英爲通奉大夫、尚書右僕射兼中書侍郎。

二月二十日爲中侍,合與此參考,依月日附見。唐庚①作内前行云:"旆頭昨夜光照牖②,是夕收芒如秃帚。明朝化成甘雨來,官家唤作調元手。"注云:"商英視事明日始得雨,上喜甚,書'商霖'二字賜之。"

十二月戊戌,宰臣張商英言:"臣少也賤,刻苦力學,窮天地之所以終始,三光之所以運行,五行之所以消長,人神之所以隱顯。潛心研思,垂四十年,而後著成三才定位圖。今繪爲巨軸上進。如有可採,願得巨石刊刻,垂之永久。"從之。

政和元年八月己亥,右僕射兼中書侍郎張商英出居城西僧舍,御史臺定奪商英與給事中劉嗣明論路天忱降官理曲故也。辛丑,張商英押入。己酉,張商英又般出城西。辛亥,又押入。乙卯,張商英第三次般出。先是,御史中丞張克公言:"謹案宰臣張商英資性憸憸,操行傾邪,積稔日深,老不知悔。昨陛下起於罪廢之中,付以輔弼之任,庶革心從正,協濟事功,而乃陰懷忿怨,長惡不悛。近論列給事中劉嗣明繳駁事,御史臺定奪得係商英理曲,乃妄有陳奏,不以本臺所定爲是。臺臣論奏,乞賜與決。詔張商英放罪,如此商英有罪矣。以有罪之人,居宰輔之任,臣雖至愚,亦未知其可也。臣遠考前古,近稽本朝,宰相稍不稱職,往往引咎自責,必求去位,未有罪狀顯白而包羞忍恥、貪榮冒寵如商英者也。"又歷數其十罪,伏望收還相印,明正典刑。是月乙卯也。丁巳,詔張商英罷尚書右僕射,除觀文殿大學士、知河南府。

九月辛酉,臣僚上言:"伏見張商英以觀文殿大學士知河南府,蓋體貌大臣,未忍

① 唐庚　底本作"商英",據宋宰輔編年録卷一二、眉山集卷三内前行、宋史卷四四三唐庚傳改。
② 旆頭昨夜光照牖　"旆"底本作"毛",據宋宰輔編年録卷一二、眉山集卷三内前行改。

五月乙卯，臣僚上言："伏睹通議大夫、知鄂州張商英操術傾邪，資性狂悖。方元祐間，附會邪朋，著爲文頌，詆及宗廟。逮崇寧初，交結中貴，潛通貨賂，覬倖宰輔，貪鄙無恥，衆議不容。朝廷灼見姦匿，投置閑散。爲商英者，宜省愆悔過，稍圖自新。近以寬大之詔假守方州，輒因謝章，復快私忿，妄議時政，言幾謗訕，其流及上，恬不知非，傳播四方，有傷事體云云。伏望聖慈特賜睿旨，嚴行降黜，以正國論。"詔張商英提舉崇福宮。

大觀元年十月乙丑，臣僚上言："通議大夫、提舉崇福宮張商英天資憸憸，陰比姦朋，包藏邪心，大恣欺訕。著文刻石，譏斥宗廟，交通中貴，希求宰輔。逮復爲鄂守，舊憾輒發，形於表奏。善政良法，妄謂紛更。當時雖因言章，即解州紱，眞祠薄責，未快衆情。臣愚伏望詳酌，特降睿旨，檢會前犯，正商英之罪，投竄遠裔，以爲姦人之戒。"詔商英責授安化軍節度副使、歸州安置。

二年二月丙戌，安化軍節度副使、歸州安置張商英峽州居住。

十二月己卯，責授安化軍節度副使、峽州居住張商英任便居住。

商英責峽州，懇蔡京乞歸宜都縣，商英故有別業在宜都也。京從都省批狀，依所申。商英又以書謝京，其略曰："久在山林，少與士人過從，惟見里巷、道途、市肆間所張大榜，所寫板壁，一一多是乙酉年太師當國時行下詔旨，唯圜土、方田一二事，乃太師去位後印本頒下。以此類聚前後朝旨，著之表章，稱述聖德，私心實欲朝廷知在外州縣、監司不能奉行德意，過爲搖擾爾。不謂言者乃以商英作表以播四方，全不照會自有朝旨再三戒勵①，敢有隱庇，奏劾以聞。況今偏州陋邑，曉示往往存在，而刻石於知州廳者，方且護以彩櫺，填以金字，豈待商英之傳播也。商英累年老病，無望生全，荷太師恩德，自賞骸骨，獲歸敝廬。敢布一言於左右，尚覬臺慈，察而憐之。"又以狀謝京，其略曰："遠投荒徼，殆從魚腹之游；内徙便州，獲遂狐邱之志。恩私所激，涕淚兼流。伏念商英遭遇累朝，貪緣近輔。蚊負山而力竭②，蠡測海而器盈。自蹈悔尤，稍知循省。杜門補過，初無伯氏之怨言；下石趣時，安得中山之謗篋③？賴公明之洞照，究心跡之靡他。奪於衆口之唾涎，假以一枝而安翼。闔門感荷，百口驩欣。"

三年七月甲寅，復安化軍節度副使張商英爲通議大夫、提舉玉局觀。

十二月戊子，提舉玉局觀張商英爲龍圖閣學士、知杭州，乘驛赴闕。詔："比日閱

---

① 全不照會　"全"底本作"曾"，據嘉慶本改。
② 蚊負山而力竭　"蚊"，嘉慶本作"虻"，長編拾補卷二八作"蛟"。
③ 中山之謗篋　按：戰國時期，魏文侯令樂羊攻中山，三年拔之，反而論功，文侯示之謗書一篋，羊曰："此非臣功，君之力也。臣羈旅之臣也。"

近。方是時,文彥博、司馬光等來自洛郊,方掌機務,比之周公,可乎?逮元符之末,先帝遺弓,陛下入繼大統,而權臣用事,乘君父不忍言之時,起鄒浩於新州。商英是時實典詞掖,謂晉平公問於叔向曰:'國家之患孰爲大?'叔向曰:'大臣重禄而不諫,小臣畏罪而不言,此患之大者。'又曰:'思得端士,司直在庭。'又曰:'浩徑行直情,無所顧避。'所謂'浩之直情徑行',果先帝之所取乎?先帝不取而商英取之,可乎?"詔:"張商英秉國機政,論議反覆,加之自取榮進,貪冒希求。元祐之初,詆訾先烈,臺憲交章,豈容在列!可特落職,依前通議大夫、知亳州。"

　　蔡絛國史後補鹺法篇云:鈔法既行,一日,榷貨務申入納見錢已積三萬緡。魯公將上進呈,上駭曰:"直有爾許邪?"蓋前皆患不給,未嘗有積鏹如是,故上駭之。張丞相商英時爲中書侍郎,忽儳進曰:"啓陛下,皆虛錢。"魯公愕然,即奏曰:"臣據有司申如此,商英今謂皆虛錢。乞命商英與臣各選差官,點檢虛實以聞。"上曰:"可。"既下殿,各差郎官一人點檢,字號分明,皆在庫也。翌日奏聞,上顧張丞相曰①:"卿以爲虛錢,何故?"張丞相大慚,曰:"臣爲人所誤。"而張由是不安。後又以陰通宫禁事,未幾罷去。又宣和殿記:魯公在元豐中與商英素厚善。其後商英出入魯公門下,又與伯氏親款。魯公將相,商英預爲草麻,其辭甚美,遂拜左丞,遷中書侍郎。及爭進,頗攻魯公。一日,上在禁中②,偶視貴人之冠釵間垂一小卷文書,戲取開視之,乃細字曰:"張商英乞除右僕射。"上語貴人:"汝勿預外廷事。"因密降出,示魯公。上大怒,而貴人方不安位,魯公亦甚懼,曰:"此獨商英無狀耳,恐事干宮禁,不可治。"于是掩之,以他事黜商英。商英亦陰德魯公。至是,以所出小卷進云。

　　辛酉,臣僚言:"通議大夫、新知亳州張商英作爲謗書,肆行誣詆,固宜更加誅責,置之元祐籍中,昭示無窮之戒。及商英所撰嘉禾篇并司馬光祭文等,乞下有司模印,頒示四方,益明陛下紹述先猷之意,以懲爲臣之懷貳者③。"詔張商英改差知蘄州。

　　九月庚寅,通議大夫、新知蘄州張商英提舉靈仙觀。言者論朝廷方興庠序之教,修水土之政,行鹽茗之法,廣山澤之利。商英既名在黨籍,安肯悉心推行?宜投置閒散,不可委以民社也。

　　三年十月庚午,詔商英宜置元祐籍中,罷提舉靈仙觀。

　　五年正月丁酉,通議大夫張商英知鄂州。

---

① 上顧張丞相曰　底本脱"上"一字,據嘉慶本、長編拾補卷二二補。
② 上在禁中　"上在"底本顛倒,據嘉慶本、長編拾補卷二二乙正。
③ 爲臣之懷貳者　底本脱"之"一字,據嘉慶本、長編拾補卷二二補。

行彈擊。天不容惡,醜計自彰,卒以得罪。哲宗洞照其情,必欲終棄,每有進擬,屢卻不用。而惇出死力維持,久而遂玷從列。小人得路,排陷尤多。近者朝廷欲懲姦惡,聊示薄責,公議尚未厭服,商英曾不自訟,到任謝表又肆詆誣,以文己過,冀惑天聽。"詔降商英爲朝奉大夫。商英隨州謝表云:"哲宗即位,太母受遺,承六叶之美成,丁百年之全盛①。四夷畏服,兆姓阜康,法度修明,府庫充實,守而勿失,安所紛更?只緣用事之臣,自是專門之學,累年懷蓄,一旦吐伸。揭簿差徭,雕蟲考試。回河東注,割地西還。汲引交遊,羅列臺省。抨彈雲上,議論日新。異同既繁,威福隨驟。其始也止於併罷使者,其究也至於流殛大臣。闢開羅織之端,造成報復之釁。哲宗皇帝久居保祐,備察細微,登用謀臣,究治謗語。一麾汝海,坐窮兵黷武之譏;萬里英州,下醜正欺愚之令。于是四方響應,衆口雷同,政府分閱封章,史館推求筆削,退朝聚議,造膝進呈。自嗟識性之愚蒙,每被輩流之忌膈。還朝既晚,在職不多,故始逐垂簾之臣,未嘗干預;終行過嶺之責,亦罔聞知。區區曾效於涓埃,一一可推於歲月。"其言無忌憚類此。紹聖初,章惇坐言者十九章責司馬光等,言者八人,而商英凡六章,比他人特多。蓋商英實惇死黨,今乃以跡疏交淺、無所干預爲辭,故次升劾之。

十二月辛丑,降授朝奉大夫、知隨州張商英權户部侍郎。戊申,詔商英等並乘驛赴闕。乙卯,商英權吏部侍郎。

崇寧元年四月丙戌,權吏部侍郎張商英落"權"字。五月乙丑,商英改刑部侍郎兼同修國史。戊寅,兼侍讀。閏六月壬戌,爲翰林學士。八月己卯,爲尚書右丞。

二年四月癸丑,張商英爲尚書左丞。

七月辛巳,中大夫、尚書左丞張商英爲通議大夫。

八月戊申,御史中丞石豫,殿中侍御史朱紱②、余深奏:"尚書左丞張商英於元祐丁卯,嘗爲河東守臣李昭敘作嘉禾篇,謂神宗既登遐,嗣皇帝冲幼,中外震懼,罔知社稷攸託。方是時,哲宗既即位之後,尚曰'罔知攸託',可乎?又曰:'成王冲幼,周公居攝,誅伐讒慝,卒以天下聽於周公。'時則唐叔得嘉禾,推古驗今,跡雖不同,理或胥

---

① 丁百年之全盛　嘉慶本"百"作"酉";長編拾補卷一七作"成丁酉年之全盛"。
② 朱紱　嘉慶本同,宋宰輔編年録卷一一作"朱諤"。按:據宋史卷三五一朱諤傳載:其初名紱,後以同黨籍人姓名故改名。

卷第一百三十一

徽宗皇帝

張商英事迹

紹聖元年四月甲辰，左朝請郎張商英爲右正言。商英前自開封府推官出爲河北西路提點刑獄，元祐四年五月改江南西路轉運副使，又徙淮南，踰五年不復召，於是始擢諫官，故商英攻元祐大臣不遺餘力。詳見逐元祐黨人。十月己巳，右正言張商英爲左司諫。

二年二月乙未，遷左司，會知開封府王震言張商英遣人與蓋漸謀害來之邵，坐謫監襄州酒税，改監江寧府税。

三年十月丁巳朔①，張商英權知洪州。

四年閏二月戊申，權知洪州、朝請郎張商英爲江、淮、荆、浙等路發運副使。

十月己亥，江、淮、荆、浙發運副使張商英加直龍圖閣。

元符元年十二月丁丑，張商英爲集賢殿修撰，江、淮、荆、浙等路發運使。

二年四月甲午，張商英爲權工部侍郎。

三年正月己卯，徽宗即位。除中書舍人。三月甲申，張商英爲龍圖閣待制、河北路轉運使兼提舉河事。見逐惇卞黨。九月甲申，朝散大夫、龍圖閣待制、河北都轉運使張商英落職知隨州②，坐惇、卞黨故責。

建中靖國元年二月甲寅，右司諫陳祐檢會侍御史陳次升言："朝散大夫、知隨州張商英姦邪凶險，猖狂妄作。紹聖初備位諫官，不圖報國，乃與宰相章惇結爲死黨，詆誣忠良，陷害善類，而又與百姓蓋漸增改詞狀，要在中傷大臣。既令蓋漸論訴，而商英肆

---

① 三年十月丁巳朔　"三"底本作"二"，據嘉慶本、長編拾補卷一三改。
② 河北都轉運使　嘉慶本無"都"一字。

彦、李清臣交通爲私,結爲死黨,使其子婿吴則禮、外甥婿高茂華往來計議,共成元祐之黨。暨登相位,凶焰日滋,復與忠彦、清臣析交離黨,日夜争勝,遂攬天下之權皆歸于己,而怨望之心逞矣。故不及半月,首罷市易,中外之人①,望風希指,變法之論,相因而至。于是范純粹乞差衙前,以害神考之免役;李夷行乞復詩賦,以害神考之經術。非特如此而已,又力引王古爲户部尚書,以掌開闔斂散之權;力引王覿爲御史中丞,以定是非可否之論。且二人者,元祐之黨人也。然以元祐之黨人,而掌開闔斂散之權,定是非可否之論。若此之類,豈非敗壞神考之法度乎?"詔曾布落職,差提舉明道宫、太平州居住。

九月丁酉,布以御史中丞錢遹言廢元符皇后事,降授中大夫、守司農卿②、分司南京,依舊太平州居住。壬寅,降授中大夫、守司農卿、分司南京、太平州居住曾布責授武泰軍節度副使、衡州安置。

十二月癸丑,御史中丞錢遹言:"仰惟哲宗用王贍策,取青唐、邈川,可謂不世出之略矣。前日權臣挾愛憎之私情,逞一偏之曲説,以欺朝廷,盡委而棄之,更以他罪,戮及贍身。驍俊勍敵之臣,聞之莫不喪膽。臣以爲今日朝廷不追正當時主棄地權臣之罪而顯黜之,則無以伸往者之冤,而激忠勇折衝之氣。"于是責授武泰軍節度副使、衡州安置曾布責授賀州别駕,依舊衡州安置。

二年五月丙戌,刑部、大理寺以開封府勘鞫曾布之妻魏氏并子紆、繰等交通請賕③,具獄來上。三省檢會臣僚上言:"竊見開封府根治曾紆等取受賂遺、干求差遣等公事,稱曾紆計贓二千五十三貫,曾布并妻魏氏計一千九百三貫,曾繰計一百四十六貫,五碩計二十三貫④,及各有銀數。謹案布身爲宰相,受國重恩,當明天子在上,不務盡公守法以報朝廷,而敢受賂狼籍。研窮有狀,欲望詳酌,特降睿旨施行,以戒爲臣之貪者。"詔並依刑部、大理寺所斷刑名,特不以近降赦原⑤,責授賀州别駕、衡州安置曾布責授廉州司户參軍,依舊衡州安置;勒停人、前承議郎曾紆特送永州編管,承奉郎曾繰除名。

---

① 中外之人 "之"一字底本漫漶不清,據嘉慶本、長編拾補卷一九補。
② 守司農卿 底本脱"守"一字,據下文之"守司農卿"補。
③ 繰 底本作"練",長編拾補卷二一同,據嘉慶本、九朝編年備要卷二六改。下文之"曾繰計一百四十六貫"可爲佐證。
④ 五碩 長編拾補卷二一同,嘉慶本作"□碩"。
⑤ 特不以近降赦原 "降"底本作"除",據嘉慶本改。

如錢遹,嘗詐與臣弟肇銘其父墓,及詐作肇書,云有所贈遺臣弟,亦嘗敷奏。"上曰:"記得。"布曰:"如此,亦恐于臣兄弟不能無憾。臣果有罪惡,不敢掩覆,乞辨察虛實。"上曰:"無之。"布曰:"臣不敢不先事敷陳,兼近日同列亦有相窺伺者,且如黃敏用,與臣實非姻戚,或聞亦有以爲言者。臣於敏用,何所用情?"上曰:"不說卿,只說章惇與敏用是親。"布曰:"惇與敏用誠是親,然惇亦何敢主張敏用?人情如此,臣益不安。臣緣陛下以國史及編敕責臣,此二書皆歲月可了,臣必以此時告陛下請去。臣衰老空疏,得于此時善去,實爲榮幸。"

此據布錄六月丙午所書,今附月末。

閏六月辛酉,殿中侍御史錢遹言:"伏見尚書右僕射曾布,力援元祐之姦黨,分列要途;陰擠紹聖之忠賢,遠投散地。挈提姻婭,驟致美官,汲引儇浮,盜竊名器。愛婿交通乎近習,諸子邀結乎搢紳。造請輻湊其門,苞苴日盈私室。呼吸立成禍福,喜怒遽變炎涼。鉤致齊人之竊言,欲破紹聖之信史。曲徇法家之謬說,輕改垂世之典型。爲臣不忠,莫大于此!兼布初以韓忠彥爲心膂,李清臣爲爪牙,協濟姦謀,共伸私忿。其趣雖異,厥罪惟均。忠彥免官,已正生前之罪戾;清臣褫職,實誅死後之姦回。豈容斯人,尚司魁柄?況日食、地震、星變、旱災,豈盛時常度之或愆,乃柄臣不公之所召。人神共怒,天地不容。欲乞早正典刑,慰中外之望。"于是布連上章乞罷。壬戌,右銀青光禄大夫、尚書右僕射兼中書侍郎曾布罷爲觀文殿大學士、知潤州。布于元符末,欲以元祐兼紹聖而行,故力排蔡京,逐出之。至崇寧初,知上意有所向,又欲力排韓忠彥而專其政。無何,京爲右丞,大與布異。會布擬陳祐甫爲户部侍郎,京於榻前奏曰:"爵禄者,陛下之爵禄也,奈何使宰相私其親?"曾布之婿陳迪,祐甫之子也。布忿然争辯久之,聲色稍厲,于是溫益叱布曰:"曾布,上前安得失禮?"上不悦而罷。翌日,言者交攻,布由是得罪。

八月,都省檢會臣僚上言:"曾布天資陰險,履行回邪,靡聞報國之忠,但肆穿窬之智①。專權自恣,瀆貨無厭。結託宫閫,交通近習,竊弄威福,莫敢誰何。人臣懷姦,莫甚于此!以至遽起無名之役,大傷經入之財,蠹國勞民,恬不爲恤。"又言:"布與韓忠

---

① 穿窬之智 "智"底本作"知",據嘉慶本、長編拾補卷一九改。

首傾心,以觀考績之效①。而天變見於上,地理逆於下,肱竊疑之。伏惟相公位高而任重,位高則憂深,任重則責厚。遇災而懼,然後可以弭天變;聞善則遷,然後可以來直言。肱之區區所望於相公者,如此而已。"詔付三省。肱者,服之從弟②。

六月辛卯,左司諫王能甫言曾誠,左正言吳材言王防,乞罷史官。能甫言:"誠家富于財,自謂青錢學士。"材言:"防在元豐勒停,又以訴理得罪,當罷。兼無出身。"是日,布言:"吳材緣引呂惠卿、蹇序辰等議論不勝③,王能甫乃吳安持婿。近臣以安持追削職名皆挾怨,故以此攻曾誠、王防,欲中傷臣爾。"上曰:"他不敢爾,亦非挾怨。他責在蔡京,不干卿事。"布曰:"臣亦知此二人乃京所薦除。陛下宣諭,令除史官,臣猶乞候京文字。然外議但以臣門下士爲言路所攻,則謂臣必搖動。小人用意如此,臣實不自安。方元祐之人布滿朝廷,人人有屏逐臣之意。方此時,臣一身與衆人爲敵,如處風濤之中,日不自保。是時助臣者,唯此三數人而已。今元祐之黨方去,而言者乃欲斥逐,此等是爲元祐人報怨耳。"上瞿然曰:"如此,乃是快元祐人意。卿但勿恤,待便指揮與。"蓋近日言者,惟上所使耳。布因言:"此等小人皆不快於臣,以至張商英亦章惇門下士,王渙之乃其婿。議論之際,多與惇爲地,故商英力稱引范致虛及吳材,乃其志趣同耳。若有所陳,願陛下加察。"

此據曾布日錄增入。誠、防除史官,已附五月末。其罷附六月末。舊聞說京薦此二人,乃傾布也。而布不悟,但無文字可檢,又不記說者姓名,更當訪問之。

丁酉,曾布留對:"以陸佃貶逐,弟肇與佃同得罪之人。佃既被責,則肇亦合施行。臣待罪宰相,當引咎避位,乞罷黜。"上曰:"陸佃以奉行詔書不引避及慢上得罪,不以史事罪他,不干卿事,其批旨甚明,何疑之有?"布曰:"聖意雖優容,然人言可畏,臣不敢不待罪。"上筭曰:"豈可如此?朕干政事方賴卿。"又曰:"卿不久自當遷,豈可去?"布曰:"今日欲便遷出待罪,以未曾面奏,來日奏事畢引退。"上曰:"如此空費些禮數,無益。"它日,布獨留對,自言:"待罪政府已九年,罪戾日深,每欲退避賢路,但以上體聖眷,不敢喋喋。近日以來,言路多不悅臣,如吳材、王能甫,陛下所知,臣固不敢及。

---

① 以觀考績之效　長編拾補卷一九同,嘉慶本"績"作"慎"。
② 肱者服之從弟　底本竄入正文,據嘉慶本、長編拾補卷一九改爲注文。底本脱"之"一字,據嘉慶本、長編拾補卷一九補。
③ 不勝　嘉慶本作"不能勝"。

二月丙申,雄州防禦推官、知鄧州錄事參軍朱肱言:"臣伏聞陛下即位以來,兩次日蝕,在正陽之月;河東二十二郡,而十一郡曉夜震動。自去年十二月二十五日至今年正月二日,猶未之止,城壁屋舍悉皆倒塌,人民震死,動以數千①。外議皆稱自古災異未有如此。恭惟陛下敦樸自己,憂勞在民,建大中以承天意,正五事以育群生,可謂小心翼翼,昭事上帝。迺者日月薄蝕,天地震動。推求咎愆,臣不避死,妄論輔弼之失②,以究災異之應③,言詞激切,死有餘罪。昔西漢多言災異,罕有完全,谷永譏斥帷幄,陰附權貴,而終以保全④;王章力抵王鳳專權蔽主,竟以法誅。禍患易見,利害易明。臣非不知上忤大臣,其禍立至。然悾悾孤忠,不敢隱默者,食陛下之禄,念國家之重,而不敢顧其私也。"其上宰相曾布書隨具進呈,書曰:"今監察御史劉烜,相公門人也。相公帥高陽,辟烜爲幕客。其後相公又秉機政,辟烜爲删定官。烜持親喪,相公奏祥除,有旨令服闋改宣義郎。未及禫除,又辟爲編修官。前日相公爲宰相山陵使,辟烜爲掌箋表文,又薦入館,相公于烜厚矣。如烜者,置之詞掖,不忒也;以烜爲御史,則不可也。相公有過舉,烜肯言乎?言之則忘恩,不言則欺君,蓋非所以處烜也⑤。"又曰:"今右正言范致虛兄上舍生致君,相公之姪婿也。致虛乃致君之親弟。如致虛者,置之館閣,不忒也;以致虛爲諫官,不可也。相公有過舉,致虛争之則忤親,不争則失職,亦非所以處致虛也。相公旁招俊乂,陶冶天下,肱之所論,止及烜與致虛者,特以臺諫人主耳目之官,非若它職,可以略而不論也。相公置門人、親戚爲諫官、御史,此日月所以震動也。"又曰:"章惇之過惡不可殫數,其最大者四五事。時相公在樞府,坐視默然,亦不得爲無過也。若以西府不與議,則游談侍從之臣,皆與論思之職,況執政乎?再貶元祐臣僚,范純仁能言之,相公未嘗救也;廢元祐皇后,龔夬能言之,相公未嘗救也。策元符皇后,鄒浩能言之,相公未嘗救也。置諫官于死地,黄履能言之,相公未嘗救也。此四五事,惇之過惡最大,而相公無半詞之助。洎欽聖皇后以天命人心之所歸,付神器於陛下,相公英聲偉望,簡在潛邸,注意委重,群臣莫望。天下之士,翹

---

① 數千　嘉慶本作"千數"。
② 臣不避死妄論輔弼之失　嘉慶本作"臣不避死亡,論輔弼之失"。
③ 以究災異之應　"究",嘉慶本作"救"。
④ 而終以保全　底本脱"以"一字,據嘉慶本補。
⑤ 蓋非所以處烜也　"蓋"底本作"益",據嘉慶本改。

同,故揭去。"布曰:"洵武所陳,既與臣所見不同,自不當與議。乞納下。"明日,遂改付溫益。益欣然奉行,乞籍記異論之人。于是上決意用京矣。

曾布子緄作家傳云:建中靖國元年六月,太常少卿鄧洵武進愛莫助之圖。案:所稱六月及洵武官名皆誤也,今不取。

十二月甲午,左僕射韓忠彥累乞罷相,不許,遂般出東府。有詔押入。忠彥與曾布異議,布數傾之,故忠彥請避位。詳見用元祐黨。

崇寧元年正月癸未,曾布奏事訖。先是,溫益留對,乞因事削劉奉世、劉安世、張舜民、吕希純、王覿等職名,又言晁補之知河中不當。上指令曾布看過,卻取進來。益以示布,布答益曰:"因事黜之,自當然也。"

安世、希純落職在四月十三,奉世在五月十四日①,舜民在四月十七日②,覿五月十一日。

至是,布留。上心知爲此,故并留益。布對如前,上曰:"元祐之人詆訾先朝③,義不可容。今閭巷之人,尚知父子之義,朕豈可已?"因言:"罷補之郎官,卻與河中,似此皆過當。"又言謝文瓘與吕公著書,尊公著過於人主,而詆先朝。且語益曰:"書已降出,在曾布處。"又顧布曰:"將與三省看。"布唯唯。益未退,布曰:"臣別有所陳,欲更少留。"益遂退。布曰:"臣得事陛下,不敢不盡犬馬之力。然臣既不悦于元祐之人,又爲紹聖之人所怨怒。臣在朝孤立,實不易處,亦累常奏陳,恐有讒譖中傷之語,乞賜考察。"上曰:"何故?"布曰:"近臣閻守懃、李士京罷黜,乃有言臣以守懃之論爲直言。又昨山陵,臣曾辟士京點檢道路。士京逐,臣必危矣。臣遭遇神宗,拔擢不次,陛下昨力排衆論,置之相位,眷遇親厚,特異衆人。臣非犬馬、木石,豈不知恩?若謂臣與陛下有不同心,退有後言,實爲誣罔。"上曰:"並不干人事,只韓忠彥如此説。"布曰:"宫禁中事,外庭莫知。其實臣昨日對忠彥云守懃之逐。忠彥之子治與臣子紆皆在太僕,治問紆緣何守懃逐逐?紆云:'陛下旬日之間逐二巨閹,可謂英斷。'此乃日閨門之間父子之私論④。臣亦聞忠彥譖臣,故對忠彥面奏此語,此最爲明白。如中傷之言,願陛下更賜裁察。"上曰:"不信。"

---

① 奉世在五月十四日　底本脱"日"一字,據嘉慶本補。
② 舜民在四月十七日　底本脱"日"一字,據嘉慶本補。
③ 詆訾先朝　"詆"底本作"訴",據嘉慶本改。
④ 此乃日閨門之間　"日",嘉慶本作"曰"。

議論平允。"布因言:"貶責之人,但可復職,置之名藩巨鎮,無所不可,但不可在朝廷耳。蓋在下之人不安,則朝廷不安,非持平用中之意也。"上尤稱愜。因具内外之材可稱者數十輩以聞,並具詆訾先朝紹聖、元符不許敘復人姓名進入。布又言:"祖宗時,異論之人,未嘗深貶責。自元祐、紹聖,更相報怨,而朋黨之禍成矣。此不可不戒也。"退至都堂,爲同列言:"上意本欲持平用中,破朋黨之論,以調一中外。此人臣所當將順。況如此最不用力,但内不作威獄,外不興兵革,使天下和平安静,日以無事,則太平之象也。"衆莫以爲不然。陸佃嘆曰:"如此,則天下無事,真太平之效也。"

八月,陳瓘上曾布書,出知泰州。見陳瓘貶逐。

九月己未,陳瓘既黜,上諭蔣之奇、章楶曰:"瓘爲李清臣所使,元祐人逐太半,尚敢如此。曾布以一人當衆人擠排①,誠不易。卿等且以朕意再三慰勞之。"是日,布入對,留身面謝,慰勞加勤,且謂布曰:"先朝法度,多未修舉。"又曰:"元祐小人,不可不逐。"布對曰:"陛下初下詔,以爲用人無彼時此時之異。若臣下,便能將順奉行,則必不至今日如此分別。然偏見之人終不可率,當更緩治之。"上曰:"卿何所畏?"且曰:"卿多隨順元祐人。"布曰:"臣非畏人者,處衆人洶洶中,獨賴眷屬,有以自立。偏見異論之人誠不少,彼不肯革面,固當去之。然上體陛下仁厚之德,每事不敢過當,故欲從容中節耳。若言臣隨順及畏元祐人,不知聖意以謂如何?"上笑曰:"豈有此,但人言如此,故及之。"

十月癸巳,右光禄大夫、門下侍郎李清臣罷爲資政殿大學士、知大名府。詳見用元祐黨人。

十一月壬午,三省奏事訖,右僕射曾布獨留,進呈内降起居郎鄧洵武所進愛莫助之圖。其説以爲:"陛下方紹述先志,群臣無助之者。"其圖如史書年表,例爲旁通,分爲左右。自宰相②、執政、侍從、臺諫、郎官、館閣、學校,分爲七隔。左曰紹述,右曰元祐,左序助紹述者,宰相、執政中,温益一人而已,其餘每隔止三四人,如趙挺之、范致虚、王能甫、錢遹是也;右序舉朝輔相、公卿、百執事皆在其間,至百餘人。又於左序別立一項,用小貼揭去。布密稟揭去臣僚姓名,上曰:"洵武言非相蔡京不可,以不與卿

---

① 曾布以一人當衆人擠排 "一人",嘉慶本作"一身"。
② 宰相 嘉慶本作"宰臣"。

深思熟計,無使此兩黨得志,則和平安靜,天下無事,陛下垂拱而治矣。"上頷之而已。曾肇嘗以書責布曰:"兄與惇、卞異趣,衆所共知。紹聖、元符間,惇、卞有可以擠兄者,無所不爲,亦衆所共知。使其得志,必不肯捨兄。就令兄肯與之解仇,彼必不信,亦必不聽。然則不獨宗社生靈、善人君子罹其害①,曾氏之禍必不在衆人之後矣。兄方當國得君,正當引用善人②,扶助正道,使小人道消,邪説不作,以杜絶惇、卞復起之萌。而數月以來,世所謂善人端士者相繼去朝,其在内者,亦皆置之閑地,悁悁無氣;而所進用以爲輔臣、從官、臺諫者,往往皆前日事惇、卞者。今日兄勢方盛,彼固不敢言及惇、卞,一旦兄勢稍不如今日之盛,彼固不肯引元祐人及世所謂善人端士者,則必首引惇、卞,自爲固位之計。人主平日所聞,皆毁訾元祐人之言,而世所謂善人端士,又未必盡知,則其勢不得不用惇、卞,惇、卞果至,未暇恤其他,曾氏之禍,其可逃哉? 思之可爲寒心,可爲痛心,可爲慟哭! 不知彼亦曾思之否?"布答肇曰:"上踐祚之初,深知前日之弊③,故盡收元祐竄斥之人,逐紹聖之挾怨不逞者,欲破朋黨之論,泯異同之跡,以調一士類。而元祐之人持偏如故,凡論議于上前,無非譽元祐而非熙寧、元豐,欲一切爲元祐之政,不顧先朝之逆順,不恤人主之從違,必欲回奪上意,使捨熙、豐而從元祐,以遂其私志,致上意憤鬱④,日厭元祐之黨,乃復歸咎于布,合謀并力,詭變百出,必欲逐之而後已。上意益以不平。"又曰:"布自熙寧立朝,以至今日,時事屢變,惟其不雷同熙寧、元豐之人,故免元祐之禍;惟其不附會元祐,故免紹聖之中傷,坐觀兩黨之人反覆受禍,而獨泰然自若,其自處亦必粗有義理,以至處今日風波之中,毅然中立,每自謂存心無愧于天,無負于人。'神之聽之,介爾景福。'使此言不足信則已,若果有此理,元祐及惇、卞之黨,亦何能加禍于我哉? 恐未至貽家族之禍,爲祖考之辱,而累及親友也。"癸未,三省奏事訖,曾布獨留,極陳:"元祐、紹聖兩黨姦惡,皆不可令得志。使軾、轍、京、卞在朝,則更相報復,無有窮已,天下無安靜之理。兼人亦不知威福在人主,但宰相一易⑤,則非其黨類皆受禍矣。如此,豈朝廷之福?"上深嘉納,曰:"卿自來

---

① 罹其害　嘉慶本作"罹其患害"。
② 正當引用善人　"當",九朝編年備要卷二六作"宜"。
③ 前日之弊　"弊"底本作"敝",據嘉慶本改。
④ 致上意憤鬱　底本脱"致"一字,據嘉慶本、長編拾補卷一七補。
⑤ 但宰相一易　"相"底本作"執",據嘉慶本、長編拾補卷一七改。

意在推引,豈不失朕用汝之本旨乎?"翌日,布宣押視事①。先是,布以劄子論邊事,其一乞修葺新建邊城守備,及墾闢新田。其翌日癸卯,上作兩御批,付三省、樞密院②。又翌日進呈,遂依已得指揮行下③。是日,上以諭布,布謝曰:"論事每承聽納,臣雖糜隕,何以報稱!"布察上色甚悅,因及祐章,且曰:"上下合謀,并力共爲傾搖之舉,意謂萬全,然未知聖意不可奪也④。臣自出使時已聞此謀,然臣不敢恤。臣若引日前山陵使例求去,此乃臣子所不忍言。祐意在逐臣,不復顧忌諱,其言幾若咒詛。"上曰:"語誠類咒詛。"布曰:"聖德仁厚,無不涵容。以此言之,則祐何可勝誅?"又言:"衆人謀欲逐臣,聚其黨與,復行元祐之政,則更不由陛下聖意不回也。"上曰:"安有是理⑤!若更用蘇軾、轍爲相,則神宗法度無可言者。"又言:"岑象求輩揚言云:軾、轍不相則不已,當并逐之。"後兩日,左諫議大夫陳次升對,有劄子救祐。上不顧,亦不肯留劄子,次升乃自袖去。而右司諫江公望對,請祐責詞所謂"觀望""推引"之語。上曰:"欲逐曾布,引李清臣爲相。"且曰:"如此何可容? 旦夕當逐之。"又言:"曾布安可去?"公望遽曰:"陛下臨御以來,易三言官,逐七諫臣,非天下所期望。今祐言宰相過失,是其職也⑥,豈可便謂有它意哉?"先是,曾布甚惡李清臣不附己,數使人諷公望:"能一言清臣,即以諫議大夫相處。"而公望所言乃如此。其後彭汝霖以論罷清臣,得諫議大夫云。此據吕本中墓誌增入。清臣罷在十月六日。

七月壬戌,上因言:"元祐中,詆毁先朝政事人多不詳姓名,可悉録來。"又言:"人材在外有可用者,亦具名進入。"又言:"張商英莫亦可使否?"布曰:"陛下欲持平用中,破黨人之論,以調一天下,孰敢以爲不然? 而偏見異論之人各私其黨,又有報復怨仇之意,紛紛不已,致聖意厭惡,此誠可罪。然元祐、紹聖兩黨皆不可偏用。臣竊聞江公望嘗爲陛下言:'今日之事,左不可用軾、轍,右不可用京、卞。'緣此等人在朝,決不免懷私挾怨,互相仇害,則天下士類爲之不安⑦。士類不安,則朝廷亦不安矣。願陛下

---

① 布宣押視事　底本作"宣布押視事",據嘉慶本、宋史全文卷一四、長編拾補卷一七乙正。
② 付三省樞密院　底本脱"付"一字,據嘉慶本、長編拾補卷一七補。
③ 遂依已得指揮行下　底本脱"下"一字,據嘉慶本、長編拾補卷一七補。
④ 然未知聖意不可奪也　"未",嘉慶本、長編拾補卷一七均作"不"。
⑤ 安有是理　"理"字底本漫漶不清,據嘉慶本、長編拾補卷一七補。
⑥ 是其職也　嘉慶本作"自有識也"。
⑦ 爲之不安　底本脱"爲之"二字,據嘉慶本補。

議,近習極不樂,有'無震主之功,而有震主之威'之語。"仍語布以勿與事,且曰:"韓、李皆上親擢之,尚且退縮,何必耳?但戢斂,必無事。"又曰:"陳瓘親聞上語,謂子宣與劉友端嘗共事。"布曰:"布帥河東,友端作走馬,同官三年。及其親近,未嘗與之接,其職事亦無西府干預者。修造土木之事,皆三省所行,未嘗有交通之跡。布若能與友端交通,紹聖、元符中作相久矣。"范純禮亦爲布言:"上有所涵蓄,恐徹簾後,必更有所爲。"布尋問韓忠彥曰:"外議喧然,謂多讒譖,上有所短毀否①?"忠彥曰:"無之。"布又令弟肇請於忠彥,曰:"多方以言探試上語,恐有所疑即開陳,然終無之。"又曰:"昨在外保全,及召還,皆子宣力,何敢隱也。"布所謂讒譖、毀短等語,皆指蔡京也。

十月壬寅,左光祿大夫、知樞密院事曾布爲右銀青光祿大夫、尚書右僕射兼中書侍郎。辭免,不允。

十一月辛卯,侍御史陳次升言:"右僕射曾布性稟姦邪,心懷凶險。頃居樞府,阿順宰臣,進用匪人,大開邊隙。又近自登宰輔,獨擅國權,輕視同僚,威福由己。進拔親故,羅列京局,以爲耳目。任用門人,置之臺諫,以爲腹心。"又曰:"布在紹聖初,實與蔡卞交結,遂申請乞用王安石日錄修神宗國史,致史官觀望,變亂事實,多譽王安石之善,掩蔽神宗之美。"又曰:"子弟招權,交通賓客,其門如市。伏望聖慈特正布之典刑,以謝天下。"

建中靖國元年正月丁丑,命尚書右僕射曾布爲大行皇太后山陵使。

四月壬寅,曾布以將出使留對,因言:"衆論皆以爲臣出使之後,必有合謀并力爲傾搖之計者。願陛下察之。"上曰:"渠輩待人如此,豈有此理也!"

六月甲辰,右司諫陳祐通判滁州。祐累章劾右僕射曾布自山陵還,不乞出。且言:"山陵使從來號爲凶相。治平中韓琦、元豐中王珪不去,其後有臣子不忍言者。"又言:"布有當去者三:一,自山陵還;二,虞主不在,腰輿而行,禮重於陷大升轝,其罪浮於章惇;三,不當先與屬官推恩。"布之未還②,祐已上兩章。及祔廟,又連上數章,皆留中,祐遂繳申三省。布乃具牓子,不赴朝參③,而祐有是命。制詞略曰:"觀望以言,

---

① 短毀　嘉慶本、長編拾補卷一六均作"毀短"。
② 布之未還　長編拾補卷一七同,嘉慶本"還"誤作"遠"。
③ 不赴朝參　"赴",嘉慶本、長編拾補卷一七均作"復"。

四月壬戌,翰林學士曾布修神宗皇帝正史。癸亥,翰林學士曾布爲翰林學士承旨。

六月癸未,翰林學士承旨兼侍讀曾布爲中大夫、同知樞密院事。

三年四月丙戌,三省同進呈李轂言熙河糴蕃官斛斗事云云。布曰:"司馬光之徒內懷怨望,每事志于必改。先帝以純臣之禮待之,而用心如此,其爲背負先帝,情最可誅。"李清臣、許將曰:"彥博教光云:'須盡換卻人,乃可舉事。'"布曰:"臣元豐末在朝廷,見光進用,自六月秉政,至歲終一無所爲。及陰引軾①、轍、光庭、巖叟輩布滿要路,至元祐元年二月,乃奏罷役法,盡逐舊人,然後于先朝政事無所不改。以此知大臣陰引黨類,置之言路,蔽塞人主耳目,則所爲無不如欲。此最爲大患。"又曰:"譽光者,乃閭巷小人耳。如王安石、臣兄鞏,皆有學識之士。臣自少時已聞兩人者論議,以謂光不通經術,迂僻不知義理。其他士大夫有識者亦皆知之,如孫覺輩亦能知此。衆人所是,當以理察之。若天下公是公非,何可不以爲信?"上欣然聽納,喜見於色。

布姦言至此,不可不具著之,使後世有考。

四年閏二月壬寅,中大夫、同知樞密院事曾布爲大中大夫、知樞密院事,翰林學士、左朝議大夫、知制誥林希爲中大夫、同知樞密院事。初,章惇之初拜相也,曾布在翰林,草惇制詞極其稱美,望惇用爲同省執政,惇忌之,止拜同知樞密院,于是又遷知樞密院。樞密院故事,日得獨對,乃疑布,更引希同知樞密院,使察之。希尋爲布所誘,亦忤惇,布與惇益不合,卒傾惇,奪其位。

元符二年正月庚戌②,曾布奏事畢,乞致仕,上不許,徑出居僧舍,上遣中使蘇珪封還布所上致仕章③,仍押入視事④,後二日乃復故。

三年正月己卯,徽宗即位。戊子,左正議大夫、知樞密院曾布爲右光祿大夫。復用元祐舊人,逐章惇、蔡卞之黨。各見本事。

六月辛亥,殿中侍御史龔夬上殿,論蔡京罪狀,上甚愜,曰:"夬所陳,皆曾布之語也。"夬既自辯,遂請去。自京復留,布頗不自安。夬又忤上意,龔原謂布曰:"得之外

---

① 及陰引 "引"底本作"用",據嘉慶本、長編拾補卷一三改。
② 庚戌 底本作"乙巳",嘉慶本同,據長編卷五〇五改。
③ 所上致仕章 嘉慶本同,長編卷五〇五"章"作"表"。
④ 仍押入視事 底本脫"仍"一字,據嘉慶本、長編卷五〇五補。

論其引喻失當,特責之。

三月庚戌,右銀青光祿大夫、提舉崇福宮呂惠卿特令致仕。

九月丙辰,右銀青光祿大夫致仕呂惠卿復觀文殿學士。

五年正月甲寅,呂惠卿落致仕、知青州。

八月甲戌,呂惠卿知杭州。

大觀元年五月己丑,呂惠卿責授祁州團練副使、宣州安置,以其子淵獲罪,上表自劾,乃黨庇其子,不自責也。

閏十月戊戌,呂惠卿移廬州。

二年十一月丙寅,呂惠卿復宣奉大夫、提舉明道宮,任便居住。

三年十二月辛卯,呂惠卿復資政殿學士。

四年正月,呂惠卿降授正奉大夫。侍御史毛注劾惠卿上表謝復官,用詩風雨及青蠅、節南山等章句,以古君子自處,而以亂世方盛時,罪不可赦,故有是命。

四年十二月,觀文殿學士呂惠卿知大名府。

政和元年三月癸亥朔,觀文殿學士、新知大名府呂惠卿為醴泉觀使。

七月二十七日致仕,去年十二月末知大名府①。呂本中雜說:大觀間,呂惠卿復召,陳瓘、瑩中以書勸惠卿平好惡,無念舊惡,無以元祐細故為意。惠卿答云:"丁亥之禍,猶無一念追憶之意,況元祐乎!"丁亥歲,張懷素事作,蔡京欲因獄事傅致惠卿之子,下獄,榜笞數千下,欲令招伏與懷素謀反②,其子卒不服,得免。

七月戊子,觀文殿學士、光祿大夫呂惠卿守本官致仕。

十月庚寅,觀文殿學士、光祿大夫致仕呂惠卿卒,贈開府儀同三司。

久任曾布

元祐五年十二月壬辰,龍圖閣學士、知河陽曾布知青州。

紹聖元年四月庚戌,龍圖閣學士曾布除翰林學士、知制誥。布自高陽徙江寧,詔入覲③,言先帝政事當復施行之,宜改元,以順天意。初除戶部尚書,尋改是命。

---

① 知大名府　底本脫"府"一字,據嘉慶本補。
② 招伏　嘉慶本作"招服"。
③ 詔入覲　嘉慶本"詔"下有"許"一字。

留住?"上亦哂之。

元符元年五月甲子,觀文殿學士、右銀青光禄大夫、知延安府吕惠卿换保寧軍節度使,再任知延安府。

二年八月丙申①,保寧軍節度使、鄜延路經略安撫使、兼知延安府吕惠卿特授檢校司空、武勝軍節度使②,加邑食、實封,以進築暖泉寨、金湯城畢工也。

三年正月己卯,徽宗即位。丁亥,宰臣奏前執政及從官姓名,吕惠卿居首。上遽指之曰③:"且令在邊④。"戊子,檢校司空、武勝軍節度使吕惠卿爲鎮南軍節度使、檢校司徒。

建中靖國元年三月癸亥,檢校司徒、鎮南軍節度使、知杭州吕惠卿爲觀文殿學士、右銀青光禄大夫、提舉洞霄宫。吕惠卿引年乞致仕,而有是命。

崇寧元年閏六月己未,吕惠卿爲觀文殿學士、知杭州。

八月己巳,吕惠卿知揚州。

九月辛亥,吕惠卿知太原府。

十月己巳,觀文殿學士、新知太原府吕惠卿爲武昌軍節度使、知大名府。

三年六月壬戌,武昌軍節度使、知大名府吕惠卿以弟諒卿名列姦黨,奏乞罷旄鉞,除宫觀。詔答不允。

十一月癸巳,知大名府吕惠卿上表,乞弟諒卿出籍。詔尚書省録諒卿所上書付惠卿⑤。

四年正月丙申,吕惠卿遣管勾機宜文字徐甲⑥、勾當公事錢秉賮本路守禦圖册并劄子,詣闕進呈。上令諭惠卿曰:"此事乃安不忘危,無事時做了,極好。合措置事,但逐旋奏來。"

閏二月,知大名府吕惠卿罷節度使,爲右銀青光禄大夫、提舉洞霄宫。惠卿再上表乞弟諒卿出籍,表詞有"明昭先烈,以推美於泰陵;闊略微文,用保全於蔡邸"。言者

---

① 二年八月丙申 底本脱"二年"二字,據嘉慶本、長編卷五一四補。
② 按:宋史卷四七一吕惠卿傳記載"以築威戎、威羌城,加銀青光禄大夫,拜保寧、武勝兩軍節度使"。
③ 上遽指之曰 "遽"底本作"還",據嘉慶本、長編卷五二〇改。
④ 且令在邊 "令"底本作"今",據嘉慶本、長編卷五二〇、宋宰輔編年録卷一一改。
⑤ 諒卿所上書 底本脱"書"一字,據嘉慶本、長編拾補卷二四補。
⑥ 徐甲 嘉慶本、長編拾補卷二五作"徐申"。

曾布、韓忠彥曰："若惠卿在朝,善人君子必無以自立。"上曰："只令知北京,豈可留也?"丁酉,曾布與韓忠彥言："外議見惠卿移大名,過闕遷工部,升卿除落衝替,疑惠卿復用。"上曰："無此。"

二年二月甲戌,資政殿學士、新知大名府呂惠卿爲資政殿大學士。先是,章惇必欲用呂惠卿帥河東、韓縝守北門。時曾布在告,韓忠彥力言之。及布出,議河東帥,上曰："三省必欲用惠卿?"布曰："不知聖意如何?"上曰："只用王安禮。"章惇言："惠卿乞留京師,但願得一宫觀,時上殿。"上曰："已除大資政兼北京,亦是重地。"布曰："惠卿於邊鄙生事,未便。"忠彥曰："章惇言地界予後,河東方欲作爲,非惠卿不可。"布曰："惠卿本不肯安静,若朝廷更示以作爲之意,邊鄙安得無事?"上深然之。又問："惠卿已行否?"忠彥、布皆曰："惠卿乞留,乃是無恥,君子難進而易退。其人可知矣。"上哂之。

十月甲申,資政殿大學士①、知大名府呂惠卿爲觀文殿學士、知延安府。

十一月戊午,呂惠卿入對甚久,引進副使宋球謂曾布曰②："惠卿語既久,上極有倦色,既而再出一劄子,不知上有何語,遂不進呈,出笏而退。"布奏事畢,因言："惠卿今日見蔡卞,卞云'惠卿言須如先朝應副,乃可爲'。"布與忠彥皆曰："邊帥奏請如可行,無不應副之③。若不可行,何可應副?"上曰："惠卿極凶横。不獨惠卿如此,升卿之徒皆然。"布曰："臣與之不足,不敢言。然其兄弟實有凶德。陛下睿明洞見,實天下之福。"惠卿留幾月,乃辭去。

三年十一月癸巳。先是,呂惠卿奏,乞依呂大忠例暫赴闕奏事。章惇謂曾布曰："邊事方爾,可謂不識緊慢也。"李清臣亦謂布曰："此必有挹魁柄之意,或恐有引以爲代者,吾屬殆矣!"布曰："此無慮,魁柄豈易挹耶?"及進呈,上曰："惠卿何可來?"衆皆言無可來之理,遂批旨云："邊事之際,帥臣難以前來。如有所陳,條畫聞奏。"及再對,布又言："惠卿初失金明寨,見西邊。頗皇恐待罪。既而知朝廷有寬假之意,便爾妄誕,張大守禦之勞,又乞朝見。此人無廉恥,惟務貪進。方此多事,其欲來,何意?豈又欲

---

① 資政殿大學士 底本脱"大"一字,嘉慶本、長編拾補卷一三同,據本卷上文的"二年二月甲戌,資政殿學士、新知大名府呂惠卿爲資政殿大學士"補。
② 宋球 "宋"底本作"宗",據嘉慶本、長編拾補卷一二改。
③ 無不應副之 底本脱"應"一字,據嘉慶本、長編拾補卷一二補。

訪聞近歲林木斫伐殆盡,寺宇荒廢,塋域無人洒掃,悉緣過房孫王棣自擅,至今無人管勾。限此指揮到日,仰王棣不得干與,應田產、米斛、錢物等,並令依王安石及其妻吳氏在日事理施行。所有蔣山住持僧,下兩街僧録選差前去。應林木不得輒有斫伐。庶以上稱神考待遇安石之意。"

重和元年六月壬申,門下侍郎薛昂奏:"承詔編集王安石遺文,乞更不置局,止就臣本府編集,差檢閲文字官三員。"從之。

十一月丙子,提舉成都府路學事翟棲筠奏:"王安石參酌古今篆隸而爲字說,此造道之指南,而窮經之要術也。然字形、書畫纖悉委曲,咸有不易之體,世之學者知究其義,而至於形畫,則或略而不講,從俗就簡,轉易偏旁。傳習既殊,漸失本真。如"期、朔"之類從月,"肱、股"之類從肉,"勝、服"之類從舟,"丹、青"之類從丹,靡有不辨。而今書者乃一之,若此者不可勝舉,故幼學之士終年誦書,徒識字之近似,而不知字之正形,甚可嘆也云云。願詔儒臣重加修定,去其訛謬,存其至當,一以王安石字說爲正,分次部類,號爲新定五經字樣,頒之庠序。"詔太學官集眾修定。

實録有此,但削去"以王安石字說爲正"等語,殊失事實。今取初草元奏稍增入之。

宣和四年八月庚子,賜新除太僕少卿王棣進士出身,以安石孫故旌之。

九月戊午,詔:"熙、豐政事,悉自王安石建明。今其家淪替,理宜褒恤。可賜第一區,孫棣除顯謨閣待制、提舉萬壽觀,曾孫璹、珏並轉宣義郎①,孫女二人各進封號一等,曾孫女五人并封孺人。"

不用吕惠卿

紹聖元年閏四月乙酉,提舉崇福宫吕惠卿知蘇州。癸巳,新差知蘇州吕惠卿知江寧府。

七月壬戌,三省具吕惠卿、王中正、宋用臣元罪狀進呈,當再敘。章惇曰:"惠卿所坐極無名云云。"上曰:"與復舊官并資政殿學士②。"

十月己巳,資政殿學士、知江寧府吕惠卿知大名府。三省、樞密院同呈惠卿除目,

---

① 曾孫璹珏並轉宣義郎　長編拾補卷四五同,嘉慶本"珏"作"玼"。
② 與復舊官　"復"底本作"服",據嘉慶本、長編拾補卷一〇改。

十一月庚子,三省言:"國子司業龔原奏請乞檢詳前奏,下贈太傅王安石家取所進字説副本,下國子監校定雕印,以便學者傳習。"從之。

三年十一月丁酉,監察御史兼殿中侍御史蔡蹈言①:"近朝廷取贈太傅王安石所進字説付國子監雕板,以便學者傳習,又以池州石誅、劉發嘗受安石學,特令校正,乃有太學録葉承輒肆論列,自謂親聞安石訓釋,令校對疑誤②,請同看詳。案:承身爲學官,宜知分守,而乃離次侵官,干預本監之事。望賜睿旨,正其侵越之罪。"詔特贖罰金六斤。

元符元年九月癸亥,詔故王安石就京師賜第百間以上。

三年五月戊子,王安石妻吴氏乞回納所賜宅,詔依。

十一月庚午,賜故太傅王安石妻、越國夫人③吴氏江寧府官屋六十間,以吴氏託蔡卞爲家,舊有賜第京師已納朝廷,而卞赴貶所④。故有是賜。

崇寧元年閏六月戊寅,知江寧府鄧祐甫乞以府學所建王安石祠堂著祀典。從之。

三年六月戊申,詔荆國公王安石配享孔子廟廷。

四年五月癸亥,河東提舉學事言絳州州學申荆國公王安石未有贊,國子監乞依鄒國公例。詔學士院撰贊頒降。

學士,張康國、鄧洵仁也。不知撰贊者誰,當考。贊曰:"孔孟云遠,六經中微。斯文載興,自公發揮。推闡道真,迪啓群迷⑤。優入聖域,百世之師。"陳瓘尊堯集序可考。

政和元年十一月丙子,臣僚言:"竊見邇英講經,皆并注入點釋。因襲之久,未及是正。欲乞自今只點正經,其音釋、意義,并以王安石等所進經義爲準。"從之。

三年正月庚午,詔:"昔趙普、潘美、王曾、韓琦、鄭康成、孔安國從祀孔子,王安石被遇先帝,與其子雱修撰經義,功不在數子之下。安石可封王爵,雱可配享文宣王廟廷。"壬申,故特進、守司空、贈太傅⑥、荆國公王安石追封舒王。

六年正月乙未,手詔:"王安石熙寧中賜江寧府蔣山太平興國寺爲本家功德寺。

---

① 蔡蹈　長編拾補卷一三同,嘉慶本作"蔡韜"。
② 令校對疑誤　底本脱"令"一字,據嘉慶本、長編拾補卷一三補。
③ 故太傅王安石　嘉慶本、長編拾補卷一六"故"下有"贈"一字。
④ 而卞赴貶所　"卞"底本作"下",嘉慶本同,據長編拾補卷一六改。
⑤ 迪啓　嘉慶本作"啓迪"。
⑥ 贈太傅　底本作"贈太師",據嘉慶本、長編拾補卷三二改。

卷第一百三十

徽宗皇帝

尊王安石

紹聖元年四月甲寅,詔故觀文殿大學士、集禧觀使、守司空、荊國公、贈太傅王安石配享神宗皇帝廟廷。

閏四月乙酉,殿中侍御史來之邵言:"故宰相王安石配饗先帝廟廷,請詔有司原考安石事業,特加謚號,以慰公議。"詔所屬詳定以聞。

五月己未,監察御史周秩言:"近詔太常議故相王安石謚,伏以安石遭遇神宗皇帝,其君臣相與行道,以成一代之文。願特詔兩省、衆禮官等會禮部議上朝廷,取決於聖裁,而後有司頒焉。"詔不候本家行狀,令太常官共議謚,選博士一員撰議。

六月癸未,禮部言:"太學博士詹文奏,恭惟神宗皇帝聖智高妙,該極象數,常念文字之學世所不知,深詔儒臣,俾共探討,而王安石實進其説。當時未及頒行,而學者亦已見之。其於性命道德之理,則思過半矣。元祐貢舉敕乃令進士不得引用字説,而與申、韓、釋氏之書同禁。乞除去字説之禁。"從之。

新録删去元奏,但云元祐貢舉敕令進士不得引用王安石字説,乞除其禁,從之。辨曰:"安石穿鑿破碎,不足以仰稱神宗明詔。自其學既行之後,士風人材,視昔時爲何如?則所謂於性命道德之理思過半者,詎可信乎?"

十月丁亥,國子司業龔原奏:"贈太傅王安石在先朝時,嘗進所撰字説二十二卷。其書發明至理,欲乞差人就王安石家繕寫定本,降付國子監雕印,以便學者傳習。"詔可。

二年三月甲辰,國子司業龔原等言:"原贈太傅王安石在先朝嘗進其子雱所撰論語、孟子義。乞下本家取所進義定本,下本監雕印頒行。"詔令國子監寫録一本進納。

而京執政，故有是劄子及皇后劉氏上表。〔案：實錄止合載當年之事，以事繫日。以上三項，係事在三年之後，見合刪修入徽宗實錄。今去全文一千三十七字，然舊錄初不載鄒浩僞疏。又今所修徽宗實錄既削去崇寧詔書，又削劉后謝表，但于鄒浩傳載浩本疏及詔書耳。今史院詔旨改元符皇后訴皇太后表，只作上皇帝，比舊所傳詔旨，已自不同。又不載劉氏謝表，不知何故也？當考。要是此段並非實事，鄒浩疏、元符皇后上太后表及謝徽宗表，皆蔡京爲之也。〕丁未錄云：上欲再貶浩，而三省求浩元疏不獲，下浩取稿。浩奏以元稿不存。陳瓘聞而嘆曰：“若後日有撰惡語以進者，將何以自明？”已而章惇果僞撰浩疏，袖以進。〔案：惇，元符三年九月八日已罷相，僞撰鄒浩疏者，乃蔡京也。〕

甲戌，知樞密院蔣之奇言：“近上劄子，爲元符二年内送簡子與鄒浩，見般出觀音院待罪，乞重行黜責。伏蒙聖恩，特降中使宣押，仍封還劄子者。切以鄒浩上章狂妄不根，王法所棄。臣于是時，身爲從官，不能詳審，乃緣鄉閈之故，猥以尺牘通問，罪應竄斥。哲宗皇帝隆寬善貸，止解近職，出守便郡。到官未幾，復移帥府。天地之施，死且不報。伏遇皇帝陛下應天寶命，紹履尊極，臣旋被寵擢，召還禁直。繼蒙簡拔，擢貳樞筦。甫及期年，擢冠右府。望輕德厚，粉骨難酬。惟夙夜勠力盡瘁，庶以少答萬分。今鄒浩舊章發露，降散官安置。臣備位大臣，前日之事，不敢蔽欺不言，以幸苟免。伏望聖慈下臣章有司，俾詳議臣罪，特從貶降。”詔不許收留，仍封還劄子。戊寅，起居舍人范致虛言：“伏睹詔旨，鄒浩狂悖訑誣先朝之罪，已復正典刑。案浩所爲如此，臣子之義，所宜共棄。而臣昨于鄒浩未得罪之時，趣往相見，因此罣於吏議，自太學博士衝替。昨蒙登極大霈，除落過名，依舊復充太學博士。因緣召對，遂叨近侍。雖荷陛下寬恕，棄瑕收錄，未賜譴責，在臣于義，自難安處。伏望早賜指揮，正臣罪辜。臣見在家待罪，不敢更供職事。”詔令供職。餘見黨籍。

哉！欲乞特降睿旨，檢取元祐皇后制院一宗公案，及推勘官吏，付有司再行訊治，以示中外。如妾稍有干涉用情，不敢拱手而居后位之列。若不瀝誠詳具奏聞，安能辨雪？伏望皇太后陛下憫憐哲宗至孝至仁，照鑑妾之負冤無告，出自宸斷，特賜矜察。"于是貶通直郎、寶文閣待制、新知越州鄒浩爲衡州別駕，永州安置。元符皇后劉氏上表稱謝言："伏睹詔書，布告中外，責鄒浩誣罔故鄧王非妾所生等事，以正朝廷之風化，以叶泰陵之聖德。銜冤上訴，俟明命于三年；頒詔亟行，示信恩于四海。下以稱在廷之公議，上以慰哲廟之神靈。仰荷睿明，惟知感泣。伏念妾本京輦良家之子，玷先朝侍御之聯，雨露既及于凡材，草木焉知其帝力。屬鄧王載誕之後，適長秋虛位之時，被兩宮之玉音，及群臣之僉議，旋加册命，進長後宮。非天克相以誰爲，在妾何緣而自致？姦邪橫逆，指愛子作他人；中外動搖，視詔詞爲誑語。于妾身而敢恨，謂先帝以何如？亦當自反其所言，信出不根之私語。且以元祐皇后因逐一尼，遂倡事端，逮從制勘，禁書圖畫之備露，御史錄案之甚明。自取彝刑，俄聞廢命。案牘固存於朝論①，推原豈本于妾身。方群小之肆誣，實衆尤之難辨。當陛下承祧之始②，屬欽聖垂簾之間，泣血書辭，呼天雪憤，庶幾中外備見始終。豈期元祐之朋邪，競蓄前朝之怨憾。喜聞人過，豈驗是非，增飾煩言，更加傷害。方且擬議以深斥，尚何封章之可行！妾所痛者，慮傷先帝之明恩；妾所重者，恐亂後世之信史。惟大事之若是，曷小己之足論。終期群枉之冰銷，果賴至仁之洞察。奮英謀而獨斷，紹列聖以御圖。邪正剖分，黑白昭著。姦言僞説，難逃聖覽之明；巧詆深冤，灼見沽名之賊。曲布丹悃，昭示四方，此蓋伏遇皇帝陛下堯、舜相承，文武善繼，上追兄弟友恭之義，下憐母子孤露之情，辨百年疑似之非，正萬世昭明之典。妾殞身何報，没齒知榮。生當竭節，以答聖恩；死亦無憾，而見哲廟。"詔並送史官。浩之本章，紹聖間即焚之。今所降者，蔡京使其黨僞爲浩疏也。

　　此據汪藻所編詔旨。今徽宗實録乃削去，但于鄒浩傳載浩本章及詔耳。哲宗舊録於元符二年閏九月二十六日乙未，越王薨，因載崇寧元年閏六月十八日手詔，并元符皇后謝表。新録辨誣曰：初，元符皇后之立，鄒浩上疏極論，坐貶新州。太上皇帝即位，遂復召用。時蔡京浸用事，忌浩，因求浩舊疏不得，乃使其黨作僞疏曰"臣聞仁宗皇帝垂拱四十二年"，至"斬惇之首以謝天下"。此疏盛行，而實非浩疏也。繼

---

① 案牘　四庫底本、文淵閣本長編卷五一五均作"考牘"，似是。
② 當陛下承祧之始　"當"，四庫底本、文淵閣本長編卷五一五均作"逮"。

章,宣示中外。"鄒浩劄子:"臣聞仁宗皇帝在位四十二年,邦國無流離之患,邊境無征伐之苦,黎民繁庶,萬國咸寧。當是時,可以嬉遊後宮,非焦心勞力之秋也。而謂宰相寇準曰:'朕觀自古亂天下、敗國家者,未嘗不因女子。是以褒姒滅周,妲己亡商。朕之後宮女子巧媚百生,朕未嘗顧盼焉。'然則仁祖之意,豈不欲垂裕後昆邪?奈何陛下遽忘其業乎?臣觀陛下之所爲,愈于桀、紂,而甚于幽王也。殺卓氏而奪之子,欺人可也,詎可欺天乎?卓氏何辜哉?得不愈于桀、紂者也?廢孟氏而立劉氏,快陛下之志可也。劉氏何德哉?得不甚於幽王也?臣觀祖宗有唐、虞、堯、舜之德,而陛下有桀、紂、幽王之行,不識陛下寢饍居處安乎?① 頃年彗星出于西方,災譴爲大。陛下避正殿以塞天變,減常膳以銷天譴。宰相章惇謂陛下曰:'未足損陛下盛德。'又聞江西敷奏累年饑饉,陛下責以宰相燮理之功。宰相章惇謂陛下曰:'天災流行,無世無之。'且以堯九年水、湯七年旱爲解。惇爲輔弼,忍發此言!今聞陛下欲立劉氏,惇之策也。臣今諫陛下去廢后之醜行,行復后之大德。聽臣之直諫,而出惇之姦言,使天下之人,共仰首以見日月之光、盛世之大。不然,祖宗百有餘年基業,將顛覆於陛下之手矣!昔唐褚遂良諫高宗立武昭儀,不聽,叩頭流血,以笏置殿階曰:'還陛下此笏,乞歸田里。'今臣諫陛下不聽,願歸田里,力農灌園,爲亂世之民。願膾臣心以獻惇,斬惇首以謝天下!"

元符三年五月,元符皇后上皇太后表:"臣妾竊以臣僚數有章疏,妄言妾生故越王事非有實,流言中外,謗莫能止。在妾之分,寢處難安。重念朽質,不能殞滅,至使上累哲宗皇帝。況降制之日,親承兩宮玉音,一旦幾成虛誕之文,若宮掖尚行欺罔之議,則何以取信天下?竊以其時大臣及掌事之人,即今盡存,伏望聖慈陛下臣僚章疏,付與有司,明行鞫問。倘有實狀,豈不知過。若係虛妄,亦乞嚴行懲戒,以絕反覆興謗之端。如默而不言,慮玷哲宗皇帝,載于方冊,曷可傳之萬世。妾伏睹紹聖之間,元祐皇后親被睿旨,放逐一尼。後來通説事端,差官制勘,有雷公式圖畫之跡。御史錄驗,備載案牘,遷徙道宫,衆所共知,豈緣他人。乃今新進之人不究其理,謂妾遭遇哲宗皇帝,欲快人情,務撼前愆。豈存内外輕重之理,祇報先朝未申之怨。衆口鑠金,可不懼

---

① 不識陛下寢饍居處安乎　四庫底本長編卷五一五作"不識陛下寢饋安乎,居處安乎?"

本官知委。"瑾既供知委,還寓通州。數日,又有省劄下通州,令瑾具家狀陳乞差遣。人皆賀瑾,以爲起廢有漸。瑾曰:"此廟堂欺君玩世之術耳。若與差遣,豈應見問?上聞吾敘官不當見於御批,諸公不敢但已,爲此遷延之說,以塞上旨。家狀雖當供,差遣其可乞邪?彼謂吾不堪貧困,必乞憐耳。"乃報以"家狀昨因削籍,毀棄無憑",供具事果不行。瑾既寓通州,而盛章與石悈有隙,取密旨編置通州,揚言爲瑾報仇。瑾聞而嘆曰:"此豈盛世所宜有邪?"因謀徙避,遂望家至九江卜居焉。六年閏月,乃至江州。今因石悈編置通州在五年八月十四日,即附著此。

　　七年十二月,宣德郎、管勾太平觀陳瑾自江州移南康軍居住。

　　瑾始自通州徙江州,杜門不出,謁而來者不拒。踰年,忽有旨,不許出城,月申存在。又更易守臣,日降不下司文移,以俟新守之到。人俱叵測,爲之震懼,交遊間至,有索平時往還書問者,有碎瑾所書碑刻者。瑾亦自期以死。劉安世聞之,以書抵瑾曰:"此乃鶴相恐脅濮上之策,技止此爾。"閱數日,方知王寀得罪,而讒者以謂瑾來居王寀之鄉①,因以危言陷瑾,賴上察之,止令於南康居住云。

　　宣和二年十二月丙申,詔以南康軍居住、宣德郎、管勾太平觀陳瑾移居楚州。始,王寀得罪,瑾自江州移南康。及方寇作,或又爲飛語云:"瑾女婿已爲寇所劫。"欲加中傷。然上訖保全,故卞、京黨人莫能害也。

　　六年二月辛丑,承事郎、管勾太平觀陳瑾卒。

鄒浩貶逐

　　崇寧元年三月辛酉,兵部侍郎鄒浩爲寶文閣待制、知江寧府,浩乞補外也。已上見復用元祐黨。

　　四月癸卯,寶文閣待制、新知江寧府鄒浩知杭州。

　　閏六月丙寅,寶文閣待制、知杭州鄒浩知越州。辛未,詔曰:"朕仰惟哲宗皇帝嚴恭寅畏,克勤祇德,元符之末,是生越王。姦人造言,謂非后出。比閱臣寮舊疏,適見椒房訴章,載加考詳,咸有顯證。其時兩宮親臨撫視,嬪御、執事在旁,緣何外人得入宮禁,殺母取子?實爲不根。爲人之弟,繼體承祧,豈使沽名之賊臣,重害友恭之大義,詆誣欺罔,罪莫大焉。其鄒浩可重行黜責,以戒爲臣之不忠者,庶稱朕昭顯前人之意。如更有言及者,仍依此令,進奏院徧牒施行,仍檢會鄒浩元奏劄子,並元符皇后訴

---

① 王寀之鄉　底本脫"之"一字,據嘉慶本補。

攝郡事①。朱與公有先世之契，觀望特甚。人爲公不平，公處之澹然，不以介意。公到台數月，朝廷起遷人石悈知州事。二十五日，悈知台州，且令赴闕之官。士論詢詢，咸謂將有處分於公也。悈至，果揚言怖公。視事次日，即遣兵官突來約束，不得令出入，取責鄰人防守狀，又置邏卒數鋪，前後巡察，鈔録賓客書問之往還者，雖親戚家書，殆至隔絶。未幾，復令兵官突入所居搜檢行李。攝公至郡庭，垂簾如制獄狀，其實祇是朝旨取索公尊堯集副本，悈于旨外施行，意在迫脅。繼又出公于僧舍，使小吏監守，對榻坐卧，窘辱百端。人情憂怖，慮有不測。公誓以死報國，而義不爲兒女態，故安之不以爲撓，悈亦不敢犯，技術寖窮，終不能爲公害。公謫台州，于法合進表謝，台州不爲發遞。表未得達，而石悈之來，聲勢甚異，料其必受蔡薿風旨，意在得其所秘書，必將搜索及行李，于是爲封事，繳連謝表，封緘于篋，題以臣名。悈至，果如所料，而以緘題之故，不敢輒開，遂以奏御。薿與何執中皆怒之，未幾，罷悈台州，而公自此始免他虞。或問公："何以審其如此？"公曰："吾于薿，初無他故，薿懷遺書之愧，而其黨未必知，結黨相捃，實自爲計。今顯其迹，則脅使之術不行也。"石悈攝公至郡也，欲以刑獄怖公，公見州庭獄具羅列，知其意，遽發問曰："今日之事，豈被旨邪？"悈非所料，失措而應曰："有尚書省劄子。"卷簾出示公，劄子所行，蓋取尊堯集副本，以爲係詆誣之書，合申繳毀棄也。公曰："然則朝廷指揮取尊堯集耳。追某至此，復欲何爲？"因問之曰："君知尊堯集所以立名乎？蓋以神考爲堯，而以主上爲舜也。助舜尊堯，何謂詆誣！時相學術淺短，名分之義未甚講求，故爲人所劫使，請治尊堯之罪，將以結黨固寵也。君所得於彼者幾何？乃亦不畏公議，干犯名分乎？請具申某此語，某將顯就誅戮，不必以刑獄相恐。"悈不待公言畢，屢揖公退。尋語人曰："不敢引其説，尚自如此，良可畏也！"瓘表及封事具十二月十七日。

十二月乙卯，臣僚上言："陳瓘所撰尊堯集十卷，大綱取日録之事，解釋成文。有論及王安石事。臣雖不見尊堯集全文，但瓘在建中靖國間，嘗以安石日録爲不然。昨來大臣領政典局，知瓘素有異論，欲助成非謀，故下瓘家取索。欲望聖慈特降睿旨，嚴賜禁約，不得傳習。如有已曾傳録之家，並乞立限繳納，仍乞下瓘家取索稿本，一切焚毁。"詔依奏："其尊堯集，仍令知台州石悈於陳瓘，衡州於張商英處取及元降付張商英御批真本，並繳進聞奏。"

五年八月丙寅，陳瓘特敘承事郎，許自便。

瓘自政和元年九月送台州羈管，凡五年，始降旨敘官自便。敘官自便，蓋緣立太子赦、五年三月十七日指揮。丁未録云以郊霈霑恩，誤也。瓘初以宣德郎被謫，而敘官乃承事郎，實鐫降也。被命之後，忽得州牒，備坐省劄云："奉御批敘復數内，陳瓘敘復未當，合於見存官外敘一官，仍取旨與差遣。符州告示

---

① 朱興宗　嘉慶本作"朱興忠"。

之命。瓘之謝表曰："脫死幽纆,置身善地,上恩曲逮,孤涕橫流。伏念臣投竄之餘,年齡已暮,皆有自貽之戚,天實譴之,災非无妄而來,人誰矜者?議律難逃于常憲,原情獨賴于清衷。積感彌深,論報無所,此蓋伏遇皇帝陛下,則堯之大用舜之中,宥罪每發于深慈,施刑寧失于過厚。不遺疏遠,咸與并包。臣敢不上體寬仁,靜思愆咎,終于屏跡,益堅愛主之誠;死而有知,尚圖結草之報。"瓘留通久之,至是,方許其自便。瓘謝表曰："恩由獨斷①,澤被孤忠。刑部之執守雖堅,天子之福威無壅。乃公朝之盛事,豈小己之私榮②?恭敘感悚,仰黷高聽。伏念臣昨蒙善貸,賜以生還。萍跡孤蹤,久寄食于異縣;蓽門干蠱,常委事于長男。所營不足以藩身,其出每緣于餬口。去庭闈者累月,聞道路之一言,耳受而輒行,親危而不顧。緣帥司深疾其多事,故傳者多指爲病狂,萬口嗷嗷,兩路洶洶。狐突教子,素存不貳之風;曾參殺人,寧免至三之惑?事既匿而難曉,時浸久而益疑。制所深嚴,就逮于重江之外;獄辭平允,閱實于片言之中。矜其無罪之可書,許以還家而自便。出圜扉而感涕,瞻魏闕而神留。尋沐寬恩,移置近地。海島萬里,不如無子之無憂;淮壖一身,彌覺有身之有患。擢髮不足以數臣之罪,瀝血不足以寫臣之心。羔羊之性自公,犬馬之情愛主。忘身殉國,初無悔吝之私;抱疾呼天,惟恃精誠之格。忽因詔諭,特免拘維。此蓋伏遇皇帝陛下堯大並容,舜明洞照,人人皆使之得所,事事惟恐其太偏。繼志用神考之心,應天以格王之實③。舊弊若冰之將釋,新慶如川之方流。家國平康,內外交泰。遂使赦無留令,昔阻隔而今行;士有宿愆,始棄置而終宥。全家荷德,無路酬恩。螻蟻之力至微,但知恭順;蒲柳之身已老,尚可糜捐。望天雖隔於戴盆,向日敢忘於傾藿!"正彙告變,已見三月十一日,更須考詳,存一去一。瓘坐正彙事,通州安置,在大觀四年三月,其放自便在十月。附傳乃于羈管台州後云:"尋放自便,歸江州。"蓋誤也。據政和元年十月責台州,復官自便蓋在五年後。既復官自便,乃還寓通州。六年秋,始至江州。七年,除太平觀,尋居住南康軍。移楚州,卒。瓘南窗頌云:"自崇寧壬午流竄,丙申閏月至九江,始有南窗。"

政和元年正月,詔明州取陳瓘尊堯集送編修政典局,從張商英建請也。

五月,再下通州,取陳瓘尊堯集送編修政典局。

九月辛巳,詔:"陳瓘自撰尊堯集,語言無緒,並係詆誣,合行毀棄。送與張商英,意要行用,特勒停,送台州羈管,令本州當職官常切覺察,不得放出州城。月具存在申尚書省。"

公謫台州,朝旨不下司,行移峻急。所過州縣,皆令兵甲防送,不得稽留。至台久之,人莫敢以居屋借賃者,暫館僧舍,而郡守以十之法,每遣廂巡起遣,故十日必爲之遷一寺。時未有郡守④,通判朱興宗

---

① 恩由獨斷 "由"底本作"有",據嘉慶本改。按:宋文鑒卷七一陳瓘通州自便謝表作"恩猶獨斷"。
② 豈小己之私榮 "小"底本作"一",據嘉慶本、宋文鑒卷七一陳瓘通州自便謝表改。
③ 應天以格王之實 "王"底本作"皇",據嘉慶本、宋文鑒卷七一陳瓘通州自便謝表改。
④ 時未有郡守 底本脫"未"一字,據嘉慶本補。

彦。而瓘以爲臣尊私史,壓宗廟,不審何謂也？神宗理財,雖累歲用兵,而所至府庫充積。元祐中非理耗散,又有出無入,故倉庫爲之一空,乃以臣壞三十年根本之計,恐未公也。"上曰:"卿一向引瓘,又欲除左右史。朕道不中,議論太偏,今日如何？"布愧謝。而韓忠彦等皆言:"瓘必欲去,當與一郡。"布曰:"臣本不與之校,朝廷優容,無所不可。"遂以瓘知泰州。上令責瓘,忠彦及陸佃皆曰:"瓘之言誠過當,若責瓘,則瓘更以此得名。曾布必能容瓘。"乃以瓘知泰州。布始欲瓘附己,使人諭意,將大用之。瓘語其子正彙曰:"吾與丞相議多不合,今乃欲以官相餌。吾有一書將遺之,汝爲我書。"且曰:"郊恩不遠,恐失與汝官,奈何？"正彙再拜,願得書,瓘喜。明日,持以見布,布果大怒,遂有海陵之命①。先是,瓘以都司權給事,何執中爲禮部侍郎,一日,以簡抵瓘曰:"早見貴人,公即真矣！"故瓘語正彙云爾。中書舍人鄒浩奏:"瓘素以聲聞,推重一時,今到都司曾未逾月,遽令出外,恐非所以示天下而慰公議也。伏望收還新命,以全朝廷待士之體。所有錄黃,未敢簽書行下。"不從。右諫議大夫陳次升亦言:"瓘首蒙進擢,搢紳之間,咸以爲賀。今聞瓘以宰屬議論不合,因此罷去。審如所傳,不惟有遺人材,亦慮有失人望。伏望聖慈更賜詳酌施行。"

崇寧元年五月乙亥,陳瓘管勾冲祐觀。餘見治元祐黨人。

大觀四年十一月戊寅,詔通州安置人陳瓘與自便。

此據丁未録。大觀四年十一月戊寅,詔通州安置人陳瓘與自便。初,瓘自合浦放還,居四明。而其子正彙幹至餘杭②,適聞蔡崇盛詫蔡京有動搖東宫之語,正彙即日自陳于杭帥蔡薿。薿時方結蔡京爲死黨,遂執正彙送京師,而飛書告京,俾預爲計③。事下開封制獄,知開封李孝稱,酷吏也,乃并下明州收瓘。士民哭送之,瓘不爲動。既就獄,顧其子,笑曰:"不肖子,煩吾一行！"孝稱脅瓘,使證正彙之妄。瓘曰:"正彙聞京將不利于社稷,傳于道路,遽自陳告。瓘以所不知棄父子之恩,而指其爲妄,則情所不忍;挾私情以符合其説,又義所不爲。況不欺不貳,平昔所以事君教子,豈于利害之際有所貪畏,自違其言乎？蔡京姦邪,必爲國禍,瓘固嘗論于諫省,亦不待今日語言間也。"時内侍黄經臣監勘,聞所對,失聲歎息,謂瓘曰:"主上正欲知實狀,右司第依此置對。"其後獄具,竟坐正彙以所言過實,流竄海島,而瓘亦有通州安置

---

① 海陵　嘉慶本、長編拾補卷一八均作"海寧"。按:元豐九域志卷五:"泰州,海陵郡,軍事。治海陵縣。"陳瓘先被貶爲知泰州,故"海陵"是。
② 餘杭　嘉慶本誤作"餘姚"。
③ 俾預爲計　底本"計"一字漫漶不清,據嘉慶本補。

人微,輕議大典,誠以宗廟至重,義不敢嘿。恭惟神宗皇帝體道用極,憲天有爲,自得師臣,授以政柄,雖尹暨湯,咸有一德,無以復異,而嘉謀嘉猷,實出我后。以言乎經術,則微言奧義,皆自得之;以言乎政事,則改法就功,取成于心。是則神考之獨志,而安石之所以歸美者也。用事之臣闇于此理,託奉宗廟,獨尊安石;假紹述於詔令,寓好惡于刑賞,至于纂記私言,如嗣考事,遂使密贊之語宣揚于外。而一朝大典祖述故事,但專美于人臣,不歸德于我后,陵壓宗廟,以植其私,事之乖繆,無大于此!豈惟負神考在天之靈,抑亦失安石事君之意,臣所以惓惓而不能已也。因以所見,撰成日錄辨一篇,具狀奏聞。"是日,瑾與左司員外郎朱彥周謁左僕射曾布於都堂,以書責布曰:"閣下德隆功大①,四海之内所贊頌也,然謂閣下無過則不可。尊私史而壓宗廟,緣邊費而壞先政,此二者,閣下之過也。違神考之志,壞神考之事,在此二者,天下所共知,而聖主不得聞其説。蒙蔽之患,孰大于此?"又曰:"熙寧條例司之所講,元豐右曹之所守,舉朝公卿,無如閣下最知其本末。今閣下獨擅政柄,首壞先烈,彌縫壅蔽,人未敢議。他日主上因此兩事,以繼述之事問于閣下,將何以爲對?當此之時,閣下雖有腹心之助,恐亦不得高枕而臥也。"又曰:"閣下於瑾有薦進之恩,瑾不敢負,是以論吉凶之理,獻先甲之言②,冀有補於閣下。若閣下不察其心,拒而不受,則今日之言,謂之負恩可也。"布讀瑾書大怒,已而笑謂瑾曰:"此書他人得之必怒,布則不然,雖十書亦不較。"瑾又以日錄辨及國用須知納布而出。癸丑,瑾又錄所上布書及日錄辨、國用須知,具狀申三省曰:"昨詣尚書省投書,蒙中書相公面諭其詳,謂瑾所論爲元祐單見淺聞之説,兼言天下未嘗乏財,雖有十書,布亦不動。瑾不達大體,觸忤大臣,除具申御史臺,乞賜彈劾外,伏乞敷奏,早得竄黜。"甲寅,三省進呈,上顧曾布曰:"如此報恩地邪?"布曰:"本不欲喋喋,然理有當陳者,不敢已。臣紹聖初在史院,不及兩月,以元祐所修實録,凡司馬光日記、雜録,或得之傳聞,或得之賓客所記之事,鮮不徧載,而王安石有日録,皆當日君臣面對反復之語,乞取付史院照對編修,此乃至公之論。其後紹聖重修實録③,數年乃成書,臣蓋未嘗見,當日修書乃章惇、蔡京,今日提舉史院乃韓忠

---

① 閣下　底本作"閤下",據長編拾補卷一八改。下同。
② 先甲之言　嘉慶本作"先覺之言"。
③ 實録　底本作"日録",據嘉慶本、長編拾補卷一八改。

時瓘已出國門,即於門外露章辭免曰:"臣昨者自聞隔對已後,曾將上殿劄子具狀繳進,爲言蔡京在紹聖中親寫奏劄,乞誅滅劉摯等事。上件劄子所言,在監揚州糧料院以前。陛下若以臣言爲是,則當如臣所請,案京之罪,明正典刑,然後改臣差遣,以示聽納;若以臣言爲非,則是臣事發更爲,其罪益大,重加貶竄,乃得允當。今京桀驁自肆,無所畏憚,而臣章屢上,未蒙降出,則是陛下不以臣言爲信矣。不信其言而輕于改命,傳之天下,人必駭惑。"又實封奏曰:"京在朝廷,則國家未安。臣雖移得差遣,有何安乎?臣之不敢受命者,其説如是。臣露章所言,未甚子細,復以此章干瀆聖聽,所以盡惓惓之誠也。所有知無爲軍敕,不敢祗受,迤邐前去揚州,聽候指揮。"詔不許辭免。

十月丙寅,上曰:"瓘言事極不可得,暫貶亦不久。前日遣人送黄金百兩,瓘受賜泣下。"布曰:"陛下待遇如此,宜其感泣也。"

建中靖國元年三月戊寅,承議郎、知無爲軍陳瓘爲著作佐郎、實録院檢討官。

七月丁卯,著作郎陳瓘爲右司員外郎。瓘力辭實録檢討官,從之。

八月壬子。先是,右司員外郎陳瓘進國用須知,其言曰:"臣聞神宗有爲之叙,始於修政事。政事立而財用足,財用足而根本固,此國家萬世之利,而今日所當繼述者也。臣近緣都司職事,看詳内降劄子,裁減吏員冗費,以防加賦之漸,爲民遠慮①,天下幸甚。然今日朝廷之計,正以乏財爲患。西邊雖已罷兵,費用不可卒補,遂至於耗根本之財,壞神考之政,加賦之漸,兆于此矣。臣昨守無爲,奉行詔令,竊見一年之内,連下五敕,而天下諸路三十年蓄藏之物,皆已運之于西邊。躋先政於罷兵之後,資國計於冗費之餘,譬如決江河之大防,蓄溝澮之小潤,非曰無涓涓之助,何以補湯湯之流?大違神考之心,殊乖繼述之義。臣職事所及,理不可嘿。今撰到國用須知一本奏聞。"又進日録辨,曰:"臣瓘去年五月十八日對紫宸殿,奏劄子云:臣聞王安石日録七十餘卷,具載熙寧中奏對議論之語,此乃人臣私録之書,非朝廷之典也。自紹聖再修神考實録,史官請以此書降付史院,凡日録、時政記、神宗御集之所不載者,往往專據此書。追議刑賞,奪宗廟之美以歸臣下,故臣願詔史官別行刪修,以成一代不刊之典。其日蒙批付三省,後不聞施行。蓋紹聖史官請以日録降付史院者,今爲宰相故也。臣位下

---

① 爲民遠慮 "民",嘉慶本作"國"。

卷第一百二十九

徽宗皇帝

陳瓘貶逐

元符三年三月甲戌,承議郎、權發遣衛州陳瓘爲左正言。

九月甲戌,左正言陳瓘爲右司諫。己卯,右司諫陳瓘言:"向宗良兄弟交通賓客,漏泄機密,陛下知之乎?皇太后知之乎?"又曰:"皇太后不待祔廟,果於還政,事光前古,名垂後世。陛下所以報皇太后者宜何如哉?臣恐假借外家,不足以爲報也。"又曰:"宗良兄弟依倚國恩,憑藉慈蔭,夸有目前之榮盛,不念倚伏之可畏。所與游者,連及侍從,希寵之士,願出其門。裴彥臣無甚幹才,但能交通内外,漏泄機密,遂使物議藉藉。或者以爲萬機之事,黜陟差除,皇太后至今與也,良由中外關通,未有禁戒,故好事之人,得以益傳耳。"庚辰,上批:"陳瓘累言皇太后尚與國事,其言多虛誕不根。可送吏部與合入差遣。"三省請以瓘爲郡,上不可,乃添差監揚州糧料院。瓘初不知被責,復求翌日見上,閤門不許,瓘即具以劄子繳進:其一再論景靈西宫;其二論章惇罷相制所稱國是;其三、其四皆指陳蔡京罪惡。甲申,翰林學士曾肇上書皇帝及皇太后曰:"夫以皇太后定策之明,還政之速,著人耳目,可謂盛矣。今陳瓘以一言上及,遂至貶斥,雖非皇太后聖意①,然四方萬里之遠,豈能家至户曉?萬有一人或謂皇太后有所不容,則於盛德不爲無累,此臣惓惓之私,不能無疑也。以臣愚計,皇帝以瓘之所言狂率而逐之,皇太后以天地之量隱忍包容,特下手書而留之,則天下之人必曰:'皇帝恭事母儀,不容小臣妄議,其孝如彼;皇太后功德巍巍,而能含洪光大,雖有狂言,不以爲罪,其仁如此。'兩誼俱得,豈不美哉?"丁亥,詔新添差監揚州糧料院陳瓘知無爲軍。

---

① 雖非皇太后聖意　底本脱"雖"一字,據嘉慶本補。

是中外所陳非一,根因而遂得以進其節用之説。疏奏,權倖以其不利于己也,莫不切齒,而大臣以賜第事,謂根議己,力謀所以中根者,于是言章交上。而上察根之誠,不之罪也。會御前人船所拘占直達綱船,以應花石之用,根以上供期迫,奏乞還之,重忤權倖。意且因被命督促竹石,又上言:"東南花石綱二十年矣,本路一竹之費,無慮五十緡,他路猶不止此。今不以給苑囿,而入諸臣之家,民力之奉,將安所涯?願示休息之期,以厚幸天下。"于是權倖益怒,故有是命。

五月癸卯,御筆:"太湖及長塘湖石,令朱勔取發,餘人不許爭占。如違,以違御筆論。"

宣和二年十一月戊戌朔,方臘僭號。

蔡絛史補云:睦賊方十三攻陷六州三十九縣,童貫因命其屬董耘作手詔,稱爲御筆,四散牓文,幾若罪己。然,且曰"自今花石更不取",人情大悦。方寇亦用是無辭,後遂擒破。三年之秋,貫平方臘而歸云云。及睹罷花石之詔,上大悦甚云云。而貫見應奉司取花石復如故,又對上嘆曰:"東南人家,飯鍋子未穩在,復作此邪?"上爲怒。故貫雖以功遷太師,遂復致仕,而董耘即得罪矣。

三年正月辛酉,御筆:"自來收買計置花竹窠石,造作供奉物色,委州縣、監司幹置,皆係御前預行支降錢物①,令依私價和賣。累降指揮,嚴立法禁,不得少有抑配。意謂奉行之人遵承約束,皆知事上恤民之義。比者始聞贓私之吏借以爲名,率多夤緣爲姦,馴致騷擾,達於聞聽。可限指揮到,應有見收買花石、造作供奉之物,置局及專承指揮計置去處②,一切廢罷,仍限十日結絶,官吏、錢物、作匠並撥歸元處。已計置造作收買到見在之物,所在樁管具奏。若爾後尚敢以貢奉爲名,因緣科擾,以違御筆論。"

---

① 皆係御前預行支降錢物 "係",宋會要輯稿刑法二之七九作"是"。
② 專承指揮計置去處 "承"底本作"丞",嘉慶本、長編拾補卷四三同,據宋會要輯稿刑法二之八〇改。

孫默，政和八年四月丙子爲淮南運判。

七月乙未，提舉淮南兩浙路御前人船所條具合行事件，仍乞比附直達綱條令，及遵用見管押花石并御前物色前後所得指揮。並從之。

據蔡絛史補云，蔡京始作提舉人船所，但不記月日，因詔旨載提舉人船所申請畫一在七月九日，始掇取附見，須考詳之。蔡絛云：上在潛藩時，獨喜讀書學畫，工筆札，所好者古器、山石，異於諸王。又與駙馬都尉王詵、宗室令穰游，二人者有時名，繇是上望譽聞於中外。及即位，謙恭雅尚。崇寧中，始命官訪古圖牒。宮中獨觀書臨字，卻去華麗之飾，玩味竹石而已。始命伯氏，俾朱勔密取江浙花石。其初得小黃楊木三株，以黃帕覆之而進，上大喜異然。其後歲不過一二貢，貢不過五七物。大觀末，朱勔始歸隸童貫，而所進已盈舟而載，伯氏亦自命使臣，採以獻焉，俱未甚也。政和初，魯公被召，上戲伯氏須土宜進，遂得橄欖一小株，雜諸草木進之，當時以爲珍。其後又有使臣王永從、士人俞輖應奉，皆隸伯氏，每花石至，動數十舟，號成綱矣。盛章守姑蘇，及歸，作開封尹，亦主進奉，然勔之綱爲最，延福宮、艮嶽諸山皆仰之。政和四年以後，東南監司、郡守、二廣市舶率有應奉，多主伯氏。至六七年間，則又有不待旨但進物，至計會諸閹人，閹人亦爭取以獻焉，天下乃大騷然矣。大率太湖、靈璧、慈溪、武康諸石、二浙花竹、雜木、海錯，福建異花、荔子、龍眼、橄欖，海南椰實，湖湘木竹、文竹，江南諸果，登、萊、淄、沂海錯，文石，二廣、四川異花、奇果，貢大者越海度江，毀橋梁、鑿城郭而至。植之皆生成，異味珍苞，率以健步捷足，雖萬里，用四三日即達，色香未變也。政和七年，魯公亦嘗具奏："陛下無聲色犬馬之奉，所尚者山林、竹石，乃人之棄物，俱有司奉行過當，因至騷擾。願節其浮濫而懲戒之。"乃作提舉人船所，命巨閹鄧文誥領焉。時魯公有囊備東封船艘得二千餘艘，廣濟兵士有四指揮，因又增置作牽駕人，遂盡與之。令每歲會所用花石從御前降下①，使係應奉人始如數得貢，自餘監司、郡守等不許妄進。上又詔不許用糧綱若坐船及役百姓，仍戒伐人墳冢、毀室廬，或加黃封帕蒙人園圃花木，凡十餘事，批付魯公曰："係進奉，獨令朱勔、伯氏、王永從、俞輖、陸漸、應安道六人聽旨，他悉罷之。"繇是稍戢。其後不二歲，天下爭進獻復如故，而又增提舉人船所進奉花石綱，運所過州縣，莫敢誰何，殆至劫掠，遂爲大患。後魯公奏罷，然未久王黼當國，乃置應奉司而自領之，仍不以是何官司錢物，皆許支用。宰相既自領，遂竭天下財賦，四方監司、郡守凡尺寸之地，入口之味，莫不貢獻。中外以爲言，然黼持以自若，只令朱勔等七人管買物色。自政和六年四月九日至宣和元年十二月十七日，罷提舉人船所。

重和元年四月乙卯，御筆："淮南轉運使張根輕躁妄言，落職，監信州酒稅。"是時承平日久，賜予無藝，營繕並興，殆無虛日，以故國用益窘，上多命臣僚條具財計②。於

---

① 從御前降下　底本脫"御"一字，嘉慶本同，長編拾補卷三六作"從前御前降下"，今據補"御"一字。
② 條具財計　"具"底本作"其"，據嘉慶本、長編拾補卷三七改。

蔡絛宮室苑囿篇曰：又於寶籙宮，命工部侍郎孟揆鳩土功，梁師成主作役，築土山，以象餘杭之鳳皇山，雄於諸苑。其最高一峰九十尺，山周十餘里，自西介亭，巖嶠重複，分東、西二嶺，直行南山，開門、飛棧、巖穴、溪澗悉備。有一洞口，纔可納兩夫，而其中足容數百人。至于檻泉泛流，皆晝夜不絕。山中包平地，環以嘉木、清流，列諸館舍、臺閣，多以美材爲楹棟，而不施五采，有自然之勝。山上下立亭宇不可勝數，有石大者高四十尺，名"神運昭功石"。若江南陳後主三品石、姑蘇白樂天手植檜，與其他名石、望木，率入其中。始名鳳皇山，故有閣曰巢鳳。後神霄降，其詩有"艮嶽排空霄"，因改名爲艮嶽。及南山成，又易名爲壽嶽。南山之外，又爲小山，獨陂陁橫直二里，名曰芙蓉城，窮極窈渺。嶽之北，乃所謂景龍江也。江外則諸館舍尤精。其北又因瑤華宮火，取其地作大池，名曰曲江池。中有堂甚雄，名蓬壺，然東盡封丘門止矣。其西自天波門橋引河水入西，直殆半里，河乃折南，又折北。折南者，過閶闔門橋，爲複道，通茂德帝姬宅，實魯公賜第。時政和八年，絛以此抵狂妄罪者也。折北者四五里，屬之龍德宮者，上潛邸也。

宣和四年正月辛酉朔，御製艮嶽記。詔旨具載記文。

宣和五年九月己未，召蔡京賜食艮嶽。

六年九月庚寅，案：錢氏四史朔閏考，九月係甲寅朔，無庚寅。無可據改，姑仍之。手詔："以金芝產于艮嶽萬壽峰，宜改名壽嶽。"

詔旨，楊氏編年：六年七月，金芝產于南山萬壽宮，改艮嶽爲壽嶽。今從詔旨。朱勝非云：上皇于宮城東北起景龍門，複道通禁中。每歲冬至後即放燈，自東華門以北，並不禁夜，徙市民行鋪夾道以居，縱博群飲，至上元後罷，謂之先賞。又于次東建寶籙宮，宮後累石爲山，以其在艮方也，號艮嶽，又改稱壽嶽。運四方花竹奇石，積累二十餘年。山林高深，千巖萬壑，麋鹿成群，樓觀臺殿，不可勝計。最後朱勔于太湖取巨石，高廣數丈，載以大舟，挽以千夫，鑿河斷橋，毀堰拆閘，數月方至京師，賜號"昭功慶成神運石"，是年初得燕地故也。勔緣此授節度使。靖康元年冬，虜騎再犯闕，圍閉日久，拆屋爲薪，鑿石爲砲，伐竹爲笓籬，惟大石基址存焉。五午六月十二日甲午，朱勔白承宣使爲節度使。

七年十二月戊午，御筆："後苑造作生活所，自元豐置造及久來置局所合存留外，餘本所供奉局合罷歸本所，艮嶽官吏等，並罷歸延福宮。"

花石綱

政和七年五月丁未，詔："應監司兼領措置并計置起發花石并罷管勾，宿州見置花石，除已起發外，見在未般數，令孫默專一管勾起發。"

傳國寶修封禪、禮神示；皇帝行寶,答王公疏；皇帝之寶,勞來勳賢；皇帝信寶,以召臣下；天子行寶,答四夷書；天子之寶,慰撫蠻夷；天子信寶,發蕃國兵。今御寶禁中已有,常用之寶所用至多,不可改移。欲鎮國、受命寶皆寶而不用,惟封禪則用之。皇帝之寶,答鄰國書則用之；皇帝行寶,降御劄則用之；皇帝信寶,賜鄰國書及物則用之。天子之寶,答夷國書則用之；天子行寶,封册則用之；天子信寶,舉大兵則用之。餘用常用之寶。"從之。

二年正月壬子朔,受八寶于大慶殿,大赦天下。

十一月戊辰,詔受命寶增"鎮國"二字。

政和七年七月庚子,詔："八寶内增定命寶,今後以九寶爲稱,仍以定命寶爲首。"

十月辛巳,手詔："昔者,帝王臨制天下,必有神器,託之琬琰,以承天休,以前民用。朕獲承累聖基業,嗣有'鎮國受命'與'天子''皇帝'之寶,其數有八,蓋非乾元用九之數。夙興夜寐,思所以稱。比得寶玉于異域,受定命之符於神霄,乃以'範圍天地、幽贊神明、保合太和、萬壽無疆'爲文。卜云其吉,篆以蟲魚,縱廣之制,其寸亦九,號曰'定命寶'。其數大備,昭示來裔,傳信無極,非特予一人有慶,亦惟爾萬邦之休。可以來年正月一日祗受①。"蔡絛云,文見上。

重和元年正月甲申朔,御大慶殿受定命寶,百僚稱賀。己丑,大赦天下。

萬歲山

政和五年九月甲辰,案:是月丁卯朔,不應有甲辰②。無可據改,姑仍之。提舉翰林書藝局御前製造所奏："契勘修萬歲山,合用山石萬數浩大。已奉旨,專委管勾計置、裝發、出卸,其搬到山石,日近不惟數少,兼自今月九日至十七日計九日③,並無拘到山石,亦無舟船搬運到闕,阻節造作。蓋緣裝發稽緩,及管押使臣等在路催督津運留滯,未有約束。"詔令措置條畫約束兵,稍等畫一聞奏。

---

① 可以來年正月一日祗受　宋大詔令集卷一四九來年元日祗受定命寶御筆手詔作"來年元日祗受。敷告多方,想宜知悉。"
② 按"甲辰"似爲"甲申"之訛誤。是月丁卯朔,結合下文之"今月九日至十七日",此奏應該在十八日,而是月十八日即甲申。
③ 今月　"今"底本作"正",長編拾補卷三四同,據嘉慶本改。

切如磋，分毫析縷，不見其迹。四者既備，于是揭而璽之，迺以'受命于天，既壽永昌'之文作受命寶，其方五寸有奇；以'承天福，延萬億，永無極'之文作鎮國寶，其方五寸有奇，皆螭紐互盤，篆以蟲魚，貫以絲組，上圓下方，蓋合如契。又以元豐所作天子、皇帝、行信六璽繼而成之，通而爲八。正月元日，端命於上帝，祗受于路寢，華夷聳聞，中外稱慶。于以修未備之典，成一代之器。顧何德以堪之！"蔡絛國史後補云："國初創業艱難，諸寶多借石爲之。元豐中詔依古作天子、皇帝六璽，有玉而未成。大觀初，始得玉工之善者琢之，但疊篆而已，玉亦不大良。又元符初，得漢傳國璽，實秦璽，乃藍田玉、李斯之魚蟲篆也。其文曰'受命于天，既壽永昌'。然獨得璽而無檢，螭又不缺，疑其一角缺者乃檢也。自有璽篆，考驗甚詳，傳于世，上獨取其文，而黜其璽不用，因自作受命寶，其方四寸有奇。時又得古小玉印，文曰'承天福，延萬億，永無極'者，上又以其文仿李斯魚蟲作寶，大將五寸，皆爲螭紐，其篆蓋魯公命季兄翛以意敦之。受寶記言'有以古篆進者'，謂是也。名爲'鎮國''受命'二寶，合先皇帝六璽，是爲八寶。乃於大觀二年元日受之，上自爲之記焉。魚蟲篆者始于李斯，以古帝王之瑞。若所謂黃帝之大螾、有虞氏之鳳凰①、周之赤鳥白魚，雜肖其形而爲之篆爾。其後又從于闐國求大玉，一日，忽有國使奉表至。故事，下學士院，召譯者出表語而後爲答詔，其表有云：'日出東方，赫赫大光，照見四方五百國。''五百國'內條貫：'主師子黑汗王表上，日出東方，赫赫大光，照見四方天下。''四方天下'條貫：'主阿舅大官家，你前時要者玉，自家甚是用心，只爲難得似你尺寸底，自家已令人兩河尋訪，纔得似你尺寸底，便奉上也。'當時傳以爲笑。久果得之，厚、大踰二尺，色如截脂②，昔未始有也。上又製一寶，亦螭紐，曰'範圍天地，幽贊神明，保合太和，萬壽無疆'，凡十六字寶，命魯公賦其文，篆亦魚蟲，然韻頗不古，乃梁師成所製③，至令睿思文字外庫人爲之，不知爲何人書也。至於製作之工，幾于秦璽矣。其寶大九寸，有檢亦九寸，古人所無，號曰'定命寶'。合前八寶爲九。下詔以爲'乾元用九'者焉。在政和七年十月二十七日。又於政和八年元日受之。凡兩受寶，皆赦天下。上曰：'八寶者，國之神器也。至于定命寶，乃受命所自製者也。'居常赦文前後，皆翰林學士主之，其間事目與行文，乃中書門下諸房排定進呈。大觀八寶赦，乃魯公所自草，故異常赦。"

壬戌，詔曰："朕承祖宗休烈，萬邦作孚，典章文物，于斯爲盛。永惟受命之符，當有一代之制，而尚循秦舊。六璽之用，度越百年之久，或未大備。白天申命，地不愛寶。獲全玉于異域，得妙工於編氓。八寶既成，復無前比。殆天所授，非人能爲，顧何德以承之哉！夫制而用之，存乎其人，天人相因，自然之理。足以繼志烈考，而傳之萬世。可以來年元日御大慶殿，恭受八寶。"乙丑，尚書省言："唐八寶，鎮國寶以承百王；

---

① 鳳凰　底本作"鳳皇"，據嘉慶本改。
② 色如截脂　"脂"底本作"肪"，據嘉慶本改。
③ 乃梁師成所製　"製"，嘉慶本作"主"。

都大管勾。

詔旨,蔡絛云:政和六年,方士王仔昔獻議,九鼎宜內之九重,不宜處於外也。一日,出御筆曰:"遷移神像大器,可令疾速安排。"既已施行,魯公曰:"何不祥邪?"乃奏改曰定鼎。

十月己卯,天章閣奉安九鼎。

十一月甲午,詔帝鼐改爲隆鼐,正南彤鼎爲明鼎,西南阜鼎爲順鼎,正西晶鼎爲蘊鼎,西北魁鼎爲健鼎,正北寶鼎依舊,東北牡鼎爲穌鼎,正東蒼鼎爲育鼎,東南風鼎爲潔鼎。鼎閣爲圖象徽調之閣。閣上神像,左周鼎星君,中帝席星君,右大角星君。閣下鼎鼐,神像各守逐鼎排列。用方士王仔昔建議也。

重和元年二月辛酉,御筆:"左、右街道録院差威儀道士三百人,赴禮制局製造所,迎導神霄飛雲鼎赴上清寶籙宮神霄殿奉安。"先是,七年七月,詔禮制局製造所造太極飛雲洞劫之鼎、蒼壺祀天貯醇酒之鼎、山嶽五神之鼎、精明洞淵之鼎、天地陰陽之鼎、混沌之鼎、浮光洞天之鼎、靈光晃耀鍊神之鼎、蒼龜火蛇蟲魚金輪之鼎。自十月十日始鑄,至是奉安。

十二月己卯,詔:"九鼎新名,乃狂人妄有改革,皆無稽據,宜復舊名。圖象徽調閣仍舊。"狂人,指王仔昔也。

八寶

大觀元年十一月丙辰,詔:"自昔皆有尚符璽官,今雖隷門下後省,遇親祠則臨時具員,訖事復罷。八寶既備,宜重典司之職。可令尚書省置官,如古之制。"

十四日,尚書省乞置內外符寶郎。實錄有此,詔旨無之。十四日,尚書省檢會云云,即此事。八寶事迹本末,當檢詳,于此出之。大觀二年正月,御製八寶記,其略曰:"我神考以聖德嗣興,講修百度,考昔驗今,是正典禮。爰詔侍臣,作天子、皇帝六璽,追琢其章,未克有就。永惟盛德洪烈,夙夜欽翼,父作子述,敢忘厥志。觀諸載籍,考之前世,六璽之外,有'鎮國''受命'二寶,寶而不用。在皇祐中,有進鎮國寶,文曰'鎮國之寶',鏤以黃金,書以小篆,製作非古,工亦不良。在紹聖中,得受命寶,其文曰'受命于天,既壽永昌'。其玉藍田,其制秦也,蓋不可以傳示將來,貽訓後世。方参稽憲度,自我作古。有以古印獻者,方不及寸,紐以壽龜,文曰'承天福,延萬億,永無極'。有以寶玉獻者,色如截脂,氣如吐虹,溫潤而澤,其聲清越。有以古篆進者,龍蟠鳳翥,魚躍鳥流,奇耦相生,縱橫得所。有以善工進者,雕琢衆形,如顯處士、大樂府師授大樂局製造官魏漢津爲冲顯寶應先生。

八月甲申,奉安九鼎于九成宮。乙酉,幸九成宮酌獻。

蔡絛五行篇:崇寧四年三月,鑄九鼎,其制皆以九州水土内鼎中。及奉安于九成宮,翌日,車駕幸之以禮焉。至北方曰寶鼎者,上方焚香再拜,而鼎忽漏,其中水流于外。然鼎金既厚,水又久在其中,不應及上行禮而作,故魯公私怪之,殊不樂。于是劉炳進言曰:"鼎之水土,皆取九州之地中,獨寶鼎取水土於雄州界①,非燕之正方也,豈爲此乎?"當時尤以爲神,然其後終於北方致亂。

九月乙未朔,以九鼎成,御大慶殿受賀,始用新樂。己亥,大赦天下。制曰:"朕承祖宗之烈,宅兆民之上,任大守重,靡敢遑寧②。思持盈守成之至難,念繼志述事之攸濟,選用衆正,共圖康功。内則講修憲章,興熙、豐既墜之典③;外則攘卻戎狄,復版圖已棄之疆。恢雍泮以賓賢能,招巖穴以取遺逸;隆九廟以尊祖,戢五兵以阜民。荷天降康,方夏綏靖,星軌順序,年穀屢豐。南至夜郎、牂柯,西逾積石、青海,嚮風請吏,稽首來庭。永惟天命之至隆,宜有靈承之丕應。若時夏后,幽贊成能,命九州之牧而貢金,貫三才之命而制器。是爲大寶,三代奉之。千載已還,百王敢議。迺者,得隱逸之士于草茅之賤,窮製作之妙于範圍之先④。乃因天之機,以身爲度,坏大象以立極⑤,興神物以前民。上承天休,下奠坤載,以篤邦家之慶,以協神人之和⑥。宜大澤之肆均,與群生而共慶。可大赦天下云云⑦。於戲!有典有則,纘禹之功;卜世卜年,過周之歷。惟天之所祚者厚,則澤之所施者鴻。布告遐邇,宜體朕意。"乙巳,冲顯寶應先生、大樂府師授製造九鼎官魏漢津爲虛和冲顯寶應先生,秩比中散大夫,賜宅一區、田六十頃、銀絹各五百匹兩。人可樂兼同詳定大樂書劉炳轉三官,承務郎張皇轉承事郎,左藏庫使、副俞隨等二十二人各轉　官,大將王恂等八人授三班借職,皆以九鼎成推恩故也。

政和六年九月癸卯,詔奉安九鼎,特差太師蔡京爲定鼎禮儀使,提舉官楊戩就充

---

① 取水土於雄州界　底本脱"土"一字,據嘉慶本補。
② 遑寧　宋大詔令集卷一四九九鼎赦文作"遑遑"。
③ 興熙豐既墜之典　"墜",宋大詔令集卷一四九九鼎赦文作"隆"。
④ 範圍　底本作"模範",據嘉慶本、宋大詔令集卷一四九九鼎赦文改。
⑤ 坏大象以立極　"坏",嘉慶本作"環"。
⑥ 以協神人之和　宋大詔令集卷一四九九鼎赦文"和"下有"紹百世之宏規,成一代之圣作。式湣吉旦,奉置殊庭。于時日景宴温,龍文光潤,卿雲上覆,羽鶴來儀。華裔永寧,廟社增重,膺兹丕貺,豈朕敢專"五十四個字。
⑦ 可大赦天下云云　底本脱"云云"二字,據宋大詔令集卷一四九九鼎赦文補。

四年正月丙戌，詔于帝鼐宫立大角鼎星祠，以導迎景貺。

三月戊午，宰臣蔡京言九鼎告成。詔于中太一宫之南，爲九殿，以奉安，各周以垣上施睥睨，墁以方色之土。外築垣環之，名曰九成宫。中央曰帝鼐，其色黄，祭以土王日，爲大祠，幣用黄，樂用宫架。其北方曰寶鼎，其色白，祭以冬至，幣用皁。東北曰牡鼎，其色白，祭以立春，幣用皁。東方曰蒼鼎，其色碧，祭以春分，幣用青。東南曰岡鼎，其色綠，祭以立夏，幣用緋。南方曰彤鼎，其色紫，祭以夏至，幣用緋。西南曰阜鼎，其色黑，祭以立秋，幣用白。西方曰晶鼎，其色赤，祭以秋分，幣用白。西北曰魁鼎，其色白，祭以立冬，幣用皁。八鼎皆爲中祠，祭饗用素饌。其樂舞：帝鼐奏嘉安之曲，迎神、送神奏景安之曲，初獻、升降奏正安之曲，亞獻奏文安之曲，文舞曰帝臨嘉至之舞，武舞曰神娛錫羨之舞。八鼎皆奏明安之曲，迎神、送神奏凝安之曲，初獻、升降奏同安之曲，亞獻奏成安之曲。帝鼐銘御製，八鼎銘寔京爲之。

政和會要祭鼐鼎篇云：崇寧三年二月①，以隱士魏漢津言，備百物之象，鑄鼎九。四年三月告成。與御製九鼎記年月不同。蔡絛國史後補與記同，與會要不同，今以會要爲據，于三年二月末載始鑄九鼎，並取御製九鼎記及蔡絛云云附此後。御製九鼎記其略曰："朕荷天顧諟，相時揆事，庶幾有成。然世俗單見淺聞之士，駭心愕聽，胥動以言。朕取成于心，請命上帝，屏斥邪言，乃詔有司，允徒趨事。以崇寧四年乙酉三月戊戌朔二十一日戊午，即國之南鑄之。中曰帝鼐（後改爲隆鼐）②，金二十二萬斤，熔冶之夕，中夜起視，炎光燭天，一鑄而就。上則日月星辰雲物，中則宗廟朝廷臣民，下則山川原隰墳衍。承以神人，盤以蛟龍，飾以黄金，覆以重屋。既而群鶴來儀，翔舞其上，甘露感格于重屋之下。不遷之器，萬世永固。萬物東作，于時爲春，故作蒼鼎（後改曰育），以奠齊魯。萬物南訛，于時爲夏，故作彤鼎（後改曰明），以奠荆楚。平秩西成，于時爲秋，故作晶鼎（後改曰蘊），以奠秦陝。平在朔易，于時爲冬，故作寶鼎（依舊），以奠燕趙。西北之區爲乾，物以資始，鼎曰魁鼎（後改曰健）。西南之區爲坤，物以資生，鼎曰阜鼎（後改曰順）。東北之區爲艮，艮爲終始，鼎曰牡鼎（後改曰穌）。東南之區爲巽，巽以申命，鼎曰岡鼎（後改曰潔）。于以贊天地之化，協乾坤之用，道四時之和，遂品物之宜，消水旱之變，弭甲兵之患。一夷夏之心③，定世祚之永。非上帝溥臨④，宗廟眷祐，何以臻此？"

七月甲辰，製造大樂局鑄帝鼐、八鼎成，宣德郎、大司樂劉炳轉一官，賜五品服，冲

---

① 崇寧三年二月　玉海卷八八作"崇寧二年二月"。
② 隆鼐　嘉慶本誤作"龍鼐"。按：本卷下文、宋史全文卷一四、玉海卷八八、宋史卷一〇四禮志均作"隆鼐"。
③ 一夷夏之心　"夷"，嘉慶本作"華"。
④ 非上帝溥臨　"溥"，嘉慶本作"鑒"。

肇十有二州,封十有二山,作十有二章①,而是圭十有二寸,其兩旁山亦如之②。其制其數悉同,則爲禹圭明矣。"又曰:"皇帝陛下纘禹之緒,行堯之道,親親以仁而九族敦敘,任賢使能而百姓昭明。以善養人而萬邦協和,惠養鰥寡而黎民於變。聰明文思,格于上帝③,與天同功④,天所復命授以至寶。而臣等親逢堯、舜,獲考堯、禹之制于千古之下,與萬邦黎獻舞手蹈足,不勝大慶。謹稽首再拜,上議以聞。"己酉,太師蔡京等奏言:"玄圭至寶,歷世無傳。道之將興,時若有待。宜命有司,以時展采,拂龜蠋吉,昭受大寶。以篤邦家之慶,以慰神民之心。"詔不允。自是三上表,從之。詔以冬至日受玄圭。分命宰臣、親王奏告天地、宗廟,吏部尚書奏告社稷。太師、楚國公蔡京前期三日奏告昊天上帝,司空、尚書左僕射何執中告皇地祇,皇弟、越王偲告太廟,皇兄、豫章郡王孝參告別廟,吏部尚書張克公告太社、太稷。

三年十月庚戌,手詔曰:"朕若古之訓,惟天爲大。天下萬物,無以稱之。故先王以類而求,祀於圜丘象其形,奠以蒼璧象其色,冬日之至取其時⑤,大裘而冕法其幽,而未有以體其道。夫天玄地黃,玄,天道也。朕荷天顧諟,錫以玄圭,内赤外黑,尺有二寸,旁列十有二山,蓋周之鎮圭有法乎是,祇天之休,于以昭事上帝,而體其道,過周遠矣。將來冬祀,可措大圭,執元圭⑥,庶格上帝之心,敷祐于下民,永爲定制。"

四年正月甲申,顯謨閣直學士、朝議大夫、新知秦州胡師文爲中奉大夫,以討論玄圭故推賞也。丙戌,中太一宫使、武信軍節度使、檢校太尉、直睿思殿、提舉龍德宫、熙河蘭會、秦鳳路宣撫使童貫爲太尉,以受玄圭故推賞也。甲辰,朝散大夫、通判開德府王景文轉奉直大夫,與知州差遣,仍召赴都堂,以玄圭得之景文家故也。

九鼎 重和九鼎附

崇寧三年正月甲辰,用方士魏漢津之説,鑄九鼎。

---

① 堯肇十有二州封十有二山作十有二章　宋會要輯稿瑞異一之二〇作"舜封十有二山,作十有二章,肇十有二牧"。
② 其兩旁山亦如之　底本脱"山"一字,據宋會要輯稿瑞異一之二〇補。
③ 格于上帝　嘉慶本、長編拾補卷三一均作"格于上下"。
④ 與天同功　"天",宋會要輯稿瑞異一之二〇作"堯"。
⑤ 冬日之至取其時　底本脱"之"一字,據宋大詔令集卷一二二冬祝執元圭御筆手詔補。
⑥ 執元圭　"元"底本作"鎮",據宋大詔令集卷一二二冬祝執元圭御筆手詔改。

八月丙子,詔改東輔輔州爲拱州。

實録但云改東輔爲拱州,没其當日州名,今增入。

十二月乙亥,御筆:"四輔屏翰京師,兵力不可偏重,可各以二萬人爲額。"

五年正月壬子,詔:"新建四輔,城隍、廨舍、軍營等漸次興修,毋得擾民。"

十二月癸亥,京畿轉運使張杲言:"伏見陛下申畫王畿,肇新四輔,改提點爲轉運司,職事繁劇。舊提點官兩員,請于京畿增置運判一員。"從之。

大觀元年四月戊午,詔:"東輔依舊以襄邑縣漸次營建,其以曹州爲東輔指揮勿行。"

政和四年十月乙巳,詔襄邑縣復爲拱州。

玄圭

政和二年十月壬寅,太師、楚國公蔡京,左僕射何執中,知樞密院事吳居厚,門下侍郎余深,中書侍郎劉正夫,尚書左丞侯蒙,尚書右丞鄧洵武等議①:"臣等伏蒙宣示古元圭,其制兩旁列十二山,長一尺二寸,上鋭下方,上有雲雨文,下無琢飾,外黑内赤,中有小好,温潤光澤,制作奇古,大異常玉。臣等謹案圭之制尚矣,自舜輯五瑞,修五玉以班岳牧,説者謂圭在焉,無見于經,唯禹平水土,告厥成功,帝錫以玄圭,而圭之名于是始著。玉爲純陽之精,有充實之美;土居中央,運四時,生萬物,故古之聖人以玉爲圭,以重土爲圭之文,有土有國者所當御②,蓋取諸地。聖人統天地,御陰陽,妙萬物,非特地道而已。天玄而地黄,天道致用于南,藏用于北。坎爲玄,天之正色也。此圭之所以用玄③,蓋取諸天。"又曰:"今圭鋭上,天也;方下,地也。上有雲行雨施之文,天成也;下静而無所琢飾,地平也。天地之道,于是乎備焉。舜之所以命禹,禹之所以歸堯④,概見于此矣。堯、舜無二道,二典之文又備⑤,舜典之所載,亦堯事也。堯

---

① 鄧洵武 "武"底本作"仁",嘉慶本同,據宋宰輔編年録卷一一、宋慕容彦逢摛文堂集卷三尚書右丞鄧洵武可尚書左丞制改。
② 有土有國者 底本脱"有土"二字,據宋會要輯稿瑞異一之二〇補。
③ 此圭之所以用玄 底本脱"此"一字,據宋會要輯稿瑞異一之二〇補。
④ 舜之所以命禹禹之所以歸堯 底本脱"命禹禹所以"五字,據宋會要輯稿瑞異一之二〇補。
⑤ 二典之文又備 "又",宋會要輯稿瑞異一之二〇作"互相"。

武藝者,許赴武學;親勳翊衛郎許年十八已上,人才秀整,武班即兼有材武之人;親衛、承務郎已上大使臣;親勳翊衛,許通選人、小使臣,各召六曹郎官、武官正任團練使以上二員保明。文臣令太學官,武臣令武學官試,以合格人聞,三省審差。"從之。

　　詔旨太繁,此用實錄所修稍增之。本紀但書"置三衛中郎等官"。

　　乙酉,詔:"元祐奸黨五服內親屬,不許保明充三衛官。親勳翊衛郎知同保係元祐奸黨五服內親屬而不告者,處斬。"乙丑,改三衛郎爲三衛侍郎。

　　三月丁未,詔願試三衛官,依鏁廳人例,仍依條破券。

四輔

　　崇寧四年七月丁巳,左僕射蔡京等奏:"伏奉聖旨,京畿四面可置輔郡,屏衛京師。謹酌地里遠近之中,割移縣鎮,分置四輔。南以潁昌府爲南輔,割汝州之郟縣隸之,凡七縣;東去南京道里差遠,今以襄邑縣建名輔州,爲東輔,割南京寧陵、楚邱、柘城,京畿之考城、太康隸之,凡六縣;西以鄭州爲西輔,割西京密縣隸之,凡六縣;北以澶州爲北輔,割北京輔城、南樂隸之,凡七縣。四輔郡並依節度州,以大中大夫以上充知州事,置副總管、鈐轄各一員,知州都總管,餘依三路帥臣法,各屯馬步軍共二萬人。積貯糧草,每州五百萬。"從之。

　　輔州改爲拱州在八月十三日。趙挺之手記:"京置京畿四輔郡,每郡以兩制一人知州事,屯兵各二萬人。京意蓋欲以密親如宋喬年、胡師文等爲之,則兵權歸已矣。京初欲逐殿前指揮使王思,以已私人代之。臣挺之因對奏云:'思受陛下聖恩,除節度使、殿前指揮使。思武人,頗懷感激。今京欲逐之,願陛下留以宿衛。'上然之,思遂不逐。京遂謀爲四輔屯兵之計。"王思除殿帥建節在大觀二年正月,此時挺之已死,手記必誤,或是崇寧四年正月除殿副時。蔡絛史補:"都邑,舊宣武軍也,地坦平,旁無險固。魯公自爲侍從時,已歎其無戎備矣。又上即位,每好下問,故臨朝詢聽左右侍御之臣。魯公微意欲稍革去宦官親近,由是崇寧中力陳祖宗寓將兵於畿縣,不唯就糧,蓋亦防微杜漸焉。但制度狹小,今宜法前意,仿漢三輔,盡萃兵於輔郡,仍各增屯至五萬人,以近臣領之,季一入奏如故事。遂置四輔,又詔設三衛府,置三衛侍郎主之,擇大臣勳戚子弟及儒士爲親衛、勳衛、翊衛郎。然四輔始置,兵亦未及五萬,制度猶未就。時三衛諸郎既多勳戚子弟,或不能副上意者,時謗言至,謂魯公反設此以囚人主,由是四輔、三衛皆遽罷,雖魯公亦不敢言復也。其後上果聽任宦者,晚年又亦稍厭之,每臨朝御幸,至無所詢。顧其應對者,多察視親事賞之徒爾。及北狄犯順,舉兵而南,自越大河,略無屏蔽,遂直抵闕下。四輔之制,良可惜云。"

卷第一百二十八

徽宗皇帝

三衛

崇寧四年二月己酉,中書省言:"周官:'宮正掌王宮之戒令,糾禁以時,比宮中之官府①、次舍之衆寡,爲之版以待②。夕擊柝而比之。'又:'宮伯掌王宮之士庶子。'蓋王宮之内,有士庶子爲衛。而士庶子者,非王族,則功臣之世賢者之類。王以自近而衛焉,故休戚一體,上下親而内外察也。逮漢,以郎執戟,宿衛處殿中,舉衣冠子弟充選。至唐,遂分三衛、五府,其法詳密。今殿庭設杖悉以禁旅,而士庶子之法未能如古。欲仿前世擇賢德之後、勳戚之裔,以侍軒陛,庶幾先王宿衛之意。今仿古修立三衛郎一員,治一府之事,秩比大中大夫;三衛中郎爲之貳,文、武各一員,秩比朝議大夫,日率其屬直于殿陛,長在左右,立于起居郎之前,各分左右,文東武西,在都承旨之後。杖退,治事于府;博士二員,秩比承議郎;主簿一員,秩比宣德郎。博士掌教導校試親勳翊衛郎程文,講書武藝。親衛府郎十員,秩比朝奉郎;中郎十員,秩比承議郎。勳衛府郎十員,秩比通直郎;中郎十員,秩比宣德郎。翊衛府郎二十員,秩比宣議郎;中郎二十員,秩比承事郎。親勳翊衛郎文武各四十員,分左右侍立,給衣帶,紫羅義襴,窄衫,鍍金雙鹿束帶,執長柄八瓣骨朵。親衛立于殿上兩旁,勳衛立于朵殿,翊衛立於兩階衛士之前。三衛郎依給舍,中郎依少卿,餘依寺丞。親衛官以后妃、嬪御之家有服親及翰林學士并管軍正任觀察使以上子孫;勳衛官以勳臣之世賢德之後、有服親、大中大夫以上及正任團練使、遥郡觀察使以上;翊衛官以卿監、正任刺史、遥郡團練使以上,並以親兄弟子孫試充,直退皆入府誦書,各占一經,月一私試,季一公試,習

---

① 比宮中之官府　底本脱"之官府"三字,據周禮天官宮正補。
② 爲之版以待　底本脱"之"一字,據周禮天官宮正補。

淮、泗，乞食諸寺，群僧薄之。至楚，與惡少相歐擊，訟至府庭。通判石冲聞之①，喜其輕便儇捷，脱之，置於館，問吐納、燒煉、飛昇之術，攜至京師，引謁蔡京，致見上，靈素因大言，謂上實長生大帝君，蔡京乃左仙伯，靈素乃褚慧。於是上喜之，建寶籙宮於京城，創神霄宮於天下，置道學官，改寺院僧尼。至是京城大水，上遣靈素禳之，不驗。靈素又嘗衝太子節不避，太子繫之，訴於上，上遂厭之，逐去。蔡絛云：都城大水，冒城將入。靈素與諸道士爲法事，巡行徜徉於城上。役夫數千，争舉梃欲擊殺之，靈素走而得免。上聞，始不樂。靈素又與宦官、近倖分黨争敵，上惡之，榜於神霄之殿，其繪像所曰：褚慧罪惡不悛。帝命削其遷秩，降爲下鬼焉，因逐歸其鄉郡，特差江端本通判溫州，而監察焉。靈素去，乃以廢釋氏事歸之，釋氏旋復，因各使納錢，爲批度牒，得再披剃，幾百萬緡。久之，上復思靈素，使道流保明，欲再召入。釋氏大懼，而靈素不知何故，忽死矣。端本乃以靈素遺表上之，曰："靈素下血死矣。"是時上益厭方士迂怪，姑羈縻而已，且知其徒多妄作，乃稍正之於法，未久而亂云。

---

① 通判石冲　宋釋志磐佛祖統紀卷四六法運通塞志第一七之一三作"郡倅石仲"。

官爵,即負師言。伏望特垂矜察,所有敕命,乞賜追寢。"詔依所乞,賜紫衣道服。

詔旨:六年二月十九日召赴闕,六年四月二十八日鑄鐘,八年三月二十六日又召赴闕。蔡絛云:"劉棟者,棣州人,亦儒士。自云嘗遇仙人韓君者與之丹,曰'剥取丹',服輒復如故①。政和中,以其丹上之。上曰:'汝師賜汝服而奪之,以慕長年,非朕所用意也。'還焉。靈素乃謂仙人韓君者,乃韓君丈人也。韓君丈人,乃上帝之首相②,雖不隸於神霄,而實佐帝君之治。上乃命棟以官爲直龍圖閣,又爲作韓君丈人觀於其鄉郡,而使棟領之,仍係籍於道流,封先生。方爲神降及廢釋氏,棟亦預焉。然棟頗涉獵儒書,常慕李泌之爲人,晚爲利所奪,且不能自遣也。凡爲神降之事者,往往先後多不得其死。"

重和元年三月戊申,召劉棟赴闕。

四月壬戌,御筆特改温州永嘉縣紫芝峰法因院爲紫芝觀,賜通真達靈先生林靈素充功德觀,看管墳塋。

五月丁亥,通真達靈先生林靈素爲通真達靈元妙先生,通元先生張虚白爲通元冲妙先生。

九月壬寅,金門羽客、通真達靈元妙先生、視中大夫林靈素,金門羽客、通元冲妙先生、視中奉大夫張虚白特授本品真官,免視法。

閏九月己未,通直郎、管勾棣州韓君丈人觀劉棟爲守静先生、視中大夫。棟辭不受。

十一月丙辰,中大夫、通真達靈元妙先生林靈素爲冲和殿侍晨。

十二月己卯,詔:"九鼎新名,乃狂人妄有改革,皆無稽據,宜復舊名。圜象徽調閣仍舊。"狂人,指王仔昔也。

仔昔始寓蔡京第,後居上清寶籙宮,已而宮人有爲道士,亦居寶籙宮者,以姦事疑似發,因逐仔昔,於城外東太一宮囚之。仔昔性傲,上初待以客禮,故仔昔視宦閹若奴僕,又欲使群道士皆師己。及林靈素出,仔昔寵遽衰,衆乃使道士孫密告仔昔不遜語,下開封府獄死。陷仔昔者,宦官馮浩尤力。此據蔡絛史補及叢談增入。絛謂仔昔死在政和七年。〔按:宣和元年十二月二日,乃復九鼎舊名,指仔昔爲狂人。則仔昔誅死,當在重和元年。今因復鼎名,附見其事。〕

宣和元年十一月壬申,放林靈素歸温州。

楊氏編年:十一月,放道士林靈素歸温州。靈素,温人,善妖術,輔以雷公法,常往來不逞於宿、亳、

① 服輒復如故　嘉慶本作"服丹輒復如故"。
② 乃上帝之首相　底本脱"乃"一字,據嘉慶本補。

詔濮州王老志賜號安泊處士。

九月辛卯,遣兵部員外郎王亶召濮州處士王老志赴闕①,令同本縣長吏以禮敦遣。亶實薦老志者,故特遣之。辛酉,詔封處士王老志爲洞微先生。

十月戊申朔,御筆:"元觀法師程若虛封寶籙先生。"

寶籙宮不見起建月日,或自此始。程若虛事,更考之。

四年正月辛丑,洞微先生王老志加號觀妙明真洞微先生。

十月辛未,觀妙明真洞微先生王老志卒。

老志,濮之臨泉人,隸京東轉運司爲書吏②,自言嘗遇鍾離真人,授内丹要訣,棄妻子,結草爲廬,施病者藥,喜與人言休咎,頗藉藉有聞。政和三年秋,詔州縣敦遣至京師,封洞微先生,館蔡京賜第南園,士大夫闐門。數召對禁中,上手書"觀妙明真"之號賜之。明年乞歸,留之不得。卒,賜金以葬,贈正議大夫。宣和録云:所居地必生花,謂之地錦。

五年十月癸卯,嵩山道人王仔昔封冲隱處士。

六年二月癸未,詔:"訪聞棣州士人劉棟蔬食葆神,虚心契道,人之隱奥,洞然照知,處方書符,每有應驗。可令敦遣赴尚書省審驗外,於上清寶籙宮安下,仍給路費、驛券、遞馬,無令失所。"

三月乙卯,冲隱處士王仔昔封通妙先生。

詔旨:五年十月七日初封冲隱處士。蔡絛云:"王仔昔者,豫章人也。始學儒,後自言遇許遜真君,授以大洞隱書,豁落七元之法,能知人禍福。老志死後,仔昔來到下。上知之,召令踵老志事,寓於魯公第。時大旱,上焦心禱雨,每遣使持一幅素紙求仔昔書,皆禱雨也。一日,中使又至,出紙求書如嘗時,仔昔忽書一小符,仍札其左曰:'焚符,湯沃而洗之。'中使大懼,不肯受,曰:'上有紙來禱雨,今得此,大誤矣,詎敢進耶?'仔昔怒曰:'第持去!'上得,果駭異。蓋上默祝爲寵妃赤日者,如其言,一沃而愈。詔封通妙先生。然仔昔神怪過老志,道人腹中委曲,前知事如見。又言白晝能見星,故魯公寖不樂,從容奏曰:'臣位師臣輔政,而家養方士,且甚迂怪,非宜。'上然之,乃居之於上清寶籙宮。仔昔建議九鼎神器不可藏於外,於是詔納鼎於大内。"

七年二月壬戌,棣州貢士劉棟奏:"伏蒙聖恩,以臣本州并提舉司保舉四行聞奏,特授將仕郎。臣昨忽遇九天益算韓真人,授以景靈玉陽神應鐘法。仰祝聖壽,若臣苟

---

① 遣兵部員外郎 "遣兵"二字漫漶不清,據嘉慶本補。
② 書吏 嘉慶本作"書史"。

方士

崇寧二年正月己丑,詔許茅山道士劉混康修建道觀,仍令直奏災福,無得隱匿。混康有節行,頗爲神宗所敬重,故上禮信之。

此據蔡絛史補增入。當考混康是何許人。七月二十三日賜先生號。蔡絛史補道家者流:"上嗣服之初,於釋老好尚,未有適莫。魯公喜佛,因導上以性理,天下始建崇寧萬壽寺,後改曰天寧①。又嘗於端午日,因内道場上焚香再拜,以禮佛牙,其舍利四散,迸出於水晶匣外,上爲之贊焉。方士劉混康有節行,爲上所聽信,大詆佛氏。"

三月庚子,詔:"劉混康肅恭祀事,達於上境。自春以來,時雨未降,朕甚憂之。當體至懷,精加禱請。所建殿宇,賜名天寧萬壽。"

七月庚子,賜茅山道士洞元通妙大師劉混康號葆真觀妙先生。江東轉運判官席震爲之請也。

五年七月甲寅,葆真觀妙先生劉混康加號葆真觀妙沖和先生。

大觀元年二月丙戌,鳳翔府虞仙姑②授清真沖妙先生。

初草大觀元年四月一日詔,已差李瓌賫御封香往鳳翔府太平宫等處道場,因就宣召虞仙姑赴闕。孫覿供到蔡京事蹟:"道教之興,自左街道録徐知常供元符皇后符水有驗,被寵遇,遂薦范致虚作正言。致虚以爲紹述先帝法度,非相蔡京不可。後有王老志,徽廟嘗夢被召,如在藩邸時見老君坐殿上,儀衛如王者,諭上曰:'汝以宿命,當興吾教。'上受命而出。夢覺,記其事。是年十一月冬祀,老志亦從③。上在太廟小次中,老志曰:'陛下昔夢尚記之乎?時臣在帝旁也。'黎明,車輅出南薰門,天神降於空中,議者謂老志所爲也。道教之盛,則自此始。又有虞仙姑者,年八十餘,狀貌如少艾,行大洞法。一日,徽廟誦大洞經,舉首見有仙官侍立者。京嘗具飯招仙姑,見大猫,指而問京曰:'識之否?此章惇也。'意以諷京。京大不樂。上嘗問仙姑致太平之期,答曰:'當用賢人。'上曰:'賢人謂誰?'答曰:'范純粹也。'上以語京,京曰:'此元祐臣寮使之。'遂逐之。於是士大夫争言虞仙姑亦入元祐黨矣。"

二年五月乙卯,葆真觀妙沖和先生劉混康特贈太中大夫。

政和三年三月甲戌,左街道録觀妙元明真虛一大師徐知常特授冲虛先生。辛巳,

---

① 天寧　底本作"大寧",據嘉慶本改。
② 虞仙姑　長編拾補卷二七同,嘉慶本作"于仙姑"。下同。
③ 老志亦從　嘉慶本"從"下有"之"一字。

旨差。"甲申,詔開封府尹充神霄玉清萬壽宮判官,少尹充管勾。甲午,御筆:"天下神霄玉清宮門,可視至聖文宣王廟立戟,以稱嚴奉。"癸卯,中大夫、直徽猷閣、知河陽王厚以改建神霄玉清萬壽宮畢工,進職一等。武功大夫、知西安州解潛轉遥郡刺史,以措置改建神霄玉清萬壽宮推賞也。

八月已卯,御筆:"諸州、軍神霄玉清萬壽宮,仰本路提舉漕臣,於逐州、軍並縣鎮選擇寄居、宮觀年六十已下、通判以上人一員,申尚書省,就差管勾本宮,專切檢察本宮事務。"

九月庚寅,頒御注老子,刻石神霄宮。

十月癸卯,上御寶籙宮,傳度玉清神霄秘籙,會者八百人。

宣和元年五月庚戌,詔:"天下神霄玉清萬壽宮已賜田產、房廊、道業,並割付本宮掌守,置曆支用,更不隸州縣掌管。所有前後已降指揮更不施行。"

八月丙戌,御製御書神霄玉清萬壽宮記,其略曰:"蓋嘗稽參道家之説,獨觀希夷之妙,欽惟長生大帝君、青華帝君體道之妙,立乎萬世之上,統御神霄,監觀萬國,無疆之休。雖眇躬是荷,而下民之命,實神明所司,迺詔天下建神霄玉清萬壽宮,以嚴奉祀。自京師始,以致崇極,以示訓化,累年於茲。誠忱感格,高厚溥臨。屬者三元、八節,按冲科,啓净供,風馬雲車,來顧來饗。震電交舉,神光燭天,群仙翼然,浮空而來者,或擲寶劍,或灑玉篇,駭聽奪目,追參元化。卿士大夫、侍衛之臣,悉見悉聞,歎未之有。咸有紀述,著之簡編。嗚呼!朕之所以隆振道教,帝君之所以眷命孚佑者,自三皇以還,數千年絶道之後,乃復見於今日,可謂盛矣!仍令京師神霄玉清萬壽宮刻紀於碑①,以碑本賜天下,如大中祥符故事,摹勒立石,以垂無窮。"

十一月辛亥,蔡京奏:"乞以神霄玉清萬壽宮觀玉真主所説玉嬰神變妙經刊印頒行②。"從之。

七年十二月戊午,御筆:"神霄宮除依元手詔撥賜地土外,餘並歸還元來去處。道録院道官品等一切指揮,並依元豐法。"

---

① 刻紀於碑　"紀",嘉慶本、長編拾補卷四〇均作"記"。
② 玉真主　嘉慶本作"玉真王"。

應驗道士,逐路各三兩人,赴提舉道録院審察取旨。"

五年十一月癸亥,詔國子監刊印御注沖虚至德真經,頒之學者。從祭酒蔣存誠等奏請也。

七年十一月庚寅,御筆:"道官可自大夫以上并帶職人,並令封至朝官,許蔭、贖私罪,爲官户。"

神霄宫

政和七年二月辛未,御筆:"天下天寧萬壽觀改作神霄玉清萬壽宫。如小州、軍、監無道觀,以僧寺充,即不得將天慶觀改。仍於殿上設長生大帝君、青華帝君聖像。"

重和元年正月甲辰,御筆:"天下州、軍置神霄宫處,監司候了日,分詣檢察以聞。"

二月壬申,手詔:"諸路提點刑獄、廉訪使者巡按所至,躬詣神霄玉清萬壽宫瞻視貌像,考驗殿室,觀其廢舉,察其施設,各具聞奏。"

三月戊子,朝議大夫、知泗州葉默責授單州團練副使、郴州安置,坐改建神霄宫不如法故也。

六月乙卯,御筆:"應天下神霄玉清萬壽宫並不隸道正司,令逐路提舉官管勾。"壬戌,御筆:"博州修建神霄宫如法,守貳當職官并廉訪使者各遷一官。"甲戌,御筆:"天下神霄宫,知州軍帶'管勾'字,通判帶'同管勾'字。"

七月癸未①,御筆:"道隱於小成,流於末俗,人不足與明,不顯於世。朕作新斯人,以覺天下。神霄玉清府實總萬天,監臨下土。比詔四方改營宫宇,以迎神貺。官吏勤惰不一,尚未就緒,更賴輔弼大臣同寅協力,宰臣可兼神霄玉清宫使,執政官充副使,判官聽旨差。自改官制,不置使名,權時之宜,庶克有濟。候道教興隆,宫宇悉備,即罷。太師、魯國公蔡京②,少傅、太宰鄭居中,少保、少宰余深,檢校太保、領樞密院事童貫,并兼充神霄玉清萬壽宫使;知樞密院事鄧洵武、門下侍郎薛昂、中書侍郎白時中、尚書左丞王黼、宣和殿大學士蔡攸,並兼充神霄玉清萬壽宫副使,仍給敕。判官聽

---

① 七月癸未　宋大詔令集卷一六四太師魯國公以下兼神霄玉清萬壽宫使副等係時爲"政和八年六月三日癸未",似是。
② 太師魯國公蔡京　宋大詔令集卷一六四太師魯國公以下兼神霄玉清萬壽宫使副等"太師"上有"十月二日奉聖旨"七個字,意優。

初祖達摩封元一大士,二祖封同慧大士,三祖封善明大士,四祖封靈慧大士,五祖封静心大士,六祖封德明大士,永嘉速覺封全德大士①。經文合改佛稱金仙,菩薩稱仙人,羅漢稱無漏,金剛稱力士,僧伽稱修善。銅像不納,並許改塑。僧已降詔爲德士,所有寺院撥放、試經、進疏、度牒,並改作披戴爲德士。"戊辰,尚書省言:"改易佛、菩薩、羅漢等像及經文指揮,乞權且寢罷。"詔:"改易止爲令後。"又申明行下,尋詔別聽旨。壬申,御筆:"羅漢已改爲無漏和尚,猶未加封爵。可封比應士。"

五月丁巳,御筆手詔:"釋氏改服易名,盡從華俗,不廢其教,翕然成風。然習之者不知道妙,未稱一道德、同風俗之意。今後應德士,並許入道學,依道士法。其德士宮觀,知副已上職掌有闕,非試中人,不在選舉差補之限。其德童遇試,經撥放,並習混元道德或靈寶度人一經。庶人無殊習,道通爲一,以副勸獎之盛。"戊午,御筆:"禁以二月十五日真元節集衆爲金仙涅槃會。"

六月甲申,封莊周爲微妙元通真君,列禦寇爲致虛觀妙真君。

二年正月甲子,御筆:"儒、道合而爲一,其道學自合廢。"

實錄只書"甲子罷道學",本紀因之。止如此書亦可。道學遽罷必有故,當考。蔡絛道家者流篇亦不載。

十月癸巳,詔:"僧尼昨改德士、女德日,有未曾批改度牒人,特與放罪,許依近降指揮,改換新式度牒。"詔外路僧尼復用鐃鈸,令於在京官司收買。

三年七月庚午,御筆:"三京置女道錄、副道錄各一員,節鎮置道正、副各一員,餘州置道正一員。"從蔡攸奏請也。

十月丙辰,御寶籙宮、神霄宮,親授王黼等元一六陽神仙秘籙及保仙秘籙,仍許黼等拜表稱謝。

十一月甲子,御筆:"提舉道籙院見修道史表,不須設紀,斷自天地始分,以三清爲首。三皇而下帝王之得道者,以世次先後列於紀、志,爲十二篇。傳分十類。"又詔:"自漢至五代爲道史,本朝爲道典。"

四年三月丙子,詔:"諸路提舉神霄宮監司,解發有道行、能行天心正法及拜章有

① 永嘉速覺　長編拾補卷三九同,嘉慶本作"永覺、速覺"。

十一月己酉,御筆:"道流入官,自一命以上至視品中大夫,宜正名辨禮,以爲次遷之格。而文階近列有館閣之聯,亦宜仿此定制,以待瑰瑋高妙不次拔擢之人。今以太虛大夫至金壇郎,同文臣中大夫至迪功郎,爲道階;以侍晨爲待制;以受經同修撰;至直閣,爲道職。道階以年勞遷授,道職如文臣隨官帶職之制,不限常格,授惟其人,無則闕之。"

十二月丙申,御筆:"莊周、列禦寇所著書與太上真經並行,方之孔門,不在孟軻、揚雄下。其令神霄玉清萬壽宮使司議所以褒顯之,設像並配太上祠。"壬寅,御筆:"道士簡格:褐衣銀木,紫衣香木或槐木,師號以上象牙。"

宣和元年正月乙卯,手詔:"應寺院屋宇、田產常住,一切如舊,永不改革。有敢議者,以違御筆論。其服飾、其名稱、其禮、其言,並改從中國,佛號大覺金仙,餘爲仙人、大士之號。僧稱德士,寺爲宮,院爲觀,即住持之人爲知宮觀事。不廢其教,不害其禮而已。念四方萬里之遠①,其徒之衆,不悉兹意。可令每路監司一員聽其事,郡守、僚佐召集播告,咸使知之。"御筆:"天下僧尼已改宮觀,其銅鈸、銅像、塔等,按先天紀,鈸乃黃帝戰蚩尤之兵器,胡人之凶具,中國自不合用。可通行天下,應僧尼寺院并士庶之家,於逐路已改宮觀監司處,限十日送納,不得隱匿毀棄,類聚斤重,具數聞奏。"御筆:"僧已降詔改爲德士,所有僧録司可改作德士司;左、右街道録院,可改作道德院。德士司隸屬道德院,蔡攸通行提舉。天下州、府僧正司,可並爲德士司。"己未,改女冠爲女道,尼爲女德。庚申,詔:"已降指揮,鐃、鈸、佛像等,限十日納官,可除鐃、鈸依已降指揮,佛像并存留,依所錫敕號添用冠服,遍行天下。"辛酉,御筆:"德士冠並依道流見戴諸色冠樣,止不飾日月星辰。除有官職者,許服皁襈、紫道服,執牙簡,餘已有紫衣人,並紫道服,褐衣改銀褐道服,皆木簡,並稱姓氏②。舊有師號者仍舊。在京自三月一日依此,外州軍候指揮到日,限一季改易。"御筆:"寺院已改爲宮觀,諸陵佛寺改爲明真宮,臣庶墳寺改兩字,下用黃籙院。自合設禮,合掌和南不審,並改作擎拳稽首。佛賜天尊服,仍改塑菩薩、羅漢,並改道服冠簪。佛封大覺金仙,文殊菩薩封安惠文靜大士,普賢菩薩封安樂妙靜大士,泗州大聖封巨濟大士,雙林傅大士封應化大士,

---

① 念四方萬里之遠　嘉慶本作"言念四方萬里之遙"。
② 並稱姓氏　"稱"底本作"將",據嘉慶本改。

依此。志士以上，令禮部置名籍差注，並如吏部法。自興道教，異人間至，深慮山林高蹈之士尚多有之①，可令監司訪之州，州訪之縣②，縣下耆保，各具所管地分有無高尚之士③，依八行法，以禮延入學，並以名聞。或不願入學，監司、郡守親臨勸駕，給券馬、人船，差官伴送赴闕。又不願，即具奏聽旨，當賜璽書招聘④。高上之士，多隱於卒伍、工隸、僕厮之類，或身自犯刑責以逃世離俗，今延納招聘⑤，一無所問，仰並以名聞。"辛未，資政殿大學士、知陳州鄧洵仁奏⑥："乞選擇道藏經數十部先次鏤板，頒之州郡，道録院看詳，取旨施行。"又乞禁士庶婦女輒入僧寺。詔令吏部申明行下。

九月丙戌，太學⑦、辟雍各差通内經、莊子、列子二人爲博士。

閏九月乙亥，給事中趙野奏："乞諸州添置道學博士，擇本州官兼充。"從之。丙子，尚書省言："已降御筆處分，道徒升貢，三歲大比，許襴鞾就殿試。欲令禮部依文士給號，祇候唱名⑧，初入仕並補志士，道職已上取旨，並賜褐服。高者依文士。"從之。

十月壬辰，資政殿學士、知陳州鄧洵仁奏⑨："本州學係籍學生止有九十一人，而一兩月間，士之勸誘入道學，及内外舍生願換道徒者，將與儒士等，委是本州州學教授當職官推行有方。提舉學事置司在本州，遵承詔旨，同共叶力奉行。州學内舍生宋瑀願換道學，内舍生本人係故翰林學士宋祁之孫，已兩預貢舉，行藝清修，自來留心道學。舊有撰到道論十篇，及近撰神霄玉清萬壽宫雅一篇，謹具繳奏呈。"御筆："宋瑀特與志士，仍許赴將來殿試。"庚子，御筆："道徒止許道士及無妻人入學充，道士服本服，餘服轉帶⑩、幅巾，其襴鞾指揮勿行。"癸卯，上御寶籙宫，傳度玉清神霄秘籙，會者八百人。

---

① 深慮山林 "慮"，宋大詔令集卷二二四天下學校諸生添治内經等御筆手詔作"盧"。
② 可令監司訪之州州訪之縣 底本脱"州州訪之"四字，據宋大詔令集卷二二四天下學校諸生添治内經等御筆手詔補。
③ 各具所管地分有無高尚之士 "分"底本作"方"，"尚"底本作"上"，據宋大詔令集卷二二四天下學校諸生添治内經等御筆手詔改。
④ 當賜璽書招聘 "當"底本作"堂"，據嘉慶本、長編拾補卷三七及宋大詔令集卷二二四天下學校諸生添治内經等御筆手詔改。
⑤ 今延納招聘 "今"底本作"令"，據宋大詔令集卷二二四天下學校諸生添治内經等御筆手詔改。
⑥ 鄧洵仁 嘉慶本作"鄧洵武"，而長編拾補卷三七注認爲"鄧洵武或係陳洵仁之誤"。
⑦ 太學 底本作"大學"，嘉慶本同，據宋會要輯稿職官二八之二一改。
⑧ 祇候唱名 "祇"底本作"祓"，嘉慶本同，據長編拾補卷三八改。
⑨ 鄧洵仁 嘉慶本、長編拾補卷三八均作"陳洵仁"。
⑩ 轉帶 嘉慶本作"博帶"。

八月戊午,朝散郎、新知兖州王純奏:"乞令學者治御注道德經,間於其中出論題。"從之。辛酉,手詔:"史記老子傳陞於列傳之首,自爲一帙①,前漢古今人表敘列於上聖,其舊本並行改正。昨所注道德經,可視仿唐制②,命大臣分章句書寫,刻石於在京神霄玉清萬壽宫。"庚午,御筆:"道無乎不在,在儒以治世③,在士以修身,未始有異,殊途同歸。前聖後聖,若合符節。由漢以來,析而異之,黄、老之學,遂與堯、舜、周、孔之道不同,故世流於末俗,不見大全,道由是以隱④,千有餘歲矣。朕作而新之⑤,究其本始,使黄帝、老子、堯、舜、周、孔之教偕行於今日。可令天下學校諸生,於下項經添大小一經,各隨所願分治。大經:黄帝内經、道德經;小經:莊子、列子。自今學道之士應入學⑥,並令所在州縣勘會保明⑦,不經刑責、不犯十惡、姦盜及違八行之人,許入州縣學教養,並依見行學法。所習經以黄帝内經、道德經爲大經,莊子、列子爲小經外,兼通儒書⑧,俾合爲一道。大經:周易;小經:孟子。其在學中選入可依下項增置士名⑨,分入官品:元士、高士、大士、上士、良士、方士、居士、逸士、隱士、志士⑩。每歲試經撥放,及有度牒合披戴者並依舊外,唯須在學一年,方許披戴。州縣學道之士,初入學爲道徒,試中陞貢,同稱貢士;陞貢到京入辟雍,試中上舍,並依貢士法。三歲大比,許襴鞾就殿試,當別降策問,庶得有道之士,以稱招延。元士以下資任、請給,各隨品,依品官法。唯人從不差兵士,役人止於宫觀人内量差,其敘位在本品之下。應天下神霄玉清萬壽宫、天慶觀知及副知,將來有闕,並以學校登科人充,其餘宫觀亦

---

① 自爲一帙 "自"底本作"别",據宋大詔令集卷二二四老子陞史記列傳之首在京神霄宫刻御注道德經御筆手詔改。
② 可視仿唐制 "視",宋大詔令集卷二二四老子陞史記列傳之首在京神霄宫刻御注道德經御筆手詔作"規"。
③ 在儒以治世 "世"底本作"國",據宋大詔令集卷二二四天下學校諸生添治内經等御筆手詔改。
④ 道由是以隱 "是",宋大詔令集卷二二四天下學校諸生添治内經等御筆手詔作"之"。
⑤ 朕作而新之 底本脱"而"一字,據宋大詔令集卷二二四天下學校諸生添治内經等御筆手詔補。
⑥ 自今學道之士應入學 宋大詔令集卷二二四天下學校諸生添治内經等御筆手詔作"大道廢壞滋文,作興斯時,世未知向,士未丕變,抵法違理者尚多,蓋人不教養,才不掄選,朝爲僕廝賤隸,晚服冠裳,號爲學道之士。夫人能洪道,非道洪人。苟非其人,道不虚行。自今應入學人"。
⑦ 並令所在州縣勘會保明 底本脱"所在"二字,據宋大詔令集卷二二四天下學校諸生添治内經等御筆手詔補。
⑧ 兼通儒書 宋大詔令集卷二二四天下學校諸生添治内經等御筆手詔作"兼儒書"。
⑨ 其在學中選入可依下項增置士名 "入"底本作"人",據宋大詔令集卷二二四天下學校諸生添治内經等御筆手詔改;底本脱"可依下項"四字,據宋大詔令集卷二二四天下學校諸生添治内經等御筆手詔補。
⑩ 元士高士大士上士良士方士居士逸士隱士志士 據宋大詔令集卷二二四天下學校諸生添治内經等御筆手詔作"元士正五品、高士從五品、大士從六品、上士從六品、良士正七品、方士從七品、居士正八品、逸士從八品、隱士正九品、志士從九品"。

而電光四出,雷聲隱然,環佩之音,近在咫尺,一室間恍如白晝。仰瞻繪像,俄失所在,特絹素空存而已。須臾,二天人躡空乘雲,冉冉而下,其一絳服、玉冠,天顏和豫,蓋教主道君皇帝也。其一上下青衣,儼若青華帝君之狀。又前導者一人①,貌與通元先生張虛白無少異焉。從者朱紫,不可悉計,迤邐由西而行。"又曰:"考之仙版,青華帝君實高上神霄玉清王之弟也。仰惟教主道君皇帝以神霄玉清之尊降神出明,應帝王之興起,雖動而不失其所謂至靜,雖爲而實未嘗爲,故其通真接靈,澹然獨與神明居者,若辛卯歲之夢兆、癸巳歲之示見,創見稀有,中外已悉。聞而知之,至於今日。坐堂奧之上,而神飛玉京;來仙境之真,而跡凝禁御,則或未之聞也。"

辛未,御筆:"天下天寧萬壽觀改作神霄玉清萬壽宮。如小州、軍、監無道觀,以僧寺充,即不得將天慶觀改。仍於殿上設長生大帝君、青華帝君聖像。"

四月庚申,御筆:"朕每澄神,默朝上帝,親受宸命,訂正訛俗。朕乃昊天上帝元子,爲太霄帝君。睹中華被金狄之教②,盛行焚指、煉臂、捨身,以求正覺,朕甚憫焉,遂哀懇上帝,願爲人主,令天下歸於正道。帝允所請,令弟青華帝君權朕太霄之府。朕夙夜驚懼,尚慮我教所訂未周。卿等表章,册朕爲教主道君皇帝,只可教門章疏用,不可令天下混用。"

五月癸卯,改玉清和陽宮爲玉清神霄宮。

七月丁亥,御筆:"如有僧徒歸心道門,願改作披戴爲道士者,許赴輔正亭陳訴,立賜度牒、紫衣。"

八月丙辰,宣和殿大學士蔡攸奏:"莊、列、亢桑、文子,皆著書以傳後世,有唐號爲經,並列藏室。國朝始加莊、列、南華、冲虛之號,以其書入國子學,而亢桑子、文子未聞頒行。乞取其書,於秘書省精加讎定,列於國子之籍,與莊、列並行。"從之。

十二月辛未,御筆:"太上老君所著道德經,世以諸子等稱,未稱尊崇之禮。可改爲太上混元上德皇帝道德真經。"

重和元年四月辛巳,道錄院上:"看詳釋經六千餘卷,內詆謗道、儒二教,惡談毀詞,分爲九卷,乞取索焚棄,仍存此本,永作證驗。又通真達靈先生林靈素上釋經詆誣道教議一卷,乞頒降施行。"並從之。

---

① 又前導者一人 "導"底本作"道",據嘉慶本改。
② 金狄之教 嘉慶本作"浮屠之教"。

三月辛卯,詔:"諸路監司,每路通選宮觀道士十人,遣發上京,赴左右街道録院講習科教聲贊規儀,候習熟,遣還本處。"

六年二月壬申,御筆:"道教改隸秘書省。"

十月甲申,詔:"誠感殿長生大帝君神像,可遷赴天章閣西位鼎閣奉安。"

恐此時未有長生大帝君像,當考。王黼宣和殿降聖記云:"歲在丁酉,皇帝乃悟本長生大帝君。"丁酉,蓋政和七年也,更須詳考之。蔡絛史補:"政和七年,有林靈素者①。靈素,温州人也。少從浮屠學,以無行,爲所在貶惡。久之,去爲道士。左街道録徐知常引之,以附會諸閹,始曰神霄玉清王,上帝之長子,主南方,號長生大帝君。既下降於世,乃以其弟主東方青華帝君,領神霄之治。天有九霄,而神霄爲最高,其治曰府,故青華帝君亦曰判府天尊。而靈素乃其府仙卿,曰褚慧,亦下降,佐帝君之治。又目一時大臣要人皆仙府卿吏,若魯公,曰左元仙伯;鄭居中、劉正夫等,若童貫諸巨閹,率有名位。王黼時爲内相,乃曰文華吏,盛章、王革時迭爲天府,乃曰仙嶽吏;伯氏時主進奉,乃曰園苑寶華吏。又謂上寵妃劉氏曰九華玉真安妃也。天子心獨喜其事,乃賜號通真先生。初,劉、虞、二王先生皆爲上所禮,然有神怪事,多出自方士也。及靈素至,乃以其事歸之於上,而曰己獨佐之。每自號小吏佐治,故上下莫有攻其非者。然靈素實無術,徒敢大言。是時上興道教將十年,獨思未有一厭服群下者,數以語近倖,於是神降事起矣。"

七年正月乙未,御筆:"自今應天下道士,與免堝墆迎接苟府、宮觀科配、借索騷擾,郡官、監司相見,依長老法。"癸丑,秘書省奏:"據左、右街道録院申,恭依聖旨指揮,將所降道教五宗再行條具,立爲永式。第一天尊之教,以道德爲宗,元始天尊②爲宗師;第二真人之教,以清净爲宗,太上玉晨天尊爲宗師③;第三神仙之教,以變化爲宗,太上老君爲宗師;第四正一之教,以誠感爲宗,三天法師静應真君爲宗師;第五道家之教,以性命爲宗,南華真人爲宗師。至於上清通真達靈神化之道,感降仙聖,不係教法之内,爲高上之道,教主道君皇帝爲宗師④。"詔依所奏,左、右街道録院印行。

二月甲子,詔通真先生林靈素於道録宮宣諭青華帝君降臨事。左、右街道録傅希烈等皆作記上之。

傅希烈記略曰:"逮夜漏向丑,香風颯至,徐有赤光,大如彈丸,東流空中,上下往來,既離復合。已

---

① 有林靈素者　"者",嘉慶本作"出"。
② 元始天尊　"始"底本作"治",據嘉慶本、長編拾補卷三六改。
③ 太上玉晨天尊　底本"天尊"下衍"君"一字,長編拾補卷三六同,據嘉慶本刪。
④ 教主道君皇帝爲宗師　底本脱"宗"一字,據嘉慶本補。

卷第一百二十七

徽宗皇帝

道學

大觀元年二月己未，御筆批："道士序位令在僧上，女冠在尼上。"

二年三月庚申，詔以金籙靈寶道場儀範四百二十六部降天下有道觀處，令守令選道士依法奉行。

五月辛亥，御筆："道門近添試經，撥放年額女冠舊止三十人，可增作七十人，内京畿三十人，諸路四十人。"

蔡絛史補道家者流篇：政和初，上有疾，踰百日稍康復①。一夕，夢有人召上，方其夢中，謂若昔在藩邸時，如赴哲廟宣召者。及至，乃一宮觀爾，即有道士二人爲儐相焉。遂至一壇上，諭上曰："汝以宿命，當興吾教。"上再拜，受命而退②，二儐相者復導上而去。及寤，作記良悉。嘗遣使示魯公，魯公時猶責居於杭也。始大修宮觀於禁中，即舊奉天神所在玉清和陽宮玉虛殿，羽人以歲時入内講齋醮事，親製步虛樂章，調其音聲焉，而道家遂謂上爲赤明和陽天帝。然上肅祗神祇，所崇者祀事而已，亦未有少君、欒大者。

政和二年正月癸未，詔："釋教修懺水陸③及祈禳道場，輒將道教神位相參者，僧尼以違制論。主首知而不舉，與同罪。著爲令。"

三年十二月癸丑，詔："天下應道教仙經，不以多寡，許官吏、道俗、士庶繳申，所屬附急遞投進。及所至，委監司、郡守搜訪。"

四年正月戊寅，御筆："置道階自六字先生至額外鑒義，品秩比視中大夫至將仕郎，凡二十六等，並無請給、人從，及不許申乞恩例。"

---

① 踰百日稍康復　"復"，嘉慶本作"後"。
② 退　嘉慶本作"還"。
③ 修懺水陸　"懺"，嘉慶本作"設"。

宣和二年十月己巳，尚書省言："契勘州縣武學已罷，內外願入京武學人，乞依元豐法試補入學。舉試人，舊制係與武學外舍人類試，取一百人同上舍生發解。緣科舉已罷，今此仿新舊法令，尚書省於大比前二年春季，檢舉降敕下兵部，依元豐法奏舉。其被舉人，限當年冬季到闕，與免補試入學，充外舍生，依與校定人，赴次年公試。其考選、陞補、推恩，並依大觀武學法。"從之。

置教授，雖不滿八十人，自合存留。"

二年五月壬申，臣僚上言："參以科舉廢罷，縣學歲陞之法非便。"詔："自今並依大觀三年四月以前指揮，其後降指揮更不施行。"見太學。

三年四月甲申，宣義郎黃冠言："欲令天下士，自鄉而升之縣學，自縣學而升之州，則通謂之選士可也。其自稱則曰外舍生。又其才之向成，而升之內舍，則謂之俊士，其自稱則曰內舍生。又其才之已成而貢之辟雍，然後謂之貢士焉。其自稱也，亦以是而已。"從之。

六月丁巳，詔："武學，州縣外舍生稱武選士，內舍生稱武俊士。"庚申，尚書省言："學校養士，以待天下賢能，可以作人材，敦士行，興教化。自縣學升之州，自州升之辟雍，自辟雍升之太學，然後命官，則縣學為升貢之本。今天下令佐，吏部注授，多非其人。俗吏則以學為不急，不加察治，縱其犯法；庸吏則廢法容姦，漫不加省，有罪不治，以故學生在學，殿門爭訟，至或殺人，蓋令佐不加訓治，州學不切舉察，提舉官失於提按，以致如此。不惟士失其行，亦官廢其職。今具下項云云。"詔依。

十一月癸卯，詔："補蔭入官人，隨處入所在州學，仍別為齋，公私試附州學生，別作號考校。"

十二月甲寅，河北路轉運判官張孝純言："周官以六藝教士，必射而後行。古者諸侯貢士，天子試之於射宮。乞詔諸路州郡，每歲薦貢士於學，因講射禮。"從之。

四年三月丁丑，詔："諸路應小學生及百人處，並增差教諭一員。"

六月庚午，詔小學仿太學，立三舍法。

八月辛亥，詔："諸路學校及三百人以上者，三分增一分；百人以上者，增一分之半。即陝西、河北、河東、京東路學生數少者，仰提舉學事司具可增與不可增，及所增數聞奏。"

九月辛卯，詔以辟雍大成殿名頒之諸路州學①。從河南尹蔡安持奏乞也。

五年十一月庚辰，詔："應縣學生三經赴歲陞而不預陞入州學者，依三不赴條例除籍。"

---

① 頒之諸路州學　底本"州"下衍"縣"一字，據嘉慶本、宋史卷一〇五禮志刪。

分充貢額,無則貢文士。"

十一月乙巳,大司成兼侍講薛昂、國子監司業强淵明言:"竊謂文學之士①,自縣升之州,由州貢之辟雍,又合而試之,第爲上舍、内舍之等,而推恩待殿試,或升之太學,其法可謂備矣。而武士之制,雖有武學,外置解額,而選考升貢之法未如文士之備,伏望睿慈特詔,依仿文士立爲升貢武士之法,將見周王於邁六師及之之盛,如成周之時,仰有以副陛下獎育人材之意。"從之。

十二月癸未,學制局上諸路州縣學敕令格式等凡三十五册,詔頒行之。

大觀元年十二月壬午朔,建州浦城縣丞徐秉哲遷一官,以縣學生係籍者千餘人,此一路最多,秉哲實專考校事。提舉學事司乞加優獎,故有是命。

二年五月庚戌,提舉京西南路學事路瑗言:"臣所領八州三十餘縣,比諸路最爲徧小,管學舍乃至三千三百餘區,教養生徒三千三百餘人,贍學田業等,歲收錢斛六萬三千餘貫石。竊計諸路學舍生徒田業等錢斛之數,何啻數百萬,此曠古所未嘗有也。乞詔有司總會諸路州軍縣文武大小學生,並學費所入、所用實數,具圖册上之御府,副在辟雍,仍宣付史館。"從之。

九月乙丑,詔:"諸路州學有閣藏書,皆以經史爲名。方今崇八行以迪多士②,尊六經以黜百家,史何足言?應已置閣處③,賜名曰'稽古'。"

三年八月己丑,詔:"學校法度,已見完備,惟在奉行。可令諸路提舉學事司檢察州縣,如稍有懈弛,及輒妄議,按劾以聞,當議重責。"

四年八月戊寅,詔:"州小學生更不給食。"又詔:"自今取貢額三分,於大比前一年解發。不入學及雖入學而見係退黜者④,方得取應。"又詔:"所在學生及五百人,許置教授二員。其不及五十人者不置,以本州在任有出身官兼領。"尋改"五十人"作"八十人"。詳見太學。

政和元年正月辛未,詔:"諸路州軍學生不及八十人處,不置教授。若係熙、豐曾

---

① 文學之士 "文"底本作"大",據嘉慶本改。
② 以迪多士 "迪"底本作"造",據嘉慶本、能改齋漫録卷一三賜藏書閣名稽古、群書考索後集卷二七改。
③ 應已置閣處 底本脱"已"字,據能改齋漫録卷一三賜藏書閣名稽古、群書考索後集卷二七補。按:嘉慶本作"應□置閣處"。
④ 不入學 長編拾補卷二九同,嘉慶本作"不及學",宋會要輯稿選舉一七之二二作"許入學之人"。

實録刪修失實,今改正。

五年三月丁未,詔:"去年正月指揮,諸州添置武學,教養武士。至今踰年,教養每州無幾,而月有按試弓馬,考校程文,使教官不得專意儒學,又管勾、按試兵官、教頭皆有添給食錢,官中旋置鞍馬,蓋造馬屋,營葺射圃,百端糜費,有虛名,無實效,可罷去。"

七月庚子,詔曰:"學校以善風俗人倫,治則興,亂則廢,非特教養而已也。乃者親詔有司,以月書季考之密,退送煩勞,待養有妨,未當士心,故令考正。若罷縣學,則士非里選,廢學糧,則人無所養。減教授則無師,併提舉則無統①,名存實廢,甚非教育之本。朕恭覽熙寧詔書,以俟興建學校,然後講求三代所以教育選舉之法,施於天下,則庶幾可復古矣。復鄉舉里選,布之天下,以追三代之隆,神考之志也。而各減廢,於朕繼述之孝,其可得乎?其縣學提舉官、學田糧、教授,並各依舊;退送者,更展一試;特給假,許不限次數,以優士之在學者。詩不云乎'君子能長育人材,則天下喜樂之矣'。咨爾多士,宜體朕意。"

甲辰,詔:"已降指揮,舉行學制。比閱前後法令猶未備,慮失士心,或因而煩擾,有害學政。可依下項:一,天下學生既令歲貢,將來入貢,其數必多。所有辟雍,並令依舊,仍依崇寧四年十二月已前指揮施行。一,退送學生既展一年,俟之不爲不久,待之不爲不盡。比覽科舉舊法,有因赦理舉,許特奏名推恩之法。學生貢至辟雍三試退送,未有理舉推恩之文,退送之人,所以患無歸。學生貢至辟雍,試不中退送者,並與理爲到省舉送,依例施行。"

九月乙卯,學制局言:"臣等檢會崇寧三年九月二十三日朝旨,諸州學別爲齋舍,教養武士,續有條畫,頒下諸路。後來入學之人已多。昨因今年二月廢罷,尋未曾復置。臣等伏睹御製學校新法,内一項逐州解額,五路已有指揮,十人取一名。可令以前榜所解額,於數内以一分充貢武士額。臣等未審今來立教養武士法,合依舊遍行天下,或止於三路、五路施行?乞降睿旨,別具合措置事件聞奏。"御筆:"山西出將,氣俗使然。所當先者,平治之時,武不可廢。可依已降指揮置武士齋,仍以所給解額,取一

---

① 併提舉則無統 "統",嘉慶本作"總"。

也。乂、直方、汝翼並送廣南編管,永不得入學。

六月丙午,詔諸路州軍未曾置學處並置學。

七月庚子,詔諸路知州、通判並增入"主管學事"四字。

八月戊午,詔諸路應緣學校奉行違慢,令監司糾察,申尚書省。辛酉,醴州醴陵縣學生季邦彥特送五百里外編管,元考較長諭屏出學。荆湖南路轉運判官兼提舉學事元書言邦彥試卷言涉謗訕也。

九月癸未,詔諸路應副修蓋學舍了畢,提舉學事及州縣官,各與減磨勘年有差。壬辰,詔諸州學別爲齋舍,教養材武之士,隨人數多寡,許令入學,並依進士法。其考選校試升補,取今武學條制看詳,修定頒下。

十一月丙申,祀昊天上帝於圜丘,以太祖皇帝配。禮畢,大赦天下。詔:"今來興建學校,廢罷科舉,欲考士素行,以絕倖冒,務得實材。然慮州縣未能奉承詔令,人未勸向,尚有遺逸,致多士未盡在學,或艱於考選校定。所取上舍、内舍生不敷額數,或學宇卑陋,食飲疏薄,未足以稱朕教養待士之意。已差提舉學事官分詣天下,仰疾速徧行所部,推原法意。有不如令者,按罪以聞。除將來科舉一次外,並由學校升貢。"

四年閏二月辛未,詔:"應諸路州學,據學糧餘數額外增養學生,並依額内人條例施行。"

四月壬午,詔:"諸州縣生徒試補入學,經試終場,及自外舍陞内舍者免身丁,内舍仍免借,陞上舍即依官戶法。"

九月己亥,制曰:"朕聞先王成人有德,小子有造。今天下承平,休養日久,垂髫幼稚,在所樂育。仰學事司、州縣長吏多方勸諭,令入小學,依大學例量合支數,破與飲食。其考選校試之法,仰三省措置取旨,庶幾有造之時。"

十二月乙亥,尚書省言:"諸路學校各已就緒,其所貢人,今來中選,多舊日科舉遺落老成之士,鄉舉里選之效已見於此。士之在學,月書季考,苟有成材,理當不竢歲月,便合入貢。今仿周官,每歲考德行道藝、三年大比之意,爲歲貢之制。俟滿三歲,則赴殿試,第其高下推恩,庶使士益知勉。詔大司成兼侍講薛昂等看詳增損,修立條約以聞。"從之。

送昂等看詳,乃十月二十七日聖旨;爲歲貢之制,乃尚書省建議薛昂等看詳增損耳,非昂等創爲也。

官事。"

三月乙酉,講議司言:"諸路州學生以前舉終場人數二百人以上,以一百人爲額,數少者以二州或三州併附一州聚學。今聚學尚有不及二百人之處,即於法未有定額。欲將所併聚學並舊有教授不及二百人之處,聽以前舉終場三分之二立爲定額。其上舍、内舍及撥定人,並視一百人之額,隨數減定。"從之。

四月戊午,詔提舉司:"每路教授及十人以上者,歲舉改官增三人,不及者一人,不許舉他官。有能訓導學生中太學上舍數及八分者,提舉學事官保明以聞,國子監驗實,依太學博士正録法改官。"庚午,詔國子監印書,賜諸州縣學。

五月庚辰,户部言:"提舉學事司乞州縣學之費,通一路財用應副。"從之。戊子,詔不置教授州軍置學處,學生以百人爲額。

六月丙辰,詔縣學生不及二十人處,許依州學例①,併附鄰近大縣,一處教養。

八月丙寅,講議司言:"縣學格内三旬所試,乞改爲月試,季一周之,孟月試義,仲月試論,季月試策。"從之。

三年正月己丑,詔諸路增養縣學弟子員,大縣五十人,中縣四十人,小縣三十人。癸巳②,中書省勘會:"天下已置學養士,士在學校,月書季考,行藝純備,方與入貢,其選頗艱,而科舉取一日之長,人樂僥倖,衆易以趨,故異意與怠惰之人多憚於入學,甚失朝廷教養之意。"詔:"五路學生在州學一年,方許取應。餘路在學半年,仍通縣學月日。即取應人衆,而學校所養數少,雖令在學半年,其不在學之人尚多者,仰學事司較量,相度聞奏。"辛丑,詔:"季考月書,鄉舉里選之法,以其間有未便事節,近已委有司別行講究③,慮修立法度忽遽,未易成就,猶須寬假歲月,精加考求,期於協順人情,選拔寒俊而後已④。所有後來科場,可更令參以科舉取士一次,使遠方舉人知悉。"

三月壬寅,奉議郎黄輔國言:"元豐中,太學生休假日,引詣武學射廳習射,紹聖嘗著爲令。乞頒其法於諸路州學。"從之。朝奉大夫、直龍圖閣、成都府路轉運副使季孝廣遷一官,以點檢邛州學生費乂、韋直方,綿竹縣學生龐汝翼答策,詆訕元豐政事故

---

① 許依州學例 "例"底本作"附",據嘉慶本改。
② 癸巳 底本作"癸丑",據群書考索後集卷二七士門改。
③ 有司 底本作"有事",據嘉慶本、宋會要輯稿選舉四之三改。
④ 寒俊 長編拾補卷二三同,嘉慶本作"寒鄉□俊",宋會要輯稿選舉四之三作"寒鄉俊秀"。

養士,郡小或舉人少,則令三二州學者聚學於一州。一,乞置州學,並差教授二員。一,乞增置田業養士。應本路常平户絶土田物業,契勘合用數撥充,如不足,以諸色係省官田宅物業補足。一,乞以三舍考選法遍行天下,聽每三年貢入太學上舍試,仍別爲號令,爲三等:若試中上等,補充太學上舍;試中中等,補充下等;試中下等者,補充内舍生;餘爲外舍生。雖補止及中下等,或不及等,及科舉遺逸,而學行爲鄉里所服,委知州、通判、監司依貢士法貢入,委祭酒、司業、博士詢考得實,當議量材録用。一,乞令郡守、監司保任貢士,若貢士到太學試中上等①及考選升舍人多,即等第立法推賞。一,乞諸縣置學於本縣,委令佐擘畫地利,及不係省雜收錢内樁充費用。一,乞學生自縣學考選升州學。一,乞州縣並置小學。一,乞並立學生在學升黜法。一,乞外任官子弟許入學取應,在外官子弟、親戚,法不合在本處取應者,許隨處入學,即不升補與貢,在學迨及一年,給公據,許赴太學取應國子監解名。一,乞州、縣學職掌學諭、學長,許差特奏名人。一,乞禁不得教學生非經、史、子書文字。"詔令講議司立法頒降,仍差將作少監李誡於城南門外踏逐修置外學②。

十二月丁丑,詔:"諸邪説詖行非先聖之書,並元祐學術政事,不得教授學生,犯者屏出。"詔:"諸路教授序官,外官小者,並在本州録事參軍之上;其供給,承務郎以上依簽判,餘依職官例。"戊寅,宰臣蔡京等上諸路州縣學敕令格式,乞鏤板頒降。從之。尚書右僕射蔡京等言:"臣等昨具陳乞諸路置學養士,伏承詔旨,令講議司立法施行。謹以元陳請畫一,並參酌太學敕令格式,取其可以行於外者,修立成諸路州縣學敕令格式③並一時指揮凡十三册,謹繕寫上進以聞。如得允當,乞下本司鏤板頒行。其看詳者,乞送國子監收掌。所有今日已前應州縣學校條件已係新書收載者,更不行用。"詔疾速鏤板頒行。

二年正月甲申,詔:"諸路教授自外任移者,除依條通理考任,許就任陞改④,其教導有方、貢試如法者,仍聽保明再任。内廣南路應陞改者,減舉主一人。"辛丑,詔:"學校長善育材,無以文勝質;選賢興能,無以私撓法。毋恪於始而怠於終,毋便己私而撓

---

① 試中上等 "中"底本作"以",據嘉慶本、長編拾補卷二〇改。
② 李誡 底本作"李誠",據嘉慶本、長編拾補卷二〇改。
③ 諸路州縣學敕令格式 底本脱"學"一字,嘉慶本同,據宋會要輯稿崇儒二之一〇補。
④ 許就任陞改 "任"底本作"仕",嘉慶本同,據宋會要輯稿崇儒二之九改。

四年正月庚子朔,中丞何執中言:"竊聞邇來諸路以八行貢者,如親病割股,或對佛燃頂,或刺臂出血,寫青詞以禱,或不茹葷,常誦佛書,以此謂之孝;或嘗救其兄之溺,或與其弟同居十餘年,以此謂之悌;其女適人,貧不能自給,取而養之於家爲善內親,又以婿窮窶,取而教之爲善外親,此則人之常情,仍以一事分爲睦、婣二行。嘗一遇歉歲,率豪民以粥食饑者,而謂之恤。夫粥食饑者,乃豪民自爲之而已,獨謂之恤可乎?又有嘗收養一遺棄小兒者,嘗救一跂者之溺以爲恤。如此之類,不可遽數。伏願下之太學,俾長貳、博士考以道義,別白是非,澄去冒濫,勿使妄進。申飭天下郡縣長吏及學事司審察考驗,要皆得行實,有其人則必公舉,無其人勿以妄貢,務在奉承詔旨,不失法意而已。"從之。

政和元年十一月乙酉,京畿提舉學事林震乞自今應以八行延入縣學者①,並依州學外舍生例給食。從之。

三年閏四月甲寅,詔八行許添差諸州教授。從奉議郎王愈奏請也②。

七月己亥,新提舉永興軍路學事施坰言:"陛下製爲八行法,行之累年,士以行實聞於朝廷,載在仕版,已足以勸矣。尚取行實之尤異者,旌其門閭,使鄉里至愚者皆知遷善遠罪。"從之。

九月癸酉,詔八行人多占學額,日久致妨士人入學,可依條限貢發施行。

六年十二月甲戌,臣僚上言:"欲乞今後八行預貢之人,必與諸州貢士混試太學上舍,俟其中選,然後隨所中等第與之升舍,應所推恩,如上舍法。不中選者,還之本貢。"手詔:"依所奏。"

重和元年八月丁巳,御筆:"諸州添差八行教授,自今許添大藩,不預執事。"

州縣學　　武學附

崇寧元年八月甲戌,右僕射蔡京請:"以學校爲今日先務,乞天下並置學養士。如允所請,乞先次施行。一,乞罷開封府解額,除量留五十人充開封府上舍人取應外,餘並改充天下貢士之數。所有諸州軍額,各取三分之一添充貢士額。一,乞天下並置學

---

① 自今應以八行延入縣學者　底本脱"應"一字,據嘉慶本補。
② 從奉議郎王愈奏請也　"請"底本作"議",據文意改。

行而兼中等一行,或兼下一行者,爲上舍下等之選;全有中二行,或中等一行而兼下一行者,爲内舍之選;餘爲外舍之選。一,諸士以八行中三舍之選者,上舍貢入,外舍在州學半年不犯第二等罰,升爲上舍;外舍一年不犯第三等罰,升爲内舍,仍準上舍法。一,諸士以八行中上舍選而被貢入太學者,上等在學半年,不犯第三等罰,司成已下考驗行實聞奏,依太學貢士釋褐法取旨推恩;中等依太學上等法,待殿試推恩;下等依太學中等法。一,諸士以八行中選,在州縣,若太學皆免試,補爲諸生之首,選充職事及諸齋長、諭。一,諸士以八行考士,爲上舍上等,其家依官户法;中下等,免户下支移折變借倩身丁,内舍免支移身丁。一,諸謀反、謀叛、謀大逆,子孫同。及大不恭、詆訕宗廟、指斥乘輿,爲不忠之刑;惡逆、詛罵、告言祖父母、父母,別籍異財、供養有闕、居喪作樂、自娶、釋服匿哀,爲不孝之刑;不恭其兄,不友其弟、姊妹、叔嫂,相犯罪杖,爲不悌之刑;殺人、略財、放火、強姦、強盜,若竊盜及不道,爲不和之刑;謀殺及略賣緦麻以上親、毆大功尊長、小功尊屬若内亂,爲不睦之刑;詛罵、告言外祖父母與外媾有服親、同母異父親若妻之尊屬,相犯至徒,違律爲婚、停妻娶妻,若無罪出妻,爲不媾之刑;毆受業師、犯同學友至徒,應相隱而輒告言,爲不任之刑;詐欺取財罪杖,告囑者鄰保伍有所規求避免,或告事不干己,爲不恤之刑。一,諸犯八刑,縣令佐、州知通以其事自書於籍,報學,應有入學,按籍檢會施行。一,諸士有犯不忠、不孝、不悌、不和,終身不齒,不得入學;不睦,十年;不媾,八年;不任,五年;不恤,三年。能改過自新,不犯罪而有二行之實,耆鄰保伍申縣,縣令佐審聽入學,在學一年,又不犯第三等罰,聽齒於諸生之列。"

六月庚午,御筆令諸州學以御製八行、八刑刻石,從江東轉運副使家彬奏請也。

八月庚午,資政殿學士、中太一宫使兼侍讀鄭居中乞以所賜御書八行、八刑模刻於石,立之學宫。從之。

十二月壬午,御筆:"八行之士①,所在皆得以名聞,不限在學不在學。令學制局申明行下。"從提舉福建路學事②陳汝錫奏請。

---

① 八行之士　長編拾補卷二七同,嘉慶本、宋會要輯稿選舉一二之三五、群書考索後集卷二七均作"八行八刑之士"。
② 提舉福建路學事　"事"底本作"士",嘉慶本、長編拾補卷二七同,據宋會要輯稿選舉一二之三五、群書考索後集卷二七改。

卷第一百二十六

徽宗皇帝

八行取士

大觀元年三月甲辰,詔以八行取士:善父母爲孝,善兄弟爲悌,善内親爲睦,善外親爲婣,信於朋友爲任,仁於州里爲恤,知君臣之義爲忠,達義利之分爲和。孝、悌、忠、和爲上,睦、婣爲中,任、恤爲下。實錄有。詔曰:"學以善風俗,明人倫,而人才所自出也。今有教養之法,而未有善俗明倫之制,殆未足以兼善天下。孔子曰:'其爲人也,孝悌而好犯上者鮮矣。不好犯上而好作亂者,未之有也。'蓋設學校,置師儒,所以敦孝悌。孝悌興則人倫明,人倫明則風俗厚,風俗厚則人材成、刑罰措。朕考成周之隆,賓興萬民,以六德六行,否則威之以不孝、不悌之刑。比已立法,保任孝、悌、睦、婣、任、恤、忠、和之士。去古綿邈,士非里選,習尚科舉,不孝不悌,有時而容,故任官臨政,趨利犯義,詆訕貪污,無不爲者。此官非其人,士不素養故也。近因餘暇,稽周官之書,制爲法度,頒之學校。明倫善俗,庶幾於古。一,諸士有善父母爲孝,善兄弟爲悌,善内親爲睦,善外親爲婣,信於朋友爲任,仁於州里爲恤,知君臣之義爲忠,達義利之分爲和。一,諸士有孝、悌、睦、婣、任、恤、忠、和八行見於事狀,著於鄉里者,耆鄰保伍以行實申縣,縣令佐審察,延入縣學,考驗不虛,保明申州如令。一,諸士八行,孝、悌、忠、和爲上,睦、婣爲中,任、恤爲下。士有全備八行,保明如令,不以時隨奏①,貢入太學,免試爲太學上舍,司成以下引問考驗,較定不誣,申尚書省取旨,釋褐命官,優加擢用。一,諸士有全備上四行,或不全一行而兼中等二行,爲州學上舍上等之選;不全上二行,而兼中等一行,或不全上三行而兼中二行者,爲上舍中等之選;不全上三

---

① 不以時隨奏　宋史卷一五七選舉志作"不俟中歲即奏"。

以爲然，復罷矣。初，尚書省措置內六項云：一，兼管事務，近有司將諸司管勾官於不許差出官內兼充，顯有相妨。及其餘舊來兼管及合委官事務，諸路州軍不一，謂如軍資庫諸司管勾官①、架閣庫、理欠、憑由、磨勘司、糧料院、倉庫給納、監庫務之類，今來並合依舊兼領。如所兼事務與今定官屬合行那移，自今所屬於合差出官內差，或不合差出官於法合差者，相度事繁簡，別無妨礙，即差委施行。一，今來所置官屬，並先以見任人陞等填闕，候通理滿替日，依新法施行。謂如大藩曹官，合差承務郎以上，若本等人不足，且權令見任職官充。又如餘州曹官，合差職官人若不足，即以見任判司權充之類。除以見任官差填外，不足即依新定格目差除。一，今來合置司錄參軍，其本州見任有簽判及錄參，並類承務郎以上者，欲將簽判改充，內曹官合差選人處，即權令今見錄參充近上曹官，候通理滿替日替罷，即以新法差注施行。如願罷者聽。內無簽判處，其見任錄參係承務郎以上者，即就改充。一，司錄參軍糾舉諸案稽遲，在六曹官之上。其不置司錄處，即合通判糾舉。一，應已分定六曹去處，如行移、關牒、申奏文字之類，並只以本曹僉書官及諸通繫銜②，內事有干別曹者，即同銜繫書。謂如工曹文字內有干刑曹者，即兩曹通書行遣之類。一，應今來分曹建椽條件，與大觀三年四月以前已降指揮合通行者，並兼行；內有相妨者，從今來指揮。其上件月日已後指揮更不施行。

---

① 諸司管勾官　"官"底本作"宮"，據嘉慶本改。
② 及諸通繫銜　長編拾補卷三一同，嘉慶本"諸"作"知"。

次知縣,次經任監當人。曹官、掾官:士曹參軍一員、士曹掾一員,兼户、儀曹;户曹參軍一員,管左推勘公事;儀曹參軍一員、兵曹掾一員,兼刑曹;兵曹參軍一員,管右推勘公事;刑曹參軍一員,並差判司,兼檢法、議刑;工曹參軍一員,並差職官,次令録,次判司。

舊六員事簡共四十處,今置七員:司録參軍一員,差承務郎以上簽判,次知縣,次經任監當人。曹官、掾官:士曹參軍一員、户曹參軍一員、儀曹參軍一員,兼管左推勘公事;兵曹參軍一員、刑曹參軍一員,兼管檢法、議刑;工曹參軍一員,兼管右推勘公事,並差職官,次令録,次判司。

舊五員事簡共五十二處,今置六員:司録參軍一員,差承務郎以上簽判,次知縣,次經任監當。曹官、掾官:士曹參軍一員,兼管左推勘公事;户曹參軍一員、儀曹參軍一員、刑曹參軍一員,兼管檢法議刑;工曹參軍一員,兼管右推勘公事,並差職官,次令録,次判司。

舊四員事簡共四十九處,今置五員:司録參軍一員,差承務郎以上簽判,次知縣,次經任監當。曹官:士曹參軍一員,兼儀曹,管左推勘公事;户曹參軍一員;兵曹參軍一員,兼工曹,管右推勘公事;刑曹參軍一員,兼管檢法、議刑,並差職官,次令録,次判司。

舊二員、一員事簡共十四處,今置三員:司録參軍不置。曹官:士曹參軍一員,兼儀曹,兼推勘公事;户曹參軍一員,兼兵曹;刑曹參軍一員,兼工曹,兼管檢法、議刑,差判司。見詔旨。又奏:"契勘左右選員多闕少。學校教養,以成其材,既命以官,無闕除授,天下事務,比祖宗時過多,而分職置官,尚仍祖宗之舊。諸州官少,乏治事之人,吏部員冗,無試用之地,蓋失措置久矣。今除已添差縣丞等外,以吏部人數凡四萬三千有奇,而吏部闕額一萬四千有奇,是三人待闕,端閉六年,然後得禄。士大夫不至廉謹,亦良以此。今因參定州縣曹掾,量增員額五百餘處,雖未足以稱事建官,亦以助吏員云云。"詔依新定官名,自來年正月一日奉行詔旨。

蔡絛云:政和間,魯公又建白天下分曹建掾,其實患員多闕少,且立規模之美而已①。其後議者皆不

---

① 且立規模之美而已 "且"底本作"具",據嘉慶本、長編拾補卷三一改。

行措置云云。今契勘昨吏部與敕令所講定到諸州六曹參軍,置員多寡不稱,立定左右治獄參軍名稱非古。又六曹參軍外史①,依開封置散參軍,員額混淆無別。"按:古有六曹掾名,可依舊復置,庶官稱不雜,分職聯治,各有分守。今擬州府分曹建掾格目如後:

三京:河南府舊一十一員,大名府舊九員,應天府舊十員。今置一十五員:司錄參軍一員,差承務郎以上通判,次簽判;曹官、掾官:士曹參軍一員、士曹掾一員,户曹參軍一員、户曹掾一員,儀曹參軍一員、儀曹掾一員,兵曹參軍一員、兵曹掾一員,刑曹參軍一員、刑曹掾一員。工曹參軍二員,分左、右,管推勘公事;工曹掾一員,並差承務郎以上簽判,次知縣一員,兼管檢法、議刑,並差職官,次令錄,次判司。

大藩五十二處,並繁難,舊九員,共四處,今置一十三員:司錄參軍一員,差承務郎以上簽判,次知縣。曹官:士曹參軍一員、户曹參軍一員、儀曹參軍一員、兵曹參軍一員、刑曹參軍一員、工曹參軍一員,並差承務郎以上簽判,次知縣,次監當,如使闕,限滿過一月無人就,即差職官。掾官:士曹掾一員,兼儀曹;户曹掾一員,兵曹掾一員,兼工曹;刑曹掾三員,分左、右,管推勘公事,一員兼管檢法、議刑,差判司。

舊七員、八員共四十六處,今置十員:司錄參軍一員,差承務郎以上簽判,次知縣。曹官:士曹參軍一員、士曹掾一員,兼户曹,管左推勘公事;户曹參軍一員、户曹掾一員;儀曹參軍一員、儀曹掾一員,兼兵曹,管右推勘公事;兵曹參軍一員;刑曹參軍一員,刑曹掾一員,兼工曹,兼管檢法、議刑;並差承務郎以上簽判,次知縣,次監當。如使闕,限滿過一月無人就,即差職官。

餘州二百六十處,舊七員、八員事繁,共一十三處,今置一十員:司錄參軍一員,差承務郎以上簽判,次知縣,次經任監當。曹官:士曹參軍一員、士曹掾一員,兼户曹;户曹參軍一員,管左推勘公事;儀曹參軍一員、儀曹掾一員,兼兵曹;兵曹參軍一員,管右推勘公事;刑曹參軍一員、刑曹掾一員,兼工曹;工曹參軍一員,管檢法、議刑,並差職官,次錄參,次判司。

舊七員事簡、六員事繁共四十處,今置九員:司錄參軍一員,差承務郎以上簽判,

---

① 又六曹參軍外史　長編拾補卷三一同,嘉慶本"史"作"吏"。

大將等新官:進武副尉,舊官大將;進義副尉,舊官正名軍將①;守闕進義副尉②,舊官守闕軍將③。右三階。

殿侍新官:下班祇應,差在京宗室及外州軍祇應稱殿侍非是,除東、西班應奉人依舊外,餘改作下班祇應④。

南班環衛官、諸衛大將軍、諸衛將軍、率府率、率府副率別無職領,不礙官制,合仍舊。衛官各有三等:上將軍、大將軍、將軍,共四十六階⑤;左右金吾衛、左右驍衛、左右武衛、左右屯衛、左右領軍衛、左右監門衛、左右千牛衛、左右衛,合依舊;率府率、率府副率五等十階;左右衛司禦率府率、左右衛清道監門內率府率、左右衛司禦清道率府副率、左右監門率府副率、左右內率府副率,合仍舊。

醫職新官:和安大夫、成和大夫、成安大夫、成全大夫,舊官軍器庫使;保和大夫,舊官西綾錦使;保安大夫,舊官權易使;翰林良醫,舊官翰林醫官使;和安郎、成和郎、成安郎、成全郎,舊官軍器庫副使;保和郎,舊官西綾錦副使;保安郎,舊官權易副使;翰林醫正,舊官翰林醫官副使。令吏部依此頒行。

朱勝非云:元豐議官制,殿帥張誠一有眷,數言事。內出誠一劄目送局,請改內侍官名,局官蘇頌、蔡京、王震、陳積同奏事進呈。神宗顧視左右曰:"此無內臣。祖宗為此名,蓋有深意,豈可輕議?"取劄子入御袖。至崇寧初,蔡京相徽宗,置殿中監,近侍遂有分職。鄭居中執政,議武選,其後命下,文、武俱稱郎、大夫,內侍預焉。自是押班、都知、殿頭、內養等名一切革去之。蓋京與居中皆結閹寺以進,故與之為地如此。

詔節度使以下更不帶持節等,只稱某軍節度使之類。其通侍、正侍、中侍大夫三階,內外通轉,所理磨勘,並依橫行舊例。又詔通侍、正侍、中侍大夫請授,並依元舊官則例支破。又詔新定三公、輔弼並武選等官名,自來年正月一日奉行。尚書省言:"檢會政和三年六月八日朝旨,吏部與重修敕令所同共講究到分曹建廨指揮,令尚書省別

---

① 正名軍將 "軍將"底本作"將軍",據嘉慶本、宋會要輯稿職官五六之三七、宋大詔令集卷一六三改武選官名詔乙正。
② 守闕進義副尉 底本脫"進義"二字,據嘉慶本、宋會要輯稿職官五六之三七、宋大詔令集卷一六三改武選官名詔補。
③ 舊官守闕軍將 底本"官"下衍"進義"二字,據嘉慶本、宋會要輯稿職官五六之三七、宋大詔令集卷一六三改武選官名詔刪。
④ 餘改作下班祇應 宋會要輯稿職官五六之三七、宋大詔令集卷一六三改武選官名詔"餘"下有"令"一字。
⑤ 共四十六階 "六"底本作"八",據宋大詔令集卷一六三改武選官名詔改。

武大夫,舊官東上閤門使;右武大夫,舊官西上閤門使;中亮郎,舊官客省副使①;中衛郎,舊官引進副使;左武郎,舊官東上閤門副使;右武郎,舊官西上閤門副使,右一十二階,大夫帶遙郡仍舊,內通事舍人、閤門祗候、看班祗候仍舊。

皇城使以下新官:武功大夫,舊官皇城使;武德大夫,舊官宮苑使、左右騏驥使、內藏庫使;武顯大夫,舊官左藏庫使、東作坊使、西作坊使;武節大夫,舊官莊宅使、六宅使、文思使;武略大夫,舊官內園使、洛苑使、如京使、崇儀;武經大夫,舊官西京左藏庫使;武義大夫,舊官西京作坊使,東、西染院使,禮賓使;武翼大夫,舊官供備庫使。右八階帶遙郡仍舊。

皇城副使以下新官:武功郎,舊官皇城副使;武德郎,舊官宮苑副使、左右騏驥副使、內藏庫副使;武顯郎,舊官左藏庫副使、東作坊副使、西作坊副使;武節郎,舊官莊宅副使、六宅副使、文思副使;武略郎,舊官內園副使、洛苑副使、如京副使、崇儀副使;武經郎,舊官西京左藏庫副使;武義郎,舊官西京作坊副使,東、西染院副使,禮賓副使;武翼郎,舊官供備庫副使。右八階。

內殿承制以下小使臣新官:敦武郎,舊官內殿承制;修武郎,舊官內殿崇班;從義郎,舊官東頭供奉官;秉義郎,舊官西頭供奉官;忠訓郎,舊官左侍禁;忠翊郎,舊官右侍禁;成忠郎,舊官左班殿直;保義郎,舊官右班殿直;承節郎,舊官三班奉職;承信郎,舊官三班借職;進武校尉,舊官三班差使;進義校尉,舊官三班借差。右十二階。

入內、內侍省兩省新官:供奉官,舊官內東頭供奉官;左侍禁,舊官內西頭供奉官;右侍禁,舊官殿頭;左班殿直,舊官高品;右班殿直,舊官高班;黃門,仍舊;祗候侍禁,舊官祗候殿頭;祗候殿直,舊官祗候高班②;祗候黃門內品③,舊官祗候高班內品;內品,仍舊內品;祗候內品,仍舊祗候內品;貼祗候內品,仍舊貼祗候內品。右一十二階:八階改,四階仍舊。

---

① 客省副使　底本作"引進副使",嘉慶本、長編拾補卷三一同,據文獻通考卷六四職官考五七九下、宋史卷一六九職官志改。
② 舊官祗候高班　"高班"底本作"高品",據嘉慶本、宋會要輯稿職官五六之三七、宋大詔令集卷一六三改武選官名詔、文獻通考卷六四職官考一八改。
③ 祗候黃門內品　底本脫"內品"二字,據宋大詔令集卷一六三改武選官名詔、宋會要輯稿職官五六之三七補。

制,立三孤之官,乃次輔之位。三孤貳公洪化,寅亮天地,或稱爲三少,爲次相之任。尚書省令,太宗皇帝曾任,今宰相之官已多,不須置。新官太宰,舊官左僕射;新官少宰,舊官右僕射。門下省新官左輔,舊官侍中;中書省新官右弼,舊官中書令。"

實録有此,但略加删潤,今以詔旨別修。爲尚書令者,唐太宗也。當時有失稽考,今但存本文。蔡絛亦同此誤。蔡絛國史後補:官制,國朝沿唐故事,太師、太傅、太保爲三師,太尉、司徒、司空爲三公,尚書令、侍中、中書令爲三省長官。同中書門下平章事爲宰相。元豐中官制行,皆如故,獨改平章事爲尚書左、右僕射。至政和初,仿周官之制,遂以太師、太傅、太保爲三公,易少師、少傅、少保爲三少,蓋古謂之"三孤"。孤之爲名不雅,因以爲"三少"焉。尚書令,則國初太宗皇帝嘗爲之,後不敢拜,以爲故事,則如故。若侍中、中書令,因易爲左輔、右弼,雖易名焉,亦未始有除授者。至左、右僕射,則改爲太宰、少宰,又復存太尉,乃仿秦、漢,以爲掌兵官,其恩禮儀物咸視執政,蓋特命武臣焉。而三公者,當時爲官不必備,惟其人,非前日之制,特爲官稱而已,乃職任也,故以三公兼領三省事。三省事,宰相未嘗不兼領,但不若今制,以三公別總三省事,爲官長矣。時魯公既爲太師,乃號公相,蓋以三公而下兼相任者。然魯公懼權重,固辭此禮,丐免書門下省,所以丐免書門下省者,以樞密院事皆過門下省,不欲任兵柄故也。上始不聽,魯公曰:"今獨臣免書而已,其制固存。"乃從之。行之久矣。宣和七年,李邦彦執政,魯公既罷而致仕,乃改太師,直以尚書令代爲三公,蓋塞復相之路,而使不敢拜焉。

詔曰:"在昔神考①,董正治官,肇建文階,以禄多士。聯職合治,各有等差。名實既賓,以克用乂。而武選官稱循沿末世,有志未就,以迄於今。述而後明,靡敢怠廢。朕夙夜惟念易而新之,訓迪厥官,自我作古。夫名不正則言不順,言不順則事不成。凡爾有官,尚謹乃止,欽哉成憲②,其爾之休。所有武階,磨勘、遷改、請給、奏蔭等,凡厥恩數,悉如舊章。咨爾有衆,祗于新書③,無忽。"

正任節度、觀察留後、觀察使、防禦使、團練使、刺史,右六階仍舊不帶持節等。

横行新官:通侍大夫,舊官内客省使;正侍大夫,舊官延福宫使;中侍大夫,舊官景福殿使④;中亮大夫,舊官客省使;中衛大夫,舊官引進使;拱衛大夫,舊官四方館使;左

---

① 在昔神考 "在昔",宋大詔令集卷一六三改武選官名詔作"昔在"。
② 欽哉成憲 "哉"底本作"我",據宋大詔令集卷一六三改武選官名詔改。
③ 祗于新書 "祗于"底本作"其祗",據宋大詔令集卷一六三改武選官名詔改。"祗于新書",宋謝維新事類備要後集卷六一文武階官門武階作"祗予詔書"。
④ 景福殿使 "殿"底本作"宫",據嘉慶本、長編拾補卷三一、文獻通考卷六四職官考五七九下、宋史卷一六九職官志改。

六月戊午,太師、魯國公蔡京進封陳、魯國公。己未,童貫加檢校少傅、威武軍節度使,梁師成爲檢校少保、興德軍節度使,宣和殿學士蔡攸爲宣和殿大學士,大中大夫、開封尹王革遷三官,宣和殿學士、大中大夫盛章遷兩官,顯謨閣待制蔡絛、蔡翛並爲龍圖閣直學士。皆以明堂成推賞也。

<small>明堂推賞,童貫及梁師成降制,蔡攸以下別降御筆。實録不書貫及師成,蓋疏略也,今增入之。自餘轉正任、横行者甚多①,姑從實録,更不一一書之。</small>

乙亥,太師、魯國公蔡京等上表,請御明堂聽朝,頒常視朔。詔答不允。表三上,乃從之。

九月辛卯,祀上帝於明堂,以神宗皇帝配享。

十月乙卯朔,御明堂平朔左个,以是月天運政治布告於天下,又頒來歲歲運曆數。癸未,蔡京等三上表,恭請皇帝御明堂,負扆朝百辟南面,以聽天下。從之。

重和元年十二月壬寅,御製明堂頌。

官制

政和二年九月癸未,詔曰:"朕所與共天下之政者,惟二三執政之臣,而官稱之名、位序之實,未足以垂示萬世。昔我神考訓迪厥官②,有司不能奉承。仰惟前代,而以僕臣之賤充宰相之任,六卿之職爲三公之官,有志改爲,或未遑暇。朕遹追來孝,若昔大猷,稽三代公孤之名,考左輔右弼之號,是正名實,惟古之師,分職率屬,期予於治。官不必備,而惟其人。祇於新書,克謹厥服,同底於道,以成烈考之志,豈不韙歟?公、少若除三公,即爲宰相,合不帶太宰、少宰、左輔、右弼之任。三少、特進以下,即帶太宰等官稱治省事。三公新官:太師,舊官太師;太傅,舊官太傅;太保,舊官太保。此古三公之官,爲宰相之任,今爲三師。古無三師之稱,合依三代爲三公,論道經邦,燮理陰陽。官不必備,惟其人爲真相之任。三少,新官少師,舊官太尉;少傅,舊官司徒;少保,舊官司空。太尉以下,舊爲三公,緣司徒、司空、周六卿之官,非三公之任,乃今之六曹尚書是也。太尉,秦官,居主兵之任,亦非三公。太尉、司徒、司空合罷,並依周

---

① 甚多　嘉慶本作"尚多"。
② 昔　底本作"者",據宋大詔令集卷一六三新定三公輔弼御筆手詔改。

以還,有爲之君,雖欲稽法先王,終不能如古,蓋違經循俗,惑於衆説,失其旨意①。朕永惟嚴父、饗帝之禮尚闕未備,取考工記所載,考其互見之文,得其製作之本,命工俘圖,無一不合。"又曰:"朕萬機之暇,取夏后氏益土室之度,兼商人四阿重屋之制,從周人度以九尺之筵,上圓象天、下方法地、四户以合四序、八窗以應八節、五室以衷五行②、十二堂以聽十二朔,九階四阿,每室四户,夾以八窗。兼三代之遺制,黜諸儒之臆説。饗帝嚴父、聽朔布政於一堂之上,於古皆合,其制大備。宜令明堂使司遵圖建立,以稱朕意。布告中外,咸使聞知。"於是内出明堂小樣於崇政殿,集百官宣示,命太師、魯國公蔡京爲明堂使,宣和殿學士蔡攸討論指畫制度,顯謨閣待制蔡絛、蔡儵,殿中監宋昇參詳,興德軍留後梁師成爲都監,保康軍留後童師敏爲承受,以開封尹盛章彈壓兵匠。章罷,以王革代之,復以章爲參詳。明堂使蔡京言:"夏后氏世室,堂修十四步,方六尺爲步。廣益七步半。土室方四步,廣益四尺。木、火、金、水四室各方三步,廣益三尺。商人重屋,堂修七尋,八尺爲尋。崇三尺,四阿重屋。周人明堂度九尺之筵,東、西九筵,南、北七筵,堂一筵③;五室,凡室二筵,則五室各自方一丈八尺。三代之制,修廣不相襲。夏度以六尺之步,商度以八尺之尋,而周以九尺之筵。世每近,制每廣。今若以二筵爲太室,方一丈八尺,則室之中設版位、禮器已不可容,理當增廣。今從周之制,以九尺之筵爲度,太室修四筵,三丈六尺。廣五延,四丈五尺。共爲九筵。木、火、金、水四室各修三筵益四五④,三丈一尺五寸⑤。廣四筵,三丈六尺。共七筵,益四尺五寸。十二堂,古無修廣之數,今亦度以九尺之筵。明堂、元堂各修四筵,三丈六尺。廣五筵,四丈五尺。左右个各修廣四筵,二丈六尺。青陽、總章各修廣四筵,三丈六尺。左右个各修四筵,三丈八尺。廣二筵益四五。二丈 尺五寸。四阿各四筵。三丈六尺。堂柱外基各一筵。九尺。堂總修一十九筵,十七丈一尺。廣二十一筵。十八丈九尺。"詔悉從之。

七年三月壬子,御製明堂上梁文。

四月丙子,詔親祠明堂。

---

① 失其旨意 "旨"底本作"指",據嘉慶本改。
② 五室以衷五行 "衷",嘉慶本作"聚"。
③ 堂一筵 嘉慶本"堂"下有"崇"一字。
④ 益四五 嘉慶本作"益四尺"。
⑤ 三丈一尺五寸 嘉慶本作"三丈一尺"。

監李誡同舜仁上殿①。八月十六日,李誡、姚舜仁進明堂圖,上謂誡等曰:"聖人郊祀,后稷以配天,配以祖宗。祀文王於明堂,配以考。兩者當並行。明堂之禮廢已久,漢、唐卑陋不足法,宜盡用三代之制,必取巨材,務要堅完,以爲萬世之法。"遂詔依舜仁等所奏明堂圖議營建,唯不得科率勞民,仍令學士院降此詔云。

十月己巳,詔:"明堂功力浩大,須寬立期限營建,俟過來年丙戌妨礙外,取旨興功。仍令胡師文、梁子美各於本部出材木處,據合用造成熟材,般輦上京。其見役工,可權罷。"

胡師文,淮南發運;梁子美,河北都運。實錄但云詔修建明堂,俟過來歲興役,不顯因由。今用詔旨刪修。八月二十四日,初下詔修建。

五年正月丙午,詔:"近以肇建明堂,下諸路和買材植物料。已買到者,速償其價,漸次附綱送京師;未買者並罷。其拋造工作,如已造或願輸官者,依實直給價;未造者罷之。官司如敢督索,並科違制之罪。"

政和五年七月丁丑,手詔:"孝莫大於嚴父,嚴父莫大於配天。遠而尊,故配祖於郊;近而親,故配嚴父於明堂。今三歲一郊,侑我烈祖,而宗祀明堂,以配上帝,寓於殿寢,禮蓋云闕。朕嗣承先烈,君臨萬邦,罔極之懷,欲報無所,夙興夜寐,靡遑寧處。崇寧之初,嘗詔建立。去古既遠,歷代規模,無足循襲。朕萬機餘閑,黜諸儒臆說,刺經稽古,度以九筵,分其五室,通以八風,上圓下方,參合先王之制,必庶幾焉。相方視址於寢殿之南,僝工鳩材,自我作古,以稱朕昭事上帝、率見昭考之心。"御筆:"修製明堂,國之大政,即與前後營造事體不同。應有司官屬,自當竭力奉上,以成大功。如是修製所抽人匠、取索材料、材植,如敢占吝隱諱,不即發遣應副者,監官不以官高低,並行除名勒停,送廣南遠惡州軍編管。"

八月癸卯,詔修建明堂,布告大廷,依大禮例,奏告天地、宗廟、社稷、宮觀、諸陵及五嶽、四瀆等。己酉,詔秘書省移於他所,以其地爲明堂。杭州觀察使陳彥言:"明堂基宜正臨丙方稍東,方以據福德之地。"故有是詔。壬子,手詔曰:"明堂之制,自三代

---

① 李誡　底本作"李誠",據宋會要輯稿禮二四之七一改,嘉慶本卷一二六之"將作少監李誡"可爲參證。下文"李誡""誡"同。

之制；其崇九尺，以應周官一筵之數。門堂取則於正堂三之二，其修九步三分步之一，其廣十一步三分步之二。其門堂各爲一室，取則於門堂三之一，其修三步十分步之一，其廣三步六十八分步之五十三。室居中，其修四步，其廣四步三分步之二。四阿重屋，各爲一室，其修三步，其廣三步二分步之一。每室爲四戶，以法四時。四旁爲八窗，以象八節。皆法三代之制。總而計之，凡九室以象九州，三十六戶以法三十六旬，七十二牖以應七十二氣，九階以用天之道九①，上圓下方以體天地之形。四隅無壁，以法皇道之四達。戶設而不閉，以示不藏。室覆以茅，貴其質也。東序、西序合二百一十有六，乾之策也。驗之於古則有稽，參之於禮則不悖。奢不至靡，儉不至陋，號爲崇寧明堂定制之圖。爰漢歷唐，茲禮殆廢，舉而行之，意在今日，千載一時，超絶邃古。臣愚妄議典禮，死有餘罪。"戊子，詔曰："朕若稽先王饗帝之義②、嚴父之禮，布政之居，夏有世室，商有重屋，周有明堂，對越在天，以孝以享。朕承祖宗積累之緒，永惟先帝盛德休烈，懼無以稱，而宗祀之報，尚或闕焉③。中夜以興，怵惕靡安④。比詔有司審加論定，具圖來上，於禮有稽，追三代之墜典，黜諸儒之異説，作而成之，庶幾乎古⑤。朕將秩禮祇載，昭事上帝，佑我烈考，斂時五福⑥，用敷錫于庶民⑦。其姚舜仁所奏明堂圖⑧，可依所定營建⑨。"

　　蔡絛云：先是，崇寧四年七月二十七日，宰相蔡京等進呈庫部員外郎姚舜仁請即國丙巳之地建明堂，繪圖以獻上。上曰："先帝常欲爲之，有圖見在禁中，然考究未甚詳。"京曰："明堂之制，見於禮記、周官之書，皆三代之制，參錯不同，學者惑之。舜仁留心二十餘年，始知周官、考工記所載三代之制，爲文各互相備，故得其法。今有二圖，一齋宫悉南向，一隨四時方所向⑩。"上曰："可隨四時方所向。"仍令將作

---

① 九階以用天之道九　"用"，嘉慶本作"周"。
② 朕若稽先王饗帝之義　"稽"，宋會要輯稿禮二四之七二作"昔"，宋大詔令集卷一二四明堂圖御筆手詔無"稽"一字。
③ 尚或闕焉　"或"底本作"有"，據宋大詔令集卷一二四明堂圖御筆手詔改。
④ 怵惕靡安　"安"底本作"究"，據宋大詔令集卷一二四明堂圖御筆手詔改。
⑤ 庶幾乎古　"古"底本作"在"，據宋大詔令集卷一二四明堂圖御筆手詔改。
⑥ 時　宋大詔令集卷一二四明堂圖御筆手詔作"其"。
⑦ 用敷錫于庶民　"于"底本作"厥"，據宋大詔令集卷一二四明堂圖御筆手詔、宋會要輯稿職官二四之七二改。
⑧ 其姚舜仁所奏明堂圖　"其"，據宋大詔令集卷一二四明堂圖御筆手詔作"有"。
⑨ 營建　宋大詔令集卷一二四明堂圖御筆手詔"營建"下有"唯不得科率勞民，仰並從官給，仍令學士院降詔施行"二十一字。
⑩ 一齋宫悉南向一隨四時方所向　長編拾補卷二五作"一其齋宫悉南向，一隨四時方所向"，宋會要輯稿禮二四之七一作"其齋宫一悉南向，一隨四時方所向"。

卷第一百二十五

徽宗皇帝

明堂

　　崇寧四年八月丁亥，庫部員外郎姚舜仁言："伏聞神宗皇帝嘗詔侍臣，欲考古三雍之制，開明堂、辟雍，以發政施仁，其初志蓋將以追配黃帝、三代之治①。元祐紛擾之後②，紀綱法度靡復存者。陛下天縱之聖，獨見於昭曠之先，而執政大臣相與發明神考之遺訓，肇建外學，規制辟廱③，而弦誦之音徧於天下，茲盛德之舉也。"又曰："今陛下恢復先烈，蒐講上儀④，體虞庠之制，立近郊之學，即丁未之方，申辟雍之教，與夫區區之漢、唐增煥祈年之館⑤、大營避暑之宮，萬萬相遼矣。臣伏願陛下上規黃帝、三代之遺制，下采戴禮、經傳、群儒之碩論，即國之東，丙巳之地，正明堂之大禮，革皇祐權宜之設，定崇寧不刊之規，具大駕之鹵簿，備五輅之禮容。俾夫旗物舒布於國門，鼓吹徐引於馳道。萬國諸侯咸覯於縟禮，四方賓客皆睹於盛儀⑥。則烈祖在天，罔不來格；上帝時歆，罔不顧諟。陛下雖未及登封泰華之巔，禪地汾陰之北，而橫經四學，閱禮三雍，臨璧水以擎群英之綱，御明堂而受四海之贄，顧不盛哉！"又曰："臣謹參考古禮，繪成圖式，以獻其制。中為一堂，上設重屋，太室居中，四阿重屋，四門四堂，各為一室。其八室以通八方⑦，以擬八卦。外闢四門，以示明四目、達四聰之義。四面各為五門，以應五行，皆法禮記明堂位之文。堂修十四步，其廣十四步二分步之一，應周官世室

---

① 三代之治　"治"底本作"法"，據嘉慶本、長編拾補卷二五、宋會要輯稿禮二四之七〇引九朝長編紀事本末改。
② 紛擾　嘉慶本、宋會要輯稿禮二四之七〇引九朝長編紀事本末作"紛攘"。
③ 規制辟廱　"制"，宋會要輯稿禮二四之七一引九朝長編紀事本末作"創"。
④ 蒐講上儀　"講"底本作"請"，據長編拾補卷二五、宋會要輯稿禮二四之七一引九朝長編紀事本末改。
⑤ 與夫區區之漢唐　底本脫"之"一字，據嘉慶本、宋會要輯稿禮二四之七〇引九朝長編紀事本末補。
⑥ 皆睹於盛儀　"皆"，嘉慶本、宋會要輯稿禮二四之七一均作"咸"。
⑦ 其八室以通八方　"其"，宋會要輯稿禮二四之七一引九朝長編紀事本末作"共"。

戊申，三省檢會大觀二年正月一日赦書內一項，應元祐黨人，不以存亡及在籍，可特與敘官。勘會前任宰臣執政官見存人韓忠彥、蘇轍、安燾，安燾此月十四日已卒，三省檢會蓋在此前。身亡人文彥博、呂公著、呂大防、劉摯、曾布、章惇、梁燾、王巖叟、李清臣、范純禮、黃履。詔見存人與復一官。太中大夫、提舉崇福宮韓忠彥特授通直大夫，降授朝請大夫①蘇轍可特授太中大夫②，中奉大夫、提舉鴻慶宮安燾可特授中大夫，故降授太子少保、潞國公文彥博可追復太子太保，故追復左光禄大夫呂公著可追復右銀青光禄大夫，故追復太中大夫呂大防可追復通議大夫，故追復朝請大夫劉摯可追復朝議大夫，故太中大夫曾布可追復通議大夫，故追復左中大夫章惇可追復通議大夫，故追復朝散大夫梁燾可追復朝請大夫，故追復宣議郎王巖叟可追復宣德郎，故追復左中散大夫李清臣可追復中大夫，故追復左朝議大夫范純禮可追復左中散大夫，故追復中大夫黃履可追復太中大夫。

初草六月二十九日敕。

---

① 朝請大夫　"請"底本作"散"，據東都事略卷九三下蘇轍傳、宋史卷三三九蘇轍傳改。
② 太中大夫　"太中"底本作"朝散"，據東都事略卷九三下蘇轍傳、宋史卷三三九蘇轍傳改。

之初，奸臣乘間，得罪放廢，言念歲月之久，屢更赦宥，懷姦睥睨，報怨不已，公肆誣詆，罪在宗廟，朕不敢貸。其尚及貶所，或情輕法重，例被放棄；或非身自犯，因人得罪，止緣貪冒，附會朋比；或志匪誣謗，言有近似；或但緣辯理，語涉譏訕；或止因職事，偶涉更改。凡此之類，可據原貶責罪犯，審量其情，分輕重等第，取情理輕者與落罪籍，特與甄敘差遣。今將原編類冊內，依詳赦文，先次看詳到孫固、陸佃、王存、蔣之奇、趙瞻、安燾、顧臨、張問、朱師服①、錢勰、王欽臣、楊畏、李之純、王汾、馬默、周鼎、向訓②、李昭玘、歐陽棐、陳察、梁士能、楊彥璋、李賁、鍾正甫、許端卿、趙彥若、賈易、姚勔、呂希績、歐陽中立、葉伸、陳郛③、朱光裔、蘇嘉、吳儔、常立、李茂直、司馬康、都覩、鄧忠臣、廖正一、呂希哲、秦希甫、張耒、杜純四十五人。"詔除④孫固、安燾、賈易外，餘並出籍。尋又看詳到葉祖洽、郭知章、上官均、朱紱、种師極、錢景祥等六人。詔並出籍。

詔旨六月十九日可考。初草王珪、孫固出籍在四月十三日，今不取。實錄並不載黨人出籍事，甚無謂也。

六月戊戌，門下中書後省、左右司言⑤："除節次看詳中納孫固等六十人外，今依赦看詳到韓維、楊康國、趙卨、鮮于侁、龔原、董敦逸、呂希純、岑象求、孔武仲、葉濤、唐義問、余卞、宋保國、李深、陳祐、商倚、李之儀、范正平、李祉、韓治、曾紆、黃隱、馬諗、王履、任湙、趙希德、郭子旃、劉延肇、錢盛、吳休復、崔昌符、李愚⑥、李琮、吉師雄、趙希夷、王庭臣、高士權、李永、王獻可、李嘉亮、姚雄、潘滋、高茂華、滕友、張溥、梅君俞、楊瓛寶、林膚、彭醇、呂彥祖、陳唐、曹盥、王守、曹興宗、高公應、黃才、江公望、黃安期、梁俊民、王貫、張集、鹿敏求、李賁、高士育、逢純熙、趙令時、倪直孺、沈千、宋壽岳、侯顧道、趙越、周鍔、蕭刓、高遵恪、劉渭、楊琳、鄧允中、董祥、王交、楊朏、于肇、劉勃、許堯輔、謝潛、張夙、何大正、張裕、洪芻、鮮于綽、李積中、馮百藥、衮公適、李新、許安修等九十五人。"詔並出籍。

詔旨故事三月二十八日可考。實錄無黨籍事。

---

① 朱師服　嘉慶本、長編拾補卷二八同，宋會要輯稿職官七六之二六作"朱思服"。
② 向訓　嘉慶本、長編拾補卷二八均作"向級"，宋會要輯稿職官七六之二六作"向紃"。
③ 陳郛　"郛"底本作"孚"，據嘉慶本、宋會要輯稿職官七六之二六、長編拾補卷二八改。
④ 詔除　底本作"除詔"，據嘉慶本、宋會要輯稿職官七六之二七、長編拾補卷二八乙正。
⑤ 左右司言　底本無"言"一字，據上下文意，並參考本卷前文的"大觀二年三月戊寅，門下中書後省、左右司言"補。
⑥ 李愚　嘉慶本、長編拾補卷二八均作"李遇"。

朱紱,是四人者,皆元祐奸黨,詆誣宗廟,附會邪黨。今任以牧守,尚典方面,豈能奉行法令,體朝廷繼述之意哉?輿論紛然,咸以謂典刑若此,恐非所以明是非、示好惡於天下。若行放罷,予以宮祠①,尚為優幸。"詔朝請大夫、知江寧府徐勣提舉崇福宮,朝奉大夫、知虔州郭知章提舉鴻慶宮,新知漳州陳次升提舉明道宮,朝散大夫、知福州朱紱提舉洞霄宮。

七月壬辰,詔:"舊係籍人子弟不得到闕,而今許到闕者見訖赴部②,令預集注三次。集滿不授差遣者,特與直差注。又選人限一季,若在外指射差遣者聽,仍免直差,朝辭訖,限三日出門。一,係舊籍人子弟,曾任監司以上職事而身無顯罪者,令本部特與陞一等資任差注。一,係舊籍人子弟,不許注授在京差遣,其餘親屬,不得注在京應奉官司差遣。一,應舊係石刻人,並不許到闕。"先是,臣僚上言:"自正月十四日降指揮後來,係籍人親屬並上書邪等人稍輻湊闕下,守候差遣,或就吏部注擬在京官司。當時朝廷應天以實,內修政事,理固當然。竊恐浸久,有害紹述,宜略為防限,以示好惡。"故有是詔。

十一月癸丑,臣僚上言:"伏睹崇寧五年七月三日敕:'應係舊籍人子弟不得到闕。而今許到闕者見訖赴部,令預集注三次,集滿不授差遣者,特與直差。又選人限一季。若在外指射差遣者,聽免直差。朝辭訖,限三日出門。'陛下恢至仁之德,開自新之路,不忍終棄,復列仕途,茲誠堯、舜之用心也。又慮浸久,有害紹述,故略為防限,以示好惡。然到闕而見訖赴部,初無日限。臣愚伏望聖慈特降睿旨,應係舊籍人子弟許到闕者,若到闕三日,即令投下文字,朝見訖,三日即令赴部。所有集注、直差、朝辭、出門,自從舊條,則異趣之徒,不得倚法之脫略,而害紹述之聖政。若乃上書邪等人公肆狂妄,非上之所建立,所謂躬自蹈之,殆與係籍子弟連坐者異矣。是宜得罪,重於子弟。陛下縱以仁心,矜貸此曹,亦當固為防限。臣愚以謂宜於七月三日敕內添入'上書邪等',庶幾繼志述事,明示四海,仁心義政,並用不廢。天下幸甚!"從之。

大觀二年三月戊寅③,門下中書後省、左右司言:"檢會今年正月一日赦書,元祐

---

① 予以宮祠 底本脫"予"字,據嘉慶本補。
② 而今許到闕者見訖赴部 嘉慶本"者"下有"已"一字。
③ 戊寅 嘉慶本、長編拾補卷二八均作"戊辰",宋會要輯稿職官七六之二六作"二十八日"。按:三月辛亥朔,二十八日正是戊寅,故"戊辰"錯。

直孺、蔣津、王守、鄧允中、梁俊民、王陽、張裕、陸表民、葉世英、謝潛、陳唐、劉經國、扈充、張恕、陳幷、洪芻、周鍔、蕭刓、趙越、滕友、江洵、方适、李昭玘、陳察、高茂華、楊彥璋、廖正一、李夷行、彭醇、梁士能①。

第三等：

韓治、都覜、秦希甫、許端卿、向紃②、鍾正甫。

內臣：

第一等：

張茂則、梁惟簡、陳衍、王化基。

第二等：

梁如新、裴彥臣、李倬、譚宸、竇鉞、王道、趙約、黃卿從、馮說、曾燾、蘇舜民、楊俌、梁弼、陳珣③、張琳④、李俌、閻守懃、王紱、李穆、蔡克明、鄧世昌、鄭居簡、王化臣。

第三等：

張祐。

武臣：

第一等：

郭子旂、馬諗⑤、王長民。

第二等：

王履、任濟、李永、張巽、李備、王獻可、胡田、趙希德、王庭臣、吉師雄、錢盛、吳休復、高士權、李愚⑥、潘滋、李琉、崔昌符、李嘉亮、劉延肇、李基。

第三等：

姚雄。

二月十六日詔，當考。姚雄二月十四日除高陽副總管。

四月丁丑，臣僚言："伏睹知江寧府徐勣、知虔州郭知章、新知漳州陳次升、知福州

---

① 梁士能　長編拾補卷二八同，嘉慶本作"梁士龍"。
② 向紃　底本作"向訓"，據金石萃編卷一四四元祐黨籍碑改。
③ 陳珣　嘉慶本作"陳炟"。
④ 張琳　嘉慶本作"張珠"。
⑤ 馬諗　嘉慶本作"馬諗"。
⑥ 李愚　嘉慶本作"李遇"。

曾任待制以上官：

第一等：

蘇軾、劉安世、范祖禹、孫升、曾肇、鄒浩、朱光庭。

第二等：

姚勔、趙君錫、馬默、孔武仲、孔文仲、吳安持、錢勰、李之純、孫覺、鮮于侁、趙彥若、趙卨、王欽臣、李周、王汾、韓川、顧臨、賈易、呂希純、王覿、范純粹、呂陶、王古、豐稷、張問、楊畏、謝文瓘、岑象求、上官均、葉濤、楊康國、朱師服。

第三等：

陳次升、周鼎、徐勣、路昌衡、董敦逸、郭知章、龔原、朱紱、葉祖洽。

餘官：

第一等：

孔平仲、任伯雨、尹材、陳瓘、范柔中、鄧考甫、封覺民、張庭堅、龔夬、湯馘、馬涓。

第二等：

黃庭堅、歐陽棐、劉唐老、秦觀、王鞏、呂希哲、杜純、吳安詩、張保源、司馬康、張耒、宋保國、黃隱、畢仲游、常安民、余爽、鄭俠、晁補之、常立、程頤、唐義問、余卞、李格非、孫諤、陳郛①、朱光裔、蘇嘉、王回、呂希績、歐陽中立、吳儔、葉伸、李茂直、吳處厚、李積中、商倚、陳祐、虞防、李祉、李深、李之儀、范正平、曹蓋、楊琳、蘇昺②、葛茂宗、劉渭、柴兗、洪羽、趙天佑、李新、衡鈞、袞公適、馮百藥、周誼、孫琮、王察、汪衍、趙峋、胡端修、李傑、李賁、趙令時、郭執中、石芳、金極、高公應、安信之、張集、黃策、吳安遜、周永徽、高漸、張夙、鮮于綽、呂諒卿、王貫、朱紘、吳朋、梁安國、王古、蘇迥、檀固、何大受、王箴、鹿敏求、江公望、曾紆、高士育、鄧忠臣、种師極、錢景祥、周綍、何大正、呂彥祖、梁寬、沈千、曹興宗、羅鼎臣、劉勃、王拯、黃安期、陳師錫、丁肇、黃遷、万俟正、許堯輔、楊朏、胡良、梅君俞、寇宗顏、張居、李修、逢純熙、高遵恪③、黃才、曹盥、侯顧道、周遵道、林膚、葛輝、宋壽岳、王公彥、王交、張溥、許安修、劉吉甫、胡潛、董祥、楊璩寶、倪

---

① 陳郛　底本作"陳孚"，據嘉慶本改。
② 蘇昺　嘉慶本作"趙晒"。
③ 高遵恪　嘉慶本作"高遵裕"。

赦。朕既承祖宗,用德爲治,明示好惡,止從竄斥,以爲天下萬世臣子之戒。累年於茲,不忍終棄,是用差次,蠲敘復,畀禄秩,惟以示恩,顧豈復用,尚慮姦朋妄意,私議害國,士大夫狃於邪説,胥淪溺以敗類,朕甚悼焉。布告天下,明諭朕意,毋惑。"戊午,御筆:"元祐係籍人石本已令除毀訖,所有從初降黜子孫、親屬職名,拘礙差注、薦舉並脚色保狀,立項聲説,及不得取應者,並量等第與寬釋,可速立法聞奏。"是日,隨龍官郝隨令任便居住,謝僅與知州差遣,陳彦修、盧逢源、吴珪、范致明並與知軍差遣,陳羔、李熙載、元書、費愿、李景夏、慕容將美、石㦸、盧君佐、田望、曾讜、李琰、蔡肇、霍漢英,並令吏部與合入差遣。

郝隨以下十八人並詔旨當考。謝僅二月十六日知光州。

己未,中書省言:"近降恩霈,除石刻責降人已別降指揮外,餘未經檢舉敘復人數不少。"詔:"落職及曾任京職事官監察御史已上,並開封推、判官①及監司人,令刑部限半月類聚,一並申尚書省取旨外,其未復官並未復舊差遣人,並令刑、吏部不候投狀,各限兩月。內贓罪及私罪情重人,與依條敘復;其公罪不以輕重、私罪情輕人,並復舊官,及與未責降已前本等差遣;如敘至兩官以上者②,取旨。"

三月戊戌,詔:"應舊係石刻人,除第三等許到闕外,餘並不得到闕下。其前降重者不得至四輔、輕者不得至畿縣指揮更不施行。"勘會除第二等張士良今年二月十六日奉御寶批,爲係哲宗皇帝隨龍人,特許任便居住外。

曾任宰臣執政等官:

第一等:

司馬光、吕公著、吕大防、劉摯、梁燾、王巖叟、蘇轍、李清臣。

第二等:

文彦博、章惇、范純仁、王珪、韓忠彦、曾布、王存、鄭雍、傅堯俞、趙瞻、韓維、孫固、范百禄、胡宗愈、范純禮、劉奉世、安燾。

第三等:

張商英、蔣之奇、黄履、陸佃。

---

① 判官 "判"底本作"舉",據嘉慶本改。
② 如敘至兩官以上者 "官"底本作"京",據嘉慶本、長編拾補卷二六改。

張夙,追復承事郎。

輕第二等:

秦希甫,敘復朝散大夫。降授宣德郎都貺,敘復朝散郎。朝散郎鍾正甫,敘復朝奉大夫。許端卿,敘復承議郎。向紃①,敘復左朝議大夫。

秦希甫以下並韓治,令吏部與知州差遣。

選人輕第三等:

呂諒卿、鄭俠、余爽、范正平、楊綵、蘇昺、葛茂宗、劉渭、柴兗、洪羽、趙天佑、李新、馮百藥、趙岣、李傑、李賁、郭執中、石芳、金極、高公應、安信之、張集、黃策、周永徽、鮮于綽、王貫、蘇迥、檀固、何大受。

以上並於舊資上降兩資收敘,送吏部與合入差遣②,內無資可降人,依條注遠小處。

于肇、黃遷、万俟正、許堯輔、楊朏、胡良、梅君俞、寇宗顏、張居、李修、黃才、曹盥、侯顧道、周遵道、林膚、宋壽岳、王交、張溥、許安修、胡潛、董祥、蔣津、王守、鄧允中、梁俊民、王陽、張裕、陸表民、江洵、王公彥、方适、鹿敏求。

以上並令吏部注在外合入差遣。

葉世英,復假承務郎,不理選限。

呂彥祖、何大正,並許入學。

衡鈞、袞公適,並與追復舊官資任。

王察,於舊資上降兩資追復。

以上見在人並在外任便居住,重者不得至四輔,輕者不得至畿縣。內身亡者,據今來追復官品合得遺表恩澤三分減一,零數比類施行,一名者不減。十七日庚戌,敘復劉摯等官,實錄並削去,甚無謂也。今用詔旨及宣和錄追書,或須稍刪之。

癸丑,詔:"元祐係籍人等石本,已令除毀訖。所有省部元鏤印板並頒降出外名籍冊,並令所在除毀,付刑部疾速施行。"丁巳,詔曰:"日者,符、祐邪臣,乘間擅權,變亂政事,姦朋並興,肆爲誣譖,誣詆宗廟。乖父子之恩,隳君臣之義。推原用心,罪在不

---

① 向紃 底本作"向訓",據鄒浩道鄉集卷一六向紃轉左朝議大夫除司農卿等制、清陸心源元祐黨人傳卷八向紃傳改。

② 送吏部與合入差遣 "合"底本作"令",據嘉慶本改。

沈千、曹興宗，並敘復承議郎。

王拯，敘復宣德郎。

陳師錫，敘復朝請郎。

楊璯寶，敘復朝請郎。

陳并、洪芻、周鍔，並敘復宣德郎。

黃安期，敘復奉議郎。

高漸，敘復承事郎。

蕭刓，敘復承議郎。

趙越，敘復右朝議大夫。

滕友，敘復朝奉郎。

陳唐，敘復宣德郎。

李昭玘，敘復朝散郎。

倪直孺、王鞏，並敘復承議郎。

高茂華，敘復承事郎。

歐陽棐，敘復朝奉大夫。

陳察，敘復朝請郎，提舉崇福宮。

廖正一，敘復奉議郎，監西嶽廟。

劉唐老，敘復朝請郎。

楊彥璋，敘復朝散大夫。

張恕，敘復朝奉郎，管勾靈仙觀。

梁士能，敘復左朝議大夫。

錢景祥，敘復承議郎。

李夷行，敘復朝請郎。

黃庭堅以下至李夷行，並呂希哲、張保源、畢仲游、常安民、晁補之、李格非、朱光裔、黃隱、蘇嘉、种師極、吳安詩，並令吏部與監廟差遣。內見任宮觀、嶽廟差遣人依舊。〔案：拾補有"致仕"二字。〕

程頤，敘復宣議郎，依舊致仕。

吳處厚，追復朝奉郎。

任伯雨,特授承務郎。

范柔中、鄧考甫、龔夬、陳瓘並敘復承務郎。考甫依舊致仕。

鄧考甫敘復承務郎,依舊致仕。元本無之。今自後撥取增入。四年十二月三十日,有詔與范柔中俱不許放還,卻不見其致仕月日。

張庭堅,敘復承務郎,與監廟差遣。

馬涓,敘復承事郎。

封覺民,追復承事郎。

輕第一等除名勒停人:

黃庭堅,敘復奉議郎。

陳祐、李祉,並敘復宣德郎。

責授黃州別駕張耒,敘復承議郎。

李深,敘復承議郎。

李之儀,敘復朝奉郎①。

周誼,敘復朝散郎。

孫琮,敘復承事郎。

胡端修,敘復宣德郎。

趙令畤,敘復朝奉郎。

吳安遜、梁安國,並敘復宣義郎。

王篆,敘復奉議郎。

曾紆,敘復承事郎。

勒停人:

江公望,敘復宣德郎、監東嶽廟。

李積中,敘復宣德郎。

汪衍,敘復承議郎。

梁寬,敘復朝奉大夫。

---

① 朝奉郎　長編拾補卷二六同,嘉慶本作"朝奉大夫"。

曾任待制以上官：

蘇軾追復宣議郎。

劉安世敘復承議郎①。

曾肇敘復朝散郎。

鄒浩敘復承奉郎，歸常州。

朱光庭追復宣德郎。

輕第二等：

孔文仲追復奉議郎。

范純粹敘復朝請郎、管勾太清宮。

豐稷敘復朝請郎、管勾太清宮。

王古敘復朝請郎、管勾太清宮②。

勒停人：

張舜民敘復朝散郎、管勾洞霄宮。

朱師服敘復朝散郎、管勾洞霄宮。師服安置興國軍在元年八月二十七日。

除名勒停人：

謝文瓘敘復承議郎、管勾太極宮。

賈易敘復朝奉郎、管勾玉局觀。

呂希純敘復朝請郎、管勾太極觀。

楊畏敘復朝散郎、管勾崇禧觀。

輕第一等除名勒停人：

陳次升，復朝奉大夫、知漳州。降授朝奉大夫、提舉崇福宮郭知章知虔州。朱紱特授朝散大夫、知福州。朝請大夫葉祖洽知建州。祖洽未行，丁家艱。上官均誌墓云："大觀二年十二月二十三日知洪州。"

文臣餘官：

重第一等勒停人：

---

① 承議郎　"議"底本作"事"，據嘉慶本、長編拾補卷二六、宋史卷三四五劉安世傳改。
② 太清宮　嘉慶本、長編拾補卷二六均作"明道宮"。

移;應官員犯徒罪以下,依條不以赦降去官原減者,許於刑部投狀,本部具元犯因依聞奏,未斷者並仰依今赦原減①。詔:"已降指揮,除毀元祐姦黨石刻及與係籍人敘復注擬差遣,深慮鄙淺愚人妄意臆度,窺伺間隙,馳騖抵巇。覬欲更張熙、豐善政,苟害繼述,必置典刑。宜喻邇遐,咸知朕意。"實錄有。中書省勘會崇寧二年三月六日已後所降元祐黨籍指揮共二十二項②,詔除衝罷外,其逐項指揮並罷。

二年三月乙酉六日,七月乙巳二十九日,九月壬午六日、癸巳十七日、辛丑二十五日、乙巳二十九日,十月庚戌五日,十一月辛巳五日,十二月己未十四日、庚申十五日、壬戌十七日、己巳二十四日;三年六月甲辰三日、戊午十七日,七月壬申一日、戊寅七日、丙申二十五日;四年二月己酉十日,五月戊申十二日。

已上共十九項,餘三項當考。今檢討得四年七月二十二日、八月二十八日、十二月三十日詔凡三項,不知即是此否,姑附見,更詳考[上二十二項③,並見元祐黨籍]。

庚戌,三省同奉聖旨,依下項敘復:

曾任宰臣執政官:

劉摯,追復朝請大夫。梁燾,追復朝請大夫。李清臣,追復左中散大夫。故雷戶。王巖叟,追復宣議郎。

輕第二等:

責授磁州團練副使韓忠彥敘復太中大夫、提舉崇福宮。

責授廉州司户參軍、舒州居住曾布敘復太中大夫、提舉崇福宮。

靜江軍節度副使、單州安置范純禮敘復左朝議大夫、提舉鴻慶宮。

責授祁州團練副使安燾敘復中大夫、提舉鴻慶宮。

中大夫、兗州居住劉奉世提舉明道宮。四年九月五日自沂徙兗。

左朝議大夫章惇追復太中大夫。

輕第三等:

追貶祁州團練副使黃履追復中大夫。

---

① 依今赦原減 "今"底本作"令",今據文意改。
② 所降元祐黨籍指揮 "黨籍",嘉慶本作"姦黨"。
③ 二十二項 底本作"二十五項",據上下文意改。

州。郭子旂,賓州移峽州。趙希德,賓州移荊門軍。王長民,循州移江寧府。張琳,白州移衡州。范純粹,鄂州移宣州。閻守懃,全州移漣水軍。王化基,高州移全州。曾布,衡州移舒州。廉户舒住①。劉安世,光州移江州。孫琮,荊門軍移海州。馬涓,澧州移荊門軍。李深,復州移建昌軍。曾紆,永州移和州。蔡克明,桂陽監移饒州。鄭居簡,邵州移滁州。三年四月二日編管信州。韓忠彥,濟州移相州。磁副濟置。范純禮,徐州移單州。靜江副使。安燾,建昌軍移襄州。曾肇,汀州移台州。明年正月十七復官。其置汀州在二年七月十五日。王古,溫州移徐州。朱師服,興國軍移秀州。張耒,黃州移兗州。呂希純,汝州移河陽。王覿,臨江軍移潤州。豐稷,建州移婺州。張舜民,房州移虢州。謝文瓘,邵武軍移處州。龔原,和州移湖州。吳安遜,濮州移汝州②。馮説,徐州移汝州。梁安國,齊州移澤州。王箴,通州移陝州。曾燾,歙州移單州。裴彥臣,池州移廣德軍。朱紱,福州移睦州。李穆,金州移鄧州。鄧世昌,密州移唐州。王化臣,青州移濟州。李之儀,太平州移唐州。江公望,南安軍移衢州。陳祐,歸州移光州③。劉奉世,沂州移兗州。

　　吕本中雜記:崇寧間,蔡京每謂人:"如劉安世,更碓搗磑磨,亦只説元祐是也。"京執政久,亦時有長者之言。嘗有乞將元祐臣僚編置遠惡州郡者,京曰:"元祐人本無大罪,止是不合改先帝法度耳。"其後蔡京得保首領以殁,未必不緣其有長者之語也。

　　崇寧五年正月戊戌,是夕,彗星出西方,由奎貫胃、昴、畢,至戊午没。乙巳,詔以星文變見,避正殿,損常膳。中外臣僚等,並許直言朝政闕失。實錄有。又詔:"應元祐及元符末係籍人等,今既遷謫累年,已足懲戒,可復仕籍,許其自新。所有朝堂石刻已令除毀訖④。如外處有立到姦黨石刻⑤,亦令除毀,今後更不許以前事彈糾,常令御史臺覺察,違者劾奏⑥。"實錄無。

　　詔旨有此,實錄乃削去,不知何意也。

　　丁未,大赦天下,應合敍用人,依該非次赦恩與敍;應見貶責命官未量移者,與量

---

① 廉户舒住　長編拾補卷二五同,即廉州司户參軍、舒州居住;嘉慶本作"廉□舒任"。
② 濮州　嘉慶本作"漢州"。
③ 光州　嘉慶本同,長編拾補卷二五作"廣州"。
④ 所有朝堂石刻已令除毀訖　底本脱"所有"和"訖"三字,據宋大詔令集卷二一七除外州姦黨石刻御筆手詔補。
⑤ 如外處有立到姦黨石刻　底本脱"立到"二字,據宋大詔令集卷二一七除外州姦黨石刻御筆手詔補。
⑥ 違者劾奏　宋大詔令集卷二一七除外州姦黨石刻御筆手詔作"違者具彈章以聞"。

卷第一百二十四

徽宗皇帝

追復元祐黨人

崇寧四年九月，九鼎成。己亥，御筆手詔："元祐姦黨詆訕先帝，罪在不赦。曩屈常憲，貸與之生，屏之遠方①，固無還理，棄死貶所②，豈不爲宜？今先烈紹興，年穀豐稔③，鑄鼎以安廟社，作樂以協神民。嘉祥薦臻，和氣浹洽，肆頒赦宥，覃及萬方。興造邦誣④，久責遐裔，一夫失所，朕尚惻然，用示至仁，稍從內徙，服我寬德，其革爾心。應嶺南移荊湖，荊湖移江淮，江淮移近地，惟不得至四輔、畿甸。除上書已經量移及近鄉人外，依下項州軍：一，今來朝廷寬恩，所移州軍不見得地里遠近。竊慮所移卻有遠近⑤、妨礙去處不同，限指揮到五日內，許經州自陳乞去處，本州人急遞申尚書省，即不得陳乞非合移路分及拘礙去處。如願依舊者亦聽。一，今來係特降詔許量移，今後有司不得用例檢舉量移，違者以違制論。一，量移諸州人離州日，並免伴送，具起離及到日申尚書省。鄒浩，昭州移漢陽軍。陳次升，循州移鄂州。余爽，封州移潭州。范正平，龔州移岳州。范柔中，雷州移全州。黃庭堅，宜州移永州。陳瓘，廉州移郴州。任伯雨，昌化軍移道州。張庭堅，象州移復州。二年八月一日自鼎移象，三年四月一日，卻移桂州。龔夬，化州移桂陽監。三年八月一日自象移化。李祉，英州移汝州。王道，韶州移郴州。梁弼，瓊州移歸州。陳恂，南恩州移峽州。馬諗，南恩州移岳州。王履，新州移歸

---

① 屛之遠方　"屛"，宋大詔令集卷二一七元祐黨人移徙詔作"斥"。
② 棄死貶所　"死"底本作"世"，據嘉慶本、宋會要輯稿刑法六之二二、長編拾補卷二五改。"棄死"，宋大詔令集卷二一七元祐黨人移徙詔作"終身"。
③ 年穀豐稔　"豐"，宋大詔令集卷二一七元祐黨人移徙詔作"登"。
④ 興造邦誣　嘉慶本同，宋會要輯稿刑法六之二二、長編拾補卷二五、宋大詔令集卷二一七元祐黨人移徙詔均作"興言邪誣"。
⑤ 竊慮所移卻有遠近　"竊"底本作"切"，據嘉慶本改。

詔旨載世美書甚備。按：癸巳，先書降授朝議郎鍾正甫爲金部員外郎，以元符末上書，第爲正上第一。注云：或削去，與此何如？"何如"字有誤。

十一月甲辰，詔曰："元符之末，下詔求直言，蓋欲廣朕聞見，裨益政治。比以所上章疏付之有司，考其言邪正，令具名來上。其間昌言讜議，指陳闕失，皆有所嘉納，不能釋手。至其言當於理，又陳父子兄弟繼述友恭之義者四十一人，悉加精擢，用勸多士。内有附會姦慝、誣毁先帝政事者，總百四十人。然言有淺深，罪有輕重，取其詆譏謗斥言之尤甚者三十八人。覽之流涕，弗忍再觀。得罪宗廟，朕不敢貸，可責逐遠方。次等者四十一人，其言亦多詆譏，各與等第降官，責遠小處監當，以戒爲臣之不忠者。勘會邪上尤甚係范柔中等三十八人，内郭執中已除名勒停，吳朋、王古已身亡，朱紱致仕老疾。邪上次等係梁寬等四十一人，内陳唐、扈充、許安修已身亡，劉吉甫係承務郎致仕。"詔范柔中等並特勒停，永不收敘，朱紱免羈管外，餘分送逐處羈管：

范柔中雷州，鄧考甫筠州，封覺民簡州，李新遂州，衡鈞淄州，胡端修廣安軍，案：三年四月甲辰作廣德軍。趙令時蔡州，周誼郴州，安信之同州，孫琮荊門軍，高公應隨州，郭執中成州，王寀深州，趙峋處州，李傑唐州，李賁單州，石芳曹州，吳安遜濮州，案：三年四月作漢州。周永徽眉州，金極廬州，張集濰州，吕諒卿亳州，鮮于綽河陽，黃策登州，高漸撫州，張夙廣濟軍，王貫棣州。

梁寬、曹興宗、陳師錫、劉勃、黃安期、沈千、羅鼎臣、高遵恪。各降兩官。寬等六人並添差監當，鼎臣、遵恪仍致任。

于肇、黃遷、莫仲正、許堯輔、楊朏、胡良、李修、梅君俞、張居、黃才、寇宗顔、曹盥、林膚、葛輝、逄純熙、王交、張溥、胡潛、董祥、蔣津、王守、王陽、張裕、王拯、侯顧道、周遵道、宋壽岳、謝潛、王公彦。二十九人並衝替，係私事理重，仍不得改官。

實錄無此段。此據詔旨及宣和錄二年九月十三日，可考。陳唐，崇寧二年九月二十四日、五年正月十七日，當考。許安修，崇寧五年正月十七日。

二年九月庚寅，詔應上書邪等人，知縣已上資序，並與宮觀、嶽廟，選人不得改官，及不得注縣令。丙申，詔建中靖國元年及元符末姦黨，并合焚毁文字等，並依元祐。已下並見元祐黨。

蕤、錢大中、燕景賢、任唐愨①、張碩、陳誨、李庭堅、史唐陳、楊居、陳升、黃子甯、趙晞、張沆、王彥、富純、江洵、劉溥、吳環、史保躬、趙不遠、王璉、姜蹈中、朱繪、西門聿、趙襄、馬洙、張濟、朱恪、李黯、文嘉謀②、上官彝、孫曾、潘琮③、黃瓘④、胡庶、程俱、馬待問、李蔚、周希尹、燕默、蕭拱辰、傅甯⑤、鄭少微、王知常、郝宗臣、林駢、鄭語、劉寬、楊容之、施邁、高公從⑥、陳師錫、何景甫、范塤⑦、張庭玉⑧、唐靖、張樸、趙衡、王適、曾繹、劉蒙、毛求⑨、蓋薦、李敦常、張直、楊瓌寶、李處晦、晁詠之、宋由正、陳中、逢純熙、張珙、史彭年、李機、楊禾、梁鼎、高公傑、趙子渙、家愿、王箴、陸表民、楊傑、白鎮、袞公適、蘇象先、高漸、趙坯⑩、郭永年、楊傅、朱行中、王注、滕友、侯晉卿⑪、周鍔、毛直友⑫、范世文、苗蓁、趙渥、王景下⑬、王景行、謝學廉⑭、李世基、陳愨、竇下、孟長民、周种⑮、閻崇、郭奉世、薛及、任有功、徐商美、宇文湛、劉文美⑯、上官均、張沔、王公彥、賈休復、宋直方、喬甫、高士丕、江偉⑰、劉鼎臣、常徹獻、何爽、韓升卿、何大受、陳修己、賀霖、張彥逸、俞唐、馬希道、蒲俊、劉爽、秦憲、蔣琳、方鼎、胡慎修⑱、馮正雅、張元⑲、張材⑳、勾居體。三百一十二人。

庚子，贈宣德郎鍾世美爲右諫議大夫，錄其子爲郊社齋郎。世美，元符末任福建路提舉常平，因日食應詔上書，乞復熙寧、紹聖政事，以消天變。至是追贈。

---

① 任唐愨　嘉慶本同，宋會要輯稿職官六八之三作"任唐毅"，長編拾補卷二〇作"任唐毅"。
② 文嘉謀　宋會要輯稿職官六八之三同，嘉慶本、長編拾補卷二〇均作"文嘉謨"。
③ 潘琮　嘉慶本、長編拾補卷二〇同，宋會要輯稿職官六八之三作"潘瑶"。
④ 黃瓘　嘉慶本、長編拾補卷二〇作"黃權"，宋會要輯稿職官六八之三作"黃瑾"。
⑤ 傅甯　"甯"底本作"密"，據嘉慶本、宋會要輯稿職官六八之三、長編拾補卷一〇改。
⑥ 高公從　嘉慶本、長編拾補卷二〇同，宋會要輯稿職官六八之三作"高公湜"。
⑦ 范塤　嘉慶本、長編拾補卷二〇同，宋會要輯稿職官六八之三作"范埴"。
⑧ 張庭玉　宋會要輯稿職官六八之三作"張廷玉"。
⑨ 毛求　嘉慶本、長編拾補卷二〇同，宋會要輯稿職官六八之三作"先才"。
⑩ 趙坯　嘉慶本作"趙岯"，宋會要輯稿職官六八之三作"趙伾"。
⑪ 侯晉卿　嘉慶本、長編拾補卷二〇同，宋會要輯稿職官六八之三作"侯晉升"。
⑫ 毛直友　嘉慶本、長編拾補卷二〇同，宋會要輯稿職官六八之三作"毛友直"。
⑬ 王景下　底本無此三字，據宋會要輯稿職官六八之三補。
⑭ 謝學廉　嘉慶本、長編拾補卷二〇同，宋會要輯稿職官六八之三作"謝舉廉"。
⑮ 周种　嘉慶本、長編拾補卷二〇同，宋會要輯稿職官六八之三作"周秆"。
⑯ 劉文美　嘉慶本、長編拾補卷二〇同，宋會要輯稿職官六八之三作"劉之美"。
⑰ 江偉　嘉慶本、長編拾補卷二〇同，宋會要輯稿職官六八之三作"江煒"。
⑱ 胡慎修　嘉慶本、長編拾補卷二〇同，宋會要輯稿職官六八之三作"胡謹修"。
⑲ 張元　嘉慶本、長編拾補卷二〇同，宋會要輯稿職官六八之三作"張宇"。
⑳ 張材　底本無此二字，據宋會要輯稿職官六八之三補。

适、林定、譚極、黃同、傅希寵①、王彥弼②、王師正、劉知止③、劉宷、李程、馬牧④、任廱、竇護、黃汝方、宋適、張譽、杜之邵、王時、馬恕、孫發、李彥弼、倪直孺⑤、楊韶、王箴、鄧安正、黃正一、吳光美⑥、李公夤、徐公亶、楊直⑦、聶敏修、吳晟、崔陟、徐詵⑧、謝愔⑨、周邠、高臨、李志忞⑩、蕭景修、徐俯、季孝常⑪、范百億、何權、宇文輝、俞次契、甯宗傑、魏鏗、李義叟、蘇之悌⑫、時君陳、張照、李茂、安潭、魏介⑬、章諷、江棨、陳離、林崇旦⑭、陳京、陸渙、張保醇⑮、程之才、余卞、呂賁、魏富⑯、陸彥述、支詠、劉勃、費勉中、馬永逸、董乂、辛春卿、毛撝、黃叔靖、陳忕、楊恂、鄭子淵、傅烈⑰、蓋士宏、耿居正、毛完⑱、薛睿、黃諷、聶思孝、楊明、甯鳳、舒洪中⑲、洪芻、武仲詢⑳、向湜、徐愈、王驥、陳力、閻建、孟道、張友、劉跋㉑、汪忱、李壽㉒、邵秬㉓、胡盤、熊俊民、崔鷗、向詢、黃應求、劉仲昕、司馬宏、黃熙、孟完旦㉔、張元矩、唐嘉問、曾崿、范子丹㉕、江汝言、馮正卿、王濤、劉思、徐大經、呂元中、吳文規、杜穎、柴羲、卞議㉖、歐陽旻㉗、尹翊、胡沔、孫大臨、葛敏修、葉

---

① 傅希寵　嘉慶本同，宋會要輯稿職官六八之二作"傅希龍"。
② 王彥弼　嘉慶本同，宋會要輯稿職官六八之二作"王彥若"。
③ 劉知止　嘉慶本、宋會要輯稿職官六八之二均作"劉知至"。
④ 馬牧　嘉慶本同，宋會要輯稿職官六八之二作"馬收"。
⑤ 倪直孺　"孺"底本作"儒"，據嘉慶本改。按：宋會要輯稿職官六八之二作"倪直候"。
⑥ 吳光美　嘉慶本同，宋會要輯稿職官六八之二作"呂公美"。
⑦ 楊直　嘉慶本同，宋會要輯稿職官六八之二作"楊伯"。
⑧ 徐詵　嘉慶本同，宋會要輯稿職官六八之二作"徐說"。
⑨ 謝愔　嘉慶本同，宋會要輯稿職官六八之二作"謝諸"。
⑩ 李志忞　嘉慶本同，宋會要輯稿職官六八之二作"李士忞"。
⑪ 季孝常　嘉慶本同，宋會要輯稿職官六八之二作"李孝常"。
⑫ 蘇之悌　嘉慶本同，宋會要輯稿職官六八之二作"蘇之悌"。
⑬ 魏介　嘉慶本同，宋會要輯稿職官六八之二作"魏價"。
⑭ 林崇旦　嘉慶本同，宋會要輯稿職官六八之二作"林宗直"。
⑮ 張保醇　嘉慶本作"裴保淳"，宋會要輯稿職官六八之二作"張保淳"。
⑯ 魏富　嘉慶本同，宋會要輯稿職官六八之二作"魏當"。
⑰ 傅烈　嘉慶本同，宋會要輯稿職官六八之二作"傅列"。
⑱ 毛完　嘉慶本同，宋會要輯稿職官六八之三作"毛完師"。
⑲ 舒洪中　嘉慶本同，宋會要輯稿職官六八之三作"舒升中"。
⑳ 武仲詢　嘉慶本同，宋會要輯稿職官六八之三作"武仲洵"。
㉑ 劉跋　嘉慶本、宋會要輯稿職官六八之三均作"劉跂"。
㉒ 李壽　嘉慶本、長編拾補卷二〇同，宋會要輯稿職官六八之三作"李燾"。
㉓ 邵秬　嘉慶本、長編拾補卷二〇同，宋會要輯稿職官六八之三作"邵樞"。
㉔ 孟完旦　嘉慶本、長編拾補卷二〇同，宋會要輯稿職官六八之三作"孟宗直"。
㉕ 范子丹　嘉慶本、長編拾補卷二〇同，宋會要輯稿職官六八之三作"范子舟"。
㉖ 卞議　嘉慶本同，宋會要輯稿職官六八之三作"卞義"。
㉗ 歐陽旻　嘉慶本、長編拾補卷二〇同，宋會要輯稿職官六八之三作"歐陽昊"。

趙越、朱光裔、王忠恕、劉質夫、鄧允中、王岐、謝悰、蘇處厚、高公淐、吳偉、江詢、劉冲、蕭刓、劉欻、宋勛年、吳文規、張琮、狄瑾、郭畤、楊令、劉憲、張寀、任寶賢、任伯雨、蘇大本、沈街、王箴、陳師錫、王發、吕陶、李浩、王履①、陳師道②、上官公裕、劉天啓、張耒、史彭年、梁俊民、黄鉽、李廣、李昇、楊植、薛逢、梁景初、李霪、張諟、耿毅、劉涣、李平、劉廓、李孝迪、陳中夫、張永弼、張戩、李良翰、竇誦、黄安期③、孫大臨、張恕、宋寀、馬戒、高定、唐秬④、富開、鮮于綽、韓英、范鍔、陳象古、王天常、甯祖武、李幹、翁升、邵伯温、張上行、韓安岳、商師中⑤、宇文譓、李知遠、吳璀、潘見素、蘇之悌、張蘇、李閎、衡石、祁彭年、陳喆、葉世美、孫琮、毛隨、楊敦仁、檀固、許廣淵、李雲從、夏侯景仁、唐廣仁、許邵、高徽、楊明、郭簡修、黎延、孫秉善、陳昇、朱曽、陳琰、段察、武仲荀、姚諷、王望之、李由頤、蘇迥、段夐、馮伯藥、陳良能、王迥、趙孝立、宋之珍、楚興宗、陳廖、李晋裕、馮千里、高士戬、韓晞、王彦升、張確、劉奕、王中師、范埴、賀昌辰、張及、張鐸、鞠鐸、鞠嗣復、賈公裕、裴迪祖、王祐、梁安國、晁説之、王奥之、劉經國、倪直孺⑥、王夷約、楊天惠、劉覺、陳策、李處仁、朱恪、路昌衡、周鼎、李圭、陳縝。一百五十人。

邪下：

王革⑦、案：十朝綱要作"王華"。張諟⑧、朱肱、錢升⑨、楊忠信、王收、李庚、劉端彦、梁兌⑩、張叡、傅耆、王偉、趙茂曾、楊致祥、董丕、竹璟、鄭綱、黨鈞、任日新、趙齊賢、蘇堯臣、高復、任仲奇、閆邱陞、陳琰、案：邪中亦有"陳琰"。陳皋⑪、成彭年、梁蘉、陳琳、王腴、喬天錫、丁執善、何宗翰、卞京⑫、李知章、范子修、李援、徐瑛、王覬、毛叔度、吳倚、方

---

① 王履 "王"底本作"黄"，長編拾補卷二〇同，據嘉慶本、宋會要輯稿職官六八之一改。
② 陳師道 "師"底本作"思"，據嘉慶本、宋會要輯稿職官六八之一、長編拾補卷二〇改。
③ 黄安期 既列名"邪中"，又列名"邪上"，二者必有一誤。
④ 唐秬 嘉慶本、長編拾補卷二〇同，宋會要輯稿職官六八之一作"唐秬"。
⑤ 商師中 長編拾補卷二〇同，嘉慶本、宋會要輯稿職官六八之一均作"商師申"。
⑥ 倪直孺 "孺"底本作"儒"，長編拾補卷二〇同，據嘉慶本、宋會要輯稿職官六八之二改。
⑦ 王革 嘉慶本、長編拾補卷二〇同，宋會要輯稿職官六八之二作"王萃"。
⑧ 張諟 嘉慶本同，長編拾補卷二〇作"張諦"，宋會要輯稿職官六八之二無此人名。按：邪中已有"張諟"，疑其為衍字。
⑨ 錢升 嘉慶本、長編拾補卷二〇同，宋會要輯稿職官六八之二作"錢昇"。
⑩ 梁兌 嘉慶本、長編拾補卷二〇同，宋會要輯稿職官六八之二作"梁光"。
⑪ 陳皋 嘉慶本作"陳□、陳皋"，宋會要輯稿職官六八之二作"陳琰皋"。
⑫ 卞京 嘉慶本、長編拾補卷二〇同，宋會要輯稿職官六八之二作"卞衷"。

九月癸巳,降授朝議郎、提點淮南東路刑獄鍾正甫爲金部員外郎。正甫於元符末應詔上書,第爲正上第一人,故擢用之。

實録載正甫除金部外①,它書不載。"正上"乃檢會要增入,或削去。

是月乙未,詔中書省開具元符臣僚章疏姓名如後:

正上:

鍾世美、喬世材、何彦正、黃克俊②、鄧洵武、李積中。

正中:

耿毅、宗雨、李申、俞賁、蔣静、葉承、張景仁、馮澥、孫覺、張攄、蕭拱辰、張彦逸、劉涇。十三人。

正下:

許奉世、宇文邦彦、吳珪、李籍、廖彦正、單暐、曾仁、王甯、李景直、王瑜、黃适、鄒子濟、李彦遠、尹復溱、辛之武、陳南夫、祝向、曾讜、王景仁③、陳之立、周熊、范峒。二十二人。

邪上尤甚:

范柔中、鄧考甫、封覺民、李新、吳朋、衡鈞、胡端修、趙令時、案:"時"或作"畤"。周誼、安信之、孫琮、高公應、郭執中、王寀、趙峋、李傑、李賁、石芳、吳安遜、朱紱、周永徽、楊琳、金極、張集、吕諒卿、蘇炳、鮮于綽、黃策、高漸、王吉、張夙、王貫、葛茂宗、曹蓋、趙天佐、案:"佐"或作"佑"。衮公適、洪羽、柴充、劉渭。案:"渭"或作"謂"。三十九人。

邪上:

梁寬、曹興宗、謝潛、許安修、羅鼎臣、于肇、黃遷、劉吉甫、王公彦、莫仲正、楊朏、許堯輔、胡良、李修、黃安期、梅君俞、沈千、張居、黃才、寇宗顔、曹盩、林膚、葛輝、逢純熙、王交、張溥、胡潛、劉勃、陳唐、董祥、陳師錫、王守、蔣津、高遵恪、王陽、張裕、王拯④、侯顯道、周遵道、宋壽岳、扈充。四十一人。

邪中:

---

① 除金部外　底本脱"外"一字,據嘉慶本補。
② 黃克俊　"克"底本作"古",嘉慶本同,據長編拾補卷二〇改。
③ 王景仁　嘉慶本、長編拾補卷二〇均作"王景行"。
④ 王拯　"拯"底本作"極",嘉慶本同,據宋會要輯稿職官六八之一改。

路,消壅蔽之風,其於駰論嘉謀,惟恐不聞,聞而行之,惟恐不及。其言可用,朕則有賞;言而失中,朕不加罪。朕言惟信,非事空文。尚悉乃心,毋悼後害①。應中外臣僚以至民庶,各許實封言事,在京於合屬去處投進②,在外於所在州軍附遞以聞。布告遐邇,咸知朕意。"中書舍人曾肇之詞也。

四月癸丑。先是,中書舍人曾肇言:"伏思上書之人所言不一,其泛論大體、指陳利害、事干有司者,即乞降付政府,委官看詳。有可施行,旋具聞奏。如此,則聖詔之出,不爲空文,施之國家,固非小補。惟陛下留聽。"是日,以奉議郎鄭敦義爲承議郎,左班殿直高士育爲承務郎,韶州仁化縣令鹿敏求爲承事郎。賜太學上舍生何大正同進士出身,及開封府進士吕彦祖並爲初等官。大正,真州司法參軍;彦祖,淄州司户參軍。敦義、士育、敏求仍令閤門引見上殿,皆以應詔上書可採,故賞之也。

崇寧元年八月乙丑,臣僚上言:"臣聞爵人於朝,與士共之;刑人於市,與衆棄之。二帝三王之御天下,不易此道。伏見前日詆訕先朝、動摇法度、罪不容誅之人,比者追貶而顯黜之,皆板鏤所陳章疏,且頒降手詔,著所以罪之之由,俾中外洞知本末,此真與衆棄之之美意也。臣愚尚以謂陛下踐阼之始,淵默不言,嘗開獻書之路,而以書獻者,有自布衣取甲科以令百里,或加秩一等,或解武弁而寄寺監丞、簿之禄。天下之士,不知彼所論列爲何等語言,往往懷疑,迄今不釋。欲望出其所上封事,布之四方,果其言有補國是,則至公之議,帖然自厭。脱或志在覬望,僥倖名器,無忠嘉一定之論,有姦憸兩可之語,附下罔上,累先烈而害初政,則於此時,豈可以置而不問? 如以臣言可採,望早賜施行。"詔:"除鄭敦義、江緯外,鹿敏求追所授承事郎,降充簿尉;高士育追所授官,依舊左班殿直;吕彦祖追所授官、何大正追所賜出身及所授官,並不得應舉。"

實録無此。元符三年四月十七日,敏求自仁化令特改承事郎;士育以左班殿直特換承務郎;大正以太學上舍生特與賜同進士出身③,爲真州司法參軍;彦祖亦補初等官,爲福州司法參軍。士育、敏求仍召對。

---

① 毋悼後害 "悼",宋大詔令集卷一五八日變求直言詔作"憚"。
② 在京於合屬去處投進 底本脱"去"一字,據宋大詔令集卷一五八日變求直言詔補。
③ 特與賜同進士出身 底本脱"特"一字,據嘉慶本補。

卷第一百二十三

徽宗皇帝

编類元符章疏

　　元符三年三月。先是,中書舍人曾肇入對,言:"以舜繼堯,所守一道①,然猶明四目,達四聰。及禹繼舜②,亦拜昌言。在漢,宣帝始親政事,詔臣民上書,去其副封,以防壅蔽。唐太宗初即位,孫伏伽以小事諫,太宗厚賜勉之,以誘言者。至於本朝,可謂平治,而祖宗以來③,數詔百官,使以次對。神宗舉而行之於熙寧之初,以興起事功,爲後世法。臣願陛下遠觀舜、禹、漢、唐之所行,近迹神考之故事,修轉對之制,下不諱之令,明詔百官,下及民庶,使得極言時政,無有所隱。然後陛下擇其善者而從之,且報之以賞,大則加之爵秩,小則賜之金帛。其言不足採,若狂誑牴牾者④,一切置之,不以爲罪,庶以鼓動天下敢言之氣,紓發鬱抑堙塞之情。當今先務,無易此者,惟陛下亟行之。"是日,詔送三省。辛卯,詔曰:"朕以眇身,始承天序⑤,任大責重,罔知攸濟。永惟四海之遠⑥,萬幾之煩,豈予一人所能徧察,必賴百辟卿士,下及庶民,敷奏以言,輔予不逮。矧太史前告,天將動威,日有食之,期在正月。變異甚鉅,殆不虛生。夙夜以思,未燭厥理,將以彌綸初政,消弭天災,自非藥石之規,孰開朕聽? 況今周行之內人有所懷,芻蕘之中言亦可採。凡朕躬之闕失,若左右之忠邪⑦,政令之否臧,風俗之美惡,朝廷之德澤有不下究,閭閻之疾苦有不上聞,咸聽直言,毋有忌諱。朕方開諫正之

---

① 所守一道　底本脫"一"一字,據嘉慶本、宋朝諸臣奏議卷七七曾肇上徽宗乞修轉對之制詔百官民庶極言時政補。
② 及禹繼舜　"繼"底本作"之",據嘉慶本、宋朝諸臣奏議卷七七曾肇上徽宗乞修轉對之制詔百官民庶極言時政改。
③ 祖宗　底本顛倒,據嘉慶本、宋朝諸臣奏議卷七七曾肇上徽宗乞修轉對之制詔百官民庶極言時政乙正。
④ 狂誑　嘉慶本同,宋朝諸臣奏議卷七七曾肇上徽宗乞修轉對之制詔百官民庶極言時政作"狂妄"。
⑤ 始承天序　"天"底本作"大",據宋曾肇曲阜集卷一元符日食求言詔、宋大詔令集卷一五八日變求直言詔改。
⑥ 永惟四海之遠　"惟"底本作"爲",據嘉慶本、宋曾肇曲阜集卷一元符日食求言詔改。
⑦ 若左右之忠邪　"若"底本作"或",據曲阜集卷一元符日食求言詔、宋大詔令集卷一五八日變求直言詔改。

維、司馬光、韓忠彥、傅堯俞、孫固、鄭雍、曾布、胡宗愈、黃履、蔣之奇、陸佃、文彥博、呂公著、李清臣、王巖叟、蘇轍、張商英、劉摯十九人，所管墳寺，詔本身所乞寺額特免毀拆，不得充本家功德院，並改賜敕額爲壽寧禪院，別召僧住持。丁巳，御筆手詔："應上書、奏疏見羈管、編管人，可特與放還鄉里，仰州縣長吏及監司取責親屬保任其身，仍令三省量輕重，具名立法聞奏。"

此詔當有啓之者。

八月壬辰，詔："應上書編管進士已放歸鄉里、責親戚保任者，若犯流以上罪，或擅出州界，或不改革，輒有謗訕，其保任與同。"

十二月癸巳，御筆手詔："昨降手劄，應上書、奏疏見編管、羈管人，令還鄉里，責親屬保任。而有司止從量移，其誣謗深重，除范柔中、鄧考甫不放外，餘並依已降指揮放還鄉里，令親屬保任如法。"

帝嗣位之五年,旌別淑慝,明信賞罰,黜元祐害政之臣,靡有佚罰。乃命有司,夷考罪狀,第其首惡與其附麗者以聞,得三百九人。皇帝書而刊之石,置於文德殿門之東壁,永爲萬世臣子之戒①。又詔臣京書之,將以頒之天下。臣竊惟陛下仁聖英武,遵制定功,彰善癉惡,以昭先烈。臣敢不對揚休命,仰承陛下孝悌繼述之志?謹書元祐姦黨姓名,仍連元書本進呈。"

七月壬申朔,詔應入籍人父並不得任在京差遣。戊寅,降授中大夫蔣之奇追復右正議大夫,念其進對之際,嘗陳紹述之說也。詔李偁、閻守懃並依元祐係籍人逐次已降指揮,其子及親兄弟並與外路遠處監當差遣。李洵仁落閤門祗候,閻休落寄班祗候②,李洵直入續籍。内臣子幷親兄弟有係入內使臣者,並送内侍省③。丙申,詔:"除第一次立石入籍元祐姦黨,及今年六月十七日降指揮,章惇等十一人子幷親兄弟逐次已降指揮外,其續入籍人,并合依今年六月二十六日指揮。"

六月二十六日指揮,已併入十七日指揮內,或仍別見。

十一月丙子,詔:"上書邪等人,今後內外官司並不得薦舉改官。及縣令已舉到人,更不收使,仍令吏部將上書邪等姓名遍牒行下。"庚辰,詔:"上書邪等選人,除不得注知縣、令、丞外,其職官録、參、判、司、簿、尉,並許差注。"丙申,祀昊天上帝於圜丘,以太祖皇帝配,禮畢,大赦天下,應係貶謫官員,除元祐姦黨籍所別有指揮不許移放之人外,未量移者與量移。

四年二月乙酉,詔:"元祐姦黨,五服內親屬不許保明充三衛官。親勳、翊衛郎知同保係籍元祐姦黨五服內親屬而不告者,處斬。"

五月戊申,詔:"前降元祐姦黨五服內親屬不許保充三衛官,及知同保有犯不告條內'五服'字上,各添入'本宗'二字。"又詔:"元祐姦黨係籍,除情罪人子不得到京師及不注知州、知縣差遣外,父、子、孫、兄弟并餘指揮並罷。"

七月甲寅,御批:"元祐姦惡,即今皆有墳寺,歲度僧行及紫衣師號等尚如故,未曾降指揮衝改。可令從今並住罷,更不施行,以戒爲臣之不忠者。"禮部勘會吕大防、韓

---

① 萬世臣子之戒　嘉慶本、長編拾補卷二四均作"萬世子孫之戒"。
② 閻休　嘉慶本同,長編拾補卷二四作"閻依"。
③ 並送内侍省　"内"底本作"臣",據嘉慶本、長編拾補卷二四改。

滋、高士權①、李嘉亮、王玩、案：金石萃編碑作"李玩"。劉延肇、姚雄、李基。

內臣：

梁惟簡故、陳衍、張士良、梁知新故、李偉、譚扆、竇鉞、趙約、黃卿、馮説、曾燾、蘇舜民、楊偁、梁弼、陳恂、張茂則故、張琳、裴彥臣、李偁②、閻守懃、王紱、李穆、蔡克明、王化基、王道、鄧世昌、鄭居簡、張祐、王化臣。

爲臣不忠、曾任宰臣：

王珪故、章惇。

詔："重定元祐、元符黨人及上書邪等事者合爲一籍，通三百九人，刻石朝堂，餘並出籍，自今毋得復彈奏。"

本紀、實録全不載此。

戊午，詔曰："朕嗣位之始③，恭默未言，往歲奸朋，復相汲引，倡導邪説，實繁有徒。或據要路而務變更，或上封章而肆詆毀，同惡相濟，非止一端。推原其心，豈勝誅殛？比詔編類，具列姓名，乃下從班，博盡衆議，仍爲三等，各竭所聞，庶幾僉同，罔有漏失。惟邪慝之復起，蓋源流之相承。迹其從來，本於元祐得罪宗廟④，寧分等差？悉皆親書⑤，通爲一籍，載刊諸石，實在朝堂，爲臣不忠，附見於末。所麗雖異，其罪惟均。朕方以仁恩徧覆天下，前既譴絀，弗忍再行，亦有可矜，出於籍外。自時厥後⑥，已定不渝，群聽式孚，毋復輒論⑦。其元符末姦黨並通入元祐籍，更不分三等。應係籍姦黨已責降人，並各依舊。除今來入籍人數外，餘並出籍，今後臣僚，更不得彈劾奏陳。"

詔："章惇、曾布、黄履、岑象求、董敦逸、馬涓、孫諤、王回、尹材、葛茂宗、范柔中，並依元祐係籍人逐次已降指揮。其餘續入籍人子并親兄弟並免，即不得到闕，仍依已降指揮施行。內李偉、閻守懃等子弟，關樞密院取旨。"尋改"不得到闕"字作"即不得授在京差遣"字，餘依已降指揮。壬戌，蔡京奏："奉詔，令臣書元祐姦黨姓名。恭惟皇

---

① 高士權　嘉慶本、陶朱新録同，宋史全文卷一四作"高世權"。
② 李偁　嘉慶本"李偁"下有注文"故"一字。
③ 朕嗣位之始　"位"底本作"仕"，據嘉慶本、長編拾補卷二四改。
④ 本於元祐得罪宗廟　底本脱"本"一字，據宋大詔令集卷一九六元祐臣寮不得彈劾詔補。
⑤ 悉皆親書　"皆"，宋大詔令集卷一九六元祐臣寮不得彈劾詔作"已"。
⑥ 自時厥後　"時"底本作"是"，據嘉慶本、宋大詔令集卷一九六元祐臣寮不得彈劾詔改。
⑦ 毋復輒論　"毋復"，宋大詔令集卷一九六元祐臣寮不得彈劾詔作"或毋"。

故、上官均、葉濤故、郭知章、楊康國、龔原、朱紱、葉祖洽、朱師服。

餘官：

秦觀、黃庭堅、晁補之、張耒、吳安詩、歐陽棐、劉唐老、王鞏、呂希哲、杜純故、司馬康、宋保國、張保源、孔平仲故、湯戭故、黃隱、畢仲游、常安民、汪衍、余爽、鄭俠、常立故、程頤、唐義問故、余卞、李格非、陳瓘、任伯雨①、張庭堅、馬涓、孫諤故、陳郛、朱光裔、蘇嘉、龔夬、王回故、呂希績故、歐陽中立故、吳儔故、尹材故、葉伸故、李茂直、吳處厚、李積中、商倚故、陳祐②、虞防、李祉、李深、李之儀、范正平、曹蓋、楊緅、蘇昺、葛茂宗、劉謂、柴衮、洪羽、趙天佐、案：黨籍考作"天祐"。李新、衡鈞、袞公適故、馮百藥、周誼、孫宗、范柔中、鄧考甫、王察、趙峋、封覺民故、胡端修、李傑、趙令時、郭執中、石芳、李貫、案：金石萃編碑作"傑"。金極、高公應、安信之、張集、黃策、吳安遜、周永徽、高漸之、案：拾補引無"之"字。張夙故、鮮于紼、呂諒卿、王貫、朱紘、吳朋③故、梁安國、王古、蘇迥、檀固、何大受、王箴、鹿敏求、江公望、曾紆、高士育、鄧忠臣故、种師極、韓治、都貺、秦希甫、錢景祥、周綍④、何大正、呂彥祖、梁寬、沈千、曹興宗、羅鼎臣、劉勃、王拯、黃安期、陳師錫、于肇、黃遷、万俟正⑤、許堯輔、楊朏、胡良、梅君俞、寇宗顏、張居、李修、逄純熙故、高遵裕、黃才、曹盥、侯顧道、周遵道、林膚、葛輝故、宋壽岳、王公彥、王交、張溥、許安修、劉吉甫、胡潛、董祥⑥、楊璟寶、倪直孺、蔣津、王守、鄧允中、梁俊民、王陽、張裕、陸表民、葉世英、謝潛、陳唐、劉經國故、扈充故、張恕、蕭刓、趙越、案："越"一作"鉞"。滕友、江洵、方适、陳并、洪芻、周鍔、許端卿、李昭玘、向紃⑦、陳察、鍾正甫、高茂華、楊彥璋、廖正一、李夷行、彭醇、梁士能。

武臣：

張巽、李備故、王獻可故、胡田、馬諗、王履、趙希夷、任潚、郭子旂、錢盛、趙希德、王長民、李永故、案：黨籍考及宋史新編並作"冰"。王庭臣、吉師雄、李愚、吳休復故、崔昌符、潘

---

① 任伯雨　"伯"底本作"百"，據嘉慶本改。
② 陳祐　嘉慶本"陳祐"下有注文"故"一字。
③ 吳朋　嘉慶本、宋史全文卷一四同，宋馬純陶朱新錄作"吳明"。
④ 周綍　陶朱新錄同，嘉慶本、宋史全文卷一四均作"周綽"。
⑤ 万俟正　嘉慶本、陶朱新錄均作"黃挾正"，宋史全文卷一四作"莫挾正"。
⑥ 董祥　陶朱新錄、宋史全文卷一四同，嘉慶本作"黃祥"。
⑦ 向紃　底本作"向訓"，據宋會要輯稿職官六七之三九、職官七六之二六，宋史全文卷一四，金石萃編卷一四四元祐黨人碑、李心傳道命錄卷二元祐黨籍碑改。

福建路：

倪直孺降兩官、監南劍州酒稅；周鍔降授承奉郎、監泉州商稅，蕭刓降五官、添監漳州商稅；洪芻降兩官、監汀州酒稅。

兩浙路：

沈千降授宣德郎、添差監常州酒稅；陳師錫降授朝奉郎、添差監衢州酒稅。

梓州路：

劉勃降授承議郎、添監綿州酒稅。

京東路：

徐州范純禮降五官、少府監、分司南京。

陝西路：

陳唐降授承務郎、監華州酒稅務；延福宮使、奉國軍留後、知入內省事郝隨落職、提舉醴泉觀；郝隨罷知省必有故，當考。席旦傳，當考。〔拾補云：席旦傳，旦劾罷郝隨事在元符三年二月，至崇寧二年二月郝隨復入侍，旦出知成都，此罷知省與旦無涉。〕左中散大夫、寶文閣待制、知杭州宇文昌齡遷中大夫致仕。

六月甲辰，詔："元符末姦黨並通入元祐籍，更不分三等。應係籍姦黨已責降人，並各依舊，除今來入籍人數外，餘並出籍，今後臣僚更不得彈劾奏陳。令學士院降詔。"

元祐姦黨：

文臣，曾任宰臣執政官：

司馬光故、文彥博故、呂公著故、呂大防故、劉摯故、范純仁故、韓忠彥故、曾布、梁燾故、王巖叟、蘇轍、王存、鄭雍故、傅堯俞故、趙瞻故、韓維故、孫固故、范百祿故、胡宗愈故、李清臣故、劉奉世、范純禮、安燾、陸佃、黃履故、張商英、蔣之奇。

曾任待制以上官：

蘇軾故、劉安世、范祖禹故、朱光庭故、姚勔故、趙君錫故、馬默故、孔武仲故、孔文仲故、吳安持故、錢勰故、李之純故、孫覺故、鮮于侁故、趙彥若故、趙卨故、王欽臣故、孫升故、李周故、王汾故、韓川故、顧臨故、賈易故、呂希純、曾肇、王覿、范純粹、呂陶、王古、豐稷、張舜民、張問故、楊畏、鄒浩、陳次升、謝文瓘、岑象求故、周鼎、徐勣、路昌衡故、董敦逸沂州劉奉世，提舉崇福宮；南京張士良，降授西京左藏庫副使、提舉鴻慶宮。

京西路：

汝州呂希哲，降授朝請大夫、管勾鴻慶宮；蔡州蘇轍，提舉上清太平宮。

落職知州人：

淮南路：

蘄州劉拯、舒州王涣之，降授承議郎。

兩浙路：

杭州蔣之奇。

益州路：

成都府虞策。

京西路：

陳州石豫。

陝西路：

秦州曾孝藴。

河北路：

成德軍呂嘉問。

責降人：

湖北路：

范致明落侍御史、責降監岳州酒稅。

江南路：

董士良降授內殿承制、添監吉州酒稅；梁寬降授朝散郎、添監南康軍酒稅；黃安期降授宣德郎、添監虔州酒稅；都覬降三官、監撫州酒稅。

淮南路：

譚宸左藏庫使、添差蘄州都監；趙越降授朝議大夫、監無爲軍酒稅；楊瓌寶降兩官、監宿州酒稅；陳并降授承事郎、添監漣水軍酒稅；滕友追兩官、添監泗州酒稅；張恕降兩官、落職，高郵軍添監酒稅；曹興宗降授宣德郎、監壽州酒稅；蔡碩落朝散郎、軍器少監，依舊內殿承制、監蘄州酒稅。

新州三班奉職王履武,高州入内内侍省左藏庫使王化基。崇寧元年九月二十六日建州。

除名勒停編管,永不收敘人：

廣南路：

　　韶州王道、雷州范柔中。

安置人：

湖南北路：

　　鄂州、常州別駕范純粹,漢陽軍祁州團練副使安燾,衡州、賀州別駕改廉州司户參軍曾布,金州、賀州長史閻守懃①,興國軍、建安軍節度副使朱師服。

淮南路：

　　黄州、黄州別駕張耒,汀州、濮州團練副使曾肇。

兩浙路：

　　睦州安置、舒州團練副使章惇。

別駕居住人：

兩浙路：

　　温州、衢州別駕王古。

落職宮觀居住人：

江南路：

　　宣州徐勣。落翰林學士,依前朝奉大夫、提舉洞霄宫。

淮南路：

　　和州龔原,管勾玉局觀；光州劉安世,提舉崇福宫；泰州李毂②,落觀察使,降授皇城使、提舉鴻慶宫。

兩浙路：

　　婺州周常,管勾崇禧宫；杭州楊畏,提舉洞霄宫。

京東路：

---

① 金州賀州長史閻守懃　"金州"底本作"全州","懃"底本作"勤",據宋會要輯稿職官六八之八改。
② 李毂　底本作"李毂",據宋會要輯稿職官六八之八改。

徐州馮説。

京西路：

西京馮悦，降五官。

除名勒停居住人：

廣南路：

循州陳次升。

江南路：

臨江軍王覿。

福建路：

邵武軍謝文瓘、建州豐稷。

京西路：

房州張舜民。

除名勒停人：

湖南路：

郴州周誼。

淮南路：

亳州呂諒卿。

勒停安置人：

江南路：

南安軍江公望。

淮南路：

海州馬城，追三官。光州孫傑，追五官。

除名勒停編管真決人：

湖北路：

峽州譚衮，決臀杖二十。

除名勒停配本州牢城人：

廣南路：

湖南路：

　　永州曾紆、桂陽監蔡克明內臣。

江南路：

　　建昌軍杜師益。

勒停編管人：

湖北路：

　　荊門軍孫琮。

江南路：

　　撫州高漸、筠州鄧考甫、廣德軍胡端修。

兩浙路：

　　處州趙珣。

益州路：

　　維州張集、案：宋益州路亦曰成都路，"維"當作"雅"。漢州吳安遜、眉州周永徽、簡州封覺民。

梓州路：

　　遂州李新。

京東路：

　　淄州衡鈞。

京西路：

　　潁州趙令疇、宗眘，唐州李傑。

編管人：

湖北路：

　　荊南府吳則禮。

勒停居住人：

湖南路：

　　潭州藍繹，追一官。

京東路：

淮南路：

　　廬州金極、高州于有①。高州屬廣南。

福建路：

　　福州王化基。高州又有王化基。

京東路：

　　單州李賁，曹州石芳，登州黃策，密州鄧世昌內臣、趙希德武，拾補云：崇寧四年九月己亥詔趙希德賓州，賓屬廣西路。廣濟軍張夙。

京西路：

　　隨州趙天佐、金州李穆內臣、全州又有李穆。均州馮百藥、鄆州柴兗。已見全州。

陝西路：

　　同州安信之、成州郭執中。

河北路：

　　相州寧景、深州王察、邢州李價、棣州王貫。

除名勒停羈管人：

湖南路：

　　全州李穆，已見。金州。安州顧禹臣、案：拾補引無"臣"字。復州李深。

江南路：

　　宣州趙子遵、信州賈俏。

淮南路：

　　濠州李公弼、真州李酌。

京東路：

　　青州王化臣內臣。

京西路：

　　隨州高公應。

除名編管人：

① 于有　長編拾補卷二三同，嘉慶本作"卞有"。

卷第一百二十二

徽宗皇帝

禁元祐黨人下

崇寧三年正月,詔三蘇集及蘇門學士黃庭堅、張耒、晁補之、秦觀等集並毀板。

二月①,詔翰林學士張康國編類元祐臣僚章疏。

四月甲辰朔,尚書省勘會黨人子弟,不問有官無官,並令在外居住,不得擅到闕下。令具逐路責降安置、編管等臣僚姓名下項。

除名勒停編管人:

廣南路:

廣州王庭臣武、潮州②崔昌符武、連州吉師雄武、連州非廣南,此必誤。拾補云:陳瓘傳作廉州。封州李愚武、康州案:"康"疑"廣"。錢盛武、梧州李嘉亮武、桂州張庭堅、昭州鄒浩、龔州范正平、賓州郭子旂武、象州龔夬、惠州潘滋武、廉州陳瓘、昌化軍任伯雨、瓊州趙庭臣。

湖南路:

柳州案:"柳"屬"郴"。曹薈、全州眦夵、鄆州▽有眦夵、道州葛茂宗、歸州陳祐、歸州屬湖北,此恐誤。拾補云:陳祐傳編管澧州徙歸州,皆屬湖北,蓋上脫"湖北路"三字也。澧州馬涓、澧州屬湖北,此恐誤。英州李祉、英州屬廣南,此必誤。南安軍張琳。南安軍屬江南西路,此必誤。

江南路:

江州洪羽、李驥、太平州李之儀、饒州蘇晒、李茂、信州鄭居簡、歙州曾燾、池州裴彥臣、洪州李積中、南康軍尹正言、全州陳琳。

---

① 二月　嘉慶本作"二月□□"。
② 潮州　底本作"湖南",據嘉慶本、長編拾補卷二三改。

未該敘復之人,並令在外居住,不得擅到闕下。其合注差遣,令在外指射。吏部檢會姓名,關送開封府覺察。"壬戌,詔:"元祐係籍人子并親兄弟,係大使臣、路分都監已上資序,與諸路宮觀、嶽廟差遣;係親民資序,與外路監廟差遣;係監當資序並小使臣,與外路監當差遣;差使、借差,與外路合入差遣。"己巳,準都省批,應籍記人子孫并親兄弟選人與監當差遣,不得改官,自不合舉,送吏部照會。案:"官自"下十字原本誤在"癸酉,詔書不可不禁"下,今依長編拾補所引移改。

合授差遣人,今後並令於所在州依條審量,具官吏保明堪與不堪釐務。內初出官,仍驗付身,令召保二人依條式聲說委保事因,各連家狀,一統繳申吏部①。"從吏部尚書何執中奏請也。乙巳,詔建中靖國元年及元符末姦黨并合焚毀不用文字等,並併依元祐。

十月庚戌,詔:"應元祐係籍人,並依寄祿官與請給,更不注差遣。見有差遣人並罷。其子并親兄弟,並與宮觀、嶽廟差遣。內係選人者,與監當差遣,不得與改官。"

臣僚姓名當檢,附姓名已見九月二十五日。三年十月末,張商英罷提舉靈仙觀,當考。

癸酉,臣僚上言:"伏睹元符之末,朋黨遞用,陛下以先定之志,獨見之明,屏斥姦回,以斷國是,自總攬以至於今,百廢具舉,效應顯著。紹述大有爲之功,斯既成矣。陛下復懲前日紛更之由,深思遠慮,謂事雖小,而其端足以成害者,不可不禁,乃詔有司自元豐八年三月五日以後,至紹聖元年四月十三日已前,及元符三年正月十二日以後,至崇寧元年正月以前,凡官司比例,勿復引用,蓋所以防微杜漸,遏絕其萌芽,以垂無疆之休也。然臣區區之愚,尚以爲崇寧元年六月以前姦黨猶在朝,其懷私害正,持心不移,與夫官吏希望風旨於下者,或因人以廢事,或因事以廢法②,其所立一時之例,若謂其在崇寧正月以後而用之,則與建中靖國之例相去幾何哉?陛下嘉靖天下,以隆太平,事無大小,其坐朋黨而害政者,不可以不盡也。"

十一月辛巳,詔:"元祐係籍人通判資序以上,依新條與管勾宮觀;知縣以下資序,與注監嶽廟,並令在外投狀,指射差注。"乙酉,朝奉大夫、江南西路提舉常平韓宗直,朝請大夫、知亳州孫載並放罷。臣僚論宗直暴刻昏昧,載庸邪貪墨,皆嘗附元祐姦黨以得進用故也。

十二月丁巳,詔:"應臣僚姓名與姦黨等人相同者,並令改名。"從權開封府吳拭奏請也。

故事三十五卷,有拭全奏,可考。改名:朱紱、李積中、王公彥、江洵、張鐸。

己未,詔:"元祐係籍人子并親兄弟,若因功賞各該酬獎,改官循移知、令,只於階下官上循移,仍不得實任知、令差遣。"庚申,詔:"應責降不注在京差遣及緣黨與停替

---

① 一統繳申吏部　長編拾補卷二二同,嘉慶本"統"作"就"。
② 或因事以廢法　"法"底本作"人去",據嘉慶本、長編拾補卷二二改。

係今來狀內責降人子弟,告示候參選及到闕日,並於家狀內供父親、兄弟係與不係籍記之人,及後來續添王珪、張商英、李格非、商倚、吳傳、鄧志臣、陳琥、朱紱、姚雄,亦仰照會施行。"癸巳,詔:"於元祐籍記姓名人子弟在外指射差遣指揮內,添入'親兄'二字。"丙申,詔:"建中靖國元年及元符末姦黨并合焚毀文字等,並依元祐①。"辛丑,臣僚上言:"近出使府界陳州,士人有以端禮門石刻元祐姦黨姓名問臣者。其姓名,朝廷雖嘗行下,至於御筆刻石,則未盡知也。陛下孚明賞罰,姦臣異黨,無問存歿,皆第其罪惡,親灑宸翰,紀名刊石,以爲天下臣子不忠之戒。而近在畿內輔郡猶有不知者,況四遠乎?欲乞特降睿旨,具列姦黨,以御書刊石端禮門姓名,下外路州軍,於監司、長吏廳立石刊記,以示萬世。"從之。御史臺鈔錄到下項:

元祐姦黨曾任宰臣:

文彥博故、呂公著故、司馬光故、呂大防故、劉摯故、范純仁故、韓忠彥、王珪故。

曾任執政官:

梁燾故、王巖叟故、王存故、鄭雍故、傅堯俞故、趙瞻故、韓維故、孫固故、范百祿、胡宗愈故、李清臣故、蘇轍、劉奉世、范純禮、陸佃故、安燾。

曾任待制以上官:

蘇軾故、范祖禹故、王欽臣故、姚勔故、顧臨故、趙君錫故、馬默故、孔武仲故、王汾故、孔文仲故、朱光庭故、吳安持故、錢勰故、李之純故、孫覺故、鮮于侁故、趙彥若故、趙卨故、孫升故、李周、劉安世、韓川、賈易、呂希純、曾肇、王覿、范純粹、楊畏、呂陶、王古、陳次升、豐稷、謝文瓘、鄒浩、張舜民。

餘官:

秦觀故、湯戫、杜純故、司馬康、宋保國、吳安詩、張耒、歐陽棐、呂希哲、劉唐老、晁補之、黃庭堅、黃隱、畢仲游、常安民、孔平仲、王鞏、張保源、汪衍、余爽、鄭俠、常立、程頤、唐義問、余卞、李格非、商倚故、張庭堅、李祉、陳祐、任伯雨、陳郛、朱光裔、蘇嘉、陳瓘、龔夬、呂希績故、歐陽中立、吳傳。

詔:"緣姦黨入籍并子弟等,除曾任監司罷任指定與知州人外,將其餘不得到闕、

---

① 並依元祐　嘉慶本、長編拾補卷二二同。按:疑有脫漏,本書卷一二二有"並依元祐係籍人逐次已降指揮",可供參考。

差監宿州鹽茶酒稅①;降授奉議郎、權發遣華州陳并降授承事郎、添差監漣水軍鹽茶酒稅;降授宣德郎、新差簽書秀州判官事周鍔降授承務郎、添差監泉州茶鹽稅②;朝散郎、管勾崇禧觀蕭刓降授承議郎、添差監漳州鹽稅;右朝散大夫、管勾崇福宮趙越降授朝散大夫、添差監無爲軍鹽酒稅;丁憂人、前承議郎倪直孺降授宣德郎、添差監南劍州鹽稅;朝奉郎滕友特降授奉議郎、添差監泗州鹽稅;梁安國、何大受、蘇迥、檀固、王箋並勒停,永不收敘③。安國,齊州;大受,襄州;迥,華州;固,湖州;箋,通州;並羈管。鄧允中、梁俊民、江洵、陸表民、方适並特衝替,私罪事理重,永不得改官。葉世英追奪元授假承務郎。

劉經國前死,故不及責。安國等五人,允中等六人及世英、經國並不見所居官,當考。此十三人本末具載之,實錄但載路昌衡等二十二人責罰,其所上書詞並削去。今復具載於前。

七月乙巳,吏部言:"責降官程頤子端彥見任鄢陵縣尉,即干有子弟不得任在京、府界差遣指揮。詔端彥放罷,今後似此之子依此。"

八月丁未朔,詔:"湟州近已收復,其元行廢棄及迎合議論、沮壞先烈之人,理當更加降黜,除許將已放罪,曾布已責廉州司户參軍、衡州安置外,龔夬移送化州,張庭堅送象州,並編管;責授崇信軍節度副使韓忠彥,責授磁州團練副使,依舊濟州安置;責授建寧節度副使、漢陽軍安置安燾④,責授祁州團練副使,依舊漢陽軍安置;右正議大夫、知杭州蔣之奇降授中大夫,依舊知杭州;降授朝議大夫,少府少監,分司南京、徐州居住范純禮,責授靜江軍節度副使、徐州安置;除名勒停人陳次升移送循州居住;降授承議郎、權發遣坊州都貺,降授宣議郎、添差監撫州鹽礬酒税務,任滿更不差人;錢景祥、秦希甫並勒停;李清臣身死,其男祉當時用事,移送英州編管;降授復州防禦使姚雄特勒停,光州居住。

九月壬午,詔宗室不得與元祐姦黨人子孫及有服親爲婚姻,内已定未過禮者並改正。庚寅,吏部狀:"勘會責降官已有碑石籍定姓名外,其子弟係選人者,即未有指揮。今欲將降官子弟選人,令所屬開具,申部籍記,不許注在京及府界差遣。"詔吏部:"應

---

① 宿州鹽茶酒稅　嘉慶本無"茶"字。
② 添差監泉州茶鹽稅　"稅",嘉慶本作"院"。
③ 永不收敘　底本脱"永"一字,據嘉慶本、長編拾補卷二一補。
④ 安燾　底本作"安濤",據嘉慶本、長編拾補卷二二改。

容隱,別因事敗露者,並重行黜責。其應緣趨附黨人罷任、在外指射差遣及得罪停替臣僚,並依黨人子弟施行。"辛卯,朝奉郎、管勾玉隆觀黃庭堅除名勒停,送宜州編管。湖北轉運判官陳舉奏庭堅撰荆南承天院碑,語言涉謗訕也。

本傳云:採摘其間數語,以爲幸災。此碑今不傳。

四月丁巳,詔焚毀蘇軾東坡集並後集印板。

臣僚上言,當考姓名明著之。只云"從某人之言",即可不失事實,其言不須具載,詔旨有之。

戊辰,詔:"應自元祐以來,將元豐、熙寧臣僚責降及自元符三年責降紹聖、元符臣僚,除已降指揮牽復外,其合得恩數,有尚拘存亡之限,仰吏部勘會,元非犯贓罪,看詳詣實,計其合得官,除俸給外,不以存亡,並特與給還。應見貶謫命官,除元祐姦臣及到貶所未及年外,未量移者與量移;應合敘用人,依該非次赦恩與敘。"

乙亥,詔三蘇、黃、張、晁、秦及馬涓文集,范祖禹唐鑑,范鎮東齋記事,劉攽詩話,僧文瑩湘山野錄等印板悉行焚毀①。

戊寅②,臣僚上言:"故宰相王珪遭遇神宗,擢在政府,凡十六年。其所蒙被恩澤,無與比倫。逮神宗違豫,至於大漸,是宜早建儲君,以定人心,而乃遲疑顧望,語及同列,謂'他自家事③,外庭不當管'。又密召高士充,欲成其姦謀。其爲悖逆,前後臣僚言之甚詳云云。伏望檢會元符三年後來指揮,並令改正,依所得指揮施行。"詔:"王珪追贈官並諡,王仲端、王仲嶷並放罷,遺表恩例減半。"臣僚上言:"謹按通直郎致仕程頤學術頗僻,素行譎怪,專以詭異,聳瞽愚俗。頃在元祐中,因姦黨薦引,朝廷遂命以官。勸講經筵,則進迂闊不經之論,有輕視人主之意;議法太學,則專出私見,以變亂神考成憲爲事。"詔:"程頤追毀出身以來文字,除名。其入山所著書,令本路監司常切覺察。"

五月甲午,詔頒梁安國等二十二人昨上書謗訕節文云云。詔寶文閣直學士、左中散大夫、知應天府路昌衡落職、提舉明道宮;朝散大夫、直秘閣、管勾太極觀張恕落直秘閣,降授朝奉大夫、添差監高郵軍酒務;朝請郎、管勾鴻慶宮楊瓌寶降授朝奉郎、添

---

① 宋史全文卷一四載:"[崇寧二年]四月乙亥,毀東坡文集、唐鑑、馮子才文集、秦學士豫章三蘇文集、東齋記事、豫章書簡、湘山錄、眉山集別集、坡詞、劉貢父詩話、晁張黃先生文集、秦學士文。"與本書所載有所不同。
② 戊寅 嘉慶本作"二年正月二十四日戊寅"。
③ 他自家事 "他自"底本顛倒,據嘉慶本、宋宰輔編年錄卷一〇乙正。

仙都觀，並外州軍任便居住，仍依陳乞宮觀新格，餘遵守不得同在一州指揮。

此據宣和錄崇寧元年十月二十五日事，詔旨係之八月二十五日，今不取。但宣和錄不載責降人前官及差遣，今卻取詔旨所載增入，其差誤者仍改正。詔旨又於八月二十五日載劉安世、范純粹居住光、鄂，皆誤也。八月二十五日，安世初罷，居沂州，十月二十五日乃令光州居住。純粹罷金州在十月六日，其居住鄂州亦在十月二十五日。詔旨并罷及居住於一日載之，今不取。詔旨又載呂仲甫落集撰於八月二十五日，今從之。宣和錄於十月二十五日，亦不載呂仲甫姓名也①。宣和錄於十月二十五日胡田下又有孟在姓名。今從詔旨，移入八月二十五日。

十二月庚申，臣僚上言："臣聞謚以易名，所以昭其美惡，而寵辱之，宜不可以忽也。夫慮國忘家之謂忠，美聞周達之謂宣。爲范純仁者②，以'忠宣'命之，可乎？當時定議之博士、覆議之郎官承順風旨，不恤國是，謚其美而上之。其謚議具存，而議之者固在也。其'世濟忠直'既不得名其碑，則前日未當之謚③，理所應奪。不特純仁而已，有如司馬光之謚文正、呂公著之謚正獻，其類不一，顧於此時，皆當奪本議，各謚其惡，以訓萬世。"詔："范純仁謚，定議、覆議官各罰銅十斤，其范純仁神道碑如已鐫立，令潁昌府毀磨。"丙寅，詔："應責降安置及編管、羈管人，令所在州軍依元符令常覺察，不得放出城。"

二年正月乙酉，中書檢會任伯雨等上言云云。詔任伯雨除名勒停，編管昌化軍；陳瓘除名勒停，編管廉州；龔夬除名勒停，編管象州；馬涓除名勒停，編管澧州；陳祐除名勒停，編管歸州；李深除名勒停，編管復州；張庭堅除名勒停，編管鼎州；江公望責授衡州司馬、永州安置；鄒浩除名勒停，昭州居住。以上並永不得收敘。王覿除名勒停，臨江軍居住；責授道州別駕、台州安置；豐稷除名勒停，建州居住；奉議郎、監中嶽廟陳次升除名勒停，建昌軍居住；降授承議郎、管勾玉隆觀謝文瓘除名勒停，邵武軍居住；責授楚州團練副使張舜民除名勒停，房州居住。

三月乙酉，詔："應元祐及元符之末黨人親子弟，不問有官無官④，並令在外居住，不得擅到闕下。令開封廂界各據地分覺察⑤，如當職官知而不糾，或不用心探緝，遂致

---

① 亦不載呂仲甫姓名也　底本"載"字模糊不清，據嘉慶本校正。
② 爲范純仁者　"爲"，嘉慶本作"若"。
③ 則前日未當之謚　"謚"底本作"論"，據長編拾補卷二〇改。按：嘉慶本作"則前日未嘗未謚"。
④ 不問有官無官　"問"，嘉慶本作"論"。
⑤ 開封廂界　"廂"，嘉慶本作"府"。

鄒浩、張舜民。

餘官：秦觀、湯餴、杜純、司馬康、宋保國、吴安詩、張耒、黄隱、歐陽棐、吕希哲、劉唐老、晁補之、黄庭堅、畢仲游、常安民、汪衍、孔平仲、王鞏、張保源①、余爽、鄭俠、常立、程頤、余卞、唐義問、李格非、商倚、張庭堅、李祉、陳祐、任伯雨、陳郛、朱光裔、蘇嘉、陳瓘、龔夬、吕希績、歐陽中立、吴儔、吕仲甫、徐常、劉當時、馬琮、謝良佐、陳彦默、劉昱、魯君貺、韓跂。

内臣：張士良、魯濤、趙約、譚宸、楊偁、陳詢、張琳、裴彦臣。

武臣：王獻可、張遜、李備、胡田。

七月二日，魯君貺、劉昱、徐常、吕仲甫、朱光裔、馬琮、劉當時、謝良佐、陳彦默八人已出籍，恐此姓名不當。又見九月十七日。

十月丙子，臣僚上言："元祐之初，共成黨與、變壞法度等人，朝廷近以施行。所有元符之末共成黨與、變壞法度、復爲元祐等人，伏望詳酌施行。"詔奉議郎、寶文閣待制、知越州周常落職，管勾崇禧觀、婺州居住。初二日自湖改越。承議郎、知廬州龔原管勾玉局觀、和州居住。中大夫、知徐州劉奉世落職，提舉崇福宫、光州居住。奉世落端明、知徐州在崇元五月四日，此猶帶端明，詔旨誤也。詔旨又誤以光州爲沂州，今改之。朝奉大夫、知穎州吕希純管勾鴻慶宫、汝州居住。四月二十三日知穎州。降授承議郎王覿管勾太冲觀，朝散大夫王古管勾崇道觀，降授承議郎、知濮州謝文瓘管勾玉隆觀，並本處居住。文瓘此年二月三日已罷給事，知濮州。詔旨此云罷給事中，誤也。朝請郎、知滑州陳師錫管勾靈仙觀；朝奉大夫、知蔡州歐陽棐管勾崇道宫。棐以直秘閣知蔡在靖元十月七日，後與吕希哲、劉唐老並落職在崇寧元年五月十六日。朝請大夫、知邢州吕希哲管勾冲佑觀。六月六日自曹改相，十一日自相改邢。朝請郎、知曹州劉唐老管勾鴻慶宫。六月六日自相改曹。宣和録於八月二十五日載唐老管鴻慶，十月二十五日卻不書。按：唐老與歐陽棐、吕希哲陞黜多同，今移入此。詔旨載鴻慶於十月五日，今亦不取。朝散郎晁補之管勾太平觀，朝奉郎黄庭堅管勾玉隆觀，承議郎黄隱管勾靈仙觀，朝奉大夫畢仲游管勾崇禧觀，朝散郎常安民管勾玉局觀，朝奉大夫孔平仲管勾太極觀，王鞏管勾太平觀，張保源監西嶽廟，朝奉大夫陳郛管勾洞霄宫，朝散郎朱光裔管勾仙都觀，蘇嘉管勾雲臺觀，余卞監中嶽廟，鄭俠監南嶽廟，胡田管勾

---

① 張保源　嘉慶本作"張僊保"。

奏劾外，緣諫省文案不具，艱於檢尋，或恐漏落，雖加採訪，亦恐不真。臣竊謂元祐黨人，其植根固，其流波漫。今使言者一一彈劾，不惟重煩，兼慮遺落有過之人，則於陛下大公之誅有所未均。臣伏望聖慈詳酌，更賜指揮，下所屬檢會元祐責降人，除今來見行遣外，有漏落及輕重失當之人，令詳具聞奏施行。檢會崇寧元年五月二十一日三省同奉聖旨，應元祐初、元符末今來責降人，令三省籍記姓名，不得與在京差遣。除韓忠彥曾任宰臣，安燾係前執政官，王覿、豐稷見任侍從官外，自蘇轍至裴彥臣五十七人，姓名見五月乙亥。三省同奉聖旨，並依崇寧元年五月二十一日指揮籍記姓名。"

曾肇、陸佃、王覿、豐稷、王古、李格非、謝文瓘、鄒浩、魯君貺、劉昱、徐常、呂仲甫、朱光裔、馬琮、劉當時、謝良佐、陳彥默。已上更不籍記姓名。此據祐聖故事所錄，在洞真宮後。已上臣僚上言與故事同，但俱無月日。詔誥冊在七月初間。蔡京三年六月二十一日所書黨籍，猶有朱光裔姓名。此九人內，合除光裔一人，累歷崇寧元年九月十七日。陸佃編入黨籍，當在七月初，不在九月半也。

七月庚戌，臣僚上言："朝散郎、管勾明道宮張耒在潁州，聞蘇軾身亡，出己俸於薦福禪院為軾飯僧，縞素而哭。"詔張耒責授房州別駕、黃州安置。

八月丙子，詔："司馬光、呂公著、王巖叟、朱光庭、孔平仲、孔文仲、呂大防、劉安世、劉摯、蘇軾、梁燾、李周、范純仁、范祖禹、汪衍、湯戫、李清臣、豐稷、鄒浩、張舜民子弟，並不得與在京差遣；陸傅、吳儲、呂好問、呂凝問、蘇适、呂能問、王摭、張禹並與外任合入差遣。"

宣和錄有此，他書無之。七月十二日可考。

九月己亥，御批付中書省："應係元祐責籍並元符末敘復過當之人，各具元籍定姓名人數進入，仍常切契勘，不得與在京差遣①。"詔旨及宣和錄俱有此。

文臣，曾任執政官：文彥博、呂公著、司馬光、安燾、呂大防、劉摯、梁燾、王巖叟、范純仁、王珪、王存、傅堯俞、趙瞻、韓維、孫固、范百祿、胡宗愈、李清臣、蘇轍、劉奉世、范純禮、陸佃。

曾任待制以上官：蘇軾、范祖禹、王欽臣、姚勔、顧臨、趙君錫、馬默、孔武仲、王汾、孔文仲、朱光庭、吳安持、錢勰、李之純、孫覺、鮮于侁、趙彥若、趙卨、孫升、李周、劉安世、韓川、賈易、呂希純、曾肇、王覿、范純粹、楊畏、呂陶、王古、陳次升、豐稷、謝文瓘、

---

① 不得與在京差遣　底本"京"下衍"官"一字，據嘉慶本、長編拾補卷二〇、宋宰輔編年錄卷一一刪。

劉當時、孔平仲、徐常、王鞏、張保源、晁補之、商倚、張庭堅、謝良佐、韓跂、馬琮、陳彥默、李祉、陳祐、任伯雨、陳郛、朱光裔、蘇嘉、鄭俠、劉昱、魯君貺、陳瑾、龔夬、汪衍、余爽、湯馘、程頤、朱光庭、張巽、張士良、曾燾、趙約、譚扆、楊俒、陳恂、張琳、裴彥臣。凡五十餘人。並令三省籍記，不得與在京差遣。"

丙子，詔曰："昔在元祐，權臣擅邦。倡率朋邪，誣詆先烈。善政良法，肆爲紛更。紹聖，躬攬政機，灼見群慝，斥逐流竄，具正典刑①。肆朕纘承，與之洗滌，悉復收召，寘諸朝廷。而締交合謀，彌復膠固，唯以沮壞事功、報復讎怨爲事，翕翕訿訿，必一變熙寧、元豐之法度爲元祐之政而後已。凡所論列，深駭朕聽。至其黨與，則遷敘不次，無復舊章，或繇冗散之中，登殿閣而滿方面；或既殂謝之後，還舊職而加橫恩。玩法肆姦，鮮不類此。稍後屏遠②，姑務含容。而言路交攻，義不可遏。乃擇其尤者，第加裁削，以適厥中。尚慮中外詿誤之人未免反側，宜詳示訓諭，以慰安群情。應元祐以來及元符末，嘗以朋比附黨得罪者，除已施行外，自今以往，一切釋而不問。在言責者，亦勿復輒言。朕言不渝，群聽毋惑。宜令御史臺出榜朝堂。"詔詞，曾布所草定也。己卯，翰林學士承旨蔡京爲尚書右丞。

閏六月壬戌，右銀青光禄大夫、尚書右僕射兼中書侍郎曾布罷爲觀文殿大學士、知潤州。壬申，通直郎、寶文閣待制、新知越州鄒浩爲衡州別駕、永州安置。見鄒浩本事。

七月乙酉，臣僚上言："準尚書省劄子，三省同奉聖旨，昨行遣裁削責降元祐人數內輕重失當③，或漏落之人，令御史、諫職彈劾以聞，餘依詔旨施行。除先次彈劾外，緣本局文字散漫④，難以檢會犯由，比較輕重，及指定裁削的確人數。伏望特賜睿旨，下所屬契勘施行。"又臣僚上言："內一項其餘人爲元祐送吏部罷職或監當者，今或爲監司，或爲要郡，其逐一考驗未詳。乞令所屬檢尋元犯，一例詳酌施行，庶無漏落。"又臣僚上言："近準尚書省劄子，三省同奉聖旨，昨行遣裁削責降元祐人數內，有輕重失當或漏落之人，仍令御史、諫職彈劾以聞，餘依詔旨施行者。臣自奉聖旨，雖已旋具所見

---

① 具正典刑　"具"，嘉慶本作"其"。
② 稍後屏遠　"後"，嘉慶本作"從"。
③ 輕重失當　"當"，嘉慶本作"常"。
④ 文字散漫　長編拾補卷一九同，嘉慶本作"文字散漫□□"。

游,朝奉大夫、提舉河東路常平徐常,朝奉郎、知太平州黃庭堅,朝散郎、知密州晁補之,朝散郎、軍器少監韓跂,朝散郎王鞏、劉當時、常安民,承議郎黃隱,通直郎張保源並送吏部與合入差遣。朝散郎汪衍、瀛州防禦推官余爽、陳州別駕湯鹹更不收敘。泉州教授鄭俠放罷。通直郎常立追所得一子官。奉議郎程頤追所復官,依舊致仕。西上閤門使張巽追所復兩官①,依舊差遣。曾經貶責人,除遺表及罷政恩例已給還外,其亡歿後所復官職、已得指揮依遺表條與推恩之人,並減半,其三人以上,餘數聽從多;仍並與假承務郎,用上件恩例轉官陞資者,依此比折磨勘資考年月;應送吏部人,並令在外指射差遣,吏部依條差注。承議郎任伯雨準此,陳祐、張庭堅、商倚等任滿送吏部,陳瓘管勾冲佑觀,龔夬候服闋準此。制詞皆右僕射曾布所草定,責光等云:"尊主庇民,大臣之職。其事上則不敬,其謀國則不忠,犯義干刑,孰大於此?爾等遭時艱疚,身處廟堂,垂簾之際,惟務淵默②,退託之間,坐肆威福。崇聚黨與,據諸要塗,肆爲詆誣,妄議宗廟。已行之法度,靡不變更;所進之人才,靡不斥逐。以道聽塗說施之政事③,而不恤於民情,以朋比詔諛自謂諒直,而不稽於士論。蓋內懷怨望,好勝遂非,而忘事君之義。推原罪愆,何可勝誅!紹聖躬攬萬幾,甫加竄逐。朕入纘大服,與物更新,而朋邪之人,適復在位,甄敘眷恤,靡不過優。言路交章,謂宜追改。稍從裁削,姑示至公,尚其有知,庸此陰命。"責大防、純仁云:"迨宣仁寢疾彌留,永泰陵年已及冠,而委政閽寺,莫肯以復辟爲言,不視長君,處之虛器。"責軾云:"嘗以謗訕抵罪,神考貸而不誅。元祐之間,躐登華近,挾持親黨,鼓動群邪,肆爲詆誣,以逞怨望。紹聖投之荒裔,聊正典刑;昨者洊以誤恩,復還朝著。推原罪愆,在所當誅,追削故官,置之冗散。庶其黨類,知所創懲。"

十一月先責安燾等,曾布所草制書,今附見。姦言無所忌憚至此,固宜存之。詔書見二十二日。

詔:"應元祐并元符末今來責降人韓忠彥曾任宰臣,安燾係前任執政官,王覿、豐稷見任從官外,蘇轍、范純禮、劉奉世、范純粹、劉安世、賈易、吕希純、張舜民、陳次升、韓川、吕仲甫、張耒、歐陽棐、吕希哲、劉唐老、吴安詩、黃庭堅、黃隱、畢仲游、常安民、

---

① 西上閤門使 底本脱"西"一字,據嘉慶本、長編拾補卷一九補。
② 淵默 嘉慶本作"淵嘿"。
③ 以道聽塗説施之政事 長編拾補卷一九同,嘉慶本作"以道聽塗説□□□施之政事"。

紛之論息矣。"

據鄒餘奏議,其文頗有與詔旨不同者,當考。然上言者必鄒餘也,更詳之。

又言:"蘇轍坐窮兵黷武之謗,如此之類有實跡者,宜行放棄。"又言:"曾經責降人,見今任監司、藩部者,必不肯公心奉行法度,亦乞朝廷契勘,改授閑慢差遣。"又言:"竊見元符之末,簾帷同聽政之日,元祐大臣乘間用事,盡復紹聖間負罪責降之人,或盡復舊官,或超授職任,不問其得罪之因,惟務合黨,扶同異論。賴陛下察見弊端,力持正道,保全神考法度,紹復祖宗基業,萬世之治,自此而定。然前後得罪之人,所授官職過當,與援引之姦不治,未厭公論云云。伏望聖慈,令所屬取上件合該行遣之人,或削奪官職,或旋行懲戒,各以類舉,必當其罪,即號令簡重,刑罰肅清。"乙亥,詔故追復太子太保司馬光降復右正議大夫,太子太保呂公著降復左光祿大夫,太師、河東節度使、開府儀同三司、太原尹、潞公文彥博降復太保,光祿大夫呂大防降復太中大夫,太中大夫劉摯降復右朝議大夫,右中散大夫梁燾降復朝請大夫,朝奉郎王巖叟降復定遠軍節度行軍司馬,朝奉郎蘇軾降復崇信軍節度行軍司馬,其元追復官告並繳納。贈右銀青光祿大夫王存追所贈官,資政殿學士、太中大夫鄭雍追所復職,贈右銀青光祿大夫、謚獻簡傅堯俞,右銀青光祿大夫、謚懿簡趙瞻並追所贈官及謚告,贈太中大夫趙卨追所贈官。以上告身並追毀。朝散郎、集賢殿學士孫升追所復職,朝奉郎孔文仲,朝散郎朱光庭,宣德郎秦觀,延福宮使、入內都知定國軍留後、贈安化軍節度使、謚僖獻張茂則並追所復贈官。贈開府儀同三司范純仁追例外所推恩數,中大夫劉摯葬事依前宰相例指揮勿行。資政殿大學士、太子少傅韓維,贈開府儀同三司孫固為係神考潛邸人,已復職名及贈官免追奪。太中大夫蘇轍、朝散大夫范純粹、朝奉大夫吳安詩更不敘復職名,端明殿學士、太中大夫范純禮落端明殿學士、提舉崇福宮,朝奉大夫、顯謨閣待制①、知穎昌府陳次升降集賢殿修撰,朝請郎、集賢殿修撰韓川落集賢殿修撰、管勾崇福宮,朝奉郎、直龍圖閣、知汝州張耒落直龍圖閣、管勾明道宮,直秘閣、朝請大夫、知曹州呂希哲,朝請郎、知相州劉唐老,朝奉大夫、知蔡州歐陽棐並落直秘閣,差遣依舊。朝奉大夫、提舉永興軍路刑獄孔平仲②,朝奉大夫、淮南路轉運副使畢仲

---

① 顯謨閣待制　"制"底本作"詔",據嘉慶本改。宋史卷三四六陳次升傳作"寶文閣待制"。
② 提舉永興軍路刑獄　"舉",底本漫漶不清,據嘉慶本補。

卷第一百二十一

徽宗皇帝

禁元祐黨人上

崇寧元年五月乙丑，臣僚上言："臣聞天下之罪，其名不正，則天下之善無自而明。神考在位凡十有九年，所作法度皆本先王。元祐黨臣秉政，紊亂殆盡，朋奸罔上，更唱迭和，氣焰薰炙，不可嚮邇者，皆神考之罪人也。紹聖追復，雖已竄逐，陛下即位，仁德涵養，使之自新。黨類實煩，所在連結，罪廢者一旦牽復，不以其漸，所與過當，又復紛然，莫之能禦。内外相應，寖以滋蔓，爲害彌甚。今皆坐享榮名、顯職、厚禄、大郡，以至分居要路，疑若昔未嘗有罪者，非所以正名也。"又曰："今奸黨姓名具在，文案甚明，有議法者，有行法者，有爲之唱者，有從而和者。罪有輕重，情有淺深，使有司條析，區別行遣，使各當其罪，數日可畢，庶幾得罪者無所致怨，不憂後禍；觀望者消於冥冥之中，天下忠臣良士，各得自盡，以悉心於上，不疑復有害之者，以顯神考盛德大業，以成陛下繼志述事之孝，而天下可以無爲而治矣。伏望早賜施行。"詔："觀文殿學士、知河南府安燾降充端明殿學士，龍圖閣學士、知潤州王覿降充龍圖閣直學士，樞密直學士、知越州豐稷降充寶文閣待制，顯謨閣待制、知潁昌府陳次升降充集賢殿修撰，左朝議大夫、集賢殿修撰、知應天府吕仲甫落職，故資政殿大學士、贈金紫光禄大夫李清臣奪職，追所贈官，并例外所得恩例指揮更不施行。"庚午，臣僚上言："伏見先朝貶斥司馬光等異意害政，大臣論列，播告中外，天下共知。方陛下即位之初，未及專攬萬機之際，當國之臣不能公心平意，檢會事狀，詳具進呈，以次牽復。今日再招人言，遂致煩紊。臣愚伏望陛下明諭執政大臣，使公共參議，詳酌事體，原輕重之情，定大小之罪，上稟聖裁，特賜行遣。如顯有欺君負國之實迹，自宜放棄，不足收恤。其間亦有干連牽掛、偏執愚見、情非姦誣者，乞依近年普博之恩，使有自新之路，則天下之氣平，而紛

《續資治通鑑長編紀事本末》點校 五

（卷第一百二十一至卷第一百五十）

〔宋〕楊仲良／撰
丁建軍／點校

中州古籍出版社
·鄭州·

布又擬蔡京代張舜民，朱紱代劉安世，召商英爲户部侍郎。祖洽初擬亦召爲侍郎，上既許之矣，韓忠彦白上："祖洽等差除，曾布云悉已得聖旨，不審其間有可論者，尚容臣開陳否？"上曰："不妨。"遂力詆商英、祖洽爲不可。上曰："商英曾有文字，朕欲召還。祖洽且令外補①。"辛卯，先是，責降者皆得旨，以赦恩牽復，惟章惇、蘇轍進呈不行。惇子援刺血上書，上封援書付曾布，布欲留白，未果，已而丁憂人曾誕持長書抵布，並奏疏一通。疏乃通封，所陳十事：一，陳聖瑞，當正名號；二，京、卞、拯、鐺等復收用；三，安、蹇無罪，當還舊職；四，惇有功於國，責太重，當復用。末篇言上當密諭元符，令自表請退妃位，避元祐。其狂謗類此。及庚寅，布乃留對，遂呈援書。上頗稱其孝，有憐之之意。布欲且與徙廣南近裏一州，上亦許之。又以誕所陳十事具劄子事目進呈。上曰："來日同呈，便可施行。"仍曰："須與勒停編管。"既退，遂以劄子送三省。韓忠彦見之，勃然怒誕之狂妄也。是日進呈，初議追官勒停，又議編管，而忠彦欲除名，送湖南，上從之，惇亦不復内徙。上但曰："且休，恐動人心。"故遂已。戊戌，中大夫、提舉洞霄宫蔡京復龍圖閣直學士、知定州。辛丑，降授朝奉大夫、知陳州張商英權户部侍郎，尋改吏部。壬寅，朝奉大夫、知滁州范鐺復集賢修撰、知澶州，朝散郎、少府少監、分司西京邢恕，中大夫、光禄少卿、分司南京吕嘉問，中散大夫、司農少卿、分司南京路昌衡並落分司，恕知隨州，嘉問知蘄州，昌衡知滁州。除名勒停放歸田里人安惇爲朝奉郎、提舉太平觀，蹇序辰爲朝散郎、提舉明道宫，通議大夫林希追復資政殿學士。戊申，中大夫、少府少監、分司南京、池州居住蔡卞復左正議大夫、提舉崇禧觀。癸丑，詔章惇親子孫許在外指射差遣，不得輒至京師及上章疏。從曾布所請也。乙卯，詔通議大夫林希追復資政殿學士、銀青光禄大夫，恩例如前執政官。左正議大夫、提舉崇禧觀蔡卞知大名府。

崇寧元年二月辛丑，龍圖閣直學士、新知定州蔡京爲端明殿學士、知大名府。先是，大名闕帥，曾布白上："前兩府惟有劉奉世。"上默然。韓忠彦與布交惡，陰欲結京，乃言："熙寧故事，嘗除學士，不必前兩府。"因請用京，上從之。左正議大夫、知大名府蔡卞知揚州。

三月甲戌②，端明殿學士、新知大名府蔡京爲翰林學士承旨兼修國史。

---

① 且令外補　"且"底本作"自"，據嘉慶本改。
② 三月　底本脱此二字，據嘉慶本、長編拾補卷一九補。

懷異意①,減不加恤②。及至陛下即位,尚敢簾前公肆異議,逆天咈人,輕亂名分,睥睨萬乘,不復有臣子之恭。驕蹇固位,久不忍去。人言交攻,僅乞外補。伏願早正兩觀之誅,或從矜容,乞投海外。"又具大事六件:"一,蔡卞以宣仁有廢立之意,乞追廢爲庶人;一,紹聖已來竄逐臣僚,並是蔡卞誣罔;一,宮中厭勝事作,蔡卞乞掖庭置獄,只差内臣推治;一,編排元祐臣僚章疏,乃蔡卞議與蹇序辰自編排,惇即奉行;一,鄒浩以言事得罪,卞執奏,乞治浩親故送行之罪;一,蹇序辰首建看詳訴理之議,安惇助之,章惇遲疑未許,卞迫之③,以此惇即日差官置局。凡此,皆蔡卞謀之,章惇行之也。按:卞陰狡險賊,惡燄滔天。惇雖凶狠,每爲制伏,執政七年,門生故吏遍滿天下。今雖薄責,如卞在朝,人人惴恐④,不敢回心向善,朝廷邪正是非,不得分別,馴致不已,奸人復進,天下安危,殆未可保。"惇既竄雷州,而卞居池州如故。

五月丙戌,朝請郎梁寬言:"紹聖之初,奸臣特進。是時不惟朝廷士革面迎合⑤,雖田野書生亦懷觀望捭闔之術。舉人畢漸廷試對策,其心本欲附會時流,以窺上第,其間言語不顧輕重,有傷事體,傳播四夷,所損不細。又如紹聖之際,方天若對策,其間以不誅南竄大臣家屬爲恨,以不没元祐公相家貲爲惜。天若,閩中匹夫,於元祐大臣、公卿有何宿憾? 特以蔡卞用事,正持威柄,方務傾覆大臣,既欲行其妻父素志,又欲復其平日私讎。天若者,蔡京之門人、蔡卞之飛走也。鷹犬效力,僕妾事人,其言何所不至云云。伏見將來科詔不遠,欲乞下禮部:每遇廷試,戒約舉人,立爲法式,不得妄狂⑥,不答所問。有違此者,罪在考官,然後罷黜此流,所貴少厚風俗。"

七月癸未,曾布極陳元祐、紹聖兩黨奸惡。

十一月壬午,曾布進呈鄧洵武所進愛莫助之圖。並見曾布事。

十二月庚寅,朝請大夫、知洪州葉祖洽爲寶文閣待制、知瀛州,知瀛州吕希純知潁州。先是,上以河朔諸帥皆元祐人,欲盡易之,故希純、祖洽有是命,皆曾布爲請也。

---

① 異意　嘉慶本作"異議"。
② 減不加恤　"減",嘉慶本作"咸"。
③ 卞迫之　底本脱"卞"一字,據嘉慶本、長編拾補卷一七補。
④ 人人惴恐　"恐"底本作"怨",據嘉慶本、宋文鑑卷六一任伯雨論章惇蔡卞改。
⑤ 朝廷士　嘉慶本作"朝廷士夫"。
⑥ 妄狂　嘉慶本作"狂妄"。

見新除端明殿學士、知江寧府蔡京頃在翰苑,倚勢作奸。自除邊帥,即懷怨望。臣僚屢有彈奏,不蒙顯謫。今除知江寧府,仍領端明殿之職。採之眾論,謂京負朝廷至深,朝廷待京何厚?伏望重行黜責,以示至公。"詔端明殿學士、中大夫、知江寧府蔡京落端明殿學士、提舉杭州洞霄宮,正議大夫、提舉洞霄宮蔡卞降為太中大夫、守少府少監、分司南京,依舊太平州居住。京既貶,輔臣謂卞責輕,故並及之。辛未,侍御史陳次升言:"蔡卞之與章惇俱盜權先朝,為天下害。卞以陰險謀之,惇以凶悍行之,二人同惡相濟,罪當均一。臣謂惇之凶暴,其害物止於一時;卞則又敗壞道術,使不得歸正,疑亂風俗,使不得為善,其害又流於萬世也。卞之為害,實不在惇下。惇既以散官安置潭州,而卞則止於近地分司,適遂所欲,何名為謫?人心未服,公議未厭。"壬申,詔降授太中大夫、守少府少監、分司南京蔡卞降中大夫,依前分司,移池州居住。

　　建中靖國元年二月甲寅,右司諫陳祐言:"通議大夫、知揚州林希於紹聖初掌書命,草呂大防、劉摯、蘇轍、梁燾等制,皆務求合章惇之意,至有'老奸擅國'之語。陛下頃聞臣言褫其職,自大名移揚州,而希謝表具言所撰告皆出於先朝。大抵奸臣毀敗善類,事成則攄己所憤,事敗則歸過於君。至如過失未形而訓辭先具,安得為責人之名?歷辨訛誣而上侵聖烈,安得為死節之義?黨附權要,不一二年間致位樞近,其於謀身,不得謂之拙;託名王言,多所擠陷,以誤先朝之事,其於為國,不得謂之忠。"又曰:"陛下以禮進退大臣,務存國體。希嘗備位執政,乃不知隆君親,謹名分,一不快意,忿躁不平之氣溢於言辭,略無畏懼。伏望省覽希章與臣所言①,特賜指揮,重行降黜。又檢會侍御史陳次升上言朝散大夫、知隨州張商英奸邪凶險,猖狂妄作。紹聖初備位諫官,不圖報國,乃與宰相章惇結為死黨,訛誣忠良,陷害善類。"餘見信任曾布。詔貶林希知舒州,降商英為朝奉大夫。丁巳,詔武昌軍節度副使、潭州安置章惇責授雷州司戶參軍、州安置②。先是,左正言任伯雨言:"自哲宗疾勢彌留③,中外洶懼。惇為宰相,自當引天下大義,乞立陛下為皇太弟,以繫人心,以安國勢。持危扶顛,輔弼之任。惇

---

① 伏望省覽希章與臣所言　底本脫"臣"字,據嘉慶本、長編拾補卷一七補。
② 州安置　嘉慶本、宋史全文卷一四均作"員外置",宋會要輯稿職官六七之三三作"員外安置"。
③ 哲宗　嘉慶本作"哲宗皇帝"。

蔡絛史補原廟篇云：京坐議原廟及三年服事得罪去①。按：得罪緣此二事，況原廟實用京議，絛妄云耳。〔詳見宗廟。〕

特進、新知越州章惇責授武昌軍節度副使、潭州安置。始惇罷相，陳瓘論其責輕，於是中書省檢會瓘章，而有是命。辛亥，朝奉郎、集賢殿修撰、知荊南府楊畏提舉洞霄宮。乙卯，中書省檢會御史中丞豐稷言："伏見責授武昌軍節度副使章惇昔在相位，變亂名實，顛倒是非，拔擢群小，布列中外，陰邪慘酷，更相唱和，流毒四方，感動天變。伏遇大明繼照，群陰廓開，俊傑彙征，奸回竄伏。安惇、蹇序辰放歸田里，呂嘉問、路昌衡分司，范鏜、張商英、吳居厚落職，降知小州，惟林希、徐鐸、葉祖洽未見朝廷施行。雖聖度包荒，尚稽黜責。臣職在糾慝，合具彈奏云云。"詔資政殿學士、通議大夫、知大名府林希降端明殿學士、知揚州，朝散大夫、龍圖閣待制、知洪州葉祖洽落龍圖閣待制、知洪州，朝奉大夫、龍圖閣待制、知青州徐鐸落龍圖閣待制、知湖州。戊午，新知南康軍龔原改知壽州。己未，詔略曰："朕於爲政取人，無彼時此時之間，斟酌可否，舉措損益，惟時之宜。旌別忠邪，用舍進退，惟義所在。使政事不失其當，人材各得其所，則能事畢矣。無偏無黨，正直是與，體常用中，祇率大體②，以與天下休息，以成朕繼志述事之美，不亦韙歟③？若夫曲學偏見，妄意改作，妨功擾政④，以害吾國事者⑤，非惟朕所不與⑥，迺公議之所不容，亦與衆棄之而已。"

十一月癸亥，端明殿學士、新知永興軍蔡京知江寧府。右正言陳祐言："按：林希爲中書舍人，草呂大防等責詞，以司馬光變法之初指明老奸⑦，略無忌憚。蘇轍試賢良，而希言轍對策之時已有異志。至於文及甫造爲劉摯甘心快意之事，亦希有以啓之。陛下灼知奸黨，明正典刑，而罪大責輕，人望不厭。況秘殿清職，近臣之優選；維揚會府，非待有罪之地。伏望聖明察希用心最爲犯義，重行黜責，投之閒散，以申公憲。"乙丑，詔希落端明殿學士，依舊太中大夫、知揚州。庚午，侍御史陳次升言："臣伏

---

① 得罪去　"去"底本作"云"，據嘉慶本改。
② 祇率大體　"體"，宋大詔令集卷一九五誡諭中外詔（元符三年十月己未）作"下"。
③ 不亦韙歟　"韙"，嘉慶本作"偉"。
④ 妨功擾政　"擾"，宋大詔令集卷一九五誡諭中外詔作"撓"。
⑤ 以害吾國事者　"事"，嘉慶本、長編拾補卷一六作"是"。
⑥ 非惟朕所不與　"所"，宋大詔令集卷一九五誡諭中外詔作"之"。
⑦ 指明老奸　"明"，嘉慶本、長編拾補卷一六均作"名"。

射兼門下侍郎、申國公章惇罷尚書左僕射兼門下侍郎,依前特進、知越州,仍放謝辭①。庚辰,先是,御史中丞豐稷、殿中侍御史陳師錫言:"臣謹按:翰林學士承旨蔡京,資政殿學士、知江寧府蔡卞奸邪狠愎②,兄弟同惡,迷國誤朝,爲害甚大。卞雖去位,尚竊峻職,玷名邦③;京優然在職,謂朝廷無識其奸,日夜交納内侍、戚里,以覬大用。中外見陛下容忍留京,咸謂果有大用京之意。"又曰:"況京好大喜功,銳於改作,若果大用,必須妄作,變亂舊政,天下治亂,自此分矣!祖宗基業,自此隳矣!"辛巳,稷等對,又言:"陛下持萬乘威權,何憚一蔡京不能去?無乃爲聖母有主張之意乎?當紹聖、元符間,章惇、蔡卞竊弄威權,殘賊忠良,陷哲宗於有過之地,廢元祐皇后於瑶華宫,京皆有力。考其罪惡,不下惇、卞。皇太后不盡知,萬一知之,豈肯容留?惇、卞之惡,賴陛下神明之斷,投之外服,雖典刑未正,頗快中外。京猶泰然在朝,有自得之色,忠臣寒心,良士痛骨,非自愛而憂之,蓋爲陛下憂,爲宗廟憂,爲天下賢人君子憂!"甲申,資政殿學士、左諫議大夫、知江寧府蔡卞落職、提舉洞霄宫、太平州居住。寶文閣直學士、左中散大夫、知成都府路昌衡爲司農少卿、分司南京;寶文閣直學士、中大夫、知鄆州吕嘉問爲光禄少卿④、分司南京,光州居住。二人皆嘗尹京,附會章惇、蔡卞,殺戮無辜也。朝散大夫、龍圖閣待制、河北都轉運使張商英,朝奉大夫、龍圖閣待制、知瀛州范鏜並落職,商英知隨州,鏜知滁州。二人亦坐惇、卞黨,故責。

十月丙申,翰林學士承旨、中大夫蔡京爲端明殿學士、知永興軍。吳居厚既罷,長安闕帥。上欲遣蔡京,韓忠彥以爲當遣。或曰:"先已除兩學士。"上曰:"與之。"忠彥曰:"長安與河東不同⑤,兼京罪狀已露,欲只與端明。"上曰:"善。"曾布曰:"京之出,天下所同欲。自差河東參差,皇太后不勝其怒,臣自此不復敢啓口。聖意如此,何幸如之!"上曰:"近日陳瓘有言,因詢其交通近習之狀,卻有簡與裴彥臣,云'且煩於太后前主張保全'。"布曰:"京立朝如此,何可使之善去?但以形跡東朝故,且令補外,亦可也。"

---

① 謝辭　嘉慶本作"辭謝"。
② 奸邪狠愎　"狠"底本作"很",據嘉慶本、歷代名臣奏議卷一八〇改。
③ 玷名邦　底本"玷"一字漫漶不清,據嘉慶本、歷代名臣奏議卷一八〇補。
④ 光禄少卿　底本"光禄"下衍"司"一字,據嘉慶本、宋史卷一六九職官志删。
⑤ 長安與河東不同　底本脱"與"一字,據嘉慶本補。

罪於公議,固亦久矣。今寵以華職,付以大藩,中外沸騰,不以爲允。伏望特降睿旨,原情定罪,以協公議。"丁未,制:"邢恕可依前官守少府少監、分司西京、均州居住。"

七月癸酉,御史中丞豐稷、侍御史陳師錫言:"臣謹按:章惇當國七年,切持威柄,禍福天下,勇於害賢,敢於殺人,臨大變,計大事①,包藏陰謀,發爲異議,陛下尚優容之乎?祖宗怒惇久矣,今付陛下震之;上帝怒惇久矣,今命陛下誅之。陛下何憚而不果邪?"翌日,師錫又言:"惇包藏陰謀,發爲異議。非皇太后聖謨前定,則陛下清明之躬置之何地?惇之罪惡,莫大於此。伏望檢會臣等劄子施行。"甲午,左正言陳瓘言:"按:惇獨掌政柄,首尾七年,隨其喜怒,恣作威福。助尊私史,則至於薄神宗;矜伐己功,則至於累宣仁。樂於用兵,大開邊隙。陝西之民怨矣,而進築不已;內府之財竭矣,而輦運不休。忘祖宗積累之艱,輕朝廷根本之地,謂人之怨怒爲當爾,謂天之譴戒爲流俗。殺張天悦之徒以箝衆口,廣鄒浩之獄以絶言路,天下震駭,人多自危。賴宗廟之靈,不廷不虞之變幸未發爾。哲宗一於委任,何負於惇?惇負哲宗,乃至於此!雖陰謀密計發於蔡卞,而力行果斷,惇實主之。用春秋誅意之法②,則罪卞可也。任扶危持顛之責,則非惇而誰?"

八月乙未,秘書少監鄧洵武爲國史院編修官,從蔡京之薦也。給事中龔原、葉濤駁奏洵武不宜濫廁史筆,乃令中書舍人徐勣書讀行下。壬寅,右正言、編修國史陳瓘言:"山陵使章惇奉使無狀,以致哲宗皇帝大升轝陷濘不前③,露宿於野。願速降指揮,先決罷惇職事,免其朝見,別與差遣,以稱陛下厚於泰陵之意,然後降出臣僚前後章疏,別議典刑。"

九月甲子朔,右僕射章惇上表乞罷政,詔答不允。是日,惇留身請去,徑出居僧舍。翌日,復上表,又答不允,遣中使押入,復徑出。上謂輔臣曰:"朕待惇如此,於體貌不爲不至。"僉曰:"恩禮誠過厚。"又曰:"惇乞越州,當與之。"曾布曰:"唐李珏事,政與惇相類。初罷爲太常卿,再貶浙西及昭州。"上曰:"然。"又曰:"朕不欲用定策事貶惇,但以扈從靈駕不職罪之,餘事候有人理會,別議行遣④。"辛未,特進、尚書左僕

---

① 計大事 "計"底本作"訂",嘉慶本同,據宋宰輔編年錄卷一一改。
② 用春秋誅意之法 "意"底本作"惡",據嘉慶本、歷代名臣奏議卷一八一改。
③ 大升轝 宋宰輔編年錄卷一一作"大行轝",宋史卷四七一章惇傳作"靈轝"。
④ 別議行遣 "別",嘉慶本作"復"。

二府①,既而漸盜威福,中分國柄。曩怨宿仇陰加報復,不附已者棄斥無餘。止緣爲王安石之婿,妄謂盡傳安石之學,以欺朝廷。於是一時嗜利之人翕然附之,以助成其說,使天下不睹是非之實久矣。恭惟先帝體貌大臣,極於恩禮,而卞之事君如此,可謂忠乎? 既不忠於先帝,豈能忠於陛下? 今乃參預機政,於是清議沸騰②。伏望聖慈察其奸邪,斷自宸衷,特行重黜,以慰天下之望,非獨愚臣之私願也。"左正言陳瓘言:"蔡卞痛斥流俗,力主國是,以不仕元祐爲高節,以不習詩賦爲賢士,自謂身之出處,可以追配安石。陛下建皇極之道,推曠蕩之恩,好平惡偏,去彼取此,察流俗之可有,知國是之當審,所以善述神考之政,而增光先帝之緒者。卞之所是,與此不合。道合則從,不合則去,此人臣之大節,而安石之所以爲賢也。今卞持不合之意,處宜去之時,遲回顧位,復何所待? 安石進退,似不如此。願以臣章示卞,自爲去就。"乙酉,尚書左丞蔡卞罷爲資政殿學士、知江寧府,比部員外郎董必知興國軍,新知無爲軍舒亶監潭州南嶽廟,皆卞黨也。甲午,左正言陳瓘上殿,再論章惇,又論蔡京罪狀。上以謂京與卞不同。瓘極陳③,乃稍然之。瓘再論章惇曰:"蓋自紹聖以來,蔡卞造作奸言,假託經義,厚誣神考,輕欺先帝,唱爲國是,以行其私。凡惇之行事爲天下害者,其謀皆發於卞,干紀紊政,其事不一。然原其乖背之始④,則不過妄論'紹述'兩字而已。"又曰:"設使惇未肯求退,則在陛下似亦難處。今惇自請,則不過許之而已,復何所疑哉⑤? 然而欲命先朝宰相以代山陵使,則捨范純仁其誰乎?"

六月乙巳,左正言陳瓘言:"伏見龍圖閣待制、新知荆南邢恕,昨者自謂親聞司馬光所說北齊宣訓事⑥,謂光等有凶悖之意,遂以其語告於章惇,而光及范祖禹等緣此貶竄。又以文及甫私書達於蔡確母明氏,謂劉摯、梁燾、王巖叟皆有奸謀,而摯等家族幾至覆滅。今朝廷赦宥光等,盡復其官,矜恤之恩,徧及存没,則是恕前日之所行不爲陛下之所信也。按:恕嘗以反覆詭詐得罪先朝,昔者抗疏自列之言,今可考也。恕之得

---

① 始因阿附權臣 "因",嘉慶本作"自"。
② 於是清議沸騰 "於是",嘉慶本作"是以"。
③ 瓘極陳 "陳",嘉慶本、長編拾補卷一五均作"論"。
④ 乖背之始 "背",嘉慶本作"悖"。
⑤ 復何所疑哉 底本脱"復"一字,據嘉慶本補。
⑥ 親聞 "親"底本作"新",據嘉慶本、歷代名臣奏議卷一八一、長編拾補卷一六改。

卞曰："自來須用曾經河北作帥人。"布曰："舊例須用故相及前兩府，今近上從官如吳居厚、安惇，皆不曾作帥；蔣之奇新自邊上召還。"忠彦曰："如此，只有蔡京。"上曰："如何？"布曰："若令京去，須優與職名。"章惇曰："承旨自當除端明殿。"布曰："兼兩學士不妨。"蔡卞曰："之奇累經邊帥，莫亦可去？"許將曰："朝廷闕人，莫且教知章去。"上曰："且教去。"將又曰："且教知章去。"布曰："不知聖旨是且教知章去？是教京去？"上曰："蔡京。"布曰："如此，則批聖旨，蔡京除端明殿學士兼龍圖閣學士、知太原府。"遂定。蔡卞曰："兄不敢辭行，然論事累與時宰違戾，人但云為宰相所逐。"上不答。翌日，布再對，上諭布曰："蔡京、張商英、范鏜皆已去，只有安惇、劉拯、王祖道未去。"布曰："言者稍舉職，則此輩亦何可安也。"

四月戊戌，端明殿學士兼龍圖閣學士、新知太原府蔡京依前翰林學士承旨。是日，曾布再對，上諭以："皇太后疑蔡京不當出，欲且留修史。恐陸佃等以修史得罪，不可用。"布力陳京、卞懷奸害政，羽翼黨援布滿中外，善類義不與之並立。若京留，臣等必不可安位。此必有奸人造作語言，熒惑聖聽①。上曰："無他，皇太后但且欲令了史事。以神宗史經元祐毀壞，今更難於易人爾。"布曰："臣等以陛下踐祚以來，政事號令以至拔擢人材，無非深合人望，故雖衰朽亦欲自竭一二，裨補聖政。中外善人君子鬱塞已久，自聞初政，人人欣慶鼓舞。若事變如此，善類皆解體矣，朝廷政事，亦無可言者！"詔給事中劉拯論事觀望，志在阿私，罷給事中、知濠州。乙丑，左正言陳瓘言："臣伏見左僕射章惇獨宰政柄，首尾八年，迷國誤朝，罪不可掩。天下怨怒，叢歸一身。自陛下臨御以來，海內之人欲甘心於惇者，如蝟毛而起。賴聖度包容，愛惜事體，故惇雖求去，而聖恩不許。臣竊謂惇之求去是也②，陛下之不許非也。先皇帝奄棄天下，海內謳歌歸於有德。皇太后順自然之敘，合天下之公，倚成於天，躬定大策。惇於此時，意語乖倒。陛下以天地之德量，置其言於度外，益加體貌，如恐不及。自古人君寬仁大度，未有如陛下今日者也！"

五月己卯，龔夬言："伏見尚書左丞蔡卞操心深險，賦性陰邪，始因阿附權臣致位

---

① 熒惑聖聽　"聽"底本作"德"，據嘉慶本改。
② 臣竊謂　底本"臣"下衍"切"一字，據嘉慶本刪。按：嘉慶本作"臣竊以為"。

酉,曾布白上:"劉拯駁韓忠彥告,何敢爾? 英廟除王疇樞密副使,錢公輔繳詞頭,貶團練副使。拯何可容?"上曰:"不識拯,亦不知其爲何人。"布曰:"蔡卞,門下士。臣嘗論范純粹罷帥無罪,不可不與鄧州。卞力爭,既而即日拯有文字,言'大臣陰與爲地'。大行怒,數語卞云:'拯何以知?'令分析。衆救之,遂已。"上曰:"亦不知是卞門下人。然拯但云'忠彥戚里,未敢行下'。尋批出,便行,奏云'謹已依旨行下訖'。"布曰:"此尤不可,乃是嘗試陛下之意爾。若可論,當力爭,豈可便行? 如此乃是奸險,尤可黜。"

三月辛未,給事中范鍇爲龍圖閣待制、知瀛州。初,議進呈鍇除目,章惇謂布曰:"蹇序辰亦可用。"布曰:"何謂?"惇曰:"衆人皆動,獨序辰未動。"布曰:"未動何妨? 揚州自不虧序辰。鍇乃昔曾議帥,若不面議定,必上前紛紜。"惇曰:"善。"及進呈,上曰:"鍇亦知邊事。"衆唯唯而已。甲申,中書舍人張商英爲龍圖閣待制、河北路轉運使兼提舉河事。先是,曾布論劉拯當逐,上曰:"商英與拯皆不可留。已降商英論文及甫文字付三省。渠乞留中,卻揭去後降出。"布曰:"商英論及甫事似有可取。法不許乞留中,乃可罪,似不當揭去①,三省恐未喻聖意②。臣每聞德音,似每事不欲從中出。聖意固不欲大臣失職,乃深中義理。然中外之人,亦不可使不知聖意所嚮③。古人有云'示之以好惡而民知禁',又云'主道利宣,不利周'。若是非已明,出自聖斷,亦無所不可。"上曰:"商英無一日不在章惇處。"布唯唯而退。後旬日,商英乃有是命,蓋韓忠彥輩奉行上旨也。

商英本傳云:時大河決,除水官非其人。商英繳詞頭,具言築堤塞河,是塞兒口而止其啼也。宰相因奏:"觀商英言,必能治河,宜委之。"遂除龍制、河北漕。按:商英自中書舍人出,曾布日錄載其事端,坐章惇黨也。本傳飾說,今不取。

乙酉,翰林學士承旨蔡京爲端明殿學士兼龍圖閣學士、知太原府④。郭知章先除河東帥,韓忠彥私與曾布謀,欲留知章,使京代之,黃履亦謂當然。於是同進呈:"河東久闕帥,乞趣知章陛辭之任。"忠彥遂言:"知章初任帥,豈可付以河東? 河東須事體重、曾作帥、知邊事者乃可往。"布曰:"非不知此,但無人可差,故且以知章充選。"蔡

---

① 似不當揭去　底本脫"不"一字,據嘉慶本補。
② 三省恐未喻聖意　"喻"底本作"諭",據嘉慶本改。
③ 亦不可使不知聖意所嚮　"使不",嘉慶本作"不使"。
④ 蔡京爲端明殿學士兼龍圖閣學士知太原府　"爲",嘉慶本作"以"。

主,亦不爲人所趨,故皆無門下士。臣在西府,亦無以威福人,兼亦無所黨與。故門下亦無人,平時以公論稱薦趙挺之、郭知章輩,亦未嘗與之爲黨。挺之輩蓄縮避事,亦嘗於陛下前①,無所隱。只如挺之昨所草吕孝廉京東運使詞,得罪士論,既自羞愧,卻乞外郡,諒陛下亦不知其請郡爲此。其他奔競好進之士,不趨惇則趨卞。然惇性疏率,多爲卞所窺,雖與卞相失,然極畏卞,此許將、黄履及三省人吏所共嗤笑。臣嘗問惇諸處闕官不除人,惇曰:'才除一人,又云是元祐黨,或有何罪惡,以此不能除得。'其意蓋指卞也。卞答之曰:'元祐黨最分明者,莫是劉昱。'以昱爲惇所主故爾。然惇用昱誠不當,以至引蔡肇、陳師錫,皆卞所指以爲元祐人。此數人者誠不足引。趙挺之云:'蔡肇譖鄒浩於蘇轍,遂被逐。'師錫亦軾、轍門下儇薄多言之士。惇嘗與臣言:'自來於陛下前,不曾言元祐人不可用。'誠如此,乃是公議。人才難得,豈有一經元祐任使之人,便不可用? 然宰相當曠然以公議收採人才,今乃獨偏於劉昱、蔡肇輩,宜其爲卞所非也。"上曰:"劉昱並不曾行遣,用蔡肇殊不當。陳師錫乃先帝所黜,亦不當用。"布曰:"惇如此,所以畏卞。然臣嘗以謂大臣能以大公至正之道收用人材②,危言正色爲朝廷分別是非邪正,孰敢以爲不然者? 今惇、卞各有所偏,故是非無以相勝。惇初與卞同引序辰、嘉問輩,今雖悔之,何所及? 如臣則不然,自始來執政,得事陛下左右,便言惇引朱服、蹇序辰,爲卞所誤。至今五六年,臣此論未嘗變,以至與惇、卞議事,亦未嘗小爲之屈。臣嘗語人,以謂卞雖不樂臣,然與臣共事,必不敢與臣異。蓋惟理可以服人也。"乙丑,左正議大夫、守尚書左僕射兼門下侍郎章惇爲金紫光祿大夫。

十二月辛亥,尚書左丞蔡卞乞罷政,遣内侍封還所上章,押赴都堂。卞再上章,再封還。卞尋視事如故。

三年正月己卯,徽宗即位。

二月戊午,詔以通議大夫、新除吏部尚書韓忠彦爲門下侍郎。庚申,給事中劉拯言:"韓忠彦乃駙馬都尉嘉彦之兄。元祐中嘗除尚書右丞,以致人言,遂移樞府。且元祐中,祖宗故事廢而不恤者多矣,獨於此不敢不改,有以也。今乃除門下侍郎,雖忠彦非其他外戚比,然不能使他日不援以爲例。臣恐政府將爲敦愛外戚之地,有日矣!"辛

---

① 亦嘗於陛下前　嘉慶本作"亦嘗陳於陛下前"。
② 嘗以謂　嘉慶本作"嘗以爲",長編卷五一〇作"常謂"。

正論,以消邪黨,最爲得耳。"恕唯唯而已。戊申,權吏部侍郎安惇爲右諫議大夫。

十一月戊午,吏部侍郎葉祖洽權吏部尚書,新權吏部侍郎范鏜試中書舍人,中書舍人蹇序辰權禮部尚書。

元符元年正月戊午,右諫議大夫安惇權國子祭酒。癸酉,宣德郎鄒餘爲監察御史。

三月戊午,章惇、蔡卞與邢恕謀陷元祐舊臣,浸及宣仁。張士良乞就鼎鑊事。詳見宣仁垂簾。

四月壬辰,詔中大夫、同知樞密院事林希罷知亳州,御史中丞兼侍讀邢恕罷御史中丞兼侍讀、知汝州。以希私積怨憤,密較口語,回互輕重,志在中傷;恕陰懷怨憎,揚言排擊,妄意進用,不計後先,故並黜之。壬寅①,權禮部尚書蹇序辰兼侍讀。

五月辛亥,給事中徐鐸爲吏部侍郎。

九月辛亥,朝散郎劉拯守右司員外郎。初,黄履欲置拯在言路,章惇乘履奉祠,亟有此除。曾布謂惇曰:"上固嘗對林希言拯不可爲言官。"惇笑曰:"此除目是矣。"蓋謂布②多以其差除爲不然也。

十二月丁丑,右司員外郎劉拯試太常少卿。

二年四月甲午,朝奉大夫、集賢殿修撰、江、淮、荆、浙等路發運使張商英爲權工部侍郎。章惇乞退,遂徑出,居僧舍。其家已先出。日加午,上乃有旨,令約攔行李。翌日宣召,又翌日,惇復入。己亥③,詔勿受宰臣章惇乞解機務章奏。

五月戊申④,曾布既與章惇、蔡卞等同進呈蹇序辰、范鏜制獄,再對,又言:"惇、卞各有所主:卞主序辰,惇主鏜。此兩人皆惇、卞未相失時共力薦引。今惇惡序辰,卞以鏜舉吕惠卿案:長編作"升卿"。自代,疑附惇而異己,遂惡之,以此議論各有所偏。不唯此兩人,如周種、吕嘉問,皆惇、卞所主⑤。今既相失,惇遂惡嘉問,而卞惡種。此數人者,亦誠各有所專附。大約今日士人,皆分隸惇、卞門下,如許將、黄履,既不能有所

---

① 壬寅　底本作"丁酉",據長編卷四九七改。
② 布　嘉慶本同,長編卷五〇二作"希"。
③ 己亥　底本作"丁丑",據長編卷五〇九改。
④ 戊申　底本作"癸卯",據長編卷五一〇改。
⑤ 皆惇卞所主　嘉慶本作"亦皆惇、卞所主"。

七月壬辰，翰林學士蔡京爲翰林學士承旨，權吏部尚書林希爲翰林學士。

八月甲子，校書郎周穜爲著作佐郎，太學博士陳瓘爲校書郎。

九月庚寅，曾布白遣鄜延兩將應副呂惠卿，因言："蔡卞最陰巧，章惇輕率，以相媚悦，故多爲其所誤。凡惇所主張人物，多出於卞。至議論之際，惇毅然如自己出，而卞嘿不啓口，此亦陛下所見也。"上笑曰："多爲其所使。"布曰："外議皆云'蔡卞心、章惇口'。如此，實於聖政有害。政府虛位甚多，願早擇人，以助正論。"壬寅，起居郎蹇序辰、起居舍人葉濤爲中書舍人、同修國史。

四年正月庚戌，中書侍郎李清臣爲資政殿大學士、知河南府，以田嗣宗指斥不遜之語也。

四月乙未①，校書郎陳瓘通判滄州。初，太學博士林洎用蔡卞之意②，倡言於太學曰："神考知王荆公不盡，尚不及滕文公之知孟子也。"士大夫皆駭其言，於是瓘謁章惇求外任，因具以告惇。惇大怒，召洎而罵之。章、蔡由是不咸。

五月辛未，蔡卞脅章惇，使從吳居厚所請。詳見哲廟逐元祐黨人。

九月丁卯，案：長編係丁巳。宰臣章惇等以星變上表待罪，詔答不允。表三上，乃已。

十月壬寅，御批："權吏部尚書兼侍讀邢恕爲御史中丞③。"章惇實啓上也。恕嘗謂惇有定策功，而惇每疑元祐人復用，謀誅絕之，知恕肯任此事，故不以序遷改。蔡卞乞用安惇，上不許。時惇與卞已不咸，恕即上疏論朋黨，略曰："伏惟人主深察洪範、范雎之言，使威福予奪，足爲臣下之利害者，皆自己出，則人人砥節向公，惟知事君而已，豈復肯附執政大臣爲朋黨哉？執政大臣雖欲植朋黨，豈可得哉？"恕先與曾布同修軍馬敕，嘗以事至西府。布謂恕曰："已除中司，中外責望甚重④。"恕但戒布以和。布曰："輔弼固當和，公職事要須爲朝廷分別是非邪正，可否？"案：長編無"可否"字。因言章惇、蔡卞頗睽。恕曰："亦知之，然不若且静。"布曰："如彼不静何⑤？"林希曰："但推明

---

① 乙未　底本作"甲午"，據長編卷四八五改。
② 林洎　嘉慶本同，長編卷四八五、宋宰輔編年錄卷一〇、宋史全文卷一三下、九朝編年備要卷二四均作"林自"。
③ 兼侍讀　"讀"底本作"郎"，嘉慶本同，據長編卷四九二、宋宰輔編年錄卷一〇改。本卷下文亦作"兼侍讀"。
④ 中外責望甚重　底本"中"下衍"員"一字，據嘉慶本删。
⑤ 如彼不静何　嘉慶本同，長編卷四九二"彼"作"布"。

仕，而惇不稟旨，召令再任。王欽臣謝表語侵御史，而惇欲削職降官。周秩譏切朝廷，而惇多方欲曲庇其罪。陛下欲不與惠卿復職，而終須復；不欲除林希經筵，而終須除。以是上下畏之，故同列不敢違，言路不敢論，以其言終有效爾。威福操柄，予奪廢置，不在陛下，而常在大臣，此豈朝廷之所可容？先帝禮貌王安石，言聽計從，猶對上未嘗敢耳。此誠不可長也。惇罪狀似此不一，獨臣與韓忠彥嘗稍開陳，它人有敢言其非者否？臣每以越職犯分爲嫌，不敢喋喋，然陛下置臣等於此，將安所用？侍從官猶以論思獻納爲職事，況置身近輔，有所聞見，其敢不自竭乎？"上曰："此固當開陳也。"丁亥，初，曾布與韓忠彥同奏，以被旨舉從官，因言："在朝廷之士用心邪正，陛下豈可不知？如蔡卞資性柔邪，乃章惇門人爾，林希亦是。"忠彥云："范鏜、朱服，亦其黨也。"上曰："劉拯何如？"布曰："乃卞之門人也。"忠彥曰："張商英亦是。"

　　二年三月丁酉，試中書舍人林希權禮部尚書。監察御史常安民言："希蓋章惇之黨，爲惇謀客。惇之肆橫强狠，皆希教之。若不去希，朝廷必不安静。"章屢上，不報。由是惇與其黨日夜毀短安民於上前。詳見常安民罷察院。

　　十一月乙未，門下侍郎安燾爲觀文殿學士、知河南府。燾舊與惇相好，及同省執政，惇意燾必助己。而燾浸多駁議，惇憚且惡之，所以排陷燾者無不至①。上祠明堂，齋於太廟，燾爲儀仗使。後宮有絶馳道穿仗而過者，燾即具彈奏。已而常安民諫劉美人侍祠，語尤訐，上大怒，欲逐之。燾言："安民以言爲職，雖過當，願少寬假。"惇因是白上曰："燾與安民素相表裏，今安民狂妄如此，而燾力爲救解，其意可見也。"安民既責，燾不自安，又與惇爭陳厚獄，厚亦坐責。燾遂求去位。上從之。

　　三年正月庚子，太中大夫、知樞密院事韓忠彥除觀文殿學士、知真定府。

　　六月辛未，先是，校書郎周穜以章惇、蔡卞薦，得召對。殿中侍御史陳次升言穜奸險貪佞，不可進用。於是上問曾布曰："陳次升攻周穜，如何？"布曰："次升所言頗有理。穜附麗惇、卞，衆所共知。"上曰："惇言不負先帝，惟穜一人而已，兼言正直有節操。"布曰："公議則不然。必不得已進穜，則須與陳瓘並進。然惇等必不肯進瓘，則不若兩罷爲佳。"上欣納。

---

① 排陷　"排"底本作"非"，據嘉慶本、宋宰輔編年録卷一〇、宋史全文卷一三下、九朝編年備要卷二四改。

卷第一百二十

徽宗皇帝

逐惇卞黨人　復用附見

紹聖元年四月壬戌,資政殿學士、降授通議大夫、提舉洞霄宮章惇爲左正議大夫、守尚書左僕射兼門下侍郎。制詞,翰林學士曾布所草也。上諭布以惇有定策功,不比它人,故特除左僕射。時惇方降官,布因言:"惇嘗爲正議大夫,而此時未分左右。今轉一官,即止遷右,似未安。"上令遷左。

閏四月乙未,尚書左僕射兼門下侍郎章惇入見,遂就職,提舉修神宗實錄、國史。

五月,左正言上官均爲工部員外郎①。章惇方欲擅權,惡均異論,故罷均言職。後六日,乃以均權發遣京東西路刑獄。己未,禮部侍郎楊畏爲吏部侍郎。吕大防既超遷畏禮部侍郎,畏知大防當去,章惇復用。時惇居蘇州,有張擴者,惇妻之姪。惇方喪妻,擴往弔,畏先托擴致意,云畏度事勢輕重,因吕大防、蘇轍以逐劉摯、梁燾輩,又欲並逐大防及轍,而二人覺知,遽罷畏言職。畏迹在元祐,心在熙寧、元豐,首爲公闢路者。及惇赴召,百官郊迎,畏獨請間猥自陳述,語多斥大防。有直省官聞之,歎曰:"楊侍郎前日諂事吕相公,亦如今日見章相公也!"惇信其言②,故又遷畏吏部。

六月戊子,翰林學士兼侍講、同修國史蔡卞充國史院修撰兼知院事。

十月己巳,三省同進呈吕惠卿除目。曾布因言:"惇秉政以來,所引皆闒茸小人。如近除劉定右史,愈不合人望。小人在朝者多,實累聖政。"又言:"惇專恣弄權,日甚一日,若以恩舊欲保全之,則不若制之於初。若後更強悍,浸淫害政,其可已乎?如近除彭汝礪詔命,堅持不下。陛下以天下公論召汝礪,而沮格不行。吕升卿於罪謫中致

---

① 按:續資治通鑑卷八三將此事繫於五月甲寅。
② 惇信其言　嘉慶本同,續資治通鑑卷八三"其"作"畏"。

卷第一百十九(闕)

徽宗皇帝

用元祐舊臣

影宋本全缺。

卷第一百十八（闕）

徽宗皇帝

復孟后 元符后附

影宋本全缺。

卷第一百十七（闕）

徽宗皇帝

受位 皇太后同聽政附

御製

御筆

聖德

政迹
　　影宋本全缺。

卷第一百十六（闕）

哲宗皇帝

取棄湟鄯州

影宋本全缺。

卷第一百十五(闕)

哲宗皇帝

獲鬼章

影宋本全缺。

卷第一百十四（闕）

哲宗皇帝

修實錄

修國史

修玉牒

定新曆 徽朝附

渾天儀象

玉璽 改元附

影宋本全缺。

六年二月辛丑，詔以富弼預配享功臣，其遺表恩澤，特許奏異姓一名，餘人無得引例。弼子紹庭請奏甥，故有是詔。

紹聖元年四月甲寅，詔故觀文殿大學士①、集禧觀使、守司空、荆國公、贈太傅王安石配享神宗皇帝廟庭。餘見尊王安石。

三年二月丙寅②，詔罷富弼配享神宗廟庭。初，元祐定弼配享，天下以爲宜。至是，謂弼得罪先帝，罷之。翌日，曾布對，上即問布："已罷富弼配享，何如？"布曰："臣自元祐中聞之，固已訝其不當。弼最不爲先帝所悦，乃以配食，事亡如事存，義所未安。先帝經營政事，以王安石爲相，君臣相得之際，近世之所未有。捨安石而用弼，豈先帝之心哉？但元祐之人執偏見③，不恤義理之所爲耳。"

① 觀文殿大學士　底本脱"大"一字，據文獻通考卷一〇三宗廟考九三七上、宋史卷三二七王安石傳補。
② 三年二月丙寅　"三年"底本作"二年"，嘉慶本同，據長編拾補卷一三、宋會要輯稿禮一一之四、宋史全文卷一三下、宋史卷一八哲宗本紀及卷一〇九禮志改。按：長編拾補卷一三係三年二月壬申，宋會要輯稿禮一一之四係三年二月十二日，宋史卷一八哲宗本紀係三年二月癸酉。依干支次序，"癸酉"正是"十二日"，似是。
③ 執偏見　嘉慶本、長編拾補卷一三均作"偏執己見"。

忠富弼秉心直諒，操術閎遠，歷事三世，計安宗社。熙寧初訪落，眷遇特隆，匪躬正色，進退以道，愛君之志，雖没不忘。以配享神宗皇帝廟庭，實爲宜稱。"詔從之。初議案：長編初議或欲以王安石，或欲以吳充。或欲以吳充，太常少卿鮮于侁曰："勳德第一，惟富弼爾。本朝舊制，雖用二人，宜如唐朝止用郭子儀故事，只以弼一人配享。"議遂定。

　　三年十二月甲午，江寧府右司理參軍、鄆州州學教授周穜罷歸，用右正言劉安世、翰林學士蘇軾言也。安世言："臣伏見周穜上書，乞以故相王安石配享神宗皇帝廟廷，中外喧傳，頗駭群聽。臣聞天聖中，錢惟演嘗請以莊獻明肅太后、莊懿太后並享真宗廟室，以希帝意。是時御史中丞范諷劾惟演擅議，遂落平章事，罷歸本鎮。臣竊謂惟演位兼將相，言之未爲太過，而責之如此之重者，乃所以嚴宗廟也。今穜以疏遠微賤之臣，懷奸邪觀望之志，陵蔑公議，妄論典禮。使安石功德茂著，實可配享，在穜之分，猶不當言。而況輔政累年，曾無善狀[①]，殘民蠹國，流弊至今，安可侑食清廟，傳之萬世？如穜狂僭，豈宜輕貸？伏望陛下以春秋之法誅其始意，重行竄殛，以明好惡。"軾言："臣先任中書舍人日，敕舉學官。臣曾舉江寧府右司理參軍周穜，蒙朝廷差充鄆州州學教授。近者竊見穜上疏言朝廷當以故相王安石配享神宗皇帝。謹按漢律：擅議宗廟者棄市。自高后至文、景、武、宣，皆行此法，以尊宗廟，重朝廷，防微杜漸，蓋有深意。本朝自祖宗以來，推擇元勳重望，始終全德之臣，以配食列聖。蓋自天子所不敢專，必命都省集議，其人非天下公議所屬，不在此選。奏議既上，詔云'恭依'，册告宗廟，然後敢行。其嚴如此，豈有既行之後，復使疏遠小臣各出私意，以議所配。若置而不問，則宗廟不嚴，而朝廷輕矣。竊以安石平生所爲，是非邪正，中外具知，難逃聖鑒。先帝久亦知之，故置之閑散，終不復用。今已改青苗等法而廢退安石黨人呂惠卿、李定之徒。至於學校貢舉，亦已罷斥佛老，禁止字説，大議已定[②]，行之數年。而先帝配享已定用富弼，天下翕然，以爲至當。穜復何人，敢建此議？意欲以此嘗試朝廷，漸進邪説，陰唱群小，此孔子所謂行險徼倖、居之不疑者也。而臣忝備侍從，謬於知人，比引此人，以污學校，若又隱而不言，則罔上黨奸，其罪愈大。謹自劾以待罪。伏望聖慈特敕有司，議臣妄舉之罪，早賜責降，以儆有位。"

---

① 善狀　嘉慶本作"善政"。
② 大議　嘉慶本作"大義"。

以處之?"卞無以對,徐云:"衆人莫與敦逸不同,卻可恕。"布曰:"此論不當,不可。"上又曰:"須與知軍。"清臣遂言:"領聖旨。"布厲聲詰清臣,且曰:"臣未敢奉詔。"清臣曰:"且與罰金。"布曰:"此尤無義理。若罰金,更不若罷黜。"惇亦以爲然。上怒曰:"三省與一知軍。"布少退,惇徐曰:"且乞函容。"將亦言:"恐未可行。"布見二人皆不變①,遂復助之。上意稍解,曰:"且休。然必不已,待再有文字行遣。"布與惇皆稱善。

元符二年八月戊寅,賢妃劉氏生皇子。

九月丁未,詔立賢妃劉氏爲皇后。

閏九月乙未,皇子薨。

配饗

元祐元年四月己亥②,禮部言:"太常寺狀:真宗皇帝、仁宗皇帝、英宗皇帝配饗功臣,並於山陵前下兩制定議。當寺謹按,唐配饗功臣,如肅宗以苗晉卿、裴冕,憲宗以裴度、高崇文、李愬,皆多歷歲年,方詔配饗。及國家配饗功臣,太祖皇帝以趙普、曹彬,太宗皇帝以薛居正、潘美、石熙載,並咸平二年制下。所有將來神宗皇帝神主祔廟,所議功臣配饗,今參詳故事在前。緣仁宗皇帝配饗功臣,係於山陵前下兩制定議;英宗皇帝配饗功臣,係在山陵後降朝旨,以司徒韓琦、太師曾公亮配饗。今來神宗皇帝神主祔廟,所議配饗功臣,合自六曹尚書以下至待制以上,及太常、秘書省長貳同議。"從之。

五月壬午,禮部言:"祖宗神御,并合塑配享功臣侍立。太祖神御前塑趙普、曹彬,太宗神御前塑薛居正、石熙載、潘美,真宗神御前塑李沆、王旦、李繼隆,仁宗神御前塑王曾、曹瑋、吕夷簡。神宗神御前侍臣,乞先行議定本廟配享功臣修塑,如未議定,請依例權塑侍臣二員。"從之。

六月戊申,吏部尚書孫永等議:"尚書③:'兹予大享于先王,爾祖其從與享之。'恭惟神宗皇帝以上聖之資,恢累聖之業,尊禮故老,共圖大治。伏見司徒、贈太尉、謚文

---

① 皆不變 "皆"底本作"者",據嘉慶本改。
② 己亥 底本作"戊戌",據長編卷三七五改。
③ 尚書 嘉慶本"尚書"上有"按"一字。

命下之日，士庶惶惑，咸謂后無可廢之罪。而陛下廢之，或相與爲之咨嗟彈指，良可駭也。蓋以所治之獄不經有司，雖聞追驗證佐，而事迹秘密。朝廷之臣，猶不預聞，士庶惶惑，固無足怪。臣竊謂自古推鞫獄訟，皆付外庭，未有宮禁自治，高下付閹宦之手。陛下但見案牘之具耳，安知情罪之虛實？萬一冤濫，爲天下後世譏笑。臣欲乞陛下親選在庭侍從或臺諫官公正無所阿附之人，專置制院，別行推勘，庶得實情。如后之罪在所不容，雖廢之，人無怨言。今事不經有司，獄成閹宦，此天下人心不能無疑也。伏望聖慈特降睿旨施行，不勝幸甚！"

十月壬戌，侍御史董敦逸上疏，論瑤華不當廢，其略曰："瑤華之廢，事有所因，情有可察。詔下之日，天爲之陰翳，是天不欲廢之也；人爲之流涕，是人不欲廢之也。且臣嘗錄問獄事，恐得罪天下後世。"不報。丁丑，侍御史董敦逸又奏疏論瑤華不當廢，上批付三省。堂吏白章惇等，欲與樞密院同上。翌日，既對，上怒曰："敦逸不可更在言路！"曾布與章惇、許將皆言："願陛下且函容。"兼言①："此事只宜靜，不可令鬧。敦逸罷黜，則從官、言官必有議論，恐更紛紛。"上曰："不過是同類！"蔡卞見上怒，且意堅，遂言："須貶黜，乃可別白是非。敦逸錄問了，卻許多時，方有議論。"惇曰："敦逸文字中亦云十月六日曾有章疏。"布曰："陛下親攬政事，方欲開廣言路，以來忠言讜論。兼祖宗以來，言事官雖狂妄，多不肯加罪。陛下以天地之度函容四海，何必與敦逸較曲直？亦何必於此須別白是非？"上曰："言事官貶責不少。"惇曰："言外廷事不當，故可貶。"上曰："常安民亦貶與知軍。"布曰："且乞函容。臣非敢違戾，但恐上累聖德。"卞又曰："敦逸云恐得罪天下後世。他既得罪，則陛下當如何？"布曰："臣等固不敢以敦逸之言爲當，知其無理趣，但冀聖意且函容耳。"惇曰："臣觀其文詞，殊無倫理，皆不可曉。又云'乞詳酌施行'，不知令朝廷如何施行？若便罷黜，誠恐衆論紛紛，卻聒噪朝廷。"許將亦再三陳述，言："願陛下且函容，不爾，成小子之名矣。"布曰："此事施行已久，幸無議論。今乃以敦逸一言，致衆人紛紛，極未便。"布又言："欲因孟在貶，略以獄辭告中外，使人知中宮失德之狀。"惇、將亦助布，言以爲當然。卞曰："且與一知州。"布曰："知州與知軍何異？"因怒目視卞云："若貶敦逸，而衆人更有議論，何

---

① 兼言　嘉慶本作"且言"。

事，皆昭慈親言之。聖諭又曰："紹聖中宮之廢，外則章惇，內則郝隨，二人之罪甚大，非哲宗本意也①。已命輔臣載於時政記矣。"今亦參考添修於後。自"會福慶公主病"至"厭魅之端作矣"已上，並係孟忠厚所稱親聞於昭慈聖獻皇后之言，本館見修宣仁聖烈皇后傳始末，用高世則所供事實。紹聖中宮厭魅之冤，其端止坐於后姊六夫人持符以治福慶之疾耳。今據實修潤，自"方公主病革"至"益有疑心"已上，係修撰官臣某陛對所聞聖諭，今據實修入。自"未幾后養母聽宣夫人燕氏"至"貶秩、贖金有差"已上，用舊實錄所載燕氏等罪按，及參合曾布日錄所載按詞書之。舊錄所載，多上誣昭慈、王堅、燕氏等厭魅事。凡涉劉婕妤者，皆刪去不書，此可見當時史官用意奸邪，欲罔天下後世，使不知事所從起也。今除去誣謗昭慈太甚之語，止云某人坐某事，以見按詞中所連事跡。其後有"箠楚甚峻"之證，則從政、珪等鍛煉誣罔之罪明矣。自"先是，上諭輔臣"至"杖脊逐之"已上，用曾布日錄修入，以前所載陳迎兒事。自"詔獄初起禁中"至"無敢有異議者"已上，係曾布日錄所載。布記披廷秘獄甚詳，其言逮繫幾三十餘人，與令自所劾皆宦官、宮妾柔弱之人，皆其本語。又載孔元宿端王宮，夜聞箠楚聲甚峻，則是可爲從政等鍛煉之證明甚。至錄問時，罪人無舌事，士大夫素皆相傳，孟忠厚自說亦同。元符末，黃策上書，其言與所傳正相符合，今並採用其語。如曰"宰輔迎合於外，郝隨擠排於內"，蓋與今上皇帝宣諭史臣之意合②，其可信明矣。自"既降按付三省、樞密院約法"至"堅等三人皆處死"已上，用曾布日錄所載。法官初欲從輕，因布一言故，三人卒處死。後元符初欲復后位號，章惇數以此語持布就重，法官不敢違，布乃曰："如此，當時何以不言？議罪論法，莫須是宰相否？"然則廢后之舉，惇罪固大，布亦預焉。布自述其過於日錄中，故表而出之。自"是日，上諭輔臣"至"願少寬聖心，以幸天下"已上，並從舊錄所載上語及宰執等語。自"其後董敦逸奏"至"上乃然之"已上，並係曾布日錄所載。敦逸錄問於前，而論奏於後，言固不足贖過矣。上初欲逐敦逸甚銳，宰相以理開陳，遂止。蔡卞激怒之辭至切，弗聽也。雖古明君聽言之美，何以加此。後元符末復后位號，太后謂輔臣曰："先帝末年，頗有悔意。"由此觀之，使當時輔弼、侍從、臺諫皆得賢臣，引義交爭，則上意之回必矣，惜乎群公皆爲將迎之說，及事已，但能交口言："惟願少寬聖心，以幸天下耳。"其罪可勝誅也哉？自"後上頗有悔悟意"至"推上遺志而行之也"已上，用黃策元符中所上書修入③，策坐此書，爲蔡京所惡，入邪黨上，尤甚惜，羈置還郡。其載哲廟語"章惇壞我名節"，當時耳目所安，事必非妄，又可見人主悔悟之實，故采而書之。

殿中侍御史陳次升言："以皇后孟氏旁惑邪言，險挾媚道，追從究驗，證佐甚明。而陛下能斷大義，不牽私恩，奉承兩宮慈訓，廢皇后孟氏爲華陽教主，降詔以告中外。

---

① 非哲宗本意也　底本脱"也"一字，據嘉慶本補。
② 蓋與今上皇帝宣諭史臣之意合　底本脱"合"一字，據嘉慶本補。
③ 用黃策元符中所上書修入　底本脱"入"一字，據嘉慶本補。

以進，會上不欲茶而止；又用和水以灑御路，冀上數來；又令堅繪劉婕妤像，以大釘釘其心；又令取五月中瘵死宮人燒屍灰置劉寢，幾其以此疾患死；又取七家針各一，燒符置劉閣中，皆以厭呪，卒無驗。獄成，侍御史董敦逸錄問，遂詔廢后，降后父慶州防禦使、提舉中太一宮兼集禧觀，在爲滎州刺史、添差鄧州總管。王堅、法端、燕氏皆處斬，凡所連逮，以等第定罪，經由失幾察官貶秩、贖金有差。先是，上諭輔臣曰："始因陳迎兒者造爲語言，激怒中宮。"衆皆曰："然。"上曰："已杖脊逐之矣。"詔獄初起，禁中捕逮幾三十人，箠楚甚峻，皆宦官、宮妾柔弱之人。暨錄問，罪人過庭下者氣息僅屬，或肢體已毀折，至有無舌者，無一人能聲對。敦逸秉筆，疑未下，郝隨從旁以言脅之。敦逸畏禍，不能剛決，乃以奏牘上。蓋宰相章惇迎合於外，而隨擠排於內，莫有敢異議者①。既降案付三省、樞密院約法，惇會執政李清臣、曾布、許將、蔡卞及刑部官徐鐸等議②，或謂："雷公式未成，以造作不如法，及茶未進，恐不可處極典。"曾布曰："'驢媚''蛇霧'是未成否？"衆皆矍然。布仍諭法官："但當守法。"法官遂執議堅等三人皆處死。是日，上諭輔臣曰："朕待后有禮，不意其所爲如此。朕日夜怵惕，至爲之廢寢食。今日之事，誠出於不得已。"上言及此，惻怛見於顏色。臣惇、臣清臣、臣布、臣將、臣卞奏曰："廢后，大事也。臣等見案辭如此，不敢復有開陳。陛下爲社稷宗廟大計，誠出於不得已。願少寬聖心，以幸天下。"其後上頗有悔悟意，嘗曰："章惇壞我名節。"故元符末皇太后復后位號者，推上遺志而行之也③。

新錄辨誣曰：紹聖中，章惇爲相，挾奸固寵，交結嬖倖，動搖中宮，故昭慈聖獻后之廢，天下冤之。其案詞所坐事，有至猥屑閭巷不爲者。當時宦侍治獄於掖廷，宮妾輩被掠誣服，舊錄遂據而書之，豈不虧損懿德哉？公採摭事實，竄削舊文，以辨誣謗，皆有所從，謹條畫之附於後，庶後來有可考，亦足少慰在天之靈矣。自"上批"至"稱朕所以待遇之意"已上，並從舊實錄文全載二詔，自"初，后朝謁景靈宮"至"繇此閣中皆忿"已上，係曾布日錄所載，今刪潤修入，以見事因。自"冬至日"④至"終當爲婕妤有爾"已下，係修撰官臣某紹興八年秋八月七日陛對⑤，面聞今上皇帝聖諭及昭慈聖獻皇后誣謗甚悉。如易坐、上僭之

---

① 莫有敢異議者　底本脫"異"一字，據嘉慶本補。
② 徐鐸　底本作"徐譯"，據嘉慶本改。
③ 遺志　嘉慶本作"遺意"。
④ 冬至日　底本脫"至日"二字，據嘉慶本補。
⑤ 係修撰官臣某　底本脫"係"一字，據嘉慶本補。

后,付學士院降制施行,典禮並依已降指揮。"己未,内出制書,立故馬軍都虞候、眉州防禦使、贈太尉孟元孫女爲皇后,仍令所司擇日備禮册命。己卯,王巖叟取歷代皇后事迹可以爲法者,編成一書,名曰中宫懿範,上之。

五月戊戌,上御文德殿,發册,及命使奉迎皇后。己亥,百官表賀於東上閤門。

紹聖三年九月甲寅,上批:"皇后孟氏縱欲失德,密構奇邪,上則不足以懿範内令,下則不足以彰明婦順。朕躬稟皇太后、皇太妃聖旨,恭奉玉音,可廢居道館,仍賜四字仙師號並法名,仰三省、樞密院同定。"丙辰,御延和殿,見宰臣、執政官,詔曰:"皇后孟氏旁惑邪言,陰挾媚道,追從究治,驗佐甚明,獄辭具符,覆按無爽。朕夙夜惻怛,寢食靡寧,難以私恩而屈大義。躬稟兩宫慈訓,恭被玉音,失德若斯,將何以母儀萬邦,上承宗廟。可上皇后寶册,廢居瑶華宫,賜號'華陽教主玉清妙静仙師',賜紫,法名沖貞。其居處供帳、服用、廪給之類,務從優厚,稱朕所以始終待遇之意。"初,后朝謁景靈宫訖事,就坐,諸嬪御皆立侍,劉婕妤獨背立簾下。后閤中人陳迎兒喝曰:"綽開!"婕妤背立如故。迎兒退歸,有不平語,緣此閤中皆忿。冬至日,會朝隆祐宫,俟見於他所。后所御坐朱髤金飾。宫中之制:惟后乃得之。劉婕妤在他坐,意象頗怩,其從行者爲之易坐,製與后等,衆皆側目。有不能平者,故傳唱曰:"皇太后出!"后起立,婕妤亦起立,尋各復所。或已徹婕妤坐,頓於地。婕妤憨,不復朝,泣而去,且訴於上。時内侍郝隨用事,謂婕妤曰:"毋以此戚戚,願早爲大家生子,此坐終當爲婕妤有耳。"會福慶公主病,后有姊嬺頗知醫,嘗醫后危疾。以故出入掖庭,投公主藥弗效,迺取道家治病符水以入宫。嬺以示后,后變色問曰:"此何從來?"嬺對以實,后曰:"六姊寧不知中禁嚴密,與外舍異耶?"戒令存之,俟上至,言所以然。已而上過視公主疾,后持以告上,上曰:"此亦人情之常耳。"后即取符爇於帝前,宫禁相傳厭魅之端作矣。方公主病革,忽有紙錢在旁。后顧視,頗惡忌之,意自婕妤所遣人持來,益有疑心。未幾,后養母聽宣夫人燕氏及尼法端與供奉官王堅以左道爲后禱祠。事聞,詔入内押班梁從政、勾當御藥院蘇珪即皇城司鞫之,堅坐以家所藏雷公式示法端,又以所得南方楓木同法端即光教院造式,作后禱祠,有"所厭者伏,所求者得"等語。式成,恐門户幾察,以生棗覆之而入。法端坐與堅同造式,又嘗令堅求閭巷間所謂"驢駒媚""蛇霧""叩頭蟲"者,欲以進后,令佩侍上寢殿。燕氏坐上過后閤,作歡喜字,燒符取灰,將置茶中禮直官、通事舍人前引,侍中版奏請中嚴,內侍轉奏,皇帝服通天冠、絳紗袍,御福寧殿,宫人、侍衛如常儀。尚宫引皇后出次,詣殿庭之東,西向立。尚儀跪奏外辦,請皇帝降坐。禮迎,尚宫前引,詣庭中之西南,東面揖皇后以入。皇帝導皇后升自西階,入室,各就榻前立,尚食跪奏食具,皇帝揖皇后皆坐。尚食以饌進,皇帝及皇后皆食三飯。尚食以酒進,皇帝、皇后俱受爵飲。尚食以饌從,再飲如初,三飲用巹如再飲。尚儀跪奏禮畢,皇帝、皇后俱興。尚宫請皇帝御常服,尚寢請皇后釋禮服入幄。次日,以禮朝見太皇太后、皇太后,參皇太妃,如宫中儀。"詔依。

四月戊午,初,三省、樞密院進呈太史局勘婚文字①,吕大防曰:"雖云勘婚,先須門閥,於門閥中勘乃可。"王巖叟曰:"不取於勳德之家,無以服人心。"久之②。二月乙卯,太皇太后始宣諭云:"近選得九家十女,惟孟家最可,但長三歲,然顔殊未及③。"王巖叟曰:"不知是正出否?"應曰:"王廣淵女嫁孟在,生此女。"大防等因言:"只恐爲勘婚,又難成就。"太皇太后曰:"今臺官鄭雍、楊畏,諫官虞策、姚勔總有文字,乞不用陰陽之説,亦欲與公等評薄④,更不勘婚,如何?"皆極贊美。後兩日,遂進呈納后不當勘婚,並孟家審察選召劄子。樞密院再對,太皇太后問忠彥等:"亦聞孟家子細否?"對曰:"孟在善人小官,門户静,别無事。"又宣諭曰:"不欲選於貴戚家,正恐其驕,驕即難教。"忠彥曰:"如孟在等人家,自然不驕,亦須易教。不在富貴中生,則必謹畏。"太皇太后曰:"然。"及是月甲寅,太皇太后宣諭:"孟家女入内,能執婦禮。可降制,立爲皇后。"大防奏曰:"俟擇日。"應曰:"今日、明日皆好,只就明日降制。"王巖叟曰:"太皇太后宜降一手書付學士院,庶於事體爲順。"從之。又詔及賜予后家故事,大防曰:"漢時賜予厚。"應曰:"漢時遠,且説唐時。"大防曰:"唐時不見。"又問本朝,大防曰:"有之,但都無文字,必是出於内庫。若不賜予,必作債。"退聚都堂,召范百禄、梁燾,諭以今日降手書及於制中要見奉母命之意,又令國史院檢孟元傳送學士院,乃擬手書草稿進入。戊午,手書曰:"吾近以皇帝年長,中宫未建,歷選諸臣之家,参求賢德。故馬軍都虞候、贈太尉孟元孫女,閥閲之後,以禮自持,天姿端靖,雅合法相。宜立爲皇

---

① 太史局　底本作"大史局",據嘉慶本改。
② 久之　長編卷四七二同,嘉慶本作"久之□□"。
③ 然顔殊未及　長編卷四七二同,嘉慶本作"然年顔殊未及"。
④ 評薄　底本作"評駁",據嘉慶本、太平治迹統類卷一九宣仁議立哲宗皇后改。

卷第一百十三

哲宗皇帝

立后 廢后附

元祐五年六月辛丑,太皇太后宣諭宰臣吕大防等曰:"皇帝春秋漸長,將來納后儀式,曾令入内内侍省檢尋天聖二年納郭皇后、景祐元年納光獻皇后行禮次第,各爲年深,並無稽據。兼其時只是降制進册,不曾御殿,禮甚簡略。有司故事,必有存者,可以講尋。"大防等乞退而討論。

六年七月乙丑,宰臣吕大防等言納后儀注。太皇太后曰:"取其便近事,不必拘泥古昔。"大防等曰:"長秋久未建立,中外極不遑安。外間以爲在京臣僚之家①,皆蒙取索家狀,惟高、向二族獨未取索,衆議深以爲鬱。"太皇太后曰:"采擇近百餘家,猶未有契合者。高家不聞有人,向家亦曾取索,尚未供到。然此非小事,固難輕議。"大防等曰:"太皇太后深自損抑,聖慮高遠②,固非臣等所能擬議。然爲國家計,則自當付之公議。况自古選后,多出勳戚之門,漢之陰、鄧是也,而當時亦不以爲嫌。"太皇太后曰:"若是神宗皇帝時,則無不可。今若自詔外家,誠亦非便。"

八月己丑,三省進呈納后六禮儀制。太皇太后曰:"近向家供到,未有相當者。高家諸女少得合相法者,或有疾病,未應采擇。"又云:"選后當以賢德爲先,不在姿質。固知如此,然人家女子養於閨閣,賢與不賢,人安得悉知。選擇之際,惟見門閥與人物耳。此事亦係其人之福力可勝也。"

七年三月庚戌,禮部言:"據太常寺修撰到納后儀注,命使、納采、問名、納吉、納成、告期、發册、奉迎。尚宫導皇后詣福寧殿之大次以俟,至日晡後,皇后車入宣德門,

---

① 外間以爲在京臣僚之家 "以爲",嘉慶本作"謂"。
② 聖慮高遠 長編卷四六一同,嘉慶本作"聖德高遠"。

肯如人意傍山而入汴?"上頷之。

十月己巳,權工部侍郎吳安持言:"洛口別開新河,近導洛水近南行流,已畢工放水。乞除提舉官員外,自餘官吏,相度節次存減。"從之。

十二月甲午,戶部尚書蔡京言:"本部財用,皆自東南漕運以充歲計。今年上供物數,十無二三到者。而汴流今已閉口,臣責到案:宋史河渠志作"責問"。提舉汴河堤岸司楊琰狀,稱自元豐二年導洛通汴,至元祐元年,八年之間不曾閉口,如遇冬寒,差兵打凍,並不失事。乞依元豐條例。"從之。

二年正月庚戌①,宣政使宋用臣言:"昨自元豐二年四月內導洛合汴,六月成功放水,四時行流不絕。遇冬凌結,即督責沿河官吏打撥通流,並無壅遏。自元祐二年,每遇冬深,便行閉塞,使河流涸竭,殊不究當日導通之意。欲乞於正月內擇日開撥,放水歸河,永不閉塞,四時流通。如遇凌結,止可將西五斗門減放,節限水勢,如惠民河通流,則自無壅遏之患,於國家有萬世源源不絕之慶。"從之。

---

① 庚戌 底本作"戊戌",據長編拾補卷一二改。

塌,地步闊遠,塌透大堤,須修捲埽岸。役兵數少,特乞暫差在京壯役廣固共三千人,並下京東都大司,於緣汴裝卸人內,除府界、泗州外,告差刷南京界以下裝卸一千人,并吏部差有心力使臣取押,內廣固壯役差二員,裝卸京東、淮南各一員,依例支破遞馬驛券,兼程前來。其人兵限使臣到,並一日內起發,及合本處支借附帶合用鍬、杵等赴役①。"御批:"除廣固指揮不差外,餘可並依所奏,日下便與處分。"丁巳,上諭執政:"聞河埽久不修,故幾壞者數處,滎池、原武、陽武皆已遣水官乘傳疾置護役②。昨日報洛水又大溢,注於河。若廣武埽壞,大河與洛水合而為一,則清汴不通矣,京都漕運殊可憂。宜亟命吳安持與王宗望同力督作,苟得不壞,過此亦須措置為久計。安持強幹可倚,其促安持往營度之。"皆對曰:"但雨止,則可無虞。臣等謹奉命,退當召安持至政事堂,以聖意諭之。"壬戌,案:宋史河渠志係"丙寅"。吳安持言:"廣武第一埽危急,即自決口與清汴絕近,緣河、洛之南去廣武山千餘步,地形稍高,則鞏縣東七里店至洛口不滿十里,可以別開新河,引導洛水近南行流,地步至少,用功甚微。"詔吳安持等再行相度,如果利便,即計的確功料,結罪保明以聞。

八月丙子,以權戶部侍郎吳安持為權工部侍郎。安持等言:"廣武埽危急,刷塌堤身二千餘步,與清汴絕近,接洛河之南,去廣武南五六百步或千餘步,地形稍高,自鞏縣東七里店至見今洛口,約不滿十餘里,可以別開新河,引導洛水近南行流③,地步至少,用功甚微。都水使者王宗望行視並開井筒,各稱利便外,其南築大堤功力浩大。乞下合屬官司④,別相度保明。"從之。辛巳,都水監言:"河勢緊惡⑤,緣陽武埽逼近京城,請速那官案:長編拾補引作"救"。同共提舉固護。"詔差開封府推官趙越疾速前去救護。壬午,詔差權工部侍郎吳安持前去都大提舉開修新河等工役,及令南外丞李偉、勾當洛口王維同管開修。

九月乙丑,曾布再對,陳:"河防不可輕動,枉費財用。如吳安持見開洛河,外議未以為當。用夫四十五萬,若洛水小,引水傍山無益。若泛漲,自當就下,徑入黃河,豈

---

① 及合本處支借附帶合用鍬杵等　第一個"合",嘉慶本作"令"。
② 乘傳疾置護役　底本脫"傳"一字,據嘉慶本補。
③ 引導洛水近南行流　"洛"底本作"河",據上文之"引導洛水近南行流"改。
④ 乞下合屬官司　"合"底本作"令",據嘉慶本改。
⑤ 緊惡　嘉慶本作"緊急",長編拾補卷一一作"緊要"。

竭京西所有，不足以爲支費。轉運司每干於朝廷，朝廷勢不能不爲之應副。竊計自緣清汴之費，其失無慮數百萬計，從來上下習爲欺罔之奸。朝廷惑於安流之説、税屋之利，恬然不以爲慮，而殊不知新沙疏弱，力不能制悍河，水勢一薄則泛濫潰散，將使怒流循洛而下，直冒京師，其患豈勝言邪！此其大可懼者，是甘以數百萬日增之費，養異時京師萬一之患而已矣。夫歲傾重費，以坐待其患，何若折其奔衝，以終除其害哉？爲今之計，宜復爲汴口，依舊引大河一支，啓閉以時，還祖宗百年以來潤國養民之賜，誠爲得策。汴口復成，則免廣武溢注，以長爲京師之安，省數百萬之費，以紓京西生靈之困。牽大河水勢，以解河北決溢之災；便東南漕運，以蠲重載留滯之弊。時節啓閉，以除蹙凌打凌之苦；通江淮八路商賈大舶，以供京師之饒，爲甚大之利者六，此不可忽也。惟拆去兩岸舍屋，盡廢僦錢，爲害者一而甚小，所謂損小費以去大害也①。臣之所言，特其大略爾。至於考究本末，措置纖悉，在朝廷擇通習前後之臣付之②，無牽浮議，責其成功。伏望聖慈面詔大臣，商擇而施行之。事繫國體，願留宸念。"

紹聖元年七月辛丑③，廣武埽危急。詔都水使者王宗望亟往廣武埽提舉救護。壬寅，上謂輔臣曰："廣武埽危急，聞去洛河不遠，須防漲溢，下灌京師。已遣中使往視之。"輔臣出圖及狀以奏，曰："此由黃河北岸生灘，欲水勢趨南岸。今時雨已止，河必減落。然已下水官與洛口官同行按視，爲籤堤及去北岸嫩灘，令河順直，則無患矣。"都水監丞馮忱之言：案：長編拾補引此事係癸卯，依宋史河渠志編。"廣武埽危急，水勢刷塌堤岸。欲乞築攔水籤堤一道。"詔令馮忱之、李偉、郭茂恂相度，從長措置。戊申，詔差入内高品黃汝賢往廣武等埽，傳宣撫問救護大河堤埽官吏、役兵，兼賜銀合、茶藥④、緡錢有差。庚戌，權京西轉運使郭茂恂言："洛水暴漲，已開㴲口閘放水⑤，有靈蛇見，土人以謂河流將平之驗。"詔令差官致祭，尋京西轉運司、都水丞、南外丞言："河流漸順，別無黃水透入洛河，於清汴可保無虞。"癸丑，詔差權戶部侍郎吳安持案：長編拾補作"工部"，誤也。乘傳往廣武埽及洛口，措置救護。甲寅，都水使者王宗望奏："廣武埽已刷

---

① 以去大害也　長編卷四三六、歷代名臣奏議卷二五一、汴京遺蹟志卷六均作"以成大利也"。
② 在朝廷擇通習前後之臣付之　"臣"下底本衍"者"一字，據長編卷四三六删。"通習前後之臣"，汴京遺蹟志卷六作"通習水利之臣"。
③ 七月　底本作"十月"，據長編拾補卷一〇、宋史卷九四河渠志改。
④ 兼賜銀合茶藥　"兼"底本作"業"，據宋會要輯稿方域一五之一九改。
⑤ 已開㴲口閘放水　"閘"底本作"開"，據長編拾補卷一〇改。

悍。若加救護,可無決溢之患。而有司坐視不救,意謂上流決溢則下流減殺。蓋河口易以閉塞,僥倖逃責,以到今日,全河北流,湋浸人户田苗,成此大患。望根究詣實,重行朝典,以戒欺罔。"詔王祖道體究以聞。

　　舊録於此下云:河順下北流,先帝已降詔旨,而豫以爲欺,則誤矣。新録辨云:大河流溢,非細微可隱之事。既按視之,必得其實。若果如豫言浸民田廬,則黜責以誠欺罔宜矣。今不論事之虛實,而即以豫言爲誤,蓋私意也。今删去十九字。

　　九月庚子,左司諫王祖道言:"請先正吴安持、鄭佑、李仲、李偉之罪,投之遠方,以明先帝北流之志。"詔令工部檢詳東流建議及董役之人,以名聞奏。

　　十二月乙巳,水部員外郎曾孝廣言:"大河見行滑州、通利軍之間,蘇村埽今年兩經危急。請自蘇村埽危急處,候來年水發之時,乘勢開埽導河,使之北行,以順其性,下合内黄縣西行河道,永久爲便。"從之。

導洛　　廣武埽附

元豐八年五月庚子,詔提舉汴河堤岸可隸都水監。

　　舊録云:先帝導洛入汴,繕完戎器,於無事之日,皆專置司,事得以舉。至是歸之有司。新録辨曰:導洛水、造軍器,此非人君必躬必親之事。先帝既置司,何常不歸之有司邪?始則專置一司,得以覈實,事既就緒,當有統屬,故各歸所隸,是亦先帝之意也。自"先帝導洛"至"歸之有司"二十九字,並删去。

元祐二年冬,始閉汴口。

　　此據紹聖元年十二月二十七日蔡京云云,并三年正月李仲云增入。元祐四年冬末,梁燾奏議當考。

　　四年十二月甲子,案:長編梁疏不著甲子,注云今附年末,更徐考之。御史中丞梁燾言:"臣愚嘗求世務之急,得導洛通汴之實。始聞其說則可喜,及考其事則可懼。竊以廣武山之北,即大河故道,河嘗往來其間,夏秋漲溢,每抵山下。舊來洛水至此流入於河,後欲導洛,以趨汴渠,乃乘河未漲,就嫩灘之上,峻起東、西堤,闕大河於堤北,攘其地以引洛水,中間缺爲斗門,名通舟楫,其實盜河水①,以助洛水之淺涸也②。洛水本清,而今汴常黄流,是洛不足以行汴,而汴所以能行者,附大河之餘波也。增廣武三埽之備,

---

① 其實盜河水　　"盜",嘉慶本作"導"。
② 以助洛水之淺涸也　　底本脱"也"字,據嘉慶本、宋史卷九四河渠志補。

商英此章,據布日録,在十一月二十五日癸亥。今附本日。

乙丑,上以商英言安持章付樞密院,與三省同進呈。鄭雍白上:"曾布嘗詰責安持反復奸言,故安持對'水官懼後命,不敢不爲自全之計',亦無喧悖狀。"上曰:"安持果安石壻?"韓忠彦曰:"蔡卞友壻也。"布曰:"人臣何敢用私意庇人,變亂是非,以誤國事!"上曰:"此無可行者。"遂罷。

二年十月甲申①,三省、樞密院言:"紹聖元年,命權工部侍郎吴安持、都水使者王宗望、監丞鄭佑,自闞村而下直至海口,相視應新舊堤防及淤淺河道②,增修疏濬,可使將來盛夏,不致壅滯衝決爲患。即據向所閉北流之功,當言等第推恩③。如向去措置不當,致有衝決,爲公私大患,亦當考察事實,重作施行。"詔:"以大河東流④,朝請大夫、都水使者王宗望爲右中散大夫,朝奉大夫、工部侍郎吴安持爲朝請大夫,候過來年漲水,東流無虞,更加旌賞;若致決溢,仍舊滋長河患,當議施行。"

四年十二月乙未,詔朝議大夫鄭佑、承議郎李仲各遷一官,仍減三年磨勘。内鄭佑依四年法比折,朝請郎黄恩轉一官,並賞治水功也。又詔減三年磨勘,仍依四年法比折。又詔郭知章、李偉、王孝先各遷一官,中散大夫王令圖贈左中散大夫,賞首建言及主議回河功也。

元符二年六月己亥,河決内黄口,東流斷絶。

此據元符二年十月二十六日工部狀追書⑤。紹聖史官專主北流之議,至東流斷絶,乃不正言其月日,蓋賊臣意别有主⑥,於記述則未詳細耳。

七月丁巳,詔水部員外郎曾孝廣詣河北路相度措置河事。孝廣嘗爲南外都水丞,遷都水監丞,不主東流之議⑦。及是河決内黄,故使孝廣按行,因得申其素志。

八月甲戌,詔大河水勢十分北流,將河事付轉運司,責州縣共力救護北流隄岸。尋又詔東流各著埽分照管勾當。戊子,監察御史石豫言:"竊聞闞村水漲,其勢不至湍

---

① 二年十月甲申 "二"底本作"三",據嘉慶本、長編拾補卷一二改。
② 相視應新舊堤防及淤淺河道 底本脱"應"一字,據嘉慶本、長編拾補卷一二補。
③ 當言等第推恩 "等第"底本顛倒,據嘉慶本、長編拾補卷一二乙正。
④ 以大河東流 "大"底本作"六",據嘉慶本改。
⑤ 此據 底本無此二字,據長編卷五一一補。
⑥ 賊臣 長編卷五一一作"奸臣"。
⑦ 不主東流之議 底本脱"之"一字,據嘉慶本補。

持等來稟河事,因反復久之。布謂章惇曰:"何惜二十萬未應副?將來若敗事,秋毫無所假借。"安持又言:"釃二渠爲便。"布曰:"若然,則是北流是?東流是?"安持曰:"須以漸閉。"布曰:"然則幾何年可了?"安燾云:"只爲昨降文字以東流爲非,故如此紛紛。"布曰:"本不以東流爲非,亦不敢以北流爲是,但不敢保東流無患爾。主東流者乃罪人,主北流者亦罪人。國事但欲取之當爾,東、北何擇焉?"翌日,同呈安持劄子,布曰:"計窮辭屈,奸言盡露。"安燾曰:"安持先曾有文字欲留四十里。"布曰:"如韓忠彥所聞,乃是欺罔反復。"安燾曰:"布改定劄子,以東流爲非。"布曰:"臣嘗以謂用偏見主東流、北流者皆罪人。臣素不預河事,於此持心實平直,於東、北流無所主,但欲處國事當爾。"燾曰:"誰不平直?"上曰:"執偏見誠不可!"反復久之,布又言:"劄子乃章惇所草,臣曾改定云新纔七十里堤,未悉可與不可捍禦將來漲水,反慮上流有壅滯衝決之患,緣公私之憂不細,不可不預爲經畫。此語恐亦當道。至於衆論所疑,無不削去。"惇曰:"昨日已諭水官,人夫、物料極力應副,若將來敗事,水官亦無所假貸。"上曰:"當如此。"甲子,左司諫張商英言:"伏聞權工部侍郎吳安持近詣三省、樞密院稟議河事,在都堂誼悖,略無儀矩。始以母老爲辭,又以須得二十萬夫、千萬芻梢乃可往,厲聲云:'水官豈可不爲自全之計!'按:安持主張河事八年,今日始開口爲自全之計,即前後欺罔,不攻自破。緣章惇、曾布是王安石門人,吳安持是王安石女婿,安燾又是安持男女姻家,致安持恃此親戚恩舊,敢肆侮慢,使廟堂之體陵夷。如此,何以聳天下之具瞻,爲百寮之表式哉?安持首鼠兩端,必圖再用。欲乞下有司薄責:自充都水使者至今,前後費用若干?人兵、錢糧、梢草,興得是何功利?從初主意,爲是東流?爲是北流?若主東流,因何十六河不曾閉塞①?下流堤埽不曾修築?若主北流,因何年年進馬頭,水入孫村口?若以孫村口分減水勢,因何八年用功,今年淺澱,卻於竇家港口等處行水?明正案牘,具列情狀。檢會六塔河李仲昌等例,先次責降施行②,仍自今年閉塞北流以後,專責王宗望、鄭佑,候過漲水取旨當罷。況此一事,上繫朝廷休戚至大,下係生靈利病不小,大臣豈敢以親黨之故,置私意於其間?所有臣自供職後來論列章疏,亦乞檢會,再賜採擇。"

---

① 十六河　底本脫"十"一字,據嘉慶本、長編拾補卷一一補。
② 先次　底本作"先後",據嘉慶本、長編拾補卷一一改。

李偉卻乞開澶州故道分水,工部侍郎吴安持乞候漲水前去相度,緣開澶州故道,若不與今來東流底平,則纔經水落,立見淤塞。若與今來河底平,則從初自合閉口回河,用功九年,費財動衆。吴安持稱候漲水相度,乃是悠悠之談。前年漲水并今來漲水,各至澶州、德清軍界,安持首尾九年,豈得不見?更欲延至明年漲水,乃是狡兔三穴,自爲潛身之計,非公心爲國事也①。況立春漸近調夫,及時不早定議,又留後説②。邦財民力,何以枝持③?訪聞先朝時水官孫民先、元祐六年水官賈種民各有河議④,望取索照會。召前後本路監司及經歷河事之人與水官詣都堂,一處反復詰難,務取至當,經久可行,定議歸一,免見年年遇漲水,則乞候霜降水落;遇霜降水落,則乞候漲水。以有限之財,事無涯之功。"是日,曾布因商英言河事,極陳:"近歲調夫,多至於率錢,民力重困。既切責水官以河事,必大有須索。今京東、河北皆饑歉流亡,河役不可責辦民力。"安燾曰:"河已東流,不可復易。"布曰:"河既已東,無可議者,大河非人力可回。禹之行水,行其所無事也,但因其勢而順導之則可矣。東流固未可保其無患,不可不責水官用心照管。若既復故道,則當使如小吴未決以前悠久可保,不可使歲有水患也。"衆皆曰:"舊亦有決溢。"布曰:"先帝在位幾十年,河決者三四,未嘗歲爲患也。"樞密院再對,布復陳:"安燾屢言東流不可更議,臣等本無此意,但未敢保其無患,須責水官以不可敗事也。兼夫役不可盡責民力,須朝廷應副爾。"既對,韓忠彦謂布曰:"厚卿疑子宣,以子開嘗以回河爲非,故亦主北流之言。"布曰:"誠不曉事,未至於此。使大河已東,必欲徙之北流⑤,以便子開之論,此言果可伸乎?"後數日,布又言:"吴安持論河事既被督責,計窮辭屈,真情盡露。兼所言先留北堤四十里泄水,以爲先有此論。韓忠彦具知其説。當時安持以謂河須東流,須閉北流,乃可成功,但以范純仁、蘇轍主北流之論,故且爲此説以誘之,庶其肯聽。今乃執此言以逃責,更爲欺罔。"上曰:"安持若以王宗望盡閉北流爲非,當時何不言?"布曰:"安持爲工部侍郎,乃其職事,何待今日方言北流不可盡閉?陛下固已察見其奸言矣。"上欣納。退至都堂,安

---

① 非公心爲國事也　底本脱"也"字,據嘉慶本、長編拾補卷一一補。
② 又留後説　"又"底本作"反",據嘉慶本、宋史卷九三河渠志改。
③ 枝持　嘉慶本同,宋史卷九三河渠志作"支持"。
④ 水官賈種民　底本脱"民"字,嘉慶本同,據長編卷四四九、宋史卷九三河渠志補。
⑤ 必欲徙之北流　底本"之"下衍"於"字;底本脱"流"字,據嘉慶本、長編拾補卷一一删、補。

析修閉北流部役官等功力等第以聞①。

此十月十三日工部云云。十一月十五日當并王宗望事迹：紹聖元年爲都水使者，朔部自河決，而東、北流之議興。宗望有請於朝，遂塞張包、樊郡等河，自闞村已下至梅楛堤七節河門，並皆閉塞，創築金堤七十里，盡障北流，使全河之水東還故道。又設爲經畫，自闞村而下直至海口，逐一相視，補築新舊隄防，及淤淺河道增修疏濬，雖盛夏漲潦②，更無壅決之患。二年，上嘉其勞，進階三等，授中散大夫，除直龍圖閣、河北都轉運使。未數月，擢工部侍郎。進階三等，在二年十月二十五日。

十一月己酉，權工部侍郎吳安持言："準朝旨相度開濬澶州故道，分減漲水。按：澶州本是河行舊道，頃年曾乞開修。其時以東、西地形高仰，未可興功，欲乞再行疏導燕家河，仍令所屬先次計度合增修一十一埽案：長編拾補引作"二十一埽"。所用工料。"詔令都水監候來年將及漲水月分，先具利害以聞。癸丑，三省、樞密院言："元豐八年，知澶州王令圖議乞修復大河故道。元祐四年，都水使者吳安持因紓南宮等埽危急，遂就孫村口爲回河之策。及梁村進約東流，孫村口窄狹，德清軍等處皆被水患。今春，王宗望等於内黄下埽閉斷北流，至漲水時，猶有三分北流水勢，然上流諸埽已多危急，下至將陵埽，決壞民田。近據王宗望等奏，大河自閉塞，闞村而下，及創築新堤七十餘里，已盡閉北流，全河之水東還故道。向下地形已高，水行不快。今既閉斷北流，將來盛夏大河漲水，全歸故道，不惟舊堤③，多有損缺怯薄處，勢有可虞，至於闞村而下所緝新堤，亦恐未易枝梧全河漲水④。兼京城上流沿處埽岸，慮有壅滯衝決之患。"詔權工部侍郎吳安持、都水使者王宗望、監丞鄭佑疾速前去計會北流。外監丞司，自闞村而下直至海口以來，逐一相視，應新舊堤防及淤淺河道，合如何增修疏濬，將來盛夏，不致壅滯衝決。候過漲水無虞，即據昨來所閉北流之功等第推賞，仍先具結絶事狀以聞。如向去因措置不當，致有衝決，爲公私大患，亦當考察事實，重作施行。乙卯⑤，左司諫張商英言："臣伏見今年已閉塞黄河北流，都水監長貳交章稱賀，或乞付史官，則是河水既歸故道⑥，只消修完堤埽，以防將來衝決之患而已。近聞使者王宗望、外監丞

---

① 部役官　宋史卷九三河渠志同，嘉慶本、長編拾補卷一一均作"部額官"，疑非是。
② 雖盛夏漲潦　底本脱"雖"一字，據嘉慶本、長編拾補卷一一補。
③ 不惟舊堤　"不"底本作"下"，據宋史卷九三河渠志改。
④ 未易枝梧　"枝"底本作"支"，據宋史卷九三河渠志改。
⑤ 乙卯　宋史卷九三河渠志作"丙辰"。
⑥ 則是河水既歸故道　"既"，嘉慶本、宋史卷九三河渠志作"已"。

各管一十里。今約度每節添置梢草四十萬束,乘此秋成計置,每束約用錢三十五文,計九萬八千貫。合取朝旨應副,及乞差官措置。"並從之。

七月辛丑,廣武埽危急。詔都水使者王宗望亟往廣武埽提舉救護。丁巳,上諭執政,命吳安持與王宗望同力督作。廣武埽①,詳見導洛。

八月壬午,詔差權工部侍郎吳安持前去都大提舉開修新河等工役,及令南外丞李偉、勾當洛口王維同管開修。

九月己未,三省、樞密院同呈李仲、王宗望欲開迎陽港河、閉燕家河門、引水入澶州故道。章惇曰:"欲委吳安持相度。"曾布曰:"河防興役不一,勞人傷財,不可不慎。若非灼然有利,此役未可遽興。"上亦以爲不足開,安燾亦以爲然。惇曰:"曾布在河北,頗知河事。"又曰:"河遂以東案:長編拾補引作"河身自東",而下流壅遏,未成河道。兼堤防未完,須疏治下流及增固堤防。不爾,恐未免上流衝決之患。"布曰:"既如此,不若且於下流用功,故道恐未易修。吳安持好興作,其言未必可用。安持前後於河防枉用功力不少,以至糜費提刑司封樁錢萬數。蓋緣當時議論不一,而安持輩務欲約大河歸東流,致德清軍橫流墊溺,公私財力困弊。"遂指圖中燕家河門,乃是初決者小吳口。惇曰:"元豐中,任河勢順流,未嘗用工,卻無事。"燾曰:"容臣開陳。"因言:"大河北流,過釣臺下流深闊處入界河。若更變移近北,即流入胡中,河在虜境,則自可爲橋梁度河,中國更無限隔之處。所以文彥博輩議欲回東流,但不敢漏此意。"布曰:"古人有欲引河注之胡中者,如河不變移趨北則已,果然,亦非人力所能回也。"韓忠彥曰:"但責水官。"上曰:"然。"遂批送安持相度云云。

十月己巳,案:長編拾補引作"辛巳"。工部言:"都水使者王宗望等狀:自闞村已下,至栲栳堤七節河門並塞閉了當,全河悉已東還故道,更無北流之水。欲乞下王宗望疾速相度,移撥北流都大巡河使臣、人兵、物料往彼,分置增充,準備枝梧,庶免噎凌之患②。"從之。丁酉,都水使者王宗望言:"大河自元豐潰決以來,東、北兩流利害極大,十年紛爭,國論不決,水官無所適從。伏自奉詔以來,凡經九月,上稟成算,遂斷北流,以除河患。望下臣等奏付史官,以紀紹聖臨御以來聖明獨斷,致此成績。"詔宗望等具

---

① 廣武埽　此三字底本竄入正文,據嘉慶本改爲注文。
② 庶免噎凌之患　"庶"底本作"度",據嘉慶本、長編拾補卷一一改。

下士也,常以北流爲非。丙寅,三省、樞密院同進呈吴安持所畫河圖及利害。范純仁曰:"昨專遣吕希純、井亮采躬親行河,決定利害,宜用其言,不可復從水官之説。"上曰:"希純等行河,不及一月而還,止到大名,未嘗至恩、冀,恐有所不盡也。"韓忠彦等曰:"吕希純等所上河議,亦未可施行。"又以監察御史郭知章奏乞專委水官任河事,上曰:"河事固當專付之水官①,失職則責之可也。"希純、亮采之議尋格。

三月壬申朔,相度定奪黄河利害所奏:"本所尋親到北京元城縣孫村口及館陶縣堤堽②,相視一帶水勢,次到梁村口、張包口及内黄縣蒲潘口相北流水勢。考之前世河流次第,及廣行詢訪利害,大抵北流勢順下,故河道常欲趨北,前後所施行人工不少,故見今水流分路頗多。今來逐司議論不同者四事,惟張包河門等最爲要切。安撫司、都水監之意,欲於縷斷處,仍起堤三十里,以防奪動大河;轉運之意,欲存留以爲北流下河。所陳利害,本所契勘:東流自梁村西下,至孫村水口一十六里有餘,見今伏槽,水勢約八九分,已來行流,然河身皆自人力所開,大段窄狹。其闞村埽乃元祐三年所置,本欲横截大河,使之東去。自闞村埽至内黄下埽,空缺者七十餘里,張包河乃在其間,雖即今水勢淺小,然去北之勢極爲順便。但自決大吴口,後來累年之間,北流隄防全不修茸,即自難以便依轉運、提刑司所請③。張包等河門不行縷斷,留待漲水之出,仍乞闉内黄決口,鑿開九里堤,使水勢無壅。其東行亦依安撫司、都水監所請,疏口地、開雞爪河,以助東流之水勢。保明委是詣實。"明日癸酉,詔都水使者王宗望疾速前去提舉照管措置,務要於向下州軍别無疏虞,候將來漲水,見得河勢行流次第,令都水監具的確利害,保明聞奏。

四月乙巳,都水使者王宗望言:"躬親相視得束流水勢已及八九分,張包河一支,即日減落水勢甚微。上件河門若不斷閉,竊慮向去漲水不測,牽奪大河水勢向西,衝刷河門愈更深闊。已牒大名府都大與本地分都大修閉,限十日工畢去訖。"

六月丙申,都水使者王宗望等言:"措置回河,自闞村以下至内黄下埽,縷堤七十里,所用薪芻萬數不少,除將年計物料那融分擘外,其上件七十里見爲七節修治,每節

---

① 河事固當專付之水官 "固"底本作"同",據嘉慶本、長編拾補卷九改。
② 本所尋親到 "尋親"底本作"親尋",據嘉慶本、長編拾補卷九乙正。
③ 即自難以便依轉運提刑司所請 "自"底本作"日",據嘉慶本改。

相度,具圖保明聞奏。既有未便,亦各具利害來上。案:此合前後爲論所云八年二月、五月云云,長編均未載。辛丑,三省言:"大河累年利害未決,近又權都水使者吳安持與大名府路安撫使許將及河北轉運副使趙偁議論各不同,雖已令安持、都水監丞鄭佑與本路監司從長相度,慮更有異議,奏請往復。"詔:"差中書舍人吕希純、殿中侍御史井亮采乘驛放朝辭,限三日往北京,取索都水監及本路安撫、轉運、提刑司所陳黄河利害文字同議。如議論歸一,即依前降指揮施行;如有異議,即仰吕希純、井亮采定奪,具圖、狀保明聞奏。"先是,范純仁面奏:"許將雙行梁村、内黄口,事理稍便。"吳安持亦以爲然,即詔安持一面施行。蘇轍曰:"大河之勢,東高西下。去年北京留守蒲宗孟以都城危,奏乞於西岸增築馬頭二百步,長編拾補引作"一百步"。約水向東。朝廷指揮水官與安撫、提刑司保明,如委得北流、東流,上流别無疏虞,然後施行。逐司遂乞減馬頭一百步。然是秋漲水,爲馬頭所激,轉射東岸,漂蕩德清軍第一埽,爲害最大。及漲水稍落,不能東行,却倒射西岸。恐須令逐司共議,乃得其實。"上曰:"此事不小,當使衆人議之。"然已降指揮,越二日,三省奏事罷,上特宣諭曰:"黄河利害,非小事也。宜遣兩制以上官二人按行相度。"范純仁等皆曰:"河上夫役將起,方議遣官,恐稽留役事。"蘇轍曰:"臣去年嘗乞遣官按行,是時太皇太后以謂水官只在河上,猶不能保河之東西。今驟遣人,亦難決。"上曰:"此事非細事,但使議論得實,雖遲一年,亦何損?"於是專遣希純、亮采往視。

二月己丑,都水使者吳安持、都水監丞鄭佑言①:"勘會堰梁村、縷斷張包、閘内黄決口、疏口地、開雞爪河凡五事,乞據疏内相度同議。已得歸一者,便聽一面施行。"詔令相度定奪黄河利害所相度逐件事理②,可以先次興工,即一面施行。丁巳,相度定奪黄河利害所言:"看詳都水監所奏,乞權堰梁村,縷斷張包等河門,開内黄決口,於竇家港上下多疏口地,及開雞爪河等五事。除梁村水口,據大名府路安撫司、河北路都轉運使、提刑司、都水監官、北外丞司狀並稱合行堰斷,同議已得歸一,本所相度,可以先次興工。已牒逐司,一依前降朝旨,一面施行訖。"己未,吕希純、井亮采歸自河上,極以北流爲便。方施行,而簽書樞密院劉奉世援舊例,乞與河議。奉世,文彦博、吳充門

---

① 都水監丞鄭佑　底本脱"丞"一字,據上文之"都水監丞鄭佑"補。
② 詔令相度定奪黄河利害所　"詔"底本作"認",據長編拾補卷九改。

逆地勢,戾水性,臣未見其能就效也。臣請開闞村河門①,修平鄉、鉅鹿埽、焦家等隄,濬澶淵故道,以備漲水。如此,則五利全而河患息矣。"偁既數建河議,水官均未能屈,或遣以甘言説偁曰:"回河,上意也。公毋固執,恐自貽禍。"偁曰:"人臣當官而行,惟職是視,安敢妄測主意,以負國也!"水官又請權堰梁村,縷斷張包等河門,閉内黄決口,開雞爪,疏口地,回河東流,於是詔遣中書舍人吕希純、殿中侍御史井亮采乘傳相視,且會逐司定議。偁議以爲②:"回河,大利害也。八年之間,役費不貲,已試久矣,要當果決。今又欲權堰、縷斷,爲首鼠之議,不敢同也。張包一帶,即闞村舊河,中間空缺,距西堤七八十里。就使回河,悉爲縷斷,安能禦大河之衝哉?且東流闊處無二百步,益以漲水,何可勝納?去歲嘗開雞爪十五餘丈,未幾生淤,形勢可見。一旦東流既不容,北流又悉閉,上壅橫潰之患,何可勝言哉?請先導張包,以存北流,修西堤以備漲水,因其順決。水流既通,則河將自成矣。"是時獨東路提刑上官均與偁議合,而衆相論難,累日不決。迺詔周視東、北流,較形勢,審利害,會逐司詰之。曰:"將濬雞爪,以決東河於北流,可乎?"漕、憲曰:"可,第無益耳。"又曰:"將不塞張包,以存北流,於東流可乎?"水衡曰:"不可。張包存則東流敗矣。"詔使者曰:"審爾。則水之趨北,勢也,奈何逆之。"由是從偁議,奏請存張包而治北流。既施行矣,會詔中格,復罷。偁太息謂其子曰:"河無事,妄擾之耳。議者每以侵害塘濼,上惑朝廷,曾不知北流斷則塘濼遂淤矣。北流尚存,則恩、冀、滄、景悉爲河南地。以河爲限,此大利也。元祐之末,浮梁幾危。紹聖之初,竟漂敗之,西警廣武,南抵澶淵。吾謂不上壅則下潰,既已信矣。不三數歲,恐河無安定之理③,誰當復爲上言之乎?"又大名府路安撫使許將言:"大河東流的確利害,庶今之利,若捨故道,止從北流,則慮下流已湮,而上流橫潰,爲害益大。若直閉北流,東徙故道,則復慮受水不盡,而破堤爲害。竊謂宜因梁村之口以行東,因内黄之口以行北,而盡塞諸口,以絶大名諸州之患。俟春夏水大至,乃觀故道足以受之,則内黄之口可塞;不足以受之,則梁村之役可止。定其成議,則民心固,而河之順復有時,可以保其無害。"詔令吴安持、鄭佑與本路安撫、轉運、提刑司官從長

---

① 臣請開闞村河門　"開"底本作"閉",據嘉慶本、宋史卷九三河渠志、歷代名臣奏議卷二五一改。
② 偁議以爲　底本脱"偁議"二字,據嘉慶本、長編拾補卷九補。
③ 恐河無安定之理　底本脱"河"一字,據嘉慶本、長編拾補卷九補。

借,每沮卻之,因復上河議①,其略曰:"自頃有司回河幾三年,工費騷動半於天下。復爲分水,又四年矣。古所謂分水者,因河流,相地勢,導而分之,蓋其理也。今乃橫截河流,置埽約以扼之,開濬河門,徒爲淵潭,其狀可見。況故道千里,其間又有高處,故累歲漲落輒復自斷。臣謂當完大河北流兩堤,復修宗城棄堤②,閉宗城口,廢上、下約,開闞村河門③,使河流端直,以成深道。聚三河工費以治一河,一二年可以就緒,而河患庶幾息矣。"八年二月④,水官議以北流淺小,可爲軟堰權閉,漲則決之。偁上議曰:"臣竊謂河事大利害有三:北流全河,患水不能分也;東流分水,患水不能行也;宗城河決,患水不能閉也。是三者能去則爲利,未能去則爲害。今不謀此,而議欲專閉北流,止知一日可閉之利,而不知異日既塞之患;止知北流伏槽之水易爲力,而不知闞村方漲之勢未可併以入東也。請俟漲水伏槽,觀大河全盛之勢,以治東流、北流可矣。"於是詔罷軟堰。五月,水官又請進梁村上、下約束狹河門,偁爭不能得。既涉漲水,遂壅而潰,南犯德清,西決內黃,東干梁村,北出闞村、宗城決口,復行魏店。北流因淤遂斷,河水四出,壞東郡浮梁,幅員數百里,縱橫散漫,漂廬舍,敗冢墓⑤,遺民之僅免者老弱聚金堤上,哀號之聲數里不絕。是年冬,水官又請因河狹淺,權堰斷,使水勢入孫村口。明年⑥,偁復上言:"壅水爲患,著驗甚明,臣嘗進愚議,正謂此也。今有司又欲遷德清,並濬清豐諸口,歸納故道。臣謂河過孟津,初行平地,必須全流,乃成河道。禹之治水,自冀北抵滄、棣,始播爲九河,以其近海而無患也⑦。有司回河、分水,八年之間,二渠分流,功卒不就,其勢可見,奈何又欲派分之邪?河自橫隴、六塔、商胡、小吳,百年之間皆從西決,蓋河徙之常勢也。先帝睿斷,灼見河勢,且鑒屢閉屢塞之患⑧,因順其性,使之北行,此萬世策也。自有司置埽創約,橫截河流,回河不成,因爲分水。初決南宮,再決宗城,三決內黃,亦皆西決,則地勢西下,較然可見。今欲弭息河患,而

---

① 按:此事係時不准確,宋史卷九二河渠志記載"[元祐]七年三月,以吏部郎中趙偁權河北轉運使。偁與安持等議不協,嘗上河議",可供參考。
② 復修宗城棄堤 "修"底本作"備",據嘉慶本、宋史卷九二河渠志改。
③ 開闞村河門 "開"底本作"門",據嘉慶本、宋史卷九二河渠志改。
④ 八年二月 "八"上脫年號"元祐"。
⑤ 敗冢墓 "敗"底本作"散",據嘉慶本、資治通鑑後編卷九〇改。
⑥ 明年 應係紹聖元年。
⑦ 以其近海而無患也 "也"底本作"世",據宋史卷九三河渠志改。
⑧ 屢閉屢塞之患 "塞",嘉慶本作"失"。

卷第一百十二

哲宗皇帝

回河下

紹聖元年正月丁亥,左司諫虞策言①:"今歲大河水入德清軍城,一城生聚被害者衆,蓋是水司失於豫備。若選臣寮與熟於河事之人子細行視,必可以見得將來水勢所向緊慢,於逐處州縣鎮城預作隄防,免公私倉卒受患。"詔令都水監丞鄭佑等,並本路安撫司及轉運司、提刑司相度聞奏。先是,都水使者吳安持奏,乞塞梁村口,纜張包口,開清豐口以東雞爪河。三省即令安持與北京留守相度施行。時蘇轍以祈穀宿齋,案:欒城集轍宿齋是正月八日庚辰。不與也。呂大防爲山陵使,行有日矣。轍見大防於待漏,語及河事,大防直視曰:"此大事,不可不慎。"轍曰:"誠然,公亦宜慎之。"范純仁舊不直東流議,轍告純仁曰:"當與微仲議定,乃令西去。"純仁曰:"命已下,奈何?"轍曰:"事有理,誰敢不從。"即議於皇儀門外,而再降指揮,使都水監與本路安撫、轉運、提點刑獄司議,可即一面施行,有異議疾速聞奏。純仁始意轍與大防比,至是乃相信服②。

戊子,三省言:"權河北路轉運副使趙偁言,恩、冀舊河既已淤淀,内黄、宗城不可復塞,而闞村一帶乃大河所行之道。欲乞纔候冰消③,即開闞村等三河門,使伏槽之水就不順直,卻行開濬澶淵故道,準備分播漲水。"是時水衡鋭意回河,論奏以千百數。詔率下轉運司議。同列多畏恐,不敢正言,或以不知河事爲解,偁獨居中持議,不少假

---

① 左司諫　底本作"右司諫",據嘉慶本、宋史卷三五五虞策傳改。
② 純仁始意轍與大防比　底本脱"轍","比"底本作"背";欒城後集卷一三潁濱遺老傳下記載:"堯夫自外來,始意轍與微仲比,及此,大相信服。"今據補、改。
③ 冰消　底本作"水消",據嘉慶本、長編拾補卷九改。

大防不入,故未及以文字進呈也。

據潁濱遺老傳、龍川別志並欒城所載劄子日月,並二月十二日,而實錄繫之三月十二,恐誤也。今從集及志、傳。

辛未,三省進呈蘇轍所議河事。呂大防曰:"今來軟堰已不可作,無可施行。"轍曰:"軟堰本自不可作。臣本論吳安持百日之間,四次妄造事端。蘇頌前乞遣官按實是非,明示賞罰,此言極當,乞依此施行。安持小人,要動搖朝聽。若令依舊供職,病根不去,河朔被害無已,不可信用。"大防曰:"水官弄泥弄水,別用好人不得,所以且用安持。"轍曰:"水官職事不輕,奈何以小人主之?易曰:'開國承家,小人勿用。'未聞小人有可用之地也。"

實錄係之三月二十四日,今從潁濱遺老傳、龍川別志移入二月二十四日。

玉牒云:辛酉,河復故道。

八年正月丁未①,中書侍郎范百禄言:"竊聞水官自元祐四年正月二十八日準敕罷回河後,逐年併功,修進梁村鋸牙,併大河兩馬頭。經今四周年有餘,用過功力浩瀚,兼三處並行,若如水官之意,既進埽緪,又狹河門,只留一百五十步,及預乞朝旨候北流淺小,作軟堰閉斷。詳此五事,顯見必欲回河,特以分水爲名,託云恐東流生淤,陰行巧計耳。方且鼓倡言路,以非爲是,致臺官章疏前後十餘,中外傳聽,不能無惑,深恐不便。伏望二聖明詔三省速議果決,拆去河上鋸牙、兩馬頭,開放河門,任令大河自浚趨下,免致壅遏、障塞、淤壞北流,積爲大害。若北流通快,將來每遇漲水,自然分向東流,即是分水之利,兩河並行,久遠安便。"百禄又言:"自元祐四年正月二十八日降敕罷回河,今來臣僚回河之意終不肯已②,然而大河亦終不可回。吳安持等方日生巧計,壅遏北流,前後多端,致大河漸有填淤之害,寖壞禹迹之舊,豈不深可惜哉!"

先是,進呈御史李之純、董敦逸、黃慶基乞回河東流,楊畏乞差官相視,及都水監吳安持乞於北流作土堰,定河流,以免填淤事。時呂大防在告,蘇頌等皆言商量未定,蘇轍面奏安持所言決不可從,而范百禄再上此奏。

二月己未,門下侍郎蘇轍奏:"臣今月八日以式假不預進呈公事。竊見三省同奉聖旨,北流軟堰依都水監所奏,候下手日,先將檢計到功料奏取指揮。竊緣臣從來都堂聚議,嘗謂軟堰不可施於北流,利害甚明。伏望聖慈特賜詳察,降臣此議付三省,所有八日指揮乞未行下,俟臣參假,商量取旨。"至是入對,奏曰:"自去年十一月後來至今,百日之間,水官凡四次妄造事端,搖動朝廷。第一次安持十一月出行河,先乞一面措置河事。舊法:馬頭不得增損。臣知安持意在添進馬頭,即指揮除兩河門外,許一面措置。安持奸意既露。第二次乞於東流北添進五七埽緪。臣知安持意欲因此多進埽緪,約令北流入東,即令轉運司同監視,不得過所乞埽緪數。安持奸意復露。第三次即乞留河門百五十步。臣知安持意在回河,改進馬頭之名爲留河門,即不許,安持計窮。第四次,即乞作軟堰。凡安持四次擘畫,皆回河意耳。"太皇太后以爲然。時呂

---

① 丁未　底本作"乙巳",據長編卷四八〇、宋會要輯稿方域一五之一五改。按:宋會要輯稿方域一五之一五作"三十日",元祐八年正月三十日正是"丁未"。
② 今來　長編卷四八〇、宋會要輯稿方域一五之一七均作"後來"。

令深闊,並修葺緊急隄岸,釃爲二渠。臣觀其指意,雖名爲減水,實暗作回河之計。欲乞聖慈特選骨鯁臣僚及左右親信往河北計會,逐處安撫、轉運、提刑、州縣及北外監丞官同共踏行,詳具圖録,開述利害,保明聞奏。如臣所言不妄,即乞罷分水指揮,廢東流一行官吏、役兵,拆去馬頭、鋸牙,依上件所陳施行。今年春天,仍并撥付北流開河築隄役使,所貴河朔及鄰路兵民早獲休息,國家財賦不至枉費,有豐足之漸,則天下幸甚!"

三月。始,蘇轍爲御史中丞,論回河三事。其一,乞存東岸清豐口;其二,乞存西岸披灘水口;其三,乞除西岸激水鋸牙。朝廷下河北監司相度,惟以鋸牙爲不可去。轍既執政,於殿廬中謂吕大防曰:"鋸牙終當如何?"大防曰:"無鋸牙則水不束。水若不束,北流必有害。"轍曰:"分水雖善,其如北京百萬生靈每歲夏秋常有決溺之憂何?且分水東入故道,見今故道雖中間通流,兩邊淤合者多矣。分水之利,亦自不復能久。"劉摯曰:"今歲歲開撩①,正爲此矣。"轍曰:"淤卻一丈,開得三尺,何益?若於漲水過後,盡力修完北流隄防,令能勝任漲水,徹去鋸牙,免北京危急之患,此實利也②。"摯曰:"河朔監司皆不如此言,爲之奈何?"轍曰:"外官觀望故爾,何以言之?張璪雖言鋸牙當存,而乞大修北京簽橫隄,所費不貲,則準備鋸牙激水之患耳③。"大防曰:"河事至大,難以臆斷。"轍曰:"彼此皆非目見,則須以公議言之也。"及至上前,大防、摯皆言以分水爲便,轍具奏上語④,太皇太后曰:"右丞只要更商量耳。"轍曰:"朝廷若欲審重,乞候漲水過,見得故道轉更淤高,即併力修完北隄,然後撤去鋸牙。如此,猶且穩便。"既至都堂,大防、摯令批聖旨並依都水監所定。轍謂堂吏:"適已奏知,乞候漲水過,別行相度。"摯大不說。大防知不直,意稍緩。明日,改批"不得添展"而已。此據龍川别志及潁濱遺老傳,附三月末。

七年十月辛酉,詔以大河東流,都水使者吴安持賜三品服,北外都水監丞李偉於任滿日令再任⑤。

---

① 今歲歲開撩　底本脱"歲"一字,據長編卷四五六補。
② 此實利也　"此"底本作"奈",據嘉慶本改。
③ 則準備鋸牙激水之患耳　龍川略志卷七議修河決同,長編卷四五六"耳"作"矣"。
④ 轍具奏上語　嘉慶本、長編卷四五六同,龍川略志卷七議修河决作"某且奏上件語",按:"某"是蘇轍的自稱。
⑤ 北外都水監丞　底本"北外都水"下衍"使者"二字,據嘉慶本、長編卷四七八刪。按:長編卷四七八作"北都水監丞",脱"外"一字。

偉差遣,候過漲水檢舉取旨。今漲水已退,而偉終不罷。據今月三日聖旨,止是依吳安持等所請,候霜降水落,從北外丞司相度,將梁村口至孫村河身內妨礙處取辟河槽,案:長編"河槽"作"擗掠"。候冰凍消釋,相地形順便,隨宜開導,務令深闊,釃爲二渠。臣詳觀安持等說,蓋猶挾奸意,觀望朝廷,欲徐爲興動大役之計,以固權利。以臣觀之,修河司若不罷,偉若不去,河水終不得順流①,河朔生靈終不得安居。伏乞指揮大臣速罷修河司,及檢舉前敕,流竄李偉,以正國法。"

十月癸巳,罷都提舉修河司。蘇轍又言:"臣近奏乞罷修河司,並責降李偉。尋準九月二十六日聖旨,李偉權發遣北外監丞、提舉東流,又準十月二日聖旨,罷都提舉修河司。臣以爲修河司雖罷,而李偉不去,與不行臣言無異。謹按:李偉屢以奸言動搖朝廷,興起大役。於去年八月中,獨銜奏稱'大河見今已爲二股分行②。然須當於第四鋪地分更行開廣河槽,只得兵夫二萬,於九月興功,至十月寒凍時畢工,因而引導河勢,豈止二股通行而已,亦將遂爲回奪大河之計'。凡偉所言,大率狂妄不疑如此。伏乞檢會前奏,速賜流竄。"侍御史孫升言:"謹按:宣德郎李偉狂妄懷邪,欺罔誤國。既獨奏二股回河之議,有乘時建立大事之言,內挾文彥博之勢權,外假吳安持之游說,大臣爲之搖動,朝廷於是聽從。力役既興,公私被害。近日都大修河司既罷,則李偉欺罔之罪益明。今來朝廷不獨不行李偉之罰,而又授李偉以外監丞之命,如此,則是無功受賞,有罪不罰。伏望聖慈詳察李偉欺罔之罪,早賜罷黜,以厭伏中外之心。"

六年正月,御史中丞蘇轍言:"謹按:自來河決,必先因下流淤高,上流不快,然後乃決。然則大吳之決,已緣故道淤高,今乃欲回河,使行於此,理必不可。且見今北流深處,水行地中,實得水性,捨此不用,而欲引故道,使水行空中,雖三尺童子,皆知其妄。而建議之臣恣行欺罔,居之不疑。今雖變回河之名爲分水之議,據都水奏請,本謂回河與減水事體不同。所有已修造馬頭三百餘步,乞從修河司隨宜措置。馬頭既在大河之中,橫攔水勢,泛濫之時③,理須斟酌,可存可拆,一面施行。朝廷雖許其所請,然本司收買馬頭物料,至今不絕。又與本路監司奏乞隨宜開導口地一帶河槽,務

---

① 河水終不得順流 底本脫"得"字,據欒城集卷四五乞罷修河司劄子補。
② 已爲二股分行 "已"底本作"以",據嘉慶本、長編卷四四九、欒城集卷四五再乞責降李偉劄子改。
③ 泛濫 嘉慶本作"汎濫"。

史孫升言:"伏見李偉、吳安持自去歲興回河之議,二人相與誣罔朝廷,而安持詭譎多奸,既已誑惑大臣,不肯同任其責,萬一僥倖其成,則欲享其利;敗事則將歸之建議者,遂令李偉於去年八月獨奏陳大河要切利害。又云:'竊觀今日兩岸增進馬頭、鋸牙,其沙河直隄水口自已通快,顯有全回之勢,惟有都水使者吳安持曉夕講究,見得上件利害灼然。安持遣臣暫赴尚書省稟議①。伏望聖慈早賜宸斷,即乞復置修河司,其官屬諸般事件,並依昨來已降條例施行,所貴司存既正,凡百悉有條理②,可以乘時建立大事。'李偉、吳安持協比爲此奸言,朝廷遂以爲信,並依所奏施行。今日考其奏請之言,無一驗者,而枉費財用、民力已不可勝數,遠近爲之騷然③。上賴宗廟社稷之靈、聖聰睿斷之果④,照察奸言,一切放罷。不然,患害有不可言者。吳安持、李偉利口輕猥,欺罔奏陳,傳播中外,奸言顯露,罪惡難掩。伏乞早賜指揮罷黜,以協天下公議。仍乞罷修河司,候有定議,別聽指揮。"

九月丁亥,右宣德郎孫迥知北外都水丞⑤、提舉北流,右宣德郎李偉權發遣北外都水丞、提舉東流,同共提舉北京黃河地分,仍那移兩河人兵、物料。

是月⑥,御史中丞蘇轍言:"臣伏見大河北流,經今十年⑦,已成河道。每年夏秋汎溢⑧,孫村地形低下,漲水東出,因此張問等輩欺罔朝廷,建爲回河之議,自是北京生靈懷魚鱉之憂,日夜爲遷徙之計。監司、守臣及敕遣使者皆言其不便⑨,朝廷亦知其難矣。其去歲八月,宣德郎李偉輒敢獻言,欲閉塞北流,回復大河。力排衆議,僥倖萬一,私覬功賞。朝廷爲之置修河司,調發民夫,劃刷役兵,差文武官吏收買梢茭,百費並舉,河北、京東西路公私爲之騷動,萬口一詞,知其無成。上賴陛下聖明,照知利害,然猶未能盡罷其役,始令且開減水河,次因旱災,令權罷修河,放散夫役,然修河司依前不罷,李偉仍提舉東流故道。復因給事中范祖禹封還敕命,尋奉四月五日聖旨,李

---

① 安持遣臣暫赴尚書省稟議 "臣"底本作"官",嘉慶本同,據長編卷四三九改;長編卷四三九"赴"作"付"。
② 凡百悉有條理 "凡百"底本顛倒,據嘉慶本乙正。
③ 遠近爲之騷然 底本"之"下衍"驛"一字,據嘉慶本刪。
④ 聖聰 底本作"聖聽",據嘉慶本改。
⑤ 知北外都水丞 "水丞"底本作"丞水",據長編卷四四八乙正。
⑥ 是月 底本"月"下有"九日"二字和小字"案長編無'九日'字。本書是以干支計日,"九日"不合體例,今據長編卷四四八刪。
⑦ 經今十年 "今"底本作"營",據嘉慶本、欒城集卷四五乞罷修河司劄子改。
⑧ 每年夏秋汎溢 "汎"底本作"之",據長編卷四四八、欒城集卷四五乞罷修河司劄子改。
⑨ 監司守臣 底本作"監守司官",據欒城集卷四五乞罷修河司劄子改。

監司並州縣官吏，將見修護急切埽岸合役人夫，一面循理施行。如此，則興事不妄，人情妥安，上天之應，必降膏澤。"初，范純仁既罷相知潁昌府，聞朝廷復議修河，上疏曰："臣前在政府，見欲回復大河者，又曰：'河勢方東，恐變改不定，時不可失。'臣以前車之戒，是以深畏其言，故嘗屢有奏陳。蒙陛下專遣范百禄、趙君錫相度，歸陳回河之害甚明，尋蒙宸斷，宣諭大臣，令速罷修河司。三兩月來，卻聞孫村有溢岸水，自然東行，議者以謂可因水勢以成大利，朝廷遂捨向來范百禄、趙君錫之議，而復興回河之役。臣觀今日舉動次第，是用'時不可失'之說，而欲竭力必成。臣更不敢以難成及三五年間必有決溢爲慮，且只以河水東流之後，增添兩岸隄防鋪分大段數多，逐年防守之費，所加數倍，則財用之耗盡與生民之勞擾，無有已時。更望聖慈特降睿旨，再下有司，預約回河之後逐年兩岸埽鋪防捍工費①，比之今日，所增幾何，及逐年錢物於甚處出辦，則利害灼然可見。"疏奏，主河議者不說，遂寢而不行。後十餘日，太皇太后宣諭曰："前日范純仁奏何在？"宰臣奏曰："事體難從，已鑿收矣。"太皇太后曰："純仁之言有理，宜從其請。"遂又罷河役。先是，河上所科夫役，許輸錢免夫，縣令上下皆以爲便②，純仁獨憂曰："民力自此愈困矣！"或曰："每歲差夫一丁，費萬錢；今以七千免一丁，又免百姓往回奔走與執役之勞，豈不便乎③？"純仁曰："每歲差夫雖曰萬錢，然攜以隨身者不過三千文，得一丁就食於官，是民間未嘗有所費也。今免夫所出七千，盡歸於官矣，民又儼然坐食於家，蓋力者身之所出，錢者非民所有。今取其所無，民安得不病？此一事，富民不親執役者以爲便，窮民有力而無錢者，非所便也。又況差夫必計其的確合用之數，縱使所差倍其所役，則力愈衆，民不甚勞④。今若出錢以免夫，雖三分之夫工，亦可以取十分免大錢，其弊無由考察⑤。又從來差夫不及五百里外。今免夫錢無遠不屆，若遇掊克之吏，則爲民之害，無甚於此。"

　　三月丁卯，都水使者吳安持言："大河信水向生⑥，請鳩工預治所急。"戊辰，侍御

---

① 兩岸埽鋪　"埽"底本作"掃"，據嘉慶本改。
② 縣令上下皆以爲便　嘉慶本、長編卷四三八同，宋名臣言行錄後集卷一一范純仁忠宣公無"縣令"二字。
③ 豈不便乎　"豈"，嘉慶本、宋名臣言行錄後集卷一一范純仁忠宣公同，長編卷四三八作"更"。
④ 民不甚勞　嘉慶本作"民不甚勞苦"；長編卷四三八作"民愈不勞矣"。
⑤ 考察　嘉慶本作"致察"。
⑥ 大河信水向生　"信水"底本作"新水"，嘉慶同，據長編卷四三九、宋會要輯稿方域一五之一四、宋史卷九一河渠志改。

知,臣不復具論列。今主議者云:'欲回河以緩北流之患。'而未嘗於北流略爲隄備。若將來河勢不肯東流,不幸又加大水,則北流之害,豈可禦哉?欲望聖慈或因寒雪,或因他事,批出指揮,直罷修河司,留孫村口①,準備分減漲水,因便檢計北流緊急隄岸,疾速修完,不管疏虞②。候三五年,更看河勢,然後別議,則兩邊俱無所失,上下安樂,可以存全河北百姓③,變禍爲福,其利無窮,在陛下神斷一言而已。"

十二月甲寅④,三省、樞密院言:"昨令都提舉修河司從長擇一順快處回河,差夫八萬、和雇二萬,充引水正河工役外,北外都水丞司檢計到大河北流人夫二十萬四千三百一十八人,故道人夫七萬四千四百五十六人,兩項共計二十七萬八千七百七十四人。今都水監丞李君貺等檢計裁減到共一十九萬四千九十八人。"詔令修河司且開減水河,其差夫八萬人,於數內減作四萬人,充修河工役;於李君貺等裁定差夫內,共減作一十萬人,令修河司通那分擘役使,餘依元降指揮。

五年二月己亥,詔都水使者吳安持提舉開修減水河⑤。辛丑⑥,詔:"三省、樞密院,去冬愆雪,今未得雨,外路旱暵闊遠,宜權罷修黃河。"以御史中丞梁燾、諫議大夫朱光庭言東北久旱,河役動衆,恐妨農事,故降是詔。燾奏:"臣訪聞東北旱氣闊遠,竊慮河事大役,人情勞怨。調夫動衆,妨奪農時,其招災旱之由,疑亦因此。望聖慈詳酌,權令住修河,俟秋熟日取旨。"光庭言:"昨議修閉大河北流,天下之人皆謂北流就下,而未可强使之東,俟一二歲,觀其水勢所向,果有太過之勢,因而導之,豈不易哉?朝廷審以爲是,遂權罷閉北流。而水官元主議者殊不快所欲,蓋所欲本在僥倖朝廷美官。若一切罷去,則遂無事矣,故猶爲減水河之策,意在我之前議未爲過失,而又不得依舊廣占官吏⑦,事權在手,一從私意。今修河一事,只因用李偉一小人,且減水河開與不開,殊無利害,設若只留隄口,漲水大則勢須自過,何須更役人開濬哉?臣愚欲望朝廷罷李偉小人職事,悉減修河司官,放罷見役開減水河兵夫,只委都水使者與本路

---

① 留孫村口 "留"底本作"瀋",嘉慶本同,據長編卷四三五、歷代名臣奏議卷二五二改。
② 不管疏虞 "管"底本作"致",長編卷四三五同,據嘉慶本、歷代名臣奏議卷二五二改。
③ 河北百姓 嘉慶本同,長編卷四三五作"河北生靈"。
④ 甲寅 底本作"癸丑",據長編卷四三六、宋會要輯稿方域一五之一三改。按:宋會要輯稿方域一五之一三作"十二月十八日",十二月丁酉朔,十八日正是甲寅。
⑤ 提舉開修減水河 底本脫"開修"二字,據長編卷四三七補。
⑥ 辛丑 底本作"庚子",據長編卷四三七改。
⑦ 而又不得依舊廣占官吏 長編卷四三八同,嘉慶本無"不"一字。

九月乙未,右諫議大夫范祖禹言:"元豐四年,河決小吴,神宗皇帝下詔更不修閉決口,宣諭輔臣曰:'以道治水,無違其性。'河行大吴,今已九年。自元豐八年以來,議者乃有異同。朝廷疑惑,故先遣李常、馮宗道,後又遣臣叔百禄、趙君錫按視,皆言無可塞之理,即用北流爲便,士大夫亦言不可塞者十有八九。李偉希合執政,無所忌憚,敢肆大言,以罔朝廷。朝廷更不博謀於衆,即依偉奏,置都提舉修河司。既開直隄第四鋪口,而第七鋪危急,自八月八日救護至二十八日,用梢草百萬,調急夫七千人,官吏自夜達旦,埽絙愈危,隨即墊去,終未能守,而直隄自潰決。今纔開第一鋪,河勢變移,人意已不能測,將來閉塞北流,何止萬倍於此?臣竊見去年初遣二使之時,大臣方且力爭,或曰可塞,或曰不可。今言不可者已罷免,所以廟堂無異議之人。及二使還奏,大臣論議猶不能一,獨陛下聖意主張,遂罷修河司,中外無不以爲至當。今纔歷三時,復爲回河之役①。先帝既以爲不可,陛下又以爲不可,而執政耻其前言之失,必欲遂非,妄舉大役,輕動大衆,河本無事而人强擾之。伏望陛下明諭大臣,博採群言,息意回河,勿輕動衆,無以有限之財力、生民之性命,填不測之巨壑;勿徇一言之失,而望必不成之功,罷提舉修河司,散遣官吏、兵夫。其北流決溢②,隨宜救護。臣自聞復置修河司指揮,即欲建言。臣叔百禄嘗被使指,言出臣口,理亦有嫌,是以躊躇,至於閲月。今中外謫謫,皆言不便。臣有言責,若避嫌緘默,坐觀國事有誤,臣之罪大矣!"亦不報。

祖禹新傳云:"朝廷卒從其議。"按:此時初不從,卒從之耳。或附十月四日祖禹未遷給事前。

十一月癸巳③,中書侍郎傅堯俞言:"臣今月二十四日面奉聖旨,令臣與宰臣等更商量河事,密具奏聞。臣與文彦博、吕大防以下商量。臣以才薄位輕,不能回奪。兼緣都堂議論,體當婉順④,次第必不可改移。今方大冬,已役五萬餘夫,兵士不在其數⑤。將來諸路調發人夫數十萬,殫國財,竭民力,以就非急不可必成之役,兼慮春中或遇雨雪寒凍,不唯怨嗟潰散,枉費物料錢糧,亦恐傷害人命,其數不少。此陛下所深

---

① 復爲回河之役 "役"底本作"議",據嘉慶本、長編卷四三三、范太史集卷一六論回河狀改。
② 其北流決溢 "流"底本作"河",嘉慶本同,據長編卷四三三、范太史集卷一六論回河狀改。
③ 癸巳 底本作"己丑",據長編卷四三五改。
④ 體當婉順 底本脱"體當"二字,嘉慶本同,據長編卷四三五、歷代名臣奏議卷二五二補。
⑤ 兵士不在其數 嘉慶本同,長編卷四三五、歷代名臣奏議卷二五二"兵士"均作"兵工"。

日①,置修河司。

八月丁未,翰林學士蘇轍言:"臣去歲領戶部右曹,以財賦不足,而開河之議不決,河北費用不貲,曾三上章論河流西行,已成河道,而孫村以東故道高仰,勢決難行。是時大臣之議,多謂故道可開,西流可塞。朝廷因遣范百禄、趙君錫親行相度。百禄等既還,皆謂故道不可開而西流不可塞。何者?地形高下可指而知,水性避高趨下,可以一言而決,故百禄等不敢蒙昧朝廷,希合權要,效其成說而致之陛下。陛下亦知其言明白,信而行之,中外公議皆以爲當。臣竊聞見今河道西行孫村側左②,大約入地二丈以來,而見今申報漲水出崖,由新開口地東入孫村,不過六七尺。欲因六七尺漲水,而奪之入地二丈河身,雖三尺童子,知其難矣。然朝廷遂爲之遣都水使者,興兵工③,開河道,進鋸牙,欲約之使東。方河水盛漲,其西行河道若不斷流,則遏使東行,實同兒戲。臣願陛下急下有司,且徐觀水勢所向,依累年漲水舊例,因其東溢,引入故道,以紓北京朝夕之憂。其故道堤防壞決之處,略加修完,免其決溢而已。至於開河進約等事,一切不得興功,仍不許奏辟官吏、調發夫役。候河勢稍定,然後議之。不過一月後,漲水既落,則西流之勢決無移理,而群小妄說不攻自破矣。"己酉,河北路轉運使、都水使者謝卿材爲河東路轉運使,權河東路轉運使、直龍圖閣范子奇爲集賢殿修撰、河北路都轉運使兼外都水使者。時復議回河,故徙卿材。然子奇尋亦復以直龍圖閣歸故官。乙丑,都水監勾當公事李偉言,已開撥北京南沙河直隄第三鋪,放水入孫村口故道通行,具到乘勢閉塞大河北流等利害。又言:"直隄第三鋪水勢順快,故道漸亦爲備。朝廷今日當極力必閉北流,乃爲上策。若不明詔有司,即令回河,深恐上下遷延,議終不決,觀望之間,遂失機會。乞復置修河司。"從之,仍以"都提舉修河司"爲名,差都水使者吳安持提舉,外都水使者范子奇同提舉,以偉爲專切管勾應緣回河等事。

八月二十八日,初用都水議,令諸司保明回河云。[案:長編引玉牒云]。詔以回復大河,置都提舉修河司④,調夫十萬人。

---

① 八月二十八日　底本脫"二"一字,據長編卷四三〇補。
② 臣竊聞見今河道西行孫村側左　底本脫"聞"一字,據嘉慶本、欒城集卷四一論黃河必非東決劄子補。
③ 興兵工　"兵"底本作"夫",據欒城集卷四一論黃河必非東決劄子改。
④ 置都提舉修河司　底本脫"置",據長編卷四三二注文補。

者也。元豐以前,未有回河之論。八年以後,乃有若王孝先、俞瑾輩敢妄議回河。孝先身爲水官,無容不知有此。臣既按視,究見利害,而大臣廷議,踰月未決,臣竊惑之。又況元豐四年,小吴河決未兩月,而神宗皇帝神機睿斷①,不下堂而見萬里之外,順天地高卑之性,知百川絡脈之理,明詔中外,藏之有司。其大略曰:'故道已是淤高,理不可復。自今更不閉塞。'於是遠近心服,人無異論。今孝先等乃敢橫議,違戾先帝明詔。伏望睿慈亟罷修河司,以省大費,正孝先之罪,以明典刑,則天下幸甚!"己亥,詔罷回河及修減水河。

四月戊午②,尚書省言:"大河東流,爲中國之要險。自大吴決後,由界河入海,不惟淤壞塘濼,兼濁水入界河,向去淺淀,則河必北流。若河尾直注北界入海,則中國全失險阻之限,不可不爲深慮。"詔吏部侍郎范百禄、給事中趙君錫條畫以聞。

七月丙申,都水監言:"黄河爲中國患久矣,自小吴決口,後來泛濫,未著河槽。朝廷前後遣官相度非一,終未有定論。蓋新河堤防與故道金堤殊絶,若以爲北流無患,則前年河決南宫下埽,去年決上埽,今年決宗城中埽③,豈是北流可保無虞?以爲大河卧東,則南宫、宗城皆在西岸;以爲卧西,則冀州信都恩州清河武邑,或危或決,皆在東岸,顯是大河千里,未見歸納,無以爲經久之計。昨來相度第三、第四鋪分決漲水,少紓目前之急,而繼又宗城決溢向下,包蓄不定,雖欲不爲東流之計,不可得也。河勢未可全奪,故爲二股之策。今本監勾當公事李偉狀:相視得新開第一口水勢湍猛,發泄不及,已不候功畢,更撥沙河堤第二口減泄大河漲水④,因而二股分行,以紓下流之患。雖未保冬夏常流,已見有可爲之勢,在國家爲無窮之利。必欲經久,遂作二股,仍須增添夫役⑤,乃爲長利。然未下監司、州郡、外使者、北外丞司看詳⑥,即今所修,較之利害,孰爲輕重?"詔令河北路安撫司、監司⑦、外使者、北外丞司,限十日具析保明以聞。

八月十日,[案:長編作九日,非也。八月戊戌朔,則丁未是十日。]蘇轍言李偉張皇申報。八月二十八

---

① 神機睿斷 "機"底本作"幾",據長編卷四二一改。
② 戊午 底本作"壬子",嘉慶本同,據長編卷四二五改。
③ 宗城中埽 "中"底本作"下",據長編卷四三〇、宋史卷九二河渠志改。
④ 沙河堤 嘉慶本作"沙堤"。
⑤ 夫役 嘉慶本、長編卷四二五均作"役夫"。
⑥ 看詳 底本作"詳看",據長編卷四二五乙正。
⑦ 監司 底本脱"司"一字,據嘉慶本、長編卷四三〇補。

九月五日,蘇軾云孝先欲於北京南開孫村河,欲奪河身,以復故道。然則孝先建議,必在九月五日前矣。

文彥博、呂大防、安燾三人者實主回河議,范純仁獨以爲不然。主議者謂純仁曰:"某累官河北,河上利害,曉之熟矣。公足迹未嘗及河北,安知其利害?"純仁曰:"利害則非純仁所知,至於水性趨下,則不待到河北而知也。純仁不敢堅以回河爲不然,但以邊事未寧,百姓尚困,國家府庫財用有限,主上初即位,垂簾之際,興此大役,安得不審慎乎①?"乃議再遣百祿、君錫按視。范純仁又言:"水官不候相度可否,便計買先修舊河埽梢草一千萬束,用錢近四十萬貫,此是將尋常價例約度。今來立限,要二月中有備,則必諸州爭買,價例更高,不惟所用錢物浩大,官吏逃責,恐不免勞攘②。既稱開減水河,只要試探水勢,已計梢草若干萬束,内若干舊有,若干今買,即來春所用兵夫,須與梢草相稱,方能了當。其開減水河,本只欲試探水勢,已費財用如此,將來回復大河、塞決口,都未曾及,此正臣前所謂用過財力既多,欲罷不能之端也。兼議者始謂今年豐熟,梢草易爲收買。以臣愚見,惟是草一色歲豐易得外,其梢既不近山,多是人家園林,凶年方肯斫賣③,豐年卻恐難得。況大河既未全復,物料自當減數。設欲預備,亦須漸次計置。"户部侍郎蘇轍言:"近聞回河之議已寢不行,臣平日過憂頓然釋去。然尚聞議者固執開河分水之策,雖權罷大役,而興修小役竟未肯休。如此,則河北來年之憂,亦與今年何異?今者小吴決口入地已深,而孫村所開,丈尺有限,不獨不能回河,亦必不能分水。況黄河之性,急則通流,緩則淤澱,既無東西皆急之勢,安有兩河並行之理哉?臣以户部休戚計在此河,若復緘默,誰敢言者?惟斷自聖心,盡罷其議,則天下不勝幸甚!"閏十二月,范百祿、趙君錫既受詔,同行視東、西二河,度地形,究利害,見東流高仰,北流順下,知河決不可回,即條畫以聞。

四年正月戊戌④,范百祿、趙君錫既面奏河不可回,乞罷修河司。旬餘不報,於是上疏奏曰:"竊謂本朝河決必塞,已塞復決,未嘗復回於故道也。今河行大伾西,至於大陸,分注木門,由閶官道會獨流口入界河,東歸於海,合禹之迹,前人欲爲而不可得

---

① 審慎 "慎",嘉慶本同,長編卷四一六作"謹"。
② 恐不免勞攘 "攘",嘉慶本、長編卷四一六均作"擾",但均有臆改之嫌。
③ 凶年方肯斫賣 "斫"底本作"欣",據嘉慶本、長編卷四一六改。
④ 戊戌 底本作"乙未",據長編卷四二一改。

大河泛漲，衝過直堤，淤淀故道，或河道變移，別無取水去處，乞免修河官吏責罰。且孝先等係建議官，其説如此，是亦未能保必可以成功。只開減水河，浚故道，治舊堤，計用兵夫數萬、物料數千萬，尚未説將來閉塞河門所費。若果能回復大河，爲永遠之利，雖更勞費財力，亦不足計較。今據其説，乃是僥倖萬一成功，未有的確利害。將來若回河不成，是虛棄數千萬物料，困數路民力，豈得不慮？又諸臣言設險禦外，固爲遠慮，然須因地勢，回復大河，方可爲險。如孫村口回河不得，亦須別行相度。胡虜若御得其道，自景德至今八九十年，通好如一家，豈是設險之效？苟御失其道，如石晉末耶律德光犯闕，當時豈無黃河爲阻？況今河流未必便衝過北界，須且詳究利害，惟是民力不可不惜！"又奏："昔河決天臺埽，是時章獻太后垂簾，兩遣近臣按視，預積物料數年，然後興役。今何惜遣一二近臣按視，候見的實利害，然後興役，亦未爲晚。臣非爲異論，實以憂責所係，不敢不盡愚款，願陛下慎重此事。"太皇太后曰："且更熟商議。"于是收回戊戌詔書。此據范純仁家傳增入。

十一月甲辰①，三省、樞密院言："檢會都水使者王孝先狀，欲乞於西岸上自北京内黃第三埽先起截河堤一道，與舊河孫村口相屬②，仍相度於樊河第三河靠水作縷河小堤，閘斷河門；於大名府南第四鋪下至孫村口，比仿往時作汴河規模③，開修減水河一道，分殺水勢，東趨入海。尋召到孝先及俞瑾等，令陳述利害。據孝先等稱，除孫村口外，更無不近界河可以回河入海去處。其孫村口欲作二年開修，今冬先備舊堤梢草一千萬束，來春下手，先開減水河分減水勢，所用兵夫已前申定數，至元祐五年方議閉塞北流④，回改全河入東流故道。已令孝先等供結罪保明狀訖。看詳除預備舊堤物料便可施行外，所有元祐五年閉塞北流回河入東流故道，並來年開減水河，慮別有未盡利害，欲差官躬親相度，具經久利害，詣實奏聞⑤。"詔差吏部侍郎范百禄、給事中趙君錫躬親往彼相度，並具的確利害，畫圖連衘保明聞奏。如孫村口不可開河，即別於不近界河踏逐一處，亦具保明聞奏。

---

① 十一月甲辰　"甲辰"下底本衍"朔"一字，據長編卷四一六删。按：長編卷四一六載"十一月癸卯朔"。
② 相屬　嘉慶本同，長編卷四一六、宋會要輯稿方域一五之一二均作"相照"。
③ 比仿往時作汴河規模　嘉慶本、宋會要輯稿方域一五之一二同；長編卷四一六"比"作"北"。
④ 方議閉塞北流　長編卷四一六同，嘉慶本、宋會要輯稿方域一五之一二"閉"均誤作"開"。
⑤ 詣實奏聞　"詣"底本作"指"，據嘉慶本、長編卷四一六、宋會要輯稿方域一五之一二改。

孫村口河,以分減水勢,朝廷既從之,尋亦中輟。二年三月①,令圖死,王孝先代領都水,亦欲開孫村口減水河如令圖議。知樞密院安燾兩奏疏言:"朝廷久議回河,獨憚勞費,不顧大患。蓋自小吳未決以前,河入海之地雖屢變移②,而盡在中國,故京師恃以限強胡③,景德澶淵之事可驗也。且河每決而西,則河尾每北。河流既益西決,固已北抵境上,若復不止,則南岸遂屬虜界,彼必為橋梁,守以州郡。如慶曆中,因取河南熟户之地,遂築軍以窺河外,已然之效如此。蓋自河以南,地勢平衍,直抵京師,長慮卻顧,可為寒心。今欲便於治河,而緩於設險,非至計也。"太師文彦博議與燾合,中書侍郎呂大防從而和之,三人者力主其議,同列莫能奪。中書舍人蘇轍見右僕射呂公著,乘間問曰:"公自視智勇,孰與先帝?勢力隆重,能鼓舞天下,孰與先帝?"公著驚曰:"君何言歟!"曰:"河決而北,自先帝不能回,而諸公欲回之,是自謂智勇、勢力過先帝也!"公著唯唯曰:"當與公籌之。"然竟莫能奪也。回河之役遂興。是月④,曾肇言:"昨奉使契丹,還至河北,竊聞朝廷命王孝先開孫村口減水河,欲為回河之計,調發河北及鄰路人夫應副工役。詢之道路,皆云:'見今河流就下,故道地形甚高,兼係黃河退背地分,恐難成功。當河北累年災傷之後⑤,未宜有此興作⑥。'伏望聖慈更下水官及河北路監司,公共講求,庶使議論早定⑦,不至枉費民力,更招後悔。"

十月戊戌,詔:"黃河未復故道,終為河北之患。王孝先等所議,已嘗興役,不可中罷,宜接續工料,向去決要回復故道。三省、樞密院速與商議施行。"庚子,三省、樞密院延和殿奏事,司空、平章軍國事呂公著,左僕射呂大防,知樞密院安燾,中書侍郎劉摯退,太師、平章軍國重事文彦博,右僕射范純仁,尚書左丞王存,右丞胡宗愈留身,存前奏曰:"適諸臣敷奏河事,臣預聞議論,乞更少陳愚見。孫村口回河利害,論者不一,近召謝卿材、張景先,令與王孝先、俞瑾商量。卿材狀稱河勢北流順快,乞不行閉塞。孝先等狀稱惟孫村口可以取水還復故道,須治故道舊堤,乞更展一年。如將來不測,

---

① 三月　長編卷四〇八作"二月"。
② 河入海之地雖屢變移　底本脫"河"一字,據長編四庫底本卷四〇八補。
③ 故京師恃以限強胡　"胡",嘉慶本作"寇",長編四庫底本卷四〇八作"敵"。
④ 是月　底本作"丁未",據長編卷四〇八改。
⑤ 當河北累年災傷之後　"累年",長編四庫底本卷四〇八作"頻年"。
⑥ 未宜有此興作　"宜"底本作"易",據嘉慶本、長編四庫底本卷四〇八改。
⑦ 庶使議論早定　底本脫"庶"一字,據長編四庫底本補。

部侍郎李常、勾當御藥院馮宗道言："準朝旨相度黃河利害。臣等所至,歷覽其堤防,全未高廣,物料亦未有備。緣堤防之設,全繫水官;物料之蓄,責在本道。今經涉歲月,尚爾未集,以是知水官未得其人。欲乞添置使者。"詔添置外都水使者、勾當各一員。

十一月丙子,相度河北水事張問言:"臣至滑州決口地分,相視得迎陽埽至大、小吳埽水勢低下,舊河淤淀。若復舊道,恐功力難辦。請於南樂、大名埽地分開直河並簽河,分引水勢,以解北京向下水患。"從之。

十二月庚寅①,大名府奏引河近府不便,詔張問再行相視。

二年二月辛卯己丑②,王令圖、張問奏:"先奏乞分河水入孫村口③,已蒙依奏,尋準旨不行。今乞依前奏開修。"從之。

　　政目八日事,當考詳。問前奏在去年十一月二十二日,又十二月六日,令圖、問再按視④。二年二月八日,詔從王令圖、張問奏,開修孫村河。實錄並不書,此據吕大防政目。然既從二人所請開修,令圖尋卒於三月十七日,其次日即命王孝先代之。孝先亦同欲開修孫村河者也。四月十二日,又命顧臨代范子奇爲轉運使。以河議未決,二十六日乃詔轉運使、副與水官共議開修的確利害。據此,則二月八日雖降開修指揮,尋卻寢罷,故今復令有司別議。

十月丁亥,河北都轉運使顧臨等奏:"乞將應緣講議河事行遣,並依元降朝旨,以'講議河事所'爲名,候議定合開修去處奏聞。及依故事,朝廷差官覆實,委得允當,許令興工,即復爲'都大提舉修河司'。"詔依所奏,候議定,河事興工,復爲都大提舉修河司。

三年二月己丑,知大名府馮京言:"準敕開修減水河,在本府護城橫堤之南。請下有司預行固護。"詔令都大提舉修河司照會。初,元豐八年十一月,朝廷用王令圖議,將復大河故道,詔李常視之。常言不可。案:原本無"不"字,長編同,據上文吕陶疏以常言不可而罷應增。役已興,旋罷。時元祐元年正月也。其月⑤,又詔張問同令圖相度。問請開

---

① 十二月庚寅　底本脱"十二月"三字,據長編卷三九三補。
② 己丑　長編卷三九五作"辛卯"。
③ 先奏乞分河水入孫村口　底本脱"先奏"二字,據長編卷三九五補。
④ 令圖問再按視　底本脱"問"一字,據嘉慶本補。
⑤ 其月　長編卷四○八作"其九月",而本書本卷前有注文"問前奏在去年十一月二十二日,又十二月六日,令圖、問再按視。二年二月八日,詔從王令圖、張問奏,開修孫村河"。

卷第一百十一

哲宗皇帝

回河上

　　元豐八年八月己巳,鎮江軍節度使、知河南府韓絳加開府儀同三司、判大名府兼北京留守。絳陛見,面諭以"河北水災,非故老大臣莫能安集"遣使就第賜告。時河決小吴未復,議者欲爲支川,傍北都注故道①,魏人惴恐。絳五上疏,乞復澶淵故道,朝廷爲之寢河役。

　　九月丁丑,秘書監張問相度河北水事。

　　元祐元年四月己丑,殿中侍御史吕陶言:"向者知澶州王令圖輒有論奏,欲於迎陽埽開濬舊河,使水東注,及乞於孫村地分金堤置約,使河流復歸故道②。河北轉運司並不計審利害,繼有論奏,欲朝廷先委王令圖相度,自迎陽埽已下,許令一面經畫,纔候正月③,放水入舊河。仍於大吴北岸修進鋸牙,擗約水勢,歸復故道。朝廷差李常、馮宗道相視,未至本處,而轉運司范子奇、李南公自知欺誕不可掩匿,乃於正月十八日論奏,又移牒李常,稱迎陽、孫村兩處回河委是不便。及常等相度,俱稱不可,已罷其役。按:河流回復,自古及今,最爲中國之大事。今緣令圖一言④,遽欲興役⑤,開舊塞新,及朝廷遣使按治其實⑥,則方露底裏,以爲難成。同異兩端,情涉侮玩。願付有司劾治子奇、南公之罪⑦,以戒欺謾⑧。"詔范子奇、李南公各罰銅十斤,展二年磨勘。辛卯,吏

---

① 傍北都注故道　嘉慶本、長編卷三五九同,范忠宣集卷一五司空康國韓公墓誌銘"北都"作"大名"。
② 使河流復歸故道　嘉慶本同,長編四庫底本卷三七四、長編卷三七四"復"均作"徑"。
③ 纔候正月　長編卷三七四同,嘉慶本"正月"作"止日"。
④ 令圖一言　嘉慶本同,長編四庫底本卷三七四、長編卷三七四"一"均作"所"。
⑤ 興役　嘉慶本作"興復"。
⑥ 及朝廷遣使按治其實　長編卷三七四作"及朝廷遣使按視,具見其實"。
⑦ 劾治　嘉慶本作"勘治"。
⑧ 欺謾　底本作"欺慢",據嘉慶本改。

五月丁巳①,詔:"應官員緣市易增羨酬獎②,惟身亡、致仕及得減一年以下磨勘人並免,其餘轉官、升任、減年磨勘、循資者,並各追奪一半,循一資、升一任以磨勘年數比減之。選人俟改官後展其循資;已改官並減年磨勘不成一資者,並以磨勘年限對展。內吕嘉問追三官,展四年磨勘;吴安持追兩官;賈昌衡追一官。"

三年二月己亥,詔罷變賣市易司元豐庫物,從三省請也。

---

① 丁巳 底本作"乙卯",據長編卷四〇〇、宋會要輯稿食貨五五之四四改。按:宋會要輯稿食貨五五之四四係"[元祐]二年五月六日",而五月朔是壬子,六日正是"丁巳",而"乙卯"是四日。
② 應官員緣市易增羨酬獎 底本脱"緣"字,據長編卷四〇〇、太平治迹統類卷二二熙寧元祐議論市易、宋會要輯稿食貨五五之四四補。

以下人户,一例除放,則所放人户至多,事亦均一。仍具本務一宗節目及利害文字,請臣論奏。臣詳究其説,竊以市易本錢,前後諸處撥到共一千二百二十六萬餘貫,中間撥還内藏庫等處共計五百三十萬餘貫,朝廷支使過共計三百八十四萬餘貫,即今諸場務見在共計三百五十三萬餘貫。將此三項已支、見在計算,已是還足本錢,則今來人户所欠,皆出於利息。若將見欠二百貫以下人户除放,所放錢數不多。伏乞聖慈較其利害,斷自聖意,特與除放。或因將來明堂赦書行下,或更溥行諸路,則細民荷戴恩德①,淪入骨髓,社稷之利,不可勝計。然臣竊見太府寺令歲終較課,以本理息②,及一分以上,具官員等第保明聞奏。自來市易官因此酬獎轉官及請賞錢,所得無數。今來既見市易已支、見在實數僅能還足本錢,則以本理息,皆是欺罔。從前官吏轉官、請賞,皆當追奪官爵及所賞錢物,亦乞朝廷根究前後緣市易轉官、請賞之人③,依理施行。内有吕嘉問,係創行市易,害民最深,雖已經責降,尚竊有民社,未允公議。更乞重行竄謫,以謝天下。所有宋肇劄子三道,臣轍備録進呈如左。"

明堂赦書:應内外欠市易錢人户,見欠二百貫以下,並特與除放。蓋從轍所請也。二年四月丁未,李常奏議更詳之。

癸未,户部言乞罷市易所置賣鹽場,從之。

二年四月丁未④,户部尚書李常言:"臣愚夙夜伏思今日人情猶鬱,窮弱尚困,惟有市易一事,臣質之簿書,考見詳實。自蒙恩賚除放二百貫文以來,消減亦不少矣。昔稱三萬户者,今存四十餘保矣⑤。昔稱百餘萬緡者,今纔二十九萬餘貫矣。蠲除者既見不少,理索者獨爲不幸。蒙蠲除者寬釋自如,方理索者禁錮困苦,此窮困之情有所未舒,而臣愚竊慮和氣因以未浹也。臣待罪户部,典領邦計,凡一錢之金,一尺之帛,莫不爲朝廷愛惜。今不顧萬死,冀以蠲放爲事者,誠以上累聖政,下撓至和。伏望聖慈決之不疑,出於獨斷,兼先帝祥除已久,禫祭在近,若於此時特下詔令,尤爲宜當,而比諸崇異方之教以祈福祥,相萬萬也。"

---

① 荷戴恩德　"恩德"底本作"聖恩",據嘉慶本、長編卷三八三、欒城集卷三九乞放市易欠錢狀改。
② 以本理息　"理"底本作"利",據嘉慶本、長編卷三八三、欒城集卷三九乞放市易欠錢狀改。
③ 亦乞朝廷根究　"乞"底本作"當",據嘉慶本改。
④ 丁未　嘉慶本、宋會要輯稿食貨五五之四四同;長編卷三九九作"戊申",與上附注文不合。
⑤ 今存四十餘保矣　嘉慶本、宋會要輯稿食貨五五之四四同,長編卷三九九"四十"作"四百"。

本部雖屢行約束,尚恐未能止絕。歲課未集,已有侵擾之患,兼勘會鎮寨市易、抵當,已準敕旨更不興置,今相度,除諸路州軍抵當收息至薄,以濟民間緩急,可存留外,其州縣市易及餘處抵當,一切皆可省罷。"從之。仍詔抵當如敢抑勒,依給納常平錢物法。抵當元不罷,但罷市易而已①。案:"抵當元不罷"以下,長編注語辨玉牒之誤,今删去玉牒原文,遂不可曉。

十二月戊申②,兵部員外郎葉祖洽奏:"市易之逋,一旦官中以法督促,近雖有寬期會、減分數之惠,然民力已弊,必無從出。願敕有司檢察,如委無可納,特議蠲放。"詔大姓戶見欠市易三分息錢,並特與除放。其人戶本錢,仰所屬依詳前後指揮催納。

元祐元年正月辛丑,朝散大夫、光祿卿呂嘉問知淮陽軍,以監察御史孫升言市易之法初行,嘉問實領其事,罔上壞法,失陷甚多,故有是命。

閏二月甲辰③,詔戶部應諸路人戶見欠市易錢,並特與除放。己酉,詔:"市易務見計置下準備外國人使收買之物約五萬餘貫,今止據見在數目供賣,候結絕罷行計置,令行人依舊例供應。所有元豐四年二月二十四日西駔買賣祗應,令市易管認出賣朝旨,更不施行。"丙辰,案:長編係丁巳。詔:"應內外見監理市易官錢,在京委太府寺④,開封府界令提點司,諸路令轉運司,各限一月取索逐戶元請官本點勘,特許以納過息罰錢充折。如已納及官本,即便與放免。並坊場淨利亦依此,許以納過罰錢折填淨利。已上通折外,尚欠官本錢並淨利,而家業蕩盡及無抵保,或正身並保人孤寡者⑤,權住催理。及今日已前積欠免役錢,與減放一半,餘分限三年隨夏稅帶納。所有今月四日勘會欠負指揮更不施行。"

七月壬午,右司諫蘇轍言:"臣頃曾上言,乞將市易欠數人戶通計所納息罰錢數,如已納及元請官本數目,即與除放。蒙聖恩依此施行,德澤滂霈,所及甚廣。然臣訪聞京師欠戶貧下之家⑥,從初多作詭名,請新還舊,以此無緣通計息罰,故除放之恩多止上戶。臣近日再行體問,據通直郎、監在京市易務宋肇爲臣言,若截自欠二百貫者

---

① 抵當元不罷但罷市易而已 底本竄入正文,今據嘉慶本改爲注文。
② 十二月戊申 "二"底本作"一",據嘉慶本、宋會要輯稿食貨五五之四三改。
③ 甲辰 嘉慶本、宋會要輯稿食貨五五之四三同,底本下有"案:長編係丙午"。
④ 太府寺 "太"底本作"大",據嘉慶本改。
⑤ 或正身並保人孤寡者 "寡",嘉慶本、長編卷三七〇、宋史全文卷一三上、宋會要輯稿食貨五五之四三均作"貧"。
⑥ 京師欠戶貧下之家 "下"底本作"乏",據長編卷三八三、欒城集卷三九乞放免市易欠錢狀改。

天下。"淮南轉運副使莊公岳言:"自元祐罷提舉官,錢穀爲他司侵借,徒有應在,所存無幾。欲乞追還向所侵借,令當職官依限給散,以濟闕乏者,隨夏秋稅納①,勿立定額,自無抑民失財之弊,穀賤則增價糴以助農,穀貴則減錢糶以與民,雖有水旱,人不損瘠。"奉議郎鄭僅言:"青苗之法,其利濟甚博,然而行法之吏不能盡良,故其間有貪多務得之擾,轉新換舊之弊,此吏之罪,非法之過也。竊維青苗②、義倉最爲便民,願詔有司以次施行之。"朝奉郎郭時亮言:"願復青苗法,不課郡縣定額,聽民自便,而戒抑配、沮遏之弊。復諸路縣邑抵當法,付令、佐主行,而戒苛碎邀阻之弊。令常平司與郡縣訪求民間溝洫之利,以備水旱。"承議郎許幾言:"比者明詔有司條具免役舊法,頒之天下,又命擇提舉官推而行之,甚大惠也。然常平、義倉、抵當、農田水利、坊場、河渡,復行之令未盡詔也。欲乞盡付提舉官,次序而復之。"奉議郎周純言:"今復置常平官,而詔告乃止於免役法,恐名未正也。元豐稱常平等者,謂常平、免役、坊場、農田水利、保甲、義倉、抵當也,願詔大臣斟酌增損,如免役之法,則常平官名實正矣。"右承議郎董遵言:"青苗之法③,乞歲收一分之息,給散本錢,不限多寡,各從人願,仍勿推賞。其出息至寡,則可以抑兼并之家;賞既不可行,則可以絶邀功之吏。"詔並送詳定重修敕令所。

市易務 抵當附

元豐八年四月辛未,中書省言:"今年正月九日赦書,内外人户見欠市易錢物,並仰所屬勘會元賒請本息等錢并已納、見欠數目④,條具聞奏,其息錢當議減放。在京至今未見有司依赦以聞。"詔:"監察御史劉拯、兵部員外郎杜常、太府少卿宋彭年赴御史臺置局,點磨所欠息錢,大姓户放七分、小姓户全放外合納其納案:長編無"其納"字。數目,關所屬依條催納,仍曉諭人户,並具無欺弊聞奏,限一月。"

八月己巳,户部狀:"勘會諸路,自去年推行市易、抵當,至今一年有餘,逐旋申明條畫頒行。訪聞諸路商賈,少願市賣物貨入官,本處官吏或不曉法意,未免拘攔障固,

---

① 隨夏秋稅納　嘉慶本無"秋"一字。
② 竊維　嘉慶本作"竊謂"。
③ 青苗之法　"法",文獻通考卷二一市糴考二一二下作"制"。
④ 元賒請本息等錢　底本脱"請"一字,據嘉慶本、長編卷三五四補。

止於食租衣稅，縱有不足，不過補以茶、酒、鹽稅之徵，未聞復用青苗，放債取利，與民爭錐刀之末，以富國强兵者。竊謂臣下每有獻言，宜一切折以公議，彼既欲散青苗，而臣等以爲不可，陛下受其所言，而臣等封事遂留中不出①。臣等不知陛下何以斷其是非②，而信之如此之篤乎？陛下必欲決此深疑，即當盡出臺諫所言，付之三省，使之公議得失，不當隱忍不辨是非，而陰用其言也。如衆議必以罷之爲是，即乞早賜裁斷，以慰民心；必以罷之爲非，亦乞顯行黜謫③，以懲臣等狂妄。"

辛卯，司馬光劄子："昨於四月二十六日降指揮，令於正月、二月支散常平倉錢穀④。竊慮州縣多不曉朝廷之意⑤，將謂卻欲廣散青苗錢，多收利息，嚴行督責，一一如未罷提舉官時。勘會青苗錢，利民甚少，害民極多。臣民上言，前後非一。今欲指揮遍下諸路提點刑獄司，自今後其常平錢穀，只令州縣依舊法趁時糶糴，其青苗錢更不支俵。所有舊欠二分之息盡皆除放，只令提點刑獄契勘逐州縣元支本錢，隨見欠多少分作料次，隨稅送納。"詔從之。初，同知樞密院范純仁以國用不足，建請復散青苗錢。四月二十六日指揮，蓋純仁意⑥。時司馬光方以疾在告，不與也。已而臺諫共言其非，皆不納。光尋具劄子，乞約束州縣抑配者。蘇軾又繳奏，乞盡罷之，光始大悟，遂力疾入對於簾前，曰："近日不知是何奸邪勸陛下復行此事？"純仁失色，卻立不敢言，青苗錢遂罷，不復散。王巖叟等所稱大臣，實指純仁也。

紹聖二年七月己亥，户部尚書蔡京言："竊見熙寧中先皇帝以天下之本在農，故稽參先王春秋補助之意，行散斂之法，薄取其息，以爲放閣欠免之備，故兼并得不專閭閻之利⑦，而農得盡力南畝，不爲兼并所困，實大惠也。行法之初，論者不一，賴先帝神武英明，斷之不疑，以克就緒。數年之後，取者雲集，納者輻至，天下倉庫盈衍豐羨，而財不可勝用。自元祐廢罷以來，兼并得縱，農漸失業，向之所積支用殆盡，以至於今未之復也。今欲乞下有司，檢會熙寧、元豐青苗條約，參取增損，適今之宜，立爲定制，以幸

---

① 遂留中不出　底本脱"留"一字，據嘉慶本、長編四庫底本卷三八四補。
② 何以斷其是非　底本脱"其"一字，據長編卷三八四、欒城集卷四〇三乞罷青苗狀補。
③ 亦乞顯行黜謫　嘉慶本、長編卷三八四同，欒城集卷四〇三乞罷青苗狀"謫"作"譴"。
④ 二月　底本作"二日"，據嘉慶本、長編卷三八四改。
⑤ 多不曉朝廷之意　"多不曉"底本作"不多曉"，據嘉慶本、長編卷三八四乙正。
⑥ 蓋純仁意　嘉慶本作"蓋出純仁意"，長編卷三八四作"蓋純仁議"。
⑦ 閭閻之利　嘉慶本作"辟閻之科"。

今雖復禁其抑配,其害猶在也①。昔者州縣並行倉法,而受納之際,十費二三。今既罷倉法,不免乞取,則十費五六,必然之勢也。又官吏無狀,於給散之際,必令酒務設鼓樂倡優,或關撲賣酒牌,農民至有徒手而歸者。但每散青苗,即酒課暴增,此臣所親見而爲流涕者也。二十年間,因欠青苗至賣田宅、雇售妻女、溺水②、自縊者,不可勝數,朝廷忍復行之歟?臣謂四月二十六日指揮以散及一半爲額,與熙寧之法初無小異。而今月二日指揮猶許人户情願請領③,未免於設法罔民,便快一時非理之利④,而不慮後日催納之患。二者皆非良法,相去無幾也。今者已行常平糶糴之法,惠民之外,官亦稍利,如此足矣,何用二分之息,以賈無窮之怨?臣雖至愚,深爲朝廷惜之。欲乞特降指揮,青苗錢穀今後更不給散,所有已請過錢斛,候豐熟日,分作五年十料隨二稅送納。或乞聖慈念其累歲出息已多,自第四等以下人户並與放免,庶使農民自此息肩,亦免後世有所譏議。兼近日謫降吕惠卿告詞云'首建青苗,次行助役',若不盡去其法,必致奸臣有詞,流傳四方,所損不細。所有上件錄黄,臣未敢書名行下。"

庚寅,御史中丞劉摯言:"臣近以吕惠卿謫降告詞有'首建青苗'之語⑤,而青苗之法未罷,曾具論列,不蒙采納,理有未安,義難苟止。蓋天下之理惟有是非而已,陛下謂青苗之政是邪非邪?苟以其法爲是也,則首議者無可責;苟以其議爲非也,則此法不當行,二者甚易曉也。今一事而兩用之,其用之於責人則以爲非,其用之於取息則以爲是,名實不應,深累國體。臣恐四方得以窺朝廷,而罪人豈得無詞乎?伏望聖慈再加究察,速令檢會依今年二月敕命,用嘉祐常平舊法申明施行,以一政令,使民蘇息,被罪者懾伏。"左司諫王巖叟、右司諫蘇轍、左正言朱光庭、右正言王覿言:"臣等屢有封事,乞罷青苗,皆不蒙付外施行。伏以二聖臨御⑥,盡革衆弊,天下欣欣,日望青苗之去。而近日删立舊法,益更滋彰中外狐疑⑦,不曉聖意。竊聞近日左右臣寮有以國用不足,欲將青苗補其闕乏者,聖心未察,是以爲之遲遲。臣等雖愚,以爲自古爲國,

---

① 其害猶在也 "猶",長編四庫底本卷三八四作"故"。
② 溺水 嘉慶本作"投水"。
③ 猶許人户情願請領 底本脱"請領"二字,據長編四庫底本卷三八四、東坡全集卷五三乞不給青苗錢斛狀補。
④ 非理之利 "利",嘉慶本作"私",長編四庫底本卷三八四、東坡全集卷五三乞不給青苗錢斛狀均作"用"。
⑤ 謫降告詞 嘉慶本同,長編卷三八四"謫"作"責"。
⑥ 伏以二聖臨御 "伏以",長編卷三八四作"今者"。
⑦ 益更滋彰中外狐疑 嘉慶本、欒城集卷四〇三乞罷青苗狀同,長編卷三八四"益更滋彰"作"益滋"。

又言依舊法,則自是合依熙寧以前提刑司所行常平糶糴之法①,事理分明。續準四月二十八日敕命,因中書省檢會,遂將前項制旨内依舊常平法,指以為青苗散斂取息之法,申明行下。命令反覆,天下失望。尋聞臣寮累有論奏其事利害,臣不復言。今來復睹吕惠卿責降制詞,有'首建青苗'之語。夫以建議者為罪,則是朝廷知青苗之不可為也。苟知其不可為,又坐首議之罪矣,而獨安然行之,此臣之所以未喻。苟以為此法誠有利於天下②,則何故明於制詔,坐以為蠹國害民之罪哉?伏望深究利害,特降睿旨,常平錢並依閏月八日敕旨,仍申明敕內舊常平法謂熙寧以前常平糶糴之法③,以幸天下,以信號令④。"

八月己丑,司馬光劄子乞約束州縣抑配青苗錢曰:"先朝初散青苗,本為利民,故當時指揮,並取人户情願,不得抑配。自後因提舉官速要近功,務求多散,諷脅州縣,廢格詔書,名為情願,其實抑配。或舉縣勾集,或排門抄劄。亦有無賴子弟謾昧尊親,錢不入家;亦有他人冒名詐請,莫知為誰,及至追催,皆歸本户。朝廷深知其弊,故悉罷提舉官,不復立額考較,訪聞人情安便。昨於四月二十六日有敕令,給常平錢穀限二月或正月,只為人户欲借請者及時得用;又令半留倉庫,半出給者,只為所給不得輒過此數;又令取人户情願,亦不得抑配,一遵先朝本意。恐州縣不曉朝旨本意,將謂朝廷復願多散青苗錢穀⑤,廣收利息,勾集抑配,督責嚴急,一如向日置提舉官時。今欲續降指揮,令諸路提點刑獄司告示州縣,並須候人户自執狀結保赴縣,乞請常平錢穀之時,方得勘會,依條支給,不得依前勾集抄劄⑥,强行抑配,仍仰提點刑獄常切覺察,如有官吏似此違法騷擾者,即時取勘施行。若提點刑獄不切覺察,委轉運、安撫司覺察聞奏。"從之。

錄黃過中書省⑦,舍人蘇軾奏曰:"臣伏見免役之法已盡革去,而青苗一事,乃獨因舊稍加損益,欲行紾臂徐徐、月攘一雞之道。熙寧之法本不許抑配,而其害至此。

━━━━━━━━━━━━━━━━━━━━━━

① 熙寧以前提刑司 "刑"底本作"舉",據長編四庫底本卷三八〇改。
② 苟以為此法誠有利於天下 底本脱"為"一字,據嘉慶本、長編四庫底本卷三八〇補。
③ 仍申明敕內舊常平法謂熙寧以前常平糶糴之法 "謂",長編四庫底本卷三八〇作"為"。
④ 以信號令 "信",長編四庫底本卷三八〇作"伸"。
⑤ 將謂朝廷復願多散青苗錢穀 "願",嘉慶本、長編四庫底本卷三八四均作"欲"。
⑥ 勾集抄劄 "抄"底本作"鈔",據嘉慶本改。
⑦ 錄黃過中書省 底本脱"省"一字,據長編四庫底本卷三八四補。

劉摯七月二十一日奏云："四月二十八日,中書省指執依舊常平法爲青苗法①。"恐即二十六日,誤以六爲八也。按:四月己丑,韓縝已罷右相,呂公著以右相兼侍中,實在五月丁巳朔。此時中書省止張璪一人爲侍郎,豈璪嘗別有申明乎?又據四年五月劉安世劾范純仁章,則復散青苗乃純仁建議。此但云三省,不及密院,不知何故。又元年八月四日司馬光乞約束抑配劄子載四月二十六日敕文,並當考詳。

乙卯,左司諫王巖叟言:"伏睹閏二月八日聖旨,提舉官累年積蓄錢穀財物,盡樁作常平倉錢物,委提點刑獄交割主管,依舊常平倉法。臣謹按常平倉法,穀賤則增價以糴,穀貴則減價以糶,實所以惠百姓者也。搢紳之議,謂是朝廷復此舊法,遂罷出息二分之法矣。今見四月二十六日敕旨,再立常平錢穀給斂出息之法,中外之人莫不復疑朝廷以利爲事,而惜爲陛下謀者失張弛之宜也。伏以青苗之法,公卿、士大夫之論其弊者,固已厭聞於朝。前日之言,臣不復道,請以臣自得於耆老之語,爲陛下言,皆曰:'國家之意,主於收息以助用耶?主於惠養百姓耶?主於收息以助用,則無可言者;主於惠養百姓,則某等校量,行法已來十六年於今,但見百姓終歲皇皇,翻倒債負,不見一家有增益者。'一歲之間,常不免秋則賤糶而納,春則貴糴而食,日陷於困窮而不自知。伏望陛下深察四海已然之弊,遠思百姓無窮之困,斷然不疑②,明詔有司罷青苗法,天下幸甚!"

五月乙酉,監察御史上官均言:"今之議者,必以爲往時之散青苗出於抑配,故有前日之弊;今則募民之願取者然後與之,而有司又不以多散爲功,在民必以爲便。臣以爲不然。今天下之民,十室之中,貲用匱乏者十之六七。誘之以青苗之利,無知之民不暇遠計,必利一時之得,紛然趨赴。雖曰不強抑配,然而散斂追呼、督促之煩,道塗往來之費,輕用妄費、賤售穀帛之患,未免如前日也。故臣願行閏二月八日詔書,罷去青苗,復常平昔年平糴之法,茲萬世之通利也③。"

六月壬子④,御史中丞劉摯言:"準今年閏二月八日聖旨內一項,提舉官累年積蓄,盡樁作常平倉錢物,委提點刑獄主管,依舊常平法。臣伏詳常平財用既歸提刑司,

---

① 中書省指執依舊常平法爲青苗法　長編卷三七六同,嘉慶本無"指執"二字。按:疑"指執"爲"指揮"。
② 斷然不疑　"然",嘉慶本作"在"。
③ 茲萬世之通利也　"茲"底本作"資",據嘉慶本改。
④ 壬子　底本作"辛亥",據長編四庫底本卷三八〇改。

則民間錢貨無從而得，所以艱難困匱反甚於前，無足怪也。欲望聖慈指揮尚書户部下諸路提刑，令州縣先次計置倉敖，今後每遇物斛收成日，廣行收糴，逐年終具糴本並支出、糴到色額數目、價例高下，畫一申尚書户部點檢類聚聞奏。仍關牒御史臺照會，內有豐熟州縣，當職官不能用心收糴，致穀賤傷農，並闕食之際無以備出糴，濟助人户者，並從本臺糾奏，嚴賜黜責施行①。仍乞下有司改修元條，賞格務令優厚，及添入糾奏、黜責一節。所貴勸沮兩立，上下盡心。如此，則泉貨流布②，民力紓緩，倉廩充實，公私皆獲利濟，可以副聖政敦本厚生、富而後教之意。取進止。"

紹聖元年正月辛丑，户部言："淮東提刑司奏：乞於本路户部封樁並續收到坊場錢內，撥賜五十萬貫充常平錢，應副乘時收糴斛斗。欲依所乞，撥三十萬緡充常平糴本支用。除助役錢外，於所乞坊場錢內撥賜③。"從之。

青苗

元豐八年八月己巳，詔給散青苗錢不許抑勒，仍不立定額。

元祐元年閏二月丙申，詔提舉官累年積蓄錢穀財物，盡樁作常平倉錢物，委提點刑獄交割主管，依舊常平倉法。詳見監司門。

三月乙亥，詔於常平錢內支賜錢三十萬與京西轉運司④。左正言朱光庭言："臣常計天下青苗錢，除昨來支俵外，見在錢數尚多。欲乞將一州見在數滾同，斟酌諸縣户口多寡，並用收糴可留斛斗，凡遇豐年則添價以糴，遇歲小饑則減價以糶，大饑則以貸之，候豐歲輸還，更不出息。"詔："户部指揮府界、諸路提點刑獄司，相度合收糴準備數目，須彼處有轉運司支遣斛斗，可以兌換，及出糶得行，不至積留損敗，保明聞奏。"

四月癸丑，三省言："提舉官累年積貯錢物，委提點刑獄司主之，依舊常平倉法。其常平倉，春秋斂散，及歲成收糴，歲饑出糶，以陳易新，與省穀交兑，及年穀饑饉賑貸。主司并合依法推行，元降貸常平錢穀，絲麥豐熟，許隨夏稅先納所輸之半，願並納者止出息一分。"從之。

---

① 嚴賜黜責施行　長編卷四六二作"嚴施黜責施行"。
② 流布　嘉慶本、長編卷四六二均作"流通"。
③ 於所乞坊場錢內撥賜　"撥"底本作"錢"，"賜"下底本衍"給"一字，據嘉慶本改、刪。
④ 支賜錢三十萬　嘉慶本同，長編卷三七二"三"作"四"。

之意。欲乞諸路轉運司合糴年計並先糴,次令常平倉糴買。若轉運司不預備本錢,過時占糴①,與常平倉有妨者②,委提刑司覺察以聞。"從之。

四年七月丙申,左司諫劉安世言③:"臣等竊謂自罷青苗錢,後來天下州縣皆有積鏹,朝廷雖更立常平之制,條目甚詳,而上下因循,未嘗留意。既無統屬,以糾其乖繆,又無賞罰,以爲之勸沮。加之轉運司苟紓目前之急,多端借貸,日朘月削,殊無償足之期。非有懲革,將不勝弊。伏望聖慈特賜睿旨,取今日以前應干常平敕令,嚴責近限,專委户部删爲一書,付之有司,悉俾遵守。仍先行指揮,將天下見在常平錢,乘今秋豐稔之時,令五路糴粟一色,其餘路分,並相度逐處可以久留斛斗,廣行收糴,仍以本司錢修蓋合用倉廪,將一路所有錢滚同應付。一路之中,不得偏聚一州;一州之境,不得偏聚一縣;各隨户口之多寡,以制糴之大數。每遇凶歉,依法出糶。糴糶之法,常比市價增減。如此,則官本常存,而物價不能翔涌。或遇旱乾、水溢之災,則民有所濟,不致流散;朝廷之惠澤可繼,而無乏絶之患。相因日久,漸至九年之蓄,太平之策莫大於此。惟陛下推至誠惻怛之意,明詔執政,協力施行。所有官吏殿最,亦乞參酌修定。將來頒降之後,或有犯違,州縣委監司,監司令户部、御史臺覺察奏劾,庶使二聖恤民之仁,不爲徒善之政,傳之萬世,天下幸甚!"詔户部指揮諸路提刑司下豐熟州縣,依條量添錢,廣行收糴,仍覺察遲慢。

六年七月辛巳,御史中丞趙君錫言:"伏睹元祐編敕文,諸常平錢斛,州縣遇價賤量添錢糴,價貴量減錢糶,仍申知提刑司。又條諸州縣長吏及監糴官任內,如能用心及時收糴,據用過錢本等第酬獎。臣竊謂元祐初年④,懲散斂常平錢斛之弊,專用糴糶爲常平法。然自更制之後,州縣官吏多熟視詔條,恬不奉行。故自二聖臨御,雖恤民深切,蠲除賦斂尤多,以理論之,當漸蘇息。然比歲以來,物力凋弊,甚於熙寧、元豐之間,至人心復思青苗之法行而不可得,豈非諸路錢貨在官者大抵亡慮數千萬貫,錢常壅滯不發⑤?舊法雖未盡善,逐年猶有錢貨千百萬貫流布民間,糴糶之法雖善而不行,

---

① 占糴　嘉慶本作"轉糴",似是。
② 與常平倉有妨者　底本脱"平"一字,據嘉慶本、長編卷三九二補。長編卷三九二作"致與常平倉相妨者"。
③ 左司諫劉安世　底本作"著作佐郎司馬康",據長編卷四三〇、劉安世盡言集卷一一論乞更張常平之弊改。按:嘉慶本作"右司諫劉安世"。
④ 臣竊謂元祐初年　"謂",長編卷四六二作"惟"。
⑤ 錢常壅滯不發　"錢",長編卷四六二作"率"。

若州縣長吏及監官能用心及時糴糶,至得替時,酌中價錢與斛斗通行比折,與初到任時增剩及十分中一分以上,許批書上曆子,候到吏部日,與陞半年名次;及二分以上,許指射家便差遣一次。所貴官吏各各用心,州縣皆有儲蓄,雖遇薦饑,民無菜色。又得官中所積之錢稍稍散在民間,可使物貨流通。其河北州縣有糴便司斛斗①,見多緣邊州縣②、轉運司見糴軍糧處,更不糴常平倉斛斗。若今來指揮內有未盡未便事件,委提點刑獄司逐旋擘畫,申奏施行。"從之。

其後,王巖叟言:"臣伏睹昨降朝旨,文雖詳而未通,四方來者更言其未便。臣按常平舊法,但遇年豐物賤,即於市價上添錢收糴,如年歉物貴③,即相度在市實直價例,特減錢出糶,此所以為常平。今既限以價賤至下等方許收糴,貴至上等始得出糶,乃是必待豐歉十分而後行法,稍不及等,即官司拘文,束手坐視而不敢糶糴。臣恐久之,天下救災之備寡,而傷農之患深,失常平本意遠矣。臣乞依舊法,不分立三等,仍更不申取本州及上司指揮外,餘約束新降朝旨別行修定頒降。"戶部尚書李常建言:"伏見現今常平、坊場、免役積剩錢共五千餘萬貫,散在天下州縣,貫朽不用,利不及物。竊緣泉貨流通,乃有所濟,平民作業④,常苦幣重⑤。方夏蠶畢工,秋稼初斂,絲帛、米粟充滿廛市,而坐賈富家巧以賤價取之⑥,曾不足以酬其終歲之勤⑦,而未免饑寒之患,良可慜也。臣愚欲乞命有司議於天下州縣各置平糴一司,以選人領之,縣欲乞命只令主簿兼管。仿古常平糴糶之法,於夏蠶秋稼之時,就其直賤也加數分而斂之,及其價騰也裁數分而出之,但無虧元價⑧,靡求贏息,無事酬賞,唯以利農桑之民為務,庶乎泉貨流通⑨,四海蒙福,三代之仁澤也。"

十一月辛巳,臣僚上言:"朝廷罷俵青苗錢,令諸路提刑司委豐熟州縣廣行收糴,意欲常有儲蓄。而戶部乃請令轉運司更不收糴年計,止將常平斛斗兌糴,失朝廷養民

---

① 其河北州縣有糴便司斛斗 "斛斗"底本作"斗斛",據長編卷三八四、傳家集卷五六乞趁時收糴常平斛斗白劄子乙正。
② 緣邊州縣 "緣",長編卷三八四、傳家集卷五六乞趁時收糴常平斛斗白劄子均作"沿"。
③ 如年歉物貴 長編卷三八四、宋朝諸臣奏議卷一〇七王巖叟上哲宗乞常平不分立三等均作"如年儉物貴"。
④ 平民作業 嘉慶本、文淵閣本長編卷三八四同,長編卷三八四作"平民業作"。
⑤ 常苦幣重 "幣"底本作"弊",據嘉慶本、長編卷三八四改。
⑥ 坐賈富家 長編四庫底本卷三八四作"坐賈畜家"。
⑦ 終歲之勤 嘉慶本、文淵閣本長編卷三八四同,長編卷三八四作"終歲之勤苦"。
⑧ 但無虧元價 嘉慶本同,長編四庫底本卷三八四"元"作"兌"。
⑨ 泉貨流通 "流通"底本作"通流",據嘉慶本、長編卷三八四乙正。

卷第一百一十

哲宗皇帝

常平倉

元祐元年八月丁亥，司馬光劄子：“勘會熙寧之初，執政以舊常平法爲不善，更將糴本作青苗錢散與人戶，令出息二分，置提舉官以督之。豐歲則農夫糴穀，十不得四五之價①；凶年則屠牛賣肉，伐桑賣薪，以輸錢於官。錢貨愈重，穀直愈輕。朝廷深知其弊，故罷提舉官，令將累年蓄積錢穀財物盡樁作常平倉錢物，委提點刑獄交割主管，依舊常平倉法施行。今歲諸路除有水災州軍外，其餘豐熟處多，今欲特降指揮下諸路提點刑獄司，乘有此糴本之時，委豐熟州縣官員體察在市斛斗實價，多添錢數，廣行收糴。如闕少倉廠之處，以常平倉錢添蓋。仍令少糴麥豆，多糴穀米。其南方及川界卑溼之地②，有斗斛難以久貯者，即委提點刑獄相度逐州縣合銷數目，抛降收糴，纔候將來在市物貨價比元糴價稍增，即行出糴，不得令積壓損壞。仍令州縣各勒行人，將十年以來在市斛斗價例比較，立定貴賤酌中價例，然後將逐色價分爲三等，自幾錢至幾錢爲中等價錢，幾錢以上爲上等價錢，幾錢以下爲下等價錢，令逐處臨時斟酌加減，務在合宜。既約定三等價，仰自今後州縣每遇豐歲，斛斗價賤至下等之時，即比市價相度添錢，開場收糴；凶年斛斗價貴至上等之時，即比市價相度減錢，開場出糴。若在市見價只在中等之內，即不糴糶。更不申取本州及上司指揮，免有稽滯失時之患。仍委提點刑獄常切提舉覺察③。若州縣斛斗價及下等而不收糴，價及上等而不出糶，及收貯不如法，變轉不以時，致有損壞，並監官不逐日入場，致壅滯糴糶人戶，並取勘施行。

---

① 十不得四五之價　底本脫“得”一字，據嘉慶本、長編卷三八四、傳家集卷五六乞趁時收糴常平斛斗白劄子補。
② 川界　底本作“州界”，據嘉慶本、長編卷三八四、傳家集卷五六乞趁時收糴常平斛斗白劄子改。
③ 仍委提點刑獄常切提舉覺察　“切”底本作“平”，按：熙寧變法時置提舉常平，但元祐更化已悉罷之，故作“平”誤，今據傳家集卷五六乞趁時收糴常平斛斗白劄子改。

狀送州,州縣並不得開拆,具數申送太僕寺開拆①,申樞密院看詳,取旨施行。"從之。殿中侍御史陳次升言:"臣伏睹近降朝旨,給牧地,召人户情願養馬事,條約雖已詳備,然元初只緣知邢州張赴同任縣、堯山縣知縣等所請指揮,其餘路並依此施行。臣竊慮諸路若有不便,必爲民害。欲望朝廷明降指揮,令諸路若有利害不同,許令申稟;州縣若抑令人户作情願投狀養馬者,令監司按劾施行。法行之後,永久無弊。"

① 具數申送太僕寺開拆　底本"寺"上衍"卿"一字,嘉慶本同,據長編拾補卷一三、宋會要輯稿兵二一之二九删。

縣令、佐點集。若馬有死失，許即時申縣，自備印結①。非點集日，許私自乘騎，不許出本州界若干里。如元佃地人係等第户願養馬者，祇令將文契批鑿，除其租數。若請不盡並不願請者，依條召人租佃。伏望詳酌施行。"樞密院言："熙寧七年，先廢罷鄆州東平、鄭州原武兩監，及併衛州、淇水兩監爲一監。至八年四月，中書、樞密院奏河南、北十二監，每歲費用錢約五十三萬九千六百三十八貫②，其所出馬數，止用錢三萬六千四百九十六貫可買，兼所得監馬堪配軍匹數不多，若都無此，未爲闕用。兩監牧但存虛名，而枉費不少。見管九監、馬三萬餘匹。特詔沙苑監令屬群牧司③，餘八監並監牧司並廢罷，後盡以牧地募民租佃並牧馬，餘地所收歲租百餘萬，至今未嘗有失陷之數，悉無前日異議者所陳之患。至十年二月，群牧司奏國馬闕用，曾裁損支使稟名。是時陝西路買馬，止以一萬五千爲年額，至元豐中，又曾於畿内賦人户養馬，及於京東、西路行保馬之法，又於開封府界霧澤陂置牧馬所④，專差樞密都承旨張誠一等提舉經度制置，俟就緒，推廣諸路施行。而事初講求有所未盡，及奉行之人或不稱職，故人言以爲未便。元祐初，並未考究熙寧以來講議本末利害之詳，研求所以增損措置之術，惟務盡罷元豐所行之法，一切復置舊監，遽將民間已請佃土地，栽種到桑棗果園，及莊井屋宇，毁伐廢壞不少。兼興復監牧，增置官吏，所費不貲，殊未見其效。蓋自復監以來，前後累有臣僚論列公私之害，若因循元祐倉猝更張之法，即歲月愈久，爲弊愈深。自來議者欲於民間養馬，然所陳亦多不同，或欲以牧地召人租賃，官給草料，令百姓蓄養，或責以蕃息，或欲令逐月赴官閱視決責，或欲分配等第人户，以此終不可行。今據知邢州張赴所稱，體究得民間願得牧地養馬，但與蠲其租課，仍不責以蕃息，俾養馬人户無追呼勞擾之患，並不願養馬之家不得抑勒。如此施行，必無未便之理。今相度，欲具爲條畫榜示，令太僕寺雕印施行。應有監牧地分州縣，於要便處曉示人户，願請佃牧地、免納租課、爲官養馬者，聽實封，於本縣投狀。逐縣置曆收接，月具若干實封

---

① 自備印結　嘉慶本、宋會要輯稿兵二一之二八均作"自備印給"。
② 每歲費用錢約五十三萬九千六百三十八貫　"歲"底本作"在"，據長編卷二六二、宋會要輯稿職官二三之一六、群書考索後集卷四四改。
③ 特詔沙苑監令屬群牧司　"特"，嘉慶本、長編拾補卷一三均作"時"。
④ 又於開封府界霧澤陂置牧馬所　底本"所"上衍"者"一字，據嘉慶本、長編卷三三五、宋會要輯稿職官二三之一七、宋史卷一九八兵志删。

因復置監，收牧地入官①，則百姓戴陛下之恩，如釋重負、脫沈疴矣。其京西事體既同，乞並賜施行②。"

七月癸未，太僕寺言："沙苑監先隸河南監牧司，昨因廢監，撥歸群牧司，尋因置群牧行司，撥入行司管係。其行司後改爲提舉監牧司，今已降朝旨，撥入右廂提點司，即買馬監牧司更不管係。其提舉陝西等路買馬監牧司名，合除去'監牧'二字。"從之。

九月壬戌，太僕寺奏："乞應干本寺事③，並依群牧司法，仍只隸尚書省，或依舊隸樞密院，並乞内外馬事並隸本寺施行。"詔："内外馬事並隸太僕寺，直達尚書省，更不經由駕部。"丙寅，詔中書省："今後太僕卿、少④、丞、簿並選差。應外監事，令本寺依舊群牧司法施行。"癸未⑤，右司諫王覿言："臣竊見今年九月九日朝旨節文：'内外馬事並隸太僕寺，直達尚書省，更不經由駕部。車營、致遠務、鞍轡庫、駝坊、皮剥所、養象所並專隸駕部。'臣竊謂此獨可以敗壞官制⑥，而未見爲利之實也。朝廷以馬政久廢，而推行牧養之法，固太僕、駕部之職矣。若使太僕仍舊隸駕部，而共修職事，於牧養之法，未見其害也。使車營、致遠等務不隸太僕，而領於省曹，於牧養之法，未見其利也。利害未分，而徒使本末失敘，官制復隳，臣不知其可也。且場務惡隸寺監，寺監惡隸省曹，乃官吏不恤法度之常情，顧朝廷處之何如耳。伏望聖慈宣諭執政大臣，無以牧馬一事而輕害官制，追還九月九日朝旨，別降指揮施行。"

紹聖三年七月癸巳，權知邢州張赴等言："據知任縣韓均等申請，乞應有牧地縣分，許等第人户投狀，指請牧馬草地⑦，或以佃牧地，須上色一頃⑧，給付人户⑨，自使耕佃而蠲其租⑩，令養官馬一匹，各於所屬縣⑪，籍其毛色、尺寸、齒歲給付，每歲分番就

---

① 收牧地入官　底本"牧"在"收"之前，據長編卷三七四乙正。
② 乞並賜施行　"乞並"底本作"並乞"，據長編卷三七四乙正。
③ 乞應干本寺事　長編卷三八七同；嘉慶本"干"誤作"于"。
④ 太僕卿少　底本作"太僕少卿"，據長編卷三八七乙正。
⑤ 癸未　底本作"庚辰"，據長編卷三八八改。
⑥ 此獨可以敗壞官制　嘉慶本、歷代名臣奏議卷一六一同，長編卷三八八無"獨"一字。
⑦ 指請牧馬草地　底本"指"下衍"揮"一字，嘉慶本同，據宋會要輯稿兵二一之二八刪。
⑧ 須上色一頃　"頃"底本作"項"，嘉慶本同，據宋會要輯稿兵二一之二八改。
⑨ 給付人户　"户"底本作"口"，據嘉慶本、據宋會要輯稿兵二一之二八改。
⑩ 自使耕佃而蠲其租　"使"，嘉慶本同，宋會要輯稿兵二一之二八作"得"。
⑪ 各於所屬縣　底本脫"縣"一字，嘉慶本同，據宋會要輯稿兵二一之二八補。

六月云云。見上。

七月甲辰,門下侍郎司馬光言:"陛下踐祚聽政,首令京東、西兩路保甲養馬並依元降年限收買,其剩過數目,並充次年之數云云。皆聖澤矜寬民力,於保甲勞費,雖十減五六,然保甲保馬,向去點擇,買養補填,尚猶如舊云云。臣愚伏乞斷自聖心,盡罷諸路保甲、保正、保長①,使歸農。其所養保馬,揀擇勾收,太僕寺量給價錢,分配兩騏驥院、坊監及諸軍,召提舉官還朝。其勾當公事、巡檢、指使②,並送吏部與合入差遣。如此,則開封府界、三路之民,孰不歡呼鼓舞,荷戴聖德?"疏奏,蔡確等執奏不行。詔保馬別議立法。

八月丁亥③,詔府界新置牧馬監兼提舉經度制置牧馬司並罷,應合分撥措置事件,令兵部條畫以聞。

九月戊午,詔京東、西路保馬數未足者,更不收買,據見管數,令逐戶依舊主養,別聽朝旨。

元祐元年閏二月庚寅④,三省言:"霍翔、呂公雅提舉保馬,不循詔旨,至減朝廷元立年限之半。"詔霍翔差管勾江州太平觀⑤,呂公雅添差監舒州鹽酒稅務⑥。

四月辛卯⑦,左司諫王巖叟言:"訪聞京東保馬事尚有餘弊⑧,宜再講陳,可因而變之,以成國家之利。其一:昔廢監之初,識者皆曰:'十年之後,天下當乏馬。'然不待十年,而天下之馬已不可多得,此非國家之利也。臣乞盡收退還民間馬三萬餘匹,復置監如故,然不必置監牧使,止委轉運使領之,足治辦矣。其二:廢監以來,牧地之在民者處處為害,蓋始者愚民利於一時請地之易,不慮後日納租之難,投狀之初,爭立高額,而不知州縣又估高價折納見錢,遂致力皆不勝,歲歲拖欠。轉運使不論水旱,與群牧司認定此錢,督責之嚴過於他事,以致佃地百姓被禁錮、受鞭撻者,無日無之。今若

---

① 保長 底本脫"保"一字,嘉慶本、長編卷三五八同,據傳家集卷四七乞罷保甲劄子、宋朝諸臣奏議卷一二四司馬光上哲宗乞盡罷諸處保甲補。
② 指使 底本作"指揮",據長編卷三五八、傳家集卷四七乞罷保甲劄子改。
③ 丁亥 底本作"癸未",據長編卷三五九改。
④ 庚寅 底本作"辛卯",據長編卷三六八改。
⑤ 詔霍翔差管勾江州太平觀 底本脫"差"一字,據嘉慶本、長編卷三六八補。
⑥ 呂公雅添差監舒州鹽酒稅務 底本脫"添"一字,據長編卷三六八補。
⑦ 辛卯 底本作"己丑",據長編卷三七四改。
⑧ 訪聞京東保馬事尚有餘弊 嘉慶本同,長編卷三七四"事"作"司"。

界、三路保甲人户,五等已下、地土不及二十畝者,雖三丁已上,並免教。從呂陶請也。

保馬　監牧附

元豐八年三月,資政殿學士韓維奏:"農民以稼穡爲生,使之出錢市馬,已非其願,又守護灌飼,素昧其方,萬一死損,復使償買,昔時一馬值三二十千者,今貴至百千矣。農民如此未有已時,愁歎之聲聞於道路。又聞京西保馬頗爲群盜掠取,換易乘騎,如其外廐。臣恐更易措置不可緩也。"詳見變新法。此一節合在此年六月下①,誤置此。案:長編係六月丙子。

四月辛未,詔:"開封府界、京東、京西、河北、陝西、河東所養户馬近已支價錢撥買,配填河東、鄜延、環慶路闕馬軍分。自今府界並京東等路養馬指揮並罷。"又詔:"京東、京西路保甲養馬法,元定年限極寬,民間易以應辦,而有司不務循守,妄有陳請,期限急迫,遂至騷擾。先帝已嘗降手詔詰責約束,至今猶不能奉行。其兩路保馬,宜令並依元降年限收買,其剩買過數目,並充以次年分之數②。"又詔提舉京東路保馬兼保甲楊景分③、提舉京西路保甲兼保馬張修,令乘傳赴京,於三省稟議改廢。其後詔京東、京西路保馬等級分配諸軍,餘數發赴太僕寺,其格不應支配,即還民户變易,納所給價錢④。

舊錄云:先帝以國馬不足,追效邱乘之制,寓馬於民,量物産給價,立歲限,使民市馬養之,得自乘習,緩急則集以爲用,仍命弛其徭役,法甚善。司馬光言其非便,遂罷。新錄辨曰:宣仁參祖宗之制,推明神宗之心,保佑哲宗皇帝,以致元祐之治,其公議在下下甚明,而史官類出私意,取一時群臣之議,與神宗皇帝較其得失,豈可以示後世? 自"先帝以國馬"至"非便遂罷"六十字並刪去。按:此時司馬光猶未上疏論民户養馬⑤,不知舊錄何以云然? 其後則光固謂不可也。

五月庚子,朝奉大夫、提舉京東路保馬兼保甲霍翔知密州,同管勾京西保馬兼保甲呂公雅知濠州。

---

① 此一節合在此年六月下　"合"底本作"今",據嘉慶本改。
② 並充以次年分之數　嘉慶本"數"下有"日"一字。
③ 楊景分　嘉慶本同,長編卷三五四、宋會要輯稿兵二四之二五均作"楊景芬"。
④ 其格不應支配即還民户變易納所給價錢　長編卷三五四同,宋會要輯稿兵二四之二五作"仍以格尺不逮者,還民户變易之,納元給錢"。
⑤ 論民户養馬　底本脱"户"一字,據嘉慶本補。

換易元給官弓弩者,限一月首納,特與原罪。限滿不首,即依私有禁兵器法告賞。"己亥,御史中丞劉摯言:"伏睹近制,保甲罷團教,朝廷所以惠綏疲氓,恩施甚厚。民得去其所苦,就其所安,遠近承風,莫不鼓舞。然愚以爲宜有法以斂制之。蓋保甲之技藝强弱高下,州縣皆有等籍。今按取優等之人,召其情願刺以爲本州禁軍,若舊係保長等名色,則比類軍中之階級,隨其等差對換補之。自餘中、下藝等,亦召願充公人者,依近制募以爲弓手、手力、耆壯、户長之役。所貴在軍者,既團隸部督①,束之有法,又使得伸其素習之能。其在役者,既不失服職於公家,比之召雇浮浪,乃得熟事,鄉民必賴其力爲多。"壬子,詔河北東西路、永興、秦鳳等路提點刑獄兼提舉保甲司,並依提刑司例,各爲一司。

七月甲子,右司諫蘇轍言:"臣竊見仁宗朝,河北、河東初置義勇。至英宗朝,推行其法,漸及陝西,皆以地接胡羌,有守禦之備,每歲冬教一月,民雖以爲勞,而邊防之計有不得已。及熙寧中,更置保甲,使京畿、三路之民日夜教習。二聖臨御,知其不便,率皆罷去,民得歸秉耒耜,盜賊因此衰息,歌舞聖德,無有窮已。惟有冬教一月之法,三路以被邊之故,民習爲常,不敢辭愬。至於京畿諸縣,累聖以來②,爲輦轂所在,素加優厚,今乃與三路邊郡爲比,一例冬教,情所未安。伏乞聖慈深念根本之地所宜寬恤,特與蠲免。"

八月丁酉,詔陝西路保甲冬教,並自十一月一日,至次年正月終罷。

十一月庚辰,殿中侍御史吕陶言:"伏見保甲之法雖已更改,猶有二弊,未便於民。其一爲罷去二十畝已下免教指揮,卻令五等户有三丁者,皆赴冬教一月。緣民之貧富,不繫丁之多少,而教與不教則有幸不幸。今田有百畝,家有二丁則免教,是謂之幸;田有十畝,家有三丁則赴教,是謂之不幸。此貧富力役大爲不均。況今之教閱,官中不給錢米,一月之食皆自辦。夫有田二十畝之家,中年所收不過二十石,賦稅、伏臘之外,又令其供贍一丁,則力亦難給。蓋昔日推行之始,不暇講求利害,惟務其多。今雖將五等下户精專閱習,萬一或有調發,雖破竭家產,所得幾何?裹糧而行,豈不重困?臣愚欲乞於三等以上,或等第雖低而家業及一百貫、有三丁者,方得差充。"詔府

---

① 既團隸部督　底本脱"督"一字,據忠肅集卷六論保甲奏、歷代名臣奏議卷二五七補。
② 累聖以來　底本脱"來"一字,據長編卷三八二、欒城集卷三九論京畿保甲冬教等事狀補。

每見使者所嚮,其騎從之盛,風聲之峻,供億之繁,承迎之厚,郡縣爲之騷然,故所至人情甚以爲苦。又其所按保丁雖各得銀絹三五匹兩,而祇備按閱飲食、衣服之費自已不輕①。既得之,而爲衆人耗蠹又亦不少,所存以歸,能有幾許?臣曾體問,云:'若國家但令冬教,使不失農時,則家無橫費,自可有餘。天恩深厚,非一按閱賜賚之比矣。'竊考其情,蓋不以得一時之賞爲足,而以安終歲之業爲樂也。況所謂賜賚者,只是出於保丁人家所納役錢數内耳,所謂取諸其懷而與之,割其肉而啖食,孰若不取不割之爲兩得也?臣愚伏望聖慈因冬教以爲恩②,下令罷逐年按閱之煩,省役錢、封椿之擾,一以安靜,養其力而舒其心,斯民幸甚!"

十二月丙寅,王巖叟言:"臣伏睹陛下即位之初,首發德音,下明詔免保丁第四、第五等之田不及二十畝者使勿教。其得免者戴陛下厚恩,如獲更生。後復下令,變保甲月教之法爲冬教,人人始得安其業,又大惠也。然第四、第五等之家,田業隴畝之多寡無甚相遠,麤糲不充,布褐不備,均有凍餓之憂。今若隆冬冽寒使去其家,與温飽者同教於城下,盈月而後已,豈其所堪!伏望聖慈哀憐,約祖宗義勇等第之制,特詔有司免三路第四、第五等保丁冬教③,以寬貧民,但籍姓名,備緩急出力以從事可也。臣又按:祖宗義勇之法,止行三路。比者保甲之事,乃併王畿之民。臣以謂畿内保甲,宜悉罷之便。"於是詔府界、三路保甲第五等兩丁之家免冬教。

元祐元年正月癸卯,詔商、虢州保甲依舊更不冬教。辛亥,樞密院言:"府界、三路保甲已罷團教,其教閱器械,令赴官送納。仍立府界、三路私有禁兵告獲賞格。"從之。

二月辛酉④,樞密院言:"府界、三路保甲已罷團教⑤,應保甲赴教日止用民間衣裝,不得勒令别造。"從之。

閏二月庚寅⑥,詔:"府界、三路提舉保甲司,指揮州縣,如有見送納軍器,若不是非理損壞不堪,或事件不全,止據見在受納,不得須令修整、賠直。仍曉示,若有隱藏、

---

① 自已不輕 "自已"底本作"已自",據文淵閣本長編卷三六一、宋朝諸臣奏議卷一二四王巖叟上哲宗乞保甲並用冬教、歷代名臣奏議卷二二一乙正。
② 臣愚伏望聖慈因冬教以爲恩 底本脱"愚"一字,據長編卷三六一、宋朝諸臣奏議卷一二四王巖叟上哲宗乞保甲並用冬教、歷代名臣奏議卷二二一補。
③ 三路第四第五等保丁 底本脱"等"一字,長編卷三六二同,據歷代名臣奏議卷二五七補。
④ 辛酉 底本作"庚申",據長編卷三六五改。
⑤ 三路保甲 "三",長編卷三六六作"五"。
⑥ 庚寅 底本作"戊寅",據長編卷三六八改。

自來年正月一日施行。"

十月己丑①,詔:"提舉府界、三路保甲官並罷,令逐路提刑及府界提點司兼領。所有保甲,止冬教三月。仍自來年正月一日施行。"

十一月丙午,樞密院勘會已降指揮,提舉府界、三路保甲官並罷,令逐路提刑及府界提點司兼領,所有保甲,只冬教三月,合行監教,有元差官云云。詔:"應申奏及行移保甲文字,稱'某路提點刑獄兼提舉保甲司'。逐縣監教官並罷,只委令、佐監教。十都保以上縣分②,於冬教前,自京差指使一名,往彼同監教。提舉保甲司各置勾當公事並指使一員。"監察御史王巖叟言:"臣竊觀保甲一司,上下官吏,無毫髮愛百姓之意③,故百姓視其官司不啻虎狼,積憤銜怨,人人所同。比者保丁執指使,逐巡檢,攻提舉司幹當官,大獄相繼,今猶未已。雖民之愚,顧豈忘父母妻子之愛,而喜為犯上之惡以取禍哉?蓋激之至於此極爾。臣愚以謂一月之間併教三日,不若一歲之中併教一月。農事既畢,無他用心,人自安於講武而無憾,遂可罷提舉司,廢巡教官,一以隸州縣,而俾逐路安撫司總之。每俟冬教,則安撫司選巡教官分詣諸邑,與令、佐同教於城下,一邑分兩番,當一月。起教則與正、長論階級,罷教則與正、長不相誰何④。而百姓獲優游以治生⑤,無終年逃遁之苦,無侵漁苛虐之患,無爭凌犯上之惡矣。"又言:"提舉三路保甲錢糧司,名列監司,實無職事。伏乞廢罷,以省冗官。"既罷提舉錢糧司。罷錢糧提舉即此月二十六日也。巖叟又言:"竊見新降保甲法,尚存提舉教閱一司,及改逐縣巡教官為監教官,乃知朝廷未察所以為保甲之患者大本猶在。伏望陛下深察人情,廢罷提舉保甲一司及監教官,但令州縣及安撫司主之,使百姓安心為生,以樂聖政,不勝幸甚!"又言:"近降畫一保甲指揮,依舊逐歲遣使按閱者⑥。竊敢為朝廷論其害:臣

---

① 己丑　底本作"丁亥",據長編卷三六〇改。
② 十都保以上縣分　"十都保"下底本衍"正"一字,長編卷三六一作"十都保甲",亦衍"甲"一字,今參考長編卷三六五、宋會要輯稿兵二之三七刪。
③ 無毫髮愛百姓之意　"百姓"底本作"人",據長編卷三六一、宋朝諸臣奏議卷一二四王巖叟上哲宗論保甲之害、文獻通考卷一五三兵考五、宋史卷一九二兵志改。
④ 罷教則與正、長不相誰何　底本脫"與"字,據長編卷三六一、宋朝諸臣奏議卷一二四王巖叟上哲宗論保甲之害、文獻通考卷一五三兵考五、歷代名臣奏議卷二二一補。
⑤ 而百姓獲優游以治生　底本脫"以"字,據長編卷三六一、宋朝諸臣奏議卷一二四王巖叟上哲宗論保甲之害、文獻通考卷一五三兵考五、歷代名臣奏議卷二二一補。
⑥ 依舊逐歲遣使按閱者　底本脫"使"字,據宋朝諸臣奏議卷一二四王巖叟上哲宗乞保甲並用冬教補。按:長編卷三六一作"仍舊遣使逐處按閱者"。

人闕額,有二人以上争投者,即委本縣令、佐揀試,武藝高强者充;若見充弓手人有勇力武藝衰退,許他人指名比較,若勝於舊者,即令充替。如此,則不須教閱,武藝自然精熟。一縣之中,其勇壯者既充弓手,其羸弱者雖使之爲盜,亦無能爲患。仍委本州及提點刑獄常切按察,令、佐有取捨不公者,重加刑典。若無人投名,乞更議優法。若尚召募不足,即且於鄉村户上依舊雇人,候有投名者,即令充替。若弓手數多,即令分番更互在縣祗應,一年一替,其餘各分地分巡捕盜賊。"疏奏,蔡確等執奏不行。詔保甲依樞密院今月六日指揮,保馬別議立法。

庚戌,樞密院言:"府界、三路團教保甲,雖不當赴教日,往往於市井村野,以習學事藝爲名,聚集飲博,不治生業。"詔:"提舉保甲司關牒轄下,不赴教日,令務農作,遇閒暇,許於本家閱習事藝①。違者重坐之。"范純仁奏:"臣伏睹提舉保甲司牒,準樞密院劄子指揮,鈐束保甲子弟,不令聚集飲博,即遇暇,於本家閱習事藝。竊緣保甲子弟蒙指揮,並教兩日或三日,比之自來日數全少,然未免往來聚集,有妨農務。蓋子弟慣入鎮市,漸喜游惰,託以修葺弓弩、箭器,或期約同保私閱爲名,不肯專意生業,官司及父兄終難覺察。臣今欲乞應三路教閱保甲,計一歲合教日數,併就農閒之月。其餘月分,並歸農業,則官司與父兄易爲拘管②。"甲寅,遣官分按逐路團教保甲:河北東路,左藏庫使李詵③、西京左藏庫使劉惟簡④;西路⑤,引進使、康州刺史、樞密副都承旨曹誦,文思使⑥、高州刺史竇仕昌。河東路⑦,東上閤門副使王舜封、供備庫副使馮景。永興軍路,光州團練使高公繪、邵州刺史張節愛。尋遣左藏庫副使麥文昞代馮景。

八月丁亥⑧,詔:"府界、三路保甲,自來年正月一日,依義勇法,冬教三月⑨。每月赴縣教閱,五都保以上並分四番,自十月起教,至正月罷。令保即先從多教,周而復始,仍降畫一處分。府界、三路已罷團教,其提舉錢糧官司並罷,撥與教閱司兼領,皆

---

① 許於本家閱習事藝 "藝"底本作"宜",據長編卷三五八、范忠宣集奏議卷下奏乞保甲並用冬教改。
② 易爲拘管 "拘"底本作"句",據長編卷三五八、范忠宣集奏議卷下奏乞保甲並用冬教改。
③ 左藏庫使李詵 底本作"左指揮使李侁",嘉慶本同,據長編卷三五八改。
④ 西京左藏庫使劉惟簡 "西京"底本作"京西路",嘉慶本同,據長編卷三五八改。
⑤ 西路 底本作"陝西路",嘉慶本同,據長編卷三五八改。按:此"西路"是指"河北西路",下文的"永興軍路"即陝西路,故此處不應出現"陝西路"。
⑥ 文思使 "使"底本作"院",嘉慶本同,據長編卷三五八改。
⑦ 河東路 底本作"京東路",據長編卷三五八改。
⑧ 丁亥 底本作"癸未",據長編卷三五九改。
⑨ 依義勇法冬教三月 底本脱"三月"二字,據長編四庫底本卷三五九補。

本局,不顧它司,事干保甲,州縣皆不得關預,管内百姓不得處治。其巡檢、指使、保正①、保長競爲騷擾,蠶食無厭,稍不如意,擅行捶撻。其保丁習於游惰②,不復務農,或自爲劫掠,或侵陵鄉里。先帝寖知其弊,申敕州縣③,令保甲應有違犯並巡教官、指使違法事件,並許州縣覺察施行。及陛下踐祚聽政,首令京東、西兩路保甲養馬並依元降年限收買④,其剩過數目並充次年之數。又令開封府界、三路團教已及半年,經朝廷按閱者,每月併教兩日;未經按閱者,併教三日。又令見教人身材弱小,或久來疾病,及本家止有一丁,病患不堪營作,第五等以下、地土不及二十畝者,並許州縣保明,提舉司審驗,放免。又令一縣不得過二分,皆聖澤矜寬民力。於保甲勞費,雖十減五六,然保甲保馬向去點擇,買養補填,尚猶如舊。其巡教、指使、保正、保長,名目猶在,於所轄保甲,恐不免須有凌逼侵漁。其四時教閱,雖減日數,未免妨農。臣愚以爲此保甲若使之逐捕盜賊,則近已有指揮:巡檢、縣尉及弓手、兵級人數,並令依保甲未上番以前人數復置;其保甲更不令管捕盜賊。若使攻討四夷,則皆畎畝白徒⑤,教閱雖熟,未嘗見敵,與戎狄戰鬥,必望風奔潰。登極詔書敕邊吏不得侵擾外界,務要安静疆場。然則此保甲的實有何所用?徒令府界及五路農民不堪勞苦。伏乞斷自聖心,盡罷諸路保甲、保正長,使歸農,依舊置耆長、壯丁巡捕盜賊,户長催督賦税。其所養保馬,揀擇勾收,太僕寺量給價錢,分配兩騏驥院、坊監、諸軍,召提舉官還朝,其勾當公事、巡檢、指使並送吏部,與合入差遣。如此,則開封府界、五路之民,孰不歡呼鼓舞,荷戴聖德?若以保甲中武藝已成之人可惜使之歸農,即乞令逐縣以户馬數,每五十户置弓手一人,略依緣邊弓箭手法,許蔭本户田二頃⑥,與免二税。或税輕者⑦,與免若干石斗税及户下諸般科役;本户田不足,聽蔭親戚田,務在優假,使人勸募,然後召募本縣鄉村户有勇力武藝者投充弓手,計即今保甲中有勇力武藝者必多願應募。若一

---

① 保正 "正"底本作"甲",嘉慶本同,據長編卷三五八、傳家集卷四七乞罷保甲劄子改。
② 其保丁習於游惰 底本脱"習於"二字,據嘉慶本、長編卷三五八、傳家集卷四七乞罷保甲劄子補。
③ 申敕州縣 "敕"底本作"救",據嘉慶本、長編卷三五八、傳家集卷四七乞罷保甲劄子改。
④ 首令京東西兩路保甲養馬並依元降年限收買 底本"路"下衍"罷"一字,據嘉慶本、長編卷三五八、傳家集卷四七乞罷保甲劄子刪。
⑤ 則皆畎畝白徒 底本脱"皆"一字,據長編卷三五八、傳家集卷四七乞罷保甲劄子補。
⑥ 許蔭本户田二頃 "頃"底本作"項",據嘉慶本、長編卷三五八、傳家集卷四六乞罷保甲狀改。
⑦ 或税輕者 底本脱"税"一字,據長編卷三五八、傳家集卷四七乞罷保甲劄子補。底本下有小字:"案:長編作'與免二歲,或税輕者'。""二歲"係"二税"之誤,故删之。

卷第一百零九

哲宗皇帝

保甲

元豐八年四月乙酉,樞密院言:"府界、三路保甲,兩丁之家,見教人小弱或久病,及除當教人外家止有病丁,並第五等以下、田不及二十畝者①,聽自陳。提舉司審驗,與放免。"詔可。

五月丙午,詔府界、三路巡尉弓兵並依保甲未行以前復置。

此據呂大防政目元年二月二日所書增入,乃八年五月十四日指揮也②。

六月丙寅,罷府界、三路保甲不許投軍及充弓箭手指揮。丙戌,樞密院言:"訪聞日近府界、三路團教保甲,多因正、長騷擾,或巡教官指揮苛虐,致小人凶暴,凌犯抵法。逐處提舉官多務姑息,不喜州、縣公行,致官吏畏避,不敢舉發,監司觀望,不爲按劾,含養奸凶,深爲未便。欲令府界、三路安撫、監司、提舉保甲司及州、縣常切覺察③,按劾施行。如違,重行黜責。"從之。

七月戊戌,詔:"府界、三路保甲,自來年正月以後並罷團教,仍依義勇舊法,每歲農隙,赴縣教閱 月。其差官置場、排備軍器、教閱法式番次賞費用,令樞密院、三省同立法。"甲辰,門下侍郎司馬光言:"先帝以戎狄驕傲,侵據漢、唐故地④,有征伐開疆之志,故置保甲,令開封府界及河北、陝西、河東三路皆五日一教閱,京東、西兩路保甲養馬,仍各置提舉官,權任比監司。既而有司各務張皇,以希功賞。其提舉官專護

---

① 並第五等以下田不及二十畝者 "五"底本作"四",據長編卷三五四、宋會要輯稿兵二之三二及本卷下文"第五等以下、地土不及二十畝者"改。
② 按:元年二月二日係元祐元年二月二日,八年五月十四日係元豐八年五月十四日。
③ 常切覺察 "切"底本作"竊",據嘉慶本、長編卷三五七改。
④ 侵據漢唐故地 底本脱"侵"字,長編卷三五八同,據傳家集卷四七乞罷保甲劄子、歷代名臣奏議卷二二一補。

之心，不使有疑，於國家幸甚。"

三年二月丙戌①，翰林學士兼侍讀蘇軾言："臣聞差役之法，天下以爲未便②，獨臺諫官數人者主其議③，以爲不可改，磨厲四顧，以待言者，故人畏之而不敢發耳。近聞疏遠小臣張行者力言其弊，而諫官韓川深詆之，至欲重行編竄④。此等亦無他意，方司馬光在時，則欲希合光意，及其既殁，則妄意陛下以爲主光之言。殊不知光至誠盡公，本不求人希合，而陛下虛心無我，亦豈有所主哉？使光無恙至今，見其法稍弊⑤，則更之久矣。臣每見呂公著、安燾、呂大防、范純仁，皆言差役不便，但爲已行之令，不欲輕變，兼恐臺諫紛争，卒難調和。願陛下問呂公著等，令指陳差、雇二法各有若干利害。昔日雇役，中等人户歲出錢幾何？今者差役，歲費錢幾何？及幾年一次差役？皆可以折長補短，約見其數，以此計算，利害灼然。而況農民在官，貪吏狡胥百端蠶食，比之雇人，苦樂十倍。又五路百姓例皆樸拙，須轉雇慣習人，其費不貲，尤爲患苦。民窮無告，監司、守令觀望不言。若非此一事，則何致傷陰陽之和至於如此？今來所言，若萬一少有可采，即乞留中，只作聖意行下，庶幾上答天戒，下全小民。臣不勝恐慄待罪之至！"張行者，遂寧人，述之從孫也。行言："神宗議納役錢，蓋嘗謂之助役矣。以爲若止於助，則未能盡免，將使後世役亦差，錢亦納，於是更爲免役，其慮深矣。今乃廢免而復差，上違先帝燕翼之謀，下拂元元安業之願，豈曰述事乎？"又言："差役下户一年所費，有用數年役錢者，有用數十年役錢者。其等漸降，其害愈深，殆非聖人哀多益寡、天道張弛之義。"又言："臣恐議者以爲朝廷有心於改法，無心於便民。昨日改之爲天下之民，今日復之爲天下之民，無容心於其間可也。"章數十上⑥。詔監司戒厲以聞，行乃止。己亥，詔衙前差鄉户處，速募人抵替，如見役人願不妨户役投充者聽。

六月丙子朔，詔鄉户衙前役滿，未有人替者，依募法支雇食錢。如願投募者聽，仍免本户身役；不願投募者，速召人替。

---

① 丙戌　底本作"乙酉"，據長編卷四〇八改。
② 天下以爲未便　底本脱"天下"二字，據長編卷四〇八、太平治迹統類卷二一熙寧元祐議役法變更、東坡全集卷五四大雪論差役不便劄子補。
③ 獨臺諫官數人者　底本脱"諫"一字，據嘉慶本、長編卷四〇八、東坡全集卷五四大雪論差役不便劄子補。
④ 至欲重行編竄　"行"底本作"加"，據長編卷四〇八、太平治迹統類卷二一熙寧元祐議役法變更、東坡全集卷五四大雪論差役不便劄子改。
⑤ 見其法稍弊　"稍"底本作"稱"，據嘉慶本、長編卷四〇八、東坡全集卷五四大雪論差役不便劄子改。
⑥ 章數十上　長編卷四〇八同，嘉慶本"數"作"疏"。

奪。只乞依前降指揮行下。軾自今日以後，更不敢赴詳定所簽書公事，伏乞早賜施行。"從之。軾意以爲免役法弊，當改，但不當於雇役實費之外多取民錢，若量出爲入，無多取民錢，則不足以害民。嘗白司馬光，光不然之。軾曰："昔韓魏公刺陝西義勇，公爲諫官，争之甚力，公亦不顧。軾昔聞公道其詳，豈今作相，不許軾盡言耶？"光不悦而罷。

九月丙辰朔，司馬光卒。

十月庚寅，三省奏："臣僚上言朝廷立差役之法，許私自雇人，州縣行之已有次序。近朝旨弓手一役卻令正身祗應①，恐公私未便。"詔："應弓手正身不願充役者，許雇曾募充弓手得力之人②，仍不得過元募法雇錢之數。令府界提點司③、逐路轉運司相度施行。"

十一月癸未，文彦博言："竊聞天下諸路差、雇役法，朝廷雖已降指揮，而至今未定，頗聞煩擾。臣檢會始初司馬光閱天下臣庶奏章，多言出錢雇役，其法不便，遂卻復差役之法。然司馬光所言甚詳，而節目頗繁，恐州縣不一一通曉，又朝廷置局詳定，議論不一，必難通行。臣以謂差役之法，本州縣常事，其來久矣④，皆素有定法。及其末流，不容無弊，故當隨時刊改⑤。臣曾累具劄子，奏乞先令州縣刺史、令、佐從民利便，依例各議定其法，縣申州，州申轉運司看詳定奪奏聞，如得允當，即降下施行。至今其法未定，益滋姦吏侵擾。若如臣前請，且各付逐路郡縣定奪利害，各從其便，庶幾下民早得息肩。"詔令詳定役法所限兩月結絕⑥，如限滿有未了事，並送户部施行。其合銷要吏人，令本部於舊局人内選留。

十二月己酉，詔舊出免役錢三百緡以上人户，並依單丁等户例輸納，與免色役。從詳定役法所言也。侍御史王巖叟言："臣伏睹新降役法内一項，諸出等高强户舊納免役錢三百貫以上者，依單丁等户法輸助役錢。臣博采衆議，皆以謂不見其利而見其害，非可久之法，其言有不便者八。伏望聖慈特令删去此條，以一天下之法，以寧天下

---

① 卻令正身祗應 "應"底本作"候"，據長編卷三八九改。
② 許雇曾募充弓手得力之人 底本脱"曾"一字，據長編卷三八九補。
③ 令府界提點司 "點"底本作"舉"，據長編卷三八九改。
④ 其來久矣 "久矣"底本作"已久"，據長編卷三九二、潞公文集卷二六論役法改。
⑤ 故當隨時刊改 底本脱"故當"二字，"刊"底本作"遷"，據長編卷三九二、潞公文集卷二六論役法補、改。按：潞公文集卷二六論役法作"故當隨事刊改"。
⑥ 詔令詳定役法所限兩月結絕 "結絕"底本作"一結"，據長編卷三九二改。按：據長編卷三九二記載，文彦博又曾奏請罷詳定役法所，只委户部依據州縣、轉運司所奏詳定役法，故有此詔的頒布。

太少,及所收掠課利難知實數①,即乞應係第三等以上令出助役錢,第四等以下放免。若本州坊場、河渡等錢,自可支酬衙前重難分數得足,則官戶等更不消出助役錢。一,臣起請從來諸州招募役人充長名衙前,若招募不足,方始差到鄉戶衙前。此自是舊法。今來別無更改,惟是舊日將坊場、河渡折酬長名衙前重難,令自出賣,今來官中出賣坊場、河渡收錢,依分數折酬長名衙前重難,只此與舊法有異。若鄉戶差補已足,續有投名者②,即先從貧下放鄉戶歸農;鄉戶願投充長名亦聽。一,臣起請委逐縣看詳,具利害擘畫申州,本州類聚,擇其可取者擘畫申轉運司,轉運司類聚諸州所申,擇其可取者擘畫奏聞朝廷。伏緣知逐處民間利害子細,轉運司不如州,州不如縣。竊慮逐州逐縣別有擘畫,得事理切當,而本州及轉運司抑遏刪去,不以上聞,致敕下之日,依舊妨礙,施行未得。欲乞更降指揮下州縣,如有似此擘畫切當,被在上刪去者③,許逐縣直申轉運司,本州直申奏,所貴下情無壅,曲盡事宜。仍乞降指揮下詳定役法所,只得以諸路州縣申到利害,詳其可否④,立爲定法,其不當職之人爲高奇之論,不切事情者,不得施行,亦不可將一路、一州、一縣利害作海行條貫。一,詳定役法所奏請行下指揮,若有妨礙難行之事,亦乞如臣起請,委逐路州縣看詳,具利害擘畫申上,隨宜修改。右臣所言,若有可取,乞遍頒下諸州縣。除此外,並依二月六日所降敕命施行。"從之。

七月丁巳,試中書舍人蘇軾言⑤:"臣先曾奏論衙前一役只當招募,不當定差。執政不以爲然,臣遂奏乞罷免臣詳定役法。奉聖旨不許。經今月餘,前所論奏,並不蒙施行。而臣愚憃,終執所見。吏部尚書孫永奏駁臣所論⑥,蓋是臣愚闇無狀,上與執政不同,下與本局異議。如臣乖異,必害成法,乞早賜指揮罷免。所有臣固違聖旨之罪,亦乞施行。"又以狀申中書省曰:"軾近奏乞罷詳定役法,已奉聖旨依奏。竊見孫給事繳奏前件聖旨,乞取孫尚書及軾所議付臺諫、給舍、郎官,定其是否,然後罷其不可者,須至申乞指揮。軾前後所論役法事,軾已自知疏繆,決難施行,所有是否,更無可定

---

① 難知實數 "知"底本作"如",據嘉慶本、長編卷三八一、傳家集卷五五申明役法劄子改。
② 續有投名者 底本脱"者"一字,長編卷三八一同,據傳家集卷五五申明役法劄子補。
③ 被在上刪去者 底本脱"者"一字,據長編卷三八一、傳家集卷五五申明役法劄子補。
④ 詳其可否 "詳"底本作"許",據長編卷三八一、傳家集卷五五申明役法劄子改。
⑤ 試中書舍人蘇軾言 底本脱"試"一字,東坡全集卷五三再乞罷詳定役法狀載"元祐元年七月二日,朝奉郎試中書舍人蘇軾狀奏",今據補。
⑥ 奏駁臣所論 "論"底本作"請",據長編卷三八二、東坡全集卷五三再乞罷詳定役法狀改。

手、耆長爲重；稅賦難催處，以户長爲重；土人不閑書算處，以曹司爲重，難以定限等第①，一概立法。若衙前招募得足，即須將以次重役，於第一等户內差撥。請諸處色役，委本路監司與逐處官吏同共相度②，立定本處色役輕重高下次第，以最重役從上差撥。"從之。

甲寅，司馬光言："臣先曾上言，乞直降敕命，應天下免役錢一切並罷，其諸色役人，並依熙寧元年以前舊法人數，委令、佐揭簿定差，蒙朝廷一一如臣所請。無何，續有雇募不足，方行定差指揮，人始疑惑。既而屢有更張，號令不一。又轉運使各以己見，欲合本路共爲一法，不令州縣各從其宜，致州縣惶惑，不知所從。或已差役人卻放，或已放雇人卻收，或依舊用役錢雇人，或不用錢招人充役③，朝夕不定，上下紛紜，往往與二月六日敕意相違。今欲申明元初起請内聲説不明、不盡事件，謹具畫一如後：一，臣起請雖云依熙寧元年舊法人數定差，若舊法有於今日不可行者，即是妨礙，合申乞改更。人數或太多，或太少，惟本州、縣知得的確合消數目、合酌中立額④，申乞依數定差，朝廷難爲遥度。一，臣起請雖云若所差人不願充役，任便選雇有行止人自代，雇錢多少，私下商量。若所雇之人邀勒被差人廣求雇直，官亦當裁定，不得過自來官中雇錢之數。其州縣官員，即不得指占所雇之人，令被差之人雇覓。一，臣起請雖云見雇役人俟差到役人，各放令逐便。若所雇之人自有田產，情願充役者，亦自可依舊存留。又曹司一役，新差之人多不諳曉書算，行遣及案下文字未曾交割，合留所雇之人給與雇錢，令與新差之人同共行遣，限半年内交割了畢，方放令逐便。一，臣起請雖云今日衙前陪備少於嚮日⑤，不至破家。若猶以爲户力難任，即乞於官户、僧道、單丁、女户有屋業每月掠錢及十五貫，莊田中年所收斛斗及百石以上者，並等第出助役錢，不及此數者與放免。臣意以爲十口之家，歲收百石，足供口食；月掠房錢十五貫，足供日用。二者相須，此外有餘者，始令出助役錢，非謂止收百石，即令助役也。若嫌

---

① 難以定限等第　嘉慶本同，長編卷三七九"定限"作"限定"。
② 同共相度　底本脱"共"一字，長編卷三七九同，據東坡全集卷五三論諸處色役輕重不同劄子補。
③ 或不用錢招人充役　底本脱"錢"一字，長編卷三八一同，據傳家集卷五五申明役法劄子、歷代名臣奏議卷二五六補。
④ 合酌中立額　"合"底本作"令"，據長編卷三八一、傳家集卷五五申明役法劄子改。
⑤ 陪備　底本作"陪補"，據嘉慶本、長編卷三八一、傳家集卷五五申明役法劄子改。

差。今年夏料納錢住罷①,更不起催。官戶、僧道寺觀、單丁、女戶出錢助役指揮勿行。"從之。

此據榮州舊案增入。陳瓘録劉安世語曰:"溫公與范堯夫道合志同,但堯夫欲行七色錢,稍復免役。溫公方病,自力而出,簾前對言:'小人欲以乏財動朝廷,稍復免役之法,不知謂誰?'堯夫失色卻立,卒不敢出言。後來堯夫之去,蓋因安世章疏且及前事也。"

癸酉,詳定役法所言:"坊場、河渡錢,元用支酬衙前重難,量添酒錢等準備坊場陪費。如此之類,名件不一。除依條合支外,並椿頓②,以備招募衙前,支酬重難及應緣役事之用。"從之。甲戌,詳定役法所云:"諸路見行出賣坊場、河渡等,并應合支酬招募衙前使用錢物,未有所隸。"詔令提點刑獄司主之。

四月癸巳,詔中書舍人蘇軾詳定役法。

五月壬申,案:長編係甲戌。詳定役法所言:"元豐令:場務錢,每年於諸路移那一百萬貫赴內藏庫寄帳封椿。請自今留以招募衙前,支酬重難及應緣役事等費。"從之。

六月癸巳③,詳定役法所言:"臣僚上言,應坊場乞罷實封投狀之法,立中數為額,詔韓維等相度以聞。欲乞以前界買撲錢,委本州看詳。若累界有增無減,即取累界中次高一界為額④。前後拖欠數多及累限無人陳狀,雖有人承買,比最高價虧及五分已上者,縣相度減定申州,與轉運司,次第保明申省,仍立界滿承買抵當約束,餘並依舊條⑤。"從之。己亥,蘇軾言:"乞應坊場、河渡、免役、量添酒等錢,並用支酬衙前,召募綱運,官吏接送雇人及應緣衙前役人諸般支使。如本州不足,即申本路於別州移用;如本路不足,即申戶部於別路移用。其有餘去處⑥,不得爲見有餘錢,額外支破。其不足去處,亦不得爲見不足,將合招募人卻行差撥。"從之。

庚子⑦,蘇軾言:"逐處色役,各隨本處土俗,事宜輕重不同。借如盜賊多處,以弓

---

① 今年夏料納錢住罷　嘉慶本同,長編卷三七一"納"作"役"。
② 並椿頓　嘉慶本同,長編卷三七二作"欲並拘留"。
③ 六月癸巳　底本脱"六月",據長編卷三七九補。
④ 次高一界　"次"底本作"最",據長編卷三七九改。
⑤ 餘並依舊條　底本脱"條"一字,據長編卷三七九補。
⑥ 其有餘去處　底本脱"其"一字,據長編卷三七九、東坡全集卷五三論椿管坊場役錢劄子補。
⑦ 庚子　底本"庚子"上衍"六月"二字,據長編卷三七九删。

項朝旨,卻一例定差。又緣額管人數,自募役法行,諸處減數不少,祇應已得辦集。若依今降指揮,依熙寧以前人數定差,慮民間虛有煩擾。欲乞先次行下諸路,除衙前一役先用坊場河渡錢,依見今合用人雇募,不足,方許揭簿定差。其餘役人,除召募外,並依二月六日指揮定差。若有妨礙,即遞限兩月,體訪役法的確利害申州,州申轉運司保明聞奏①,仍令逐州、軍一面先申本所,其差衙前有妨礙,或別有利害,亦仰依閏二月八日長編作四日。案:閏二月己丑朔,四日、八日均未見指揮,或是十日戊戌。指揮施行。其見役人如未有人替,仍許且支雇錢,候有人替,方得住支。"從之。尋又乞改"雇募"字作"招募"字,恐諸路疑惑復行雇法也。

王巖叟言:"臣訪諸郡縣官員,自來雇募到承符、散從官、手力之類在逐廳,令例合差鄉戶抵替減放,逐官有以鄉戶正身自充,須令雇召,其被雇之人,邀勒鄉戶剩要工錢者。臣乞指揮,下詳定役法所立法,約束官員,不得抑勒令雇人。其情願雇人者,雇直不得過元募役錢差數②。"蘇轍言:"臣近奏罷免役錢行差役事,大綱已得允當,其間小節疏略差誤,其事有五:其一,衙前更差鄉戶;其二,坊郭人戶不出役錢;其三,諸色役人依舊人數定差,未爲允當;其四,散從、弓手、手力役人並免接送;其五,州縣胥吏支雇。"詔送看詳役法所。

丙午,左司諫蘇轍言:"臣竊見知樞密院章惇,始與三省同議司馬光論差役事,明知光所言事小節有疏略差誤,而不推公心,即加詳議,待修完成法,然後施行,而乃雷同衆人,連書剳子,一切依奏。及其既已行下,卻令被差人戶具利害實封聞奏。臣不知陛下謂惇此舉,其意安在?惇不過欲使被差之人有所不便,人人與司馬光爲敵,但得光言不效,則朝廷利害更不復顧。用心如此,而陛下實之樞府,臣竊惑矣!尚賴陛下明聖,覺其深意,中止不行。若其不然,必害良法。乞陛下早賜裁斷,特行罷免,無使惇行巧智,以害國事。"丁未,詔給事中兼侍講傅堯俞詳定役法③。

三月庚申④,詳定役法所言:"乞下諸路,除衙前外,諸色役人,只依見用人數定

---

① 州申轉運司保明聞奏　底本脱"州申"二字,據長編卷三六九補。
② 雇直不得過元募役錢差數　長編卷三六九同;嘉慶本"差"作"之",似是。
③ 兼侍講　底本作"兼侍讀",據嘉慶本、長編卷三六九改。
④ 庚申　底本作"己未",嘉慶本同,據長編卷三七一改。

契勘,如已頒行,即乞於敕內刪去'仍令逐州縣出榜'以下三十字更不施行①。"王巖叟言:"前敕爲已見民間免役之害,故復差法。而今敕方云限兩月體訪利害。朝廷豈不知昨來四方應詔上書之人以千萬計,皆是斥言免役不便②,足爲信矣,何煩更爲體訪③,故作逗遛!"

蘇轍言:"臣近奏,乞取問開封府官吏,明知熙寧以前舊法役人數目顯有冗長,並不依近降指揮相度申請,便盡數差撥,及朝旨本無日限④,輒敢差人監勒,於數日內蹙迫了當,故意擾民,以壞成法。乞賜行遣,以戒天下挾邪壞法之人。至今未蒙施行。謹按:權知開封府蔡京職任近侍,身爲民官,若不知舊法人數之冗,是不才;若知而不請,是不忠。京新進小生,學行無聞,徒以王安石姻戚,蔡確族從,因緣幸會,以至於此。今者方欲推行差役舊法,王畿之政⑤,爲天下表儀,而使懷私之人,竊據首善之地,四方瞻望,何所取法?乞賜指揮,先罷京開封府,仍敕大理寺疾速結絶前件公事。所貴官吏不至觀望首鼠,以長奸私。"

戊戌,詔:"已差吏部尚書呂大防等專切詳定役法,內有合經由三省文字,與免勘當,及不依常制日限催促施行。"又詔:"今差役議論未見成法,若許諸色人申陳,恐徒爲煩擾⑥。候有成法,錄下諸路立限,許實封申陳,逐旋看詳更改。其閏月二日朝旨,勿行。"從劉摯等言也。

癸卯,詳定役法所言:"準司馬光奏請,天下免役錢並罷,其諸色役人,並依熙寧元年以前舊法人數,令、佐揭簿定差。續準朝旨,諸路且依二月六日指揮定差。今看詳熙寧元年以前役人,衙前最爲重役,有鄉户、押錄、投名三色人充役,除押錄係年滿撥充,投名人係招募外,惟鄉户一色方係定差人數。亦有酒場支酬長名衙前人數已定去處,不曾更差鄉户衙前。其州縣典吏、書手之類,自來亦多有投募去處,慮今來承受上

---

① 即乞於敕內刪去仍令逐州縣出榜以下三十字更不施行 "三十"底本作"四十一",據長編卷三六八改。按:忠肅集卷五乞罷百姓實封言役法疏作"三十三字",即"仍令逐州縣出牓,許舊納免役錢、今來差役人户各具利害,實封自陳,縣申州,州繳奏"。
② 皆是斥言免役不便 "皆"底本作"當",據嘉慶本、長編卷三六八改。
③ 何煩更爲體訪 嘉慶本作"何煩更煩體訪"。
④ 及朝旨本無日限 "日限"底本作"限日",據長編卷三六八、欒城集卷三六乞罷蔡京開封府狀乙正。
⑤ 王畿之政 "政"底本作"内",據長編卷三六八、欒城集卷三六乞罷蔡京開封府狀改。
⑥ 恐徒爲煩擾 "爲",文淵閣本長編卷三六八作"滋",長編卷三六八作"惟"。

固有不便,然亦有不可暴革,蓋治道唯去太甚者耳。又況法度乃有司之事,所謂宰相當爲天子搜求賢才,旁列庶位,則法度雖有不便於民者,亦無所患。苟不得人,則雖付以良法,失先後施行之次,亦足以爲民病矣。"乃言於光,欲且議緩行①。先行於一州,候見利害可否,漸推之一路,庶民不騷擾,而法可久行。光弗聽,純仁嘆曰:"是又一王介甫矣!"復折簡遺之曰:"蒙示奏稿,蓋見公之存心。然此法但緩行而熟議則不擾,急行而疏略則擾民②。今公寧欲擾民,而且將疏略之法使繆吏遽行,則其擾民又在公意料之外。公既知純仁不欲速,而示之以益堅之意,蓋欲使知其罪而默默耳。默默何難?人人皆能。不止能默,亦可贊公,使公喜而自容於門下,何用犯公怒而喋喋也?若果如此,則是純仁不若少年合介甫求早富貴也,何用白首強顏,於此媚公求合哉?惟其如此,所以誤公一顧而提攜至此。惟公少加采察。"光亦弗聽也。

始議復差役,中書舍人范百禄言於司馬光曰:"熙寧初,百禄爲咸平縣,役法之行,罷開封府衙前數百人③,而民甚悦。其後有司求羨餘,務刻薄,爲法之害。今第減出錢之數以寬民可也。"光不從。及議州、縣吏因差役受賕,從重法加等配流④,百禄押刑房,固執不可,且謂:"鄉民被徭役,今日執事而受賕,明日罷役,復以賕遺人,既以重法繩之,將見面黥衣赭充塞道路矣。"光曰:"微公,幾爲民害。"遂已之。

閏二月辛卯,案:長編係庚寅。詔:"已差官詳定役法,令諸路且依二月初六日指揮定差,仍令州縣及轉運、提舉司各遞與限兩月,體訪役法民間的確利害。縣具可施行事申州,州爲看詳保明申轉運、提舉司,轉運、提舉司看詳保明聞奏。仍令逐州縣出榜,許舊來係納免役錢、今來合差役人户,各具利害,實封自陳。"

劉摯言:"詔令舊納錢者、今被差者皆具論列,緣四海百姓向來無不納錢,則是竭天下之人,使之實封議法,則求言無乃太廣乎?實封之狀,州縣必須疲於遞送,其達於朝廷者,計須山積,則考閱何時可遍?而所謂差役之法,何年可見其成也?伏望速賜

---

① 欲且議緩行 底本作"欲且緩議",據嘉慶本改、補。
② 急行而疏略則擾民 長編卷三六七、宋史全文卷一三上、宋宰輔編年録卷九均作"急行而疏略則擾"。
③ 罷開封府衙前數百人 底本脱"府"一字,據長編卷三六七補。
④ 從重法加等配流 底本脱"從"一字,據嘉慶本、長編卷三六七補。

此據邵伯溫見聞録並紹聖三年十二月己未董敦逸章。伯溫謂蔡京詣政事堂白司馬光，誤也，或至東府耳。

尚書左丞吕公著劄子："勘會司馬光近建明役法文字，大意已善，其間不無疏略未完備處。若博採衆論，更加公心，申明行下，向去必成良法。今章惇所上文字，雖其言亦有可取，然大率出於不平之氣，專欲求勝，不顧朝廷命令大體。早來都堂三省、樞密院會議，章惇、安燾大段不通商量。况役法元不屬樞密院，若如此議論不一，必是難得平允。伏望宸衷詳酌，或選差近臣三數人專切詳定聞奏。"遂具韓維、李常、范純仁、孫覺、孫永、吕大防、王覿姓名，乞自禁中指揮，選差三數人降出。又言："自來故事，朝廷有大議論，亦多選差兩制或下兩省定奪。近劉摯、王巖叟、蘇轍數有論奏，恐涉嫌疑，惟宸衷裁擇。"詔："門下侍郎司馬光近建明役法，大意已善，緣關涉事衆，尚慮其間未得盡備，及繼有執政論奏，臣僚上言。役法利害，若不精加考究，何以成萬世良法？宜差資政殿大學士兼侍讀韓維、吏部尚書吕大防、工部尚書孫永、給事中兼侍讀范純仁專切詳定以聞。仍將逐項文字抄録，付韓維等。"

司馬光言："臣伏見御批指揮，以臣近建明差役之法，尚慮其間未得盡備，差韓維、吕大防、孫永、范純仁專切詳定聞奏。臣竊以免役法之病民，自嚮日臣僚、民庶上封事及近日劉摯等奏陳①，言之甚詳，非獨出臣一人之私意也。陛下幸用臣言，悉罷免役錢，依舊差役。詔下之日，中外歡呼。今陛下令韓維等再行詳定，考究利害，完補漏略，成就良法，固無所妨，但敕下已踰半月，州縣差役約已及半，方行遣紛紜，臣愚竊恐聞此指揮，謂朝廷前日之敕改更未定，或斂錢，或差役，尚未可知。官吏惶惑，不知所從，衆庶失望，怨嗟益甚。必有本因新法得進之臣，乘此間隙，争言免役錢不可罷；因聚斂獲功之吏，稱舊條未改，督責免役錢愈急②。是民出湯火，濯清泉，復入湯火也。伏望朝廷特賜申敕州、縣，言今來止爲其間條目未備，令維等詳定，所有差役，仰州、縣依前敕一面施行，候定到事節，續降下次。庶免致於差役中半紛紜之際，令出反汗，人情大摇，實天下幸甚！"

初，范純仁自慶州召入。純仁與司馬光素親厚，聞光議復行差役法，純仁曰："法

---

① 近日劉摯等奏陳　底本脱"陳"一字，據嘉慶本、長編卷三六七、傳家集卷五一乞申敕州縣依前敕差役劄子補。
② 督責免役錢愈急　底本脱"免"一字，據嘉慶本、長編卷三六七、傳家集卷五一乞申敕州縣依前敕差役劄子補。

具利害申州；州類聚，限一月申轉運司；本司限敕到一季内奏聞。'臣竊惟事經變革，其首尾牽連相牴牾者①，必不能無也。而限以五日，恐倉卒以應期會，卻致苟簡，不免後日申請紛紛。臣欲乞諸縣與展限一月。役法未行以前，諸縣諸色役人，其有冗占過多之數，及熙寧後來既行募人之法，給以役錢，故行裁減，至於今日，並已是合用人數。臣欲乞除弓手一役，合依熙寧以前舊法人額外，其餘役人，令州縣定差，只依熙寧役法後來裁定之數。若或委有不足，即具因依合如何增添申請。"

左司諫蘇轍言："臣伏見二月七日三省、樞密院劄子節文，應天下免役錢一切並罷。臣看詳上件指揮，大綱已得允當，其間節目頗有疏略差誤，未易一一具言，全在有司節次修完。自罷差役，至今近二十年，乍此施行，吏民皆未習慣，兼差役之法關涉衆事，根牙盤錯，行之徐緩，乃得詳審。若不窮究首尾，恩遽便行，但恐既行之後，别生諸弊。臣竊見州、縣役錢，所在例有積年餘剩，今年夏料雖已放罷，舊餘剩錢猶足支數年②。欲乞朝廷指揮，將現在役錢且依舊雇役，盡今年而止。卻於今年之内，催促諸處審議差役，令的確可行，更無弊害，然後於今冬迤邐差撥，起自來年役使鄉户。一則差役條貫既得審詳，既行之後，無復人言；二則將已納役錢一年雇役，民力舒緩，進退皆便。"又言："新法已來，減定役人，皆是的確數目。行之十餘年，並無闕事，則舊法人數決爲冗長，天下共知。近降指揮，明使州縣相度，有無妨礙③，至於揭簿定差，亦無日限。今來開封府官吏更不相度申請，於數日之間，一依舊法人數差撥了絶，如壇子之類，近年以剩員充者，一例差撥役人，監勒開、祥兩縣，迅若兵火，顯是故欲擾民，以害成法。乞下所司取問開封府官吏，明知有上件妨礙④，更不相度申請，及似此火急催督，是何情意？特賜行遣，以戒天下挾邪壞法之人。"始，司馬光奏乞復行差役舊法，既得旨依奏，知開封府蔡京即用五日，限令開封、祥符兩縣如舊役人數，差一千餘人充役，亟詣東府白光，光喜曰："使人人如待制，何患法之不行乎！"議者謂京但希望風旨，苟欲媚光，非事實也。故蘇轍首以此爲言。

---

① 牴牾　底本作"抵牾"，據嘉慶本、長編卷三六七改。
② 舊餘剩錢猶足支數年　底本脱"舊"一字，據長編卷三六七、欒城集卷三六乞更支役錢雇人一年候修完差役法狀補。
③ 有無妨礙　"有無"底本作"無有"，據長編卷三六七、欒城集卷三六乞更支役錢雇人一年候修完差役法狀乙正。
④ 明知有上件妨礙　底本脱"明"一字，據長編卷三六七、欒城集卷三六乞更支役錢雇人一年候修完差役法狀補。

轉運、提舉司官①、諸州縣，各令盡心講究②，預具利害，擘畫次第，以俟朝廷遣使，就逐處措置，此命既已先下，人人莫不用心，然後朝廷選公正強明、曉練政事官四員充使，逐官各更選辟曉練政事官兩員隨行管勾，且令分使京東、西兩路，每路兩員使者，四員隨行管勾，與轉運或提舉官親詣逐州、縣，體問民間利害，是何等人户願出役錢，是何等人户不願出役錢？是何等人户色役可差③，是何等色役可雇？是何等人户雖不願出役錢而可以使之出役錢？是何重難優輕，可增可減？緣人户貧富、役次多寡與重難優輕棄名，州州縣縣不同，理須隨宜措置。既見得利害子細，然後條具措置事節，逐旋聞奏，降敕施行。如此，不過半年之間，可以了此兩路。然後更遣此已經措置官員，分往四路，逐員各更令辟一員未經措置曉達政事官同行，不過半年之間，又可措置四路。然後依前分遣，遍往諸路。如此，則遠不過一二年之間，天下役法措置悉已周遍。法既曲盡其宜，生民永蒙惠澤，上則承先帝之美志④，下則興無窮之大利。與今日草草變革一切、苟欲速行之弊，其爲利害，相遠萬萬。伏望聖慈特留神慮⑤，詳加省覽。"焞又嘗與同列争曰："保甲、保馬一日不罷，則有一日害。如役法，熙寧初以雇代差，行之太速，故有今弊。今復以差代雇，當詳議熟講，庶幾可行。而限止五日，其弊將益甚矣。"

御史中丞劉摯言："臣觀今月七日敕節文，天下免役錢一切並罷，諸色役人，依熙寧元年以前舊制，委州縣定差者。命既下，中外人情鼓舞歡喜，天下幸甚！臣竊聞令下之後，奸邪之人論説紛紛，造作浮言，意欲搖動其事，不知陛下察其然乎？今來改免役爲差役，乃是大體已正，大害已革。譬如疾患之人，病根已去⑥，其他氣體未和，當徐徐調養之而已。臣恐上下觀望之人，指小小未圓事件張皇鼓扇。伏望皇帝陛下、太皇太后陛下堅持此意，力行無疑，勿爲異論所動。候臣僚及諸路論列到未盡未便事理，乞付三省類聚參詳爲法，内如有合先次施行者，即乞隨事先賜處分。"摯又言："敕内指揮：'委逐縣官，若依今來指揮別無所妨礙，即便依此施行。若施行未得，即限五日内

---

① 提舉司官　底本"司"上衍"官"一字，據長編卷三六七刪。嘉慶本作"提舉官司"。
② 各令盡心講究　嘉慶本同，長編卷三六七"究"作"求"。
③ 是何等人户色役可差　宋會要輯稿食貨一三之一二無"人户"二字。
④ 上則承先帝之美志　"承"，嘉慶本、長編卷三六七均作"成"。
⑤ 特留神慮　嘉慶本同，長編卷三六七作"特賜宸慮"。
⑥ 病根已去　"病"底本作"疾"，據嘉慶本、長編卷三六七、忠肅集卷五乞置局議役法疏改。

户、寺觀依舊外,其餘限詔到日,并與出榜放免。其去年已前見欠役錢,具數聞奏,未得催理,聽候指揮。'"

丙子,司馬光言:"近以抱病家居,貪陳所見,竊以即日爲小民患者,無若免役錢。欲乞悉行廢罷,復祖宗差役舊法。識慮愚短,誠不意朝廷盡從其説,非陛下明斷,不能如是。然臣聞令出惟行弗惟反,彼免役錢雖於下户困苦,而上户優便,行之已近二十年,人情習熟,一旦變更,不能不懷異同;又復差役之初,州縣不能不小有煩擾;又提舉官專以多斂役錢爲功,惟恐役錢之罷。若見朝廷於今日所下敕微有變動,必更相告曰:'朝廷之敕果尚未定,宜且觀望。'必競言役錢不可罷,朝廷萬一聽之,則良法復壞矣。伏望朝廷執之堅如金石,雖有小小利害未備,俟諸路轉運司奏到,徐爲改更亦未晚。當此之際,則願朝廷勿以人言輕壞利民良法。"丁亥,先是,知樞密院章惇言:"近奉旨與三省同進呈司馬光乞罷免役行差役事劄子,已於初六日同進呈畫旨訖。臣以此事不屬樞密院,又自去秋以來,直至今春,司馬光止與三省商議,樞密院本不預聞①,兼劄子止降付三省,御封亦止付三省,未委三省初四日進呈因何乞與樞密院同進呈②。況役事利害所繫至大,臣素不預議論,何由考究。劄子中所言利害本末③,臣實不知。當時同三省進呈,雖已奉旨依奏,臣於簾前已曾具此因依陳述④。後來户部繳連到敕文⑤,臣曉夕反覆看詳,方見其間甚多疏略。大抵光所論事亦多過當,唯是稱'下户元不充役,今來一例納錢,又錢非民間所鑄,皆出於官;上農之家所多有者,不過莊田、穀帛、牛具、桑柘而已。穀賤已自傷農,官中更以免役及諸色錢督之⑥,則穀愈賤'。然朝廷自議行免役之時,本爲差役民受困弊,大則破家,小則毀身,所以議改新法,但爲當時所遣使者不能體先帝愛民之志,成就法意之良。今日正是更張修完之時,理當審詳。況逐路逐州逐縣之間利害不同,並須隨宜擘畫。如臣愚見,謂不若先具此意申敕

---

① 樞密院本不預聞　長編卷三六七無"院"一字。
② 未委三省　"三省"底本作"樞密",據嘉慶本、長編卷三六七改。
③ 劄子中所言利害本末　長編卷三六七"本末"下有"臣初五日與三省聚廳處曾言,若同進呈,須且留此文字,子細看詳三五日。時韓縝云:'司馬光文字豈敢住滯,來日便須進呈。'既不曾素與議論,又不曾細看文字,其間利害,斷未敢措詞。其於進呈,止同共開展,至於可否,但決之三省"八十九個字。
④ 臣於簾前已曾具此因依陳述　"曾"底本作"會",據長編卷三六七改。
⑤ 後來户部繳連到敕文　底本脱"連"一字,據嘉慶本、長編卷三六七補。
⑥ 官中更以免役及諸色錢督之　"及諸色"底本作"等",據長編卷三六七、傳家集卷四九乞罷免役錢依舊差役劄子改。

此劄子,四日三省乞與樞密院同進呈①,五日聚廳商議②,六日進呈得旨,惇乃徐上殿議也③。今先載光劄子,不著月日,於二月六日云"得旨依奏",庶免牴牾。新錄於舊錄大率所因者多,亦緣史官弗暇深考耳。

乙亥,右司諫蘇轍言④:"伏見門下侍郎司馬光乞罷免役錢,復行差役舊法⑤,奉聖旨依奏施行⑥。臣竊謂近歲所行新法利害較然,其間免役所係尤重。非至仁至聖至明至斷,誰能行此!然臣竊有愚慮,蓋朝廷自行免役至今,近二十年,官私久已習慣。今初行差役,不免有少齟齬不齊⑦。中外用事臣僚,多因新法進用,既見朝廷革去宿弊,心不自安,必因差役之始⑧,民間小有不便,指以為言,眩惑聖聰,敗亂仁政。兼臣竊觀司馬光前件劄子條陳差役事件,大綱已得允當,然其間不免疏略及小有差誤,執政大臣豈有不知?若公心共濟,即合據光所請,推行大意,修完小節,然後行下。今但備錄劄子,前坐光名姓,後坐聖旨依奏,其意可知。自今以往,其必有人借中外異同之論,以搖動大議。臣願陛下但觀祖宗以來,差役法行,民間有何患害?近歲既行免役,民間之弊,耳目厭聞,即差役可行,免役可罷,不待思慮而決矣。伏乞將臣此奏留中不出,特賜省覽。苟大法既正,縱有小害,隨事更張,年歲之間,法度自備。"又言:"臣竊詳差役利害條目不一,全在有司節次修完。近則半年,遠亦不過一年,必有成法。至於鄉戶不可不差,役錢不可不罷,此兩事可以一言而決,緣所在役錢寬剩,一二年間必未至闕用⑨,從今放免,理在不疑。前來司馬光文字,雖有役錢一切並罷之文,又卻委自州縣、監司看詳有無妨礙。臣竊慮諸路為見有此指揮,未敢便行放罷,依舊催理,則凶歲疲民無所從出,或致生事。欲乞特降手詔,大略云:'先帝役法本是一時權宜指揮,施行歲久,民間難得見錢,已詔有司依舊差役,所有役錢,除坊郭、單丁、女戶、官

---

① 四日三省乞與樞密院同進呈 底本脫"乞"一字,據長編卷三六五補。
② 五日聚廳商議 "商議",長編卷三六五作"商量"。
③ 惇乃徐上殿議也 "殿",長編卷三六五作"駁"。
④ 右司諫 "右"底本作"左",據長編卷三六六、欒城集卷三六右司諫論時事七首、宋史卷三三九蘇轍傳改。
⑤ 復行差役舊法 底本脫"舊"一字,長編卷三六六同,據欒城集卷三六論罷免役錢行差役法狀、歷代名臣奏議卷二五六補。
⑥ 奉聖旨依奏施行 底本脫"奉"一字,據長編卷三六六、欒城集卷三六論罷免役錢行差役法狀、歷代名臣奏議卷二五六補。
⑦ 不免有少齟齬不齊 底本脫"少"一字,據欒城集卷三六論罷免役錢行差役法狀補。
⑧ 必因差役之始 "因"底本作"於",據長編卷三六六、欒城集卷三六論罷免役錢行差役法狀、歷代名臣奏議卷二五六改。
⑨ 一二年間必未至闕用 底本脫"間"一字,據長編卷三六六、欒城集卷三六論罷免役錢行差役法狀、歷代名臣奏議卷二五六補。

正身陪填。如此則諸色公人盡得有根柢行止之人，少敢作過，官中百事無不修舉。其見雇役人，候差到新役人，各放逐便。數內惟衙前一役最號重難，曏者差役之時，有因重難破家產者，朝廷爲此，始議作助役法。然自後條貫優假衙前①，諸公使庫設廚酒庫、茶酒司②，並差將校勾當。諸上京綱運，召得替官員，或差使臣、殿侍、軍大將管押。其麤色及畸零之物③，差將校或節級管押。衙前苦無差遣④，不聞更有破產之人。若今日差充衙前，料民間陪備亦少於曏日⑤，不至有破家產者。若猶以爲衙前户力難以獨任，即乞依舊於官户、僧道、寺觀⑥、單丁、女户有屋業，每月掠錢及十五貫，莊田中年所收斛斗及百石以上者，並令隨貧富分等第出助役錢，不及此數者與放免，其餘產業，並約此爲準。所有助役錢，令逐州樁管，據所有多少數目，約本州衙前重難分數，每分合給幾錢，遇衙前合當重難差遣，即行支給。然尚慮天下役人利害，逐處各有不同，欲乞於今來敕內更指揮行下開封府界及諸路轉運司，膽下諸州縣，委逐縣官看詳。若依今來指揮別無妨礙，可以施行，即便依此施行；若有妨礙，致施行未得，即仰限敕到五內日，具利害擘畫申本州；仰本州類聚諸縣所申，擇其可取者，限敕書到一月內，具利害擘畫申轉運司；仰轉運司類聚諸州所申，擇其可取者，限敕書到一季內，具利害擘畫奏聞朝廷。候奏到，委執政官再加看詳，各隨宜修改，別作一路、一州、一縣敕施行，務要所在設法，曲盡其宜⑦。"是日，三省、樞密院同進呈，得旨依奏。初議役法，蔡確言："此大事也⑧，當與樞密院共之。"故三省、樞密院同進呈⑨。

按光集自注，以正月二十二日上此劄子，尋得旨依奏。舊錄於二月六日載之，蓋二月六日方得旨依奏耳。光二十一日謁告，次日即論此，豈非光所云"四害不除⑩，吾死不瞑目"，故如是汲汲乎！又按閏二月一日章惇駁議，卻稱光此劄子係二月三日，與光自注不同，蓋二月三日降出此劄子耳。二月三日降出

---

① 然自後條貫優假衙前　"條貫"底本作"貫條"，據長編卷三六五、傳家集卷四九乞罷免役錢依舊差役劄子乙正。
② 諸公使庫設廚酒庫茶酒司　底本脱"使"一字，據宋朝諸臣奏議卷一一八上哲宗乞罷免役補。
③ 其麤色及畸零之物　"麤"底本作"雜"，據長編卷三六五、傳家集卷四九乞罷免役錢依舊差役劄子改。
④ 衙前苦無差遣　"苦"底本作"若"，據長編四庫底本卷三六五、宋朝諸臣奏議卷一一八上哲宗乞罷免役、傳家集卷四九乞罷免役錢依舊差役劄子改。
⑤ 料民間陪備亦少於曏日　"備"底本作"補"，據長編卷三六五、傳家集卷四九乞罷免役錢依舊差役劄子改。
⑥ 僧道寺觀　傳家集卷四九乞罷免役錢依舊差役劄子、歷代名臣奏議卷二五六賦役作"僧寺、道觀"。
⑦ 務要所在設法曲盡其宜　長編卷三六五同，嘉慶本、太平治迹統類卷二一熙寧元祐議役法變更、傳家集卷四九乞罷免役錢依舊差役劄子"設法"均作"役法"。
⑧ 此大事也　底本脱"也"一字，據長編卷三六五、宋史全文卷一三上補。
⑨ 同進呈　底本脱"同"一字，據嘉慶本、長編卷三六五補。
⑩ 四害不除　嘉慶本、文淵閣本長編卷三六五同；長編卷三六五"四害"作"大害"。

輸緡錢，謂之免役，竊以謂本不當役，何免之有？是乃直率其緡以爲常賦耳①。推安喜一邑，可見河北一路；推河北一路，可見天下。臣愚伏乞罷免役法，復差法如嘉祐敕，獨於衙前大役立本等相助法，以盡變通之利。借如一邑之中當應大役者百家，而歲取十人，則九十家共爲助。明年易十户，復如之，則大役無偏重之弊矣。其於百色無名之差占②、一切非理之資賠，悉用熙寧新法之禁，則雖不助猶可爲。今所謂助者，不過助役者之家歲用而已，無厚斂也。誠能如此，人情莫不歡欣交通以安業，而郡縣無事於督責矣，天下之美政也，此實今日之先務。如允臣所奏，乞選用一二練達世務、洞知民情之人典領置局，詳議施行，庶可以盡久遠之利。"癸卯，户部言："準敕，府界、諸路耆長、壯丁之役，並募充，等第給雇錢。其舊以保正代耆長、催税甲頭代户長、承帖人代壯丁並罷。看詳所募耆、户長若用錢數雇募，即慮所支數少，應募不行。兼壯丁舊既係第四等以下，舊不出役錢，只輪充，更不支雇錢，亦慮難以出錢雇募③。兼慮諸路提舉司、州縣④，爲見今降朝旨並創行雇募，卻於人户上更敷役錢。欲乞應府界、諸路自來有輪差及雇募役人去處⑤，並乞依元役法。如有合增損事件，亦依役法增損，條具施行⑥。"從之⑦。

二月乙丑。先是，司馬光言："陛下近詔臣民各上封事，言民間疾苦。所降出者約數千章⑧，無有不言免役錢之害者，足以知其爲天下之公患無疑也。以臣愚見，爲今之計，莫若直降敕命，應天下免役錢一切并罷。其諸色役人，並依熙寧元年以前舊法人數，委本縣令、佐親自揭五等丁産簿定差，仍令户部檢會熙寧元年見行差役條貫⑨，雕印頒下。諸州所差之人，若正身自願充役者，即令入役；不願充役者，任便選雇有行止人自代。其雇錢多少，私下商量。若所雇人逃亡，即勒正身別雇⑩。若將帶卻官物，勒

---

① 是乃直率其緡以爲常賦耳　"率"底本作"索"，據長編卷三六四改。
② 其於百色無名之差占　長編卷三六四同，嘉慶本"於"作"餘"。
③ 亦慮難以出錢雇募　長編卷三六四作"亦慮難雇募"，太平治迹統類卷二一熙寧元祐議役法變更作"亦慮難以雇募"。
④ 諸路提舉司州縣　"州縣"上原衍"所司"二字，據長編卷三六四、宋會要輯稿食貨一三之一删。
⑤ 欲乞應府界諸路自來有輪差及雇募役人去處　"雇募"，長編卷三六四作"輪募"。
⑥ 亦依役法增損條具施行　"具"底本作"册"，據宋會要輯稿食貨一三之一改。
⑦ 從之　底本無此二字，據長編卷三六四、宋史全文卷一三上補。
⑧ 所降出者約數千章　"章"底本作"張"，據長編卷三六五、傳家集卷四九乞罷免役錢依舊差役劄子改。
⑨ 仍令户部檢會熙寧元年見行差役條貫　嘉慶本同，長編卷三六五、傳家集卷四九乞罷免役錢依舊差役劄子"户部"均作"刑部"。按：本卷上文有户部關於役法的奏請，可見户部負責役法事宜，故"户部"是。
⑩ 即勒正身別雇　"勒"底本作"令"，據長編卷三六五、傳家集卷四九乞罷免役錢依舊差役劄子改。

百索買納求取之外,又生此重斂。歲歲輸納,無有窮期。州縣上户常少,中、下户常多。自法行以來,簿籍不改,務欲敷配錢數,故所在臨時肆意陞補,下户入中,中户入上。今天下往往中、上户多而下等户少,富縣大鄉上户所納役錢,歲有至數百緡者,又有至千緡者。每歲輸納無已,至貧竭而後有裁減之期。舊來鄉縣差役,循環相代,上等大役,至速亦十餘年而一及之;若下役,則動須三二年乃復一差。雖有勞費,比今日歲被重斂之害,孰爲多少也?臣竊見徭役,昔者有至破產而民憚爲之者,惟衙前一役爾。今天下坊場官司收入,自行出賣,歲得緡錢無慮數百萬,以爲衙前雇募支酬之直,計一歲之入,爲一歲之出,蓋優有餘裕,則衙前一重役,無所事於農民矣。農民既免此一重役,外唯有散從、承符、弓手、手力、耆户長、壯丁之類,此役無大勞費,宜並用祖宗差法,自第一等而下通任之。比於舊制,徭役輕矣。治於人者食人,古今之通義,則安用給錢爲哉?"其末曰:"役錢罷,則提舉常平司官亦可罷去,以見存職事付之轉運司足矣。天下既減罷監司數十人,則州縣稍得從容,上下省事,非小補也。雖然,此大法也,顧臣之言蓋其略耳,至於法之纖悉,或參差牴牾,宜有畫一之論。欲乞於兩制臣僚,選差明於治體、達於民事者三兩員,置局講議,裁立條格,而三省執政官典領之,以待聖斷施行。"

監察御史王巖叟言:"臣伏以免役之法行之已久,深見其弊,當有以變而通之。臣謹以昨所治定州安喜一邑之弊陳於前,惟陛下採擇,幸甚。安喜户一萬三千有餘,而第四等之家乃踰五千,每家之產僅能值二十四緡而止。既已敷納役錢,歲歲無窮,其出於至貧可見。當役法未行時,第四等才一千六百餘户。由役錢額大,上户不能敷足,乃自第五等陞三千四百餘户入第四,復自第四等陞七百餘户入第三。自舊制以來,等第之法,三年而一陞降,須其家業進而後陞之,民乃無怨。今下户之薄產未嘗有所增,而直陞其等,俾輸役錢。以區區之一邑,而歲斂一萬四千七百餘緡,則斂法大重,而民力不能勝。民力不勝,而望民情之不怨,其可得乎?按歲支募錢之外,撥以爲保甲、封樁者,常三千八百餘貫,實無其役而封樁之,是何名也?夫強人情之所難者,終非可久之道,使其當役而免之猶可也,而大半下户自終身不當與於役,今乃令歲歲之未得其宜，行之未至於備者，其目有六，内一件爲免役，取民之制未究①。臣竊怪者、壯、户長法之始行也，皆出於雇，及其既久也，耆、壯之役則歸於保甲之正、長，户長之役則歸於催税甲頭。往日所募之錢，除承帖人及刑法司人吏許用②，而其餘一切封椿③。若以爲耆、壯、户長誠可以廢罷，即所用之錢自當與百姓均減元額。今則錢不爲之減，又使保正、長爲耆、壯之事，催税甲頭任户長之責，是何異使民出錢免役，而又使之執役也。臣聞朝廷去歲下四方修完役書，今猶未降。臣願陛下因未降也，詔有司以耆、壯、户長封椿錢，一切與民間均減元額，又使寬剩之數，其少者仍舊，其多者不過二分，以備編户之逃移、水旱之陞降。然則朝廷取民，皆有藝極，利澤之施，莫此爲厚。伏望特賜詳酌施行，蘇息元元，使免困乏。"詔："府界、諸路耆、户長、壯丁之役，並募充，耆長許第三等，户長第四等以上户應募。等第給雇錢。其舊以保正代耆長、催税甲頭代户長、承帖人代壯丁並罷。如元充保正、户長④、保丁，願不妨本保應募者聽。府界、諸路合支雇錢，權於役錢寬剩內支給。其餘逐路所椿耆、户長、壯丁錢數⑤，撥入役錢內一處支用，通寬剩並不得過二分，有剩即行均減。"

十二月壬午⑥，户部言："乞申明下府界、諸路提刑司⑦，應州縣舊係坊正，後來改輪甲頭，並依今降朝旨雇募坊正，其舊以甲頭代坊正並罷。"從之。

元祐元年正月戊戌，侍御史劉摯言："神宗以仁聖之慮，達因革之數，凡政令制度，急絃慢軫，大解而更張之，故天下蒙其利。然至於今殆二十年，所謂偏而不起、眊而不行者，蓋復有之矣。其事則非一，而其大者則役法是也。於役法之弊，相爲首尾而牽連當更者，則坊場、吏禄是也。始者以徭役不得其平，農民勞費，故命有司議所以均弛之，而有司不深惟其故，乃一劃祖宗差役舊敕，爲官自雇人之法，率户賦錢，以充雇直，曰助役，又曰免役。自上户至於下五等從來無預差役之家，一概斂之，蓋於賦税科調

---

① 取民之制未究　嘉慶本同，長編卷三六〇"究"作"完"。
② 除承帖人及刑法司人吏許用　文淵閣本長編卷三六〇；嘉慶本、文獻通考卷一二職役考一三三中"除"均作"係"；"承帖人"，文獻通考卷一二職役考一三三中作"承帖司"；"人吏"，長編卷三六〇作"人役"。
③ 而其餘一切封椿　文淵閣本長編卷三六〇、文獻通考卷一二職役考一三三中同，長編卷三六〇"切"作"旦"。
④ 户長　嘉慶本、長編卷三六〇同。按：據上下文意，疑爲"保長"之誤。
⑤ 其餘逐路所椿耆户長壯丁錢數　嘉慶本同，長編卷三六〇作"其逐路所椿耆、户長、壯丁錢數"。
⑥ 壬午　底本作"辛巳"，據長編卷三六三改。
⑦ 乞申明下府界諸路提刑司　"提刑司"，長編卷三六三作"提舉司"。

卷第一百零八

哲宗皇帝

差役

元豐八年八月丁丑①，户部言："見準朝旨，修完諸路役書。其諸色役人多寡②，合行添減，并支酬雇直，重輕未均，并據逐路相度到事理修入。所有免役額錢逐處支用外，自來約留寬剩，各不過二分，係是準備非泛閣放及增添役人雇直等使用。今來申到帳狀，立定支用窠名，其所留寬剩内，有及三四分已上去處，合行裁減，立定分數。今相度，欲乞將諸路敷出役錢元額，於役書内立定合用錢數外，所留寬剩不得過二分，餘行減放；其自來不及二分處，即依舊。所貴稍寬民力。"從之。

九月戊戌，户部言："見修諸路役書，將敷出役錢額③，於役書内立定各合用錢數外④，所留寬剩不得過二分，餘行減放。緣兩浙、淮南東路役法先已修定頒行，其見今合用敷外，如有寬剩役錢二分已上去處，亦合減放。欲乞申明行下，若候逐路了當，方行減放，竊慮後時。今欲乞下逐路，委當職官親按所供役書帳狀，將經久合用錢上量留寬剩役錢不得過二分。其合依今降朝旨減放錢數，即以鄉村、坊郭所出錢均定合減之類，體量人户自來出錢輕重，從下等減放，仍先具合減放錢數申本部點檢，即不候造簿，並聽先次指揮減放施行⑤。兩浙、淮南東路準此。"從之。

十月丙戌⑥，知吉州安福縣上官公穎奏："臣先於六月初四日獻書，言政令法度施

---

① 丁丑　底本作"丙子"，據長編卷三五九改。
② 其諸色役人多寡　"役人"底本作"人役"，據嘉慶本、長編卷三五九乙正。
③ 將敷出役錢額　長編卷三五九同，嘉慶本無"役錢額"三字。
④ 於役書内立定各合用錢數外　底本脱"各"一字，長編卷三五九同，據嘉慶本補。
⑤ 並聽先次指揮減放施行　底本脱"先次"二字，嘉慶本同，據長編卷三五九補。
⑥ 十月丙戌　"戌"底本作"申"，據長編四庫底本卷三六〇、宋史卷一七哲宗紀改。

凡七十程。

先是，蔡京、安惇共治文及甫并尚洙等所告事，八月十六日。將大有所誅戮。會星變，九月五日。上怒稍息①，然京、惇極力鍛鍊，不少置。已而燾先卒於化州②，十一月二十七日。後七日，摯亦卒於新州，衆皆疑兩人不得其死。明年五月，獄乃罷。

元符元年二月癸巳，詔差河北路轉運副使呂升卿、提舉荆湖南路常平等事董必並爲廣南東、西路察訪。蔡京等究治同文館獄，卒不得其要領，謀盡殺元祐黨人。時劉摯、梁燾已前死，朝廷獨未知也。

三月，詔呂升卿等差充廣南西路察訪指揮更不施行。

五月辛亥，詔："劉摯、梁燾，據文及甫、尚洙等所供語言，偶逐人皆亡，不及考驗，明正典刑。摯、燾諸子並勒停，永不收敍，仍各令於元指定處居住。"先是，蔡京言："臣昨奉詔究問文及甫書事，尋具進呈，乞賜施行，至今未奉朝旨。伏緣劉摯與其黨罪，有司馬昭之心，爲同時之人所發，而陛下以天地之度貸其萬死，恩至厚矣。而臣拳拳猶有請者，欲正其典刑，以及其子孫，以信於天下。伏望早降指揮。"詔以京言付三省。於是三省同進呈，而有是命。

---

① 上怒稍息　"息"，長編卷四九三、宋史全文卷一三下均作"怠"。
② 已而燾先卒於化州　底本脱"已"字，據長編卷四九三、宋史全文卷一三下補。

九月癸亥①,曾布獨奏事,因言:"吕大防、劉摯初貶淮南、湖北,至昨來明堂赦,方逾年,故有不得遷敘指揮。今皆在嶺表惡地,與前日不同。今以天變肆赦,謂宜稍徙善地②,足以感召和氣。"上笑曰:"劉摯等安可徙!"布曰:"臣所見如此,更在陛下裁擇。編刺配隸罪人,亦分廣南與遠惡處爲兩等。若稍徙之於端、康、英、連之界,亦是嶺表,似亦未爲過。"上極難之。布自敘云爾。又云:"蓋自今春以來,三省數陳司馬光等有傾搖之意。又言范祖禹、劉安世欲加惡於上,皆有奸心。浸潤日久,上詢之禁中,亦以爲有此迹,故皆痛貶。已而又貶王珪、高士英,三省之言寖及宣仁矣。又蔡渭繳文及甫書摯有司馬昭之心,乃及甫得之於父,其事愈可信。而邢恕嘗爲布言:'方王珪含糊之時,確、惇因恕以通語言,力主定策之議。及惇將去,韓縝亦已不安位,光等遂有傾搖之意。恕遂共謀説吕公著引文彦博,冀以保佑主上。既而彦博來,而摯及王巖叟等力攻之,雖不能奪,然終以平章重事處之,實奪其權也。彦博既去,及甫以書抵恕云云。'及甫既就究問,所言皆與恕同。蓋恕等欲假此以明保佑之功,而多方引及甫等以爲質證。及甫又以彦博不爲元祐之人所與,欲以此解紛,故其言不得不同耳。上嘗宣諭西府:文及甫等所言爲可信。又云惇亦曾以書招彦博,殆與恕所言脗合。然則摯等何可有望於寬貸也!"布又云:"惇又嘗語布,以王巖叟曾白太母:'上有過惡,要當宣諭大臣。'布曰:'誠有此,則懷廢立之意明。雖然,不知此語何從得之?'惇但曰:'人皆知之。'"丙寅,權工部侍郎王宗望爲集賢殿修撰、權知鄆州③。翰林學士承旨蔡京言:"所究問义及甫事,見已有次第。緣事涉不順④,及甫止聞其父言,别無他人證驗。欲望别差官赴所,同行審問。"詔塞序辰審問,仍差入内内侍省近上使臣一員同之⑤。

十一月丁丑,雷州别駕、化州安置梁燾卒。

十二月癸未,鼎州團練副使⑥、新州安置劉摯卒。十二月三日癸未。新州屬廣東,至京師

---

① 癸亥 底本作"辛酉",據長編卷四九一改。
② 謂宜稍徙善地 "善",長編卷四九一作"近"。
③ 按:"權工部侍郎王宗望爲集賢殿修撰、權知鄆州",與劉文書獄没有關係,疑爲衍文。
④ 緣事涉不順 "緣"底本作"然",據長編卷四九一改。
⑤ 仍差入内内侍省近上使臣一員同之 "之",長編卷四九一作"往"。
⑥ 鼎州團練副使 底本脱"副"一字,長編卷四九三同,據宋宰輔編年録卷一〇、宋史全文卷一三下、太平治迹統類卷二四元祐黨事本末下、名臣碑傳琬琰之集下卷一三劉右丞摯傳、東都事略卷八九劉摯傳、宋史卷三四〇劉摯傳補。

五年五月辛丑,賜哲宗皇帝配享功臣蔡確墓道碑額曰"元豐受遺定策宰臣蔡確之墓"①。

劉文書獄

紹聖元年七月,劉摯等貶責。詳見逐元祐黨。

四年八月丁酉,詔:"贈太師蔡確無辜貶死,弟除名勒停人②、前朝奉郎碩特與敘換内殿崇班。"承奉郎、少府監主簿蔡渭奏:"臣叔父碩曩於邢恕處見文及甫元祐中所寄恕書,具述奸臣大逆不道之謀。及甫乃文彦博愛子,必知當時奸狀。"詔翰林學士承旨蔡京同權吏部侍郎安惇即同文館究問。初,及甫與恕書,自謂畢禫當求外,入朝之計未可必,聞已逆爲機穽以榛梗其塗。又謂司馬昭之心,路人所知。又濟之以"粉昆",朋類錯立,欲以"眇躬"爲甘心快意之地。及甫嘗語蔡碩,謂司馬昭指劉摯,"粉昆"指韓忠彦,"眇躬"及甫自謂,蓋俗謂駙馬都尉曰"粉侯",人以王師約故,呼其父克臣曰"粉爹"③。忠彦乃嘉彦之兄也。及甫除都司,爲劉摯論列。又摯嘗論彦博不可除三省長官,故止爲平章重事。彦博致仕,及甫自權侍郎以修撰守郡,母喪除,及甫與恕書請補外,因爲躁忿詆毀之辭。及置對,以昭比摯如舊,斥摯將謀廢立。"眇躬"乃指上,而"粉昆"指王巖叟、梁燾。巖叟面如傅粉,故曰"粉";燾字況之,以況爲兄,故曰"昆"。及甫初赴獄,京等説之曰:"此事甚大,侍郎無預,第對以實,即出矣。"及甫既妄自解釋其書,又言父彦博臨終屏左右,獨告以摯等將謀廢立,故亟欲彦博罷平章重事④。問其證驗,則俱無有也。

此用新、舊録。今參取它書別修。元符元年五月四日獄竟。

紹聖初,蔡確母明氏有狀訴邢恕云:"梁燾嘗對懷州致仕人李洵言:'若不誅蔡確,則於徐邸安得穩便?'"朝廷封其狀,不爲施行。劉唐老、文及甫事作,蔡渭告章惇曰:"唐老等何足治?曷不治梁燾?"惇遂檢明氏狀進呈,於是并付蔡京、安惇究治。

---

① 額曰 "曰"底本作"田",據九朝編年備要卷二六改。
② 除名勒停人 "人"底本作"又",據嘉慶本、資治通鑑後編卷九二改。
③ 其父克臣 長編卷四九〇同,嘉慶本作"其父堯臣"。
④ 平章重事 底本脱"重"一字,據嘉慶本補。

之尤者,以伸確之冤。"

十一月,詔觀文殿學士、贈特進蔡確特追復觀文殿大學士,令穎昌府候葬日,並官爲應副。

二年四月壬午①,邢恕入對,流涕曰:"臣不謂今日復得見陛下!"以至涙濺御袍。上不樂,遂令赴青州。先是,恕請覲,上謂韓忠彦、曾布曰:"李清臣言恕有八劄子常在懷袖,此必曾以示人。"布曰:"臣不聞此。"因言恕人才文采皆不可多得,但多言耳。上曰:"政爲此,上殿必亂道。"忠彦曰:"所言必有以惑聖聽。"上曰:"恕自謂有定策功。"布曰:"此豈惟恕狂妄?而劉安世等指爲'四凶',乃與蔡確、章惇等。恕小官,安得與此?"

三年九月壬寅,中書舍人葉祖洽言:"臣嘗論前日受遺之臣,朝廷所當崇報。近時司馬光、吕公著皆以安佚歿於府第②,恩禮優厚,賻贈隆渥,而確以嘗與受遺之列,爲元祐人所嫉,流離貶斥,卒死嶺南。伏望聖心,加隆寵數。"詔特贈確太師,賜本家宅一區。

四年八月,蔡京、安惇究治劉唐老、文及甫獄事。詳見劉文獄事。

十月壬寅,御批:"權吏部尚書兼侍讀邢恕爲御史中丞。"

十一月癸酉,中丞邢恕言:"謹按:故宰臣王珪被遇先帝,自參知政事至宰相,備位政府,不能建請早定儲貳,爲宗社至計,乃方乘時艱危,密召高遵裕之子士充,陰傳言於遵裕。賴遵裕慷慨引義,不答其言,且發其謀以請。當時一二大臣遂亟協策,以定儲貳云云。"

元符三年正月,徽宗即位。

崇寧元年二月甲午,詔觀文殿大學士、贈太師蔡確配享哲宗廟庭。上謂韓忠彦等曰:"確於哲廟甚有功。方皇太后當從神宗靈駕西行,確密有文字,令弟碩屬内臣閻守懃達太后,請留保護。太后以故輟行,保佑哲宗,晨夕常食以銅匕箸③,至於飲水,亦爲之親嘗。確文字今尚在。"故有是詔。仍録確子洸、渭並與陞擢差遣。

---

① 二年　底本脱此二字,據宋史全文卷一三下、長編拾補卷一二補。
② 皆以安佚歿於府第　"佚",嘉慶本作"秩",太平治迹統類卷二五蔡確新州之行作"逸"。
③ 晨夕常食　嘉慶本同,長編拾補卷一九作"晨夕嘗與之俱食"。

並吕惠卿自量移至宣州年月進呈,太皇太后不許移確①,獨許遷惠卿。吕大防、劉摯本與確爲地,乃不如本謀。傅堯俞竊語王巖叟曰:"吉甫卻得明氏力。"巖叟謂摯曰:"蔡媪早來亦至密院漏舍,盍告示以不行,令其早歸,久留恐動議論。"摯曰:"俟詳奏知,令去。"

八月辛亥,三省言:"蔡確母明氏狀,乞依赦文及吕惠卿例量移確。按:前執政官罷政,復因事責降散官者,令刑部檢舉。又刑部令應檢舉人理期數,準法散官及安置之類以三期。"詔開封府告示。初,兩宮幸李端愿宅臨奠,既還,蔡確母明氏自氈車中呼:"太皇萬歲!臣妾有表。"衛士取而去。是日,丁酉也。翌日,執政聚都堂,吕大防問劉摯曰:"蔡母章出未?"曰:"未見。"王巖叟曰:"前來已聞有三期指揮,是否?"摯曰:"刑部法當三期。舊在中書日,一年一檢舉。後歸刑部,用刑部法。"久之,章不出。是日,三省進呈明氏馬前狀,太皇太后宣諭曰:"蔡確不爲車蓋亭詩謗讟,只爲此人於社稷不利。若社稷之福,確當便死。此事公輩亦須與掛意。"摯曰:"只爲見吕惠卿二年量移,便來攀例。"蘇轍曰:"惠卿量移時,未有刑部三年之法。"太皇太后曰:"更説甚法。"大防曰:"乞令開封府發遣。"從之。既而摯語大防:"發遣太甚。"大防遂作小貼,附録黃奏知,云:"早來簾前議,欲開封府發遣,恐致喧瀆,且令告示。"詔可。給事中朱光庭封還録黄,言:"確罪惡比於四凶,四凶之竄,豈有復還之理?乃以刑部常法預先告示,理極不可。"遂寢前詔。已而執政又聚都堂議,欲用光庭論駁告示。摯曰:"告示,何者再三遲疑?"傅堯俞曰:"告示不行。"大防又曰:"適已奏知。"摯曰:"難爲坐聖旨告示,只本房告示。"遂令刑房批貼子告示,更不復坐聖旨。既不復降録黄過門下,給事中雖欲再論列,不可得矣。五月二日確母進狀。

八年正月甲申②,英州別駕、新州安置蔡確卒。

紹聖元年四月癸亥,詔蔡確特依正議大夫亡歿條與子孫恩澤。

六月甲戌,監察御史劉拯言:"議者謂蔡確在相位,吳處厚以迎合確意勘舒亶事。獄成,怨確不用己,取其詩,曲意牽合以傾之。伏望聖慈盡復確官爵、恩數,治其誣諂

---

① 移　底本脱此一字,據長編卷四五八補。
② 八年正月甲申　底本作"閏八月甲辰",據長編卷四八〇、宋史全文卷一三下、名臣碑傳琬琰之集下卷一八蔡忠懷公確傳改。

伯温曰:"恕傾巧,或以事要公休,公休若從之,則必爲異日之悔矣。"公休,康字也。及燾等論確、恕罪,亦指康書。詔令康分析,康乃悔之。

此據邵伯溫辨誣編入,已修入長編,仍存本書於後。自汝移襄,當考月日。

戊戌,先是①,左諫議大夫梁燾言:"臣風聞范純仁嘗與親賓言蔡確事,自謂其父仲淹在明肅時,專攻簾中之過,亦不顧流俗是非。客言:'今日事與當時不同,今來是確怨望譏訕,即不是太母有闕失。如確者,天下恨不食其肉,純仁何故主張?此事大錯。'純仁私於黨確,敢爲大惡,乃以朝廷行遣爲過失,欲以宰相之力權制威斷②,使事不得行。不恤公議,妄自比其父之敢爲,可謂不忠矣。純仁之罪亦明白,不可復留相位。伏乞聖朝早賜罷黜③。"右司諫吴安詩言:"蔡確譏訕君親,罪在不赦,免其死而竄之嶺表矣。彭汝礪不草詞頭,盛陶等陰持兩端,又皆逐之矣。奸邪滅迹,朝廷肅清,誠社稷無疆之福也。數日來,風聞純仁當處厚繳進確詩之初,及朝廷商量行遣之際,純仁屢加營救,又欲罪處厚,致汝礪等承望風旨,敢爲異論。"又言:"王存亦嘗助純仁救蔡確。今來純仁理當黜罷,王存亦不可獨免。"己亥晦,詔以諫官、御史所劾范純仁、王存章付門下省。

此據王巖叟所記,御史劾范純仁,存章④,當考。

吕大防言:"內降臺諫官傅堯俞彈奏宰臣范純仁、左丞王存不合留身營救蔡確事,宜使思省引罪,自爲去就。輒已封留彈章,更不轉示逐人。"

十二月甲子,寶文閣待制、知潁州曾肇知鄧州。左諫議大夫劉安世言:"肇姿稟奸回,趣向頗僻,昨來蔡確謗訕君親,天下臣民所共疾怒,而肇倡爲邪説,惑亂衆聽,以至捭闔執政,欺罔同列,苟有可以救確者,靡所不至。上賴聖明,得正典刑。肇不自安,遂乞外補。陛下敦尚寬厚,貸而不誅,猶假從官,出守近郡。搢紳之論,固已不平。到潁半年,遽易帥路,非特無以示好惡於天下,亦恐凶憸小人氣焰寖長。伏望聖慈審度事理,收還新命,以允公議。"

六年五月庚申。先是,蔡確母明氏進狀及訴於尚書省,乞量移確。三省攜確母狀

---

① 先是 底本脱此二字,據長編卷四二八補。
② 權制 長編卷四二八作"强持"。
③ 聖朝 長編卷四二八作"聖明省察"。
④ 存 底本脱此一字,據長編卷四二八注文補。

問恕云：'聞皇帝即位前，太皇抱官家登先帝御榻問肆赦，云與皇子轉官。先帝頷之，則是太皇聖慮已決。知否？'此事是臣昨任京西提刑日，在潁昌府傳聞。又云：'太皇不忍明言上爲皇太子①，故云轉官。'恕云：'此事亦聞。'恕又云：'知當時十日以前，太皇於宮中大計已定。'臣以恕素爲蔡確所厚②，臣遂又問云：'是時大臣曾入未？'恕云：'未曾入。'臣云：'如此，則是事本出於太皇也。'恕云：'是如此。恕兼曾見一書，具說本末皆出太皇。'臣又問：'得之何人？'恕云：'得之甚詳，不須問。'又臣問其書語，恕不肯盡道，但及其略云：'浹旬已前③，大計已定。'此書必在宮中，可考虛實。伏望聖慈指揮檢尋降出，或失其書，乞下恕取索副本進入，復以付外，明示廷臣。仍勒恕具析此事所得因依，以其書付史館，書之國史，更爲別本，藏之宮中，擇謹厚宫人掌之。近來邢恕對司馬康④、李之儀等欺罔誣誕，語言反覆，此事最大，不可不早辨。"御史中丞傅堯俞、侍御史朱光庭言："邢恕乃蔡確死交，其姦狀衆所共知。確既貶竄，其徒不能無反側。若重責恕，其他一切置之，則天下服而衆心安矣。"是日，詔丁憂人前朝奉郎、直龍圖閣邢恕候服闋日，落直龍圖閣，降授承議郎，添差監永州在城鹽場兼酒稅務。先是，恕自襄州移河陽⑤，專抵鄧州見蔡確⑥，相與謀日者所造定策事⑦。後移河陽，司馬康始除喪赴闕，恕特招康道河陽，因言："確有大功，不可掩。"勸康作書稱確，爲他日全身保家之計。康與恕同年登科，又以恕出其父光門下，信之不疑，作書如恕言⑧，書留恕所。恕本意必得康書者，蓋以謂司馬光之子云爾，則確定策事可取信，於世不疑。既而梁燾自潞州以左諫議大夫召。燾已道溫縣入朝，恕亦使人要燾出河陽。燾與恕有舊，既至，恕連日夜論確定策功不休，且以康與確書爲證，燾不悅。及當言路，會吳處厚奏確詩，燾因是遂與劉安世等共請誅確。確既貶竄，恕亦坐責。康初欲從恕招，邵雍之子伯溫謂康曰："公休除喪未見君，不宜枉道先見朋友。"康純直，不意恕欺己，且曰："已諾之矣。"

---

① 皇太子　長編卷四二八注文無"皇"一字。
② 臣以恕素爲蔡確所厚　"素爲"底本作"乃"，據長編卷四二八改。
③ 浹旬　長編卷四二八作"旬浹"。
④ 司馬康　底本作"司馬光"，據長編卷四二八改。
⑤ 恕自襄州移河陽　"河陽"底本作"汝州"，長編卷四二八注文記載"[邢恕]自隨移汝，政目在元年十一月二十四日，汝移襄未得其時，自襄移河陽則在三年九月十八日。確知鄧在三年二月二十四日"。可見，邢恕只能是自襄州移河陽時專抵鄧州見蔡確，故今據改。
⑥ 專抵鄧州見蔡確　底本脫"專"一字，據長編卷四二八補。
⑦ 日者　底本脫此二字，據長編卷四二八補。
⑧ 作書如恕言　"如"底本作"與"，底本脫"言"一字，據長編卷四二八改、補。

循。"翌日,詔:"入内内侍省差内臣一名①,並下吏部差三班使臣一名,同伴送蔡確至新州交割訖回。所有前降指揮,令沿路州軍差承務郎以上官伴送更不施行。"遂差入內東頭供奉官裴彥臣、三班奉職馬經。如蔡確沿路或稱疾病,乞住將理,即添差遞鋪兵士,用兜轎擡舁前去。從彥臣所請也。初,不差使臣,執政以爲喜。及改命彥臣等,梁燾、范祖禹、吳安詩、劉安世及傅堯俞、朱光庭皆欲救止,又恐與初論相戾,且非國體,遂止。已而范純仁亦不言。劉摯曰:"明日當於簾前論之。"然彥臣等訖無改命。

以不差使臣爲喜,又從彥臣所請,以下並據王巖叟所記。王鞏隨手雜録云:"堯夫論辨久之,不從。堯夫曰:'臣敢不奉詔?只乞免内臣押去。'宣仁曰:'如何?'堯夫以曹利用事言之。宣仁曰:'決不殺他,教他自生自死。不差内臣,此無固必,但與執政商量。'執政議差小使臣或承務郎已上官伴送。至夜批出,差内臣一員。已而堯夫、正仲與不論確事臺官皆罷去。"

是日,左諫議大夫梁燾、右司諫吳安詩再登對。太皇太后加稱獎曰:"卿等於此事極有功。言事每如此,天必祐之。"

此據王巖叟所記。二十四日,燾又同劉安世進對,太皇仍有褒語,今附見本日。

它日,太皇太后御延和殿,宣諭三省曰:新録乃於十八日載此,當在他日也。"前日責降蔡確,外議何如?"宰臣吕大防等曰:"確惡已久,今來罪狀尤不堪,須合如此施行。唯是確之朋黨心有不樂者。"又宣諭曰:"確罪前後不一,昨終以先朝舊相,因其自請,備朝廷禮數,令其外任。輒懷怨望,自謂有定策大功,意欲他日復來,妄説事端,眩惑皇帝,以爲身謀。恐皇帝制御此人不得,所以不避奸邪之怨,因其自取,如此行遣,蓋爲社稷也。"大防等奏曰:"昨者建儲一事,當時眾臣僚簽書所批聖旨,月日、次叙、事理甚備,文字盡在中書,兼已關實録院編記分明。小人乃欲變亂事實,輒生奸謀,以圖異日僥倖之利。今來又非朝廷尋事行遣,自是確怨憤不遜,譏訕君親,公議所不容,臺諫至二十餘章,陛下方施行。命下之日,咸知朝廷有典刑也。"龍圖閣直學士李常罷新除兵部尚書,出知鄧州,坐不言蔡確,爲諫官所攻也。中書舍人彭汝礪依前朝奉郎、知徐州,坐營救蔡確,并不草確與盛陶等責詞,故黜之。

丁酉,先是②,左諫議大夫梁燾言:"臣昨被召,過河陽,見知州事邢恕。臣語次,

---

① 入内内侍省　底本脱"内"一字,據長編卷四二七補。
② 先是　底本脱此二字,據長編卷四二八補。

士大夫固多疾確,然亦不直處厚云。

<small>此據邵伯溫辨誣。王銍補傳:處厚乃爲王珪掌牋奏①,而確罷之。</small>

尚書左丞王存言盛陶等不當責,曰:"今以不言責御史,恐後來者不擇而言,益紛紛可厭。"太皇太后曰:"言之多何害?但要朝廷與辨是非耳。"丙戌②,蔡確既責,左諫議大夫梁燾、右司諫吳安詩、右正言劉安世以爲責輕,御史中丞傅堯俞、侍御史朱光庭亦相繼論列。右諫議大夫范祖禹言:"確之罪惡,天下不容,尚以列卿,分務留都,未厭公議。伏乞處以典刑,更賜重竄。"初,輔臣以簾前共議再謫蔡確,獨純仁及王存以爲不可。純仁曰:"方今聖朝,宜務寬厚,不可以語言文字之間、曖昧不明之過誅竄大臣。今日舉動,宜與將來爲法式,此事甚不可開端也。"又引尚書所謂"小人怨汝詈汝,則皇自敬德厥愆,曰朕之愆,允若時不啻,不敢含怒"之說以解上意。丁亥,詔:"蔡確責授英州別駕,新州安置,給遞馬發遣,沿路州軍差承務郎以上官及量差人伴送前去,逐州交割。如無承務郎以上,即差本州職官。"呂大防及劉摯等初以確母老,不欲令過嶺。太皇太后曰:"山可移,此州不可移。"大防等遂不敢言。既於簾前畫可而退,范純仁復留身,揖王存進說,以爲不宜置確死地。太皇太后不聽。純仁退,謂大防曰:"此路荆棘七八十年矣,奈何開之?吾儕正恐亦不免耳。"權中書舍人王巖叟行確責詞云:"聖人察言以觀行,要在去凶;春秋原意而定誅③,貴乎當罪。義之所在,朕不敢私。蔡確象恭滔天,懷詐迷國。同林甫之深險,固不易窺;甚盧杞之奸邪,信其難辨。忠義痛心於四海,善良側目於兩朝。家積之殃,昧而不知;己求之禍,大而莫解。陰遣腹心之黨,自稱社稷之臣。欺惑衆人,邀圖後福。尚賴神奪之鑒,天誘其衷;使以不道之言,發於緣情之作。險意潛驚於群聽,醜詞明詆於慈闈④。雖朕德之所招,實母慈之何負?昨奉聖訓,稍從寬科,而公議沸騰,予心憯怛。未喪朋邪之氣,祇傷崇孝之風⑤。優施笑君,猶行夾谷之戮;驩兜黨惡,尚有崇山之誅。宜正典刑,以威奸慝,假再生於東市,保餘息於南荒⑥。不獨成朝廷今日之安,亦將爲國家亡窮之計。往服矜貸,無忘省

---

① 處厚乃爲王珪掌牋奏 "珪"底本作"銍",據長編卷四二七改。
② 丙戌 底本作"乙酉",據長編卷四二七改。
③ 原意而定誅 "而"底本作"以",據長編卷四二七、宋宰輔編年錄卷九、太平治迹統類卷二五蔡確新州之行改。
④ 醜詞明詆 "明"底本作"妄",據長編卷四二七、宋宰輔編年錄卷九改。
⑤ 祇傷崇孝之風 "崇"底本作"慈",據長編卷四二七、宋宰輔編年錄卷九改。
⑥ 保餘息於南荒 宋宰輔編年錄卷九、太平治迹統類卷二五蔡確新州之行同,長編卷四二七"息"作"恩"。

梁燾、右司諫吳安詩、右正言劉安世言："臣竊聞蔡確之罪惡，天下之所共嫉，不容更有異議。汝礪居侍從論思之列，不以君親爲念①，沮格詔旨，奮力營救。臣等前日進對之際，固已言其朋黨之狀。觀今日之舉，可驗有實。伏望陛下誅其奸意，重行貶黜，庶分邪正，以肅中外。"起居舍人、權中書舍人王巖叟行蔡確責詞，曰："人臣之義，莫重於愛君；天下之誅，無先於訕上。確奸回無憚，險詖不疑，以舞文巧詆爲身謀，以附下罔上爲相業。先帝與子，何云定策之功？太母立孫，乃敢貪天之力。陰結朋邪之助，顯爲衆正之仇。日者，寵榮充滿於冢司，贓賄貫盈於季弟。坐觀奢靡之無度，不問貪冒之所從，陽若不知，潛與爲地。朕既屈邦憲以貸碩萬死，又抑人言而置卿兩全。曾不反思，尚茲歸怨，形於指斥，播在歌詩，託深意以厚誣，包禍心而莫測。味思人之作，見切憤於權宜；覽觀水之章，知樂逢於變故。夫豈沾沾之多易，蓋皆怏怏之餘言。尚以列卿，俾分留務，聊著爲臣之戒，用嚴垂世之規。往服寬恩，罔貽尤悔②。"又詔侍御史、新除太常少卿盛陶知汝州，殿中侍御史翟思通判宣州，監察御史趙挺之通判徐州③，王彭年通判廬州。中書舍人彭汝礪奏曰："臣竊以御史耳目之官，以補完聰明爲事。事有是非，容有言有不言者，若不擇可否，惟言之爲務，是乃所以爲朋比也。不言未必爲邪，言之未必爲忠，惟其是而已矣。前罷御史丞雜，物聽已駭，今又盡行黜廢，所干政體不細。微臣愚戇，未知所處。伏望更賜詳酌施行。"汝礪初聞確有謫命，未見詞頭，曰："若責輕則可。"及詞頭下，並責陶等，遂不肯草詞，亦不封還，別具奏並申中書，稱疾，謁告歸第。初，劉安世等既劾確，盛陶等乃言："蔡確自引而去，豈不知幸？然以弟犯法④，降知安州，是朝廷常典，確不應有恨。使確無心於言，偶涉疑似，人雖注釋，近於捃撫；使言而有意，終不能强自爲辭。事關君親，臣子難以輕議⑤。欲乞因其詩之言以觀其心，據所引之事以考其迹，苟涉譏刺，何憚不誅？其告言之人，亦願詳酌處分⑥。"故責詞指陶進言於朝命之已行，而思等訖無論奏，遂並黜之。吳處厚者，嘗從蔡確爲山陵司掌牋奏官。處厚欲確以館職薦己，而確不薦用，由此怨確，故繳奏確詩。

---

① 不以君親爲念 "念"底本作"言"，據長編卷四二七改。
② 罔貽尤悔 "尤"底本作"後"，據長編卷四二七、宋宰輔編年錄卷九、太平治迹統類卷二五蔡確新州之行改。
③ 徐州 底本作"滁州"，據長編卷四二七、宋史卷三五一趙挺之傳改。
④ 然以弟犯法 長編卷四二七"然"作"後"。
⑤ 臣子難以輕議 "輕"，嘉慶本作"輙"。
⑥ 亦願詳酌處分 "願"底本作"頗"，據嘉慶本、長編卷四二七、宋會要輯稿職官六七之一改。

依聞奏。一言臣昨來謫降知安州，包蓄怨心，公肆譏謗，形於篇什。此是臣僚橫加誣罔，欲以激怒朝廷，而實不知當時行遣本末，妄料臣爲怨望也。往年，弟碩坐事，由臣愚昧，失於教察所致。尋上表待罪，乞行誅責，上荷聖恩寬貸，委曲保全，止落職移知安州。天地之德，至深至厚，臣日夜感謝，未知何以圖報，何緣卻有怨望？且喜慍不以義者，小人之事也。臣雖愚陋，亦粗聞事君行己之大方，況又當感而怨，豈人情哉？臣前年夏中在安州，其所居西北偶有一舊亭，名爲車蓋，下瞰涢溪，對白兆山。公事罷後，休息其上，耳目所接，偶有小詩數首，并無一句一字輒及時事，亦無遷謫不足之意。其辭淺近，讀便可曉。不謂臣僚卻於詩外多方箋釋，橫加誣罔，謂有微意。如此，則是凡人開口落筆，雖不及某事，而皆可以某事罪之，曰'有微意'也。臣以涢溪舊有郝處俊釣臺，因嘆其忠直，見於詩句。臣僚謂臣譏謗君親，此一節中傷臣最爲深切。又指臣使'東海揚塵'故事，而妄有裝點。按：神仙傳謂蓬萊水淺及海中揚塵，此是神仙麻姑、王方平之語也。"又言："古今詩句用此事者稍多，只如近年蘇軾作坤成節大宴致語，亦云'方採蟠桃歸獻壽，蓬萊清淺半桑田'，蓋祝壽之辭猶用之，何得謂用此故事尤非佳句？"先是，安燾嘗語同列曰："海變桑田事，蘇軾作聖節樂語。"於是確果以軾爲言，衆皆疑燾實密風之也。

庚辰，右正言劉安世言："昨日延和殿進對，嘗論彭汝礪營救蔡確事。伏蒙宣諭，以謂'卿等錯會，汝礪所言與卿等一般'者。臣雖已具汝礪朋附之實，面奏其略，尚慮陛下未知群邪交結之詳，緣此事正係是非邪正之機，不可不察，願陛下以臣之論，詳覽汝礪之疏，則奸人之情狀，必不能逃於聖明之鑒。臣伺候斷遣蔡確了日，當節次具狀劾奏奸黨，乞行竄逐。"

辛巳①，詔蔡確責授左中散大夫、守光祿卿、分司南京。中書舍人彭汝礪奏曰："確言非所宜，衆所共惡。聖恩深厚，尚俾分司②，乃知天地高厚，無大不容；日月高明，雖細必察。然告訐之言至，有累風化；罪人以疑似，實非政體。伏望聖慈更賜寬恕。必謂小人須當懲戒，猶冀加貸，以完德美③。所有告詞，尚候聖旨。"左諫議大夫

---

① 辛巳　底本"辛巳"上衍"五月"二字，據本書體例刪。
② 尚俾分司　長編卷四二七"司"作"務"。
③ 以完德美　"完"，長編卷四二七作"全"。

臣也。'同諫官以恕之言論之①,日益切直。宣仁始怒焉,泣諭執政曰②:'當時誰曾有異議,官家豈不記得?但問他太妃③。'遂促蔡相謫命。"鞏所録與王巖叟稍不同,今但從巖叟。若梁燾言邢恕稱蔡確有社稷功,則具之五月二十八日丁酉。

壬子,進呈安世等疏。詔令蔡確開具因依,實封聞奏。戊午,左諫議大夫梁燾又疏論:"蔡確譏訕,罪狀明白,便當付獄,不須更下安州取索元本,又令確分析。"詔安州限三日趣具報。朝廷既用吳處厚奏,令確分析,御史中丞李常、侍御史盛陶亦各上疏,意乃佑確,實欲罪處厚,而不敢正言之。此據王巖叟所記。先是,左諫議大夫梁燾、右司諫吳安詩、右正言劉安世共奏:"早來臣燾、臣安詩延和殿進對④,具陳蔡確怨謗君親,情理切害,因曾上稟:言路更有何人論列?伏蒙宣諭'惟卿等及劉安世外,他人并無章疏'。臣等不謂御史當可言之地,并不糾劾,又慮奸黨變亂公議,別有奏陳,恐開告訐之路。臣等尚慮御史臺知臣等已有論奏,備禮一言,以塞外議。若果如此,則其包藏奸狀,益更明白。伏望陛下留臣等此奏,候蔡確事畢,明正其罪,特行竄逐,庶使邪正有辨,不敗國事。"

五月辛未,安州言:"蔡確所作詩初題於牌,及移鄧州,行一驛,復使人取牌去,盡洗其詩,以牌還公使庫。"是日,太皇太后諭執政:"確黨多在朝。"范純仁進曰:"確無黨。"呂大防曰:"確誠有黨在朝,純仁所言非是。"劉摯亦助大防,言確誠有黨在朝。是日,文彥博同三省入對,太皇太后曰:"蔡確事都無人管⑤,使司馬光在,必不至此。"彥博以下皆慚懼,不知所對。是日,執政俱不敢進呈文字。大防、純仁既退,各上疏留中。癸酉,龍圖閣直學士、御史中丞李常為兵部尚書,龍圖閣待制、吏部侍郎傅堯俞為御史中丞,朝奉大夫、侍御史盛陶為太常少卿,朝散郎、太常少卿朱光庭為侍御史,中書舍人曾肇為給事中。常與陶皆坐不言蔡確也。右司諫吳安詩論肇教彭汝礪救確,而不自言,其奸乃過於汝礪,肇尋亦坐左遷。

戊寅,觀文殿學士、知鄧州蔡確言:"臣僚上言臣安州作詩意涉譏訕,詔臣開具因

---

① 同諫官以恕之言論之　底本脱"同"一字,長編卷四二五同,據宋王鞏隨手雜録、元陶宗儀説郛卷五〇上補。
② 泣諭執政曰　"諭"底本作"謂",據長編卷四二五、隨手雜録、説郛卷五〇上改。
③ 但問他太妃　底本脱"他"一字,長編卷四二五同,據隨手雜録、説郛卷五〇上補。
④ 進對　嘉慶本作"奏對"。
⑤ 蔡確事都無人管　底本脱"事"一字,據長編卷四二六補。

刺昨來言事者及朝廷近日擢用臣僚,亦不曾謗及君親。'矯矯名臣郝甑山,忠言直節上元間。釣臺蕪没知何處?歎息思公俯碧灣。'右此一篇譏謗朝廷,情理切害,臣今箋釋之。按唐郝處俊封甑山公,上元初曾仕高宗。時高宗多疾,欲遜位武后,處俊諫曰:'天子治陽道,后治陰德。然則帝與后猶日之與月,陰之與陽,各有所主,不相奪也。今陛下奈何欲身傳位天后乎?天下者,高祖、太宗之天下,正應謹守宗廟,傳之子孫,不宜持國與人,以喪厥家。'由是事沮。臣竊以太皇太后垂簾聽政,盡用仁宗朝章獻明肅皇太后故事,而主上奉事太母,莫非盡極孝道,太母保祐聖躬,莫非盡極慈愛,不似前朝荒亂之政。而蔡確謫守安州,便懷怨恨,公肆譏謗,形於篇什。處今之世,思古之人,不思於他,而思處俊,此其意何也?又最後一篇云:'喧豗六月浩無津,行見沙洲束兩濱。如帶溪流何足道,沈沈滄海會揚塵。'言海會有揚塵時,人壽幾何?尤非佳語。"處厚又奏:"昨爲蔡確安州詩譏訕朝廷,上及君親,遂有狀繳奏。竊慮確有分析,稱所思郝處俊不爲此事。今以舊唐書考之,處俊所進諫者數事,或有在咸亨初,或有在咸亨間,或在上元初,唯進諫此事乃在上元三年,即上元間也。故確詩云'忠言直節上元間',則正思此也。又'滄海揚塵'事,出葛洪神仙傳,此乃時運之大變,尋常詩中多不敢使,即不知確在遷謫中,因觀滇河暴漲暴涸,吟詩託意如何?"

翌日①,據王巖叟所記,吳處厚以四月五日繳奏確詩,吳安詩以六日上疏。右司諫吳安詩上疏論確譏訕。後二日,進呈安詩疏,太皇太后宣諭:"安詩論確謗訕,卻不見確文字。"勘會得吳處厚繳奏乃是通封,只作常程,便降付尚書省,令再進入要看。遂同後疏進入,尋復降出。時左諫議大夫梁燾、右正言劉安世各已兩上疏。

據巖叟所記,安世及燾自七日後各兩上疏,今並附此。燾章疏年月日仍存之。王鞏隨手雜錄云:"初,吳處厚箋蔡持正詩進於朝,邸官已傳全本報之,凡進入三日,而寂無聞。執政因奏事,稟於簾前,宣仁云:'甚詩?未嘗見也。'執政云:'已進入,未降出。'簾中云:'待取看。'至午間,遣中使語執政曰:'已降出矣。'三省皆云不曾承領,上下疑之。明日,乃在章奏房,與通封常程文字共爲一複,蓋初進入亦通封。明日進呈,殊不怒,但云:'執政自商量。'繼而處厚復有疏,執政請送蔡確分析。諫官吳安詩、劉安世論列,而分析未上間②,會梁燾自潞州召爲諫議大夫,至京,曰:'比過河陽,邢恕極論蔡確有策立勳,社稷

---

① 翌日　底本脱此二字,據文淵閣本長編卷四二五補。按:長編卷四二五作"翼日"。
② 而分析未上間　"間",長編卷四二五作"聞"。

卷第一百零七

哲宗皇帝

蔡確詩謗

　　元祐四年二月己巳,正議大夫、知鄧州蔡確爲觀文殿學士,餘如故。確落職再及一期,故有是命。確在鄧州,嘗上章陳乞潁昌府,以便私計。左正言劉安世言:"按:確奸邪陰險,盜據宰席,不能正身率下,宣明教化,而縱其弟碩招權納賄,贓污狼籍。有司論罪,當以大辟,陛下特加寬貸,止送韶州編管。確本同居,衆謂預聞其事①,朝廷既不窮治,惟以失教責之,削其職名,出臨偏郡,僅能周歲,易守南陽。當時議者已謂牽復太速。碩至貶所未及踰年,確遽上言,乞令内徙。陛下屈天下之法,移置黄州,曾不旋踵,自請近鎮。臣竊謂確所以敢萌意外之望,益肆無厭之求者,蓋自近日政事頗多姑息,是以先用其弟量移之請嘗試,朝廷既不能沮止奸謀,遽可其奏。確謂執政莫不畏己,遂敢陵蔑公議,輕侮朝綱②。雖屢蒙非常之恩,猶不能滿確之意,復託親老,願作大藩,蓋有以啓之也。伏望聖慈明敕三省,寢罷確奏,以正國體。"

　　四月戊申。案:長編係壬子。先是,朝散郎、知漢陽軍吳處厚言:"伏見朝廷牽復知鄧州蔡確觀文殿學士,此則朝廷念舊推恩,無負於確矣。然確昨謫安州,不自循省,包蓄怨心,實有負於朝廷,而朝廷不知也。故在安州時,作夏中登車蓋亭絶句十篇,内五篇皆涉譏訕,而二篇譏訕尤甚,上及君親,非所宜言,實大不恭。臣謹一一箋釋,使義理明白,内五篇不涉譏訕,亦一例寫録,連粘投進,所貴知臣言之不妄。其詩云:'風摇熟果時聞落,雨折幽花亦自香③。葉底出巢黄口鬧,波間逐伴小魚忙④。'此一篇只是譏

---

① 衆謂預聞其事　"謂"底本作"論",據嘉慶本、長編卷四二二、盡言集卷六論蔡確不合陳乞潁昌府改。
② 輕侮朝綱　"綱"底本作"廷",嘉慶本同,據長編卷四二二、盡言集卷六論蔡確不合陳乞潁昌府改。
③ 雨折幽花亦自香　"折"底本作"拆",據嘉慶本、長編卷四二五改。
④ 波間逐伴小魚忙　"間",嘉慶本作"開"。

仁之不私其親也。宣仁簾中宣諭曰：'遵裕喪師數十萬，先帝緣此震驚，悒悒成疾，以至棄天下。今肉未寒①，吾豈忍遽私骨肉而忘先帝乎？'即日批出曰：'遵裕得罪先帝，今來垂簾，凡高氏推恩獨不可及遵裕。'確謀大沮。後確責知安州，作詩譏訕，坐貶新州。而邢恕乃確之腹心也，偶與遵裕之子士京中山同官，遂以垂簾時不推恩牽復事激怒之，使上書言王珪曾遣遵裕之子士充來議策立事，遵裕斥去之。士京庸懦不識字，實恕教之爲書②。士充疏遠小臣，素不識珪，珪安得與之議社稷大計③？又何從輒通宮禁語言？且上書時，珪、士充、遵裕亦皆死矣，何所考按？臣竊聞元豐八年時政記，即確所修也，其載二月中策立事甚詳④，何嘗有一疑似之言？恕之本心，但謂不顯王珪異同，則難以歸功蔡確，而不知厚誣聖母之罪大也。恕之爲人，非獨有識之士無取，其子居實亦不樂其父所爲也，天下皆知之。章惇，排斥元祐者也，在簾前奏事悖傲不遜，都堂會議，以市井語誚侮同列，豈忠厚君子哉？尚云極力以消除徐王覬覦之謗。惇與王珪、蔡確同爲執政受顧命，使當時果有異同，豈肯復爲此言乎？則恕之謗，可謂欺天矣。緣此，紹聖中蔡卞獨唱追廢聖母之議，賴哲宗仁孝，不聽其説，不然人神痛憤，失天下心，爲後世笑，悔可及乎？"

---

① 今肉未寒　"肉"，長編卷四八六作"骨"。
② 實恕教之爲書　底本脱"之"一字，據嘉慶本、長編卷四八六補。
③ 珪安得與之議社稷大計　底本脱"珪"一字，據長編卷四八六補。
④ 其載二月中策立事甚詳　"二"，長編卷四八六作"三"。

時,難以示懲於萬世。貶從散秩,追正誤恩,庶令官邪咸知警憲。可特追貶萬安軍司戶參軍。"

樞密院奏事,上宣諭曰:"葉祖洽累有文字論王珪事,云:'先帝不豫,珪爲首相,數召高遵裕之子士充與語,訖同列問以大計①。'答云:'教某道甚?'後方云:'上自有長子。'"又言:"彼時黃履爲中丞,三月末已有文字論珪事。朕以宣仁聖烈於社稷大計,聖意素定,自是内外群小妄有窺度。朕嘗諭章惇等'如先后,乃婦人之堯、舜也',已令作告命,明述此意。仍先令進呈,然後行下。"曾布等言:"陛下推述先后德意如此明白,當書之簡册,以示後世。"此舊録所書,繫之四月十八日。新録因之。按:曾布日録:上宣諭時,王珪已貶萬安軍司户。珪貶萬安軍司户乃二十四日,不應六日前已有成命,六日後方行可②,疑舊録繫之十八日,誤也。今移附珪貶後,兼用布所録及邵伯温辨誣别加删修,庶後世詳見本末。新録但因舊録③,無所改正,於理殊未安耳。

上之嗣位,邢恕與蔡確陰有異意④,既而確死貶所⑤,恕亦斥不用,心恨之,日夜圖報復。黃履舊與恕相得,恕誣謗宣仁聖烈皇后,履與其謀。元豐八年二月三日章疏,乃追爲之,非當日所奏。高士京者,遵裕假子。士京爲將官,嘗與恕同官。士京庸暗,恕一日置酒,從容問士京曰:"公知元祐間獨不與先公推恩否?"士京曰:"不知。"又問:"有兄弟無?"士京曰:"有兄士充,已死。"恕曰:"此乃傳王珪語言之人也。當是時,王珪爲相,欲立徐王,遣公兄士充傳道語言於禁中,知否?"士京曰:"不知。"因誘士京以官爵,曰:"公不可言不知,當爲公作此事,第勿以語人。"因合所親信王棫崇飾誣辭⑥,爲士京作奏上之,珪由是得罪。遵裕最愛少子士育,病日死,士育未嘗離左右,士育每爲人言初不見士充來告遵裕以珪所問事也。其後士京恨所得官爵不稱意,屢欲自陳虚妄,高氏諸族皆惡之,絶不與通⑦。

靖康初,諸王府贊讀江端友上書辨宣仁誣謗,其略曰:"初,元豐中,高遵裕大敗於靈武,責散官安置。未幾,神宗崩,哲宗嗣位。宰相蔡確以謂遵裕者,宣仁族叔也,即建請牽復,以悦宣仁之意,而不知宣

---

① 訖同列問以大計　嘉慶本同,長編卷四八六"訖"作"及"。
② 方行可　嘉慶本同,長編卷四八六作"方行出"。
③ 新録但因舊録　底本脱第二個"録"字,據嘉慶本、長編卷四八六補。
④ 邢恕與蔡確陰有異意　長編卷四八六作"邢恕與蔡確等自謂有定策功"。
⑤ 既而確死貶所　底本脱"既而"二字,據長編卷四八六補。
⑥ 因合所親信王棫崇飾誣辭　"合",長編卷四八六、宋宰輔編年録卷一○均作"令",似是。
⑦ 自"上之嗣位"至"絶不與通",嘉慶本作小字注文。

又今年二月,宮苑副使、兩京第七副將高士京進狀①稱:"先臣遵裕當先帝服藥危疑之際,有故宰相王珪召臣親弟、承議郎士充密議,取決於先臣,欲知皇太后意所欲立,蓋爲是時先臣爲高氏之長,又知先臣爲宣仁聖烈居常聽用,故來相問尋。時先臣泣下,大怒曰:'奸臣敢如此!況國家自有正統,何決於我?'遂叱罵故弟士充:'如敢更往,即杖汝死!'尋將此意指說與先辟機宜官王棫,自可照證。竊念先臣昨因攻取靈州,師老糧匱,大河不凍,故不能上奉聖訓,責置散官,遂殞先朝露。其後雖蒙朝廷稍加牽復,然未嘗別加贈典②。今來有此忠義,又不獲伸,訴於陛下,欲乞朝廷詳酌,優賜褒贈。"

又給事中葉祖洽言:"當先帝違豫,至於大漸,儲位未正,中外惶惶,延頸以望。珪爲上相,衆目所睹,所宜率先建議,首定大計,以慰宗廟。珪乃持疑顧望,含糊不決,至於同列以大義迫之,不得已而後應。不知珪意安在?使同列不切責之,則珪將遂無言,豈不誤事?天下至今罪之,雖先帝澤及人深,天下屬意陛下之久,然名實未定,忠臣義士安得無憂?臣於是時適在朝廷,親聞士大夫之論籍籍罪珪如此。已而珪死,天下莫不快之。然是時朝廷所以賵贈周恤,恩禮過厚,仍賜甲第一區,莫非異數。臣聞特恩賜第,所以待殊勳異德。珪爲臣不忠,何以得此?伏乞特下有司,正珪之罪,以戒天下不忠不孝之臣,使知治世典刑,無前後之私也。"詔:"王珪遺表恩例並行追奪,其子孫與遠處監當差遣,仍永不注近京路分。所賜宅拘收入官。故承議郎高士英特追毀出身以來文字。"制曰:"臣無二志,戒在懷奸;國有常刑,議難逃罪③。其申後罰,以正往愆。故金紫光禄大夫、守尚書左僕射兼門下侍郎、贈太師王珪,竊文華之上科,躬柔險之誠行,馴致顯位,遂居冢司。先帝優容臣鄰,務盡禮意,掩覆瑕慝,多歷歲時。邱山之恩,毫髮未報。屬在彌留之際,是謂憂疑之時,欲豫安於人心,當早正於國本。矧復昭考與子之意素已著明,太母愛孫之慈初無間隙。而乃妄懷窺度,專務婑婀,指朝廷爲他家,用社稷爲私計。同列誚詰,久無定言,陰持兩端,不顧大義。僅免生前之顯戮,更叨身後之餘榮。公議弗容,舊疏具在,反覆參驗,心跡較然。使其免惡於一

---

① 兩京第七副將　嘉慶本同;長編卷四八六作"西京第七副將",似是。
② 別加贈典　底本脫"加"一字,據嘉慶本、長編卷四八六補。
③ 議難逃罪　嘉慶本同;長編卷四八六"議"作"義",似是。

立爲崇政殿説書。立果爲崇政殿説書,不容不載,必是卞力請而哲宗未許也。又稱擬立壽州監酒。壽州監酒,即是葉祖洽所駁監當無"遠小"字,責輕於趙沖,或先擬壽州,後改永州耳。又稱沖特勒停。沖但特降一官耳,亦無勒停事,不知瓘何以云耳。或是實録不詳,當考。

王珪以誣謗追貶

紹聖四年四月丁未,三省言:

元豐八年二月二十九日,御史中丞黃履言:"訪聞兩府大臣嘗議奏請皇子就傅建儲事,王珪輒語李清臣云:'他自家事,外庭不當管他①。'蔡確、章惇聞之,對衆窮其所立,珪不得已,方云:'上自有子。'確、惇乃宣言於衆,其議遂定。臣又聞王珪陰交高遵裕,嘗招其子士充傳達語言。臣伏思陛下推大公至正之心,以槐位處珪,以鼎餗養珪,凡十有六年。今聖躬偶感微疹,而珪已懷二心,此而可容,何以懲勸天下?"黃貼子:"近有高士英者,輒至臣家,稱上服藥中,若皇太后或皇后權同聽覽,則傳命者審。臣正色答之,以爲豈可私議。臣忝位中執法,士英尚率爾如此發言,今珪無故輒自招士充,又對清臣有如此言,竊慮必有奸謀。"至三月初,履又言:"大臣體國,休戚一均。事有權宜,自合奏稟。豈得私有所召?及稱'不當管他',此而可容,何以懲勸?臣於左僕射王珪議儲之際,既聞其然,不敢不論。今已累日,未見施行。臣伏思之,使臣之言果合於義,則珪不可以無責;使臣之言無補於政,則臣不可以無罪。今皇太后權同處分,建立儲位,以安天下,臣雖萬死,猶生之年。伏望朝廷早賜指揮。"

又紹聖二年十一月内,右正言劉拯奏:"先帝寢疾,宰臣王珪持二心爲奸,臣僚常具彈奏。蔡確等定策受顧命,輔翼陛下,已而權臣擅政,確等相繼被逐②,又慮他日復用爲己禍也,於是因事誣陷,擠之廢死之地,而復移定策之功於王珪③。珪之薨也,賜宅贈官,錫與敕葬特厚,而確死投竄之地,雖蒙昭雪④,贈復官爵,而恩例比珪甚薄。且父子繼世,雖有定體;神器輕重,亦繫一時。功罪不明,孰大於此?今爲忠者被禍,爲奸者受賞,何以教天下,示後世?伏望聖慈究珪之罪,録確之功,優加恩典。"

---

① 外庭不當管他 "管他",宋宰輔編年録卷一〇作"預"。
② 確等相繼被逐 底本脱"相"一字,據嘉慶本補。
③ 而復移定策之功於王珪 嘉慶本同,長編卷四八六"復"作"後"。
④ 雖蒙昭雪 底本脱"蒙"一字,據嘉慶本、長編卷四八六補。

祖洽文字，遂奪立借官，依前職官監當。趙冲見任奉議郎，奪一官、遠小處監當。祖洽再繳，以謂立不當輕於冲。遂白置立於永州，冲於道州監當。布稱善。上又曰："'必敗'之語殊可駭。"布曰："不遜未有如此者！傳云：'人臣見無禮於其君者，如鷹鸇之逐鳥雀。'立之言不遜如此，乃欲擠之言路，此臣所以不能自已也。"上曰："共任國事，何可不言？"布曰："臣事陛下，每不敢不自竭。陛下天縱睿明，於是非曲直，無不了然洞照，以此苟有所聞，不敢不盡底裏。"上曰："固當如此。"布又言："陛下親攬萬幾，政事不一。若廟堂得人，其次言路不苟且循默，則每事不至如此上勞聖慮。"上深然之。殿中侍御史陳次升言："竊聞常立以父秩行狀申國史院，希合權臣，言父秩與王安石之美，詆誣先帝。比者陛下照見底裏，已行棄逐，頗快輿議。謹按：立自選人入館未幾，又借通直郎、王府侍講，近又令上殿。立之無狀如彼，大臣親昵引薦如此。立之上殿，未審何人引薦，敢爾欺罔？臣傳聞大臣每於陛下之前必云去詆誣之人，而立之詆誣，致有'荼毒生靈''公知其必敗'之語，乃略而不問，猶且援進，恐其不速，豈非負先帝、欺陛下乎？爲臣之罪，莫大乎是。自昔大臣若微過，必引咎避位。今立過惡如此，引薦大臣略無自咎之辭，曾不愧懼。廉恥之風不行廟堂之上，而欲風天下、清士類，其可得乎？兼大臣在史院者若見其文，自當進呈，召對之際，同爲欺蔽，亦宜有罪。伏望特行黜責，以警官邪。"

此據次升奏議增入，不得其時。曾布獨不稱次升嘗論立，當考。曾布日錄並陳瓘尊堯集及尊堯餘言並序竄詩載此事頗詳。陳瓘尊堯餘言曰："神考信安石所薦處士常秩爲賢，召而試之。及既厭安石，秩亦隨罷。初，神考嘗諭安石曰：'常秩不知去就。'安石對曰：'陛下於誕謾蠹政害國之人尚能體貌尊聽，如秩者反見薄。'其後安石爲秩作墓表曰：'石可磨也，亦可毀也。'謂石可毀，不可得也。常立廣墓表之言以揚其父，行狀進於史院，而行狀之言云云。"又曰："蓋因常立一事，而密成卞等二計之巧。卞等二計，其二曰罪訴理以讎竄立之撓。臣聞常立上殿之時，葉濤在史院，曾布主葉濤，哲宗之得見常秩行狀也，卞等意布、濤奏之，於是又作訴理之事，讎布與濤，而罹訴理之禍者七八百人，訖於曾布之家流離破敗，而卞等報復之意猶未快也。然則哲宗竄常立，卞等豈以爲是乎？"按：常立先以鄭州觀察支使除正字①，二年二月二十八日也。不知何時轉通直郎，爲王府說書。三年四月四日，乃以通直郎、王府說書改王府侍講。瓘稱卞引立以選人爲假通直郎、崇政殿說書，又力薦之，請賜對。對之明日復請躐除侍從官。今實錄殊不載

---

① 鄭州觀察支使　本卷正文作"鄆州觀察支使"。

事質於史院,乃具得之,有云:"自荆公去位,天下官吏陰變新法,民受荼毒。"又云:"上下循默,敗端內萌,莫覺莫悟,公獨見幾,知其必敗。"乃門人趙沖撰集秩行事言論並墓銘,繕寫爲兩册,元祐中納史院,史官莫不見之。翌日,具以立等此語聞達。上甚駭其不遜,曰:"何謂必敗?"布曰:"臣所記不詳,然此兩册現在史館,可令籤貼進呈。"上赫然曰:"待令取。"布曰:"此事外人多知,史官無不見之者。聞兩舍人云'若有差除,必繳駁①'。然臣既知之,不敢不奏。"上曰:"豈可不言?"又翌日,布方對,上曰:"立文字已令取,果有此語。"布曰:"何敢妄?若立誠有此語,不唯不可置之言路,諸王皆先帝子,豈可置之左右?兼狂悖不遜,自當行法,不可但已。"及三省對,上遽語蔡卞曰:"常立訕神考,而卿薦之,何也?"又顧章惇曰:"卿不見其語乎?尊戴安石如此,則以神考爲何如主也?"惇謝不知,因請其語。上怒曰:"語在常秩行狀!其語云'自安石罷相以來,民在塗炭',又云'自秩與安石去位,而識者知政事必敗',其諂厚安石而訕薄神考如此,卞何爲薦之?"惇、卞皆錯愕謝罪。上即命中使就史院取秩行狀,親指"塗炭""必敗"四字以示惇、卞等,由是惇始悟爲卞所賣。後一日,三省進呈,上赫然令與立宫觀,沖別取旨。葉祖洽繳錄黃,以謂立父子世受國恩,而狂悖如此,貶太輕。李清臣具以報布。是日,布對,上諭布曰:"立已行法。"布曰:"已僥倖,昨以王府故借官,今遂不奪恩命,優矣。"上曰:"賴卿言及,不爾,幾誤擢。然人物亦極平常。"布曰:"問青苗、免役、市易、差夫等數事否?"上曰:"俱不曾問。"布曰:"立訕訾先朝如此,又諂附執政,及與人言青苗、免役事,須立乃能推行。其佞媚反覆如此,尤可罪。如此等人,乃欲擢使爲諫官②,豈不誤事?"上曰:"反覆尤不堪,其言荼毒,乃桀、紂事。"布曰:"書稱'毒痛四海'。"上又曰:"'知其必敗'是何語?何敗之有?"布曰:"諂王安石而毀先帝,情更可誅。陳瓘所以忤卞,只云卞但以安石爲準繩,安石所是者必欲進,而不喜者必欲黜。立安石爲準的,以羅織士類,此最爲害政。況安石之所是非,與先帝不同者非一,豈有但以安石爲據!卞以此深怒瓘,而士類莫不以瓘之言爲是。臣亦嘗親聞先帝不與安石之語。今立乃以謂'安石既去,民受荼毒',然則先帝有爲於天下,皆出安石,則先帝皆所不曉也。悖慢不遜,無甚於此!"上亦切齒。及三省進呈

---

① 必繳駁　底本脱"駁"一字,據嘉慶本補。
② 乃欲擢使爲諫官　嘉慶本無"擢"一字。

己,雅重鎮浮,頃正臺綱,遂躋政路,弗容群枉,規欲動搖。朕察其厚誣,力加明辨,君臣之際,固可無嫌,進退之間,所宜致慎。夫何異趣,乃爾乞身。勇於自謀,豈不有裕?志於論報,其或未安。無重爲煩,所宜亟起。'"詔錢勰落職,守本官知池州,仍放辭謝。

元祐初,章惇罷知樞密院事①、知汝州。勰草制詞有云"怏怏非少主之臣,悻悻無大臣之節",及惇入相,勰知開封,殊懼,已而擢翰林學士,乃安。曾布數毀勰於上前,上未聽也,於是蔡卞與黃履同在經筵,爲履誦"弗容群枉,規欲動搖"等語。履問:"如何?"卞曰:"似近時答詔,不知誰爲之?"亟令學士院檢呈,乃知勰所作。履等遂相繼論列。雍既罷政,勰亦坐貶黜,而卞即爲右丞。勰得罪,初非惇意也。

常立以誣詆貶責

紹聖三年六月己卯,三省言:"檢會常立元祐中供納實錄院文字,其間門人趙沖敘常秩事迹,内有不遜詞語。"詔常立罷諸王府侍講,勾當明道宮。奉議郎趙沖別取旨。辛巳,中書舍人葉祖洽言:"常立罷諸王府侍講,差遣勾當亳州明道宮。按:宮觀之任,惟侍御史職司已年老之人,朝廷方授之。以立奸人,何得授此?竊恐朝廷以不遜辭語是秩門人趙沖所敘,遂欲薄責。望以立之惡明付有司,正其罪名,特加竄殛。"詔常立罷諸王府侍講,追還所借轉通直郎,依舊鄆州觀察支使,與監當差遣;奉議郎趙沖特降一官,與遠小處監當。癸未,葉祖洽又言:"近詔常立仍舊鄆州觀察支使、與監當差遣;趙沖特降一官,與遠小處監當。按:沖係秩門人,只是與立編寫,就使知情,猶爲從坐,今則追官,與遠小處監當。立是秩子,主名編録供送之人,今責降乃輕於沖,公議未允。望以沖情罪參較輕重,特發神斷,使刑罰允當。"詔常立添差監永州在城酒税,趙沖添差監道州茶鹽酒税。初,蔡卞請以立爲崇政殿説書,既賜對,又請除諫官。上猶未許,曾布乘間白上曰:"常立附麗章惇等,先帝自處士擢常秩爲侍講、諫官,其死,則又手詔褒美,贈官,賻恤,無不至者。人言立元祐中曾上文字,云其父不悦先朝故事而去,外議殊不平之。惇以周穜爲不負先朝,若立者可謂有負矣。及喜之,則掩而不問。然臣未知子細,容更體訪實具奏。"上曰:"且與問取來。"是日,甲戌也。翌日,布以立

---

① 章惇罷知樞密院事 底本脱"事"一字,據宋宰輔編年録卷九補。

雍以嘗爲二王宮僚，屢致人言，迹甚危，欲結惇爲自安計，私謂惇曰："熙寧初，王荆公作相，嘗用白帖子行事。"惇大喜，取其案牘，懷以白上，惇遂安。然鄭竟罷政，尋被謫。

己巳，直龍圖閣、陝西轉運使穆衍知秦州①。安燾初欲用錢勰，曾布曰："勰罪狀不在顧臨下。"章惇曰："當在臨上。"上曰："何可作帥？"皆曰："不如用衍。"從之。御史中丞黃履言："竊睹錢勰批答不允鄭雍所請詔草，有'群邪共攻'等語。臣未識斯言出於聖諭爲之，抑出於錢勰之私意？若出自聖諭，自即請罪而去；若出勰之私意，臣亦不可不辨。伏緣雍之進在元祐中，當是時也，凡有進擬差除，皆出於執政大臣，則雍之進也，決知非陛下本意。及陛下收攬政柄，察知呂大防等罪，遂加貶斥，惟雍不止幸免，又得獨預擬議。臣誠恐天下有以窺聖政之萬一，遂具彈奏。使雍當日能以一言自明，乞不干預，臣亦不論爲傷廉隅及礙聖政，所以雖至奏陳。既蒙陛下委曲開諭，不復論及。今勰乃以'群邪'爲詞，未知勰之所趨何以爲正，何以爲邪？而公然形於答詔，無所忌憚。伏望陛下特賜辨明，使臣稍有邪心，甘趨鼎鑊；如其不然，即乞追改答詔，及正勰欺誣之罪。"侍御史翟思言："昨日嘗疏錢勰批答鄭雍詔書，有'群邪共攻'之語，又聞卻作'群邪交攻'，意有未盡，須至再陳②。恭惟陛下以成王之孝，繼志述事；以大舜之智，任賢去邪；朝廷清明，天下欣慶。今勰乃以臣等忝任風憲，指爲'群邪'，則未知勰之處心積慮，仰視陛下何如主也？伏望聖慈詳酌，盡理施行。"左正言劉拯言："伏見去歲御史合班彈奏尚書右丞鄭雍不當任以政府，臣於是時，蓋嘗繼呈論奏。今雍抗章請去，翰林學士錢勰代言批答，乃有'群邪共攻'之語。謂之'群邪'，則臣亦處一焉。且御史以擊邪爲任，而乃以邪人處之，豈是朝廷正名核實之意？顧臣義分，難以安職。伏望聖慈罷臣言責，授以冗散，庶使公言，中外取信。"又言："伏睹士論籍籍，謂翰林學士錢勰撰賜尚書右丞鄭雍詔，有'弗容群枉，規欲動搖；朕察其厚誣，力加明辨'之語，蓋指去年臣等嘗彈奏雍反覆不忠也。按：勰處代言之職，其遣辭命語雖出於勰，傳之天下，載之後世，乃陛下言也。若臣等彈奏雍果出厚誣，則朝廷耳目之任，豈容群枉竊據？乞賜譴斥，以示天下。若臣等彈奏苟非誣罔，則勰之代言不實，意在朋比，妄假陛下之語以扇惑朝廷，亦乞施行。檢會錢勰撰賜鄭雍第二詔：'卿恬靜恪

---

① 秦州　底本作"泰州"，據宋史卷三三二穆衍傳改。
② 須至再陳　"須"，嘉慶本作"傾"。

劉美人事，安燾行狀所載差詳，載燾出時。新録云："詔：'監察御史常安民立心凶險，處性頗邪，薦致人言，奸狀甚著。置之要路，誠非所宜。可罷監察御史，送吏部與降監當差遣。'先是，安民數論事，無所阿比①。論章惇：'以大臣爲紹述之説，實假其名以報復私怨，一時朋附之流從而和之，遂至已甚，故凡勸陛下紹述者，皆欲託先帝以行奸謀，謂他事難惑聖睿，若聞先帝，則易爲感動，故欲快私讎，陷良善者，須假此以移陛下心意。'至引王鳳亂漢、林甫亂唐以比惇擅作威福。論蔡京：'巧足以移奪人主之視聽，力足以顛倒天下之是非，朝廷之臣大半爲京死黨。它日援引群奸布滿中外，雖欲去之，嗟無及矣②！'論張商英：'在元祐之時，上吕公著詩求進，其言諛佞無恥，士大夫傳笑。近爲諫官，則上疏乞毀司馬光、吕公著神道碑。周秩在元祐間爲太常博士，親定司馬光謚曰文正，近爲言臣，則上疏論光、公著，乞斲棺鞭尸。陛下察此輩之言，果出於公論乎？'又論林希、李琮不當違新制權尚書、侍郎；吴居厚，宣仁所斥，不宜復待制。惇等積怒，合力排陷，譖毀日聞。它日，上問曰：'聞卿嘗上吕公著書，比朕爲漢質帝、靈帝？'安民對曰：'臣在元祐間獻書公著，勸其博求賢才，嘗引陳蕃、竇武、李膺事，不謂惡臣深者指摘臣言，推其世以文致，臣雖辨之何益？'於是監察御史董敦逸奏訐安民前嘗稱'二蘇文章負天下重望，不當彈擊'，'乃軾、轍之黨，平昔議論主元祐'者。詔罷安民御史，與知軍。而惇批詔語，乃擬送吏部與監當。安民家傳所稱論曾布與章惇互用親故，當考。"

錢勰罷内翰

紹聖二年十月甲子，尚書右丞鄭雍爲資政殿學士、知陳州。先是，御史中丞黃履、御史周秩以雍嘗爲二王宫僚，交章論劾。内出其章付三省，雍亦再疏稱疾，乞解機務。詔不許。會上怒秩言事迎合，黜知廣德軍，雍復起視事。踰年，乃去位。章惇之貶斥元祐舊臣，皆以白帖子行遣。安燾、李清臣與惇争論不已，上亦疑惇，惇甚恐。雍私謂惇曰："用白帖子有王安石故事。"惇大喜，取其案牘白上，惇遂安。議者謂雍欲以此結惇也，然雍竟罷黜。

邵伯温辨誣曰：初，元祐中，吕相引李清臣，欲其爲助。至紹聖初，清臣首變元祐之政，吕相出，范相亦以觀文殿大學士出知潁昌府。章惇被召未至，相位尚虚，清臣益有覬覦之心，亟改元祐法度，除諸路常平使者。已而章惇至，拜左僕射，安燾除門下侍郎。安公剛正，每與章惇争辨。清臣既不得作相，亦與惇爲敵。惇初謫貶元祐臣僚③，盡以白帖子行事。安公、清臣與惇争論不已，哲宗疑惇，惇亦恐。時鄭右丞

---

① 無所阿比　底本脱"所"字，據嘉慶本、長編拾補卷一二補。
② 嗟無及矣　底本作"無及"，據九朝編年備要卷二四補。
③ 謫貶　嘉慶本作"貶謫"。

尚書、侍郎,獨以林希、李琮之故不復改易。如此等事,謂之公心,可乎？故凡勸陛下紹述先帝者,皆欲託先帝以行奸謀,謂他事難以惑陛下,若聞先帝,則易爲感動,故欲快私讎、陷良善者,須假此以移陛下之意,不可不察。宣仁聖烈皇后甚得人心,前日陛下駕幸秦楚國夫人第①,澆奠及輟朝,并命襄葬諸費從官給,人人無不歡呼。高遵惠爲侍郎,士論皆以爲當。聞吴居厚向得罪,出於宣仁之意,近聞復待制,舍人再繳而大臣尚欲再下。願陛下主張此事,以順人心。今權臣恣横,朋黨滿朝,言官未嘗一言及之,惟知論元祐舊事,力攻已去臣僚。臣荷陛下獎拔,不敢負恩,摧枯拉朽之事,臣實恥爲之。舉朝廷臣誣陷非一,臣賦性愚直,恐終不能勝朋黨之論,願乞外任以避之。"上開慰而已。

林希權禮書,二年三月二日；李琮權戶侍,元年九月二十一日；高遵惠權兵侍、戶侍,二年三月；吴居厚復待制,二年九月二十五日。幸高、陳王私第,六月二十九日；職事官不帶職,三月二十四日；詔寄禄官不帶左右字,四月三日(案：長編引作三十日)詔。

及祀明堂,劉美人侍上於齋宮,又至相國寺,用教坊作樂。安民面奏："衆所觀瞻,虧損聖德。"語直忤旨,章惇從而譖之。曾布初與惇不合,見安民數論惇事,意謂附己,每於上前稱之,謂近來言事官敢言不阿附,無如常安民者。及安民論布在密院與惇互用親故,布始怨怒,欲逐安民,乃乘間袖安民舊與吕公著書以進,謂安民在元祐中上吕公著書,乞消滅先朝奸黨,欲使援引其類,百世承續。安民因對,上問："聞卿嘗上宰相書,比朕爲漢質帝、靈帝？"安民曰："臣在元祐初,嘗勸吕公著博求賢才,至引陳蕃、竇武、李膺事以動之,豈有他意？古今議論皆然,何獨臣也？臣以憃直,觸犯權臣之怒久矣,惡臣之深,求臣之瑕,既巧而悉,終不可得,遂指摘臣言,推其世以文致臣罪,臣雖辨之何益？"先是,安民與國子司業安惇、監察御史董敦逸同在國子監考試所拆號,對敦逸稱："二蘇天下文章之士,負天下重望,公不當彈擊。"至是,敦逸奏訐安民前語,上言："乃軾、轍之黨,平日議論多主元祐。"安民遂責。詔語皆惇批也。上初命與安民知軍,惇乃進擬送吏部降監當。明年,敦逸論瑤華事,上怒,欲貶之,謂執政曰："依常安民例,與知軍。"惇救之。乃知上初不知安民降監當也。

---

① 幸秦楚國夫人第　嘉慶本、宋史全文卷一三下、宋朝諸臣奏議卷一一九常安民上哲宗論大臣唱紹述之説、歷代名臣奏議卷一五五同,九朝編年備要卷二四作"幸秦楚大長公主第"。

卷第一百零六

哲宗皇帝

常安民罷察院

紹聖二年三月丁酉,試中書舍人林希權禮部尚書。監察御史常安民言:"希在史局八月,豈有端坐不下筆之理?況實録成書,希同遷一官矣。比衆人皆得罪,希既置而不問,又復峻遷,偏私如此,何以服人?希蓋章惇之黨,爲惇謀客,惇之肆橫强狠,皆希教之。若不去希,朝廷必不安静。天下,陛下之天下,予奪黜陟,陛下之操柄,奈何是非混淆,黑白不分,盡以付權臣乎?"章屢上,不報。由是惇與其黨日毀短安民於上前,謂安民力主元祐,意欲爲范祖禹等營解,然未有以顯中也。

九月壬戌,詔:"監察御史常安民立心凶險,處性頗邪,薦致人言,奸狀甚著。置之要路,誠非所宜。可罷監察御史,送吏部與監當差遣。"

舊録云:"安民奸人之黨,張商英薦之於朝,得爲言事官。數以奸言進對。初談正論,浸懷異心。上睿智,屢察其奸,遂逐之。"新録辨誣曰:"張商英薦安民於朝,檢尋哲宗實録,並無證據。如'奸言''異心'等語,皆是誣謗。今依常氏家傳及奏議別行修定,刪去上件五十九字。"

又詔:"常安民已降指揮罷監察御史,來日可更不引上殿。"

御筆九月三十日下,編御集者又注云:"安民已被黜,命下而稱上殿,欲自訴。哲宗降旨罷之。"

先是,安民上言:"今大臣爲紹述之説者,其實皆假借此名以報復私怨,一時朋附之流從而和之,遂至已甚。張商英元祐時上吕公著詩求進,其言諛佞無恥,士大夫皆傳笑之。及近爲諫官,則上疏乞毀司馬光、吕公著神道碑。周秩在元祐間爲太常博士,親定司馬光謚號爲'文正',及近爲言官,則上疏論司馬光、吕公著,乞斲棺鞭屍。陛下察此輩之言,果出於公論乎?朝廷凡事不用元祐例,至王珪家蔭孫五人,皆珪身後所生,乃引元祐例許奏薦。近日講復官制,職事官不帶職,寄禄官不帶左右,至於權以示天下後世。"詔蘇軾合敘復日未得與敘復①；秦觀落館閣校勘，添差監處州茶鹽酒税。

六月甲戌，大中大夫、知汝州蘇轍特授左朝議大夫、知袁州，左承議郎、新差知英州蘇軾授寧遠軍節度副使、惠州安置。餘見黨籍。

---

① 詔蘇軾合敘復日未得與敘復　嘉慶本、宋史全文卷一三下同，太平治迹統類卷二四元祐黨事本末下"未"作"不"。

九月戊子,端明殿學士兼翰林侍讀學士、禮部尚書蘇軾知定州。

紹聖元年三月,大中大夫、守門下侍郎蘇轍依前官知汝州。見紹述。

四月癸卯,監察御史郭知章言:"吴安詩行蘇轍誥,重輕止徇於私情,褒貶不歸於公議。"詔安詩罷起居郎。壬子,侍御史虞策言:"吕惠卿等指陳蘇軾所作誥詞語涉譏訕,望核實施行。"殿中侍御史來之邵言:"軾在先朝,久以罪廢,至元祐擢爲中書舍人、翰林學士,軾凡作文字譏斥先朝,援古況今,多引衰世之事,以快忿怨之私。行吕惠卿制詞則曰:'始建青苗,次行助役;均輸之政,自同商賈;手實之禍,下及雞豚。苟可蠹國而害民,率皆攘臂而稱首。'行吕大防制詞則曰:'民亦勞止,願聞休息之期。'撰司馬光神道碑則曰:'其退於洛,如屈原之在陂澤。'凡此之類,播在人口者非一。當原其所犯,明正典刑。"制曰云云,落端明殿學士兼翰林侍讀學士,依前左朝奉郎、知英州。制詞,中書舍人蔡卞所草也。范純仁言:"臣方在病假,仍乞罷免,朝廷之事,不合與聞。然有未盡之誠,上覬少裨聖聰①。竊見全臺言蘇軾行吕惠卿誥詞言涉訕謗,伏緣熙寧法度出於建議之臣,又州縣奉行之際多有過當,不副神宗愛民求治之意。及至垂簾之後,惠卿方用諫官之言特行重竄,蘇軾因撰辭之際,遂至過詆惠卿。今臺諫章攬歸先朝②,事體不便。況今來言者多是垂簾時擢歸言路之臣,當時畏避,不即納忠;今日觀望,始有彈奏。若便施行其説,亦恐玷垂簾之聖明,妨陛下純孝之德。三省進呈之際,伏望聖斷,特加容貸,不惟可全國體,亦可稍鎮澆風。"甲寅,侍御史虞策言:"蘇軾既坐譏斥之罪,猶得知州,罪罰未當。"詔軾降充左承議郎。

閏四月乙酉,監察御史劉拯言:"工部侍郎李之純前爲御史中丞,阿附蘇軾,爲其用③。御史黄慶基言'軾誣詆先帝',董敦逸言'轍以國名器私與所厚',之純遂以慶基等誣罔忠良,乞行竄逐,慶基等再被降謫。之純朋邪苟容,望賜黜責。"詔之純落寶文閣直學士,降授寶文閣待制,差知單州。拯又言:"前端明殿學士、知定州蘇軾落職、知英州。按:軾敢以私忿形於制誥中,厚誣醜詆,軾於先帝不臣甚矣!王得君憤其誣詆之甚,上書言之,旋被譴斥以死。秦觀浮薄小人,影附於軾。請正軾之罪,褫觀職任,

---

① 上覬少裨聖聰　"聰",嘉慶本、長編拾補卷九均作"聽"。
② 今臺諫章攬歸先朝　嘉慶本無"諫"一字。
③ 爲其用　底本脱"其用"二字,據嘉慶本、長編拾補卷一〇補。

從善如轉圜。始以帝堯之仁,姑試伯鯀;終焉孔子之聖,不信宰予。發其宿奸,謫之輔郡,尚疑改過,稍畀重權。復陳罔上之言,繼有碭山之貶,反覆教戒,惡心不悛,躁輕矯誣,德音猶在。'臣愚意以謂古今如鯀爲堯之大臣,而不害堯之仁;宰予爲孔子高弟,而不害孔子之聖,又況再加貶黜,深惡其人,皆先朝本意。則臣區區之忠①,蓋自謂無負矣。今慶基乃反指以爲誹謗、指斥,不亦矯誣之甚乎?其餘所言李之純、蘇頌、劉誼、唐義問等誥詞,皆是慶基文致附會,以成臣罪。只如其間有'勞來安集'四字,便云是厲王之亂,若一一似此羅織人言,則天下之人便不敢開口動筆矣!孔子作孝經曰:'如臨深淵,如履薄冰。'此幽王之詩也,不知孔子誹謗指斥何人乎?此風始於朱光庭②,盛於趙挺之,而極於賈易,今慶基復宗師之。臣恐陰中之害漸不可長,非獨爲臣而言也云云。"太皇太后令轍諭軾曰③:"緣近來衆人正相捃拾④,且須省事。"軾乃具劄子稱謝曰:"天慈深厚,如訓子孫;委曲保全,如愛支體。感恩之涕,不覺自零。伏念臣才短數奇,性疏少慮,半生犯患,垂老困讒。非二聖之深知,雖百死而何贖?伏見東漢孔融才疏意廣,負氣不屈,是以遭路粹之冤;西晉嵇康才多識寡,好善不忘,是以遇鍾會之禍。當時爲之扼腕,千古爲之流涕。臣本無二子之長,而兼有古人之短⑤,若非陛下至公而行之以恕,至仁而照之以明,察消長之往來,辨利害於疑似,則臣已下從二子游久矣,豈復有今日哉?謹當奉以周旋,不敢失墜,便須刻骨,豈獨書紳?庶全螻蟻之軀,以報邱山之德。"

六月甲寅,禮部尚書蘇軾乞知越州,詔不允。壬申,禮部尚書、端明殿學士、翰林侍讀學士、左朝奉郎蘇軾知定州。

案:軾奏議,八月十九日猶以端明、侍讀、禮書論漢、唐正史,則六月二十六日不應已除定州。又實錄於九月十三日再書除定州,恐六月二十六日所書或誤,不然六月二十六日初除尋不行,故九月十三日再除,而實錄不能詳記所以也。當考。六月八日,軾已乞越州,詔不允。政自於二十六日書蘇軾知定州。

---

① 則臣區區之忠 "忠"底本作"心",據嘉慶本、長編四庫底本卷四八四、東坡全集卷六四辨黄慶基彈劾劄子改。
② 此風始於朱光庭 "始",東坡全集卷六四辨黄慶基彈劾劄子作"萌"。
③ 諭軾曰 底本脱"軾"一字,據長編卷四八四補。
④ 正相捃拾 "正"底本作"互",據嘉慶本、長編卷四八四、東坡全集卷六四謝宣諭劄子改。按:嘉慶本作"正相捃摭"。
⑤ 古人之短 嘉慶本同,長編卷四八四、東坡全集卷六四謝宣諭劄子均作"昔人之短"。

慘獄，章帝改之以寬厚，故當時天下悦服，未有以爲謗毁先帝者也。至如本朝真宗皇帝即位，弛逋欠以厚民財；仁宗即位，罷修宫觀以息民力，此皆因時施宜，以補助先朝闕政，亦未聞當時士大夫以爲毁謗先朝者也。近自元祐以來，言事官有所彈擊，多以毁謗先帝爲詞，非惟中傷士人，兼欲摇動朝廷，意極不善。若不禁止，久遠不便。"蘇轍奏曰："臣昨日取兄軾所撰吕惠卿誥觀之，其言及先帝者，有曰'始以帝堯之仁，姑試伯鯀；終焉孔子之聖，不信宰予'。兄軾亦豈是譏毁先帝者邪？臣聞先帝末年，亦自深悔已行之事①，但未暇改耳。元祐初改正，追述先帝美意而已②。"太皇太后曰："先帝追悔往事，至於泣下③。當時大臣數人，其間極有不善，不肯諫止。"吕大防曰："聞永樂敗後，先帝嘗曰：'兩府大臣，略無一人能相勸諫！'然則一時過舉，非出先帝本意明矣。"太皇太后曰："此事皇帝宜深知。"大防曰："皇帝聖明，必能照察此事。"於是得旨：敦逸、慶基並與知軍差遣。

丙申，左朝請郎、新荆湖北路轉運判官董敦逸知臨江軍，左朝請郎、新福建路轉運判官黄慶基知南康軍。敦逸、慶基既有旨與知軍差遣，而御史中丞李之純、侍御史楊畏、監察御史來之邵亦言："二人誣陷忠良，朝廷容貸，止令出使，臣恐後人觀望，得任私意④，敢肆狂誣。"故遽責之。黄慶基、董敦逸既責，蘇軾以劄子自辨曰："臣自少年從仕以來，以剛褊疾惡，盡言孤立，爲累朝人主所知，然亦以此見疾於群小，其來久矣。自熙寧、元豐間爲李定、舒亶輩所讒，及元祐以來，光庭、挺之、賈易之流，皆以誹謗之罪誣臣，其間於義不可不辨⑤。臣先任中書舍人日，適值朝廷竄逐數人，所行告詞，皆是元降詞頭，所述罪狀，非臣私意所敢增損。内吕惠卿自前執政責授散官安置，誅罰至重，當時蒙朝旨，節録臺諫所言惠卿罪惡降下。既是詞頭所有，則臣安敢减落？然臣子之意，以爲事涉先朝，不無所忌，故特於告詞内分别解説，令天下曉然知是惠卿之奸⑥，爲先朝盛德之累。至於竄逐之意，則已見於先朝，其略曰：'先皇帝求賢若不及，

---

① 亦自深悔已行之事 "自"底本作"有"，據長編卷四八四、太平治迹統類卷二三元祐黨事始末上、龍川略志卷九董敦逸黄慶基言事不實並出知軍州、宋史卷三五五董敦逸傳改。
② 追述先帝美意而已 底本脱"已"字，據嘉慶本、長編卷四八四補。
③ 至於泣下 "泣"，嘉慶本作"涙"。
④ 得任私意 長編卷四八四作"得意任私"。
⑤ 其間於義不可不辨 長編卷四八四作"然其間有關臣子之大節者，於義不可不辨。"
⑥ 令天下曉然 "令"底本作"今"，據嘉慶本、長編卷四八四改。

以察微,公足以兼聽,睿足以獨斷者,未有不爲奸邪所蔽也。臣近言禮部尚書蘇軾,已歷疏其所爲矣。竊見門下侍郎蘇轍懷邪狥私,援引黨與,怙勢曲法,務與其兄相爲肘腋,以紊亂朝政。軾則外許人差遣而公薦之,轍則內爲之應而引用之。案:軾與呂陶交結至厚,昨者薦陶自代,遂除爲起居舍人。近日中書舍人陳軒緣館伴高麗人使請賜書籍事,軾惡軒之不附己,遂奏於朝,力加排詆,意欲使軒補外,乃遷陶爲中書舍人。軾知潁州日,趙令時爲簽判,軾與之往還甚密。軾乃公薦於朝,稱其才美。訪聞蘇軾見議除令時差遣。國子司業趙挺之爲御史日,屢言軾不公事迹。軾居禮部統轄國子監日,務捃摭太學中事,意欲沮抑挺之。訪聞蘇轍見議除挺之爲轉運副使,以同列商議,不敢進呈;太府寺丞文勛以篆字游於軾之門,初不以公正吏才稱也,軾既援引,轍遂除爲福建路轉運判官;馮如晦爲夔州路轉運使日,按發公事不當,見係御史臺推治,未結絶間,轍以川人,遂除館職,差知梓州。近斷敕方下,如晦雖以法奪官,而差遣與職竟不動也。趙卨帥鄜延日,欲棄熙河而不敢獻議,乃以書抵大臣。是時轍爲中丞,得其書,即與論列,賴諫官劉唐老疏其交通誣罔之迹,謀遂不行。前日臣嘗言執政不務協和,凡欲行一事、除一差遣,商量累日,多不能合,甚者幾於忿爭,極傷國體,蓋轍欲進其黨與,故衆論不肯相從爾。軾嘗自言陛下稱其兄弟孤立,以爲必不疑也,是以敢交結黨與而無所忌憚。又其黨言'陛下許軾大用',以爲必見信也,是以士大夫莫不爭趨其門,以圖進取,上下唱和,合爲一黨,牢不可破。且人臣事君,惟有忠信爾,一涉於欺罔,則終身不可以誠信委之。按:轍薦王鞏,累數百言,陛下真以爲可用也。既而淮南提點刑獄鍾浚根究王鞏在任日穢惡狼籍,實迹具存,遂謫爲監當,而轍亦恬然自若,略不引咎。程之邵,轍之表弟也,昨任夔州路轉運判官,按知雲安軍孫拱。拱與之邵互論,見係推治,未見曲直,乃除之邵爲都大提舉茶事。至如軾之罪惡,因行制誥,公肆刺譏,以法論之,指斥乘輿,罪在不赦,而況指斥宗廟乎?陛下試觀軾、轍所爲,稍失控御,則何所不至!"

於是大防、轍等奏曰:"慶基言軾所撰李之純等六人誥辭文涉譏毀先帝,其間陸師閔誥一道係范百禄詞,非軾所撰。臣竊觀先帝聖意,本欲富國彊兵,以鞭撻四夷,而一時群臣將順太過,故事或失當。及太皇太后與皇帝臨御,因民所欲,隨事救改,蓋事理當然耳。昔漢武帝好用兵,重斂傷民,昭帝嗣位,博採衆議,多行寢罷;明帝尚察,屢興政,有司推治,實迹具存,衆皆以爲罪在必死,獨先帝憐之,止從輕典,送黄州安置。軾不能感戴厚恩,而乃内懷怨望。二聖陛下臨政之初,以軾爲中書舍人,遂因制誥公然指斥先帝時事,略無忌憚,將欲刺譏先帝,以攄平昔之憤爾。軾行李之純除河北都轉運使誥云:'乃者役錢、貸息之弊,民兵、馬政之勞,萃於北方,而天下不靖,河溢爲災,老幼奔走,流離道路,十年於此矣。嗚呼,其孰能爲朕勞來安集,使復其舊乎?'夫宣王承厲王之後,萬民離散,不安其居,而能勞來安集之,故見於鴻雁之詩。先帝時,北方安得有老幼奔走、流離道路之事？謂緣役錢、貸息、民兵、馬政,以致天災,必待陛下然後能遣使以勞來安集。是以先帝方何代乎？乃以厲王之亂相擬也。軾行蘇頌除刑部尚書誥云:'乃者法病於煩,官失其守,盜賊多起,獄市紛然。'夫先帝明慎用刑,哀矜庶獄,始復大理寺、刑部詳定及三省點檢獄案之制,安得法病於煩,官失其守,至於盜賊多有,獄市紛然？惟漢武帝時暴征遠戍,於是盜賊競起,至遣直指之使以督捕之,此乃可謂'紛擾'。軾爲此言,是以先帝方何代乎？乃以武帝之暴相擬也。軾行劉誼知韶州誥云:'爾昔爲使者,親見民病,盡言而不諱,厄窮而不憫,安知有今日之報乎？'夫劉誼得罪於先帝,自以職在奉行,法度有所不至,當公論之,而乃張皇上書,用此罷江西提舉,安得有盡言乎？至於'安知有今日之報',此語尤不忍聞。陛下奉承宗廟,當有以顯揚先帝之鴻業休德,豈欲報先帝得罪之人乎？軾行唐義問除河北轉運使誥云①:'朕修賦役之法,黜聚斂之吏,去薄從忠,務以養民。'夫先帝立法,豈不欲養民邪？先帝用人,豈不欲去薄從忠邪？今以爲務以養民,是指先帝之不能養民也；今以爲黜聚斂之吏,是指先帝用聚斂之吏也。軾行貶吕惠卿誥云:'苟可蠹國以害民,率皆攘臂而稱首。'夫先帝立法,乃欲與天下同利,豈有先帝之聖神英睿,冠絶百王如此,而乃從蠹國害民之謀乎？軾所行制誥皆在舍人院,陛下試取而觀之,蓋有聲述不盡者。臣請以常人論之:對人之子罵人之父,猶且義不勝誅,況軾職代王言,而實詆先帝,按之以法,當如何哉？至如結託常州宜興知縣李去盈强買姓曹人抵當田産,致其人上下論訴,進狀者凡八年,方與斷還。臣義激於中,不能自止。望賜英斷,上以釋先帝之謗議,次以正今日之典刑②。"又言曰:"治天下必先於正朝廷,正朝廷必先於破朋黨。自非明足

---

① 河北轉運使　底本脱"轉"一字,據長編卷四八四補。
② 次以正今日之典刑　"刑"底本作"型",據長編卷四八四改。

惟斂恩作福,朋黨不公,而又拒違君命,語其情犯,又非頌與百禄之比。釋而不治,命令輕矣!欲乞檢臣前奏,并詳今來所陳事理,斷自宸衷,指揮施行。"

編類章疏係八年三月二十日時奏此。今因蘇轍辨敦逸初奏不得其時,係之三月末,則敦逸此奏,卻不當先見於二十日,故亦係三月末。蘇轍辨奏後敦逸初十日所奏,獨檢討未得,但得慶基所奏耳。

四月乙亥,門下侍郎蘇轍奏:"朝廷用人自有資格,豈可爲臣一人忝預執政,遂使川、峽四路士人皆裁抑,令不得依本資差注?敦逸又言馮如晦差除乃臣所言,一事已顯,且敦逸言臣非一,並未蒙降出。欲乞早賜行下,令三省覆實其事。若臣稍涉私邪,乞正國法;若所言無實,亦乞辨明,免臣曖昧之讒。"

五月辛卯,監察御史董敦逸罷爲荆湖北路轉運判官,黃慶基罷爲福建路轉運判官①,坐言尚書右丞蘇轍、禮部尚書蘇軾不當也。壬辰,三省進呈敦逸四狀,言蘇轍;黃慶基三狀,言蘇軾。吕大防奏曰:"敦逸言轍事,三省同簽文字,皆以爲非轍之罪②。"慶基言:"軾知潁州日違法置簿,拘收賞錢,不依條例,妄行賞用,及失入丁真配罪,見係京西路提刑司按發取勘干繫官吏。軾已移揚州,又入爲兵部尚書矣,乃敢越騖申陳,致朝廷徇其所請,將監司按發公事指揮不得取勘,致令遷延該赦。考軾之意,將欲姑息小人,蓋庇舊吏,以沮壞法令而已。軾前知杭州日,有百姓顔益、顔章,以受納官不肯領絹,率衆人論訴,非有大過也。軾不遵法令,判令刺配,雖嘗自劾,蒙朝廷放罪,軾爲人臣,乃欲恣喜怒而出入人罪,原其不遵法令之意,蓋有輕蔑朝廷之心,其不忠之罪大矣。軾自進用以來,援引黨與,分布權要,附麗者力與薦揚,違迕者公行排斥。昨薦王鞏,既除宗正寺丞;近薦林豫,自東排岸,不問資敘,遂差知通利軍。前者除張耒爲著作郎,近者除晁補之爲著作佐郎,軾力爲援引,遂至於此。如秦觀,亦軾之門人也,素號猥薄,昨除秘書正字,既用言者罷矣,猶不失爲校對黃本書籍,是以奔競之士趨走其門者如市,唯知軾而不知有朝廷也。近者高麗人使乞賜書籍,此乃祖宗朝故事,且屢嘗賜書與之矣。軾乃拒違詔旨,極言不可。及都省批送禮部,令吏人上簿,固非重責也。軾乃蓋庇吏人,力陳強辨,期必勝而後止。軾在先朝,恣爲歌詩,謗訕朝

---

① 福建路轉運判官　底本脱"路"一字,據嘉慶本、長編卷四八四補。
② 皆以爲非轍之罪　嘉慶本、太平治迹統類卷二三元祐黨事始末上同;長編卷四八四作"皆以爲轍之罪",疑脱"非"一字。

以爲小人之福,以警在位之臣。"詔以百禄爲大中大夫、充資政殿學士、知河中府。初罷百禄不除職,尚書左丞梁燾爭之,乃有是命。

  初不除職,據梁燾行狀。蘇轍遺老傳云:"范百禄罷政,實坐努札①。"案:實録乃有黄慶基、楊畏、來之邵劾章,不知轍何以云爾?當考。

  乙未,觀文殿大學士、集禧觀使蘇頌言:"冬春以來,内感寒壅,發則幾於委頓。伏望許上封章,俾還閭里。"詔不允,除大朝會外,仍特免朝會。

二蘇貶逐

  元祐八年三月戊子,黄慶基言川黨復盛。見蘇頌罷相。是月,門下侍郎蘇轍奏:"臣近以董敦逸言川人太盛,差知梓州馮如晦不當,指爲臣過,遂具劄子及面陳本末。尋蒙德音宣諭,深察敦逸之妄,而以臣言爲信。臣德望淺薄,言者輕相誣罔,若非聖明在上,心知邪正所在,則孤危之蹤,難以自安。若敦逸所言果中臣病,何惜使臣引去,以謝朝廷?若敦逸所言不實,亦使臣略加别白,然後出入左右,粗免愧恥。如不蒙開允,非所以爲愛臣也。所有董敦逸言臣章疏,伏乞早賜付三省施行。"敦逸又言:"近具奏乞減殺川人太盛之勢,又乞廣爲體訪等事,已塵聖覽。今採衆言,有合開呈下項:一,訪聞蘇軾、蘇轍、范百禄輩各有奏舉及主張差除之人,惟蘇軾爲多,或是親知,或其鄉人;有在要近,有在館職,有爲教官,有作監司,有知州軍,不可以數考,是致仕路有不平之歎。中書省、尚書吏部須籍姓名,乞指揮供具,便見員數之多寡,事勢之如何。一,高麗買書之事,是陛下已降之命,因衆臣共爲之議,得旨而後行,尋以蘇軾見拒而罷。見有文案在尚書省禮部、國子監,乞取索看詳。一,黄河軟堰之事,亦是陛下已降之命,亦因衆臣共爲之議,得旨而後行,尋以蘇轍見拒而罷。見有文案在尚書省工部、都水監,乞取索看詳。臣聞人君者,制命者也,人臣者,承君之命而奉行者也。命令重則君尊,命令輕則臣强。今陛下已行之命,而軾、轍違而拒之。轍之拒命,中外聞之,已驚駭矣;軾之拒命,不惟中外知之,夷狄亦知之矣。異日醜虜生心,邊防誤事,臣未及議。竊惟蘇頌、范百禄以稽留制書及除授不當等事,朝廷亦已施行。若軾與轍,豈

---

① 實坐努札 "努札",長編卷四八二作"汝遮"。

之罷①,雖言者乘之,殆別有謂,非面叙莫悉也②。"不知清臣所稱"有謂"是何事？豈即邵伯溫所記楊畏反復攻擊,爲蘇轍乎？當考。

乙酉,中書侍郎范百祿奏："臺官言蘇頌稽留賈易知蘇州詔旨,累乞罷免。劾章所指雖不及臣,臣實何顏苟逃罪戾？已面奏不敢入省供職。"詔不允。監察御史黃慶基言："宰臣蘇頌近以稽留制書、援引親黨、除授不當罷政。按：除授差遣,自係中書省同共商議,方可進呈。今蘇頌既罷,所有中書侍郎范百祿實預其職,豈可不任其責？望賜罷黜,以慰中外之望。"戊子,慶基又言："近論列中書侍郎范百祿與宰臣蘇頌同在中書,所有除授不當,自合均任其責。按百祿非特朋比欺罔,不守典法,内懷險詐,陰圖傾奪而已。其狠愎自任,援引黨與,皆有顯然事迹。按百祿自執政以來,援引吕陶爲起居舍人,岑象求爲諸王位説書,皆川人也。假朝廷之名器,而收私室之恩,其罪一也。至如以宋炤知鳳州、扈充知利州,亦皆川人也。鳳州職田供給號爲優厚,初除沈邁,待闕已久,乃遣邁知泉州,以鳳州與炤,衆論莫不爲之扼腕,其罪二也。馮如晦爲户部郎中,坐前任夔州路轉運日按發公事不當,御史臺究治,未結絶間,百祿以其同鄉,遽除館職,差知梓州,違朝廷之法,狥鄉里之私,其罪三也。百祿頃曾相視大河利害,是時力以回河爲非,北流爲是。及去歲大河復向東流,獻議者屢陳其便,乞遣近臣相視可否,百祿固執前日之所見,力行沮格,竟不聞遣使相視③,遷延至今,春水泛漲,已無及矣。其狠愎自用,執一偏之見,而沮公共之議,其罪四也。爲人臣者,無有乎己,況敢顧其私乎？豈有久待闕次而奪與他人？方係究治而驟加進用？上罔聖明,下紊綱紀,擅威福之權,行邪枉之道,其罪五也。望出宸斷,早賜罷黜,以協公議。"己丑,黃慶基言："近論奏中書侍郎范百祿朋比欺罔,狠愎自任,援引黨與,皆其顯然事迹。昨罷劉摯、王巖叟、朱光庭、孫升、韓川輩,而後其黨稍衰。然而洛黨雖衰,川黨復盛矣。百祿之親戚朋游皆在權要,陛下可察而知也。今因罪狀明白,早賜罷黜,以離其黨與,庶使當路者有所畏憚。"辛卯,中書侍郎范百祿奏："蒙賜詔書,依舊供職,深沐厚恩,但國法有常,人言可畏,雖善貸之明不惑,而愚臣之分難安。伏望聖慈亟加責罰,

---

① 容功之罷 "容、功"底本作"子容",據長編卷四八二改。按：蘇頌字子容,范百祿字子功。容,係子容的簡稱；功,係子功的簡稱。
② 非面叙莫悉也 底本脱"叙"一字,據長編卷四八二補。
③ 竟不聞遣使相視 底本脱"使"一字,據長編卷四八二補。

蘇頌罷相　范百禄附

元祐七年十二月甲子,新京西路轉運副使、左朝散郎賈易知蘇州。

八年二月丙寅,尚書右僕射兼中書侍郎蘇頌奏:"伏睹侍御史楊畏言,昨差賈易知蘇州,稽留詔命二十餘日,謂臣獨主其事。臣論議疏違①,致有臺劾②,按其罪戾,宜即嚴誅。見歸私家待罪③。"又請早賜黜責,詔皆不允。初,賈易坐言事出,既敘復爲京西路轉運副使,經郊祀赦恩,乃與知蘇州范鍔對易。頌言易爲御史,號敢言,更赦乃下遷,非是。或請加易館職,頌又持不可。或指易爲奸邪者,頌曰:"士大夫立朝奸邪,何可當也?須以實事論之。既無實事,安可謂之奸邪者?"有旨再議,而楊畏及來之邵等劾頌,頌竟坐此罷④。

三月壬午,詔:"尚書左僕射蘇頌累上表引年,乞解機政,可依所乞,特授觀文殿大學士、充集禧觀使,所有實封、食邑,依自來體例施行。於今月六日宣麻。"初,進呈臺章論頌稽留制書,尚書左丞梁燾曰:"頌爲宰相,理會差除,可謂稱任。況論差除,執政皆得可否,爲相復不得論本省事乎?"臺章又以頌子爲太學博士,同舍多有遷擢,燾曰:"差除皆宰執合議,方敢將上取旨,如一有不同,又且罷議,非頌敢專也。至如父子家庭間語,外人豈得知之?若臆度猜疑,即誣造巧飾,何所不至?此不可不察。"頌既罷相,以觀文殿學士宮祠便居⑤,燾又爭曰:"頌罷已非宜,願兩宮察言者之妄,留頌以遏傾摇之風。朝廷輒罷免宰相,事體極重。"太皇太后曰:"自是頌不肯住。"燾曰:"若用自請即職名,非故事。不可降職處外,示以疏遠。"頌得以大學士留京師。

邵伯溫云:"楊畏攻劉相出,意謂必相門下侍郎蘇轍。朝廷復拜蘇頌爲尚書右僕射,畏又與來之邵言蘇相留賈易謫命不下,爲稽詔命。時中丞李之純與蘇相爲姻家,偶在病告,畏入臥内見之純曰:'臺諫言蘇頌章累上,未有施行。公與連姻,託病在告,恐言者將及公。'李,長者,爲畏所劫,亦上章言:'臣僚論蘇頌章疏,乞早降出。'蘇相遂罷。太皇太后察見楊畏等私意,復自外召范純仁,拜右僕射。畏與之邵又言純仁不可用,不報。"之純與頌爲姻家,當考。實錄不載之純有言,亦當考。李清臣與許將書云:"容、功

---

① 臣論議疏違　"論議"底本作"議論",據長編卷四八一、蘇魏公文集卷六九待罪乙正。
② 致有臺劾　底本"臺"下衍"官"一字,據長編卷四八一、蘇魏公文集卷六九待罪删。
③ 見歸私家待罪　"歸"底本作"居",據長編卷四八一、蘇魏公文集卷六九待罪改。
④ 頌竟坐此罷　底本脱"頌"一字,據長編卷四八一補。
⑤ 觀文殿學士　長編卷四八二作"觀文殿大學士"。

乃奏曰："若陛下實未嘗爲,則臣之所言,猶不廢諫官之職。陛下萬一有之,則臣進説已是後時,雖不敢逃曠官之誅,顧何補於事?惟願陛下愛身進德①,留意問學,清心節欲②,增厚福基。"祖禹奏曰："大防面諭,乃知臣等所聞外議盡是虛傳。陛下恕臣狂愚,不賜誅責,然臣所言皇帝進德愛身,所宜表以爲戒③。太皇太后保護皇帝,安身正心,久遠之慮,亦願因而勿忘。"其後章惇爲宰相,上語惇曰："元祐初,太皇太后遣宫嬪在朕左右者凡二十人,皆年長。一日,覺十人者非素使令,頃之,十人至,十人還,復易十人去,其去而還者,皆色慘沮,若嘗涕泣者。朕甚駭,不敢問。後乃知因劉安世等上疏,太皇太后詰之。"惇與蔡卞謀誣元祐大臣嘗有廢立議,指安世、祖禹言爲根,二人遂得罪幾死。

五年三月辛卯,左諫議大夫劉安世言："中書後省都吏時忱於司勳所定酬賞之外,别擬特旨,違法推恩。"至第六章曰:"臣所以不論執政而劾都司者,蓋遷補人吏非大臣之事,而尚書省白劄子明稱'都司擬到',則是事由都司而起④,執政容或不知也。敢冀陛下深賜省察。"

四月辛丑,劉安世言鄧温伯資禀奸貪,附麗權勢。詳見鄧温伯罷内翰。

八月庚戌,左諫議大夫劉安世乞宫觀。詔以安世爲集賢修撰、提舉崇福宫。初,除安世中書舍人,安世言："向者屢曾論列鄧温伯罪惡,不當復在朝廷。累月於今,未蒙開納,方俟譴逐,乃叨遷陟。臣之自處,固已難安,盈庭公言,何可不畏!況臣久嬰疾病,氣體衰憊,已嘗奏陳乞一宫觀差遣。伏望收還誤恩,早賜俞允。"詔不許辭免。又言："臣固執鄙陋,未即奉承者,其説有二:臣論列温伯,至於累章,卒不能回,是爲失職,此臣之所不敢也;舍人之任,實代王言,臣屬辭非工,訥於應用,記問衰落,不練舊章,此臣之所不能也。伏望察臣至懇,追寢誤恩。"又不許,仍遣中使問勞賜食,諭令就職。安世固稱疾,詔閤門以中書舍人告就賜安世,仍放謝。安世固辭不受。於是詔從安世所請。

---

① 惟願陛下愛身進德　長編卷四三六"願"作"冀"。
② 清心節欲　"節",長編卷四三六作"寡"。
③ 所宜表以爲戒　"表",長編卷四三六、宋朝諸臣奏議卷二九范祖禹上宣仁皇后之保護聖體第二狀均作"常";底本脱"戒"一字,據嘉慶本、長編卷四三六補。
④ 都司　長編卷四四〇、盡言集卷一〇論都司官吏違法擬賞事第六均作"有司"。

前歲大雪苦寒之故,而勸講之臣久不得望見清光,臣固疑之矣。迺者民間喧傳禁中見求乳母,臣竊謂陛下富於春秋,尚未納后,紛華盛麗之好,必不能動蕩淵衷①,雖聞私議,未嘗輒信。近日傳者益衆,考之,頗有實狀,或者之論乃謂陛下稍疏先王之經典,浸近後庭之女寵。此聲流播,實損聖德。伏望聖慈爲宗廟社稷之大計,清閑之燕,頻御經帷②,仍引近臣,與之論議,前古治亂之要、當今政事之宜,俾悉開陳,以助聖學。"先是,給事中范祖禹上疏皇帝曰:"臣自今秋,聞外人言陛下於後宮已有所近幸。臣誠至愚,不能不惑。陛下今年十四歲,而生於十二月,其實猶十三歲,此豈近女色之時乎?陛下上承天地宗廟社稷之重,守祖宗百三十年基業,爲億兆之人父母,豈可不愛惜聖體哉?"又上疏皇太后曰:"陛下內保佑聖躬,調護起居,外成就睿德,勉進學問,前此未嘗聞有纖毫之失。今之所聞則異於前,外議籍籍,皆謂皇帝已近女色,後宮將有就館者。有識聞之,無不寒心。"疏皆留中。會劉安世呼牙媪爲其兄嫂求乳母,逾月無所得,安世怒,詰之,姥曰:"非敢慢也,累日在府司,緣內東門要乳母十人,今日方入了。"安世驚曰:"汝言益妄。上未納后,安得有此③?"媪具言內東門指揮,令府司責軍令狀:無漏泄。安世猶未之信。任府司者,適安世故人,亟以手簡問之,答云:"非妄。"安世遂抗章論列。他日,呂大防等奏事已,將退,太皇太后留大防,謂曰:"近安世有文字言禁中求乳母事,意則甚善,但渠不知耳。此非官家所要,乃先帝一二小公主尚須飲乳也。官家常在老身榻前閣內寢處,宜無此。老身又嘗究治,果無之。可説與安世,令休入文字。"大防對曰:"諫官例不與宰相相見。"太皇太后曰:"然則當如何止安世文字,勿令再入?"大防曰:"范祖禹見修實録,臣每間日過實録院,必見祖禹。劉安世與祖禹同省,臣當以聖旨令祖禹告安世。"太皇太后因言:"祖禹亦有疏論列後宮進御事,並令大防諭止。"及祖禹得大防所傳聖旨,即過安世。安世曰:"此事繫聖德污隆。安世以諫名官,何敢緘默?純夫方侍經帷,上所親信,又豈得不言?"祖禹曰:"固嘗言之矣。"安世曰:"宰相所傳聖旨,盍具奏知。萬一有爲紿,雖悔其可追乎④?"安世

---

① 必不能動蕩淵衷　底本脱"必"一字,據長編卷四三六、盡言集卷一二論不御講筵及求乳母事、宋朝諸臣奏議卷二九劉安世上哲宗再論進德愛身補。
② 頻御經帷　"帷"底本作"典",據盡言集卷一二論不御講筵及求乳母事、宋朝諸臣奏議卷二九劉安世上哲宗再論進德愛身改。
③ 安得有此　長編卷四三六作"安有此"。
④ 雖悔其可追乎　底本脱"雖"一字,據長編卷四三六補。

四年二月癸丑,劉安世言:"案:太常少卿王子韶姿性憸佞①,行己無恥。熙寧初,士大夫有'十鑽'之諺,目子韶爲'衙内鑽',蓋以其造請公卿之門不憚寒暑,交結權要子弟巧於自媒,如刀錐之銛鋭也。少常之任素號清選,豈容匪人輒爾冒處?"壬戌,案:長編係己巳。蔡確在鄧州,嘗上章陳乞潁昌府,以便私計。劉安世言:"蔡確招權納賂,罪當大辟,止送韶州編管。確至貶所,未及踰年,移置黃州,旋請近鎮。臣謂確敢萌意外之望,蓋先用其弟量移之請嘗試朝廷,遂敢陵蔑公議,雖屢霑非常之恩,猶不能滿確之意,復託親老,願移大藩,蓋有以啓之也。"

　三月,劉安世言:"御史中丞李常、侍御史盛陶得性柔邪,秉心不一,止以近事之尤顯著者,試爲陛下陳之:蔡確陳乞潁昌,常、陶身任臺綱,陰庇奸慝,一也;謝景溫誤恩並不論列,二也;章惇强市田産,亦不繩治,三也;王汾請賜王安石惡謚,及除諫議,常等遂率全臺肆爲醜詆,四也;常在户部,協助邪説,請復雇募,五也;昨者有司請於經義之外加以詩賦,常屢乞改用經義,背公死黨,其事六也;保甲之害,衆所共知,變法已來,農民方遂休息,而陶乃建言重乞編排,率情妄作,七也。"

　四月,劉安世言:"蔡確怨謗君親,情理切害。"見蔡確詩謗。

　五月,劉安世論彭汝礪營救蔡確事。見蔡確詩謗。

　七月丙子②,安世言:"范育昨知河中府,嘗有闕行,嬖人用事,干撓政刑,子弟失教,閨門不肅,醜聲流聞。比方外除,已玷卿列,曾未暖席,擢置宥密。臣恐修潔之士恥與比肩,流蕩之徒無所懲戒。乞罷新命,以允公議。"詔育權發遣熙州。

　十月庚子,起居舍人兼左司諫、宣德郎劉安世遷通直郎,爲左諫議大夫,仍賜緋。

　十二月甲子,左諫議大夫劉安世言:"伏自前月末聞傳聖旨權罷講筵③,是時近興龍節,意謂將有燕饗,是以暫輟邇英之幸,用成慶禮。今復半月④,別無政事⑤,亦非有

———

① 姿性憸佞 "姿"底本作"資",長編卷四二二同,據盡言集卷八論王子韶路昌衡差除不當、歷代名臣奏議卷一七九改。
② 丙子 底本無此二字,據長編卷四三〇補。
③ 伏自前月末 "伏"底本作"狀",據長編卷四三六、盡言集卷一二論不御講筵及求乳母事改。
④ 今復半月 "月"底本作"年",據長編卷四三六、盡言集卷一二論不御講筵及求乳母事、宋朝諸臣奏議卷二九劉安世上哲宗再論進德愛身改。
⑤ 別無政事 "政"底本作"故",據長編卷四三六、盡言集卷一二論不御講筵及求乳母事、宋朝諸臣奏議卷二九劉安世上哲宗再論進德愛身改。

近日復聞用爲職方員外郎,除目既傳,中外駭愕。何者? 棐以陰邪庸瑣之才,憑藉執政親昵之勢,百日之内,三被恩榮,雖臺諫交章,蓋有不能奪者,而又繼有此命,是朝廷之名器可以力取,而天下無復有公議也!"

九月己巳,劉安世言:"制科謝棕申尚書省辭免新命狀云:'所有敕告,未敢抵授。'以'抵'爲'祇',以'授'爲'受',虛薄寡聞,一至於此。昔唐之省中有'伏獵侍郎',爲嚴挺之所譏而罷。今陛下當右文之代,初復制舉,豈容有'抵授賢良'乎?"

十月甲申,劉安世言:"臣非不知進退大臣務全體貌,而宗愈登用以來,醜迹日著,人言騰沸,不可弭塞。請舉其近事之顯著者而極論之,凡十有二,願罷免宗愈,以慰天下。"戊戌,安世又言:"宗愈匿宰相之姻嫌,盜中司之要任,蒙蔽人主之聽,墮廢祖宗之法,陰結惇、確之奸,徼倖異日;顯主軾、轍之黨,公肆詆欺。未嘗振舉紀綱,但聞多所朋附,是以期月之内,致位丞弼,公議駭愕,罪狀日著,豈可塵污廊廟,與聞機政?"

閏十二月丁卯①,劉安世言:"臣竊聞除謝景溫權刑部尚書。案:景溫在先帝時爲湖南安撫使,附會章惇,先於沅、誠等州建置城寨,一開邊隙,十年之内,所費不貲,湖北及廣西並邊之地常被殺掠,無有寧歲,蠹國殘民,莫此爲甚。又自高陽關將帶女巫置之郡下,景溫僥倖大任,日使子弟就其家考問,以至崇此妖人,目爲聖母,及以婢妾之子用爲左右之侍吏,輒恃勢以醉毆人。景溫殊無畏憚,釋而不問,遂致言者彈劾,出之近藩。然是時景溫親黨方據權要,故知蔡州未幾,即徙潁昌,又擢守成都,而偃蹇不行,無人臣恭順之理。陛下曲從其請,改守揚州,在揚州未久,而又不因省部闕官,忽有今日不次之擢。陛下詳此數節,則景溫詔除之下,能允公議乎?"戊辰,劉安世言:"章惇強買蘇州崑山縣百姓朱迎等抵當田產②。方陛下踐祚之初,布平易近民之政,惇備位大臣,既不能輔成上德,而包蓄詭計,動爲異論,陽示強鯁,陰助奸慝,以至悖慢帷幄之前,殊無君臣之禮。陛下以天地之量赦而不誅,止罷執政,出之藩鎮,謂宜退省前過③,痛自懲艾,而長惡不悛,陵蔑國法,劫制州縣,強市民產。前後大臣肆行奸惡,未見如此之甚者④!"

---

① 丁卯 "卯"底本作"丑",據長編卷四一九改。
② 朱迎 "朱"底本作"宋",據長編卷四二〇、盡言集卷五論章惇強買朱迎等田產事改。
③ 謂宜退省前過 底本脱"宜"一字,據長編卷四二〇、盡言集卷五論章惇強買朱迎等田產事補。
④ 未見如此之甚者 底本"見"下衍"有"一字,據長編卷四二〇、盡言集卷五論章惇強買朱迎等田產事删。

卷第一百零五

哲宗皇帝

劉安世任諫職①

元祐三年二月乙未,宣德郎、正字劉安世爲右正言。司馬光既殁,太皇太后問吕公著:"光門下士素所厚善、可任臺諫者,孰當先用?"公著以安世對,遂擢任之。

四月甲申,右正言劉安世進對,太皇太后問:"近日差除如何?"安世等曰:"朝廷用人,皆協輿望,惟胡宗愈,公議以爲未允耳。"太皇太后曰:"且徐觀其所爲。"安世退而上疏言:"宗愈性本奸回,才識闇陋。自居風憲,尤務迎合。既不聞有所啓沃,進賢退奸,亦不聞有所建明,興利除害。朋邪罔上,中外側目。忽聞制命,擢居丞轄,輿議喧然,莫不驚駭。"

五月丙午朔,"五月""朔"三字,據長編補,此疏係丁未。右正言劉安世言:"歐陽棐憑藉閥閱,素無聲聞,才既闇陋,性復回邪,造請權門,不憚寒暑。與程頤②、畢仲游、孫朴、楊國寶輩交結執政子弟,參預密論,號爲死黨。搢紳之所共嫉,清議之所不齒。豈可叨誤厚恩,列職太史?"丁巳③,劉安世言:"近朝廷除黄庭堅爲著作郎,臣聞御史趙挺之歷疏其惡,以謂先帝過密之初,庭堅在德州外邑,恣行淫穢。竊謂挺之德州守臣④,耳目相接,不應妄繆。審如其言,則閭巷小人有所不忍爲,而庭堅爲之自若,虧損名教,絕滅人理,豈可尚居華貴?"

八月己卯,劉安世言:"臣昨以歐陽棐除館職不當,已累次論列,至今不蒙指揮。

---

① 劉安世任諫職 "任",本書目録作"居"。
② 底本"程頤"下有小字"案:程頤疑當作程順熙",據長編八月己卯安世疏"十九字,據長編卷四一〇、盡言集卷一論歐陽棐差除不當、太平治迹統類卷二三元祐黨事始末上、宋邵博聞見後録卷二二删。
③ 丁巳 底本作"五月丙辰",并有按語"案:'五月'二字應删","案:長編係丁巳",今據長編卷四一〇改。
④ 德州守臣 "德"底本作"棣",據長編卷四一一、東都事略卷一〇二趙挺之傳、宋史卷三五一趙挺之傳改。

職。燾既稱謝,即言過坤成節上壽訖當請外。而安世以病臥家,訖辭之。

六月辛丑,侍御史孫升、殿中侍御史賈易言:"溫伯朋邪不忠,止知文奸言以陰附蔡確,不顧傳制命以欺惑後世。溫伯有負國欺天之罪,中外共知。"己酉,御史中丞蘇轍言:"臣竊見近者執政進擬鄧溫伯爲翰林學士承旨,除命一下,而中書舍人不肯撰詞,給事中封還詔書,御史全臺、兩省諫議洶洶,經月不定,而執政之意確然不回。溫伯既仍舊就職,而言者並獲美遷,是以公議皆謂朝廷自知其非,但重於改作而已。"

七月丁亥,侍御史孫升言:"凡命制詞者,比其臣爲稷、契、伊、周,則其君爲堯、舜、湯、武,不言可知矣。今溫伯既比蔡確爲周勃誅諸呂、定劉氏,則未審以何后比方聖上也?豈不知有所嫌哉?又曰:'及在受遺之列,尤嘉定議之功。安輯庶邦,有若召公之老;可屬大事,莫如周勃之忠。'此言確受遺事也。此皆敘事之詞,不可無實也。伏望陛下以臣所論宣付大臣,早定邪正是非,庶他日奸臣無以藉口。"

八月癸卯,案:原本無"八月",據長編補。中大夫、門下侍郎劉摯言:"自三兩月以來,士大夫洶洶於下,造作語言,更相窺伺,人心不安,皆將溫伯及燾等去住陰卜朝廷意旨,才見溫伯就職,便謂朝廷有意動搖政事,邪佞之黨無不欣然得意;見燾等罷言職,便謂疏薄諫諍,從來憂國之臣莫不疑懼。去留之際,中外便生觀望,動搖事機,無甚於此。"

六年二月癸巳,翰林學士承旨鄧溫伯爲端明殿學士、禮部尚書。先是,溫伯撰興龍節祝壽詞,用"負黼扆""憑玉几"等字,殿中侍御史岑象求劾溫伯非所當用以祝壽。適象求差人別試所,侍御史孫升又繼論之,章三上,尋有詔復召朱光庭爲給事中,劉安世爲中書舍人。及除蘇軾吏部尚書,太皇太后諭執政,令兼承旨。於是溫伯有是命。

今日別承溫伯改除侍讀詞頭,臣亦不敢輒行,緣臣本論人才之邪正,不争職名之高下。伏以陛下富於春秋,方以進學爲急,正當慎擇正人,日侍經帷,以輔養聖德之時,而進邪佞,以置左右,臣竊懼焉。伏望收還新命,俾易善藩,庶不累日新之明,獲聞至公之論。"詔以溫伯知南京,既而復從初命。辛丑,詔鄧溫伯依三月十四日命除翰林學士承旨,其四月二日提舉醴泉觀兼侍讀除命勿行①。始,太皇太后諭執政,令以溫伯知南京,既而曰:"且記取便與遷。"及退,右丞許將謂同列曰:"簾中語殊未婉順,盍再將上。"中書侍郎傅堯俞和之,吕大防以爲然。時鄭雍聞王巖叟再封還詞頭,亦上疏乞辨邪正,曰:"朝廷頃除溫伯爲學士承旨,而衆言交攻,一旦改命,乃使日侍天子左右,得以納説。臣不知以溫伯爲邪而退之? 或以爲無過而用之也?"於是執政並雍疏進呈,卒從初命,而有是詔。雍所撰承旨告猶在閤門,乃促溫伯拜受。左諫議大夫劉安世言:"臣伏見朝廷除溫伯爲翰林學士承旨,初則中書舍人繳還詞頭,繼又給事中兩次封駁。臣竊謂至公之朝,必無遂非之理。遷延累日,未敢論列。比聞傳報,前命復下,搢紳相顧,莫不失色。臣再三思之,不得其説。及觀告詞,乃知陛下以攀附之故,遂加恩寵。臣獨疑其不然,須至辨正。前代創業之主經綸草昧,乃有豪傑之士用爲佐命之臣,謂之攀附可也;繼體之君,或由儲貳,或自藩邸,春宫王府,咸備僚屬,以其有保傅之恩,調護之效,謂之攀附亦可也。恭惟陛下初自妙齡,未遑出閤,誕膺天命,遽登宸極,中間溫伯雖曾暫掌牋記,何嘗得望清光,而遂以攀附加之,顯爲非據。"又言:"溫伯資稟奸邪,貪附權利。熙寧中,王安石、吕惠卿勢均力敵,更相傾陷,溫伯始終反覆,出入兩黨,巧門側媚②,情態萬狀。元豐間蔡確用事,悉心付託,召自成都,置之翰苑。及陛下纂承天極,褒賞輔弼,溫伯草王珪麻制則曰'預定議於禁途',爲確命詞曰'尤嘉定議之功'。臣聞太皇太后之立孫、神宗皇帝之與子,上當天意,下符人望,聖心先定,不假外謀,考經稽古,無一不合。確實何力,敢貪天功?"

五月庚寅③,御史中丞梁燾權户部尚書,左諫議大夫劉安世爲中書舍人。燾等並以乞罷鄧溫伯承旨除命不從,辭所遷官,不拜。詔遣中使諭燾,促令受告,仍押赴省供

① 提舉醴泉觀　底本脱"觀"一字,據宋會要輯稿職官六之五二補。
② 巧門側媚　長編卷四四一同,劉安世盡言集卷一三論鄧溫伯差除不當第二作"巧構側媚"。
③ 五月庚寅　底本脱"五月"二字,據長編卷四四二補。

監察御史趙挺之奏:"王覿因言執政而罷,朝論以覿任職,皆爲覿負屈。伏願追改責覿之命。"又言:"臣僚多言胡宗愈之失,今朝廷獨責覿,外論尤以爲疑。"編類章疏五月二十五日、三十日事,附此。監察御史楊康國奏:"一二年來,陛下略不優假言路。去年逐張舜民,今歲又罷王覿,皆緣論及執政,而歲歲逐諫官、御史。伏乞追寢罷覿之命。"皆不報①。

鄧温伯再入翰苑

元祐二年八月甲辰,翰林學士承旨鄧温伯以母喪去位。

五年三月己卯②,知亳州、龍圖閣學士鄧温伯爲翰林學士承旨。中書舍人王巖叟封還詞頭,言:"温伯賦性憸柔,巧於附會。元豐之末,已在翰苑,交結蔡確,求固寵祿。及陛下踐祚之始,褒嘉大臣。是時王珪實位上相,温伯草珪麻制曰'預定議於禁途'③,及爲確詞,則曰'尤嘉定議之功',輕重之間,包蓄奸意,陰受邪説,以攘王珪之美,徼幸異日,操心不忠,莫大於此。及確之敗,罪狀方露,適在憂制,未正典刑。昨者外除,當有天官之命,門下封駁,就改亳州,搢紳之間已有疑論。今方累月,遽復禁林,非惟邪正之混淆,實恐賞罰之差忒。伏乞收還除命,别選賢才,庶遠奸人,以隆聖德。"詔以次舍人鄭雍撰詞。既而給事中鄭穆再封還告命,不聽。御史中丞梁燾等相繼論列,亦不聽。巖叟又言:"臣近封還温伯詞頭,蒙指揮以次舍人撰詞。緣其日亦是臣當直,退而自省:苟非臣疏謬,無此處分;若猶冒處,義實難安。伏望聖慈矜察,特許罷職,以適愚分。"詔不允。巖叟又言:"今温伯之用,以邪亂正,有害治體。臣所以輒敢封還,冀以忠良易此柔佞,而蒙不回初命,徒改詞臣,則是臣濫居職分,無補聖時,莫伸守官之義,有愧代言之責。伏望聖慈檢會臣前奏,早賜俞允。"居兩月,巖叟竟徙他官。

四月丁酉,詔:"龍圖閣學士鄧温伯提舉醴泉觀兼侍讀④,其翰林學士承旨告繳納。"温伯告命既出,言者論駁不已,故有是詔。王巖叟又封還詞頭,奏曰:"臣昨封還温伯除翰林承旨詞頭,伏奉指揮以次舍人撰。臣以所言無取,兩乞罷職,未蒙俞允。

---

① 皆不報　底本無此三字,據長編卷四一一補。
② 五年三月己卯　"三"底本作"二",據長編卷四三九改。
③ 温伯草珪麻制曰　底本脱"珪"一字,據嘉慶本、長編卷四三九補。
④ 龍圖閣學士鄧温伯　底本"閣"下衍"直"一字,據上文之"知亳州、龍圖閣學士鄧温伯"删。

天意①。臣若面從順旨,則是苟容之臣,何足以副陛下簡求②?何面目處群臣之右③?又況彥博、公著等皆是累朝舊人,陛下留在左右,輔翊皇猷,未嘗有闕,今日豈有雷同罔上,庇護黨人?蓋其愛君之心與臣無異,惟在陛下深加採納。所有元降出貶王覿官文字④,臣未敢簽書,更乞聖心熟慮。"又奏:"臣曲謝日已曾奏聞,昔先臣與韓琦、富弼,蒙仁皇同時用爲執政,三人各舉所知,引用忠良,有匪人之不得進者遂構造謗語,指爲朋黨,先臣與韓琦、富弼皆得補外,所用之人,類遭貶逐。當時構謗之人皆欣快相賀曰:'且得一網打盡!'此事未遠,衆人猶知,亦可以爲朝廷深戒。"因錄進歐陽修朋黨論。此據曾肇墓誌。

中書舍人曾肇言:"臣今月十八日吏房送到詞頭,五月十三日奉內降指揮:'王覿言事不當,與一外任合入差遣,不得帶職。'十八日,三省同奉聖旨差知潤州者⑤。臣承乏近侍,理未有安,合具敷奏。臣伏見陛下臨政以來,開廣聰明,大啓言路,拂意逆耳,詆訐狂妄,常人之情所不能容者,莫不虛心克己,溫辭降色以受之。故如覿者,身任言責⑥,有所聞見,不得不爲陛下盡言而無隱也。陛下未以其言爲然,猶當寬大含容,未宜遽棄。覿之一身,出入內外,不足以爲重輕,而陛下言路之通塞⑦、人情之伸屈,在此一舉,此臣不得不爲陛下慮也。伏望陛下以覿所論質之公議,苟其言可取,固當行之;如無足採,亦願陛下容之度外,使天下之人知朝廷不罪人言,始終如一。所有制詞,未敢修撰。"庚午,承議郎、右諫議大夫王覿直龍圖閣、知潤州。尚書右丞胡宗愈上表乞罷政事,改除閑慢差遣。詔答曰:"朕開獎言路,通達下情,雖許風聞,猶當核實,豈以無根之語,輕搖輔政之臣?朕方馭衆以寬,退人以禮,加之美職,付以大邦。朕既無負於聽言,卿亦何嫌而避位?祇服乃事,毋自爲疑。"蘇軾之詞也。

---

① 冀回天意 "冀"底本作"莫",長編卷四一一同,據嘉慶本改。
② 何足以副陛下簡求 "簡"底本作"之",據長編卷四一一、宋朝諸臣奏議卷五五范純仁上哲宗乞寬王覿之罪、范忠宣集奏議卷下奏乞寬王覿之罪改。
③ 何面目處群臣之右 "面目"底本作"足以",據長編卷四一一、宋朝諸臣奏議卷五五范純仁上哲宗乞寬王覿之罪、范忠宣集奏議卷下奏乞寬王覿之罪改。
④ 所有元降出貶王覿官文字 長編卷四一一、宋朝諸臣奏議卷五五范純仁上哲宗乞寬王覿之罪、范忠宣集奏議卷下奏乞寬王覿之罪均作"所有先降貶謫王覿文字"。
⑤ 三省同奉聖旨 "奉"底本作"奏",據長編卷四一一改。
⑥ 身任言責 "任",嘉慶本作"在"。
⑦ 言路之通塞 底本脱"之"一字,據嘉慶本、長編卷四一一補。

八月庚子,新知鄧州、資政殿大學士韓維知汝州。維解機政出,而其兄絳言其病瘁,請汝州以便醫,故有是命。

王覿罷諫議

元祐三年五月初,胡宗愈除尚書右丞,右諫議大夫王覿言:"宗愈自爲御史中丞,論事建言多出私意,與蘇軾、孔文仲各以親舊爲比周,力排不附己者,而深結同於己者。操心頗僻如此,豈可以爲執政?"内批:"王覿論列不當,落諫議大夫,與外任差遣,仍不得帶職。"其日,戊午也。十二日也。覿章當求全本增入。覿有章疏,乃獨無此,當考。

翌日己未,吕公著言:"臣與王覿舊不相識,在前朝及陛下臨政之初,並不曾舉薦。但見覿自任言責以來,凡言數事,最爲穩當。今來若止爲論列胡宗愈,便行責降,未必協衆情。其内降指揮,臣與吕大防、范純仁等商量,亦未敢行下。伏乞陛下特與包容,更加聖慮裁酌。"後二日辛酉,公著與大防、純仁再論於簾前,太皇太后曰:"胡宗愈有何罪?司空與司馬丞相皆親嘗薦之。"公著曰:"宗愈在先朝誠有直聲,然自任中執法,頗爲浮議所惑,所言事多不協衆望。"劉摯進説甚力,太皇太后厲聲曰:"若有以門下侍郎爲奸邪,甘受之否?"摯頓首謝曰:"陛下審察毀譽每如此①,天下幸甚!然朝廷當顧大體,胡宗愈進用亦非所願②。"文彦博曰:"劉摯言是,願賜采納。"太皇太后意猶未解。是日,公著又與文彦博及大防、純仁等面論。純仁退而上疏曰:"臣昨與吕公著等,並今日與彦博等,兩次簾前奏陳,乞寬王覿之罪,蓋欲假借臺諫,使人人敢言。其心止於如此,更無他意。側聞聖訓,以謂'朋黨甚多,宜早施行,恐於卿等不便'。以臣愚見,朝廷本無朋黨,只是善惡、邪正,各以類分。陛下既用善人,則匪人皆憂難進,遂以善人之相稱舉者,皆指以爲朋黨。所以臣等不避違迕,縷縷開陳③,罄竭愚誠,冀回

---

① 陛下審察毀譽每如此　底本脱"每"一字,據長編卷四一一補。
② 胡宗愈進用亦非所願　按:此句精簡過當,長編卷四一一作"胡宗愈進用自有公議,必致陛下貶諫官而後進用,恐宗愈亦非所願"。
③ 縷縷開陳　第一個"縷"底本作"覷",據長編卷四一一改。

韓維,迹狀亦明矣。至於賈易爲頤之黨,則士大夫無不知之。今二人者,不知何詞以罪臣也？謂臣已嘗出言欲救舜民,既而不救,有反覆之罪乎？是不許臣深思,而欲臣苟合也。謂臣見同官罷職,不出力以救之,爲薄於風義乎？則事固有輕重,理固有取捨,不可執一而言也。臣之罪止於此,而言者源源未絶,必欲臣廢逐而後已。臣深痛朋黨之弊至於斯也。伏望陛下哀憐矜照,罷臣言職,免使紛紜之議煩惑天聽。臣不勝幸甚!"又言:"杜純至臺以來,朝廷累送刑名公事付臺定奪,純獨持深議,意務在殺,與胡宗愈等各狀論奏近日阿袁之事是也,阿袁事當考。此亦可見其附韓維矣。賈易既與臣異①,又欲率孔文仲上殿論奏,文仲拒之。程頤素不與文仲往還,忽謁文仲,盛稱賈易所言之事,因以言誘文仲,欲令言之。文仲深不平其説,此朋黨可見矣。"又言:"新除臺官趙挺之乃邢恕妻兄,從程頤學,因杜純得爲御史,以頤與臣之故,亦必言臣,惟陛下幸察。"易凡五狀言吕陶,其略云:"傅堯俞、王巖叟近嘗彈奏陶爲不曾論列張舜民事而面欺同列②,言已有文字,蒙降朝旨,令其分析。傳聞吕陶不自引咎,尚敢毀誣忠良,以爲强横,逼使言事。如其果然,何陶之小人而無忌憚一至如此？且堯俞、巖叟亮直一心,求以報國,天地鬼神固亦鑒其誠意。搢紳士大夫苟有知者,孰不稱其賢而深惜其去？而陶也詭譎奸人,安然履位。按陶習尚卑凡,猥同市井,包藏深阻,險於山川。託朋附以自安,懷機穽而難保。"及是,陶與均罷言職,陶外補而均内徙。

兩人俱罷言職,均内徙而陶外補,蓋易攻陶特甚,或由此除命不同③。均曲折,當考。趙挺之除御史在六月二十八日。

戊辰,遼使辭,案:"遼使辭"三字疑羨。吕公著於便殿復論責韓維事。是日,内批付公著曰:"卿適奏改韓維詞頭,欲作何意？"公著即具奏,乃詔中書省:"韓維告詞宜作均勞逸意。"舍人蘇轍實爲之。辛未,正議大夫、守門下侍郎韓維爲資政殿大學士、知鄧州。

新、舊録並書御史論維多除用親屬,故罷,獨不載御史姓名。案:論維多除用親屬,有吕陶章疏可考,然當時罷維,乃專坐口陳范百禄過惡而不具文字。吕公著家傳及吕大防家所藏御劄並曾肇奏議載其事甚詳,不知舊録何故都不取,而新録又因之？

---

① 賈易既與臣異　嘉慶本同,長編卷四〇三作"賈易既言臣"。
② 不曾論列張舜民事　底本脱"事"一字,據長編卷四〇三補。
③ 或由此除命不同　"除"底本作"出",據長編卷四〇三改。

陶同日徙他官,或均固嘗論維,但其章弗存耳。今依陶家傳略存此數語①,更須考詳。今徽録均傳亦不載嘗有章劾維,奏議亦無。

及是,又言:"伏聞有旨差維知鄧州,此陛下深得制御大臣之術,聳動四海,懾服萬官②。自古聖君英主無以過此,宗社幸甚,天下幸甚!然曾肇敢封還詞頭者,蓋肇向忝中書舍人,累有臣僚彈奏,維爲肇力主張之,今日肇以此報德耳。臣又風聞肇與韓族議爲婚姻,若果如此,聖明更賜審察。"

乙丑,左司諫呂陶爲京西轉運副使,殿中侍御史上官均爲比部員外郎。先是,御史杜純、右司諫賈易等緣張舜民事劾陶、均面欺同列,而陶自請補外,上疏論朋黨曰:"臣起自疏遠,無左右之助。陛下擢於衆人之中,付以言責之任,感慨自誓,恨無死所,以報萬一。然臣嘗謂諫官、御史當尊朝廷,肅臣下,謹名分,正紀綱,遠比周,然後爲稱職,故遇事必言,不暇恤己。牴牾同列亦既多矣,違戾權貴亦已甚矣。頃因程頤不嚴君臣之分,欲就別殿説書,臣以謂禮貴防微,事宜戒漸,名分一僭,實生厲階,乃獻封章,論其不可。奏削方上,而陛下已悟其失,有旨改正,則是頤之妄請,不待臣言而陛下已辨也。臣於頤素無嫌怨,所論奏者,乃職事耳,非欲沮頤而伸己也。同舍緣此反目相視,不啻仇敵,陰懷睚眦,伺隙求報。未幾,張舜民罷職,臺諫紛然,共議營救,亦欲率臣同入文字。臣既思慮短闇,始欲救之,遂諾長貳,以謂可言。既而再思,理有不可。其後全臺具疏,力來强臣,臣乃詳論舜民之言不可從,舜民之罪不當救,面卻其請,不敢雷同。及至召赴三省宣諭,其人各以爲恨,懷怨愈深,意欲使臣不可獨免③,遂形惡奏,上浼聖聰。仰賴陛下睿聖天縱,照見邪隱,朋黨不攻自破,孤臣獲全。今韓維之上客、程頤之死黨,猶指舜民之事以攻臣,是朋黨之勢復作,而朝廷可欺,乃天下之深憂也。臣安可忍默不辨而去哉!今政令得失及生民之利害,必有大於舜民之事者,而不先言之,乃汲汲言臣者,非爲他也,其一則賈易爲程頤報怨也,其一則杜純藉以此悦韓維也。韓縝誤神宗之政事,韓宗師忝秘閣之除命,韓宗儒穢惡之迹,郭茂恂贓貪之罪,臣累嘗彈劾,則維之憾臣亦深矣。彼杜純者與韓氏爲婚姻,則純之言臣以爲悦

---

① 今依陶家傳　底本脱"家"一字,據嘉慶本、長編卷四〇三補。
② 懾服萬官　"服",長編卷四〇三作"伏";"官",嘉慶本作"方"。
③ 不可獨免　"免",嘉慶本作"逸"。

思陛下自去春以來，包容蔡確等，使自引去，獨於韓維不能少忍邪？伏乞聖慈少留神慮，其元降到指揮，謹同封進入。"是日，中批付呂公著曰："卿所奏韓維兄弟中最賢，以兄弟推之，則粗有虛名；若考實，則未聞。維之欺罔，宜在不赦。然以卿累言①，更不欲重責，止令其罷門下侍郎，與一知州差遣。卿宜先定一州郡，實封進入，降出文字施行。"公著即上奏："擬上鄧、襄兩郡，及令帶資政殿大學士，更乞裁酌。"甲子，詔韓維除資政殿大學士、知鄧州，然猶用前責詞。公著乃與中書侍郎呂大防同奏曰："此大事也，更乞訪問太師文彥博。"同知樞密院范純仁言："今韓維未聞別有大過，不候封章陳請，遽然逐去，必有奸人密行譖訴，上誤聖聰，致陛下用賢不終，使大臣失進退之節，實恐正人失望，有虧聖政。伏望陛下深加睿思。臣與韓維亦沾姻戚，既欲上裨聖化，難以避嫌自安，更乞聖慈遍詢文彥博、呂公著以下諸大臣，則知維之邪正。"中書舍人曾肇封還韓維詞頭，具狀曰："臣伏思韓維所言，若百祿果有不正及非理事迹，則維言為當，罪在百祿；百祿無之，則維不為無罪。伏望陛下質以公議，則是非自見。所有誥詞，臣未敢修撰。"太皇太后批付肇曰："輔臣奏劾臣僚，豈有案牘不具，徒口奏而已者？蓋是出於容易，謂予聽覽可欺也。以此罷其職，豈謂與范百祿較證是非，然後為有罪邪？且依前降指揮，作文字施行。"肇復具奏曰："臣前奏乞令韓維指陳范百祿所為不正及非理事迹者，非欲令維與百祿較證是非②，正欲覈維之欺君與不欺君耳。若維所陳皆中百祿之病，則是維與執政敢為朝廷別白邪正是非，真得大臣體，雖案牘不具，出於口奏，豈可謂之欺哉？古者坐而論道，謂之三公，豈以具案牘為事哉？今陛下責維徒口奏而已，遂以為有欺君之意，臣恐命下之日，人心眩惑，以謂陛下以疑似之罪而逐大臣，恐陛下威德不為無損也。"不報。先是，左司諫呂陶累章論維："怙勢任情，陰竊威柄，方陛下垂簾聽政，不宜使大臣如此專恣。若不早賜罷免，邪計必行，邪黨必勝，非朝廷之福。"

　　陶家傳云陶五上章論維，然未見陶五章。實錄稱御史論維多除用親屬，蓋指陶也。陶論維除用親屬，亦不止一章。及維罷免時，陶已為諫官，不為御史矣。不知實錄所稱御史果何人？上官均自殿院與

---

① 然以卿累言　底本脫"以"一字，據嘉慶本補。
② 較證是非　"證"底本作"正"，據長編卷四○三改。

目。承議郎、秘閣校理張舜民通判虢州。

七月乙丑,呂陶上疏論朋黨。見韓維解機政。

韓維解機政　呂陶附

元祐二年七月壬戌,御劄付中書省曰:"門下侍郎韓維嘗面奏范百禄任刑部侍郎,所爲不正,及有非理事十餘件。經今多日,疑無奏牘。及令開具聞奏,卻稱須候討尋。御集賜韓維手劄:'卿向日延和殿奏,待與范百禄理會十數事,可只令開具進入。'不知是何月日,今附此。夫輔臣奏劾臣僚,當形章疏,明論曲直,豈但口陳①,意欲無迹?既無明文,何異奸讒?維爲輔臣,不正如此,將何賴焉?可罷門下侍郎,守本官分司南京,仍放辭謝。"右僕射兼中書侍郎呂公著上疏言:"維昨與范百禄争論刑名等事,若以爲性强好勝則有之,亦未見奸邪事迹。若以奏劾臣僚,當有章疏,則自來大臣造膝密論,亦未嘗須有章疏。比來批語所罪,未足以宣示四方。兼維素有人望,久以直言廢棄。陛下初政清明,方蒙收用,忽然峻責,罪狀未明,慮必有仇嫌之人飛語中傷,以惑聖聽。況五六十年來,執政大臣不曾有此降黜,恐中外聞之,無不驚駭,自此人情不敢自安。伏望稍回聖慮,其批降指揮見只在臣處收掌,聽候聖旨。"

是日晚②,中批付呂公著曰:"覽卿所奏爲罷韓維事,維不惟性强好勝,今日觀維族人、知識布在要津,與卿孰多?以此,人多不平維之强横。若俟其有請而後罷,則今後朝廷何敢行事?紀綱自此不復振也。卿更詳度,作文字進入。"中書侍郎呂大防亦上奏曰:"臣竊詳韓維忠讜有素,士望甚高。陛下自初臨政,擢維於沈滯之中,委以柄用,賢士大夫莫不稱頌盛德,爲之相慶。一旦忽以奏事差失,遽行譴責,恐非所以風示四方、開接衆正之體。"中批付呂大防曰:"覽卿所奏韓維事,維爲大臣,言臣僚罪惡,自當公行,豈有口陳而已者?此不爲罪,何爲罪邪?宜依已降指揮施行。日後果有臣僚煩言營救,必當重行貶竄。"癸亥,公著復上奏,曰:"昨日兩具劄子論列韓維不當責降事,伏蒙聖慈特降批旨,稍霽威嚴,仍令臣更詳度,作文字進入者。臣所以區區論奏,蓋以韓維於兄弟中最有美譽,亦別無奸邪顯狀。若詔命一出,恐必致四方譏議。臣伏

---

① 豈但口陳　嘉慶本作"豈當但口陳"。
② 是日晚　底本脱"晚"一字,據長編卷四〇三補。

孫升再劾張問,引燾"不知廉恥"等語,於是批旨付三省曰:"巖叟、光庭、覿、川等久在言路,多所規益,宜稍遷擢。燾於禁省訐同列,升朋附燾,宜罷。"於是巖叟等皆遞遷①,而升、燾有是命。尚書左丞劉摯言:"臣伏自罷去言職,待罪都省以來,不復以章疏論事者,蓋以謂職在執政,苟有所見,自當與同列僉議進對,顯奏公言而行之,不當私有密請。乃有不得已之事,須至一言,冀效萬一。十五日,呂公著送示內降批旨,罷諫官梁燾等,或稍遷,或移易,或免黜者,共十數人。臣竊料陛下必以近日張舜民事,言者救諫,紛紛不已。舜民輕言以及元老,一失也;議者欲慰大臣而罷御史②,又一失也;言者知救舜民以全言路,而不能體聖明優禮元老之意,又一失也。今朝廷又從而移罷臺諫,則恐不止於三失。而朝廷之失,最處其大者也。此臣所以夙夜徬徨,深爲之惜也。今成命已行,臣不敢盡乞改正,所以區區言之者,非獨爲數人③,蓋所惜者,朝廷事體耳。數日內孫升、梁燾④,外議皆以爲責之太重。臣欲望聖慈詳酌,寬此二人之責,還其職任,以救言路,以扶忠臣之氣。"丁丑,手詔付呂公著曰⑤:"巖叟不能自力爲朝廷論事,而多計會已下之官扶同論列⑥,及薦張舜民不當,欲行黜責。然以前後論事頗多,不欲深罪,亦難爲授起居舍人。今因堅請外補,欲除與一直集賢院、提點刑獄差遣,於恩禮不爲不優也。如中理,則持批巖叟再乞外補狀付外施行,卿相度如何,卻實封進入。"公著言:"巖叟近日言張舜民事誠爲過當,但自來臺諫亦多是相率論事。今若因其堅乞外補,與除直龍圖閣、知藩郡。近時朱服、滿中行皆自起居舍人,因有人言,如此除授。"又批付公著曰:"王巖叟在言路日淺,雖有除命,比朱服、滿中行不曾赴職。卿相度於龍圖閣下一等職任擬定,實封進入。"竟以巖叟爲直集賢院。然故事,知雜、侍御史無爲提點刑獄者,乃除知齊州。

六月戊子,御史中丞傅堯俞罷,知陳州。王巖叟既辭起居舍人,以直集賢院知齊州,堯俞乃言與巖叟事始末同,願并罷中丞補外,故有是命。壬辰,案:長編係甲午,此依政

---

① 於是巖叟等皆遞遷　底本脫"等"一字,據長編卷四〇一及上下文意補。
② 議者欲慰大臣而罷御史　長編卷四〇一"慰"下有"悅"一字。
③ 非獨爲數人　"人"底本作"子",據宋朝諸臣奏議卷五四劉摯上哲宗論群罷臺諫是自塞絕言路、歷代名臣奏議卷二〇四、嘉慶本改。按:長編卷四〇一"人"作"臣"。
④ 數日內孫升梁燾　長編卷四〇一同;嘉慶本無"日"一字,似是。
⑤ 手詔　"手",長編卷四〇一作"中"。
⑥ 而多計會已下之官　底本脫"多"一字,據長編卷四〇一補。

前後言事既多,不能一一盡中。欲乞稍與優遷,令解言職,更擇有名望學識臣僚,使備諫諍。如此①,則陛下於言職之臣,可以全其恩意,不至駭動物聽。"癸亥,手劄②:"付吕公著:覽卿奏,以臺諫官供職日久,欲稍與優遷,令解言職,更擇有名望學識臣僚,使備諫諍。詳卿忠意,深用嘉歎。宜先具可罷言職人,開坐欲除擬次第,密具實封進入。"公著即依旨條上。明日,復降手劄數條付公著,問可否,且言不須別作文字,只於逐條下帖出奏入。復數日③,堯俞等皆遞遷④,蓋用公著之言也。

丁卯,中大夫、守尚書右丞劉摯爲尚書左丞,朝散大夫、守兵部尚書王存爲中大夫、守尚書右丞。戊辰,朝奉郎、起居舍人孔文仲爲左諫議大夫,承議郎、大理少卿杜純爲侍御史,朝請郎、殿中侍御史吕陶爲左司諫,朝奉郎、兵部員外郎賈易爲右司諫,監察御史韓川、上官均並爲殿中侍御史,承議郎、侍御史王巖叟爲起居舍人,朝奉郎、左司諫朱光庭爲左司員外郎,殿中侍御史孫升差知濟州,右諫議大夫梁燾爲集賢殿修撰、知潞州。先是,燾於省中面詰給事中張問:"以謂朝廷近以大臣罷御史,當乎?"問曰:"不當。"燾曰:"言者論之,是乎?"問曰:"當如此。"燾曰:"給事既知罷御史爲非,又以言者爲是,初不駁正之,何也?"問曰:"自有臺諫。"燾曰:"朝廷命令之出,間有失當,初則有舍人繳納,中則有給事封駁,至成命已行,公議不以爲然,諫官、御史乃論之。今給事不舉封駁之職,乃曰'自有臺諫',如此,焉用給事乎?"問引咎,燾因誚問貪禄不去,不知世所謂羞耻。及宰相遣使召臺諫官至都堂聽詔,燾約同列曰:"必以張御史事,當繼求對。"既至,宰相面出手詔,果以舜民事示言者,燾同御史與宰相、執政辨論久之。同知樞密院事范純仁曰:"臺諫出入,乃是朝廷常事。"燾曰:"樞密之言失矣!先文正以正直聞天下,不謂樞密以朝廷罷直臣爲常事,此言非公所宜出⑤,固非燾所願聞也。"門下侍郎韓維曰:"且重惜國體。"燾曰:"臺諫論不當因大臣罷天子耳目之官,正謂重惜國體。使綱紀正而朝廷尊者,御史之任也。斥去臺諫正論之臣,以紊紀綱,曰'重惜國體',非所喻也。"上章請對,明日面論,至伏地懇諫,退即居家待罪。

---

① 如此 "如"底本作"於",據嘉慶本、長編卷四〇〇改。
② 手劄 長編卷四〇〇作"御札"。
③ 復數日 "復",長編卷四〇〇作"後"。
④ 堯俞等皆遞遷 長編卷四〇〇同,嘉慶本"遞"作"遽"。
⑤ 此言非公所宜出 底本脱"言"一字,據長編卷四〇一補。

路。今以一言之失，遽行罷黜，臣竊恐自是言者以舜民爲戒，權臣過慝，不敢復言①。願還舜民職任，以安士論。"右諫議大夫梁燾言："御史者，守法度、持紀綱之官。人主或有闕失，猶得直言正論，至於犯顔逆耳，無所回忌。況臣下過失，安得畏避不言哉？今御史敢言大臣者，天下之公議；大臣不快御史者，一夫之私心。罪天下敢言之公議，便一夫不快之私心，非公朝之盛事也。願還舜民御史，示天下以納諫求助，消權臣朋比之患②，尊朝廷而公天下也。"左司諫朱光庭言："舜民有正直之節，司馬光賢之，薦充館職。陛下擢置御史，士論皆以爲得人。今視職才兩月，正直之節未獲少伸，一言不合大臣，已聞罷職，竊爲陛下惜之！望還舜民舊職，以盡其效。"右司諫王覿亦以爲言，俱不報。

五月癸丑，詔御史中丞傅堯俞、侍御史王巖叟同舉監察二人。堯俞、巖叟等言："臣先準敕同舉監察御史，遂薦承議郎張舜民，伏蒙除授。近者，舜民因言事罷職，差判鼓院。臣等以舜民居官有補，被黜無名，清議沸騰，不以爲允，累章論奏，乞陛下特賜優容，許歸言職，上以全國體，下以息人言。臣等日俟開納施行，其監察御史闕，難別舉官。所有敕二道，不敢祗受。"己未，御史中丞傅堯俞，諫議大夫梁燾，侍御史王巖叟，司諫朱光庭、王覿，御史孫升、韓川論張舜民不當罷御史，累奏不絶。庚申，詔三省、樞密院召臺諫官赴都堂，宣諭曰："朝廷選任卿等爲耳目之官③，正要別白是非，視聽無惑，故自來章奏多所允從。今張舜民所言不當，豈止言文彦博主張劉奉世一事？且如建言乞問罪夏國事，或從其言，豈不爲國生事？今只令解罷言職，蓋恐將來更有論奏，難於取信。若復留在言職，恐誤視聽。今將舜民所奏示卿等，宜詳悉之。"堯俞等皆不受命，退而奏疏言："臣等詳閱舜民章奏云'今臣所奏請，不是欲興師問罪，亦非要終了小封，祇乞止使人，不必如此遄速'，此語甚明，別無他意，惟欲朝廷審慎而已。伏望聖慈更加省覽，則舜民之過，宜蒙恕矣。伏乞降出等前後章疏付三省公議，早賜施行。"右僕射吕公著慮言者將激怒上意，致朝廷有罪言者之失，乃奏曰："伏見陛下自臨政以來，開廣言路，登用直臣，納諫之盛，近古未有。然臺諫官數人例各供職日久，

---

① 不敢復言　"言"，長編卷三九九作"論"。
② 消權臣朋比之患　"消"，長編卷三九九作"銷"。
③ 朝廷選任卿等爲耳目之官　底本脱"爲"一字，據長編卷四○○補。

卷第一百零四

哲宗皇帝

張舜民罷言職①

元祐二年四月甲辰,詔張舜民特罷監察御史,依前秘閣校理、權判登聞鼓院,仍令赴館供職。先是,舜民言:"夏人政亂,權歸梁氏已久,自秉常死,挾乾順,專橫滋甚。去年,雖數遣使入朝,然強臣爭權②,傳聞多端,乾順存亡未可知,朝廷未宜遽加爵命。近所差封册使劉奉世等及所賜金帛,願勿遣。緣大臣有欲優假奉世者,爲是過舉,且起居郎,天子近臣,不宜屈節屬羌。今戎心桀鶩,宜且加兵問罪③。"大臣,指文彥博也。三省、樞密院奏:"舜民謂文彥博照管劉奉世,遂差充夏國封册使。勘會差奉世非文彥博照管。"故舜民有是責。御史中丞傅堯俞言:"舜民因論邊事,言文彥博照管劉奉世失實,罷言職。竊以朝廷置御史,蓋慮下情壅塞,開廣聰明,故許風聞言事,所謂言之者無罪,而聞之者足以戒也。今舜民一言不當,便奪官改差遣,於舜民何損?而無益陛下,亦非彥博所敢安者。伏乞速賜追還,以叶易'不遠復'之義。"侍御史王巖叟言:"謹案:舜民疏中引'文彥博照管劉奉世'之語,非出自撰,乃是收採衆論,聞之朝廷,此蓋言事官常體,復有何罪?伏望特回聖意,還舜民言職,使忠臣義士得盡其心以事陛下,而衆庶之情不壅於上聞,不勝幸甚!"殿中侍御史孫升、監察御史上官均、韓川皆言舜民不當罷。升言:"舜民所論彥博,得於傳聞,不敢隱默,以負朝廷使令。使其言是,所宜虛心行之④;其言非,苟無邪枉附會之意,亦當察其疏直無他,以開諫争之

---

① 張舜民罷言職 "言"底本作"司",據嘉慶本,並參考正文中的"今只令解罷言職"改。
② 然強臣爭權 長編卷三九九同,嘉慶本"強"作"權"。
③ 宜且加兵問罪 嘉慶本同,長編卷三九九"且"作"即"。
④ 所宜虛心行之 長編卷三九九"所"上有"陛下"二字。

知其難也。臣何狂簡,敢爾覬幸,宜其獲罪明時,見嗟公論①。志既乖於仕道②,義當致於爲臣。既屢懇而未從,俄遭憂而罷去。銜恤既終於喪制,退休當遂於初心③。豈捨王哉！忠戀之誠雖至,不得已也。去就之義當然。自惟衰邁之軀,得就安閑之地。闡今傳後,更有望於殘年;行道致君,甘息心於聖世。豈期矜貸,尚俾甄陞,恩雖甚隆,義則難處。前日朝廷不知其不肖,使之勸學人主,不用則亦已矣。若復無恥以苟祿位,孟子所謂'是爲壟斷'也。儒者進退當如是乎？臣非敢自重,實懼上累聖明,使天下後世謂朝廷特起之士,乃貪利苟得之人,甚可羞也。況朝廷乎？臣無可受之理,敢冒萬死,上還恩命。伏乞檢會臣前後累奏,特賜指揮。"既有崇福之命,頤即承領敕牒,但稱疾不拜,假滿百日,亟尋醫,訖不就職。

---

① 見嗟公論　"嗟"底本作"羞",據長編卷四七三、二程文集卷七伊川文集二再辭免表、太平治迹統類卷二五程頤出處本末改。
② 志既乖於仕道　長編卷四七三同,嘉慶本、太平治迹統類卷二五程頤出處本末均作"志既求於事道"。
③ 退休當遂於初心　嘉慶本同,長編卷四七三"當"作"合"。

已乞去職,若復召頤勸講,必有補聖明,臣雖終老在外,無所憾矣!"

五月甲申,監察御史董敦逸言:"竊見左通直郎、直秘閣程頤辭免職名表謝云①:'不用則已,獲罪明時,不能取信於上';又有'道大難容,名高毀甚'之語,怨躁輕狂,不可縷數。臣按:頤起自草澤,勸講經筵,狂淺迂疏,妄自尊大。當時有所建議,人皆以爲笑談,而又奔走權門②,動搖言路。陛下聖明,察其疏謬,止令罷職,亦朝廷之寬恩也。頤近因喪服除,朝廷以職名加之,輿議沸騰,皆云虛授。今頤猶不自揆,肆爲狂言,至引孟子、伊尹以自比,又自謂得儒者進退之義,惑衆慢上,無甚於此。伏望朝廷追寢新命,以協公論。"丙戌,詔程頤許辭免直秘閣、權判西京國子監,差管勾崇福宮。頤初表言:"昨臣被責,命出爲外官,夙夜靡遑,惟是内省。始蒙招致之禮,旋爲斥逐之人,將何顏以立朝?當自劾而引去。至於五請而未聽,豈可力辨以求伸。遂且從容,以須替罷。未至任滿,遽丁家艱。思無忝於所生,惟堅持於素節。未終喪制,已降除書。上體眷恩,內深愧懼。伏念臣志存守道,識昧隨時,俗所忌憎,動招謗毀。昨蒙擢任,既以人言而被黜,爲朝廷羞矣。今復授以職任,適足重爲朝廷羞,無所益於明時,徒取笑於後世。伏望聖慈矜察愚誠,追寢恩命。臣昨因丁憂,既已去官,今來所降告命,不敢祗受,已於河南府寄納。伏乞朝廷檢會臣前來五次奏陳,特降指揮,許歸田里。"詔不許。頤又言:"伏念臣力學有年,以身任道,惟知耕食以求志,不希利達以干時。陛下詔起臣於草野之中,面授臣以講說之職,臣竊思之,得以講學侍人主,苟得致人主以堯、舜、禹、湯之道,則天下享唐、虞、夏、商之治。儒者逢時,孰過於此?於是幡然有許國之心,在職歲餘,凡夙夜畢精竭慮,蓋非徒爲辨辭,解釋文義,惟欲積其誠意,感通聖心,庶交發志之孚,方進沃心之論。實冀不傳之學,復明於今日;作聖之效,遠繼於先王。自二年春後來,臣每進說,陛下嘗肯首應臣。臣知陛下聖資樂學,誠自以爲千載之遇也。不思道大則難容,節孤者易躓。入朝見嫉,世俗之常態;名高毀甚,史册之明言。如臣至愚,豈免衆口?不能取信於上,而欲爲繼古之事,成希世之功,人皆

---

① 辭免職名表謝云　太平治迹統類卷二五程頤出處本末同,長編卷四七三"謝"作"辭"。
② 而又奔走權門　長編卷四七三同,太平治迹統類卷二五程頤出處本末"權門"作"公卿之門"。

以爲直秘閣、判西京國子監。初,頤在經筵,歸其門者甚衆,而蘇軾在翰林,亦多附之者,遂有洛黨、蜀黨之論①。二黨道不同,互相排毁,頤竟罷去。及進呈除目,蘇轍遽曰:"頤入朝,恐不肯静。"太皇太后納其言,故頤不復得召。乙巳,殿中侍御史吴立禮言:"竊見丁憂服闋人、前通直郎程頤除授直秘閣、判西京國子監,進職無名,頗駭士論。按:頤當元祐初,用大臣論薦,始除幕職官,充西京教授。意卑小官,初乃固辭。及朝廷再以通直郎、崇政殿説書召之,即欣然受命。蓋其志在躁進,故辭卑居尊,速冀顯達。"又曰:"備位經筵,輒敢以師臣自處,欲求坐講。是時諫官孔文仲上章斥其狂妄,果不能逃陛下知人之明,即行顯黜。前謫居西京,欲使之退思自省,今既免喪除服,還其舊任足矣,一旦寵擢無名,優進儒館之職,將何以懲戒妄人,聳勸多士?"

四月丙寅,案:原本無"四月",今據長編補。吴立禮又言:"按:頤素履非正,狂妄躁進。言其内行,則娶甥以爲妻;論其沽名,則索隱而行怪。以遊説爲事業,以捭闔爲功能。邪説詭詞,足以亂政。兼頤昨以罪譴謫,會未滿秩,即丁父憂,朝廷因其除服免喪,躐進儒館之職,可謂異恩。既上章求避,不自以寵渥逾分懇辭優命,而乃望望不足,自欲歸就田里。夫人臣進退,固有大義,苟無意禄仕,自當求致王事,以禮而去,未聞去就輕易,率爾要君。苟不明正典刑,何以懲戒在位②?"己卯,禮部侍郎兼侍講范祖禹言:"臣伏見元祐之初,陛下召程頤對便殿,自布衣除通直郎,充崇政殿説書。天下之士,皆謂得人。雖真宗之待种放,不是過也。陛下用頤,實爲希闊之美事。纔及歲餘,即以人言罷之。頤之經術行誼,天下共知。司馬光、吕公著與頤相知二十餘年,然後舉之。此二臣非爲欺罔,以誤聖聽者也。頤在經筵,切望皇帝陛下進學,語及繁多③。頤草茅之人,一旦入朝,與人相接,不爲關防,未習朝廷事體,迂疏則有之。而謂頤欲以故舊傾大臣,以意氣役臺諫,其言皆誣罔非實也。蓋當時臺諫官王巖叟、朱光庭、賈易皆素推服頤之經行,故不知者指爲頤黨。頤,匹夫也,有何權勢動人而能傾大臣、役臺諫?如頤之賢,乃足以輔導聖學。至如臣輩,叨備講職,實非敢望頤也。臣久欲爲頤一言,懷之累年,猶豫不果,使頤受誣罔之謗於公正之朝。臣每思之,不無恨也。今臣

---

① 蜀黨之論 "蜀"底本作"川",據長編卷四七一、宋史全文卷一三下、太平治迹統類卷二五程頤出處本末、宋名臣言行録外集卷三程頤伊川先生正公改。
② 懲戒 底本作"懲誡",據嘉慶本、長編卷四七二改。
③ 語及繁多 嘉慶本同,長編卷四七二"及"作"常"。

緣頤、軾之故也。前日頤罷,而言者及軾,故軾乞補外。既降詔不允,尋復進職經筵,而又適當執政大臣有闕,士大夫豈得不憂?雖臣亦爲朝廷憂也。軾自立朝以來,咎怨不少,然其文采,後進少及。陛下若欲保全軾,則且勿大用之,庶幾使軾不及於大悔吝。"

十月甲申①,知懷州賈易責知廣德軍。易既罷諫職,翰林學士蘇軾、中書舍人蘇轍皆乞補外,詔不許。於是轍言:"易謝表皆謂以忠直獲罪,而指言群臣讒邪罔極,朋黨滔天,上下不交,忠良喪沮,至引周易'履霜堅冰''不早辨'之言以爲戒,欲使朝廷原心定罪,便行誅戮。其間有云'蘇轍持密命以告人,志在朋黨而害正'。臣非臺諫,凡易所言,不敢條析論奏,唯有言臣一節,理當辨明。易雖頃爲諫官,今出守郡,於條不當復以風聞言事。其言臣以密命告人,伏乞朝廷取問實狀②。如所言有實,臣甘俟朝典。"於是御史交章論易:"人才庸下,猥蒙朝廷不次拔擢,以爲諫官,而易唯諂事程頤,默受教戒,頤指氣使,若驅家奴。頤於人物少有愛憎,易乃抗章爲之毁譽。附下罔上,背公死黨。伏望早賜指揮降黜,以懲朋黨之風。"詔:"賈易已罷言職,不合更於謝上表内指名論事③。"故有是責。

舊録云:御史交章論易謝表文過。案:此時胡宗愈爲中丞,王覿爲侍御史,豐稷爲殿中,趙挺之、方蒙、趙岊爲監察,不知言者謂誰。案:六月二十八日注:則御史或是方蒙也。交章,當考。

五年正月庚寅,太師、平章軍國重事文彦博言:"大中大夫致仕程珦身亡,一子頤素蘊學行,嘗爲邇英講官。今其父亡,窘於喪事④。伏望特賜矜憫,優其賻恤。"知河南府韓縝、翰林學士承旨蘇頌等相繼有請。詔:"賜絹二百匹下所屬,葬日量行應副⑤。"

六年五月丁丑,蘇軾言:"臣素疾程頤之奸,未嘗假之以色詞。"見蘇軾詩謗。

七年三月丁亥,三省進呈程頤服闋,欲除館職、判登聞鼓院⑥。太皇太后不許,乃

---

① 甲申　底本無此二字,據長編卷四〇六補。
② 伏乞朝廷取問實狀　"實"底本作"密",據長編卷四〇六、欒城集卷四一乞驗實賈易謝上表所言劄子改。
③ 不合更於謝上表内指名論事　底本脱"更"一字,據長編卷四〇六補。
④ 窘於喪事　"喪",長編卷四三七作"襄"。
⑤ 下所屬葬日量行應副　底本脱"下"一字,據長編卷四三七、太平治迹統類卷二五程頤出處本末補。
⑥ 判登聞鼓院　宋史全文卷一三下、太平治迹統類卷二五程頤出處本末同,長編卷四七一、宋名臣言行録外集卷三程頤伊川先生正公"鼓"均作"檢"。

職。既退,公著謂同列曰:"諫官所論得失未足言,顧主上方富於春秋,異時將有進導諛之說以惑上心者。當此之時,方賴左右力爭,不可預使人主輕厭言者也。"於是呂大防、劉摯、王存私相顧而歎曰:"呂公仁者之勇,乃至於此!"通直郎、崇政殿說書程頤罷經筵,權同管勾西京國子監。左諫議大夫孔文仲言:"頤人品纖污,天資憸巧,貪黷請求,元無鄉曲之譽①;奔走交結,常在公卿之門。不獨交口褒美,又至連章論奏。一見而除朝籍,再見而陞經筵。臣頃任起居舍人,屢侍講席,觀頤陳說全無發明。上德未有嗜好,而嘗啓以無近酒色;上意未有信向,而嘗開以勿用小人。豈唯勸導以所不爲,實亦矯欺以所無有。如陛下咳嗽罷講,及御邇英,學士以下侍講讀者六七人,頤官最小,乃越次獨候問聖體,橫僭過甚,益無職分。臣居京師近二年,頤未嘗過臣門,臣比除臺諫官,頤即來訪臣,先談賈易之賢,又賀與易同官,遂語及呂陶事,曰:'呂陶曾補司諫,命已久閣,今聞復下,何也?如此,則賈明叔必不安職矣。'明叔者,指賈易字也。臣答曰:'何以言之?'頤曰:'明叔近有文字攻陶之罪,已數日矣。今陶設爲司諫,明叔畏義知恥者也,言既不行,其辭去決矣。公能坐觀明叔之去乎?'臣曰:'將如之何?'頤曰:'此事在公也,公之責重也。'推頤之言,必是與陶有隙,又欲諷臣攻陶助易也。伏望論正頤罪,儻未誅戮,且當放還田里,以示典刑。"御史中丞胡宗愈亦言:"先帝聚士以學,教人以經。三舍科條固已精密,宜一切仍舊②。"因深斥頤短,謂不宜使在朝廷。先是,頤赴講,會上瘡疹,不坐已累日。退,詣宰相,問曰:"上不御殿,知否?"曰:"不知。"曰:"二聖臨朝,上不御殿,太皇太后不當獨坐。且上疾而宰相弗知,可爲寒心。"翌日,呂公著等以頤言奏,遂詣問疾,上不悦,故黜之。

此據舊録稍刪潤之,但削去"頤雅爲群奸所知,至是,言者以爲間亂,黜之非其罪"等語。新録辨誣云:"頤知上疾而告於宰臣,斯未爲過,而言者乃以騰口爲罪,又取市井間語以加之,甚矣。今删去。"按:史官但當録其實以劾頤,頤亦坐是黜,安可没而不書?若辨其是非,則付來者可也。

頤因三上章,乞納官歸田里,不報;又乞致仕,亦不報。

九月庚申,侍御史王覿奏:"蘇軾、程頤向緣小忿,深結仇怨。於是頤、軾素相親善之人,亦爲之更相訛訐,以求勝勢,若決不兩立者,乃至臺諫官一年之内章疏紛紜,多

---

① 元無鄉曲之譽 "譽",長編卷四〇四作"行"。
② 宜一切仍舊 "宜"底本作"且",據長編卷四〇四改。

殿說書。若以新所除官充崇政殿說書,足以超擢。"辛巳,宣德郎、秘書郎程頤爲通直郎、崇政殿說書。頤既上殿,十四日辭恩命,乞進見。即以經筵命之。頤面辭,不許。退而具奏,言:"大率一日之中,接賢士大夫之時多,親寺人、宫女之時少,則自然氣質變化,德器成就。"又曰:"臣以爲天下重任,唯宰相與經筵。天下治亂係宰相,君德成就責經筵。由此言之,安得不以爲重?"御史中丞劉摯言:"頤之辭遜不已,而陛下恩命有加,臣恐頤於出處辭受之際義有難安者,聞頤方辭恩制,乞降指揮,依頤所乞,成就其節,止授以初官之命,既使得以禄養其親,又使受之有義,免於侶是之謗。"頤卒留經筵,摯所言不用。

四月辛亥,户部言:"按舊例,侍讀、侍講、說書請給不同,其說書程頤未敢依侍讀、侍講例支破。"詔程頤職錢特添作二十貫①。

八月癸卯,通直郎、充崇政殿說書程頤兼權判登聞鼓院。頤再辭之。再辭據頤集,從違,當考。本傳乃無此。詔不帶職官充侍讀、侍講、崇政殿說書,其請俸依職事官例支見錢。頤在講筵,嘗質錢使。或疑禄薄,問之,乃自供職後不曾請俸。尋詰户部,户部索前任歷子,頤言:"頤起草萊,無前任歷子。"其意以朝廷待士,便當廩人繼粟、庖人繼肉也。即令户部自爲出歷子。户部初欲折支,執政謂館閣官皆請見錢,豈有經筵反折支?又檢例,緣久無崇政殿說書,故户部只欲與折支②,久之始給見錢。

十二月,蘇軾嘗罵程頤。見臺諫言蘇軾。

二年七月乙丑,左司諫吕陶上疏論朋黨,其略曰:"今韓維之客,程頤之死黨,猶指張舜民之事以攻臣。"又曰:"程頤素不與文仲往還,忽謁文仲,盛稱賈易所言之事。"詳見韓維解機務。

八月辛巳,朝奉郎、右司諫賈易知懷州。自蘇軾以策題事爲臺諫官所言,而言者多與程頤善。軾、頤既交惡,其黨迭相攻。易獨建言請并逐二人,又言吕陶黨助軾兄弟,而文彦博實主之。語侵彦博及范純仁,太皇太后怒,欲峻責易。吕公著言:"易所言頗切直,唯詆大臣爲太甚,第不可復處諫列耳。"太皇太后曰:"不責易,此亦難作宗祚切。公等自與皇帝議之。"公著曰:"不先逐臣,易責命亦不可行。"爭久之,乃止罷諫

---

① 二十貫 嘉慶本作"三十貫"。
② 只欲與折支 底本脱"與"一字,據長編卷三八五、太平治迹統類卷二五程頤出處本末補。

聖意?"太皇太后曰:"初不因人薦。"嚴叟曰:"此人有風望。"忠彥曰:"陛下亦必是聞此擢用,乃誤陛下任使。"嚴叟又曰:"賈易除侍御史日①,中外翕然稱當。及來,聞京師百司官吏望而畏之。臺諫官難得如此有風望者,今罷去,士論甚以為惜。進退人太速,亦人主所當謹。願陛下留意,別除丞、雜,尤所當慎。"太皇太后曰:"極當謹也,須求老成。"忠彥曰:"宜擇忠厚者。"嚴叟曰:"求得中道者用之,乃善。"癸卯②,詔朝散郎賈易改知宣州。乙巳③,御史中丞趙君錫為天章閣待制、知鄭州。

七年三月。初,頤在經筵,歸其門者甚衆,而蘇軾在翰林,亦多附之者,遂有洛黨、川黨之論。二黨道不同,互相排毀。詳見程頤。

臺諫言程頤　川洛黨並賈易附

元豐八年十一月丁巳,鄉貢進士程頤為汝州團練推官、充西京國子監教授,以門下侍郎司馬光、尚書左丞呂公著及西京留守韓絳薦其學行,故有是命。

元祐元年閏二月丙午④,汝州團練推官、西京國子監教授程頤為承奉郎、秘書省校書郎。先是,王嚴叟奏曰:"伏見西京國子監教授程頤,學極聖人之精微,行全君子之純粹。早與其兄顥,俱以德名顯於時。陛下方欲用顥而顥卒,賢士大夫無不為之咨嗟,以為朝廷之恨。今者幸陛下起頤而用之,臣願陛下加所以待之之禮,擇所以處之之方,而使高賢得為陛下盡其用,則所得不獨頤一人而已,四海潛光隱德之士,皆將相招而為朝廷出矣。"

三月辛未,程頤言:"蒙恩授宣德郎、校書郎,自昨蒙恩授西京國子監教授,方再辭免。准朝旨,令乘遞馬赴闕。祗命而來⑤,未獲進見,遽有此除。伏望聖慈令臣入見,所降告命,不敢當受。"詔程頤特許朝見,仍令上殿。

己卯,門下侍郎司馬光言:"程頤本以布衣,守道不仕。昨朝廷除幕職官、西京教授,頤曾固辭。及朝廷詔赴闕,除宣德郎、校書郎,頤又辭。卑官在經筵者,惟有崇政

---

① 侍御史　長編卷四六四作"御史"。
② 癸卯　底本作"己亥",據長編卷四六四改。
③ 乙巳　底本脫此二字,據長編卷四六四補。
④ 丙午　底本作"甲辰",據長編卷三六九改。
⑤ 祗命而來　底本脫"來"一字,據二程文集卷七伊川文集二辭免館職狀補。

月初間,因往揚州竹西寺,見百姓父老十數人,相與道旁語笑。其間一人以兩手加額,云:'見說好個少年官家。'其言雖鄙俗不典,然臣實喜聞百姓謳歌吾君之子出於至誠。又是時臣初歸耕常州,蓋將老焉。而淮、浙間所在豐熟,因作詩云:'此生已覺都無事,今歲仍逢大有年。山寺歸來聞好語,野花啼鳥亦欣然。'蓋喜聞此語,故竊記之於詩,書之當途僧舍壁上①。若稍有不善之意,豈敢復書壁上,以示人乎?又其時去先帝上仙已及兩月,決非'山寺歸來始聞'之語。事理明白,無人不知。而君錫等輒挾私情,公然誣罔。伏乞付外施行,稍正國法,所貴今後臣子不爲仇人無故加以惡逆之罪。"從之。

軾於八月初八日始上此章,是日即以題詩事令軾具析。君錫亦以是日罷中丞,今並附初四日。

甲午,侍御史賈易出知壽州,以犯祖名,改廬州。乙未,御史中丞趙君錫爲天章閣待制、吏部侍郎。先是,右正言姚勔論君錫本無風節,偶至從班,昵近少年,追游戚里。昨除中憲,內外駭聞。及領職以來,雷同低昂,無所建明。稱秦觀才美,既極薦論,及屬官有言,旋行陳首,取捨反覆,貽笑多士。諫議大夫鄭雍論君錫傾邪柔佞,風節不立,供職之初,即言百僚見執政官謁禁,蓋向來宰相欲求自便,故設此禁。君錫觀望言此,衆目爲"趨客中丞"②,在台中惟持兩可。昨朝廷方用臣言案王鞏不檢事,君錫素與鞏杯酒相從,獨不言鞏,仍詣船別之。望斷自宸衷竄逐,以警在位。又論賈易,以爲君錫弱易強。君錫薦秦觀,既除正字,易彈秦觀無行,不可以污文館。君錫即自劾,蓋出於易劫持也。易初論蘇軾題詩怨謗,君錫亦相繼論軾。太皇太后不悦,諭三省曰:"君錫全無執守。"乃詔君錫復爲吏部侍郎。及三省進呈,太皇太后曰:"君錫非有罪,但無執守耳。"呂大防曰:"誠如聖諭。大抵賈易強,君錫弱,爲所劫制也。"他日,樞密院奏事已,韓忠彥問:"趙君錫、賈易罷,不知因依,豈非爲言蘇軾否?"太皇太后曰:"是也。輒將題詩事誣軾。先帝三月上仙,軾五月題詩,猥云軾別有意。似此,使人何可當也?目前事不言,卻尋許多時事言,顯是捃拾。初,賈易言,相次趙君錫被賈易使之,亦言軾,幸無事,乃似此生事。"忠彥曰:"君錫素無執持,臣從舊識之,大抵不能違人情耳。"王巖叟進曰:"君錫雖無執持,然亦非助惡之人。"又曰:"聞賈易昨來除命出

---

① 當途僧舍 "途"底本作"塗",據嘉慶本、長編卷四六三改。
② 衆目爲趨客中丞 "衆"底本作"朝廷",據長編卷四六三改。

户颜章兄弟,皆無罪之人,今則漸蒙貸免矣。既而專爲姑息,以邀小人之譽,兼設欺蔽,以竊忠藎之名。如累年災傷不過一二分,軾則張大其言,以甚於熙寧七八年之患,比年饑饉疾疫,人之死亡者十有五六,豈有更甚於是者?又嘗建言,以興修水利者皆爲虛妄無實。而自爲奏請浚治西湖,乞賜度牒賣錢雇役,間亦不免科借居民什器、畚鍤之類,虐使捍江廂卒築爲長堤於湖中,以事游觀,於公私並無利害。監司畏忌,無敢觸其鋒者,況敢檢按其不法邪!今既召還,則盛引貪利小人,相與倡言:聖眷隆厚,必求外補,非首相不可留也。原軾、轍之心,必欲兄弟專國事①,盡納蜀人分據要路,復聚群小,俾害忠良,不亦懷險詖、覆邦家之漸乎?伏望聖慈鑒觀用人得失,所係輕重,赫然發於睿斷,特行斥免,天下幸甚!"辛卯,宰臣、執政於延和殿簾前具言易疏前後異同之語,退復具奏,言易不惟摇動朝廷政事,陰以申群怨之憤。乃詔與易外任,後旨以本官知壽州。

　　壬辰,詔翰林學士承旨兼侍讀蘇軾爲龍圖閣學士、知潁州。先是,御史中丞趙君錫言:"先帝上仙,軾作詩喜幸。乞正典刑。"侍御史賈易相繼言之,易與軾皆得外補。君錫又言:"臣昨論蘇軾於先帝上仙之初,作詩喜幸,乞正典刑。及賈易劾軾之罪,不可使之外補。事體至大,並未蒙施行。臣伏以前日蔡確之事,坐不言與救解,自宰臣以下,罷黜者凡八人,是朝廷深責臣子之背公死黨,使天下明知無禮於君者,不可不急擊而必去之也②。今賈易憤軾之負恩懷怨③,首行彈劾,而言才出口,反蒙貶逐,豈非與前日行事大相違戾乎?蓋蔡確無禮於太皇④,與軾無禮於先帝,其罪一也。確則流竄遐荒,軾則一切不問。太皇不行此事,將何以教天下之爲母者?皇帝不行此事,將何以教天下之爲子者?有臣懷悖逆之心,形容於言詞如此,而朝廷不能亟正其罪,將何以教天下之爲臣者?伏望二聖質以近事,早賜睿斷,以解釋天下之非議。"後數日,軾入見,言:"臣弟轍與臣言,趙君錫、賈易言臣於元豐八年五月一日題詩揚州僧寺,有欣幸先帝上仙之意。臣今省憶此詩,自有因依,合具述陳:臣於是歲三月六日,在南京聞先帝遺詔,舉哀挂服了當,迤邐往常州。是時新經大變,臣子之心,孰不憂懼。至五

---

① 必欲兄弟專國事　底本脱"事"一字,據嘉慶本補。
② 而必去之也　底本脱"必"一字,據長編卷四六三補。
③ 怨　長編卷四六三作"逆"。
④ 太皇　嘉慶本作"太皇太后"。

五月丁丑,龍圖閣學士①、前知杭州蘇軾言:"臣始緣衙前差雇利害,與孫永、傅堯俞、韓維爭議,因亦與司馬光異論。光不以此怒臣,而臺諫諸人逆探光意,遂與臣爲仇。臣又素疾程頤之奸,未嘗假以色詞,故頤之黨人無不側目。自朝廷廢黜大奸數人,而其餘黨猶在要近,陰爲之地,特未發耳。小臣周穜,乃敢上疏乞用王安石配饗,以嘗試朝廷。料穜草芥之微,敢建此議,必有陰主其事者,是以上書逆折其奸鋒,乞重賜行遣,以破小人之謀,因此黨人尤加忿疾。其後又於經筵極論黃河不可回奪利害,且上疏爭之,遂大失執政意。積此數事,恐別致禍患云云。伏望聖慈察臣至誠,特賜指揮執政檢會累奏,只作親嫌回避,早除一郡。若朝廷不以臣不才,猶欲驅使,或除一重難邊郡,臣不敢辭避,報國之心,死而後已!"庚辰,翰林學士承旨蘇軾兼侍讀。

　　六月丙午,詔蘇軾撰上清儲祥宮碑。

　　八月己丑,侍御史賈易言:"謹案:尚書右丞蘇轍云云。其兄軾昔既立異以背先帝,尚蒙恩宥,全其首領,聊從竄斥,以厭衆心。軾不自省循,益加放傲。既先帝厭代,軾則作詩自慶,曰:'山寺歸來聞好語,野花啼鳥亦欣然。此生已覺都無事,今歲仍逢大有年。'書於揚州上方僧寺,自後播於四方。軾内不自安,則又增以別詩二首,换詩板於彼,復倒其先後之句,題以'元豐八年五月一日作',而語諸人曰:'我託人置田,書報已成,故作此詩。'且置田極小事,而至'野花啼鳥亦欣然'哉?又先帝山陵未畢,人臣泣血,號慕正劇,軾以買田而欣躍如此,其義安在?謂此生無事,以年逢大有,亦有何説乎?是可謂痛心疾首而莫之堪忍者也。後於策題又形譏毁,言者固常論之。又作吕大防左僕射制,尤更悖慢,其詞曰:'民亦勞止,庶臻康靖之期。'識者聞之,爲軾股慄。夫以熙寧、元豐之政,百官修職,庶事興起。其間不幸興利之臣希冀功賞,不無掊刻,是乃治世之失,何至比於周厲王之時?民勞、板、蕩之詩,刺其亂也。先朝行免役,則以差役爲良法②,及陛下復行差役,軾則以免役爲便民,至敢矯稱先帝之意,欲用免役羨錢盡買天下附郭良田,以給役人。向使朝廷輕信而行之,則必召亂,賴言事者排其謬妄,聖明察見其傾邪,故斥其説而不用也。其在杭州,務以暴横立威,故決配税

---

① 龍圖閣學士　底本"閣"下衍"直"一字,據東坡全集卷五九杭州召還乞郡狀删。
② 則以差役爲良法　底本脱"則以差役"四字,據長編卷四六三補。

曉此意①,謂臣若不早去②,必致傾危。伏望聖慈念臣爲臣之不易,哀臣處此之至難,始終保全,措之不爭之地,特賜指揮,檢會前奏,早賜施行。"

四年三月丁亥,翰林學士蘇軾爲龍圖閣學士、知杭州,從軾請也。既踰月,軾言:"臣近以臂疾,堅乞一郡。已蒙聖恩差知杭州,臣初不知其他,但謂朝廷哀憐衰疾,許從私便。及出朝參,乃聞班列中紛然指言:近日臺官論奏臣罪狀甚多,而陛下曲庇小臣,不肯降出,故許臣外補。臣平生愚拙,罪戾固多,至於非義之事,自保必無。只因任中書舍人日,行呂惠卿等告詞,極數其凶慝,而弟轍爲諫官,深論蔡確等奸回。確與惠卿之黨布列中外,共仇疾臣。近日復因臣言鄆州教授周穜以小臣而爲大奸,故黨人共死力,架造言語,無所不至。使臣誠有之,則朝廷何惜竄逐,以示至公;若其無之,臣亦安能以皎然之身,而受此曖昧之謗!伏望聖慈盡將臺諫官章疏付有司,令盡理根治,依法施行。所貴天下曉然知臣有罪無罪,自有正法,不是陛下屈法庇臣,則臣雖死無所恨矣③!"

四月癸卯,給事中趙君錫奏:"蘇軾乞外任,遂除杭州,雖聖恩優渥,待軾不替,而中外之望,歕然解體。何者?軾之文追扳六經,蹈籍班、馬,自成一家之言。國朝以來,惟楊億、歐陽修及軾數人而已。今軾飄然去國,則憸人奸黨必謂朝廷稍厭直臣,奸人且將乘隙,侵尋復進,實繫消長之機。伏望收還軾所除新命,復留禁廷,仍侍經幄,以成就太平之基。"

元祐六年正月丙戌,龍圖閣學士、知杭州蘇軾爲吏部尚書。

二月癸巳,龍圖閣學士④、吏部尚書蘇軾爲翰林學士承旨,已而蘇轍除尚書右丞。轍言:"臣幼與兄軾同受業,先臣薄祐早孤,凡臣之宦學,皆兄所成就。今臣蒙恩,與聞國政,而兄適亦召還,本除吏部尚書,復以臣故,改翰林承旨。臣之私意,尤不遑安。況兄軾文學政事皆出臣上,臣不敢遠慕古人舉不避親,只乞寢臣新命,得與兄軾同備從官,竭力圖報,亦未必無補也。"不聽。

---

① 外廷之人　東坡全集卷五五乞郡劄子、唐宋八大家文鈔卷一二一均作"中外之人"。
② 謂臣若不早去　底本脱"謂"一字,據東坡全集卷五五乞郡劄子、唐宋八大家文鈔卷一二一補。
③ 則臣雖死無所恨矣　"則臣"底本作"臣則",據東坡全集卷五五乞將臺諫官章疏降付有司根治劄子乙正。
④ 龍圖閣學士　底本"閣"下衍"直"一字,據長編卷四五五删。

曰：“適已起居矣。”太皇太后曰：“有一事要問内翰，前年任何官職？”軾曰：“汝州團練副使。”曰：“今爲何官？”曰：“臣備員翰林，充學士。”曰：“何以致此？”曰：“遭遇陛下。”曰：“不關老身事。”軾曰：“必是出自官家。”曰：“亦不關官家事。”軾曰：“豈大臣薦論耶？”曰：“亦不關大臣事也。”軾驚曰：“臣雖無狀，必不敢別有干請。”曰：“久待要學士知，此是神宗皇帝之意。當其飲食而停筯看文字，則内人必曰：‘此蘇軾文字也。’皇帝每時稱曰：‘奇才，奇才！’但未及用學士而上仙耳。”軾哭失聲，太皇太后與上左右皆泣。已而命坐賜茶，曰：“内翰直須盡心事官家，以報先帝知遇。”軾拜而出，撤金蓮燭送歸院。

十月己丑，翰林學士兼侍讀蘇軾言：“臣近以左臂不仁，兩目昏暗，有失儀曠職之憂，堅乞一郡。伏蒙聖慈降詔不允，遣使存問，賜告養疾。恩禮之重，萬死莫酬。然臣終未敢起就職事者，實亦有故。臣與故相司馬光雖賢愚不同，而交契最厚。光既大用，臣亦驟遷，在於人情，豈肯異論。但以光所建差役一事，臣實以爲未便，不免力爭。而臺諫諸人皆希合光意，以求進用。及光既殁，則又妄意陛下以爲主光之言，結黨橫身，以排異論，有言不便，約共攻之。其後又因刑部侍郎范百禄與門下侍郎韓維爭議刑名，欲守祖宗故事，不敢以疑法殺人。而諫官吕陶又論維專權用事。臣本蜀人，與此兩人實是知舊，因此韓氏之黨一例疾臣，指爲川黨。御史趙挺之在元豐末通判德州，而著作郎黄庭堅方監本州德安鎮。挺之希合提舉官楊景棻意，欲於本鎮行市易法，而庭堅以謂鎮小民貧，不堪誅求。公文往來，士人傳笑。後挺之以大臣薦召試館職，臣實對衆言：‘挺之聚斂小人，豈堪此選！’又挺之之妻父郭概爲西蜀提刑時，本路提舉官韓玠違法虐民，朝旨委概體量，而概附會隱庇。臣弟轍爲諫官，劾奏其事。玠、概並行黜責。以此挺之疾臣，尤出死力。臣二年之中，四遭口語，發策草麻，皆謂之誹謗，未出省榜，先言其失士，以至臣所薦士，例加誣衊，所言利害，不許相度。近日王覿言胡宗愈，指臣爲黨；孫覺言丁騭，云是臣親家。臣與此兩人有何干涉？而於意外巧架曲成①，以積臣罪，欲使臣撓椎於十夫之手，而使陛下投杼於三至之言。外廷之人具

---

① 巧架曲成　按：“架”應該是“構”，因避宋高宗趙構諱而改。下文“架造”亦同。

廖正一館職策題,問王莽、曹操所以攘奪天下難易,莫不驚駭相視。其時臣未有言責,無緣上達,徒自震恐寒心而不忍聞也。此必無人爲陛下言不可狀,致朝廷尚稽竄責。臣今幸遇聖恩,擢置言路,豈敢畏避緘默,偷安竊禄,有辜陛下任使之意哉①?"撰策題者,蘇軾也。丙午②,監察御史趙挺之奏曰:"蘇軾專務引納輕薄虚誕,有如市井俳優之人,以在門下,取其浮淺之甚者③,力加論薦。前日十科,乃薦王鞏;其舉自代,乃薦黄庭堅。二人輕薄無行,少有人比。王鞏雖已斥逐補外,庭堅罪惡尤大,尚列史局。按:軾學術本出戰國策蘇秦、張儀從橫揣摩之説,近試學士院廖正一館職,乃以王莽、袁紹、董卓、曹操篡漢之術爲問。此數人者,忠臣烈士之所切齒而不忍言④,學士大夫之所忌諱而未嘗道。今二聖在上,軾代王言,專引莽、卓、袁、曹之事,及求所以篡國遲速之術,此何義也?考其設心,罪不可赦。使軾得志,將無所不爲矣。"

三年正月丁卯,侍御史王覿奏:"蘇軾去冬學士院試館職策題,自謂借漢以喻今也。其借而喻今者,乃是王莽、曹操篡國之難易,搢紳見之,莫不驚駭。軾習爲輕浮,貪好權利,不通先王性命道德之意,專慕戰國從橫捭闔之術。此前日策題所以虧損國體而驚駭群聽者,非偶然過失也。若使久在朝廷,則必立異妄作,以爲進取之資;巧謀害物,以快喜怒之氣。或未欲深罪軾,即宜且與一郡,稍爲輕浮躁競之戒。"

三月辛未,蘇軾言:"臣伏思念頃在登州召還,至備員中書舍人以前,從無人言,只從參議役法,及蒙擢爲學士後,便爲朱光庭、王巖叟、賈易、韓川、趙挺之等攻擊不已,以至羅織語言,巧加醖釀,謂之誹謗。未入試院,先言任意取人,雖蒙聖主知臣無罪,然竊自惟,蓋緣臣賦性剛拙,議論不隨,而寵禄過分,地勢親迫,故致紛紜,亦理之當然也。臣只欲堅乞一郡,則是孤負聖知,上違恩旨。欲默而不乞,則是與臺諫爲敵,不避其鋒,勢必不安。今既未許請郡,臣亦不敢遠去左右,只乞解罷學士,除臣一京師閑慢差遣,如秘書監、國子祭酒之類,或乞只經筵供職,庶免衆人側目,可以少安。"

四月辛巳,軾對於内東門小殿。既承旨,太皇太后忽宣諭軾曰:"官家在此。"軾

---

① 有辜陛下任使之意哉 "辜",長編卷四〇七作"孤"。
② 丙午 底本作"甲辰",案:長編係乙巳",據長編卷四〇七改。
③ 取其浮淺之甚者 嘉慶本、太平治迹統類卷二三元祐黨事本始末上、文淵閣本長編卷四〇七同,長編卷四〇七"淺"作"薄"。
④ 忠臣烈士之所切齒而不忍言 底本"所"下衍"以"一字,據嘉慶本、長編卷四〇七删。

政漸疏,備邊之計漸弛,則意外之憂有不可勝言者。臣竊憂之,故輒用此意撰上件策問,實以譏諷今之朝廷及宰相、臺諫之流,欲陛下覽之,有以感動聖意,庶幾兼行二帝忠厚、勵精之政也。臺諫若以此言臣,朝廷若以此罪臣,則斧鉞之誅,其甘如薺。今乃以為譏諷先朝,則亦疏而不近矣。願因臣此言警策在位,天下幸甚!若以其狂妄,不識忌諱,雖賜誅戮,死且不朽。"辛未,傅堯俞、王巖叟入對,論蘇軾策題不當。堯俞既讀劄子,太皇太后曰:"此小事,不消得如此,且休。"對曰:"此雖數句言語,緣係朝廷大體,不是小事,須合理會。"又曰:"蘇軾更不是譏諷祖宗。"對曰:"若是譏諷祖宗,則罪當死。臣等不止如此論列,既只是於思慮言詞失輕重①,有傷事體,亦合略有行遣云云。"巖叟因於袖取軾所撰策題,就簾前指陳。未終,簾中忽厲聲曰:"更不須看文字也!"巖叟又進讀劄子,簾中極不以為然。堯俞曰:"如此,則是太皇太后主張蘇軾。"又厲聲曰:"太皇太后何故主張蘇軾?又不是太皇太后親戚也!"巖叟曰:"陛下不主張蘇軾,必主張道理。願於道理上斷事。適蒙宣諭:言官有黨。臣等不知有黨無黨,但只據事之是非論列,陛下亦只當看事理如何云云。"遂下至臺中。堯俞與巖叟待罪,乃同奏曰:"臣等今月十八日奏事延和殿,蒙宣諭,謂臣等黨附諫官朱光庭,彈奏翰林學士蘇軾撰試館職策題不當事。臣等誤承厚恩,上辜任使,更不敢詣臺供職,伏候譴斥。"自十九日,各家居。已而卻降出堯俞、巖叟劄子付三省。乙亥,三省進呈傅堯俞、王巖叟論蘇軾劄子。執政有欲降旨明言軾非者,太皇太后不聽,因曰:"軾與堯俞、巖叟、光庭皆逐!"執政爭以為不可。丙子,詔:"蘇軾所撰策題即無譏諷祖宗之意,又緣自來官司試人,亦無將祖宗治體評議者。蓋學士院失於檢會,劄子與學士院共知。令蘇軾、傅堯俞、王巖叟、朱光庭各疾速依舊供職。"蓋從右僕射呂公著之議也。同知樞密院范純仁亦言:"蘇軾止是臨文偶失思慮,本非有罪。聞言者未已,蓋此事或聞因小有言,恐致交相攻訐,流弊漸大。伏望聖慈深察,召來宣諭之意,只乞以朝廷本置諫官,蓋為補朝廷闕失及奸邪害政,今人臣小過,本無邪心,諫官不須深論。若其引咎求去,則云朝廷不欲以小事去言官,爾等當共成朝廷之美,則必不敢更有他說。"

十二月壬寅,監察御史楊康國言:"臣昨於朝堂見百官聚首,共議學士院撰到召試

---

① 思慮言詞失輕重　底本脫"慮言"二字,據嘉慶本補。

之間,猶未顯斥其有譏諷意也。疏入,不報。殿中侍御史呂陶言:"蘇軾所撰策題,蓋設此問,以觀其答,非謂仁祖不如漢文、神考不如漢宣也。朱光庭指以爲非,亦太甚矣。今士大夫皆曰:'程頤與朱光庭有親,而蘇軾嘗戲薄程頤,所以光庭爲程頤報怨,而屢攻蘇軾。'審如所聞,則光庭固已失之,而軾亦未爲得也①。且軾薦王鞏爲不知人,戲程頤爲不謹言②。舉此二者罪之則當也,若指其策問爲譏議二聖,欲深中之,以報親友之私怨,誠亦過矣。"又言:"明堂降赦,臣僚稱賀訖,兩省官欲往奠司馬光。是時程頤言曰:'子於是日哭則不歌,豈可賀赦纔了,卻往弔喪?'坐客有難之曰:'孔子言哭則不歌,即不言歌則不哭。今已賀赦了,卻往弔喪,於禮無害。'蘇軾遂戲程頤云:'此乃枉死市叔孫通所制禮也。'衆皆大笑。結怨之端蓋自此始,軾非無過也。"

　　二年正月辛酉③,傅堯俞、王巖叟相繼上疏,論蘇軾不當置祖宗於議論間,其意欲以救朱光庭也。既皆不報。是日,堯俞、巖叟又各上疏論之。乙丑④,詔:"傅堯俞、王巖叟、朱光庭以蘇軾撰試館職策題不當,累有章疏。今看詳得非是譏諷祖宗,只是論百官有司奉行有過。令執政召逐人面諭,更不須彈奏。"庚午,翰林學士蘇軾言:"臣近以試館職策問爲臺諫所言,臣初不敢深辨,蓋以自辨而求去,是不欲去也。今者竊聞聖明已察其實,而臣四上章,四不允,非獨朝廷知臣無罪可放,臣亦自知無罪可謝也。今言臣者不止三人,交章累上,不啻數十,而聖斷確然,深明其無罪。德音一出,天下頌之,史册書之。臣自聞命以來,一食三歎,一夕九興,心口相謀,未知死所。然臣所撰策問似亦有罪,若不實言,是欺陛下也。臣昔於仁宗朝舉制科,所進策論及所答聖問⑤,大抵皆勸仁宗勵精庶政,督察百官,果斷而力行也。及事神宗,蒙召對訪問,退而上書數萬言,大抵皆勸神宗忠恕仁厚,含垢納污,屈己以裕人也。臣之區區不自度量,常欲希慕古賢可否相濟,蓋如此也。伏睹二聖臨御以來,聖政日新,一出忠厚,大率多行仁宗故事,天下翕然銜戴恩德,固無可議者。然臣私憂過計,常恐百官有司矯枉過直,或至於媮,而使神宗勵精核實之政漸致隳壞,深慮數年之後馭吏之法漸寬,理財之

---

① 而軾亦未爲得也　底本脱"亦"一字,據嘉慶本、長編卷三九三補。
② 不謹言　"謹",嘉慶本作"慎"。
③ 辛酉　底本作"乙卯",據長編卷三九四改。
④ 乙丑　底本作"甲子",據長編卷三九四改。
⑤ 所進策論　"論"底本作"問",長編卷三九四同,據東坡全集卷五三辯試館職策問劄子二首、太平治迹統類卷二三元祐黨事始末上、歷代名臣奏議卷六九改。

卷第一百零三

哲宗皇帝

臺諫言蘇軾　策題詩謗附

元祐元年十二月壬寅①,左司諫朱光庭言:"學士院試館職策題云:'欲師仁祖之忠厚,而患百官有司不舉其職,或至於偷;欲法神考之勵精,而恐監司守臣不識其意,流入於刻。'又稱:'漢文寬大長者,不聞有怠廢不舉之病;宣帝綜核名實,不聞有督察過甚之失。'臣以爲仁祖之深仁厚德,如天之爲大,漢文不足以過也;神考之雄才大略,如神之不測,宣帝不足以過也。後之爲人臣者,惟當盛揚其先烈,不當更置之議論也。今來學士院考試官不識大體,以仁祖難名之盛德、神考有爲之善志,反以偷刻爲議論,獨稱漢文、宣之全美,況謂仁祖、神考不足以師法,不忠莫大焉。伏望聖慈察臣之言,特奮睿斷,正考試官之罪,以戒人臣之不忠者。"策題,蘇軾文也,詔特放罪。光庭又言:"軾罪不當放。"其言攻軾愈峻,且稱軾嘗罵司馬光及程頤。軾聞而自辨曰:"臣竊聞諫官言臣近所撰試館職人策問有涉諷議先朝之語。臣退伏思,臣之所謂'偷'與'刻'者,專指今之百官百司及監司、守令不能奉行,恐致此病,於二帝何與焉?至於前論周公、太公,後論文帝、宣帝,皆是爲文引證之常,亦無比擬二帝之意。況此策問第一、第二首,鄧溫伯之詞;末篇乃臣所撰,三首皆臣親書進入,蒙御筆點用第三首。臣愚意豈逃聖鑒?若有毫髮諷議先朝,則臣死有餘罪。伏願少回天日之照,使臣孤忠,不爲衆口所鑠。"詔追回放罪指揮。或言朝廷謂光庭所言非是②,將逐去之。御史中丞傅堯俞、侍御史王巖叟恐遂逐光庭③,則所損益大,乃各上疏論軾不當置祖宗於議論

---

① 壬寅　底本作"庚子",據長編卷三九三、宋史全文卷一三上改。
② 或言朝廷　"言",長編卷三九三作"傳"。
③ 侍御史　底本脱"侍"一字,據嘉慶本、長編卷三九三補。

至論列。竊見祖宗以來,臣僚所上章疏,未嘗置局編寫,蓋緣人臣指切朝政,彈劾臣下,皆是忘身爲國,不顧後禍。朝廷若有施行,往往刊去姓名,只作'臣僚上言'行出文字,所以愛惜言事之人,不欲暴露,使招怨咨①。案:"咨"疑作"咎"。若一一編録,傳之無窮,萬一其人子孫見之,必結深隙②。祖宗以來,未嘗編録,意恐在此。今編録既非祖宗故事,又有限定年月。且元豐八年四月以前上至國初、元祐九年四月十二日後下至今日章疏,何爲皆不編類,而獨編此十年章疏?臣所未喻。臣欲乞指揮,將見寫樞密院、中書省淨册量留書吏,立限催修寫了當外,其續送到章疏更不編録,只送中書省上簿收管,其餘手分書寫人等並各放罷,所貴朝廷事體均一,不至多留吏人,枉費請給。"上嘉納之,乃詔罷編類臣僚章疏局。

癸亥,吏部侍郎徐鐸奏:"准紹聖四年三月二十八日朝旨節文,蹇序辰奏:竊見朝廷前日追正司馬光等奸惡,明其罪罰,以告中外。乞將貶責過奸臣所言、所行事狀,並取會編類,仍録一本,分置三省、樞密院。又准紹聖五年四月四日朝旨,蹇序辰奏:昨准朝旨,編類貶責過司馬光等事狀,俟編類畢,繕寫一本進入,以備省覽。今勘會編類臣僚章疏局已准朝旨,將前後編類章疏並一宗行遣盡納入内。臣契勘上件事狀,多於章疏内節出文意,類編成書,事體一同。今來合與不合依編類章疏局已得朝旨,將一宗行遣盡進入?"詔並進入。

---

① 使招怨咨　嘉慶本同,宋朝諸臣奏議卷一九曾肇上徽宗乞罷編類元祐臣僚章疏"咨"作"怒"。
② 必結深隙　嘉慶本同,宋朝諸臣奏議卷一九曾肇上徽宗乞罷編類元祐臣僚章疏"結"作"成"。

言涉附會譏訕文書,盡數檢閱,隨事編類,並著所任官姓名,具册申納三省。"宣德郎李積中言:"請選官,應先帝法度政事遭元祐變毀者,取會某事因何人申請而廢,因何人勘當而罷,各開當職官,具册申納三省。如有盜匿棄毀①、增減隱落,以及漏泄者,罪、賞並依編類章疏已得朝旨。"序辰及積中先有是言,三省不行,踰半年矣。序辰既貶,乃復檢舉降詔。曾布謂三省意欲有所羅織故也。

八月壬申,龍圖閣待制、知瀛州盛陶知河南府②。言者論陶昨在元祐中詆誣先烈,協比奸臣,排毀舊弼。詔陶知和州。

九月戊午③,通判潭州畢漸言:"請應元祐中諸路所立碑刻紀事等④,並令碎毁。"從之。

閏九月庚午朔,朝請郎賈易特授保静軍司馬、邵州安置,以易在元祐中嘗任臺諫,內懷比德,羽翼權臣,誣謗先猷⑤,盜竊虛譽,故有是命。

十月庚戌,朝奉郎、集賢殿修撰文及甫落職、知均州⑥,依呂大防例,不得引用期數赦恩敘復。

三年正月,徽宗即位。

四月辛酉。先是,韓忠彥言:"哲宗即位,嘗詔天下實封言事,獻言者以千百計。章惇既相,乃置局編類,摘取語言近似者,指為謗訕。前日應詔者大抵得罪。今陛下又詔中外直言朝政闕失,若復編類之,則敢言之士必懷疑懼。臣願陛下亟詔罷局,盡焚所編類文書,納之禁中。"詔取以入。中書舍人曾肇亦言:"臣待罪右省,伏見置局編類元豐八年五月以後,至元祐九年四月十一日終,應干臣僚章疏及申請事件,以給舍、都司郎官兼領。自紹聖二年冬置局,至今已及五年。據本局人吏已編寫一千九十册⑦。案:長編拾補"十"作"百"。投進,又各寫淨册,納尚書省、門下省訖。見今進寫樞密院、中書省淨册未曾申納,續准中書送下章疏約五百餘件,見行編類次。臣以職事,須

---

① 如有盜匿棄毁　底本"如"上衍"言"一字,據長編卷五一三刪。按:宋宰輔編年錄卷一○作"申明序辰之言,如有盜匿棄毁"。
② 河南府　底本作"河東府",據長編卷五一四改。
③ 戊午　底本作"乙卯",據長編卷五一五改。
④ 碑刻紀事　"事",長編卷五一五作"述"。
⑤ 誣謗先猷　"謗",長編卷五一六作"毁"。
⑥ 均州　底本作"單州",據長編卷五一七、太平治迹統類卷二四元祐黨事本末下改。
⑦ 一千九十册　宋朝諸臣奏議卷一一九曾肇上徽宗乞罷編類元祐臣僚章疏同,嘉慶本"十"作"百"。

度。元祐中,張保源累上書議論朝政,附會奸臣。"詔朝散郎王鞏特追毀出身以來告敕文字,除名勒停,送全州編管;通直郎張保源勒停,仍展三期敘,於峽州居住。甲子,冬至,祭昊天上帝於圜丘,以太祖配。禮畢,還御宣德門,大赦天下,應見貶謫官員,除元祐餘黨及別有特旨之人外,未量移者與量移。

十二月丙子,給事中范鏜言:"中書省送到新知明州葉濤易知淮陽軍,爲元祐中訴理先朝被罪不當。詳濤所進狀,詞情不遜,侵黷先朝。今止降知州軍,猶有民社,未敢書讀行下。"詔濤知興國軍。鏜再論奏,改管勾崇禧觀。庚寅,案:長編係辛卯。看詳訴理所言:"看詳到責授成州團練副使吳居厚稱'罪止緣公,今遭遇朝廷推廣恩惠,凡有罪戾,盡蒙湔洗,人情莫不悦豫'。"詔居厚特罰銅三十斤。

二年正月辛未,詔張舜民、畢仲游、孫朴、趙叡、梅灝、陳察、李昭玘並罷館職。此當詳考。

二月庚辰,歐陽棐朝見,上目之,語曾布曰:"此元祐'五鬼'?"布曰:"亦聞有此名。元祐附麗,亦必有之。治郡亦常才,然棐,歐陽修之子,登進士第。修於英宗定策之際最有功。"上頷之。乙未,曾布言:"章惇、蔡卞施行元祐人,衆論皆謂過當。然此豈爲詆訾先朝,大抵多報私怨耳。惇、卞初相得,故惇於卞言無不聽,及相失,卞多反其事,人皆笑之①。今朝廷政事一出於卞,惇無敢違者。"上曰:"蔡京尤與惇不足。"布曰:"惇於蔡氏兄弟無不畏者,近頗欲屈意求和於京,而京不爲之屈,衆尤哂之。"丙申,詔吏部員外郎孫諤與合入差遣,以元祐訴理有"銜冤飲恨"之語也。

五月戊辰,詔:"朕因閲元祐臣僚所上章疏②,得陳次升任監察御史日一二章奏。觀其微意,極甚奸邪,附會權臣,詆毀先政。如'張官置局,許之訴理,其用法過重,事涉冤抑,情可矜恕,皆得伸雪'。已而乞放'上供封樁錢物,不致過有誅求,而民無騷擾之患'之語,朕常含容其過,庶使自新,畀以諫職③,復敢狃習故態,觀望言事,多不中理,久居其位,殊無小補。可罷職,與遠小監當差遣。"遂添差監全州鹽酒税。

七月壬子,權禮部尚書蹇序辰言:"請將六曹諸司元豐八年四月以來應改更法度、

---
① 及相失卞多反其事人皆笑之　長編卷五○六作:"及與卞相失,則卞多持其所短,故惇畏之,不敢不從,但陪笑而已。衆莫不笑之。"
② 朕因閲　底本脱"因"一字,據宋大詔令集卷二○九陳次升罷職遠州監當制補。
③ 畀以諫職　"畀"底本作"委",據長編卷五一○及宋大詔令集卷二○九陳次升罷職遠州監當制改。

之人本無可罪,今刑部左、右兩曹,一主斷獄,一主敘雪。蓋自祖宗以來,以至今日,凡得罪經斷,鮮有不更訴雪者,但一切付之刑部,自有條格,及前此或行或否,皆自有司條上,其間得雪除者比比而有。元祐中,用事之人實有形迹先帝之意,故別置一司,以張大其事。若當時但如常日付之刑部,則今日亦無復有此紛紛。以此言之,但用意造作之人爲可罪,訴雪者似不足深責。兼人數衆多,動失人心,孰大於此者?真宗踐祚,有建議欲放天下欠負者,真宗云:'先帝何以不放?'大臣云:'先帝留此,以遺陛下,以固結天下人心。'真宗欣然從之。蓋人心何可失也?"布又言:"訴理之人,若於先朝言有不順,此天下之所共怒,自當行法。臣今日所陳無他,但願朝廷守已降指揮,勿令議論者更有所增加耳。"上深然之。已而聞序辰及惇所陳已紛紛矣。壬戌,看詳訴理所言:"光州司法參軍、監安上門鄭俠上書謗訕朝政,並王安國非毀安石等罪名,元祐元年除雪不當,及王㐮、王斿進狀,内言'父安國冤抑未除',又云'先臣不幸,不得出於此時'。"詔:"元祐指揮更不施行,並令改正。鄭俠追毀出身以來文字、除名勒停,依舊送英州編管,永不量移;王㐮罷京東路轉運判官,添差監衡州鹽酒稅;王斿監江寧府糧料院。"

十月甲午,責授昭州別駕、化州安置范祖禹卒。己亥,詔朝散郎汪衍、瀛州防禦推官余爽並除名勒停,永不收敘。衍送昭州、爽送封州編管,仍備坐本人所上書行出。先是,蔡京薦爽上殿,章惇惡之,具言爽及衍元豐末各上書詆誣先朝,爽又元祐中曾上書,乞宣仁歸政,險詐反覆,故有是命。庚子,中書省言:"元祐元年正月,起居舍人邢恕上書言:'熙寧初,王安石、吕惠卿用事,臣時得召對,先帝詢及二人,臣具道安石之短、惠卿之奸,卒見排嫉。'又言:'太皇太后躬親聽斷,並用忠良,全去弊蠹。臣於此時,首蒙擢爲右司員外郎,職爲宰相屬官,與聞政事。臣以爲千載之一時。'又言:'韓維端諒名德,乃與司馬光、吕公著一等。'"詔邢恕特降授承議郎、知南安軍。恕始罷中丞,以本官知汝州。居五月,改知應天府。章惇恐恕復用,乃檢出恕元祐初所上書,白上曰:"邢恕除蔡確一事外,無事不同元祐。"特責之。癸卯,詔朝請郎、秘閣校理、權知潞州歐陽棐落職,送吏部與合入差遣。以元祐權臣迷國之際,棐朋附大奸,每希進用,故有是責。

十一月癸丑,三省言:"元豐末,王鞏累上書議論朝政,表裏奸臣,欲盡變更先朝法淺,未宜遽得青州。況舜民在元祐間踪跡駁雜,今不次擢用,實駭觀聽。義不獲已,須至彈奏,望寢罷。"詔張舜民差除指揮更不施行。甲戌,權吏部尚書葉祖洽言:"伏見太常寺定到韓縝諡議,申尚書吏部覆議。案:縝在先朝,擢於罪廢之餘,致位樞機之地,其受先帝恩德爲不淺矣。然垂簾之初,内則交結張茂則、梁惟簡,以取宰相;外則附司馬光輩逐蔡確,爲自安之計。至於更改法度,縝嘗陰致其力。凶虐貪穢之跡,暴著中外。'莊敏'美諡,非縝所宜。"詔更不定諡。

四月丙戌,詔化州安置梁燾卒,不許歸葬,家屬令昭州居住。

六月壬寅,御史中丞安惇言:"乞朝廷委官,將元祐中訴理所一宗公案看詳,如合改正,即乞申明得罪之意,復依元斷施行。"詔蹇序辰、安惇看詳,内元狀陳述及訴理所看詳語言於先朝不順者,職位、姓名別具以聞。序辰先有是請,上難之,於是章惇復建白,蔡卞勸章惇使必行,令序辰與安惇及徐鐸同主其事。自後緣訴理被禍者凡七八百人,序辰及惇實啓之。

七月乙丑,案:長編係庚午。三省言:"劉摯等黨人王巖叟,前後論事,包藏奸心,最爲凶悖。范祖禹、劉安世、朱光庭仍累疏,誣罔聖德,陰蓄邪謀。雖各行遣,累據臣寮上言,乞賜施行。"詔范祖禹移化州安置,安世移梅州安置。王巖叟、范祖禹、劉安世、朱光庭諸子並勒停,永不收敘。

九月己酉,權吏部尚書葉祖洽言:"近劉摯、梁燾諸子並勒停,永不收敘,仍各於元指定州軍居住。伏見王珪罪惡,比摯等最爲暴著。今罪罰輕重不侔,何以慰天下公議?"詔王珪諸子並特勒停,永不收敘。庚戌,追官勒停、横州編管秦觀特除名,永不收敘,移送雷州編管,以附會司馬光等同惡相濟也。丙辰,朝奉大夫、充秘閣校理孔平仲特落秘閣校理,送吏部與合入差遣。平仲黨附元祐用事者,非毀先朝所建立,雖罷衡州,猶帶館職。上察知其人,故有是命。

平仲必有言者,或因看詳訴理所文字也。新録辨曰:"元祐賢才之盛,如平仲輩,皆一時之望。而史官概誣以黨附用事者。自'平仲黨附'以下删去。"

丁巳,蹇序辰、安惇以訴理事上殿,曾布言:"訴理事干人衆,昨朝廷指揮,令言有不順者具名奏,中外皆以爲平允,但恐議論者更有所加①,願聖意裁察。臣嘗以謂訴理

---

① 議論者 底本作"論議者",據嘉慶本乙正。

落資政殿學士。今雖未及期,該非次赦恩合敘。"詔鄭雍及吕大防等指揮,永不引用期數及赦恩敘復。

十一月癸酉,御史中丞邢恕言:"劉奉世當元祐間,先合劉摯,陰爲謀主,傾害策立顧命大臣,有不利王室之意。昨責郴州,階官猶爲中大夫,公論未免竊歎。近復堂除其弟當時知常州見闕。案:當時才智桀黠,有過人者,奉世陰謀密議,莫不通知。請罷當時常州,別除一嶽廟差遣;其兄奉世,亦乞更降授一散官,依舊郴州安置。"詔劉奉世責授隰州團練副使、郴州安置;劉當時差監南嶽廟。丁丑①,詔放歸田里人程頤送涪州編管,坐與司馬光同惡相濟也。先是,上與輔臣語及元祐政事,又曰:"程頤妄自尊大,至欲於延和講説令太母同聽,在經筵多不遜。雖已放歸田里,可與編管。"輔臣因歷數元祐言者議論過當,而上怒頤爲甚,又曰:"便與編管。"章惇曰:"合羈管。"上曰:"只與編管。"再對,又及之。後一日,遂有涪州之命。頤素與邢恕善,而恕雅不樂,林希謀與諫官共攻之,頤編管,蓋希力。希意恕必救頤,則因以傾恕。恕語人云:"便斬頤萬段,恕亦不救!"聞者笑之。雷州別駕、化州安置梁燾卒。

十二月癸未,鼎州團練副使②、新州安置劉摯卒。先是,蔡京、安惇共治文及甫並尚洙等所告事,八月十六日。將大有所誅戮,會星變,九月五日。上怒少息,然京、惇極力煅煉不少置。已而梁燾先卒於化州,十二月二十七日。後七日,摯亦卒於新州。衆皆疑兩人不得其死。明年五月,獄乃罷。丁酉,詔秘閣校理劉唐老落職,添監桂陽茶鹽酒稅賣礬務,以唐老元祐奸黨,時出險言,故有是命。甲辰,責授黔州別駕、涪州安置黃庭堅移戎州安置,以避部使者親嫌也。

元符元年二月丙申③,詔差河北路轉運副使吕升卿、提舉荆湖南路常平等事董必,並爲廣南東、西路察訪。三月四日罷升卿④。蔡京等究治同文館獄,卒不得其要領,乃更遣升卿及必嶺外,謀盡殺元祐黨人。時劉摯、梁燾已前死,朝廷猶未知也。

三月乙丑⑤,御史中丞邢恕言:"張舜民除直龍圖閣、權知青州。案:舜民資望輕

---

① 丁丑　嘉慶本作"辛丑"。
② 鼎州團練副使　底本脱"副"一字,嘉慶本、長編卷四九三同,據宋史卷三四〇劉摯傳、東都事略卷八九劉摯傳、宋宰輔編年錄卷一〇、宋史全文卷一三下補。
③ 丙申　底本作"癸巳",據長編卷四九四改。
④ 三月四日罷升卿　"三"底本作"二",據長編卷四九四改。
⑤ 三月乙丑　底本脱"三月"二字,據長編卷四九六補。

追奪並給還;王巖叟依吕大防等例追奪。又詔:"趙卨,追元任太中大夫①、中大夫兩官並歷任職名,所有贈官亦行追奪。更有似此者,依此施行。"因吏部、刑部有請也。王珪爲臣不忠。詳見王珪誣謗。

五月辛未,詔榜示朝堂:"朕以眇躬,獲承先構,永惟休烈盛美,欲以昭示萬世。而頃遭羣奸,同逞宿憾,興訛造訕,力肆詆排,政事人才,廢毀殆盡。夙夜悼懼,靡敢遑寧。思與卿士大夫共承厥志,庶幾德業傳信無窮②。念今在廷之臣,鮮知事君之義,崇鄉原以爲善士,造虚譽以進無能;以交私合黨爲先,以奉法守公爲諱③。才智勝任,則鬭茸共嫉;趨向至正,則傾側深仇④。端亮勁挺有特立之操者,不見容於衆人;婾阿回遹持兩可之説者,必得名於流俗。沈溺忘返,險薄可嗟! 乃陰懷私恩,顯廢公議。以奸臣所斥逐爲當罪,所變更爲得宜;以先帝所建立爲不然,所襃擢爲非當。借譽餘黨,幸復甄收,務令舊章,未能淳一。扇爲是非不定之論,欲開善否更用之端。浸長小人之道於難知之中,以疑天下之聽於未孚之際。幸時事之中變,庶人情之翕從。每懷及兹,良用慨歎! 朕察言觀事,灼見邪心,欲正典刑,當申儆戒。繼自今日,爾其自新,式懲厥愆,畢趨於正。示以好惡,非曰苟然。其或怙終,必罰無赦。咨爾在位,尚克欽承。"元祐初,章惇争論役法劄子,有云:"役法可以緩改,非如京東鐵馬、福建茶鹽,不改一日則有一日之害也。"及蔡卞與序辰謀共造詔榜,慮惇不從,乃持惇元祐劄子以脅之,曰:"若謂居厚京東所行非是,則先帝襃詔亦非是矣!"惇噤不能語。於是從序辰所請降詔榜云。丁丑,三省言:"降授左朝議大夫致仕韓維,以先帝東宫舊臣,在元豐末朋附司馬光最爲盡力。仍於奏狀内稱止爲上謝太皇太后特賜襃諭,更不奏謝皇帝,顯有無君之心。"詔韓維責授崇信軍節度副使致仕,於筠州居住。維諸子乞盡納己官,聽父里居。詔以維先朝舊臣,年八十一,特許之。其實諸子告章惇云:"父執政,與司馬光議論多不合。"故得免行。文及甫獄事。詳劉文書獄。

十月己酉⑤,三省言:"太中大夫、知成都府鄭雍先緣棄地及附會奸惡、謗毀先朝,

---

① 元任太中大夫　嘉慶本同,長編卷四八六"元"作"原"。
② 傳信無窮　"信",宋大詔令集卷一九五誡飭在位勅牓(紹聖四年)作"之"。
③ 以奉法守公　"守",宋大詔令集卷一九五誡飭在位勅牓作"首"。
④ 傾側深仇　"傾"底本作"頗",據宋大詔令集卷一九五誡飭在位勅牓改。
⑤ 己酉　底本作"乙酉",據長編卷四九二改。

序辰。

四月乙未①,校書郎陳瓘通判滄州。曾布、林希同白上:"近聞陳瓘補外,瓘登高科二十二年,猶作權通判,若罷校書郎,與除一校理,不爲過。以人才論之,豈在周穜、鄧洵武之下!"上曰:"章惇亦云其當作館閣,但議論乖僻,常欲以長女妻之,以其乖僻故止。"布曰:"瓘不見其乖僻,但議論觝啎蔡卞耳,他無所聞。"林希曰:"瓘嘗爲越州簽判,與卞論事不合,遂拂衣去,然人才實不可得。"布云:"主張士類正在陛下,願少留聖意。"上欣然納之。惇言陳瓘議論乖僻,以瓘言神宗晚年疏斥王荆公不用,此乃是蘇軾之語也。

辛丑,故追貶建武軍節度副使吕公著特追貶昌化軍司户參軍,故追貶清海軍節度副使司馬光特追貶朱崖軍司户參軍。公著制詞曰:"量罪加刑,有國常訓;爲臣背義,雖死必誅。以爾被遇先朝,擢居樞府,迨予纂服,復任宰司。宜竭忠謀,協贊王室。而乃廢體國之大義,忘事君之小心,陰結奸臣,私懷異意,謗訕先烈,變亂舊章。積惡終身,久益暴露。孽實自作,刑難幸逃。雖嘗示於小懲,尚未符於衆論。是用追貶嶺表,降秩州掾,庶期幽冥,知有所畏。"光制詞曰:"爾以觝訕宗廟,迷誤朝廷,戮有餘辜,死未塞責。久稽罪罰,追正典刑,而隱慝愈彰,公言難掩。嘗與凶黨,實藏禍心,至引宣訓衰亂不道之謀,僭諭寶慈聖烈非意之事②。興言及此,積慮謂何?雖免嚴誅,載加貶職③,庶幾來世,永有創懲。"先是,邢恕、章惇言:"元豐八年,神宗晏駕。三月二十七日,范祖禹自西京赴召,司馬光送别於下浮橋船中。光謂祖禹曰:'方今主少國疑,宣訓事不可不慮。'"宣訓者,北齊武明婁太后宫名也。婁太后廢其孫少主殷,立其子常山王演。恕專謗宣仁聖烈皇后有廢立意,又僞造光此言,以信己讒④。然祖禹實以七年冬末赴召,雖惇亦知其誕妄,故不復窮究,但借此以罪光,謂光志在傾摇,猥用齊武明事擬宣仁聖烈皇后,並吕公著復追貶之。惇稱"司馬光村夫子,無能爲;吕公著素有家風,凡變改法度,皆公著教之也"。壬寅,詔范純仁元祐四年罷相恩例不追奪,其已

---
① 乙未 底本作"甲午",嘉慶本同,據長編卷四八五、宋史全文卷一三下改。
② 僭諭 長編卷四八六作"借諭"。
③ 載加貶職 長編卷四八六同,嘉慶本"載"作"再"。
④ 以信己讒 嘉慶本同,長編卷四八六"讒"作"説"。

贊事樞,當體前修,以裨初政。而乃助誣民之浮説,行蠹國之非謀。可依前官降充資政殿學士。"詔:"上清儲祥宫御篆碑文,蘇軾所撰,已令毁棄。宜差蔡京撰文並書。"

壬辰①,案:長編拾補自此至"差遣如故"凡五事均係壬子。詔朝奉郎、守太府少監、分司南京、通州居住王覿改送袁州居住。故朝奉郎、試中書舍人孔文仲追貶梅州别駕,及追遣表恩例。鮮于侁追諫議大夫、集賢殿修撰。故朝奉郎吴處厚追貶歙州别駕。中書舍人蹇序辰奏:"劉奉世等,皆緣棄地及附會奸惡、謗毁先朝致罪,行未旬日,最爲近例。而孔文仲、鄭雍、安燾等猶未見行遣,比之奉世等謫罰②,其爲失當不倫甚明。"制曰:"鄭雍頃由附會,得列言官,乘時抵隙,驟至丞轄,助成奸慝,無補事功,可特落資政殿學士,依前官差遣如故。"壬寅,中書舍人蹇序辰言:"安燾被遇先帝,至爲執政。方文彦博、司馬光競爲棄地之論,燾實與其事,内結張茂則,與之表裏;外同奸黨,爲之借留。及蔡確得罪,又從而出力擠之。當是時,舊臣相繼被斥,獨燾徘徊數年,偶緣喪母,方始去位,則協助光等爲多,非特附會阿諛而已。究其本末,背負舊恩,見利忘義,尤在韓忠彦上,此皆中外所傳聞,朝廷所照見。伏望聖慈更賜裁度,比附同罪已罰之人,一體參酌施行。"制曰:"安燾持禄保躬,協謀蠹國,依憑奸黨,爲己助惡③,誣衊勞臣,隨時擠陷。上辛寄託,久負譴訶,可特落觀文殿學士,依前官差遣如故。"甲辰,長編拾補案:長編卷四百九十原注:"閏二月十五日,范、劉再貶,是月丙戌朔,十五日乃庚子。"詔寧遠軍節度副使、惠州安置蘇軾責授瓊州别駕,移送昌化軍安置。昭州别駕、賀州安置范祖禹移送賓州安置。新州别駕、英州安置劉安世移送高州安置。

三月壬午,中書舍人、同修國史蹇序辰言:"朝廷前日追正司馬光等奸惡,明其罪罰,以告中外,惟變亂典刑,改廢法度,訕讟宗廟,睥睨兩宫,交通近習,分布死黨。考言觀事,實狀具明。而包藏邪心,踪跡詭秘,相去八年之間,已有不可備究者。至其章疏文字、行遣案牘,又散在有司,莫能會見。若不乘時取索編類,必恐歲久淪失,或邪黨交搆,有藏匿棄毁之弊。欲望聖慈特賜指揮,選官將貶責奸臣所言所行事狀並取會編類,人爲一本,分置三省、樞密院,以示天下後世之大戒。"從之,仍差給事徐鐸及

---

① 壬辰　宋史全文卷一三下同,嘉慶本作"壬戌",長編拾補卷一四作"壬子"。
② 謫罰　嘉慶本作"責罰"。
③ 爲己助惡　"惡",嘉慶本作"留"。

添差監海州酒税務。通直郎尋醫程頤追毀出身以來文字,放歸田里。已上逐人,并錢勰、楊畏,仍并依紹聖二年八月二十一日所降指揮,永不敘復。郴州編管秦觀移送橫州編管。其吴安詩、秦觀所在州,差得力職員押伴前去,經過州軍交割,仍仰所差人常切照管,不得別致疏虞。朱光庭追貶柳州别駕,孫覺追職並兩官及遺表恩澤,趙卨追職並兩官及遺表恩例,李之純追職及遺表恩例,杜純追職,案:長編拾補有"遺表恩例"四字。李周追貶唐州團練副使。"大防等責詞,皆葉濤所草也。

舊録云:"上親政三年,追述先志,審度考核,奸臣誣詆,跡狀方顯,斷以不疑,皆正典刑,於是繼述之孝彰矣。"新録辨云:"實録載吕大防以下貶竄首尾甚備,制書盡存之,庶幾後世猶有考焉。自黨錮禍起,忠賢奔播,奸邪無所忌,是以極於大亂而後止。蓋本於紹述之一言,甚矣,其爲生民之禍,嗚呼烈哉!自'上親政'以下删去,制詞恐須略加删削,不必備載,更詳思之。"布録:"庚辰晚,乃聞再貶大防、摯、轍、燾等於嶺表,以次黜責者三十餘人。三省素未嘗以此語布,及已得旨,亦不復道,上亦不語。及是日,葉濤來,頗惶惑於命詞,然何可遏也?"實録貶大防等在癸未二十八日。[長編拾補案:長編(卷)四百八十五又四百八十九原注並云二十八日,紀事本末依布録係庚辰,恐非。]

甲申,制曰:"文彦博色厲而荏,行僞而堅。備公師於三朝①,更將相者四紀。曾靡云報,尚何所仇?可落河東節度管内觀察處置等使、開府儀同三司、太原尹,特降授太子少保致仕②,依前潞國公。"

閏二月丙戌朔,詔太師致仕文彦博諸子,並令解官侍養。司馬康追奪贈官。上批:"張天説所進書,觀其立意狂妄,詆訕之言往往上及先帝,下及朝廷。可進呈取旨。"詔張天説送開封府取勘,具情節申尚書省。其後開封府言:"天説私有景祐福應太一集要,案:長編拾補無"要"字。及上書詆訕先帝,情不可恕。"詔特處死。丁亥,詔曰:"韓川、孫升,爾等以顯附奸凶,肆爲譏訕,早負罪譴,久稽典刑。川可特責授岷州團練副使、道州安置;升可特責授果州團練副使、汀州安置。"詔知福州、朝奉大夫葉伸特令守本官致仕。中書舍人蹇序辰言:"觀文殿學士、大中大夫、知定州韓忠彦,本因朝廷以其父琦勳舊,遂蒙先帝擢用,寵遇甚厚,官爲尚書,超躐夷等。元祐之初,遽忘大恩,附會奸惡,同爲毁訾。望早賜黜責。"制曰:"韓忠彦進由世臣,擢自先帝,歷躋禁從,久

---

① 備公師於三朝　嘉慶本、太平治迹統類卷二四元祐黨事本末下同,宋宰輔編年録卷一〇作"備公卿於三朝"。
② 特降授太子少保致仕　底本脱"降"字,據宋宰輔編年録卷一〇、嘉慶本補;太平治迹統類卷二四元祐黨事本末下"太子少保"作"太子太保"。按:宋王稱東都事略卷六七文彦博傳、宋史卷三一三文彦博傳均作"太子少保"。

京、郴州居住。韓維挾僞以干名,抱虛而取進,徇俗之意,愚不可移;朋奸之心,老莫能革,可落資政殿大學士,特授左朝議大夫致仕。王覿資賦憸回,善於原俗,附會奸黨,毁刺先朝,可落寶文閣直學士,依前朝散郎、守少府少監、分司南京、通州居住。韓川、孫升、吕陶,頃者大奸舊惡,相繼擅朝,而爾挾忿徇私,爲之死黨,竊據要路,肆言先朝,造訕興讒,無所忌憚。川可授依前官屯田員外郎、分司南京、隨州居住;升可授依前官水部員外郎、分司南京、峽州居住;陶可授依前官庫部員外郎、分司南京、衡州居住。范純禮、趙君錫、馬默,頃在初政,嘗躋近班,懷藉勢乘時之心,起背公死黨之計,傅會邪説,專爲悦諛,挾持陰謀,共濟凶惡,夙負欺君之責,久逃附下之誅。純禮可落天章閣待制,依前官管勾亳州明道宫、蔡州居住;君錫可落天章閣待制,依前官管勾亳州明道宫、本處居住;默可落寶文閣待制,依前官管勾南京鴻慶宫、單州居住。顧臨附會凶黨,力被薦論,屬緣洞察於奸謀,不使超躋於近列,可落天章閣待制,依前官管勾洪州玉隆觀、饒州居住。范純粹傾邪險詖,出於天資,反覆導諛,忘其父志①,弟兄倡和,協助奸凶,可落寶文閣待制,依前官管勾江州太平觀、均州居住。孔武仲頃由遠官,召至臺閣,附會奸黨,蹮處要班,逮予親政之初,敢爲怙終之計,失刑既久,衆論未平,可落寶文閣待制,依前官管勾洪州玉隆觀、池州居住。王汾早以凡才,濫居儒館,元祐之際,附會詆欺,衆論喧闐,罪狀明白,可落寶文閣待制,依前官致仕。王欽臣、張耒因緣奸黨②,蹮處要班,挾持詭謀,鼓煽凶焰。欽臣可落集賢殿修撰,依前官管勾江州太平觀、信州居住;耒可落直龍圖閣③,依前官添差監黄州酒税。吕希哲、吕希純、吕希績,爾父公著,當元祐初,竊據宰司,毁黷先烈,變亂法度。希哲可特降授朝奉郎、虞部員外郎、分司南京,和州居住;希純可特降授朝奉郎、屯田員外郎、分司南京,金州居住;希績可降授朝請郎,差遣依舊,光州居住。姚勔向附凶邪,爲出死力,沮害良善,助成奸謀,可依前官守水部員外郎、分司南京,衢州居住。吴安詩,頃者爾以邪朋,竊處諫列,鼓煽凶焰,附會邪謀,可責授濮州團練副使,連州安置。晁補之,爾向以險邪之資,力附奸惡之黨,表裏倡和,阿附導諛,可落秘閣校理,依前官添差監處州鹽酒税。賈易

---

① 忘其父志 "忘"底本作"亡",據嘉慶本改。
② 張耒 "耒"底本作"耒",據嘉慶本、長編拾補卷一四改。下同。
③ 耒可落直龍圖閣 嘉慶本作"耒可落直龍圖閣□□",所缺二字應該是"學士"。

此例。初議再貶光及公著等,曾布謂章惇、蔡卞曰:"追奪恩澤,此例不可啓。異時奸人施於仇怨,則吾人子孫皆爲人所害。兼光及韓維等家得恩澤已十數年,一旦奪之,於人情未便。"惇曰:"維數年前方致仕。"布曰:"亦五七年。兼維在位不久,必欲行,則且施之於光及公著可也,然亦不必及其子孫。惡惡止其身,不若就其身上追奪。"惇曰:"彼已死,雖鞭尸何益?追削何補?不若奪其恩例,乃實事。"布曰:"此雖快意,然更且詳審。布之意無他,但此例不可啓耳。"惇曰:"須畫一指揮。"布又曰:"不若止治其渠魁爲便。"惇曰:"范百禄、胡宗愈之徒亦無顯惡,且置之不妨。"布曰:"韓維在政府不久,又與衆不合而去,莫亦無他。"惇曰:"與光唱和者,正此人也。"布反復甚久,卞曰:"亦有可議。"惟許將嘿無一言,布疑將以元祐爲嫌故爾。

壬戌,詔罷承議郎張競辰夔州路提舉常平官,以御史蔡蹈言其憸巧邪佞,元祐中詔事呂大防、蘇轍之徒故也。競辰,蜀人,王安國女婿,與曾布有連。其得提舉官,布實薦之章惇,而蔡卞以競辰嘗忤其妻,極惡競辰,亟罷之。庚辰,詔趙瞻、傅堯俞謚告並追奪。三省言:"近降指揮,以司馬光等造爲奸謀,訕毀先帝,變更法度,各加追貶。其首尾附會之人,亦稍奪其所得恩數。謹按:呂大防、劉摯、蘇轍、梁燾等爲臣不忠,罪與光等無異。頃者朝廷雖嘗懲責,而罰不稱愆。内范純仁又自因別過落職,於本罪未嘗略正典刑,輕重失當,生死異罰,無以垂示萬世臣子之戒。其餘同惡相濟、幸免失刑者尚多,亦當量罪,示其懲艾。"制略曰:"呂大防資性冥頑,心術狼戾,背天地之恩於先帝,廢君臣之禮於朕躬,可責授舒州團練副使、循州安置。劉摯趨操回邪,性資憸譎。向由言路,力附黨魁,唱和奸謀,毀黷先烈。可責授鼎州團練副使、新州安置。蘇轍操傾側孽臣之心,挾縱橫策士之計①,始與兄軾肆爲抵巇,晚同相光協濟險惡,可責授化州別駕、雷州安置。梁燾向附凶渠,擢在諫職,陰與子婿搆造邪謀,詆誣先朝,可責授雷州別駕、化州安置。范純仁立異以邀名,匿情而趨利,習用小夫之私智,專爲流俗之愿人,可責授武安軍節度副使、永州安置。已上令所在差職官或京職官已上監當一員,伴送前去,經過州軍交替,仍仰所差官常切照管,不得別致疏虞。劉奉世曩以小官,附會奸黨,密布心腹,躐據要塗,可落端明殿學士,依前中大夫、光禄少卿、分司南

---

① 挾縱橫策士之計 "縱"底本作"從",據嘉慶本、宋宰輔編年録卷一〇、太平治迹統類卷二四元祐黨事本末下改。

卷第一百零二

哲宗皇帝

逐元祐黨人下① 詔榜訴理編類附

紹聖四年正月丙午，詔："應紹聖二年十二月十五類定姓名責降人宫觀、居住，及勒停安置、分司散官子孫弟姪，各不得住本州、鄰州。内子孫仍並與次遠路分合入差遣。已授未赴并見在任人并罷。"

紹聖二年十二月十五日類定責降人姓名，未見。

二月丁巳，資政殿學士、大中大夫、提舉崇禧觀王存上表陳乞致仕。故事，當除東宫官，詔特授右正議大夫，依前資政殿學士致仕，其蔭補恩例，各只與一名。言者指存元祐之初論事附會故也。己未，三省言："司馬光、吕公著倡爲奸謀，詆毁先帝，變更法度，罪惡至深。及當時凶黨、同惡相濟、首尾附會之人，偶緣今已身死，不及明正典刑。而亡殁之後，尚且優以恩數，及其子孫、親屬，與見存者罪罰未稱，輕重不倫。若謂其已死，一切不問，則使後世亂臣賊子何以創艾？至於告老之人，雖已謝事，亦宜少示懲沮。"制曰："故司空、同平章軍國事吕公著資賦陰險，世濟奸回，盜竊虚名，昧冒休寵。可特追貶建武軍節度副使。"又制曰："故正議大夫、守尚書左僕射兼門下侍郎司馬光，資詭激之行，以盜虚聲；挾矯誣之言，以惑愚衆。可特追貶清海軍節度副使。"又制曰："故端明殿學士、左朝奉郎王巖叟資險狡之智，而濟以敢爲；挾凶邪之權，而爲之死黨。可追貶雷州别駕。"詔趙瞻、傅堯俞奪所贈官。以上除王巖叟已罷遺表恩例外，餘并韓維并追奪遺表致仕子孫親屬所得蔭補陳乞恩例；孫固、范百禄、胡宗愈遺表子孫親屬蔭補陳乞恩例，並各與兩人，餘悉追奪。非奸凶悖惡、無人臣之義如光、公著者，不用

---
① 逐元祐黨人下 "逐"底本作"遂"，據嘉慶本改。

日,安世再貶,此又不知誰作。

庚辰,詔:"責授武安節度副使、永州安置范祖禹,責授承議郎、試少府少監、分司南京、南安軍居住劉安世,在元祐中構造誣謗,靡有不至。迹其用心,宜加誅殛;聊從遠竄,以示寬恩。范祖禹特責授昭州别駕、賀州安置;劉安世特責授新州别駕、英州安置。"坐四年十二月同上疏論禁中覓乳母事也。乳母事見劉安世彈劾。

九月庚子,起居郎兼權給事中蹇序辰言:"中書省送到姚勔磨勘轉承議郎録黄一道。案:勔素以無行取羞鄉里,賭博、私酒,嘗親爲之。外雖寬夷,中實險賊。本緣身犯清議,勢不可進。事已暴露,遂即棄官。至元祐中,呂大防等當路,乃以勔不仕前日爲高,拔於閒散,驟處顯要。而勔愈不知恥,一意附會,專以詆訕先帝政事、人物爲功,至乃稱引蘇軾謗訕之語,執以爲據。及陛下親政,尚敢陰與其黨合謀并力,表裏相應,公肆指議,務欲遏絶紹述之意,以成其私。則勔之盜名欺世,懷詐迷國,其罪蓋有不可勝責者。昨朝廷屏斥奸臣,自大防以下二十餘人,皆被顯黜,獨勔以從官善郡掛名其間,物論不平,至今歎息,謂宜依梁燾、劉安世等例,追正其事,豈容使之復與有勞無過之人以歲月序進?望詔有司詳議勔罪,明正典刑,以厭天下之公議。"詔姚勔永不磨勘。

二月。先是,曾布言:"三省編排,自前歲累曾奏陳,以謂施行。元祐之人,殊無倫理,今亦盡矣。兼降敕榜更不施行。今方編排章疏,中外人情不安,恐難施行,但朝廷知之足矣①。"上曰:"若有罪,如何只爲有敕榜更不可行?"布曰:"此事亦更在聖斷,但恐詔令失信耳。兼如劉摯等已皆施行,恐難再行。"上曰:"只是本輕。"布曰:"如文彦博輩未經施行,將來致仕遺表之類,若一依宰執例推恩,則似太過。"上深以爲然。

六月己卯,常立罷諸王府侍講。見常立以誣詆貶責②。

七月己亥,詔:"知渭州、寶文閣待制吕大忠,在元祐中,堅持邊議,不爲利回。兼領帥日久,宜進職名,以勸守正之人協心邊計。特除寶文閣直學士、知秦州。"大忠因言:"臣久抱血誠,未嘗披露,忽蒙獎擢,方敢具陳。竊念臣弟大防自罷謫籍,流落累年,南北乖睽,山川修阻。睿恩至大,雖獲保全,手足凋零,猶以遼遠爲念。況皆在得謝之年,既衰且病,來日幾何?一旦不虞,倏先朝露,死生隔絶,銜恨無窮。方遇朝廷以不忍人之心行不忍人之政,草木蟲魚咸被惠澤。特軫聖慮,少賜哀憐,將臣已除職名乞行追寢,只量移臣弟大防陝西州郡居住,所貴聲問稍近,少慰終鮮急難之情。臣今日得從私便,推而以及臣弟,舉族懷戴,宜如何爲報哉!"不聽。始,大忠自涇原入對,上詰大忠曰:"久欲見卿,曾得大防信否?"對曰:"近得之。"上曰:"安否?"又曰:"大臣初議令過海,朕獨處之安州,知否?"對曰:"舉族荷陛下厚恩!"上曰:"有書再三説與,且將息忍耐。大防樸實,爲人所賣,候三二年,可復相見。"大忠拜謝,退而喜甚,以告章惇,具請大防量移,蓋恃前日上語也。不知惇既聞上語,即萌異意,元祐黨人由是再行貶絀。

八月丙子,詔:"王巖叟遺表,并吕大防等緣宰相、執政官罷政所得恩例及舉官並罷,更不施行。梁燾、劉安世并分司,各於本處居住,今依元豐六年十月指揮。其依元祐令減半指揮,更不施行。降左中散大夫、提舉舒州靈仙觀、鄂州居住梁燾宜守本官、少府監、分司南京,依舊鄂州居住;降授承議郎、主管洪州玉隆觀、南安軍居住劉安世宜守本官,試少府少監、分司南京,依舊南安軍居住。"

劉安世非執政,與梁燾俱責,必有故,當考。紹聖邸報載當日行遣,或自此再欲痛貶元祐人。二十二

---

① 但朝廷知之足矣 "但",嘉慶本作"在"。
② 常立以誣詆貶責 底本脱"詆"一字,據嘉慶本補。

向,偷合苟容,交結執政①,傾亂朝廷,至今天下之人謂之'三變'。聖意含忍②,久稽典刑。今畏罷帥真定府,仍以寶文閣待制知河中,非所以慰公議也。伏望陛下揭其奸險,特行顯黜。"詔楊畏落寶文閣待制,依舊知河中府。其後以中書舍人盛陶言未敢命詞行下,移知虢州。禮部員外郎徐君平詳定樞密院承旨自元豐八年至元祐九年四月終臣僚章疏及陳請事,逐名編類,申納樞密院。

戊申,殿中侍御史陳次升言:"紹聖元年七月十九日,責降呂大防等敕牒榜節次云:'至於射利之徒,脅肩成市,盍從申儆,俾革邪回。推予不忍之仁,開爾自新之路。除已行責降人外,其餘一切不問,議者亦勿復行。'當是之時,朝命初下,萬口一辭③,歡呼鼓舞。近者竊見汪浹、李仲等送吏部,與合入差遣,錄黃行下,以元祐所獻文字得罪,則前件敕榜有'其餘一切不問'語④,殆成虛文,將何以取信天下?況夫揭榜朝堂,遍牒中外,明示臣庶,俾懷悛革自新之心。行之未幾,今乃錄浹、仲等得罪之由又如此,臣恐虧朝廷號令之信,有傷國體。望睿旨檢會前件敕榜,宣諭大臣,自今以始,同共遵守。若人材委不可用,所見背理,以今日之罪罪之,既往之咎置而不問,庶無反側之心,亦所以彰朝廷忠厚之德。"又言:"臣近奏乞宣諭大臣遵守敕榜'其餘一切不問'之語,未見施行。今聞差官編排元祐間臣僚章疏,仍厚賞以購藏匿。採之輿論,實有未安。恭惟陛下即政之初,詔令天下言事,親政以來揭榜,許其自新,是亦光武安反側之意⑤。今又考人一言之失,實於有過之地,是前之詔令,適所以誤天下也;後之敕榜,又所以誑天下也。令命如此,又何以示信於人乎?所有編排章疏指揮,乞行寢罷。"

壬子,樞密院言:"寶文閣待制、知熙州范純粹,元祐初嘗獻議棄地,及稱蘭、會尤爲中國之蠹。雖已削官職,今朝廷方經略西羌,而仍使純粹帥邊,非便。"詔純粹差知鄧州。癸丑,右司諫劉拯言:"伏覩近降朝旨,委給、舍、左右司郎官編錄元祐章疏,而所委官在元祐中嘗爲言官者相半。伏望別揀勘無妨嫌者使領。"詔:"內有元祐中曾任臺諫官,令更不干預。"拯言蓋指徐君平也。

---

① 交結執政 嘉慶本、歷代名臣奏議卷一八五均作"交鬥執政",宋高斯得恥堂存稿卷二九月二十三日進故事作"交關執政"。
② 聖意含忍 "意"底本作"世",據嘉慶本改。
③ 萬口一辭 宋陳次升諫論集卷一上哲宗論敕牓當取信天下劄子同,嘉慶本"辭"作"詞"。
④ 有其餘一切不問語 底本"語"上衍"議"一字,據嘉慶本刪。
⑤ 是亦光武安反側之意 "亦"底本作"以",據嘉慶本改。

九月壬寅,范純仁在陳州,聞章惇建議,以將近郊禮,呂大防等不當用恩赦期數敘復,憂憤累日,齋戒上奏曰:"竊見呂大防等竄謫江湖,已更年祀,未蒙恩旨,久困拘囚。其人或年齒衰殘,或素縈疾病,不諳水土,氣血向衰,骨肉分離,舉目無告。將恐溘先朝露,客死異鄉。不惟上軫聖懷,亦恐有傷和氣。仰惟陛下聖心仁厚,天縱高明,法大舜之用中,建皇極而在宥。每頒赦令,不問罪辜,至於斬絞重囚、髡黥徒隸,咸蒙恕宥,亦許放移,豈有股肱大臣、簪履舊物,肯忘軫惻,常俾流離?但慮一二執政之臣,責其往事,嫉之太甚,以爲今日之愆,皆其自取,啓迪之際,不爲詳陳。殊不思呂大防等得罪之由,只因持心失恕,好惡任情,以異己之人爲冤讎,以疑似之言爲訕謗,違老氏好還之戒,忽孟軻反爾之言,誤國害公,覆車可鑒,豈可尚遵前轍,靡恤效尤?"

癸卯,上批:"范純仁立異邀名,沮抑朝廷已行文字,可落觀文殿大學士、知隨州。"純仁初草奏,親密多勸止,曰:"今決不可回,必重得罪。公年老,何堪遠責?"純仁曰:"我嘗爲大臣,今日國家事如此,無一人告上者。我若不言,有負天地。萬一主上以我言爲然,於國家所繫不細。苟不以爲然而得罪,雖死無憾也!"上始亦有意從純仁所奏,章惇力主前議,且謂純仁同罪未錄,遂并責之。純仁知隨州在九月丙辰,今附此。壬戌,詔監察御史常安民送吏部,與監當差遣。詳見常安民罷監察御史。

十月甲子,尚書右丞鄭雍爲資政殿學士、知陳州。附見錢勰罷內翰。己巳,詔翰林學士錢勰落職,守本官,知池州,仍放辭謝。見錢勰罷內翰。

十二月乙酉,曾布言:"文彥博、劉摯、王存、王巖叟輩皆詆訾先朝。去年施行元祐之人,多漏網者。"惇曰:"三省已得旨編類元祐以來臣僚章疏及申請文字,密院亦合編類。"上以爲然。許將再奏曰:"密院已得指揮編修文字,乞便施行。"上從之。

三年正月庚子,大中大夫、知樞密院事韓忠彥除觀文殿學士、知真定府。先是,樞密院奏事畢,忠彥留身請外,又面請曾布以欲得鎮陽,又白章惇陶鑄一善地,遂遷出。時十二月癸未也。翌日,布入對,上遽問:"忠彥已遷出?"又曰:"忠彥別無事,亦不至奸險。"布曰:"然。"已而章惇言忠彥處置邊事多可笑,上甚駭之。忠彥請不已,乃有是命。右正言孫諤言:"楊畏在元豐之間爲御史,其議論趨向皆與朝廷合。及元祐之末,大防、轍等用事,則盡變其趨向而從之。紹聖之初,陛下躬親總攬,則又欲變其趨下,及廢棄渠陽寨人,自依別敕處分。咨爾群工,明聽朕命,宜令御史臺出榜朝堂,進奏院遍牒①。"時司馬光等既貶,上謂刑惟厥中,故降是詔。

右正言張商英言:"文彥博背負國恩,伏請檢詳本末,推考是非。"詔:"臺諫之職,義當論列。然彥博年及耄期,四朝舊相,先帝待遇,恩禮至厚,宜加闊略,以優老臣。可特置不問。"庚申,章惇等對曰:"前日再謫呂大防、劉摯、蘇轍、梁燾、劉安世,幷司馬光、呂公著諡告贈典,及仆神道碑。既榜朝堂,衆論猶以爲寬。餘人連逮尚衆,陛下許其自新,一切不問,莫不欣悅,仰服聖德仁厚。惟其親黨之論,則不可知。"上曰:"據其罪狀甚可誅,然不欲究其事,乃用輕典,聊示懲責耳。"

八月辛未,詔丁憂人左朝請郎、寶文閣待制范純粹降一官,爲直龍圖閣、知延安府。以御史郭知章論其在元祐間嘗獻議,棄安疆、葭蘆、吳堡、米脂等寨,故有是命。

丁丑,秘書少監、充秘閣校理張舜民爲直秘閣、權發遣陝西轉運使。

十月己巳,左司諫翟思爲侍御史,右正言張商英爲左司諫,監察御史劉拯爲右正言。

十二月甲午②,詔范祖禹責授武安軍節度副使、永州安置,趙彥若責授安遠軍節度副使、澧州安置,黃庭堅責授涪州別駕、黔州安置。詳見實錄。

二年八月甲申,詔:"應呂大防等永不得引用期數及赦恩敍復,其見釐務者,任滿日,視見今路分遠近移一般差遣;不曾落職降官者,展一期取旨。"先是,曾布獨對,既論路昌衡等,又言:"更有一事,大禮恩宥在近,去歲貶謫人,不知何以處之?"上應聲曰:"莫不可牽復。歲月未久,亦不可遷徙。"布曰:"誠如聖諭。蔡確五年不移,惠卿十年止得移居住處,吳居厚等十年不與知州軍,此皆元祐中所起例,自可依此。兼蔡京曾爲臣言,錢勰已曾來京處探問謫降人牽復消息,京但答以不知。其黨類日望其牽復。"上曰:"卻不知也。"布又曰:"如梁惟簡,近押送峽州③。九月中,未知到否,豈可便移?"上曰:"豈有此理!"又問:"惟簡此行,衆頗善否?"布曰:"此舉固足以警兩端之人,然亦有喜有不喜者。元祐之黨,未免以爲過當也。"布錄在丙子,今附此。

---

① 牒　宋大詔令集卷一九五勑牓朝堂詔作"牓"。
② 甲午　底本作"甲子",據宋史全文卷一三下、長編拾補卷一二改。
③ 近押送峽州　底本脱"押"字,據嘉慶本、長編拾補卷一二補。

立威命也①。欲乞再正大防罪惡，投之散地；削奪衍官，配流海島，庶朝廷、宮省內外人人畏肅，不敢懷邪飾非，以事吾君，天下之望也。"詔陳衍追毀出身以來文字，除名勒停，送白州編管，仍仰所在官司差得力人轉押前去。

新錄辨誣曰："元祐二三大臣事實已繫日書之，今刪去瑣碎文致之詞，而存其大概。然其曲意誣罔，亦不待辨而可知也。"盡以爲既"不待辨而可知其誣"，則雖瑣碎文致之詞，雖具存之，亦無傷。今並依舊錄。

戊午，詔曰："送往事居，是必責全於臣子；藏怒宿怨，豈宜上及於君親？朕繼體之初，宣仁聖烈皇后以太母之尊，權同聽覽，仁心誠意，專在保佑朕躬。自以簾帷之間，聞見不能周及，故不次以用大臣，推心以委政事，非獨倚任耆艾，所冀恢明聖躬②。司馬光、呂公著忘累朝之大恩③，懷平時之觖望，幸國家之變故，逞朋黨之奸邪④，引呂大防、劉摯等，或並立要途，繼司宰事；或迭居言路，代掌訓詞；或封駁東臺，或勸講經筵⑤。顧予左右前後，皆爾所親；於時賞罰恩威，惟其所出。周旋欺蔽，表裏符同，宗廟神靈，恣行訕讟，朝廷號令，輒肆紛更。輕改役法，開訴理之局，使有罪者僥倖。下疾苦之詔，誘群小之謗言。誣橫斂則輕蠲苟免之逋⑥，誣厚藏則妄耗常平之積；崇聲律而薄經術，任穿鑿而紊官儀；棄境土則謬謂和戎，弛兵備則歸過黷武。城隍保民而罷增濬，器械資用而輟繕完⑦。凡屬經綸，一皆廢黜。人材淆混，莫辨於品流；黨與縱橫，迭分於勝負。務快乘時之憤，都忘託國之謀。方利亮陰之不言，殊非慈闈之本意。十年同惡，四海吞聲，虜計得行，邊方受害。昔周王受命，召公維辟國之聞；江左雖微，興宗有易代之歎。天下後世，其謂朕何？臨朝弗怡，視古有愧。況復疏遠賤士，昧死而獻言；忠義舊臣，交章而抗論。迹甚明著，法安可私？其司馬光、呂公著、呂大防、劉摯等，各已等第行遣責降訖。噫！優禮近司，朕欲曲全於體貌；自干明憲，爾今復逭於誅夷。至於射利之徒，脅肩成市，盍從申儆，俾革回邪。推予不忍之仁，開爾自新之路。除已行遣責降人數外，其餘一切不問，議者亦勿復言。所有見行取會實錄修撰官已

---

① 立威命也　"命"，嘉慶本作"令"。
② 明　宋大詔令集卷一九五勅牓朝堂詔(紹聖元年七月戊午)作"昭"。
③ 累朝　底本作"朝廷"，據宋大詔令集卷一九五勅牓朝堂詔、嘉慶本、長編拾補卷一〇改。
④ 逞朋黨之奸邪　宋大詔令集卷一九五勅牓朝堂詔作"遂朋黨之奸謀"。
⑤ 經筵　宋大詔令集卷一九五勅牓朝堂詔作"經幄"。
⑥ 輕蠲　宋大詔令集卷一九五勅牓朝堂詔作"濫蠲"。
⑦ 繕完　宋大詔令集卷一九五勅牓朝堂詔作"繕修"。

馬光之比。當司馬光釋憾於先帝,公著不能救正,又輔導之,爲右僕射歲餘,遂除司空、平章軍國事。竊蒙朝廷先以太師文彥博爲光所引,既召而來,諫官言其奸邪,不可輔政,朝廷乃以平章軍國重事處之,止於重事,稍奪其權,公著之所知也。及公著之命,乃去'重'字,事無大小,皆得平章。名雖亞於彥博,權則過之,實兼三省侍中、中書令、尚書令之職。自國朝以來,雖有大功如趙普、王旦,命以此職,未有敢當之者。又況垂簾之時,大臣宜謙畏,而公著但爲子孫計,急於富貴,不避嫌疑而居之。及大防、劉摯、蘇軾、蘇轍,皆公著所引,爲國大奸。陛下若不照其奸罪,以明示天下,則公著所處,皆爲國朝故事,以兆後世大臣僭竊之禍。"又言:"呂大防、劉摯、蘇軾、蘇轍皆落職爲知州,緣臣奏論大防等所爲皆大奸惡。今朝廷但薄責而已,臣愚以爲陛下必欲薄責之,則不當以臣所論事爲罪名;若論其營私不法,則其罪不可勝數。且摯與轍譏斥不減於軾,大防又用軾之所謀所言,得罪輕於蘇軾,天下必以爲非。"詔司馬光、呂公著各追所贈官并諡告,及追所賜神道碑額,仍下陝州、鄭州,各差官計會本縣,於逐官墳所拆去官修碑樓、磨毀奉敕所撰碑文訖奏。王巖叟所贈官亦行追奪。知隨州、降授右正議大夫呂大防守本官,行秘書監、分司南京、郢州居住。知黄州、降授左朝議大夫劉摯守本官,試光禄卿、分司南京、蘄州居住。知袁州、降授左朝議大夫蘇轍守本官,試少府監、分司南京、筠州居住。梁燾提舉靈仙觀、鄂州居住。劉安世管勾玉隆觀、南安軍居住。初,章惇用蔡卞議,光及公著皆當發冢斫棺。三省同進呈,許將獨不言。惇等退,上留將問曰:"卿不言,何也?"將曰:"發冢斫棺,恐非盛德事。"上曰:"朕亦以爲無益公家。"遂寢其奏,第令拆去碑文。

此據邵伯温辨誣及曾紆南遊記舊刪修,不知許將果能不言否?當考。又蔡卞此時未執政,不應與三省同對,惇但用其議耳。邵氏誤也。曾紆亦不記許將,止云曾布納説耳。

秩又言:"秦觀已落館閣校勘、左宣德郎,差監處州茶鹽酒税,罪重罰輕,人言未允。"詔秦觀降授左宣義郎,依舊處州監當。右正言張商英言:"案:内臣陳衍先管勾儲祥宫,大防之子數往謁本宫道士武宗道,而與衍結識。既而大防又遣三省行首張允恭住御藥院,與衍關通,尋援引衍入國史院承受,而檢討官張耒、秦觀又因衍而與蘇轍兄弟道達言語,其奸狀明白,中外共知。而大防尚典郡,衍尚玷禄仕,甚非所以馭奸邪、知南安軍;左朝奉大夫、直集賢院、管勾西山崇福宫吴安詩落直集賢院,降授朝請郎、監光州鹽酒税;左朝請郎、充龍圖閣待制、知虢州韓川落龍圖閣待制,依前左朝請郎、知坊州;左朝散郎、充集賢院學士、權知應天府孫升落集賢院學士,依前左朝散郎、知房州。丁亥,詔翰林侍讀學士、提舉兖州景靈宫趙彦若,龍圖閣學士、知陝州范祖禹提舉明道宫;左朝奉郎、充集賢院校理、新知鄂州黄庭堅管勾明道宫,各於開封府界居住,就近報應國史院取會文字。戊子,詔周秩言事失當,罷監察御史,差權知廣德軍。

七月丙辰,諫官張商英言吕希純於元祐中當繳駁詞頭不當及附會吕大防、蘇轍事①。上曰:"去冬以宫中闕人使令,因召舊人十數輩。此何繫外庭利害? 而范祖禹、豐稷、文及甫並有章疏,陳古今禍福,以動朕聽,希純等又繳奏争之,何乃爾也!"安燾對曰:"聞文及甫輩上書,亦爲人所使。"上曰:"必蘇轍也。"會中書舍人林希言吕希純嘗草宣仁聖烈皇后族人遷官誥,有曰"昔我祖妣,正位宸極",其言失當,及變亂奉祀禮文、薦牙盤食等數事,乃奪希純寶文閣待制,知亳州如故。丁巳,三省言:"范純仁、韓維朋附司馬光,長縱群凶,毀訕先帝,變亂法度,以快不逞之心。内范純仁仍首建棄地之議,滋養邊患。"詔純仁特降一官,爲通議大夫,差遣如故;韓維已致仕,特置不問。初,章惇請責純仁,上曰:"純仁持議公平,非黨也,但不肯爲朕留耳。"惇曰:"不肯留即黨也!"上勉從惇請。御史中丞黄履言:"前宰相司馬光,昨自先帝識拔,進位樞庭。光以不用其言,請歸修史,先帝盛德優容,曲從其欲。書成,仍以資政殿學士榮之,其恩可謂厚矣。迨垂簾初,朝廷起光執政,當時士論翕然稱之,以謂光真能弼成聖德,上報先帝。不謂光深藏狠戾②,追怨先朝,凡有所行,皆爲非是。夫法令因革,固緣時宜,豈有一代憲章俱無可取? 歸非於昔,斂譽於身。此而可容,孰爲咎者?"

監察御史周秩言:"司馬光以元祐之政,以母改子,非子改父,失宗社之計。朝廷之政,必正君臣之義,以定父子之親,豈有廢君臣父子之道,而專以母子爲言!"又曰:"遺詔明白,必以嗣君爲主,則光豈不知當循皇家父子之正統?"又曰:"光之謚曰文正,夫謚法之美,極於文正,死而加以極美之謚,所以勸後也。今其所爲乖戾如此,當正其謚號之美惡,庶以懲後世。"又曰:"吕公著親爲先帝輔弼之臣,受國厚恩,又非司

---

① 當繳駁詞頭不當　第一個"當",續資治通鑑卷八三作"嘗",似是。
② 不謂光深藏狠戾　"狠",嘉慶本作"禍"。

永興軍吕大防落觀文殿大學士,降授右正議大夫、知隨州。

侍御史來之邵言:"先皇帝熙寧初,屬任宰相王安石,建立法度,將以惠澤天下後世。而當是時,司馬光以爲非是,貽書王安石,詆斥論難。安石爲之援經引古,開諭曲直,而光膠於流俗,決意不回,乃以提舉崇福宫退居於洛。劉摯於此方任言事御史,亦累上章奏,歷詆朝廷政令,坐是責監衡州酒税。至元豐中,稍加擢用,未幾,復以罪去。此二人者,一則以暗謬强愎自置閑地,一則以數干吏議相繼退黜。元豐末,光入持政柄,擢摯爲侍御史,既而首引凶徒王巖叟、朱光庭俱在言路,結成黨羽。宰相自確而下,摯等相與誣毁締構,盡力排逐,由是先帝顧命大臣去之略盡,而陛下孤立於上矣。"觀文殿學士、大中大夫、知青州劉摯落觀文殿學士,降授左朝奉大夫、知黄州。大中大夫、知汝州蘇轍降授左朝議大夫、知袁州。左承議郎、新知英州蘇軾責授寧遠軍節度副使,惠州安置。乙酉,中書舍人林希言:"吏部送到吏部侍郎王欽臣可授寶文閣待制、知廬州詞頭。案:欽臣資性險邪,本緣傅會宰臣吕大防,以致進用。大防朋黨甚衆,欽臣爲之首,前後言者屢攻其公私過惡,大防皆抑而不行。大奸方斥,餘黨正當竄逐,肅清仕路。欽臣豈可加以侍從職名,付之方面守寄?所有制詞,未敢撰進。"詔王欽臣除集賢殿修撰、知和州①。監察御史劉拯言:"右朝奉大夫、充崇政殿説書吕希哲學術無聞,出於奏補,豈能爲陛下發明道德之藴?伏望爲官擇人,别與差遣。"中書舍人林希言:"吏房送到崇政殿説書吕希哲可秘閣校理、知懷州。案:希哲,故相公著之子。公著父子世襲奸邪,厚貌深情,莫能窺測,結固朋黨,鼓唱虚名,上惑聖明②,罪惡甚大。未經譴黜,豈可更冒職名,出守便郡?"詔吕希哲守本官,差知懷州。左司諫翟思言:"吕大防、劉摯、蘇軾、蘇轍以謗訕先朝,變亂法度,擅作威福,褫職奪官,謫守方州,安置嶺表。中外聞命,舉皆欣快。然司馬光、吕公著首發事端,雖已終牖下,贈官美諡,自可追奪。王巖叟與摯同惡相濟,若假以年,當竄遠域,則贈官與子孫恩澤,亦當追奪。其合志同事,有若文彦博、范純仁;其背公死黨,有若梁燾、劉安世、吴安詩、韓川、孫升等。乞各正典刑。"資政殿學士、知鄆州梁燾落資政殿學士,降授左中散大夫、知鄂州;左承議郎、充寶文閣待制、知成德軍劉安世落寶文閣待制,降授左承議郎、

---

① 知和州　嘉慶本作"知汝州"。
② 上惑聖明　"明",嘉慶本作"聽"。

在不赦!"

六月甲戌,御史中丞黄履言①:"觀文殿大學士、知永興軍吕大防,觀文殿學士、知青州劉摯,資政殿學士、知鄆州梁燾,當垂簾日,俱爲柄臣。燾先鼓唱邪言②,吴居厚繼陳詩注,劉安世等遂共攻之。執政既主於中,仍投蔡確嶺外,累遇恩霈,不令生還③,家有慈親,終不得見,死非其辜④,中外憤歎。自陛下躬臨機務⑤,洞照奸誣,寖復確官,賁於泉壤。竊謂遭横逆者既伸忠憤,力排陷者未正典刑。宜加顯黜,以允公議。"左司諫翟思言:"近論元祐以來内外奸人附會大臣、詆先朝以希進擢。乞出章疏,條列是非,明諭中外,雪先朝之誣謗。又論吕大防等擅作威福,相與黜竄吕惠卿、蔡確,乞各正罪犯,未聞施行。望出睿斷,以慰公議。"左正言上官均言:"吕大防、蘇轍擅操國柄,不畏公議,引用柔邪之臣,如李之純,擢爲御史中丞;楊畏、虞策、來之邵等,皆任爲諫官、御史。是四人者,傾險柔邪,嗜利無耻。其所彈擊者,皆受吕大防、蘇轍密諭,或附會風旨,以濟其欲。竊覯陛下自親機務⑥,收還權柄,大防、轍黨人十已去其七八,然楊畏等六人尚居清要,未快士論。伏望考察大防、蘇轍擅權欺君之罪,推究楊畏等朋邪害正、趨時反覆之惡,譴責黜免,明正典刑,以示天下。"右正言張商英言:"司馬光、吕公著、吕大防、劉摯等援引朋黨,肆行譏議。至如罷免役法,則曰只有'揭簿定差'四字⑦;下詔求直言,則專賞訕謗之人;置訴理所雪罪犯,則畫自熙寧元年以後;棄渠陽州縣,則甘言猥語,無所不至。凡詳定局之所建明,中書省之所勘會,户部之所行譴,言官之所論列,詞臣之所告命,指摘抉剔,鄙薄嗤笑。當垂簾之際,内臣之得志者,翦除陛下羽翼於内;執政之用事者,擊逐陛下股肱於外。天下之勢殆哉,岌岌乎!"監察御史周秩言:"吕大防前爲尚書左僕射,居任日久,恣爲奸惡,與臺諫官陰相黨附,同列大臣一不合意,則諷諭擊逐,凶焰日熾,人莫敢當。於是專己自任,不循法守。大奸不法,人神共怒,天下不容。未正典刑,戾傷和氣。"詔觀文殿大學士⑧、左光禄大夫、知

---

① 御史中丞黄履　"履"底本作"復",據九朝編年備要卷二四、太平治迹統類卷二四元祐黨事本末下、嘉慶本改。
② 燾先鼓唱邪言　太平治迹統類卷二四元祐黨事本末下同,嘉慶本"言"作"説"。
③ 不令生還　"不"字底本漫漶不清,據太平治迹統類卷二四元祐黨事本末下、嘉慶本補。
④ 死非其辜　嘉慶本同,太平治迹統類卷二四元祐黨事本末下"辜"作"罪"。
⑤ 機務　底本作"幾務",據嘉慶本改。
⑥ 竊覯陛下自親機務　"覯"底本作"觀",嘉慶本同,據太平治迹統類卷二四元祐黨事本末下改。
⑦ 則曰只有揭簿定差四字　嘉慶本同,太平治迹統類卷二四元祐黨事本末下無"只"一字。
⑧ 詔觀文殿大學士　底本脱"詔"一字,據嘉慶本補。

亥,殿中侍御史來之邵爲侍御史。

閏四月辛未,監察御史郭知章爲殿中侍御史。甲申,禮部侍郎孔武仲爲寶文閣待制、知宣州。乙酉,監察御史劉拯言:"工部尚書李之純前爲御史中丞,阿附蘇軾,以爲其用。御史黄慶基言軾誣詆先帝①,董敦逸言轍以國名器私與所厚。之純遂以慶基等誣罔忠良,乞行竄逐,故慶基等再被降謫。之純朋邪苟容,望賜黜責。"詔之純落寶文閣直學士,降授寶文閣待制、差知單州。拯又言:"前端明殿學士、知定州蘇軾落職、知英州。案:軾敢以私忿形於詔語中②,厚誣醜詆。軾於先帝,不臣甚矣。王得君憤其誣罔之甚,上書言之,旋被譴斥以死。秦觀浮薄小人,影附於軾。請正軾之罪,褫觀職任,以示天下後世。"詔蘇軾合敘復日,未得與敘復;秦觀落館閣校勘,添差監處州茶鹽酒税。丁酉,左正言上官均言:"臣竊見前宰相吕大防天資强狠,懷邪迷國。嘗與御史中丞蘇轍陰相黨附,同惡相濟。伏望陛下察究本末,出自睿斷,特加施行,以明示朝廷好惡,判别忠邪,以正綱紀,然後朝廷尊而天下安,此國家先務,惟陛下留神採擇。"

五月辛亥,樞密直學士、簽書樞密院事劉奉世爲端明殿學士,充真定府路安撫使兼知成德軍。奉世再乞罷政,故有是命。甲寅,殿中侍御史郭知章言:"先皇帝闢地進壤,扼西戎之咽喉,如安疆、葭蘆、浮圖、米脂,據高臨下,宅險遏衝。元祐初,用事之臣委四寨而棄之,外示以弱,實生戎心。乞檢閲議臣所進章疏,列其名氏,顯行黜責。"惇等因開列初議棄地者,自司馬光、文彦博而下凡十一人。惇曰:"棄地之議,司馬光、文彦博主之於內,趙卨、范純粹成之於外,故衆論莫之奪。若孫覺、王存輩,皆闇不曉事,妄議邊計者。至於趙卨、范純粹,明知其便而首尾異同,以傅會大臣,可謂挾奸罔上。夫妄議者猶可恕,挾奸者不可不深治。"上以爲然。右正言張商英言:"先皇帝以歷代典禮訛謬,置詳定禮官,考合異同,講廢興墜,謂天地合祭非古也,據經而正之。元祐之臣,乃率其意,剗蕩前美,既畫權且合祭指揮於前,蘇軾又發六議於後,太常博士陳祥道又以'昊天有成命,郊祀天地'之詩,爲牢不可破之論,乃降手詔曰云云。請再下禮部詳議。如南北異郊不違經訓,天地合祭非出聖斷,則前此立議之臣,誣天造命,罪

---

① 御史黄慶基　底本"史"下衍"中丞"二字,據本書卷一〇五、長編卷四八二删。
② 軾敢以私忿形於詔語中　"以"底本作"于","詔"底本作"制",據嘉慶本、太平治迹統類卷二四元祐黨事本末下改。

侍郎蘇轍依前官知汝州。詳見紹述。

　　四月甲辰,國子監司業翟思爲左司諫,左朝奉郎上官均爲左正言,右朝散郎周秩、左朝散郎劉拯並爲監察御史,左朝請郎張商英爲右正言。商英前自開封府推官出爲河北西路提點刑獄,元祐四年五月,改江南西路轉運副使,又徙淮南,踰年不復召,於是始擢諫官,故商英攻元祐大臣不遺餘力。商英嘗奏疏論風俗曰:"我神考發明道德之意,以作成人材,同一風俗,大志未集,神靈在天。宣仁聖烈太后保佑陛下,託心腹於輔弼,寓視聽於臺諫,而勢利之下,是非蠭起,阿諛附會,一旦烏合,或上叛君親之恩,或下背師友之訓,或小合傳緘,白晝告急,或手扇幛面,夜半造門,或包苴結私第之歡,或伏地修門生之敬,於是浮言競作,鄙諺交興。川洛異黨,秦汶分朋①。撥而後動,謂之'天平子';大而無見,謂之'盲大蟲';交通相紐,謂之'八關';陰私搆架,謂之'五鬼';誰何門户,謂之'約闌';抱持其足,謂之'小鬼';捨所親而去,謂之'過房';失所合而還,謂之'歸宗';伺察報探,謂之'滅門'。臣愚欲望陛下以臣此章降手詔戒勵,揭之朝堂②,風示四方,庶幾薄惡之風浸息,醇釀之化日孚。易曰'君子以居賢德善俗',其在茲時乎!"

　　壬子,知定州蘇軾落端明殿學士、知英州。詳見二蘇貶逐。癸丑,翰林學士兼侍講范祖禹爲龍圖閣學士、知陝州。先是,祖禹屢乞補外,上曰:"不須入文字,俟執政有闕。"明日,蘇轍責汝州,祖禹再上章請郡,不許。蓋上欲以祖禹代轍也。既而沮之者甚衆,祖禹固求出,乃有是命。甲寅,資政殿學士、中奉大夫、吏部尚書胡宗愈爲通議大夫、知定州。壬戌,資政殿學士、降授通議大夫、提舉洞霄宮章惇爲正議大夫、守尚書左僕射兼門下侍郎。通議大夫、守尚書右僕射兼中書侍郎范純仁爲右正議大夫,充觀文殿大學士、知潁昌府。上既親政,言者爭論垂簾,純仁乞依明道二年故事下詔禁約,並録詔以進,不從。純仁數稱疾求罷,晨後出居慈孝寺,再録詔以進,且言:"近聞狂人傳播擬策目,云嘗經聖覽,又臺官章疏,或以取用。其説甚非陛下尊奉先太皇太后勤勞公正、保佑聖躬之意。伏乞特降明詔,以信萬方。今妄爲訛訐者既多,陛下容之,則妨聖孝,懲之,則恐不忍,不若以詔禁約,事得兩便。"訖不從。純仁固求罷,而有是命。癸

---

① 秦汶分朋　"朋"底本作"明",據太平治迹統類卷二四元祐黨事本末下改。嘉慶本作"秦汾分明"。
② 朝堂　嘉慶本作"廟堂"。

立朝,恐宋室自此陵遲而不復振矣!"庚寅,監察御史來之邵言:"著作佐郎張耒除起居舍人。案:耒性質猥薄,士望素輕,雖經擢用①,資格尤淺②。平居惟以附麗權貴,供撰書疏,以謀進取爲事,故搢紳之論未嘗少與其爲人,而執事大臣獨以爲賢也。望寢耒成命,以慰士論。"侍御史楊畏言:"張耒近除起居舍人,命下以來③,物論諠然④,以爲未允。案:耒雖粗工文辭,而素行輕傲,言揚歷則資淺,論人才則望輕,止緣請謁宰臣、執政之門,或造膝密交,或代爲文字,故大臣力爲援引,命以此官。伏望罷耒新命,以協輿情。"先是,呂大防欲用侍御史楊畏爲諫議大夫,要純仁同書名進擬。純仁曰:"上新聽政,諫官當求正人。畏傾邪,不可用。"大防素稱畏敢言,且先密約畏助己,謂純仁曰:"豈以畏嘗言公耶?"蘇轍時在旁,因誦畏彈文。純仁曰:"純仁初不知也,然除目不敢與聞。"遂固求避位⑤。大防竟超遷畏爲禮部侍郎。純仁恐傷大防意,不復爭。

此據邵伯溫辨誣及聞見錄、范純仁墓誌、行狀、言行錄刪修。

畏尋上疏言:"神宗皇帝更法立制,以垂萬世。乞賜講求,以成繼述之道。"上即召畏登殿,詢畏:"以先朝故臣孰可召用者?朕皆不能盡知。可詳具姓名,密以聞。"畏即疏章惇、安燾、呂惠卿、鄧溫伯、李清臣等行義,各加品題,且密奏書萬言,具言神宗所以建立法度之意,乞召章惇爲宰相。上皆嘉納焉。

此據王銍元祐八年補錄十二月事,今因畏遷禮部侍郎附見。補錄稱"禮部侍郎楊畏",則畏遷禮侍必在十一月末或十二月初也。

紹聖元年二月丁未,資政殿學士、通奉大夫、守户部尚書李清臣特授正議大夫、守中書侍郎、端明殿學士、右正議大夫、守兵部尚書鄧溫伯特授右光禄大夫、守尚書左丞。清臣首倡紹述,溫伯和之。

三月癸酉,上批新知陳州、龍圖閣待制蔡卞爲中書舍人。乙亥,右光禄大夫、守尚書左僕射、門下侍郎呂大防爲觀文殿大學士⑥、知潁昌府。丁酉,大中大夫⑦、守門下

---

① 雖經擢用 "擢",嘉慶本作"權"。
② 資格尤淺 "尤",嘉慶本作"猶"。
③ 命下以來 "來"底本作"未",據嘉慶本改。
④ 物論諠然 "物",嘉慶本作"時"。
⑤ 遂固求避位 "固",嘉慶本作"因"。
⑥ 觀文殿大學士 底本脱"大"一字,據嘉慶本、宋史卷三四〇呂大防傳補。
⑦ 大中大夫 "大夫"底本作"夫人",據嘉慶本,並參考欒城集後集卷二〇祭亡嫂王氏文改。

差。及至仁宗皇帝親政之初，臣下遂有希合上意，言其闕失①。仁宗察見情僞，降詔止絕②，應明肅皇太后垂簾日所行詔命已經施行，遇諸般公事，更不得輒有上言。於是天下之人，皆謂仁宗深念社稷之功，能全子母之愛，聖德廣大，度越古今，載在史册，垂範後世。陛下所宜法而行之。"

十一月。先是，樞密院出劉瑗等以下十人姓名，並換入内供奉官。後數日，樞密院復出内批，以劉惟簡隨龍除内侍省押班，權入内押班梁從政内侍省都知。命既下，中書舍人吕希純封還詞頭。戊戌，執政同進呈希純狀，上曰："只爲禁中闕人，兼有近例。"大防曰："雖如此，衆議頗有未安。"忠彦曰："此與馮宗道、梁惟簡例正相似。"轍曰："此事非謂無例，蓋爲親政之初，中外拭目，以觀聖德。首先擢用内臣，故衆心驚疑耳。然臣等前者不能仰回聖意，致使宣布於外③，以致有司封駁，此皆臣等罪也。"奉世曰："雖有近例，外人不可户曉，但以卒然施行爲非耳。"大防曰："致令人言，淆瀆聖聽，此實臣罪。今若不從其言，其除命舍人亦未肯奉行，轉益滋章，於體不便。"上釋然曰："除命且留，俟祔廟取旨可也。"既退，大防等知上從善如流，莫不相慶。翰林學士兼修國史范祖禹言："近聞陛下召内臣十人④，而李憲之子亦在其中。又召數人，而王中正之子亦在數中。中外之人，以至民庶，無不籍籍私議，深以爲憂。何者？陛下初親庶政，今方逾月，四海之人，傾耳屬目，未嘗聞行一美政，訪一賢臣，先進用内臣如此衆多，必謂陛下私於近習。伏望聖慈更加審察，特賜追改，以安中外之心。"不報，遂請對垂拱殿，劄子言："臣伏見熙寧之初，王安石、吕惠卿等造立新法，先言天不足畏，衆不足從，祖宗不足法，使朝廷不畏災異，不恤衆言，悉變祖宗舊政，多引小人，以誤先帝。幸賴陛下與先太皇太后早從衆言，悉罷新法，修復舊政，天下之民如解倒懸。九年之中，海内安晏，事理無疑，明如日月，外至戎狄，無不咸賴。惟是向來所逐小人，日夜伺候今日事變，妄意陛下不以修改法度爲是。如使小人得至朝廷，必進奸言，上以惑誤陛下，次以傾害善人，下以脅持群臣。萬一陛下過聽而小人復用，豈惟正人不敢

---

① 言其闕失　"失"底本作"夫"，據嘉慶本、淨德集卷五奏乞察小人邪妄之言狀、歷代名臣奏議卷一七七改。
② 降詔止絕　"止"底本作"上"，據嘉慶本、淨德集卷五奏乞察小人邪妄之言狀、歷代名臣奏議卷一七七改。
③ 致使宣布於外　"致"，嘉慶本作"至"。
④ 近聞陛下召内臣十人　"臣"底本作"人"，據范太史集卷二五論召内臣劄子、宋史全文卷一三下改。

卷第一百零一

哲宗皇帝

逐元祐黨人上　編類章疏附

元祐八年九月,太皇太后崩。

十月丙午,中書舍人呂陶言:"臣伏以太皇太后保佑聖躬,於今九年,垂簾聽政,天下安治。一旦棄四海之養,凡在臣庶,痛心泣血,無所逮及。然臣於此時,以無可疑而爲疑,以不必言而言。蓋自太皇太后垂簾以來,屏黜凶邪,裁抑僥倖,横恩濫賞一切革去,小人之心不無怨憾。萬一或有奸邪不正之言上惑聖聽,謂太皇太后斥逐舊臣,更改政事。今日陛下既親萬機,則某人宜復用,某事宜復行,此乃治亂之端、安危之機,君子小人消長之兆,在陛下察與不察也。昔元祐初,臣任臺諫官,嘗因奏事簾前,恭聞德音宣諭云①:'朝廷政事,於民有害,即當更改;其他不繫利害,亦不須改。每改一事,必説與大臣,恐外人不知。'臣思此語,則太皇太后凡有更改,固非出於私意,蓋不得已而後改也。至如章惇悖慢無禮,吕惠卿奸回害物,蔡確謗毀大不敬②,李定不持母喪,張誠一盜父墓中物,宋用臣掊斂過當,李憲、王中正邀功生邊事,皆是積惡已久③,罪不容誅。則太皇太后所改之事④,皆欲生民之便⑤;所逐之臣,盡是天下之惡,豈可以爲非乎?臣又聞昔者明肅皇太后稱制之日,多以私恩遍及親黨,聽斷庶務或致過

---

① 宣諭云　底本"云"下衍"云"一字,據嘉慶本、長編拾補卷八刪。
② 蔡確謗毀大不敬　"謗毀"底本作"毀謗",據宋呂陶淨德集卷五奏乞察小人邪妄之言狀、歷代名臣奏議卷一七七乙正。
③ 皆是積惡已久　淨德集卷五奏乞察小人邪妄之言狀作"皆事積惡盈"。
④ 按:淨德集卷五奏乞察小人邪妄之言狀"則"上有"若敗露於先帝之朝,必須不免竄逐;若暴揚於陛下之手亦合正以典刑。以此而言"三十二字。
⑤ 皆欲生民之便　"欲"底本作"是",據淨德集卷五奏乞察小人邪妄之言狀、歷代名臣奏議卷一七七改。

以謂侍從之臣皆文學極選,以備顧問,公卿之材由此途出。乞自今視朝轉對,依元豐以前條制。"從之。

十二月甲辰,三省言:"熙寧年興置市易務,本以通有無,利商賈,平物價,抑兼併。元祐任事之臣不深原先朝立法之意①,一切罷去,民實病之。"詔:"户部、太府寺同詳立法意,復置市易務,許用錢交易,收息不過二分,不許賒請。監官惟立任滿賞法,即不得計息理賞。其餘應雜物②,並不許輒有措置,限十日條畫以聞。"

---

① 不深原先朝立法之意　"深",嘉慶本作"探"。
② 雜物　嘉慶本作"新物"。

言:"前侍集英放進士①,因言及損益先朝法度事,未敢極陳。時變有所不同,人情有所不便,豈可不得增損?如此,則是膠柱而鼓瑟也。況即今行保甲,如先朝團教事,皆未敢行。三省行八路差官法,累經修改,終未如舊法。凡此之類,豈非損益?乃所以守先帝之法。"上曰:"但不失大意可矣。"布曰:"德音如此,臣復何言?然今日在朝之人設此羅網,以爲中傷羅織之術,凡有人言及朝廷政事所未安,即便以爲非毀先朝,黨助元祐,因此斥逐者不一。蓋正直自守之士無他罪惡,加以此名,則無由自辨。然以臣所見言之,君子、小人皆不當有此心。小人惟利是視,所以媚附朝廷者,只是經營官職,求利而已,卻於今日自投元祐黨中,以取禍患,亦無此理,臣故云君子、小人皆不當有此心。陛下於人情事理無不洞達,願更加審察。"林希進曰:"法度無不損益之理,如編敕,熙寧中修成,元豐中又修,今復重修。若不可損益,即但當檢熙寧、元豐敕遵行,何用更修?其他法令,亦皆類此。今日之論,誠中傷羅織之端耳。"上頗欣納。布又言:"第二人方天若程文中,言元祐大臣當一切誅殺,又言子弟當禁錮之,資產當籍沒之。古今政事中,殊無義理,此奸人附會之言,不足取。"上曰:"只是敢言。"布曰:"此有所憑恃,非敢言也。天若乃蔡京門客。"上曰:"不知。"布曰:"前放榜一日,章惇問臣曾聞宣諭否,布曰:'不聞。'惇曰:'有一舉人論元祐人當誅,上甚稱之。'既而林希爲臣言此必天若。及放榜,惇亦對蔡卞言:'惇知此必是天若卷子。'臣曰:'恐是。'惇曰:'何恐之有?決知是天若也。'"上驚曰:"惇何以知?"布曰:"非天若不敢爾。惇所以知之,況京乎?"林希曰:"天若在京家安下。"布曰:"惇每言人臣不可欺罔,此誠至論。陛下深居九重,若容人臣欺罔,何所不至?如天若欺罔,孰大於此?"上頷之。天若,興化人也。

四月甲辰②,詔成都府路產茶州軍復行禁榷。己酉,臣僚言:"文德殿視朝,輪官轉對,蓋襲唐制,其來舊矣。建隆御劄曰:'今後内殿起居,應文班朝臣及翰林學士等,並依舊例轉對。'故祖宗以來,每遇轉對,侍從之臣,亦皆與焉。元祐間,因臣僚建言乞免侍從官轉對,續有旨'職事官權侍郎以上並免',自此轉對止差卿監、郎官而已。臣

---

① 集英　嘉慶本作"集英殿"。
② 甲辰　嘉慶本作"甲申"。

隨時不能無損益者,衆目也。數省而直輕,則民之出泉者易。民之出泉者易,故法可久也。"翰林學士、詳定修敕令蔡京言:"孫諤言役法,是欲申元祐之奸,惑天下之聽。"詔諤罷右正言,差知廣德軍。

七月癸巳,樞密院言:"據知邢州張赴稱,體究得民間願得牧地養馬。但與蠲其租課,仍不責以蕃息,養馬人户無追呼勞擾之患,並不願養馬之家不得抑勒。今相度,欲具爲條畫榜示云云。"從之。詳見馬政。

十一月辛丑,中書省勘會元豐四年正月九日中書省劄子:"應兩省待制以上,並轉朝議大夫、中散大夫、中大夫三官。至元祐三年三月六日,敕寄禄官並置左、右字,因此許帶職人待制已上、職事官諫議大夫已上,自朝議大夫便轉中大夫,比其他出身人超越一官遷轉。近降紹聖二年三月二十六日敕:'正議大夫、光禄大夫、銀青光禄大夫分左、右外,餘並廢罷,朝議大夫、中散大夫,亦依舊依兩資遷轉。'其朝議轉中大夫一節,亦合廢罷。"詔依擬定①,其已轉過之人更不追改。

四年二月庚辰,詔罷春秋科。

舊録云:"詔罷春秋科,先帝以經術迪士,獨春秋不設科,以魯史亡,不可稽考,士不能通故也。元祐復設,今罷之。"新録辨云:"不設春秋科,本王安石偏見私意。班固曰:'孔子因魯史而作春秋,左邱明論輯其本事,是以爲之傳。自漢儒據傳以通經,六藝垂世,卓乎如日月。'而史官因詔罷春秋科,妄謂先帝以魯史之不可稽考,士不能通之故。今删去。"

三月癸亥,御集英殿,賜正奏名進士何昌言并諸科進士等及第、出身、釋褐共六百九人。是日未啓封,讀三人程文,至第四人,展讀數百字,曾布與蔡卞俱云:"文字顯不如第三人,恐不須讀。"啓封,乃章惇之子持也。至第五人,上宣諭曰:"對策言先朝法度當損益,可降。"布曰:"事有適於時變,近於人情,固當損益,恐無可降之理。使先帝在位,至今有可增損②,亦當隨宜損益。"翰林學士承旨蔡京進曰:"先帝則當損益,陛下方紹述先志,不當損益。"布曰:"恐無此理。"上顧卞曰:"如何?"卞曰:"不知欲何如損益?"京曰:"但言事當損益者不可不損益。"布曰:"如此乃是。"卞亦默然。上曰:"更不須降。"然卒降爲第七人。及啓封,則李元膺,乃察之子也。後五日,布同林希

---

① 詔依擬定 "擬",嘉慶本作"議"。
② 至今有可增損 太平治迹統類卷二七祖宗科舉取人同,嘉慶本作"至今聞有可增損"。

及臺諫官等各舉才行一人。"詔許將、蔡京、黃履、蔡卞、錢勰、林希、王震不拘資序,各舉堪備任使二員以聞。

六月乙酉,詔:"元祐初減定除授正任已下俸禄,遞損物數不多,有虧朝廷優異之禮。其見行條令,悉宜罷去,并依元豐舊制。其宗室公使并生日所賜,自依元祐法。"

靖國元年三月二十七日,可考。御集又云:"先是元祐中,奸臣建言請遵省儉,自太皇太后以下,遞有裁損,宗室正任皆被減損,意在詆誣元豐。哲宗親政,察其奸心。至是始復元豐法。"舊錄已自削去,今姑存此,可見小人之心無忌憚也。

七月己亥,户部尚書蔡京言:"奉詔措置財利,竊見熙寧中,先皇帝稽參先王補助之意,行散斂之法云云。今陛下紹述先志,將大有為,生財之道,無以易此。乞檢會熙寧、元豐青苗條約,立為定制,以幸天下。"詳見哲朝青苗。

九月,詳定重修敕令所言:"府界、諸路,應緣常平斂散等事,除今來申請外,並依元豐七年見行條制。其給納常平錢有所抑勒,令提舉司覺察奏劾。"從之。

三年正月,詔罷合祭。自今間因大禮之歲,以夏至之日躬祭地祇於北郊。

二月,詔三路保甲依義勇法教試。丙寅,詳定敕令所言:"京東、河北、河東轉運司奏:元豐官印契書既有法式,而紙劄厚大,不容奸偽。元祐之初,有司觀望,申請廢去,天下契書奸巧之弊復如往時。今乞依元豐條例,委得經久,於民有利。"從之。

新錄辨曰:小人觀朝廷之向背,揣所樂聞,馳鶩迎合,非無恥者孰能之? 方紹述之說興,雖契券、紙劄之厚薄、大小,亦妄述利害,以濟其諛,可以見一時在位者小人之多也! 史官亦不當書之實錄,今刪去。要見元祐印契法如何。

三月壬子,上謂二府以元祐減賞功格不當,令修定,久未上。衆皆曰:"諸路相度未到。"曾布曰:"元豐中以有邊事,故優立賞格,其間不無太厚者。然今日方有邊事,欲激勵人用命,不若一用元豐賞格,候邊事息,別議增損。"上曰:"當如此。"遂降旨諸路,令告諭將士知悉。

四月乙酉,户部侍郎吳居厚言:"請諸路課利場務及三萬貫已上者,並依元豐條舉官監當,仍各委本路轉運司奏舉。"從之。丙申,右正言孫諤言:"免役者,一代之大法。夫在官之數,元豐多,元祐省。雖省,未嘗廢事也,則多不若省。散役之人,直元豐重,元祐輕。雖輕,未嘗廢役也,則重不若輕。然則元豐不及元祐之法歟? 曰大綱立矣,補弊,功烈昭著①。元祐以來,天下用度,浸以匱竭,美意良法,盡遭詆誣。在於今日,正當參酌舊例,考合得宜,以稱陛下追述先志之意②,以成足國裕民之效。然事之可興者,方且毛舉,豈臣單力所能勝任?伏望聖慈檢會熙寧中置條例司故事,上自朝廷大臣,下選通達世務之賢,同共考究,庶幾成一代之業,以詔萬世。"其後用是置局修整,命張康國、鄧洵武看詳利害事以聞。

> 新録辨誣曰:"元祐節用愛民,府庫充實。而云'天下用度,浸以匱竭',今删去八字。"

九月庚戌,詔罷制科。詳見貢舉。詔府界、諸路罷廣惠倉,其户給田土并行出賣,并本倉見管錢斛撥入常平倉收管,所有賑濟合行事,令户部檢舉元豐敕令,立法以聞。

十月庚寅,左朝奉郎、權發遣開封府推官常安民為監察御史,中丞黄履薦也。安民先召對垂拱殿,上曰:"今日如何?"安民對曰:"元祐中進言者,以熙寧、元豐之政為非,而當時為是;今日進言者,以元祐之政為非,而熙寧、元豐為是,皆為偏論。先帝以天下久安,不無積弊,故須變革,然末年已有欲趨安静之意。陛下即位之初,亦因時之宜,務以寬仁鎮静,稍更作為之見③,今進言者一切以為非。願陛下公聽並觀,是者行之,非者改之,無問新舊④,惟歸於當。"上深然之,謂執政曰:"安民議論公正,無所阿附。"

十二月己巳,河東路轉運司請將本路鹽只許官場出賣,罷去客人算請,依熙、豐行私鹽條禁。詳見政迹。

二年三月庚申,給事中、中書舍人言:"先帝以文散官定為寄禄法,實一代之新制。而議者淺陋,妄加穿鑿,遂請分為左右。元法本緣禄秩,不為流品,今合除去。若謂正議大夫、光禄大夫是六曹及左右轄細轉,法有未盡,合行究補⑤,即乞存此三等分左、右外,餘並廢罷。及朝議大夫、中散大夫,亦依舊存左、右字,以分雜出身及無出身人,依舊作兩資遷轉。"從之。

四月壬申,殿中侍御史郭知章、監察御史董敦逸言:"乞循先帝之法,詔内、外兩制

---

① 功烈昭著 "昭"底本作"尤",據太平治迹統類卷二四元祐黨事本末下改。
② 先志 太平治迹統類卷二四元祐黨事本末下作"先帝",似是。
③ 稍更作為之見 "見",嘉慶本作"政"。
④ 無問新舊 "問"底本作"間",嘉慶本同,據宋史全文卷一三下、資治通鑑後編卷九一改。
⑤ 合行究補 "究"底本作"宗",據太平治迹統類卷三〇官制沿革下改。

丁卯,中書省言:"勘會推行差役迄今十年,民間苦於差擾,議者紛紛,前後改移不一,終未成一定之法。"詔府界諸免役法,並依元豐八年見行條約施行,仍自指揮到日爲始。左司諫翟思言:"祖宗以來,中書差除,銓曹注授,各有條格,不相參錯。元祐大臣招權市恩,舊係銓注者多歸堂除,奔競請托,恬以成風。望詔有司依祖宗以來中書差除,立爲定法,餘歸銓曹,用元豐中選格注授,庶幾人無覬望。"詔送給事中、中書舍人看詳。

閏四月壬申,殿中侍御史井亮采言罷十科舉士法,從之。癸未,權發遣荆湖南路提點刑獄安惇言:"差役之法行之九年,終未就緒,而寬恤優剩實未如舊日輪錢之爲便也。望復熙寧舊法,令民均納役錢,官自募人應役。"詔送戶部看詳役法所。殿中侍御史郭知章言:"太學補外舍,請依元豐令,一歲四試。"從之。餘見太學。乙酉,左司諫翟思言:"先帝考古成憲,條定官制,循名辨實,以起太平之功緒。元祐以來,寖已變亂。請召有司,應職名繆亂者,一循官制,各與釐正。"詔令編修官制局考具合完補改正事目,申三省取旨,改正畢,別取旨,罷局。所請集成六典,更不修纂。

五月甲辰,詔進士罷試詩賦,專治經術。見貢舉。己未,樞密院言:"戶部看詳役法所申:諸路復免役法,未審得合與不合依舊行免役法?"詔并依熙寧舊敕施行。

七月戊申,御史中丞黄履言:"大理,天下之平,而斷刑之官,選任尤重。先皇帝振修百度,初立選試之法,第二等者,其取常難,最爲精密;惟是中等,乃得入大理爲斷刑官。自是文士有預試中選者,故奏案之上,皆理官躬自考閱裁斷,多所全活,舞文之吏不能移奪。元祐中,以大理斷刑官恩典常重,故責考任、舉主,而增以'常歷刑法官與縣令優課'爲奏舉法,其試入優等者不得預焉。臣欲乞自今專用先朝選試之法①,刪去'常歷刑法官、縣令優課'等條目,自試預上選者②,不得爲斷刑官,庶乎官得其人,而職事舉矣。"又監察御史郭知章言:"乞係法官並依熙寧、元豐條,取試法優等人充,庶幾上副仁聖好生之德。"詔令刑部、大理寺依元豐選試推恩法立條。

詔貶司馬光等。見逐元祐黨人。壬戌,戶部尚書蔡京言:"神宗皇帝熙寧之初,將欲有爲於天下,得王安石而任之,於是置條例司,選天下英材,設官分職,參講其事,興利

---

① 專用先朝選試之法　"用",嘉慶本作"行"。
② 預上選者　按:懷疑"預"上脱"不"一字,否則,文意不通。

志。其或身在此地,倡爲奸言,拂於衆聞,朕不敢赦。大中大夫、守門下侍郎蘇轍頃被選擢,與聞事機,當協恭以輔初政,而乃忘體國之義,狥習非之私。始則密奏以指陳,終於宣言而眩聽,至引漢武,上方先朝,欲以窮奢黷武之姿①,加之經德秉則之主②。言而及此,其心謂何?其解東臺之官,出守列郡之寄,尚爲寬典,姑務省循。可特授依前大中大夫、知汝州。"

　　此段參取實録及蘇轍遺老傳,并邵伯温辨誣。前制吴安詩所草,後制當求主名附益之。此時吕希純及蔡卞實爲中書舍人,後制必下所草也,當考。邵伯温作元祐辨誣云:"先是,宣仁后既崩,吕相大防欲遷楊畏爲諫議大夫,范相曰:'上新聽政,諫官當求正人,楊畏不可用。'吕相方約畏爲助,謂范相曰:'豈以楊畏曾言相公耶?'蘇門下在坐,誦畏彈范相文,范相曰:'某自潁昌被召,不知人有言也。'遂乞罷政,哲宗不許。吕相更超遷楊畏爲禮部侍郎,范相恐傷吕相意,不復言。後吕相充宣仁后山陵使,楊畏首背吕相,稱述熙寧、元豐政事與王安石學術。哲宗用其説,下國子監,印三經義。明年春,殿試,李清臣作策題,以熙寧、元豐、元祐政事相參,兩存其説,問孰便者。初,考官多取主元祐者,楊畏覆考,取主熙寧、元豐者,故以畢漸爲首,清臣遂自禮部尚書拜中書侍郎,欲取相位,以蘇門下在,未能遷。一日,對哲宗言蘇轍兄弟改變先帝法度。蘇門下奏曰:'陛下即位,宣仁后垂簾之初,臣兄軾方起謫籍,知登州,入爲郎官,爲起居舍人;臣自筠州監酒被召。是時清臣爲左丞,今日反謂臣兄弟變先帝法度,是清臣欺陛下也。'清臣辭屈,乃曰:'蘇轍嘗以漢武帝比先帝③。'哲宗震怒,聲色甚厲,蘇門下頓首待罪。范相進曰:'史稱武帝雄材大略,爲漢七制之主,蓋近世之賢君。蘇轍果以此比先帝,非謗也。陛下親政之初,進退大臣,不當如訶叱奴僕。'哲宗怒少霽。罷朝,蘇門下舉笏謝范相曰:'公,佛地位中人也!'蘇門下初對范相誦楊畏彈范相章,本疑范相者,及此,方知其賢。蘇門下尋以本官出知汝州。"伯温所云"下國子監印三經義",月日當考。按:熙寧八年六月十九日,乞有敕令國子監雕印詩、書、周禮義矣,不知伯温何故云爾也。李清臣既爲中書侍郎,乃出策題。伯温謂清臣先出策題,誤也。

　　四月癸丑,御劄:"改元祐九年爲紹聖元年,布告多方,使咸體朕意④。"

　　舊録云:"詔既下,天下曉然知上意矣。"新録辨曰:"紹聖初,惇、卞等主紹述之論,脅持上下,改元曰紹聖,其意已明。'詔既下,天下曉然知上意矣'十一字可除去。"案:此月十二日改元,二十一日章惇乃爲相。紹述脅持,惇固如此。但改元詔書,惇猶不與耳。范祖禹代言集載改元詔書,乃祖禹所草。當考。

---

①　欲以窮奢黷武之姿　"姿"底本作"資",據宋宰輔編年録卷一○、嘉慶本改。
②　經德秉則之主　宋宰輔編年録卷一○作"經德秉哲之主"、嘉慶本作"秉則經德之主"、宋會要輯稿職官七八之二八作"至德秉哲之上"。
③　蘇轍嘗以漢武帝比先帝　底本脱"嘗"一字,據嘉慶本、長編拾補卷九補。
④　使咸體朕意　底本脱"使"一字,據嘉慶本、長編拾補卷九補。

及臺諫官等各舉才行一人。"詔許將、蔡京、黃履、蔡卞、錢勰、林希、王震不拘資序,各舉堪備任使二員以聞。

六月乙酉,詔:"元祐初減定除授正任已下俸禄,遞損物數不多,有虧朝廷優異之禮。其見行條令,悉宜罷去,并依元豐舊制。其宗室公使并生日所賜,自依元祐法。"

靖國元年三月二十七日,可考。御集又云:"先是元祐中,奸臣建言請遵省儉,自太皇太后以下,遞有裁損,宗室正任皆被減損,意在詆誣元豐。哲宗親政,察其奸心。至是始復元豐法。"舊錄已自削去,今姑存此,可見小人之心無忌憚也。

七月己亥,户部尚書蔡京言:"奉詔措置財利,竊見熙寧中,先皇帝稽參先王補助之意,行散斂之法云云。今陛下紹述先志,將大有爲,生財之道,無以易此。乞檢會熙寧、元豐青苗條約,立爲定制,以幸天下。"詳見哲朝青苗。

九月,詳定重修敕令所言:"府界、諸路,應緣常平斂散等事,除今來申請外,並依元豐七年見行條制。其給納常平錢有所抑勒,令提舉司覺察奏劾。"從之。

三年正月,詔罷合祭。自今間因大禮之歲,以夏至之日躬祭地祇於北郊。

二月,詔三路保甲依義勇法教試。丙寅,詳定敕令所言:"京東、河北、河東轉運司奏:元豐官印契書既有法式,而紙劄厚大,不容奸僞。元祐之初,有司觀望,申請廢去,天下契書奸巧之弊復如往時。今乞依元豐條例,委得經久,於民有利。"從之。

新錄辨曰:小人觀朝廷之向背,揣所樂聞,馳騖迎合,非無恥者孰能之? 方紹述之説興,雖契券、紙劄之厚薄、大小,亦妄述利害,以濟其諛,可以見一時在位者小人之多也! 史官亦不當書之實錄,今刪去。要見元祐印契法如何。

三月壬子,上謂二府以元祐減賞功格不當,令修定,久未上。衆皆曰:"諸路相度未到。"曾布曰:"元豐中以有邊事,故優立賞格,其間不無太厚者。然今日方有邊事,欲激勵人用命,不若一用元豐賞格,候邊事息,別議增損。"上曰:"當如此。"遂降旨諸路,令告諭將士知悉。

四月乙酉,户部侍郎吴居厚言:"請諸路課利場務及三萬貫已上者,並依元豐條舉官監當,仍各委本路轉運司奏舉。"從之。丙申,右正言孫諤言:"免役者,一代之大法。夫在官之數,元豐多,元祐省。雖省,未嘗廢事也,則多不若省。散役之人,直元豐重,元祐輕。雖輕,未嘗廢役也,則重不若輕。然則元豐不及元祐之法歟? 曰大綱立矣,補弊,功烈昭著①。元祐以來,天下用度,浸以匱竭,美意良法,盡遭詆誣。在於今日,正當參酌舊例,考合得宜,以稱陛下追述先志之意②,以成足國裕民之效。然事之可興者,方且毛舉,豈臣單力所能勝任?伏望聖慈檢會熙寧中置條例司故事,上自朝廷大臣,下選通達世務之賢,同共考究,庶幾成一代之業,以詔萬世。"其後用是置局修整,命張康國、鄧洵武看詳利害事以聞。

  新録辨誣曰:"元祐節用愛民,府庫充實。而云'天下用度,浸以匱竭',今删去八字。"

  九月庚戌,詔罷制科。詳見貢舉。詔府界、諸路罷廣惠倉,其户給田土并行出賣,并本倉見管錢斛撥入常平倉收管,所有賑濟合行事,令户部檢舉元豐敕令,立法以聞。

  十月庚寅,左朝奉郎、權發遣開封府推官常安民爲監察御史,中丞黄履薦也。安民先召對垂拱殿,上曰:"今日如何?"安民對曰:"元祐中進言者,以熙寧、元豐之政爲非,而當時爲是;今日進言者,以元祐之政爲非,而熙寧、元豐爲是,皆爲偏論。先帝以天下久安,不無積弊,故須變革,然末年已有欲趨安静之意。陛下即位之初,亦因時之宜,務以寬仁鎮静,稍更作爲之見③,今進言者一切以爲非。願陛下公聽並觀,是者行之,非者改之,無問新舊④,惟歸於當。"上深然之,謂執政曰:"安民議論公正,無所阿附。"

  十二月己巳,河東路轉運司請將本路鹽只許官場出賣,罷去客人算請,依熙、豐行私鹽條禁。詳見政迹。

  二年三月庚申,給事中、中書舍人言:"先帝以文散官定爲寄禄法,實一代之新制。而議者淺陋,妄加穿鑿,遂請分爲左右。元法本緣禄秩,不爲流品,今合除去。若謂正議大夫、光禄大夫是六曹及左右轄細轉,法有未盡,合行究補⑤,即乞存此三等分左、右外,餘並廢罷。及朝議大夫、中散大夫,亦依舊存左、右字,以分雜出身及無出身人,依舊作兩資遷轉。"從之。

  四月壬申,殿中侍御史郭知章、監察御史董敦逸言:"乞循先帝之法,詔內、外兩制

---

① 功烈昭著 "昭"底本作"尤",據太平治迹統類卷二四元祐黨事本末下改。
② 先志 太平治迹統類卷二四元祐黨事本末下作"先帝",似是。
③ 稍更作爲之見 "見",嘉慶本作"政"。
④ 無問新舊 "問"底本作"間",嘉慶本同,據宋史全文卷一三下、資治通鑑後編卷九一改。
⑤ 合行究補 "究"底本作"宗",據太平治迹統類卷三〇官制沿革下改。

天下者,正是子孫孝敬之義。未審陛下以臣言爲然否①?然竊觀陛下親政,於今已是半年,臣等日侍清光。若聖意誠謂先帝舊政有不合改更,自當宣諭臣等,令商量措置。今自宰臣已下未嘗略聞此言,而忽因策問進士宣露密旨,中外聞者,莫不驚怪。頃者元祐之初,初議改更,亦未免此病,故役法一事,隨改隨復,數年而後稍定。臣於此時爲諫官,後爲御史,每言差役不可盡行,如河流不可強遏。上下顧望,終不盡從。陛下以此察之,臣非獨私元祐之政也,蓋知事出匆遽,則民受其病耳。議者謂元豐之事有可復行,而元祐之政有所未便。臣願陛下明詔臣等公共商議。見其可而後行,審其失而後罷,深以生民社稷爲意,勿爲此匆匆,則天下之幸也!"轍既再具劄子,上固不悦,李清臣、鄧溫伯又先媒孽之。及面論,上益怒,遂責轍曰:"人臣言事何所害,但昨卿奏機事②,不可宣於外,宜秘而不出③。今乃對衆開陳,且以漢武帝事上比先帝,引喻甚失當。"轍曰:"漢武帝,明主也。"上曰:"卿所奏稱漢武帝外事四夷,内興宫室,立鹽鐵、榷酤、均輸之法,其意但謂武帝窮兵黷武,末年下哀痛之詔,此豈明主乎?"轍恐動趨下殿待罪④,上聲甚厲。范純仁獨進曰:"史稱武帝雄材大略,爲漢七制之主。轍以比先帝,非謗也。陛下親政之初,進退大臣當以禮,不宜如此急暴。"上怒稍霽。轍退,舉笏謝純仁曰:"公,佛地位人也!"歸家,亟具奏曰:"今者偶因政事,懷有所見,輒欲傾盡,以報知遇。而天資暗冥⑤,不達機務,論事失當,冒犯天威,不敢自安。伏乞聖慈憐臣不識忌諱,出於至愚,少寬刑誅,特賜屏逐,以允公議。"詔蘇轍除端明殿學士、知汝州。權中書舍人吴安詩草制曰:"文學風節,天下所聞。擢任大臣,本出朕意⑥。事有可否,固宜指陳。而言或過中,引義非是。朕雖曲爲含忍,在爾自亦難安⑦。原誠終是愛君,薄責尚期改過。"上批:"蘇轍引用漢武故事比擬先帝,事體失當,所進入詞語不著事實。朕進退大臣,非率易也,蓋義不得已。可止散官、知汝州,仍别撰詞進入。"制曰:"朕以眇躬,上承烈考之緒,夙夜祗懼。然以丕揚休功,實賴左右輔弼之,克承厥

---

① 以臣言爲然否　底本脱"言"字,據嘉慶本、長編拾補卷九補。
② 但昨卿奏機事　太平治迹統類卷二四元祐黨事本末下作"但卿昨奏謂機事";嘉慶本"但"作"第",下同。
③ 宜秘而不出　"宜"底本作"請",嘉慶本同,據太平治迹統類卷二四元祐黨事本末下改。
④ 恐動　太平治迹統類卷二四元祐黨事本末下同,嘉慶本作"恐懼"。
⑤ 天資暗冥　"暗冥"底本作"暗昧",據欒城集後集卷一六待罪劄子一首、太平治迹統類卷二四元祐黨事本末下改。
⑥ 出　底本作"非",據宋宰輔編年録卷一〇、宋會要輯稿職官七八之二八改。
⑦ 在爾自亦難安　嘉慶本作"在爾亦自難安"。

初考官取答策者多主元祐,楊畏覆考,專取主熙寧、元豐者,故漸爲之首。大中大夫、守門下侍郎蘇轍依前官知汝州。先是,轍言:"臣伏見御試策題歷詆近歲行事,有欲復熙寧、元豐故事之意。臣備位執政,不敢不言。然臣竊料陛下本無此心,其必有人妄意陛下牽於父子之恩,不復深究是非,遠慮安危,故勸陛下復行此事,所謂小人之愛君取快一時,而非忠臣之愛君,以安社稷爲悦者也。臣竊觀神宗皇帝以天縱之才,行大有爲之志,其所設施,度越前古,蓋有百世而不可改者矣。臣請爲陛下指陳其略①:先帝在位二十年,而終身不加尊號;裁損宗室恩止於袒免,減朝廷無窮之費;出賣坊場,雇募衙前,免民間破家之患;罷黜科舉誦數之學;訓練諸將慵惰之兵;置寄禄之官,復六曹之舊;嚴重禄之法;禁交謁之私;行淺攻之策,以折西戎之狂;收六色之錢,以寬雜役之困。其微至於設抵當,賣熟藥,皆先帝之聖謨睿算,有利無害,而元祐以來,上下奉行,未嘗失墜者也。至如其他事有失當,何世無之。而父作之於前,子述之於後,前後相濟,此則聖人之孝也。昔漢武帝外事四夷,内興宫室,財賦匱竭,於是修鹽鐵、榷酤、平準、均輸之政,民不堪命,幾至大亂。昭帝即位,委任霍光,罷去煩苛,漢室乃定。光武、顯宗以察爲明,以讖決事,上下恐懼,懷不自安。章帝即位,深鑒其失,代之寬仁豈弟之政,後世稱焉。及我本朝,真宗皇帝修文偃革,號稱太平,群臣因其極盛,爲天書之説。及章獻明肅太后臨御②,覽大臣之議,藏書梓宫,以泯其迹。及仁宗聽政,亦絶口不言,天下至今韙之。英宗皇帝自藩邸入繼,大臣有過計,創濮廟之議,朝廷爲之洶洶者數年。及先帝嗣位,或請復舉其事,寢而不議,遂以安静。夫以漢昭、章之賢,與吾仁宗、神宗皇帝之聖,豈其薄於孝敬而輕事變易也哉?蓋事有不可不以廟社爲重故也。是以子孫既獲孝敬之實,而祖父不失聖明之稱,此真明君之所務,不可與流俗議也。臣不勝區區,願陛下反覆臣言,慎勿輕事改易。若輕改九年已行之事,擢用曩歲不用之人,人懷私忿,而以先帝爲詞,則大事去矣!臣不勝憂國之心,冒犯天威,甘俟譴責。"奏入,不報。轍言:"臣近以御試策題有欲復熙寧③、元豐政事之意,尋具劄子,論先帝所立政事,見今遵行,已自非一,其間事有過差,元祐以來,隨宜修改,以安

---

① 臣請爲陛下指陳其略　"請"底本作"竊",據嘉慶本、欒城集卷一六論御試策題劄子二首改。
② 章獻明肅太后　"太后"底本作"皇后",據嘉慶本、欒城集卷一六論御試策題劄子二首改。
③ 臣近以御試策題　底本脱"近"一字,據長編拾補卷九、欒城集卷一六論御試策題劄子二首補。

卷第一百

哲宗皇帝

紹述　蘇轍罷政附①

紹聖元年二月丁未,資政殿學士、通奉大夫、守户部尚書李清臣特授正議大夫、守中書侍郎,端明殿學士、右正議大夫、守兵部尚書鄧温伯特授右光禄大夫、守尚書左丞。清臣首唱紹述,温伯和之。

清臣此時召自真定,未至也。後三日,遣使賜茶藥。舊録云:"上以清臣、温伯皆先帝舊臣,故用,時初親政紹述也。"新録辨曰:"清臣首唱紹述,以得柄用。詩曰:'誰生厲階,至今爲梗。'清臣之謂矣。自'上'以下二十字删去。"

三月乙酉,上御集英殿試進士,策曰:"朕惟神宗皇帝躬神明之德,有舜、禹之學,憑几聽斷,十九年之間,凡禮樂、法度所以惠遺天下者甚備。朕思述先志,拳拳業業,夙夜不敢忘。今博延豪英於廣殿,策之當世之務,冀獲至言,以有爲也。夫是非得失之迹,設施於政而效見於時。朕之臨御幾十載矣,復詞賦之選,而士不加能;罷常平之官,而農不加富;可雇可募之説雜而役法病,或東或北之論異而河患滋。賜土以柔遠也,而羌夷之侵未弭;弛利以便民也,而商賈之路不通。至於吏員猥多,兵備刓闕,饑饉薦至,寇盜尚蕃,此其故何也?夫可則因,否則革,惟當之爲貴,夫亦何必焉!子大夫其悉陳之無隱。"中書侍郎李清臣之詞也。

舊録云:"上親政,内出策問,士莫不欣慶,知上紹述之意。"新録辨曰:"祖宗之所以望於後世,子孫之所以丕承先志者,要歸於治耳,不在於法令因革之間也。況策問固曰'可則因,否則革'矣,亦曷嘗必哉?而云'士莫不欣慶,知上紹述之意',此史官之私意也,今删去。"

丁酉,上御集英殿,賜進士畢漸已下、通禮、諸科、經、律及第、出身總六百人。時

---

① 蘇轍罷政附　"政"底本作"相",據目録改。

有進此説者,願陛下察之。"由是復與任事者不合。請老,不許。求補外,既除大名;辭之,改杭州。

八年三月,詔蘇頌特授觀文殿大學士,充集禧觀使。見蘇頌罷相。

紹聖元年三月乙亥,右光禄大夫、守尚書左僕射兼門下侍郎吕大防爲觀文殿大學士、知潁昌府,後二日,改知永興軍。大防當宣仁聖烈皇后垂簾時,位首相,踰六年。上春秋既長,大防但專意輔導,未嘗建議親政。雖宣仁聖烈皇后有復辟之志,卒不得申。當國日久,羣怨交歸焉。及宣仁聖烈祔廟,殿中侍御史來之邵乞先逐大防,以破大臣朋黨,因疏神宗所簡之人章惇、安燾、吕惠卿等,以備進用。大防亦自求去位,上亟從之。

御史①,公議沸騰,交章排斥,命遂不行。自此憤疾正人,常有報復之志。後又因趙君錫無所執持,爲人所使,再三薦引,竟除此職。諫官虞策亦張璪相知之人,常受璪極力論薦。陛下誠將此本末考究②,還可保其所懷無他意否?"時已有詔鎖學士院草麻制罷摯,而嚴叟未知也。

十一月乙酉朔,大中大夫、守尚書右僕射兼中書侍郎劉摯爲觀文殿學士、知鄆州。麻制以從摯所乞爲辭。戊子冬至,劉摯罷相麻制過門下,給事中朱光庭封還,言:"摯有功大臣,不當無名而去。言者若指臣爲朋黨,願并被逐不辭。"御史中丞鄭雍言:"朱光庭朋黨,乞正其罪。"殿中侍御史楊畏又言:"摯多朋黨,必相救援。願一切勿聽。"太皇太后納其言,故光庭與摯相繼俱罷。

鄭雍舊傳云:宰相劉摯用事久,黨與中睽,雍因劾摯威福自恣,天下士爭趨其門,宜罷黜,以收主柄。疏入,不報。不知舊傳所謂"黨與中睽"者指何等人,當考。雍新傳但云劾摯威福自恣,宜罷去,以收主柄。又疏王巖叟等三十人以爲摯黨。不知雍所謂"摯黨"三十人者姓名,當考。舊傳乃無此,又不知新傳何自得之。

壬辰,朱光庭罷給事中、知亳州。吕大防嘗召光庭諭旨,光庭不至,故但以本官出。

此據王巖叟日錄。朱光庭再知亳州,吕大防以其召而不至,又不悦其封還麻制,故但以本官出③。簾中殊不怒也④。當考。

七年六月辛卯,左正議大夫、守尚書左僕射兼門下侍郎吕大防爲右光禄大夫,右光禄大夫、守尚書左丞蘇頌爲左光禄大夫、守尚書右僕射兼中書侍郎,中大夫、守尚書右丞蘇轍爲大中大夫、守門下侍郎,翰林學士、大中大夫范百禄爲中書侍郎。

八月乙卯⑤,吏部尚書、資政殿學士王存知大名府。存自揚州召入,爲吏部尚書才期歲,時朋黨之論浸熾。存言:"人臣朋黨誠不可長,然不察則濫及善人,東漢朋黨之獄是也。慶曆中,或指韓琦、富弼、范仲淹、歐陽修爲朋黨,賴仁宗聖明不惑。今日果

---

① 前者 嘉慶本同,長編卷四六七作"前日"。
② 誠將此本末考究 "誠",長編卷四六七作"試"。
③ 故但以本官出 底本脱"但"一字,據本卷前文及長編卷四六八補。
④ 簾中殊不怒也 長編卷四六八同,嘉慶本"怒"作"知"。
⑤ 乙卯 底本作"己卯",據長編卷四七六改。

爲王鞏事,乃邢恕過京師,摯與通簡,又延接章惇之子,牢籠爲他日計。此何也？待與少禮數令去。"大防曰："書簡往來,恐亦人情之常,又不知簡中道何等語。"太皇太后曰："簡中道則不知,言事官必知之。"大防曰："須後日取旨。"太皇太后曰："蘇轍止薦王鞏耳,無他事也。"初,邢恕服喪貶永州,喪除赴貶所,舟行過京師,摯與恕故相善,因以簡別摯。摯答簡,其末云："爲國自愛,以俟休復。"持簡者問監東排岸官茹東濟："恕舟安在？"東濟,傾險人也,數有求於摯弗得,怨之,亟取摯簡,錄其本送鄭雍、楊畏。二人者方彈劾摯與王鞏連姻事未竟,得此大喜,乃解釋簡語,并奏之,以"休復"爲"復子明辟"之復,謂摯勸恕俟太皇太后他日復辟也。又言："摯嘗館章惇之子於府第。"故太皇太后怒,面責摯曰："公當一心朝廷。若章惇者,雖以右僕射與之,未必喜也！"摯惶恐不敢對。壬午,摯上奏曰："臣近因降出臺官言王鞏事,尋即待罪。及宣諭押入對,面承聖諭,乃知除王鞏事外,又言臣牢籠章惇、邢恕等罪。雖聖意一一照知,謂非臣之罪,然臣退而思念：縱使無罪,既被彈劾,理當引退。遂具劄子,陳乞外任,見聽指揮。臣今再三思之,言者所以指章惇、邢恕事者,其意必謂不用此無以動陛下之聽。"貼黃稱①："臣舊識章惇子弟,向因其登科調官來謝,曾一例隨衆接見。邢恕近過城外,曾一次有書往來,只是敘寒温、問安否而已。天地父母,臣不敢欺！前日已曾具事跡面奏。至於牢籠之意,實無此心,亦曾曲賜聖諭,照其無有。今料言者專以此事構臣於禍,論列不已,不敢不再具詳悉,紊煩天聽。"奏入,不報。

甲申,王巖叟言："臣每見摯感荷寵榮,常有以死報國家之意,豈復肯負陛下？此真陛下腹心之臣也。今大奸未死,人心疑危②,朝廷之上,與之爲敵者,摯爲首焉。一旦以小忿遂將疏棄,天下之人不知所以,必皆妄意陛下之心有所變易,謂反與大奸報仇也。前日陛下用摯作宰相,奸黨之氣自然消伏。今待罪累日,群邪相顧,已復增氣。蘇轍之進,與摯大約相類,皆正人之所係望,而奸黨日所忌嫉者也。顧其去就,豈不重哉？夫奸謀難防,自古公患莫不因人主意有所動,急於傾擠,陛下於此不可不察。竊聞御史楊畏乃吕惠卿門人,及受張璪知遇最深。舒亶作中丞日,舉爲臺官。前者再除

---

① 貼黃　底本作"帖黄",據嘉慶本改。
② 人心疑危　長編卷四六七作"人心危疑"。

黨人姓名：王巖叟、劉安世、韓川、朱光庭、趙君錫、梁燾、孫升、王覿、曾肇、賈易、楊康國、安鼎、張舜民、田子諒、葉伸、趙挺之、盛陶、龔原、劉概、楊國寶、杜純、杜紘①、詹適、孫諤、朱京、馬傅慶、錢世雄、孫路②、王子韶、吳立禮，凡三十人。

左正言姚勔入奏，並言摯朋黨不公。右正言虞策四奏，言摯親戚趙仁恕、王鞏犯法，施行不當。甲戌，劉摯、蘇轍以王鞏坐罪。摯與鞏爲姻家，轍薦鞏，皆自劾，乞正典刑，詔答不允。轍言："臣昨以鄭雍、楊畏言臣薦王鞏不當，奏乞速正典刑，以弭群議。尋復見諫官虞策與臺官安鼎亦論此事，内虞策所言與鄭雍、楊畏不甚相遠，惟有安鼎謂臣欺罔詐謬，機械深巧，不速譴責，恐臣挾朋誕謾，日滋月橫③。信如鼎言，則臣死有餘責，有何面目尚在朝廷？今臣既以舉官不當④，乞行朝典，不敢復與鼎辯曲直。然鼎與趙君錫、賈易等同構飛語，誣罔臣兄軾以惡逆之罪，嘗與君錫等同上殿奏對，上賴聖鑒昭察，知其挾情虛妄，君錫與易，即時降黜。鼎今在言路，是以盡力攻臣，無所不至。朝廷若不逐臣，鼎必不肯已。伏乞聖慈憫臣孤立無援，早賜責降，使鼎私意得伸，不復煩瀆聖聽，則臣死生幸甚！"是日，案：長編係丁丑。劉摯、蘇轍俱宣押入對，對已，押赴都堂，先出，待命於僧舍，乞賜罷免。

戊寅，案：長編係庚辰。簽書樞密院王巖叟奏："今朝廷清明，天下安静，固出於兩宫虛心求治，開誠納諫之效。然一時勠力盡忠之臣，摯居其最，實陛下同心一體、可保終始無變之人也。自非罪狀顯著，衆所不容，豈可因一二偏説，輕捨遐棄？臣恐適足快群奸之意，而失衆正之心，非所以爲國家計也。蘇轍素有時名，元祐以來，排邪助正，竭力亦多。今若止因一舉官失當，便行罷逐，恐於陛下進退大臣之體有所未允。"奏入，不報。太皇太后獨遣中使賜蘇轍詔，諭令早入省供職。轍再奏乞外任。劉摯言："臣再具劄子陳乞外任，伏蒙聖慈復降中使賜詔不允者，恩遇未替，豈勝犬馬感報之情？重念臣居位歲久，略無勞能，心實自知，果招彈劾。雖有指陳罪狀，仰蒙聖明洞賜察照。然大臣既致人言，已爲累國，若又安然不去，臣實何施面目？所以不敢上貪眷寵，遲遲於進退之際，取輕於天下也。"辛巳，上諭吕大防曰："論劉摯者已十八章，初不

---

① 杜紘　底本脱此二字，據長編卷四六七補。
② 孫路　底本脱此二字，據長編卷四六七補。
③ 日滋月橫　"滋"，嘉慶本作"恣"。
④ 今臣既以舉官不當　"以"，嘉慶本作"已"。

自此敗壞矣。"又言:"轍等合爲朋黨,動搖聖意,以疑似不明細事,合謀并力逐一執政,自此人不得安位矣。"因乞解言職,於是責知廣德軍。

六年二月癸巳,翰林學士承旨鄧溫伯爲端明殿學士、禮部尚書。丁未,鄧溫伯稱疾臥家,因辭所命,五上疏乞補外。癸丑,三省進呈,降詔不允。初,王巖叟勸劉摯:"可因溫伯自請,遂出之。"摯曰:"待與渠當惡。"其意爲吕大防右溫伯故也。會大防謁告,摯攜以進呈,既復攜以下,及大防出,始同進呈,皆相顧不言。傅堯俞獨進曰:"欲且依前降指揮。"乃卷之而退。先是,巖叟移書督大防、摯及堯俞等,答曰:"敢不以身任之!"然不果。

四月癸丑,户部員外郎楊畏爲殿中侍御史,中丞趙君錫所舉也。畏先除監察御史,言者斥其附會吕惠卿、舒亶以進,亟罷之。踰年復用,又加進焉。王巖叟移簡詰劉摯,摯不從。或曰:"畏初善摯,後吕大防亦善之。時大防與摯各有異意,皆欲得畏爲助。君錫薦畏,實希摯風旨也。"然畏卒助大防擊摯云。

六年閏八月壬申,資政殿學士、知揚州王存爲吏部尚書。

十月癸酉,御史中丞鄭雍、殿中侍御史楊畏對甚久,論右僕射劉摯及右丞蘇轍也。雍言摯略云:"摯久據要路,遍歷三省。始因言事得進,即與其意合者共進退。人又云摯爲執政,其下多引在要任,或爲兩省屬官,或在言路;摯所不悦,則舍人、給事繳駁,言路彈奏。"又言:"摯引趙君錫爲中丞。摯厭賓客,君錫申明謁禁,朝列中言'君錫爲執政止客①';又薦葉伸臺官,以合摯意,陰與賈易相結。摯所不悦,則奮力排擊。"又云:"葉伸曾任臺簿,乃摯所舉,未久,除兩浙運判,又升運副,召爲省郎。爲趙君錫薦伸御史,伸不就,即除左司,又除河北運副。"又云:"趙彦若男仁恕自盜贓滿,不候勘正,便取旨斷放。彦若是摯親家。"又云:"王鞏不檢事,體量未到間,堂除密州。體量得實,罷密州,無衝替指揮。趙君錫、莊公岳承望風旨,新通判密州任林積不敢體量,謝景溫妄奏鞏非罪,緣摯男娶鞏女。"又云:"未舉御史,爲朝臣多摯門下人②。摯善牢籠士人,不問善惡,雖贓污久廢之人,亦以甘言誘致,如龔原、王沇之、詹適、孫諤,悉與落罪名。與吕溫卿湖州升明州,延接章惇男援有同骨肉,送簡帖與邢恕云云。"又具摯

---

① 朝列中言君錫爲執政止客 "列",長編卷四六七作"行";"止客",嘉慶本作"約闊"。
② 朝臣 嘉慶本同,長編卷四六七作"朝廷"。

致仕官法者,近制以臣僚疾病請致仕,多緣經歷迂滯,不及被受而亡,故立法文書雖三省簽入,而直付都省。摯曰:"此非其類也,當聚議。"明日,大防復出奏稿,謂摯曰:"勢不可不爾。"摯乃從之。吏額事尋畢,永壽等推恩有差,議者皆指其僥倖。永壽急於功利,不顧後省前已得旨,又嘗榜示諸司,更勸大防即以立額之日裁省吏員,仍以私所好惡變易諸吏局次,凡近下吏人惡爲上名所壓者,即撥出上名於他司;凡閑慢司分欲入要地者,即自寺監撥入省曹。吏被排斥者,紛然詣御史臺訴不平,臺官因言吏額事在後省成就已十八九,永壽等攘去才數月,而都司擅擬優例,冒賞循私,不可不懲。諫官繼以爲言,章數十上。永壽等既逐,而吏訴額禄事終未能决。蘇轍時爲中丞,具言:"後省所詳定,皆人情所便,行之甚易。而吏額房所改,皆人情所不便,極難守。且大信不可失,宜速命有司改從其易,以安羣吏之志。"大防知衆不伏,徐使都司再加詳定,大略如轍前議行之。

八月癸巳朔,劉摯爲中書侍郎。初,以吏額房事,與左僕射吕大防議稍不合,已而摯遷門下侍郎。及臺諫共攻大防,大防稱疾不出,摯每於上前開陳吏額本末,曰:"此皆被減者鼓怨,言路風聞過實,不足深譴。"大防他日語人曰:"使上意曉然不疑,劉門下之力居多。"然士大夫趨利者交鬥其間,謂大防與摯固是有隙,於是造爲朋黨之論。摯語大防曰:"吾曹心知無他,然外議如此,非朝廷所宜有,願引避。"大防曰:"行亦有請矣。"是日,奏事畢,摯少留,奏曰:"臣久處近列,器滿必覆。願賜骸骨,避賢者路。"既退,連上章,出就外第,期必得請。上遣中使召摯入對,太皇太后諭曰:"侍郎未得去,須官家親政,然後可去。"使者數輩趣入視事,摯不得已受命。未幾,大防辭位,不許。及摯遷右僕射,與大防同列,未滿歲,言者争詆摯,摯尋罷,朋黨之論遂不可破,其本蓋自吏額始。丙申,詔:"門下侍郎劉摯累奏乞外任,已降詔不允,可令閤屬去處,如再有文字,無得收接投進。"

十二月辛卯,中大夫、守尚書右丞許將爲大中大夫、資政殿學士、知定州。御史中丞蘇轍等屢言許將過失,而將亦累表陳乞外任。上批:"可特除資政殿學士,轉一官,知定州。"甲辰,侍御史上官均言:"吕大防堅強自任,不顧是非。每有差除,同列不敢爲異,惟許將時有異同,大防每懷私憾。轍素與大防相善,希合其意,率同輩盡心排許將,期於必勝。將既以異論罷去,執政、臺諫皆務依隨,是威福皆歸於大防,紀綱法令舍人蘇轍曰："吏額不難定也。中孚昔掌典其事①,知弊所在。"轍曰："其弊安在?"中孚曰："昔流内銓,今侍郎左選也②。事之最煩,莫過於此矣。昔銓吏止十數,而今左選吏至數十,事不加舊,而用吏數倍之。昔無重法重禄,吏通賕賂,則不欲人多以分所入,故竭力辦事,勞而不避。今行重法,給重禄,賕賂比舊爲少,則不忌人多,而幸於少事,此吏額多少之大要也。舊法,日生事以難易分七等,重者至一分,輕者至一厘,以下積若干分爲一人。今誠抽取逐司兩月事,定其分數,若比舊不加多,則吏額多少之限無所逃矣。"轍以中孚之言爲然,即與僚屬議曰:"此群吏身計所係也,若以分數爲人數,必大有所損,將大致怨懟,雖朝廷亦將不能守。"乃具以白執政:"請據實立額,俟吏之年滿轉出,或事故死亡者不補填③,及額而止。如此不過十年,自當消盡,雖稍似稽緩,而見在吏知非身患,則各自安心,事乃爲便。"執政以爲然,遂申尚書省,乞取諸司兩月事,而吏人不知朝廷意,皆疑懼莫肯供,遂再申乞榜示諸司,使明知所立吏額,候他日見闕不補。時元祐二年十一月也。後數月,諸司所供文字皆足,因裁損成書,以申三省。左僕射呂大防得其書大喜,欲此事必由己出,將别加詳定,而三省諸吏皆不能曉,無可委者。任永壽本非三省吏也,爲人精悍狡猾,嘗預元豐吏額事,適以事至三省,獨能言其曲折,大防悦之,即於尚書省創立吏額房,使永壽與吏數輩典之,凡奏上行下,皆大防自專,不復經由二省。一日,内降畫可二狀付中書,其一裁定宗室冗費,其一吏額也。省吏白中書侍郎劉摯,三年四月六日,摯自左丞遷中侍。録黄誤下當在此後,不必此時也。四年十一月十七日,自中侍改門侍。請封送尚書省。摯曰:"當時文書録黄過門下,今封送,何也?"對曰:"尚書省以吏額事,每奏入④,必徑下本省已久。今誤至此。"摯曰:"中書不知其他,當如法令。"遂作録黄。永壽見録黄,愕然曰:"兩省初不與,乃有此邪?"即稟大防,乞兩省各選吏赴局,同領其事。大防具以語摯,摯曰:"中書行録黄,法也,豈有意與吏爲道地?今乃使就都省分功,何邪?"他日,大防又持奏稿示摯曰:"吏額事,本欲謹密而速⑤,故請徑下。然未經立法,欲三省同奏,依致仕官文書法。"

---

① 中孚昔掌典其事　嘉慶本同,長編卷四四四"掌典"作"嘗與"。
② 今侍郎左選也　底本脱"今"一字,據欒城集卷四四補。
③ 或事故死亡者不補填　"者",欒城集卷四四論吏額不便二事札子作"更"。
④ 每奏入　"人"底本作"人",據嘉慶本、長編卷四四四改。
⑤ 本欲謹密而速　嘉慶本作"必欲慎密而速"。

十一月乙酉,大中大夫守尚書右僕射兼中書侍郎劉摯爲觀文殿學士、知鄆州。麻制以從摯所乞爲辭。

十二月庚午,詔呂惠卿光禄卿、分司,權給事中姚勔封還,罷之。

政目十六日書惠卿光禄、分司,二十二日書姚勔繳惠卿詞頭,實錄並無之。按:惠卿家傳亦不載此,卻云:"六年十一月,許任便居住。"今且依政目附見十六日,當細考之。三年九月,自建寧移宣州。

七年三月辛亥,知河中府、資政殿學士蒲宗孟知永興軍。

四月癸丑朔,知永興軍蔡京爲龍圖閣直學士、知成都府。

五月甲辰①,龍圖閣直學士、知青州曾布知瀛州。

六月辛酉,左正議大夫、守尚書左僕射兼門下侍郎呂大防爲右光禄大夫,右光禄大夫、守尚書左丞蘇頌爲左光禄大夫、守尚書右僕射兼中書侍郎。

九月壬午,資政殿學士、知永興軍蒲宗孟知大名府。丙戌,端明殿學士、知蔡州鄧溫伯知永興軍。

十一月乙巳,尚書左丞梁燾言:"先帝大臣,多以材進,可稍復用,委以別都名藩,以全終始。"

八年正月甲申,英州別駕、新州安置蔡確卒。

三月壬午,詔尚書左僕射蘇頌特授觀文殿大學士,充集禧觀使。

四月甲子,資政殿學士、通議大夫、知永興軍李清臣爲吏部尚書。

五月己卯,新除吏部尚書李清臣爲資政殿學士、知真定府,以權給事中姚勔論清臣不當召用故也。

七月丙子朔,觀文殿學士、大中大夫范純仁爲通議大夫、尚書右僕射兼中書侍郎。

九月戊寅,太皇太后崩。

朋黨　劉吕罷相附

元祐五年六月。始,中書門下後省準詔同詳定六曹條例。元豐所定吏額,主者苟悦群吏,比舊額幾數倍。朝廷患之,命量事裁減,已再上再卻。吏有白中孚者,告中書

---

① 五月甲辰　底本脱"五月"二字,據長編卷四七三補。

摯曰："前執政爲尚書,有何議論?"嚴叟曰："前執政爲尚書固不爲過,但恐公議不肯放入來耳①。"既而奏可。嚴叟謂同列曰："必致人言。"大防亦自以爲然。録黄過門下省,給事中范祖禹封還,進呈,不允,祖禹執奏如初。先是,摯語大防曰："若欲寧帖,須召夕拜諭之乃可。"大防曰："俟明日。"摯曰："俟明日,則不及矣。"除命既下,左正言姚勔又論其不當。嚴叟謂蘇轍曰："邦直何如?"轍曰："給事中已再封駁,諫官亦有言。今更欲用蒲宗孟爲兵部尚書,那得安静?"嚴叟曰："子由宜力争。"轍曰："彦霖當相助。"嚴叟許諾。及會議,嚴叟謂大防曰："一人議論未已,更可進一人否?"大防曰："宗孟卻無他事。"嚴叟曰："要之亦非公論所與。"轍曰："且候邦直命下,然後議此,如何?"皆不應。轍欲於簾前敷陳,嚴叟曰："此所望也。"及簾前,大防奏："諸部久闕尚書,見在人皆資淺,未可用,又不可闕官。須用前執政。"上有黽勉從之之意,轍遂言："前日除李清臣,給諫紛然,争之未定,今又用宗孟,恐不便。"太皇太后曰："奈闕官何?"轍曰："尚書闕官已數年,何嘗闕事?今日用此二人,正與去年用鄧温伯無異。此三人者非有大惡,但與王珪、蔡確輩並進,意思與今日聖政不合。見今尚書共闕四人,若並用似此四人②,使互進黨類,氣勢一合,非獨臣等奈何不得,亦恐朝廷難奈何矣!且朝廷只貴安静,如此用人,臺諫安得不言?臣恐自此鬧矣!"太皇太后曰："信然。不如且静。"遂卷除目持下。然大防、摯更欲用清臣知揚州,代王存,召王存入爲吏部尚書。嚴叟意不然,亟以語摯,摯曰："闕許多官曹,卻著甚人補?"嚴叟曰："用與今日政事意同之人。"摯默然,嚴叟又語摯曰："公引此等人,付之此地,敢保否?"摯曰："保則未敢。"嚴叟曰："公宜無怨!"壬申,資政殿學士、知永興軍李清臣知成德軍,寶文閣直學士、知成德軍謝景温知揚州。庚辰,詔降授皇城使、管勾舒州靈仙觀宋用臣與叙忠州刺史。給事中范祖禹封還詔書,乞不收叙。詔用臣候今任滿日取旨③。先是,吕大防與同列議南都宫闕不修,可以五萬貫修之,因移用臣爲管轄鴻慶宫,令措畫。王嚴叟以短封告大防及劉摯曰："若復使用臣預土木,必動議論。"摯甚然之,大防不答。逾半歲而用臣叙復,卒罷之。吕大防、劉摯朋黨,見朋黨。

---

① 但恐公議不肯放入來耳　"但",嘉慶本作"第"。
② 若並用似此四人　底本脱"似此"二字,據長編卷四六五補。
③ 候今任滿日　"今"底本作"令",據嘉慶本、長編卷四六五改。

臣雖不聞其言,而概可料矣。"疏奏,太皇太后命宰執於簾前讀之,仍宣諭曰:"蘇轍疑吾君臣遂兼用邪正,其言極中理。"宰執從而和之。自此,兼用邪正之説始衰。

此據蘇轍遺老傳自敘。

六年五月庚申。先是,蔡確母明氏奏狀,乞量移確。吕大防、劉摯云云。詳見蔡確詩謗。傅堯俞曰:"遷惠卿,上意亦難之,曰①:'第恐致人言。'"是日,吕惠卿除中散大夫、光禄卿、分司南京。權中書舍人孫升封還詞頭,以爲惠卿量移未三年,無名而復,必不可行。王巖叟以責傅堯俞,堯俞不能對②,又以責蘇轍,轍謂大防曰:"惠卿事欲如何商量?"大防曰:"欲且依前降指揮。"刑部以謂量移後别理三期,大防、摯欲用檢舉後三年。堯俞曰:"候九月,或可耳。"大防、摯不答。壬戌進呈,皆持兩端禀旨。太皇太后曰:"候及三年。"樞密院都承旨劉安世言:"陛下初踐宸極,以惠卿、蔡確之徒殘民蠹國,辜負任使,爲四海所疾,是以繼貶,逐之遠方,謂且永投荒裔,終身不齒。而惠卿自宣城方踰再歲,考之常法,猶未當敘。不識何名,遽復卿列?議者謂蔡確之母見在京師,干訴朝廷,願還其子。大臣未敢直從其請。若惠卿之命遂行,則將藉以及確。確既復用,則章惇之類如蝟毛而起。爲天下國家之計者,其得安乎?"

八月癸卯,案:長編係乙巳。詔章惇復右正議大夫。前此,惇坐蘇州買田不法降一官,至是滿歲當復,故有是詔。給事中朱光庭言:"惇凶悖狠戾,慢上不恭,交結奸臣,強市民田。奸邪貪污不法之人,不當用常法敘復。"詔章惇更候一期取旨。辛亥,責授英州别駕、新州安置蔡確,母明氏乞量移一内地。太皇太后宣諭曰:"蔡確不爲渠吟詩謗讟,只爲此人於社稷不利。若社稷之福,確當便死。此事亦須與掛意。"詳見蔡確詩謗。

閏八月甲子,龍圖閣待制、知鄆州蔡京知永興軍。初,執政議用梁燾守鄆州③,移京帥渭,代劉舜卿。王巖叟謂:"京不更西事,未可付以平涼。或試之慶陽,召章楶還,令權諸曹侍郎。"劉摯不欲多置權侍郎,吕大防請移京守雍,從之。是日,執政會議都堂,吕大防、劉摯欲以李清臣爲吏部尚書。王巖叟曰:"此非密院所預,然必有議論。"

---

① 曰　長編卷四五八無此一字。
② 堯俞不能對　底本脱"堯俞"二字,據嘉慶本、長編卷四五八補。
③ 梁燾　嘉慶本作"安燾",似是。

卷第九十九

哲宗皇帝

調停

元祐五年六月乙卯,御史中丞蘇轍言:"臣竊觀元祐以來,朝廷改更弊事①,屏逐群枉,上有忠厚之政,下無聚斂之怨②,朝廷雖未大治,而經今五年,中外帖然,莫以爲非者。惟奸邪失職居外,日夜窺伺便利,規求復進,不免百端游説,動摇貴近,臣愚竊深憂之③。若陛下不察其實,大臣惑其邪説,雜進於朝,以示廣大無所不容之意,則冰炭同處,必致交争,薰蕕共器,久當遺臭,朝廷之患,自此始矣。"時宰相吕大防與中書侍郎劉摯建言,欲引用元豐黨人,以平舊怨,謂之"調停"。太皇太后頗惑之,故轍言此。退復上疏曰:"臣今月二十二日延和殿進呈劄子④,論君子小人不可並處朝廷,因復口陳其詳,以瀆天聽⑤。竊睹聖慈類不以臣言爲非者,然天威咫尺,言詞迫遽,有所不盡。退伏思念⑥,若使邪正並進,皆得與聞國事,此治亂之機,而朝廷所以安危者也。今者政令已孚,事勢大定,而議者惑於浮説,乃欲招而納之,與之共事,欲以此調停其黨。臣謂此人若返,豈徒然而已哉?必將殘害正人,漸復舊事,快其私忿。人臣被禍,蓋不足言,而臣所惜者宗廟朝廷也。蓋自熙寧以來,小人執柄二十年矣,建立黨與,布滿中外,一旦失勢,希覬者多,創造語言,動摇貴近,脅之以禍,誘之以利,何所不至?

---

① 改更弊事 "事"底本作"政",據長編卷四四三、欒城集卷四三乞分别邪正劄子、宋宰輔編年録卷九改。
② 下無聚斂之怨 "怨"底本作"人",據長編卷四四三、欒城集卷四三乞分别邪正劄子改。
③ 臣愚竊深憂之 底本"之"下衍"耳"一字,據長編卷四四三、欒城集卷四三乞分别邪正劄子删。
④ 二十二日 底本作"二十一日",據長編卷四四三、宋朝諸臣奏議卷一六蘇轍上哲宗乞謹用左右近臣無雜邪正改。按:欒城集卷四三再論分别邪正劄子作"二十三日"。
⑤ 以瀆天聽 "聽"底本作"聰",據長編卷四四三、欒城集卷四三再論分别邪正劄子、宋朝諸臣奏議卷一六蘇轍上哲宗乞謹用左右近臣無雜邪正、太平治迹統類卷二三元祐黨事始末上改。
⑥ 退伏思念 "伏"底本作"竊",據長編卷四四三、欒城集卷四三乞分别邪正劄子、宋朝諸臣奏議卷一六蘇轍上哲宗乞謹用左右近臣無雜邪正改。

九月己丑,詔責授秀州團練副使、本州安置沈括敘朝散郎、光禄少卿,責授成州團練副使、黄州安置吴居厚敘朝奉郎、少府少監,並分司南京;朝散大夫、監常州茶税賈青管勾洞霄宫,監秦州酒税吕孝廉管勾仙源縣景靈宫太極觀,監海州酒税王子京管勾鴻慶宫,仍並許於外州軍任便居住。括等並以該明堂赦恩,有司檢舉故也。權給事中、左諫議大夫梁燾,左司諫劉安世封駁前詔。燾言:"居厚等被先帝詔旨按臨一道,曾不少留意於究宣恩澤、詢問疾苦,專以苛切聚斂爲事,東南之人恨之,痛入骨髓。此命一下,恐無以慰天下之心。伏乞收還恩命,特與量移。"詔沈括、吴居厚前命勿行,内沈括更後一期取旨①。

---

① 内沈括更後一期取旨 "沈括"底本作"沈活",據嘉慶本、長編卷四三三改;"後",嘉慶本同,長編卷四三三作"候"。

闒冗不才如王公儀、庸暗無恥如盛南仲,與賈青朋奸如程高、爲李憲奴使如孫路者,而皆得以爲之,則彼一路生靈、百城官吏休戚之所繫者,乃在此曹,可不爲痛惜哉!方二聖臨朝,群賢輔政,不應有此弊。臣但見比者除授既多失當,及言事官論列又不施行,故竊疑之,此非朝廷之福。"

二年四月癸巳,給事中顧臨爲天章閣待制、河北路都轉運使,朝議大夫、直龍圖閣、新河北路都轉運使范子奇爲陝西路轉運使。癸卯,朝奉郎、集賢校理、權判登聞鼓檢院趙挺之權發遣河東路提點刑獄,朝奉郎、集賢校理畢仲游權發遣河北路提點刑獄,尋留爲開封府推官。

十一月壬申①,兩浙轉運判官、朝散郎葉伸爲轉運副使。甲戌,户部侍郎張頡爲寶文閣待制、河北路都轉運使。

十二月庚辰,朝請郎、太府少卿王子淵爲京西路轉運使,承議郎、知北外都水丞事張景先爲京東路轉運判官。

三年三月辛酉,朝議大夫、直龍圖閣、知晋州范子奇權河東路轉運使。

十月戊子②,通判河南府韓玠爲利州路轉運判官。右正言劉安世言:"玠元豐中已嘗奉使蜀道,推行市易之法,過爲苛急,以希進用,至使縣官躬執升斗,求免陵辱。陛下踐祚之初,玠爲言者彈其慘刻,朝廷尚以爲疑,遂委別司體量。是時,玠之叔祖縝方爲宰相,而提點刑獄郭概畏避權勢,不以實奏,乃依無過人例,止除河南通判。其告詞責之曰:'西南之政,俾民驚擾。'今來遽復職司,何所懲戒?況兩川之人皆陛下之赤子。玠之暴政,已爲一路之害,移於鄰路,何以副聖朝仁愛遠民之心③?"庚寅,知徐州杜純爲陝西路轉運使。

四年四月甲子④,承議郎、新陝西轉運判官張景先爲京東路轉運判官。中書舍人曾肇言:"景先前後議河事反覆依違,觀望事實。朝廷以四方萬里,視聽所不能周,故置監司,寄之耳目,必得忠信醇正有守之人,然後可以付託。如景先已試,迹狀甚明,恐不足以當一路寄任。所有送到詞頭,未敢修撰。"後二十日,詔景先知同州。

---

① 十一月壬申 底本脱"一"一字,據長編卷四○七補。
② 戊子 底本作"丁亥",據長編卷四一五改。
③ 何以副聖朝仁愛遠民之心 "朝",嘉慶本作"明";"心",長編卷四一五作"意"。
④ 四月甲子 "四"底本作"三",據長編卷四二五改。

官一員,其諸路提舉官並罷,提點刑獄分兩路者合爲一路①,共差文臣兩員:一,本路錢穀財用事委轉運司,刑獄、常平、兵甲、盜賊事悉委提點刑獄司管勾。其轉運使、副提刑,今後選一任知州以上;轉運判官,選通判一任實曾歷親民差遣,並所至有政迹人。一,提舉官累年積蓄錢穀財用,盡樁作常平倉錢物,委提點刑獄交割主管,依舊常平倉法。一,監司今後每歲遍巡諸州外,更不遍巡諸縣。如差本部官勾當,除司理、司法、縣尉、獨員監當之類,舊條不許差出外,其舊條不得隔州差選人勾當、新條諸州管勾官及主簿當給散月分,不得差出之類指揮,更不施行。一,盜賊,委提點刑獄差官或行移文字,監督捕盜官捉殺②,察其不稱職及有可以代之者,先令權攝,仍奏乞替換。許一面相度賊盜强弱,立賞錢數目。其捕盜官若立功,許隨功大小保明聞奏,朝廷臨時詳酌此類恩澤③,直賜指揮④。

四月乙未,案:長編係戊戌。詔:"內外待制、大中大夫以上,舉第二任通判資序、曾歷親民差遣、堪充轉運判官者各二員,餘依今年二月二日舉監司指揮。到官之後,才識昏愚,職業隳廢,薦才按罪,喜怒任情,即各依本罪大小,并舉主並加懲責施行。"

五月壬戌,詔自今監司落權及權發遣字,毋給告。從中書省言也。

八月丁亥,右司諫蘇轍言:"臣伏以天下之治寄於守令,守令之衆,朝廷不能盡知,其要寄於監司。臣竊觀近日所命頗未得人,博採公言,略見一二。如李之紀、楚潛、王公儀,皆碌碌凡材,無善可名,不知何以獲用。至於餘人又加以過惡,如孫路奴事李憲,貪冒無恥;程高諂附賈青,借名買珠;鍾浚天資邪險,累作過犯;張公庠爲事刻薄,不近人情;張璹久領市場,與牙儈雜進,而皆擢自稠人之中,付以一道之政。陛下誠欲尊重朝廷,愛惜民物,則如此輩人,皆未可輕用也。臣欲乞應目前所用監司,令執政更加審議,其尤不可者,當與改差除。今後差除,須名迹著聞,公議共許,然後擢用,庶幾監司稍得良吏,不至害民,此最當今之急務也。"辛亥,右正言王覿言:"臣見近日差除,多不協於公議。夫監司者,一路生靈、百城官吏休戚之所繫也,可得而輕授邪?然而

---

① 提點刑獄分兩路者合爲一路　底本脫"分"一字,據上文"提點刑獄分兩路者合爲一路",長編四庫底本卷三六八補。
② 監督捕盜官捉殺　底本脫"官"一字,據長編卷三六八、傳家集卷五〇乞罷提舉官劄子補。
③ 此類恩澤　"此",嘉慶本、長編四庫底本卷三六八均作"比"。
④ 直賜指揮　長編四庫底本卷三六八作"直降賜指揮"。

運使之職,豈小補哉?其後任用至久,弊病寖生,又置運司,續添管勾官。雖得人,已是煩冗;不得人,奸巧媚上,凡一州郡已是事多,加之數人,職司文檄往復,與舊叢委,糾察廢置,與舊繁多,一州一縣莫不騷擾。蓋只知進己而不知害人,只知益上而不知損下,若久任用如此之人,卒無安靜之理。臣今欲將天下諸路轉運司,除留運司一人外,乞罷隨行管勾官。若廢之,則運司亦不至於闕事;置之,則徒成煩擾也。"又臣僚上言:"頃年添差勾當公事,隸轉運司者曰運勾,提舉司者曰提勾,鹽司者曰鹽勾,措置司者曰措勾,安撫司者曰撫勾。官號之異,昔所無有。竊計河北一路,亡慮二三十員,出入乘馹請券①,所過州郡,到發皆有酒食之饋,油燭、柴炭之給,特優於他官,而無有限數。此等皆小官新進,鮮顧事體,憑恃勢要,妄自尊大,以邀郡邑之承迎,小有違忤,則吹毛求疵,動生瘡痏。州縣畏而奉之,過於監司。而天下無事,郡邑皆循守法度,監司無大措置,徒使此曹紛紛,無益而有損,甚無謂也。宜一切罷遣,俾還選部,則監司之職清肅,郡縣無擾矣。"取到吏部進奏院狀,諸路監司等屬官,詔並罷。

元豐八年十一月十四日,政目:諸路管勾官更不奏差。元祐元年閏二月二十九日,戶部乞罷諸州管勾官,從之。

閏二月丙申,司馬光言:"臣少時見天聖中諸路止各有轉運使一員,亦無提點刑獄,惟河北、陝西以地重事多,置轉運使兩員。景祐初,始復置提點刑獄,其後或時置轉運判官。以其冗長害事,尋復廢罷。自王安石執政以來,欲力成新法,諸路始置提舉常平廣惠、農田水利官。其後每事各置提舉官,皆得按察官吏,事權一如監司,又增轉運副使、判官等員數,皆選年少資淺輕薄之士為之,或通判、知縣、監當資序及選人,以權及權發遣處之,有未嘗歷親民即為監司者。陛下必欲蘇息疲瘵,乞盡罷諸路提舉官。其轉運使,除河北、陝西、河東外,餘路只置使一員、判官一員;提點刑獄,分兩路者合為一路,共差文臣兩員。凡本路錢穀財用事悉委轉運使,刑獄、常平、兵甲、賊盜事,悉委提點刑獄管勾,仍選知州已上資序、累歷親民差遣、所至有政迹②、聰明公正之人,方得為監司。"詔諸路轉運使,除河北、陝西、河東外③,餘路只置使一員、副使或判

---

① 乘馹　文淵閣本長編卷三六七同,嘉慶本作"乘馹",長編卷三六七作"乘驛"。按:"馹",古代驛站用的車,故"乘馹"是。
② 所至有政迹　"迹"底本作"績",據長編卷三六八、傳家集卷五〇乞罷提舉官劄子改。
③ 除河北陝西河東外　底本"河東"上衍"并"一字,據嘉慶本、長編卷三六八刪。

中道之人,分補監司之任。"

十一月丁酉,朝議大夫鮮于侁爲京東轉運使。熙寧末,侁已嘗爲京東轉運使。於是司馬光語人曰:"今復以子駿爲轉運使①,誠非所宜。然朝廷欲救東土之弊,非子駿不可,此一路福星也,可以爲諸路轉運使模範矣。"又曰:"安得百子駿布在天下乎!"侁既至,奏罷萊蕪、利國兩監鐵冶,又乞海鹽依河北通商,民大悦。又乞止絶高麗朝貢,只許就兩浙互市,不必煩擾朝廷。事雖不行,然朝廷所以待高麗禮數,亦殺於前云。

元祐元年二月丁卯,詔曰:"朕紹承聖緒,總攬庶政,永惟西方萬里之遠,其能使吏稱其職而民蒙其澤者,以監司得其人故也。然非左右侍從之臣各舉所知,則安能盡得天下之才而用之哉?孔子曰:'如有所譽者,其有所試矣。'朕將考核能否,而進退誅賞焉。應内外待制、大中大夫以上,限詔到一月,各舉曾歷一任知州以上、聰明公正、所至有名、堪充監司者二人,委中書籍記,遇轉運使副、提點刑獄有闕選差。若到官之後才識昏愚,職業墮廢,薦才案罪,喜怒任情,即各依本罪大小,并舉者加懲責。"癸酉,侍御史劉摯言:"臣昨者曾論天下監司多無善狀,乞朝廷考察澄汰,别行選任,後來未聞指揮。臣伏見河北轉運副使李南公險薄刻害,無士人之行,天下所知。往者以不嫁其妹委於他人,先帝惡之,黜置散地。未幾夤緣,再被任用。本路昨起鹽禁,南公虐行其法,科配勞費,一路被患。近蒙聖恩遣使經畫,已皆廢罷,則害人之狀,臣不復言。南公職任監司,親被委寄,未嘗有一言論可否於朝廷,意欲取勝京東,有邀幸之望,而不顧爲國斂怨。朔方劇部,非他部比,朝廷北顧爲重,而南公者,豈宜久使居之,肆其殘虐,實不足以副朝廷厚風俗、安疲瘵之意。伏請特行貶黜,以允群議。"不從。南公尋徙河東路。福建路轉運副使賈青添差監衡州在城鹽酒税,轉運副使王子京添差監永州在城鹽倉,兼管酒税務。先是,福建路按察張汝賢言:"青兼提舉事,不究利害,嚴督州縣,廣認數目,令鋪户均買;子京相承行遣,又違法過爲督迫。"故有是命。

戊子,臣僚上言:"竊見祖宗朝,爲天下州縣守令僻在遐遠,多不修舉職事,遂令諸路置轉運使按察糾舉,使諸路郡守、縣令無不職之人,則天下至廣,一無冤枉,故知轉

---

① 按:鮮于侁,字子駿。

十二月丁酉,正議大夫章惇降授通議大夫、提舉杭州洞霄宫。於是舉行八月己未詔書,惇始除喪故也。

<small>舊録云:以諫議大夫劉安世、朱光庭言惇强買民田不法,故有是命。新録因之。安世等所言,不止爲惇强買民田,其曲折具於章疏。初有候服闋與宫觀指揮,安世又論其不當,而朝廷訖不從也。</small>

甲子,寶文閣待制、知潁州曾肇知鄧州。左諫議大夫劉安世言:"肇資禀奸回,趣向頗僻。昨來蔡確謗訕君親,天下臣民所共疾怒,而肇倡爲邪説,惑亂衆聽,以至捭闔執政,欺罔同列。苟有可以救確者,無所不爲。伏望收還新命,以允公議。"詔曾肇改知齊州。

五年三月己卯,知亳州、龍圖閣學士鄧温伯爲翰林學士承旨。中書舍人王巖叟封還詞頭。詳見温伯罷翰苑。

五月丙寅,知揚州①、龍圖閣待制蔡京知潁昌府。

汰監司

元豐八年四月辛未,京東轉運使、天章閣待制吴居厚降知廬州,以言者論其苛刻也。

<small>當考言者姓名。陳瓘録劉安世語云:"元豐末,京東劇寇數千,欲取掊克吏吴居厚投之鐵冶中,賴居厚覺早,間道遁去,不然賊殺一都轉運使,從官得晏然而已乎?"</small>

十月丁丑,<small>案:長編係丙子。</small>前京東路轉運使吴居厚責授成州團練副使、英州安置,副使吕孝廉添差監郴州茶鹽酒税,以御史言其苛刻故也。己卯,侍御史劉摯言:"臣竊謂州縣之政,廢舉得失,其責宜在監司。夫監司之任亦重矣,人一有賢不肖,則環地數千里休戚係之。比蒙聖旨哀念元元,取監司罪惡已著者,既去之矣。然其餘人材,頗尚駮雜,情志未一,各懷所私,蓋其陰有觀望者,則必習常而慢令,以致惠澤之壅淺;其中覬利者,則又矯枉而過正,或廢其所宜治之事;二者不可不察。惟得其人,庶懲此患,臣欲願聖慈詳酌。河北、河東、陝西素號劇郡,向來所用使者,出於暴進,非更歷民事,人微望輕,惟自過爲威刻,而下終不服。今宜稍復祖宗故事,於三路各置都轉運使,用兩制臣僚充職,以重其任。自餘諸路,亦望推擇資任稍高、練達民政、識治體、近

---

① 知揚州 底本無此三字,據長編卷四四二補。

於沅、誠等州建置城寨,以開邊隙,十年之内,所費不貲。又崇妖人,目爲聖母。左右多恃勢殿人。擢守成都,偃蹇不行,無人臣恭順之禮。伏望收還景温之命,且與外任差遣。"仍詔三省罷尚書權領之法,以塞濫進之門。

四年二月壬寅,寶文閣直學士、新除刑部尚書謝景温知鄆州。己巳,正議大夫、知鄧州蔡確爲觀文殿學士,餘如故。

三月丁酉,龍圖閣直學士、知太原府曾布知成德軍。己亥①,朝奉郎、直龍圖閣、知河陽邢恕爲集英殿修撰、知滄州,時恕已遭喪去河陽矣。壬戌,案:長編係四月甲子。校書郎、集賢校理李德芻爲都官員外郎。右司諫吳安詩言:"德芻往任宗正司,憑藉王安石氣焰,後爲王珪耳目。"又殿中侍御史翟思亦以爲言,乃詔德芻依舊校書郎。

五月辛巳,詔知鄧州蔡確責授左中散大夫、守光禄卿,分司南京,以安州車蓋亭詩譏謗也。詳見本事。

七月丙申,龍圖閣待制、知揚州蔡卞知廣州;新江、淮、荆湖等路制置發運使,龍圖閣待制蔡京知揚州。

九月己丑②,觀文殿大學士、知永興軍韓縝知河南府,資政殿學士、知河南府李清臣知永興軍。

十月己亥,翰林學士承旨鄧温伯爲龍圖閣學士、知亳州。甲辰③,殿中侍御史孫升言:"恭惟熙寧之政,務在興廢補敝,出於仁民愛物。而小人徼倖一時,貪功冒賞,競爲苛刻,肆行己見,故罔上壞法爲市易者,吕嘉問、吳安詩爲之倡;鍛煉附會爲大理者,崔台符、楊汲爲之首,以至吳居厚、吕孝廉肆剽刻於京東④,賈青、案:原作賈晋,今依長編改。王子京極槌剥於福建,蹇周輔、朱彦博配百萬之鹽於江西,則父子不保。李琮增無名之税於江東、淮、浙,則老幼流離。吕公雅、霍翔促保馬之期限,沈希顔、范峋哀歲課之羨溢,四方之人,侵削肌骨,破散家室,愁怨之聲,盈滿内外。此數人者天資殘忍,視民如草芥,實爲首惡。而李琮、朱彦博一除相州,一除虔州,皆大藩名郡。如此,則何以懲奸窒惡,成聖朝仁厚之風乎?"

---

① 己亥 底本無此二字,據長編卷四二四補。
② 己丑 底本無此二字,據長編卷四三三補。
③ 甲辰 長編卷四三四作"壬寅"。
④ 肆剽刻於京東 "刻",長編卷四三三作"剥"。

省胥堂吏皆能笑之。伏望聖慈早賜罷黜，以伸公議①。"戊申，通議大夫、守尚書左丞李清臣以資政殿學士知河陽。御史既有言，清臣亦累奏乞補外，故有是命。

七月辛亥，諫議大夫孔文仲言："少府少監沈季長本無學問技能，止是王安石門壻，鼓唱王氏經義，聾瞽眾學。今一旦召從外路，副貳寺監，季長之黨布散如蟻，一季長進，則百季長相繼而來，不可拒矣。"左司諫呂陶亦以為言。詔罷季長少府少監，知秀州。

八月甲辰，新京西轉運副使呂陶改梓州路②。陶初有京西之命，上疏曰："臣詳悉條陳當今之事，以補前疏之略，願陛下知之者六，然後退就鈇鉞。其六曰：王安禮者有吏材，曉民事，委以藩郡，乃其所長。然其人操行污濁，心膽粗豪，神宗亦嘗稱為惡人。既差知成都，必過闕下，不宜留在朝廷。況許將今冬成資，宜令速赴新任。盧秉者，昔任兩浙提刑，創興鹽法，虐害東南，至今瘡痍未復；在渭州處置邊事，惟求合李憲之意，曲奉於憲，有如尊親。憲嘗薦之。秉將次服除，決不可用，宜置之散地。苗時中、李南公、路昌衡輩，皆刻薄之資，見於已試，而又任之以經略、發運使之職，必無以副朝廷德意，而惠養元元矣。"是日，翰林學士承旨鄧溫伯以母喪去職。

九月，案：長編係十月丙午。資政殿學士王安禮提舉崇福宮。言官論其託疾辭避，而安禮亦自請奉祠，故有是命。

三年四月庚子，案：長編係壬寅。龍圖閣直學士、提舉鴻慶宮盧秉落龍圖閣直學士，為寶文閣待制。秉前以父喪去渭州，喪滿，得知荊南。秉辭疾奉祠，於是言者謂秉熙寧間推行二浙鹽法，所配流無慮萬餘人，故責之。

九月辛酉③，知河南府、資政殿大學士張璪知定州，知河陽、資政殿學士李清臣知河南府，知襄州、朝奉郎、直龍圖閣邢恕知河陽。

閏十二月丁卯，寶文閣直學士、知揚州謝景溫為權刑部尚書，龍圖閣待制、知江寧府蔡卞知揚州④。右正言劉安世言："案：景溫在先帝時，為湖南安撫使，附會章惇，先

---

① 以伸公議 "公"底本脫下半部，據長編卷三九九補完。
② 新京西轉運副使呂陶 底本脫"新"一字，據長編卷四〇四補。
③ 九月辛酉 "九"底本作"五"，據長編卷四一四改。
④ 知江寧府蔡卞 "江"底本作"永"，據長編卷四一九改。

伏望聖慈少加省察,檢會臣前奏,特行追寢,則天下幸甚!"癸酉,詔林希爲集賢殿修撰、知蘇州。己卯,正議大夫、中書侍郎張璪爲光禄大夫、資政殿學士、知鄭州。臺諫彈章交上,凡十數,璪乃請外,竟從優禮罷去。

十月壬辰,同知樞密院安燾乞補外郡,不許。御史中丞劉摯言:"臣昨於九月八日曾言:神宗皇帝顧命大臣不可盡去,宜於張璪等三人内罷璪,以安天下;留安燾、李清臣,以全國體。後蒙聖慈因璪有請,進其官職,使之外補。今聞燾亦復上章,臣深慮人情不察,以謂先帝棄天下方逾年,而受遺之臣一旦盡去,轉相議論,無所不及,其於盛德之治不爲無損。伏望再思煩慮,無聽燾之去。"庚子①,侍御史王巖叟言:"伏見除知汝州章惇知揚州,命下累日,物論喧然,以爲未允。伏讀告詞,又不爲經明堂恩霈,直是無故寵遷。臣愚不解此意。又汝海善里,王畿近藩,物物便安,非爲貶所。罪大責輕,公議已稱其大幸②,豈可曾未數月遽易大邦?伏望聖慈深察臣言,特加裁處。"左司諫朱光庭亦以爲言。壬寅,詔章惇依舊知汝州。先是,左僕射吕公著等以惇父老,且自政府罷,既經赦宥,故遷之便郡,又欲以次甄敘諸放逐者,使各不至失所。既而言者交章謂惇不宜遽遷,語侵執政。太皇太后怒,問:"主惇者誰邪?"公著前對曰:"衆議也。"時惇子又上書爲其父訟冤,且侵執政,詔並責之。公著曰:"子之爲父,何所不至。"乃止。惇被命將至國門,詔追揚州敕,復遣歸,知汝州。自是當敘復者皆稍艱矣。

十一月戊午,案:長編係戊辰。資政殿學士、知江寧府王安禮知揚州,龍圖閣待制、知宣州蔡卞知江寧府。

二年二月己亥,詔觀文殿大學士、正議大夫、知陳州蔡確落職,守本官知亳州。以御史中丞傅堯俞等劾奏確位居宰相,竊弄威福,故縱其弟,養成奸贓故也。

四月癸卯,案:長編係己巳。御史中丞傅堯俞、侍御史王巖叟言:"伏見尚書左丞李清臣竊位日久,資材闒茸,無補事功,而性行憸邪,陰能害政。方王珪、蔡確輩用事之時,欺君罔上,無日不有,清臣則唯阿其間,未嘗進一言之忠。洎陛下登用耆哲,修復舊章,興滯救弊,惟日不足。清臣又隱默於中,亦無一言之助。人材之能否,清臣不知;民事之利病,清臣不識。聞每至都堂會議,但飽食危坐,若醉若夢,旁觀衆人而已,

---

① 庚子　長編卷三九〇作"辛丑"。
② 公議　"議"底本作"義",據長編卷三九〇改。

璪意欲候過明堂大禮,求出補外,惟陛下爲社稷計,因中外人心,早從其請,天下幸甚!"己亥,王巖叟、朱光庭入對延和殿。巖叟進曰:"臣言奸邪之狀,指張璪事,皆有實狀,陛下必經聖覽。此人在左右不便。"上曰:"已曾諭卿,自有時節,不須更著文字。"對曰:"既有奸邪欺罔之事,合逐。"旋奏之,上曰:"如教蘇軾改張誠一告詞事,誠一不孝怎掩得?亦莫是衆家意。"巖叟曰:"不然,只是此人黨惡,諷諭中書舍人,令不顯其事耳。賴蘇軾不從,故得告命明白,不然,爲奸人罔昧,以欺陛下。陛下以此觀其心,於正道如何?"上曰:"會得。"

九月癸亥,御史中丞劉摯言:"今大享禮成,風聞中書侍郎張璪、同知樞密院事安燾、尚書左丞李清臣皆欲上章辭位。夫此三人者,並受神宗顧託之命,一旦同時求退,臣疑陛下必有所難之也。雖然,臣以爲無難也。俱去之則難,俱留之則難,蓋俱留之則害天下而屈公論①,俱去之則傷國體而惑人情。今於三人之中察事考跡,權其輕重,則有必宜去者、不必去者。臣請論之:璪以傾邪柔佞,竊位最久,朋奸害政,前後言者累疏其罪。臣曾上殿,亦屢蒙宣諭,以謂璪過大禮,必聽其去。自此臣更不復論列。今大享已畢,璪之引退②,乃其時也。陛下許之,亦其時也。璪得掩其奸惡,以禮罷去,蓋已幸矣。此臣所謂必宜去者也。若乃燾及清臣,比於璪輩,未有顯罪。陛下若特以其受遺之故,且爲留之,實有其名,亦無其害,此臣所謂不必去者也。欲望聖明照察,於三人中罷璪,所以安天下;留燾與清臣,所以明陛下不忘先朝受遺舊臣之意。"

辛未,右司諫王覿言:"竊聞起居郎林希召試中書舍人,希雖薄有文藝,素號憸巧。當王珪用事之際,希諂奉之,無所不至,與其不肖子弟日相親昵。及韓縝作相,希復爲其鷹犬。今中書侍郎張璪傾邪著聞,士人之稍自重者莫不恥游其門,而希與之深相交結,不畏譏議,何可使代言禁掖,入侍近班?伏望指揮除一外任。"監察御史孫升言:案:長編係壬申。"奸險之人,難退而易進。苟引類而來,陛下遲疑而不去,則其漸將至於成群,此君子所以爲憂也。所謂奸險之存者,中書侍郎張璪也;附麗以交結者,林希也。前日林希試中書舍人,諫官、御史極言論列,而天聽未回。告命已下,希既爲中書屬官,朝夕與璪謀議,而希弟旦爲御史,苟或上下交通,則其類馴致,臣恐非朝廷之福。

---
① 蓋俱留之則害天下而屈公論　底本脱"則"字,據嘉慶本、長編卷三八七補。
② 璪之引退　"退",嘉慶本作"去"。

事,何故自生疑貳,猥欲以言語區區過自分説,以勝士大夫之心,臣恐中外有以窺陛下也。伏望睿斷寢降詔之議,免四方疑惑,以幸天下。"監察御史上官均言:"臣竊聞陛下詔書,慰安中外大臣,以前日宿奸舊惡,一切置而不問,臺諫仍不得彈治。臣始聞之,疑惑不信。數日以來,搢紳士人傳者愈衆,始以爲信①。然臣竊惟詔旨必以謂前日黜去一二大吏奸諛刻深、掊斂罔上之臣,恐黨與反側,無自全之意,故爲此詔以慰安之。是行姑息之政,非所以信賞罰而示天下之公議也。"監察御史上官均言:"竊見刑部侍郎崔台符,寶文閣待制、知廬州楊汲,大理卿王孝先,自元豐以來相繼爲大理卿,每有内降公事,不能悉心持平,推考情實,專務刻深,高下其意。雖知所告不實,事或微末,不度是非,一切徇報者之語,委成獄吏,不復親聽。而報聞者往往得於仇怨之人,巧譖誣陷,無所不至。願陛下因臣之言,察中外之議,特行黜罷,以允公論。仍乞精選儒臣通明端厚之士典領刑獄,庶幾刑不失中,獄無濫及,以副陛下寬仁好生之意。"詔寶文閣待制、知廬州楊汲落待制、知黄州,刑部侍郎崔台符知相州,大理卿王孝先知濮州,仍各降一官。其制詞云"豈有數年之間,坐致萬人之獄",中書舍人蘇軾所草也。乙卯,左司諫王巖叟言:"今所謂罪顯者莫如惠卿、誠一,惡鉅者莫如蔡確、章惇,而璪實同之。欺君罔民,天下稱其一體,固宜並行竄逐,以信服天下之心。而璪乃令獨留廟堂,偃然自若。臣不知惠卿之輩見此詔書,還肯服否?天下之人見此詔書,還肯信否?此臣之所以爲陛下惜也!伏望陛下察臣之忠,納臣之諫,一奮威剛,正璪之罪,斥璪之惡,以信詔書。"

　　七月丙寅,始頒甲寅詔書,去"言者勿復彈劾"六字,臺諫累有論列故也。庚辰,右正言王覿言:"彼張璪之奸邪欺罔,臣自今年二月以來,累有封事,具陳其狀。及竊聞臣僚論列非一,陛下不惟置而不問,方且明詔中外,諭以既無罪顯惡鉅之人,餘皆一切不問。使璪得乘此以自負,而膠固其邪黨,無射隼之憂,而朝廷有養虎之患也。"

　　八月壬辰,案:長編係癸巳。右司諫蘇轍言:"張璪性極巧佞,遇事圓轉,難得心腹。昔王安石、吕惠卿首加擢任,被以卵翼之恩,收其鷹犬之效,與章惇等並結爲死黨。熙寧弊法,皆璪等所共成就,陛下不可見其進退恭順、言詞柔利②,遂以爲可用也。臣聞

---

① 始以爲信　底本脱"始"字,據嘉慶本補。
② 言詞柔利　"利"底本作"和",據欒城集卷四〇言張璪劄子、長編四庫底本卷三八五、文淵閣本長編卷三八五改。

務以寬厚愛民,而搢紳之士往往不原朝廷本意,速希功賞,有誤使令。或議法失當,或掊斂毋節,或奸回附勢,或構事飾非,或多結權貴,或妄舉邊事,殘民蠹物,久益知弊,致使群言交攻不已。苟無澄肅,必紊綱紀。止以其罪顯者乃行竄逐,自餘干涉之人,夙夜怵惕,不無憂虞。予當新政,務存大體,一切示以寬恩,更不追劾,咸使改過自新,各安職業。可倣此意作詔書①,布告於外。"甲寅,詔曰:"朕惟先帝臨御以來,講求法度,務在寬厚,愛物仁民。而搢紳之間,有不能推原朝廷本意,希功掊克②,或妄生邊事,或連起犴獄。積其源流,久乃知弊。此群言所以未息,朝廷所以懲革也。救正風俗③,修振紀綱,茲出大公,蓋不得已。況罪顯者已正,惡鉅者已斥,則宜蕩滌隱疵,闊略細故,豈復究治④,以累太和。夫疾之已甚,孔子不爲;御衆以寬,有虞所尚⑤。爲國之道,務全大體。應今日以前,有涉此事狀者,一切不問,言者勿復彈劾,有司毋得施行。各俾自新,同歸美俗。布告中外,體朕意焉。"給事中胡宗愈奏:"中書省敕內有'言者勿復彈劾,有司毋得施行'之語,臣愚以謂此二句於體未便。欲望去此二句,則盡善矣。"後頒詔無"言者勿復彈劾"六字,蓋從宗愈奏也。始,鄧綰知滁州,言者未已。范純仁勸太皇太后勿行,太皇太后因欲下詔,慰存反側,既而中輟。及呂公著救賈種民⑥,太皇太后復欲下詔,公著以爲當然,遂從之。或謂公著曰:"今除惡不盡,將貽他日慮⑦。"公著曰:"治道去太甚耳。文、景之世,網漏吞舟。且人才實難,宜使自新,豈宜使自棄邪?"詔之未下也,言事官交章論其不可。御史中丞劉摯言:"臣聞朝廷議欲降詔中外,慰安人情。傳聞二三,臣不敢信。儻果如此,臣實未喻。伏見陛下即位以來,修先朝政事,增損法令,進退官吏,大要專以安民。四方曉知上指,坦然明白矣。若謂日者黜責一二臣僚,恐附麗黨與不無反側,故以詔書安之,臣謂人情無甚相遠,不從上令,而從其意。近者朝廷法令,方具功罪明白,吏民安堵自如,正宜鎮定無

---

① 可倣此意作詔書 "倣"宋大詔令集卷一九四誡約搢紳詔(元祐元年六月甲寅)作"傚";底本脫"詔"一字,據長編卷三八〇補。
② 希功掊克 宋大詔令集卷一九四誡約搢紳詔"功"下有"速進,多誤任使,或罔上飾非,或違公附勢,或議法乖當,或擅爲"二十四字。
③ 救 底本作"敕",據宋大詔令集卷一九四誡約搢紳詔改。
④ 豈 長編卷三八一作"不"。
⑤ 有虞 宋大詔令集卷一九四誡約搢紳詔作"虞舜"。
⑥ 賈種民 "民"底本作"氏",據長編卷三八〇、宋宰輔編年錄卷九、嘉慶本改。
⑦ 他日 嘉慶本作"後日"。

卷第九十八

哲宗皇帝

逐小人下

元祐元年六月戊戌,御史中丞劉摯言:"臣伏見中書侍郎張璪天資傾邪,不知忠義,立朝行己,阿諛柔佞,朋附憸人,無自立之節。其始進也,以邪説奉王安石;其稍退也,以奸謀附吕惠卿。其後隨王珪,諂蔡確,黨章惇。數人之性雖不同,而璪能探情變節,左右隨合,各得其歡心。臣向者上殿,兩曾論奏璪之奸邪。自恭聞聖旨,謂曾經受遺,未有顯過,不欲傷其心。臣是以久未論列。今璪過有顯狀,士論所疾。伏望速賜睿斷,罷其職任,以清仕路,以副公論。"右司諫蘇轍言:"謹案金部員外郎吕和卿,本惠卿之弟,而章惇所薦。其後與惠卿力行手實,先帝知其不可,遽寢不行。近日蹇周輔以賣鹽得罪,吳居厚以榷鐵蒙責,吕嘉問以市易被逐,宋用臣以導洛遠徙。至於蹇序辰、舒亶之流,一罝其間,皆不逃譴。而和卿首爲簿法①,害民之多過於鹽鐵之事,獨安然不問,竊據郎曹,質之公議,實失邦憲。"詔:和卿權知台州。己亥,殿中侍御史林旦言:"竊見刑部侍郎崔台符人物凡猥,姿性狡佞。本以諸科,挾法令而進。熙寧中,王安石破律改條,變易輕重,台符附會新意,因得進用。其後議建大理獄,擢諫議大夫,首冒卿選。昨來初建六官,執政私之,又竊刑曹之任。士望物論,於今不平。伏乞睿明,先次罷台符本職,且與一外任閑慢差遣,令別聽指揮。"庚子,刑部侍郎崔台符知潞州。

辛亥,吕惠卿責授建寧軍節度副使、本州安置,不得簽書公事,從諫官王巖叟等所奏也。詳見神宗朝吕惠卿奸邪。壬子,內出手詔付三省、樞密院曰:"向者朝廷講求法度,

---

① 首爲簿法 長編卷三七九同,嘉慶本作"首爲撓法"。

其心而背其親,遂若平生無母者。"巖叟論誠一及定,前後凡三奏,殿中侍御史吕陶、中丞劉摯等相繼皆有章,乞明正二人典刑。乃詔開封府及京西提刑司,限十日根究誠一詣實事狀,及淮南提刑司根究定不持母服端的因由,乃就便移文,問定,結罪保明以聞。

五月丁卯,右司諫蘇轍言:"臣前四上章,言蔡京知開封府推行役法,知舊法人數冗長,近降聖旨許州縣相度有無妨礙,至於揭簿定差亦無日限,而京違指揮,差人監勒開、祥兩縣,一依舊法人數,於數日之内差撥了當,意欲擾民以沮成法①。乞送御史臺重行根勘,即見實。"

---

① 意欲擾民以沮成法　"沮"底本作"壞",據長編卷三七七、欒城集卷三八言蔡京知開封府不公事第五狀改。

矜功要名,蓋指蔡確、章惇也。乙巳,林旦言:"前御史中丞鄧綰人質猥下,天性憸佞。先帝聖明,察見綰之情狀,正其罪而黜之。今綰復待制,又復龍圖閣直學士,自鄧徙揚,而頑然無知,尚懷不足。伏望特賜聖斷,重行誅殛。"詔以綰知滁州。旦又言:"公議之所在者,天下也;道天下之公議者,諫官、御史也。今臣舉公議而摘大奸,陛下何惜一鄧綰,不以慰天下之望邪?借使今日盡削官職①,遠投荒裔,固未能壓塞眾議,奈何止罷揚州而已?乞盡削官職,置之散地,終身不齒,以謝天下。"詔綰依舊。綰未去鄧州,尋卒。同知樞密院范純仁言:"昨日簾前奏陳,為言事官彈奏鄧綰責降。臣謂鄧綰貶黜,後來累經赦宥,牽復至此。今自鄧移揚,蓋為曾孝寬所衝,且非進用。自此言者不須論奏,朝廷亦不須再行貶責。況陛下臨御以來,先朝舊臣雖有往咎,皆蒙天恩含貸,豈獨綰可深罪,徒使人心反側,不能安職,無益清淨之化。所繫朝廷治體不細。"上遣中使密賜手詔曰:"覽卿所奏鄧綰事,誠為允當。朝廷以向者附會掊克中最顯者②,已行放黜,蓋當時希世苟合、言利進身者甚眾,朝廷若人人加責,則事無窮已,似非安靜之術,使向來附會干涉之人,日夜恐懼,不能自安。欲降一詔書,一切示以寬恩③,更不行遣,當各安職業,改過自新。欲作此意度行下,如何④?卿可更子細相度,具可否,親書實封進入。"純仁奏曰:"臣伏讀詔旨,忻歡感歎之不暇,豈復更有愚見可助睿明?便望只以此意付之詞臣,更使敷衍潤色,以成訓誥之美,垂之萬世,永為帝範。愚臣不勝幸甚!"

癸丑,朝奉郎、守起居郎滿中行為直龍圖閣、知明州。先是,監察御史孫升言:"中行器識淺陋,性質奸憸。頃在先朝,嘗自御史進擢臺端,既無忠言讜論,切救時病,惟務從諛承意,陰附柄臣。如王安禮,嘗上書論中書不公,宰相深銜之,中行乃力為排抵,以附其意,竟坐欺罔。"於是中行出守。左司諫王巖叟言:"觀察使、知潞州張誠一前為樞密都承旨日,有盜發其父墓,誠一以修墓為名詔告自往,因於壙中取其父所繫黑犀排方帶以歸,易襯而自腰之,其與劫父墓無以異。新知江寧府李定既仕宦之久,避其持服,明知仇氏其母而不認,及致人言,乃歸過其父,而左右反復,巧為疑辭,以欺

---

① 借使今日盡削官職 "借"底本作"假",據長編卷三七五改。
② 向者附會掊克中最顯者 "克"底本作"刻",據嘉慶本、長編卷三七五改。
③ 一切示以寬恩 "示"底本作"視",據長編卷三七五改。
④ 欲作此意度行下如何 嘉慶本無"度"字。

臣寮章疏付外,正其罪,罷之,以允清議。"

辛未,門下侍郎呂公著言:"安燾、范純仁除命雖已依中旨發下,而中外紛紛,皆以爲門下省失官。若言者論奏不已,則恐轉難處置。燾方固辭不敢受①,宜因其請,特賜俞允,則朝廷命令不至乖失,其於待燾亦爲得體。"壬申,詔:"安燾堅辭知樞密院事,特依所請,依舊同知院事,仍令班左丞李清臣上。"右司諫蘇轍言:"臣竊見臺諫前後上章論韓縝過惡,乞行斥退,皆留中不出,人人惶惑,不測聖意所在。臣頃與孫覺上殿奏事,面聞德音,以爲進退大臣,當存國體,雖知縝不協人望,要須因其求去而後出之。臣即奏言:'陛下以恩禮遇大臣,雖盛德之事,而臣等身有言責②。言苟不效,義不可止。'臣等所論韓縝過惡,必不下二三十章,並乞降付三省。如臣等所言有妄,即乞明正典刑;如縝罪狀不誣,亦乞顯行誅責,使天下明知降黜事端發於臺諫,蓋是公議所迫,雖先朝舊臣,陛下亦莫得而赦,自然中外更無毫髮議論。"案:長編此條在癸酉。

乙酉,殿中侍御史林旦言:"向來呂溫卿、升卿、和卿,以惠卿之弟,蔡京、蔡卞以安石之親,驟遷大用,多據要劇。乃確、惇、璪等以此報安石、惠卿之恩也。自確、惇外補,璪等在朝,與其黨與,日夜冀其復用,但畏陛下聖明照見情狀,陰謀邪計秘未敢發,反指諫官論事太煩,動搖人心,以惑聖聽。伏望陛下察臣區區之誠,特賜省覽③,每因執政進退之際④,特留宸慮⑤,深究群情。如涉傾邪,毋憚斥逐,以折奸謀。"又言:"昨邢恕日夜出入蔡確、章惇、張璪等門下,干預時政,又傳達意指,與臺諫官黃履等陰相表裏,走弄事權,以致驟加進用,趨附者盈門,氣焰可畏。尚賴陛下聖明,照見奸邪,令與外任差遣,朝士聞之相慶。以恕之資淺罪大⑥,出之節鎮,已是寬恩。執政中有素黨恕者密加營救,漸乞召還,以爲鷹犬。奸邪入朝,必無安静之理。伏望留神省察。"

四月己丑,正議大夫、守尚書右僕射兼中書侍郎韓縝爲光禄大夫、觀文殿大學士、知潁昌府。臺諫前後論縝過惡甚衆,皆留中不出。內批:"縝自以爲不才,恐妨賢路,故乞出。視矜功要名而去者,縝得進退之體,故有遷官之異。宜於制詞中聲説此意。"

---

① 燾方固辭不敢受　嘉慶本作"聞燾固辭不敢受"。
② 身有言責　"身",嘉慶本作"自"。
③ 特賜省覽　"覽"底本作"覺",據長編卷三七三改。
④ 進退之際　嘉慶本同,長編卷三七三作"進對之際"。
⑤ 特留宸慮　"宸"底本作"神",據嘉慶本、長編卷三七三改。
⑥ 資淺罪大　長編卷三七三同,嘉慶本"資"作"責"。

重惜名器,別圖賢材,任以大柄,以爲社稷之賴,以爲生靈之福。"

乙卯,正議大夫、同知樞密院事安燾知樞密院。左司諫兼權給事中王巖叟言:"謹案燾姿材闒茸①,器識暗昧,立朝以來,無一長爲人所稱。備位樞庭,不能自立,惟知佞事章惇,陰助邪説,以養交取容,曾無建明,少裨國論。公議所鄙,中外一辭。臣當言責,方以逐大奸爲先,未暇及燾,非敢不爲陛下言也。今大奸既逐,適欲論奏,而燾更超用,其何以慰天下之望,弭諫臣之言?燾之不才,舊位且非所據,況可冠洪樞、頡兵柄?今邊鄙大事正賴謀謨,使燾當之,何以勝責?"丙辰,諫議大夫孫覺言:"韓縝不可任以爲相,未蒙聖旨稍賜施行。陛下即位逾年,自閑廢中擢司馬光以爲執政,未幾用爲上相,天下之人無知愚②、無賢不肖,莫有一人以爲不可。不幸有人焉曰韓縝者,與光爲左右僕射,對秉國鈞,同持大政。光欲爲此,而縝爲彼矣;光欲爲一,則縝爲二矣。爲光者不亦難乎?"案:長編爲御史中丞劉摯言,列三月丁丑。

三月己未,案:長編作壬戌。王巖叟言:"臣封還安燾除知樞密院敕黄,伏蒙御批以'國家進退大臣,皆須以禮,況前日延和奏事,已嘗面諭卿。今復如是,非予所以待大臣之意也。可速書讀③,無執所見'者。臣以燾爲不才,不當雜群賢並進,所以上助聖明,判白賢佞,使在位端亮名節之人知陛下聰明旌别,感激自勵,是謂副陛下待大臣之意也。況今日之事,諫官、御史議論如一,臣之區區,豈敢偏執所見?伏望聖慈察臣之心,恕臣之罪,特依前奏,早賜施行。"御史中丞劉摯言:案:長編列乙丑。"宰臣韓縝才鄙望輕,不學無術,多利欲而好富貴,習淺陋而無廉隅。前者諂附張誠一,貪緣進用,備位樞庭。近者以王珪死亡,次第推移,遂至宰席。臣伏見皇帝陛下收延衆正,以紹承祖宗之志,而太皇太后陛下因革庶事,以深圖社稷之安。方此之時,如縝何補?伏望聖慈降臣此言并臣僚論縝章疏付之於外,罷縝政事,以清朝路,以協師言④。"右諫議大夫孫覺言:"謹案縝素無學術,言行淺陋,貪緣執政,無一可道。自中春以來,自知爲公議所輕,揚言於人曰:'過寒食,當乞退罷。'既而又曰:'候神宗小祥。'近者但見時時挈致行李一二於外,以示欲去,然終不聞有決請之意。其無廉隅,至於如此。乞將

---

① 姿材闒茸 "姿",長編卷三七〇、宋史全文卷一三上作"資"。
② 知愚 "知",長編卷三七二作"智"。
③ 可速書讀 "讀"底本作"牘",據長編卷三七一、宋朝諸臣奏議卷五六上哲宗再辭書讀乞差官權給事中改。
④ 以協師言 嘉慶本同,長編卷三七一作"以厭群言"。

攪擾沮害,黷於聰聽者,蓋已多矣。伏望出臣章付外,速賜睿斷,罷惇,使補外①,以全聖政,以慰群望。"

左正言朱光庭奏:"伏自陛下臨御以來,力除蠹弊②,天下之人皆喜之。惟章惇不喜,每聞於簾前辨論,悖慢無禮。且辨論公正,猶不可失人臣恭順之禮,又況其邪説之多,而敢爲悖慢邪?韓縝行義不修,而不能自治,何以治人?代天理物之任,豈行義不修之人可以當之乎?伏望陛下檢會臣前後累奏,特賜睿斷施行。"監察御史孫升言:"王安石履君子之操,談先王之言,先朝委國而聽之。然安石天姿强愎③,棄衆自用,趨近利,無遠識,非宰相之器,憤賢人君子不爲己用,於是拔小人之材者布於朝廷。既蔽主明,且誤國事。吕惠卿、章惇二人,小人之材而尤黠者也。惠卿自小官三年拔爲執政,安石之德不爲淺矣,一旦見利忘義,與安石爲死仇。推是以觀之,則其事君之節可知矣。賴先朝聖明④,察知其奸,竟不復用。不然,善人君子今無噍類矣!章惇材不逮惠卿,而奸惡過之,二人之所謂材⑤,足以文其奸而資其惡,罔上殘民,偷合苟容而已。臣竊恐人或以惇爲材,進説以誤聖聽,故陛下遲疑而不决去也。伏望聖慈早賜裁决,以清朝政,以慰人心,則天下幸甚!"

辛亥,詔:"正議大夫、知樞密院事章惇,累有臣寮上言,輕薄無行,好爲俳諧俚語,及嘗受内臣宋用臣饋遺。以其大臣,彈糾章奏不欲付外。又議役法,明知未完,俟其令行,始爲沮難。近者,每於簾前同輔臣議政,動多輕悖,全無恭上之禮。宜解機務,可守本官、知汝州。"言者既數劾惇,惇居位如故。及惇與同列於簾前爭論喧悖,有"它日安能奉陪喫劍"之語,太皇太后怒其無禮,乃黜之。左司諫王巖叟言⑥:"蔡確、章惇之大奸,臣先已論之,其次如韓縝之鄙俗不學,張璪之陰邪不正⑦,李清臣之柔佞不立,安燾之闒茸不才,臣不知此四人自執政以來,有益國家者何事?惠及生民者何功?啓沃陛下者何言?天下之物望輕重,陛下聰明,必皆坐照,不待臣言而後知。伏望陛下

---

① 使補外　嘉慶本同,太平治迹統類卷二〇哲宗委任臺諫、長編卷三六九均作"使外補"。
② 力除蠹弊　"蠹弊"底本作"奸蠹",嘉慶本同,據長編卷三六九改。
③ 天姿强愎　嘉慶本同,長編卷三六九"姿"作"資"。
④ 賴先朝聖明　嘉慶本同,長編卷三六九作"賴先朝明聖"。
⑤ 二人之所謂材　底本脱"之"一字,據長編卷三六九補。
⑥ 左司諫　"左"底本作"右",據長編卷三七〇、宋宰輔編年録卷九改。
⑦ 張璪之陰邪不正　"張"底本作"章","邪"底本作"謀",據長編卷三七〇、宋宰輔編年録卷九改。

爲奸臣者得以偃蹇自安，不爲去計。臣職在諫列，睹此奸臣未去，言不得不盡云云。伏望陛下檢會臣前後累奏，早賜睿斷施行。"

庚戌，右正言王覿言：案："臣竊以奸臣在位"至"王覿言"以上百有一字，據長編補。"所謂奸邪害正者，韓縝、蔡確、章惇、張璪其人也。今陛下幸已罷蔡確職任，中外人情莫不慶快。然縝等猶偃然自固，而不知退；非徒不知退而已，又爲確游揚論列，欲陛下更加恩禮。於此，尤見其朋邪之迹也。"先是，監察御史孫升言："近因段繼隆賣官事，論列知開封府蔡京恃宰相同宗，不奉朝廷法令，任情肆己，放縱奸強。若不明行典憲，何以風動四方？伏望特出睿斷，早賜罷黜，以警中外。蒙朝旨送大理寺依法施行。今大理寺推治繼隆賣官事狀已明，開封府人吏，已行對定訖。緣昨曾該疏決德音，朝旨若令依法，即是蔡京更無罷黜之理。伏乞特賜檢會前奏，將蔡京早賜罷黜。"殿中侍御史吕陶言："蔡京知府以來，殊無治迹，聽獄斷罪，失繆極多。於段繼隆之事，則親書塗抹，放縱冒法賣官之人。於僧惠信之事，則遂非妄奏，曲庇重祿受賕之吏。方當至公之朝，宜檢舉京前後過惡，重行黜降。今既未正其罪，又差知真定府兼安撫使，考之公論，殊未爲允。伏請寢罷新命，候大理結正小阿賈等公事三件了日，別取朝廷指揮。"右司諫蘇轍言："臣近奏乞罷蔡京知開封府，訪聞臺諫亦並有劾奏，京因此奏乞外任，而宰相曲加庇蓋。臣等所言，皆不施行，獨以京陳乞文字①，除京知真定府。竊緣真定天下重鎮，舊來多擇久歷邊任、曉練軍政之人，然後除授。今京資任至淺，才力無聞，見有私徇公事，未經結絶，臺諫交章，至今未已。而宰相特加獎助，授以名藩，意欲以此陵壓言事之官，使之不敢復言。伏乞聖明稍加詳察，追罷京新命，使以本官聽候大理寺斷遣，以弭中外疑惑。"臺官所言，訖不行。御史中丞劉摯言："臣昨者累具彈奏知樞密院章惇，乞行罷黜，未蒙施行。謹案惇佻薄險悍，無士人之行，其不遜無禮，非獨施之於同列，至簾陛之前，強愎慢肆，舉止偃蹇，專以沮壞善政，更無臣子事君之節，此士論人情所以憤嫉疑惑而不服也。昨者陛下裁保甲之法，而惇常護前，不以爲是。近者陛下改正差役，而惇又肆橫議，賴陛下深燭利害，主張法意，不爲邪異所動②，然論説紛紛，

---

① 獨以京陳乞文字　"以"，長編卷三六九作"行"。
② 不爲邪異所動　嘉慶本、太平治迹統類卷二〇哲宗委任臺諫同，長編卷三六九"異"作"議"。

濟,負先帝之恩,誤天下之事,不可當大任。蒙陛下采納公言,因確之請,遂許其去。制下之日,天地改容,人鬼歡喜。今大奸一去而一在,人心猶以爲鬱。陛下何惜而不去之,以成曠然之治邪?"癸卯,御史中丞劉摯言:"臣伏見知樞密院章惇素無才行,立身居家有不可言之惡,此天下之所共知也。向以附會王安石,欺罔朝廷,進不以道,遂塵政路。近者陛下改免役,復差役,人情欣快,上下莫不以爲是,而惇獨以爲非,敢建異議,以沮詆聖政,非毀詔令。然惇安爲之者?蓋寧負朝廷而不忍負安石,欲存面目以見安石而已。"

甲辰,御史中丞劉摯言:"臣伏見户部尚書曾布,在熙寧初,王安石以親戚,最先引用布爲檢正、判司農事。安石託以腹心,故其政皆出於布之謀,其法皆造於布之手。至於濫刑賞,開僥倖,排勳舊,進奸諛,安石一以咨布,布以爲然,然後落筆,遂使流毒肆惡,人被其害,皆安石爲之,布實成之。今安石已歸老田里,而布猶在近侍,出入省闥,中外之人莫不指議。考之典憲,宜重加貶廢。若聖慈欲全大體,不欲傷包荒含垢之恩,即乞止罷布户部尚書,別移一職任,以允公議。"右司諫蘇轍言:"臣近三上章,乞罷免右僕射韓縝,至今未蒙施行。竊謂縝奸邪無狀,略與蔡確等,而不學無術,去確遠甚。又河東定地界一事,獨擅其責。臣聞縝定地界時,多與邊人燕復者商議,復勸成其事,舉祖宗七百里之地以資寇讎,復有力焉。復本河東兩界首人,親戚多在北境①,其心不可知,而縝與狎暱,至不持一錢託令買馬②,及事發,乃云方欲還錢③,略不知愧。訪聞河東當日割地與虜,邊民數千家,墳墓、田業皆入異域,驅迫內徙,哭聲振天,至今父老痛入骨髓。而沿邊險要,舉以資敵,此乃萬世之深恨④,縝以一死爲謝,猶未塞責。今蔡確已罷相,而縝尚未動,臣愚乞下臣前後章疏,令三省、兩制雜議。有不如臣言,甘伏訕上之罪;若臣言不妄,亦乞稍正典刑,以謝天下。"

左正言朱光庭奏:原鈔本誤合下疏爲一。今據長編補正。"臣竊以奸臣在位,邪説害政,貪冒無厭,不恤廉恥,臣已累言章惇、韓縝之當去也,今日幸聖德寬厚,曲爲涵洪,因而

---

① 親戚多在北境 底本脱"境"一字,據長編卷三六九補。按:宋蘇轍欒城集卷三七乞黜降韓縝狀作"親戚多在北虜"。
② 至不持一錢託令買馬 "至"底本作"略",據欒城集卷三七乞黜降韓縝狀改。
③ 乃云方欲還錢 底本脱此六字,據長編卷三六九、欒城集卷三七乞黜降韓縝狀補。
④ 此乃萬世之深恨 "恨",長編卷三六九作"慮",欒城集卷三七乞黜降韓縝狀作"患"。

進愚忠,願陛下留神果斷,以順天意。外有章惇奸臣尚安厥位,亦願陛下早行屏去。又若韓縝素無行義,不自度德,因緣閥閱,遂至大用。然而内有賢兄,外有賢士大夫,顧利懷寵,不爲引避,蓋只知爵禄之爲榮,不知名教之爲貴,可謂無恥之甚矣,是亦固位之奸臣。臣願陛下早行屏去,勿使僥倖大任,以遂其貪。"

庚寅,正議大夫、守尚書左僕射兼門下侍郎蔡確依前官,充觀文殿大學士、知陳州,從所請也。臺諫累有章疏論確,朝廷訖不肯正其罪,世以爲恨云。辛卯,詔新除觀文殿大學士、判陳州蔡確,如前宰相儀。甲午,右諫議大夫孫覺、右司諫蘇轍進對,有旨:"俟簾下,内臣盡出,方得敷奏。"覺言:"臣竊見右僕射韓縝素無德望,稔有愆惡,百揆之任,非縝所宜。前後臺諫臣僚章疏不一,未聞縝有避位之心,臣不勝憤懣。韓縝物情不歸,人望不屬,言者紛紜,久煩聖聽,遲遲不亟罷免,深恐爲朝廷生事。"蘇轍言:"臣伏見陛下采聽群言①,罷左僕射蔡確,中外釋然,共知朝廷清明,邪正曲直不可復欺。而右僕射韓縝獨端然據位,略無動意,衆情疑惑。臣知今日言縝,異日縝必報臣。然自念起於遷逐之餘,誤蒙聖恩,收拔至此,不敢上負朝廷,下辜公議。是以爲國排奸②,有死無貳,惟陛下裁察!"

右諫議大夫兼侍講孫覺爲給事中。覺言:"臣竊聞有旨除臣給事中,聖恩深厚,所不敢當。然如臣愚賤,前後言事不合聖意者不可勝數,宜在斥逐之日久矣。今者蒙恩遷給事中③,於臣之私極爲榮幸。然臣前後論縝未蒙施行,一日去職,使縝得挾怨中傷,臣實未知死所。今日在得言之地,尚可布露本末,爲陛下言之。一日去職,怨嫌已成,恐如翟思、黄降,臣雖欲辨,不可得也。伏望聖慈特賜指揮,收還給事中新命,使臣且供諫職。他日韓縝去位之後,别有行遣,臣不敢辭④。"後二十日,詔覺復爲諫議大夫。覺又言:"今左相之位以處司馬光,論者以爲得矣。韓縝尚爲右丞相,則賢不肖混淆,人才雜處,所謂冰炭同器也。伏願聖慈罷縝相位,别賜推選有德有言堪其任者,擢以代之。"左司諫王巖叟奏⑤:"臣昨爲御史日,累上章言蔡確、章惇奸邪讒險,同惡相

---

① 群言　嘉慶本作"群臣"。
② 是以爲國排奸　"是",嘉慶本作"自"。
③ 給事中　底本脱"中"一字,據嘉慶本補。
④ 臣不敢辭　"臣",嘉慶本作"且"。
⑤ 左司諫　"左",底本作"右",據嘉慶本、長編卷三六八改。

先朝嘗以北虜爭地事付之，衆謂縝必辱命，已而果然，無故割地，其長七百餘里，以遺北虜。邊人怨之切骨，以爲奪我祖父之地，棄之虜人。非獨惜其地也，又歸怨於朝廷。虜人得地之後，日益桀驁，今縝爲右僕射，臣見虜使來朝，問知其官，各相顧微笑，意以爲中國無人，乃使是人爲相也，益有輕中國之心，每輒驕慢。伏乞皇帝陛下、太皇太后陛下以災異之故，罷免確、縝，別選有德有言、衆所畏服者，使稱其大位。外足以鎮撫四夷，內足以悚動天下，以懷徯桀傲不軌之心，不勝幸甚！"覺又言："臣聞蔡確已遷出東位，上章求去，見傳報表章，方更自陳功勞，頗更矜伐。大抵欲自明有功無罪，以言攻之者爲非也。確雖避位求去，陛下未賜詔可，確更遲遲有欲留之心。伏願早賜罷免。如韓縝非才，士論所駭，臺諫雖聞，有所彈擊，縝方偃然自居，未有引去之意。伏願以臺諫臣寮所上章疏，悉以示縝，並令罷去。如此，則確雖去位，不敢更懷怏怏不平之心。伏望聖慈早賜睿斷。"

丙戌，左司諫蘇轍言："謹案左僕射蔡確憸佞刻深，以獄吏進；右僕射韓縝識闇性暴，才疏行污；樞密使章惇雖有應務之才，而其爲人，難以獨任。門下侍郎司馬光、尚書右丞呂公著，雖有憂國之志，而才不逮心①。至若張璪、李清臣、安燾，皆斗筲之人，持祿固位，安能爲有？安能爲無？陛下新臨天下，人材衰少，此數人者，未可一朝而去也。則願擇其任最重而罪最大者去之，臣以爲莫如蔡確、韓縝者也。所有確、縝罪惡，臣未敢細陳，先論其大體，伏願陛下思祖宗付囑之重，深察方今事勢爲至艱至危之時，早賜罷免確、縝二人，別擇大臣負天下重望、有過人之高才而忠於社稷、有死無二者以代之，上以肅正君臣異同之論，下以彈壓四海奸雄之心，然後陛下高枕而臥，天下無事矣。"

閏二月己丑朔，右司諫蘇轍言："確等皆碌碌常才，無過人之實。朝廷將取其德，則不聞其孝悌可稱；將取其才，則不聞其功業可紀；將取其學，則不聞其經術可師。徒以悅媚上下，堅固寵祿。陛下何不正確、縝之罪，上以爲先帝分謗，下以慰天下之望？"左正言朱光庭奏："臣自供職以來②，累具章疏，言退三奸、進三賢，乞陛下早行睿斷，以幸天下。今日蔡確請去，是天欲去一奸臣矣。願陛下因其自請，去之勿疑。臣已兩

---

① 逮　底本作"迨"，據長編卷三六七改。
② 臣自供職以來　底本脫"自"一字，據嘉慶本、長編卷三六八補。

私,安有經邦之道?其跡回邪,安有表世之德?其蘊蓄空疏,安有推行仁義之政?觀望逢迎,安有恥君不如堯、舜之志?因循苟且,安有愛民若保赤子之誠?"監察御史王巖叟奏:"臣累章論列蔡確、章惇奸邪譣險,不可久持大柄,親近陛下。恐日月浸淫,惑亂聖聽,辨之愈難,去益不易。今天下之人皆言蔡確、章惇天性奸邪,無由變改,恐於陛下不覺不疑之間潛行私意,陰作身謀,或欺罔聖聰,或詭隨睿旨,或沮格公議,或傾陷善類,千機萬巧,陛下如何可防?諫官、御史如何盡知?雖或知之,幾人敢言?此奸邪之所以不懼也。"甲申,蔡確言:"已再具表辭位。準朝旨,令臣管勾門下省。緣臣見候解罷①,欲望差權官管勾。"詔差尚書左丞吕公著。御史中丞劉摯言:"伏見宰臣蔡確辭位求退,其所上表無引咎之意,有論功之言。自陛下臨御以來,美政盛事,民所歌誦者,確皆鋪列條敘,以爲己功,中外傳之,靡不怪笑。夫收拔耆艾之臣置諸左右②,乃陛下至明獨見,以天下公望用之,而確乃以爲己之所引。罷去有司漁利剥下苛細之法,而黜逐污吏,乃陛下仁心惠德,以蘇疲民,而彼又以爲己之所請③。至於申戒邊場,不使生事,分遣使者,求民疾苦,修法令以寬先朝之政,包異同以行大公之道,此中外皆知出於陛下聖謀睿慮,實新政之甚善者。而確乃一切認之,掠爲己事,貪天之功,欺示天下,其意謂'此數者,陛下不能知之,因己請而知之;陛下不能行之,因己請而行之'。其於輕慢君父,欺罔臣庶,違道干譽,至於如此。不謂之大奸大邪可乎④?伏望以確表并臣此章,付之三省,議確之惡,重行竄逐,以正典憲,使天下爲人臣者知事君之道。"左諫議大夫孫覺言:"臣竊見左僕射蔡確、右僕射韓縝,兩人皆非以德進者也。或以典治獄事,或以分畫邊界,而至執政。臣不敢論其小節細事,以瀆天聽,直以其進身本末,爲陛下一一言之,可以知曲折矣。蔡確案澶川獄,知制誥、判司農寺熊本奪職領宫觀,確即遷知制誥、判司農寺;案御史中丞鄧温伯治相州獄,温伯罷知撫州,確即遷御史中丞;案參知政事元絳太學獄,絳罷知潁州,確即遷參知政事。此三獄者,士大夫多以爲冤,確皆批其頰、拉其背而奪之位。未幾,先朝更定官制,確即爲左僕射。所謂大臣以道事君,難進而易退者,其若是乎?韓縝不學無術,士大夫不以輔相期之。

---

① 緣臣見候解罷 底本脱"緣"一字,據長編卷三六六補。
② 置諸左右 "諸",長編卷三六六作"之"。
③ 而彼又以爲己之所請 "彼",長編卷三六六作"確"。
④ 可乎 嘉慶本作"則可乎"。

得純被於民；下則士大夫雖有忠義之節，爲確等脅制而不得自竭於君。則確與惇之爲今日害，豈不大哉？臣不知陛下何惜一言，不去天下之大害也？"戊午，右諫議大夫孫覺言："臣竊見兩漢大災異，罷免宰相者，以其責在變理之地。太宗朝，李昉以霹靂百餘日，陰陽乖戾罷；仁宗朝，王曾以昭應宮災罷，梁適以苛慝並作、變異重仍罷。水旱過常，爲大災變，爲宰相者當任其責。宰相不以爲任，則誰當任之？今自皇帝陛下、太皇太后陛下親政以來，陰陽未和，旱氣太甚，經冬無雪，春又無雨。彌數千里，粟麥失種，此其爲憂不一日二日而已也。將恐編户乏食，盜賊羣起，良民受害，浸爲遠近之憂。皇帝陛下、太皇太后陛下親出祈禱，憂勤切至，遍走羣望，未嘗一日而忘其憂，而蔡確、韓縝視之，晏然自處，若其事非己憂者，臣以爲此非大臣之道也。伏乞依兩漢故事，循祖宗舊例，各賜罷黜，以警百官。"

二月丙寅，侍御史劉摯奏："大奸大猾，持權當路，譬如毒蛇螫手，壯士必斷其腕，蓋所去者小而所全者大也。今確與惇矜功肆惡，而陛下恐傷前日受遺之小恩而容之，使爲後日國家之大患，則無乃異於壯士之取捨乎？"

辛未，左正言朱光庭奏："夫以道事君者，大臣之事也；難進易退者，大臣之節也。若蔡確之進，本以滋章獄事；章惇之進，本以妄興邊事；韓縝之進，本以傅會地界。是豈以道事君之義哉？今日確以故事當去而不去，懷私自營，晏然安處；惇之肆爲邪說，復懷觀望，以固寵禄；縝之冒處大任，内有賢兄，不爲引避，顧豈有難進易退之節乎？況司馬光之賢，已爲陛下信任，范純仁、韓維今進在講筵，是三臣之賢者，皆有志於皋、夔、周、召事業①。願陛下進此三人，以代蔡確、韓縝、章惇之任。其張璪已下，皆持禄備位之臣，固不足以當此。"

甲戌，御史中丞劉摯言②："臣昨累具狀彈奏宰臣蔡確、知樞密院章惇，乞行罷免。今天下之懷私爲利者，皆託此二人爲之魁主；天下之抱忠守義者，皆畏此二人，不敢自效。今陛下能潛發剛斷，罷確與惇，則善人安，小人化。凡天下之奉承詔令、更張政事者，莫不專志盡慮，無復疑畏。朝廷之福，萬世之利，在此一舉，臣所以區區冒犯威聽而不能已也。"丁丑，案：長編事在辛巳。左正言朱光庭奏："如蔡確、章惇、韓縝者，其心徇

---

① 皆有志於皋夔周召事業　底本脱"皆"一字，據長編卷三六五補。
② 御史中丞　底本作"侍御史"，據本卷下文的"御史中丞劉摯言"及長編卷三六六改。

害,未足爲憂,惟其奸邪未去,實根本之大患。若根本之患除,則枝葉之害何患不去哉!"監察御史王巖叟奏:"臣近以大旱上章,乞早去大奸①,以答天戒,指言蔡確、章惇相爲朋比,以蔽天聰,虐下罔上,不忠之跡著於兩朝。乞出臣前後章疏,集百官於朝會議,以決是非。今復累日,未蒙施行。原鈔本此下接後文"伏緣"云云,蓋脱一段,誤合劉疏爲一,今據長編補正。臣竊惟陛下祈禱甚勤,而天心未應,旱虐日深,民命近止,陛下不可不思。伏念水旱爲災,國家重事,稽前代舊章,則三公例當策免;考本朝故事,則柄臣自合遜辭。今陛下有容,既重退人之意,而奸臣無恥,又忘避位之心。臣於此時何可循嘿②? 蓋臣之所據是朝廷公器,臣之所陳是天下公議③,虚公器而不言則負朝廷,棄公議而不郵則負天下。臣苟如此,陛下置之何用? 且自古以來,置諫官、御史,正要爲朝廷論大害,言大奸,與天子爲耳目,非欲以蔽天子聰明,使奸人長惡也。又自古以來,天下大害莫不由大奸而成,必先除大奸,則大害自去。臣前後所論二奸臣,事迹甚明,伏望陛下覽臣苦言,察臣血懇。臣非病狂,何肯不籍身名,妄把忠賢破壞;不惜門户,故與權臣作讎。陛下豈不知蔡確、章惇受先帝恩深,明知天下疾苦,都不進一言告先帝知之,惟是阿諛佞媚,欺罔蒙蔽,以安身固位而已,非先帝不聽其言也。辜負恩德,可爲痛心! 豈有不忠於前日,而望其忠於今日者哉? 古人謂聽言之道,必以事觀之。今確輩之事,陛下可觀而知矣;臣等之言,陛下可考而聽矣。臣伏料陛下固知確、惇爲奸邪,但未能遽斷耳。傳曰:'當斷不斷,反受其亂。'先王之深戒也。願陛下早賜依臣前疏所乞施行,上以答天意,下以慰人心。"

丙辰,侍御史劉摯言:"臣累具狀彈奏宰臣蔡確,乞行罷免,至今未蒙施行。伏緣朝廷之上忠邪並立,内外人情不安,臣以言爲官④,備耳目之任,義難苟止。確之罪惡,前後論列已詳,今再論安危所係大體。伏自聖明臨御之始,首起司馬光,使之執政,於是天下之人,無遠無近,莫不歡欣厭服,以望蘇息。然光以至誠直道,獨行孤立,所恃者惟聖明特達之知,而廟堂同列略無誠心助光爲善者,不惟不助,而又有忌妒嫉害之心。夫嫉光者,乃所以害政而利於已也。上則陛下雖有仁惠之政,爲確等所艱難而不

---

① 乞早去大奸　長編卷三六四作"乞早革大害,去大奸"。
② 臣於此時何可循嘿　"嘿"底本作"默",據長編卷三六四改。
③ 天下公議　"天下"底本作"朝廷",據長編卷三六四改。
④ 臣以言爲官　嘉慶本同,長編卷三六四作"臣以微官"。

去邪勿疑,自然天人協順,善祥來格,豐年之應,固未爲晚。欲乞檢會臣前奏,早賜睿斷施行。"庚戌,侍御史劉摯言①:"臣近具狀乞罷宰相蔡確,至今未蒙施行。緣臣備員御史,以觸邪指佞爲職。今宰臣奸險,有犯公議,臣若失職,誰敢言者?確之當去,其罪非一。公違陛下敕命,不赴神宗發引内宿,爲大不恭,其當去者一也。山陵使回,明有歷代及國朝故事,而略不引罷,廢禮貪位,其當去者二也。皇帝陛下之立,乃天之所助,而太皇太后之德也。確輒自稱定策,貪天之功,其當去者三也。在中書二年,不將差除與三省合奏,及身遷門下,陰使言者申請,招權營私,其當去者四也。其弟犯法,塞周輔承勘,兩次皆滅裂,平治其事,故今日周輔父子有罪,言路累有彈奏,而確力主之,不罷其任,屈公法,報私恩,其當去者五也。執政臣寮已經覃恩遷轉,無故又進一官,妄引嘉祐、治平不可用之故事,欺謾聖聽,不顧廉恥,其當去者六也。與章惇死黨相結,一柔一剛,一合一離,欲以銷磨同列,牽制善政,内外皆知其術,其當去者七也。去年十月至今,並愆雨雪,驕陽肆虐,天下大旱,民情惶惶,實由確奸邪所召,況位居上相,正任其責,其當去者八也。確在熙寧、元豐間鍛鍊冤獄,排逐善良,引薦奸僞,變更祖宗政令,誅求民財。確在言路、在司農、在執政,首尾身任其事,見法令未便,何嘗聞有一言論列裨補?惟是阿諛護持,以謀進用,及至今日,自見其非,乃稍稍語於人曰:'在當時,豈敢言也。'此確之意欲於今日固其名位,故反歸曲先帝,是可謂大不忠矣。事先帝不忠,則安肯盡忠於陛下也哉?此其罪惡尤大,其當去者九也。近者奉使山陵回,隨行屬官故事自皆推恩,而確乃特薦高遵惠、張璵、韓宗文,乞從優恩,上欲以悦聖意,旁欲以餌同列。賴陛下至公,照其狡計,而議遂不行,中外聞之,莫不欣快。陛下觀此用心,則確之邪正不難知也。此一事尤喧物論,而罪尤大者,其當去者十也。確之罪惡如此,群議沸騰。伏望聖慈深察事勢,以天下爲念,早發聖斷,罷確職任,使之外補,以答天變,以召和氣,以慰公論,以新改元之政,天下幸甚!"

辛亥,左正言朱光庭言:"若蔡確不恭而心私②、章惇不忠而邪説、韓縝不恥而冒寵,是皆不足當大任,臣已累奏而備論之。願陛下留神省察,以幸天下。今夫内有青苗、免役、茶鹽等害未盡更張,外有邊防、疆場之事未經處置。以臣觀之,皆是枝葉之

---

① 侍御史　底本作"御史大夫",據長編卷三六四改。
② 若蔡確　底本脱"若"字,據長編卷三六四補。

何策之定哉？昨者確等覃恩轉官，學士草制，獨於確詞中云：'獨高定策之功。'命下之日，識者皆知其過，而確遂當之。今乃誇衆以自名，貪冒欺罔，謂今日天下必待己而後安，輕視朝廷，無辭遜去位之意，罪莫大焉。伏望聖慈深察，早賜睿斷，罷確職任，以慰安中外①。"

十二月戊寅②，侍御史劉摯言："臣近者累具封章論奏宰相蔡確，乞行罷黜，未蒙指揮施行，須至再陳列。臣今且舉大者一事試言之：夫百官差除，從祖宗以來，中書、門下省同共進擬，所以合同衆論。自壬戌官制改更，三省分治之後，其事盡歸中書。是時蔡確爲右僕射兼中書侍郎，權既偏重，進退人物隨意在手，門下、尚書省省察奉行而已③。天下莫不知其非，而但以確在此位，畏之者不敢言，附之者不肯言，故三省不得而合也。及皇帝陛下④、太皇太后陛下臨御之日，御史臺、禮部、閤門同定垂簾儀制，其時衆論欲因此合三省班次，以正其事者，或恐忤確之意，乃言官制不可輒改，遂且如故。無何，適會王珪薨謝，執政遞遷，確以左僕射進兼門下侍郎，以謂去中書之任則無差除之權，不便也，即時陰令御史中丞黃履上言以爲請，朝廷從之，於是差除方歸三省合班取旨矣。三省合班取旨差除誠是也，乃所謂公道也，乃所謂善政也。然以確在中書貪權之故，朝廷之公道善政不得行者凡三年。設使王珪不死，確不遷門下，則此事未必容改，非止三年而已也。朋附確者亦未必肯以爲言也。上下之情，以利相市，以私自成⑤，至於如是⑥，無以達於聖聽⑦，豈不可爲歎息也哉！"

元祐元年正月辛丑，左正言朱光庭奏疏⑧："臣伏見自冬涉春，時雪未降，儻歲一不稔，則民將何賴？當睿明之在御，方責任於輔臣。若不別白忠邪⑨，何以召迎和氣？竊以蔡確之不恭，章惇之不忠，韓縝之不耻，見於行事，已極著明，豈可尚容居位，以累聖政？臣雖已曾兩具論奏，至今未見施行。伏望陛下上觀天意，下察人情，任賢勿貳，

---

① 以慰安中外　底本脱"安"一字，據嘉慶本、長編卷三六二補。
② 十二月戊寅　"戊寅"底本作"丙子"，據長編卷三六三改。
③ 省察奉行　嘉慶本同，長編卷三六三"省"作"審"。
④ 及皇帝陛下　"帝"底本作"上"，據嘉慶本改。
⑤ 以私自成　嘉慶本同，長編卷三六三"自"作"相"。
⑥ 至於如是　"是"，嘉慶本、長編卷三六三均作"此"。
⑦ 無以達於聖聽　嘉慶本同，長編卷三六三作"無人達於聖聽"。
⑧ 左正言　"左"底本作"右"，據長編卷三六四改。
⑨ 若不別白忠邪　"別"底本作"判"，據長編卷三六四、太平治迹統類卷二〇哲宗委任臺諫改。

此據韓縝新傳,不知得之何書。邵伯溫辨誣云:"縝素不平蔡確、章惇用邢恕奸謀誣罔太母,遂簾前具呈云①,太皇太后與外廷方知其詳。新傳或據此也。確初爲山陵使,劉摯劾其不恭,第一章也。山陵畢事,確還朝不退,言者踵至,蓋十一月間,其發端則自摯始。外庭既知確邪謀,而不敢正言之,不知何故?確先罷,縝尚少留,當緣發確等奸狀,故東朝以爲忠耳。"更須考詳之。

十一月丁巳,侍御史劉摯言:"伏見知樞密院事章惇,資性佻薄,素無行檢,廟堂議政無大臣之體,專以強橫輕肆②,作俳謔之語,以陵侮同列,誇示左右。其語播於都下,散及四遠,傳以爲笑。比來聖旨增損政令之未盡善者,惇則必出異意,沮持其事。方宋用臣驕橫不法,惇在政府而與之厚善③,納其所遺酒醪。雖更恩宥,臣以謂大臣不廉,犯大義之責,不當如小臣論赦令前後也。伏請聖斷,罷惇政事,以允公論。"監察御史王巖叟言:"臣竊聞昨來執政大臣初議太皇太后陛下垂簾之日,門下侍郎章惇嘗對衆肆言曰'待與些禮數',臣子聞之,無貴賤,無賢愚,莫不變顏失色④,一意共怒。臣請以大不恭論,乞付有司,治正惇罪。"

十二月丙寅,侍御史劉摯言:"宰臣蔡確驕慢,臣曾具彈奏,自後不聞施行,臣未敢再有申列者,以爲確奉使回,必須引咎自劾,閤門待罪⑤。既而還朝,略無忌憚,安倨自處,以爲當然。伏望聖慈深以天下爲意,無或容養奸惡,早賜睿斷,罷確政事,以明國憲,以安中外。"辛未,案:長編事在壬申。侍御史劉摯等言:"臣近言蔡確既爲山陵使回,自合依故事堅請去位,不當貪權固寵,不恤公議,傲然安處,無廉恥之節,敗陛下風俗,壞陛下典章。伏望陛下出言者前後章疏付三省施行,早罷確政柄,使天下知朝廷不抑忠言,不沮公議,不容奸臣敗風俗、壞典章,而扶持天下之名節,以厲事君者⑥,則臣等雖死無恨。"甲戌,侍御史劉摯言:"臣近再具狀,論蔡確違敕廢禮,驕慢不恭,無大臣進退之節,乞賜聖斷,罷其職位,未蒙施行。確之回自裕陵,即使其門下之人揚言於衆曰:'確有定策功,嗣皇之所倚賴,不可一日去上左右。'恭惟皇帝陛下乃先帝之正嗣,祖宗之所傳次,太皇太后陛下之所眷命,而四海之所歸戴也。確等輩奉承詔命而已,

---

① 具呈云 "云",嘉慶本作"之"。
② 專以強橫輕肆 "強",嘉慶本作"狂"。
③ 而與之厚善 底本脱"善"字,據嘉慶本、長編卷三六一補。
④ 莫不變顏失色 "色",長編卷三六一、嘉慶本均作"聲"。
⑤ 閤門待罪 "閤"底本作"閣",據嘉慶本、長編四庫底本卷三六二改。
⑥ 以厲事君者 長編卷三六二、太平治迹統類卷二〇哲宗委任臺諫均作"以勵事君";"厲",嘉慶本作"勵"。

卷第九十七

哲宗皇帝

逐小人上

元豐八年五月戊午,通議大夫、尚書右僕射、兼中書侍郎蔡確守左僕射兼門下侍郎,通議大夫、知樞密院事韓縝守右僕射兼中書侍郎。殿中侍御史黃降言:"縝不堪大用,乞罷之。"不報。通議大夫、門下侍郎章惇知樞密院,資政殿學士、通議大夫司馬光爲門下侍郎。

十月丁亥,案:長編事在己丑。監察御史王巖叟言:"風聞章惇於簾前問陛下御批除諫官事,曲折再三,語涉輕侮。外庭傳聞,衆所共憤。謹案差除諫官,自屬三省,無所預於密院。而惇不循所守,越職肆言,乃敢如比。況陛下所除數人,皆是天下公議從來願得以爲諫官、御史之人。惇爲大臣,既不能薦賢以助國,見陛下用賢,又從而忌嫉之,沮抑之。臣不知惇何心以事陛下!乞行顯黜,以嚴臣職,以重主威。"左正言朱光庭言:"蔡確先帝簡拔,位至宰相。送終之際,殊不盡恭。靈駕發引在道,確爲大禮使,當與扈從。臣寮先後徐行,常以妥安神靈爲慮;而確不務此,每靈駕行,輒先馳去數十里之遠,以自便安,而靈駕一行在後,略不顧省。爲臣不恭,莫甚於此。"又言章惇欺罔肆辨,韓縝挾邪冒寵。章數上,其言甚切。

此據新傳附見,當求本章,隨事編入。

初,蔡確與章惇、邢恕等共謀誣罔太皇太后,自謂有定策功,韓縝素懷不平。及確爲山陵使,縝乃於簾前具呈確等奸狀,由是東朝與外廷備知之。及確使還,欲以屬官高遵惠爲待制、張璪爲郎官、韓宗文爲館職,太皇太后以問縝,縝曰:"遵惠,太皇太后族人;璪,中書侍郎璪之弟;宗文,臣之姪。賞擢非次,傳聞中外,則是君臣各私其親,何以示天下?"然遵惠等卒用故事推恩。

唐老爲右正言。

六月丁酉,資政殿學士、知成德軍曾孝寬爲吏部尚書,知成都府、寶文閣直學士李之純爲户部侍郎。著作佐郎兼侍講司馬康爲左司諫。明州定海縣主簿秦觀充秘書省校對黄本。辛丑①,禮部侍郎陸佃權禮部尚書,兵部侍郎趙彦若權兵部尚書。乙卯,監察御史楊康國爲殿中侍御史,以張舜民辭免也。秘閣校理張舜民爲金部員外郎。正字張耒爲著作佐郎。已下見調停。

六年七月癸亥,三省言:"張方平元係宣徽南院使、檢校太傅、太子少師致仕。元豐官制行,罷宣徽使,元祐二年復置,恩數儀品如舊。"詔太子太保致仕張方平依前太子太保,充宣徽南院使致仕。

十二月乙卯朔,太子太保致仕張方平卒。

七年三月辛丑,知潁昌府、資政殿大學士韓維爲太子少傅致仕,從其請也。

紹聖四年五月丁巳,降授太子少保、潞國公致仕文彦博卒。

---

① 辛丑 底本作"乙酉",據長編卷四四三改。

尚强,臥置京師,足以爲重,外則西、北二虜必懷畏憚。夫以四海之大,若常無事,則人人皆可爲大臣矣,豈無萬一非常之慮哉？今舊老惟彥博一人,若去,則其餘在朝者皆是後進,無前輩矣。陛下若欲彥博更得優逸,但聽其解軍國重事,以太師就第,留之京師,以備訪問,不必再除致仕。朝廷有貴老尊賢之美①,足以繫屬天下人心②,所得實多。"

二月庚戌,太師、平章軍國重事、潞國公文彥博爲守太師、開府儀同三司、護國軍山南西道節度使致仕。彥博自言,嘉祐年封潞國公③,經今三十餘年,爲是鄉國,乞不改封。從之。尋詔麻制内特不用"守"字,以彥博嘗正任太師也。壬子,太師文彥博乞免册禮,詔允所請。壬戌,太師文彥博乞免兩鎮節度使,祇帶河東一鎮致仕。從之。甲子,詔即玉津園宴餞太師文彥博,宰臣吕大防主之,三省、樞密院暨侍從官赴。

三月壬申,中大夫、守尚書左丞韓忠彥同知樞密院事,翰林學士承旨、光禄大夫、知制誥兼侍讀蘇頌爲右光禄大夫、守尚書左丞。己卯,吏部侍郎范百禄兼侍讀；兵部侍郎趙彥若爲禮部侍郎；禮部侍郎陸佃加龍圖閣待制,爲吏部侍郎；光禄卿范純禮權兵部侍郎；彥若、佃尋復故,純禮改刑部；國子司業豐稷爲起居舍人。己丑,詔文彥博致仕恩澤,依條外特與一名。辛卯,新永興軍路提點刑獄楊畏爲監察御史。

四月戊申,太師文彥博言:"蒙聖恩,候臣出門日,於瓊林苑賜餞送御筵。緣前日孫固薨,昔臣與固同在三省供職,義均休戚,乞罷。"詔至日,三省、樞密院官於瓊林苑會餞送,更不用樂。

五月辛巳,直龍圖閣、樞密都承旨韓川爲中書舍人。壬午,中書舍人王巖叟爲龍圖閣待制、樞密都承旨。丙戌,秘閣校理張舜民爲殿中侍御史,工部員外郎楊康國爲監察御史,監察御史楊畏爲工部員外郎。庚寅,御史中丞梁燾權户部尚書,左諫議大夫劉安世爲中書舍人。燾、安世皆以乞罷鄧温伯承旨除命不從,辭所遷官也。壬辰,翰林學士蘇轍爲龍圖閣直學士、御史中丞,吏部侍郎兼侍讀范百禄爲翰林學士,給事中鄭穆爲寶文閣待制、國子祭酒,右諫議大夫朱光庭爲給事中,太常博士、秘閣校理劉

---

① 貴老尊賢　"尊",嘉慶本作"貪"。
② 天下人心　"人"底本作"之",據長編卷四三七、宋范祖禹范太史集卷一八乞留文彥博劄子改。
③ 嘉祐年　嘉慶本同,長編卷四三八"年"作"中"。

功員外郎,中散大夫、集賢校理、蔡河撥運王哲爲直秘閣、提舉崇福宫①。庚寅,權吏部侍郎王巖叟爲天章閣待制、樞密都承旨。甲午,實録院檢討官、朝奉郎、行著作郎黄庭堅爲集賢校理。

八月壬寅,案:長編事在癸卯。權知開封府、龍圖閣直學士吕公孺爲户部尚書,刑部侍郎、天章閣待制顧臨權知開封府,給事中趙君錫爲刑部侍郎。癸丑,詔徐王府侍講黄景爲秘閣校理,以翰林學士承旨蘇頌、中書舍人鄭雍薦其行義故也。

十月丁酉,詔無得受文彦博乞致仕章。己亥,國子祭酒、直集賢院,兼徐王府翊善鄭穆試給事中,侍御史朱光庭爲右諫議大夫,仍並賜金紫。庚子,御史中丞兼侍講傅堯俞爲吏部尚書兼侍讀,左諫議大夫梁燾爲御史中丞,右諫議大夫兼侍講范祖禹爲給事中,起居舍人兼左司諫、宣德郎劉安世遷通直郎,爲左諫議大夫,仍賜緋。右司諫吴安詩爲直集賢院兼侍講。甲辰,起居郎兼侍講顔復爲中書舍人。

十一月癸未,正議大夫、守門下侍郎孫固爲光禄大夫、知樞密院事,中大夫、守中書侍郎劉摯爲守門下侍郎,朝請大夫、試吏部尚書傅堯俞爲中大夫、守中書侍郎。

五年正月。初,文彦博起爲太師、平章軍國重事。是年九月,劉摯、王巖叟再上疏論韓琦定策功。明年二月,韓忠彦復上疏。既批出付外,逾三年,莫有言者。及賈易爲殿中侍御史,乃上疏申言韓琦定策之功。庚寅,太皇太后以易疏示三省,宣諭曰:"韓琦定策功甚詳悉。在仁宗朝,無敢言此事者,惟韓琦一人言之。"劉摯因請檢摯與王巖叟二疏悉付實録院。從之。或曰易等爲此,蓋傅會忠彦,攻彦博也。彦博由是不安於位,尋罷去云。

甲午,給事中兼侍講范祖禹言:"臣伏聞陛下已許文彦博求退,降詔候至中春議從所欲者。彦博年八十五,爵位已極,惟是得解重任,歸休私第,乃其幸也。陛下憫其過老,以其累請而從之,爲彦博身計,則可謂美矣;若爲朝廷計,則臣請試言之。彦博爲相四十餘年,歷事四朝,仁宗時平貝州之亂,名聞四夷;英宗、神宗時爲樞密相八九年,先帝已加優禮,許其致仕。陛下嗣位,復召而起之,蓋藉其威名宿望,以爲朝廷之重也。向若陛下不復召之,則亦已矣。今既起之,則不可使輕去朝廷。彦博雖老,精力

---

① 蔡河撥運　嘉慶本同,長編卷四三〇作"蔡河撥發"。

者，必問其所知，與其所聞相參覈，以待上求。神宗嘗謂執政曰："吕公著之於人材，其言不欺，如權衡之稱物。"上前議政事，盡誠去飾，博取衆人之善以爲善，至其所當守，毅然不可回奪也。己酉，朝奉大夫、集賢殿修撰、知潞州梁燾爲左諫議大夫。癸丑，左中散大夫①、太常少卿、直秘閣王汾爲直龍圖閣、知明州，朝散大夫、衛尉少卿王子韶爲太常少卿。

三月己卯，尚書右丞胡宗愈爲資政殿學士、知陳州。

劉安世言行録云："安世申三省凡二十次，論胡宗愈，乞請章疏付外。翌旦，三省奏事罷，執政皆退，簾中有語云：'右丞且住，劉某有章疏言右丞，知否？'宗愈對：'不知言臣何事？'宣仁曰：'章疏更不降出，右丞宜自爲去就。'遂罷政。"此事當考。

丁亥，翰林學士蘇軾爲龍圖閣學士、知杭州，從軾請也。己丑，承議郎、著作佐郎范祖禹爲中書舍人，仍賜金紫。乙未，朝請郎、禮部員外郎吴安詩爲右司諫，朝散郎、權發遣江南東路提點刑獄賈易爲禮部員外郎。

五月辛未，著作佐郎范祖禹爲右諫議大夫，依前兼侍講，充實録院修撰，賜三品服。癸酉，龍圖閣直學士、御史中丞李常爲兵部尚書，龍圖閣待制、吏部侍郎傅堯俞爲御史中丞。朝奉大夫、侍御史盛陶爲太常少卿，朝散大夫、太常少卿朱光庭爲侍御史，中書舍人曾肇爲給事中。乙亥，朝議大夫、起居郎、充秘閣校理鄭雍爲中書舍人，朝散郎、充崇政殿説書顔復爲起居舍人，尋復爲起居郎②。丁亥，龍圖閣直學士李常罷新除兵部尚書，出知鄧州，坐不言蔡確，爲諫官所攻也。中書舍人彭汝礪依前朝奉郎、知徐州，坐營救蔡確也。中書舍人曾肇爲寶文閣待制、知潁州，辭給事中，請補外也。朝散郎、集賢校理、權發遣潁州韓川爲太常少卿。辛卯，朝散大夫、衛尉卿王子韶權知滄州，朝奉郎、金部員外郎孫升爲殿中侍御史。丁酉，吏部尚書蘇頌爲翰林學士承旨，翰林學士許將兼吏部尚書，朝奉郎、新除禮部員外郎賈易爲殿中侍御史。

七月甲戌，右諫議大夫范祖禹爲中書舍人兼侍講。丙子，天章閣待制、樞密都承旨劉奉世爲户部侍郎，光禄卿、直龍圖閣范育爲樞密都承旨。辛巳，右司郎中林旦爲秘書少監，吏部郎中晁端彦爲左司郎中，承議郎、直秘閣、提點秦鳳路刑獄張舜民爲考

---

① 左中散大夫　"左中"底本顛倒，據嘉慶本、長編卷四二二乙正。
② 尋復爲起居郎　嘉慶本同，長編卷四二六作"尋改起居郎"。

追授宣德郎,仍復秘閣校理。丙辰,右中散大夫、直秘閣、諸王府翊善王汾爲秘書少監,朝奉郎、集賢校理杜常爲左司郎中,國子司業盛僑爲揚王府侍講,朝請大夫、直集賢院、諸王府侍講鄭穆爲揚王府翊善。丙寅,承議郎翟思爲殿中侍御史,從翰林學士蘇軾、許將,給事中顧臨、趙君錫,中書舍人曾肇、劉攽、彭汝礪所舉也。

八月戊寅,案:長編事在己卯。朝奉郎、集賢校理、權判登聞鼓院歐陽棐爲職方員外郎,以劉安世等言也。丁酉,承議郎、直集賢院、知齊州王巖叟爲起居舍人。

九月戊申,案:長編事在己酉。朝奉郎、監察御史楊康國權發遣開封府推官。詔毋得受文彥博告老章奏①。案:長編事在庚戌。乙卯,給事中顧臨爲刑部侍郎。己未,户部尚書李常爲御史中丞,御史中丞孫覺爲龍圖閣直學士、提舉醴泉觀兼侍講。覺引疾求罷,故有是命。

劉安世言:"去年五月中,臺臣劾胡宗愈,未蒙施行,孫覺、楊康國相繼解職而去。"當考。安世言在四年三月七日。

辛酉,知定州、樞密直學士韓忠彦爲户部尚書,朝奉大夫、直龍圖閣、太府卿葉均爲秘書監。癸亥,承議郎、校書郎孔武仲充集賢校理。辛未,詔文彥博章奏,非陳乞致仕者,仍許受進。

十月丙子,御史中丞李常充龍圖閣直學士,刑部侍郎顧臨充天章閣待制。庚寅,朝請大夫、陝西路轉運副使孫路爲考功郎中。戊戌,秘書少監王汾爲太常少卿,太僕少卿王欽臣爲秘書少監,前太僕少卿、直龍圖閣高遵惠復爲太僕少卿。

十一月辛卯,朝議大夫、試中書舍人劉攽爲中大夫、守中書舍人。

閏十二月癸卯朔,端明殿學士、銀青光禄大夫致仕范鎮卒。乙未,案:長編以下二事在四年正月丁酉。詔故端明殿學士范鎮本家不曾陳乞生前致仕恩例②,遺表外特與恩澤一名。詔太師文彥博男保雍丁母憂,每遇入,許令孫男扶掖。

四年二月甲辰,司空、同平章軍國事吕公著卒。輟視朝三日,乘輿臨奠,成服苑中,敕有司治葬,贈太師、申國公,謚正獻。公著識慮深敏,量闊而學粹,苟便於國,不以利害動其心。與人至誠,不事表暴,其好士樂善出於天性。士大夫有以人物爲意

---

① 詔毋得受文彥博告老章奏 "毋"底本作"無",嘉慶本同,據長編卷四一四改。
② 致仕恩例 "仕"底本作"任",據嘉慶本改。

曰："朝廷用人，皆協輿望①，惟胡宗愈公議以爲未允耳。"丙戌，詔："司空、平章軍國事吕公著遇後殿垂簾，同三省進呈，六參日仍起居奏事。"自兩宫同聽政，常以雙日於延和殿垂簾，故詔公著二日一入朝，然皇帝乃五日一御前殿視朝，皆隻日也。於是公著復請六參日仍起居奏事，庶得瞻望皇帝清光。詔從之。戊子，朝請大夫、太府卿韓宗道爲權户部侍郎②，朝散大夫、起居郎、權樞密都承旨公事劉奉世爲天章閣待制、樞密都承旨，起居舍人彭汝礪爲中書舍人，右司郎中王陟臣爲起居郎，著作郎兼侍講范祖禹爲起居舍人。庚寅，右正言丁騭爲禮部員外郎③，監察御史趙峼爲都官員外郎④，以騭與胡宗愈、峼與孫固親嫌故也。司空、同平章軍國事吕公著免册禮，令學士院降詔，從之。舊制，將相皆以階官守三師或三公。元豐改官制，文彦博嘗以河東節度使守太師，王安石以觀文殿大學士守司空。元祐初，彦博罷節度使，入爲平章軍國重事⑤，即去"守"字。及公著爲司空，學士院草制，誤存"守"字。是日，三省被旨，帖麻改正。戊戌，朝請大夫、集賢校理、諸王府翊善王汾爲左中散大夫、直秘閣。庚子，龍圖閣待制傅堯俞爲吏部侍郎，承議郎、侍御史王覿爲右諫議大夫，朝奉大夫、右司郎中盛陶爲侍御史，朝奉郎、秘書丞、直集賢校理孔平仲爲江南東路轉運判官。詔吕公著俸賜依宰相例。

五月丙午，案：長編事在己酉。三省、樞密院以軍國事目當關吕公著者定爲令。初，以太師文彦博平章軍國重事，及公著平章事，去"重"字，前所未有也。

此據公著家傳修入。案：吕大防奏稿元作"軍國重事"，卻抹去"重"字，不知何故？其後亦因此致人言，當考。

丙辰，詔以元豐北庫爲司空吕公著廨宇⑥。朝奉郎、考功員外郎歐陽棐爲集賢校理。案：長編事在丁巳。

七月丙午，衛尉少卿、直龍圖閣文及甫爲光禄少卿。己酉，故大理寺丞王安國特

---

① 輿望　嘉慶本作"輿情"。
② 太府卿　底本作"大府卿"，據嘉慶本改。
③ 右正言　嘉慶本同，長編卷四〇九作"左正言"。
④ 趙峼　長編四庫底本卷四〇九同，嘉慶本作"趙峴"。下同。
⑤ 入爲平章軍國重事　底本脱"重"一字，據本卷下文"初，以太師文彦博平章軍國重事"、長編卷四〇九補。
⑥ 廨宇　長編四庫底本卷四一〇作"廨舍"。

参軍廖正一爲正字。

十一月丁卯,冬至,詔賜御筵於吕公著私第。初,有司以故事賜冬至節會。既辭免矣,至是,以嘉雪應期,朝廷無事。中旨特令公著與輔臣、近侍宴樂。其日,又賜教坊樂七十人,又遣中使賜上樽酒及禁中果實,纏金花皆瓌奇珍異,十倍常宴。又遣近侍賜香藥,以御飲器勸在席酒甚苦①,惟於公著頗寬。又出御前錢,賜教坊樂人百緡,開封衙前樂人五十緡,及管勾使臣四十緡。至晡,賜椽燭二十秉,且傳宣令繼燭坐,皆異恩也。甲戌,中書舍人蘇轍爲户部侍郎,天章閣待制顧臨爲給事中,左諫議大夫孔文仲爲中書舍人。

十二月庚辰,承議郎、殿中侍御史豐稷爲右司諫,朝奉郎楊康國爲監察御史,朝議大夫李杲卿爲太府少卿。

三年二月甲申,尚書右僕射吕公著等言:"去冬積雪甚於常歲,今春以來,沈陰不解,跨時越月,民被其災。望賜罷黜,以答天變。"詔不允。乙未,朝散郎、右正言丁騭爲左正言,宣德郎、正字劉安世爲右正言。司馬光既殁②,太皇太后問吕公著:"光門下士素所厚善、可任臺諫者③,孰當先用?"公著以安世對,遂擢任之。朝散大夫王子韶爲衞尉少卿,奉議郎、秘閣校理、權判登聞鼓院劉唐老爲太常博士。

四月戊寅,詔勿受尚書右僕射兼中書侍郎吕公著告老章奏,以屢請故也。辛巳,金紫光禄大夫、守尚書右僕射兼中書侍郎吕公著爲司空、平章軍國事,仍一月三赴經筵,二日一朝,因至都堂議事。中大夫、守中書侍郎吕大防爲大中大夫、守尚書左僕射兼門下侍郎,中大夫、同知樞密院事范純仁爲大中大夫④、守尚書右僕射兼中書侍郎。壬午,觀文殿學士、正議大夫兼侍讀孫固守門下侍郎,中大夫、守尚書左丞劉摯守中書侍郎,中大夫、守尚書右丞王存守尚書左丞,正議大夫、知樞密院事安燾爲右光禄大夫,依前知樞密院事,試御史中丞胡宗愈爲中大夫、守尚書右丞,試户部侍郎趙瞻爲樞密直學士、簽書樞密院事,吏部侍郎兼侍講孫覺爲御史中丞,龍圖閣直學士、知延州趙卨爲樞密直學士。甲申,右司諫劉安世進對,太皇太后問:"近日差除如何?"安世等

---

① 勸在席酒甚苦　長編卷四〇七同,太平治迹統類卷一八宣仁垂殿聖政"酒"作"飲"。
② 司馬光既殁　"殁"底本作"没",據嘉慶本改。
③ 可任臺諫者　"臺諫"底本顛倒,據嘉慶本、長編卷四〇八乙正。
④ 同知樞密院事范純仁　底本脱"事"一字,據長編卷四〇九補。

校書郎李德芻爲集賢校理。癸卯,承議郎、殿中侍御史上官均爲禮部員外郎,朝奉郎、集賢校理孔平仲爲太常博士。詔賜文彦博、吕公著曰:"朕聞几杖以優賢,著之典禮,耋老無下拜,書於春秋。魏太傅鍾繇以足疾乘車就坐。自爾三公有疾,以爲故事。而唐司徒馬燧亦以老疾自力,對於延英,詔使毋拜。今吾耆老大臣,四朝之舊,德隆而望重,任大而憂深者,惟卿與公著而已。方資其蓍龜之告,豈責以筋力之禮?今後入朝,凡有拜禮,宜並特免。卿其圖有爲之報①,略無益之儀。毋或固辭,以稱朕意。"丙午,翰林學士蘇軾言:"案禮經,八十拜君命,一坐再至。所謂君命者,傳命而拜,非朝見也,然且不免。周天子賜齊桓公胙,曰:'伯父耋老,無下拜。'無下拜者,無拜於堂下,非不拜也,然且不敢。鍾繇以足疾乘輿就坐,疑若不拜,然亦無明文。君前乘車,豈足爲法?而馬燧、延英不拜,蓋是臨時優禮,無'今後遂不復拜'之文。祖宗舊例,如吕端之流以老病進對,亦止於臨時傳宣不拜。今來彦博、公著今後免拜指揮,自是朝廷優賢貴老,度越古今,無可議者。但有司合守典禮,兼恐彦博、公著終不敢當,不若允其所請。若聖恩優憫老臣,眷眷不已,遇其朝見間,或傳宣不拜,足以爲非常之恩。所有不允批答,臣未敢撰。"從之。丁未,文彦博上章,辭不拜恩命,詔曰:"朕優禮師傅,達德齒之尊,以亟拜爲可略,古之道也。卿尊朝廷,明君臣之分,以不拜爲未安,禮之節也。道並行而不悖,義有重而難移。勉徇所陳②,不忘嘉歎。所請宜允。"

九月辛亥,詔:"吕公著今後入朝,或有失儀,無得彈奏。"丁巳,詔:"文彦博告老章奏,有司勿受。"

十月癸卯,案:長編癸卯在十月,據補。尚書左丞劉摯言:"伏見知陳州傅堯俞、知齊州王巖叟、知潞州梁燾、通判虢州張舜民、知廣德軍賈易皆早蒙陛下識擢,分任言責,不幸志業未伸,謗嫉横作,罷職補外,各已數月。案堯俞等皆忠直之臣,守正不撓,在職未久,知無不言,此固陛下素所獎愛,必未棄捐。然臣私憂過計,恐其補外漸久,朝廷漸亦忘之,不避僭越,輒效一言。伏願聖慈,深賜省察,特發睿斷,召此數忠正之臣,入備任使,以慰公議,以消奸黨。幸甚!"甲辰,案:長編事在丙午。左司員外郎朱光庭爲太常少卿,右司郎中韓宗道爲太府卿,承議郎、直龍圖閣張汝賢爲左司郎中,前華州司户

---

① 卿其圖有爲之報　嘉慶本同,長編卷四〇四"圖"作"專"。
② 勉徇所陳　長編卷四〇四同,嘉慶本"徇"作"循"。

卷第九十六

哲宗皇帝

用舊臣下

元祐二年三月辛巳，太師文彥博表乞致仕，右僕射呂公著亦以旱乞退，皆答詔不允。

四月丁亥，呂公著再表乞罷，不允，詔公著勿復請，且召公著入對，遣使押赴都堂。公著即歸私第，時閤門及通進司皆被旨無得受公著章奏，乃具申中書省以聞。於是遣內侍陳衍諭旨，押赴都堂。公著始復位。己丑，詔："太師、平章軍國重事文彥博可自今後每十日一赴朝參，因至都堂議事，仍一月一赴經筵。"以彥博累章乞致仕，故有是命。甲午，宰臣呂公著等以時雨不繼，詔書責躬，乞賜降黜。詔不允。

五月，劉摯等遷官。詳見張舜民罷言職。

六月戊申，朝奉郎、太常博士丁騭爲右正言。騭自行新法，即不肯爲知縣，折資監當幾二十年，人多稱之。其得太常博士，因王覿薦也。朝奉郎、充集賢校理趙挺之，承議郎方蒙，宣德郎、宗正寺丞趙岠並爲監察御史。

七月丁巳，通直郎姚勔落致仕，爲宗正寺丞。勔，山陰人，嘗爲龍遊縣令，母老，思歸請侍養。居二年，遂致仕，於是復起。辛未，正議大夫、守門下侍郎韓維爲資政殿大學士、知鄧州。丁丑，端明殿學士、光禄大夫、提舉崇福宮范鎮乞致仕。詔遷銀青光禄大夫，仍前職致仕。

舊錄云：是時，凡得罪先朝者，悉相援以起。群奸引鎮以助己，鎮力辭，卒不起，士論嘉之。新錄辨曰：元祐之政，起老成以自輔，而鎮以癃老力辭，非緣議事不合也。史臣之言如此，實爲厚誣，今刪去。鎮所以卒不起，已具元年十一月二十四日提舉崇福宮時。新錄要亦未考。

八月辛丑，吏部尚書蘇頌、翰林學士蘇軾兼侍讀，兵部侍郎趙彥若充實錄院修撰，乎?"及降詔,令赴闕,鎮辭。又降詔,曰:"西伯善養,二老來歸;漢室卑詞,四臣入侍。爲我强起,無或憚勞。"鎮卒辭之。朝廷起鎮,蓋欲授與門下侍郎。鎮固不欲起,又作書問其從孫祖禹,祖禹亦勸止之。鎮大喜曰:"是吾心也。凡吾所欲爲者,司馬君實已爲之,何用復出也①?"辛巳,詔户部侍郎趙瞻往陝州夏縣臨視司馬光葬事,候葬訖,就墳所致祭。癸未,詔免太師文彦博北使朝辭日起居。

　　十二月庚寅②,畢仲游等除館職。見官制館閣。

―――

① 何用復出也　嘉慶本無"用"一字。
② 庚寅　底本無此二字,據長編卷三九三補。

遇假日有公事,許於東、西府聚議。其東、西府近北舊有便門,臣欲乞於近南更開一便門。臣今緣足疾未愈,乞遇假日或日晚執政出省後,有合商量公事,許乘小竹轎往諸位商量。其諸執政有欲商量公事者,亦許來臣本位一一關決。所貴議論詳盡,事無留滯。"從之。辛巳,案:長編事在壬午。詔:"太師、平章軍國重事文彥博已降旨令獨班起居,自今赴經筵、都堂,及同三省、樞密院奏事,并序位在宰臣之上。"

八月丁酉,司馬光以疾作先出都堂,遂謁告,自是不復能入朝矣。

九月丙辰朔,正議大夫、守尚書左僕射兼門下侍郎司馬光卒。光爲政踰年,而病居其半。每欲以身殉天下,躬親庶務,不捨晝夜。賓客見其體羸,曰:"諸葛孔明罰二十以上皆親之,以此致疾,公不可以不戒。"光曰:"生死,命也。"爲之益力。病革,諄諄不復自覺,如夢中語,然皆朝廷天下事也。既没,其家得遺奏八章上之①,皆手劄論當世要務。太皇太后聞其喪,哭之慟。上亦感涕不已。光在相位,遼人、夏人遣使入朝,與吾使至虜中者,虜必問光起居,而遼人敕其邊吏曰:"中國相司馬矣,慎無生事開邊隙②!"及卒,京師之民皆罷市往吊,畫其像,刻印鬻之,家置一本,飲食必祝焉,四方皆遣人購之京師,時畫工有致富者。及葬,四方來會者蓋數萬人,哭之如哭其私親。丁卯,中書舍人蘇軾爲翰林學士,范百祿爲刑部侍郎,錢勰爲給事中,太常少卿鮮于侁爲左諫議大夫,太常少卿梁燾爲右諫議大夫,右司諫蘇轍爲起居郎,右正言王覿爲右司諫。

十月庚子,端明殿學士、光禄大夫范鎮落致仕,提舉中太一宫、集禧觀公事兼侍讀。

十一月戊午,朝請郎、御史中丞劉摯爲中大夫、尚書左丞,中大夫、尚書左丞吕大防守中書侍郎,吏部侍郎兼侍講傅堯俞爲御史中丞,仍兼侍讀。壬申,給事中胡宗愈爲吏部侍郎,朝散郎、直龍圖閣顧臨爲給事中。戊寅,起居郎蘇轍、起居舍人曾肇並爲中書舍人,肇仍先充實録院修撰。端明殿學士、光禄大夫、新提舉中太一宫兼集禧觀公事兼侍讀范鎮提舉崇福宫,以鎮力辭新命也。先是,鎮會葬永裕陵下,蔡京謂鎮曰:"朝廷將起公矣!"鎮變色曰:"鎮以論新法不合得罪,先帝一旦棄天下,其可因以爲利

---

① 遺奏八章　長編四庫底本卷三八七作"遺奏八紙"。
② 慎無生事開邊隙　"無",嘉慶本作"毋"。

正謝,仍權免赴前後殿起居,許乘轎子,三日一至都堂聚議,或門下、尚書省治事。"光言:"竊念臣臟腑雖安,飲食如故,但兩足無力,瘡口未合,步履艱難,拜起不得,以此未果朝參。至於數日一至政事堂,乃唐世以來宿德元老高年有疾,朝廷尊禮,特降此命,豈伊微臣所敢倫擬?臣於病中除左僕射,雖累具劄子辭免,未蒙開允,仍蒙就家賜以告身①,臣亦未敢祗受。方俟入覲天顏,面陳至懇,豈可遽治尚書省事?伏望聖慈俟臣步履稍有力,拜起得成,參假了日,與諸執政一例供職,庶於微軀差得自安。"

辛酉,司馬光言:"臣今月二日聞有聖旨②,令臣不候參假,特放正謝,仍權免赴前後殿起居,許乘轎子,三日一至都堂聚議,或門下、尚書省治事。臣以恩禮太優,不敢輒當,尋具劄子辭免。今月四日,又睹中書省錄黃,奉聖旨依前降指揮不許辭免③,仍令閤門告示,許肩輿至內東門外,令男康扶掖至小殿引對,特免起居,令引見前一日聞奏。如此則禮數愈重,尤不敢當。臣竊惟富弼三世輔臣,德高望重。神宗皇帝想見其人,故特制此禮,乃自古所無。顧臣何人,敢與為比④?臣決不敢受。乞只候垂簾日於延和殿引見,并乞上殿。然事有不得已者,雖知僭越,不得不承順聖恩,臣即日上下馬未得,及足上有瘡,深惡馬汗,欲乞如今來聖旨,權許乘轎入內,至常時下馬處下轎。又臣兩足無力,若無人扶掖,委實全拜起不得,欲今來入見及將來每遇入對,並權許令臣男康入殿,遇拜時扶掖,候痊安日,皆復舊規。如此則曲成之仁已踰於天地,非臣隕身喪元所能報塞。所有其餘恩禮,并乞寢罷。"詔令乘轎子至崇政殿門外,於延和殿垂簾日引對,餘並依前降指揮⑤。

壬戌,詔太師、平章軍國重事文彥博令赴大朝會慶賀,其筵宴臨時有司取旨⑥。國忌、六參、行香、奉慰、宣德音麻制,從駕并免。戊辰,左僕射司馬光初入對於延和殿,子奉議郎、正字康扶侍,賜康緋章服。壬申,案:長編事在甲戌。司馬光言:"臣近奉聖旨,許臣乘轎子,三日一至都堂聚議。伏緣三省、樞密院各有職事⑦,檢會去歲曾有指揮:

---

① 仍蒙就家賜以告身　"蒙"底本作"許",底本脫"家"一字,據長編卷三七七、傳家集卷五三辭三日一至都堂劄子改、補。
② 臣今月二日聞有聖旨　底本脫"臣"一字,據嘉慶本、長編卷三七七補。
③ 依前降指揮　底本脫"依"一字,據長編卷三七七補。
④ 敢與為比　"敢"底本作"乃",據長編卷三七七、傳家集卷五三辭入對小殿劄子改。
⑤ 餘並依前降指揮　底本脫"餘"一字,據長編卷三七七補。
⑥ 臨時　嘉慶本同,長編四庫底本卷三七七作"臨事"。
⑦ 各有職事　嘉慶本作"各有執事"。

廷;紛辨則有傷國體;言責者緘默,則廢大臣盡忠之義;彈劾則違陛下貴老之心。伏望採前世故事,使文彥博以太師任職,數日赴講筵,訪以經術;朔望一對便殿①,問以大政。"己酉②,守太師文彥博乞免班迎,從之。辛亥,河東節度使、守太師、開府儀同三司致仕、潞國公文彥博入對,命其子承議郎、權發遣提舉三門白波輦運貽慶扶掖上殿,賜貽慶金紫章服。

乙卯。先是,太皇太后遣中使陳衍齎御劄就賜司馬光曰:"范純仁奏,乞以文彥博爲師臣,備顧問,可以尊朝廷、服四夷。朱光庭劄子,乞尊禮爲帝師,勿勞以宰相執事。所有朱光庭劄子三道,付卿看詳,可親書條具聞奏者。"光言:"臣蒙恩擢爲首相,自知智力淺薄,歷事未多,故乞陛下以文彥博爲侍中,行左僕射,而臣佐之,庶無罪悔。今范純仁、朱光庭以爲彥博元老師臣,不可煩以吏事,此在陛下裁度。若以正太師平章軍國重事③,令五日或六日一入朝,因至門下、中書都堂,與諸執政商量,重事令執政就宅咨謀④,其餘常程文書,只委僕射以下簽書發遣,如此亦足以尊大臣,優老臣矣。"

五月丁巳朔,金紫光祿大夫、門下侍郎呂公著依前官,守尚書右僕射兼中書侍郎。自蔡確、章惇罷,司馬光已臥疾。及韓縝去位,公著常攝宰相事。先是,執政官每三五日一聚都堂,堂吏日抱文書,歷諸廳白之,故爲長者得以專決,同列難盡爭也。光嘗懇確欲數會議,庶各盡所見,而確終不許。公著既秉政,乃日詣都堂,遂爲故事。河東節度使、守太師、開府儀同三司致仕、潞國公文彥博特授太師、平章軍國重事。又詔賜文彥博曰:"朕紹承皇緒,臨御寶圖,涉道未明,罔知攸濟。乃睠元老,弼亮三朝。功被生民,名重當世。天賜眉壽,既艾而昌。宜遷師臣,輔我人政。已降制授太師、平章軍國重事。可一月兩赴經筵,六日一入朝,因至都堂,與執政商量事。如遇有軍國機要事,即不限時日,并令入預參決。其餘公事,只委僕射以下簽書發遣。俸賜依宰臣例。"資政殿大學士、正議大夫兼侍講韓維守門下侍郎。戊午⑤,正字李德芻、司馬康、孔武仲並爲校書郎。詔:"尚書左僕射司馬光所患已安,惟是足瘡有妨拜跪,不候參假,特放

---

① 朔望一對便殿 "一"底本作"以",據嘉慶本、長編四庫底本卷三七五改。
② 己酉 底本無此二字,據長編卷三七六補。
③ 若以正太師平章軍國重事 "以正"底本作"止以",據長編卷三七六改。
④ 重事令執政就宅咨謀 底本脱"重"字,據長編卷三七六補。
⑤ 戊午 底本此二字在"資政殿大學士、正議大夫兼侍講韓維守門下侍郎"之前,據長編卷三七七乙正。

勢，但安心言事，此中必主張。更有事，但來言①。"

己卯，朝議大夫孔宗翰爲鴻臚卿，度支郎中劉奉世爲左司郎中，左司郎中兼著作郎林希爲起居舍人、修實錄檢討官。

四月己丑，中書侍郎韓縝知潁昌府。命入内押班梁從吉齎詔賜守太師致仕文彦博曰："卿踐更二府，弼亮三朝，名聞四夷，功在天下。注想元老，渴見儀形。宜疾其驅，副我虛佇。詔書到日，卿可肩輿赴闕，并男貽慶居中隨侍，令河南府津置行李。"先是，司馬光除左僕射，固辭以疾，乞召用彦博爲侍中，行左僕射事，而己佐之。不聽。及將罷韓縝，太皇太后以御劄付光曰："前者所奏文彦博爲相，今韓縝乞罷，欲如卿前奏，除彦博太師兼侍中，行右僕射事，與卿協力贊治。"光奏："彦博勳德，爵齒遠在臣前，今恩制已除臣左僕射，若以彦博行尚書左僕射，臣守右僕射，則事體俱正。仍乞差近上内臣一員，往西京宣彦博赴闕。"翌日，太皇太后又批付光曰："卿憂國遠慮，不爲身謀，其亦可知。今若一旦使彦博居卿之上，於予所以待卿之意深未允當，卿更思之。"光又奏曰："竊惟彦博光輔四朝，勳德著明，官爲太師，年八十二。臣爲京官時，彦博已爲宰相，比彦博乃是後進。臣昨日所奏蓋爲國體，非臣飾小廉、竊虛名，惟陛下幸聽。"太皇太后卒不聽。及韓縝罷，即遣中使召彦博，蓋用光奏也。癸巳，詔："已降指揮：守太師致仕文彦博赴闕，獨班起居，減拜，令閤門取旨，興國寺戒壇院安下。班迎、朝見日，就興國寺戒壇院賜御筵，宰臣、執政官赴②。肩輿至下馬處，子弟一人扶掖。出入儀制依見任宰相。"乙未，朝奉郎、左司員外郎高遵惠爲直龍圖閣、太僕少卿③，吏部郎中梁燾爲太常少卿，吏部郎中顧臨爲秘書少監，太僕少卿韓宗道爲右司郎中，司勳郎中趙君錫爲左司郎中。甲辰，詔："守太師文彦博到闕朝見日，止令四拜起居。所有謝對衣等禮④，并特免拜。"乙巳，詔宰臣司馬光特賜告治疾，給俸如故。右正言王覿奏："伏睹召文彦博，外議皆謂虛右相之位，將以中書長官處之，臣竊以爲不然。若更煩以機務，則不惟禮意之薄，而或致政事微壅，裁決小差，而同列者順從，則將誤朝

---

① 按：長編卷三七二此處有注文"劉庠卒在三月八日"。
② 宰臣執政官赴　"赴"底本作"起"，據嘉慶本改。
③ 太僕少卿　"太僕"底本作"大理"，據長編卷三七四、卷三八五、宋史卷一九七兵志改。
④ 所有謝對衣等禮　"對衣"底本作"衣物"，據長編卷三七五、宋會要輯稿又禮四七之五改。按：宋會要輯稿又禮四七之五作"所有謝對衣等禮數"。

未盡者,送本所詳定①。"從之。壬申,先是,太皇太后遣勾當內東門司梁惟簡賜文彥博手詔曰:"予宮中閱故事②,得卿神宗時所上親書章奏,見卿議論切於治要,至誠憂國,忠義可見,深用嘉歎。卿平時所蘊如此,況當茲國難之際,想多憂勤。予佐助機政,斯逾年矣。如近者黜陟臣寮,因革庶政,公議可乎③?夏國未附,禦以何術?卿之所知賢人堪大任者,亟當論薦,用副柬求。並所訪事④,可條具聞奏。切待至言,以補闕失。"是日,文彥博具奏:"臣伏蒙聖慈特差中使降手詔詢訪,臣仰被訓旨,俯集兢栗⑤,敢不勉竭愚忠⑥,粗神虛佇。夫治體之大,莫大乎任賢納諫⑦。近者所用輔相,所擢諫憲⑧,皆久積時望,大協輿情,必能弼直獻納,上副陛下求治深切之心。以至罷去市易,減損青苗,免納役錢⑨,寬保甲案閱之頻,遂農民耕種之業,市井畎畝之人歡欣之聲,必已達於天聽矣,豈在老臣條陳而後詳。然上之數事,有損無益,不可久行而罷者,本非朝廷所圖,皆是近年以來,臣寮急進,僥倖成風,率務妄起事端,自來總領粗有微效⑩,則過求恩賞,事若有害,曾無責罰。欲其省官省事,民安政治,不可得矣。爲今之要,當革此弊。又謂臣之所知堪大任者,熟聞士論,謂樞密直學士劉庠端正有守,雖已在近職,久從外補。臣向在樞密,庠在太原,邊事民政,鎮靜不擾。光祿大夫、前吏部侍郎蘇頌性行淳和,學問該博,於本朝故事多所詳記,若備顧問議論,當有裨益。朝奉大夫、京西路提點刑獄劉奉世才力精明,所守堅正,向在樞密院檢詳及中書檢正,頗得朝譽,若並召還左右,宜有所補。"乙亥,御史中丞劉摯、殿中侍御史呂陶進對,太皇太后宣諭曰:"帥臣極難得,劉庠可惜,方欲進用。"又曰:"近除胡宗愈、蘇軾,如何?"摯等對:"甚合公議。"又曰:"盡是此中自除,兼蘇軾,天下知其有文,多年淹滯。"又曰:"每執政來,常說凡與差除,須是公正,外人自無言語。"又曰:"卿等公正,不畏權

---

① 送本所詳定　長編卷三七一作"送本所看詳"。
② 予宮中閱故事　長編卷三七二同,嘉慶本、文淵閣本長編卷三七二"故事"均作"故書"。
③ 公議可乎　"可乎"底本作"不乎",據嘉慶本改。
④ 並所訪事　底本脫"並"一字,據長編卷三七二、潞公文集卷二七御批補。
⑤ 俯集兢栗　嘉慶本同,長編卷三七二、潞公文集卷二七答奏"栗"均作"榮"。
⑥ 敢不勉竭愚忠　"勉竭"底本顛倒,據嘉慶本、長編卷三七二乙正。
⑦ 莫大乎任賢納諫　"莫大"底本作"在",據長編卷三七二、潞公文集卷二七答奏改、補。
⑧ 所擢諫憲　"諫憲"底本作"臺諫",據長編卷三七二、潞公文集卷二七答奏改。
⑨ 免納役錢　長編卷三七二、潞公文集卷二七答奏同,嘉慶本"役"作"復"。按:潞公文集卷二七答奏"免納役錢"上還有"停養保馬"四字。
⑩ 自來總領粗有微效　"來"底本作"求",據長編卷三七二、潞公文集卷二七答奏改。

能出，然奏疏相屬。五月十三日，光乃入對延和殿。

二月甲申，司馬光具表，乞罷門下侍郞。又劄子言："臣以羸病，拜起及上下馬不得，請朝假將治已及月餘。旬日以來，疾勢雖稍退，飲食亦稍進，然氣體疲乏，足踵生瘡①，步履甚難，策杖而行，不出室堂，況於拜起，固所未易。今不免有表，上瀆聖聽。乞除宮觀差遣一任，以養衰殘。竊慮陛下怪其或有此奏，故別具劄子，披瀝肝膽。伏望聖慈，早賜開允。"乙酉，詔答不允，仍遣入內供奉官陳衍宣諭。光復言："臣自結髮從學，講先王之道，聞君子之風。竊不自揆，嘗妄有尊主庇民之志。不意天幸，蒙陛下誤采虛名，擢於閭閻之間，寘之廟堂之上，不謂一旦嬰此沈痾，累月不愈，害於飲食，不能造朝。今雖疾勢漸平，飲食亦進，而皮骨羸瘠，氣力疲乏，必未能趨伏闕庭，瞻望天光。端居私家，尸位竊祿，縱陛下寬仁，微臣不知廉恥，中外有識之士及天下衆庶，其謂臣何？伏望聖慈矜察，依臣前奏，除宮觀差遣一任，使得自安其分。"

閏二月庚寅，正議大夫、守門下侍郞司馬光依前官守尚書左僕射兼門下侍郞。光方以疾再乞宮觀，未報，而有是命。光固辭，不許。令閤門就賜制書，光又固辭，乞留制書閤門，須疾損入對，又不許。辛卯，案：長編此條連上脫"辛卯"二字。司馬光言："臣竊見文彥博沈敏有謀略，知國家治體，能斷大事。自仁宗以來出將入相，功效顯著，此天下之所共知也。彥博今年八十一，朝廷不過得其數年之力耳，願急用之。臣但乞以門下侍郞助彥博爲政，庶亦時有小補。若以已除臣左僕射，難爲無故以他人易之，則臣欲露表舉彥博自代。乞御批依臣所奏，以臣表付學士院草麻施行。"不聽。壬辰，三省言："元豐八年三月六日赦恩已前命官、諸色人被罪，今來進狀訴理，據案已依格法。慮其間有情可矜恕，或事涉冤抑、合從寬減者，欲委官看詳聞奏。"詔御史中丞劉摯、右諫議大夫孫覺看詳以聞。

三月辛未，管勾看詳訴理所言："看詳進狀訴理人若不立定期限，竊慮無以結絕。欲乞應熙寧元年正月已後至元豐八年三月六日赦前②，命官、諸色人被罪，合行訴理，並自降今來指揮日，與限半年進狀。先從有司依法定奪，如內有不該雪除及事理有所

---

① 足踵生瘡　"踵"，嘉慶本、長編卷三六六均作"腫"。
② 應熙寧元年　"元年"底本作"九年"，據嘉慶本、長編卷三七一改。

如此形迹?"挚既已奏疏,即答堯俞云:"已做到這裏,如何住得?"方確之爲山陵使也①,公著及光已嘗爲怨言,欲假蔡以節旄,處之北門或潁昌矣。蔡初既,力引光,已而同在門下,相得甚懽。章惇則自任語快,嘗以光爲鈍不曉事②,論事之際,數以語侵光。光亦不能平,間語所親曰:"光若不是持正見容,豈可處也?"時京師知事者皆聞此語,恕家傳固妄也。姑存之,使後世有考焉。

十月丁丑,朝請郎③、知虔州唐淑問爲左司諫,朝奉郎朱光庭爲左正言,校書郎蘇轍爲右司諫,正字范祖禹爲右正言④,尋改爲著作佐郎,詳見官制諫官。案:長編無此條。朝散大夫傅堯俞爲秘書監,承議郎、集賢校理顧臨爲朝奉郎、吏部郎中。己卯,資政殿學士、正議大夫兼侍讀、提舉中太一宮兼集禧觀韓維爲資政殿大學士⑤,仍依守尚書例給俸廩,以維先帝宮臣也⑥。正字范祖禹爲著作佐郎,承議郎孔文仲爲校書郎,陝西轉運副使葉康直、李察並遷一官再任。丁亥,天章閣待制范純仁兼侍講,朝議大夫趙瞻爲太常少卿,開封府推官趙君錫爲司勳郎中,承議郎吕大忠爲工部郎中。

十一月辛卯,權發遣京東路轉運使范純粹知慶州,代其兄純仁也。

十二月辛未,門下侍郎司馬光爲正議大夫,銀青光禄大夫、尚書左丞吕公著爲金紫光禄大夫,天章閣待制兼侍講范純仁爲給事中。純仁以司馬光親嫌辭,不許。案:長編此條別編甲戌。戊寅,承議郎、起居舍人邢恕,朝請郎、起居郎胡宗愈並爲中書舍人,二十七日恕罷。左司郎中滿中行爲起居郎,禮部郎中蘇軾爲起居舍人,中大夫、太僕卿李之純直龍圖閣、知滄州,朝請郎吕陶爲司門郎中,奉議郎孔武仲爲正字。

元祐元年正月癸卯,詔閤門:"司馬光、吕公著自今前後殿起居,特令別作一班,止兩拜。"己酉,司馬光始以疾謁告。丁巳,司馬光、吕公著既遷官,詔閤門:"光及公著正謝,特令再拜,不舞蹈;恭謝景靈宮神御,亦止再拜。"光尋以疾謁告。是日,復有詔放正謝及恭謝。光皇恐不敢奉詔,乞俟疾間入謝,拜依減拜指揮。光自是凡十有三旬不

① 長編卷三五九注文"方"上有"傅亦以告恕也"六字。
② 嘗以光爲鈍不曉事 "鈍",嘉慶本作"絶"。
③ 按:長編卷三六〇"朝請郎"上有"詔尚書、侍郎、給舍、諫議、中丞、待制以上,各舉堪充諫官二員以聞。初,中旨除朝議大夫、直龍圖閣、知慶州范純仁爲左諫議大夫"四十九字,並見下文有范純仁、范祖禹因避與司馬光之親嫌而又改任他職,繼重又"詔尚書、侍郎、給舍、諫議、中丞、待制以上,各舉堪充諫官二員以聞"。可見本書此處刪節過當。
④ 正字范祖禹爲右正言 底本脱"正字"二字,據長編卷三六〇補。
⑤ 資政殿大學士 底本脱"大"一字,據長編卷三六〇、宋宰輔編年録卷九補。
⑥ 以維先帝宮臣也 "宮"底本作"宰",據長編卷三六〇、宋宰輔編年録卷九改。按:韓維做過宋神宗的潜邸舊臣,即宮臣,故此處"宰臣"誤,"宮臣"是。

能盡天下之賢才。伏望聖慈更加采訪,如文彥博、吕公著、馮京、孫固、韓維等國之老臣,可以倚信,乞亦令各舉所知,庶幾可以參考同異,無所遺逸。"

此奏得之雜錄①,不著姓名,其首云:"今月二十五日,僭妄上言用人事。"推究本末,蓋司馬光也。但光集獨無此,亦無二十五日所言用人事。當考。

七月甲午,朝奉大夫范純禮爲户部郎中。戊戌,朝奉大夫、守秘書少監兼侍講孫覺爲右諫議大夫兼侍講,仍賜三品服。資政殿大學士、銀青光禄大夫兼侍讀吕公著爲尚書左丞。甲辰,資政殿學士韓維兼侍讀,仍提舉中太一宫、兼集禧觀事。丙辰,寶文閣待制吴雍爲户部侍郎,起居郎范百禄爲中書舍人,右司郎中胡宗愈爲起居郎,右司員外郎邢恕爲起居舍人,吏部郎中劉摯爲秘書少監,朝散大夫、監衡州鹽倉劉攽知襄州。

八月丁卯,翰林學士兼侍講鄧温伯爲翰林學士承旨,朝奉郎、吏部郎中曾肇,朝請郎、禮部郎中林希兼著作郎,職事官有兼職自此始。兼職始自希,此據林希傳,當考。承議郎蘇轍爲校書郎。己巳,鎮江軍節度使、知河南府韓絳加開府儀同三司、判大名府兼北京留守。乙酉②,禮部郎中林希爲秘書少監。

九月庚子,工部郎中梁燾爲吏部郎中,户部郎中李周爲職方郎中,太常博士林旦爲考功員外郎③。己酉,朝奉郎、秘書少監劉摯爲侍御史,朝奉郎蘇軾爲禮部郎中。

邢恕家傳云:先是,吕公著欲復引恕爲中書舍人,然與恕素厚,衆所共知,不欲專自己發。孫固時在門下,乃公著所援進,因召固至閣子中,囑令開端,公著從而贊之。諸公無他言,獨劉摯云:"恕到河陽亦未久,且除集撰作帥,如何?"諸公皆不答,遂罷。是時,宣仁已有召恕之意,公論亦以恕當還朝,摯不能奪衆意,故姑欲以集撰塞之④,因其子韠過河陽,即令告恕本末。摯於恕初亦相親,特以蔡確故,乃見疏忌。恕始爲起居舍人日,因見諸公,請先用摯,聞之者云:"和叔此舉,鬼神也須伏!"及三省初合,蔡確第一筆除摯侍御史,蘇軾禮部郎中,問恕曰:"以此二人破題,如何?"恕猶戲答確云:"所謂德動天鑒,祥開日華也。"恕意取唐李程日五色賦破題如此,遂冠多士,古今傳誦耳。蓋摯元祐初任言責,確猶在相位。與王巖叟排擊不已,司馬光深不以爲然。時傅堯俞爲秘書監,温公即囑令見摯止之⑤,云:"蔡非久自去,何必

---

① 雜錄　嘉慶本作"實錄"。
② 乙酉　底本作"癸未",據長編卷三五九改。
③ 考功員外郎　嘉慶本同,長編卷三五九作"工部員外郎"。
④ 姑　底本作"始",據長編卷三五九注文改。
⑤ 見　長編卷三五九注文作"諫"。

曰任賢,六曰納諫,七曰薄斂,八曰省刑,九曰去奢,十曰無逸。伏望陛下留神省察,如言有可采,即乞置之御坐,朝夕顧省,庶於德威少助萬一。"

戊子,呂公著既上十事,太皇太后遣中使梁惟簡諭公著曰:"覽卿所奏,深有開益,備見忠亮,良切嘉稱。當此拯民疾苦,更張者何先①,更無滅裂?具悉以聞。"庚寅,公著復上奏,言青苗、免役、保甲、保馬、市易、鹽茶之弊。是日,又上奏曰:"臣近具手奏②,乞陛下廣開言路,登用正人,此最爲當今急務。臣尚慮陛下深居九重,未能盡知人才,輒敢冒陳愚見,以助收采。臣伏睹秘書少監孫覺方正有學識,可以充諫議大夫或給事中;直龍圖閣范純仁勁挺有風力,可充諫議大夫或户部右曹侍郎,使議青苗、免役、市易等法;禮部侍郎李常清直有守,可備御史中丞;吏部郎中劉摯資質端厚,可充侍御史;承議郎蘇轍、新授察官王巖叟並有才器,可充諫官或言事御史。臣誠見陛下有意更張,而闕人裨助,故不避狂妄,輒有論薦,更乞聖慈詳擇。"

司馬光又言:"昨僭妄上言用人等事,尋準御前劄子:所奏職位卑微,如堪大任者,令具姓名奏入。陛下推心於臣,俾擇多士,無復疑問。臣承命皇恐,惟懼不稱,豈敢阿私。竊見吏部郎中劉摯公忠剛正,終始不變;龍圖閣待制、知亳州趙彦若博學有父風,内行修飭;朝請郎傅堯俞清立安恬,滯淹歲久;直龍圖閣、知慶州范純仁臨事明敏,不畏強禦;朝議郎唐淑問行己有恥,難進易退;秘書監正字范祖禹温良端厚,修身無缺。此六人者,皆臣素所熟知,節操堅正,雖不敢言遽當大任,若使之或處臺諫,或侍講、讀,必有裨益。其人或與臣有親,或有過失,臣竊慕古人内舉不避親,不以一眚掩大德,既蒙訪問,不敢自避嫌疑,致國家遺才。其餘如新翰林學士吕大防,兵部尚書王存,禮部侍郎李常,秘書少監孫覺,右司郎中胡宗愈,户部郎中韓宗道,工部郎中梁燾,開封府推官趙君錫,新監察御史王巖叟,朝議大夫、知澤州晏知止,朝散案:長編作"朝請"。大夫范純禮,知登州蘇軾,知歙州績溪縣蘇轍,承議郎朱光庭,或以行義,或以文學,皆爲衆所推者。臣雖與之往還不熟,不敢隱蔽。伏望陛下紀其姓名③,各隨器能,臨時任使。然知人則哲,自古所難,況臣愚陋,加以屏居歲久,與士大夫全不相接,豈

---

① 更張者何先 長編卷三五七作"更張何者爲先"。
② 臣近具手奏 "近",長編卷三五七作"邇"。
③ 紀其姓名 底本作"察其愚衷",據長編卷三五七、宋宰輔編年録卷九改。

因之。然則升必履所薦也,當年三月十四日,履坐舉次莊,自龍學降天制①,四月八日又落職。梁燾奏議可考。

朝奉郎劉摯、宣德郎張汝賢爲吏部郎中,朝奉郎、集賢校理梁燾爲工部郎中,奉議郎黃庭堅爲校書郎。詔守太師、開府儀同三司、潞國公致仕文彥博不許辭免兩鎮節度使。

六月十一日甲寅,已載彥博許免兼永興節度,今復有此詔,當考。或是覃恩申命故也,五月十二日許免。

五月乙未,詔新知陳州、資政殿學士、大中大夫司馬光過闕,令先入見。戊戌,詔責授汝州團練副使、本州安置蘇軾復朝奉郎、知登州。右監門衛將軍、潁州安置王詵免安置,許在京居住。己亥,詔資政殿大學士、銀青光禄大夫兼侍讀吕公著乘傳赴闕。庚子,承議郎程顥爲宗正寺丞。甲辰,河東節度使、守太師致仕文彥博言:"乞免兩鎮恩命。或以霈恩之行,止乞加臣食邑、實封。"從之,仍令學士院降詔。丙午,資政殿大學士兼侍讀吕公著提舉中太一宫、兼集禧觀事。戊午,資政殿學士、通議大夫司馬光爲門下侍郎。光以劄子辭免,乞對訖赴陳州,并請更張新法。詳見變新法。於是太皇太后遣中使梁惟簡賜手詔,諭令供職,曰:"嗣君年德未高,吾當同處萬務,所賴方正之士贊佐邦國。切要與卿商量政事②,卿又何辭?"再降詔:"開言路,須卿供職施行。"光乃奉命。龍圖閣直學士、知成都府吕大防爲翰林學士。

六月丙子,資政殿學士、提舉崇福宫韓維知陳州。維初赴臨闕庭,太皇太后遣中使降手詔勞問。維奏更易措置保甲、保馬事,又奏乞刊去求言詔七十五字,於是起知陳州,未行,召赴闕,遂留經筵。戊寅,奉議郎、知定州安喜縣事王巖叟爲監察御史。巖叟,荀龍子也。癸未,吕公著入見,太皇太后遣中使賜食。公著上奏曰:"臣伏睹皇帝陛下紹履尊極,方逾數月,臨朝穆穆,有君人之度。太皇太后陛下勤勞庶政,保佑聖躬,德澤流行,已及天下。臣遠從外服召至左右,竊思人君即位之初,宜講求修德爲治之要,以正其始,然後日就月將,學有緝熙於光明,新而又新,以至於大治。是用罄竭愚誠,考論聖道,概舉十事,仰贊聰明。一曰畏天,二曰愛民,三曰修身,四曰講學,五

---

① 按:龍學,即龍圖閣學士;天制,即天章閣待制。
② 切要與卿商量政事 "切要",嘉慶本作"竊要",長編卷三五六作"竊欲",太平治迹統類卷一八"卿"作"君"。

卷第九十五

哲宗皇帝

用舊臣上

　　元豐八年三月庚申,詔以登位,賜致仕前宰相、守太師、潞國公文彥博,前執政、宣徽南院使、太子少師張方平,觀文殿學士、提舉西京嵩山崇福宮孫固,資政殿大學士、知揚州呂公著,資政殿學士、知太原府呂惠卿,資政殿學士、知亳州蒲宗孟,端明殿學士、知江寧府王安禮襲衣、金帶、銀帛有差。壬戌①,初,司馬光四任提舉崇福宮,既滿,不取赴闕②,再乞西京留司御史臺或國子監,未報。會神宗崩,光欲入臨,又避嫌不敢。已而聞觀文殿學士孫固、資政殿學士韓維皆集闕下。時程顥在洛,亦勸光行,光乃從之。衛士見光,皆以手加額曰:"此司馬相公也!"民爭擁光馬,呼曰:"公無歸洛,留相天子,活百姓!"所在數千人聚觀之。光懼,會放辭謝,遂徑歸洛。太皇太后聞之,詰問主者,遣內侍梁惟簡勞光,問所當先者。光乃上疏云云。見求直言。

　　四月丁丑,資政殿大學士、銀青光禄大夫呂公著兼侍講。公著時知揚州,召用之,遵先帝意也。

　　新録於此別書云:"先是,神宗諭輔臣曰:'皇子明年出閤,當以呂公著爲保傅。'至是,呂公著侍經筵,遵先帝意也。"案:神宗諭輔臣前已具書,此不必重載。今但存"遵先帝意也"一句。新録自爲一書,故不得不爾。

　　資政殿學士、大中大夫司馬光知陳州,秘書少監孫覺兼侍講,奉議郎、宗正寺丞劉次莊爲殿中侍御史,奉議郎、真定府路安撫司勾當公事孫升爲監察御史。

　　案:新、舊録孫升傳並云:"中丞劉摯引爲監察御史。"此時摯未入臺,黃履爲中丞。舊録既誤,新録

---

① 壬戌　底本作"辛酉",據長編卷三五三改。
② 不取　嘉慶本作"不敢"。

志,後雖有改更,衆未必信,已於邊事有損①,追悔莫及。伏望指揮三省、樞密院,應今來推賞舊格中有人情未便者,即具據事改令均當行下②,仍一面將舊格別行修正,庶幾不誤聖政,邊事早了。"詔裁定軍功賞格。

三年正月庚戌,復廣惠倉。丁巳,詔改封椿錢物庫爲元祐庫,隸尚書省左、右司。

四年三月甲申,中書侍郎劉摯上書曰:"臣待罪近輔,再歷年所。近與同列奏事延和殿,兩蒙宣諭大意。今日朝廷之事固已盡心,略有成法,惟以久遠守之爲念。又聖慮深遠,因論及他日還政之後,任用左右常得正人,則與今日用心無異。若萬一奸邪復進,熒惑動搖,則反覆可憂。然辨別邪正,全在一人,此乃持盈守成之大戒也,而皇帝陛下深加省領。臣退而歎息歡喜,以謂愚臣平日之所懷,爲國遠慮者正在此事,未及上達,而陛下先知之矣。"又曰:"臨御以來,法度之難久行者修完之,臣下之害政者更易之,正所以述成先帝之盛德美志,傳於無窮,可謂備矣。然前者二三大臣之朋黨皆失意怏怏,自相結納,睥睨正人,腹誹新政,今布列中外,搢紳之間,在職之吏,不與王安石、呂惠卿,則與蔡確、章惇者,率十有五六,此臣之所以寢食寒心,獨爲朝廷憂也。"又曰:"其所進之說,臣竊料之,其大者必爲離間之計,此最易入易聽,而其禍亦最大,不可不防其漸而深察之。其次又有二說:其一曰,先朝造法爲治,而皇帝陛下以子繼父,一旦聽臣民之言,有所更改;其二曰,先朝之臣,多不任用,如蔡確等受顧命,有定策之功,亦棄於外。此二說者,自人情言之,則淺近而易聽;自義理考之,則無所取也。"又曰:"如青苗、免役、保甲、保馬、市易之類,敢不改乎?改之所以順人心,救民命耳。試考察今日百姓安與不安③、便與不便,則改之是邪非邪立可見矣。若謂凡繼體之君,於先朝之政皆有不可改,則古聖帝明王繼政而有改者,皆非邪?夫立政而違民,改之是也。而異論者非之,以謂改父之道,此豈公議哉?是讒間之說也。"又曰:"伏望太皇太后陛下深念周公所以戒成王之意,擁佑開導,以成就皇帝陛下之德。凡人之才,如何爲正,如何爲非,日夕講論,以立萬世不拔之基。伏望皇帝陛下深鑒古事,體漢昭帝之明,以辨忠邪,使他日奸言異論不可得而入,常思太皇太后陛下之言,無疑於心,無怠乎聽,庶以永承祖宗之業,天下幸甚!"

---

① 衆未必信已於邊事有損　長編卷四〇六同,嘉慶本作"衆人未信,必於邊事有損"。
② 即具據事改令均當行下　"具",嘉慶本作"且"。
③ 試考察今日百姓安與不安　底本脱"試"一字,據嘉慶本、長編卷四二三補。

貧民因而朘削①，或繫獄，或受箠，或轉徙道路，或自經溝瀆，天下郡邑無處無之②。大率一縣之内，上、中等户，因買坊場及充壯保而失業破産者十常四五，欠多者至數千貫，少者亦三五百緡。以四海總計，凡幾千家罹此疾苦矣，每家以十口爲率，凡幾萬人失所矣。臣愚伏望陛下推廣先志，霈發異恩③，以遠近之差，爲輕重之序：應第一、第二界見欠者，並與除放；其第三、第四界，亦乞量立分數蠲免④。如此，則大法簡易⑤，不爲官吏之沮遏。聖澤寬深，遂除生靈之疲瘵。"

六月甲申，承議郎彭汝礪爲起居舍人。執政有問新舊之政者，汝礪曰："政無彼此之辨，歸於是而已⑥。今所變更大者，取士及差役法，行之而士民皆流言⑦，未見其可也。"

七月甲寅，朝奉郎、權開封府推官張商英爲提點河東路刑獄。商英先上書，謂三年無改於父之道，今先帝陵土未乾，奈何便議變更？又嘗移簡蘇軾，欲作言事官。軾得之，以告吕公著，公著不悦，故黜之。

此據新録商英傳及邵伯温辨誣修入。邵伯温作章惇傳云："惇既拜相，薦蔡卞爲右丞，林希爲中書舍人，張商英爲諫官。蔡卞爲王荆公復讎，又以元祐中除知廣州爲置己於死地。林希在元祐間，自中書舍人，以修撰出知杭州，不除待制。張商英在元祐初爲開封府推官，欲作言官，簡蘇内翰子瞻云：'老僧欲住烏寺，呵佛罵祖一巡，如何？'偶孫抃過子瞻，竊得其簡，示吕申公之子希純。希純白申公，申公不悦，出商英爲河東路提刑。三人皆怨元祐宰輔者云。"

八月癸未，詔在京置宣武第十三至十五三指揮，廣勇左第三軍第一⑧、右第三軍第一兩指揮，以先銷廢寬衣天武第六指揮，會計一歲廩給，別招中、下禁軍以補其額故也。

九月壬申，户部請立明狀增錢買坊場法，從之。案：長編無此條。

十月庚子，范純仁言："竊見賞功舊格，其間亦有未盡未便合行修正者，皆須隨事便行改正。陛下臨御之初，將臣方立功效之際，賞典或有不均，必致人情失望，惰其鬥

---

① 抑亦貧民 "亦"底本作"以"，嘉慶本"亦"作"因"，據長編三九四、淨德集卷二、歷代名臣奏議卷二六八改。
② 無處無之 嘉慶本作"何處無之"。
③ 霈發異恩 "霈"底本作"徧"，據長編三九四、淨德集卷二、歷代名臣奏議卷二六八改。
④ 量立分數蠲免 "立"底本作"力"，據嘉慶本、長編三九四、淨德集卷二、歷代名臣奏議卷二六八改。
⑤ 則大法簡易 "法"底本作"爲"，嘉慶本同，據長編三九四、淨德集卷二、歷代名臣奏議卷二六八改。
⑥ 歸於是而已 "歸"，長編卷四〇二、宋史全文卷一三中、宋史卷三四六彭汝礪傳均作"一"。
⑦ 行之而士民皆流言 "流言"，長編卷四〇二、宋史全文卷一三中、宋史卷三四六彭汝礪傳均作"病"。
⑧ 廣勇左第三軍第一 "勇"底本作"武"，嘉慶本同，據長編卷四〇四、群書考索後集卷四〇、宋史卷一八八兵志改。

內自太學①,外至諸郡,學官之制,皆令就試。四方之士,區區於進卷,屑屑於程文,不憚奔馳之遠,滯留之久②,顧豈其心哉?禄仕迫之,有不得已耳,甚非所以重師道、崇儒風、惜士人之節也。臣愚伏望聖慈令罷此法,一用應詔薦舉之士爲中外學官,以重教導之選③,爲天下勸。"

九月辛酉,以大享明堂,肆赦。

<u>吕公著家傳云</u>:文靖公之當國也,每搜訪四方利害,有可以施捨便民者,手筆記録,因大赦而行之,多至數十事。其後文靖罷,便民事浸益少。至是,始盡貸青苗、市易息錢,及其他逋負貧不能償者,凡蠲放數百萬。官吏坐違法,用一切之制不得理去官及以赦原者,並聽收敘。總校前赦凡增一十七事。四方歡呼,以爲新天子赦令以憂民爲意,無不稱慶。

十月丙申,先是,左司諫王巖叟言:"三省胥吏許引有服親人爲吏④,如士大夫任子無以異,而曾不限年,得禄尤早,其爲恩幸可謂厚矣。點檢諸司文字差錯,乃是職分當然,何至字字論功,日日計賞,或升名次,或減磨勘,或添料錢,或支銀絹,以彼易此,有如己物。望敕勵大臣裁抑僥倖,杜絶姑息,棄近例,禁换法,復講治平以前條格循用之,庶可以肅百司而清四方。"詔令給事中、中書舍人、左右司郎官裁定以聞。於是試給事中胡宗愈等言:"臣等案治平以前,諸房緣事陳乞件數不多,近年酬奬乃有歲歲轉官者。其他因事陳乞,率多如請,比治平以前委是過厚。今將治平以前及熙寧後來條例看詳,參酌到合行裁定事凡十有七條。"從之。

二年正月辛酉⑤,殿中侍御史吕陶言:"伏見坊場一事,猶有餘弊,未盡蠲除。蓋累界放賣,至今凡十五年,其始則有實封投狀,競利争占,虛增價直,詐通抵産之欺。其中則有淨利過重⑥,月納不足,出限罰錢,年滿不替之患。其終則有正名已敗,壯保納官錢;餘欠尚存,鄰人買産業之禁。期會嚴迫,節目煩多。不惟酒户緣此困窮,抑亦

---

① 內自太學 "自"底本作"至",據嘉慶本、長編卷三八二、宋朝諸臣奏議卷七九王巖叟上哲宗請用薦舉之士爲學官乞罷試法改。
② 滯留之久 長編卷三八二作"留滯之久者",宋朝諸臣奏議卷七九、歷代名臣奏議卷一一四均作"淹留之久者"。
③ 以重教導之選 "重",嘉慶本作"崇"。
④ 三省胥吏 底本脱"三"一字,據嘉慶本、長編卷三八九補。
⑤ 辛酉 底本作"乙卯",據長編卷三九四改。
⑥ 淨利過重 "淨"底本作"争",長編卷三九四同,據嘉慶本、吕陶淨德集卷二奏乞相度逐界坊場放免欠錢狀、歷代名臣奏議卷二六八引乞相度逐界坊場放免欠錢疏改。

究宣主德,推廣其意,乃增多條目,離析舊制,用一言之偏而立一法,因一事之變而生一條,其意煩苛,其文隱晦。"右諫議大夫孫覺亦言:"臣竊聞中外之議,以爲今日之患切於人情者,莫甚於元豐編敕細碎煩多,難以檢用。"於是有刊定修立之命。壬午,刑部修立到重禄條。

五月戊辰,詔修立國子監太學條制①。見學校。

六月辛卯,監察御史陳次升奏:"熙寧以前,上供錢物無額外之求,州縣無非法之斂。自後獻利之臣不原此意,惟務刻削,以爲己功。若減一事一件,則據其所減色額,責令轉運封樁上供。別有增置合用之物,又令自辦,上供名件歲益加多,有司財用日益不足。欲乞聖慈特降指揮,勘會熙寧以來,於舊上供額外創行封樁錢物,並與放罷,庶使官吏不致過有誅求,而民無騷擾之患。"甲午②,户部言:"百姓昔年請鹽謂之蠶鹽,及至絲蠶之時,大有所濟,然後隨稅納錢入官。昨因言者罷所俵蠶鹽,止令百姓虛納鹽錢,於義未安。請依舊俵蠶鹽。"從之。庚子,門下侍郎司馬光言:"臣於去年四月二十七日曾上言乞並罷將兵官,後來不聞朝廷有所施行。竊見近歲諸處久闕雨澤,盜賊頗多,州縣全無武備,長吏侍衛單寡,禁軍盡屬將官,多與長吏爭衡,長吏勢力遠出其下。萬一有如李順、王倫攻城陷邑之寇,或如王均、王則竊發肘腋之變,豈不爲朝廷旰食之憂邪?臣愚伏望朝廷如臣前奏,盡罷諸路將兵官。其禁兵各委本州縣長吏與總管、鈐轄、都監、監押等管轄,一如未置將官已前之法。"丙午,左司諫王巖叟言:"自辟舉之法罷而用選格,可以見功過而不可以見人材③,中外患之,於是不得已而有踏逐、奏差、申差之格④。踏逐者,陰用舉官之實,而明削同罪,非善法也。選材薦能而曰踏逐,非美名也⑤。必當擇人之地,而不重用人之道,非深計也。委人以權而不容舉其所知,非通術也。臣伏望聖慈特賜指揮,復內外官司舉官法,以允公議。"

七月丙辰朔,尚書省言:"舊制,中外學官並試補。近詔尚書、侍郎、左右司郎中、學士、侍制、兩省、御史臺官、國子司業各舉一員,且罷試法。"先是,王巖叟言:"臣竊見

---

① 國子監太學條制　底本"太學"下衍"生"一字,據嘉慶本、長編卷三八一、宋史全文卷一三上删。
② 甲午　底本作"癸巳",據長編卷三七九改。
③ 可以見功過　底本脱"以"一字,據長編卷三八〇、宋文鑑卷六〇王巖叟請復內外官司舉官法補。
④ 申差　"申"底本作"甲",據長編卷三八〇、宋文鑑卷六〇王巖叟請復內外官司舉官法改。
⑤ 非美名也　長編卷三八〇作"非雅名也"。

並乞收歸户部。"是日,詔尚書省立法。司門郎中吕陶言:"初,熙寧十年,朝廷依李杞、蒲宗閔、劉佐等起請,盡數榷買川茶,收息出賣,遠方不便,本州茶户累有陳訴,及棚口茶場減價,虧損園户。臣嘗三具論列,已蒙施行。後來李稷貪功急利,欺罔滋甚,皆臣論奏。後來寖生弊害,歲月愈久,爲患愈深。近聞遣使入川按察,所有臣昔年奏狀並今來條析利害,伏乞詳酌指揮。"詔劄與黃廉。

丙午①,户部言:"陝西轉運副使吕大忠言:'臣寮上言解鹽兩池,自來通行貨賣。今京西轉運司設官置局,使民間不得貨賣,頗爲不便。伏乞放行通商,每席止令增貼買錢一貫或五百文。'并京西轉運副使范純禮相度到本路增收貼買錢無名②,乞依舊法,許令通商。將來見在鹽并鈔③,令本路依客例變轉,撥還逐處。"從之。庚戌,户部言:"廣南西路桂州修仁縣等處茶貨,昨劉何逐年差官置場收買,出賣,收息止及一萬餘貫。慮遠方因此茶價增長,有妨民間食用,乞依舊放令通商。所有元豐七年十月二十九日廣西路榷茶指揮更不施行。"從之。辛亥,詔以劉摯所言乞罷坊場新法,及創增吏禄,付韓縝等相度以聞。先是,劉摯言:"伏見京師所置水磨茶場,前後累有臣寮論列,乞行寢罷,尚未蒙指揮。臣契勘官自磨茶之初,猶許公私交易,故商販之茶或不中官,則賣之鋪户。自去年二月,遂禁鋪户不得置磨。然都下雖禁,猶有府界、縣、鎮可以交易,故客人不避重出脚費,津置出入。至當年七月,遂并府界一切禁其私易,於是商賈以茶至者,觸藩抵禁,須至盡賣入官,而又使牙儈制之,不量茶之色品,一切痛裁其價,留滯邀遏,其狀百端,此商旅之所以不敢行。商旅不行,故沿路征商之數其虧額已多。又磨河之水下流壅散,浸潴民田,被害者數邑。伏望聖慈早賜,出自睿斷,罷水磨茶場,以通商賈,以養細民,以寬州縣税額,以免農民水害,而上以副仁慈惠綏天下之意。"丁巳④,詔在京水磨茶場廢罷,其結絶官物等,令户部措置施行。

三月己卯,詔御史中丞劉摯、右正言王覿、刑部郎中杜紘將元豐敕令格式重行刊修。先是,摯言:"神宗仁厚之德,哀矜萬方,欲寬斯人所犯,恩施甚大也。而所司不能

---

① 丙午 底本作"甲辰",據長編卷三六九改。
② 并京西轉運副使范純禮相度到本路增收貼買錢無名 "京西"底本顛倒,據嘉慶本、長編卷三六九乙正;"名"底本作"數",據長編卷三六九改。
③ 鹽并鈔 "并"底本作"井",據長編卷三六九改。
④ 丁巳 底本作"丙辰",據長編卷三七〇改。

旱大饑,盜賊群起,其爲國憂患豈敢盡言哉！伏願陛下斷自聖心,凡王安石等所立新法,果能勝於舊者則存之,其餘臣民以爲不如舊之事,欲乞陛下宣諭執政,令因臣民上封事,熟議利害進呈,以聖鑒裁決而行之。"

元祐元年正月戊戌,侍御史劉摯言:"神宗皇帝以仁聖之慮,達因革之數,凡政令制度,急弦慢軫,大解而更張之,故天下蒙其利。然至於今殆二十年,所謂偏而不起、眊而不行者,蓋復有之矣。其事則非一,而其大者則役法是也。於役法之弊,相爲首尾而牽連當更者,則坊場、吏禄是也。"詳見役法。市易務。詳見市易。甲辰,監察御史王巖叟奏:"今天下之大害,莫如青苗、免役之法;陰困生民,莫如茶鹽之法,流害數路;朝中之大奸,莫如蔡確之陰邪險刻、章惇之讒賊狠戾①。"丁巳②,户部言:"相度河北鹽法所言,乞廢罷見行新法,復行舊法通商。"從之。

二月丁卯,承議郎章元方言:"兩浙每歲舊買鹽本錢常以三十萬貫爲額,近來又以四十萬貫。雖本數有加,而計利益寡。刑嚴賞重,私鹽盜販,州縣積壓巨萬。欲乞廢罷諸處買鹽場,將見管亭户,召情願,分等第,令每月納淨利錢,許依舊亭池煎鹽出賣。餘人願納錢煎鹽者聽,仍許通商,於所過州縣輸税。"詔本路轉運司相度以聞。復州縣。見神宗朝廢復郡縣。議詩賦、經義、賢良方正、明法等科。見貢舉。

閏二月甲午。先是,門下侍郎司馬光言:"自改官制以來,備置尚書省六曹、二十四司及九寺、三監,各令有職事,將舊日三司所掌事務散在六曹及諸寺監,户部不得總天下財賦,既不相統攝③,帳籍不盡申户部,户部不盡知天下錢穀之數,五曹各得支用錢物,有司得符,不敢不應副,户部不能制。户部既不能知天下錢穀出納、見在之數,無由量入爲出,五曹及内百司各自建白理財之法,申奏施行,户部不得關預,無由盡公共利害。欲乞且令尚書兼領左、右曹,侍郎分職而治。其右曹所掌錢穀,非尚書奏請得指揮,不得擅支。諸州錢、穀、金、帛隸提舉常平倉司者,每月亦須具文帳申户部。六曹及寺監欲支用錢物,皆須先關户部,符下支撥,不得一面奏乞直支。應掌錢物諸司,不見户部符,不得應副。其前日三司所管錢穀財用事④,有散在五曹及諸寺監者,

---

① 狠戾　底本作"很戾",據嘉慶本、長編卷三六四改。
② 丁巳　底本作"丙辰",據長編卷三六四改。
③ 既不相統攝　底本脱"不"一字,據嘉慶本補。
④ 其前日　長編卷三六八作"其舊日"。

圖,玩習陳迹,不知合變,競獻奇策,自謂良、平更生。聚斂之臣,捃拾財利,剖析秋毫,以供軍費,專務市恩,不恤殘民,各陳遺利,自謂孔、桑復出①,相與誤惑先帝,自求榮位。於是置提舉官,强配青苗,多收免役,以聚貨泉②。又驅畎畝之民爲保甲,使捨耒耜,習弓刀。又置都作院,調筋皮角木,以多造器甲。又奏置保馬,使賣耕牛,市駔駿③,而農民始愁苦矣。部分諸軍,無問邊州、内地,各置將官以領之,自知州軍、總管、鈐轄、都監、監押,皆不得干預。捨祖宗教閲舊制,誦射法,效胡服,機械陣圖,競爲新奇,朝晡上場,罕得休息,而士卒始怨嗟矣。置市易司,强市權取④,坐列販賣;增商稅色件,下及菜果,而商賈始貧困矣。又立賒貸之法,誘不肖子弟破其家;及令民封狀,增價以買坊場,致其子孫、鄰保籍没貲産,不能備償;又增茶鹽之額,賤買貴賣,强以配民,食用不盡,迫以威刑,破産輸錢。又設措置河北糴便司,廣積糧穀於臨流州縣,以備饋送。教兵既久,積財既多,然後用之。而承平日久,人已忘戰,將帥愚懦,行伍驕惰,加以運籌決勝者乃浮躁巧僞之士,不知彼己,妄動輕舉。於是頓兵靈武,力疲食盡,自潰而歸,執兵之士,荷糧之夫,暴骨塞外,且數十萬;築堡永樂,怠忽無備,縱寇延敵,闔城之人,薦爲魚肉;曾未足以威服戎狄,而中國先自困矣!先帝深悔其然,厭截截諞言,思番番良士,乃下哀痛之詔,息兵富民,奄棄天下,此臣所爲痛心疾首,泣血追傷者也。伏惟皇帝陛下肇承基緒,太皇太后同聽庶政,首戒邊吏毋得妄出侵掠,俾華夷兩安。今契丹繼好,秉常納貢,乾德拜章,征伐開拓之議皆已息矣,則前此置提舉官,散青苗,斂免役錢,點教保甲,置都作院,養保馬⑤,置將官,市易司,實封狀買坊場,增茶鹽額,措置河北糴便司,皆爲虚設。陛下幸詔臣民各言疾苦,其已至者千有餘章,未有不言此數事者,知其爲天下公患,衆人所共知,非臣一人之私言也。利害著明,皎如日月,各言疾苦,而群臣猶習常安故,憚於更張,雖頗加裁損⑥,而監司安堵,將官具存,保甲猶教閲,保馬猶養飼,邊州屯戍不減,軍器造作不休,茶鹽新額尚在,差役舊法未復。是用兵雖息,而公私勞費猶未息也。如此因循,不知改轍,數年之後,萬一遇水

---

① 自謂孔桑復出　嘉慶本同,長編四庫底本卷三六三"孔"作"研"。
② 以聚貨泉　"泉"底本作"帛",據嘉慶本、長編卷三六三、傳家集卷四九請革弊劄子、宋宰輔編年錄卷九改。
③ 市駔駿　"駿"底本作"駮",據嘉慶本、長編四庫底本卷三六三改。
④ 强市權取　"權"底本作"摧",據嘉慶本、長編卷三六三改。
⑤ 養保馬　底本脱"保"一字,據傳家集卷四九請革弊劄子、宋朝諸臣奏議卷一一八補。
⑥ 雖頗加裁損　"加"底本作"知",據長編卷三六三、傳家集卷四九請革弊劄子改。

位,召臣充翰林學士,當時親見先帝至誠求治,嘗令臣草詔書,以寬民力爲意。自王安石秉政,變易舊法,群臣有論其非便者,指以爲沮壞法度,必加廢斥。自是青苗、免役之法行,而取民之財盡;保甲、保馬之法行,而用民之力竭;市易、茶鹽之法行,而奪民之利悉,若此之類甚衆。今陛下既已深知其弊,至公獨斷,不爲衆論所惑,則更張之際,當須有術,不在倉卒。且如青苗之法,但罷逐年比較,則官司既不邀功,百姓自免抑勒之患。免役之法,當少取寬剩之數,度其差雇所宜,無令下戶虛有輸納,上戶取其財,中戶取其力,則公私自然均濟。保甲之法,止令就冬月農隙教習,仍只委本路監司提按,既不至妨農害民,則衆庶稍得安業,無轉爲盜賊之患。如此三事,並須別定良法,以爲長久之利。至於保馬之法,先朝已知有司奉行之謬。市易之法,先帝尤覺其有害而無利。及福建、江南等路配賣茶鹽過多,彼方之民殆不聊生,俱非朝廷本意,恐當一切罷去。而南方鹽法、三路保甲,尤宜先革者也①。以上數事,皆略陳大概,其他詳悉,非書所能盡。然臣所深慮者,陛下必欲更修庶政,使不驚駭物聽,而實利及民,莫若任人爲急。故臣前日輒獻愚誠,乞陛下廣開言路,選置臺諫官,誠得忠正之士布在要職,使求天下利害,議所以更修之術。朝廷上下,協心同力,斟酌而裁制之,則天下不難爲矣。"

八月己巳,詔青苗不許抑配,詳見青苗法。差役②。詳見差役。

十月己巳,太皇太后諭輔臣曰:"民間保馬宜早罷,見行法有不便於民者改之。"丁丑,詔罷義倉,其已納數,遇歉歲以充賑濟。丙戌③,詔罷方田。見本事。

十二月甲戌④,罷後苑西作院。戊寅⑤,罷增置鑄錢監十有四。己丑,司馬光言:"臣觀今日公私耗竭,遠近疲敝,其原大概出於用兵。神宗繼統,材雄器英,以幽、薊、雲、朔淪於契丹,靈、夏、河西專於拓跋,交趾、日南制於李氏,不得悉張置官吏,收籍賦役,比於漢、唐之境猶有未全,深用爲耻,遂慨然有征伐開拓之志,於是邊鄙武夫窺伺小利,敢肆大言,祇知邀功,不顧國患,爭賈餘勇,自謂衛、霍不死。白面書生,披文案

---

① 尤宜先革者也 "尤"底本作"猶",據長編卷三五七改。
② 按:"差役"補作"復差役"爲宜。
③ 丙戌 底本作"乙酉",據長編四庫底本卷三六〇、宋史卷一七哲宗本紀改。
④ 甲戌 底本作"辛未",據長編卷三六二改。
⑤ 戊寅 底本作"丙子",據長編卷三六三改。

就緒,當有統屬,故各歸所隸,是亦先帝之意也。自'先帝導洛'至'歸之有司'二十九字,并删去。"

戊午,資政殿學士、通議大夫司馬光爲門下侍郎。光以劄子辭免,乞對訖赴陳州,并請更張新法,曰:"臣曾上言:教閱保甲,公私勞費而無所用之。斂免役錢,寬富而困貧,以養浮浪之人,使農民失業,窮愁無告。將官專制軍政,州縣無權,無以備倉猝,萬一饑饉,盜賊群起,國家可憂。此皆所害者大,所及者衆,先宜變更。借令皇帝陛下獨攬權綱①,猶當早發號令,以解生民之急,救國家之危,收萬國之懽心,復祖宗之令典。況太皇太后陛下同斷國事,捨非而取是,去害而就利,於體甚順,何爲而不可?"于是太皇太后遣中使梁惟簡賜手詔,諭令供職,曰:"嗣君年德未高,吾當同處萬務,所賴方正之士贊佐邦國,切要與卿商量政事②,卿又何辭?再降詔開言路,須卿供職施行。"光乃受命。

六月丙子,資政殿學士韓維知陳州。維初赴臨闕庭,太皇太后遣中使降手詔勞問,維奏:"臣近去都下日嘗具奏陳,願陛下深察盜賊所起之原,罷非業之令,寬訓練之程,蓋爲保甲、保馬發也。何則?農民以稼穡爲生,使之出錢而市馬,已非其願;又守護灌飼,素昧其方,萬一死損,復更償買。昔時一馬直錢三二十千者,今貴至百千矣,農民如此未有已時,愁歎之聲聞於道路。近歲保甲以築土爲場,號爲團教。一丁在官訓練,更須一丁供饋飲食,家闕耕作,身受勞苦,不無怨懟。夫使失業怨懟之人操兵器,習爲擊刺之事,豈非可慮?近者又聞京西保馬頗爲群盜掠取,換易乘騎,如其外廏;河北保甲漸亦作過,凌暴良民③,州縣幾不能禁,此患在耳目之前,臣恐更易措置不可緩也。且臣非謂國馬遂可不養,但官置監牧可矣;非謂民兵遂可不教,但於農隙一時訓練可矣。孟子曰:'天時不如地利,地利不如人和。'人和可勝天地,可不務乎?臣伏望太皇太后陛下更加聖慮,詳酌施行。"癸未,詔戶部:"提轄拘催市易錢物,准赦除放息錢外,其合納本錢,特與展限三年。"戊子,呂公著既上十事,見復用舊臣。太皇太后遣中使梁惟簡諭公著曰:"覽卿所奏,深有開益,備見忠亮,良切嘉稱。當此拯民疾苦,更張庶政,何者爲先?更無滅裂,具悉以聞。"庚寅,公著復上奏曰:"臣伏思先帝初即

---

① 借令 "借"底本作"假",據嘉慶本、長編卷三五六、傳家集卷四七請更張新法劄子改。
② 切要與卿商量政事 嘉慶本"切"作"竊",長編卷三五六"切要"作"竊欲",九朝編年備要卷二一作"切欲與君商量政事"。
③ 凌暴良民 "凌"底本作"陵",據嘉慶本、長編卷三五七改。

是以陛下微有所改,而遠近皆相賀也。然尚有病民傷國、有害無益者,如保甲、免役錢、將官三事,皆當今之急務,釐革所宜先者。臣今別具狀奏聞,伏願決自聖志,早賜施行。"又曰:"昔漢文帝除肉刑,斬右趾者棄市,笞五百者多死;景帝元年即改之,笞者始得全。武帝作鹽鐵、榷酤、均輸等法,天下困弊,盜賊群起;昭帝用賢良文學之議而罷之,後世稱美。唐代宗縱宦官公求賂遺,置客省拘滯四方之人;德宗立未三月,悉禁止罷遣之,時人望致太平。德宗晚年,有宮市,五坊小兒暴橫爲民患,鹽鐵月進羨餘;順宗即位,皆罷之,中外大悅。是皆改父之政而當者,人誰復非之者哉?況先帝之志本欲求治,而群下干進者競以私意紛更祖宗舊法,致天下藉藉如此,皆群臣之罪,非先帝之過也。爲今之計,莫若擇新法之便民益國者存之,病民傷國者悉去之,使天下曉然知朝廷子愛黎民之志。吏之苛刻者,必變而爲忠厚;民之離怨者,必變而爲親譽。德業光榮,福祚無窮,豈不盛哉!"

五月乙未①,户部侍郎李定奏:"先奉旨,令臣取索都提舉汴河堤岸司所管事件聞奏;又奉聖旨,專切提舉京城所管課利事件,令臣一就取索。今具到都提舉汴河堤岸司、專切提舉京城所管課利事件。"詔:"汴河堤岸及房廊、水磨、茶場,京東西沿汴船渡,京岸朝陵船、廣濟河船渡、京城諸處房廊、四壁花果、水池、冰雪窖、菜園并依舊。萬木場、天漢橋及四壁果市、京城豬羊圈、東西麩市、牛圈、垛麻場、肉行、西塌場各廢罷,令賈種民等依罷物貨場已行指揮堆垛般運②。東南及西河客人物貨亦廢罷,其見差官吏人等并京東西收力勝錢③,並仰賈種民等一就相度措置聞奏。洛口兩岸灘地,令提舉京西北路常平張綬相度措置聞奏。其依舊去處已前并向去及廢罷窠名所收課利,并於内藏庫送納,別作帳樁管,以備朝廷支用。"絪言:"洛口兩岸灘地,除係官者量減二分租錢外,餘依舊輸稅。"從之。庚子,詔提舉汴河堤岸司隸都水監,專一製造軍器所隸軍器監。

舊錄云:"先帝導洛入汴,繕完戎器,於無事之日皆專置司,事得以舉。至是歸之有司。"新錄辨曰:"導洛水、造軍器,此非人君必躬必親之事,先帝所置司,不當歸之有司邪?始則專置一司得以覈實,事既

---

① 乙未　底本作"丙申",據長編卷三五六改。
② 已行指揮　嘉慶本同,長編卷三五六"行"作"得"。
③ 收力勝錢　"收"底本作"牧",據嘉慶本改。長編卷三五六作"牧力勝殘",文意尤不可解。

十有九年,夙夜厲精,建立政事,所以惠澤天下,垂之後世。比聞有司奉行法令往往失當,或過爲煩擾,違戾元降詔旨;或苟且文具,不能布宣實惠;或妄意窺測,怠於舉職,將恐朝廷成法因以隳弛。其申諭中外,自今以來協心循理,奉承詔令,以稱先帝更易法度、惠安元元之心。敢有弗欽,必底厥罪。仍仰御史臺察訪彈劾以聞。"

舊録云:"時蔡確等慮法浸改廢,故降是詔,然卒弗能禁。"新録辨曰:"蔡確知有司奉行新法例皆失當,過爲煩擾,實惠不孚,則不能不更法也。法少更,則身必不安於位。是詔誠確等有以啓之矣。史官不推本神祖愛民之意,而飾確之謀以欺後世,今合删去。"吕大防政目:詔有司奉行先帝詔旨失當事以聞,在八日。

丁丑,御史中丞黄履言:"福建路鹽法,惟邵武軍、汀州受數爲重。邵武縣近以鹽多民匱,難於出糶,遂以人户産錢紐定賣鹽,不循朝旨鄉鋪之法。至於建寧、光澤等縣,其弊亦然。江、劍、建三州亦有抑勒。乞差官體量。"監察御史安惇言:"福建轉運副使王子京擘畫官買臘茶,歲三百萬斤,訪聞抑認。乞委官採訪。"遂詔:"昨先帝以諸路監司責任不輕,朝廷當加考覈,其煩急掊克與曠弛不職者,當有所懲。去歲已詔修立分遣郎官、御史察舉之法,可依先帝詔旨施行。江南西路遣監察御史陳次升,福建路遣監察御史黄降。"乙酉,樞密院言保甲。詳見保甲。庚寅①,司馬光上疏曰云云:"及奔喪至京,乃蒙太皇太后陛下特降中使,訪以得失,是臣積年之志一朝獲伸,感激悲涕,不知所從。顧天下事務至多,臣思慮未熟,不敢輕有條對,但乞下詔,使吏民皆得實封上言,庶幾民間疾苦,無不聞達。既而聞有旨罷修城役夫,撤詞遛之卒,止御前造作②,京城之人已自歡躍。及臣歸西京之後,繼聞斥退近習之無狀者,戒飭有司奉法失當、過爲煩擾者,罷物貨等場及民所養户馬,又寬保馬年限。四方之人無不鼓舞,聖德傳布一日千里,頌歎之聲如出一口,溢於四表。乃知太皇太后陛下深居禁闥,皇帝陛下雖富於春秋,天下之事,靡不周知,民間衆情,久在聖度。四海群生可謂幸甚!凡臣所欲言者,陛下略已行之。臣稽慢之罪,實負萬死。夫爲政在順民心,苟民之所欲者與之,所惡者去之,如決水於高原之上,以注川谷,無不行者。苟或不然,如逆阪走丸③,雖竭力以進之,其復走而下可必也。今新法之弊,天下之人,無貴賤愚智皆知之。

---

① 庚寅 底本作"己丑",據長編卷三五五改。
② 止御前造作 底本"止"上衍"禁"一字,據長編卷三五五、傳家集卷四六乞去新法之病民傷國者疏删。
③ 如逆阪走丸 "阪"底本作"坂",據長編卷三五五、傳家集卷四六乞去新法之病民傷國者疏改。

卷第九十四

哲宗皇帝

變新法

　　元豐八年四月辛未,詔户部侍郎李定取都提舉汴河堤岸司所領事并提舉京城所管課利,條析以聞。

　　五月乙未,並罷提舉汴河堤岸司。元豐二年二月二十二日初置,三年五月十二日改今名①。

　　詔尚書省左、右司,取在京免行納支錢槖名取旨。

　　舊録云:"先帝以濁流入汴淀淤湍急,都人有水憂,乃導洛通汴,置司提舉。又官司市物,洎行人供應②,吏并緣爲奸,至逃亡破産,民患之,乃等第納錢,免充行役,以錢募人供市,而官司禁不得市於民,民得不擾。至是,奸臣欺罔箝幃③,以爲非是。時先帝崩才越月,變亂法度由此始,其後事無小大悉更革。上未親政也。"新録辨曰:"神宗皇帝嘗詰興利之弊,曰:'事太傷鄙細,有害國體。'蓋深責有司之過也。凡所奉行失其本旨,皆有意更去之。詔書具在,可考而知。通汴司本爲救患,免行錢本爲便民,其末在有司皆近於興利之舉。至是,詔取索事目,以定可否,亦推神宗之意而行之也。自'先帝以濁流入汴'至'未親政也'一百一十六字,並删去。"

　　又詔:"開封府界、京東、京西、河北、陝西、河東所養户馬,近已支價錢撥買,配填河東、鄜延、環慶路闕馬軍分。自今府界并京東等路養馬指揮并罷。"餘見保馬。又詔:"在京并京西及泗州所置物貨等場并罷。在京委監察御史黄隆、駕部員外郎賈種民;京西令本路轉運副使沈希顔;泗州令權發遣江淮等路發運副使路昌衡點磨物數,會計當職官吏交割樁管④,條析措置結絶事件以聞。"甲戌⑤,詔曰:"恭以先皇帝臨御四海

---

① 三年五月十二日　嘉慶本作"三年五月二十二日"。
② 洎行人供應　嘉慶本同,長編卷三五四"洎"作"迫"。
③ 奸臣欺罔箝幃　"臣"底本作"民",據長編卷三五四改。
④ 會計　嘉慶本同,長編卷三五四作"計會",似是。
⑤ 甲戌　底本脱此二字,據長編卷三五四補。

三年二月癸未,臣僚上言:"每歲諸路應舉官臣僚,許選人充改官、職官縣令任使,各有員數,而選人惟以舉主應格,方得陞進。若舉主不足,雖老於銓調,亦無由改轉。寒士所係利害非輕。欲乞應選人歷任未及三考,只許奏舉職官縣令。如歷任通及三考已上,見係幕職令録資序,方許奏舉改官任使。所貴稍抑權勢、僥倖、請託之弊。"從之。

三月丙辰,御史中丞黄履言:"今來雨暘及時,麥必大稔。若前期選官二員,就陝西諸郡平價折納,則官儲民用愈獲其利。欲望聖慈詳酌施行。"詔:"諸路豐熟州軍,諸欠負並比市價添錢折納斛斗。其所添錢,每斗市價以十分爲率,比市價外,每斗添錢一分,足召人户情願折納。河北路差朝散郎、提舉解鹽余景;陝西路差宣義郎、新差知齊州章邱縣李譓前去,逐路計會轉運司,據人户合催理欠負折納施行,務在儲積,不致傷農。"已而曾布白上:"余景、李譓皆刻薄匪人,外議皆以爲豐凶未可知,恐兩人者因此暴斂,人以爲憂。更乞諭三省嚴戒諭之。"上欣納曰:"當令深戒之。"

十二月己巳,河東路轉運司言:"本路鹽課利往年課最厚①,其法之弊無甚今日。自元豐已後至今,官場賣到見錢,兼客人算請所收課利,比於元祐間,取其最多一年之數,不過十二萬六千緡,以方元豐最少之年,猶未及三分之二。近雖專差奉議郎舒之翰至本路改更舊法,行之二年,課利愈虧。蓋是不能深究弊源,遂致私煎盜販從而得行,豪奪公家之利。案:熙寧八年六月,中書劄子云云。當時相度,只以一色鹽從官場出賣,得旨推行累年②,頗有實利。自後主法之吏不能遵守,妄有改更,因緣積習,遂致頹廢。兼近年裁減私鹽賞錢,不許根究賣主來歷,法禁廢弛,滋長奸弊。請將本路鹽,只許官場出賣,罷去客人算請,依熙寧、元豐間行私鹽條禁,並置官提舉。"除舊條獲到鹽不許根究賣主來歷外,餘依所奏。

二年四月壬申,殿中侍御史郭知章、監察御史董敦逸言:"乞循先帝之法,詔內外兩制及臺諫官各舉才行一人。"詔許將、蔡京、黃履、蔡卞、錢勰、林希、王震不拘資序,各舉堪備任使二員以聞。

十月己丑,户部侍郎孫覺奏:"臣昨在陝西,備見本路鹽鈔、鐵錢之弊,前後累有言者奏請改更,終未見有經久可行之利。勘會即今鹽鈔,民間價直甚貴,客人買至京師,折錢一倍。商旅往還,既無回貨,鹽鈔折錢既多,故物重貨輕,公私俱病。鐵錢不可流轉,嘗賴鹽鈔以爲用。官司能低昂物價,以權鐵錢之輕重,則鐵錢可以流轉,是鈔與錢相須而後行。今欲救弊,莫如官自出賣鹽鈔,以見錢樁充糴本,賣鈔折糴,亦是舊法。蓋舊來鈔價增長以來,以私利於收鈔面錢折糴斛斗,故不肯賣鈔。鈔面錢雖多,斛斗價直亦從而加倍,是官司徒有利鈔面之名,而販糴之家常增價以相當。若以見今鈔價量行減定,出賣收錢,樁充糴本,官司支遣,並許以錢鈔中半兼行,民間輸錢入官準此,公私通用,鈔自均平,上下爲利。鈔價既平,錢乃流轉,此蓋交子之法,特名目不同。陝西習知鹽鈔賣錢,人自樂行,無復疑惑,決可經行,不能破壞。救弊之術,莫良於此。伏望聖慈少賜省察,試以臣言委本路使者講究推行,利害明白,立可見功效。"詔送相度措置陝西路錢鈔所。

---

① 本路鹽課利往年課最厚　嘉慶本無第二個"課"字。
② 得旨推行累年　"推"底本作"准",據嘉慶本、長編拾補卷一一改。

請大夫,欲乞依朝議大夫已上分左、右兩等,進士出身人加'左'字,餘人加'右'字,遷轉磨勘,自來依見行條制①。其所加字,仍自寄禄官朝奉郎、職事官監察御史已上,并給黄牒;餘職事官,尚書省給劄子;寄禄官,吏部給牒。"從之。

<small>舊錄云:"神考以先王用人無流品之異,故筆新官制,寄禄自京朝官以上合爲一體,至是改之。"新錄辨云:"記曰:'凡執技以事上者,出鄉不與士齒②。'今日用人無流品之異,而合爲一體,非先王之道,亦非神考之意,合刪去。"</small>

七年十二月壬申,樞密院上本院條二十一册、目録二册、看詳三十册,請自元祐八年正月一日頒行。從之。

八年九月戊寅,太皇太后崩。

十二月乙巳,尚書右僕射吕大防言:"乞倣唐六典委官置局,修成官制一書,以爲國朝大典。仍乞令修史院官兼領。"從之。甲寅,詔令於秘書省置局,差范祖禹、王欽臣充編修官。内范祖禹兼領回報文字,宋匪躬、晁補之充檢討官,仍具畫一申尚書省。

紹聖元年二月,李清臣首唱紹述,鄧温伯和之。<small>詳見紹述。</small>

閏四月乙酉,左司諫翟思言:"先帝考古成憲,修定官制,循名辨實,以起太平之功緒。元祐已來,浸已變亂。請召有司,應職名繆亂者,一循官制,各與釐正。"詔令編修官置局,考具合行完補改正事目,申三省取旨,改正畢,別取旨罷局。所請集成六典,更不纂修。丙戌,侍御史虞策請復置天下義倉。

九月癸丑,殿中侍御史郭知章言:"元祐著令考課,監司考察,吏部開拆,等入優等者,中書省取旨。其法雖具,然自知州考課而蒙超擢者幾何人?蓋法有未盡,則不能無弊。願詳考課之法,每路止令考察知州優課一人,以升吏部,更加銓量人才,與治效參相得,然後條析聞上,或省郎、監司、藩郡有闕,則隨其資序之高下,以次用之,將見天下郡守翕然嚮風,而循吏出矣。"詔令諸路監司考察知州,每歲具其的實課績優等一名,保明聞奏③。如無,即闕;若不實,即依貢舉非其人法。

---

① 自來依見行條制　嘉慶本同,長編卷四三五作"自依見行條制"。
② 出鄉不與士齒　"出"底本作"入",長編卷四三五同,據禮記注疏卷一三改。按:禮記注疏卷一三載:"凡執技以事上者,不貳事,不移官。注欲專其事,亦爲不德。出鄉不與士齒,注賤也。於其鄉中則齒,親親也。仕於家者,出鄉不與士齒。注亦賤疏。"
③ 聞奏　底本顛倒,據嘉慶本、長編拾補卷一一乙正。

抵當物力,速具保明以聞。"從蘇轍甲戌所奏也。

三月乙酉,詔:"府界諸路人戶買撲坊場見欠課利,并抽納貫稅錢及違限倍稅錢,令戶部許以息罰錢充折官本,已納及官本即放免。并坊場淨利錢,見今孤貧不濟,即權住催理積欠,免役錢與減放一半,餘帶納。其敗闕坊場,委實停閉,官司不爲受理詞訴,令依舊認納課利淨利者,疾速根究詣實①,所欠課利,特與除放訖以聞。"

二年四月丁酉,詔:"旱暵爲災,減膳責躬,勤修闕政,以祈消復。尚慮尚書六曹有四方牒訴、奏請文字,或賞罰難明,或民情有冤,廢置未決,郎官怠於省覽,吏人苟逃日限,非理沮難不行,使抱冤之人無所赴愬。宜差御史中丞傅堯俞②、右司郎中杜紘、殿中侍御史孫升赴吏部,侍御史王巖叟、右司員外郎孫覺、監察御史韓川赴戶部,給事中張問、監察御史上官均赴禮部,左司郎中韓宗道、監察御史張舜民赴兵部,右諫議大夫梁燾、左司郎中范純禮③、殿中侍御史吕陶赴刑部,右司諫王覿④、監察御史張舜民赴工部,點檢自去年正月至年終承受到文字,抽索事狀行遣次第⑤,子細看詳。"用范純仁之言也⑥。

五月己巳,三省言:"吏部狀文彥博奏請委本部尚書、侍郎,依唐六典三類之法,將本選守、令、通判考其材德功效,爲上、中、下三品,送中書門下覆驗可否,委本選長官引對。間有人材高下絕異者,特以名聞而進退之。詔送給事中、中書舍人、左右司郎官、吏部、禮部參詳。應守、令、通判請依元豐考課令⑦,通取善最,分爲三等,候罷任,委監司審覆,具事狀保明以聞,付吏部定本選合入差遣。內知州、通判,尚書省覆驗可否,定訖,付本部官,候注擬日引對。即守、令、通判內才德功效、過惡顯著,令尚書、侍郎銓量高下,特以名聞,乞行陞黜,歲毋得過五人。"從之。

四年十一月庚午,三省言:"舊制,京朝官已上各分進士、餘人,自改爲寄禄官後,并一等改轉,別無分別。除朝議大夫已上置左、右兩等改轉外,承務郎已上至朝散、朝

---
① 疾速根究詣實 "詣"底本作"諸",據長編卷三七三改。
② 宜差御史中丞傅堯俞 底本脱"宜"一字,據長編卷三九八補。
③ 左司郎中范純禮 "左"底本作"右",據長編卷三九八、宋會要輯稿瑞異二之二二改。
④ 右司諫王覿 "覿"底本作"續",據長編卷三九八、宋會要輯稿瑞異二之二二改。
⑤ 抽索事狀行遣次第 嘉慶本同,長編卷三九八、宋史全文卷一三中"事狀"均作"事祖"。
⑥ 用范純仁之言也 按:宋會要輯稿瑞異二之二三作"詔以[王]覿言降詔"。
⑦ 元豐考課令 "令"底本作"例",據長編卷四〇一、玉海卷一一八建隆考課令改。

二年九月己酉,薦享景靈宮。庚戌,朝享八室。辛亥,大饗於明堂,以神宗配。宰臣章惇奏:"幸從屬車,恭陪元祀。伏見陛下十七日自廟門降輅,步至齋宮。秋日尚炎,卻繖弗御。翼日薦獻,至神宗廟室,涕泗沾服,感動左右。禮畢,復自齋宮卻繖,步陞玉輅,備殫孝謹之誠,以昭事祖宗,風化四海。宜載典策,垂示萬世。乞宣付史館。"詔可。

三年正月甲辰,朝獻景靈宮。初,元豐中四孟月皇帝遍詣。上以崇奉祖宗,禮不可簡,諸殿朝獻。至元祐二年,議者煩之,乃以四孟分詣。至是,仍命依元豐禮,顯承並徽音共十五殿,上皆躬酌獻拜,凡起一百三十餘,而貌愈恭。

六月丙寅①,上謂輔臣曰:"前日大雨,今日又雨,於農事無害否?"三省對曰:"宿麥已收,暑雨時行,於農事未有害也。"然上每加詢訪,蓋憂民恤農如此。

元符元年十二月乙亥朔,知樞密院事曾布言:"陛下比以甲子冬至躬祀圜丘,自奉祠景靈②,已徹黃道袱褥,詔讀冊官至御名勿興。及進大次③,詔百官不許回班,所以深致寅畏之意④。至太廟門降輅,入趨齋宮及升輅赴郊,皆屏蓋卻輦,步趨以進。薦獻之際,至神宗室,淒愴泣涕,逮還版位,沾濡御服⑤。乞宣付史館,書之典册。"從之。

政迹

元豐八年四月辛未,詔元豐六年以前積欠夏秋稅租及緣納錢物,並依三月六日赦書指揮,特與除放。丁亥,詔諸民戶欠元豐七年已前常平、免役息錢,各特減放五分。買撲場務,佃賃田宅、空地,出限當罰錢;調春夫、河防急夫⑥、開修京城壕及興水利夫罰錢,役人誤給工食錢⑦,亦並除放。

元祐元年閏二月壬辰,詔:"戶部勘會應係諸色欠負棄名數目,若干係官本,若干係息或罰,及逐戶已納過息罰錢數,并抛下免役及坊場淨利等錢,仍以欠戶見今有無

---

① 丙寅 底本作"丙辰",據嘉慶本、長編拾補卷一三改。
② 祠 底本作"祀",據長編卷五〇四改。
③ 進 長編卷五〇四作"赴"。
④ 所以深致寅畏之意 "致"底本作"至",據長編卷五〇四改。
⑤ 沾濡御服 長編卷五〇四作"沾濡未已,惻怛感左右。臣備位輔臣,職在贊導,悉所親覩。伏"。"沾濡御服"乃楊仲良所刪簡。
⑥ 河防急夫 "河防"底本作"防河",據長編卷三五五、太平治迹統類卷一八宣仁垂殿聖政乙正。
⑦ 役人誤給工食錢 "誤"底本作"分",據長編卷三五五、太平治迹統類卷一八宣仁垂殿聖政改。

用白紙及柿油蕉葉扇①,率不直十餘錢,乃士庶便於日用②,今萬乘臨軒操用,有以見堯、舜儉德之美。臣與三省宰執及北使侍宴席,比得仰瞻③,以謂漢文帝之服弋綈,前史書爲盛美,方之於今,固有慚德。乞付史館。"詔可。

六年三月庚申朔,御邇英閣。宰相呂大防奏曰:"仁宗所書三十六事,禁中有否?"上曰:"有。"大防請令圖寫置坐隅,以備親覽。從之。丁亥,御廷和殿,太皇太后宣諭曰:"皇帝每於内中看讀,餘暇頗亦習射,人君自當兼治文武。皇帝敏於事業,纔執弓矢,即已精熟,近日已射數斗力弓矣。"

十二月戊辰④,開封府火,府廨一空,知府事李之純僅以身免。翼日,執政於講筵奏曰:"火通夕,傳報必驚動。"上曰:"迫近原廟,極可懼。"執政退,相與嘆曰:"言詞雅馴,殊有裕陵之風。"

七年三月甲申朔,簽書樞密院王巖叟奏曰⑤:"陛下宮中何以消日?"上曰:"並無所好,惟是觀書。"巖叟曰:"大抵聖學,要在專勤。屏去他事,則可以謂之專;久而不倦,則可以謂之勤。如此,天下幸甚!"

十二月辛亥,翰林侍講學士范祖禹言:"陛下近日郊見天地,都城之人瞻望玉色,歡呼洋溢,皆云陛下克類仁宗。臣觀天意人心如此,實宗社無疆之福也。恭惟一祖五宗,畏天愛民,後嗣子孫皆當取法。惟是仁宗在位最久,德澤深厚,結於天下。陛下誠能上順天意,下順民心,專法仁宗,則成康之隆不難致也。"遂采集仁宗聖政三百十七事,編録成書,名仁皇訓典⑥,凡六卷,上之。

紹聖元年七月丙辰,上曰:"甚憂雨未止,昨日遣中使於四郊取穀穗視之,京城東低田已傷雨,北郊猶無害,然懇祈晴霽未之應。"宰臣章惇奏曰:"高原雖無所害,聞低田已傷,曹、濮、陳、蔡間應須爲害,猶賴零雨細微耳⑦。"

---

① 左右内侍執用白紙及柿油蕉葉扇　底本"執"下衍"政所"二字,嘉慶本同,據長編卷四〇三删;"蕉"底本作"焦",據嘉慶本、長編卷四〇三改。
② 乃士庶便於日用　長編卷四〇三作"此止士庶便於日用"。
③ 比得仰瞻　長編卷四〇三作"皆得仰瞻"。
④ 戊辰　底本作"庚申",據長編卷四六八改。
⑤ 王巖叟奏曰　底本脱"奏"一字,據嘉慶本、長編卷四七一補。
⑥ 仁皇訓典　"皇"底本作"宗",據長編卷四七九、宋史卷二〇三藝文志改。
⑦ 零雨細微耳　"零"底本作"靈",據嘉慶本、長編拾補卷一〇改。

執政,朝廷不可輟者,亦須降官示罰。臣備位宰相,身自立法,首先犯之,此而不行,何以齊衆？乞如臣所奏,從貢舉非其人律施行。所貴率屬群臣,審慎所舉①。"不從。尋詔準更不召試館職。

十一月戊午,中書省言:"臣僚上言:元豐薦舉令,被旨特舉官者奏訖,具所舉官報御史臺。比詔大臣薦館職,又設十科舉異材。請依元豐令關報御史臺,非獨内外之臣各審所舉②,庶使言者聞知,得以先事論列,不誤選任。"從之。上言者,御史孫升也。

四年五月壬辰③,三省言:"太中大夫已上,每以十科舉士。近據所舉到官,多不係見在任人,慮致游謁奔競,有傷風教。"詔應所舉十科,除草澤外,其餘並須舉見任及資序應格人。案:長編無此條。

七年三月己丑,御史中丞鄭雍言:"頃司馬光建請侍從之臣以十科舉士。今其法雖存,徒文具耳。何哉？朝廷不以近臣之言爲信,近臣不以真賢碩才報朝廷④,求其得人,難矣！臣欲乞詔宰臣、執政大臣,各選賢能,不限人數,以時上聞。仍令内外從官待制以上,約十科法,隨人才所長,歲各薦三人。内中置籍,録所薦及薦之者姓名,以備聖覽。每三省進擬間用其人,陛下可以從中觀省,且以察近臣之能否,毋爲空文,示以必信,則陛下之臣皆用心於求賢,而堯、舜之治可臻矣。"

八年二月辛未,御史中丞李之純言:"比歲朝廷十科舉士之令,蓋已行之累年,近年所薦者多,而拔用甚少。乞委輔臣詳擇,稍稍進任。其智勇過人可備將帥科,多是武臣推舉其類,必有可用之人,宜加考察。"

紹聖元年閏四月壬申,殿中侍御史井亮采請罷十科舉士法。從之。

聖德

元祐二年秋七月戊午,太師文彦博言:"北使見於紫宸殿,宴垂拱殿,左右内侍執

---

① 審慎所舉　嘉慶本、傳家集卷五六所舉孫準有罪自劾第二劄子作"各慎所舉",長編卷三八六作"審謹所舉"。
② 各審所舉　宋會要輯稿選舉二八之一九作"各謹所舉"。
③ 四年五月壬辰　"四"底本作"五",據長編卷四二七改。
④ 真賢碩才　長編卷四七一作"真賢實能"。

麗可備著述科，有官、無官人皆可舉。八曰善聽獄訟盡公得實科，舉有官人。九曰善治財賦公私俱便科，舉有官人。十曰練習法令能斷請讞科。舉有官人。應職事官，自尚書至給、舍、諫議，寄祿官自開府儀同三司至大中大夫，貼職自觀文殿大學士至待制，每歲須得於十科内舉三人，非謂每科各舉三人，謂各隨所知，某人堪充某科，共計三人。仍於本人除官告敕前盡開坐舉主姓名①，於後或不如所舉，其舉主從貢舉非其人律科罪，犯正入己贓，舉主減三等科罪②。若因受賄徇私而舉之，罪名重者，自從重法，期在必行，不可寬宥。雖見爲執政官，朝廷所不可輟者，亦須降官示罰。即朝廷臨時因事特詔舉官，謂若舉知河渠、馬牧之類。不在十科之内者，有不如所舉，亦同此法。所貴人人重慎所舉③，官皆得人。"從之。丁丑，監察御史上官均奏："臣竊見前日敕，令每歲以十科薦士，茲見陛下博收群才，因能任官之意。然論取士止於治財賦、聽獄訟、斷請讞三事而已，竊恐取士之目有所未盡。何則？能治財賦者④，未必長於聽獄；能聽獄訟者⑤，未必長於斷讞；能此三者，未必寬信敏惠，足以長人。今所謂長人之官者，守令是也。今之守令，雖有累歲月、用薦舉關升之法，然至於劇郡大邑⑥，若止循資序，不加選擇，恐未必得人。臣欲乞於十科外⑦，更益以才堪治人、能撥煩者，别爲一科，劇郡大邑有闕，因以除授。如此，則人無遺才，而天下之守令莫不勸矣。"不報。均又再奏，久之，乃立知縣、縣令治劇保舉考較法。

八月辛亥，宰臣司馬光言："先舉孫準行義無闕，堪充館閣。聞準與妻黨訟，坐罰金。舉非其人，請連坐。"上批還其奏，曰："準緣私家小事罰金，安有連坐⑧？"光又言："臣舉狀奏準行義無闕，今準闈門不睦，妻妾父爭，是行義有闕，於臣爲貢舉非其人⑨，臣不敢逃刑。況臣近奏設十科，或有不如所舉，其舉主從貢舉非其人律科罪。雖見爲

---

① 盡開坐舉主姓名　"坐"底本作"所"，據長編卷三八二改。
② 減三等科罪　"減"底本作"降"，據長編卷三八二、傳家集卷五四乞以十科舉士劄子改。
③ 重慎　傳家集卷五四乞以十科舉士劄子、宋史卷一六〇選舉志同，宋朝諸臣奏議卷七一、歷代名臣奏議卷一六七作"重惜"，宋會要輯稿選舉二八之一八、文獻通考卷三八選舉考三六作"重謹"，長編卷三八二作"重審"。
④ 能治財賦者　"財賦"底本顛倒，據嘉慶本、長編卷三八三乙正。
⑤ 能聽獄訟者　"聽"底本作"治"，據嘉慶本、長編卷三八三改。
⑥ 劇郡大邑　長編卷三八三作"劇邦大邑"。
⑦ 臣欲乞於十科外　"外"底本作"内"，據長編卷三八三改。
⑧ 安有連坐　長編卷三八六作"安有連罪"。
⑨ 於臣爲貢舉非其人　"貢"底本作"責"，據傳家集卷五六所舉孫準有罪自劾第二劄子改。按：長編卷三八六作"於臣爲舉非其人"。

馬光奏疏,乃見事實。自'有請'至'紛至矣'三十四字刪去。"案:光乞開言路疏凡三奏,新錄惟載第二疏耳。其第三疏以十二日奏,及是方得請。今悉依光集,附其疏於本日。於此但云始用光言,聽言之不易如此。故必詳著之。

　　七月庚申,司馬光言:"臣伏見陛下詔開言路,至今已涉旬月,臣僚、民庶上言朝政闕失、民間疾苦,奏狀必多,未見有付外令三省或樞密院商量施行者。如此則徒煩聽覽,何所裨益?欲乞選其可從者降出施行。或以萬機之繁,未暇徧加省覽,即乞依臣前奏,降付三省,委執政官分取看詳,擇其可取者,用黃紙簽出,再進入,或留置左右,或降付有司施行。"從之。

　　八月己丑,司馬光言:"近詔天下臣民皆得上封事,言朝政闕失、民間疾苦,仍降出令臣與執政看詳。其第一次降出者三十卷,臣謹與諸執政選擇,其中除無取及冗長之辭外①,其可取者,已用黃紙簽出,進入訖。伏乞陛下取簽出者更賜詳覽,或留置左右,以備規戒;或降付有司,商議施行。如此則忠言日進,聰明日廣,誠生民之厚幸,社稷之盛福也。其間亦有一事而衆人共言者,臣亦重復簽出,蓋欲陛下知天下所共患、衆情所同欲也②。"

十科舉士

　　元祐元年七月辛酉,宰臣司馬光言:"臣誤蒙甄擢,備位宰相,慎選百官③,乃其職業,而智識短淺,見聞褊狹。知人之難,聖賢所重,寰宇至廣,俊彥如林,或以恬退滯淹,或以孤寒遺逸,被褐懷玉,豈能周知?若專引知識,則嫌於挾私,難服衆心;若止循資序,則官非其人,何以致治?莫若使在位達官,人舉所知,然後克協至公,野無遺賢矣④。臣不勝狂愚,欲乞朝廷設十科舉士:一曰行義純固可爲師表科,有官、無官人皆可舉。二曰節操方正可備獻納科,舉有官人。三曰智勇過人可備將帥科,舉文武有官人,此科亦許鈐轄已上武臣舉⑤。四曰公正聰明可備監司科,舉知州已上資序人。五曰經術精通可備講讀科,有官、無官人皆可舉。六曰學問該博可備顧問科,有官、無官人皆可舉。七曰文章典

---

① 冗長之辭　"辭"底本作"詞",據長編卷三五九、傳家集卷四八乞降封事簽帖劄子改。
② 衆情所同欲也　"情"底本作"人",據長編卷三五九、傳家集卷四八乞降封事簽帖劄子改。
③ 慎選百官　底本作"遴選慎官",據嘉慶本、傳家集卷五四乞以十科舉士劄子改。
④ 野無遺賢矣　底本脫"矣"一字,據長編卷三八二、傳家集卷五四乞以十科舉士劄子補。
⑤ 此科亦許鈐轄已上武臣舉　底本脫"此科"二字,據長編卷三八二、傳家集卷五四乞以十科舉士劄子補。

三月三十日所奏,頒布天下,使天下之人曉然知陛下務在求諫,無拒諫之心,各盡所懷,不憂黜罰。如此,則中外之事、遠近之情,如指諸掌矣。"

六月丙子,司馬光言:"伏見皇帝陛下初臨大寶,太皇太后同斷萬機,側身虛己,渴於求諫。於五月三日特下詔書,大開言路,此誠明主之先務,太平之本原也。竊見中間一節,天下見者未達聖心,咸以為朝廷雖名求諫,實惡人論事,豫設科禁,有上言者皆可以六事罪之。臣愚欲望聖慈下學士院別草詔書,除去中間一節,務在勤求讜言,使之盡忠竭誠,無有所諱①。仍乞遍頒天下,在京於尚書省前及馬行街出牓,在外諸州、府、軍、監,各於要閙去處曉示,不以有官無官之人,應有知朝政闕失及民間疾苦者②,並許進實封狀言事。在京則於登聞鼓院、檢院投下,委主判官畫時進入;在外則於州、府、軍、監投下,委長吏即日附遞聞奏,不得取責副本,強有抑退。其百姓無家業人,慮有奸詐,即令本州責保知在,奏取指揮,放令逐便。候有上件實封奏狀進入至內中,伏望陛下以萬幾之暇略賜省覽。其所論至當者,當用其言而顯其身;其是非相半者,捨短取長;其言無可採、事不可行者,亦當矜容,不可加罪。如此,則下情無不通,嘉言罔攸伏,聰明周四遠,海內如指掌矣。或慮奏狀繁多,難以親覽,即先降付三省③,委三省官看詳,其可取者,用黃紙簽出,再進入;或乞留置左右,以備規戒;或乞降付有司施行。"從之。丁亥,詔曰:"朕紹承燕謀,獲奉宗廟,初攬庶政,鬱於大道,夙夜祗畏,不敢皇寧,懼無以章先帝之休烈,而安輯天下之民。永惟古之哲王,即政之始,必明目達聰,以防壅蔽,敷求讜言,以輔不逮,然後物情徧以上聞,利澤得以下究。詩不云乎'訪予落止',此成王所以求助,而群臣所以進戒,上下交儆,以遂文武之功,朕甚慕焉!應中外臣寮及民庶,並許實封直言朝政闕失、民間疾苦。在京於登聞鼓、檢院投進,在外於所屬州、軍,驛置以聞,朕將親覽,以考求其中而施行之。"司馬光凡二奏乞改前詔,於是始用其言也。

舊錄云:"以資政殿學士、通議大夫司馬光有請。時光欲招其黨人④,協衆議新法,以欺簾帷,故降是詔。於是,小人乘之,誣訕詆毀紛至矣。"新錄辨曰:"上即位之始,下詔開言路,此盛德之事也。今添入司

---
① 無有所諱 "有所"底本顛倒,據嘉慶本、長編卷三五七乙正。
② 朝政闕失 "政"底本作"廷",嘉慶本同,據長編卷三五七改。
③ 即先降付三省 "降"底本作"進",據嘉慶本改。長編卷三五七作"即乞降付三省"。
④ 招其黨人 底本脫"其"一字,據嘉慶本、長編卷三五七補。

諫者咋舌相戒,則上之聰明猶有所不照①,下之情偽猶有所不達。今二臣之罰既不可追,伏望陛下如臣前奏下詔,不以有官無官、當職不當職之人,皆得進言,擇其可取者微加旌賞,使天下之人知朝廷樂聞善言,不惡論事;無可取者,寢而勿問,庶幾願納忠之人猶肯源源而來也②。"於是令光過闕入見。

光此疏不得實日,因令光入見,故附載。元祐密疏以爲元豐八年四月二十九日奏此。

戊午,資政殿學士、通議大夫司馬光爲門下侍郎③。初,光以知陳州過闕,未入對,上疏曰:"臣先乞下詔廣開言路,不以有官無官之人,並許進實封狀。仍頒下諸路州軍,於要鬧處出牓曉示。鼓院、檢院、州軍長吏,不得抑退。昨奉聖旨令入見,及到京蒙降中使以五月五日詔書賜臣看閱。臣狂瞽妄言,曲荷采納,豈獨微臣之幸,此乃聖主之先務,太平之本原也。然臣伏讀詔書,其間有愚心未安者④,不敢不冒萬死極竭以聞。竊見詔書始末之言,固盡善矣,中間有云:'若乃陰有所懷,犯非其分,或扇搖機事之重,或迎合已行之令,上則觀望朝廷之意以徼倖希進,下則衒惑流俗之情以干取虛譽。審出於此,苟不懲艾,必能亂俗害治。然則黜罰之行,是亦不得已也。'臣聞明主推心以待其下而無所疑忌,忠臣竭誠以事其上而無所畏避,故情無不通,言無不盡。今詔書求諫,而逆以六事防之。臣以爲人臣惟不上言,上言則皆可以六事罪之矣⑤。其所言⑥,或於群臣有所襃貶,則可以謂之'陰有所懷';本職之外,微有所涉,則可以謂之'犯非其分';陳國家安危大計,則可以謂之'扇搖機事之重';或與朝旨暗合,則可以謂之'迎合已行之令';言新法之不便當改,則可以謂之'觀望朝廷之意'⑦;言民間愁苦可憫,則可以謂之'衒惑流俗之情'。然則天下之事,無復可言者矣。是詔書始於求諫,而終於拒諫也。臣恐天下之士益鉗口結舌,非國家之福也。又止令御史臺出牓朝堂,自非趨朝之人莫之得見,所詢者狹。伏望聖明,於詔書中刪去中間一節,如臣

---

① 有所不照 "照"底本作"昭",據傳家集卷四六乞開言路狀改。
② 庶幾願納忠之人猶肯源源而來也 "猶肯"底本作"皆",據長編卷三五六、傳家集卷四六乞開言路狀、宋朝諸臣奏議卷一八司馬光上哲宗論宋彭年等言事獲罪乞速下求言之詔補、改。
③ 司馬光爲門下侍郎 "爲",長編卷三五六作"錄"。
④ 有愚心未安者 "愚"底本作"於",據嘉慶本、長編卷三五六、宋朝諸臣奏議卷一八司馬光上哲宗乞刪去求言詔書中六事、溫國文正司馬公文集卷四七乞改求諫詔書劄子、歷代名臣奏議卷一九九改。
⑤ 上言則皆可以六事罪之矣 底本脫"皆"字,據嘉慶本、長編卷三五六補。
⑥ 其所言 底本"其"上衍"惟"字,據嘉慶本、長編卷三五六、歷代名臣奏議卷一九九刪。
⑦ 則可以謂之 底本脫"以"字,據嘉慶本、長編卷三五六補。

之臣,有能以正論啓沃者,豈特受之而已,固且不愛高爵重禄①,以獎其忠。設其言不當於理,不切於事,雖拂心逆耳,亦將欣然容之,而無所拒也。若乃陰有所懷,犯非其分,或扇摇機事之重,或迎合已行之令,上則觀望朝廷之意以儌倖希進,下則衒惑流俗之情以干取虛譽,審出於此,苟不懲艾,必能亂俗害治。然則黜罰之行,是亦不得已也。顧以即政之初,恐群臣未能徧曉②。凡列位之士,宜悉此心,務自竭盡,朝政闕失,當悉獻所聞,以輔不逮。宜令御史臺出牓朝堂。"

舊録云:上新即位,奸人乘隙誣謗,宰臣蔡確患之,請降是詔。然其後上書詆訕,無復忌憚。臣等辨曰:"哲宗新即位,司馬光上言:'近年以來,風俗頽弊,士大夫以偷合苟容爲智,以危言正論爲狂。下情蔽而不上通,上恩壅而不下達。請明下詔書,廣開言路。'從之。時用事之臣方持兩端,而草詔者希望風旨,名曰求言,而實設六條以拒之。光乞删去中間一節,使天下之人曉然知朝廷務在求諫,無拒諫之心,各盡所懷,不憂黜罰。如此,則中外之事,遠近之情,如指諸掌矣。"未幾,果别下詔。今實書其事,自"上新即位"至"無復忌憚"三十一字,並去之。

詔新知陳州、資政殿學士、中大夫司馬光過闕,令入見。先是,光又上疏乞開言路③,曰:"臣昨在京師,伏蒙太皇太后不以臣愚空疏無取,遣使訪以得失。豈惟微臣有千載一遇之幸,中外聞之,踊躍相慶④,以爲言路將開,下情得以上通,太平之期指日可待也云云。臣自到西京以來,朝夕伏聽朝廷惟新之政⑤,以爲必務明四目、達四聰,以快天下積年憤鬱之志。今開言路之詔,不聞頒於四方,而太府少卿宋彭年言在京不可不並置三衙管軍臣僚⑥;水部員外郎王諤乞令依保馬元立條限,均定逐年合買之數,又乞令太學增置春秋博士,使諸生肄業。朝廷以非其本職而言,各罰銅三十斤。臣忽聞之,悵然失圖,憤悒無已。臣非私於二人,直爲朝廷惜治體耳。"又曰:"陛下臨政之初,而二臣首以言事獲罪⑦,臣恐中外聞之,忠臣解體,直士挫氣。欲仕者斂冠藏之,欲

---

① 高爵重禄　宋會要輯稿帝系九之一七、宋史全文卷一二下、九朝編年備要卷二一、歷代名臣奏議卷一九九引哲宗初即位下詔求言同,長編卷三五六作"高爵厚禄"。
② 恐群臣未能徧曉　底本脱"恐"一字,"未"底本作"不",據長編卷三五六、宋會要輯稿帝系九之一八、歷代名臣奏議卷一九九引哲宗初即位下詔求言補、改。
③ 光又上疏乞開言路　底本脱"又"一字,據長編卷三五六補。
④ 相慶　嘉慶本作"稱慶"。
⑤ 惟新之政　嘉慶本作"維新之政"。
⑥ 在京不可不並置三衙管軍臣僚　底本脱第二個"不"字,據長編卷三五六、傳家集卷四六乞開言路狀補。
⑦ 而二臣首以言事獲罪　"獲"底本作"得",據長編卷三五六、傳家集卷四六乞開言路狀、宋史全文卷一二下、太平治迹統類卷一八宣仁垂簾聖政改。

卷第九十三

哲宗皇帝

求直言

元豐八年三月,司馬光入臨畢,遂徑歸洛。太皇太后遣内侍梁惟簡勞光,問所當先者,光乃上疏曰:"臣竊見近年以來,風俗頹弊,士大夫以偷合苟容爲智,以危言正論爲狂,是致下情蔽而不上通,上恩壅而不下達。閭閻愁苦,痛心疾首,而上不得知;明主憂勤,宵衣旰食,而下無所訴。公私兩困,盜賊以繁。猶賴上帝垂休,歲不大饑,祖宗貽謀①,人無異志。不然,則天下之勢可不爲之寒心乎?此皆罪在群臣,愚民無知,往往怨歸先帝,此臣所以日夜憤痛,焦心泣血,不顧死亡,思有開發於朝廷也。臣愚以爲今日所宜先者,莫若明下詔書,廣開言路,不以有官無官之人,應有知朝廷闕失及民間疾苦者,並許進實封狀,盡情極言,仍頒下諸路州軍,於所在要鬧處出牓曉示,在京則於鼓院、檢院投下,委主判官畫時進入;在外則於州軍投下,委長吏即日附遞奏聞,皆不得取責副本,強有抑退。其百姓無產業人,慮有奸詐,即責保知在,奏取指揮,放令逐便。然後望陛下以聽政之暇,略賜省覽,其義精當者,即施行其言而顯擢其人;其次取其所長,捨其所短;其愚狂鄙陋無可採取者,報聞罷去,亦不加罪。如此,則嘉言日進,群臣無隱。陛下雖深居九重,四海之事,如指諸掌,舉措施爲,惟陛下所欲,斯乃治安之源、太平之基也。陛下若以臣言爲可取,伏乞決自聖意,下學士院草詔施行。群臣若有沮難者,其人必有奸惡,畏人指陳,專欲壅蔽聰明,此不可不察也。"

五月乙未,詔曰:"蓋聞爲治之要,納諫爲先。朕思求讜言,虛己以聽②。凡内外

---

① 貽謀 底本作"詒謀",據嘉慶本、長編卷三五三改。
② 虛己以聽 "聽"底本作"待",據長編卷三五六、宋會要輯稿帝系九之一七、歷代名臣奏議卷一九九引哲宗初即位下詔求言改。

政記、起居注，聚於實録。然記詳詞博，未易周覽。請選儒臣，取其尤繫治體者，分別義類，著爲神宗寶訓一書，授之讀官，以備勸講之闕。"詔候正史成書，令史官編修。案：是條長編拾補脱落未載。

　　四年十月癸未①，御邇英閣，召講、讀官講詩，讀寶訓。侍讀蔡京經筵奏事，上曰："早來卿所讀寶訓，朕於宮中已詳閲兩朝實録，其寶訓内事，多係實録已載②，寶訓可不須進讀。"京言："竊見王安石有日録一集③，其間皆先帝與安石反復論天下事及熙寧改更法度之意，本末備具。欲乞略行修纂，進讀。"上曰："宮中自有本，朕已詳閲數次矣。"戊申，起居郎、充崇政殿説書沈銖爲中書舍人兼侍講，中批也④。曾布等對，上以銖除命諭之，且曰："銖講説極佳，近講南山有臺，極條暢有理⑤。"上欣然，頗自以爲得人。

---

① 癸未　底本作"辛巳"，嘉慶本同，據長編卷四九二改。
② 實録　底本作"日録"，據嘉慶本、長編卷四九二、太平治迹統類卷二六改。
③ 竊見王安石有日録一集　"日"底本作"實"，據長編卷四九二改。
④ 中批也　"中"上原有"皆"一字，係楊仲良刪簡不盡，今據文意刪。
⑤ 極條暢有理　據長編卷四九二改。

大防等進曰："祖宗家法甚多,自三代之後①,唯本朝百三十年中外無事,蓋由祖宗所立家法最善。臣請舉其略:自古人主事母后朝見有時,如漢武帝五日一朝長樂宮。祖宗以來,事母后皆朝夕見,此事親之法也。前代大長公主用臣妾之禮,本朝必先致恭。仁宗以姪事姑之禮見獻穆大長公主②,此事長之法也。"上曰:"今宮中見,行家人禮。"大防等曰:"前代宮闈多不肅,宮人或與廷臣相見,唐入閤圖有昭容位,本朝宮禁嚴密,內外整肅,此治內之法也。前代外戚多預政事,常致敗亂,本朝母后之族皆不預事,此待外戚之法也。前代宮室多尚華侈,本朝宮殿止用赤、白,此尚儉之法也。前代人君雖在宮禁,出輿入輦,祖宗皆步自內庭,出御後殿,豈乏人力哉？亦欲涉歷廣庭③,稍冒寒暑爾,此勤身之法也。前代人主在禁中,冠服苟簡,祖宗以來,燕居必以禮。竊聞陛下昨郊禮畢,具禮服謝太皇太后④,此尚禮之法也。前代多深於用刑,大者誅戮,小者遠竄,惟本朝用法最輕,臣下有罪,止於罷黜,此寬仁之法也。至於虛己納諫,不好畋獵,不尚玩好,不用玉器,飲食不貴異味,御廚只用羊肉⑤,此皆祖宗家法,所以致太平者。陛下不須遠法前代,但盡行家法,足以為天下。"上甚然之。

五月乙酉,翰林學士兼侍講范祖禹言:"近令講、讀官同將漢、唐正史內可以進讀事迹進呈。案:講筵故事,講官講經,讀官讀史,若令同進讀漢、唐史書,即是講官兼讀官之職。乞專令讀官鈔節進讀。"從之。

紹聖元年六月癸酉,詔罷講禮記,候秋涼日講詩。

七月壬寅,翰林學士兼侍講蔡卞⑥、御史中丞黃履言:"舊令,講、讀、說書官每月職錢十貫。元豐八年十二月聖旨:侍讀、侍講職錢特添作三十貫。臣等備員講職,未有補報,而坐糜厚祿,實為僥冒。欲望寢罷,只依元豐已前數目。"詔不允。

三年五月丙申,起居郎兼權給事中蹇序辰言:"竊見講筵於經、史之外,間以祖宗寶訓進讀,聖謨英烈,具在此書。先帝在位十有九年,其應世之迹,散於御批、日曆、時

---

① 自三代之後　底本脫"之"一字,據嘉慶本補。
② 獻穆大長公主　"獻穆"底本作"穆獻",嘉慶本同,據長編卷四八〇、宋史卷三四〇呂大防傳乙正。
③ 亦欲涉歷廣庭　"涉"底本作"步",嘉慶本同;"廣"底本作"黃",據長編卷四八〇、宋史卷三四〇呂大防傳改。
④ 具禮服謝太皇太后　底本脫"禮"一字,嘉慶本同,據長編卷四八〇、東都事略卷八九呂大防傳補。
⑤ 御廚只用羊肉　"只",嘉慶本、長編卷四八〇均作"止"。
⑥ 兼侍講蔡卞　"講",嘉慶本作"讀"。

請①,詔修邇英、延義二閣記注。今陛下嚮學稽古,間日一御經筵,雖史官在前,言動必記,然講讀之事,未有專一纂錄。欲乞復修邇英殿閣記注如仁宗朝故事。"從之,仍令講讀、記注官同共編修。甲寅,宰相吕大防言:"近講筵官奏乞修邇英記注如仁宗朝故事,已有旨施行。今史院有邇英、延義二閣記注六十餘卷,具載仁宗與講、讀官論議。嘗講詩至'誰能烹魚?溉之釜鬵',仁宗謂侍講丁度曰:'老子云"治大國若烹小鮮",正謂此也。'學記曰:'知類通達,謂之大成。'仁宗可謂善推其類矣。臣嘗進仁宗聖學事迹,有未備者,欲寫二閣記注一本進入,以備聖覽。"上可之。其後詔國史院修寫兩本進入,别寫一本送資善堂。簽書樞密院事王巖叟言:"秋氣已涼,陛下燕閑之中,足以留意經史。舜雞鳴而起,大禹惜寸陰。願以舜、禹爲法。"上曰:"朕在禁中,嘗觀書不廢也。"

十月丙寅,邇英讀寶訓至節費,吕大防奏曰:"浮費固當節,至於養兵以禦患而民不勞,故養兵之費不可節。"王巖叟曰:"大凡節用,非謂偶節一事便能有濟,須每事以節省爲意,則積日累月,國用自然有餘。"上曰:"然。"庚午,幸太學,講尚書無逸終篇。詳見太學。

七年秋七月癸巳②,詔復置翰林侍講學士。范祖禹爲翰林侍講學士兼修國史。祖禹固請避范百禄補外③,乃用王洙避兄子堯臣故事,特有是除。梁燾行狀云:"復置翰林侍講學士,實燾發之。"

八月壬申,御邇英閣,侍讀顧臨讀寶訓,至"王沿論引漳水灌溉,王軫以爲不可",讀畢,上問顧臨曰:"沿、軫所論孰長?"臨奏釋沿、軫所説意④,上曰:"是何説可行?"臨曰:"沿略可行⑤。"上宫中恭默不言,唯講讀時發問。

八年春正月丁亥,上御邇英閣,召宰臣、執政暨講讀官講禮記訖⑥,讀寶訓。顧臨讀至"漢武帝籍提封爲上林苑,仁宗曰:'山澤之利,當與衆共之,何用此也?'丁度對曰:'臣事陛下二十年,每奉德音,未始不本於憂勤,此蓋祖宗家法耳。'"讀畢,宰臣吕

---

① 賈昌朝　底本作"賈昌期",據嘉慶本、長編卷四六四、范太史集卷二一乞復邇英閣記注劄子改。
② 七年秋七月癸巳　"癸巳"底本作"庚寅",嘉慶本同,據長編卷四七五改。
③ 祖禹固請避范百禄補外　底本脱"避范百禄"四字,嘉慶本同,據長編卷四七五補。
④ 臨奏釋沿軫所説意　"説",嘉慶本、長編卷四七六作"論"。
⑤ 沿略可行　嘉慶本同,長編卷四七六"略"作"説"。
⑥ 講禮記訖　嘉慶本同,長編卷四八〇作"講禮記"。

此書上進，庶於清閑之燕①，以備觀覽。"從之。庚申②，給事中兼侍講范祖禹上帝學八篇，言："恭惟本朝累聖相承，百三十有二年③，四方無虞，中外底寧，動植之類，蒙被涵養，德澤深厚，遠過前世，皆由以道德仁義文治天下，人主無不好學故也。陛下廣覽載籍，歷觀前世創業之主、守文之君，有如祖宗之皆好學者乎？由三王至於五代，治安長久，有如本朝之百年太平者乎？今人有寶器，且猶愛惜之，恐其傷缺，況祖宗百三十餘年全盛之天下，可不務學以守之乎？臣又聞學則必問，問然後爲學。中庸曰：'君子尊德性而道問學，致廣大而盡精微，極高明而道中庸，皆所以爲天下法也。'堯有衢室之問，舜有總章之訪，動必咨於四岳。孔子稱舜之大智曰'好問'，仲虺戒湯曰'好問則裕'。學者，聖人之先務也；問者，學之大方也。文王詢於八虞而諮於二虢④，度於閎夭而謀於南宮，諏於蔡原而訪於辛尹，重之以周、召、畢、榮，所以能成其聖也。武王訪於箕子，成王問於史佚⑤，四聖維之，衆賢翼之，是以爲太平之天子。能持盈守成，夫豈由他道哉？惟强於學問而已。今臣所錄八篇，上起伏羲，下訖神宗。伏惟陛下憲道於三皇，稽德於五帝，軌儀於三代，法象於祖宗，集群聖之所行，體乾健之不息，則四海格於泰和，萬年其永觀矣⑥。"　范祖禹進帝學在五年八月，今附月末。

九月壬午⑦，御邇英閣，召講讀官講書、讀寶訓，召宰相、執政、講讀、記注官，各賜御書詩一首，上親書姓名於其後。

冬十月庚申，講書終篇，賜筵於東宮，宰臣、執政、講讀、條注官預⑧。

六年二月丁巳，講筵所言："奉旨進漢、唐故事及史記事，其間可觀事迹多已錄進。請將稽古錄節次進呈⑨，以代漢、唐故事。"詔依前旨進故事。

八月辛亥，三省言："翰林學士范百禄等奏：景祐三年，因崇政殿説書賈昌朝奏

---

① 清閑之燕　嘉慶本同，長編卷四四六作"清燕之閑"。
② 庚申　底本作"庚戌"并有小字夾注"案：長編事在己未"，據長編卷四四七改。
③ 百三十有二年　嘉慶本、太平治迹統類卷一九同，長編卷四四七作"百三十有三年"。
④ 而諮於二虢　"諮"底本作"咨"，據嘉慶本、長編卷四四七改。
⑤ 史佚　嘉慶本同，長編卷四四七作"尹佚"。
⑥ 萬年其永觀矣　長編卷四四七、帝學卷八同，嘉慶本"觀"作"□"，太平治迹統類卷一九"觀"作"昌"。
⑦ 壬午　底本作"丁丑"，據長編卷四四八、宋史全文卷一三下、玉海卷二六寶元讀三朝寶訓元祐、紹興、淳熙改。
⑧ 條注官　長編卷四四九同，嘉慶本作"修注官"。
⑨ 請將稽古錄節次進呈　底本脱"將"一字，嘉慶本同，據長編卷四五五補。

去者也。三數雖少,推而廣之,足以盡天下之要。陛下誠能用以修己安人,則堯、舜、三代之盛可坐致也。臣職備史官,敬已書之於册,以示萬世。"

三月甲戌①,吏部尚書兼侍講蘇頌等奏②:"臣等撰進漢、唐故事,得旨分門編修成册進呈。"詔以邇英要覽爲名。

十月癸丑,上御邇英閣,召講、讀官讀三朝寶訓終,侍讀蘇頌等奏曰:"陛下勤求治道,仰法祖宗,臣等每愧荒疏,不能發明,上資聖鑒。"上遣内侍宣答曰:"祖宗治道,兹有本原。逮此終篇,悉資開發。"頌等稽首稱謝。

五年春正月庚寅,御史中丞梁燾兼侍讀。燾再辭免,從之。燾嘗奏疏曰:"禮曰:'大學之道,在明明德。'謂人君有清明之德,必由學以發之,然後能光被四表,格於上下,以此知雖天子之尊,而能成聖,必由聖學乎!恭惟皇帝陛下受天明命,早有萬國,日就月將,學以成性,此正其時。願擇吉日,詔開經筵,優接勸講進讀之臣③,使從容熟復治亂之事,究先王之蘊,辨歷代之迹,無惜聖問,再三詢考,聖心曉然無疑,日新一日,可底大成。願加聖意無忽。"又奏疏太皇太后曰:"今皇帝聖年十五,齒亦已長矣。故孔子曰'吾十有五,而志於學'。皇帝清明在躬,天稟英異,以聖人志學之時稽焉,則不可以不學也。伏願陛下當天春布德之元,王正授政之始,面勉皇帝④,早開經筵,召見儒臣,談經論史,從容賜對,熟復古今。宫中慎選茂俊之人,以誘掖誦説,審擇謹厚之人,以輔視興寢,服勤道義,爲聰明睿知之助;疏遠紛華,爲康寧壽考之資。習之既久,乃如自然。至於誠意喜書,正心樂道,終副海内聖神之望,不貽宸衷逸豫之憂,養成静治⑤,爲天下之真主焉。"

二月壬寅,邇英閣講畢無逸篇,詔詳録所講義以進,今後具講義,次日别進。

夏四月癸丑,詔講、讀官今後每遇經筵退,留講、讀官各一員,於邇英閣奏對。

八月丙午,右正言劉唐老言:"伏睹大學一篇,論入德之序⑥。願詔經筵之臣訓釋

---

① 甲戌　底本作"壬申朔",據長編卷四二三改。
② 侍講　底本作"侍御",據嘉慶本、太平治迹統類卷二六改。
③ 優接勸講進讀之臣　長編卷四三七作"優接觀講進讀之臣"。
④ 面勉皇帝　宋朝諸臣奏議卷五梁燾上宣仁皇后論皇帝進學之時同,長編卷四三七作"面勉聖德"。
⑤ 養成静治　嘉慶本同,長編卷四三七"養"作"蒙",宋朝諸臣奏議卷五梁燾上宣仁皇后論皇帝進學之時"養"作"協"。
⑥ 論入德之序　"入"底本作"大",據長編卷四四六、太平治迹統類卷二六改。

之要道,願陛下念茲在茲,以廣聖德。臣職在輔導,無能裨補,輒於尚書、論語及孝經中節取要語共一百段進呈,惟取明白、切於治道者,庶便於省覽。或游意筆硯之間,以備揮染,亦日就月將之一助也。"他日,三省奏事畢,太皇太后宣諭:"公著①所進尚書、論語等要義百篇,今皇帝已依所奏,每日書寫看覽,甚有益於學問,與寫詩篇不同也。"公著與同列皆言:"此聖人經訓,有補於治,日宜親閱。"

十一月壬申,詔:"講讀官遇不開講日,輪具漢、唐故事有益政體者二條進入,仍句一錄申三省。"先是,吏部尚書兼侍讀蘇頌言:"國朝典章大抵襲唐舊,史官所記,善惡咸備。乞詔史官、學士采新、舊唐書中人主所行②,日進數事,以備聖覽。"故有是詔。

三年五月癸丑③,實錄院檢討官、著作郎兼侍講范祖禹辭免起居舍人,從之。

是夏,權住進講。祖禹言:"臣不侍經席,已踰兩月。陛下深居閑燕,聖學日勤。然臣等無由罄竭愚短,輔助萬一。"又言:"陛下如好學,則天下之君子皆欣慕,願立於朝,以直道事陛下。陛下如不好學,則天下之小人皆動其心,欲立於朝,以邪諂事陛下。"又言:"凡人之進學,莫不在於年少之時。陛下聖質日長,龍德日進,數年之後,雖欲勤於學問,恐不得如今日之專也。臣竊爲惜此日月,願以學爲急,則天下幸甚。論語記聖人言行之要,修身治國之道無不在焉④;尚書言帝王政事,人君之軌範也。論語雖已講畢,望陛下更加詳熟;尚書未講者,願陛下先熟其文,臣等以次講解及之,則陛下聖意先已有得矣。"

四年春正月甲申,詔:"講筵官許依秘書省職事官例觀新樂,賜聞喜宴,許依帶職人並赴。"從崇政殿說書顏復請也。

二月壬戌,御邇英閣,召講讀官講尚書、讀寶訓。司馬康講洪範至"乂用三德",上問曰:"只此三德,別更有德?"康對曰:"皐陶所陳有九德,如柔而立,剛而塞,強而毅之類是也。"先是,上恭默未言,起居舍人王巖叟喜聞德音,因欲諷諫,退而上言:"陛下既能審而問之,必能體而行之。三德者,人君之大本,得之則治,失之則亂,不可須臾

---

① 公著 底本"公著"下衍"曰"一字,據嘉慶本、太平治迹統類卷一九刪。
② 采新舊唐書中人主所行 底本脫"舊"一字,據長編卷四〇七、太平治迹統類卷一九、宋鄒浩道鄉集卷三九故觀文殿大學士蘇公行狀、宋名臣言行錄後集卷一一蘇頌補。
③ 三年五月癸丑 底本脫此六字,據長編卷四一〇補。
④ 無不在焉 "無不"底本作"不無",據長編卷四一〇乙正。

子。其意以朝廷待士便當廩人繼粟,庖人繼肉也。即令户部自爲出曆子,户部又欲折支,執政謂館閣官皆請見錢,豈有經筵反折支?又檢例,緣久無崇政殿説書,故户部只欲與折支,久之,始給見錢。

十月庚子,端明殿學士、光禄大夫范鎮落致仕,提舉中太一宫兼集禧觀公事、兼侍讀。二十二日降詔除侍讀①。

二年四月丙戌。先是,中書省上言:"景祐二年②,置邇英、延義二閣,以設講筵。延義閣在崇政殿之西,南向,欲令管勾講筵所經度,如得寬涼,以備夏講。"詔修内司畫圖進入③。

八月辛巳,通直郎、崇政殿説書程頤罷經筵,權同管勾西京國子監。左諫議大夫孔文仲言:"頤人品纖污,天性憸巧。貪黷請求,元無鄉曲之譽④;奔走交結,常在公卿之門。不獨交口褒美,又至連章論奏,一見而除朝籍,再見而升經筵。臣頃任起居舍人,屢侍講席,觀頤陳説,全無發明。上德未有嗜好,而常啓以無近酒色;上意未有信嚮,而常開以勿用小人。豈唯勸導以所不爲,實亦矯欺以所無有。如陛下因咳嗽罷講,及御邇英,學士以下侍講、讀者六七人,頤官最小,乃越次獨候問聖體,橫僭過甚,並無職分。"因黜之。癸未,禮部員外郎顔復充崇政殿説書、兼判登聞鼓院。辛丑,吏部尚書蘇頌、翰林學士蘇軾侍讀。案:長編無"侍讀",文脱。

九月甲子,賜宰臣、執政、經筵官宴於東宫,上親書唐人詩分賜之,以講論語終篇也。乙丑,吕公著以下謝賜宴及御書⑤,太皇太后曰:"皇帝天資聰敏,宫中惟好學字,學則易成。昨日所賜,欲卿等知爾。"庚午,吕公著言:"伏睹今月十五日,以經筵講論語畢,賜執政及講官御筵。是日,内出皇帝御書唐賢律詩,分賜臣等各一篇。臣等次日於延和殿簾前謝,蒙太皇太后宣諭:'皇帝好學,在宫中别無所爲,惟是留心典籍。'天下幸甚!臣伏思皇帝陛下睿哲之性,出於天縱,而復内禀慈訓,日新典學,誠以堯、舜、三代爲法,則四海不勞而治。今來論語終帙,進講尚書。二書皆聖人之格言,爲君

---

① 二十二日降詔除侍讀 "詔"底本作"召",據嘉慶本改。
② 景祐二年 "二"底本作"元",據長編卷三九八、錦繡萬花谷前集卷一二改。
③ 詔修内司畫圖進入 "畫圖",長編卷三九八作"圖畫"。
④ 元無鄉曲之譽 嘉慶本同,長編卷四○四"譽"作"行"。
⑤ 謝賜宴及御書 "宴"底本作"晏",據嘉慶本改。

謂輔養之道，非謂告詔以言過而後諫也，在涵養薰陶而已。大率一日之中，接賢士大夫之時多，親寺人、宮女之時少，則自然氣質變化，德器成就。乞朝廷慎選賢德之士以侍講勸，講既罷，嘗留二人直日，夜則一人直宿，以備訪問。"其二："乞擇內臣十人充經筵祗應，以伺候皇帝起居。凡動息，必使經筵官知。有翦桐之戲，則隨事箴規；違持養之方，則應時諫正。調護聖躬，莫過於此。"其三："今後特令坐講，不惟義理爲順，以養主上尊儒重道之德。竊聞講官在御案傍，以手指書，所以不坐，別欲令一人指書，講官稍遠御案坐講。意朝廷循沿舊體，只以經筵爲一美事。臣以爲天下重任，惟宰相與經筵。天下治亂係宰相，君德成就責經筵。由此言之，安得不以爲重？"程頤每以師道自居，其侍講色甚莊，言多諷諫。頤聞帝行宮中而避蟻，因講畢，請曰："有是乎？"帝曰："誠恐傷之耳。"頤曰："推此心以及四海，帝王之要道也。"帝稱善。

六月乙卯，崇政殿說書程頤上疏曰："臣供職以來，六侍講筵，但見諸臣拱手默坐，當講者立傍解釋數行而退。如此，雖彌年積歲，所益幾何？或以爲主上方幼，且當如此。此不知本之論也。伏自四月末間，以暑熱罷講，比至中秋，蓋踰三月。古人欲旦夕承弼，出入起居，至今三月不一見儒臣，何其與古人之意異也？今士大夫家子弟①，亦不肯經時累月不親儒士。初秋漸涼，欲乞於內殿或後苑清涼處，召見當日講官，俾說道義，縱然未有深益，亦使天下知太皇太后用意如此。將來伏假既開，且乞依舊輪直日，所貴常得一員獨對。開發之道，蓋自有方，朋習之益②，最爲至切。欲乞特降指揮，宰臣一月兩次與文彥博同赴經筵，遇宰臣赴日，即乞就崇政殿講說，因令史官入侍崇政殿。"

八月庚寅，吏部侍郎兼侍講傅堯俞以職煩目病，乞罷侍講。司馬光請改堯俞爲侍讀，而用著作郎范祖禹兼侍講。祖禹，吕公著之婿也，請避嫌。光奏："宰相不當以私嫌廢公議。"遂以祖禹兼侍講。丁酉，御史中丞劉摯兼侍讀。癸卯，詔："不帶職官充侍讀、侍講、崇政殿說書，其請俸依職事官例支見錢。"程頤在講筵，常質錢使，或疑祿薄③，問之，乃自供職後不曾請俸。尋詰戶部，戶部索前任曆子，頤言起草萊，無前任曆

---

① 今士大夫家子弟　底本脫"士""夫"二字，據長編卷三八一、二程文集卷七伊川文集二上太皇太后書補。
② 朋習之益　"朋"底本作"時"，據長編卷三八一、二程文集卷七伊川文集二上太皇太后書改。
③ 或疑祿薄　長編卷三八五同，而嘉慶本作"或疑未得祿"。

閣待制范純仁兼侍講。

十二月辛酉,詔:"今月十五日開講筵,進講論語,讀寶訓。講讀官日赴資善堂,以雙日講讀,仍輪一員宿直。初講及更旬,宰相、執政並赴。"丙寅,御史中丞黃履兼侍講。乙亥,初御邇英閣,詔三省、樞密院侍讀、侍講、修注官、講讀官,錫宴於資善堂,賚銀帛有差。壬午①,詔增講讀官職錢爲三萬。

元祐元年正月丁巳,資政殿大學士兼侍讀韓維等言:"臣等見進讀三朝寶訓,其間有祖宗時事與今不同者,蓋是當時天下初定,與治平之後事體自別②,君臣論議亦從而異;又有祖宗一時處分,難以通行於後世者。欲乞遇有似此等事,特許臣等看詳,更不進讀。"從之。

二月庚午,朱光庭奏乞以程頤爲講官。甲戌,上御邇英閣,侍讀韓維進讀至天禧中有二宮人犯罪,法當死,真宗皇帝惻然憐之曰:"此等安知法③,殺之則不忍,捨之則無以勵衆。"乃使人持去,笞而遣之。又幸汾陰日,見一羊自擲於道左,怪而問之,左右曰:"今日尚食殺其羔。"真宗慘然不樂,自是不殺羊羔。因奏言:"此特小善爾。然推是心以及天下,則仁不可勝用也。且真宗自澶淵卻狄之後,十有九年不言兵而天下富,其源蓋出於此④。外人皆言陛下仁孝發於天性,每行,見昆蟲、螻蟻,輒遠而過之,且敕左右勿踐履,此亦仁術也。且願陛下推此心以及百姓,則天下幸甚!"是月丁亥,翰林學士、知制誥兼侍講黃履爲龍圖閣直學士、知越州。案:"越州",長編作"趙州",俟考。

閏二月甲寅,龍圖閣待制兼侍講趙彥若爲兵部侍郎兼侍讀。

三月癸酉,詔講讀官更不輪資善堂宿直。辛巳,宣德郎、秘書郎程頤爲通直郎、崇政殿説書。頤既上殿,十四日,辭恩命,乞進見。即以經筵命之。頤面辭,不許,退而具奏曰:"竊以知人則哲,帝堯所難。雖陛下聖鑒之明,然臣方獲進對於頃刻間,陛下見其何者,遽加擢任。臣未敢必辭,只乞令臣再上殿進劄子三道,言經筵事。所言而是,則陛下用臣爲不誤,臣之受命爲無愧;所言或非是,其才不足用也,固可聽其辭避。"劄子其一曰:"臣伏以皇帝陛下春秋之富,雖睿聖之資得於天稟,而輔養之道不可不至。所

---

① 壬午　底本作"辛巳",嘉慶本同,據長編卷三六三改。
② 與治平之後事體自別　"與"底本作"於",據嘉慶本、長編卷三六四改。
③ 此等安知法　"知"底本作"如",據嘉慶本、長編卷三六六、太平治迹統類卷一九改。
④ 其源蓋出於此　"蓋"底本作"皆",據嘉慶本、長編卷三六六、太平治迹統類卷一九改。

卷第九十二

哲宗皇帝

講讀

元豐八年四月丁丑,資政殿大學士、銀青光禄大夫吕公著兼侍讀①。公著時知揚州,召用之,遵先帝意也。朝奉郎、秘書少監孫覺兼侍講。

五月己亥,詔資政殿大學士、銀青光禄大夫兼侍讀吕公著乘傳赴闕。

六月丙子,資政殿學士、提舉崇福宫韓維知陳州。未行,召赴闕,遂留經筵。

七月戊戌②,朝奉大夫、守秘書少監兼侍講孫覺爲右諫議大夫兼侍講,仍賜三品服。甲辰,資政殿學士韓維兼侍讀,仍提舉中太一宫兼集禧觀事。庚申,中書省言:"管勾經筵所言③:'準令,講筵春起二月,止五月三日;秋起八月上旬,止冬至前十日。本所今來未敢依令施行。'"詔候祔廟畢取旨④。

十月癸未,龍圖閣待制趙彦若兼侍讀,秘書監傅堯俞兼侍講。先是,侍御史劉摯言:"恭惟皇帝陛下以異禀之資,夙成之善,而又上有太皇太后陛下之至仁厚德保護開佑,所以成就者,罔不備至矣。然方春秋鼎盛,在所資養,左右前後宜正人與居,語默見聞宜正事相接⑤,則勸講、進讀、輔導之官,其可不審擇也哉!伏見兼侍講給事中陸佃、蔡卞皆新進少年,越次暴起,論德業則未試,語公望則素輕。使在此官,衆謂非宜。伏請罷其兼職,以允公議。仍欲望聖慈於内外兩制以上官内,别選通經術、有行義、忠信孝悌、淳茂老成之人,以充其任。"於是佃、卞皆罷,而彦若、堯俞有是命。丁亥,天章

---

① 侍讀 "讀"底本作"講",據嘉慶本、長編卷三五四、太平治迹統類卷一九改。按:本卷下文也作"侍讀"。
② 戊戌 底本作"丁酉",嘉慶本同,據長編卷三五八改。
③ 經筵所 嘉慶本、長編卷三五八均作"講筵所"。
④ 詔候祔廟畢 "候"底本作"後",據嘉慶本、長編卷三五八改。
⑤ 宜正事相接 長編卷三六〇、宋史全文卷一二下同,嘉慶本作"宜正士是接"。

之仇敵;先帝之所忌惡而棄逐者,收而用之,以植陛下之怨讎。以王府爲要途,以朝廷歸私室,上下協心,同惡相濟,意在不測云云。臣等竊睹上項事節,大逆不道,跡狀明白。揆之以義,讞之以法,死有餘責。所有陳衍罪在不赦,亦乞更賜審明①,正以國法。"詔衍特處死,令廣西轉運使程節涖其刑②。徙士良羈管於白州。

初,章惇、蔡卞恐元祐舊臣一旦復起,日夜與邢恕謀所以排陷之計。既再追貶呂公著、司馬光,又責呂大防、劉摯、梁燾、范祖禹、劉安世等過嶺,意猶未慊,仍用黃履疏、高士京狀③,追貶王珪,皆誣以圖危上躬,其言浸及宣仁聖烈皇后。上頗亦惑之,最後起同文館獄,將悉誅元祐大臣,内結宦者郝隨爲助,專媒孽垂簾時事,建言欲追廢宣仁聖烈皇后。張士良者,前竄雷州,惇、卞逮赴詔獄,欲使證宣仁聖烈果有廢立意。及士良既至,以舊御藥告並列鼎鑊刀鋸置前,謂之曰:"言有,即還舊官;言無,則死。"士良仰天哭曰:"太皇太后不可誣,天地神祇何可欺也!乞就戮④。"京、惇無如之何,但以陳衍罪狀塞詔。宣仁聖烈皇后追廢之議由是得息⑤,而惇、卞終不肯釋元祐舊臣。京、惇進呈摯等事目,上曰:"元祐人果如此乎?"京、惇曰:"誠有是心,然反形未具。"上曰:"摯等已責遐方,朕遵祖宗遺志,未嘗戮大臣,其釋勿治。"

---

① 審明　長編卷四九五、嘉慶本均作"審問"。
② 廣西轉運使　嘉慶本作"廣西轉運副使"。
③ 高士京　"京"底本作"英",長編卷四九五同,據本書卷九〇蔡確邢恕邪謀、長編卷四八六、九朝編年備要卷二五、文獻通考卷一六七刑考一四五一上、華陽集附錄卷三、宋史卷二〇〇刑法志改。
④ 乞就戮　長編卷四九五同,嘉慶本"戮"作"死"。
⑤ 宣仁聖烈皇后追廢之議　底本脱"皇后"二字,據長編卷四九五補。嘉慶本"追廢"作"廢立"。

下同改之，非以己之私意而改也。既改其法，則作法之人及主其法者有罪當逐，陛下與太皇太后亦以衆言而逐之。其所逐者，皆上負先帝，下負萬民，天下之所讎疾，衆庶所欲同去者也。太皇太后豈有憎愛於其間哉？顧不如此，則天下不安耳。"又曰："太皇太后新棄天下，陛下初攬政事，乃小人乘間伺隙之地，故不可不豫防之。此等既上誤先帝，而今又復誤陛下。天下之事，豈堪小人再破壞邪？"

十月丙午，中書舍人呂陶上言。見逐元祐黨。

紹聖元年二月己酉，葬宣仁聖烈皇后於永厚陵。己未，祔宣仁聖烈皇后神主於太廟。戊辰，詔曰："朕昨親奉皇太后聖諭：皇太妃保育之德著於中外，雖已備極崇奉，而儀節之間，猶有未稱。蓋舊儀雖全比皇后，而宮闈輿蓋之制，及出入所用，宜有所加。苟於本朝祖宗以來母后之制有所差降，則襃隆之數，可以施行。朕恭承玉音，惓惓慈訓。其下禮部、太常寺，禮官參考典禮儀制，及臣僚上牋拜名、命婦進見等儀式聞奏。"

元符元年三月戊午，三省言："究治取問所奏前皇城使張士良辭服。士良以御藥院官給事宣仁聖烈皇后，與陳衍更直宮中，掌文書，衍主看詳進呈，定其所降付，士良書其事於籍。其所降付某處，其所從違某事，皆衍自與奪頒降，未嘗以聞上聽。間有臣寮奏請東朝還政者①，衍輒詆之曰：'此不忠不孝之人也！'匿其奏置櫃中，不以聞東朝，亦不以聞於上。及與呂大防往來，以合密賜大防妻，皆不以聞上。坤成節，北使朝見，太皇太后坐間痰發，扶掖坐殿後御閤。衍指揮簾外使臣依次第虛進酒上食，至畢外廷皆不知。奏除范純仁右僕射，召文彥博平章事。"於是翰林學士承旨蔡京、右諫議大夫安惇言："司馬光、劉摯、呂大防等忘先帝厚恩，棄君臣之義，乘時伺便②，冒利無恥，交通中人張茂則、梁惟簡、陳衍之徒，躐取高位，快其忿心，盡變先帝已成之法，分布黨與，悉據權要，公肆詆誣，無所忌憚。既而自知其罪終不可逭，深懼一日陛下親政，則必有欺君罔上之刑，乃回顧卻慮，陰連內外，包藏禍心，密爲傾搖之計，於是疏隔兩宮，及隨龍內侍十人悉行放罷，以去陛下之腹心，廢受遺顧命元臣，置以必死之處③。先帝任事之人無一存者，以翦陛下之羽翼；先帝之所治而得罪者，縱而釋之，以立陛下

---

① 間有臣寮奏請東朝還政者 "間"底本作"聞"，據長編卷四九五、嘉慶本改。
② 乘時伺便 "伺"底本作"信"，據長編卷四九五改。
③ 必死之處 "處"，嘉慶本作"地"。

指揮。今上爲太皇太后，於禮尤順。"上曰："依故事。"前此凡奏事，上未嘗處分，至是，上以太皇太后意在謙抑，故有此宣諭。丁卯，吕大防、范純仁、蘇轍、鄭雍、韓忠彦、劉奉世入崇慶殿後閤問太皇太后聖體。太皇太后諭大防等曰："今疾勢有加，與相公等必不相見，且善輔佐官家，爲朝廷社稷！"初，大防等欲退，太皇太后獨留純仁，意欲有所屬也。上令大防以下皆住①，太皇太后曰："老身受神宗顧託，同官家御殿聽斷。公等試言九年間曾施私恩與高氏否？"大防對曰："陛下以至公御天下，何嘗以私恩及外家？"太皇太后曰："固然。只爲至公，一兒一女病且死，皆不得見。"言訖泣下。大防曰："近聞聖體向安，乞稍寬聖慮服藥。"太皇太后曰："不然②。政欲對官家說破：老身殁後，必多有調戲官家者，宜勿聽之。公等宜亦早求退③，令官家別用一番人。"乃呼左右問曾賜出社飯否，因謂大防曰："公等各去吃一匙社飯，明年社飯時，思量老身也。"

此段據邵伯温辨誣並蔡惇直筆删修④。蔡惇云："是日社。"按：戊辰乃二十三日。而實録太皇太后謂吕大防等"必不相見"，乃二十二日，或太皇太后預言之。今止從實録，係之二十二日。

九月戊寅，太皇太后疾革。宰臣等入問聖體，見上於崇慶殿之西楹，上泣曰："太皇太后保佑朕躬，功德深厚。今疾勢至此，爲之奈何？應祖宗故事，有可以尊崇追報者，宜盡施行。"是日，太皇太后崩。己卯，文武百僚詣崇慶宫，聽太皇太后遺誥：園陵制度，依章獻明肅皇太后典故。詔有司易園陵爲山陵。癸卯，翰林學士兼侍講范祖禹上言："臣等伏以天下不幸⑤，太皇太后登遐。陛下號慕哀毁，孝性天至，在庭聞者無不摧損⑥。今將總覽庶政，延見群臣。四方之民，傾耳而聽，拭目而視，此乃宋室隆替之本，社稷安危之基，天下治亂之端，生民休戚之始，君子小人消長進退之際，天命人心去就離合之時也。嗚呼，可不慎哉！"又曰："今必有小人進言曰：'太皇太后不當改先帝之政，逐先帝之臣。'此乃離間之言，不可不察也。當陛下嗣位之初，太皇太后聽政之日，臣民上書者以萬數，皆言政令有不便者。太皇太后因天下人心欲改，故與陛

---

① 上令大防以下皆住 "住"底本作"往"，宋史全文卷一三下同，據嘉慶本、九朝編年備要卷二三改。
② 不然 九朝編年備要卷二三、宋史全文卷一三下同，嘉慶本作"然"。
③ 公等宜亦早求退 "宜亦"，嘉慶本作"亦宜"。
④ 辨誣 底本作"辨誤"，據嘉慶本改。
⑤ 臣等伏以天下不幸 底本脱"臣等"二字，據范太史集卷二五聽政劄子補。
⑥ 摧損 嘉慶本作"摧隕"。

圖,將何以示孝欽於萬世①,而達至感於神明乎?其以元祐七年太皇太后本命歲旦日,齋在京及天下州軍在城僧尼、道士、女冠一日,内在京於中太一、上清儲祥、集禧、建隆、醴泉、萬壽等六處宫觀,大相國寺十禪院,自正旦日,各用僧道開建道場七晝夜,宫觀罷散日,設醮一坐;在京外州軍自正旦日辦食設獄三日②,並支係省錢。嘉與臣民共增吉禱,庶幾中外均被餘禧。"先是,太皇太后諭執政曰:"今日同皇帝聽政,不可比光獻,兼恐費國用。"吕大防曰:"所費亦不多。"太皇太后曰:"亦勿如此言。"韓忠彦曰:"謙抑過甚。"王巖叟曰:"此乃皇帝一善事,不須過有退託③。"遂降此詔。詔詞,學士梁燾所撰也。

七年四月己未④,立皇后孟氏。

五月壬子,翰林學士梁燾言:"太皇太后陛下擁護聖躬,夙夜不倦,保佑之功,永福宗社。今來選正中宫,已得賢淑。冬至大禮,自當郊見天地,天意人事⑤,上下協應。維是政機之煩,久勞同聽,歸斷人主,不可過時,此陛下今日甚盛之舉也。願早賜處分,以彰全德。如以臣言爲然,伏望面出手詔,付大臣施行。"

十一月乙巳,尚書左丞梁燾言:"臣昨在翰苑日,嘗密具劄子,披露肝膽,冒聞聖慈。致陛下每有宣諭⑥,必以不喜管事爲言,常欲安靜,此聖意之本也。臣未嘗一日不思,竊惟淵衷,遠慮深識,用臣前言,自適其時矣。伏望檢會前奏,早賜詔音,歸斷人主,以全大功。"

十二月,左僕射吕大防以疾懇求罷政,太皇太后宣諭曰:"主上富於春秋,相公未可去位,更少俟歲月,吾亦就東朝矣。"大防乃不敢請,復起視事。

八年八月辛酉,太皇太后有疾,上不視事。壬戌,吕大防、范純仁、蘇轍、鄭雍、韓忠彦、劉奉世入崇慶殿問聖體。大防等言:"元豐五年,神宗皇帝服藥,常降在京及畿内罪人。"太皇太后曰:"莫不消如此。"大防曰:"元豐中,神宗皇帝自以聖躬服藥降此

---

① 萬世　長編卷四六八、太平治迹統類卷一八宣仁垂殿聖政、宋大詔令集卷一一均作"萬方"。
② 在京外州軍　宋大詔令集卷一一元祐七年正旦以太皇太后本命年齋醮設獄詔無"京"一字。
③ 退託　長編四庫底本卷四六八作"推託"。
④ 己未　底本無此二字,嘉慶本同,據長編卷四七二補。
⑤ 天意人事　底本脱"天意"二字,據長編卷四七三補。
⑥ 致陛下每有宣諭　嘉慶本同,長編卷四七八無"致"一字。

保佑之功也①。願官家更進聖學,日課經史,熟記寶訓故事。"上納之。

五月丁亥,蔡確責降英州別駕。是日,左諫議大夫梁燾等登對,太皇太后稱獎曰:"卿等於此事極有功。言事每如此,天必佑之。"詳見蔡確詩謗。

十月甲寅,詔太皇太后曾祖父母、祖父母、父母及皇太后、皇太妃曾祖父母、祖父母、父母並追封,以明堂推恩故也。

十一月己丑,太皇太后手詔曰:"吾總攬機務②,叶助政綱,雖克享治安,而每懷抑畏。今有司乃欲以天聖故事,行會慶稱賀之儀③。顧惟菲涼,豈敢比隆於先后?其在典法,亦當稽合於常規。是日,皇帝致賀於禁中,群臣奉表於東廡,足以顯邦家之慶,而形孝謹之風④,何必外朝乃爲具禮?來年正月一日,更不御殿受賀上壽,候皇帝御殿禮畢,百官並内東門拜表。"前此,尚書禮部乃檢會天聖年章獻明肅皇太后元日御會慶殿受皇帝奉賀上壽,及宰臣、百官、契丹使已下起居稱賀之儀爲請,故有是詔。

五年六月,時宰相吕大防與中書侍郎劉摯建言,欲引用元豐黨人,以平舊怨,謂之"調停"。太皇太后頗惑之。蘇轍上言云云。太皇太后命宰執於簾前讀之,仍宣諭曰:"蘇轍疑吾君臣遂兼用邪正,其言極中理。"宰相從而和之,自此,兼用邪正之説始衰。詳見調停。

六年十一月辛亥,詔曰:"朕獲承至尊休烈⑤,託於王公之上,蒙成慈訓,海内宴安⑥。恭惟太皇太后有聖德之徽懿,居天下之崇高,保佑朕躬,功及宗社,人神俱歸⑦,天地並貺⑧。稽歲甲環循之次⑨,當慶符本始之辰,仰贊壽祺,用致誠祝。昔在神考,有奉光獻之禮。嘗以此懇請再三⑩,興言傷財,面誠悉罷。永惟大德未報⑪,此而不

---

① 保佑之功也　"佑"底本作"祐",底本脱"也"一字,據嘉慶本、長編卷四一五、太平治迹統類卷一八宣仁垂殿聖政改、補。
② 吾總攬機務　底本脱"攬"一字,嘉慶本同,據長編卷四三五補。
③ 行會慶稱賀之儀　嘉慶本同,長編卷四三五"會慶"作"慶會"。
④ 而形孝謹之風　嘉慶本同,長編卷四三五"形"作"行"。
⑤ 休烈　宋大詔令集卷一一元祐七年正旦以太皇太后本命年齋醮設獄詔作"休德"。
⑥ 宴安　宋大詔令集卷一一元祐七年正旦以太皇太后本命年齋醮設獄詔作"晏然"。
⑦ 俱　宋大詔令集卷一一元祐七年正旦以太皇太后本命年齋醮設獄詔作"與"。
⑧ 天地並貺　嘉慶本同,太平治迹統類卷一八宣仁垂殿聖政同,長編卷四六八作"天地並泰"。
⑨ 環循　長編卷四六八作"環相",宋大詔令集卷一一作"還相"。
⑩ 嘗以此　宋大詔令集卷一一作"嘗以前比"。
⑪ 未報　長編卷四六八作"何報",太平治迹統類卷一八宣仁垂殿聖政作"之報"。長編卷四六八"未報"下有"方求尊安之稱"六字。

九月辛亥,太皇太后遣中使賜宰臣、執政酒果,並黃金三百兩、犀帶兩條,諭旨云:"知卿等於邊事極留意勞心,故有是賜。其御封物,仍不許辭免。"乙卯,發太皇太后册寶於大慶殿,太皇太后御崇政殿受册。

三年七月癸丑,太皇太后手詔:"皇帝嗣位,於兹四年。華夷來同①,天地並應。而皇太妃以恭儉之德,鞠育之恩,雖典册以時奉行,而情文疑有未稱。皇帝以祖考之奉,尊無二上,而吾惟春秋之義,母以子貴。其推天下之養,以慰人子之心。宜下禮部、太常寺討論,如於典故有褒崇未盡,令開具以聞。"政目在八月。

十月庚辰,禮部言:"皇帝推隆母道,皇太妃合依皇后。緣尊無二上,理有屈伸,考之歷代及國朝典故,無稱殿、立殿名者。"先是,詔禮官詳議皇太妃所居宫閣名號以聞②。太皇太后諭執政曰:"皇太妃並依皇后,當悉如之。漢、唐典故如何?"文彥博曰:"固有不可盡同者。"吕大防曰:"漢、唐間非正之事,於聖朝不可引用。"太皇太后曰:"此非因人有言③,特恐於禮有闕也。"吕公著等請依禮官所定,從之。

閏十二月甲寅,太皇太后宣諭輔臣曰:"近已降旨揮,裁減入流④,本家所得恩澤亦宜減四分之一。"吕公著等言:"陛下臨朝聽政,本殿恩澤自不當限數。向來止用皇太后例,豈可更有裁損。"再宣諭曰:"今來官冗,自宰執已下恩澤皆有減損,本家亦須裁定。要自上始,則均一矣。"公著曰:"此盛德之事,當討究本末以聞。"已而詔:"今後每遇聖節、大禮、生辰,合得親屬恩澤,並四分減一。皇太后、皇太妃准此。"

四年三月甲申,中書侍郎劉摯上書。見變法。

四月乙巳,左諫議大夫梁燾對延和殿,奏以:"春夏屢陰不雨,皆人主猶豫不斷之象。願面詔大臣,協忠決議,無留政事。方皇帝富於春秋⑤,太皇太后保佑聖躬,制政簾帷,臣下易以蒙蔽。願正紀綱,明法度,採用忠言,講求仁術,坐使明恩實惠徧及四海。望皇帝陛下時親政事,將來臨御獨斷,練熟機務。"太皇太后曰:"年來内中進呈文字,常同商量,官家出意決事,皆有聖斷。"燾對曰:"聖德日新,天下幸甚!此太皇太后

---

① 華夷來同　長編卷四一二同,嘉慶本"夷"作"夏"。
② 宫閣　底本作"宫閤",據嘉慶本改。
③ 此非因人有言　嘉慶本同,長編卷四一五"言"作"求"。
④ 裁減入流　長編卷四一九同,嘉慶本作"裁減雜流"。
⑤ 方皇帝富於春秋　長編卷四二五、太平治迹統類卷一八宣仁垂簾聖政同,嘉慶本作"方今皇帝富於春秋"。

"待便降出①。"

二年二月己丑,禮部言:"太皇太后玉寶,請以'太皇太后之寶'六字爲文;皇太后金寶,以'皇太后寶'四字爲文;皇太妃金寶,以'皇太妃寶'四字爲文。"從之。辛丑,三省同奉聖旨:"將來太皇太后受册,依章獻明肅皇后故事;皇太后受册,依熙寧二年故事。皇太妃與皇太后同日受册,皇帝於殿上發册,令禮部、太常寺詳定儀注聞奏。"

三月甲寅,內批付三省:"將來太皇太后受册,有司雖檢用章獻明肅皇后故事,當御文德殿。顧予涼薄,豈敢上比章獻明肅皇后,所有將來受册,可只就崇政殿。宜令三省敘述太皇太后此意,降詔施行。仍先具詔本進入。"後數日,執政奏事延和殿,太皇太后諭曰:"性本好靜。昨止緣主上沖幼,權聽政事,蓋非得已。況母后臨朝,非國家盛事。文德殿天子正朝,豈女主所當御②?"宰相吕公著等言:"陛下執謙好禮,冠映古今,加以思慮精深,非臣等所及。"

七月戊午,中書舍人曾肇言:"伏見太皇太后陛下昨者深自抑損,特發德音③,不欲臨御外朝,退就崇政殿受册。詔書一下,中外嗟嘆,忠義之士至於感泣。況臣待罪侍從,嘗獻瞽言,不謂偶合聖心,特加收採。臣竊聞近日有司建議④,坤成節於崇政殿上壽,其升殿賜酒並文武百官拜表班次⑤,並比附天聖三年故事施行。今者三省、樞密院乃不全用天聖三年故事,及今日有司之議,將降朝旨⑥,令文武百官、諸軍將校隨班行上壽禮,此臣之所未諭也。太皇太后昨降書⑦,以爲不敢自同章獻太后出臨外朝,故就崇政殿受册。竊詳聖意⑧,務從抑損,今乃百官將校皆赴崇政殿廷立班上壽,則是天聖八年以前之所未有,其禮更增於舊。在陛下謙恭損抑之志,前後本末似不相稱。"己未,太皇太后詔:"坤成節可只依天聖八年以前章獻明肅皇后御崇政殿上壽禮⑨。"

---

① 待便降出　長編卷三九三同,嘉慶本"便"作"使"。
② 豈女主所當御　長編卷三九六同,嘉慶本"女主"作"女子",似是。
③ 特發德音　長編卷四〇三同,嘉慶本作"時發德音"。
④ 臣竊聞近日有司建議　"竊"底本作"切",據長編卷四〇三、曲阜集卷二上宣仁皇后論坤成節百官上壽改。
⑤ 其升殿賜酒並文武百官拜表班次　"升"底本作"外",底本脫"百"一字,據長編卷四〇三、曲阜集卷二上宣仁皇后論坤成節百官上壽改、補。
⑥ 將降朝旨　嘉慶本同,長編卷四〇三、宋朝諸臣奏議卷二六、曲阜集卷二上宣仁皇后論坤成節百官上壽"將"均作"特"。
⑦ 太皇太后昨降書　嘉慶本同,長編卷四〇三、曲阜集卷二上宣仁皇后論坤成節百官上壽"書"均作"詔書"。
⑧ 竊詳聖意　"竊"底本作"切",據嘉慶本、長編卷四〇三、宋朝諸臣奏議卷二六改。
⑨ 章獻明肅皇后御崇政殿上壽禮　底本脫"皇后"二字,據長編卷四〇三補。

弼輩雖曾言,只是乞選宗室賢者,幾時敢指名!"巖叟奏曰:"既陛下分明知得此事子細①,不勝幸甚!"摯又進曰:"今正人端士少,小人多。乞進正人在朝。"巖叟又曰:"正人盛則小人消,正人不厭多。"太皇太后曰:"正人可知不厭多。正人多,小人自出頭不得也。"巖叟又曰:"先詔諭令二三老臣多方進拔正人。"摯曰:"二三老臣亦必體朝廷,不敢私。"太皇太后曰:"只爲近日差除中也,則惹言語。"摯曰:"些小須有,臣等不敢放過。"摯又奏曰:"臣曾薦數人,已蒙用一二,餘更望採用。"又諭曰:"卿等有正人,但奏取入來。"又曰:"不拘甚事,但事事言來。"

十二月庚子,傅堯俞、王巖叟同對延和殿。堯俞前謝,太皇太后曰:"以卿有材望,故用卿。"堯俞拜訖,未奏事。先問曰:"今天下政事如何?"堯俞稱善,且曰:"但恐陛下臨御日久,稍有怠墮。如能兢兢業業,日謹一日,常以大公之德自守②,則天下無不治。"太皇太后曰:"除是昏昧便如此③。"又曰:"保甲、保馬須是先罷,其餘閑慢者且休,嫌於更改太猛。"巖叟進曰:"若果是閑慢則可,若於民有害則亦不可不改也。"應曰:"害民則須改。"堯俞既讀劄子,大要謂謹始敬終④。巖叟奏第一請廢葭蘆吳堡二寨劄子。堯俞奏曰:"大率昨來新取者城寨皆可廢,不獨此二寨也。"太皇太后曰:"此盡是向來小人欺朝廷做底,待令施行。"第二言曾肇劄子,太皇太后曰:"且令試。"巖叟奏曰:"試之已見疏謬。"又進曰:"此是小人。今皇帝陛下日長一日,正要左右前後皆正人,涵養盛德,豈可放此等人在左右! 極爲不便。"應曰:"待相度。"巖叟又曰:"臣已七章言其不當⑤。陛下置臺諫,只要察執政除改不當。今若不行⑥,則執政遂將自肆,言路亦無由敢言。若如此,臣不敢安職。臣只是忠於陛下。"應曰:"此固是。"堯俞曰:"王巖叟忠實,言不輕發。"又曰:"待相度。"巖叟曰:"今日乞陛下一言果決。"遂應曰:"待指揮。"巖叟又曰:"不知臣等章疏降出否?"曰:"已降出。"巖叟曰:"不知今日三省曾進與不曾進呈?"曰:"未曾進呈。"巖叟曰:"乞早降出今日文字。"應曰:

---

① 既陛下分明知得此事子細　長編卷三九〇同,嘉慶本"此事"作"比是"。
② 常以大公之德自守　嘉慶本同,長編卷三九三"德"作"道"。
③ 除是昏昧便如此　嘉慶本同,長編卷三九三作"除是昏昧然後如此"。
④ 大要謂謹始敬終　嘉慶本同,長編卷三九三"謂"作"論"。
⑤ 臣已七章言其不當　長編卷三九三作"臣已有七章言其不當",嘉慶本"七章"誤作"上章"。
⑥ 今若不行　"行"底本作"存",據長編卷三九三改。

舉施行。

十月庚子,案:長編事在壬寅。御史中丞兼侍讀劉摯、侍御史王巖叟同入對。摯先進前謝侍讀之命,宣諭曰:"以卿有公望,故用卿。"就箔前四拜。巖叟即前謝侍御史之命,宣諭曰:"以卿有材德,故任卿。"摯先進奏劄子,乞罷武臣試換文資法。讀訖,巖叟進劄子,論聽言與用人二事。又讀摯奏:"差役事,近甚有人動搖。乞陛下守定差法。"巖叟曰:"昨司馬光上章奏復差法,非司馬光所造之法,乃是祖宗百餘年行之已便之法。祖宗時,人情熙熙,天下安帖①,只以此法。後因王安石誤朝廷,行雇法,遂至紛然。祖宗法莫此最好。"又曰:"今只争'差'字、'雇'字,陛下既定'差'字,便是祖宗法也。"摯又曰:"自陛下用司馬光②,天下弊事十去六七,今但修完,勿便移改③。此人無毫髮私。"太皇太后曰:"可惜此人公正,無毫髮私④,國家不幸!"摯曰:"司馬光雖殁,太皇太后如此至公,誰敢爲私!昨罷章惇知揚州,甚合公議。"太皇太后曰:"章惇昨來得罪爲無禮,豈可便移?"摯曰:"應是失勘會。"太皇太后曰:"應是差錯。前時問他執政來,不知誰主張?"云:"爲其親老。"太皇太后曰:"若大辟罪人,爲親老不成不償命?"有對者曰:"於法,父母年八十無兼侍,亦貸命。"摯曰:"國家典憲,於大臣不説如此。"巖叟奏曰:"若歲月合移,及若告詞引明堂恩霈,則自不消論。"應曰:"極是,極是!豈可纔半年便移⑤?"又曰:"其子章持者亦上書言執政陷他父,故除揚州。今日三省進呈來吕大防言'臺諫官又言執政取悦章惇',其子卻言陷其父。"太皇太后曰:"他乞留中,卻與降出,教他執政輩知。"摯曰:"小子狂妄,敢如此?"摯遂言曰:"臣等有一事欲奏陳,此事體甚大。"巖叟曰:"緣爲今來修神宗實録⑥,須要合辨明。"摯曰:"此事太皇太后陛下合記得,不知當日英宗立爲皇子⑦,是至和間已定邪?直到嘉祐六年方定邪?不知宰相是何人?"太皇太后曰:"宫中只知是韓琦⑧。已前文彦博、富

---

① 天下安帖　諸本長編卷三九〇均作"天下安治"。
② 自陛下用司馬光　長編卷三九〇同,嘉慶本"用"作"因"。
③ 勿便移改　長編卷三九〇同,嘉慶本"便"作"使"。
④ 無毫髮私　"毫"底本作"豪",據嘉慶本改。
⑤ 豈可纔半年便移　"纔"底本作"裁",嘉慶本同,據長編卷三九〇改。
⑥ 神宗實録　長編卷三九〇同,嘉慶本作"祖宗實録"。
⑦ 皇子　長編卷三九〇同,嘉慶本作"太子"。按:係指英宗被仁宗收養之事,故"皇子"是。
⑧ 宫中只知是韓琦　嘉慶本同,諸本長編卷三九〇"只"均作"必"。

遣隨州。先是，恕已除中書舍人，而言者謂其游歷權貴、不自檢慎故也。恕常教高公繪上書，乞尊禮太妃，爲高氏異日之福。太皇太后呼公繪問曰："汝不識字，誰爲汝作此書？"公繪不敢諱，並以恕稿進，既罷恕新命，又絀之①。

恕教公繪上書，據邵伯温辨誣。邢恕之孫絅作其祖父言行録云："欽成皇后爲皇太妃，自山陵回，御藥吴靖方窺伺宣仁意旨，以太妃過失爲獻，謂隨靈駕曾發笑；韓縝以故相留守西京，親至境上迎迓，引見，皇太妃納拜②，殊不爲禮，亦無慰勞之言。公聞之朝路，與宣仁猶子公繪相遇，因及此。公曰：'太妃昔則先帝之妃，今乃主上之母。小人間諜，漸不可長。'公繪瞿然，遂密奏疏，以爲宜加尊禮，仍引語切直過當，不止如公所言。宣仁覽，訝公繪太忤③。知公繪與公素厚，前此公繪屢有密奏，太母無不欣納，往往以爲得之於公也。直遣人詰曰：'誰教汝爲之，莫是邢某與汝做來？若不實説，即根治。'公繪急迫④，即吐實云：'入疏時，邢某實不知，臣自爲之。然邢某之意亦如此。'韓縝微聞之，因而媒蘖，無所不至。劉拯，縝客也，乃入劄言公關與政事⑤，交游執政，遂以爲名罷中書舍人，以本官知隨州。温公即有簡與公曰：'和叔此行出於意外，光居政府，不能爲和叔别白，負愧誠深。蓋以中旨有交游執政之言，恐益爲和叔累故也。'其後，明堂前兩月，温公檢公被責一宗文字，欲將上辨白，諸公勸之，以爲不若待至赦後，而赦前兩日温公薨矣。時吕公亦在政府，與温公意合。而林希素忌公，其弟旦方爲言官。初，旦事温公，欲爲省郎，未及白用，希薦於韓，乃爲工部員外郎，遂除殿中侍御史。恐公遂還朝，乃於赦後未開假日入疏，論公曰：'吕公著素與邢某厚善，今來既經明堂，公著必須復引邢某還朝。乞未得令還。'自是申公避嫌，不復言。然希、旦亦不爲公論所容，未幾，兄弟相繼逐去。時申公方盛，旦既犯申公，衆論不與，非特爲公也。"絅所載如此，蓋多妄説，姑附見。

辛丑，詔太皇太后出入儀衛，並依章獻明肅皇后故事。内故事不可考者，依慈聖光獻皇后例施行⑥。辛亥，詔以時雨稍愆，太皇太后躬詣中太一宮⑦、集禧觀祈禱。

閏二月丁未，宰臣韓縝等上表，請特建太皇太后、皇太后宫殿，太皇太后宫以崇慶、殿以崇慶壽康⑧；皇太后宫以隆祐、殿以隆祐慈徽爲名⑨。詔候過諒闇，令有司檢

---

① 並以恕稿進既罷恕新命又絀之　長編卷三六三同，嘉慶本作"並以恕新命絀之"。
② 引見皇太妃納拜　嘉慶本同，長編卷三六三作"引見皇太妃，絳拜"。
③ 宣仁覽訝公繪太忤　長編卷三六三"覽"下有"視"一字；"忤"，長編卷三六三作"忏"。
④ 公繪急迫　嘉慶本作"公繪迫緊"，長編卷三六三作"公繪迫急"。
⑤ 乃入劄言　"劄"，嘉慶本作"削"。
⑥ 慈聖光獻皇后　底本作"慈聖光憲皇后"，據嘉慶本、宋史卷二四二后妃傳改。
⑦ 中太一宮　底本脱"中"一字，嘉慶本同，據長編卷三六四補。按：長編卷三六四載"今月二十四日，太皇太后躬詣中太一宮、集禧觀祈禱"。
⑧ 崇慶壽康　底本脱"崇慶"二字，據長編卷三六九、宋史卷一七哲宗本紀補。
⑨ 隆祐慈徽　底本脱"隆祐"二字，據長編卷三六九、宋史卷一七哲宗本紀補。

卷第九十一

哲宗皇帝

宣仁垂簾　皇太妃附

元豐八年三月戊戌,哲宗即位。尊皇太后爲太皇太后,皇后爲皇太后,德妃朱氏爲皇太妃。應軍國事並太皇太后權同處分,依章獻明肅皇后故事。如向來典禮有所闕失,命有司更加討論。是月辛丑,群臣詣閤門上表請皇帝聽政,又詣內東門請太皇太后聽政,皆批答不允。自是,表三上,從之。乙卯,禮部、御史臺、閤門奏:"討論故事,詳定御殿及垂簾儀,每朔、望六參,皇帝御前殿,百官起居,三省、樞密院奏事,應見、謝、辭,班退①,各令詣內東門進榜子。皇帝雙日御延和殿,垂簾日參官起居太皇太后,移班少西起居皇帝,並再拜。三省、樞密院奏事,三日已上四拜②,不舞蹈。候祔廟畢,起居如常儀。簾前通事以內侍,殿下以閤門。凡軍頭司引呈公事,可以權付有司者,續具條奏。吏部磨勘奏舉人,垂簾日引見。應謝、辭臣寮,遇朔、望參日不坐,並先詣殿門,次內東門,應臺賜者並門賜③。"從之。

四月乙亥,詔以太皇太后七月十六日生辰爲坤成節。

五月甲午,詔太皇太后母韓越國太夫人,凡給賜倍常儀。

七月甲辰,禮部尚書韓忠彥等言:"太皇太后、皇太后於皇太妃稱賜,皇帝稱奉,百官不稱臣。"從之④。

元祐元年正月甲午,案:長編事在元豐八年十二月丁亥。承議郎、守起居舍人邢恕權發

---

① 班退　長編卷三五三同,宋會要輯稿儀制一之一三作"退班"。
② 三日已上四拜　長編卷三五三同,宋會要輯稿儀制一之一三"日"作"月"。
③ 應臺賜者　長編卷三五三同,嘉慶本"臺"作"得",似是。
④ 按:本書此句刪節過當,長編卷三五八作"禮部尚書韓忠彥等言:'皇太妃在三年服內,衣褥、從物並淺淡,生日節序物色,依皇后例,稱慈旨。慶賀用牋,太皇太后、皇太后於皇太妃稱賜,皇帝稱奉,百官不稱臣。'從之"。

《續資治通鑑長編紀事本末》點校 四

（卷第九十一至卷第一百二十）

〔宋〕楊仲良／撰
丁建軍／點校

中州古籍出版社
·鄭州·